**bswirtschaft und Management
Gesundheitswirtschaft**

Haubrock (Hrsg.)

Betriebswirtschaft und Management in der Gesund

Manfred Haubrock
(Hrsg.)

Betriebswirtschaft und Management in der Gesundheitswirtschaft

6. vollständig überarbeitete und erweiterte Auflage

unter Mitarbeit von

Wilhelm Brokfeld
Jennifer Decu
Jürgen Georg
Jörg Haßmann
Elisa Liegmann
Mavis Plitt

Constantin Rehers
Christina Riessland
Frank Schäfers
Gabriele Schröder-Sieffker
Volker Schulte
Winfried Zapp

Prof. Dr. Manfred Haubrock (Hrsg.), Dipl.Kaufmann, Dipl. Sozialwirt
Hochschule Osnabrück, Fakultät Wirtschafts- und Sozialwissenschaften
Caprivistraße 30a
DE-49076 Osnabrück
E-Mail: M.Haubrock@hs-osnabrueck.de

Wichtiger Hinweis: Der Verlag hat gemeinsam mit den Autoren bzw. den Herausgebern große Mühe darauf verwandt, dass alle in diesem Buch enthaltenen Informationen (Programme, Verfahren, Mengen, Dosierungen, Applikationen Internetlinks, Internetlinks etc.) entsprechend dem Wissensstand bei Fertigstellung des Werkes abgedruckt oder in digitaler Form wiedergegeben wurden. Trotz sorgfältiger Manuskripterstellung und Korrektur des Satzes und der digitalen Produkte können Fehler nicht ganz ausgeschlossen werden. Autoren bzw. Herausgeber und Verlag übernehmen infolgedessen keine Verantwortung und keine daraus folgende oder sonstige Haftung, die auf irgendeine Art aus der Benutzung der in dem Werk enthaltenen Informationen oder Teilen davon entsteht. Geschützte Warennamen (Warenzeichen) werden nicht besonders kenntlich gemacht. Aus dem Fehlen eines solchen Hinweises kann also nicht geschlossen werden, dass es sich um einen freien Warennamen handelt.

Bibliografische Information der Deutschen Nationalbibliothek
Die Deutsche Nationalbibliothek verzeichnet diese Publikation in der Deutschen Nationalbibliografie; detaillierte bibliografische Daten sind im Internet über http://www.dnb.de abrufbar.

Dieses Werk einschließlich aller seiner Teile ist urheberrechtlich geschützt. Jede Verwertung außerhalb der engen Grenzen des Urheberrechtes ist ohne Zustimmung des Verlages unzulässig und strafbar. Das gilt insbesondere für Kopien und Vervielfältigungen zu Lehr- und Unterrichtszwecken, Übersetzungen, Mikroverfilmungen sowie die Einspeicherung und Verarbeitung in elektronischen Systemen.

Anregungen und Zuschriften bitte an:
Hogrefe AG
Lektorat Pflege
z. Hd.: Jürgen Georg
Länggass-Strasse 76
3000 Bern 9
Schweiz
Tel: +41 31 300 45 00
E-Mail: verlag@hogrefe.ch
Internet: www.hogrefe.ch

Lektorat: Jürgen Georg, Michael Herrmann, Martina Kasper
Bearbeitung: Michael Herrmann
Herstellung: René Tschirren
Umschlag: Claude Borer, Riehen
Satz: punktgenau GmbH, Bühl
Druck und buchbinderische Verarbeitung: Finidr s. r. o., Český Těšín
Printed in Czech Republic

6. vollst. überarb. u. erw. Auflage 2018
© 2018 Hogrefe Verlag, Bern
© 2002/2007/2009 Verlag Hans Huber, Hogrefe Verlag, Bern

(E-Book-ISBN_PDF 978-3-456-95362-5)
ISBN 978-3-456-85362-8
http://doi.org/10.1024/85362-000

Inhaltsverzeichnis

Danksagung 15
Manfred Haubrock

Geleitwort zur 6. Auflage aus ökonomischer Sicht 17
Karsten Güldner

Geleitwort zur 6. Auflage aus medizinischer Sicht 19
Gisbert Kuichwitz

Geleitwort zur 6. Auflage aus pflegerischer Sicht 21
Peter Bechtel

Vorwort 23
Manfred Haubrock

1 Grundlegende Aspekte des Sozialversicherungssystems 25
Manfred Haubrock
- 1.1 Entwicklung der sozialen Sicherung bis 1945 — 25
- 1.2 Entstehung der sozialen Sicherung in der Bundesrepublik Deutschland — 35
- 1.3 Sozialversicherungen als Elemente der sozialen Sicherung — 46
  - 1.3.1 Merkmale der sozialen Sicherung — 46
  - 1.3.2 Grundprinzipien und Gemeinsamkeiten der Sozialversicherungen — 56
  - 1.3.3 Arbeitslosenversicherung — 66
  - 1.3.4 Krankenversicherung — 70
  - 1.3.5 Pflegeversicherung — 87
  - 1.3.6 Rentenversicherung — 93
  - 1.3.7 Unfallversicherung — 100

2 Versorgungsaspekte des Gesundheitssystems als Element des Sozialsystems 111
Manfred Haubrock
- 2.1 Soziale Marktwirtschaft als Ordnungsprinzip — 111
- 2.2 Wettbewerb als Koordinationsgröße — 124
- 2.3 Bedarfsgerechte Versorgung als hoheitlicher Auftrag — 145
- 2.4 Spezifika des ersten Gesundheitsmarktes — 150

3. Gesundheitsökonomische Evaluationen — 177
Manfred Haubrock

- 3.1 Notwendigkeit der Evaluation — 177
- 3.2 Kriterien qualifizierter Evaluationen — 178
- 3.3 Kosten-Nutzen-Betrachtungen — 179
  - 3.3.1 Überblick — 179
  - 3.3.2 Analyseverfahren — 182
  - 3.3.3 Grundmuster des Ablaufs bei Kosten-Nutzen-Betrachtungen — 183
- 3.4 Relevanz für das deutsche Gesundheitssystem — 187

4. Politische Aspekte der Gesundheitsversorgung — 197
Manfred Haubrock

- 4.1 Ziele und Funktionen der Gesundheitspolitik — 197
- 4.2 Gesundheitspolitische Herausforderungen — 203
- 4.3 Relevante Gesundheitsreformen als Handlungsstrategien — 217

5. Strukturen und Funktionen ausgewählter Versorgungssysteme — 277

- 5.1 Krankenhausversorgung — 277
  - 5.1.1 Finanzierung der somatischen Krankenhausleistungen — 277
    Manfred Haubrock
  - 5.1.2 Finanzierung der psychiatrischen und psychosomatischen Krankenhausleistungen — 313
    Jennifer Decu
    - 5.1.2.1 Problemstellung — 313
    - 5.1.2.2 Entwicklung des Entgeltsystems in der Psychiatrie — 314
    - 5.1.2.3 Pauschalierendes Entgeltsystem für Psychiatrie und Psychosomatik — 320
    - 5.1.2.4 Vergleich zwischen PEPP und DRGs — 336
    - 5.1.2.5 Kritische Analyse — 336
    - 5.1.2.6 Alternativmodelle — 343
- 5.2 Rehabilitative Versorgung — 348
  Wilhelm Brokfeld
  - 5.2.1 Einleitung — 348
    - 5.2.1.1 Geschichte der Rehabilitation — 348
    - 5.2.1.2 Rechtliche Grundlagen — 350
    - 5.2.1.3 ICF und Begriff der Funktionsfähigkeit — 352
    - 5.2.1.4 Bio-psycho-soziales Modell — 352
    - 5.2.1.5 Ziele und Grenzen der ICF — 352
  - 5.2.2 Umfang der Rehabilitation — 353
    - 5.2.2.1 Ausgrenzung der beruflichen Rehabilitation — 354
    - 5.2.2.2 Ziele und Aufgaben der medizinischen Rehabilitation — 354
    - 5.2.2.3 Exkurs: medizinische Rehabilitation und Kur — 356
    - 5.2.2.4 Diagnosegruppen in der Rehabilitation — 356
    - 5.2.2.5 Wirtschaftliche Aspekte — 356
  - 5.2.3 Rehabilitation als Aufgabe der Sozialversicherung — 356
    - 5.2.3.1 Rehabilitation als Aufgabe der Unfallversicherung — 356
    - 5.2.3.2 Rehabilitation als Aufgabe der Krankenversicherung — 357
    - 5.2.3.3 Rehabilitation als Aufgabe der Rentenversicherung — 360
  - 5.2.4 Durchführung der Rehabilitation — 361

	5.2.4.1	Umfassendes Rehabilitations- und Therapiekonzept	361
	5.2.4.2	Architektonische Gestaltung der Einrichtungen und Barrierefreiheit	362
	5.2.4.3	Interdisziplinäres Rehabilitationsteam und Qualifikation	363
	5.2.4.4	Diagnostik	364
	5.2.4.5	Rehabilitations- bzw. Therapieziele	365
	5.2.4.6	Therapieplan	365
	5.2.4.7	Behandlungselemente	366
	5.2.5	Weitere an der Rehabilitation Beteiligte	371
	5.2.5.1	Deutsche Vereinigung für Rehabilitation e. V.	371
	5.2.5.2	Bundesarbeitsgemeinschaft für Rehabilitation e. V.	372
	5.2.5.3	Deutsche Gesellschaft für Medizinische Rehabilitation e. V.	373
	5.2.5.4	Bundesverband Deutscher Privatkliniken e. V.	374
	5.2.5.5	Baden-Württembergische Krankenhausgesellschaft e. V.	375
	5.2.6	Qualitätsmanagement	375
	5.2.6.1	Reha-Qualitätssicherung der Deutschen Rentenversicherung	375
	5.2.6.2	Qualitätssicherungsverfahren der Krankenversicherung	379
	5.2.6.3	Einrichtungsinternes Qualitätsmanagement	379
	5.2.7	Monetäre Aspekte	380
	5.2.7.1	Kosten	380
	5.2.7.2	Alternative Finanzierungsformen	384
	5.2.8	Fazit	389
5.3		Versorgung durch stationäre Pflegeeinrichtungen	395
		Gabriele Schröder-Siefker	
	5.3.1	Gegenstand und Zielsetzung	395
	5.3.2	Demografie und Eckpunkte	396
	5.3.2.1	Bevölkerungsvorausberechnung	396
	5.3.2.2	Pflegestatistik 2013	398
	5.3.3	Gesetzliche Rahmenbedingungen für stationäre Pflegeeinrichtungen	401
	5.3.3.1	Sozialgesetzbuch Elftes Buch – Soziale Pflegeversicherung	401
	5.3.3.2	Heimrecht	404
	5.3.4	Gesetzliche Qualitätsanforderungen an stationäre Pflegeeinrichtungen	407
	5.3.4.1	Stand der Qualitätsdiskussion	407
	5.3.4.2	Qualitätsverantwortung, -entwicklung und -sicherung	409
	5.3.4.3	Pflegebedürftigkeit und ausgewählte Aspekte der pflegerischen Versorgung und sozialen Betreuung	411
	5.3.4.4	Anforderungen an Unterkunft und Verpflegung	416
	5.3.4.5	Anforderungen an die Qualifikation des Personals	417
	5.3.4.6	Qualitätsprüfungen und Transparenzvereinbarung	418
	5.3.5	Vertragliche Grundlagen, Finanzierung und Steuerung stationärer Pflegeeinrichtungen	421
	5.3.5.1	Beziehungen zwischen Pflegekassen und Leistungserbringern	421
	5.3.5.2	Grundlagen der Finanzierung von stationären Pflegeeinrichtungen	423
	5.3.5.3	Steuerung von stationären Pflegeeinrichtungen	429
	5.3.6	Zukunftsstrategien der stationären Pflegeeinrichtungen	433
	5.3.7	Ausgewählte aktuelle Aspekte zum Pflegestärkungsgesetz II und Ausblick	435
	5.3.7.1	Ausgewählte aktuelle Aspekte zum PSG II	435
	5.3.7.2	Ausblick	437

5.4	Ambulante pflegerische Versorgung		444
	Christina Riessland		
	5.4.1	Ziel der ambulanten Versorgung	444
	5.4.1.1	Gesundheitspolitische Zielsetzungen	444
	5.4.1.2	Ambulant vor stationär	445
	5.4.1.3	Regelungen für den Betrieb eines ambulanten Pflegedienstes	445
	5.4.1.4	Normative Rahmenbedingungen der ambulanter Pflege	446
	5.4.2	Struktur in der ambulanten Pflege	448
	5.4.2.1	Anbieter ambulanter Versorgung	448
	5.4.2.2	Finanzierung der ambulanten Pflege	449
	5.4.2.3	Betriebswirtschaftliche Aspekte	453
	5.4.2.4	Ausdifferenzierungen	457
	5.4.3	Fazit	459
5.5	Ambulante ärztliche Versorgung		462
	Manfred Haubrock		
5.6	Arzneimittelversorgung		469
	Manfred Haubrock		

6. Vom Gesundheitssystem zur Gesundheitswirtschaft — 477
Manfred Haubrock

6.1	Kondratieff-Zyklen – die theoretische Basis		477
6.2	Ursachen und Folgen des Paradigmenwechsels		479
6.3	Veränderungen der Rahmenbedingungen		481
	6.3.1	Demografischer Wandel und Finanzierungsproblematik	481
	6.3.2	Sozioökonomischer Wandel	484
	6.3.3	Medizinisch-technischer Fortschritt	485
	6.3.4	Rechtliche und gesundheitspolitische Veränderungen	485
6.4	Primärer und sekundärer Gesundheitsmarkt		489

7. Ethik in der Gesundheitswirtschaft — 493
Volker Schulte

7.1	Einleitung		493
7.2	Ethik und Moral		493
7.3	Gesundheit und Ethik		494
	7.3.1	Autonomieprinzip	494
	7.3.2	Prinzip der Schadensvermeidung	494
	7.3.3	Fürsorgeprinzip	495
	7.3.4	Gleichheits- und Gerechtigkeitsprinzip	495
7.4	Technologischer Fortschritt und Ethik		495
	7.4.1	Themenbereich 1 – Enhancement	495
	7.4.2	Themenbereich 2 – Organisierte Suizidbeihilfe	496
	7.4.3	Themenbereich 3 – Präimplantationsdiagnostik	497
	7.4.4	Themenbereich 4 –Transplantationsmedizin	499
	7.4.5	Themenbereich 5 – Rationierung	502
7.5	Fazit		503

8. Bedeutung des Managements in der Gesundheitswirtschaft — 505
Manfred Haubrock
- 8.1 Gesundheitsleistungen als Gegenstand des Managements — 505
- 8.2 Dimensionen des Managements — 506
  - 8.2.1 Überblick — 506
  - 8.2.2 Funktionales Management — 508
    - 8.2.2.1 Prozess der Aufgabenerfüllung — 508
    - 8.2.2.2 Informationsbearbeitung — 509
    - 8.2.2.3 Zielsetzung — 510
    - 8.2.2.4 Planung — 512
    - 8.2.2.5 Entscheidung — 512
    - 8.2.2.6 Realisierung — 514
    - 8.2.2.7 Kontrolle — 514
  - 8.2.3 Strukturales Management — 516
    - 8.2.3.1 Stellen und Gremien — 516
    - 8.2.3.2 Organisationsformen — 518
  - 8.2.4 Personales Management — 519
    - 8.2.4.1 Struktur- und Wertewandel als Ausgangslage — 519
    - 8.2.4.2 Aspekte des Personalmanagements — 520
  - 8.2.5 Instrumentales Management — 531

9. Relevante Managementkonzepte in der Gesundheitswirtschaft — 539
- 9.1 Kaizen und Lean Management — 539
  Manfred Haubrock
- 9.2 Prozessmanagement — 542
  Manfred Haubrock
- 9.3 Qualitätsmanagement — 551
  Manfred Haubrock
- 9.4 Risikomanagement — 575
  - 9.4.1 Ökonomisches Risikomanagement — 575
    Manfred Haubrock
    - 9.4.1.1 Begriffliche Abgrenzungen — 575
    - 9.4.1.2 Rechtliche Rahmenbedingungen — 578
    - 9.4.1.3 Risikomanagementprozess — 582
  - 9.4.2 Pflegerisches Risikomanagement — 585
    Jürgen Georg
    - 9.4.2.1 Definition, Ziele, Modell — 585
    - 9.4.2.2 Risikoassessment — 587
    - 9.4.2.3 Risikopflegediagnosen, Surveillance-Diagnosen und potenzielle Komplikationen — 588
    - 9.4.2.4 Risikomanagement, Pflegeinterventionen, Expertenstandards und Vigilanz — 594
    - 9.4.2.5 Risikomanagement und interdisziplinäre Versorgungspfade — 595
  - 9.4.3 Patientensicherheit und Risikomanagement — 597
    Constantin Rehers
    - 9.4.3.1 Schlüsselbegriffe im Kontext der Patientensicherheit — 598
    - 9.4.3.2 Patientensicherheit als Qualitätsziel — 599
    - 9.4.3.3 Bedeutung des Gemeinsamen Bundesausschusses — 602

9.5		Versorgungsmanagement	612
		Manfred Haubrock	
	9.5.1	Managed Care als Basiskonzept	612
	9.5.1.1	Grundlegende Aspekte	612
	9.5.1.2	Historische Entwicklung von Managed Care	613
	9.5.1.3	Managed-Care-Techniken	616
	9.5.1.4	Organisationsformen der Managed Care	621
	9.5.1.5	Umsetzungsansätze von Managed Care in den USA	624
	9.5.1.6	Beispiele umgesetzter Managed-Care-Strukturen	626
	9.5.1.7	Akzeptanz und Kritik der Managed-Care-Strukturen	627
	9.5.2	Umsetzungsschritte des Managed-Care-Ansatzes in Deutschland	628
	9.5.2.1	Relevanz des Kassenwettbewerbs	628
	9.5.2.2	Kassenwettbewerb durch Versorgungsmanagement	630
	9.5.2.3	Formen des Versorgungsmanagements	631
9.6		Wissensmanagement	641
		Frank Schäfers	
	9.6.1	Grundlegende Aspekte des Wissensmanagements	641
	9.6.1.1	Wissenstreppe als Basismodell	641
	9.6.1.2	Definitionen von Wissen	643
	9.6.1.3	Formen des Wissens	643
	9.6.1.4	Wissen aus betriebswirtschaftlicher Sicht	644
	9.6.2	Systemisches Wissen	644
	9.6.2.1	Definitionen von Wissensmanagement	644
	9.6.2.2	Unterscheidung: Wissensmanagementsysteme und -modelle	645
	9.6.2.3	Exemplarische Wissensmanagementmodelle	645
	9.6.3	Web-2.0-basierte Tools zur Umsetzung von Wissensmanagement	654
	9.6.3.1	Allgemeine Hinführung	654
	9.6.3.2	Blog	655
	9.6.3.3	Videocast	656
	9.6.3.4	Social Bookmarking	656
	9.6.3.5	Wiki	656
9.7		Betriebliches Gesundheitsmanagement	658
		Mavis Plitt	
	9.7.1	Begriffliche Abgrenzungen	658
	9.7.1.1	Betriebliche Gesundheitspolitik	658
	9.7.1.2	Betriebliches Gesundheitsmanagement	659
	9.7.1.3	Betriebliche Gesundheitsförderung	659
	9.7.1.4	Prävention	660
	9.7.2	Rahmenbedingungen	663
	9.7.2.1	Rechtliche Rahmenbedingungen	663
	9.7.2.2	Richtlinien und Empfehlungen	669
	9.7.2.3	Zertifizierungen	673
	9.7.3	Bedeutung des betrieblichen Gesundheitsmanagements	675
	9.7.3.1	Ziele	675
	9.7.3.2	Voraussetzungen	676
	9.7.3.3	Instrumente	677
	9.7.3.4	Nutzen	678

9.8	Materialmanagement		685
	Manfred Haubrock		
	9.8.1	Elementare und dispositive Produktionsfaktoren	685
	9.8.2	Sachgüter im Sinne der Abgrenzungsverordnung	687
	9.8.3	Grundsätzliche Überlegungen zur Materialwirtschaft	689
	9.8.4	Abfallmanagement	694
9.9	Pflegeprozessmanagement		708
	Jürgen Georg		
	9.9.1	Pflegeprozess	708
	9.9.1.1	Pflegeassessment	709
	9.9.1.2	Pflegediagnosen und -diagnostik	711
	9.9.1.3	Pflegeziele und -ergebnisse	717
	9.9.1.4	Pflegeplanung	718
	9.9.1.5	Pflegeintervention	719
	9.9.1.6	Pflegeevaluation	719
	9.9.2	Pflegeprozess und Patientenedukation	719
	9.9.3	Pflege-, Entlassungsprozess und Entlassungsmanagement	721
	9.9.4	Umsetzung des Pflegeprozesses in die Pflegepraxis	725
	9.9.5	Interdisziplinäre Prozessgestaltung und Pflegeprozess	727
9.10	Informationsmanagement		733
	Jörg Haßmann		
	9.10.1	Einleitende Bemerkungen	733
	9.10.2	Datenmanagement in Gesundheitseinrichtungen	734
	9.10.2.1	Von Daten über Information zu Wissen	734
	9.10.2.2	Klassifikationssysteme	736
	9.10.2.3	Organisation des Datenmanagements	743
	9.10.3	Anwendungssysteme im praktischen Einsatz	747
	9.10.3.1	Krankenhausinformationssysteme (KIS)	747
	9.10.3.2	Elektronische Patientenakte (EPA)	758
	9.10.4	Kommunikationsaspekte	761
	9.10.4.1	Kommunikationsserver	761
	9.10.4.2	Kommunikationsstandards	763
	9.10.5	Gesundheitstelematik	767
	9.10.5.1	eGK, HBA und das Telematikinfrastrukturprojekt	772
	9.10.5.2	Elektronische Fallakte	781
	9.10.5.3	Mobile Health (mHealth) – Anwendungen mit mobilen Geräten	785
	9.10.5.4	Patientengeführte webbasierte Gesundheitsakte	788
	9.10.5.5	Institutionsgeführte Portallösungen	790
	9.10.6	Technische Grundlagen für Informations- und Kommunikationssysteme	791
	9.10.6.1	Client-Server-Architektur	792
	9.10.6.2	Servervirtualisierung	794
	9.10.6.3	Cloud-Computing	797
	9.10.6.4	Einsatz von Rechnernetzen	799

10. Steuerungsinstrumente zur Realisierung der Unternehmensziele 805

    10.1 Kennzahlensysteme 805
        Manfred Haubrock
        10.1.1 Vorbemerkungen 805
        10.1.2 Traditionelle Kennzahlen und Kennzahlensysteme 805
        10.1.2.1 Begriffliche Abgrenzungen 805
        10.1.2.2 Kennzahlenarten 806
        10.1.2.3 Kennzahlen als Vergleichszahlen 806
        10.1.2.4 Grenzen der Anwendung von Kennzahlen 807
        10.1.3 Traditionelle Kennzahlensysteme 807
        10.1.3.1 Vorbemerkungen 807
        10.1.3.2 Aufbau eines Kennzahlensystems 808
        10.1.3.3 Funktion von Kennzahlen und Kennzahlensystemen 809
        10.1.3.4 DuPont-Kennzahlensystem 809
        10.1.3.5 ZVEI-Kennzahlensystem 810
        10.1.3.6 Grenzen finanzieller Kennzahlensysteme 811
        10.1.4 Innovative Performance-Measurement-Systeme 812
        10.1.5 Balanced Scorecard als Performance-Measurement-System 813
        10.1.5.1 Grundlegende Aspekte 813
        10.1.5.2 Begriffliche Abgrenzungen 814
        10.1.5.3 Perspektiven 816
        10.1.5.4 Verknüpfung von Managementsystemen mit der Balanced Scorecard 819
        10.1.6 Einsatzmöglichkeiten der Balanced Scorecard im Krankenhaus 820
        10.1.6.1 Status quo des strategischen Managements 820
        10.1.6.2 Balanced Scorecard für das Krankenhausmanagement 822
        10.1.6.3 Wahl der Perspektiven im Krankenhaus 822
        10.1.6.4 Exemplarische Ziele und Kennzahlen für den Krankenhausbereich 824
    10.2 Controlling 828
        Winfried Zapp
        10.2.1 Hinführung 828
        10.2.2 Theoretische Grundlagen 828
        10.2.2.1 Ausgangslage: Controllingleitbild 828
        10.2.2.2 Basis: Begriffsbestimmung von Controlling 829
        10.2.2.3 Controllingkonzeptionen 836
        10.2.3 Werkzeuge des Controllings 842
        10.2.3.1 Planungssystem 842
        10.2.3.2 Kontrollsystem 849
        10.2.3.3 Informationsberichte 856
        10.2.4 Organisation des Controllings 864
        10.2.4.1 Binnenstrukturierung 864
        10.2.4.2 Außenstrukturierung 864
        10.2.5 Ausblick 865
    10.3 Informationsmanagement durch internes Rechnungswesen 870
        Winfried Zapp
        10.3.1 Hinführung zum Thema – Grundlagen und Ausrichtung 870
        10.3.1.1 Wetterkarten als Ausgangspunkt einer ökonomischen Betrachtung 870
        10.3.1.2 Betriebswirtschaftliches Rechnungswesen als Rahmen der Kosten- und Leistungsrechnung 872

10.3.2	Kosten-, Leistungs-, Erlös- und Ergebnisrechnung	878
10.3.2.1	Zwecke, Ziele und Funktionen	878
10.3.2.2	Anforderungen	879
10.3.2.3	Aufgaben	881
10.3.2.4	Begriffsdefinition	882
10.3.3	Aufbau und Konzeption	882
10.3.3.1	Kostenrechnung	882
10.3.3.2	Leistungsrechnung	903
10.3.3.3	Erlös- und Ergebnisrechnung	904
10.3.4	Rechensysteme und Unterscheidungskriterien der Kosten-, Leistungs-, Erlös- und Ergebnisrechnung	906
10.3.4.1	Unterscheidung nach Umfang: Voll- vs. Teilkostenrechnung	906
10.3.4.2	Unterscheidung nach der Zeit: Ist- vs. Plankostenrechnung	908
10.3.5	Rechnungszielorientierung – daten- vs. verhaltensorientierte Rechnung	909

11. Marktorientierte Unternehmensführung 913

11.1	Marketing	913
	Manfred Haubrock	
11.1.1	Begriffliche Abgrenzungen	913
11.1.2	Bedeutungswandel des Marketingbegriffs	913
11.1.3	Etablierung einer Marketingstrategie im Krankenhaussektor	916
11.1.4	Marketingziele und Marketingstrategien	918
11.1.5	Marketinginstrumente	921
11.1.6	Rechtliche Rahmenbedingungen für das Krankenhausmarketing	924
11.2	Fundraising	927
	Elisa Liegmann	
11.2.1	Begriffsabgrenzungen	927
11.2.1.1	Spende	927
11.2.1.2	Sponsoring	928
11.2.1.3	Begriffsklärung und -abgrenzung	929
11.2.2	Fundraising-Management	932
11.2.3	Erscheinungsform des Marketings	934
11.2.4	Ansätze	937
11.2.4.1	Transaktionsorientiertes Fundraising vs. Relationship Fundraising	937
11.2.4.2	Exkurs: Relationship Fundraising	939

Herausgeber 945

Autorinnen und Autoren 947

Abkürzungsverzeichnis 951

Sachwortverzeichnis 961

Danksagung

Über zwei Jahrzehnte habe ich mit meinem ehemaligen Mitherausgeber Prof. Dr. Walter Schär freundschaftlich und kollegial zusammengearbeitet. Unsere ersten gemeinsamen Aktivitäten hatten wir bereits vor der Wiedervereinigung, als wir mit anderen Kolleginnen und Kollegen daran gearbeitet haben, unter anderem die Inhalte des damaligen Diplom Pflegemanagement-Studiengangs der Berliner Charité an die zukünftigen Herausforderungen anzupassen. Die in diesem Zusammenhang geführten Diskussionen waren für mich auch Lehrjahre. Durch die konstruktiven und persönlichen Gespräche, unter anderem auch im Sommerdomizil des Kollegen, ist bei mir immer ein Erkenntniszuwachs eingetreten. Die Akzeptanz und das Verständnis für die jeweils individuellen Argumentationen und Meinungen, die sich zunächst aus den unterschiedlichen Sozialisationen ergeben hatten, wurden bei Walter Schär und mir immer größer. In den Folgejahren herrschte zwischen Berlin und Osnabrück ein reger Informationsaustausch, der manchmal kontrovers, aber immer fair und respektvoll geführt wurde. Es entstand eine „Vertrauenskultur". Unser Verhältnis ist bis heute durch Ehrlichkeit, Offenheit und Respekt geprägt.

Im Laufe der Jahre sind von uns neben den fünf Auflagen des relevanten Grundlagenwerks des Huber Verlags gemeinsam viele Lehrbriefe und Manuskripte für wissenschaftliche Einrichtungen in Ost und West verfasst worden. Hierbei ging die Initiative in der Regel vom Kollegen Schär aus. Seine vielfältigen Kontakte öffneten viele Türen. Hieraus resultierten auch die unzähligen Lehrveranstaltungen, Seminare und Vorträge, die wir, um es mit den Worten des Kollegen Schär zu sagen, „getrennt gemeinschaftlich" durchgeführt haben. Hinzu kommen die jährlichen Treffen mit Medienvertretern und den Spitzenvertretern des organisierten Pflegemanagements im Rahmen des Berliner Pflegekongresses. Walter Schär hat auf diesem Wege die Professionalisierung des Pflegeberufs stark beeinflusst.

Ich möchte mich daher auch an dieser Stelle bei meinem „Kumpel und Mitstreiter" sehr herzlich für die jahrzehntelange offene und vertrauensvolle Zusammenarbeit, für seine stets humorvollen und hintergründigen Randbemerkungen sowie für alles, was er für mich gemacht hat, bedanken.

Manfred Haubrock
Osnabrück, im April 2017

Geleitwort zur 6. Auflage aus ökonomischer Sicht

In der Gesundheitswirtschaft brauchen wir heute, aber besonders in der Zukunft, hervorragend qualifizierte Fach- und Führungskräfte mit Fähigkeiten für Kommunikation und interdisziplinäre Kooperation. Entscheidend für eine gute Medizin und Pflege sind motivierte und mit viel Wissen und Können ausgestattete Mitarbeitende in allen Arbeitsbereichen und Berufsgruppen der Krankenhäuser, Reha-Kliniken, Pflegeeinrichtungen und Institutionen der ambulanten medizinischen Versorgung.

Gerade unter dem weiter zunehmenden wirtschaftlichen Druck aufgrund der begrenzten Bereitstellung finanzieller Ressourcen durch die Gesundheitspolitik und den Staat und dem sich verschärfenden Wettbewerb sind Personalgewinnung, -bindung und -entwicklung von existenzieller Bedeutung. So wird der Wettbewerb zwischen den Krankenhäusern insbesondere über die Sicherung des Personals und die Fähigkeit des Unternehmens zur Modernisierung, Restrukturierung und Innovation entschieden. Führung, Change Management und die zeitnahe Möglichkeit, zu investieren, stehen daher im Mittelpunkt.

Die Zusammenarbeit der ÄrztInnen, MitarbeiterInnen des Pflege- und Funktionsdienstes, der kaufmännischen und technischen Bereiche sowie der infrastrukturellen Servicedienste ist für den Erfolg einer Einrichtung unerlässlich. Dieser Prozess muss aktiv organisiert werden und verlangt eine interdisziplinäre Kommunikation auf Augenhöhe. Diese ist daher entscheidender Bestandteil jeder effizienten und zukunftsträchtigen Unternehmensführung. Maßgabe ist, Multiprofessionalität auf Augenhöhe zur gelebten Praxis zu machen.

Wertschätzende Kooperation ist unverzichtbar. Dies bedingt ein gegenseitiges Verständnis der jeweiligen Rolle im Leistungs- und Managementprozess, den Respekt untereinander und die Findung und Realisierung gemeinsamer Ziele. Medizinfachliches, also ärztliches und pflegerisches Wissen und Können und betriebswirtschaftliches Wissen, Denken und Verhalten müssen im Managementprozess zusammengeführt werden.

Dafür bedarf es grundlegenden Basiswissens und spezieller Fachkenntnisse. Genau diesem Anspruch widmet sich die nunmehr 6. Auflage von „Betriebswirtschaft und Management in der Gesundheitswirtschaft". Die volkswirtschaftliche Bedeutung im Paradigmenwechsel vom Gesundheitssystem zur Gesundheitswirtschaft ist erheblich für Beschäftigung, Wirtschaftskraft und Wertschöpfung. Die Anforderungen und Erwartungen an das Management sind weiter gestiegen.

Komplexität und Dynamik sind rasant. Qualität, Patientensicherheit, Wirtschaftlichkeit, aber auch Mitarbeiterzufriedenheit im Fokus der Leistungsprozesse, insbesondere in den Krankenhäusern, zu gestalten, setzt Wissen, Können, aber auch Know-how-Transfer voraus.

Diesem Anspruch widmen sich zum Beispiel das Kapitel und die vielgliedrigen Abschnitte relevanter Managementkonzepte für die Gesundheitswirtschaft. Controlling als unternehmerisches Führungsinstrument und die marktorientierte Unternehmensführung ergänzen diesen Part.

Grundlagen und Wissen für die Aus-, Fort- und Weiterbildung für derzeitige und zukünftige Mitarbeitende der Gesundheitswirtschaft zur Verfügung zu stellen, dient die 6. Auflage dieses Standardwerks in bewährter Manier.

Prof. Dr. Karsten Güldner
Wissenschaftler Direktor der Akademie
der Dienstleistungs- und Einkaufsgemeinschaft
Kommunaler Krankenhäuser eG

Geleitwort zur 6. Auflage aus medizinischer Sicht

Seit Beginn der ersten Krankenhausreform im Jahre 1993 hat es bereits grundlegende Veränderungen im Gesundheitswesen gegeben. Die Leistungsfähigkeit konnte beispielsweise im stationären Sektor erheblich gesteigert werden. Während 1990 in den 2447 Krankenhäusern mit ihren 686 000 Betten 13,8 Millionen Patienten mit einer Liegezeit von 15,3 Tagen stationär behandelt wurden, wurden 2014 in den verbliebenen 1980 Krankenhäusern mit 500 680 Betten 19,1 Millionen Patienten mit einer Liegezeit von 7,4 Tagen behandelt. Diese Leistungsverbesserung war nur möglich, weil insbesondere betriebswirtschaftliche Aspekte Einzug in das Gesundheitswesen gehalten haben. Es darf aber nicht verschwiegen werden, dass die Ökonomisierung auch zu einer Leistungsverdichtung vor allem zu Lasten der Gesundheitsberufe geführt hat. Diese neuen insbesondere ethischen Aspekte der Medizin rücken bei dem aktuellen Mangel an Gesundheitsberufen wieder in den Fokus. Medizin wird von Menschen für Menschen gemacht. Es zählt letztlich am Ende einer Behandlung die Qualität, die den Menschen als Patienten zufriedenstellt.

Heute sind Themen wie „Qualitätsmanagement", „Prozessmanagement", „Case Management", „OP-Management" oder „Betten-Management" im Gesundheitswesen selbstverständlich geworden. Auch die aktuellen Themen wie „Patientensicherheit" oder „Fehlermanagement" haben schon ihren festen Stellenwert im Alltag des Gesundheitssystems. Mit den neuen Krankenhausreformen seit 2014 kommen weitere Aspekte wie „Qualität und Transparenz" hinzu. Die Entwicklung des Gesundheitssystems muss als ein dynamischer Prozess der fortlaufenden Verbesserung verstanden werden und verlangt von den Gesundheitsberufen ein lebenslanges Lernen.

Dieser breiten Facette an dynamischen Veränderungsprozessen im Gesundheitswesen trägt auch die 6. Auflage des Standardwerks „Betriebswirtschaft und Management in der Gesundheitswirtschaft" mit seiner grundlegen Neustrukturierung Rechnung. Es wurde den neuen gesundheitspolitischen Herausforderungen angepasst. So wurden die Inhalte gegenüber der 5. Auflage von 2009 umfassend aufgearbeitet und anhand der neuen gesundheitspolitischen Aspekte neu strukturiert. Die Rahmenbedingungen des Gesundheitssystems wurden in den ersten Kapiteln in ihren Kernelementen „Sozialversicherungssystem", „Gesundheitssystem", „Gesundheit und Ökonomie" sowie „Gesundheitspolitik" für die Lesenden in eigenen inhaltlichen Abschnitten in einen kausal aufeinander aufbauenden Zusammenhang gebracht.

Die aktuellen Strukturen von ausgewählten Versorgungssystemen werden in einem neuen praxisbezogenen Zusammenhang erklärt. Ihm schließt sich in logischer Konsequenz der kontroverse Dialog zwischen Ökonomie und Ethik an.

Es mündet in sehr pragmatisch aufgebaute, lösungsorientierte Kapitel, die das Thema „Management im Gesundheitswesen" in all seinen Facetten aufarbeiten. Nicht zuletzt zeigt das Standardwerk mit seinen abschließenden Kapiteln, dass sich Controller und Gesundheitsberufe sinnvoll ergänzen können. Neben Kennzahlsystemen zur Steuerung ist es insbesondere das Wissen über die Finanzierung, die das Buch abrundet und die LeserInnen zu ExpertInnen im Gesundheitssystem werden lässt.

Der Autor und Herausgeber Haubrock zeigt damit eindrucksvoll, dass dieses Werk seit Jahren zu Recht zur Pflichtlektüre für Pflegeberufe, Arztberufe und GesundheitsmanagerInnen gehört.

Prof. Dr. med. Gisbert Knichwitz MBA
Chefarzt, Mitgliedschaften in den Vorständen der Ärztekammern, der ärztlichen Weiterbildungskommission, der Lenkungsgruppe im Peer Review Verfahren und des deutsch-niederländischen Gesundheitsnetzwerkes der Euregio

Geleitwort zur 6. Auflage aus pflegerischer Sicht

Das Gesundheitssystem in Deutschland hat in den vergangenen Jahrzehnten kontinuierlich an Komplexität und Differenzierung zugenommen. Insbesondere mit der Einführung der G-DRGs im Jahre 2004 hat das Finanzierungssystem einen grundlegenden Wandel erfahren, ging es weg von tagesgleichen Pflegesätzen zu einem Preissystem im Sinne von Fallpauschalen, die möglichst sämtliche Leistungen im Akutbereich abdecken sollten. „Geld folgt der Leistung", so die zentrale Begründung für diesen Paradigmenwechsel in der Finanzierung.

Die Einführung der Fallpauschalen hatte in den Folgejahren weitreichende Konsequenzen für das gesamte System in allen Bereichen der Gesundheitsversorgung. Recht schnell wurde von „blutigen Entlassungen" gesprochen, die Krankenhäuser standen am Pranger, die Patienten zu Lasten der Rehakliniken und der ambulanten Pflegedienste viel zu früh zu entlassen. Gleichzeitig haben wir eine immense Fallzahlsteigerung, einhergehend mit einer gravierenden Verweildauerverkürzung bei Zunahme alter und multimorbider Patienten erlebt. Die Medizin hat in diesen Jahren in fast allen Bereichen revolutionäre Fortschritte gemacht, nehmen wir nur das Beispiel der transfemoralen Aortenklappen in der Kardiologie. Dies bedeutet in der Praxis, dass wir heute Patienten mit dieser Methode behandeln können, die sich jenseits des 90. Lebensjahres bewegen. Im Fazit können wir feststellen, dass wir in Deutschland nach wie vor eines der besten Gesundheitsversorgungssysteme weltweit haben, das jedem einen uneingeschränkten Zugang zu medizinischen und pflegerischen Leistungen ermöglicht, unabhängig von Alter und sozialer Situation. Wir sollten alles dafür tun, dass wir diesen hohen Level erhalten können.

Das vorliegende Buch von Manfred Haubrock beschäftigt sich nun schon in der 6. Auflage in herausragender Weise mit dieser hohen Komplexität unseres Gesundheitssystems und versucht in seiner Differenziertheit der einzelnen Kapitel und Beiträge, die Wichtigkeit der einzelnen Bereiche darzustellen und gleichzeitig aufzuzeigen, wie stark die Verbindungen und Abhängigkeiten sind. Es wird ein weiter Bogen gespannt von den grundlegenden Aspekten des Sozialversicherungssystems in unserem Land über die politischen Aspekte der Gesundheitsversorgung bis hin zu relevanten Managementkonzepten für die Gesundheitswirtschaft. Hinzu kommt die Betrachtung ausgewählter Versorgungssysteme, die Frage nach Ethik und Moral in den Gesundheitsberufen und ein aus meiner Einschätzung sehr wichtiges Kapitel zur marktorientierten Unternehmensführung.

Gerade der Unternehmensführung, unabhängig in welchem Versorgungsbereich das Unternehmen in der Gesundheitswirtschaft angesiedelt ist, kommt in der Zukunft noch eine größere Bedeutung zu. Wir werden uns künftig mehr denn je damit auseinandersetzen müssen, wie wir unser hervorragendes Gesundheitsversorgungssystem im Kontext immer knapper werdender Ressourcen aufrechterhalten und weiterentwickeln können.

Seit geraumer Zeit spüren wir klar und eindeutig, dass wir in vielen Bereichen eine Unterfinanzierung erleben, die Unternehmen dazu zwingt, tiefe Einschnitte vorzunehmen, um wirtschaftlich zu überleben. Gleichzeitig erleben wir aktuell wohl erst die Vorstufe eines Pflegenotstands, der sich nach den prognostischen Vorhersagen verschiedener Institute in dem kommenden Jahrzehnten in einem Bereich bewegen wird, der unvorstellbar ist, wir sprechen von bis zu 300 000 zusätzlichen qualifizierten Pflegekräften bis ins Jahr 2030!

Manfred Haubrock sei an dieser Stelle herzlich dafür gedankt, dass er sein enormes Wissen und seine jahrzehntelange Erfahrung in diesem System der Gesundheitswirtschaft uns über die 6. Auflage dieses Buches zur Verfügung stellt und uns damit vielfältige Gedankenanstöße gibt.

Peter Bechtel
Vorstandsvorsitzender des Bundesverbandes Pflegemanagement

Vorwort

Die Erstellung dieser 6. Auflage fiel wiederum in eine ereignisreiche Zeit, die im Wesentlichen durch eine Veränderung der sozioökonomischen Rahmenbedingungen und durch weitere Gesundheitsreformen im Gesundheitswesen geprägt war.

In dieser völlig überarbeiteten und inhaltlich aktualisierten Auflage werden die aktuellen Entwicklungstendenzen, die Ursachen für die Kernprobleme in den Bereichen der Gesundheitswirtschaft sowie potenzielle Lösungsansätze dargestellt. Auch in dieser Auflage geht es darum, neben den wissenschaftstheoretischen Ausführungen an praktischen Beispielen zu verdeutlichen, wie die Gesundheitswirtschaft als zweckorientiertes, dynamisches, äußerst komplexes und soziotechnisches Expertensystem organisiert ist, wie die einzelne Sektoren miteinander verbunden sind, welche Chancen und Risiken, aber auch welche Stärken und Schwächen in der Gesundheitswirtschaft vorhanden sind.

Im 1. Kapitel wird zunächst die historische Entwicklung der sozialen Absicherung von der Zeit des Absolutismus bis zur Gegenwart verdeutlicht. Es schließen sich Ausführungen über die wesentlichen Merkmale der sozialen Sicherung sowie über die Grundprinzipien und Gemeinsamkeiten der Sozialversicherungen an. Dieser Abschnitt umfasst zudem die Darstellung der fünf Sozialversicherungen in Deutschland.

Versorgungsaspekte des Gesundheitssystems sind Gegenstand des 2. Kapitels. In diesem Kontext wird zunächst das Ordnungsprinzip der Sozialen Marktwirtschaft vorgestellt. Es folgen die Auseinandersetzungen mit den Funktionen des Wettbewerbs und die Darstellung der bedarfsgerechten Versorgung. Dieser Abschnitt endet mit der Analyse der Spezifika des ersten Gesundheitsmarktes.

Gesundheitsökonomische Evaluationen sind in den vergangenen Jahren immer relevanter geworden, daher wird diese Thematik im 3. Kapitel aufgearbeitet. Neben der Präsentation der unterschiedlichen Evaluationsmethoden wird die Bedeutung der Kosten-Nutzen-Betrachtungen für den primären Gesundheitsmarkt untersucht.

Die Gesundheitspolitik ist Gegenstand des 4. Kapitels. Neben den Zielen und Funktionen der Gesundheitspolitik werden die aktuellen gesundheitspolitischen Herausforderungen herausgearbeitet. Ein Überblick über die wesentlichen Gesundheitsreformen der vergangenen Jahrzehnte rundet die politische Betrachtung ab.

Im 5. Kapitel werden die Systeme Krankenhaus, Rehabilitationseinrichtung, stationäre und ambulante Pflegeeinrichtung, Arztpraxis und Apotheke detailliert vorgestellt.

Der Wandel des Gesundheitssystems zur Gesundheitswirtschaft ist Inhalt des 6. Kapitels. Zunächst wird auf die Theorie der langen Wellen eingegangen, es schließt sich die Diskussionen um die hierdurch ausgelösten Veränderungsprozesse sowie um die Abgrenzungen zwischen dem ersten und zweiten Gesundheitsmarkt in Deutschland an.

Im 7. Kapitel wird die Ethik als rationale Begründung für menschliche Handlungsnormen behandelt. Hierbei werden die Interdependenzen zwischen Ethik und Moral, zwischen Gesundheit und Ethik sowie zwischen dem technologischen Fortschritt und der Ethik thematisiert.

Die vierdimensionale Sichtweise des Managements (Struktur, Funktion, Personal, Werkzeuge) wird im 8. Kapitel verdeutlicht. Neben der generellen Sichtweise werden die spezifischen Auswirkungen auf die Gesundheitswirtschaft vorgestellt.

Diverse Managementkonzepte, von der Kaizen-Philosophie bis zum Informationsmanagement, sind Inhalte des 9. Kapitels. Im Detail stellen die Autoren die Konzepte Kaizen, Lean-, Prozess-, Qualitäts-, Risiko-, Versorgungs-, Wissens-, Gesundheits-, Entlassungs-, Pflege- und Informationsmanagement vor.

Unternehmerische Ziele können nur realisiert werden, wenn die hieraus abzuleitenden Strategien und Maßnahmen seitens des Managements gesteuert werden. Zu den Steuerungsinstrumenten gehören immer schon die sogenannten traditionellen Kennzahlensysteme, mit denen der monetäre Unternehmenserfolg gesichert werden soll. In den vergangenen Jahrzehnten sind aber auch die Gesundheitseinrichtungen zu der Erkenntnis gekommen, dass neben den finanziellen Erfolgsfaktoren die sogenannten intangiblen Parameter den unternehmerischen Benefit abbilden. Somit werden im 10. Kapitel auch die Performance-Measurement-Systeme vorgestellt. Dieses Kapitel umfasst zudem die Darstellung der wesentlichen Aspekte des Controllings und des betriebswirtschaftlichen Rechnungswesens.

Die marktorientierte Unternehmensführung ist die Thematik des 11. Kapitels. Neben der Relevanz des Marketings für die Gesundheitsunternehmungen wird die zunehmende Bedeutung des Fundraisings inhaltlich bearbeitet.

Abschließend möchte ich als Herausgeber Herrn Georg vom Hogrefe Verlag und dem freien Lektor Herrn Herrmann insbesondere für die Hilfestellung bei der methodisch-didaktischen Aufarbeitung der Inhalte sowie für die Unterstützung bei der formalen Gestaltung dieser Publikation danken. Ihre verständnisvolle und fachlich kompetente Beratung bei der Realisierung dieser Auflage hat wesentlich zum Gelingen dieses Projekts beigetragen.

Mein Dank geht auch an die Autorinnen und Autoren, die ihre zum Teil hochkomplexen Inhalte einerseits für den Leser nachvollziehbar, andererseits wissenschaftlich fundiert, fachlich kompetent und sorgfältig präsentieren. Erwähnenswert ist zudem die Aktualität der Beiträge.

Manfred Haubrock
Osnabrück, im April 2017

1 Grundlegende Aspekte des Sozialversicherungssystems

Manfred Haubrock

1.1 Entwicklung der sozialen Sicherung bis 1945

Das Fundament des deutschen Gesundheitssystems ist die Bilanz einer über viele Jahrhunderte andauernden Entwicklung. Die Betrachtung über diesen Zeitraum zeigt, dass die Entwicklung und Entstehung des Systems der sozialen Sicherung im Wesentlichen von einer in der deutschen Geschichte und Kultur verwurzelten sozialpolitischen Grundüberzeugung, der Einführung der Selbstverwaltung sowie durch viele verschiedene gesellschaftliche und politische Gruppen beeinflusst worden ist.

Einige besonders charakteristische Merkmale des deutschen Gesundheits- und Sozialsystems lassen sich bis ins Mittelalter zurückverfolgen. Zunächst basiert es auf der christlichen Vorstellung der Solidarität gegenüber den Alten und Kranken. Hier stand jedoch nicht nur die Nächstenliebe im Fokus des Handelns, vielmehr spielte auch der Gedanke an den eigenen Seelenfrieden eine bedeutende Rolle. Kirchliche Hospitäler dienten im Mittelalter der Krankenversorgung und zeichneten sich dadurch aus, dass sie fremden und nicht ortsansässigen Armen und Kranken Unterkunft und Pflege gewährten. Diese Hospitäler waren in erster Linie Armenpflegehäuser. Neben der Kirche widmeten sich auch weltliche Organisationen der Versorgung dieser Personengruppen. Die kirchliche Fürsorge nahm ab Mitte des 15. Jahrhunderts, bedingt durch den gesellschaftlichen Wandel und ausgelöst durch die kirchlichen Reformen (Reformation) sowie die damit verbundenen Schließungen katholischer Häuser, ab. An die Stelle der kirchlichen Einrichtungen traten zunehmend weltliche Versorgungsinstitutionen. In diesem Kontext spielen die genossenschaftlichen Selbsthilfeeinrichtungen der Gilden, Zünfte und Gesellenbruderschaften, die das gesellschaftliche und wirtschaftliche Leben in den freien Städten stark geprägt haben, eine wesentliche Rolle.

Diese Veränderungsprozesse spielen sich historisch vor dem Hintergrund einer Wirtschaftsstruktur ab, die im Wesentlichen durch die Entstehung des sogenannten Sektorenmodells gekennzeichnet ist. Bis zum Jahre 1945 wurde die wirtschaftliche Entwicklung in den deutschen Ländern im Wesentlichen durch die Aktivitäten der beiden folgenden Sektoren beeinflusst:
- primärer Sektor (Landwirtschaft, Bergbau, Forstwirtschaft und Fischerei)
- sekundärer Sektor (verarbeitendes Gewerbe, Baugewerbe, Energiewirtschaft).

Die Entwicklung dieser beiden Wirtschaftssektoren ist historisch bedingt. Bis zur industriellen Revolution, die im 18. Jahrhundert zum Beispiel durch die Entwicklung der Dampfmaschine von Newcomen (1705), der „Spinning Jenny" von Hargreaves (1765), der Baumwollspinnmaschine von Arkwright (1769), des mechanischen Webstuhls von Cartwright (1784), des Puddelverfahrens bei der Eisengewinnung von Corte (1784) und der Baumwollreinigungsmaschine von Whitney (1792) ihren Anfang nahm, dominierte der primäre Sektor.

Dieser **primäre Sektor**, in dem bis zu Beginn der Industrialisierung im 19. Jahrhundert der Wirtschaftsbereich Landwirtschaft eine dominante Bedeutung spielte, war schon in der Vergangenheit durch den Einsatz der beiden volkswirtschaftlichen Produktionsfaktoren Boden und Arbeit geprägt.

Produktionsfaktoren waren bzw. sind materielle und immaterielle Ressourcen, die zur Erzeugung von Sachgütern bzw. zur Bereitstellung von Dienstleistungen notwendig sind. Ihr Einsatz ist somit auch für die Unternehmungen des ersten Wirtschaftssektors die Basis für die Herstellung bzw. Bereitstellung von wirtschaftlichen Gütern. Durch ihre Verwendung wird das Unternehmensziel, zum Beispiel der Anbau von Getreide, realisiert. Im Rahmen dieses sogenannten betrieblichen Wertschöpfungsprozesses werden die Produktionsfaktoren teilweise bzw. ganz „verbraucht". Wird dieser Ressourcenverbrauch monetär bewertet, entstehen für ein Unternehmen Kosten. Kosten lassen sich folglich aus der ökonomischen Perspektive als zweckbezogene, monetäre Ressourcenverbräuche definieren.

Der Faktor **Boden** wird wiederum in einen Anbau-, einen Abbau- und einen Standortboden unterteilt. Unter dem Anbauboden wird zum Beispiel der landwirtschaftlich genutzte Acker verstanden. Diese Art des Bodens ist folglich in der vorindustriellen Phase eine wesentliche Grundlage für die wirtschaftliche Existenz. Bei dem Abbauboden werden die Rohstoffe, die sich in der Erde befinden (z. B. Gas, Kohle, Öl), ökonomisch genutzt. Die Standortfrage ist heute unter anderem relevant für Logistikunternehmen oder für Gesundheitseinrichtungen, für die eine optimale Anbindung an die Infrastruktur und somit eine gute Erreichbarkeit von Bedeutung sind.

Der Faktor **Arbeit** wird in der Betriebswirtschaftslehre in die an der Bereitstellung von Dienstleistungen bzw. an der Erstellung von Sachgütern beteiligten *Elementarfaktoren* sowie in die *derivaten Faktoren* unterteilt. Zu den Elementarfaktoren gehören neben den Betriebsmitteln (z. B. Röntgengerät, Investitionsgüter) und Werkstoffen (z. B. Medikamente, Verbrauchsgüter) auch die ausführenden, erwerbstätigen Menschen. Dieser Teil des Humankapitals wird in der Betriebswirtschaftslehre als sogenannter exekutiver Produktionsfaktor (ausführende Mitarbeiter) bezeichnet. Der sogenannte dispositive Faktor umfasst die Mitarbeiter der Unternehmensführung sowie die Tätigkeiten des Managements. Diese Tätigkeiten der Unternehmensführung werden auch derivative Faktoren genannt. Zu diesen Managementfunktionen gehören die Festlegung von Zielen, die Planung, die Organisation und die Kontrolle.

Diese oben aufgezeigte Differenzierung der Mitarbeiterschaft ist die Grundlage für die Hierarchisierung des Faktors Arbeit. Eine hierarchische Ordnung (Aufbauorganisation, Unternehmensstruktur) besteht aus den Stellen (kleinste Organisationseinheit der ausführenden Arbeit) und aus den Instanzen (kleinste Organisationseinheit des Managements). Instanzen und Stellen bilden zusammen die Organisationseinheit Abteilung.

Der **primäre Sektor** ist geprägt durch die **Agrargesellschaft**. Die meisten Menschen lebten bis zum Ende des 18. Jahrhunderts von der Landwirtschaft und in ländlichen Siedlungen. In Deutschland waren zum Beispiel noch in der zweiten Hälfte des 19. Jahrhunderts etwa 80 % der Menschen direkt landwirtschaftlich tätig (vgl. Bundeszentrale für politische Bildung, 1975: 1). Ein wesentliches unternehmerisches Ziel in der Zeit des Absolutismus, die durch die ständisch-agrarische Ordnung gekennzeichnet war, bestand für die adligen Grundherren darin, die volle **Verfügungsgewalt** über die beiden Produktionsfaktoren Arbeit und Boden zu bekommen. Beim Produktionsfaktor Boden war folglich das Eigentum an der landwirtschaftlichen Anbaufläche notwendig, um die Verfügungsgewalt über den Faktor zu bekommen. Zu dieser wirtschaftlichen Elite gehörten zum Beispiel die ostelbischen Gutsherren. Dieser Stand kontrollierte somit die Bodennutzung und lebte zudem von den Abgaben und Dienstleistungen der von ihm abhängigen landwirtschaftlichen Mitarbeiterschaft. Die Bestimmung des wirtschaftlichen Einsatzes des Produktionsfaktors Arbeit erfolgt zunächst über die Leibeigenschaft und nach den relevanten Reformen über die Hand- und Spanndienste. Diese Dienste, die im preußischen Einflussbereich auch unter der Bezeichnung Heuerlings- oder Kötterwesen bekannt waren, zeichneten sich unter anderem dadurch aus, dass zwischen dem Dienstherren, also in der Regel einem Landadeligen, und den unselbstständigen Bauern eine wirtschaftliche und soziale Abhängigkeit bestand. So wurden in den damals geltenden Gesetzen (in einigen Staaten als Heimatgesetz bekannt) Rechte und Pflichten für beide Seiten festgeschrieben. Unter anderem bestand die Pflicht der Bauern darin, ihre Arbeitskraft zur Verfügung zu stellen, während die Pflicht des Lehnsherren zum Beispiel darin bestand, die soziale Sicherung der Mitarbeiter zu garantieren. Zu diesen sozialen Pflichten gehörte unter anderem die Versorgung im Fall der Krankheit. Das System war zudem aufgebaut auf dem sogenannten Heimatgedanken, das heißt, die Dorfgemeinschaft bildete die soziale und wirtschaftliche Grundlage für die Menschen. Aus diesen ökonomischen Machtstrukturen ergaben sich politische Herrschaftsstrukturen. Die Führungsschichten der vorindustriellen Gesellschaften rekrutierten sich nahezu ausschließlich aus der Schicht des Adels, also aus der sozialen Schicht (Stand) der Eigentümer des Produktionsfaktors Boden. Der Absolutismus war folglich geprägt durch eine Interessengemeinschaft der politischen Führungselite und der wirtschaftlich mächtigen Personen.

Alternativ zu dieser ländlichen Struktur entwickelte sich in den **Städten** das Bürgertum. Dort spielten die Kaufleute und die Handwerker eine entscheidende Rolle. In den Städten, von denen einige im Laufe der Jahrhunderte bestimmte Privilegien erwerben konnten (z. B. das Marktrecht, das Münzrecht und das Gerichtsrecht), entwickelte sich ein anderes gesellschaftliches Leben. Diese sogenannten freien Städte waren die Wirtschaftszentren einer Region. Eine wesentliche Voraussetzung für diese Entwicklung war die Erlangung des **Marktrechts**. Dieses Recht konnte verliehen oder erworben werden. Das Wirtschaftsleben war durch den Tausch zwischen den Produkten aus den ländlichen Gebieten und den städtischen Handwerkserzeugnissen geprägt. Diese Tauschprozesse fanden auf bestimmten Plätzen, den sogenannten Märkten, statt. Der Marktplatz war somit der Ort, an dem gewirtschaftet wurde. **Wirtschaften** bedeutet, dass Waren angeboten und nachgefragt wurden. Verständigen sich der Produzent und der Konsument auf einen Tauschwert, kommt der Kaufvertrag zustande. Aus den anfänglichen Naturaltauschprozessen entwickelte sich nach und nach ein Tausch Geld/Münzen gegen Ware. Ein Tausch Geld gegen Ware setzt voraus, dass dieses Zahlungsmittel zur Verfügung gestellt wird. Zur Herstellung von Münzen erwarben zunächst die Städte und später auch private Geldhäuser **Münzrechte**. Historisch interessant ist hierbei unter anderem die Tatsache, dass zur Herstellung der Münzen zunächst nur Edelmetalle (Gold und Silber) verwendet wurden. Der Münzwert und der Tauschwert einer Münze waren identisch. Durch den Austausch der Edelmetalle gegen minderwertige Materialien (z. B. Bronze) konnte ein Münzgewinn erzielt werden. Dies bedeutet, dass der Herstellungswert und der Tauschwert einer Münze nicht mehr identisch waren.

Die heutige Wirtschaftsordnungsidee der Marktwirtschaft mit dem systemimmanenten Preiswettbewerb basiert auf den Erkenntnissen, die über die Tauschprozesse in den freien Städten gewonnen werden konnten.

Neben dieser Möglichkeit, Einkünfte zu erzielen, konnten die Städte ihre Haushaltslage durch Steuern und Gebühren verbessern. So mussten die Bauern, die ihre Produkte in der Stadt verkaufen wollten, bei Ankunft in der Stadt ein „Eintrittsgeld" zahlen. Wollte ein Händler sein Produkt mit einem bestimmten Qualitätsnachweis verkaufen, so musste diese Qualität durch Beauftragte der Städte festgestellt und bescheinigt werden. Die Städte hatten hierfür Qualitätsnormierungen (Qualitätsstandards) entwickelt, die eingehalten werden mussten. Für die Verleihung eines solchen Qualitätszertifikats waren entsprechende Gebühren zu entrichten.

Das dritte Recht, das **Gerichtsrecht**, ergänzte die beiden anderen Rechte. Verstöße, die sich unter anderem aus einem unseriösen Marktverhalten ergeben konnten, wurden in der Regel zeitnah und vor Ort geahndet.

Die Städte hatten, im Vergleich zu der in den ländlichen Regionen üblichen Feudalherrschaft, eine alternative politische Führungskultur. Aus der Mitte der Handwerksmeister und der Kaufleute, die in der Bürgerversammlung vertreten waren, wurde als Primus inter pares der Bürgermeister einer Stadt gewählt. Er war somit der höchste Repräsentant sowohl in politischen als auch in wirtschaftlichen Angelegenheiten. Der Bürgermeister vertrat die städtischen Interessen nach außen und innen. Die Stadt hatte somit eine eigenständige Gesellschafts- und Wirtschaftsstruktur. Die gesundheitliche und soziale Absicherung der Menschen in den Städten erfolgte durch die **Gilden** bzw. Zünfte. Es handelte sich um Selbstverwaltungsorgane, die ihre Angelegenheiten autonom geregelt haben. So konnten diese Verbände zum Beispiel Betten in den Hospitälern kaufen, um ihre Mitglieder im Krankheitsfall versorgen zu können. Ein weiteres Merkmal dieser Gesellenbruderschaften bestand darin, hoheitliche Funktionen zur Regulierung ihrer Berufsstände wahrzunehmen. Die heutigen gesetzlichen Krankenversicherungen beruhen letztlich auf dem Konzept dieser genossenschaftlichen Selbsthilfe. Weiterhin sind in diesem Kontext die Zwangsmitgliedschaften und die Erhebung von Zwangsbeiträgen (z. B. in Form eines Büchsenpfennigs) zu nennen. Diese und weitere Kriterien des Gildewesens wurden Ende des 19. Jahrhunderts in die staatlichen sozialen Sicherungssysteme integriert. Beispielhaft sollen in diesem Zusammenhang die folgenden Merkmale genannt werden:

- Anbindung des sozialen Schutzes an ein Arbeitsverhältnis
- Versicherungspflicht
- Beitragsfinanzierung
- Solidarausgleich
- Familienversicherung
- Selbstverwaltung.

Im Laufe des 17. und 18. Jahrhunderts nahm die Bedeutung der Zünfte und Bruderschaften ab. Die Gewerbefreiheit und die Landreformen führten letztlich zur Auflösung der alten, teilweise bis ins Mittelalter zurückreichenden Versorgungsstrukturen. Die Regulierung der sozialen Sicherung wurde zunehmend von den Landesherren wahrgenommen. Durch das **Preußische Landrecht** von **1794** („Allgemeines Landrecht für die preußischen Staaten") wurden nicht nur weitgehende Vorschriften über die Gewährung sozialer Leistungen getroffen, sondern primär wurde auch die grundsätzliche Anerkennung der staatlichen Verantwortung für die Versorgung bedürftiger Menschen festgeschrieben. Dieser Grundsatz entspricht dem Sozialstaatsprinzip der Verfassung für die Bundesrepublik sowie der Verpflichtung des Staates zur Daseinsvorsorge und Fürsorge. Die Kommunalisierung der Armenfürsorge war eine Folge der preußischen Reformen. Die Kassen entwickelten sich folglich aus den Zunftbüchern der Meister und Gesellen (Zusammenschlüsse eines bestimmten Berufsstands) über die Bruder- und Gesellenläden bis hin zu den Gewerbehilfskassen, die in Preußen nach der Einführung der Allgemeinen Gewerbeordnung die alten Versorgungseinrichtungen abgelöst haben.

Die gesundheitliche Absicherung der Arbeiterschaft im **Bergbau** war seit dem 17. Jahrhundert durch zunehmende staatliche Regulierung und Kontrolle geprägt. Dies führte dazu, dass schon zu damaliger Zeit neben den ärztlichen Behandlungen zum Beispiel Lohnfortzahlungen sowie Witwen- und Waisenrenten obligatorisch waren. Die Beiträge zu den sogenannten Revierkassen, die diese Leistungen zu finanzieren hatten, wurden durch die Bergleute (Knappen) und die Grubenbesitzer aufgebracht.

Die **industrielle Revolution**, die im letzten Viertel des 18. Jahrhunderts begann, veränderte das gesamte gesellschaftliche und wirtschaftliche Leben sowie die sozialen Strukturen. Sie steht stellvertretend für den beginnenden wirtschaftlichen Liberalismus und für die Umwälzung der Produktionsweisen und der Transporttechnik. Diese industrielle Revolution wird in Europa durch die Französische Revolution und in Amerika durch die Boston Tea Party ausgelöst. Ziel der **Französischen Revolution (1789–1799)** war die Abschaffung des feudalabsolutistischen Ständestaats sowie die Umsetzung der Ideen und Werte der Aufklärung. Die **Boston Tea Party (1773)** bildete den Höhepunkt eines lange schwelenden Streits zwischen den nordamerikanischen Kolonien und dem

Mutterland Großbritannien. Sie war somit ein Akt des Widerstands gegen die britische Kolonialpolitik. Mit diesen beiden Revolten verloren der Absolutismus sowie die Wirtschaftsidee des Merkantilismus (Lenkung der Wirtschaft durch den Staat) an Bedeutung. Wesentliche Ursachen für diese Revolutionen waren das aufklärerische politische Denken (Montesquieus Modell der Gewaltenteilung, Rousseaus Vorstellungen vom Eigentum als Ursache der Ungleichheit zwischen den Menschen) sowie die Vorstellungen über den **Wirtschaftsliberalismus**. Diese Wirtschaftslehre forderte die wirtschaftliche Freiheit der Unternehmer, sie lehnte jeden staatlichen Eingriff ab. Das Programm, das wesentlich von Adam Smith als Gegenpol zum Merkantilismus geprägt worden ist, entsprach den Interessen der sich entwickelnden Industrie, deren Vertreter hauptsächlich aus calvinistischen Kreisen kamen. In seinem Buch „The Wealth of Nations" („Der Wohlstand der Nationen") geht Smith davon aus, dass es Aufgabe des Marktes ist, ein Zusammenfallen des Eigennutzens der Unternehmer mit dem Gemeinwohl zu erreichen. Der Wirtschaftsliberalismus geht davon aus, dass sich die Wirtschaft ohne staatliche Einmischung durch die „unsichtbare Hand des Marktes" selbst steuert. Dieses liberale Konzept deckte sich mit den Vorstellungen der Industriellen. Die Einstellung dieser Unternehmer, durch den Einsatz von Kapital aus Eigeninteresse die Produktivität zu erhöhen, ist entscheidend für den Investitionsboom. Das Investitionskapital ist nunmehr die Basis für die Generierung unternehmerischer Gewinne. Somit wird der **Kapitaleinsatz** als dritter **Produktionsfaktor** zum Wachstumsmotor des 19. Jahrhunderts. Mit dem „Kapitalismus" entsteht der zweite Wirtschaftssektor, der Sektor der warenproduzierenden Wirtschaft.

Zu den **Investitionsobjekten** gehörte auch der Ausbau der **Verkehrswege**. So ist in Deutschland 1825 die Dampfschifffahrt auf dem Rhein eröffnet worden. Zehn Jahre später fuhr die erste Eisenbahn von Nürnberg nach Fürth. In Großbritannien, in den USA und in Deutschland wurde das Streckennetz der Eisenbahn ab 1840 systematisch ausgebaut und verlängerte sich zum Beispiel in Deutschland von ca. 6000 km (1840) auf über 51 000 km (1900) (vgl. Bundeszentrale für politische Bildung, 1975: 9). Entwicklungen wie das Bessemerverfahren (1856) und das Siemens-Martin-Verfahren in der Stahlerzeugung (1864) sind Beispiele für die Industrialisierung in Deutschland. Zusätzlich schuf die Vereinheitlichung des Geld- und Münzwesens im Jahre 1873 eine weitere Voraussetzung für das Anwachsen der Industrie.

Aufgrund einer **agrarischen Revolution**, die zum Beispiel in England und Preußen (im Gegensatz zu großen Teilen des Kontinents) der industriellen Veränderung vorangegangen war, standen genügend ehemalige Landarbeiter zur Verfügung. Sie bildeten eine mobile industrielle Reservearmee von ungelernten Arbeitskräften, die in der Industrie beschäftigt werden konnten. Im Gebiet des 1867 gegründeten Norddeutschen Bundes verließen im 19. Jahrhundert (deutlich zeitverzögert gegenüber England) durch die inzwischen eingeführte kapitalintensive Bodenbearbeitung sowie durch die Landreformen und die damit verbundene neugewonnene Freizügigkeit mehrere Millionen Menschen die ländlichen Gebiete, um in die Städte zu wandern. Diese **Binnenwanderung** vollzog sich in Deutschland überwiegend aus Ost- und Westpreußen, Posen, Schlesien, Pommern und Mecklenburg in Richtung der aufblühenden Großstädte (z. B. Berlin) sowie in die sich entwickelnden Industriegebiete (z. B. das Ruhrgebiet). Dies hatte zur Folge, dass sich zum Beispiel die Bevölkerungszahl von Berlin bis zum Ende des 19. Jahrhunderts alle 25 Jahre verdoppelt hat. Durch die Aufhebung der Restriktionen, die in der sogenannten Heimatgesetzgebung festgeschrieben waren, und durch die medizinischen Fortschritte wuchs zudem die Bevölkerung insgesamt an, zum Beispiel in Deutschland zwischen 1800 und 1900 von 24,5 Mio. auf 56,4 Mio. Menschen (vgl. Bundeszentrale für politische Bildung, 1975: 11). Die Agrarrevolution ist folglich durch das **Bevölkerungswachstum**, durch die **Verstadterung** (Urbanisierung), die **Landflucht** (Binnenwanderung) sowie durch die Absicherung der politischen und wirtschaftlichen Vorrangstellung der Großgrundbesitzer geprägt worden. Die Fabrikbesitzer nutzten das Überangebot an Arbeitskräften aus und ließen die Arbeiter zum Teil bis zu 18 Stunden am Tag und an 7 Tagen in der Woche arbeiten. Mit der Industrialisierung nahm die Zahl der unselbstständigen Arbeitnehmer rasch zu. Dagegen verringerten sich der Anteil der Handwerker und der in der Landwirtschaft Beschäftigten deutlich. Die Gesellschaft zerfiel quasi in zwei große Klassen: Arbeiter und Kapitalisten. In dieser Phase veränderte sich auch die Stellung der Familie nach außen und innen. In der vorindustriellen Welt waren Hausgemeinschaft und Arbeitsstelle in der Regel nicht getrennt, mit der Gründung der Industrieunternehmungen müssen die Arbeiter die Hausgemeinschaften verlassen, um den Lebensunterhalt zu verdienen. Für die harte Arbeit wurden die Arbeiter nur gering entlohnt. Dies hatte zur Folge, dass Frauen und Kinder in die Arbeitsprozesse eingebunden werden mussten, um den Lebensunterhalt der Familien zu garantieren. Die negativen Auswirkungen dieser Frauen- und Kinderarbeit führten dazu, dass es schon zu Beginn des 19. Jahrhunderts unter anderem zu folgenden Einschränkungen kam:

- Frauen- und Kinderarbeit (1833 in England)
- Kinderarbeit (1839 in Preußen).

Durch die schlechte Entlohnung konnten sich viele Lohnabhängige nur unzureichend ernähren und sich zudem keine oder nur sehr bescheidene Wohnungen leisten. Neben der Hungers- und der Wohnungsnot beklagten die Menschen aber vor allem ihre unzureichende soziale Absicherung.

Mit dem Entstehen des zweiten Wirtschaftssektors geht somit eine **soziale Verelendung** breiter Bevölkerungskreise einher. Mit dem Zusammenbruch der alten Gesellschaftsordnungen bricht auch das tradierte System der sozialen Sicherung zusammen. Die sich nunmehr bildende neue Schicht des Proletariats ist zunächst recht- und schutzlos. Ab 1836 etabliert sich die **Arbeiterbewegung** in Deutschland. So gründete sich 1836 der Bund der Gerechten, 1846 kam der von Kolping aufgebaute Katholische Gesellenverein hinzu, 1847 entstand der Bund der Kommunisten und 1863 bzw. 1869 etablieren sich der Allgemeine Deutsche Arbeiterverein (Lassalle) bzw. die Sozialdemokratische Arbeiterpartei (Bebel und Liebknecht). Durch die Vereinigung dieser beiden Parteien entstand 1875 in Gotha die Sozialistische Arbeiterpartei (vgl. Bundeszentrale für politische Bildung, 1975: 24).

Das Agieren der Interessenvertretung der Arbeiter, die es sich zum Ziel gesetzt hat, die Politik mitzugestalten und das soziale Elend der Unterschicht zu beseitigen, sowie das politische Einwirken des aufstrebenden liberalen Bürgertums, das nicht mehr bereit war, die Willkür der Fürsten zu akzeptieren, führten in ganz Europa zu einer angespannten Situation, die sich zuerst in der Pariser **Februarrevolution (1848)** entlud. Diese griff schnell auf Deutschland über. Die liberalen Reformer planten, die Struktur und die Funktionen des seit 1815 bestehenden Deutschen Bundes, eines föderativen Zusammenschlusses von 37 „Souveränen Fürsten" und vier „Freien Städten", bei dem die Bundesversammlung als einziges gemeinsames Staatsorgan fungierte, radikal zu verändern. Zwar gelang es dem **liberalen Bürgertum** (Ernst Moritz Arndt, Friedrich Hecker, Friedrich Ludwig Jahn, Gustav von Struve u. a.), Wahlen für eine Nationalversammlung zu erreichen und sich dabei auch durchzusetzen. Das Frankfurter Parlament, das in der Paulskirche tagte, befasste sich in der Folge unter anderem mit Fragen der Grundrechte, der Staatsform, und des Wahlrechts. Es gelang der Nationalversammlung, zu einer Einigung zu kommen und einen Entwurf für die Verfassung eines kleindeutschen föderalen Nationalstaats mit parlamentarischer Monarchie und egalitärem Wahlrecht unter preußischer Führung zu erlassen. Die Revolution scheiterte jedoch letztlich daran, dass der preußische König Friedrich Wilhelm IV. am 03.04. 1849 die ihm angebotene Kaiserkrone ablehnte. Die preußische Führung zog kurz darauf ihre Abgeordneten aus Frankfurt ab und intensivierte ihre eigene Politik. Das vorläufige Scheitern eines deutschen Verfassungs- und Nationalstaats war damit besiegelt.

Für die Arbeiterschaft, die sich aus einem Teil der ehemaligen Handwerker und aus den Landarbeitern zusammensetzte, vollzog sich ein radikaler Wandel ihrer Arbeits- und Lebensverhältnisse. Dieser Wandel führte ab Mitte des 19. Jahrhunderts aufgrund von Wirtschaftskrisen (z. B. durch Überproduktionen) und aufgrund des fehlenden sozialen Verständnisses der Regierungen zu wirtschaftlichen Nöten und zu sozialen Spannungen. Mit der Gründung von Arbeiterparteien, Genossenschaften und Gewerkschaften entstand eine **proletarische Bewegung**, die es sich zum Ziel gesetzt hatte, die politischen, sozialen und wirtschaftlichen Verhältnisse zu verändern.

Vor dem Hintergrund dieser gesellschaftlichen und wirtschaftlichen Veränderungen versuchten die jeweiligen Länder, einen Krankenversicherungsschutz speziell für Arbeiter, Dienstboten und den wandernden Handwerksgesellen aufzubauen. So wurden beispielsweise Handwerks- und Gewerbeordnungen erlassen, die die Gründung von Unterstützungs- und Hilfskassen ermöglichten. Damit war es unter anderem den Gemeinden möglich, Zwangshilfskassen (Vorläufer der Allgemeinen Ortskrankenkassen) zu gründen. Einige Landesherren erlaubten zudem die Gründung von Betriebskrankenkassen. Auf dieser Rechtsgrundlage konnte die Firma Krupp im Jahre 1836 ihre eigene Betriebskrankenkasse gründen. Diese Kasse basierte zunächst auf dem Prinzip der Freiwilligkeit und ab 1855 auf einer verpflichtenden Mitgliedschaft. Gleichzeitig wurde für diese Kasse die paritätische Finanzierung eingeführt.

Durch die **Reichsgründung (1871)** wurde der preußische König Wilhelm Friedrich Ludwig aus dem Haus Hohenzollern, der seit 1867 zugleich Präsident des Norddeutschen Bundes war, zum deutschen Kaiser (Wilhelm I.) gewählt. Die Leitung der Regierungsgeschäfte wurde dem preußischen Ministerpräsidenten Otto von Bismarck übertragen. Aufgeschreckt durch die Arbeiterbewegung, die sich in ihrer Eisenacher Programmatik nicht mit seinen Vorstellungen vom Staat deckte, ging Bismarck in seiner Funktion als Reichskanzler leidenschaftlich gegen die Sozialdemokratie vor. Die Reichsverfassung sah für Deutschland eine konstitutionelle Monarchie vor. Der Kaiser hatte weitreichende Machtbefugnisse (u.a. völkerrechtliche Vertretung, Oberbefehl über Heer und Flotte), dem Reichskanzler standen der Vorsitz im Bundesrat (Vertreter der Länderregierungen) sowie die „Leitung der Geschäfte" zu. Der Reichstag setzte sich auf der Grundlage von allgemeinen, gleichen, direkten und geheimen Wahlen aus Vertretern der Parteien zusammen. Seit 1874 war die nationalliberale Partei stärkste Fraktion im Reichstag, zudem waren unter anderem Arbeiterparteien (z. B. die Sozialdemokratische Arbeiterpartei) vertreten. Das innenpolitische Lager war gespalten. Bei dieser Zusammensetzung des Reichstags bekam Bismarck für sein geplantes Sozialistengesetz keine politische Mehrheit. Mit diesem Gesetz sollten sozialdemokratische, sozialistische und kommunistische Bestrebungen und Organisationen unterbunden bzw. verboten werden. Das dritte Attentat auf den Kaiser (Juni 1878) nutzte Bismarck aus, um den Bundesrat zu veranlassen, den Reichstag aufzulösen. Diese Auflösung erfolgte mit Zustimmung des Kaisers. Bei den Neuwahlen konnten die konservativen Parteien Gewinne erzielen, die Nationalliberale Partei, die Fortschrittspartei und die Arbeiterparteien verloren Stimmenanteile. Durch die Neuzusammensetzung des Reichstags war es Bismarck nun möglich, das Sozialistengesetz durchzusetzen. Das **Sozialistengesetz**, das „Ausnahmegesetz gegen die gemeingefährlichen Bestrebungen der Sozialdemokratie" aus dem Jahre **1878** erwies sich jedoch als Fehlschlag. Es radikalisierte die Arbeiter und schuf Märtyrer, daher wurde es 1890 außer Kraft gesetzt. Parallel zur „Peitsche" setzte Bismarck nun das „Zuckerbrot" als politisches Instrument ein. Mithilfe dieser Kehrtwendung versuchte er, die Arbeiter von ihren politischen Forderungen abzubringen. Sein Hauptziel bestand darin, die Arbeiterschaft aus dem Einflussbereich der sozialdemokratischen „Reichsfeinde" zu lösen und fester an den Staat und dessen konservative Führung zu binden. Die Sozialpolitik stand somit eindeutig unter dem Gesichtspunkt, die bestehenden Strukturen zu bewahren. Im Jahre **1881** verkündete der deutsche Kaiser seine **Kaiserliche Botschaft**, in der die Einführung staatlicher Schutz- und Fürsorgemaßnahmen gegen Unfall, Krankheit, Alter und Invalidität angekündigt wurde.

Mit der **Bismarck'schen Sozialgesetzgebung** wurden die Grundlagen des heutigen deutschen Sozialversicherungssystems gelegt. Dazu gehörten:
- das Gesetz betr. die Krankenversicherung der Arbeiter (1883)
- das Unfallversicherungsgesetz (1884)
- das Gesetz betr. die Invaliditäts- und Altersversicherung (1889).

Am Beispiel der gesetzlichen **Krankenversicherung** sollen einige Gestaltungsprinzipien verdeutlicht werden, die auch heute noch relevant sind. Als Arbeiterkassen wurden letztlich die folgenden Arten zugelassen:
- Allgemeine Ortskrankenkassen
- Betriebskrankenkassen
- Innungskrankenkassen
- Reichsknappschaft
- See-Krankenkasse
- Landwirtschaftliche Krankenkassen.

Erst im Dezember 1911 wurde das Versicherungsgesetz für Angestellte verabschiedet.

Alle gesetzlichen Krankenversicherungen wurden in der Rechtsform einer Körperschaft des öffentlichen Rechts mit Selbstverwaltung gegründet. Diese Rechtsform bewirkt, dass die Kassen hoheitliche, das heißt staatliche Aufgaben übernehmen können. Der Staat delegiert seine Schutzfunktionen quasi an „seine" Sozialversicherungen. Die Organisation der Kassen ist Aufgabe der Mitglieder. Mittels der sogenannten Sozialwahlen werden Vertreter aus der Mitte der Mitglieder gewählt, die diese Managementaufgaben übernehmen müssen. Ein weiteres zentrales Element ist das solidarische Umlageprinzip. Die Beiträge, die von Arbeitnehmern und Arbeitgebern bezahlt werden, werden prozentual vom Bruttoentgelt aller Kassenmitglieder erhoben und durch den Arbeitgeber an die Krankenkassen weitergeleitet. Das Geld wird dann bei Eintritt des sogenannten Versicherungsfalls von den Kassen für die Behandlung der betroffenen Personen an die Leistungserbringer gezahlt. Nach diesem Sachleistungsprinzip finanzieren die Kassen die Leistungserbringer. Es entsteht der sogenannte Zahlungsumweg. Die Familienversicherung, die beitragsfreie Mitversicherung der Familienangehörigen, konnte seinerzeit als Satzungsleistung von der Selbstverwaltung der Kassen beschlossen werden. Die dadurch entstandenen Zusatzausgaben wurden im Rahmen des Solidarausgleichs von allen Mitgliedern getragen. Für alle Fabrikarbeiter bestand eine Versicherungspflicht. Diese konnte seitens der Gemeinden per statutarische Anordnung auf andere Personengruppen ausgedehnt werden. Im Jahre 1885 existierten 18 971 Krankenkassen, die ca. 10 v. H. der Wohnbevölkerung versichert haben (vgl. Forum Gesundheitspolitik, Zeitepoche 1881–1914, 2015a: 2). Zwischen 1885 und 1903 wurde der versicherungspflichtige Personenkreis durch elf Abänderungsgesetze zu den drei bestehenden Sozialversicherungsgesetzen weiter ausgedehnt. Dennoch waren im Jahre 1911 nur ca. 18 % der Menschen in Deutschland versichert. Im Jahre 1911 trat das Versicherungsgesetz für Angestellte in Kraft, damit wurden die Angestellten als eigenständige soziale Gruppe anerkannt. Durch die Zusammenfassung der Rechtsvorschriften der Kranken-, der Unfall- und der Rentenversicherung zur **Reichsversicherungsordnung** im Jahre 1911 wurde die Versicherungspflicht erneut ausgeweitet. Mit dieser Ausweitung war 1913 rund ein Viertel der Bevölkerung krankenversichert.

Mithilfe dieser Gesetze konnten in der Tat die Gesellschafts- und Wirtschaftsordnung stabilisiert werden. Erst mit dem Ende des Ersten Weltkriegs ist das tradierte System zerfallen und durch eine demokratische Gesellschaftsform abgelöst worden. Am Rande sei erwähnt, dass durch die Veränderungen, die sich im 19. Jahrhundert vollzogen haben, einige Millionen Europäer mit der Hoffnung nach Amerika ausgewandert sind, in der neuen Heimat mehr Rechte und umfassendere soziale und wirtschaftliche Sicherheit zu bekommen.

Das in Deutschland eingeführte Modell wird auch als sogenanntes **Bismarck-Modell** bezeichnet. Von diesem Ansatz ist das britische Modell abzugrenzen. In Großbritannien koordiniert der Staat die Versorgungsaufgaben mittels seines National Health Service. Als Leistungserbringer sind neben den staatlichen Einrichtungen aber auch frei-gemeinnützige und private

Institutionen zugelassen. Die Gesundheitsleistungen werden durch Steuern finanziert. Dieses Grundsicherungssystem wird auch als **Beveridge-Modell** bezeichnet. Es wird auf William Henry Beveridge zurückgeführt, der Mitglied der liberalen Fraktion des britischen Parlaments war. Ein drittes Grundmodell eines Versicherungsschutzes ist das **Marktmodell**. Es basiert auf den liberalen Vorstellungen, das heißt, die Personen müssen sich individuell absichern. Es ist das Grundmodell der US-amerikanischen Gesellschaft. Ein viertes Modell, das heute nur noch punktuell existiert, ist das **Staatsmodell**. In diesem Konzept werden die Leistungen nur durch den Staat erbracht, die Finanzierung erfolgt auch hier über die Steuern.

Der Aufbau der Gesetzlichen Krankenversicherung (GKV) kam nicht nur den Versicherten zugute, er wirkte sich auch positiv auf die Entwicklung des Gesundheitssystems aus. Für die Krankenhäuser bedeutete die Ausweitung der Versicherungspflicht beispielsweise den Ausbau der Versorgungskapazitäten. Zudem waren die Krankenhäuser nicht mehr auf Spenden und öffentliche Geldmittel angewiesen. Durch die mit den Kassen abgeschlossenen Selektivverträge wurde die Finanzierung der Leistungserbringung für alle GKV-Versicherten gewährleistet.

In der ambulanten ärztlichen Versorgung entstand am Ende des 19. Jahrhunderts ein tiefgreifender Konflikt. Mit dem Änderungsgesetz von 1892 erhielten die Krankenkassen unter anderem das Recht, ihr individuelles Arztsystem aufzubauen. Sie konnten somit per Satzung die Personen und die Zahl der Kassenärzte festlegen, mit denen sie Einzelverträge abschließen wollten. Zudem hatten sie die Möglichkeit festzulegen, dass die Lieferung von Arzneimitteln nur durch ausgesuchte Apotheken erfolgen durfte.

Dies führte unter anderem zu Auseinandersetzungen zwischen den Kassen und den Ärzten. Auf Initiative des Leipziger Arztes Hermann Hartmann gründen Ärzte im Jahre 1900 den „Schutzverband der Ärzte Deutschlands zur Wahrung ihrer wirtschaftlichen Interessen". Bis 1924 wurde in der Regel die Kurzform **Leipziger Verband** verwendet. Der Verband wurde später in den Hartmannbund umbenannt. Die Mitgliederzahl stieg stark an. Eine zentrale Forderung der Ärzteschaft war es, die Zulassung aller Ärzte für die GKV-Versicherten durchzusetzen. Dies sollte durch die Einführung von Kollektivverträgen erfolgen, welche die Selektivverträge ersetzen sollten. Die Taktik des Leipziger Verbandes, als alleiniger Verhandlungspartner der Ärzteschaft gegenüber den Kassen aufzutreten, sowie die Ankündigung eines Generalstreiks der Ärzteverbände für den 01.01.1914 führten im Dezember 1913 zum **Berliner Abkommen**. In diesem zwischen dem Verband und den großen Kassenverbänden geschlossenen Abkommen wurde festgeschrieben, dass die Kassen nicht mehr allein, sondern nur noch unter Mitwirkung der Kassenärzte über die Zulassung von Ärzten entscheiden konnten. Des Weiteren wurde für einige Krankenkassen eine Verhältniszahl für die Anzahl der Kassenärzte festgelegt (mindestens ein Arzt auf 1350 Versicherte) (vgl. Forum Gesundheitspolitik, 2015c: 1). Der Abschluss von Verträgen unterlag ab 1913 der Zustimmung eines paritätisch besetzten Vertragsausschusses. Damit wurde die Anstellungsautonomie der Kassen beendet. Mit diesem Abkommen wurden eine wichtige Grundlage der vertragsärztlichen Versorgung sowie der Ausgangspunkt der gemeinsamen Selbstverwaltung geschaffen.

Der **Versicherungsschutz** hatte sich im Jahre 1913 deutlich ausgeweitet. In diesem Jahr versicherten 21 492 Krankenkassen ca. 23 Mio. Menschen, dies entsprach 34,3 % der Wohnbevölkerung (vgl. Forum Gesundheitspolitik, 2015a: 4).

In der **Verfassung der Weimarer Republik**, die nach dem Ende des Kaiserreichs und dem Ende des Ersten Weltkrigs im Jahre 1918 gegründet wurde, schrieb **Artikel 161** fest, dass der Staat ein umfassendes Versicherungswesen unter anderem zur Erhaltung der Gesundheit und Arbeitsfähigkeit, zum Schutz der Mutterschaft sowie zur Vorsorge gegen die wirtschaftlichen Folgen von Alter und Schwäche unter Mitwirkung der Versicherten aufzubauen hatte. Damit wurde die Ausgestaltung des Sozialversicherungssystems zur zentralen Aufgabe des Staates erklärt.

In den Jahren 1920 bis 1923 kam es zu punktuellen **Streikaktionen der Ärzte**. Durch das Auslaufen des Berliner Abkommens wurden die Streikmaßnahmen ausgeweitet. Als Reaktion auf diese Streiks bauten einige Krankenkassen eigene Ambulatorien auf und betrieben sogar eigene Krankenhäuser. Mit der „Verordnung über Krankenhilfe bei den Krankenkassen" vom Oktober 1923 bekamen die Kassenvorstände das Recht, die Zulassung von Ärzten auf die Verhältniszahl von 1 : 1350 Versicherten pro Arzt zu beschränken (vgl. Forum Gesundheitspolitik, 2015c: 2). Zudem wurden die Ärzte auf eine „wirtschaftliche Behandlungshilfe" verpflichtet. Kassenvorstände wurden berechtigt, Ärzten bei wiederholten Verstößen gegen ihre in der Verordnung festgelegten Pflichten fristlos zu kündigen und sie von der kassenärztlichen Versorgung auszuschließen. Als Folge dieser Verordnung kam es im Dezember 1923 erneut zum Streik.

Im Oktober **1923** trat auch die **Verordnung über Ärzte und Krankenkassen** in Kraft. Damit wurde im Prinzip das Berliner Abkommen fortgesetzt. Mit dieser Verordnung ist die Gründung des Reichsausschusses für Ärzte und Krankenkassen verbunden.

Der Bestand an Versicherten stieg im Jahre 1925 noch einmal an, gleichzeitig sank die Zahl der Krankenkassen. In diesem Jahr waren ca. 31 Mio. Versicherte (51,3 % Anteil an der Wohnbevölkerung) bei nur noch 7709 Kassen eingeschrieben (vgl. Forum Gesundheitspolitik, 2015b: 3).

Infolge der Wirtschaftskrise und der damit verbundenen schlechten Finanzlage der Krankenkassen wurden unter anderem im Jahre 1930 Notverordnungen erlassen, mit denen zum Beispiel die Selbstbeteiligung bei Arzneimitteln, die Krankenscheingebühr und die Karenztage bei Arbeitsunfähigkeit eingeführt wurden. Weiterhin mussten die Kassen einen Vertrauensärztlichen Dienst einführen. Zudem wurde die Verhältniszahl für Kassenärzte auf 1 : 1000 gesenkt (vgl. Forum Gesundheitspolitik, 2015c: 2).

Die Gründung der **Kassenärztlichen Vereinigungen** als öffentlich-rechtliche Körperschaften erfolgte durch drei Notverordnungen des Reichspräsidenten aus den Jahren 1931/32. Damit ist erstmalig eine körperschaftliche Selbstverwaltung der Ärzte gegenüber den Krankenkassen eingeführt worden. Im Laufe der nächsten Jahre wurden weitere Notverordnungen erlassen. Sie sahen unter anderem vor, dass die Kassen ihre Beiträge nicht mehr autonom festsetzen durften. In einem weiteren Schritt wurden zum Beispiel Veränderungen im Vergütungssystem vorgegeben.

Die Notverordnungen in den Jahren 1930 bis 1932 bewirkten einen Rückgang der jährlichen Gesamtausgaben je Mitglieder der Krankenversicherungen von ca. 91 auf ca. 65 Reichsmark (vgl. Forum Gesundheitspolitik, 2015b: 4). Die Reformen zeigten somit die politisch gewollte Wirkung.

Neben der Absicherung der gesetzlichen Krankenkassen wurden auch öffentliche Dienste mit der medizinischen Versorgung der Bevölkerung betraut. Zu diesen Diensten gehörten:

- die sogenannten Kreisphysikusse (Zuständig für die Gesundheitsaufsicht) und
- die Stadtärzte (Übernahme von sozialmedizinischen Aufgaben im Bereich der Gesundheitsfürsorge).

Mit dem Vereinheitlichungsgesetz von 1934 wurden beide Institutionen in dem neugeschaffenen Öffentlichen Gesundheitsdienst zusammengefasst. Dieser Dienst musste sowohl gesundheitspolizeiliche als auch gesundheitsfürsorgliche Aufgaben wahrnehmen. In der Zeit des Nationalsozialismus emigrierten viele Amtsärzte oder wurden aus ihren Ämtern entfernt. Hierdurch gingen in erheblichem Umfang sozialmedizinische Kompetenzen verloren.

Im Jahre 1931 veröffentlichte die katholische Kirche die **Enzyklika „Quadragesimo anno"**. Mit dieser Enzyklika wird das Subsidiaritätsprinzip als soziales Gestaltungsprinzip als Ergänzungskonzept zum Solidaritätsprinzip vorgestellt.

Nach der Machtergreifung der Nationalsozialisten im Januar 1933 beseitigten diese schrittweise die Selbstverwaltung in der gesamten Sozialversicherung. Mit der **Reichsärzteordnung** vom Dezember 1935 wurde die Reichsärztekammer gegründet. Mit der Gründung wurden die bestehenden ärztlichen Verbände aufgelöst. In den folgenden Jahren erfolgte die Zwangsmitgliedschaft der Ärzte in der Reichsärztekammer und in der Kassenärztlichen Vereinigung Deutschlands, die danach allein für die Verteilung der ärztlichen Vergütung zuständig war. Bereits im März 1933 unterstellte der Reichsarbeitsminister die Krankenkassen seiner Aufsicht. Der Leistungsbereich der GKV blieb während der Zeit des Nationalsozialismus größtenteils bestehen und wurde in einigen Teilen weiter ausgebaut. So wurde zum Beispiel die zeitliche Leistungsgewährung bei Krankheit aufgehoben, die Mutterfürsorge erheblich verbessert und der Leistungsanspruch bei Zahnersatz ausgeweitet. Im Jahre 1941 wurde die Krankenversicherung der Rentner eingeführt.

1.2 Entstehung der sozialen Sicherung in der Bundesrepublik Deutschland

Auf der **Konferenz von Jalta** (04.02. bis 11.02.1945) verhandelten die drei alliierten Staatschefs Franklin D. Roosevelt (USA), Winston Churchill (Großbritannien) und Josef Stalin (UdSSR) im Wesentlichen über die drei folgenden Themen:
- Einrichtung eines Weltsicherheitsrates
- Kriegführung im Fernen Osten
- Nachkriegsordnung in Europa (insbesondere für Deutschland und Osteuropa).

Für die Neuordnung Deutschlands nach dem Zweiten Weltkrieg wurde festgehalten, dass es in Besatzungszonen aufgeteilt werden solle. Das Protokoll von Jalta sah vor, dass Frankreich von den drei anderen Siegermächten aufgefordert wurde, eine eigene Besatzungszone zu übernehmen. Diese französische Zone wurde dann später aus den Teilen der amerikanischen und der britischen Zone gebildet.

Schon auf dieser Konferenz kam es zwischen den westlichen Vertretern und der UdSSR zu Meinungsverschiedenheiten, die Grenzen der zukünftigen Zusammenarbeit wurden sichtbar. Speziell Churchill wollte ein starkes neues Deutschland, um das Vordringen der UdSSR in Europa durch einen „Westblock" zu stoppen und den Einfluss der UdSSR in Osteuropa aufzuhalten (vgl. Potsdamer Konferenz, 2015: 2). Am 05.06.1945, also etwa einen Monat nach der Kapitulation Deutschlands und dem Ende des Zweiten Weltkriegs, übernahm der **Alliierte Kontrollrat**, der sich aus den Oberbefehlshabern der Besatzungsstreitkräfte zusammensetzte, die Regierungsgewalt in Deutschland. Dieser Kontrollrat, der für die gesamtdeutschen Belange zuständig war, funktionierte unter anderem aufgrund des Zwangs zur Einstimmigkeit nur unzureichend. Auf der **Potsdamer Konferenz** (17.07. bis 02.08.**1945**) brachen die Gegensätze zwischen dem britischen Premierminister Attlee, dem amerikanischen Präsidenten Truman und dem sowjetischen Marschall Stalin offen aus. Daher verständigten sich die drei Siegermächte lediglich auf einen Minimalkonsens, der unter anderem die Aufteilung Deutschlands in vier Besatzungszonen festlegte. Auf der Konferenz wurde jedoch nicht die Teilung Deutschlands beschlossen. Die Landesgrenzen sollten endgültig erst in einem Friedensvertrag festgelegt werden. Im Laufe der nächsten Jahre verschärften sich die politischen Spannungen zwischen Ost und West.

Die **Besatzungszonen** wurden zunächst ausschließlich von den jeweiligen Militärregierungen nach deren jeweils eigenen Vorstellungen geleitet. Zum Beispiel betrieb die **amerikanische Militärregierung** von Anfang an die Bildung eines föderativen Staatswesens. Aus diesem Grunde setzte diese Besatzungsmacht bereits in den von ihnen gegründeten Bundesländern im Mai 1945 **Auftragsregierungen** ein, die mit begrenzten Vollmachten ausgestattet waren. Zu ihren Funktionen gehörte neben der Ausführung der alliierten Anordnungen der Wiederaufbau der Verwaltung, der Wirtschaft und des Verkehrs. Im Oktober 1945 wurde im Besatzungsgebiet der USA ein **Länderrat** gegründet, der sich aus den von den Amerikanern ernannten Ministerpräsidenten zusammensetzte. Ihre Aufgabe war es, Vorschläge zur Lösung der aktuellen Schwierigkeiten zu unterbreiten.

Bereits im Januar 1946 fanden im amerikanischen Bereich die ersten **Wahlen zu den Gemeindeparlamenten** statt. Auf der Grundlage der Ausarbeitung von demokratischen Länderverfassungen sowie deren Genehmigung wurden ab Ende 1946 die ersten **Landtage** gewählt:
- Württemberg-Baden (November 1946)
- Bayern, Hessen (Dezember 1946)
- Bremen (Oktober 1947).

Im Einflussbereich der Briten und der Franzosen dauerte es länger, bis deutsche Beratungsgremien eingebunden bzw. Landtage gewählt wurden. Dies ist daraus zu erklären, dass die Engländer ihre Vorstellungen über Staat und Gesellschaft nur zeitlich verzögert durchsetzen konnten. Im britischen Besatzungsgebiet wurden im Oktober 1946 die Landtage von Hamburg, Niedersachsen und Nordrhein-Westfalen gewählt. Das Votum in Schleswig-Holstein erfolgte erst im April 1947. Einen Monat später erlaubten die Franzosen Wahlen in Baden, Rheinland-Pfalz und in Württemberg-Hohenzollern.

Auf der **Außenministerkonferenz** der Siegermächte des Zweiten Weltkriegs, die im Frühjahr **1947** in Moskau stattfand, traten die Konflikte der Großmächte über die Lösung der deutschen Frage offen zutage. Bereits im Vorfeld der Konferenz gab es Gespräche zwischen den Amerikanern und den Briten über die Errichtung einer deutschen bizonalen Wirtschaftsbehörde, die die wirtschaftliche **Verschmelzung beider Zonen** vorbereiten sollte. Nach dem Scheitern der Außenministerkonferenz gründeten die Amerikaner und die Briten diese Behörde, die dezentral organisiert war. Dieser Zweizonen-Wirtschaftsrat aus Delegierten der amerikanischen und der britischen Zone hatte die Aufgabe, Verwaltungsabkommen für die Ressorts Finanzen, Landwirtschaft, Post- und Fernmeldewesen, Verkehr und Wirtschaft zu erarbeiten. Erst durch die **Zentralisierung** dieser bizonalen Organe im Jahre **1947**, die bis dahin auf verschiedene Städte (Bad Homburg, Bielefeld, Frankfurt, Hamburg, Minden, Stuttgart) verteilt war, wurde aus der Bizone das gewünschte **Vereinigte Wirtschaftsgebiet**. Als Lenkungsorgane agierten die Direktoren der Verwaltungen, ein Exekutivrat aus Vertretern der acht in der Bizone gegründeten Länder und der **Wirtschaftsrat**. Letzterer, quasi das Wirtschaftsparlament, setzte sich zunächst aus 52 Abgeordneten der Länderlandtage zusammen. Alle Organe wurden in Frankfurt am Main angesiedelt. Der Zentralisierungsprozess konnte nach dem Inkrafttreten des sogenannten Frankfurter Status, der im Februar 1948 von den Amerikanern und den Briten unterzeichnet wurde, erfolgreich abgeschlossen werden. Der Beschluss sah eine Verdoppelung der Mitglieder des Wirtschaftsrates vor. Eine wesentliche Aufgabe des Wirtschaftsrates bestand darin, ein Konzept für die künftige Wirtschaftspolitik zu erarbeiten.

Im Rahmen dieser Konzeptentwicklung spielte Ludwig Erhard, ehemaliger Wirtschaftsminister von Bayern (1945–1947), eine wichtige Rolle. Erhard war von dem Konzept des **Ordoliberalismus** und dem Ansatz der **Sozialen Marktwirtschaft** überzeugt. Diese von der **Freiburger Schule der Nationalökonomie** entwickelte Wirtschaftstheorie ist ein Konzept für eine marktwirtschaftliche Wirtschaftsordnung, in der der ökonomische Wettbewerb und die Freiheit der Marktteilnehmer durch einen vom Staat geschaffenen Ordnungsrahmen gewährleistet werden (vgl. Peters, 2000: 150). Walter Eucken, Begründer der Freiburger Schule, sowie seine Kollegen Franz Böhm, Leonard Miksch und Hans Großmann-Doerth gehen davon aus, dass weder der Staatsinterventionismus noch ein Laissez-faire-Liberalismus geeignet sind, das Wirtschaftsleben optimal zu gestalten. Der Ordoliberalismus sieht in einem vom Staat festgelegten Ordnungsrahmen die Grundlage für einen funktionierenden Preiswettbewerb. Für Eucken lässt sich sein Konzept durch das folgende Leitbild verdeutlichen: „Staatliche Planung der Formen – ja; staatliche Planung und Lenkung des Wirtschaftsprozesses – nein" (Peters, 2000: 151). Die wesentlichen Prinzipien einer Wettbewerbsordnung lassen sich nach Eucken wie folgt formulieren:
- Dezentralismus
- freier Zugang zu den Märkten
- funktionsfähiges Preissystem
- Haftungsprinzip
- Leistungsprinzip

- Privateigentum an den Produktionsmitteln
- soziale Gerechtigkeit
- soziale Sicherheit
- staatlicher Ordnungsrahmen
- Vertragsfreiheit.

Für Eucken ist eine staatliche Rahmenordnung notwendig, da seiner Meinung nach der freie Markt dazu neigt, sich selbst aufzulösen. Ein wesentlicher Bestandteil der Ordnungspolitik ist die **Sozialpolitik**, durch sie sollen soziale Gerechtigkeit erreicht und soziale Sicherheit gestaltet werden.

Auf dem Konzept des Ordoliberalismus basiert die wirtschaftspolitische **Leitidee der Sozialen Marktwirtschaft**, die von **Alfred Müller-Armack** entwickelt wurde. Nach dessen Auffassung muss der Staat neben einer umfassenden Sozialpolitik auch eine Konjunktur- und Strukturpolitik betreiben. Staatliche Interventionen sind notwendig, um einen sozialen Ausgleich zu erzielen und ggf. Marktergebnisse zu korrigieren. Der Ansatz von Müller-Armack sieht somit nicht nur eine Ordnungs-, sondern auch eine Prozesspolitik vor.

In den **Winterkrisen 1946/47** und **1947/48** brach die Versorgung der Bevölkerung mit Nahrungsmitteln (Ernährungskrise) und Energie (Kohlenkrise) zusammen. Ausgelöst unter anderem durch ein Gutachten über die schlechte Versorgungssituation in Deutschland, das der ehemalige amerikanische Präsident Hoover Anfang 1947 verfasst hat, veränderte sich schrittweise die Einstellung der Amerikaner zu den Deutschen. Die Vorstellungen des ehemaligen amerikanischen Finanzministers **Henry Morgenthau** (Morgenthau-Plan, 1944), die unter anderem die Vernichtung der gesamten deutschen Rüstungsindustrie, große Gebietsabtretungen sowie eine Absenkung des Lebensstandards der Deutschen vorsahen, wurden zugunsten einer politischen und wirtschaftlichen Bindungsstrategie aufgegeben. Diese Bewusstseinsveränderung zeigte sich auch durch die Bestellung von Georg C. Marshall zum neuen amerikanischen Außenminister. Zu seinem außenpolitischen Konzept gehörte die finanzielle Unterstützung Westeuropas. Mit dem **European Recovery Program (ERP)**, kurz Marshall-Plan genannt, sollte einerseits ein wirtschaftliches Hilfsprogramm ausgeführt, aber auch eine politische Anbindung Westeuropas an die USA erreicht werden. Allein in den Jahren 1948/49 umfassten die ERP-Einfuhren für Nahrungsmittel, Rohstoffe, Maschinen etc. etwa 390 Mio. Dollar (vgl. Bundeszentrale für politische Bildung, 1998a: 38).

Bis zum Januar 1948 wurde auf den Ebenen der Außenminister und des Alliierten Kontrollrates über eine vierzonale **Währungsreform** verhandelt. An der Forderung der UdSSR, eine zentrale Finanzverwaltung für alle Besatzungsgebiete aufzubauen, scheiterten die Gespräche. Infolge dieser Ausgangslage leiteten die westlichen Siegermächte im Alleingang im **Juni 1948** die Neuordnung des Geldwesens in die Wege. Die Währungsreform ist ohne Beteiligung der deutschen Organe durchgeführt worden. Selbst der Frankfurter Wirtschaftsrat wurde überrascht. Die bislang gültige Reichsmark und die alliierte Militärmark wurden durch die **Deutsche Mark (D-Mark, DM)** abgelöst. Als „Kopfquote" waren für jeden Einwohner der drei Westzonen für 60 Reichsmark 60 Deutsche Mark vorgesehen. Vierzig D-Mark wurden sofort, also am 20. Juni 1948, gegen Vorzeigen der Kenn- und Lebensmittelkarte und gegen Ablieferung von 60 Reichsmark bar ausgezahlt. Die restlichen 20 D-Mark wurden erst im August freigegeben. Ansonsten wurde das Umwandlungsverhältnis zwischen Reichsmark und D-Mark auf 10:1 festgelegt. Parallel zur Währungsreform leitete der Frankfurter Wirtschaftsrat auf Initiative von Erhard, der im März 1948 vom Rat zum Direktor der Verwaltung für Wirtschaft gewählt worden war, die Lockerung der Bewirtschaftungsvorschriften ein. Mit dem „Gesetz über die wirtschaftspolitischen Leitsätze für die Bewirtschaftung und Preispolitik nach der Geldreform" wurden die Grundlagen für die Einführung einer marktwirtschaftlichen Ordnung gelegt.

Auf der **Sechsmächte-Konferenz** in **London** (Februar/März und April bis Juni **1948**), beschlossen die Benelux-Staaten, Frankreich, Großbritannien und die USA, die drei westlichen Besatzungszonen in ein europäisch-atlantisches Bündnissystem einzubinden. Der wirt-

schaftliche Wiederaufbau sollte dabei durch Gelder aus dem Marshall-Plan erfolgen. Die entsprechende Zustimmung Frankreichs wurde erst durch die Zusage erreicht, das Saargebiet in das französische Wirtschaftssystem einbeziehen zu dürfen. Am 01.06.1948 übergaben die westlichen Militärgouverneure den elf deutschen Länderregierungen die folgenden drei **Dokumente**:
- Ermächtigung der deutschen Ministerpräsidenten zur Einberufung einer verfassungsgebenden Versammlung, die spätestens zum 01.09.1948 einberufen werden musste
- Aussagen zur Neugliederung der Länder und zur Gestaltung der Landesgrenzen
- Vorbehaltsrechte der Alliierten.

Nach intensiven und zum Teil kontroversen Diskussionen über das erste Dokument verständigten sich die deutschen Ministerpräsidenten auf zwei Konferenzen (Koblenz und Niederwald) darauf, die Ergebnisse der verfassungsgebenden Versammlung nur durch die Landtage und nicht durch eine Volksabstimmung genehmigen zu lassen. Trotz Bedenken stimmten die Alliierten dieser Forderung letztlich zu. Im Konsens mit den Militärgouverneuren beschlossen die Ministerpräsidenten, der **Parlamentarische Rat** solle durch gleichlautende Gesetze der Landtage zum 01.09.**1948** einberufen werden.

Am 01.09.1948 konstituierte sich der Rat in den Räumen des Naturhistorischen Museums Alexander König in Bonn. Die 65 Abgeordneten wurden von den Landtagen entsandt. Der Rat wählte Konrad Adenauer zum Präsidenten. Durch die Zusammensetzung des Rates, die unter anderem durch die Mehrheitsverhältnisse der Parteien vorgegeben worden war, kam es unter anderem bei den staatstheoretischen Auffassungen und bei den Vorstellungen zu der seitens der Westmächte geforderten föderalen Struktur zu Meinungsverschiedenheiten. Letztlich verabschiedete der Parlamentarische Rat am 08.05.1949 mit 53 Ja-Stimmen das Grundgesetz. Die Militärverwaltungen der drei westlichen Besatzungsgebiete genehmigten am 12. Mai das Verfassungswerk, die elf Landtage ratifizierten das Gesetz in den folgenden Tagen. Am 23.05.1949 erfolgte die feierliche Verkündigung und am gleichen Tag wurde das **Grundgesetz (GG)** im Bundesgesetzblatt veröffentlicht. Es trat am 24.05.**1949** in Kraft. Eine weitere Entscheidung des Parlamentarischen Rates bestand darin, sich auf Bonn als provisorische Hauptstadt der Bundesrepublik Deutschland festzulegen.

Die Wahl zum 1. Bundestag wurde am 14.08.1949 durchgeführt. Am 07.09.1949 konstituierte sich der 1. Bundestag und wählte **Konrad Adenauer** (CDU) zum ersten **Bundeskanzler**. Durch die Vereidigung der Mitglieder der Bundesregierung wurde, juristisch gesehen, die Bundesrepublik Deutschland gegründet. Die Bundesregierung hatte aber noch nicht die volle Souveränität, da die Alliierte Hohe Kommission bis zum Mai 1955 weiterhin die Interessen des Besatzungsregimes verfolgte.

Seit 1947 war sichtbar geworden, dass Frankreich, Großbritannien und die USA eine westliche Teillösung suchten. Als Reaktion auf diesen Alleingang wurde in der sogenannten Ostzone der „Deutsche Volkskongreß für Einheit und gerechten Frieden" gegründet. Im März 1949 fanden in der sowjetischen Zone und in Ost-Berlin nach dem Prinzip der Einheitsliste Wahlen statt. Aus diesen Wahlen ergab sich die Zusammensetzung des 3. Volkskongresses. Dieser wählte im Mai 1949 den 2. Deutschen Volksrat als provisorische Volkskammer der Deutschen Demokratischen Republik. Gleichzeitig wurde die Verfassung der DDR in Kraft gesetzt. Damit war auch formal die Teilung vollzogen.

In Artikel 20 der **Verfassung für die Bundesrepublik Deutschland** wurden unter anderem die folgenden **Grundsätze** festgelegt:
- Die Bundesrepublik Deutschland ist ein demokratischer und sozialer Bundesstaat.
- Alle Staatsgewalt geht vom Volke aus.
- Die Gesetzgebung ist an die verfassungsmäßige Ordnung, die vollziehende Gewalt und die Rechtsprechung sind an Gesetz und Ordnung gebunden. (Vgl. Bundeszentrale für politische Bildung, 1977b: 29)

Weiterhin schreibt Artikel 28 des Grundgesetzes vor, dass die verfassungsmäßige Ordnung in den Ländern den Grundsätzen des republikanischen, demokratischen und des sozialen

Rechtsstaats im Sinne dieses Grundgesetzes entsprechen müsse (vgl. Bundeszentrale für politische Bildung, 1977b: 32).

Hieraus lassen sich die **Strukturprinzipien** der Bundesrepublik Deutschland ableiten. Sie lauten wie folgt:
- Bundesstaatsprinzip
- Demokratieprinzip
- Rechtsstaatsprinzip
- Sozialstaatsprinzip.

Nach dem **Bundesstaatsprinzip** ist es unter anderem Aufgabe der Bundesländer, die gesundheitliche Versorgung der Menschen sicherzustellen. Zur Realisierung dieser Funktionen haben die Länder Versorgungs- bzw. Sicherstellungsaufträge zu erteilen. Die Versorgungsaufträge betreffen die stationäre Versorgung. Hierzu erlassen die Länder Krankenhauspläne. Durch die unterschiedlichen Vorgaben der Landeskrankenhausgesetze der 16 Bundesländer sind die Vorgaben für die Umsetzung der Krankenhauspläne sehr heterogen. Allen Landesgesetzen ist gemeinsam, dass die Länder direkt mit den Eigentümern der Krankenhäuser (Krankenhausträger) die Versorgungsvorgaben besprechen. Details zur Gestaltung der Krankenhausplanung sind in Kapitel 5.1 nachzulesen. Bei den Sicherstellungsaufträgen veranlassen die Länder die beiden Körperschaften des öffentlichen Rechts, nämlich die gesetzlichen Krankenkassen und die Kassenärztlichen Vereinigungen, sich vertraglich über die medizinische Versorgung zu verständigen. Hierbei haben die Krankenkassen die Pflicht, die Finanzmittel zur Verfügung zu stellen, die Kassenärztlichen Vereinigungen müssen sich um die bedarfsgerechte personelle medizinische Ausstattung kümmern.

Das **Demokratieprinzip** (Volksherrschaft) war ursprünglich als eine Staatsform anzusehen, bei der sich alle sogenannten Vollbürger zum Zweck der Beratung oder Entscheidung versammelt haben. Heute wird hierunter ein Regierungssystem verstanden, „das auf der Grundlage eines freien, gleichen und allgemeinen Wahlrechts Repräsentativkörperschaften (Parlamente) mit der Wahrnehmung der Staatsgeschäfte beauftragt" (Bundeszentrale für politische Bildung, 1975b: 3). Die Identitäts- und die Konkurrenztheorie stellen unterschiedliche Konzepte über die Zulässigkeit einer Repräsentation dar. Die **Identitätstheorie**, deren Hauptvertreter Jean-Jacques Rousseau (1712–1778) ist, geht davon aus, dass die Staatsgewalt (Volk) mit dem ausführenden Organ der Staatsgewalt (Regierung) zusammenfällt. Dadurch entsteht eine Identität der Regierenden und der Regierten. Eine Repräsentation ist damit ausgeschlossen. Die angelsächsische **Konkurrenztheorie** basiert auf der Vorstellung einer gespaltenen Gesellschaft. Jeder Gesellschaftsteil hat unterschiedliche ökonomische und politische Interessen. Aufgabe des „Trusts der sozialen Kräfte" (Bundeszentrale für politische Bildung, 1975: 4) ist es, immer wieder einen Interessenausgleich zu erreichen. Der demokratische Staat wird als ein System von Spielregeln verstanden, in dem Konflikte ausgetragen werden. Die Konkurrenz ist also ein Hauptmerkmal der Demokratie. Dieser Ansatz der Konkurrenztheorie hat sich zu einer **Pluralismustheorie** weiterentwickelt. Pluralismus wird als Legitimation der gesellschaftlichen Heterogenität gesehen. Konflikte innerhalb der Gesellschaft gelten als legitim und sogar als notwendig. In diesem Modell wird jedoch davon ausgegangen, dass mindestens auf der Ebene des menschlichen Zusammenlebens, der sozialen Gerechtigkeit und/oder der Verfassungsprinzipien ein Konsens erzielt werden muss.

Auch im Gesundheits- und Sozialsystem müssen diese demokratischen Vorgaben beachtet werden. Als Beispiel kann die Mitbestimmung der Arbeitnehmer im Bereich der Personalvertretungsregelungen bzw. im Geltungsbereich des Betriebsverfassungsgesetzes dienen.

Das **Rechtsstaatsprinzip** basiert auf den Vorstellungen der ökonomischen und politischen Vorstellungen des Liberalismus. Mit dem Liberalismus wird die **individuelle Freiheit**, aber auch die Eigenverantwortung in den Fokus gestellt. In Mitteleuropa ist der Liberalismus eng mit den Zielen der Französischen Revolution und mit der Industrialisierung verbunden.

Zu den Grundsätzen der Rechtsstaatlichkeit gehören die folgenden Gesichtspunkte:

- Freiheitssicherung
- Rechtsgleichheit
- Rechtssicherheit
- Gewaltenteilung.

Im Rahmen der **Freiheitssicherung** soll die Privatsphäre des Individuums, auch vor Zugriffen des Staates, geschützt werden. In diesem Zusammenhang spielt die Einhaltung der **Menschenrechte** eine zentrale Rolle. In der amerikanischen Unabhängigkeitserklärung aus dem Jahre 1776, in der französischen Erklärung der Menschen- und Bürgerrechte aus dem Jahre 1789 und in der Allgemeinen Erklärung der Menschenrechte der Vereinten Nationen aus dem Jahre 1948 sind diese Rechte verankert. Auch in Artikel 1 des Grundgesetzes, der als Leitprinzip der Verfassung anzusehen ist, werden die unten aufgelisteten Menschenrechte festgeschrieben:

- Die Würde des Menschen ist unantastbar. Es ist die Verpflichtung des Staates, diese zu achten und zu schützen.
- Das deutsche Volk bekennt sich darum zu unverletzlichen und unveräußerlichen Menschenrechten als Grundlage jeder menschlicher Gemeinschaft, des Friedens und der Gerechtigkeit in der Welt.
- Die nachfolgenden Grundrechte binden die Gesetzgebung, die vollziehende Gewalt und die Rechtsprechung.

Nach diesen Festlegungen wird der Mensch als Träger höchster geistig-sittlicher Werte gesehen und wegen seiner Fähigkeit zu eigenverantwortlicher Selbstbestimmung (Menschenwürde) respektiert. Der Staat muss eingreifen, sobald die Menschenrechte bedroht werden. Zu den Freiheitsrechten zählen unter anderem:

- Recht auf Leben
- Gewissensfreiheit
- Glaubensfreiheit
- Meinungsfreiheit.

Von den Menschenrechten sind die **Bürgerrechte** abzugrenzen. Ein Bürgerrecht ist ein gesetzliches Recht, das der Staat seinen Bürgern zugesteht. Diese Rechte sollen das Verhältnis des Staates zu seinen Bürgern regeln. In Deutschland zählen zum Beispiel das Wahlrecht, die Versammlungsfreiheit und die Vereinigungsfreiheit zu den Bürgerrechten. Menschenrechte und Bürgerrechte bilden zusammen die **Grundrechte**.

Im Rahmen der **Rechtsgleichheit** geht es um die Vermeidung von Privilegien. Die Gesetze müssen für alle Personen gleich angewendet werden. Im Rahmen der Verwaltungsvorschriften, bei der Rechtsprechung und bei der Gesetzgebung dürfen keine Unterschiede gemacht werden. Die Rechtssicherheit sollen gewährleisten, dass zum Beispiel der Staat ...

- ... bestehendes Recht und die Gesetze beachtet.
- ... in die Privatsphäre nur aufgrund eines Gesetzes eingreifen darf.

Die **Gewaltenteilung** sieht die Trennung zwischen der gesetzgebenden, der vollziehenden und der rechtsprechenden Gewalt vor. Neben dieser Trennung in Legislative, Exekutive und Judikative spielt hier die rechtliche Unabhängigkeit eine Rolle.

Wie oben bereits erwähnt, wird im Rahmen des Rechtsstaatsprinzips die **Eigenverantwortung** eingefordert. Diese Verantwortung beruht auf der Vorstellung einer sich selbst regulierenden Gesellschaft, „die vom Staat lediglich geschützt und gegen den Staat in ihrer Selbstständigkeit gesichert werden sollte" (vgl. Bundeszentrale für politische Bildung, 1983: 16). Die im Jahre 1931 veröffentlichte **Enzyklika „Quadragesimo anno"** der katholischen Kirche nimmt diese Vorstellung auf. Mit dieser Enzyklika wird das **Subsidiaritätsprinzip** als soziales Gestaltungsprinzip als Ergänzungskonzept zum Solidaritätsprinzip vorgestellt. Nach der Auffassung der katholischen Soziallehre verdient die Selbsthilfe Vorzug vor der Fremdhilfe. Das Prinzip soll die Entfaltung der personalen Kräfte ermöglichen, Selbstbestimmung und Selbstverantwortung sollen gefördert werden.

Durch die Verankerung des Rechtsstaatsprinzips im deutschen Grundgesetz beeinflusst das Subsidiaritätsprinzip auch die Umsetzung der sozialen Absicherung. Beispielhaft sollen an dieser Stelle schon einmal die Vorschriften des

Sozialgesetzbuchs II (Hartz-IV-Bezüge), des Sozialgesetzbuchs XII (Sozialhilfe) und des Sozialgesetzbuchs XI (Pflegebedürftigkeit) erwähnt werden.

Die Entwicklung des **Sozialstaatsprinzips** geht zurück auf die schlechten Arbeits- und Lebensbedingungen, die sich infolge der Industrialisierung ergeben haben. Die Erkenntnis, dass der Staat den Schutz seiner Bevölkerung übernehmen muss, entspringt nicht aus humanitären Gründen, sondern diente der Machterhaltung des Kaisers und seines Reichskanzlers. Im Gegensatz zum Rechtsstaat verlangt der Sozialstaat den bewussten Eingriff des Staates in die privaten Bereiche, soweit dies erforderlich erscheint. Somit gehören eine aktive Gesundheits- und Sozialpolitik zu den Aufgaben des Staates. Nicht die einzelne Person steht im Mittelpunkt, die Gesamtheit der betroffenen Menschen soll durch den Staat geschützt werden.

Staat und Gesellschaft sind miteinander verbunden. Das Sozialstaatsprinzip „bringt die Werte Freiheit und Gleichheit nicht nur als rechtliche Garantien, sondern in der sozialen Wirklichkeit zur Durchsetzung" (Bundeszentrale für politische Bildung, 1975: 18). Mit dem Sozialstaatsprinzip ist das **Solidaritätsprinzip** verbunden. Nach diesem Prinzip ist die Gemeinschaft der Versicherten, das Kollektiv, Träger der sozialen Sicherungsmaßnahmen. Dieses Prinzip wird geprägt von dem Leitmotiv „Einer für alle, alle für einen". Dieser Leitsatz zeigt sich in dem solidarischen Umlageverfahren der Sozialversicherungen. Nach diesem Verfahren finanziert der Gesunde den Kranken, der junge Mensch beteiligt sich an den altersbedingten Ausgaben.

Einzelheiten zu den Gestaltungsmerkmalen des Subsidiaritäts- und des Solidaritätsprinzips werden in Tabelle 1.2-1 aufgeführt.

Tabelle 1.2-1: Solidaritäts- und Subsidiaritätsprinzip (Quelle: Peters/Schär, 1994: 43)

Subsidiaritätsprinzip	Solidaritätsprinzip
„Das in der katholischen Soziallehre entwickelte … Subsidiaritätsprinzip besagt erstens, dass es gegen die Gerechtigkeit verstoße, … das, was die kleineren und untergeordneten Gemeinwesen leisten und zum guten Ende führen können, für die weitere und übergeordnete Gemeinschaft in Anspruch zunehmen …", weil „…. jedwede Gesellschaftstätigkeit subsidiär (ist); sie soll die Glieder des Sozialkörpers unterstützen, darf sie aber niemals zerschlagen oder aufsaugen" (Päpstliche Enzyklika Quadragesimo von 1931) Nach dieser Auffassung verdient Selbsthilfe vor Fremdhilfe den Vorzug, sollte die Sorge der Kinder für die Eltern der Hilfe der Gesellschaft für die alten Menschen vorausgehen, sollten Gemeinden und Verbände der freien Wohlfahrtspflege als Träger der Sozialpolitik nicht durch Länder und Zentralstaat ihrer Aufgaben beraubt werden. Zweitens verlangt das Prinzip, dass die Gemeinschaft die Individuen und kleineren Gemeinschaften in den Stand setzt, sich möglichst weitgehend selbstverantwortlich zu verwirklichen. Das Subsidiaritätsprinzip soll die Entfaltung der personalen Kräfte ermöglichen, Selbstbestimmung und Selbstverantwortung des Menschen in den ihn umgebenden Sozialgebilden fördern …	Das Solidaritätsprinzip ist als Gestaltungsprinzip für Staat, Gesellschaft und Wirtschaft in der Sozialphilosophie seit langem bekannt. In der Arbeiterbewegung, im Genossenschaftswesen sowie – im Anschluss an die Wirtschafts- und Sozialphilosophie von Heinricht Pesch – vor allem in der katholischen Soziallehre ist das Solidaritätsprinzip ein ideologischer Eckpfeiler. In der Sozialpolitik besagt das Solidaritätsprinzip, dass die aus Übereinstimmungen in den Lebenslagen und in den Lebensanschauungen resultierende, durch Zusammengehörigkeitsgefühl und Interessenkonvergenz verstärkte, gruppenbildende gegenseitige (Schicksals-)Verbundenheit ein die Sozialordnung gestaltendes Prinzip ist bzw. sein soll. Die Bildung von Solidargemeinschaften zur Abwehr von Risiken und zum Ausgleich wirtschaftlicher und sozialer Schwäche, handle es sich um die relativ kleinen, berufsständischen Organisationen früherer Zeit, um die Versicherungsgemeinschaften der Arbeiter oder der Angestellten oder um die Staatsbürgerversorgung, geht von der Existenz von Solidarität aus.

In Zusammenhang mit der sozialen Absicherung scheinen sich das Rechts- und das Sozialstaatsprinzip zu widersprechen. Das Rechtsstaatsprinzip beruht ursprünglich auf der Vorstellung einer sich selbst regulierenden bürgerlichen Gesellschaft, in der der Staat nur ordnungspolitische Aufgaben zugewiesen bekommt. Das Prinzip des Sozialstaats enthält umgekehrt die Forderung nach weitgehenden staatlichen Eingriffen in die Gesellschaftsordnung. Auf der einen Seite soll demnach das Individuum in den Mittelpunkt gestellt werden, auf der anderen Seite ist die Gemeinschaft Zentrum der Überlegungen. Das Grundgesetz normiert Rechts- und Sozialstaat jedoch nicht als Gegensätze: Es will vielmehr den „sozialen Rechtsstaat", der die soziale Gerechtigkeit fördern soll.

Zur Beseitigung dieses scheinbaren Widerspruchs ist in Deutschland im Rahmen der sozialen Absicherung eine „Vorfahrtsregel" eingeführt worden: das Sozialstaatsprinzip hat Vorfahrt vor dem Rechtsstaatsprinzip. Nach dieser Regel kann primär der Schutz der sozialen Versicherungen in Anspruch genommen werden. Endet diese solidarische Absicherung, greift der subsidiäre Schutzmechanismus. Als Beispiel sollen an dieser Stelle die Arbeitslosengeld-1- und -2-Regelungen genannt werden.

Werden die Aspekte Demokratiebezug auf der einen Seite und Gestaltungsfunktion des Staates auf der anderen Seite zur Erklärung des Sozialstaats herangezogen, dann muss zwischen der sozialen Sicherung und der sozialen Teilhabe unterschieden werden. Die **soziale Sicherung** entspricht den vielfältigen Aktivitäten der Sozialversicherungen und des Staates, um den Schutz der Bevölkerung zu ermöglichen. Die Gestaltung dieser Aktivitäten ist Gegenstand der **Sozialpolitik**. Die Ziele der Sozialpolitik liegen in der Verbesserung der wirtschaftlichen Lage und der sozialen Stellung von Personen, die als wirtschaftlich und/oder sozial schwach eingestuft werden. Weiterhin werden Personen dazu gezählt, die nicht in der Lage sind, sich selber abzusichern. Sozialpolitik setzt die sogenannte soziale Frage voraus. Unter der **sozialen Frage** wird die Existenz von Unterschieden in den politischen, persönlichen und wirtschaftlichen Rechten verstanden. Hinzu kommen große Unterschiede in den Verfügungsmöglichkeiten über wirtschaftliche Güter, die dazu führen können, dass der soziale Friede und damit die Existenz des Staates bedroht sind.

Die **soziale Teilhabe** bedeutet dagegen die Gestaltungsmöglichkeit des Staates, den betroffenen Personen oder ihren Verbänden Wege aufzuzeigen, wie sie Interessen vortragen und möglicherweise durchsetzen können. Dazu gehören beispielsweise Regeln zur Koalitionsfreiheit, zur Tarifautonomie, zur Vermögensverteilung und zur Mitbestimmung. Diese Bereiche sind Gegenstand der Gesellschaftspolitik. In Tabelle 1.2-2 werden diese Ansätze aufgelistet.

Die Vorgaben der Verfassung haben in den letzten Jahren dazu geführt, dass sich die unten aufgezeigten vier **Verfassungsinterpretationen** des Sozialstaats herausgebildet haben:
- der konfliktreduzierende Ansatz
- der notmindernde und gerechtigkeitsorientierte Ansatz
- der demokratie-identische Ansatz
- der steuerpolitische Ansatz.

Nach dem ersten Ansatz soll der Sozialstaat dazu beitragen, ein konfliktarmes Zusammenleben der Menschen zu ermöglichen. Der Staat hat somit eine Befriedungsfunktion. Die zweite Interpretation schreibt dem Staat die Verpflichtung zu, die soziale Not zu lindern oder gar zu beheben. Hier spielt das Ziel der sozialen Gerechtigkeit eine Rolle. Die dritte Überlegung geht davon aus, dass der demokratische Gedanke auf die Wirtschafts- und Sozialordnung übertragen werden kann. Es erfolgt eine Verbindung zwischen dem Demokratie- und dem Sozialstaatsprinzip. Der steuerpolitische Ansatz hebt die Notwendigkeit staatlicher Eingriffe in die Wirtschaftsabläufe hervor.

Wie bereits aufgezeigt, war nach den Auffassungen von Eucken und Müller-Armack, die mit ihren Konzepten die Wirtschaftsverfassung der Bundesrepublik Deutschland im Wesentlichen geprägt haben, aufgrund der während der Weimarer Republik gemachten negativen Erfahrungen mit der „Freien Marktwirtschaft" und der damit verbundenen ausschließlichen Rolle des

Tabelle 1.2-2: Aspekte des Sozialstaats (Quelle: Haubrock/Schär, 2002: 43)

Soziale Sicherung	Soziale Teilhabe
Rentenversicherung	Koalitionsfreiheit
Krankenversicherung	Tarifautonomie
Unfallversicherung	Arbeits- und Sozialgerichtsbarkeit
Invalidenversicherung	Mitbestimmung
Arbeitslosenversicherung	Betriebsverfassungsgesetz
Sozialhilfe	Vermögensverteilung
Ausbildungsförderung	Steuerprogression
Umschulungsförderung	Konzentrations- und Kartellkontrolle
Einkommenshilfen in der Wirtschaft	Konjunktursteuerung
u. a.	Sozialisierung
	u. a.
Sozialpolitik	**Gesellschaftspolitik**

Staates als rahmengebender Ordnungsfaktor („Nachtwächterstaat") das Marktmodell der **Sozialen Marktwirtschaft** geeignet, für eine nachhaltige wirtschaftliche und soziale Stabilität zu sorgen. In diesem Modell werden dem Staat bei Versagen der Marktkräfte Interventionsrechte zugestanden. Die verfassungsgebende Versammlung der Bundesrepublik Deutschland übernahm diese wirtschafts- und sozialpolitische Komponente und verknüpfte im Grundgesetz rechts- und sozialpolitische Elemente miteinander. So entstanden neben dem Demokratie- und dem Bundesstaatsprinzip die beiden anderen konstitutionellen Säulen des Grundgesetzes: das Rechts- und das Sozialstaatsprinzip.

Das Grundgesetz (GG) liefert folglich die verfassungsrechtlichen Grundlagen des bundesrepublikanischen Sozialstaats (Tab. 1.2-3). Hieraus leitet sich die Verpflichtung des Staates zum sozialen Handeln ab.

Im Sozialstaat hat der Staat nicht länger nur Ordnungs-, sondern auch Ablaufpolitik zu betreiben. Dieser Vorgang wird manchmal als Verstaatlichung der Gesellschaft bezeichnet. Dieser Tendenz steht jedoch die Vergesellschaftung des Staates gegenüber, das heißt die Bestrebung der verbandlichen und parteipolitischen Organisationen, soziale, besonders ökonomische Teilinteressen durchzusetzen. Der Sozialstaat liegt daher stets im Spannungsfeld zwischen Gruppeninteressen und staatlichem Handlungsspielraum.

Sozialpolitik umfasst das politische Handeln, das darauf abzielt, die wirtschaftliche und soziale Stellung von wirtschaftlich und/oder sozial schwachen Personen durch den Einsatz geeignet erscheinender Mittel zu verbessern bzw. den Eintritt wirtschaftlicher und/oder sozialer Schwäche zu vermeiden. Die Sozialpolitik hat somit eine ökonomische und eine politische Funktion. Ein Teilaspekt der Sozialpolitik ist die Gesundheitspolitik. Hierbei hat die **Gesundheitspolitik** die Aufgabe, den Rahmen für die Entfaltung der wirtschaftlichen Aktivitäten der Ärzte, Patienten, Krankenhausträger und Krankenkassen so zu gestalten (zu ordnen, zu beeinflussen, unmittelbar festzulegen), dass das gesellschaftliche Ziel einer Sicherung der Gesundheit der Bevölkerung optimal erreicht wird.

Während über das Ziel der Gesundheitspolitik weitgehend Einigkeit besteht, weichen die Vorstellungen über den gewünschten staatli-

Tabelle 1.2-3: Verfassungsrechtliche Grundlagen des Sozialstaates (Quelle: Haubrock/Schär, 2002: 42)

Sozialstaatsprinzip	Soziale Grundwerte	Bestandsgarantie
Art. 20 I GG: „Die Bundesrepublik Deutschland ist ein demokratischer und sozialer Bundesstaat."	Art. 1 GG: „Die Würde des Menschen ist unantastbar. Sie zu achten und zu schützen ist Verpflichtung aller staatlichen Gewalt." (Abs. 1)	Art. 79 III GG: „Eine Änderung dieses Grundgesetzes, durch welche ... die in den Art. 1 und 20 niedergelegten Grundsätze berührt werden, ist unzulässig."
Art. 28 I Satz 1 GG: „Die verfassungsmäßige Ordnung in den Ländern muss den Grundsätzen des republikanischen und sozialen Rechtsstaates im Sinne dieses Grundgesetzes entsprechen."	„Die nachfolgenden Grundrechte binden Gesetzgebung, vollziehende Gewalt und Rechtsprechung als unmittelbar geltendes Recht." (Abs. 3)	Art. 19 II GG: „In keinem Falle darf ein Grundrecht in seinem Wesensgehalt angetastet werden."
	Grundrechte, insbesondere Art. 3 GG • Gleichheit vor dem Gesetz Art. 6 GG • Schutz von Ehe und Familie Art. 9 III GG • Koalitionsfreiheit Art. 14 II GG • Sozialbindung des Privateigentums	

chen Einfluss auf die Anbieter von und die Nachfrager nach Gesundheitsgütern weit voneinander ab. Durch Entscheidungen der Regierungen können Abläufe im Gesundheitssektor sowie Strukturen des Systems verändert werden.

Die soziale Sicherung und das daraus resultierende sozialstaatliche Handeln bestehen im Wesentlichen darin, die materiellen Existenzbedingungen der Mitglieder einer Gesellschaft zu beeinflussen. Hieraus lassen sich konkrete **Aufgaben** des Systems der sozialen Sicherung ableiten, wie:
- kollektiver Schutz des Individuums vor einer unzumutbaren Verschlechterung seiner Existenzbedingungen und
- Verbesserung der materiellen Existenzbedingungen wirtschaftlich und sozial schwacher Gruppen.

Die Ausgestaltung des Systems der sozialen Sicherung erfolgt nach drei Grundprinzipien, dem Versicherungs-, dem Versorgungs- und dem Fürsorgeprinzip (Tab. 1.2-4).

Das Versicherungs- und Versorgungsprinzip wird grundsätzlich nach dem **Solidaritätsprinzip** aufgebaut. Der Solidareffekt wird beim Versicherungsprinzip jedoch durch die Geringverdiener-, die Versicherungspflicht- und die Beitragsbemessungsgrenze eingeschränkt. Die Leistungen im Bereich der Versicherungen werden über Beiträge finanziert, die Versorgungsleistungen sind steuerfinanziert. Beim **Fürsorgeprinzip** dominiert hingegen das Subsidiaritätsprinzip. Es steht nicht im Gegensatz zum Solidarprinzip, sondern ist als dessen Ergänzung zu sehen. Durch dieses Prinzip wird bei der Hilfestellung eine Rangordnung (Individuum, Familie, Staat) zugrunde gelegt.

Unter dem **System der sozialen Sicherung** ist die Summe aller Einrichtungen und Maßnahmen zu verstehen, die das Ziel verfolgen, die Mitglieder einer Gesellschaft gegen Risiken zu schützen. Hinter den Einrichtungen verber-

Tabelle 1.2-4: Grundprinzipien sozialer Sicherung (Quelle: (Quelle: Haubrock/Schär, 2002: 45)

	Versicherungsprinzip	Versorgungsprinzip	Fürsorgeprinzip
Sicherungsvoraussetzung	Mitgliedschaft in Versicherung	Speziell eingeräumter Rechtsanspruch	Individuelle Notlage
Leistungsanspruch	Bei Eintritt Versicherungsfall	Bei Vorliegen gesetzlich bestimmter Merkmale	Bei Bedürftigkeit
Leistungshöhe	Standardisiert nach Art des Versicherungsfalls	Standardisiert nach Art des Versorgungsfalls	Individualisiert nach Art und Umfang der Bedürftigkeit
Gegenleistung	Ja, Versicherungsbeiträge	Ja, nichtfinanzielle Sonderopfer (-leistungen) für Gemeinschaft	Nein
Bedürftigkeitsprüfung	Nein	Nein	Ja
Gliederung wichtiger Sicherungszweige nach dem überwiegenden Grundprinzip	Sozialversicherung z.B.: • gesetzliche Rentenversicherung • gesetzliche Krankenversicherung • gesetzliche Unfallversicherung • Arbeitslosenversicherung (Arbeitslosengeld)	• Kriegsopferversorgung • soziale Entschädigung • bei Impfschäden • Beamtenversorgung • Kindergeld (ohne Einkommensgrenzen)[1]	• Sozialhilfe • Jugendhilfe • Resozialisierung • Wohngeld • Kindergeld (bei Einkommensgrenzen)[1]

[1] nur mit Einschränkungen klassifizierbar

gen sich die Träger und Organe der staatlichen Sozialpolitik. Diese umfasst folglich die sozialpolitischen Verantwortungen und die Aktivitäten des Bundes, der Länder, der Gemeinden sowie der freien Wohlfahrtsverbände. Als **Träger** der Sozialpolitik sind Einrichtungen definiert, die überwiegend in der Entscheidungsphase tätig werden. Demgegenüber werden Einrichtungen, die nur in der Planungs- oder Durchführungsphase tätig werden, als **Organe** bezeichnet. Das System der sozialen Sicherung wird als **Soziales Netz** bezeichnet (Abb. 1.2-1).

Wie aus Abbildung 1.2-1 zu entnehmen ist, werden alle Leistungen der Sozialversicherungen zum sozialen Netz gezählt. Zum System der sozialen Sicherung gehören aber auch die Maßnahmen der Kriegsopferversorgung, die Sozialhilfe sowie die Sozialtransfers im Rahmen der Familien- und Wohnungsbaupolitik und die Politik der Ausbildungsförderung. Innerhalb des sozialen Netzes nehmen die Zweige der Sozialversicherung den größten Anteil ein. Es handelt sich hierbei um Pflichtversicherungen, die zum Beispiel nach Risikoarten, nach Berufsständen, nach Wirtschaftssektoren und nach regionalen Gesichtspunkten aufgegliedert werden. Pflichtversichert sind grundsätzlich alle Arbeiter und Angestellten. Folgende Zweige werden unterschieden, die später ausführlich dargestellt werden:

- Arbeitslosenversicherung
- Krankenversicherung
- Pflegeversicherung
- Rentenversicherung
- Unfallversicherung.

Die sozialpolitische Diskussion der vergangenen Jahre hat gezeigt, dass bei allen Versicherungen Finanzierungsprobleme aufgetreten sind. Ein wesentlicher Grund für die Tendenz liegt darin, dass sich die Ausgaben der gesetzlichen Sozialversicherungen schneller entwickelt haben als die Einnahmen. Diese scherenhafte Entwicklung zwischen Einnahmen und Ausga-

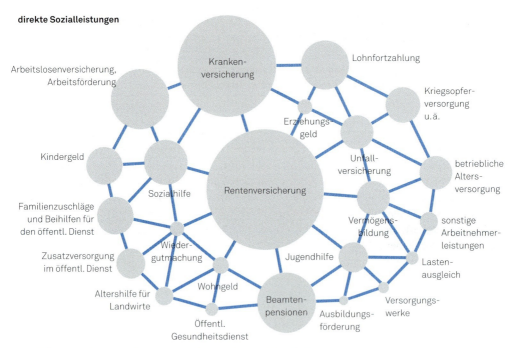

Abbildung 1.2-1: Das soziale Netz (Quelle: Haubrock/Schär, 2002: 46)

ben wird auch als Kostenexplosion bezeichnet. Zu deren Eindämmung wurden Beitragssatzerhöhungen und/oder Leistungseingrenzungen vorgenommen. Letztlich geht es um die Beantwortung der Frage nach der zukünftigen Dominanz des Solidaritäts- bzw. des Subsidiaritätsprinzips im Sozialversicherungssystem der Bundesrepublik Deutschland.

1.3
Sozialversicherungen als Elemente der sozialen Sicherung

1.3.1
Merkmale der sozialen Sicherung

Aus dem Bericht „Sozialbudget 2013" des Bundesministeriums für Arbeit und Soziales ist zu entnehmen, dass das **Sozialbudget** als Kurzbezeichnung für die **Summe der Sozialleistungen** verwendet wird. Seit der ersten Vorlage dieses Sozialberichts im Jahre 1968 wurde dessen Informationsgehalt laufend verbessert und vervollständigt. Neben der Einführung eines funktionalen Sozialbudgets wurde vor allem der Umfang der dargestellten Sozialleistungen erweitert. So kamen zum Beispiel 1995 die Leistungen der gesetzlichen Pflegeversicherung und 1996 der Familienlastenausgleich hinzu.

Sozialleistungen wiederum können Einkommensleistungen oder Sachleistungen sein. **Einkommensleistungen** ersetzen den vorübergehenden oder dauerhaften Verlust des Arbeitseinkommens. **Sachleistungen** werden „von besonderen Einrichtungen, von Gebietskörperschaften oder von Betrieben bei bestimmten Tatbeständen (Risiken) freiwillig oder aufgrund von gesetzlichen, satzungsmäßigen oder tariflichen Regelungen" (Bundesministerium für Arbeit und Soziales, 2014a: 33) den anspruchsberechtigten Personen „als vorbeugende, lindernde oder wiederherstellende Leistungen oder zum Ausgleich besonderer Belastungen" (Bundesministerium für Arbeit und Soziales, 2014a: 33) zur Verfügung gestellt und finanziert. Zu den Sozialleistungen zählen auch „die Leistungen mit sozialer Wirkung des eigenständigen beamtenrechtlichen Systems (Alimentation)" (Bundesministerium für Arbeit und Soziales, 2014a: 33).

Diese Sozialleistungen werden im Bericht des Ministeriums gegliedert nach:
- Funktionen
- Leistungsarten
- Quellen
- Finanzierungsarten
- Institutionen.

Bei der Gliederung des Sozialbudgets nach **Funktionen** werden die Kriterien Kinder, Ehegatten, Mutterschaft, Invalidität, Arbeitslosigkeit, Alter, Hinterbliebene, Wohnen und Allgemeine Lebenshilfen unterschieden. Es handelt sich somit um „soziale Tatbestände, Risiken oder Bedürfnisse, deren Eintritt oder Vorhandensein die Anspruchsberechtigung auf Sozialleistungen auslöst" (Bundesministerium für Arbeit und Soziales, 2014a: 32).

Im Jahre 2013 wurden von den gesamten Sozialleistungen für
- Krankheit und Invalidität ca. 332 Mrd. Euro
- Alter und Hinterbliebene ca. 307 Mrd. Euro
- Kinder, Ehegatten und Mutterschaft ca. 87 Mrd. Euro
- Arbeitslosigkeit ca. 32 Mrd. Euro
- sonstiges ca. 21 Mrd. Euro

verwendet. Bei diesen Zahlen wurden die Verwaltungsausgaben nicht berücksichtigt (vgl. Bundesministerium für Arbeit und Soziales, 2014a: 6).

Bei den Leistungen für Krankheit und Invalidität fielen Sachleistungen in Höhe von ca. 243 Mrd. Euro und Geldleistungen in Höhe von ca. 89 Mrd. Euro an. Im Bereich Alter und Hinterbliebene wurden dagegen über 306 Mrd. Euro in Form von Geldleistungen und nur ca. 0,6 Mrd. Euro als Sachleistung verwendet (vgl. Bundesministerium für Arbeit und Soziales, 2014a: 28).

Bei der Gliederung der Sozialleistungen nach **Leistungsarten** werden die folgenden Gruppen unterteilt.
- Sozialschutzleistungen
  - Einkommensleistungen
  - Sachleistungen
- Beiträge des Staates für Empfänger sozialer Leistungen
- Verwaltungsausgaben
- sonstige Ausgaben
- Verrechnungen.

Im Jahre 2013 entfielen vom Sozialbudget ca. 61 % auf Einkommensleistungen und ca. 36 % auf Sachleistungen. Die restlichen 3 % verteilten sich auf die verbleibenden Leistungsarten.

Bei der Einteilung der Sozialleistungen nach den **Finanzierungsquellen** werden die volkswirtschaftlichen Sektoren betrachtet, von denen die Einnahmen bereitgestellt werden. Die folgenden Quellen werden unterschieden:
- Unternehmen (Kapitalgesellschaften)
- Staat
  - Bund
  - Länder
  - Gemeinden
  - Sozialversicherungen
- private Organisationen
- private Haushalte
- übrige Welt (Ausland).

Die Sozialleistungen wurden im Jahre 2013 vom Staat mit ca. 40 % bezahlt, die privaten Haushalte übernahmen ca. 30 % der Finanzsumme, die Unternehmen beteiligten sich mit ca. 27 %. Die restliche Summe wurde aus den anderen Quellen finanziert.

Bei den **Finanzierungsarten** spiegeln sich die Methoden der Mittelbeschaffung wider. Die Arten gliedern sich wie folgt:
- Sozialbeiträge
  - Arbeitgeber
  - Versicherte
    - Arbeitnehmer
    - Selbstständige
    - Eigenbeiträge der Leistungsempfänger
    - Übrige
- Zuschüsse des Staates
- Übrige.

Der Anteil der Sozialbeiträge am Sozialbudget 2013 betrug ca. 64 %, davon entfielen ca. 53 % auf die Arbeitgeber, die Versicherten waren mit ca. 47 % an der Finanzierung beteiligt. Der Finanzierungsanteil des Staates betrug ca. 34 %.

Werden die **Institutionen/Sicherungszweige** als Differenzierungsmerkmal herangezogen, wird unterschieden zwischen:
- Sozialversicherungssystemen
- Sondersystemen
- Systemen des öffentlichen Dienstes
- Arbeitgebersystemen
- Entschädigungssystemen
- Förder- und Fürsorgesystemen.

Im Jahre 2013 verteilten sich die Anteile der Sicherungszweige an den Gesamtausgaben wie folgt (vgl. Bundesministerium für Arbeit und Soziales, 2014a: 6):
- Rentenversicherung 31,1 %
- Krankenversicherung 25,0 %
- Systeme des öffentlichen Dienstes 7,7 %
- Arbeitgebersysteme 6,2 %
- Grundsicherung für Arbeitsuchende 4,9 %
- Kindergeld/Familienlastenausgleich 4,9 %
- Kinder- und Jugendhilfe 3,6 %
- Sozialhilfe 3,5 %
- Arbeitslosenversicherung 3,4 %
- Pflegeversicherung 3,0 %
- betriebliche Altersversorgung 2,8 %
- Unfallversicherung 1,5 %.

Die verbleibenden Anteile verteilen sich auf die restlichen Institutionen. Die detaillierte Verteilung des Sozialbudgets 2013 kann Tabelle 1.3-1 entnommen werden.

Tabelle 1.3-2 verdeutlicht das stetige Anwachsen der Sozialleistungen seit 1991. In diesem Zeitraum sind die Sozialausgaben von ca. 397 Mrd. Euro auf ca. 612 Mrd. Euro gestiegen. Dies entspricht einem Steigerungsfaktor von etwa 2,4.

Die Sozialleistungen beeinflussen das wirtschaftliche Wachstum Deutschlands. Das Wirtschaftswachstum wird mittels des **Bruttoinlandsprodukts (BIP)** dargestellt. Hierunter wird der Wert aller Sachgüter und Dienstleistungen verstanden, die in einem Jahr innerhalb der Landesgrenzen einer Volkswirtschaft erwirtschaftet

Tabelle 1.3-1: Leistungen und Finanzierung nach Arten und Institutionen (2012p) in Mio. Euro. Summenbildung ohne Zahlungen der Institutionen untereinander (Verrechnungen und Beiträge des Staates) (p = vorläufig; Datenstand 2014) (Quelle: Bundesministerium für Arbeit und Soziales, 2014a: 9) *(Fortsetzung n. Seite)*

	Sozialbudget 2012	Insgesamt	Leistungen					
			Sozialschutzleistungen					
			Einkommensleistungen	Sachleistungen	Beiträge des Staates	Verwaltungsausgaben	Sonstige Ausgaben	Verrechnungen
	Sozialbudget insgesamt	785 441	475 331	279 243	–	28 158	2 710	–
1	**Sozialversicherungssysteme**	485 299	263 642	194 189	–	18 552	2 618	6 298
11	Rentenversicherung	260 364	235 177	4 364	16 595	3 566	135	527
12	Krankenversicherung	183 661	8 093	162 824	1 701	8 539	1 331	1 173
13	Pflegeversicherung	22 942	–	20 970	884	1 074	6	9
14	Unfallversicherung	12 340	6 233	3 123	228	1 478	1 145	132
15	Arbeitslosenversicherung	32 082	14 139	2 909	6 683	3 895	–	4 457
2	**Sondersysteme**	26 749	8 034	17 010	29	1 592	70	13
21	Alterssicherung der Landwirte	2 875	2 771	25	3	63	0	13
22	Versorgungswerke	4 607	4 250	–	–	334	23	–

Tabelle 1.3-1: *(Fortsetzung)*

	Sozialbudget 2012	Leistungen						
			Sozialschutzleistungen					
		Insgesamt	Einkommens-leistungen	Sachleistungen	Beiträge des Staates	Verwaltungs-ausgaben	Sonstige Ausgaben	Verrechnungen
	Sozialbudget insgesamt	785 441	475 331	279 243	–	28 158	2 710	–
23	Private Altersvorsorge	215	215	–	–	–	–	–
24	Private Krankenversicherung	18 172	798	16 265	–	1 109	–	–
25	Private Pflegeversicherung	881	–	721	26	87	47	–
3	**Systeme des öffentlichen Dienstes**	62 778	49 280	13 065	–	433	–	–
31	Pensionen	46 433	46 163	–	–	271	–	–
32	Familienzuschläge	3 143	3 112	–	–	31	–	–
33	Beihilfen	13 202	5	13 065	–	132	–	–
4	**Arbeitgebersysteme**	71 572	69 909	631	–	1 016	15	–
41	Entgeltfortzahlung	36 154	36 154	–	–	–	–	–
42	Betriebliche Altersversorgung	23 620	23 620	–	–	–	–	–
43	Zusatzversorgung	11 167	10 135	–	–	1 016	15	–
44	Sonstige Arbeitgeber-leistungen	631	–	631	–	–	–	–
5	**Entschädigungssysteme**	2 878	2 069	559	–	148	0	102
51	Soziale Entschädigung	1 648	1 145	317	–	86	0	100
52	Lastenausgleich	26	21	0	–	2	–	2
53	Wiedergutmachung	890	834	5	–	51	–	–
54	Sonstige Entschädigungen	314	69	236	–	9	–	–
6	**Förder- und Fürsorgesysteme**	148 737	82 397	53 788	6 131	6 416	7	–
61	Kindergeld und Familien-leistungsausgleich	41 928	41 662	–	–	266	–	–
62	Erziehungsgeld/Elterngeld	4 976	4 970	–	–	6	–	–
63	Grundsicherung für Arbeitsuchende	40 214	17 722	13 292	4 983	4 217	–	–
64	Arbeitslosenhilfe/sonst. Arbeitsförderung	577	17	550	4	–	7	–
65	Ausbildungs- und Aufstiegsförderung	2 529	2 404	–	–	125	–	–
66	Sozialhilfe	28 276	15 622	10 144	1 144	1 366	–	–
67	Kinder- und Jugendhilfe	28 955	–	28 618	–	337	–	–
68	Wohngeld	1 282	–	1 183	–	98	–	–

Tabelle 1.3-2: Leistungen nach Institutionen in Mio. Euro. Institutionen ohne Verrechnungen; Sozialbudget insgesamt und Sozialversicherungssysteme konsolidiert um Beiträge des Staates; ab 2009 einschließlich privater Krankenversicherung (p = vorläufig, s = geschätzt; Datenstand: 2014) (Quelle: Bundesministerium für Arbeit und Soziales, 2014a: 9)

	Sozialbudget 2013	1991	2000	2005	2010	2011	2012p	2013s
	Sozialbudget insgesamt	397 252	608 478	665 615	764 344	768 078	785 441	812 242
1	Sozialversicherungssysteme	252 674	396 714	426 096	471 361	471 081	479 001	494 740
11	Rentenversicherung	133 180	217 429	239 877	253 742	255 683	259 836	263 264
12	Krankenversicherung	92 682	132 080	142 123	173 880	177 811	182 487	192 825
13	Pflegeversicherung	–	16 668	17 831	21 483	21 903	22 934	24 283
14	Unfallversicherung	7 640	10 834	11 228	12 058	12 005	12 208	12 462
15	Arbeitslosenversicherung	35 640	49 696	44 272	36 181	29 348	27 625	28 914
2	Sondersysteme	3 568	5 747	6 800	25 210	26 212	26 736	27 297
21	Alterssicherung der Landwirte	2 457	3 271	3 180	2 946	2 889	2 862	2 970
22	Versorgungswerke	1 111	1 958	3 008	4 323	4 675	4 607	4 757
23	Private Altersvorsorge	–	–	–	150	180	215	260
24	Private Krankenversicherung	–	–	–	17 013	17 653	18 172	18 410
25	Private Pflegeversicherung	–	518	612	778	814	881	900
3	Systeme des öffentlichen Dienstes	35 835	51 295	55 444	59 580	60 464	62 778	64 738
31	Pensionen	23 490	34 962	38 450	43 713	44 480	46 433	47 844
32	Familienzuschläge	5 866	7 036	6 154	3 132	3 074	3 143	3 185
33	Beihilfen	6 479	9 297	10 840	12 735	12 910	13 202	13 710
4	Arbeitgebersysteme	43 363	53 457	52 608	63 928	66 915	71 572	76 027
41	Entgeltfortzahlung	23 344	26 803	22 163	29 542	32 284	36 154	39 973
42	Betriebliche Altersversorgung	12 760	17 400	20 110	23 120	23 150	23 620	24 020
43	Zusatzversorgung	5 960	8 193	9 374	10 691	10 877	11 167	11 382
44	Sonstige Arbeitgeberleistungen	1 299	1 061	962	575	604	631	651
5	Entschädigungssysteme	8 736	6 436	4 552	3 153	2 966	2 776	2 742
51	Soziale Entschädigung	6 496	4 471	3 200	1 929	1 727	1 548	1 437
52	Lastenausgleich	477	133	65	31	27	24	21
53	Wiedergutmachung	973	1 199	774	863	886	890	954
54	Sonstige Entschädigungen	790	633	514	330	326	314	331
6	Förder- und Fürsorgesysteme	55 566	100 252	130 516	148 975	147 248	148 737	153 073
61	Kindergeld und Familienleistungsausgleich	10 435	33 143	37 007	41 955	41 697	41 928	41 855
62	Erziehungsgeld/Elterngeld	3 232	3 732	3 133	4 769	4 885	4 976	5 274
63	Grundsicherung für Arbeitsuchende	–	–	43 765	46 385	41 518	40 214	41 198
64	Arbeitslosenhilfe/sonst. Arbeitsförderung	9 042	15 094	2 447	552	573	577	611
65	Ausbildungs- und Aufstiegsförderung	1 326	875	1 745	2 186	2 469	2 529	2 572
66	Sozialhilfe	18 103	25 763	21 890	25 606	27 322	28 276	29 718
67	Kinder- und Jugendhilfe	10 900	17 328	19 065	25 616	27 169	28 955	30 779
68	Wohngeld	2 527	4 315	1 463	1 908	1 615	1 282	1 067
	nachrichtlich:							
	Steuerliche Leistungen[1]	*27 180*	*38 064*	*35 737*	*30 141*	*29 228*	*28 741*	*28 357*

[1] Ohne Familienleistungsausgleich

werden. Beim BIP wird zwischen dem nominalen und dem realen BIP unterschieden. Das nominale Bruttoinlandsprodukt gibt die Summe der Wertschöpfung in aktuellen Marktpreisen an. Dies bedeutet, dass auch Inflations- bzw. Deflationseffekte eingerechnet werden. Beim realen BIP werden alle Dienst- und Sachleistungen zu den Preisen eines Basisjahres einbezogen. In Deutschland wird das BIP vom Statistischen Bundesamt ermittelt. Bei der Ermittlung wird zwischen einer Entstehungs-, einer Verteilungs- und einer Verwendungsrechnung unterschieden. Bei der **Entstehungsrechnung** wird das BIP den Wirtschaftsbereichen zugeordnet, in denen die Wertschöpfung entstanden ist. Dies können zum Beispiel das produzierende Gewerbe oder die öffentlichen Dienstleister sein. Die **Verwendungsrechnung** ermittelt das Inlandsprodukt aus der Summe des privaten und staatlichen Konsums, der Investitionen und des Außenbeitrags (Exporte – Importe). Damit erfolgt die Berechnung anhand der Nachfrageseite. Wir das BIP anhand der Löhne und Gehälter der Arbeitnehmer, der Unternehmensgewinne und der Vermögenserträge berechnet, ergibt sich die **Verteilungsrechnung**.

Das Bruttoinlandsprodukt stellt somit die Messlatte für die wirtschaftliche Leistung einer Volkswirtschaft in einem bestimmten Zeitraum dar. Hierbei dient die **Veränderungsrate des realen BIP** als Messgröße für das **Wirtschaftswachstum**. Im „Gesetz zur Förderung der Stabilität und des Wachstums der Wirtschaft" aus dem Jahre 1967, auch Stabilitäts- und Wachstumsgesetz genannt, wurde zum Beispiel für die Bundesrepublik festgeschrieben, dass die politisch Verantwortlichen im Bund und in den Ländern wirtschafts- und finanzpolitische Maßnahmen treffen müssen, um ein **stetiges und angemessenes Wirtschaftswachstum** zu erreichen. Auf die Zusammenhänge zwischen dem Wirtschaftswachstum und der Finanzierung des Sozialsystems wird in Kapitel 2 näher eingegangen.

Werden nun die Sozialleistungen in Relation zum Bruttoinlandsprodukt gestellt, entsteht die **Sozialleistungsquote**. Sie stellt somit das in Prozent ausgedrückte Verhältnis des Sozialbudgets zum nominalen Bruttoinlandsprodukt dar. Die Quote betrug im Jahre 2009 31,5 %, im Jahre 2013 sank sie auf 29,7 %. Hierbei ist aber zu beachten, dass es im Jahre 2009 höhere Ausgaben im Bereich des SGB II und SGB V gegeben hat, die aufgrund der Finanzmarktkrise notwendig wurden. Zudem mussten die Grundleistungen der privaten Krankenversicherungen mit eingerechnet werden. Abbildung 1.3-1 zeigt die Entwicklung der Sozialleistungsquote seit 1991.

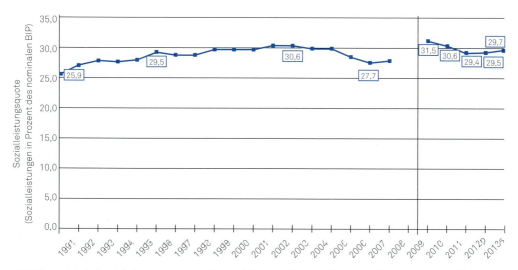

Abbildung 1.3-1: Sozialleistungsquote in Deutschland 1991–2013 (p = vorläufig, s = geschätzt) (Quelle: Bundesministerium für Arbeit und Soziales, 2014a: 7)

Das Statistische Bundesamt legt regelmäßig eine **Gesundheitsausgabenrechnung** vor. So ermittelte es 2013 eine Gesamtsumme der Gesundheitsausgaben von ca. 315 Mrd. Euro. Die Ausgaben sind in den Jahren 1992 bis 2013 absolut deutlich angestiegen (1992: ca. 158 Mrd. Euro, 2013: ca. 316 Mrd. Euro; Tab. 1.3-3). Werden die Ausgaben aber in Bezug zum Bruttoinlandsprodukt gesetzt, ergibt sich in diesem Zeitraum nur eine geringe relative Erhöhung von 1,6 %. Damit schwankt die Quote der Gesundheitsleistungen seit Jahren zwischen 10 % und 11 %.

In § 1 **Sozialgesetzbuch I** (SGB I) wird festgeschrieben, dass auf der Grundlage dieses Gesetzbuchs Sozialleistungen, einschließlich sozialer und erzieherischer Hilfen, vorgehalten werden müssen, die die Funktion haben, ...
- ... soziale Gerechtigkeit und soziale Sicherheit zu verwirklichen.
- ... ein menschenwürdiges Dasein zu sichern.
- ... gleiche Voraussetzungen für die freie Entfaltung der Persönlichkeit, insbesondere auch für junge Menschen, zu schaffen.
- ... die Familie zu schützen und zu fördern.
- ... den Erwerb des Lebensunterhaltes durch eine frei gewählte Tätigkeit zu ermöglichen.
- ... besondere Belastungen des Lebens, auch durch Hilfe zur Selbsthilfe, abzuwenden und auszugleichen. (Vgl. § 1 SGB I, 2015)

Weiterhin soll das Sozialgesetzbuch dazu beitragen, dass zur Erfüllung dieser Aufgaben die notwendigen Institutionen und Leistungen rechtzeitig und ausreichend zur Verfügung stehen.

Innerhalb des Systems der sozialen Sicherung werden die drei **Grund- bzw. Gestaltungsprinzipien** unterschieden:
- Sozialversicherungen (Versicherungsprinzip)
- soziale Versorgung (Versorgungsprinzip)
- Sozialfürsorge (Fürsorgeprinzip).

Beim **Versicherungsprinzip** gelten die fünf Sozialversicherungen:
- Arbeitslosenversicherung
- Krankenversicherung
- Pflegeversicherung
- Rentenversicherung
- Unfallversicherung.

Das Versicherungsprinzip geht davon aus, dass ein abschätzbares Risiko, das jedes Mitglied der Versichertengemeinschaft treffen kann, von allen gemeinsam getragen wird. Das Prinzip wird somit durch das Solidaritätsprinzip geprägt.

Das **Versorgungsprinzip** umfasst unter anderem:
- die Kriegs- und Gewaltopferversorgung (ohne Kriegsopferfürsorge)
- das Kinder- und Erziehungsgeld
- das Wohngeld
- die Bundesausbildungsförderung.

Diese Leistungen werden durch den Staat aus Steuermitteln finanziert. Auch hier gilt das Solidaritätsprinzip.

Das **Fürsorgeprinzip** beinhaltet:
- die Grundsicherung für Arbeitsuchende (Arbeitslosengeld II)
- die Sozialhilfe
- die Kinder- und Jugendhilfe.

Auch die Sozialfürsorge wird vom Staat aus Steuermitteln finanziert. Sie dient der finanziellen Absicherung im Notfall. Es besteht keine Beitragszahlung, der Anspruch auf die Hilfeleistungen richtet sich nach dem individuellen Bedarf. Es erfolgt eine sogenannte Bedürftigkeitsprüfung. Dieses Prinzip basiert auf dem Subsidiaritätsprinzip, das heißt, die Leistungen des Staates erfolgen erst dann, wenn der einzelne Mensch sich nicht selbst helfen kann bzw. die

Tabelle 1.3-3: Gesundheitsausgaben in Deutschland (Quelle: Eigenerstellung in Anlehnung an das Statistische Bundesamt, 2015)

Jahr	1992	2000	2010	2011	2012	2013
Gesundheitsausgaben [Mio. €]	159	187	214	290	303	315
Anteil am BIP [%]	9,4	10,1	11,3	10,9	11,0	11,2

Familie/Bedarfsgemeinschaft keine oder nur eine unzureichende finanzielle Unterstützung ermöglichen kann.

Im Kontext mit der sozialen Sicherung hat es immer wieder Diskussionen um die Gerechtigkeit gegeben. Nach Hradil werden unter **Gerechtigkeit** „moralisch begründete, akzeptierte und wirksame Verhaltens- und Verteilungsregeln verstanden, die Konflikte vermeiden, welche ohne die Anwendung von Gerechtigkeitsregeln bei der Verteilung begehrter Güter oder ungeliebter Lasten auftreten können" (Hradil, 2012: 1). Unter **sozialer Gerechtigkeit** versteht Hradil „allgemein akzeptierte und wirksame Regeln [...], die der Verteilung von Gütern und Lasten durch gesellschaftliche Einrichtungen (Unternehmen, Fiskus, Sozialversicherungen, Behörden etc.) an eine Vielzahl von Gesellschaftsmitgliedern zugrunde liegen, nicht aber Verteilungsregeln, die beispielsweise ein Ehepaar unter sich ausmacht" (Hradil, 2012: 1). Diese soziale Gerechtigkeit ist auf mehreren Ebenen zu finden. So kann sie in gesellschaftlichen Einrichtungen (z.B. Sozialversicherungen) „eingebaut" sein, weiterhin prägt sie die Einstellungen und das Verhalten der Menschen.

In den Auseinandersetzungen um die soziale Gerechtigkeit ist deutlich geworden, dass der Begriff mehrere Dimensionen hat. So werden heute die folgenden **Arten sozialer Verteilungsgerechtigkeit** unterschieden:
- Bedarfsgerechtigkeit
- Leistungsgerechtigkeit
- produktivistische Gerechtigkeit
- Einkommens- oder Verteilungsgerechtigkeit
- Chancengerechtigkeit
- Regelgerechtigkeit
- Generationengerechtigkeit
- Teilhabegerechtigkeit.

Die **Bedarfsgerechtigkeit**, auch Bedürftigkeitsgerechtigkeit genannt, ist gegeben, wenn die Verteilungen, zum Beispiel des Einkommens, die Bedürfnisse der Menschen decken. Hierbei muss auf jeden Fall der Mindestbedarf, der das sogenannte soziokulturelle Existenzminimum garantiert, berücksichtigt werden. Hinter diesem Konzept verbirgt sich die Erkenntnis, dass die Chancen- und die Leistungsgerechtigkeit „nicht in der Lage sind, die dem jeweiligen Bedarf der nicht Leistungsfähigen, das heißt der Kranken, Alten, Kinder etc. gerecht zu werden" (Hradil, 2012: 2). Das Prinzip der Bedarfsgerechtigkeit wird somit im Gegensatz zum Prinzip der Leistungsgerechtigkeit in der Wirtschaftsordnungsidee einer freien Marktwirtschaft nicht erfüllt. Daher muss in marktwirtschaftlichen Systemen der Sozialstaatsgedanke ergänzt werden. Das Konzept der Sozialen Marktwirtschaft hat folglich die Bedarfsgerechtigkeit berücksichtigt.

Bei der **Leistungsgerechtigkeit** geht man davon aus, dass Menschen so viel Einkommen erhalten sollen, wie sie zum gesellschaftlichen Wohlstand beigetragen haben. Die Verteilung der Einkommen innerhalb einer Gesellschaft ist also dann gerecht, wenn die Einkommen den Leistungen der Gesellschaftsmitglieder entsprechen. Dieses Konzept sieht also ungleiche Belohnungen vor, „um die Menschen für ungleiche Bemühungen und ungleiche Effektivität zu belohnen, sie zur weiteren Anstrengung zu motivieren und so für alle Menschen bessere Lebensbedingungen zu erreichen" (Hradil, 2012: 1). Gilt eine Person trotz eigener Leistung als arm, dann wird diese **Arbeitsarmut** als ein Indikator für fehlende Leistungsgerechtigkeit angesehen. Das Wirtschafts- und Sozialwissenschaftliche Institut der Hans-Böckler-Stiftung kommt in einer Studie 2012 zu dem Ergebnis, dass sich die Armut bei den Erwerbstätigen und den Arbeitslosen in Deutschland zwischen der Einführung der Hartz-Reformen (2004) und dem Jahr 2009 stärker ausgebreitet hat als in den anderen EU-Ländern. Die ausgewerteten Armutsdaten der EU-Statistikbehörde Eurostat stammen zwar aus dem Jahre 2010, in der Zwischenzeit wird sich aber die Lage in einigen Ländern, wie zum Beispiel Griechenland, nicht verbessert haben. Die Studie kommt zu dem Ergebnis, dass im Jahre 2009 in Deutschland 7,1% der Erwerbstätigen von Arbeitsarmut betroffen waren. Im Vergleich zu 2004 ist der Anteil der **Working Poor** um 2,2% gestiegen (vgl. Hans-Böckler-Stiftung, 2012: 1). Im Durchschnitt aller EU-Länder stieg die Armutsquote nur um 0,2%. Die Armutsquote ist hierbei der Anteil der Personen an der Gesamtbevölkerung, deren

Einkommen unterhalb der Armutsgrenze liegt. In Deutschland tritt eine Arbeitsarmut ein, wenn einem Haushalt weniger als 60 % des mittleren bedarfsgewichteten Nettoeinkommens der gesamten Bevölkerung, die in Privathaushalten leben, zur Verfügung steht. Das bedarfsgewichtete Nettoeinkommen eines Haushalts, auch Äquivalenzeinkommen genannt, ergibt sich aus der Division der Summe der Einkommen aller Haushaltsmitglieder und einem Wert, der anhand der „neuen OECD-Äquivalenzskala" festgelegt wird. Nach dieser Skala der Organization for Economic Co-operation and Development (OECD), also der Organisation für wirtschaftliche Zusammenarbeit und Entwicklung, werden den einzelnen Personen im Haushalt Gewichtungsfaktoren zugewiesen (z. B. Erwachsener: Faktor 1, Kind unter 14 Jahren: Faktor 0,3). Die Summe dieser Gewichtungsfaktoren ergibt somit den Divisor. Dieses derart errechnete Haushaltseinkommen wird nun in Relation zum mittleren bedarfsgewichteten Nettoeinkommen aller Privathaushalte gestellt. Bei der Arbeitsarmut handelt es sich folglich um ein relatives Armutsmaß. Im Jahre 2012 lag aufgrund der dargestellten Berechnungsmethode der Schwellenwert für einen Alleinstehenden bei 940 Euro im Monat (vgl. Hans-Böckler-Stiftung, 2012: 1). Weitaus drastischer stieg seit 2004 die Armutsquote der Arbeitslosen. Die Quote lag 2009 bei 29 %, im EU-Durchschnitt waren es nur 5 %. In diesem Jahr hatten 70 % der Arbeitslosen ein Einkommen, das unterhalb der Armutsgrenze lag (vgl. Hans-Böckler-Stiftung, 2012: 1). Aus der Studie der Hans-Böckler-Stiftung wird weiterhin deutlich, dass die Zahl der atypischen Beschäftigungen (z. B. befristete Arbeit, Leiharbeit, Teilzeitstellen, Beschäftigung unterhalb der Geringverdienergrenze) deutlich gestiegen ist. Ein wesentlicher Grund für das Ansteigen der Armutsquote ist die Erhöhung der Zahl der Langzeitarbeitslosen, die letztlich in die Arbeitslosengeld-II-Grundsicherung abrutschen. Diese Grundsicherung reicht oft nicht mehr aus, um das Haushaltseinkommen oberhalb der Armutsgrenze zu halten.

Eine erweiterte Form der Leistungsgerechtigkeit ist die **produktivistische Gerechtigkeit**. Danach werden auch die nicht bezahlten bürgerlichen Leistungen, zum Beispiel in der Familie und in den Ehrenämtern, in die Betrachtungen einbezogen. Diese Leistungen tragen ebenfalls zum Wohl der Gesellschaft bei und müssen entsprechend belohnt werden.

Die **Einkommens- oder Verteilungsgerechtigkeit** geht von einer möglichst gleichen Verteilung des Einkommens und des Vermögens aus. Es geht folglich um die Gerechtigkeit von Verteilungsregeln (Regelgerechtigkeit) und ihren Ergebnissen (Ergebnisgerechtigkeit). Eine Ergebnisgerechtigkeit ist in einer Gesellschaft erreicht, wenn die Ergebnisse dieser Gesellschaft allen Personen in grundsätzlich gleichen Maßen zukommen bzw. in gleichen Maßen getragen werden. In der Ökonometrie, einem Teilgebiet der Wirtschaftswissenschaften, das sich mit der Verbindung von ökonomischen Theorien, empirischen Daten und statistischen Methoden beschäftigt, wird mithilfe des **Gini-Koeffizienten** aufgezeigt, wie ungleich Einkommen oder Vermögen in einer Gesellschaft verteilt sind. Diese Maßzahl kann zwischen 0 (völlige Gleichverteilung) und 1 (extreme Ungleichverteilung) liegen.

Die **Chancengerechtigkeit** zielt darauf ab, dass alle Menschen Möglichkeiten haben, ihre Lebenssituation durch eigene Anstrengungen zu gestalten und zu verbessern. Das Konzept der Chancengerechtigkeit bezieht sich somit auf die Ausgestaltung des Leistungswettbewerbs, nicht auf das Ergebnis. Hierbei werden nahezu identische Ausgangssituationen bzw. Startchancen zugrunde gelegt. Nach Hradil ist diese Gerechtigkeit gegeben, wenn „alle Menschen, die im Wettbewerb um die Erlangung von Gütern und die Vermeidung von Lasten stehen, die gleichen Chancen haben [...], Leistungsfähigkeit zu entwickeln und Leistungen hervorzubringen. [...] Unterstellt werden durchaus ungleiche Verteilungsergebnisse" (Hradil, 2012: 1–2). Gerade in Leistungsgesellschaften besteht die Forderung, dass wenigstens die Chancen auf Wohlstand gerecht verteilt werden sollen. Daher hat das Ziel der Startchancengerechtigkeit auf der Agenda der Regierungen einen hohen Stellenwert. In diesem Sinne ist zum Beispiel eine hohe Jugendarbeitslosigkeit ein Indikator für schlechte Chancen.

Die **Regelgerechtigkeit** besagt, dass gleiches Recht für alle Menschen gelten solle. Dabei sollen die Gesetze transparent und nachvollziehbar sein. Zudem sollen sie auch nachvollziehbar angewendet werden. In diesem Sinne sind zum Beispiel auch das Aufstellen und Einhalten von Regeln im Sport zu nennen.

Die **Generationengerechtigkeit**, auch intergenerative Gerechtigkeit genannt, erfasst, ob und inwieweit die künftigen Generationen durch politische Entscheidungen der gegenwärtigen Generation benachteiligt werden. Es geht also um die Wechselwirkungen zwischen verschiedenen Generationen. Der Begriff „Generationengerechtigkeit" wird etwa seit 1970 in der Literatur über die Zukunft des Sozialstaats, und hier speziell im Kontext mit der Alterssicherung verwendet. Durch den sogenannten Brundtland-Bericht, eine Veröffentlichung der Weltkommission für Umwelt und Entwicklung aus dem Jahre 1987, wird auch der Aspekt der **nachhaltigen Entwicklung** thematisiert. Hierbei geht es um die Beantwortung der Frage, ob durch die Befriedigung der gegenwärtigen Bedürfnisse eine Entwicklung eintritt, die eine Bedürfnisbefriedigung zukünftiger Generationen ausschließt.

Bei der **Teilhabegerechtigkeit** lassen sich zwei Auffassungen unterscheiden. Nach dem ersten Verständnis hat „der Sozialstaat im Sinne einer Ausfallbürgschaft die Aufgabe, die gravierendsten Auswirkungen des Ausschlusses aus der ökonomischen Ordnung und anderer Institutionen (etwa dem Bildungssystem) zu kompensieren" (Forst, 2005: 4). Dieser Ansatz geht davon aus, dass der Staat lediglich eine Grundsicherung zur Verfügung stellen kann, die sich an den Grundbedürfnissen orientiert. Das zweite Konzept sieht es dagegen als Aufgabe des Staates an, „institutionelle Schritte hin zur Realisierung fundamentaler Gerechtigkeit zu machen. Das Ziel wäre es [...] in den Basisinstitutionen die Idee der Gesellschaft als faires System der Kooperation zwischen Bürgern umzusetzen, die als freie und gleiche Personen gesehen werden" (Forst, 2005: 4). Hierbei müssen die Institutionen dafür sorgen, dass genügend Produktionsmittel in die Hände aller Menschen gelegt werden. „Zu diesen Mitteln gehört nicht nur reales, sondern auch menschliches Kapital, das heißt Wissen und Kenntnis der Institutionen, Bildung und geschulte Fertigkeiten" (Forst, 2005: 4). In den sozialethischen Positionierungen der evangelischen Kirche „Teilhabegerechtigkeit und Nachhaltigkeit" hält Wegner fest, ...

> „[...] dass es für jede Person möglich sein muss, die Erfahrung zu machen, für sich selbst und die eigene Familie sorgen zu können. In einer gerechten Gesellschaft ist dies für alle Glieder der Gesellschaft möglich und alle Menschen erfahren dadurch so viel Unterstützung und Hilfe, dass sie vor Armut geschützt sind. [...] Teilhabegerechtigkeit bedeutet weiter, dass alle gesellschaftlichen Akteure [...] dafür verantwortlich sind, eine breite Beteiligung möglichst aller Menschen in der Gesellschaft zu sichern und ihnen in dieser Sichtweise im wahrsten Sinne des Wortes einen ‚Teil' an der Gesellschaft sichern." (Wegner, 2012: 4)

Die **Bertelsmann Stiftung** hat im September 2014 den ersten vergleichenden **Gerechtigkeitsindex** vorgestellt, der alle 28 EU-Staaten einbezieht. Dieser Index untersuchte 35 Kriterien in sechs verschiedenen Dimensionen **sozialer Gerechtigkeit**:

- Arbeitsmarkt
- Armut
- Bildung
- Generationengerechtigkeit
- gesellschaftlicher Zusammenhalt
- Gesundheit
- Nichtdiskriminierung.

Die Studie kommt zu dem kritischen Ergebnis, dass ein Nord-Süd-Gefälle sowie ein wachsendes Ungleichgewicht zwischen den Generationen bestehen. Die soziale Schieflage zwischen den wohlhabenden Ländern im Norden und den süd- und südosteuropäischen Ländern hat sich verschärft. Vor allem in Griechenland, Italien und Spanien nahm die soziale Ungerechtigkeit zu. Der Unterschied zwischen den Generationen zeigt sich dadurch, dass die soziale Ungerechtigkeit tendenziell bei den jüngeren Menschen stärker zugenommen hat. Die Länder mit der größten sozialen Gerechtigkeit in Europa sind

Schweden, Dänemark, Norwegen, Finnland und die Niederlande. Deutschland liegt im Mittelfeld. Dem Bericht zufolge sind in Deutschland Verbesserungen beim Abbau der Langzeitarbeitslosigkeit und der Jugendarbeitslosigkeit sowie bei der Erwerbsintegration älterer Arbeitnehmer eingetreten. Dennoch sieht die Studie für Deutschland noch ein erhebliches Verbesserungspotenzial. Von allen europäischen Regierungen werden eine stärkere Hinwendung zu sozialer Gerechtigkeit und die Entwicklung einer integrierten EU-Strategie gefordert. Diese Untersuchung soll künftig jährlich durchgeführt werden. Zusammen mit dem EU-Reformbarometer wird sie dann als **Social Inclusion Monitor Europe (SIM)** veröffentlicht.

Das **Institut der deutschen Wirtschaft** hat seinerseits 28 OECD-Staaten in Bezug auf Gerechtigkeit im internationalen Vergleich untersucht. Der 2013 veröffentlichte **Internationale Gerechtigkeitsindex** baut auf den folgenden sechs Dimensionen der Gerechtigkeit auf:

- Bedarfsgerechtigkeit
- Leistungsgerechtigkeit
- Chancengerechtigkeit
- Einkommensgerechtigkeit
- Regelgerechtigkeit
- Generationengerechtigkeit.

Diese Dimensionen wiederum umfassen 32 Einzelindikatoren. Als Ergebnis ist festzuhalten, dass Deutschland beim Gesamtindex mit 65 Punkten auf Platz 7 liegt. Damit hat sich Deutschland gegenüber 2004 um zehn Plätze verbessert. An der Spitze liegt Norwegen mit 79 Punkten, gefolgt von Schweden (76 Punkte) und Dänemark (74 Punkte). Bei der Bedarfsgerechtigkeit nimmt Deutschland Platz 6, bei der Generationengerechtigkeit Platz 9 und bei der Chancengerechtigkeit Platz 14 ein. Trotz der in Deutschland eingetretenen Verbesserungen besteht für den IW-Experten Enste Handlungsbedarf: „Ein Mittelfeldplatz ist für diesen Aspekt der Gerechtigkeit, den viele für besonders wichtig finden, nicht zufriedenstellend. Die Politik muss handeln – vor allem mit Blick auf das Bildungssystem und die Bekämpfung der Langzeitarbeitslosigkeit" (Institut der deutschen Wirtschaft, 2013: 1).

1.3.2
Grundprinzipien und Gemeinsamkeiten der Sozialversicherungen

Die Aufgabe der deutschen Sozialversicherungen besteht darin, den Lebensstandard des Versicherten und seine Stellung in der Gesellschaft in sogenannten existenziellen Risikosituationen zu erhalten. Auf der Basis grundlegender Prinzipien erfüllen die Träger der sozialen Sicherung diese Aufgabe. Zu diesen Grundprinzipien gehören folgende:

- Versicherungspflicht
- Beitragsfinanzierung
- Solidarität
- Selbstverwaltung
- Freizügigkeit.

Mit der Einführung der Sozialversicherungen im 19. Jahrhundert ist die Versicherungspflicht festgelegt worden. Die **Versicherungspflicht** im Sinne der deutschen Sozialversicherung ist der in den Sozialgesetzbüchern festgelegte Versicherungsschutz für bestimmte Personen, der zum Beispiel den Beginn, den Umfang und das Ende des Schutzes gesetzlich bestimmt. Der Personenkreis wird durch Gesetz oder per Satzung festgelegt. Hierbei handelt es sich primär um Personen, die im Rahmen eines abhängigen Beschäftigungsverhältnisses tätig sind bzw. sich in einer Berufsausbildung befinden. Eine abhängige Beschäftigung ist dann gegeben, wenn die Tätigkeit aufgrund von Anweisungen durchgeführt wird und eine Eingliederung in die Arbeitsorganisation des Weisungsgebers erfolgt ist. Weitere Personen, die nach Auffassung des Gesetzgebers als besonders schutzbedürftig gelten, erweitern diesen Personenkreis. Nach den Vorgaben des Sozialgesetzbuchs I (SGB I) gelten die Vorschriften für alle Personen, die ihren Wohnsitz oder ihren gewöhnlichen Aufenthalt im Geltungsbereich des Sozialgesetzbuchs haben. Aufgrund der sogenannten Ausstrahlungswirkung fallen auch diejenigen Personen unter diese Regelung, die im Rahmen eines in Deutschland bestehenden Beschäftigungsverhältnisses ins Ausland entsandt werden. Mit dem Eintreten der Versicherungsvoraussetzungen entsteht ein öffentlich-rechtliches Sozialversicherungsverhältnis. Hierbei unterscheiden sich die entsprechenden Regelungen bei den jeweiligen Sozialversicherungen.

Nach Auffassung des amerikanischen Wirtschaftswissenschaftlers Mancur Olson (1932–1998) besteht bei der Bereitstellung kostenloser Kollektivgüter die Gefahr, dass sogenannte Trittbrettfahrer („free-rider") einen individuellen Nutzen aus den Kollektivgütern ziehen, ohne sich an der Finanzierung dieser Güter zu beteiligen. In seinem Werk **Logik des kollektiven Handelns**, das er im Jahre 1965 veröffentlichte, geht es weiter darum, dass von dem Konsum bzw. Nutzen eines öffentlichen Gutes niemand ausgeschlossen werden kann. In der Gesundheitsökonomie geht man davon aus, dass Gesundheitsgüter in einem Maße den öffentlichen Gütern und den **Kollektivgütern** zugerechnet werden. Gleichzeitig sind die Gesundheitsleistungen überwiegend **Zukunftsgüter**. Für diese Güter ist charakteristisch, dass die Kosten für diese Güter in der Gegenwart anfallen, die Inanspruchnahme (der Nutzen) aber erst in der Zukunft erfolgt. Aus der Tatsache, dass Gesundheitsgüter/Sozialgüter zu den Kollektiv- und zu den Zukunftsgütern gezählt werden, erklärt sich die Notwendigkeit einer Pflichtmitgliedschaft und damit auch die Verpflichtung zur Finanzierung dieser Güter.

Nach § 21 SGB IV werden die notwendigen finanziellen Mittel der Sozialversicherungen auf der Grundlage der spezifischen Vorschriften für die einzelnen Versicherungszweige aufgebracht, und zwar durch:
- die Beiträge der Arbeitnehmer, der Arbeitgeber und Dritter (**Beitragsfinanzierung**)
- staatliche Zuschüsse
- sonstige Einnahmen.

Unter **Beiträgen** werden öffentlich-rechtliche Abgaben für die Bereitstellung besonderer Gegenleistungen verstanden. Sie werden unabhängig von der tatsächlichen Inanspruchnahme einer Leistung erhoben. Im Bereich der Sozialversicherungen ist der Versicherungsbeitrag die Geldsumme, die dem Versicherungsträger zur Verfügung gestellt wird. Als Gegenleistung werden seitens des Trägers Versicherungsleistungen zur Verfügung gestellt. Nach § 21 SGB IV haben die Versicherungsträger die Beiträge, soweit sie per Satzung autonom festgelegt werden dürfen, „so zu bemessen, dass die Beiträge zusammen mit den anderen Einnahmen 1. die gesetzlich vorgeschriebenen und zugelassenen Ausgaben des Versicherungsträgers decken und 2. sicherstellen, dass die gesetzlich vorgeschriebenen und zugelassenen Betriebsmittel und Rücklagen bereitgehalten werden können" (§ 21 SGB IV). Nach § 22 SGB IV entstehen die Beitragsansprüche des Versicherungsträgers, sobald ihre gesetzlich festgeschriebenen Voraussetzungen erfüllt sind. Dies gilt speziell bei der Aufnahme einer versicherungspflichtigen Beschäftigung. Hierbei orientieren sich die Beiträge am beitragspflichtigen Bruttoeinkommen des Versicherungsnehmers (dies gilt nicht bei der Unfallversicherung). Beitragspflichtige Bruttoeinkommen, auch Grundlöhne genannt, sind die Bruttolöhne zwischen der Geringverdienergrenze und der Beitragsbemessungsgrenze. Der **Gesamtversicherungsbeitrag** umfasst nach den Vorschriften des SGB IV die Arbeitgeber- und die Arbeitnehmeranteile zur gesetzlichen Krankenversicherung, zur sozialen Pflegeversicherung, zur gesetzlichen Rentenversicherung und zur Arbeitsförderung. Bei einer versicherungspflichtigen Beschäftigung wird der gesamte Beitrag des Arbeitnehmers vom Arbeitgeber vom Einkommen des Versicherten abgezogen (Lohnabzugsverfahren). Zugleich muss der Arbeitgeber seinen hälftigen Anteil abführen. Der Arbeitgeber muss anschließend den Gesamtbeitrag an die Einzugsstellen der Krankenkassen abführen. Diese leiten die entsprechenden Beträge an die Träger der anderen Sozialversicherungen weiter. Auch die nicht nach dem Arbeitsentgelt zu bemessenden Beträge (z. B. Beiträge in der landwirtschaftlichen Krankenversicherung) fließen in den Gesamtversicherungsbeitrag. Nach den Vorschriften des SGB IV zum **Beitragseinzug** gehören die folgenden Funktionen zu den Pflichten des Arbeitgebers:
- monatliche Berechnung des Gesamtversicherungsbeitrags
- Erstellung eines Beitragsnachweises
- Übermittlung des Beitragsnachweises an die Einzugsstelle

- Abführung des Gesamtbeitrags an die Einzugsstelle.

Der Summe der Beitragssätze für alle Sozialversicherungen schwankte in den vergangenen Jahren um 40 %. Im Jahre 2015 liegt der summierte Beitragssatz bei 39,55 %. Dies bedeutet, dass der Arbeitnehmer ca. 20 % seines Bruttolohns an die Sozialversicherungen abführen muss. Für den Arbeitgeber fällt in etwa die gleiche prozentuale Belastung an. In der Regel versucht der Arbeitgeber diesen Betrag als Lohnnebenkosten in die Marktpreise einzukalkulieren.

Zur Ermittlung des **beitragspflichtigen Bruttolohns** beschließt das Bundeskabinett auf der Grundlage einer Vorlage des Bundesministeriums für Arbeit und Soziales jährlich die **Sozialversicherungsrechengrößen**. Für das Jahr **2015** wurden diese Größen am 15.10.2014 festgelegt. Die aktuellen Rechengrößen wurden gemäß der Einkommensentwicklung des Jahres 2013 turnusgemäß für das Bundesgebiet um 2,3 %, für die alten Bundesländer um 1,99 % und für die neuen Bundesländer um 2,19 % angehoben. In diesem Zusammenhang wird auch von einer Dynamisierung der Rechengrößen gesprochen. Tabelle 1.3-4 zeigt die Rechengrößen der Sozialversicherung 2015.

Aus der Verordnung wird deutlich, dass bei den einzelnen Sozialversicherungen unterschiedliche **Beitragsbemessungsgrenzen** existieren. Bei der Betragsbemessungsgrenze handelt es sich um den Bruttolohn einer versicherten Person, bei dem der maximale Beitrag bezahlt werden muss. Bei der Kranken- und Pflegeversicherung beträgt diese Grenze im gesamten Bundesgebiet 2017 4350 Euro/Monat bzw. 52 200 Euro im Jahr. Bei den Beitragsbemessungsgrenzen der Rentenversicherung und vor allem bei der knappschaftlichen Rentenversicherung liegen die Grenzen deutlich höher. Die Einkünfte, die diese Grenzen überschreiten, zählen nicht mehr zu den beitragspflichtigen Einkünften, sie fallen somit auch nicht in den Gesamtversicherungsbeitrag.

Eine andere Funktion hat die **Versicherungspflichtgrenze**, die auch nur bei der Kranken- und der Pflegeversicherung festgelegt worden ist. In den Jahren 2007 bis 2010 war ein Wechsel in die private Krankenversicherung möglich, wenn in drei aufeinanderfolgenden Jahren die Jahresarbeitsentgelte überschritten wurden. Ab 2011 ist es wieder möglich, bei einem einmaligen Überschreiten der Jahreseinkommens (2017: 57 600 Euro) vom gesetzlichen System in eine private Versicherung zu wechseln. Optional können sich die Mitglieder weiter freiwillig an ihren alten Versicherungsträger binden. Hat sich der Versicherte für eine private Versicherung entschieden, dann ist die Rückkehr in das Sozialversicherungssystem nur unter bestimmten Voraussetzungen möglich.

Tabelle 1.3-4: Rechengrößen der Sozialversicherungen 2015 (* In der gesetzlichen Kranken- und Pflegeversicherung gilt dieser Wert bundeseinheitlich.) (Quelle: Bundesministerium für Arbeit und Soziales, 2014: 2)

	West		Ost	
	Monat [€]	Jahr [€]	Monat [€]	Jahr [€]
Beitragsbemessungsgrenze: allgemeine Rentenversicherung	6050	72 600	5200	62 400
Beitragsbemessungsgrenze: knappschaftliche Rentenversicherung	7450	89 400	6350	76 200
Beitragsbemessungsgrenze: Arbeitslosenversicherung	6050	72 600	5200	62 400
Versicherungspflichtgrenze: Kranken- und Pflegeversicherung	4575	54 900	4575	54 900
Beitragsbemessungsgrenze: Kranken- und Pflegeversicherung	4125	49 500	4125	49 500
Bezugsgröße in der Sozialversicherung	2835*	34 020*	2415	28 980
Vorläufiges Durchschnittsentgelt/Jahr in der Rentenversicherung		34 999		

Eine weitere Rechengröße stellt die **Entgeltgrenze für geringfüge Beschäftigung** dar. Diese Grenze liegt auch im Jahre 2017 bei 450 Euro pro Monat. Die Einkommensgrenze für geringfügige Beschäftigungsverhältnisse (**Minijobs**) liegt seit dem 01.01.2013 bei dem oben genannten Betrag. Der Arbeitgeber muss für jeden Minijobber Pauschalabgaben an die Minijob-Zentrale der Bundesknappschaft abführen. Diese Pauschale liegt bei knapp 31 %. In diesem Prozentsatz sind unter anderem die Anteile für die Rentenversicherung (15 %), für die Krankenversicherung (13 %) und für die Pauschalsteuer (2 %) enthalten. Die verbleibenden Prozentanteile fallen für Umlagen an. Seit dem 01.01.2013 besteht für den betroffenen Personenkreis eine Versicherungspflicht in der gesetzlichen Rentenversicherung. Durch die Zahlung eines Eigenanteils zum Rentenversicherungsbeitrag des Arbeitgebers erwirbt der Arbeitnehmer volle Leistungsansprüche. Der Arbeitnehmer kann sich aber auch durch einen schriftlichen Antrag von der Pflicht befreien lassen. Eine Mitgliedschaft in einer Krankenversicherung ist durch einen Minijob nicht gegeben. Der Versicherungsschutz muss demnach auf einem anderen Wege hergestellt werden. Aus den Ausführungen wird deutlich, dass der Arbeitnehmer keine Beiträge bezahlen muss.

Übersteigt das Arbeitsentgelt den Betrag von 450 Euro, muss der Arbeitgeber den vollen Arbeitgeberanteil von ca. 20 % bezahlen. Der Arbeitnehmeranteil klettert in dieser sogenannten **Gleitzone** von ca. 4 % bei einem Einkommen von 450,01 Euro bis auf ca. 20 % bei einem Gehalt von 850 Euro. Die exakte Berechnung des Arbeitnehmeranteils erfolgt mithilfe der Gleitzonenformel. Diese Formel errechnet den Faktor F.

Für das Jahr 2017 gelten die folgenden Beitragssätze:
- Arbeitslosenversicherung 3,0 %
- Krankenversicherung 14,6 % (evtl. kommt ein kassenindividueller Zusatzbeitrag hinzu)
- Pflegeversicherung 2,55 % (2,80 % für kinderlose Personen, die das 23. Lebensjahr vollendet haben)
- Rentenversicherung 18,7 %.

Der Gesundheitssektor ist in den Wirtschaftskreislauf der Bundesrepublik Deutschland eingebettet und konkurriert als Gesundheitsbereich mit anderen Bereichen der Volkswirtschaft. In diesem Zusammenhang untersucht die Gesundheitsökonomik die Zielvorstellungen einer Gesellschaft bezüglich der Verteilung von Ressourcen auf das Gesundheitswesen und der Mittelverteilung auf verschiedene gesundheitliche Aktivitäten.

Das Bruttoinlandsprodukt bildet den Indikator für den Wohlstand einer Gesellschaft. Dieses Sozialprodukt beinhaltet unter anderem die bewerteten Sozial- und Gesundheitsgüter, das heißt die Sach- und Dienstleistungen, die eingesetzt werden, um die soziale bzw. gesundheitliche Versorgung zu gewährleisten. Der Anteil der sozialen Leistungen (Sozialbudget) bzw. der Gesundheitsleistungen (Gesundheitsbudget) am Sozialprodukt wird, wie oben bereits dargestellt, als Sozialleistungsquote bezeichnet. Die Betrachtung dieser Quoten in einem Zeitvergleich zeigt, dass zwischen 1960 und 2013 erhebliche Steigerungen eingetreten sind (Tab. 1.3-5).

Für die Einnahmenentwicklung der Sozialversicherungen hat neben der Beitragssatzgestaltung die Entwicklung der sozialversicherungspflichtigen Bruttolöhne (Grundlöhne) eine zentrale Bedeutung. Unter dem **Grundlohn** ist folglich der Teil des Bruttoarbeitsentgelts eines Versicherten bis zur Beitragsbemessungsgrenze zu verstehen. Die Summe aller Grundlöhne einer Sozialversicherung bildet die **Grundlohnsumme** dieser Kasse, die gesamten Grundlöhne aller gesetzlichen Versicherungen bilden die Grundlohnsumme für das Sozialversicherungssystem der Bundesrepublik Deutschland. Die Grundlohnsummen weisen Unterschiede auf, und zwar regional (z. B. Süd-Nord- bzw. West-Ost-Gefälle) und sektoral (Gefälle zwischen den Sozialversicherungen).

Diese Summe aller Grundlöhne im Bereich der gesetzlichen Krankenversicherung spielt im Rahmen der Diskussion um die Kostenreduktion im Gesundheitswesen eine wichtige Rolle. Sie dient als Richtschnur für die Ausgabenentwicklung (Beitragssatzstabilität, grundlohnsummenorientierte Ausgabenpolitik).

1 Grundlegende Aspekte des Sozialversicherungssystems

Tabelle 1.3-5: Sozialbudget 2013. Bis 1969 nur unrevidierte Werte; Sozialleistungsquote bis 1969 nur eingeschränkt vergleichbar. Ab 1991 einschließlich neue Länder. Ab 2009 einschließlich privater Krankenversicherung. Datenstand: Mai 2014; p = vorläufig, s = geschätzt. (Quelle: Bundesministerium für Arbeit und Soziales, 2014a: 8) *(Fortsetzung n. Seite)*

Jahr	Sozialleistungen gesamt			Bruttoinlandsprodukt	
	Euro [Mrd.]	Veränd. [%] ggü. Vorjahr	Sozialleistungsquote[1] [%]	Euro [Mrd.]	Veränd. [%] ggü. Vorjahr
1960	28,4	–	18,3	154,8	–
1961	31,6	11,6	18,7	169,6	9,6
1962	34,6	9,5	18,8	184,5	8,8
1963	37,1	7,0	19,0	195,5	6,0
1964	40,5	9,2	18,8	214,8	9,9
1965	45,6	12,7	19,4	234,8	9,3
1966	50,3	10,3	20,2	249,6	6,3
1967	54,4	8,2	21,5	252,8	1,3
1968	58,5	7,4	21,4	272,7	7,9
1969	64,2	9,8	21,0	305,2	11,9
1970	73,0	13,6	20,2	360,6	–
1971	82,8	13,5	20,7	400,2	11,0
1972	93,8	13,3	21,5	436,4	9,0
1973	107,4	14,5	22,1	486,0	11,4
1974	123,7	15,2	23,5	526,0	8,2
1975	145,2	17,3	26,3	551,0	4,8
1976	156,2	7,6	26,1	597,4	8,4
1977	166,4	6,5	26,1	636,5	6,6
1978	177,2	6,5	26,1	678,9	6,7
1979	188,5	6,4	25,6	737,4	8,6
1980	202,7	7,5	25,7	788,5	6,9
1981	216,5	6,8	26,2	852,8	4,7
1982	222,8	2,9	25,9	860,2	4,2
1983	228,7	2,7	25,5	898,3	4,4
1984	237,9	4,0	25,3	942,0	4,9
1985	247,9	4,2	25,2	984,4	4,5

Tabelle 1.3-5: *(Fortsetzung)*

Jahr	Sozialleistungen gesamt			Bruttoinlandsprodukt	
	Euro [Mrd.]	Veränd. [%] ggü. Vorjahr	Sozialleistungsquote[1] [%]	Euro [Mrd.]	Veränd. [%] ggü. Vorjahr
1986	260,7	5,1	25,1	1037,1	5,4
1987	273,7	5,0	25,7	1065,1	2,7
1988	288,1	5,3	25,7	1123,3	5,5
1989	295,9	2,7	24,6	1200,7	6,9
1990	314,3	6,2	24,1	1306,7	8,8
1991	397,3	–	25,9	1534,6	–
1992	449,9	13,3	27,3	1648,4	7,4
1993	474,1	5,4	27,9	1696,9	2,9
1994	496,1	4,6	27,8	1782,2	5,0
1995	522,4	5,3	28,3	1848,5	3,7
1996	552,3	5,7	29,5	1875,0	1,4
1997	556,4	0,7	29,1	1912,6	2,0
1998	570,0	2,5	29,1	1959,7	2,5
1999	590,7	3,6	29,5	2000,2	2,1
2000	608,5	3,0	29,7	2047,5	2,4
2001	625,2	2,7	29,7	2101,9	2,7
2002	648,2	3,7	30,4	2132,2	1,4
2003	660,8	1,9	30,8	2147,5	0,7
2004	659,4	−0,2	30,0	2195,7	2,2
2005	665,6	0,9	29,9	2224,4	1,3
2006	665,1	−0,1	28,7	2313,9	4,0
2007	672,6	1,1	27,7	2428,5	5,0
2008	692,6	2,9	28,0	2473,8	1,9
2009	746,9	–	31,5	2374,2	−4,0
2010	764,3	2,3	30,6	2495,0	5,1
2011	768,1	0,5	29,4	2609,9	4,6
2012p	785,4	2,3	29,5	2666,4	2,2
2013s	812,2	3,4	29,7	2737,6	2,7

[1] Sozialleistungen im Verhältnis zum Bruttoinlandsprodukt

Seit den 1970er-Jahren ist der Begriff der **Kostenexplosion** im Gesundheitswesen im Gespräch. Hinter diesem Terminus verbirgt sich eine Entwicklung, bei der die beitragspflichtigen Bruttoentgelte der Mitglieder der gesetzlichen Krankenkassen nicht so schnell gewachsen sind wie die Ausgaben der Krankenversicherungen.

Diese Grundlohnsumme bildet die Schnittstelle zwischen der Gesamtwirtschaft und dem Gesundheitssystem (Abb. 1.3-2).

Nach dem auch für die Sozialversicherungsträger relevanten **Haushaltsprinzip** müssen die Ausgaben durch die Einnahmen gedeckt werden. Im Bereich der Einnahmen spielen die **Beitragseinnahmen** eine wesentliche Rolle. Neben diesen Beitragseinnahmen kommen die **staatlichen Zuschüsse** zur Finanzierung der nicht durch Beiträge gedeckten versicherungsfremden Leistungen (z. B. beitragsfreie Mitversicherung von Familienangehörigen) sowie die **sonstigen Einnahmen** (z. B. Zinseinnahmen) hinzu. Die **Ausgaben** ergeben sich durch die durch den Gesetzgeber festgelegten **Regelleistungen** und die sogenannten **Satzungsleistungen**. Ist den Versicherungen die Möglichkeit eingeräumt worden, Satzungsleistungen anzubieten, dann können sie über die Art und den Umfang dieser Leistungen autonom entscheiden. Droht die Situation, dass das Haushaltsprinzip nicht erfüllt werden kann, können auf der Ausgabenseite die Satzungsleistungen durch den Versicherungsträger gekürzt werden. Die Kürzung oder die Rationierung von Regelleistungen muss dagegen durch den Gesetzgeber veranlasst werden.

In Abbildung 1.3-3 ist zu erkennen, dass sich die Beitragseinnahmen aus dem Grundlohn und dem Beitragssatz zusammensetzen. In dem Zeitraum bis 2009 waren die Krankenkassen aufgrund der unzureichenden Entwicklung der Grundlohnsummen gezwungen, ihre Finanzsituation durch den zweiten Einnahmefaktor, den Beitragssatz, zu verbessern. Kontinuierliche Beitragssatzsteigerungen, die zudem zwischen den Regionen (Süd-Nord-Gefälle) und den einzelnen Kassenarten (z. B. Ortskrankenkassen versus Betriebskrankenkassen) unterschiedlich verliefen, waren die Folge.

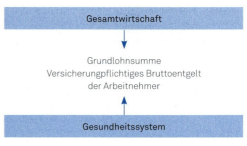

Abbildung 1.3-2: Die Grundlohnsumme als Schnittstelle der Systeme (Quelle: Haubrock/Schär, 2009: 46)

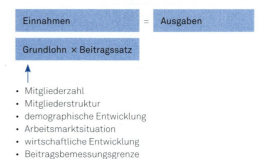

Abbildung 1.3-3: Haushaltsprinzip der Krankenkassen (Quelle: Haubrock/Schär, 2009: 48)

Die Grundlohnsummenentwicklung hängt von mehreren gesamtwirtschaftlichen und -gesellschaftlichen Indikatoren ab. Unter anderem beeinflussen folgende Indikatoren die Grundlohnsummenentwicklung:
- Zahl und Struktur der Kassenmitglieder
- Zahl der Erwerbstätigen/Nichterwerbstätigen
- Entwicklung der Zahl der Rentner und Rentnerinnen
- Tarifabschlüsse
- Entwicklung der Beitragsbemessungsgrenze
- Entwicklung der Pflichtversicherungsgrenze.

Aus dem Blickwinkel der Krankenkassen lässt sich sagen, dass die Grundlohnsumme nur bedingt (z. B. Mitgliederzahl) oder gar nicht (z. B. Arbeitslosigkeit) zu beeinflussen ist. Die Grundlohnsumme stellt somit einen exogen Faktor dar.

Mitte der 1970er-Jahre setzten die finanziellen Entlastungsstrategien für das gesetzliche Krankenversicherungssystem ein. Der gesamtwirtschaftliche Auslöser dieser Reformpolitik war die potenzielle Gefährdung der Wettbewerbsfähigkeit der deutschen Unternehmen auf den internationalen Märkten. Aus dem Blickwinkel der exportorientierten Wirtschaft muss auch der Preis einer Leistung, die in Deutschland her- bzw. bereitgestellt wird, neben dem Qualitätskriterium im internationalen Vergleich konkurrenzfähig sein. In diesen Kontext gehört die Diskussion um die **Lohnnebenkosten**, die unter anderem die Sozialversicherungsbeiträge der Arbeitgeber beinhalten. Ziel dieser Politik war und ist es somit, eine Stabilisierung oder gar eine Senkung der Arbeitgeberanteile unter anderem für die Krankenversicherungen zu erreichen. Es wird politisch der **Grundsatz der Beitragssatzstabilität** vorgegeben. So wird in § 71 SGB V in der Fassung vom Juli 2003 festgehalten, dass die Vertragspartner auf Seiten der Krankenkassen und der Leistungserbringer Vereinbarungen so zu gestalten haben, dass Beitragssatzerhöhungen ausgeschlossen werden. Ausnahmen werden nur dann akzeptiert, wenn die notwendige medizinische Versorgung auch nach Ausschöpfung von Wirtschaftlichkeitsreserven ohne Beitragssatzerhöhungen nicht zu gewährleisten ist. Das Gesetz zur Modernisierung der gesetzlichen Krankenversicherung (GKV-Modernisierungsgesetz – GMG) aus dem Jahre 2003 nimmt diesen Ansatz auf. So wird als Ziel des Gesetzes festgehalten, ein hohes Versorgungsniveau bei angemessenen Beitragssätzen auch in Zukunft zu gewährleisten. An einer anderen Stelle wird formuliert, dass das GMG zu finanzwirksamen Entlastungen der Krankenkassen führen wird und somit möglicherweise das Beitragssatzniveau der gesetzlichen Krankenversicherungen gesenkt werden kann.

Mit der Einführung des **Gesundheitsfonds** im Jahre 2009 sind die Beitragseinkommen aus der Grundlohnsumme die Haupteinnahmequelle des Gesundheitsfonds. Die Beiträge werden zunächst von den Krankenkassen eingezogen, dann aber an den Gesundheitsfonds weitergeleitet. Zu diesen Beiträgen fließt aus den Bundessteuermitteln noch ein Staatszuschuss zum Gesundheitsfonds. Somit wird das Krankenkassensystem seit einigen Jahren aus Beiträgen und aus Steuern finanziert. Der Rückfluss der Finanzmittel zu den Krankenkassen erfolgt mittels des **morbiditätsorientierten Risikostrukturausgleichs** (Morbi-RSA).

Seit dem Gesundheitsstrukturgesetz von 2003 wird die jährliche **Grundlohnsummenveränderungsrate** als Referenzgröße für die Fortschreibungen der Budgets im Gesundheitswesen herangezogen. Die Veränderungsrate wird jeweils Mitte September eines Jahres mit Wirkung auf das Folgejahr per Rechtsverordnung durch das Gesundheitsministerium veröffentlicht. Hierbei werden die durchschnittlichen Veränderungsraten der beitragspflichtigen Einnahmen der Mitglieder des GKV-Systems für den Zeitraum des zweiten Halbjahres des Vorjahres und des ersten Halbjahres des aktuellen Jahres (z.B. 01.07.2013 bis 30.06.2014) in Relation zu den relevanten Vorjahresperioden (z.B. 01.07.2012 bis 30.06.2013) gesetzt. Es handelt sich somit um eine prospektive Veränderungsquote, die aus retrospektiven Größen ermittelt wird. Tabelle 1.3-6 verdeutlicht die Entwicklung der Veränderungsraten seit dem Jahre 2001.

Das **Prinzip der Solidarität** ist das dritte Grundprinzip der deutschen Sozialversicherung. Die Beitragsbemessung orientiert sich an der individuellen finanziellen Leistungsfähigkeit des Versicherten (Leistungsfähigkeitsprinzip). Die Beitragshöhe ist folglich vom persönlichen Einkommen und nicht vom individuellen Risiko (z.B. Alter, Geschlecht, Gesundheitsstatus) abhängig. Der Anspruch auf Sozialleistungen ist abhängig von der individuellen Bedürftigkeit (Bedarfsprinzip). Damit ist der Anspruch auf Sozialleistungen unabhängig von der Beitragshöhe und steht grundsätzlich allen Versicherten im gleichen Umfang zur Verfügung. Durch die Anwendung des Leistungs- und des Bedarfsprinzips findet der solidarische Ausgleich statt. Es handelt sich hierbei um eine **interpersonelle Umverteilung**. Beim **Schadensausgleich** findet die solidarische Umverteilung zwischen Gesunden und Kranken statt. Der **soziale Ausgleich** erfolgt durch die Anbindung des Beitrags an die individuellen Einkünfte. Der **Risikoaus-**

Tabelle 1.3-6: Grundlohnsummenveränderungsraten (Quelle: Eigenerstellung)

Jahr	GLS-Veränderung [%]	Inflationsrate [%]
2015	2,53	–
2014	2,81	0,9
2013	2,03	1,5
2012	1,98	2,1
2011	1,15	2,3
2010	1,54	1,1
2009	1,41	0,4
2008	0,64	2,6
2007	0,79	2,3
2006	0,97	1,6
2005	0,38	1,5
2004	0,17	1,7
2003	1,06	1,0
2002	1,89	1,5
2001	1,63	1,9

gleich findet zwischen den Versicherten statt, die von hohen bzw. von geringen Risikopotenzialen betroffen sind.

Die bedarfsgerechte Versorgung, die sich aus dem Solidargedanken ergibt, wird durch das Wirtschaftlichkeitsgebot des § 12 SGB V begrenzt. Nach diesem Gebot müssen die Leistungen ausreichend, zweckmäßig und wirtschaftlich sein. Weiterhin schreibt der Gesetzgeber vor, dass die Leistungen das Maß des Notwendigen nicht überschreiten dürfen. Zudem werden Leistungen, die nicht notwendig oder unwirtschaftlich sind, ausgeschlossen. Diese Leistungen dürfen Versicherte nicht beanspruchen, Leistungserbringer dürfen sie nicht durchführen und Krankenkassen dürfen sie nicht bewilligen. Eine Ergänzung dieser Vorschriften wird in § 70 SGB V festgehalten. Danach müssen die Krankenkassen und die Leistungserbringer eine bedarfsgerechte und gleichmäßige, dem allgemein anerkannten Stand der medizinischen Erkenntnis entsprechende Versorgung der Versicherten gewährleisten.

Die Einführung der Versicherungspflichtgrenze im Bereich der Krankenkassen und der Pflegekassen verschafft den Kassenmitgliedern, die über höhere Einkünfte verfügen, die Möglichkeit, das solidarische System zu verlassen. Sie können sich, wie zum Beispiel Beamte oder Selbstständige, im privaten System versichern.

Weiterhin gilt bei den Lohnersatzleistungen, wie zum Beispiel Krankengeld, Unterhaltsgeld, Übergangsgeld, Arbeitslosengeld II, nicht der solidarische Grundsatz, dass jedem Versicherten die gleichen Leistungen zustehen. Zudem wird bei der Unfallversicherung das bestehende Risiko in die Berechnung des Beitrags eingeschlossen.

Bereits in der **Kaiserlichen Botschaft** von **1881** war das **Selbstverwaltungsprinzip** festgelegt worden. Danach müssen die Körperschaften des öffentlichen Rechts ihre internen Angelegenheiten autonom regeln. Der Staat delegiert die Aufgaben und Verantwortungsbereiche an die Träger. Der Träger muss somit in Eigenverantwortung unter der Rechtsaufsicht des Staates die Steuerungsaufgaben erfüllen. Die Träger sind finanziell und organisatorisch selbstständig. Die Gestaltungsmöglichkeiten der Selbstverwaltung sind jedoch im SGB IV gesetzlich geregelt. An der Selbstverwaltung sind Arbeitnehmer und Arbeitgeber unmittelbar beteiligt (Abb. 1.3-4). Die Idee der Selbstverwaltung geht zurück auf Reichsfreiherrn Karl vom Stein (Anfang 19. Jahrhundert). Vom Stein wollte durch die ehrenamtliche Beteiligung der Bürger an der Gesetzgebung ein Gegengewicht zum absolutistischen preußischen Staat aufbauen.

Durch die **Sozialwahlen**, die alle 6 Jahre stattfinden, wählen die Versicherten und Arbeitgeber ihre Vertreter in die Vertreterversammlung bzw. bei den Krankenkassen in den Verwaltungsrat. Die Wahlen finden bei allen Trägern der gesetzlichen Kranken/Pflege-, Renten- und Unfallversicherung statt. Die Selbstverwaltung der Bundesagentur für Arbeit wird dagegen ernannt. Diese Wahl ist als Listenwahl frei und geheim. In der Vergangenheit hat sie nach den Grundsätzen der Verhältniswahl stattgefunden.

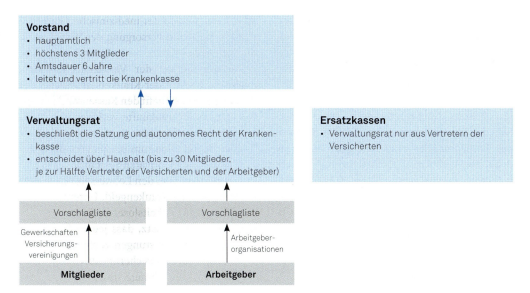

Abbildung 1.3-4: Organisation der Selbstverwaltung der gesetzlichen Krankenversicherung (GKV) (Quelle: Haubrock/Schär, 2009: 260)

Im Koalitionsvertrag der alten Regierung war vorgesehen, dass bei der nächsten Sozialwahl, die im Jahre 2017 stattgefunden hat, zu der Verhältniswahl auch eine Mehrheitswahl kommen sollte. Das Wahlverfahren überwacht der Bundeswahlbeauftragte für die Sozialversicherungswahlen. Der Beauftragte ist organisatorisch dem Bundesministerium für Arbeit und Soziales zugeordnet. Für die Versicherten bestehen ein aktives und ein passives Wahlrecht.

Am Beispiel der Krankenkassen soll zunächst die Umsetzung der Sozialwahlen verdeutlicht werden. Die Versicherten wählen den Verwaltungsrat ihrer Krankenkasse. Es handelt sich quasi um die Legislative der Kasse. Der Verwaltungsrat beschließt zum Beispiel Satzungsänderungen und legt den Haushaltsplan fest. Die gewählten Vertreter üben ihre Tätigkeit ehrenamtlich aus. Weiterhin hat der Verwaltungsrat die Funktion, den geschäftsführenden Vorstand zu bestimmen. Der Vorstand stellt somit die Exekutive der Kasse dar.

Bei den anderen Sozialversicherungen werden der Vorstand und die Geschäftsführung getrennt gewählt. Weiterhin ist zu erwähnen, dass die Zusammensetzung der Mitgliederversammlungen bzw. der Verwaltungsräte unterschiedlich geregelt ist. Grundsätzlich gilt die paritätische Zusammensetzung, das heißt, Arbeitnehmer- und Arbeitgebervertreter haben jeweils identische Stimmenanteile. Dieser Grundsatz wird zum Beispiel bei der Bundesknappschaft und bei den Ersatzkassen durchbrochen. Bei der Knappschaft haben die Arbeitnehmer 66 % der Stimmen, bei den Ersatzkassen waren es in der Vergangenheit sogar 100 % Arbeitnehmerstimmen. Dies hat sich jedoch in den vergangenen Jahren durch die Kassenfusionen verändert.

Die Zusammensetzung der Selbstverwaltungsorgane wird in § 44 SGB IV geregelt. Nach den gesetzlichen Vorschriften dürfen die Selbstverwaltungsorgane nur Geschäfte zur Erfüllung ihrer gesetzlich vorgeschriebenen oder zugelassenen Aufgaben führen und ihre Mittel nur für diese Aufgaben sowie für die Deckung der Verwaltungskosten verwenden. Zur Überprüfung dieser Vorgaben wurde eine staatliche Aufsicht eingerichtet. Diese rechtliche Kontrolle der Selbstverwaltungsorgane für länderübergreifende Versicherungen ist dem Bundesversicherungsamt übertragen worden. Hierbei handelt es sich um eine Bundesoberbehörde, die dem Bundesgesundheitsministerium zugeordnet ist. Die Aufsicht über die landesunmittelbaren Versicherungsträger üben die jeweils zuständigen obersten Verwaltungsbehörden der Länder aus. Aufgabe der Bundesregierung ist es, die Bundesanstalt für Arbeit sowie die Unfallversicherungen zu beaufsichtigen.

Das **Prinzip der Freizügigkeit** wurde innerhalb der Europäischen Union (EU) im Rahmen des Binnenmarktes eingeführt. Es impliziert den freien Verkehr von Dienstleistungen, Sachgütern und Kapital innerhalb der EU-Mitgliedsstaaten. Die Regelungen betreffen punktuell auch die Sozialleistungen.

Zunächst gelten die **Grundsätze**:
- Ein Arbeitnehmer ist in dem Land sozialversichert, in dem er lebt und arbeitet.
- Der Versicherte unterliegt immer nur den Rechtsvorschriften eines einzigen Mitgliedsstaats.

Innerhalb der Europäischen Union wurden **Gemeinschaftsvorschriften** über die soziale Sicherheit erarbeitet, welche die Freizügigkeit der Arbeitnehmer und einen wirksamen und umfassenden Schutz gewährleisten. Diese Gemeinschaftsvorschriften ersetzen nicht die bestehenden nationalen Sozialversicherungssysteme. Folglich gibt es kein einheitliches europäisches System. Eine derartige Harmonisierung ist aufgrund der unterschiedlichen Lebensverhältnisse und der verschiedenen Sozialversicherungssysteme unmöglich. Anstelle einer Harmonisierung sehen die Gemeinschaftsvorschriften lediglich eine **Koordinierung der Systeme** vor. Durch diese Koordinierung sind gemeinsame Regeln und Grundsätze festgelegt worden, die von allen nationalen Behörden, von den Sozialversicherungsträgern und den Gerichten beachtet werden müssen. Weiterhin wird durch die Gemeinschaftsvorschriften sichergestellt, dass durch die Anwendung der jeweiligen nationalen Rechtsvorschriften keine negativen Folgen für die Personen entstehen, die von ihrem Freizügigkeitsrecht innerhalb der Europäischen Union Gebrauch machen.

Die relevanten Regelungen gibt es seit über 40 Jahren. Hier sind die Verordnung Nr. 1408/71 und die Durchführungsverordnung Nr. 574/72 zu nennen. Seit ihrer Einführung im Jahre 1971 wurden sie mehrfach modifiziert. Die Bestimmungen gelten für alle europäischen Bürger, die sich in einem anderen Mitgliedsstaat aufhalten, unabhängig vom Grund und von der Dauer des Aufenthalts. Die Verordnung 1408/71 stellt insbesondere sicher, dass...
- ... in den nationalen Rechtsvorschriften die Gleichbehandlung aller Bürger der Mitgliedsstaaten gewährleistet wird.
- ... innerhalb der EU alle erforderlichen Aufenthalts-, Beschäftigungs- und Versicherungszeiten berücksichtigt werden.
- ... die Sozialleistungen für die Arbeitnehmer und ihre Familienangehörigen unabhängig von ihren Beschäftigungs- und Wohnorten garantiert werden.

Kommt es in Deutschland im Rahmen der Sozialversicherungen zu Streitigkeiten über Ansprüche auf gesetzliche Sozialleistungen, ist der Rechtsweg zu den **Sozialgerichten** gegeben. So kann zum Beispiel gegen Entscheidungen der Sozialversicherungen Klage beim Sozialgericht erhoben werden, nachdem ein Widerspruch im außergerichtlichen Vorverfahren abgelehnt worden ist. Die Klage muss dann binnen eines Monats nach der Zustellung des Widerspruchsbescheids beim zuständigen Sozialgericht eingereicht werden.

Die Instanzen der Sozialgerichtsbarkeit werden in Abbildung 1.3-5 aufgeführt.

1.3.3
Arbeitslosenversicherung

Die Arbeitslosenversicherung wurde am **16. Juli 1927** durch das „Gesetz über Arbeitsvermittlung und Arbeitslosenversicherung" als vierte Säule des Sozialstaats eingeführt. Mit der Organisation der Versicherung wurde die Reichsanstalt für Arbeitsvermittlung und Arbeitslosenversicherung beauftragt. Mit dieser Versicherung sollte das Risiko der Arbeitslosigkeit nach dem Solidarprinzip von Leistung und Gegenleistung abgesichert werden. Zudem bekam der Versicherungsträger die Aufgabe der Arbeitsvermittlung, Berufsberatung und Lehr-

1.3 Sozialversicherungen als Elemente der sozialen Sicherung

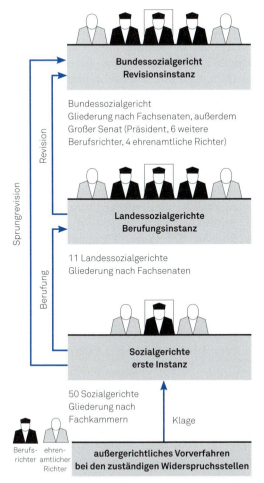

Abbildung 1.3-5: Instanzen der Sozialgerichtsbarkeit (Quelle: Haubrock/Schär, W., 2009: 244)

stellenvermittlung. Mit der nationalsozialistischen Machtergreifung wurde die Reichsanstalt „gleichgeschaltet", das heißt, die Selbstverwaltung wurde abgeschafft. Nach der Gründung der Bundesrepublik Deutschland legte das am 10.03.**1952** in Kraft getretene **Gesetz über die Errichtung einer Bundesanstalt für Arbeitsvermittlung und Arbeitslosenversicherung** wiederum „die paritätische Beteiligung der beitragszahlenden Sozialpartner und der Vertreter der öffentlichen Körperschaften an der Selbstverwaltung" (Deutsche Sozialversicherung, 2015: 1) fest. Im Jahre **1969** wurde die Arbeitslosenversicherung in das **Arbeitsförderungsgesetz (AFG)** überführt. Mit dem Inkrafttreten des Gesetzes entstand der Name **Bundesanstalt für Arbeit**. Durch das **Arbeitsförderungs-Reformgesetz** von **1997** wurde das Arbeitsförderungsrecht als drittes Buch in das Sozialgesetzbuch eingeordnet. Das AFG wurde aufgehoben. Seit dem 01.01.1998 regelt das **3. Sozialgesetzbuch (SGB III)** die Arbeitsförderung. Im Jahre 2002 erarbeitete die von der Regierung eingesetzte sogenannte Hartz-Kommission zahlreiche Vorschläge zur Modernisierung der Dienstleistungen auf dem Arbeitsmarkt. Wesentliche Vorschläge gingen in die Gesetze zur Modernisierung der Dienstleistungen ein. Mit dem ersten und zweiten Gesetz sollte die Eigenverantwortung der Arbeitslosen gestärkt werden. Das dritte Gesetz **(Hartz III)** veränderte im Jahre 2004 die Organisationsstruktur der Bundesanstalt für Arbeit. Zugleich erhielt die Bundesanstalt für Arbeit den Namen **Bundesagentur für Arbeit**. Mit dem **Vierten Gesetz für moderne Dienstleistungen am Arbeitsmarkt**, dem sogenannten Hartz-IV-Gesetz, trat am 01.01.2005 das **2. Sozialgesetzbuch (SGB II)** in Kraft. Dieses Gesetz regelt die Förderung von erwerbsfähigen Personen zwischen 15 und 65 (67) Jahren sowie deren Angehörigen nach dem Subsidiaritätsprinzip. Mit dem SGB II ist die Arbeitslosenhilfe durch das Arbeitslosengeld II ersetzt worden.

Seit 2004 ist die **Bundesagentur für Arbeit** mit Sitz in Nürnberg die Verwaltungsträgerin der Arbeitslosenversicherung. Sie hat die Funktion, Sozialleistungen am Arbeitsmarkt (Arbeitsvermittlung, Arbeitsförderung, Zahlung von Entgeltersatzleistungen) zu erbringen. Sie ist eine bundesunmittelbare Körperschaft des öffentlichen Rechts mit Selbstverwaltung und Anstalt des öffentlichen Rechts. Die Bundesagentur wird durch das Bundesministerium für Arbeit und Soziales beaufsichtigt. Im Unterschied zu den anderen Sozialversicherungen werden die Teilnehmer der Selbstverwaltung ernannt und nicht durch Sozialwahlen bestimmt. An der Spitze der Bundesagentur steht der **Vorstand**. Das zentrale Organ der Selbstverwaltung ist der **Verwaltungsrat**. Er besteht zu je einem Drittel aus je sieben ehrenamtlichen Vertretern der Arbeitnehmer, der Arbeitgeber und der öffentlichen Körperschaften. Die Aufgaben des Rates bestehen unter anderem in der Beratung und Kontrolle der Vorstandsmitglieder sowie in der Genehmigung des vom Vorstand aufgestellten Haushaltsplans. Im November 2014 hat der Verwaltungsrat den **Haushaltsplan** für **2015** gebilligt. Der Plan sieht Einnahmen in Höhe von 35 Mrd. Euro und Ausgaben in Höhe von 34,7 Mrd. Euro vor. Der positive Finanzierungssaldo von 350 Mio. Euro soll den Rücklagen zugeführt werden (vgl. Bundesagentur für Arbeit, 2014: 1). Hierbei ist zu beachten, dass der Haushaltsplan der Bundesagentur nur einen Teil der Gesamtausgaben ausmacht, die durch die Agentur getätigt werden. So kommen unter anderem die Haushaltsmittel für die Grundsicherung und die sonstigen Haushaltsmittel des Bundes hinzu. Hieraus ergibt sich zurzeit ein finanzielles Gesamtausgabevolumen von über 100 Mrd. Euro.

Die **innere Struktur** der Bundesagentur besteht aus:
- der Zentrale mit Sitz in Nürnberg
- zehn Regionaldirektionen (früher: Landesarbeitsämter)
- 156 Agenturen für Arbeit (früher: Arbeitsämter).

Zu diesen Organisationseinheiten kommen noch „besondere Dienststellen", zum Beispiel das Institut für Arbeitsmarkt- und Berufsforschung und die Führungsakademie der Bundesagentur, hinzu. Zu den besonderen Dienststellen zählen auch die Familienkassen, die für die Durchführung des steuerlichen Familienleistungsausgleichs und für die Berechnung und Auszahlung des Kinderzuschlags zuständig sind. Seit Einführung des SGB II ist die Bundesagentur dann für die Umsetzung der Leistungen zur Sicherung des Lebensunterhalts (z.B. Arbeitslosengeld II) sowie für die Leistungen zur Eingliederung in Arbeit (z.B. Beratung und Vermittlung) verantwortlich, wenn diese Aufgaben in einer gemeinsamen Einrichtung mit dem kommunalen Träger erfolgen. Diese gemeinsamen Einrichtungen werden **Jobcenter** genannt. Sie sind für die einheitliche Durchführung der Grundsicherung für Arbeitsuchende zuständig. Daneben können kommunale Träger an Stelle der Bundesagentur alleinige Träger der Leistungen nach SGB II sein. Seit 2010 hat sich die Anzahl der Zulassungen kommunaler Träger auf 108 Einrichtungen erhöht.

Im SGB III ist der **versicherungspflichtige Personenkreis** geregelt. Grundsätzlich sind alle Personen versichert, die ein sozialversicherungspflichtiges Beschäftigungsverhältnis ausüben oder die zu ihrer Berufsausbildung beschäftigt sind. Versichert sind weiterhin:
- Personen in Altersteilzeit
- Wehr- oder Zivildienstleistende
- Jugendliche, die Leistungen zur Teilhabe am Arbeitsleben erhalten
- Bezieher festgelegter Entgeltersatzleistungen (Mutterschaftsgeld, Krankengeld, Krankentagegeld, Verletztengeld, Übergangsgeld, Rente wegen voller Erwerbsminderung)
- Personen, die eine Pflegezeit nach dem 11. Sozialgesetzbuch in Anspruch nehmen
- unter bestimmten Voraussetzungen auch Personen, die Kinder unter 3 Jahren erziehen.

Versicherungsfrei sind zum Beispiel Beamte, Richter, Berufssoldaten, Geistliche der anerkannten Religionsgemeinschaften, Rentner und geringfügig Beschäftigte. Seit 2006 können sich auf Antrag unter anderem Selbstständige **freiwillig** versichern, sofern die notwendigen Voraussetzungen erfüllt sind.

Im Rahmen der Arbeitslosenversicherung wird auf der Grundlage des SGB III eine Vielzahl von **Leistungen** erbracht. Mit dem **Gesetz zur Verbesserung der Eingliederungschancen am Arbeitsmarkt** vom 20.12.**2011** wurden einige Regelungen im SGB III neu gefasst. Die Leistungen richten sich primär an die Personengruppen, die sich an der Finanzierung der Versicherung beteiligen. Leistungen werden aber nur erbracht, wenn die Anspruchsvoraussetzungen erfüllt sind. Nach den gesetzlichen Vorgaben werden Leistungen an Arbeitgeber, an Träger und an Arbeitnehmer gezahlt. Die Arbeitgeber können unter anderem Eingliederungszuschüsse, Zuschüsse zur Ausbildungsvergütung und Zuschüsse zum Arbeitsentgelt für Ungelernte erhalten. Im Rahmen der Förderung der Berufsausbildung, von Jugendwohnheimen, von Arbeitsbeschaffungsmaßnahmen etc. haben die

Träger dieser Projekte Anspruch auf Leistungen der Bundesagentur. Nach § 1 SGB III soll die **Arbeitsförderung** dazu dienen, die Entstehung von Arbeitslosigkeit zu verhindern, die Dauer der Arbeitslosigkeit zu verkürzen und den Ausgleich von Angebot und Nachfrage auf dem Ausbildungs- und Arbeitsmarkt zu unterstützen. Hierbei verfolgt die **aktive Arbeitsförderung** das Ziel, Personen ohne Beschäftigung durch geeignete Maßnahmen in den Arbeitsmarkt zu integrieren. Zu diesen aktiven Maßnahmen gehören unter anderem:
- Berufsberatung, Berufsorientierung, Arbeitsmarktberatung
- Vermittlung von Arbeitsuchenden
- Maßnahmen zur Aktivierung und beruflichen Eingliederung
- Berufsorientierungsmaßnahmen
- Berufseinstiegsbegleitung
- Zuschüsse zur Berufsausbildung behinderter Menschen
- berufliche Weiterbildung
- Eingliederungszuschüsse
- Gründungszuschüsse
- Leistungen zur Teilhabe am Arbeitsleben
- Übergangsgeld
- Ausbildungsgeld.

Zur **passiven Arbeitsmarktpolitik** gehört die Zahlung von Entgeltersatzleistungen. Zu diesen Lohnersatzleistungen gehören das Arbeitslosengeld, das Teilarbeitslosengeld, das Kurzarbeitergeld, die Leistungen bei witterungsbedingten Arbeitsausfällen, das Transferkurzarbeitergeld sowie das Insolvenzgeld. Das gezahlte **Arbeitslosengeld** soll für einen begrenzten Zeitraum die ausgefallenen Einnahmen teilweise ausgleichen. Ein **Anspruch** auf Arbeitslosengeld bei Arbeitslosigkeit besteht, wenn die Versicherten
- arbeitslos sind,
- sich bei der Agentur für Arbeit arbeitslos gemeldet haben und
- die Anwartschaft erfüllt ist.

Als arbeitslos gilt eine Person, der keine Beschäftigung hat oder eine Beschäftigung ausübt, die weniger als 15 Stunden wöchentlich umfasst. Zudem muss sie sich bemühen, die Beschäftigungslosigkeit zu beenden und zur Verfügung stehen. Verfügbarkeit bedeutet, dass die Person in der Lage und bereit ist, eine versicherungspflichtige (mindestens 15 Stunden pro Woche) und zumutbare Beschäftigung anzunehmen. Die Zumutbarkeit ist durch § 140 SGB III festgelegt. Die Anwartschaft ist dann erfüllt, wenn der Versicherte in den letzten 2 Jahren vor der Arbeitslosmeldung mindestens 12 Monate eine versicherungspflichtige Beschäftigung ausgeübt hat.

Die **Dauer des Anspruchs** richtet sich nach der Länge der versicherungspflichtigen Beschäftigung innerhalb der letzten 5 Jahre vor der Arbeitslosmeldung und nach dem Lebensalter. In Tabelle 1.3-7 werden die Anspruchszeiten aufgelistet.

Tabelle 1.3-7: Dauer des Anspruchs auf Arbeitslosengeld. Der Höchstanspruch für Arbeitslose, die das 50. Lebensjahr noch nicht vollendet haben, liegt bei einem Jahr. Er setzt voraus, dass die/der Arbeitslose in den letzten fünf Jahren zwei Jahre versicherungspflichtig beschäftigt war. Der Höchstanspruch von 24 Monaten kann erst mit 58 Jahren erworben werden, wenn in den letzten fünf Jahren vor der Arbeitslosmeldung Versicherungspflichtzeiten von mindestens 48 Monaten liegen. (Quelle: Bundesministerium für Arbeit und Soziales, 2015a: 21)

Nach Versicherungspflichtverhältnissen mit einer Dauer von insgesamt mindestens ___ Monaten	und nach Vollendung des ___ Lebensjahres	___ Monate
12		6
16		8
20		10
24		12
30	50.	15
36	55.	18
48	58.	24

Die **Höhe des Arbeitslosengeldes** orientiert sich am versicherungspflichtigen Bruttoeinkommen, das der Versicherte im letzten Jahr vor der Entstehung des Anspruchs durchschnittlich erzielt hat. Von diesem Bruttogehalt werden eine Versicherungspauschale in Höhe von 21% sowie die Lohnsteuer und der Solidaritätszuschlag abgezogen. Es entsteht das sogenannte Pauschalierte Nettoarbeitsentgelt. Von diesem Nettoentgelt werden 67% (Voraussetzung: mindestens ein steuerlich anerkanntes Kind) oder 60% als Arbeitslosengeld ausgezahlt. Wie aus Tabelle 1.3-7 deutlich wird, beträgt die maximale Anspruchsdauer 24 Monate. Ist die Person dann weiterhin arbeitslos, greift die **Grundsicherung für Arbeitsuchende**. Diese Grundsicherung ist ein steuerfinanziertes staatliches Fürsorgesystem. Nach den Vorgaben des SGB II sollen erwerbsfähige Hilfebedürftige vorrangig Leistungen zur Eingliederung in den Arbeitsmarkt erhalten. Es handelt sich somit um eine Versorgungsleistung für erwerbsfähige, arbeitslos gemeldete Personen, die hilfebedürftig sind. Eine Hilfsbedürftigkeit liegt vor, wenn die Person bzw. die mit ihr in einer Bedarfsgemeinschaft lebenden Personen nicht der Lage sind, ihren Lebensunterhalt zu decken. Die Grundsicherung erfolgt durch die Zahlung des **Arbeitslosengeldes II**. Dieses Geld umfasst den Regelbedarf, die Mehrbedarfe und den Bedarf für Unterkunft und Heizung. Der Betrag richtet sich aufgrund des Subsidiaritätsprinzips an den individuellen Bedürfnissen der Betroffenen aus. Die zuständige staatliche Stelle (Jobcenter, kommunaler Träger) muss erst dann das Arbeitslosengeld II zahlen, wenn die einzelne Person und die Bedarfsgemeinschaft nicht in der Lage sind, ihren Lebensunterhalt zu finanzieren. Das SGB II unterliegt dem Grundsatz „Fordern und Fördern". In diesem Zusammenhang wurde aus dem früheren Bundessozialhilfegesetz das Instrument der „gemeinnützigen zusätzlichen Arbeit" übernommen. Die Formulierung des SGB II lautet nunmehr „Arbeitsentgelt mit Mehraufwandsentschädigung". Diese sogenannten 1-Euro-Jobs sollen dazu beitragen, dass Langzeitarbeitslose wieder an das Arbeitsleben und an den Arbeitsmarkt herangeführt werden.

Nach der Statistik der Bundesagentur waren im Mai 2015 ca. 3,1 Mio. Menschen arbeitslos (im weiteren Sinne). Gegenüber dem Februar 2015 ist die Zahl der betroffenen Personen um ca. 250 000 Versicherte gesunken (vgl. Bundesagentur für Arbeit, Statistik, 2015, o. S.).

Die **Finanzierung** der Arbeitslosenversicherung erfolgt ebenfalls durch das solidarische Umlageverfahren. Im Jahre 2017 werden 3% der beitragspflichtigen Bruttoentgelte der Beschäftigten an den Versicherungsträger überwiesen. Die Finanzierung erfolgt zwischen den Arbeitnehmern und den Arbeitgebern paritätisch.

1.3.4
Krankenversicherung

Das System der gesetzlichen Krankenversicherung ist die älteste soziale Sicherung in Deutschland. Mit dem **Krankenversicherungsgesetz** von **1883** wurde die Versicherungspflicht für gewerbliche Arbeitnehmer eingeführt. Durch das Gesetz wurde für die Versicherten ein Rechtsanspruch auf Sachleistungen (z.B. ärztliche Behandlung, Arzneimittel) und Geldleistungen (z.B. Kranken- und Sterbegeld) verankert. Im Rahmen ihrer Satzung durften die Versicherungsträger Mehrleistungen anbieten. Mit der **Reichsversicherungsordnung (RVO)** von **1911** wurden die zu der Zeit bestehenden Sozialversicherungen systematisiert und in einem einheitlichen Gesetz zusammengefasst. Die RVO dehnte die Versicherungspflicht auf weitere Personen (Beschäftigte der Land- und Forstwirtschaft, Dienstboten und Wanderarbeiter) aus. Das Krankenversicherungsrecht der RVO trat 1914 in Kraft. Die RVO wurde erst **1989** im Rahmen der Gesundheitsreform von Blüm durch das **5. Sozialgesetzbuch (SGB V)** ersetzt. Zwischen 1933 bis 1945 wurde auch bei den Krankenkassen die Selbstverwaltung abgeschafft. Im Jahre 1941 kam es zur Einführung der Krankenversicherung der Rentner. Nach der Gründung der Bundesrepublik Deutschland wurde **1952** die **Selbstverwaltung** wieder eingeführt. Das **Lohnfortzahlungsgesetz** von **1969** sorgte bei der Lohnfortzahlung im Krankheitsfall für die

Gleichstellung der Arbeiter und der Angestellten. Der Beginn der 1970er-Jahre war geprägt durch die Verbesserung der Krankenkassenleistungen und der Ausweitung des Versicherungsschutzes auf weitere Personen (Behinderte in geschützten Einrichtungen, Künstler, Publizisten, selbstständige Landwirte, Studierende). In diesem Kontext wurden im Jahre 1974 das **Leistungsverbesserungsgesetz** und das **Rehabilitationsgesetz** eingeführt. Ende der 1970er-Jahre setzte die Konsolidierungsphase ein. In den Jahren 1977 bis 1983 sollten diverse **Kostendämpfungsgesetze** dafür sorgen, den Anstieg der Behandlungskosten zu bremsen. Das **Gesundheitsreformgesetz** von **1989** war die letzte große Reform vor der Wiedervereinigung Deutschlands. Mit diesem Gesetz wurden Regelleistungen aus dem Pflichtkatalog der Krankenkassen genommen. Diese Leistungen mussten ab 1989 von den Versicherten ganz oder teilweise finanziert werden. In diesen Selbstzahlermarkt fielen die sogenannten versicherungsfremden Leistungen oder die sogenannten individuellen Gesundheitsleistungen. Fast alle Zuzahlungsregeln, die auch im Jahre 2017 existieren, wurden 1989 gesetzlich festgeschrieben. Mit dem Reformgesetz von Blüm ist aber auch die Einführung des § 20 SGB V verbunden. Hierdurch wurden die gesetzlichen Kassen verpflichtet, neben den Maßnahmen zur Früherkennung von Krankheiten auch Leistungen im Bereich der Primärprävention zu bezahlen. Der Einstieg in die soziale Absicherung des Pflegefallrisikos hatte weitreichende Auswirkungen auf das Leistungsangebot der Kassen. Nach langjährigen Diskussionen wurden in diesem Jahr die Leistungen für Schwerpflegebedürftigkeit in das Recht der gesetzlichen Krankenversicherung eingefügt. Damit wurden die relevanten Leistungen teilweise solidarisch finanziert, da sie aus dem subsidiär finanzierten Bereich der Sozialhilfe herausgenommen wurden. Der **Einigungsvertrag** von **1991** sah vor, dass das bundesdeutsche Krankenversicherungsrecht auch in den neuen Bundesländern anzuwenden ist. Ein Ziel des **Gesundheitsstrukturgesetzes** von **1993** bestand darin, zwischen den Versicherten mehr Beitragsgerechtigkeit und zwischen den Krankenkassen mehr Wettbewerb zu erreichen. Als Folge dieser Zielvorgabe wurden Mitte der 1990er-Jahre die **Wahlfreiheit** der Krankenkassen für alle Mitglieder und der Risikostrukturausgleich eingeführt. Bis zu diesem Zeitpunkt hatten nur die Allgemeinen Ortskrankenkassen einen Kontrahierungszwang. Infolge dieser einseitigen Aufnahmeverpflichtung entstand eine ungerechte Risikoverteilung zwischen den Krankenkassen. Die sogenannten schlechten Risiken waren überwiegend bei den Ortskrankenkassen versichert, die sogenannten guten Risiken waren primär Versicherte der anderen Krankenkassen. Infolge dieser ungleichen Verteilung der Mitglieder liefen die Beitragssätze der Ortskrankenkassen und der anderen Kassen scherenförmig auseinander. Mit der Wahlfreiheit sollten die Versicherten die Möglichkeit erhalten, ihre Kassen selber zu wählen. Grundsätzlich sollten alle Krankenkassen für den Wettbewerb geöffnet werden. Für eigene Krankenkassen gab es jedoch einen Sonderstatus (z.B. Betriebskrankenkassen). Zum Ausgleich der finanziellen Risiken, die sich aus den unterschiedlichen Mitgliederstrukturen ergaben, wurde der **Risikostrukturausgleich** eingeführt. Der Rentnerfinanzausgleich, der bereits in den 1980er-Jahren eingeführt worden war, wurde 1994 um weitere Risikofaktoren erweitert. Zum Ausgleich der strukturbedingten Unterschiede zwischen den Kassen wurden die Einnahmenunterschiede aufgrund der unterschiedlichen Höhe der beitragspflichtigen Einnahmen der Mitglieder und die Belastungsunterschiede aufgrund der unterschiedlichen Verteilung der Morbiditätskriterien der Versicherten und aufgrund der unterschiedlichen Anteile der versicherten Familienangehörigen ermittelt. Die Morbiditätsrisiken umfassten die Risikofaktoren Alter, Geschlecht und den Bezug einer Erwerbsminderungsrente. Durch die Gegenüberstellung der Finanzkraft und des Beitragsbedarfs der Kassen wurden die Empfänger- und die Zahlerkassen ermittelt. Im Jahre 2002 fügte der Gesetzgeber die Einschreibung in ein strukturiertes Behandlungsprogramm für chronisch Kranke (Disease-Management-Programm) und die Installierung eines Risikopools als weitere Ausgleichsfaktoren hinzu. Mit der Einführung des Gesundheitsfonds im Jahre 2009 wurde der Risikostrukturausgleich grundlegend umgestaltet. Die **Neuordnungsgesetze** von **1997** sahen das außerordentliche Kündigungsrecht der Versicherten sowie die Aufnahme der §§ 63, 64 und 73a SGB V vor. Das außerordentliche Kündigungsrecht ermöglicht es zurzeit den Versicherten, bei der erstmaligen Erhebung eines Zusatzbeitrags und bei der Erhöhung des Zusatzbeitrags zu kündigen. Hierbei wird die Mitgliedschaft zum Ende des übernächsten Monats beendet. Die neuen Paragrafen im SGB V verschafften den Krankenkassen und den kassenärztlichen Vereinigungen mehr Freiheiten in Bezug auf die Gestaltung ihrer Organisation und ihrer Leistungserbringung. Seit dem Jahre 2000 sind diverse Gesundheitsreformen in Kraft getreten, die auch die Krankenkassen tangieren. Mit der **Gesundheitsreform 2000** wurden die Einführung des Fallpauschalensystems zur Finanzierung der Krankenhausleistungen, die Regelungen zur externen Qualitätssicherung und die integrierte Versorgung für die Krankenkassen relevant. Mit dem **GKV-Modernisierungsgesetz** aus dem Jahre **2004** kamen unter anderem Vorschriften zur hausärztlichen Versorgung, zum Medizinischen Versorgungszentrum und zur Mitarbeit im Gemeinsamen Bundesausschuss hinzu. Das **GKV-Wettbewerbsstärkungsgesetz** aus dem Jahre **2007** war die Grundlage für die Einführung des **Gesundheitsfonds**. Gleichzeitig wurde den Kassen die Möglichkeit gegeben, kassenarten- und länderübergreifend zu fusionieren. Diese Möglichkeit wurde von vielen Kassen wahrgenommen. Mitte der 1990er-Jahre gab es noch über 1000 Kassen, in absehbarer Zeit wird die Kassenzahl unter 100 liegen. Nach einer relativen Pause im Jahr 2014 ist es mit der Einführung kassenindividueller Zusatzbeiträge zum 01.01.2015 wieder zu einer steigenden Zahl von **Fusionen** gekommen. Diese Entwicklung ist noch lange nicht abgeschlossen. Aufgrund des Gesetzes aus dem Jahre 2007 können seit Anfang 2010 alle Krankenkassen Insolvenz anmelden. Im April 2010 haben erstmals zwei Betriebskrankenkassen (City BKK, BKK für Heilberufe) ihre Zahlungsunfähigkeit erklärt. Nach den gesetzlichen Vorschriften hat aber die Sanierung einer Kasse Vorrang vor der **Insolvenz**. Relevant für die gesetzlichen Kassen und für die privaten Krankenversicherungen war der **erweiterte Kontrahierungszwang**. Durch diese Vorschrift müssen alle nicht bzw. nicht mehr Versicherten vom dem System versichert werden, in dem sie früher versichert waren bzw. dem sie zugeordnet werden. Ehemalige Privatversicherte ohne Versicherungsschutz haben danach ein Rückkehrrecht. Sie werden in den Basistarif eingeordnet.

Die Reformansätze **ab 2010**, zum Beispiel das:
- GKV-Änderungsgesetz
- Gesetz zur Neuordnung des Arzneimittelmarktes
- GKV-Finanzierungsgesetz
- GKV-Versorgungsstrukturgesetz
- Patientenrechtegesetz
- geplante Präventionsgesetz
- geplante Versorgungsstärkungsgesetz

haben Ausstrahlungseffekte auf die Leistungserbringung der gesetzlichen Krankenkassen. Das **Gesetz zur Weiterentwicklung der Finanzstruktur und der Qualität in der Gesetzlichen Krankenversicherung** vom 01.01.**2015** hat die folgenden Punkte geregelt:
- Senkung des gesetzlich festgelegten Beitragssatzes auf 14,6 %
- Schaffung kassenindividueller Zusatzbeiträge
- neue Bestimmungen zum Sonderkündigungsrecht
- Durchführung eines vollständigen Einkommensausgleichs
- Gründung des Instituts zur Qualitätssicherung und Transparenz im Gesundheitswesen
- finanzielle Entlastung für Hebammen
- Erhöhung der Fördersumme für die unabhängige Patientenberatung
- Verlängerung der Einführungsphase für das pauschalierte Vergütungssystem für psychiatrische und psychosomatische Krankenhäuser und Fachabteilungen.

Krankenkassen sind rechtsfähige Körperschaften des öffentlichen Rechts mit Selbstverwaltung. Im Rahmen der Selbstverwaltung gestalten die Versicherten und ihre Arbeitgeber die Politik der jeweiligen Krankenkassen in den ge-

meinsam gebildeten Verwaltungsräten. Krankenkassen sind somit finanziell und organisatorisch selbstständig, unterliegen jedoch der staatlichen Aufsicht. Landesunmittelbare Krankenkassen (z. B. Betriebskrankenkassen) unterliegen der Aufsicht der zuständigen Landesbehörde, bundesunmittelbare Kassen (z. B. Ersatzkassen) stehen unter der Aufsicht des Bundesversicherungsamtes. Im Gegensatz zu den gewinnorientierten privaten Krankenversicherungen sind die gesetzlichen Kassen zur Kostendeckung verpflichtet. Bei den Krankenkassen werden die folgenden **Träger** unterschieden:
- Allgemeine Ortskrankenkassen (AOK)
- Betriebskrankenkassen (BKK)
- Ersatzkassen (EK)
- Innungskrankenkassen (IKK)
- Knappschaft (K)
- Landwirtschaftliche Krankenkassen (LK)
- Seekasse (SK).

Die Träger der landesunmittelbaren Krankenkassen (AOK, BKK, IKK) bilden jeweils für ihren Bereich Landesverbände der Krankenkassen. Auf der Bundesebene sind sie durch ihre Bundesverbände vertreten. Zu diesen Bundesverbänden kommen noch die Spitzenverbände der bundesunmittelbaren Krankenkassen hinzu. Somit bestehen zurzeit sechs Bundes-/Spitzenverbände, sie haben jedoch seit 2009 keine gesetzlichen Aufgaben mehr. Im **Juli 2008** wurde für den Bereich der Bundesrepublik Deutschland der gemeinsame Spitzenverband der gesetzlichen Krankenversicherung (**GKV-Spitzenverband**) gegründet. Er vertritt seitdem alle gesetzlichen Krankenkassen auf Bundesebene und damit auch die Interessen der ca. 70 Mio. Versicherten. Aufgabe des Spitzenverbandes ist die Mitgestaltung der Rahmenbedingungen für die Gesundheitsversorgung. So verhandelt er zum Beispiel mit den Vertretern der Ärzteschaft über die zu zahlenden Honorare, legt die Obergrenzen für die Erstattung von Arzneimitteln fest und vertritt die Interessen der Kassen gegenüber den Vertretern der Leistungserbringer und der Politik. Die vom Verband geschlossenen Verträge und seine kasseninternen Entscheidungen gelten für alle Mitglieder des Spitzenverbandes, für die Landesverbände der Kassen und für die Versicherten. Der Spitzenverband ist eine Körperschaft des öffentlichen Rechts und untersteht der Aufsicht des Bundesministeriums für Gesundheit. Im Verwaltungsrat sind die Versicherten und die Arbeitgeber vertreten. Der Vorstand vertritt den Spitzenverband nach innen und außen. Der GKV-Spitzenverband ist in den folgenden Gesellschaften und Gremien vertreten:
- Gesellschaft für Telematikanwendungen der Gesundheitskarte
- Bewertungsausschuss
- Institut für das Entgeltsystem im Krankenhaus
- Gemeinsamer Bundesausschuss.

In § 1 SGB V (Solidarität und Eigenverantwortung) wurden die Aufgaben der gesetzlichen Krankenversicherung festgelegt. Danach müssen die Kassen ...
- ... die Gesundheit der Versicherten erhalten und wiederherstellen oder ihren Gesundheitszustand bessern.
- ... die Versicherten aufklären, beraten und auf die Versicherten einwirken, für sich gesunde Lebensverhältnisse zu schaffen.

Gleichzeitig weist das Gesetz die Versicherten darauf hin, dass sie für ihre Gesundheit mitverantwortlich sind. Sie sollen daher durch eine gesunde Lebensführung, durch die frühzeitige Beteiligung an gesundheitlichen Vorsorgemaßnahmen und durch eine aktive Mitwirkung an der Krankenbehandlung sowie im Rahmen der Rehabilitation dazu beitragen, den Eintritt einer Krankheit oder einer Behinderung zu vermeiden bzw. die Folgen dieser Beeinträchtigungen zu überwinden.

Der in der gesetzlichen Krankenversicherung (GKV) versicherte **Personenkreis** wird in Mitglieder und Versicherte unterteilt. Während alle Mitglieder auch Versicherte sind, sind nicht alle Versicherten Mitglieder der GKV. Mitglieder der GKV sind Personen, die aufgrund einer abhängigen Beschäftigung pflichtversichert oder freiwillig versichert sind und Beiträge zahlen. Versicherte sind dagegen die familienversicherten Personen. Sie haben denselben An-

spruch auf Leistungen der GKV, sind aber nicht wahlberechtigt. Nach dem SGB V werden die Versicherten unterteilt in:
- Pflichtversicherte
- freiwillig Versicherte
- Familienversicherte.

Versicherungspflichtig sind die nachstehenden Personengruppen:
- Arbeitnehmer (einschließlich der Auszubildenden)
- Bezieher von Arbeitslosengeld I und II
- landwirtschaftliche Unternehmer und ihre Familienangehörigen
- Künstler und Publizisten
- Personen in Einrichtungen der Jugendhilfe
- Teilnehmer an Leistungen zur Teilhabe am Arbeitsleben
- behinderte Menschen in anerkannten Einrichtungen
- Studierende
- Rentenbezieher
- Praktikanten und Auszubildende ohne Arbeitsentgelt bzw. Auszubildende des zweiten Bildungswegs.

Zu diesen Personenkreisen kommen seit der Beginn der allgemeinen Krankenversicherungspflicht, die im Jahre 2007 mit dem GKV-Wettbewerbsstärkungsgesetz eingeführt wurde, alle Personen mit Wohnsitz in Deutschland hinzu, die keinen anderweitigen Anspruch auf eine Absicherung im Krankheitsfall haben. Diese Menschen waren in der Vergangenheit entweder bereits gesetzlich oder privat versichert oder sie hatten in ihrem Leben bislang noch keinen Versicherungsschutz. Für diese Personen besteht für die gesetzliche Krankenversicherung sowie für die privaten Versicherungen eine Aufnahmeverpflichtung. Mit der Einführung der ausnahmslosen Versicherungspflicht ist die Zahl der Nichtversicherten deutlich zurückgegangen. Das Statistische Bundesamt ging 2012 davon aus, dass ca. 13 700 Personen nicht krankenversichert waren. Dies entspricht einem Anteil von 0,2 % der Wohnbevölkerung in Deutschland (vgl. Statistisches Bundesamt, 2015a, o. S.).

Zu den **freiwillig Versicherten** zählen die Versicherten, die zuvor pflicht- oder familienversichert waren. Beitragsfrei familienversichert sind der Ehe- oder Lebenspartner und die Kinder der Mitglieder.

Die gesetzliche Krankenversicherung soll einen umfassenden Versicherungsschutz im Krankheitsfall bieten, folglich gilt das Bedarfsdeckungsprinzip. Diesem zufolge haben die Versicherten einen gesetzlichen Anspruch auf alle medizinisch notwendigen Leistungen. Einschränkend ist jedoch zu sagen, dass die Leistungen nach § 12 SGB V ausreichend, zweckmäßig und wirtschaftlich sein müssen. Sie dürfen das Maß des Notwendigen nicht überschreiten. Leistungen, die nicht notwendig oder die unwirtschaftlich sind, dürfen die Krankenkassen nicht bewilligen. Ausdrücklich werden die Versicherten an ihre Eigenverantwortung für ihre Gesundheit erinnert. Zudem müssen sie sich in einzelnen Leistungsbereichen in unterschiedlichem Umfang über Zuzahlungen an den Kosten der Versorgung beteiligen.

Die Leistungen der gesetzlichen Krankenversicherung sind in § 2 SGB V als Regelleistungskatalog für alle Kassen gleich und verbindlich vorgeschrieben. Diese Leistungen lassen sich in Sachleistungen und Geldleistungen aufteilen. Gesetzlich Versicherte haben Anspruch auf eine umfassende medizinische Versorgung, und zwar unabhängig von ihrem Alter und ihrem Einkommen. Hierbei hat der Gesetzgeber die folgenden Leistungsbereiche festgeschrieben:
- Gesundheitsförderung und Krankheitsverhütung
- Früherkennung von Krankheiten
- Behandlung von Krankheiten
- Kranken-/Mutterschaftsgeld
- Leistungen im Ausland.

Bei touristischen Aufenthalten im EU-Ausland ist zu beachten, dass zum Nachweis der Anspruchsberechtigung die Europäische Krankenversicherungskarte vorgelegt werden muss. Ansonsten gilt grundsätzlich die Vereinbarung, dass ein Arbeitnehmer in dem EU-Land gesetzlich krankenversichert ist, in dem er lebt und arbeitet. Der Leistungskatalog ist im SGB V nur als **Rahmenrecht** vorgegeben. Es ist Aufgabe des Gemeinsamen Bundesausschusses, diese

Rahmenvorgaben durch **Richtlinien** zu konkretisieren. Diese Richtlinien sind für die Krankenkassen, die Leistungserbringer und die Versicherten verbindlich.

Die Leistungsbereiche, für die die Krankenkassen **Satzungsleistungen** anbieten können, werden ebenfalls im SGB V ausgewiesen.

Mit der Einführung des Gesundheitsfonds wurde für alle Kassen ein einheitlicher Beitragssatz festgeschrieben. Er beträgt zurzeit 14,6 %. Die hierdurch erzielten Beitragseinnahmen fließen in den Gesundheitsfonds. Die Kassen können seit dem 01.01.2015 Zusatzbeiträge erheben, die bei den Kassen verbleiben. Die Höhe des Zusatzbeitrags wird somit zu einem Wettbewerbsparameter zwischen den Krankenkassen. Zusätzlich gewinnen auch die Leistungen an Bedeutung, die zusätzlich zu den gesetzlich festgelegten Leistungen angeboten werden. Hierzu gehören die **Wahltarife**. Neben den gesetzlich festgelegten Wahltarifen, zum Beispiel das Hausarztmodell, spielen speziell die freiwillig von den Kassen angebotenen Wahltarife eine Rolle. Die häufigsten Wahltarife sind der Selbstbehalt, die Beitragsrückerstattung und die Behandlung in besonderen Therapieformen. Durch die Vielzahl der Tarifvarianten ist der Markt der freiwilligen Wahltarife unübersichtlich.

Leistungen der gesetzlichen Krankenversicherung werden im Wesentlichen durch **Beiträge** der Versicherten und ihrer Arbeitgeber finanziert. Die Beiträge werden als Prozentsatz der beitragspflichtigen Einkünfte und der Renten erhoben und richten sich nur nach der wirtschaftlichen Leistungsfähigkeit des Mitglieds. Die individuellen Krankheitsrisiken der Versicherten und die Anzahl der mitversicherten Familienangehörigen spielen keine Rolle.

Die Beiträge werden von den Kassen erhoben, sie werden aber direkt an den Gesundheitsfonds weitergeleitet. Die Einführung des **Gesundheitsfonds** ist das Kernstück des Reformgesetzes von 2007.

> „Der Gesundheitsfonds stellt die zentrale Einnahmeverwaltung der gesetzlichen Krankenversicherung dar. Er wird gespeist aus den Zahlungen aller Beitragspflichtigen, also insbesondere der Mitglieder, der Arbeitgeber und von Steuermitteln." (BKK Bundesverband, Lexikon, 2008: o. S.)

Das Ziel des Gesundheitsfonds ist es vor allem, den Wettbewerb unter den gesetzlichen Krankenkassen um die Mitglieder zu intensivieren, zudem soll für die Versicherten mehr Transparenz geschaffen werden.

Der Gesundheitsfonds und der einheitliche Beitragssatz traten ab dem 01.01.2009 in Kraft. Ab diesem Datum erhalten die gesetzlichen Krankenkassen für ihre Versicherten aus dem Gesundheitsfonds eine Grundpauschale und einen alters-, geschlechts- und risikoadjustierten Zuschlag. Das bisherige Verfahren des Risikostrukturausgleichs (RSA) wurde also durch den Gesundheitsfonds wesentlich vereinfacht. Infolge der einheitlichen Finanzierung aller Krankenkassen über den Gesundheitsfonds entfällt eine Differenzierung in Zahler- und Empfängerkassen. Die prozentualen Anteile der Beiträge von Arbeitnehmern und Arbeitgebern sowie die Mittel aus dem Bundeshaushalt, der Renten- und Arbeitslosenversicherungen fließen in den Gesundheitsfonds ein.

Die **Finanzierung der gesetzlichen Krankenversicherung** wird auch zukünftig im Wesentlichen durch die Beiträge der Arbeitnehmer und Arbeitgeber getragen. Sie zahlen vom gesetzlich festgelegten Beitragssatz jeweils die Hälfte.

> „Der Beitragssatz ist der Betrag für die Mitgliedschaft in der GKV, der vom beitragspflichtigen Einkommen des Versicherten erhoben wird. Zu dem beitragspflichtigen Einkommen gehören das Arbeitsentgelt, eventuelle Renten- und Versorgungsbezüge und Einkünfte aus Kapitalvermögen." (O.V., 2008b: o. S.)

Der Beitragssatz wurde bis Ende 2008 vom Verwaltungsrat der jeweiligen Krankenkasse so festgelegt, dass die Einnahmen die voraussichtlichen Ausgaben decken sollten. Von Krankenkasse zu Krankenkasse gab es unterschiedliche Beitragssätze, da die Mitgliederstrukturen unterschiedlich waren. Waren zum Beispiel bei einer Kasse überwiegend alleinstehende Mitglieder mit hohem Einkommen und bei einer anderen Krankenkasse Mitglieder mit geringem Einkommen und vielen familienversicherten Personen eingeschrieben, so konnte der Beitragssatz der ersten Krankenkasse niedriger ausfallen als bei der zweiten. Aufgrund dieser unterschiedlichen Mitgliederstrukturen entwickelten sich um 1990 Beitragssatzunterschiede von über 8 %. Zur Angleichung dieser enormen Unterschiede wurde 1994 der Risikostrukturausgleich eingeführt. Abbildung 1.3-6 zeigt die Entwicklung der Beitragssätze zwischen 1991 und 2006.

Aus Abbildung 1.3-6 wird deutlich, dass die Beiträge bis 2003 kontinuierlich gestiegen und ab 2004 von 14,2 % auf 13,3 % gesunken sind. Im Jahr 2008 ist jedoch wiederum eine Trendwende zu beobachten gewesen. Fast jede zweite Kasse erhöhte in diesem Jahr die Beitragssätze. Nach einer Analyse des Internetportals „Krankenkassen.de" haben 95 der damals vorhandenen 205 Kassen ihre Beitragssätze erhöht. Die größte Steigerung meldete die Continentale BKK. Ihre Mitglieder zahlten am 01.05.2008 14,5 %. Dies entsprach einer Steigerung von 1,4 %. Als Ergebnis dieser Welle von Beitragssatzerhöhungen erreichte das Preisniveau bei der GKV zum 01.07.2008 einen Rekordstand. Im Jahre 2008 gab es zudem große Beitragssatzunterschiede. Die City-BKK war mit 16,5 % die teuerste Krankenkasse, die IKK-Sachsen war mit 11,8 % die günstigste offene Krankenkasse (o. V., 2008c: 7). Als Gründe für die Beitragssatzsteigerungen wurden häufig die stark gestiegenen Ausgaben im Gesundheitssystem sowie eine Verbesserung der Ausgangssituation für die Zeit nach dem Start des Gesundheitsfonds genannt.

Ab dem 01.01.2009 gilt der **einheitliche Beitragssatz** für alle gesetzlichen Krankenkassen. Er wurde von der Bundesregierung zum 01.11.2008 erstmals festgelegt. Die Bundesregierung wird dabei von einem neutralen Schätzerkreis, der beim Bundesversicherungsamt angesiedelt ist, unterstützt. Der Schätzerkreis besteht aus Vertretern des Bundesministeriums für Gesundheit, des Bundesversicherungsamtes und des Spitzenverbandes Bund der Krankenkassen. Dieser prüft vierteljährlich die Einnahmen- und Ausgabenentwicklung der gesetzlichen Krankenkassen und macht der Regierung Vorschläge zur Höhe des Beitragssatzes. Die Einnahmen aus dem festgelegten Beitragssatz sollen die Leistungen der Krankenkassen zu 100 % decken. Gemäß § 220 SGB V dürfen Beitragssatzänderungen erst beim Eintreten festgelegter Kriterien vorgenommen werden. Hierbei müssen die **Steuerzuschüsse** berücksichtigt werden. Der Zuschuss aus dem Bundeshaushalt für das Jahr 2009 betrug 4 Mrd. Euro und soll so

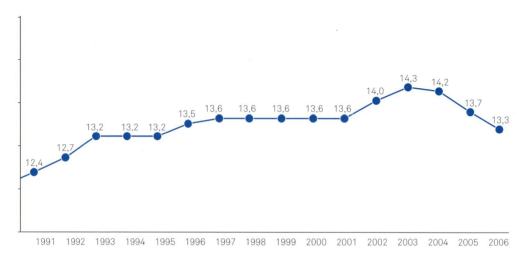

Abbildung 1.3-6: Beitragsentwicklung in der GKV (Jahresdurchschnitt) in Prozent, 1991–2006, Bundesgebiet (Quelle: Verband der Angestellten-Krankenkassen e.V., Arbeiter-Ersatzkassen-Verband e.V., 2007b)

lange jährlich um 1,5 Mrd. Euro erhöht werden, bis die Gesamtsumme von 14 Mrd. Euro pro Jahr erreicht ist. Durch diesen Steuerzuschuss sollen die beitragsfreien mitversicherten Kinder finanziert werden. (Bundesministerium für Gesundheit, 2008a: o.S.)

Ursprünglich war angedacht, dass der Beitragseinzug der jeweiligen Krankenkassen nur bis zum 31.12.2010 bestehen bleiben sollte. Danach sollten die Arbeitgeber die Möglichkeit haben, ihre und die Beiträge ihrer Arbeitnehmer gebündelt an einen Sozialversicherungsträger zu entrichten. Dieser sollte sie an den Gesundheitsfonds weiterleiten. Durch diese Möglichkeit sollten die Arbeitgeber ihre Verwaltungskosten senken können. Dieser Ansatz ist aber nicht weiterverfolgt worden.

Der Gesetzgeber hat weiterhin eine Liquiditätsreserve im Gesundheitsfonds vorgesehen, um die Einnahmeschwankungen bei den Beiträgen aufzufangen. Sind nach § 271 SGB V nicht genügend Reserven vorhanden, kann der Gesundheitsfonds einen zinslosen Kredit vom Bund bekommen. Die Rückzahlung muss bis zum Jahresende sichergestellt sein.

Im Vorfeld der gesetzlichen Festlegung des bundeseinheitlichen Krankenkassenbeitrags kam es bereits im Januar 2008 zu ersten gesundheitspolitischen Auseinandersetzungen. Auf der Grundlage der Berechnungen des Münchner Instituts für Gesundheitsökonomik, das im Auftrag der Initiative Neue Soziale Marktwirtschaft eine Studie über den voraussichtlichen einheitlichen Beitragssatz durchgeführt hat, wurde der Beitragssatz auf 15,5 % geschätzt. Dies würde nach Auffassung der Experten im Extremfall eine Mehrbelastung bis zu 712 Euro pro Jahr bedeuten. Die Reaktionen auf diese Prognosedaten gingen von einer scharfen Zurückweisung durch das Bundesgesundheitsministerium bis hin zu der Forderung der Oppositionsparteien (FDP, Die Linke) nach einer Zurücknahme der geplanten Fondsfinanzierung.

Aus Abbildung 1.3-7 wird ersichtlich, dass der Gesundheitsfonds einerseits durch die Beiträge der Arbeitgeber und der Arbeitnehmer (incl. Selbstzahler) finanziert wird, andererseits werden die Steuermittel des Bundes und die Geldströme der Rentenversicherung und der Bundesagentur zur Finanzierung herangezogen. Das Bundesversicherungsamt (BVA), das den Gesundheitsfonds verwaltet, leitet die Grundpauschalen, die Risikozuschläge, die Verwaltungspauschalen für die Disease-Management-Programme sowie die Krankengeldpauschalen an die gesetzlichen Kassen weiter.

Wie bereits erwähnt, wird der Gesundheitsfonds vom **Bundesversicherungsamt** verwaltet. Es verteilt über den morbiditätsorientierten Risikostrukturausgleich zeitnah die Zuweisun-

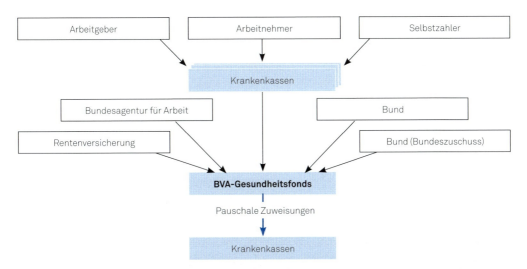

Abbildung 1.3-7: Zahlungsströme im Gesundheitsfonds (Quelle: in Anlehnung an Henke, 2007: 54)

gen an die gesetzlichen Krankenkassen. Diese Zuweisungen sollen die Ausgaben decken. Wird der Finanzbedarf der Krankenkassen durch die Zahlungen nicht gedeckt, können sie seit dem 01.01.2015 einen kassenindividuellen **Zusatzbeitrag** von ihren Versicherten erheben.

Für den Fall, dass Krankenkassen mit den Zuweisungen aus dem Gesundheitsfonds Überschüsse erwirtschaften, können sie ihren Versicherten Beiträge zurückerstatten bzw. **Prämien** ausschütten (§ 54 SGB V).

Die Versicherten haben ein zweimonatiges Sonderkündigungsrecht, sobald die Kassen einen Zusatzbeitrag erheben. Auf dieses Kündigungsrecht müssen die gesetzlichen Krankenkassen schriftlich hinweisen.

Auf Verlangen der bayerischen Staatsregierung sollte eine **Konvergenzklausel** in das Gesetz aufgenommen werden. Mithilfe dieser Klausel sollte eine unverhältnismäßig große Belastung der süddeutschen Krankenversicherungen bei der Einführung des Gesundheitsfonds vermieden werden. Diese Klausel stellt sicher, ...

> „[...] dass sich die finanziellen Belastungen für die in einem Land tätigen Krankenkassen in Stufen von jeweils höchstens 100 Mio. Euro jährlich aufbauen. Übersteigt die Belastung der in einem Land tätigen Krankenkassen den im jeweiligen Jahr maßgeblichen Schwellenwert, werden die Zuweisungen aus dem Fonds so verändert, dass dieser Betrag genau erreicht wird: Die Belastung wird dadurch ausgeglichen, dass die Kassen dieses Landes aus dem Fonds entsprechend erhöhte Zuweisungen erhalten. Die Feststellung, ob die Belastungen der in einem Land tätigen Krankenkasse den Schwellenwert übersteigen, erfolgt durch das Bundesversicherungsamt (BVA). Die finanziellen Auswirkungen der Einführung des Gesundheitsfonds sind vor seinem Inkrafttreten auch durch ein wissenschaftliches Gutachten zu überprüfen." (Bundesministerium für Gesundheit, 2008b, o. S.)

Die Konvergenzphase sollte dann enden, wenn nach den Berechnungen des Bundesversicherungsamtes in einem Ausgleichsjahr keine Überschreitung des Schwellenwerts eingetreten ist.

Das vom Bundesgesundheitsministerium in Auftrag gegebene wissenschaftliche Gutachten von Jürgen Wasem, Florian Buchner und Eberhard Wille über die Wirkung der Konvergenzklausel sorgte im Jahr 2008 für eine zusätzliche gesundheitspolitische Diskussion. Nach Aussage der Gutachter sind die Formulierungen der Konvergenzklausel unvollständig. Somit lässt sich bei wörtlicher Auslegung die Vereinbarung nicht umsetzen, es wird zu einer Unterfinanzierung der gesamten gesetzlichen Krankenversicherung kommen. (Wasem et al., 2008: 2)

Die Formulierungen der Experten wurden von den unionsgeführten Bundesländern, allen voran von Bayern und Baden-Württemberg, zum Anlass genommen, die Einführung des Gesundheitsfonds zu verhindern. Das Bundesministerium für Gesundheit hielt jedoch mit der Begründung am Gesundheitsfonds fest, dass dessen Funktionsweise nicht von den Details der Konvergenzklausel abhängig ist: „Der Fonds funktioniert" (Bundesministerium für Gesundheit, „Zu aktuellen Meldungen zum Gesundheitsfonds", 2008d. o. S.).

Erst nach langen und intensiven Verhandlungen konnte im Juli 2008 eine Einigung über die Ausgleichsklausel erzielt werden. Danach wird auf eine Umverteilung der Gelder zwischen den Ländern verzichtet. Kein Bundesland wird damit nach Einführung des Gesundheitsfonds mit mehr als 100 Mio. Euro pro Jahr belastet. Im Notfall sollen die Liquiditätsreserven der Krankenkassen angezapft werden.

Zusammenfassend lässt sich somit sagen, dass der Gesundheitsfonds die Ein- und Ausgabenentwicklungen der Krankenkassen transparenter macht. Die Versicherten sollen an diesen finanziellen Entwicklungen – unter anderem durch die Erhebung von Zusatzbeiträgen oder die Ausschüttung von Prämien – erkennen, wie effizient ihre Kasse arbeitet. Erhebt eine Krankenkasse zum Beispiel einen Zusatzbeitrag, muss sie damit rechnen, dass ein Teil ihrer Versicherten zu einer anderen, kostengünstigeren Kasse wechselt. Daher werden die Krankenkassen bemüht sein, Zusatzbeiträge zu vermeiden. Die Versicherten werden durch eine Vielfalt von Leistungsangeboten oder durch die Ausschüttung von Prämien vom stärkeren Wettbewerb profitieren. Das bedeutet aber auch, dass sich die Krankenkassen gegenüber den Leistungserbringern auf eine Verbesserung der Qualität und auf eine Steigerung der Effizienz fokussieren werden.

Im Jahre 2014 hatten die gesetzlichen Krankenkassen Einnahmen in Höhe von ca. 204,1 Mrd. Euro. Die Ausgaben betrugen ca. 205,3 Mrd. Euro. Der Verlust in Höhe von knapp 1,2 Mrd. Euro geht zu einem Großteil darauf zurück, dass einige Krankenkassen ihren Versicherten Prämien ausgeschüttet haben und ihnen freiwillige Satzungsleistungen zur Verfügung gestellt haben. Am Ende des Jahres verfügten die Kassen dennoch über eine Finanzreserve von ca. 15,5 Mrd. Euro. Zu dieser Reserve kommen noch die Rücklagen des Gesundheitsfonds in Höhe von 12,5 Mrd. Euro hinzu. Somit verfügte das GKV-System insgesamt über eine Finanzreserve von rund 28 Mrd. Euro (vgl. Bundesministerium für Gesundheit, 2015c: 2). Das **Finanzergebnis der GKV 2014** stellt für die nahe Zukunft eine solide Ausgangsbasis dar. Wirken sich die demografischen Veränderungen aber extrem negativ auf die Finanzierung der SGB-V-Leistungen aus, werden die Reserven schnell verbraucht sein. Zum 01.01.**2015** wurde das **Gesetz zur Weiterentwicklung der Finanzstruktur und der Qualität in der gesetzlichen Krankenversicherung** eingeführt, mit dem die Rahmenbedingungen für einen fairen Preis- und Qualitätswettbewerb zwischen den Krankenkassen geschaffen wurden. Mit diesem Gesetz ist der allgemeine Beitragssatz zur gesetzlichen Krankenversicherung von 15,5 % auf 14,6 % gesenkt worden. Arbeitnehmer und Arbeitgeber tragen jeweils die Hälfte. Der bis dahin gültige mitgliederbezogene Beitragssatzanteil von 0,9 % ist entfallen. Stattdessen können die Krankenkassen zukünftig einkommensabhängige Zusatzbeiträge erheben. Jedes Kassenmitglied hat über ein Sonderkündigungsrecht die Möglichkeit, bei einer Erhebung bzw. Erhöhung der Zusatzbeiträge die Kasse zu wechseln.

Die Finanzdaten des ersten Halbjahres 2015 zeigen z. B. dass sich die Ausgabendynamik für alle wichtigen Leistungen der GKV abgeschwächt hat. Gegenüber dem gleichen Vorjahreszeitraum verringerte sich der Ausgabenzuwachs von 5,3 % auf 4,1 %. Trotzdem hatten die Kassen insgesamt ein Defizit von 490 Mio. Euro verbucht. Ein Grund für die Entwicklung ist darin zu sehen, dass die Kassen in den ersten sechs Monaten des Jahres 2015 den Zusatzbeitrag im Durchschnitt von 0,9 % auf 0,83 % verringert haben. Die Reserven der Kassen verringerten sich dadurch auf 15,2 Mrd. Euro. Diese Reserven fielen aber bei den einzelnen Kassen und Kassenarten unterschiedlich aus. Der Gesundheitsfonds hatte Mitte des Jahres 2015 eine Liquiditätsreserve von 8,5 Mrd. Euro (vgl. Laschet, 2015: 6). Diese Reserve war damit doppelt so hoch wie es gesetzlich vorgeschrieben ist. Der Rückgang betrug im Vergleich zur Jahresmitte 2014 ca. 2,5 Mrd. Euro. Ein Grund für diese Entwicklung ist der vorübergehend abgesenkte Steuerzuschuss.

Die Einführung des Gesundheitsfonds ist verbunden mit der Erweiterung der bisherigen Risikostrukturausgleichsregelung in Richtung **morbiditätsorientierter Risikostrukturausgleich (Morbi-RSA)**. Die rechtlichen Rahmenbedingungen zum Morbi-RSA sind ebenfalls im Gesetz zur Stärkung des Wettbewerbs in der gesetzlichen Krankenversicherung verankert. Durch das GKV-WSG werden zahlreiche Umformulierungen der Rechtsbestimmungen erlassen, die ab dem 01.01.2009 in Kraft getreten sind. Der Risikostrukturausgleich ist in den §§ 266 bis 269 SGB V festgelegt. Weitere Regelungen sind in der Risikostrukturausgleichsverordnung (RSAV) geregelt. Die Funktion des Risikostrukturausgleichs ist es immer gewesen, die finanziellen Risiken der Krankenkassen auszugleichen. Es geht hierbei also nicht um den Schutz des individuellen Krankheitsrisikos.

> „Die Krankenkassen versichern das Krankheitsrisiko ihrer Mitglieder. Aber der Risikostrukturausgleich in der gesetzlichen Krankenversicherung bezieht sich nicht auf diese begriffliche Ebene des individuellen Krankheits- und Gesundheitsrisikos, sondern auf das Versicherungsrisiko aus der Perspektive der Krankenkasse. Hier spricht man von der Gefahr, dass für einen bestimmten Zeitraum die Summe der Versicherungsschäden höher als die Einnahmen

aus den Versicherungsprämien ist. Und somit beeinflussen Veränderungen auf der Einnahmenseite oder der Ausgabenseite auch das Versicherungsrisiko. Sei es durch eine wechselnde Struktur der Mitglieder oder extrem kostspielige Leistungsfälle." (Schneider, 1994: 31)

Zu den Risikofaktoren, die seit Mitte der 1990er-Jahre in die Berechnungen einbezogen wurden, gehören die Alters- und Geschlechtsverteilung der Versicherten sowie die Zahl der familienversicherten Personen und das sozialversicherungspflichtige Bruttoeinkommen des Versicherten.

„Das Alter, das Geschlecht und weitere Kriterien sind Faktoren, nach denen die Struktur der gesetzlichen Krankenversicherung geordnet wird. Sie sind statistisch bestimmbar und lassen sich von den Krankenkassen erfassen. Mit der Risikostruktur wird die Gliederung nach diesen verschiedenen Faktoren bezeichnet, welche durch Vergleich der Versicherungsrisiken verschiedener Krankenkassen ermittelt werden. Durch den Vergleich von Risikostrukturen ergeben sich somit Informationen über Belastungs- und Beitragssatzunterschiede der Beitragszahler." (Schneider, 1994: 33)

Der Risikostrukturausgleich wurde durch das Gesundheitsstrukturgesetz (GSG) 1992 geschaffen und trat am 01.01.1994 in Kraft. Er sollte dazu beitragen, dass die Solidarität bei der Einführung der **Kassenwahlfreiheit** der gesetzlichen Krankenkassen, die im Jahre 1996/1997 erfolgte, erhalten blieb. Die Kassenwahlfreiheit war ein entscheidender Schritt für mehr Wettbewerb zwischen den gesetzlichen Krankenversicherungen, brachte aber auch mehr Chancengleichheit für die Versicherten. Mit dieser Reform wollte der Gesetzgeber die Wirtschaftlichkeits- und Finanzierungsprobleme der gesetzlichen Krankenversicherungen beheben. Diese wurden vor allem im fehlenden Wettbewerb unter den Krankenkassen gesehen.

In der Zeit vor 1994 gab es bei den Krankenkassen ein gesetzlich fixiertes Zuweisungssystem, dem, bis auf die Ersatzkassen, alle Kassen angehörten. Die Ortskrankenkassen waren bei den Zuweisungskrankenkassen für die Versicherungspflichtigen, für die keine andere Kasse zuständig war, verantwortlich. Die Ortskrankenkassen hatten einen sogenannten Kontrahierungszwang, das heißt, sie mussten alle Mitglieder aufnehmen. Die landwirtschaftlichen Krankenkassen, die Bundesknappschaft, die Seekrankenkasse, die Betriebs- und Innungskrankenkassen waren für gesetzlich genau umschriebene Versichertenkreise zuständig. Die Zuständigkeit der Ersatzkassen ergab sich nicht aus dem Sozialgesetzbuch, sondern aus deren Satzungen.

Aufgrund dieser unterschiedlichen Ausgangsbedingungen ergaben sich erhebliche Strukturunterschiede und Beitragsdifferenzen. Die unterschiedlichen Beitragssätze waren das Ergebnis der unterschiedlichen Risikostrukturen der einzelnen Krankenkassen. Auslöser für die differenzierten Leistungsausgaben, die den Beitragssatz beeinflussten, waren die Erkrankungen der jeweiligen Versicherten. Aber auch andere Faktoren beeinflussten den Beitragssatz. Die Risikostruktur einer Krankenkasse spiegelt sich weiterhin in der Entgeltsumme ihrer Mitglieder, der Familienlastquote sowie der Alters- und Geschlechtsstruktur ihrer Versicherten wider. Bei der Einführung des Risikostrukturausgleichs im Jahre 1994 legte der Gesetzgeber daher die Ausgleichskomponenten Einkommen, Alter, Geschlecht und Anzahl der mitversicherten Familienangehörigen fest. Aber auch die Erwerbs- und Berufsunfähigkeitsrentner wurden aufgrund der hohen Leistungsausgaben als Komponente in den Risikostrukturausgleich aufgenommen.

Der Gesetzgeber verfolgte demnach mit der Einführung des Risikostrukturausgleichs eine gerechtere Beitragsbelastung der Versicherten und der Arbeitgeber. Dies sollte durch eine Umverteilung der Einnahmen von den Krankenkassen mit niedrigen Versicherungsrisiken zu den Krankenkassen mit hohen Versicherungsrisiken erfolgen. Folglich versuchte der Risikostrukturausgleich die Unterschiede aufgrund der kassenspezifischen beitragspflichtigen Einnahmen und der unterschiedlichen Ausgabenstrukturen auszugleichen. Der Grundgedanke der Einführung des Risikostrukturausgleichs war es, die ungleichen Verteilungen der Risiken und der dadurch entstandenen Beitragsunterschiede aufzuheben. In diesem Zusammenhang war es wichtig, die Risikoselektion zu verhindern bzw. zu minimieren. Eine Risikoselektion liegt vor, wenn Krankenkassen versuchen, überwiegend die Personen zu rekrutieren, die nicht an chronischen Krankheiten und sogenannten Volkskrankheiten leiden und demzufolge keine hohen Krankheitskosten aufweisen (AOK-Bundesverband: Lexikon, 2008).

Des Weiteren sollte durch den Risikostrukturausgleich die Qualität der Versorgung sichergestellt werden.

Der Risikostrukturausgleich wurde jährlich vom Bundesversicherungsamt für die Krankenkassen durchgeführt. Er beinhaltete einen Vergleich zwischen der **Finanzkraft** und dem **Beitragsbedarf** einer Krankenkasse.

> „Die **Finanzkraft** [Hervorhebung durch den Autor] einer Krankenkasse ergibt sich aus den beitragspflichtigen Einnahmen ihrer Mitglieder. Um dem Solidaritätsprinzip Geltung zu verschaffen, werden Unterschiede in der Finanzkraft der Krankenkassen über den Risikostrukturausgleich verrechnet. Dabei spielt die Morbidität der Versicherten keine Rolle – daher ändert sich auch mit Einführung des Morbi-RSA am Finanzkraftausgleich nichts. Der Ausgleich der Finanzkraft soll verhindern, dass den Kassen, die einkommensschwächere Versicherte haben, gegenüber Kassen mit einkommensstärkeren Versicherten Nachteile im Wettbewerb entstehen." (AOK-Bundesverband, 2008c, o.S.)

Der **Beitragsbedarf** ist der Betrag, den eine Krankenkasse im Risikostrukturausgleich der gesetzlichen Krankenversicherung zur Deckung ihrer Gesundheitsausgaben zugewiesen bekommt. Im damals angewandten Verfahren werden GKV-durchschnittliche Versorgungskosten abhängig von Alter, Geschlecht, Bezug einer Erwerbsminderungsrente und Krankengeldanspruch ermittelt. Aus diesen Ausführungen wird deutlich, dass weder Verwaltungskosten noch Satzungs- und Ermessensleistungen berücksichtigt wurden. Damit wurden keine Mehrausgaben ausgeglichen, die durch unwirtschaftliches Handeln einzelner Kassen verursacht worden sind. Der Beitragsbedarf stellte folglich die benötigte Finanzkraft dar.

Durch die Berechnung des Beitragsbedarfs und der Finanzkraft wurde ein Ausgleichsanspruch oder eine Ausgleichsverpflichtung der einzelnen Krankenkassen im Risikostrukturausgleich ermittelt. War die Finanzkraft kleiner als der berechnete Beitragsbedarf, hatte die Krankenkasse Anspruch auf Ausgleichszahlungen (Empfängerkasse), war aber die Finanzkraft größer als der Beitragsbedarf ergaben sich für die Krankenkasse Zahlungsverpflichtungen (Zahlerkasse) im Risikostrukturausgleich:

- Finanzkraft < Beitragsbedarf = Ausgleichsanspruch
- Finanzkraft > Beitragsbedarf = Ausgleichsverpflichtung.

Die Gründe für die Reform des Risikostrukturausgleichs zum 1.1.2002 sind darin zu sehen, dass mit der Einführung der Kassenwahlfreiheit und des Risikostrukturausgleichs die gewünschten Effekte nicht eingetreten waren. Es traten vielmehr neue Wettbewerbsverzerrungen dadurch auf, dass gesunde und junge Versicherte zu Krankenkassen mit niedrigen Beitragssätzen abwanderten. Der Gesetzgeber musste aktiv werden, um die Entsolidarisierung von Gesunden und Kranken sowie das Auseinanderdriften der Beitragssätze zu stoppen.

Die Reform beinhaltete zwei Schritte. Erstens wurden im Jahre 2002 **Disease-Management-Programme** (strukturierte Behandlungsprogramme) und zweitens ein **Risikopool** zur Ergänzung des Risikostrukturausgleichs eingeführt.

Grundlage für die Erweiterungen des Risikostrukturausgleichs war das Gutachten 2000/2001 des Sachverständigenrates für die Konzertierte Aktion im Gesundheitswesen. In diesem Gutachten wurden unter anderem bei chronischen Krankheiten und bei den „Volkskrankheiten" Über-, Unter- und Fehlversorgungen festgestellt. Diese Versorgungsvarianten entsprechen nicht der bedarfsgerechten und wirtschaftlichen Versorgung der Bevölkerung und führen somit zu suboptimalen Versorgungsangeboten. Zum Abbau dieser nicht bedarfsgerechten Behandlungen wurde seitens der Experten die Einführung der Disease-Management-Programme (DMP) empfohlen. Ein weiterer Grund bestand darin, eine genauere Abbildung der Morbidität der Versicherten zu bekommen, um die Umverteilung im Risikostrukturausgleich zu verbessern.

> „Krankenkassen, deren Versicherte erfolgreich an DMP teilnehmen, erhalten höhere Ausgleichszahlungen aus dem RSA. Ziel dieser Kopplung von RSA und DMP ist es, die hohen Behandlungskosten für chronisch Kranke unter den einzelnen Krankenkassen gerechter zu verteilen und einen Anreiz für die Kassen zu schaffen, möglichst vielen ihrer Versicherten DMP anzubieten." (AOK-Bundesverband, 2008d, o. S.)

Die Teilnahme an den Programmen ist für die Versicherten und für die Leistungserbringer freiwillig. Diese Programme sind gekennzeichnet durch ihre aufeinander abgestimmten, sektorübergreifenden Behandlungs- und Betreuungsprozesse. Die enge Zusammenarbeit der Leistungserbringer soll langfristig Kosten einsparen, aber auch zu einer Verbesserung der Prävention und Behandlung von Krankheiten beitragen.

Die gesetzlichen Regelungen zu den Disease-Management-Programmen sind vor allem in den §§ 137f, g SGB V und 267 SGB V geregelt. Der § 137f SGB V regelt die Anforderungen an die Inhalte der DMP und § 137 g SGB V regelt das Zulassungsverfahren strukturierter Behandlungsprogramme (DMP). In § 267 SGB V ist die Berücksichtigung der DMP im Risikostrukturausgleich festgelegt.

Der Gemeinsame Bundesausschuss empfiehlt dem Bundesgesundheitsministerium ein Krankheitsbild, das in ein DMP aufgenommen werden soll. Per Rechtsverordnung legt das Ministerium dieses Krankheitsbild fest. Nun können die Krankenkassen beim Bundesversicherungsamt einen Antrag auf Zulassung stellen. Abbildung 1.3-8 zeigt den Weg der Zulassung eines DMP.

Für die Zulassung der DMP ist somit das Bundesversicherungsamt zuständig. Die Zulassung erfolgt ab 2012 unbefristet. Die Programme werden regelmäßig auf den aktuellen Stand der Wissenschaft gebracht und Qualitätssicherheitsmaßnahmen werden durchgeführt. Derzeit gibt es für sechs DMP rechtliche Grundlagen. Dazu gehören die koronare Herzkrankheit, Brustkrebs, Asthma bronchiale, die chronischobstruktive Lungenerkrankung sowie Diabetes mellitus Typ 1 und Typ 2.

Bei der Berechnung der standardisierten DMP-Leistungsausgaben werden zusätzlich zu den persönlichen Merkmalen (Alter, Geschlecht usw.) sämtliche Ausgaben der Krankenkassen für Medikamente, Krankenhausaufenthalte usw. in die Berechnung einbezogen. Die Krankenkassen, die DMP anboten, erhiel-

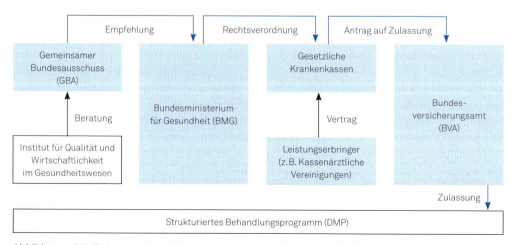

Abbildung 1.3-8: Zulassung eines Disease-Management-Programms (DMP) (Quelle: Busse, 2008 : 14)

ten bis 2009 Geld aus dem Risikostrukturausgleich für ihre DMP-Teilnehmer. Die nicht teilnehmenden Kassen finanzierten quasi ihre Wettbewerber. Somit bestand ein starker Anreiz für die Krankenversicherungen, strukturierte Behandlungsprogramme anzubieten. In diesem reformierten Risikostrukturausgleich wurde die Morbidität der Versicherten schon im DMP direkt berücksichtigt.

Die DMP werden auch nach 2009 fortgesetzt, aber nicht mehr in das finanzielle Ausgleichsverfahren eingebunden und es werden einheitliche Verwaltungspauschalen gezahlt.

Mit der Reform des Risikostrukturausgleichs im Jahre 2002 wurde nach § 269 SGB V auch ein **Risikopool** zur Ergänzung des Risikostrukturausgleichs eingeführt. Der Risikopool hatte bis Ende 2008 die Aufgabe, für besonders kostenintensive Leistungsfälle die finanziellen Belastungen der jeweiligen Krankenkassen auszugleichen. Als besonders kostenintensive Behandlungen wurden die Fälle bezeichnet, die einen sogenannten Schwellenwert (z. B. 20 450 €/Jahr) für Medikamente, Behandlungen usw. überschritten. Für diese Leistungsfälle erhielten die Krankenkassen aus dem Risikopool eine Erstattung von 60 % der Ausgaben, die den Schwellenwert überschritten hatten. Der Risikopool wurde aus der Absenkung der Beitragsbedarfszuweisung im Risikostrukturausgleich finanziert. Somit stellte der Risikopool einen eigenen Teilausgleichsbedarfssatz im Risikostrukturausgleich dar. Abbildung 1.3-9 verdeutlicht das Ausgleichsschema des Risikostrukturausgleichs mit Einbindung der Disease-Management-Programme und des Risikopools.

Dieses Ausgleichsschema galt bis Ende 2008. Abbildung 1.3-9 zeigt, wie bis Ende 2008 der Risikostrukturausgleich ermittelt worden ist. Der Ausgleich setzte sich aus vier Teilberechnungen zusammen:
1. Ermittlung der GKV-durchschnittlichen Pro-Kopf-Werte
2. Ermittlung der GKV-durchschnittlichen DMP-Pro-Kopf-Werte
3. Ermittlung des Krankengeldes
4. Ermittlung des Risikopoolbetrags

Dem Gesetzgeber war mit der Reform des Risikostrukturausgleichs im Jahre 2002 bewusst, dass der Risikostrukturausgleich an direkten Morbiditätskriterien ausgerichtet werden muss, um die solidarische Finanzierung der Kassenleistungen dauerhaft zu sichern. Mittels der Morbidität wird die Krankheitshäufigkeit zu einem Zeitpunkt oder in einem Zeitraum für eine bestimmte Bevölkerungsgruppe erfasst.

> „Der künftige Morbi-RSA berücksichtigt den Gesundheitszustand der Versicherten direkt, z. B. anhand der Krankenhausdiagnosen und Arzneimittelverordnungen. Das sorgt für einen fairen Wettbewerb, der sich an einer besseren Qualität und Wirtschaftlichkeit der Gesundheitsversorgung orientiert. Das für den Morbi-RSA geplante Verfahren teilt die Versicherten nicht wie bisher nach demografischen Merkmalen in Gruppen ein. Vielmehr wird der Gesundheitszustand direkt berücksichtigt." (AOK-Bundesverband, 2008c, o. S.)

Wie bereits erwähnt, wurde die vollständige und definitive Einführung eines **morbiditätsorientierten Risikostrukturausgleichs (Morbi-RSA)** zum 01.01.2007 vom Gesetzgeber zur Sicherung der Solidarität in der GKV festgelegt. Die Einführung zu diesem Termin wurde jedoch nicht eingehalten. Erst mit dem GKV-Wettbewerbsstärkungsgesetz wurde die Einführung letztlich auf den 01.01.2009 terminiert. Der Risikopool wird mit der Einführung des Morbi-RSA abgeschafft.

Die Aufgabe, den morbiditätsorientierten Risikostrukturausgleich einzuführen, wurde dem Bundesversicherungsamt übertragen. Das Amt ist verantwortlich für das Management des Risikopools. Dem Versicherungsamt wurde zur Realisierung dieser Funktion ein unabhängiger, sechsköpfiger Beirat zur Seite gestellt. Das Gutachterteam, das im Auftrag des Bundesgesundheitsministeriums eingesetzt wurde, hatte in seiner Expertise das US-amerikanische **Modell der RxGroups + IPHCC** zur morbiditätsorientierten Klassifikation im Risikostrukturausgleich empfohlen. Nach diesem Modell sollen zukünftig die im Risikostrukturausgleich veranschlagten Beitragsbedarfe berechnet werden.

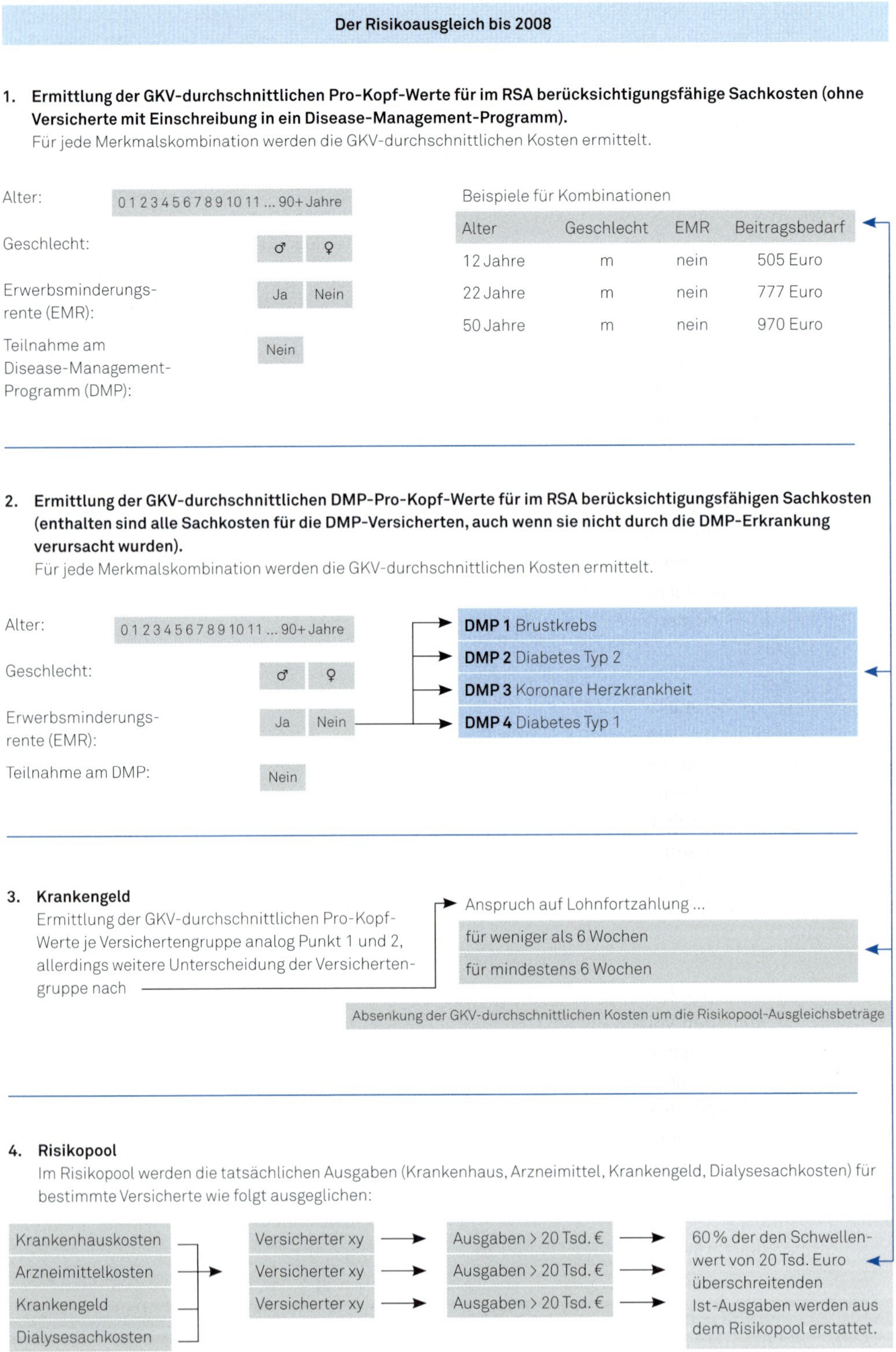

Der Risikoausgleich bis 2008

1. **Ermittlung der GKV-durchschnittlichen Pro-Kopf-Werte für im RSA berücksichtigungsfähige Sachkosten (ohne Versicherte mit Einschreibung in ein Disease-Management-Programm).**
   Für jede Merkmalskombination werden die GKV-durchschnittlichen Kosten ermittelt.

   Alter: 0 1 2 3 4 5 6 7 8 9 10 11 ... 90+ Jahre
   Geschlecht: ♂ ♀
   Erwerbsminderungsrente (EMR): Ja Nein
   Teilnahme am Disease-Management-Programm (DMP): Nein

   Beispiele für Kombinationen

Alter	Geschlecht	EMR	Beitragsbedarf
12 Jahre	m	nein	505 Euro
22 Jahre	m	nein	777 Euro
50 Jahre	m	nein	970 Euro

2. **Ermittlung der GKV-durchschnittlichen DMP-Pro-Kopf-Werte für im RSA berücksichtigungsfähigen Sachkosten (enthalten sind alle Sachkosten für die DMP-Versicherten, auch wenn sie nicht durch die DMP-Erkrankung verursacht wurden).**
   Für jede Merkmalskombination werden die GKV-durchschnittlichen Kosten ermittelt.

   Alter: 0 1 2 3 4 5 6 7 8 9 10 11 ... 90+ Jahre
   Geschlecht: ♂ ♀
   Erwerbsminderungsrente (EMR): Ja Nein
   Teilnahme am DMP: Nein

   - DMP 1 Brustkrebs
   - DMP 2 Diabetes Typ 2
   - DMP 3 Koronare Herzkrankheit
   - DMP 4 Diabetes Typ 1

3. **Krankengeld**
   Ermittlung der GKV-durchschnittlichen Pro-Kopf-Werte je Versichertengruppe analog Punkt 1 und 2, allerdings weitere Unterscheidung der Versichertengruppe nach

   Anspruch auf Lohnfortzahlung ...
   - für weniger als 6 Wochen
   - für mindestens 6 Wochen

   Absenkung der GKV-durchschnittlichen Kosten um die Risikopool-Ausgleichsbeträge

4. **Risikopool**
   Im Risikopool werden die tatsächlichen Ausgaben (Krankenhaus, Arzneimittel, Krankengeld, Dialysesachkosten) für bestimmte Versicherte wie folgt ausgeglichen:

Krankenhauskosten	Versicherter xy → Ausgaben > 20 Tsd. €	60% der den Schwellenwert von 20 Tsd. Euro überschreitenden Ist-Ausgaben werden aus dem Risikopool erstattet.
Arzneimittelkosten	Versicherter xy → Ausgaben > 20 Tsd. €	
Krankengeld	Versicherter xy → Ausgaben > 20 Tsd. €	
Dialysesachkosten		

Abbildung 1.3-9: Ausgleichsschema des Risikostrukturausgleichs (Quelle: Jacobs, 10/2004: 8)

„Das Modell verwendet als Indikatoren neben den Merkmalen Alter, Geschlecht und Erwerbsminderungsrentner-Status die ambulanten Arzneimittelverordnungsinformationen und die Krankenhaus-Diagnosen, die aus dem Vorjahr in den Abrechnungsdaten für einen Versicherten bei einer Krankenkasse gespeichert sind. Unter Berücksichtigung der verordneten Arzneimittel werden einem Patienten RxGroups, das heißt seine pharmabasierten Morbiditätskategorien und die dazugehörigen Risikozuschläge zugeordnet. Basierend auf den vorliegenden Krankenhaus-Diagnosen werden ihm Inpatient Hierarchical Condition Categories (IPHCCs) mit ihren jeweiligen Risikozuschlägen zugeordnet. Die risikoäquivalente Prämie – bzw. in RSA-Terminologie: die standardisierten Leistungsausgaben – berechnet sich für eine Person, indem zu dem Sockelbetrag für Alter und Geschlecht und dem Erwerbsminderungsrentner-Status die einzelnen Risikozuschläge für die vorliegenden Morbiditätskategorien addiert werden." (Reschke/Sehlen, 2005: 13)

Das Bundesversicherungsamt und der Wissenschaftliche Beirat zur Weiterentwicklung des Risikostrukturausgleichs hatten nach der Vorgabe des § 31 der Risikostruktur-Ausgleichsverordnung (RSAV) die Aufgabe, eine Auswahl von 80 Krankheiten, die chronischer Natur und kostenintensiv sind, herauszufiltern und an das Klassifikationsmodell „RxGroups + IPHCC" anzupassen.

Der Verordnungsgeber hat in diesem Zusammenhang die folgenden Vorgaben gemacht:
- Die Krankheiten sollen eng abgrenzbar sein.
- Die zur Identifikation der ausgewählten Krankheiten erforderlichen Kodes der internationalen Klassifikation der Krankheiten (ICD) sowie die Arzneiwirkstoffe sind zu benennen.
- Die ausgewählten Krankheiten bilden in ihrer Gesamtheit einen Morbiditätsfilter für das geplante Klassifikationsmodell.
- Bei der Einführung des Gesundheitsfonds werden morbiditätsjustierte Risikozuschläge nur auf der Basis derjenigen Krankheiten berechnet, die in der Auswahl enthalten sind.

Das Bundesversicherungsamt hat am 13.05.2008 gemäß § 31 RSAV die Krankheiten, die im morbiditätsorientierten Risikostrukturausgleich berücksichtigt werden, nach der Anhörung der Spitzenverbände der Krankenkassen festgelegt.

Die veröffentlichte Liste orientierte sich am Gutachten des wissenschaftlichen Beirats des Bundesversicherungsamtes. Aufgrund der veröffentlichten Vorschläge kam es zu heftigen Protesten einiger Krankenkassen. Daraufhin erweiterte das Bundesversicherungsamt die Krankheitsliste der Expertengruppe. Als Reaktion auf diese Erweiterung trat der Beirat im März 2008 geschlossen zurück.

Die folgende Auflistung ist ein Auszug aus der Krankheitsliste und zeigt die ersten 15 festgelegten Krankheiten im morbiditätsorientierten Risikostrukturausgleich:

1. HIV/AIDS
2. Sepsis/Schock
3. Nicht virale Meningitis/Enzephalitis
4. Infektion durch opportunistische Erreger
5. Bösartige Neubildungen der Lippe, der Mundhöhle und des Pharynx
6. Bösartige Neubildungen der Verdauungsorgane
7. Bösartige Neubildungen der Atmungsorgane und sonstiger intrathorakaler Organe
8. Bösartige Neubildungen der Knochen, des Stütz- und Weichteilgewebes
9. Bösartige Neubildungen der Brustdrüse
10. Bösartige Neubildungen der weiblichen Genitalorgane
11. Bösartige Neubildungen der männlichen Genitalorgane
12. Bösartige Neubildungen der Niere, der Harnwege und der Nebenniere
13. Bösartige Neubildungen des Auges, Gehirns und sonstiger Teile des Zentralnervensystems einschließlich Hypo- und Epiphyse
14. Bösartige Neubildungen sekundärer, nicht näher bezeichneter oder multipler Lokalisation
15. Lymphome und Leukämien (Bundesversicherungsamt, 2008).

Aus den rechtlichen Vorgaben wird deutlich, dass den jeweiligen Risikogruppen unter anderem morbiditätsorientierte Risikozuschläge zugeordnet werden müssen. Diese bundeseinheitlichen Risikozuschläge werden den Krankenkassen neben den ebenfalls einheitlichen Grundpauschalen (Sockelbeträge), die nach Alter, Rentenstatus und Geschlecht gestaffelt sind, zur Finanzierung ihrer Leistungen aus dem Gesundheitsfonds überwiesen. Tabelle 1.3-8 verdeutlicht beispielhaft, wie die standardisierten Leistungsausgaben im morbiditätsorientierten Risikostrukturausgleich den Versicherten zugerechnet werden.

Am Beispiel der Versicherten Nr. 7 soll die Wirkung verdeutlicht werden. Diese Person hat zwei Sockelbeträge, einmal 517 Euro für das allgemeine Behandlungsrisiko in ihrer weiblichen Altersgruppe und zum anderen 842 Euro für den Erwerbsminderungsstatus. Zusätzlich bekommt sie einen **Risikozuschlag** in Höhe von 2406 Euro für die Inanspruchnahme von Insulin im Vorjahr und einen Zuschlag von 2214 Euro aufgrund einer stationären Vorjahresbehandlung im Krankenhaus. Es ergeben sich somit für diese Patientin standardisierte Leistungsausgaben in Höhe von 5979 Euro. Im Gegensatz zum Ausgleichsverfahren, das bis Ende 2008 rele-

Tabelle 1.3-8: Beispiel für mögliche Zurechnung der standardisierten Leistungsausgaben im Modell „RxGroups + IPHCC" im Vergleich zum RSA-Status-quo in Euro je Versichertenjahr (Quelle: in Anlehnung an Reschke, P., Sehlen, S.; Methoden der Morbiditätsadjustierung, Gesundheits- und Sozialpolitik, 1–2/2005: 12. http://www.iges.de/publikationen/zeitschriftenbeitraege/morbiditaetsadjustierung/e5164/infoboxContent5170/MorbiditaetsadjustierungGesundheits-undSozialpolitik1_2_2005_ger.pdf [Zugriff: 20.11.2007])

Nr.	RSA-Zelle im Status	Sockelbeitrag/-beiträge	Morbiditätskategorien gemäß „RxGroups + IPHCC"	Zuschlag/ Zuschläge	Standardisierte Leistungsausgaben	Satus-quo-RSA zum Vergleich	Differenz RSA zu MRSA[3]
1	männlich, 12 Jahre	164	HCC035-stationäre Beh. wg. Appendizitis im Vorj.	01	164	505	–341
2	weiblich, 22 Jahre	154	HCC 146-Vorj. Schwangerschaftskomplikationen im KH, keine Entbindung im Vorj.	1503	1657	777	880
3	männlich, 32 Jahre	143	HCC 162 – wegen sonstiger Verletzungen[2] im Vorj. stationär behandelt	306	449	554	–105
4	weiblich, 42 Jahre	296	RxG 116 – orale Antidiabetika im Vorj., keine Insulinpräparate	597	893	866	27
5	männlich, 52 Jahre	392	RxG 115 – im Vorj. Insulin-präparate, ohne stationäre Behandlung	2406	2798	970	1828
6	weiblich, 62 Jahre	517	im Vorj. RxG 115 (Insulin) u. HCC019-stationäre Beh. wg. Diabetes ohne Komplikation	2406 296	3219	1614	1605
7	weiblich, 62 Jahre BU-Status	517 842	im Vorj. RxG 115 (Insulin) U.HCC 017 – stationäre Beh.wg. Diabetes mit Komplikation	2406 2214	5979	2479	3500

1) Versicherte mit stationärer Appendizitis-Beh. weisen im Jahr nach KH-Fall leicht Ausgaben auf; der Zuschlag wurde auf Null gesetzt.
2) Verletzung nicht am Kopf, Wirbelkörpern oder Femur, ohne Knochenbruch oder innere Verletzung oder Amputation
3) Differenz weist die morbiditätsbedingt veränderte Beitragsbedarfszuweisung im Vergleich zum Status-quo-RSA aus.

vant war, erhöht sich für die Krankenkasse der Risikoausgleich um 3500 Euro.

Die Gutachter waren der Meinung, dieses Modell könne besonders gut auf die deutsche Versorgungssituation angewendet werden, da es die Kosten und die unterschiedlichen Morbiditäten gut abbilde. Es berücksichtigt neben den bisherigen Risikostrukturmerkmalen, wie Alter, Geschlecht und Erwerbsminderungsrentner-Status, zukünftig auch alle verordneten Arzneimittelwirkstoffe und sämtliche dokumentierten Krankenhausdiagnosen für jeden Versicherten.

Durch die Berücksichtigung der direkten Morbidität der Versicherten sollen die Anreize zur Risikoselektion gemindert werden. Durch den morbiditätsorientierten Risikostrukturausgleich soll weiterhin das Interesse der Krankenkassen geweckt werden, Qualitätssicherung sowie Wirtschaftlichkeit für die Versorgung der Versicherten als Unternehmensziele umzusetzen. Der morbiditätsorientierte Risikostrukturausgleich setzt nicht nur Anreize zur Versorgungssteuerung, sondern eröffnet neue Möglichkeiten für das Controlling im Bereich der wirtschaftlichen Leistungserbringung (Reschke/Sehlen, 2005: 11).

Abbildung 1.3-10 verdeutlicht, dass im ersten Teil der Ausgleichszahlungen die folgenden Faktoren berücksichtigt werden:
- Alters- und Geschlechterzuschläge
- Erwerbsminderungsrente
- Zuschläge auf der Grundlage von Krankenhausdiagnosen (HCC) und
- Zuschläge auf der Grundlage von Arzneimittelwirkstoffen (RxGroups).

Zu diesen Beträgen kommen die Managementpauschalen für die Disease-Management-Programme und die Geldleistungen im Krankheitsfall (Krankengeld) hinzu. Weiterhin wird deutlich, dass der Risikopool seit 2009 entfallen ist.

Das Klassifikationsmodell „RxGroups + IPHCC" wird die Morbidität der Versicherten viel genauer im Risikostrukturausgleich abbilden als es das alte Verfahren ermöglicht hat. Der Wettbewerb der Kassen wird dadurch auf eine neue Grundlage gestellt. Durch den morbiditätsorientierten Risikostrukturausgleich wird nach Auffassung des Bundesgesundheitsministeriums die Risikoselektion verhindert. Die ermittelten anrechenbaren Beitragsbedarfe werden eine Beitragssatzannäherung zwischen den Kassen nach sich ziehen. Die dann noch auftretenden Differenzen bei den Beitragssätzen erklären sich ausschließlich aus dem effizienten bzw. ineffizienten Handeln der Kassen.

1.3.5
Pflegeversicherung

Die soziale **Pflegeversicherung** ist eine Pflichtversicherung zur Absicherung der Pflegebedürftigkeit. Sie wurde 1995 in Deutschland als ein eigenständiger Zweig in das Sozialversicherungssystem eingebaut. Gesetzliche Grundlage ist das 11. Sozialgesetzbuch (SGB XI). Entsprechende Bestimmungen bestehen auch für die Personen, die sich privat abgesichert haben.

Durch den demografischen Veränderungsprozess und die damit einhergehenden steigenden Lebenserwartungen der Menschen haben in den vergangenen Jahrzehnten auch die Anzahl der pflegebedürftigen Personen sowie die Dauer der Pflegebedürftigkeit der Versicherten zugenommen. Bis zur Verabschiedung des SGB XI wurden die Leistungen, die bei Pflegebedürftigkeit notwendig waren, überwiegend nach den Vorschriften des **Bundessozialhilfegesetzes (BSHG)** finanziert. Nach diesem Gesetz wurden die Leistungen nach dem Nachrangigkeitsprinzip bezahlt. Infolge dieses Finanzierungsverfahrens mussten immer mehr pflegebedürftige Personen **Sozialhilfe** in Anspruch nehmen. Speziell aus den Kommunen, die als örtliche Sozialhilfeträger fungieren und damit auch die Sozialhilfeleistungen bezahlen mussten, kam Kritik an diesem Verfahren. Daher befasste sich die 48. Gesundheitsministerkonferenz der Länder bereits im Jahre 1981 der Neugestaltung der Finanzierung ambulanter und stationärer Pflegedienste. Die damalige Bundesregierung lehnte zu diesem Zeitpunkt die Einführung einer sozialen Pflegeversicherung ab. Im Bereich der privaten Versicherungen stand man jedoch der Pflegefallabsicherung positiv gegenüber. In diesem Zusammenhang genehmigte das Bundes-

Morbiditätsorientierter Risikostrukturausgleich (Morbi-RSA)

1. **Ermittlung der GKV-durchschnittlichen Zuschläge für im RSA berücksichtigungsfähige Sachkosten:**
   Für jeden Morbiditätsindikator wird in einem statistischen Verfahren ein Zuschlag ermittelt.

   Alters- und Geschlechtszuschläge

0 Jahre ♂	0 Jahre ♀	1–4 J. ♂	1–4 J. ♀	... insgesamt 2-mal 19 Gruppen in 5-er-Schritten bis 90 Jahre
x Euro	x Euro	x Euro	x Euro	

   Erwerbsminderungsrente: Alters-/Geschlechtszuschläge

bis 25 J. ♂	bis 25 J. ♀	26–35 J. ♂	26–35 J. ♀	... insgesamt 2-mal 5 Gruppen in 10-er-Schritten bis 65 Jahre
x Euro	x Euro	x Euro	x Euro	

   Zuschläge auf Basis von Krankenhaus-Diagnosen („HCC")

HCC001	HCC002	HCC003	HCC004	... insgesamt 188 Gruppen
x Euro	x Euro	x Euro	x Euro	

   Zuschläge auf Basis von Arzneimittelwirkstoffen („RxGroups")

RxG001	RxG002	RxG003	RxG004	... insgesamt 155 Gruppen
x Euro	x Euro	x Euro	x Euro	

2. **DMP-Managementpauschale**
   Versichertentage in einem Disease-Management-Programm × DMP-Managementpauschale pro Tag = DMP-Zuweisung

3. **Krankengeld-Ermittlung annähernd analog heutigem RSA**

Beispiel:
Beitragsbedarf für zwei Versicherte durch Addition der jeweiligen Zuschläge

	50–54 J. ♂		50–54 J. ♂
Männlich, 50 Jahre	392 Euro	Männlich, 50 Jahre, im Vorjahr keine Arzneimittelverschreibungen und kein Krankenhausaufenthalt	392 Euro
+ im Vorjahr Insulinpräparate	RxG115 / 2406 Euro	Beitragsbedarf =	392 Euro
+ stationäre Behandlung wegen Diabetes ohne oder mit nicht näher bezeichneten Komplikationen	HCC019 / 296 Euro		
+ stationäre Behandlung wegen „sonstiger Verletzungen"	HCC162 / 306 Euro		
Beitragsbedarf =	3400 Euro		

Abbildung 1.3-10: Ausgleichsschema Morbi-RSA (Quelle: Jacobs, 10/2004: 8)

aufsichtsamt für das Versicherungswesen 1984 die von den privaten Krankenversicherungen vorgelegten Musterbedingungen für die Pflegeversicherung. Im Jahre 1990 befasste sich auf Initiative des Landes Baden-Württemberg der Bundesrat mit einem Gesetzesentwurf zur Vorsorge gegen das finanzielle Pflegerisiko. Vier Jahre später beschlossen der Bundestag und der Bundesrat durch die Verabschiedung des **SGV XI** die Einführung der Sozialen Pflegeversicherung als Pflichtversicherung. Gleichzeitig wurde festgelegt, dass die Versicherung in mehreren Stufen eingeführt werden sollte. Die Beitragsverpflichtung begann am 01.01.1995, die ambulanten und teilstationären Leistungen konnten ab April 1995 und die vollstationären Leistungen ab Juli 1996 in Anspruch genommen werden. Im Gegensatz zu den anderen Sozialversicherungen sollte die Pflegeversicherung lediglich eine soziale Grundsicherung in Form unterstützender Hilfeleistungen sein. Damit wurde auch festgelegt, dass die Eigenleistungen der Versicherten und anderer Träger (z. B. Sozialhilfeträger) weiterhin eingebracht werden müssen. Bei der Pflegeversicherung handelt es sich folglich nicht um eine Vollversicherung, sondern um eine „Teilkaskoversicherung".

Im Vorfeld gab es kontroverse Diskussionen über die Frage, ob die Versicherung nach dem **Kapitaldeckungsverfahren** oder nach dem **Umlageverfahren** aufgebaut werden sollte. Selbst in der Koalition traten diese unterschiedlichen Auffassungen auf. Die CDU favorisierte das Umlageverfahren, die FDP setzte sich für die Kapitaldeckung ein. Letztlich entschied sich die Bundesregierung für das Umlageverfahren. Zur Kompensation der Arbeitgeberanteile legte die Regierung gleichzeitig fest, dass ein Feiertag zu einem Werktag umgewandelt werden musste. Nach langen Diskussionen mit den Gewerkschaften und Kirchen beschloss die Regierung die Umwandlung des Buß- und Bettags von einem Feiertag zu einem Werktag. Der Leistungsumfang wurde zwischen 1995 bzw. 1996 und 2002 nicht verändert. Im Unterschied zum SGB-V-Bereich mit seinem grundlohnsummenorientierten Budgetierungsverfahren, durch das zum Beispiel die Budgets der Krankenhäuser jährlich analog zur Lohnentwicklung angepasst werden, gab es in dem genannten Zeitraum bei den SGB-XI-Leistungen keine finanziellen Anpassungen. Mit dem **Pflegeleistungsergänzungsgesetz**, das am 01.01.**2002** in Kraft trat, konnten erstmalig **Betreuungsleistungen** in Höhe von 460 Euro pro Jahr zusätzlich zu den Pflegeleistungen in Anspruch genommen werden. Diese Leistungen betrafen Pflegebedürftige in häuslicher Pflege, bei denen neben dem Hilfebedarf im Bereich der Grundpflege und der hauswirtschaftlichen Versorgung ein erheblicher Bedarf an Beaufsichtigung und Betreuung erforderlich ist. Hierbei handelt es sich um einen Personenkreis mit demenzbedingten Störungen, mit geistigen Behinderungen oder mit psychischen Erkrankungen. Als Betreuungsleistungen kommen zum Beispiel sogenannte niedrigschwellige Betreuungsangebote in Betracht, bei denen Helfer und Helferinnen unter pflegefachlicher Anleitung die Betreuung in Gruppen oder im häuslichen Bereich übernehmen und damit pflegende Angehörige entlasten bzw. unterstützen. Mit dem **Pflege-Weiterentwicklungsgesetz**, das am 01.07.**2008** in Kraft trat, wurden die finanziellen Leistungen der Pflegeversicherung verbessert. Zudem können seitdem Pflegeeinrichtungen Kooperationen mit niedergelassenen Ärzten eingehen oder sogar einen Heimarzt beschäftigen. Weiterhin erfolgte eine Verbesserung der Demenzbetreuung in Pflegeheimen. Im Bereich der ambulanten Versorgung wurden Pflegestützpunkte eingerichtet und zusätzlich die Pflegeberatung und das Poolen von Pflegeleistungen ermöglicht. Ein weiterer Reformansatz war die Stärkung der Prävention und der Rehabilitation in der Pflege. Bei den Pflegeeinrichtungen sollte durch die jährlich durchzuführenden Qualitätsprüfungen der Pflegeeinrichtungen mehr Qualität und Transparenz geschaffen werden. Mit dieser Leistungsausweitung war eine Erhöhung des Beitragssatzes von 1,7 % auf 1,95 % bzw. auf 2,20 % verbunden. Mit dem **Pflege-Neuausrichtungsgesetz** verbesserten sich ab Oktober 2012 die Leistungen für Demenzerkrankte (Pflegestufe 0). Zudem wurden die Geldbeträge für die Pflegestufen I und II angehoben. Die häusliche Betreuung konnte durch diese gesetzlichen Vorschriften auch als Pflegesachleistungen, die von den Pflegediensten zu erbringen sind, in Anspruch genommen werden. Mit dem Gesetz wurde die Förderung von Wohngruppen festgelegt. Zur privaten, zusätzlichen Absicherung wurde eine freiwillige Zusatzversicherung, der sogenannte Pflege-Bahr, festgeschrieben. Eine Stärkung der Selbsthilfe ist durch die finanzielle Unterstützung der Selbsthilfegruppen ermöglicht worden. Letztlich sorgte das Gesetz für eine bessere zahnärztliche Betreuung in den Pflegeheimen sowie für mehr Transparenz bei der medizinischen Versorgung und der Arzneimittelversorgung von Heimbewohnern. Auch ist mit dem Gesetz eine Beitragssatzerhöhung verbunden.

Die Beitragssätze stiegen auf 2,05 % bzw. auf 2,3 %. Zum 01.01.**2015** ist das **erste Pflegestärkungsgesetz (PSG I)** gesetzliche Grundlage geworden. Mit diesem Gesetz wurden die Leistungen für die Pflegebedürftigen und Angehörigen spürbar ausgeweitet sowie die Zahl der zusätzlichen Betreuungskräfte in den stationären Pflegeeinrichtungen erhöht. Durch dieses Gesetz wurden die Beitragssätze auf 2,35 % bzw. 2,6 % erhöht. Im Einzelnen sind die folgenden Verbesserungen zu nennen:

- bessere Kombination der Verhinderungs- und der Kurzzeitpflege
- Ausbau der Leistungen für die teilstationäre Pflege
- Stärkung der niedrigschwelligen Betreuungs- und Entlastungsangebote
- Erhöhung der Zuschüsse für Umbaumaßnahmen und Pflegehilfsmittel
- Schaffung zusätzlicher Betreuungsstellen in voll- und teilstationären Pflegeeinrichtungen
- bessere Unterstützung der neuen Wohnformen
- Erweiterung des Leistungsanspruchs demenziell Erkrankter
- Ausbau der Betreuungs- und Entlastungsleistungen
- Gründung eines Pflegefonds.

Im Juni 2015 hat der zuständige Gesundheitsminister Gröhe einen **Entwurf für das zweite Pflegestärkungsgesetz (PSG II)** veröffentlicht. Dieses Gesetz ist am 01.**01.2016** in Kraft getreten. Ziel dieses Gesetzes war es, den demenzerkrankten sowie den weiter alltagskompetenten Versicherten ab 2017 die gleichen Leistungen wie den dauerhaft körperlich kranken Pflegebedürftigen zukommen zu lassen. Nach einer Prognose der Bundesregierung werden hierdurch ab 2017 etwa 500 000 Menschen zusätzliche Ansprüche auf Leistungen der Pflegeversicherung in Anspruch nehmen können. Kernpunkt dieses Gesetzes ist die Umstellung des Pflegebedürftigkeitsbegriffs. Danach werden ab 2017 die bisherigen drei Stufen durch fünf Pflegegrade ersetzt, die sich anhand sechs gewichteter Module ergeben:

- Mobilität
- Verstehen und Reden/kognitive und kommunikative Fähigkeiten
- Verhaltensweisen und psychische Problemlagen
- Grad der Selbstversorgung beim Essen, Trinken und Waschen
- Grad der Selbstständigkeit bei der Einnahme von Medikamenten oder der Blutzuckermessung sowie im Umgang mit Gehhilfen/Bewältigung von und selbstständiger Umgang mit krankheits- oder therapiebedingten Anforderungen und Belsatungen
- Gestaltung des Alltagslebens und der sozialen Kontakte.

Die Umwandlung von Pflegestufen in Pflegegrade erfolgt nach dem folgenden Muster:

- Pflegegrad 1 – neu ab 2017
- Pflegegrad 2 – Pflegestufe 0 und Pflegestufe 1
- Pflegegrad 3 – Pflegestufe 1 und eingeschränkte Alltagskompetenz sowie Pflegestufe 2
- Pflegegrad 4 – Pflegestufe 2 und eingeschränkte Alltagskompetenz sowie Pflegestufe 3
- Pflegegrad 5 – Pflegestufe 3 und eingeschränkte Alltagskompetenz sowie Härtefall.

Im Rahmen dieser Umstellung wurde sichergestellt, dass die vorhandenen Leistungsempfänger nicht schlechter gestellt wurden. Zudem bekamen die Versicherten mit einer anerkannten Pflegestufe automatisch und ohne eine erneute Begutachtung einen Pflegegrad zugewiesen.

Das neue Begutachtungsverfahren orientiert sich nicht mehr vornehmlich an der Zeit, sondern berücksichtigt die Fähigkeit des Versicherten, sich selbstständig im Alltag bewegen zu können. Mit dem Reformansatz werden Menschen, die an Demenz erkrankt sind, voll in die soziale Pflegeversicherung einbezogen. Insgesamt werden nach der gesetzlichen Vorlage 10,4 Mrd. Euro für die Umsetzung dieser Reform eingesetzt. Zu den Geldmitteln, die sich aus der Beitragssatzerhöhung ergeben, kommen einmalig 4,4 Mrd. Euro hinzu. Dieser Betrag wird der Rücklage der Pflegeversicherung, die zur Zeit ca. 6,5 Mrd. Euro beträgt, entnommen. In der Gesetzesvorlage wird ausdrücklich betont, dass die Eigenbeteiligungen künftig gedeckelt werden sollen. Diese werden dann im

Bundesdurchschnitt bei 580 Euro liegen. Letztlich ist vorgesehen, die finanziellen Leistungen anzuheben. Mit der Einführung des Gesetzes im Jahre **2017** hat sich der Beitragssatz noch einmal um 0,2 % erhöht und beträgt ab dem 01.01.2017 nunmehr 2,55 % des sozialversicherungspflichtigen Bruttolohns (2,8 % für Kinderlose).

Die **Pflegepflichtversicherung** bildet – neben der gesetzlichen Arbeitslosen-, Kranken-, Renten- und Unfallversicherung die fünfte Säule der Sozialversicherung. Der pflichtversicherte Personenkreis der sozialen Pflegeversicherung umfasst die Versicherten, die Mitglieder bzw. Familienversicherte der gesetzlichen Krankenversicherung sind oder die sich privat versichert haben. Es gilt der Grundsatz „Pflegeversicherung folgt der Krankenversicherung". Jede Krankenkasse und jede Privatversicherung ist verpflichtet, ihre Versicherten in die Pflegeversicherung zu integrieren.

Träger der sozialen Pflegeversicherung sind die Pflegekassen, die unter dem Dach der Krankenkassen angesiedelt sind. Pflegekassen sind ebenfalls Körperschaften des öffentlichen Rechts mit Selbstverwaltung. Hierbei tritt die Besonderheit auf, dass die Selbstverwaltungsorgane der Krankenkassen gleichzeitig die Organe der Krankenkassen sind.

Im Rahmen der Leistungsgewährung sind bestimmte **Leistungsgrundsätze** zu beachten. So haben die Pflegeversicherungen darauf hinzuwirken, dass die Pflegebedürftigkeit durch eine medizinische Behandlung sowie durch präventive und rehabilitative Maßnahmen vermieden wird. Weiterhin hat die ambulante Pflege Vorrang vor der teil- und vollstationären Pflege. Hierbei sind alle Leistungen mit Ausnahme der technischen Hilfsmittel und der Pflegekurse budgetiert. Die Pflegepflichtversicherung ist folglich keine Vollversicherung. Eine eventuell entstehende Finanzierungslücke sollte daher durch den Abschluss einer privaten Pflegezusatzversicherung abgedeckt werden.

Die Pflegeversicherung sieht die folgenden **Leistungen bei häuslicher Pflege** vor:
- Pflegegeld
- Pflegesachleistung
- Kombinationsleitung.

Die pflegebedürftigen Personen, die keine Pflegehilfe eines ambulanten Pflegedienstes in Anspruch nehmen, erhalten ein monatliches **Pflegegeld**. Durch diese Geldleistung soll die ehrenamtliche Pflege unterstützt werden. Der Pflegebedürftige hat die freie Entscheidung über die Verwendung des Geldes. Voraussetzung für das Pflegegeld ist jedoch, dass die häusliche Pflege in geeigneter Weise sichergestellt ist. Dies wird unter anderem durch die regelmäßigen Qualitätssicherungsbesuche überprüft. Die Häufigkeit dieser Pflichtbesuche richtet sich nach dem Pflegegrad. Die Kosten der Besuche werden von der Pflegeversicherung übernommen. Die **Höhe des Pflegegeldes**, das ab dem 01.01.2017 monatlich gezahlt wird, ist Tabelle 1.3-9 zu entnehmen.

Die **Pflegesachleistung** ist eine Leistung des ambulanten Pflegedienstes. Die pflegebedürftige Person hat die freie Wahl zwischen den Pflegediensten, die einen Versorgungsvertrag mit den Pflegekassen abgeschlossen haben. Die Finanzierung dieser Leistung erfolgt direkt durch die Pflegekasse (Tab. 1.3-10).

Tabelle 1.3-9: Umfang des Pflegegeldes (Quelle: Eigenerstellung)

Pflegegrad	Ab 01.01.2017
1	–
2	316 Euro
3	545 Euro
4	728 Euro
5	901 Euro

Tabelle 1.3-10: Umfang der Pflegesachleistungen (Quelle: Eigenerstellung)

Höchstsätze je Pflegegrad	Ab 01.01.2017
1	Anspruch nur über Entlastungsbetrag
2	689 Euro
3	1298 Euro
4	1612 Euro
5	1995 Euro

Bei der **Kombinationsleistung** können sowohl Pflegesachleistungen als auch Pflegegeld in Anspruch genommen werden. Durch die Leistungskombination kann die häusliche Pflege teilweise durch einen Pflegedienst und teilweise durch einen Familienangehörigen oder durch andere sogenannte Laienpflegekräfte erfolgen.

Bei der **teilstationären Pflege (Tages- oder Nachtpflege)** handelt es sich um eine pflegerische Leistung in einer Einrichtung. Die versicherte Person nimmt die zeitweise Betreuung im Tagesverlauf (Tag oder Nacht) in Anspruch. Die Pflegeversicherung übernimmt hierbei die Pflegekosten, die Aufwendungen der sozialen Betreuung und die Kosten der medizinischen Behandlungspflege (Tab. 1.3-11). Die Kosten für Unterkunft und Verpflegung sowie der Investitionskostenanteil müssen in der Regel durch die Versicherten getragen werden.

Es ist möglich, das Pflegegeld, die Pflegesachleistungen und die teilstationäre Pflege zu kombinieren. Im Rahmen dieser Kombination sind, abhängig von der gewählten Kombinationsvariante, gesetzliche Höchstbeträge festgelegt worden. Sind über diese Höchstbeträge hinaus weitere finanzielle Mittel für die häusliche und/oder die teilstationäre Pflege erforderlich, kann letztlich Sozialhilfe beantragt werden.

Pflegende Personen sind im Rahmen ihrer Tätigkeit gesetzlich gegen die Auswirkungen von Unfällen versichert. Der Unfallversicherungsschutz gilt auch für die Pflegepersonen, die mehr als 30 Wochenstunden erwerbstätig sind. Weiterhin ist diese Personengruppe, wenn sie Pflegebedürftige versorgt, in der gesetzlichen Arbeitslosen- und Rentenversicherung besser als in der Vergangenheit abgesichert.

Sind die Pflegepersonen im Rahmen der häuslichen Pflege verhindert, zum Beispiel durch Krankheit oder Urlaub, übernimmt die Pflegeversicherung die Kosten für die notwendige Ersatzpflege. Die Inanspruchnahme dieser sogenannten **Verhinderungspflege** setzt voraus, dass die pflegende Person vor der erstmaligen Verhinderung mindestens sechs Monate gepflegt hat. Die Kosten werden ab dem 01.01.2017 jährlich für eine Dauer von bis zu insgesamt 6 Wochen und bis zu einem Höchstbetrag von **1612 Euro** übernommen. Die relevanten Beträge werden ab Pflegegrad 2 unabhängig von dem Pflegegrad gezahlt.

Im Rahmen der **Kurzzeitpflege** werden ab dem 01.01.2017 die Kosten für eine stationäre Unterbringung in einem Pflegeheim bis zu 8 Wochen im Kalenderjahr und bis zu einem Betrag von 1612 Euro übernommen. Auch hier werden die Beträge unabhängig von dem Pflegegrad gezahlt. Zu diesen genannten Versicherungsleistungen kommen unter anderem noch die folgenden Maßnahmen hinzu:
- anteilige Finanzierung der Pflegehilfsmittel
- finanzielle Unterstützung für die Maßnahmen zur Wohnumfeldverbesserung
- Übernahme der Kosten für Pflegekurse.

Die **vollstationäre Pflege** ist gegenüber der häuslichen und teilstationären Pflege nachrangig. Bei der Finanzierung von Pflegeheimen ist zu beachten, dass seitens der Pflegekassen nur die pflegerischen Leistungen finanziert werden (Tab. 1.3-12). Die Bewohner müssen somit die Kosten für Unterkunft und Verpflegung sowie

Tabelle 1.3-11: Umfang der Leistungen für die Tages- oder Nachtpflege (Quelle: Eigenerstellung)

Pflegegrad	Ab 01.01.2017
1	Anspruch nur über Entlastungsbetrag
2	689 Euro
3	1298 Euro
4	1612 Euro
5	1956 Euro

Tabelle 1.3-12: Umfang der Leistungen für die Pflegeheime (Quelle: Eigenerstellung)

Pflegegrad	Ab 01.01.2017
1	125 Euro
2	770 Euro
3	1262 Euro
4	1775 Euro
5	2005 Euro

anteilig die Investitionskosten tragen. Falls die Einkommen der Versicherten und die Einkommen der unterhaltspflichtigen Angehörigen nicht ausreichen, um den Restbetrag zu finanzieren, kann die sogenannte Hilfe zur Pflege beim zuständigen Sozialhilfeträger beantragt werden.

Durch die Einfügung des § 43a SGB XI – **Pflege in vollstationären Einrichtungen der Behindertenhilfe** – übernimmt die Pflegeversicherung einen Teil des Heimentgelts.

Die **Finanzierung** der Leistungen erfolgt nach dem solidarischen Umlageverfahren. Bemessungsgrundlage sind die sozialversicherungspflichtigen Entgelte. Der Beitragssatz für den Arbeitnehmer und für den Arbeitgeber beträgt ab dem 01.01.2017 jeweils 1,275 % (bei Kinderlosen 1,4 %). In Sachsen werden andere Beitragssätze für den Arbeitnehmer und für den Arbeitgeber erhoben, weil dort weiterhin der Buß- und Bettag als Feiertag gilt.

Mit dem **3. Pflegestärkungsgsetz (PSG III)** hat die Bundesregierung den dritten Teil der Pflegereform umgesetzt. Das PSG III ist zusammen mit dem neuen Pflegebedürftigkeitsbegriff am 01.01.2017 in Kraft getreten. Zeitgleich wurde der neue Pflegebedürftigkeitsbegriff des SGB XI in den Bereich der Sozialhilfe (SGB II) überführt. Weiterhin sieht die dritte Stufe der Pflegereform vor, dass die **Kommunen** mehr Kompetenzen bei der Pflegeberatung erhalten. In diesem Kontext können bis zu 60 Kommunen zeitlich auf fünf Jahre befristete Modellvorhaben zur Pflegeberatung durchführen. Die Modellkommunen sind hierbei autonom, das heißt, sie sind für die Pflegeberatung, die Beratungseinsätze in der Häuslichkeit und für die Pflegekurse allein verantwortlich. Weiterhin bekommen die Kommunen ein zunächst zeitlich befristetes Initiativrecht zur Einrichtung von Pflegestützpunkten. Zudem gibt das Gesetz die Verpflichtung zur Einrichtung sektorübergreifender Landespflegeausschüsse sowie regionaler Pflegeausschüsse vor. Diese Gremien haben die Aufgabe, Pflegestrukturplanungsempfehlungen zu erstellen, die die Grundlage für die Versorgungs- und Rahmenverträge sein sollen. Zur Finanzierung der neuen Maßnahmen haben die Kommunen mit den Pflegekassen Verträge abzuschließen. Letztendlich sieht das PSG III verschiedene Regelungen vor, mit denen Abrechnungsbetrug aufgedeckt und verhindert werden soll.

Angesichts der steigenden Kosten, die sich aus einer vollen Versorgung bei Pflegebedürftigkeit ergeben können, ist sicherlich der Abschluss einer privaten Pflege-Zusatzversicherung ratsam. Sie hat die Funktion, die Finanzierungslücke zu schließen, die durch das „Teildeckungsverfahren" der sozialen Pflegeversicherung entsteht.

Die folgenden Zusatzversicherungen stehen zur Verfügung:
- Pflegerentenversicherung
- Pflegekostenversicherung
- Pflegetagegeldversicherung.

1.3.6
Rentenversicherung

Die gesetzliche Rentenversicherung bildet neben der betrieblichen Altersversorgung und der Eigenvorsorge das sogenannte **Drei-Säulen-Konzept**. Die betriebliche Altersvorsorge ist eine freiwillige bzw. eine in Tarifverträgen verankerte Leistung des Arbeitgebers, bei der die Eigenvorsorge versichert sich der Arbeitnehmer selber. Diese beiden Aspekte werden an dieser Stelle nicht behandelt.

Die Vorschriften für die **gesetzliche Rentenversicherung** werden im 6. Sozialgesetzbuch (SGB VI) festgehalten. Das SGB VI hat 1989 bzw. 1992 die Reichsversicherungsordnung, das Gesetz über die Altershilfe für Landwirte und das Reichsknappschaftsgesetz abgelöst. Die staatliche Rentenversicherung ist somit ein auf gesetzlicher Basis bestehender Versicherungsschutz, durch den bei Eintritt des Versicherungsfalls Leistungen seitens des Versicherungsträgers zugunsten des Versicherten oder Dritter erbracht werden. Die Leistungen umfassen Geldleistungen (Renten wegen Alters, Renten wegen verminderter Erwerbsfähigkeit, Renten wegen Todes) und Leistungen im Rahmen der medizinischen und beruflichen Rehabilitation zur Wiederherstellung oder Verbesserung der Erwerbsfähigkeit und zur Teilhabe am Arbeitsleben. Die Rehabilitationsleistungen sind nicht versicherungsfremd, da sie der Abwendung der versicherten Risiken dienen. Aus diesem Grunde gilt vor dem Erreichen des Renteneintrittsalters von Altersrenten der Grundsatz „Reha vor Rente". Ziel dieses Grundsatzes ist es, die Erwerbsfähigkeit wiederherzustellen, damit eine Rentenzahlung vermieden wird.

Der Versicherte muss, um die Leistungen des Rentenversicherungsträgers in Anspruch nehmen zu können, Vorleistungen (Gegenleistungen) in Form monatlicher **Beiträge** bezahlen. Auch bei den Rentenversicherungen für die abhängig Beschäftigten gilt das beitragspflichtige Bruttoeinkommen als Bemessungsgrundlage. Folglich werden auch die Rechengrößen der Sozialversicherung berücksichtigt. Für das Jahr 2017 bedeutet dies, dass das Bruttoeinkommen über 450 Euro/Monat bis zu 6350 Euro/Monat (West) bzw. 5700 Euro/Monat (Ost) mit 18,7 % zur Beitragsfinanzierung der Rentenversicherungen herangezogen wird. Zur Beitragszahlung ist der Arbeitgeber ebenfalls verpflichtet. Bei der Bundesknappschaft gelten andere Rechtsvorschriften. Zum einen sind die Beitragsbemessungsgrenzen in den alten und neuen Bundesländern mit 7850 Euro bzw. 7000 Euro/Monat deutlich höher als bei der allgemeinen Rentenversicherung, zum anderen trägt der Arbeitgeber die Differenz zwischen dem Anteil des Arbeitnehmers zum allgemeinen Beitragssatz und dem Gesamtbetrag, der sich aus dem Beitragssatz der Knappschaftsversicherung ergibt. Bei allen Rentenversicherungen gilt im Wesentlichen das solidarische Umlageverfahren, das heißt, die jeweiligen Beitragszahler finanzieren die aktuellen Renten und erwerben dadurch einen eigenen zukünftigen Rentenanspruch (**Generationenvertrag**). Freiwillig Versicherte und versicherungspflichtige Selbstständige finanzieren den gesamten Beitrag allein. Besonderheiten treten in der Künstlersozialversicherung und bei den geringfügig Beschäftigten auf. Die Beitragseinnahmen werden durch den **Bundeszuschuss** ergänzt, der aus einem allgemeinen und einen zusätzlichen Zuschuss besteht. Mit dem allgemeinen Bundeszuschuss werden die gesamtgesellschaftlichen Aufgaben der gesetzlichen Rentenversicherung (Entlastungs-, Ausgleichs- und Sicherungsfunktion) finanziert, der zusätzliche Bundeszuschuss erfolgt zur Finanzierung der nicht bedarfsgerechten Leistungen und zur Senkung der Lohnnebenkosten. Darüber hinaus erstattet die Bundesregierung den Versicherungsträgern die Aufwendungen, die sich aus der Berücksichtigung der Kindererziehungszeiten, den Rentenzuschlägen, den Knappschaftsrenten und dem Überleitungsgesetz für DDR-Renten ergeben. Der Gesamtbetrag der steuerlichen Zuwendungen betrug 2017 ca. 91 Mrd. Euro. Aus dem Bundeszuschuss sollen unter anderem die sogenannten **versicherungsfremden Lasten** finanziert werden. Dazu zählen zum Beispiel die folgenden Positionen:

- Familienausgleich
- Berücksichtigungszeiten, Kindererziehungszeiten, Zuschläge zur Witwenrente bei Müttern
- Renten für Ersatzzeiten
- Integration von Vertriebenen und Aussiedlern
- Tranfers in die neuen Bundesländer
- vorgezogene Renten
- Mindestrenten
- Krankenversicherung der Rentner
- Anerkennung von Ausbildungszeiten
- Ansprüche Behinderter in geschützten Einrichtungen.

Sämtliche gesetzliche **Rentenversicherungsträger** werden unter dem Oberbegriff **Deutsche Rentenversicherung** zusammengefasst. Zum 01.01.2005 wurden die gesetzlichen Rentenversicherungen reformiert. Ein wesentliches Ziel der Reform war es, die Trennung zwischen einer Rentenversicherung der Arbeiter und einer für Angestellte aufzuheben. Die damals existierenden 26 Rentenversicherungsträger wurden aufgelöst und zur Deutschen Rentenversicherung zusammengeschlossen. Die Deutsche Rentenversicherung hat zurzeit die folgenden Träger:

- Deutsche Rentenversicherung Bund
- Deutsche Rentenversicherung Knappschaft-Bahn-See
- 14 Deutsche Rentenversicherungen auf Länderebene (z. B. Berlin-Brandenburg, Braun-

schweig Hannover, Mitteldeutschland, Nord, Oldenburg-Bremen, Schwaben, Westfalen).

Für die Selbstständigen und ihre Angehörigen der Bereiche Landwirtschaft, Forsten und Gartenbau ist die Sozialversicherung für Landwirtschaft, Forsten und Gartenbau zuständig.

Der **versicherte Personenkreis** setzt sich hauptsächlich aus Pflichtversicherten (abhängig Beschäftigte, ohne Rücksicht auf die Höhe des Arbeitsentgelts) zusammen. Die Versicherungspflicht gilt auch für Auszubildende, Behinderte in anerkannten Werkstätten sowie Wehr- und Zivildienstleistende. Seit 2012 sind auch geringfügig Beschäftigte pflichtversichert. Diese Personen können sich aber auf Antrag befreien lassen. Darüber hinaus gilt die Versicherungspflicht für eine Reihe von Selbstständigen, wie zum Beispiel Hebammen und Entbindungspfleger. Auch sie können sich befreien lassen. Sonderregelugen gibt es weiterhin für selbstständige Künstler und Publizisten sowie für Landwirte. Versicherungsfrei sind Beamte, Richter, Berufssoldaten, Soldaten auf Zeit und Pensionäre. Für einige Personengruppen, die nicht pflichtversichert sind, besteht die Möglichkeit, sich freiwillig zu versichern. Gibt es die Möglichkeit der Nachversicherung bzw. der Versicherung aufgrund eines Versorgungsausgleichs.

Nach den Vorschriften des SGB VI lassen sich folgende Rentenarten unterscheiden:
- Renten wegen Alters
- Renten wegen verminderter Erwerbsfähigkeit
- Renten wegen Todes.

Für den Bezug einer Rente müssen bestimmte Bedingungen gegeben sein:
- persönliche Voraussetzungen (Lebensalter, Erwerbsminderung, Tod)
- versicherungsrechtliche Voraussetzungen
- wartezeitrechtliche Voraussetzungen.

Einen Anspruch auf **Rente wegen Alters** hat nur der Versicherte selbst. Mit dem Erreichen der Regelaltersgrenze erhält der Versicherte nach der geltenden Rechtslage eine Rente ohne Zu- oder Abschläge. Die Berechnung erfolgt mithilfe der Rentenformel. Tritt der Rentenbeginn später ein, erhöht sich die Rente, tritt der Beginn früher ein, vermindert sich der Betrag. Von dieser Regelung werden Schwerbehinderte und Versicherte ausgenommen, die mindestens 45 Versicherungsjahre (Rentenbezug im Alter von 63 Jahren).

Bei der **Regelaltersrente** musste der Versicherte bis zum Jahre 2011 mindestens das 65. Lebensjahr vollendet haben und die allgemeine Wartezeit (Versicherungszeit) von 5 Jahren erfüllen. Seit 2012 wird das Eintrittsalter für die Regelaltersrente schrittweise heraufgesetzt. Für den Geburtsjahrgang 1949 liegt die Altersgrenze bei 65 Jahren und 3 Monaten, für jeden weiteren Jahrgang erhöht sich schrittweise die Grenze. Ab dem Jahrgang 1964 gilt die Altersgrenze von 67 Jahren. Bei den Altersrenten für Frauen wurde die Altersgrenze in den Jahren 2000 bis 2004 schrittweise von 60 Jahren auf 65 Jahre angehoben. Ein Rentenbeginn mit 60 Jahren ist aber, mit Abschlägen, nach wie vor möglich. Dies gilt aber nur für Frauen, die vor 1952 geboren sind. Ab 2012 wird auch bei Frauen die Regelaltersgrenze Schritt um Schritt auf 67 Jahre angehoben. Hat eine versicherte Person die Regelaltersgrenze erreicht und noch keine Rente beantragt, erhöht sich der Rentenanspruch um 0,5 % pro Monat. Hinzu kommen ggf. noch die gesetzlich geregelten Rentenanpassungen.

Die **Altersrente für besonders langjährig Versicherte** können seit dem 01.07.2014 diejenigen Personen beziehen, die mindestens das 63. Lebensjahr vollendet haben und die mindestens 45 Jahre Pflichtbeitrags- und Berücksichtigungszeiten nachweisen können. Versicherte, die die Wartezeit von 35 Jahren erfüllt haben, haben ab dem vollendeten 63. Lebensjahr Anspruch auf eine **Altersrente für langjährig Versicherte**. Bei dieser Rente gelten aber auch die Vorschriften, die bei den Altersrenten für Frauen eingeführt worden sind. Der Bezug einer **Altersrente für schwerbehinderte Personen** setzt voraus, dass die Person ab dem Jahr 2003 mindestens das 63. Lebensjahr vollendet hat und für mindestens 35 Jahre die rentenrechtlichen Zeiten nachweisen kann, um die Rente ohne Abschläge beziehen zu können.

Auch bei dieser Rente wird die Altersgrenze für eine abschlagsfreie Rente schrittweise auf 65 Jahre angehoben. Zugleich steigt das Mindestalter für eine Rente mit Abschlägen in Stufen auf 62 Jahre. Bei der **Altersrente wegen Arbeitslosigkeit oder nach Altersteilzeit** wurde das Mindestalter bereits in der Vergangenheit auf 63 Jahre festgelegt. Auch bei dieser Rente wird die Altersgrenze demnächst bei 67 Jahren liegen. Zu erwähnen ist noch die **Altersrente für langjährig unter Tage beschäftigte Bergleute**. Hier gelten die Altersgrenze von 62 Jahren und eine Wartezeit von 25 Jahren.

Beschäftigte, die aus gesundheitlichen Gründen nur noch wenige Stunden am Tag arbeiten können, können eine **Rente wegen verminderter Erwerbsfähigkeit** erhalten. Für den Rentenanspruch ist die individuelle Leistungsfähigkeit auf dem Arbeitsmarkt entscheidend. Eine **teilweise Erwerbsminderung** liegt vor, wenn die versicherte Person wegen Krankheit oder Behinderung auf nicht absehbare Zeit zwischen drei und sechs Stunden pro Tag erwerbstätig sein kann. Eine volle Erwerbsminderung wird angenommen, wenn die Person weniger als drei Stunden täglich arbeiten kann. Ein Anspruch auf diese Renten setzt voraus, dass die allgemeine Wartezeit von fünf Jahren erfüllt ist und in den letzten Jahren Pflichtbeiträge gezahlt worden sind. Bei einer Rente wegen **teilweiser Erwerbsminderung bei Berufsunfähigkeit** muss Berufsunfähigkeit vorliegen. Dies ist gegeben, wenn der Versicherte in seinem oder in einem anderen zumutbaren Beruf weniger als sechs Stunden am Tag arbeiten kann. Hierbei wird zunächst geprüft, die betroffene Person eine andere zumutbare Tätigkeit (sog. Verweisungstätigkeit) ausüben kann. Alle drei Renten sind als **Zeitrenten** geregelt. In Zusammenhang mit diesen Renten spielt die sogenannte **Hinzuverdienstgrenze** eine Rolle. In § 96 SGB VI werden die Details über den Hinzuverdienst geregelt. Die Höhe der Renten wird ebenfalls mithilfe der **Rentenformel** errechnet. Hierbei verändert sich der **Rentenartenfakor** bei den verschiedenen Rentenarten. Auch bei den Renten wegen Erwerbsminderung werden seit 2012 die Altersgrenzen für eine abschlagsfreie Rente auf das vollendete 65. Lebensjahr angehoben.

Bis zum 65. Lebensjahr müssen somit Abschläge in Kauf genommen werden. Nur für Versicherte mit mindestens 35 Pflichtbeitragsjahren bleibt es beim bisherigen Alter von 63 Jahren.

Durch die **Renten wegen Todes** erhalten Hinterbliebene des verstorbenen Versicherten einen Ersatz für den entgangenen Unterhalt. Die mit der Neuordnung der Hinterbliebenenversorgung im Jahre 1984 eingeführte Gleichstellung von Witwern und Witwen ist durch die **Unisex-Anforderungen** abgelöst worden. Nach dem Unisex-Urteil des Europäischen Gerichtshofs vom 01.03.2011 muss der Grundsatz der Gleichbehandlung von Männern und Frauen beim Zugang zu und bei der Versorgung mit Gütern und Dienstleistungen verwirklicht werden. Zudem wird seit einigen Jahren die eingetragene Lebenspartnerschaft rentenrechtlich der Ehe gleichgestellt. Bei den Renten wegen Todes werden folgende Arten unterschieden:
- Witwen-/Witwerrente
- Waisenrente
- Erziehungsrente.

Bei der **Witwen-/Witwerrente** wird zwischen der kleinen und großen Witwen-/Witwerrente unterschieden. Im Rahmen der kleinen Grenze dauert der Rentenbezug zeitlich 24 Monate. Hier gilt jedoch eine Bestandsschutzregel. Bei der großen Rente erfüllt der oder die Hinterbliebene gesetzlich festgelegte Voraussetzungen (z. B. Erziehung eines eigenen Kindes, Erwerbsminderung). Die Höhe der Rente bemisst sich nach dem Rentenanspruch des verstorbenen Mitglieds. Auf die Rente wird das eigene Einkommen, soweit es einen Freibetrag übersteigt, angerechnet. Zu beachten ist, dass bei einer Wiederheirat oder bei einer Versorgungsehe keine Rente gezahlt wird.

Bei einer **Waisenrente** wird zwischen der Halb- und der Vollwaisenrente differenziert. Hierbei erhalten die Halbwaisen 10 % und die Vollwaisen 20 % der relevanten Rente wegen voller Erwerbsminderung. Bis zum 18. Lebensjahr werden die eigenen Einkünfte nicht angerechnet. Bis zum vollendeten 27. Lebensjahr werden zudem die Schul- und Hochschulzeiten sowie die Phasen der Berufsausbildung durch die Renten finanziell abgesichert.

Die **Erziehungsrente** zählt ebenfalls zu den Renten wegen Todes, obwohl sie nicht aufgrund der rentenrechtlichen Ansprüche des Verstorbenen, sondern auf der Grundlage der rentenrechtlichen Zeiten des Beziehers gezahlt wird. Diese Rente dient somit als Unterhaltsersatz und erlaubt es, sich um die Erziehung des Kindes zu kümmern. Erziehungsrenten erhalten die nach dem 30.06.1977 Geschiedenen, wenn der geschiedene Ehemann verstorben ist (vgl. Deutsche Rentenversicherung, 2015-1).

Seit der Gründung der Bundesrepublik Deutschland ist die gesetzliche Rentenversicherung mehrfach reformiert worden. Die erste wesentliche Veränderung erfolgte im Jahre 1957. Diese Reform brachte die folgenden Veränderungen mit sich:
- Einführung der Umlagenfinanzierung
- Einführung der bruttolohnbezogenen Rentendynamisierung.

Mit der Gesundheitsreform von 1957 erfolgte der Übergang vom Kapitaldeckungsverfahren zum Umlageverfahren. Das **Umlageverfahren** wird auch als Generationenvertrag bezeichnet. Bis zu diesem Zeitpunkt angesparten Geldbeträge konnten 1957 an die Rentner und Rentnerinnen ausgezahlt werden. Hieraus resultierte eine sofortige, deutliche Rentenerhöhung. Die Reform basiert im Wesentlichen auf einer Studie von Wilfried Schreiber. Nach dessen Empfehlungen sollten alle Arbeitstätigen, also auch die Selbstständigen, die Finanzierung der Rentenleistungen übernehmen. Weiterhin sah er die Einführung einer Kinderrente und eine Beitragsverdopplung für Kinderlose vor. Dem damaligen Bundeskanzler Adenauer gingen diese Empfehlungen viel zu weit. Letztlich hat er sich mit seinen Vorstellungen durchgesetzt, es blieb bei der Einbeziehung der „unselbstständig Arbeitstätigen". Gleichzeitig wurde eine **dynamische Anpassung der Renten** an die Bruttolohnentwicklung beschlossen. Abbildung 1.3-11 zeigt die dynamische Entwicklung der Renten.

Nach den gesetzlichen Veränderungen zwischen 1972 und 1986 (u.a. Einführung der flexiblen Altersgrenze, Anrechnung von Kindererziehungszeiten) begann die **Konsoli-**

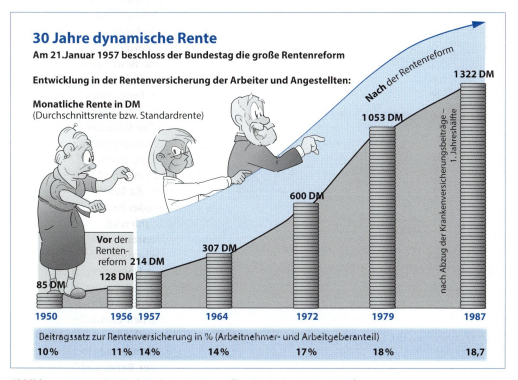

Abbildung 1.3-11: 30 Jahre dynamische Rente (Quelle: Globus 6425, 1987)

dierungsphase. Ausgangspunkt der Konsolidierungsüberlegungen war die Frage, wie die finanzielle Situation der Rentenversicherungsträger stabilisiert werden könnte. In den 1980er-Jahren hatten sich die Finanzreserven der Versicherungen von 9,3 auf 0,9 Monatsreserven dramatisch verringert. Diese Geldreserve reichte somit nicht aus, um die fälligen Renten eines Monats zu bezahlen. Eine wesentliche Ursache dieser Instabilität war die demografische Entwicklung, die unter anderem bewirkt, dass die Zahl der Rentenempfänger stark ansteigt, während die Anzahl der Beitragszahler deutlich zurückgeht. Diese gegenläufigen Veränderungsprozesse werden in Abbildung 1.3-12 sichtbar.

Die finanzielle Situation der Rentenversicherungen zwang somit die Politik, einerseits Leistungseinschränkungen für die Rentenbezieher, andererseits Beitragssatzsteigerungen für die Arbeitnehmer und die Arbeitgeber festzulegen. Es bestanden letztlich zwei Handlungsalternativen. Die eine Prognose ging davon aus, dass die Beitragssätze von den damals (1988) relevanten 18,7 % auf ca. 40 % im Jahre 2030 ansteigen würden, wenn keine Leistungskürzungen vereinbart werden. Die andere Alternative prognostizierte für das Jahr 2030 Beitragssatzsteigerungen auf ca. 30 %.

Im Rahmen der **Gesundheitsreform 1992** verständigten sich die damaligen Entscheidungsträger, neben anderen Reformansätzen (z. B. Einführung der nettolohnbezogenen Rentenanpassung), eine neue Formel zur Berechnung der Renten einzuführen (Abb. 1.3-13).

Nach dieser Formel berechnet sich die Monatsrente aus vier Faktoren. Mit den **Entgeltpunkten** werden die individuelle Versicherungsdauer und die Beitragsleistung berücksichtigt. Ein Versicherungsjahr wird bei einem durchschnittlichen Bruttolohn mit einem Entgeltpunkt eingerechnet. Hieraus ergibt sich, dass die Länge der Versicherungszeit und die Höhe des Einkommens die Höhe der Rente beeinflussen. Der **Zugangsfaktor** steht in Zusammenhang mit dem Beginn des Rentenbezugs. Wird die Regelaltersgrenze unter- bzw. überschritten, wird die Rente entweder gekürzt oder

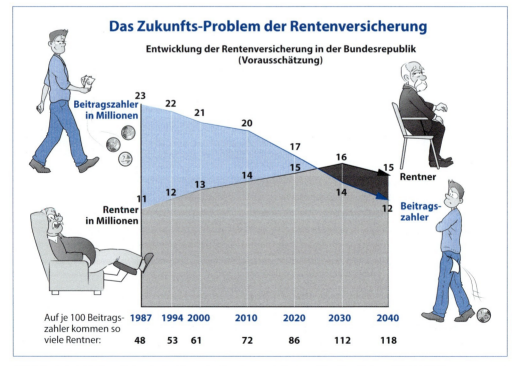

Abbildung 1.3-12: Das Zukunftsproblem der Rentenversicherung (Quelle: Globus 6590, 1988)

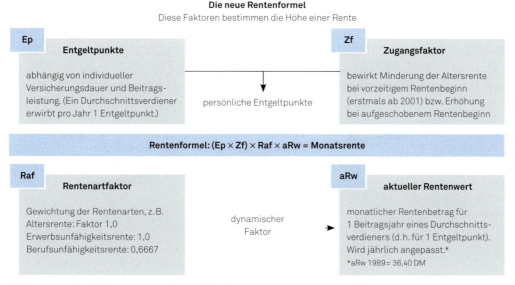

Abbildung 1.3-13: Die neue Rentenformel (Quelle: Eigenerstellung in Anlehnung an Deutsche Rentenversicherung, 2015 c, S. 4)

erhöht. Der **Rentenartenfaktor** ist der Gewichtsfaktor für die unterschiedlichen Renten. Der **aktuelle Rentenwert** ist der in Euro ausgedrückte Wert eines Entgeltpunkts. Dieser Wert wird benötigt, um die gesammelten Entgeltpunkte in eine auszahlbare individuelle monatliche Rente umzurechnen. Der aktuelle Rentenwert wird jährlich zum 1. Juli neu festgelegt und wird mithilfe der **Rentenanpassungsformel** errechnet. Mit diesem Wert soll gewährleistet werden, dass sich die Renten analog zu den Löhnen entwickeln. Ab dem 01.07.2017 liegt der Rentenwert bei 31,03 Euro (alte Bundesländer) und bei 29,69 Euro (neue Bundesländer). Damit hat sich der Wert gegenüber dem Vorjahr um 1,02 % bzw. 1,04 % erhöht.

Auf der Grundlage der Beschlüsse der **Kommission für die Nachhaltigkeit in der Finanzierung der Sozialen Sicherungssysteme und der Arbeitsgruppe „Rentenversicherung"** aus dem Jahre 2003 wurde im Juni 2004 das **Gesetz zur Sicherung der nachhaltigen Finanzierungsgrundlagen der Gesetzlichen Rentenversicherung (RV-Nachhaltigkeitsgesetz)** verabschiedet. Es trat am 04.07.2004 in Kraft. Mit diesem Gesetz wurde der aktuelle Rentenwert nunmehr durch die Rentenanpassungsformel (Rürup-Formel) ermittelt. Durch diese komplizierte Formel soll die **demografische Komponente**, also die höhere Lebenserwartung, in der Rentenberechnung berücksichtigt werden. Ziel ist es, die Rentner durch eine langsame, bis 2030 dauernde Reduzierung des Rentenniveaus an den Kosten zu beteiligen. Die Formel hat den Effekt, dass der aktuelle Rentenwert, der sich aus dem Anstieg der Nettoeinkünfte ergibt, durch den demografischen Faktor reduziert wird.

Die Wirkung der Neuberechnung des aktuellen Rentenwerts zeigt Abbildung 1.3-14.

Aus Abbildung 1.3-14 geht hervor, dass das **Rentenniveau** im Jahre 2030 auf 43,2 % sinken wird. Mit dem Rentenniveau wird das Verhältnis der unversteuerten Standardrente nach 45 Beitragsjahren zum durchschnittlichen beitragspflichtigen Bruttoeinkommen verstanden. Die damalige Regierungskoalition fügte eine **Sicherungsklausel** ein. Nach dieser Klausel muss der zukünftige Gesetzgeber durch flankierende Maßnahmen dafür sorgen, dass ein Absinken unter 46 % verhindert wird.

Bereits 2001 wurde über die Relevanz der gesetzlichen Rentenversicherung, der betrieblichen Altersversorgung und der privaten Vorsorge diskutiert. Bis dahin war die Alterssicherung von der Vorstellung getragen, dass die Auf-

1 Grundlegende Aspekte des Sozialversicherungssystems

Abbildung 1.3-14: Die Rentenreform (Quelle: dpa, 2004, Grafik 9225)

rechterhaltung des erreichten Lebensstandards ausschließlich durch die gesetzliche Rente gesichert werden kann. Am Ende der politischen Diskussion folgte ein Paradigmenwechsel. Die Vorstellung, durch ein umlagefinanziertes Sozialrentensystem ein angemessenes Versorgungsniveau zu erreichen, wurde aufgegeben. Folglich war der Auf- bzw. Ausbau eines kapitalgedeckten privaten Zusatzversorgungssystems, welches das gesetzliche System ergänzen soll, Gegenstand der Reform. Es entstand das **System der privaten kapitalgedeckten Altersvorsorge** in Deutschland. Nach dieser sogenannten **Riesterrente** soll durch die Bildung privater Ersparnisse, die sich prozentual am Bruttolohn orientieren und im Laufe der Jahre anwachsen sollen (2002: 1%, 2030: 4%), private Rentenrücklagen gebildet werden (Abb. 1.3-15). Diese Rücklagenbildung wird seitens des Staates steuerlich gefördert. Hierbei wurde darauf geachtet, die staatliche Förderung der Privatvorsorge auf Sparformen zu beschränken, bei denen sicher ist, dass sie auch langfristig Auszahlungen garantieren können.

In Tabelle 1.3-13 und 1.3-14 wird die mittelfristige geschätzte Finanzentwicklung der allgemeinen Rentenversicherung dargestellt.

1.3.7 Unfallversicherung

Die Unfallversicherung (UV) ist im Jahre 1884 gegründet worden. Im Laufe der Jahrzehnte sind relativ wenige Veränderungen vorgenommen worden. Im Jahre 1963 erfolgte eine Neuregelung. Mit dieser Reform wurde festgelegt, dass in Unternehmen mit mehr als 20 Beschäftigten mindestens ein Sicherheitsbeauftragter vorhanden sein muss. Die Zahl der Beauftragten hängt von den in den Unternehmungen bestehenden Unfallgefahren und von der Zahl der Arbeitnehmer ab. Das Gesetz sah weiterhin vor, dass die Bundesregierung jährlich einen **Unfallverhütungsbericht** vorlegen muss und der Versicherungsträger auch außerhalb der Vorgaben der **Berufskrankheitenverordnung (BKV)** im Einzelfall eine Berufskrankheit anerkennen kann. In der aktuellen Version der Verordnung vom 10.07.2017 werden in der Anlage 1 die Berufskrankheiten aufgelistet, die durch die Bundesregierung anerkannt werden. In § 3 BKV hat die Regierung die folgende Vorschrift festgelegt: „Besteht für Versicherte die Gefahr, dass eine Berufskrankheit entsteht, wiederauflebt oder sich verschlimmert, haben die Unfall-

1.3 Sozialversicherungen als Elemente der sozialen Sicherung

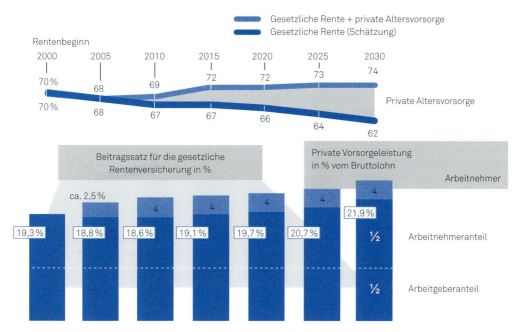

Abbildung 1.3-15: Riesters Reformpläne (Quelle: dpa, 2000, Grafik 3310)

Tabelle 1.3-13: Einnahmen der allgemeinen Rentenversicherung in Mio. Euro, Stand: Herbstschätzung 2014 (Quelle: Deutsche Rentenversicherung, 2015-2)

Einnahmen	2014	2015	2016	2017	2018	2019
Beitragseinnahmen	200 885	204 933	210 911	217 329	224 023	235 897
Bundeszuschüsse	39 820	40 208	41 310	43 911	45 120	47 742
Zusätzlicher Bundeszuschuss (Mehrwertsteuer)	10 252	10 582	10 922	11 263	11 615	11 976
Erhöhungsbetrag zum zusätzlichen Bundeszuschuss (Ökosteuer)	11 270	11 620	12 082	12 550	12 959	13 381
Erstattungen	750	750	750	750	750	750
Ausgleichszahlungen von der KnRV	213	202	196	192	184	178
Vermögenserträge	100	79	106	204	189	131
Sonstige Einnahmen	200	0	0	0	0	0
Summe der Einnahmen	263 190	268 374	276 277	286 199	294 840	310 055

Tabelle 1.3-14: Ausgaben der allgemeinen Rentenversicherung in Mio. Euro (Quelle: Deutsche Rentenversicherung, 2015-3)

Ausgaben	2014	2015	2016	2017	2018	2019
Rentenausgaben	226 567	235 986	244 442	254 552	262 964	272 292
Beiträge zur KVdR	16 021	16 711	17 310	18 025	18 621	19 280
Teilhabe	5 856	6 245	6 474	6 679	6 858	7 020
Ausgleichszahlungen an die KnRV	6 503	6 851	7 147	7 474	7 769	8 103
Wanderungsausgleich	2 378	2 399	2 524	2 653	2 730	2 876
Beitragserstattungen	97	99	102	105	108	113
Verwaltungskosten	3 746	3 884	4 059	4 202	4 368	4 544
Leistungen nach dem KLG	149	146	110	83	60	42
Sonstige Ausgaben	100	35	35	35	35	35
Summe der Ausgaben	261 417	272 356	282 203	293 808	303 513	314 305
Buchmäßiges Rechnungsergebnis	1 773	−3 982	−5 926	−7 609	−8 673	−4v250

versicherungsträger dieser Gefahr mit allen geeigneten Mitteln entgegenzuwirken. Ist die Gefahr gleichwohl nicht zu beseitigen, haben die Unfallversicherungsträger darauf hinzuwirken, dass die Versicherten die gefährdende Tätigkeit unterlassen" (Bundesministerium der Justiz und für Verbraucherschutz, 2017). Seit 1964 werden die Renten, die die Unfallversicherungen zu zahlen haben, an die Lohnentwicklung angepasst. Seit 1971 unterliegen auch Schüler, Studierende und Kinder in Kindergärten dem Schutz der Unfallversicherungen. Im Oktober 1974 wurden auch Rehabilitationsleistungen in den UV-Aufgabenkatalog integriert. Durch das Unfallversicherungseinordnungsgesetz von 1996 ist das Recht der gesetzlichen Unfallversicherung als siebtes Buch in das Sozialgesetzbuch (SGB VII) eingeordnet worden. Mit dieser Einordnung wurde die Reichsversicherungsordnung als Rechtsgrundlage abgelöst. Das **7. Sozialgesetzbuch** enthält Regelungen:

- zur Verhütung und zur finanziellen Entschädigung von Arbeitsunfällen und Berufskrankheiten.
- zur medizinischen, beruflichen und sozialen Rehabilitation von Versicherten.
- zur Organisation der Unfallversicherungsträger.

Das SGB VII legt auch fest, unter welchen Voraussetzungen zum Beispiel Unternehmer oder Kollegen für Arbeitsunfälle haften.

Durch das **Unfallversicherungsmodernisierungsgesetz (UVMG)** vom 30.10.**2008** existiert die Vorgabe, die Zahl der Versicherungsträger zu reduzieren. Derzeit übernehmen nach § 114 SGB VII die folgenden **Träger** die Unfallversicherungsleistungen:

- neun gewerbliche Berufsgenossenschaften
- Sozialversicherung für Landwirtschaft, Forsten und Gartenbau
- Unfallversicherung Bund und Bahn
- Unfallkasse Post und Telekom
- Unfallkassen der Länder
- Gemeindeunfallversicherungsverbände der Unfallkassen der Gemeinden
- Feuerwehr-Unfallkassen
- gemeinsame Unfallkassen für den Landes- und den kommunalen Bereich.

Zukünftig sollen im Bereich der öffentlichen Hand weitere Zusammenschlüsse erfolgen. Die Berufsgenossenschaften sind für die Unfallversicherung in den ihnen zugeteilten Gewerbezweigen zuständig, den Versicherungsträgern der öffentlichen Hand wurde die Verantwortung für die im öffentlichen Dienst Beschäftigten übertragen. Hinzu kommen bestimmte Personengruppen, wie zum Beispiel Kinder in Tageseinrichtungen, Lebensretter, Schüler und Studierende. Alle Unfallversicherungsträger sind **Körperschaften des öffentlichen Rechts mit Selbstverwaltung**. Sie unterliegen der staatlichen Aufsicht. Die Versicherungsträger werden durch zwei **Dachverbände** vertreten. Es handelt sich um den Spitzenverband Deutsche Gesetzliche Unfallversicherung (DGUV) und um den Bundesverband der landwirtschaftlichen Berufsgenossenschaften (BLB).

Laut § 1 SGB VII (Prävention, Rehabilitation, Entschädigung) ist es die **Aufgabe der Unfallversicherung**, ...

- ... mit allen Mitteln Arbeitsunfälle und Berufskrankheiten sowie arbeitsbedingte Gesundheitsgefahren zu verhüten sowie ...
- ... nach Eintritt des Versicherungsfalls die Gesundheit und die Leistungsfähigkeit der Versicherten mit allen geeigneten Mitteln wiederherzustellen und die Versicherten oder ihre Hinterbliebenen durch Geldleistungen zu entschädigen.

Seit 1963 ist die Bundesregierung verpflichtet, alljährlich einen Bericht über den Stand von Sicherheit und Gesundheit bei der Arbeit und über das Unfall- und Berufskrankheitengeschehen zu publizieren. Weiterhin muss dieser Bericht alle vier Jahre zusätzlich ausgewählte Entwicklungen der Rahmenbedingungen von Arbeit und Gesundheit thematisieren. Im Dezember 2014 hat die Ministerin für Arbeit und Soziales, Andrea Nahles, z. B. den Bericht **Sicherheit und Gesundheit bei der Arbeit 2013 – Unfallverhütungsbericht Arbeit** vorgelegt. Der Bericht gibt einen Überblick über die Entwicklungen im Arbeits- und Gesundheitsschutz in den Jahren 2010 bis 2013. Es ist ein ausführlicher Bericht, das heißt, zu der Darstellung von statistischem Datenmaterial werden genauere Informationen zu ausgewählten Themen präsentiert. So werden unter anderem die Ergebnisse der ersten Strategieperiode der Gemeinsamen Deutschen Arbeitsschutzstrategie sowie der strategische Rahmen der Europäischen Union für Gesundheit und Sicherheit am Arbeitsplatz 2014–2020 aufgegriffen. Der Bericht wird im Auftrag des **Bundesministeriums für Arbeit und Soziales** durch die **Bundesanstalt für Arbeitsschutz und Arbeitsmedizin** (BauA) erstellt. Bei der Bundesanstalt handelt es sich um eine nicht rechtsfähige Anstalt des öffentlichen Rechts mit Sitz in Dortmund. Aus dem Bericht geht unter anderem hervor, dass im Berichtszeitraum...

- ... die Zahl der Sterbefälle aufgrund einer Berufskrankheit gesunken ist.
- ... die Unfallzahlen gesunken sind.
- ... die Zahl der Arbeitsunfähigkeitstage aber angestiegen ist.

In dem Bericht ist zu lesen, dass durch Arbeitsunfähigkeit im Jahre 2013 rund 1,6 Mio. Erwerbsjahre ausfielen. „Dies führte zu einem Produktionsausfall anhand der Lohnkosten von etwa 59 Mrd. Euro. Durch Verlust an Arbeitsproduktivität gingen damit der deutschen Volkswirtschaft rund 103 Mrd. Euro an Bruttowertschöpfung verloren" (Bundesministerium für Arbeit und Soziales, 2014a).

Der **Arbeitsschutz** gliedert sich in den überbetrieblichen und den innerbetrieblichen Arbeitsschutz. Den überbetrieblichen **Arbeitsschutz** übernehmen der technische Aufsichtsdienst der Unfallversicherungsträger und die staatlichen Gewerbeaufsichtsämter. Die Aufgabe des technischen Aufsichtsdienstes besteht zum Beispiel in der Beratung der Unternehmer und der Versicherten. Zudem sind sie für die Überwachung der Durchführung von Unfallverhütungsmaßnahmen zuständig. Im Vorfeld müssen die Versicherungsträger Vorschriften zur Verhütung von Arbeitsunfällen und Berufskrankheiten verabschiedet haben. Diese müssen auch den Umfang der ärztlichen Untersuchungen sowie die Sicherstellung einer wirksamen „Ersten Hilfe" bei Arbeitsunfällen festlegen. Das staatliche Gewerbeaufsichtsamt überwacht die Einhaltung der staatlichen Arbeitsschutzbestimmungen. Beim **innerbetrieblichen Arbeitsschutz** verpflichtet der Gesetzgeber die Arbeitgeber, Betriebsärzte und Fachkräfte für Arbeitssicherheit zu bestellen. Neben diesen beiden Berufsgruppen müssen Unternehmen, die mehr als 20 Arbeitnehmer beschäftigen, Sicherheitsbeauftragte einstellen.

Der **Versicherungspflicht** unterliegen die folgenden Personengruppen: Beschäftigte, Kinder (die Kindertagesstätten oder Kindergärten besuchen), Schüler, Studierende, Auszubildende, Landwirte, Pflegende (im Sinne des SGB XI), Helfer bei Unglücksfällen, Helfer im Katastrophen- oder Zivilschutz, Blut- und Organspender, Kleinunternehmer der Küstenschifffahrt und Küstenfischerei sowie bürgerschaftlich Engagierte. Per **Satzung** können die Versicherungsträger weitere Personen in die Versicherung aufnehmen. Letztlich können auch Unternehmer freiwillig den Versicherungsschutz beantragen.

Der Eintritt eines **Versicherungsfalls** ist die Grundlage für die Leistungsverpflichtung der Versicherungsträger. Nach den Vorgaben des SGB VII haben Versicherte, die durch einen **Arbeitsunfall** oder einen sogenannten **Wegeunfall** verletzt wurden oder an einer **Berufskrankheit** erkrankt sind, Ansprüche auf Versicherungsleistungen. Bei einem Arbeitsunfall handelt es sich um einen Unfall, der in Zusammenhang mit der versicherten Tätigkeit steht und nicht dem allgemeinen Lebensrisiko zuzurechnen ist. Als Arbeitsunfälle im Sinne von Wegeunfällen gelten Unfälle, die auf einem Weg nach und von dem Ort der versicherten Tätigkeit stattfinden. Als Berufskrankheiten gelten alle in der Berufskrankheiten-Verordnung (s.o.) aufgelisteten Krankheiten.

Die Leistungen der Unfallversicherung sind umfangreich. Daher soll an dieser Stelle nur ein Überblick über das Leistungsspektrum erfolgen. Im SGB VII werden die folgenden Leistungen aufgelistet:
- Heilbehandlung
- Leistungen zur Teilhabe am Arbeitsleben
- Leistungen zur Teilhabe am Leben in der Gemeinschaft
- Leistungen bei Pflegebedürftigkeit
- Geldleistungen während der Heilbehandlung und der Leistungen zur Teilhabe am Arbeitsleben
- Renten an Versicherte
- Leistungen an Hinterbliebene
- Abfindungen.

Bei den Leistungen handelt es sich um Geld- und um Sachleistungen, die allen Bereichen der Sozialversicherungen „entnommen" worden sind. Seit dem Beitragsentlastungsgesetz von 1997 arbeiten die Berufsgenossenschaften und die Unfallversicherungsträger der öffentlichen Hand mit den Krankenkassen im Rahmen der **betrieblichen Gesundheitsförderung** zusammen.

Die **Finanzierung** der Unfallversicherungsleistungen erfolgt ausschließlich durch die Arbeitgeber. Die Finanzierung erfolgt durch Beiträge, die sich aus mehreren Faktoren bemessen. Nach § 167 SGB VII ergibt sich im Bereich der gewerblichen Unfallversicherung der Beitrag aus den zu berücksichtigenden **Entgelten** (Bruttoeinkünfte der Versicherten), den **Gefahrenklassen** und dem **Beitragsfuß**. In den Gefahrenklassen kommt die unterschiedliche Unfallbelastung der jeweiligen Branche im Verhältnis zu anderen Gewerbezweigen zum Ausdruck. Unter dem Beitragsfuß ist der Grundbeitrag zu verstehen, „den der Beitragspflichtige für 100 Euro Arbeitsentgelt bzw. Versicherungssumme in Gefahrenklasse 1 zu zahlen hat" (Berufsgenossenschaft Nahrungsmittel und Gastgewerbe, 2015). Die Unfallversicherungsträger der öffentlichen Hand finanzieren ihre Aufwendungen primär aus Steuermitteln.

Literatur

AOK-Bundesverband (2008a): Lexikon, Wahltarife. http://www.aok-bv.de/lexikon/w/index_10835.html [Zugriff: 14.04.2008].

AOK-Bundesverband (2008b): Lexikon, Risikoselektion. http://www.aok-bv.de/lexikon/r/index_02390.html [Zugriff: 20.03.2008].

AOK-Bundesverband (2008c): Morbiditätsorientierter Risikostrukturausgleich. http://www.aok-bv.de/politik/agenda/rsa/index_03175.html [Zugriff: 26.02.2008].

AOK-Bundesverband (2008d): Lexikon, Disease-Management-Programme. http://www.aok-bv.de/lexikon/d/index_02175.html [Zugriff: 23.03.2008].

AOK-Gesundheitspartner (2012): Pflege-Neuausrichtungsgesetz (PNG). http://www.aok-gesundheitspartner.de [Zugriff: 29.06.2015].

Arbeitskreis „Lernen und Helfen in Übersee" e.V. (2014): Erster vergleichender Gerechtigkeitsindex vorgestellt – Europa droht die soziale Spaltung. http://www.entwicklungsdienst.de/news [Zugriff: 20.06.2015].

Ärzte Zeitung (2015): Schwarz-Rot investiert Milliarden Euro in die Pflege. Neu-Isenburg, 24.06.2015.

Bayerisches Staatsministerium für Arbeit und Soziales, Familie und Integration: Sozial-Fibel – Altersrenten in der gesetzlichen Rentenversicherung. http://www.stmas.bayern.de/fibel [Zugriff: 25.06.2015].

Beauftragter der Bundesregierung für die Belange behinderter Menschen: Renten wegen Erwerbsminderung. http://behindertenbeauftragte.de [Zugriff: 25.06.2015].

Berufsgenossenschaft Nahrungsmittel und Gastgewerbe (2015): Beitragsfuß, S. 1. https//www.mitgliedschaft.portal.bgn.de [Zugriff: 26.08.2015].

Beske, F.; Hallauer, J.F. (1999): Das Gesundheitswesen in Deutschland. Köln, Deutscher Ärzte-Verlag.

BKK Bundesverband (2008): Lexikon, Gesundheitsfonds. http://www.lexsoft.de/cgi-bin/lexsoft/bkk.cgi [Zugriff: 04.03.2008].

Broweleit, K. (2003): Disease Management Programme im Wettbewerb. Unveröffentlichte Diplomarbeit. Fachhochschule Flensburg, Flensburg.

Bundesagentur für Arbeit (2014): Bestmögliche Dienstleistungen für Kundinnen und Kunden: der Haushalt der BA 2015. http://www.arbeitsagentur.de [Zugriff: 26.06.2015].

Bundesagentur für Arbeit (2015). Umfassende Arbeitsmarktstatistik Mai 2015, http://www.arbeitsagentur.de [Zugriff: 26.06.2015].

Bundesministerium der Justiz und für Verbraucherschutz (2015a): Sozialgesetzbuch V. http://www.gesetze-im-internet.de [Zugriff: 25.06.2015].

Bundesministerium der Justiz und für Verbraucherschutz (2015b): § 12 SGB V. http://www.gesetze-im-internet.de [Zugriff: 22.06.2015].

Bundesministerium der Justiz und für Verbraucherschutz (2015c): § 21 SGB IV. http://www.gesetze-im-internet.de [Zugriff: 22.06.2015].

Bundesministerium der Justiz und für Verbraucherschutz (2015d): § 28 d SGB IV. http://www.gesetze-im-internet.de [Zugriff: 22.06.2015].

Bundesministerium der Justiz und für Verbraucherschutz (2015e): § 70 SGB V. http://www.gesetze-im-internet.de [Zugriff: 22.06.2015].

Bundesministerium der Justiz und für Verbraucherschutz (2017): Berufskrankheiten-Verordnung (BKV). http://www.juris.de [Zugriff: 08.10.2017].

Bundesanstalt für Arbeitsschutz und Arbeitsmedizin (2017): Fakten: Arbeitsunfähigkeit kostet Deutschland 103 Milliarden Euro – Unfallquote so niedrig wie nie. http://www.baua.de [Zugriff: 08.10.2017].

Bundesministerium für Arbeit und Soziales (2014a): Sozialbudget 2013. Bonn, BMAS.

Bundesministerium für Arbeit und Soziales (2014b): Bundeskabinett beschließt Sozialversicherungsrechengrößen. http://www.bmas.de [Zugriff: 02.06.2015].

Bundesministerium für Arbeit und Soziales (2014c): Sicherheit und Gesundheit bei der Arbeit 2013. http://www.baua.de/suga [Zugriff: 26.06.2015].

Bundesministerium für Arbeit und Soziales (2015a): A–Z der Arbeitsförderung. Bonn, Eigendruck.

Bundesministerium für Arbeit und Soziales (2015b): Renten wegen verminderter Erwerbstätigkeit. http://bmas.de [Zugriff: 25.06.2015].

Bundesministerium für Arbeit und Soziales (2015c): Sozialgesetzbuch VII – Gesetzliche Unfallversicherung (SGB VII). http://www.bmas.de [Zugriff: 26.06.2015].

Bundesministerium für Gesundheit (2008a): Gesundheitsfonds. http://die-gesundheitsreform.de/glossar/gesundheitsfonds.html [Zugriff: 07.02.2008].

Bundesministerium für Gesundheit (2008b): Glossar, Konvergenzklausel. http://www.die-gesundheitsreform.de/glossar/pdf/glossar_konvergenzklausel.pdf [Zugriff: 07.05.2008].

Bundesministerium für Gesundheit (2008c): Das bringt die Pflegereform 2008. http://www.bmg-bund.de [Zugriff: 14.03.2008].

Bundesministerium für Gesundheit (2008d): Gesetze Meilensteine. http://die-gesundheitsreform.de/gesetze_meilensteine/gesetze/pdf/gkv-wsg-bgbi.pdf [Zugriff: 19.02.2008].

Bundesministerium für Gesundheit (2008e): Zu aktuellen Meldungen zum Gesundheitsfonds. http://www.bmg.bund.de [Zugriff: 10.05.2007].

Bundesministerium für Gesundheit (2012): Bundestag beschließt das Pflege-Neuausrichtungsgesetz. http://www.bmg-bund.de [Zugriff: 29.06.2012].

Bundesministerium für Gesundheit (2015a): Das Erste Pflegestärkungsgesetz. http://www.bmg-bund.de [Zugriff: 20.02.2015].

Bundesministerium für Gesundheit (2015b): Das zweite Pflegestärkungsgesetz. http://www.bmg-bund.de [Zugriff: 28.04.2015].

Bundesministerium für Gesundheit (2015c): Finanzergebnisse der GKV 2014. http://www.bmg.bund.de [Zugriff: 26.06. 2015].

Bundesversicherungsamt (2008a): Bekanntgabe, S. 1–3. http://62.111.97.3/Fachinformationen/Risikostrukturausgleich/weiterentwicklung/Festlegung_Krankheitsauswahl.zip [Zugriff: 15.05.2008].

Bundesministerium für Gesundheit (2016); Begriffe A–Z, Zweites Pflegestärkungsgesetz (PSG II). http://www.bundesgesundheitsminsterium.de [Zugriff: 01.02.2017].

Bundesversicherungsamt (2008b): So funktioniert der Risikostrukturausgleich. Bonn.

Bundeszentrale für politische Bildung (1968a): Informationen zur politischen Bildung. Heft 129. Bonn.

Bundeszentrale für politische Bildung (1968): Informationen zur politischen Bildung, Heft 131. Bonn.

Bundeszentrale für politische Bildung (1969b): Informationen zur politischen Bildung. Heft 133. Bonn.

Bundeszentrale für politische Bildung (1970): Informationen zur politischen Bildung, Heft 138. Bonn.

Bundeszentrale für politische Bildung (1974): Informationen zur politischen Bildung, Heft 157. Bonn.

Bundeszentrale für politische Bildung (1975a): Informationen zur politischen Bildung, Heft 164. Bonn.

Bundeszentrale für politische Bildung (1975b): Informationen zur politischen Bildung, Heft 165. Bonn.

Bundeszentrale für politische Bildung (1976): Informationen zur politischen Bildung, Heft 168. Bonn.

Bundeszentrale für politische Bildung (1977a): Informationen zur politischen Bildung, Heft 173. Bonn.

Bundeszentrale für politische Bildung (1977b): Grundgesetz. Bonn.

Bundeszentrale für politische Bildung (1981): Informationen zur politischen Bildung, Heft 187. Bonn.

Bundeszentrale für politische Bildung (1983): Informationen zur politischen Bildung, Heft 200. Bonn.

Bundeszentrale für politische Bildung (1985a): Informationen zur politischen Bildung, Heft 157. Bonn.

Bundeszentrale für politische Bildung (1985b): Informationen zur politischen Bildung, Heft 109/110, Neudruck. Bonn.

Bundeszentrale für politische Bildung (1986): Informationen zur politischen Bildung, Heft 210. Bonn.

Bundeszentrale für politische Bildung (1989): Informationen zur politischen Bildung, Heft 224. Bonn.

Bundeszentrale für politische Bildung (1990): Informationen zur politischen Bildung, Heft 227. Bonn.

Bundeszentrale für politische Bildung (1993): Informationen zur politischen Bildung, Heft 239. Bonn.

Bundeszentrale für politische Bildung (1998a): Informationen zur politischen Bildung, Heft 259. Bonn.

Bundeszentrale für politische Bildung (1998b): Informationen zur politischen Bildung, Heft 261. Bonn.

Bundeszentrale für politische Bildung (1999): Informationen zur politischen Bildung, Heft 265. Bonn.

Bundeszentrale für politische Bildung (2000): Informationen zur politischen Bildung, Heft 269. Bonn.

Bundeszentrale für politische Bildung (2002): Informationen zur politischen Bildung, Heft 275. Bonn.

Bundeszentrale für politische Bildung (2004): Informationen zur politischen Bildung, Heft 282. Bonn.

Bundeszentrale für politische Bildung (2011): Soziale Sicherung. http://www.bpb.de [Zugriff: 20.06.2015].

Busse, R. (2008): Versorgungsmanagement. Technische Universität Berlin, Vortrag, S. 14. http://www.mig.tu-berlin.de/uploads/media/MiG1.2008.01.09.rb.pdf [Zugriff: 03.03.2008].

Der Bundeswahlleiter (2015): Ergebnisse früherer Landtagswahlen. http://www.bundeswahlleiter.de [Zugriff: 16.06.2015].

Deutsche Krankenhausgesellschaft (2000): GKV-Gesundheitsreform 2000. Das Krankenhaus, 1: Redaktionsbeilage.

Deutsche Rentenversicherung (2015a): Erziehungsrente. http://www.deutsche-rentenversicherung.de [Zugriff: 25.06.2015].

Deutsche Rentenversicherung (2015b): Einnahmen der allgemeinen Rentenversicherung.

Deutsche Rentenversicherung (2015c). Rente: So wird sie berechnet. https://www.deutsche-rentenversicherung.de [Zugriff: 18.06.2015].

Deutsche Rentenversicherung (2015d): Ausgaben der allgemeinen Rentenversicherung. http://www.deutsche-rentenversicherung.de [Zugriff: 25.06.2015].

Deutsche Sozialversicherung (2015a): Arbeitslosenversicherung. http://www.deutsche-sozialversicherung.de [Zugriff: 27.06.2015].

Deutsche Sozialversicherung (2015b): Grundprinzipien. http://www.deutsche-sozialversicherung,de/de/wegweiser [Zugriff: 21.06.2015].

Deutsche Sozialversicherung (2015c): Krankenversicherung. http://www.deutsche-sozialversicherung.de [Zugriff: 25.06.2015].

Deutsche Sozialversicherung (2015d): Pflegeversicherung. hattp:7//www.deutsche-sozialversicherung.de [Zugriff: 27.06.2015].

dpa Deutsche Presseagentur (2000), Grafik 3310, Hamburg.

dpa Deutsche Presseagentur (2004), Grafik 3325, Hamburg.

EU-Info (2015): Auf einen Blick: Die soziale Sicherheit in der EU. http://www.eu-info.de/sozialversicherung-eu [Zugriff: 22.06.2015].
Forst, R. (2005): Die erste Frag der Gerechtigkeit. http://www.bpb.de [Zugriff: 20.06.2015].
Forum Gesundheitspolitik (2015a). Zeitepoche: 1881–1914. http://www.forum-gesundheitspolitik.de/meilensteine [Zugriff: 12.06.2015].
Forum Gesundheitspolitik (2015b). Zeitepoche: 1915–1932. http://www.forum-gesundheitspolitik.de/meilensteine [Zugriff: 12.06.2015].
Forum Gesundheitspolitik (2015c). Strukturmerkmal: GKV und Leistungserbringer. http://www.forum-gesundheitspolitik.de/meilensteine [Zugriff: 12.06.2015].
Forum Gesundheitspolitik (2015d). Strukturmerkmal: Krankenhaus. http://www.forum-gesundheitspolitik.de/meilensteine [Zugriff: 12.06.2015].
Gesetz über die Entgelte für voll- und teilstationäre Krankenhausleistungen (Krankenhausentgeltgesetz – KHEntgG) in der Fassung vom 14.11.2003. BGBl. I: 2190.
Gesetz zur Modernisierung der gesetzlichen Krankenversicherung (GKV-Modernisierungsgesetz – GMBG) in der Fassung vom 14.11.2003. BGBl. I: 2190.
Gesetz zur Stärkung des Wettbewerbs in der gesetzlichen Krankenversicherung (GKV-Wettbewerbsstärkungsgesetz – GKV-WSG) vom 26.03.2007 in der Fassung vom 30.03.2007. BGBl. I: 11.
Gesetz zur wirtschaftlichen Sicherung der Krankenhäuser und zur Regelung der Krankenhauspflegesätze (Krankenhausfinanzierungsgesetz – KHG) in der Fassung vom 14.11.2003. BGBl. I: 886.
Globus 6425 (1987): 30 Jahre dynamische Rente. Informationen zur politischen Bildung, Heft 2015, S. 29.
Globus 6590 (1988): Das Zukunfts-Problem der Rentenversicherung. Wochenschau, 39: 25.
Hans-Böckler-Stiftung (2012): Mehr Working Poor in Deutschland. http//www.boeckler.de [Zugriff: 20.06.2015].
Haubrock, M.; Peters, S.; Schär, W. (1997): Betriebswirtschaft und Management im Krankenhaus, 1. Auflage. Wiesbaden, Ullstein Mosby.
Haubrock, M.; Schär, W. (2002): Betriebswirtschaft und Management im Krankenhaus, 3. Auflage. Bern, Hans Huber.
Haubrock, M.; Schär, W. (2007): Betriebswirtschaft und Management im Krankenhaus. Bern, Hans Huber.
Haubrock, M.; Schär, W. (2009): Betriebswirtschaft und Management in der Gesundheitswirtschaft. Bern, Hans Huber.

Henke, K.-D. (2007): Der Gesundheitsfonds im GKV-WSG vom 1. April 2007, in: Göpffarth, D.; Greß, S.; Jacobs, K.; Wasem, J. (Hrsg.): Jahrbuch Risikostrukturausgleich 2007 Gesundheitsfonds. Sankt Augustin, Asgard.
Hradil, St. (2012): Soziale Gerechtigkeit. http://bpb.de [Zugriff: 20.06.2015].
http://www.deutsche-rentenversicherung.de [Zugriff: 25.06.2015].
Ihre Vorsorge.de (2015a): Träger der gesetzlichen Rentenversicherung. http://www.ihre-vorsorge.de [Zugriff: 25.06.2015].
Ihre Vorsorge.de (2015b): Diese Altersrenten gibt es. http://www.ihre-vorsorge.de [Zugriff: 25.06.2015].
Informationsportal zur Privaten Pflegezusatzversicherung (2012): Welche Änderungen brachte die Pflegereform 2008. http://www.pflegeversicherung-infoportal.de [Zugriff: 29.06.2015].
Institut der deutschen Wirtschaft Köln (2013): Deutschland im oberen Mittelfeld. http://www.verhaltensoekonomik.org/presse [Zugriff: 21.06.2015].
Institut der deutschen Wirtschaft Köln (2015): Internationaler Gerechtigkeitsmonitor 2013, Kurzstudie. http://www.insw.de/Internationaler Gerechtigkeitsmonitor 2013.pdf [Zugriff: 21.06.2015].
Jacobs, K (2008): Ein System lernt dazu, Gesundheit und Gesellschaft Spezial, Reform des Risikostrukturausgleichs, Maßarbeit für den Patienten, 10/2004: 8. http://www.aok-bv.de/imperia/md/content/aokbundesverband/dokumente/pdf/service/gug_spezial_1004_morbirsa.pdf [Zugriff: 21.03.2008].
Jedermann Gruppe (2016): Pflegestärkungsgesetz 3 (PSG III) im Überblick. http://www.jedermann-gruppe.de [Zugriff: 01.02.2017].
JuraForum (2015): Gesetzliche Rentenversicherungsträger, http://juraforum.de/lexikon/rentenversicherungstraeger [Zugriff: 25.06.2015].
Käsbauer, A. (2013). 100 Jahre Berliner Abkommen - Sicherstellung der ambulanten ärztlichen Versorgung im 21. Jahrhundert. http://www.hartmannbund.de [Zugriff: 12.07.2015].
Keller, B. (2015): Arbeitslosenversicherung. http://www.wirtschaftslexikon.gabler.de [Zugriff: 27.06.2015].
Krankenkassen.Deutschland (2015): Diverse Stichpunkte. http://www.krankenkassen.de/Gesetzliche Krankenkassen [Zugriff: 26.06.2015].
Krönung, R. (2013). Unisex bei Pensionskassen – Handlungsnotwendigkeit und Handlungsalternativen. Betriebliche Altersversorgung, 2: 89–92.

Lampert, H. (1980): Sozialpolitik. Berlin, Heidelberg, New York, Springer.

Laschet, H. (2015): Trotz Defizit: Die GKV bleibt einstweilen gut gepolstert. Ärzte Zeitung, Berlin, 07.09.2015.

Meier, H. (2000): Wirtschaftspolitik. München, Wien, Oldenbourg.

Metze, I. (1982): Gesundheitspolitik. Stuttgart, Berlin, Köln, Mainz, Kohlhammer.

Neue Osnabrücker Zeitung (2013). Neue Leistungen für Demenzkranke. Osnabrück, 30.01.2013.

Neue Osnabrücker Zeitung (2015): Mehr Pflegeleistungen für 500 000 Menschen. Osnabrück, 24.06.2015.

o. V. (2008a): Gemeinsame Selbstverwaltung benennt die neuen Mitglieder des G-BA. Das Krankenhaus, 7: 689.

o. V. (2008b): Environmentals. http://www.environmental-studies.de/Krankenversicherung/beitragssatz-krankenversicherung/beitragssatz-krankenversicherung.html [Zugriff: 04.03.2008].

o. V. (2008c): Kassen greifen den Bürgern tiefer in ihre Taschen. Ärzte Zeitung, Juli 2008: 7/8.

o. V. (2008d): Gesetzlicher Handlungsbedarf zur Finanzierung der Tariflohnsteigerungen 2008/2009. Das Krankenhaus, 5: 457.

o. V. (2008e): Krankenhausfinanzierung: Reden ist Silber, Handeln ist Gold. Das Krankenhaus 7: 676.

Peters, H.-R. (2000): Wirtschaftspolitik. München, Wien, Oldenbourg.

Peters, S.; Schär, W. (1994): Betriebswirtschaft und Management im Krankenhaus, 1. Auflage. Berlin, Mosby.

Pletiha, H. (1983a): Deutsche Geschichte, Band 10. Gütersloh, Lexikothek

Pletiha, H. (1983b): Deutsche Geschichte, Band 9. Gütersloh, Lexikothek.

Potsdamer Konferenz (2015): Die Konferenz von Jalta vom 4.-11. Februar 1945. http://www.potsdamer-konferenz.de/geschichte/jalta_konferenz.php [Zugriff: 16.06.2015].

Reschke, P.; Sehlen, S. (2005): Methoden der Morbiditätsadjustierung. Gesundheits- und Sozialpolitik, 1–2: 13. http://www.iges.de/publikationen/zeitschriftenbeitraege/morbiditaetsadjustierung/e5164/infoboxContent5170/MorbiditaetsadjustierungGesundheits-undSozialpolitik1_2_2005_ger.pdf [Zugriff: 20.11.2007].

Rosenbrock, R. F.; Gerlinger, T. (2006): Gesundheitspolitik. Bern, Hans Huber.

Schlechter, J. (2012): Prinzipien der sozialen Sicherung. http://blog.uvk-lucius.de [Zugriff: 20.06.2015].

Schlüter, E.-Chr. (2008): Der morbiditätsorientierte Risikostrukturausgleich als Element des Gesundheitsfonds und die Auswirkungen auf die gesetzlichen Krankenversicherungen. Unveröffentlichte Diplomarbeit, Fachhochschule Osnabrück, Osnabrück.

Schneider, W. (1994): Der Risikostrukturausgleich in der gesetzlichen Krankenversicherung. Berlin, Erich Schmidt.

Simon, M. (2010): Das Gesundheitssystem in Deutschland. Bern, Hans Huber.

Sozialgesetzbuch (SGB), Fünftes Buch (V) in der Fassung des Gesetzes zur Modernisierung der gesetzlichen Krankenversicherung (GKV-Modernisierungsgesetz – GMG) vom 14.11.2003. BGBl. I: 2190.

Sozialgesetzbuch I. http://dejure.org/getze/SGB [Zugriff: 20.06.2015].

Sozialgesetzbuch II. http://www-dejure,org/gesetze [Zugriff: 27.06.2015].

Sozialgesetzbuch III. http://www.dejure.org/gesetze [Zugriff: 27.06.2015].

Sozialverband Deutschland (2008): Pflegereform 2008 – Qualitätssicherung und Transparenz, http://www.sovd.de [Zugriff: 29.06.2015].

Statistisches Bundesamt (2015a): Gesundheitsausgaben im Jahr 2013 bei 314,9 Mrd. Euro. Pressemitteilung, Wiesbaden.

Statistisches Bundesamt (2015b): Pressemitteilung vom 14. April 2015. https://www.gbe-bund.de [Zugriff: 20.06.2015].

Vdek – Verband der Ersatzkassen (2017): Pflegeleistungen ab 2017. http://www.vdek.com [Zugriff: 01.02.2017].

Verband der Angestellten Krankenkassen (2007a): Beitragssatzentwicklung in der GKV (Jahresdurchschnitt) in Prozent, 1991–2006, Bundesgebiet. https//www.vdak.de [Zugriff: 02.04.2008].

Verband der Angestellten-Krankenkassen e.V., Arbeiter-Ersatzkassen-Verband e.V. (2007b). http:/www.vdak.de/presse/daten/Basisdaten-2007/basis_2007_kap_e/seite_61_2007_oben.pdf [Zugriff: 02.04.2008].

Verordnung zur Bestimmung besonderer Einrichtungen im Fallpauschalensystem für Krankenhäuser für das Jahr 2004 (Fallpauschalenverordnung besondere Einrichtungen 2004 – FPVBE 2004) in der Fassung vom 13.10.2003. BGBl. I: 1995.

Verordnung zur Bestimmung besonderer Einrichtungen im Fallpauschalensystem für Krankenhäuser für das Jahr 2004 (Fallpauschalenverordnung besondere Einrichtungen 2004 – FPVBE 2004) in der Fassung vom 19.12.2003. BGBl. I: 2811.

Verordnung zur Regelung der Krankenhauspflegesätze (Bundespflegesatzverordnung – BPflV '95) in der Fassung vom 23.12.2002. BGBl. I: 2750.

Verordnung zur Regelung der Krankenhauspflegesätze (Bundespflegesatzverordnung – BPflV 2004) in der Fassung vom 14.11.2003. BGBl. I: 2190.

Wasem, J.; Buchner, F.; Wille, E. (2008): Umsetzung und empirische Abschätzung der Übergangsregelungen zur Einführung des Gesundheitsfonds (§ 272 SGB V). Essen 10.04.2008: 2. http://www.big-direkt.de/media.php?mv_id=-157430420 [Zugriff: 10.05.2008].

Wegner, G. (2012): Teilhabegerechtigkeit und Nachhaltigkeit – Sozialethische Positionierungen der Evangelischen Kirche seit dem Gemeinamen Wort 1997. http://www.ekd.de/si/downloead/Teilhabegrechtigkeit [Zugriff: 20.06.2015].

Wirtschafts- und Sozialwissenschaftliches Institut der Hans-Böckler-Stiftung (2015): Fachbegriffe der Verteilungsforschung. http://www.boeckler.de [Zugriff: 21.06.2015].

2 Versorgungsaspekte des Gesundheitssystems als Element des Sozialsystems

Manfred Haubrock

2.1 Soziale Marktwirtschaft als Ordnungsprinzip

Die Bundesrepublik Deutschland ist nach der Konzeption der **Sozialen Marktwirtschaft** aufgebaut. Aufgrund der während der Weimarer Republik gemachten negativen Erfahrungen mit der „Freien Marktwirtschaft" und der damit verbundenen ausschließlichen Rolle des Staates als rahmengebendem Ordnungsfaktor (sog. Nachtwächterstaat) nahm die Freiburger Schule, die im Wesentlichen das Konzept der Wirtschaftsverfassung der Bundesrepublik theoretisch geprägt hat, das Marktmodell der „Sozialen Marktwirtschaft" auf. In diesem Modell werden dem Staat bei Versagen der Marktkräfte Interventionskräfte zugestanden. Die verfassunggebende Versammlung der Bundesrepublik Deutschland übernahm diese sozialpolitische Komponente und verknüpfte im Grundgesetz rechts- und sozialpolitische Elemente miteinander. So entstanden neben dem Demokratie- und dem Bundesstaatsprinzip die beiden anderen konstitutionellen Säulen des Grundgesetzes: das Rechts- und das Sozialstaatsprinzip.

Das **Rechtsstaatsprinzip** beruht ursprünglich auf der Vorstellung einer sich selbst regulierenden, bürgerlichen Gesellschaft, in der der Staat nur ordnungspolitische Aufgaben zugewiesen bekommt. Das Individuum steht mit seinen Rechten (z.B. Religions-, Niederlassungs- und Therapiefreiheit) und Pflichten (z.B. Selbstzahlung im Krankheitsfall) im Mittelpunkt des wirtschaftlichen Handelns. Das **Prinzip des Sozialstaats** enthält umgekehrt die Forderung nach weitgehenden staatlichen Eingriffen in die Gesellschaftsordnung. Hierbei hat die Gesellschaft Vorrang vor der einzelnen Person.

Das Grundgesetz normiert Rechts- und Sozialstaat jedoch nicht als Gegensätze: Es postuliert vielmehr den „sozialen Rechtsstaat", der die soziale Gerechtigkeit fördern soll.

Das Grundgesetz (GG) liefert folglich die verfassungsrechtlichen Grundlagen des bundesrepublikanischen Sozialstaats. Hieraus leitet sich die Verpflichtung des Staates zum sozialen Handeln ab.

Im Sozialstaat hat der Staat nicht länger nur Ordnungs-, sondern auch Ablaufpolitik zu betreiben. Dieser Vorgang wird manchmal als Verstaatlichung der Gesellschaft bezeichnet. Dieser Tendenz steht jedoch die Vergesellschaftung des Staates, d.h. die Bestrebung der verbandlichen und parteipolitischen Organisationen gegenüber, soziale, besonders ökonomische Teilinteressen durchzusetzen. Der Sozialstaat liegt daher stets im Spannungsfeld zwischen Gruppeninteressen und staatlichem Handlungsspielraum. In einem Sozialstaat verbinden sich in der Regel zwei Aspekte, nämlich die soziale Teilhabe und die soziale Sicherung.

Soziale Teilhabe bedeutet zum Beispiel die Zulassung von Selbstverwaltungsorganisationen (Körperschaften des öffentlichen Rechts mit Selbstverwaltung, z.B. Krankenkassen, Kassenärztliche Vereinigungen, Gemeinsamer Bundesausschuss), die im Rahmen ihrer Autonomie versuchen, ihre Vorstellungen im Gesundheitssystem durchzusetzen.

Die **soziale Sicherung** legt dagegen die Funktion des Staates fest, Armut, Lebensangst usw. der Bevölkerung zu verhindern. Die politische Umsetzung erfolgt durch die Sozialpolitik. Hierzu werden unter anderem die Sozialversicherungen, die Sozialhilfe, die Ausbildungsförderung instrumental eingesetzt.

Die soziale Sicherung und das daraus resultierende sozialstaatliche Handeln bestehen somit im Wesentlichen darin, mit sozialen Leistungen die materiellen Existenzbedingungen der Mitglieder einer Gesellschaft zu beeinflussen. Hieraus lassen sich konkrete Aufgaben und Inhalte des Systems der sozialen Sicherung ableiten wie:
- kollektiver Schutz des Individuums vor einer unzumutbaren Verschlechterung seiner Existenzbedingungen und
- Verbesserung der materiellen Existenzbedingungen von wirtschaftlich und sozial schwachen Gruppen.

Bei der sozialen Sicherung lassen sich zwei **Gestaltungsgrundsätze** unterscheiden. Der erste Grundsatz umfasst die Art und Weise, in der die Leistungs- mit der Finanzierungsseite verbunden ist. Danach wird das Versicherungs- und Versorgungsprinzip grundsätzlich nach dem Solidaritätsprinzip aufgebaut. Der Solidareffekt wird beim Versicherungsprinzip jedoch durch die Versicherungspflicht- und die Beitragsbemessungsgrenze geschmälert. Beim Fürsorgeprinzip dominiert hingegen das Subsidiaritätsprinzip. Es steht nicht im Gegensatz zum Solidarprinzip, sondern ist als Ergänzung zu sehen. Durch dieses Prinzip wird eine Rangordnung bei der Hilfestellung zugrunde gelegt. Der zweite Grundsatz betrifft das Ausmaß des Sicherungszwangs. Hierbei lassen sich die freiwillige und die zwangsweise Sicherung in Gestalt der Pflichtversicherung unterscheiden. Diese Differenzierung spielt beim Versicherungsprinzip eine zentrale Rolle. Der privaten Sicherung wird hierbei der Status der Freiwilligkeit zugeschrieben, die einzelnen Sparten der Sozialversicherung sind hingegen als Pflichtversicherung organisiert.

Werden die einzelnen Elemente der sozialen Sicherung zusammengefasst, entsteht das **System der sozialen Sicherung**. Hiermit ist folglich die Summe aller Einrichtungen und Maßnahmen gemeint, die das Ziel verfolgen, die Mitglieder einer Gesellschaft gegen Risiken zu schützen. Einrichtungen können hierbei als Träger oder als Organe fungieren.

Als **Träger** der Sozialpolitik sind Einrichtungen definiert, die überwiegend in der Entscheidungsphase tätig werden (Bund, Länder und Gemeinden sowie freie Wohlfahrtsverbände). Demgegenüber werden Einrichtungen, die nur in der Planungs- oder Durchführungsphase tätig werden, als **Organe** bezeichnet.

Maßnahmen können zum Beispiel gegen Risiken wie Alter und Krankheit gerichtet sein. Zum System der sozialen Sicherung gehören aber auch die Maßnahmen der Kriegsopferversorgung, die Sozialhilfe sowie Sozialtransfers im Rahmen der Familien- und Wohnungsbaupolitik sowie die Politik der Ausbildungsförderung. Die Summe der Sozialleistungen bildet das soziale Netz aller Maßnahmen gegen die aufgezeigten Risiken. Innerhalb des sozialen Netzes nehmen die Zweige der Sozialversicherung den größten Anteil ein. Es handelt sich hierbei um Pflichtversicherungen, die zum Beispiel nach Risikoarten, nach Berufsständen, nach Wirtschaftssektoren und nach regionalen Gesichtspunkten aufgegliedert werden.

Die sozialpolitische Diskussion der vergangenen Jahre hat gezeigt, dass Finanzierungsprobleme bei allen Versicherungen aufgetreten sind. Die Ausgaben der gesetzlichen Sozialversicherungen sind schneller gestiegen als die beitragspflichtigen Bruttolöhne. Diese scherenhafte Entwicklung zwischen Einnahmen und Löhnen führte zur sogenannten Kostenexplosion. Zur Eindämmung dieser Kostenexpansion sind Beitragssatzerhöhungen und/oder Leistungseingrenzungen vorgenommen worden. In den vergangenen Jahren wurde die Diskussion um den sogenannten Krankheits-/Behandlungsfall und den sogenannten Pflegefall intensiv geführt. Hintergrund dieser Diskussion ist die Frage der Kostenübernahme bzw. die Frage nach der Dominanz des Solidaritäts- bzw. des Subsidiaritätsprinzips im Sozialversicherungssystem der Bundesrepublik Deutschland.

Im Rahmen der **Marktregulierung** beinhaltet das Konzept der Sozialen Marktwirtschaft zum einen die Ablehnung staatlicher Wirtschaftsplanung und Kontrolle und stattdessen Einsetzung einer freien Marktpreisbildung sowie Garantie des Privateigentums und der Vertragsfreiheit. Zum anderen wird aber aufgrund der in der Weimarer Republik gemachten Erfahrung, dass das marktwirtschaftliche System ohne korrigierende Eingriffe des Staates dazu neigt, sich selbst zu zerstören, eine institutionelle Sicherung des Wettbewerbsprinzips festgeschrieben. Die Politik des postulierten starken Staates sollte somit darauf gerichtet sein, möglichst alle wirtschaftlichen Machtgruppen zu verhindern bzw. aufzulösen und zum anderen für das gesamte Wirtschaftsgeschehen einen rechtlich-institutionellen Rahmen festzusetzen, in dem für alle Wirtschaftssubjekte ein fairer Wettbewerb stattfinden kann. Die Grundidee lässt sich mittels der folgenden Aussage gut zusammenfassen: Soviel Markt wie möglich, so wenig Staat wie nötig (Abb. 2.1-1).

Aus dem oben skizzierten Konzept lassen sich die Ordnungs- und Prozesspolitik als Schwerpunkte ableiten. Der **Ordnungspolitik** fällt die Aufgabe zu, Grundsätze, Spielregeln und Kompetenzen für das wirtschaftliche Handeln und für staatliche Interventionen in den Wirtschaftsprozess festzuschreiben. So gehört zum Beispiel die Errichtung der Wirtschaftsverfassung sowie der Eigentums-, Geld- und Wettbewerbsordnung zur Ordnungspolitik.

Die **Ablauf-** oder **Prozesspolitik** dient der Beeinflussung der volkswirtschaftlichen Prozesse, die innerhalb eines festgelegten ordnungspolitischen Rahmens ablaufen. Die Prozesspolitik ist die Antwort auf die konjunkturelle Instabilität der Marktwirtschaft. Hierzu gehören auch die Eingriffe des Staates in das Sozial- und Gesundheitssystem der Bundesrepublik.

Zu den bereits genannten Möglichkeiten kommt die **Strukturpolitik** hinzu. Die Strukturpolitik kann die gezielte Beeinflussung der Infrastruktur sowie regionaler und/oder sektoraler Wirtschaftsstrukturen zum Inhalt haben. Dadurch sollen einerseits durch öffentliche Vorleistungen die Funktions- und Entwicklungsfähigkeit einer Volkswirtschaft verbessert werden und andererseits werden die sich vollziehenden Strukturwandlungen (z. B. durch technischen Fortschritt) einzelner Regionen oder Branchen beeinflusst (Abb. 2.1-2).

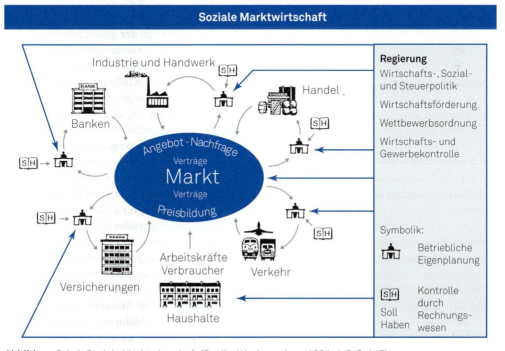

Abbildung 2.1-1: Soziale Marktwirtschaft (Quelle: Wochenschau, 1991, 4; 5, S. 145)

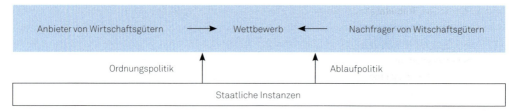

Abbildung 2.1-2: Konzept der sozialen Marktwirtschaft (Quelle: Haubrock, M.; Lehrmaterialien Gesundheitsökonomie, Fakultät Wirtschafts- und Sozialwissenschaften; Stiftung Fachhochschule Osnabrück, 2003)

Zur Einordnung der Sozial- und Gesundheitspolitik in den Komplex der Wirtschaftspolitik bedarf es zunächst einer begrifflichen Festlegung von Wirtschaftspolitik.

Wirtschaftspolitik als Teil der Staatspolitik kann unterschiedlich interpretiert werden. In diesem Rahmen wird unter Wirtschaftspolitik die Gesamtheit aller Überlegungen und Handlungen verstanden, die den Wirtschaftsprozess in einer Volkswirtschaft ordnen, steuern oder unmittelbar festlegen.

Aus dieser Definition von Wirtschaftspolitik kann abgeleitet werden, dass es hierbei um ein zweckorientiertes Handeln geht. Kraft gesetzlicher Legitimation werden Ziele aufgestellt sowie Mittel und Instrumente zu deren Erreichung festgeschrieben. Hierbei geben die Ziele die Richtung des politischen Handelns an. Ziele sind somit Vorstellungen über eine politisch erwünschte Lage.

Die wirtschaftspolitischen Ziele sind wiederum unter die übergeordneten gesellschafts- und staatspolitischen Postulate zu stellen.

Für die sozialmarktwirtschaftlich orientierten Länder bilden die **individuelle Freiheit**, die **soziale Gerechtigkeit**, die **soziale Sicherheit** sowie der **soziale Friede** das gesellschaftspolitische Wertesystem. Hierbei stellt das Freiheitsziel die individuelle Komponente dar, während die sozialen Ziele ihren Bezug im kollektiven Zusammenleben finden. Zu diesen übergeordneten staatlichen Zielen kommt das generelle Ziel der Wirtschaftspolitik, die **Förderung des Volkswohlstands** in einer Wettbewerbsordnung, hinzu.

Da es sich hierbei zum Teil um eine deklaratorische und nicht um eine operationale Zielformulierung handelt, muss dieses Globalziel in **wirtschaftspolitische Teilziele** aufgespalten werden. So lässt sich das Globalziel „Förderung des Volkswohlstands in einer Wettbewerbsordnung" zunächst in die beiden Subziele **Festlegung einer Wettbewerbsordnung (Ordnungsziel)** und **Förderung des Volkswohlstands (Wohlstandsziel)** zerlegen. Das Wohlstandsziel kann wiederum aus den Komponenten Stabilitätsziel und Wachstumsziel bestehen. Gerade diese beiden Wohlstandsziele waren es, die dem **Stabilitäts- und Wachstumsgesetz von 1967** seinen Namen und seine Zielsetzung gegeben haben (Tab. 2.1-1). Mithilfe des Gesetzes sollte die gesamtwirtschaftliche Entwicklung gefördert werden. Hierbei wird diese Entwicklung an den Kriterien Wachstumsrate des Bruttoinlandsprodukts, Beschäftigungsgrad, Preisniveau und Außenhandelsgleichgewicht festgemacht. Es handelt sich um sogenannte Wohlstandsindikatoren.

Im Folgenden werden kurz diejenigen Bestandteile des Stabilitäts- und Wachstumsgesetzes angesprochen, die direkte Auswirkungen auf die Finanzierung des Sozialsystems haben.

Beim **Wachstumsziel** geht es darum, das Bruttoinlandsprodukt zu Marktpreisen als Indikator für das wirtschaftliche Wachstum langfristig zu vergrößern. Das Bruttoinlandsprodukt ist gleichzusetzen mit dem Wert aller Dienstleistungen und Sachgüter, die in einem Wirtschaftsjahr in einem Land bereit- bzw. hergestellt worden sind. Hierbei wird der Wert der Güter anhand der Marktpreise ermittelt. Hieraus wird deutlich, dass in den Wertgrößen auch die Inflationsraten und die Belastungen, die sich zum Beispiel durch die Mehrwertsteuer er-

Tabelle 2.1-1: Das Stabilitäts- und Wachstumsgesetz (Quelle: Eigenerstellung)

Ziele	Instrumente (u. a.)
• Wirtschaftswachstum • Hoher Beschäftigungsstand • Preisniveaustabilität • Außenhandelsgleichgewicht	• Globalsteuerung/Korporatismus • Geldpolitik • Fiskalpolitik • Konjunkturpolitik

geben, eingerechnet werden. Werden von diesem **nominalen Bruttoinlandsprodukt** die Inflations- und Steueranteile subtrahiert, dann ergibt sich das **reale Bruttoinlandsprodukt**. Das Inlandsprodukt ist folglich ein Indikator für den Wert der in einem Land produzierten Güter. Das wesentliche Ziel der Organisation für wirtschaftliche Zusammenarbeit und Entwicklung (OECD) ist es, weltweit die Politik der Länder zu unterstützen, die es sich zum Ziel gesetzt haben, das Leben der Menschen in wirtschaftlicher und sozialer Hinsicht zu verbessern. In diesem Kontext werden national und international unter anderem die Veränderungsraten des Bruttoinlandsprodukts kontinuierlich gemessen, verglichen und analysiert. Schaut man sich die Entwicklung der Wachstumsraten des realen Bruttoinlandsprodukts seit der Gründung der Bundesrepublik Deutschland an, so wird deutlich, dass regelmäßig Schwankungen eingetreten sind. Diese werden durch den Begriff der **Konjunktur** gekennzeichnet. Nach einer Zeitspanne steigender Raten, die einen Boom auslösen, folgt eine Periode sinkender Raten, die wiederum in einer Depression münden. Es entsteht eine Konjunkturwelle, ein Konjunkturzyklus. In den Abschwungphasen und in den Zeiten der Depression versuchen die Unternehmen, ihre Kosten, wie zum Beispiel Lohn- und Lohnnebenkosten, so niedrig wie möglich zu halten. In diesem Zusammenhang kann es auf dem Arbeitsmarkt zu einem Einstellungsstopp, zu Kurzarbeit oder sogar zu Entlassungen kommen. Diese Maßnahmen wirken sich jedoch negativ auf die Entwicklung der sozialversicherungspflichtigen Bruttoentgelte der Arbeitnehmer (Grundlöhne) aus, die ihrerseits eine wesentliche Einnahmenkomponente der Sozialversicherungen darstellen. An dieser Stelle wird deutlich, wie stark die Finanzierung des Sozialversicherungssystems von der wirtschaftlichen Lage abhängig ist. Dieser Effekt wird zudem durch die tarifpolitischen Entscheidungen verstärkt. Die Tarifpartner legen in diesen Perioden in der Regel nur geringe Steigerungsraten der Löhne und Gehälter fest. Die entgegengesetzte Tendenz lässt sich in den Aufschwungphasen und während der Boomzeiten feststellen. Das Idealbild eines Konjunkturverlaufs ist Abbildung 2.1-3 zu entnehmen.

Das Auftreten von Konjunkturschwankungen lässt sich anhand kurz-, mittel- oder langfristiger Ursachen erklären. Bei einem Vergleich der Wachstumsraten zwischen den Jahren 2007 und 2014 fällt die negative Entwicklung des Jahres 2009 auf. In diesem Jahr sank die deutsche Wirtschaftsleistung um 5,6 % gegenüber dem Vorjahr. Infolge dieser Wirtschaftskrise, die durch die weltweite Banken- und Immobilienkrise ausgelöst wurde, versuchte die deutsche Regierung, mithilfe der sogenannten Konjunkturprogramme den Abschwung zu dämpfen. In den folgenden Jahren waren die Wachstumsraten wiederum positiv. Abbildung 2.1-4 zeigt diese Entwicklung.

Auf der Grundlage der zurzeit vorliegenden Daten des Jahres 2017 fallen kurz- und mittelfristig die Wachstumsprognosen für Deutschland positiv aus. So soll das reale Bruttoinlandsprodukt in Deutschland im Jahre 2017 gegenüber dem Vorquartal um 0,4 %, gegenüber dem Vorjahr sogar um 1,2 % wachsen. Das Statistische Bundesamt sieht in dem schwachen Euro einen wesentlichen Grund für diese Entwicklung, da sich die deutschen Waren im Ausland verbilligt haben. Demzufolge bewegten sich die Exporte auf den Weltmärkten im ersten Halbjahr 2015 auf Rekordkurs (vgl. Westfalen-Blatt, 2015). Auch nach der Einschätzung mehrerer Experten wird die deutsche Wirtschaft deutlich

2 Versorgungsaspekte des Gesundheitssystems als Element des Sozialsystems

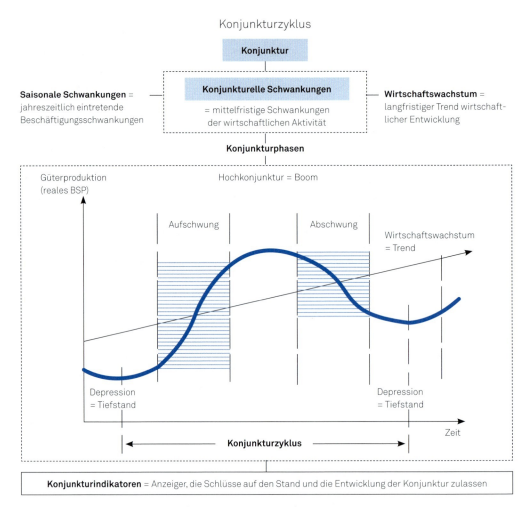

Abbildung 2.1-3: Konjunkturzyklus (Quelle: Eigenerstellung)

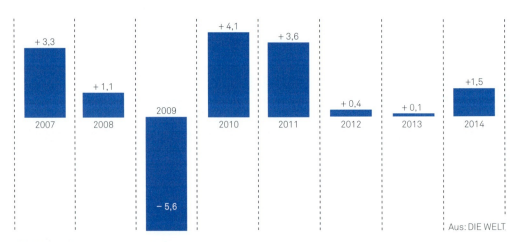

Abbildung 2.1-4: Wachstum des Bruttoinlandsprodukts im Vergleich zum Vorjahr in Prozent (Quelle: Eigenerstellung in Anlehnung an Statista, 2015a: 2)

schneller wachsen als bisher angenommen. In ihrer Konjunkturprognose vom Juni 2015 geht die OECD davon aus, dass sich das Wirtschaftswachstum unter dem Einfluss sowohl der Inlands- als auch der Auslandsnachfrage erhöhen wird. Zudem unterstützen der robuste Arbeitsmarkt, das niedrige Zinsniveau und der günstige Ölpreis diese Tendenz. Die OECD geht im Jahre 2016 für Deutschland von einer Wachstumsrate von 0,6 % aus. Die Arbeitslosenquote soll zeitgleich auf 5,4 % sinken (vgl. OECD, 2015). Das Institut für Wirtschaftsforschung in Halle, das Kieler Institut für Weltwirtschaft und das Hamburger Weltwirtschaftsinstitut erwarteten für 2016 einen Anstieg des Bruttoinlandsprodukts von ca. 2 %. In die gleiche Richtung ging die Prognose des Deutschen Industrie- und Handelskammertages, der für das Jahr 2015 von einem 1,8-prozentigen Wachstum ausging (vgl. Westfalen-Blatt, 2015; Abb. 2.1-5).

Neben der Betrachtung der kurz- und mittelfristigen Konjunkturschwankungen hat sich, ausgelöst durch die wissenschaftlichen Untersuchungen von Kondratieff, die langfristige Sichtweise etabliert. Der russische Nationalökonom **Nikolai Kondratieff** hat mit seiner Konjunktur-Wellentheorie **(Theorie der langen Wellen)** nachgewiesen, dass es in der Vergangenheit so genannte **Basisinnovationen** gegeben hat, die die Weltwirtschaft über Jahrzehnte in einen kräftigen Wachstumsprozess geführt haben. Diese sogenannten Kondratieff-Zyklen beginnen um 1800 und dauern immer 40 bis 60 Jahre. Die ersten vier Zyklen sind durch Basisinnovationen geprägt worden, die Merkmale einer Industriegesellschaft waren. Nach Aussage von **Leo A. Nefiodow**, der seine Thesen aus den Ergebnissen von Kondratieff ableitet, ist der 5. Kondratieff-Zyklus (ab 1990) hingegen durch die Kompetenz in der Informationstechnik und bei den Informationsdienstleistungen ausgelöst worden. Das Gesundheitswesen, insbesondere die psychosoziale Gesundheit, wird danach in einigen Jahren die Rolle einer Basisinnovation für den nächsten weltweiten Konjunkturzyklus übernehmen. Der 6. Kondratieff-Zyklus wird vom **Megamarkt Gesundheit** bestimmt.

Neben dem wirtschaftlichen Wachstum soll unter anderem der wirtschaftliche Faktor **Beschäftigungsgrad** auf ein bestimmtes Niveau gebracht bzw. auf einer vorgesehenen Höhe stabil gehalten werden. Dieses Ziel ist seit den 1970er-Jahren nicht mehr erreicht worden. Auch hier besteht eine enge Verknüpfung mit der Einnahmenentwicklung der Sozialversicherungen.

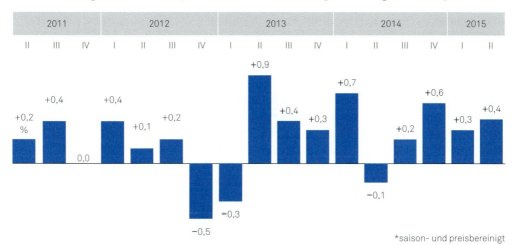

Abbildung 2.1-5: Entwicklung der Wirtschaft (Quelle: Eigenerstellung in Anlehnung an Statista, 2015b: 2)

Die Vermeidung von Inflation ist Gegenstand der **Geldwertstabilität**. Mittels geldpolitischer Maßnahmen (z. B. Festlegung des Leitzinses durch die Europäische Zentralbank) soll erreicht werden, dass die Kaufkraft des Geldes erhalten bleibt.

Das letzte Ziel des Gesetzes sieht vor, dass der Wert der exportierten Güter mindestens so groß sein soll wie der Wert der importierten Güter. Seit Jahren hat Deutschland einen **Außenhandelsüberschuss**, der verdeutlicht, dass die deutschen Güter auf den internationalen Märkten sehr stark nachgefragt werden. Viele Bereiche der deutschen Wirtschaft sind somit exportabhängig.

Um die genannten Ziele zu erreichen, müssen **Instrumente** eingesetzt werden. Dabei spielte der **Korporatismus**, der z. B. durch eine koordinierte Vorgehensweise von Staat und relevanten Verbänden im Rahmen einer Konzertierten Aktion im Gesundheitswesen gekennzeichnet ist, durch gesetzliche Vorgaben über Jahrzehnte eine wesentliche Rolle. Die zwischen dem Staat und den Interessengruppen gemeinsam gesetzten Ziele wurden mittels der Globalsteuerung im Top-down-Verfahren durch die Vertreter der Makroebene (z. B. Bundes- und Landesverbände der Tarifparteien) den Mitgliedern der Mikroebene (z. B. Unternehmungen und Haushalte) „verdeutlicht". Durch diese „Seelenmassage" konnten die Globalziele in rechtsverbindlichen Gruppen- oder Einzelverträgen verankert werden. Seit dem Jahre 2004 ist dieses Verfahren nicht mehr gesetzlich festgeschrieben. In der Praxis wird es seitdem als sogenannter Runder Tisch im Gesundheitssystem weitergeführt.

Das Stabilitäts- und Wachstumsgesetz, das in der ersten Phase der Koalition zwischen der CDU und der SPD verabschiedet wurde, ist sehr stark von den Vorstellungen des **Keynesianismus** und des funktionsfähigen Wettbewerbs geprägt worden.

Die Vertreter der Lehre von John Maynard Keynes (1883–1946) gehen davon aus, dass Störungen der gesamtwirtschaftlichen Entwicklung dem privatwirtschaftlichen Sektor anzulasten sind. Daher muss der Staat als Krisenmanager auftreten und durch seine Maßnahmen eine Gegensteuerung betreiben, die zur Stabilisierung des Wirtschaftsablaufs führt. Nach Keynes muss hierbei die staatliche Stabilisierung bei der Förderung der Nachfrageseite ansetzen. Diese Form der Wirtschaftspolitik wird als nachfrageorientierte Wirtschaftspolitik bezeichnet.

Auch in dem Keynesianischen Konzept sind den staatlichen Eingriffen Grenzen gesetzt. Deshalb kann der Staat nur indirekt versuchen, die Gesamtnachfrage und das Gesamtangebot so aufeinander abzustimmen, dass die gesetzten Ziele erreicht werden. Diese Ausrichtung der indirekten Verhaltensbeeinflussung auf die gesamtwirtschaftlichen Größen wird als Globalsteuerung bezeichnet. Eine erfolgreiche Globalsteuerung wiederum verlangt große Wirtschaftseinheiten. Große Einheiten sind bei oligopolistischen Marktstrukturen vorzufinden. Weite Oligopole (wenige Anbieter und Nachfrager), die im Rahmen der Theorie des funktionsfähigen Wettbewerbs als Grundlage für eine erfolgreiche Wirtschaftspolitik gelten, bilden sich nach Abschluss von Konzentrationsprozessen. Der Wettbewerb verliert seine Bedeutung als anzustrebendes Ziel, er hat lediglich Funktionen zur Realisierung neuer Ziele zu übernehmen.

Zusammenfassend lässt sich sagen, dass eine erfolgreiche Anwendung des Instruments der Globalsteuerung, um die gesamtwirtschaftlichen Ziele zu erreichen, einen oligopolistisch konzentrierten Markt erfordert. Der Wettbewerb ist damit nicht mehr Ziel, sondern nur noch Instrument der Wirtschaftspolitik.

In den 1970er-Jahren wird deutlich, dass auch die nachfrageorientierte Wirtschaftspolitik und das Konzept des funktionsfähigen Wettbewerbs nicht in der Lage sind, Wirtschaftskrisen zu verhindern. Vorstellungen eines Strategiewechsels wurden artikuliert. Bereits 1976 forderte der Sachverständigenrat zur Begutachtung der gesamtwirtschaftlichen Entwicklung einen Strategiewechsel in der Wirtschaftspolitik. Die Kommission trat für den Ansatz einer angebotsorientierten Wirtschaftspolitik ein. Mit der politischen Wende im Jahre 1982 wurde die Wirtschafts- und Sozialpolitik der Regierung Kohl stark durch das **neoliberale Konzept** beeinflusst. Im Rahmen der angebotsorientierten Wirtschaftspolitik hat der Staat sich, entsprechend der Idee des **Wirtschaftsli-**

beralismus, hauptsächlich darauf zu beschränken, Rahmendaten zu schaffen, innerhalb derer sich privatwirtschaftliche Initiativen entfalten können. Hieraus ergeben sich Deregulierungs- und Privatisierungsentscheidungen, das heißt, der Staat zieht sich aus der Ablaufpolitik zurück und überlässt die Prozessgestaltung den Marktteilnehmern. Im Rahmen der angebotsorientierten Wirtschaftspolitik hat sich der Staat somit hauptsächlich darauf zu beschränken, Rahmendaten zu schaffen, innerhalb derer sich privatwirtschaftliche Initiativen entfalten können. Darüber hinaus muss der Staat zu einer Verbesserung der Angebotsbedingungen beitragen, indem er zum Beispiel die Abgabenlast reduziert und die Investitionshemmnisse abbaut. Impulse für das Wachstum werden auch von einer Förderung der Forschungs- und Technologietätigkeit der Unternehmen erwartet.

In Tabelle 2.1-2 werden die Merkmale einer nachfrage- und einer angebotsorientierten Wirtschaftspolitik aufgeführt.

Mit dem Wechsel von der Regierung Kohl zur Regierung Schröder haben sich die Wirtschafts- und damit auch die Sozial- und Gesundheitspolitik ein Stück von der angebotsorientierten in Richtung nachfrageorientierter Politik verändert. Der Begriff „Neue Mitte" kann als Kennzeichnung dieser Politik herangezogen werden. Die Politik sucht somit den Mittelweg zwischen den beiden aufgezeigten Positionen.

Mitte der 1970er-Jahre setzten mit dem Krankenversicherungskostendämpfungsgesetz die finanziellen Entlastungsstrategien für das gesetzliche Krankenversicherungssystem ein. Der gesamtwirtschaftliche Auslöser dieser Reformpolitik war die potenzielle Gefährdung der Wettbewerbsfähigkeit der deutschen Unternehmen auf den internationalen Märkten. In diesen Kontext gehört auch die Diskussion um die sogenannten Lohnnebenkosten, die auch die Sozialversicherungsbeiträge der Arbeitgeber einschließt. Ziel dieser Politik war und ist es, eine Stabilisierung oder sogar eine Senkung der Ar-

Tabelle 2.1-2: Strategiewechsel in der Wirtschaftspolitik zwischen Nachfrage- und Angebotsorientierung (Quelle: Bundeszentrale für politische Bildung; Informationen zur politischen Bildung, 1987, 177: 16)

Nachfrageorientiert	Angebotsorientiert
Ansatzpunkt der politischen Bemühungen	
Nachfrageseite: Steuerung der Wirtschaft über die gesamtwirtschaftliche Nachfrage	Angebotsseite: Herstellung der Selbstheilungskräfte durch verbesserte Rahmenbedingungen für die Unternehmungen
↓ Initialzündung ↓	
zusätzliche staatliche Nachfrage	verbesserte Rentabilität für private Investitionen
↓ durch ↓	
antizyklische Fiskalpolitik (deficit spending); unterstützende Geldpolitik	Ausrichtung der Geldversorgung (Geldpolitik) an der Verstetigung des Wachstums; Steuererleichterungen für Unternehmungen
↓ Primäreffekt ↓	
Produktion, Beschäftigung und Einkommen in den betreffenden Branchen steigen	Investitionen, insbesondere Innovationen nehmen zu
↓ Folgeeffekte ↓	
Nachfrage und Beschäftigung in den Konsumgüterindustrien steigen (Kaufkraft steigt)	Nachfrage und Beschäftigung in den Investitionsgüterindustrien steigen (Verbesserung des Produktionsapparates in den Unternehmen)
→ Steigerung des Wachstums und der Beschäftigung in der Wirtschaft ←	

beitgeberanteile, unter anderem für die Krankenversicherungen, zu erreichen.

Die in diesem Zusammenhang gesetzlich verordneten Sparmaßnahmen wurden in den vergangenen Jahren durch viele Gesundheitsreformen fortgesetzt. Die Umsetzung dieser Reformen lässt sich zunächst primär durch die Begriffe „Beitragssatzstabilisierung", „grundlohnsummenorientierte Ausgabenpolitik" sowie durch die Termini „Kundenorientierung", „Wettbewerb", „Qualitätssicherung" und „Mobilisierung von Wirtschaftlichkeitsreserven" verdeutlichen.

Mit den Teilzielen **Grundlohnsummenorientierung** und **Beitragssatzstabilisierung** wird versucht, die Ausgaben der Kassen und damit die Budgets der Leistungsanbieter nur noch parallel zur Bruttolohnsteigerung der sozialversicherten Erwerbspersonen steigen zu lassen. Damit sollen die Beitragssätze stabil gehalten werden. Nach Ansicht des Sachverständigenrates für die Konzertierte Aktion im Gesundheitswesen liegt die Bedeutung dieser **grundlohnsummenorientierten Ausgabenpolitik** darin, dass sie auf alle Leistungsbereiche im Gesundheitswesen angewendet und damit als strukturelles Steuerungsinstrument für den Ressourceneinsatz herangezogen wird.

Gesundheit ist auf Grund der knappen Ressourcen in den vergangenen Jahrzehnten zunehmend zum Gegenstand wissenschaftlicher Überlegungen in verschiedenen Bereichen geworden. So haben sich auch die Wirtschaftswissenschaften verstärkt mit dem Gut Gesundheit auseinandergesetzt. Dabei werden als Güter im wirtschaftlichen Sinne nur solche verstanden, die im Verhältnis zu den ihnen gegenüberstehenden menschlichen Bedürfnissen knapp sind, das heißt nicht in unbeschränktem Ausmaß zur Bedürfnisbefriedigung zur Verfügung stehen. Derartige Güter bilden den Gegenstand des Wirtschaftens, wobei unter Wirtschaften das Entscheiden über die Verwendung knapper Güter im Hinblick auf eine bestmögliche Befriedigung menschlicher Bedürfnisse verstanden wird. Die Bedeutung der Gesundheit als wirtschaftliches Gut wird beispielhaft deutlich durch die Aussagen „Gesundheit ist das höchste Gut, und um die Gesundheit zu erhalten, ist nichts zu teuer" oder „Das Gesundheitswesen ist in einer Krise: Wenn die Kosten weiter im bisherigen Tempo steigen, können wir uns Gesundheit bald nicht mehr leisten".

Wenn das Problem der Zuordnung knapper Güter auf zu befriedigende Bedürfnisse als wesentliches Merkmal des Wirtschaftens angesehen wird, dann lässt sich **Wirtschaften** inhaltlich als Entscheiden erklären, und zwar als das Entscheiden oder Disponieren über knappe Güter im Hinblick auf ihre direkte oder indirekte Verwendung zur Befriedigung menschlicher Bedürfnisse. Diese Entscheidungen sollen im Verständnis der Wirtschaftswissenschaften rational getroffen werden. Das bedeutet, dass durch eine Entscheidung diejenige Handlungsalternative auszuwählen ist, die im Hinblick auf ein verfolgtes Ziel oder Zielsystem unter anderem eine höchstmögliche Leistungsfähigkeit (Effektivität) und Wirtschaftlichkeit (Effizienz) zu leisten verspricht. Aus dieser Tatsache folgt, dass Wirtschaften das Vorhandensein von Zielen voraussetzt, denn **Effektivität** bedeutet Wirksamkeit im Hinblick auf verfolgte Ziele. **Effizienz** dagegen betrifft die Einhaltung des Rationalprinzips, das in wirtschaftlicher Ausprägung als ökonomisches Prinzip oder Wirtschaftlichkeitsprinzip bezeichnet wird. Im Zentrum der Überlegungen steht die Wirtschaftlichkeit der Leistungserstellungen bzw. -bereitstellungen. Um objektive Bewertungskriterien für die Ermittlung der Wirtschaftlichkeit zu schaffen, werden Berechnungen durchgeführt. Wesentliches Element zur Feststellung der Wirtschaftlichkeit ist die Gegenüberstellung von Leistungen und Kosten bzw. von Erträgen und Aufwendungen. Bei der Wirtschaftlichkeit werden folglich zwei Euro-Beträge in eine Relation gebracht, das Ergebnis ist eine Kennzahl. Diese kann dann als Entscheidungsgrundlage für die Ressourcenallokation (Verteilung der verfügbaren Produktionsfaktoren) herangezogen werden. Soll die Wirtschaftlichkeit in einem Krankenhaus erhöht werden, kann grundsätzlich entweder das Minimalprinzip oder das Maximalprinzip angewendet werden.

Als **Minimalprinzip** bedeutet das ökonomische Prinzip, dass ein vorgegebenes Ziel wirtschaftlichen Handelns mit einem minimalen Einsatz knapper Güter realisiert wird, während das **Maximalprinzip** verlangt, dass mit einem vorgegebenen Einsatz knapper Güter ein höchstmögliches Ergebnis des wirtschaftlichen Handelns erreicht wird.

Als Ziel oder Ergebnis wird ganz allgemein ein zukünftiger Zustand irgendwelcher Objekte verstanden, der durch ein entsprechendes eigenes Verhalten erreicht werden soll.

Im Hinblick auf die verfolgten **Ziele** kann unterschieden werden zwischen:
- Individualzielen
- Betriebszielen
- gesamtwirtschaftlichen Zielen.

Individualziele sind Ziele, die das wirtschaftlich handelnde Individuum seinen Entscheidungen zugrunde legt. **Betriebsziele** sind dagegen Ziele, an denen die Wirtschaftseinheiten, deren Zweck auf die Erstellung und Verwertung von Leistungen für den Bedarf Dritter gerichtet ist, ihre Entscheidungen im Hinblick auf die Verwendung knapper Mittel ausrichten. **Gesamtwirtschaftliche Ziele** schließlich sind Ziele, die die Entscheidungen in einer Volkswirtschaft oder in einer anderen übergeordneten Wirtschaftseinheit beeinflussen.

Im Hinblick auf das Ziel „Erhaltung und/oder Wiederherstellung von Gesundheit" hat der einzelne Mensch Entscheidungen bezüglich seiner Gesundheit bzw. deren Erhaltung oder Wiederherstellung zu treffen. Betriebsziele stellen in diesem Kontext die Zielsetzungen der Wirtschaftseinheiten dar, deren Zweck in der Behandlung, Pflege und Rehabilitation von gesundheitlich Beeinträchtigten und Kranken sowie in der präventiven Förderung der Gesundheit besteht. Die Erfüllung dieses Betriebszwecks wird durch ein hochdifferenziertes Geflecht medizinischer Berufsgruppen und Einrichtungen verfolgt, deren Pole im ambulanten Sektor durch die niedergelassenen Ärzte und im stationären Bereich durch die Krankenhäuser gebildet werden. Bestandteil des Gesundheitssystems sind aber auch Institutionen, die sich mit den gesundheitlich Beeinträchtigten befassen, die sich nicht (mehr) in medizinischer Akut-Behandlung befinden, aber gleichwohl der gesundheitlichen Betreuung bedürfen. Dazu gehören vor allem die Einrichtungen zur Pflege und Rehabilitation kranker oder behinderter Menschen (z. B. Pflegeheime, Kuranstalten). Gesundheitlich bedeutsame Leistungen werden aber auch von den Einrichtungen (z. B. Sozialstationen) erbracht, die neben den gesundheitlichen Aufgaben auch allgemeine soziale Dienstleistungsfunktionen erfüllen.

Die gesamtwirtschaftlichen Ziele als oberste Gruppe der oben aufgeführten Ziele verkörpern diejenigen Zielsetzungen, deren Erreichung mithilfe der staatlichen Gesundheitspolitik angestrebt wird. Die Gesundheitspolitik betrifft hierbei die folgenden Ebenen:
- Förderung und Erhalt der Gesundheit durch Minimierung der gesundheitsbedrohenden Risikopotenziale und ihrer Ursachen
- Wiederherstellung der Gesundheit durch Behandlung, Pflege und Rehabilitation von Kranken und gesundheitlich Beeinträchtigten durch die Einrichtungen des Gesundheitssystems
- Sicherung des materiellen Lebensunterhalts im Fall von Krankheit, Arbeits- und Erwerbsunfähigkeit.

Fragen des individuellen Verhaltens gegenüber dem Wirtschaftsgut Gesundheit sind zwar im Hinblick auf alle genannten Ziele von besonderer Bedeutung, da der Gesundheitszustand des Einzelnen durch sein eigenes Verhalten entscheidend beeinflusst wird. Diese Probleme werden jedoch im Rahmen des vorliegenden Lehrbuchs nicht behandelt, weil sich die gewählte Thematik ausschließlich mit betriebs- und volkswirtschaftlichen Fragestellungen des Gesundheitswesens befasst.

In betriebswirtschaftlicher Hinsicht geht es um die Analyse der Gesundheitseinrichtungen als Wirtschaftseinheiten mit dem zuvor dargestellten Betriebszweck. Bei diesen Unternehmen handelt es sich um eine Teilmenge der Menge aller Betriebe, wobei innerhalb dieser Teilmenge den Krankenhausbetrieben eine besondere Bedeutung zukommt. Die **Krankenhäuser** sind quasi zu Produktionsanlagen des Gesundheitsgutes geworden. Das Klinikum der Neuzeit hat mit dem christlichen Hospiz und dem Spital des vorigen Jahrhunderts nicht mehr viel gemeinsam. Das Krankenhaus wird den

Produktionsbetrieben anderer Wirtschaftszweige immer ähnlicher. Aus dieser Tatsache resultiert die Notwendigkeit, sich mit den Problemen der Führung von Krankenhausbetrieben in einer Weise auseinanderzusetzen, wie dies für die Führung industrieller Unternehmen schon seit langem erfolgt.

In diesem Zusammenhang ist allerdings auf die unterschiedlichen Strukturen des Zielsystems in Krankenhausbetrieben und industriellen Unternehmen marktwirtschaftlicher Prägung einzugehen. Bezüglich des betrieblichen Zielsystems kann allgemein davon ausgegangen werden, dass jeder Betrieb innerhalb seines Zielsystems über eine leistungswirtschaftliche, eine finanzwirtschaftliche und eine soziale Zielkomponente verfügt, wie in Abbildung 2.1-6 veranschaulicht wird.

Bei den Industrieunternehmen marktwirtschaftlicher Prägung ist grundsätzlich davon auszugehen, dass der **finanzwirtschaftlichen Zielkomponente**, insbesondere in der Form des Gewinnstrebens, ein absoluter Primat eingeräumt wird. Damit spielen die leistungswirtschaftliche und die soziale Zielkomponente in derartigen Unternehmen im Hinblick auf die Entscheidungsfindung in der Regel lediglich eine nach- bzw. untergeordnete Rolle.

In Betrieben des Gesundheitswesens, insbesondere in Krankenhausbetrieben, liegt demgegenüber eine völlig andere Situation vor. Hier wird im Allgemeinen eine Dominanz der **leistungswirtschaftlichen Zielkomponente** gegeben sein, die sich in Krankenhausbetrieben vornehmlich in der Form der Erfüllung eines Versorgungsauftrags gegenüber der Bevölkerung darstellt. Dieser Primat der leistungswirtschaftlichen Zielkomponente ist in der Bundesrepublik Deutschland sogar bis zu einem gewissen Grad gesetzlich verankert. Die leistungswirtschaftliche Zielkomponente dokumentiert sich konkret beispielsweise darin, dass ein Krankenhausbetrieb zur Aufnahme von Notfallpatienten verpflichtet ist. Die Erfüllung der genannten leistungswirtschaftlichen Zielkomponente ist in einem marktwirtschaftlichen System allerdings ohne angemessene Berücksichtigung der finanzwirtschaftlichen Zielkomponente nicht möglich. Jeder Betrieb und damit auch jeder Krankenhausbetrieb muss zur Erfüllung seiner leistungswirtschaftlichen Aufgabe finanzielle Mittel aufwenden, beispielsweise für die Verwendung von Gebrauchs- und Verbrauchsgütern und den Einsatz von Arbeitskräften, und er wird dies nur dann dauerhaft tun können, wenn ihm dieser Einsatz von den Abnehmern seiner betrieblichen Leistungen direkt oder indirekt finanziell erstattet wird. Trotz einiger Übereinstimmungen unterscheidet sich aber die finanzwirtschaftliche Zielkomponente in Krankenhausbetrieben von derjenigen industrieller Unternehmen marktwirtschaftlicher Prägung dadurch, dass die Industrieunternehmungen in der Regel nach maximalem Gewinn streben und die zurzeit noch überwiegende Zahl der Krankenhäuser lediglich ihre Kosten decken müssen bzw. die Erwirtschaftung eines angemessenen Gewinns anstreben, der im Unternehmen verbleibt.

Über die leistungswirtschaftliche und die finanzwirtschaftliche Zielsetzung hinaus besitzt in Krankenhausbetrieben auch die **soziale Zielkomponente** eine hervorragende Bedeutung. Die soziale Zielkomponente stellt darauf ab, dass jeder Betrieb einerseits ein soziales System, das heißt eine Menge ihm angehörender Menschen verkörpert, und andererseits als Wirtschaftseinheit ein Element eines umfassenden gesellschaftlichen Systems darstellt. Aus dem ersten Aspekt resultiert für den Betrieb die Aufgabe, dass er die Interessen seiner Mitar-

Abbildung 2.1-6: Zielsystem von Betrieben (Quelle: Haubrock et al., 1997: 3)

beiter in seinem Zielsystem zu berücksichtigen hat. Dieser Teil der sozialen Zielkomponente wird im vorliegenden Lehrbuch in Zusammenhang mit dem Personalmanagement behandelt. Demgegenüber ist der zweite Aspekt der sozialen Zielkomponente für Krankenhausbetriebe vor allem deswegen von hervorragender Bedeutung, weil es sich bei diesen Betrieben um Dienstleistungsbetriebe handelt, die ihre Leistungen unmittelbar am Menschen erstellen, und weil diese Menschen als Leistungsobjekte Mitglieder der Gesellschaft sind, in die der Krankenhausbetrieb eingebettet ist. Die soziale Zielkomponente schlägt sich in erster Linie in der Ausgestaltung und Durchführung des Pflegedienstes im Krankenhaus nieder.

Die Struktur des betrieblichen Zielsystems in der dargestellten Weise fand sich in der Vergangenheit in der Regel in der Aufbauorganisation der Krankenhausleitung wieder. Hier war eine Dreiteilung gegeben, und zwar in die:
- ärztliche Leitung (mit dem Primat der leistungswirtschaftlichen Zielkomponente)
- Verwaltungsleitung (mit dem Primat der finanzwirtschaftlichen Zielkomponente)
- Pflegeleitung (mit dem Primat der sozialen Zielkomponente).

Hieraus resultierte naturgemäß ein permanenter Zielkonflikt im Krankenhausbetrieb, da eine optimale, integrierte Gesamtzielsetzung unter diesen Gegebenheiten nur über einen Zielkompromiss gefunden werden kann, der überdies im Allgemeinen die Eigenschaft hat, dass er im Zeitablauf nicht stabil ist. Dieser permanente Zielkonflikt soll, so sehen es die Befürworter einer singulären Führungsstruktur, dadurch gelöst werden, dass die Gesamtverantwortung einer Gesundheitseinrichtung in die Hände einer Geschäftsführung gelegt wird. Diese Veränderung im Top-Management der Krankenhäuser vollzieht sich in der Regel durch eine Veränderung der Rechtsform in Richtung Gesellschaft mit beschränkter Haftung (GmbH).

Die Betriebe im Gesundheitsbereich, insbesondere die Krankenhausbetriebe, dürfen aber nicht nur isoliert als eigenständig handelnde Wirtschaftseinheiten betrachtet werden, die ihre Zielsetzung bestmöglich zu erreichen versuchen, sondern es ist darüber hinaus die Tatsache zu berücksichtigen, dass diese Betriebe in das gesellschaftliche und ökonomische Gesamtsystem als Elemente eingebettet sind. Innerhalb dieses Gesamtsystems ist Gesundheit ein wichtiges Wirtschaftsgut, das es im Interesse der Zielsetzung des Gesamtsystems sowohl aus sozialen als auch aus ökonomischen Gründen zu erzeugen, zu bewahren, zu pflegen und wiederherzustellen gilt.

Die wirtschaftliche Bedeutung des Gesundheitswesens zeigt sich am Anteil dieses Sektors am Bruttoinlandsprodukt.

Aus den vorangegangenen Ausführungen wird ersichtlich, dass es zur Erhaltung bzw. Wiederherstellung der Gesundheit des Einsatzes von Gütern bedarf, die als Wirtschaftsgüter gelten. **Wirtschaftsgüter** sind knappe Güter, die in einem marktwirtschaftlichen System dementsprechend ihren Preis haben. Bei den **Gesundheitsgütern** handelt es sich um Dienstleistungen (immaterielle Güter) und um Sachleistungen (materielle Güter). Die Annahme, es handele sich bei den Gesundheitsgütern um freie Güter in dem Sinne, dass jedes Mitglied der Gesellschaft diese Güter bzw. ihre Erzeugung, Bewahrung, Pflege und Wiederherstellung entsprechend seinen individuellen Bedürfnissen zu Lasten der Gesellschaft oder Teilen der Gesellschaft in Anspruch nehmen kann, ist durch die Gegebenheiten und Fakten in modernen und hoch entwickelten Industrie- und Gesundheitsgesellschaften widerlegt. Der Einsatz dieser Güter verursacht Kosten, die entweder kollektiv (z. B. im Rahmen der Umlagefinanzierung der Sozialversicherungen) oder individuell (z. B. durch Selbstzahlung) gedeckt werden müssen. Vor diesem Hintergrund ist es einsichtig, dass die Entscheidungen der Unternehmungen im Gesundheitswesen in Zukunft noch mehr als bisher durch die Kriterien Qualität und Wirtschaftlichkeit beeinflusst werden. So gilt unter anderem für das Management der Krankenhäuser, bei der Erstellung bzw. Bereitstellung von Gesundheitsgütern unbedingt **das Qualitätsgebot** und das **Wirtschaftlichkeitsgebot** zu beachten. In diesem Zusammenhang wird in Zukunft die Beantwortung der Frage wichtig, welcher Nutzen durch den Einsatz der Gesundheitsgüter bei den Abnehmern dieser Leistungen gestiftet wird. Der in Geld bewertete Einsatz der Gesundheitsgüter wird in Kosten ausgedrückt, die Bedürfnisbefriedigung, welche die Gesundheitsgüter zum Beispiel bei den Kostenträgern bzw. bei den Patienten erzeugen kann, wird als Nutzen bezeichnet. Dieser Nutzen kann in Geld oder zum Beispiel in Qualitätsparametern gemessen werden. So kann unter anderem durch die Gegenüberstellung von Kosten und Qualität eines Gesundheitsgutes im Zeitvergleich bzw. im Vergleich zu einem anderen Gesundheitsgut die relevante relative **Effizienz** eines Gesundheitsgutes ermittelt werden. Diese Effizienzen werden vor dem Hintergrund der in Zukunft noch knapper werdenden finanziellen Ressourcen der Sozialversicherungen als Antwort auf die Frage herangezogen, ob diese Güter weiterhin, zum Beispiel durch die Kostenträger Krankenkassen, bezahlt werden sollen.

Im Rahmen einer zukünftig geplanten marktorientierten Gesundheitspolitik hat sich der Staat, entsprechend dem klassischen Leitbild, hauptsächlich darauf zu beschränken, Rahmendaten zu schaffen, innerhalb derer sich privatwirtschaftliche Initiativen entfalten können. Darüber hinaus muss der Staat zu einer Verbesserung der Angebotsbedingungen beitragen, indem er zum Beispiel die Abgabenlast reduziert sowie die Investitionshemmnisse abbaut. Impulse für das Wachstum werden auch von einer Förderung der Forschungs- und Technologietätigkeit der Unternehmen erwartet.

2.2
Wettbewerb als Koordinationsgröße

Ein einheitliches Merkmal aller Industrie- und Dienstleistungsgesellschaften ist die hochgradige Arbeitsteilung, die sich in der Spezialisierung auf verschiedenen Ebenen (regional, sektoral, betrieblich, beruflich) niederschlägt. Dieser Entwicklungsprozess ist aus dem Streben der anbietenden und nachfragenden Wirtschaftssubjekte zu verstehen, die Produktionsfaktoren im Sinne des individuellen und damit letztlich auch im Sinne des gesellschaftlichen ökonomischen Vorteils einzusetzen. Als Folge dieser Arbeitsteilung sind Regulative notwendig, die in der Lage sind, Allokations- und Distributionsprobleme zu lösen. Solche Mechanismen der Gewährleistung ökonomisch rationaler Entscheidungen sind integrierte Bestandteile von Wirtschaftssystemen. Ein Grundtyp von Wirtschaftssystemen ist die Marktwirtschaft. In diesem Wirtschaftssystem ist das Regulativ der Wettbewerb, dem die Steuerung und Kontrolle der ökonomischen Prozesse zufällt. Unter **Wettbewerb** im wirtschaftlichen Sinne ist somit eine marktbezogene Rivalitätsbeziehung zwischen mehreren Wirtschaftssubjekten zu verstehen. Der Wettbewerb hat hierbei erstens eine **Anreizfunktion**. Daneben tritt er als **Ordnungsfaktor** für die Tauschprozesse im marktwirtschaftlichen System auf. Hierbei sollen die dezentralisierten Produktions- und Konsumtionspläne der selbstständigen und miteinander in Konkurrenz stehenden Wirtschaftssubjekte laufend durch den Markt über den dort wirksamen Preismechanismus koordiniert werden. Eine dritte Funktion des Wettbewerbs in der marktwirtschaftlichen Ordnung ist die **Verteilungsfunktion**. Diese Aufgabe beinhaltet, dass die Vergütung der Faktorleistungen über die sich im Wettbewerbsprozess bildenden Preise erfolgt. Tritt neben die wirtschaftliche die gesellschaftspolitische Betrachtungsweise des Wettbewerbs, so sind die Sicherung und Wahrung individueller Freiheiten und somit unter anderem die **Steuerung ökonomischer Macht** als Basis zur Erhaltung einer freiheitlichen Gesellschaftsordnung eine wichtige Funktion des Wettbewerbs. Aus der Selbstbestimmung des Individuums lässt sich im ökonomischen Bereich das eigenverantwortliche Dispositionsrecht für Unternehmer, Verbraucher und Arbeitnehmer ableiten. Der Wettbewerb hat im Konzept einer Marktwirtschaft westlichen Musters somit eine wirtschaftliche und eine gesellschaftspolitische Funktion. Eine Einschränkung dieser Funktion kann dadurch erfolgen, dass sich die Zahl der Wirtschaftssubjekte verkleinert und sich damit gleichzeitig der Einfluss dieser Wirtschaftssubjekte vergrößert. Eine Einschränkung des Wettbewerbs impliziert somit automatisch die Entstehung oder Verstärkung von Konzentration. Durch eine staatliche Intervention mittels Wettbewerbspolitik sollen diese Konzentrationstendenzen verhindert bzw. gebremst werden.

Seit Gründung der Bundesrepublik Deutschland wird die Wettbewerbspolitik durch die sich verändernden theoretischen Ansätze geprägt. So lassen sich, zeitlich versetzt oder zeitgleich, Vertreter des systemtheoretischen, des wohlfahrtsökonomischen und des organisationsstrukturellen Ansatzes finden. Der **systemtheoretische Ansatz** geht von der Erkenntnis aus, dass die Wettbewerbsfreiheit der Marktbeteiligten der entscheidende Wettbewerbsfaktor ist. Die **wohlfahrtsökonomische Richtung** stützt sich vor allem auf die ökonomischen Zusammenhänge zwischen Marktstruktur, Marktverhalten und Marktergebnis. Der **organisationsstrukturelle Ansatz** zeigt Zusammenhänge zwischen internen Prozessen im Unternehmen und dem daraus resultierenden Wettbewerbsverhalten auf.

In einer Wettbewerbswirtschaft konkurrieren Produzenten und Konsumenten. Im **makroökonomischen Verständnis** werden **Unternehmen** zur Kennzeichnung der produzierenden Wirtschaftseinheiten, im Gegensatz zu den **Haushalten** als den konsumierenden Wirtschaftseinheiten, verwendet.

Unternehmungen (Produzenten) erstellen Güter in Form von Sach- und Dienstleistungen für den Bedarf Dritter und bieten ihre her- bzw. bereitgestellten Leistungen auf dem Markt zum Tausch gegen Geld an. Gleichzeitig treten die Haushalte (Konsumenten) mit ihrer Nachfragemacht auf dem Markt auf. In den Haushalten vollzieht sich anschließend die Konsumtion.

Die Wirtschaft der Bundesrepublik Deutschland wird traditionell nach der **Drei-Sektoren-Hypothese** eingeteilt. Diese volkswirtschaftliche Theorie, die in den 1930er-Jahren von Allan G. B. Fischer und C. G. Clark entwickelt wurde, teilt eine Volkswirtschaft in die Bereiche Rohstoffgewinnung, Rohstoffverarbeitung und Dienstleistung ein.

Der **primäre Sektor (Primärproduktion)** umfasst die Landwirtschaft, den Bergbau, die Forstwirtschaft und die Fischerei, der **sekundäre Sektor (industrieller Sektor)** wird durch das verarbeitende Gewerbe, die Industrie, die handwerkliche Produktion, das Baugewerbe, die Energiewirtschaft sowie die Wasser- und Energieversorgung geprägt. Teilweise wird zudem der Bergbau dem Sekundärsektor zugeordnet. Der **tertiäre Sektor (Dienstleistungssektor)** umfasst alle Dienstleistungen, die in eigenständigen Unternehmen, durch den Staat und durch andere öffentliche Einrichtungen erbracht werden. Hierzu zählen unter anderem der Handel, der Verkehr, die Banken, die Versicherungen, die Gesundheitseinrichtungen und die Gebietskörperschaften. Charakteristisch für den Dienstleistungssektor ist die Produktion durch den Einsatz des Faktors Arbeit. Es handelt sich somit um einen personalintensiven Sektor. Aus dieser Aufzählung wird deutlich, dass die Gesundheitseinrichtungen (z. B. Arztpraxen, Krankenhäuser) dem dritten Sektor zuzurechnen sind. Das Drei-Sektoren-Modell einer Volkswirtschaft zeigt Tabelle 2.2-1.

Tabelle 2.2-1: Das Drei-Sektoren-Modell (Quelle: Haubrock, M.; Konzentration und Wettbewerbspolitik; Frankfurt/M., 1974: 47)

Primärer Sektor	Sekundärer Sektor	Tertiärer Sektor

1. Land- und Forstwirtschaft
2. Fischerei
	1. Energiewirtschaft und Wasserversorgung
	2. Bergbau
	3. Verarbeitendes Gewerbe
	  a) Grundstoff- und Produktionsgütergewerbe
	  b) Investitionsgütergewerbe
	  c) Verbrauchsgütergewerbe
	  d) Nahrungs- und Genussmittelgewerbe
	4. Baugewerbe
		1. Handel
		2. Verkehr und Nachrichtenübermittlung
		3. Kreditinstitute, Versicherungsunternehmen
		4. Wohnungsvermietung
		5. Sonstige Dienstleistungen

Die Unternehmungen, die in diesen Sektoren angesiedelt sind, können wiederum nach Merkmalen typisiert werden. In Tabelle 2.2-2 wurden beispielhaft einige Abgrenzungsmerkmale zugsammengestellt, die zur Typisierung herangezogen werden können.

Seit einigen Jahren werden einige Zweige des Tertiärsektors aufgrund ihrer volkswirtschaft-

Tabelle 2.2-2: Betriebstypen und ihre wesentlichen Abgrenzungsmerkmale (Quelle: Haubrock/Schär, 2009: 108)

Lfd. Nr.	Merkmale	Ausprägungen der Merkmale Betriebstypen	Beispiele
1	Wirtschaftszweige, Branchen	1. Industriebetriebe 2. Handwerksbetriebe 3. Handelsbetriebe 4. Bankbetriebe 5. Verkehrsbetriebe 6. Versicherungsbetriebe 7. sonstige Dienstleistungsbetriebe	1. VW-Werk 2. VW-Werkstatt 3. Autozubehörhandel 4. Stadtsparkasse 5. Bundesbahn 6. Allianz 7. Gaststätte
2	Art der erstellten Leistung	1. Sachleistungsbetrieb 2. Dienstleistungsbetrieb	1. VW-Werk 2. Stadtsparkasse
3	Fertigungsprinzipien (Anzahl erstellter Güter)	1. Massenfertigungsbetrieb 2. Sortenfertigungsbetrieb 3. Serienfertigungsbetrieb 4. Partie-/Chargenfertigungsbetrieb 5. Einzelfertigungsbetrieb	1. Kohlebergbau, Elektrizitätswerk 2. Herrenanzugfabrik 3. VW-Werk 4. Stahlwerk 5. Schiffsbau
4	Organisationsprinzipien der Betriebsmittel	1. Fließfertigungsbetrieb 2. Werkstattfertigungsbetrieb 3. Gruppenfertigungsbetrieb	1. VW-Werk 2. Dreherei 3. ...
5	vorherrschender Produktionsfaktor	1. arbeitsintensiver Betrieb 2. anlagenintensiver Betrieb 3. materialintensiver Betrieb 4. energieintensiver Betrieb	1. optischer Betrieb 2. Bergbau 3. Goldschmiede 4. Aluminiumwerk
6	Standortabhängigkeit	1. rohstofforientierter Betrieb 2. energieorientierter Betrieb 3. arbeitsorientierter Betrieb 4. absatzorientierter Betrieb	1. Eisenhüttenwerke 2. Aluminiumwerke 3. optische Werke 4. Lebensmittelwerke
7	Versorgungsstufen/ medizinische Aufgabenstellung	Betriebe (KH) der: 1. Grundversorgung (VS I) 2. einfachen Regelversorgung (VS II) 3. differenzierten Regelversorgung (VS III) 4. Zentralversorgung (VS IV) 5. Maximalversorgung (VS V)	1. ... 2. ... 3. ... 4. ... 5. Universitätskliniken
8	Verweildauer	1. Akutbetrieb (KH) 2. Langzeitbetrieb (KH)	1. Städt. Kliniken Osnabrück 2. Nds. Landeskrankenhaus Osnabrück
9	Träger	1. kommunaler/s Betrieb (KH) 2. Landesbetrieb (Landes-KH) 3. Bundesbetrieb (Bundes-KH) 4. freigemeinnütziger/s Betrieb (KH) 5. privater/s Betrieb (KH)	1. Städt. Kliniken Osnabrück 2. Nds. Landeskrankenhaus Osnabrück 3. Bundeswehrkrankenhaus Osnabrück 4. Marienhospital Osnabrück 5. Paracelsus-Klinik Osnabrück
10	Spezialisierung	1. Fachbetrieb (Fach-KH) 2. Allgemeinbetrieb (Allgemein-KH)	1. Frauenklinik, Kinderklinik 2. Städt. Kliniken Osnabrück

lichen Bedeutung sowie ihrer hohen intellektuellen Ansprüche und ihrer ausgeprägten Verantwortungsbereitschaft in eigene Sektoren separiert. Danach fallen die Beratungen, die Informationsdienstleistungen, die Hochtechnologie und die Kommunikationstechnologie in den **quartären Sektor (Informationssektor)**. Eine erweiterte Sichtweise integriert auch die Leistungen, die in den wirtschaftlich wachsenden Bereichen Freizeit und Unterhaltung anfallen, in diesen Sektor.

Der **Quintärsektor** steht in der Regel für den Bereich der Entsorgungswirtschaft. Zu diesem Sektor gehören die Bereiche Müllabfuhr, Schrottplätze, Klär- und Recyclinganlagen (Abb. 2.2-1).

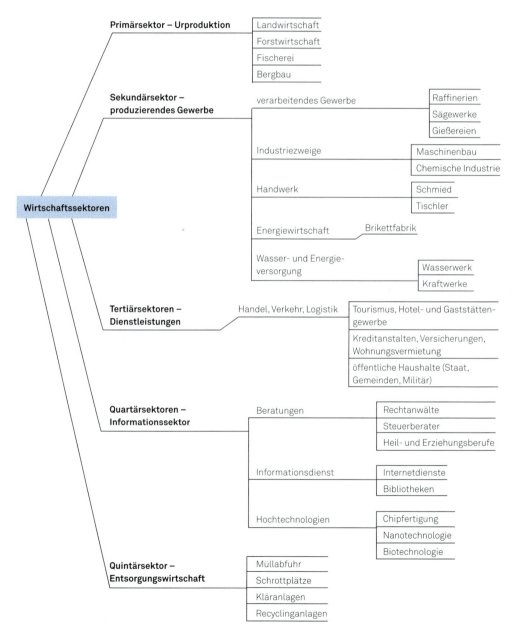

Abbildung 2.2-1: Das Fünf-Sektoren-Modell der Volkswirtschaft (Quelle: Eigenerstellung)

Die Einteilung einer Volkswirtschaft nach der Drei-Sektoren-Hypothese ist historisch bedingt. Bis zur industriellen Revolution, die im 18. Jahrhundert ihren Anfang nahm, dominierte der **primäre Sektor**. Dieser Sektor, in dem in Mitteleuropa der Wirtschaftsbereich Landwirtschaft eine dominante Bedeutung hatte, war ökonomisch geprägt durch die volkswirtschaftlichen Produktionsfaktoren Boden und Arbeit. Unter dem Faktor **Boden** ist der Grundbesitz zu verstehen. Hierbei lassen sich unter anderem der Anbauboden (z. B. landwirtschaftliche Nutzfläche) und der Abbauboden (z. B. Gewinnung von Rohstoffen unterscheiden. Ein ökonomisches Merkmal der vorindustriellen Gesellschaften, die durch eine ständisch-agrarische Ordnung gekennzeichnet wurden, war es, dass die Verfügungsgewalt über den Produktionsfaktor Boden im Wesentlichen in den Händen der adligen Grundherren lag. Die Verfügungsgewalt über den Einsatz des Produktionsfaktors **Arbeit** erfolgte zunächst auf der Grundlage der Leibeigenschaft. Nach den Reformen von Stein und Hardenberg, die zu Beginn des 19. Jahrhunderts in Preußen die liberalen Ansätze der französischen Revolution umsetzten, erfolgte der Einsatz über die Hand- und Spanndienste. Die „industrielle Revolution", die im letzten Viertel des 18. Jahrhunderts begann, veränderte das gesamte gesellschaftliche und wirtschaftliche Leben und die sozialen Strukturen. Sie steht stellvertretend für den beginnenden wirtschaftlichen Liberalismus und für die Umwälzung der Produktionsweisen und der Transporttechnik. Der Faktor **Kapital** im Sinne von Investitionskapital wurde zu einer wichtigen wirtschaftlichen Größe.

Der **zweite Sektor**, im Wesentlichen die Industrie, begann folglich im 19. Jahrhundert für die wirtschaftliche Entwicklung eines Landes die führende Rolle einzunehmen. Die Bedeutung des verarbeitenden Gewerbes für die wirtschaftliche Entwicklung Deutschlands verstärkte sich bis in die zweite Hälfte des 20. Jahrhunderts. Die Industrie war somit einerseits der Ort, an dem die meisten Arbeitsplätze entstanden, andererseits aber auch der wirtschaftliche Wachstumsmotor.

Jahrzehntelang waren es vornehmlich die Güter, die in der Industrie und im Handwerk produziert wurden, die das Wirtschaftswachstum kontinuierlich erhöht haben. Zudem waren die meisten Erwerbspersonen im zweiten Sektor beschäftigt. In den 1970er-Jahren veränderte eine Rationalisierungswelle die Wirtschaftsstrukturen in Deutschland. Durch die Entwicklung von Mikrorechnern konnten zunächst in der Industrie flächendeckend Computer eingesetzt werden, die eine rechnerunterstützte sowie später eine rechnerintegrierte Konstruktion und Fertigung ermöglichten. Die Wirtschaftseinheiten des zweiten Wirtschaftssektors setzten auf die Automatisierung. Dies hatte zur Folge, dass der Anteil der Erwerbspersonen in diesem Bereich innerhalb von 14 Jahren von 48,9 v. H. (1970) auf 41,5 v. H. (1984) sank, während im gleichen Zeitraum der Zuwachs im **tertiären Bereich** knapp 11 v. H. (42,5–53,1 v. H.) betrug (vgl. Informationen zur politischen Bildung, 1988: 23). Der Produktionsfaktor **Arbeit** „wanderte" vom Industrie- in den Dienstleistungsbereich. Damit vollzog sich eine zweite Wanderungsbewegung, nachdem bereits im 19. Jahrhundert, ebenfalls ausgelöst durch Rationalisierungsmaßnahmen, die Arbeitskräfte vom ersten in den zweiten Sektor wechselten. Parallel zu der Automatisierungswelle in der Industrie verstärkte sich der Rechnereinsatz in den Dienstleistungsunternehmungen. Infolge dieser Entwicklung konnte der Dienstleistungsbereich seine Auffangfunktion für die Erwerbspersonen nicht mehr in dem notwendigen Maße ausfüllen. Dies ist eine Ursache dafür, dass die Arbeitslosenzahl seit Anfang der 1970er-Jahre dramatisch gestiegen ist. Die Umstrukturierung auf dem Arbeitsmarkt verlief jedoch nicht einheitlich. So gab es Branchen, in denen die sozialversicherungspflichtig Beschäftigten zunahmen, während in anderen Bereichen erhebliche Verluste an Arbeitsplätzen zu verzeichnen waren. Die negative Entwicklung auf dem Arbeitsmarkt setzte, wie bereits erwähnt, in den 1970er-Jahren ein. Nahezu zeitgleich tauchte in der gesundheitspolitischen Diskussion der Begriff „Kostenexplosion" auf. Hieraus lässt sich folgern, dass ein Zusammenhang zwischen der Arbeitsmarktsituation und der finanziellen Lage der Sozialversicherungsträger bestehen muss.

Zusammenfassend ist festzuhalten, dass Deutschland bis zum Ende des 19. Jahrhunderts eine Agrargesellschaft und bis in die 1970er-Jahre eine Industriegesellschaft war. Ab Mitte des 20. Jahrhunderts gewann der tertiäre Sektor an Bedeutung. Der Anteil des Bruttoinlandsprodukts und der Beschäftigtenzahlen stieg im dritten Sektor über die Quote des industriellen Sektors. Deutschland verwandelte sich in eine **Dienstleistungsgesellschaft**.

Nach Fourastie (1954) lässt sich die Verschiebung der Beschäftigtenquote innerhalb der Wirtschaftssektoren durch drei Phasen verdeutlichen, die den Entwicklungsphasen der drei Wirtschaftssektoren entsprechen (Tab. 2.2-3).

Nach den Daten des Statistischen Bundesamtes betrug der Anteil der Erwerbstätigen im Jahre 2014 im tertiären Sektor 73,9 % (primärer Sektor: 1,5 %, sekundärer Sektor: 24,6 %), das Bruttoinlandsprodukt verteilte sich im Jahre 2012 wie folgt: primärer Sektor 0,8 %, sekundärer Sektor 30,5 %, tertiärer Sektor 68,6 % (vgl. Statistisches Bundesamt, 2015). Diese Zahlen zeigen deutlich, dass die Dienstleistungen in Deutschland dominante Wirtschaftsfaktoren geworden sind.

In allen drei Wirtschaftssektoren eines marktwirtschaftlichen Systems spielt der Wettbewerb auf den Märkten eine zentrale Rolle. Der in diesem Zusammenhang verwendete Marktterminus ist als Sammelbegriff zu verstehen, da es nicht nur einen Markt, sondern eine Vielzahl von Märkten gibt. So lassen sich zum Beispiel Konsumgüter- und Investitionsgütermärkte unterscheiden.

Allen Märkten ist jedoch gleich, dass eine **Nachfrage der Haushalte** nach diesen Gütern existiert. Hierbei lassen sich die Haushaltsmitglieder von ihren Bedürfnissen, von ihrem zur Verfügung stehenden Haushaltseinkommen sowie von den Preisen der angebotenen Produkte beeinflussen. Selbstverständlich prägt auch die eigene wirtschaftliche Zukunftsperspektive das Nachfrageverhalten. Die wirtschaftliche Nachfrage wird durch die Existenz von Wünschen ausgelöst. Diese Wünsche werden in der Ökonomie als Bedürfnisse bezeichnet. Bei einem **Bedürfnis** handelt es sich um die Empfindung eines Mangels, mit dem Bestreben, diesen Mangel zu beseitigen. Diese Bedürfnisse können nach ihrer Wertigkeit in verschiedenen Gruppen eingeteilt werden. So lassen sich zum Beispiel unterscheiden:

- Existenzbedürfnisse (z. B. Wohnung)
- Kulturbedürfnisse (z. B. Musik)
- Luxusbedürfnisse (z. B. Weltreise).

Eine eindeutige Abgrenzung dieser Bedürfnisse ist jedoch nicht immer gegeben. Weiterhin lassen sich Bedürfnisse danach unterscheiden, ob sie für eine einzelne Person oder für eine Personengruppe eine Befriedigung bringen. Bedürfnisse, die jedem einzelnen Menschen eine Befriedigung bringen, werden Individualbedürfnisse (z. B. Nahrung) genannt. Bedürfnisse, die einer Gruppe eine Befriedigung bringen, heißen Kollektivbedürfnisse (z. B. Rechtssicherheit). Neben diesen Bedürfnissen spielt unter wirtschaftlichen Gesichtspunkten auch die sogenannte Kaufkraft einer Person eine zentrale Rolle.

Unter **Kaufkraft** soll die Geldmenge verstanden werden, die dem Käufer zur Verfügung steht. Kombiniert man nun die Bedürfnisse mit der Kaufkraft, so entsteht ein **Bedarf**. Wird dieser Bedarf auf den Märkten wirksam, so ersteht eine mit Kaufkraft ausgestattete **Nachfrage**, die das Ziel hat, einen Teil der vorhandenen Bedürfnisse zufriedenzustellen. Die Zusammenhänge zwischen den Bedürfnissen, dem Bedarf und der Marktnachfrage sind Abbildung 2.2-2 zu entnehmen.

Tabelle 2.2-3: Veränderung der Beschäftigtenquote (Quelle: Eigenerstellung)

Phase	Primärer Sektor [%]	Sekundärer Sektor [%]	Tertiärer Sektor [%]
1	70	20	10
2	20	40	40
3	10	20	70

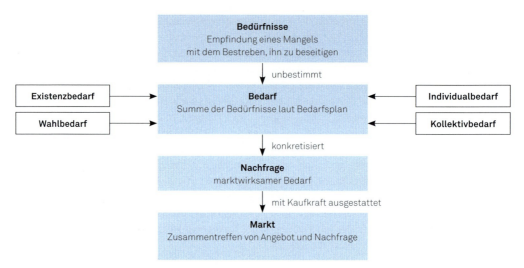

Abbildung 2.2-2: Bedürfnisse, Bedarf und Nachfrage (Quelle: Seidel/Temmen, 1980: 5)

Als Nachfrager treten im Wirtschaftsprozess neben den öffentlichen Haushalten (z. B. Haushalte des Bundes, der Länder, der Kommunen) überwiegend die privaten Haushalte auf. Diese sind somit wichtige Entscheidungsträger in einer Volkswirtschaft. Sie sind bestrebt, mit den vorhandenen finanziellen Mitteln die Mitglieder des Haushalts möglichst gut mit Gütern zu versorgen.

Die **Güter** stellen somit die Mittel zur Bedürfnisbefriedigung dar. Hierbei sind **freie Güter** die Güter, die im Verhältnis zu den Bedürfnissen im Überfluss vorhanden und nicht Gegenstand wirtschaftlicher Tätigkeit sind. Zu den freien Gütern wird nur noch die Luft gezählt. Ökonomisch von Bedeutung sind die sogenannten **wirtschaftlichen Güter**. Bei diesen Gütern wird eine gegenüber den nahezu unbeschränkten Bedürfnissen eine begrenzte Kaufkraft sowie eine latent vorhandene Knappheit des Güterangebots unterstellt. Um dieses Spannungsverhältnis zu lösen, muss der Mensch planvoll handeln. Dieses Handeln impliziert eine Abwägung zwischen dem zu zahlenden **Preis** (Kosten) und dem zu erzielenden **Nutzen** (Grad der Bedürfnisbefriedigung). Eine Übersicht über die Einteilung der Güter vermittelt Abbildung 2.2-3.

Diese vergleichende Gegenüberstellung der Kosten und des Nutzens bildet die Grundlage des wirtschaftlichen, effizienten oder rationalen Handelns. Dieses Agieren wird als **ökonomisches Prinzip** umschrieben. Im Zentrum der marktrelevanten Entscheidungen und der daraus resultierenden Tätigkeiten steht somit die **Wirtschaftlichkeit** bzw. die **Effizienz** der Leistungserstellung bzw. -bereitstellung. Um objektive Bewertungskriterien für die Ermittlung der Wirtschaftlichkeit zu schaffen, werden ökonomische Evaluationen durchgeführt.

Aus dem Blickwinkel der **Produzenten** ist die Gegenüberstellung von Leistungen und Kosten bzw. von Erträgen und Aufwendungen das wesentliche Element zur Feststellung der Wirtschaftlichkeit. Bei dieser Wirtschaftlichkeitsermittlung werden folglich zwei **monetäre Größen** (z. B. zwei Euro-Beträge) in eine Relation gebracht, das Ergebnis ist eine Kennzahl. Diese Kennzahl kann dann als Entscheidungsgrundlage für die zukünftige Bereitstellung von Gütern herangezogen werden. Soll die Wirtschaftlichkeit in einem Unternehmen erhöht werden, kann entweder das Minimalprinzip oder das Maximalprinzip angewendet werden.

Durch die monetäre Leistungsbegrenzung im Gesundheitswesen infolge der jährlichen Budgetdeckelung bzw. prospektiven Ertragsfestlegung (vertragliche Mengen- und Preisregulation) kommt in der Regel in der Gesundheitswirtschaft nur das Minimalprinzip zur

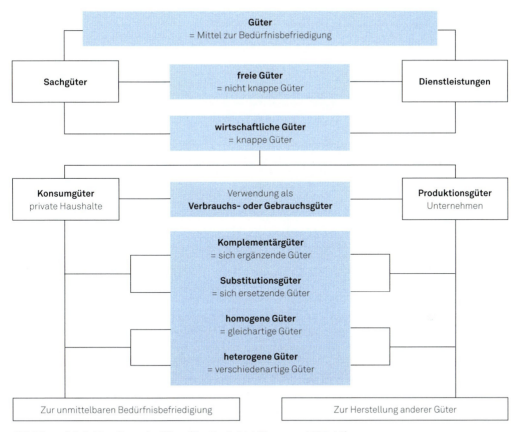

Abbildung 2.2.3: Einteilung der Güter (Quelle: Seidel/Temmen, 1980: 10)

Anwendung, das heißt, eine Steigerung der Wirtschaftlichkeit kann nur durch eine Kostenreduktion erreicht werden.

Der **Konsument** eines Gutes wird seinen Nutzen in der Regel nicht monetär ermitteln können bzw. wollen. Für ihn muss das Produkt einen sogenannten **intangiblen Ertrag** erzielen. Hierunter sind Ergebnisse zu sehen, die sich nicht in Geld messen lassen. Ein wesentliches Merkmal ist zum Beispiel die subjektive Qualitätseinschätzung des Produkts. Qualität wird somit für den Konsument zu einem Nutzenmesser und damit zu einem Entscheidungsfaktor. Neben dieser sogenannten Bedarfsstruktur bestimmen das verfügbare Einkommen, die zukünftigen individuellen und kollektiven Erwartungen sowie die Preise der Alternativgüter eine wichtige Rolle (Abb. 2.2-4).

Vor dem Hintergrund der sich bereits erkennbar, aber in Zukunft noch stärker verändernden Bedarfsstruktur werden auch die Leistungen im ersten Gesundheitsmarkt, die seitens der Gesundheitseinrichtungen angeboten und von den Krankenkassen und den Versicherten nachgefragt werden, noch mehr als bisher anhand des Kriteriums Qualität nachgefragt werden. Somit gilt unter anderem für das Management der Krankenhäuser, bei der Erstellung bzw. Bereitstellung von Gesundheitsgütern das Qualitäts- und das Wirtschaftlichkeitsgebot zu beachten. Im zweiten Gesundheitsmarkt wird zunehmend der Preis die Nachfrage bestimmen.

Das **Unternehmerangebot** wird ebenfalls von bestimmten Größen determiniert. So lässt sich ein Unternehmen durch den auf dem Markt zu realisierenden Preis seines Produkts und durch die Preise der konkurrierenden Güter ebenso beeinflussen wie durch die Her- bzw. Bereitstellungskosten (z. B. Lohn- und Materialkosten). Alle Faktoren bestimmen die Gewinner-

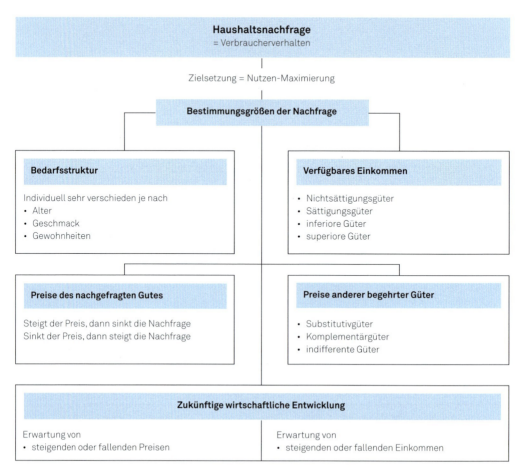

Abbildung 2.2-4: Bestimmungsfaktoren der Haushaltsnachfrage (Quelle: Seidel/Temmen, 1980: 119)

wartungen, die gerade für erwerbswirtschaftlich orientierte Unternehmen eine zentrale Bedeutung haben (Abb. 2.2-5).

Die Herstellung bzw. Bereitstellung der oben genannten Güter ist Aufgabe der Unternehmungen. Diese stellen somit als Produktionseinheiten den Gegenpart zu den Konsumeinheiten „Haushalte" dar. Die Unternehmen lassen sich, wie oben aufgezeigt worden ist, den drei Wirtschaftssektoren Urerzeugung, Weiterverarbeitung und Dienstleistungen zuordnen. Hinsichtlich der Ziele lassen sich wiederum **gewinnorientierte Unternehmen** und Unternehmungen, die lediglich eine **Kostendeckung** anstreben, unterscheiden. Gewinn- bzw. erwerbswirtschaftliche Unternehmen, die in der Gesundheitswirtschaft ihre Leistungen anbieten, haben das Ziel, durch den Verkauf ihrer Gesundheitsgüter Profite zu erzielen und den erzielten Gewinn möglicherweise aus dem Unternehmensvermögen in die private Verwendung zu transferieren. Gesundheitsunternehmen, die sich der Gemeinnützigkeit verschrieben haben, verfolgen das Kostendeckungsprinzip (Abb. 2.2-6). Auch diese Einrichtungen dürfen Gewinne erzielen, müssen sie jedoch als Rücklagen verwenden, das heißt, sie erhöhen das Eigenkapital der Unternehmung. Hieraus wiederum können zum Beispiel Investitionen getätigt werden.

Die Mikroökonomie als wissenschaftliche Teildisziplin hat die Funktion, unter anderem Erkenntnisse über die Unternehmen zu gewinnen. Dabei erstreckt sich die Erkenntnisgewinnung einerseits auf den Aufbau der Unternehmen und auf die Prozesse in den

2.2 Wettbewerb als Koordinationsgröße

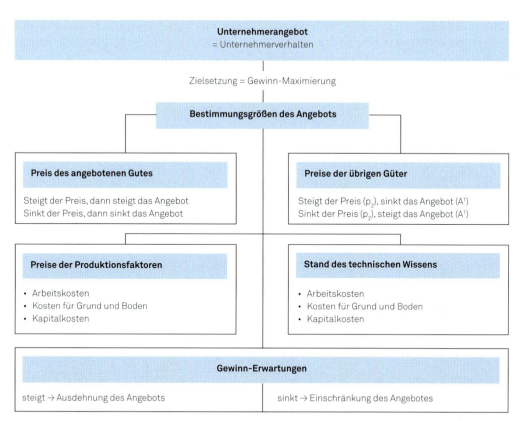

Abbildung 2.2-5: Bestimmungsfaktoren des Unternehmerangebotes (Quelle: Seidel/Temmen, 1980: 129)

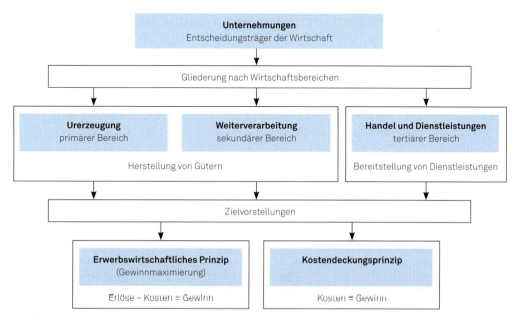

Abbildung 2.2-6: Erwerbswirtschaftliches Prinzip und Kostendeckungsprinzip als Unternehmensziel (Quelle: Seidel/Temmen, 1980: 112)

Unternehmungen. Andererseits sollen Handlungsregeln dafür gewonnen werden, wie die unternehmerischen Ziele erreicht werden können. In der Mikroökonomie findet sich keine eindeutige Definition des Unternehmensbegriffs. Eine Systematisierung der Definitionen lässt sich anhand der in der Betriebswirtschaftslehre verwendeten Bezeichnungen Unternehmen und Betriebe durchführen. So fassen einige Ökonomen (z. B. Gutenberg, Mellerowicz) den Betrieb als Oberbegriff auf; nach Lehmann, Schäfer und anderen werden Betrieb und Unternehmung als Synonyma zur Bezeichnung der produzierenden Wirtschaftseinheit verwendet; Lohmann, Walther und andere sind dagegen der Meinung, dass der Betrieb dem Unternehmen untergeordnet ist.

An dieser Stelle wird die **Unternehmung** als das übergeordnete wirtschaftlich-rechtlich organisierte Gebilde verstanden, in dem nicht nur die Kombination produktiver Faktoren zur Herstellung materieller Güter oder zur Bereitstellung immaterieller Güter sowie die Verwertung der erstellten Leistungen erfolgt, sondern das auch die zur Leistungserstellung und -verwertung erforderlichen finanziellen Mittel und die rechtlichen Erscheinungsformen umfasst. Der Betrieb stellt folglich nur einen Teilaspekt der Unternehmung dar. Der Betrieb ist gleichzusetzen mit dem örtlich getrennten, technisch-produktiven Arbeitsbereich. Aus dieser Definition lässt sich ableiten, dass eine Unternehmung mehrere Betriebe umfassen kann. Andererseits gibt es auch Unternehmen, denen kein Betrieb als technisch-organisatorische Institution angegliedert ist. Deckungsgleiche Definitionen verwendet das Statistische Bundesamt bei seinen Erhebungen. Unternehmen stellen für die amtlichen Statistiker rechtliche Wirtschaftseinheiten dar, Betriebe lassen sich als örtlich getrennte Niederlassungen der Unternehmen einschließlich der zugehörigen Verwaltungs- und Hilfsbetriebe bestimmen.

Unternehmen haben **Merkmale**, die von den Wirtschaftssystemen unabhängig sind, das heißt, jede Unternehmung in einer Markt- bzw. Zentralverwaltungswirtschaft erfüllt diese Merkmale.

Unternehmen lassen sich unabhängig vom Wirtschaftssystem durch sogenannte **systemindifferente Tatbestände** beschreiben. Hierbei handelt es sich um folgende systemunabhängige Kriterien:
- Die Betriebe erstellen Güter durch Kombination der Produktionsfaktoren Arbeit, Betriebsmittel (z. B. Maschinen) und Werkstoffe (z. B. Bleche in der Automobilherstellung). Die Sachgüter werden in den Krankenhäusern nach den Vorschriften der Abgrenzungsverordnung als Gebrauchs- und Verbrauchsgut bezeichnet.
- In Betrieben werden Entscheidungen nach dem ökonomischen Prinzip getroffen Das ökonomische Prinzip wird auch als Rational- oder Wirtschaftlichkeitsprinzip bezeichnet.
- Betriebe sind nach dem Prinzip des finanziellen Gleichgewichts nur so lange existenzfähig, wie die fälligen Verbindlichkeiten mit finanziellen Mitteln beglichen werden können.

Eine Differenzierung der Unternehmen kann dadurch erfolgen, dass Aspekte der beiden Wirtschaftssysteme berücksichtigt werden. Hierbei treffen die sogenannten **systemdifferenten Merkmale** entweder nur auf Unternehmen in marktwirtschaftlichen Ordnungen oder nur auf Unternehmen in Planwirtschaften zu. Die folgenden Kriterien gelten für Unternehmen in marktwirtschaftlichen Systemen (Abb. 2.2-7):
- Unternehmen haben die Möglichkeit, ihr Produktionsprogramm eigenständig, ohne Einflussnahmen des Staates zu planen (Autonomieprinzip).
- Nach dem erwerbswirtschaftlichen Prinzip ist die Gewinnerwirtschaftung das vorrangige Ziel.
- Unternehmen sind dadurch gekennzeichnet, dass ihre Produktionsmittel im Privateigentum stehen (Prinzip des Privateigentums).

Werden die aufgezeigten marktwirtschaftlichen Unternehmensmerkmale auf den Krankenhausbereich übertragen, so wird deutlich, dass einige Merkmale nur bedingt bzw. gar nicht zur Anwendung kommen. So unterliegt ein Krankenhaus, wenn es einen Versorgungsauftrag angenommen hat, immer der hoheitlichen und somit der staatlichen Weisung. Hierzu leitet

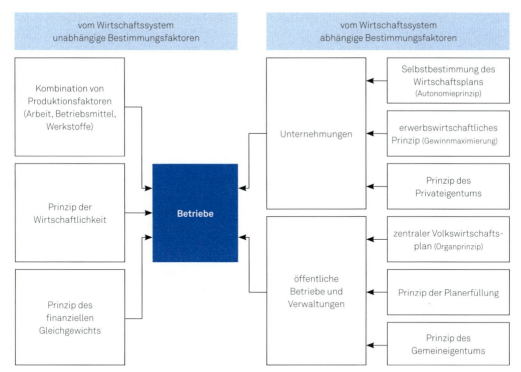

Abbildung 2.2-7: Bestimmungsfaktoren von Betrieben (Quelle: Schierenbeck, H.; Grundzüge der Betriebswirtschaftslehre, 9. Aufl.; München, Wien, 1987: 24)

sich auch das Prinzip der Planerfüllung ab. Zudem sind viele Krankenhäuser nicht erwerbwirtschaftlich, sondern gemeinnützig organisiert.

An dieser Stelle wird bereits erkennbar, dass der Gesundheitsmarkt nicht mit den sonstigen Märkten verglichen werden kann.

Aufgrund der Komplexität des Wirtschaftslebens wird weiterhin zwischen der Allgemeinen Betriebswirtschaftslehre auf der einen Seite und den speziellen Betriebswirtschaftslehren auf der anderen Seite unterschieden.

Die allgemeine Betriebswirtschaftslehre befasst sich mit Sachverhalten und Problemen, die allen Unternehmungen unabhängig von ihren jeweils konkreten Ausprägungen gemeinsam sind. Die speziellen Betriebswirtschaftslehren beschäftigen sich im Gegensatz zur allgemeinen Betriebswirtschaftslehre mit den spezifischen Problemen in den Unternehmen einzelner Wirtschaftszweige. Sie werden deshalb auch als Wirtschaftszweiglehren bezeichnet. Zu ihnen gehören zum Beispiel die:

- Industriebetriebslehre
- Bankbetriebslehre
- Verkehrsbetriebslehre
- Krankenhausbetriebslehre.

Ein weiteres wesentliches Merkmal von Unternehmen ist ihre **Rechtsform**. Die Wahl einer Rechtsform stellt in der Regel eine langfristige bzw. grundsätzliche Entscheidung dar, die normalerweise in der Gründungsphase einer Unternehmung getroffen wird. Grundsätzlich steht es jedem Unternehmen offen, eine gewählte Rechtsform zu verändern. Dies wird als **Umwandlung** bezeichnet. Bei der Wahl einer Rechtsform sind die folgenden Kriterien zu berücksichtigen:

- Finanzierung
- Gewinnverteilung
- Haftung
- Leitungsbefugnisse
- Mitbestimmung
- Publizierungsvorschriften
- Steuern.

Aus der Auflistung wird deutlich, dass die Rechtsform erhebliche Auswirkungen unter anderem auf die Möglichkeiten der Eigen- und/oder Fremdkapitalbeschaffung, auf die Haftung der Eigentümer, auf die Bestellung der Geschäftsführung und auf die Gewinnverteilung hat. Hinzu kommen Aspekte der steuerlichen Belastung und die Publizitätspflicht.

Die Rechtsform einer Unternehmung wirkt nach außen und nach innen. Sie ist zum Beispiel bei Rechtsgeschäften nach außen wirksam, nach innen wirkt sie zum Beispiel bei der Festlegung von Entscheidungskompetenzen. Die möglichen Rechtsformen finden sich in Tabelle 2.2-4.

In der Gesundheitswirtschaft sind nahezu alle betrieblichen Rechtsformen vertreten. So können zum Beispiel Krankenhäuser als öffentliche Unternehmen, als Regie- oder als Eigenbetrieb vertreten sein, Krankenhäuser haben aber in den vergangenen Jahren vermehrt die Rechtsform einer Gesellschaft mit beschränkter Haftung (GmbH) gewählt. Bei einer GmbH lassen sich wiederum erwerbs- und gemeinnützige Gesellschaften unterscheiden. Die Unternehmungen aus der warenproduzierenden Gesundheitswirtschaft (z.B. Pharma-Konzerne) agieren normalerweise als Aktiengesellschaft (AG). Als Beispiel für ein Einzelunternehmen soll die Apotheke genannt werden.

In der Gesundheitswirtschaft spielen neben den in Tabelle 2.2-4 genannten Rechtsformen die **juristischen Personen** eine Rolle. Bei den juristischen Personen wird zwischen Personen des öffentlichen und Personen des privaten Rechts unterschieden. Innerhalb des Privatrechts wird wiederum zwischen den ideellen und wirtschaftlichen Vereinen sowie den rechtsfähigen Stiftungen differenziert. Die juristischen Personen des öffentlichen Rechts werden zur Erfüllung staatlicher Aufgaben herangezogen. Hierzu zählen zum Beispiel die Krankenkassen, die als Körperschaften des öffentlichen Rechts hoheitliche Funktionen übernehmen.

Aufgabe der Unternehmen ist es, zu produzieren, das heißt die Produktionsfaktoren Boden, Arbeit und Kapital so zu kombinieren, dass das gewünschte Betriebsergebnis erzielt werden kann. Dieser Kombinationsprozess wird nach dem beschriebenen Rationalprinzip organisiert. Das Ergebnis dieses Zusammenwirkens der Produktionsfaktoren sind die Sachgüter und Dienstleistungen, die zur Bedürfnisbefriedigung bereitgestellt werden.

Der **Markt** hat nun die Aufgabe, die zunächst unterschiedlichen Vorstellungen der Anbieter und der Nachfrager zur Deckung zu bringen. In der Ökonomie wird zwischen den folgenden Märkten unterschieden:
- Faktormärkte
  - Arbeitsmarkt
  - Immobilienmarkt
  - Geld- und Kapitalmarkt
- Gütermärkte
  - Konsumgütermarkt
  - Investitionsgütermarkt.

Die Funktion der Märkte besteht darin, die zwischen den Unternehmen und den Haushalten unterschiedlichen Mengen- und Preisvorstellungen anzupassen. Dieser Anpassungsprozess ist abgeschlossen, wenn beide Vorstellungen bei dem sogenannten Gleichgewichtspreis und der relevanten Gleichgewichtsmenge identisch

Tabelle 2.2-4: Alternative Rechtsformen (Quelle: Reschke, J. (2009); unveröffentl. Unterrichtsmaterial, Westsächsische Hochschule Zwickau)

Rechtsformen der Unternehmung				
privatwirtschaftliche Unternehmungen				öffentliche Unternehmungen
erwerbswirtschaftliche Unternehmungen			gemeinwirtschaftliche Unternehmungen	
Einzelunternehmung	Personengesellschaften, insbesondere **OHG** und **KG**	Kapitalgesellschaften, insbesondere **GmbH** und **AG**		

sind. An dieser Stelle liegt für den Anbieter und für den Nachfrager das sogenannte **temporäre Marktoptimum**. Beide Seiten sind so lange mit diesem Gleichgewichtszustand zufrieden, wie dieser nicht durch andere Marktteilnehmer zerstört wird. Ein neuer Prozess des Suchens und Findens wird in Gang gesetzt. Am Beispiel eines anfänglichen Angebotsüberhangs soll der sogenannte **Spinnwebeneffekt** verdeutlicht werden. Am Anfang dieses Prozesses tritt der Anbieter mit einem Anfangspreis und einer erwarteten Menge auf den Markt. Der Nachfrager ist bei diesem Preis lediglich bereit, eine kleinere Menge zu kaufen. Es entsteht ein Angebotsüberhang. Der Anbieter wird daraufhin seinen Preis senken, dies wiederum führt zu einer Erhöhung der nachgefragten Menge. Dieser Vorgang wiederholt sich solange, bis die Gleichgewichtssituation eingetreten ist. In Abbildung 2.2-8 wird dieser Vorgang dargestellt.

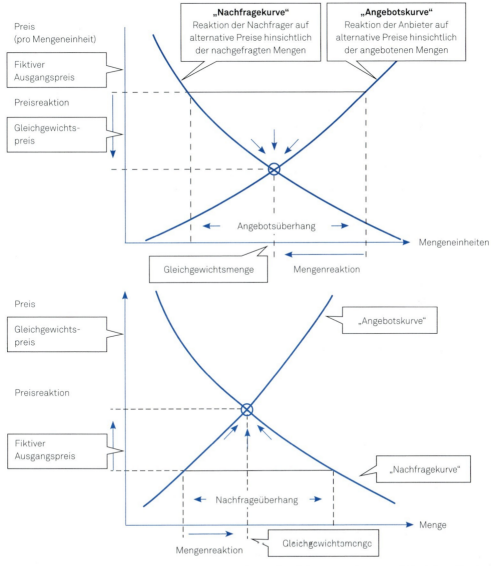

Abbildung 2.2-8: Entwicklung einer Preisrelation bei anfänglichem Angebots- und Nachfrageüberhang (Spinnwebeneffekt) (Quelle: Schierenbeck, 1987: 19)

Dieser oben dargestellte Mechanismus funktioniert jedoch nur unter bestimmten Voraussetzungen. Im Idealfall muss ein **vollkommener Markt** (Anbieter bzw. Nachfrager verhalten sich ausschließlich rational, keine Präferenzen) mit polypolistischer Konkurrenz unterstellt werden. Bei unvollkommenen Märkten (Polypol mit Präferenzen, Oligopol, Monopol) besteht die Gefahr, dass zum Beispiel die Anbieter die Preisbildung unter Ausnutzung der bestehenden Präferenzen bzw. unter marktstrategischen Gesichtspunkten in ihrem Sinne beeinflussen.

In einer Marktwirtschaft sind Steuerungsmechanismen notwendig, die in der Lage sind, Angebots- und Nachfrageinteressen zur Deckung zu bringen. In dem für die Bundesrepublik relevanten Wirtschaftssystem der sozialen Marktwirtschaft ist der Preiswettbewerb die Größe, der die Steuerung und Kontrolle der ökonomischen Prozesse zufällt. Dieser **Preiswettbewerb** hat somit im Konzept einer sozialen Marktwirtschaft eine **wirtschaftliche und eine gesellschaftspolitische Funktion**. Eine Einschränkung dieser Funktionen kann zum Beispiel dadurch erfolgen, dass die Zahl der Wirtschaftsteilnehmer abnimmt und gleichzeitig der Einfluss der verbleibenden Anbieter bzw. Nachfrager zunimmt. Eine Einschränkung des Wettbewerbs impliziert somit automatisch die Entstehung oder Verstärkung von **Kooperationen** und **Konzentrationen**. Bei den Kooperationen handelt es sich um die freiwillige Zusammenarbeit von Wirtschaftseinheiten in vorab festgelegten Bereichen, wobei die Unternehmen aber ansonsten wirtschaftlich und rechtlich selbstständig bleiben. Die Kooperationsformen reichen von einer Verhaltensabstimmung bis zum Kartell. Bei den Konzentrationen verliert mindestens eine Unternehmung ihre wirtschaftliche Selbstständigkeit (Konzernbildung) bzw. die wirtschaftliche und rechtliche Selbstständigkeit (Fusion).

Durch eine staatliche **Wettbewerbspolitik** sollen diese Tendenzen verhindert bzw. gebremst werden. Seit Gründung der Bundesrepublik Deutschland wird die Wettbewerbspolitik durch die sich verändernden theoretischen Ansätze geprägt. Die frühen wettbewerbspolitischen Vorstellungen sind sehr stark durch die Vorstellungen des Ordoliberalismus beeinflusst worden. Nach diesem Ansatz ist der Leistungswettbewerb in der Marktform der **vollständigen Konkurrenz** die ideale Wirtschaftsordnung. Nur für den Fall, dass erhebliche Wettbewerbsbeschränkungen auftreten, wird in diesem Modell dem Staat die Kompetenz für die Ordnung des Wettbewerbs übertragen.

Mitte der 1960er-Jahre vollzieht sich eine Abkehr vom ordnungspolitisch orientierten Leitbild des Wettbewerbs der Liberalen hin zum Konzept eines **funktionsfähigen Wettbewerbs**. Danach kann der Wettbewerb am besten funktionieren, wenn große Unternehmen, die sich durch Fusionen gebildet haben, den Marktprozess beeinflussen. Das Konzept setzt somit einen Konzentrationsprozess bei den Unternehmungen voraus, auf dem Markt gibt es nur wenige Großunternehmen. In diesem Falle spricht man von oligopolistischen Märkten. Weiterhin wird dem Staat das Recht zugesprochen, lenkend in die Marktprozesse einzugreifen. Der Staat hat Prozesspolitik zu betreiben. Er hat zu regulieren. Kantzenbachs Variante der Theorie des funktionsfähigen Wettbewerbs, die sich auf ökonomische Zusammenhänge beschränkt, zeigt den Wettbewerbspolitikern Handlungsanweisungen auf, wie im Bereich weiter Oligopole mittels der dynamischen Wettbewerbsfunktionen auf den internationalen Märkten optimale Marktergebnisse erzielt werden können. Die Überlegungen von Kantzenbach führen zu einer Kontroverse mit Wettbewerbstheoretikern, die der Wettbewerbsfreiheit eine zentrale Bedeutung zuschreiben. Diese sogenannte neoklassische Definition des Wettbewerbs, deren Hauptvertreter Hoppmann und von Hayek sind, greift auf die **freie Konkurrenz** im klassischen Sinne zurück (z. B. Hoppmann, 1975). Die Wettbewerbsfreiheit, die die Rücknahme staatlicher Interventionen durch Deregulierung und Privatisierung verlangt, ist Voraussetzung für diesen Wettbewerb. Ein solcher freier Wettbewerb bietet den Wettbewerbern die Möglichkeit, ihre individuellen Vorteile auszunutzen. Hoppmann und andere können somit der systemtheoretischen Position zugeordnet werden. Einen erweiterten theoretischen Wettbewerbsansatz liefert

Mitte der 1970er-Jahre Blattner (1977) mit seiner **Theorie der Firma**. Seiner Ansicht nach lassen sich unter dem Aspekt der Globalisierung der Märkte unternehmerisches Marktverhalten sowie die Marktergebnisse nicht aus der Marktstruktur ableiten, vielmehr spielt die Organisationsstruktur der Großunternehmung eine dominante Rolle. Der Ansatz der „Theorie der Firma" geht davon aus, dass die Konzentrationsstrategien, sowohl in horizontaler als auch in vertikaler und diagonaler Richtung, aus organisationsstrukturellen Bedingungen von einer Kapitalgesellschaft verfolgt werden (müssen).

Verschiedene wettbewerbspolitische Konzepte lassen sich wie folgt darstellen:
- vollkommene Konkurrenz
- funktionsfähiger Wettbewerb
- freier Wettbewerb
- Theorie der Firma.

Zusammenfassend lässt sich somit festhalten, dass sich die Vorstellungen, welche Rolle der Wettbewerb in einem marktwirtschaftlichen Wirtschaftssystem haben soll, radikal verändert haben. Mit jeder Neuorientierung ist der Wettbewerb immer mehr von dem ursprünglichen Ansatz, in dem die Erhaltung der Konkurrenzsituation als ein anzustrebendes Ziel verstanden wurde, abgerückt und in die Richtung verändert worden, dass der Wettbewerb nur noch eine Funktion zu erfüllen hat. Gerade vor dem Hintergrund, dass seit einigen Jahren auch im Gesundheitssystem Kooperationen bzw. Fusionen vollzogen werden, ist die aktuelle, offizielle wettbewerbspolitische Vorstellung, wie denn der Gesundheitsmarkt strukturiert sein soll, zu beachten. Wird eine Wettbewerbsvorstellung realisiert, die von einer oligopolistischen Marktstruktur als der idealen Marktform ausgeht, so „vermachtet" der Gesundheitsmarkt in absehbarer Zukunft, das heißt, Gesundheitskonzerne werden als die idealen Unternehmenseinheiten angesehen, die am besten eine ausreichende, wirtschaftliche und qualitativ angemessene Versorgung der Bevölkerung mit Gesundheitsgütern erreichen können.

Seit dem Paradigmenwechsel vom vollständigen zum funktionsfähigen bzw. freien Wettbewerb werden Kooperationen und Unternehmenskonzentrationen grundsätzlich als notwendige und positive Entwicklungen gesehen.

Zusammenschlüsse gelten heute vielfach als Überlebensstrategie auf den globalen Märkten. Hierbei wird der Begriff „Zusammenarbeit" bzw. „Zusammenschluss" jedoch sehr unterschiedlich festgelegt.

Allen relevanten Begriffsbestimmungen ist aber gemeinsam, dass **Unternehmensverbindungen** dann vorliegen, wenn in einem ökonomischen Sektor bei den teilnehmenden Unternehmungen Verdichtungen wirtschaftlicher Merkmale auftreten, die durch das Eingehen von Verbindungen zwischen den Wirtschaftseinheiten und/oder durch das überproportionale Anwachsen bzw. den unterproportionalen Rückgang bestimmter ökonomischer Faktoren bei einzelnen Wirtschaftseinheiten entstanden sind. Daraus lässt sich ableiten, dass unterschiedliche unterschieden werden können:
- Kooperations-/Konzentrationsarten
- Kooperations-/Konzentrationsstrategien
- Kooperations-/Konzentrationsrichtungen.

Im Folgenden werden exemplarische **Arten** aufgeführt, die auch im deutschen Gesundheitssystem eine Rolle spielen. Sie bewirken eine mehr oder minder starke Beschränkung der wirtschaftlichen Dispositionsfreiheit der beteiligten Unternehmen. Darüber hinaus kann es sich als zweckmäßig erweisen, auch die rechtliche Selbstständigkeit beteiligter Einzelwirtschaften zu beseitigen. Die Formen der Unternehmensverbindungen sind nach dem Kriterium der Bindungsintensität geordnet.

Zur ersten Gruppe gehören alle nachfolgenden **Kooperationsarten**, die von der stillschweigenden Kooperation bis zum Kartell reichen.

Bei der **stillschweigenden Kooperation** handelt es sich um ein gleichförmiges Verhalten mehrerer Unternehmen, ohne dass hierfür schriftliche oder mündliche Absprachen bestehen. Die beteiligten Unternehmen kooperieren stillschweigend, indem sich die Kapitaleinheiten durch ein konkludentes Handeln einig werden. Kraft eigenen Beschlusses schränken die

Partner ihre wirtschaftliche Selbstständigkeit ein, geben sie aber nicht auf. Seit der Novellierung des Kartellgesetzes vom August 1973 wurde ein Verbot des aufeinander abgestimmten Verhaltens neu im Gesetz aufgenommen. Diesem Verbot liegt die Erfahrung zugrunde, dass eine Marktbeschränkung nicht nur durch vertragliche Vereinbarungen, sondern auch durch ein gegenseitiges Abstimmen des Verhaltens erzielt werden kann. Entscheidendes Kriterium ist hierbei das bewusste und gewollte Zusammenwirken von Wirtschaftseinheiten (Kollusion).

Agreements sind dadurch gekennzeichnet, dass mündlich festgehaltene Absprachen freiwillig eingehalten und auf dieser Basis bestimmte Aufgaben erfüllt werden. Im Gegensatz zur stillschweigenden Kooperation sprechen die Verhandlungspartner miteinander, die Ergebnisse sind aber nicht schriftlich niedergelegt. Auch diese Form der Zusammenarbeit erfüllt den Tatbestand des abgestimmten Verhaltens und ist daher ebenfalls verboten. Die bekannteste Form der Agreements ist das Frühstückskartell (Gentlemen's Agreement), das eine bestimmte ökonomische Verhaltensweise auf das freiwillig gegebene mündliche Versprechen der Partner begründet.

Eine **Kooperation** im engeren Sinne stellt eine Koordination bzw. Ausgliederung von Aufgaben zwischen zwei oder mehreren rechtlich und wirtschaftlich selbstständigen und gleichberechtigten Unternehmungen dar. Die kooperierenden Partner treffen vertragliche Vereinbarungen, um durch Zusammenarbeit auf einzelnen Gebieten wirtschaftlichen und technischen Fortschritt zu verwirklichen.

Ein **Kartell** ist eine auf Verträgen oder Beschlüssen basierende längerfristige Unternehmensverbindung zur Beschränkung des Wettbewerbs, wobei die Beteiligten zwar ihre rechtliche Selbstständigkeit behalten, jedoch ihre wirtschaftliche Autonomie auf dem Gebiet des gemeinsamen Handelns einschränken.

Die **Konzentrationsarten**, als zweite Gruppe von Unternehmenszusammenschlüssen (Konzerne und Fusionen), entstehen immer dann, wenn bestimmte, gesetzlich festgelegte Konzentrationsmerkmale bei den Wirtschaftseinheiten, die auf einem sachlich, räumlich und zeitlich abgegrenzten relevanten Markt agieren, geballter auftreten als bei den anderen Wirtschaftseinheiten und sich aus dieser Ballung die Gefahr ergibt, eine marktbeherrschende Stellung zu erlangen.

Ein **Konzern** lässt sich durch den Zusammenschluss rechtlich selbstständiger Unternehmen unter einheitlicher wirtschaftlicher Leitung herbeiführen. Dies setzt voraus, dass Wirtschaftssubjekte ihre wirtschaftliche Selbstständigkeit aufgeben, wodurch die wirtschaftliche Leitung auf den Konzern übergeht. Nach § 18 Aktiengesetz (AktG) wird ein Konzern wie folgt bestimmt:

„(1) Sind ein beherrschendes und ein oder mehrere abhängige Unternehmen unter der einheitlichen Leitung des herrschenden Unternehmens zusammengefasst, so bilden sie einen Konzern; die einzelnen Unternehmungen sind Konzernunternehmen. Unternehmen, zwischen denen ein Beherrschungsvertrag (§ 291) besteht oder von denen das eine in das andere eingegliedert ist (§ 319), sind als unter einheitlicher Leitung zusammengefasst anzusehen. Von einem abhängigen Unternehmen wird vermutet, dass es mit dem herrschenden Unternehmen einen Konzern bildet.

(2) Sind rechtlich selbstständige Unternehmen, ohne dass das eine Unternehmen von dem anderen abhängig ist, unter einheitlicher Leitung zusammengefasst, so bilden sie auch einen Konzern; die einzelnen Unternehmen sind Konzernunternehmen." (§ 18 AktG)

Konzerne können marktbeherrschende Stellungen erlangen und daher wirtschaftliche Macht ausüben. Aus diesem Grunde unterliegen sie den gesetzlichen Bedingungen des Kartellgesetzes. Konzerne werden vom Grundsatz her zugelassen.

Die Verschmelzung oder **Fusion** stellt die solideste und engste Form der Unternehmenszusammenschlüsse dar. Eine Verschmelzung ist dadurch gekennzeichnet, dass neben der wirtschaftlichen auch die rechtliche Selbstständigkeit zumindest einer beteiligten Wirtschaftseinheit verloren geht. Sie ist die straffste Form der

Verbindung zweier Unternehmen. Sie erfordert eine vollkommene organisatorische und personelle Integration der an der Verschmelzung beteiligten Unternehmen. Eine Verschmelzung kann für Kapitalgesellschaften nach dem deutschen Aktiengesetz auf zwei Wegen erfolgen:

- *Verschmelzung durch Aufnahme:* Bei dieser Verschmelzung wird das Vermögen eines Unternehmens (übertragende Gesellschaft) als Ganzes auf ein bereits bestehendes Unternehmen (übernehmende Gesellschaft) übertragen.
- *Verschmelzung durch Neubildung:* Durch Bildung einer neuen Unternehmung (übernehmende Gesellschaft) geht das gesamte Vermögen eines jeden sich vereinigenden Unternehmens (übertragende Gesellschaften) auf die neue Gesellschaft über.

Als Folge der unzureichenden gesetzlichen Regelung steigt die Zahl der Fusionen seit Anfang der 1960er-Jahre ständig an. Diese Tendenz konnte auch nicht durch die Novellierungen des Gesetzes verändert werden, die eine Verschärfung der Fusionskontrolle zum Inhalt hatten.

Bei den Erscheinungsformen der Unternehmenskonzentration hat sich in Deutschland folglich ein Wandel vollzogen. Während in den Jahren vor und nach Einführung des Wettbewerbsgesetzes die primären Konzentrationstendenzen in den kollektiven Marktbeherrschungsstrategien gesehen werden, liegen die heutigen Konzentrationsschwerpunkte im Bereich der individuellen Marktbeherrschungsansätze und hier speziell im Bereich des externen Unternehmenswachstums.

Damit Unternehmensverbindungen überhaupt erfasst werden können, ist es zunächst notwendig, die relevanten Merkmale und die jeweiligen zu untersuchenden Märkte festzulegen.

Den sogenannten **Aufgreifkriterien** kommt als Indikator für die Größe einer Wirtschaftseinheit eine zentrale Bedeutung zu. Werden bei der Konzentrationsmessung verschiedene Merkmale verwendet, so treten in der Regel Unterschiede in der Höhe des Grades der Zusammenarbeit auf. Hieraus wird deutlich, dass ein hoher oder niedriger Grad von dem zugrunde gelegten Merkmal (z. B. Einkommen, Vermögen, Umsatz, Verfügungsmacht, Marktanteil und Beschäftigungszahl) abhängig ist.

Die potenziell zu verwendenden Messgrößen lassen sich in zwei Gruppen einteilen. Die erste Merkmalsgruppe bezieht sich auf die Input-/Outputfaktoren einer Unternehmung, die zweite auf die personellen und finanziellen Verflechtungen.

Zu den **Inputfaktoren** (erste Merkmalsgruppe) gehören unter anderem die Anzahl der in einem Unternehmen tätigen Personen, die Produktionswerte sowie die getätigten Investitionen, die **Outputseite** hingegen umfasst zum Beispiel die Merkmale Umsatz, Sachanlagen, Cash-Flow und Wertschöpfung.

Der **Produktionswert** eines Unternehmens ergibt sich aus der Summe der Kosten aller in einem bestimmten Abrechnungszeitraum hergestellten bzw. bereitgestellten Güter. Bei den genannten **Investitionen** handelt es sich um Bruttoinvestitionen, das heißt, es werden hier Reinvestitionen (Ersatzinvestitionen) und Nettoinvestitionen (Neuinvestitionen) zusammengefasst.

Das Kriterium **Umsatz** ist identisch mit der Summe aller Verkaufserlöse für die Leistungen einer Unternehmung, die in einer bestimmten Zeit erzielt worden sind.

Die **Sachanlagen** bilden die materiellen Gegenstände des Anlagevermögens einer Unternehmung (Grundstücke, Gebäude, Maschinen etc.). Das Sachanlagevermögen steht im Gegensatz zu den immateriellen Gütern der Anlagevermögen (z. B. Patente).

Der **Cash-Flow** spiegelt die Finanzkraft eines Unternehmens wider. Er lässt sich aus den Zahlen der Gewinn- und Verlustrechnung wie folgt ermitteln:

Jahresüberschuss/Jahresfehlbetrag
+ Abschreibungen auf Gegenstände des Anlagevermögens
+ Erhöhung der langfristigen Rückstellungen
− Zuschreibungen zu Gegenständen des Anlagevermögens
− Erträge aus der Auflösung von Rückstellungen
= Cash-Flow

Das letzte oben aufgezeigte ökonomische Konzentrationsmerkmal ist die **Wertschöpfung**. Die Wertschöpfung ist identisch mit dem geschaffenen Wertzuwachs einer betrachteten Unternehmung (Gesamtleistungen – Vorleistungen), der durch das Zusammenwirken von Arbeitsleistung, Kapitaleinsatz und öffentlicher Hand zustande gekommen ist. Von der Entstehungsseite der Wertschöpfung her lässt sich die Erfolgsrechnung wie folgt darstellen:

Umsatzerlöse
+ Bestandsveränderungen an Halb- und Fertigerzeugnissen
+ andere aktivierte Eigenleistungen (selbsterstellte Anlagen)

= Bruttoproduktionswert
− Aufwendungen für Roh-, Hilfs- und Betriebsstoffe, für bezogene Waren sowie vergebene Lohnarbeiten

= Nettoproduktionswert
− Abschreibungen und Wertberichtigungen auf Sachanlagen und immaterielle Anlagewerte
− sonstige Aufwendungen und Steuern

= Wertschöpfung.

Neben den Merkmalen sind aber auch die ökonomischen und/oder rechtlichen Bezugseinheiten, die **Merkmalsträger**, von Bedeutung. Unter wirtschaftlichen Aspekten werden die Bezugseinheiten Betrieb, Unternehmung und Haushalt unterschieden, rechtliche Bezugseinheiten sind beispielsweise juristische oder private Personen.

Zusammenfassend lässt sich zunächst feststellen, dass ökonomische Konzentration erklärt werden kann als Ballung wirtschaftlicher Faktoren, wie zum Beispiel Marktanteil und Umsatz. Diese Ballung erfolgt in der Hand einzelner Wirtschaftseinheiten, wie zum Beispiel in der Hand einer Unternehmung. Diese Ballung kann dabei durch eine individuelle Vorgehensweise der Wirtschaftseinheit oder durch eine kollektive Strategie mehrerer Einheiten entstehen. Zur Erfassung dieser Ballungen müssen weiterhin ökonomische Sektoren (Bereiche, Märkte) festgelegt werden, das heißt, ökonomische Konzentration lässt sich immer nur in Relation zu diesen Märkten bestimmen.

Diese ausschließlich ökonomische Betrachtungsweise lässt die gesellschaftspolitische Dimension von Konzentrationsvorgängen völlig außer Ansatz. Der Zusammenhang zwischen ökonomischer und politischer Macht wird somit ausgeklammert.

Neben der oben erwähnten Wahl der Konzentrationsmerkmale ist die **Abgrenzung des relevanten Marktes** die zweite Vorentscheidung darüber, in welcher Intensität die Konzentration von ökonomischen Größen in der Wirtschaftseinheit „Unternehmung" auftritt.

In der wirtschaftswissenschaftlichen Theorie ist als Markt ganz allgemein das Zusammentreffen von Angebot und Nachfrage definiert. Durch die auf dem Markt stattfindenden Tauschakte von Gütern versuchen die Konsumenten ihr Nutzenmaximum zu realisieren, während die Anbieter ihr Gewinnmaximum erreichen wollen. Die Vielzahl der stattfindenden Leistungsaustauschprozesse impliziert eine unbegrenzte Zahl von Märkten. Die Ermittlung einer möglichen Unternehmenskonzentration setzt folglich die Festlegung eines bestimmten Marktes voraus, es ist der für die festzustellende Konzentration **relevante Markt**. Hierbei muss der zugrunde liegende Markt zeitlich, räumlich und sachlich abgegrenzt werden.

Während die **zeitliche** (z. B. Wirtschaftsjahr) **und räumliche** (z. B. Bundesland, Bundesgebiet, EG-Gebiet) **Abgrenzung** als unproblematisch gelten können, ist die **sachliche Bestimmung** des relevanten Marktes schwierig. Für eine sachliche Abgrenzung bieten sich einerseits die einzelnen Branchen als produktionsorientierte Klassifikation (Industry Classification) und andererseits die einzelnen Güter als produktorientierte Klassifikation (Product Classification) an. In der wettbewerbspolitischen Praxis der Bundesrepublik Deutschland erfolgt die Marktabgrenzung im Wesentlichen unter geographischen und sachlichen Gesichtspunkten.

Dieses **Abgrenzungskriterium** hat auch bei den zwischenzeitlich in der Bundesrepublik erfolgten Einsprüchen des Kartellamtes gegenüber den geplanten Übernahmen von kommunalen Krankenhäusern zum Beispiel in Bayern und Brandenburg durch einen privaten Klinikkonzern eine Rolle gespielt.

Zusammenfassend lässt sich feststellen, dass das Bundeskartellamt auch für den Nachweis einer marktbeherrschenden Stellung einer Unternehmung im deutschen Gesundheitssystem die relevanten Märkte nach räumlichen und sachlichen Kriterien aufteilt. Bei der sachlichen Abgrenzung wird in der Regel mit dem Bedarfsmarkt operiert, das heißt, mit einem Markt, dem Substitutionsbeziehungen zwischen den Gütern zugrunde liegen. Eine veränderte räumliche Abgrenzung des relevanten Marktes lässt sich seit dem Inkrafttreten der EG-Fusionskontrolle vom 21.09.1990 feststellen. So lassen die bisher ergangenen Entscheidungen die Tendenz erkennen, die räumlichen Märkte im Zweifel weit abzugrenzen. Die Realisierung des EG-Binnenmarktes wird zudem zu einer weiteren Öffnung der nationalen Märkte führen, das heißt, der relevante Markt wird auch räumlich immer größer.

Insgesamt zeigt sich die Tendenz, dass die relevanten Märkte immer weiter ausgedehnt werden, wodurch sich tendenziell die Gefährdung durch überragende Marktstellungen abschwächen lässt.

Die Bestimmung der Konzentrationsmerkmale, die Festlegung des relevanten Marktes sowie der Grenze, von der an in Deutschland ein Unternehmen marktbeherrschend ist, wird durch den Gesetzgeber im Rahmen des Wettbewerbsgesetzes festgelegt. Dies ist somit eine politische Entscheidung.

Für Unternehmungen existieren verschiedene Wege, wie sie ihre Marktmacht vergrößern können. So lassen sich zum Beispiel internes Unternehmenswachstum, die Beherrschung von Wirtschaftseinheiten sowie Unternehmensverbindungen unterscheiden. Diese Strategien werden im folgenden Abschnitt dargestellt.

Das dominante Handlungsmotiv der Unternehmungen ist in Marktwirtschaften die Gewinnerzielung. Zur Realisierung dieser Gewinnmaximierungsstrategie werden einzelwirtschaftliche Entscheidungen getroffen, die darauf abzielen, eine einmal erreichte Marktstellung zu erhalten bzw. auszubauen. Die Entscheidungen unterliegen jedoch bestimmten Einschränkungen, die sich aus der marktwirtschaftlich bedingten Konkurrenzsituation zu anderen Wirtschaftseinheiten ergeben. Diese Restriktionen einzuschränken bzw. ganz zu beseitigen, bestimmt somit das unternehmerische Verhalten. Zur Zielerreichung entwickeln die Unternehmungen **Marktstrategien**. Diese Strategien zielen darauf ab, die eigene Position auf dem Markt so weit auszubauen, dass der Markt von den Unternehmen beeinflusst, das heißt beherrscht, wird. Marktbeherrschung impliziert die Möglichkeit, Macht auszuüben bzw. zu missbrauchen.

Im ökonomischen Bereich kann wirtschaftliche Macht (**Verfügungsmacht**) als Fähigkeit eines Wirtschafters erklärt werden, die Voraussetzungen des Wirtschaftens und die Wertungen anderer Wirtschafter zu verändern und hierdurch deren Verhaltensweisen und Zielsetzungen zu beeinflussen. Hieraus lässt sich ableiten, dass Macht immer dann vorliegt und eingesetzt werden kann, wenn der Mächtigere in der Lage ist, das Verhalten und/oder die Zielsetzungen der anderen Wirtschaftseinheit gegen deren Willen zu steuern. Diese Verfügungsmacht liegt einmal bei den Eigentümern und Anteilseignern. Zum anderen aber auch bei Vorstandsmitgliedern und Geschäftsführern, ohne dass diese an den von ihnen gemanagten Gesellschaften beteiligt sind. Durch die Anhäufung von Vorstands- und/oder Aufsichtsratsmitgliedschaften in verschiedenen Unternehmungen bei wenigen Personen (personelle Verflechtungen) erhöht sich deren Verfügungsgewalt. Die personellen Verflechtungen bilden ein Beziehungsgeflecht zwischen den betroffenen Unternehmungen, durch die eine Koordination von wirtschaftlich und rechtlich selbstständigen Einheiten erleichtert wird und die geeignet sind, konkurrenzhemmende Wirkungen zu entfalten. Neben der persönlichen ist die delegierte Verfügungsmacht zu nennen. Durch das Depotstimmrecht ist es Aktionären gestattet, ihre Stimme an Banken zu übertragen. Durch die Ausübung dieser Rechte auf Hauptversammlungen können die Kreditinstitute – neben dem Halten von Beteiligungen an Nichtbankunternehmungen und der Entsendung von Vertretern in Aufsichtsräte sowie der Kreditgewährung – Unternehmen maßgebend beeinflussen.

Die Strategien, die eingesetzt werden, um Verfügungsmacht zu erhalten oder auszuweiten, können durch einzelne Wirtschaftseinheiten allein oder gemeinsam mit anderen eingesetzt werden. Erfolgt der Zuwachs der wirtschaftlichen Macht auf dem ersten Weg, so liegt die Strategie der individuellen Marktbeherrschung vor, im zweiten Fall wird von kollektiver Marktbeherrschung gesprochen.

Zu den **Strategien der individuellen Marktbeherrschung** zählen das interne und das externe Wachstum. Die Konzentration durch internes Unternehmenswachstum bedeutet eine Verdichtung der ökonomischen Macht durch das überproportionale Wachstum einzelner, wirtschaftlich und rechtlich selbstständiger Unternehmen. Formen dieses **internen Wachstums** sind Kapazitätserweiterungen, zum Beispiel durch den Aufbau neuer Produktionsanlagen, die Ausdehnung des Produktionsprogramms oder durch Diversifikation. Dieses Wachstum durch Ausweitung führt für die Wirtschaftseinheit zu einer Vergrößerung des Marktanteils durch den Erwerb von Verfügungsgewalt über neu erstellte Kapazitäten. Das **externe Unternehmenswachstum** erfolgt durch Angliederung bisher selbstständiger Kapitaleinheiten an die aufnehmende Unternehmung. Externes Wachstum erfolgt zum Beispiel durch Zusammenschluss mehrerer Kapitalien zu einer Funktionseinheit, durch Ankauf eines Unternehmens oder eines Unternehmensteils oder durch Beteiligung an einer Kapitaleinheit.

Zur Verdrängung aktueller und potenzieller Konkurrenten dient das Mittel der Androhung bzw. Durchführung einer wesentlichen Preissenkung. Daneben gehören Bestechungen, Abwerbung wichtiger Angestellter, Sperrung der Bezugsquellen und Absatzwege der Konkurrenten, Boykottaufrufe oder -androhungen, Prozessandrohungen und die Anmeldung von Sperrpatenten (Wegelagererpatenten) zu den Mitteln des Verdrängungskampfes.

Bei den Strategien der **kollektiven Marktbeherrschung** werden die vertraglichen und die faktischen Verbindungen unterschieden. Alle Vereinbarungen bzw. Absprachen, die nicht in schriftlicher Form vorgenommen zu werden brauchen, über eine Beschränkung des Wettbewerbs zwischen rechtlich selbstständig bleibenden Kapitalien subsumiert man unter die Konzentration durch **vertragliche Verbindungen**. Unter die Konzentration durch **faktische Verbindungen** fallen alle Verhaltensweisen von Unternehmungen, die nicht auf ausdrücklichen Absprachen oder auf Verträgen beruhen und die auf eine gemeinsame Beeinflussung der Märkte abzielen (abgestimmte Verhaltensweisen). Zu den faktischen Bindungen zählen zum Beispiel die Preisführerschaften und das Parallelverhalten von Unternehmen auf oligopolistischen Märkten.

Unternehmskonzentrationen können, wie oben dargestellt, aufgrund individueller und kollektiver Konzentrationsstrategien entstehen bzw. vergrößert werden. Es kommt somit eine Vielzahl von Möglichkeiten in Betracht, mit denen Unternehmen ihre Markstellung und damit ihre Marktmacht verbessern können. Der Gesetzgeber hat durch seine Festlegungen im Gesetz gegen Wettbewerbsbeschränkungen (GWB) den Umfang der **Marktmacht** politisch geregelt.

Entscheidendes Kriterium für die Beurteilung der Unternehmenskonzentration ist die **Marktbeherrschung**. Diese Marktbeherrschung von einer oder mehreren Unternehmungen wird im GWB anhand einer überragenden Marktstellung definiert bzw. vermutet. Hierbei wird die Marktstellung festgestellt durch:

- Marktanteile
- Finanzkraft
- Umsatzerlöse
- Zugangsmöglichkeiten zu Beschaffungs- und Absatzmärkten
- Verflechtungen mit anderen Unternehmen
- rechtliche und tatsächliche Schranken für den Marktzutritt
- die Fähigkeit, sein Angebot oder seine Nachfrage auf andere Waren oder gewerbliche Leistungen umzustellen
- die Möglichkeit der Marktgegenseite, auf andere Unternehmen auszuweichen.

Mit dieser Vorschrift versucht die Bundesregierung, die gesetzlich definierten Zusammenschlussbestrebungen zu erfassen, die sich sowohl aus den individuellen als auch aus den kollektiven Marktbeherrschungsstrategien ergeben.

Stellt die Kartellbehörde nun fest, dass diese überragende Marktstellung missbräuchlich eingesetzt wird, so hat das Bundeskartellamt das Recht, das missbräuchliche Verhalten zu untersagen und Verträge für unwirksam zu erklären.

Die kollektiven und individuellen Strategien können in unterschiedliche **Zusammenschlussrichtungen** gelenkt werden. Hierbei werden die horizontale, die vertikale und die diagonale Richtung unterschieden. Unter **horizontalen Zusammenschlüssen** versteht man zum einen das individuelle Wachstum eines Unternehmens auf gleicher Produktionsstufe in Relation zu anderen Unternehmungen. Zum anderen ist horizontale Konzentration aber auch jede Form von Unternehmensverbindung, die auf dem gleichen sachlich und räumlich relevanten Markt stattfindet. Die Darstellung der horizontalen Konzentration dient somit der Analyse der Konkurrenzverhältnisse, die auf gleicher Produktions- oder Handelsstufe innerhalb eines Wirtschaftszweiges bzw. einer Produktgruppe bestehen. **Vertikale Formen** der Zusammenarbeit sind zum einen die Ausdehnung eines Unternehmens auf vor- oder/und nachgelagerte Produktions-/Handelsstufen, zum anderen die kollektive Beherrschung mehrerer vor- oder/und nachgelagerter Produktionsstufen durch mehrere Unternehmen. Die Vorteile der vertikalen Konzentration liegen für die Unternehmungen primär in einem besseren Zugang zu den Absatz- und Beschaffungsmärkten. **Konglomerate** bzw. **diagonale Richtungen** liegen dann vor, wenn weder eine Verbindung in gleicher Branche bzw. Produktionsstufe (horizontale Konzentration), noch bei aufeinander folgenden Produktions- und Handelsstufen (vertikale Konzentration) gegeben ist, sondern wenn sich Unternehmen unterschiedlicher Branchen und/oder unterschiedlicher Produktions- und Handelsstufen verbinden.

2.3
Bedarfsgerechte Versorgung als hoheitlicher Auftrag

Für die sozialmarktwirtschaftlich orientierten Länder bilden die individuelle Freiheit, die soziale Gerechtigkeit, die soziale Sicherheit sowie der soziale Friede das gesellschaftspolitische Wertesystem. Zu diesen übergeordneten staatlichen Zielen kommt im Gesundheitssystem das Ziel einer bedarfsgerechten Versorgung.

Eine zentrale Funktion des „Gesundheitsmarktes" besteht somit darin, die Angebots- und Nachfrageströme so zu steuern, dass eine optimale Ressourcenallokation erreicht wird. Dies bedeutet, die knappen Gesundheitsgüter so einzusetzen, dass der bestehende Bedarf optimal befriedigt werden kann.

Zieht sich der Staat, wie erfolgt, auf seine ordnungspolitischen Aufgaben zurück, so werden den Selbstverwaltungsorganen auf den Länder- und Bundesebenen, wie zum Beispiel den Spitzenverbänden der Ärzte, der Krankenversicherungen und der Krankenhäuser, diese Steuerungskompetenzen übertragen. Als Beispiel sei an dieser Stelle auf die zwei- und dreiseitigen Verträge verwiesen.

Ziel dieser Steuerung ist es, die steigenden Bedürfnisse der Bevölkerung nach einer ausreichenden und medizinisch zweckmäßigen Versorgung mit Gesundheitsgütern und das Angebot der gesundheitsrelevanten Versorgungsleistungen so zusammenzuführen, dass unter dem Aspekt der knappen Finanzmittel eine optimale Ressourcenallokation erzielt werden kann. Allokation bezeichnet in der Ökonomie die Verteilung knapper Ressourcen auf alternative Verwendungszwecke. Hierbei kann unter dem Terminus „Ressourcen" sowohl die Zahl der beschäftigten Personen (Humanressource) als auch die Geldmenge (Finanzressource) verstanden werden. Im Rahmen der Allokation spielen Kosten-Nutzen-Effekte eine zentrale Rolle.

Nach dem Konzept der Marktwirtschaft soll die Steuerung von Angebot und Nachfrage über den Preis erfolgen. Eine Analyse der Steuerung von Angebot und Nachfrage im ersten Gesundheitsmarkt zeigt jedoch, dass der Preiswettbewerb ausgeschaltet ist. Der Gesundheitssektor ist bei Gründung der Bundesrepublik Deutschland bewusst unter der Annahme aus der Wettbewerbssteuerung herausgenommen worden, dass das Gesundheitsgüterangebot bzw. die Nachfrage nach dem Gut Gesundheit durch den Preis nur suboptimal erfolgen kann. Die Gesundheitsversorgung wurde somit zu einer sogenannten hoheitlichen Versorgung gemacht und als **bedarfsgerechte Versorgung** festgeschrieben. Ziel einer am Bedarf orientierten Angebotssteuerung des Gesundheitssystems muss es sein, das Angebot an Gesundheitsleistungen an den realen Bedarf der Nachfrageseite anzupassen. Folglich ist der Terminus „gerecht" einerseits mit Gerechtigkeit in Verbindung zu setzen, anderseits aber kann es als Ausrichtung am Bedarf, an der Nachfrage, gesehen werden. Der angenommene oder festgestellte Bedarf ist danach die Grundlage für die Steuerung der Angebotsseite.

Der Bedarf setzt sich als Nachfragekomponente wiederum aus den beiden Bestandteilen **Bedürfnis** und **Kaufkraft** zusammen. Die Bedürfnisse sind die Wünsche der Patienten, durch den Einsatz von Gesundheitsgütern gesund zu werden, die Kaufkraft ist die Geldsumme der Krankenkassen, die sich aus den von den Mitgliedern monatlich zu zahlenden Beiträgen zusammensetzt. Im Gegensatz zu den anderen Märkten, bei denen die Bedürfnisse und die Kaufkraft bei einer Person zusammenkommen, treten im Gesundheitssystem auf der Nachfrageseite zwei Partialkunden auf, nämlich die Patienten mit ihren Bedürfnissen (Bedürfnisträger) und die Krankenkassen mit ihrer Kaufkraft (Kostenträger). Diese Besonderheit der Leistungsfinanzierung erklärt den sogenannten **Zahlungsumweg**. Eine weitere Eigentümlichkeit des Gesundheitssystems besteht darin, dass der Patient nach dem Erstkontakt nur mit der Genehmigung der Profession Medizin den Zugriff auf die sozialfinanzierten Gesundheitsgüter erhält. Die Profession Medizin ist somit der sogenannte Leistungsveranlasser. Der Patient ist letztlich auch der Leistungsempfänger. Es bestehen im Gesundheitssystem somit die folgenden **Partialkunden**:

- *Patient:* Bedürfnisträger und Leistungsempfänger
- *Sozialversicherung:* Kostenträger
- *Profession Medizin:* Leistungsveranlasser.

Aus Abbildung 2.3-1 wird ersichtlich, dass der Patient mit seinen subjektiven Bedürfnissen den Leistungsveranlasser kontaktieren muss. Erkennt die Profession Medizin die subjektiven Wünsche als notwendig an (Objektivierung) erhält der Patient Zugang zu den Gesundheitsleistungen. Aus der Bereitstellung von Gesundheitsgütern erklärt sich die Finanzierungsverpflichtung der Kostenträger. Die Gesundheitsgüter werden den Patienten zur Verfügung gestellt, um die Patienten zu versorgen. Die Gesundheitsleistungen sollen somit bei den Patienten einen Nutzen stiften. Aufgrund der sozioökonomischen Veränderungsprozesse ist davon auszugehen, dass die Bedürfnisse der Versicherten nach den Gesundheitsgütern ansteigen werden. Die Kaufkraft wird dagegen nicht in dem gleichen Umfang erhöht werden können. Aus diesen gegenläufigen Entwicklungen ergibt sich die

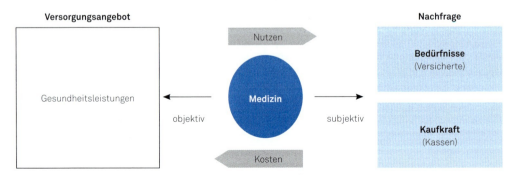

Abbildung 2.3-1: Der Gesundheitsmarkt als Quasimarkt (Quelle: Eigenerstellung)

Notwendigkeit, entweder die Bedürfnisse zu reglementieren, die Leistungserbringung zu rationalisieren oder alternative Finanzierungswege zu erschließen. Ein Lösungsansatz, der in den vergangenen Jahren vielfach angewendet worden ist, ist der Kosten-Nutzen-Vergleich.

Aus Abbildung 2.3-1 wird deutlich, dass der Patient die Gesundheitsleistungen, die ihm nach dem 5. Sozialgesetzbuch zustehen, nur mithilfe der Profession Medizin in Anspruch nehmen kann. Diese Inanspruchnahme erfolgt auf der Grundlage einer diagnostizierten Erkrankung. In diesem Kontext soll erwähnt werden, dass es in der Literatur unterschiedliche Krankheits- bzw. Gesundheitsdefinitionen gibt. So lassen sich zum Beispiel der biologische, der psychoanalytische und der soziologische Terminus unterscheiden. Der Sachverständigenrat für die Konzertierte Aktion im Gesundheitswesen geht beispielsweise in seinem Gutachten von 1994 davon aus, dass der Begriff der **Gesundheit** auf die Freiheit des Menschen von der Bedrohung der Gesundheit durch Krankheit, der Bedrohung der Funktionalität (Lebensqualität/Produktivität) und Leid (z. B. Schmerz, Depression)" zielt. Gesundheit liegt also dann vor, wenn keine Krankheit, keine Funktionalitätsbedrohung und kein Leid vorhanden sind. In dem gleichen Sachstandsbericht des Rates werden auch Bestimmungsfaktoren aufgeführt, die den Gesundheitszustand beeinflussen (Abb. 2.3-2).

Für die ökonomische Betrachtung des Gesundheitssystems in der Bundesrepublik Deutschland ist jedoch ausschließlich die begriffliche **Krankheitsbestimmung des Bundessozialgerichts** vom 16.05.1972 von Bedeutung. Nach dem Urteil des Bundessozialgerichts ist Krankheit im Sinne der gesetzlichen Krankenversicherung „ein regelwidriger Körper- und Geisteszustand, dessen Eintritt entweder die Notwendigkeit einer Heilbehandlung – allein oder in Verbindung mit Arbeitsunfähigkeit – oder Arbeitsunfähigkeit zur Folge hat" (Bundessozialgericht, 1972).

Aus der Definition lässt sich ableiten, dass es eine Regelhaftigkeit, eine Norm geben muss, um eine Regelwidrigkeit feststellen zu können. Diese Norm wird durch den jeweils aktuellen medizinischen Erfahrungs- und Wissensstand (evidenzbasiertes Wissen) festgeschrieben.

Abbildung 2.3-2: Bestimmungsfaktoren des Gesundheitszustands (Quelle: Sachverständigenrat für die Konzertierte Aktion im Gesundheitswesen, 1994: 49)

Hierdurch lässt sich auch die Frage beantworten, warum der Berufsgruppe der Mediziner die Legitimation zugewiesen worden ist, Krankheiten zu diagnostizieren und Therapien zu verordnen. Die Krankheiten gehören zu den Lebensrisiken, die eine Daseinsvorsorge erfordern. Die Kenntnis der Faktoren, die eine Krankheit auslösen können, bildet eine wichtige Grundlage für den Einsatz und die Finanzierung von Gesundheitsleistungen.

Im Gegensatz zu dem deutschen sozialgerichtlichen Terminus „Krankheit" geht die Weltgesundheitsorganisation (WHO) von folgendem Gesundheitsbegriff aus: „Gesundheit ist ein Zustand vollkommenen körperlichen, geistigen und sozialen Wohlbefindens und nicht allein das Fehlen von Krankheit und Gebrechen" (Weltgesundheitsorganisation, 1991). Bereits 1977 hatte die Weltgesundheitskonferenz die Globalstrategie „Gesundheit für alle bis zum Jahr 2000" verabschiedet und darin alle Regierungen aufgefordert, ihre Gesundheitspolitik an diesen Zielen auszurichten. Die seinerzeit festgeschriebenen Ziele und Strategien lauteten wie folgt:
- Ziel 1: Chancengleichheit im Gesundheitsbereich
- Ziel 2: Lebensqualität
- Ziel 3: verbesserter Gesundheitszustand
- Strategie 1: gesundheitsförderliche Lebensweise
- Strategie 2: gesunde Umwelt
- Strategie 3: bedarfsgerechte Versorgung.

Als Reaktion auf diesen Appell einigten sich 1980 die Mitgliedstaaten der Europäischen Region der WHO auf ihr erstes gemeinsames gesundheitspolitisches Konzept. In diesem Konzept wurden 1984 38 Einzelziele beschlossen, die 1991 in einer revidierten Version („Gesundheitspolitik für Europa") aktualisiert wurden. Dieser grundsätzlichen Neuorientierung der Gesundheitspolitik haben zwar sämtliche Mitgliedstaaten der WHO-Europa zugestimmt, eine Realisierung ist bis heute aber nur ansatzweise in einigen Ländern erfolgt (z. B. Finnland, Niederlande). Skeptiker dieser Neuorientierung gehen davon aus, dass eine Anwendung des WHO-Begriffs für das deutsche Krankenversicherungssystem radikale Veränderungen mit sich bringen würde. So hätte eine erhebliche Leistungserweiterung in Richtung einer allgemeinen Daseinsfürsorge unter anderem zur Folge, dass die Gruppe der Leistungserbringer im Gesundheitssektor um die Psychologen, Soziologen und Sozialarbeiter ausgeweitet würde. Diese potenziellen Veränderungen wiederum sorgen dafür, dass Widerstände gegen die Einführung des WHO-Konzepts aufgebaut werden (Abb. 2.3-3).

Mit der Thematik der bedarfsgerechten Versorgung hat sich auch der Sachverständigenrat für die Konzertierte Aktion im Gesundheitswesen in seinem Gutachten 2000/2001 („Bedarfsgerechtigkeit und Wirtschaftlichkeit") auseinandergesetzt. In Band III des Gutachtens mit dem Titel „Über-, Unter- und Fehlversorgung" stellen die Mitglieder des Rates fest, dass bei einer **bedarfsgerechten Versorgung** die Leistungen auf einem individuellen, auf einem professionellen/wissenschaftlichen und auf einem gesellschaftlich anerkannten Bedarf basieren müssen. Zudem erbringen die Leistungen einen hinreichend gesicherten Nettonutzen und sind zudem fachgerecht zu erbringen (vgl. Sachverständigenrat für die Konzertierte Aktion im Gesundheitswesen, 2002). Eine **wirtschaftliche Versorgung** als Teil einer bedarfsgerechten Versorgung ist für diejenigen Gesundheitsleistungen gegeben, welche die besten Kosten-Nutzen-Relationen erzielen. Hieraus wird deutlich, dass nur die bedarfsgerechte Versorgung als wirtschaftlich (effizient) gilt, die die beste Relation zwischen den Outcome- und den Inputfaktoren aufweist. Werden die Gesundheitsleistungen nicht bedarfsgerecht zur Verfügung gestellt, treten Unter-, Über- oder Fehlversorgungen ein. Die Beseitigung dieser Fehlsteuerungen setzt Wirtschaftlichkeitsreserven frei. Es entstehen somit Rationalisierungseffekte. Im Unterschied zur Rationierung, bei der Leistungen trotz eines vorhandenen subjektiven, objektiven und gesellschaftlich anerkannten Bedarfs nicht bereitgestellt bzw. verweigert werden, können bei einer Rationalisierung die Gesundheitsgüter in Anspruch genommen werden.

Eine **Rationalisierung** setzt folglich die Existenz von Wirtschaftlichkeitsreserven vor-

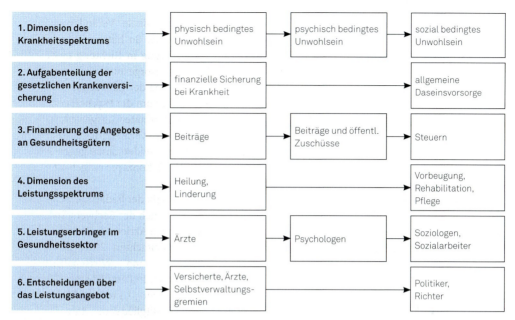

Abbildung 2.3-3: Mögliche Auswirkungen der Anwendung des Gesundheitsbegriffs der WHO auf die Aufgaben der gesetzlichen Krankenversicherung (Quelle: in Anlehnung an Metze, 1992: 12)

aus. Durch die Verbesserung der Kosten-Nutzen-Relationen (Beziehung zwischen dem Ressourcenverbrauch und den erzielten Ergebnissen) werden die gewünschten Effizienzverbesserungen erzielt.

Bei einer **Rationierung** werden aus ökonomischen Gründen dem potenziellen Abnehmer Leistungen vorenthalten, die einen medizinischen und/oder pflegerischen Nutzen haben.

Bei einer **Priorisierung** werden Maßnahmen hierarchisiert. Alle Maßnahmen, die in einer solchen „Hitliste" aufgeführt werden, werden zur Verfügung gestellt und finanziert, die anderen Leistungen werden rationiert.

In der gesundheitsökonomischen und gesundheitspolitischen Diskussion gilt zurzeit (noch) der Grundsatz „Rationalisierung hat Vorrang vor Rationierung". Damit sind Lösungsansätze, die Rationierungen und Priorisierungen beinhalten, zweite Wahl.

Aufgrund der scherenförmigen Entwicklung zwischen einer steigenden Nachfrage und einer nur ansatzweise zufriedenstellenden Finanzierung der Güter besteht in Zukunft die Gefahr, dass nur noch die Gesundheitsleistungen solidarisch finanziert werden, die in eine Prioritätenliste aufgenommen wurden. Dies gilt somit auch für alle Berufsgruppen und Gesundheitseinrichtungen, die diese Leistungen zur Verfügung stellen. Dies hat zur Folge, dass sich alle Betroffenen in der Gesundheitswirtschaft mit der Thematik der gesundheitsökonomischen Evaluation auseinandersetzen sollten. Zukünftig werden die **gesundheitsökonomischen Evaluationen** (Kosten-Nutzen-Vergleiche) wesentliche **Entscheidungshilfen** für eine **bedarfsgerechte Steuerung** der Gesundheitsversorgung sein. Je weniger Ressourcen in einer Gesellschaft für die Gesundheitsversorgung zur Verfügung stehen, desto stärkere Bedeutung erlangen diese Nutzen-Kosten-Betrachtungen. Hiermit soll zum Beispiel durch den Vergleich von Behandlungsalternativen herausgefunden werden, welche Mittelverwendung optimal ist. Die verfügbaren Gelder müssen rational eingesetzt werden. Eine Mittelverknappung führt tendenziell zu der Forderung, die Gelder für eine Maßnahme erst nach genauer Überprüfung ihres Nutzens zu verwenden. Die Funktion der ökonomischen Evaluationen von Gesundheitsleistungen ist es, das Verhältnis zwischen dem Ressourcenverzehr für die Maßnahmen (monetärer Input) und den daraus resultierenden Ergebnissen (monetärer Erfolg, intangibler Erfolg) aufzuzeigen. Evaluationstechniken als rationale Entscheidungshilfen sind heranzuziehen, um den Nutzen und die Kosten der Maßnahmen zu messen und zu bewerten, unnötige Leistungen auszuschließen, Wirtschaftlichkeitsreserven zu aktivieren. Ziel ist es somit, die bedarfsgerechte und wirtschaftliche Versorgungsalternative zu ermitteln. In diesem Kontext sind drei Termini zu unterscheiden.

Nach dem **Systemmodell** des New Public Managements umfasst der **Input** die eingesetzten Ressourcen, die gebraucht bzw. verbraucht werden. Die Verarbeitung bzw. der **Throughput** kombiniert die eingesetzten Produktionsfaktoren, um den **Output** als unmittelbares Ergebnis dieses Prozesses zur Verfügung zu stellen. Das Sachgut bzw. die Dienstleistung ist somit das nach außen abgegebene Ergebnis des Systemprozesses. Die Auswirkungen dieser Produkte werden als **Outcome** bezeichnet. Diese Zusammenhänge sollen anhand eines Beispiels verdeutlicht werden:

- *Ziel einer Maßnahme:* Gesundheitsvorsorge durch Grippeimpfungen
- *Input:* Kosten der Impfungen
- *Output:* Zahl der Impfungen
- *Outcome:* Senkung der Krankheitshäufigkeiten/Senkung der grippebedingten Todesfälle.

Die Impfung ist die Leistung des Gesundheitssystems, das Outcome ist die Verhinderung einer Epidemie bzw. die Senkung der Erkrankungen/Todesfälle.

2.4
Spezifika des ersten Gesundheitsmarktes

Das Gesundheitssystem ist ein Teil des Systems der sozialen Sicherung. Unter dem System der sozialen Sicherung, auch soziales Netz genannt, versteht man die Summe aller Einrichtungen und Maßnahmen, die das Ziel haben, die Bürger unter anderem gegen die Risiken des Unfalls, der Krankheit, des Alters und der Arbeitslosigkeit zu schützen. Hierbei kann zwischen dem Sicherungssystem im engeren und im weiteren Sinne unterschieden werden. Das engere System wird häufig auch als Sozialversicherungssystem bezeichnet. Zum weiteren System gehören neben den Sozialversicherungen noch die Kriegsopferversorgung, die Sozialhilfe und andere Sozialtransfers (z. B. Ausbildungsförderung). Aus Abbildung 2.4-1 sind die einzelnen Bestandteile des sozialen Netzes zu entnehmen.

In Abbildung 2.4-1 ist zu erkennen, dass innerhalb dieses sozialen Netzes die Gesundheitsleistungen nach den Leistungen der Rentenversicherungsträger den zweitgrößten Ausgabenkomplexen darstellen. Der Gesundheitssektor hat primär die Aufgabe, Krankheiten vorzubeugen, zu diagnostizieren und zu therapieren. Das Gesundheitssystem setzt sich, im Sinne der Systemtheorie, aus allen im Dienst der Gesundheit wirkenden Elementen (Personen, Sachmitteln und Einrichtungen) zusammen, die gemeinsam die Kuration betreiben. Das Gesundheitssystem ist vernetzt, es bestehen Interdependenzen unter anderem zwischen der ambulanten und der stationären Versorgung, dem öffentlichen Gesundheitsdienst und den Krankenkassen. Die Versicherten haben, unabhängig von ihrem Einkommen und ihrem Alter, nach den rahmenrechtlichen Vorschriften des SGB V einen Anspruch auf eine ausreichende, eine bedarfsgerechte medizinische Versorgung, die dem allgemein anerkannten Stand der medizinischen Wissenschaft entspricht. Hierbei ist es Aufgabe des Gemeinsamen Bundesausschusses, diese gesetzlichen Rahmenvorgaben durch Richtlinien zu konkretisieren. Hierzu zählen insbesondere:

- ärztliche, zahnärztliche und psychotherapeutische Behandlung
- Versorgung mit Arznei-, Verbands-, Heil- und Hilfsmitteln
- häusliche Krankenpflege
- Krankenhausbehandlung
- Leistungen zur medizinischen Rehabilitation
- sonstige Leistungen.

Im Detail gehören zum Beispiel die gruppen- und individualprophylaktischen Maßnahmen

2.4 Spezifika des ersten Gesundheitsmarktes

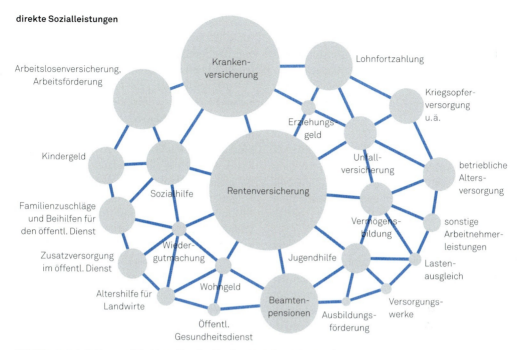

Abbildung 2.4-1: Das soziale Netz (Quelle: Haubrock/Schär, 2002: 46)

zur Erkennung und Verhütung von Zahnerkrankungen sowie die medizinischen Vorsorgeleistungen zu den GKV-Leistungen. Ein Behandlungsanspruch besteht auch bei den präventiven Gesundheitsuntersuchungen insbesondere zur Früherkennung von Herz-, Kreislauf-, Krebs- und Nierenerkrankungen sowie bei Diabetes. Die Leistungen zur Behandlung von Krankheiten umfassen zunächst die Krankenbehandlung in Form von Sachleistungen (ärztliche und zahnärztliche Behandlung, Versorgung mit Arznei-, Verband-, Heil- und Hilfsmitteln, häusliche Krankenpflege und Haushaltshilfe, Krankenhausbehandlung) und die Leistungen zur Rehabilitation sowie Belastungserprobung, Arbeitstherapie und nichtärztliche sozialpädiatrische Leistungen. Bei den Rehabilitationsleistungen werden wiederum medizinische Leistungen (ambulante und stationäre Rehabilitationskuren), Müttergenesungskuren und ergänzende Leistungen zur Rehabilitation (z. B. Rehabilitationssport) unterschieden. Zu den Leistungen bei Krankheit zählen weiterhin die Geldleistungen in Form von Krankengeld. Versicherte haben Anspruch auf Krankengeld, wenn aufgrund der Krankheit eine Arbeitsunfähigkeit vorliegt oder wenn die Versicherten auf Kosten der Krankenkasse stationär in einem Krankenhaus, einer Vorsorge- oder Rehabilitationseinrichtung behandelt werden. Krankengeld wird jedoch erst dann bezahlt, wenn der Anspruch auf Fortzahlung des Arbeitsentgelts (Lohnfortzahlung), der sich nach den jeweiligen arbeitsrechtlichen Vorschriften richtet, ausgelaufen ist.

Weiterhin hat der Gesetzgeber festgelegt, dass die Leistungen dem Wirtschaftlichkeitsgebot entsprechen müssen, das heißt, die Leistungen müssen ausreichend, zweckmäßig und wirtschaftlich sein und dürfen das Maß des Notwendigen nicht überschreiten. Der Leistungsanspruch für die GKV-Versicherten im Bereich der vertragsärztlichen Versorgung sind im Einzelnen nicht im SGB V geregelt, sie werden vielmehr im Rahmen des Selbstverwaltungsprinzips vom Gemeinsamen Bundesausschuss (G-BA) verbindlich vorgegeben. In die Kompetenz des G-BA fällt auch die Zulassung neuer Diagnose- und Therapieverfahren. Weiterhin gibt es Sonderregelungen für Versicherte mit einer lebensbedrohlichen oder einer in der Regel zum Tod führenden Erkrankung. Das GKV-Versorgungsstrukturgesetz hat zudem den Krankenkassen das Recht eingeräumt, ihre Angebote für Satzungsleistungen zu erweitern. Letztlich gibt es keinen dauerhaft garantierten Anspruch auf die Inanspruchnahmen von GKV-Leistungen. Der Gesetzgeber kann den Leistungsumfang im Rahmen von Gesundheitsreformen neu definieren.

Das Gesundheitssystem wird unter dem Aspekt der unterschiedlichen Aufgabenverteilung in die Sektoren Prävention, Kuration, Rehabilitation sowie Forschung, Lehre und Ausbildung eingeteilt. Diese sektorale Darstellung des Gesundheitssystems zeigt Abbildung 2.4-2.

Unter **Prävention** werden alle gesundheitserhaltenden und gesundheitsfördernden Maßnahmen verstanden, die das generelle Einwirken auf das Verhalten der Menschen und auf die Lebensverhältnisse der Bevölkerung durch die Aufdeckung oder Ausschaltung von Risikofaktoren oder auch durch gezielte Behandlungsmaßnahmen beinhalten. Dazu zählen zum Beispiel auch Maßnahmen wie Nichtrauchertraining und Fitnessprogramme. Weiterhin zählen zur Prävention spezielle gesundheitsfördernde bzw. krankheitsverhütende Leistungen Die **Prävention** hat somit die Funktion, den Eintritt einer Krankheit zu verhindern oder zeitlich zu verzögern. Dies soll durch Gesundheitserziehung, -beratung und -aufklärung (primäre Prävention), durch Früherkennung einer Krankheit und durch Vorsorge (sekundäre Prävention) und durch Maßnahmen erfolgen, die den Wiedereintritt einer erfolgreich behandelten Krankheit verhindern (tertiäre Prävention).

Auch in Abbildung 2.4-2 ist zu erkennen, dass zwischen Primär-, Sekundär- und Tertiärprävention unterschieden wird. In den vergangenen Jahren ist speziell die **Primärprävention** in den Mittelpunkt gerückt. Nach § 20 SGB V sollen die Krankenkassen in ihren Satzungen Leistungen zur primären Prävention vorsehen. Diese Leistungen sollen den allgemeinen Gesundheitszustand verbessern und insbesondere zur Verminderung sozial bedingter Ungleichheit von Gesundheitschancen beitragen. Zu diesem Zweck hat der Spitzenverband der Krankenkassen prioritäre Handlungsfelder und Kriterien in einem Leitfaden festzulegen. In dem aktuellen Leitfaden Prävention des GKV-Spitzenverbandes sind die folgenden Handlungsfelder formuliert worden:

1. Handlungsfeld: arbeitsbedingte körperliche Belastungen
2. Handlungsfeld: Betriebsverpflegung, gesundheitsgerechte Versorgung
3. Handlungsfeld: psychosoziale Belastungen
4. Handlungsfeld: Suchtmittelkonsum.

Die Primärprävention basiert auf dem **pathogenen Krankheitsmodell**. Bei diesem Modell geht es um die Vermeidung der Ursachen, die zu

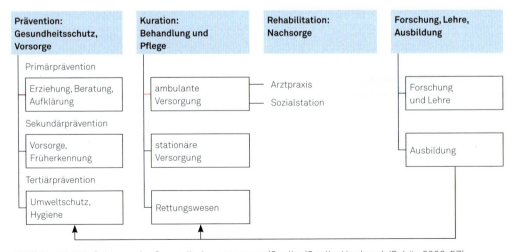

Abbildung 2.4-2: Sektoren der Gesundheitsversorgung (Quelle: (Quelle: Haubrock/Schär, 2002: 57)

einer Erkrankung führen können. In diesem Zusammenhang wird zwischen der Verhaltens- und der Verhältnisprävention unterschieden. In ersteren Fall geht es um die individuellen Verhaltensmuster, in zweiten Fall sollen die Lebens- und Arbeitsverhältnisse so gestaltet werden, dass die krankmachenden Faktoren beseitigt bzw. vermindert werden. Bei dem **Salutogenese-Modell**, das von dem Medizinsoziologen Aaron Antonovsky in den 1980er-Jahren entwickelt wurde, sollen die Faktoren gestärkt werden, die zur Entstehung und Erhaltung von Gesundheit führen. Hierbei spielt die Vorstellung eine besondere Rolle, dass die Risikofaktoren oder die Stressoren nicht grundsätzlich als krankmachend anzusehen sind. Vielmehr sind die in der persönlichen Lebensgeschichte erworbenen individuellen Bewältigungsressourcen und die darauf beruhenden Handlungsmöglichkeiten von entscheidender Bedeutung. Damit verfolgt die **Gesundheitsförderung** das Ziel, die Menschen zu befähigen, durch gesundheitsbezogene Bildung, Informationsvermittlung, Verbesserung sozialer sowie lebenswichtiger Fähigkeiten ihre Lebensweise zu überdenken und somit zur Verbesserung der eigenen Gesundheit beizutragen. Nach der Luxemburger Deklaration, die in Zusammenhang mit der Gründung des Europäischen Netzwerks für Betriebliche Gesundheitsförderung im Jahre 1997 dokumentiert worden ist, umfasst die **Betriebliche Gesundheitsförderung** alle Maßnahmen seitens der Arbeitgeber, der Arbeitnehmer und der Gesellschaft, die auf die Verbesserung der Gesundheit und des Wohlbefindens am Arbeitsplatz ausgerichtet sind. Das Ziel ist es, im Rahmen einer systematischen Intervention die gesundheitsrelevanten Belastungen zu senken und die Ressourcen in privaten und öffentlichen Unternehmen zu steigern (Abb. 2.4-3). Mit der Einführung des § 20a SGB V hat der Gesetzgeber den Krankenkassen vorgegeben, die Gesundheitsförderung in den Betrieben zu unterstützen.

Die rechtlichen Vorschriften für die präventiven und gesundheitsfördernden Leistungen finden sich in den folgenden Sozialgesetzbüchern:
- *SGB V – Krankenversicherung:* Leistungen zur Primärprävention, Leistungen zur Gesundheitsförderung in Betrieben (betriebliche Gesundheitsförderung
- *SGB VI – Rentenversicherungen:* Erhaltung der Erwerbsfähigkeit, Teilhabe am Arbeitsleben
- *SGB VII – Unfallversicherungen:* Verhütung von Arbeitsunfällen, berufsspezifischen Krankheiten und Gesundheitsgefahren
- *SGB IX – Rehabilitation und Teilhabe behinderter Menschen:* Betriebliches Eingliederungsmanagement.

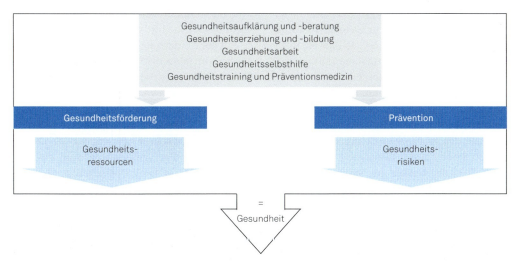

Abbildung 2.4-3: Gesundheitsförderung und Prävention (Quelle: Eigenerstellung in Anlehnung an Waller, 2007: 124)

Eine Erweiterung der Primärprävention und der Betrieblichen Gesundheitsförderung ist das **Betriebliche Gesundheitsmanagement**. Hierbei handelt es sich um eine Unternehmensstrategie, die betriebliche Rahmenbedingungen, betriebliche Strukturen und Prozesse entwickelt, mit denen eine gesundheitsfördernde Gestaltung der Arbeit und der Unternehmensorganisation sowie die Befähigung zu einem gesundheitsförderlichen Verhalten der Mitarbeiter erreicht werden soll. Die Ziele dieser Unternehmensstrategie lauten:

- Steigerung der Mitarbeitermotivation
- Ursachenbekämpfung chronischer und psychischer Erkrankungen
- Steigerung der Kreativität und Flexibilität
- Personalbindung und -gewinnung
- Kostensenkung durch Fehlzeitenreduktion
- Steigerung der Wirtschaftlichkeit und der Qualität/Wettbewerbsvorteile.

Zur Realisierung dieser Ziele werden Maßnahmen in folgenden **Handlungsfeldern** durchgeführt:

- Arbeitssicherheit und Gesundheitsschutz
- Betriebliche Eingliederung
- Unternehmenskultur
- Personalmanagement
- Betriebliche Gesundheitsförderung.

In der Vergangenheit hat sich in der politischen und wissenschaftlichen Diskussion die Einstellung zur Prävention und zur Gesundheitsförderung mehrfach verändert. Es gab Phasen, in denen die vorbeugenden Maßnahmen ausgeweitet wurden, in anderen Zeitabschnitten wurde die Prävention mit der Begründung, Kosten im Gesundheitswesen senken zu müssen, vernachlässigt. Seit ca. 10 Jahren ist aber der Trend erkennbar, den präventiven Sektor zu stärken. In diesem Sinne hat der Deutsche Bundestag am 18.06.**2015** das **Gesetz zur Stärkung der Gesundheitsförderung und der Prävention** verabschiedet. Mit diesem Präventionsgesetz sollen die Grundlagen geschaffen werden, dass die Sozialversicherungsträger, die Länder und die Kommunen stärker auf den Gebieten der Prävention und der Gesundheitsförderung zusammenarbeiten. Neu ist, dass neben der gesetzlichen Krankenversicherung und der gesetzlichen Unfallversicherung nunmehr auch die soziale Pflegeversicherung und die Unternehmen der privaten Krankenversicherung eingebunden worden sind.

Die **Kuration**, die heute immer noch den eigentlichen Kern des Gesundheitssystems darstellt, umfasst die ambulante und die stationäre ärztliche Behandlung, die häusliche Krankenpflege, den Bereich der Arznei-, Heil- und Hilfsmittelversorgung sowie das Rettungswesen. Der Leistungsanspruch wird im SGB V festgeschrieben. Die Kuration setzt den Eintritt der Krankheit voraus. Somit stehen die ambulante und die stationäre Behandlung (Diagnose, Therapie etc.) im Mittelpunkt.

Unter **Rehabilitation** sind alle Maßnahmen zu verstehen, die der Eingliederung bzw. Wiedereingliederung einer körperlich und/oder geistig behinderten Person in Arbeit, Beruf und Gesellschaft dienen. Die Rechtsgrundlagen sind im SGB IX festgelegt worden. Im Rahmen der Rehabilitation, also der Nachsorge, ist folglich die Wiedereingliederung der Betroffenen in den Beruf, in die Gesellschaft usw. das zentrale Anliegen.

Die Bereiche **Ausbildung**, **Forschung** und **Lehre** dienen einerseits dazu, den drei Sektoren die erforderlichen personellen Ressourcen in quantitativer und qualitativer Hinsicht zur Verfügung zu stellen, andererseits sind die Prävention, die Kuration und die Rehabilitation Untersuchungsobjekte für Forschungsaktivitäten.

Mit der Einführung des Pflegeversicherungsgesetzes im Jahre 1995 ist ein weiterer Sektor im Versorgungssystem der Bundesrepublik entstanden. Nach den Vorschriften des § 14 SGB XI haben Versicherte, die pflegebedürftig sind, Anspruch auf ambulante und stationäre Leistungen. Der **Pflegesektor** ist somit der soziale Bereich, in dem Personen entweder im eigenen Haushalt oder in den spezifischen stationären Einrichtungen versorgt werden.

Dieser sektoralen Betrachtung des Gesundheitssystems lässt sich eine **funktionale Sichtweise** gegenüberstellen. Bei dieser Sichtweise wird das Gesundheitssystem als ein geschlossenes System angesehen (**System der integrierten Versorgung**). In einem derartigen System lassen sich die komplexen räumlichen, organisatorischen und personellen Interdependenzen sowie der Weg der Versicherten durch die Sektoren und durch die Versorgungsstufen gut darstellen. Seit dem Jahre 2000 hat der Gesetzgeber schrittweise die Möglichkeit geschaffen, diagonale, horizontale und vertikale Formen der Zusammenarbeit zu realisieren. Mit dem Reformgesetz aus dem Jahre 2000 wurde zunächst die sektorübergreifende Versorgung eingeführt. Hierbei sollten Leistungserbringer aus den unterschiedlichen Gesundheitssektoren zur Zusammenarbeit angehalten werden. Im Jahre 2004 wurde zudem die horizontale Kooperation ermöglicht, das heißt, Gesundheitseinrichtungen, die im gleichen Geschäftsfeld tätig sind (z. B. Versorgung mit stationären medizinischen Leistungen), können eine Zusammenarbeit vereinbaren. Im Jahre 2007 wurde letztlich die diagonale Variante ermöglicht. Seit diesem Jahr können sich zum Beispiel Leistungsanbieter aus dem SGB V und aus dem SGB-XI-Bereich zusammenschließen.

Aus der versicherungsrechtlichen Definition von Krankheit lässt sich ableiten, dass zum Beispiel zur Beseitigung oder Linderung des regelwidrigen Körper- und/oder Geisteszustands durch eine Heilbehandlung materielle und immaterielle Güter eingesetzt werden müssen. Diese Sach- und Dienstleistungen heißen **Gesundheitsgüter**. Diese Güter werden wie alle anderen Güter angeboten und nachgefragt. Dem begrenzten Angebot an Gesundheitsgütern steht eine weitaus größere Nachfrage gegenüber. Die Ökonomie hat es sich schon immer zur Aufgabe gemacht, die Verwendung knapper Ressourcen so zu regulieren, dass der Versorgungsbedarf der Gesellschaft optimal gedeckt wird. Diese Funktion beschränkte sich lange Zeit auf den ersten (z. B. land- und forstwirtschaftliche Produktion) und den zweiten (z. B. handwerkliche und industrielle Produktion) Sektor einer Volkswirtschaft. Erst in den vergangenen Jahrzehnten haben die Analysen der ökonomischen Zusammenhänge im Dienstleistungssektor (Dienstleistungsökonomie) und insbesondere auch im Gesundheitssystem (Gesundheitsökonomie) an Bedeutung gewonnen. Gesundheit hat in der Wertschätzung (Bedürfnisskala) der Bevölkerung einen hohen Stellenwert: So bildet sie für den einzelnen Menschen zum Beispiel die Grundlage, Einkommen zu erzielen und das Leben selbstständig gestalten zu können. Zur Befriedigung dieser Bedürfnisse nach Gesundheit sind Gesundheitsgüter in Form einer Sach- und/oder Dienstleistung einzusetzen. Hierbei treten unter anderem die folgenden **Besonderheiten des Gesundheitsmarktes** auf:

- Es existieren Sicherungssysteme, die im Bedarfsfall den Zugang zu Gesundheitsgütern garantieren (Gesundheitsgüter als Kollektivgüter).
- Das Angebot und die Inanspruchnahme von Gesundheitsgütern (Mengenkomponente) sind von der Finanzierung dieser Gesundheitsgüter (Preiskomponente) abgekoppelt (Zahlungsumwege).
- Der Zugang zu den Gesundheitsgütern, die von den Krankenkassen bezahlt werden, erfolgt ausschließlich durch die Profession der Medizin (Feststellung eines objektiven Bedarfs).

Eine weitere Besonderheit des Gesundheitssystems besteht darin, dass die Gesundheitsgüter im Wesentlichen Dienstleistungen darstellen. Bei den Dienstleistungen handelt sich auch um personalisierte, wirtschaftliche Güter, die eingesetzt werden, um zum Beispiel im Falle einer Krankheit den Zustand eines Menschen positiv zu beeinflussen. Diese personenbezogenen Tätigkeiten können im stationären, im teilstationären und im ambulanten Bereich eingesetzt werden. Abhängig von möglichen Kombinationen von Leistungsgebern und Leistungsnehmern (Person, Objekt) lassen sich unterschiedliche Definitionen von Dienstleistungen unterscheiden:

- Dienstleistungen im engsten Sinne sind geistige und/oder körperliche Tätigkeiten, die beim Konsumenten der Leistung einen Bedarf decken und deren Vollzug und Nutzung einen zeitlich und räumlich synchronen Kontakt **(Uno-actu-Prinzip)** zwischen mindestens zwei Personen (Leistungsgeber/Produzent und Leistungsnehmer/Konsument) voraussetzen. Diese Dienstleistungen werden als **beiderseitig personenbezogene Dienstleistungen** bezeichnet. Beispielhaft soll an dieser Stelle das Waschen eines Patienten durch eine Pflegekraft angeführt werden. Diese Leistungen werden im Rahmen des Prozessmanagements auch als Primärleistung bezeichnet.

- Bei einer erweiterten Definition entfällt im Rahmen einer beiderseitig personenbezogenen Dienstleistung das Uno-actu-Prinzip. Die Dokumentation einer pflegerischen Tätigkeit in der Patientenakte im Stationszimmer kann als Beispiel genannt werden.
- Bei den Dienstleistungen im weiteren Sinne besteht ein Austauschverhältnis zwischen einem Leistungsgeber (Person oder Objekt) und einem Leistungsnehmer (Person oder Objekt). Dieses Austauschverhältnis kann wiederum mit oder ohne einen synchronen Kontakt erfolgen.

Unter dem Gesichtspunkt der möglichen Kombination von Leistungsgebern und Leistungsnehmern als Person bzw. Objekt können vier Ausprägungen von Dienstleistungsmärkten auftreten:

- beiderseitig personenbezogener Dienstleistungsmarkt (Person : Person)
- nachfrage-objekt-bezogener Dienstleistungsmarkt (Person : Objekt)
- anbieter-objekt-bezogener Dienstleistungsmarkt (Objekt : Person)
- beiderseitig objektbezogener Dienstleistungsmarkt (Objekt : Objekt).

Bei den Dienstleistungen im Gesundheitswesen handelt es sich schwerpunktmäßig um beiderseitig personenbezogene Dienste. Aus dieser Kennzeichnung ergeben sich für die Dienstleistungen im Gesundheitsbereich grundsätzlich folgende Eigenschaften:

- Gültigkeit des Uno-actu-Prinzips
- Nichtlagerfähigkeit
- geringe Rationalisierbarkeit
- geringe Kapazitätselastizität
- Existenz von Präferenzen.

Diese Eigenschaften führen im Gesundheitswesen dazu, dass zum Beispiel bei den Unternehmungen im Gesundheitswesen grundsätzlich zwar Rationalisierungsmöglichkeiten bestehen, die jedoch gegenüber den Unternehmungen in den anderen Wirtschaftssektoren eingeschränkt sind. Der Begriff „Rationalisierung" geht auf das lateinische Wort „ratio" (Vernunft, Verstand, Sinn) zurück. Dieser Terminus liegt dem Rationalprinzip zugrunde. Das Rationalprinzip fordert, entweder ein bestimmtes Ziel mit dem Einsatz möglichst geringer Mittel zu erreichen oder bei Vorhandensein bestimmter Mittel ein maximales Ergebnis zu erzielen. Durch diese begriffliche Festlegung sind im Wesentlichen folgende Varianten von Rationalisierungsmaßnahmen denkbar:

- Kosten unverändert, Leistung gestiegen
- Kosten gesunken, Leistung unverändert.

Beide Varianten sollen die Wirtschaftlichkeit verbessern. Die Rationalisierungsmaßnahmen, die im Gesundheitsbereich möglich sind, können sich zum Beispiel auf ein einzelnes Krankenhaus (krankenhausinterne Rationalisierungsmaßnahmen) oder gleichzeitig auf mehrere Gesundheitseinrichtungen (krankenhausübergreifende Rationalisierungsmaßnahmen) beziehen. Die Tabellen 2.4-1 und 2.4-2 geben einen Überblick über diese Maßnahmen.

Die Entwicklung der gesundheitlichen Versorgung durch Gesundheitsleistungen, die von den Gesundheitseinrichtungen angeboten und von den Versicherten nachgefragt werden, wird durch viele demographische, soziale und wirtschaftliche Determinanten beeinflusst. Hierbei lässt sich die Inanspruchnahme der Gesundheitsgüter durch eine Steigerung des Angebots oder durch eine Erhöhung der Nachfrage erklären. Tritt der erste Fall ein, so wird von einer **angebotsinduzierten Inanspruchnahme** gesprochen, im zweiten Fall nennt man den Effekt eine **nachfrageinduzierte Inanspruchnahme**. Hieraus wird deutlich, dass zur Steuerung der Inanspruchnahme sowohl die Angebots- als auch die Nachfrageseite auf Einflussfaktoren analysiert werden muss, wenn man den Gesundheitsmarkt rationeller gestalten will. Auf der Angebotsseite gibt es personelle und sächliche Kapazitäten. Das personelle Angebot wird im Gesundheitswesen durch die Qualifikation

2.4 Spezifika des ersten Gesundheitsmarktes

Tabelle 2.4-1: Krankenhausinterne Rationalisierung (Quelle: Haubrock et al., 1997: 40)

Funktionsbereich Art der Maßnahme	Verwaltung	Versorgung	Pflege	Diagnostik und Therapie
Technisierung	• EDV-Einsatz: – Rechnungswesen – Belegdaten – Patientenstatistik • Mikroverfilmung von Krankenakten	• EDV-Einsatz: – Medikamentenversorgung – Großküchen – Lagerwesen • Bettenzentrale • Zentralsterilisation • Tablettsystem • Einweggeschirr • Transportanlagen: – Rohrpost – Behälterförderanlage	• Patientenrufanlage • Videotechnik bei Patientenüberwachung • Einwegmaterial • Transport- und Hebehilfen • Personenrufanlage	• EDV-Einsatz: – Befunddokumentation – Autoanalyser • Computertomographie; andere medizintechnische Geräte
Verbesserung der Arbeitsorganisation	• Zentralisation des Einkaufs • Zentraler Schreibdienst • Einsatz organisatorischer Hilfsmittel: – Organisationshandbuch – Stellenplan – Stellenbeschreibungen	• Hol- und Bringedienst • Zentraler Reinigungsdienst • Zentrallager	• Dokumentationssystem	• Arbeitswissenschaftliche Untersuchungen in Labor- und Röntgenabteilung • Qualitätskontrollen im medizinischen Bereich zur Kostendämpfung

Tabelle 2.4-2: Leistungsbereiche zur krankenhausübergreifende Rationalisierung (Quelle: Haubrock et al., 1997: 41)

Versorgung	Verwaltung	Diagnose und Therapie
Zentralapotheke	Zentrale EDV-Anlage	Zentrallabor
Zentralwäscherei	Zentraler Einkauf	Zentrale Diagnostik
Zentrale Speisenversorgung	Zentrallager	Zentrale Anästhesiedienst
Zentraler Reinigungsdienst	Zentralverwaltung	Zentrale Blutbank
Zentralsterilisation	Zentralarchiv	Zentrale Desinfektion
Zentrale Müllentsorgung	Zentrale Formularentwicklung	Zentralschule
	Vereinheitlichung der Rechtsformen	

und die Quantität der Mitarbeiter in den relevanten Berufen gekennzeichnet. Das sächliche Angebot hingegen umfasst sämtliche Einrichtungen und alle technischen Geräte. Allein die Mindestversorgung mit diesen Leistungen, zum Beispiel Aufrechterhaltung von Bereitschafts- und Notdiensten, Personalmindestbesetzungen auf den Stationen, verursacht Kosten. Dies bedeutet, dass für diese Güter immer bestimmte Finanzmittel zur Verfügung gestellt werden müssen. Die benötigten Mittel steigen oder fallen mit dem Umfang der vorhandenen Angebotsressourcen, daher hat der Sachverständigenrat für die Konzertierte Aktion bereits 1987 in seinem Jahresgutachten Lösungswege vorgeschlagen, wie die Steuerungsmaßnahmen der angebotenen Gesundheitsgüter in die Rationalisierungsüberlegungen eingebunden werden können. Grundlage der Überlegungen war die Erkenntnis, dass ein zunehmendes Angebot in der Regel eine höhere Nachfrage nach sich zieht. Einige Einsparvorschläge der Experten sind von den politischen Gremien aufgenommen und in die Reformen von 1989 und 1993 eingebracht worden. Beispielhaft seien an dieser Stelle die Verschärfung der Niederlassungsbedingungen im ambulanten ärztlichen Bereich sowie die Budgetierung der Krankenhäuser genannt. Beide Varianten zielen darauf ab, die Angebotsstrukturen und -kapazitäten zu verändern. Die Nachfrageseite wird durch demographische und sozioökonomische sowie durch individuelle und strukturelle Faktoren beeinflusst. Auch mit diesen, die Inanspruchnahme von Gesundheitsgütern beeinflussenden Größen hat sich der Sachverständigenrat beschäftigt und einige dieser Vorschläge wurden politisch umgesetzt. Am bekanntesten ist der Risikostrukturausgleich, der den Finanzunterschied zwischen einzelnen Krankenkassen, der sich aufgrund ihrer regionalen und sektoralen Besonderheiten ergeben hat, ausgleichen sollte. Weitere Veränderungen auf der Nachfrageseite sind das Kassenwahlrecht und natürlich die Einführung der Selbstbeteiligung der Versicherten.

Neben den skizzierten Merkmalen der Gesundheitsgüter als Dienstleistungen sind folgende Kennzeichnungen wichtig:
- Gesundheitsgüter sind Zukunftsgüter.
- Gesundheitsgüter sind Kollektivgüter.

Zukunftsgüter sind hierbei Gesundheitsgüter, die erst in der Zukunft genutzt werden können, für die jedoch in der Gegenwart ein Aufwand erbracht werden muss. Nach der **Theorie der Mindereinschätzung zukünftiger Güter** akzeptiert ein rational handelnder Mensch diesen Aufwand nicht freiwillig, er muss dazu verpflichtet werden. Kollektivgüter sind hingegen Güter, von deren Konsum niemand ausgeschlossen werden darf. Nach der **Logik des kollektiven Handelns** hat der einzelne Mensch keinen Anlass, für ein Gut, das ihm nicht vorenthalten werden darf, freiwillig zu zahlen. Zur Finanzierung kollektiver Güter muss der Mensch somit ebenfalls verpflichtet werden. Aus der Kennzeichnung der Gesundheitsgüter als Zukunfts- bzw. Kollektivgüter erklärt sich unter anderem die Versicherungspflicht der gesetzlichen Krankenversicherungen.

Eine weitere Besonderheit bei der Bereitstellung der Dienstleistungen ist der sogenannte **zweistufige Leistungserstellungsprozess**, der in Abbildung 2.4-4 dargestellt wird.

Die Grundlage für die Erstellung von Produkten bzw. für die Bereitstellung von Dienstleistungen ist der Einsatz der Produktionsfaktoren. Im Dienstleistungsbereich ist das Vorhandensein der Ressource Personal zwingend erforderlich. Dieses Personal muss mit der notwendigen Qualifikation, in der richtigen Anzahl, am richtigen Ort und zur richtigen Zeit zur Verfügung stehen. Für den Arbeitgeber ergeben sich aus der Inanspruchnahme des Personals Kosten. Aufgabe des Managements ist es nun, die eingesetzten Ressourcen so zu kombinieren, dass die Produktion der Sachgüter (z.B. Essen) und die Bereitstellung der Dienstleistungen (z.B. ärztliche Tätigkeiten) effizient, effektiv und in der gewünschten Qualität erfolgen. Diese Gesundheitsgüter sind quasi Zwischenprodukte, da sie eingesetzt werden, um den Patienten zu versorgen. Diese Zwischenprodukte sind somit nicht das Endergebnis des Leistungserstellungsprozesses, sondern vielmehr die Basis für die Statusveränderung des Patienten. Hierbei handelt es sich zum Beispiel um die Wiederherstellung des Gesundheitszustands. Die Finanzierung im Dienstleistungsbereich erfolgt auf der Ebene des Zwischenprodukts. Dies bedeutet, dass zum Beispiel die Bereitstellung von Dienstleistungen die Finanzierungsgrundlage bildet. In diesem Kontext wird von einer **tätigkeitsorientierten Finanzierung** gesprochen. Die Kostenträger überweisen also die Erlöse an die Leistungserbringer, um die Kosten für die angebotenen und durchgeführten Funktionen auszugleichen, der Behandlungserfolg bzw.

2.4 Spezifika des ersten Gesundheitsmarktes

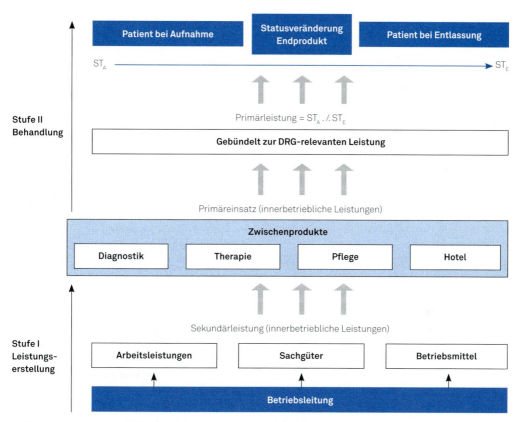

Abbildung 2.4-4: Zweistufiger Leistungserstellungsprozess (Quelle: in Anlehnung an Haubrock/Schär, 2009: 137)

-misserfolg (Endergebnis, Statusveränderung) ist nicht erlösrelevant.

Der Gesundheitssektor ist in den Wirtschaftskreislauf der Bundesrepublik Deutschland eingebettet und konkurriert als Gesundheitsbereich mit anderen Bereichen der Volkswirtschaft. In diesem Zusammenhang untersucht die Gesundheitsökonomik die Zielvorstellungen einer Gesellschaft bezüglich der Verteilung von Ressourcen auf das Gesundheitswesen und der Mittelverteilung auf verschiedene gesundheitliche Aktivitäten. Im Bereich der Gesundheitsversorgung müssen die Krankenversicherungen nach den Vorgaben des Gesetzgebers ihre Finanzmittel durch Beitragseinnahmen und sonstige Einnahmen aufbringen. Hierbei sind die Einnahmen so zu bemessen, dass sie die im Haushaltsplan vorgesehenen Ausgaben sowie die gesetzlich vorgeschriebenen Rücklagen decken.

Zur Ermittlung der Einnahmen sind zum einen die gesetzlich festgelegten Beitragssätze sowie die von den Kassen autonom bestimmten Zusatzbeiträge und zum anderen die beitragspflichtigen Bruttoeinnahmen der Mitglieder von Bedeutung. Die Bruttoeinkommen der Versicherten werden nach unten durch die Geringfügigkeitsgrenze und die Geringverdienergrenze und nach oben durch die Beitragsbemessungsgrenze beschnitten. Diese Grenzen werden in jedem Jahr per Rechtsverordnungen dynamisiert. Diese beitrags- bzw. versicherungspflichtigen Bruttoeinkünfte der Versicherten werden als **Grundlöhne** bezeichnet. Die Summe der Grundlöhne einer Krankenkasse bildet die Grundlohnsumme einer Kasse. Alle Grundlöhne aller Versicherten und damit aller Krankenkassen bilden die Grundlohnsumme der Bundesrepublik. Diese Summe aller Grundlöhne spielt im Rahmen der Diskussion um die

Budgetierung im Gesundheitswesen eine wichtige Rolle. Sie dient als Richtschnur für die Ausgabenentwicklung (Beitragssatzstabilität, bugdetorientierte Ausgabenpolitik). Die Grundlohnsummenentwicklung hängt von mehreren gesamtwirtschaftlichen und -gesellschaftlichen Indikatoren ab. Unter anderem beeinflussen folgende Indikatoren die Grundlohnsummenentwicklung:

- Zahl und Struktur der Kassenmitglieder
- Zahl der Erwerbstätigen/Nichterwerbstätigen
- Entwicklung der Zahl der Erwerbspersonen in Relation zu der Zahl der älteren Personen
- Tarifabschlüsse
- Entwicklung der Beitragsbemessungsgrenze.

Aus dem Blickwinkel der Krankenkassen lässt sich sagen, dass die Grundlohnsumme nur bedingt (z. B. Mitgliederzahl) oder gar nicht (z. B. Arbeitslosigkeit) zu beeinflussen ist. Die Grundlohnsumme stellt somit einen exogen Faktor dar. Neben den Grundlohnsummen spielen, wie bereits erwähnt, die Beitragssätze der Kassen für die Einnahmenentwicklung eine zentrale Rolle. Bis Ende 2008 konnten die Krankenkassen per Satzungsbeschluss ihre Beitragssätze autonom festlegen. Aufgrund der Tatsache, dass die Grundlöhne im Vergleich zu den Ausgaben nicht so stark gestiegen sind, mussten die Kassen zwischen 1962 und 2008 im Bundesdurchschnitt die Beitragssätze von 9,7 % (1962) auf 14,0 % (2008) anheben. Zwischen den jeweiligen Kassenarten traten zudem große Unterschiede auf. Seit dem Jahr 2009 werden die Beitragssätze durch den Staat vorgegeben. Seit Beginn des Jahres 2015 können die Kassen einen Zusatzbeitrag erheben. Die Einnahmen aus diesen Zusatzbeiträgen werden nicht in den Gesundheitsfonds eingezahlt, sie stehen somit den Kassen direkt zur Verfügung. Bereits Mitte der 1970er-Jahre setzten die finanziellen Entlastungsstrategien für das gesetzliche Krankenversicherungssystem ein. Der gesamtwirtschaftliche Auslöser dieser Reformpolitik war die potenzielle Gefährdung der Wettbewerbsfähigkeit der deutschen Unternehmen auf den internationalen Märkten. Aus dem Blickwinkel der exportorientierten Wirtschaft muss auch der Preis einer Leistung, die in Deutschland herbzw. bereitgestellt wird, neben dem Qualitätskriterium im internationalen Vergleich konkurrenzfähig sein. In diesen Kontext gehört die Diskussion um die sogenannten **Lohnnebenkosten**, die unter anderem die Sozialversicherungsbeiträge der Arbeitgeber beinhalten. Ziel dieser Politik war und ist es somit, eine Stabilisierung oder gar eine Reduktion der Arbeitgeberanteile unter anderem für die Krankenversicherungen zu erreichen. Es wird politisch der **Grundsatz der Beitragssatzstabilität** vorgegeben. So wird in § 71 SGB V in der Fassung vom Juli 2003 festgehalten, dass die Vertragspartner auf Seiten der Krankenkassen und der Leistungserbringer Vereinbarungen so zu gestalten haben, dass Beitragssatzerhöhungen ausgeschlossen werden. Ausnahmen werden nur dann akzeptiert, wenn die notwendige medizinische Versorgung auch nach Ausschöpfung von Wirtschaftlichkeitsreserven ohne Beitragssatzerhöhungen nicht zu gewährleisten ist. Das Gesetz zur Modernisierung der gesetzlichen Krankenversicherung (GKV-Modernisierungsgesetz – GMG) aus dem Jahre 2003 nahm diesen Ansatz auf. So wird als Ziel des Gesetzes festgehalten, ein hohes Versorgungsniveau bei angemessenen Beitragssätzen auch in der Zukunft zu gewährleisten.

Die Tabellen 2.4-3 bis 2.4-5 sollen abschließend einen Überblick über die Einnahmen- und Ausgabenentwicklungen der vergangenen Jahre aufzeigen.

Die Entwicklung der gesundheitlichen Versorgung in Form von Gesundheitsleistungen, die von den Gesundheitseinrichtungen angeboten und von den Bürgern in Anspruch genommen werden, wird durch eine Vielzahl demographischer, sozialer und wirtschaftlicher Determinanten beeinflusst. Die Entscheidungen der Anbieter und Konsumenten dieser Güter entwickeln sich aus einem Zusammenspiel von zum Beispiel ökonomischen und verhaltensbezogenen Einflüssen. Hierbei ist eine eindeutige Zuordnung der Determinanten in Richtung von angebots- bzw. nachfrageseitiger Beeinflussung der Inanspruchnahme der Gesundheitsgüter nicht möglich. So erzeugt zum Beispiel ein steigendes Volkseinkommen eine

2.4 Spezifika des ersten Gesundheitsmarktes

Tabelle 2.4-3: Einnahmen der gesetzlichen Krankenkassen (Quelle: Bundesministerium für Gesundheit, 2015)

Jahr	Beitragseinnahmen und sonstige Einnahmen in Mio. Euro			
	Einnahmen insgesamt	davon:		
		Beiträge der Mitglieder	Beiträge der Rentner	Sonstige Einnahmen
1998	127 750	100 643	23 636	3 471
1999	131 203	103 262	24 236	3 705
2000	133 808	105 426	24 627	3 755
2001	135 790	106 877	25 009	3 904
2002	139 707	108 351	27 858	3 499
2003	140 770	107 591	29 908	3 271
2004	142 460	105 989	32 311	4 159
2005	143 828	106 007	32 329	5 492
2006	147 619	107 422	32 451	7 746
2007	153 567	113 475	33 999	6 093
2008	162 516	118 326	35 005	6 633
2009[3]	172 202	810	387	171 005
2009 Gesundheitsfonds	164 578	121 833	35 632	7 113
2010	175 597	1 472	275	173 851
2010 Gesundheitsfonds	174 588	123 291	35 759	15 537
2011	183 774	1 445	308	182 021
2012	189 688	913	275	188 500

quantitativ und qualitativ bessere Ausstattung mit Personal und Sachkapital. Zur gleichen Zeit erhöhen sich jedoch mit steigendem Lebensstandard auch die Ansprüche der Versicherten gegenüber dem Angebot an Gesundheitsleistungen. Die Interdependenzen zwischen der Inanspruchnahme der Gesundheitsgüter infolge von Angebot und Nachfrage im Gesundheitswesen lassen sich durch Abbildung 2.4-5 veranschaulichen.

Eine zentrale Funktion des „Gesundheitsmarktes" ist nun darin zu sehen, dass die Angebots- und Nachfrageströme so gesteuert werden, dass eine optimale Ressourcenallokation erreicht wird. Dies bedeutet, die knappen Gesundheitsgüter so einzusetzen, dass die bestehenden Bedürfnisse, die im Verhältnis zu den Gütern einen weitaus größeren Umfang haben, optimal befriedigt werden können. Nach dem Konzept der Marktwirtschaft soll die Steuerung von Angebot und Nachfrage über den Preis erfolgen. Dazu muss der Staat die Voraussetzungen für den Wettbewerb, zum Beispiel Privateigentum, Vertragsfreiheit und Wettbewerbsaufsicht, schaffen. Ohne diese sogenannten konstitutiven Prinzipien kann Wettbewerb nicht die gewünschten Effekte erbringen. Auf der Grundlage der Erkenntnis, dass sich zum Beispiel die Marktstrukturen durch Konzentrationsprozesse verändern und damit ein Machtungleichgewicht eintritt, ist eine staatliche Wettbewerbsaufsicht notwendig. Der Sachver-

Tabelle 2.4-4: Gesundheitsausgaben nach Einrichtungen [Mio. €] (Quelle: Statistisches Bundesamt, 2015)

Gegenstand der Nachweisung	2011 [Mio. €]	2012 [Mio. €]	2013 [Mio. €]
Gesundheitsausgaben	295 525	302 812	314 939
Investitionen	6 217	6 275	6 455
Laufende Gesundheitsausgaben	289 308	296 537	308 484
• Gesundheitsschutz	1 924	1 924	1 924
• ambulante Einrichtungen	145 823	149 357	155 513
– Arztpraxen	44 364	44 983	46 403
– Zahnarztpraxen	22 969	23 574	24 397
– Praxen sonstiger medizinischer Berufe	10 156	10 420	11 034
– Apotheken	39 940	40 502	41 752
– Gesundheitshandwerk/-einzelhandel	15 919	16 636	17 615
– ambulante Pflege	10 593	11 326	12 344
– sonstige ambulante Einrichtungen	1 880	1 915	1 967
• stationäre/teilstationäre Einrichtungen	111 174	114 050	118 681
– Krankenhäuser	76 984	78 919	82 354
– Vorsorge-/Rehabilitationseinrichtungen	8 376	8 702	8 732
– stationäre/teilstationäre Pflege	25 814	26 428	27 595
• Rettungsdienste	3 297	3 471	3 773
• Verwaltung	16 893	17 021	17 220
• sonstige Einrichtungen und private Haushalte	8 559	8 984	9 772
• Ausland	1 639	1 731	1 602
Nachrichtlich			
• Ausbildung	1 672	1 654	1 657
• Forschung	3 886	3 991	3 989
• Ausgleich krankheitsbedingter Folgen	18 596	19 135	19 758
• Einkommensleistungen	71 517	76 709	82 180

ständigenrat hat dieses Faktum bereits in seinem Sachstandsbericht 1994 wie folgt formuliert:

„Wettbewerbsaufsicht ist erforderlich, weil Wettbewerb ein beträchtliches Selbstzerstörungspotenzial beinhaltet. Konkurrenten erkennen schnell, dass ein Zusammenschluss Marktmacht gibt, um höhere Preise bei den Verbrauchern durchzusetzen. Ohne staatliche Wettbewerbsaufsicht besteht daher stets die Gefahr der Wettbewerbsminderung zu Lasten der Verbraucher." (Sachverständigenrat für die Konzertierte Aktion im Gesundheitswesen, 1994: 208)

2.4 Spezifika des ersten Gesundheitsmarktes

Tabelle 2.4-5: Gesundheitsausgaben nach Art der Leistung und nach Ausgabenträgern [Mio. €] (Quelle: Bundesministerium für Gesundheit, 2015, www.gbe-bund.de)

Art der Leistung	Ausgabenträger, Jahr (aufsteigend)								
	Ausgabenträger insgesamt			Gesetzliche Krankenversicherung			Private Krankenversicherung		
	2011	2012	2013	2011	2012	2013	2011	2012	2013
• Gesundheitsausgaben	295 525	302 812	314 939	168 483	172 408	181 460	27 723	27 963	28 898
• Investitionen	6 217	6 275	6 455	153	146	146	111	77	139
• Laufende Gesundheitsausgaben	289 308	296 537	308 484	168 330	172 263	181 314	27 612	27 886	28 760
– Prävention/Gesundheitsschutz	10 647	10 756	10 906	4 782	4 810	4 869	160	166	177
– ärztliche Leistungen	82 155	84 128	87 647	54 074	55 391	60 051	12 046	12 306	12 736
– pflegerische/therapeutische Leistungen	72 576	75 542	79 546	33 355	34 767	36 552	3 677	3 766	3 956
– Unterkunft und Verpflegung	24 565	24 848	25 637	9 726	9 877	10 042	1 303	1 299	1 326
– Waren	78 929	80 544	83 515	52 479	53 095	54 928	6 167	6 288	6 612
– Transporte	5 284	5 536	5 940	4 454	4 669	5 038	266	288	304
– Verwaltungsleistungen	15 154	15 184	15 293	9 460	9 653	9 833	3 993	3 772	3 648

Diese Aussage ist natürlich auch für das Gesundheitswesen relevant, gerade vor dem Hintergrund der seit Jahren anhaltenden Konzentrationswelle und der Forderung nach Einführung von Wettbewerbselementen im zweiten Gesundheitsmarkt. Eine Analyse der Steuerung von Angebot und Nachfrage im ersten Gesundheitsmarkt zeigt jedoch, dass der Preismechanismus in der Beziehung zwischen dem Versicherten und dem Anbieter von Gesundheitsgütern ausgeschaltet ist. Der Gesundheitssektor ist in der Gründungsphase der Bundesrepublik Deutschland bewusst unter der Annahme aus der Wettbewerbssteuerung herausgenommen worden, dass das Angebot des Gutes bzw. die Nachfrage nach dem Gut Gesundheit durch den Preis nur suboptimal erfolgen kann. Die Gesundheitsversorgung ist somit als **hoheitliche Funktion** festgelegt worden. Ein Spezifikum des Gesundheitssektors besteht somit darin, dass die Lenkung der Angebots-

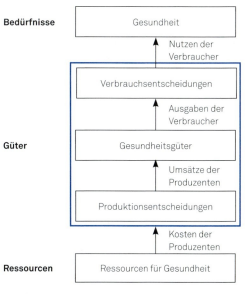

Abbildung 2.4-5: Transformation der Ressourcen zur Bedürfnisbefriedigung (Quelle: in Anlehnung an Metze, 1992: 17)

und Nachfrageseite auf dem ersten Gesundheitsmarkt nicht über den Preis erfolgt. Durch das Fehlen des Preiswettbewerbs müssen andere Steuerungsmechanismen, wie zum Beispiel die Planung, die Gruppenverhandlungen, die Globalsteuerung oder die Richtlinien den Markt koordinieren. Hierbei lassen sich die folgenden drei Entscheidungsebenen unterscheiden:
- Individualebene
- Verbandsebene
- staatliche Ebene.

Auf der **Individualebene** treffen der Versicherte/Patient, der Leistungsanbieter und die Krankenversicherung zusammen. Diese Individualisten schließen **Selektivverträge** ab. Die **Verbandsebene** ist der Individualebene übergeordnet. Auf dieser Ebene stehen sich die Verbände der Krankenversicherungen und der Leistungserbringer gegenüber. Durch die Verbände soll das geregelt werden, was auf der Individualebene nicht zufriedenstellend gesteuert kann. Die gegenwärtige Versorgung mit Gesundheitsleistungen wird weitgehend durch **Kollektivverträge** gesteuert. Der verbandlichen Ebene ist schließlich die staatliche Ebene übergeordnet. Auf dieser Ebene sind letztlich die Aufgaben zu erledigen, die die vorgelagerten Entscheidungsebenen nicht übernehmen können. Bei der Beurteilung des Umfangs der staatlichen Funktionen stehen sich die Vorstellung eines dirigistischen, stark regulierenden Staates und die Vorstellung eines ordnenden, lediglich den Rahmen setzenden Staates konträr gegenüber. Die Interventionen des Staates werden von den Vertretern der dirigistischen Richtung damit begründet, dass nur der Staat die Gemeinwohlverpflichtung wahrnehmen kann. Damit wird zugleich ausgedrückt, dass die Steuerungen auf der Individual- und auf der Verbandsebene nur suboptimal verlaufen. Der ordnungspolitische Ansatz sieht dagegen vor, das Gesundheitssystem verstärkt den Regeln der sozialen Marktwirtschaft zu unterwerfen. Staatliche Eingriffe hätten sich dann zum Beispiel auf die Erhaltung des Wettbewerbs und die soziale Abstützung bestimmter Bevölkerungskreise zu beschränken (Abb. 2.4-6).

Im Gesundheitsbereich der Bundesrepublik Deutschland lassen sich zurzeit die fünf alternativen **Steuerungsvarianten** unterscheiden:

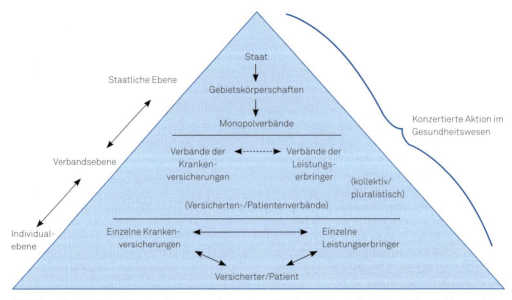

Abbildung 2.4-6: Hierarchie der Steuerungskompetenz (Quelle: Sachverständigenrat für die Konzertierte Aktion im Gesundheitswesen, 1994: 207)

- Planung
- Gruppenverhandlung
- Richtlinien
- Verhaltensabstimmung
- Beratung.

Die Steuerung durch Planvorgaben ist zum Beispiel unter dem Terminus der **Krankenhaus(bedarfs)planung** in Deutschland realisiert. Für die Krankenhauslandschaft schreibt das Krankenhausfinanzierungsgesetz (KHG) in § 6 (Krankenhausplanung und Investitionsprogramme) vor, dass die Länder zur Verwirklichung der bedarfsgerechten Versorgung der Bevölkerung mit leistungsfähigen, eigenverantwortlich wirtschaftenden Krankenhäusern unter anderem Krankenhaus- und Investitionspläne aufstellen müssen. Mithilfe dieser Pläne wird versucht, das Angebot an Krankenhäusern dem Bedarf planerisch weitgehend anzupassen. Damit ist die Sicherung der bedarfsgerechten Versorgung der Bevölkerung das Ziel der Krankenhausplanung, so wie es in § 1 KHG festgeschrieben ist. Vor dem Hintergrund prinzipiell begrenzter Ressourcen ist die Krankenhausplanung notwendig, um:

- Disproportionalitäten bei den regionalen Angeboten und hinsichtlich der horizontalen und der vertikalen Differenzierung auszugleichen und
- das bestehende Angebot an stationärer Versorgung nach Umfang und Struktur den veränderten Bevölkerungszahlen und den Veränderungen in der Morbidität (Häufigkeit der Erkrankungen innerhalb einer Bevölkerungsgruppe) sowie im Verhalten der Bevölkerung anzupassen.

Weiterhin ist es Aufgabe der Krankenhausplanung, das Krankenhauswesen so zu entwickeln und zu gestalten, dass der Bedarf der Bevölkerung nach Leistungen jederzeit zu möglichst gleichen Bedingungen und zu sozial tragbaren Preisen befriedigt werden kann. Von der Aufnahme in den Krankenhausplan ist die Gewährung von staatlichen Mitteln abhängig. Diese Fördermittel decken unter anderem Investitionskosten, die für die Einrichtung von Krankenhäusern einschließlich der Erstausstattung sowie für die Wiederbeschaffung von Anlagegütern (Nutzungsdauer mehr als 3 Jahre) entstehen. Weiterhin stellen die Länder pauschale Fördermittel zur Verfügung. Hierbei handelt es sich um feste jährliche Beträge für die Wiederbeschaffung kurzfristiger Anlagegüter sowie kleine bauliche Maßnahmen. Das Krankenhaus kann im Rahmen der Zweckbindung mit diesen Mitteln frei wirtschaften. Die Erstellung des Plans ist Angelegenheit der Bundesländer. Der **Ablauf des Planungsverfahrens** vollzieht sich in der Regel in den folgenden sechs Schritten:

1. Ermittlung des Bedarfs an stationärer Krankenhausversorgung
2. Aufstellung eines Planentwurfs durch den zuständigen Minister oder Senator (in der Regel für Arbeit und Soziales)
3. Diskussion des Planentwurfs in Zielplankonferenzen mit den beteiligten bzw. betroffenen Stellen (Krankenhausträger, Krankenhausgesellschaft, Krankenkassen, kommunale und Gebietskörperschaften)
4. Stellungnahme oder Beschluss des Landesparlaments
5. Beschluss des Landesministers bzw. Senators
6. Veröffentlichung im Landesgesetzblatt.

Kernstück dieser Entscheidungsabläufe ist die Ermittlung des zukünftig zu erwartenden Bedarfs an Krankenhausleistungen und dessen regionaler Verteilung. Bei den Ansätzen zur Bedarfsermittlung lassen sich fünf Methoden unterscheiden. In Deutschland wird überwiegend die inanspruchnahmeorientierte Bedarfsprognose eingesetzt.

Morbiditätsorientierte Bedarfsprognose
Die morbiditätsorientierte Bedarfsprognose versucht, Art und Umfang der je Erkrankung notwendigen Gesundheitsversorgung zu ermitteln, um über eine Erhebung und Prognose der Morbiditätsstruktur der Bevölkerung den entsprechenden Bedarf hochzurechnen. Dieser Ansatz stößt neben der Problematik und Aufwändigkeit der Ermittlung von Morbiditätsstatistiken auf das Problem der Zuordnung von Gesundheitsleistungen nach Art und Umfang zu Krankenhausarten im Einzelfall.

Mortalitätsorientierte Bedarfsprognose

Die mortalitätsorientierte Bedarfsprognose geht von festen Relationen zwischen der Zahl der Krankenhaussterbefälle und dem Bedarf an stationären Leistungen aus. Auch wenn statistisch nachweisbar ist, dass über längere Zeiträume gesehen eine solche Relation besteht, dürfte diese ausschließliche Betrachtungsweise den vielfältigen Einflussfaktoren auf den Bettenbedarf und deren Entwicklungstendenzen kaum gerecht werden.

Angebotsorientierte Bedarfsprognose

Die angebotsorientierte Bedarfsprognose beschreitet den pragmatischsten Weg, indem die gegebene Relation zwischen Bettenangebot und Bevölkerungszahl (als Bettenziffer, Planbetten je 1000 Einwohner) unter Berücksichtigung der Bevölkerungsentwicklung hochgerechnet wird. Diese Erhebung des Ist zum Soll ist jedoch problematisch, da weder die Bedarfsgerechtigkeit des Istzustands hinterfragt wird noch die Entwicklungstendenzen anderer Einflussfaktoren als der Bevölkerungszahl berücksichtigt werden.

Ressourcenorientierte Bedarfsprognose

Die ressourcenorientierte Bedarfsprognose geht von der These der Beeinflussung der Inanspruchnahme durch die Steuerung des Angebots aus (angebotsinduzierte Nachfrage). Dieser Ansatz bewertet am stärksten die Notwendigkeit der Bedarfsdeckung in den einzelnen Bereichen des Gesundheitswesens und versucht, die entsprechende Inanspruchnahme nach Maßgabe dieser Bewertungen im Rahmen einer umfassenden Budgetierung zu steuern.

Inanspruchnahmeorientierte Bedarfsprognose

Die inanspruchnahmeorientierte Bedarfsprognose (analytische Bedarfsprognose) misst der bisherigen Inanspruchnahme von Krankenhausleistungen eine Indikatorfunktion für den zukünftigen Versorgungsbedarf zu. Die Inanspruchnahme wird nach verschiedenen Determinanten differenziert, ggf. modifiziert und unter Berücksichtigung von Entwicklungen der den Bedarf beeinflussenden Faktoren prognostiziert. Dieser analytische Prognoseansatz wird überwiegend in Deutschland und anderen Industriestaaten verwendet.

Bei der **inanspruchnahmeorientierten Bedarfsprognose** wird durch eine multiplikative Verknüpfung der globalen Bedarfsdeterminanten Bevölkerungszahl, Krankenhauseinweisungshäufigkeit, Verweildauer und Belegungsgrad ein in der Regel disziplinbezogener Bettenbedarf errechnet. In den Prognosen wird unterstellt, dass die Leistungsmengen der Vergangenheit in Art und Umfang unter Einbeziehung von Trends dem zukünftigen Bedarf entsprechen.

Für die Berechnung des Bettenbedarfs wird die folgende **Hill-Burton-Formel** verwendet:

$$\frac{E \times KH \times VD \times 100}{1000 \times 365 \times BN} = \text{Bettenbedarf}$$

E = prognostizierte Einwohnerzahl (verfeinert durch die Bildung von Altersgruppen und durch die Berücksichtigung des Geschlechts)

KH = durchschnittliche Krankenhauseinweisungshäufigkeit (verfeinert nach Fachdisziplinen) je 1000 Einwohner

VD = durchschnittliche Verweildauer in Tagen (verfeinert nach Fachdisziplinen) und

BN = durchschnittliche Bettennutzung in Prozent (verfeinert nach Fachdisziplinen) – eine durchschnittliche Bettennutzung von 85 % entspricht einer Nutzung von 310 Tagen im Jahr.

Die Umsetzung der Planungen geschieht in mehreren Stufen. In der ersten Stufe werden die Kapazitäten disziplin- und regionenbezogen festgelegt. In der zweiten Stufe erfolgt die Zuordnung von Teilkapazitäten zu Versorgungsstufen (vertikale Differenzierung) und Krankenhäusern (horizontale Differenzierung). Eine Einteilung nach Disziplinen besagt, dass die Bettenkapazitäten zum Beispiel den Bereichen Innere Medizin, Chirurgie, Hals-Nasen-Ohren-Heilkunde zugeordnet werden. Eine regionale Zuordnung setzt voraus, dass ein Bundesland in Versorgungsgebiete (Entwicklungsräume) gegliedert ist. Die Einteilung dieser Gebiete ist, ebenso wie die Begrifflichkeit der Versorgungsstufen, bei den einzelnen Bundesländern unterschiedlich geregelt. Als Richtschnur für die regionale und versorgungsrelevante Einteilung der Krankenhauskapazitäten hat Eichhorn bereits 1975 vorgeschlagen, ein geschlossenes Krankenhausversorgungssystem (Krankenhausnetz) zu bilden. Dieses Gesamtversorgungsgebiet sollte dann in mehrere Versorgungsräume und diese jeweils wiederum in einige Versorgungssektoren aufgegliedert werden. Hierbei sollten dem Gesamtversorgungsgebiet, das ca. 1–1,5 Mio. Einwohner umfassen kann, ein Krankenhaus der Maximalversorgung, den Versorgungsräumen (ca. 0,5 Mio. Einwohner) einige Krankenhäuser der Zentralversorgung und den Versorgungssektoren (ca. 50 000–100 000 Einwohner) Häuser der Grund- und Regelversorgung zugewiesen werden (vgl. Eichhorn 1975: 95 ff).

An einem **Beispiel** aus einer fiktiven Bedarfsplanung soll der Prozess der Bettenermittlung verdeutlicht werden:
- Einwohner: 518 000 Einwohner
- Krankenhauseinweisungshäufigkeit (Vergangenheitswert): 38 benötigte Betten/1000 Einwohner
- durchschnittliche Verweildauer (Planwert): 7,3 Tage
- Nutzungsgrad: 85 v. H.

Bettenbedarf = (518 000 Einwohner × 38 Betten × 7,3 Tage × 100):
(1000 Einwohner × 365 Tage × 85)

Bettenbedarf = 463,15 Planbetten.

Diese rechnerisch ermittelten 463 Planbetten müssen nun auf die einzelnen Krankenhäuser in dem Entwicklungsgebiet verteilt werden. Die endgültige Zuordnung der Planbetten zu dem jeweiligen Krankenhaus ist dem Krankenhausplan zu entnehmen, der regelmäßig fortgeschrieben wird.

Neben der Hill-Burton-Formel ist in den vergangenen Jahren eine Vielzahl weiterer alternativer bzw. ergänzender Methoden in der Bettenbedarfsermittlung entstanden. Von den vielen für die Krankenhausplanung erstellten **Gutachten** sollen an dieser Stelle nur die folgenden exemplarisch genannt werden:

- Dornier-Institut für Gesundheits-/Sozialforschung
- Institut für Gesundheitssystemforschung
- Gesellschaft für Systemberatung
- Beratungsgesellschaft für angewandte Systemforschung
- Gesellschaft für betriebliche Beratung mbH.

Die Basis der aktuellen **kassenärztlichen Bedarfsplanung** sind die Richtlinie des Gemeinsamen Bundesausschusses über die Bedarfsplanung sowie die Maßstäbe zur Feststellung von Über- und Unterversorgung in der vertragsärztlichen Versorgung (**Bedarfsplanungs-Richtlinie**) in der Fassung vom 15.12.2016. Die Richtlinie dient dazu, das Verfahren der Bedarfsplanung im Rahmen der vertragsärztlichen Versorgung (einschließlich der psychotherapeutischen Versorgung) in der Bundesrepublik Deutschland einheitlich anzuwenden. Von dieser Richtlinie darf abgewichen werden, soweit **regionale Besonderheiten** dies erfordern. Zu diesen regionalen Besonderheiten zählen zum Beispiel:

- regionale Demografie (z. B. ein über- oder unterdurchschnittlicher Anteil von Kindern oder älteren Menschen)
- regionale Morbidität (z. B. auffällige Prävalenz- oder Inzidenzraten)
- sozioökonomische Faktoren (z. B. Einkommensarmut, Arbeitslosigkeit, Pflegebedarf)
- räumliche Faktoren (z. B. Erreichbarkeit, Entfernung, Randlagen, Inseln)
- infrastrukturelle Besonderheiten (z. B. Verkehrsanbindung, Zugang zu den anderen medizinischen Versorgungsangeboten) (vgl. Gemeinsamer Bundesausschuss, 2017: 7)

In § 4 Bedarfsplanungs-Richtlinie wird festgelegt, dass die Kassenärztlichen Vereinigungen im Einvernehmen mit den Landesverbänden der Krankenkassen und den Ersatzkassen die Bedarfspläne aufzustellen haben. Die Pläne müssen den Stand und den Bedarf an ärztlicher Versorgung darstellen. Hierbei sind die Grundsätze zur regionalen Versorgung, die systematischen Abweichungen von der Bundesrichtlinie sowie die Berichterstattung über die fachgruppenspezifischen Versorgungsgrade je Planungsregion zu dokumentieren. Zur Sicherstellung der Versorgung behinderter Menschen ist besonders auf den Aspekt der Barrierefreiheit zu achten. Der Bedarfsplan ist kontinuierlich fortzuschreiben.

Nach den Vorgaben der Richtlinie werden die folgenden **vier Versorgungsebenen** festgelegt, die für die Zuordnung der Arztgruppen, für den Zuschnitt der Planungsbereiche und für die Versorgungsgradfeststellung mittels Verhältniszahlen relevant sind:

- hausärztliche Versorgung
- allgemeine fachärztliche Versorgung
- spezialisierte fachärztliche Versorgung
- gesonderte fachärztliche Versorgung.

Zu der **hausärztlichen Versorgung** sind Hausärzte, Fachärzte der Allgemeinmedizin, praktische Ärzte sowie Ärzte ohne Gebietsbezeichnung, sofern keine Genehmigung zur Teilnahme an der fachärztlichen Versorgung vorliegt, und Internisten ohne Schwerpunktbezeichnung und ohne weiteres Fachgebiet zugelassen. Die Mediziner müssen eine entsprechende Bezeichnung nach dem maßgeblichen Weiterbildungsrecht erworben haben. Zur **allgemeinen fachärztlichen Versorgung** sind unter anderem die folgenden Arztgruppen zugelassen: Augenärzte, Chirurgen, Frauenärzte, Hautärzte, Kinderärzte, Urologen. Der **spezialisierten fachärztlichen Versorgung** gehören die folgenden Arztgruppen an: Anästhesisten, Fachinternisten, Kinder- und Jugendpsychiater und Radiologen. Humangenetiker, Laborärzte, Neurochirurgen, Nuklearmediziner, Transfusionsmediziner etc. führen die **gesonderte fachärztliche Versorgung** durch.

Neben den Versorgungsebenen werden in der Richtlinie auch die **Planungsbereiche** vorgegeben. Zu den Planungsbereichen, die auf der Grundlage der Zuordnung des Bundesinstituts für Bau-, Stadt- und Raumforschung (BBSR) in die Richtlinie aufgenommen worden sind, gehören:

- der Mittelbereich
- die kreisfreie Stadt
- der Landkreis
- die Kreisregion
- die Raumordnungsregien.

Die Planungsbereiche sind in Anlage 3 der Richtlinie festgeschrieben worden. Hierbei ist zu berücksichtigen, dass die Kreise, die kreisfreien Städte und die Kreisregionen fünf raumordnungsspezifischen Planungskategorien (Typ 1 bis Typ 5) zugeordnet werden. Abweichungen von diesen Vorschriften können durch den jeweiligen Landesauschuss mit einer Zweidrittelmehrheit beschlossen werden.

Mithilfe von **arztgruppenspezifischen allgemeinen Verhältniszahlen** wird der allgemeine bedarfsgerechte Versorgungsgrad festgeschrieben. Diese Verhältniszahlen werden je Arztgruppe mit einem **Demografiefaktor** modifiziert. Die Modifikation erfolgt in den jeweiligen Planungsbereichen durch die Multiplikation der allgemeinen Verhältniszahl mit dem relevanten Demografiefakor. Der Demografie- oder Altersfaktor berücksichtigt die Anteile der unter 65-jährigen Personen sowie der 65-jährigen und älteren Menschen an der Gesamtbevölkerung in Prozent. Die regionalen Altersfaktoren werden jeweils auf der Grundlage der letzten amtlichen Statistiken über die Wohnbevölkerung pro Planungsbereich berechnet.

Am Beispiel der allgemeinen fachärztlichen Versorgung sollen die Verhältniszahlen verdeutlicht werden (Tab. 2.4-6).

Nach § 99 SGB V haben nun die Kassenärztlichen Vereinigungen im Einvernehmen mit den Landesverbänden der Krankenkassen und den Verbänden der Ersatzkassen sowie im Einvernehmen mit den zuständigen Landesbehörden auf der Grundlage der vom Gemeinamen Bundesauschuss in den Bundesausschüssen erlassenen Richtlinie auf Landesebene einen Bedarfsplan zur Sicherstellung der vertragsärztlichen Versorgung aufzustellen und jeweils der Entwicklung anzupassen.

Für den Fall einer Überversorgung wird in § 103 SGB geregelt, dass die Landesausschüsse der Ärzte und Krankenkassen feststellen, ob eine Überversorgung vorliegt. Hierbei orientieren sich die Ausschüsse an der GBA-Richtlinie. Von einer Überversorgung ist auszugehen, wenn der allgemeine bedarfsgerechte Versorgungsgrad um 10 % überschritten wird. Liegt eine Überversorgung vor, dann hat der Landesausschuss Zulassungsbeschränkungen anzuordnen.

2.4 Spezifika des ersten Gesundheitsmarktes

Tabelle 2.4-6: Verhältniszahlen (ein Arzt je Anzahl Einwohner) der Arztgruppen der allgemeinen fachärztlichen Versorgung (Quelle: Gemeinsamer Bundesauschuss, 2017: 13)

Arztgruppe	Typ 1	Typ 2	Typ 3	Typ 4	Typ 5
Augenärzte	13 399	20 299	24 729	22 151	20 664
Chirurgen	26 230	39 160	47 479	42 318	39 711
Frauenärzte	3 733	5 619	6 606	6 371	6 042
Hautärzte	21 703	35 704	42 820	41 924	40 042
HNO-Ärzte	17 675	26 943	34 470	33 071	31 768
Nervenärzte	13 745	28 921	33 102	31 938	31 183

Hierbei sind diese räumlich zu begrenzen. Sie können einen oder mehrere Planungsbereiche einer Kassenärztlichen Vereinigung umfassen. Sie sind arztgruppenbezogen unter angemessener Berücksichtigung der Besonderheiten bei den Kassenarten anzuordnen. Die Zulassungsbeschränkungen sind dann aufzuheben, wenn die Überversorgung entfällt.

Liegt eine **Unterversorgung** vor, so ist es Aufgabe der Kassenärztlichen Vereinigung, diese in einer angemessenen Frist abzubauen. Eine Unterversorgung ist dann zu vermuten, wenn in der allgemeinärztlichen Versorgung der Bedarf um 25 % und in der fachärztlichen Betreuung um 50 % unterschritten ist. Im Rahmen des GKV-Versorgungsstrukturgesetzes wurden beispielsweise weitere Möglichkeiten geschaffen, mit denen eine drohende oder eine bestehende Unterversorgung verringert oder gar vermieden werden kann.

Zusammenfassend soll Abbildung 2.4-7 die Systematik der Bedarfsplanung aufzeigen, die seit 2013 relevant ist.

In Abbildung 2.4-8 werden die **Gremien** auf der Landesebene verdeutlicht, die nach § 90a SGB V in die Bedarfsplanung einbezogen werden.

Im Gesundheitsbereich der Bundesrepublik Deutschland lassen sich derzeit neben der Planung weitere Steuerungsinstrumente unterscheiden, die dem Aspekt der berufsgruppenübergreifenden Zusammenarbeit entsprechen. Es handelt sich hierbei jedoch um eine Zusammenarbeit auf der **Verbandsebene**:

- Kollektivverträge auf Landes- und/oder Bundesebene
- Neokorporativismus oder die Verhaltensabstimmung zwischen Interessenverbänden und dem Staat
- Richtlinien des Gemeinsamen Bundesauschusses.

Die erste wichtige Größe im Zusammenspiel der Interessengruppen ist die Gruppenverhandlung. Ziel dieser Verhandlungen ist der Abschluss von Verträgen zwischen Selbstverwaltungsorganen, die in der Regel als Körperschaften des öffentlichen Rechts fungieren. Die Vertragsinhalte unterliegen hierbei keiner direkten staatlichen Beeinflussung, der Staat legt nur den ordnungspolitischen Rahmen fest.

Die Gesundheitsreformgesetzgebungen der vergangenen Jahrzehnte lassen auf der Landes- und Bundesebene den Trend erkennen, wichtige Entscheidungen nicht mehr durch Gesetze und Verordnungen zu treffen, sondern diese Entscheidungskompetenz den Selbstverwaltungsorganen auf der Verbandsebene zu übertragen. Diese Entwicklung lässt sich mit den Begriffen der **staatlichen Deregulierung** bzw. **Stärkung der Selbstverwaltung** umschreiben. Für die Realisierung dieser Aufgaben der Landes- bzw. Bundesverbände müssen Kompetenzen beispielsweise von der Versicherten- oder Arzt- bzw. Krankenhausebene durch Wahlen auf die Verbandsebene (z. B. auf die Landesebene der Krankenkassen, der Kassenärztlichen Vereinigungen, der Krankenhausgesellschaf-

Abbildung 2.4-7: Neue Systematik der Bedarfsplanung (Quelle: Kassenärztliche Bundesvereinigung, 2013: 2)

ten) übertragen werden. Die Verbandsebene verhandelt anschließend im Auftrag der Mitglieder und schließt für die Mitglieder mit bindender Wirkung Verträge (**Kollektivverträge**) ab. Die Regelungen über die sogenannten **zweiseitigen Verträge** (§ 112 SGB V) und über die sogenannten **dreiseitigen Verträge** (§ 115 ff. SGB V) sind ein weiteres Indiz für diese Entwicklung. Am Beispiel des § 115b SGB V soll dies belegt werden. So haben der Spitzenverband der Krankenkassen, die Deutsche Krankenhausgesellschaft oder alternativ die Bundesverbände der Krankenhausträger und die Kassenärztlichen Bundesvereinigungen einen Katalog ambulant durchführbarer Operationen und sonstiger stationsersetzender Eingriffe, eine einheitliche Vergütung für Krankenhäuser und Vertragsärzte und Maßnahmen zur Sicherung der Qualität und der Wirtschaftlichkeit festzulegen. Ein weiteres Beispiel sind die Verträge, die in Zusammenhang mit dem pauschalierten Entgeltsystem geschlossen werden müssen. Durch das **GKV-Reformgesetz 2000** hat der Gesetzgeber ein neues Finanzierungssystem festgeschrieben. Mit diesem Gesetz ist die Einführung eines pauschalierenden Vergütungssystems für die allgemeinen voll- und teilstationären somatischen Krankenhausleistungen beschlossen worden. Einrichtungen der Psychiatrie waren somit davon ausgenommen. Mit diesem Finanzierungssystem werden seit 2004 diejenigen Krankenhausleistungen abgegolten, die im Einzelfall für eine medizinisch zweckmäßige und ausreichende Versorgung des Patienten notwendig sind. Dabei sind die Leistungsfähigkeit des Krankenhauses sowie die Art und Schwere der Erkrankung zu berücksichtigen.

Nach § 17b KHG waren unter anderem die folgenden Vorgaben für das neue Vergütungssystem zu beachten, die durch Kollektivverträge zu regeln sind:
- Fallgruppen und Bewertungsrelationen sind bundeseinheitlich festzulegen.
- Punktwerte können nach Regionen differenziert festgelegt werden.

Die Spitzenverbände der Krankenkassen und die Deutsche Krankenhausgesellschaft (DKG) verständigten sich unter anderem darauf, die Australian Refined Diagnosis Related Groups (AR. DRGs) als Grundlage der German Refined Diagnosis Related Groups (DR-DRGs) zu nehmen. Damit ist in Deutschland ein Vergütungssystem eingeführt worden, das auf einem Patientenklassifikationssystem basiert. Die Funktion einer Patientenklassifikation besteht in der Bildung homogener Fallgruppen. Im DRG-System werden

2.4 Spezifika des ersten Gesundheitsmarktes

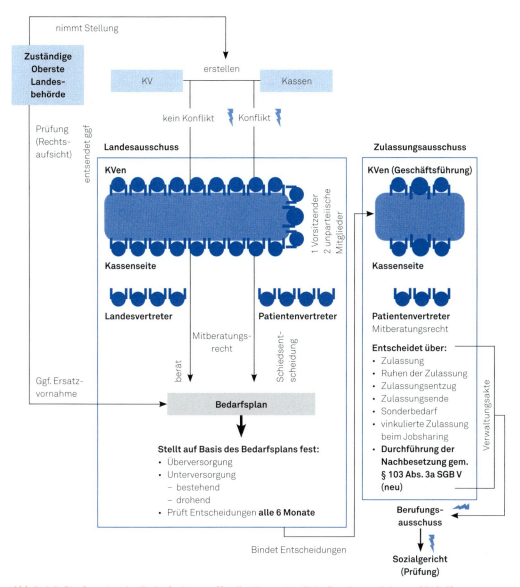

Abb 2-4.8: Die Gremien der Bedarfsplanung (Quelle: Kassenärztliche Bundesvereinigung, 2013: 5)

die Fallgruppen nahezu ausschließlich durch die medizinischen Diagnosen (Haupt- und Nebendiagnosen, Prozeduren) gebildet. Die zu behandelnden Patienten werden aufgrund ihrer Erkrankung einer Fallgruppe zugeordnet. Zur ökonomischen Bewertung der im Krankenhaus zu erbringenden Tätigkeiten werden für jede Fallgruppe unter anderem sogenannte Relativgewichte und Verweildauern ermittelt. Diese Relativgewichte und Verweildauern werden kontinuierlich vom Institut für das Entgeltsystem im Krankenhaus (INEK) auf der Grundlage von Istdaten der sogenannten Kalkulationskrankenhäuser erhoben und ggf. modifiziert. Beim DRG-System handelt es sich also um ein lehrendes System. Die für das nächste Haushaltsjahr relevanten Daten werden den oben genannten Vertragspartnern einmal pro Jahr zur Verhandlung und Entscheidung vorgelegt. Verständigen sich die Verhandlungspartner, wird in einem **Kollektivvertrag auf Bundesebene** der **Fallpauschalenentgeltkatalog** für das folgende

Jahr festgeschrieben. Durch die Verabschiedung des Fallpauschalenkatalogs werden somit bundeseinheitlich die **Relativgewichte** und die **Verweildauern** aller Fallgruppen festgelegt. Aufgabe der Krankenhäuser ist es nunmehr, ihre Leistungsprozesse so zu steuern, dass die Patientenbehandlungen innerhalb der vorgegeben Zeitkorridore erfolgreich erbracht werden können. Hierzu werden seitens der Verantwortlichen unter anderem im medizinischen und pflegerischen Bereich bestimmte Managementmethoden zur **Steuerung der Leistungsprozesse** eingesetzt (z. B. Prozessmanagement).

Wie bereits erwähnt, handelt es sich bei dem DRG-System auch um ein Finanzierungssystem. Folglich müssen die Relativgewichte bewertet werden. Hierzu werden zwischen den jeweiligen Krankenkassenverbänden und Krankenhausgesellschaften **Kollektivverträge** auf der **Ebene der Bundesländer** abgeschlossen. Darin werden die sogenannten **Basisfallwerte** festgeschrieben. Hierbei handelt es sich um den Preis, der für einen DRG-Punkt gezahlt werden muss. In den vergangenen Jahren wurde versucht, die bislang unterschiedlichen Landespreise durch die Bildung eines Preiskorridors zu harmonisieren. Durch die Multiplikation des Relativgewichts mit dem Landesbasisfallwert wird der Fallerlös ermittelt. Für die Krankenhäuser ist es aus ökonomischen Gründen zwingend notwendig, die Behandlungsabläufe so weit zu steuern, dass die relevanten Kosten möglichst unter den Fallerlösen liegen. Auch hierzu können seitens der betroffenen Berufsgruppen Managementmethoden zur **Steuerung des Personaleinsatzes** eingesetzt werden.

Als weiteres Steuerungsmodell soll die **Steuerung mittels Richtlinien** dargestellt werden. Sie hat heute eine zentrale Funktion. Bis zum 31.12.2003 hat es in Zusammenhang mit der medizinischen Versorgung der Bevölkerung unterschiedliche **Gremien** (Bundesausschuss der Ärzte und Krankenkassen, Bundesausschuss der Zahnärzte und Krankenkassen, Ausschuss Krankenhaus, Koordinierungsausschuss) gegeben, die innerhalb der Sektoren des Gesundheitssystems bestimmte Koordinations- und Steuerungsaufgaben zu übernehmen hatten.

Seit dem 01.01.2004 übernimmt nach § 91 SGB V der **Gemeinsame Bundesausschuss** die Aufgaben der bisherigen Ausschüsse. Der Gemeinsame Bundesausschuss besteht aus 13 stimmberechtigten Mitgliedern. Erkennbar ist, dass die Sitze jeweils paritätisch zwischen den gesetzlichen Krankenkassen (GKV) und einigen Leistungserbringern (Deutsche Krankenhausgesellschaft [DKG], Kassenärztliche Bundesvereinigung [KBV] und Kassenzahnärztliche Bundesvereinigung [KZBV] mit jeweils fünf Sitzen verteilt sind. Hinzu kommen die drei stimmberechtigten unparteiischen Personen (UNP) sowie die nicht stimmberechtigten Patientenvertreter. Der Gemeinsame Bundesausschuss hat als Körperschaft des öffentlichen Rechts **Richtlinienkompetenz**. Dies bedeutet, dass seine Beschlüsse verbindliche Handlungsvorgaben für alle Personen und Institutionen sind, die den Vorschriften des SGB V unterliegen. Hiervon sind auch die Berufsgruppen betroffen, die keinen Sitz im Gemeinsamen Bundesauschuss haben. Als Beispiel sei hier die Richtlinie „Häusliche Krankenpflege" erwähnt.

In Anlehnung an die im Stabilitäts- und Wachstumsgesetz von 1967 festgelegte Konzeption der Konzertierten Aktion für die Gesamtwirtschaft (Globalsteuerung) ist 1977 im Rahmen des Krankenversicherungskostendämpfungsgesetzes die Konzertierte Aktion im Gesundheitswesen ins Leben gerufen worden. Dieses Modell der gesetzlich fixierten Zusammenarbeit ist am 31.12.2003 ausgelaufen und durch eine „informelle" Gesprächsrunde abgelöst worden. Ausgangspunkt dieser Vorgehensweise ist die Vorstellung, im Rahmen eines **Runden-Tisch-Gesprächs** wesentliche Berufsgruppen des Gesundheitswesens auf eine vom Staat mitbeeinflusste gesundheits- und finanzpolitische Richtung festzulegen. Mittels dieser Abstimmungsgespräche soll eine **Verhaltensabstimmung** der relevanten Interessengruppen erreicht werden, um unter anderem die Schere zwischen der Einnahmen- und Ausgabenentwicklung der Krankenkassen zu schließen.

Aus dem seit dem 01.01.2004 gestrichenen § 141 SGB V wurde deutlich, dass es zwei we-

sentliche Aufgabenkomplexe für die Mitglieder der Konzertierten Aktion gab:
- Entwicklung von Orientierungsdaten
- Vorschläge zur Erhöhung der Leistungsfähigkeit, Wirksamkeit und Wirtschaftlichkeit.

Die Mitglieder des Gremiums standen auf Grund der gesetzlichen Vorschriften fest. Hierbei war auffällig, dass die größte Personengruppe im Gesundheitswesen, die Gruppe der Pflegekräfte, nur mit einer Stimme vertreten war.

Ruft man sich die Entstehungsgeschichte der Konzertierten Aktion in Erinnerung, so ist offensichtlich, dass es sich im wirtschaftspolitischen Sinne um ein Disziplinierungsinstrument handelte. Die Verbände waren durch ihre Funktionäre der Bundesebene vertreten. Die auf höchster Ebene gefassten Beschlüsse hatten keine rechtliche Bindung, sie mussten somit entweder in Form von Verordnungen oder Gesetzen oder durch Verträge umgesetzt werden. Im Rahmen einer Deregulierungsstrategie, bei der dem Staat Steuerungsaufgaben entzogen werden sollen, ist folglich die Realisierung der Beschlüsse durch Verträge der angemessene Umsetzungsweg. Die Durchsetzbarkeit der Beschlüsse lässt sich grundsätzlich dadurch erleichtern, dass dieser Umsetzungsprozess durch Verträge auf Bundes- und/oder Landesebene erfolgt. Die Konzertierte Aktion hat sich in den Jahren ihres Bestehens mit komplexen Themen beschäftigt und viele Orientierungsdaten abgegeben. Über die Wirkung dieser Empfehlungen gibt es unterschiedliche Auffassungen. Unter wirtschaftlichen Gesichtspunkten spielten naturgemäß die wirtschaftlichen Orientierungsdaten eine große Rolle. Unter der Zielsetzung der Beitragssatzstabilität und der einnahmeorientierten Ausgabenpolitik kam den an der Grundlohnsummenentwicklung angelehnten Empfehlungen für die Ausgabenerweiterungen einzelner Gesundheitssektoren eine besondere Bedeutung zu.

Die Konzertierte Aktion konnte unter den Bedingungen erfolgreich arbeiten, bei denen der Zuwachs der finanziellen Budgets zu verteilen war. Mit der Zunahme der Umverteilungsauseinandersetzungen zwischen den Interessengruppen des Gesundheitssystems sank die Konsensfähigkeit und die Notwendigkeit der gemeinsamen Absprachen wurde infrage gestellt. Letztlich lässt sich festhalten, dass der **Neokorporativismus** oder die Verhaltensabstimmung zwischen Interessenverbänden und dem Staat im Gesundheitssystem in den ehemaligen Vorgaben des § 141 SGB V gescheitert ist.

Laut § 142 SGB V (in der Fassung des GKV-Modernisierungsgesetzes) beruft das Bundesministerium für Gesundheit und Soziale Sicherung (BMGS) einen **Sachverständigenrat zur Begutachtung der Entwicklung im Gesundheitswesen**. Der Name des Rates lautete bis Ende 2003 „Sachverständigenrat für die Konzertierte Aktion im Gesundheitswesen". Mit der Auflösung der Konzertierten Aktion zum Ende des Jahres 2003 änderte sich auch der Name dieser Expertengruppe. Der Sachverständigenrat hat die Aufgabe, Gutachten zur Entwicklung der gesundheitlichen Versorgung zu erstellen. Im Fokus stehen hierbei die medizinischen und wirtschaftlichen Auswirkungen. Neben dieser analytischen Tätigkeit geht es darum, Lösungsansätze zu entwickeln, wie einerseits der Abbau von Versorgungsdefiziten und bestehenden Überversorgungen erfolgen und andererseits das Gesundheitssystem weiterentwickelt werden kann. Der Gegenstand der Gutachten kann durch das Ministerium näher bestimmt werden. Die gutachterliche Tätigkeit des Rates stellt quasi eine **Steuerung durch Beratung** dar. In den vergangenen Jahren sind zahlreiche Gutachten erstellt worden, die unterschiedliche Themenfelder umfassen. So beschäftigt sich das Gutachten aus dem Jahre 2014 mit der Thematik „Bedarfsgerechte Versorgung – Perspektiven für ländliche Regionen und ausgewählte Leistungsbereiche". Mit Wirkung zum 19.12.2014 hat der zuständige Bundesgesundheitsminister, Hermann Gröhe, den Sachverständigenrat neu berufen. Die erste Aufgabe dieses Rates war es im Jahr 2015 ein Sondergutachten zur Entwicklung, zu den Ursachen und den Steuerungsmöglichkeiten des Krankengeldes vorzulegen.

Literatur

Berekoven, L. (1983): Der Dienstleistungsmarkt in der Bundesrepublik Deutschland, Band 1. Göttingen, Vandenhoeck & Ruprecht.

Blattner, N. (1977): Volkswirtschaftliche Theorie der Firma. Heidelberg, Springer.

Bundesministerium der Justiz und für Verbraucherschutz (2015): § 18 AktG. www.gesetze-im-internet.de [Zugriff: 25.09.2015].

Bundesministerium für Gesundheit (2015): Gesundheitsdefinition der WHO 1948. https://www.bmg.gv.at [Zugriff: 01.08.2015].

Bundessozialgericht (1972). Versicherungsrechtliche Krankheitsdefinition, in: http://www.mdk.de [Zugriff: 15.07.2915].

Bundeszentrale für politische Bildung (1987): Informationen zur politischen Bildung, Heft 177. Bonn.

Bundeszentrale für politische Bildung (1988): Informationen zur politischen Bildung, Heft 218. Bonn.

Deutsche Krankenhausgesellschaft (2003): Daten, Zahlen, Fakten. DKG, Düsseldorf.

Die Welt (2015): Deutsche Wirtschaft feiert dreifachen Triumpf. www.welt.dde/Wirtschaft [Zugriff: 19.08.2015].

Eichhorn, S. (1975): Krankenhausbetriebslehre, 3. Auflage. Stuttgart, Berlin, Köln, Mainz, Kohlhammer.

Gemeinsamer Bundesausschuss (2017): Richtlinie des Gemeinsamen Bundesauschusses über die Bedarfsplanung sowie die Maßstäbe zur Feststellung von Überversorgung und Unterversorgung in der vertragsärztlichen Versorgung (Bedarfsplanungs-Richtlinie). Berlin, Bundesanzeiger vom 01.06.2017.

Grimm, A. (2012): Infoblatt des sektoralen Wandels nach Fourastie. Geographie Infothek, Klett. www2.klett.de [Zugriff: 20.08.2015].

Haubrock, M. (1974): Konzentration und Wettbewerbspolitik. Frankfurt/M., Lang.

Haubrock, M.; Peters, Sönke H. F.; Schär, W. (1997): Betriebswirtschaft und Management im Krankenhaus, 2. Auflage. Berlin, Wiesbaden, Ullstein Mosby.

Haubrock, M.; Schär, W. (1997): Grundlagen der Gesundheitsökonomie. Jena, Studienbrief Fernstudiengang Pflege, Eigendruck.

Haubrock, M.; Schär, W. (2002): Betriebswirtschaft und Management im Krankenhaus, 3. Auflage. Bern, Hans Huber.

Haubrock, M.; Schär, W. (2007): Betriebswirtschaft und Management im Krankenhaus, 4. Auflage. Bern, Hans Huber.

Haubrock, M.; Schär, W. (2009): Betriebswirtschaft und Management im Krankenhaus, 5. Auflage. Bern, Hans Huber.

Hoppmann, E. (1975): Wettbewerb als Norm der Wettbewerbspolitik, in: Herdzina, K. (Hrsg.): Wettbewerbstheorie, Köln, Kiepenheuer & Witsch, S. 230-243.

Kantzenbach, E. (1975): Die Funktionsfähigkeit des Wettbewerbs, in: Herdzina, K. (Hrsg.): Wettbewerbstheorie. Köln, Kiepenheuer & Witsch, S. 194-214.

Kassenärztliche Bundesvereinigung (2013): Die neue Bedarfsplanung – Grundlagen, Instrumente und regionale Möglichkeiten. Berlin.

Metze, I. (1992): Gesundheitspolitik. Stuttgart, Köln, Mainz, Kohlhammer.

Nefiodow, L. (2014): Der sechste Kondratieff. Sankt Augustin, Druckerei Engelhardt.

OECD (2015): Konjunkturprognose Juni 2015 – Deutschland. www.oecd.org [Zugriff: 19.08.2015].

Peters, Sönke H. F.; Schär, W. (1994): Betriebswirtschaft und Management im Krankenhaus, 1. Auflage. Berlin, Ullstein Mosby.

Ramser, J. (1976): Neuere Ansätze in der Theorie der Firma und ihre wettbewerbspolitischen Implikationen, in: Bombach, G.; Gahlen, B.; Ott, A.E. (Hrsg.): Probleme der Wettbewerbstheorie und -politik. Tübingen, Mohr Siebeck, S. 299-335.

Reschke, J. (2009): unveröffentl. Unterrichtsmaterial, Westsächsische Hochschule Zwickau (siehe auch S. 136 im Buch)

Robert Bosch Stiftung (2013): Gesundheitsberufe neu denken, Gesundheitsberufe neu regeln. Stuttgart.

Sachverständigenrat für die Konzertierte Aktion im Gesundheitswesen (1987): Medizinische und ökonomische Orientierung. Baden-Baden, Nomos.

Sachverständigenrat für die Konzertierte Aktion im Gesundheitswesen (1989): Qualität, Wirtschaftlichkeit und Perspektiven der Gesundheitsversorgung. Baden-Baden, Nomos.

Sachverständigenrat für die Konzertierte Aktion im Gesundheitswesen (1991): Das Gesundheitswesen im vereinten Deutschland. Baden-Baden, Nomos.

Sachverständigenrat für die Konzertierte Aktion im Gesundheitswesen (1994): Gesundheitsversorgung und Krankenversicherung 2000. Baden-Baden, Nomos.

Sachverständigenrat für die Konzertierte Aktion im Gesundheitswesen (1995): Gesundheitsversorgung und Krankenversicherung 2000. Baden-Baden, Nomos.

Sachverständigenrat für die Konzertierte Aktion im Gesundheitswesen (1996): Gesundheitswesen in Deutschland. Baden-Baden, Nomos.

Sachverständigenrat für die Konzertierte Aktion im Gesundheitswesen (1997): Gesundheitswesen in Deutschland. Baden-Baden, Nomos.

Sachverständigenrat für die Konzertierte Aktion im Gesundheitswesen (2001): Bedarfsgerechtigkeit und Wirtschaftlichkeit, Kurzfassung. Bonn.

Sachverständigenrat für die Konzertierte Aktion im Gesundheitswesen (2002): Bedarfsgerechtigkeit und Wirtschaftlichkeit. Baden-Baden, Nomos.

Sachverständigenrat für die Konzertierte Aktion im Gesundheitswesen (2003): Finanzierung, Nutzerorientierung und Qualität, Kurzfassung. Bonn.

Sachverständigenrat zur Begutachtung der Entwicklung im Gesundheitswesen (2009): Kooperation und Integration, Kurzfassung. Bonn.

Sachverständigenrat zur Begutachtung der Entwicklung im Gesundheitswesen (2012): Wettbewerb an der Schnittstelle zwischen ambulanter und stationärer Gesundheitsversorgung, Kurzfassung. Bonn.

Sachverständigenrat zur Begutachtung der Entwicklung im Gesundheitswesen (2014): Bedarfsgerechte Versorgung – Perspektiven für ländliche Regionen und ausgewählte Leistungsbereiche, Kurzfassung. Bonn.

Sachverständigenrat zur Begutachtung der Entwicklung im Gesundheitswesen (2015): Krankengeld – Entwicklung, Ursachen und Steuerungsmöglichkeiten, Kurzfassung. Bonn.

Schierenbeck, H. (1987): Grundzüge der Betriebswirtschaftslehre, 9. Auflage. München, Wien, Oldenbourg.

Seidel, H.; Temmen, R. (1980): Volkswirtschaftslehre. Bad Homburg v.d.h., Berlin, Zürich, Gehlen.

Statistisches Bundesamt (2015): Anteile der Wirtschaftssektoren am Bruttoinlandsprodukt (BIP) in den wichtigsten Industrie- und Schwellenländern im Jahr 2012. http.//de.statista.com/statistik/daten [Zugriff: 20.08.2015].

Statista (2015a): Wirtschaftswachstum Deutschland, Veränderung des BIP zum Vorjahr. http://de.Statista.com [Zugriff: 15.07.2015].

Statista (2015b): Veränderung des Bruttoinlandsproduktes (BIP) in Deutschland gegenüber dem Vorquartal vom 1. Quartal 2011 bis 4. Quartal 2015. http://de.Statista.com [Zugriff: 15.07.2015].

Statistisches Bundesamt (2015): Arbeitsmarkt, Erwerbstätige im Inland nach Wirtschaftssektoren. http://de.statista.com/statistik/daten [Zugriff: 20.08.2015].

van Eiff, W. et al. (2003): Der Krankenhausmanager. Berlin, Heidelberg, New York, Springer.

Waller, H. (2007): Sozialmedizin: Grundlagen und Praxis, 5. Auflage. Stuttgart, Kohlhammer.

Waller, H. (2006): Gesundheitswissenschaft: eine Einführung in Grundlagen und Praxis, 4. Auflage. Stuttgart, Kohlhammer.

Westfalen-Blatt (2015): Deutsche Wirtschaft wächst wieder stärker. Bielefeld, 15./16.08.2015.

Zwierlein, E. (1997): Klinikmanagement. München, Wien, Baltimore, Urban & Schwarzenberg.

3 Gesundheitsökonomische Evaluationen

Manfred Haubrock

3.1 Notwendigkeit der Evaluation

Bei der Auseinandersetzung mit den gesundheitsökonomischen Evaluationen sind zunächst die Motive des menschlichen Handelns und die Besonderheiten des Gesundheitsmarktes zu betrachten.

Auslöser des wirtschaftlichen Handelns sind die menschlichen Bedürfnisse. Unter einem Bedürfnis ist das Gefühl eines Mangels zu verstehen, verbunden mit dem Wunsch, diesen Mangel zu beseitigen. Somit ist die Befriedigung der menschlichen Bedürfnisse die Antriebskraft für alle wirtschaftlichen Betätigungen. Dabei lassen sich die Bedürfnisse des Menschen bestimmten Hierarchiestufen zuordnen, die nach der Dringlichkeit ihrer Befriedigung geordnet sind. Diese Rangfolge wurde von dem amerikanischen Sozialpsychologen Abraham Maslow in Form einer Motivpyramide dargestellt (Abb. 3.1-1). Im Rahmen dieser Rangordnung hat das Bedürfnis, gesund zu bleiben bzw. zu werden, einen hohen Stellenwert.

Die Erfüllung der menschlichen Bedürfnisse erfolgt demnach durch den Konsum von Gütern. In der Ökonomie wird die These vertreten, dass die Bedürfnisse nicht begrenzt sind und der Wunsch nach vollständiger Bedürfnisbefriedigung groß ist. Diese uneingeschränkte Bedürfnisbefriedigung wird jedoch durch die begrenzte Kaufkraft der Konsumenten und durch die Knappheit der angebotenen Güter eingeschränkt. Auch im Bereich der Gesundheitsversorgung sind die vorgehaltenen Ressourcen begrenzt. Daher ist auch in diesem Wirtschaftsbereich eine ökonomische Evaluation sinnvoll, um eine optimale Verwendung der Gesundheitsgüter zu gewährleisten.

Nach Ansicht des Sachverständigenrates für die Konzertierte Aktion im Gesundheitswesen erfordern begrenzte Ressourcen im Gesundheitswesen und der Grundsatz der Beitragssatzstabilität „bei einer sich weiter entwickelnden Medizin und einer alternden Bevölkerung die Ausgrenzung unnötiger Leistungen und die Mobilisierung von Wirtschaftlichkeitsreserven" (Sachverständigenrat für die Konzertierte Aktion im Gesundheitswesen, 1990: 98). Im Bereich der Gesundheitsversorgung kann nicht von einem funktionierenden Markt gesprochen werden, da der Steuerungsmechanismus des Preiswettbewerbs nicht vorhanden ist. Zudem ist zu beachten, dass die Leistungen unter anderem durch Ärzte, Pflegekräfte und Krankenhäuser erbracht werden, die Finanzierung der Leistungen erfolgt über die Krankenkassen. Neben diesem Zahlungsumweg ist festzuhalten, dass die Konsumentensouveränität nicht gewährleistet ist, da der Patient in der Regel nicht frei über seinen Verbrauch entscheidet. Trotz dieser fehlenden Wettbewerbssteuerung müssen die Gesundheitsgüter effizient und effektiv erstellt bzw. bereitgestellt werden. Nach Biefang ist es Gegenstand der Evaluationsforschung, die Handlungsalternativen auszuwählen, die am besten zur Bedürfnisbefriedigung bzw. zur Zielerreichung beitragen und zugleich einen effizienten Mitteleinsatz gewährleisten (vgl. Biefang, 1980: 17). Vor diesem Hintergrund ist es zu verstehen, dass im Gesundheitssystem der Bundesrepublik Deutschland ausgewählte Verfahren der Kosten-Nutzen-Betrachtungen eingesetzt werden.

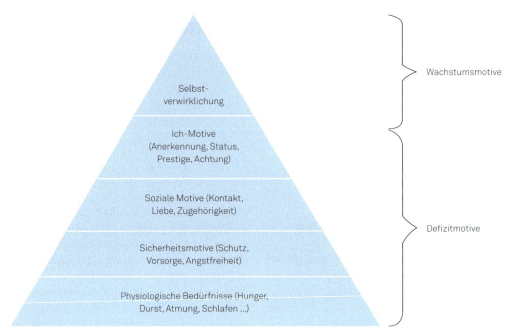

Abbildung 3.1-1: Motivpyramide nach Maslow (Quelle: Eigenerstellung in Anlehnung an von Rosenstiel, 1992: 369)

3.2 Kriterien qualifizierter Evaluationen

Um die Qualität ökonomischer Evaluationsstudien besser beurteilen zu können, sind in vielen Ländern sogenannte „Guidelines" entwickelt und publiziert worden. Diese sollen dazu beitragen, „die Qualität von gesundheits-ökonomischen Studien einfacher beurteilen zu können und gegebenenfalls auch zu verbessern" (von der Schulenburg/Greiner, 1995: 265). Die Guidelines sind als Mindestnormen anzusehen, die ständig weiterentwickelt werden und daher keineswegs als endgültig anzusehen sind. Für Deutschland wurden von Graf von der Schulenburg, Greiner und anderen die **Deutschen Empfehlungen zur gesundheitsökonomischen Evaluation (Hannover Guidelines)** entwickelt, die dazu beitragen sollen, die Transparenz gesundheitsökonomischer Studien durch die Entwicklung von Standards zu verbessern. Daneben werden die von Schöffski aufgestellten **Internationalen und deutschen Richtlinien zur gesundheitsökonomischen Evaluation** herangezogen. Für den Bereich der pharmaökonomischen Forschung wird zudem das Konsenspapier **Guidelines zur gesundheitsökonomischen Evaluation** herangezogen. Aus diesen Qualitätsstandards lassen sich die wesentlichen Anforderungen an eine gesundheitsökonomische Studie ableiten, die in Abbildung 3.2-1 dargestellt werden.

Im Laufe der vergangenen Jahre sind international zahlreiche Wirtschaftlichkeitsuntersuchungen erstellt worden. Zur Bewertung der veröffentlichten Studien werden sie in Bezug zu ihrem Inhalt und zu ihrer Methodik analysiert. Dazu wurden nach Volmer zehn **Beurteilungskriterien** entwickelt, anhand derer eine Einschätzung der Untersuchungen hinsichtlich ihrer Qualität möglich ist. Diese Kriterien lauten folgendermaßen:

- Wurden Problemstellung und Zielsetzung in eindeutiger und beantwortbarer Form definiert?
- Gibt die Studie eine problemgerechte Beschreibung der Intervention?
- Wurde die Wirksamkeit der Intervention nachgewiesen bzw. gab es Hinweise darauf?

3.3 Kosten-Nutzen-Betrachtungen

Problemstellung und Zielsetzung der Studie
- Fragestellung der Studie
- Alternativenwahl
- Perspektivenwahl
- Distributive und ethische Fragestellungen

Messung des Therapieerfolgs
- Datenquellen
- Ergebnisparameter
  - klinische Ergebnisparameter
  - Lebensqualitätsveränderungen

Kostenerfassung
- Opportunitätskostenansatz
- Kosten von Nebenwirkungen und Komplikationen

Datenanalyse
- Wahl der Analyseart
- Marginalanalyse
- Diskontierung
- Sensitivitätsanalyse

Publikation der Ergebnisse
- Begutachtungsverfahren
- Vergleich mit anderen Studien und Datenquellen

Abbildung 3.2-1: Qualitätsstandards (Quelle: Eigenerstellung)

- Wurden alle im Rahmen der Zielsetzung relevanten Kosten- und Nutzen-Aspekte einbezogen?
- Wurden Kosten und Konsequenzen in angemessenen Einheiten bewertet?
- Sind die Verfahren und Ansätze zur Bewertung von Kosten und Nutzen transparent und glaubhaft?
- Sind Kosten und Nutzen auf einen gemeinsamen Zeitpunkt bezogen?
- Wurde eine inkrementelle Analyse durchgeführt?
- Wurde eine Sensitivitätsanalyse durchgeführt?
- Wurden die Studienergebnisse hinsichtlich ihrer Grenzen und Möglichkeiten diskutiert? (Vgl. Volmer, 1997: 852)

Diese Kriterien können ebenso wie die Hannover Guidelines bereits im Vorfeld einer Studie als Anregung oder Richtschnur für eine Untersuchung verwendet werden. Außerdem kann im Umsetzungsverfahren einer Kosten-Nutzen-Untersuchung eine eigenständige Beurteilung der Evaluation anhand der angeführten Kriterien erfolgen.

3.3 Kosten-Nutzen-Betrachtungen

3.3.1 Überblick

Einen Überblick über die potenziellen Evaluationsverfahren gibt Tabelle 3.3-1.

Zu den klassischen Formen der Evaluation im Gesundheitssektor, die sowohl einen Alternativvergleich als auch einen Vergleich der Kosten und der Wirkungen ermöglichen, zählen die:
- Kosten-Nutzen-Analyse (KNA)
- Kosten-Wirksamkeits-Analyse (KWA)
- Kosten-Nutzwert-Analyse (NWA).

Allen drei Verfahren ist gemeinsam, dass sie versuchen, den optimalen Einsatz von Ressourcen auf der mikroökonomischen Ebene zu ermitteln. Das Ziel der drei Verfahren ist demnach die Ermittlung der gesellschaftlichen Vor- und Nachteile einer oder mehrerer Maßnahmen bzw. Projekte durch die Erstellung einer Input-Output-Relation (vgl. Hofmann, 1981: 2f.). Ihre Bedeutung wurde auch von politischer Seite erkannt und in der Bundeshaushaltsordnung des Bundes fixiert. Dort heißt es: „Für geeignete Maßnahmen von erheblicher finanzieller Bedeutung sind Nutzen-Kosten-Untersuchungen anzustellen" (Mildner, 1983: o.S.). Ebenso enthalten die Haushaltsgrundsätze der Länder und die Gemeindehaushaltsverordnung für die Gemeinden entsprechende Vorgaben.

Alle drei Methoden der Kosten-Nutzen-Untersuchung (KNU) haben folgende Gemeinsamkeiten: „Eine Menge komplexer, im Untersuchungszeitpunkt in der Regel noch nicht realisierter Handlungsalternativen, die in Hinsicht auf ein mehrdimensionales Zielsystem entsprechend den Präferenzen eines Entscheidungsträgers nach ihrer Vorziehenswürdigkeit zu ordnen sind." (Mildner, 1983: o.S.)

In Abbildung 3.3-1 werden die drei wirtschaftlichen Beurteilungsverfahren im Überblick dargestellt.

Tabelle 3.3-1: Systematik gesundheitsökonomischer Evaluationen (Quelle: Eigenerstellung)

Nicht vergleichend	Vergleichend
• Kostenanalyse • Krankheitskostenanalyse	• Kosten-Kosten-Analyse • Kosten-Nutzen-Analyse • Kosten-Wirksamkeits-Analyse • Kosten-Nutzwert-Analyse

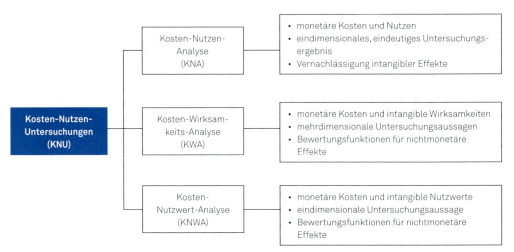

Abbildung 3.3-1: Methoden der Kosten-Nutzen-Untersuchung (Quelle: Eigenerstellung in Anlehnung an Mildner, 1983: o. S.)

Die grundsätzlichen Unterschiede der Methoden liegen darin, dass der Nutzen bei der KNA monetär bewertet und auch die Wirkungen in Geldeinheiten ausgewiesen werden. Bei der KWA und NWA dagegen werden die Wirkungen nicht monetär bewertet, sondern in nichtmonetären, intangiblen Einheiten. Im Bereich des Gesundheitswesens werden die Kosten in direkte und indirekte Kosten aufgeteilt. Zu den **direkten Kosten**, auch medizinassoziierte Kosten genannt, gehören der Verbrauch an Ressourcen für die Prävention, die Behandlungen, die Rehabilitation und die Pflege. Die **indirekten Kosten**, die auch als Produktivitätsverluste gekennzeichnet werden, umfassen die volkswirtschaftlichen Verluste durch den Ausfall des Arbeitspotenzials infolge von Tod, krankheitsbedingtem Fernbleiben oder eingeschränkten Leistungen am Arbeitsplatz. Hinzu kommt der Zeitaufwand, den Angehörige zum Beispiel für die Pflege von Angehörigen aufwenden. Zu den indirekten Kosten zählen jedoch nicht die Transfereinkommen, wie zum Beispiel Rente, Pflegegeld und Sterbegeld. Die **Wirkungen von Maßnahmen** lassen sich im Gesundheitssystem monetär durch die Kosteneinsparungen, die sich zum Beispiel durch eine Vermeidung oder Verkürzung von Krankenhausaufenthalten oder durch eine Reduktion des Medikamentenverbrauchs ergeben, darstellen. Durch die Monetarisierung der Effekte sind die Gesamtwirkungen erfassbar. Als Messinstrumente bieten sich Fragebögen oder Interviews an. Die intangiblen Wirkungen lassen sich in Form von **klinischen Wirksamkeitsparametern** (Verbesserung der Lungenfunktion oder der Blutwerte) dokumentieren. Bei diesen Parametern handelt es sich um harte, quantifizierbare Messgrößen, die jedoch die Gesamtwirkungen einer Intervention nicht ausreichend abbilden. Bei einer Wirksamkeitsanalyse sind Erhebungsmethoden sinnvoll, mit

3.3 Kosten-Nutzen-Betrachtungen

denen die Quantitäten erfasst werden können. Bei den **Nutzwerten** wird beispielsweise die **gesundheitsbezogene Lebensqualität** als Ergebnisgröße herangezogen. Bei der Nutzwertbetrachtung können die Gesamteffekte einer Maßnahme erfasst werden. Bei der gesundheitsbezogenen Lebensqualität lassen sich drei Dimensionen unterscheiden:
- physische Gesundheit (Behinderung, Arbeitsfähigkeit, Schlaf, Ernährung etc.)
- soziale Gesundheit (z.B. Leben in der Familie, Teilnahme am sozialen Leben, Abhängigkeit)
- psychische Gesundheit (z.B. Isolation, Niedergeschlagenheit, Angst).

Als Erhebungsmethoden bieten sich in der Regel Interviews oder Fragebögen an. Häufig eingesetzte Messinstrumente sind die Gesundheitsfragebögen SF-36 und SF-12 sowie der EuroQol und der Health Utility Index. Beim **SF-36-Fragebogen** werden den Patienten Fragen gestellt zu:
- ihrer körperlichen Funktion
- ihrer körperlichen Rollenerfüllung
- ihrer emotionalen Rollenerfüllung
- ihrer sozialen Funktion
- ihrem Schmerz
- ihrem psychischen Wohlbefinden
- ihrer Vitalität
- ihrer allgemeinen Gesundheitswahrnehmung.

Der SF-36 ist ein Musterbeispiel für die international koordinierte Erprobung eines Lebensqualitätsmessinstruments.

Bei allen drei Analyseverfahren sind die Instrumente hinsichtlich ihrer Validität, ihrer Reliabilität und ihrer Objektivität zu prüfen (Tab. 3.3-2).

Analog zu dem Systemmodell, das unter anderem im New Public Management eingesetzt wird, wird die Eingabe von Finanzmitteln und anderen Ressourcen in das System als **Input** bezeichnet. Die Verarbeitung der Ressourcen innerhalb des Systems stellt den sogenannten **Throughput** dar. Die Leistungen einer Organisation als unmittelbare Ergebnisse des Kombinationsprozesses stellen den **Output** dar. Der **Outcome** hingegen umfasst die Wirkungen des Outputs. Die aufgezeigten Zusammenhänge lassen sich Abbildung 3.3-2 entnehmen.

Tabelle 3.3-2: Bewertungsmethoden von Kosten-Nutzen-Analyse (KNA) und Kosten-Wirksamkeits-Analyse (KWA) (Quelle: Eigenerstellung)

Methode	Kosten	Wirkungen
KWA, NWA	Geldeinheiten	intangible Einheiten
KNA	Geldeinheiten	Geldeinheiten

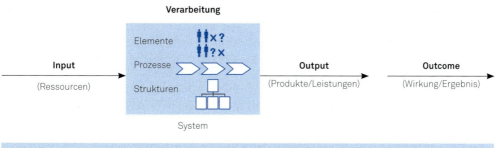

Abbildung 3.3-2: Systemmodell (NPM = Non Public Management) (Quelle: Eigenerstellung in Anlehnung an das Online-Verwaltungslexikon)

3.3.2
Analyseverfahren

Die **Kosten-Nutzen-Analyse (KNA)** stellt den Versuch dar, zur Beurteilung der Vorteilhaftigkeit gesamtwirtschaftlich bedeutsamer Investitionen eine Beziehung zwischen dem monetären Nutzen und den durch die Investition verursachten Kosten mit der Zielsetzung herzustellen, den gesamtwirtschaftlichen Nutzen zu maximieren (vgl. Diederichs, 1985: 92).

Die KNA bildet das wohl bekannteste wirtschaftlichkeitsanalytische Verfahren für den öffentlichen Sektor und beruht sowohl auf den normativen Vorstellungen der Wohlfahrtsökonomie als auch auf den Erkenntnissen privatwirtschaftlich orientierter Investitionsrechnungen (vgl. Hanusch, 1987: 1). Dabei ist die KNA ein Instrument, das eine Alternativenauswahl durch Vergleich ermöglicht. Da sie aber auch den Nutzen eines Programms angeben kann, ist sie auch zur Analyse nur eines Vorhabens geeignet (vgl. Kriedel, 1980: 44). Die Kosten-Nutzen-Analyse bietet sich dann an, wenn alle betrieblichen und gesellschaftlichen Kosten- und Nutzenfaktoren mit Geldeinheiten zu bewerten sind. In der Kosten-Nutzen-Analyse werden alle Effekte, die zum Beispiel als Folge der Durchführung einer medizinischen Maßnahme erwartet werden, in Geldeinheiten ausgedrückt. Man spricht bei der KNA deshalb von einem eindimensionalen Zielsystem.

Die Effizienz einer untersuchten Maßnahme wird in Form der **absoluten Effizienz** gemessen. Dabei wird der erzielte monetär bewertete Nutzen von den aufgewendeten Kosten subtrahiert. Überwiegen die positiven Effekte, weist die Maßnahme einen „Geld-Nutzen" auf, überwiegen die negativen Effekte, spricht man von „Geld-Kosten".

Die Kriterien der Vorteilhaftigkeit entsprechen dabei denen der Kapitalwertmethode unter Einbeziehung gesamtwirtschaftlicher Nutzen- und Kostenaspekte. Eine Investition gilt dann als vorteilhaft, wenn sich ein Kapitalwert errechnet, der gleich oder größer null ist. Bei einem negativen Kapitalwert ist die Maßnahme aus gesamtwirtschaftlicher Sicht abzulehnen. Bei der KNA werden, wie bei der Kapitalwertmethode, alle entscheidungsrelevanten Kosten- und Nutzenfaktoren der betrachteten Maßnahme erfasst, bewertet und auf einen gemeinsamen Zeitpunkt diskontiert (Barwertermittlung) (vgl. Diederichs, 1985: 93).

Bei der KNA ist es unumgänglich, alle direkten und indirekten Kosten sowie den Nutzen in Geldeinheiten zu erfassen. Die Effekte, die nicht oder nur sehr schwer monetarisiert werden können, wie zum Beispiel Gesundheitszustand, Schmerzen oder Trauer, können von der KNA für eine wirtschaftliche Bewertung nicht berücksichtigt werden. Diese Effekte werden deshalb als sogenannte intangible Effekte zwar erfasst, gehen aber nicht in die Entscheidungsfindung ein. Sie werden lediglich beschrieben.

In Tabelle 3.3-3 werden die vom Sachverständigenrat für die Konzertierte Aktion im Gesundheitswesen in seinem Jahresgutachten 1990 aufgelisteten Kosten- und Nutzenkomponenten zusammengestellt.

Die **Kosten-Wirksamkeits-Analyse (KWA)** ist nach der Kosten-Nutzen-Analyse das zweite bedeutende Verfahren für eine Wirtschaftlichkeitsanalyse im Gesundheitssektor, um aus einem Spektrum möglicher Behandlungsformen und/oder Gesundheitsleistungen die optimale Variante herauszufinden. Da der Output gerade bei Interventionen im Gesundheitswesen häufig nicht monetär zu bewerten ist, eignet sich die KWA hier besonders, da nicht monetär bewertbare Wirkungen in intangiblen Größen in die Analyse eingehen. Bei der KWA handelt es sich um eine mehrdimensionale **Outputanalyse**. Die KWA gleicht die Nachteile der KNA aus.

Die **Nutzwertanalyse (NWA)** stellt das dritte wirtschaftlichkeitsanalytische Verfahren dar, das neben der Kosten-Nutzen-Analyse (KNA) und der KWA im Gesundheitssektor sinnvoll eingesetzt werden kann. Wie die KWA hat die NWA die Aufgabe, Alternativen auf ihre Wirtschaftlichkeit hin zu untersuchen und zu ordnen. Diese Priorisierung wird durch die Angabe von Gesamtwirksamkeiten oder Nutzwerten ausgedrückt. Die Nutzwertanalyse gilt als eindimensional, da sie alle Effekte in eindeutigen Nutzwerteinheiten erfasst. In die Beurteilung können neben den individuellen Aussagen der betroffenen Patienten auch die vom Projektträger als wesentlich erachteten subjektiven Informationen einfließen. Die Nutzwertanalyse konzentriert sich vorrangig auf die **Outcomewirkungen**.

Tabelle 3.3-3: Kosten- und Nutzenelemente in der Kosten-Nutzen-Analyse (Quelle: Sachverständigenrat für die Konzertierte Aktion im Gesundheitswesen, 1990: 116)

- **Behandlungsziel: mehr Gesundheit**
  - Vermeidung der Krankheit
  - Verminderung des Krankheitszustands
  - Verhütung vorzeitiger Erkrankung
  - Verlängerung des Lebens
  - Abkürzung des Krankheitsverlaufs
  - Verhinderung unerwünschter Wirkungen
  - Verbesserung der Lebensqualität

- **Kosten der Maßnahme**
  - direkte Kosten (z. B. Vorsorgeprogramm)
    - bei den Ausgabenträgern
    - bei den Betroffenen
    - Behandlungskosten bei relevanten Nebenwirkungen der Maßnahmen
    - Nachsorgekosten
  - indirekte Kosten
    - Gesundheitsausgaben während der verlängerten Lebenszeit
    - Beeinträchtigung der Lebensqualität durch die Behandlung

- **Einsparungen durch die Behandlung (Nutzen)**
  - direkte Einsparungen (vermiedene Ausgaben)
    - Behandlungskosten
    - Lohnfortzahlungen
    - Rentenzahlungen
    - direkte persönliche Ausgaben
  - indirekte Einsparungen
    - z. B. weniger Produktionsausfall

3.3.3 Grundmuster des Ablaufs bei Kosten-Nutzen-Betrachtungen

Alle Verfahren einer Kosten-Nutzen-Betrachtung weisen ein bestimmtes Grundmuster auf. Der Ablauf der Untersuchungen lässt sich in sechs Verfahrensstufen einteilen, die sich wiederum in mehrere Schritte untergliedern. Der Ablauf der Verfahrensstufen ist prinzipiell unabhängig von der vorliegenden Entscheidungssituation. Abbildung 3.3-3 zeigt eine Darstellung der einzelnen Verfahrensstufen.

Im Rahmen der **Problemdefinition** erfolgen eine Analyse und Beschreibung des Istzustands. Diese erfolgt in der Regel auf der Basis einer Zustands- oder Bestandsanalyse denkbarer Problemlösungsalternativen. Das Entscheidungsproblem sollte klar und präzise definiert sein, um dem Entscheidungsträger die Problemstellung zu verdeutlichen. Dies gewährleistet ein besse-

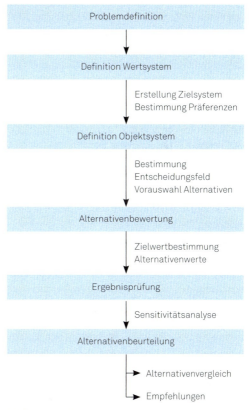

Abbildung 3.3-3: Grundmuster von Kosten-Nutzen-Untersuchungen (Quelle: Mildner, 1983: o. S.)

res Verständnis der nachfolgenden Schritte. Ferner sollte ein Zusammenhang zu den Prozessen und Strukturen im Gesundheitssystem hergestellt werden. Im zweiten Schritt, der **Definition des Wertesystems**, müssen zunächst die Hauptziele deutlich dargestellt werden, die mit der Einführung, der Weiterentwicklung, der Verbesserung oder dem Unterlassen der Maßnahme verbunden sind. Nur dadurch besteht die Möglichkeit, den Grad der Zielerreichung anzugeben, dies kann ein Kriterium für die zu treffenden Entscheidungen sein. Neben der primären Zielfestsetzung ist auch das Ableiten konkreter Teilziele eine Voraussetzung für die Entscheidungsfindung. Anschließend sind Zielkriterien zu formulieren, anhand derer die Erfüllung der Teilziele bewertet werden kann. Hierbei ist auf die Validität der Kriterien zu achten.

Anschließend sind die Ziele nach ihren **Präferenzen** zu gewichten, um die Entscheidungsfindung zu erleichtern. Dadurch wird das Verfahren transparenter und die Bedeutung der einzelnen Ziele wird in Zusammenhang mit der Gesamtentscheidung deutlich. Mit dieser Gewichtung der Ziele fließen subjektive Wertvorstellungen in die Beurteilung ein, die die Objektivität von Kosten-Nutzen-Untersuchungen beeinträchtigen können. In diesem Punkt unterscheidet sich die KNA von der KWA. Bei der KNA ist die Gewichtung durch die jeweiligen Preise und Kosten gegeben. Bei der KWA erfolgt die Wertsetzung mittels einer subjektiven Zielgewichtung, dies führt zu einem Verlust an Objektivität. In diesem Kontext wird in der Regel eine Verteilung von 100 Prozentpunkten auf die einzelnen Teilziele entsprechend der geschätzten Wichtigkeit vorgenommen (Tab. 3.3-4 und 3.3-5).

Die Zielkriterien müssen nun mit **Zielgewichtungen** versehen werden. Im Rahmen des Forschungsprojekts wurde für das oben abgebildete System die Bewertung der einzelnen Kriterien auf der Grundlage der beruflichen Erfahrungen der Mitglieder der Schulungsteams vorgenommen. Danach ergaben sich die folgenden Gewichtungen:
- Krankenhausaufenthalte 30 %
- Vorstellungen wegen leichter Beschwerden beim Arzt: 15 %

Tabelle 3.3-4: Definition eines Wertesystems bei einer KNA (Quelle: Eigenerstellung)

Gesamtziel: optimaler Einsatz der finanziellen Mittel zur Behandlung asthmakranker Kinder

Oberziel: Einsatz einer Asthmaschulung zur Kostenreduktion

Teilziele: Einsparung von Behandlungskosten im:
- stationären Bereich
- ambulanten Bereich
- Arzneimittelbereich

Zielkriterien: Anzahl der stationären Behandlungstage
- Anzahl der Vorstellungen beim niedergelassenen Arzt
- Verbrauch von Arzneimitteln etc.

Indikatoren: Behandlungs- und Schulungskosten

Dimension: Eurobeträge

Tabelle 3.3-5: Definition eines Wertesystems bei einer KWA (Quelle: Eigenerstellung)

Gesamtziel: optimaler der Lebensqualität und Krankheitsbewältigung asthmaerkrankter Kinder

Oberziel: Einsatz einer Asthmaschulung zur Steigerung der Lebensqualität und zur Verbesserung der Krankheitsbewältigung

Teilziele:
- Reduzierung der ärztlichen Interventionen
- Verminderung der Beeinträchtigung im täglichen Leben

Zielkriterien: Reduzierung:
- der Krankenhausaufenthalte
- der Vorstellungen beim Haus- bzw. Kinderarzt
- der Anfallhäufigkeit
- der Schulfehltage
- des Medikamentenniveaus

Indikatoren: Anzahl

Dimension: arabische Ziffern

- Vorstellungen wegen starker Beschwerden beim Arzt: 15 %
- Anfallhäufigkeit: 15 %
- Schulfehltage: 15 %
- Medikamentenniveau: 10 %.

Die Definition von **Objektsystemen** beginnt mit der Bestimmung der zu berücksichtigenden Maßnahmenalternativen (sofern mehrere Alternativen bestehen) und der Umweltbedingungen, die den Entscheidungsspielraum beeinflussen können. Zu diesem Zeitpunkt können bereits nicht zu realisierende Maßnahmen ausgeschlossen werden. Zudem können auch die Nichterfüllbarkeit bestimmter Mindestvoraussetzungen oder die Begrenzung personeller oder finanzieller Ressourcen eine Maßnahme im Vorfeld ausschließen. Somit hat die Vorauswahl die Funktion, nur die Maßnahmen zuzulassen, die sich als sinnvoll darstellen. Nach Beendigung der Vorauswahl ist eine **Alternativenanalyse** durchzuführen. Sie hat die Aufgabe, die entscheidungsrelevanten Effekte der zu untersuchenden Maßnahmen mit Bezug auf das definierte Zielsystem zu erfassen und zu beschreiben. Obwohl die Erfassung der Kosten mit einem großen Aufwand verbunden sein kann, ist sie dennoch relativ unproblematisch, da die Kosten bei allen Verfahren in monetären Einheiten bewertet werden. Die Erfassung der Nutzen dagegen kann wegen der qualitativen Erfolgsmessung Probleme bereiten. Bei der Erstellung einer Kosten-Nutzen-Untersuchung sollten der Aufwand und die erreichte Aussagefähigkeit in einem angemessenen Verhältnis stehen, da die Informationsermittlung in der Regel zeit- und kostenintensiv ist. Die Klärung von Zusammenhängen zwischen Mitteleinsatz und Maßnahmewirkungen stellt die Grundlage einer sorgfältigen Alternativenanalyse dar. Für einen Vergleich der einzelnen Alternativen ist es notwendig, die verschiedenen Kostenarten zu bestimmen. Die Gesamtkosten setzen sich zusammen aus Entwicklungs- und Investitionskosten, laufenden Betriebskosten, entstehenden Folgekosten sowie sozialen Kosten für die Gesellschaft. Die Ermittlung der Kosten kann auf der Basis von Voll-, Teil-, Grenz- oder Durchschnittskosten erfolgen. Ferner können die Kosten in direkte und indirekte Kosten eingeteilt werden. Direkte Kosten ergeben sich unmittelbar durch die Maßnahme, während die indirekten Kosten anderen als den unmittelbar Betroffenen des Projekts zufallen. Häufig fließen die indirekten Kosten nur in geringem Maße in die ökonomische Beurteilung ein. Für eine exakte Kostenermittlung müssen die Preise eventuell korrigiert werden, was in der Praxis ein Problem darstellen kann. Dieser Fall kann zum Beispiel eintreten, „wenn nur Gebührenpositionen bekannt sind oder aufgrund erheblicher Steigerungen der Produktionsmengen im Zuge der Durchführung einer Maßnahme Kostensenkungen zu erwarten wären" (Mildner, 1983: o. S.). Bei der Angabe der Kosten sollte, bei langen Projektzeiten, eine Kostenanpassung berücksichtigt werden. Die systematische Darstellung der quantitativen und qualitativen **Zielerreichungen (Zielbeiträge)** erfolgt in einer Zielbeitragsmatrix. Die Ziele können dabei unterschiedlicher Art sein. Im Gesundheitswesen handelt es sich im Wesentlichen um die folgenden beispielhaften **Zielkategorien**:

- Verbesserung des Gesundheitszustands und der Lebensqualität von Individuen (in Bezug auf physische, psychische und soziale Gesundheit) und verminderte Krankheitsrisiken
- Verbesserung der Wirkungsweise gesundheitlicher Versorgungsleistungen, zum Beispiel durch eine gesteigerte Inanspruchnahme und Akzeptanz von Vorsorgemaßnahmen und Früherkennungsuntersuchungen
- Verbesserung der Rahmenbedingungen (Struktur- und Prozessqualität) für das Erbringen medizinischer Leistungen
- Verbesserung beim Erreichen sozialer Ziele, zum Beispiel die Versorgung sozialer Randgruppen oder das Erreichen gleichmäßiger Finanzierungslasten
- Verbesserung von betriebswirtschaftlichen Leistungszahlen, zum Beispiel bei der Auslastung medizinischer Großgeräte
- Verbesserung der gesamtwirtschaftlichen Produktivitäten, zum Beispiel durch Absenken der Morbiditäts- und Mortalitätsraten.

Für die Zielwertbestimmung werden die Zielbeiträge in **Zielwerte** umgewandelt. Bei der KNA werden alle Effekte in Geldeinheiten bzw. Preisen, bei der Kosten-Wirksamkeits-Analyse (KWA) und der Kosten-Nutzwert-Analyse (KNWA) mithilfe definierter Bewertungsfunktionen ausgedrückt. Dadurch werden mehrdimensionale Zielbeiträge in eindimensionale Zielbeiträge umgewandelt. Das bedeutet, dass für den Zielerreichungsgrad jeder untersuchten Maßnahme Punktwerte zugeordnet werden, wobei sich die Bewertungsfunktionen an dem Grad der Quantifizierbarkeit von Nutzen und Kosten orientieren sollen. Zur Bewertung wird in der Regel eine definierte Messskala verwendet, die von 0 bis 10 Punkten reicht. Erreicht eine bewertete Maßnahme nur den Wert von 0 Punkten, so ist diese Maßnahme nicht geeignet. Das Erreichen der Obergrenze von 10 Punkten gilt als Optimum. Die einzelnen Zielwerte der alternativen Maßnahmen werden mit den zuvor festgelegten Zielgewichten zusammengeführt und ergeben die **Alternativenwerte**. Diese Werte sind somit eine Zusammenführung der Zielwerte mithilfe der Zielgewichte aus der gegebenen Präferenzstruktur (vgl. Der Bundesminister für Arbeit und Sozialordnung, 1984: 34). Für die Gewichtung kann auch die sogenannte 100-Punkte-Regel verwendet werden, indem entsprechend der Einschätzung der Wichtigkeit der Ziele 100 Punkte verteilt werden. Die ermittelten Zielwerte werden anschließend mit dieser Punktzahl multipliziert und ergeben den Alternativenwert. Bei der **Alternativenbeurteilung** können generelle Aussagen über die Vorteile einer Maßnahme gegenüber alternativen Maßnahmen gemacht werden. Es kann aber auch die Vorteilhaftigkeit der Durchführung einer Maßnahme gegenüber ihrer Nichtdurchführung aufgezeigt werden. Der Vergleich der Alternativen kann zwar auf unterschiedliche Weise durchgeführt werden, die endgültige Entscheidung über die alternativen Handlungsmöglichkeiten wird aber letztlich vom Entscheidungsträger gefällt. Bei der KNA wird die Alternative ausgewählt, welche die höchste **absolute Effizienz** aufweist. Die Effizienz wird ermittelt, indem von den erzielten, in Euro-Beträgen bewerteten Effekten einer Maßnahme innerhalb eines vorher festgelegten Zeitraums die aufgewendeten Kosten subtrahiert werden. Bei der KWA und der KNWA erfolgt zunächst eine systematische Ordnung der monetären und intangiblen Zielbeiträge. Anschließend beurteilen die Entscheidungsträger die jeweiligen Alternativen an ihren jeweiligen **relativen Effizienzen**. Dies bedeutet, dass die Kosten (Euro) zu den intangiblen Effekten in Beziehung gestellt werden. Im Folgenden wird die Priorisierung der untersuchten Handlungsalternativen am Beispiel der KWA erläutert:

- Die monetären, quantitativen und qualitativen Zielbeiträge werden systematisiert. Hierbei wird von den Entscheidungsträgern anhand der dargestellten Sachinformationen eine subjektive Beurteilung durchgeführt. Eine Offenlegung von Präferenzen und Zielgewichtungen erfolgt nicht.
- Der Alternativenvergleich erfolgt nach dem gleichen Verfahren, jedoch werden bei diesem Schritt die Präferenzen und die Zielgewichtungen offengelegt.
- Bei einem Alternativenvergleich werden die Maßnahmen bevorzugt, die
- geringere Kosten und höhere Wirksamkeiten
- gleiche Kosten und höhere Wirksamkeiten
- geringere Kosten und gleiche Wirksamkeiten aufweisen.
- Bei der Alternative „höhere Kosten und höhere Wirksamkeiten" muss geklärt werden, ob die höheren Wirksamkeiten einer Maßnahme die höheren Kosten rechtfertigen und bis zu welchem Betrag die Entscheidungsträger bereit sind, höhere Kosten zum Erreichen höherer Wirksamkeiten zu tragen.
- Ist die Anwendung von „fixed cost approach" oder „fixed effectiveness approach" möglich, kann dies zu eindeutigen Ergebnissen führen. Dabei wird der Umfang mehrerer Alternativen so bestimmt, dass alle Maßnahmen entweder die gleichen Kosten („fixed cost") oder die gleichen Wirksamkeiten („fixed effectiveness") aufweisen.
- Der Alternativenvergleich kann auch mithilfe der Wirksamkeits-Kosten- oder der Kosten-Wirksamkeits-Verhältnisse durchgeführt werden. Dabei sollte der Wert beim Kosten-Wirksamkeits-Vergleich möglichst nied-

rig, beim Wirksamkeits-Kosten-Vergleich möglichst hoch sein. Damit wird für jede Maßnahme ausgedrückt, wie viele Geldeinheiten zum Erreichen eines Wirksamkeitspunkts eingesetzt werden müssen.

Auf der Basis aller Beurteilungsaspekte werden Entscheidungsgrundlagen erarbeitet, die zur Erstellung von **Empfehlungen** führen. Bei den Empfehlungen müssen die Untersuchungsergebnisse in aussagefähiger Form zusammengestellt und die entscheidenden Schlussfolgerungen der Analyse herausgestellt werden. Je besser die Ableitung von entscheidungsrelevanten Empfehlungen gelingt, desto besser ist die Entscheidungsgrundlage.

Abschließend soll am Beispiel eines Alternativenvergleichs zwischen einer neuen, innovativen Intervention (neue Behandlung) und der traditionellen Versorgungsform (Kontrollverfahren) die Ermittlung der absoluten und der relativen Effizienzen, die sich aus den gesundheitsökonomischen Verfahren ermitteln lassen, verdeutlicht werden (Tab. 3.3-6).

In einer Asthmastudie wurde im Rahmen einer Kosten-Nutzen-Analyse sowohl ein Zeitvergleich über einen Beobachtungszeitraum von drei Jahren als auch ein Vergleich von Behandlungsalternativen durchgeführt. Der monetäre Nutzen ergab sich aus dem Kostenvergleich der beiden Behandlungsalternativen (Nullgruppe und Ambulante Schulungsgruppe) zu den beiden Erhebungszeitpunkten T1 und T2. In Tabelle 3.3-7 werden die Kostendifferenzen der beiden Alternativen (hier als Zielwerte bezeichnet) als Teilnutzen definiert. Die Summe dieser Teilnutzen ergibt den Gesamtnutzen der Alternative „Ambulante Schulungsgruppe" gegenüber der Nullgruppe.

3.4 Relevanz für das deutsche Gesundheitssystem

Wie anderer Stelle bereits erwähnt, werden zukünftig die gesundheitsökonomischen Evaluationen (Kosten-Nutzen-Vergleiche) wesentliche Entscheidungshilfen für eine bedarfsgerechte Steuerung der Gesundheitsversorgung sein. Je weniger Ressourcen in einer Gesellschaft für die Gesundheitsversorgung zur Verfügung stehen, desto stärkere Bedeutung erlangen diese Nutzen-Kosten-Betrachtungen. Eine wesentliche Funktion der Evaluationen besteht darin, durch den Vergleich von Behandlungsalternativen die optimale Variante herauszufinden. Die verfügbaren Gelder müssen rational eingesetzt werden. Eine Mittelverknappung führt tendenziell zu der Forderung, die Gelder für eine Maßnahme erst nach genauer Überprüfung ihres Nutzens zu verwenden. Die Funktion der öko-

Tabelle 3.3-6: Ermittlung der Effizienzen (Quelle: Eigenerstellung)

Gruppen	Kosten		Effekte		
	direkte	indirekte	klin. Parameter	Nutzwerte	Geld
neue Behandlung	1	2	3	4	5
Kontrolle (ggf. Placebo)	A	B	C	D	E
Analysetyp	*Evaluationskriterien*				
Kosten-Nutzen-Analyse	$(5 - E) - [(1 + 2) - (A + B)]$				Relative Effizienzen
Kosten-Wirksamkeits-Analyse	$\dfrac{(1 + 2) - (A + B)}{(3 - C)}$				
Kosten-Nutzwert-Analyse	$\dfrac{(1 + 2) - (A + B)}{(4 - D)}$				Absolute Effizienzen

Tabelle 3.3-7: Matrix einer Kosten-Nutzen-Analyse (Quelle: Eigenerstellung)

Zielkriterien			Zeitpunkt	Preis	Zielbeträge	Zielwerte	Teilnutzen
Nr.	Klartext	Code	T1/T3	Ø-Preis je Zielkriterien [€] **	absolute Anzahl der Inanspruchnahme	Behandlungskosten = Produkt aus absoluter Anzahl und Ø-Preis je Zielkriterien [€]	Differenz T1/T3 [€]
1	Anzahl der stationären Behandlungstage	astatt 12a/d	T1	253,06	18	4555,10	
			T3	253,06	2	506,12	
			Differenz T1/T3				4048,98
2	Anzahl der Vorstellungen wegen leichter Erkrankungen beim Haus- bzw. Kinderarzt	aleit 12a/d	T1	13,14	222	2916,83	
			T3	13,14	152	1996,93	
			Differenz T1/T3				919,90
3	Anzahl der Vorstellungen wegen starker Beschwerden beim Haus- bzw. Kinderarzt	asta 12a/d	T1	26,17	118	3088,27	
			T3	26,17	73	1910,72	
			Differenz T1/T3				1177,55
4	Kosten für Medikamente/ Jahr*	aemdga/d	T1	407,13	53	21 577,55	
			T3	359,16	53	19 035,71	
			Differenz T1/T3				2541,84
	Summe der Zielwerte T1 („retrospektive Nullgruppe")					32 137,75	
	Summe der Zielwerte T3 („ambulante Schulungsgruppe")					23 449,49	
	Summe der Teilnutzen bzgl. der Zielkriterien 1 bis 4 (= Gesamtnutzen in DM)						8688,27

*) Bei den Medikamentenkosten sind die durchschnittlichen Kosten pro Kind (T1/T3) angegeben (die Zahl der Patienten bleibt konstant).
**) Die Preise sind in der Matrix auf- oder abgerundet aufgelistet. Die Zielwerte ergeben sich auf der Grundlage der nicht gerundeten Preise.

nomischen Evaluationen von Gesundheitsleistungen ist es, das Verhältnis zwischen dem Ressourcenverzehr für die Maßnahmen (monetärer Input) und den daraus resultierenden Ergebnissen (monetärer Erfolg, intangibler Erfolg) aufzuzeigen. Die Evaluationstechniken sind als rationale Entscheidungshilfen heranzuziehen, um den Nutzen und die Kosten der Maßnahmen zu messen und zu bewerten, unnötige Leistungen auszuschließen sowie Wirtschaftlichkeitsreserven zu aktivieren. Ziel ist es somit, die bedarfsgerechte und wirtschaftliche Versorgungsalternative zu ermitteln.

In diesen Kontext gehören auch die Vorschriften der § 35a SGB V und § 35b SGB V. Nach den Vorschriften des § 35a SGB V hat der **Gemeinsame Bundesausschuss (G-BA)** den Nutzen von erstattungsfähigen Arzneimitteln mit neuen Wirkstoffen zu bewerten (vgl. Gemeinsamer Bundesausschuss, 2015a). Bereits mit dem am 01.01.2004 in Kraft getretenen **GKV-Modernisierungsgesetz** wurde der G-BA legitimiert, eine Nutzenbewertung durchzuführen. Der G-BA kann das **Institut für Qualität und Wirtschaftlichkeit im Gesundheitswesen (IQWiG)** oder Dritte mit der Nutzenbewertung beauftragen. Der Bundesausschuss entscheidet dann auf der Grundlage eines Gutachtens dieser Institutionen. Die **Nutzenbewertungen** sollen Aussagen über den Beitrag neuer Arzneimittel zur Verbesserung der medizinischen Versorgung beinhalten. Weiterhin sollen sie Hinweise geben, für welche Patientengruppen die neuen Arzneimittel im Vergleich zu den bereits vorhandenen Alternativen eine maßgebliche Verbesserung des Behandlungserfolgs erwarten lassen. Zu den Nutzenkriterien zählen zum Beispiel eine kürzere Krankheitsdauer, eine Lebensverlängerung, geringere Nebenwirkungen sowie die Verbesserung der allgemeinen Lebensqualität. Zu dieser Bewertung gehören insbesondere die Bewertung des **Zusatznutzens** im Vergleich zu einer zuvor bestimmten zweckmäßigen Vergleichstherapie sowie die Bewertung des Ausmaßes des Zusatznutzens und seiner therapeutischen Bedeutung. Hierbei wird der Zusatznutzen in „erheblicher, beträchtlicher und geringer Zusatznutzen" klassifiziert. Die Nutzenbewertung erfolgt auf der Grundlage des seitens der pharmazeutischen Unternehmen eingereichten **Dossiers** sowie aller klinischen Studien zu den Arzneimitteln, die einen Zusatznutzen belegen müssen. Nach § 35a SGB V müssen diese **Nachweise** insbesondere die folgenden Angaben enthalten:

- zugelassene Anwendungsgebiete
- medizinischer Nutzen
- medizinischer Zusatznutzen im Verhältnis zu einer zweckmäßigen Vergleichstherapie
- Anzahl der Patienten und der Patientengruppen, für die ein therapeutisch bedeutsamer Zusatznutzen besteht
- Kosten der Therapie für die gesetzliche Krankenversicherung
- Anforderungen an eine qualitätsgesicherte Anwendung.

Das mit Wirkung zum 01.01.2011 in Kraft getretene Gesetz zur Neuordnung des Arzneimittelmarktes (AMNOG) verpflichtet die pharmazeutischen Unternehmen erstmals, bereits zur Markteinführung eines neuen Produkts in Deutschland bzw. bei neuen Anwendungsgebieten die Nachweise vorzulegen. Die eingereichten Unterlagen sollen es dem Gemeinsamen Bundesausschuss ermöglichen, auf der Basis der sogenannten **frühen Nutzenbewertungen** innerhalb von drei Monaten nach der Marktzulassung eines neuen Medikaments eine Bewertung vorzunehmen. Das Ergebnis der Nutzenbewertung ist zu veröffentlichen. Die pharmazeutischen Unternehmen, die Verbände und die Sachverständigen erhalten anschließend Gelegenheit, eine Stellungnahme abzugeben. Nach weiteren drei Monaten fällt der Gemeinsame Bundesausschuss (G-BA) einen Beschluss, der auf der Nutzenbewertung sowie den Stellungnahmen basiert. Dieses Votum wird ebenfalls veröffentlicht. Die Daten in Tabelle 3.4-1 (Stand: 08.01.2015) zeigen die Ergebnisse der bis dahin durchgeführten 94 Dossierbewertungen.

Mit dem Beschluss entscheidet der G-BA auch über das weitere Verfahren zur Preisfindung für das neue Medikament. Hat er einen Zusatznutzen anerkannt, verhandeln der GKV-Spitzenverband und das betroffene Unternehmen innerhalb von sechs Monaten über einen Erstattungsbetrag. Kommt es zu keiner Einigung, setzt eine Schiedskommission den Erstattungsbetrag fest. Dieser Betrag soll sich am europäischen Preisniveau orientieren. Ist nach Auffassung des Ausschusses ein Zusatznutzen nicht belegt worden, wird das Medika-

Tabelle 3.4-1: IQWiG-Dossierbewertungen des Zusatznutzens (Quelle: Eigenerstellung in Anlehnung an Wieseler, 2015: 4)

Zusatznutzen	[%]
Erheblicher Zusatznutzen	10
Beträchtlicher Zusatznutzen	17
Geringer Zusatznutzen	11
Kein Zusatznutzen	59
Nicht quantifizierbar	3

ment nach der Markteinführung innerhalb von sechs Monaten der relevanten Festbetragsgruppe zugeordnet. Kann ein Medikament ohne Zusatznutzen keiner Festbetragsgruppe zugeordnet werden, wird ebenfalls ein Preis vereinbart, der nicht höher sein darf als der Preis für die zweckmäßige Vergleichstherapie. Mit dem 14. SGB V-Änderungsgesetz vom März 2014 hat der Gesetzgeber rückwirkend ab 01.01.2014 die Nutzenbewertung neuer Medikamente auf die ab dem 01.01.2011 neu auf den Markt platzierten Produkte beschränkt.

Der zeitliche Ablauf der Nutzenbewertung sowie das Verfahren der Preisgestaltung sind Abbildung 3.4-1 zu entnehmen.

Seit dem GKV-Wettbewerbsstärkungsgesetz aus dem Jahre 2007 kann der G-BA das Institut für Qualität und Wirtschaftlichkeit im Gesundheitswesen (IQWiG) neben der Bewertung des Nutzens von Arzneimitteln auch mit der Bewertung des Kosten-Nutzen-Verhältnisses beauftragen. Die Bewertung von patentierten Arzneimitteln gliedert sich somit in zwei Stufen: eine frühe Nutzenbewertung und eine darauf aufbauenden Kosten-Nutzen-Bewertung. Die **Kosten-Nutzen-Bewertung** ist ein Instrument, das nach einer abgeschlossenen frühen Nutzenbewertung bei Arzneimitteln mit neuen Wirkstoffen zur Orientierung im Kontext mit der Preisfindung eingesetzt werden kann. Sie wird nur auf Antrag und nur unter den folgenden Voraussetzungen durchgeführt:

- Erst nach einem abgeschlossenen Schiedsverfahren kann der GKV-Spitzenverband oder die pharmazeutische Unternehmung die Bewertung beantragen.
- Hat der G-BA im Rahmen der frühen Nutzenbewertung weder einen Zusatznutzen noch eine therapeutische Verbesserung erkannt, hat er auf Verlangen des Unternehmens eine Kosten-Nutzen-Bewertung in Auftrag zu geben. Dies setzt voraus, dass die Unternehmung die Kosten übernimmt.

Nach den Vorschriften des § 35b SGB V erfolgt dieser Auftrag auf Grund eines **Antrags nach § 139b SGB V** (Vereinbarungen zwischen dem Spitzenverband Bund der Krankenkassen und pharmazeutischen Unternehmern über Erstattungsbeträge für Arzneimittel). In dem Antrag ist unter anderem festzulegen, …

- … für welche zweckmäßige Vergleichstherapie und für welche Patientengruppen die Bewertung erfolgen soll.
- … welcher Zeitraum, welche Art von Nutzen und Kosten zu berücksichtigen sind.
- … welches Maß für den Gesamtnutzen bei der Bewertung relevant sein soll. (Vgl. Gemeinsamer Bundesausschuss, 2015b)

Die Bewertung erfolgt auf der Grundlage eines Vergleichs mit anderen Arzneimitteln und Behandlungsformen. Hierbei sind der therapeutische Zusatznutzen für die Patienten sowie die anfallenden Kosten in ein Verhältnis zu bringen. Zu den Nutzenkriterien zählen auch hier eine kürzere Krankheitsdauer, eine Lebensverlängerung, geringere Nebenwirkungen sowie die Verbesserung der allgemeinen Lebensqualität der Patienten. Die wirtschaftliche Bewertung berücksichtigt die Angemessenheit und Zumutbarkeit der Kostenübernahme durch die Gemeinschaft der Versicherten. Die Bewertung erfolgt auf der Basis der Ergebnisse klinischer Studien sowie der Resultate der Versorgungsstudien, die zwischen dem G-BA und dem pharmazeutischen Unternehmen vereinbart worden sind. Das IQWiG bestimmt auftragsbezogen die **Methoden** und **Kriterien** für die Erarbeitung der Bewertungen. Dies erfolgt auf der Grundlage der fachlich anerkannten internationalen Standards der evidenzbasierten Medizin und der Gesundheitsökonomie. Das Institut ist verpflichtet, die Methoden und Kriterien zu veröffentlichen. Es wird deutlich, dass das IQWiG keine eigenen klinischen Studien durchführt. Das Institut sucht vielmehr systematisch aus den vorhandenen Studien diejenigen heraus, die verlässliche Daten liefern. Auf der Grundlage der Kosten-Nutzen-Bewertung des Instituts legt der Bundesausschuss in einer Richtlinie den Zusatznutzen sowie die Therapiekosten fest. Seit dem AMNOG bildet nach § 35b SGB V eine derartige Kosten-Nutzen-Bewertung die Grundlage für die **Preisverhandlungen** zwischen dem GKV-Spitzenverband und den Herstellern der patentgeschützten Arzneimittel. Rechtsgrundlage für die Preisvereinbarungen

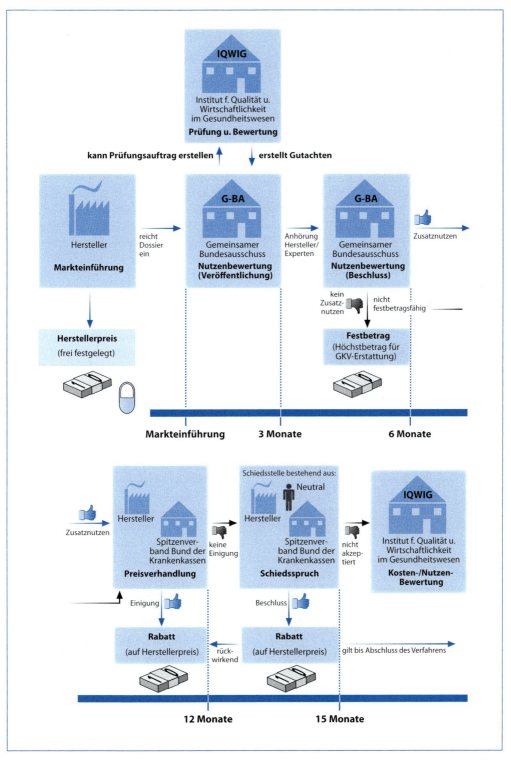

Abbildung 3.4-1: Ablauf der Nutzenbewertung und Preisgestaltung für neue Medikamente in der GKV (Quelle: Bundesministerium für Gesundheit, 2015: 1)

ist § 130b SGB V. Die vereinbarten Preise gelten auch für den Bereich der privaten Krankenversicherungen. Die ausgehandelten Preise sind zu veröffentlichen. Sie können frühestens nach einem Jahr gekündigt werden. Bei den möglicherweise anstehenden neuen Preisverhandlungen müssen neue Bewertungsverfahren durchgeführt werden.

In den §§ 35a und 25b SGB V schreibt die Legislative vor, dass der G-BA eine Verfahrensordnung verabschieden muss (vgl. Gemeinsamer Bundesausschuss, 2015c). Zudem hat der Gesetzgeber in seiner **Arzneimittel-Nutzenbewertungsverordnung (AM-NutzenV)** vom 28.12.2010 Details zur Nutzenbewertung geregelt. Auf der Grundlage dieser rechtlichen Vorschriften legt die aktuelle Verfahrensordnung, die am 04.05.2017 in Kraft getreten ist, in fünf Abschnitten und mithilfe diverser Anlagen die Einzelheiten fest.

Seit Einführung der Nutzenbewertung wird in den Fachkreisen kontrovers über die richtige **Bewertungsmethode** diskutiert. Nach § 139a SGB V hat das IQWiG zu gewährleisten, „dass die Bewertung des medizinischen Nutzens nach den international anerkannten Standards der evidenzbasierten Medizin und die ökonomische Bewertung nach den hierfür maßgeblichen international anerkannten Standards, insbesondere der Gesundheitsökonomie erfolgt" (§ 139a SGB V). Das Institut hat zudem in allen wichtigen Abschnitten des Bewertungsverfahrens unter anderem Sachverständigen der medizinischen, pharmazeutischen und gesundheitsökonomischen Wissenschaft und Praxis sowie den Arzneimittelherstellern Gelegenheit zur Stellungnahme einzuräumen. Seitens der pharmazeutischen Unternehmen wird beklagt, dass das IQWiG für die Kosten- und die Nutzenbewertung die **Randomized Controlled Trial (RCT)** als absoluten „Goldstandard" verwendet. Nach Auffassung der Pharmaindustrie besteht der Nachteil einer RTC für die Patienten und die Industrie darin, ...

> „[...] dass bei randomisierten kontrollierten Trials [...] eine rein artifizielle Population unter rein künstlichen Studienbedingungen untersucht wird. [...] Darum können mit solchen Studiende-signs auch nur Aussagen zur Wirksamkeit einer Maßnahme im kontrollierten Raum gemacht werden." (von Borcke, 2008: 1)

Das Grundproblem, so der Kritiker des Verfahrens, besteht in der Art und Weise, wie die Effizienz gemessen werden soll. Eine Methode besteht darin, ...

> „[...] Zusatznutzen und Zusatzkosten unabhängig vom jeweiligen Kosten/Nutzenniveau innerhalb einer Indikation zu messen. Dazu müsste jedoch definiert werden, was der Gesellschaft zum Beispiel ein verhinderter Schlaganfall oder ein zusätzliches Lebensjahr im Vergleich zu den Kosten/Nutzen des „Goldstandards" wert ist, womit Deutschland bei der harten Diskussion um den Qual angelangt wäre." (von Borcke, 2008: 1)

In Zusammenhang mit der zunehmenden Bedeutung der Primärprävention und der betrieblichen Gesundheitsförderung werden die gesundheitsökonomischen Evaluationen auch in diesem Gesundheitsbereich eingesetzt. Im Rahmen von **Präventionsbilanzen** (Abb. 3.4-2) soll der **Return on Prevention** verdeutlicht werden. Im Rahmen von Präventionsbilanzen werden die Präventionskosten mit den Präventionsnutzen verglichen.

Hierbei kann der Präventionsnutzen quantitativ oder qualitativ erfasst werden. In diesem Zusammenhang ist anzumerken, dass der qualitative Nutzen durch das Verfahren der **Zahlungsbereitschaft** monetarisiert wird. In der Finanzwissenschaft wird hierunter ein Geldbetrag verstanden, den zum Beispiel eine Person aus ihrem eigenen Einkommen für die Bereitstellung öffentlicher Güter zu zahlen bereit ist. Im Rahmen der Prävention würde zum Beispiel eine Unternehmung den betrieblichen Nutzen aus ihrer Sicht monetarisieren. Tabelle 3.4-2 zeigt ein Beispiel für eine Präventionsbilanz.

Selbstverständlich lassen sich die Präventionsnutzen auch durch **intangible Kriterien** erfassen. Hierzu zählen unter anderem:
- der Aufbau von Humanvermögen
- die Förderung einer nachhaltigen Qualitätsorientierung

3.4 Relevanz für das deutsche Gesundheitssystem

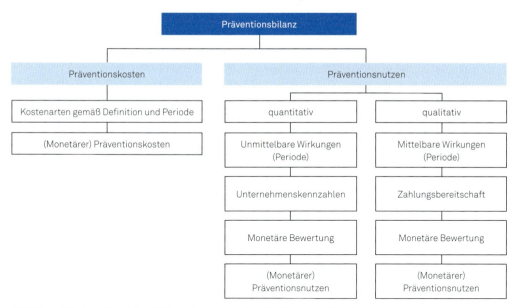

Abbildung 3.4-2: Aufbau einer Präventionsbilanz (Quelle: Eigenerstellung)

Tabelle 3.4-2: Beispiel einer Präventionsbilanz (Quelle: Eigenerstellung in Anlehnung an Bräuning/Kohstall, 2006, o. S.)

Betriebliche Präventionskosten	Wert in € pro Mitarbeiter/in und Jahr	Betrieblicher Präventionsnutzen	Wert in € pro Mitar-beiter/in und Jahr
Kosten für persönliche Schutzausrüstungen	166,80	Kosteneinsparungen durch verminderte Betriebsstörungen	304,80
Kosten für sicherheitstechnische und arbeitsmedizinische Betreuung	114,40	Kosteneinsparungen durch vermiedenen Ausschuss und geringere Nacharbeit	98,60
Personalkosten für Sicherheitsbeauftrage/n ohne sicherheitstechnische und arbeitsmedizinische Betreuung	199,70	Wertzuwachs durch gestiegene Motivation und Zufriedenheit der Beschäftigten	375,70
Kosten für bestimmte präventionsbedingte Qualifizierungsmaßnahmen	95,00	Wertzuwachs durch nachhaltige Qualitätsorientierung und verbesserte Produktqualitäten	150,00
Kosten für Vorsorgeuntersuchungen	22,50	Wertzuwachs durch Produktinnovationen	62,00
Organisationskosten	91,20	Wertzuwachs durch höheres Image	285,50
Investitionskosten	68,00		
Anlaufkosten	82,90		
Summe	840,50	Summe	1276,60
Monetärer Nettopräventionserfolg: 436,10 € pro Mitarbeiter/in und Jahr			

- die Verbesserung der Produktqualitäten
- die Förderung von Produktinnovationen
- die Schaffung der Beschäftigtenzufriedenheit
- eine verbesserte Kommunikation.

Wie sich zum Beispiel Arbeitsschutzmaßnahmen auf den Unternehmenserfolg auswirken können, soll anhand der Abbildung 3.4-3 verdeutlicht werden.

Van den Broek, einer der Verfasser der benOSH-Studie, formuliert die Wirkungen der Präventionen wie folgt:

„Unternehmen, die in Arbeitssicherheit und Gesundheitsschutzprogramme investieren, erzielen messbare Ergebnisse durch Einsparungen, die auf weniger Fehlzeiten, geringerer Mitarbeiterfluktuation, größerer Kundenzufriedenheit, verbesserter Motivation, erhöhter Qualität und auf einem attraktiven Unternehmensimage beruhen. Dieser theoretische Rahmen wird durch die Fallstudien belegt, indem gezeigt wird, dass Investitionen in Arbeitssicherheit und Gesundheitsschutz profitabel sind. Vor allem dann, wenn mehrere Maßnahmen zu einem umfassenden Programm kombiniert werden, ist eine positive Rendite zu erwarten." (Van den Broek et al., 2011: 19)

Die Return on Prevention (ROP) lässt sich wie folgt errechnen:
- ROP(1) = monetärer Präventionsnutzen-Präventionskosten (absolute Effizienz)
- ROP(2) = intangibler Präventionsnutzen/Präventionskosten (relative Effizienz).

Die benOSH-Studie (Sozioökonomische Kosten von arbeitsbedingten Unfällen und Erkrankungen) kommt 2011 zu dem Ergebnis, dass ein investierter Euro monetäre Einsparungen in der Größenordnung von 1,04 Euro bis zu 2,70 Euro nach sich zieht. Das Projekt der Deutschen Unfallversicherung (Berechnung des internationalen „Return on Prevention" für Unternehmen,

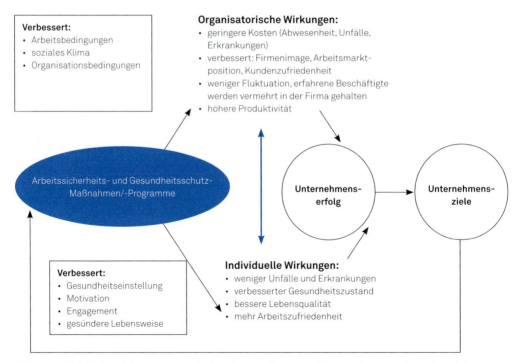

Abbildung 3.4-3: Auswirkungen von Arbeitsschutzmaßnahmen (Quelle: Eigenerstellung in Anlehnung an Van den Broek et al., 2011: 20)

2013) kommt für Deutschland auf das Verhältnis 1 Euro (Kosten) : 1,6 Euro (Nutzen). Bräuning und Mehnert kommen 2008 bei der Erstellung einer Präventionsbilanz auf einen Nettonutzen von ca. 436 Euro pro Person und Jahr.

Literatur

AOK-Bundesverband (2012): Kosten-Nutzen-Bewertung. http://www.aok-bv.de [Zugriff: 06.09.2015].

Badura, B.; Siegrist, J. (2002): Evaluationen im Gesundheitswesen. Weinheim, Belz Juventa.

Biefang, S. (1980): Evaluationsforschung. Medizin, Mensch, Gesellschaft, 5: 17 ff.

Bräuning, D.; Mehnert, K. (2008): Präventionsbilanz aus theoretischer und empirischer Sicht. Gießen, Eigendruck.

Breuer, C. (2015): Zahlungsbereitschaft. http://wirtschaftslexikon,gabler.de [Zugriff: 06.09.2015].

Bundesministerium der Justiz und für Verbraucherschutz (2015a): § 35a SGB V. www.gesetze-im-internet.de [Zugriff: 06.09.2015].

Bundesministerium der Justiz und für Verbraucherschutz (2015b): § 35b SGB V. www.gesetze-im-internet.de [Zugriff: 06.09.2015].

Bundesministerium der Justiz und für Verbraucherschutz (2015c): § 130b SGB V. www.gesetze-im-internet.de [Zugriff: 06.09.2015].

Bundesministerium der Justiz und für Verbraucherschutz (2015d): § 139a SGB V. www.gesetze-im-internet.de [Zugriff: 06.09.2015].

Der Bundesminister für Arbeit und Sozialordnung (1984): Kostenwirksamkeitsanalysen im Gesundheitswesen, Forschungsbericht Nr. 98. Bonn, Eigenverlag.

Deutsche Gesetzliche Unfallversicherung (2013): Berechnung des internationalen „Return on Prevention" für Unternehmen. Berlin, Eigendruck.

Diederichs, C. J. (1985): Wirtschaftlichkeitsberechnungen Nutzen/Kosten-Untersuchungen. Wuppertal, DVP-Verlag.

Gemeinsamer Bundesausschuss (2015a): Die Nutzenbewertung von Arzneimitteln gemäß § 35a SGB V. https://g-ba.de [Zugriff: 06.09.2015].

Gemeinsamer Bundesausschuss (2009b): Kosten-Nutzen-Bewertung: G-BA passt Verfahrensordnung an. https://g-ba.de [Zugriff: 06.09.2015].

Gemeinsamer Bundesausschuss (2015c): Verfahrensordnung des Gemeinsamen Bundesausschusses. https://g-ba.de [Zugriff: 06.09.2015].

Gemeinsamer Bundesausschuss (2017): Die Kosten-Nutzen-Bewertung von Arzneimitteln nach § 35a SGB V. https://g-ba.de [Zugriff: 06.09.2017].

GKV-Spitzenverband (2015): AMNOG-Verhandlungen (§ 130b SGB V). https://www.gkv-spitzenverband.de [Zugriff: 06.09.2015].

Hanusch, H. (1987): Nutzen-Kosten-Analyse. München, Vahlen.

Haubrock, M.; Schär, W. (2009): Betriebswirtschaft und Management in der Gesundheitswirtschaft, 5. Auflage. Bern, Hans Huber.

Hoffmann, J. (1981): Erweiterte Nutzen-Kosten-Analyse, Göttingen, Fraunhofer Informationszentrum Raum und Bau (IRB).

Kriedel, T.H. (1980): Effizienzanalysen von Gesundheitsprojekten. Berlin, Heidelberg, New York, Springer.

Mildner, R. (1983): Die Kosten-Nutzen-Untersuchung als Beurteilungsverfahren für die Wirtschaftlichkeit und Leistungsfähigkeit. Mensch, Medizin, Gesellschaft, I: 42–51.

Rosenstiehl, L. von (1992): Grundlagen der Organisationspsychologie. Stuttgart, Kohlhammer.

Rothgang, H. (2007): Gesundheitsökonomische Evaluation im Gesundheitswesen, Akzeptanz von Kosten-Nutzwert-Analysen. Gesundheitspolitisches Kolloquium Universität Bremen. Bremen, Eigendruck.

Sachverständigenrat für die Konzertierte Aktion im Gesundheitswesen (1990): Herausforderungen und Perspektiven der Gesundheitsversorgung. Baden-Baden, Nomos.

Schöffski, O. (1999): Internationale und deutsche Richtlinien zur gesundheitsökonomischen Evaluation. Der Onkologe, 5: 572–576.

Schöffski, O.; Glaser, P.; von der Schulenburg J.M. Graf (1998): Gesundheitsökonomische Evaluation. Berlin, Heidelberg, New York, Springer.

Schöffski, O.; von der Schulenburg J.M. Graf (2007): Gesundheitsökonomische Evaluation. Berlin, Heidelberg, New York, Springer.

Van den Broek, K. et al. (2011): Sozioökonomische Kosten von arbeitsbedingten Unfällen und Erkrankungen. Hamburg, Eigendruck.

Verordnung über die Nutzenbewertung von Arzneimitteln nach § 35a SGB V für Erstattungsvereinbarungen nach § 130b SGB V (2010): Bundesgesetzblatt im Internet. www.bundesgesetzblatt.de [Zugriff: 06.09.2015].

Volmer, T. (1997): Wirtschaftlichkeitsüberlegungen bei Patientenschulungen. Pneumologie, 52: 852 ff.

von Borcke, W.E. (2015): Wer definiert den „Goldstandard"? http://www.pharma-relations.de [Zugriff: 06.09.2015].

von der Schulenburg, J.M. Graf; Greiner, W. (1995): Hannover Guidelines für die ökonomische Evaluation von Gesundheitsgütern und Dienstleistungen. Pharmazeutische Industrie, 57(4): 265–268.

von der Schulenburg, J.M. Graf; Greiner, W. u.a. (2007): Deutsche Empfehlungen zur gesundheitsökonomischen Evaluation. Gesundheitsökonomie und Qualitätsmanagement, 12: 285.

Wieseler, B. (2015): Erweiterung des Methodenspektrums bei der Nutzenbewertung: Fortschritt oder Rückschritt? 16. Jahrestagung Netzwerk Evidenzbasierter Medizin. Berlin, Handout.

Metze, I. (1992): Gesundheitspolitik. Berlin, Heidelberg, Köln, Mainz, Kohlhammer.

Seidel, H.; Temmen, R. (1980): Volkswirtschaftslehre. Bad Homburg, Berlin, Zürich, Gehlen.

Schierenbeck, H. (1985): Grundzüge der Betriebswirtschaftslehre, 7. Auflage. München, Wien, Oldenbourg.

4 Politische Aspekte der Gesundheitsversorgung

Manfred Haubrock

4.1 Ziele und Funktionen der Gesundheitspolitik

Die Vielgestaltigkeit der rechtlichen Grundlagen für die Gesundheitspolitik basieren auf der **föderalen Struktur** der Bundesrepublik Deutschland. Nach Artikel 20 Abs. 1 des Grundgesetzes (GG) ist Deutschland ein demokratischer und sozialer Bundesstaat. Nach dem Sozialstaatsprinzip ist der Staat verpflichtet, die wirtschaftliche und soziale Stellung wirtschaftlich und/oder sozial schwacher Personen durch den Einsatz geeigneter Maßnahmen zu verbessern. Gleichzeitig müssen die politischen Handlungen darauf abzielen, den Eintritt wirtschaftlicher und/oder sozialer Nachteile zu vermeiden. Auf der Grundlage der Artikel 70 bis 78 GG hat der **Bund** im Rahmen der konkurrierenden Gesetzgebung die wesentlichen Gestaltungsaufgaben bei der Finanzierung und Leistungserbringung im Gesundheitswesen. In diesem Zusammenhang ist er überwiegend für den Bereich der gesetzlichen Krankenkassen zuständig. Im SGB V werden beispielsweise die Organisationsstruktur, der Leistungsrahmen und die Finanzierung der gesetzlichen Kassen festgelegt. Nach dem Bundesstaatsprinzip sind die Länder einerseits verantwortlich für die Durchführung der Bundesgesetze, andererseits haben sie eigene gesetzgeberische Kompetenzen. Zu den Landesaufgaben zählen die Krankenhausplanung und die Finanzierung der Krankenhausinvestitionen. Weiterhin sind sie zuständig für die Organisation des öffentlichen Gesundheitsdienstes. In der Regel liegt die Fach- und Dienstaufsicht der kommunalen Gesundheitsämter bei den Landesregierungen.

Neben dem Bundesministerium für Gesundheit (BMG) und den Landesgesundheitsministerien gestaltet eine Vielzahl von Einrichtungen das deutsche Gesundheitssystem. Abbildung 4.1-1 gibt einen Überblick über die Träger und Organe des Gesundheitssystems und deren Vernetzungen.

Unter der **Gesundheitspolitik** verstehen Born et al. ...

„[...] Maßnahmen vor allem des Staates, überstaatlicher Zusammenschlüsse und ihrer Untergliederungen sowie bestimmter politisch maßgeblicher Verbände zur Sicherung, Förderung und Wiederherstellung von Gesundheit bzw. zur Linderung der psychischen und sozialen Folgen von Krankheit und Verletzung. Ziel der Gesundheitspolitik ist die Verbesserung des Gesundheitsniveaus der Bevölkerung insgesamt oder bestimmter, hinsichtlich ihrer gesundheitsbedingten Lebenslagen benachteiligter oder gefährdeter Bevölkerungsteile, Schichten oder Gruppen." (Born et al., 1981: 576)

Nach Auffassung von Metze ist es Aufgabe der Gesundheitspolitik, ...

„[...] den Rahmen für die Entfaltung der wirtschaftlichen Aktivitäten von Ärzten, Patienten, Krankenhausträgern und Krankenkassen so zu gestalten, dass das gesellschaftliche Ziel einer Sicherung der Gesundheit der Bevölkerung bestmöglichst erreicht wird. Es gilt, eine Organisation des Gesundheitssektors zu finden, durch die sowohl das Volumen des Einsatzes von Res-

4 Politische Aspekte der Gesundheitsversorgung

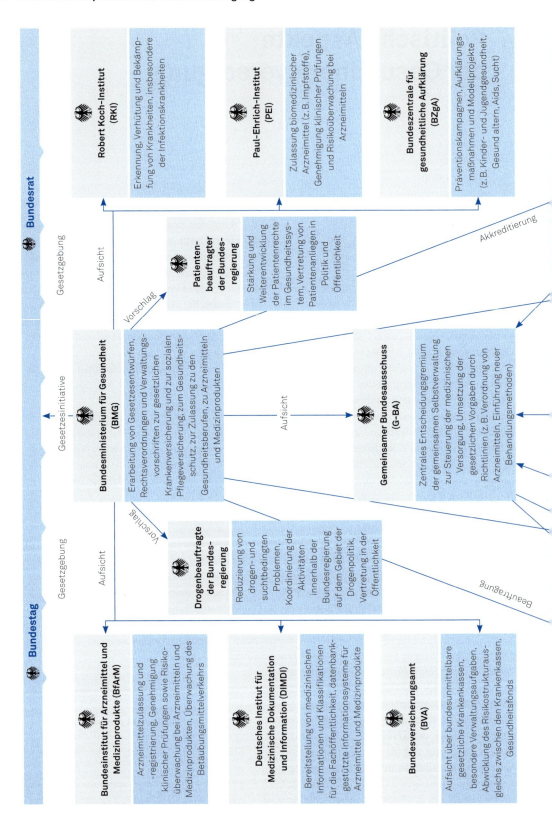

4.1 Ziele und Funktionen der Gesundheitspolitik

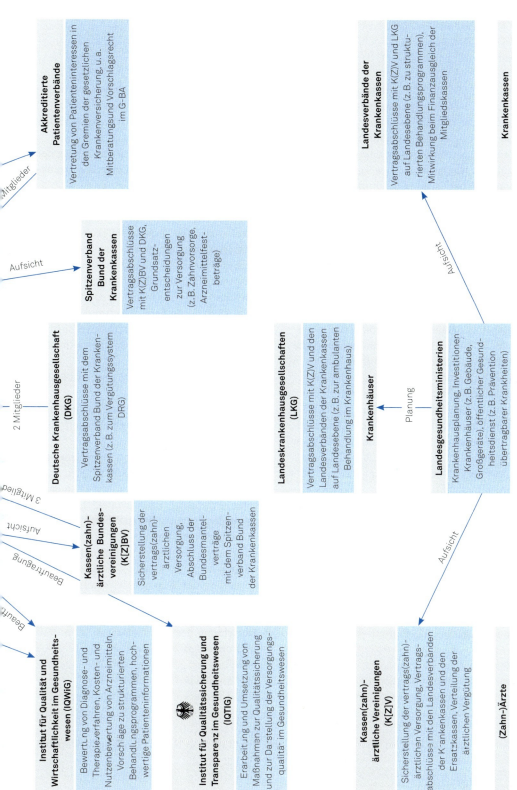

Abbildung 4.1-1: Das Gesundheitssystem – Der Staat setzt den Rahmen (Quelle: Bundesministerium für Gesundheit, 2015k, o.S.)

sourcen als auch die Aufteilung auf einzelne Verwendungsarten den Bedingungen eines ökonomischen Optimums genügt." (Metze, 1982: 12)

Beiden Definitionen ist zu entnehmen, dass es im Rahmen der Gesundheitspolitik darum geht, Ziele, Strategien und Maßnahmen festzulegen, die darauf abzielen, gesundheitliche Aktivitäten zu ordnen, zu beeinflussen oder unmittelbar festzulegen. Hierbei werden zwei grundlegende Faktoren der politischen Gestaltung unterschieden. Einerseits nimmt die Gesundheitspolitik Einfluss auf die Funktionalität des Gesundheitssystems. Dies gilt insbesondere für die Aufsicht, die Finanzierung, die Reglementierung und die Organisation des Systems. Diese Variante wird auch als **explizite Gesundheitspolitik** bezeichnet. Andererseits müssen die politischen Vorgaben die Infrastruktur eines Landes so gestalten, dass eine optimale Gesundheitserhaltung gewährleistet wird. Diese sogenannte **implizite** oder **indirekte Gesundheitspolitik** (Health in All Policies) muss somit andere gesundheitsrelevante Politik- und Lebensbereiche, wie zum Beispiel Arbeit, Bildung, Ernährung, Familie, Freizeit, Umwelt, Verkehr und die Wohnsituation, beeinflussen. Die Gesundheitspolitik ist also überall dort relevant, wo über die Gestaltung von Lebensverhältnissen und über die Anreize und Bedingungen für ein gesundheitsrelevantes Verhalten der Menschen entschieden wird.

In seinem Sondergutachten „Wettbewerb als Instrument zur Realisierung einer effizienten und effektiven Gesundheitsversorgung" aus dem Jahre 2012 hat der Sachverständigenrat zur Begutachtung der Entwicklung im Gesundheitswesen (SVR) einen stärkeren Zielbezug der Gesundheitspolitik angemahnt:

> „Ohne expliziten Bezug zu validen, operationalen Gesundheitszielen fehlen der Gesundheitspolitik sowohl eine adäquate Orientierung für die zu ergreifenden Maßnahmen als auch funktionale Kriterien für eine Ex-post-Evaluation der Aktivitäten bzw. Projekte. Im Zentrum der Absicherung des Krankheitsrisikos und der Gesundheitsversorgung steht unter Zielaspekten die Verbesserung des Gesundheitszustandes der Bevölkerung und eine bedarfsgerechte Versorgung." (Sachverständigenrat zur Begutachtung der Entwicklung im Gesundheitswesen, 2012: 2)

Die zentralen **Ziele** der Gesundheitspolitik lassen sich wie folgt zusammenfassen:
- Vermeidung von Krankheiten und Unfällen durch Vorbeugung
- Heilung von Krankheiten, Stabilisierung der Krankheitsverläufe und Linderung krankheitsbedingter Leiden
- Wiederherstellung bzw. Erhaltung der körperlichen und psychischen Funktionstüchtigkeit sowie der Eigenständigkeit und der Befähigung zur Selbsthilfe
- Garantie einer notwendigen Gesundheitsversorgung für alle Menschen, unabhängig von ihrem Einkommen und ihrem Vermögen
- Sicherstellung der Versorgung unter Achtung der menschlichen Würde und des Selbstbestimmungsrechts der Kranken bei optimaler Behandlungsqualität
- Berücksichtigung der Bedürfnisse und Präferenzen der Patienten
- Wahrung der Autonomie der Patienten und Einbindung in die gesundheitlichen Entscheidungsprozesse
- Erhaltung der Solidarität im Sinne einer intra- und intergenerativen Gerechtigkeit
- Bereitstellung der Gesundheitsleistungen unter Effizienz-, Effektivitäts-, Qualitäts- und Bedarfsgerechtigkeitsaspekten
- Sicherung einer nachhaltigen Finanzierbarkeit einer bedarfsgerechten Gesundheitsversorgung
- Gestaltung der Gesundheitsversorgung unter dem Gesichtspunkt der Zufriedenstellung der Bevölkerung
- Ausrichtung des Leistungsangebots am objektiven Bedarf
- Schaffung von guten Arbeitsbedingungen für das Personal im Gesundheitssektor
- Abbau sozialer Chancenungleichheit in Bezug auf die Gesundheit, die Effizienz und die Bedarfsgerechtigkeit
- Schaffung von Nachhaltigkeit und Stabilität der Versorgung
- Sicherstellung von Transparenz und Planungssicherheit im Gesundheitssystem.

Neben diesen zentralen Zielsetzungen, die im Wesentlichen die Lebenserwartung und die Lebensqualität zum Inhalt haben, nennt der SVR die folgenden Ziele, die einen Beitrag zur Realisierung allgemeiner, gesamtwirtschaftlicher Zwecksetzungen leisten:
- Erzeugung von längerfristigen Kapazitäts- und Produktivitätseffekten durch eine Erweiterung des Produktionspotenzials und Verbesserung des Humankapitals
- Schaffung von Arbeitsplätzen
- Entlohnung durch eine leistungsbezogene Vergütung
- Förderung von Produkt- und Prozessinnovationen
- Verhinderung eines monopolistischen Machtmissbrauchs
- Steigerung des wirtschaftlichen Wachstums (vgl. Sachverständigenrat zur Begutachtung der Entwicklung im Gesundheitswesen, 2012: 2–3).

Im Jahre 2000 hat das Bundesministerium für Gesundheit in Zusammenarbeit mit den Bundesländern eine Initiative gestartet, um **nationale Gesundheitsziele** zu entwickeln und festzulegen sowie deren Umsetzung zu realisieren. Im ersten Schritt wurde die **Gesellschaft für Versicherungswissenschaft und -gestaltung (GVG)** beauftragt, das Modellprojekt „Forum gesundheitsziele.de" durchzuführen. In der Zeit von 2000 bis 2006 wurden sechs nationale Gesundheitsziele entwickelt und teilweise umgesetzt. Aufgrund der guten Resultate wurde im Jahr 2007 der auf Dauer angelegte **Kooperationsverbund gesundheitsziele.de** gegründet. Mehr als 120 Organisationen, die aus dem Bereich der Bundes-, Länder- und Kommunalpolitik sowie aus dem Spektrum der Selbstverwaltung, der Fachverbände, der Patienten- und Selbsthilfegruppen und der Wissenschaft kommen, beteiligen sich an der Weiterentwicklung und Umsetzung von Gesundheitszielen. Auf der Grundlage der 2007 beschlossenen und 2010 aktualisierten **Gemeinsamen Erklärung** streben die Mitglieder die Verbesserung der Gesundheit in definierten Bereichen oder für festgelegte Gruppen an. Gleichzeitig sollen die Strukturen verbessert werden, die einen Einfluss auf die Gesundheit der Bevölkerung und auf die Krankenversicherungen haben. Auf der Grundlage gesicherter Erkenntnisse werden für die ausgewählten Bereiche Empfehlungen formuliert und Maßnahmenkataloge erstellt. Neben den im Konsens entwickelten Gesundheitszielen sind durch das partizipative Verfahren verlässliche Arbeitsstrukturen sowie ein Handlungsrahmen für die Umsetzung der notwendigen Maßnahmen entstanden. Die Zielrealisierung der Chancengleichheit und die angemessene Erreichbarkeit aller Bevölkerungsschichten und -gruppen im Gesundheitsbereich sind dem Kooperationsverbund ein wichtiges Anliegen. Die Gesundheitsziele verfolgen einen umfassenden Ansatz zur Verbesserung der Gesundheit. Zu den **Organisationseinheiten** des Verbundes zählen unter anderem der Steuerkreis, der Ausschuss, der Evaluationsbeirat und die Arbeitsgruppen. Der Steuerkreis setzt sich aus den Vertretungen der Trägerorganisationen zusammen. Sie treffen Entscheidungen von grundsätzlicher Bedeutung und steuern den Gesamtprozess. Der Ausschuss besteht aus den Delegierten der Kooperationspartner. Zu seinen Funktionen zählen unter anderem die inhaltlichen Beratungen und die Beschlüsse zur Zielüberarbeitung. In den Arbeitsgruppen, in denen beteiligte Akteure und externe Experten zusammenkommen, erfolgt die inhaltliche Entwicklung der Ziele. Der Evaluationsbeirat übernimmt die Konzepterstellung und die Überprüfung der Ziele. Abbildung 4.1-2 zeigt die Organe und ihre Funktionen.

Der Handlungsrahmen des Kooperationsverbundes wird durch den **Aktionszyklus** Abb. 4.1-3 verdeutlicht. Mithilfe dieses Regelkreises werden die Gesundheitsziele erarbeitet. Diese Ziele bauen auf fachlicher Expertise auf und werden konsensual entwickelt. Für jedes Ziel werden Teilziele und Empfehlungen für die konkrete Umsetzung erstellt:

> „Handeln braucht Ziele, um effektiv und effizient sein zu können. Insbesondere ein pluralistisches und stark gegliedertes Gesundheitswesen, wie das deutsche, bedarf einer starken gemeinsamen Zielorientierung, um neuen Herausforderungen und Gesundheitsgefahren mit

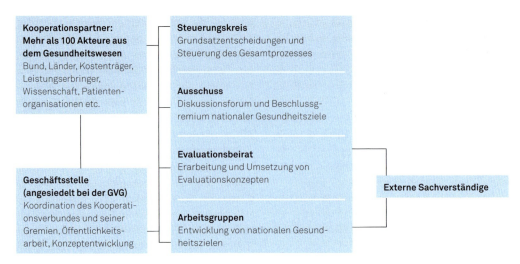

Abbildung 4.1-2: Organe des Kooperationsverbundes (Quelle: gesundheitsziele.de, 2015, o.S.)

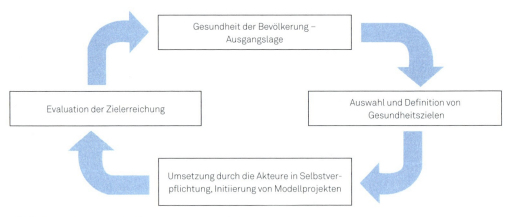

Abbildung 4.1-3: Aktionszyklus (Quelle: gesundheitsziele.de, 2015, o.S.)

abgestimmten Strategien begegnen zu können." (gesundheitsziele.de, 2015: o.S.)

In den Jahren 2003 bis 2015 wurden die folgenden **Gesundheitsziele** beschlossen und teilweise aktualisiert:
- Diabetes mellitus Typ 2 – Erkrankungsrisiko senken, Erkrankte früh erkennen und behandeln (2003)
- Brustkrebs: Mortalität vermindern, Lebensqualität erhöhen (2003, Aktualisierungen 2011 und 2014)
- Tabakkonsum reduzieren (2003, Aktualisierung 2015)
- Gesund aufwachsen: Lebenskompetenz, Bewegung, Ernährung (2003, Aktualisierung 2011)
- Gesundheitliche Kompetenz erhöhen, Patientensouveränität stärken (2003, Aktualisierung 2011)
- Depressive Erkrankungen: verhindern, früh erkennen, nachhaltig behandeln (2006)
- Gesund älter werden (2012)
- Alkoholkonsum reduzieren (2015). (Vgl. Bundesministerium für Gesundheit, 2015m: 3-4)

Im Rahmen der aktuellen Entwicklungen wird zurzeit unter anderem das neue Gesundheitsziel „Patientensicherheit" entwickelt. Zudem werden einige bestehende Ziele überarbeitet.

Neben den Gesundheitszielen auf der Bundesebene werden auch auf der Ebene der Bundesländer Gesundheitsziele und spezielle Handlungsfelder festgeschrieben und umgesetzt. Vor dem Hintergrund, dass die Gesundheitsziele auch eine internationale Dimension haben, wurde im Jahre 2010 auf Initiative des Bundesgesundheitsministeriums, der Länderregierungen und der Gesellschaft für Versicherungswissenschaft und -gestaltung die Konferenz „Gesundheitsziele erfolgreich umsetzen – europäische Erfahrungen und Perspektiven" ausgerichtet.

Eine valide Festlegung von Gesundheitszielen kann nur geschehen, wenn die Entscheidungen auf gesicherten Datenbasen erfolgen. Die benötigten Fakten werden unter anderem durch die Gesundheitsberichterstattung des Bundes (GBE) und durch das Gesundheitsmonitoring des Robert Koch-Instituts (RKI) zur Verfügung gestellt.

Die **Gesundheitsberichterstattung des Bundes** dient der Information von Politik, Wissenschaft, Akteuren des Gesundheitssystems und der interessierten Öffentlichkeit.

4.2
Gesundheitspolitische Herausforderungen

Der medizinische Fortschritt ermöglicht immer neue Diagnose- und Therapieverfahren, die aber zugleich mit einer zunehmenden Nachfrage nach diesen Gesundheitsgütern verbunden sind. Eine steigende Nachfrage führt in der Regel zu einer Ausgabensteigerung. Kommen die wachsenden Ressourcenverbräuche und die sinkenden Einnahmen der Sozialkassen, die sich aus dem demografischen Veränderungsprozess ergeben, hinzu, dann wird das „medizinisch Mögliche und das solidarisch Finanzierbare […] in der Zukunft weiter auseinanderdriften" (Mackmann, 2010: 8). Die Gesundheitsversorgung ist bei der Gründung der Bundesrepublik Deutschland in voller Absicht der staatlichen Regulierung unterstellt worden. Zentrale Gründe für die Entscheidung liegen in der eingeschränkten Konsumentensouveränität der Patienten sowie in der Eigenschaft der Gesundheitsgüter als transzendentale Güter. Somit sind ein durch den Staat gesicherter, gleicher, privilegienfreier Zugang zur Gesundheitsversorgung und eine gerechte Verteilung der knappen medizinischen Ressourcen die Grundbedingung für die Chancengleichheit innerhalb der Gesellschaft (vgl. Mackmann, 2010: 10). Nach Breyer muss noch das Recht auf Herstellung eines gleichen Behandlungsergebnisses hinsichtlich der Lebenserwartung und -qualität hinzukommen (vgl. Breyer, 2009: 10). Hieraus ergibt sich die relevante gesundheitspolitische Frage, „wie der resultierenden Mittelknappheit in einer ethisch vertretbaren Art und Weise begegnet werden kann" (Mackmann, 2010: 8). In dem überwiegend staatlich regulierten deutschen Gesundheitssystem bieten sich die in Abbildung 4.2-1 aufgezeigten Strategien an.

Aus Abbildung 4.2-1 lässt sich ableiten, dass der medizinische Fortschritt und der demografische Wandel eine Erhöhung der Nachfrage nach Gesundheitsleistungen bewirken werden, die begrenzten finanziellen Mittel der Kostenträger führen dagegen zu einem nicht bedarfsgerechten Angebot der Gesundheitsgüter, das sich in Form der **Mittelknappheit im Gesundheitswesen** widerspiegelt. Weiterhin ist in Abbildung 4.2-1 zu erkennen, dass drei **Strategien** möglich sind, um diese Dilemmata in einer ethisch und ökonomisch vertretbaren Form zu lösen.

Bei der **Rationalisierung** wird die Effizienz der Gütererzeugung bzw. der Leistungsbereitstellung im Sinne des Minimal- bzw. Maximalprinzips verbessert. Solange in einem Gesundheitssystem Wirtschaftlichkeitsreserven vorhanden sind, sollte diese Strategie bevorzugt werden. Eine **Erhöhung der Finanzmittel** für die Gesundheitsversorgung ist immer mit einer Umverteilung der Finanzströme verbunden. „Eine weitere Erhöhung der Gesundheitsausgaben kann deshalb nur mit Einschränkungen in anderen sozialstaatlichen Bereichen erkauft werden" (Mackmann, 2010: 10). Beitragssatzsteigerungen führen bei den Arbeitgebern zudem zu einer Erhöhung der Lohnneben-

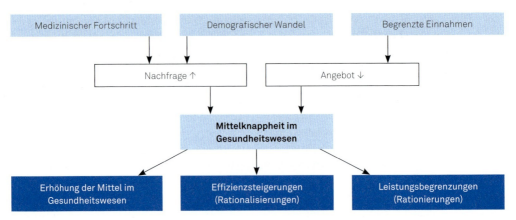

Abbildung 4.2-1: Bedingungen der Ressourcenknappheit im Gesundheitswesen und Strategien zum Umgang mit der Mittelknappheit (Quelle: Marckmann, 2010: 9)

kosten, bei den Arbeitnehmern verringern sie die Kaufkraft innerhalb der anderen Wirtschaftsbereiche. Die **Rationierung** führt zu einer Begrenzung des Leistungsumfangs, der zum Beispiel von der gesetzlichen Krankenversicherung vorgehalten werden muss. Bei dieser Strategie wird der Zugang zu den medizinischen Maßnahmen eingeschränkt, „die einen positiven Effekt auf die Lebensqualität und/oder Lebenserwartung der Patienten haben" (Mackmann, 2010: 11). Nach Auffassung von Rothgang und Staber werden sich die Finanzierungsprobleme der Solidargemeinschaft GKV sogar derart verschärfen, „dass sich nicht mehr die Frage stellt, ‚ob' rationiert werden soll, sondern nur noch ‚wie'" (Staber/Rothgang, 2010: 16). Die beiden Gesundheitsökonomen konstatieren, dass die Rationierung und die Priorisierung in der aktuellen deutschen gesundheitspolitischen Diskussion tabuisiert werden.

Bei einem Vergleich des Diskussionsstands mit anderen Ländern wird deutlich, dass die kritischen Auseinandersetzungen mit diesen Themen teilweise schon seit nahezu 30 Jahren geführt werden und erste Umsetzungsschritte festgelegt worden sind. So wurde im US-Bundesstaat Oregon bereits im Jahr 1989 der **Oregon Health Plan** gesetzlich verabschiedet. Im Rahmen dieses Plans sollten medizinische Leistungen mithilfe einer Prioritätenliste ausgeschlossen werden. Die Erstellung der Liste wurde der **Oregon Health Service Commission** übertragen, die anhand der qualitätsadjustierten Lebensjahre, der sogenannte QALYs, den Nutzwert einer Gesundheitsleistung festgelegt haben. Diese Nutzwerte wurden zu den Kosten der Gesundheitsgüter in Beziehung gesetzt. Die Priorisierung ergab sich aus dem Vergleich der Input- und Outcome-Daten. Diese erste Prioritätenliste, die 1990 veröffentlicht worden ist, wurde wegen ihrer „Kostenlastigkeit" vehement kritisiert. Als Folge dieser Kritik entwickelte die Kommission eine neue Liste, die 1994 publiziert wurde und in der mit der Lebensqualität ein dominantes Kriterium berücksichtigt wurde.

In **Schweden** begann die Diskussion um 1990. Im Jahre 1992 wurde in dem steuerfinanzierten Gesundheitssystem eine **parlamentarische Priorisierungskommission** eingesetzt. Ihr Auftrag bestand darin, eine **ethische Plattform** für die Priorisierungen festzulegen. Sie enthält folgende Prinzipien:
- Menschenwürde
- Bedarf und Solidarität
- Kosteneffektivität (vgl. Staber/Rothgang, 2010: 19).

Auf der Grundlage dieser Plattform wurden seitens der Kommission fünf **Priorisierungsgruppen** erarbeitet. Im Jahr 1997 wurden die Kommissionsergebnisse Bestandteil des schwedischen Gesundheits- und Krankenversorgungsgesetzes. Im gleichen Jahr gab der Schwedische Reichstag der Gesundheitsbehörde des Landes den Auftrag, **nationale Behandlungsleitlinien** auszuarbeiten. Ergänzend errichtete die Regierung im Jahre 2001 an der Universität Linköping ein **nationales Zentrum für Priorisierungsfragen**. Die erste Leitlinie wurde 2004 herausgegeben.

Die Gesundheitsversorgung in **Großbritannien** basiert auf dem steuerfinanzierten Nationalen Gesundheitsdienst (National Health Service, NHS). England und Schweden haben somit den gleichen Finanzierungsansatz. Der Nationale Gesundheitsdienst wird zentral vom zuständigen Gesundheitsministerium gesteuert. Das nationale Budget wird in Form lokaler Budgets auf die regionalen Gesundheitsbehörden verteilt. Diese Behörden verwalten die ihnen zugewiesenen Geldbeträge autonom. Diese Autonomie hat in der Vergangenheit auf lokaler Ebene zu unterschiedlichen Versorgungen geführt, daher wurde 1999 das National Institute for Clinical Excellence, das heutige **National Institute for Health and Clinical Excellence (NICE)** gegründet. Das Entscheidungsgremium des Instituts hat die Funktion, im Rahmen einer **Technologiebewertung** festzulegen, welche Leistungen von den regionalen Gesundheitsbehörden erbracht werden müssen. Das Gremium trifft seine Voten auf der Grundlage von Evaluationsberichten, die durch eine unabhängige Bewertungsgruppe erstellt werden. In dieser Gruppe sind unter anderem Mediziner und Ökonomen vertreten, die in ausgewählten wissenschaftlichen Zentren beschäftigt sind. Der Nachweis der Effektivität durch eine entsprechende Evidenzbasierung und die Ergebnisse der durchgeführten Kosten-Nutzwert-Analysen bilden die Basis für die NICE-Entscheidungen.

Aus den Ausführungen wird deutlich, dass in den drei Ländern zwei unterschiedliche Priorisierungsansätze existieren:
- Priorisierung durch Festlegung von Rahmenprinzipien (Schweden)
- Priorisierung durch Festlegung der Gesundheitsleistungen (USA und Großbritannien).

Staber und Rothgang schlagen für eine Implementierung von Rationierungsbeschlüssen die Festlegung von Versorgungsleistungen vor. „In diesem Rahmen muss dann entschieden werden, wer die technische Bewertung (Assessment) und wer die Entscheidung (Appraisal) über den Leistungsein- oder -ausschluss durchführen soll" (Staber/Rothgang, 2010: 21). Für Deutschland ist ihrer Meinung nach die Trennung von Bewertung und Entscheidung sinnvoll:

> „Das Assessment sollte durch ein wissenschaftliches Institut wie das Institut für Qualität und Wirtschaftlichkeit im Gesundheitswesen (IQWiG) erfolgen. [...] Das Appraisal und die Entscheidung über die Priorisierungsnormen müssen aus demokratischer Sicht durch politisch legitimierte Institutionen erfolgen." (Staber/Rothgang, 2010: 21)

Weiterhin weisen sie darauf hin, dass die Entscheidungen immer auf der Grundlage mehrerer Kriterien (z.B. Kosteneffektivität, medizinische Prinzipien, Nutzwerte) zu erfolgen haben. Hierbei taucht allerdings die Schwierigkeit der Gewichtung der Prinzipien auf. Weiterhin dürfen lebensrettende Maßnahmen nicht vorenthalten werden. In der aktuellen Auseinandersetzung werden die in Abbildung 4.2-2 aufgeführten Rationierungsvarianten diskutiert.

Im Rahmen der **primären Nicht-Preis-Rationierung** wird zwischen der expliziten und der impliziten Rationierung unterschieden. Bei einer **expliziten Rationierung** werden die Zuteilungsentscheidungen auf der Grundlage festgelegter verbindlicher Kriterien von Personen oder Institutionen getroffen, die oberhalb der individuellen Arzt-Patienten-Ebene agieren. Hierbei können Leistungsausschlüsse oder Versorgungsstandards festgeschrieben werden. **Implizite Leistungsbegrenzungen** erfolgen durch die Leistungserbringer im Einzelfall, sie belasten somit die Behandler-Patienten-Beziehung. Die Rationierung kann hierbei durch vorgegebene Leistungsbudgets oder durch finanzielle Anreize für die Leistungserbringer oder für die Versicherten erfolgen. Eine **sekundäre Nicht-Preis-Rationierung** kann die Auswirkung einer primären Rationierung (z.B. Bettenabbau) oder die Folge einer sonstigen Verknappung der Gesundheitsgüter sein (z.B. Rückgang der Organspendenbereitschaft der Bevölkerung).

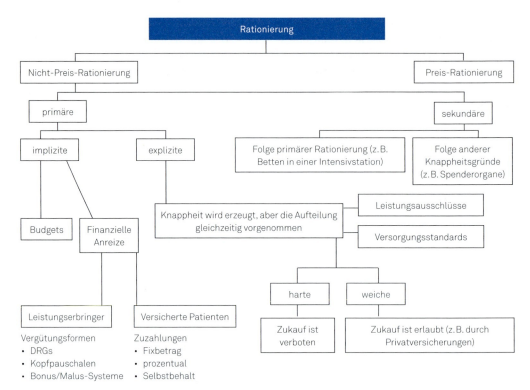

Abbildung 4.2-2: Formen und Instrumente der Leistungsbegrenzung (Quelle: Eigenerstellung in Anlehnung an Breyer, 2009: 5, und Marckmann, 2010: 11)

Nach Mackmann (2010) ist es dringend notwendig, in der Gesellschaft die Rationierungsvarianten transparent zu machen und offen über die Auswirkungen und die **Verteilungskriterien** der Gesundheitsgüter zu diskutieren. Bei der Verteilung der Leistungen wird wiederum zwischen den formalen und den materiellen Kriterien unterschieden. Zu den **formalen Kriterien**, die gerechte Verteilungsverfahren der begrenzten Gesundheitsleistungen sicherstellen sollen, gehören:
- Transparenz der Verteilung
- Konsistenz der Verteilungsregeln und -kriterien
- Legitimität der Verteilungsentscheidungen
- Begründung der Leistungsbegrenzungen
- Evidenzbasierung der Entscheidungen
- Minimierung von Interessenkonflikten
- Einspruchsmöglichkeiten
- Festlegung von Regulierungsmechanismen (vgl. Mackmann, 2010: 12-13).

Zu den **materiellen Verteilungskriterien**, die ethische Entscheidungsaspekte darstellen, zählen:
- medizinische Bedürftigkeiten
- medizinischer Nutzen
- Kosten-Nutzen-Vergleiche.

Im Rahmen des interdisziplinären Forschungsverbundes „Allokation", der vom Bundesministerium für Bildung und Forschung in den Jahren 2006 bis 2009 gefördert wurde, wurde ein Instrument zur expliziten Allokation der Gesundheitsleistungen erarbeitet. Das Instrument wird als **kostensensible Leitlinien** bezeichnet. Diese Leitlinien „grenzen auf der Grundlage der verfügbaren wissenschaftlichen Evidenz zu Nutzen und Kosten der Maßnahmen den Einsatzbereich der Maßnahmen auf diejenigen Patientensubgruppen ein, die am meisten davon profitieren" (Mackmann, 2010: 13). Als Entscheidungsorgan kommt nach Auffassung der

Mitglieder des Verbundes der Gemeinsame Bundesausschuss infrage, der auf der gutachterlichen Stellungnahme des Instituts für Qualität und Wirtschaftlichkeit im Gesundheitswesen sein Votum treffen könnte.

Auf der Grundlage von Tiefeninterviews mit leitenden Klinikärzten (2007) und einer Umfragestudie unter Klinikärzten (2008) kommt Strech zu dem folgenden Ergebnis:

> „Bei der Rationierung handelt es sich auch in deutschen Krankenhäusern um ein weit verbreitetes, wenngleich verdecktes und für den individuellen Arzt (noch) nicht sehr häufiges Phänomen. Die Anwendung unterschiedlicher Rationierungskriterien bewirkt, dass das gegenwärtige Vorgehen bei ärztlicher Rationierung zu einer Unzufriedenheit auf Seiten der Ärzte und zu einer potenziellen Benachteiligung bestimmter Patientengruppen führt. **Schlussfolgerungen:** Gegenmaßnahmen im Sinne einer möglichst expliziten, d.h. transparenten und systematischen Rationierung wären vor diesem Hintergrund klar vorzuziehen." (Strech, 2011: 16; Hervorhebung im Original)

Zusammenfassend ist zu sagen, dass im Falle unvermeidbarer Rationierungen im deutschen Gesundheitssystem möglichst explizite Leistungsbegrenzungen durchgeführt werden sollen. Eine **explizite Rationierung** stellt sicher, dass...

- ... die Kriterien für die Leistungsausschlüsse transparent, öffentlich zugänglich und für die Beteiligten nachvollziehbar sind.
- ... die individuelle Arzt-Patienten-Beziehung nicht belastet wird.

Wie bereits zu Beginn dieses Abschnitts angedeutet wurde, stellt der **demografische Wandel** neben dem medizinischen Fortschritt, auf den an dieser Stelle nicht eingegangen wird, die größte gesundheitspolitische Herausforderung dar. Die Realität in Deutschland sieht so aus, dass ein alarmierender Geburtenrückgang eingetreten ist und die Bevölkerung seit einigen Jahrzehnten immer älter wird. Zudem wird eine weitere Zunahme der Lebenserwartung prognostiziert.

In der wissenschaftlichen Literatur finden sich unterschiedliche Definitionen des Demografiebegriffs. Nach Aussage von Fischer und anderen stammt die älteste Definition von Guillard. Bereits 1855 hat er unter der **Demografie** die „Natur- und Sozialgeschichte der Menschen oder die mathematischen Kenntnisse über Bevölkerungen, deren Änderungen und über ihre physischen, kulturellen, intellektuellen und moralischen Verhältnisse" (Fischer u. a, 1977: 610) verstanden. Brieskorn-Zinke orientiert sich zum Beispiel an der ursprünglichen Herkunft des Wortes. Danach leitet sich der Begriff „Demografie" aus dem griechischen Wort *demos* (Volk) und *graphein* (schreiben/beschreiben) ab. Demnach ist die Demografie eine Wissenschaft, die sich mit Bevölkerungserscheinungen, wie Größe, Struktur, Verteilung und Entwicklung, beschäftigt (vgl. Brieskorn-Zinke, 2006: 47). Die Statista GmbH legt bei der Definition den Schwerpunkt auf das Alter, das Geschlecht, den Bildungsabschluss, den Beruf und die Konfessionszugehörigkeit:

> „Die Demografie ist die Wissenschaft von der Bevölkerung. Sie erforscht insbesondere die Bevölkerungsstruktur und -entwicklung. Alter, Geschlecht, Bildungsabschluss, Beruf oder Konfessionszugehörigkeit sind klassische Teilgebiete der Demografie. In den meisten Befragungen kommen demografische Fragen vor, um Antworten entlang von Bevölkerungsgruppen analysieren zu können (z.B. entlang von Altersgruppen)." (Statista GmbH, o.J., o.S.)

Das Berliner Institut für Bevölkerung und Entwicklung konzentriert sich bei seiner Definition auf die strukturellen Gegebenheiten der Bevölkerung und deren Veränderungen wie Größe, Zusammensetzung, Verteilungen, Dichte, Wachstum und andere Eigenschaften von Populationen:

> „Die Demografie, auch Bevölkerungswissenschaft, vereinigt Elemente von Soziologie, Geographie, Medizin und Ökonomie. Sie beinhaltet die wissenschaftliche Untersuchung menschlicher Populationen, analysiert Größe, Zusammensetzung, Verteilungen, Dichte, Wachstum und

andere Eigenschaften von Populationen sowie ihre Veränderungen und betrachtet deren Ursachen und Folgen." (Hoßmann/Münz, 2012: o.S.)

Die dargestellten Definitionen weisen zwar unterschiedliche Schwerpunkte auf, die grundlegenden Aspekte sind aber nahezu identisch. Alle aufgeführten Definitionen haben zum Inhalt, dass sich die Bevölkerungsstruktur innerhalb eines Zeitraums verändert.

Aus den gemeinsamen Merkmalen lässt sich die Bedeutung des demografischen Wandels ableiten. Der Wandel ist demnach nach Auffassung des Berliner Instituts für Bevölkerung und Entwicklung als die Veränderung der Zusammensetzung der Bevölkerungsstruktur zu verstehen (vgl. Hoßmann/Münz, 2012: o.S.). Die Demografie wird von verschiedenen Faktoren beeinflusst, das Ergebnis spiegelt sich in dem demografischen Wandel wider. Der Wandel in Deutschland wurde und wird durch die Alterung der Bevölkerung, die sinkende Fertilitätsrate sowie durch die Wanderungsbewegungen charakterisiert. Weitere Begriffe, die in Zusammenhang mit der Demografie von Bedeutung sind, sind die Größe, die Entwicklung und der Aufbau der Bevölkerung. Nach Brieskorn-Zinke (2006) bezeichnet die **Bevölkerungsgröße** die Anzahl einer Bevölkerung zu einem bestimmten Zeitpunkt. Die **Bevölkerungsentwicklung** ist die wachsende, gleichbleibende oder die schrumpfende Bevölkerung innerhalb eines Zeitraums sowie innerhalb eines Gebiets. Unter dem **Bevölkerungsaufbau** wird die Gliederung der Bevölkerung nach mindestens einem Kriterium, zum Beispiel das Alter, das Geschlecht, die sozioökonomische Lage oder die ethnische Zugehörigkeit, verstanden (vgl. Brieskorn-Zinke, 2006: 47).

Ein Vergleich der Bevölkerungspyramiden der Jahre 1980 (Abb. 4.2-3), 2010 und 2060 verdeutlicht den demografischen Veränderungsprozess in Deutschland.

Die Bevölkerungspyramide verdeutlicht einen starken Geburtenrückgang ab 1970, die Bevölkerungsgruppe der 10- bis 30-jährigen Personen war dagegen stark vertreten. Der Einschnitt bei den Mitte-Dreißigjährigen war eine Folge des Zweiten Weltkriegs. Die Zahl der

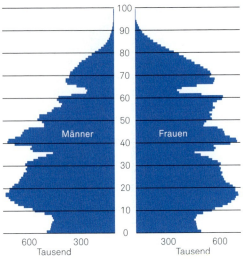

Abbildung 4.2-3: Bevölkerungspyramide Deutschland 1980 (Quelle: Statistisches Bundesamt, 2009a: o.S.)

Frauen und Männer in den Altersgruppen von 35 bis etwa 60 Jahre nahm jedoch wieder deutlich zu. Der Einschnitt bei den etwa 65-jährigen Personen ergab sich aus dem Geburtenrückgang, der infolge der Krisensituation der Weimarer Republik eingetreten war.

Die Alterspyramide des Jahres 2010 (Abb. 4.2-4) hat sich deutlich verformt. Die Altersgruppen der 40- bis 60-Jährigen waren besonders stark vertreten. Die Auswirkungen des Zweiten Weltkriegs zeigten sich nunmehr bei den Frauen und Männern, die etwa 64 Jahr alt sind. Als Resultat der permanent niedrigen Geburtenraten ist tendenziell der Anteil der unter 40-Jährigen gesunken. Besonders auffällig ist der Rückgang der Personen, die 20 Jahre und jünger waren. Der Anteil dieser Bevölkerungsgruppe sank von 27 % (1980) auf 18 % (2010) (vgl. Statistisches Bundesamt, 2009, o.S.). Zudem lag eine stärkere Ausprägung der 40- bis Ende 70-Jährigen vor. Der Bevölkerungsanteil der über 65-Jährigen lag bei 21 % (vgl. Statistisches Bundesamt, 2009b, o.S.). Im Vergleich zu den europäischen Nachbarländern ist die für Deutschland aufgezeigte Tendenz auffällig. Die Bundesrepublik hat laut dem Jahrbuch 2011 des

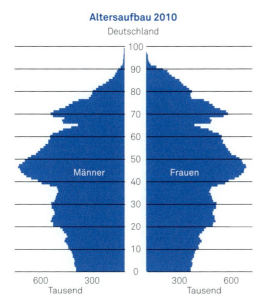

Abbildung 4.2-4: Bevölkerungspyramide Deutschland 2010 (Quelle: Statistisches Bundesamt, 2009: o. S.)

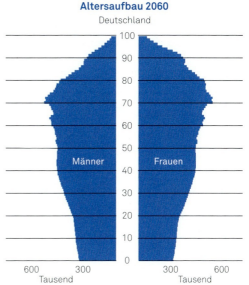

Abbildung 4.2-5: Bevölkerungspyramide Deutschland 2060 (Prognose) (Quelle: Statistisches Bundesamt, 2009: o. S.)

Europäischen Statistikamtes Eurostat unter allen 27 Staaten den geringsten Anteil an Jugendlichen und den höchsten Anteil an Rentnern (vgl. Schumpelick/Vogel, 2014: 262).

Von 2010 bis 2060 (Abb. 4.2-5) wird die Bevölkerungszahl wahrscheinlich von 82 auf 65 Mio. abnehmen (vgl. Beske/Brix, 2011: 17). Nach den Ergebnissen der 12. Koordinierten Bevölkerungsvorausberechnung wird der Anteil der unter 20-Jährigen weiter sinken und im Jahre 2060 lediglich 20 % betragen. Der Anteil der über 65-Jährigen wird hingegen weiter steigen und sich zwischen 2010 und 2060 von 21 % auf 34 % erhöhen (vgl. Statistisches Bundesamt, 2009b, o. S.). Hieraus ergibt sich, dass 2060 jeder dritte Mensch der deutschen Bevölkerung mindestens 65 Jahre alt sein wird.

Auf dem Berliner Demografie-Forum hat M. Diekmann, Topmanager der Allianz Versicherungsgruppe, mit seiner Aussage, das Thema „Demografie" müsse ebenso wie der Klimawandel dauerhaft in der Diskussion der internationalen und nationalen Politik verankert werden, und mit seiner Forderung, jetzt zu handeln, die anstehenden Aufgaben der Gesundheitspolitik verdeutlicht.

Die Veränderungen der Bevölkerungsstruktur lassen sich auf unterschiedliche Faktoren zurückführen. Nach Schimany sind es im Wesentlichen die Faktoren Fertilität, Mortalität sowie Migration (vgl. Schimany, 2007: 17). Weitere Einflussgrößen sind die nicht prognostizierbaren Ereignisse, wie zum Beispiel Kriege, Katastrophen und Pandemien.

Der Terminus der **Fertilität** bezeichnet die Geburtenhäufigkeit innerhalb einer Bevölkerung. Nach Auffassung des deutschen Bevölkerungswissenschaftlers Birg ist die niedrige Geburtenrate und nicht die Zunahme der Lebenserwartung der entscheidende Grund für die dramatischen Veränderungen bis 2050 (vgl. Birg, 2006: 101).

Die Darstellung des statistischen Bundesamtes (Abb. 4.2-6) zeigt eine überdurchschnittlich hohe Geburtenzahl in den Jahren 1955 bis 1968. Diese Periode wird auch als „Baby-Boomer-Jahre" bezeichnet. Im Jahre 1964 war die Zahl der Geburten mit 1,4 Mio. am höchsten (vgl. Pötzsch/Kucera, 2012: o. S.). Diese sogenannten „Baby-Boomer" werden ab ca. 2030 verrentet. Dies stellt die Sozialpolitik vor besondere Herausforderungen. Seit 1972 ist die Zahl der To-

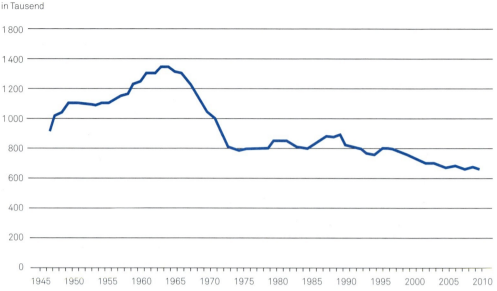

Abbildung 4.2-6: Entwicklung der Geburtenzahl in Deutschland von 1945 bis 2010 (Quelle: Statistisches Bundesamt, 2012b, o.S.)

desfälle höher als die Zahl der Geburten. Ursachen für diese Entwicklung sind unter anderem der Wandel des traditionellen Familienbildes sowie die Einführung oraler Kontrazeptiva auf dem deutschen Arzneimittelmarkt. Seit diesem sogenannten Pillenknick sinkt die Geburtenrate. Lag die Fertilitätsrate vor den 1970er-Jahren noch bei rund 2,5 Geburten je Frau, hat sie sich bis heute nahezu halbiert. Durch die umfangreichen staatlichen Förderungsmaßnahmen für Familien mit Kindern kam es ab 1980 zu einem Anstieg der Geburtenziffer auf 1,94 Kinder pro Frau, der jedoch nur von kurzer Dauer war. Im Jahre 2010 betrug die Geburtenziffer in Deutschland 1,39 Kinder pro Frau und war damit eine der niedrigsten Quoten in Europa (vgl. Beske, 2014: 18). Im Juli 2012 gab das Statistische Bundesamt bekannt, dass im Jahre 2011 mit ca. 663 000 Neugeborenen in Deutschland die niedrigste Geburtenzahl seit 1964 verzeichnet wurde (vgl. Schumpelick/Vogel, 2014: 55).

Auffallend ist die hohe Kinderlosigkeit der Akademikerinnen: Dem Demografieportal des Bundes und der Länder zufolge bleibt jede vierte Frau mit einem hohen Bildungsabschluss kinderlos, bei den Frauen mit einem mittleren oder niedrigen Bildungsstand sind es nur ca. 18 % (vgl. Schumpelick/Vogel, 2014: 55). Kröhnert und andere vom Berliner Institut für Bevölkerung und Entwicklung bestätigen in ihrer Studie „Emanzipation oder Kindergeld", dass die Entscheidung gegen eigene Kinder unter anderem mit dem individuellen Bildungsstand zusammenhängt. Zudem spielen die gestiegenen Kosten, unter anderem für Ausbildung, Betreuung, Ernährung und Kleidung, eine Rolle (vgl. Kröhnert et al., 2008: 3). Als Lösungsansatz nimmt Weitz den Vorschlag auf, dass die Gesamtheit der Steuerzahler mindestens die Hälfte der Kosten für Kinder tragen sollte, zudem sollten das Kindergeld erhöht und ein Betreuungsgehalt für Eltern eingeführt werden (vgl. Weitz, 2007: 14). Dieser Vorschlag muss kritisch hinterfragt werden, da der deutsche Staat bereits heute einen zweistelligen Millionenbetrag unter anderem in Form des steuerlichen Kinderfreibetrags, des Kindergeldes und des Erziehungsgeldes aufbringt, ohne dass eine Trendwende eingeleitet werden konnte. Ein weiter Grund für die zu geringe Geburtenrate liegt in dem unzureichenden Angebot an Betreuungsplätzen und den fehlenden Möglichkeiten einer Teilzeitbeschäftigung. Vogel und Schumpelick zeigen in ihrer Publikation „Demografischer Wandel und Gesundheit", die auf den Ergebnissen der wissenschaftlichen Langzeitstudie AID:A aus dem Jahr 2009 basiert, dass sich 74 % der Eltern mit Kindern im dritten Lebensjahr einen Betreuungsplatz für ihr Kind wünschen, aber nur 48 % auch einen gefunden haben (vgl. Schumpelick/Vogel, 2014: 59).

Durch die niedrige Geburtenrate wird eine Art Dominoeffekt ausgelöst. Durch die geringe Geburtenrate verringert sich zukünftig auch die Zahl der gebärfähigen Frauen. Nach Grobecker et al. wird die Zahl der Frauen im gebärfähigen Alter bis 2060 um ein Drittel abnehmen (vgl. Grobecker et al., 2013, o.S.).

Die **Mortalität** bezeichnet die Sterblichkeit in einem Land und ist neben der Fertilität eine der wesentlichen Ursachen des demografischen Wandels. Unter Sterblichkeit wird die Zahl der Sterbefälle innerhalb eines Zeitraums, bezogen auf die Bevölkerung verstanden. Eine steigende Lebenserwartung steht in direktem Zusammenhang mit einer sinkenden Mortalität. Abbildung 4.2-7 zeigt die Entwicklung der Lebenserwartung abhängig vom Geburtsjahr.

Die Gründe der niedrigen Lebenserwartungen zum Ende des 19. und zu Beginn des 20. Jahrhunderts liegen in der hohen Säuglings-, Kinder- und Muttersterblichkeit. Von den Lebendgeborenen des Jahrgangs 1871 wurden im Durchschnitt nur 62–65 % 10 Jahre alt (vgl. Bundesinstitut für Bevölkerungsforschung, 2014a: o.S.). Im Zuge der Industrialisierung haben zum Beispiel der medizinische Fortschritt sowie die Verbesserungen der Hygiene-, Ernährungs- und Wohnbedingungen zu einem Rückgang der Sterblichkeit geführt.

Der Rückgang der Sterblichkeit ist Grund für die steigende Lebenserwartung. Lag in dem Zeitraum 1871 bis 1881 die Lebenserwartung für Jungen noch bei 35,6 Jahren und für Mädchen bei 38,5 Jahren, so hat sie sich bis heute mehr als verdoppelt. Seit Ende des Zweiten Weltkriegs ist die Lebenserwartung der Männer und Frauen um mehr als 10 Jahre gestiegen. Für das Jahr 2060 gilt, dass Männer bis zu 87,7 Jahre und Frauen Mädchen bis zu 91,2 Jahre alt werden können (vgl. Statistisches Bundesamt, 2009a: 29).

Aus Abbildung 4.2-8 wird deutlich, dass der Anteil der Bevölkerung im Alter von 20 bis unter 65 Jahre von 61 % (2008) auf 50 % (2060) sinken wird. Gleichzeitig steigt der Anteil der 65-Jährigen von 15 % auf 20 %. Der Anteil der 80-Jährigen wird sich sogar von 5 % auf 14 % erhöhen.

Die **Migration** stellt den dritten Einflussfaktor des demografischen Wandels in Deutschland dar. Schimany definiert Migration als geographische Ortsveränderung von Menschen (vgl. Schimany, 2007: 23). Hierbei trennt er zwischen den internationalen Wanderungen (Wanderungen über Landesgrenzen) und den Binnenwanderungen (Wanderungen innerhalb eines Landes). Nach der deutschen Wiedervereinigung spielten die Binnenwanderungen eine große Rolle, in den vergangenen Jahren haben jedoch die internationalen Wanderungen an Bedeutung gewonnen. Die aktuellen Ereignisse des Jahres 2015 belegen diese Tendenz. Bei den internationalen Wanderungen muss wiederum zwischen den Ab- bzw. Auswanderungen und den Zu- bzw. Einwanderungen unterschieden werden.

Im Forschungsbericht 5 des Bundesamtes für Migration und Flüchtlinge aus dem Jahre 2007 mit dem Titel „Migration und demographischer Wandel" werden vier Gründe für die potenzielle Veränderung der Altersstruktur des Zuwanderungslandes durch die einwandernden Migranten genannt:

- In der Regel sind die Zuwanderer jünger als die einheimische Bevölkerung. Somit steigt insgesamt der Anteil jüngerer Menschen.
- Auch bei einem ausgeglichenen Wanderungssaldo erhöht sich der Anteil der jungen Menschen, da die Abwanderer im Durchschnitt ein höheres Alter als die Zuwanderer haben.
- Die Altersstruktur wird auch durch die höhere Geburtenrate der zugewanderten ausländischen Frauen beeinflusst. Hierbei ist jedoch zu beachten, dass sich in den Nachfolgegenerationen die Geburtenrate ausländischer Frauen der der einheimischen Frauen anpasst.
- Die ausländische und die einheimische Bevölkerung unterscheiden sich bezüglich ihrer Lebenserwartung. (Vgl. Schimany, 2007: 38 f.)

4 Politische Aspekte der Gesundheitsversorgung

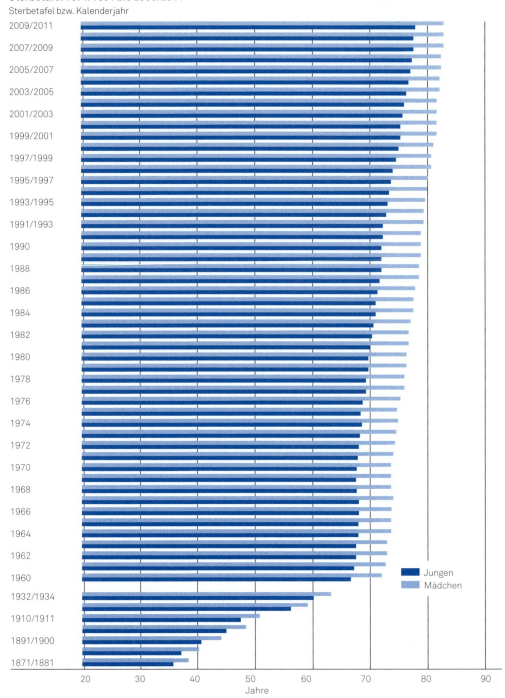

Abbildung 4.2-7: Entwicklung der Lebenserwartung in Deutschland 1871 bis 2011 (Quelle: Bundesinstitut für Bevölkerungsentwicklung, 2014a, o. S.)

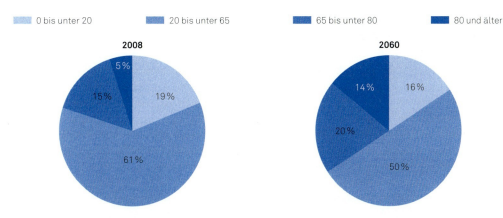

12. koordinierte Bevölkerungsvorausberechnung, Untergrenze der „mittleren" Bevölkerung

Abbildung 4.2-8: Bevölkerung nach Altersgruppen (Quelle: Statistisches Bundesamt, 2012b, o.S.)

Bis 1997 konnte die sinkende Zahl der Bevölkerung durch die Zuwanderung ausgeglichen werden. Seither nimmt die Bevölkerungszahl jedoch ab. Soll sie dauerhaft konstant gehalten werden, dann müssen jährlich etwa 500 000 Menschen einwandern. Die Zuwanderungswellen des Jahres 2015 zeigen realistisch, dass Deutschland ein geschätztes Einwanderungsland ist. Eine langfristige Prognose ist jedoch schwierig. Eine angemessene Zahl an Zuwanderungen, die einen unmittelbaren Einfluss auf die demografische Entwicklung der Bundesrepublik hat, ist auch aus gesundheitspolitischen und -ökonomischen Gründen notwendig.

Nach Auffassung von Schumpelick und Vogel ist ein Anstieg der Lebenserwartung grundsätzlich positiv zu sehen, da er einen Erfolg des Gesellschaftssystems widerspiegelt (vgl. Schumpelick/Vogel, 2014: 37). Wird die hohe Lebenserwartung jedoch von einer niedrigen Geburtenrate begleitet, dann kann die Entwicklung der Bevölkerungsstruktur als problematisch angesehen werden. In diesem Zusammenhang wirkt sich der demografische Wandel negativ auf die Finanzierung der Sozialsysteme aus. Immer mehr alte Menschen müssen von den Erwerbspersonen in Form von Transferzahlungen finanziell unterstützt werden. Bei dem zu erwartenden überproportionalen Anstieg der Zahl der älteren Menschen wird dies in Zukunft nur mit neuen Lösungsstrategien umsetzbar sein.

Der sinkende Anteil der Erwerbstätigen führt bereits heute zu einem **Fachkräftemangel** auf dem deutschen Arbeitsmarkt. Nach Jonas sehen 40 % der Unternehmen den Fachkräftemangel als größte Herausforderung des demografischen Wandels an (vgl. Jonas, 2013: 1). Aufgrund des veränderten Renteneintrittsalters arbeiten in einem Unternehmen mehrere Generationen zusammen. Diese Zusammenarbeit birgt Konfliktpotenzial. Schumpelick und Vogel führen an, dass die Generationen unterschiedliche Auffassungen über Arbeitszeiten und Arbeitsinhalte sowie über die Gestaltung der Mitarbeiterführung haben (vgl. Schumpelick/Vogel, 2014: 427). Daraus ergibt sich eine besondere Berücksichtigung der generationenübergreifenden Führung und der Integration der älteren Mitarbeiter. Laut Haufe reagieren bereits heute vier von fünf befragten Unternehmen auf den demografischen Wandel (vgl. Haufe Online Redaktion, 2013, o.S.). Unternehmerische Maßnahmen sind zum Beispiel Projektgruppen, Prognosetools und Altersstrukturanalysen sowie eine lebenszyklusorientierte Personalentwicklung.

Auch im Bereich der **Infrastrukturpolitik** müssen Veränderungen durchgeführt werden, um die Erreichbarkeit zum Beispiel von Arztpraxen und Einkaufsmöglichkeiten zu garantieren. Im Jahre 2012 hat das Bundesministerium für Inneres auf den demografischen Wandel mit der Demografiestrategie „Jedes Alter zählt" reagiert. Schwerpunkt der Strategie ist die Möglichkeit, im Alter ein selbstbestimmtes Leben zu führen sowie die individuellen Potenziale und Fähigkeiten weiterzuentwickeln. Die **Demografiestrategie** umfasst mehrere Teilziele in verschiedenen Bereichen, wie zum Beispiel die Stärkung der Familie, selbstbestimmtes Leben im Alter und Lebensqualität in ländlichen Räumen (vgl. Bundesministerium des Innern, 2011, o. S.). Auf dem ersten Demografiegipfel im Oktober 2012 wurde eine erste Bilanz der Arbeitsergebnisse gezogen. Die Demografiestrategie ist zu begrüßen, weil sie sektorenübergreifend die gesellschaftlichen Auswirkungen des demografischen Wandels aufnimmt und damit auch die gesundheitspolitischen Aspekte berücksichtigt.

Wie bereits erwähnt ist mit dem Absinken der Bevölkerungszahl auch ein stetiger Rückgang des **Erwerbspersonenpotenzials** verbunden. Zwischen 2007 und 2027 wird sich dieses Potenzial von 39 Mio. Menschen auf 32 Mio. verringern (vgl. Schneider, 2007: 65f.), das heißt, dem Arbeitsmarkt stehen immer weniger potenzielle Arbeitnehmer zur Verfügung. Gerade in den sozialen Dienstleistungsbereichen werden die Konsequenzen drastisch zu spüren sein. Noch Mitte der 1990er-Jahre wurde davon ausgegangen, es werde in Zukunft eine Überversorgung an Fachpersonal im Gesundheitssystem geben. Diese Prognose hat sich nicht bestätigt. Schon heute besteht bei allen relevanten Berufsgruppen eine Unterversorgung. Laut Angaben der PriceWaterhouseCoopers AG aus dem Jahre 2010 wird bis 2030 im Bereich der **Gesundheitsberufe** eine Personallücke von 800 000 Personen entstehen. Im Bereich der Mediziner müssten dem Arbeitsmarkt, um dem drohenden Mangel entgegenzuwirken, jährlich 8000 neue Ärzte zur Verfügung gestellt werden. Tatsächlich schließen aber nur 7000 Ärzte und Ärztinnen jährlich ihr Studium ab und davon entscheiden sich noch rund 20 % gegen die Ausübung des ärztlichen Berufs (vgl. Bruntsch et al., 2010: 24).

Nach Berechnungen der Kassenärztlichen Bundesvereinigung aus dem Jahr 2010 besteht bis zum Jahr 2020 ein altersbedingter Ersatzbedarf im Bereich der ambulanten und stationären Versorgung in der Größenordnung von 71 625 Stellen (vgl. Kassenärztliche Bundesvereinigung, 2010: 27).

Im Bereich der pflegerischen Versorgung wird es ebenfalls zu großen Personalengpässen kommen. Laut der Studie der PriceWaterhouseCoopers AG werden im Jahre 2030 zum Beispiel in den Krankenhäusern mehr als 400 000 Gesundheits- und Krankenpfleger sowie Krankenpflegehelferstellen nicht besetzt sein (vgl. Ostwald et al., 2010: 10). Die Gründe für diesen gravierenden **Mangel an Pflegekräften** liegen im Personalabbau der Vergangenheit, in der Verringerung der Ausbildungskapazitäten, der Frühberentung sowie in der zunehmenden Teilzeitquote (vgl. Isfort et al., 2010: 6f.). So wurden zwischen 1996 und 2008 in den Krankenhäusern rund 50 000 pflegerische Vollkraftstellen abgebaut. Obwohl dieser dramatische Rückgang ab 2008 durch einen leichten Anstieg der Stellen ersetzt werden konnte, zeichnet sich nach wie vor ein drohender Fachkräftemangel ab. Laut einer Befragung des Deutschen Krankenhaus Instituts (DKI) im Rahmen des „Krankenhaus-Barometer 2009" gaben 16 % aller befragten Krankenhäuser an, im Jahre 2009 Probleme bei der Besetzung von Pflegestellen gehabt zu haben. Bei diesen Krankenhäusern konnten im Schnitt 4,8 Vollzeitstellen nicht besetzt werden (vgl. Blum/Offermanns, 2009: 29). Somit ist Fakt, dass schon heute nur wenige Gesundheits- und Krankenpfleger arbeitslos sind. Nach Angaben der Bundesagentur für Arbeit waren 2009 durchschnittlich 8000 Pflegekräfte (incl. Hebammen) als arbeitslos gemeldet (vgl. Bundesagentur für Arbeit, 2010: 22). Bei einer zunehmenden Nachfrage und den unveränderten Ausbildungskapazitäten ist für die Zukunft ein Personalmangel vorprogrammiert. Hinzu kommt, dass 25–40 % der jüngeren Pflegekräfte eine akademische Weiterbildung anstreben und somit das traditionelle Tätigkeitsfeld der Pflege verlassen könnten (vgl. Isfort et al., 2010: 9). Außerdem sind insgesamt 20 % aller Pflegenden nicht abgeneigt, eine Arbeitsstelle im Ausland anzutreten, da dort die Arbeitsbedingungen häufig besser sind. Bei den Pflegenden unter 25 Jahren steigt dieser Anteil sogar auf 40 % (vgl. Isfort et al., 2010: 46f.).

Ein weiteres Problem ist in der **Altersstruktur der Pflegenden** zu sehen. So sank im Zeitraum von 2000 bis 2008 der Anteil der Gesundheits- und Krankenpfleger unter 35 Jahren in den Krankenhäusern um ca. 50 000 Personen (vgl. Isfort et al., 2010: 6). In einer Umfrage des Deutschen Instituts für angewandte Pflegeforschung e.V. (dip) im Jahre 2009 wurden bundesweit 9719 Pflegekräfte zu ausgewählten Themen hinsichtlich ihrer Pflegetätigkeit befragt. Die Ergebnisse wurden im „Pflege-Thermometer 2009" zusammengefasst. Laut dieser Umfrage streben nur rund 50 % der Befragten an, den Pflegeberuf bis zum Renteneintritt ausüben zu wollen (vgl. Isfort et al., 2010: 43). Vor dem Hintergrund, dass sich die Anzahl der über 50-Jährigen in der Pflege innerhalb von acht Jahren fast verdoppelt hat und parallel dazu die Zahl der unter 35-Jährigen abgenommen hat, ist schon 2014 damit zu rechnen, dass die Gruppe der über 50-Jährigen in der Pflege größer ist als die der unter 35-Jährigen (vgl. Isfort et al., 2010: 29). Durch diese Erkenntnis wird deutlich, dass dringender Handlungsbedarf besteht, damit der demografische Wandel nicht allzu dramatisch ausfällt.

Es wird ersichtlich, dass es den Gesundheitsunternehmen in Zukunft noch schwerer fallen wird, vakante Arbeitsplätze zu besetzen. Insbesondere für Krankenhäuser stellt diese Entwicklung eine Herausforderung dar, weil zum einen die Nachfrage nach Gesundheitsgütern aufgrund der zunehmenden Lebenserwartung steigen und zum anderen die Leistungsfähigkeit der Mitarbeiter durch ein höheres Durchschnittsalter abnehmen wird (vgl. HWP Planungsgesellschaft mbH, 2007: 10). Es wird daher künftig für alle Gesundheitsberufe darauf ankommen, eine ausreichende Anzahl junger Menschen für die medizinischen, pflegerischen und therapeutischen Aufgaben zu gewinnen (vgl. Sachverständigenrat, 2007: 131). Auch wenn nach Angaben des Statistischen Bundesamtes bis zum Jahr 2018 der Mangel an Pflegefachkräften teilweise noch über angelernte und ungelernte Kräfte kompensiert werden kann, ist es ab sofort notwendig, ein professionelles Personalmanagement zu etablieren.

Vor diesem Hintergrund stellen Frauen und Mütter eine Zielgruppe dar, auf die die Gesundheitseinrichtungen als Arbeitnehmer bereits aktuell und insbesondere zukünftig nicht verzichten können (vgl. Gerlach, 2010: 341). Wenn dieser Personengruppe eine Vereinbarkeit von Beruf und Familie ermöglicht wird (Work-Life-Balance), könnte das notwendige Erwerbspersonenpotenzial gewonnen werden. Die verbleibende „Alternative" zur Berufstätigkeit ist häufig eine vorübergehende Erwerbsunterbrechung oder Teilzeitstelle, die oftmals mit einer Verschlechterung der Hierarchie- und Qualifikationsstufe sowie des Einkommens verbunden ist. Folglich gewinnt eine Work-Life-Balance, die in diesem Kontext mit einer Vereinbarkeit von Beruf und Familie gleichgesetzt wird, für den zukünftigen Wachstumsmotor Gesundheitswirtschaft mehr und mehr an Bedeutung.

Die rasanten Entwicklungen in den Bereichen der Kommunikations- und Informationstechnologien haben dazu geführt, dass sich Deutschland von einer Industrie- in eine Wissens- bzw. Dienstleistungsgesellschaft gewandelt hat (vgl. Klimpel/Schütte, 2006: 33f.). Nach Aussagen der Prognos AG aus dem Jahre 2005, die im Auftrag des Bundesfamilienministeriums durchgeführt wurden, soll sich dieser Strukturwandel bis 2020 vollzogen haben. Kennzeichnend für eine Dienstleistungsgesellschaft ist die Erstellung immaterieller Güter in Kombination mit dem Produktionsfaktor Wissen. Damit ist eine zunehmende Nachfrage nach qualifizierten Beschäftigten, zum Beispiel in den Dienstleistungsbereichen Betreuung und Management sowie Forschung und Entwicklung, verbunden. Im Gegensatz dazu wird unter anderem der Produktionssektor eine sinkende Nachfrage nach Arbeitnehmern aufweisen (vgl. Klimpel/Schütte, 2006: 33). Diese Verschiebung hat zur Folge, dass sich die Anforderungen an die Kompetenzen der Beschäftigten erhöhen und qualifizierte Kräfte knapper werden.

Gerade für Gesundheitseinrichtungen sind qualifizierte Arbeitnehmer die wichtigste Ressource bei der Erstellung ihrer Dienstleistungen, daher sollte die Unternehmung ihre Attraktivität als Arbeitgeber insbesondere dadurch steigern, dass sie **Personalmarketingstrategien** entwickelt. Hierzu gehören unter anderem Personalbindungs- und -gewinnungsansätze.

Im Gesundheits- bzw. Sozialsektor ist außerdem die zunehmende Feminisierung zu berücksichtigen.

Die dargestellten Veränderungsprozesse, die einen steigenden Bedarf an qualifiziertem Personal im Gesundheitssektor hervorrufen werden, verlangen von einem strategisch ausgerichteten Management der Gesundheitseinrichtungen, die Chancen zu erkennen und wahrzunehmen, die zum Beispiel mit dem vermehrten Einsatz des Produktionsfaktors „Frau" zusammenhängen. Die weibliche Arbeitskraft wird somit zur wertvollen Ressource. Hierbei geht es zum einen darum, die älteren Arbeitnehmerinnen möglichst lange unter anderem durch ein betriebliches Gesundheitsmanagement zu binden, zum anderen aber auch darum, neue Beschäftigte zu gewinnen. Neben einer möglichst langfristigen Bindung älterer Beschäftigter im Unternehmen spielt die veränderte Rolle der Frau im Berufsleben eine zentrale Rolle. Dieser gesellschaftliche **Wertewandel** zeigt sich darin, dass sich die Bedürfnisse und Lebensvorstellungen der Bevölkerung verändert haben. So wurde zum Beispiel aus der Arbeitshaltung „Wir leben, um zu arbeiten" die Denkweise „Wir arbeiten, um zu leben" (Klimpel/Schütte, 2006: 31). Es besteht der zunehmende Wunsch nach Selbstverwirklichung im Berufs- und Privatleben. Vor diesem Hintergrund ist die steigende Integration von Frauen in den Arbeitsmarkt zu sehen. Hierbei resultiert die zunehmende Anzahl berufstätiger Frauen überwiegend aus der Ausübung von Teilzeittätigkeiten. Ein Grund für die hohe Teilzeittätigkeit von Frauen kann in der Erziehung des Kindes und der damit verbundenen unzureichenden Vereinbarkeit von Beruf und Familie vermutet werden. (vgl. Krone/Stöbe-Blossey, 2010: 17f.). Eine weitere Ursache für die zunehmende Berufstätigkeit von Frauen liegt in deren steigendem Bildungsniveau. Dieses verstärkt ihr Interesse daran, einen Beruf auszuüben, um die erworbenen Qualifikationen einsetzen und sich ihre Unabhängigkeit bewahren zu können. Auch die Beschäftigungsunsicherheit erfordert eine Berufstätigkeit beider Partner, damit der eine den anderen im Notfall finanziell auffangen kann.

Das **Personalmanagement** in den Unternehmen umfasst eine große Spannbreite an Instrumenten. Diese erstrecken sich von der Anwerbung und Auswahl neuer Mitarbeiter, über Maßnahmen der Personalbindung und -entwicklung und enden bei der Durchführung von Austrittsprozessen. Weiterhin gehören die Etablierung von Anreizsystemen und die Erarbeitung von Führungsgrundsätzen zum Aufgabengebiet des Personalmanagements (vgl. von Eiff/Stachel, 2006: 416f.). Das Personalmanagement ist Bestandteil der Unternehmensstrategie. Der Grund liegt in der steigenden Bedeutung der Ressource Arbeitnehmer. Die traditionelle Sichtweise, der zufolge die Mitarbeiter Kostenverursacher sind, wird somit zunehmend abgelöst von der Vorstellung, dass die Arbeitnehmer die Erfolgsträger der Dienstleistungsunternehmungen sind.

Das strategische Personalmanagement ist eine Basis dafür, die Existenz eines Unternehmens nachhaltig zu sichern. In diesem Kontext spielen die Gewinnung und Bindung qualifizierter Arbeitskräfte eine zentrale Rolle. Auch Gesundheitsunternehmen sollten somit Strategien entwickeln und Maßnahmen umsetzen, welche die Gesundheit ihrer Mitarbeiter sowie deren Zufriedenheit und Qualifikationen erhalten und erhöhen. Diese Aspekte führen letztlich zu einer Stärkung der Wettbewerbsposition. Unter dem Aspekt des zunehmenden Fachkräftemangels im Gesundheitswesen ist es für die Verantwortlichen in den Dienstleistungseinrichtungen unausweichlich, nach neuen innovativen Wegen zu suchen, Personal zu binden bzw. zu gewinnen. In diesem Zusammenhang ist das Personalmarketing als Teil des Personalmanagements ein erfolgreiches Konzept, um die Gesundheitseinrichtungen als attraktive Arbeitgeber zu präsentieren. Personalmarketing zielt dabei auf die Gewinnung und Betreuung von Mitarbeitern ab. Durch Personalmarketing soll folglich eine Steigerung des Bekanntheitsgrades sowie eine positive Darstellung eines Unternehmens erreicht werden, um potenzielle Fachkräfte für das Unternehmen zu gewinnen und bereits vorhandenes Personal zu binden. Um die Personalmarketingstrategien umsetzen zu können, bedarf es interner und externer Instrumente. Die Anwendung interner Instrumente zielt dabei auf eine Erhöhung der Zufriedenheit und Leistungsbereitschaft des Personals sowie auf die Identifikation des Personals mit dem Arbeitgeber ab. Zu diesen Maßnahmen gehören auch die Ansätze zur Schaffung einer Work-Life-Balance. Bei der Anwendung der externen Instrumente geht es darum, dass sich die Unternehmen optimal auf dem Arbeitsmarkt positionieren und somit für das potenzielle Personal attraktiv sind (vgl. Klages, 2010: 111). Zu den internen Instrumenten zählen unter anderem eine arbeitnehmerorientierte Führungskultur, gute Arbeitsbedingungen, Einführung von Arbeitszeitmodellen, leistungsgerechte Entlohnung, angemessene Bezahlung, Einführungsveranstaltungen und Einarbeitungskonzepte, Kinderbetreuungsprogramme sowie Karriere- und Weiterbildungspläne.

Im Bereich der externen Personalmarketingmaßnahmen dominieren besonders die Präsenz auf den Personalmessen bzw. Jobbörsen sowie die Informationsveranstaltungen zu den jeweiligen Gesundheitsberufen. Steht die positive Außendarstellung der Gesundheitseinrichtung im Mittelpunkt des Personalmarketings, dann werden die folgenden Instrumente eingesetzt:
- Corporate Identity
- Corporate Publishing
- Employer Branding.

Ein zielgerichtetes Personalmarketing benötigt eine gewisse Vorlaufzeit. Als Grundlage für die Marketingaktivitäten sollte die eigene **Arbeitgebermarke** dienen. Diese wird jedoch nur dann wahrgenommen, wenn sie sich auf dem Gesundheitsmarkt etabliert hat. Hierzu muss sich jedoch die Einstellung der Gesundheitsunternehmen gegenüber Marketingmaßnahmen ändern. Personalmarketing soll eben nicht nur der Vermarktung dienen, sondern hat primär die Funktion, die Vorzüge der Institution als Arbeitgeber hervorzuheben.

In Kapitel 8 werden weitere Aspekte der Managementthematik beschrieben.

4.3 Relevante Gesundheitsreformen als Handlungsstrategien

Im Bereich der **Gesundheitsversorgung** werden, entsprechend der sektoralen Aufteilung nach Prävention, Kuration, Rehabilitation und Pflege, folgende Einrichtungen unterschieden:
- Vorsorgeeinrichtungen im Bereich der Prävention
- Behandlungseinrichtungen im Bereich der Kuration
- Nachsorgeeinrichtungen im Bereich der Rehabilitation
- Pflegeeinrichtungen im Bereich der Bedürftigkeit.

Nach § 107 SGB V dienen **Vorsorgeeinrichtungen** der stationären Behandlung der Patienten, um eine Schwächung der Gesundheit, die in absehbarer Zeit voraussichtlich zu einer Krankheit führen könnte, zu beseitigen oder einer Gefährdung der gesundheitlichen Entwicklung eines Kindes entgegenzuwirken. Diese Einrichtungen stehen fachlich-medizinisch unter ständiger ärztlicher Verantwortung. Sie sind darauf eingerichtet, den Gesundheitszustand der Patienten nach einem ärztlichen Behandlungsplan vorwiegend unter Anwendung von Heilmitteln zu verbessern und den Patienten bei der Entwicklung eigener Abwehr- und Heilungskräfte zu unterstützen.

Die stationäre kurative Behandlung erfolgt im **Krankenhaus**. Nach § 107 SGB V sind Krankenhäuser Einrichtungen, die der Behandlung und der Geburtshilfe dienen. Sie stehen fachlich-medizinisch unter ständiger ärztlicher Leitung, verfügen über ausreichende diagnostische und therapeutische Möglichkeiten und arbeiten nach wissenschaftlich anerkannten Methoden. Zudem sind sie mithilfe des jederzeit verfügbaren Personals darauf eingerichtet, die Krankheiten der Patienten zu erkennen, zu heilen, ihre Verschlimmerung zu verhindern, Beschwerden zu lindern und Geburtshilfe zu leisten. Weiterhin können die Patienten untergebracht und verpflegt werden.

Neben den Krankenhäusern bieten die Apotheken, die niedergelassenen Ärzte, die ambulanten Pflege- und Therapieeinrichtungen, die Hilfsmittelbereitsteller sowie die Rettungsdienste kurative Leistungen an.

Rehabilitationseinrichtungen haben neben der grundsätzlichen Aufgabe, eine Krankheit zu heilen, ihre Verschlimmerung zu verhindern sowie Krankheitsbeschwerden zu lindern, die Funktion, die krankheitsbedingten Fähigkeitsstörungen durch frühzeitige Einleitung relevanter Maßnahmen zu beseitigen bzw. zu mindern, um eine dauerhafte Beeinträchtigung der beruflichen Tätigkeit und des gesellschaftlichen Lebens zu vermeiden. Die Rehabilitation soll somit im Anschluss an die Krankenhausbehandlung den dabei erzielten Behandlungserfolg sichern und festigen. Hierzu kommt unter anderem das Ziel, eine drohende Behinderung oder Pflegebedürftigkeit abzuwenden bzw. sie nach Eintritt zu beseitigen, zu mindern, auszugleichen, ihre Verschlimmerung zu verhüten sowie ihre Folgen zu mildern. Für die wichtigsten Rehabilitationsträger lassen sich die jeweiligen Ziele unter anderem wie folgt definieren:
- Vorbeugung einer drohenden Behinderung oder Pflegebedürftigkeit
- Beseitigung, Besserung oder Verhütung der Verschlimmerung einer Krankheit
- Verhinderung der Beeinträchtigung der Erwerbstätigkeit oder des vorzeitigen Ausscheidens aus dem Erwerbsleben
- möglichst dauerhafte Wiedereingliederung in das Erwerbsleben
- Beseitigung oder Besserung der durch einen Arbeitsunfall verursachten Körperverletzung, Gesundheitsstörung und Minderung der Erwerbsfähigkeit
- Erleichterung der Auswirkungen der Unfallfolgen.

Seit 1993 hat der Gesetzgeber die Möglichkeiten eingeräumt, das traditionelle System der stationären Rehabilitation durch ambulante Formen zu ergänzen oder zu ersetzen. Motor dieser Veränderung ist die Forderung nach einer Effizienz- und Qualitätssteigerung.

Die personellen und organisatorischen Voraussetzungen für die Rehabilitationseinrichtungen sind identisch mit den Vorschriften, die für die Vorsorgeeinrichtungen gelten.

Für diese Gruppen von Versorgungseinrichtungen sind seit ca. 45 Jahren **Gesundheitsreformen** verabschiedet worden. Hierbei lassen sich die gesundheitspolitischen Entscheidungen in zwei **Phasen** einteilen:
- Die erste Phase fällt in die Zeit vom Anfang der 1970er-Jahre bis zum Jahr 1993. Die in dieser Periode verabschiedeten Gesundheitsreformen hatten die Funktion, die Kosten zu dämpfen. Hierbei wurden die historisch gewachsenen Strukturen des Systems nicht oder nur rudimentär verändert. Ein wesentliches Ziel bestand darin, die Akteure der Selbstverwaltung in die **Kostendämpfungspolitik** einzubinden.
- Die zweite Phase, die der **wettbewerbsorientierten Strukturreformen**, begann mit der Verabschiedung des Gesundheitsstrukturgesetzes im Jahre 1992 und dauert bis heute an. Der damit eingeleitete Paradigmenwechsel führte zu einem tiefgreifenden Umbruch des Gesundheitssystems, der die Versorgungsstrukturen, den Finanzierungsrahmen sowie die Regulierungsmechanismen verändert hat.

Im Zentrum der **Versorgungsstrukturen** stand im Wesentlichen die Rationalisierung der medizinischen Leistungserbringung. Im Fokus der **Finanzierungsreformen** stand auf der einen Seite die Verlagerung der Behandlungskosten von der Solidargemeinschaft in den Selbstzahlermarkt, auf der anderen Seite wurden die steuerfinanzierten Mittel schrittweise erhöht. Die Veränderungen im Rahmen der **Regulierung** erfolgten durch eine Wettbewerbsorientierung und durch eine weitgehende Vereinheitlichung der korporatistischen Regulierungskompetenzen auf der Bundesebene.

Speziell für den Krankenhausbereich ist **1972** das Gesetz zur wirtschaftlichen Sicherung der Krankenhäuser und zur Regelung der Krankenhauspflegesätze – **Krankenhausfinanzierungsgesetz (KHG)** – geschaffen worden. Es soll gemäß § 1 KHG die wirtschaftliche Sicherung der Krankenhäuser ermöglichen, um eine bedarfsgerechte Versorgung der Bevölkerung sicherzustellen. Die Versorgung mit Krankenhausleistungen ist somit eine sogenannte **ho-**

heitliche Aufgabe. Krankenhäuser sind nach der Definition des § 2 KHG hierbei Einrichtungen, in denen durch ärztliche und pflegerische Leistungen Krankheiten, Leiden oder Körperschäden festgestellt, geheilt oder gelindert werden sollen oder Geburtshilfe geleistet wird und in denen die zu versorgenden Personen untergebracht und verpflegt werden können. Jedoch unterliegen die Krankenhäuser im Straf- oder Maßregelvollzug, die Polizeikrankenhäuser, die Krankenhäuser der Träger der gesetzlichen Rentenversicherung, die Häuser der gesetzlichen Unfallversicherung sowie die Krankenhäuser, die nicht nach den Vorschriften des KHG gefördert werden, nicht den Regelungen des Krankenhausfinanzierungsgesetzes. Die wesentliche Zielsetzung des Gesetzes bestand darin, anstelle der monistischen Finanzierung die duale Finanzierung einzuführen. Bei der **monistischen Finanzierung** wurden die Betriebskosten und die Investitionen in der Regel von den Krankenkassen übernommen, bei der **dualen Finanzierung** erfolgt eine Trennung zwischen der Übernahme der Betriebskosten durch die Krankenkassen und die Finanzierung der Investitionen seitens der Gebietskörperschaften. Die volkswirtschaftlichen Schwierigkeiten, die seit Mitte der 1960er-Jahre aufgetreten waren, führten bei den Krankenkassen zu Liquiditätsproblemen, daher wurden die Investitionen, die aufgrund der Monistik Bestandteile der Zahlungsverpflichtungen der Kostenträger waren, reduziert. Infolge dieser Zahlungseinschränkungen entstand bei den Krankenhäusern ein sogenannter **Investitionsstau**, das heißt, notwendige Ersatz- oder Neubeschaffungen etc. konnten nicht mehr getätigt werden. Durch die ab 1972 eingeführte Steuerfinanzierung der Investitionen wurden die Krankenkassen von diesen Finanzierungsverpflichtungen befreit. Mit der Einführung dieses Bundesgesetzes wechselte die Kompetenz, den Finanzierungsrahmen der Krankenhäuser festzulegen, von der Länderebene auf die Bundesebene. Im Rahmen dieser Kompetenzverschiebung erklärte sich die Bundesregierung zunächst auch bereit, die Investitionen aus Bundessteuermitteln zu bezahlen. Ab Mitte der 1980er-Jahre wurden diese Verpflichtungen jedoch den Bundesländern übertragen. Diese hatten nun ihrerseits die Aufgabe, in ihren Landeskrankenhausfinanzierungsgesetzen festzulegen, in welcher Form die Investitionen aus Steuermitteln abgesichert werden sollten. Im Jahre 1985 wurde die **Abgrenzungsverordnung (AbgrV)** verabschiedet, durch die eine eindeutige Zuordnung der Zahlungsverpflichtungen der Krankenkassen und der Länder erfolgte. In der AbgrV, die in der Fassung vom 21.07.2012 auch heute noch relevant ist, wird festlegt, wer die Anlage-, die Gebrauchs- und die Verbrauchsgüter zu bezahlen hat.

Mit dem **Krankenversicherungskostengesetz (KVKG)** aus dem Jahre **1977** beginnt die eigentliche Phase der Kostendämpfungsbemühungen. Ein wesentliches Element dieses Gesetzes war die Einführung des Prinzips der **einnahmenorientierten Ausgabenpolitik**. Nach diesem Prinzip müssen sich die Vergütungsverträge an der Entwicklung der Grundlohnsumme orientieren. Weiterhin wurde in diesem Jahr die **Konzertierte Aktion im Gesundheitswesen** gesetzlich verankert. Mit diesem Korporationsansatz entstand ein Koordinierungsinstrument zwischen den Gebietskörperschaften und den wesentlichen Interessengruppen und Selbstverwaltungsorganen auf Bundesebene zur gemeinsamen Festlegung von Kostendämpfungsmaßnahmen. Es handelte sich quasi um eine freiwillige Verhaltenskoordinierung. Zur Unterstützung der Konzertierten Aktion hätte der damals zuständige Bundesminister für Arbeit und Sozialordnung einen Sachverständigenrat berufen können. Dieser **Sachverständigenrat für die Konzertierte Aktion im Gesundheitswesen** wurde jedoch erst per Erlass vom 12.12.1985 einberufen. Er hatte die Aufgabe, jährlich Gutachten mit dem Ziel zu erstellen, die Entwicklung im Gesundheitswesen zu analysieren und der Konzertierten Aktion Vorschläge für medizinische und ökonomische Orientierungsdaten zu unterbreiten. Die größten **finanziellen Belastungen** hatten die Versicherten zu tragen. Die Vorschriften umfassten unter anderem die folgenden Aspekte:

- Einführung von Zuzahlungen pro Arznei-, Verbands- und Heilmittel

- Ausschluss der sogenannten Bagatell-Medikamente aus dem Regelleistungskatalog der Krankenkassen
- Begrenzung des Zuschusses für Zahnersatz auf maximal 80 %
- Einschränkungen bei den Kuren und Fahrtkostenerstattungen.

Weiterhin wurde der Finanzausgleich in der Krankenversicherung der Rentner (KVdR) eingeführt, der im Januar 2001 außer Kraft gesetzt wurde. Zudem wurde die KVdR neu geordnet. Mit dem Gesetz wurden letztlich die **Bewertungsausschüsse** im Bereich der ambulanten medizinischen Versorgung eingeführt.

Mit der Verabschiedung des **Kostendämpfungs-Ergänzungsgesetzes (KVEG)** im Jahre **1981** traten weitere Kürzungen im Leistungsrecht in Kraft. So erhöhten sich zum Beispiel die Eigenbeteiligungen bei den Brillen, Fahrtkosten, Heilmitteln und Zahnersatzleistungen. Im gleichen Jahr wurde das **Krankenhaus-Kostendämpfungsgesetz (KHKG)** verabschiedet. Ein Bestandteil dieser Regelung war die stärkere Beteiligung der Krankenhäuser und der Krankenkassen an der Krankenhausbedarfsplanung der Länder und die Schaffung einer Organisationsstruktur einer **Gemeinsamen Selbstverwaltung**. Aus diesem Grunde musste die privatgesellschaftliche **Deutsche Krankenhausgesellschaft** zu einem **Selbstverwaltungssubstitut** „ernannt" werden. Im Jahre 1981 führte der Gesetzgeber erstmalig finanzielle Anreize zum Planbettenabbau im Klinikbereich ein.

Die **Haushaltsbegleitgesetze** von **1983** und **1984** verschärften noch einmal die Zuzahlungsregelungen und die monetären Belastungen der Versicherten. Mit dem **Krankenhaus-Neuordnungsgesetz (KHNG)** vom 20.12.**1984** wird die Finanzierung der öffentlichen Förderung von Krankenhäusern (Finanzierung der Investitionen) von der Bundes- auf die Länderebene verlagert. Gleichzeitig werden die Befugnisse der Länder bei der Krankenhausplanung erweitert. Am 01.01.**1986** trat die neue **Bundespflegesatzverordnung** in Kraft. Sie gab den Krankenhäusern die Möglichkeit, die sogenannte **flexible Budgetierung** mit ihren Gewinn- und Verlustmöglichkeiten einzuführen. In diesem Jahr wurden auch das **Gesetz zur Verbesserung der kassenärztlichen Bedarfsplanung** und ein Jahr später die **Reform des Einheitlichen Bewertungsmaßstabes für ärztliche Leistungen (EBM)** rechtsverbindlich. Am 11.11.**1988** legte die **Expertenkommission zur wissenschaftlichen Begleitforschung des Psychiatrie-Modellprogramms** ihre Reformvorschläge vor, die in den folgenden Jahren umfangreiche Veränderungen im Bereich der Psychiatrie und der Psychosomatik auslösten.

Am 01.01.**1989** wurde das **Gesundheitsreformgesetz (GRG)** rechtswirksam. Mit diesem Gesetz wurde das bis dahin gültige 2. Buch der Reichsversicherungsordnung durch das **5. Sozialgesetzbuch** ersetzt. Im Einzelnen wurden unter anderem die folgenden Regelungen getroffen:

- Einführung von Festbeträgen für Arznei-, Verband- und Hilfsmittel
- Erweiterung der Leistungsausgrenzungen und Erhöhung der Zuzahlungen
- Kürzung des Sterbegeldes
- Einführung des Kostenerstattungs- anstelle des Sachleistungsprinzips bei Zahnersatz- und Kieferorthopädieleistungen
- Etablierung eines Bonussystems für die Individual- und Gruppenprophylaxen
- Implementierung der Härtefall- und der Überforderungsklausel zur Befreiung bzw. Begrenzung der Zuzahlungen
- Einführung des normativen Grundsatzes der Beitragssatzstabilität
- verpflichtende Aufnahme der Primärprävention in den GKV-Leistungskatalog
- Übernahme der Leistungen bei Schwerpflegebedürftigkeit als GKV-Regelleistungen
- Einführung des kassenarteninternen Finanzausgleichs auf der Landesebene.

Seit dem 01.01.**1991** ist die **Verordnung über Maßstäbe und Grundsätze für den Personalbedarf in der stationären Psychiatrie (Psych-PV)** gültig. Die Verordnung hat die Funktion, den Personalbedarf für die Ärzte, das Pflegepersonal und das sonstige therapeutische Fachpersonal zu ermitteln, um eine ausreichende, zweckmäßige und wirtschaftliche Behandlung der Patienten gewährleisten zu können. Ein wichtiger Bestandteil der Psych-PV ist die Eingruppierung der Patienten in **Behandlungsbereiche** und **Behandlungsarten**. Seit dem 01.01.2010 wird die Eingruppierung bei der Aufnahme eines Patienten und bei jedem Wechsel des Behandlungsbereichs oder der Behandlungsart durchgeführt.

Im Jahre 1992 wurde die **Pflegepersonalregelung (PPR)** vom Gesetzgeber verabschiedet. Mit Beginn des Jahres **1993** wurden alle in den somatischen Krankenhäusern behandelten Patienten täglich anhand der Kategorien „Allgemeine Pflege" und „Spezielle Pflege" eingestuft. Auf der Grundlage dieser Einstufungen konnte der pflegerische Personalbedarf errechnet werden. Die konsequente Anwendung der PPR führte bundesweit zu einem Personalmehrbedarf und damit zu einer deutlichen Erhöhung der pflegerischen Personalkosten. Dies wiederum veranlasste den Gesetzgeber drei Jahre später, die PPR auszusetzen. Seit der verpflichtenden Einführung der diagnosebezogenen Fallpauschalen im Jahre 2004 werden die Personalkosten der Pflege über die Pauschalbeträge finanziert.

Zum 01.01.**1993** trat das **Gesundheitsstrukturgesetz (GSG)** in Kraft. Durch das Gesundheitsreformgesetz von 1993, auch bekannt unter dem Namen „Lahnstein-Kompromiss", hat der Gesetzgeber die folgenden **Formen der Krankenhausbehandlung** festgeschrieben:
- vollstationäre Behandlung
- teilstationäre Behandlung
- vor- und nachstationäre Behandlung
- ambulantes Operieren und andere
- ambulante Institutsleistungen.

Gleichzeitig wird der Vorrang der teilstationären, der vor- und nachstationären und der ambulanten vor der vollstationären Behandlung explizit verankert. Das Gesetz enthält unter anderem Änderungen des Gesetzes zur wirtschaftlichen Sicherung der Krankenhäuser und zur Regelung der Krankenhauspflegesätze (Krankenhausfinanzierungsgesetz – KHG), der Verordnung zur Regelung der Krankenhauspflegesätze in der Fassung vom September 1994 (Bundespflegesatzverordnung – BPflV '95) und des SGB V. Anlass für das Gesundheitsstrukturgesetz von 1993 war die finanzielle Lage der gesetzlichen Krankenversicherungen, die aus der Sicht des Deutschen Bundestages und des Deutschen Bundesrates eine Sofortbremsung bei den Ausgaben nötig machte. Durch die Gesundheitsreform sind zum Beispiel 1993 Einsparungen in Höhe von ca. 10 Mrd. Mark für die Krankenkassen erreicht worden. Hierbei trugen die Krankenhäuser zum Beispiel etwa 3,2 Mrd. Mark, die Patienten rund 2,5 Mrd. Mark, die Pharmaindustrie und die Apotheken ca. 2,1 Mrd. Mark sowie die Ärzte und Zahnärzte etwa 2,1 Mrd. Mark zu den gesamten finanziellen Entlastungen bei. Hieraus wird deutlich, dass der Krankenhausbereich schon zu diesem Zeitpunkt im Zentrum der Reform stand.

Mit dem Reformansatz von 1993 traten weiterhin unter anderem die folgenden Veränderungen in Kraft:
- Aufhebung des Selbstkostendeckungsprinzips
- Einführung der prospektiven Budgetierung
- Grundlohnsummenanbindung der Vergütungen in nahezu allen Leistungsbereichen
- Einführung von Sonderentgelten und Fallpauschalen für die operativen Krankenhausleistungen
- Finanzierung der konservativen Krankenhausleistungen durch Abteilungspflegesätze und durch einen abteilungsübergreifenden Basispflegesatz
- Verzahnung der ambulanten und der stationären Versorgung
- Einführung der ambulanten Operationen
- Einführung der vor- und nachstationären Versorgung
- Zuzahlung der Versicherten
- Berücksichtigung der besonderen Lage in den neuen Bundesländern
- Schaffung von zusätzlichen Stellen für Pflegekräfte sowie für Hebammen bzw. Geburtshelfer.
- Veränderung der Kostenerstattung an das Krankenhaus aus privatärztlicher Liquidation
- Ausweitung und Erhöhung der Zuzahlungen der Versicherten

- Einführung des bundesweiten und kassenartenübergreifenden Risikostrukturausgleichs zum 01.01.1994
- Einführung des Kassenwahlrechts (Wahlfreiheit) der GKV-Versicherten zum 01.01.1996
- Neuregelung der Selbstverwaltung der gesetzlichen Krankenkassen ab 1996
- Umsetzung der Krankenversicherungspflicht für die Empfänger von Sozialhilfeleistungen im Laufe des Jahres 1997
- Verpflichtung zur Teilnahme an Maßnahmen der externen Qualitätssicherung

Wie bereits erwähnt ist das GSG aufgrund der zunehmenden Kosten im Gesundheitswesen erlassen worden. Neben einer Sofortbremsung bei den Ausgaben der gesetzlichen Krankenversicherung sah es weiterhin weitreichende strukturelle Veränderungen vor. Die Reform beinhaltete somit auch umfangreiche Änderungen im Krankenhausbereich. Dabei lag ein besonderer Schwerpunkt bei den Vorschriften zur Vergütung von Krankenhausleistungen und einer besseren Verzahnung von stationären und ambulanten Behandlungen seitens der Kliniken durch die Möglichkeit, ambulante Operationen sowie vor- und nachstationäre Leistungen erbringen zu können.

Das bereits im Jahre 1972 eingeführte Krankenhausfinanzierungsgesetz (KHG) soll gemäß § 1 KHG die wirtschaftliche Sicherung der Krankenhäuser ermöglichen, um eine bedarfsgerechte Versorgung der Bevölkerung sicherzustellen. Krankenhäuser sind nach der Definition des § 2 KHG hierbei:

> „Einrichtungen, in denen durch ärztliche und pflegerische Hilfeleistung Krankheiten, Leiden oder Körperschäden festgestellt, geheilt oder gelindert werden sollen oder Geburtshilfe geleistet wird und in denen die zu versorgenden Personen untergebracht und verpflegt werden können." (§ 2 KHG)

Jedoch unterliegen die Krankenhäuser im Straf- oder Maßregelvollzug, die Polizeikrankenhäuser, die Krankenhäuser der Träger der gesetzlichen Rentenversicherung, die Häuser der gesetzlichen Unfallversicherung sowie die Krankenhäuser die nicht nach den Vorschriften des KHG gefördert werden, nicht den Regelungen des Krankenhausfinanzierungsgesetzes.

Die Versorgung mit Krankenhausleistungen ist somit eine sogenannte **hoheitliche Versorgung**, die im KHG als **bedarfsgerechte Versorgung** festgeschrieben wurde. Dieser Terminus ist so zu interpretieren, dass sich das Angebot an Gesundheitsgütern am Bedarf auszurichten hat. Der Bedarf setzt sich als Nachfragekomponente wiederum aus den Teilen „Bedürfnis" und „Kaufkraft" zusammen. Die Bedürfnisse sind die Wünsche der Patienten, durch den Einsatz von Gesundheitsgütern im optimalen Fall gesund zu werden, die Kaufkraft umfasst die Geldsumme der Krankenkassen. Im Gesundheitssystem treten somit auf der Nachfrageseite zwei Partialkunden auf, nämlich die Patienten mit ihren Bedürfnissen (Bedürfnisträger) und die Krankenkassen mit ihrer Kaufkraft (Kostenträger). Diese Besonderheit der Leistungsfinanzierung erklärt den sogenannten **Zahlungsumweg**. Eine weitere Eigentümlichkeit des Gesundheitssystems besteht darin, dass der Patient den Zugriff auf die sozialfinanzierten Gesundheitsgüter nur mit Genehmigung der Profession Medizin erhält. Die Medizin ist somit der Leistungsveranlasser. Hierbei muss der subjektive Bedarf des Patienten in einen objektiven Bedarf umgewandelt werden. Unter Bedarf wird hierbei ein personenbezogener Zustand verstanden, dessen Behandlung durch spezifizierbare Maßnahmen einen gesundheitlichen Nutzen erwarten lässt.

Nachstehend werden die Unterschiede zwischen subjektivem und objektivem Bedarf verdeutlicht:

- Der subjektive Bedarf setzt einen Wunsch bzw. gewisse Präferenzen eines Individuums nach einer Leistung voraus, die Inanspruchnahme dieser Leistung wird zudem tatsächlich gewünscht.
- Der objektive Bedarf setzt die professionell und wissenschaftlich bestätigte Feststellung zum Beispiel einer Krankheit bzw. einer Funktionseinschränkung voraus.

Diese am Bedarf orientierte Angebotssteuerung des Gesundheitssystems muss demnach folgende Ziele haben:

- Das Angebot an Gesundheitsleistungen baut auf einer realen Nachfrage der Versicherten auf.
- Die angebotenen Güter bewirken bei den Patienten eine Verbesserung ihres augenblicklichen Gesundheitszustands.
- Die Leistungen sind in der geforderten fachlichen Qualität zu erbringen.
- Die Gesundheitsleistungen werden wirtschaftlich bereitgestellt, das heißt, es dürfen nur die Leistungen oder Versorgungsformen zur Verfügung gestellt werden, die effizient oder effektiv angeboten werden können.

Bei den Grundsätzen zur Krankenhausfinanzierung wurde 1993 eine entscheidende Weichenstellung vorgenommen. Die Regelungen des KHG, in denen der Anspruch der Krankenhäuser auf Deckung der vorauskalkulierten Selbstkosten eines sparsam wirtschaftenden und leistungsfähigen Krankenhauses festgeschrieben waren, sind zum 01.01.1993 außer Kraft gesetzt worden. Mit dieser Aufhebung des Selbstkostendeckungsprinzips war jedoch nicht die vollständige Streichung des § 4 KHG verbunden. Nach wie vor wird dort festgelegt, dass die Krankenhäuser dadurch wirtschaftlich gesichert werden, dass...

- ... ihre Investitionskosten im Wege öffentlicher Förderung übernommen werden und sie...
- ... leistungsgerechte Erlöse aus den Pflegesätzen sowie aus den Vergütungen für die vor- und nachstationäre Behandlung und für ambulantes Operieren erhalten.

Gemäß § 17 KHG wurde der Anspruch auf Deckung der Selbstkosten ersetzt durch den Anspruch auf medizinisch leistungsgerechte Pflegesätze sowie auf die Vergütung für vor- und nachstationäre Behandlung und für ambulantes Operieren. Hierbei sind nicht die Kosten, sondern die erbrachten Leistungen maßgeblich für die Berechnung der Pflegesätze. Weiterhin müssen die Pflegesätze einem Krankenhaus bei wirtschaftlicher Betriebsführung ermöglichen, den Versorgungsauftrag zu erfüllen. Bei der Ermittlung der Pflegesätze ist der Grundsatz der Beitragssatzstabilität zu beachten. Höhere Abschlüsse sind nur dann möglich, wenn ansonsten die notwendige medizinische Versorgung nicht mehr gewährleistet werden kann. Ausdrücklich schreibt der Gesetzgeber fest, dass die Überschüsse in den Krankenhäusern verbleiben sollen, auf der anderen Seite die Häuser aber auch ihre Verluste tragen müssen.

Trotz dieser strengen gesetzlichen Vorgaben galt im **Personalbereich** der Krankenhäuser bis 1997 sowohl bei der Preis- als auch bei der Mengenkomponente faktisch noch das Selbstkostendeckungsprinzip. Die Preiskomponente wurde dadurch berücksichtigt, dass die Lohn- bzw. Gehaltssteigerungsrate zu 100 % von den Kassen ausgeglichen werden musste.

Seit der Einführung des zweiten Neuordnungsgesetzes galt die Regelung, dass die Differenz zwischen einer über der Veränderungsrate der beitragspflichtigen Einnahmen aller Mitglieder der Krankenkassen liegenden linearen Erhöhung des Bundesangestelltentarifs (BAT) und der Veränderungsrate nur noch zu 50 % ausgeglichen wird. Hieraus folgte, dass die Krankenhäuser die restlichen 50 % zu tragen hatten. Damit wurden die durch Tarifabschlüsse entstehenden Kosten, die nicht vom Krankenhaus beeinflusst werden können, nur noch bedingt durch die Kassen getragen. Diese Vorschrift ist später korrigiert worden, indem die BAT-Berichtigung nur dann um ein Drittel des Unterschieds einer linearen Erhöhung nach BAT (incl. einer vereinbarten Einmalzahlung) und der Veränderungsrate erfolgt, wenn dies erforderlich ist, um den Versorgungsauftrag zu erfüllen. Hiermit wurde im Gegensatz zu der alten Fassung eine Öffnungsklausel eingeführt. Die bis dahin gültige flächendeckende Regelung wurde durch eine krankenhausindividuelle Regelung ersetzt. Aber die praktische Anwendung hat gezeigt, dass diese Klausel nur selten zu einer Besserstellung der Krankenhäuser geführt hat.

Der Mengenkomponente wurde unter anderem durch die Umsetzung der Psychiatrie-Personalregelung, der Pflege-Personalregelung und der Empfehlung zum Hebammenbereich außerhalb der Grundlohnsummenanbindung Rechnung getragen. Durch die Aussetzung bzw. frühzeitige Beendigung der Laufzeit der Pflege-Personalregelung Mitte der 1990er-Jahre des vergangenen Jahrhunderts ist der Mengenausweitungseffekt jedoch eingegrenzt worden.

Nach jahrelangen kontroversen Diskussionen verabschiedete der Gesetzgeber im April 1994 mit Wirkung zum 01.01.**1995** durch die Verabschiedung des SGB IX die Einführung der **Sozialen Pflegeversicherung** als Pflichtversicherung. Damit entstand die fünfte Säule des Sozialversicherungssystems. Die Pflegeversicherung wurde stufenweise eingeführt. Die Zahlungsverpflichtung für die Arbeitgeber und Arbeitnehmer erfolgte am 01.01.1995, die ambulanten und teilstationären Leistungen konnten ab April 1995 in Anspruch genommen werden. Zum 01.06.1996 ergänzten die stationären Leistungen das pflegerische Angebot. Im Unterschied zu den anderen Sozialversicherungen handelt es sich bei der Pflegeversicherung um eine „Teilkaskoversicherung", das heißt, nur ein Teil der Leistungen wird solidarisch finanziert, die restlichen Forderungen sind subsidiär zu begleichen.

Für den SGB-V-Bereich wurde schon 1995 deutlich, dass das angestrebte Ziel, nämlich die Einnahmen und die Ausgaben der gesetzlichen Krankenkassen zur Deckung zu bringen, nicht zu erreichen war. In der zweiten Hälfte des Jahres 1995 ergab sich bei den Kassen ein Defizit von ca. 7 Mrd. Mark. Nach der Vorgabe der Beitragssatzstabilität und der Logik der grundlohnsummenorientierten Ausgabenpolitik hätte dies aber nicht eintreten dürfen. Bei der Ursachensuche stellte sich heraus, dass die personalintensiven Verordnungen bzw. Regelungen, wie zum Beispiel die Personalverordnung für psychiatrische Einrichtungen (Psych-PV), die Pflegepersonalverordnung (PPR) und die Hebammenregelung (HebR) die wesentlichen Kostentreiber waren. Zum Verständnis muss an dieser Stelle ergänzt werden, dass die durch die Verordnungen bzw. Regelungen entstandenen zusätzlichen Personalkosten außerhalb des vorab festgelegten Budgets finanziert worden sind. Zum Abbau des Kassendefizits wurde ein Sondergesetz für den Krankenhaussektor mit der Begründung verabschiedet, dass die Personalmehrkosten nahezu ausschließlich im stationären Bereich entstanden seien und dieser Sektor somit die Sparmaßnahmen allein zu tragen habe. Durch das Votum des Vermittlungsausschusses, der sich im März 1996 mit den kontroversen Einschätzungen der Mehrheit des Bundestages und des Bundesrates über die vorgelegten Gesetze und Verordnungen zur weiteren Kostendämpfung im Krankenhausbereich zu beschäftigen hatte, wurde analog zu den im Gesetzgebungsverfahren vorgebrachten Argumenten festgelegt, dass im Jahre 1996 eine spezielle Deckelung der Krankenhausbudgets greifen solle. In diesem **Gesetz zur Stabilisierung der Krankenhausausgaben 1996 (Stabilisierungsgesetz 1996)** war festgelegt worden, dass der Gesamtbetrag für die Erlöse eines Krankenhauses aus den Fallpauschalen, den Sonderentgelten, den Abteilungspflegesätzen, dem Basispflegesatz, der vor- und nachstationären Behandlung und des ambulanten Operierens nicht höher sein dürfe als die relevante Berechnungsgrundlage für das Jahr 1995, erhöht um die lineare Steigerung der Vergütung nach dem Bundesangestelltentarifvertrag. Hieraus folgte, dass die Deckelung der Krankenhäuser in den Jahren 1996 und 1997 nicht mehr analog zur Grundlohnsummensteigerung der gesetzlichen Krankenversicherungen, sondern analog zu den Lohn- und Gehaltssteigerungen der Beschäftigten im öffentlichen Dienst erfolgte. Weiterhin setzte dieses Gesetz bestimmte Regelungen der Bundespflegesatzverordnung 1995 für das Jahr 1996 außer Kraft. So mussten die Krankenhäuser zum Beispiel für den Budgetbereich nach § 12 Abs. 4 BPflV '95 die Mehrerlöse gegenüber dem vereinbarten flexiblen Budget zu 100 % ausgleichen. Zudem fand der Kapazitätsausgleich gemäß § 12 Abs. 5 BPflV '95 bei Verschiebungen zwischen dem Fallpauschalen- und dem Budgetbereich keine Anwendung. Im Fallpauschalen- und Sonderentgeltbereich sind letztlich die Regelungen über Minder- und Mehrerlöse (§ 11 Abs. 8 BPflV '95) ausgesetzt worden.

Für eine langfristige Stabilisierung der Ausgaben im Krankenhausbereich sollten das **Beitragsentlastungsgesetz (BeitrEntlG)** sowie die **GKV-Neuordnungsgesetze (GKV-NOG)** von **1997** sorgen. Funktion der Gesetze war es, die Kassen einerseits durch die Ausweitungen, Anhebungen und Veränderungen der Zuzahlungen, die Absenkung des Krankengeldes, die

Kürzungen der Kurleistungen, die Kürzung der Kassenzuschüsse zu den Kosten des Zahnersatzes für bestimmte Personengruppen sowie andererseits durch die Streichung der Maßnahmen zur Gesundheitsförderung finanziell zu entlasten. Diese Gesetze, die für die Jahre 1998 bis 1999 die Rahmenbedingungen für die Finanzierung der Versorgungseinrichtungen vorgaben, stellten den Teil der gescheiterten dritten Stufe der Gesundheitsreform dar. Diese nicht bundesratszustimmungspflichtigen Kernpunkte dieses Gesetzes sind folgende:

- Vereinbarung der Vertragsparteien auf Landesebene über eine Gesamtvergütung sowie über eine Zuwachsrate als Obergrenze der Erlöse aller Krankenhäuser in dem jeweiligen Bundesland
- Erweiterung der Kataloge für Fallpauschalen und Sonderentgelte auf Bundesebene durch die Selbstverwaltungsorgane; Preisfestsetzung für die leistungsbezogenen Entgelte auf der Landesebene
- verstärkte Einbeziehung der Landesverbände der Krankenkassen bei der Krankenhausplanung
- Erleichterungen für die Krankenkassen für den Abschluss und die Kündigung von Versorgungsverträgen
- Förderung der Praxiskliniken und des Belegarztwesens
- Ermächtigung von Krankenhausärzten zur ambulanten Erbringung hochspezialisierter medizinischer Leistungen
- zusätzliche Förderung der Instandhaltungsinvestitionen der Krankenhäuser für die Jahre 1997 bis 1999 durch eine Pflegesatzfinanzierung
- Ausschluss von nicht apothekenpflichtigen Arzneimitteln aus dem GKV-Leistungskatalog
- Lockerung der Zulassungsbeschränkungen für den KV-Bereich
- Ausgliederung der notärztlichen Versorgung im Rahmen des Rettungsdienstes aus dem Sicherstellungsauftrag der Kassenärztlichen Vereinigungen.

Die Gesetze aus dem Jahre 1997 stärkten die Selbstverwaltungsorgane. Hierdurch wurden einige Verantwortlichkeiten, die zuvor bei der öffentlichen Hand lagen, auf die Verbände des Gesundheitswesens übertragen. Gesundheitspolitisch wurden hiermit Ansätze der Deregulierung realisiert.

Die **Instandhaltungspauschale** für Anlagegüter im Sinne der Abgrenzungsverordnung in Höhe von 1,1 % der für die allgemeinen Krankenhausleistungen vereinbarten Vergütung, die 1997 eingeführt worden ist, hat auch weiterhin Gültigkeit. Dagegen ist der sogenannte **Fehlbelegungsabzug** in Höhe von 1 % des Budgets und des Betrags für Fallpauschalen und Sonderentgelte zum 31.12.1999 ausgelaufen.

Mit dem Regierungswechsel im Herbst 1998 veränderten sich auch die Vorstellungen über die Reform des Gesundheitssystems. Die Stärkung der Solidarität wurde als ein wichtiges gesundheitspolitische Leitbild genannt. Mit dieser Formulierung sollte zum Ausdruck gebracht werden, dass die Ansätze der Regierung Kohl, die das Subsidiaritätsprinzip stärken wollte, nicht weiter verfolgt werden. An die Stelle des Subsidiaritätsgedankens sollten Elemente des Solidaritätsansatzes treten. Hierbei war jedoch nicht daran gedacht, die Gesundheitspolitik ausschließlich solidarisch zu gestalten. Der Begriff „Neue Mitte" verdeutlicht anschaulich die neue Sichtweise, nämlich als Mitte zwischen dem reinen Solidaritäts- und dem reinen Subsidiaritätsprinzip. Analog zu diesem Paradigmenwechsel wurde zum 01.01.**1999** das **GKV-Solidaritätsstärkungsgesetz** verabschiedet. Es sah unter anderem vor, die Selbstbeteiligungsanteile der Versicherten zu senken. So wurden die Anteile für die Medikamentenbeteiligung reduziert, eine deutliche Verbesserung für chronisch erkrankte Personen wurde realisiert und die durch Minister Seehofer eingeführte Finanzierung der Zahnersatzleistungen wurde rückgängig gemacht. Die Gesundheitssektoren blieben auch ab 1999 gedeckelt bzw. budgetiert. Die Veränderungsrate der Budgets orientierte sich aber nicht mehr an den Vorgaben der Selbstverwaltungsorgane auf Bundesebene, diese Rate wurde nunmehr wiederum durch das Bundesgesundheitsministerium festgelegt. In diesem Punkt deckte sich diese Regelung mit den Vorschriften der Jahre 1993 bis 1997. Im Unterschied zu dieser

Phase wurden ab 1999 die Daten jedoch nicht prospektiv, sondern retrospektiv fixiert. Mit der Einberechnung der sozialversicherungspflichtigen Bruttoentgelte aus der Vergangenheit erübrigte sich auch das Problem der Ausgleichszahlungen, die sich aus dem Unterschied zwischen den angenommenen und den realen Lohnzuwächsen ergeben können. Seit 1999 werden jeweils im September eines Jahres seitens des Bundesministeriums für Gesundheit die durchschnittlichen Veränderungsraten der beitragspflichtigen Einnahmen aller Mitglieder der Krankenkassen je Mitglied gemäß § 71 Abs. 3 SGB V veröffentlicht. Diese sogenannte **Grundlohnsummensteigerung** berücksichtigt den Zeitraum vom 01.07. des vergangenen Jahres bis zum 30.06. des laufenden Jahres.

Das Jahr 1999 war ansonsten bestimmt durch die Diskussionen um die avisierte Gesundheitsreform 2000. Aufgrund der unterschiedlichen politischen Mehrheitsverhältnisse im Bundestag und im Bundesrat deutete sich bereits im Herbst 1999 an, dass die „große" Reform am Widerstand des Bundesrates scheitern würde. Wesentliche Kritikpunkte waren das sogenannte Globalbudget und die schrittweise Einführung der monistischen Finanzierung.

> Unter einem Globalbudget ist ein Budget zu verstehen, das sektorübergreifend angelegt ist und alle Einrichtungen der verschiedenen Gesundheitssektoren einbezieht.

Die Realisierung der monistischen Finanzierung, die an die Stelle der dualen Finanzierung treten sollte, war in Teilschritten geplant. Der erste Schritt, die sogenannte Teilmonistik, sah die Übernahme der pauschalen Fördermittel durch die Krankenkassen vor. In einer zweiten Stufe sollten auch die Einzelinvestitionen durch die Krankenversicherungen finanziert werden. Am Ende dieser Entwicklung hätten die Kassen die Betriebskosten und die Investitionsmittel decken müssen.

Im Dezember 1999 wurde nach langer und kontroverser Debatte der nicht zustimmungspflichtige Teil der **GKV-Gesundheitsreform 2000** vom Bundestag verabschiedet. Das **Gesetz zur Reform der gesetzlichen Krankenversicherung** bewirkte Veränderungen, Ergänzungen bzw. Streichungen im Krankenhausfinanzierungsgesetz, in der Bundespflegesatzverordnung und im SGB V.

Die wesentlichen Aspekte des Gesundheitsreformgesetzes 2000 werden nachfolgend aufgeführt:

- Verzahnung der ambulanten und der stationären Versorgung
- Stärkung der hausärztlichen Versorgung
- stärkere Orientierung auf Prävention, bedarfsgerechte Behandlung und Qualitätssicherung in der zahnmedizinischen Versorgung
- Verbesserung der Qualität und der Wirtschaftlichkeit der Arzneimittelversorgung
- Einführung eines leistungsorientierten pauschalierten Preissystems für Krankenhäuser
- Stärkung der Gesundheitsförderung, der Vorsorge und der Selbsthilfe
- Stärkung der Prävention
- Förderung der Rehabilitation
- Verbesserung der Qualität der gesundheitlichen Versorgung
- Erweiterung der Patientenrechte
- Beibehaltung der Beitragssatzstabilität
- Beseitigung der Wettbewerbsverzerrungen zwischen gesetzlicher und privater Krankenversicherung
- Gründung von sektorübergreifenden Versorgungsnetzwerken.

Dieses Gesetz hatte nach Meinung der Deutschen Krankenhausgesellschaft außerordentlich tiefgreifende und nachhaltige Neuerungen, die die Krankenhauslandschaft in Deutschland drastisch verändert haben. Nach Auffassung der Gesellschaft zählen dazu zum Beispiel:

- die schärfere Fassung des Prinzips der Beitragssatzstabilität
- die Einführung eines pauschalierenden Entgeltsystems
- die Verpflichtung zur Qualitätssicherung und zum einrichtungsinternen Qualitätsmanagement
- die Regelungen zur Bewertung von Untersuchungs- und Behandlungsmethoden

- der Komplex der vertragsgesteuerten integrierten Versorgung.

Am 01.01.2000 ist § 17b KHG neu in das Gesetz aufgenommen worden. Mit diesem Passus schreibt die Legislative anstelle voll- und teilstationärer Pflegesätze die Einführung eines **pauschalierenden Entgeltsystems** vor. Mit diesem durchgängigen und leistungsorientierten Vergütungssystem mussten spätestens ab dem 01.01.2004 nahezu alle allgemeinen Krankenhausleistungen für einen Behandlungsfall in der Somatik vergütet werden. Es galt folglich nicht für die psychiatrischen Einrichtungen. Bei dem neuen Vergütungssystem waren die folgenden Punkte zu beachten:
- Das neue Vergütungssystem hat die Komplexitäten und Komorbiditäten abzubilden. Zudem sind bundeseinheitliche Regelungen für Zu- und Abschläge zu treffen, mit denen zum Beispiel die Notfallversorgung, die Ausbildungsstätten und die Ausbildungsvergütungen sowie die Aufnahme von Begleitpersonen finanziell berücksichtigt werden sollen.
- Die Fallgruppen und ihre jeweiligen Bewertungsrelationen in Form von Relativgewichten sind für das gesamte Bundesgebiet festzulegen. Relativgewichte ermöglichen somit die Vergleichbarkeit von Krankenhäusern untereinander. Damit können die Krankenhausvergleiche auf eine einfache Basis gestellt werden. Die Werte pro Punkt hingegen lassen sich nach Versorgungsregionen jeweils differenziert ermitteln.

Die Spitzenverbände der Krankenkassen, der Verband der Privaten Krankenversicherung und die Deutsche Krankenhausgesellschaft mussten das Vergütungssystem konzipieren und vereinbaren und müssen es weiterentwickeln. Dabei hat der Gesetzgeber festgelegt, dass das Vergütungssystem sich an einem international bereits eingesetzten System auf der Grundlage der **Diagnosis Related Groups (DRGs)** zu orientieren hat. Die Vertragsparteien haben sich für die Australian Refined DRG entschieden. Die **Australian Refined Diagnosis Related Groups (AR-DRGs)**, die nach Einschätzung der Selbstverwaltungspartner zum damaligen Zeitpunkt das modernste DRG-System waren, bilden somit die Grundlage des deutschen DRG-Systems. Sie wurden zwischenzeitlich der Krankenhausversorgung in Deutschland angepasst und werden nunmehr als **German Diagnosis Related Groups (G-DRGs)** bezeichnet.

In der Vereinbarung vom Juni 2000 wurden weiterhin die Grundsätze für die Kalkulation der Entgelte vereinbart. Zudem legten die Selbstverwaltungspartner fest, dass sich an die budgetneutrale Einführung des neuen Vergütungssystems im Jahre 2003 für den Zeitraum vom 01.01.2004 bis zum 31.12.2006 eine dreijährige Konvergenzphase anschließen sollte. Dieser Zeitrahmen wurde im Jahr 2002 auf Grund zeitlicher Verzögerungen, unter anderem in Zusammenhang mit dem Kalkulationsverfahren, um ein Jahr hinausgeschoben. Zusätzlich wurde ein Optionsjahr eingeführt. Danach konnten die Krankenhäuser im Jahre 2003 freiwillig die DRGs einführen, die Pflicht zur Abrechnung mit dem DRG-System begann somit erst am 01.01.2004. Die Konvergenzphase umfasste zunächst die Jahre 2005 und 2006. Diese Phase wurde auf Grund der Intervention der Krankenhäuser auf den Zeitraum von 2005 bis Ende 2009 verlängert. Die Anzahl der voll- und teilstationär abrechenbaren Fallgruppen wurde zunächst auf ca. 800 DRGs festgelegt.

Mit dieser Entscheidung war die Weiterentwicklung des bestehenden deutschen Fallpauschalen- und Sonderentgeltsystems ausgeschlossen.

Für die Einführung des pauschalierenden Entgeltsystems galt der nachstehende Zeitplan, der zum Teil revidiert worden ist:
- Vereinbarung über die Grundstrukturen des Vergütungssystems und über das Verfahren zur Ermittlung der Bewertungsrelationen (Punktzahlen) auf Bundesebene bis zum 30.06.2000. Wäre dieser Vertrag nicht zustande gekommen, hätte die Bundesregierung eine Rechtsverordnung erlassen müssen.
- Vereinbarung über die Bewertungsrelationen und über die Bewertung der Zu- und Abschläge bis zum 31.12.2001
- Einführung des Vergütungssystems zum 01.01.2003. Diese verbindliche Vorgabe ist

später auf den 01.01.2004 verschoben worden. Der 01.01.2003 galt dann als sogenannter Optionstermin. Im Jahre 2004 wurde das System verpflichtend budgetneutral eingeführt. Hinter der Formulierung „Budgetneutralität" steht die Vorgabe, dass für das Jahr 2004 ein prospektives, krankenhausindividuelles Erlösbudget vereinbart wurde. Dieses Erlösbudget wird durch die Punktsumme aller Pauschalen geteilt und ergibt für das Jahr 2004 einen krankenhausindividuellen Punktwert.

Die Vertragspartner einigten sich außerdem auf weitere Regelungen, um die zur Einführung des neuen Vergütungssystems notwendigen Voraussetzungen zu schaffen. Hierzu zählen unter anderem die:

- Übersetzung der Handbücher für die computergestützte Abrechnung und ergänzender systembeschreibender Materialien in die deutsche Sprache
- Festlegung der Kodierregeln für die Dokumentation der diagnosen-, prozeduren- und sonstigen gruppierungsrelevanten Merkmale
- Entwicklung eines bundesweit einheitlichen Kalkulationsschemas zur Ermittlung und Pflege der Relativgewichte
- Festlegung des Verfahrens zur jährlichen Ermittlung des für die jeweiligen Bundesländer einheitlichen Basisfallwerts, jeweils bis zum 30. September des laufenden Jahres für das Folgejahr
- Festlegung der Regelungen der bundeseinheitlichen Zu- und Abschläge.

Die Ermittlung und Fortschreibung der Relativgewichte der Fallgruppen wurden auf der Basis bundesdeutscher Ist-Daten vorgenommen. Hierzu vereinbarten die Selbstverwaltungspartner zur Auswahl der an der Kalkulation beteiligten Krankenhäuser eine repräsentative Stichprobe. Die Datenerhebung erfolgte retrospektiv und hatte sich grundsätzlich auf ein abgeschlossenes Kalenderjahr zu beziehen. Für die im Jahre 2003 gültigen Relativgewichte wurden jedoch Daten des Jahres 2002 verwendet, die unterjährig erfasst worden waren, das heißt, es

wurden nur die Daten einiger Monate in die Berechnung einbezogen.

Wichtig ist, noch einmal zu erwähnen, dass das neue Finanzierungssystem im Jahre 2003 optional und 2004 verpflichtend budgetneutral umgesetzt wurde. Nach der Übergangsfrist bis zum Jahre 2010 hatten die Krankenhäuser für fast alle voll- und teilstationären somatischen Leistungen die auf Landesebene zwischen den Krankenkassen und den Krankenhausgesellschaften ausgehandelten Festpreise zu akzeptieren.

Außerdem wurde in dem veränderten § 17a KHG zum Beispiel neu festgeschrieben, dass die Finanzierung von Ausbildungsstätten und -vergütungen der Krankenpflege und Kinderkrankenpflege bis Ende 2004 im Pflegesatz zu berücksichtigen ist. Bei der Ermittlung der Ausbildungsvergütung sind Personen, die in der Kranken- und Kinderkrankenpflege ausgebildet werden, im Jahre 2004 im Verhältnis 7 : 1 und ab 01.01.2005 im Verhältnis 9,5 : 1 auf die Stelle einer vollausgebildeten Person anzurechnen. Für den Ausbildungsbereich der Krankenpflegehilfe gilt die Relation 6 : 1. Ab 01.01.2005 erfolgte die Ausbildungsfinanzierung pauschaliert über einen Zuschlag je Fall, den alle Krankenhäuser im Land einheitlich erheben. Die Kosten der Ausbildungsvergütung sind hierbei jedoch nur für die Ausbildungsplätze zu berücksichtigen, die die anzurechnenden Stellen übersteigen.

Neu eingeführt wurde weiterhin § 17c KHG (Prüfung der Abrechnung von Pflegesätzen), in dem unter anderem die Krankenhäuser verpflichtet werden, durch geeignete Maßnahmen darauf hin zu wirken, dass...

- ... keine Patienten aufgenommen werden, die nicht der stationären Krankenhausbehandlung bedürfen (Fehlbelegungen).
- ... eine vorzeitige Verlegung oder Entlassung aus wirtschaftlichen Gründen unterbleibt.
- ... die Abrechnung der Fallpauschalen ordnungsgemäß erfolgt.

Für den Zeitraum von 1996 bis Ende 2003 sah **§ 18b KHG** die Finanzierung von Rationalisierungsinvestitionen über den Pflegesatz vor. Voraussetzung war hierbei, dass die damit bewirkten Betriebskosteneinsparungen in einem

Zeitraum von sieben Jahren die Investitions- und Finanzierungskosten decken sowie das Budget und damit auch die Kostenträger entlasten sollten.

Das duale Krankenhausfinanzierungssystem sollte ursprünglich auf Grund der politischen Vorgaben der damaligen Bundesregierung schrittweise durch ein monistisches System ersetzt werden. Im Rahmen des GKV-Reformgesetzes 2000 war die Durchsetzung dieses Ziels nicht möglich.

Bereits 1993 war auch § 9 Abs. 3 KHG geändert worden. Die Pauschalbeträge, welche die Länder für die Wiederbeschaffung kurzfristiger Anlagegüter und kleiner baulicher Maßnahmen aufbringen müssen, sollten nicht mehr ausschließlich nach der Zahl der in den Krankenhausplan aufgenommen Betten bemessen werden. Die Pauschalförderung nach Betten verhinderte den Abbau überflüssiger Krankenhausbetten und belastete die Krankenkassen über die Pflegesätze mit den laufenden Betriebs- und Behandlungskosten. Mit der neuen Regelung sollte die Bezugsgröße „Bett" durch andere Parameter ergänzt werden. Inwieweit diese Forderung bislang umgesetzt werden konnte, ist den jeweiligen Landeskrankenhausfinanzierungsgesetzen zu entnehmen. Die Auseinandersetzungen im September 2008 zwischen dem Bundesgesundheitsministerium und den Bundesländern um die zukünftige Finanzierung der Investitionsförderung hat verdeutlicht, das es zu diesem Zeitpunkt keinen gemeinsamen Lösungsansatz gab, wie zukünftig die unzureichenden Investitionsmittel angehoben werden können. Die Länder beharren weiterhin auf ihrer alleinigen Zuständigkeit, obwohl sie in den vergangenen Jahren ihrer Verpflichtung, die notwendigen Investitionsvolumina zur Verfügung zu stellen, nur unzureichend nachgekommen sind. Hieraus hat sich bei den Krankenhäusern ein enormer Investitionsstau ergeben. Im Jahre 2013 betrug die durchschnittliche Investitionsquote aller Bundesländer nur noch 4,2 %, die volkswirtschaftliche Investitionsquote dagegen 17,2 %. Auf der Grundlage der Vereinbarung des GKV-Spitzenverbandes, des Verbandes der Privaten Krankenversicherung und der Deutschen Krankenhausgesellschaft über die bundeseinheitlichen Investitionsbewertungsrelationen gemäß § 10 Abs. 2 KHG ist erstmalig im Jahre 2014 ein **Investitionsbewertungsrelationen-Katalog** veröffentlicht worden. Damit haben sich die Vertragspartner darauf verständigt, die Investitionen nunmehr auf der Grundlage der Bewertungsrelation pro Fall bzw. der Bewertungsrelation pro Tag zu finanzieren.

Das **Gesetz zur Reform der gesetzlichen Krankenversicherung (GKV-Gesundheitsreform 2000)** bewirkte Veränderungen, Ergänzungen bzw. Streichungen im KHG, in der BPflV '95 und im SGB V. Zusammenfassend werden im Folgenden die wesentlichen Aspekte des Gesundheitsreformgesetzes 2000 aufgeführt:

- Verzahnung der ambulanten und der stationären Versorgung
- Stärkung der hausärztlichen Versorgung
- stärkere Orientierung auf Prävention, bedarfsgerechte Behandlung und Qualitätssicherung in der zahnmedizinischen Versorgung
- Verbesserung der Qualität und Wirtschaftlichkeit der Arzneimittelversorgung
- Einführung eines leistungsorientierten, pauschalierten Preissystems für Krankenhäuser
- Stärkung der Gesundheitsförderung und der Selbsthilfe
- Förderung der Rehabilitation
- Verbesserung der Qualität der gesundheitlichen Versorgung
- Erweiterung der Patientenrechte
- Beibehaltung der Beitragssatzstabilität
- Beseitigung der Wettbewerbsverzerrungen zwischen gesetzlicher und privater Krankenversicherung
- Abbau der ambulanten Überversorgung.

Dieses Gesetz hatte, wie bereits erwähnt, außerordentlich tief greifende und nachhaltige Neuerungen, die die Krankenhauslandschaft in Deutschland drastisch verändert haben. Dazu zählen insbesondere:

- die schärfere Fassung des Prinzips der Beitragssatzstabilität
- die Einführung eines pauschalierenden Entgeltsystems

- die Verpflichtung zur Qualitätssicherung und zum einrichtungsinternen Qualitätsmanagement
- die Regelungen zur Bewertung von Untersuchungs- und Behandlungsmethoden
- der Komplex der vertragsgesteuerten integrierten Versorgung
- die Verschärfung im Bereich der Ausnahmetatbestände nach § 6 Abs. 1 BPflV '95
- der BAT-Berichtigungsanspruch nach § 6 Abs. 3 BPflV '95 in der Fassung des 2. Neuordnungsgesetzes.

Das **Rechtsangleichungsgesetz** wurde am 17.12.1999 mit den Stimmen der SPD-regierten Bundesländer und den Voten der Länder Bremen, Rheinland-Pfalz, Sachsen und Thüringen vom Bundesrat verabschiedet. Ziel dieses Gesetzes, das am 01.01.2000 in Kraft trat, war die stufenweise Einführung des **gesamtdeutschen Risikostrukturausgleichs (RSA)**. Mithilfe des RSA sollten unter anderem die Defizite der ostdeutschen Krankenkassen ausgeglichen werden. Im Rahmen dieses Ausgleichs wurden die durchschnittlich höheren Ausgaben im Westen und die niedrigeren Ausgaben in den neuen Bundesländern zu einheitlichen Werten zusammengefasst. Diese bildeten dann die Standardausgaben je Versichertengruppe. Hierdurch ergab sich bei den ostdeutschen Krankenkassen ein höherer Beitragsbedarf zur Deckung der Leistungsausgaben als bei den westdeutschen Kassen. Infolge dieser Differenz mussten Transfersummen von West nach Ost fließen. Den betroffenen Krankenkassen in den neuen Bundesländern standen somit mehr Finanzmittel zur Verfügung. Der gesamtdeutsche Risikostrukturausgleich hat im Jahre 2001 begonnen und endete im Jahre 2007. Die Anpassung erfolgte über eine stufenweise Zusammenführung der Transfersummen. Das Transfervolumen wurde in der Endstufe des Risikostrukturausgleichs auf 2,5 Mrd. Euro pro Jahr geschätzt.

Flankierend zu dem Gesetz wurde durch den Bundesrat beschlossen, dass die Bundesregierung eine Untersuchung in Auftrag geben musste, in der die Auswirkungen des gesamtdeutschen Risikostrukturausgleichs auf die Höhe der Beitragssätze in den alten und neuen Bundesländern überprüft werden sollten. Sollte diese Überprüfung zu dem Ergebnis kommen, dass gravierende Belastungsunterschiede eintreten, so konnte die Bundesregierung mit Zustimmung des Bundesrates per Rechtsverordnung die RSA-Regelungen verändern.

Ergänzend zu diesem Gesetz wurde Ende 2001 das **Gesetz zur Reform des Risikostrukturausgleichs** verabschiedet. Kernstück der zum 01.01.2002 in Kraft getretenen Neuregelungen des RSA sind der sogenannte Risikopool, die Einführung eines besonderen Ausgleichsverfahrens für Versicherte, die in Disease-Management-Programmen (DMPs) eingeschrieben sind, sowie die Eröffnung eines mittelfristigen Umbaus des RSA zu einem unmittelbaren „morbiditätsorientierten Ausgleichssystem". Somit wurde den gesetzlichen Krankenkassen seit Januar 2002 die Möglichkeit eröffnet, gezielt DMPs zur optimalen Behandlung chronischer Erkrankungen einzurichten.

Im Jahre 2002 kamen somit zu den bisherigen Faktoren
- beitragspflichtige Einnahmen der Mitglieder,
- Zahl der mitversicherten Familienangehörigen,
- Alters- und Geschlechtsstruktur der Versicherten und
- Zahl der Bezieher einer Erwerbsminderungsgrenze

die folgenden Ausgleichsfaktoren hinzu:
- Zahl der Versicherten, die in einem zugelassenen strukturierten Behandlungsprogramm bei chronischen Krankheiten (Disease-Management-Programme) eingeschrieben sind
- anteiliger Ausgleich der weit über dem Durchschnitt der Standardausgaben liegenden Aufwendungen durch einen Risikopool.

Durch die Gegenüberstellung der individuellen Finanzkraft und des Beitragsbedarfs einer Kasse wurden die Empfänger und die Geber der Transferzahlungen durch das Bundesversicherungsamt ermittelt.

Die Details zu den strukturierten Behandlungsprogrammen bei chronischen Krankheiten

sind in § 137f SGB V geregelt. Bei der Auswahl der vom **Gemeinsamen Bundesausschuss** zu empfehlenden chronischen Krankheiten sind unter anderem folgende Kriterien zu berücksichtigen:
- Zahl der von der Krankheit betroffenen Versicherten
- Möglichkeiten zur Verbesserung der Versorgungsqualität
- Verfügbarkeit evidenzbasierter Leitlinien
- sektorübergreifender Behandlungsbedarf
- hoher finanzieller Aufwand der Behandlung.

Die Zulassung der strukturierten Behandlungsprogramme erfolgt nach den Vorgaben des § 137 g SGB V. Danach hat das **Bundesversicherungsamt** auf Antrag einer Krankenkasse oder eines Verbandes der Krankenkassen die Zulassung von Disease-Management-Programmen zu erteilen, wenn die Programme die gesetzlich geregelten Voraussetzungen erfüllen.

Die Teilnahme zum Beispiel eines Krankenhauses an einem Disease-Management-Programm ist an einen Vertrag gebunden, der zwischen einem zugelassenen Krankenhaus und den Krankenkassen, den Landesverbänden der Krankenkassen oder den Verbänden der Ersatzkassen abgeschlossen wird. Hierbei können neben den stationären Leistungen auch ambulante ärztliche Behandlungen vereinbart werden. Seitens der Krankenhäuser besteht jedoch kein Rechtsanspruch auf Abschluss eines Vertrags. Die gesetzlichen Vorschriften für die sächlichen und personellen qualitativen Anforderungen nach § 135 SGB V sind mindestens zu erfüllen. Die vertraglich erbrachten Leistungen des Krankenhauses werden unmittelbar von der Krankenkasse vergütet.

Wie für viele der aus dem amerikanischen Gesundheitswesen importierten Begriffe fehlt auch für **Disease Management (DM)** eine einheitliche Definition. Von den vielen begrifflichen Festlegungen soll in diesem Zusammenhang die Definition von Lauterbach herangezogen werden:

> „DM ist ein systematischer, sektorenübergreifender und populationsbezogener Ansatz zur Förderung einer kontinuierlichen, evidenzbasierten Versorgung von Patienten mit chronischen Erkrankungen über alle Krankheitsstadien und Aspekte der Versorgung hinweg. Der Prozess schließt die kontinuierliche Evaluation medizinischer, ökonomischer und psychosozialer Parameter sowie eine darauf beruhende kontinuierliche Verbesserung des Versorgungsprozesses auf allen Ebenen ein." (Lauterbach/Stock, 2001)

Im Kern steht das Disease Management also für die indikationsbezogene Optimierung von Versorgungsprozessen unter medizinischen und ökonomischen Gesichtspunkten. Es steuert die Therapie als Ganzes und nicht nur einzelne, ambulante oder stationäre Teilprozesse. Die Umsetzung des Disease Managements erfolgt in Form von Programmen, die eine Zusammenstellung aufeinander abgestimmter Maßnahmen beinhalten. Ein Disease-Management-Programm behandelt alle relevanten Behandlungsaspekte einer bestimmten Krankheit. Hierbei sollen sektorübergreifende Prozesse aufgebaut werden, das heißt, Prozesse der Vorsorge, der Behandlung und der Nachsorge sind logisch und zeitlich zu optimieren. Letztlich ist ein Disease-Management-Programm ein speziell für eine Erkrankung entwickelter Tätigkeitsablauf, an dem sich alle am Versorgungsprozess Beteiligten orientieren sollen.

Im Sinne des Risikostrukturausgleichs ergeben sich zwischen den Krankenkassen finanzielle Erstattungen. Erstattungen für Maßnahmen im Rahmen strukturierter Behandlungsprogramme sind dann möglich, wenn...
- ... das jeweilige DMP durch eine neutrale Akkreditierungsstelle die Zulassung erhält.
- ... sowohl die Akkreditierung selber als auch die einzelne Einschreibung qualitätsgesichert erfolgt und Akkreditierung und Einschreibung kontrolliert und evaluiert werden.

Langfristiges Ziel sollte es sein, bis zum Jahre 2007 einen **morbiditätsorientierten RSA (Morbi RSA)** einzuführen. Die Einführung des Morbi-RSA wurde jedoch auf den 01.01.2009 verschoben. Seit dieser Zeit ist die direkte Erfassung von Morbiditätsunterschieden zwischen den Versicherten möglich. Dies bedeutet, dass die Krankenversicherungen künftig keine Beitrags- und Wettbewerbsvorteile dadurch erzielen, dass sie vor allem gesunde Versicherte an sich binden. Gesunde und kranke Versicherte werden entsprechend ihrer Risikobelastung unterschiedlich berücksichtigt.

Wie oben bereits ausgeführt, sind in dem Gesetz zur Reform des Risikostrukturausgleichs die Disease-Management-Programme festgeschrieben worden. In diesen Programmen werden Versicherte mit chronischen Erkrankungen behandelt, die in zugelassenen strukturierten Behandlungsprogrammen eingeschrieben sind. Zu den finanzierten Behandlungen gehören neben den im ambulanten Bereich durchgeführten Dienst- und Sachleistungen auch die stationär erbrachten Leistungen.

Alle Disease-Management-Programme haben die folgenden **Grundprinzipien** gemeinsam:

- „Sie gewährleisten eine sektorenübergreifende medizinische Versorgung.
- Durch Vermeidung von Über-, Unter- und Fehlversorgung erfolgt ein effizienter Umgang mit den zur Verfügung stehenden Ressourcen des Gesundheitssystems.
- Sie orientieren sich an medizinischen Leitlinien und medizinischer Evidenz.
- Sie ermöglichen dem Arzt eine optimale und regelmäßige Versorgung seiner Patienten.
- Die Teilnahme an strukturierten Behandlungsprogrammen ist für die Versicherten freiwillig.
- Sie helfen den Patienten, ihre Erkrankung besser zu verstehen und danach zu handeln."
(Broweleit, 2003: 25)

Im Rahmen der Zieldefinition von Disease Management wird ersichtlich, dass grundsätzlich alle Personen, Gruppen und Institutionen, die mit der Behandlung einer chronischen Krankheit zu tun haben, als Zielgruppen infrage kommen könnten. In diesem Zusammenhang sind zum Beispiel Ärzte, Apotheker und Krankenhäuser zu nennen. Primäre Zielgruppe sind jedoch die chronisch kranken Versicherten. Durch ein für das jeweilige Krankheitsbild relevantes Programmangebot können die Krankenkassen den Gesundheitszustand ihrer Mitglieder verbessern oder eine Verschlechterung verhindern. In diesem Zusammenhang spielt die aktive Mitwirkung der Versicherten eine große Rolle. Ein informierter und motivierter Patient trägt zum Programmerfolg bei. Daher können Kassen durch eine patientenzentrierte Informationspolitik die Programmeffektivität erheblich steigern. Die Vorteile der strukturierten Behandlungsprogramme, die sich für einzelne Zielgruppen ergeben, werden in Tabelle 4.3-1 zusammengefasst.

Am 23.04.**2002** trat das **Gesetz zur Einführung des diagnose-orientierten Fallpauschalensystems für Krankenhäuser (Fallpauschalengesetz – FPG)** in Kraft. Mit diesem Artikelgesetz wurden Regelungen des SGB V, des KHG und der Bundespflegesatzverordnung verändert. Die oben genannten rechtlichen Vorschriften wurden bereits am 17.07.**2003** durch das **Erste Fallpauschalenänderungsgesetz (1. FPÄndG)** an einigen Stellen überarbeitet. Die relevanten Veränderungen werden in den folgenden Ausführungen kurz dargestellt.

Durch das Fallpauschalengesetz bzw. das Fallpauschalenänderungsgesetz ergaben sich Novellierungen im **SGB V** unter anderem beim § 137 SGB V. Es geht hierbei um die Ausnahmeregelung bei den erforderlichen **Mindestmengen** der planbaren Krankenhausleistungen. Die Neuformulierungen im **KHG** betrafen primär den § 17b KHG. Die Vorschriften regelten unter anderem die optionale Einführung des neuen Vergütungssystems für das Jahr 2003, die Verpflichtung zur Einführung der Fallpauschalenabrechnung ab 2004 sowie die Umsetzung der Übergangsregelungen für die Konvergenzphase. Neu eingeführt wurde § 17c KHG (Prüfung der Abrechnung von Pflegesätzen), in dem unter anderem die Krankenhäuser verpflichtet wurden, durch geeignete Maßnahmen darauf hin zu wirken, dass...

- ... keine Patienten aufgenommen werden, die nicht der stationären Krankenhausbehandlung bedürfen (Fehlbelegungen).
- ... eine vorzeitige Verlegung oder Entlassung aus wirtschaftlichen Gründen unterbleibt.
- ... die Abrechnung der Fallpauschalen ordnungsgemäß erfolgt.

Tabelle 4.3-1: Vorteile der Disease-Management-Programme (Quelle: Broweleit, 2003: 26)

Vorteile für Patienten	Vorteile für Kostenträger	Vorteile für Ärzte	Vorteile für die Gesellschaft
Optimierte Krankheitswahrnehmung	Versichertenbindung durch Zufriedenheit	der „mündige Patient" wird angestrebt	leistungsfähiges, finanzierbares Gesundheitswesen
Verbesserung der Krankheitssymptomatik	Kompetenzzuwachs als Prozesskoordinator	kompetente Behandlungsunterstützung	Arbeitsplatzentlastung durch geringere Fehlzeiten
Komplikationsvermeidung	effizienter Ressourceneinsatz	Aufwertung des ambulanten Bereiches	Entlastung des sozialen Umfeldes eines Chronikers
Anstieg der Lebensqualität	hochwertige Behandlungsprogramme	sektorenübergreifende Versorgung	
Anstieg der Patientenzufriedenheit	langfristige Kosteneinsparungen	bessere Patienten-Compliance	
eigenständiges Krankheitsmanagement		Kompetenzzuwachs des Arztes	
		rascher Informationsmaterialzugriff	

Außerdem wurde in dem veränderten § 17a KHG zum Beispiel neu festgeschrieben, wie die Finanzierung von Ausbildungsstätten und Ausbildungsvergütungen der Krankenpflege und Kinderkrankenpflege zukünftig geregelt sein sollen.

Artikel 5 des Fallpauschalengesetzes hat die Einführung des **Gesetzes über die Entgelte für voll- und teilstationäre Krankenhausleistungen (Krankenhausentgeltgesetz – KHEntgG)** zum Regelungsgegenstand. Das Gesetz ist am 23.04.**2002** in Kraft getreten. Änderungen erfolgten unter anderem durch die Neufestlegung der Konvergenzphase. Das KHEntgG regelt die Vergütung für die voll- und teilstationären Leistungen der Krankenhäuser durch Fallpauschalen. Im Gesetz wird explizit darauf hingewiesen, dass die Vorschriften unter bestimmten Voraussetzungen auch für Bundeswehrkrankenhäuser und für Krankenhäuser der Träger der gesetzlichen Unfallversicherungen gelten.

Die Definition der Krankenhausleistung ist deckungsgleich mit dem bereits vorgestellten Begriff.

In § 3 KHEntgG waren die Regelungen für die budgetneutralen Einführungsjahre 2003 und 2004 festgelegt. So war für das Jahr 2004 ein Gesamtbetrag zu vereinbaren. Dieser ist aufzugliedern in ein Erlösbudget und in ein Restbudget. Das Erlösbudget setzt sich aus den Fallpauschalen und den Zusatzentgelten nach § 17b KHG zusammen. Das Restbudget umfasst die voll- und teilstationären Leistungen, die zwar nach dem KHG, aber noch nicht über die Fallpauschalen und Zusatzentgelte vergütet werden. Diese sonstigen Entgelte sind nach § 6 KHEntG jeweils separat zu vereinbaren. Der Gesamtbetrag und das Erlösbudget sind um bestimmte Ausgleiche, Berichtigungen und Entgeltanteile zu bereinigen.

Für die Abrechnung gegenüber den Kostenträgern war es in den Jahren 2003 und 2004 notwendig, den Fallpauschalen krankenhausindividuelle Basisfallwerte zuzuordnen. Bei einem solchen Basisfallwert handelte es sich um den Eurobetrag, der für das Relativgewicht 1 hausintern ermittelt wurde. Hierzu wurde zunächst von dem Erlösbudget die Summe der Zusatzentgelte abgezogen. Der sich dann ergebende Betrag wurde durch die Summe der Bewertungsrelationen der vereinbarten Behandlungsfälle dividiert. Dieser Basisfallwert wurde, um die Erlöse der einzelnen DRGs zu ermitteln, mit den jeweiligen DRG-Relativgewichten multipliziert.

Ab 2005 galt eine veränderte Regelung. Jeweils zum 1. Januar der Jahre 2005, 2006, 2007, 2008 und 2009 wurden die krankenhausindividuellen Basisfallwerte und das entsprechende Erlösbudget neu vereinbart. Hierbei wurde der krankenhausindividuelle Basisfallwert stufenweise durch den landesweit geltenden Basisfallwert ersetzt. Dadurch glich sich das DRG-Erlösvolumen automatisch an. Dieser stufenweise Angleichungsprozess erfolgte so, dass zum Beispiel für das Jahr 2005 ein DRG-Erlösvolumen als Zielwert für das Krankenhaus vereinbart wurde. Für dieses Zielbudget wurden zum Beispiel für das Jahr 2005 leistungsorientiert die Art und Menge der voraussichtlich zu erbringenden vollstationären Leistungen prospektiv vereinbart. Die Größen wurden anschließend mit dem landesweit geltenden Basisfallwert des Jahres 2005 multipliziert. Die Summe wurde noch um die voraussichtliche Summe der Zusatzentgelte erhöht. Das Ergebnis war der Zielwert des Jahres 2005.

Im nächsten Schritt wurde das auf der Basis des Jahres 2004 angepasste Erlösbudget, das auf den hausindividuellen Basisfallwerten beruhte, mit dem Zielwert des laufenden Jahres (hier: 2005), der auf dem landesweit geltenden Basisfallwert basierte, verglichen. Das Ergebnis der Subtraktion wurde anteilig verrechnet. Dazu wurden für den **Konvergenzzeitraum** Konvergenzquoten für die jeweiligen Budgetanpassungen in den einzelnen Jahren festgelegt. Somit wurde festgeschrieben, in welchen Schritten die Differenz zwischen dem für das Jahr 2005 vereinbarten Budget und dem künftigen DRG-Erlösvolumen abgebaut werden konnte. So lagen die Konvergenzquoten in Bezug auf den Ausgangswert 2005 im Jahre 2005 bei 15 %, in den Jahren 2006 bis 2008 bei jeweils 20 % und im Jahre 2009 bei 25 %. Zusätzlich wurden Obergrenzen eingeführt, um die Krankenhäuser nicht durch große Budgetminderungen zu gefährden. Diese Obergrenzen reduzierten die Budgetminderungen, die sich nach den Konvergenzquoten ergeben haben. Diese Obergrenzen lagen im Jahre 2005 bei 1,0 %, 2006 bei 1,5 %, 2007 bei 2 %, 2008 bei 2,5 % und 2009 bei 3 %. War zum Beispiel das Erlösbudget 2005 auf der Basis von „Hauspreisen" höher als der Zielwert, so wurde das Erlösbudget um 15 % reduziert. Im umgekehrten Falle wurde das Erlösbudget erhöht.

In den folgenden Jahren wiederholte sich der Vorgang. Das Ende der Konvergenzphase war im Jahre 2009 erreicht. Ab diesem Zeitpunkt werden nur noch landesweit geltende Basisfallwerte verrechnet.

In der Konvergenzphase wurden nicht nur die unterschiedlichen Krankenhausbudgets an ein gemeinsames Preisniveau in Form des Landesbasisfallwerts angeglichen, es wurden weiterhin die zusätzlich erbrachten Leistungen des Krankenhauses mit jährlich steigenden Quoten finanziert. Die zusätzlichen Leistungen wurden bei den prospektiven Budgetvereinbarungen mit den nachfolgend aufgeführten jährlich steigenden Entgeltanteilen bezahlt:
- 33 % im Jahre 2005
- 50 % im Jahre 2006
- 65 % im Jahre 2007
- 80 % im Jahre 2008
- 100 % im Jahre 2009.

Damit werden seit 2009 die zusätzlichen Leistungen in Höhe einer vollen Fallpauschale vergütet.

Die Krankenhäuser waren verpflichtet, den Krankenkassen zur Vorbereitung der Verhandlungen zwischen den Vertragsparteien die Aufstellung der Entgelte und Budgetermittlung (AEB) vorab zuzusenden. Die Vordrucke sind dem KHEntG als Anlage beigefügt worden.

Zusammenfassend lassen sich die wesentlichen Aspekte des Gesetzes wie folgt festhalten:
- Festschreibung der budgetneutralen Einführung des Fallpauschalensystems für die Jahre 2003 und 2004
- stufenweise Angleichung des krankenhausindividuellen Basisfallwerts und des Erlösbudgets des Krankenhauses an den landesweit geltenden Basisfallwert und das sich daraus ergebende DRG-Erlösvolumen jeweils zum 1. Januar der Jahre 2005, 2006, 2007, 2008 und 2009

- Festschreibung der Vereinbarungen auf der Bundesebene der Selbstverwaltungspartner (z. B. Fallpauschalenkatalog, Bewertungsrelationen)
- Festschreibung der Vereinbarungen auf der Landesebene der Selbstverwaltungspartner (z. B. landesweit geltender Basisfallwert)
- Festschreibung der Vereinbarungen auf der Krankenhausebene (z. B. Gesamtbetrag, Erlösbudget, krankenhausindividueller Basisfallwert).

Für die Vergütung der vor- und nachstationären Leistungen werden für alle Benutzer einheitlich die Rechtsnormen des § 115a SGB V festgeschrieben. Für die ambulante Durchführung von Operationen und stationsersetzenden Eingriffen wird für die gesetzlich Versicherten der § 115b SGB V zugrunde gelegt, für die sonstigen Patienten gelten die jeweiligen Tarife bzw. Vereinbarungen.

Seit der Neufassung des Krankenhausfinanzierungsgesetzes im Jahre 1985, mit der erstmals ein **flexibles Budget zur Fixkostenabsicherung** eingeführt worden ist, gilt der Grundsatz der prospektiven Budgetverhandlungen. Hierbei besteht Gefahr, dass die tatsächliche Leistungserbringung von den prospektiv vereinbarten Leistungen abweichen kann. Hierdurch entstehen Mehr- oder Mindererlöse, die anteilig ausgeglichen werden. Die Grundidee einer flexiblen Budgetierung ist es, den Kliniken bei einer Überschreitung ihrer Budgets nur die Finanzmittel zu belassen, „die bei Mehrleistungen zur Deckung der zusätzlich entstandenen Kosten benötigt werden (Mehrerlösausgleiche). Wird die Höhe des vereinbarten Budgets nicht erreicht, sollen die weiterhin bestehenden Fixkosten durch Ausgleichszahlungen gedeckt werden (Mindererlösausgleiche)" (Tuschen et al., 2015: 955).

Als Ergänzung zu den dargestellten gesetzlichen Rahmenbedingungen, die für die Einführung des Fallpauschalensystems und die freiwillige Abrechnung der Krankenhausleistungen im Jahre 2003 notwendig waren, wurde am 19.09.2002 die **Verordnung zum Fallpauschalensystem für Krankenhäuser (KFPV)** in Kraft gesetzt. Diese Verordnung musste im Sinne einer Ersatzvornahme nach § 17b KHG durch den Gesetzgeber festgelegt werden, da die Vertragsparteien (Spitzenverbände der Krankenkassen, Verband der Privaten Krankenversicherung, Deutsche Krankenhausgesellschaft) kein Einvernehmen über den Fallpauschalenkatalog erzielen konnten.

Am 20.12.2002 hat der Bundestag mit der sogenannten Kanzlermehrheit den Einspruch des Bundesrates gegen das Gesetz zur Sicherung der Beitragssätze in der gesetzlichen Krankenversicherung und in der gesetzlichen Rentenversicherung (Beitragssicherungsgesetz – BSSichG) zurückgewiesen. Damit konnte das Gesetz am 01.01.2003 in Kraft treten. In diesem Gesetz wurden die Ausnahmetatbestände festgehalten, mit denen die politisch festgesetzte sogenannte Nullrunde des Jahres 2003 in Kraft gesetzt werden konnte. Ein Ausnahmetatbestand war die freiwillige Teilnahme am DRG-System im Jahre 2003. Die Frist zur Erklärung der freiwilligen Teilnahme (Optionsfrist) endete aber bereits am 31.10.2002. Nur die Krankenhäuser, die sich bis zu diesem Zeitpunkt für eine Teilnahme entschieden hatten, bekamen somit die Steigerungsrate der Grundlohnsumme des Zeitraums vom 01.01.2001 bis 30.06.2002 als Budgetzuwachs gutgeschrieben.

Am gleichen Tage wurde das **12. SGB V-Änderungsgesetz** durch den Bundesrat abgelehnt. Diese Ablehnung betraf die geplante Verlängerung der Frist zur Erklärung der Teilnahme am DRG-System bis zum 31.12.2002. Erst im Laufe des Jahres 2003 konnten sich Bundestag und Bundesrat auf einen Kompromiss verständigen, sodass diese Regelung rückwirkend in Kraft gesetzt werden konnte.

Für das folgende Jahr wurde die **Verordnung zum Fallpauschalensystem für Krankenhäuser (Fallpauschalenverordnung 2004 – KFPV 2004)** im Bundesgesetzblatt veröffentlicht. Diese Verordnung wurde ebenso wie die Verordnung für das Jahr 2003 im Sinne einer Ersatzvornahme nach § 17b KHG durch den Gesetzgeber festgelegt, da die Vertragsparteien auch im Jahre 2003 kein Einvernehmen über den Fallpauschalenkatalog erzielen konnten. Die Verordnung bestand aus einem Textteil und vier Anlagen:

- Der Textteil beinhaltete unter anderem die Abrechnungsbestimmungen für DRG-Fallpauschalen und für andere Entgeltarten sowie sonstige Vorschriften.
- Anlage 1 der Verordnung umfasste den erweiterten und überarbeiteten Fallpauschalenkatalog, in dem seinerzeit über 800 DRGs aufgeführt waren. Der Katalog begann mit der DRG A01A (Lebertransplantation mit Langzeitbeatmung) und endet mit der DRG 963Z (Neonatale Diagnose unvereinbar mit Alter oder Gewicht).
- Anlage 2 war der Zusatzentgeltekatalog. Hier waren die bundeseinheitlich festgelegten Zusatzentgelte aufgelistet, die zusätzlich zu einer Fallpauschale oder zu den Entgelten für die Leistungen, die im Jahre 2004 noch nicht oder in den Jahren 2005 und 2006 noch nicht sachgerecht über die DRG-Fallpauschalen vergütet wurden bzw. abgerechnet werden konnten.
- In Anlage 3 waren die sonstigen Entgelte festgeschrieben, die krankenhausindividuell zu vereinbaren sind, soweit diese als Krankenhausleistungen erbracht werden dürfen. Es handelt sich also um Leistungen, die noch nicht im Fallpauschalenkatalog aufgeführt sind.
- In Anlage 4 befanden sich die Zusatzentgelte, die zusätzlich zu einer Fallpauschale oder zu den Entgelten aus Anlage 3 bezahlt werden konnten. Diese Zusatzentgelte waren jedoch nicht bundeseinheitlich festgeschrieben worden und konnten somit zwischen den Vertragsparteien krankenhausindividuell vereinbart werden.

Diese Anlagenstruktur ist im Wesentlichen bei den Vereinbarungen, die ab 2005 zwischen den Selbstverwaltungspartnern vereinbart wurden, beibehalten worden. Lediglich im Zusatzentgeltekatalog hat es eine Differenzierung gegeben.

Am Beispiel eines exemplarischen Fallpauschalenkatalogs soll der Aufbau erläutert werden. Wie Tabelle 4.3-2 zu entnehmen ist, werden jeder Diagnosegruppe folgende Werte zugeordnet:

- *Bewertungsrelation:* Es handelt sich hierbei um das Relativgewicht (Kostengewicht). Jeder DRG wird ein Kostengewicht („cost weight") zugeordnet. Kostengewichte sollen die durchschnittliche Aufwändigkeit einer Behandlung widerspiegeln. Das mittlere Gewicht über alle Fälle wird üblicherweise auf 1,0 festgesetzt.
- *Mittlere Verweildauer:* Die durchschnittliche Liegezeit eines Patienten, die zur Behandlung seines spezifischen Krankheitsbildes eingeplant wird. Die mittlere Verweildauer ist die Grundlage der ermittelten Bewertungsrelationen (z. B. 21,434 Pkt.).
- *Untere Grenzverweildauer:* erster Tag mit Abschlag (z. B. 12 Tage), Bewertungsrelation/Tag (z. B. 1,378 Pkt./Tag). Ist die Verweildauer der Patienten kürzer als die untere Grenzverweildauer (z. B. Liegezeit 10 Tage), wird ein Abschlag von der Bewertungsrelation der Fallpauschale vorgenommen. Dieser wird ermittelt, indem die aus dem Katalog zu entnehmende Bewertungsrelation/Tag mit den Mindertagen multipliziert und von der Bewertungsrelation subtrahiert wird.

Beispielrechnung: Bewertungsrelation − Tage mit Abschlägen × Bewertungsrelation/Tag: 21,434 Pkt. − (12 Tage − 10 Tage) × 1,378 Pkt./Tag = 16,300 Pkt. Diese Bewertungsrelation wird für den 10. Tag eingerechnet.

- *Obere Grenzverweildauer:* erster Tag mit zusätzlichem Entgelt (z. B. 57 Tage), Bewertungsrelation/Tag (z. B. 0,320 Pkt./Tag). Ist die Verweildauer der Patienten länger als die obere Grenzverweildauer (z. B. 59 Tage), wird für jeden weiteren Tag im Krankenhaus zusätzlich ein belegungstagesbezogenes Entgelt abgerechnet. Dieses zusätzliche Entgelt wird ermittelt, indem die für die obere Grenzverweildauer festgesetzte Bewertungsrelation/Tag mit der Zahl der Mehrtage multipliziert wird. Das Ergebnis wird zur Bewertungsrelation der DRG addiert.

Beispielrechnung: Bewertungsrelation + Tage mit Zuschlägen × Bewertungsrelation/Tag: 21,434 Pkt. + (59 Tage − 57 Tage) × 0,320 Pkt./Tag = 22,394 Pkt. Diese Bewertungsrelation wird für den 59. Tag eingerechnet.

- *Externe Verlegung, Abschlag/Tag (Bewertungsrelation):* Wird die Verlegung in ein anderes Krankenhaus vor Erreichen der mittleren

Tabelle 4.3-2: Ausschnitt aus einem Fallpauschalenkatalog (Quelle: Verordnung zum Fallpauschalensystem für Krankenhäuser für das Jahr 2004. [Fallpauschalenverordnung 2004 – KFPV 2004], BGBl. I: 1995) *(Fortsetzung n. Seite)*

DRG	Partition	Bezeichnung	Bewertungsrelation bei Hauptabteilung	Bewertungsrelation bei Hauptabteilung und Beleghebamme	Mittlere Verweildauer	Untere Grenzverweildauer — Erster Tag² mit Abschlag	Untere Grenzverweildauer — Bewertungsrelation/Tag	Obere Grenzverweildauer — Erster Tag³ zus. Entgelt	Obere Grenzverweildauer — Bewertungsrelation/Tag	Externe Verlegung Abschlag/Tag (Bewertungsrelation)	Verlegungsfallpauschale	Ausnahme von Wiederaufnahme⁴
1	2	3	4	5	6	7	8	9	10	11	12	13
Prä-MDC												
A01A	O	Lebertransplantation mit Langzeitbeatmung	21,434		39,2	12	1,378	57	0,320	0,446		x
A01B	O	Lebertransplantation ohne Langzeitbeatmung, mit Transplantatabstoßung	17,333		37,7	12	1,147	56	0,277	0,385		x
A01C	O	Lebertransplantation ohne Langzeitbeatmung, ohne Transplantatabstoßung	12,189		28,8	9	1,000	47	0,243	0,336		x
A02A	O	Transplantation von Niere und Pankreas mit Transplantatabstoßung	15,978		51,3	16	0,883	69	0,205	0,287		x
A02B	O	Transplantation von Niere und Pankreas ohne Transplantationsabstoßung	12,014		31,3	9	0,931	49	0,208	0,288		x
A03A	O	Lungentransplantation mit Langzeitbeatmung	27,142		40,9	13	1,655	59	0,397	0,554		x
A03B	O	Lungentransplantation ohne Langzeitbeatmung, bei zystischer Fibrose (Mukoviszidose)	18,232		50,4	16	0,927	68	0,219	0,307		
A03C	O	Lungentransplantation ohne Langzeitbeatmung, außer bei zystischer Fibrose (Mukoviszidose)	12,854		32,1	10	0,941	50	0,226	0,313		x
A04A	O	Knochenmarktransplantation/Stammzelltransfusion, allogen, -HLA-verschieden	31,273		50,7	16	1,662	69	0,390	0,546		x
A04B	O	Knochenmarktransplantation/Stammzelltransfusion, allogen, HLA-identisch, Alter < 19 Jahre oder äußerst schwere CC	28,552		46,1	14	1,719	64	0,392	0,548		x
A04C	O	Knochenmarktransplantation/Stammzelltransfusion, allogen, HLA-identisch, Alter > 18 Jahre oder äußerst schwere CC	22,223		39,8	12	1,569	58	0,358	0,499		x
A05A	O	Herztransplantation mit Langzeitbeatmung, Alter < 19 Jahre	26,171		50,8	16	1,112	69	0,260	0,365		x
A05B	O	Herztransplantation ohne Langzeitbeatmung, Alter > 18 Jahre	15,876		50,4	16	0,761	68	0,180	0,252		x

Tabelle 4.3-2: *(Fortsetzung)*

DRG	Partition	Bezeichnung	Bewertungsrelation bei Hauptabteilung	Bewertungsrelation bei Hauptabteilung und Beleghebamme	Mittlere Verweildauer[1]	Untere Grenzverweildauer Erster Tag[2] mit Abschlag	Untere Grenzverweildauer Bewertungsrelation/Tag	Obere Grenzverweildauer Erster Tag[3] zus. Entgelt	Obere Grenzverweildauer Bewertungsrelation/Tag	Externe Verlegung Abschlag/Tag (Bewertungsrelation)	Verlegungsfallpauschale	Ausnahme von Wiederaufnahme[4]
1	2	3	4	5	6	7	8	9	10	11	12	13
A05C	O	Herztransplantation ohne Langzeitbeatmung	13,337		29,2	9	0,900	47	0,216	0,298		x
A06Z	O	Langzeitbeatmung > 1799 Stunden	48,272		110,6	5)		129	0,266	0,405		x
A07Z	O	Langzeitbeatmung > 1199 und < 1800 Stunden	32,562		73,5	5)		91	0,289	0,407		x
A08Z	O	Langzeitbeatmung > 959 und < 1200 Stunden	23,673		57,0	5)		75	0,262	0,366		x
A09Z	O	Langzeitbeatmung > 719 und < 960 Stunden	19,690		46,6	5)		65	0,266	0,372		x
A10Z	O	Langzeitbeatmung > 479 und < 720 Stunden	14,930		35,2	5)		53	0,261	0,363		x
A11A	O	Langzeitbeatmung > 263 und < 480 Stunden Alter < 4 Jahre oder äußerst schwere CC	9,920		26,3	5)		44	0,232	0,319		
A11B	O	Langzeitbeatmung > 263 und < 480 Stunden Alter > 3 Jahre ohne äußerst schwere CC	8,695		24,2	5)		42	0,217	0,298		x
A12Z	O	Langzeitbeatmung > 143 und < 264 Stunden	6,967		21,3	6	0,845	39	0,194	0,265		x
A13Z	O	Langzeitbeatmung > 95 und < 144 Stunden	6,162		19,7	6	0,725	38	0,181	0,245		x
A14Z	O	Beatmung, Alter < 16 Jahre	4,527		17,8	5	0,593	34	0,140	0,189		x
A15A	O	Knochenmarktransplantation/Stammzelltransfusion, autogen, mit In-vitro-Aufbereitung, Alter < 19 Jahre	19,922		34,6	11	1,601	52	0,389	0,540		x
A15B	O	Knochenmarktransplantation/Stammzelltransfusion, autogen, mit In-vitro-Aufbereitung, Alter > 18 Jahre	9,369		25,2	7	1,045	39	0,233	0,320		
A15C	O	Knochenmarktransplantation/Stammzelltransfusion, autogen, ohne In-vitro-Aufbereitung	7,423		22,8	7	0,900	35	0,221	0,303		x
A16A	O	Transplantation von Darm oder Pankreas(gewebe), Transplantation von Darm oder Pankreas (gesamtes Organ oder Segment)	10,376		25,1	7	0,964	40	0,213	0,292		
A17A	O	Nierentransplantation, Alter < 16 Jahre	7,822		28,1	8	0,744	43	0,167	0,230		x
A17B	O	Nierentransplantation, Alter > 15 Jahre	5,950		21,6	6	0,700	38	0,159	0,217		x

Verweildauer durchgeführt (z. B. 36 Tage), so wird je Tag ein Abschlag vorgenommen. Die Berechnung ist deckungsgleich mit der Berechnung im Falle des Erreichens der unteren Grenzverweildauer.
Beispielrechnung: Bewertungsrelation – Tage mit Abschlägen × Bewertungsrelation/Tag: 21,434 Pkt. – (39,2 Tage – 36 Tage) × 0,446 Pkt./Tag = 20,007 Pkt. Diese Bewertungsrelation wird mit 20,007 eingerechnet.

Für die folgenden Jahre konnten sich die Selbstverwaltungspartner, bestehend aus der Deutschen Krankenhausgesellschaft, den Spitzenverbänden der gesetzlichen Krankenkassen und dem Verband der Privaten Krankenversicherung im Rahmen von Spitzengesprächen auf **Vereinbarungen zum Fallpauschalensystem für Krankenhäuser** verständigen. So wurde zum Beispiel im Herbst 2014 die **Fallpauschalenvereinbarung 2015 – FPV 2015** vereinbart.

Am 19.12.2003 wurde zudem die **Verordnung zur Bestimmung besonderer Einrichtungen im Fallpauschalensystem für Krankenhäuser für das Jahr 2004 (Fallpauschalenverordnung besondere Einrichtungen 2004 – FPVBE 2004)** verabschiedet. Sie wurde speziell für die Krankenhäuser oder für die Teile von Krankenhäusern erlassen, die von der Anwendung der DRG-Fallpauschalen ausgenommen werden können. Für die Leistungen dieser Einrichtungen können fall- oder tagesbezogene Entgelte vereinbart werden. In § 1 FPVBE 2004 sind damit die Einrichtungen gemeint, die „insbesondere aus medizinischen Gründen, wegen einer Häufung von schwer kranken Patienten oder Patientinnen oder aus Gründen der Versorgungsstruktur mit dem Entgeltkatalog noch nicht sachgerecht vergütet werden" (FPVBE 2004). Im weiteren Gesetzestext werden unter anderem die folgenden Ausnahmetatbestände für das Kalenderjahr 2004 genannt:

- Im Jahre 2003 hatten mehr als drei Viertel der Patienten eines Krankenhauses Verweildauern, die oberhalb der mittleren Verweildauer, aber unterhalb der oberen Grenzverweildauer der jeweiligen Fallpauschale lagen (Inlier).
- Im Jahre 2003 hatte mehr als die Hälfte der entlassenen Fälle eines Krankenhauses Verweildauern, die oberhalb der oberen Grenzverweildauer der jeweiligen Fallpauschale lagen (Langlieger).
- Ein organisatorisch abgrenzbarer Teil eines Krankenhauses bietet ein besonderes Leistungsangebot mit hohen pflegesatzfähigen Vorhaltekosten an. Das Angebot ist zur Sicherstellung der Versorgung der Bevölkerung notwendig und seine Finanzierung kann mit Fallpauschalen allein nicht gewährleistet werden.

Das KHG enthält die grundsätzlichen Vorgaben der gesetzlichen Regelungen. Die Einzelausgestaltung und Umsetzung geschahen durch die Bundespflegesatzverordnung 1995 bzw. durch die Verordnung zur Regelung der Krankenhauspflegesätze (**Bundespflegesatzverordnung 2004**). Die Bundespflegesatzverordnung '95 ist zum 01.01.2004 durch die Bundespflegesatzverordnung '04 abgelöst worden. Die weiteren Ausführungen beziehen sich daher nur auf die damals gültige Verordnung. Die Bundespflegesatzverordnung 2004 regelt nur die Vergütung der voll- und teilstationären Leistungen der Krankenhäuser bzw. Krankenhausabteilungen, die nicht in das DRG-Vergütungssystem einbezogen sind. Dies entspricht den Vorgaben des Gesetzgebers, der durch die Regelungen des § 17b KHG festgelegt hat, dass die Vorschriften für die Einführung eines pauschalierenden Entgeltsystems nicht auf Leistungen der in § 1 Abs. 2 der Personalverordnung für psychiatrische Einrichtungen (Psych-PV) genannten Einrichtungen angewandt werden. Damit sind alle psychiatrischen Krankenhäuser und die psychiatrischen Abteilungen der somatischen Krankenhäuser von der Einführung der DRGs ausgeschlossen. Nach § 13 BPflV 2004 werden auf der Grundlage des Budgets und der voraussichtlichen Belegung Abteilungspflegesätze und ein Basispflegesatz sowie entsprechende teilstationäre Pflegesätze vereinbart. Maßgabe zur Ermittlung dieser Pflegesätze und Grundlage der Verhandlungen zwischen Krankenkassen und Krankenhäusern ist eine Leistungs- und Kalkulationsaufstellung (LKA). Die LKA muss nach § 17 Abs. 4 BPflV auf Verlangen einer Vertragspartei zur Vorbereitung der Pflegesatzverhandlungen vom Krankenhausträger vorgelegt werden. In der LKA sind nur die Kosten der voll- und teilstationären Leistungen des Krankenhauses sowie der eng damit verbundenen Leistungen auszuweisen (Nettoprinzip). Welche Daten aus der Leistungs- und Kalkulationsaufstellung gewonnen werden können, ist Tabelle 4.3-3 zu entnehmen.

Zur Ermittlung der pflegesatzfähigen Kosten bei geförderten Krankenhäusern sind nach § 7 Abs. 2 BPflV 2004 von den vereinbarten Gesamtbeträgen die nicht pflegesatzfähigen Kosten abzuziehen. Dazu gehören unter anderem belegärztliche Leistungen, ein Teil der wahlärztlichen Leistungen, die gesondert berechenbare Unterkunft sowie anteilig die Entgelte der vor- und nachstationären Behandlung. Ferner wird festgehalten, dass die vor- und nachstationären Leistungen weiterhin auf der Grundlage des § 115a SGB V finanziert werden. Abschließend ist festzuhalten, dass die Vorschriften über „Gesondert berechenbare ärztliche und andere Leistungen" (§§ 22ff. BPflV 2004) überarbeitet worden sind. Die Finanzierung der Ausbildungsstätten und der Ausbildungsvergütung erfolgt durch einen Zuschlag für jeden Behandlungsfall.

Die Finanzierung der Krankenhausleistungen erfolgt durch die Abteilungspflegesätze und durch den Basispflegesatz. Die **Abteilungspflegesätze** beinhalten die Kosten, die auf Grund der ärztlichen und pflegerischen Leistungserbringung in einer organisatorisch selbstständigen, bettenführenden Abteilung entstehen. Bei den Abteilungspflegesätzen handelt es sich um sogenannte tagesgleiche Pflegesätze, das heißt, jeder Tag während des Aufenthalts wird gleich entgolten. Die Ermittlung des Abteilungspflegesatzes erfolgt anhand einer Kalkulationsvorgabe, die der BPflV 2004 als Anlage beigefügt ist. In den für das ganze Krankenhaus einheitlichen **Basispflegesatz** fließen alle nichtmedizinischen und pflegerischen Leistungen, wie zum Beispiel die Kosten der Unterkunft, Verpflegung und Verwaltung, ein. Die Kostenbestandteile sind einer Anlage

Tabelle 4.3-3: Leistungs- und Kalkulationsaufstellung (Quelle: Verordnung zur Regelung der Krankenhauspflegesätze [Bundespflegesatzverordnung – BPflV] vom 14.11.2003, BGBl. I: 2190)

V	Vereinbarte Vergütungen
V1	Budget und tagesgleiche Pflegesätze
V2	Sonderentgelte für die Fachabteilung
V3	Fallpauschalen für die Fachabteilung
V4	Erlöse
L	**Leistungsdaten**
L1	Belegungsdaten des Krankenhauses
L2	Personal des Krankenhauses
L3	Belegungsdaten der Fachabteilung
L4	Diagnosestatistik
L5	Operationsstatistik
K	**Kalkulation von Budget und Pflegesätzen**
K1	Vereinbarung für den laufenden Pflegesatzzeitraum
K2	Forderung für den Pflegesatzzeitraum
K3	Vereinbarung für den Pflegesatzzeitraum
K4	Medizinischer Bedarf
K5	Budget für den Pflegesatzzeitraum
K6	Ermittlung des Basispflegesatzes
K7	Ermittlung des Abteilungspflegesatzes
K8	Kostenausgliederung für Fallpauschalen und Sonderentgelte

der BPflV 2004 zu entnehmen. Bei dem Basispflegesatz handelt es sich ebenfalls um einen tagesgleichen Pflegesatz.

Die vollstationären Abteilungspflegesätze und der Basispflegesatz sowie die entsprechenden teilstationären Pflegesätze werden für den Aufnahmetag und jeden weiteren Tag des Krankenhausaufenthalts berechnet (Berechnungstage). Der Entlassungs- oder Verlegungstag, der nicht zugleich Aufnahmetag ist, wird nur bei teilstationärer Behandlung berechnet. Mit den Pflegesätzen werden alle für die Versorgung des Patienten notwendigen allgemeinen Krankenhausleistungen vergütet. Zu diesem Zweck vereinbaren die Krankenkassen und das jeweilige Krankenhaus (Vertragsparteien) für einen zukünftigen Zeitraum, den Pflegesatzzeitraum, ein Budget und die daraus resultierenden Pflegesätze. Dieses Budget basiert auf der Grundlage der voraussichtlichen Leistungsstruktur und auf der zu erwartenden Entwicklung des Krankenhauses. Dieses prospektive Budget und die Pflegesätze müssen medizinisch leistungsgerecht sein. Sie müssen einem Krankenhaus bei wirtschaftlicher Betriebsführung ermöglichen, den Versorgungsauftrag zu erfüllen. Hierbei ist der Grundsatz der Beitragssatzstabilität nach § 6 BPflV 2004 zu beachten.

Unabhängig von diesen Festsetzungen gelten die Regelungen über die **Krankenhausbehandlung** nach **§ 39 SGB V**. Danach darf eine vollstationäre Behandlung in einem zugelassenen Krankenhaus erst dann vorgenommen werden, wenn das Behandlungsziel nicht durch die anderen Behandlungsformen einschließlich der häuslichen Krankenpflege erreicht werden kann. Das Krankenhaus hat daher bei der Aufnahme zu prüfen, ob das Behandlungsziel nicht auf eine Art und Weise zu erreichen ist. Erst wenn dies nicht gewährleistet ist, darf eine vollstationäre Behandlung erfolgen.

Zu den **allgemeinen Krankenhausleistungen**, die in einer psychiatrischen Einrichtung angeboten werden, gehören insbesondere die ärztliche Behandlung, die Krankenpflege, die Versorgung mit Arznei-, Heil- und Hilfsmitteln sowie Unterkunft und Verpflegung. Die allgemeinen Krankenhausleistungen sind primär die Leistungen, „die unter Berücksichtigung der Leistungsfähigkeit des Krankenhauses im Einzelfall nach Art und Schwere der Krankheit für die medizinisch zweckmäßige und ausreichende Versorgung der Patienten notwendig sind" (Verordnung zur Regelung der Krankenhauspflegesätze). In diesem Sinne gehören auch die im Krankenhaus durchgeführten Maßnahmen zur Früherkennung von Krankheiten, die vom Krankenhaus veranlassten Leistungen Dritter und die aus medizinischen Gründen notwendige Mitaufnahme einer Begleitperson des Patienten zu den Krankenhausleistungen. Die Dialyse wird nicht zu den Krankenhausleistungen gezählt.

Neben den allgemeinen Krankenhausleistungen können nach § 17 des Krankenhausentgeltgesetzes **Wahlleistungen** in Anspruch genommen werden. Die Wahlleistungen sind zusätzliche Leistungsangebote der Krankenhäuser, die nicht von den gesetzlichen Kostenträgern übernommen werden. Die Inanspruchnahme von Wahlleistungen ist vor ihrer Erbringung schriftlich zwischen dem Patient und dem Krankenhaus zu vereinbaren. Aus diesem Vertrag ergeben sich zum Beispiel die Rechte und Pflichten des Patienten. Eine Pflicht ist hierbei die individuelle Zahlung der in Anspruch genommenen Wahlleistungen. Bei den Wahlleistungen lassen sich wiederum die drei folgenden **Kategorien** unterscheiden:
- *Kategorie 1:* Unterkunft (z. B. Einzelzimmer)
- *Kategorie 2:* Wahlarztbehandlung (z. B. Chefarztbehandlung)
- *Kategorie 3:* medizinische Wahlleistungen (z. B. Schönheitsoperationen).

Eine Vereinbarung über die wahlärztlichen Leistungen erstreckt sich unter anderem auf alle an der Behandlung der Patienten beteiligten Mediziner des Krankenhauses, soweit diese zur gesonderten Berechnung berechtigt sind. Hierbei muss der in der Vereinbarung aufgeführte liquiditätsberechtigte Arzt die Wahlleistung persönlich erbringen. Eine Vertretung ist nur bei unvorhersehbaren Verhinderungen möglich. Die Berechnung der wahlärztlichen Leistungen basiert auf der Gebührenordnung für Ärzte und der Gebührenordnung für Zahnärzte. Für die nichtärztlichen Wahlleistungen gilt seit 2002 die gemeinsame Empfehlung „Unterkunft", die die Deutsche Krankenhausgesellschaft und der Verband Privater Krankenversicherungen ausgehandelt haben.

In der Regelung von 1985 waren die folgenden **Mehr- oder Mindererlösvorschriften** vorgesehen. Für den Fall, dass die Gesamterlöse des Krankenhauses höher ausfallen als das vorab festgelegte Budget, wurden die durch die abweichende Belegung entstandenen Mehrerlöse zu 65 % ausgeglichen, das heißt, die Krankenhäuser bekamen ihre Leistungen nur zu 35 % finanziert. Traten Mindererlöse ein, so wurden diese nur zu 40 % anteilig durch die Krankenkassen finanziert. In den folgenden Jahren wurden die Ausgleichssätze mehrfach verändert. Der Grundsatz der flexiblen Budgetierung blieb jedoch erhalten.

In beiden Fällen der flexiblen Budgetierung führen die Mehr- bzw. Minderleistungen zu finanziellen Verlusten. Bei den Mehrleistungen werden die zusätzlichen variablen Kosten (i. d. R. ca. 25 % der Gesamtkosten) nicht gedeckt, bei den Minderleistungen ist eine Unterdeckung der Fixkosten (i. d. R. ca. 75 % der Gesamtkosten) zu verzeichnen. Für die Krankenhäuser ist es somit aus wirtschaftlichen Gründen notwendig, am Ende des Haushaltsjahres eine „Punktlandung" zu erreichen. Der Ausgleichsmechanismus der flexiblen Budgetierung wird in Abbildung 4.3-1 verdeutlicht.

Das **Zweite Fallpauschalenänderungsgesetz (2. FPÄndG)** vom 15.12.**2004** hat durch eine Öffnungsklausel die Möglichkeit geschaffen, für bestimmte Krankenhausleistungen abweichende Ausgleichsquoten einzuführen. Ziel des Gesetzes war es, bei der Vergütung sachkostenintensiver und schwer planbarer Leistungen eine größere Sachgerechtigkeit zu erreichen. Seit dem Jahr 2004 werden im DRG-Bereich Mindererlöse zu 40 % und Mehrerlöse zu 65 % ausgeglichen. Abweichend hiervon sind die Mehrerlöse, die aufgrund einer veränderten Kodierung entstanden sind, zu 100 % auszugleichen. Tabelle 4.3-4 gibt einen Überblick über die Erlösausgleichssätze nach § 4 des Krankenhausentgeltgesetzes.

Mit den **Festbetrags-Anpassungsgesetz**, dem **Arzneimittelbudget-Ablösungsgesetz** sowie dem **Arzneimittelausgaben-Begrenzungsgesetz** greift der Gesetzgeber **2001** und **2002** regulierend in den Arzneimittelmarkt ein, um den Ausgabenanstieg bei den Medikamenten zu begrenzen.

Im Herbst des Jahres 2003 wurde das **GKV-Modernisierungsgesetz (GMG)** vom Bundestag und Bundesrat verabschiedet. Es trat am 01.01.**2004** in Kraft. Auch mit diesem Gesetz wurden die Eigenbeteiligungen der Patienten umfassend erhöht. Beispielhaft sollen die Streichung des Entbindungs- und Sterbegeldes sowie die Einführung der Praxisgebühr genannt werden. Neben diesen finanziellen Belastungen bestimmter Versichertengruppen und den gleichzeitig verabschiedeten Entlastungen der Arbeitgeber, die eine Schwächung des Dualitätsprinzip und des Solidaritätsprinzips bedeuten, sind in diesem Gesetz Ansätze zu **strukturellen Veränderungen** erkennbar. In diesem Kontext sind die Gründung des Gemeinsamen Bundesausschusses sowie die Einführung der hausarztzentrierten Versorgung zu nennen.

Seit dem 01.01.**2004** übernimmt nach § 91 SGB V der **Gemeinsame Bundesausschuss** die Aufgaben der bis dato tätigen Ausschüsse (Bundesausschuss der Ärzte und Krankenkas-

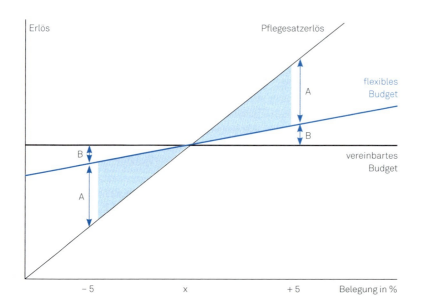

Abbildung 4.3-1: Mechanismus der flexiblen Budgetierung (Quelle: Haubrock et al., 1997: 275)

4.3 Relevante Gesundheitsreformen als Handlungsstrategien

sen, Bundesausschuss der Zahnärzte und Krankenkassen, Ausschuss Krankenhaus, Koordinierungsausschuss), die innerhalb der Sektoren des Gesundheitssystems bestimmte Koordinations- und Steuerungsaufgaben zu übernehmen hatten.

Bis zum 31.12.2003 hat es in Zusammenhang mit der medizinischen Versorgung der Bevölkerung unterschiedliche **Gremien** gegeben, die innerhalb der Sektoren des Gesundheitssystems bestimmte Koordinationsaufgaben zu übernehmen hatten. In diesem Zusammenhang sind zu nennen:

- Bundesausschuss der Ärzte und Krankenkassen
- Bundesausschuss der Zahnärzte und Krankenkassen
- Ausschuss Krankenhaus
- Koordinierungsausschuss.

Die beiden **Bundesausschüsse** wurden durch die Vorschriften des § 91 SGB V geregelt. Nach

Tabelle 4.3-4: Erlösausgleichsätze im Krankenhausbereich (Quelle: Tuschen et al., 2005: 955)

Erlösbudget n. § 4 KHEntG • DRG-Fallpauschalen • Zusatzentgelte • § 6 Abs. 2a – Zusatzentgelte	Mindererlös-ausgleiche	Mehrerlös-ausgleiche
Kodierbedingte Erlöse im Fallpauschalenbereich	–	100 %
Fallpauschalen für Schwerverletzte (soweit nicht krankenhausindiv. vereinbart)	40 %	25 %
Zusatzentgelte für Arzneimittel und Medikalprodukte	0 %	25 %
Sachkostenintensive sowie schwer planbare, teure Fallpauschalen	Krankenhausindividuell zu vereinbarender Ausgleich	
Sonstige Mehr- und Mindererlöse (aus Fallpauschalen und Zusatzentgelten)	40 %	65 %
Budget n. § 6 Abs. 3 KHEntgG (krankenhausindiv. Entgelte) • nicht kalkulierte DRG-Fallpauschalen • nicht kalkulierte Zusatzentgelte • besondere Einrichtungen	40 %	75 % (FP/ZE)* (85–90 % tagesb.)
	Erlösausgleiche n. d. BPflV (in der bis zum 31.12.2003 geltenden Fassung)	
Zu- und Abschläge (z. B. AiP-Zuschlag, Sicherstellungszuschlag, QS-Zuschlag, DRG-Systemzuschlag, Begleitpersonen, Notfallabschlag)	kein Ausgleich	
Ausbildungsbudget (§ 17a Abs. 3 Satz 12 KHG)	100 %	
Entgelte für Innovationen n. § 6 Abs. 2 KHEntgG (NUB) sowie Zusatzentgelte für die Behandlung von Blutern	Kein Ausgleich	

* Für Mehrerlöse bei einem Entgelt mit einem Sachmittelanteil von mehr als 50 % gelten die von der Bundesschiedsstelle festgelegten Ausgleichssätze (50–70 %).

den gesetzlichen Vorgaben waren die Kassenärztliche bzw. Kassenzahnärztliche Vereinigung und die Vertreter der Krankenkassen jeweils mit gleicher Stimmenzahl vertreten. Hinzu kommen drei neutrale Mitglieder.

Der **Ausschuss Krankenhaus** ergab sich aus den Vorschriften des § 137c SGB V. Er bestand aus Vertretern der Krankenkassen und der Krankenhäuser auf Bundesebene sowie der Bundesärztekammer und aus unparteiischen Mitgliedern. Seine Funktion bestand darin, Untersuchungs- und Behandlungsmethoden, die im Krankenhaus angewandt wurden, darauf hin zu untersuchen, ob die Methoden im Sinne einer ausreichenden, zweckmäßigen, effizienten und effektiven Versorgung erforderlich waren.

Der **Koordinierungsausschuss**, dessen Zusammensetzung und Aufgaben in § 137e SGB V festgeschrieben waren, bildete quasi die Klammer zwischen den oben genannten Gremien. Im Koordinierungsausschuss waren folglich die Spitzenorganisationen der Ärzte und Krankenkassen, die die Bundesausschüsse bildeten, ebenso vertreten wie die Mitglieder des Ausschusses Krankenhaus. Er hatte somit die Funktion, Empfehlungen in sektorenübergreifenden Angelegenheiten zu geben. Insbesondere sollte nach § 137e Abs. 3 SGB V der Ausschuss...

> „[...] auf der Grundlage evidenzbasierter Leitlinien die Kriterien für eine im Hinblick auf das diagnostische und therapeutische Ziel ausgerichtete zweckmäßige und wirtschaftliche Leistungserbringung für mindestens zehn Krankheiten je Jahr beschließen, bei denen Hinweise auf unzureichende, fehlerhafte oder übermäßige Versorgung bestehen und deren Beseitigung die Morbidität und Mortalität der Bevölkerung nachhaltig beeinflussen kann."

Seit Januar 2004 übernimmt nach § 91 SGB V der **Gemeinsame Bundesausschuss (G-BA)** die Aufgaben der bisherigen Ausschüsse. Zudem gibt er die Anforderungen für die Qualitätssicherung im ambulanten und stationären Bereich vor. Der Gemeinsame Bundesausschuss hatte bis Ende Juni 2008 eine je nach Beschlussgegenstand unterschiedliche Besetzung der 21 stimmberechtigten Sitze. So konnten sich zum Beispiel bei der Verabschiedung von Richtlinien im vertragsärztlichen Bereich nach § 92 SGB V neun Vertreter der Ärzte und neun Vertreter der Kassen gegenübersitzen. Bei Fragen der Verfahrens- und Geschäftsordnung konnte das Stimmenverhältnis 9 : 4 : 4 : 1 : 3 (GKV : DKG : KBV : KZBV : UNP) betragen. Erkennbar ist, dass die Sitze jeweils paritätisch zwischen den gesetzlichen Krankenkassen (GKV) und den Leistungserbringern (Deutsche Krankenhausgesellschaft [DKG], Kassenärztliche Bundesvereinigung [KBV] und Kassenzahnärztliche Bundesvereinigung [KZBV]) mit jeweils neun Sitzen verteilt waren. Hinzu kamen die drei stimmberechtigten unparteiischen Personen (UNP). Weiterhin waren die sogenannten Patientenvertreter, die jedoch nicht stimmberechtigt waren, mit neun Personen vertreten. Seit dem 01.06.2008 ist auf Grund der Vorgaben des GKV-Wettbewerbsstärkungsgesetzes aus dem Jahre 2007 die Struktur des Gemeinsamen Bundesausschusses verändert worden. Seit Juli 2008 werden alle Entscheidungen über den Leistungskatalog für die ca. 70 Mio. gesetzlich Versicherten nur noch in einem sektorübergreifend besetzen Beschlussgremium getroffen. Alle Träger des Gemeinsamen Bundesausschusses sind in diesem Gremium präsent. Die Zahl der Personen ist zudem auf 13 reduziert worden. Die Leistungserbringer werden nunmehr durch je zwei Vertreter der DKG und der KBV sowie einen Vertreter der KZBV repräsentiert. Die gesetzlichen Krankenkassen sind analog hierzu mit fünf Personen vertreten. Hinzu kommen die drei neutralen Vertreter, die jedoch seit dem 01.06.2008 hauptamtlich tätig sind. Zudem sind fünf nicht stimmberechtigte Patientenvertreter an den Beratungen beteiligt. Die Entscheidungen des Gemeinsamen Bundesausschusses sind für Versicherte, Krankenkassen, zugelassene Krankenhäuser und an der ambulanten Versorgung teilnehmende Leistungserbringer verbindlich. Der Gemeinsame Bundesausschuss hat als Körperschaft des öffentlichen Rechts **Richtlinienkompetenz**. Dies bedeutet, dass seine Beschlüsse verbindliche Handlungsvorgaben für alle Personen und Institutionen sind, die den SGB-V-Vorschriften unterliegen. Hiervon sind auch alle Krankenkassen, alle Leistungserbringer im SGB-V-Bereich sowie alle Versicherten betroffen.

Nach den gesetzlichen Vorschriften des § 139a SGB V hat der Gemeinsame Bundesausschuss ein fachlich unabhängiges, rechtsfähiges, wissenschaftliches **Institut für Qualität und Wirtschaftlichkeit im Gesundheitswesen (IQWiG)** zu gründen. Zugleich ist der Bundesausschuss Träger dieses Instituts. Das Institut gibt unter anderem Bewertungen und Empfehlungen an den Bundesausschuss zu folgenden Bereichen ab:
- Stand des aktuellen medizinischen Wissens
- Qualität und Effizienz von GKV-Leistungen
- evidenzbasierte Leitlinien für epidemiologisch wichtige Krankheiten
- Disease-Management-Programme
- Nutzen von Arzneimitteln.

Zusätzlich hat das Institut allgemein verständliche Informationen zu Fragen der Qualität und der Effizienz für die Bevölkerung zur Verfügung zu stellen. Die Finanzierung des Ausschusses und des Instituts erfolgt zur einen Hälfte durch die Krankenhäuser. Die andere Hälfte wird durch den ärztlichen Bereich aufgebracht.

Im Rahmen einer europaweiten Ausschreibung hat das **Institut für Angewandte Qualitätsförderung und Forschung im Gesundheitswesen (AQUA-Institut)** mit Sitz in Göttingen im Jahre 2009 durch den G-BA den Auftrag erhalten, den Aufbau einer bundesweiten und sektorübergreifenden Qualitätssicherung im Gesundheitswesen gemäß § 137a SGB umzusetzen. Mit dem Finanzstruktur- und Qualitäts-Weiterentwicklungsgesetz aus dem Jahre 2014 ist der § 137a SGB V verändert worden. Aufgrund der Neufassung hat der G-BA den Auftrag erhalten, ein fachlich unabhängiges wissenschaftliches **Institut für Qualitätssicherung und Transparenz im Gesundheitswesen (IQTiG)** zu gründen. Diese Gründung ist im Januar 2015 erfolgt.

Mit Beginn des Jahres 2004 sind auch die alten Befreiungs- und Überforderungsregelungen verändert worden. Seit diesem Zeitpunkt entfällt die generelle Härtefallbefreiung. Für alle Versicherten einschließlich der Sozialhilfeempfänger gilt für die Summe der Zuzahlungen eine **Belastungsobergrenze** in Höhe von **2 % des Bruttoeinkommens** pro Jahr. Wird diese Belastungsgrenze im laufenden Jahr überschritten, werden die zu viel gezahlten Eigenanteile sofort erstattet und für den Rest des Jahres wird eine Befreiung ausgesprochen. Bei Familien werden Freibeträge berücksichtigt. Für schwerwiegend **chronisch Kranke** ist eine Sonderregelung eingeführt worden. Für diesen Versichertenkreis gilt die Überforderungsklausel von **1 % des Bruttoeinkommens** im Jahr.

Auf Grund der Tatsache, dass mit Inkrafttreten des GKV-Modernisierungsgesetzes keine eindeutige sozialrechtliche Definition einer schwerwiegenden chronischen Krankheit existierte, hat der Gemeinsame Bundessausschuss im Januar 2004 durch die sogenannte **Chroniker-Richtlinie** die folgende Definition beschlossen. Ein Patient gilt als schwerwiegend chronisch krank, ...
- ... wenn er ein Jahr lang mindestens einmal pro Quartal ärztlich wegen derselben Krankheit behandelt wird und zusätzlich eines der folgenden Merkmale zutrifft:
- Er ist pflegebedürftig nach den Pflegestufen 2 oder 3.
- Er ist zu mindestens 60 % behindert oder seine Erwerbsminderung beträgt mindestens 60 %.
- Er muss kontinuierlich medizinisch versorgt werden, weil sich andernfalls sein Gesundheitszustand stark verschlechtert.

Ausgelöst durch das GKV-Wettbewerbsstärkungsgesetz aus dem Jahre 2007 hat der Gemeinsame Bundesausschuss im Juli 2007 seine Richtlinie zur Umsetzung der Regelungen für schwerwiegend chronisch Erkrankte geändert. Durch die Aufnahme der Verpflichtung zur Teilnahme an Früherkennungsuntersuchungen von Krebserkrankungen (Brust- und Darmkrebs, Zervixkarzinom) sind die Versicherten mit einer schwerwiegenden chronischen Krankheit nunmehr verpflichtet, an diesen Präventionsmaßnahmen teilzunehmen, wenn sie ihre einprozentige Zuzahlungsregel nicht verlieren wollen.

Im deutschen Gesundheitssystem fällt dem Hausarzt bzw. der hausärztlichen Versorgung eine wesentliche Organisations- und Koordinationsfunktion zu. Der Gesetzgeber hat konsequenterweise die **Stärkung der hausärztlichen Versorgung** festgeschrieben. Die Hausärzte, das sind nach § 73b SGB V Ärzte für Allgemeinmedizin und Ärzte ohne Gebietsbezeichnung sowie Kinderärzte und Internisten ohne Teilgebietsbezeichnung, die die Teilnahme an der hausärztlichen Versorgung gewählt haben, gelten als kompetente „Lotsen" (Gatekeeper), die den gesamten Behandlungsablauf kennen und unter anderem durch die zeitnahe Übermittlung von Befunden und Berichten an die nachfolgenden Fachärzte und Krankenhäuser Doppeluntersuchungen vermeiden sollen. Der Hausarzt ist somit die erste Anlaufstelle für den Patienten. Er koordiniert sämtliche Behandlungsschritte. Zur Orientierung der Versicherten werden die Hausärzte verpflichtet, ihre Teilnahme an der hausärztlichen Versorgung auf dem Praxisschild anzugeben. Alle anderen Ärzte nehmen an der fachärztlichen Versorgung teil. Gemäß § 73b SGB V, der ab Januar 2004 gültig ist, müssen die Krankenkassen ab Juli 2009 flächendeckende Hausarztmodelle anbieten. Diese gesetzliche Vorgabe wurde aber im Jahre 2009 nur bedingt umgesetzt. Das Gesetz legt weiterhin fest, dass die Teilnahme sowohl für die Versicherten als auch für die Mediziner freiwillig ist. Bei einer freiwilligen Teilnahme müssen sich die Versicherten gegenüber ihrer Krankenkassen schriftlich verpflichten, im Rahmen des **Gatekeepings** eine ambulante fachärztliche Leistung nur auf Überweisung des von ihnen aus dem Kreis der Hausärzte gewählten Hausarztes in Anspruch zu nehmen. An diese **hausarztzentrierte Versorgung** ist der Versicherte mindestens ein Jahr gebunden. Nur in Ausnahmefällen kann der Hausarzt gewechselt werden. Im Gegenzug können die Kassen ihren Versicherten einen Bonus gewähren. Die Krankenkassen und die beteiligten Mediziner schließen einen sogenannten **Selektivvertrag** ab. Mit der Einführung des Hausarztmodells hat der Gesetzgeber die zwei Ziele formuliert. Das erste Ziel ist die Verbesserung der medizinischen Versorgung, das zweite ist eine Kostensenkung durch Reduzierung des sogenannten Ärztetourismus.

Auch für den Krankenhausbereich traten wesentliche Veränderungen ein. Diese Vorschriften beinhalten zum einen die Möglichkeit für die Krankenhäuser, bei einer festgestellten **Unterversorgung** im vertragsärztlichen Bereich ambulant tätig zu werden (**§ 116a SGB V**). Der Zulassungsausschuss kann den zugelassenen Krankenhäusern für die entsprechenden Fachgebiete, in denen der Landesausschuss der Ärzte und Krankenkassen eine Unterversorgung festgestellt hat, auf deren Antrag eine Ermächtigung erteilen. (Ermessensentscheidung). Die Teilnahme an der vertragsärztlichen Versorgung ist abhängig von der Dauer und der Intensität der Unterversorgung. Die zweite Erweiterung bezieht sich nunmehr auch auf die ambulante Durchführung von strukturierten Behandlungsprogrammen bei chronischen Krankheiten. Die ambulante Behandlung des Krankenhauses im Rahmen von **Disease-Management-Programmen** ist in **§ 116b Abs. 1 SGB V** geregelt. Die Teilnahme an der stationären Behandlung ist für die Krankenhäuser bereits seit Einführung der Disease-Management-Programme im Jahre 2002 möglich. Weiterhin können die Krankenhäuser nach **§ 116b Abs. 2–5 SGB V** auch die ambulante Behandlung bei **hochspezialisierten Leistungen, seltenen Erkrankungen** und **Erkrankungen mit besonderem Behandlungsverlauf** übernehmen. Die Krankenkassen, die Landesverbände der Krankenkassen oder die Verbände der Ersatzkassen können mit den zugelassenen Krankenhäusern Verträge über spezielle ambulante Leistungen abschließen. Die relevanten Leistungen sind in § 116b Abs. 3 SGB V aufgelistet. Dazu gehören hochspezialisierte Leistungen (z.B. Brachytherapie) sowie seltene Erkrankungen mit besonderen Krankheitsverläufen (z.B. Diagnostik und Versorgung von Patienten mit onkologischen Erkrankungen). Der Gemeinsame Bundesausschuss muss diesen Katalog kontinuierlich um Erkrankungen und hochspezialisierte Leistungen erweitern. Seitens der Krankenhäuser besteht jedoch kein Rechtsanspruch auf Abschluss eines Vertrags. Die gesetzlichen Vorschriften für die sächlichen und personellen qualitativen Anforderungen nach § 135 SGB V sind mindestens zu erfüllen. Die vertraglich erbrachten Leistungen des Krankenhauses werden von den Krankenkassen vergütet. Die Vergütung hat der Vergütung vergleichbarer vertragsärztlicher Leistungen zu entsprechen.

Die Regelungen über das **Ambulante Operieren im Krankenhaus** nach § 115b SGB V sind ebenfalls verändert worden. Mit Wirkung zum 01.01.2004 ist ein neuer Vertrag zwischen den drei Partnern (Krankenkassen-, Krankenhaus- und Ärzteverbände auf Bundesebene) verabschiedet worden. Dieser Vertrag sieht unter anderem einen erweiterten Katalog der ambulant durchführbaren Operationen und sonstiger stationsersetzender Eingriffe vor.

Durch die Einbindung eines Krankenhauses in ein Medizinisches Versorgungszentrum ist für eine stationäre Einrichtung eine wesentliche Leistungsausdehnung im ambulanten Bereich eröffnet worden. Nach **§ 95 SGB V** nehmen **Medizinische Versorgungszentren (MVZ)** an der vertragsärztlichen Versorgung teil. Sie sind jedoch nicht auf diese Versorgungsvarianten begrenzt. Die weiteren Tätigkeiten des Zentrums können sich zum Beispiel nach einem neu mit den Kassen abzuschließenden Vertrag zur integrierten Versorgung nach den Vorschriften des § 140a SGB V richten. Bei diesen Versorgungszentren handelt es sich seit dem Inkrafttreten des GKV-Versorgungsstärkungsgesetzes (GKV-VSG) im Juli 2015 um fachgleiche, ärztlich geleitete Einrichtungen, in denen Ärzte, die in das Arztregister eingetragen sind, als Angestellte oder Vertragsärzte tätig sind. Das bis dahin gültige Kriterium „fachübergreifend" ist seit diesem Zeitpunkt entfallen. Somit sind seitdem z. B. reine Hausarzt-MVZ oder spezialisierte fachartgleiche MVZ zulässig. Hierbei ist zu beachten, dass aber mindestens zwei personenverschiedene Ärzte im MVZ, jeweils im Umfang von mindestens einer Zulassung mit einem hälftigen Versorgungsauftrag bzw. einer halben Angestelltenstelle (mehr als 10 Wochenstunden), tätig sind. Bei einem MVZ wird zwischen Gründern (Gesellschaftern), Betreibern (Trägern, Trägergesellschaften) und Leistungserbringern (z. B. Ärzten) unterschieden. Die Gründung eines Versorgungszentrums konnte bis zum 31.12.2011 von allen Leistungserbringern, die auf der Grundlage einer Zulassung, einer Ermächtigung oder eines Vertrags an der Gesundheitsversorgung teilnehmen durften, bei dem zuständigen Zulassungsausschuss beantragt werden. Nicht zugelassen waren zum Beispiel pharmazeutische Unternehmen, Krankenkassen und Träger von Managementgesellschaften. Seit dem Inkrafttreten des GKV-Versorgungsstrukturgesetzes zum 01.01.2012 dürfen nur noch zugelassene Vertragsärzte, Psychotherapeuten, Kliniken, Erbringer nichtärztlicher Dialyseleistungen, gemeinnützige Träger, die aufgrund einer Zulassung oder einer Ermächtigung an der vertragsärztlichen Versorgung teilnehmen, sowie von Kommunen (Städte und Gemeinden) ein MVZ neu gründen. Insofern können an einer Trägergesellschaft eines MVZ auch nur die genannten persönlichen oder juristischen Personen als Gesellschafter beteiligt sein. Die Zentren dürfen sich zudem nur noch bestimmter gesetzlich zugelassener Organisationsformen (z. B. Personengesellschaft, Partnerschaftsgesellschaft, Gesellschaft mit beschränkter Haftung, Genossenschaft, öffentlich rechtliche Rechtsform) bedienen. Für MVZs, die bereits vor dem 01.01.2012 zugelassen waren, gilt Bestandsschutz. Ziel des Gesetzgebers war es, die ärztliche Leitung eines MVZ rechtlich und faktisch in die Hände der Mediziner zu legen, um dadurch der Beeinflussung der ärztlichen Entscheidungen durch ökonomische Interessen vorzubeugen. Bei den medizinischen Versorgungszentren ist es zudem erlaubt, dass die kaufmännische Leitung zum Beispiel durch einen nichtärztlichen Geschäftsführer übernommen wird.

Somit können auch weiterhin Krankenhäuser Träger dieser Versorgungszentren werden. Mit der Zulassung ist die Teilnahme an der vertragsärztlichen Versorgung in den Fachgebieten erteilt, für die die in dem Zentrum tätigen Ärzte die weiterbildungsrechtlichen Befähigungen haben. Die gesetzlichen Vorschriften für die sächlichen und personellen qualitativen Anforderungen nach § 135 SGB V sind mindestens zu erfüllen. Krankenhäuser haben folglich die Möglichkeit, Versorgungsbereiche der Klinik in ein medizinisches Zentrum auszugliedern.

Dies kann zum Beispiel der Röntgen-, der Anästhesie- oder der Endoskopiebereich sein. Diese Bereiche können dann zur gemeinsamen Nutzung zur Verfügung gestellt werden. Weiterhin ist es möglich, dass angestellte Ärzte im medizinischen Zentrum gleichzeitig Angestellte des Krankenhauses sein können. Soweit es sich um die vertragsärztliche Versorgung gesetzlich Krankenversicherter handelt, ist mit der Zulassung über den Zulassungsausschuss der Kassenärztlichen Vereinigung die Teilnahme in den Fachgebieten erteilt, für die die im Zentrum tätigen Ärzte die weiterbildungsrechtlichen Befähigungen haben. Vertragsärzte können ihre Kassenzulassungen in die medizinischen Versorgungszentren einbringen. Die Zentren können aber auch frei werdende KV-Sitze aufkaufen. Hieraus wird deutlich, dass das MVZ der Bedarfsplanung unterliegt. Ärzte können also grundsätzlich nur dann in einem MVZ tätig werden, wenn für ihr jeweiliges Fachgebiet in dem betroffenen Planungsbereich der Kassenärztlichen Vereinigung keine Zulassungsbeschränkungen bestehen oder wenn die Ärzte bereits im Plaungsbereich zugelassen sind oder als Angestellte beschäftigt werden.

Die ärztlichen Leistungen des Medizinischen Versorgungszentrums werden aus der vertragsärztlichen Gesamtvergütung honoriert. Die jeweils aktuelle Vergütungsform des Einheitlichen Bewertungsmaßstabs (EBM) ist ebenfalls für die Zentren relevant. So ist z. B. nach dem EBM 2000 plus vorgesehen, ärztliche Kooperationen mit mehr als drei Vertragsärzten um bis zu 30 % höher zu vergüten. Die geplanten Fallpauschalen für Leistungen, die sowohl ambulant als auch stationär erbracht werden können, werden auf das gleiche Niveau gebracht. Hinzu kommt, dass bei der Teilnahme an einer integrierten Versorgung die Vergütungen zwischen dem Anbieter und den Kassen frei ausgehandelt werden.

In § 39 Abs. 1 SGB V hat der Gesetzgeber die folgenden **Formen der Krankenhausbehandlung** festgelegt:
- vollstationäre Behandlung
- teilstationäre Behandlung
- vor- und nachstationäre Behandlung
- ambulantes Operieren

Gleichzeitig wurde der Vorrang der ambulanten sowie teil-, vor- und nachstationären Behandlung vor der vollstationären Behandlung explizit verankert.

Für den Krankenhausbereich sind somit die beiden folgenden gesetzlichen Regelungen besonders relevant, die durch zwei- bzw. dreiseitige Verträge und Rahmenempfehlungen zwischen Krankenkassen, Krankenhäusern und Vertragsärzten im Rahmen sogenannter **Kollektivverträge** geregelt werden müssen:
- Art und Umfang der bedarfsgerechten Versorgung
- gesetzliche Möglichkeit und Verpflichtung zur vor- und nachstationären Behandlung
- Zulassung zum ambulanten Operieren

Folglich haben nach § 39 SGB V Versicherte erst dann Anspruch auf eine vollstationäre Behandlung, wenn nach Prüfung durch das Krankenhaus eine stationäre Aufnahme deshalb erforderlich ist, weil das Behandlungsziel nicht durch eine andere Behandlungsform einschließlich häuslicher Krankenpflege erreicht werden kann. Nach **§ 112 SGB V** (zweiseitige Verträge und Rahmenempfehlungen über Krankenhausbehandlung) werden die Landesverbände der Krankenkassen gezwungen, mit den Landeskrankenhausgesellschaften Verträge abzuschließen, um sicherzustellen, dass Art und Umfang der bereitgestellten Leistungen eine bedarfsgerechte Versorgung ermöglichen. Hierzu regeln die Verträge unter anderem:
- die allgemeinen Bedingungen der Krankenhausbehandlung (z.B. Aufnahme und Entlassung der Versicherten, Kostenübernahme)
- die Verfahrens- und Prüfungsgrundsätze für Wirtschaftlichkeits- und Qualitätsprüfungen
- die Überprüfung der Notwendigkeit und Dauer der Krankenhausbehandlung einschließlich eines Katalogs von Leistungen, die in der Regel teilstationär erbracht werden können.

Die Möglichkeit für Krankenhäuser, vor- und nachstationäre Behandlungen im Krankenhaus durchführen zu können, ist in § 115a SGB V geregelt. Danach können Krankenhäuser bei einer Verordnung von Krankenhausbehandlung Versicherte in medizinisch geeigneten Fällen ambulant versorgen. Diese Behandlungsvariante ist gegeben, wenn...

- ... die Notwendigkeit einer vollstationären Krankenhausbehandlung zu klären ist.
- ... eine festgestellte vollstationäre Versorgung vorzubereiten ist.
- ... im Anschluss an eine vollstationäre Behandlung der Behandlungserfolg zu sichern oder zu festigen ist.

Hierbei wird die vorstationäre Versorgung auf einen Zeitraum von maximal drei Tagen innerhalb eines Zeitraums von fünf Tagen vor Beginn der stationären Versorgung begrenzt. Die nachstationäre Versorgung darf längstens sieben Tage innerhalb eines zeitlichen Korridors von 14 Tagen nach der Entlassung erfolgen. Die Details sind durch einen dreiseitigen Vertrag auf Landesebene zwischen den Krankenkassen, der Kassenärztlichen Vereinigung und der Krankenhausgesellschaft geregelt worden.

Der § 115b SGB V sieht die Möglichkeit vor, ambulantes Operieren im Krankenhaus durchzuführen. Im Rahmen eines dreiseitigen Vertrags auf Bundesebene zwischen der Deutschen Krankenhausgesellschaft, der Kassenärztlichen Bundesvereinigung und den Spitzenverbänden der Krankenkassen wurden bereits im Jahre 1993 die notwendigen Regelungen getroffen. In diesem Zusammenhang wurde ein Katalog ambulant durchführbarer Operationen festgelegt, die Vergütungen für Krankenhäuser und Vertragsärzte wurden einheitlich festgeschrieben und die Sonderregelungen zur Sicherung der Qualität und Wirtschaftlichkeit wurden in Kraft gesetzt. Im Jahre 1993 wurde festgeschrieben, dass die Vertragsparteien bis zum 31.12.2000 unter anderem die ambulant durchführbaren Operationen und die sonstigen stationsersetzenden Eingriffe gesondert zu vereinbaren hatten. Wäre diese Vereinbarung nicht oder nur zum Teil zustande gekommen, hätte die Bundesschiedsstelle eine Entscheidung treffen müssen. Mit Wirkung zum 01.01.2004 ist zwischenzeitlich ein neuer Vertrag zwischen den drei Partnern abgeschlossen worden. Dieser Vertrag sieht unter anderem einen erweiterten Katalog der ambulant durchführbaren Operationen und sonstiger stationsersetzender Maßnahmen vor.

Neben diesen Reformen sind weitere diverse Modifikationen in das Sozialgesetzbuch eingebaut worden.

Mit § 37a SGB V ist für die Versicherten ein begrenzter Anspruch auf Soziotherapie festgeschrieben worden. Dieser Anspruch kommt dann zum Tragen, wenn dadurch zum Beispiel eine Krankenhausbehandlung vermieden oder verkürzt werden kann. Er gilt für Versicherte, die wegen einer schweren psychischen Erkrankung nicht in der Lage sind, ärztliche bzw. ärztlich verordnete Leistungen selbstständig in Anspruch zu nehmen. Zur Realisierung des Versorgungsangebots schließen die Krankenkassen, die Landesverbände der Kassen bzw. die Verbände der Ersatzkassen Verträge mit geeigneten Personen oder Einrichtungen ab (§ 132b SGB V).

Die Förderung von Einrichtungen zur **Verbraucher- und Patientenberatung** wurde ebenfalls neu in die Vorschriften aufgenommen. Nach **§ 65a SGB V** sollen die Spitzenverbände der Krankenkassen im Rahmen von Modellversuchen derartige Einrichtungen fördern, die sich die gesundheitliche Aufklärung, Beratung und Information zur Aufgabe gemacht haben und als förderungswürdig eingestuft werden.

Der **Grundsatz der Beitragssatzstabilität** wird durch den § 71 SGB V erneut unterstrichen. Danach haben die Krankenkassen und die Leistungserbringer in ihren Verträgen die Leistungsvergütungen so zu vereinbaren, dass Beitragssatzsteigerungen ausgeschlossen werden. Als Ausnahmeregelungen werden explizit nur die Fälle zugelassen, bei denen die notwendige medizinische Versorgung auch nach dem Ausschöpfen aller Rationalisierungsreserven nicht ohne eine Beitragssatzsteigerung gewährleistet werden kann. Zur Fortschreibung der Krankenhausbudgets stellt das Bundesgesundheitsministerium bis zum 15. September die retrospektiven durchschnittlichen Veränderungsraten der beitragspflichtigen Bruttoentgelte der Versicherten (Rate für das gesamte Bundesgebiet sowie Raten für die alten und neuen Bundesländer) per Veröffentlichung im Bundesanzeiger fest. Diese Raten gelten für das jeweils folgende Kalenderjahr. Sie errechnen sich aus den Lohnveränderungen, die sich in der zweiten Hälfte des Vorjahres und in der ersten Hälfte des laufenden Jahres ergeben haben.

So regelt zum Beispiel § 109 SGB V den Abschluss von Versorgungsverträgen mit den Krankenhäusern. Diese Neufassung ermöglicht es, die Krankenhausplanung zu modifizieren, indem die Bettenzahlen oder die Leistungsstrukturen eines Krankenhauses ergänzend zwischen den Krankenkassen und dem Krankenhausträger vereinbart werden können.

Eine Verstärkung des Kündigungsrechts der Krankenkassen hinsichtlich des Versorgungsauftrags beinhaltet § 110 SGB V. So wurden zum Beispiel die Voraussetzungen, bei deren Vorliegen die zuständige Landesbehörde die Genehmigung einer Kündigung verweigern kann, verschärft.

Nach **§ 118 SGB V** sind psychiatrische Krankenhäuser vom zuständigen Zulassungsausschuss der jeweiligen Kassenärztlichen Vereinigung zur ambulanten psychiatrischen und psychotherapeutischen Versorgung zu ermächtigen. Eine Ermächtigung erhalten auch die Allgemeinkrankenhäuser, die über eine selbstständige, fachärztlich geleitete psychiatrische Abteilung mit regionaler Versorgungsverpflichtung verfügen. Zur Festlegung der Patientengruppe werden seitens der Spitzenverbände der Krankenkassen, der Deutschen Krankenhausgesellschaft und der Kassenärztlichen Bundesvereinigung vertragliche Vereinbarungen getroffen. Hierbei sollen die Patienten erfasst werden, die wegen der Art, Schwere oder Dauer ihrer Erkrankung eine ambulante Behandlung durch die Einrichtungen benötigen. Auch hier gilt, dass die Bundesschiedsstelle eine Entscheidung treffen muss, wenn diese Vereinbarung nicht oder nur zum Teil zustande kommt.

Die Vorschriften für die Abstimmung der medizinisch-technischen Großgeräte sind in § 122 SGB V geregelt. Der neugefasste Paragraph sieht eine gemeinsame Großgeräteplanung zwischen Krankenhäusern und niedergelassenen Ärzten sowie die Mitbenutzung der Geräte durch andere Ärzte vor.

Im Jahre 1993 wurde der § 137 SGB V eingeführt. Diese Vorschrift regelte bis zum 31.12.1999 die externe Qualitätssicherung in der stationären Versorgung. Danach hatten sich die Einrichtungen an Maßnahmen zu beteiligen, welche die Qualität der Behandlung, der Versorgungsabläufe und der Behandlungsergebnisse sichern sollen.

Durch das Fallpauschalen- bzw. Fallpauschalenänderungsgesetz ergaben sich Novellierungen im SGB V unter anderem beim § 137 SGB V. Es geht hierbei um die Ausnahmeregelung bei den erforderlichen Mindestmengen:

> „Wenn die [...] erforderliche Mindestmenge bei planbaren Leistungen voraussichtlich nicht erreicht wird, dürfen ab dem Jahr 2004 entsprechende Leistungen nicht erbracht werden. Die für die Krankenhausplanung zuständige Landesbehörde kann Leistungen aus dem Katalog [...] bestimmen, bei denen die Anwendung von Satz 4 die Sicherstellung einer flächendeckenden Versorgung der Bevölkerung gefährden könnte; sie entscheidet auf Antrag des Krankenhauses bei diesen Leistungen über die Nichtanwendung von Satz 4." (SGB V, 2003)

Im Jahre 2004 trat die erste Mindestmengenvereinbarung (MMV) für fünf operative Eingriffe in Kraft. Die MMV legt die Art der Eingriffe, die Höhe der jährlich geforderten Eingriffe und Ausnahmetatbestände fest. Bei den Eingriffen handelte es sich um Nieren-, Leber- und Stammzellentransplantationen sowie komplexe Eingriffe an den Organsystemen Pankreas und Ösophagus. Im Jahre 2006 wurden die Mindestmengen für die oben aufgeführten Eingriffe erhöht, zudem wurde eine Mindestmenge bei Knie-TEPs eingeführt. Die MMV sah zudem eine wissenschaftliche Begleitforschung vor. Diese Forschung wurde im Auftrag des Gemeinsamen Bundesausschusses von Dezember 2005 bis Dezember 2007 durch das Deutsche Krankenhausinstitut und die Heinrich-Heine-Universität Düsseldorf durchgeführt.

Auf die Ausführungen zum internen Qualitätsmanagement (§ 135a SGB V) sowie zu den Vorschriften für die externe Qualitätssicherung (§§ 137ff. SGB V) wird an dieser Stelle nicht noch einmal eingegangen.

Abschließend ist exemplarisch eine Änderung in **§ 301 SGB V** zu nennen, die mit der Einführung eines pauschalierenden Entgeltsystems zusammenhängt. Nach den Bestimmungen dieses Paragraphen sind die Krankenhäuser verpflichtet, den Krankenkassen genau festgelegte **Angaben maschinenlesbar** zu übermitteln. Zu den bisherigen Aufgaben kommt nun folgende Verpflichtung hinzu:

> „Die Operationen und sonstigen Prozeduren [...] sind nach dem vom Deutschen Institut für medizinische Information und Dokumentation [...] herausgegebenen Schlüssel zu verschlüsseln; der Schlüssel hat die sonstigen Prozeduren zu umfassen, die nach § 17b des Krankenhausfinanzierungsgesetzes abgerechnet werden können. Das Bundesministerium für Gesundheit gibt den Zeitpunkt der Inkraftsetzung der jeweiligen Fassung des Diagnoseschlüssels [...] sowie des Prozedurenschlüssels [...] im Bundesanzeiger bekannt." (§ 301 SGB V)

Der Aufbau eines **integrierten Versorgungssystems** ist bereits seit dem 01.01.2000 möglich gewesen. Aber erst durch die deutlichen Verbesserungen sind sogenannte IV-Verträge de facto ab 2004 für Krankenhäuser interessant geworden. Seit dem 01.01.2004 konnten die Krankenkassen auf der Grundlage der **§§ 140a-d SGB V** unter anderem mit den folgenden Partnern Einzelverträge über eine verschiedene Leistungssektoren übergreifende Versorgung der Versicherten oder über eine interdisziplinär-fachübergreifende Versorgung (integrierte Versorgung) abschließen:
- einzelnen, zur vertragsärztlichen Versorgung zugelassenen Ärzten und Zahnärzten
- Trägern zugelassener Krankenhäuser
- Trägern stationärer Vorsorge- und Nachsorgeeinrichtungen
- Trägern ambulanter Rehabilitationseinrichtungen
- Trägern medizinischer Versorgungszentren.

Bei den in § 140b Abs. 1 SGB V aufgeführten Vertragspartnern handelte es sich um eine abschließende Aufzählung. Hieraus lässt sich ableiten, dass die Kassenärztlichen Vereinigungen seit 2004 nicht mehr als Vertragspartner zugelassen waren. Ein Beitritt Dritter zu den abgeschlossenen Verträgen ist nur mit Zustimmung aller Vertragspartner möglich. Als Rechtsformen standen sämtliche Rechts- und Gesellschaftsformen zur Verfügung (z. B. Personengesellschaften, juristische Personen des Privatrechts, Kapitalgesellschaften, Vereine). Hinsichtlich der Vergütung war für die Jahre 2004 bis 2008 geregelt, dass die Krankenkassen jeweils bis zu 1 v. H. der vertragsärztlichen Gesamtvergütung und der Krankenhausrechnungen für die voll- und teilstationäre Versorgung einbehalten sollen. Diese einbehaltenen Geldbeträge waren ausschließlich zur Finanzierung der Leistungen vorgesehen, die auf der Grundlage der Verträge zur integrierten Versorgung erbracht wurden (Anschubfinanzierung). Ein zusätzlicher Anreiz war zudem darin zu sehen, dass für die Integrationsverträge, die bis zum 31.12.2006 geschlossen wurden, der Grundsatz der Beitragssatzstabilität aufgehoben worden ist.

Wurden die von den Krankenkassen einbehaltenen Geldbeträge jedoch nicht innerhalb von drei Jahren für den vorgesehenen Zweck verwendet, waren die nicht verwendeten Mittel auszuzahlen.

Ein zusätzlicher Anreiz war darin zu sehen, dass für die Integrationsverträge, die bis zum 31.12.2006 geschlossen wurden, der Grundsatz der Beitragssatzstabilität aufgehoben worden war.

Mit dem GKV-Wettbewerbsstärkungsgesetz aus dem Jahre 2007 war es nun auch möglich, Pflegekassen und Pflegeeinrichtungen nach SGB XI in die Verträge einzubinden. Eine weitere Erweiterung der Vertragsteilnehmer erfolgte mit der Einführung des Arzneimittelneuordnungsgesetzes (AMNOG) zum 01.01.2011. Seitdem dürfen auch Pharmaunternehmen und Hersteller von Medizinprodukten Vertragspartner sein. Die gesetzlichen Vorschriften der §§ 140a-d SGB V galten bis zum Juli 2015. Mit dem GKV-Versorgungsstärkungsgesetz sind diese Regelungen durch die „Besondere Versorgung" nach § 140a SGB V ersetzt worden. Die bis dahin bereits geschlossenen Verträge gelten aber weiterhin. Seitdem können die Krankenkassen Verträge mit den Leistungserbringern, die in § 140a Abs. 3 aufgeführt sind, eine besondere Versorgung der Versicherten abschließen. Die Wirtschaftlichkeit der besonderen Versorgung muss spätestens vier Jahre nach Abschluss der Verträge nachweisbar sein. Die Qualitätsanforderungen richten sich nach den Vorgaben des Gemeinsamen Bundesauschusses sowie nach den Vereinbarungen, die in den relevanten Bundesmantelverträgen als Mindestvoraussetzungen festgelegt worden sind.

Das **Arzneimittelversorgungs-Wirtschaftlichkeitsgesetz (AVWG)** vom 01.05.**2006** hatte die Zielsetzung, die Ausgaben für den Medikamentenmarkt zu drosseln. Aus diesem Grunde legte die Legislative einen zweijährigen Preisstopp für die zu Lasten der GKV verordneten Arzneimittel fest. Weiterhin wurden die Festbeträge abgesenkt. Den Krankenkassen wurde zudem die Möglichkeit eingeräumt, Rabattverträge mit den Herstellern abzuschließen. Optional konnten auch Zuzahlungsbefreiungen durch die Krankenkassen festgelegt werden.

Das Gesundheitswesen in Deutschland ist aus dem internationalen Blickwinkel ein modernes und leistungsfähiges System, dass allen Bürgern Zugang zu einer hochwertigen Gesundheitsversorgung bietet. Nationale Studien zeigen jedoch ein ganz anderes Bild. Hauptkritikpunkte sind hierbei die folgenden Faktoren:
- Der Einsatz der Mittel zur Gesundheitsversorgung ist teilweise ineffizient, sodass es zu einer Über- oder Unterversorgung kommen kann.
- Die Versorgungsqualität variiert erheblich.
- Ressourcen werden an den Schnittstellen nicht optimal eingesetzt.

Aufgrund des demographischen Wandels, der Entdeckung neuer Krankheiten und der damit verbundenen Weiterentwicklung neuer Untersuchungs- und Behandlungsmethoden und des technischen Fortschritts muss auch die Krankenhauslandschaft weiterentwickelt werden. Sowohl die Angebots- als auch die Finanzierungsseite müssen bei einer Reform der Krankenhäuser berücksichtigt werden, denn in den nächsten zwei Jahrzehnten wird die Zahl der älteren Menschen in Deutschland deutlich steigen, sodass veränderte Leistungsangebote und zusätzliche Finanzierungsbedarfe erforderlich werden.

Mit dem GKV-Modernisierungsgesetz wurden bereits die ersten strukturellen Änderungen und wettbewerblichen Anreize umgesetzt. Mit dem **Gesetz zur Stärkung des Wettbewerbs in der gesetzlichen Krankenversicherung (Wettbewerbsstärkungsgesetz – GKV-WSG)**, das im Jahre **2007** in Kraft getreten ist, sollte das Gesundheitswesen auf allen Ebenen wettbewerbsorientierter ausgerichtet werden. Zudem sollten mehr Flexibilität und Transparenz sowie eine höhere Qualität erreicht werden. Wesentliche Ziele des GKV-WSG waren:
- Ausweitung des Versicherungsschutzes auf alle Einwohner im Krankheitsfall in der gesetzlichen oder privaten Krankenversicherung (Ausweitung des Kontrahierungszwangs)
- Sicherung des Zugangs der Versicherten zu allen medizinisch notwendigen Leistungen unter Einbeziehung des medizinischen Fortschritts, unabhängig von der Höhe der jeweils eingezahlten Beiträge
- Ausbau des steuerfinanzierten Anteils an den GKV-Kosten
- Qualitäts- und Effizienzsteigerung durch Intensivierung des Wettbewerbs auf Kassen- und auf Leistungserbringerseite sowie Verschlankung der Kassenstruktur
- Ausweitung des Insolvenzrechts auf Bereiche der gesetzlichen Krankenkassen
- Optionen von kassenarten- und länderübergreifenden Fusionen im GKV-System
- Einführung eines Basistarifs im PKV-Sektor mit Kontrahierungszwang
- Anteilige Mitnahme der Altersrückstellungen bei einem Wechsel im PKV-Bereich
- Verbesserung des Palliativmedizinangebots
- Gründung des GKV-Spitzenverbandes
- Einführung einer Kosten-Nutzen-Bewertung von Arzneimitteln
- Entbürokratisierung und Vergrößerung der Transparenz auf allen Ebenen
- Einstieg in die Sicherung der Nachhaltigkeit der Finanzierung der GKV unter anderem

durch eine größere Unabhängigkeit vom Faktor Arbeit
- Intensivierung des Wettbewerbs in den beiden Kassensystemen und Schaffung verbesserter Voraussetzungen für einen fairen Wettbewerb zwischen privaten Krankenversicherungen und gesetzlichen Krankenkassen.

Das GKV-Wettbewerbsstärkungsgesetz hat Auswirkungen auf verschiedene Teilnehmergruppen des Gesundheitsmarktes. An dieser Stelle sollen die Veränderungen, die sich für die gesetzlichen und privaten Krankenversicherungen, für die Versicherten, für einige relevante Selbstverwaltungsorgane und für die wesentlichen Leistungserbringer ergeben, angesprochen werden. Bei den Leistungserbringern wird der Schwerpunkt auf den Krankenhäusern liegen.

Seit dem 01.04.2007 können alle **gesetzlichen Krankenkassen** miteinander fusionieren, zum Beispiel eine Betriebskrankenkasse mit einer Ersatzkasse. Diese kassenart- und länderübergreifenden Zusammenschlüsse haben in den vergangenen Jahren neue wirtschaftliche Einheiten geschaffen und die Zahl der Krankenkassen deutlich sinken lassen. Perspektivisch ist eine Größenordnung von ca. 50 gesetzlichen Krankenkassen vorgesehen.

Bis Ende 2003 gab es in der gesetzlichen Krankenkasse nur das **Sachleistungsprinzip**. Beim Sachleistungsprinzip erhalten die Versicherten im Krankheitsfall die erforderlichen medizinischen Gesundheitsleistungen, ohne selbst in Vorleistung treten zu müssen, als Naturalleistungen.

> „Das Sachleistungsprinzip verpflichtet die Krankenkassen, eine ausreichende, zweckmäßige und wirtschaftliche Versorgung unter Berücksichtigung des medizinischen Fortschritts sicherzustellen. Hierfür schließen die Krankenkassen Verträge mit den Leistungserbringern, wie zum Beispiel Vertragsärzten, Krankenhäusern und Apotheken bzw. deren Verbänden, damit im Krankheitsfall die erforderlichen Leistungen erbracht werden können." (§ 69 ff. SGB V)

Seit dem Inkrafttreten des GKV-Modernisierungsgesetzes vom 01.01.2004 können die gesetzlich Versicherten zwischen dem Sachleistungs- und dem **Kostenerstattungsprinzip** wählen. Beim Kostenerstattungsprinzip müssen die Versicherten grundsätzlich alle Kosten, die für die Krankenbehandlungen anfallen, zunächst selber zahlen. Die angefallenen Kosten bekommen die Versicherten bis zu der Höhe, die beim Sachleistungsprinzip angefallen wäre, erstattet. Entscheidet sich ein Versicherter für das Kostenerstattungsprinzip, ist er ein Jahr lang daran gebunden.

Mit der Einführung des GKV-Wettbewerbsstärkungsgesetzes zum 01.04.2007 haben die Versicherten mit der Einführung der sogenannten **Wahltarife** nunmehr eine größere Wahlfreiheit.

> „Wahltarife sind alternative Versicherungsformen, die Mitglieder der gesetzlichen Krankenversicherung anstelle der Regelversorgung abschließen können. Grundsätzlich lassen sich Wahltarife in Tarife für den Unterversicherungsschutz und Tarife für den Vollversicherungsschutz unterscheiden. Zu den Wahltarifen für den Unterversicherungsschutz gehören Tarife, die es ermöglichen, einzelne Leistungen abzuwählen oder einen Teil der Leistungen über Selbstbehalte abzudecken. Bei Wahltarifen für den Vollversicherungsschutz erhalten die Versicherten den vollen Leistungsumfang, sie verpflichten sich jedoch, an einem Versorgungsangebot außerhalb der sonst üblichen Regelversorgung teilzunehmen. Dazu zählen zum Beispiel Tarife für die Teilnahme an Hausarztmodellen oder an Angeboten im Rahmen der integrierten Versorgung (IGV)." (Weber, 2007: 54)

Zu den **Wahltarifen mit vollem Versicherungsschutz** gehören die **Hausarzttarife** (Tarife für die hausarztzentrierte Versorgung), die **Wahltarife für integrierte Versorgung** und die **Wahltarife für die strukturierten Behandlungsprogramme**. Diese drei alternativen Versorgungsformen sind bereits seit 2004 in das gesetzliche Leistungsspektrum aufgenommen worden. Für eine Teilnahme an diesen besonderen Versorgungsformen können die

Krankenkassen Prämienzahlungen und Zuzahlungsermäßigungen bis zu einer bestimmten Summe vorsehen. Diese Tarife gelten für alle Versicherten.

Zu den **Tarifen mit Unterversicherungsschutz** gehören unter anderem die **Tarife für besondere Therapierichtungen**. Diese können nunmehr auch von den Kassen angeboten werden. Gegenstand dieser Tarife ist die Erstattung von Arzneimitteln besonderer Therapierichtungen, die nicht zur Regelversorgung gehören. Für die Ausweitung des Leistungsanspruchs zahlen die Mitglieder eine zusätzliche Prämie.

Mit der Gesundheitsreform 2007 ist auch die **freie Wahl der Rehabilitationseinrichtungen** festgelegt worden. Die Versicherten können zwischen den bundesweit zugelassenen und zertifizierten Rehabilitationseinrichtungen frei wählen. Fallen in diesen Fällen Mehrkosten gegenüber der von der Krankenkasse vorgeschlagenen Institution an, sind die Mehrkosten von den Versicherten zu tragen.

Seit dem 01.01.2009 sind die Kassen verpflichtet, den Versicherten einen **Wahltarif mit Anspruch auf Krankengeld** anzubieten, die bislang keinen Anspruch auf diese Geldleistung hatten. Die Kassen erheben hierfür einen Prämienzuschlag.

Aus der obigen Definition von Wahltarifen wird deutlich, dass auch die **Selbstbehalttarife** zu den Wahltarifen für den Unterversicherungsschutz gehören.

Im Gegensatz zu den Wahltarifen mit vollem Versicherungsschutz können die Versicherten, die für ihren Krankenkassenbeitrag nicht selbst aufkommen (z. B. Bezieher von Arbeitslosengeld) weder Selbstbehalt- noch Kostenerstattungstarife abschließen.

Beim Selbstbehalt in der Krankenversicherung zahlt der Versicherungsnehmer die Behandlungskosten bis zu einer bestimmten Höhe aus eigener Tasche. Dafür bekommt das Mitglied von der Kasse zum Beispiel eine jährliche Prämie. An diesen Tarif ist der Versicherte drei Jahre lang gebunden.

„Die bisherige durch das GKV-Modernisierungsgesetz eingeführte Regelung zu Selbstbehalttarifen für freiwillige Mitglieder wird auch für Pflichtversicherte geöffnet und ist nicht mehr an die Kostenerstattung gebunden. Mitglieder tragen selbst einen Teil der Kosten, die sonst die Krankenkasse zu übernehmen hätte. Im Gegenzug erhalten sie eine vereinbarte Prämie. Eine Satzungsregelung ist erforderlich. Tarife für die Nichtinanspruchnahme von Leistungen: Die bisherige Regelung, die ursprünglich nur für freiwillige Mitglieder gegolten hat und ebenfalls mit dem GKV-Modernisierungsgesetz als Satzungsregelung eingeführt worden ist, wird nun auch auf Pflichtversicherte ausgedehnt. Die Satzung kann eine Prämienzahlung bis zu einem Zwölftel der im Kalenderjahr entrichteten Beiträge vorsehen, wenn grundsätzlich keine Leistungen in Anspruch genommen wurden. Die Inanspruchnahme bestimmter Leistungen, zum Beispiel zur Prävention, und die Leistungen an Versicherte unter 18 Jahren stehen dem nicht entgegen." (AOK-Bundesverband: Lexikon, 2008d, Stichwort: Prävention)

Die zweite Variante der Wahltarife sind die **Kostenerstattungstarife**:

„Die Krankenkasse kann variable Kostenerstattungstarife in ihrer Satzung vorsehen. Interessant ist der Tarif für gesetzlich Versicherte, die Leistungen wie Privatversicherte in Anspruch nehmen möchten. Da die erbrachten Leistungen zu einem höheren Gebührensatz in Rechnung gestellt werden, der Versicherte sie zuerst selbst zahlt und dann Kostenerstattung von der Krankenkasse erhält, muss er im Gegenzug eine entsprechende Prämienzahlung leisten. Die Prämie wird zusätzlich fällig. Diese Tarifoption verstärkt eindeutig die Wettbewerbsposition gegenüber der privaten Krankenversicherung." (AOK-Bundesverband: Lexikon, 2008e, Stichwort: Wahltarife)

Die aufgeführten Tarife können bzw. müssen die Krankenkassen ihren Versicherten seit dem 01.04.2007 bzw. seit dem 01.01.2009 anbieten.

Die für die Krankenkassen anzubietenden Pflichttarife sind besondere Versorgungsformen wie hausarztzentrierte Versorgung, Disease-Management-Programme und integrierte

Versorgung, die in § 53 Abs. 3 SGB V verankert sind. Die Teilnahme an diesen Programmen ist für die Versicherten freiwillig. Die Bindungsfrist beträgt ein Jahr. Die Krankenkassen können mit diesem Tarif Prämienzahlungen oder Zuzahlungsermäßigungen verknüpfen.

Freiwillige Tarife, wie Selbstbehalt und Kostenerstattung, sind in § 53 Abs. 1 und 4 SGB V festgelegt. Bei den **Selbstbehalttarifen** kann die...

> „[...] Krankenkasse in ihrer Satzung vorsehen, dass Mitglieder jeweils für ein Kalenderjahr einen Teil der von der Krankenkasse zu tragenden Kosten übernehmen können. Die Krankenkasse hat für diese Mitglieder Prämienzahlungen vorzusehen (§ 53 Abs. 1 SGB V). Die Prämienzahlung darf ein Zwölftel der jeweils im Kalenderjahr gezahlten Beiträge nicht überschreiten und wird innerhalb eines Jahres nach Ablauf des Kalenderjahres an das Mitglied gezahlt." (Bundesministerium für Gesundheit: Gesetze Meilensteine, 2008b)

Beim **Kostenerstattungstarif** kann die Krankenkasse in ihrer Satzung vorsehen, „dass Mitglieder für sich und ihre nach § 10 mitversicherten Angehörigen Tarife für Kostenerstattung wählen. Sie kann die Höhe der Kostenerstattung variieren und hierfür spezielle Prämienzahlungen durch die Versicherten vorsehen (§ 53 Abs. 4 SGB V) (Bundesministerium für Gesundheit: Gesetze Meilensteine, 2008).

Die Mindestbindungsfrist der freiwilligen Tarife beträgt drei Jahre und kann frühestens bei deren Ablauf gekündigt werden. Die Krankenkassen müssen in ihrer Satzung aber ein Sonderkündigungsrecht für besondere Härtefälle aufnehmen.

Die Prämienzahlung darf in der Regel 600 Euro nicht überschreiten. Unter bestimmten Voraussetzungen darf die Prämienzahlung maximal 900 Euro betragen.

Die Finanzierung der Wahltarife muss aus den Einnahmen und aus den Einsparungen, die durch diese Wahltarife erreicht werden sollen, erfolgen.

Seit dem 01.04.2007 wurde auch das **Leistungsspektrum der GKV** erweitert. Die gesetzlichen Krankenkassen sind unter anderem verpflichtet, Mutter- bzw. Vater-Kind-Kuren zu genehmigen und zu zahlen, wenn ein Arzt sie für notwendig hält und verordnet. Notwendige Impfungen, die von der Ständigen Impfkommission empfohlen werden, müssen die Krankenkassen ebenfalls bezahlen.

Weiterhin wurde der Rechtsanspruch auf häusliche Krankenpflege auch auf die Menschen ausgeweitet, die zum Beispiel in Wohngemeinschaften oder anderen neuen Wohnformen leben.

Die Palliativversorgung wurde dadurch verbessert, dass die medizinische und pflegerische Versorgung dieser schwerstkranken Menschen auch durch ambulante Pflegeteams übernommen werden kann. Zudem sind die Kinderhospize finanziell entlastet worden.

Durch die Verbesserung des sogenannten Entlassungsmanagements können die Krankenhausärzte den Patienten, die aus dem Krankenhaus entlassen werden, für maximal drei Tage häusliche Krankenpflege verordnen und Medikamente mitgeben.

Ambulante und stationäre Rehabilitationsleistungen müssen seit dem Inkrafttreten des Gesetzes von den Krankenkassen bezahlt werden. Der Anspruch auf die Rehabilitationsleistungen gilt auch für Pflegebedürftige.

Seit dem 01.01.2008 müssen **chronisch Kranke** an regelmäßigen Vorsorgeuntersuchungen teilnehmen. Durch die Änderung der Richtlinie zur Umsetzung der Regelungen in § 62 für schwerwiegend chronisch Erkrankte (Chroniker-Richtlinie) des Gemeinsamen Bundesausschusses im Juli 2007 ist für festgelegte Altersgruppen eine Verpflichtung zur Teilnahme an Untersuchungen zur Früherkennung von Krebserkrankungen eingeführt worden. Bei einer Nichtteilnahme erhöht sich die Zuzahlung auf Medikamente, Praxisgebühr usw. von 1% auf 2% des relevanten Jahreseinkommens.

Ab dem 01.04.2007 greift auch die allgemeine **Versicherungspflicht** in der **gesetzlichen Krankenversicherung**. Ehemals GKV-Versicherte, die zu diesem Zeitpunkt keinen Versicherungsschutz hatten, mussten wieder in ihrer ehemaligen Krankenkasse versichert werden (Kontrahierungszwang).

Im Bereich der **privaten Krankenversicherung** ist am 01.07.2007 der modifizierte **Standardtarif** eingeführt worden. Beim Standardtarif handelte es sich um einen brancheneinheitlichen Tarif in der privaten Krankenversicherung. Der Leistungsumfang orientierte sich am Leistungskatalog der GKV. Die Beitragshöhe war abhängig von der Vorversicherungszeit und dem Alter des Mitglieds, durfte jedoch die durchschnittlichen Höchstbeiträge der Gesetzlichen Krankenversicherung nicht überschreiten. Dieser erweiterte Standardtarif der PKV war offen für Personen ohne Krankenversicherungsschutz, die der PKV zugeordnet werden konnten. Auch hier bestand seitens der PKV Aufnahmepflicht.

Am 01.01.2009 trat im Bereich der PKV der neue **Basistarif** in Kraft. Alle privaten Krankenversicherungen werden seitdem verpflichtet, diesen Tarif anzubieten. Die Leistungen des Basistarifs sind hinsichtlich des Leistungsumfangs, der Leistungssicherstellung und der Beitragsbemessung mit dem Leistungskatalog der GKV vergleichbar. Damit hat der Gesetzgeber festgeschrieben, dass es keine Risikozuschläge oder Leistungsausschlüsse geben darf. Im Vorfeld abgeschlossene Standardtarife wurden automatisch in Verträge der Basistarife überführt.

Der Basistarif kann grundsätzlich von allen gewählt werden, die in der PKV versichert sind oder dort versichert sein können (z. B. freiwillige Mitglieder der GKV). Es gilt auch hier der Kontrahierungszwang der Versicherer, sodass auch bei diesem Tarif die Nichtversicherten ein Rückkehrrecht erhalten haben.

Für Mitglieder der PKV ist mit diesen rechtlichen Vorschriften der Wechsel innerhalb und zwischen den privaten Versicherungsunternehmungen unter Berücksichtigung der **Portabilität der Alterungsrückstellungen** erleichtert worden, das heißt, bereits gebildete Alterungsrückstellungen werden beim Wechsel innerhalb ihrer Versicherung voll bzw. wurden bei einem Wechsel bis zum Ende des ersten Halbjahres 2009 zu einem anderen Versicherungsunternehmen bis zum Umfang des Basistarifs übertragen. Für alle PKV-Neuverträge ab Januar 2009 gilt allerdings nur die eingeschränkte Übertragbarkeit der Alterungsrückstellungen.

Des Weiteren wird die Vertragsfreiheit der gesetzlichen Krankenkassen und der Leistungserbringer (z. B. Apotheken, Ärzte, Krankenhäuser) unter anderem im Bereich der besonderen Vertragsform einer **integrierten Versorgung** erweitert. Durch die Neuaufnahme der Formulierung „bevölkerungsbezogene Flächendeckung der Versorgung" in § 140a SGB V können somit neben den indikationsbezogenen auch regional orientierte Versorgungsnetzwerke vertraglich festgeschrieben werden. Ferner sind Verträge mit den Pflegekassen und den zugelassenen Pflegeeinrichtungen auf der Grundlage des § 92b SGB XI möglich. Letztlich dürfen Krankenhäuser im Rahmen eines Integrationsvertrags unabhängig von den Vorschriften des § 116b SGB V hochspezialisierte Leistungen, seltene Erkrankungen und Erkrankungen mit besonderen Behandlungsabläufen ambulant behandeln. Weiterhin ist die Anschubfinanzierung verlängert worden.

Am 01.07.2008 wurde der **Spitzenverband Bund der Krankenkassen** gegründet. Er hat die sieben Spitzenverbände der gesetzlichen Krankenkassen, wie zum Beispiel den AOK-Bundesverband und den Bundesverband der Betriebskrankenkassen, abgelöst. Der Verband wird aus allen derzeitigen Krankenkassen gegründet. Er regelt die Rahmenbedingungen für die gesundheitliche Versorgung der Versicherten der gesetzlichen Krankenversicherungen. Die Aufgaben reichen von den Honorarvereinbarungen mit den Ärzten oder den Krankenhäusern über die Festsetzung von Festbeträgen für die Arzneimittel bis hin zur politischen Interessenvertretung gegenüber der Politik. Damit gestaltet der Verband etwa 70 % der Gesamtausgaben der GKV. Der Verband, der seinen Sitz in Berlin hat, ist zudem gleichzeitig der Spitzenverband des Bundes der Pflegekassen und somit auch der Träger des Medizinischen Dienstes. Der Verband wird von einem Vorstand geleitet.

Mit dem GKV-Wettbewerbsstärkungsgesetz trat auch die Reform des **Gemeinsamen Bundesausschusses (G-BA)** in Kraft. Die Organisation des Ausschusses ist seit dem 01.07.2008 wie folgt festgelegt worden: Es existiert nur noch ein Entscheidungsgremium, das aus drei unparteiischen Vertretern, die hauptamtlich tätig sind, fünf ehrenamtlichen Vertretern der Ärzte und Krankenhäuser und fünf Vertretern des neuen Spitzenverbandes Bund der Krankenkassen gebildet wird. Das entscheidungsbefugte Gremium besteht seitdem nur noch aus 13 statt aus 21 Personen. Die nicht stimmberechtigten Patientenverbände sind ebenfalls mit fünf (statt neun) Personen vertreten. Die Sitzungen des G-BA finden ab Juli 2008 überwiegend öffentlich statt. Die Hauptaufgabe des G-BA ist es auch weiterhin, Richtlinien, wie zum Beispiel die sogenannte Chroniker-Richtlinie, festzulegen. Die erlassenen Richtlinien sind für alle Beteiligten verbindlich.

Seit dem 01.04.2007 sind auch einige Veränderungen für Krankenhäuser, Ärzte und Apotheken eingeführt worden.

Krankenhäuser können ihre ambulante Versorgung für Patienten mit schweren oder seltenen Krankheiten und spezialisiertem Versorgungsbedarf ausweiten. Diese Möglichkeit erhielten sie zum Beispiel im Rahmen der integrierten Versorgung. Des Weiteren mussten die Krankenhäuser bis Ende 2008 jährlich 0,5 % ihrer Rechnungsbeträge zur Finanzierung des Gesundheitswesens als Solidarbeitrag (Sanierungsbeitrag) beisteuern.

Ärztliche Leistungen werden ab 2009 nach Festpreisen vergütet, die in einer Gebührenordnung (regionale Euro-Gebührenordnung, sogenannter **Euro-EBM**) festgelegt sind. Diese Preise orientieren sich ebenfalls an der Morbidität des Patienten, ähnlich wie im morbiditätsorientierten Risikostrukturausgleich. Verordnet ein Arzt Spezialpräparate, die sehr hohe Jahreskosten verursachen, muss eine Zweitmeinung von einem Facharzt eingeholt werden.

Der gesetzlich festgelegte **Rabatt**, den die Apotheken den Krankenkassen einräumen müssen, ist für die verschreibungspflichtigen Medikamente verändert worden. Wird kein bestimmtes Präparat vom Arzt verordnet, muss der Apotheker in der Regel dem Kunden ein Medikament geben, das im Rabattvertrag der jeweiligen Krankenkasse vereinbart wurde. Gibt es für das Medikament keinen Rabattvertrag, muss der Apotheker ein preisgünstiges gleichwertiges Präparat wählen.

Durch das GKV-WSG wurden zahlreiche Umformulierungen und neue Rechtsbestimmungen erlassen, die ab dem 01.01.2009 in Kraft traten. Die zentralen Reformbestandteile des Jahres 2007 sind die Einführung des Gesundheitsfonds und des morbiditätsorientierten Risikostrukturausgleichs.

Der **Gesundheitsfonds**, seine wichtigsten Regelungen und Übergangsregelungen sind in den §§ 266 ff. SGB V festgelegt. Weitere wichtige Gesetzesänderungen, die in Zusammenhang mit dem Gesundheitsfonds stehen, sind in den §§ 241 bis 248 SGB V erfasst. Diese regeln unter anderem den Beitragssatz sowie den krankenkassenindividuellen Zusatzbeitrag.

In der gesetzlichen Krankenversicherung wurden mit dem GKV-WSG die Finanzierungsstrukturen durch Errichtung eines Gesundheitsfonds auf eine neue Grundlage gestellt. Der Gesetzgeber versprach sich mit der Implementierung des Gesundheitsfonds eine wirtschaftliche Verwendung von Beitrags- und Steuerungsmitteln und eine deutliche Intensivierung des Wettbewerbes zwischen den Krankenkassen. Da der Versicherungsbeitrag seit Einführung des Fonds durch den Gesetzgeber festgesetzt wird, bestimmen die Krankenkassen seitdem nicht mehr selbst über die Höhe der Beiträge, vielmehr können sich die Krankenversicherungen in Zukunft darauf konzentrieren, ihren Versicherten möglichst zielgenaue, qualitätsgestützte und effiziente Versorgungsformen und -tarife anzubieten. Damit verfügen die Versicherten einer Krankenkasse über klare und genaue Informationen zu deren Leistungsfähigkeit, was ihnen den Vergleich mit anderen Kostenträgern vereinfacht. Durch den Gesundheitsfonds werden die Krankenkassen gezwungen, alle Wirtschaftlichkeitsreserven zu erschließen, um Versicherte halten zu können. Bis Ende 2007 und damit vor der Einführung des Gesundheitsfonds mussten alle Krankenkassen schuldenfrei sein. Konkret wurde geregelt, dass ab 2009 die gesamten Beitragseinnahmen und die relevanten Steueranteile in den Gesundheitsfonds einfließen. Mit der Umsetzung wurde das Bundesversicherungsamt (BVA) beauftragt, das heißt, das BVA verwaltet den Gesundheitsfonds.

Die Beiträge von Arbeitgebern und Versicherten werden per Rechtsverordnung festgelegt. Jedes Jahr zahlt der Bund Zuschüsse an das BVA zur pauschalen Abgeltung versicherungsfremder Leistungen. Der Beitragseinzug ist weiterhin bei den Krankenkassen geblieben. Der Gesetzgeber hat aber die Möglichkeit eingeräumt, ein kassenartenübergreifendes Weiterleitungssystem zu schaffen, um den Verwaltungsaufwand bei den Unternehmen zu reduzieren.

Aus dem Gesundheitsfonds erhalten die Kassen ab 2009 für jede versicherte Person neben einer Grundpauschale alters- und risikoadjustierte Zu- oder Abschläge. Zur Umsetzung dieses Risikoansatzes ist mit der Einführung des Gesundheitsfonds der morbiditätsorientierte Risikostrukturausgleich eingeführt worden. Das bisherige Verfahren des Risikostrukturausgleichs wurde durch den Gesundheitsfonds wesentlich vereinfacht. Zugleich wurden die Zuweisungen aus dem Gesundheitsfonds an die Krankenkassen zielgenauer, da nunmehr die unterschiedlichen Risiken der Versicherten, wie Alter, Geschlecht und Krankheiten berücksichtigt werden. Zu diesem Zweck wird insbesondere die unterschiedlich zwischen den Krankenkassen verteilte Krankheitsbelastung der Versicherten berücksichtigt, indem für die schwerwiegenden und kostenintensiven Krankheiten Morbiditätszuschläge gezahlt werden. Kommt eine Krankenkasse mit den Fondsmitteln nicht aus, müssen die entsprechenden Fehlbeträge ausgeglichen werden. Die Krankenkassen haben hier die Möglichkeit eingeräumt bekommen, von ihren Mitgliedern einen Zusatzbeitrag zu erheben. Erwirtschaften die Kassen einen Überschuss, können sie diesen an ihre Versicherten ausschütten. Voraussetzung dafür ist aber, dass die Kassen über ausreichende Finanzreserven verfügen. Zudem ist gesetzlich vorgeschrieben, eine Liquiditätsreserve vorzuhalten. Sollten die Ausgaben der GKV wider Erwarten nicht gedeckt werden, ist eine rückzuzahlende Liquiditätshilfe des Bundes vorgesehen. Aus dem Fonds müssen mindestens 95 % der Ausgaben bestritten werden. Kostensteigerungen aufgrund des medizinischen Fortschritts und der demographischen Entwicklung können über eine Erhöhung des Steuerzuschusses aufgefangen werden.

> „Der Gesundheitsfonds stellt die zentrale Einnahmeverwaltung der gesetzlichen Krankenversicherung dar. Er wird gespeist aus den Zahlungen aller Beitragspflichtigen, also insbesondere der Mitglieder, der Arbeitgeber und von Steuermitteln." (BKK Bundesverband, Lexikon, Gesundheitsfonds, 2008)

Das **Ziel** des Gesundheitsfonds ist es vor allem, den **Wettbewerb unter den gesetzlichen Krankenkassen** um die Mitglieder zu intensivieren, zudem soll für die Versicherten mehr Transparenz geschaffen werden.

Der Gesundheitsfonds und der einheitliche Beitragssatz traten ab dem 01.01.2009 in Kraft. Die gesetzlichen Krankenkassen erhalten für ihre Versicherten ab 01.01.2009 aus dem Gesundheitsfonds eine Grundpauschale und einen alters-, geschlechts- und risikoadjustierten Zuschlag. Das bisherige Verfahren des Risikostrukturausgleichs (RSA) wurde also durch den Gesundheitsfonds wesentlich vereinfacht. Infolge der einheitlichen Finanzierung aller Krankenkassen über den Gesundheitsfonds entfällt eine Differenzierung in Zahler- und Empfängerkassen. Die prozentualen Anteile der Beiträge von Arbeitnehmern und Arbeitgebern sowie die Mittel aus dem Bundeshaushalt, der Renten- und Arbeitslosenversicherungen fließen in den Gesundheitsfonds ein.

Die **Finanzierung der gesetzlichen Krankenversicherung** wird auch zukünftig im Wesentlichen durch die Beiträge der Arbeitnehmer und Arbeitgeber getragen. Sie zahlen vom Beitragssatz jeweils die Hälfte. Der Beitragssatz ist der Betrag für die Mitgliedschaft in der GKV, der vom beitragspflichtigen Einkommen des Versicherten erhoben wird. Der Beitragssatz wurde bis Ende 2008 vom Verwaltungsrat der jeweiligen Krankenkasse so festgelegt, dass die Einnahmen die voraussichtlichen Ausgaben decken sollten. Von Krankenkasse zu Krankenkasse gab es unterschiedliche Beitragssätze, da die Mitgliederstrukturen unterschiedlich waren. Waren zum Beispiel bei einer Kasse überwiegend alleinstehende Mitglieder mit hohem Einkommen und bei einer anderen Krankenkasse Mitglieder mit geringem Einkommen und vielen familienversicherten Personen eingeschrieben, so konnte der Beitragssatz der ersten Krankenkasse niedriger ausfallen als bei der zweiten. Auf Grund dieser unterschiedlichen Mitgliederstrukturen entwickelten sich um 1990 Beitragssatzunterschiede von über 8 %. Zur Angleichung dieser enormen Unterschiede wurde 1994 der Risikostrukturausgleich eingeführt.

Abbildung 4.3-2 zeigt die Entwicklung der Beitragssätze zwischen 1991 und 2006. Aus der Abbildung wird deutlich, dass die Beiträge bis 2003 kontinuierlich angestiegen und ab 2004 von 14,2 % auf 13,3 % gesunken sind. In den Jahren 2007 und 2008 erhöhte sich der allgemeine durchschnittliche Beitragssatz auf 13,9 % bzw. auf 14,0 %. Fast jede zweite Kasse erhöhte in diesen beiden Jahren die Beitragssätze (vgl. Bundesministerium für Gesundheit, 2008: 1). Nach einer Analyse des Internetportals „Krankenkassen.de" haben 95 der damals vorhandenen 205 Kassen ihre Beitragssätze erhöht. Die größte Steigerung meldete die Continentale BKK. Ihre Mitglieder zahlten am 01.05.2008 14,5 %. Dies entsprach einer Steigerung von 1,4 %. Als Ergebnis dieser Welle von Beitragssatzerhöhungen erreichte das Preisniveau bei der GKV zum 01.07.2008 einen Rekordstand. Im Jahre 2008 gab es zudem große Beitragssatzunterschiede. Die City-BKK war mit 16,5 % die teuerste Krankenkasse, die IKK-Sachsen war mit 11,8 % die günstigste offene Krankenkasse (vgl. Ärztezeitung, 2008: o. S.). Als Gründe für die Beitragssatzsteigerungen wurden häufig die stark gestiegenen Ausgaben im Gesundheitssystem sowie eine Verbesserung der Ausgangssituation für die Zeit nach dem Start des Gesundheitsfonds genannt.

Seit dem 01.01.2009 gilt der **einheitliche Beitragssatz** für alle gesetzlichen Krankenkassen. Er wurde von der Bundesregierung zum 01.11.2008 erstmals festgelegt. Die Bundesregierung wurde dabei von einem neutralen **Schätzerkreis**, der beim Bundesversicherungsamt angesiedelt ist, unterstützt. Der Schätzerkreis besteht aus Vertretern des Bundesministeriums für Gesundheit, des Bundesversicherungsamtes und des Spitzenverbandes Bund der Krankenkassen. Dieser prüft vierteljährlich die Einnahmen- und Ausgabenentwicklung der gesetzlichen Krankenkassen und macht der Regierung Vorschläge zur Höhe des Beitragssatzes. Die Einnahmen aus dem festgelegten

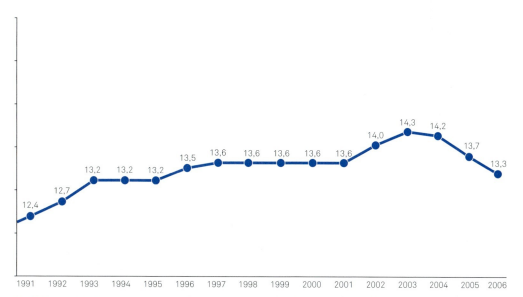

Abbildung 4.3-2: Beitragssatzentwicklung in der GKV (Quelle: Verband der Angestellten-Krankenkassen e.V., Arbeiter-Ersatzkassen-Verband e.V., 2007)

Beitragssatz sollen die Leistungen der Krankenkassen zu 100 % decken. Gemäß § 220 SGB V dürfen Beitragssatzänderungen erst beim Eintreten festgelegter Kriterien vorgenommen werden.

Im Vorfeld der gesetzlichen Festlegung des bundeseinheitlichen Krankenkassenbeitrags kam es bereits im Januar 2008 zu ersten gesundheitspolitischen Auseinandersetzungen. Auf der Grundlage der Berechnungen des Münchner Instituts für Gesundheitsökonomik, das im Auftrag der Initiative Neue Soziale Marktwirtschaft eine Studie über den voraussichtlichen einheitlichen Beitragssatz durchgeführt hat, wurde der Beitragssatz auf 15,5 % geschätzt. Dies würde nach Auffassung der Experten im Extremfall eine Mehrbelastung bis zu 712 Euro pro Jahr bedeuten. Die Reaktion auf diese Prognosedaten variierte von einer scharfen Zurückweisung durch das Bundesgesundheitsministerium bis hin zu der Forderung der Oppositionsparteien (FDP, Die Linke) nach einer Zurücknahme der geplanten Fondsfinanzierung.

Bei der Kalkulation der GKV-Einnahmen müssen die **Steuerzuschüsse** berücksichtigt werden. Der Zuschüsse aus dem Bundeshaushalt für die Jahre 2009 bis 2017 sind Tabelle 4.3-5 zu entnehmen.

Tabelle 4.3-5: Höhe des Bundeszuschusses zum Gesundheitsfonds (Quelle: Eigenerstellung in Anlehnung an Statista, 2015)

Jahr	Mrd. Euro
2009	7,2
2010	15,7
2011	15,3
2012	14,0
2013	11,5
2014	10,5
2015	11,5
2016	14,0 (geplant)
2017	14,5 (geplant)

Durch diesen Steuerzuschuss sollen unter anderem die beitragsfrei mitversicherten Kinder finanziert werden.

Nach dem 31.12.2010 hätten die Arbeitgeber die Möglichkeit gehabt, ihre und die Beiträge ihrer Arbeitnehmer gebündelt an einen Sozialversicherungsträger zu entrichten. Dieser sollte das Geld dann an den Gesundheitsfonds weiterleiten. Durch diese Möglichkeit sollten die Verwaltungskosten gesenkt werden. Von dieser Option ist kein Gebrauch gemacht worden.

Der Gesetzgeber hat weiterhin eine Liquiditätsreserve im Gesundheitsfonds vorgesehen, um die Einnahmeschwankungen bei den Beiträgen aufzufangen. Sind nach § 271 SGB V nicht genügend Reserven vorhanden, kann der Gesundheitsfonds einen zinslosen Kredit vom Bund bekommen. Die Rückzahlung muss bis zum Jahresende sichergestellt sein. Zum Ende des Jahres 2014 lagen die Liquiditätsreserven des Gesundheitsfonds bei ca. 12,5 Mrd. Euro. Damit sind die Reserven im Vergleich zu 2014 um gut eine Milliarde geschrumpft (vgl. Deutscher Bundestag, 2015: o. S.)

Aus Abbildung 4.3-3 wird ersichtlich, dass der Gesundheitsfonds einerseits durch die Beiträge der Arbeitgeber und der Arbeitnehmer (incl. Selbstzahler) finanziert wird, andererseits werden die Steuermittel des Bundes und die Geldströme der Rentenversicherung und der Bundesagentur zur Finanzierung herangezogen. Das Bundesversicherungsamt (BVA), das den Gesundheitsfonds verwaltet, leitet die Grundpauschalen und die Risikopauschalen an die gesetzlichen Kassen weiter.

Wie bereits erwähnt wird der Gesundheitsfonds vom **Bundesversicherungsamt** verwaltet. Es verteilt über den morbiditätsorientierten Risikostrukturausgleich zeitnah die Zuweisungen an die gesetzlichen Krankenkassen. Diese Zuweisungen sollen die Ausgaben decken. Wird der Finanzbedarf der Krankenkassen durch die Zahlungen nicht gedeckt, können sie gemäß § 242 SGB V einen **Zusatzbeitrag** von ihren Versicherten erheben. Die Mitglieder, die Sozialhilfeempfänger sind und/oder eine Grundsicherung bekommen, zahlen den Zusatzbeitrag nicht selbst. In diesen Fällen übernimmt das Grundsicherungs- oder das Sozialamt die Kosten. Für

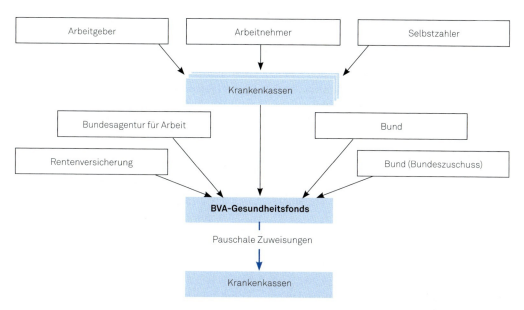

Abbildung 4.3-3: Zahlungsströme im Gesundheitsfonds (Quelle: Eigenerstellung in Anlehnung an Henke, 2007: 54)

den Fall, dass Krankenkassen mit den Zuweisungen aus dem Gesundheitsfonds Überschüsse erwirtschaften, können sie ihren Versicherten Beiträge zurückerstatten bzw. **Prämien** ausschütten (§ 54 SGB V). Die Versicherten haben ein Sonderkündigungsrecht, sobald die Kassen einen Zusatzbeitrag erheben. Auf dieses Kündigungsrecht müssen die gesetzlichen Krankenkassen hinweisen.

Auf Verlangen der bayerischen Staatsregierung wurde eine **Konvergenzklausel** in das Gesetz aufgenommen. Mithilfe dieser Klausel sollte eine unverhältnismäßig große Belastung der süddeutschen Krankenversicherungen bei der Einführung des Gesundheitsfonds vermieden werden. Diese Klausel stellt sicher, ...

„[...] dass sich die finanziellen Belastungen für die in einem Land tätigen Krankenkassen in Stufen von jeweils höchstens 100 Mio. Euro jährlich aufbauen. Übersteigt die Belastung der in einem Land tätigen Krankenkassen den im jeweiligen Jahr maßgeblichen Schwellenwert, werden die Zuweisungen aus dem Fonds so verändert, dass dieser Betrag genau erreicht wird: Die Belastung wird dadurch ausgeglichen, dass die Kassen dieses Landes aus dem Fonds entsprechend erhöhte Zuweisungen erhalten. Die Feststellung, ob die Belastungen der in einem Land tätigen Krankenkasse den Schwellenwert übersteigen, erfolgt durch das Bundesversicherungsamt (BVA). Die finanziellen Auswirkungen der Einführung des Gesundheitsfonds sind vor seinem Inkrafttreten auch durch ein wissenschaftliches Gutachten zu überprüfen." (Bundesministerium für Gesundheit, Glossar, Konvergenzklausel, 2008d)

Die Konvergenzklausel sollte dann auslaufen, wenn nach den Berechnungen des Bundesversicherungsamtes in einem Ausgleichsjahr keine Überschreitung des Schwellenwerts eingetreten ist. Das vom Bundesministerium für Gesundheit in Auftrag gegebene wissenschaftliche Gutachten von Wasem, Buchner und Wille über die Wirkung der Konvergenzklausel sorgte im Jahre 2008 für eine zusätzliche gesundheitspolitische Diskussion. Nach Aussage der Gutachter sind die Formulierungen der Konvergenzklausel unvollständig. Ihrer Auffassung nach lässt sich die Vereinbarung bei wörtlicher Auslegung nicht umsetzen, es wird zu einer Unterfinanzierung der gesamten gesetzlichen Krankenversicherung kommen (vgl. Wasem et al., 2008: 2).

Die Formulierungen der Experten wurden von den unionsgeführten Bundesländern, allen voran von Bayern und Baden-Württemberg, zum Anlass genommen, die Einführung des Gesundheitsfonds zu verhindern. Das Bundesministerium für Gesundheit hielt jedoch mit der Begründung am Gesundheitsfonds fest, dass die Funktionsweise des Fonds nicht von den Details der Konvergenzklausel abhängig ist (vgl. Bundesministerium für Gesundheit, 2008: o. S.).

Erst nach langen und intensiven Verhandlungen konnte im Juli 2008 eine Einigung über die Ausgleichsklausel erzielt werden. Danach wurde auf eine Umverteilung der Gelder zwischen den Ländern verzichtet. Kein Bundesland wurde damit nach Einführung des Gesundheitsfonds mit mehr als 100 Mio. Euro pro Jahr belastet. Im Notfall sollen die Liquiditätsreserven der Krankenkassen angezapft werden.

Zusammenfassend lässt sich somit sagen, dass der Gesundheitsfonds die Ein- und Ausgabenentwicklungen der Krankenkassen transparenter gemacht hat. Die Versicherten sollen an diesen finanziellen Entwicklungen, unter anderem durch die Erhebung von Zusatzbeiträgen oder die Ausschüttung von Prämien, erkennen, wie effizient ihre Kasse arbeitet. Erhebt eine Krankenkasse zum Beispiel einen Zusatzbeitrag, muss sie damit rechnen, dass ein Teil ihrer Versicherten zu einer anderen, kostengünstigeren Kasse wechselt. Daher werden die Krankenkassen bemüht sein, Zusatzbeiträge zu vermeiden. Die Versicherten sollen durch eine Vielfalt von Leistungsangeboten oder durch die Ausschüttung von Prämien vom stärkeren Wettbewerb profitieren. Das bedeutet aber auch, dass sich die Krankenkassen gegenüber den Leistungserbringern auf eine Verbesserung der Qualität und auf eine Steigerung der Effizienz fokussieren werden.

Die Einführung des Gesundheitsfonds war mit der Erweiterung der bisherigen Risikostrukturausgleichsregelung in Richtung **morbiditätsorientierter Risikostrukturausgleich (Morbi-RSA)** verbunden. Die rechtlichen Rahmenbedingungen zum Morbi-RSA sind ebenfalls im Gesetz zur Stärkung des Wettbewerbs in der gesetzlichen Krankenversicherung verankert. Durch das GKV-WSG werden zahlreiche Umformulierungen der Rechtsbestimmungen erlassen, die ab dem 01.01.2009 in Kraft getreten sind. Details zum Risikostrukturausgleich und zum Morbi-RSA sind in Kapitel 1.3.4 nachzulesen.

Am 15.12.2008 hat die Legislative das **GKV-Organisationsstruktur-Weiterentwicklungsgesetz (GKV-OrgWG)** verabschiedet. Damit wurden zum 1. Januar 2009 alle gesetzlichen Krankenkassen insolvenzfähig. Bis zu diesem Zeitpunkt galt das Insolvenzrecht nur für die sogenannten bundesunmittelbaren Kassen. Zeitgleich traten die wesentlichen handelsrechtlichen Bewertungsgrundsätze auch für die Krankenversicherungen in Kraft. Trotz der Insolvenzfähigkeit der Kassen behält die sozialrechtliche Schließung Vorrang. Danach sind die Kassen einer Kassenart zunächst verpflichtet, sich finanziell zu unterstützen, um Insolvenzen zu verhindern.

Mit dem **Krankenhausfinanzierungsreformgesetz (KHRG)**, das am 26.03.2009 im Bundesgesetzblatt veröffentlicht worden ist, wurden unter anderem die folgenden Maßnahmen beschlossen:

- Aufstockung des Erlösvolumens der Krankenhäuser in Höhe von 5,5 Mrd. Euro für die Jahre 2008 und 2009
- hälftige Finanzierung der für die Jahre 2008 und 2009 tariflich vereinbarten Lohn- und Gehaltssteigerungen, die über der Budgetsteigerungsrate lagen
- Ermittlung eines Orientierungswerts durch das Statistische Bundesamt
- Einführung eines Förderprogramms zur Verbesserung der Situation des Pflegepersonals für drei Jahre
- Umstellung der Investitionsfinanzierung auf Investitionspauschalen
- Entwicklung eines pauschalierten und tagesbezogenen Vergütungssystems für den Bereich der Psychiatrie und der Psychosomatik
- Schrittweise Annäherung der Landesbasisfallwerte an einen Basisfallwertkorridor

- Verlängerung der Konvergenzphase von 2009 auf 2010.

Mit dem **3. Gesetz zur Änderung arzneimittelrechtlicher und anderer Vorschriften** aus dem Jahre **2009** wurden europarechtliche Vorschriften in Deutschland umgesetzt. Hierdurch kam es zu Änderungen im Arzneimittelgesetz und in der Arzneimittelhandelsverordnung. Wesentliches Ziel des **GKV-Änderungsgesetzes** war es, den Ausgabenanstieg für die Arzneimittel des GKV-Systems zu reduzieren. Durch dieses Arzneimittelsparpaket wurde ab dem 01.08.**2010** der Zwangsrabatt, den die Pharmaunternehmen den gesetzlichen Krankenkassen gewähren mussten, für alle patentierten Medikamente von 6 % auf 16 % angehoben. Der Abschlag für Generika wurde auf 6 % festgelegt. Parallel hierzu wurden die Preise (Stand: 01.08.2009) bis zum 31.12.2013 eingefroren (Preismoratorium). Im Dezember **2013** wurde das Preismoratorium durch das **13. und 14. SGB V-Änderungsgesetz** bis zum Ende des Jahres 2017 verlängert. Der Herstellerabschlag für Arzneimittel ohne Festbetrag wurde auf 7 % festgelegt, für Generika gilt weiterhin der Abschlag von 6 %.

Mit dem **Gesetz zur Neuordnung des Arzneimittelmarktes (AMNOG)** wurde zum 01.01.**2011** ein weiterer Schritt eingeleitet, um die steigenden Arzneimittelausgaben einzudämmen. Im Jahre 2009 waren die Ausgaben für Medikamente um 5,3 % je Versicherten gestiegen, dies entsprach einem Zuwachs von 1,5 Mrd. Euro (vgl. Bundesministerium für Gesundheit, 2015a: 2). Besonders hoch war der Preisanstieg für neue Arzneimittel, da die Hersteller dieser patentierten Medikamente bis zur Einführung dieses Gesetzes die Preise für die nach der Marktzulassung verbleibende Patentlaufzeit selber festlegen konnten. Seit Januar 2011 müssen die Hersteller für alle Medikamente mit neuen Wirkstoffen sofort bei der Markteinführung dem Gemeinsamen Bundesausschuss (G-BA) Dokumente vorlegen, die den Zusatznutzen des Produkts für die Patienten belegen. Der G-BA entscheidet auf der Grundlage eines Gutachtens des Instituts für Qualität und Wirtschaftlichkeit im Gesundheitswesen, ob und welchen Zusatznutzen ein neues Arzneimittel hat. Ist ein Zusatznutzen festgestellt worden, kommt es zu Preisverhandlungen zwischen dem Unternehmen und den Krankenkassen. Für ein Medikament ohne Zusatznutzen wird in der Regel ein Festbetrag vorgegeben. Durch die SGB-V-Änderungsgesetze wurde die Nutzenbewertung für die Medikamente, die vor dem 01.01.2011 neu auf den Markt gekommen waren, ausgesetzt (Bestandsmarkt). Einzelheiten zu den Verfahren der Nutzenbewertung sind in Kapitel 3.4 nachzulesen.

Durch das **GKV-Finanzierungsgesetz (GKV-FinG)** vom 01.01.**2011** sollten die gesetzlichen Kassen einerseits finanziell entlastet werden, andererseits sollten ihnen Mehreinnahmen zur Verfügung gestellt werden. Die Erhöhung der Einnahmen resultierte aus der Erhöhung des einheitlichen Beitragssatzes von 14,9 % auf 15,5 % der sozialversicherungspflichtigen Bruttoeinkünfte der GKV-Mitglieder sowie durch die Neugestaltung der Zusatzbeiträge. Im Rahmen des Gesetzes wurde der Arbeitgeberanteil bei 7,3 % eingefroren. Mit diesem Gesetz trat gleichzeitig ein erleichterter Wechsel von der GKV zur PKV in Kraft.

Das **GKV-Versorgungsstrukturgesetz (GKV-VStG)** aus dem Jahre **2012** zielt darauf ab, eine wohnortnahe, bedarfsgerechte und flächendeckende medizinische Versorgung zu garantieren. Ein wesentlicher Grund für die Verabschiedung des Gesetzes ist darin zu sehen, dass bereits heute in den dünn besiedelten ländlichen Regionen ein Ärztemangel eingetreten ist. Gerade in diesen Regionen ist in den vergangenen Jahrzehnten ein Bevölkerungsschwund eingetreten. Das Durchschnittsalter der verbliebenen Menschen ist hoch, damit geht ein stetig wachsender Bedarf an medizinischen und pflegerischen Leistungen einher. Die in der Regel fehlende soziale und kulturelle Infrastruktur macht diese ländlichen Gebiete für die Ärzte unattraktiv. Nach Auffassung des Bundesministeriums für Gesundheit muss der Arztberuf wieder attraktiver werden, damit „sich auch in Zukunft Menschen überall in Deutschland darauf verlassen können, die notwendige medizinische Hilfe wohnortnah zu erhalten" (Bundesministerium für Gesundheit,

2012: o. S.). Zur **Sicherstellung der ambulanten Versorgung** sind daher unter anderem die folgenden Regelungen getroffen worden:
- Neugestaltung der Bedarfsplanungs-Richtlinien durch den Gemeinsamen Bundesausschuss
- Schaffung finanzieller Anreize im Vergütungssystem
- Förderung mobiler Versorgungskonzepte
- Ausbau der Delegationsmöglichkeiten ärztlicher Leistungen
- Betreiben von Eigeneinrichtungen durch die Kassenärztlichen Vereinigungen und die Kommunen
- Umsetzung von Maßnahmen zur besseren Vereinbarkeit von Familien und Beruf.

Neben diesem Maßnahmenkatalog stellt das Gesetz klar, dass bei Kasseninsolvenzen ein reibungsloser Übergang der Versicherten in eine andere Krankenkasse sichergestellt ist. Zur Steigerung des Wettbewerbs zwischen den Krankenversicherungen ist in dem Gesetz vorgesehen, dass die Kassen neben ihren gesetzlich festgeschriebenen Regelleistungen unter bestimmten Voraussetzungen (kein Leistungsausschluss seitens des G-BA) ergänzende Satzungsleistungen anbieten können (z. B. Vorsorge- und Reha-Maßnahmen, häusliche Krankenpflege, Heil- und Hilfsmittel). Letztlich sieht das Gesetz die Verbesserung des Entlassungsmanagements der Krankenhäuser sowie die Stärkung der ambulanten Rehabilitation vor.

Am 24.07.**2014** ist im Bundesgesetzblatt das **GKV-Finanzstruktur- und Qualitäts-Weiterentwicklungsgesetz (FQWG)** veröffentlicht worden. Durch das Gesetz wurde am 01.01.2015 der allgemeine Beitragssatz zur gesetzlichen Krankenversicherung von 15,5 % auf 14,6 % gesenkt. Die Arbeitgeber und Arbeitnehmer zahlen seitdem je 7,3 %. Gleichzeitig ist der bis dahin gültige mitgliederbezogene Beitragssatzanteil von 0,9 % entfallen. Den Krankenkassen ist dafür die Option eingeräumt worden, **einkommensabhängige Zusatzbeiträge** einzuführen. Einige Krankenkassen haben im Jahre 2015 diese Möglichkeit genutzt. Für die Mitglieder besteht ein Sonderkündigungsrecht, wenn ihre Kasse erstmals einen Zusatzbeitrag erhebt oder erhöht. Parallel hierzu wird ein vollständiger **Einkommensausgleich** durchgeführt. Mit diesem Ausgleich werden die unterschiedlichen Mitgliedereinkommen der Krankenkassen neutralisiert. Es besteht somit für die Kassen kein Anreiz mehr, gut verdienende Mitglieder zur Nichteinführung oder zur Stabilisierung der Zusatzbeiträge zu gewinnen. Das Gesetz hat weiterhin die Voraussetzung für die Gründung des **Instituts für Qualitätssicherung und Transparenz im Gesundheitswesen (IOTiG)** geschaffen. Nach § 137a SGB V hat der Gesetzgeber den G-BA beauftragt, das fachlich unabhängige, wissenschaftliche Institut zu gründen. Das Institut, das zwischenzeitlich in Form einer Stiftung des privaten Rechts gegründet worden ist, wird im Auftrag des G-BA Maßnahmen zur Qualitätssicherung und zur Darstellung der Versorgungsqualität im deutschen Gesundheitssystem erarbeiten. Die anhaltende kritische Diskussion um die Einführung des pauschalierenden Vergütungssystems für psychiatrische und psychosomatische Krankenhäuser und Fachabteilungen (PEPP) hat den Gesetzgeber veranlasst, die Einführungsphase des Vergütungssystems um zwei Jahre zu verlängern. Somit gelten auch die Jahre 2015 und 2016 als sogenannte Optionsjahre. Zur finanziellen Entlastung der freiberuflich tätigen Hebammen, bei denen die Prämien für die Berufshaftpflichtversicherung in den vergangenen Jahren stark erhöht wurden, sind unter anderem Sicherstellungszuschläge vereinbart worden. Die Fördersumme der **Unabhängigen Patientenberatung**, die bundesweit mit 21 Beratungsstellen über gesundheitsrelevante Themen informieren, ist durch das Gesetz auf 9 Mio. Euro erhöht worden.

Das **Erste Pflegestärkungsgesetz (PSG I)** hat die Leistungen für die Pflegebedürftigen und für ihre Angehörigen ausgeweitet, daneben soll die Zahl der Betreuungskräfte in den stationären Pflegeeinrichtungen deutlich angehoben werden. Zudem sieht das Gesetz unter anderem die folgenden Verbesserungen vor:
- bessere Kombination der Verhinderungs- und der Kurzzeitpflege

- Ausbau der teilstationären Leistungen
- Stärkung der niedrigschwelligen Betreuungs- und Entlastungsangebote
- Erhöhung der Zuschüsse für Umbaumaßnahmen und für Pflegehilfsmittel
- bessere Untersetzung alternativer Wohnformen
- Erweiterung der Leistungsansprüche von demenziell Erkrankten
- Ausbau der Betreuungs- und Entlastungsleistungen, vorwiegend für körperlich beeinträchtigte pflegebedürftige Personen
- Gründung eines Pflegevorsorgefonds zur Stabilisierung der Beitragssätze.

Im Juli **2015** ist das **GKV-Versorgungsstärkungsgesetz (GKV-VSG)** in Kraft getreten. Ziel des Gesetzes ist es, auch in Zukunft in unterversorgten oder strukturschwachen Gebieten eine bedarfsgerechte medizinische Versorgung zu sichern. Zur Realisierung dieser Vorgabe sieht das Gesetz unter anderem die folgenden Regelungen vor:

- Einrichtung eines Strukturfonds zur Förderung von Niederlassungen
- Möglichkeiten zur Gründung von Medizinischen Versorgungszentren durch Kommunen
- Begrenzung der Praxisnachbesetzung in überversorgten Gebieten
- Stärkung der hausärztlichen Versorgung durch Erhöhung der Weiterbildungsstellen
- Anpassung der ärztlichen Vergütung an den Versorgungsbedarf
- Einrichtung von Servicestellen durch die Kassenärztlichen Vereinigungen
- Verbesserung des Entlassungsmanagements der Krankenhäuser
- Ausbau der Disease-Management-Programme
- Einrichtung von Medizinischen Behandlungszentren für Erwachsene mit geistiger Behinderung
- Schaffung eines Innovationsfonds zur Förderung von Innovationen in der Versorgung und der Versorgungsforschung.

Am 08.12.**2015** ist das **Gesetz zur Verbesserung der Hospiz- und Palliativversorgung (HPG)** in Kraft getreten. Die Vorgaben enthalten vielfältige Maßnahmen zur Förderung eines flächendeckenden Ausbaus der Hospiz- und Palliativversorgung in Deutschland. Eine wichtige Regelung ist darin zu sehen, dass die Palliativversorgung ein ausdrücklicher Bestandteil der Regelversorgung der GKV geworden ist. Außerdem wurde die finanzielle Ausstattung der stationären Hospize und der ambulanten Hospizdienste verbessert. Weiterhin ist die **Sterbebegleitung** ein fester Bestandteil des Versorgungsauftags der sozialen Pflegeversicherung. Zur Umsetzung dieser Vorschrift sind die Pflegeheime verpflichtet, unter anderem Kooperationsverträge mit Haus- und Fachärzten abzuschließen. Seit Juli 2016 sind Pflegeheime gehalten, ihre Bewohner und Bewohnerinnen auf Kooperationen mit Hospiz- und Palliativnetzen hinzuweisen sowie den betroffenen Personen eine Versorgungsplanung zur individuellen und umfassenden Betreuung in der letzten Lebensphase zu organisieren. Letztendlich haben die Versicherten nach § 39b Abs. 1 SGB V Anspruch auf **individuelle Beratung und Hilfestellung** durch die gesetzlichen Krankenkassen bei der Auswahl und Inanspruchnahme von Hospiz- oder Palliativleistungen.

Die **Palliativversorgung** beinhaltet die aktive, ganzheitliche Behandlung und Betreuung von Patienten mit einer weit fortgeschrittenen Erkrankung und einer begrenzten Lebenserwartung in der eigenen Häuslichkeit. Hierbei stehen nicht mehr die Heilung und Lebensverlängerung im Vordergrund. Es ist vielmehr ein Ansatz zur Verbesserung der Lebensqualität der Patienten und ihres persönlichen Umfeldes. Die menschliche Zuwendung und die Linderung von Schmerzen sowie anderer Beschwerden und Symptome stehen hierbei im Mittelpunkt. Die Palliativversorgung erfordert ein multiprofessionelles, sektorübergreifendes Agieren sowie eine intensive Kommunikation zwischen den betroffenen Personen und den haupt- und ehrenamtlichen Betreuern. Zur **allgemeinen ambulanten Palliativversorgung (AAPV)** gehört primär die kontinuierliche medizinische und pflegerische Versorgung. Diese Betreuung erfolgt in Zusammenarbeit mit anderen Berufsgruppen, zum Beispiel Psychologen, Therapeuten, Seelsorgern, sowie mit den ambulanten Hospizdiensten. Die AAPV entspricht der palliativmedizinischen Baisversorgung. Sie wird von Krankenhaus- oder Vertragsärzten verordnet. Die Details der AAPV hat der Gemeinsame Bundesauschuss (G-BA) in Richtlinien geregelt. So erfolgt die Finanzierung zum Beispiel der medizinischen Leistungen durch bestimmte Abrechnungspositionen im Einheitlichen Bewertungsmaßstab, die pflegerischen Dienstleistungen werden im Rahmen der Häuslichen Krankenpflege vergütet. Versicherte, die unter einer nicht heilbaren, fortschreitenden bzw. bereits weit fortgeschrittenen Erkrankung leiden und eine besonders aufwendige Versorgung benötigen, können darüber hinaus die **spezialisierte ambulante Palliativversorgung (SAPV)** in Anspruch nehmen. Auch diese Leistungen müssen von Ärzten verordnet werden. Nach § 37b SGB V umfasst diese Versorgung ärztliche und pflegerische Leistungen, die speziell der Schmerztherapie und der Symptonkontrolle dienen und darauf abzielen, die Betreuung der Versicherten im häuslichen oder familiären Bereich zu ermöglichen. Die Versicherten in den stationären Pflegeeinrichtungen haben ebenfalls Anspruch auf die SAPV. Die konkreten Anwendungsmöglichkeiten und Umsetzungsschritte wurden auch bei der SAPV durch die Richtlinien des Gemeinsamen Bundesauschusses festgelegt. Der GKV-Spitzenverband hat nach § 132d SGB V Verträge unter Berücksichtigung der G-BA-Richtlinien mit geeigneten Einrichtungen oder Personen für die Abrechnung und Vergütung abzuschließen. Weiterhin hat der GKV-Spitzenverband unter Beteiligung der relevanten Selbstverwaltungsorgane (Deutsche Krankenhausgesellschaft, Vereinigung der Träger der Pflegeeinrichtungen auf Bundesebene, Spitzenorganisationen der Hospizarbeit und Palliativversorgung, Kassenärztliche Bundesvereinigung) Empfehlungen festzulegen. Diese Empfehlungen umfassen unter anderem die personelle und sachliche Ausstattung der Einrichtungen sowie Maßnahmen zur Qualitätssicherung. So regelt zum Beispiel die Empfehlung vom 05.11.2012 die Zulassungsvoraussetzungen sowie Inhalt und Umfang der Leistungen, die organisatorischen Voraussetzungen, die personellen Anforderungen und die Qualitätssicherung. Durch das HPG von 2015 wird ein Schiedsverfahren eingeführt, um den weiteren Ausbau der SAPV insbesondere in ländlichen Gebieten zu beschleunigen. Zudem besteht die Möglichkeit, diese Form der Palliativversorgung auch durch Selektivverträge zu vereinbaren.

Im Rahmen der **Hospizversorgung** werden drei Formen unterschieden. Die Versicherten der gesetzlichen Krankenversicherung haben seit 1997 Anspruch auf einen Zuschuss zur stationären und teilstationären Versorgung in Hospizen. Voraussetzung für eine Versorgung im **Stationären Hospiz** ist der Umstand, dass eine ambulante Versorgung im eigenen Haushalt oder im familiären Umfeld nicht erbracht werden kann. Die Krankenkassen übernehmen nach § 39a Abs. 1 SGB V unter Berücksichtigung des Finanzierungsanteils der Pflegeversicherung Zuschüsse zur stationären Versorgung in Höhe von 95 % der mit den einzelnen Hospizen vereinbarten tagesbezogenen Bedarfssätze. **Ambulante Hospizdienste** erhalten nach § 39a Abs. 2 SGB V seit Dezember 2015 seitens der Krankenkassen feste Zuschüsse zu den Personal- und Sachkosten. Mit diesem Geld fördern die Kassen qualifizierte ehrenamtliche Sterbebegleitungen in den Haushalten bzw. Familien der Versicherten. Weiterhin werden diese Dienste in stationären Pflegeeinrichtungen sowie in Einrichtungen der Eingliederungshilfe für behinderte Menschen oder der Kinder- und Jugendhilfe gefördert. In die Versorgungsleistungen der **Kinderhospize** werden auch die Angehörigen eingebunden. Die Arbeit der Kinderhospize ist weiterhin durch eine längere Betreuungsdauer, durch mehrfache Aufenthalte und durch professionelle Unterstützung der Familien geprägt. Die Finanzierung erfolgt analog zur Finanzierung der stationären Erwachsenenhospize. Mit dem HPG wurde zudem festgelegt, dass eigenständige Rahmenvereinbarungen zu den Details der Hospizversorgung abgeschlossen werden können.

Im Juni bzw. Juli **2015** haben der Bundestag und der Bundesrat das **Präventionsgesetz (PrävG)** verabschiedet. Mit dem Gesetz sollen die Gesundheitsförderung und die Prävention in den Lebenswelten (z. B. Betrieben, Kindertagesstätten, Schulen) gestärkt werden. Zudem sollen die Leistungen der Krankenkassen zu Früherkennung von Krankheiten ausgeweitet und die Zusammenarbeit der Gebietskörperschaften und der vier beteiligten Sozialversicherungen (Krankenversicherung, Pflegeversicherung, Rentenversicherung, Unfallversicherung) im Bereich des Arbeitsschutzes und der Betrieblichen Gesundheitsförderung ausgebaut werden. Hierbei liegt der Schwerpunkt auf den kleinen und mittelständischen Unternehmen. Zur Erarbeitung von Zielen, Strategien und Maßnahmen wird eine **Nationale Präventionskonferenz** eingerichtet. Ab 2016 sind die von den Krankenkassen und den Pflegekassen aufzubringenden Finanzmittel auf ca. 511 Mio. Euro erhöht worden. Dies entspricht im Bereich der primären Prävention einem jährlichen Richtwert von sieben Euro und im Bereich der Betrieblichen Gesundheitsförderung einem Richtwert von zwei Euro pro Person. Sollten sich die privaten Krankenversicherungen und die privaten Pflegeversicherungen freiwillig an der Nationalen Präventionskonferenz beteiligen, stünden zusätzlich ca. 21 Mio. Euro zur Verfügung.

Der Bundestag hat im September 2015 den Entwurf des **Zweiten Pflegestärkungsgesetzes (PSG II)** beraten. Das Gesetz ist am 01.01.**2016** in Kraft getreten. Das zentrale Anliegen des Gesetzgebers besteht darin, einen neuen **Pflegebedürftigkeitsbegriff** zu definieren. Ab 2017 sind an die Stelle der bisherigen Pflegestufen und der zusätzlichen Feststellung von erheblich eingeschränkter Alltagskompetenz **fünf Pflegegrade** getreten, die die körperlichen, geistigen und psychischen Einschränkungen gleichermaßen erfassen und damit auch in die Einstufung einbeziehen. Alle Pflegebedürftigen können folglich die Leistungen gleichberechtigt in Anspruch nehmen. Bei der Begutachtung werden die Beeinträchtigungen der Selbstständigkeit oder der individuellen Fähigkeiten in sechs verschiedenen Bereichen, die unterschiedlich gewichtet werden, gemessen und zu einer Gesamtbewertung zusammengeführt. Die Vorgabe von Minuten spielt bei der Einstufung keine Rolle mehr. Die sechs Bereiche lauten:

- Mobilität: körperliche Beweglichkeit
- kognitive und kommunikative Fähigkeiten: Verstehen und Reden
- Verhaltensweisen und psychische Problemlagen
- Selbstversorgung
- Bewältigung von und selbstständiger Umgang mit krankheits- oder therapiebedingten Anforderungen und Belastungen
- Gestaltung des Alltagslebens und sozialer Kontakte.

Es ist sichergestellt, dass die Personen, die bereits in der Vergangenheit Leistungen der Pflegeversicherung in Anspruch genommen haben, automatisch in das neue System übergeleitet worden sind. Somit entfallen neue Begutachtungsanträge. Dabei ist nach dem Gesetz auch sichergestellt, dass die aktuellen und zukünftigen Leistungen mindestens im gleichen Umfang finanziert werden. Im Vorfeld des PSG II wurde der neue Pflegebedürftigkeitsbegriff in zwei Modellprojekten erprobt. Mit der **Praktikabilitätsstudie zur Einführung des neuen Begutachtungsassessments (NBA) zur Feststellung der Pflegebedürftigkeit nach dem SGB XI** sollten potenzielle Probleme bei der Begutachtung erkannt werden. Aus dem Projekt **Evaluation des NBA – Erfassung von Versorgungsaufwendungen in stationären Einrichtungen** sollten Rückschlüsse auf die zukünftigen pflegegradrelevanten Leistungshöhen gewonnen werden.

Das Gesetz sieht weiterhin **Leistungsverbesserungen** vor, die sich einerseits auf die Pflegebedürftigen, andererseits auf die Pflegepersonen beziehen. Für die pflegebedürftigen Personen wurde der Kreis der Leistungsberechtigten dadurch ausgeweitet, dass Menschen, die bislang noch keinen erheblichen Unterstützungsbedarf hatten und demnächst in Pflegegrad 1 eingestuft werden, zukünftig einen Leistungsanspruch haben werden. Im Rahmen der ambulanten Pflege haben die Pflegeeinrichtungen neben den bisherigen Pflegemaßnahmen und Hilfen bei der Haushaltsführung auch Betreuungsmaßnahmen durchzuführen. Dies gilt auch für die Anbieter der teil- und vollstationären Pflegeleistungen. In der stationären Versorgung spielen aktuell und zukünftig die finanziellen Eigenleistungen der Bewohner eine wichtige Rolle. Das bisherige Verfahren, dass mit zunehmender Pflegebedürftigkeit auch der Eigenanteil angestiegen ist, wurde ersetzt durch einen fixen Eigenanteil. „Alle Pflegebedürftigen der Pflegegrade 2 bis 5 bezahlen in einem Pflegeheim den gleichen pflegebedingten Eigenanteil. Dieser variiert von Pflegeheim zu Pflegeheim. Im Bundesdurchschnitt wird er im Jahre 2017 voraussichtlich bei rund 580 Euro liegen" (Bundesministerium für Gesundheit, 2015b: 3). Das PSG II stärkt den Grundsatz „Reha vor Pflege".

Für den Kreis der Pflegepersonen (z. B. pflegende Angehörige) werden für viele Betroffene die Ansprüche gegenüber den Trägern der Arbeitslosen-, der Renten- und der Unfallversicherung erweitert.

Ein weiterer Aspekt des Gesetzes liegt in der Überarbeitung der Regelungen zur Darstellung, zur Prüfung und zur Sicherung der **Qualität**. In diesem Zusammenhang wurde die Schiedsstelle Qualitätssicherung zu einem **Qualitätsausschuss** umgebildet. Eine Aufgabe dieses Ausschusses ist unter anderem, das bisherige Verfahren zur Darstellung der Qualität grundlegend zu überarbeiten. Weiterhin wird ein neues Verfahren der Qualitätsprüfung entwickelt, in dem die Kriterien zur Messung der Ergebnisqualität eine besondere Bedeutung haben.

Im PSG II ist zudem angedacht, ein wissenschaftlich fundiertes **Personalbemessungssystem** zu konzipieren und zu erproben.

Ab 2017 stehen der Pflegeversicherung jährlich zusätzlich 5 Mrd. Euro zur Verfügung. Zudem wird die gesetzlich vorgeschriebene Leistungsdynamisierung auf das Jahr 2017 vorgezogen. Hieraus ergibt sich ein Einnahmeplus von ca. 1,2 Mrd. Euro. Es ist vorgesehen, die Beitragssätze bis zum Jahre 2022 stabil zu halten. Zur Realisierung dieses Ziels ist der Beitragssatz der Pflegeversicherung zum 01.01. 2017 um 0,2 % angehoben werden.

Das **Krankenhausstrukturgesetz (KHSG)** hat seit dem 01.01.**2016** das Ziel, die Qualität der Krankenhausversorgung stärken und die Finanzierungsmöglichkeiten der Kliniken zu verbessern. Nachdem sich im Oktober 2010 die Bund-Länder-Kommission auf ein weiteres 800-Millionen-Programm verständigt hat, sollen durch diese Gesetzesreform insgesamt ca. 2,4 Mrd. Euro zusätzlich in den Krankenhaussektor fließen. Die Schwerpunkte des Gesetzes lauten wie folgt:

- Bei der **Krankenhausplanung** der Länder wird die **Qualität** als Kriterium berücksichtigt. Der G-BA wird gesetzlich beauftragt, planungsrelevante Qualitätsindikatoren der Struktur-, Prozess- und Ergebnisqualität zu entwickeln und die Länder regelmäßig mit einrichtungsbezogenen Auswertungsergebnissen zu versorgen. Eine qualitativ nicht gesicherte Leistungserbringung hat Konsequenzen für die Aufnahme bzw. den Verbleib der Klinik im Krankenhausplan.
- Bei der Krankenhausvergütung werden **Qualitätszu- und -abschläge** für Leistungen eingeführt.
- Patientenfreundliche Gestaltung der Qualitätsberichte der Krankenhäuser
- Präzisierung der **Sicherstellungszuschläge**, zum Beispiel für die **Notfallversorgung**, für besondere Aufgaben, für Zentren und zur Vorhaltung von bedarfsnotwendigen Krankenhauskapazitäten. Zudem sollen die Kassenärztlichen Vereinigungen (KVen) **Portalpraxen** in oder an Krankenhäusern einrichten. Der Sicherstellungsauftrag bleibt bei den KVen.
- Einführung befristeter krankenhausindividueller Zuschläge
- weitere Eingrenzung des **Basisfallwertkorridors** auf –1,02 % und +2,50 % unter- bzw. oberhalb des bundeseinheitlichen Basisfallwerts
- Neuausrichtung der **Mengensteuerung** durch Einholung von Zweitmeinungen und Absenkung der Leistungsentgelte der wirtschaftlich begründeten Fallzahlsteigerungen. Hiermit ist eine Verlagerung der Mengensteuerung von der Landes- auf die Krankenhausebene verbunden.
- Verbesserung der Versorgungsstrukturen durch Einrichtung eines **Strukturfonds**, zum Beispiel durch den Abbau von Überkapazitäten, die Konzentration von Versorgungsangeboten und Umstrukturierungen (z. B. Umwandlung von Krankenhäusern in

nicht akutstationäre, lokale Versorgungseinrichtungen sowie Ausbau der Versorgung im Bereich der Palliativ- und Hospizeinrichtungen). Der Fonds wird von der Bundesregierung einmalig mit 500 Mio. Euro, die aus der Liquiditätsreserve der Gesundheitsfonds stammen, ausgestattet. Bei einer Beteiligung der Länder erhöht sich dieser Betrag auf maximal eine Milliarde Euro.

- Verpflichtung der Länder, ihre **Investitionsförderungen** wenigstens auf ein gesetzlich festgelegtes Mindestmaß festzuschreiben
- Einrichtung eines **Pflegestellen-Förderprogramms** zum Ausbau der „Pflegestellen am Bett". Hierzu werden in den Jahren 2016 bis 2018 insgesamt 660 Mio. Euro aufgewendet. Ab 2017 sollen dauerhaft 500 Mio. Euro pro Jahr bereitgestellt werden. „Darüber hinaus soll beim BMG [...] eine Expertenkommission [...] eingesetzt werden. Sie soll bis spätestens 2017 prüfen, ob bzw. wie der besondere Pflegebedarf von demenzerkrankten, pflegebedürftigen und behinderten Menschen in Krankenhäusern im DRG-System oder über Zusatzentgelte sachgerecht abgebildet werden" (Bundesministerium für Gesundheit, 2015c: 2). Diese Geldmittel, die aus der Überführung des bisherigen Versorgungszuschlages in einen **Pflegezuschlag** zur Verfügung gestellt werden sollen, können zur Bereitstellung neuer Pflegestellen (Option: 6000 neue Stellen) oder auch zur Umwandlung von Teilzeit- in Vollzeitstellen verwendet werden.
- Bereitstellung von 125 Mio. Euro pro Jahr zum Ausgleich der Tariflohnsteigerungen
- Bereitstellung von ca. 100 Mio. Euro bis 2019 zur Verbesserung der hygienischen Bedingungen in den Kliniken.

Mit dem **3. Pflegestärkungsgsetz (PSG III)** realisiert die Bundesregierung den dritten Teil der Pflegereform. Das PSG III ist zusammen mit dem neuen Pflegebedürftigkeitsbegriff am 01.01.2017 in Kraft getreten. Zeitgleich wurde der neue Pflegebedürftigkeitsbegriff des SGB XI in den Bereich der Sozialhilfe (SGB II) überführt. Weiterhin sieht die dritte Stufe der Pflegereform vor, dass die **Kommunen** mehr Kompetenzen bei der Pflegeberatung erhalten. In diesem Kontext können bis zu 60 Kommunen zeitlich auf fünf Jahre befristete Modellvorhaben zur Pflegeberatung durchführen. Die Modellkommunen sind hierbei autonom, das heißt, sie sind für die Pflegeberatung, die Beratungseinsätze in der Häuslichkeit und für die Pflegekurse allein verantwortlich. Weiterhin bekommen die Kommunen ein zunächst zeitlich befristetes Initiativrecht zur Einrichtung von Pflegestützpunkten. Zudem gibt das Gesetz die Verpflichtung zur Einrichtung sektorübergreifender Landespflegeauschüsse sowie regionaler Pflegeausschüsse vor. Diese Gremien haben die Aufgabe, Pflegestrukturplanungsempfehlungen zu erstellen, die die Grundlage für die Versorgungs- und Rahmenverträge sein sollen. Zur Finanzierung der neuen Maßnahmen haben die Kommunen mit den Pflegekassen Verträge abzuschließen. Letztendlich sieht das PSG III verschiedene Regelungen vor, mit denen Abrechnungsbetrug aufgedeckt und verhindert werden soll.

Literatur

Amelung, V.; Schumacher, H. (2004): Managed Care: neue Wege im Gesundheitsmanagement, 3. Auflage. Wiesbaden, Gabler.

AOK Baden-Württemberg (2008): ELSID-Studie: Diabetiker im DMP leben länger. http://www.aok-gesundheitspartner.de [Zugriff: 02.10.2014].

AOK-Bundesverband (2008a): Lexikon, Disease-Management-Programme. http://www.aok-bv.de [Zugriff: 23.03.2008].

AOK-Bundesverband (2008b): Morbiditätsorientierter Risikostrukturausgleich. http://www.aok-bv.de [Zugriff: 26.02.2008].

AOK-Bundesverband (2008c): Lexikon, Prävention. http://www.aok-bv.de [Zugriff: 14.04.2008].

AOK-Bundesverband (2008d): Lexikon, Wahltarife. http://www.aok-bv.de [Zugriff: 14.04.2008].

AOK-Bundesverband (2008e): Lexikon, Risikoselektion. http://www.aok-bv.de [Zugriff: 20.03.2008].

AOK-Bundesverband (2010a): GKV-Finanzierungsgesetz. http://www.aok-bv.de [Zugriff: 28.09.2015].

AOK-Bundesverband (2010b): Gesetz zur Änderung krankenversicherungsrechtlicher und anderer Vorschriften (KKV-Änderungsgesetz). http://www.aok-bv.de [Zugriff: 28.09.2015].

AOK-Bundesverband (2010c): GKV-Organisationsstruktur-Weiterentwicklungsgesetz (GKV-OrfWG). http://www.aok-bv.de [Zugriff: 28.09.2015].

AOK-Bundesverband (2012): Präventionsgesetz. http://www.aok-bv.de [Zugriff: 01.10.2014].

AOK-Bundesverband (2014): 13. und 14. SGB-V-Änderungsgesetz. http://www.aok-bv.de [Zugriff: 28.09.2015].

AOK-Bundesverband (2015a): Geschichte der GKV-Reformen. http://www.aok-bv.de [Zugriff: 27.09.2015].

AOK-Bundesverband (2015b): Präventionsgesetz (PrävG). http://www.aok-bv.de [Zugriff: 29.09.2015].

Berger, P. (2007): Gesundheit & Gesundheitspolitik. Universität Rostock, Institut für Soziologie und Demographie, Rostock.

Beske, F. (2014): Gesundheitsversorgung von morgen. Stuttgart, Wissenschaftliche Verlagsgesellschaft.

Beske, F.; Brix, F. (2011): Solidarische, transparente und bedarfsgerechte Gesundheitsversorgung im demografischen Wandel durch Priorisierung und Rationierung – Begründung und Vorschläge. Kiel, Schmidt & Klaunig.

Birg, H. (2006): Die ausgefallene Generation. München, C. H. Beck.

BKK Bundesverband (2008): Lexikon, Gesundheitsfonds. http://www.lexsoft.de [Zugriff: 04.03.2008].

Blum, K. et al. (2010): Krankenhaus Barometer. Umfrage 2010. Düsseldorf. http://www.dki.de [Zugriff: 20.04.2011].

Blum, K., Löffert, S. (2010): Ärztemangel im Krankenhaus – Ausmaß, Ursachen, Gegenmaßnahmen. http://www.dki.de [Zugriff: 05.04.2011].

Blum, K.; Offermanns, M. (2009): Krankenhaus-Barometer. Umfrage 2009. Düsseldorf. http://www.dki.de [Zugriff: 17.03.2011].

Born, K.E. et al. (1981): Handwörterbuch der Wirtschaftswissenschaft, Band 3. Stuttgart, New York, Tübingen, Göttingen, Zürich, Vandenhoeck & Ruprecht, S. 576–580.

Brandenburg, U.; Domschke, J. (2007): Die Zukunft sieht alt aus. Wiesbaden, Gabler.

Breyer, F. (2009): Rationierung von Gesundheitsleistungen und die Präferenzen der Versicherten. 4. Symposium des Hamburger Zentrums für Versicherungswissenschaft „Zukünftige Gestaltungsoptionen für die Krankenversicherung", Hamburg, Handout.

Brieskorn-Zinke, M. (2006): Gesundheitsförderung in der Pflege. Stuttgart, Kohlhammer.

Broweleit, K. (2003): Disease Management Programme im Wettbewerb. Unveröffentlichte Diplomarbeit, Fachhochschule Flensburg, Flensburg.

Bruntsch, F. et al. (2010): Fachkräftemangel: Stationärer und ambulanter Bereich bis zum Jahr 2030. Frankfurt/M., PriceWaterhouseCoopers AG.

Bundesagentur für Arbeit (2010): Arbeitsmarktberichterstattung: Gesundheits- und Pflegeberufe in Deutschland. Nürnberg, http://statistik.arbeitsagentur.de [Zugriff: 06.04.2011].

Bundesgerichtshof (2013): Drittes Gesetz zur Änderung arzneimittelrechtlicher und anderer Vorschriften. http://bundesgerichtshof.de [Zugriff: 28.09.2015].

Bundesinstitut für Bevölkerungsforschung (2014a): Zahlen und Fakten – Sterblichkeit. http://www.bib-demografie.de [Zugriff: 14.09.2014].

Bundesinstitut für Bevölkerungsforschung (2014b): Glossar, Altenquotient. http://www.bib-demografie.de [Zugriff: 16.09.2014].

Bundesministerium der Justiz und für Verbraucherschutz (2012): Gesetz zur Dämpfung der Ausgabenentwicklung und Strukturverbesserung in der gesetzlichen Krankenversicherung (Krankenversicherungs-Kostendämpfungsgesetz – KVKG). http://www.gesetze-im-internet.de [Zugriff: 27.09.2015].

Bundesministerium der Justiz und für Verbraucherschutz (2017a): § 37b SGB V Spezialisierte ambulante Palliativversorgung. https://www.gesetze-im-internet.de [Zugriff: 03.02.2017].

Bundesministerium der Justiz und für Verbraucherschutz (2017b): § 39a SGB V Staionäre und ambulante Hospizleistungen. https://www.gesetze-im-internet.de [Zugriff: 03.02.2017].

Bundesministerium der Justiz und für Verbraucherschutz (2017c): § 39b SGB V Spezialisierte ambulante Palliativversorgung. https://www.gesetze-im-internet.de [Zugriff: 03.02.2017].

Bundesministerium der Justiz und für Verbraucherschutz (2017d): § 132d Spezialisierte ambulante Palliativversorgung. https://www.gesetze-im-internet.de [Zugriff: 03.02.2017].

Bundesministerium des Innern (2011): Jedes Alter zählt – Broschüre zur Demografiestrategie der Bundesregierung. http://www.bmi.bund.de [Zugriff: 19.09.2014].

Bundesministerium des Innern (o.J.): Demografiestrategie der Bundesregierung. http://www.bmi.bund.de [Zugriff: 19.09.2014].

Bundesministerium für Gesundheit (2007): Zu aktuellen Meldungen zum Gesundheitsfonds. http://www.bmg.bund.de [Zugriff: 10.05.2007].

Bundesministerium für Gesundheit (2008a): Krankenhausfinanzierungsreformgesetz: Krankenhäuser erhalten 3,5 Milliarden Euro mehr Geld von den Krankenkassen. https://www.bundesgesundheitsministerium.de [Zugriff: 11.09.2015].

Bundesministerium für Gesundheit (2008b): Gesetze Meilensteine. http://die-gesundheitsreform.de [Zugriff: 19.02.2008].

Bundesministerium für Gesundheit (2008c): Gesundheitsfonds. http://www.die-gesundheitsreform.de [Zugriff: 07.02.2008].

Bundesministerium für Gesundheit (2008d): Glossar, Konvergenzklausel. http://www.die-gesundheitsreform.de [Zugriff: 07.05.2008].

Bundesministerium für Gesundheit (2008e): GKV, Beitragssätze und beitragspflichtige Einnahmen. http://www. gbe-bund.de [Zugriff: 04.10.2015].

Bundesministerium für Gesundheit (2010a): Das GKV-Finanzierungsgesetz. Berlin, Eigendruck.

Bundesministerium für Gesundheit (2010b): Bundesgesundheitsministerium schafft verlässlichen Rechtsrahmen für die Nutzenbewertung von Arzneimitteln. https:// www.bundesgesundheitsministerium.de [Zugriff: 15.12.2010].

Bundesministerium für Gesundheit (2011): Gesundheitspolitische Informationen, Nr. 1. Berlin, Eigendruck.

Bundesministerium für Gesundheit (2012a): Zukunftssichere Versorgung. https://www.bmg-bund.de [Zugriff: 17.09.2015].

Bundesministerium für Gesundheit (2012b): Glossar P–Q, Pflege-Neuausrichtungsgesetz (PNG). https://www.bmg-bund.de [Zugriff: 28.09.2015].

Bundesministerium für Gesundheit (2013a): Patientenrechte. https://www.bmg-bund.de [Zugriff: 28.09.2015].

Bundesministerium für Gesundheit (2013b): Die Patientenrechte stärken. https://www.bmg-bund.de [Zugriff: 28.09.2015].

Bundesministerium für Gesundheit (2014a): Deutscher Bundestag beschließt GKV-Finanzstruktur- und Qualitäts-Weiterentwicklungsgesetz (FQWG). https://www.bmg-bund.de [Zugriff: 08.09.2015].

Bundesministerium für Gesundheit (2014b): Gesetz zur Weiterentwicklung der Finanzstruktur und der Qualität in der gesetzlichen Krankenversicherung (GKV-Finanzstruktur- und Qualitäts-Weiterentwicklungsgesetz – GKV-FQWG). https://www. bmg-bund.de [Zugriff: 30.06.2015].

Bundesministerium für Gesundheit (2014c): Gesundheitspolitische Informationen, Nr. 2. Berlin, Eigendruck.

Bundesministerium für Gesundheit (2014d): Gesundheitspolitische Informationen, Nr. 3. Berlin, Eigendruck.

Bundesministerium für Gesundheit (2014e): Pflegeleistungen nach Einführung des Pflegestärkungsgesetzes 1. Berlin, Eigendruck.

Bundesministerium für Gesundheit (2014f): Das erste Pflegestärkungsgesetz. https://www.bmg-bund.de [Zugriff: 28.09.2015].

Bundesministerium für Gesundheit (2014 g): Das zweite Pflegestärkungsgesetz. https://www.bmg-bund.de [Zugriff: 29.09.2015].

Bundesministerium für Gesundheit (2015): Gesetz zur Verbesserung der Hospiz- und Palliativversorgung (HPG). https://www.bundesgesundheitsministerium.de [Zugriff: 03.02.2017].

Bundesministerium für Gesundheit (2015a): Das Gesetz zur Neuordnung des Arzneimittelmarktes (AMNOG). https://www.bmg-bund.de [Zugriff: 17.09.2015].

Bundesministerium für Gesundheit (2015b): Pflegestärkungsgesetze – Das zweite Pflegestärkungsgesetz. https://www.bmg-bund.de [Zugriff: 29.09.2015].

Bundesministerium für Gesundheit (2015c): Meldungen 2015 – Krankenhausversorgung zukunftsfest machen. https://www.bmg-bund.de [Zugriff: 29.09.2015].

Bundesministerium für Gesundheit (2015d): Meldungen 2015 – Versorgungsstärkungsgesetz im Bundestag. https://www.bmg-bund.de [Zugriff: 05.03.2015].

Bundesministerium für Gesundheit (2015e): GKV-Versorgungsstärkungsgesetz, Bundeskabinett beschließt Versorgungsstärkungsgesetz. https://www.bmg-bund.de [Zugriff: 05.03.2015].

Bundesministerium für Gesundheit (2015f): GKV-Versorgungsstärkungsgesetz, GKV-Versorgungsstärkungsgesetz im Bundestag. https://www.bmg-bund.de [Zugriff: 28.04.2015].

Bundesministerium für Gesundheit (2015 g): GKV-Versorgungsstärkungsgesetz, Gesundheitsversorgung zukunftsfest machen. https://www.bmg-bund.de [Zugriff: 29.09.2015].

Bundesministerium für Gesundheit (2015h): Glossar V–Y, Zukunftssichere Versorgung. https://www.bmg-bund.de [Zugriff: 28.09.2015].

Bundesministerium für Gesundheit (2015i): Meldungen 2015 – Bundestag verabschiedet Präventionsgesetz. https://www.bmg-bund.de [Zugriff: 29.09.2015].

Bundesministerium für Gesundheit (2015j): Gesundheit und Pflege aktuell, Ausgabe 2. Berlin Eigendruck.

Bundesministerium für Gesundheit (2015k): Das Gesundheitssystem – Der Staat setzt den Rahmen; PDF-Datei. https://www.bmg-bund.de [Zugriff: 17.09.2015].

Bundesministerium für Gesundheit (2015 l): Staatliche Ordnung – Bundesländer. http://www.bmg-bund.de [Zugriff: 17.09.2015].

Bundesministerium für Gesundheit (2015 m): Gesundheitssystem – Entwicklung nationaler Gesundheitsziele. http://www.bmg-bund.de [Zugriff: 17.09.2015].

Bundesministerium für Gesundheit (2015n): Finanzergebnisse der GKV 2014. http://www.bmg-bund.de [Zugriff: 14.04.2015].

Bundesministerium für Gesundheit (2016): Angebote für Sterbenskranke. https://www.bundesgesundheitsministerium.de [Zugriff: 03.02.2017].

Bundesvereinigung Prävention und Gesundheitsförderung e.V. (2015): Präventionsgesetz im Bundestag verabschiedet. http://www.bvprävention.de [Zugriff: 29.09.2015].

Busse, R.; Riesberg, A. (2005): Gesundheitssysteme im Wandel: Deutschland, Kopenhagen. Berlin, Medizinisch Wissenschaftliche Verlagsgesellschaft.

Deutsche Krankenhausgesellschaft (2000): GKV-Gesundheitsreform 2000. Das Krankenhaus, 1: Redaktionsbeilage.

Deutscher Bundestag (2015a): Entwurf eines Gesetzes zur Reform der Strukturen der Krankenhausversorgung (Krankenhausstrukturgesetz – KHSG). Bundestagsdrucksache 18/5372.

Deutscher Bundestag (2015b): GKV-Reserve bei rund 28 Milliarden Euro. https://www.bundestag.de [Zugriff: 04.10.2015].

Deutscher Hospiz- und Palliativverband (2017): Hospiz- und Palliativversorgung. https://dhpv.de [Zugriff: 03.02.2017].

Ecclesia Versicherungsdienst GmbH (2013a): Monitor, Informationen für Krankenhäuser, Nr. 2. Detmold, Markur Druck.

Ecclesia Versicherungsdienst GmbH (2013b): Monitor, Informationen für Krankenhäuser, Nr. 3. Detmold, Markur Druck.

Ecclesia Versicherungsdienst GmbH (2013c): Monitor, Informationen für Krankenhäuser, Sonderausgabe – Das Patientenrechtegesetz. Detmold, Markur Druck.

Ecclesia Versicherungsdienst GmbH (2015): Monitor, Informationen für Krankenhäuser, Nr. 1. Detmold, Markur Druck.

Erstes Gesetz zur Stärkung der pflegerischen Versorgung und zur Änderung weiterer Vorschriften (Erstes Pflegestärkungsgesetz – PSG I). Bundesgesetzblatt vom 23.12.2014.

Fischer, G. et al. (1977): Handwörterbuch der Wirtschaftswissenschaft (HdWW), Band 1. Göttingen, Hubert & Co.

Forum Gesundheitspolitik (2015a): Meilensteine der Gesundheitspolitik, Zeitepoche 1977–1993. http://forum-gesundheitspolitik.de [Zugriff: 27.09.2015].

Forum Gesundheitspolitik (2015b): Meilensteine der Gesundheitspolitik, Zeitepoche 1994–2009. http://forum-gesundheitspolitik.de [Zugriff: 27.09.2015].

Gemeinsamer Bundesausschuss (2015a): Die Nutzenbewertung von Arzneimitteln gemäß § 35a SGB V. http://www.g-ba.de [Zugriff: 28.09.2015].

Gemeinsamer Bundesausschuss (2015b): Institut für Qualitätssicherung und Transparenz im Gesundheitswesen (IQTIG) – Institutsleitung benannt. http://www.g-ba.de [Zugriff: 11.01.2015].

Gerlach, I. (2010): Familienpolitik. Wiesbaden, VS Verlag für Sozialwissenschaften.

Gerlinger Th. (2012a): Krankenhausplanung und -finanzierung. http://www.bpb.de [Zugriff: 10.09.2015].

Gerlinger Th. (2012b): Gesundheitsreformen in Deutschland 1975 bis 2012 im Überblick. http://www.bpb.de [Zugriff: 10.09.2015].

Gerlinger Th. (2013): Die Maßnahmen des GKV-Versorgungsstrukturgesetzes. http://www.bpb.de [Zugriff: 28.09.2015].

Gesetz über die Entgelte für voll- und teilstationäre Krankenhausleistungen (Krankenhausentgeltgesetz – KHEntgG) in der Fassung vom 14.11.2003. BGBl. I: 2190.

Gesetz zum ordnungspolitischen Rahmen der Krankenhausfinanzierung ab dem Jahr 2009 (Krankenhausfinanzierungsreformgesetz – KHRG). BGBl. I: 25.03.2009.

Gesetz zur Modernisierung der gesetzlichen Krankenversicherung (GKV-Modernisierungsgesetz – GMBG) in der Fassung vom 14.11.2003. BGBl. I: 2190.

Gesetz zur Stärkung des Wettbewerbs in der gesetzlichen Krankenversicherung (GKV-Wettbewerbsstärkungsgesetz – GKV-WSG) vom 26.03.2007. BGBl. I: 3439.

Gesetz zur wirtschaftlichen Sicherung der Krankenhäuser und zur Regelung der Krankenhauspflegesätze (Krankenhausfinanzierungsgesetz – KHG) in der Fassung vom 14.11.2003. BGBl. I: 886.

Gesetz zur wirtschaftlichen Sicherung der Krankenhäuser und zur Regelung der Krankenhauspflegesätze (Krankenhausfinanzierungsgesetz – KHG) vom 21.07.2014. BGBl. I: 534.

gesundheitsziele.de (2015): Was ist gesundheitsziele. de. http://gesundheitsziele.de [Zugriff: 16.09.2015].

GKV-Spitzenverband (2016): Empfehlungen des GKV-Spitzenverbandes nach § 132d Abs. 2 SGB V für die spezialisierte ambulante Paliativversorgung. https://www.gkv-spitzenverband.de [Zugriff: 03.02.2017].

GKV-Spitzenverband (2017): Hospiz- und Palliativversorgung. https://www.gkv-spitzenverband.de [Zugriff: 03.02.2017].

Grobecker, C. et al. (2013): Demografischer Wandel. Datenreport 2013. http://www.bpb.de [Zugriff: 21.09.2014].

Groß, D. (2014): Implizite Rationierung und Priorisierung. http://www.zm-online.de [Zugriff: 17.09.2015].

Haubrock, M.; Peters, Sönke, H. F.; Schär, W. (Hrsg.) (2009): Betriebswirtschaft und Management im Krankenhaus, 2. Auflage. Berlin, Wiesbaden, Ullstein Mosby.

Haubrock, M.; Schär, W. (2009): Betriebswirtschaft und Management in der Gesundheitswirtschaft, 5. Auflage. Bern, Hans Huber.

Haufe Online Redaktion (2013): Demografischer Wandel – Fachkräftemangel ist die größte Herausforderung. http://www.haufe.de [Zugriff: 03.10.2014].

Hayn, B. (2007): Die Alten bleiben an Bord. Marburg, Tectum.

Henke, K.-D. (2007): Der Gesundheitsfonds im GKV-WSG vom 1. April 2007, in: Göpffarth, D.; Greß, S.; Jacobs, K.; Wasem, J. (Hrsg.): Jahrbuch Risikostrukturausgleich 2007 Gesundheitsfonds. Sankt Augustin, Asgard, S. 54.

Hoßmann, I.; Münz, R. (2012): Glossar. http://www.berlin-institut.org [Zugriff: 07.09.2014].

HWP Planungsgesellschaft mbH, Geschäftsbereich Unternehmensberatung/Betriebsplanung (2007): Zukunft für das Krankenhaus. Szenarien zur mittelfristigen Entwicklung der Krankenhausorganisation. Eine Studie gefördert durch die Robert Bosch Stiftung, Stuttgart. https://www.hwp-planung.de [Zugriff: 17.07.2015].

Isfort, M. et al. (2010): Pflege-Thermometer 2009. Eine bundesweite Befragung von Pflegekräften zur Situation der Pflege und Patientenversorgung im Krankenhaus. http://www.dip.de [Zugriff: 27.03.2011].

Jedermann Gruppe (2016): Pflegestärkungsgesetz 3 (PSG III) im Überblick. http://www.jedermanngruppe.de [Zugriff: 01.02.2017]

Jonas, P. (2013): Pressemitteilung zum Corporate Health Jahrbuch. http://www.corporate-health-award.de [Zugriff: 19.09.2014].

Kassenärztliche Bundesvereinigung (2010): Studie zur Altersstruktur- und Arztzahlentwicklung: Daten, Fakten, Trends. Berlin, http://www.bundesaerztekammer.de [Zugriff: 23.03.2011].

Kassenärztliche Bundesvereinigung (2014): Patientenrechte. http://www.kbv.de [Zugriff: 28.09.2015].

Klages, M. (2010): Das Krankenhaus und seine Mitarbeiter: Personalmanagement, in: Debatin, J. F.; Ekkernkamp, A.; Schulte, B.; Krankenhausmanagement: Strategien, Konzepte, Methoden. Berlin, Medizinisch-Wissenschaftliche Verlagsgesellschaft.

Klimpel, M.; Schütte, T. (2006): Work-Life-Balance. Eine empirische Erhebung, in: Bröckermann, R.: Praxisorientierte Personal- und Organisationsforschung, Band 9. München, Schäffer-Poeschel.

Kröhnert, S. et al. (2008): Emanzipation oder Kindergeld. Studie des Berlin-Institut für Bevölkerung und Entwicklung. http://www.berlin-institut.org [Zugriff: 10.09.2014].

Krone, S.; Stöbe-Blossey, S. (2010): Die Entwicklung der Frauenerwerbsarbeit und die Anforderungen an eine nachhaltige Familienpolitik, in: Stöbe-Blossey, S.: Kindertagesbetreuung im Wandel. Perspektiven für die Organisationsentwicklung. Wiesbaden, VS Verlag für Sozialwissenschaften, S. 17–31.

Lauterbach, K.W.; Stock, S. (2001): Zwei Dogmen der Gesundheitspolitik – unbeherrschbare Kostensteigerungen durch Innovationen und demografischer Wandel. https://www.igke.de [Zugriff: 14.07.2015].

Mackmann, G. (2010): Kann Rationierung im Gesundheitswesen ethisch vertretbar sein? GGW, 10: 8–15.

Metze, I. (1988): Gesundheitspolitik. Stuttgart, Berlin, Köln, Mainz, Kohlhammer.

o.V. (2008): Kassen greifen den Bürgern tiefer in ihre Taschen. Ärztezeitung, Juli 2008: //8.

o.V. (2015a): Krankenversicherung – sozialpolitische Chronik. http//:www.portal-sozialpolitik.de [Zugriff: 26.09.2015].

o.V. (2015b): Meilensteine – Zeitepoche 1977–1993. http://www.forum-gesundheitspolitik.de [Zugriff: 27.09.2015].

o.V. (2015c): Meilensteine – Zeitepoche 1994–2009. http://www.forum-gesundheitspolitik.de [Zugriff: 27.09.2015].

Ostwald, D. et al. (2010): Fachkräftemangel. Stationärer und ambulanter Bereich bis zum Jahr 2030.

PriceWaterhouseCooper AG, Frankfurt am Main. http://www.forum-gesundheitspolitik.de/ [Zugriff: 11.03.2011].

Portal Sozialpolitik (2015): Wesentliche Änderungen im Bereich der Krankenversicherung. http://www.portal-sozialpolitik.de [Zugriff: 27.09.2015].

Pötzsch, O.; Kucera, P. (2012): Von niedrigen Geburtenzahlen und fehlenden Müttern. www.desatis.de [Zugriff:: 20.09.2012].

Reschke, P.; Sehlen, S. (2005): Methoden der Morbiditätsadjustierung. Gesundheits- und Sozialpolitik, 1-2: 13. http://www.iges.de [Zugriff: 20.11.2007].

Richter-Kaaden, A. (2015): Geschichte der Gesundheitsreformen. http://www.sinnvolle-zusatz.de [Zugriff: 16.09.2015].

Robert Koch-Institut (2001): Demographischer Wandel und Anforderungen an das Gesundheitswesen. http://edoc.rki.de [Zugriff: 20.09.2014].

Sachverständigenrat zur Begutachtung der Entwicklung im Gesundheitswesen (2007): Kooperation und Verantwortung – Voraussetzung für eine zielorientierte Gesundheitsversorgung. http://dipbt.bundestag.de [Zugriff: 13.03.2011].

Sachverständigenrat zur Begutachtung der Entwicklung im Gesundheitswesen (2012): Wettbewerb als Instrument zur Realisierung einer effizienten und effektiven Gesundheitsversorgung. http://www.svr-gesundheit.de [Zugriff: 11.09.2015].

Schimany, P. (2007): Migration und demographischer Wandel. Forschungsbericht 5. Nürnberg, Verlag Bundesamt für Migration und Flüchtlinge.

Schneider, N. F. (2007): Work-Life-Balance – Neue Herausforderungen für eine zukunftsorientierte Personalpolitik aus soziologischer Perspektive. Work-Life-Balance als gesellschaftspolitische Herausforderung, in: Dilger, A.; Gerlach, I.; Schneider, H. (2007): Betriebliche Familienpolitik. Potenziale und Instrumente aus multidisziplinärer Sicht. Familienwissenschaftliche Studien. Wiesbaden, VS Verlag für Sozialwissenschaften, S. 64-74.

Schulze Ehring, F.; Weber, C. (2007): Wahltarife in der GKV – Nutzen oder Schaden für die Versicherungsgemeinschaft, WIP-Diskussionspapier 4 97. https://www.v.bm-kontakt.de [Zugriff: 17.09.2010].

Schumpelick, V.; Vogel, B. (2014): Demografischer Wandel und Gesundheit. Freiburg i. Br., Herder.

Sozialgesetzbuch (SGB), Fünftes Buch (V) in der Fassung des Gesetzes zur Modernisierung der gesetzlichen Krankenversicherung (GKV-Modernisierungsgesetz – GMG) vom 14.11.2003. BGBl. I: 2190.

Staber, J.; Rothgang, H. (2010): Rationierung und Priorisierung im Gesundheitssystem – Internationale Erfahrungen. GGW, 10: 16-22.

Statista GmbH (2015): Höhe des Bundeszuschusses zum Gesundheitsfonds in den Jahren 2004 bis 2017. http://www.statista.com [Zugriff: 04.10.2015].

Statista GmbH (o. J.): Statistik Lexikon: Definition Demografie. http://de.statista.com [Zugriff: 12.09.2014].

Statistisches Bundesamt (2009a): 12. koordinierte Bevölkerungsvorausberechnung, grafisches Ergebnis. https://www.destatis.de [Zugriff: 01.09.2014].

Statistisches Bundesamt (2009b): 12. koordinierte Bevölkerungsvorausberechnung. https://www.destatis.de [Zugriff: 14.09.2014].

Statistisches Bundesamt (2012a): Bevölkerung nach Altersgruppen. https://www.destatis.de [Zugriff: 01.09.2014].

Statistisches Bundesamt (2012b): Geburten in Deutschland. https://www.destatis.de [Zugriff: 01.09.2014].

Statistisches Bundesamt (2015): Gesetzliche Grundlagen und deren Ziele, Gesundheitsbericht für Deutschland. http://www.gbe-bund.de [Zugriff: 16.09.2015].

Strech, D. (2010): Priorisierung und Rationierung am Krankenbett – Ergebnisse empirischer Studien. DGHO Frühjahrstagung, Berlin.

Strech, D. (2011): Priorisierung und Rationierung am Krankenbett: Eine Diskussion empirischer Studien. Onkologie, 24: 16-19.

Tuschen, K. H.; Braun, Th.; Rau, F. (2005): Erlösausgleiche im Krankenausbereich: Eine Orientierungshilfe. Das Krankenhaus, 22: 955-960.

vdek – Verband der Ersatzkassen (2015): Das Krankenhaus-Strukturgesetz (KHSG). http://www.vdek.com [Zugriff: 28.09.2015].

vdek-Verband der Ersatzkassen (2017): Das dritte Pflegestärkungsgesetz (PSG III). https://www.vdek.com [Zugriff: 01.02.2017].

Verband der Angestellten-Krankenkassen e.V., Arbeiter-Ersatzkassen-Verband e.V. (2007): http://www.vdak.de/presse/daten/Basisdaten-2007/basis_2007_kap_e/seite_61_2007_oben.pdf [Zugriff: 02.04.2008].

Verordnung zur Bestimmung besonderer Einrichtungen im Fallpauschalensystem für Krankenhäuser für das Jahr 2004 (Fallpauschalenverordnung besondere Einrichtungen 2004 – FPVBE 2004) in der Fassung vom 13.10.2003. BGBl. I: 1995.

Verordnung zur Bestimmung besonderer Einrichtungen im Fallpauschalensystem für Krankenhäuser für das Jahr 2004 (Fallpauschalenverordnung besondere Einrichtungen 2004 – FPVBE 2004) in der Fassung vom 19.12.2003. BGBl. I: 2811.

Verordnung zur Regelung der Krankenhauspflegesätze (Bundespflegesatzverordnung – BPflV '95) in der Fassung vom 23.12.2002. BGBl. I: 2750.

Verordnung zur Regelung der Krankenhauspflegesätze (Bundespflegesatzverordnung – BPflV) 2004 in der Fassung vom 14.11.2003. BGBl. I: 2190.

von der Schulenburg, J.M. Graf (2012): Die Entwicklung der Gesundheitsökonomie und ihre methodischen Ansätze, in: von der Schulenburg, J.M. Graf; Schöffski, O.: Gesundheitsökonomische Evaluationen. http://www.springer.com [Zugriff: 03.10.2015].

von Eiff, W.; Stachel, K. (2006): Kliniken vernachlässigen das Personalmanagement. f&w führen und wirtschaften im Krankenhaus, 4: 416–421.

Wasem, J. et al. (2008). Umsetzung und empirische Abschätzung der Übergangsregelungen zur Einführung des Gesundheitsfonds (§ 272 SGB V) – Gutachten im Auftrag der Bundesregierung. https://www.bundesgesundheitsministerium.de [Zugriff: 18.05.2015].

Weitz, R. et al. (2007): Genderorientierte Personalarbeit in KMU in Thüringen. https://www.iw-thüringen.de [Zugriff: 15.07.2015].

5 Strukturen und Funktionen ausgewählter Versorgungssysteme

5.1 Krankenhausversorgung

5.1.1 Finanzierung der somatischen Krankenhausleistungen

Manfred Haubrock

Das Jahr 1978 kann als das Gründungsjahr einer systematischen Beschäftigung mit gesundheitsökonomischen Fragen in Deutschland bezeichnet werden. In diesem Jahr trafen sich auf Einladung der Robert Bosch Stiftung erstmalig Ökonomen zum ersten Colloquium „Gesundheitsökonomie". Das Colloquium wurde von Phillip Herder-Dorneich moderiert, der daher neben den Herren Theo Thiemeyer und Hans-Jürgen Firnkorn als Gründer der Gesundheitsökonomie in Deutschland bezeichnet wird. Herder-Dorneich arbeitete an den Universitäten Innsbruck, Bochum und Köln als ordentlicher Professor. In den vergangenen Jahrzehnten lehrte und forschte er in Köln im Bereich der Sozialpolitik. In den Jahren 1978 bis 1987 veröffentlichte Herder-Dorneich die zwölfbändige Reihe „Gesundheitsökonomie". Auf der Jahrestagung des Vereins für Sozialpolitik, der ersten wichtigen gesundheitsökonomischen Tagung in Deutschland, ging es unter anderem um die begriffliche Klärung der Gesundheitsökonomie. Nach der Defination von Graf von der Schulenburg ist Gesundheitsökonomie „die Analyse der wirtschaftlichen Aspekte des Gesundheitswesens unter Verwendung von Konzepten der ökonomischen Theorie" (von der Schulenburg, 2012: 14). Hierbei bilden folgende Annahmen die Grundlagen der gesundheitsökonomischen Analysen:

- Jeder Akteur ist eigennützig und verfolgt individuelle Ziele.
- Jeder Akteur verhält sich rational.
- Jeder Akteur ist risikoavers.
- Es gilt das Opportunitäts- oder Alternativkostenkonzept. (Vgl. von der Schulenburg, 2012: 15)

In der Realität treffen diese Annahmen aber nur bedingt zu. Somit müssen in die Analysen unter anderem auch Aspekte der Entscheidungs-, der Evaluations-, der Management-, der Ordnungs-, der Verhaltens-, der Versicherungs- und der Wettbewerbstheorie eingehen. Unter dem Aspekt der Kostenentwicklung und der politischen Vorgabe, die Einnahmen der Krankenversicherungen im Wesentlichen an die Entwicklung der Grundlöhne der GKV-Mitglieder zu binden, muss die Frage durch die Gesundheitspolitik und durch die Gesundheitsökonomie beantwortet werden, „wie die knappen Ressourcen des solidarisch finanzierten Krankenversicherungssystems effizient eingesetzt werden können" (von der Schulenburg, 2012: 20). Unter der Annahme, dass die Einnahmen in den kommenden Jahren nicht wesentlich ansteigen werden, stehen lediglich die Rationalisierung, die Rationierung und/oder die Kostenverlagerung als Lösungsinstrumente zur Verfügung.

Die Ende der 1960er-Jahre einsetzende Kostenexplosion im Gesundheitssystem hat dazu beigetragen, dass das Interesse an gesundheitsökonomischen Lösungsansätzen deutlich und nachhaltig gestiegen ist. Zudem wurde die Notwendigkeit erkannt, die gesundheitsökonomische Forschung zu etablieren.

Vor diesem Hintergrund ist die Entwicklung der sogenannten **Regelkreise** durch Herder-Dorneich zu sehen. Sein Ziel war es, die systemischen Zusammenhänge zwischen den Teilnehmern der Gesundheitsversorgung darzustellen. Er teilt dabei das Gesundheitssystem in Subsysteme auf. Somit ergeben sich unter anderem die Subsysteme Krankenhausversorgung, ambulante kassenärztliche Versorgung und Arzneimittelversorgung. Die Beziehungen zwischen den einzelnen Systemelementen bedingen sich gegenseitig, sodass sich Beziehungsketten ergeben. Dieses Konzept der **Beziehungsketten** ermöglicht es, in den Teilsystemen die Inanspruchnahme der Gesundheitsleistungen sowie die Finanzierung der Gesundheitsgüter verständlich zu machen.

Im Bereich der **stationären Versorgung** werden, entsprechend der sektoralen Aufteilung nach Prävention, Kuration und Rehabilitation, folgende Einrichtungen unterschieden:
- Vorsorgeeinrichtungen im Bereich der Prävention
- Krankenhäuser im Bereich der Kuration
- Nachsorgeeinrichtungen im Bereich der Rehabilitation.

Nach § 107 SGB V dienen **Vorsorgeeinrichtungen** der stationären Behandlung der Patienten dazu, eine Schwächung der Gesundheit, die in absehbarer Zeit voraussichtlich zu einer Krankheit führen könnte, zu beseitigen oder einer Gefährdung der gesundheitlichen Entwicklung eines Kindes entgegenzuwirken (Vorsorge).

Die stationäre kurative Behandlung erfolgt im **Krankenhaus**. Es handelt sich um Einrichtungen, in denen primär durch ärztliche und pflegerische Leistungen Krankheiten, Leiden oder Körperschäden festgestellt, geheilt oder gelindert werden sollen oder Geburtshilfe geleistet wird. Zu diesen Leistungen tritt noch die Verpflichtung, für Unterbringung und Verpflegung zu sorgen. Die ambulante Versorgung erfolgt durch die Apotheken, die Arztpraxen sowie durch die Anbieter von Heil- und Hilfsmitteln. Ergänzt wird dieses Leistungsangebot durch den Rettungsdienst.

Rehabilitationseinrichtungen haben die Aufgabe, die krankheitsbedingten Fähigkeitsstörungen durch frühzeitige Einleitung relevanter Maßnahmen zu beseitigen bzw. zu mindern, um eine dauerhafte Beeinträchtigung der beruflichen Tätigkeit und des sogenannten gesellschaftlichen Lebens zu vermeiden. Die Rehabilitation soll somit im Anschluss an die Krankenhausbehandlung den dabei erzielten Behandlungserfolg sichern und festigen. Hinzu kommt unter anderem das Ziel, eine drohende Behinderung oder Pflegebedürftigkeit abzuwenden bzw. nach Eintritt zu beseitigen, zu mindern, auszugleichen, ihre Verschlimmerung zu verhüten und ihre Folgen zu mildern. Für die einzelnen Rehabilitationsträger lassen sich die jeweiligen Ziele wie folgt definieren:
- Krankenversicherung
  - Vorbeugung einer drohenden Behinderung oder Pflegebedürftigkeit
  - Beseitigung, Besserung oder Verhütung der Verschlimmerung einer Krankheit
- Rentenversicherung
  - Verhinderung der Beeinträchtigung der Erwerbstätigkeit oder des vorzeitigen Ausscheidens aus dem Erwerbsleben
  - möglichst dauerhafte Wiedereingliederung in das Erwerbsleben
- Unfallversicherung
  - Beseitigung oder Besserung der durch einen Arbeitsunfall verursachten Körperverletzung, Gesundheitsstörung und Minderung der Erwerbsfähigkeit
  - Erleichterung der Auswirkungen der Unfallfolgen.

Vor- und Nachsorgeeinrichtungen stehen nach § 107 SGB V fachlich-medizinisch unter ständiger ärztlicher Verantwortung und sind unter Mitwirkung des besonders geschulten Personals darauf eingerichtet, den Gesundheitszustand der Patienten nach einem ärztlichen Behandlungsplan zu verbessern und die Compliance der Patienten zu stärken.

Aus dem kurativen Gesundheitssektor wird nachfolgend das **System der stationären Krankenversorgung** als erstes Regelkreismodell nach Herder-Dorneich dargestellt (Abb. 5.1.1-1). Dieses System besteht aus den fünf Elementen Ärzte (Ä), Krankenhaus (KH), Krankenkassen (K), Landesregierung (R) und Versicherte (V). Zwischen den Elementen bestehen Beziehungen (Relationen). In der Beziehung K und V bezahlen die Kassenmitglieder zusammen mit ihren Arbeitgebern den relevanten einkommensbezogenen Beitrag (b) an die Krankenversicherung. Die Kassen händigen den Versicherten ihre Versichertenkarten aus (s_1). Bei einem Arztbesuch legen die Versicherten diese Karte den Praxismitarbeitern vor (s_2). Als Gegenleistung erhalten die versicherten Personen neben den diagnostischen und therapeutischen Tätigkeiten einen Einweisungsschein (u_1), für den stationären Aufenthalt. Bei der Aufnahme in die Klinik wird dieser Schein dem Krankenhaus übergeben (u_2). Hierdurch ist die formale Voraussetzung dafür erfüllt, dass eine Krankenhausbehandlung (p) durchgeführt werden kann. Bei den **Formen der Krankenhausbehandlung** handelt es sich in der Regel um voll- oder teilstationäre Behandlungen. Darüber hinaus können die Krankenhäuser neben der Notfallversorgung weitere ambulante Institutionsangebote vorhalten. Dazu zählen aktuell:

- das ambulante Operieren
- die vor- und nachstationäre Versorgung
- das Betreiben von medizinischen Versorgungszentren
- die ambulante Behandlung im Rahmen von Disease-Management-Programmen
- die ambulante Behandlung bei hochspezialisierten Leistungen, seltenen Erkrankungen und Erkrankungen mit besonderem Behandlungsverlauf
- die ambulante Versorgung in unterversorgten Bezirken der Kassenärztlichen Vereinigungen
- die Beteiligung an integrierten Versorgungsmodellen.

Durch das GKV-Modernisierungsgesetz, das am 01.01.2004 in Kraft getreten ist, wurden die bis dahin gültigen gesetzlichen Vorgaben zur Art und zum Umfang ambulanter Krankenhausleistungen durch die Neueinführung der §§ 116a ff. SGB V ausgeweitet. Diese Vorschriften beinhalten zum einen die Möglichkeit für die Krankenhäuser, bei einer festgestellten Unterversorgung im vertragsärztlichen Bereich ambulant tätig zu werden (§ 116a SGB V). Der Zulassungsausschuss kann den Krankenhäusern, die zugelassen sind, für die entsprechenden Fachgebiete, in denen der Landesausschuss der Ärzte und

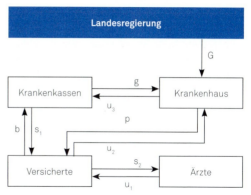

Abbildung 5.1.1-1: System der stationären Versorgung (b = Beiträge; p = Krankenhaus[Pflege-]Leistung; g = Zahlung für das Krankenhaus-Budget [Pflegesätze]; G = Fördermittel der Länder; u_1, u_2 = Überweisung; s_1, s_2 = Versichertenkarte) (Quelle: Haubrock/Schär, 2002: 69)

Krankenkassen eine Unterversorgung festgestellt hat, auf deren Antrag eine Ermächtigung erteilen (Ermessensentscheidung). Die Teilnahme an der vertragsärztlichen Versorgung ist abhängig von der Dauer und der Intensität der Unterversorgung. Die Leistungen des medizinischen Versorgungszentrums werden aus der vertragsärztlichen Gesamtvergütung honoriert. Die zweite Erweiterung bezieht sich nunmehr auch auf die ambulante Durchführung von strukturierten Behandlungsprogrammen bei chronischen Krankheiten. Die ambulante Behandlung des Krankenhauses im Rahmen von Disease-Management-Programmen ist in § 116b Abs. 1 SGB V geregelt. Die Teilnahme an der stationären Behandlung ist für die Krankenhäuser seit Einführung der Disease-Management-Programme möglich gewesen.

Gleichzeitig ist der Vorrang der ambulanten, der vor- und nachstationären und der teilstationären Behandlung vor der vollstationären Behandlung in der relevanten Gesetzgebung explizit verankert.

Aufgrund des sogenannten Zahlungsumwegs werden die Behandlungskosten durch die Krankenkassen übernommen (g in Abb. 5.1.1-1). Diese Betriebskostenerstattung setzt jedoch voraus, dass die Kliniken zuvor ihre Abrechnungsunterlagen (u_3 in Abb. 5.1.1-1) bei den zuständigen Kassen einreichen. Seit 1972 haben die

Krankenhäuser, die einen Versorgungsauftrag haben, einen Rechtsanspruch, ihre notwendigen Investitionen aus Steuermitteln finanziert zu bekommen (G in Abb. 5.1.1-1).

Wie bereits in Kapitel 4.3 ausgeführt wurde, ist das Selbstkostendeckungsprinzip im Krankenhaus zum 01.01.1993 aufgehoben worden. Damit war jedoch nicht die Streichung des § 4 Krankenhausfinanzierungsgesetz (KHG) verbunden. In § 4 KHG wird nach wie vor festgelegt, dass die Krankenhäuser durch die beiden folgenden **Zahlungsströme** wirtschaftlich gesichert werden:
- Die Investitionskosten werden im Wege der öffentlicher Förderung übernommen.
- Die Betriebskosten werden durch leistungsgerechte Erlöse aus den Pflegesätzen, die auch Investitionskosten enthalten können, sowie aus den Vergütungen für die vor- und nachstationäre Behandlung und für die ambulanten Operationen gedeckt.

Die öffentlichen Fördermittel und die im Voraus zu bemessenden Erlöse aus den Pflegesätzen sowie die Vergütungen für vor- und nachstationäre Behandlungen müssen somit nach Maßgabe des KHG und des jeweiligen Landesrechts zusammen die Gewähr dafür bieten, dass eine bedarfsgerechte Versorgung der Bevölkerung mit leistungsfähigen und eigenverantwortlich wirtschaftenden Krankenhäusern auf der einen Seite und sozial tragbaren Pflegesätzen auf der anderen Seite gesichert werden kann.

Zur Realisierung dieses Ziels sind nach den Grundsätzen für die Pflegesatzregelung (§ 17 KHG) die Pflegesätze und die Vergütung für vor- und nachstationäre Behandlung für alle Patienten einheitlich zu berechnen. Hierbei sind die Pflegesätze im Voraus zu ermitteln. Zudem sollen sie es einem Krankenhaus bei wirtschaftlicher Betriebsführung ermöglichen, den **Versorgungsauftrag** zu erfüllen. Bei der Ermittlung der Pflegesätze ist unter anderem der Grundsatz der Beitragssatzstabilität zu berücksichtigen. Für die mit pauschalierten Pflegesätzen vergüteten stationären Leistungen gelten in den somatischen Einrichtungen die Vorschriften des § 17b KHG, für den Bereich der psychiatrischen und psychosomatischen Einrichtungen ist der § 17d

KHG die Rechtsgrundlage. Soweit tagesgleiche Pflegesätze vereinbart werden, müssen diese medizinisch leistungsgerecht sein.

Das **duale Finanzierungssystem** ist in der Bundesrepublik Deutschland mit der Einführung des Krankenhausfinanzierungsgesetzes im Jahre 1972 relevant geworden. Hintergrund waren einerseits die Finanzierungsprobleme der Krankenhäuser in den 1960er-Jahren, die unter dem Stichwort „Investitionsstau" zusammengefasst werden können, und andererseits die Annahme, dass die Krankenkassen die wirtschaftliche Sicherung der Häuser aufgrund ihrer bruttolohnbezogenen Einnahmenentwicklung nur bedingt garantieren können. Im Rahmen des dualen Finanzierungssystems sind folglich die Bundesländer und die Krankenkassen zur Finanzierung der Krankenhäuser verpflichtet. Die Krankenkassen finanzieren ihre Ausgaben im Wesentlichen durch die Krankenkassenbeiträge der Mitglieder. Seit der Einführung des Gesundheitsfonds im Jahre 2009 werden die Betriebskosten der Kliniken anteilig auch durch Bundessteuermittel finanziert. Die Bundesländer finanzieren zudem die Investitionen durch ihre Steuereinnahmen.

Durch die im Rahmen der dualen Finanzierung vorgenommene Trennung der Sachkosten in einen beitrags- und einen steuerfinanzierten Anteil ergibt sich das Problem, wie die Zuordnung der Wirtschaftsgüter erfolgen soll. Die Wirtschaftsgüter sind somit einerseits dem Bereich der Investitionskosten und andererseits dem Bereich der Betriebskosten zuzuordnen. Zu den **Investitionskosten**, die von Krankenhäusern in der Regel beantragt werden müssen, zählen unter anderem:
- Kosten der Errichtung von Krankenhäusern einschließlich der Erstausstattung mit den für den Krankenhausbetrieb notwendigen Anlagegütern
- Kosten der Wiederbeschaffung von Anlagegütern mit einer durchschnittlichen Nutzungsdauer von mehr als 3 Jahren
- den Investitionskosten gleichstehende Kosten.

Die Kosten eines Grundstücks, eines Grundstückserwerbs, einer Grundstückserschließung sowie die Kosten der Telematikinfrastruktur gehören nicht zu den Investitionskosten.

Weiterhin bewilligen die Bundesländer nach § 9 KHG auf Antrag Fördermittel, zum Beispiel:
- für Anlaufkosten sowie für Erwerb, Erschließung, Miete und Pacht von Grundstücken
- für Lasten aus Darlehen
- als Ausgleich für die Abnutzung von Anlagegütern
- zur Erleichterung der Schließung von Krankenhäusern
- zur Umstellung von Kliniken auf andere Aufgaben.

Neben diesen aufgrund einer Beantragung gezahlten Steuermitteln fördern die Bundesländer die Wiederbeschaffung kurzfristiger Anlagegüter sowie kleiner baulicher Maßnahmen durch feste jährliche Pauschalbeträge. Bei dieser **Pauschalförderung** können die Krankenhäuser über die sachliche Verwendung der Förderbeträge frei entscheiden.

Zu den **Betriebskosten** gehören die pflegesatzfähigen Kosten. Diese umfassen neben den Personalkosten unter anderem die folgenden Elemente:
- Kosten der Verbrauchsgüter
- Kosten der Qualitätssicherung
- Kosten für die Instandhaltung der Anlagegüter.

Die Zuordnung der Anlage-, Gebrauchs- und Verbrauchsgüter zu den von den Ländern zu tragenden Kosten und den pflegesatzfähigen Kosten der Krankenhäuser wird durch die **Abgrenzungsverordnung (AbgrV)** geregelt.

Die **Verbrauchsgüter**, die pflegesatzfähig sind und somit von den Krankenversicherungen bezahlt werden müssen, sind Wirtschaftsgüter, die ausschließlich von einem Patienten genutzt werden und in der Regel bei ihm verbleiben. Hierzu zählen zum Beispiel Medikamente, Einwegartikel und Implantate.

Gebrauchsgüter sind Anlagegüter mit einer durchschnittlichen Nutzungsdauer bis zu 3 Jahren. Hierzu zählen unter anderem Dienst- und Schutzkleidung, Geschirr und die Gebrauchsgüter des medizinischen Bedarfs. Die Erstbeschaffung dieser Anlagegüter geht zu Lasten der Steuerzahler, die Kosten der Wiederbeschaffung von Gebrauchsgütern sind pflegesatzfähig.

Anlagegüter sind die Wirtschaftsgüter, die zum Anlagevermögen einer Klinik gehören. Hierzu zählen unter anderem die Kosten der Errichtung und Erstausstattung von Krankenhäusern, die Kosten für die Wiederbeschaffung von Anlagegütern mit einer durchschnittlichen Nutzungsdauer von mehr als 3 Jahren. Hierzu zählen zum Beispiel Einrichtungs- und Ausstattungsgegenstände wie Fahrzeuge, Geräte, Apparate, Maschinen und Werkzeuge. Die Anlagegüter müssen von den Bundesländern für die Einrichtungen finanziert werden, die von den Landesregierungen einen Versorgungsauftrag erhalten haben.

Der Prozess der dualen Finanzierung wird zusammenfassend noch einmal in Abbildung 5.1.1-2 verdeutlicht.

Zur wirtschaftlichen Sicherung der Krankenhäuser im Sinne des § 2 KHG werden durch öffentliche Fördermittel die Investitionskosten übernommen. Von diesen sogenannten geför-

Abbildung 5.1.1-2: Der Prozess der Krankenhausfinanzierung (Quelle: Haubrock et al., 1997: 278)

derten Krankenhäusern sind diejenigen Krankenhäuser abzugrenzen, für die die Förderrichtlinien des Krankenhausfinanzierungsgesetzes keine Anwendung finden. Zu diesen Einrichtungen zählen:
- Krankenhäuser im Straf- oder Maßregelvollzug
- Polizeikrankenhäuser sowie
- Krankenhäuser der Renten- und Unfallversicherungsträger.

Bei der letzten Gruppe sind unter bestimmten Voraussetzungen jedoch die Fachkliniken zur Behandlung von Erkrankungen der Atmungsorgane ausgenommen.

Zur Verwirklichung der wirtschaftlichen Sicherung stellen die Länder **Krankenhauspläne** und **Investitionsprogramme** auf. Hierbei stimmen die Länder ihre Krankenhausplanungen auch auf die pflegerischen Leistungserfordernisse nach dem SGB XI ab. Diese Abstimmung hat den Zweck, die Krankenhäuser von Pflegefällen zu entlasten und die dadurch vakanten Krankenhauseinrichtungen in wirtschaftlich selbstständige ambulante bzw. stationäre Pflegeeinrichtungen umzuwidmen.

Zu den Grundsätzen der Investitionsförderung gehören unter anderem die **Förderungsvoraussetzungen**, die in § 8 KHG festgeschrieben sind. Danach haben die Krankenhäuser Anspruch auf Förderung, soweit und solange sie in den Krankenhausplan eines Landes und – bei Investitionen – in das Investitionsprogramm aufgenommen wurden. Die zuständige Landesbehörde und der Krankenhausträger können für bestimmte Investitionsvorhaben eine nur teilweise Förderung mit Restfinanzierung durch den Krankenhausträger vereinbaren. Es ist Einvernehmen mit den Landesverbänden der Krankenkassen, den Verbänden der Ersatzkassen und den Vertragsparteien anzustreben. Die Aufnahme oder Nichtaufnahme in den Krankenhausplan wird durch Bescheid festgestellt. Gegen den Bescheid können Rechtsmittel eingelegt werden.

Hiernach ist auch eine nur teilweise Förderung durch das jeweilige Land für die Investitionskosten vorgesehen, die Restfinanzierung haben die Krankenhausträger zu übernehmen.

Diese Regelung bewirkt, dass sich die Länder ihrer Förderungspflicht entziehen können, ohne Einbußen hinsichtlich ihrer Planungskompetenz hinnehmen zu müssen. Angesichts der knappen Kassen der Bundesländer sind in den vergangenen Jahren in den alten und neuen Ländern wiederum Investitionsstaus entstanden. Investitionen müssen entweder durch die Träger zwischenfinanziert oder in die Zukunft verlagert werden. Weiterhin hat der Gesetzgeber festgelegt, dass die Krankenhäuser keinen Anspruch auf eine Feststellung der Aufnahme in den Krankenhausplan und in das Investitionsprogramm haben.

Als erste Form einer Förderungsmöglichkeit durch das jeweilige Bundesland ist die **Einzelförderung** auf Antrag zu nennen. Diese Einzelförderungen können folgende **Investitionen** umfassen:
- Neu-, Um- und Erweiterungsbauten, Sanierung von Krankenhäusern
- Erstausstattung mit Anlagegütern
- Wiederbeschaffung von Anlagegütern.

Die Umsetzungsschritte der Einzelförderungen werden in den Investitionsprogrammen der Länder geregelt.

Als zweite Variante existiert die **Pauschalförderung**. Auch diese Form der Förderung wird durch das jeweilige Landesrecht bestimmt. Mit diesen Steuermitteln bewilligen die Länder Fördermittel gemäß § 9 Abs. 3ff. KHG. Bei der Pauschalförderung handelt es sich um:
- Mittel zur Wiederbeschaffung, Ergänzung, Nutzung und Mitnutzung von kurzfristigen Anlagegütern mit einer Nutzungsdauer von mehr als 3 bis zu 15 Jahren
- kleine bauliche Maßnahmen.

Zur Finanzierung dieser **kurzfristig nutzbaren Anlagegüter** stellt das Bundesland dem Krankenhaus jährlich einen bestimmten Betrag zur Verfügung, der nicht ausschließlich an der Anzahl der Planbetten bemessen sein soll. In der Vergangenheit ist kritisch hinterfragt worden, ob das Planbett als Grundlage für die Zulassung der pauschalen Fördermittel zweckmäßig sei. Kritiker dieser Art der Fördermittelzuteilung betonen, dass der Bedarf an Fördermitteln nicht so sehr durch die Anzahl der vorgehaltenen Planbetten, sondern mehr durch die ärztlich-pflegerisch Leistungen der Versorgungseinrichtungen verursacht wird. Eine Lösung des Problems ist durch die Vorgabe des § 10 KHG erzielt worden. In diesem Paragrafen hat der Gesetzgeber im Rahmen des Krankenhausfinanzierungsreformgesetzes 2009 mit einem **Entwicklungsauftrag zur Reform der Investitionsfinanzierung** festgeschrieben:

> „Für Krankenhäuser, die in den Krankenhausplan eines Landes aufgenommen sind und Entgelte nach § 17b erhalten, soll eine Investitionsförderung durch leistungsorientierte Investitionspauschalen ab dem 01.01.2012, für psychiatrische und psychosomatische Einrichtungen nach § 17d [...] ab dem 01.01.2014 ermöglicht werden. [...] Die Vertragsparteien auf Bundesebene [...] vereinbaren bis zum 31. Dezember 2009 die Grundstrukturen für Investitionsbewertungsrelationen und das Verfahren zu ihrer Ermittlung." (§ 10 KHG)

Im Februar 2010 konnten sich die Selbstverwaltungspartner auf Bundesebene (Deutsche Krankenhausgesellschaft, GKV-Spitzenverband, Verband der Privaten Krankenversicherung) auf eine Grundstruktur verständigen. Auf der Basis dieser Vereinbarung wurde das DRG-Institut beauftragt, bundeseinheitliche Investitionsbewertungsrelationen zu entwickeln und zu kalkulieren. Im Jahr 2011 führte das Institut einen Pretest und im Jahre 2012 eine erfolgreiche Probekalkulation durch. Seit 2013 schließen die Selbstverwaltungspartner jährlich eine **Vereinbarung der Investitionsbewertungsrelationen** ab. Wesentlicher Bestandteil der Vereinbarung ist die Veröffentlichung des Investitionskatalogs. Für das Jahr 2015 wurde die Vereinbarung am 09.03.2015 getroffen. Für die kommenden Jahre wird eine Weiterentwicklung des Katalogs angestrebt. Somit können sich die Erlöse aus den leistungsorientierten Investitionspauschalen aus dem Produkt der leistungsorientierten **Investitionsbewertungsrelationen** und dem landesspezifischen **Investitionsfallwert** ergeben. Die Einführung dieses Verfahrens liegt jedoch bei den Bundesländern. Dadurch ist es auch in Zukunft möglich, dass einige Bundesländer die bisherigen Fördermodelle beibehalten werden.

Am Beispiel des Investitionskatalogs 2015 soll der Aufbau des Katalogs verdeutlich werden (Tab. 5.1.1-1).

Nach den Überleitungsvorschriften aus Anlass der Wiedervereinigung Deutschlands galten hinsichtlich der Fördertatbestände Übergangsregelungen, die bis zum 31.12.1993 Gültigkeit hatten. Ab dem 01.01.1994 gelten auch in den **Beitrittsgebieten** die Vorschriften des § 9 KHG. Unterschiede existieren jedoch im Bereich der Fördermittel. So ist zum Beispiel die Pauschalförderung in den neuen Bundesländern sowohl hinsichtlich der aus der Pauschale zu finanzierenden Maßnahmen als auch hinsichtlich der Höhe der Förderpauschale gegenüber den Regelungen für die alten Länder umfassender. Der Gesetzgeber gibt damit den Krankenhäusern die Möglichkeit, viele zur Verbesserung des Versorgungsstandards notwendige Maßnahmen schnell und unbürokratisch zu realisieren.

Die Einzelförderung und die pauschale Förderung liegen in der Kompetenz eines jeden Bundeslandes. Daher sind Details dem jeweiligen Landeskrankenhausfinanzierungsgesetz zu entnehmen. Am Beispiel der Länder Niedersachsen und Nordrhein-Westfalen sollen die dort praktizierten Verfahren verdeutlicht werden.

Das **Niedersächsische Krankenhausgesetz (NKHG)** in der Fassung vom Juli 2015 regelt in § 6 NkHG die **Einzelförderung**. Den Krankenhausträgern werden auf der Grundlage eines von der Landesregierung beschlossenen Investitionsprogramms, das jeweils für ein Haushaltsjahr Gültigkeit hat, Fördermittel bewilligt. Hierbei hat der Krankenhausträger die Notwendigkeit der Investitionen, die Erforderlichkeit des Umfangs sowie die sparsame und wirtschaftliche Verwendung der beantragten Geldsumme zu belegen. Eine Förderung kann auch auf dem Weg erfolgen, dass die Bewilligungsbehörde zum Beispiel die Verwendung eines Darlehens genehmigt. Die Entscheidung der Landesregierung wird den Krankenhäusern per Förderbescheid mitgeteilt.

Tabelle 5.1.1-1: Katalog der Investitionsbewertungsrelationen, Teil a) Bewertungsrelationen bei vollstationärer Versorgung (Quelle: Vereinbarung bundeseinheitlicher Investitionsbewertungsrelationen, 2015) *(Fortsetzung n. Seite)*

DRG	Partition	DRG in Anlage 3a FPV	Bezeichnung	Bewertungsrelation/ Fall	Bewertungsrelation/ Tag
1	2	3	4	5	6
Prä-MDC					
A01A	O		Lebertransplantation mit Beatmung > 179 Stunden oder kombinierter Dünndarmtransplantation	6,890	0,121
A01B	O		Lebertransplantation ohne kombinierte Dünndarmtransplantation mit Beatmung > 59 und < 180 Stunden oder mit Transplantatabstoßung oder mit kombinierter Nierentransplantation oder Alter < 6 Jahre	3,576	0,089
A01C	O		Lebertransplantation ohne kombinierte Dünndarmtransplantation, ohne Beatmung > 59 Stunden, ohne Transplantatabstoßung, ohne kombinierte Nierentransplantation, Alter > 5 Jahre	2,757	0,078
A02Z	O		Komplikationen oder Komorbiditäten	3,069	0,072
A03A	O		Lungentransplantation mit Beatmung > 179 Stunden	5,353	0,162
A03B	O		Lungentransplantation ohne Beatmung > 179 Stunden	3,348	0,077
A04A	O	x	Knochenmarktransplantation/Stammzelltransfusion, allogen, mit zweiter Knochenmarktransplantation/Stammzelltransfusion im selben Aufenthalt	1,750	0,070
A04B	O		Knochenmarktransplantation/Stammzelltransfusion, allogen, außer bei Plasmozytom oder mit Graft-versus-host-Krankheit Grad III und IV, mit In-vitro-Aufbereitung, Alter < 16 Jahre	1,477	0,059
A04C	O		Knochenmarktransplantation/Stammzelltransfusion, allogen, HLA-verschieden oder bei Plasmozytom, mit Graft-versus-host-Krankheit Grad III und IV, ohne In-vitro-Aufbereitung, Alter > 15 Jahre	1,440	0,063
A04D	O		Knochenmarktransplantation/Stammzelltransfusion, allogen, außer bei Plasmozytom, ohne In-vitro-Aufbereitung, Alter > 15 Jahre, ohne Graft-versus-host-Krankheit Grad III und IV, HLA-identisch	1,217	0,063
A04E	O		Knochenmarktransplantation/Stammzelltransfusion, allogen, bei Plasmozytom, ohne Graft-versus-host-Krankheit Grad III und IV, Alter > 15 Jahre	0,711	0,060
A05A	O		Herztransplantation mit Beatmung > 179 Stunden oder Alter < 16 Jahre	5,760	0,112
A05B	O		Herztransplantation ohne Beatmung > 179 Stunden oder Alter > 15 Jahre	4,972	0,085

Tabelle 5.1.1-1: *(Fortsetzung)*

DRG	Parti-tion	DRG in Anlage 3a FPV	Bezeichnung	Bewertungs-relation/ Fall	Bewertungs-relation/ Tag
1	2	3	4	5	6
Prä-MDC					
A06A	O		Beatmung > 1799 Stunden mit intensivmedizinischer Komplexbehandlung < 2940/5520/– Aufwandspunkte oder mit hochkomplexem Eingriff oder mit komplexer OR-Prozedur oder Polytrauma und mit intensivmed. Komplexbehandlung > –/3680/3680 Aufwandspunkte	10,848	0,263
A06B	O		Beatmung > 1799 Stunden mit komplexer OR-Prozedur oder Polytrauma, ohne hochkomplexen Eingriff, ohne intensivmed. Komplexbehandlung > 2940/3680/3680 Aufwandspunkte oder ohne komplexe OR-Prozedur, ohne Polytrauma	8,042	0,249
A07A	O		Beatmung > 999 Stunden oder > 499 Stunden mit intensivmedizinischer Komplexbehandlung < 4900/4600/4600 Aufwandspunkte mit komplexer OR-Prozedur oder Polytrauma und intensivmed. Komplexbehandlung > 3920/3680/3680 Aufwandspunkte oder mit hochkompl. oder dreizeitigem Eingriff	8,263	0,212
A07B	O		Beatmung > 999 Stunden oder > 499 Stunden mit intensivmedizinischer Komplexbehandlung < 4900/4600/4600 Aufwandspunkte, mit kompl. OR-Prozedur und kompliz. Konst. oder mit Polytrauma oder Alter < 16 J. oder intensivmed. Komplexbehandlung > –/3220/– Aufwandspunkte	6,114	0,224

In § 7 NKHG wird die Umsetzung der pauschalen Förderung festgelegt. Danach setzen sich die Pauschalmittel zusammen aus einer **Grundpauschale**, die sich an der Zahl der Planbetten und der teilstationären Plätze orientiert, und einer **Leistungspauschale**, die insbesondere die Zahl der stationär behandelten Personen sowie den Werteverzehr des Anlagevermögens berücksichtigt. Hierzu werden noch die Zuschläge für die Ausbildungsstätten addiert. Das zuständige Fachministerium wird ermächtigt, die jeweiligen Beträge und Bestimmungsgrößen festzulegen. Daneben enthält das Gesetz Regelungen, wann und wie von diesen Vorschriften abgewichen werden kann

Das **Krankenhausgestaltungsgesetz des Landes Nordrhein-Westfalen (KHGG NRW)** in der Fassung vom 01.10.2015 regelt in § 18, dass das zuständige Ministerium durch **Baupauschalen** den Neubau und Umbau sowie Erweiterungsbauten einschließlich der Erstausstattung mit Gebrauchsgütern sowie die Wiederbeschaffung von langfristigen Anlagegütern (durchschnittliche Nutzungsdauer mehr als 15 Jahre) fördert. Die kurzfristigen Anlagegüter werden durch **jährliche Pauschalbeträge (kurzfristige Pauschalen)** steuerlich subventioniert. Das zuständige Ministerium wird ermächtigt, im Einvernehmen mit dem Finanz- und dem Innenministerium und im Benehmen mit dem zuständigen Landtagsausschuss per

Rechtsverordnung unter anderem die Bemessungsgrundlagen, die Zahlungsmodalitäten sowie die Höhe der Pauschalbeträge festzulegen. Seit der Umstellung der Krankenhausinvestitionsförderung im Jahre 2008 und der in der Zwischenzeit ausgelaufenen Übergangsphase haben die Plankrankenhäuser in NRW einen jährlichen Anspruch auf die Bau-Investitionspauschale. Das vorher übliche Antragsverfahren für eine Einzelförderung ist damit hinfällig geworden. Die Berechnung der kurzfristigen Pauschalen und der Baupauschalen erfolgt, indem …

- … Bewertungsrelationen,
- Zusatzentgelte,
- teilstationäre Behandlungstage,
- vollstationäre Behandlungstage und
- Ausbildungsplätze…

… mit unterschiedlichen pauschalen Eurobeträgen bzw. prozentualen Zuschlägen multipliziert werden. Für die somatischen Krankenhäuser sind die Bewertungsrelationen, die Zusatzentgelte sowie ggf. die Ausbildungsplätze relevant, die psychiatrischen Häuser bekommen die Fördergelder auf der Grundlage der Behandlungstage und ggf. der Ausbildungsplätze. Damit basiert die Investitionsförderung in NRW im Bereich der DRG-Häuser bereits seit Jahren auf den Bewertungsrelationen und den Zusatzentgelten aus dem Fallpauschalenkatalog.

Die Aufnahme eines Krankenhauses in den **Krankenhausplan** ist Voraussetzung für die Gewährung staatlicher Finanzierungsmittel.

Am Beispiel des Niedersächsischen Krankenhausgesetzes soll die **Aufbringung der Finanzmittel** verdeutlicht werden. Die Höhe der Finanzmittel richtet sich nach dem jeweiligen Haushaltsplan des Landes. Danach haben das Land und die Kommunen die Finanzierungsmittel jeweils wie folgt aufzubringen:

- Investitionskosten (60 % vom Land, 40 % von den kommunalen Gebietskörperschaften)
- pauschale Fördermittel (66,6 % vom Land, 33,3 % von den kommunalen Gebietskörperschaften). Bei den Fördermitteln für Erwerb, Erschließung, Miete und Pacht von Grundstücken ist eine andere Verteilung festgeschrieben worden.

Die von den kommunalen Gebietskörperschaften aufzubringenden Mittel werden durch eine Umlage je zur Hälfte nach der Einwohnerzahl und der Umlagekraftmesszahl erhoben. Die Umlagekraftmesszahl errechnet sich bei den Landkreisen aus der Kreisumlage, bei den kreisfreien Städten aus der Steuerkraftmesszahl und aus 90 % der Schlüsselzuweisungen.

Das Investitionsprogramm ist die Grundlage für die Bereitstellung der Investitionsmittel. Es wird vom niedersächsischen Sozialminister aufgestellt und vom Landesministerium beschlossen. Die Mitwirkung der unmittelbar Beteiligten (z. B. Deutsche Krankenhausgesellschaft, gesetzliche Krankenkassen und private Krankenversicherungen) wird durch die Mitgliedschaft im **Planungsausschuss** sichergestellt. Daneben können weitere Gruppierungen und Institutionen eingebunden werden.

Der **Ablauf des Planungsverfahrens** vollzieht sich in der Regel in folgenden fünf Schritten:

1. Aufstellung eines Planentwurfs durch das zuständige Landesministerium
2. Beteiligung des Planungsausschusses
3. Stellungnahme des Landesparlaments
4. Beschluss des Landesministeriums
5. Veröffentlichung im Ministerialblatt.

Der Krankenhausplan listet die für eine bedarfsgerechte, leistungsfähige und wirtschaftliche Versorgung der Bevölkerung erforderlichen Krankenhäuser auf. Hierbei ist der Plan nach Versorgungsgebieten, nach Standorten, nach der Zahl der Planbetten und der teilstationären Plätze sowie den Fachrichtungen gegliedert. Weiterhin werden die Ausbildungsstätten aufgeführt.

Der Krankenhausplan wird jährlich fortgeschrieben. Hierbei werden die folgenden Aspekte berücksichtigt:

- Bettenprognose nach Fachrichtungen auf der Landesebene
- jährliche Fortschreibung der Planbettenkapazitäten auf der Grundlage des tatsächlichen Bedarfs
- Erstellung einer Ist-Liste der geförderten Krankenhäuser mit Planbetten und Funktionseinheiten nach Fachrichtungen, geglie-

dert nach kreisfreien Städten, Landkreisen, Versorgungsgebieten und dem Land
- Erstellung einer Ist-Liste der Ausbildungsstätten.

In Zusammenhang mit der Diskussion um den **Bettenabbau** und der **Bettenumwidmung** sind die Regelungen zu nennen, wonach das Land Fördermittel zur Erleichterung der Schließung von Krankenhäusern sowie zur Umstellung von Krankenhäusern oder Krankenhausabteilungen auf andere Aufgaben bzw. zu ihrer Umwidmung in selbstständige, organisatorisch und wirtschaftlich vom Krankenhaus getrennte Pflegeeinrichtungen zur Verfügung stellen kann.

Mit der Aufnahme des § 17c KHG (Prüfung der Abrechnung von Pflegesätzen) und der Veränderungen in den §§ 6 und 9 KHG wurden die Voraussetzungen geschaffen, dass keine Patienten in das Krankenhaus aufgenommen werden oder dort verbleiben, die nicht oder nicht mehr stationär behandelt werden müssen.

Nach der Definition des Krankenhausentgeltgesetzes (KHEntG) umfassen die **Krankenhausleistungen** die ärztlichen Behandlungen, die Krankenpflege, die Versorgung mit Arznei-, Heil- und Hilfsmitteln sowie die Unterkunft und die Verpflegung. Die Leistungen der Belegärzte und der Beleghebammen bzw. der Belegentbindungspfleger gehören nicht zu den Krankenhausleistungen. Die Krankenhausleistungen umfassen hierbei die allgemeinen Krankenhausleistungen und die Wahlleistungen. Die **allgemeinen Krankenhausleistungen** umfassen die Leistungen, „die unter Berücksichtigung der Leistungsfähigkeit des Krankenhauses im Einzelfall nach Art und Schwere der Krankheit für die medizinisch zweckmäßige und ausreichende Versorgung des Patienten notwendig sind" (§ 2 § KHEntG). Weiterhin zählen die stationären Maßnahmen zur Früherkennung von Krankheiten, die vom Krankenhaus veranlassten Leistungen Dritter, die aus medizinischen Gründen notwendige Mitaufnahme von Begleitpersonen, die Behandlungsleistungen von Zentren und Schwerpunkten und die Frührehabilitation zum Spektrum der allgemeinen Krankenhausleistungen. Nach § 39 SGB V umfasst die Krankenhausbehandlung auch ein Entlassungsmanagement zur Unterstützung einer sektorenübergreifenden Versorgung der Versicherten. Die Dialyse gehört nicht zum Leistungsspektrum der Kliniken. Die Versicherten haben nur dann einen Anspruch auf eine vollstationäre Behandlung, wenn auf der Grundlage einer Überprüfung durch die Mitarbeiter der Kliniken eine Aufnahme erforderlich ist, „weil das Behandlungsziel nicht durch teilstationäre, vor- und nachstationäre oder ambulante Behandlung einschließlich häuslicher Krankenpflege erreicht werden kann" (§ 39 SGB V). Die allgemeinen Krankenhausleistungen werden von den gesetzlichen Krankenversicherungen bezahlt.

Wahlleistungen umfassen zum Beispiel ärztliche und nichtärztliche Leistungen (z. B. Unterbringung im Ein- oder Zweitbettzimmer). Diese Wahlleistungen sind von den Patienten selber zu zahlen.

Nach § 4 KHG, in dem die wirtschaftliche Sicherung der Krankenhäuser festgeschrieben ist, legt der Gesetzgeber fest, dass die **Betriebskosten** der Krankenhausleistungen durch leistungsgerechte Erlöse, die sich aus den Pflegesätzen, die auch Investitionskosten enthalten können, sowie aus den Vergütungen für die vor- und nachstationäre Behandlung und für das ambulante Operieren zusammensetzen, finanziert werden. Hierbei werden die Vergütungen für die vor- und nachstationären Behandlungen, für die ambulanten Operationen und für die Leistungen in Zusammenhang mit der integrierten Versorgung durch Verträge festgeschrieben, während das Krankenhausentgeltgesetz in § 7 KHEntG die **Entgeltformen für allgemeine Krankenhausleistungen** für die DRG-Kliniken festschreibt. Hierbei handelt es sich um die folgenden Entgelte:
- Fallpauschalen nach dem auf der Bundesebene vereinbarten Entgeltkatalog
- Zusatzentgelte nach dem auf der Bundesebene vereinbarten Entgeltkatalog
- gesonderte Zusatzentgelte
- Ausbildungszuschlag
- Entgelte für besondere Einrichtungen und für Leistungen, die nicht von den auf der Bundesebene vereinbarten Fallpauschalen und Zusatzentgelten erfasst werden

- Entgelte für neue Untersuchungs- und Behandlungsmethoden
- Qualitätssicherungszuschläge.

Darüber hinaus werden die folgenden Zuschläge abgerechnet:
- DRG-Systemzuschlag
- Systemzuschlag für den G-BA und das IQWiG
- Telematikzuschlag.

Die Entgelte für die allgemeinen Krankenhausleistungen sind für die betroffenen Patienten einheitlich zu berechnen. Die Entgelte dürfen nur im Rahmen eines Versorgungsauftrags berechnet werden. Die Behandlung von Notfallpatienten ist von dieser Regelung nicht betroffen. Der **Versorgungsauftrag** ergibt sich bei den Plankrankenhäusern aus den Festlegungen der Krankenhauspläne, bei einer Hochschulklinik aus den landesrechtlichen Anerkennungsvorschriften und bei den anderen Krankenhäusern aus dem Versorgungsvertrag.

Die Vergütung der voll- und teilstationären allgemeinen Leistungen der somatischen Krankenhäuser erfolgt durch...
- ... ein von den Vertragspartnern vereinbartes Erlösbudget, das die Fallpauschalen und die Zusatzentgelte umfasst . Das Erlösbudget ist leistungsorientiert zu ermitteln. Hierbei werden die voraussichtlich zu erbringenden Leistungen mit der relevanten Entgelthöhe multipliziert.
- Hinzu kommen die Erlössumme für die krankenhausindividuell zu vereinbarenden Entgelte, die Entgelte für die neuen Untersuchungs- und Behandlungsmethoden, die Zusatzentgelte für die Behandlung von Blutern sowie die Zu- und Abschläge nach § 7 Abs. 1 KHEntG.

Die Fallpauschalen werden im Bereich der DRG-Krankenhäuser für die Behandlungsfälle auf der Grundlage des bundeseinheitlichen Entgeltkatalogs berechnet. Die Entgelthöhe für die bundesweit gültigen Zusatzentgelte sind ebenfalls dem Katalog zu entnehmen. Zur Finanzierung der vor- und nachstationären Leistungen, der ambulanten Operationen und der Leistungen, die im Rahmen der integrierten Versorgung durchgeführt werden, gelten die Ausführungsregelungen der Verträge, die auf der Grundlage des SGB V abgeschlossen worden sind.

Die tagesbezogenen Entgelte für die voll- und teilstationären Leistungen im Bereich der psychiatrischen und psychosomatischen Abteilungen der somatischen Krankenhäuser werden für den Aufnahmetag und für jeden weiteren Tag berechnet. Der Entlassungs- oder Verlegetag, der nicht gleichzeitig der Aufnahmetag ist, wird nur bei teilstationären Leistungen finanziert. Für die Kliniken bzw. die Abteilungen, die nicht unter die DRG-Regelungen fallen, gelten evtl. noch die Vorgaben der Bundespflegesatzverordnung (BpflV).

Mit diesen Entgelten werden die allgemeinen Krankenhausleistungen vergütet, soweit die Kosten pflegesatzfähig sind. Zu den **pflegesatzfähigen Kosten** bei den geförderten Krankenhäusern gehören neben den Kosten, die durch die Vergütung der allgemeinen Krankenhausleistungen entstehen, zum Beispiel auch die Kosten der Qualitätssicherung, die Kosten für die Instandhaltung der Anlagegüter sowie die Kosten der betriebsnotwendigen Fort- und Weiterbildung der Beschäftigten der Krankenhausunternehmung.

Die Kosten, die seitens des Krankenhauses jeweils als Betriebskosten berücksichtigt werden dürfen, sind durch die Verordnung über die Rechnungs- und Buchführungspflichten von Krankenhäusern (**Krankenhaus-Buchführungsverordnung – KHBV**) festgelegt worden. Durch die KHBV werden die Krankenhäuser unter anderem verpflichtet, eine Kosten- und Leistungsrechnung zu führen, die eine interne Steuerung sowie eine Beurteilung der Effizienz und der Effektivität erlaubt.

Funktion der Kosten- und Leistungsrechnung ist es, den Prozess der Leistungserstellung und -verwertung im Krankenhaus zu verdeutlichen. Hierbei sind Leistungen das Ergebnis der betrieblichen Tätigkeit, während Kosten den bewerteten Verzehr von Gütern und Dienstleistungen, die für die Leistungserstellung notwendig sind, darstellen.

Betrachtet man die Entgeltarten, so ist festzustellen, dass an die Ausgestaltung der Kosten- und Leistungsrechnung und somit an das Rechnungswesen der Krankenhäuser unterschiedliche Anforderungen gestellt werden.

Für die Ermittlung des Basispflegesatzes, der für alle bettenführenden Einrichtungen des Krankenhauses bis zur Einführung des Fallpauschalensystems einheitlich ermittelt wurde, ist grundsätzlich eine **Kostenartenrechnung** ausreichend, um die einzelnen Kostenkomponenten, die in den Basispflegesatz einfließen, eindeutig zu erfassen.

Die Kostenartenrechnung gibt Auskunft darüber, welche Kostenarten bei der Erstellung und Verwertung der Krankenhausleistung in einer Abrechnungsperiode entstanden sind. Die Kostenartenrechnung hat folgende Aufgaben zu erfüllen:

- Erfassung und Darstellung der angefallenen Kosten
- Ermittlung der Kostendaten für die Kostenstellen- und Kostenträgerrechnung
- Kontrolle der absoluten Kosten im Zeitvergleich sowie der relativen Kostenartenanteile an den Gesamtkosten.

Zur systematischen Erfassung der Kostenarten werden diese nach bestimmten Kriterien gegliedert. So lassen sich zum Beispiel folgende **Kostenarten** unterscheiden:

- primäre und sekundäre Kosten (Gliederung nach der Herkunft der Kosten)
- Personal- und Sachkosten (Gliederung nach der Art der verbrauchten Güter)
- Einzel- und Gemeinkosten (Gliederung nach der Art der Zurechnung)
- fixe und variable Kosten (Gliederung nach der Art der Abhängigkeit von der Kosteneinflussgröße).

Für die Weiterleitung der Kosten auf die Kostenstellen spielt die Einteilung in Einzel- und Gemeinkosten eine Rolle. Einzelkosten sind Kosten, die dem Kostenträger (z. B. homogene Patientengruppe) direkt zugerechnet werden können. Hierzu zählen zum Beispiel in der Regel die sogenannten A-Güter (z. B. Implantate, teure Medikamente). Gemeinkosten können dem Kostenträger nur indirekt zugeordnet werden. Dies erfolgt in der Regel im Rahmen der Kostenstellenrechnung über eine Schlüsselung.

Die Erfassung der Kostenarten im Krankenhaus erfolgt mittels eines Musterkontenplans, der als ein Mindestgliederungsschema anzusehen ist.

Zur Kalkulation der Abteilungspflegesätze, die vor der Einführung des § 17b KHG relevant waren, ist neben der kostenartenbezogenen eine abteilungsbezogene Kostenstellenrechnung mit einer innerbetrieblichen Leistungsverrechnung erforderlich. Die Krankenhäuser sind schon seit einigen Jahren verpflichtet, eine **Kostenstellenrechnung** einzurichten. Die Mindestanforderungen hierfür sind in § 8 KHBV fixiert.

Die Kostenstellenrechnung beschäftigt sich mit der Frage, in welchen Bereichen bzw. an welchen Orten die Kosten entstanden sind. Kostenstellen sind somit die Leistungsbereiche, in denen die Kosten verursacht werden. Die Kostenstellenrechnung verbindet die Kostenarten- mit der Kostenträgerrechnung. In der Kostenstellenrechnung werden alle nicht direkt zurechenbaren Gemeinkosten auf die Verursachungsbereiche verteilt, dann auf die Bezugsgrößen und schließlich in Form von Kalkulationssätzen auf die Kostenträger verrechnet.

Bei der Einrichtung einer Kostenstellenrechnung werden im ersten Schritt die Kostenstellen gebildet, die im Kostenstellenplan dokumentiert sind. Im zweiten Schritt erfolgt die Kostenstellenkontierung. Hierbei werden die Kostenarten den Kostenstellen zugeordnet. Drittens werden die Kosten innerhalb des Kostenstellensystems verteilt.

Unter verrechnungstechnischen Aspekten werden die Kostenstellen in Vor- und Endkostenstellen unterschieden. Unter erzeugungstechnischen Gesichtspunkten lassen sich die Kostenstellen unterteilen in Haupt-, Hilfs- und Nebenkostenstellen. In den Hauptkostenstellen werden die eigentlichen Leistungen (Kernaufgaben) erstellt. Im Krankenhausbereich gehören zum Beispiel die Kontengruppen 93 bis 95 (Pflegefachbereiche – Normalpflege) und 96 (Pflegefachbereiche – abweichende Pflegeintensität) dazu. Die Hilfskostenstellen dienen nur mittelbar der Leistungserstellung. Dazu zählen unter anderem die Kontengruppen 91 (Versorgungseinrichtungen) und 92 (medizinische Institutionen). Sie geben Leistungen speziell an die Hauptkostenstellen ab. Diese Übergabe wird als innerbetrieblicher Leistungstransfer bezeichnet. In den Nebenkostenstellen (z.B. Ambulanzen, Personalwohnheime) werden Leistungen erbracht, die nicht zum eigentlichen Leistungsprogramm des Krankenhauses gehören und an andere Leistungserbringer bzw. an Kostenträger abgegeben werden.

Für die Kalkulation der Fallpauschalen ist eine **Kostenträgerrechnung** notwendig. Sie soll aufzeigen, welche Kosten bei einem bestimmten Leistungskomplex (Sonderentgelt) oder bei einem speziellen Behandlungsfall (Fallpauschale) anfallen. Die Kostenträgerrechnung beschäftigt sich somit mit der Frage, wofür die Kosten angefallen sind. Sie ermittelt die Kosten für die im Leistungsprozess hergestellten Leistungen. Die Stückrechnung kann als Trägerstück- oder als Trägerzeitrechnung durchgeführt werden. Grundlage aller Ermittlungen sollte eine stückbezogene Kostenträgerrechnung sein, um die erforderlichen Vor- und Nachkalkulationen der pauschalierten Entgelte durchführen zu können. Besonders im Hinblick auf die Kostenausgliederung dieser Entgelte ist die Kostenträgerrechnung bedeutsam.

Der eigentliche Kostenträger im Krankenhaus ist der Patient. Da eine Kostenträgerrechnung für jeden Patienten jedoch wegen des Erfassungs- und Verrechnungsaufwands nicht sinnvoll ist, wurden mit dem GSG bestimmte Behandlungsfälle und Leistungskomplexe als die relevanten Kostenträger eingeführt. Die drei Teilbereiche der Kostenrechnung sind somit die Kostenarten-, die Kostenstellen- und die Kostenträgerrechnung (Abb. 5.1.1-3).

Für den Krankenhausbereich ist durch die Notwendigkeit, die Effizienz der Leistungserstellung zu belegen, eine Einteilung der Kosten nach dem Umfang der verrechneten Kosten sowie nach dem Zeitbezug der Kosten wichtig geworden. Diese Einteilungen werden unter dem Terminus „Kostenrechnungssysteme" zusammengefasst. **Kostenrechnungssysteme** lassen sich also nach dem Umfang der verrechneten Kosten (Voll- und Teilkostenrechnung) und

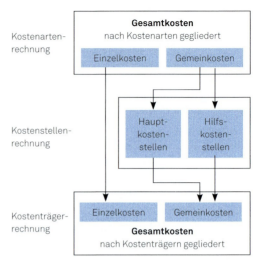

Abbildung 5.1.1-3: Die Verrechnung der Kosten von der Kostenarten- in die Kostenträgerrechnung (Quelle: Haubrock et al., 1997: 283)

nach dem Zeitbezug der Kosten (Ist-, Normal- und Plankostenrechnung) verrechnen. Durch die Kombination der beiden Kriterien ergibt sich die in Tabelle 5.1.1-2 gezeigte Einteilung der Kostenrechnungssysteme.

Bei der **Istkostenrechnung** stehen die Erfassung und Verrechnung der tatsächlich anfallenden Kosten im Vordergrund. Sie wird zum Ende einer Abrechnungsperiode erstellt und dient der Nachkalkulation der Selbstkosten der einzelnen Krankenhausleistungen sowie dem Ausweis der realen Kosten.

Der **Normkostenrechnung** liegen durchschnittlich anfallende Kosten der Vergangenheit zugrunde.

Bei der **Plankostenrechnung** werden auf der Basis von zukunftsorientierten Leistungszahlen (Planzahlen) Kosten kalkuliert, die man bei wirtschaftlicher Umsetzung der Planung erwarten kann. Hierzu werden die Verbrauchsmengen und die Preise aller Güter im Voraus geplant und die sich daraus ergebenden Kosten ermittelt.

In der **Vollkostenrechnung** werden die gesamten Kosten (fixe und variable Kostenbestandteile) von der Kostenarten- über die Kostenstellen- in die Kostenträgerrechnung weiterverrechnet.

Tabelle 5.1.1-2: Kostenrechnungssysteme (Quelle: Haubrock et al., 1997: 284)

Zurechnungsumfang/Zeitbezug	Istkostenrechnung	Normkostenrechnung	Plankostenrechnung
Vollkostenrechnung	Istkostenrechnung auf Vollkostenbasis	Normkostenrechnung auf Vollkostenbasis	Plankostenrechnung auf Vollkostenbasis
Teilkostenrechnung	Istkostenrechnung auf Teilkostenbasis	Normkostenrechnung auf Teilkostenbasis	Plankostenrechnung auf Teilkostenbasis a) mit variablen Kosten b) mit relativen Einzelkosten

Bei der **Teilkostenrechnung** werden im Gegensatz zur Vollkostenrechnung nur die variablen Kosten auf die Kostenträger umgelegt. Der verbleibende Fixkostenrest geht als Block in die Betriebsrechnung ein.

In den Krankenhäusern ist die Vollkostenrechnung zur Erfüllung der gesetzlichen Verpflichtungen, zum Beispiel zur Erstellung der Leistungs- und Kostenaufstellung, erforderlich. Für ein Krankenhaus ist es aber darüber hinaus wichtig, die Entstehung und die Quellen des Betriebsergebnisses aufzuzeigen. Als Instrument für diese Managementaufgabe bietet sich zum Beispiel die Teilkostenrechnung in Form einer mehrstufigen **Deckungsbeitragsrechnung** an. Allerdings ist die verbesserte Aussagekraft der Teilkostenrechnung mit einem hohen Bearbeitungsaufwand verbunden, der sich durch die Zerlegung der Fixkosten ergibt.

Ein weiteres Führungsinstrument ist die Deckungsbeitragsrechnung mit relativen Einzelkosten. Diese Berechnung unterlässt die Schlüsselung der Gemeinkosten und proportionalisiert somit die fixen Kosten nicht. Weiterhin geht sie davon aus, dass Kosten immer als Einzelkosten zu sehen sind. Grundlage ist die Bezugsgrößenhierarchie für die Leistungserstellungs- und -verwertungsseite. Auf dieser Grundlage ist es möglich, alle Kosten als Einzelkosten zu erfassen. Die Deckungsbeitragsrechnung mit relativen Einzelkosten kann, unter den Rahmenbedingungen der Gesundheitsreformgesetze, als ein betriebliches Steuerungsinstrument erfolgreich eingesetzt werden.

Seit dem GSG ist die bisher übliche Aufgabenstellung der Krankenhäuser in Form der **voll- und teilstationären Krankenhausbehandlung** um die Formen der vor- und nachstationären Behandlung und des ambulanten Operierens erweitert worden. Damit ist die bislang im deutschen Gesundheitssektor herrschende strikte Trennung zwischen ambulanter Versorgung, deren Sicherstellung über die Kassenärztlichen Vereinigungen erfolgt, und stationärer Behandlung, deren Gewährleistung traditionell die Krankenhäuser übernehmen, aufgehoben worden. Eine Erweiterung gab es weiterhin durch die Reformgesetze 2000 und 2004, indem die ambulanten Leistungsmöglichkeiten der Krankenhäuser erheblich ausgeweitet wurden.

Der Grundsatz „So viel ambulant wie möglich, so wenig stationär wie nötig" ist durch die Erweiterung bzw. Einführung der **ambulanten Behandlungsformen** im Krankenhausbereich um weitere wichtige Schritte erweitert worden. Danach können Krankenhäuser neben den ambulanten Leistungen durch Krankenhausärzte (personenbezogene Ermächtigung und Privatambulanz) und den sogenannten Institutsleistungen, die in den Notfallambulanzen, Polikliniken, psychiatrischen Institutsambulanzen und sozialpädiatrischen Zentren durchgeführt werden können, weitere Behandlungen ambulant erbringen. Hierdurch sollen alle nicht notwendigen oder zu langen Krankenhausaufenthalte vermieden werden. Die Verzahnung dieser beiden Bereiche hat somit das Ziel, Unwirtschaftlichkeiten, die sich durch die weitgehende Trennung von ambulanter und stationärer Versorgung ergeben, abzubauen. In diesem Zusammenhang ist selbstverständlich auch der Ansatz der **integrierten Versorgung** zu nennen, der an anderer Stelle bereits dargestellt worden ist.

Wie die Verzahnung der einzelnen Behandlungsformen erfolgt, wird aus Abbildung 5.1.1-4 deutlich.

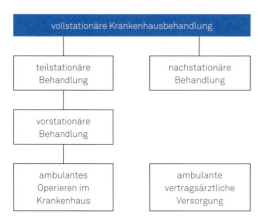

Abbildung 5.1.1-4: Rangfolge zur Erreichung des Behandlungsziels (Quelle: Haubrock et al., 1997: 286)

Seit dem 01.01.2000 werden die Spitzenverbände der Krankenkassen, die Deutsche Krankenhausgesellschaft oder die Bundesverbände der Krankenhausträger sowie die Kassenärztliche Bundesvereinigung nach § 115b SGB V (Ambulantes Operieren im Krankenhaus) verpflichtet, im Rahmen eines **dreiseitigen Vertrags** Folgendes zu vereinbaren:

- einen Katalog ambulant durchführbarer Operationen und sonstiger stationsersetzender Eingriffe
- einheitliche Vergütungen für Krankenhäuser und Vertragsärzte
- Maßnahmen zur Sicherung der Qualität und der Wirtschaftlichkeit.

Der derzeitig gültige Leistungskatalog katalogisiert speziell die Eingriffe, die in der Regel ambulant durchgeführt werden können. Zusätzlich sind die Tatbestände festgelegt worden, bei denen diese Operationen stationär erbracht werden können. Weiterhin sind in diesem Vertrag Qualitätsvoraussetzungen sowie Vergütungsabschläge für den Fall bestimmt worden, dass Krankenhäuser und Vertragsärzte ihre Verpflichtungen zur Qualitätssicherung nicht einhalten.

Weiterhin ist in dem Vertrag geregelt, dass die Krankenhäuser als Institution die Möglichkeit haben, gleichberechtigt neben den niedergelassenen Ärzten ambulant zu operieren. Die Teilnahme am **ambulanten Operieren** und die Durchführung **stationsersetzender Maßnahmen** setzt hierbei lediglich eine Mitteilung an die Landesverbände der Krankenkassen, an die Verbände der Ersatzkassen, an die Kassenärztliche Vereinigung und an den Zulassungsausschuss voraus.

Weiterhin hat der Patient beim ambulanten Operieren die freie Wahl zwischen einem niedergelassenen Arzt und dem Krankenhaus. Bei der Entscheidung für ein Krankenhaus ist eine Überweisung oder Einweisung des Vertragsarztes nicht erforderlich.

Der erheblich erweiterte Katalog ambulant durchführbarer Operationen und stationsersetzender Maßnahmen, der dem Vertrag als Anlage beigefügt wurde, bestand ursprünglich nur aus den im Einheitlichen Bewertungsmaßstab (EBM) aufgeführten ambulanten Operationen und ambulanten Anästhesien. Ferner haben sich die Deutsche Krankenhausgesellschaft, die GKV-Spitzenverbände und die Kassenärztliche Bundesvereinigung auf eine Vereinbarung von Qualitätsmaßnahmen beim ambulanten Operieren geeinigt, die ebenfalls am 01.01.2004 in Kraft getreten ist.

Die folgenden Gründe haben den Gesetzgeber veranlasst, das ambulante Operieren einzuführen:

- Vermeidung von vollstationären Behandlungen im Interesse des Patienten
- Senkung der Behandlungskosten und Verminderung des Planbettenbestands durch Nutzung der Einrichtungen des Krankenhauses für die ambulante Krankenversorgung.

Der Ablauf des ambulanten Operierens wird in Abbildung 5.1.1-5 gezeigt.

Gemäß § 115a SGB V in Verbindung mit § 39 Abs. 1 Satz 1 SGB V ist die **vor- und nachstationäre Behandlung** dem Krankenhausbereich zuzuordnen. Somit ist es dem Krankenhaus möglich, in medizinisch geeigneten Fällen Versicherte ohne Unterkunft und Verpflegung zu behandeln, um die Notwendigkeit einer vollstationären Krankenhausbehandlung abzuklären oder die vollstationäre Behandlung vorzubereiten bzw. abzuschließen. Im Anschluss an einen vollstationären Aufenthalt kann das Kranken-

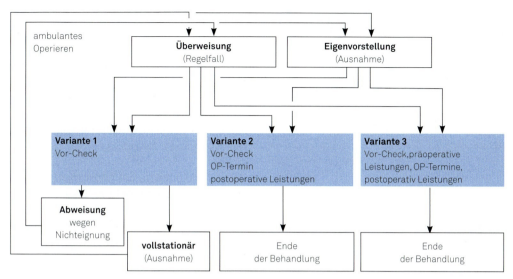

Abbildung 5.1.1-5: Ablauf des ambulanten Operierens (Quelle: Haubrock et al., 1997: 287)

haus den Behandlungserfolg sichern bzw. festigen. Es bedarf der Einweisung durch einen Vertragsarzt.

Die vorstationäre Behandlung darf höchstens drei Behandlungstage innerhalb eines Zeitraums von fünf Tagen vor Beginn der vollstationären Behandlung betragen. Die nachstationäre Behandlung ist auf sieben Tage innerhalb von 14 Tagen nach der Entlassung begrenzt. In begründeten Einzelfällen kann diese Frist im Einvernehmen mit dem einweisenden Arzt überschritten werden. Diese zeitliche Befristung der vor- und nachstationären Behandlung soll sicherstellen, dass die ambulante vertragsärztliche Versorgung Vorrang hat.

Zur Umsetzung dieser gesetzlichen Vorgaben hatten die Landesverbände der Krankenkassen, die Verbände der Ersatzkassen, die Landesausschüsse der privaten Krankenversicherungen, die Landeskrankenhausgesellschaften sowie die Kassenärztlichen Vereinigungen im Rahmen eines dreiseitigen Vertrags die Leistungsvergütungen festzulegen. Bei diesen Landesverträgen sollten die Empfehlungen der entsprechenden Bundes- bzw. Spitzenverbände berücksichtigt werden. Mit Wirkung vom 13.11.1995 trat die erste Bundesempfehlung in Kraft. Diese wurde durch eine zweite Absprache ersetzt, die seit dem 01.01.1997 Gültigkeit hat.

Intention des Gesetzgebers, diese Behandlungsformen einzuführen, war es unter anderem, ...

- ... die Verbindung zwischen ambulanter und stationärer Versorgung zu verbessern, um so die Effizienz des Versorgungssystems zu erhöhen und Unwirtschaftlichkeiten zu reduzieren bzw. zu vermeiden.
- ... durch die Verlagerung von diagnostischen und therapeutischen Maßnahmen in die vor- und nachstationäre Phase den Bedarf an vollstationärer Krankenhausbehandlung zu reduzieren, um somit durch die verminderte Bettennutzung den Bettenbedarf zu verringern und Planbetten abzubauen.

Die **teilstationäre Behandlung** ist eine Form der stationären Behandlung, die zeitlich auf einen Tag beschränkt ist (Abb. 5.1.1-6).

Im Gegensatz zur ambulanten Behandlung ist die Aufnahme in das Krankenhaus erforderlich, das heißt, der Patient wird physisch und organisatorisch in das Versorgungssystem des Krankenhauses eingegliedert.

Nach § 39 SGB V hat die teilstationäre Behandlung Vorrang vor der vollstationären Versorgung. Hierbei hat das Krankenhaus einen Katalog über die Leistungen, die in der Regel teilstationär erbracht werden können, zu be-

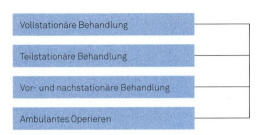

Abbildung 5.1.1-6: Formen der Krankenhausbehandlung (Quelle: Hessische Krankenhausgesellschaft, 1992, Teil B: 1)

rücksichtigen. Dieser Katalog ist Inhalt der zweiseitigen Verträge nach § 112 SGB V, die auf Landesebene zwischen der Krankenkassen- und der Krankenhausseite abgeschlossen werden. Nach den gesetzlichen Vorgaben sind für die Krankenhausleistungen, die teilstationär erbracht werden, eigene Fallpauschalen im Fallpauschalenkatalog auszuweisen. Zu den Versicherten, die teilstationär behandelt und abgerechnet werden können, zählen zum Beispiel Patienten mit Aids- oder Dialysepatienten.

In § 39 SGB V ist der Grundsatz geregelt, dass eine **vollstationäre Behandlung** in einem zugelassenen Krankenhaus erst dann vorgenommen werden darf, wenn das Behandlungsziel nicht durch die anderen Behandlungsformen einschließlich der häuslichen Krankenpflege erreicht werden kann. Das Krankenhaus hat daher bei der Aufnahme zu prüfen, ob das Behandlungsziel nicht auf andere Art und Weise zu erreichen ist. Erst wenn dies nicht gewährleistet ist, darf eine vollstationäre Behandlung erfolgen. Einzelheiten einer solchen Überprüfung werden in den zweiseitigen Verträgen geregelt. Eine vollstationäre Leistung umfasst alle Leistungen, die im Einzelfall nach Art und Schwere der Krankheit für die medizinische Versorgung der Menschen im Krankenhaus notwendig sind.

In § 120 SGB V wird die **Vergütung ambulanter Krankenhausleistungen** geregelt. Danach werden die im Krankenhaus erbrachten ambulanten ärztlichen Leistungen der ermächtigten Ärzte sowie der ermächtigten Institutionen aus der vertragsärztlichen Gesamtvergütung finanziert. Diese Leistungen werden somit nach Maßgabe der regionalen Euro-Gebührenordnung über die Kassenärztliche Vereinigung abgerechnet. Die Leistungen der Hochschulambulanzen, der psychiatrischen Institutionsambulanzen sowie der sozialpädiatrischen Zentren und der medizinischen Behandlungszentren werden auf der Grundlage einer Landesvereinbarung direkt von den Krankenkassen bezahlt. Hierbei kann die Vergütung auch pauschaliert erfolgen.

Auf der Grundlage des dreiseitigen Vertrags nach § 115b SGB V erfolgt die Vergütung für die **ambulanten Operationen und stationsersetzenden Maßnahmen** auf der Grundlage des aktuellen Einheitlichen Bewertungsmaßstabs (EBM) nach den für die Versicherten geltenden vertragsärztlichen Vergütungssätzen. Weiterhin beinhaltet der § 6 des Vertrags, dass die Vertragsparteien in geeigneten Fällen Komplexgebühren für die Vergütung von operativen Leistungen und Nebenleistungen vereinbaren können.

Die Vergütung für die **vor- und nachstationäre Behandlung** wird nach § 115a SGB V durch einen dreiseitigen Vertrag ausgehandelt, der die Empfehlungen der Bundes- bzw. Spitzenverbände zu berücksichtigen hat. Diese Empfehlungsvereinbarung auf Bundesebene legte fest, dass die vorstationäre Behandlung als fallbezogene Pauschale vergütet wird. Diese vorstationäre Pauschale orientierte sich ursprünglich an dem 1,8-fachen des krankenhausindividuellen Pflegesatzes. Für die nachstationäre Behandlung wurde eine tagesbezogene Pauschale in Höhe des 0,6-fachen Pflegesatzes abgerechnet. Mit Wirkung vom 01.01.1997 wurden in der Rahmenempfehlung der Bundes- und Spitzenverbände der relevanten Selbstverwaltungsorgane die Finanzierungsbedingungen neu geregelt. Nunmehr gelten landeseinheitliche Vergütungen:

- Für die vorstationäre Behandlung wird eine fachabteilungsbezogene Pauschale pro Fall vergütet (z. B. ca. 150 Euro/Fall in der Fachabteilung „Innere Medizin").
- Für die nachstationäre Behandlung wird eine fachabteilungsbezogene Pauschale pro Tag vergütet (z. B. ca. 55 Euro/Tag in der Fachabteilung „Innere Medizin").

- Für ausgewählte medizinisch-technische Großgeräte wird eine Pauschale vergütet (z. B. Computertomograph, ca. 130 Euro).

Diese Pauschalen werden jedoch nur bezahlt, wenn der Patient nicht vollstationär aufgenommen wird und somit der Krankenhausaufenthalt nicht über die DRG-Fallpauschale finanziert wird.

Auf der Grundlage des Gesundheitsstrukturgesetzes mussten die Krankenhäuser 1993 ein neues Entgeltsystem für die Vergütung der stationären Krankenhausleistungen einführen. Da das Entgeltsystem aus einem Preissystem mit vorgegebenen Entgelten und aus einem krankenhausindividuellen Budget besteht, wurde der Entgeltbereich der Krankenhäuser aufgespalten.

Bei den differenzierten, leistungsbezogenen Entgelten (Sonderentgelte, Fallpauschalen) waren bundeseinheitliche Bewertungsrelationen (Punktzahlen) festgelegt, die Punktwerte (Preise) wurden auf Landesebene für alle Krankenhäuser im Lande, jedoch getrennt nach Personal- und Sachkosten, vereinbart. Gemäß § 11 Abs. 3 BPflV '95 konnten bei den Sonderentgelten und Fallpauschalen Zuschläge vereinbart werden, wenn das Krankenhaus die Leistung insgesamt nicht verlustfrei erbringen konnte und dadurch eine bedarfsgerechte Versorgung der Bevölkerung nicht gesichert war. Ebenso konnten Zuschläge für Qualitätssicherungsmaßnahmen vereinbart werden. Diese Zuschläge wurden im Einzelfall festgelegt.

Fallpauschalen vergüteten die gesamten allgemeinen Leistungen des Krankenhauses für einen bestimmten Behandlungsfall, unabhängig von der Behandlungsdauer. Sie umfassten sämtliche pflegesatzfähigen Kostenarten und waren in der Regel (Ausnahme: Ausreißerpatienten) das alleinige Entgelt für einen Behandlungsfall.

Im Unterschied zu den Fallpauschalen vergüteten **Sonderentgelte** nur die Kosten für einen bestimmten Leistungskomplex (in der Regel für eine bestimmte Operation). Sie beinhalteten alle in direktem Zusammenhang mit der Operation entstehenden Kosten, sofern sie für die jeweilige Leistung charakteristisch waren. Die übrigen Behandlungskosten wurden über die tagesgleichen Pflegesätze entrichtet, die somit neben den Sonderentgelten zu zahlen waren.

Bei der Berechnung eines Sonderentgelts für operative Leistungen wurde der Abteilungspflegesatz der entsprechend operativ tätigen Abteilung für die Dauer des Krankenhausaufenthalts um 20 % gesenkt, um eine Doppelberechnung von Operationskosten zu vermeiden. Diese Ermäßigung galt jedoch höchstens für 12 Tage und nicht bei den tagesgleichen Pflegesätzen für Intensivmedizin, neonatologische Intensivbehandlung und Psychiatrie.

Für alle Bereiche eines Krankenhauses, die nicht über Fallpauschalen und Sonderentgelte abgerechnet wurden, mussten tagesgleiche Pflegesätze ermittelt werden. Diese wurden wiederum in einen Basispflegesatz und in Abteilungspflegesätze, jeweils voll- und teilstationär, differenziert. Sie stellten Abschlagszahlungen auf das flexible Budget dar.

Seit dem 01.01.2004 gelten die Vorschriften für die Pflegesätze nur noch für die **psychiatrischen Krankenhäuser** bzw. die **psychiatrischen Abteilungen** in den somatischen Krankenhäusern, die nicht über das relevante pauschalierte Entgeltsystem abrechnen.

Hierbei ist für jede organisatorisch selbstständige bettenführende Abteilung, die von einem fachlich nicht weisungsgebundenen Arzt mit entsprechender Fachgebietsbezeichnung geleitet wird, ein eigener **Abteilungspflegesatz** zu bilden, mit dem die ärztlichen und pflegerischen Leistungen einer Abteilung vergütet werden. Es gehen die Kosten für den ärztlichen Dienst, den Pflegedienst, den technischen Dienst, den medizinischen Bedarf, die Instandhaltung, die Gebrauchsgüter sowie die Kosten für die innerbetriebliche Leistungsverrechnung ein. Der **Basispflegesatz** vergütet die nicht ärztlich und pflegerisch veranlassten Leistungen. Es gehen alle Personalkosten mit Ausnahme der Kosten für den Arzt-, Pflege- und Funktionsdienst sowie für den medizinisch-technischen Dienst ein. Ebenso fließen alle Sachkosten, außer den Kosten des medizinischen Bedarfs, der Instandhaltung und der medizinischen Gebrauchsgüter, in die Kalkulation ein.

Im Rahmen der Gesundheitsreform 2000 hat der deutsche Gesetzgeber die Einführung eines neuen pauschalierenden Vergütungssystems für die allgemeinen voll- und teilstationären Krankenhausleistungen beschlossen. Laut der gesetzlichen Vorgabe sollen mit diesem System diejenigen Krankenhausleistungen abgegolten werden, die im Einzelfall für eine medizinisch zweckmäßige und ausreichende Versorgung des Patienten nötig sind. Dabei sind die Leistungsfähigkeit des Krankenhauses und die Art und Schwere der Erkrankung zu berücksichtigen. Die Reform zielt auf Krankenhäuser, also auf Einrichtungen, die nach dem Krankenhausfinanzierungsgesetz (KHG) gefördert werden und in die Krankenhauspläne der Bundesländer aufgenommen wurden. Einrichtungen der Psychiatrie sind davon ausgenommen. Die neuen Entgelte sollen für voll- und teilstationäre Leistungen gelten.

Bei einem vollstationären Krankenhausaufenthalt nimmt der Patient ununterbrochen, Tag und Nacht, die stationären Leistungen des Krankenhauses in Anspruch. Bei einem teilstationären Aufenthalt ist seine Aufenthaltsdauer pro Tag zeitlich begrenzt. Trotzdem müssen die Merkmale einer stationären Behandlung erfüllt sein, und die medizinische und organisatorische Infrastruktur des Krankenhauses muss benötigt werden. Eine teilstationäre Krankenhausbehandlung kann eine vollstationäre ersetzen oder verkürzen. Der im Jahr 2000 eingeführte § 17b KHG macht eine Reihe von Vorgaben für das neue Vergütungssystem:

- Die Vergütung hat je Behandlungsfall zu erfolgen und gilt für allgemeine voll- und teilstationäre Krankenhausleistungen.
- Das Vergütungssystem hat Komplexitäten und Komorbiditäten abzubilden, dabei soll der Differenzierungsgrad praktikabel bleiben.
- Es soll Zu- und Abschläge für die Notfallversorgung, die Sicherstellung der Versorgung von nicht kostendeckend finanzierbaren Leistungen mit geringem Versorgungsbedarf, Ausbildungskosten und Begleitpersonen geben.
- Fallgruppen und Bewertungsrelationen sind bundeseinheitlich festzulegen.
- Punktwerte können nach Regionen differenziert festgelegt werden.
- Das neue Vergütungssystem soll auf der Grundlage der Diagnosis Related Groups aufgebaut und bereits international eingesetzt sein.

Die Spitzenverbände der Krankenkassen und die Deutsche Krankenhausgesellschaft (DKG) hatten bis zum 30.06.2000 Zeit für die Auswahl und entschieden sich dann für die Australian Refined DRGs. Diese waren nach Einschätzung der Selbstverwaltungspartner damals das modernste DRG-System und bildeten somit die Grundlage des zukünftigen deutschen DRG-Systems. Sie wurden der Krankenhausversorgung in Deutschland angepasst und als German Refined Diagnosis Related Groups (G-DRGs) bezeichnet. Neben der Einigung über die Grundsätze der Kalkulation vereinbarten die Selbstverwaltungspartner, dass sich an die budgetneutrale Einführung des neuen Vergütungssystems im Jahre 2003 für den Zeitraum vom 01.01.2003 bis zum 31.12.2006 eine dreijährige Entwicklungs- und Konvergenzphase anschließen solle. Die Anzahl der voll- und teilstationär abrechenbaren Fallgruppen wurde zunächst auf maximal 800 DRGs festgelegt. Diese Vereinbarungen wurden später insofern verändert, als die verpflichtende budgetneutrale Einführung auf das Jahr 2004 verschoben wurde und die Konvergenzphase zunächst für den Zeitraum 01.01.2005 bis 01.01.2009 festgeschrieben worden ist. Zudem wurde die Zahl der DRGs auf über 1000 Fälle angehoben.

Die Vertragspartner einigten sich außerdem über zeitliche Fristen zur Schaffung der bis zur Einführung des neuen Vergütungssystems notwendigen Voraussetzungen. Hierzu zählen unter anderem die:

- Modifizierung der Konditionen des Vertrags zwischen der australischen Regierung und den Selbstverwaltungsparteien
- Übersetzen der Handbücher für die computergestützte Abrechnung und ergänzender systembeschreibender Materialien in die deutsche Sprache bis zum 30.11.2000
- Festlegung der Kodierregeln für die Dokumentation der diagnosen-, prozeduren- und sonstigen gruppierungsrelevanten Merkmale bis zum 30.11.2000

- Entwicklung eines bundesweit einheitlichen Kalkulationsschemas zur Ermittlung und Pflege der Relativgewichte
- Festlegung des Verfahrens zur jährlichen Ermittlung des bundeseinheitlichen Basisfallwerts, ggf. in regionaler Differenzierung jeweils bis zum 30. September des laufenden Jahres für das Folgejahr
- Festlegung der Regelungen der bundeseinheitlichen Zu- und Abschläge.

Die Ermittlung und Fortschreibung der Relativgewichte der Fallgruppen wurden auf der Basis bundesdeutscher Istdaten vorgenommen. Hierzu hatten die Selbstverwaltungspartner zur Auswahl der an der Kalkulation beteiligten Krankenhäuser eine repräsentative Stichprobe vereinbart. Die Datenerhebung erfolgte retrospektiv und bezog sich grundsätzlich auf ein abgeschlossenes Kalenderjahr. Für die im Jahre 2004 gültigen Relativgewichte wurden Daten des Jahres 2002 verwendet.

Auf nationaler und internationaler Ebene wird heute davon ausgegangen, dass durch eine Differenzierung der Behandlungsfälle der Output eines Krankenhauses mithilfe von Gruppierungssystemen am besten beschrieben werden kann. Die Frage ist jedoch, nach welchen Kriterien die Patienten am sinnvollsten klassifiziert werden sollen. Mithilfe eines **Patientenklassifikationssystems (PKS)** kann die Gesamtheit der Patienten in definierte Gruppen mit ähnlichen Behandlungskosten aufgeteilt werden. Bei der Bildung dieser homogenen Fallgruppen sind zwei unterschiedliche Sichtweisen in Einklang zu bringen. So geht die klinische Seite von den Behandlungszielen und den damit verbundenen Problemstellungen aus. Patienten, die nach diesen Kriterien vergleichbar sind, werden zu homogenen Gruppen zusammengefasst. Das Ziel ist eine optimale Behandlung. Aus ökonomischer Sicht sind dagegen die Kosten der einzelnen Behandlungsfälle das ausschlaggebende Element für die Bildung von Gruppen.

Ein PKS dient nun dazu, eine Brücke zwischen den beiden Sichtweisen zu schlagen und einen gemeinsamen Nenner zu schaffen, auf den sich beide Seiten verständigen können. Es ist daher in der Lage, die Behandlungsfälle eines Krankenhauses sinnvoll zu benennen und zu strukturieren. Dabei ist es wichtig, ein PKS nicht mit Fallpauschalen oder gar einem Entgeltsystem zu verwechseln.

Bei den Klassifikationskriterien lassen sich vier Blickrichtungen unterscheiden:

1. Zum einen kann man Gruppen anhand des Zustands des Patienten bilden. Hier werden der Patient selbst und seine Probleme beschrieben. Zu diesen Kriterien gehören beispielsweise die Diagnosen, das Alter und das Geschlecht.
2. Außerdem lässt sich anhand der durchgeführten Behandlung eine Einteilung vornehmen. Als Indikatoren können die Art der Entlassung sowie die durchgeführten Prozeduren als Hinweise auf das Behandlungsverfahren herangezogen werden. Letzteres gilt vor allem bei chirurgischen Fällen. Alle genannten Kriterien sind im stationären Bereich verfügbar und werden in fast allen eingesetzten Patientenklassifikationssystemen verwendet.
3. Die dritte Dimension ist die Einteilung anhand von Resultaten. Ausreißer könnten sich über ungewöhnlich hohe oder niedrige Verweildauern oder Kosten abbilden lassen. Die Qualität der Resultate ließe sich daran bestimmen, ob ein Patient erneut aufgenommen werden muss, weil die Behandlung erfolglos war, oder in welchem Maße es während eines Behandlungsaufenthalts zu Infektionen gekommen ist.
4. Die Dimension der Behandlungsziele wird nicht gegliedert, weil sie in der Praxis kaum spezifiziert und in der relevanten Literatur vernachlässigt wird.

Bereits 1981 wurde von der Europäischen Gemeinschaft ein Vorschlag für einen **Minimaldatensatz** (Minimum Basic Data Set) im stationären Krankenhausbereich gemacht. Dieser enthält Daten über die Person des Patienten, Verweildauer, Diagnosen und Prozeduren sowie krankenhausbezogene Informationen. Die dort aufgeführten Punkte sind alle in den Datensätzen enthalten, die der deutsche Gesetzgeber von den Krankenhäusern fordert. Daten aus dem Pflegebereich, zum Beispiel die Internationale Klassifikation der Pflegepraxis

(ICNP®), werden weitestgehend vernachlässigt. Man geht davon aus, dass sie sich aus den ärztlichen Grunddaten ableiten lassen. Dies ist jedoch gar nicht bzw. nur bedingt umsetzbar, sodass in diesem Bereich großer Handlungsbedarf entstanden ist.

In Abbildung 5.1.1-7 werden die oben genannten Dimensionen mit ihren jeweiligen Merkmalen aufgeführt. Aus den zur Verfügung stehenden vier Dimensionen mit ihren unterschiedlichen Ausprägungen sind nun diejenigen zu wählen, welche für eine medizinische Einteilung der Behandlungsfälle von Bedeutung und dabei gleichzeitig auch für die Kostenbetrachtung wichtig sind. Bei der Entwicklung von Patientenklassifikationssystemen war es ein wichtiges Ziel, die Krankenhausleistungen anhand von nur einer Dimension abzubilden, die dann in einem zweiten Schritt mit Produktpreisen versehen werden kann. Viele der heute eingesetzten Patientenklassifikationssysteme haben eine solche eindimensionale Struktur. In der Dimension „Patientenzustand" ist besonders das Kriterium „Schweregrad" zu beachten.

Will man Patientengruppen anhand des **Schweregrades** ihrer Erkrankung klassifizieren, so ist es in der Regel nur möglich, diesen von den Haupt- und Nebendiagnosen abzuleiten. Eine Veränderung des Schweregrades im Verlauf der Krankheit kann aber so nur zum Teil erfasst werden. Im Verlauf der Erkrankung ändert sich allerdings das Risiko für den Patienten, zu sterben oder bleibende gesundheitliche Störungen zurückzubehalten. Diese Risiken – das Mortalitäts- und das Morbiditätsrisiko – können als die Schwere der Erkrankung berücksichtigt werden.

Multimorbidität ist ein weiterer Bestandteil des Schweregrades. Unter Multimorbidität versteht man, dass ein Behandlungsfall mehrere Krankheiten zugleich aufweist. Solche Fälle können durch die Angabe aller Diagnosen abgebildet werden.

Ein weiterer Anhaltspunkt für den Schweregrad ist das Alter des Patienten. Dieser Aspekt

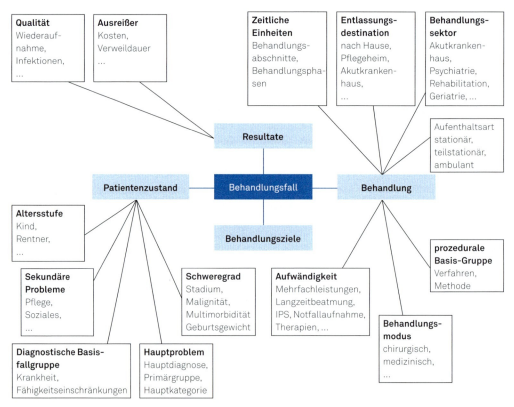

Abbildung 5.1.1-7: Wesentliche Klassifikationsdimensionen (Quelle: Fischer, 1999: 27)

ist besonders bei pädiatrischen Fällen zu beachten. In diesem Zusammenhang kann auch das Geburtsgewicht genannt werden, welches in Verbindung mit dem Alter in Tagen als Klassifikationsmerkmal verwendet werden kann. Darüber hinaus können bestimmte aufwändige Prozeduren als Indikator für eine außergewöhnlich aufwändige Behandlung gesehen werden. So ist zum Beispiel ein Luftröhrenschnitt zur künstlichen Beatmung, eine sogenannte temporäre Tracheostomie, oft mit einem Aufenthalt auf der Intensivstation verbunden.

Ein Patientenklassifikationssystem kann die Grundlage für ein Vergütungssystem sein. Dazu ordnet es Behandlungsfälle in medizinisch vergleichbare Gruppen mit einem ähnlichen Bedarf an Leistungen. Um diese homogenen Gruppen zu bilden, müssen aus der großen Anzahl von Patientenmerkmalen diejenigen isoliert werden, die zugleich klinisch relevant sind und darüber hinaus Einfluss auf die Kosten des Falls haben.

Unter **Homogenität** versteht man die Fähigkeit von Patientenklassifikationssystemen, möglichst gleichartige Behandlungsfälle zu Gruppen zusammenzufassen, die sich dann so gut wie möglich von Fällen außerhalb der Kategorie unterscheiden. Je besser dies gelingt, desto besser ist die Homogenität der Behandlungsfallgruppe. Da Patientenklassifikationssysteme die verschiedenen Ansprüche, zum Beispiel der Ärzte auf der einen Seite und der Kostenträger auf der anderen Seite, in Einklang zu bringen versuchen, sind auch hier zwei Arten von Homogenität zu unterscheiden. Bei einer medizinischen Homogenität ist es wichtig, dass Ärzte und Pflegekräfte anhand der Behandlungsfallgruppe ein bestimmtes Krankheitsbild und idealerweise eine typische Behandlung ableiten können. In der Praxis wird von ärztlicher Seite oft bemängelt, dass die Gruppen in den etablierten Patientenklassifikationssystemen zu undifferenziert sind. Dies ist ein Hinweis auf mangelnde medizinische Homogenität. Je mehr Gruppen ein Patientenklassifikationssystem aufweist, desto spezifischer und homogener werden diese sein. Hierbei besteht jedoch die Gefahr, dass es zu einer schwierig zu bewältigenden Anzahl von Gruppen kommt, daher müssen Fälle zusammengefasst werden. In der Literatur findet sich

Tabelle 5.1.1-3: Vorschlag für die Anzahl von Behandlungsgruppen pro Fachabteilung (Quelle: Fischer, 1999: 90)

Behandlungsfallgruppen pro Fachabteilung	Bewertung
0 bis 19	> zu undifferenziert
20 bis 30	> gut
31 bis 50	> ausreichend
50 und mehr	> nicht mehr zu überblicken

der in Tabelle 5.1.1-3 wiedergegebene Vorschlag für eine sinnvolle Aufteilung.

Nicht nur die Forderung nach einer möglichst genauen Abbildung des medizinischen Spektrums, sondern auch die kostenmäßige Homogenität muss beachtet werden. Behandlungsfälle mit ähnlichen Kosten sollen zu Gruppen zusammengefasst werden. Dabei ist darauf zu achten, dass sich die Sollkosten innerhalb einer Gruppe nicht zu stark voneinander unterscheiden. Um die Homogenität einer Gruppe zu messen, sind zwei statistische Verfahren aus dem Bereich der Streuungsmaße gebräuchlich. Mithilfe der Varianzreduktion wird die Streuung der Werte innerhalb einer Gruppe untersucht. Einige DRG-Systeme erreichen Varianzreduktionen von 50 %. Dies wird momentan als ausreichend betrachtet, obwohl es aus statistischer Sicht ungenügend ist. Frühe Patientenklassifikationssysteme konnten nur Werte von 20 % bis maximal 30 % erreichen.

Bei der Verwendung von Patientenklassifikationssystemen wird in der Regel jeder homogenen Behandlungsfallgruppe ein Kostengewicht zugeordnet. **Kostengewichte** sollen die durchschnittliche Aufwändigkeit einer Behandlung widerspiegeln und werden gewöhnlich als relative Punktwerte (Relativgewichte) angegeben. Das mittlere Gewicht über alle Fälle wird üblicherweise auf 1,0 festgesetzt. Kostengewichte sind zwar nicht zwangsläufig mit einem Patientenklassifikationssystem verbunden, können aber in vielfältiger Weise verwendet werden. Sie können zur Aufteilung von Budgets, sowohl in einer Region als auch in einem einzelnen Krankenhaus, dienen. Man kann sie zum Leistungsausweis einer Einrichtung oder zur Wirtschaftlichkeitsbeurteilung nutzen, indem man die Kostengewichte, die ja die Sollkosten wiedergeben sollen, den Istkosten der Kostenrechnung gegenüberstellt. Wird das Patientenklassifikationssystem als Instrument zur Vergütung benutzt, so können in den Entgelten die unterschiedlichen Tarifhöhen der jeweiligen Region berücksichtigt werden, indem unterschiedliche Kostengewichte berechnet werden. Für deren Berechnung stehen mehrere Möglichkeiten zur Verfügung. Sie können im Voraus kalkuliert werden, wenn die Behandlungspfade bekannt sind. Das amerikanische Fallklassifikationssystem der Patient Management Categories (PMCs) nutzt diese Vorgehensweise. Die Gruppen werden ausschließlich anhand typischer Behandlungswege im Krankenhaus gebildet. Die Kostengewichte lassen sich aber auch anhand durchschnittlicher Verweildauern berechnen. Dieses Verfahren wurde zunächst auch für die englischen Healthcare Resource Groups (HRGs) verwendet. Eine weitere Möglichkeit ist die Nachkalkulation in Modellkrankenhäusern. Dieser Weg wurde für die deutschen Fallpauschalen und Sonderentgelte gewählt. Das amerikanische Verfahren berechnet aus einer großen Anzahl von Einzelleistungsabrechnungen Durchschnittsbeträge, die dann gewichtet werden. Letztlich könnte man auch die Kostengewichte eines international bereits eingesetzten Systems übernehmen und auf andere Länder übertragen. Dies ist aber problematisch, da in verschiedenen Ländern oft unterschiedliche Kosten gewichtet werden. In Amerika sind beispielsweise die Arztkosten nicht enthalten, da dort das Belegarztsystem vorherrscht und deren Leistungen separat vergütet werden. Daraus wird auch deutlich, dass ein internationaler Vergleich von Gesundheitsleistungen anhand der Kostengewichte nur schlecht möglich ist.

Die Festlegung der Kostengewichte muss mit großer Sorgfalt erfolgen, da es sonst zu unerwünschten Anreizen kommen kann. Werden zum Beispiel die Kostengewichte für stationäre Behandlungen zu hoch angesetzt, führt dies zu einer Erhöhung der Fallzahlen, die mit einer Umschichtung der Fälle vom ambulanten in den stationären Bereich einhergehen kann.

Der durchschnittliche Ressourcenverbrauch einer Behandlungsfallgruppe soll sich also im jeweiligen Kostengewicht widerspiegeln. Gewichtet und summiert man alle Behandlungsfälle einer Periode, so erhält man den sogenannten Case Mix:

> **Case Mix** = Summe der Kostengewichte aller Behandlungsfälle.

Wird von diesem Wert der Durchschnitt berechnet, ergibt sich der durchschnittliche Aufwand der Fälle. Das durchschnittliche Kostengewicht pro Behandlungsfall wird Case-Mix-Index genannt:

> **Case-Mix-Index** = Summe der Kostengewichte aller Behandlungsfälle : Anzahl der Behandlungsfälle.

Der Case-Mix-Index gibt Aufschluss darüber, wie hoch der durchschnittliche Ressourcenverbrauch der behandelten Fälle war. Der Index kann sowohl für ein Land als auch für eine Region oder ein einzelnes Krankenhaus ermittelt werden. In den USA werden die Kostengewichte mit dem mittleren Fallpreis pro DRG multipliziert, um so den Rechnungsbetrag zu erhalten. Diese „base rate" errechnet sich aus den mittleren Rechnungsbeträgen pro Fallgruppe auf der Grundlage einer Einzelleistungsabrechnung. In Deutschland ist festgeschrieben, dass die Vertragsparteien die Höhe des durchschnittlichen Basisfallwerts am Ende eines laufenden Jahres für das Folgejahr vereinbaren. Die Details wurden in einer gesonderten Vereinbarung festgelegt.

Es kann vorkommen, dass Behandlungsfälle viel mehr Kosten verursachen oder eine längere Verweildauer aufweisen als ihre Gruppenzuteilung berücksichtigt. Solche sogenannten **Ausreißer** können durch eine unwirtschaftliche Leistungserstellung entstehen oder auf eine nicht homogene Zusammenstellung der Fallgruppe zurückzuführen sein. Damit solche Fälle nicht mit einem zu niedrigen Entgelt vergütet werden, sind in den meisten Patientenklassifikationssystemen Grenzwerte definiert. Liegt ein Behandlungsfall außerhalb der Vorgaben, so kann er gesondert vergütet werden. Es ist beispielsweise sinnvoll, obere und untere Grenzen für Verweildauern festzulegen. Die obere Grenze sorgt dafür, dass das Krankenhaus auch für aufwändigere Behandlungen ein angemessenes Entgelt erhält. Die untere Grenze soll sicherstellen, dass Patienten nicht zu früh entlassen werden, um einen Erlös zu erzielen, der für eine höhere Verweildauer berechnet war. Hierbei handelt es sich aber, genau wie bei den Kostengewichten, nicht um ein Kernelement von Patientenklassifikationssystemen. Sie können individuell für das gewählte System bestimmt werden.

Die Klassifikation von Behandlungsfällen nach der Art und Weise der **Diagnosis Related Groups (DRGs)** wurde Ende der 1960er-Jahre an der Yale-Universität im US-Bundesstaat Connecticut entwickelt. Ursprüngliche Zielrichtung war es, ein Instrument zur Qualitätskontrolle und Qualitätssicherung in der Krankenhausversorgung zu haben. Ab 1983 wurde das System dann von der staatlichen Medicare-Versicherung, die für Rentner und behinderte Menschen aufkommt, für die Vergütung von stationären Behandlungsfällen verwendet. Diese Vergütungssätze wurden von der Health Care Financing Administration (HCFA) des amerikanischen Gesundheitsministeriums errechnet. Es entstanden die HCFA-DRGs. Dies war eine Reaktion auf die politische Forderung nach einer Kostensenkung im Gesundheitswesen. Da das Selbstkostendeckungsprinzip für die Ausgabensteigerung verantwortlich gemacht wurde, wurde mit den DRGs ein prospektives Vergütungssystem eingeführt. Die Abrechnungseinheit war jetzt der Behandlungsfall. Man ging davon aus, dass die Zahl und die Struktur der Fälle für ein Krankenhaus weniger zu beeinflussen sind als die Zahl der Einzelleistungen und die Verweildauer. Das von der **Medicare** eingesetzte Fallklassifikationssystem sollte in der Abgrenzung der Fälle sowohl den medizinischen als auch den ökonomischen Ansprüchen gerecht werden. Man ging davon aus, dass die Verweildauer eine ausreichende Grundlage ist, um auf statistischem Weg die Ressourcenintensität der verschiedenen Behandlungsfälle zu ermitteln. Die so ermittelten Gruppen wurden dann von Ärzten auf ihre medizinische und klinische Zweckmäßigkeit hin überprüft. In vielen Fällen wurden zu Gunsten der medizinischen Homogenität die Ansprüche an die statistische Homogenität zurückgenommen. Für die Klassifizierung wurden folgende Kriterien verwendet:

- Hauptdiagnose
- weitere Diagnosen zur Abbildung von Multimorbidität und/oder Komplikationen
- Behandlungsart (operativ, konservativ)
- Alter des Patienten
- Geschlecht des Patienten
- Entlassungsstatus (überwiesen, verstorben, geheilt).

In der 17. Version der HCFA-DRGs gab es 499 Behandlungsgruppen. Diese Generation von DRGs wies aber noch eine Reihe von Unzulänglichkeiten auf, sodass Mitte der 1980er-Jahre im Bundestaat New York beschlossen wurde, das System weiterzuentwickeln. Es sollte für alle stationären Patienten und nicht nur auf die Medicare-Versicherten anwendbar sein. Die All Patient DRGs (AP-DRGs) wurden im Auftrag des New York State Department of Health von der Firma 3M Health Information Systems entwickelt und zu Beginn des Jahres 1988 eingeführt. Gegenüber den HCFA-DRGs gab es eine Reihe von Veränderungen. Es wurden neue Gruppen für pädiatrische Fälle bzw. für Fälle mit Neugeborenen gebildet. Zur Klassifizierung werden zusätzliche Geburtsgewichtsklassen und ggf. Informationen über eine Beatmung benötigt. Darüber hinaus wurden neue DRGs für HIV- und Polytrauma-Patienten gebildet. Multimorbidität und Komplikationen sollten besser als bisher abgebildet werden. Daher wurden für besonders schwer wiegende Begleiterkrankungen sogenannte Major CCs definiert. CC steht dabei für „comorbidity and complications". Für diese wurden eigene DRGs geschaffen, da bestimmte schwer wiegende CCs zu einer ungewöhnlich aufwändigen Behandlung führen können, die den Aufwand bei der Grunderkrankung weit übertrifft. Diese Fälle würden sonst nicht leistungsgerecht abgebildet und erfordern so eine eigenständige Bewertung. Das AP-DRG-System beinhaltete zu der Zeit 641 DRGs.

Das Problem der möglichst exakten Berücksichtigung der Multimorbidität und der Komplikationen veranlasste die HCFA dazu, ihre DRGs von der Yale-Universität weiterentwickeln zu lassen. Die ursprünglichen DRGs wurden in unterschiedliche Komplexitätsunterklassen aufgeteilt. Diese werden auch als Schweregrad bezeichnet. Die DRGs im operativen Bereich wurden vierfach, die konservativen in drei Komplexitätsklassen unterteilt. Auch die Firma 3M überarbeitete ihre AP-DRGs in dieser Richtung. Diese neue Generation der „refined DRGs" soll beispielhaft an den All Patient Refined DRGs (APR-DRGs) von 3M dargestellt werden, da diese auf alle Patienten und nicht nur auf die Medicare-Versicherten anwendbar waren. In einem ersten Schritt wurden die verschiedenen AP-DRGs aufgrund neuer Daten aus dem Bereich der pädiatrischen Krankheitsklassen überarbeitet. Im Anschluss daran wurden alle MDCs nach den beiden Dimensionen „Komplexität/Multimorbidität" und „Mortalitätsrisiko" unterteilt. Anhand der angegebenen Nebendiagnosen werden vier Komplexitätsunterklassen unterschieden (Tab. 5.1.1-4).

Da in den USA eine große Anzahl empirischer Daten aus dem Gesundheitswesen vorlagen, konnte eine umfangreiche Liste von Komplikationen aufgestellt werden. Darüber hinaus wurde festgelegt, ob und wann das Zusammentreffen von mehreren leichten Komplikationen zu einer Hochstufung des Komplexitätsgrades des Behandlungsfalls führt. Damit gehörte das APR-DRG-System von 3M zu den fortschrittlichsten Systemen in Bezug auf die Berücksichtigung multimorbider Zustände beim Bewerten von Krankenhausleistungen. Der zweite Schritt beinhaltete die Aufteilung nach dem Mortalitätsrisiko. Durch die amtlichen Mortalitätsstatistiken in den USA war es in Verbindung mit den Falldaten aus den Krankenhäusern möglich, die Mortalität der Patienten nach deren Entlassung zu ermitteln. Es konnte zum Beispiel eine sogenannte 30-Tage-Mortalität ermittelt werden, etwa bei Patienten, die wegen eines Herzinfarktes im Krankenhaus behandelt wurden. Diese Information konnte Auskunft über die Qualität der Krankenhausbehandlung geben. Die APR-DRGs wurden, unabhängig von den Komplexitätsklassen, in vier Mortalitätsrisikoklassen eingeteilt. Jedem Patienten konnte aufgrund seiner Einstufung ein Mortalitätsrisiko zugeteilt werden. Die Unterteilung war unabhängig von der Einteilung in Komplexitätsklassen, in denen die Patienten klassisch nach Ressourcenverbrauch eingeteilt werden.

Das APR-DRG-System von 3M umfasste in der Version von 1998 insgesamt 1422 Behandlungsfallgruppen. Ein Vertreter der vierten Generation von DRG-Systemen sind die International All-Patient DRGs, die ebenfalls von 3M entwickelt wurden. Grundlage waren die firmeneigenen APR-DRGs. Bei der Berücksichtigung der Fallschwere wurden hier nur drei Unterscheidungen getroffen. Die Klassen 3 und 4 werden zusammengefasst. Die Zuordnung der Fallschwere erfolgt, anders als bei den Systemen der dritten Generation, ausschließlich über die schwerste vorliegende Nebenerkrankung.

Ein weiteres DRG-System der vierten Generation sind die **Australian Refined DRGs (AR-DRGs).** Sie werden später ausführlich erläutert.

Um einen besseren Überblick über die verschiedenen Systeme und ihre Herkunft zu haben, zeigt Abbildung 5.1.1-8 einen Stammbaum mit den hier besprochenen Systemen.

Tabelle 5.1.1-4: Komplexitätsklassen von Refined-DRG-Systemen (Quelle: Eigenerstellung in Anlehnung an Mansky, 1997: 224, in Verbindung mit: Lauterbach/Lüngen, 2000: 15)

Komplexitätsklassen	Bezeichnung
1	keine oder leichte Begleiterkrankung (minor CC)
2	signifikante Begleiterkrankung (moderate CC)
3	schwere Begleiterkrankung (major CC)
4	schwer wiegende Begleiterkrankung (extreme CC)

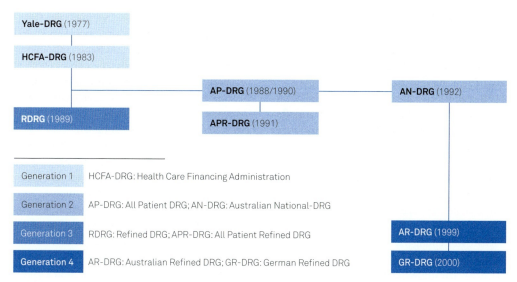

Abbildung 5.1.1-8: DRG-Stammbaum (Quelle: Eigenerstellung in Anlehnung an Fischer 2000: 46)

Die DRGs sind das heute weltweit am meisten verbreitete Patientenklassifikationssystem. Sie werden zum Beispiel in den USA, Skandinavien, Frankreich, Großbritannien und Australien eingesetzt. Ziel dieser Systeme ist es, alle stationären Behandlungsfälle nach medizinischen Kriterien in Gruppen mit ähnlichen Kosten zusammenzufassen. Basis sind routinemäßig erhobene Daten, wie etwa Alter, Geschlecht, Austrittsart und eventuell das Geburtsgewicht. DRGs beziehen sich aber in erster Linie auf die Hauptdiagnose. Hierbei wird unter einer **Hauptdiagnose** derjenige Zustand des Patienten verstanden, der am Ende der Gesundheitsbetreuung als Diagnose feststeht und der Hauptanlass für die Behandlung und Untersuchung des Patienten war. Wird mehr als ein Zustand aufgeführt, ist derjenige auszuwählen, der den größten Aufwand an Mitteln erfordert. Erfolgt keine Diagnosestellung, dann ist das Hauptsymptom, der schwerstwiegende abnorme Befund oder die schwerstwiegende Gesundheitsstörung als Hauptdiagnose auszuwählen.

Bei chirurgischen Behandlungsfällen werden die Gruppen durch die **Prozeduren** bestimmt. Diese Diagnosen und die Prozeduren werden mithilfe einer Software verarbeitet und sind unter anderem die Basis für die Ermittlung des Behandlungsschweregrades. Diese Programme, die auch alle anderen Daten des Behandlungsfalls verarbeiten, um den Patienten einer Gruppe zuzuordnen, werden **Grouper** genannt. Pro Behandlungsfall wird ein Gesamtkostengewicht generiert, und jeder Behandlungsfall wird nur genau einer Behandlungsfallgruppe zugeordnet. DRG-Systeme sind also eindimensional. Verwendet man ein DRG-System als Vergütungssystem, dann bedeutet dies, dass pro Krankenhausaufenthalt nur eine Pauschale abgerechnet werden kann. Eine weitere Eigenart von DRG-Systemen ist die Möglichkeit, gruppierte Fälle zu Basisfallgruppen zusammenzufassen, in denen es noch keine Unterteilung nach eventuellen Begleiterkrankungen oder Altersstufen gibt. Besondere Indikatoren führen zu einer getrennten Klassifizierung von Fällen. Dabei handelt es sich um schlecht kalkulierbare und aufwändige Behandlungen. Beispielhaft sollen die Tracheostomien, die Transplantationen und Polytraumata bzw. HIV-Patienten genannt werden. Um Neugeborene zu klassifizieren, wird in DRG-Systemen das Alter in Tagen und bei Bedarf zusätzlich noch das Geburtsgewicht angegeben. Eine weitere Ähnlichkeit unter den verschiedenen DRG-Systemen ist die Liste der diagnostischen Hauptkategorien bzw. **Major Diagnostic Categories (MDCs)**. Sie umfasst in ihrer Grundform 23, meist organgebietsbezogene Gruppen. Ausnahmefälle und solche, die nicht einzuordnen sind, sind bereits berücksichtigt.

In unterschiedlichen Systemen wurde diese Liste den jeweiligen Bedürfnissen angepasst. In der Regel hat man sie um die Gruppen HIV-Infektion und Polytrauma erweitert. Die Handhabung ist allerdings unterschiedlich, in einigen Systemen wurden sie in die Liste integriert, in anderen einfach angehängt.

Die MDCs stellen in der Regel den Einstieg in einen Entscheidungsbaum da, der bei DRG-Systemen eine typische Struktur aufweist. Nach dem Festlegen der Hauptdiagnose erfolgt die nächste Aufteilung nach dem Kriterium, ob eine Operation (OP) durchgeführt wird oder nicht. Wird ein chirurgischer Eingriff vorgenommen, so lassen sich die entsprechenden Behandlungsfälle ferner danach untergliedern, ob es ein Eingriff ist, der in Zusammenhang mit der Hauptdiagnose steht oder nicht, und ob es sich um eine OP mit einem größeren oder eher kleineren Aufwand handelt. Liegt keine Operation vor, erfolgt die weitere Einteilung unter anderem nach spezifischen organbezogenen Diagnosen, bestimmten Symptomen oder Neubildungen. Fälle, die sich in keine Gruppe einordnen lassen, können unter der Bezeichnung „Sonstige" oder „Übrige" zusammengefasst werden. Innerhalb der Gruppen kann jetzt noch nach Alter und dem Vorliegen von Komplikationen und Begleiterkrankungen unterteilt werden, um so zu einer DRG zu kommen. Diese kann dann unter anderem dazu verwandt werden, dem Behandlungsfall ein Entgelt zuzuordnen. Die typische DRG-Struktur ist Abbildung 5.1.1-9 zu entnehmen.

Im Jahre 1991 leitete das australische Gesundheitsministerium die Entwicklung und die Einführung eines eigenen DRG-Systems ein, indem es das „Australian Casemix Clinical Committee" (ACCC) gründete. Diese Einrichtung war auch für die Ermittlung der Kostengewichte zuständig und wurde durch das „Casemix Applications and Development Advisory Committee" (CADAC) technisch unterstützt. In Zusammenarbeit mit der amerikanischen Firma 3M wurde auf der Grundlage der 3M-eigenen APR-DRGs die erste Version der AN-DRGs entwickelt. Die AN-DRGs verfügten zu Beginn über 527 Behandlungsfallgruppen. Ab 1995 wurden die AN-DRGs mithilfe von Praktikern aus dem klinischen Alltag wesentlich überarbeitet. Ziel war es, das Patientenklassifikationssystem an neue Entwicklungen in der Medizin und im Bereich der Diagnose- und Prozedurverschlüsselung anzupassen. Darüber hinaus sollte die Ho-

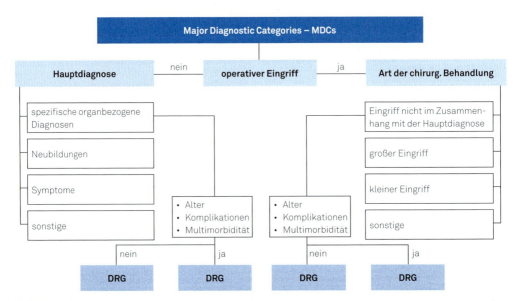

Abbildung 5.1.1-9: Typische DRG-Struktur (Quelle: Eigenerstellung in Anlehnung an Neubauer, 1989: 82)

mogenität sowohl im medizinischen als auch im ökonomischen Bereich verbessert werden. Als Ergebnis dieser Bemühungen wurden Mitte 1998 die AR-DRGs in der Version 4.0 eingeführt. Am Anfang der Entwicklung stand eine klinische Untersuchung der AN-DRGs durch das ACCC. Unterstützt durch klinische Spezialisten aller Disziplinen wurden Vorschläge zur Überarbeitung der Fallzuordnung und zur Erweiterung und Anpassung der AN-DRGs gemacht. Diese Empfehlungen wurden dann anhand statistischer Leitlinien durch das CADAC überprüft. Zu den Anforderungen aus diesen Leitlinien gehört beispielsweise die Forderung, dass eine Fallgruppe mindestens 250 Fälle enthalten muss. Sollte eine bereits bestehende Behandlungsfallgruppe aufgeteilt werden, so sollten in jeder neuen Gruppe mindestens 10 % der Fälle der ursprünglichen Gruppe zu finden sein. Der Ressourcenverbrauch der Fälle wurde über die durchschnittliche Verweildauer ermittelt, Basis hierfür waren die Daten der Krankenhäuser aus den Jahren 1994 und 1995. Die Anzahl der Fallgruppen wurde nur geringfügig von 667 auf 661 verringert, das Vorgehen zur Ermittlung des Schweregrades wurde dagegen vollkommen neu gestaltet. Die Einteilung der medizinischen Schweregrade wurde nach einer klinischen und statistischen Analyse neu definiert. Der Algorithmus zur Ermittlung des patientenindividuellen Schweregrades wurde ganz neu entwickelt. Darüber hinaus wurden noch einige andere Änderungen durchgeführt. Dazu gehört unter anderem, dass einige Fallgruppendefinitionen anhand des Schweregrades und nicht mehr, wie bisher, über das Alter des Patienten bestimmt wurden. Die Altersgrenze für pädiatrische Fälle wurde in der Regel von zehn auf drei Jahre gesenkt und die Schweregradzuordnung der Diagnosen bei Neugeborenen wurde wesentlich verändert. Darüber hinaus wurden einige Hauptkategorien restrukturiert und das Klassifikationskriterium „Geplante-Ein-Tages-Behandlung" wurde durch „Ein-Tages-Behandlung" ersetzt.

Zur selben Zeit wurde in Australien eine Modifikation der „ICD-10 Diagnose- und Prozedurenkodierung" eingeführt. Die aktuelle Version 4.1 der AR-DRGs verschlüsselt daher auch nach ICD-10-AM (ICD-10-Australian Modification) und nicht, wie der Vorgänger, nach ICD-9-AM. Der Gruppierungsprozess und die Anzahl der Fallgruppen sind aber in beiden Versionen identisch. In Australien waren zwischenzeitlich höhere Versionen eingeführt worden. Nach australischer Einschätzung hat sich die Selbstverwaltung in Deutschland aber trotzdem nicht für ein veraltetes System entschieden, da in die Versionen 4.2 und 4.3 keine neuen DRGs aufgenommen wurden. Weiterhin hat es keine Veränderungen in der Schweregradeinteilung gegeben.

Die Mitglieder der Selbstverwaltung haben sich am 27.06.2000 auf ein PKS-System im Sinne des § 17b KHG geeinigt und sich für die AN-DRGs entschieden. In der engeren Auswahl stand noch eine Reihe anderer, international bereits eingesetzter Systeme, wie die HCFA-DRGs und AP-DRGs aus den USA, die sogenannten Nord-DRGs der skandinavischen Länder Schweden, Norwegen, Dänemark, Finnland und Island und die „Groupes homogènes de malades" aus Frankreich.

Der grundlegende **Aufbau der AR-DRGs** in der Version 4.1 ist typisch für ein DRG-System. Ziel ist es auch hier, Behandlungsfälle mit einem ähnlichen Ressourcenverbrauch anhand medizinischer Kriterien einer gemeinsamen Fallgruppe zuzuordnen und mit einem Kostengewicht zu verbinden, das den durchschnittlichen Kostenaufwand aller Fälle dieser Gruppe widerspiegelt. Die ökonomische Homogenität hat dabei Vorrang vor der medizinischen. Die Zuordnung der Fälle ist immer eindeutig, gleichartig kodierte Fälle werden immer derselben DRG zugeordnet. Es handelt sich um ein eindimensionales PKS, das heißt, jeder Behandlung wird genau eine DRG zugeordnet. Die vom System benötigten Informationen für den Gruppierungsprozess sind im Datensatz nach § 301 SGB V enthalten:

- Haupt- und Nebendiagnosen (laut ICD-10-AM, Band 1)
- Haupt- und Nebenleistungen (laut ICD-10-AM, Band 2)
- Alter
- Geschlecht
- Geburts- bzw. Aufnahmegewicht

- Verweildauer
- Entlassungsart.

Zusätzlich kommen hinzu:
- Tagesfallstatus
- Beatmungsstundenzahl
- Status der psychiatrischen Zwangseinweisung.

Mithilfe dieser Informationen werden den Behandlungsfällen abrechenbare DRGs zugeordnet. Gleich zu Beginn werden die Fälle ausgesondert, die falsch kodiert sind oder aufgrund ihres besonderen Aufwands aus dem Rahmen fallen. Die sieben sogenannten **Error-DRGs** beinhalten Tatbestände wie ungruppierbare oder falsch gruppierte Fälle oder Prozeduren, die nicht zu der angegebenen Hauptdiagnose passen. Unter den **Pre-MDCs** findet man Fälle, die durch besonders kostenintensive Prozeduren gekennzeichnet sind, wie etwa Organtransplantationen. In der Regel werden die Fälle aber aufgrund ihrer Hauptdiagnose einer von 25 MDCs zugeteilt. Die einzelnen MDCs werden statt nach Zahlen anhand von Buchstaben benannt. Bei den australischen **MDCs** ist darüber hinaus zu beachten, dass die Liste der MDCs teilweise geändert wurde. So wurde zum Beispiel die Kategorie „Infektiöse und parasitäre Erkrankungen" aufgeteilt, sodass die Infektion mit HIV in einer eigenen MDC berücksichtigt wird. Die Ebene der MDCs wird noch weiter unterteilt. So werden drei **Partitionen** unterschieden. Die chirurgische Partition enthält die Fälle, bei denen ein operativer Eingriff unter Nutzung des Operationssaals erbracht wurde. Voraussetzung für diese Einteilung ist, dass der Eingriff zur Hauptdiagnose passt. MDCs, bei denen eine solche Unterteilung vorliegt, haben in der Spalte „Sub-MDCs" den Buchstaben „S" für das englische Wort „surgical". Die Abkürzung „O" für „others" steht für die Partition „Sonstige". Hier werden Fälle gruppiert, bei denen ein diagnostischer oder therapeutischer Eingriff stattgefunden hat, der aber nicht an die Nutzung eines Operationssaals gebunden ist. Ein Beispiel wäre eine endoskopische Untersuchung. Diese Partition ist einzigartig unter den DRG-Systemen, bei denen therapeutische und diagnostische Maßnahmen nur eine untergeordnete Rolle spielen. Die dritte Gruppe ist mit dem Buchstaben „M" für das englische „medical" gekennzeichnet. Diese Behandlungsfälle wurden konservativ behandelt bzw. es hat keine Prozedur stattgefunden, die gruppierungsrelevant wäre.

Nach der Aufteilung in eine der hier beschriebenen Klassen werden die Fälle einer **Basis-DRG** zugeordnet. Im AR-DRG-System werden sie Adjacent-DRGs genannt. Vergleichbare Fälle werden in der Regel anhand ihrer Hauptdiagnose und/oder eines Eingriffs einer Basis-DRG zugeordnet. Als weitere Gruppierungskriterien könnten zum Beispiel das Alter oder das Geburtsgewicht eine Rolle spielen. Im nächsten Bearbeitungsschritt wird für jeden Fall der individuelle Schweregrad berechnet. Pro Adjacent-DRG ist die Aufteilung in fünf Schweregrade möglich, diese werden aber nicht direkt in abrechenbare DRGs umgesetzt, sondern in ein bis drei DRGs zusammengefasst. Dies geschieht in erster Linie nach ökonomischen Gesichtspunkten, also anhand des Ressourcenverbrauchs und anderer Kriterien, wie etwa dem Alter. Abbildung 5.1.1-10 zeigt den AR-Algorithmus in einer schematischen Darstellung.

Das AR-DRG-System kann neun verschiedene Sondertatbestände darstellen und verfügt über sieben Fehlergruppen. Die 23 MDCs sind in zwei Fällen nochmals unterteilt. Es gibt insgesamt 409 Adjacent-DRGs, aus denen das System 661 effektiv abrechenbare DRGs macht. Damit gehört das australische System zu den mittelgradig differenzierten DRG-Systemen. Die Zahl der abrechenbaren Fälle bleibt aus ökonomischer Sicht also überschaubar. Das australische System wird aber auch der Forderung von medizinischer Seite nach einer möglichst differenzierten Fallabbildung gerecht. In Verbindung mit den fünf verschiedenen Schweregraden lassen sich mit den 409 Basis-DRGs über 2000 Schweregradgruppen darstellen. Unter den 661 AR-DRGs sind zwölf für Tagesfälle vorgesehen. Es gibt weiterhin 112 DRGs mit einer Aufteilung nach dem Alter. Davon sind 13 für pädiatrische Fälle, bei denen es unterschiedliche Altersstufen zwischen einem und 16 Jahren gibt. Zusätzlich gibt es eigene Fallgruppen für Neugeborene. Darüber hinaus gibt es 72 geriatrische Fallgruppen,

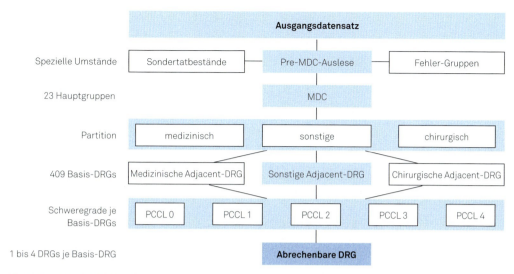

Abbildung 5.1.1-10: AR-DRG-Gruppierungsschema (Quelle: Eigenerstellung in Anlehnung an Rochell, B.; Roeder, N.; Import aus Übersee – Die Selbstverwaltung entscheidet sich für ein modernes Patientenklassifikationssystem aus Australien; Krankenhaus Umschau, 92 [8] 2000: 658)

die sich in Altersstufen zwischen 60 und 80 Jahren unterscheiden.

Wie oben bereits erwähnt, ist die Einordnung der Fälle in eine Basis-DRG der Ausgangspunkt für eine weitere Unterteilung. Anhand aller dokumentierten Nebendiagnosen wird nach einem feststehenden Schema der patientenindividuelle Schweregrad berechnet. In den meisten anderen DRG-Systemen wird für gewöhnlich nur die schwerstwiegende Nebendiagnose berücksichtigt. Im AR-System aber bestimmen Art und Anzahl aller Nebendiagnosen das Maß der Fallschwere. In einigen Fällen werden noch das Geschlecht (z. B. bei Erkrankungen, die nur Frauen betreffen) und die Entlassungsart (z. B. Verlegung) berücksichtigt. Im australischen System wurde für insgesamt 3215 Diagnosen ein klinischer Schweregrad festgelegt. Dabei ist zu beachten, dass zwei CC-Listen eingesetzt werden. Es gibt eine Liste für Neugeborene, die 3100 Diagnosen umfasst, und eine für alle anderen Patienten, die 2802 relevante Komplikationen und Komorbiditäten beinhaltet. Zwischen beiden Listen gibt es Überschneidungen. Der Gesamtschweregrad errechnet sich aus den Schweregraden der einzelnen Nebendiagnosen. Man spricht vom **Complication and Comorbidity Level (CCL)**.

Bei medizinischen Fällen wird eine Skala von 0 bis 3 verwendet, bei chirurgischen Fällen und bei Neugeborenen eine von 0 bis 4. Vier stellt dabei den höchsten Schweregrad dar. Die CCL-Einstufung der Nebendiagnosen ist dabei nicht starr für das gesamte System, sondern variiert abhängig von der Grunderkrankung und damit von der Basis-DRG. In einigen Fällen kann die Nebendiagnose sogar ihren CCL-Status verlieren. Dies geschieht, wenn...

- ... sie der Hauptdiagnose sehr ähnlich ist.
- ... sie bereits zur Definition der Basis-DRG verwendet wurde.
- ... es sich um ein Polytrauma oder einen HIV-Fall handelt (für diese aufwändigen Fälle wurden eigene MDCs geschaffen).
- ... sie einem bereits verarbeiteten Diagnosecode entspricht.

Bei Neugeborenen gibt es keine Abhängigkeit von der Basis-DRG, hier wird die CC-Stufe direkt zugeordnet.

Die jeweiligen Schweregrade der einzelnen Nebendiagnosen können aber nicht einfach addiert werden, weil sich so ein unrealistisch hoher Schweregrad ergeben würde. Um dies zu verhindern, wurde eine statistische Glättungsformel entwickelt, mit der der patientenbezoge-

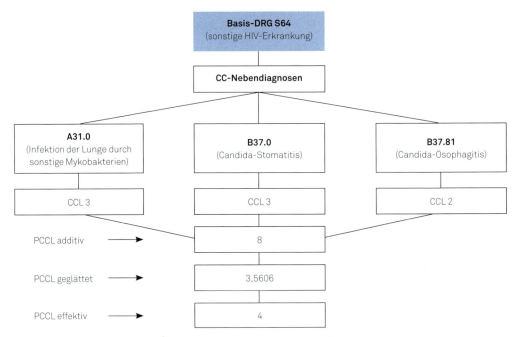

Abbildung 5.1.1-11: Ermittlung des Gesamtschweregrades unter Berücksichtigung der Glättungsformel (Quelle: Eigenerstellung in Anlehnung an Rochel/Roeder, 2000: 2)

ne Gesamtschweregrad, der **Patient Complication and Comorbidity Level (PCCL)**, errechnet wird. Diese Formel und ihre Wirkung werden in Abbildung 5.1.1-11 veranschaulicht.

Liegt der geglättete Wert über 4, so wird auf 4 abgerundet. Kommen zu einer schwer wiegenden CCL-Nebendiagnose noch weitere hinzu, so bewirkt die Glättungsformel, dass der PCCL in der Regel nur im Nachkommabereich gesteigert wird. Liegen aber mehrere hohe CCLs vor, so ergibt sich über den Rundungseffekt eine Anhebung des PCCL über den Ausgangswert der schwersten Nebendiagnose hinaus. Dadurch ist das AR-System in der Lage, extreme Multimorbidität besser darzustellen. Um die Menge der abrechenbaren DRGs übersichtlich zu halten, werden häufig zwei oder drei Schweregradgruppen zusammengefasst. Die Voraussetzung ist dabei, dass sie sich in ihren Kosten ähneln. Oft werden sogar alle fünf PCCL-Gruppen zu einer DRG zusammengefasst. Die Basis-DRG stimmt also mit der abrechenbaren DRG überein. Abbildung 5.1.1-12 soll dies veranschaulichen.

In der Hauptkategorie 5 werden die Erkrankungen des Kreislaufsystems („circulatory system") zusammengefasst. Nach der Aufteilung in die chirurgische Partition ergibt sich hier die Basis-DRG F06, das heißt, hier ist ein koronarer Bypass gelegt worden. Die Schweregradgruppen werden zu zwei abrechenbaren DRGs zusammengefasst. F06A berücksichtigt das Vorliegen eines katastrophalen bzw. schweren CCs. In der DRG F06B werden die Fälle eingeordnet, die keinen katastrophalen oder hohen Schweregrad aufweisen. Schon die Benennung der DRGs gibt eine Reihe von Auskünften.

Das AR-DRG-System verwendet sowohl Buchstaben als auch Zahlen zur Beschreibung der DRGs. Basis-DRGs werden dabei immer dreistellig, abrechenbare DRGs vierstellig benannt. Die ersten drei Stellen sind identisch. Abbildung 5.1.1-13 verdeutlicht dies an einem Beispiel.

Der erste Buchstabe gibt die entsprechende MDC an. Danach folgt eine zweistellige Zahl, welche die Basis-DRG definiert. Es ergibt sich die folgende Ordnung:

5.1 Krankenhausversorgung

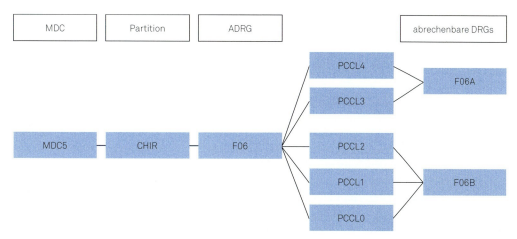

Abbildung 5.1.1-12: AR-DRG-Schweregradsystematik (Quelle: Eigenerstellung in Anlehnung an Rochel/Roeder, 2000: 2)

bbildung 5.1.1-13: Aufbau der AR-DRGs (Quelle: Eigenerstellung in Anlehnung an Fischer, 2000b)

- 01 bis 39: operativ
- 40 bis 59: sonstige
- 60 bis 99: medizinisch.

Nach der Ermittlung der PCCL-Einstufung wird ein weiterer Buchstabe angehängt. Mit „A" wird die jeweils kostenaufwändigste Variante bezeichnet. Die Buchstaben „B" bis „G" werden bei weniger ressourcenintensiven Fällen verwendet. Der Buchstabe „Z" wird verwendet, wenn Basis- und abrechenbare DRG in ihrem Aufwand übereinstimmen. Schon anhand der DRG-Bezeichnung lässt sich also eine Reihe von Informationen über den Fall gewinnen. Zu beachten ist, dass die Buchstaben nicht immer der gleichen PCCL-Stufe zugeordnet sein müssen. Das Alter des Patienten oder besonders schwere Eingriffe, die der Basis-DRG zugeordnet sind, können hier für Verschiebungen sorgen.

Die Definition von Behandlungspfaden bzw. Leitlinien soll die optimale Behandlung fördern und die Diagnostik und Therapie wirtschaftlicher gestalten. Für die maßgeblichen Diagnosen soll der notwendige Umfang an Krankenhausleistungen festgelegt werden. Während durch DRGs das Leistungsgeschehen eines Krankenhauses klarer wird, wird durch die **Behandlungspfade** die DRG an sich transparent.

In Australien sind die sogenannten Pathways ein Standardinstrument zur Behandlungsplanung und Dokumentation. In standardisierter Form werden Reihenfolge und Umfang von medizinischen Prozessen definiert, die bei einem bestimmten Behandlungsfall durchgeführt werden müssen. Damit soll ein vorgegebenes Behandlungsergebnis in einem festgelegten Zeitraum erreicht werden. Pathways sind fachdisziplinübergreifend zu verstehen. Alle am Behandlungsprozess Beteiligten müssen die erforderlichen Maßnahmen und Abläufe kennen. Bei Behandlungsmethoden, deren Erfolgsnachweis gesichert ist, kann von einer ethisch und rechtlich verbesserten Entscheidungsgrundlage für die Leistungserstellung ausgegangen werden. Durch die erhöhte Transparenz der Vorgänge lassen sich auch die Kosten von Krankheitsbildern vorab kalkulieren. Für die Kassen und ihre Mitglieder wird es einfacher, Leistungen und Qualität verschiedener Anbieter im Gesundheitswesen besser zu vergleichen.

Die **Australian Refined Diagnosis Related Groups (AR-DRGs)**, die nach Einschätzung der Selbstverwaltungspartner zum damaligen Zeitpunkt das modernste DRG-System waren, bilden somit die Grundlage des deutschen DRG-Systems. Sie wurden zwischenzeitlich der Krankenhausversorgung in Deutschland angepasst und werden nun als **German Diagnosis Related Groups (G-DRGs)** bezeichnet.

In der Vereinbarung vom Juni 2000 wurden weiterhin die Grundsätze über die Kalkulation der Entgelte vereinbart. Zudem legten die Selbstverwaltungspartner fest, dass sich an die budgetneutrale Einführung des neuen Vergütungssystems im Jahre 2003 für den Zeitraum vom 01.01.2004 bis zum 31.12.2006 eine dreijährige Konvergenzphase anschließen sollte. Dieser Zeitrahmen wurde im Jahre 2002 aufgrund zeitlicher Verzögerungen, unter anderem in Zusammenhang mit dem Kalkulationsverfahren, um ein Jahr nach hinten verschoben. Zusätzlich ist ein Optionsjahr eingeführt worden. Danach konnten die Krankenhäuser im Jahre 2003 freiwillig die DRGs einführen, die Pflicht zur Abrechnung mit dem DRG-System begann somit erst am 01.01.2004. Die Konvergenzphase umfasste zunächst die Jahre 2005 und 2006. Diese Phase wurde aufgrund der Intervention der Krankenhäuser auf den Zeitraum vom 2005 bis 2010 verlängert. Die Anzahl der voll- und teilstationär abrechenbaren Fallgruppen wurde zunächst auf ca. 800 DRGs festgelegt.

Mit dieser Entscheidung war die Weiterentwicklung des bestehenden deutschen Fallpauschalen- und Sonderentgeltsystems ausgeschlossen.

Für die Einführung des pauschalierenden Entgeltsystems galt der nachstehende Zeitplan, der zum Teil revidiert worden ist:
- Vereinbarung über die Grundstrukturen des Vergütungssystems und über das Verfahren zur Ermittlung der Bewertungsrelationen (Punktzahlen) auf Bundesebene bis zum 30.06.2000. Wäre dieser Vertrag nicht zustande gekommen, hätte die Bundesregierung eine Rechtsverordnung erlassen müssen.
- Vereinbarung über die Bewertungsrelationen und über die Bewertung der Zu- und Abschläge bis zum 31.12.2001
- Einführung des Vergütungssystems zum 01.01.2003. Diese verbindliche Vorgabe ist später auf den 01.01.2004 verschoben worden. Der 01.01.2003 galt dann als sogenannter Optionstermin. Im Jahre 2004 wurde das System verpflichtend budgetneutral eingeführt. Hinter der Formulierung „Budgetneutralität" steht die Vorgabe, dass für das Jahr 2004 ein prospektives, krankenhausindividuelles Erlösbudget vereinbart worden ist. Dieses Erlösbudget wird durch die Punktsumme aller Pauschalen geteilt. Als Ergebnis ergibt sich für das Jahr 2004 ein krankenhausindividueller Punktwert.

Die Vertragspartner einigten sich außerdem auf weitere Regelungen, um die zur Einführung des neuen Vergütungssystems notwendigen Voraussetzungen zu schaffen. Hierzu zählen unter anderem die:
- Übersetzung der Handbücher für die computergestützte Abrechnung und ergänzender systembeschreibender Materialien in die deutsche Sprache

- Festlegung der Kodierregeln für die Dokumentation der diagnosen-, prozeduren- und sonstigen gruppierungsrelevanten Merkmale
- Entwicklung eines bundesweit einheitlichen Kalkulationsschemas zur Ermittlung und Pflege der Relativgewichte
- Festlegung des Verfahrens zur jährlichen Ermittlung des für die jeweiligen Bundesländer einheitlichen Basisfallwerts, jeweils bis zum 30. September des laufenden Jahres für das Folgejahr
- Festlegung der Regelungen der bundeseinheitlichen Zu- und Abschläge.

Für die **Ermittlung der Bewertungsrelationen** oder Kostengewichte („cost weights") hat das KHG der Selbstverwaltung grundsätzlich mehrere Möglichkeiten offengelassen. So konnten international bereits eingesetzte Bewertungsrelationen übernommen oder als Grundlage für eine Weiterentwicklung herangezogen werden. Die Wahl ist aber auf eine dritte Möglichkeit gefallen. Die Selbstverwaltung hat sich entschlossen, auf der Grundlage bundesdeutscher Daten die Relativgewichte der Fallgruppen anhand der **Istkosten** neu zu berechnen. Hierzu vereinbarten die Selbstverwaltungspartner zur Auswahl der an der Kalkulation beteiligten Krankenhäuser eine repräsentative Stichprobe. Das für die beteiligten Krankenhäuser (**Kalkulationskrankenhäuser**) verbindliche Kalkulationsschema wurde von der Selbstverwaltung vorgegeben. Die Kalkulation wurde von einer entsprechenden EDV-Lösung unterstützt. Die Datenerhebung erfolgte retrospektiv und hatte sich grundsätzlich auf ein abgeschlossenes Kalenderjahr zu beziehen. Für die im Jahre 2003 gültigen Relativgewichte wurden jedoch Daten des Jahres 2002 verwendet, die unterjährig erfasst worden waren, das heißt, es wurden nur die Daten einiger Monate in die Berechnung einbezogen. Für die Einführung des neuen Entgeltsystems im Jahre 2004 wurden die Leistungs- und Kostendaten der beteiligten Krankenhäuser des gesamten Kalenderjahres 2002 verwendet.

Die von den Krankenhäusern zu übermittelnden Informationen gehen an das **Institut für das Entgeltsystem im Krankenhaus** (InEK). Es wertet diese Daten aus und ermittelt daraus die Bewertungsrelationen, die Relativgewichte für jede Diagnosegruppe. Die Bewertungsrelationen werden jährlich überprüft und ggf. angepasst. Dazu werden immer die Daten des letzten, abgelaufenen Kalenderjahres herangezogen. Aus diesen Daten entwickelt das Institut einen Vorschlag für den zukünftigen Fallpauschalenkatalog, der jeweils zum 1. Januar eines Jahres neu herausgegeben wird. Hierzu müssen die Selbstverwaltungsorgane auf der Bundesebene einen Vertrag schließen. So haben sich zum Beispiel die Deutsche Krankenhausgesellschaft, der Spitzenverband der Gesetzlichen Krankenversicherung und der Verband der Privaten Krankenversicherung im Oktober 2015 auf den Krankenhausentgeltkatalog 2016 verständigt.

Neben den Kostengewichten spielen die Basisfallwerte eine wichtige Rolle. Der **Basisfallwert** („base rate") wird für das Relativgewicht von 1 festgelegt. Durch Multiplikation des Basisfallwerts mit der Bewertungsrelation einer DRG ergibt sich die Höhe der Vergütung pro Fall. Der Basisfallwert wurde erstmalig im Jahre 2005 durch die Selbstverwaltungspartner festgelegt und wird seitdem regelmäßig angepasst. Nach der Übergangsfrist bis zum Jahre 2010 müssen die Krankenhäuser seit 2011 für den DRG-Bereich die zwischen den Krankenkassen und den Krankenhausgesellschaften ausgehandelten Festpreise zu akzeptieren. Im Unterschied zum Fallpauschalenkatalog, der bundesweit gültig ist, werden die Basisfallwerte auf der **Landesebene** durch die Selbstverwaltungspartner vereinbart. Dabei wird jeweils bis zum 30. November des laufenden Jahres der Wert für das Folgejahr bestimmt. So müssen zum Beispiel die Preissteigerungen oder -senkungen bei Produkten, die im Krankenhaussektor gebraucht werden, ebenso berücksichtigt werden wie die Änderungen im Arbeitszeitgesetz, die zu einer Veränderung der Personalkosten führen können. Bis zur Einführung des **Orientierungswerts**, der mit dem Krankenhausfinanzierungsreformgesetz eingeführt wurde, galt die **Veränderungsrate** des durchschnittlichen Grundlohns als Messlatte für die Anpassung der Basisfallwerte. Die Befürworter der Einführung des Orientierungswerts waren davon ausgegangen, dass dieser Wert höher sein würde als die Grundlohnsteigerungsrate. In der Realität sah es aber so aus, dass die „Konstellation eines niedrigeren Orientierungswerts als die Veränderungsrate für das Jahr 2015 [...] zum dritten Mal in Folge eingetreten [ist]: Der Orientierungswert liegt mit 1,44 Prozent [...] unterhalb der Veränderungsrate in Höhe von 2,53 Prozent" (vdek, 2015: o. S.). Somit gilt seit dem 01.08.2013 die gesetzliche Vorgabe, dass die Veränderungsrate nicht unterschritten werden kann: „Liegt der Orientierungswert also unterhalb der Veränderungsrate wird die Veränderungsrate zum Veränderungswert" (vdek, 2015: o. S.).

Die Festlegung auf der Landesebene hat in der Vergangenheit dazu geführt, dass die Basisfallwerte zum Teil große Unterschiede zeigten, daher hat der Gesetzgeber auf der Grundlage des Krankenhausentgeltgesetzes die Selbstverwaltungsorgane auf der Bundesebene damit beauftragt, eine Vereinbarung über den einheitlichen **Basisfallwertkorridor** zu treffen. Mit dieser Vereinbarung werden bezogen auf den fiktiven bundeseinheitlichen Basisfallwert Ober- und Untergrenzen festgelegt. Die obere Korridorgrenze liegt bei +2,5 %, die untere Grenze bei −1,25 %. Für das Jahr 2015 bedeutet dies, dass für die Obergrenze der Basisfallwerte ein Betrag von 3311,98 Euro und für die untere Grenze ein Wert von 3190,81 Euro ermittelt worden ist.

Weitere Ausführungen zum Fallpauschalensystem sind in Kapitel 4.3 zu finden.

Literatur

Bundesministerium für Gesundheit (2015): Entgelte für voll- und teilstationäre Krankenhausleistungen. http://bmg.bund.de [Zugriff: 04.10.2015].

BWL Gesundheitsmanagement Homburg (1997): Gemeinsame Empfehlung über die Vergütung für vor- und nachstationäre Behandlung nach § 115a Abs. 3 SGB V. http://sternfeld.de [Zugriff: 06.10.2015].

Commonwealth of Australia (2000): Development of the Australian Refined Diagnosis Related Groups (AR-DRG) Classification Version 4. http://www.health.gov.au [Zugriff: 16.06.2000].

Deutsche Krankenhausgesellschaft (2000): GKV-Gesundheitsreform 2000. Das Krankenhaus, 1: Redaktionsbeilage.

DKI-GmbH; Gebera (1993): Methodik zur Kalkulation von Fallpauschalen. Düsseldorf, Eigendruck.

Fischer, W. (1999): Diagnosis Related Groups (DRGs) im Vergleich zu den Patientenklassifikationssystemen von Österreich und Deutschland. Wolfertswil, BSV-Forschungsbericht.

Fischer, W. (2000a): Diagnosis Related Groups und verwandte Patientenklassifikationssysteme. http//www.fischer-zim.ch [Zugriff: 09.05.2000].

Fischer, W. (2000b): AR-DRG-Liste [Version 4.1]; http://www.fischer-zim.ch/tab/DRG-AR-v40010.htm [Zugriff: 02.11.2000].

Gesetz über die Entgelte für voll- und teilstationäre Krankenhausleistungen (Krankenhausentgeltgesetz – KHEntgG) in der Fassung vom 25.03.2009. BGBl. I: 534.

Gesetz zur Modernisierung der gesetzlichen Krankenversicherung (GKV-Modernisierungsgesetz – GMBG) in der Fassung vom 14.11.2003. BGBl. I: 2190.

Gesetz zur wirtschaftlichen Sicherung der Krankenhäuser und zur Regelung der Krankenhauspflegesätze (Krankenhausfinanzierungsgesetz – KHG) in der Fassung vom 14.11.2003. BGBl. I: 886.

Gesetz zur wirtschaftlichen Sicherung der Krankenhäuser und zur Regelung der Krankenhauspflegesätze (Krankenhausfinanzierungsgesetz – KHG) in der Fassung vom 21.07.2015. BGBl. I: 1133.

GKV Spitzenverband (2015): Thema: Krankenhausfinanzierung. http://www.gkv-spitzenverband.de [Zugriff: 04.10.2015].

Haubrock, M.; Peters, Sönke, H. F.; Schär, W. (Hrsg.) (1997): Betriebswirtschaft und Management im Krankenhaus, 2. Auflage. Berlin, Wiesbaden, Ullstein Mosby.

Haubrock, M.; Schär, W. (2009): Betriebswirtschaft und Management in der Gesundheitswirtschaft, 5. Auflage. Bern, Hans Huber.

Hessische Krankenhausgesellschaft (1992): Informationsveranstaltung zum Gesundheitsstrukturgesetz 1993. Frankfurt/M., Teil B, S. 1.

Institut für medizinisch-ökonomisches Consulting (2015): DRG-Glossar. https://www.imc-net.de [Zugriff: 06.10.2015].

Keun, F. (1999): Einführung in die Krankenhaus-Kostenrechnung. Wiesbaden, Gabler.

Krankenhausgestaltungsgesetz des Landes Nordrhein-Westfalen (KHGG NRW) in der Fassung vom 01.10.2015. https://recht.nrw.de [Zugriff: 05.10. 2015].

Lauterbach, K.; Lüngen, M. (2000): DRG-Fallpauschalen: eine Einführung – Anforderungen an die Adaption von Diagnosis Related Groups in Deutschland. Köln, Schattauer.

Mansky, Th. (1997): Bewertung von Krankenhausleistungen mithilfe von Fallgruppensystemen: Neuere Entwicklungstendenzen, in: Mayer, E. (Hrsg.): Vom Krankenhaus zum Medizinischen Leistungszentrum (MLZ): ambulante und stationäre Patientenversorgung der Zukunft. Köln, Deutscher Ärzte-Verlag, S. 219–234.

Ministerium für Arbeit, Gesundheit und Soziales des Landes Nordrhein Westfalen (2007): Umstellung der Krankenhausinvestitionsförderung – Informationen zur Baupauschale NRW. http://www.mags.nrw.de [Zugriff: 07.10.2015].

Neubauer, G. (1989): Von der Leistung zum Entgelt – Neue Ansätze zur Vergütung von Krankenhäusern. Stuttgart, Klett Cotta.

Neubauer, G.; Nowy, R. (2000): Wege zur Einführung eines leistungsorientierten und pauschalierenden Vergütungssystems für operative und konservative Krankenhausleistungen in Deutschland. Gutachten im Auftrag der Deutschen Krankenhausgesellschaft. http//www.dkgev.de [Zugriff: 26.02.2000].

Niedersächsisches Gesetz zum Bundesgesetz zur wirtschaftlichen Sicherung und zur Regelung der Krankenhauspflegesätze (Nds. KHG) in der Fassung vom 19.12.1995. Nds. GVBl., 1995: 463.

Niedersächsisches Krankenhausgesetz (NKHG) in der Fassung vom 14.07.2015. Nds. GVBl., 10/2015:148.

Rochel, B.; Roeder, N. (2000): Australian Refined Diagnosis Related Groups (AR-DRGs) – Ein Überblick. Das Krankenhaus, 92 (8), Redaktionsbeilage: 2.

Roeder, N.; Rochel, B.; Scheld H. H. (2000): Das australische System wird Ärzten und Ökonomen am besten gerecht. f&w führen & wirtschaften im Krankenhaus, 4: 344–346.

Sozialgesetzbuch (SGB), Fünftes Buch (V), in der Fassung vom 17.07.2015, BGBl. I: 1368.

vdek – Verband der Ersatzkassen (2015): Landesbasisfallwerte (LBFW). https://www.vdek.com [Zugriff: 05.06.2015].

Verordnung über die Abgrenzung der im Pflegegesetz nicht zu berücksichtigenden Investitionskosten von den pflegesatzfähigen Kosten der Krankenhäuser (Abgrenzungsverordnung – AbgrV) in der Fassung vom 21.07.2012. BGBl.: 1613.

Verordnung zur Bestimmung besonderer Einrichtungen im Fallpauschalensystem für Krankenhäuser für das Jahr 2004 (Fallpauschalenverordnung besondere Einrichtungen 2004 – FPVBE 2004) in der Fassung vom 13.10.2003. BGBl. I: 1995.

Verordnung zur Bestimmung besonderer Einrichtungen im Fallpauschalensystem für Krankenhäuser für das Jahr 2004 (Fallpauschalenverordnung besondere Einrichtungen 2004 – FPVBE 2004) in der Fassung vom 19.12.2003. BGBl. I: 2811.

Verordnung zur Regelung der Krankenhauspflegesätze (Bundespflegesatzverordnung – BPflV '95) in der Fassung vom 23.12.2002. BGBl. I: 2750.

Verordnung zur Regelung der Krankenhauspflegesätze (Bundespflegesatzverordnung – BPflV 2004) in der Fassung vom 14.11.2003. BGBl. I: 2190.

Verordnung zur Regelung der Krankenhauspflegesätze (Bundespflegesatzverordnung – BPflV 2015) in der Fassung vom 16.07.2015. BGBl. I: 2750.

von der Schulenburg, J.M. Graf (2012): Die Entwicklung der Gesundheitsökonomie und ihre methodischen Ansätze, in: Schöffski, O.; von der Schulenburg, J.M. Graf: Gesundheitsökonomische Evaluationen. Berlin, Heidelberg, Springer, S. 13–21.

5.1.2
Finanzierung der psychiatrischen und psychosomatischen Krankenhausleistungen

Jennifer Decu

5.1.2.1
Problemstellung

Psychiatrische Kliniken stehen vor einem gravierenden Wandel: Ihr gesetzlicher Rahmen ist durch das Gesetz zur Einführung eines pauschalierenden Entgeltsystems für psychiatrische und psychosomatische Einrichtungen (Psych-Entgeltgesetz oder PsychEntgG) verändert und neue Strukturen für ein „durchgängiges, leistungsorientiertes und pauschalierendes Entgeltsystem für Psychiatrie und Psychosomatik" (§ 17d Abs. 1 KHG) (PEPP) sind geschaffen worden.

Bei der Umstellung des Vergütungssystems im Krankenhaussektor auf das DRG-Fallpauschalensystem im Jahre 2004 wurde die stationäre psychiatrische und psychosomatische Versorgung zunächst ausgeschlossen. Mit dem Krankenhausfinanzierungsreformgesetz (KHRG) von 2009 hat der Gesetzgeber die grundlegende Neuordnung der psychiatrischen sowie psychosomatischen Entgeltsystematik vorangetrieben. Mit diesem Gesetz wurde den Selbstverwaltungspartnern der Auftrag erteilt, ein neues Entgeltsystem für Psychiatrie,

Psychotherapie und Psychosomatik zu entwickeln. Dazu wurde durch das KHRG die Einführung des § 17d im Krankenhausfinanzierungsgesetz (KHG) geschaffen, der ein neues Vergütungssystem für die Psychiatrie und Psychosomatik für Krankenhäuser fordert. Mit diesem Schritt leitete man den ersten Anstoß für ein neues Vergütungssystem in Psychiatrie und Psychosomatik seit 1992 ein. Die bisherige Finanzierung psychiatrischer Leistungen nähert sich damit etwas der Finanzierung der somatischen Leistungen innerhalb des fallpauschalenorientierten DRG-Systems an (vgl. Maier et al., 2013: 1).

Gegenwärtig gilt es, das neue Entgeltsystem nochmals hinsichtlich seines Verbesserungspotenzials zu überprüfen. Dies forderten sowohl die Union als auch die SPD. Ursprünglich sollte das PEPP bereits ab 2015 verpflichtend für alle psychiatrischen und psychosomatischen Einrichtungen eingeführt werden. Noch ist es den Kliniken jedoch freigestellt, ob sie bereits mit dem neuen System abrechnen wollen. Diese Optionsphase wird nun bis Ende 2016 verlängert. Insbesondere diese Ende April 2014 getroffene Entscheidung zeigt, dass das neue und lang geforderte Entgeltsystem für Psychiatrie und Psychosomatik zu diesem Zeitpunkt noch keine zufriedenstellende Lösung für alle Parteien im Gesundheitswesen darstellt. Die hitzige Kritik und Debatte um das neue Entgeltsystem ist Grund genug, das PEPP genauer zu betrachten (vgl. Deutscher Bundestag, 2014a: 1333 ff. und Deutsches Ärzteblatt, 2014: o. S.).

5.1.2.2
Entwicklung des Entgeltsystems in der Psychiatrie

Funktion von Patientenklassifikationssystemen

Das bekannteste Patientenklassifikationssystem des deutschen Gesundheitssektors stellt das G-DRG-System dar. „G-DRG" steht für German Diagnosis Related Groups, auch DRGs genannt. In Anlehnung an das in 2004 eingeführte G-DRG-System im Krankenhaussektor will der Gesetzgeber auch das pauschalierende Entgeltsystem für Psychiatrie und Psychosomatik in Deutschland gestalten.

Patientenklassifikationssysteme lassen sich auf die 1980er-Jahre zurückführen, die USA nehmen hier die Vorreiterposition ein. Das erste DRG-System wurde dort bereits vor über 30 Jahren entwickelt (vgl. Doege/Martini, 2008: 27 f.). Zeitgleich erprobte man ebenfalls in den USA das PMC-Modell – mithilfe von Patient Management Categories können mehrere Krankheitsbilder gleichzeitig in verschiedenen Krankheitsmodulen abgebildet werden (vgl. PRI, 1993: o. S.). Patientenklassifikationssysteme erheben und kategorisieren Leistungsbedarfe einerseits und konkretisieren darauf aufbauend Leistungsinhalte andererseits (vgl. Fuchs, 2004: 200 f.). Sowohl die DRGs als auch die PMCs verfolgen dasselbe Ziel: Mit beiden Systemansätzen versucht man, homogene Fallgruppen zu ermitteln und dadurch Einzelbehandlungen vergleichbar zu machen. Eine weitere Idee steckt hinter der Homogenisierung und Pauschalierung von Fällen im Gesundheitswesen. Bereits in den frühen Anfängen der PMCs ordnete man jeder PMC einen typischen Behandlungspfad zu. Dementsprechend erhoffte man sich, eine einheitliche Qualität innerhalb der Behandlungen sicherstellen und langfristig steigern zu können (vgl. Smith, 2000: 185).

Psychiatrische Versorgung im Wandel

Lange Zeit wurde die Psychiatrie seitens der Bundesrepublik Deutschland stiefmütterlich behandelt. Dies ist der deutschen Vergangenheit zuzuschreiben, in der psychisch Kranke im Dritten Reich verfolgt wurden. Nur vereinzelt machten Autoren auf die Missstände hinter psychiatrischen Türen aufmerksam. Dazu zählen vor allem die Herren Goffman, Häfner und Fischer mit ihren Werken zur psychiatrischen Versorgung Deutschlands.[1] Steigendes öffentliches Interesse ließ auch die Bundesärztekammer sich

---

1 Erving Goffman, geb. 1922, Soziologe und Verfasser des Werks „Asylums" von 1961; Heinz Häfner, geb. 1926, Psychiater und Mitbegründer der Aktion Psychisch Kranke e.V. sowie stellvertretender Vorsitzender der Enquête-Kommission; Frank Fischer, Germanist und Historiker sowie Autor des Werks „Irrenhäuser: Kranke klagen an".

mit der Thematik „Psychiatrie" auseinanderzusetzen. So befasste sich der Deutsche Ärztetag im Jahre 1970 während des 73. Deutschen Ärztetages erstmals in seiner Geschichte mit der Versorgung psychisch Kranker (vgl. Bundesärztekammer, 2014: o.S.). Nach und nach bildeten sich Vereinigungen wie die Deutsche Gesellschaft für Soziale Psychiatrie (DGSP) sowie die Aktion psychisch Kranke e.V. (APK), die aktiv die Verbesserung der psychiatrischen Versorgung forderten und dazu beitrugen, erste Neuerungen zu initiieren. Die APK vereint dabei Vertreter sämtlicher Interessengruppen der Psychiatrie, sodass ihr später sogar die Geschäftsführung der sogenannten **Psychiatrie-Enquête** übertragen wurde (vgl. APK e.V., 2014a: o.S.).

Auf Antrag gleich mehrerer Abgeordneter im Jahre 1970, die Versorgungsqualität in psychiatrischen Einrichtungen zu überprüfen, wurde 1971 eine Expertenkommission (auch Sachverständigen-Kommission genannt) „Psychiatrie-Reform" einberufen, die vom Gesetzgeber beauftragt wurde, die Qualität der Versorgung psychisch Kranker zu untersuchen. Dies war die Geburtsstunde der sogenannten Psychiatrie-Enquête. Erstmals wirkte man den Missständen in der psychiatrischen Versorgung entgegen: Der „Bericht über die Lage der Psychiatrie in der Bundesrepublik Deutschland – Zur psychiatrischen und psychotherapeutisch/psychosomatischen Versorgung der Bevölkerung" – kurz Psychiatrie-Enquête genannt, wird initiiert. Die berufene Expertenkommission verfolgte dabei das Ziel, angemessene Handlungsempfehlungen und Reformvorschläge für folgende Schwerpunkte zu entwickeln (vgl. Deutscher Bundestag, 1973: 2):

a. „Abbau der Vorurteile gegen den psychisch Kranken in unserer Gesellschaft;
b. Ausbau einer moderneren und sinnvollen Arbeits- und Beschäftigungstherapie in den stationären Einrichtungen;
c. Schaffung von beschützenden Werkstätten mit dem Ziel einer vollen beruflichen Eingliederung;
d. Errichtung von Tages- und Nachtkliniken, Übergangsheimen, Ambulanzen, Beratungsstellen sozialpsychiatrischer Dienste;
e. Schaffung von psychiatrischen Abteilungen in Allgemeinkrankenhäusern und Verbesserung der vorhandenen Einrichtungen;
f. Verbesserung der Ausbildung, Fort- und Weiterbildung aller psychiatrisch Tätigen mit der Heranbildung zur Teamarbeit, Koordination und Kooperation;
g. Ausschöpfung aller therapeutischen Kapazitäten zur Verbesserung der Gesamtsituation in der Psychiatrie." (Deutscher Bundestag, 1973: 2)

Übergeordnetes Ziel der neuen Reform ist vor allem die allgemeine Neuordnung zur Verbesserung der Versorgung psychisch Kranker sowie behinderter Menschen (vgl. Deutscher Bundestag, 1973: 2).

Vertreter verschiedener Teilgebiete der Psychiatrie, Mitglieder unterschiedlicher Arbeitsgruppen, Expertenteams sowie Beiräte übernahmen die Überprüfung der Zustände in psychiatrischen Einrichtungen (vgl. Deutscher Bundestag, 1973: 2f.).

Als Zwischenergebnis der Psychiatrie-Enquête dient der Zwischenbericht, welcher im Oktober 1973 veröffentlicht wurde. Dabei werden neben langfristigen Empfehlungen Sofortmaßnahmen zur Verbesserung der Versorgung gegeben. Die Expertenkommission deckte in ihren Untersuchungen katastrophale Zustände in psychiatrischen Krankenhäusern auf: menschenunwürdige Bedingungen, Schlafsäle mit mehr als elf Betten, unzumutbare hygienische Verhältnisse, weder Raum für persönliche Habseligkeiten noch Zeit für medizinische Nachsorge etc. (vgl. Bühring, 2001: o.S.).

Die ersten Empfehlungen umfassen daher insbesondere die generelle **Neuordnung des gesamten psychiatrischen Versorgungssystems**. Darin enthalten sind in erster Linie Maßnahmen zur Gleichstellung psychisch Kranker mit körperlich Kranken sowie zur Koordination der Versorgung psychisch Kranker, des Ambulanzbereichs und der Aus-, Fort- und Weiterbildungen der Versorgenden (vgl. Deutscher Bundestag, 1973: 9f.).

Des Weiteren berichtet die Kommission von überalterten **Bausubstanzen** und unzumutbaren **Lebensbedingungen**, vor allem für chronisch Kranke. Daher widmen sich die Sofortmaßnahmen der unmittelbaren Realisierung humaner Grundbedürfnisse. Neben der prompten Instandsetzung von baufälliger Substanz stehen vor allem die Einhaltung genereller Lebensstandards, wie zum Beispiel das Tragen eigener Kleidung, ein patienteneigener Schrank für das Eigentum und „ausreichend sanitäre Ausstattung" (Deutscher Bundestag, 1973: 27f.) im Fokus. Daneben fordert die Kommission weitere „Maßnahmen zur finanziellen Sicherung psychiatrischer Einrichtungen" (Deutscher Bundestag, 1973: 27f.). Um die gegebenen Empfehlungen und Maßnahmen langfristig durchführen zu können, muss das finanzielle Grundgerüst der psychiatrischen Einrichtungen gesichert werden. Finanzielle Defizite der Vergangenheit sind insbesondere der monistischen Krankenhausfinanzierung sowie der langen Vernachlässigung der psychiatrischen Versorgung geschuldet (vgl. Deutscher Bundestag, 1973: 27f.).

Als Endergebnis präsentierte die Sachverständigen-Kommission im November 1975, rund 5 Jahre nach Initiierung, den **Schlussbericht** der Psychiatrie-Enquête, dessen Fokus auf einer detaillierten Istdarstellung der psychiatrischen und psychosomatischen Versorgungsstruktur sowie den ausgestalteten und konkretisierten Empfehlungen des Zwischenberichts lag. Als Handlungsempfehlungen im Zwischenbericht aufgenommen, wurden durch die Sachverständigen-Kommission folgende konkrete Sofortmaßnahmen als Prioritäten im Schlussbericht gesetzt:

a. „Aus- und Aufbau der komplementären Dienste (Heimsektor),
b. Aus- und Aufbau der ambulanten Dienste,
c. Aufbau von Abteilungen an allgemeinen Krankenhäusern,
d. Förderung der Aus-, Fort- und Weiterbildung,
e. Vorrangige Verbesserung der Versorgung
   – von psychisch auffälligen, gestörten und behinderten Kindern und Jugendlichen,
   – von Suchtkranken, insbesondere Alkoholikern,
f. Entwicklung von Modellversorgungsgebieten in städtischen wie ländlichen Regionen." (Deutscher Bundestag, 1975: 36)

Zusätzlich werden Empfehlungen gegeben, die insbesondere die allgemeine Neugestaltung der psychiatrischen Versorgung, Aus-, Fort- und Weiterbildungen von Personal, rechtliche Rahmenbedingungen sowie Primärprävention psychischer Störungen umfassen. Ein weiterer umfassender Gesichtspunkt des Schlussberichts ist zudem die Sicherstellung eines angemessenen Personalbedarfs in der Versorgung psychisch Kranker. Denn insgesamt muss sichergestellt werden, „daß die psychiatrischen Krankenhäuser personell, baulich und organisatorisch in die Lage versetzt werden, Krankheit und Behinderung tatsächlich zu lindern oder zu beheben" (Deutscher Bundestag, 1975: 16). Dabei wird mit allen geforderten Punkten der Sachverständigen-Kommission das Ziel verfolgt, die vorhandenen Versorgungsstrukturen in der Psychiatrie kurz-, mittel- und langfristig zu verbessern. Gleichzeitig mit der Veröffentlichung des Schlussberichts wird aber auch darauf hingewiesen, dass die Kosten so erheblich ausfallen werden, „daß die Realisierung nur sehr langsam und abgestuft möglich ist und zusätzliche Mittel angesichts der angespannten Finanzlage der Kostenträger gegenwärtig nicht aufgebracht werden können" (Deutscher Bundestag, 1975: 2).

Mit der Psychiatrie-Enquête wurde erstmals in der Versorgung psychisch Kranker auf deren Entstigmatisierung hingewirkt. Eine der Hauptziele war, die psychisch Kranken mit den somatisch Kranken sowie die psychiatrischen mit den somatischen Leistungen gleichzustellen (vgl. Bühring, P., 2001: o.S.). Hinsichtlich der Entwicklung eines gleichberechtigten Entgeltsystems für die Psychiatrie, wurden im Jahr 1972 sowohl der Psychiatrie als auch der Somatik mit der Einführung des Krankenhausfinanzierungsgesetzes (KHG) landesspezifische Pflegesätze zugesprochen – der erste Schritt in Richtung Gleichstellung ist getan. Doch mit dem Gesetz der Armenfürsorge aus dem Jahr 1942, das bei Einführung des KHG weiterhin Bestand hatte, erhielt man Teile des sogenannten Halbierungserlasses. Dieser regelte, dass der Pflegesatz für eine psychiatrische Krankenhausbehandlung nur die Hälfte des Pflegesatzes in somatischen Krankenhäusern betragen durfte (vgl. Schepker/Eggers, 1999: o.S.). Das Ergebnis des ersten Versuchs der Gleichstellung von Psychiatrie und Somatik seit Jahren ist ernüchternd: Die gleichgestellte Finanzierung, die man sich durch die Pflegesätze erhoffte, bleibt aus.

Mit der gewünschten Gleichstellung psychisch Kranker wurde auch die Eingliederung der Psychiatrie in das bestehende Gesundheitssystem vorangetrieben. Diese erfolgte nach Empfehlungen der Sachverständigen-Kommission, die sowohl die Versorgungsgebiete sowie die darin befindlichen Leistungserbringer als auch das Leistungsportfolio festlegten. Mit der durch die Enquête erzielte Neuordnung des psychiatrischen Versorgungsangebots werden sogar bislang geltende Gesetze revidiert: die **Reichsversicherungsordnung (RVO)** beispielsweise wird grundlegend reformiert. In den kommenden Jahren wird an der Umsetzung der neuen Versorgungsstrukturen gearbeitet. Der Schwerpunkt der neuen Versorgung psychisch Kranker liegt insbesondere auf der Ausweitung von Prävention und Rehabilitation, dem Ausbau ambulanter Versorgungsdienste sowie der Koordination und Planung ambulanter Dienste. Bund, Länder und Kommunen gliedern die Versorgung psychisch Kranker unter Einhaltung folgender vier Rahmenbedingungen, welche an die allgemeinen Zielsetzungen des Gesundheitswesens erinnern, in die bestehenden Versorgungsstrukturen ein (vgl. Deutscher Bundestag, 1975: 29):

1. „Gleichstellung psychisch Kranker mit körperlich Kranken
2. gemeindenahe Versorgung
3. bedarfsgerechte und umfassende Versorgung
4. bedarfsgerechte Koordination aller Dienste" (Deutscher Bundestag, 1979: 14)

Darauf aufbauend wurde durch den Gesetzgeber 1979 ein bundesweites, auf 6 Jahre angelegtes Modellprogramm initiiert. In insgesamt 140 Projekten und 14 Regionen wurden die Möglichkeiten der außerklinischen Versorgung psychisch Kranker untersucht. Das Ergebnis ist wieder strukturverändernd. Im Jahre 1986 wurde, aufbauend auf diesem Modellprogramm, das **Gesetz zur Verbesserung der ambulanten und teilstationären Versorgung psychisch Kranker (PsychKVVerbG)** verabschiedet. Die gewonnenen Ergebnisse des Modellprogramms ergänzen die Einschätzungen der Sachverständigen-Kommission in einem 1988 erschienenen Empfehlungsband.

Insgesamt wird mit der Psychiatrie-Enquête über Jahre der Anstoß für einen Paradigmenwechsel in der Psychiatrie und Psychosomatik gegeben. Die angestrebte Gleichstellung der Psychiatrie mit der Somatik ist dabei als gravierendste Veränderung zu nennen. Sukzessive wird die Enthospitalisierung und damit der Ausbau der Ambulanz (insbesondere psychiatrische Institutsambulanzen [PIAs] gemäß § 118 SGB V und Tageskliniken) und sektorenübergreifenden Versorgung sowie die Regionalisierung der Versorgung vorangetrieben. Die Finanzierung der neugestalteten Versorgungsstrukturen muss nun an die neuen Leistungsstrukturen angepasst werden.

Einhergehend mit den substanziellen Strukturänderungen für die Gesundheitsversorgung allgemein und die Psychiatrieversorgung im Speziellen, steigen die jetzt umzusetzenden Anforderungen an die Einrichtungen. Diese sind vor allem in einem gestiegenen Personalbedarf festzustellen. So wurde von der Sachverständigen-Kommission ein Personalbedarf von 88 Ärzten, 435 Pflegekräften, 64 pädagogisch-therapeutischen Mitarbeitern, 57 Sozialarbeitern und 97 Arbeits- und Ergotherapeuten für ein sogenanntes Standardversorgungsgebiet kalkuliert (vgl. Finzen/Schädle-Deininger, 1979: 237). Das bestehende Vergütungssystem scheint den wachsenden Anforderungen nicht mehr gerecht werden zu können.

Die fehlende Finanzierungsmöglichkeit dieses erhöhten Personalbedarfs in der Psychiatrie sowie die allgemeine Kostenexplosion und damit verbundene Kostendämpfung im Gesundheitswesen führen dazu, dass 1981 das **Gesetz zur wirtschaftlichen Sicherung der Krankenhäuser und zur Regelung der Krankenhauspflegesätze** eingeführt wird, das den Finanzierungsrahmen der Krankenhäuser festsetzt. Hauptaufgabe der neuen Gesetzgebung war es, den für die Psychiatrie nachteiligen

Halbierungserlass, der immer noch aktiv ist, abzuschaffen sowie die Pflegesätze insgesamt neu zu ordnen. Hierfür forderte der Gesetzgeber mit der Neuordnung des § 19 KHG den Spitzenverband der gesetzlich Versicherten einerseits und die Deutsche Krankenhausgesellschaft (DKG) andererseits dazu auf, „unter Beachtung der medizinischen und technischen Entwicklung, gemeinsam Empfehlungen über Maßstäbe und Grundsätze zur Wirtschaftlichkeit und Leistungsfähigkeit der Krankenhäuser, insbesondere für den Personalbedarf und die Sachkosten" (§ 19 Abs.1 KHG) auszuarbeiten. Sollten keine Empfehlungen auf Selbstverwaltungsebene zustande kommen, so wird der Gesetzgeber ermächtigt, selbst Ersatzbestimmungen unter Zustimmung des Bundesrates vorzunehmen (vgl. § 19 Abs. 2 KHG). Trotz des gesetzlichen Auftrags hat keine der obigen Parteien je Empfehlungen vorgelegt. Dies war für den Gesetzgeber Anlass, 1984 einen weiteren Versuch zu unternehmen. Mit dem **Gesetz zur Neuordnung der Krankenhausfinanzierung (Krankenhaus-Neuordnungsgesetz)** erteilte er – nebst einigen Änderungen des KHG – erneut den Auftrag, Empfehlungen bezüglich der personellen Ausstattung von Leistungserbringern vorzulegen. Erst 1985 folgten die Interessengruppen dem gesetzlichen Auftrag. Erste Empfehlungswerte wurden von der DKG im Dezember 1985 vorgelegt; gemeinsame Bemühungen zwischen der DKG und dem Spitzenverband werden jedoch bereits 1986 niedergelegt. Demnach kam nun der Gesetzgeber nach § 19 Abs.2 KHG selbst in die Pflicht, „eine Rechtsverordnung über Maßstäbe und Grundsätze für den Personalbedarf in der stationären Versorgung zu erlassen" (Kunze/Kaltenbach, 1996a: 4). Es wurde der sogenannte **Beirat für Personalmaßstäbe gemäß § 19 KHG** einberufen. Dieser stellte den größten Personalbedarf der stationären Versorgung in den psychiatrischen Einrichtungen fest, sodass 1988 eine **Expertengruppe für den Personalbedarf** in der stationären Psychiatrie sowie ein Jahr später, 1989, eine weitere für den Personalbedarf in der Kinder- und Jugendpsychiatrie ernannt wird (vgl. Kunze/Kaltenbach, 1996a: 4). Das beauftragte Expertenteam griff bei der Erarbeitung auf die Sachverständigen-Kommission zurück, die den Gesetzgeber bereits bei der Erarbeitung und Umsetzung der Psychiatrie-Enquête unterstützt hatte. Bemängelt wurde vor allem die globale und pauschale Personalbedarfsermittlung, wie beispielsweise die aufgestellten Betten. Diese soll möglichst durch eine aufgabenbezogene Personalbemessung abgelöst werden. Begründet wurde dies vor allem damit, dass der Abbau von unterdurchschnittlich aufwändigen Betten dazu führt, dass auch Personalabbau für überdurchschnittlich aufwändige Betten erfolgen wird und damit eine Minderung des therapeutischen Angebots einhergeht (vgl. Kunze/Kaltenbach, 1996a: 1 ff.).

Das (damals zuständige) Bundesministerium für Arbeit und Soziales entschied sich gemeinsam mit der Expertengruppe unter Erprobung von neuen Behandlungsbereichen in 43 psychiatrischen Einrichtungen sowie 37 psychiatrischen Fachabteilungen mit insgesamt über 23 000 Patienten für ein Personalbemessungskonzept, das sich an dem Versorgungsauftrag der Einrichtung sowie an der Patientenstruktur und Behandlungsformen orientiert. Behandlungsbereiche bilden hierbei die unterschiedlichen Behandlungs- und Pflegebedarfe ab und stellen somit ein Personalbestimmungsinstrument dar, das sich nicht an der Bettenzahl orientiert. Hierdurch kann erstmals eine **leistungsorientierte Personalbemessung** erfolgen. Dem neuen Konzept wurde in Anhörungen von Verbänden und Ländern sowie dem Beirat für Personalmaßstäbe in der stationären Psychiatrie zwischen 1989 und 1990 zugestimmt, sodass die **Verordnung über Maßstäbe und Grundsätze für den Personalbedarf in der stationären Psychiatrie (Psychiatrie-Personalverordnung – Psych-PV)** noch Ende 1990 verabschiedet wurde. Zielsetzung der Psych-PV ist es, psychiatrische Einrichtungen personell so auszustatten, dass im Sinne des KHG eine ausreichende, zweckmäßige und wirtschaftliche stationäre Behandlung erfolgen kann. Dazu sollen die Voraussetzungen geschaffen werden, psychiatrische Krankheiten erkennen, heilen sowie Verschlimmerungen vermindern oder Beschwerden lindern zu können, um so die Enthospitalisierung vorantreiben und psychiatrischen Patienten, soweit es möglich ist, ein Leben außerhalb der Klinik ermöglichen zu können (vgl. Kunze/Kaltenbach, 1996b: 29f.).

Um einen leistungsorientierten Personalbedarf im Sinne der Psych-PV ermitteln und damit einhergehend eine wirtschaftliche Personalbemessung sicherstellen zu können, werden die Patienten anhand ihrer jeweiligen Diagnose in die entsprechenden neuen Behandlungsbereiche unterteilt. Dabei gliedern sich die Behandlungsbereiche in der Erwachsenenpsychiatrie in die drei Kategorien Allgemeine Psychiatrie, Abhängigkeitskranke und Gerontopsychiatrie und bilden so insgesamt 18 unterschiedliche Behandlungsbereiche (vgl. hierzu im Anhang Tabelle 1, Behandlungsbereiche nach § 4 Abs. 1 Psych-PV, Anlage 1 Psych-PV, 1990). Für die Kinder- und Jugendpsychiatrie stehen sieben Behandlungsbereiche zur Verfügung (vgl. hierzu im Anhang Tabelle 2, Behandlungsbereiche nach § 8 Abs. 1 Psych-PV, Anlage 2 Psych-PV, 1990). Diese bilden den jeweiligen leistungsbezogenen Behandlungs- und Betreuungsaufwand ab. Jedem Behandlungsbereich und jeder Berufsgruppe werden ein Zeitwert in Minuten pro Patient und Woche zugeordnet (sog. Minutenwerte). Ein Patientendurchschnitt wird mithilfe von Stichtagserhebungen gebildet. Dieser Durchschnittswert wird mit dem jeweiligen Zeitwert einer Dienstart multipliziert, sodass das Ergebnis ein Minutenwert pro Behandlungsbereich und Dienstart darstellt. Die Gesamtminuten ergeben sich aus der Addition aller Minuten pro Dienstart. Die Division der Gesamtminuten durch die Nettoarbeitszeit in Minuten ergibt die Anzahl der Vollkräfte je Dienstart, die seitens der Psych-PV für die jeweilige Einrichtung gefordert wird (vgl. § 3 und § 4 Psych-PV).

Im Sinne des neuen Entgeltsystems für die Psychiatrie und Psychosomatik wird seitens des Gesetzgebers auch die Berücksichtigung der Behandlungsbereiche der Psych-PV bei der Entwicklung eines pauschalierenden Pflegesatzes gefordert (vgl. § 17d Abs. 3 KHG). Dies ist darin begründet, dass es sich bei der Psych-PV um ein geschlossenes, leistungsorientiertes Konzept handelt, das die personelle Ausstattung in der Psychiatrie gravierend positiv verändert hat (vgl. Pohl, 1998: 19ff.). Bereits mit der Psychiatrie-Enquête wurden Strukturanforderungen gesetzt, welche die Regionalisierung der psychiatrischen Versorgung sowie die Interdisziplinarität der Berufsgruppen und Therapieziele vorangetrieben haben, um die Patienten soweit befähigen zu können, im Sinne der Enthospitalisierung ein eigenständiges Leben außerhalb psychiatrischer Einrichtungen führen zu können und somit den Ausbau der ambulanten Strukturen wie Prävention und Beratung zu ermöglichen (vgl. Kunze/Schmidt-Michel, 2007: 1460f.).

Die Psych-PV regelt die Personalstellen der psychiatrischen Versorgung in Fachkrankenhäusern und Fachabteilungen. Durch die Koppelung der Psych-PV an die Bundespflegesatzverordnung (BPflV) ist es zunehmend schwieriger geworden, die gesetzlich vorgegebene Personalausstattung seit 1996 zu realisieren, da die tariflichen Personalkostensteigerungen über der Obergrenze der Veränderungsrate lagen und damit den möglichen Budgetzuwachs überstiegen. Schätzungen zufolge können die Personalkosten in der psychiatrischen Versorgung bis zu 90 % der gesamten Kosten ausmachen (vgl. APK e.V., 2007: 3). Die Folge dieser Entwicklungen ist eine Verschlechterung der Versorgungsqualität. Aufgrund dessen wurde Mitte 2005 erstmals die APK beauftragt, den Erfüllungsgrad der Psych-PV zu ermitteln. Innerhalb einer Arbeitsgruppe mit allen wichtigen Spitzen- und Fachverbänden wurde konkret erhoben, „inwiefern der Vollkräfte-Planbedarf nach Psych-PV im Budgetjahr 2004 von den Einrichtungen tatsächlich realisiert werden konnte" (APK e.V., 2014b: o.S.). Das Ergebnis der Untersuchung zeigt eine hohe Varianz. Der Durchschnitt des Psych-PV-Erfüllungsgrades für 2004 lag über alle Berufsgruppen bei 90,1 %. Für 29 % der Planbetten jedoch lag der Psych-PV-Erfüllungsgrad unter 85 %, für 13 % sogar unter 80 %. Nur 18 % hatten einen Erfüllungsgrad über 95 %. In der Kinder- und Jugendpsychiatrie und -psychosomatik ist die Varianz sogar noch größer: Der durchschnittliche Psych-PV-Erfüllungsgrad lag bei nur 87,9 %. Für 45 % der Planbetten lag der Erfüllungsgrad unter 85 %, für 23 % sogar unter 80 %. Für nur 11 %

der Planbetten betrug der Psych-PV-Erfüllungsgrad mehr als 95 % (vgl. APK e. V., 2014b: o. S.).

5.1.2.3
Pauschalierendes Entgeltsystem für Psychiatrie und Psychosomatik

Gründe für die Einführung
Aufgrund der oben beschriebenen Ergebnisse modifizierte der Gesetzgeber im Jahre 2009 mit dem Krankenhausfinanzierungsreformgesetz (KHRG) das bestehende Krankenhausfinanzierungsgesetz (KHG) für psychiatrische und psychosomatische Einrichtungen. Erstmals wird „die Einführung eines pauschalierenden Entgeltsystems für Psychiatrie und Psychosomatik" (§ 17d KHG) mit budgetneutraler Umsetzung bis zum Jahre 2013 gefordert. Es werden die Selbstverwaltungspartner auf Bundesebene, die DKG, der Spitzenverband Bund der Krankenkassen sowie der Verband der Privaten Krankenversicherung einberufen, um die Entwicklung des neuen Entgeltsystems voranzutreiben. Neben tagesbezogenen Entgelten und der Prüfung weiterer Abrechnungseinheiten zielt das KHRG auf die Einbeziehung der psychiatrischen Institutsambulanzen (PIAs) ab (vgl. § 17d Abs. 3, i.V.m. § 17b Abs. 2 Satz 1 KHG). Nebstdem wird mit dem KHRG die Möglichkeit für Nachverhandlungen von Personalstellen für diejenigen Einrichtungen eröffnet, die bisher die Psych-PV nicht vollständig umsetzen konnten. Durch das KHRG konnte so die finanzielle Ausgangslage für die PEPP-Einführung verbessert werden (vgl. Rau, 2013: 17).

Bislang wurden unterschiedlich aufwändige Patienten in voll- und teilstationärer Behandlung mit abteilungsbezogenen tagesgleichen Pflegesätzen nach der Bundespflegesatzverordnung vergütet. Die Intention des Gesetzgebers ist es, mit dem neuen Entgeltsystem für Psychiatrie und Psychosomatik den „Weg von der krankenhausindividuellen Verhandlung kostenorientierter Budgets hin zu einer leistungsorientierten [oft auch preisorientiert genannt; Anm. d. Autors] Krankenhausvergütung konsequent" (Deutscher Bundestag, 2011: 1) fortzusetzen. Darüber hinaus wird mit dem neuen Entgeltsystem ein weiterer Schritt in Richtung Transparenz im Gesundheitswesen getan (vgl. Deutscher Bundestag, 2011: 1).

Ausgangslage
Die Tabelle 5.1.2-1 sowie nachfolgende Zahlen verdeutlichen, dass psychiatrische Erkrankungen heutzutage nicht mehr die Ausnahme sind, sondern immer häufiger Ursache für stationäre Krankenhausaufenthalte werden. Seit dem Jahre 2000 ist beispielsweise die Fallzahl der psychischen und Verhaltensstörungen durch Alkohol rapide angestiegen. Im Jahre 2012 war diese Diagnose mit rund 345 000 Fällen die dritthäufigste Diagnose im stationären Aufenthalt. Im Jahre 2000 belegte sie ebenfalls Platz 3 der häufigsten Diagnosen, jedoch mit über 60 000 Fällen weniger (vgl. Statistisches Bundesamt, 2013a: o. S.).

Mit Einführung des DRG-Systems im Jahre 2004 hat der Gesetzgeber eine gravierende Änderung in der Finanzierung von Krankenhäusern vorgenommen. Ausgeschlossen wurden dabei zunächst die Psychiatrie und Psychosomatik, denn diese Disziplinen sind nicht vollkommen mit der Somatik vergleichbar. Während zwischen 2000 und 2012 die Gesamtzahl an Krankenhäusern, Fachabteilungen sowie Berechnungs- und Belegungstagen sank und in den kommenden Jahren tendenziell auch weiterhin abnehmen wird, steigen diese Parameter in Psych-Fachabteilungen (psychiatrische Krankenhäuser sowie Einrichtungen mit psychiatrischen Fachabteilungen) insgesamt an. Der Anstieg an psychiatrischen Fachabteilungen liegt sogar bei rund 50 % – waren es im Jahre 2000 noch 508 Fachabteilungen, werden Patienten 2012 schon in 760 Fachabteilungen bundesweit versorgt. Zudem ist ein enormer Fallzahlenanstieg von über 50 % zu verzeichnen (vgl. Statistisches Bundesamt, 2013b: 15 ff.).

Insgesamt bilden diese psychiatrischen Fachabteilungen einen Anteil am gesamten Krankenhausmarkt von 9 % sowie Fallzahlen von 5,3 % ab. Trotzdem zeigt die Entwicklung der vergangenen Jahre, dass auch perspektivisch mit einer Veränderung der psychiatrischen Fachabteilungen zu rechnen ist. Der Bedarf an psychiatrischen Leistungen ist gegeben

Tabelle 5.1.2-1: Die häufigsten Diagnosen beim stationären Krankenhausaufenthalt (Quelle: Eigenerstellung in Anlehnung an Statistisches Bundesamt, 2013a: o. S.)

ICD-10		2000		2012	
		Rang	Fälle	Rang	Fälle
Z38	Lebendgeborene nach dem Geburtsort	–	–	1	474 246
I50	Herzinsuffizienz	5	239 694	2	386 548
F10	**Psychische und Verhaltensstörungen durch Alkohol**	3	278 650	3	345 034
I48	Vorhofflattern und Vorhofflimmern	24	139 437	4	277 616
S06	Intrakranielle Verletzung	7	228 655	5	254 594
I20	Angina Pectoris	18	155 868	6	248 457
I63	Hirninfarkt	25	136 328	7	240 038
I10	Essenzielle (primäre) Hypertonie	26	134 372	8	229 423
J18	Pneumonie, Erreger nicht näher bezeichnet	11	178 048	9	227 196
I21	Akuter Myokardinfarkt	14	169 165	10	223 179

(vgl. Statistisches Bundesamt, 2013b: 15 ff.). Während in den Krankenhäusern im Jahre 2012 insgesamt eine durchschnittliche Verweildauer von 7,6 Tagen vorlag, 141 941 665 Belegungstage verzeichnet wurden und eine Auslastung von 77,4 % gegeben war (vgl. Statistisches Bundesamt, 2013b: 15 ff.; Tab. 5.1.2-2), machen dieselben Parameter für die Psych-Fächer deutlich, weshalb sie nicht mit den somatischen Fächern vergleichbar sind. Die Verweildauer für das Jahr 2012 in der Kinder- und Jugendpsychiatrie und -psychotherapie betrug durchschnittlich 37,3 Tage, in der Psychotherapeutischen Medizin/Psychosomatik sogar durchschnittlich 41,2 Tage. In keiner anderen Disziplin ist der Nutzungsgrad der Betten höher: Die durchschnittliche Auslastung der Betten von 92,57 % in psychiatrischen Fachkrankenhäusern zeigt einen weiteren entscheidenden Unterschied zu den somatischen Fächern (vgl. Statistisches Bundesamt, 2013b: 8 ff.; Tab. 5.1.2-3).

Insgesamt ist festzustellen, dass nicht alle psychiatrischen Diagnosen (sogenannte F-Diagnosen) auf Patienten in psychosomatischen Einrichtungen zurückzuführen sind. Vielmehr haben Leber und Wolff herausfinden können, dass die Abrechnung rund eines Viertels der Behandlungsfälle mit einer F-Hauptdiagnose über das DRG-System und damit über die somatischen Einrichtungen erfolgt (vgl. Leber/Wolff, 2011: 143).

Rechtliche Rahmenbedingungen

Mit der Einführung des § 17d in das KHG durch das KHRG im Jahre 2009 wurde die Einführung eines pauschalierenden Entgeltsystems für psychiatrische und psychosomatische Einrichtungen manifestiert. Insbesondere § 17d Abs. 1 KHG legt die groben Züge des Entgeltsystems fest:

„(1) Für die Vergütung der allgemeinen Krankenhausleistungen von Fachkrankenhäusern und selbstständigen, gebietsärztlich geleiteten Abteilungen an somatischen Krankenhäusern für die Fachgebiete Psychiatrie und Psychotherapie, Kinder- und Jugendpsychiatrie und -psychotherapie (psychiatrische Einrichtungen) sowie Psychosomatische Medizin und Psychotherapie (psychosomatische Einrichtungen) ist ein durchgängiges, leistungsorientiertes und pauschalierendes Vergütungssystem auf der Grundlage von tagesbezogenen Entgelten einzuführen. Dabei ist zu prüfen, ob für bestimmte Leistungsbereiche andere Abrechnungseinheiten eingeführt werden

5 Strukturen und Funktionen ausgewählter Versorgungssysteme

Tabelle 5.1.2-2: Krankenhäuserkapazitäten und deren Inanspruchnahme (Quelle: Eigenerstellung in Anlehnung an Statistisches Bundesamt, 2013b: 15 ff.)

Jahr	Krankenhäuser insgesamt					
	Anzahl Krankenhäuser	Fachabteilungen insgesamt	Betten	Fallzahlen	Berechnungs- und Belegungstage	Nutzungsgrad der Betten
2000	2242	8687	559 651	17 262 929	167 789 221	
2005	2139	8506	523 824	16 539 398	143 244 218	77,4 %
2012	2017	8447	501 475	18 032 903	141 941 665	77,4 %
Veränderung 2000/2012	−225	−240	−58 176	−769 974	−25 847 556	

Tabelle 5.1.2-3: Psych-Fächer-Kapazitäten und deren Inanspruchnahme (Quelle: Eigenerstellung in Anlehnung an Statistisches Bundesamt, 2013b: 15 ff.

Jahr	Psych-Fachabteilungen insgesamt (ausschl. psych. Krankenhäuser und andere Krankenhäuser mit psych. Fachabteilungen)				
	Psych-Fachabteilungen insgesamt	Betten	Fallzahlen	Berechnungs- und Belegungstage	Nutzungsgrad der Betten
2000	508	59 309	642 474	19 483 540	
2005	670	62 976	804 706	20 882 901	92,57 %
2012	760	68 869	956 530	23 616 193	92,57 %
Veränderung 2000/2012	+252	+9560	+314 056	+4 132 653	
	Anteile an Werten Krankenhäuser insgesamt				
2000	5,8 %	10,6 %	3,7 %	11,6 %	
2005	7,9 %	12,0 %	4,9 %	14,6 %	
2012	9,0 %	13,7 %	5,3 %	16,6 %	

können. Ebenso ist zu prüfen, inwieweit auch die im Krankenhaus ambulant zu erbringenden Leistungen der psychiatrischen Institutsambulanzen nach § 118 des Fünften Buches Sozialgesetzbuch einbezogen werden können. Das Vergütungssystem hat den unterschiedlichen Aufwand der Behandlung bestimmter, medizinisch unterscheidbarer Patientengruppen abzubilden; sein Differenzierungsgrad soll praktikabel sein. Die Bewertungsrelationen sind als Relativgewichte zu definieren. Die Definition der Entgelte und ihre Bewertungsrelationen sind bundeseinheitlich festzulegen." (§ 17d Abs. 1 KHG)

Insgesamt werden durch den § 17d folgende Regelungen festgesetzt:
- Die Vergütung voll- und teilstationärer Krankenhausleistungen erfolgt nach Abs. 1.
- Zusatzentgelte können ggf. vereinbart werden.
- Nicht auf Bundesebene bewertete Leistungen werden individuell vereinbart.
- Zu- und Abschläge sind zu prüfen.

Angelehnt an das DRG-System gibt der Gesetzgeber die Entwicklung eines durchgängigen Entgeltsystems vor, womit ein umfassendes Entgeltsystem gemeint ist, welches möglichst alle voll- und teilstationären Leistungen einbezieht. Hiermit nicht gemeint ist ein sektorenübergreifendes Entgeltsystem (ambulant, stationär, poststationär). Durch das neue Psychiatrie-Entgeltsystem sollen die erbrachten Leistungen psychiatrischer sowie psychosomatischer Einrichtungen sachgerecht abgebildet werden. Es handelt sich bei den psychiatrischen und psychosomatischen Leistungen zwar um einen vergleichsweise geringen Anteil der stationären Leistungserbringung. Dieser hat sich in den vergangenen Jahren jedoch rege entwickelt (s. Tab. 5.1.2-3) (vgl. Rau, 2013: 18).

Die angestrebten Ziele der Einführung eines durchgängigen, leistungsorientierten und pauschalierenden Vergütungssystems für Psych-Einrichtungen werden ausführlich mit dem Psych-Entgeltgesetz benannt. Durch das neue Entgeltsystem für Psychiatrie und Psychosomatik soll insgesamt die Transparenz über die Leistungen der leistungserbringenden Einrichtungen verbessert werden. Durch die erstmalige Leistungsorientierung für die Psych-Fächer wird ihnen die Möglichkeit geboten, vorhandene Versorgungsstrukturen zu analysieren und ggf. optimal anzupassen. Darüber hinaus wird auch die Vergleichbarkeit von Fachabteilungen oder Einrichtungen über ihre erbrachten Leistungen gefördert und vereinfacht. Zudem soll „die Verknüpfung von Leistungen mit der Vergütung dazu beitragen, dass die Ressourcen krankenhausintern wie krankenhausübergreifend effizienter eingesetzt werden" (Rau, 2013: 18). Erstmalig für die Psych-Fächer soll das Geld der Leistung folgen, wodurch die Möglichkeit zu einer größeren Vergütungs- oder Verteilungsgerechtigkeit zwischen den Wettbewerbern (Fachabteilung oder Einrichtung) eröffnet wird. Wettbewerber, die aufwändige Patienten versorgen, erbringen auch aufwändigere Leistungen und sollen diese auch höher vergütet bekommen als solche, die weniger aufwändige Patienten versorgen. Durch die insgesamt gewonnene Transparenz für sowohl Leistungserbringer als auch Kostenträger wird außerdem eine höhere Wirtschaftlichkeit der Versorgung angestrebt. Zusätzlich soll mithilfe von Qualitätsindikatoren die Qualität allgemein gestärkt werden (vgl. Rau, 2013: 17f.).

Hinsichtlich der angestrebten Leistungsorientierung wird den Selbstverwaltungspartnern seitens des Gesetzgebers ein großer Gestaltungsspielraum eingeräumt. Es besteht lediglich die Vorgabe für das Psych-Entgeltsystem, den unterschiedlich hohen Aufwand der Behandlung von medizinisch unterschiedlichen Patientengruppen bei praktikablem Differenzierungsgrad abbilden zu können. Zwischen diesem praktikablen Differenzierungsgrad und der sachgerechten Leistungsabbildung besteht eine natürliche Diskrepanz. Daher wird für die Gewährleistung eines zweckmäßigen Differenzierungsgrades kein Einzelleistungsvergütungssystem vorgegeben, sondern vielmehr „der Auftrag zur bundeseinheitlichen Kalkulation eines pauschalierenden Vergütungssystem erteilt" (Rau, 2013: 18).

Zusammenfassend soll das neue pauschalierende Entgeltsystem für Psychiatrie und Psychosomatik die in Tabelle 5.1.2-4 zusammengefassten Anforderungen erfüllen.

Bereits zum Jahresende 2009 waren die Grundzüge des neuen Psych-Entgeltsystems sowie das Verfahren zur Ermittlung der Bewertungsrelationen von den Selbstverwaltungspartnern auf Bundesebene zu vereinbaren. Die Kalkulation seitens des Instituts für das Entgeltsystem im Krankenhaus (InEK) auf der Datengrundlage einiger sogenannter Kalkulationskrankenhäuser war bereits zum 30.09.2012 abzuschließen, sodass die ersten Entgelte und Bewertungsrelationen schon vereinbart werden konnten. Den ursprünglichen Zeitplan für die Entwicklung des Psych-Entgeltsystems zeigt Abbildung 5.1.2-1 (vgl. Rau, 2013: 18f.).

Grundlegende Systematik
Im Rahmen der **vergütungsrechtlichen Systematik** orientiert man sich mit dem neuen Entgeltsystem weg von der Fokussierung kostenorientierter Budgets hin zu einer **leistungsorientierten Vergütung** über bundeseinheitliche Entgelte – es wird prospektiv auf die voraussichtlich zu erbringenden Leistungen abgezielt. Das neue Entgeltsystem löst die bisherige Abrechnungssystematik nach der Bundes-

Tabelle 5.1.2-4: Anforderungen an das Psych-Entgeltsystem (Quelle: Eigenerstellung)

Anforderung	Umsetzung
Durchgängige Pauschalierung und Leistungsorientierung	• Abbildung des Behandlungsaufwands medizinisch unterschiedlicher Patientengruppen
Qualitätssteigerung und -sicherung (im Sinne des Vergütungssystems)	• Tagesbezogene, also verweildauerabhängige Vergütung • Orientierung an Behandlungsintensität
Verursachungsgerechte Verteilung der Gelder	• Höhere Erlöse für ressourcenaufwändige Behandlungsfälle sowie niedrigere Erlöse für ressourcenschonende Behandlungsfälle (Abhängigkeit vom Schweregrad)
Transparenz	• Anwendung eines einheitlichen öffentlichen Entgeltkatalogs und Basisentgeltwerts
Lernendes System	• Jährliche Anpassung des Entgeltkatalogs (auf Datengrundlage gemäß § 21 KHEntgG) • Jährliche Anpassung des Basisentgeltwerts (ab 2022 landesweit geltend)

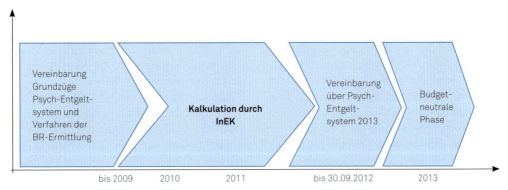

Abbildung 5.1.2-1: Gesetzlicher Zeitplan der Entwicklung des Psych-Entgeltsystems (Quelle: Eigenerstellung in Anlehnung an Rau, 2013: 19)

pflegesatzverordnung (BPflV) für diesen Bereich ab. Bisher bezog sich die Budgetverhandlung nach der BPflV jeweils auf die Belegung der Stationen oder Einrichtungen sowie die krankenhausindividuell entstehenden Kosten, wobei eine Budgetdeckelung durch die Koppelung an die Steigerung der Grundlohnsumme gegeben ist. Die Bundespflegesatzverordnung sieht die Vergütung durch Abteilungs- und Basispflegesätze vor (man unterscheidet zwischen zwei verschiedenen Pflegesätzen). Dabei werden in den fachabteilungsbezogenen Pflegesätzen insbesondere die medizinischen Leistungen für Ärzte und Pflegepersonal abgebildet. Die tagesgleichen Pflegesätze ergeben sich dabei als ein Durchschnittswert aller Leistungen einer Fachabteilung. Im Basispflegesatz sind alle Kosten der nichtmedizinischen Leistungen wie Unterkunft und Verpflegung enthalten. Die jeweiligen Vertragsparteien vor Ort vereinbaren das Budget einer Einrichtung auf der Grundlage vereinbarter Vergütungen, Leistungen und der Kalkulation von Budget und tagesgleichen Pflegesätzen. Dabei fungieren die Pflegesätze als Abschlagszahlungen auf das vereinbarte Budget (vgl. Rau, 2013: 16). Durch die Neuerungen des Entgeltsystems werden im Sinne einer **leistungsorientierten Systematik** leistungsbestimmende Kriterien detailliert abgebildet und dokumentiert werden müssen. Krankenhausindividuelle Kosten – ausgenommen krankenhausindividuell zu verhandelnde Entgelte – werden langfristig für die Vergütung eines Falls nicht mehr von Bedeutung sein. Mithilfe einer bundesweiten Kalkulation sowie Verhandlungen auf Landesebene wird die Preiskomponente für das neue Entgeltsystem festgesetzt (vgl. Maier et al., 2013: 2). Die Kalkulation erfolgt dabei auf Basis der Istkosten des vergangenen Jahres. Aus dieser Kalkulation geht der ökonomisch bewertete Behandlungsaufwand pro Fall hervor. Diese kalkulierten Kosten ermöglichen Differenzierungen in aufwandsähnliche Fallgruppen, welche die Grundlage des neuen Entgeltsystems bilden (vgl. Roeder et al., 2010: 1).

Die Aufgabe der Entwicklung des Entgeltsystems wurde seitens der Selbstverwaltungspartner auf Bundesebene an das InEK übertragen. In den Jahren 2011 und 2012 wurden erstmals Kodierrichtlinien für Leistungen der Psychiatrie und Psychosomatik erlassen. Deren Bezugsgrundlage stellen die amtlichen Klassifikationen dar: die Diagnoseklassifikation ICD-10 sowie der Prozedurenschlüssel OPS. Um eine stetige Verbesserung gewährleisten zu können, werden diese Klassifikationen jährlich im Auftrag des Bundesministeriums für Gesundheit (BMG) durch das Deutsche Institut für Medizinische Dokumentation und Information (DIMDI) überarbeitet. Die Kodierrichtlinien gliedern sich dabei in folgende zwei Teile:
- allgemeine Kodierrichtlinien für Krankheiten
- allgemeine Kodierrichtlinien für Prozeduren.

Aufbauend auf der Kodierung wird der Erlös eines Behandlungsfalls künftig nicht mehr ausschließlich von der Zahl der Pflegetage, sondern vielmehr zusätzlich von der ökonomischen Fallschwere sowie der Tagesschwere abhängig sein. Diese werden mittels des Relativgewichts ausgedrückt. Die Fälle werden mithilfe eines sogenannten Groupers in Fallgruppen, die sogenannten PEPPs, eingeordnet. Diesen ist ein tagesbezogenes Relativgewicht (also die tagesbezogene Fallschwere) für den jeweiligen Fall hinterlegt (vgl. Maier et al., 2013: 2). Die PEPPs sind diagnoseorientiert und werden aus dem Datensatz des § 21 KHEntgG (Krankenhausentgeltgesetz) ermittelt. Das Grouping der PEPPs erfolgt mithilfe der aus § 21 KHEntgG stammenden Strukturdaten oder Parameter:
- Hauptdiagnose und Nebendiagnosen
- Prozeduren
- Geschlecht
- Alter
- Postleitzahl des Wohnorts
- Behandlungsart
- Fachabteilung (PSY/PSO/KJP)
- Aufnahme- und Entlassungsdatum. (Vgl. § 21 KHEntgG)

Die Kalkulation eines Erlöses für einen Patienten erfolgt auf der Grundlage der durchschnittlich entstandenen Kosten pro Behandlung der jeweiligen Patientengruppe in den teilnehmenden Kalkulationseinrichtungen (vgl. Maier et al., 2013: 2).

Die Grundlage einer leistungsgerechten Vergütung ist, dass gleiche oder vergleichbare Leistungen auch gleich vergütet, also demselben Entgelt zugeordnet werden. Um dies zu gewährleisten, sind die Umsetzung der Kodierrichtlinien sowie das Nutzen gleicher Standards erforderlich (Maier et al., 2013: 3).

Nicht in die Kalkulation vollstationärer und teilstationärer Psych-Entgelte fallen nach § 17d KHG diejenigen Leistungen, welche im somatischen, das heißt innerhalb des KHEntgG-Bereichs, und im ambulanten Bereich, das heißt durch psychiatrische Institutsambulanzen sowie vor- oder nachstationär erbracht werden bzw. der Forensik zuzuordnen sind. Eine weitere Abgrenzung erfolgt für periodenfremd erbrachte Leistungen, die in dem neuen Entgeltsystem nicht abgerechnet werden können. Diese Leistungen können aus kalkulatorischer Sicht als nicht relevante Leistungen bezeichnet werden. Daher sind künftig Leistungen abzugrenzen, die beispielsweise durch andere Einheiten für andere Kliniken aus der Somatik oder Rehabilitation, wie zum Beispiel der Physiotherapie, erbracht werden. Die Nichtabrechnungsfähigkeit der vor- und teilstationären Leistungen stellt einen Sonderfall in der neuen

Entgeltsystematik dar: Die Behandlungskosten vor- und teilstationärer Leistungen werden in der Somatik berücksichtigt und gehen demnach auch in die Kalkulation der Fallpauschalen ein, da solche Leistungen im Allgemeinen nicht einzeln abrechnungsfähig sind. In den Psych-Fächern werden diese Leistungen über die innerbetriebliche Leistungsverrechnung verrechnet werden müssen (vgl. Maier et al., 2013: 3).

Der gesetzliche Auftrag des Psych-Entgeltsystems sieht zudem neben den tagesbezogenen Entgelten auch die Kalkulation von Zusatzentgelten vor, sofern diese Ergänzung der bestehenden Entgelte in eng definierten Ausnahmefällen notwendig ist. Des Weiteren können Einrichtungen weiterhin (unter bestimmten Voraussetzungen) krankenhausindividuelle Entgelte sowie Zu- und Abschläge vereinbaren. Diejenigen Leistungen, welche durch den Entgeltkatalog auf Bundesebene (noch) nicht sachgerecht abgebildet und vergütet werden können, sowie besondere Einrichtungen können vorübergehend von der Anwendung des neuen Entgeltsystems ausgenommen werden. Grundsätzlich können ebenfalls für neue Untersuchungs- und Behandlungsmethoden (NUBs) krankenhausindividuelle Entgelte mit den Kostenträgern vereinbart werden, sollten diese Leistungen durch das Psych-Entgeltsystem nicht sachgerecht abgebildet werden können (vgl. Rau, 2013: 13).

Zudem erteilt der Gesetzgeber den Selbstverwaltungspartnern auf Bundesebene mit dem § 17d KHG zwei Prüfaufträge für die Entwicklung des neuen Entgeltsystems. Es ist zu prüfen, ob neben tagesbezogenen Entgelten auch andere Abrechnungseinheiten für bestimmte Leistungen denkbar sind (z. B. fall- oder zeitraumbezogene Entgelte) (vgl. § 17d Abs. 1, S. 2 KHG). Ergebnisse hierzu sind jedoch nicht in den Einführungsjahren des neuen Systems, sondern vielmehr nach sukzessiver Erprobung des Psych-Entgeltsystems zu erwarten. Des Weiteren ist zu prüfen, inwieweit auch ambulante Leistungen der Psychiatrischen Institutsambulanzen nach § 118 SGB V in das Entgeltsystem einbezogen werden können (vgl. § 17d Abs. 1 Satz 3 KHG). Hierdurch würde die Enthospitalisierung vorangetrieben und die Möglichkeit geschaffen werden, die gesamte Behandlung psychiatrischer Patienten über Sektorengrenzen hinweg durch ein Entgeltsystem abbilden zu können.

Für Leistungen des § 17d KHG erfolgen die Kostenerfassung und -verrechnung (**kostenorientierte Systematik**) über die klassische Kostenrechnung. Diese umfasst sowohl eine Kostenarten-, Kostenstellen- sowie eine Kostenträgerrechnung. Insbesondere von Bedeutung für die Kostenartenrechnung sind die Personalkosten, die einen ungefähren Anteil von bis zu 90 % der Gesamtkosten ausmachen können. Diese werden nach § 17d KHG in sieben verschiedene Kostenarten untergliedert. Die Kostenarten werden daraufhin auf die jeweiligen Kostenstellen verteilt. Diese unterteilen sich in die bettenführenden Bereiche – Station: Regelbehandlung und Station: Intensivbehandlung – sowie Untersuchungs- und Behandlungsbereiche, auf die die Kosten umgelegt werden (dies können Bereiche wie Psychotherapie, Radiologie, Ergotherapie etc. sein). Bisherigen Erkenntnissen zufolge fallen rund 65–70 % der Gesamtkosten auf den Bereich „Station". „Dieser Betrag bildet, je nach Einstufung des jeweiligen Patienten, den ‚Sockelbetrag' für die Erlöse der Einrichtung für einen Behandlungstag" (Maier et al., 2013: 5). Die übrigen Kosten verteilen sich auf die Bereiche „Diagnose" und „Therapie". In einem weiteren Schritt werden die Kostenstellen und erfassten Einzelkosten auf den Kostenträger verrechnet. Dies ist im psychiatrischen und psychosomatischen Bereich nicht der Fall, sondern eine Kombination aus Patient und entsprechendem Behandlungstag bzw. Pflegetag. Aus dieser Systematik heraus ergibt sich, dass an das InEK ein Kostensatz pro Fall und Tag übertragen wird (vgl. Maier et al., 2013: 5).

Ziel dieses Modells des InEK ist es, eine „adäquate Kostenzurechnung zu den Patiententagen" (Maier et al., 2013: 5) zu erlauben. Diese soll die tatsächliche Betreuungsintensität eines Patienten an einem bestimmten Behandlungstag widerspiegeln und ermöglicht somit eine aufwandsgerechte Kalkulation (vgl. Maier et al., 2013: 3ff.).

Lernende Systemeinführung

Das neue Psych-Entgeltsystem ermöglicht die schrittweise Überführung von den tagesgleichen Entgelten auf die neue leistungsorientierte Vergütung. Wie bereits das DRG-System, ist auch die Entwicklung und Einführung des Psych-Entgeltsystems als lernendes System angelegt. Dieses lernende System bezieht sich zum einen auf die Rahmenbedingungen für die Entgeltsystemeinführung. Mit der geplanten vierjährigen budgetneutralen Phase wird die frühzeitige Anwendung des neuen Systems ermöglicht. Dies gilt, obwohl mit einer weiteren Verbesserung und kontinuierlichen Fortschritts des Systems gerechnet wird. Mit der Budgetneutralität wird den elementaren Entwicklungsarbeiten Rechnung getragen. In dieser Zeit können weder Verluste noch Gewinne generiert werden. Die lernende Systemeinführung bezieht sich auch auf die Konvergenzphase. Diese ist einerseits in der festgelegten Dauer von rund 5 Jahren festzustellen, welche als ausreichend lang erachtet wird, um Systemänderungen vornehmen zu können. Andererseits wird die volle ökonomische Wirkung des neuen Vergütungssystems erst auf die Einrichtungen übertragen, nachdem diese durch die Konvergenzphase auf die bevorstehende Wettbewerbssituation vorbereitet wurden und so die Möglichkeit zur Anpassung nutzen konnten. Mit dem Psych-Entgeltsystem werden die Konvergenzquoten sukzessive ansteigen. Der Gesetzgeber hat mit Einführung des Psych-Entgeltgesetzes ausdrücklich betont, dass sich die lernende Systemeinführung auch auf die gesetzlichen Rahmenbedingungen bezieht, die bei Veränderungsbedarf weiterentwickelt werden sollen (vgl. Rau, 2013: 25).

Zum anderen umschließt das lernende System das neue Entgeltsystem selbst. „Ähnlich wie zwischen den einzelnen Versionen des DRG-Systems ist mit einer schrittweisen Verbesserung der Abbildungsqualität des Entgeltsystems zu rechnen" (Rau, 2013: 25). Dabei werden die Entwicklungen in der Kosten- und Leistungserfassung sowie die bereits durch das DRG-System erprobten Verfahren zur Pflege und Weiterentwicklung des Systems beitragen. Zusätzlich werden weitere Experten wie Fachgesellschaften etc. gestaltend auf das Vergütungssystem beispielsweise durch ein einzuführendes strukturiertes Vorschlagswesen Einfluss nehmen können. Die Umsetzung der Anträge seitens des Vorschlagswesens wird vom InEK durchgeführt; Anpassungsbedarf im Rahmen der medizinischen Klassifikationen wird durch das DIMDI geprüft (vgl. Rau, 2013: 25f.).

Budgetneutrale Phase

Im Jahre 2013 startete das pauschalierte Entgeltsystem in psychiatrischen und psychosomatischen Einrichtungen mit der budgetneutralen Phase gemäß § 17d Abs. 4 Satz 3 KHG i.V.m. § 3 Abs. 1 Satz 1 BPflV. Hierdurch wird das Entgeltsystem in den ersten 4 Jahren 2013 bis 2016 unter entschärften Bedingungen eingeführt. Die Budgetneutralität ist für diese Zeit gesetzlich verankert. Die budgetneutrale Phase gliedert sich in zwei Teile. In den ersten Jahren 2013 und 2014 kann eine Einrichtung freiwillig auf das neue Vergütungssystem umsteigen, dies sind die sogenannten Optionsjahre. In den letzten budgetneutralen Jahren 2015 und 2016 wird das neue Entgeltsystem von allen Einrichtungen verpflichtend anzuwenden sein. Mit dieser Budgetneutralität werden sowohl Gewinne als auch Verluste, welche durch die Anwendung des neuen Psych-Entgeltsystems möglich wären, größtenteils vermieden (vgl. Rau, 2013: 27).

Die Vorgaben zur Budgetverhandlung bleiben auch in der budgetneutralen Phase unverändert. Statt der bis heute verwendeten Basis- und Abteilungspflegesätze wird das Budget zukünftig „unter Berücksichtigung der vom InEK ermittelten bundesweiten Bewertungsrelationen und krankenhausindividueller Basisentgeltwerte abgerechnet" (Rau, 2013: 27). Die Höhe des krankenhausindividuellen Basisentgeltwerts kann gewährleisten, dass das nach ehemaligen Regeln vereinbarte Budget vollständig ausgezahlt werden kann (vgl. Rau, 2013: 27).

Optionsjahre

Bedingt durch vorerst starke Kritik sowie den relativ geringen Kenntnisstand bei der Entwicklung und Umsetzung eines neuen psychiatrischen Entgeltsystems hat der Gesetzgeber entschieden, für die Jahre 2013 und 2014 keine verpflichtende Einführung des pauschalierenden Entgeltsystems für Psychiatrie und Psychosomatik (PEPP) vorzunehmen. Die ursprüngliche Zeitplanung wurde seitens des Gesetzgebers noch im Frühjahr dieses Jahres geändert. Die Optionsjahre werden auch auf die kommenden Jahre 2015 und 2016 ausgeweitet, um noch weitere Einrichtungen zum Optieren gewinnen zu können (vgl. Deutsches Ärzteblatt, 2014: o. S.).

Nun handelt es sich bei den Jahren 2013 bis 2016 um 4 Jahre Optionsphase, in denen die Einführung nur auf Verlangen der Einrichtung erfolgt (vgl. § 17d Abs. 4 Satz 5 KHG i.V.m. § 3 Abs. 1 Satz 2 BPflV). Um möglichst viele Häuser für die Nutzung der Optionsjahre zu gewinnen, wurde die Frist für die Erklärung der Teilnahme gemäß § 17d Abs. 4 Satz 6 KHG i.V.m. § 3 Abs. 1 Satz 3 BPflV verlängert. Eine Einrichtung kann ihre Teilnahmeabsicht zum 31.12. des Vorjahres, jedoch spätestens mit der Aufforderung zur Budgetverhandlung aussprechen. Die jeweilige Einrichtung gibt den Kostenträgern hierzu eine schriftliche Erklärung ab. Eine prospektive Verhandlung ist in den Optionsjahren weder vorgesehen noch möglich. Für die Zeit der Optionsphase werden sowohl das alte System als auch das neue System parallel geführt (vgl. Belling, 2013: 24).

Ab 2017 ist jedes psychiatrische und psychosomatische Krankenhaus zur Systemüberführung verpflichtet. Zu Beginn erfolgt diese noch budgetneutral, es wird demnach eine Anpassung an das bisherige Klinikbudget stattfinden. Die budgetneutrale Einführung in den Einrichtungen erfolgt, indem die Budgets der Einrichtungen „analog der bisherigen Regeln vereinbart werden" (Belling, 2013: 24). Statt der bisherigen Abteilungs- und Basispflegesätze werden die neuen pauschalierten Entgelte in Psychiatrie und Psychosomatik abgerechnet. Die Annahme der Rechnungen nach dem neuen Entgeltsystem ist für die Kostenträger verbindlich vorgegeben. In dieser Phase der Optionsjahre soll das neue Entgeltsystem weder zu Gewinnen noch zu Verlusten führen. Diese Budgetneutralität für die Optionsjahre dient einerseits der Erprobung des neuen Systems. Andererseits soll es die Risiken des neuen Entgeltsystems für die Kliniken abfedern. Mit dem optionalen Einstieg in das neue Entgeltsystem können sich die Einrichtungen frühzeitig mit den Neuerungen vertraut machen. Außerdem erhalten die Kliniken bei einem freiwilligen Einstieg bereits in 2013 zusätzlich 2 Jahre (durch die Verlängerung nun 4 Jahre) der Vorbereitungszeit unter geschützten Bedingungen. Der Anreiz in den Optionsjahren liegt für den Gesetzgeber insbesondere darin, bereits früh und auch länger Erfahrungen mit dem neuen System machen sowie Know-how sammeln zu können (vgl. Rau, 2013: 31f.). Um möglichst viele Kliniken für die optionale Teilnahme während der Optionsjahre zu gewinnen, werden – ähnlich dem DRG-System – positive Anreize zur Teilnahme gesetzt. Der Gesetzgeber wirkt einem hohen Risiko für Optionshäuser entgegen: Da durch die Steuerungsmöglichkeit der Krankenkassen keine Erlösneutralität gegeben werden kann, wird der Mindererlösausgleich für die Optionshäuser in den Optionsjahren von 20 % auf 95 % verbessert (vgl. § 3 Abs. 5 Satz 1 Nr. 1 BPflV). Auch die Mindererlösausgleiche werden verbessert: Statt der üblichen 85 % bzw. 90 % müssen die erbrachten Mehrleistungen mit nur 65 % zurückerstattet werden (vgl. § 3 Abs. 5 Satz 1 Nr. 3 BPflV).

Weiterhin hat man die vorgesehene Begrenzung der Nachverhandlungsmöglichkeit für Personalstellen im Sinne der Psych-PV ausschließlich für Optionshäuser fallen gelassen. Folglich besteht die Möglichkeit der Nachverhandlung von Personalstellen nach der Psych-PV gemäß § 6 Abs. 4 BPflV für alle Einrichtungen, für die die Psych-PV gilt, bis zum Ende der Budgetneutralität (vgl. Rau, 2013: 31f.).

Zusätzlich wird mit dem Gesetz zur Weiterentwicklung der Finanzstruktur und der Qualität in der Gesetzlichen Krankenversicherung (GKV-Finanzstruktur und Qualitäts-Weiterentwicklungsgesetz – kurz GKV-FQWG) vom Juli diesen Jahres für Einrichtungen, die das PEPP in den Jahren 2015 und 2016 freiwillig anwenden, der Veränderungswert auf das Doppelte angehoben. Der Veränderungswert ist die gesetzliche Obergrenze von Budgetzuwächsen für Krankenhäuser. Ist die Grundlohnrate (Mehr- oder Mindereinnahmen der Krankenkassen) größer als der Orientierungswert (Steigerungen in Personal- und Sachkosten der Krankenhäuser), so wird die Grundlohnrate als Veränderungswert festgesetzt. Ist der Orientierungswert jedoch größer als die Grundlohnrate, so wird als Veränderungswert ein Wert innerhalb der Differenz zwischen Orientierungswert und Grundlohnrate ausgehandelt. Durch das Gesetz wird den Einrichtungen die Möglichkeit eingeräumt, mit den Kostenträgern Budgetzuwächse um bis zum Zweifachen der Obergrenze (Veränderungswert) auszuhandeln (vgl. Rau, 2013: 27 ff. und Deutscher Bundestag, 2014: 1344 ff.). Dadurch werden weitere finanzielle Anreize seitens des Gesetzgebers gesetzt, um Einrichtungen zum frühen Optieren zu gewinnen. Hierdurch wird Einrichtungen die Möglichkeit eröffnet, vor dem obligatorischen Umstieg auf das PEPP zusätzliche Finanzmittel zu erhalten, um die PEPP-bedingten Mehrausgaben auffangen zu können. Dazu zählen zum Beispiel systembedingte Kosten für Dokumentation, IT oder Schulungen.

Für das Jahr 2015 wurde ein Veränderungswert von 2,53 % festgesetzt. Der Orientierungswert lag mit 1,44 % unterhalb der Grundlohnrate von 2,53 % (vgl. GKV-Spitzenverband, 2014a: o.S.).

Konvergenzphase
Nach der Optionsphase beginnt im Jahre 2019 eine fünfjährige Konvergenzphase. In dieser Zeit werden unterschiedlich leistungsgerechte Budgets schrittweise an ein landesweit leistungsgerechtes und einheitliches (Preis-)Niveau angeglichen. Dies erfolgt bis zum Jahr 2024. Als Maßstab werden die erstmals für das Jahr 2019 gebildeten Landesbasisentgeltwerte zugrunde gelegt. Sie werden vom InEK aus allen Mittelwerten aller Kalkulationshäuser ermittelt und berücksichtigen alle Kosten eines Behandlungstags über alle Behandlungsfälle im Durchschnitt. Mit der Konvergenzphase wird die Verhandlung der Erlösbudgets der Einrichtungen auf das neue Entgeltsystem umgestellt. Um Einrichtungen mehr Zeit und die Möglichkeit zur sukzessiven Anpassung an den neuen Landesbasisentgeltwert (insbesondere Anpassung der Leistungs- und Kostenstrukturen) zu ermöglichen, erfolgt die Angleichung seitens des Gesetzgebers in mehreren Stufen. Die Erlösbudgets von Krankenhäusern, deren Basisentgeltwert im Jahre 2019 noch über dem neuen Landesbasisentgeltwert liegt, werden in den Konvergenzjahren schrittweise an das landeseinheitliche Niveau angenähert, indem sie sukzessive abgesenkt werden. Entsprechend werden die Erlösbudgets derjenigen Krankenhäuser, deren Basisentgeltwert unterhalb des neuen Landesbasisentgeltwerts liegt, stufenweise angehoben und dadurch angenähert. Dies wird für Kliniken, welche bislang einen eher niedrigen krankenhausindividuellen Basisentgeltwert haben, positiv ausfallen, und leichter werden, die Konvergenzphase zu überstehen. Diejenigen Kliniken, welche bislang einen hohen klinikindividuellen Basisentgeltwert haben, werden mit zunehmenden Anpassungen rechnen müssen, um auf dem Markt weiterhin bestehen zu können. Das heißt, es wird sowohl Häuser mit Erlöszuwächsen als auch Häuser mit Erlöseinbußen geben (vgl. Rau, 2013: 32 f.).

Für die Angleichung der Erlösbudgets und der einrichtungsindividuellen Basisentgeltwerte zieht man die Konvergenzquoten zu Hilfe. Das ermittelte Erlösvolumen (Menge × Preis) wird als Zielgröße dem letzten Erlösbudget, das allerdings um die voraussichtliche Leistungsveränderung angeglichen wird, gegenübergestellt. Das Erlösbudget wird dann um einen Angleichungsbetrag verändert, der „sich aus einem Anteil des Differenzbetrags ergibt und der je nach Konvergenzjahr unterschiedlich hoch ist" (Rau, 2013: 33). Diese Angleichungs- oder Konvergenzquoten liegen für die Jahre 2019 bis 2024 zwischen 10 % und 20 % (vgl. Rau, 2013: 32 f.).

Um dem wirtschaftlichen Druck innerhalb der Konvergenzphase etwas entgegenzuwirken und die Auswirkungen der Erlöseinbußen abzumildern, hat der Gesetzgeber mithilfe einer Kappungsgrenze die Budgetminderungen begrenzt. Werden die Verluste in der Konvergenzphase zu groß, so werden sie bei einer bestimmten Grenze gekappt (vgl. Haring, 2014a: o.S. und Rau, 2013: 32 f.). Begonnen wird im Jahre 2019 bei 1 % des Budgets. Diese Kappungsgrenze steigt jährlich um 0,5 % an, sodass die ökonomische Wirksamkeit des Systems mit den Jahren linear zunimmt. Dies ist besonders vor dem Hintergrund des lernenden Systems vertretbar. Die Summe aller Kappungsbeträge innerhalb eines Landes ist bei der Landesbasisentgeltvereinbarung mindernd zu berücksichtigen. Dadurch gewährleistet man, dass keine Mehrausgaben für Kostenträger entstehen (vgl. Rau, 2013: 32f.). Wie die ursprüngliche Umsetzung des Psych-Entgeltsystems seit 2013 aussehen sollte, verdeutlicht Abbildung 5.1.2-2, die den **ursprünglichen Zeitplan** der PEPP-Einführung ohne Optionsphasenverlängerung zeigt.

Durch die Novellierung der Bundespflegesatzverordnung im Juni 2015 wurde die Optionsphase für die Jahre 2013 bis 2016 festgeschrieben. Die budgetneutrale Phase umfasst nun die Jahre 2013 bis 2018. Damit verlängert sich die Konvergenzphase bis zum Jahre 2023.

Aufbau der PEPPs

Unter PEPPs versteht man Fallgruppen, die grundsätzlich diagnoseorientiert sind und verschiedene Merkmale vereinen. Die Einordnung eines Falls in diese PEPPs oder auch Fallgruppen entscheidet über die Erlöse eines Behandlungsfalls für psychiatrische und psychosomatische Einrichtungen. Die genaue Fallgruppeneinordnung erfolgt nach dem (teil-)stationären Aufenthalt eines Patienten. Jede PEPP ist mit mindestens einer Vergütungsstufe, jedoch höchstens fünf Vergütungsstufen hinterlegt, die wiederum mit einer eigenen Bewertungsrelation pro Tag hinterlegt sind. Um den Erlös eines Behandlungsfalls zu ermitteln, wird der krankenhausindividuelle Basisentgeltwert (Eurobetrag) mit der spezifischen Bewertungsrelation (auch Relativgewicht genannt) pro Tag der Fallgruppe multipliziert. Daraus ergibt sich ein tagesbezogenes Entgelt. Die Bewertungsrelationen erstrecken sich derzeit von 0,6897 bis 3,5455, wobei 1,0 die Leistungen pro Tag und Behandlungsfall im Durchschnitt zugrunde legt (vgl. Häring, 2014b: o.S.).

In den ersten Jahren bis zur vollständigen Psych-Entgelt-Umsetzung wird der Basisentgeltwert von jeder Einrichtung individuell verhandelt. Danach wird schrittweise auf einen landesweiten Basisentgeltwert umgestiegen (vgl. Häring, 2014b: o.S.).

Die einzelnen Fallgruppen kennzeichnen die ökonomische Schwere der Erkrankung und somit den kalkulierten Ressourcenverbrauch eines Behandlungsfalls je Tag. In diesem Entgeltsystem steht also die Schwere der Erkrankung in direktem Zusammenhang mit dem zugrunde gelegten Ressourcenverbrauch (vgl. Häring, 2014b: o.S.).

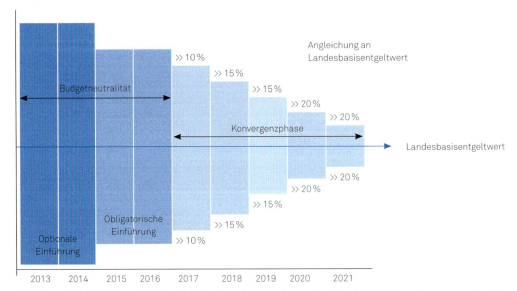

Abbildung 5.1.2-2: Ursprünglicher Zeitplan für die Umsetzung des Psych-Entgeltsystems ohne Optionsphasenverlängerung (Quelle: Eigenerstellung)

Die Kalkulation der PEPPs erfolgt durch das InEK und wird mit dem PEPP-Entgeltkatalog veröffentlicht. Derzeit enthält dieser sieben Prä-PEPPs von besonderer Schwere, 30 PEPPs für die psychiatrischen Behandlungen, 15 PEPPs für die Behandlungen psychosomatischer Erkrankungen sowie 22 PEPPs in der Kinder- und Jugendpsychiatrie. Davon entfallen insgesamt 54 PEPPS auf den vollstationären und 20 auf den teilstationären Bereich. Außerdem sind drei Fehler-PEPPs enthalten. Von den insgesamt 74 PEPPs sind derzeit noch 31 PEPPs unbewertet. Neben den PEPPs gibt es 81 Zusatzentgelte für Aufwände, die über die Basis-PEPP nicht aufwandsgerecht vergütet werden können (vgl. Häring, 2014b: o. S.). Den derzeitige PEPP-Entgeltkatalog 2014 zeigt Tabelle 5.1.2-5.

Der Ressourcenverbrauch für die Behandlungstage eines Behandlungsfalls wurde seitens des InEK degressiv kalkuliert. Das bedeutet, mit Anstieg der Behandlungstage in einer Einrichtung nehmen die Kosten eines Behandlungsfalls zunehmend ab. Die zugrunde gelegten Bewertungsrelationen können bis zu fünf Vergütungsstufen abnehmen (vgl. Häring, 2014b: o. S.). Abbildung 5.1.2-3 veranschaulicht

Tabelle 5.1.2-5: Übersicht des PEPP-Entgeltkatalogs (Quelle: Eigenerstellung in Anlehnung an Häring, 2014a: o. S.) PRE = Prä-Strukturkategorie, PSY = Strukturkategorie Psychiatrie, PSO = Strukturkategorie Psychosomatik, KJP = Strukturkategorie Kinder- und Jugendpsychiatrie

		PRE	PSY	PSO	KJP	Gesamt
Vollstationär	bewertet	6	16	6	8	**36**
	unbewertet	1	5	6	6	**18**
Teilstationär	bewertet	–	4	1	2	**7**
	unbewertet	–	5	2	6	**13**
	Fehler-PEPP					**3**
	Summe	7	30	15	22	**74**

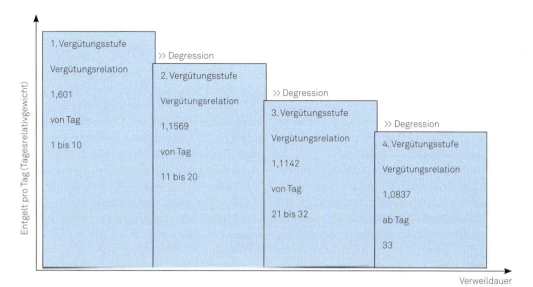

Abbildung 5.1.2-3: Aufbau einer PEPP – Degressionsverlauf der PEPP PA15A (Quelle: Eigenerstellung in Anlehnung an Häring, 2014a:)

den Degressionseffekt einer PEPP beispielhaft anhand der PEPP PA15A. Die PEPP PA15A umfasst organische Störungen, amnestisches Syndrom, Alzheimer-Krankheit und sonstige degenerative Krankheiten des Nervensystems, mit komplizierender Konstellation oder mit hoher Therapieintensität oder 1:1-Betreuung mit erhöhtem Aufwand.

Die Systematik der Abrechnung wird mit dem neuen PEPP-Katalog für das Jahr 2015 etwas abgewandelt werden. Dieser Degressionseffekt ist schon lange eine scharf kritisierte Entwicklung des PEPP, die für das kommende Jahr leicht entschärft wird. Im PEPP-Katalog 2015 wird es keine Vergütungsstufen in dem Sinne mehr geben, sondern einer jeden PEPP wird eine bestimmte Anzahl an Behandlungstagen zugrunde gelegt. Dieser genauen Anzahl an Behandlungstagen innerhalb einer PEPP liegt eine bestimmte Bewertungsrelation pro Tag zugrunde, die letztlich für die Vergütung der jeweiligen PEPP verantwortlich ist. Zunächst ist die Anzahl der Berechnungs- oder Behandlungstage insgesamt zu ermitteln. Diese Anzahl bestimmt die zugrunde gelegte Bewertungsrelation pro Berechnungstag. Innerhalb dieser Behandlungstage einer PEPP wird auch weiterhin eine Degression zu erkennen bleiben. Diese ist und bleibt Kern der PEPP-Systematik (vgl. InEK, 2014: 1 ff.).

Für die Kalkulation der PEPPs für den dritten Entgeltkatalog 2015 können Daten von 85 Kalkulationseinrichtungen mit über 205 000 teil- und vollstationären Fällen zugrunde gelegt werden. Die Datenbasis nimmt seit der Einführung des PEPP stetig zu (vgl. GKV-Spitzenverband, 2014b: o. S.). Die in Abbildung 5.1.2-3 oben bereits dargestellte PEPP PA15A wird in 2015 aussehen, wie in Tabelle 5.1.2-6.

Je mehr Tage ein Patient in dieser PEPP verbracht hat, desto geringer wird die Bewertungsrelation insgesamt. Diese Änderungen des neuen Katalogs sind darin begründet, dass bei längerem Aufenthalt zum Ende der Behandlung weniger Therapie erforderlich ist. Dadurch sinken die Bewertungsrelation im Durchschnitt sowie auch die durchschnittlichen Kosten des Falls. Bei Entlassungen in den ersten Tagen liegt die Bewertungsrelation höher, da in dieser Zeit mehr Therapie passiert und dadurch die durchschnittlichen Kosten auch höher sind.

Eine weitere Anpassung im Entgeltkatalog 2015 erfolgt durch die Einführung sogenannter ergänzender Tagesentgelte (ET). Mit diesem neuen Vergütungselement können wechselnde Behandlungsaufwände in der stationären Versorgung erlöswirksam berücksichtigt werden. Diese ETs umfassen beispielsweise intensive 1:1-Betreuung und können durch die Basis-PEPP nicht aufwandsgerecht vergütet werden (vgl. GKV-Spitzenverband, 2014b: o. S.).

Funktionsweise

Ein Vergütungssystem besteht aus vier Ebenen: der Abrechnungseinheit, der Entgeltbasis, dem Budget und dem Geltungsbereich. Die Wirkungen des Vergütungssystems zeigen sich über die Kombination und Ausgestaltung dieser einzelnen Entgeltelemente (vgl. Schmidt-Rettig, 2008: 403 f.).

Die Bezugsgröße der Vergütung stellt die **Abrechnungseinheit** dar, sie dient als Grundlage der Vergütungsberechnung und orientiert sich grundsätzlich an der Leistung, die vergütet werden soll. Der Differenzierungs- oder Pauschalierungsgrad der Leistungen sowie die Kombination verschiedener Abrechnungseinheiten können so verschiedene Steuerungsanreize generieren (vgl. Schmidt-Rettig, 2008: 404 f.).

Das Psych-Entgeltsystem sieht als Abrechnungseinheit für Leistungen innerhalb des Erlösbudgets in erster Linie tagesbezogene Entgelte in Form von Tagespauschalen, ggf. in Kombination mit Zusatzentgelten und/oder Zu- oder Abschlägen, vor. Durch die tagesbezogene Fallpauschale werden Leistungen mithilfe von Bewertungsrelationen definiert, die im Psych-Entgeltkatalog festgeschrieben sind (vgl. Deutscher Bundestag, 2012: 57). Weicht eine Leistung zu sehr vom Durchschnitt ab, gibt es die Möglichkeit, Zusatzentgelte geltend zu machen. Für weitere besondere Tatbestände, die nicht im Basis-PEPP abgebildet sind, können Zu- bzw. Abschläge Anwendung finden. Als abrechnungsfähige Zu- und Abschläge sind derzeit der Ausbildungszuschlag, der Qualitätssicherungsabschlag, der DRG-Systemzuschlag,

Tabelle 5.1.2-6: PEPP PA15A nach PEPP-Entgeltkatalog 2015 (Quelle: Eigenerstellung in Anlehnung an InEK, 2014: 6)

PEPP	Bezeichnung	Anzahl Berechnungstage/ Vergütungsklasse	Bewertungsrelation je Tag
PA15A	Organische Störungen, amnestisches Syndrom, Alzheimer-Krankheit und sonstige degenerative Krankheiten des Nervensystems, mit komplizierender Konstellation oder mit hoher Therapieintensität oder 1:1-Betreuung mit erhöhtem Aufwand	1	1,4857
		2	1,4327
		3	1,3547
		4	1,3472
		5	1,3373
		6	1,3275
		7	1,3176
		8	1,3077
		9	1,2978
		10	1,2880
		11	1,2781
		12	1,2682
		13	1,2584
		14	1,2485
		15	1,2386
		16	1,2287
		17	1,2189
		18	1,2090
		19	1,1991
		20	1,1893

der Systemzuschlag für den G-BA und das IQWiG sowie der Telematikzuschlag benannt. Zusätzlich gibt es die Möglichkeit von Zu- und Abschlägen für die Unter- bzw. Überschreitung der mittleren Verweildauer (vgl. Deutscher Bundestag, 2012: 12f.). Weitere Zu- und Abschläge sind noch zu prüfen. Weitere Leistungen, auch Leistungskomplexe genannt, die nicht in den tagesbezogenen Fallpauschalen enthalten sind, können über (bundeseinheitliche) Zusatzentgelte vergütet werden. Dies ist dann der Fall, wenn Leistungen im Rahmen des Erlösbudgets (noch) nicht sachgerecht vergütet werden können. Auch die meisten Zusatzentgelte sind im Psych-Entgeltkatalog bereits bewertet – mit einem feststehenden Eurobetrag anstelle einer Bewertungsrelation. Auch sind gemäß § 6 Abs. 1 BPflV noch krankenhausindividuell vereinbarte Fallpauschalen abrechenbar, sofern diese auf Bundesebene noch nicht bepreist sind (vgl. Deutscher Bundestag, 2012: 16ff. und InEK, 2014: 1ff.).

Durch die tagesbezogenen Entgelte als Abrechnungseinheit für das Psych-Entgeltsystem werden Anreize gesetzt, den Aufenthalt von Patienten zu verlängern. Dem kann jedoch entgegengewirkt werden. Wie oben bereits erläutert, ist die Behandlungsintensität eines Patienten degressiv kalkuliert, nimmt also mit der Anzahl der Behandlungstage ab. Dadurch nehmen auch die Bewertungsrelationen der tagesbezogenen Fallpauschale ab, wodurch die übermäßige Verweildauerverlängerung der Patienten vermieden wird. Durch die Zusatzentgelte kann sichergestellt werden, dass aufwändige Leistungen, die nicht in der Pauschale kalkuliert sind, auch wirklich erbracht und sachgemäß vergütet werden. So wird der Patienten- bzw. Leistungsselektion vorgebeugt. Eine Kombination verschiedener Abrechnungseinheiten, wie auch im PEPP vorgesehen, kann die verschiedenen Anreize und Wirkungen auf das System ausbalancieren (vgl. Schmidt-Rettig, 2008: 408f.).

Mit der **Entgeltbasis** wird festgelegt, auf welcher Grundlage die Entgelte ermittelt werden. Hier unterscheidet man zwei Prinzipien oder Entgeltbasen:
- Das Kostenprinzip gilt auf der Grundlage individueller oder normierter Kosten.
- Das Preisprinzip agiert mit Fest-, Höchst- und Richtpreisen.

Die Entgelte orientieren sich, wie bereits beschrieben, an der Leistung, also an der jeweiligen Abrechnungseinheit. Daraus folgt, dass die Kombination der jeweiligen Abrechnungseinheit und der Entgeltbasis das Entgelt bestimmt. Das bedeutet auch, dass durch die Vielzahl der verfügbaren Abrechnungseinheiten und der verschiedenen Entgeltbasen viele Kombinationsmöglichkeiten denkbar sind (vgl. Schmidt-Rettig, 2008: 406).

Insbesondere ein Vergütungssystem auf Preisebene – wie das Psych-Entgeltsystem – bringt Kostensteuerungswirkungen mit sich, sodass der Anreiz für Einrichtungen gegeben wird, „mit ihren Kosten unterhalb der Preise" (Schmidt-Rettig, 2008: 406) zu bleiben.

Innerhalb eines Vergütungssystems besteht zudem die Möglichkeit, das Kosten- und Preisprinzip miteinander zu kombinieren – dafür sind sowohl Abrechnungseinheiten auf Kostenbasis als auch Abrechnungseinheiten auf Preisbasis vorgesehen. Mit dem neuen Psych-Entgeltsystem orientiert man sich weg von einem kostenbasierten System und hin zu einem preisorientierten System. Das Erlösbudget des neuen Psych-Entgeltsystems gemäß § 4 BPflV, bestehend aus tagesbezogenen Fallpauschalen einerseits und Zusatzentgelten andererseits, beruht auf der Preisbasis (vgl. Schmidt-Rettig, 2008: 406). Die Bewertungsrelation des tagesbezogenen Entgelts wird mit dem Landesbasisentgeltwert, einem Festpreis, multipliziert (vgl. Deutscher Bundestag, 2012: 63). Darüber hinaus entfallen auf das Erlösbudget Zusatzentgelte, die ebenfalls mit einem Festpreis definiert sind (vgl. Deutscher Bundestag, 2012: 23f.). Auf das Erlösbudget entfällt in der Regel der größte Teil der Vergütung.

Demgegenüber werden jedoch Entgelte, die durch die tagesbezogenen Fallpauschalen und Zusatzentgelte zwar definiert, aber noch nicht bepreist sind, sowie Entgelte für die sogenannten besonderen Einrichtungen krankenhausindividuell auf Kostenbasis mit den Kostenträgern vereinbart. Diese Entgelte entfallen auf die Erlössumme gemäß § 6 Abs. 1 BPflV. Ebenfalls werden die NUBs sowie die oben genannten Zu- und Abschläge für die Finanzierung besonderer Tatbestände auf Kostenbasis ermittelt. Diese fallen in den Bereich der sonstigen Erlöse gemäß § 6 Abs. 2 BPflV (vgl. Deutscher Bundestag, 2012: 16f.).

In dieser Struktur des Vergütungssystems wird ebenso deutlich, dass es sich bei dem Psych-Entgeltsystem um ein lernendes System handelt, das die Möglichkeit eröffnet, durch die Dreiteilung in Erlösbudget, Erlössumme und sonstige Erlöse neue Untersuchungs- und/oder Behandlungsformen erst als Leistung definieren und anschließend mit einem Preis hinterlegen zu können, um sie sukzessive erst in die Erlössumme und später in das Erlösbudget aufnehmen zu können.

Das **Budget** entsteht aus der Summe der geplanten Erlöse einer Einrichtung. Durch die Einbeziehung ggf. entstehender Beschäftigungsabweichungen können prozentuale Ausgleichszahlungen durch Mehr- und Mindererlöse im Vergütungssystem berücksichtigt werden. Ist dies der Fall, handelt es sich um ein flexibles Budget. Mehr- und Mindererlösausgleiche von 100 % führen zu einem starren Budget. Die Regelungen zu den Mehr- und Mindererlösausgleichen sind darauf zurückzuführen, dass davon ausgegangen wird, dass bei Erreichen der verhandelten Leistungen (Plan-Budget entspricht hier dem Ist-Budget) bereits der Breakeven-Point und damit die Fixkostendeckelung erreicht ist, sodass nur noch die variablen Kosten, ggf. ergänzt um einen Betrag X, vergütet werden müssen (vgl. Schmidt-Rettig, 2008: 406f.). Umgekehrt wird durch die gesetzliche Vorhaltepflicht der Krankenhäuser und die damit verbundenen eventuell entstehenden Leerkosten durch Abweichung der Istauslastung von der Planauslastung ein Mindererlösausgleich im flexiblen Budget fast notwendig, der die noch nicht gedeckten Fixkosten einer Einrichtung teilweise bis gänzlich trägt (vgl. Schmidt-Rettig, 2008: 406f.).

Im neuen Psych-Entgeltsystem finden Beschäftigungsabweichungen erlösbezogen Berücksichtigung, sodass es sich bei dem Gesamtbudget generell um ein flexibles Budget handelt (vgl. Deutscher Bundestag, 2012: 10ff.). Jedoch ist das Gesamtbudget der Krankenhäuser an die Steigerung der Grundlohnsumme gekoppelt. Das heißt, die Kostenträger können nur ausgeben, was die Grundlohnsumme ihnen an Einnahmen einräumt. Es handelt sich also um ein flexibles Budget innerhalb einer Budgetdeckelung des Gesundheitswesens (vgl. Maier et al., 2013: 1f.).

Nach vollständiger Umsetzung der Optionsphase und damit verbundenen verbesserten Erlösausgleichen sind im Psych-Entgeltsystem Mehr- und Mindererlösausgleiche vorgesehen. Die Sätze orientieren sich an den bereits bestehenden Ausgleichssätzen nach der BPflV. Die Mehrerlösausgleiche betragen 85–90% (85% für diejenigen Leistungen innerhalb einer 5%igen Überschreitung des Budgets), das bedeutet, Einrichtungen bezahlen 90% der Erlöse für eine Behandlung über dem geplanten Budget an die Kostenträger zurück. Mindererlösausgleiche werden mit 20% ausgeglichen, die Einrichtung erhält 20% der nicht generierten Erlöse. Mit den pauschalierten Erlösausgleichssätzen setzt der Gesetzgeber absichtlich keine Anreize zur Ausdehnung stationärer Leistungen. Hierdurch wird indirekt auch die Enthospitalisierung unterstützt (vgl. Deutscher Bundestag, 2012: 36ff.)

Durch die Möglichkeit der Individualisierung einzelner Bestimmungen des Entgeltsystems hat der Gesetzgeber die Möglichkeit eröffnet, den **Geltungsbereich** einzelner Vergütungsregelungen einrichtungsindividuell, einrichtungsgruppenbezogen, regional, landesspezifisch sowie bundesweit festzulegen. Dies ermöglicht, einzelne Vergütungsbestimmungen örtlichen oder strukturbedingten Gegebenheiten anzupassen. Zusätzlich werden letztlich auch Aufgabenverteilung und Entscheidungskompetenz zwischen Gesetzgeber und Selbstverwaltungspartnern ableitbar. Bei der Festlegung der Strukturebenen ist Folgendes zu beachten: „Je zentraler (Bundesebene) die Regelungen vorgegeben sind, umso größer sind die Zielwirkungen des Systems" (Schmidt-Rettig, 2008: 408). Denn diese Bestimmungen gelten für alle Leistungserbringer und Kostenträger bundesweit, dadurch erhalten auch alle Krankenhäuser und Kostenträger die gleichen Anreize. Hierdurch wird die Zielwirkung schneller generiert werden können, da der Anpassungsdruck und dadurch auch der Anpassungseffekt zunehmen. Andererseits gilt jedoch: Je dezentraler (individueller) die Bestimmungen gefasst werden, desto schwieriger wird es, „die Anreize für die einzelne Krankenhäuser zu setzen, ihr Leistungsgeschehen an den Zielsetzungen des Gesamtsystems auszurichten" (Schmidt-Rettig, 2008: 408; vgl. Schmidt-Rettig, 2008: 408f.).

Im Psych-Entgeltsystem werden verschiedene Geltungsbereiche kombiniert. Das Erlösbudget beispielsweise enthält auf Bundesebene vereinbarte tagesbezogene Entgelte, die mit dem landesweiten Basisentgeltwert multipliziert werden. Demgegenüber werden die Erlössumme sowie die sonstigen Erlöse auf Kostenbasis und krankenhausindividuell vereinbart. Des Weiteren stehen den Vertragsparteien weitere Verhandlungsmöglichkeiten auf regionaler Ebene zur Verfügung, wie etwa der Ausbildungszuschlag (vgl. Schmidt-Rettig, 2008: 422). Dadurch wird das neue Psych-Entgeltsystem auch dazu befähigt, vergütungsrechtliche Regelungen einzelnen Spezifika anzupassen.

Insgesamt ist festzustellen, dass ein Vergütungssystem auf vielen verschiedenen Ebenen gestaltet werden kann und muss. Erst die Kombination aus Abrechnungseinheit, Entgeltbasis, Budget und Geltungsbereich macht ein Vergütungssystem vollständig. Unterschiedliche Kombinationen rufen auch unterschiedliche Zielwirkungen hervor. Die Intensität der jeweiligen Zielwirkung wird durch die Ausgestaltung sowie den Differenzierungsgrad der einzelnen Ebenen erreicht.

5.1.2.4
Vergleich zwischen PEPP und DRGs

Wie bereits verdeutlicht, orientiert sich der Gesetzgeber bei der Einführung das Psych-Entgeltsystem stark an dem Krankenhausentgeltgesetz, das den Finanzierungsrahmen für somatische Einrichtungen des 2004 eingeführten G-DRG-Systems regelt. Auch die Einführung des PEPP ähnelt der damaligen DRG-Einführung. In einigen Merkmalen ist das PEPP sehr stark dem DRG-System gefolgt, in anderen Merkmalen hat man sich bewusst für eine andere Ausgestaltung entschieden. Zu diesem Zeitpunkt – nach rund zehnjähriger Erfahrung mit dem DRG-System – liegen die Schwachstellen des DRG-Systems bereits offen. Kritiker behaupten, das PEPP würde zu einem denkbar ungünstigen Zeitpunkt eingeführt, an dem die Schwachstellen des DRG-Systems offenliegen, die man mit der starken Orientierung des PEPP an den DRGs wiederholen würde (vgl. Belling, 2013: 39).

Tabelle 5.1.2-7 gibt einen Überblick über die wichtigsten Gemeinsamkeiten und Unterschiede in der Ausgestaltung beider Vergütungssysteme.

Man erkennt, dass sich das PEPP sehr stark an das DRG-System anlehnt. Es scheint jedoch, als würde man versuchen, Fehler des DRG-Systems mit dem PEPP zu vermeiden. Dies sieht man beispielsweise bei der zeitlichen Entwicklung der Systemeinführung deutlich: Während das DRG-System zügig als komplettes neues Vergütungssystem für den somatischen Bereich eingeführt wurde, lässt man sich bei dem PEPP mehr Zeit, um durch eine schrittweise Einführung Risiken für Einrichtungen und Krankenkassen zu vermeiden und ggf. Fehlentwicklungen anzupassen.

5.1.2.5
Kritische Analyse

Trotz einiger Negativstimmen gegenüber dem Psychiatrie-Entgeltsystem, beispielsweise seitens Bündnis 90/Die Grünen und Die Linke, und sogar Anträgen, die Einführung des PEPP zu stoppen, entschied sich der Gesetzgeber aktuell in diesem Jahr noch dazu, an der Entwicklung des PEPP festzuhalten. Das PEPP – so groß die Kritik auch sein mag – findet auch **Befürworter**. Seitens der Befürworter ist das PEPP die richtige Reaktion auf die Entwicklungen in der Psychiatrie. Die folgenden Darstellungen konzentrieren sich auf die am häufigsten genannten und als gravierend bezeichnenden positiven Entwicklungen des PEPP.

Transparentes Vergütungssystem

Als einer der zentralen Vorteile des PEPP gegenüber den tagesgleichen Pflegesätzen wird die neu gewonnene Leistungstransparenz gesehen. Mit dem PEPP kann eine enorme Transparenz über das Leistungsgeschehen der Psychiatrie geschaffen werden, die das alte System in keiner Weise leisten konnte. Erstmals ist es möglich, den Ressourcenverbrauch einzelner psychischer Erkrankungen nachzuvollziehen. Vor dem Hintergrund der homogenen Fallgruppen kann die optimale Patientenversorgung geplant werden und damit eine durchgehende Transparenz des Leistungsgeschehens, der Behandlungsabläufe und der Kodierungen entstehen (vgl. Hänsch, 2013: 11). Diese Erkenntnisse können für die Weiterentwicklung des Psych-Entgeltsystems und die Kalkulation von enormem Nutzen sein. Das Geld folgt quasi der Leistung und es wird erkennbar, wofür es konkret genutzt wird. Damit geht auch eine bessere Verteilungsgerechtigkeit in der Vergütung der Leistungen einher, so der ehemalige Gesundheitsminister Bahr. Kliniken werden erstmals untereinander vergleichbar. Langfristig können dadurch Ansätze zur Qualitätsmessung generiert werden (vgl. Staeck, 2013: o.S. und BARMER GEK, 2014: 1ff.).

Gerechte Vergütung

In dem alten System, in welchem anhand der BPflV mit tagesgleichen Pflegesätzen vergütet

Tabelle 5.1.2-7: Vergleich zwischen PEPP und DRG-System (Quelle: Eigenerstellung)

Merkmal	PEPP	DRG-System
Zielsetzung	Durchgängiges, leistungsorientiertes und pauschalierendes Vergütungssystem auf der Grundlage tagesbezogener Entgelte	Durchgängiges, leistungsorientiertes und pauschalierendes Vergütungssystem
Anwendungsbereich	Allgemeine „Krankenhausleistungen von Fachkrankenhäusern und selbstständigen, gebietsärztlich geleiteten Abteilungen an somatischen Krankenhäusern für die Fachgebiete Psychiatrie und Psychotherapie, Kinder- und Jugendpsychiatrie und -psychotherapie (psychiatrische Einrichtungen) sowie Psychosomatische Medizin und Psychotherapie (psychosomatische Einrichtungen)" (§ 17d Abs. 1 KHG) → § 17d KHG	Vergütung allgemeiner Krankenhausleistungen, ausgenommen psychiatrische und psychosomatische Einrichtungen → § 17b KHG
Abrechnungseinheit	Tagesbezogene Fallpauschale, Zusatzentgelte, Zu- und Abschläge	Fallpauschale, Zusatzentgelte, Zu- und Abschläge
Entgeltbasis	Preisbasis	Preisbasis
Orientierung	Leistungsorientierung statt Kostenorientierung	Leistungsorientierung statt Kostenorientierung
Budget	flexibel	flexibel
Geltungsbereich	Krankenhausindividuell, regional, landesweit und bundesweit	Krankenhausindividuell, regional, landesweit und bundesweit
Entscheidungskompetenzen	Bundesministerium für Gesundheit, Selbstverwaltungspartner → mehr Befugnis auf regionaler Ebene	Bundesministerium für Gesundheit für ordnungspolitische Rahmenbedingungen; Selbstverwaltungspartner für Abrechnungsbestimmungen (vgl. Schmidt-Rettig, 2008: 410)
Verweildauer	Keine MVWD, dafür degressive Tagesentgelte	UVWD, MVWD, OVWD
Zeitliche Entwicklung bei Einführung	9 Jahre „geschützte Bedingungen" → 4 Optionsjahre und 5 Jahre Konvergenzphase, bis komplette Umstellung erfolgt	Einjährige Optionsphase und weitere einjährige budgetneutrale Phase, bis komplette Umstellung erfolgt
Gesetzliche Verankerung	§ 17d KHG	§ 17b KHG

wurde, erhielt eine Einrichtung unabhängig von Diagnose, Aufwand oder Behandlungsdauer den gleichen Tagessatz pro Patient. Für Patienten, die behandlungsintensiver waren als es der Tagessatz vorsah, bestand die Gefahr, dass sie die notwendige intensive Betreuung nicht erhielten, denn dieser zusätzliche Aufwand konnte durch den Tagessatz nicht (zusätzlich) abgegolten werden. Dieses System gab außerdem den Anreiz, ggf. Patienten länger stationär zu versorgen als nötig, sofern der Betreuungsaufwand unter die Tagessätze fiel. Das alte Vergütungssystem mit tagesgleichen Pflegesätzen kann keine aufwandsgerechte Abbildung der Behandlung sicherstellen. Das PEPP zielt auf eine sach- und leistungsgerechtere Vergütung ab (vgl. Techniker Krankenkasse, Landesvertretung Hessen, 2014: 1ff.).

Mit dem PEPP wird auf eine aufwandsgerechtere Vergütung gezielt. Die Einordnung der Patienten in die Fallgruppen erfolgt aufgrund vieler Parameter, welche die Behandlung beeinflussen und so einen realistischeren Behandlungsaufwand darstellen können als tagesgleiche Pflegesätze. Die Tagespauschale, welche eine Einrichtung für einen Psychiatriefall erhält, bemisst sich an Kosten für einen durchschnittlichen Krankheitsverlauf der jeweiligen Fallgruppe. Im weiteren Behandlungsverlauf nimmt die Tagespauschale degressiv ab, weil auch der Diagnostik- und Behandlungsaufwand im stationären Verlauf abnimmt (vgl. Techniker Krankenkasse, Landesvertretung Hessen, 2014: 1ff.).

Die gewonnene Transparenz in Verbindung mit einer höheren Verteilungsgerechtigkeit wird seitens vieler Befürworter als die entscheidende Entwicklung durch das PEPP benannt.

Einführung von Qualitätssicherung

Benennen lässt sich hier als ein PEPP-Befürworter der GKV-Spitzenverband, der durch das PEPP die gerechtere Vergütung psychiatrischer Einrichtungen gesichert sieht. Herr Dr. Leber, Leiter der Abteilung Krankenhäuser beim GKV-Spitzenverband, sieht im PEPP vor allem eine Chance für Patienten. Mit dem PEPP sei die Möglichkeit einer guten Qualitätssicherung und dadurch einer guten Versorgungsqualität für Patienten gegeben. Derzeit gibt es in der Psychiatrie weder aussagekräftigen Qualitätsberichte noch Qualitätssicherungsmaßnahmen wie etwa in der Somatik. Durch das PEPP wird sich das ändern können: Qualitätssicherung hat sich immer erst in differenzierten Entgeltsystemen entwickeln können. Die Chance, die Qualitätssicherung ganz von vorn einzuführen besteht im PEPP (vgl. Interview mit Leber u. Rosenbrock, 2013: o. S.).

Steigender Wettbewerb und Benchmark

Durch das PEPP werden alle Einrichtungen miteinander in Wettbewerb treten müssen. Die Marktdynamik wird zwangsweise steigen, denn die Krankenhäuser werden zunehmend um therapeutische und ökonomische Leistungsfähigkeit bestrebt sein. In den Entwicklungen des Marktes wird sich zeigen, wer als Gewinner und wer als Verlierer des PEPP hervortritt. Sicher ist: Mit zunehmender Preisorientierung wird der Wettbewerb der Krankenhäuser nicht zu vermeiden sein – die Wirtschaftlich steigt. Vor diesem Hintergrund wird die Leistungserbringung der Krankenhäuser wirtschaftlicher als zuvor erfolgen können. Durch die neue Transparenz werden Möglichkeiten zum Benchmarking über die Unternehmensgrenzen hinweg gegeben (vgl. Maier et al., 2013: 8).

Grundlagen eines lernenden Systems

Hinsichtlich des lernenden Systems kann das sich PEPP durch die jährliche Kalkulation jederzeit an Veränderungen der Rahmenbedingungen und Tatbestände anpassen. Des Weiteren ist das PEPP so konstruiert, dass Interessenverbände auf die Entwicklung des Entgeltsystems Einfluss nehmen und aktiv am PEPP mitgestalten können. Vor dem Hintergrund des lernenden Systems können jetzige noch bestehende Schwachstellen des PEPP behoben werden, bis es zur obligatorischen Einführung des Systems kommt. Insbesondere die Optionsphasenverlängerung um 2 Jahre bietet die Möglichkeit, das PEPP noch anzupassen und Kritikern den Wind aus den Segeln zu nehmen. Auch die SPD sieht in den zusätzlichen 2 Jahren genügend Spielraum, um noch systematische Veränderungen vornehmen zu können, bevor das PEPP letztlich „scharfgeschaltet" wird. Auch sollen Kritik und Bedenken der PEPP-Kritiker analysiert werden und in eine eventuelle Neustrukturierung einfließen. Einen großen Vorteil bietet das PEPP für seine Befürworter: Es wurde als gestaltbares Entgeltsystem entwickelt und kann jederzeit über einzelne Stellschrauben angepasst werden. Hierzu bleibt bis zur obligatorischen Einführung im Jahre 2017 noch Zeit, die Kritik zu entkräften (vgl. Mattheis/Heidenblut, 2014: o. S.).

Während der Einführung eines pauschalierenden Vergütungssystems für die psychiatrischen und psychosomatischen Einrichtungen nach einstigem Ausklammern bei der DRG-Einführung größtenteils optimistisch gegenüberstanden wurde, wendet sich das Blatt nach und nach. Immer mehr **Kritiker** melden sich zu Wort. Mittlerweile, rund 5 Jahre nach Einführung des § 17d KHG und damit Festschreibung eines neuen Entgeltsystems, sprechen sich zahlreiche Interessenverbände, politische Parteien und Experten auf dem Gebiet der Psychiatrie und Psychosomatik sowie Gesundheitsökonomie gegen das neue pauschalierende Entgeltsystem aus.

Die häufig genannten und bedeutsamen Problemfelder seitens der Kritiker, werden im Folgenden aufgezeigt.

Fehlender Leistungsbezug (Degression). Für viele steht der größte „Fehler" des PEPP schon seit der Entwicklung des neuen Vergütungssystems fest: Das PEPP-interne Grouping erfolgt fall- und nicht tagesbezogen. Mit diesem Fallbezug geht der degressive Verlauf der Vergütung pro Fall einher, das heißt, nach der ersten Vergütungsstufe, nimmt die Vergütung der einzelnen PEPP deutlich ab. Die Vergütung erfolgt nicht, wie von vielen Kritikern gefordert, nach zunehmenden oder abnehmenden Leistungen im Behandlungsverlauf. Dadurch, so wird vermutet, kann man den individuellen Behandlungsbedarfen der Patienten nicht gerecht werden. Der dadurch entstehende Anreiz zur Verkürzung der Verweildauer kann ggf. damit einhergehen, dass therapeutisch sinnvolle Leistungen, wie Intensivbetreuung oder zusätzliche Therapieeinheiten, in der stationären Behandlung zu kurz kommen. In der Folge ist mit Qualitätseinbußen zu rechnen. Im PEPP wird keine Rücksicht darauf genommen, wie hoch der tatsächliche Behandlungs- und Therapieaufwand für einen Patienten ist. Weiterhin orientiert sich das Vergütungssystem hauptsächlich an der Diagnose des Patienten, die für die Fallgruppe eines Patienten und damit für die Vergütung ausschlaggebend ist. Dabei wird die Leistungserbringung in der Psychiatrie in erster Linie nicht von der Diagnose bestimmt, sondern „individualisiert auf das aktuelle Empfinden und das gesamte Lebens- und Beziehungsgefüge des Patienten ausgerichtet" (Conradi, 2014: o. S.). Daran sollte sich auch das Vergütungssystem orientieren, so Kritiker (vgl. Kunze et al., 2013: 27).

Fehlende Sektorenüberschreitung. Weiterhin wird als immenser Kritikpunkt oft die ausschließliche Kalkulation der stationären Leistungen genannt. Die damit einhergehende Abkopplung der ambulanten Leistungen stellt ein Problem in Hinblick auf die gewünschte Enthospitalisierung dar. Im Allgemeinen gilt: ambulant vor stationär. Doch durch das PEPP, so Kritiker, würden die stationäre Behandlung bevorzugt und dadurch die eher erwünschten ambulanten Leistungen benachteiligt werden. Auch die psychiatrischen Institutsambulanzen (PIAs) müssen dringend eine ausreichende finanzielle Ausstattung erfahren, um der lange gewünschten Enthospitalisierung gerecht zu werden. Bislang ist jedoch keine Ausweitung des PEPP auf den ambulanten Sektor in Sicht. Die Anreize, eine bestimmte Behandlungsart zu präferieren, sollten im Sinne der optimalen Patientenversorgung nicht gegeben werden. Diesem Anspruch kann das PEPP im Moment nicht gerecht werden – eine sektorenübergreifende Versorgung wird so nicht gefördert (vgl. Häring, 2013a: o. S.).

Leistungsverlagerung. Dieser Anreiz, eher stationär vor ambulant zu versorgen, wird vor allem dann noch interessanter, wenn man den degressiven Verlauf der tagesbezogenen Pauschale bedenkt. Hierdurch entsteht der Anreiz, Leistungen, die ambulant durchgeführt werden könnten, ggf. stationär zu erbringen, um so die eventuell entstehenden Gewinne in den ersten (stark vermutet häufig gewinnbringenden) Vergütungsstufen des stationären Aufenthalts generieren zu können und Patienten danach wieder zu entlassen. Zu erahnen sind entstehende Leistungsverlagerungen: Weniger kranke Patienten (eher gewinnbringend) werden die Betten der Fachabteilungen füllen, während schwerwiegender Kranke (eher verlustbringend) in alternative Versorgungsformen gedrängt werden (vgl. Kunze et al., 2013: 27 f.).

In diesem Zusammenhang muss auch von einem Anreiz zur Fallzahlsteigerung gesprochen werden. Krankenhäuser profitieren ökonomisch davon, Behandlungen in mehrere Aufenthalte zu unterteilen. So können ggf. Fallzahlsteigerungen budgetwirksam geltend gemacht werden. In

Kombination mit zusätzlich entstehenden Kapazitäten durch Verweildauerreduzierungen aufgrund der Degression, können weitere Fallzahlsteigerungen erzielt werden. Diese Möglichkeit wird durch die jetzige Ausgestaltung des PEPP geboten (vgl. Maier et al., 2013: 6).

Hier sollte der Patient als Individuum im Mittelpunkt der psychiatrischen und psychosomatischen Behandlung stehen. Die Konzentration des Vergütungssystems ausschließlich auf den stationären Bereich verhindert eine sektorenüberschreitende Behandlung im Sinne des Patientenwohls. Die Schwankungsbreite der Krankenhausbehandlung soll weiter flexibilisiert werden. Das bedeutet, die „institutionelle Dosis" (können mehr Zwischenstufen von ambulant bis stationär eingeführt werden), der Ort der tatsächlichen Behandlung (denkbar sind sowohl die Einrichtung als auch das private Umfeld der Patienten) sowie die Zeitachse der Behandlung (Behandlungsdauer und Sequenzen können in stationären, ambulanten und tagesklinischen Angeboten angepasst werden) müssen individuell an den Patienten und seine Bedürfnisse im Behandlungsverlauf angepasst werden können. Das Vergütungssystem sollte sich an den Leistungen der verschiedenen Sektoren für einen Patienten orientieren, sodass ein größerer Anreiz entsteht, den Patienten individuell optimal zu behandeln, statt hier nach Maßnahmenarten zu sortieren. Dem steht das PEPP in seiner jetzigen Ausgestaltung im Weg (vgl. Kunze et al., 2013: 27f.).

Keine Steuerung. Noch im März dieses Jahres forderten Bündnis90/Die Grünen, bis zum Juni dieses Jahres eine unabhängige Expertenkommission zum neuen Entgeltsystem zu installieren. Der Beirat aus Vertretern aus den Bereichen Erwachsenenpsychiatrie, Kinder- sowie Jugendpsychiatrie und Psychosomatik, Sachverständigen unterschiedlicher Träger, Krankenkassen und Wissenschaftler sowie Patienten- und Angehörigenvertretern wurde bislang jedoch nicht einberufen. Die dadurch erhoffte Transparenz insbesondere in den Bereichen Datentransparenz und Prozesstransparenz kann nicht ganzheitlich gewährleistet werden. Durch den Expertenbeirat erhoffte man sich eine begleitende Institution, die hinsichtlich des gesetzlich festgelegten Ziels der patientengerechten Behandlung agiert (vgl. Deutscher Bundestag, 2014b: 5). Diese Daten- und Prozesstransparenz des Systems wurde erst durch den Abschlussbericht des InEK nachträglich und begrenzt gewährt. Kritisiert wird das Scheitern des lernenden Systems (vgl. Kunze et al., 2013: 27f.). Der PEPP-Katalog weist für Fachverbände noch zu starke systematische Mängel auf, als dass sie mit einer Reifung des Systems bei Anwendung des Katalogs rechnen (vgl. Conradi, 2014: o.S.):

> „Was fehlt, ist eine Projektleitung, die die Partikularinteressen der Beteiligten sowie die Entscheidungswege im Deutschen Institut für Medizinische Dokumentation und Information und InEK auf das gesetzliche Ziel der patientengerechten Behandlung ausrichtet. Die Behandlung von psychisch Kranken und seelisch behinderten Menschen mit ihren Bedürfnissen nach flächendeckender und wohnortnaher Versorgung kann nicht den Gesetzen des „freien Gesundheitsmarktes" überlassen werden." (Kunze et al., 2013: 27f.)

Erhöhter Dokumentationsaufwand. Mit dem PEPP steigt der Dokumentationsaufwand pro Patient. Immer mehr Daten müssen für die Abrechnung geliefert werden. Der vermehrte Aufwand wird mit etwa einer zusätzlichen Personalstunde pro Patient und Tag über alle Berufsgruppen hinweg beziffert. In den Kalkulationskrankenhäusern wird dieser durch zusätzlich zu erfassende Patientendaten noch höher. Diese Zeit kann nicht für die originäre Tätigkeit – die Versorgung der Patienten – genutzt werden. Gefordert wird eine Reduzierung der Dokumentation auf wenige „real kostentrennend[e]" (Kunze et al., 2013: 27f.) Merkmale. Alle für die Kostenkalkulation nicht erforderlichen Dokumentationselemente, „also Dokumentation ohne Funktion" (Kunze et al., 2013: 27f.), sollte eliminiert werden, um das gesamte Vergütungssystem effizienter zu gestalten (vgl. Kunze et al., 2013: 27f.).

Fehlende Personalsicherung. Mit der Einführung des PEPP wurde auch der Wegfall der

Psych-PV beschlossen. Deren Anwendung und dadurch die Sicherung der Personalausstattung für psychiatrische Kliniken wird entfallen. Dadurch wird die gesetzliche Personalmindestausstattung der psychiatrischen und psychosomatischen Stationen wegfallen. Kritiker sehen darin einen Rückschritt in der psychiatrischen Krankenversorgung. Beispielsweise „in der ‚sprechenden Medizin' ist die Zeit von qualifiziertem Personal für Gespräche mit Patienten und Angehörigen aber das wichtigste Medium" (Kunze et al., 2013: 27f.). Leidtragend werden die Patienten sein, das Ergebnis dieses Rückschritts wird sich in den Behandlungsergebnissen niederschlagen, mit Qualitätsverschlechterungen ist zu rechnen. Des Weiteren ist zu bedenken, dass die psychiatrischen und psychosomatischen Einrichtungen, anders als die Einrichtungen bei der DRG-Umstellung, von einem geringen Entwicklungsniveau aus in das neue Vergütungssystem starten. Seit 1991 ist eine zunehmende Leistungsverdichtung in der Psychiatrie und Psychosomatik zu verzeichnen. Die Psych-PV konnte jedoch noch nicht in allen Einrichtungen zu 100 % umgesetzt werden, sodass als Folge daraus heute noch immer Einrichtungen mit Personalstellen unterhalb des Psych-PV-Solls arbeiten. Konkrete Zahlen hierzu liegen leider nicht vor. Für die Psych-Einrichtungen ist die Psych-PV bislang das Instrument, um ihr Budget mit verlässlichen Zahlen mit den Krankenkassen zu verhandeln. Auf diese Weise wurde bisher die Strukturqualität der Kliniken sichergestellt. Die Strukturqualität stellt neben der Prozessqualität derzeit eines der wenigen Instrumente dar, um Qualität abbilden zu können (vgl. Häring, 2014c: o.S.). Durch den Personalabbau fürchtet man vor allem Einbußen in der Qualität der Behandlung. Mit der Konvergenzphase und dem Wegfall der Psych-PV-Anwendung wird es einen vermehrten Anreiz zum Personalabbau für Psych-Einrichtungen geben. Dadurch wird die Erfüllung des einstigen Ziels der Psych-PV, nämlich die personelle Ausstattung für eine ausreichende, zweckmäßige und wirtschaftliche stationäre Behandlung sicherzustellen, außer Acht gelassen. Kritiker fordern weiterhin eine gesetzlich vorgeschriebene Mindestausstattung für Personal in Psych-Einrichtungen (insbesondere im therapeutischen Bereich) sowie einheitliche Qualitätsindikatoren (vgl. Kunze et al., 2013: 27f.).

Da das neue Entgeltsystem bislang keine Evaluation der Qualität der Krankenhausbehandlungen aufweisen kann, erteilte man dem G-BA den Auftrag, sowohl Qualitätsindikatoren als auch eine Mindestpersonalausstattung festzulegen. Bislang ist dies nicht geschehen. Es gibt also keine Finanzierungsgarantie mehr für Personalstellen. Hier ist wichtig anzumerken, dass die teils unzureichenden Erfüllungsgrade der Psych-PV (also weniger Personal als es die Psych-PV vorgibt) nun durch die Kalkulation zementiert und schlussendlich auch umgesetzt werden. „Wer also heute für eine gute personelle Ausstattung sorgt, wird später unter der schlechten Ausstattung anderer Kliniken mit zu leiden haben" (Häring, 2014c: o.S.). Festzuhalten ist insgesamt, dass letztlich der Patient die Konsequenzen einer Krankenhausbehandlung ohne genügend Personal und einheitliche Qualitätsindikatoren zu tragen hat (vgl. Kunze et al., 2013: 27f.).

Ökonomisierung. Wahrscheinlich war das alte Modell der Pflegesätze einfacher zu handhaben, jedoch fehlte es dort an Transparenz und es konnte irgendwann den ökonomischen Anforderungen an ein Vergütungssystem nicht mehr gerecht werden. Mit dem PEPP wird auch das ökonomische Denken und Handeln der Psych-Einrichtungen angeregt. Bislang konnten unwirtschaftliche Fachabteilungen durch gewinnbringende Fachabteilungen quersubventioniert werden. Das alte Gesundheitssystem konnte manche psychiatrische Versorgungssektoren nicht ausreichend gegenfinanzieren. Durch das PEPP wird eine solche Vorgehensweise wahrscheinlich der Vergangenheit angehören. All das, was man einst in jahrelanger Arbeit in die Neustrukturierung der Psychiatriestrukturen gesteckt hatte, wie Personalstellen oder gemeindenahe Versorgung, steht nun auf dem Prüfstand. Vor dem Hintergrund des zunehmenden ökonomischen Drucks durch das neue Entgeltsystem werden Kliniken sich solch ein Vorgehen eventuell nicht mehr leisten können. Mit der gemeindenahen Versorgung wurde die Psychiatrielandschaft in Deutschland dezentralisiert. Dabei gehören Großkrankenhäuser in der psychiatrischen Versorgung der Vergangenheit an, stattdessen sind kleine Krankenhäuser heutzutage Usus. Genau dieser Prozess droht sich durch das PEPP wieder umzukehren. Durch den ökonomischen Druck des PEPP werden neue Effekte gefördert: Im Mittelpunkt können Synergieeffekte, Konzentrierungs-, Zentralisierungs- und Spezialisierungstendenzen stehen. Unter diesem Prozess wird insbesondere die ortsnahe Versorgung leiden. Mit dem ökonomischen Druck auf die Einrichtungen geht auch der verstärkte Wettbewerbsdruck einher. Einrichtungen werden noch mehr in Konkurrenz zueinander treten müssen, so kann es zum Kliniksterben kommen. Die Konzentrierungstendenz wird somit zusätzlich verstärkt (vgl. Häring, 2014c: o.S.).

Auch hinsichtlich der Leistungserbringung herrscht ein zunehmender Druck auf die Einrichtungen. Durch einheitliche Preise sehen Kritiker die qualitativ hochwertige Leistungserbringung für die Patienten zunehmend zumindest gefährdet. Um im Wettbewerb Bestand haben zu können, müssen psychiatrische Einrichtungen mit ihren Kosten pro Behandlung unterhalb der Erlöse bleiben. Mit der Anpassung an einen landesweiten Basisentgeltwert werden hier viele Einrichtungen mit Erlöseinbußen rechnen müssen, langfristig wird in der Leistungserbringung gespart werden müssen (vgl. Häring, 2014c: o.S.).

Vor allem das Management sieht ein großes Problemfeld. Die Vergütung stationärer Leistungen orientiert sich – im Sinne eines historisch entwickelten Budgets – an den krankenhausindividuellen Kosten, statt an den erbrachten Leistungen. Aktuell wird zu wenig Anreiz gegeben, die Leistungen kostenoptimal zu erbringen. Vielmehr wird ein Anreiz gesehen, die Erlöse zu maximieren, indem die Anzahl der Fallzahlen erhöht wird (vgl. Maier et al., 2013: 6).

Scheitern der Modellvorhaben. Zwar forderte man mit der Einführung des § 17d KHG auch die Entwicklung von Modellvorhaben zur sektorenübergreifenden und damit auch gemeindenahen Versorgung, diese sind jedoch „halbherzig ausgestattet" (Deutscher Bundestag, 2014b: 2). Diese Basis reicht nicht aus, um nutzbringende Erkenntnisse für eine grundlegende Reformierung in der ortsnahen Versorgung und gleichzeitig die Optimierung und Weiterentwicklung des neuen Entgeltsystems ankurbeln zu können. Obwohl der Gesetzgeber die Durchführung von Modellvorhaben durch den § 64b SGB V wesentlich erleichtert, sind bislang nur zehn Modellprojekte allgemein und nur ein nennenswertes Modellvorhaben in der Kinder- und Jugendpsychiatrie vereinbart worden. Durch die Modellvorhaben erhoffte man sich, systemrelevante Erkenntnisse gewinnen zu können, bevor das Entgeltsystem endgültig „scharfgeschaltet" wird. Gerade Modellprojekten, die eine sektorenübergreifende Versorgung ermöglichen könnten, werden Steine in den Weg gelegt – Modellvorhaben können nur realisiert werden, indem nach dem PEPP abgerechnet wird. Insbesondere Modellvorhaben im ambulanten Bereich sind so nicht möglich, da sich das PEPP nur auf die stationäre Versorgung bezieht. Weiterentwicklungen des PEPP werden so nahezu unmöglich durch Erkenntnisse aus Modellprojekten (s. Kap. 5.1.2.6) (vgl. Zeichner, 2013: 2). Ob und wann noch mit systemrelevanten Ergebnissen der derzeitigen elf Projekte zu rechnen ist, ist unklar. Festzuhalten ist, die Idee der Modellvorhaben und dadurch der jahrelanger Erprobung vor Abschluss der Konvergenzphase gilt jetzt schon als gescheitert (vgl. Kunze et al., 2013: 27f.).

Schlechte Kalkulationsgrundlage. Einige Psych-Einrichtungen müssen durch eine Rundum-die-Uhr-Pflichtversorgung bestimmte strukturelle Merkmale erfüllen, die mit höheren Kosten belegt sind. Im neuen Entgeltsystem werden diese Bedingungen heute jedoch noch unzureichend berücksichtigt. Das liegt daran, dass diese Strukturdaten durch die Kalkulationshäuser unzureichend abgebildet und in der Kalkulation des InEK unzureichend berücksichtigt werden. Die Ausgestaltung der Pflichtversorgung erfolgt auf Länderebene, die Aufwände hierfür variieren jedoch sehr stark. Daher gestaltet sich die aufwandsgerechte Abbildung dieser Aufwände über die bundeseinheitlichen PEPPs als schwierig. Solange die Pflichtversorgung jedoch unzureichend vergütet wird, muss eine Ersatzlösung gefunden werden. Kliniken, welche die Pflichtversorgung vorhalten, dürfen nicht benachteiligt werden (vgl. Häring, 2014c: o.S., und Deutscher Bundestag, 2014b: 3ff.). „Die Beteiligung bzw. Nichtbeteiligung an der flächendeckenden psychiatrischen Versorgung muss daher entsprechend honoriert werden" (Deutscher Bundestag, 2014b: 6).

Aufgrund dieser erheblichen Problemfelder aus Kritikersicht stimmten zahlreiche Fachverbände sowie die Deutsche Krankenhausgesellschaft dem PEPP letztlich nicht zu. Nichtsdestotrotz setzte das Bundesgesundheitsministerium den PEPP-Katalog 2012 in Kraft.

5.1.2.6
Alternativmodelle

Die oben genannten und weitere Gesichtspunkte sind Grund dafür, dass sich aus der zunehmenden Kritik zum neuen Entgeltsystem bereits Verbesserungsvorschläge bzw. Erweiterungen und sogar Alternativmodelle entwickelt haben.

Als Modifizierung des PEPP wurde das sogenannte **PEPP Plus** entwickelt (Tab. 5.1.2-8) (vgl. Häring, 2013b: o.S.). Dieses Modell verfügt über zusätzliche PEPPs, die es ermöglichen, eine sektorenübergreifende Versorgung im Entgeltsystem abzubilden. Neben den voll- und teilstationären PEPPs stehen in diesem Modell weitere PEPPs für Hometreatment in zwei verschiedenen Stufen, die unterschiedliche Stundenumfänge zugrunde legen, und ein PEPP für einen halben tagesklinischen Behandlungstag zur Verfügung. Im PEPP Plus soll der Wechsel zwischen den Sektoren vereinfacht werden, sodass die Behandlung den individuellen Bedürfnissen der Patienten angepasst werden kann und nicht länger sektorengebunden ist (vgl. Häring, 2013b: o.S.). Das PEPP Plus zielt auf eine Erweiterung des bestehenden Leistungskatalogs ab.

Die Idee, das System sektorenübergreifend durchlässiger zu gestalten, wird in Zukunft schwer praktikabel sein. Im Psych-Entgeltsystem wird das Relativgewicht diagnosespezifisch ermittelt, dabei spielen viele patientenorientierte Parameter eine Rolle. Bei PEPP Plus handelt es sich jedoch nicht um Merkmale der Patienten, sondern rein um Merkmale der Behandlung. Werden diese für die Abrechnung relevant, entsteht ein Bruch in der PEPP-Entgeltlogik. Die Gesamtkosten können eventuell nicht realistisch abgebildet werden. Eine Umstellung auf PEPP Plus ist derzeit als nicht realistisch einzustufen.

Eine weitere Entwicklung des PEPP ist das sogenannte **tagesbezogene Entgelt für Psychiatrie und Psychosomatik (TEPP)**. Als alternatives Berechnungsmodell wurde es durch eine Gruppe um Godemann und Klimke entwickelt. Das TEPP (Tab. 5.1.2-9) entstand aus der Kritik heraus, dass im Psych-Entgeltsystem zwar die Tageskosten eines Falls durch das InEK berechnet werden, das Grouping aber letztlich auf der Diagnoseebene stattfindet. Dadurch werden die Kosten einer Behandlung gemittelt und im zeitlichen Behandlungsverlauf abgebildet. Die Kritiker sehen in dieser Systematik eine schlechte

Tabelle 5.1.2-8: PEPP Plus – Pro und Contra (Quelle: Eigenerstellung)

Pro	Contra
• Förderung sektorenübergreifender Versorgung • Entgeltsystem im Sinne des Patienten → hohe Patientenorientierung	• Widerspruch in der Entgeltlogik • Probleme in der Abrechnung → keine realistische Abbildung möglich

Tabelle 5.1.2-9: TEPP – Pro und Contra (Quelle: Eigenerstellung)

Pro	Contra
• Tagesbezogenes Grouping • Bessere Entgeltlogik • Vermeidung der Degression	• Erhöhter Abrechnungsaufwand • Ähnlich dem Pflegesatz

Kalkulationslogik. Die hohen Kosten, insbesondere zu Beginn der psychiatrischen oder psychosomatischen Behandlung, werden mit der oft notwendigen Intensiv- und 1:1-Betreuung sowie höherem Therapieaufwand zu Behandlungsbeginn erklärt. Doch durch das TEPP kann dieser Systematik entgegengewirkt werden. Eine neue Entgeltlogik, bestehend aus einem Basisentgelt, gekoppelt mit Zusatzentgelten für 1:1-Betreuung, Intensivbetreuung oder beispielsweise ein Alterssplitting, kann mit dem TEPP implementiert werden. Statt eines degressiven Vergütungssystems mit Vergütungsstufen sind tagesbezogene Entgeltstufen in Form von Tagesclustern als „Gliederungssystematik für die Entgeltgruppen im Katalog zu definieren" (Conradi, 2014: o.S.). Hierbei soll es keinesfalls um eine Einzelleistungsabbildung, sondern vielmehr um Aufwandspakete gehen, die sachgerecht differenziert relevante Unterschiede in den Behandlungsbedarfen der Patienten abbilden und dabei diagnoseübergreifend nutzbar sein können. Diese Systematik ermöglicht es, die Aufwandsunterschiede in der Patientenbehandlung tagesbezogen abzubilden. Allerdings erfolgt keine patientenindividuelle Abbildung von Einzelleistungen (vgl. Conradi, 2014: o.S.). Die stark kritisierte Degression und damit verbundene Fehlanreize können durch das TEPP vermieden werden. Hauptziel des TEPP ist es, das Entgeltsystem weg vom Diagnose- und Fallbezug und hin zu realen Tagesaufwandspauschalen zu entwickeln (vgl. Häring, 2014c: o.S.).

Für das TEPP sprechen sich mittlerweile viele Interessenverbände aus. Sogar der Gesetzgeber wird bereits aufgefordert, das PEPP durch das TEPP zu ersetzen, bevor es obligatorisch einzuführen ist. Durch das TEPP kann die Degression, eine für viele Kritiker ungerechte Verteilung, vermieden werden. Dabei werden die Kosten des Systems die gleichen bleiben, nur die Verteilung wird geändert. Sogar ursprüngliche Befürworter des Psych-Entgeltsystems, wie die GKV und die DKG, ziehen eine Umstellung von PEPP auf TEPP in Erwägung – sie fordern eine Prüfung des TEPP durch das InEK (vgl. Häring, 2013b: o.S.).

Die Stimmen gegen die Einführung des PEPP scheinen auf den ersten Blick mehr zu sein als die für die tatsächliche Umsetzung.

Doch gegeneinander aufwiegen kann man die Argumente nicht. Die Intention des Gesetzgebers und der Befürworter des Psych-Entgeltsystems sind ganz klar dessen gänzliche Neuordnung, die historisch bedingt schon längst als überfällig gilt, die damit einhergehende und erstmalige Transparenz des Leistungs- und Vergütungsgeschehens sowie der damit verbundene Wettbewerb und Benchmark-Ansatz für Einrichtungen untereinander. Dass das neue PEPP letztlich noch nicht ganz ausgereift ist, liegt sicherlich auch in der Idee des lernenden Systems. Noch ist Zeit bis zur obligatorischen Einführung, um die Kritikpunkte des PEPP zu verbessern und so ein besseres Entgeltsystem zu entwickeln. Ob dies aber auch geschieht, ist derzeit schwer vorherzusagen, indem der Gesetzgeber momentan keine weiteren Stellungnahmen bezüglich der Entgeltsystementwicklung abgibt. Fest steht, dass das PEPP von einigen Interessenverbänden positiv bewertet wird, andere es jedoch als falschen Lösungsweg in der Neuordnung der Psychiatrie ansehen. Zusammenfassend sprechen die Punkte in Tabelle 5.1.2-10 für bzw. gegen das PEPP.

Die größte Kritik richtet sich derzeit gegen die fehlende Sektorenüberschreitung, die Degression und den Wegfall der Psych-PV als Personalbemessungsinstrument in der Psychiatrie.

Literatur

Aktion Psychisch Kranke (APK) e.V. (Hrsg.) (2007): Brief an den Staatssekretär Dr. Klaus Theo Schröder. Evaluation der Psych-PV – Ressortforschung, Kapitel 1502, Titel 684 04. http://www.apk-ev.de/Datenbank/projekte/0062_BMG-Schr%C3%B6der-StaatsS-15%201%202007%20end.pdf [Zugriff: 01.07.2014].

Aktion Psychisch Kranke (APK) e.V. (Hrsg.) (2014a): Geschichte. http://www.apk-ev.de/public/apk.asp?id=2&mod=User [Zugriff: 01.07.2014].

Aktion Psychisch Kranke (APK) e.V. (Hrsg.) (2014b): Evaluation der Psychiatrie-Personalverordnung (Psych-PV): Abschlussbericht Evaluation Psych-PV. http://www.apk-ev.de/public/projekte.asp?pid=3 [Zugriff: 01.07.2014].

BARMER GEK (Hrsg.) (2014): PEPP: Neues Entgeltsystem in Psychiatrie und Psychosomatik.

Tabelle 5.1.2-10: PEPP – Pro und Contra (Quelle: Eigenerstellung)

Pro	Contra
• Leistungstransparenz	• Fehlender Leistungsbezug (vor allem Degression)
• Vergütungstransparenz	• Fehlende Sektorenüberschreitung
• Neuordnung der Psychiatrie	• Leistungsverlagerung
• steigender Wettbewerb	• Keine Steuerung des Systems
• Benchmark	• Erhöhte Dokumentation
• Lernendes System	• Fehlende Personalsicherung
• Möglichkeit der Qualitätssicherung	• Ökonomisierung
• Verteilungsgerechtigkeit	• Keine Modellvorhaben
• Ansatz der sektorenüberschreitenden Versorgung	• Schlechte Kalkulationsgrundlage

Mehr Transparenz und Vergütungsgerechtigkeit. STANDORTinfo extra. Newsletter der BARMER GEK in Schleswig-Holstein, Nr. 1/2014. http://presse.barmer-gek.de/barmer/web/Portale/Presseportal/Subportal/Laender/Einstieg-Schleswig-Holstein/Standort-info/Aktuelle-Ausgabe/PDF-PEPP-Interview.pdf [Zugriff: 01.12.2014].

Belling, R. (2013): Management psychiatrischer Kliniken. Leistungsorientierte Vergütung und strategische Klinikführung. Stuttgart, Kohlhammer.

Bühring, P. (2001): Psychiatrie-Reform: Auf halbem Wege stecken geblieben. Deutsches Ärzteblatt, 98 (6): A-301/B-240/C-227. http://www.aerzteblatt.de/archiv/25936/Psychiatrie-Reform-Auf-halbem-Weg-stecken-geblieben [Zugriff: 01.07.2014].

Bundesärztekammer (BÄK) (Hrsg.) (2014): Schwerpunkte der Deutschen Ärztetage seit 1948. http://www.bundesaerztekammer.de/page.asp?his=0.2.1825.1829 [Zugriff: 01.07.2014].

Bundespflegesatzverordnung (BPflV), in der Fassung vom 26.09.1994, zuletzt geändert durch das GKV-GQWG vom 21.07.2014. BGBl. I: 2750.

Conradi, C. (2014): Kritik an PEPP: Neues Entgeltsystem gefährdet Versorgungsqualität. http://www.hcm-magazin.de/kritik-an-pepp-neues-entgeltsystem-gefaehrdet-versorgungsqualitaet/150/17330/212759 [Zugriff: 01.12.2014].

Deutscher Bundestag (Hrsg.) (1973): Enquête über die Lage der Psychiatrie in der Bundesrepublik Deutschland. Zwischenbericht der Sachverständigenkommission zur Erarbeitung der Enquête über die Lage der Psychiatrie in Deutschland. Bundestagsdrucksache 7/1124, Bonn.

Deutscher Bundestag (Hrsg.) (1975): Bericht über die Lage der Psychiatrie in der Bundesrepublik Deutschland – Zur psychiatrischen und psychotherapeutisch/psychosomatischen Versorgung der Bevölkerung. Bundestagsdrucksache 7/4200, Bonn.

Deutscher Bundestag (Hrsg.) (1979): Unterrichtung durch die Bundesregierung, Stellungnahme der Bundesregierung zum Bericht der Sachverständigen-Kommission über die Lage der Psychiatrie in der Bundesrepublik Deutschland – Zur psychiatrischen und psychotherapeutisch/psychosomatischen Versorgung der Bevölkerung – unter Berücksichtigung der inzwischen eingetretenen Veränderungen. Bundestagsdrucksache 8/2565, Bonn.

Deutscher Bundestag (Hrsg.) (2011): Referentenentwurf, Gesetz zur Einführung eines pauschalierenden Entgeltsystems für psychiatrische und psychosomatische Einrichtungen. http://www.bmg.bund.de/fileadmin/dateien/Downloads/Gesetze_und_Verordnungen/Laufende_Verfahren/P/Psych-Entgeltsystem/Gesetz_zur_Einfuehrung_eines_pauschalierenden_Entgeltsystems_fuer_psychiatrische_und_psychosomatische_Einrichtungen.pdf [Zugriff: 01.12.2014].

Deutscher Bundestag (Hrsg.) (2012): Gesetzesentwurf der Bundesregierung, Entwurf eines Gesetzes zur Einführung eines pauschalierenden Entgeltsystems für psychiatrische und psychosomatische Einrichtungen (Psych-Entgeltgesetz – PsychEntgG). Bundestagsdrucksache 17/8986, Bonn.

Deutscher Bundestag (Hrsg.) (2014a): Gesetz zur Weiterentwicklung der Finanzstruktur und der Qualität in der gesetzlichen Krankenversicherung (GKV-Finanzstruktur und Qualitäts-Weiterentwicklungsgesetz). BGBl. I, Nr. 33.

Deutscher Bundestag (Hrsg.) (2014b): Antrag der Abgeordneten Maria Klein-Schmeink, Elisabeth Scharfenberg, Kordula Schulz-Asche, Dr. Harald Terpe, Dr. Franziska Brantner, Katja Dörner, Kai Gehring, Tabea Rößner, Ulle Schauws, Doris Wagner, Beate Walter-Rosenheimer und der Fraktion BÜNDNIS 90/DIE GRÜNEN. Das psychiatrische Entgeltsystem überarbeiten und das Versorgungssystem qualitativ weiterentwickeln. Bundestagsdrucksache 18/849, Bonn.

Deutsches Ärzteblatt (Hrsg.) (2014): Psychiatrie-Entgeltsystem: Die Optionsphase wird bis Ende 2016 verlängert. Deutsches Ärzteblatt, 111 (19): A-814/B-702/C-666. http://www.aerzteblatt.de/archiv/159612/Psychiatrie-Entgeltsystem-Die-Optionsphase-wird-bis-Ende-2016-verlaengert [Zugriff: 01.12.2014].

Doege, V.; Martini, S. (2008): Krankenhäuser auf dem Weg in den Wettbewerb. Der Implementierungsprozess der Diagnosis Related Groups. Wiesbaden, GWV Fachverlage GmbH.

Finzen, A.; Schädle-Deininger, H. (1979): „Unter elenden menschenunwürdigen Umständen". Die Psychiatrie-Enquête. Werkstattschriften zur Sozialpsychiatrie, Band 25. Wunstorf, Psychiatrie-Verlag.

Fuchs, H. (2004): Konsequenzen der DRG-Einführung für die angrenzenden Versorgungsbereiche, in: Klauber, J. et al.: Krankenhaus-Report 2003. Schwerpunkt: G-DRGs im Jahre 1. Stuttgart Schattauer GmbH, S. 187–202.

Gesetz zur Verbesserung der ambulanten und teilstationären Versorgung psychisch Kranker (PsychKVVerbG) in der Fassung vom 26.02.1986. BGBl. I: 324.

GKV-Finanzstruktur- und Qualitäts-Weiterentwicklungsgesetz (GKV-FQWG) in der Fassung vom 21.07.2014. BGBl. I: 1133.

GKV-Spitzenverband (Hrsg.) (2014a): Orientierungs-/Veränderungswert. http://www.gkv-spitzenverband.de/krankenversicherung/krankenhaeuser/krankenhaeuser.jsp [Zugriff: 01.12.2014].

GKV-Spitzenverband (Hrsg.) (2014b): Psych-Entgeltsystem. PEPP 2015. http://www.gkv-spitzenverband.de/krankenversicherung/krankenhaeuser/psychiatrie/pepp_entgeltsystem_2015/pepp_entgeltsystem_3.jsp [Zugriff: 01.12.2014].

Hänsch, H. (Hrsg.) (2013): Leistungsorientierte Vergütung in der Psychiatrie. Professional Process, 6. Jg., April 2013. Weinheim, Git. http://www.ameos.eu/fileadmin/user_upload/A_AMEOS/AMEOS_PDF/PP_April_2013_Beitrag-AMEOS-incl.Titel.pdf [Zugriff: 01.12.2014].

Häring, B. (Hrsg.) (2013a): PEPP 2014 steht vor der Tür. http://www.psychiatrie-entgelt.de/2013/10/04/pepp-2014-steht-vor-der-t %C3%BCr/ [Zugriff: 01.07.2014].

Häring, B. (Hrsg.) (2013b): PEPP Plus und TEPP. http://www.psychiatrie-entgelt.de/2013/10/08/pepp-plus-und-tepp/ [Zugriff: 01.07.2014].

Häring, B. (Hrsg.) (2014a): PEPP-Systematik. http://www.psychiatrie-entgelt.de/pepp-systematik/ [Zugriff: 01.07.2014].

Häring, B. (Hrsg.) (2014b): PEPP-Systematik. Was sind PEPPs? http://www.psychiatrie-entgelt.de/pepp-systematik/was-sind-pepps/ [Zugriff: 01.07.2014].

Häring, B. (Hrsg.) (2014c): Kritik. http://www.psychiatrie-entgelt.de/kritik/ [Zugriff: 01.07.2014].

InEK GmbH (Hrsg.) (2014): PEPP-Entgeltkatalog.

Interview mit Leber, W.-D. und Rosenbrock, R. (2013): Interview des Monats. Wird das neue Entgeltsystem in der Psychiatrie den Patienten gerecht? Gerechte Gesundheit. https://www.gkv-spitzenverband.de/media/dokumente/presse/interviews/2013_2/Interview_Leber_Gerechte-Gesundheit_08-2013de.pdf [Zugriff: 01.07.2014].

Krankenhausentgeltgesetz (KHEntgG), in der Fassung vom 23.04.2002, zuletzt geändert durch Artikel 16d des Gesetzes vom 21.07.2014. BGBl. I: 1412, 1421.

Krankenhausfinanzierungsgesetz (KHG), in der Fassung vom 10.04.1991, zuletzt geändert durch Art. 16a des Gesetzes vom 21.07.2014. BGBl. I: 886.

Krankenhausfinanzierungsreformgesetz (KHRG), in der Fassung vom 17.03.2009. BGBl. I: 534.

Krankenhaus-Kostendämpfungsgesetz (KHKG), in der Fassung vom 22.12.1981. BGBl. I: 1568.

Krankenhaus-Neuordnungsgesetz (KHNG), in der Fassung vom 20.12.1984. BGBl. I: 1716.

Kunze, H. et al. (2013): Pauschalierende Entgelte für Psychiatrie und Psychosomatik: Wohin kann der Weg gehen? Deutsches Ärzteblatt, 110 (27–28): A1366–A1368. http://www.aerzteblatt.de/archiv/142659/Pauschalierende-Entgelte-fuer-Psychiatrie-und-Psychosomatik-Wohin-kann-der-Weg-gehen [Zugriff: 01.07.2014].

Kunze, H.; Kaltenbach, L. (1996a): I. Allgemeiner Teil, in: ders. (Hrsg.): Psychiatrie Personalverordnung. Textausgabe mit Materialien und Erläuterungen für die Praxis, 3. Auflage. Stuttgart, Kohlhammer, S. 1–14.

Kunze, H.; Kaltenbach, L. (1996b): II. Die Psychiatrie-Personalverordnung. 2. Amtliche Begründung Teil A (Allgemeiner Teil), in: ders. (Hrsg.): Psychiatrie Personalverordnung. Textausgabe mit Materialien und Erläuterungen für die Praxis. 3. Auflage. Stuttgart, Kohlhammer, S. 27–32.

Kunze, H.; Schmidt-Michel, P.-O. (2007): Mitteilungen der DGPPN. Zur Erosion der PSYCH-PV und zukünftigen Finanzierung der Kliniken für Psychiatrie und Psychotherapie. Der Nervenarzt, 78:1460–1468.

Leber, W.-D.; Wolff, J. (2011): G-DRG-Entwicklung aus der Sicht der Krankenkassen, in: Roeder, N.; Bunzemeier, H. (Hrsg.): Kompendium zum G-

DRG-System 2011. Düsseldorf, Deutsche Krankenhausverlagsgesellschaft, S. 61-190.
Maier, B. et al. (2013): Einleitung, in: ders. et al. (Hrsg.) (2013): Psych-Entgeltsystem. Rahmenbedingungen, Umsetzungshilfen, Erfolgsfaktoren. Heidelberg, Medhochzwei, S. 1-10.
Mattheis, H.; Heidenblut, D. (2014): Pressemitteilung. PEPP: Entgeltsystem schaffen, das Versorgung psychisch kranker Patienten verbessert. http://www.spdfraktion.de/presse/pressemitteilungen/pepp-entgeltsystem-schaffen-das-versorgung-psychisch-kranker-patienten-ver [Zugriff: 01.07.2014].
Mayring, Ph. (2010): Qualitative Inhaltsanalyse. Grundlagen und Techniken, 11., aktualisierte und überarbeitete Auflage. Weinheim, Beltz.
Pohl, J. (1998): Bericht über die bundesweite Erhebung zur Evaluation der Psych-PV. Zusammenfassung. Erwachsenenpsychiatrie, in: Bundesweite Erhebung zur Evaluation der Psychiatrie-Personalverordnung. Schriftenreihe des Bundesministeriums für Gesundheit, Band 99. Baden-Baden, Nomos, S. 19-22.
PRI - The Pittsburgh Research Institute (1993): Patient Management Categories. A Comprehensive Overview. Pittsburgh, The Pittsburgh Research Institute).
Psychiatrie-Personalverordnung (Psych-PV), in der Fassung vom 18.12.1990, zuletzt geändert durch Art. 16c des Gesetzes vom 21.07.2014. BGBl. I: 2930.
Rau, F. (2013): Ordnungspolitischer Rahmen des neuen Entgeltsystems, in: ders. et al (Hrsg.) (2013): Psych-Entgeltsystem. Rahmenbedingungen, Umsetzungshilfen, Erfolgsfaktoren. Heidelberg, Medhochzwei, S. 11-40.
Reichsversicherungsordnung (RVO), in der Fassung vom 19.07.1911, zuletzt geändert durch Art. 15a der Verordnung zur Änderung betäubungsmittelrechtlicher Vorschriften vom 19.03.2009. BGBl. I: 839.
Roeder, N. et al. (2010): Entgeltsystem Psychiatrie, Psychosomatik und Psychotherapie. das Krankenhaus, Heft 4: 322-330.
Schepker, R.; Eggers, Chr. (1999): Unsolidarisch mit psychiatrisch Kranken. Das „Vorschaltgesetz" verhindert Stellenanpassung bei Engpässen. Deutsches Ärzteblatt, 96, Heft 20, 21. Mai 1999. https://www.aerzteblatt.de/pdf/96/20/a1324-6.pdf [Zugriff: 01.07.2014].
Schmidt-Rettig, B. (2008): Betriebswirtschaftliche Funktionen und Entscheidungen. Betriebskostenfinanzierung und Vergütungssystem, in: dies. u. Eichhorn, S. (Hrsg.): Krankenhausmanagementlehre. Theorie und Praxis eines integrierten Konzepts. Stuttgart, Kohlhammer, S. 401-427.
Smith, J. (2000): Health Management Information System. A Handbook for Decision Makers. Open University Press, Philadelphia (PA), USA. http://books.google.de/books?id=8YjlAAAAQBAJ&pg=PA185&dq=patient+management+categories&hl=en&sa=X&ei=5qIWVOSpD4PnyQOW9oDwAg&ved=0CD4Q6AEwAw#v=onepage&q=patient%20management%20categories&f=false [Zugriff: 01.07.2014].
Sozialgesetzbuch Fünftes Buch (SGB V), in der Fassung vom 20.12.1988, zuletzt geändert durch Art. 8 des Gesetzes zur Neuordnung der Organisation der landwirtschaftlichen Sozialversicherung vom 12.04.2012. BGBl. I: 2477.
Statistisches Bundesamt (Hrsg.) (2013a): Diagnosedaten der Krankenhäuser ab 2000 für die 10/20/50/100 häufigsten Diagnosen (Fälle, Verweildauer, Anteile). Gliederungsmerkmale: Jahre, Behandlungsort, Alter, Geschlecht, Verweildauerklassen, ICD-10. https://www.gbe-bund.de/oowa921-install/servlet/oowa/aw92/dboowasys921.xwdevkit/xwd_init?gbe.isgbetol/xs_start_neu/&p_aid=3&p_aid=71745916&nummer=564&p_sprache=D&p_indsp=-&p_aid=82757266 [Zugriff: 01.12.2014].
Statistisches Bundesamt (Hrsg.) (2013b): Grunddaten der Krankenhäuser. Fachserie 12, Reihe 6.1.1. Wiesbaden. https://www.destatis.de/DE/Publikationen/Thematisch/Gesundheit/Krankenhaeuser/GrunddatenKrankenhaeuser2120611127004.pdf?_blob=publicationFile [Zugriff: 01.07.2014].
Steack, F. (2013): Entgeltsystem in der Psychiatrie. Friedenssignale im PEPP-Streit. Ärzte Zeitung: o.S. http://www.aerztezeitung.de/praxis_wirtschaft/aerztliche_verguetung/article/840892/entgeltsystem-psychiatrie-friedenssignale-pepp-streit.html [Zugriff: 01.12.2014].
Techniker Krankenkasse, Landesvertretung Hessen (Hrsg.) (2014): PEPP-Entgeltsystem. Wenn Bedürfnisse der Patienten zum Maßstab werden. TK spezial Hessen. Nr. 3: 1-3.
Zeichner, D. (Hrsg.) (2013): PEPP, TEPP und PEPP Plus ... Für innovative Modelle muss das Entgeltsystem geändert werden. Eppendorfer Zeitung für Psychiatrie, Ausgabe 3/2013. Brunsbüttel, Vitanas GmbH & Co. KGaA. http://www.vitanas.de/_downloads/eppendorfer/Eppendorfer-03-2013.pdf [Zugriff: 01.12.2014].

5.2
Rehabilitative Versorgung

Wilhelm Brokfeld

5.2.1
Einleitung

„Die gesundheitliche Versorgung gliedert sich gegenwärtig in drei wesentliche Bereiche: Die Primärversorgung (ambulante Behandlung durch niedergelassene Ärztinnen und Ärzte), die Akutversorgung (stationäre Versorgung im Krankenhaus) und die Rehabilitation." (Bundesministerium für Gesundheit, 13.02.2016: 1/1)

5.2.1.1
Geschichte der Rehabilitation

Die Geschichte der Rehabilitation hängt seit dem ausgehenden 19. Jahrhundert in hohem Maße mit der Geschichte der Krankenversicherung, der Unfallversicherung und der Rentenversicherung zusammen. Als medizinischer Begriff ist Rehabilitation erst in der ersten Hälfte des 19. Jahrhunderts geprägt worden. Der Sache nach ist sie jedoch viel älter. Die Tradition reicht bis in die Antike zurück und lässt sich seit jener Zeit durch das Mittelalter bis in die Neuzeit verfolgen. Von rehabilitativen und präventiven Maßnahmen wird auch schon aus Babylon, Ägypten, China und Indien berichtet. Gymnastik und Massagen spielen durchgängig in der Frühzeit eine Rolle. Kulturelle, historische und soziale Unterschiede wirken sich aus, lassen ärztliches Wissen und Handeln nicht allen bedürftigen Menschen in gleichem Maße zukommen. In der Medizin des Mittelalters erhalten Krankheit und Heilung einen heilsgeschichtlichen Sinn, sind auf den leidenden und auferstehenden Christus bezogen. Die Pflege der Kranken und Behinderten gehört nach dem Wort des Matthäus-Evangeliums zu den sieben Werken der Barmherzigkeit. Heilen zielt auf heil. Baden, Massage, Gymnastik werden für körperliche Behinderung und Leiden weiter angewandt. Zahlreiche Schriften geben Anregungen für die Bewahrung der Gesundheit und Überwindung von Krankheit, differenziert nach Alter, Geschlecht, Beruf und sozialer Stellung. In die Hospitäler werden Menschen in Nöten aller Art aufgenommen, Beistand und Pflege sind der Kuration übergeordnet. (Vgl. Engelhardt, 1990: 572)

Die Medizin der Neuzeit steht unter dem Prinzip der Säkularisierung. Kosmologie und Anthropologie wie Transzendenz verlieren an Kraft. Das weitgespannte leib-seelisch-soziale Konzept der antiken Diätetik bleibt zunächst noch erhalten. Bruderschaften der Selbsthilfe von Krüppeln und Blinden werden im 15. Jahrhundert gegründet. Hospitäler grenzen ihre Dienste während der neuzeitlichen Entwicklung zunehmend auf die Pflege und Heilung des kranken Menschen ein – unter Ausdehnung auf alle Schichten. Das Jahrhundert der Aufklärung fordert das Engagement des Individuums wie der Gesellschaft. Philosophen, Theologen und Pädagogen setzen sich neben Medizinern für die medizinische Rehabilitation ein, die es als Ausdruck der Medizin allerdings noch nicht gibt. Rousseau und Kant entwickeln Vorschläge für die Medizin und den Umgang des Menschen mit seiner Gesundheit und Krankheit. Hygiene, Sport und Gymnastik werden wiederholt behandelt; nach Friedrich Hoffmann steht Bewegung über den besten Medikamenten „zur Verhütung und Heilung von Krankheiten". (Vgl. Engelhardt, 1990: 573)

Die soziokulturellen und wissenschaftlichen Veränderungen des positivistischen 19. Jahrhunderts sind tiefgreifend. Die Medizin erhält eine naturwissenschaftliche Grundlegung, die zahlreiche therapeutische Fortschritte und zugleich neue Konzeptionen der Rehabilitation und neue Versuche ihrer Realisierung nach sich zieht. Gesellschaft wird der Medizin verpflichtet, Medizin der Gesellschaft. Jules-René Guérin (1801–1886), der 1834 in Passy bei Paris eine orthopädische Anstalt gründet, sich für Seebäder einsetzt und Autor auch einer historischen Studie über Missbildungen ist, prägt 1848 den Ausdruck „Sozialmedizin". (Vgl. Engelhardt, 1990: 574)

Mit der Industrialisierung wächst zugleich das Gesundheitsbewusstsein der Bevölkerung. Der Staat versucht, radikalen Bewegungen durch entsprechende Gesetzgebungen zuvorzukommen. Die gesetzliche Verankerung der

Krankenversicherung, der Unfallversicherung und der Rentenversicherung in den 1980er-Jahren nach Vorläufern der Hilfs- und Betriebskrankenkassen der ersten Hälfte des Jahrhunderts wird zugleich zu einer wesentlichen Bedingung der künftigen Rehabilitation.

Alfred Grotjahn (1869–1931) urteilt in seiner „Sozialen Pathologie" von 1912: „Das soziale Versicherungswesen ist eine bleibende, vorbildliche und originelle Schöpfung der preußisch-deutschen Bureaukratie, entstanden unter dem Einfluss der staats- und kathedersozialistischen Ideen und aus Besorgnis vor dem radikalen Sozialismus der jungen Arbeiterpartei Deutschlands" (vgl. Engelhardt, 1990: 575).

„Rehabilitation" heißt für Franz Joseph von Buß (1803–1878): „Vielmehr soll der heilbare Arme vollkommen rehabilitiert werden; er soll sich wieder zu der Stellung erheben, von welcher er herabgestiegen war. Er soll das Gefühl seiner persönlichen Würde wiedergewinnen und mit ihr ein neues Leben." (Vgl. Engelhardt, 1990: 575)

Rehabilitation greift in diesem Sinn grundsätzlich über die unmittelbar kurative Ebene hinaus, richtet sich auf gesellschaftlich-berufliche Wiedereingliederung und soll zugleich die Lebensfähigkeit und Selbstachtung wiederherstellen. Rehabilitation gewinnt nun neben ihrem juristischen Sinn (Straf- und Zivilrecht) eine medizinische und sozialpolitische Bedeutung. (Vgl. Engelhardt, 1990: 575)

Lungenheilstätten entstehen seit der Mitte des Jahrhunderts; 1854 wird in Görbersdorf (Schlesien) von Hermann Brehmer (1826–1899) die erste entsprechende Heilstätte eingerichtet. Das erste umfassende Rehabilitationszentrum der Welt wird 1872/1873 in Kopenhagen eingerichtet. Der dänische Pastor Hans Knudsen (1813–1886) verbindet medizinische und berufliche Rehabilitation zu einer Einheit. (Vgl. Engelhardt, 1990: 576)

Durch die sozialen Gesetzgebungen Ende des 19. Jahrhunderts kam es zu wesentlichen Veränderungen in der Rehabilitation und der Medizin. In der berühmten Botschaft des Kaisers Wilhelm I., von Kanzler Bismarck am 17.11.1881 im Reichstag vorgetragen, wird als wichtige Initiative der Sozialpolitik eine zwangsweise Versicherung des Arbeiters zu seinem Schutz in Krankheit, Unfall, Invalidität und Alter angekündigt:

„Für diese Fürsorge die rechten Mittel und Wege zu finden ist eine schwierige, aber auch eine der höchsten Aufgaben jedes Gemeinwesens, welches auf den sittlichen Grundlagen des christlichen Volkslebens steht. Der engere Anschluss an die realen Kräfte dieses Volkslebens und das Zusammenfassen der letzteren in der Form kooperativer Genossenschaften unter staatlichen Schutz und staatlicher Förderung werden, wie wir hoffen, die Lösung auch von Aufgaben möglich machen, denen die Staatsgewalt allein in gleichem Umfange nicht gewachsen sein würde." (Vgl. Engelhardt, 1990: 577)

Ökonomische, politische wie soziale Hintergründe sind gleichermaßen wirksam. Bismarck selbst hält die Sozialversicherung, wie er in der Rede vom 09.05.1884 im Reichstag ausführt, für einen Beitrag zur innenpolitischen Stabilisierung: „Geben Sie dem Arbeiter das Recht auf Arbeit, so lange er gesund ist, sichern Sie ihm Pflege, wenn er krank ist, sichern Sie ihm Versorgung, wenn er alt ist." (Vgl. Engelhardt, 1990: 577)

Mit der gesetzlichen Krankenversicherung (15.06.1883, in Kraft getreten am 01.12.1884), der gesetzlichen Unfallversicherung (06.07.1884, in Kraft getreten am 01.10.1885) und der gesetzlichen Invaliditäts- und Altersversicherung (22.06.1889, in Kraft getreten am 01.01.1891) wird eine wesentliche Basis der zukünftigen rehabilitativen Bemühungen gelegt. (Vgl. Engelhardt, 1990: 578)

Die Rentenversicherungsträger werden ermächtigt, Heilverfahren bei den erkrankten Versicherten zu übernehmen, die nicht der reichsgesetzlichen Krankenfürsorge unterliegen, „sofern als Folge der Krankheit Erwerbsunfähigkeit zu besorgen ist, welche einen Anspruch auf reichsgesetzliche Invalidenrente begründet". Die Leistungen bestehen in „freier ärztlicher Behandlung, Arznei sowie Brillen, Bändern und ähnlichen Heilmitteln", die auch durch „freie Kur und Verpflegung in einem

Krankenhaus" ergänzt werden können; sie werden auch Personen bewilligt, bei denen die Erwerbsunfähigkeit bereits eingetreten ist, die Heilbehandlung aber einen Erfolg in dieser Hinsicht verspricht. Die Leistungen der Kassen sind keine Almosen, der Arbeiter hat ein Recht darauf. Die Auswirkungen auf die Medizin sind vielfältig und weitreichend. Der ärztliche Stand gerät insgesamt unter die Nebenkontrolle von Recht und Verwaltung, die Medizin wird andererseits durch den Ausbau der Gutachtertätigkeit gefördert. (Vgl. Engelhardt, 1990: 578)

Am 13.07.1899 wird das Invaliditäts- und Altersversicherungsgesetz novelliert und erhält nun den Titel „Invalidenversicherungsgesetz". Die Heilfürsorge wird ausgedehnt. Rentenempfänger können ebenfalls in den Genuss von Heilverfahren kommen, wenn diese die Wiedererlangung der Erwerbsfähigkeit versprechen. Das Invalidenversicherungsgesetz erteilt den Trägern die Befugnis, entsprechende Heilverfahren zu initiieren und die Unterbringung in Krankenhäusern oder Heilstätten zu gewähren und damit Aufgaben der Krankenversicherung zu übernehmen. Bei Ausbruch des Ersten Weltkriegs gibt es fast 150 Heilanstalten, seien es eigene Anstalten der Versicherungsträger oder von ihnen unterstützte private Anstalten. Die Erfolge in der Heilbehandlung der Tuberkulose in den Anstalten der Invaliditätsversicherung werden immer wieder gelobt. (Vgl. Engelhardt, 1990: 579)

Zu Beginn des 20. Jahrhunderts verleihen Bakteriologie, Hygiene und sozialpolitische Initiativen der Rehabilitation weiteren Auftrieb. Eine Zusammenfassung erfahren die verschiedenen Gesetze der Sozialversicherung in der Reichsversicherungsordnung mit ihren sechs Büchern vom 09.07.1911. (Vgl. Engelhardt, 1990: 580)

„Die Sozialversicherung wird im Dritten Reich formal insgesamt, wie von verschiedenen Forschern betont wird, nicht verändert." (Engelhardt, 1990: 581)

Nach dem Zweiten Weltkrieg kommt es erneut zu zahlreichen Initiativen und Impulsen. Der Amerikaner Howard A. Rusk setzt sich weitbeachtet für die Rehabilitation vor allem auch verwundeter Soldaten ein. Die Neuregelung der Rentenversicherung von 1957 bringt weitere Veränderungen mit sich: „Die Maßnahmen zur Erhaltung, Besserung und Wiederherstellung der Erwerbsfähigkeit" werden an die erste Stelle der Regelleistung gestellt und nicht nur bei vorliegender oder drohender Berufsunfähigkeit, sondern auch als Prävention verlangt. (Vgl. Engelhardt, 1990: 582)

Eine weitere wichtige Zäsur liegt in dem Rehabilitationsangleichungsgesetz vom 07.08. 1974, mit dem das gegliederte System der Sozialversicherung einerseits unangetastet bleibt und andererseits eine Angleichung der Rechtsvorschriften und Leistungen erzielt werden soll. Im Übrigen werden die Träger der Krankenversicherung zu Trägern der Rehabilitation in den Fällen erklärt, in denen die anderen Träger nicht zu Leistungen verpflichtet sind. (Vgl. Engelhardt, 1990, Seite 583)

Im Blick auf die rechtliche Situation zwischen Rentenversicherungsträger, Rehabilitationseinrichtung und rehabilitierter Person kommt Schmitt (1989) zu folgendem Ergebnis:

„Zwischen dem Rentenversicherungsträger und dem Rehabilitanden besteht eine öffentlich-rechtliche Beziehung auf der Basis eines Verwaltungsaktes. – Zwischen dem Rentenversicherungsträger und der Rehabilitationseinrichtung wird ein öffentlich-rechtlicher (Belegungs-)Vertrag für eine Vielzahl von Leistungsfällen geschlossen. Dieser wird ergänzt durch zivilrechtliche Abrechnungsverhältnisse im Einzelfall. – Zwischen der Rehabilitationseinrichtung und dem Rehabilitanden kommt ein zivilrechtlicher (Dienst-)Vertrag zustande, wobei die Leistungspflichten des Rehabilitanden vom Rentenversicherungsträger übernommen werden." (Vgl. Engelhardt, 1990: 584)

5.2.1.2
Rechtliche Grundlagen

UN-Behindertenrechtskonvention

Das Übereinkommen der Vereinten Nationen über die Rechte von Menschen mit Behinderungen (UN-Behindertenrechtskonvention) hebt die Behindertenpolitik auf die Ebene der Menschenrechtspolitik. Als erstes Menschenrechtsabkommen, das sich speziell dem Schutz der

Rechte von Menschen mit Behinderungen widmet, verfolgt es einen umfassenden Antidiskriminierungsansatz und die konsequente Umsetzung des Grundsatzes der Unteilbarkeit der Menschenrechte. Die Konvention präzisiert die allgemeinen Menschenrechte aus der besonderen Perspektive von Menschen mit Behinderungen. Eine zentrale Rolle spielen dabei Selbstbestimmung, Teilhabe und Barrierefreiheit. Mit der Unterzeichnung der UN-Behindertenrechtskonvention hat sich Deutschland verpflichtet, das Prinzip der Inklusion in allen Lebensbereichen umzusetzen. Die Forderung nach Inklusion in der Konvention ist deutlich zu unterscheiden von einem integrativen System, wie es bisher in Deutschland verfolgt wurde. Während die Integration von jedem Menschen mit Behinderung eine Anpassungsleistung verlangt, bevor dieser in das allgemeine System (zurück-)integriert wird, nimmt die Inklusion das System selbst in den Blick und verlangt von diesem die Anpassungsleistung. Das heißt: keine Aussonderung mehr, sondern dort, wo Hilfebedarf besteht, die Hilfe so organisieren, dass behinderte und nichtbehinderte Menschen gemeinsam handeln können. Oder anders ausgedrückt: Nicht der einzelne behinderte Mensch muss sich anpassen, sondern die Strukturen müssen sich so ändern, dass Menschen mit Behinderung von Anfang an einbezogen sind und ihre Teilhaberechte geachtet werden. Dies erfordert ein radikales Umdenken in Deutschland – in der Politik, bei den Rehabilitationsträgern, den Leistungserbringern sowie allen Institutionen und Personen, die damit befasst sind, die umfassende und gleichberechtigte Teilhabe von Menschen mit Behinderungen umzusetzen. Inklusion wirft nicht zuletzt auch die Frage nach einer Neuausrichtung von Sondereinrichtungen für Menschen mit Behinderung auf.

Sozialgesetzbuch – Neuntes Buch
Mit dem Sozialgesetzbuch – Neuntes Buch (SGB IX) wurde bereits im Jahre 2002 lange vor der Ratifizierung des Behindertengleichstellungsgesetzes der Paradigmenwechsel eingeleitet, der selbstbestimmte Teilhabe an die Stelle von Fürsorge und Versorgung setzt. Er ist eng verbunden mit der **Internationalen Klassifikation der Funktionsfähigkeit, Behinderung und Gesundheit (ICF)**. „Participation" als ein zentraler Begriff der ICF meint Teilhabe sowohl als vollständige rechtliche Einbeziehung als auch das tatsächliche „Dabeisein". Dieses Ziel soll mit medizinischen, beruflichen und sozialen Leistungen schnell, wirkungsvoll, wirtschaftlich und auf Dauer erreicht werden.

Nach dem der ICF zugrunde liegenden Verständnis von Behinderung resultiert Behinderung nicht aus einer individuellen Beeinträchtigung, sondern aus einer Wechselwirkung zwischen der Person und Umweltfaktoren. Behinderung ist damit nicht mehr primär an individuellen Defiziten orientiert, sondern gesellschaftlich begründet. Danach ist Behinderung jede Beeinträchtigung der funktionalen Gesundheit einer Person. Sie umfasst nicht nur das Gesundheitsproblem dieser Person, sondern ist Ergebnis eines komplexen Geflechts von Bedingungen, die in der Person selbst liegen oder vom gesellschaftlichen Umfeld in unterschiedlichen Lebensbereichen und Lebenssituationen geschaffen werden. Angesichts einer sich stets wandelnden Gesellschaft wird Behinderung als dynamisches und offenes Konzept verstanden.

Eine Beeinträchtigung der funktionalen Gesundheit ist das Ergebnis der negativen Wechselwirkung zwischen dem Gesundheitsproblem (ICD) einer Person und ihren Kontextfaktoren (s. Beispiel).

> **Beispiel**
>
> Eine Störung der Herzfunktion infolge koronarer Herzkrankheit (ICD) einer Person führt zu einer Einschränkung ihrer körperlichen Belastbarkeit in Alltag und Beruf (Beeinträchtigung von Aktivitäten). Die Person kann und will noch halbtags arbeiten (Wille als personenbezogener Faktor). Bezüglich der Teilhabe der Person am Erwerbsleben kann ein Umweltfaktor positiv oder negativ wirken: Der Person kann ein Teilzeitarbeitsplatz zur Verfügung gestellt werden (Umweltfaktor als Förderfaktor), sodass sie auch weiterhin am Erwerbsleben teilhat, oder für sie ist ein solcher Arbeitsplatz nicht verfügbar (Umweltfaktor als Barriere), sodass sie die Teilhabe am Erwerbsleben verliert.

Jede Beeinträchtigung der funktionalen Gesundheit wird in der ICF Behinderung genannt (vgl. Deutsche Rentenversicherung, 2009: 7).

5.2.1.3
ICF und Begriff der Funktionsfähigkeit

Der ICF-Begriff der Funktionsfähigkeit umfasst alle Aspekte der funktionalen Gesundheit. Mit dem Begriff „funktionale Gesundheit" wird die rein biomedizinische Betrachtungsweise verlassen. Zusätzlich zu den biomedizinischen Aspekten (Körperfunktionen und -strukturen), die die Ebene des Organismus betreffen, werden Aspekte des Menschen als handelndes Subjekt (Aktivitäten) und als selbstbestimmtes und gleichberechtigtes Subjekt in Gesellschaft und Umwelt (Teilhabe) einbezogen. Diese Sichtweise ist für die Rehabilitation von zentraler Bedeutung. Die genannten Aspekte gleichsam umhüllend werden die Kontextfaktoren der betreffenden Person, das heißt alle externen Gegebenheiten der Welt, in der sie lebt (z. B. Verfügbarkeit von Teilzeitarbeitsplätzen) sowie ihre persönlichen Eigenschaften und Attribute (z. B. Alter, Geschlecht, Ausbildung, Motivation, Leistungsbereitschaft) in die Betrachtung einbezogen. Beides, die Umweltfaktoren und die personenbezogenen Faktoren, sind auch bei der Rehabilitation zu berücksichtigen (z. B. Hilfsmittel, angepasste Technologien, Arbeitsplatzanpassung). Kontextfaktoren können sich positiv insbesondere auf die Teilhabe an Lebensbereichen auswirken (Förderfaktoren, z. B. soziale Unterstützung, „gebraucht zu werden", gute Leistungsbereitschaft der Person) oder negativ in Form von Barrieren (z. B. fehlende Teilzeitarbeitsplätze, Migration, Einschränkung der kognitiven Fähigkeiten, mangelnde Motivation der Person). (Vgl. Deutsche Rentenversicherung, 2009: 6)

5.2.1.4
Bio-psycho-soziales Modell

Die rein biomedizinische Betrachtungsweise wird somit um den Aspekt „sozial" hin zum bio-psycho-sozialen Modell erweitert (ganzheitlicher Rehabilitationsansatz). Erkenntnisse über die Entstehung von chronischen Erkrankungen und Behinderungen sowie die zunehmende Multimorbidität erfordern vor dem Hintergrund eines bio-psycho-sozialen Modells von Gesundheit und Krankheit einen integrativen Rehabilitationsansatz, der weit über die organ- und symptombezogene Therapie hinausreicht. Wesentliches Merkmal der Rehabilitation der gesetzlichen Rentenversicherung ist daher ihr ganzheitlicher Ansatz. Dieser erfordert die Berücksichtigung von körperlichen, geistig-seelischen und sozialen Krankheitsfolgen, von Kontextfaktoren, Krankheitsrisiken und persönlichen Ressourcen als Voraussetzung für einen optimalen Behandlungserfolg. Es geht nicht nur darum, funktionale Einschränkungen zu beseitigen, sondern auch darum, eine angemessene Krankheitsverarbeitung zu unterstützen und gesundheitsgerechtes Verhalten zu fördern. Zugleich müssen vorrangig arbeitsbezogene und soziale Anforderungen in den Rehabilitationsprozess einbezogen und Wege zu deren Bewältigung vermittelt werden. (Vgl. Deutsche Rentenversicherung, 2009: 23)

5.2.1.5
Ziele und Grenzen der ICF

Das wichtigste Ziel der ICF ist es, eine gemeinsame Sprache für die Beschreibung der funktionalen Gesundheit zur Verfügung zu stellen, um die Kommunikation zwischen den Fachleuten im Gesundheits- und Sozialwesen, insbesondere in der Rehabilitation, sowie mit den betroffenen Menschen zu verbessern. Darüber hinaus stellt sie ein systematisches Verschlüsselungssystem für Gesundheitsinformationssysteme bereit und ermöglicht Datenvergleiche zwischen Ländern, Disziplinen im Gesundheitswesen, Gesundheitsdiensten sowie im Zeitverlauf.

Die Bedeutung der ICF für die Rehabilitation lässt sich wie folgt skizzieren:
- Die Wiederherstellung oder wesentliche Besserung der Funktionsfähigkeit insbesondere auf der Ebene der Aktivitäten (Leistungsfähigkeit, Leistung) bei bedrohter oder

eingeschränkter Teilhabe an Lebensbereichen einer Person ist eine zentrale Aufgabe der Rehabilitation. Daher ist die ICF für die Rehabilitation bei der Feststellung des Reha-Bedarfs, bei der funktionalen Diagnostik, dem Reha-Management, der Interventionsplanung und der Evaluation rehabilitativer Maßnahmen nutzbar.
- Die ICF ermöglicht es, Kontextfaktoren (Umweltfaktoren, personenbezogene Faktoren) in den Rehabilitationsprozess der Rehabilitanden einzubeziehen: Barrieren, welche die Leistung oder Teilhabe erschweren oder unmöglich machen, sind abzubauen und Förderfaktoren, welche die Leistung oder Teilhabe trotz erheblicher gesundheitlicher Beeinträchtigungen wiederherstellen oder unterstützen, sind auszubauen oder zu stärken.

Insbesondere zwei Aspekte zeigen die Grenzen der ICF auf:
- Die ICF ist keine Klassifikation funktionaler Diagnosen, sie ist vielmehr für die Angabe funktionaler Befunde und Symptome entwickelt worden.
- Sie ist kein Assessmentinstrument, also keine standardisierte Methode und kein Instrument zur Beschreibung und Beurteilung der Körperfunktionen/-strukturen, der Aktivitäten und der Teilhabe. Auf ihrer Grundlage können jedoch solche Instrumente entwickelt bzw. weiterentwickelt werden. (Vgl. Deutsche Rentenversicherung, 2009: 8)

5.2.2
Umfang der Rehabilitation

Ob nach einem Schlaganfall oder einem Herzinfarkt, nach einer Tumorentfernung oder einer Hüftoperation – es gibt eine Reihe medizinischer Eingriffe, die eine systematische und umfassende Rehabilitation erfordern. Ihr Ziel ist es, die Patientin oder den Patienten bei der Wiedererlangung oder Erhaltung körperlicher, beruflicher oder sozialer Fähigkeiten zu unterstützen. Rehabilitation hat aber auch zum Ziel, Beeinträchtigungen und Einschränkungen abzuwenden, die sich als bleibende Folge von chronischen Erkrankungen oder Unfällen einstellen.

Man unterscheidet drei Rehabilitationsleistungen (§ 5 SGB IX Leistungsgruppen):
- Leistungen zur medizinischen Rehabilitation mit dem Ziel, Behinderungen oder Pflegebedürftigkeit vorzubeugen, sie zu beseitigen oder Verschlimmerungen zu verhüten.
- Leistungen zur beruflichen Rehabilitation, die eine Eingliederung der Patientin oder des Patienten in das Arbeitsleben fördern.
- Leistungen zur sozialen Rehabilitation, welche die Teilhabe am Leben in der Gemeinschaft fördern. Sie zielen auf die Bewältigung der alltäglichen Anforderungen und der Wiedereingliederung in das soziale Umfeld der Patientinnen und Patienten ab. (Vgl. Bundesministerium für Gesundheit, 2015)

Darüber hinaus werden unterhaltssichernde und andere ergänzende Leistungen erbracht. Dazu gehören zum Beispiel die Zahlung von Übergangsgeld oder die Bereitstellung von Hilfsmitteln.

Träger, Finanzierer der Leistungen zur Teilhabe sind nach **§ 6 SGB IX die**:
1. gesetzlichen Krankenkassen
2. Bundesagentur für Arbeit
3. Träger der gesetzlichen Unfallversicherung
4. Träger der gesetzlichen Rentenversicherung, der Träger der Alterssicherung der Landwirte
5. Träger der Kriegsopferversorgung und die Träger der Kriegsopferfürsorge im Rahmen des Rechts der sozialen Entschädigung bei Gesundheitsschäden
6. Träger der öffentlichen Jugendhilfe
7. Träger der Sozialhilfe für Leistungen. (Vgl. § 6 SGB IX)

Neben der Behandlung durch den niedergelassenen Arzt und der Behandlung im Krankenhaus ist die medizinische Rehabilitation ein fester Bestandteil der Behandlungskette. Für viele Erkrankungen gewährleistet nur die enge Verzahnung dieser Kette eine optimale Versorgung. Ein besonderes Anliegen des Gesetzgebers ist, dass ältere Menschen nicht zu früh in die Pflege "abgeschoben" werden, sondern mithilfe der geriatrischen Rehabilitation so lange wie möglich aktiv am gesellschaftlichen Leben teilhaben können. Aber nicht nur die geriatrische Rehabilitation, sondern die gesamte medizinische Rehabilitation sind Pflichtleistungen der Gesetzlichen Krankenkassen. (Vgl. Bundesministerium für Gesundheit, 2015)

5.2.2.1
Ausgrenzung der beruflichen Rehabilitation

Die medizinische Rehabilitation ist ein Teilbereich der Rehabilitation. Sie umfasst Maßnahmen, die auf die Erhaltung oder Besserung des Gesundheitszustands ausgerichtet sind und vorwiegend die Durchführung medizinischer Leistungen erfordern. Leistungen zur Teilhabe am Arbeitsleben sollen die Schwierigkeiten beseitigen oder mildern, die aufgrund einer Behinderung die Berufsausbildung oder Berufsausübung erschweren oder unmöglich erscheinen lassen.

Die Förderung der Teilhabe behinderter Menschen am Arbeitsleben umfasst alle Maßnahmen und Leistungen, die Jugendlichen und Erwachsenen bei einer vorhandenen oder drohenden Behinderung helfen sollen, möglichst auf Dauer beruflich eingegliedert zu werden oder zu bleiben.

Die hierzu erforderlichen Hilfen haben die Aufgabe, die Erwerbsfähigkeit der behinderten Menschen entsprechend ihrer Leistungsfähigkeit zu erhalten, zu verbessern, herzustellen oder wieder herzustellen. Bei der Auswahl der Leistungen werden Eignung, Neigung, bisherige Tätigkeit sowie Lage und Entwicklung auf dem Arbeitsmarkt angemessen berücksichtigt.

Mögliche Maßnahmen können sein:
- Hilfen zur Erhaltung oder Erlangung eines Arbeitsplatzes einschließlich vermittlungsunterstützende Leistungen
- Berufsvorbereitung einschließlich einer wegen einer Behinderung erforderlichen Grundausbildung
- berufliche Anpassung und Weiterbildung
- berufliche Ausbildung
- Gründungszuschuss
- sonstige Hilfen

Neben der Rentenversicherung kann die Agentur für Arbeit ein möglicher Rehabilitationsträger sein, wenn es um die Förderung der beruflichen Rehabilitation (d. h. Förderung der Teilhabe behinderter Menschen am Arbeitsleben) geht. Ob die Agentur für Arbeit zuständiger Rehabilitationsträger ist, wird entschieden, wenn ein Antrag auf Leistungen zur Teilhabe am Arbeitsleben gestellt wurde.

Um die Förderung der Teilhabe behinderter Menschen am Arbeitsleben kümmern sich in allen Agenturen für Arbeit speziell qualifizierte Beratungskräfte in besonderen Stellen – den Reha-Teams. Ihre Aufgabe ist es, behinderte Menschen, sowohl Erwachsene als auch Jugendliche, individuell und umfassend über die Möglichkeiten ihrer Teilhabe am Arbeitsleben zu beraten und mit ihnen gemeinsam die erforderlichen Maßnahmen festzulegen.

Die Berater können die Fachdienste der Agentur für Arbeit hinzuziehen: den Ärztlichen Dienst, den Berufspsychologischen Service oder den Technischen Beratungsdienst. Gegebenenfalls können, mit Einverständnis des behinderten Menschen auch Gutachten anderer Stellen herangezogen werden. Die Ergebnisse aller Beratungen, Gutachten und sonstigen Feststellungen werden zusammengefasst.

Die Beratungskraft in der Agentur für Arbeit entscheidet in jedem Einzelfall individuell, ob die Voraussetzungen für die Förderung der Teilhabe am Arbeitsleben durch die Bundesagentur für Arbeit vorliegen. Für die Förderung und Ausführung der Leistungen im Rahmen der beruflichen Rehabilitation gilt der Grundsatz: „So normal wie möglich, so speziell wie nötig". (Vgl. Bundesagentur für Arbeit, 2015)

5.2.2.2
Ziele und Aufgaben der medizinischen Rehabilitation

Eine wesentliche Zielsetzung der Rehabilitation besteht darin, die Betroffenen zu befähigen, mit ihrer Krankheit adäquat und selbstbestimmt umzugehen und trotz Einschränkungen vor allem ihre Funktionen im Beruf wahrzunehmen sowie ihre Rollen in Familie und Gesellschaft so weit wie möglich auszuüben.

Chronische Erkrankungen und ihre Folgen lassen ebenso wie Akuterkrankungen und traumatische Ereignisse nicht immer eine völlige Wiederherstellung der Gesundheit zu. Die Aufgabe der Rehabilitation liegt in diesen Fällen darin, eine Besserung des Gesundheitszustands zu erreichen, ein Fortschreiten des Krankheitsprozesses aufzuhalten, bereits eingetretene Funktions- und Aktivitätsstörungen weitestgehend zu reduzieren und einer Beeinträchtigung der Teilhabe bzw. dem Auftreten dauerhafter Benachteiligungen vorzubeugen. Besondere Aufmerksamkeit ist dem gehäuften Auftreten von Mehrfacherkrankungen (Multimorbidität) zu widmen, dem durch entsprechende Behandlungskonzepte und Organisationsstrukturen Rechnung zu tragen ist. Konkrete Aufgaben der medizinischen Rehabilitation sind im Einzelnen:

1. Diagnostik der Erkrankung und der Funktionsstörungen auf der Ebene der Körperstrukturen und -funktionen (falls noch nicht ausreichend erfolgt oder falls die vorliegenden Befunde nicht mehr aktuell sind), spezielle Leistungsdiagnostik auf der Ebene der Aktivitäten (körperliche und psychische Leistungsfähigkeit) und psychosoziale Diagnostik als Eingangs-, Verlaufs- und Abschlussdiagnostik, Berücksichtigung individueller Kontextfaktoren (umwelt- und personenbezogene Faktoren) im Hinblick auf ihre unterstützende oder Barrierewirkung
2. Erstellung eines Rehabilitationsplans, der soweit wie möglich die Behandlungskonzepte der Vorbehandler berücksichtigt, auf den Ergebnissen der (Verlaufs-)Diagnostik in der Rehabilitationseinrichtung aufbaut und die individuellen Voraussetzungen der Rehabilitanden sowie die besonderen Anforderungen an sie in Beruf und Alltag einbezieht. Dabei ist es notwendig, Rehabilitanden in die Erstellung des Rehabilitationsplans einzubinden.
3. Fortführung, ggf. Anpassung der medizinischen Therapie und Durchführung von physikalischen, psychologischen und weiteren Therapieleistungen (z. B. Ergotherapie, Logopädie)
4. Training von Restfunktionen und Ausbildung neuer Fertigkeiten zur Kompensation von beeinträchtigten Funktionen und Aktivitäten; Abbau hemmend und Unterstützung fördernd wirkender Kontextfaktoren
5. Information über die Erkrankung und deren Folgen sowie über die erforderlichen aktuellen und langfristigen Behandlungsmaßnahmen
6. Förderung einer angemessenen Einstellung zur Erkrankung: Akzeptanz irreversibler Krankheitsfolgen, Motivation zur aktiven Krankheitsverarbeitung („Wandel vom Behandelten zum Handelnden") und Aufbau eines eigenverantwortlichen Gesundheitsbewusstseins
7. Anleitung und Schulung zum eigenverantwortlichen Umgehen (Selbstmanagement) mit der Erkrankung
8. Verhaltensmodifikation mit dem Ziel des Aufbaus einer krankheitsadäquaten und gesundheitsförderlichen Lebensweise und des Abbaus gesundheitsschädlichen Verhaltens
9. Beratung und Anleitung von Bezugspersonen über den adäquaten Umgang mit der Rehabilitandin bzw. dem Rehabilitanden und den Folgen der Gesundheitsstörung
10. sozialmedizinische Beurteilung der Leistungsfähigkeit der Rehabilitanden
11. Beratung im Hinblick auf die berufliche Tätigkeit und das Alltagsleben auf der Basis des erreichten Leistungsvermögens
12. Planung und Anregung weiterer Maßnahmen (Nachsorge, Leistungen zur Teilhabe am Arbeitsleben, Indikationsstellung für weitere diagnostische und/oder therapeutische Maßnahmen) und Vorbereitung der Rehabilitanden darauf. (Vgl. Deutsche Rentenversicherung, 2009: 11)

Bis auf die Bundesagentur für Arbeit haben also alle oben aufgeführten Rehabilitationsträger die medizinische Rehabilitation zu tragen. Medizinische Rehabilitation wird ambulant oder stationär erbracht, ambulant hat Vorrang. Zwischen zwei Maßnahmen müssen in der Regel 4 Jahre Wartezeit liegen.

5.2.2.3
Exkurs: medizinische Rehabilitation und Kur

Medizinische Rehabilitation ist von der Kur im traditionellen Sinn zu unterscheiden: Bei Kuren steht die Anwendung ortsgebundener Heilmittel (z. B. Quellen, Gradierwerke, Höhen- oder Meereslagen) im Vordergrund. Vom Ziel her betrachtet sollen Kuren durch unspezifische Reize die Gesundheit stärken und Regulationsstörungen beseitigen. Bei der medizinischen Rehabilitation werden zwar, soweit sich die Einrichtungen in Kurorten befinden, traditionell in einzelnen Indikationsbereichen auch ortsgebundene Heilmittel angewendet, im Zentrum stehen jedoch die gezielte diagnostische und therapeutische Arbeit an den Fähigkeitsstörungen und Beeinträchtigungen in Beruf und Alltag sowie die Motivierung zur aktiven Krankheitsbewältigung und der Aufbau eines eigenverantwortlichen Gesundheitsbewusstseins. (Vgl. Deutsche Rentenversicherung, 2009: 18)

5.2.2.4
Diagnosegruppen in der Rehabilitation

Die Diagnosegruppen teilen sich auf wie folgt:
- DGGR 1 Krankheiten von Skelett/Muskeln/Bindegewebe
- DGGR 2 Krankheiten des Kreislaufsystems
- DGGR 3 Krankheiten des Verdauungssystems/Stoffwechselkrankheiten
- DGGR 4 Krankheiten der Atmungsorgane
- DGGR 5 Neubildungen
- DGGR 6 Krankheiten des Urogenitalsystems
- DGGR 7 Psychische Erkrankungen, darunter:
  - Psych. und Verhaltensstörungen durch Alkohol
  - Psych. und Verhaltensstörungen durch Medikamente/Drogen
  - Sonstige psychische Krankheiten
- DGGR 8 Krankheiten des Nervensystems
- DGGR 9 Krankheiten der Haut
- DGGR 10–15 Sonstige Krankheiten (vgl. Deutsche Rentenversicherung, 2015).

5.2.2.5
Wirtschaftliche Aspekte

Die Ausgaben für die medizinische Rehabilitation und Vorsorge in Deutschland beliefen sich 2008 auf 8,0 Mrd. Euro bzw. auf 3,1 % der gesamten Gesundheitsausgaben. Im Jahre 2011 gab es 1233 Reha- und Vorsorgeeinrichtungen mit 170 544 Betten und knapp 2 Mio. Fällen sowie 118 934 Mitarbeitern. (Vgl. Augurzky et al., 2011: 9)

Eine Übersicht gibt Tabelle 5.2.2-1.

5.2.3
Rehabilitation als Aufgabe der Sozialversicherung

Beispielhaft werden im Folgenden die Richtlinien zur medizinischen Rehabilitation der Unfall-, Renten- und Krankenversicherung dargestellt.

5.2.3.1
Rehabilitation als Aufgabe der Unfallversicherung

Die Berufsgenossenschaften treten als Leistungsträger, Finanzierer der Heilbehandlung auf, wenn ein Arbeitsunfall oder eine Berufserkrankung Grund für die Behandlung ist. Gemäß § 27 SGB VII (1) Ziffer 6 umfasst die Heilbehandlung auch die Behandlung in Rehabilitationseinrichtungen. Auf den § 26 Abs. 2 Nr. 1 und 3 bis 7 und Abs. 3 des Neunten Buchs wird verwiesen.

In der Handlungsanleitung zur Verordnung, Durchführung und Qualitätssicherung
- der Physiotherapie/Krankengymnastik/Physikalischen Therapie,
- der erweiterten ambulanten Physiotherapie (EAP),
- der Berufsgenossenschaftlichen Stationären Weiterbehandlung (BGSW),
- von sonstigen stationären Maßnahmen

werden die globalen Verfahren selbst beschrieben. Antragsformulare sind der Handlungsanleitung beigefügt.

Tabelle 5.2.2-1: Grunddaten der Vorsorge- oder Rehabilitationseinrichtungen in Deutschland (Quelle: Statistisches Bundesamt, 2013; Stand: 14.08.2013)

Jahr	Einrichtungen	Betten	Betten/100 000 Einw.	Patienten	Patienten/100 000 Einw.	Pflegetage	Durchschnittl. Verweildauer	Durchschnittl. Bettenauslastung
	Anzahl	Anzahl	Anzahl	Anzahl	Anzahl	1000	Tage	Prozent
1991	1181	144127	180	1473427	1842	45729	31	86,9
1992	1209	149910	186	1574891	1954	48833	31	89
1993	1245	155631	192	1632218	2011	50469	30,9	88,8
1994	1329	172675	212	1764518	2167	55069	31,2	87,4
1995	1373	181633	222	1895887	2322	58820	31	88,7
1996	1404	189888	232	1916531	2340	57839	30,2	83,2
1997	1387	188869	230	1575454	1920	42972	27,3	62,3
1998	1395	190967	233	1746345	2129	46107	26,4	66,1
1999	1398	189597	231	1915334	2333	49874	26	72,1
2000	1393	189822	231	2046227	2490	52852	25,8	76,1
2001	1388	189253	230	2096904	2547	53514	25,5	77,5
2002	1343	184635	224	2041272	2475	52107	25,5	77,3
2003	1316	179789	218	1899558	2302	49204	25,9	75
2004	1294	176473	214	1889362	2290	47442	25,1	73,5
2005	1270	174479	212	1813990	2200	46774	25,8	73,4
2006	1255	172717	210	1836681	2230	47011	25,6	74,6
2007	1239	170845	208	1942566	2361	49483	25,5	79,4
2008	1239	171060	208	2009526	2447	50886	25,3	81,3
2009	1240	171489	209	2005491	2449	51126	25,5	81,7
2010	1237	171724	210	1974731	2415	50219	25,4	80,1
2011	1233	170544	209	1926055	2355	48981	25,4	87,7

Die Zulassung zur Teilnahme an den Verfahren EAP und BGSW muss bei den jeweiligen Landesverbänden der Deutschen Gesetzlichen Unfallversicherung beantragt werden. In einem umfangreichen Katalog werden Fragen zur Struktur-, Prozess- und Ergebnisqualität formuliert. (Vgl. Deutsche Gesetzliche Unfallversicherung, 2015)

5.2.3.2
Rehabilitation als Aufgabe der Krankenversicherung

Die Krankenversicherung wird durch § 23 (4), (5) und § 40 SGB V mit der Regulierung und Finanzierung von Leistungen zur medizinischen Rehabilitation beauftragt. Reicht bei Versicherten eine ambulante Krankenbehandlung nicht aus, um die in § 11 Abs. 2 beschriebenen Ziele zu erreichen, erbringt die Krankenkasse aus medizinischen Gründen erforderliche ambulante Rehabilitationsleistungen in Rehabilitationseinrichtungen nach § 40 SGB V (1), für die ein Versorgungsvertrag nach § 111c besteht. Reicht die Leistung nach Abs. 1 nicht aus, erbringt die Krankenkasse stationäre Rehabilitation mit Unterkunft und Verpflegung nach § 40 SGB V (2) in einer nach § 20 Abs. 2a des Neunten Buchs zertifizierten Rehabilitationseinrichtung, mit der ein Vertrag nach § 111 besteht. (Vgl. § 40 Abs. 1, 2, 3 SGB V)

Bevor ein Patient in Kostenträgerschaft einer Krankenkasse in der Rehabilitationseinrichtung aufgenommen werden kann, ist ein Vertrag nach § 111 SGB V abzuschließen und sie muss ein Qualitätsmanagement nach § 20 (2) SGB IX sicherstellen. Durch die „Richtlinie des Gemeinsamen Bundesausschusses über Leistungen zur medizinischen Rehabilitation" wird den Krankenversicherungen die Rehabilitation als Aufgabe bestätigt (§ 92 Abs. 1 S. 2 Nr. 8 SGB V).

Ziel und Zweck von § 1 (1) der Richtlinie soll eine notwendige, ausreichende, zweckmäßige und wirtschaftliche Versorgung der Versicherten mit im Einzelfall gebotenen Leistungen zur medizinischen Rehabilitation sein; sie regelt außerdem die Beratung über Leistungen zur medizinischen Rehabilitation, Leistungen zur Teilhabe am Arbeitsleben und ergänzende Leistungen zur Rehabilitation (§ 92 Abs. 1 S. 2 Nr. 8 SGB V), um die Selbstbestimmung und gleichberechtigte Teilhabe in der Gesellschaft zu fördern, Benachteiligungen zu vermeiden oder ihnen entgegenzuwirken. Die Leistungen zur medizinischen Rehabilitation haben zum Ziel, eine Behinderung im Sinne des § 2 Abs. 1 des Neunten Buchs Sozialgesetzbuch (SGB IX) einschließlich Pflegebedürftigkeit gemäß des Elften Buchs Sozialgesetzbuch (SGB XI) abzuwenden, zu beseitigen, zu mindern, auszugleichen, ihre Verschlimmerung zu verhüten oder ihre Folgen zu mildern (§ 11 Abs. 2 SGB V).

Die Richtlinie soll insbesondere das frühzeitige Erkennen der Notwendigkeit von Leistungen zur medizinischen Rehabilitation (§ 1 [2]) fördern und dazu führen, dass diese rechtzeitig eingeleitet werden. Sie regelt die Verordnung durch Vertragsärztinnen und -ärzte als Grundlage für die Leistungsentscheidung der Krankenkasse. Sie beschreibt die Umsetzung von Nachsorgeempfehlungen zur Sicherung des Rehabilitationserfolgs und verbessert die Zusammenarbeit zwischen Vertragsärztinnen und -ärzten, Vertragspsychotherapeutinnen und -therapeuten, Krankenkassen, gemeinsamen Servicestellen gemäß § 22 SGB IX und Erbringern von Leistungen zur medizinischen Rehabilitation. Die Leistungen müssen nach § 1 (3) der Richtlinie ausreichend, zweckmäßig und wirtschaftlich sein; sie dürfen das Maß des Notwendigen nicht überschreiten. Leistungen, die nicht notwendig oder unwirtschaftlich sind, können Versicherte nicht beanspruchen, dürfen die Leistungserbringer nicht bewirken und die Krankenkassen nicht bewilligen (§ 12 Abs. 1 SGB V). (Vgl. Richtlinie des Gemeinsamen Bundesausschusses über Leistungen zur medizinischen Rehabilitation, 2004: 3)

Nach § 107 SGB V (2) sind Vorsorge- oder Rehabilitationseinrichtungen im Sinne dieses Gesetzbuchs Einrichtungen, ...

1. „die der stationären Behandlung der Patienten dienen, um
   a. eine Schwächung der Gesundheit, die in absehbarer Zeit voraussichtlich zu einer Krankheit führen würde, zu beseitigen oder einer Gefährdung der gesundheitlichen Entwicklung eines Kindes entgegenzuwirken (Vorsorge) oder
   b. eine Krankheit zu heilen, ihre Verschlimmerung zu verhüten oder Krankheitsbeschwerden zu lindern oder im Anschluss an Krankenhausbehandlung den dabei erzielten Behandlungserfolg zu sichern oder zu festigen, auch mit dem Ziel, eine drohende Behinderung oder Pflegebedürftigkeit abzuwenden, zu beseitigen, zu mindern, auszugleichen, ihre Verschlimmerung zu verhüten oder ihre Folgen zu mildern (Rehabilitation), wobei Leistungen der aktivierenden Pflege nicht von den Krankenkassen übernommen werden dürfen,

2. die fachlich-medizinisch unter ständiger ärztlicher Verantwortung und unter Mitwirkung von besonders geschultem Personal darauf eingerichtet sind, den Gesundheitszustand der Patienten nach einem ärztlichen Behandlungsplan vorwiegend durch Anwendung von Heilmitteln einschließlich Krankengymnastik, Bewegungstherapie, Sprachtherapie oder Arbeits- und Beschäftigungstherapie, ferner durch andere geeignete Hilfen, auch durch geistige und seelische Einwirkungen, zu verbessern und den Patienten bei der Entwicklung eigener Abwehr- und Heilungskräfte zu helfen, und

3. in denen Patienten untergebracht und verpflegt werden können." (Vgl. § 107 Abs. 2 SGB V)

Jeder Antragsteller, der die Voraussetzungen nachweisen kann, hat Anspruch auf Abschluss eines Versorgungsvertrags. Zur Überprüfung der Voraussetzungen benötigen die Kassenverbände ein medizinisch-therapeutisches Konzept mit Raumplänen, Stellenplan und Mustertherapieplänen. Dieses wird vom Medizinischen Dienst der Krankenversicherung geprüft. Vor Inbetriebnahme erfolgt eine „Vor-Ort-Begehung". Darüber hinaus muss die Einrichtung bezüglich des Internen Qualitätsmanagements zertifiziert sein und sich für externe Qualitätssicherungsmaßnahmen an einem Verfahren der Kostenträger (Deutsche Rentenversicherung oder QS-Reha-Verfahren der GKV) beteiligen.

Für ambulante Rehabilitationseinrichtungen gilt § 111c SGB V (nahezu gleichlautende Gesetzesvorschrift). Hier können die Krankenkassenverbände zudem auf die Rahmenempfehlungen zur ambulanten Rehabilitation (BAR) zurückgreifen, in denen sowohl inhaltliche, räumliche wie auch personelle Voraussetzungen ausführlich beschrieben werden. Letztlich kann man auch davon ausgehen, dass Bedingungen, die für die ambulante Reha-Einrichtung gelten, mindestens auch von stationären Reha-Einrichtungen erfüllt sein müssen.

Vorrang der Rehabilitation vor Pflege (Reha vor Pflege)

„Entsprechend § 31 SGB XI
(1) prüfen die Pflegekassen im Einzelfall, welche Leistungen zur medizinischen Rehabilitation und ergänzenden Leistungen geeignet und zumutbar sind, Pflegebedürftigkeit zu überwinden, zu mindern oder ihre Verschlimmerung zu verhüten. Werden Leistungen nach diesem Buch gewährt, ist bei Nachuntersuchungen die Frage geeigneter und zumutbarer Leistungen zur medizinischen Rehabilitation mit zu prüfen.

(2) [...]

(3) Wenn eine Pflegekasse durch die gutachterlichen Feststellungen des Medizinischen Dienstes der Krankenversicherung (§ 18 Abs. 6) oder auf sonstige Weise feststellt, dass im Einzelfall Leistungen zur medizinischen Rehabilitation angezeigt sind, informiert sie unverzüglich den Versicherten sowie mit dessen Einwilligung den behandelnden Arzt und leitet mit Einwilligung des Versicherten eine entsprechende Mitteilung dem zuständigen Rehabilitationsträger zu [**§ 31 SGB XI** (3)]. Soweit der Versicherte eingewilligt hat, gilt die Mitteilung an den Rehabilitationsträger als Antragstellung für das Verfahren nach § 14 des Neunten Buchs." (Vgl. § 31, Abs. 1 und 3 SGB XI, 2015)

Da aber die Krankenkasse der Rehabilitationsträger und somit der Finanzierer ist, somit auch die Kosten zu übernehmen hat, aber die Pflegekasse durch eine mögliche Herabstufung der Pflegebedürftigkeit der Profiteur neben dem Patienten ist, findet dieses Verfahren in der Praxis kaum Anwendung.

Anschlussrehabilitation/ Anschlussheilbehandlung

Die Anschlussrehabilitation oder Anschlussheilbehandlung (AHB) ist eine ambulante oder stationäre Leistung zur medizinischen Rehabilitation. Ihre Besonderheit besteht darin, dass sie nur bei bestimmten Erkrankungen in Betracht kommt und sich unmittelbar – spätestens 2 Wochen nach der Entlassung – an eine stationäre Krankenhausbehandlung (z. B. Einsatz einer Knieendoprothese, Operationen an Wirbelsäule, Herz oder Darm) anschließt. Der behandelnde Arzt im Krankenhaus stellt fest, ob eine Anschlussrehabilitation erforderlich ist. Der Sozialdienst des Krankenhauses unterstützt den Patienten bei der Antragstellung. (Vgl. Deutsche Rentenversicherung, 2015)

Verwirrend ist allerdings, dass die Krankenkasse nur die Behandlung von Patienten finanziert, die nicht bzw. nicht mehr im Erwerbsleben stehen. Erwerbstätigen wird die Anschlussrehabilitation durch die Rentenversicherung bezahlt (Reha vor Rente). Also Rentner erhalten durch die Rentenversicherung zwar ihre Rentenbezüge, aber die Anschlussheilbehandlung finanziert deren Krankenkasse. Aus diesem Umstand ergeben sich durchaus auch Schnittstellenprobleme, besonders, wenn sich Patienten im Blockmodell der Alterszeit befinden. Die Einholung einer Kostenzusage vor Aufnahme eines Patienten ist somit besonders in derart gelagerten Fällen unabdingbar. Hat der Leistungserbringer den Patienten behandelt und die Kostenfrage ist ungeklärt, läuft dieser Gefahr, kein oder weniger Geld zu erhalten als ihm zusteht.

5.2.3.3
Rehabilitation als Aufgabe der Rentenversicherung

Die Rentenversicherung erbringt Leistungen zur medizinischen Rehabilitation, Leistungen zur Teilhabe am Arbeitsleben sowie ergänzende Leistungen nach **§ 9 SGB VI** (1), um

1. „den Auswirkungen einer Krankheit oder einer körperlichen, geistigen oder seelischen Behinderung auf die Erwerbsfähigkeit der Versicherten entgegenzuwirken oder sie zu überwinden und
2. dadurch Beeinträchtigungen der Erwerbsfähigkeit der Versicherten oder ihr vorzeitiges Ausscheiden aus dem Erwerbsleben zu verhindern oder sie möglichst dauerhaft in das Erwerbsleben wiedereinzugliedern."

Die Leistungen zur Teilhabe (Reha vor Rente) haben Vorrang vor Rentenleistungen, die bei erfolgreichen Leistungen zur Teilhabe nicht oder voraussichtlich erst zu einem späteren Zeitpunkt zu erbringen sind. (Vgl. § 9 SGB VI, 2015)

Rehabilitationsverfahren der gesetzlichen Rentenversicherung

Heilverfahren. Die medizinische Rehabilitation der gesetzlichen Rentenversicherung kann bereits einsetzen, wenn die Leistungsfähigkeit im Erwerbsleben noch nicht gemindert, aber schon erheblich gefährdet ist. Das charakterisiert die präventive Orientierung der Rehabilitation, die in Deutschland wesentlich stärker ausgeprägt ist als in anderen Ländern. Diese Orientierung basiert auf der Erkenntnis, dass chronische Krankheitsprozesse und ihre Folgen meist wirksamer behandelt werden können, wenn die medizinische Rehabilitation so früh wie möglich einsetzt. Das hat auch seinen Niederschlag gefunden in § 3 SGB IX: „Die Rehabilitationsträger wirken darauf hin, dass der Eintritt einer Behinderung einschließlich einer chronischen Krankheit vermieden wird." Paragraph 3 SGB IX ist aber keine eigenständige Anspruchsgrundlage für Leistungen zur Prävention. Dem Wortsinn nach ist medizinische Rehabilitation das „Wiederfähigmachen", vorausgesetzt werden also gesundheitliche Schadensereignisse oder Entwicklungen, durch die Fähigkeiten verloren gegangen sind, die durch besondere therapeutische Maßnahmen wiedererlangt oder durch den Gewinn neuer Fähigkeiten kompensiert werden können. Die Rehabilitationsleistungen der gesetzlichen Rentenversicherung umfassen derartige Maßnahmen bei Folgeerscheinungen von Gesundheitsstörungen (z. B. Schädel-Hirn-Trauma) bzw. bei fortgeschrittenen chronischen Erkrankungen mit Fähigkeitsstörungen (z. B. rheumatischen Erkrankungen, Diabetes mellitus). Eingeschlossen sind auch Maßnahmen mit dem Ziel, eine Verschlechterung zu vermeiden oder zumindest hinauszuschieben. Initiiert wird der Antrag zu diesem Verfahren durch den behandelnden Arzt und den Patienten. (Vgl. Deutsche Rentenversicherung, 2009: 10)

Ein besonderes „Heilverfahren" in Form eines Gutachtens wird durchgeführt bei Versicherten der Rentenversicherung, bei denen ein Antrag auf Frühberentung oder ein Antrag auf Anerkennung von Erwerbsunfähigkeit „anhängig" ist. In diesem Verfahren werden die Leistungserbringer beauftragt, ein Gutachten zu erstellen, ob der Versicherte ganz oder bedingt arbeitsfähig ist oder nicht.

Anschlussrehabilitation / Anschlussheilbehandlung (AHB). Siehe hierzu die Ausführungen im Abschnitt „Verfahren" (s. o.). Auf die Abgrenzungsproblematik, Zuständigkeit Renten-/ Krankenversicherung sei an dieser Stelle noch einmal ausdrücklich hingewiesen.

5.2.4
Durchführung der Rehabilitation

Auf der Basis des **Rahmenkonzepts zur medizinischen Rehabilitation in der Gesetzlichen Rentenversicherung** wird exemplarisch die Durchführung der medizinischen Rehabilitation dargestellt.

Medizinische Rehabilitation wird in qualifizierten und spezialisierten Rehabilitationseinrichtungen durchgeführt, die sich am Qualitätssicherungsprogramm der gesetzlichen Rentenversicherung beteiligen (s. Kap. 5.2.6.1).

Alle Rehabilitationseinrichtungen müssen über eine personelle, apparative und räumliche Ausstattung verfügen, die den Anforderungen einer umfassenden Rehabilitation im jeweiligen Indikationsbereich (s. Kap. 5.2.2.4) unter Berücksichtigung der Multimorbidität genügt. Je nach Schwerpunktsetzung und Kombination der Indikationen unterscheiden sich die Einrichtungen insbesondere in der medizintechnischen Ausstattung und durch spezielle Behandlungsangebote. Für die ambulante Rehabilitation gelten darüber hinaus die Anforderungskriterien, die in den Rahmenempfehlungen der Bundesarbeitsgemeinschaft für Rehabilitation ausführlich beschrieben werden. Anschlussheilbehandlungen bzw. Anschlussrehabilitationen erfolgen in besonders dafür zugelassenen Einrichtungen. (Vgl. Deutsche Rentenversicherung, 2009: 23)

5.2.4.1
Umfassendes Rehabilitations- und Therapiekonzept

Rehabilitationseinrichtungen müssen über ein strukturiertes Rehabilitations- und Therapiekonzept verfügen, das den spezifischen Anforderungen der zu behandelnden Rehabilitandengruppen (z. B. Indikationsschwerpunkt, Alter, Geschlecht, [Langzeit-]Arbeitslosigkeit, Migrationshintergrund) gerecht wird. Dieses setzt sich – neben der Diagnostik – aus verschiedenen Behandlungselementen zusammen, die in Abschnitt 5.3 ausführlich beschrieben werden. Die einzusetzenden Behandlungselemente variieren entsprechend der jeweiligen Indikation und der individuellen Ausgangssituation.

Auswahl und Durchführung der therapeutischen Leistungen werden von einem patientenorientierten Vorgehen geleitet und unterstützen die Ziele der Selbstbestimmung und Partizipation. Patienten in der Rehabilitation unterscheiden sich in ihrer individuellen Situation. Dazu gehören Art und Ausmaß der Erkrankung, das Krankheitsstadium und die Chronizität sowie die Ausprägung der Aktivitätsstörungen. Daneben können Geschlecht, Alter, psychosoziale und sozioökonomische Merkmale unterschiedliche Voraussetzungen schaffen. Die Lebensbedingungen und besonders die jeweils verfügbaren individuellen und sozialen Ressourcen (einschließlich der Reha-Motivation) sind in der Therapie zu berücksichtigen. Bei der Rehabilitation von Menschen mit Migrationshintergrund ist es wichtig, differierende Gesundheits- und Krankheitskonzepte zu erkennen, um die eigentliche Kernsymptomatik erfassen und daraus die diagnostisch und therapeutisch richtigen individuellen Schritte ableiten zu können. Der Erfolg der Rehabilitation hängt nicht nur von den einzelnen Behandlungselementen ab, sondern auch von den Erfahrungen, die in der Rehabilitationseinrichtung gesammelt werden. Dazu gehören die Kommunikationsstrukturen bzw. -formen sowie die sonstigen Rahmenbedingungen in einer Rehabilitationseinrichtung. Wichtig ist daher, dass das Gesamtkonzept einer Rehabilitationseinrichtung sowohl von der Leitung als auch vom gesamten therapeutischen Team aktiv vertreten und unterstützt wird. (Vgl. Deutsche Rentenversicherung, 2009: 23)

5.2.4.2
Architektonische Gestaltung der Einrichtungen und Barrierefreiheit

Die Rehabilitationseinrichtung selbst hat während eines ambulanten oder stationären Aufenthalts einen wesentlichen Einfluss auf das Erleben und Befinden der Rehabilitanden. Die inhaltlichen Konzepte und Ziele, welche die medizinische Rehabilitation der Klinik leiten, sollten daher in der Einrichtung sichtbar und erfahrbar werden.

Kommunikations- und Zugangsfreiheit
Die Rehabilitationseinrichtung selbst sowie die Therapie- und Freizeitangebote müssen für alle Rehabilitanden (also auch für Menschen mit unterschiedlichen Behinderungen) gut erreichbar sein. Darüber hinaus ist eine rollstuhl- und behindertengerechte Ausstattung der Zimmer bei Bedarf unerlässlich. Als konkrete Verpflichtung hierzu hat der Gesetzgeber in § 19 Abs. 1 Satz 2 SGB IX unter anderem die Kommunikations- und Zugangsfreiheit der Rehabilitationseinrichtungen (Barrierefreiheit) festgeschrieben.

> **Definition**
>
> Für die Barrierefreiheit kann die Definition aus § 4 Gesetz zur Gleichstellung behinderter Menschen (BGG) herangezogen werden. Diese Norm lautet:
>
> „Barrierefrei sind bauliche und sonstige Anlagen, Verkehrsmittel, technische Gebrauchsgegenstände, Systeme der Informationsverarbeitung, akustische und visuelle Informationsquellen und Kommunikationseinrichtungen sowie andere gestaltete Lebensbereiche, wenn sie für behinderte Menschen in der allgemein üblichen Weise, ohne besondere Erschwernis und grundsätzlich ohne fremde Hilfe zugänglich und nutzbar sind."

Gemeint sind hier in erster Linie barrierefreie Zugänge für mobilitätsbeeinträchtigte Personen (z. B. Rollstuhlfahrer), die Verwendung von Kommunikationshilfsmitteln und Orientierungshilfen für Menschen mit Seh-, Hör- und Sprachbehinderungen sowie die Verständlichkeit von Informationen (Broschüren, Internet etc.).

Gestaltung der privaten und öffentlichen Bereiche
Verglichen mit dem Lebensalltag zu Hause sind in einer Rehabilitationseinrichtung Einschränkungen unvermeidlich. Aber auch bei der ambulanten Rehabilitation sind einige architektonische Gestaltungsmerkmale zu berücksichtigen, wie zum Beispiel die Bereitstellung von Umkleideräumen, Schließfächern und Duschräumen sowie die Schaffung von Ruhebereichen. Zur Förderung der Kommunikation der Rehabilitanden untereinander sollten Räumlichkeiten bzw. Bereiche geschaffen werden, in denen sich Gespräche zwanglos entwickeln können. Um die Orientierung in der Einrichtung zu erleichtern, wird empfohlen, eine Strukturierung der Bereiche zu wählen, die soweit wie möglich selbsterklärend (Piktogramme) und zudem eindeutig und gut lesbar beschildert ist. Dabei können Farben eine schnelle Orientierung wesentlich vereinfachen und unterstützen. Darüber hinaus sind für Menschen mit Migrationshintergrund Orientierungshilfen in ihren Sprachen sinnvoll. Neben der räumlichen Gestaltung der privaten und öffentlichen Bereiche sind auch die Transparenz der Angebotsstruktur und das unkomplizierte Auffinden von Ansprechpartnern von großer Bedeutung. Eine Einrichtung, die strukturell so angelegt ist, dass sie ein weitest mögliches Maß an Selbstbestimmung fördert, unterstützt auf diese Weise ein wesentliches Ziel der medizinischen Rehabilitation: die Förderung der eigenen Kompetenzen und die Unterstützung von selbstverantwortlichem Handeln. Größe und Gestaltung der Gemeinschafts- und Gruppenräume sowie die der Stationen und Einzelzimmer, die Zugänglichkeit von Therapie- und Freizeiträumen und die Verfügbarkeit von therapeutischem Personal sind ausschlaggebend dafür, inwieweit sich die Rehabilitanden in der

Einrichtung wohlfühlen und zur Erprobung alternativer Verhaltensweisen angeregt werden. Für Einrichtungen, die sich auf die Rehabilitation von Menschen mit Migrationshintergrund spezialisiert haben, sind noch zusätzliche Anforderungen an die räumliche Gestaltung zu stellen: In den ausgewählten Kliniken sollen ethnisch offene Stationen mit einem Bettenanteil von maximal 50 % für Menschen mit Migrationshintergrund entstehen. Der Gesamtanteil an Betten für Migrantinnen und Migranten sollte jedoch 20 % pro Klinik nicht überschreiten. Es sollten Räumlichkeiten für Aktivitäten, die ein Gefühl von Heimat vermitteln, vorgehalten werden (z. B. Fernsehzimmer mit Programmen in der jeweiligen Sprache usw.). Darüber hinaus sollten auch Tageszeitungen, Zeitschriften und Bücher in verschiedenen Sprachen zur Verfügung stehen. Werden in einer Rehabilitationseinrichtung Räume für religiöse Zwecke vorgehalten, sollten sie allen religiösen Gruppen offenstehen. (Vgl. Deutsche Rentenversicherung, 2009: 24)

5.2.4.3
Interdisziplinäres Rehabilitationsteam und Qualifikation

Die Umsetzung eines ganzheitlichen Rehabilitationsansatzes in der medizinischen Rehabilitation lässt sich nur im Rahmen einer interdisziplinären Kooperation realisieren. Das interdisziplinäre Rehabilitationsteam ist deshalb zentraler Bestandteil des Rahmenkonzepts der gesetzlichen Rentenversicherung. Wichtige Merkmale einer interdisziplinären Zusammenarbeit sind:
- *regelmäßige Teambesprechungen der Mitarbeitenden, die an der Behandlung der Rehabilitanden beteiligt sind:* Je nach Erfordernis sind diese Sitzungen abteilungs-, stations- oder teambezogen durchzuführen. Dies gilt sowohl für die Besprechung von Organisationsfragen, die in Zusammenhang mit der Behandlung stehen, als auch für patientenbezogene Fallbesprechungen, in denen insbesondere Rehabilitations- und Therapieziele sowie Therapiepläne abgestimmt werden. Die Fallbesprechungen sollten sich nicht auf exemplarische Fälle beschränken, sondern grundsätzlich individuell für alle Rehabilitanden erfolgen. Auf der Basis der Verantwortlichkeit für die Behandlung sollte die Leitung einer Einrichtung, Abteilung oder eines Bereichs den Teammitgliedern ein Mitspracherecht einräumen, damit gewährleistet wird, dass die Kompetenzen und Erfahrungen der beteiligten Mitarbeiter und Mitarbeiterinnen aus den verschiedenen Disziplinen optimal zusammengeführt und für die Behandlung genutzt werden können.
- *regelmäßige strukturierte Fort- und Weiterbildungsangebote zur Förderung der rehabilitativen Kompetenzen der Mitarbeitenden:* Fort- und Weiterbildung können auf diese Weise das Verständnis der Berufsgruppen füreinander und die interdisziplinäre Zusammenarbeit wirksam unterstützen.
- *Gelegenheit und Verpflichtung zu einer ausreichenden behandlungsbegleitenden Supervision der therapeutischen Mitarbeiter und Mitarbeiterinnen:* Die Supervision kann je nach Einrichtung, Organisationsstruktur und Art der anfallenden Aufgaben fall- oder teambezogen, berufsspezifisch oder -übergreifend, einrichtungsbezogen oder -übergreifend, kollegial oder angeleitet (durch interne oder externe Supervision) sein und sollte über eine routinemäßige Beaufsichtigung der Therapie hinausgehen.

Dem Rehabilitationsteam gehören idealerweise männliche und weibliche Therapeuten aus folgenden Bereichen an: Medizin, Psychologie, Physiotherapie, Ernährungsberatung, Spezialtherapien, Ergotherapie, Sport- und Bewegungstherapie, Sozialarbeit und Pflege. Das Zusammenwirken dieser verschiedenen Berufsgruppen setzt eine wirkungsvolle Koordination voraus, die in der Regel durch das ärztliche Personal erfolgt. [...] (Vgl. Deutsche Rentenversicherung, 2009: 24)

Arzt/Ärztin

Die ärztliche Leitung muss die Gebietsbezeichnung der Hauptindikation der Einrichtung führen und sollte zusätzlich die Zusatzbezeichnung

„Rehabilitationswesen" oder „Sozialmedizin" erlangt haben sowie über eine mindestens zweijährige vollzeitige rehabilitative und sozialmedizinische Erfahrung verfügen.

Qualifikation klinischer Psychologe/ klinische Psychologin:
- Diplom als Psychologe/Psychologin und
- ggf. Zusatzausbildung Psychologische Psychotherapie und
- Zusatzqualifikation in Entspannungstechniken (z. B. Autogenes Training, Progressive Muskelentspannung nach Jacobson) und
- Erfahrung in der Leitung von Gruppen.

Qualifikation Physiotherapeut/in und Krankengymnast/in:
- staatliche Anerkennung als Physiotherapeut/in oder Krankengymnast/in, ggf. mit indikationsspezifischer Zusatzqualifikation oder Weiterbildung.

Qualifikation Masseur/in und Medizinische(r) Bademeister/in:
- staatliche Anerkennung als Masseur/in oder medizinische/r Bademeister/in, ggf. mit indikationsspezifischer Zusatzqualifikation oder Weiterbildung und
- Grundlagenkenntnisse in Bewegungslehre und medizinischer Aufbautherapie.

Qualifikation Ergotherapeut/in:
- staatliche Anerkennung als Ergotherapeut/in, ggf. mit indikationsspezifischer Zusatzqualifikation oder Weiterbildung und
- Grundlagenkenntnisse in arbeitsrehabilitativen Maßnahmen, Ergonomie, Arbeitsplatzanpassung.

Qualifikation Logopäde/Logopädin und Sprachtherapeut/in:
- staatliche Anerkennung als Logopäde/Logopädin oder Sprachtherapeut/in, ggf. mit indikationsspezifischer Zusatzqualifikation oder Weiterbildung.

Qualifikation Sozialarbeiter/in und Sozialpädagoge/Sozialpädagogin:
- Diplom/staatliche Anerkennung als Sozialarbeiter/in bzw. Sozialpädagoge/Sozialpädagogin und
- Erfahrung in der Einzelfallhilfe und
- Aus- oder Weiterbildung in Gesundheitsfürsorge. (Vgl. Deutsche Rentenversicherung, 2009: 27)

Diätassistent/in:
- staatliche Anerkennung als Diätassistent/in, ggf. mit indikationsspezifischer Zusatzqualifikation oder Weiterbildung.

Gesundheits- und Krankenpfleger/in:
- staatliche Anerkennung als Gesundheits- und Krankenpfleger/in ggf. mit indikationsspezifischer Zusatzqualifikation oder Weiterbildung und
- Erfahrung in der fachlichen Beratung, Anleitung und praktischen Unterstützung von medizinischen Laien.

Sportlehrer/in und Sportwissenschaftler/in und Sporttherapeut/in
- wissenschaftliche Ausbildung als Diplom-Sportlehrer/in oder Sportwissenschaftler/in mit medizinischer Ausrichtung (z. B. Fachrichtung Rehabilitation) oder Zusatzqualifikation Bewegungstherapie/Sporttherapie und
- Weiterbildung in medizinischer Aufbautherapie.

5.2.4.4
Diagnostik

Eine umfassende und gleichzeitig gezielte Diagnostik bildet die Grundlage jeder therapeutischen Maßnahme. Daher hat die Diagnostik auch in der Rehabilitation einen hohen Stellenwert. Sie umfasst unter anderem die üblichen diagnostischen Methoden aus Medizin, Psychologie und anderen Disziplinen mit Ausrichtung auf rehabilitationsspezifische Ziele und Fragestellungen. Schwerpunkt ist die Erfassung der vorhandenen bzw. beeinträchtigten Funktionen und Aktivitäten und ihrer Auswirkungen auf das jeweilige Leistungsvermögen. Dies erfordert:
- Diagnostik auf der Ebene der Schädigungen ggf. zur Präzisierung der medizinischen Diagnose (in der Regel Voraussetzung für eine angemessene Beurteilung der Leistungsfähigkeit)

- Diagnostik auf der Ebene der Aktivitäten, unter besonderer Berücksichtigung der Anforderungen in Beruf und Alltag (arbeits- und alltagsbezogene Leistungsfähigkeit)
- Erfassung individuell relevanter Kontextfaktoren durch die Einbeziehung der jeweils relevanten Persönlichkeitsmerkmale, Lebensbedingungen und Aspekte des Krankheitsverhaltens (psychosoziale Diagnostik)
- die Gesamtbeurteilung der Krankheits- und/oder Behinderungssituation, auch vor dem Hintergrund der individuellen Lebensgeschichte und
- kontinuierliche Verlaufskontrollen.

Die Diagnostik in der Rehabilitationseinrichtung darf nicht zu einer Verzögerung des Therapiebeginns führen. Dies wird durch die Tatsache erleichtert, dass in manchen Bereichen (z.B. Ergometrie, isokinetisches Training) die parallele Durchführung von Diagnostik und Therapie möglich ist. [...] (Vgl. Deutsche Rentenversicherung, 2009: 28)

Die diagnostische Grundausstattung der Rehabilitationseinrichtungen hat sich an folgenden Aufgaben auszurichten:
- Erstellen eines Therapieplans
- Verlaufskontrollen
- sozialmedizinische Beurteilung.

Die diagnostischen Möglichkeiten in stationären Einrichtungen sind so anzulegen, dass bei Bedarf eine Überprüfung vorliegender Diagnosen, auch bei Mehrfacherkrankungen, möglich ist. Dies betrifft insbesondere die Diagnostik im Hinblick auf die Auswirkungen auf die Ebene der Funktionen und Aktivitäten sowie Kontextfaktoren (Reha-Diagnostik im engeren Sinne).

Die Zusammenfassung der diagnostischen Informationen aus den verschiedenen Bereichen und deren Bewertung erfolgt in der Regel durch die behandelnden Ärztinnen und Ärzte in der Rehabilitationseinrichtung im Zusammenwirken mit dem Behandlungsteam. [...] (Vgl. Deutsche Rentenversicherung, 2009: 29)

Aktivitätsdiagnostik

Die rehabilitationsorientierte Diagnostik bezieht sich auf Aktivitäten (und komplexe Funktionen) sowie auf psychosoziale und berufsbezogene Aspekte (im Sinne der Kontextfaktoren der ICF). Sie dient zur Planung und Kontrolle der Therapie, zur abschließenden (sozialmedizinischen) Beurteilung der Leistungsfähigkeit und zur Erarbeitung von Empfehlungen für den weiteren Rehabilitationsverlauf.

Diagnostik der arbeits- und alltagsbezogenen Leistungsfähigkeit (sog. Leistungsdiagnostik)

Die Leistungsdiagnostik bezieht sich auf Störungen der Fähigkeit, Aktivitäten im täglichen Leben (einschließlich Beruf) ausüben zu können. Sie soll angeben, welche dieser Aktivitäten in welchem Umfang eingeschränkt und durch rehabilitative Maßnahmen (Training, Hilfsmittel usw.) wiederherzustellen sind, damit die Anforderungen des Berufs- und Alltagslebens bewältigt werden können. Zunehmende Bedeutung findet der Einsatz von Assessmentinstrumenten. Diese dienen als standardisierte Instrumente insbesondere zur Aktivitätsdiagnostik. [...] (Vgl. Deutsche Rentenversicherung, 2009: 30)

5.2.4.5
Rehabilitations- bzw. Therapieziele

Die Formulierung der Behandlungsziele in Zusammenarbeit zwischen Arzt und Patient ist eine wesentliche Aufgabe zu Beginn der Rehabilitation. Die Ziele setzen dabei auf unterschiedlichen Ebenen an. Rehabilitationsziele sind in der Regel übergreifend formuliert. [...] Sie beziehen sich auf ein ganzheitliches Rehabilitationskonzept und den Erfolg der Rehabilitationsleistung insgesamt. (Vgl. Deutsche Rentenversicherung, 2009: 31)

5.2.4.6
Therapieplan

Auf der Grundlage der differenzierten Diagnostik und der gemeinsam abgestimmten Therapieziele ist für jede Rehabilitandin und jeden Rehabilitanden ein detaillierter individueller Therapie- bzw. Rehabilitationsplan zu erstellen, der die Zielsetzungen der verschiedenen Therapiebereiche mit einschließt und sich an einer langfristigen Strategie zur Bewältigung der (chronischen) Erkrankung und ihrer Folgen orientiert. Er ist von den Ärztinnen und Ärzten unter Beteiligung der anderen Mitglieder des Rehabilitationsteams zu erstellen, im Laufe der Behandlung der aktuellen Situation anzupassen und im Entlassungsbericht zu dokumentieren. Rehabilitanden und ggf. Angehörige/Bezugspersonen sind bei der Erstellung des Therapieplans bzw. der Anpassung einzubeziehen, nicht zuletzt, um eine aktive Mitwirkung bei der Umsetzung zu begünstigen. Bei der Planung der Therapie (sowie auch bei der Umsetzung der entsprechenden Behandlungselemente) sind die verschiedenen Ebenen des bio-psycho-sozialen Modells zu berücksichtigen. [...] (Vgl. Deutsche Rentenversicherung, 2009: 32)

5.2.4.7
Behandlungselemente

Ärztliche Aufgaben
Zum ärztlichen Aufgabenbereich gehört neben der Leitungsfunktion im Rehabilitationsteam die Erstellung des Therapieplans auf der Grundlage der Reha-Diagnostik. Darüber hinaus bestehen die Aufgaben der Ärzte und Ärztinnen in der Fortsetzung, Überprüfung und Modifikation der gesamten Behandlungsmaßnahmen. Insbesondere obliegt ihnen die Einleitung und Verlaufskontrolle der medikamentösen Therapie (und ggf. die Notfallbehandlung). Auch die Indikation für ggf. notwendige weiterführende Behandlungen (Operation, psychologische Betreuung) ist – den Ergebnissen der Diagnostik entsprechend – vom ärztlichen Dienst zu stellen. Weitere Aufgaben der Ärzte und Ärztinnen sind insbesondere:

- Indikationsstellung, Durchführung und Auswertung der Rehabilitationsdiagnostik
- Erstellung und Anpassung des Rehabilitationsplans
- Koordination und Anpassung, Überwachung und Evaluation der Therapiemaßnahmen
- Durchführung von regelmäßigen patientenbezogenen Teambesprechungen (mindestens 1 Mal pro Woche)
- Kooperation mit vor- und nachbehandelnden Ärzten und Ärztinnen, konsiliarärztlichen Diensten
- Durchführung von Eingangs-, Zwischen- und Abschlussuntersuchungen
- Entlassungsbericht mit sozialmedizinischer Beurteilung und Hinweisen für weiterführende Maßnahmen im Rahmen der Nachsorge.

Pflege
Die Pflege in der Rehabilitation ist darauf ausgerichtet, die Selbstständigkeit und Unabhängigkeit der Rehabilitanden unter Berücksichtigung ihrer individuellen Ressourcen und den Gegebenheiten ihrer Umwelt zu fördern. Ausgangspunkte sind dabei die gezielte Beobachtung in Bezug auf die Aktivitäten des täglichen Lebens sowie kontinuierliche Gesprächskontakte. [...] (Vgl. Deutsche Rentenversicherung, 2009: 33)

Physiotherapie und Physikalische Therapie
Krankengymnastik, Sport- und Bewegungstherapie, Balneo-, Klima-, Hydro- und Elektrotherapie sowie Massage werden im Folgenden unter den Begriffen „Physiotherapie" und „Physikalische Therapie" zusammengefasst.

Physiotherapie (Krankengymnastik)
Die Physiotherapie (Krankengymnastik) wird auf die jeweilige aktuelle Symptomatik und Leistungsfähigkeit der Rehabilitanden ausgerichtet und dient der Anregung bzw. Förderung gestörter physiologischer Funktionen. Auch kann es erforderlich sein, ggf. mit Unterstützung von Hilfsmitteln, Ersatzfunktionen zu erarbeiten. [...]

Sport- und Bewegungstherapie
Bei der Sport- und Bewegungstherapie geht es vorwiegend um eine aktive, den ganzen Körper beanspruchende Bewegung mit dem Ziel der Steigerung von Ausdauer, Koordination, Flexibilität und Kraft zur Erhaltung bzw. Verbesserung der Leistungsfähigkeit. Allgemeine sportbezogene Programme sollen darüber hinaus zur langfristigen regelmäßigen Sportausübung motivieren. [...]

Physikalische Therapie
Unter physikalischer Therapie versteht man allgemein die Anregung oder gezielte Behandlung gestörter physiologischer Funktionen mit physikalischen Mitteln. Dazu gehören zum Beispiel die Hydrotherapie (therapeutische Anwendung von Wasser), die Thermotherapie (therapeutische Anwendung von Wärme und Kälte), die Klimatherapie (therapeutische Nutzung klimatischer Verhältnisse), die Balneotherapie (therapeutische Anwendung ortsspezifischer Heilmittel), die Elektrotherapie (therapeutische Anwendung des elektrischen Stroms) sowie die Massage. [...]

Ergotherapie
Ergotherapie dient im Wesentlichen der Funktionsverbesserung in motorischer, sensorischer und kognitiver Hinsicht. Ausgehend von gezielter Funktionsdiagnostik soll durch alltagsorientiertes Training krankheitsangepasstes Verhalten (z. B. rücken- und gelenkschonende Techniken) eingeübt sowie Unterstützung beim Hilfsmittelgebrauch geleistet werden. Insgesamt dient Ergotherapie der Selbsthilfefähigkeit bei alltäglichen Verrichtungen. Darüber hinaus hat Ergotherapie – z. B. in der Rehabilitation bei neurologischen Störungen und Erkrankungen des Muskel-Skelett-Systems – wichtige Aufgaben bei der berufsbezogenen Anpassung und sozialen Wiedereingliederung, z. B. durch arbeitsplatzorientierte Handfunktionsschulung, Werkzeug- und Hilfsmittelgebrauchsschulung und die gezielte Durchführung und Auswertung von Belastungserprobungen. Aus dieser Arbeit erwachsen Anstöße zur notwendigen Hilfsmittelversorgung, für Hilfen zur Wiedereingliederung am Arbeitsplatz und zur sozialen Wiedereingliederung im häuslichen Umfeld. [...] (Vgl. Deutsche Rentenversicherung, 2009: 34)

Gesundheitsbildung – Gesundheitstraining – Patientenschulung
Diese Programme zielen darauf ab, die Mitarbeit (Compliance) der Betroffenen bei der medizinischen Rehabilitation zu verbessern und ihre Fähigkeiten zum selbstverantwortlichen Umgang mit ihrer Erkrankung (Selbstmanagement) in Kooperation mit professioneller Hilfe zu stärken. Die Rehabilitanden sollen durch den Erwerb von Wissen, Fertigkeiten und Kompetenzen in die Lage versetzt werden, informiert Entscheidungen bezüglich ihrer Lebensführung zu treffen (Empowerment). Als grundlegende Elemente solcher Programme gelten:
- systematische (lernzielorientierte) Planung
- methodisch-didaktische Aufbereitung in Form eines manualisierten Curriculums
- Berücksichtigung der kognitiven, emotionalen und praktischen Ebene der Einstellungs- und Verhaltensänderung (Mehrdimensionalität)
- themenzentrierte und patientenorientierte Vorgehensweise
- interaktive Gestaltung in der Kleingruppe unter Einbeziehung der Erfahrungen der Betroffenen.

Einführende (indikationsübergreifende) Programme
Als fester Bestandteil des Rehabilitationskonzepts wird zu Beginn der Rehabilitation ein Seminarprogramm durchgeführt, das zentrale Themen des Gesundheitsverhaltens (wie z. B. Ernährung, Bewegung, Stress) behandelt, ohne jedoch primär auf die jeweilige Einweisungsindikation ausgerichtet zu sein. Es dient der Reflexion über Aufgaben, Zielsetzung und Verlauf der Rehabilitation sowie der Einführung in die weiterführenden, vertiefenden und krankheitsspezifischen Programme. Hier steht die Motivierung zur aktiven Mitarbeit in der Rehabilitation und allgemein zu einer gesundheitsförderlichen Lebensweise im Vordergrund. Das Programm sieht vor, dass aus dem Gesamtpaket von insgesamt fünf Seminareinheiten zu den Themen „Schutzfaktoren", „Essen und Trinken", „Bewegung und körperliches Training", „Stress und Stressbewältigung" sowie „Alltagsdrogen" einzelne Bausteine einrichtungs- und indikationsspezifisch verwendet und adaptiert werden können. [...] (Vgl. Deutsche Rentenversicherung, 2009: 36)

Weiterführende (vertiefende) Programme
Die vertiefenden Gruppenprogramme intensivieren die in den Basiselementen des allgemeinen Programms vermittelten Inhalte in den

Bereichen, die für die Rehabilitanden angesichts ihrer individuellen Problemlage von besonderer Bedeutung sind. Geschlossene Gruppen sind offenen Gruppen vorzuziehen, verursachen aber höheren Organisationsaufwand. Die Programme sollten einen hohen Anteil an übenden Elementen enthalten. Beispiele hierfür sind Gruppen im Rahmen des Gesundheitssports, der Rückenschule, der Schmerzbewältigung, des Aufbaus einer gesunden Ernährungsweise (Gewichtsprobleme, Essstörungen), der Stressbewältigung oder des Entspannungstrainings (Progressive Muskelrelaxation, Autogenes Training). Ebenso haben hier verhaltenstherapeutisch orientierte Gruppenprogramme (z. B. Nichtrauchertraining, Konfliktbewältigungs- und Selbstsicherheitstraining) oder spezielle Gesprächsgruppen zur Krankheitsbewältigung ihren Platz.

Krankheitsspezifische Programme
Die krankheitsspezifischen Programme dienen vor allem der Patientenschulung. Sie sollen umfassende Kompetenzen vermitteln, die für die Bewältigung und den praktischen Umgang mit speziellen Erkrankungen entscheidend sind (z. B. Diabetikerschulung einschließlich Anleitung zur Blutzucker-Selbstkontrolle und Ernährungsberatung, Patientenschulung bei Herz-Kreislauf-Erkrankungen, Erkrankungen der Atmungsorgane oder bei rheumatischen Erkrankungen). In der Regel sind sie als indikationsbezogenes Schulungskonzept erstellt. Hierzu wurden von den einzelnen Rentenversicherungsträgern spezielle Programme entwickelt. Beispielsweise hat die Bundesversicherungsanstalt für Angestellte (jetzt DRV Bund) ein Programm mit insgesamt 20 indikationsbezogenen Curricula für die medizinische Rehabilitation vorgelegt. [...] (Vgl. Deutsche Rentenversicherung, 2009: 36)

Psychologische Beratung und Psychotherapie
Die medizinische Rehabilitation richtet sich auch auf die psychosozialen Aspekte der Krankheitsbewältigung. Alle Bemühungen, z. B. durch ein Funktionstraining Verbesserungen der Leistungsfähigkeit zu erreichen, bleiben letztlich erfolglos, wenn die Rehabilitanden nicht lernen, sich mit ihrer Krankheit und deren Folgen angemessen auseinander zu setzen. Dies setzt voraus, dass die am Rehabilitationsprozess Beteiligten psychische und soziale Belastungen erkennen sowie entsprechende Hilfen anbieten und in die Wege leiten können. [...] (Vgl. Deutsche Rentenversicherung, 2009: 37)

Ernährungsberatung und Diätetik
Viele Erkrankungen können durch eine gesundheitsgerechte Ernährung positiv beeinflusst werden. Ernährungsberatung und Diätetik sind daher wichtige Bestandteile der Rehabilitation. Die konkrete Erfahrung mit einem in der Rehabilitationseinrichtung angebotenen gesunden vollwertigen Essen kann eine günstige Voraussetzung zur Umstellung des Ernährungsverhaltens sein. Die Küchen müssen in der Lage sein, diese Kost entsprechend den ernährungswissenschaftlichen Erkenntnissen zuzubereiten. Die Mahlzeiten sollten dabei abwechslungsreich, wohlschmeckend, sättigend und küchentechnisch ohne größeren Aufwand herstellbar sein. In Rehabilitationseinrichtungen, die sich auf die Rehabilitation von Migrantinnen und Migranten eingestellt haben, ist das Ernährungsangebot entsprechend kulturell anzupassen. Es ist darauf zu achten, dass spezielle Kostformen wie z. B. schweinefleischloses oder koscheres Essen angeboten werden. [...]

Spezielle funktionsbezogene Therapieverfahren und Hilfsmittel
In verschiedenen Indikationsbereichen stellen spezielle Trainings- und Therapieverfahren zur Verbesserung bzw. zum Umgang mit eingeschränkten Funktionen oder zum Gebrauch von Hilfsmitteln einen wichtigen Bestandteil der Rehabilitation dar, die nachstehend aufgeführt sind. (Vgl. Deutsche Rentenversicherung, 2009: 38)

Neuropsychologisches Training. Störungen höherer Hirnleistungen, wie Gedächtnis- und Aufmerksamkeitsstörungen, zentrale Sehstörungen oder Apraxien, die unter anderem bei neurologischen Erkrankungen häufig auftreten, bedürfen einer gezielten neuropsychologischen Diagnostik und Therapie. Durch differenzierte

Trainingsverfahren geht es dabei um die Verbesserung eingeschränkter Hirnleistungen, um das Einüben von „Ersatzstrategien" und bei Bedarf auch um die Vermittlung von Adaptationsfertigkeiten, die eine Anpassung an die ausgefallene oder eingeschränkte Funktion erlauben.

Stimm-, Sprech- und Sprachtherapie. Bei neurologischen Erkrankungen sind häufig Sprach- und Sprechstörungen vorhanden, die einer gezielten logopädischen Behandlung bedürfen. Art und Aufwand der Therapie hängen von der Schwere der Störung ab. Während bei bestimmten Stimmstörungen eine kurzzeitige Beratung ausreichen kann und bei Dysarthrien ggf. nur wenige Therapiesitzungen zum Einüben veränderter Sprechtechniken erforderlich sind, kann – etwa bei Aphasien – eine intensive und länger dauernde Einzeltherapie mit psychotherapeutischen Elementen erforderlich sein. Zweckmäßig ist nicht selten eine Ergänzung von Einzeltherapie durch Gruppensitzungen.

Hilfsmittelversorgung und Hilfsmittelgebrauch. In bestimmten Indikationsbereichen werden einige Rehabilitanden kurz vor Beginn oder während der Rehabilitation mit Hilfsmitteln (Prothesen, Gehstützen u. a.) versorgt. In der Rehabilitationseinrichtung können die Rehabilitanden durch entsprechendes Fachpersonal in den Umgang mit und in die Pflege von Hilfsmitteln eingewiesen werden. Bei Anpassungs- und Anfangsschwierigkeiten steht ihnen fachkundige Hilfe zur Seite. Hier kann auch eine Überprüfung, Änderung und ggf. Neuverordnung von Hilfsmitteln vorgenommen werden, wenn dies erforderlich ist. Dabei wird zwischen Hilfsmitteln unterschieden, die ausschließlich für die Rehabilitation erforderlich sind, und solchen, die auf Dauer für die Behebung einer Aktivitätsstörung gebraucht werden.

Soziale und arbeitsbezogene Beratung. Soziale und arbeitsbezogene Beratung bezieht sich auf die soziale und berufliche Zukunft der Rehabilitanden. Sie unterstützt die Rehabilitanden bei ihrem Weg in eine veränderte Normalität hinsichtlich ihres Gesundheitsverhaltens und der bei Bedarf erforderlichen Anpassungen an die verbliebene Leistungsfähigkeit. Besondere Bereiche der Beratung und Unterstützung können sein:

- berufliche Wiedereingliederung (z. B. stufenweise Wiedereingliederung, innerbetriebliche Umsetzung oder Adaptation, Kontakt mit Betrieb)
- Probleme der wirtschaftlichen Sicherung, sozial- und finanzrechtliche Fragen
- Vorbereitung auf Leistungen zur Teilhabe am Arbeitsleben
- Information über weiterführende Rehabilitationsleistungen
- Nachsorge
- Probleme im häuslichen Bereich (z. B. Haushaltshilfe, häusliche Krankenpflege).

Die soziale Beratung wird insbesondere von Sozialarbeitern, Sozialpädagogen und Reha-Fachberatern durchgeführt, die zur Rehabilitationseinrichtung selbst oder zum zuständigen Leistungsträger gehören. Je nach speziellem Inhalt der Angebote wirken dabei auch Ärzte, Psychologen, Ergotherapeuten, Ernährungsberater und andere mit. Die soziale und berufsbezogene Beratung ist eng mit Diagnostik und Therapie berufsbezogener Probleme verknüpft. Bei der Rehabilitation von Migranten wäre es wünschenswert, dass die Reha-Fachberatung entsprechende Sprachkenntnisse mitbringt. (Vgl. Deutsche Rentenversicherung, 2009: 39)

Arbeitsbezogene Maßnahmen. Eine gelungene Wiedereingliederung in das Erwerbsleben setzt ein nahtloses und rasches Ineinandergreifen aller notwendigen medizinischen und beruflichen Maßnahmen voraus. Die medizinische Rehabilitation ist ein wichtiger und geeigneter Behandlungszeitraum, in dem berufliche Problemlagen erkannt und diagnostiziert, berufsorientierte Therapien durchgeführt sowie ggf. erforderliche Leistungen zur Teilhabe am Arbeitsleben eingeleitet werden können. Angestrebt wird eine stärkere Ausrichtung der medizinischen Rehabilitation auf das Ziel der beruflichen (Re-)Integration. Während der medizinischen Rehabilitation können auf der Grundlage einer systematischen berufsbezogenen Eingangsdiagnostik folgende

berufsbezogene Maßnahmen angeboten werden:
- Bedarfsfeststellung (Screening, individuelles Anforderungsprofil)
- Funktions- und Leistungsdiagnostik
- Berufsorientierung der physikalischen Therapie
- berufspsychologische Module: Stressbewältigung, Entspannung, Konfliktbewältigung, Neuorientierung, Problembewältigung am Arbeitsplatz
- indikationsspezifische berufsbezogene Interventionsbausteine
- Arbeitstherapie, Belastungserprobung, Arbeitsplatztraining, Arbeitsplatzbesuch, Arbeitsplatzadaptation
- Modellarbeitsplätze, Stufenweise Wiedereingliederung. (Vgl. Deutsche Rentenversicherung, 2009: 40)

Angehörigenarbeit. Angehörige und weitere Bezugspersonen sollten immer dann in die Behandlung einbezogen werden, wenn der Rehabilitationserfolg wesentlich auch von deren Bereitschaft und Fähigkeit zur Mitwirkung abhängt, beispielsweise bei notwendigen Veränderungen der häuslichen Ernährungsgewohnheiten oder durch Unterstützung eines angemessenen Gesundheits- und Krankheitsverhaltens. Besonders im Fall einer ambulanten oder einer wohnortnahen stationären Durchführung der Rehabilitation sind günstige Voraussetzungen für die Zusammenarbeit mit Angehörigen und weiteren Bezugspersonen gegeben. In Angehörigengesprächen kann konkret auf die individuelle Situation der Rehabilitandinnen und Rehabilitanden und ihrer Bezugspersonen eingegangen werden. Zu den Aufgaben der Beratung gehören die Planung der notwendigen und realisierbaren Veränderungen im familiären Alltag und die Klärung der praktischen Probleme bei der Umsetzung notwendiger Veränderungen im sozialen Umfeld. [...] (Vgl. Deutsche Rentenversicherung, 2009: 40)

Behandlungselemente und Therapieplan. Nicht alle der zuvor dargestellten Behandlungselemente der medizinischen Rehabilitation sind für jede Rehabilitandin bzw. jeden Rehabilitanden im Verlauf einer Rehabilitation sinnvoll. Die jeweils einzusetzenden Elemente sind daher immer vom therapeutischen Team im Einzelfall festzulegen und gemeinsam im Rahmen der Therapieplanerstellung abzustimmen. Hierbei sind unter anderem die jeweilige Einweisungsindikation sowie die individuelle Ausgangssituation der Betroffenen zu berücksichtigen. (Vgl. Deutsche Rentenversicherung, 2009: 40)

Therapiekontrolle
Eine spezielle Verlaufskontrolle und die Abschlussuntersuchung dienen dazu, den Therapieverlauf und die Ergebnisse der Rehabilitationsbehandlung zu dokumentieren und zu bewerten. Zwischenuntersuchungen oder Visiten sind nicht nur eine Form der Therapiekontrolle, sondern verfolgen auch therapeutische Zwecke. Dazu gehören die Absprache über die Rehabilitations- und Therapieziele, den individuellen Therapieplan sowie die Information über den bisherigen Therapieverlauf. Hier (und in weiteren Gesprächen zwischen Arzt bzw. Ärztin und Rehabilitand) werden wichtige Impulse zur aktiven Mitarbeit sowie Informationen über die Krankheit gegeben. Gemeinsam von Mitgliedern verschiedener Berufsgruppen durchgeführte (Zwischen-)Untersuchungen können darüber hinaus den Rehabilitanden deutlich machen, dass in der Rehabilitation alle Aspekte ihrer Erkrankung wichtig sind und beachtet werden. Neben den regelmäßig stattfindenden Zwischenuntersuchungen sollten bei Bedarf auch weitere Gespräche zwischen Ärzten (bzw. Therapeuten) und Rehabilitanden – beispielsweise in Form von offenen Sprechstunden – angeboten werden. Sie stellen eine wichtige Vertiefung und Ergänzung der durchgeführten Schulungen und Therapien dar und sind eine notwendige Grundlage für weiterführende Maßnahmen. Die wesentlichen Ergebnisse der Gespräche mit Ärzten sowie mit Psychologen und Sozialarbeitern sind zu dokumentieren.

Die Beurteilung der Qualität rehabilitativer Arbeit setzt eine angemessene Basis- und Leistungsdokumentation voraus. Nach Beendigung bzw. Abschluss der medizinischen Rehabilitation erhalten daher – unter Wahrung der ärztlichen

Schweigepflicht und des Datenschutzes – die behandelnden Ärztinnen und Ärzte und der zuständige Rentenversicherungsträger sowie ggf. der zuständige Medizinische Dienst der Krankenkassen einen Entlassungsbericht. Darin werden alle notwendigen Informationen über die abgeschlossene Rehabilitation dokumentiert:
1. Rehabilitationsverlauf unter Angabe der durchgeführten Therapien
2. Ergebnisse der abschließenden Leistungsdiagnostik und der sozial-medizinischen Beurteilung; diese umfassen zum Beispiel die Stellungnahme
a. zur Leistungsfähigkeit im Erwerbsleben unter Bezugnahme auf den beruflichen Kontext, bezogen auf den bisherigen Arbeitsplatz bzw. den allgemeinen Arbeitsmarkt
b. zur Leistungsfähigkeit im Alltag, bezogen auf die Selbstständigkeit bei den Verrichtungen des täglichen Lebens, insbesondere zur psycho-sozialen Situation und/oder
c. zur Frage der Vermeidung oder Minderung von Pflegebedürftigkeit
d. zur Krankheitsverarbeitung, zum Lebensstil einschließlich Risikofaktorenkonstellation und Motivation zur Lebensstiländerung
5. Empfehlungen für weiterführende Leistungen zur Sicherung des Rehabilitationserfolges (z. B. Leistungen zur Teilhabe am Arbeitsleben, stufenweise Wiedereingliederung, Rehabilitationssport oder Funktionstraining, Nachsorge)
6. Empfehlungen zur Wiedereingliederung in das soziale Umfeld bzw. zur psychosozialen Betreuung.

Der Entlassungsbericht ist auch eine wesentliche Grundlage für die Zusammenarbeit zwischen Rehabilitationseinrichtung, weiterbehandelnden Ärztinnen und Ärzten, Nachsorgeeinrichtungen und anderen Institutionen. Um die Kontinuität in der Behandlung zu sichern, ist es wichtig, dass der vollständige Entlassungsbericht nach Abschluss der Rehabilitation kurzfristig zur Verfügung steht.

Als gemeinsame Dokumentationsgrundlage setzt die gesetzliche Rentenversicherung seit 1997 einen bundesweit einheitlichen Rehabilitationsentlassungsbericht ein. Er ermöglicht eine einheitliche Berichterstattung für alle Rentenversicherungsträger und hat sich als wichtiges Instrument der Qualitätssicherung erwiesen. (Vgl. Deutsche Rentenversicherung, 2009: 41)

5.2.5
Weitere an der Rehabilitation Beteiligte

Neben den oben genannten Kostenträgern gibt es noch weitere Institutionen, die sich mit der medizinischen Rehabilitation auseinandersetzen. Hier sind zum einen die auf der Grundlage des **§ 23 SGB IX einzurichtenden Servicestellen zu nennen:**

„(1) Die Rehabilitationsträger stellen unter Nutzung bestehender Strukturen sicher, dass in allen Landkreisen und kreisfreien Städten gemeinsame Servicestellen bestehen. Gemeinsame Servicestellen können für mehrere kleine Landkreise oder kreisfreie Städte eingerichtet werden, wenn eine ortsnahe Beratung und Unterstützung behinderter und von Behinderung bedrohter Menschen gewährleistet ist. In den Ländern Berlin, Bremen und Hamburg werden die Servicestellen entsprechend dem besonderen Verwaltungsaufbau dieser Länder eingerichtet. [...]

(2) [...]

(3) Die gemeinsamen Servicestellen werden so ausgestattet, dass sie ihre Aufgaben umfassend und qualifiziert erfüllen können, Zugangs- und Kommunikationsbarrieren nicht bestehen und Wartezeiten in der Regel vermieden werden. Hierfür wird besonders qualifiziertes Personal mit breiten Fachkenntnissen insbesondere des Rehabilitationsrechts und der Praxis eingesetzt. Paragraph 112 Abs. 3 ist sinngemäß anzuwenden." (Vgl. § 23 SGB IX)

5.2.5.1
Deutsche Vereinigung für Rehabilitation e. V.

Die Deutsche Vereinigung für Rehabilitation e. V. (DVfR) hat sich zum Ziel gesetzt, mit allen geeigneten Mitteln die individuelle und umfassende Rehabilitation behinderter oder von Behinderung bedrohter Menschen, insbesondere ihre Selbstbestimmung und Teilhabe am Leben in der Gemeinschaft zu fördern. Sie vereint dafür alle an der Rehabilitation beteiligten Fachbereiche und Menschen mit Behinderung. Sie fördert insbesondere

a. die interdisziplinäre Zusammenarbeit und den Interessenausgleich aller an der Rehabilitation beteiligten Personen, Einrichtungen und Organisationen, wie behinderter Menschen und ihrer Verbände, Leistungsträger, Anbieter von sozialen und gesundheitlichen Leistungen, Berufs- und Fachverbände, Arbeitgeber
b. den wissenschaftlichen, konzeptionellen und praktischen Erfahrungsaustausch in allen Fragen der Rehabilitation und der gezielten Prävention auf nationaler, europäischer und internationaler Ebene
c. die Anregung und Begleitung der einschlägigen rechtlichen Regelungen und sozialpolitischen Vorhaben
d. das Verständnis für die berechtigten Belange behinderter oder von Behinderung bedrohter Menschen in der Öffentlichkeit und bei den Entscheidungsträgern
e. die Anerkennung und Umsetzung der umfassenden Rehabilitation als eines grundlegenden Teils der gesundheitlichen und sozialen Versorgung.

Mitglieder der DVfR
Behindertenverbände und Selbsthilfeorganisationen, Rehabilitationsfachverbände, Rehabilitationseinrichtungen und -dienste, Verbände der Rehabilitationsträger sowie – als Einzelpersonen – Experten aus vielen Arbeitsbereichen des Gesundheits- und Sozialwesens und der Forschung. (Vgl. Deutsche Vereinigung für Rehabilitation [DVfR], 2015: 2)

5.2.5.2
Bundesarbeitsgemeinschaft für Rehabilitation e.V.

Die Bundesarbeitsgemeinschaft für Rehabilitation e.V. (BAR) übernimmt satzungsgemäß die ihr im SGB IX zugedachten Aufgaben.

Ziele und Aufgaben der BAR
Satzungsgemäß ist es primäres Ziel und Anliegen der BAR, darauf hinzuwirken, dass die Leistungen der Rehabilitation nach gleichen Grundsätzen zum Wohle der behinderten und chronisch kranken Menschen durchgeführt werden. Die BAR gewährleistet bei enger Kooperation und Koordination der beteiligten Leistungsträger mit einem interdisziplinären Ansatz im Zusammenspiel mit Fachdisziplinen, Berufsgruppen und Betroffenen eine lückenlose und zielgenaue Rehabilitation

Mitglieder und Aufgabenschwerpunkte im Bereich der medizinischen Rehabilitation
Entsprechend § 20 Abs. 2a SGB IX definierten die Spitzenverbände der Reha-Träger Vereinbarungen und Anforderungen im Rahmen der BAR an internes Qualitätsmanagement und an einheitliches unabhängiges Zertifizierungsverfahren:

- Bearbeitung von Grundsatzfragen der medizinischen Rehabilitation
- Steuerungs- und Berichtsaufgaben in Zusammenhang mit Empfehlungen zur Zusammenarbeit der Rehabilitationsträger
- Erarbeitung von (indikationsbezogenen) Rehabilitationskonzepten
- Konzipierung und Erarbeitung von Arbeitshilfen für die Rehabilitationspraxis
- Anregung und Begleitung wissenschaftlicher Untersuchungen
- Zusammenarbeit mit medizinischen Fachverbänden und Gesellschaften
- Bearbeitung von Einzelanfragen
- Unterstützung der Arbeit des BAR-Sachverständigenrates der Ärzteschaft.

Die Mitglieder der BAR:
- die Träger der gesetzlichen Krankenversicherung
- die Träger der gesetzlichen Unfallversicherung
- die Träger der gesetzlichen Rentenversicherung
- Deutsche Rentenversicherung Bund
- Sozialversicherung für Landwirtschaft, Forsten und Gartenbau
- Bundesagentur für Arbeit

Weitere Mitglieder sind:
- die Bundesländer
- Bundesvereinigung der Deutschen Arbeitgeberverbände
- Deutscher Gewerkschaftsbund
- Bundesarbeitsgemeinschaft der Integrationsämter und Hauptfürsorgestellen
- Bundesarbeitsgemeinschaft der überörtlichen Träger der Sozialhilfe
- Kassenärztliche Bundesvereinigung. (Vgl. Bundesarbeitsgemeinschaft für Rehabilitation, 2015)

5.2.5.3
Deutsche Gesellschaft für Medizinische Rehabilitation e. V.

Die medizinische Rehabilitation als integraler Bestandteil der Gesundheitssicherung in der Bundesrepublik Deutschland steht, wie die Rehabilitation insgesamt, im Wettbewerb mit zahlreichen anderen Leistungserbringern, deren Interessen von etablierten und starken Verbänden wahrgenommen werden. Die beschränkten Finanzmittel der Sozialversicherungssysteme werden den Wettbewerb auf dem Gesundheitsmarkt weiter verschärfen. Die medizinische sowie die damit verbundene berufliche und soziale Rehabilitation benötigen deshalb einen auf die speziellen Ziele, Aufgaben und Interessen der Qualitäts-Rehabilitation ausgerichteten, schlagkräftigen Verband, in dem die Leistungserbringer der Qualitäts-Rehabilitation zusammengeschlossen sind und der mit den übrigen Beteiligten der Rehabilitation eng zusammenarbeitet.

Dieser Verband – die Deutsche Gesellschaft für Medizinische Rehabilitation e. V. (DEGEMED) – will auf der Bundesebene für die Vertretung der Interessen der Rehabilitation und zur Stärkung der Leistungsfähigkeit seiner Mitglieder eine neue Grundlage bieten. Der Verband strebt im Interesse der Qualitäts-Rehabilitation eine möglichst weitgehende Repräsentation aller Leistungserbringer (privat, gemeinnützig oder öffentlich-rechtlich) an. Nur sie gewährleistet in einer pluralistischen Gesellschaft das erforderliche Gewicht, sich im politischen Willensbildungsprozess des demokratischen Staates Gehör und Geltung zu verschaffen.

Den Auftrag der Präambel verfolgt der Verband gegenüber den verschiedenen Beteiligten und die unterschiedlichen Belange, insbesondere der Medizinischen Rehabilitation mit folgenden Zielsetzungen:

1. Erhalt und Weiterentwicklung der eigenständigen, qualifizierten Medizinischen Rehabilitation als integraler Bestandteil des Systems der Gesundheitssicherung in der Bundesrepublik Deutschland
2. verbessertes Zusammenwirken von Einrichtungen der medizinischen und beruflichen Rehabilitation im Rehabilitationsprozess, Berücksichtigung der Leistungen zur Teilhabe am Leben in der Gemeinschaft
3. Gleichwertigkeit von rehabilitativer und kurativer Medizin, Trennung zwischen Rehabilitation und Kuren
4. Gewährleistung der Qualität der Medizinischen Rehabilitation, Förderung der Qualitätssicherung durch Qualitätssicherungssysteme, verbunden mit einer Zertifizierung der Einrichtungen
5. Stärkung der Stellung der Qualitäts-Rehabilitation und der Leistungsfähigkeit der Mitgliedsunternehmen
6. Gleichberechtigung der Leistungserbringer in der medizinischen Rehabilitation mit den übrigen Leistungserbringern der Gesundheitssicherung
7. Geltung des Partnerschaftsmodells zwischen Leistungserbringern und Leistungsträgern, in Konfliktfällen Entscheidung durch Schiedsstellen
8. Anwendung marktwirtschaftlicher Prinzipien im Gesundheitswesen mit offenem Wettbewerb unter den Leistungserbringern und der notwendigen Gestaltungsfreiheit für die Unternehmen
9. Leistungsgerechte, erfolgs- und qualitätsorientierte Vergütung der Leistungen der Rehabilitation
10. gegenseitige Unterstützung der Mitglieder und ihrer Einrichtungen untereinander und durch den Verband
11. Stärkung des Selbstbestimmungsrechts der Patienten

12. Rechtsansprüche der Versicherten auf die notwendigen Leistungen der Rehabilitation
13. Durchsetzen der Grundsätze „Rehabilitation vor Rente" und „Rehabilitation vor Pflege", Gewährleisten eines nahtlosen und zügigen Rehabilitationsverfahrens; neben den Anschluss-Heilmaßnahmen (AHB- und AR-Verfahren): Stärkung der allgemeinen Heilverfahren bei allen Leistungsträgern, insbesondere wegen deren Bedeutung für chronisch Kranke
14. Erhalt des historisch gewachsenen und bewährten gegliederten Systems der Rehabilitation mit der Integration von spezifischen Aufgaben der Rehabilitation in die Zuständigkeit und Verantwortung der einzelnen Sozialleistungsträger; eine angemessene und bedarfsgerechte Finanzausstattung der Leistungsträger für die Aufgaben der Rehabilitation
15. Zugehörigkeit der Medizinischen Rehabilitation zu den Kernleistungen der Gesetzlichen Renten-, Kranken-, Pflege- und Unfallversicherung sowie anderer Reha-Träger
16. Vereinfachung des Rechts der Rehabilitation, Entbürokratisierung des Reha-Verfahrens
17. stärkere Einschaltung der niedergelassenen Ärzte, insbesondere der Hausärzte, in die Vorbereitung, Auswahl und Einleitung medizinischer Rehabilitationsmaßnahmen; Unterrichtung der niedergelassenen Ärzte über die durchgeführten Maßnahmen und ihre Einbeziehung in die nachgehende Betreuung
18. Förderung einer verbesserten rehabilitationsspezifischen Aus-, Fort- und Weiterbildung der Ärzte und aller anderen Fachkräfte der Rehabilitation.

Wichtiges Instrument ist ein eigenes Zertifizierungsverfahren auf Basis der DIN EN ISO 9001. (Vgl. Deutsche Gesellschaft für Medizinische Rehabilitation, 2015)

5.2.5.4
Bundesverband Deutscher Privatkliniken e.V.

Der Bundesverband Deutscher Privatkliniken e.V. (BDPK), Berlin, und seine 13 Landesverbände vertreten auf der Bundes- und Landesebene die rechtlichen und politischen Interessen ihrer Mitglieder. Der Verband ist bei Gesetzgebungsverfahren anhörungsberechtigt und gleichzeitig auf der Ebene der Selbstverwaltung maßgebliche Spitzenorganisation im Sinne der sozialgesetzlichen Regelungen.

Der BDPK und seine Landesverbände vertreten ihre Mitglieder in allgemeinen wirtschaftlichen und sozialen Interessen nach außen. Sie unterstützen ihre Mitgliedsunternehmen in Sach- und Rechtsfragen, bieten Hilfen in betriebswirtschaftlichen Fragen und informieren über politische und rechtliche Entwicklungen. Bundesverband und Landesverbände sind Tarifpartner auf Bundes- bzw. Landesebene.

Die demographische Entwicklung der Bevölkerung in der Bundesrepublik Deutschland ist geprägt von einer zunehmenden Anzahl älterer Menschen und einer gleichzeitigen Verschiebung der epidemiologischen Ausgangssituation von akuten hin zu chronischen und lebenslang zu versorgenden Erkrankungen. Dies stellt die Finanzierung des bundesdeutschen Gesundheitssystems vor schwerwiegende Probleme. Nach Ansicht vieler Experten ist ein weiterer Anstieg der Aufwendungen für die gesundheitliche Versorgung der bundesdeutschen Bevölkerung wirtschafts- und arbeitsmarktpolitisch nicht mehr zu vertreten.

Eine finanzierbare Gesundheitsversorgung auf qualitativ höchstem Niveau ist trotz der oben beschriebenen Probleme die Zielsetzung der im BDPK organisierten Akut-, Rehabilitations- und Vorsorgekliniken in privater Trägerschaft. Sie kann nur sichergestellt bleiben, wenn die Effizienz der gesamten medizinischen Versorgung deutlich gesteigert wird.

Neben der Gestaltung rationaler Organisationsstrukturen des gesamten Versorgungssystems bedarf es hierfür auch effizienter Organisationsstrukturen bei den einzelnen Leistungserbringern. Eine konsequente wettbewerbliche Orientierung der Anbieter ist – wie in anderen

Bereichen des Wirtschaftslebens auch – die Triebfeder für eine permanente Verbesserung der Behandlungsergebnisse unter Beachtung des hierfür nötigen Ressourceneinsatzes.

Diese Überzeugung ist seit jeher Maßstab für das tägliche Handeln in Akut-, Rehabilitations- und Vorsorgekliniken in privater Trägerschaft. Gerade im Bereich der öffentlichen Kliniken ist diese Grundeinstellung häufig noch fremd. Deshalb werden die privaten Klinikbetreiber manchmal argwöhnisch und kritisch, aber insgeheim auch mit Respekt beobachtet.

Der BDPK fordert von der Politik die Schaffung rechtlicher Rahmenbedingungen, die eine wettbewerbliche Ausrichtung der Leistungserbringung im Gesundheitswesen mit einem eindeutigen Fokus auf die Qualität der Behandlungsergebnisse sicherstellt.

Für die öffentliche Hand wird es zukünftig immer schwieriger werden, die notwendigen Ausgaben, insbesondere Investitionen für Innovationen im Gesundheitswesen, zu finanzieren. Daher ist es nicht nur erforderlich, die medizinisch notwendigen Leistungen wirtschaftlich zu erbringen, sondern gleichzeitig auch auf privates Kapital zurückzugreifen. (Vgl. Bundesverband Deutscher Privatkliniken, 2015: 1/1)

5.2.5.5
Baden-Württembergische Krankenhausgesellschaft e.V.

Die Baden-Württembergische Krankenhausgesellschaft e.V. (BWKG) ist ein Zusammenschluss von 422 Trägern mit ihren Einrichtungen. Sie verfügen über insgesamt 107709 Betten sowie ambulante Behandlungskapazitäten.

Nach der Gründung des Landes Baden-Württemberg haben sich am 11.02.1953 auch die damals im neuen Land bestehenden vier Krankenhausverbände und -arbeitsgemeinschaften zusammengeschlossen, um die Interessen der Krankenhäuser gemeinsam zu vertreten. Ursprünglich als reiner Krankenhausverband gegründet, ist die BWKG mittlerweile der Verband der Krankenhäuser, Rehabilitations- und Pflegeeinrichtungen im Land. Nach der Öffnung für Rehabilitationseinrichtungen im Jahr 1994 und für Pflegeeinrichtungen im Jahr 1996 vertritt die BWKG seit 2011 auch die Interessen der ambulanten Rehabilitations- und Pflegeeinrichtungen. Durch die bereichsübergreifende Ausrichtung verfügt die BWKG über vielfältige Erfahrungen und Kontakte, von denen alle Bereiche profitieren können.

Die BWKG steht Krankenhäusern, Rehabilitations- und Pflegeeinrichtungen sowie ambulanten Diensten und Behinderteneinrichtungen unabhängig von deren Rechtsform und Trägerstruktur offen. Die Mitgliedschaft ist freiwillig.

Zu den Mitgliedern gehören 220 Krankenhäuser, 450 Pflegeeinrichtungen, davon 53 ambulante Pflegedienste und 28 Einrichtungen der Behindertenhilfe sowie 119 Vorsorge- und Rehabilitationseinrichtungen (Stand: 2013).

Die vorrangige Aufgabe der BWKG ist es, die Interessen ihrer Mitglieder gegenüber dem Staat, den Krankenkassen und der Öffentlichkeit zu vertreten. Dabei reicht das Leistungsspektrum von der Erfüllung hoheitlicher Aufgaben über die Beratung der Mitglieder bis zur Bearbeitung grundsätzlicher Fragen des Gesundheitswesens. (Vgl. Baden-Württembergische Krankenhausgesellschaft, 2015: 1/1)

5.2.6
Qualitätsmanagement

5.2.6.1
Reha-Qualitätssicherung der Deutschen Rentenversicherung

Die Reha-Qualitätssicherung (QS) der Deutschen Rentenversicherung (RV) basiert auf einer gesetzlichen Grundlage (§ 20 SGB IX). Mit über einer Million durchgeführter medizinischer und beruflicher Maßnahmen ist die RV der größte Reha-Träger in Deutschland. Sie trägt damit besondere Verantwortung für diesen Versorgungsbereich. Um die Durchführung bedarfsgerechter, qualitativ hochwertiger, aber auch wirtschaftlich sinnvoller Leistungen zur Rehabilitation sicherzustellen, begann die Deutsche Rentenversicherung 1994 mit der Entwicklung eines Systems zur Qualitätssicherung zunächst für die stationäre medizinische Rehabilitation.

Im Rahmen der Reha-Qualitätssicherung werden vergleichende Analysen zur Struktur-, Prozess- und Ergebnisqualität vorgenommen. Grundlage sind Datenerhebungen, -auswertungen und -analysen mit wissenschaftlich erprobten Instrumenten und Verfahren. Regelmäßig werden die Strukturdaten der Reha-Einrichtungen erhoben, Rehabilitandenbefragungen zur Behandlungszufriedenheit und Bewertung der Ergebnisqualität sowie Einzelfallbegutachtungen zur Analyse der Prozessqualität (Peer Review) durchgeführt. Ergänzt wird das QS-Instrumentarium durch zusätzliche Informationen zu den therapeutischen Leistungen der Reha-Einrichtungen, zusammengestellt in der Klassifikation Therapeutischer Leistungen (KTL), zur Rehabilitandenstruktur und zum sozialmedizinischen Verlauf nach einer Rehabilitation. Ferner wird im Rahmen der QS-Berichterstattung überprüft, ob die Rehabilitanden eine leitliniengerechte, evidenzbasierte Behandlung gemäß Reha-Therapiestandards erfahren haben. Den Reha-Einrichtungen und den Rentenversicherungsträgern werden die Ergebnisse regelmäßig in Form von Berichten zur Reha-Qualitätssicherung zurückgemeldet.

Nach mehrjähriger Erfahrung mit den QS-Verfahren in der stationären medizinischen Rehabilitation von erwachsenen Rehabilitanden wurden Fort- und Weiterentwicklungen sowie Erweiterungen des QS-Instrumentariums vorgenommen: Eine wichtige Perspektive im Rahmen der Weiterentwicklung der Qualitätssicherung in der medizinischen Rehabilitation lag insbesondere in der Zusammenarbeit aller Rehabilitationsträger. Dazu hat der Ausschuss „Gemeinsame Empfehlungen" der Bundesarbeitsgemeinschaft für Rehabilitation (BAR) eine Gemeinsame Empfehlung „Qualitätssicherung" erarbeitet. Die vereinbarte Zusammenarbeit wurde in Gemeinschaftsprojekten zur Qualitätssicherung der ambulanten Rehabilitation und zur Qualitätssicherung der Rehabilitation von Kindern und Jugendlichen bereits konkret umgesetzt.

Seit 2003 werden ferner große Anstrengungen unternommen, die Reha-Qualitätssicherung auf den Bereich der beruflichen Rehabilitation bei Leistungen zur Teilhabe am Arbeitsleben auszudehnen. (Vgl. Deutsche Rentenversicherung, 2015: 1/1)

Strukturqualität

Von der Deutschen Rentenversicherung ist ein Anforderungskatalog zur Strukturqualität von Reha-Einrichtungen veröffentlicht, in welchem äußerst detailliert die Bedingungen geschildert werden, unter denen eine anerkannte Rehabilitation durchgeführt werden soll. Die Strukturqualität ist neben der Prozess- und Ergebnisqualität ein Aspekt, um Erkenntnisse über die Leistungsfähigkeit einer Rehabilitationseinrichtung zu gewinnen. Strukturqualität ist dabei gekennzeichnet durch bauliche, technische und personelle Rahmenbedingungen. Solche Daten lassen sich erfragen und überprüfen. Sie liefern Anhaltspunkte für eine erste und vergleichende Einschätzung von Einrichtungen, bilden die Grundlage für weiterführende Qualitätsvergleiche und sind ein wesentlicher Ansatzpunkt für marktorientierte Preisverhandlungen. Es ist Aufgabe des federführenden Rentenversicherungsträgers, die erhobenen Ausstattungs- und Personaldaten mit Visitationen zu überprüfen. (Vgl. Reimann/Seiter, 2010: 6)

Patientenbefragung

Die Rentenversicherung ist seit dem Beginn der Reha-Qualitätssicherung bemüht, auch die Sicht des Rehabilitanden systematisch in die Qualitätssicherung einzubeziehen. Sie führt deshalb schon seit vielen Jahren regelmäßige Rehabilitandenbefragungen durch. Damit wird die subjektive Zufriedenheit mit dem Leistungsangebot erfasst und der Erfolg der Rehabilitation aus Patientensicht ermittelt. Es ist bekannt, dass die subjektive Einschätzung des Gesundheitszustands und der Leistungsfähigkeit ein entscheidender Faktor der Motivation und der Prognose hinsichtlich der weiteren Erwerbstätigkeit nach einer Rehabilitation ist. Die Rehabilitandenbefragung der Rentenversicherung ist eine kontinuierliche monatliche Stichprobenerhebung. Für die somatischen Indikationen und den Bereich Psychosomatik/Abhängigkeitserkrankungen werden unterschiedliche Erhebungsinstrumente eingesetzt. Monatlich werden jeweils ca. 20 Patienten einer Reha-Einrichtung zufällig ausgewählt, 8–12 Wochen nach der Entlassung angeschrieben und zu ihrer Einschätzung der Rehabilitation und des Reha-Ergebnisses befragt. Pro Jahr werden ca. 135 000 Bögen verschickt.

Die Ergebnisse der Rehabilitandenbefragung werden halbjährlich im Rahmen des einrichtungsvergleichenden Informationssystems zur Reha-Qualitätssicherung an die RV-Träger und die Reha-Einrichtungen zurückgemeldet. Die Berichte fassen die Patientenurteile einer Einrichtung zusammen und vergleichen sie mit Ergebnissen einer Gruppe vergleichbarer Rehabilitationseinrichtungen. Damit hat die einzelne Einrichtung die Möglichkeit, Stärken auszubauen sowie Schwachstellen zu erkennen und mögliche Defizite zu beseitigen. (Vgl. Deutsche Rentenversicherung, 2015: 1/1)

Peer-Review-Verfahren – Experten bewerten den Reha-Prozess

Mit dem Peer-Review-Verfahren wird die Qualität des Reha-Prozesses erfasst. Dazu werden von erfahrenen Reha-Medizinern des jeweiligen Fachgebietes (Peers) zufällig ausgewählte anonymisierte ärztliche Entlassungsberichte sowie die Therapiepläne der Rehabilitanden begutachtet. Die Bewertung basiert auf einer indikationsspezifischen Checkliste qualitätsrelevanter Merkmale der Rehabilitation und einem Handbuch. Um eine einheitliche Begutachtung zu gewährleisten, werden die Peers in mehrtägigen Schulungen auf ihre gutachterliche Tätigkeit vorbereitet. Bewertet werden zum Beispiel die Regelhaftigkeit der Behandlung, die fallgerechte Festlegung und Vermittlung von Behandlungszielen oder die Plausibilität sozialmedizinischer Schlussfolgerungen. Dabei werden Bewertungen aller Bereiche der Rehabilitation (Anamnese, Diagnostik, Therapieziele und Therapie, klinische Epikrise, sozialmedizinische Epikrise und Nachsorgemaßnahmen) sowie eine zusammenfassende Bewertung des gesamten Reha-Prozesses vorgenommen.

Das Peer-Review-Verfahren wird in ca. zweijährigen Intervallen durchgeführt. Aus jeder Reha-Einrichtung werden ca. 20 Entlassungsberichte von einem Gutachter einer anderen Einrichtung bewertet. In das Peer-Review-Verfahren für somatische Indikationen gehen ca. 10 000 Reha-Entlassungsberichte ein, die aus rund 560 Reha-Einrichtungen ausgewählt werden. Im Bereich der psychischen Erkrankungen umfasst die Datengrundlage ca. 1800 Berichte aus 99 Einrichtungen. Im Versorgungssegment der Abhängigkeitserkrankungen werden rund 3900 Berichte aus ca. 238 Einrichtungen begutachtet.

Das Peer Review hat sich als praktikabel erwiesen, bei der großen Zahl von Reha-Einrichtungen qualitative Unterschiede zwischen den Einrichtungen und Schwachstellen in den Prozessverläufen darzustellen. Im Rahmen einer vergleichenden Berichterstattung werden Anreize geschaffen, die betreffenden Reha-Prozesse zu verbessern. Beispielsweise konnte für somatisch orientierte Reha-Einrichtungen gezeigt werden, dass in vielen Einrichtungen nach wie vor eine unzureichende Anleitung des Rehabilitanden zur Krankheitsverarbeitung und keine ausreichende Berücksichtigung seines Leistungsvermögens im Arbeitsleben stattfindet. In zwei- bis dreijährigen Intervallen werden in den somatischen Indikationsgebieten ca. 562 Einrichtungen und im Bereich der psychischen und Abhängigkeitserkrankungen 99 bzw. 238 Einrichtungen regelmäßig untersucht. (Vgl. Deutsche Rentenversicherung, 2015: 1/1)

Klassifikation therapeutischer Leistungen

Die Klassifikation therapeutischer Leistungen (KTL) für die medizinische Rehabilitation wird seit 1997 in der Routine der Reha-Qualitätssicherung der Rentenversicherung eingesetzt, um das therapeutische Leistungsspektrum der Reha-Einrichtungen zu dokumentieren, zu bewerten und auch unter inhaltlichen Gesichtspunkten zu analysieren. Die KTL gilt sowohl für die stationäre wie auch für die ambulante medizinische Rehabilitation von Erwachsenen, Jugendlichen und Kindern. Die routinemäßig erhobenen und ausgewerteten KTL-Daten werden jährlich an die Reha-Einrichtungen und die Rentenversicherungsträger zurückgemeldet.

Eine zunehmende Bedeutung gewinnt die KTL auch bei der Entwicklung und Einführung von Reha-Therapiestandards (Reha-Leitlinien) für die medizinische Rehabilitation. Anhand der dokumentierten therapeutischen Leistungen wird ermittelt, ob eine leitliniengerechte Behandlung gemäß Reha-Therapiestandards stattgefunden hat. (Vgl. Deutsche Rentenversicherung, 2015: 1/1)

Reha-Therapiestandards der Deutschen Rentenversicherung

Die Deutsche Rentenversicherung hat die Bedeutung von evidenzbasierten Therapievorgaben in der Versorgung chronisch Kranker frühzeitig erkannt. Im Rahmen ihres Leitlinienprogramms fördert sie seit 1998 Forschungsprojekte zur Erstellung von Reha-Therapiestandards (früher Reha-Leitlinien). (Vgl. Deutsche Rentenversicherung, 2015g: 1/1)

Im Folgenden finden sich für die jeweiligen Indikationen die aktuellen Versionen der Reha-Therapiestandards, Leitlinienreports und Musterberichte:

- Reha-Therapiestandards Alkoholabhängigkeit
- Reha-Therapiestandards Brustkrebs
- Reha-Therapiestandards Chronischer Rückenschmerz
- Reha-Therapiestandards Depressive Störungen
- Reha-Therapiestandards Diabetes mellitus Typ 2
- Reha-Therapiestandards Hüft- und Knie-TEP
- Reha-Therapiestandards Kinder und Jugendliche
- Reha-Therapiestandards Koronare Herzkrankheit
- Reha-Therapiestandards Schlaganfall – Phase D. (Vgl. Deutsche Rentenversicherung, 2015: 1/1)

Rehabilitandenstruktur

Der Bericht zur Rehabilitandenstruktur stellt für die Reha-Träger und die Reha-Einrichtungen wichtige Zusatzinformationen bereit, mit denen die erzielten Qualitätsergebnisse besser einzuschätzen sind. Er gibt Informationen zu soziodemografischen (z. B. Alter, Bildungsniveau oder Erwerbsstatus) sowie krankheitsbezogenen (z. B. Diagnosen, Leistungsfähigkeit oder Nachsorgeempfehlungen) Merkmalen. (Vgl. Deutsche Rentenversicherung, 2015i: 1/1)

Ergebnisqualität in der Rehabilitation

Der „Nachweis von Nutzen und Wirksamkeit" in der Rehabilitation spielt im Bereich Forschung eine wesentliche Rolle, denn in den Jahren 1996 und 1997 kam es auf Grund gesetzlicher Änderungen zu einem Einbruch der Nachfrage nach Rehabilitationsleistungen. Spätestens seit diesem Zeitpunkt ist allen in der Rehabilitation Aktiven klar, dass es unabdingbar ist, Nutzen und Wirksamkeit der Rehabilitation nachzuweisen. Dieses ist allerdings auch auf Grund von ethischen Gesichtspunkten nicht so einfach, denn bei gleichem Krankheitsbild würde dem einen Patienten eine Leistung gewährt, einem anderen bei gleichem Anspruch verwehrt. Dennoch gibt es positive Ergebnisse in allen Indikationsgruppen.

Ergebnisqualität bildet das Resultat der Reha-Maßnahme ab. Will man den Erfolg einer Reha-Maßnahme ermitteln, muss man Wirkungen signifikant nachweisen und die Wirkungen der Reha-Maßnahme sicher zuordnen können. Im Blickpunkt der in Zusammenhang mit der Ergebnisqualität diskutierten Methoden und Inhalte steht die Identifikation von geeigneten Qualitätsindikatoren und Variablen zur Risikoadjustierung der Rehabilitandenstruktur. Ziel ist es, den Nutzen der Reha-Behandlung vor dem Hintergrund der Bedürfnisse des Rehabilitanden optimal messbar zu machen. Die Deutsche Rentenversicherung Bund hat Ende August 2009 eine Publikation zur „Ergebnisqualität in der medizinischen Rehabilitation der Rentenversicherung" herausgegeben. (Vgl. Deutsche Rentenversicherung, 2015: 1/1)

Weitere Aktivitäten zur Qualitätssicherung

Nachfolgend werden weitere Aktivitäten der Rentenversicherung zu speziellen Themen beschrieben, auf die im Folgenden noch teilweise intensiv eingegangen wird:

- Qualitätssicherung der medizinischen Rehabilitation von Kindern und Jugendlichen
- Qualitätssicherung der ambulanten Rehabilitation
- Visitationen als Qualitätssicherung „vor Ort"
- ergänzende QS-Berichte
- einrichtungsinternes Qualitätsmanagement (QM)

- Ergebnisqualität der medizinischen Rehabilitation. (Vgl. Deutsche Rentenversicherung, 2015)

Qualitätssicherung von Leistungen zur Teilhabe am Arbeitsleben (LTA).
Hierzu gehören:
- Teilnehmerbefragung nach beruflichen Bildungsleistungen
- Abschluss (Ergebnis) der beruflichen Bildungsleistungen
- sozialmedizinischer Status nach beruflichen Bildungsleistungen
- Projekt „Leistungsklassifikation in der beruflichen Rehabilitation (LBR)".

Die Rehabilitation hat für die Rentenversicherung aufgrund ihrer Zielstellung von Anfang an einen hohen Stellenwert gehabt. Dies gilt insbesondere auch für die berufliche Rehabilitation, die Leistungen zur Teilhabe am Arbeitsleben (LTA). Das ist an einem langjährigen Engagement der Rentenversicherung in diesem Bereich erkennbar. So wurden beispielsweise im Rahmen der Reha-Kommission Berufsförderung bereits 1997 Empfehlungen zur Weiterentwicklung der beruflichen Rehabilitation in der gesetzlichen Rentenversicherung erarbeitet. Seit 2004 liegt das Rahmenkonzept der Rentenversicherung zur „Qualitätssicherung bei Leistungen zur Teilhabe am Arbeitsleben" vor.

5.2.6.2
Qualitätssicherungsverfahren der Krankenversicherung

Vor dem Hintergrund der gesetzlichen Anforderungen wird seit dem Jahre 2000 ein einrichtungsübergreifendes und vergleichendes Qualitätssicherungsverfahren für Einrichtungen der medizinischen Vorsorge und Rehabilitation entwickelt und implementiert, das QS-Reha®-Verfahren. Träger des Verfahrens ist der GKV-Spitzenverband, Berlin.

Weil bereits sehr intensiv auf das QS-Verfahren der gesetzlichen Rentenversicherung eingegangen wurde, wird auf die differenzierte Darstellung des Verfahrens der Krankenversicherung verzichtet, zumal sich beide Verfahren inhaltlich teilweise gleichen.

Da die großen Sozialversicherungsbereiche unterschiedliche QS-Verfahren entwickelt haben, wurde in einer gemeinsamen Vereinbarung festgelegt, dass die Qualitätsergebnisse aus den jeweiligen QS-Verfahren gegenseitig anerkannt werden. Damit sind Einrichtungen einerseits verpflichtet, an dem QS-Verfahren des Reha-Trägers teilzunehmen, der den größten Belegungsanteil in der Einrichtung stellt (Hauptbeleger), andererseits wird damit vermieden, dass sie an mehreren QS-Verfahren teilnehmen müssen. Jede Fachabteilung bzw. stationäre Rehabilitationseinrichtung muss nur an einem Verfahren teilnehmen. (Vgl. GKV-Spitzenverband, 2015).

5.2.6.3
Einrichtungsinternes Qualitätsmanagement

Neben den QS-Systemen der Sozialleistungsträger ist ein einrichtungsinternes System entsprechend SGB IX aufzubauen. Hier bieten sich unterschiedliche Systeme an. Abbildung 5.2.6-1 zeigt die zurzeit gebräuchlichsten QM-Verfahren.

Die DEGEMED, die das Zertifizierungsverfahren entwickelt hat, setzt Gesellschaften ein, welche die Umsetzung des Einsatzes des **Verfahrens nach DEGEMED®** kontrollieren:
- *EQ ZERT*, Europäisches Institut zur Zertifizierung von Managementsystemen und Personal. Das EQ ZERT gehört zur weltweit agierenden Steinbeis-Stiftung für Wirt-

Abbildung 5.2.6-1: Verfahren des internen Qualitätsmanagements (Quelle: DEGEMED e.V., 2012)

schaftsförderung. Es ist als Zertifizierungsstelle für Qualitätsmanagementsysteme im Gesundheits- und Sozialwesen unter anderem durch DQE, BVG, KTK und DEGEMED anerkannt.
- *DIOcert GmbH*, spezialisiert auf Zertifizierungen im Gesundheitswesen, ist europaweit tätig und ein Unternehmen der B. Braun Melsungen AG.
- *LGA InterCert GmbH*, ein Unternehmen des TÜV Rheinland. Unternehmensgruppe mit Standort in Nürnberg. Als eine der ältesten deutschen Zertifizierungsgesellschaften mit in- und ausländischen Aktivitäten verfügt sie über ein breites Spektrum von Zertifizierungs- und damit zusammenhängenden Dienstleistungen. (Vgl. Lawall, 2012)

Die Einführung des internen Qualitätsmanagements ist äußerst zeitintensiv. Da etwa gut die Hälfte der Rehabilitationskliniken bereits zertifiziert ist, wird an dieser Stelle auf eine Darstellung des Einführungsverfahrens verzichtet.

5.2.7
Monetäre Aspekte

Die Finanzierung der Reha-Einrichtungen erfolgt „monistisch", im Unterschied zur sogenannten dualistischen Finanzierung von Akutkliniken ausschließlich über die Vergütung der Reha-Maßnahmen. Sie geschieht in der Regel über indikationsspezifische Tages- oder Fallpauschalen, gelegentlich über Komplexpauschalen im Rahmen reha-übergreifender Angebote. Die Anpassung der Vergütung für Reha-Leistungen der GKV orientiert sich derzeit an der sogenannten Grundlohnrate, die Vergütungsanpassung anderer Reha-Träger an trägerspezifischen Vorgaben. Die Ausgaben der DRV sind mit der Einführung des Wachstums- und Beschäftigungsförderungsgesetzes (1996) im Rahmen festgelegter Budgets gedeckelt worden. In den vergangenen Jahren stiegen die Kosten der Reha-Einrichtungen stärker als die Vergütung je Tag bzw. je Fall. (Vgl. Augurzky et al., 2011: 8)

5.2.7.1
Kosten

Wenn sich ein Unternehmen in die Behandlungskette integrieren will, muss es unter Beachtung seines Angebots ermitteln, welche Bereiche kosten- und leistungsmäßig betrachtet werden sollen. Bei diesem ersten Schritt sind dann erste Bereiche festzulegen. Im Laufe der Erarbeitung wird es sich aber nicht vermeiden lassen, die Bereiche gegeneinander abzugrenzen und daraufhin wiederum die anfangs festgelegten Bereiche ändern zu müssen. Im Folgenden soll dargelegt werden, wie es möglich ist, eine patientenbezogene Kostenträgerrechnung auf Vollkostenbasis zu erreichen. Dies soll anhand einer orthopädisch-rheumatologischen Rehabilitationsklinik mit 200 Betten, die sich schwerpunktmäßig der Anschlussheilbehandlung widmet, erfolgen. Es bieten sich folgende Indikationsgruppen beispielhaft an:
- Hüft-Tep (Anschlussrehabilitation)
- Knie-Tep (Anschlussrehabilitation)
- medizinische Rehabilitation (Heilverfahren).

Wenn man die erforderliche Behandlungsintensität des Patienten abschätzen will, so sind sicherlich der Schweregrad der Erkrankung und die möglichen Zusatzerkrankungen ausschlaggebend. Darüber hinaus spielt die Pflegeintensität eine entscheidende Rolle. Aufgrund der jahrelangen Erfahrungen der Mediziner, der Analyse der Datenbestände und der Leitlinien können klinikinterne, vertrauliche Verfahrensempfehlungen ermittelt werden. Als einer der ersten Schritte ist zu kontrollieren, was von Seiten des Datenverarbeitungssystems bzw. der Datenverarbeitungssysteme an Daten geliefert werden kann. Im Gegensatz zum Akutkrankenhaus ist eine Rehabilitationsklinik wesentlich stärker therapieorientiert. Die Terminplanung erfolgt meist EDV-gestützt. Die einzelnen EDV-Systeme sind modular aufgebaut. Es ist zu analysieren, welche Möglichkeiten das Finanz- bzw. Kostenrechnungssystem bietet, ob zum Beispiel eine Kostenstellenrechnung und, damit verbunden, eine innerbetriebliche Leistungsverrechnung möglich ist. Die Datenverarbeitung ist auf die Bedürfnisse und Ziele, die mit der Kosten- und Leistungsrechnung verfolgt werden, abzustimmen.

Alle Kosten müssen sich in der Kostenstellenrechnung wiederfinden. Nebenkostenstellen sind einzurichten (z. B. die Speiseversorgung der Mitarbeiter und Gäste, Hilfsnebenbetriebe wie Kiosk und Cafeteria oder finanziell unabhängige Forschungsvorhaben). Die Kostenstellen werden mit direkten Buchungen gefüllt. Hierzu gehören die Personalkosten, die Gehälter für Physiotherapeuten usw., Sachkosten – am Beispiel der Abteilung Physikalische Therapie – wie Fango, Öle und die Reparaturen der Geräte. Durch das Verfahren der innerbetrieblichen Leistungsverrechnung werden die Endkostenstellen – dies sind nur diejenigen Kostenstellen, welche direkt am Patienten Leistungen abgeben – dann mit den indirekten Kosten belastet. Die Datenverarbeitung bietet dort verschiedene Verfahren an. Empfehlenswert wäre das Stufenleiterverfahren, weil es durchsichtiger und verständlicher ist als andere Verfahren. Die Umlage der indirekten Kosten kann monatlich erfolgen. Die Verteilerschlüsselsystematik der innerbetrieblichen Leistungsverrechnung kann unterschiedlich erfolgen. So werden zum Beispiel die Kosten für die Bereiche Energie, Grundstücke und Gebäude sowie Reinigung über Quadratmeter umgelegt, die des Personalrats, der Verwaltung, der Medizinischen Leitung nach Anzahl der Mitarbeiter, die der Werkstätten und Transporte nach Leistung bzw. Inanspruchnahme. Die Umlage der Kosten für die Speiseversorgung erfolgt auf der Grundlage der ausgegebenen Essen, die Umlage der Kosten des Schwimmbads nach Nutzung, die Umlage der Kosten der Wäsche nach Gewicht etc.

Die Kostenzuordnung wird am Beispiel der Kosten- bzw. Leistungsstelle „Balneo-physikalische Therapie" dargestellt (Tab. 5.2.7-1).

Darstellung der Übertragung der Kosten auf die Teilprozesse/Leistungen

Um Kosten und Leistungen zusammenführen zu können, sind Kosten- und Leistungsstellen aufeinander abzustimmen. Schwierigkeiten sind dann zu erwarten, wenn in einem Raum mehrere Leistungen, aber auch eine Leistung in verschiedenen Räumen bzw. unterschiedlichen

Tabelle 5.2.7-1: Kostenstelle „Balneo-physikalische Therapie" (Quelle: Eigenerstellung)

Kostenarten	Tsd. Euro
Personalkosten	300,0
Medikamente/Diagnostik	0,4
Laborkosten	0,1
Sonstige Heilbehandlungen	9,8
Wirtschaftsbedarf	0,1
Verwaltungsbedarf	2,0
Instandhaltung und Beschaffung	12,0
Abschreibungen	15,0
Summe direkte Kosten	339,4
Umlagen	
Energie	8,6
Personalrat	1
Grundstücke und Gebäude	25
Reinigung	10
Verwaltung	31
Werkstatt	12
Medizinische Leitung	92
Wäsche	21
Summe Umlagen	200,6
Summe direkte und indirekte Kosten	540,0

Kostenstellen angeboten werden. Bei der Ermittlung der Einzelleistungen bzw. der Teilprozesse finden nur diejenigen Leistungen Berücksichtigung, die direkt am Patienten erbracht werden (z. B. Massage, Einzelkrankengymnastik, Röntgenuntersuchung). Nachdem diese im Unternehmen selbst ermittelt wurden, sind sie in die Logik der entsprechenden Parametersysteme zu bringen, die man zur Abgrenzung der Leistungen untereinander und zur Gewichtung verwenden kann. Es handelt sich um GOÄ, DKG NT und besondere Gewichtungen, wie zum Beispiel Vergütungsvereinbarungen oder die jeweilige Therapiezeit.

Innerhalb eines Leistungsbereichs sollte nur ein Parametersystem herangezogen werden, da sich ansonsten die Relationen bzw. die Gewichtung untereinander verschieben würden. Theoretisch ist es möglich, aber sehr arbeitsintensiv, sein eigenes Verfahren zu entwickeln. In der Krankengymnastik zum Beispiel werden in den Kliniken Leistungen angeboten, die weder durch GOÄ, DKG-NT noch durch Vergütungsvereinbarungen fassbar sind. Dabei werden der Arbeitsvorgang und die Zeit dafür zueinander in Relation gesetzt. Als Basis gilt der Katalog der therapeutischen Leistungen (KTL). Dieser kann als Gewichtungsmaßstab durchaus verwendet werden. Die Zeit ist das Gewichtungsmaß der Leistung.

Beispielhaft wird in Tabelle 5.2.7-2 die Zusammenführung von Kosten und Leistungen auf der Grundlage der Abstimmung von Arbeitsvorgang/Zeit dargestellt.

Wir erarbeiten uns diese Kalkulation am Beispiel der Krankengymnastik auf der Grundlage der Daten eines Jahres. In Spalte 1 wird die Leistungsart dargestellt, in Spalte 2 die Anzahl der erbrachten Leistungen, in Spalte 3 der Gewichtungsfaktor. Der Gewichtungsfaktor ist in diesem Fall die Zeit, wobei die Stunde „rechnerisch" 100 Minuten hat. In Spalte 4 wird die effektive Gruppenauslastung dokumentiert. Diese Information erhalten wir im Wesentlichen aus der Termindisposition.

Wird die gewichtete Stunde mit der effektiven Gruppenauslastung multipliziert, so erhalten wir Spalte 5. Diese gibt Information darüber, wie viele Stunden im Bereich der Krankengymnastik für die jeweilige Leistungsart direkt am Patienten aufgewendet werden. Summiert man diese Zahlen, so kommen wir auf 19 458 Stunden für den Bereich der Krankengymnastik. Wenn wir die 500 000,00 Euro aus dem Bereich der Kostenstelle ins Verhältnis zu den 19 458 Stunden setzen, so ergibt sich ein Stundenwert von 25,70 Euro je Stunde. Aus Spalte 3 erkennen wir, dass zum Beispiel die Einzelgymnastik trocken nur eine halbe Stunde in Anspruch nimmt. Somit sind die 25,70 Euro je Stunde zu halbieren. Dies bedeutet, dass die halbstündige Arbeit des Krankengymnasten mit 12,85 Euro zu bewerten ist.

Auf der Grundlage der tatsächlichen Behandlung oder von Leitlinien wird festgelegt, welche Leistungen der Patient zum Beispiel im

Tabelle 5.2.7-2: Zusammenführung der Kosten und Leistungen am Beispiel des Bereichs Krankengymnastik (Quelle: Eigenerstellung)

1	2	3	4	5	6	7
				Sp. 2 : Sp. 4 × Sp. 3		Spalte 7 : 4
Leistungsart	Anz. der Leistungen	Gew. Stunden	Effektive Gruppenauslastung	Gew. Gesamtstunden	Leistung pro Patient [€]	Leistung pro Mitarbeiter [€]
Einzelgymnastik trocken	32 875,0	0,5	1,00	16 437,5	12,85	12,85
Gruppe „Untere Extremitäten" (4 Pers.)	500,0	0,5	3,52	71,0	3,65	12,85
Wassergruppe „Gymnastik" (10 Pers.)	825,0	0,5	8,33	49,5	1,54	12,85
Aktivschiene	9000,0	0,1	1,00	900,0	2,57	2,57
Bewegungsschiene	20 000,0	0,1	1,00	2000,0	2,57	2,57

Der **Gesamtbetrag** aus der **Kostenstellenrechnung** von **500 000,00 Euro**, dividiert durch ca. **19 458** (**Gesamtstundenzahl** der Spalte 5), ergibt einen **Stundenpreis** von **25,70 €**.

Anschlussrehabilitationsverfahren Knie-TEP (Tab. 5.2.7-3) in Anspruch nehmen müsste oder tatsächlich genommen hat.

Die Anzahl der Leistungen, direkt am Patienten erbracht oder je Patientengruppe innerhalb eines entsprechenden Zeitraums, kann durch Datenanalyse ermittelt werden. Auch Leistungsvorgaben durch Leitlinien können mit Kosten bewertet werden

Bei der Diagnosepauschale ist die übliche diagnostische Behandlung von 100 Patienten mit Knie-TEP zugrunde gelegt worden. Dies bedeu-

Tabelle 5.2.7-3: Anschlussrehabilitationsverfahren Knie-TEP (Quelle: Eigenerstellung)

Therapie				
Therapiearten	KTL-Code	Menge je Patient	Preis je tatsächliche Leistung	Preis je Patient [€]
Aktivschiene	L 21	6,00	2	12,00
Bewegungsschiene	B 05	12,00	2	24,00
KG Einzel	B 44	13,00	12,5	162,50
Ergometer-Gruppe	L 22	6,00	3	18,00
Gruppe TEP	B 13	9,00	4	36,00
Gruppe Wasser TEP	B 75	8,00	1,5	12,00
Klassische Massage	F 01	5,00	9	45,00
Mass. man. Lymphdrän.	F 24	7,00	20	140,00
Fango	C 36	5,00	5	25,00
Interferenzstrom	D 21	3,00	7	21,00
Ergo Knie-TEP-Gruppe	G 65	1,00	9	9,00
Ergo Einzeltherapie	G 13	6,00	20	120,00
				Euro 624,50
Diagnose Pauschale		100,00 €		100,00
Stationäre Versorgung				
Pflege	22 Pflegetage	20,00 €		440,00
Ärztl. Versorgung				150,00
Hotel				
Unterbringung	22 Pflegetage	18,00 €		396,00
Verpflegung	22 Pflegetage	15,00 €		330,00
Hotelkostensatz		€		
Gesamtbetrag:				1976,50

tet zum Beispiel, dass üblicherweise bei 100 Patienten zu Anfang der Reha-Maßnahme 100 Mal das kleine Blutbild überprüft und bei der Hälfte dieser Patienten noch eine weitere Überprüfung durchgeführt wird. Im Bereich der stationären Versorgung werden die geleisteten Pflegetage den angefallenen Kosten je Station gegenübergestellt. Sowohl durch den Schweregrad der Erkrankung der Patienten als auch durch die Zimmerzahl der Stationen könnten weitere Differenzierungen des Pflegebereichs nötig sein.

Die Zusammenführung der Kosten und Leistung in der ärztlichen Versorgung erfolgt in der Abstimmung Arbeitsvorgang/Zeit zu den ausgewiesenen Informationen aus dem Kostenstellensystem.

Im Hotel- bzw. Verpflegungsbereich stellt sich die Zusammenführung derart dar, dass den Kosten der Unterbringung und der Verpflegungskostenstellen die geleisteten Pflegetage zugrunde gelegt werden. Eventuell ist hier auch eine Berücksichtigung ganztägig ambulanter Patienten oder auch spezieller Leistungen nötig. In diesem Zusammenhang ist darauf hinzuweisen, dass, insbesondere im Hinblick auf eine klare, verständliche Darstellung, ein Zahlenmodell entwickelt wurde, welches in dieser oder ähnlicher Form in einer Rehabilitationsklinik aufgebaut werden kann.

5.2.7.2
Alternative Finanzierungsformen

Der Sachverständigenrat beschäftigte sich im Jahre 2014 intensiv mit den Stärken, Schwächen und Zukunftsaussichten der Rehabilitation. Wesentliche Punkte werden im Folgenden dargelegt.

Aktuell werden Rehabilitationsleistungen über einrichtungsspezifische, vollpauschalierte Tagessätze (überwiegend im Bereich der Rentenversicherung) oder Fallpauschalen (eher im Bereich der Krankenversicherung) vergütet. Diese differenzieren in aller Regel nur nach der behandelnden Abteilung und damit lediglich sehr grob indikationsspezifisch oder nach Fallschwere. Das Vergütungssystem in der medizinischen Reha ist damit weit weniger differenziert als das DRG-System im Akutbereich. Im Sinne einer monistischen Finanzierung decken diese Pauschalvergütungen dabei alle Betriebs- und Investitionskosten ab. Über die Höhe der Vergütungen liegen kaum repräsentative Daten vor. Analysen zeigen jedoch, dass die Vergütungssteigerungen zumindest in den vergangenen Jahren unterhalb der Wachstumsraten der Inputpreise lagen, sodass der wirtschaftliche Druck auf die Leistungserbringer zugenommen hat.

Die durchschnittliche Vergütung in der stationären Reha liegt dabei nur wenig oberhalb des Hotelkostenniveaus in Deutschland. In der Folge wiesen laut Auswertungen von Augurzky et al. (2011) auf der Grundlage von Jahresabschlussdaten im Jahre 2008 28,0 % aller Rehabilitations- und Vorsorgeeinrichtungen eine erhöhte Insolvenzgefahr auf. Dennoch fand in den vergangenen Jahren keine wesentliche Marktbereinigung statt. Diesen Analysen zufolge zeigte sich dabei kein großer Unterschied bezüglich der wirtschaftlichen Lage je nach Trägerschaft. (Vgl. Sachverständigenrat, 2014: 292)

Ein häufiger Kritikpunkt liegt in der oftmals nur groben Klassifizierung ohne tiefere Unterscheidung der Vergütungssätze nach Schweregraden oder Komorbiditäten des Rehabilitanden.

Dabei kann sich der Behandlungsaufwand innerhalb einer Indikationsobergruppe (auch bei identischen Verweildauern) unterscheiden. Empirisch nachweisbare Schwankungen des notwendigen Ressourceneinsatzes je nach Schweregrad der Erkrankung belegen die Notwendigkeit einer detaillierteren Fallgruppenbildung (Pfister/Neubauer, 2009; Neubauer/Pfister, 2008; Nosper et al., 2008). Das Risiko der Fallschwere trifft im bisherigen Vergütungssystem nahezu ausschließlich die Leistungserbringer. (Vgl. Sachverständigenrat, 2014: 293)

Eine verbesserte Patientenklassifikation kann dafür sorgen, dass Fallgruppen/Fallschweren einheitlich definiert werden und auf diese Weise deutschlandweit vergleichbar sind. Zwar ergäbe sich dadurch auch ein Mehr an Reglementierung bzw. Vereinheitlichung und damit eine Tendenz in Richtung kollektivvertraglicher

Gestaltungen (zulasten von Individualregelungen), doch wiegen die mit einer einheitlichen, ausdifferenzierten Patientenklassifikation verbundenen Vorteile stärker. Vor allem durch verbesserte Transparenz des Leistungsgeschehens, Differenziertheit und Vergleichbarkeit werden Anreize zu einer stärker patientenbezogenen Differenzierung von Leistungen, zu Qualitäts- und Wirtschaftlichkeitsvergleichen zwischen Abteilungen und Einrichtungen (Benchmarking) und letztlich auch zu größerer Leistungsgerechtigkeit der zu vereinbarenden Vergütungssätze gesetzt (König, 2008; Rapp, 2006). Zudem wird mit steigendem Grad der Ausdifferenzierung des Fallgruppensystems das Morbiditätsrisiko vom Leistungserbringer zum Kostenträger verlagert, was aus ordnungspolitischen Gründen zu begrüßen wäre. (Vgl. Sachverständigenrat, 2014: 295)

Als alternative Vergütungsmodelle kommen grundsätzlich folgende Optionen in Betracht, die alle ihre spezifischen Vor- und Nachteile bei einer Verwendung im Rehabilitationsmarkt aufweisen:

- Fortentwicklung der Tagespauschalen
- differenziertere Fallpauschalen (analog zum DRG-System im akutstationären Bereich)
- sektorenübergreifende Komplexpauschalen (Kombination aus Akut-DRG-Fallpauschale und Vergütung für Rehabilitation).

Allen alternativen Vergütungsmodellen ist gemeinsam, dass eine (im Vergleich zu heute) ausdifferenziertere Klassifizierung der Patientengruppen unter Berücksichtigung von Schweregraden und Komorbiditäten benötigt wird.

Auch könnten sie alle durch qualitäts-/ergebnisorientierte Vergütungselemente ergänzt werden (z. B. in Form von Zu- oder Abschlägen), sodass diese Vergütungsform nicht als eigenständiges Konzept für die Vergütung von Rehabilitationsleistungen zur Diskussion gestellt werden soll. Vielmehr könnten ergebnisorientierte Vergütungsbestandteile bei allen drei genannten Varianten zusätzlich integriert werden. (Vgl. Sachverständigenrat, 2014: 295)

Ziel der Entwicklung eines Patientenklassifikationssystems ist eine medizinisch und/oder ökonomisch möglichst große Homogenität innerhalb der Klassen und größtmögliche Heterogenität zwischen den Gruppen. Dabei muss grundsätzlich zwischen erstens der Gruppierung von Fällen in homogene Klassen und zweitens der ökonomischen Bewertung dieser Klassen unterschieden werden. Für das deutsche Reha-System liegen im Wesentlichen zwei bekannte und viel diskutierte Ansätze vor. Dabei handelt es sich um:

- *kostenhomogene Rehabilitationsbehandlungsgruppen (RBGs):* Die Klassifizierung der Patienten basiert bei diesem Konzept vornehmlich auf dem Ressourcenverzehr je Behandlungsfall. Es werden (ähnlich dem DRG-System im akutstationären Bereich) Fallgruppen von Patienten, die ähnliche Kosten auslösen, gebildet. Die Differenzierung würde dabei deutlich kleinteiliger als in der bisherigen Vergütungsrealität erfolgen. Kriterien sind erstens die Reha-Fachrichtung bzw. das Indikationsgebiet (z. B. Kardiologie, Orthopädie etc.), zweitens die Therapieart bzw. der Zugangsweg (Anschlussrehabilitation oder Heilverfahren), drittens die Basis-RBG, abhängig von der Hauptdiagnose (z. B. im Bereich Orthopädie: Endoprothese, Amputation, Wirbelsäulen-Operation etc.) und viertens der Schweregrad, abhängig von zum Beispiel Funktionseinschränkungen des Patienten. Primärer Anwendungszweck dieser Fallgruppenbildung ist die daran anschließende pauschalierte Vergütung. Ziel ist die Aufklärung der Varianz der (variablen) Behandlungskosten mittels eines verwaltungsarmen Zuordnungsverfahrens über Routinedaten. Der Fokus liegt auf Patienten der Anschlussrehabilitation.
- *medizinisch homogene Behandlungsgruppen in Rehabilitanden-Management-Kategorien (RMKs):* Zielsetzung dieses Systems ist eine bedarfs- und leistungsbezogene Patientenklassifikation, die nicht primär auf die Kostenseite zur Gruppenabgrenzung zurückgreift. Die Fallgruppenbildung erfolgt hier auf der Basis eines möglichst homogenen Leistungsumfangs und unter Berücksichtigung therapeutischer Behandlungsanforderungen je Gruppe. Patienten mit gleichem

reha-spezifischem Behandlungsbedarf werden auf der Grundlage folgender Kriterien den unterschiedlichen Fallgruppen zugeordnet: erstens Hauptindikationsgruppen (z. B. Orthopädie, Sucht etc.), zweitens klinisch relevante Diagnosegruppen (z. B. chronische Rückenschmerzen, Hüft-Totalendoprothese etc.), drittens Behandlungsbedarf, gemessen über Routinedaten zu Patientenmerkmalen sowie spezielle indikationsspezifische RMK-Assessments zur Erfassung abgestufter Schweregrade somatischer, psychischer und sozialer Beeinträchtigungen. Darüber hinaus werden auch die Prozeduren, das heißt die zugeordneten diagnostischen und therapeutischen Leistungen, als Merkmal in diese Gruppendefinition einbezogen. Ziel ist dabei primär die quantitative und qualitative Definition bedarfsorientierter Soll-Behandlungsstandards, die beispielsweise auch empirisch ermittelte Orientierungswerte für Therapiezeiten umfassen. Für jede RMK werden typische Leistungspakete definiert. Zuletzt können die RMK auch finanziell bewertet werden. Hierbei folgen die Kosten den zuvor definierten notwendigen Leistungen zur Erfüllung des Behandlungsbedarfs und nicht umgekehrt. Die Nutzung der Kategorisierung im Rahmen einer pauschalierten Vergütung ist also möglich, stand jedoch nicht im Vordergrund der Entwicklung. Die RMK sind in erster Linie ein Instrument des Qualitätsmanagements bzw. der Qualitätssicherung.

Nach dem Sachverständigengutachten gibt es international weitere Patientengruppierungssysteme. Diese sind jedoch sehr stark auf pflegerische Probleme bzw. auch schwere (pflegebedürftige) Fälle ausgerichtet und passen nicht zum deutschen Reha-System. (Vgl. Sachverständigenrat, 2014: 297)

Allen Ansätzen ist gemein, dass sie Fallgruppen zu entwerfen versuchen, die sich nach innen möglichst ähneln und nach außen eine größtmögliche Abgrenzung zueinander aufweisen. Neben Kostenaspekten und dem Therapie- bzw. Leistungsumfang können für diesen Zweck weitere Gruppierungsmerkmale wie Haupt- und Nebendiagnosen, Komorbiditäten, Schweregrade, Verweildauern, motorische oder kognitive Funktionseinschränkungen bzw. Behinderungen, der Arbeitsfähigkeitsstatus, das Patientenalter oder der Pflegebedarf berücksichtigt werden (GA 2003, Ziffer 630). Sämtliche vorliegenden Klassifikationssysteme basieren, mit mehr oder weniger stark voneinander abweichenden Gewichtungen, auf diesen Kriterien.

Eine Klassifizierung der Patienten in der medizinischen Rehabilitation erfordert dabei eine stärkere Orientierung an den funktionalen Fähigkeiten und dem Leistungsbedarf, als es im Rahmen der akutstationären DRG-Klassifizierung der Fall ist (Neubauer/Pfister, 2008; König, 2008). Neben den Diagnosen sollten dabei, anders als im akutstationären Bereich, auch Funktionseinschränkungen berücksichtigt werden.

Der Rat spricht sich für die Einführung eines Fallklassifikationssystems aus, das die genannten Gruppierungsmerkmale berücksichtigt und eine ergänzende Anbindung ergebnisorientierter Vergütungsbestandteile ermöglicht. Eine Anbindung an das DRG-Klassifizierungssystem des akutstationären Sektors ist denkbar, wenngleich für den Reha-Bereich keine mit dem DRG-System vergleichbar hohe Anzahl klassifizierter Gruppen anzustreben ist. Eine zueinander passende Fallgruppierung würde auch Anreize zur stärkeren Integration der Versorgung und Akteure setzen. Andererseits sind beide Reha-Patientenklassifikationen methodisch noch nicht vollkommen ausgereift. Bislang lag der Untersuchungsfokus vor allem auf den Bereichen Kardiologie, Orthopädie und Sucht. Es bedarf an dieser Stelle zusätzlicher Forschung, um für weitere Indikationen Fallgruppierungen vorzubereiten. Auch den Grad der Varianzaufklärung durch die vorhandenen Ansätze gilt es weiter zu untersuchen. Die Einführung einer komplexen Fallklassifizierung ist nämlich nur dann den Aufwand wert, wenn das System auch tatsächlich größere Kosten- und damit Vergütungsdifferenzen zwischen den verschiedenen Schweregraden identifiziert. Analysen mit deutschlandweit repräsentativem Datenmaterial sind nötig, bevor eines der Systeme flächendeckend eingesetzt werden kann. (Vgl. Sachverständigenrat, 2014: 298)

Alternative Vergütungsmodelle

Im Falle einer differenzierteren Klassifizierung der Patienten kann durch (tages- oder fall-)pauschalierte Vergütungen ein größerer Leistungsbezug hergestellt werden. Die Leistungsnähe der Vergütung nimmt zu, je differenzierter Patientengruppen bzw. -fälle unterschieden werden. Die gewünschte Steuerungswirkung hin zu einer wirtschaftlichen Behandlung erreicht eine solche Vergütung dann, wenn sie sich nach vorab kalkulierten einrichtungsübergreifenden Durchschnittskosten der jeweiligen Fallgruppe und ausdrücklich nicht nach dem Ressourcenverzehr des Einzelfalls richtet. (Vgl. Sachverständigenrat, 2014: 298)

Gegen die Einführung bzw. Stärkung zeitinvarianter Fallpauschalen zur Vergütung der medizinischen Rehabilitation sprechen jedoch einige Gründe. So ist die Optimierung von Behandlungsabläufen mit dem Ziel der Reduzierung von Verweildauern in der Rehabilitation nur begrenzt möglich und sinnvoll. Der durch Fallpauschalen gesetzte Anreiz zur Verweildauerverkürzung könnte ganz im Gegenteil sogar zur Abnahme der Therapiequantität und -qualität führen. Auch wird angeführt, dass Effizienzsteigerungen nicht durch generelle Verweildauerverkürzungen zu erzielen seien, da die Dauer des Aufenthalts in vielen Fällen ein Qualitätsmerkmal an sich sei. So sind die Therapiedichte und der Ressourceneinsatz pro Tag (anders als im Akutbereich) nicht unbedingt abnehmend über die Verweildauer. Vielmehr kann es sogar sein, dass ein Rehabilitand mit sich besserndem Gesundheitszustand belastbarer wird und damit gegen Ende des Behandlungszeitraums für eine höhere Therapieintensität infrage kommt. Zudem wäre die Gefahr einer durch fallpauschalierte Vergütung ausgelösten Leistungsreduzierung pro Fall im Reha-Bereich deshalb hoch, weil Effekte der Rehabilitation in der Regel erst langfristig sichtbar werden und negative Folgen ggf. kurzfristig nicht erkennbar sind.

Allerdings sehen Krankenkassen in den allermeisten Fällen schon heute eine Vergütung per Fallpauschale vor. Berichte über eine dadurch sinkende Behandlungsqualität sind nicht bekannt. Auch ist fraglich, ob in jedem Fall am pauschalen Dreiwochen-Richtwert der medizinischen Rehabilitation festgehalten werden sollte oder in einigen Fällen nicht doch Verkürzungen der Verweildauer möglich wären. So sind kürzere Behandlungsdauern für einzelne Indikationen durchaus denkbar und werden vor allem im ambulanten Bereich bereits realisiert. Auch neuere Intervallkonzepte mit abwechselnden stationären und ambulanten Phasen bieten an diesen Stellen einige Chancen. Insgesamt ist das Potenzial zu Verweildauerreduktionen in der Reha jedoch vermutlich deutlich kleiner als es vor Einführung des Fallpauschalensystems im akutstationären Bereich war. Zudem bergen auch die tagesgleichen Pflegesätze bedenkliche Anreize zur Verlängerung der Verweildauer und außerdem nicht weniger Anreize zu Fallzahlsteigerungen als eine Fallpauschale. Die aktuelle Begutachtungs- und Zuweisungspraxis durch die Reha-Kostenträger und gesetzliche Richtwerte zur Aufenthaltsdauer schränken unangemessene Leistungsausweitungen jedoch wirksam ein. (Vgl. Sachverständigenrat, 2014: 298)

Unter Abwägung all dieser Argumente spricht vieles für die Wahl einer hauptsächlich tagespauschalierten Vergütung inklusive der Definition oberer und unterer Grenzverweildauern. Das Institut für das Entgeltsystem im Krankenhaus (InEK) könnte zu diesem Zweck Relativgewichte auf der Grundlage der Istkosten in Kalkulations-Reha-Einrichtungen bestimmen. Die Aushandlung eines tagesbasierten Basisfallwerts zur Multiplikation der Relativgewichte bliebe weiterhin dem freien Aushandlungsprozess zwischen Reha-Trägern und -Leistungserbringern überlassen.

Im Rahmen dieser Verhandlungen sollte zudem eine stärkere Ergebnisorientierung der Vergütung angestrebt werden, wozu bereits heute erste Ansätze vorliegen. Hierfür könnte beispielsweise ein Bonus-Malus-System infrage kommen, das sich an nachweisbaren Behandlungsergebnissen oder Patientenzufriedenheitsmessungen orientiert. Zu erwähnen ist in erster Linie ein Projekt zur ergebnisorientierten Vergütung im Bereich der neurologischen Rehabilitation nach Schlaganfall mittels des sogenannten „Selbstständigkeits-Index für die Neurologische und Geriatrische Rehabilitation" (SINGER), der die Fähigkeiten und den Hilfebedarf im Alltagsleben des Patienten misst. Es wird ein Vergleich der vorhergesagten und der tatsächlich erreichten Ergebnisse vorgenommen. Unterschiede zwischen den Kliniken hinsichtlich ihrer Patientenstrukturen und Fallschweren werden statistisch ausgeglichen, Fehlanreize zur Risikoselektion werden auf diese Weise vermieden. Stichprobenprüfungen des MDK können dabei Manipulationen der Dateneingaben der Kliniken, die ein Interesse an einer größeren Verbesserung des SINGER-Index haben, erschweren.

Die Ergebnisse dieses Modellprojekts sind recht vielversprechend. Es wurden wichtige methodische und organisatorische Voraussetzungen für die Etablierung einer ergebnisorientierten Vergütung in der Rehabilitation geschaffen. Sie sollten jedoch zukünftig auf eine noch breitere empirische Basis gestellt werden und zusätzliche Indikationsbereiche der Rehabilitation umfassen. Außerdem wäre es wichtig, dass die Datenbasis eines solchen ergebnisorientierten Vergütungssystems bei „Aktivierung" möglichst sämtliche Leistungserbringer bzw. alle Fälle einer Patientengruppe berücksichtigt. Ansonsten besteht die Gefahr, dass nur überdurchschnittlich gute Anbieter untereinander verglichen werden und dabei einige eigentlich gute Leistungserbringer mit Maluszahlungen belegt werden, da unterdurchschnittliche Anbieter gar nicht erst teilnehmen. (Vgl. Sachverständigenrat, 2014: 300)

Empfehlungen
Es bedarf der Entwicklung eines differenzierteren Patienten- bzw. Fallklassifikationssystems, als es heute der Fall ist, um die Leistungstransparenz in der medizinischen Rehabilitation zu erhöhen. Hierauf aufbauend könnten einheitliche Relativgewichte kalkuliert werden, wogegen der Basisfallwert und eventuelle ergebnisorientierte Zusatzkomponenten individuell zwischen Reha-Trägern und Leistungserbringern verhandelt werden. Die Bewertungsrelation würde also lediglich als Orientierung für die tatsächliche Vergütung dienen. In der Summe würden sich hieraus größere Leistungsgerechtigkeit und Anreize zur Erschließung von Wirtschaftlichkeitspotenzialen ergeben. Analog zur Krankenhausvergütung könnte auch dies auf der Grundlage von Kalkulationshäusern durch das InEK durchgeführt werden.

Ob diese Vergütung in Form von Tages- oder Fallpauschalen erfolgt, ist für die Entscheidung über ein differenziertes Fallklassifikationssystem eher nachrangig, da solche Systeme grundsätzlich mit unterschiedlichen Vergütungsformen kombiniert werden können. Beide Varianten können derart gestaltet werden, dass sie anschlussfähig an die Vergütung der akutstationären Versorgung sind und auf diese Weise die Entwicklung von integrierten Vergütungsmodellen anregen. In Abwägung aller Argumente spricht im Bereich der Rehabilitation viel für eine Vergütung nach Tagessätzen inklusive der Definition von Korridoren durchschnittlicher Verweildauern je Indikation, wie es ähnlich auch im psychiatrischen/psychosomatischen Bereich seit dem Jahre 2013 nach und nach eingeführt wird. Wichtig sind dabei ein praktikabler Differenzierungsgrad und der Einbezug der Investitionskosten im Sinne einer monistischen Finanzierung. Bereits im Gutachten des Jahres 2003 lehnte der Rat die Einführung von flächendeckenden zeitinvarianten Fall- oder Komplexpauschalen in der Rehabilitation ab und plädierte für eine einrichtungsübergreifende, tagespauschalierte Vergütung (GA 2003, Ziffer 616ff., 635f.). Diese Auffassung wird grundsätzlich weiterhin vertreten, wenngleich in einigen besonders geeigneten Indikationen auch Komplexpauschalen sinnvoll zum Einsatz kommen könnten. Dies gilt insbesondere mit Blick auf die Umsetzungschancen des im Sondergutachten des Jahres 2009 vom Rat entwickelten Zukunftskonzepts einer populationsorientierten, sektorenübergreifenden integrierten Versorgung (SG 2009, Ziffer 1179). Infrage kommen hierfür vor allem Indikationen, in denen die Behandlung einen hohen Standardisierungsgrad aufweist und vergleichsweise wenig patientenindividuelle Elemente wirken. Ein Beispiel ist der Knie- oder Hüftgelenkersatz.

Komplexpauschalen haben auf der einen Seite den Vorteil, dass sie Anreize zur voreiligen Entlassung eines nicht reha-fähigen Patienten reduzieren, das heißt externe Effekte internalisieren. Auf der anderen Seite erwächst hieraus jedoch die Gefahr, dass integrierte stationäre

Anbieter selbst zu ihren eigenen Zuweisern werden, sich bewusst auf finanziell lukrative Fälle konzentrieren und weniger attraktive Patienten zu anderen Anbietern abweisen. Krankenhäuser verfügen in dieser Situation faktisch über die Definitionsmacht über den Beginn und (mit Einschränkungen) auch über die Notwendigkeit einer Rehabilitation. (Vgl. Sachverständigenrat, 2014: 302)

Insbesondere im Falle einer Anschlussrehabilitation könnte eine Anbindung der Vergütung an die Krankenhaus-Entlassungsdiagnose zeitnah gelingen. Es besteht jedoch noch Forschungsbedarf dahingehend, ob die Krankenhaus-Entlassungsdiagnosen für eine Klassifikation der Reha-Fälle genügen. Vor allem das Klassifizierungskonzept der Rehabilitationsbehandlungsgruppen (RBG) eignet sich jedoch vermutlich für den Anschluss an die akutstationäre DRG-Systematik und damit als Katalysator für eine stärkere Verzahnung der Sektoren.

Unabhängig davon, welche Form letztlich gewählt wird, sollte das neue System unbedingt auch Elemente einer ergebnisorientierten Vergütung berücksichtigen. Erste Ansätze zur Etablierung einer stärkeren Ergebnisorientierung in der Reha-Vergütung gibt es bereits. Unbedingt nötig sind zudem flankierende Qualitätssicherungsmaßnahmen, um beispielsweise einer Patientenselektion der Leistungserbringer oder den mit pauschalierter Vergütung stets einhergehenden Anreizen zur Leistungsreduktion bzw. zu Qualitätsverlusten entgegenzusteuern. Weniger geeignet ist dabei allerdings die derzeitige (und zumindest dem Gesetzestext nach) undifferenzierte Vorgabe einer pauschalen Regelleistungsdauer über alle Indikationen, Schweregrade und Patientenkollektive hinweg.

Der Vorschlag zur Einführung einer differenzierteren deutschlandweit vereinheitlichten Patientenklassifikation und hierauf aufbauender Vergütungstagespauschalen würde einen Schritt hin zu mehr vereinheitlichtem Handeln bedeuten. In einem zweiten Schritt könnten diese zentralen Vorgaben als Ausgangsbasis für Modifizierungen durch individuell verhandelte Einzelverträge dienen, die beispielsweise auch ergebnisorientierte Pay-for-Performance-Vergütungsanreize umfassen können. Vom InEK kalkulierte Relativgewichte würden demnach als Orientierung dienen. Der Basisfallwert wäre individuell zu verhandeln. Auch Vereinbarungen zwischen Verbänden der Leistungserbringer und Verbänden der Kostenträger wären in diesem Fall denkbar, um die darauf aufbauende Vergütung zu verhandeln. Die Durchführung von Ausschreibungsverfahren ist an dieser Stelle vielversprechend im Sinne einer weiteren Steigerung von Wirtschaftlichkeit und Transparenz. Die kollektivvertragliche Alternative läge darin, dass jede Klinik automatisch in Höhe der Pauschalvergütung abrechnungsberechtigt wäre. Wünschenswerte Steuerungseffekte (hinsichtlich Menge und Qualität) gingen damit verloren. (Vgl. Sachverständigenrat, 2014: 303)

5.2.8
Fazit

Um der Bedeutung der Rehabilitation gerecht zu werden, werden faire Rahmenbedingungen für die ambulante und stationäre Vorsorge und Rehabilitation benötigt.

Vorsorge und Rehabilitation helfen nicht nur die Gesundheit und Lebensqualität der Menschen und ihre Teilhabechancen zu verbessern, sondern rechnen sich auch für die Solidargemeinschaft: Arbeitsausfallzeiten werden minimiert, vorzeitige Erwerbsunfähigkeit vermieden und Pflegebedürftigkeit verringert oder hinausgeschoben. Vorsorge und Rehabilitation entlasten somit die Sozialversicherungssysteme durch längere Beitragszeiten und spätere Inanspruchnahme von Renten oder Leistungen der Pflegeversicherung. Mit der zunehmenden Alterung der Bevölkerung nimmt die Bedeutung von Rehabilitationsleistungen zu. Durch gezielte Vorsorge- und Rehabilitationsmaßnahmen können zum einen die zunehmend älteren Arbeitnehmer lange gesund im Arbeitsleben gehalten werden. Zum anderen gelingt es, den chronischen Verlauf von Krankheiten zu vermeiden oder zu mildern. (Vgl. Reumann, 2013: 4)

Die Positionen der Baden-Württembergischen Krankenhausgesellschaft (BWKG) für die 18. Legislaturperiode des Deutschen Bundestages werden nachfolgend dargestellt:

1. Eine bedarfsgerechte Versorgung sicherstellen. Die Bedeutung der Vorsorge und Rehabilitation ist anzuerkennen; sie wird vor dem Hintergrund des demografischen Wandels und des Anstiegs an chronischen Krankheiten zunehmen. Um eine bedarfsgerechte Versorgung der Versicherten langfristig sicherzustellen, muss die Budgetierung der Deutschen Rentenversicherung aufgehoben werden. Zur Umsetzung des Prinzips „Reha vor Pflege" ist die Gesetzliche Pflegeversicherung zu einem finanziellen Ausgleich an die Gesetzliche Krankenversicherung (GKV) zu verpflichten.

2. Das Antrags- und Genehmigungsverfahren in der GKV vereinfachen. Insbesondere die von den Vertragsärzten verordneten Vorsorge- und Rehabilitationsmaßnahmen sind seit Jahren rückläufig. Das komplizierte Antrags- und Genehmigungsverfahren in der GKV ist nach dem Vorbild der Rentenversicherung zu vereinfachen. Alle Ärzte sind grundsätzlich qualifiziert, Anträge zu stellen und kennen ihre Patienten. Die Rehabilitationsrichtlinie des Gemeinsamen Bundesausschusses (G-BA) ist entsprechend anzupassen.

3. Das Wunsch- und Wahlrecht der Versicherten stärken. Das Wunsch- und Wahlrecht des Versicherten wird im Rahmen der Beantragung von Rehabilitationsleistungen unzureichend berücksichtigt. Bei berechtigtem Wunsch des Versicherten nach Behandlung in seiner Wunsch-Klinik hat der Kostenträger diesem Wunsch zu entsprechen und die vollen Kosten der Behandlung zu tragen.

4. Eine leistungsorientierte Vergütung garantieren. Viele medizinische Vorsorge- und Rehabilitationskliniken stehen vor wirtschaftlichen Schwierigkeiten. Kostensteigerungen, Investitionskosten, steigende Qualitätsanforderungen und höherer Versorgungsbedarf der Patienten sind seit langem nicht mehr in den Vergütungssätzen eingepreist. Flankierend zu der neuen GKV-Schiedsstellenregelung ist ein Rechtsanspruch auf leistungsgerechte Vergütung im SGB V und SGB IX zu verankern. Zudem ist die Vergütung jährlich zu überprüfen und anzupassen. Dabei ist die jeweilige Leistung zu berücksichtigen. (Vgl. BWKG, 2013: 5)

5. Zu einer zielgerichteten Überprüfung der Qualität übergehen. Die Rehabilitationskliniken werden einer mehrfachen Überprüfung ihrer Qualität durch unterschiedliche Verfahren unterzogen. Die routinemäßige Bewertung der Strukturqualität sollte ausschließlich im Rahmen der externen Qualitätssicherung nach § 137d SGB V erfolgen. Die Routineüberprüfung durch die Kostenträger und den Medizinischen Dienst der Krankenversicherung (MDK) entfällt und wird durch anlassbezogene Prüfungen ersetzt. Die Rehabilitationskliniken erhalten grundsätzlich den Prüfbericht. Die Prozessqualität ist durch Zertifizierung (stationäre Rehabilitation) oder Selbstbewertung (Wahlmöglichkeit für stationäre Vorsorge und ambulante Rehabilitation) nachgewiesen. Die Messung der Ergebnisqualität soll über gemeinsam entwickelte, medizinisch valide Verfahren erfolgen.

6. Rahmenempfehlungen für die ambulante und stationäre Rehabilitation gemeinsam vereinbaren. Den Rehabilitationskliniken wird die Einhaltung von Anforderungen diktiert, die meist einseitig durch die Reha-Träger festgelegt wurden und rechtlich nicht verbindlich sind. Erforderlich ist jedoch die Vereinbarung von Rahmenempfehlungen für die ambulante und stationäre Rehabilitation von den Reha-Trägern gemeinsam mit den Leistungserbringern. Hierfür ist eine gesetzliche Grundlage im SGB IX zu schaffen.

7. Die ambulante Vorsorge und Rehabilitation gleichstellen. Im Rahmen des Versorgungsstrukturgesetzes sollte mit der Einführung eines einheitlichen Versorgungsvertrags in § 111c SGB V die Gleichstellung der ambulanten mit der stationären Rehabilitation erreicht werden. Die Gleichstellung muss konsequent weitergeführt werden, indem auch ambulante Vorsorge- und Rehabilitationskliniken regelhaft von der Gewerbesteuer befreit werden und Apothekenversorgungsverträge abschließen können.

8. Die GKV-Statistik in Bund und Bundesländern vereinheitlichen. Die amtliche Statistik trennt zwischen landesunmittelbaren Krankenkassen (Mitglieder in bis zu drei Bundesländern, wie AOK, LKK, BKK) und bundesunmittelbaren Krankenkassen (Mitglieder in mehr als drei Bundesländern, z. B. Ersatzkrankenkassen). Dies bedeutet, dass weder die Landes- noch die Bundesstatistik vollständig und aussagefähig sind und kein Vergleich zwischen den Statistiken möglich ist. Um die Vergleichbarkeit der Daten (Ausgaben der GKV, Antrags- und Genehmigungsstatistik) zwischen den Bundesländern und zum Bund zu ermöglichen, müssen die Statistiken vereinheitlicht werden und als Bezugsgröße den Wohnort der Versicherten (Bundesland) heranziehen. Dies erfordert einen Erlass des Bundesministeriums für Gesundheit.

9. Das Antrags- und Genehmigungsverhalten der Krankenkassen transparent gestalten. Die Verpflichtung von Krankenkassen zur Führung von Statistiken über das Antrags- und Genehmigungsverhalten wird von zahlreichen Krankenkassen offenbar gezielt unterlaufen (z. B. verspätete Abgabe, unvollständige Statistiken). Es müssen in jedem Fall verlässliche Daten über die Anzahl der an die Krankenkassen gestellten Reha-Anträge sowie deren Ablehnungen, eingelegte Widersprüche und Widerspruchserfolgsquoten zur Verfügung stehen. Die Krankenkassen sollten daher dazu verpflichtet werden, diese Angaben analog zur Deutschen Rentenversicherung in laienverständlicher Form auf ihren Internetseiten zu veröffentlichen.

10. Die Geriatrische Institutsambulanz (GIA) an geriatrische Reha-Kliniken anbinden. Damit die GIA in Baden-Württemberg realisiert werden kann, muss sie auch an geriatrischen Rehabilitationskliniken sowie an geriatrischen Schwerpunkten und Zentren angegliedert werden können. Zudem ist die „Kann"-Ermächtigung in eine „Muss"-Ermächtigung zu überführen. Die Finanzierung soll nicht über die vertragsärztliche Gesamtvergütung erfolgen, sondern die Leistungen müssen direkt mit den Krankenkassen in Form einer Pauschalierung abgerechnet werden können. (Vgl. BWKG, 2013: 6)

Mit dem gleichen Ziel, nämlich der Stärkung der Rehabilitation, schreibt die Deutsche Vereinigung für Rehabilitation (DVfR) an die Parteien im deutschen Bundestag:

1. Rehabilitation macht unabhängiger von Sozialleistungen. Der Bedarf an Leistungen des Gesundheits- und Sozialwesens steigt mit zunehmendem Lebensalter an. Qualifizierte Rehabilitationsangebote dienen dem Erhalt oder der Wiederherstellung der Selbstbestimmung und Teilhabe der Menschen mit chronischen Krankheiten und Behinderungen und versetzen sie in die Lage, ihr Leben selbstständig nach eigenen Vorstellungen und unabhängiger von Sozialleistungen zu gestalten. Die Gesundheitsversorgung für Menschen mit Behinderungen und chronischen Krankheiten muss daher teilhabeorientiert ausgestaltet werden.

2. Rehabilitation erhält die Beschäftigungsfähigkeit zur Deckung des Fachkräftebedarfs. Gerade unter den Bedingungen der „Rente mit 67" und des absehbaren Fachkräftemangels muss Rehabilitation eingesetzt werden, um die Beschäftigungsfähigkeit arbeitender Menschen auch bei gesundheitlichen Einschränkungen zu erhalten. Medizinische und berufliche Rehabilitation müssen hierfür sinnvoll miteinander verzahnt werden. Auch bei jüngeren Menschen mit Behinderung sind individuell ausgerichtete berufliche Rehabilitationsleistungen und insbesondere eine gute Erstausbildung der beste Weg, ihnen einen Platz im Erwerbsleben zu sichern. Ein leistungsfähiges System der beruflichen bzw. medizinisch-beruflichen Rehabilitation muss vorgehalten (und finanziert) werden. Auch die Betriebe selbst können zur Verwirklichung eines inklusiven Arbeitsmarkts beitragen.

3. Rehabilitation älterer pflegebedürftiger Menschen stärkt die Selbstbestimmung und Teilhabe und unterstützt die Pflege. Pflegebedürftigkeit ist kein Ausschlussgrund für teilhabefördernde Rehabilitationsleistungen, die dazu dienen, Umfang und Ausmaß von Pflegeabhängigkeit zu reduzieren und die Pflege zu erleichtern. Ziel ist es auch, die Teilhabe durch den Verbleib in der eigenen Wohnung trotz Pflegebedürftigkeit zu sichern und zu einer möglichst großen Selbstständigkeit in der eigenen Lebensführung, auch in Pflegeeinrichtungen, beizutragen. Fehlen solche teilhabeorientierten Angebote, werden die knappen Dienstleistungsressourcen im Gesundheits- und Pflegewesen quantitativ zu stark beansprucht werden. Vorsorge und Rehabilitation dienen auch dazu, soziale Netzwerke bzw. Angehörige, die Menschen mit Behinderung versorgen, zu unterstützen. Es ist eine gesellschaftliche Aufgabe, die Hilfs- und Pflegebereitschaft und die Pflegekompetenz der Angehörigen und Bezugspersonen zu fördern, zu unterstützen und auf Dauer zu erhalten.

4. Rehabilitation stärkt die finanzielle Handlungsfähigkeit der Sozialsysteme und der Kommunen. Die sachgerechte und fiskalisch tragfähige Neuordnung der Eingliederungshilfe kann erreicht werden, wenn Menschen mit Behinderungen im Bereich der Eingliederungshilfe systematisch Zugang zu für sie geeigneten Rehabilitationsleistungen erhalten und die Eingliederungshilfe selbst auf die Förderung der Teilhabekompetenzen mit den Mitteln der Rehabilitation ausgerichtet wird. Diese Leistungen müssen von jeder Anrechnung des privaten Vermögens betroffener Menschen freigestellt sein. Solche Leistungen können Unterstützungsbedarfe auf Dauer verringern.

5. Rehabilitation wird sozialraumorientiert gestaltet, der Zugang ermöglicht. Es ist die Aufgabe des sozialen Rechtsstaats, dafür zu sorgen, dass die erforderlichen Rehabilitationsangebote sozialraumorientiert vorhanden sind. Durch verbesserte wohnortnahe Beratung, umfassende Feststellung individueller Teilhabebedarfe und Vernetzung der Unterstützungsleistungen muss für alle Menschen mit Rehabilitationsbedarf der Zugang zu den für sie notwendigen Rehabilitationsleistungen sichergestellt werden. Die Servicestellen für Rehabilitation müssen zu echten bürgernahen, trägerübergreifenden Beratungsstellen ausgebaut und mit anderen Beratungsangeboten vernetzt werden. Bei Bedarf soll Case Management vor Ort dazu beitragen, Schnittstellen im Versorgungssystem zu überwinden und die jeweils erforderlichen medizinischen, beruflichen, pädagogischen, sozialen und Assistenz-Leistungen teilhabefördernd zusammenzuführen.

6. Das Recht der Rehabilitation und Teilhabe wird weiterentwickelt und umgesetzt. Rehabilitation ist (nach UN-BRK Art. 26) eine Querschnittsaufgabe aller gesellschaftlichen Kräfte. Die verantwortlichen Sozialleistungsträger bilden mit den Kommunen, Arbeitgebern, Bildungsträgern, Anbietern von Gesundheitsleistungen und anderen Partnern sowie mit den Menschen mit Behinderungen regionale Rehabilitations-/Teilhabe-Netzwerke (Arbeitsgemeinschaften), um regionale bzw. sozialraumorientierte Programme, Strukturen und Leistungen der Teilhabeförderung zu entwickeln. Das Recht der Rehabilitation und Teilhabe (SGB IX) muss bedarfsgerecht auf der Basis einer gründlichen Evaluation weiterentwickelt werden. Maßstab für notwendige Veränderungen im Sozialrecht insgesamt ist die umfassende Sicherstellung der Rechtsansprüche behinderter Menschen und die Konformität mit der UN-Behindertenrechtskonvention.

7. Menschenrecht ist Maßstab für die nationale Behinderten- und Sozialpolitik. Mit der Ratifizierung der UN-Behindertenrechtskonvention verpflichtete sich Deutschland, eine inklusive Gesellschaft zu gestalten, die für Menschen mit Behinderungen die gleichberechtigte Teilhabe und Inklusion in allen Sphären des gesellschaftlichen Lebens (Gesundheit, Bildung, Wohnen, Arbeit, Verkehr, Kommunikation, Kultur und nicht zuletzt auch politische Mitgestaltung und anderes) gewährleistet. Dazu müssen für die Betroffenen kontinuierlich Barrieren abgebaut und Zugangshindernisse zur Rehabilitation zügig beseitigt werden. Dem Bekenntnis zu einem solchen Prozess der gesellschaftlichen Erneuerung müssen sichtbare Taten, das heißt für die Politik praktikable Regelungen und Umsetzungsprogramme folgen.

Die Stärkung der Rehabilitation trägt maßgeblich dazu bei, sozialstaatliches Handeln für die Menschen sichtbar und erfahrbar zu machen. Wir erwarten von den politischen Parteien in Deutschland, dass sie die Bedeutung der Rehabilitation in der Gesellschaft deutlicher als bisher artikulieren. (Vgl. Schmidt-Ohlemann, 2013)

Literatur

Augurzky, B.; Reichert, A. R.; Scheuer, M. (2011): Faktenbuch Medizinische Rehabilitation, Heft 66. Essen, Rheinisch-Westfälisches Institut für Wirtschaftsforschung (Hrsg.).

Baden-Württembergische Krankenhausgesellschaft e.V. (2013): Für faire Rahmenbedingungen der ambulanten und stationären Vorsorge und Rehabilitation. Positionen der BWKG für die 18. Legislaturperiode des Deutschen Bundestages. Stuttgart, Baden-Württembergische Krankenhausgesellschaft e.V.

Baden-Württembergische Krankenhausgesellschaft e.V. (2015): Die BWKG – Ein starker Verband. http://www.bwkg.de/die-bwkg.html [Zugriff: 15.02.2015].

Bundesagentur für Arbeit (2015): Berufliche Rehabilitation. http://www.arbeitsagentur.de/web/content/DE/Unternehmen/FinanzielleHilfen/Rehabilitation/index.htm [Zugriff: 30.06.2015].

Bundesarbeitsgemeinschaft für Rehabilitation (2015): Unsere Ziele und Aufgaben. http://www.bar-frankfurt.de/bar-ev/ziele-und-aufgaben [Zugriff: 15.02.2016].

Bundesministerium für Gesundheit (2015): Rehabilitation. http://www.bmg.bund.de/themen/krankenversicherung/leistungen/rehabilitation.html [Zugriff: 15.02.2016].

Bundesverband Deutscher Privatkliniken (2015): Aufgaben. http://www.bdpk.de/der-verband/ueber-uns/aufgaben [Zugriff: 15.02.2016].

DEGEMED e.V. (2012): Internes Qualitätsmanagement und Zertifizierung nach § 20 SGB IX, Umsetzungsstand und Erste Hilfe bis zum 01.10.2012. Kooperationsveranstaltung der Fachgruppe Rehabilitation im Verband der Krankenhausdirektoren Deutschlands e.V. (VKD) und des Deutschen Krankenhausinstituts (DKI), Düsseldorf, 16.04.2012.

Deutsche Gesellschaft für Medizinische Rehabilitation e.V. (2015): Satzung. http://www.degemed.de/images/degemedpdf/001%20satzung%20degemed_stand%2027-02-2013.pdf [Zugriff: 30.06.2015].

Deutsche Gesetzliche Unfallversicherung (2015): Rehabilitation. http://www.dguv.de/landesverbaende/de/med_reha/BGSW/index.jsp [Zugriff: 30.06.2015].

Deutsche Rentenversicherung (2009): Rahmenkonzept zur medizinischen Rehabilitation in der gesetzlichen Rentenversicherung, 3. Auflage (4/2009). Deutsche Rentenversicherung Bund, Geschäftsbereich Sozialmedizin und Rehabilitationswissenschaften, Bereich Reha-Wissenschaften (Hrsg.).

Deutsche Rentenversicherung (2015a): Diagnosegruppen. http://www.deutscherentenversicherung.de/cae/servlet/contentblob/260974/publicationFile/53462/ASP-Liste-Einrichtungen.pdf [Zugriff: 30.06.2015].

Deutsche Rentenversicherung (2015b): Anschlussheilbehandlung (AHB). http://www.deutscherentenversicherung.de/Allgemein/de/Navigation/2_Rente_Reha/02_Rehabilitation/02_leistungen/02_ahb/ahb_node.html [Zugriff: 30.06.2015].

Deutsche Rentenversicherung (2015c): Ziele, Methoden, Ergebnisse, Reha-Qualitätssicherung durch die Rentenversicherung. http://www.deutsche-rentenversicherung.de/Allgemein/de/Navigation/3_Infos_fuer_Experten/01_Sozialmedizin_Forschung/02_reha_qualitaetssicherung/ziele_methoden_ergebnisse_node.html [Zugriff: 30.06.2015].

Deutsche Rentenversicherung (2015d): Rehabilitandenbefragung – Der Patient hat das Wort. http://www.deutsche-rentenversicherung.de/Allgemein/de/Navigation/3_Infos_fuer_Experten/01_Sozialmedizin_Forschung/02_reha_qualitaetssicherung/rehabilitandenbefragung_node.html [Zugriff: 30.06.2015].

Deutsche Rentenversicherung (2015e): Peer Review-Verfahren – Experten bewerten den Reha-Prozess. http://www.deutsche-rentenversicherung.de/Allgemein/de/Navigation/3_Infos_fuer_Experten/01_Sozialmedizin_Forschung/02_reha_qualitaetssicherung/peer_review_node.html [Zugriff: 30.06.2015].

Deutsche Rentenversicherung (2015f): Klassifikation therapeutischer Leistungen (KTL). http://www.deutsche-rentenversicherung.de/Allgemein/de/Navigation/3_Infos_fuer_Experten/01_Sozialmedizin_Forschung/02_reha_qualitaetssicherung/ktl_node.html [Zugriff: 30.06.2015].

Deutsche Rentenversicherung (2015 g): Reha-Therapiestandards. http://www.deutsche-rentenversicherung.de/Allgemein/de/Navigation/3_Infos_fuer_Experten/01_Sozialmedizin_Forschung/02_reha_qualitaetssicherung/reha_therapiestandards_index_node.html [Zugriff: 15.02.2016].

Deutsche Rentenversicherung (2015h): Indikationen von Reha-Therapiestandards. http://www.deutsche-rentenversicherung.de/Allgemein/de/Navigation/3_Infos_fuer_Experten/01_Sozialmedizin_Forschung/02_reha_qualitaetssicherung/reha_therapiestandards/indikationen_index_node.html [Zugriff: 30.06.2015].

Deutsche Rentenversicherung (2015i): Rehabilitandenstruktur 2013. http://www.deutsche-rentenversicherung.de/Allgemein/de/Inhalt/Allgemeines/Newsletter/NL_DRV_Reha-QS/Reha-Qualitaetssicherung_Newsletter_Nr_9.html#doc340296bodyText6 [Zugriff: 15.02.2016].

Deutsche Rentenversicherung (2015j): Ergebnisqualität der medizinischen Rehabilitation (DRV Bund 2009). http://www.deutsche-rentenversicherung.de/Allgemein/de/Inhalt/3_Infos_fuer_Experten/01_sozialmedizin_forschung/downloads/quali_weitere_qs/wei_ergebnisqualitaet_2009.html [Zugriff: 30.06.2015].

Deutsche Rentenversicherung (2015k): Weitere QS-Aktivitäten. http://www.deutsche-rentenversicherung.de/Allgemein/de/Navigation/3_Infos_fuer_Experten/01_Sozialmedizin_Forschung/02_reha_qualitaetssicherung/weitere_qs_aktivitaeten_node.html [Zugriff: 15.02.2016].

Deutsche Rentenversicherung (2015 l): Qualitätssicherung von Leistungen zur Teilhabe am Arbeitsleben (LTA). http://www.deutsche-rentenversicherung.de/Allgemein/de/Navigation/3_Infos_fuer_Experten/01_Sozialmedizin_Forschung/02_reha_qualitaetssicherung/qualisicherung_lta_node.html [Zugriff: 30.06.2015].

Deutsche Vereinigung für Rehabilitation (2015): Satzung. http://www.dvfr.de/fileadmin/download/Aufgaben_und_Ziele/Satzung_DVfR_13102005_Logo_neu.pdf [Zugriff: 30.06.2015].

Engelhardt, D. v. (1990): 100 Jahre Rehabilitation. Frankfurt/M., WDV Wirtschaftsdienst.

Gemeinsamer Bundesausschuss (2004): Richtlinie über Leistungen zur medizinischen Rehabilitation (Rehabilitations-Richtlinie) vom 16.03.2004, veröffentlicht im Bundesanzeiger 2004, S. 6769, in Kraft getreten am 01.04.2004, zuletzt geändert am 22.01.2009, veröffentlicht im Bundesanzeiger 2009, S. 2131, in Kraft getreten am 19.06.2009. https://www.g-ba.de/downloads/62-492-882/RL-Reha_2014-04-17.pdf [Zugriff: 30.06.2015].

Gesetzliche Krankenversicherung (GKV) – Spitzenverband (2015): Das QS-Reha-Verfahren. http://www.qs-reha.de/das_qs_reha_verfahren/das_qs_reha_verfahren.jsp [Zugriff: 30.06.2015].

Lawall, C. (2012): DEGEMED e. V. Internes Qualitätsmanagement und Zertifizierung nach § 20 SGB IX, Umsetzungsstand und Erste Hilfe bis zum 01.10.2012, Kooperationsveranstaltung der Fachgruppe Rehabilitation im Verband der Krankenhausdirektoren Deutschlands e. V. (VKD) und des Deutschen Krankenhausinstituts (DKI), Düsseldorf, 16.04.2012.

Reimann, A.; Seiter, H. (2010): Strukturqualität von Reha-Einrichtungen – Anforderungen der Deutschen Rentenversicherung. Berlin, Deutsche Rentenversicherung Bund.

Reumann, T. (2013): Für faire Rahmenbedingungen der ambulanten und stationären Vorsorge und Rehabilitation. Positionen der BWKG für die 18. Legislaturperiode des Deutschen Bundestages. Stuttgart, Baden-Württembergische Krankenhausgesellschaft e. V.

Sachverständigenrat zur Begutachtung der Entwicklung im Gesundheitswesen (2014): Bedarfsgerechte Versorgung – Perspektiven für ländliche Regionen und ausgewählte Leistungsbereiche, Gutachten 2014. Bonn/Berlin.

Schmidt-Ohlemann, M. (2013): Stärkung der Rehabilitation; Schreiben an die Parteien im Bundestag vom 09.01.2013. Heidelberg.

Sozialgesetzbuch (SGB), Elftes Buch (XI) § 31 (2015): http://dejure.org/gesetze/SGB_V/107.html [Zugriff: 15.02.2016].

Sozialgesetzbuch (SGB), Fünftes Buch (V) § 107 (2015):http://dejure.org/gesetze/SGB_V/107.html [Zugriff: 30.06.2015].

Sozialgesetzbuch (SGB), Fünftes Buch (V) § 40 (2015): http://dejure.org/gesetze/SGB_V/40.html [Zugriff: 15.02.2016].

Sozialgesetzbuch (SGB), Neuntes Buch (IX) § 23 (2015): http://dejure.org/gesetze/SGB_IX/23.html [Zugriff: 15.02.2016].

Sozialgesetzbuch (SGB), Neuntes Buch (IX) § 6 (2015): http://dejure.org/gesetze/SGB_IX/6.html [Zugriff: 15.02.2016].

Sozialgesetzbuch (SGB), Sechstes Buch (VI) § 9 (2015): http://dejure.org/gesetze/SGB_VI/9.html [Zugriff: 15.02.2016].

Statistisches Bundesamt, 2013 (Stand: 14.08.2013). https://www-genesis.destatis.de/genesis/online/data;jsessionid=1D78B2AB6E1576F1444D2EF5

8BC75295.tomcat_GO_1_1?operation=abruftabelleBearbeiten&levelindex=2&levelid=1376489291769&auswahloperation=abruftabelleAuspraegungAuswaehlen&auswahlverzeichnis=ordnungsstruktur&auswahlziel=werteabruf&selectionname=23112-0001&auswahltext=&werteabruf=starten [Zugriff: 13.03.2016].

5.3
Versorgung durch stationäre Pflegeeinrichtungen

Gabriele Schröder-Siefker

5.3.1
Gegenstand und Zielsetzung

Die pflegerische Versorgung der Bevölkerung ist eine gesamtgesellschaftliche Aufgabe. Stationäre Pflegeeinrichtungen werden als Teil des Pflege- und Gesundheitssektors vor dem Hintergrund des demografischen Wandels und der damit verbundenen Zunahme an potenziell pflegebedürftigen Menschen trotz der politisch geforderten Stärkung des ambulanten Sektors weiterhin ihre Bedeutung behalten. Im Fokus der öffentlichen Wahrnehmung stehen die Themen:
- demografischer Wandel, verbunden mit allen Fragestellungen, die durch die Altersstrukturverschiebung entstehen
- Pflegeversicherungsreform, Pflegebedürftigkeitsbegriff und Finanzierung der Pflegeversicherung
- Pflegenotstand – Fachkräftemangel und Mindestlohn in der Pflege
- Transparenz der Qualität der Leistungserbringung
- Wirtschaftlichkeit der Leistungserbringung – zunehmende Insolvenzen bei privaten und freigemeinnützigen Pflegeeinrichtungen.

Ziel dieses Abschnitts ist es, Strukturen und Aufgabenbereiche der stationären Pflegeeinrichtungen darzustellen und einen Überblick über die gesetzlichen Rahmenbedingungen für diese Einrichtungen zu geben. Schwerpunktmäßig beschäftigt sich dieser Beitrag mit den vollstationären Pflegeeinrichtungen (Pflegeheimen), die in der Regel auch sogenannte eingestreute Kurzzeitpflegeplätze vorhalten. Zur Orientierung werden zunächst Informationen des Statistischen Bundesamtes zur demografischen Entwicklung der Bundesrepublik Deutschland auf der Grundlage der 12. koordinierten Bevölkerungsvorausberechnung sowie Eckpunkte der stationären Pflegeeinrichtungen anhand der Pflegestatistik 2013 vorgestellt. Im Anschluss daran folgen die gesetzlichen Rahmenbedingungen des Sozialgesetzbuchs, Elftes Buch – Soziale Pflegeversicherung, unter Berücksichtigung des Gesetzes zur strukturellen Weiterentwicklung der Pflegeversicherung, des Gesetzes zur Neuausrichtung der Pflegeversicherung sowie des Ersten Pflegestärkungsgesetzes (PSG I). Die Regelungen zum Heimrecht stellen Grundlagen des Bundesheimgesetzes vor und verweisen auf die Landesheimgesetze. Daneben werden ausgewählte Aspekte des Gesetzes zur Regelung von Verträgen über Wohnraum mit Pflege- oder Betreuungsleistungen vorgestellt. Der vierte Abschnitt gibt einen Überblick über die gesetzlichen Qualitätsanforderungen, die an stationäre Pflegeeinrichtungen gestellt werden. Neben der Qualitätsverantwortung, -entwicklung und -sicherung werden die Anforderungen an die pflegerische und soziale Betreuung, an die hauswirtschaftliche Versorgung und an die Qualifikation des Personals dargestellt. Im Anschluss daran folgen gesetzliche Vorgaben in Bezug auf Qualitätsprüfungen und Transparenzvereinbarungen. Der fünfte Abschnitt stellt die Grundlagen der Beziehungen der Pflegekassen zu den Leistungserbringern sowie die Grundlagen der Finanzierung und Steuerung von stationären Pflegeeinrichtungen vor. Der sechste Abschnitt beschäftigt sich mit Zukunftsstrategien der stationären Pflegeeinrichtungen. Nach der Zusammenfassung des Beitrags wird ein kurzer Ausblick auf notwendige Anpassungen der stationären Pflegeeinrichtungen und gesetzliche Reformen gegeben, die für eine nachhaltige Versorgung der Pflegebedürftigen von Bedeutung sind.

5.3.2 Demografie und Eckpunkte

5.3.2.1 Bevölkerungsvorausberechnung

Das Statistische Bundesamt veröffentlicht jährlich Daten zur Bevölkerungsentwicklung der Bundesrepublik Deutschland nach Altersgruppen. Tabelle 5.3-1 zeigt die Entwicklung der Bevölkerung nach Altersgruppen von 1950 bis 2013.

Der Anteil der 60- bis 80-Jährigen wächst in dem Zeitraum von 1950 bis 2013 von 13,6 % auf 21,7 % und verzeichnet das stärkste Wachstum aller Altersgruppen. Auch bei der Gruppe der über 80-Jährigen ist in diesem Zeitraum ein starker Anstieg von 1,0 % auf 5,4 % zu verzeichnen. Die Anzahl der pflegebedürftigen Menschen beträgt derzeit in der sozialen und privaten Pflegeversicherung 2,42 Mio. (Stand: Ende 2010), davon erhalten 0,75 Mio. pflegebedürftige Menschen vollstationäre Leistungen. Ende 2010 waren rund 62,2 % der Pflegebedürftigen in stationären Einrichtungen über 80 Jahre alt (Bundesministerium für Gesundheit, 2011). Im Jahre 2009 hat das Statistische Bundesamt die 12. koordinierte Bevölkerungsvorausberechnung auf Bundesebene bis zum Jahre 2060 veröffentlicht. Ziel dieser Vorausberechnung ist es, die künftigen Entwicklungen in der Bevölkerungsentwicklung und im Altersaufbau der Bevölkerung Deutschlands unter realistischen Annahmen in Bezug auf die Kriterien Geburtenhäufigkeit, Lebenserwartung und Außenwanderungen aufzuzeigen (Statistisches Bundesamt, 2009).

Geburtenhäufigkeit

Messgröße der Geburtenhäufigkeit ist die durchschnittliche Anzahl der Kinder, die eine Frau zur Welt bringt. Die Anzahl der Frauen im gebärfähigen Alter stellt den zweiten bestimmenden Faktor der Geburtenhäufigkeit dar. Für die alten und die neuen Bundesländer wurde die höchste zusammengefasste Geburtenziffer zu Beginn der 1960er-Jahre gemessen, sie betrug 2,5 Kinder je Frau (Statistisches Bundesamt, 2006). Im Jahre 2008 betrug die durchschnittliche Kinderzahl für das gesamte Bundesgebiet (zusammengefasste Geburtenziffer) je Frau 1,38. Die Geburtenhäufigkeit der unter 30-jährigen Frauen nimmt ab, dagegen steigt die Geburtenhäufigkeit der über 30-Jährigen. Gleichzeitig ist zu beobachten, dass immer mehr Frauen lebenslang kinderlos bleiben, so beträgt der Frau-

Tabelle 5.3-1: Bevölkerungsentwicklung der Bundesrepublik Deutschland nach Altersgruppen von 1950 bis 2013 (Quelle: Statistisches Bundesamt, 2015)

Jahr	Personenanzahl insgesamt	Im Alter von ... bis unter ... Jahren [%]				
		unter 20	20–40	40–60	60–80	80 und mehr
2013[1]	80 767 463	18,1[2]	24,1[2]	30,7[2]	21,7[2]	5,4[2]
2010	81 751 602	18,4	24,2	31,1	21,0	5,3
2000	82 259 540	21,1	28,6	26,7	19,8	3,8
1990	79 753 227	21,7	31,6	26,3	16,6	3,8
1980	78 397 483	26,8	28,0	25,9	16,7	2,7
1970	78 069 482	30,0	27,6	22,4	18,0	2,0
1960	73 146 809	28,4	28,5	25,7	15,8	1,6
1950	69 346 297	30,4	26,4	28,6	13,6	1,0

[1] Ergebnisse auf der Grundlage des Zensus von 2011
[2] Vorläufiges Ergebnis. Zensusdaten mit dem Stand vom 10.04.2014

enanteil ohne Kinder der Geburtenjahrgänge 1964 bis 1968 bezogen auf das gesamte Bundesgebiet 21 % (Statistisches Bundesamt, 2009).

Der 12. koordinierten Bevölkerungsvorausberechnung liegen folgende drei Annahmen zur zukünftigen Geburtenentwicklung zugrunde:
1. „annähernde Konstanz" (G1): Die zusammengefasste Geburtenziffer bleibt auf dem Niveau von ca. 1,4 Kindern je Frau.
2. „leichter Anstieg" (G2): Die zusammengefasste Geburtenhäufigkeit steigt auf 1,6 Kinder je Frau bis 2025 und bleibt bis 2060 konstant.
3. „leichter Rückgang" (G3): Die zusammengefasste Geburtenhäufigkeit geht bis 2060 auf 1,2 Kinder je Frau zurück.

Lebenserwartung

Maßgebliche Einflussfaktoren für die gestiegene Lebenserwartung sind in der verbesserten medizinischen Versorgung, der Hygiene, der Ernährung sowie in der verbesserten Wohn- und Arbeitssituation zu sehen. Während die durchschnittliche Lebenserwartung 1871/1881 für neugeborene Jungen 35,6 Jahre und für Mädchen 38,4 Jahre betrug, ist die durchschnittliche Lebenserwartung 2006/2008 für neugeborene Jungen auf 77,2 Jahre und für Mädchen auf 82,4 Jahre angestiegen (Statistisches Bundesamt, 2006, 2009). Die 12. koordinierte Bevölkerungsvorausberechnung geht von folgenden zwei Annahmen zur Entwicklung der Lebenserwartung bis 2060 aus:
1. *Basisannahme zur Lebenserwartung (L1):* Für das Jahr 2060 ergibt sich für neugeborene Jungen eine durchschnittliche Lebenserwartung von 85,0 Jahren und für neugeborene Mädchen von 89,2 Jahren.
2. *hoher Anstieg der Lebenserwartung (L2):* Diese Annahme geht von einer durchschnittlichen Lebenserwartung neugeborener Jungen im Jahre 2060 von 87,7 Jahren und für neugeborene Mädchen von 91,2 Jahren aus.

Außenwanderungen

Außenwanderungen bezeichnen den Saldo zwischen den Zuzügen nach Deutschland und den Auszügen aus Deutschland. Die Annahmen über Außenwanderungen sind sehr unsicher, da sie stark von wirtschaftlichen und politischen Einflüssen abhängen. Die 12. koordinierte Bevölkerungsvorausberechnung geht von folgenden zwei Annahmen zum künftigen Wanderungssaldo aus:
1. *Wanderungssaldo* von 100 000 ab 2014 (W1): Der kumulierte Wanderungsgewinn von 2009 bis 2060 beträgt 4,86 Mio. Menschen.
2. *Wanderungssaldo* von 200 000 ab 2020 (W2): Der kumulierte Wanderungsgewinn von 2009 bis 2060 beträgt 9,36 Mio. Menschen.

Tabelle 5.3-2 zeigt die zwölf Varianten der 12. koordinierten Bevölkerungsvorausberechnung im Überblick. Die 12. koordinierte Bevölkerungsvorausberechnung kommt in der Zusammenfassung zu folgenden Ergebnissen:
- In Deutschland lebten Ende 2008 ca. 82 Mio. Menschen. Unter Annahme der Variante 1-W1 wird die Bevölkerungszahl bis 2060 auf 65 Mio. Menschen und unter der Annahme der Variante 1-W2 auf 70 Mio. Menschen zurückgehen. Neben dem Absinken der absoluten Bevölkerungszahl wird es zu Verschiebungen im Verhältnis der einzelnen Altersgruppen zueinander kommen. Die Bevölkerung der unter 65-Jährigen wird schrumpfen, die Zahl der über 65-Jährigen wachsen. Im Jahre 2008 bestand die Bevölkerung zu 20 % aus 65-Jährigen und älteren Menschen, dagegen werden im Jahr 2060 34 % der Bevölkerung das 65. Lebensjahr vollendet haben.
- Die Bevölkerungsgruppe im Erwerbsalter von 20–65 Jahren wird deutlich altern und schrumpfen. Aktuell befinden sich 50 Mio. Menschen in dieser Altersgruppe, bis zum Jahr 2060 wird diese Zahl auf ca. 36 Mio. Menschen (Wanderungssaldo 200 000) und auf 33 Mio. Menschen (Wanderungssaldo 100 000) im Erwerbsalter zurückgehen.
- Im Jahr 2008 standen 100 erwerbstätigen Personen 34 Menschen im Alter von über 65 Jahren gegenüber. Diese als Altenquotient bezeichnete Relation wird in Abhängigkeit der unterschiedlichen Annahmen zum Wanderungssaldo im Jahr 2060 auf 63 bis 67 ansteigen. Darüber hinaus zeigen die Statisti-

Tabelle 5.3-2: Die zwölf Varianten der 12. koordinierte Bevölkerungsvorausberechnung (Quelle: Statistisches Bundesamt, 2009)

Jährlicher Außenwanderungssaldo: allmählicher Anstieg auf jährlichen Saldo von 100 000 Personen ab 2014 (W1)			Zusammengefasste Geburtenziffer (Kinder je Frau)		
			annähernde Konstanz bei 1,4 (G1)	leichter Anstieg ab 2025: 1,6 (G2)	langfristiger Rückgang 2060: 1,2 (G3)
Lebenserwartung Neugeborener im Jahr 2060					
männlich:	85,0	Basisannahme	Variante 1-W1 „mittlere" Bevölkerung, Untergrenze	Variante 3-W1	Variante 5-W1
weiblich:	89,2	(L1)			
männlich:	87,7	starker Anstieg	Variante 2-W1	Variante 4-W1	Variante 6-W1 „relativ alte Bevölkerung"
weiblich:	91,2	(L2)			
Jährlicher Außenwanderungssaldo: allmählicher Anstieg auf jährlichen Saldo von 200 000 Personen ab 2020 (W2)			Zusammengefasste Geburtenziffer (Kinder je Frau)		
			annähernde Konstanz bei 1,4 (G1)	leichter Anstieg ab 2025: 1,6 (G2)	langfristiger Rückgang 2060: 1,2 (G3)
Lebenserwartung Neugeborener im Jahr 2060					
männlich:	85,0	Basisannahme	Variante 1-W2 „mittlere" Bevölkerung, Obergrenze	Variante 3-W2 „relativ junge" Bevölkerung	Variante 5-W2
weiblich:	89,2	(L1)			
männlich:	87,7	hoher Anstieg	Variante 2-W2	Variante 4-W2	Variante 6-W2
weiblich:	91,2	(L2)			

schen Ämter des Bundes und der Länder in einer 2011 herausgegebenen Studie zur Bevölkerungs- und Haushaltsentwicklung im Bund und in den Ländern deutliche regionale Unterschiede im Bundesgebiet auf. Die prognostizierten Altenquotienten 2030 liegen demnach in den alten Bundesländer zwischen 38 (Hamburg) und 59 (Saarland), im Vergleich dazu werden für die neuen Bundesländer Altenquotienten zwischen 65 (Sachsen) und 71 (Sachsen-Anhalt) prognostiziert. (Statistische Ämter des Bundes und der Länder, 2011)

Der starke Anstieg der Zahl älterer Menschen wird, trotz insgesamt rückläufiger Bevölkerungszahlen, zukünftig auch zu einer deutlichen Zunahme der Zahl der pflegebedürftigen Menschen führen. Die Hochrechnung der Statistischen Ämter des Bundes und der Länder, die auf der Untergrenze der mittleren Bevölkerungsentwicklung der 12. koordinierten Bevölkerungsvorausberechnung basiert, kommt unter der Annahme gleichbleibender Pflege- und Behandlungsquoten (Status-quo-Szenario) nach Altersgruppen sowie sinkender Pflege- und Behandlungsquoten (sinkende Pflegequoten) innerhalb der Altersgruppe bei steigender Lebenserwartung zu den nachstehenden zwei Szenarien der Abbildung 5.3-1.

Beim Status-quo-Szenario wird der Anteil der pflegebedürftigen Menschen an der Gesamtbevölkerung im Jahre 2020 3,6 % und im Jahre 2030 bereits 4,4 % betragen (Statistische Ämter des Bundes und der Länder, 2010).

5.3.2.2
Pflegestatistik 2013

Das Statistische Bundesamt veröffentlicht seit Dezember 1999 alle 2 Jahre eine Pflegestatistik, die Aussagen zu den Pflegebedürftigen, zur Situation in den ambulanten Pflegediensten sowie

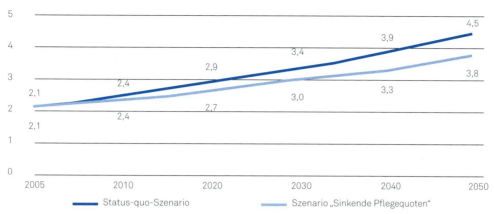

Abbildung 5.3-1: Pflegebedürftige insgesamt in Deutschland von 2005 bis 2050 (in Mio) – Vergleich zwischen Status-quo-Szenario und Szenario „Sinkende Pflegequoten" (Quelle: Statistische Ämter des Bundes und der Länder, 2010: 28)

zur Situation in den stationären Pflegeeinrichtungen trifft. Im Folgenden werden die Ergebnisse der „Pflegestatistik 2013 – Pflege im Rahmen der Pflegeversicherung – Deutschlandergebnisse", die sich im Rahmen dieses Abschnitts auf die stationären Pflegeeinrichtungen beziehen, dargestellt (Statistisches Bundesamt, 2015). Zum Erhebungszeitpunkt der Statistik im Dezember 2013 waren in Deutschland 2,6 Mio. Menschen gemäß den Pflegebedürftigkeitskriterien des SGB XI pflegebedürftig. Insgesamt wurden 1,86 Mio. Menschen (71 %) zu Hause betreut; 764 000 pflegebedürftige Menschen (29 %) wurden in 13 000 Pflegeheimen mit 685 000 Beschäftigen betreut. Insgesamt war zwischen 2011 und 2013 ein Anstieg der in Heimen vollstationär versorgten Menschen in Höhe von 2,9 % zu beobachten. Der Frauenanteil in den stationären Pflegeeinrichtungen betrug 73 % und ca. 50 % der Heimbewohner waren 85 Jahre und älter. Die höchsten Pflegequoten, die den Anteil der pflegebedürftigen Menschen an der jeweiligen Bevölkerungsgruppe ausdrücken, werden bei der Gruppe der 85- bis unter 90-Jährigen in Höhe von 38,2 % und in der Gruppe der über 90-Jährigen in Höhe von 64,4 % ausgewiesen. Im Zeitraum von 1999 bis 2013 ist die Zahl der in stationären Pflegeeinrichtungen betreuten Personen um 35,8 % gestiegen, insgesamt hat die professionelle stationäre Pflege deutlich an Bedeutung zugenommen. Im Dezember 2013 gab es bundesweit 13 030 zugelassene voll- bzw. teilstationäre Pflegeeinrichtungen, davon 10 949 Pflegeeinrichtungen mit vollstationärer Dauerpflege. Den weiteren stationären Pflegeeinrichtungen waren Leistungen wie z. B. „Betreutes Wohnen", „Altenheim – Altenwohnheim", „Ambulante Dienste" oder andere Sozialleistungen angegliedert. Mit 54,2 % befand sich der größte Anteil der stationären Pflegeeinrichtungen in freigemeinnütziger Trägerschaft. Tabelle 5.3-3 gibt einen Überblick über die Trägerschaft der stationären Pflegeeinrichtungen.

Durchschnittlich betreute eine stationäre Pflegeeinrichtung 63 pflegebedürftige Menschen. Die Anzahl aller verfügbaren Plätze betrug insgesamt 902 882. Davon wurden 847 705 Plätze in der Dauerpflege, 11 051 Plätze in der Kurzzeitpflege, 43 562 Plätze in der Tagespflege

Tabelle 5.3-3: Pflegestatistik 2013 – Trägerschaft der stationären Pflegeeinrichtungen (Quelle: Statistisches Bundesamt, 2015)

Trägerschaft	BRD	
	absolut	[%]
Private Trägerschaft	5349	41,05
Freigemeinnützige Trägerschaft	7063	54,21
Öffentliche Träger	618	4,74
Gesamt	**13 030**	**100,00**

und 564 Plätze in der Nachtpflege vorgehalten. Im Bereich der vollstationären Dauerpflege betrug der durchschnittliche Pflegesatz je Kalendertag in der Pflegeklasse I 46,51 Euro, in der Pflegeklasse II 61,69 Euro und in der Pflegeklasse III 77,80 Euro. Das durchschnittliche Entgelt für Unterkunft und Verpflegung betrug 21,43 Euro je Kalendertag. Darüber hinaus werden die gesondert berechenbaren Investitionsaufwendungen und Ausgaben für Zusatzleistungen berechnet. Insgesamt wurden in den voll- und teilstationären Angeboten 821 647 Pflegebedürftige versorgt, davon 764 431 pflegebedürftige Menschen im Rahmen der vollstationären Versorgung und 57 216 im Rahmen der teilstationären Versorgung. Tabelle 5.3-4 zeigt die Pflegestufenverteilung in stationären Pflegeeinrichtungen.

In den stationären Pflegeeinrichtungen waren 685 447 Beschäftigte aus den unterschiedlichen Berufsgruppen in der Pflege und Versorgung der Bewohner tätig. Die größte Berufsgruppe stellte die Pflege und Betreuung mit 65,8 %, gefolgt von der Hauswirtschaft mit 16,7 %. Die soziale Betreuung wurde von 4,2 % und die zusätzliche Betreuung nach § 87b SGB XI von 4,1 % der Beschäftigten wahrgenommen. Tabelle 5.3-5 zeigt das in stationären Pflegeeinrichtungen eingesetzte Personal nach Tätigkeitsbereichen.

Arbeitsverhältnisse in stationären Pflegeeinrichtungen sind in der Regel gekennzeichnet durch einen sehr geringen Anteil von Vollzeitkräften (29,7 %) und eine Vielzahl von Mitarbeitenden in Teilzeitmodellen (52,5 %). Tabelle 5.3-6 gibt einen Überblick über die Art der Beschäftigungsverhältnisse in stationären Pflegeeinrichtungen. Definitionen verschiedener Formen der Pflege finden sich in Tabelle 5.3-7.

Tabelle 5.3-5: Pflegestatistik 2013 – Personal in stationären Pflegeeinrichtungen nach Tätigkeitsbereichen (Quelle: Statistisches Bundesamt, 2015)

Tätigkeitsbereiche	BRD	
	absolut	[%]
Pflege und Betreuung	450 794	65,8
Soziale Betreuung	28 710	4,2
Zusätzliche Betreuung (§ 87b SGB XI)	27 864	4,1
Hauswirtschaft	114 642	16,7
Haustechnik	16 005	2,3
Verwaltung/Geschäftsführung	36 418	5,3
Sonstige Bereiche	11 014	1,6
Gesamt	**685 447**	**100,0**

Tabelle 5.3-4: Pflegestatistik 2013 – Pflegebedürftige in stationären Pflegeeinrichtungen nach Pflegestufen (Quelle: Statistisches Bundesamt, 2015)

Pflegestufenzuordnung	BRD	
	absolut	[%]
Pflegestufe I	316 732	38,55
Pflegestufe II	326 942	39,79
Pflegestufe III	163 485	19,90
Bisher ohne Zuordnung	14 488	1,76
Gesamt	**821 647**	**100,00**

Tabelle 5.3-6: Pflegestatistik 2013 – Darstellung der Beschäftigungsverhältnisse in stationären Pflegeeinrichtungen (Quelle: Statistisches Bundesamt, 2015)

Beschäftigungsverhältnis	BRD	
	absolut	[%]
Vollzeitbeschäftigt	203 715	29,7
Teilzeitbeschäftigt > 50 %	257 795	37,6
Teilzeitbeschäftigt < 50 % und > geringfügig beschäftigt	101 891	14,9
geringfügig beschäftigt	64 486	9,4
Auszubildende, (Um-)Schüler	48 320	7,0
Helfer im freiwilligen sozialen Jahr	3 445	0,5
Helfer im Bundesfreiwilligendienst	2 678	0,4
Praktikant außerhalb einer Ausbildung	3 117	0,5
Gesamt	**685 447**	**100,0**

Tabelle 5.3-7: Begriffsbestimmungen (Quelle: Eigenerstellung)

Begriff	Rechtsgrundlage	Anmerkungen
Stationäre Pflegeeinrichtung (Pflegeheim)	§ 71 Abs. 2 SGB XI	Stationäre Pflegeeinrichtungen (Pflegeheime) sind selbstständig wirtschaftende Einrichtungen, in denen Pflegebedürftige unter ständiger Verantwortung einer ausgebildeten Pflegefachkraft gepflegt werden, ganztägig (vollstationär) oder nur tagsüber oder nur nachts (teilstationär) untergebracht und verpflegt werden können.
Vollstationäre Pflege	§ 43 SGB XI	Pflegebedürftige haben Anspruch auf Pflege in vollstationären Einrichtungen, wenn häusliche oder teilstationäre Pflege nicht möglich ist oder wegen der Besonderheit des einzelnen Falls nicht in Betracht kommt.
Kurzzeitpflege	§ 42 SGB XI	Kurzzeitpflege kommt in Betracht, wenn vorübergehend häusliche oder teilstationäre Pflege nicht möglich oder nicht ausreichend ist. Der Anspruch auf Kurzzeitpflege ist auf vier Wochen pro Kalenderjahr beschränkt.
Tages- und Nachtpflege	§ 41 SGB XI	Pflegebedürftige haben Anspruch auf teilstationäre Pflege in Einrichtungen der Tages- und Nachtpflege, wenn häusliche Pflege nicht in ausreichendem Umfang sichergestellt werden kann oder wenn dies zur Ergänzung oder Stärkung der häuslichen Pflege erforderlich ist. Die Tages- und Nachtpflege gehört zu den teilstationären Leistungen des SGB XI.
Betreutes Wohnen	Die Anwendung des Bundesheimgesetzes bzw. der Landesheimgesetze ist zu prüfen.	Der Gesetzgeber verzichtet auf eine Definition für „Betreutes Wohnen". „Es handelt sich beim ‹Betreuten Wohnen› um unterschiedliche Wohnformen, die einer dynamischen Entwicklung unterliegen und die einer Definition schwer zugänglich sind." (Bundestags-Drucksache 14/5399: 19). Das Angebot umfasst die Vermietung von Wohnraum und ggf. geringfügige Betreuungs-, Standard- und Vermittlungsleistungen. Notwendige Leistungen der Pflegeversicherung werden ambulant erbracht.

5.3.3 Gesetzliche Rahmenbedingungen für stationäre Pflegeeinrichtungen

5.3.3.1 Sozialgesetzbuch Elftes Buch – Soziale Pflegeversicherung

Zur sozialen Absicherung des Risikos der Pflegebedürftigkeit wurde am 01.01.1995 die **Soziale Pflegeversicherung** als neuer eigenständiger Zweig der Sozialversicherung gegründet. Grundsätzlich gilt, wer in der gesetzlichen Krankenversicherung versichert ist, gehört auch der sozialen Pflegeversicherung an. Träger der Pflegeversicherung sind die Pflegekassen. Privat Krankenversicherte sind verpflichtet, eine private Pflegeversicherung abzuschließen. Die Versicherten erwerben durch ihre Beitragszahlung einen Rechtsanspruch auf Hilfe aus der Pflegeversicherung, die einkommens- und vermögensunabhängig gewährt wird. Die Pflegeversicherung übernimmt dennoch nicht alle entstehenden Kosten im Rahmen der Pflegebedürftigkeit. Verfügen die Pflegebedürftigen oder die unterhaltspflichtigen Angehörigen nicht über ausreichende Eigenmittel, können zur individuellen Bedarfsdeckung ergänzende Leistungen der Sozialhilfe in Anspruch genommen werden. Seit Einführung der Pflegeversicherung ist die pflegebedingte Inanspruchnahme der Sozialhilfe deutlich rückläufig. Die Akzeptanz der Pflegeversicherung in der Bevölkerung ist sehr hoch. Pflegebedürftige sowie Angehörige bewerten die durch die Pflegeversicherung eingetretenen Veränderungen überwiegend positiv. Der Pflegebericht der Bundesregierung, der im Abstand von 4 Jahren veröffentlicht wird, gibt über die Entwicklung der Pflegeversicherung und den Stand der pflegerischen Versorgung Auskunft. (Bundesministerium für Gesundheit und Soziale Sicherung, 2004; Bundesministerium für Gesundheit 2008, 2011). Das Regelungssystem des Pflegeversicherungsgesetzes ist in 14 Kapitel unterteilt und wird in Tabelle 5.3-8 vorgestellt.

An weiteren ergänzenden Verordnungen sind zu berücksichtigen:
1. Verordnung über die Rechnungs- und Buchführungspflichten der Pflegeeinrichtungen (Pflege-Buchführungsverordnung)
2. Verordnung zur Durchführung einer Bundesstatistik über Pflegeeinrichtungen sowie über die häusliche Pflege (Pflegestatistik-Verordnung).

Darüber hinaus sind neben dem SGB XI die nachstehenden Richtlinien von Bedeutung:
1. Richtlinien der Spitzenverbände der Pflegekassen über die Abgrenzung der Merkmale der Pflegebedürftigkeit und der Pflegestufen sowie zum Verfahren der Feststellung der Pflegebedürftigkeit (Pflegebedürftigkeits-Richtlinien – PflRi)
2. Richtlinien zur Feststellung von Personen mit erheblich eingeschränkter Alltagskompetenz und zur Bewertung des Hilfebedarfs
3. Richtlinien der Spitzenverbände der Pflegekassen zur Anwendung der Härtefallregelungen (Härtefall-Richtlinien – HRi)
4. Richtlinien der Spitzenverbände der Pflegekassen zur Begutachtung von Pflegebedürftigkeit nach dem XI. Buch des Sozialgesetzbuchs (Begutachtungs-Richtlinien – BRi)
5. Richtlinie nach § 87b Abs. 3 SGB XI zur Qualifikation und zu den Aufgaben von zusätzlichen Betreuungskräften in stationären Pflegeeinrichtungen (Betreuungskräfte-Ri).

Ziel des Pflegeversicherungsgesetzes ist die Sicherung und Verbesserung der Wirtschaftlichkeit und der Qualität der Leistungen in der Pflege. Die gesetzliche Verpflichtung zur Qualitätssicherung wurde gemäß § 80 SGB XI festgelegt und in Form der „Gemeinsamen Grundsätze und Maßstäbe zur Qualität und Qualitätssicherung einschließlich des Verfahrens zur

Tabelle 5.3-8: Inhalte des Sozialgesetzbuchs Elftes Buch – Soziale Pflegeversicherung (Quelle: Sozialgesetzbuch Elftes Buch – Soziale Pflegeversicherung)

Kapitel	Paragraph	Bezeichnung
1	1–13 SGB XI	Allgemeine Vorschriften
2	14–19 SGB XI	Leistungsberechtigter Personenkreis
3	20–27 SGB XI	Versicherungspflichtiger Personenkreis
4	28–45f SGB XI	Leistungen der Pflegeversicherung
5	46–53b SGB XI	Organisation
6	54–68 SGB XI	Finanzierung
7	69–81 SGB XI	Beziehungen der Pflegekassen zu den Leistungserbringern
8	82–92c SGB XI	Pflegevergütung
9	93–109 SGB XI	Datenschutz und Statistik
10	110–111 SGB XI	Private Pflegeversicherung
11	112–120 SGB XI	Qualitätssicherung, sonstige Regelungen zum Schutz der Pflegebedürftigen
12	121–125 SGB XI	Bußgeldvorschrift
13	126–130 SGB XI	Zulagenförderung der privaten Pflegevorsorge
14	131–139 SGB XI	Bildung eines Pflegevorsorgefonds

Durchführung von Qualitätsprüfungen nach § 80 SGB XI" verankert. Das Gesetz zur Qualitätssicherung und zur Stärkung des Verbraucherschutzes in der Pflege (Pflege-Qualitätssicherungsgesetz [PQsG] vom 09.09.2001, BGBl. I: 2320) ist am 01.01.2002 in Kraft getreten. Ziele des PQsG sind:
- Sicherung und Weiterentwicklung der Pflegequalität
- Stärkung der Eigenverantwortung der Pflegeeinrichtung und der Verbraucherrechte
- Förderung der Zusammenarbeit zwischen dem Medizinischen Dienst der Krankenkassen und der Heimaufsicht.

Das Gesetz zur strukturellen Weiterentwicklung der Pflegeversicherung (Pflege-Weiterentwicklungsgesetz vom 28.05.2008, BGBl. I: 874) ist zum 01.07.2008 in Kraft getreten. Ziele des Pflege-Weiterentwicklungsgesetzes beziehen sich sowohl auf die Verbesserung der Situation der Pflegebedürftigen und deren Angehörigen, der Beschäftigten sowie auf die Situation der stationären Pflegeeinrichtungen. Zu den wichtigsten Neuerungen gehören:
- Einrichtung von Pflegestützpunkten nach § 92c SGB XI
- Pflegeberatung nach § 7a SGB XI
- Einführung einer Pflegezeit für Arbeitnehmerinnen und Arbeitnehmer
- zusätzliche Leistungen für Menschen mit erheblich eingeschränkter Alltagskompetenz (§§ 45a und 45b SGB XI)
- Vergütungszuschläge für Pflegebedürftige mit erheblichem allgemeinem Betreuungsbedarf nach § 87b SGB XI
- Rückstufung in eine niedrigere Pflegestufe nach § 87a Abs. 4 SGB XI
- Gesamtversorgungsvertrag nach § 72 Abs. 2 SGB XI
- Verträge mit Einzelpflegekräften nach § 77 SGB XI
- ambulante Behandlung in stationären Pflegeeinrichtungen nach § 119b SGB V.

Die Finanzierung erfolgt durch die Anhebung des Beitragssatzes der Pflegeversicherung zum 01.07.2008 um 0,25 Prozentpunkte auf 1,95 %. Dieser Satz erhöht sich als Beitragszuschlag für Kinderlose um weitere 0,25 Beitragssatzpunkte. Die Pflegeversicherung hat insgesamt durch die Maßnahmen des Pflege-Weiterentwicklungsgesetzes hohe Zustimmung erhalten. Es besteht Weiterentwicklungsbedarf, zum Beispiel hinsichtlich der Einführung eines neuen Pflegebedürftigkeitsbegriffs sowie der Entwicklung einer nachhaltigen Finanzierung der Pflegeversicherung. Das Gesetz zur Neuausrichtung der Pflegeversicherung (Pflege-Neuausrichtungs-Gesetz [PNG] vom 23.10.2012, BGBl. I: 2246) ist am 30.10.2012 in Kraft getreten. Die Schwerpunktthemen des Gesetzes betreffen neben den Leistungsverbesserungen für Menschen mit Demenz die Stärkung des ambulanten Sektors durch zum Beispiel Finanzierung neuer Wohnformen, die Förderung des Grundsatzes „Rehabilitation vor Pflege" sowie die Förderung des ehrenamtlichen Engagements. Darüber hinaus werden die Optimierung der medizinischen Versorgung in Heimen sowie die Verbesserung der Dienstleistungsorientierung des Medizinischen Dienstes angestrebt. Im PNG wird die staatliche Förderung der privaten Pflegevorsorge geregelt. Die Finanzierung der zusätzlichen Leistungen erfolgt durch die Anhebung des Beitragssatzes der Pflegeversicherung um 0,1 Prozentpunkte auf 2,05 %. Dieser Satz erhöht sich als Beitragszuschlag für Kinderlose um weitere 0,25 Beitragssatzpunkte. Mittelfristig sind weitere Beitragssatzerhöhungen prognostiziert (Sachverständigenrat zur Begutachtung der gesamtwirtschaftlichen Entwicklung, 2012). Insgesamt ist das PNG deutlich hinter den Erwartungen zurückgeblieben. Positiv sind die Leistungsverbesserungen für Menschen mit Demenz zu bewerten. Die Hauptkritikpunkte beziehen sich auf die:
- Nichteinführung des neuen Pflegebedürftigkeitsbegriffs
- fehlende Weiterentwicklung der Finanzierung der Pflegeversicherung
- mangelnde Berücksichtigung der stationären Pflegeeinrichtungen.

Die Bundesregierung arbeitet in der neuen Legislaturperiode an der Weiterentwicklung der Pflegeversicherung (Koalitionsvertrag zwischen CDU, CSU und SPD, 18. Legislaturperiode, Bundesministerium für Gesundheit, 2014b). Das Bundeskabinett hat am 28.05.2014 den Gesetzesentwurf der Bundesregierung für ein Fünftes Gesetz zur Änderung des Elften Buchs Sozialgesetzbuch – Leistungsausweitung für Pflegebedürftige, Pflegevorsorgefonds (Fünftes SGB XI-Änderungsgesetz – 5. SGB XI-ÄndG, Pflegestärkungsgesetz 1) beschlossen (Bundesministerium für Gesundheit, 2014d). Der Deutsche Bundestag hat am 17.10.2014 in zweiter und dritter Lesung das Erste Gesetz zur Stärkung der pflegerischen Versorgung und zur Änderung weiterer Vorschriften (Erstes Pflegestärkungsgesetz – PSG I) beschlossen. Die Billigung des Gesetzes durch den Bundesrat erfolgte am 07.11.2014 (Deutscher Bundestag, 2014a bis c). Das PSG I (Erstes Gesetz zur Stärkung der pflegerischen Versorgung und zur Änderung weiterer Vorschriften vom 17.10.2014, BGBl. I: 2222) ist am 01.01.2015 in Kraft getreten und verfolgt schwerpunktmäßig die Zielsetzungen:

- Erhöhung der Leistungsbeträge der Pflegeversicherung
- Stärkung der häuslichen Pflege (z. B. Ausbau und Kombination der Kurzzeit- und Verhinderungspflege und der Tages- und Nachtpflege
- Zuschuss zu Umbaumaßnahmen
- Ausweitung der niedrigschwelligen Betreuungs- und Entlastungsangebote)
- Verbesserung der Vereinbarkeit von Pflege, Familie und Beruf.

Darüber hinaus wird durch den Aufbau eines Vorsorgefonds eine langfristige Stabilisierung der Beitragsentwicklung angestrebt. Zum 01.01.2015 steigt der Beitragssatz um 0,3 % auf 2,35 % und für Kinderlose auf 2,6 %. Die Pflegebedürftigen in stationären Pflegeeinrichtungen erhalten ebenfalls erhöhte Leistungsbeträge aus der Pflegeversicherung. Darüber hinaus werden die zusätzlichen Betreuungskräfte in den stationären Pflegeeinrichtungen durch Verbesserung des Betreuungsschlüssels von 1 : 24 auf 1 : 20 aufgestockt, gleichzeitig steht die zusätzliche Betreuung und Aktivierung allen Anspruchsberechtigten zu. Schwerpunkte des zweiten Pflegestärkungsgesetzes, das noch in dieser Wahlperiode verabschiedet werden soll, werden die Einführung des neuen Pflegebedürftigkeitsbegriffs und das neue Begutachtungsverfahren sein. Die Finanzierung soll über eine weitere Erhöhung des Beitragssatzes um 0,2 % erfolgen. Ergänzende Aspekte des Pflege-Weiterentwicklungsgesetzes, des Pflege-Neuausrichtungsgesetzes und des PSG I zu den Themen „Qualität" und „Finanzierung" werden in Kapitel 5.3.4 und 5.3.5 dargestellt.

5.3.3.2
Heimrecht

Im Jahre 1974 wurde das Heimgesetz als „Gesetz über Altenheime, Altenwohnheime und Pflegeheime für Volljährige" im Bundestag verabschiedet. In der Fassung der Bekanntmachung vom 05.11.2001 erfuhr das Heimgesetz eine grundlegende Änderung. Auf der Grundlage des Heimgesetzes wurden folgende vier Rechtsverordnungen erlassen, die Aussagen zu Mindeststandards von Heimen im Sinne des Heimgesetzes treffen:

1. *Heimsicherungsverordnung (HeimsicherungsV):* Verordnung über die Pflichten der Träger von Altenheimen, Altenwohnheimen und Pflegeheimen für Volljährige im Falle der Entgegennahme von Leistungen zum Zwecke der Unterbringung eines Bewohners oder Bewerbers. Die Heimsicherungsverordnung ist zum 01.10.2009 außer Kraft getreten.
2. *Heimmindestbauverordnung (HeimMindBauV):* Verordnung über bauliche Mindestanforderungen für Altenheime, Altenwohnheime und Pflegeheime für Volljährige
3. *Heimmitwirkungsverordnung (HeimmwV):* Verordnung über die Mitwirkung der Bewohnerinnen und Bewohner in Angelegenheiten des Heimbetriebs
4. *Heimpersonalverordnung (HeimPersV):* Verordnung über personelle Anforderungen für Heime.

Das Heimgesetz findet Anwendung für die Einrichtungen, die ältere Menschen, pflegebedürftige Menschen oder behinderte Volljährige aufnehmen und ihnen Wohnraum überlassen sowie Betreuung und Verpflegung zur Verfügung stellen oder vorhalten. Zu den wesentlichen Aufgaben gehören, neben der Sicherung der Rechte der Heimbewohner, dem Schutz der Würde sowie der Wahrung und Förderung der Selbstständigkeit, Selbstbestimmung und Selbstverantwortung auch die Sicherung der Mitwirkung der Bewohner. Gleichzeitig regelt es die Rechte und Pflichten der zuständigen Behörden, Träger und Verbände, der Pflegekassen, des Medizinischen Dienstes der Krankenkassen und der Träger der Sozialhilfe. Im Rahmen der am 01.09.2006 in Kraft getretenen Föderalismusreform wurde die Gesetzgebungskompetenz für die ordnungsrechtlichen Vorschriften des Heimrechts auf die Länder übertragen. Für die Bundesländer, die noch kein eigenes Landesheimgesetz und die dazugehörenden Rechtsverordnungen erlassen haben, gelten die ordnungsrechtlichen Vorschriften des Bundesheimgesetzes und die oben genannten Rechtsverordnungen weiter. Die Bundesarbeitsgemeinschaft der Freien Wohlfahrtspflege hat auf ihrer Internetseite eine Übersicht zu den Gesetzgebungsverfahren der Länder veröffentlicht (BAGFW, 2013). Die zivilrechtlichen Vorschriften des Heimgesetzes werden in einem eigenen Gesetz, dem „Gesetz zur Regelung von Verträgen über Wohnraum mit Pflege- oder Betreuungsleistungen" (Wohn- und Betreuungsvertragsgesetz [WBVG] vom 29.07.2009, BGBl. I: 2319) neu geregelt. Mit diesem Gesetz werden die vertragsrechtlichen Vorschriften des Heimgesetzes (§§ 5–9 HeimG, § 14 Abs. 2 Nr. 4, Abs. 4, Abs. 7 und Abs. 8 HeimG) abgelöst. Das WBVG ist zum 01.10.2009 in Kraft getreten. Das Gesetz stärkt als modernes Verbraucherschutzgesetz die Rechte älterer, pflegebedürftiger und behinderter Menschen in Bezug auf den Abschluss von Verträgen über die Überlassung von Wohnraum und die Erbringung von Pflege- oder Betreuungsleistungen. Die gesetzlichen Vorgaben des WBVG sind bei der Gestaltung der Wohn- und Betreuungsverträge, die zwischen dem Bewohner und der Einrichtung geschlossen werden, einzuhalten. Im Folgenden werden ausgewählte Inhalte des WBVG im Überblick vorgestellt. Gemäß § 1 WBVG findet dieses Gesetz bei Verträgen zwischen einem Unternehmer und einem volljährigen Verbraucher Anwendung, indem sich der Unternehmer zur Überlassung von Wohnraum sowie zur Erbringung von Pflege- oder Betreuungsleistungen verpflichtet, die der Bewältigung eines durch Alter, Pflegebedürftigkeit oder Behinderung bedingten Hilfebedarfs dienen. Das Gesetz findet keine Anwendung, wenn der Vertrag neben der Überlassung von Wohnraum ausschließlich die Erbringung von allgemeinen Unterstützungsleistungen beinhaltet. Gemäß § 1 Abs. 2 Nr. 1–3 WBVG findet das Gesetz ebenfalls Anwendung, wenn die Wohnraumüberlassung und die Pflege- und Betreuungsleistungen in verschiedenen Verträgen geregelt sind, diese jedoch miteinander verkoppelt sind.

Zur Stärkung des Verbraucherschutzes konkretisiert § 3 WBVG die vorvertragliche Informationsverpflichtung des Unternehmers. Der Unternehmer ist verpflichtet, dem Verbraucher rechtzeitig vor Vertragsabschluss Informationen in Textform und in leicht verständlicher Sprache über sein allgemeines Leistungsangebot nach § 3 Abs. 2 Nr. 1–3 WBVG zur Verfügung zu stellen, zum Beispiel in Form eines Hausprospektes mit den folgenden Ausführungen:
- Ausstattung und Lage des Gebäudes, in dem sich der Wohnraum befindet, Beschreibung der zur gemeinschaftlichen Nutzung bestimmten Gemeinschaftsräume
- Darstellung der im allgemeinen Leistungsangebot generell zur Verfügung stehenden Leistungen nach Art, Inhalt und Umfang (z. B. Pflege- und Betreuungsleistungen, Leistungen der Hauswirtschaft, Freizeitangebote, medizinische Versorgung)
- Ergebnisse der Qualitätsprüfungen.
- Des Weiteren hat der Unternehmer den Verbraucher über die in Betracht kommenden Leistungen nach § 3 Abs. 3 Nr. 1–5 WBVG zu informieren. Hierzu gehören:
  - Darstellung des Wohnraums, der Pflege- und Betreuungsleistungen, ggf. der Verpflegung sowie weiterer Leistungen nach Art, Inhalt und Umfang
  - Leistungskonzept, das den Pflege- und Betreuungsleistungen zugrunde liegt
  - Entgelte für Pflege- und Betreuungsleistungen, Unterkunft und Verpflegung, Investitionskosten und Gesamtentgelt

- Voraussetzungen für Leistungs- und Entgeltveränderungen
- Umfang und Folgen eines Ausschlusses der Angebotspflicht nach § 8 Abs. 4 WBVG (z.B. pflegebedingter Wechsel in eine andere Einrichtung). (Rasch, 2012)

Der Vertrag wird nach § 4 Abs. 1 WBVG auf unbestimmte Zeit geschlossen, um dem Verbraucher ein Gefühl von Sicherheit zu vermitteln (Rasch, 2012). Eine Befristung ist zulässig, wenn sie den Interessen des Verbrauchers nicht widerspricht. Das Vertragsverhältnis endet mit dem Tod des Verbrauchers (§ 4 Abs. 3 WBVG). Eine Fortgeltung des Vertrags kann für die Überlassung des Wohnraums vereinbart werden, sofern ein Zeitraum von 2 Wochen nach dem Sterbetag des Verbrauchers nicht überschritten wird und das geschuldete Entgelt um den Wert der ersparten Aufwendungen des Unternehmers ermäßigt wird. Dagegen endet die Zahlungspflicht des Heimbewohners bzw. des Kostenträgers mit dem Tag an dem der Heimbewohner aus dem Heim entlassen wird oder verstirbt (§ 87a Abs. 1 Satz 2 SGB XI, Rasch, 2012). Gemäß § 6 Abs. 1 WBVG ist der Vertrag schriftlich abzuschließen und muss nach § 6 Abs. 3 WBVG mindestens die Leistungen des Unternehmers nach Art, Inhalt und Umfang einzeln beschreiben, die jeweils zu zahlenden Entgelte und die Informationen des Unternehmers nach § 3 WBVG benennen und mögliche Abweichungen von diesen vorvertraglichen Informationen gesondert kenntlich machen. Zu den Leistungspflichten des Unternehmers gehört gemäß § 7 Abs. 1 WBVG neben der Überlassung und Erhaltung des Wohnraums in einem zum vertragsgemäßen Gebrauch geeigneten Zustand, die Erbringung der vertraglich vereinbarten Pflege- und Betreuungsleistungen nach dem allgemein anerkannten Stand fachlicher Erkenntnisse. Der Verbraucher hat gemäß § 7 Abs. 2 WBVG das vereinbarte Entgelt zu zahlen. Für Verbraucher, die Leistungen nach dem Elften Sozialgesetzbuch in Anspruch nehmen, gilt die festgelegte Höhe des Entgelts nach dem Siebten und Achten Kapitel des SGB XI als vereinbart und angemessen. In Verträgen mit Verbrauchern, die Leistungen nach dem Zwölften Sozialgesetzbuch erhalten, gilt die festgelegte Höhe des Entgelts aufgrund des Zehnten Kapitels des SGB XII als vereinbart und angemessen. Der Unternehmer ist gemäß § 7 Abs. 3 WBVG verpflichtet, das Entgelt und die Entgeltbestandteile für den Verbraucher nach einheitlichen Grundsätzen zu bemessen. Zwei Ausnahmen werden für den Bereich der Investitionskosten zugelassen:

- bei öffentlicher Förderung von betriebsnotwendigen Investitionsaufwendungen bezogen auf einen Teil der Einrichtung (§ 7 Abs. 3 Satz 2 WBVG)
- oder sofern Vergütungsvereinbarungen nach dem SGB XII über Investitionsbeträge oder gesondert berechenbare Investitionskosten getroffen wurden (§ 7 Abs. 3 Satz 3 WBVG).

Ist der Verbraucher länger als 3 Tage abwesend, besteht für den Unternehmer gemäß § 7 Abs. 5 WBVG die Verpflichtung, den Wert der dadurch ersparten Aufwendungen auf seinen Entgeltanspruch anrechnen zu lassen. In Verträgen mit Verbrauchern, die Leistungen nach dem SGB XI erhalten, ist der Erstattungsanspruch in § 87a Abs. 1 Satz 7 SGB XI geregelt. § 8 Abs. 1 WBVG regelt die Verpflichtung des Unternehmers, bei Änderung des Pflege- oder Betreuungsbedarfs eine Leistungsanpassung anzubieten. In Abhängigkeit von der Annahme durch den Verbraucher ändern sich Leistungsumfang und Entgelt. § 8 Abs. 2 WBVG bestimmt die Berechtigung des Unternehmers, den Vertrag bei Änderung des Pflege- oder Betreuungsbedarfs des Verbrauchers durch einseitige Erklärung anzupassen, sofern es sich um Verträge mit Verbrauchern handelt, die Leistungen nach dem SGB XI erhalten oder denen Hilfe in Einrichtungen nach dem SGB XII gewährt wird. Die Anpassung hat gemäß § 8 Abs. 3 WBVG durch eine schriftliche Gegenüberstellung der bisherigen und der angebotenen Leistungen und der dafür zu entrichtenden Entgelte zu erfolgen. Paragraph 8 Abs. 4 WBVG berechtigt den Unternehmer, die verpflichtende Vertragsanpassung durch eine gesonderte Vereinbarung mit dem Verbraucher bei Vertragsabschluss ganz oder teilweise auszuschließen. Die Ausschlussgründe müssen individuell erarbeitet und begründet werden und in Bezug auf die Leistungskonzeption den Leistungs- und Qualitätsmerkmalen der Einrichtung entsprechen (§ 84 Abs. 5 SGB XI; Hacke, 2010). Entgelterhöhungen kann der Unternehmer bei Änderung der Berechnungsgrundlage verlangen, sofern neben dem erhöhen Entgelt auch die Erhöhung angemessen ist (§ 9 Abs. 1 WBVG). Bei Verbrauchern, die Leistungen nach dem Elften Sozialgesetzbuch erhalten, gilt die festgelegte Höhe des Entgelts nach dem Siebten und Achten Kapitel des SGB XI als vereinbart und angemessen. In Verträgen mit Verbrauchern, die Leistungen nach dem Zwölften Sozialgesetzbuch erhalten, gilt die festgelegte Höhe des Entgelts aufgrund des Zehnten Kapitels des SGB XII als vereinbart und angemessen (§ 7 Abs. 2 WBVG). Die beabsichtige Entgelterhöhung ist dem Verbraucher schriftlich mitzuteilen und zu begründen. Der Verbraucher schuldet das erhöhte Entgelt frühestens 4 Wochen nach Zugang des begründeten Erhöhungsschreibens sowie der Möglichkeit zur Einsichtnahme in die Kalkulationsunterlagen (§ 9 Abs. 2 WBVG). Eine gesonderte Zustimmung ist aufgrund von § 15 WBVG bei Verträgen mit Personen, die Leistungen nach dem SGB XI oder SGB XII erhalten, nicht erforderlich (Rasch, 2012). Die §§ 11 und 12 WBVG regeln die Kündigung durch den Verbraucher und durch den Unternehmer.

5.3.4
Gesetzliche Qualitätsanforderungen an stationäre Pflegeeinrichtungen

5.3.4.1
Stand der Qualitätsdiskussion

Das Thema der Qualität in der Pflege ist seit Einführung der Pflegeversicherung hochaktuell und hat ständig an Bedeutung gewonnen. Die Diskussion um Qualität wird auch zukünftig das Geschehen in der Altenpflege prägen. Der Gesetzgeber formuliert seine Qualitätsforderungen in den maßgeblichen Gesetzestexten mit dem Ziel, die Versorgungsqualität pflegebedürftiger Menschen zu verbessern. Das Qualitätsmanagement wird in Einrichtungen und Verbänden zur Unternehmensphilosophie mit dem zentralen Ziel, die Qualität unter Berücksichtigung der Kundenwünsche zu sichern und weiterzuentwickeln. Gleichzeitig sind mit der Diskussion Rationalisierungsbestrebungen, Konzepte zur Stabilisierung der Zukunftsfähigkeit und die Erfüllung rechtlicher Anforderungen verbunden. Die Marktposition der stationären Pflegeeinrichtungen hängt vor dem Hintergrund zunehmenden Wettbewerbs in hohem Maße von der Qualität der Dienstleistung ab. Im Folgenden werden die Aufgabenschwerpunkte führender Organisationen in Bezug auf Qualitätsentwicklung und -sicherung in der Pflege vorgestellt. Das „Europäische Netzwerk für Qualitätssicherung in der Pflege" (EuroQUAN) wurde 1992 mit dem Ziel gegründet, Konzepte, Methoden und Instrumente der Qualitätsentwicklung auf europäischer Ebene zu diskutieren und weiterzuentwickeln. Die Fachhochschule Osnabrück hat im Jahre 1992 ebenfalls ein nationales Netzwerk aufgebaut. Das „Deutsche Netzwerk für Qualitätsentwicklung in der Pflege" (DNQP) als Zusammenschluss von Experten aus der Pflege setzt sich mit dem Thema der Qualitätsentwicklung in der Pflege auseinander, greift Probleme aus der Praxis auf und erarbeitet Lösungsvorschläge, die in der Praxis einer Eignungsprüfung unterzogen werden. Zu den zentralen Aufgabenschwerpunkten des Deutschen Netzwerks gehören regelmäßige Netzwerk-Workshops, Initiierung und Begleitung von Expertengruppen mit dem Ziel, Expertenstandards zu entwickeln, zu konsentieren und zu implementieren, Durchführung von Konsensus-Konferenzen und die Erstellung eines Netzwerkkatalogs (Gerste, 2002; DNQP, 2012). Das Kuratorium Deutsche Altershilfe (KDA) wurde 1962 gegründet und arbeitet wie das DNQP praxisorientiert. Gleichzeitig formuliert das KDA Forderungen an die Politik. Das KDA arbeitet mit den Spitzenverbänden der Freien Wohlfahrtspflege (Arbeiterwohlfahrt, Deutscher Caritasverband, Deutsches Rotes Kreuz, Deutscher paritätischer Wohlfahrtsverband, Diakonisches Werk der Evangelischen Kirche in Deutschland, Zentralwohlfahrtsstelle der Juden in Deutschland) zusammen. In den vergangenen Jahren hat das KDA Ratgeber zu unterschiedlichen Themenschwerpunkten, wie zum Beispiel „Wohnen im Heim" oder „Leben mit Demenz", herausgebracht. Als Alternative zu klassischen stationären Pflegeeinrichtungen befürwortet das KDA das Hausgemeinschaftsprinzip und sieht darin eine zentrale Qualitätsentwicklungsmaßnahme. Das KDA zeigt mit den KDA-Quartiershäusern eine Möglichkeit zur Neuorientierung für die stationäre Altenhilfe auf. Im Mittelpunkt der KDA-Quartiershäuser steht, neben der Schaffung der Privatsphäre, ein Leben in Gemeinschaft, das insgesamt die Lebensqualität der Bewohner erhöht (Gerste, 2002; KDA, 2013). Der „Runde Tisch Pflege" wurde von den Ressorts BMfSFJ und BMGS mit dem Ziel konzipiert, in unterschiedlichen Arbeitsgruppen konkrete Schritte zur Verbesserung der pflegerischen Versorgung zu entwickeln und der Praxis zur Verfügung zu stellen. Als Ergebnis des „Runden Tisches Pflege, Arbeitsgruppe II" wurden im September 2005 „Empfehlungen und Forderungen zur Verbesserung der Qualität in der stationären Betreuung und Pflege" veröffentlicht (DZA, 2005a). Zum gleichen Zeitpunkt wurde das Ergebnis des „Runden Tisches Pflege, Arbeitsgruppe IV" mit dem Thema „Charta der Rechte hilfe- und pflegebedürftiger Menschen" veröffentlicht. Die Charta besteht aus acht Artikeln zu den Themen:

1. Selbstbestimmung und Hilfe zur Selbsthilfe
2. körperliche und seelische Unversehrtheit
3. Privatheit
4. Pflege, Betreuung und Behandlung
5. Information, Beratung und Aufklärung
6. Kommunikation, Wertschätzung und Teilhabe an der Gesellschaft
7. Religion, Kultur und Weltanschauung
8. Palliative Begleitung, Sterben und Tod (DZA, 2005c).

An die Spitzenverbände der Freien Wohlfahrtspflege werden durch die Gesetzgebung neue Anforderungen an die Erbringung von Dienstleistungen gestellt, die immer mit Qualitäts- und Wirtschaftlichkeitsaspekten verbunden sind. Die „Qualitätsmanagement-Politik der Freien Wohlfahrtspflege" und die „Qualitätsziele der Wohlfahrtsverbände zur Erreichung ihrer spezifischen Dienstleistungsqualität" wurden vom Vorstand der „Bundesarbeitsgemeinschaft der Freien Wohlfahrtspflege" (BAGFW) verabschiedet (BAGFW, 2012a, 2012b). Die Leistungsempfänger erwarten eine hohe und beständige Dienstleistungsqualität, die gleichzeitig die Wertorientierung des Anbieters zum Ausdruck bringt. Qualitätsorientierung basiert nach Auffassung der Freien Wohlfahrtspflege auf ständiger Weiterentwicklung der Dienstleistungsqualität unter Anwendung anerkannter fachwissenschaftlicher Standards. Im Rahmen der Qualitätsmanagement-Strategie werden gemeinsame Qualitätsanforderungen formuliert. Das zentrale Ziel besteht in der Förderung der Qualitätsentwicklung, Qualitätssicherung und Überprüfbarkeit der erreichten Qualität. Das Qualitätsmanagement erreicht dieses Ziel durch die Einbindung der gesamten Organisation in diesen Prozess. Aus der formulierten Qualitätspolitik werden die Qualitätsziele für alle verantwortlichen Ebenen einer Organisation abgeleitet und durch eine systematische Qualitätsplanung und -lenkung umgesetzt. Die Verbände der Freien Wohlfahrtspflege formulieren gemeinsam die normativen Grundlagen der Qualitätsmanagementstrategie. Die Freie Wohlfahrtspflege sieht die Qualitätsentwicklung immer unter fachlicher und werteorientierter Ausrichtung, die in ihrem Leitbild zum Ausdruck kommt. Die Verantwortung, Aktivität und Weiterentwicklung der Qualität ist primäre Aufgabe der Träger, die unter besonderer Berücksichtigung und Beteiligung der Mitarbeitenden wahrgenommen wird. Daneben beteiligt sich die Freie Wohlfahrtspflege an der Leitliniendiskussion sowie an fachlicher Standardentwicklung. Durch einen gezielten Theorie- und Praxistransfer werden wichtige Impulse geliefert. Darüber hinaus orientieren sich die Wohlfahrtsverbände an umfassenden anerkannten europäischen Qualitätsmanagementsystemen, wie zum Beispiel an dem von der European Foundation for Quality Management entwickelten EFQM-Modell für Excellence. Die operativen Grundlagen der Qualitätsmanagementstrategie werden zwischen den Spitzenverbänden in der BAGFW abgestimmt. Die BAGFW fördert Qualitätsentwicklungsprozesse und verfolgt das Ziel, die Transparenz und Umsetzung der Qualitätsmanagementstrategie der Freien Wohlfahrtspflege voranzutreiben. Zu diesem Zweck wurde eine Datenbank „Qualitätsmanagement" aufgebaut. Sie informiert über aktuelle Angebote, Rahmenhandbücher sowie Fortbildungen und gibt einen Überblick über zertifizierte Einrichtungen. Darüber hinaus werden den Wohlfahrtsverbänden sozial- und gesundheitspolitische Entwicklungen und Veröffentlichungen aus der Gesetzgebung und der Wissenschaft zur Verfügung gestellt.

5.3.4.2
Qualitätsverantwortung, -entwicklung und -sicherung

Die Qualitätsverantwortung, die auch die Sicherung und Weiterentwicklung der Pflegequalität beinhaltet, trägt gemäß § 112 Abs. 1 SGB XI der Träger der Pflegeeinrichtung. Maßstab für die Beurteilung der Leistungsfähigkeit und Qualität der Leistungen sind die Anforderungen des § 113 SGB XI sowie die vereinbarten Leistungs- und Qualitätsmerkmale gemäß § 84 Abs. 5 SGB XI. Mit Inkrafttreten des Pflege-Weiterentwicklungsgesetzes wurde § 80 SGB XI a. F. außer Kraft gesetzt und durch § 113 SGB XI ersetzt. § 113 SGB XI sieht Maßstäbe und Grundsätze zur Sicherung und Weiterentwicklung der Pflegequalität und der Entwicklung eines einrichtungsinternen Qualitätsmanagements vor. Der Spitzenverband Bund der Pflegekassen, die Bundesarbeitsgemeinschaft der überörtlichen Träger der Sozialhilfe, die Bundesvereinigung der kommunalen Spitzenverbände und Vereinigungen der Träger der Pflegeeinrichtungen auf Bundesebene waren bis zum 31.03.2009 verpflichtet, gemeinsam und einheitlich unter Beteiligung des Medizinischen Dienstes des Spitzenverbandes Bund der Krankenkassen, des Verbandes der privaten Krankenversicherung e.V., der Verbände der Pflegeberufe auf Bundesebene, der maßgeblichen Organisationen für die Wahrnehmung der Interessen und der Selbsthilfe der pflegebedürftigen und behinderten Menschen sowie unabhängiger Sachverständiger Maßstäbe und Grundsätze für die Qualität und die Qualitätssicherung in der ambulanten und stationären Pflege zu vereinbaren. In diesen Vereinbarungen sind auch Anforderungen an eine praxistaugliche Pflegedokumentation, an Sachverständige und Prüfinstitutionen, an die methodische Verlässlichkeit von Zertifizierungs- und Prüfverfahren sowie an ein indikatorengestütztes Verfahren zur vergleichenden Messung und Darstellung der Ergebnisqualität zu regeln (§ 113 Abs. 1 Nr. 1–4 SGB XI). Die Vertragsparteien nach § 113 SGB XI müssen eine Schiedsstelle „Qualitätssicherung" einrichten (§ 113b SGB XI). Am 01.06.2011 sind als Basis der Qualitätssicherung in der Pflege die „Maßstäbe und Grundsätze für die Qualität und die Qualitätssicherung sowie für die Entwicklung eines einrichtungsinternen Qualitätsmanagements nach § 113 SGB XI in der vollstationären Pflege vom 27.05.2011" in Kraft getreten (MuG 2011 - stationär). Sie haben die „Gemeinsamen Grundsätze und Maßstäbe zur Qualität und Qualitätssicherung einschließlich des Verfahrens zur Durchführung von Qualitätsprüfungen nach § 80 SGB XI in vollstationären Pflegeeinrichtungen" abgelöst. Die Ebenen der Struktur-, Prozess-, und Ergebnisqualität wurden in die MuG 2011 - stationär aufgenommen. Sie folgen damit den Qualitätsdimensionen von Donabedian (1980). Unter „Strukturqualität" werden die für die Leistungserbringung erforderlichen Potenziale verstanden. Hierzu gehören insbesondere die personelle, räumliche und sächliche Ausstattung der Pflegeeinrichtung. Die „Prozessqualität" bezieht alle Faktoren der pflegerischen, medizinischen und nichtmedizinischen Interventionen ein, die während der Behandlung am Patienten ausgeführt werden. Hierzu gehören auch die Pflegeplanung, die Umsetzung des Pflegeprozesses, die Anwendung professionell anerkannter Pflegestandards und die Dokumentation des Pflegeprozesses. Die „Ergebnisqualität" stellt schließlich den Zielerreichungsgrad der pflegerischen und sonstigen Versorgungsleistungen sowie die damit verbundene Zufriedenheit des Bewohners dar (Wiese, 2004, 2005; MuG 2011 - stationär, Ziffer 1.2). Tabelle 5.3-9 gibt eine Übersicht über die Inhalte der MuG 2011 - stationär.

Tabelle 5.3-9: Maßstäbe und Grundsätze für die Qualität und die Qualitätssicherung sowie für die Entwicklung eines einrichtungsinternen Qualitätsmanagements nach § 113 SGB XI in der vollstationären Pflege vom 27.05.2011 (Quelle: Richter, 2011: S. 65 ff.)

Präambel	
1 Grundsätze	
1.1 Ziele	
1.2 Ebenen der Qualität	
1.3 Einrichtungsinternes Qualitätsmanagement	
2 Strukturqualität	
2.1 Vollstationäre Pflegeeinrichtung	
2.2 Darstellung der vollstationären Pflegeeinrichtung	
2.3 Personelle Strukturanforderungen	2.3.1 Funktion der verantwortlichen Pflegekraft
	2.3.2 Eignung als verantwortliche Pflegekraft
	2.3.2.1 Ausbildung
	2.3.2.2 Berufserfahrung
	2.3.2.3 Weiterbildung
	2.3.2.4 Übergangsregelung
	2.3.2.5 Beschäftigungsverhältnis der verantwortlichen Pflegekraft
2.4 Weitere personelle Strukturanforderungen	2.4.1 Geeignete Kräfte
	2.4.2 Fort- und Weiterbildung
2.5 Räumliche Voraussetzungen	
2.6 Kooperation mit anderen Leistungserbringern	
3 Prozessqualität	
3.1 Ablauforganisation der Pflege	3.1.1 Pflegekonzept
	3.1.2 Einzug und Eingewöhnung
	3.1.3 Pflegeplanung und -dokumentation
	3.1.4 Pflegeteams
3.2 Unterkunft und Verpflegung	3.2.1 Verpflegung
	3.2.2 Hausreinigung
	3.2.3 Wäschepflege
	3.2.4 Hausgestaltung
	3.2.5 Dokumentation der Leistungserbringung
3.3 Soziale Betreuung	3.3.1 Integrierte soziale Betreuung
	3.3.2 Angebote der sozialen Betreuung
3.4 Einbeziehung der Angehörigen	
3.5 Dienstplanung	
3.6 Koordination der Leistungsbereiche	
3.7 Vernetzung mit weiteren Institutionen	
4 Ergebnisqualität	
5 Maßnahmen der vollstationären Pflegeeinrichtung zur Qualitätssicherung und Qualitätsprüfung	
6 Gemeinsame Konsultation	
7 Anforderungen an unabhängige Sachverständige und Prüfinstitutionen sowie an die methodische Verlässlichkeit von Zertifizierungs- und Prüfverfahren	
8 Inkrafttreten und Kündigung	

Die Vereinbarung ist für alle Pflegekassen und deren Verbände sowie für die zugelassenen Pflegeeinrichtungen unmittelbar verbindlich (§ 113 Abs. 1 SGB XI). Darüber hinaus sind diese Maßstäbe und Grundsätze bei Vereinbarungen nach dem SGB XI, insbesondere bei den Versorgungsverträgen, Rahmenverträgen, Pflegesatzvereinbarungen, Transparenzvereinbarungen und den Richtlinien gemäß § 114a Abs. 7 SGB XI zu beachten (MuG 2011 – stationär). Des Weiteren stellen die Vertragsparteien gemäß § 113 SGB XI die Entwicklung und Aktualisierung wissenschaftlich fundierter und fachlich abgestimmter Expertenstandards zur Sicherung und Weiterentwicklung der Qualität in der Pflege sicher (§ 113a SGB XI). Zugelassene Pflegeeinrichtungen sind verpflichtet, Maßnahmen der Qualitätssicherung durchzuführen und ein Qualitätsmanagement zu implementieren, Expertenstandards anzuwenden und bei Qualitätsprüfungen mitzuwirken. Bei stationärer Pflege erstreckt sich die Qualitätssicherung auf die allgemeinen Pflegeleistungen, die Behandlungspflege, die soziale Betreuung, die Leistungen bei Unterkunft und Verpflegung und auf die Zusatzleistungen (§ 112 Abs. 2 SGB XI). Maßnahmen zur Qualitätssicherung werden nach internen und externen Maßnahmen differenziert, die im Ergebnis Aussagen dazu treffen sollen, wie der vorgegebene Qualitätsstandard erreicht bzw. gesichert wird. Elemente des Qualitätsmanagements können insbesondere sein:

- Bewohner-, Mitarbeiter- und Angehörigenbefragungen
- Einführung eines Beschwerdemanagementsystems
- Durchführung von Pflegevisiten
- Entwicklung und Anwendung von Pflegestandards
- Qualitätszirkel und Einsatz eines Qualitätsbeauftragten
- Fort- und Weiterbildungsplanung (MuG 2011 – stationär, Ziffer 1.3 und Ziffer 5).

5.3.4.3
Pflegebedürftigkeit und ausgewählte Aspekte der Pflegerischen Versorgung und sozialen Betreuung

Die Leistungen der Pflegeversicherung sollen Pflegebedürftigen ein möglichst selbstständiges und selbstbestimmtes Leben ermöglichen, das der Würde des Menschen entspricht. Die Hilfen sind darauf auszurichten, die körperlichen, geistigen und seelischen Kräfte der Pflegebedürftigen zu mobilisieren oder zu erhalten (§ 2 Abs. 1 SGB XI). Die Pflegeeinrichtungen pflegen, versorgen und betreuen die Pflegebedürftigen entsprechend dem allgemein anerkannten Stand medizinisch-pflegerischer Erkenntnisse. Inhalt und Organisation der Leistungen haben eine humane und aktivierende Pflege unter Achtung der Menschenwürde zu gewährleisten (§ 11 Abs. 1 SGB XI, § 28 Abs. 3 SGB XI). Grundsätzlich folgt das Pflegeversicherungsgesetz dem Grundsatz „Rehabilitation vor Pflege", um Pflegebedürftigkeit zu vermeiden, zu überwinden, zu mindern oder ihre Verschlimmerung zu verhüten (§ 31 Abs. 1 SGB XI). Der Begriff „Pflegebedürftigkeit" wird im SGB XI wie folgt definiert:

„Pflegebedürftig im Sinne dieses Buches sind Personen, die wegen einer körperlichen, geistigen oder seelischen Krankheit oder Behinderung für die gewöhnlichen und regelmäßig wiederkehrenden Verrichtungen im Ablauf des täglichen Lebens auf Dauer, voraussichtlich für mindestens sechs Monate, in erheblichem oder höherem Maße (§ 15) der Hilfe bedürfen." (§ 14 Abs. 1 SGB XI).

Krankheiten und Behinderungen im Sinne des § 14 Abs. 1 SGB XI sind:
- Verluste, Lähmungen oder andere Funktionsstörungen am Stütz- und Bewegungsapparat
- Funktionsstörungen der inneren Organe oder der Sinnesorgane
- Störungen des Zentralnervensystems wie Antriebs-, Gedächtnis- oder Orientierungsstörungen sowie endogene Psychosen, Neurosen oder geistige Behinderungen (§ 14 Abs. 2 Nr. 1-3 SGB XI).

Hilfe im Sinne des § 14 Abs. 1 SGB XI wird verstanden als:
- Unterstützung
- teilweise oder vollständige Übernahme der Verrichtungen im Ablauf des täglichen Lebens
- Beaufsichtigung oder Anleitung mit dem Ziel der eigenständigen Übernahme dieser Verrichtungen (§ 14 Abs. 3 SGB XI).

Gewöhnliche und regelmäßig wiederkehrende Verrichtungen im Sinne des Pflegeversicherungsgesetzes sind die in Tabelle 5.3-10 dargestellten Leistungen.

Tabelle 5.3-11 zeigt die Stufen der Pflegebedürftigkeit.

Die Pflegekassen beauftragen den Medizinische Dienst der Krankenversicherung oder andere unabhängige Gutachter mit der Prüfung, ob die Voraussetzungen der Pflegebedürftigkeit erfüllt sind und welche Stufe der Pflegebedürftigkeit vorliegt. Gleichzeitig sind die Einschränkungen bei den Verrichtungen nach § 14 Abs. 4 SGB XI, die Art, Umfang und voraussichtliche Dauer der Hilfebedürftigkeit sowie das Vorliegen einer erheblich eingeschränkten Alltagskompetenz nach § 45a SGB XI zu ermitteln. Abschließend sind Feststellungen darüber zu treffen, ob und in welchem Umfang Maßnahmen zur Beseitigung, Minderung oder Verhütung einer Verschlimmerung der Pflegebedürftigkeit einschließlich der Leistungen zur medizinischen Rehabilitation geeignet, notwendig und zumutbar sind (§ 18 Abs. 1 SGB XI). Grundlage der Prüfungen und Feststellungen sind die Inhalte des SGB XI, die Richtlinien des GKV-Spitzenverbandes zur Begutachtung von Pflegebedürftigkeit gemäß SGB XI (Begutachtungs-Richtlinien vom 08.06.2009 i.d.F. vom 16.04.2013) und die Richtlinie zur Feststellung

Tabelle 5.3-10: Pflegebedürftigkeit – Gewöhnliche und regelmäßig wiederkehrende Verrichtungen (Quelle: § 14 Abs. 4 SGB XI und Richtlinien der Spitzenverbände der Pflegekassen über die Abgrenzung der Merkmale der Pflegebedürftigkeit und der Pflegestufen sowie zum Verfahren der Feststellung der Pflegebedürftigkeit [Pflegebedürftigkeits-Richtlinien – PflRi in der Fassung vom 11.05.2006])

Bereich	Verrichtung
Körperpflege	1. Waschen 2. Duschen 3. Baden 4. Zahnpflege 5. Kämmen 6. Rasieren 7. Darm- und Blasenentleerung
Ernährung	8. Mundgerechtes Zubereiten der Nahrung 9. Aufnahme der Nahrung
Mobilität	10. Selbstständiges Aufstehen und Zubettgehen 11. An- und Auskleiden 12. Gehen 13. Stehen 14. Treppensteigen 15. Verlassen und Wiederaufsuchen der Wohnung
Hauswirtschaftliche Versorgung	16. Einkaufen 17. Kochen 18. Reinigung der Wohnung 19. Spülen 20. Wechseln und Waschen der Wäsche und Kleidung 21. Beheizen

Tabelle 5.3-11: Stufen der Pflegebedürftigkeit (Quelle: § 15 SBG XI)

Stufen der Pflegebedürftigkeit	Körperpflege, Ernährung, Mobilität	Hauswirtschaftliche Versorgung	Zeitaufwand für Grundpflege und hauswirtschaftliche Versorgung wöchentlich im Tagesdurchschnitt
Pflegestufe I, „erheblich Pflegebedürftige" (§ 15 Abs. 1 Nr. 1 SGB XI)	Für wenigstens zwei Verrichtungen aus einem oder mehreren Bereichen mindestens einmal täglicher Hilfebedarf	Mehrfach in der Woche	Mindestens 90 Minuten; hierbei müssen auf die Grundpflege mehr als 45 Minuten entfallen (§ 15 Abs. 3 Nr. 1 SGB XI)
Pflegestufe II „Schwerpflegebedürftige" (§ 15 Abs. 1 Nr. 2 SGB XI)	Mindestens dreimal täglicher Hilfebedarf zu verschiedenen Tageszeiten	Mehrfach in der Woche	Mindestens drei Stunden; dabei müssen auf die Grundpflege mindestens zwei Stunden entfallen (§ 15 Abs. 3 Nr. 2 SGB XI)
Pflegestufe III „Schwerstpflegebedürftige" (§ 15 Abs. 1 Nr. 3 SGB XI)	Täglich rund um die Uhr, auch nachts	Mehrfach in der Woche	Mindestens fünf Stunden; dabei müssen auf die Grundpflege mindestens vier Stunden entfallen (§ 15 Abs. 3 Nr. 3 SGB XI)

von Personen mit erheblich eingeschränkter Alltagskompetenz und zur Bewertung des Hilfebedarfs in der Fassung vom 10.06.2008. Die Pflegekasse leitet die Anträge zur Feststellung von Pflegebedürftigkeit unverzüglich an den Medizinischen Dienst der Krankenversicherung oder die von der Pflegekasse beauftragten Gutachter weiter. Die Entscheidung der Pflegekasse erhält der Antragsteller spätestens nach 5 Wochen. Befindet sich der Antragsteller im Krankenhaus oder in einer Rehabilitationseinrichtung verkürzt sich die Frist auf eine Woche (§ 18 Abs. 3 SGB XI). Dem Pflegeversicherungsgesetz liegt ein verrichtungsorientierter Ansatz von Pflege zugrunde, der den Bedarf nach Kommunikation nicht erfasst. Bei der Einstufung des Bewohners in die entsprechende Pflegestufe findet der Bedarf nach Kommunikation keine Berücksichtigung. Bedürfnisse nach Kommunikation sollen während der Leistungserbringung berücksichtigt werden, um der Vereinsamung entgegenzuwirken (§ 28 Abs. 4 SGB XI; Wiese, 2004). Dieser verrichtungsorientierte Ansatz steht im starken Gegensatz zu den bedürfnisorientierten Pflegemodellen, wie zum Beispiel dem AEDL-Modell nach Monika Krohwinkel, das mit seinen 13 Aktivitäten und existenziellen Erfahrungen des Lebens ein praxisnahes Pflegemodell ist (Krohwinkel, 1993).

In der stationären Pflege gehört neben der Grund- und Behandlungspflege die soziale Betreuung zu den Leistungspflichten der Heimträger (§ 11 Abs. 1 SGB XI, § 43 SGB XI). Ziel der sozialen Betreuung ist es, den Pflegebedürftigen die Führung eines selbstständigen und selbstbestimmten Lebens zu ermöglichen, soweit dies nicht durch dessen soziales Umfeld übernommen werden kann, und einen Lebensraum zu schaffen, der zur Teilnahme am Leben innerhalb und außerhalb der Einrichtung beiträgt. Bewohnerorientierung und Unterstützung zur selbstbestimmten Lebensführung sind die zentralen Qualitätsaspekte der Pflege und Betreuung. Die soziale Betreuung wirkt der Vereinsamung, Apathie, Depression und Immobilität entgegen. Hier kommen insbesondere Einzelgespräche, Unterstützung der Bewohner bei der Aufnahme und Pflege sozialer Kontakte, Gruppenaktivitäten, Sterbebegleitung, Trauerbegleitung sowie orientierungs- und gedächtnisfördernde Maßnahmen in Betracht. Die Praxis zeigt jedoch, dass die Betreuungsleistungen durch den zunehmenden Kostendruck und die mangelnde Anerkennung der Betreuungsleistungen bei der Pflegestufenzuordnung häufig nicht in der notwendigen Intensität erbracht und zugunsten der Pflegeleistungen reduziert werden. (Gemeinsame Empfehlungen gemäß

§ 75 Abs. 5 SGB XI zum Inhalt der Rahmenverträge nach § 75 Abs. 1 SGB XI zur vollstationären Pflege vom 25.11.1996; Wiese, 2005, 2009; MuG 2011 – stationär, Ziffer 3.3, 3.3.1, 3.3.2). Seit der Einführung des Pflege-Weiterentwicklungsgesetzes haben stationäre Pflegeeinrichtungen gemäß § 87b SGB XI Anspruch auf die Vereinbarung leistungsgerechter Zuschläge zur Pflegevergütung für die zusätzliche Betreuung und Aktivierung von pflegebedürftigen Heimbewohnern mit erheblichem Bedarf an allgemeiner Beaufsichtigung und Betreuung. Die Leistung wird über Vergütungszuschläge, die von den Pflegekassen getragen werden, finanziert (§ 87b Abs. 2 SGB XI). Vollstationäre Pflegeeinrichtungen sind verpflichtet, zusätzliches Betreuungspersonal (sozialversicherungspflichtige Beschäftigung) vorzuhalten. Vorgesehen ist eine Betreuungskraft für 24 Pflegebedürftige mit erheblichem allgemeinem Betreuungsbedarf (§ 87b Abs. 1 Nr. 2 und 3 SGB XI). Die Betreuungskräfte-Richtlinie vom 19.08.2008 i.d.F. vom 06.05.2013 formuliert in der Zielsetzung, die Betreuungs- und Lebensqualität von Heimbewohnern mit demenzbedingten Fähigkeitsstörungen, psychischen Erkrankungen oder geistigen Behinderungen im Sinne des § 45a SGB XI zu verbessern. Als Betreuungs- und Aktivierungsmaßnahmen kommen zum Beispiel Malen, handwerkliche Tätigkeiten, Kochen und Backen, Spiele, Musik, Spaziergänge etc. in Betracht. Die Betreuungskräfte sollen darüber hinaus für Gespräche zur Verfügung stehen und Sicherheit und Orientierung vermitteln (§ 2 Betreuungskräfte-RI). An die Betreuungskräfte werden grundlegende Anforderungen, wie zum Beispiel soziale Kompetenz, kommunikative Fähigkeiten und eine positive Haltung gegenüber den kranken, behinderten und alten Menschen, gestellt (§ 3 Betreuungskräfte-RI). Vor Aufnahme der Tätigkeit und der Qualifizierungsmaßnahmen ist ein Orientierungspraktikum zu absolvieren. Die Qualifizierungsmaßnahme besteht aus Basiskurs, Betreuungspraktikum, Aufbaukurs sowie einer jährlichen zweitägigen Fortbildungsmaßnahme (§ 4 Betreuungskräfte-RI). Zum Jahresende 2011 waren 24 549 Betreuungskräfte nach § 87b SGB XI in stationären Pflegeeinrichtungen im Einsatz.

Bis zum Jahresende 2013 stieg die Anzahl der Betreuungskräfte um 13,5 % auf 27 864 (Statistisches Bundesamt, 2013, 2015). Das IGES Institut hat eine Evaluation der Betreuungskräfte-Richtlinie durchgeführt. Der Bericht vom September 2011 zeigt auf, dass …

- … der Einsatz der Betreuungskräfte als qualitative Verbesserung der Betreuung und des Lebensalltags der Bewohner angesehen wird.
- … die Pflegekräfte durch die Betreuungskräfte zeitlich entlastet werden und so mehr Zeit für die Pflege zur Verfügung steht.

Das IGES Institut weist besonders darauf hin, dass das Aufgabenspektrum der Betreuungskräfte nach § 87b SGB XI keine Übernahme pflegerischer und hauswirtschaftlicher Tätigkeiten vorsieht. Insgesamt wirkt sich die zusätzlich verfügbare Betreuungszeit positiv auf die Arbeitsatmosphäre und auf die Zufriedenheit der Bewohner aus (IGES Institut, 2011). Mit Inkrafttreten des PSG I wird in § 87b SGB XI „Vergütungszuschläge für zusätzliche Betreuung und Aktivierung in stationären Pflegeeinrichtungen" das zusätzliche Angebot an Betreuung und Aktivierung auf alle pflegebedürftigen Bewohner sowie auf die Versicherten erweitert, die einen Hilfebedarf im Bereich der Grundpflege und hauswirtschaftlichen Versorgung haben, der nicht das Ausmaß der Pflegestufe I erreicht (anspruchsberechtigte Personen). Grundlage der vereinbarten Vergütungszuschläge ist eine Betreuungsrelation von einer Betreuungskraft für 20 anspruchsberechtige Personen. Durch das PSG I wird die Pflegeversicherung insgesamt bis zu 45 000 Betreuungskräfte finanzieren. Zum 01.01.2015 sind die auf der Grundlage des PSG I neu gefassten Richtlinien nach § 87b Abs. 3 SGB XI zur Qualifikation und zu den Aufgaben von zusätzlichen Betreuungskräften in stationären Pflegeeinrichtungen vom 19.08.2008 in der Fassung vom 29.12.2014 in Kraft getreten. In der Präambel wird der Kreis der Anspruchsberechtigten konkretisiert und der Geltungsbereich dieser Richtlinie neben voll- auch auf teilstationäre Pflegeeinrichtungen ausgeweitet. Der bestehende Pflegebedürftigkeitsbegriff und das Begutachtungsverfahren werden seit Einführung der Pflegeversicherung kritisch diskutiert. Das BMG hat einen Beirat zur Überprüfung des Pflegebedürftigkeitsbegriffs mit dem Ziel eingesetzt, bis November 2008 eine neue Definition des Pflegebedürftigkeitsbegriffs sowie des Begutachtungsverfahrens zu erarbeiten (BMG, 2008). Der Auftrag wurde vom Institut für Pflegewissenschaft an der Universität Bielefeld (IPW), dem Medizinischen Dienst der Krankenversicherung Westfalen-Lippe (MDK WL), dem Medizinischen Dienst des GKV-Spitzenverbandes (MDS) und dem Institut für Public Health und Pflegeforschung der Universität Bremen (IPP) durchgeführt. Der IPW und der MDK WL haben den Abschlussbericht zur Hauptphase 1 am 28.03. 2008 vorgelegt (Wingenfeld et al., 2008). Das neue Begutachtungsassessment besteht aus den nachstehenden acht Modulen:

1. Mobilität
2. Kognitive und kommunikative Fähigkeiten
3. Verhaltensweisen und psychische Problemlagen
4. Selbstversorgung
5. Umgang mit krankheits-/therapiebedingten Anforderungen und Belastungen
6. Gestaltung des Alltagslebens und soziale Kontakte
7. Außerhäusliche Aktivitäten
8. Haushaltsführung

Die Module 7 und 8 sind für die Ermittlung der Pflegebedürftigkeit und Differenzierung von Pflegestufen ohne Bedeutung, sie werden zur Bestimmung der Stufe der Hilfebedürftigkeit herangezogen. Das Begutachtungsverfahren unterscheidet Hilfe- und Pflegebedürftigkeit. Hilfebedürftigkeit ist definiert als „Beeinträchtigung der Selbstständigkeit, die personelle Hilfe bei der Haushaltsführung und/oder bei außerhäuslichen Aktivitäten notwendig macht." (Wingenfeld et al., 2008: 73).

Pflegebedürftigkeit ist im neuen Begutachtungsassessment definiert als:

„[...] gesundheitlich bedingte Beeinträchtigung der Selbstständigkeit, die personelle Hilfe in den Bereichen
- Mobilität,
- Bewältigung psychischer Anforderungen und Problemlagen,
- Selbstversorgung (regelmäßige Alltagsverrichtungen),
- Bewältigung krankheits-/behandlungsbedingter Anforderungen und Belastungen sowie
- Gestaltung des Alltagslebens und soziale Kontakte erforderlich macht." (Wingenfeld et al., 2008: 75)

Die Bewertungssystematik sieht drei unterschiedliche Stufen der Beeinträchtigung der Selbstständigkeit (Stufe H 1 bis H 3) und fünf Pflegestufen (Stufe P 1 bis P 5) vor. Die praktische Erprobung erfolgt in der Hauptphase 2 durch das IPP und den MDS. Das IPP und der MDS haben den Abschlussbericht zur Hauptphase 2, das heißt der praktischen Erprobung des neuen Begutachtungsinstrumentes, im Oktober 2008 vorgelegt. Bei Anwendung des derzeitigen Pflegebegriffs betragen die Leistungsausgaben stationär und ambulant ca. 17,8 Mrd. Euro. Das Gutachten weist Leistungsausgaben von ca. 21,2 Mrd. Euro aus, das heißt Mehrkosten von bis zu 3,4 Mrd. Euro jährlich (Windeler et al., 2008). Im Ergebnis kommen die Projektteilnehmer zu dem Schluss, dass das entwickelte Begutachtungsinstrument zur Feststellung der Pflegebedürftigkeit geeignet ist (Windeler et al., 2008). Der Bericht des Beirats zur Überprüfung des Pflegebedürftigkeitsbegriffs wurde am 26.01.2009 vorgelegt. Im Ergebnis empfiehlt der Beirat das neue Begutachtungsassessment als Instrument zur Begutachtung von Pflegebedürftigkeit (BMG, 2009a). Obwohl die Notwendigkeit der Neudefinition des Pflegebedürftigkeitsbegriffs von allen Beteiligten betont wird, sind der Zeitpunkt und die Umsetzung noch offen (BMG, 2009b). Seit dem 27.06.2013 liegt der Bericht des Expertenbeirats zur konkreten Ausgestaltung des neuen Pflegebedürftigkeitsbegriffs vor. Im Ergebnis betont der Expertenbeirat die Notwendigkeit der Einführung des neuen Pflegebedürftigkeitsbegriffs und des neuen Begutachtungsassessments, bei gleichzeitiger entsprechender Ausgestaltung der Gesetzlichen Pflegeversicherung (Bundesministerium für Gesundheit, 2013). Die Bundesregierung plant auf der Grundlage dieser Ergebnisse die Einführung des neuen Pflegebedürftigkeitsbegriffs in der aktuellen Legislaturperiode. Vorgeschaltet werden jedoch zusätzlich zwei weitere Modellprojekte zur Erprobung und Überprüfung des Begutachtungsverfahrens (Koalitionsvertrag zwischen CDU, CSU und SPD, 18. Legislaturperiode, Bundesministerium für Gesundheit, 2014b; Bundesministerium für Gesundheit, 2014c).

5.3.4.4
Anforderungen an Unterkunft und Verpflegung

Die Leistungen der Unterkunft und Verpflegung sind neben der Pflege und der sozialen Betreuung die dritte verpflichtende Versorgungsleistung im stationären Altenhilfebereich. Hierzu gehören alle Leistungen, soweit sie nicht den allgemeinen Pflegeleistungen, den Zusatzleistungen und den Aufwendungen für Investitionen zuzuordnen sind. Gemäß § 7 Abs. 1 WBVG ist der Unternehmer zur Überlassung und Erhaltung des Wohnraums sowie zur Erbringung der vereinbarten Pflege- und Betreuungsleistungen nach dem allgemein anerkannten Stand fachlicher Erkenntnisse verpflichtet. Hierunter fällt auch der Bereich der Hauswirtschaft (Rasch, 2012). Des Weiteren sind die Regelungen des Bundesheimgesetzes bzw. der Landesheimgesetze zu beachten. Das Pflegeversicherungsgesetz subsumiert unter der hauswirtschaftlichen Versorgung die Bereiche Einkaufen, Kochen, Reinigung der Wohnung, Spülen, Wechseln und Waschen der Wäsche und Kleidung sowie das Beheizen (§ 14 Abs. 4 Nr. 4 SGB XI). Die Gemeinsamen Empfehlungen gemäß § 75 Abs. 5 SGB XI zum Inhalt der Rahmenverträge nach § 75 Abs. 1 SGB XI zur vollstationären Pflege vom 25.11.1996 definieren die folgenden Leistungen der Unterkunft und Verpflegung:

- Ver- und Entsorgung (z. B. Wasser, Strom, Abfall)
- Reinigung (Wohnraum, Gemeinschafts- und sonstige Räume in Form von Grund-, Unterhalts- und Sichtreinigung)
- Wartung und Unterhaltung der Gebäude und technischen Anlagen, Außenanlagen, Betriebs- und Geschäftsausstattung, soweit sie nicht vom Regelungsbereich des § 82 Abs. 2 Nr. 1 SGB XI erfasst werden
- Wäscheversorgung (Bereitstellung, Instandhaltung und Reinigung der Haus- und Bewohnerwäsche)
- Speise- und Getränkeversorgung
- Gemeinschaftsveranstaltungen.

Von diesen Regelleistungen sind Komfortleistungen, das heißt Leistungen abzugrenzen, die durch den Pflegebedürftigen individuell wählbar und mit ihm zu vereinbaren sind und für die weder bei den allgemeinen Pflegeleistungen noch bei Unterkunft und Verpflegung bereits eine Vergütung enthalten ist (§ 88 SGB XI). Gemäß der MuG 2011 – stationär, Ziffer 3.2 ist der Träger der vollstationären Pflegeeinrichtung verpflichtet, die Leistungen der Unterkunft und Verpflegung fachlich kompetent und bedarfsgerecht zu erbringen. Konkretisiert werden die Leistungen der Verpflegung, Hausreinigung, Wäschepflege, Hausgestaltung und Dokumentation der Leistungserbringung. Der Medizinische Dienst der Krankenkassen (MDK) prüft im Rahmen der Qualitätsprüfung nach § 114 ff. SGB XI zum Beispiel folgende Aspekte einer altersgerechten, abwechslungsreichen und vielseitigen Speiseversorgung einschließlich des Angebots an individueller Diätkost:

- Veröffentlichung des Speiseplans in einer seniorengerechten Schriftgröße und Bekanntgabe an alle Bewohner
- Vorhaltung eines abwechslungsreichen, vielseitigen und bedarfsgerechten Speiseangebots; Wahlmöglichkeiten zwischen verschiedenen Gerichten; Wunschkost; Zubereitung der Nahrung von den Bewohnern im Rahmen ihrer Fähigkeiten unter dem Aspekt der aktivierenden Pflege
- Angabe der jeweiligen Essenszeiten, Wahlmöglichkeit innerhalb bestimmter Zeitkorridore
- Berücksichtigung spezieller Erfordernisse der Nahrungs- und Flüssigkeitszufuhr (GKV-Spitzenverband, 2014).

Die hauswirtschaftliche Versorgung in einer stationären Pflegeeinrichtung steht in engem Zusammenhang mit der pflegerischen und sozialen Betreuung der Bewohner. Folglich sind die Bereiche Pflege und Hauswirtschaft auch unter Kostengesichtspunkten durch ein geeignetes Schnittstellenmanagement optimal aufeinander abzustimmen.

5.3.4.5
Anforderungen an die Qualifikation des Personals

Die Qualifikation des Personals einer stationären Pflegeeinrichtung ist ein zentrales Qualitätskriterium für eine qualitativ hochwertige pflegerische Versorgung der Bewohner. Der Betreiber einer stationären Pflegeeinrichtung hat die Anforderungen an den Betrieb eines Heims zu erfüllen und insbesondere sicherzustellen, dass sowohl die Anzahl der Mitarbeitenden als auch ihre persönliche und fachliche Qualifikation dem Aufgabenumfang quantitativ und qualitativ entsprechen (§ 11 Abs. 2 Nr. 2 HeimG, § 4 Abs. 1 HeimPersV). Wie bereits in Kapitel 5.3.3.2 ausgeführt, gelten das Bundesheimgesetz und die Heimpersonalverordnung nur solange, bis die Länder eigene Landesheimgesetze und Rechtsverordnungen erlassen haben. Der Rahmenvertrag gemäß § 75 Abs. 2 Nr. 3 SGB XI fordert eine wirtschaftliche und leistungsfähige, am Versorgungsauftrag orientierte personelle Ausstattung. Außerdem ist die personelle Ausstattung Gegenstand der Pflegesatzvereinbarung (§ 84 Abs. 5 SGB XI). Die Heimpersonalverordnung (HeimPersV) ist mit den Anforderungen an den Betrieb eines Heims verknüpft. Paragraph 11 Abs. 3 Nr. 1 HeimG fordert die Einhaltung der Rechtsverordnungen gemäß § 3 HeimG in Bezug auf Mindestanforderungen für die Eignung der Heimleitung und der Beschäftigten. Die Anforderungen an die persönliche und fachliche Eignung eines Heimleiters, ein Heim entsprechend den Bedürfnissen der Bewohner unter gleichzeitiger Beachtung der Qualität und Wirtschaftlichkeit zu führen, sowie persönliche Ausschlussgründe, die in der Person der Heimleitung liegen, sind Gegenstand der §§ 2 und 3 HeimPersV. In stationären Pflegeeinrichtungen erfolgt die Pflege grundsätzlich unter ständiger Verantwortung einer ausgebildeten Pflegefachkraft (§ 71 Abs. 2 Nr. 1 SGB XI). Die Anforderungen an die verantwortliche Pflegefachkraft werden in § 4 Abs. 2 HeimPersV, § 71 Abs. 3 SGB XI und in den MuG 2011 – stationär, Ziffer 2.3.2 benannt. Als verantwortliche Pflegefachkraft kommen Gesundheits- und Krankenpfleger, Gesundheits- und Kinderkrankenpflegerinnen sowie Altenpfleger und -pflegerinnen mit einer praktischen Berufserfahrung in dem erlernten Ausbildungsberuf von 2 Jahren innerhalb der letzten 8 Jahre in Betracht (§ 71 Abs. 3 SGB XI). Eine verantwortliche Pflegefachkraft muss darüber hinaus eine Weiterbildungsmaßnahme für leitende Funktionen mit einer Mindeststundenzahl, die 460 Stunden nicht unterschreiten soll, erfolgreich abgeschlossen haben (§ 71 Abs. 3 SGB XI). Zu den Aufgaben der verantwortlichen Pflegefachkraft gehören gemäß MuG 2011 – stationär, Ziffer 2.3.1:

- Anwendung der beschriebenen Qualitätsmaßstäbe im Pflegebereich
- Umsetzung des Pflegekonzepts
- Planung, Durchführung und Evaluation der Pflege
- fachgerechte Durchführung der Pflegedokumentation
- am Pflegebedarf orientierte Dienstplanung der Pflegekräfte
- regelmäßige Durchführung der Dienstbesprechungen innerhalb des Pflegebereichs.

Betreuende Tätigkeiten dürfen nur durch Fachkräfte gemäß § 6 HeimPersV oder unter angemessener Beteiligung von Fachkräften durchgeführt werden, das heißt mindestens 50 % des betreuenden Personals müssen Fachkräfte sein (§ 5 Abs. 1 HeimPersV). Der Gesetzgeber fordert eine dem allgemein anerkannten Stand medizinisch-pflegerischer Erkenntnisse entsprechende Pflege (§ 11 Abs. 1 Nr. 3 HeimG, § 11 Abs. 1 SGB XI). Dieser Forderung kann das Personal nur durch ständige Fort- und Weiterbildung nachkommen. Der Gesetzgeber verpflichtet den Träger, Heimleitern und Beschäftigten die Gelegenheit zur Teilnahme an berufsbegleitenden Fort- und Weiterbildungen zu geben (§ 8

Abs. 1 HeimPersV). Weitere personelle Strukturanforderungen in Bezug auf den Einsatz geeigneter Kräfte und auf die Fort- und Weiterbildung, wie zum Beispiel Fortbildungsplanung, werden in den MuG 2011 – stationär nach § 113 SGB XI, Ziffer 2.4.1 und 2.4.2 dargestellt.

5.3.4.6
Qualitätsprüfungen und Transparenzvereinbarung

Der MDK verfolgt einen beratungsorientierten Prüfansatz mit dem Ziel, Qualitätsmängeln rechtzeitig vorzubeugen und die Eigenverantwortung der Pflegeeinrichtungen und ihrer Träger für die Sicherung und Weiterentwicklung der Pflegequalität zu stärken (§ 112 Abs. 3 SGB XI). Der MDK führt Qualitätsprüfungen als Regel-, Anlass- oder Wiederholungsprüfung durch (§ 114 Abs. 1 SGB XI). Prüfungen sind grundsätzlich unangemeldet durchzuführen (§ 114a Abs. 1 SGB XI). Vollstationäre Pflegeeinrichtungen haben ab dem 01.01.2014 die Verpflichtung, im Anschluss an eine Regelprüfung die Landesverbände der Pflegekassen über die Regelung in Bezug auf die ärztliche, fachärztliche und zahnärztliche Versorgung sowie über die Arzneimittelversorgung zu informieren (§ 114 Abs. 1 SGB XI). In zugelassenen Pflegeeinrichtungen sind Regelprüfungen im Abstand von höchstens einem Jahr durch die Landesverbände der Pflegekassen zu veranlassen. Die Durchführung erfolgt durch den Medizinischen Dienst der Krankenversicherung oder durch von ihnen bestellte Sachverständige. Gegenstand der Prüfung ist die Analyse der Struktur-, Prozess- und Ergebnisqualität. Der Schwerpunkt der Regelprüfung liegt in der Überprüfung der Ergebnisqualität, sie kann sich aber auch auf die Prozess- und Strukturqualität erstrecken. In die Prüfung werden die allgemeinen Pflegeleistungen, die medizinische Behandlungspflege, die soziale Betreuung, die zusätzliche Betreuung nach § 87b SGB XI, die Leistungen bei Unterkunft und Verpflegung, die Zusatzleistungen und die Leistungen der häuslichen Krankenpflege sowie ggf. die Abrechnung der genannten Leistungen einbezogen (§ 114 Abs. 2 SGB XI). Liegen Qualitätsnachweise aus anderen vom Einrichtungsträger veranlassten Prüfverfahren vor, so ist die Regelprüfung angemessen zu verringern, die Prüfung der Ergebnisqualität ist stets durchzuführen (§ 114 Abs. 4 SGB XI). Grundlage der Qualitätsprüfungen sind die nach § 114a Abs. 7 SGB XI i. V. m. § 53 SGB XI beschlossenen Richtlinien des GKV-Spitzenverbandes über die Prüfung der in Pflegeeinrichtungen erbrachten Leistungen und deren Qualität nach § 114 SGB XI. Die Qualitätsprüfungs-Richtlinien (QPR) vom 17.01.2014 sowie die dazugehörigen Anlagen 4 (Erhebungsbogen), 5 (Prüfanleitung zum Erhebungsbogen) und 6 (Struktur und Inhalte des Prüfberichts) sind am 01.02.2014 in Kraft getreten (GKV-Spitzenverband, 2014). Die QPR vom 11.06.2009 in der Fassung vom 30.06.2009 wurde angepasst, da die Pflege-Transparenzvereinbarung für die stationäre Pflege weiterentwickelt wurde, sie tritt daher am 01.02.2014 außer Kraft (MDS und GKV-Spitzenverband, 2009). Tabelle 5.3-12 stellt die Qualitätskriterien des Erhebungsbogens dar. Die Unterteilung erfolgt in drei Erhebungsbogen:
- Prüfung in der Einrichtung (Struktur- und Prozessqualität)
- Prüfung beim Bewohner (Prozess- und Ergebnisqualität)
- Befragung der Bewohner (GKV-Spitzenverband, 2014).

Neben den Qualitätsprüfungen durch den MDK werden die stationären Pflegeeinrichtungen auch von den zuständigen Heimaufsichtsbehörden auf Einhaltung der gesetzlichen Regelungen des Heimgesetzes bzw. der Landesheimgesetze sowie der Verordnungen beraten und überwacht. Die Medizinischen Dienste der Krankenversicherung sind gemäß § 114a Abs. 6 SGB XI verpflichtet, dem Medizinischen Dienst des GKV-Spitzenverbandes (MDS) im Abstand von 3 Jahren zu den Erfahrungen in Bezug auf die Beratungs- und Prüfungsvorschriften und Ergebnisse der Qualitätsprüfungen sowie zum Stand und zur Entwicklung der Pflegequalität und der Qualitätssicherung Bericht zu erstatten. Der MDS führt die Berichte zusammen und ergänzt den Bericht um eigene Erfahrungen zur Entwicklung der Pflegequalität und der Qualitätssicherung. Im November 2004 hat der MDS

5.3 Versorgung durch stationäre Pflegeeinrichtungen

Tabelle 5.3-12: Anlage 4 – Erhebungsbogen zur Prüfung der Qualität nach den §§ 114 ff. SGB XI in der stationären Pflege vom 17.01.2014 (Quelle: GKV-Spitzenverband, 2014)

Erhebungsbogen zur Prüfung in der Einrichtung (Struktur- und Prozessqualität)	Erhebungsbogen zur Prüfung beim Bewohner (Prozess- und Ergebnisqualität)
1. Angaben zur Prüfung und zur Einrichtung	9. Allgemeine Angaben
2. Allgemeine Angaben	10. Behandlungspflege
3. Aufbauorganisation Personal	11. Mobilität
4. Ablauforganisation	12. Ernährung und Flüssigkeitsversorgung
5. Qualitätsmanagement	13. Urininkontinenz
6. Hygiene	14. Umgang mit Personen mit eingeschränkter Alltagskompetenz
7. Verpflegung	15. Körperpflege
8. Soziale Betreuung	16. Sonstige Aspekte der Ergebnisqualität
	17. Sonstiges
	Erhebungsbogen zur Befragung der Bewohner
	18. Befragung der Bewohner

den ersten Bericht über die Qualität in der ambulanten und stationären Pflege nach § 118 Abs. 4 SGB XI a. F. vorgelegt (MDS, 2004). Der zweite Bericht des MDS nach § 118 Abs. 4 SGB XI a. F. wurde im August 2007 veröffentlicht und kommt zu dem Ergebnis, dass die Pflegeeinrichtungen in den vergangenen 3 Jahren an der Weiterentwicklung der Pflegequalität gearbeitet haben und Verbesserungen nachgewiesen werden können, jedoch weiterhin ein Qualitätsproblem besteht (MDS, 2007). Im April 2012 wurde der dritte Bericht des MDS nach § 114a Abs. 6 SGB XI zur Qualität in der ambulanten und stationären Pflege veröffentlicht. Die Prüfergebnisse des vorliegenden dritten Berichts basieren auf 8101 Datensätzen aus Prüfungen in stationären Pflegeeinrichtungen zwischen dem 01.07.2009 und dem 31.12.2010. Die Vergleichbarkeit der Ergebnisse des zweiten und des dritten Berichts ist aufgrund der Veränderung der Prüfkriterien eingeschränkt. Die Ergebnisse der personenbezogenen Prozess- und Ergebnisqualität zeigen dennoch Verbesserungen bei den Themen „Ernährung und Flüssigkeitsversorgung" und „Umgang mit demenziell erkrankten Bewohnern". Weiterer Handlungsbedarf besteht bei den Themen „Durchführung der erforderlichen Dekubitusprophylaxe" und „Medikamentenversorgung". Expertenstandards sind darüber hinaus noch nicht grundsätzlich eingeführt. Im Rahmen der Strukturqualität hat die Bewertung der Ausrichtung der Angebote der sozialen Betreuung auf die Bewohnerstruktur eine deutliche Verbesserung erfahren, die auch vor dem Hintergrund der Einführung der zusätzlichen Betreuungskräfte gemäß § 87b SGB XI zu sehen ist (MDS, 2012). Im Dezember 2014 wurde der vierte Bericht des MDS nach § 114a Abs. 6 SGB XI zur Qualität in der ambulanten und stationären Pflege veröffentlicht. Im Bereich der stationären Pflege hat der MDS 2013 insgesamt 12190 Qualitätsprüfungen durchgeführt. Im Ergebnis wurden im Bereich der personenbezogenen Prozess- und Ergebnisqualität Verbesserungen bei der Dekubitusprophylaxe, der Vermeidung von freiheitsentziehenden Maßnahmen sowie der Ernährungs- und Flüssigkeitsversorgung verzeichnet. Trotz festgestellter Verbesserungen in den Bereichen Schmerz-, und Medikamentenmanagement und der Inkontinenzversorgung besteht weiterhin Handlungsbedarf (MDS, 2014). Mit Einführung des

Pflege-Weiterentwicklungsgesetzes wurde das Thema „Transparenz der Qualität in der Pflege" gesetzlich verankert. Gemäß § 115 Abs. 1a SGB XI stellen die Landesverbände der Pflegekassen sicher, dass die von den Pflegeeinrichtungen erbrachten Leistungen und deren Qualität, schwerpunktmäßig der Ergebnis- und Lebensqualität, für die Pflegebedürftigen und ihre Angehörigen verständlich, übersichtlich und vergleichbar im Internet oder in einer anderen Form kostenfrei veröffentlicht werden. Die Kriterien der Veröffentlichung und die Bewertungssystematik waren bis zum 30.09.2008 zu vereinbaren. Mit Einführung des PNG sind die Regelungen zur ärztlichen, fachärztlichen und zahnärztlichen Versorgung sowie zur Arzneimittelversorgung gemäß § 115 Abs. 1b SGB XI ebenfalls in der gleichen Weise zur Verfügung zu stellen. Die Vertragsparteien haben am 17.12.2008 die Pflege-Transparenzvereinbarung für die stationäre Pflege (PTVS) vereinbart (MDS und GKV-Spitzenverband, 2009). Die PTVS wurde seit ihrer Einführung als vorläufig betrachtet, da durch die Vereinbarung keine Messung der Ergebnis- und Lebensqualität erreicht wurde. Bislang lagen keine pflegewissenschaftlichen Erkenntnisse über valide Indikatoren der Ergebnis- und Lebensqualität der pflegerischen Versorgung vor. Eine Anpassung war nach Vorlage der Ergebnisse des Forschungsprojekts „Entwicklung und Erprobung von Instrumenten zur Beurteilung der Ergebnisqualität in der stationären Altenhilfe" vorgesehen. Im Jahre 2011 wurde der Abschlussbericht dieses Forschungsprojekts im Auftrag des Bundesministeriums für Gesundheit (BMG) und des Bundesministeriums für Familie, Senioren, Frauen und Jugend (BMfSFJ) vorgelegt (Wingenfeld/Engels, 2011). Zielsetzung des Projekts war es, Qualitätsindikatoren und Instrumente zur Beurteilung von Ergebnisqualität zu entwickeln. Im Ergebnis wurden Indikatoren für die folgenden fünf Bereiche und für einen Sonderbereich entwickelt:

- Erhalt und Förderung der Selbstständigkeit
- Schutz vor gesundheitlichen Schädigungen und Belastungen
- Unterstützung bei spezifischen Bedarfslagen
- Wohnen und (hauswirtschaftliche) Versorgung
- Tagesgestaltung und soziale Beziehung
- Sonderbereich: Ergebnisse der Zusammenarbeit mit Angehörigen (Wingenfeld/Engels, 2011).

Die Indikatoren können sowohl für die Vergleiche der Ergebnisqualität, für die Nutzung im internen Qualitätsmanagement als auch für die Kontrolle von Pflegeergebnissen bei externen Qualitätsprüfungen genutzt werden (Wingenfeld/Engels, 2011). Mit dem Ergebnis der Studie liegen nun wissenschaftlich fundierte Indikatoren zur Messung der Ergebnis- und Lebensqualität für die stationäre Pflege vor. Zielsetzung ist es, auf dieser Grundlage eine neue, am Verbraucher orientierte Qualitätsberichterstattung zu entwickeln. Die erste Anpassung der PTVS nach der Einführung wurde mit Schiedsspruch nach § 113b SGB XI vom 06.09.2013 realisiert und ist als „Vereinbarung nach § 115 Abs. 1a Satz 6 SGB XI über die Kriterien der Veröffentlichung sowie die Bewertungssystematik der Qualitätsprüfungen nach § 114 Abs. 1 SGB XI sowie gleichwertiger Prüfergebnisse in der stationären Pflege – Pflege-Transparenzvereinbarung stationär (PTVS) – vom 17.12.2008 in der Fassung vom 10.06.2013" zum 01.01.2014 in Kraft getreten. Die grundsätzlichen Kritikpunkte wurden auch mit dieser ersten Neufassung der PTVS nicht behoben. In die QPR wurde die Pflege-Transparenzvereinbarung integriert, die Transparenzkriterien der Anlage 1 zur PTVS stellen nur eine Teilmenge der gesamten Qualitätskriterien dar. Die Kriterien der Veröffentlichung der Leistungen und deren Qualität in stationären Pflegeeinrichtungen teilen sich in fünf Qualitätsbereiche auf:

- Pflege und medizinische Versorgung – 32 Kriterien
- Umgang mit demenzerkrankten Bewohnern – 9 Kriterien
- Soziale Betreuung und Alltagsgestaltung – 9 Kriterien
- Wohnen, Verpflegung, Hauswirtschaft und Hygiene – 9 Kriterien
- Befragung der Bewohner – 18 Kriterien.

Im Rahmen der Prüfung einer stationären Pflegeeinrichtung werden gemäß § 2 PTVS jeweils drei zufällig ausgewählte Bewohner aus den Pflegestufen I, II und III in die Prüfung einbezogen. Die Bewertungssystematik ergibt sich aus der Anlage 2 zur PTVS, sie ist unterteilt in bewohner- und einrichtungsbezogene Kriterien sowie in Kriterien zur Bewohnerbefragung. Nachdem jedes Kriterium entsprechend der vorgegebenen Systematik bewertet worden ist, wird für jeden Qualitätsbereich das arithmetische Mittel der Bewertungen der einzelnen Kriterien ausgewiesen. Darüber hinaus wird das arithmetische Mittel als Gesamtbewertung der Qualitätsbereiche 1 bis 4 (Kriterien 1 bis 59) ausgewiesen. Dem Gesamtergebnis, in das alle Kriterien mit Ausnahme der Bewohnerbefragung einfließen, wird der Landesvergleichswert gegenübergestellt. Die Prüfergebnisse, das heißt das Ergebnis je Qualitätsbereich, das Gesamtergebnis und ggf. die Ergebnisse gleichwertiger Prüfungen werden auf der ersten Darstellungsebene mit Schulnoten von sehr gut bis mangelhaft mit einer Stelle nach dem Komma und auf der zweiten Darstellungsebene als Einzelergebnisse der Kriterien ausgewiesen. Die Darstellung der Prüfergebnisse wird in Anlage 4 zur PTVS vorgestellt. Seit dem 01.12.2009 werden die Transparenzberichte im Internet veröffentlicht, zum Beispiel auf der Internetseite der Betriebskrankenkasse (http://www.bkk-pflegefinder.de) oder des Verbandes der Ersatzkassen (vdek) (http://www.pflegelotse.de). Im Rahmen einer Übergangsregelung wird gemäß § 7 PTVS für die Dauer von 12 Monaten darauf hingewiesen, dass die Berichte nach alter und neuer Rechtsgrundlage nicht vergleichbar sind, sie werden farblich gekennzeichnet.

5.3.5
Vertragliche Grundlagen, Finanzierung und Steuerung stationärer Pflegeeinrichtungen

5.3.5.1
Beziehungen zwischen Pflegekassen und Leistungserbringern

Stationäre Pflegeeinrichtungen im Sinne des § 71 Abs. 2 SGB XI sind selbstständig wirtschaftende Einrichtungen, in denen unter ständiger Verantwortung einer ausgebildeten Pflegefachkraft Pflegebedürftige voll- oder teilstationär gepflegt, untergebracht und verpflegt werden können. Grundlage für das Betreiben einer stationären Pflegeeinrichtung und damit der Zulassung zur Pflege ist der Abschluss eines Versorgungsvertrags gemäß § 72 SGB XI (zugelassene Pflegeeinrichtung). Im Versorgungsvertrag sind Art, Umfang und Inhalt der allgemeinen Pflegeleistungen (§ 84 Abs. 4 SGB XI) festzulegen. Der Versorgungsvertrag wird zwischen dem Träger der Pflegeeinrichtung oder einer vertretungsberechtigten Vereinigung gleicher Träger und den Landesverbänden der Pflegekassen im Einvernehmen mit dem überörtlichen oder nach Landesrecht dem örtlichen Träger der Sozialhilfe geschlossen. Unter wirtschaftlichen Aspekten kann ein Gesamtversorgungsvertrag für mehrere oder alle selbstständig wirtschaftenden Einrichtungen eines Einrichtungsträgers, die örtlich oder organisatorisch miteinander verbunden sind, abgeschlossen werden (§ 72 Abs. 2 SGB XI). Der Abschluss eines Versorgungsvertrags unterliegt nach § 72 Abs. 3 Nr. 1-4 SGB XI folgenden Bedingungen:
1. Pflegeeinrichtungen müssen den Anforderungen des § 71 SGB XI genügen.
2. Pflegeeinrichtungen müssen eine leistungsfähige und wirtschaftliche pflegerische Versorgung gewährleisten und in Pflegeeinrichtungen ortsübliche Arbeitsvergütungen an ihre Beschäftigten zahlen.
3. Pflegeeinrichtungen haben nach Maßgabe des § 113 SGB XI ein einrichtungsinternes Qualitätsmanagement einzuführen und weiterzuentwickeln.
4. Pflegeeinrichtungen haben alle Expertenstandards nach § 113a SGB XI anzuwenden.

Werden alle Voraussetzungen erfüllt, besteht ein Anspruch auf Abschluss eines Versorgungsvertrags. Mit Abschluss des Versorgungsvertrags gilt die Pflegeeinrichtung als zugelassene Pflegeeinrichtung, die im Rahmen ihres Versorgungsauftrags der pflegerischen Versorgung der Versicherten verpflichtet ist. Die Pflegekassen haben im Gegenzug die Leistungen der Pflegeeinrichtung nach Maßgabe des achten Kapitels

SGB XI zu vergüten (§ 72 Abs. 4 SGB XI). Der Versorgungsvertrag ist schriftlich abzuschließen (§ 73 Abs. 1 SGB XI). Die Kündigung von Versorgungsverträgen regelt § 74 SGB XI. Die Grundlagen der Rahmenverträge und Bundesempfehlungen und -vereinbarungen über die pflegerische Versorgung sind in § 75 SGB XI fixiert. Demnach schließen die Landesverbände der Pflegekassen unter Beteiligung des Medizinischen Dienstes der Krankenversicherung und des Verbandes der privaten Krankenversicherung e. V. mit den Trägern der ambulanten oder stationären Pflegeeinrichtungen einheitliche Rahmenverträge. Für Pflegeeinrichtungen, die der Kirche oder einem sonstigen freigemeinnützigen Träger angehören, können die Rahmenverträge direkt mit der Kirche oder dem Wohlfahrtsverband abgeschlossen werden. Die Rahmenverträge dienen dem Ziel, eine wirksame pflegerische Versorgung der Versicherten, unter Beachtung der wirtschaftlichen Aspekte, zu gewährleisten (§ 75 Abs. 1 SGB XI). § 75 Abs. 2 Nr. 1-8 SGB XI trifft Aussagen zu den Inhalten der Rahmenverträge. Diese Inhalte wurden in die „Gemeinsamen Empfehlungen zum Inhalt der Rahmenverträge nach § 75 Abs. 1 SGB XI zur vollstationären Dauerpflege vom 25.11.1996" aufgenommen (Tab. 5.3-13). Eine weitere Konkretisierung erfahren diese Empfehlungen darüber hinaus in den Rahmenverträgen der einzelnen Bundesländer.

In der Neufassung des § 75 (Rahmenverträge, Bundesempfehlungen und -vereinbarungen über die pflegerische Versorgung) wird Abs. 2 Nr. 3 um die sächliche Ausstattung der Pflegeeinrichtung ergänzt. Neu aufgenommen wurde unter Nr. 9 die Regelung über die Möglichkeiten des ehrenamtlichen Engagements in ambulanten und stationären Pflegeeinrichtungen. Darüber hinaus wird in den Rahmenverträgen die personelle Ausstattung der Pflegeeinrichtung in § 75 Abs. 3 SGB XI spezifiziert. Danach sind landesweite Verfahren zur Ermittlung des Personalbedarfs oder zur Bemessung der Pflegezeiten oder landesweite Personalrichtwerte zu vereinbaren. Die Personalrichtwerte können als Bandbreiten vereinbart werden und geben Auskunft über das Verhältnis der Zahl der Heimbewohner zur Zahl der Pflege- und Betreuungskräfte unterteilt nach Pflegestufen. Zusätzlich

Tabelle 5.3-13: Grundsätze zum Abschluss von Rahmenverträgen gemäß § 75 SGB XI (Quelle: Gemeinsame Empfehlungen gemäß § 75 Abs. 5 SGB XI zum Inhalt der Rahmenverträge nach § 75 Abs. 1 SGB XI zur vollstationären Dauerpflege vom 25.11.1996)

Abschnitt	Gegenstand
I	Inhalt der Pflegeleistungen sowie Abgrenzung zwischen den allgemeinen Pflegeleistungen, den Leistungen bei Unterkunft und Verpflegung und den Zusatzleistungen
II	Allgemeine Bedingungen der Pflege einschließlich der Kostenübernahme, der Abrechnung der Entgelte und der hierzu erforderlichen Bescheinigungen und Berichte
III	Maßstäbe und Grundsätze für eine wirtschaftliche und leistungsbezogene, am Versorgungsauftrag orientierte personelle Ausstattung der Pflegeeinrichtungen
IV	Überprüfung der Notwendigkeit und Dauer der Pflege
V	Pflegevergütung bei vorübergehender Abwesenheit des Pflegebedürftigen aus der Pflegeeinrichtung
VI	Zugang des Medizinischen Dienstes und sonstiger von den Pflegekassen beauftragter Prüfer zu den Pflegeeinrichtungen
VII	Verfahren und Prüfgrundsätze für Wirtschaftlichkeitsprüfungen einschließlich der Verteilung der Prüfungskosten
VIII	Inkrafttreten, Kündigung

ist der Anteil der ausgebildeten Fachkräfte am Pflege- und Betreuungspersonal anzugeben (§ 75 Abs. 3 SGB XI). Die Heimpersonalverordnung bleibt in allen Fällen unberührt.

5.3.5.2
Grundlagen der Finanzierung von stationären Pflegeeinrichtungen

Die gesetzlichen Vorgaben zur Pflegevergütung werden im achten Kapitel des SGB XI dargestellt. Das Wirtschaftlichkeitsgebot fordert, dass Leistungen wirksam und wirtschaftlich sein müssen und das Maß des Notwendigen nicht überschreiten dürfen (§ 29 Abs. 1 SGB XI). Zugelassene Pflegeeinrichtungen erhalten eine leistungsgerechte Vergütung für die allgemeinen Pflegeleistungen und ein angemessenes Entgelt für Unterkunft und Verpflegung. Die Pflegevergütung ist von den Pflegebedürftigen oder deren Kostenträgern zu übernehmen, während die Kosten für Unterkunft und Verpflegung von dem Pflegebedürftigen selber zu tragen sind (§ 82 Abs. 1 SGB XI). Die Ausbildungsvergütung gemäß § 82a SGB XI ist in der Vergütung der allgemeinen Pflegeleistungen zu berücksichtigen und in der Vergütungsvereinbarung gesondert auszuweisen. § 82a Abs. 3 SGB XI regelt die Finanzierung der Ausbildungsvergütung im Rahmen eines landesrechtlichen Umlageverfahrens. Gemäß § 82b SGB XI können Aufwendungen der ehrenamtlichen Unterstützung in der Vergütungsvereinbarung über die allgemeinen Pflegeleistungen gesondert ausgewiesen werden. Entsprechend den Bemessungsgrundsätzen finanzieren die Pflegesätze die Pflegeleistungen der stationären Pflegeeinrichtung, die medizinische Behandlungspflege (soweit kein Anspruch auf Krankenpflege nach § 37 SGB V besteht) und die soziale Betreuung (§ 84 Abs. 1 SGB XI). Die Pflegesätze müssen leistungsgerecht und in drei Pflegeklassen eingeteilt sein, es können Zuschläge für Härtefälle vereinbart werden. Der Zuordnung der Pflegebedürftigen zu den Pflegeklassen liegen die Pflegestufen gemäß § 15 SGB XI zugrunde. Unter der Voraussetzung der wirtschaftlichen Betriebsführung müssen die Pflegesätze einer stationären Pflegeeinrichtung bei gleichzeitiger Wahrung der Beitragssatzstabilität die Erfüllung des Versorgungsauftrags ermöglichen. Erwirtschaftete Überschüsse verbleiben bei der stationären Pflegeeinrichtung, Verluste sind von der Einrichtung zu tragen (§ 84 Abs. 2 SGB XI). Die Pflegesätze sind für alle Bewohner einheitlich zu bemessen, eine Differenzierung nach Kostenträgern wird ausgeschlossen (§ 84 Abs. 3 SGB XI). Darüber hinaus erhält die stationäre Pflegeeinrichtung ein getrenntes Entgelt für Unterkunft und Verpflegung (§ 87 SGB XI). Besondere Komfortleistungen bei Unterkunft und Verpflegung und zusätzlich pflegerisch-betreuende Leistungen können gemäß § 88 SGB XI neben den Pflegesätzen nach § 85 SGB XI und den Entgelten nach § 87 SGB XI vereinbart werden. In den Rahmenverträgen gemäß § 75 SGB XI werden die Inhalte der notwendigen Leistungen und deren Abgrenzung von diesen Zusatzleistungen festgelegt. Die Pflegesätze, die Entgelte für Unterkunft und Verpflegung und die gesondert berechenbaren Investitionskosten werden für den Tag der Aufnahme des Bewohners in die stationäre Pflegeeinrichtung und für jeden weiteren Tag berechnet. Die Zahlungsverpflichtung endet mit dem Tag des Auszugs oder des Todes des Heimbewohners. Darüber hinaus ist der Pflegeplatz im Fall vorübergehender Abwesenheit von bis zu 42 Tagen im Kalenderjahr für den Pflegebedürftigen freizuhalten. Der Abwesenheitszeitraum verlängert sich bei Krankenhausaufenthalten oder Aufenthalten in Rehabilitationseinrichtungen entsprechend der Dauer dieser Aufenthalte. Für die beschriebenen Abwesenheitszeiträume sind nach Überschreitung von 3 Kalendertagen in den Rahmenverträgen gemäß § 75 SGB XI Abschläge von mindestens 25 % der Pflegevergütung, der Entgelte für Unterkunft und Verpflegung und der Zuschläge nach § 92b SGB XI vorzusehen (§ 87a Abs. 1 SGB XI). Die Pflegekasse übernimmt für Pflegebedürftige in vollstationären Einrichtungen pauschal die Beträge gemäß § 43 Abs. 2 Nr. 1–4 SGB XI für die pflegebedingten Aufwendungen, die Aufwendungen der medizinischen Behandlungspflege und die Aufwendungen der sozialen Betreuung. Das Pflege-Weiterentwicklungsgesetz hat erstmalig einen Zuschlag zum Pflegesatz der Pflegestufe III für Härtefälle anerkannt (§ 84 Abs. 2 SGB XI). Im Rahmen der Pflegesatzverhandlung wurde dieser kalendertägliche Betrag (9,20 € ab 01.07.2008; 10,36 € ab 01.01.2010; 12,10 € ab 01.01.2012 und 12,59 € ab 01.01.2015) problemlos vereinbart, der Aufwand ist jedoch mit diesem Zuschlag nicht ausreichend finanziert. Die Ausnahmeregelung für Härtefälle wird auf maximal 5 % der Pflegebedürftigen der Pflegestufe III begrenzt (§ 43 Abs. 3 SGB XI). Die bisherigen Leistungen der Pflegekasse und die stufenweise Anhebung der Leistungen werden in Tabelle 5.3-14 dargestellt.

Mit Inkrafttreten des PSG I wurden die oben genannten Leistungsbeträge der Pflegeversicherung, die sich an der Preisentwicklung der letzten 3 Jahre orientieren, zum 01.01.2015 um 4 % angehoben. Die Bundesregierung prüft die Notwendigkeit und Höhe einer Anpassung der Leistungen der Pflegeversicherung zukünftig alle 3 Jahre, die nächste Überprüfung erfolgt 2017 (§ 30 SGB XI). Der insgesamt von der Pflegekasse zu übernehmende Betrag darf einschließlich einer Dynamisierung 75 % des Gesamtbetrags aus Pflegesatz, Unterkunft und Verpflegung und gesondert berechenbaren Investitionskosten nicht übersteigen (§ 43 Abs. 2 SGB XI). Pflegebedürftige haben einen Anspruch auf Kurzzeitpflege in einer vollstationären Einrichtung, wenn weder häusliche noch teilstationäre Pflege möglich ist. Der Anspruch ist auf 4 Wochen je Kalenderjahr begrenzt. Die Pflegekasse trägt die Kosten der pflegebedingten Aufwendungen, der Aufwendungen der sozialen Betreuung und der Aufwendungen für die medizinische Behandlungspflege bis zum Gesamtbetrag im Kalenderjahr in Höhe von 1470 Euro ab dem 01.07.2008, 1510 Euro ab dem 01.01.2010, 1550 Euro ab dem 01.01.2012 und 1612 Euro ab dem 01.01.2015 (§ 42 Abs. 2 SGB XI). Der Kurzzeitpflegeanspruch erhöht sich, sofern keine Verhinderungspflege in Anspruch genommen worden ist, auf bis zu 8 Wochen und 3224 Euro pro Kalenderjahr. Die Inanspruchnahme wird auf den Leistungsbetrag für die Verhinderungspflege angerechnet. Kurzzeitpflegeanspruch haben ab dem 01.01. 2015 auch Personen mit der Pflegestufe 0, bei denen dauerhaft eine erheblich eingeschränkte Alltagskompetenz vorliegt. Auch bei der Verhinderungspflege gemäß § 39 SGB XI übernimmt die Pflegekasse die nachgewiesenen Kosten der Ersatzpflege für bis zu längstens 6 Wochen je Kalenderjahr, es gelten die Sätze analog der Kurzzeitpflege. Die notwendige Vorpflegezeit, das heißt die Zeit vor der erstmaligen Verhinderung der Pflegeperson beträgt 6 Monate. Zusätzlich besteht die Möglichkeit, bis zu 50 % des Kurzzeitpflegebetrags für die Verhinderungspflege zu verwenden, das heißt insgesamt bis zu 2418 Euro. Der in Anspruch genommene Erhöhungsbetrag wird auf den Leistungsbetrag für die Kurzzeitpflege angerechnet. Mit der Einführung des § 87b SGB XI wurde die Betreuung demenziell erkrankter Pflegeheimbewohner deutlich verbessert. Die Neuregelung sieht Vergütungszuschläge für die zusätzliche Betreuung und Aktivierung pflegebedürftiger Heimbewohner mit erheblichem allgemeinem Betreuungsbedarf vor. Für die zusätzliche Betreuung

Tabelle 5.3-14: Leistungen der Pflegekasse für Pflegebedürftige in vollstationären Einrichtungen (Quelle: § 43 Abs. 2 Nr. 1–4 SGB XI)

Pflegestufe	Leistungen der Pflegekasse in Euro je Kalendermonat				
	bisher	ab 01.07.2008	ab 01.01.2010	ab 01.01.2012	ab 01.01.2015
I	1023	1023	1023	1023	1064
II	1279	1279	1279	1279	1330
III	1432	1470	1510	1550	1612
III, Härtefall	1688	1750	1825	1918	1995

demenziell erkrankter Pflegeheimbewohner im Sinne von § 45a SGB XI haben die vollstationären Pflegeeinrichtungen Anspruch auf die Vereinbarung leistungsgerechter Zuschläge, die von der Pflegekasse zu tragen sind. Das Pflegeheim ist verpflichtet, zusätzliches sozialversicherungspflichtig beschäftigtes Betreuungspersonal einzustellen. Als Orientierungsgröße wird für 24 demenziell erkrankte Heimbewohner eine zusätzliche Vollzeitkraft finanziert. Mit Inkrafttreten des PSG I wird in § 87b SGB XI „Vergütungszuschläge für zusätzliche Betreuung und Aktivierung in stationären Pflegeeinrichtungen" das zusätzliche Angebot an Betreuung und Aktivierung auf alle pflegebedürftigen Bewohner sowie auf die Versicherten, die einen Hilfebedarf im Bereich der Grundpflege und der hauswirtschaftlichen Versorgung haben, der nicht das Ausmaß der Pflegestufe I erreicht (anspruchsberechtigte Personen), ausgeweitet. Grundlage der vereinbarten Vergütungszuschläge ist eine Betreuungsrelation von einer Betreuungskraft für 20 anspruchsberechtige Personen.

Pflegesatzverfahren
Am Pflegesatzverfahren sind, neben den Trägern der Pflegeeinrichtungen, die Pflegekassen oder sonstigen Sozialversicherungsträger und die für die Bewohner zuständigen Träger der Sozialhilfe sowie die Arbeitsgemeinschaften der genannten Träger beteiligt, soweit im Jahr vor Beginn der Pflegesatzverhandlungen auf den jeweiligen Kostenträger mehr als 5 % der Berechnungstage entfallen sind (§ 85 Abs. 2 SGB XI). Anstelle der genannten Vertragsparteien können die regional oder landesweit tätigen Pflegesatzkommissionen gemäß § 86 SGB XI, bestehend aus den Landesverbänden der Pflegekassen, dem Verband der privaten Krankenversicherung e.V., den überörtlichen oder einem nach Landesrecht bestimmten Träger der Sozialhilfe sowie den Vereinigungen der Pflegeheimträger, die Pflegesätze mit Zustimmung der betroffenen Pflegeheimträger vereinbaren. Die Pflegesatzkommission ist auch zum Abschluss von Rahmenvereinbarungen berechtigt (§ 86 Abs. 3 SGB XI). Die Pflegesatzvereinbarung ist prospektiv für den zukünftigen Pflegesatzzeitraum zu treffen. Den Kostenträgern ist rechtzeitig vor Aufnahme der Pflegesatzverhandlungen die Pflegesatzkalkulation und eine schriftliche Stellungnahme der nach heimrechtlichen Vorschriften vorgesehenen Interessenvertretung der Bewohnerinnen und Bewohner vorzulegen (§ 85 Abs. 3 SGB XI). Die Pflegesatzvereinbarung kommt durch Einigung des Trägers der stationären Pflegeeinrichtung und der Mehrheit der Kostenträger, die an der Pflegesatzverhandlung teilgenommen haben, zustande und ist schriftlich abzuschließen (§ 85 Abs. 4 SGB XI). Hat eine Vertragspartei schriftlich zur Pflegesatzverhandlung aufgerufen und erfolgt innerhalb von 6 Wochen keine Einigung, so setzt die Schiedsstelle nach § 76 SGB XI die Pflegesätze unverzüglich fest (§ 85 Abs. 5 SGB XI). Nach Ablauf des Pflegesatzzeitraums gelten die vereinbarten Pflegesätze bis zum Inkrafttreten neuer Pflegesätze weiter (§ 85 Abs. 6 SGB XI). Seit dem 01.01.2004 setzt der Abschluss einer Pflegesatzvereinbarung eine Leistungs- und Qualitätsvereinbarung (LQV) nach § 80a SGB XI a.F. voraus. Der „Runde Tisch Pflege, Arbeitsgruppe III" ist in dem Positionspapier „Entbürokratisierung" zu dem Ergebnis gekommen, dass die Leistungs- und Qualitätsvereinbarung ihre ursprünglich beabsichtigte Zielsetzung in Bezug auf Vergütungsrelevanz und Leistungstransparenz nicht erreicht und sich in der Praxis nicht bewährt hat. Daher lautet die Empfehlung des „Runden Tischs Pflege" die Leistungs- und Qualitätsvereinbarungen in dieser Form abzuschaffen (DZA, 2005b). Dieser Forderung wurde mit der Verabschiedung des Pflege-Weiterentwicklungsgesetzes entsprochen, § 80a SGB XI a.F. wurde aufgehoben. Gemäß § 84 Abs. 5 SGB XI sind die wesentlichen Leistungs- und Qualitätsmerkmale in die Pflegesatzvereinbarung aufzunehmen. Hierzu gehören der zu versorgende Personenkreis sowie Art, Inhalt und Umfang der Leistungen, die nach Berufsgruppen gegliederte Personalausstattung sowie Art und Umfang der Ausstattung der Einrichtung mit Verbrauchsgütern. Die Überführung der bisherigen Inhalte der LQV erfolgt in der Regel problemlos. Die Gliederung der wesentlichen Leistungs- und Qualitätsmerkmale nach § 84 Abs. 5

SGB XI beinhaltet exemplarisch die Punkte in Tabelle 5.3-15.

Die Regelungen zum Personal und zum Personalabgleich sind Gegenstand des § 84 Abs. 6 SGB XI.

BSG-Urteile zum externen Vergleich

Das Urteil des Bundessozialgerichtes (BSG) vom 14.12.2000 (Az.: B 3P 19/00 R) fordert die Feststellung der leistungsgerechten Vergütung einer Pflegeeinrichtung über Marktpreise. Nur der Marktpreis entscheidet. Spezielle Gestehungskosten, wie zum Beispiel Tarifbindung, finden keine Berücksichtigung mehr. Der externe Marktpreis wird in einem externen Vergleich mit den in der Region liegenden Einrichtungen festgestellt. Das BSG hat auf die konkrete Benennung der relevanten Leistungskriterien für den Preisvergleich verzichtet. Bei fehlender Vergleichbarkeit mit anderen Heimen werden die heimindividuellen Kosten herangezogen. Das BSG setzt auf Marktmechanismen, schränkt aber gleichzeitig die hierfür erforderlichen Bedingungen eines freien Wettbewerbs ein, da nur der gesetzlich festgelegte Mindeststandard finanziert wird. (Bundessozialgericht, Urteil vom 14.12.2000, Az.: B 3P 19/00 R; Griep, 2001). Die Pflegesatzverhandlungen wurden durch dieses Urteil stark geprägt. Tarifgebundene Einrichtungen konnten die geforderten Pflegesätze nicht durchsetzen. In der Folge sind viele Träger in existenzielle wirtschaftliche Schwierigkeiten geraten und sowohl private Anbieter als auch konfessionelle Träger haben Insolvenzanträge gestellt. Der Pflegeheim Rating Report 2011 weist auf der Grundlage der ausgewerteten Daten 2009 bei 14 % der Heime eine erhöhte Insolvenzgefahr aus (Augurzky et al., 2011). Das Bundessozialgericht hat in den Entscheidungen vom 29.01.2009 und vom 17.12.2009 Aussagen zur Berechnung einer leistungsgerechten Vergütung von Pflegeheimen getroffen. Grundsätzlich

Tabelle 5.3-15: Wesentliche Leistungs- und Qualitätsmerkmale nach § 84 Abs. 5 SGB XI (Quelle: Empfehlungen der Pflegesatzkommission im Land Niedersachsen nach § 86 SGB XI – stationär vom 20.06.2008 – Musterpflegesatzvereinbarung)

1. **Ermittlung des voraussichtlich zu versorgenden Personenkreises**

2. **Unmittelbar bewohnerbezogene Leistungen**
    - 2a. Grundpflege
    - 2b. Soziale Betreuung
    - 2c. Medizinische Behandlungspflege
    - 2d. Unterkunft und Verpflegung

3. **Mittelbar bewohnerbezogene Leistungen**
    - 3a. Pflegeplanung und Pflegedokumentation
    - 3b. Arbeitsorganisation und Kommunikationsstruktur
    - 3c. Kooperation mit und Kontakte zu Dritten
    - 3d. Koordination und Verwaltung
    - 3e. Fort- und Weiterbildung
    - 3f. Qualitätssicherung

4. **Personelle Ausstattung**
    - 4a. Verantwortliche Pflegefachkraft
    - 4b. Pflege und Betreuung
    - 4c. Zusätzliches Betreuungspersonal
    - 4d. Leitung und Verwaltung/Hauswirtschaft/Technischer Dienst/Qualitätsmanagement (Personalschlüssel)
    - 4e. Auszubildende
    - 4f. Weiteres Personal

5. **Art und Umfang der Ausstattung der Einrichtung mit Verbrauchsgütern**

kommt es nicht mehr nur auf die Feststellung des Marktpreises an. Der Höhe der eigenen Gestehungskosten kommt Bedeutung zu, insbesondere gelten die Zahlung eines Tariflohns sowie die Berücksichtigung eines Zuschlags für das Unternehmerrisiko als wirtschaftlich angemessen. Die Rückkehr zum Selbstkostendeckungsprinzip ist jedoch in jedem Fall ausgeschlossen (Bundessozialgericht, Urteile vom 29.01.2009, Az.: B 3 P 6/08 R; Az.: B 3 P 7/08 R; Az.: B 3 P 9/08 R; Az.: B 3 P 9/07 R; Urteil vom 17.12.2009, Az.: B 3 P 3/08 R; Hacke, 2010; Möwisch et al., 2011). Die Pflegeeinrichtung hat gemäß § 85 Abs. 3 SGB XI Art, Inhalt, Umfang und Kosten der Leistungen sowie ggf. zur Beurteilung der Wirtschaftlichkeit und Leistungsfähigkeit im Einzelfall zusätzliche Unterlagen vorzulegen und Auskünfte zu erteilen. Die prospektiven Gestehungskosten sind durch den Träger plausibel darzustellen. In der Praxis zeigt sich, dass vor Aufnahme der Verhandlungen unter anderem Angaben zu Personalkosten je Dienstart und anonymisierte Mitarbeiterangaben (Beachtung Datenschutz), wie zum Beispiel Eintrittsdatum, Eingruppierung, Geburtsdatum und Nachweise zu Energiekosten, gefordert werden. Paragraph 84 Abs. 2 SGB XI legt fest, dass Pflegesätze leistungsgerecht sein müssen. Darüber hinaus müssen die Pflegesätze ausreichen, damit ein Pflegeheim bei wirtschaftlicher Betriebsführung seinen Versorgungsauftrag erfüllen kann. Maßgebend für die Beurteilung der Leistungsgerechtigkeit sind dabei die Kostensätze vergleichbarer Leistungen anderer Pflegeeinrichtungen. Abbildung 5.3-2 stellt das zweistufige Vorgehen zur Ermittlung einer leistungsgerechten Vergütung nach den BSG-Urteilen vom 29.01.2009 und vom 17.12.2009 dar.

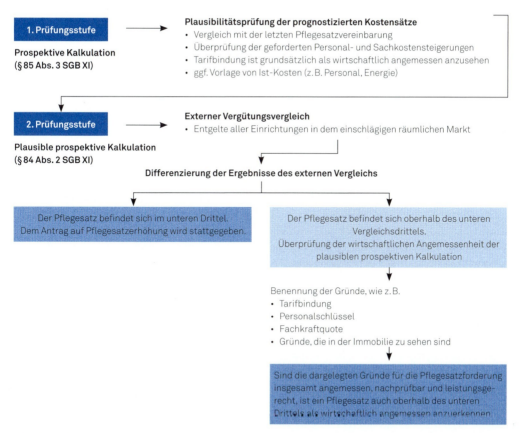

Abbildung 5.3-2: Zweistufiges Vorgehen zur Ermittlung einer leistungsgerechten Vergütung nach den BSG-Urteilen vom 29.01.2009 und 17.12.2009 (Quelle: Eigenerstellung)

Auf der ersten Prüfungsstufe erfolgt die Plausibilitätsprüfung der prospektiven Kalkulation gemäß § 85 Abs. 3 SGB XI. In der zweiten Prüfungsstufe erfolgt der externe Vergütungsvergleich.

Das Bundessozialgericht (BSG) hat mit der Entscheidung vom 16.05.2013 (Az.: B 3 P 2/12 R) die Rechtsprechung, das heißt ein zweistufiges Vorgehen zur Ermittlung einer leistungsgerechten Vergütung, aus dem Jahr 2009 bestätigt. Weitere Konkretisierungen sind in Bezug auf die wirtschaftliche Angemessenheit von Tariflöhnen und auf die Vereinbarung eines Zuschlags für das Unternehmerrisiko, das heißt konkret auf die Möglichkeit zur Gewinnerzielung, erfolgt. Unter betriebswirtschaftlichen Aspekten gehört zu den Gestehungskosten auch ein Zuschlag zur Generierung eines angemessenen Unternehmensgewinns, der die Grundlage für eine solide wirtschaftliche Basis der Einrichtung ist. Der Zuschlag zur Vergütung kann, so das BSG, durch einen umsatzbezogenen Prozentsatz oder über die Auslastungsquote, dessen Höhe es ermöglichen muss, einen angemessenen Unternehmensgewinn zu realisieren, in die Kalkulation eingestellt werden (BSG, Terminbericht Nr. 23/13, BSG-Urteil vom 16.05.2013, Az.: B 3 P 2/12 R). Mit Inkrafttreten des PSG I wurden die Bemessungsgrundsätze der Vergütungen der stationären Pflegeeinrichtungen gemäß § 84 Abs. 2 SGB IX dahingehend ergänzt, dass die Vergütung der Mitarbeitenden auf der Grundlage eines Tarifvertrags bzw. nach kirchlichen Arbeitsrechtsregelungen nicht als unwirtschaftlich abgelehnt werden dürfen. Gleichzeitig wurde in § 84 Abs. 7 SGB XI eine Überprüfungsmöglichkeit der tatsächlichen Bezahlung durch die Kostenträger eingeführt, das anzuwendende Verfahren ist in den Rahmenverträgen nach § 75 Abs. 1 und 2 SGB XI festzulegen. Diese Konkretisierung entspricht somit der bereits dargestellten Rechtsprechung des BSG. Grundsätzlich befindet sich jede Pflegeeinrichtung im Wettbewerb. Unabhängig von der Pflegesatzverhandlung und der Vergütungsfindung sollten die Träger von Pflegeeinrichtungen im Vorfeld der Pflegesatzverhandlung eine Analyse des Marktes hinsichtlich Preis, Leistung und Qualität der Konkurrenten vornehmen und regelmäßig versuchen, akzeptable Entgeltsteigerungen für die Klienten und Kostenträger zu vereinbaren und die eigenen wirtschaftlichen Interessen zu wahren.

Investitionskosten

Neben der Pflegevergütung und dem Entgelt für Unterkunft und Verpflegung erhält eine stationäre Pflegeeinrichtung einen Investitionskostensatz für die betriebsnotwendigen Investitionsaufwendungen. Das Pflegeversicherungsgesetz bestimmt gemäß § 9 SGB XI, dass die Länder für die Vorhaltung einer leistungsfähigen, zahlenmäßig ausreichenden und wirtschaftlichen pflegerischen Versorgungsstruktur verantwortlich sind. Paragraph 82 SGB XI trifft Aussagen zur Finanzierung der Pflegeeinrichtungen. Das Bundessozialgericht hat sich in vier Urteilen vom 08.09.2011 mit der gesonderten Berechnung von Investitionskosten beschäftigt (Bundessozialgericht, Urteile vom 08.09.2011, Az.: B 3 P 4/10 R, Az.: B 3 P 2/11 R, Az.: B 3 P 3/11 R, Az.: B 3 P 6/10 R) und unter anderem festgestellt, dass pauschalierte Instandhaltungs- und Instandsetzungskosten gegenüber den Bewohnern nach § 82 Abs. 3 SGB XI nicht berechnet werden dürfen. Diese Urteile haben in der Fachöffentlichkeit zunächst zu großer Unsicherheit geführt. Bundesweite Initiativen haben zu einer Änderung des § 82 Abs. 2 und 3 SGB XI geführt, die nachstehend kurz skizziert wird. Danach dürfen gemäß § 82 Abs. 2 Nr. 1 bis 5 SGB XI in der Pflegevergütung und in den Entgelten für Unterkunft und Verpflegung Aufwendungen für folgende Aktivitäten keine Berücksichtigung finden:

- Maßnahmen einschließlich Kapitalkosten, die dazu bestimmt sind, die für den Betrieb der Pflegeeinrichtung notwendigen Gebäude und sonstigen abschreibungsfähigen Anlagegüter herzustellen, anzuschaffen, wiederzubeschaffen, zu ergänzen, instand zu halten oder zu setzen. Ausgenommen sind die zum Verbrauch bestimmten Güter (Verbrauchsgüter), die der Pflegevergütung nach Abs. 1 Satz 1 Nr. 1 zuzuordnen sind.
- Erwerb und Erschließung von Grundstücken.
- Miete, Pacht, Erbbauzins, Nutzung oder Mitbenutzung von Grundstücken, Gebäuden oder sonstigen Anlagegütern

- Anlauf oder innerbetriebliche Umstellung von Pflegeeinrichtungen
- Schließung von Pflegeeinrichtungen oder ihre Umstellung auf andere Aufgaben

Sind betriebsnotwendige Investitionsaufwendungen nach § 82 Abs. 2 Nr. 1 SGB XI oder Aufwendungen für Miete, Pacht, Nutzung oder Mitbenutzung von Gebäuden oder sonstige abschreibungsfähige Anlagegüter nach § 82 Abs. 2 Nr. 3 SGB XI durch öffentliche Förderung nicht vollständig gedeckt, ist die Pflegeeinrichtung berechtigt, diesen Teil der Aufwendungen nach Zustimmung durch die zuständige Landesbehörde den Pflegebedürftigen gesondert zu berechnen. Das jeweilige Landesrecht regelt Art, Höhe, Laufzeit, pauschalierte Instandhaltungs- und Instandsetzungsaufwendungen sowie die zu verwendende Belegungsquote zur Verteilung der Investitionskosten auf die Bewohner. Gleichzeitig müssen die Pauschalen in einem angemessenen Verhältnis zur tatsächlichen Höhe der Instandhaltungs- und Instandsetzungsaufwendungen stehen (§ 82 Abs. 3 SGB XI). Die Praxis zeigt, dass die Länder momentan zum Beispiel zu der Höhe der angemessenen Pauschalen oder zu der anzusetzenden Belegungsquote noch keine Festlegungen getroffen haben (Grabow et al., 2012). In Nordrhein-Westfalen wurde 2014 die Refinanzierung der Investitionskosten neu geregelt und die Vorgaben der BSG-Urteile vom 08.09.2011 wurden konsequent umgesetzt, andere Bundesländer arbeiten an Neuregelungen (Grabow et al., 2014). Pflegeeinrichtungen, die nicht nach Landesrecht gefördert werden, können den Pflegebedürftigen die betriebsnotwendigen Investitionskosten nach vorheriger Mitteilung an die Landesbehörde ohne deren Zustimmung gesondert berechnen (§ 82 Abs. 4 SGB XI). Der Träger der Sozialhilfe ist zur Übernahme der Vergütung für die Leistung nur verpflichtet, wenn mit der Einrichtung oder dem Verband folgende drei Vereinbarungen gemäß § 75 Abs. 3 SGB XII getroffen wurden, die den Grundsätzen der Wirtschaftlichkeit, Sparsamkeit und Leistungsfähigkeit entsprechen:

- Leistungsvereinbarung über den Inhalt, Umfang und Qualität der Leistungen
- Vergütungsvereinbarung
- Prüfungsvereinbarung zur Überprüfung der Wirtschaftlichkeit und Qualität der Leistungen.

Der Träger der Sozialhilfe schließt vorrangig Vereinbarungen mit den Trägern ab, deren Vergütung bei vergleichbarem Leistungsumfang und Qualität der Leistung nicht höher ist als die Vergütung der anderen Träger.

5.3.5.3
Steuerung von stationären Pflegeeinrichtungen

Besteht mit einer voll- oder teilstationären Pflegeeinrichtung ein Versorgungsvertrag nach dem SGB XI, ist die Pflege-Buchführungsverordnung (PBV) anzuwenden (§ 1 Abs. 2 PBV). Die Bücher der Pflegeeinrichtung sind nach den Regeln der kaufmännischen doppelten Buchführung zu führen. Die Konten sind gemäß Anlage 4 der PBV einzurichten (§ 3 Abs. 1 und 2 PBV). Tabelle 5.3-16 gibt einen Überblick über den Kontenrahmen.

In Tabelle 5.3-17 werden die Aufwendungen der Kontenklassen 6 und 7 einer stationären Pflegeeinrichtung konkretisiert und die entsprechende Finanzierung wird auf der Grundlage der Empfehlungen der Pflegesatzkommission im Land Niedersachsen nach § 86 SGB XI – stationär vom 20.06.2008 dargestellt.

Der Jahresabschluss der Pflegeeinrichtung besteht aus der Bilanz, der Gewinn- und Verlustrechnung und dem Anhang einschließlich Anlagen- und Fördernachweis (§ 4 Abs. 1 PBV). Zugelassene Pflegeeinrichtungen sind verpflichtet, eine Kosten- und Leistungsrechnung zu führen. Sie bildet die Grundlage für die betriebsinterne Steuerung und die Beurteilung der Wirtschaftlichkeit und Leistungsfähigkeit (§ 7 PBV). Ein weiteres Ziel des Pflege-Weiterentwicklungsgesetzes war es, unter dem Aspekt der Förderung der Wirtschaftlichkeit die Pflege-Buchführungsverordnung aufzuheben. Der Spitzenverband Bund der Pflegekassen, die Bundesarbeitsgemeinschaft der überörtlichen Träger der Sozialhilfe, die Bundesvereinigung

Tabelle 5.3-16: Kontenrahmen für die Buchführung (Kontenklasse 0 bis 8) (Quelle: Pflege-Buchführungsverordnung)

Kontenklasse	Kontengruppe	Kontenuntergruppe	Erläuterung	
0	01	010	Kontenklasse 0	Ausstehende Einlagen, Anlagevermögen
1	10	101	Kontenklasse 1	Umlaufvermögen, Rechnungsabgrenzung
2	20	201	Kontenklasse 2	Eigenkapital, Sonderposten, Rückstellungen
3	30	301	Kontenklasse 3	Verbindlichkeiten, Rechnungsabgrenzung
4	40	401	Kontenklasse 4	Betriebliche Erträge
5	50	501	Kontenklasse 5	Andere Erträge
6	60	601	Kontenklasse 6	Aufwendungen
7	70	701	Kontenklasse 7	Weitere Aufwendungen
8	80	801	Kontenklasse 8	Eröffnungs- und Abschlußkonten

der kommunalen Spitzenverbände und die Vereinigungen der Träger der Pflegeeinrichtungen auf Bundesebene vereinbaren gemeinsam und einheitlich Grundsätze ordnungsgemäßer Pflegebuchführung für die ambulanten und stationären Pflegeeinrichtungen (§ 75 Abs. 7 SGB XI). Diese Vereinbarung ist nach Aufhebung der gemäß § 83 Abs. 1 Satz 1 Nr. 3 SGB XI erlassenen Rechtsverordnung unmittelbar verbindlich. Bislang wurden keine neuen Grundsätze ordnungsgemäßer Pflegebuchführung vereinbart. Dem Controlling obliegt die Aufgabe der Steuerung der Pflegeeinrichtung. Horváth definiert:

„Controlling ist – funktional gesehen – dasjenige Subsystem der Führung, das Planung und Kontrolle sowie Informationsversorgung systembildend und systemkoppelnd ergebniszielorientiert koordiniert und so die Adaption und Koordination des Gesamtsystems unterstützt." (Horváth, 2006: 134)

Zur Steuerung einer stationären Pflegeeinrichtung benötigt die Geschäftsführung der Einrichtung zeitnah Aussagen über die Entwicklung der wirtschaftlichen Situation. Die Wirtschaftlichkeit wird über die Bildung von Kennzahlen konkretisiert und bezeichnet im engeren Sinn das Verhältnis von Ertrag und Aufwand oder von Leistungen und Kosten. Die Vielzahl der generierten Unternehmensdaten soll durch übersichtlich gestaltete Kennzahlen mit hinreichender Genauigkeit und Aktualität als Entscheidungsgrundlage herangezogen werden. Kennzahlensysteme müssen den Anforderungen nach Klarheit, Einfachheit, Informationsverdichtung, multikausaler Analyse, Objektivität und Widerspruchsfreiheit entsprechen (Gladen, 2003). Zu den wesentlichen Planungs- und Steuerungsinstrumenten einer stationären Pflegeeinrichtung gehören zum Beispiel der Wirtschafts-, Investitions- und Stellenplan, der Soll-Ist-Vergleich mit Abweichungsanalyse und Korrekturmaßnahmenvorschläge sowie ausgewählte Kennzahlen aus den Bereichen Finanzen, Personal, Prozesse und Kunden. Abbildung 5.3-3 zeigt ausgewählte Planungs- und Steuerungsinstrumente in stationären Pflegeeinrichtungen.

Die exemplarisch aufgeführten Unterlagen sind durch das Controlling im Rahmen eines monatlichen Berichtswesens empfängerorientiert für die Geschäftsführung, die Einrichtungsleitung sowie für die Kostenstellenverantwortlichen aufzubereiten und zeitnah zur Verfügung zu stellen. Im Rahmen des Monats- bzw. Quartalsgesprächs werden neben der Besprechung der aktuellen Situation die Überprü-

Tabelle 5.3-17: Aufwendungen der Kontenklassen 6 und 7 gemäß PBV und Darstellung der korrespondierenden Finanzierung (Kalkulationsraster im Land Niedersachsen) (Quelle: Pflege-Buchführungsverordnung i.V.m. den Empfehlungen der Pflegesatzkommission im Land Niedersachsen nach § 86 SGB XI – stationär vom 20.06.2008 – Regelungen zu Vorbereitung, Beginn und Verfahren von Pflegesatzverhandlungen nach dem 8. Kapitel SGB XI sowie das Kalkulationsraster, Bestandteile der Investitionskosten gemäß § 82 Abs. 2 u. 3 SGB XI)

Kontenklasse	Kontengruppe	Bezeichnung	Finanzierung					Investitionskosten	Sonstiges
			Pflegevergütung und Entgelt für Unterkunft und Verpflegung						
			Pflegeleistungen, Behandlungspflege, soziale Betreuung	Unterkunft	Verpflegung	Bemerkungen		
		Grundsätzlich werden nicht pflegesatzrelevante Aufwendungen nicht über den Pflegesatz finanziert, z. B. Cafeteria (im Pflegesatzkalkulationsschema sind die Kostenpositionen um den entsprechenden Anteil zu kürzen)						
6	60–64	**Personalaufwendungen für:**						
		Leitung	50 %	50 %				
		Pflegedienst, Pflegedienstleitung, Auszubildende	100 %			Auszubildende: 7300 € pauschal pro Auszubildendem		
		Hauswirtschaftlicher Dienst	50 %	50 %				
		Verwaltungsdienst	50 %	50 %				
		Technischer Dienst	50 %	50 %				
		Qualitätsmanagement (in PBV nicht explizit erwähnt)	50 %	50 %				
		Sonstige Dienste, z. B. Aufwendungen nach § 82b SGB XI	50 %	50 %				
	65	Lebensmittel			100 %			
	66	Aufwendungen für Zusatzleistungen						Zusatzleistungen
	67	Wasser, Energie, Brennstoffe	50 %	50 %				
	68	Wirtschaftsbedarf/Verwaltungsbedarf	50 %	50 %				
	69	frei						
7	70	**Aufwendungen für Gebrauchsgüter gemäß § 82 Abs. 2 Nr. 1, 2. Halbsatz SGB XI (soweit nicht in anderen Konten verbucht)**	50 %	50 %		i. d. R. Kontengruppe 68		
	71	Steuern, Abgaben und Versicherungen	50 %	50 %				
	72	Zinsen und ähnliche Aufwendungen					X	
	73	Sachaufwendungen für Hilfs- und Nebenbetriebe				nicht pflegesatzrelevant		
	74	Zuführung von Pflegemitteln zu Sonderposten oder Verbindlichkeiten						
	75	Abschreibungen					X	
	76	Mieten, Pacht, Leasing					X	
	77	Aufwendungen für Instandhaltung und Instandsetzung					X	
	78	außerordentliche Aufwendungen						
	79	frei						

5 Strukturen und Funktionen ausgewählter Versorgungssysteme

Prospektive Wirtschaftsplanung incl. Investitions-, Instandhaltungs- und Stellenplanung – auf der Grundlage der Zielvorgaben der Geschäftsleitung			
Festlegung der Kalkulationsprämissen:	**Planung der Erträge auf der Grundlage der Kalkulationsprämissen:**	**Planung der Aufwendungen auf Grundlage der Kalkulationsprämissen:**	**Ergebnis:**
• Belegungsplanung • Auslastungsquote • Personaleinsatz (Kostensteigerungen) • Sachmitteleinsatz (Kostensteigerungen) • Zielerreichung, z. B. Umsatzrendite in Höhe von X %	• Pflegeentgelte • Unterkunft und Verpflegung • Zusatzleistungen • Investitionskosten/-erlöse • sonstige Erträge	• Personalkosten je Dienstart • Sachkosten (Pflegesatzbereich und Investitionskosten) • sonstige Aufwendungen	• Ergebnis der gewöhnlichen Geschäftstätigkeit • Jahresüberschuss/ Jahresfehlbetrag • Ggf. Anpassung der Planung

Wirtschaftsplan Soll-Ist-Vergleich Abweichungsanalyse Korrekturmaßnahmenvorschläge	**Ausgewählte Kennzahlen mit Vorgabewert und ggf. Vorjahreswert sowie grafische Darstellung von z. B.:** • Jahresergebnis (Pflege- und Investitionskostenbereich) • Liquiditätskennzahlen • Auslastungsquote • monatliche und kumulierte Darstellung der Belegungstage je Pflegestufe • Case-Mix-Index • Abgleich: Soll-Personalstellen gemäß Pflegesatzvereinbarung und Ist-Personalstellen bezogen auf die aktuelle Belegung • Lebensmitteleinsatz je Beköstigungstag • Durchschnittskosten je Dienstart • Erlöse je Vollkraft • Prozentuales Verhältnis von Selbstzahlern zu Empfängern von Hilfe nach SGB XII • Fachkraftquote • Fluktuationsquote • Ausfallquote • Kennzahlen aus dem Qualitätsmanagement (z. B. Kennzahlen aus Bewohner-, Mitarbeiter- und Angehörigenbefragungen)

Monats- bzw. Quartalsgespräch: Controlling, Geschäftsführung, Einrichtungsleitung, Kostenstellenverantwortliche

Datenbasis aus Wirtschaftsplanung, Soll-Ist-Vergleiche, Kennzahlen aus der Betriebswirtschaft und dem Qualitätsmanagement sowie die Auswertung der Monats- bzw. Quartalsgespräche bilden die Datengrundlage zur Vorbereitung der prospektiven Pflegesatzkalkulation.

Abbildung 5.3-3: Ausgewählte Planungs- und Steuerungsinstrumente in stationären Pflegeeinrichtungen (Quelle: Eigenerstellung; Eisenreich et al., 2005; Halfar et al., 2014)

fung der Zielerreichung sowie die Einleitung von notwendigen Korrekturmaßnahmen verabredet. Die Bedeutung des Finanzcontrollings hat, bedingt durch den zunehmenden wirtschaftlichen Druck, stetig zugenommen. Zur Sicherung der wirtschaftlichen Existenz sind Planungsrechnungen und die Steuerung über Kennzahlen unabdingbar (z. B. Planbilanz, Eigenkapitalquote, Überschuldungsprüfung, Plan-Gewinn- und -Verlustrechnung, Monats- und Jahresfinanzplanung, Liquiditätskennzahlen, Umsatzrentabilität). Darüber hinaus ist es empfehlenswert, regelmäßig zur eigenen Standortbestimmung an Betriebsvergleichen teilzunehmen. Aktuelle Kenntnisse der Wettbewerber, wie zum Beispiel Anzahl und Pflegeplätze der Pflegeeinrichtungen im Wettbewerbsumfeld, Auslastungsgrad, vereinbarte Entgelte, Spezialisierungen und Informationen über das Leistungsspektrum, sind als Basis für betriebliche Entscheidungen und zur Steuerung notwendig.

5.3.6
Zukunftsstrategien der stationären Pflegeeinrichtungen

Die Rahmenbedingungen, mit denen stationäre Pflegeeinrichtungen in Zukunft konfrontiert sein werden, enthalten auf den ersten Blick deutlich positive Signale für einen expansiven Markt. So ist die Anzahl der in Pflegeheimen versorgten Bewohner von 1999 bis 2013 um 35,8 % gestiegen, bei gleichzeitigem Anstieg der Beschäftigten um 55,5 %. Abbildung 5.3-4 zeigt die Entwicklung in der stationären Altenhilfe von 1999 bis 2013.

Im Jahre 2010 waren 2,4 Mio. Menschen in Deutschland pflegebedürftig. Für 2030 weist das Status-quo-Szenario 3,4 Mio. und für 2050 4,5 Mio. Pflegebedürftige aus (Statistische Ämter des Bundes und der Länder, 2010). Die Bertelsmann Stiftung stellt, ausgehend von 2009, für das Jahr 2030 im Themenreport „Pflege 2030" drei Szenarien für die Entwicklung der vollstationären Pflege vor (Abb. 5.3-5):

- *Szenario 1* ist das Status-quo-Szenario mit einer Fortschreibung der derzeitigen Verteilungen der Versorgungsformen.
- *Szenario 2* unterstellt eine Zunahme der formellen Pflege, da zukünftig nicht davon ausgegangen werden kann, dass die Pflege durch Angehörige im gleichen Maße erfolgen wird wie bisher (Veränderung der Familienstrukturen, Singlehaushalte, Erwerbstätigkeit der Frauen ist häufig nicht mit der Familienpflege vereinbar).
- *Szenario 3* stellt die Stärkung der häuslichen Pflege dar und unterstellt, dass die Zahl der in vollstationären Pflegeeinrichtungen versorgten Pflegebedürftigen 2030 gegenüber

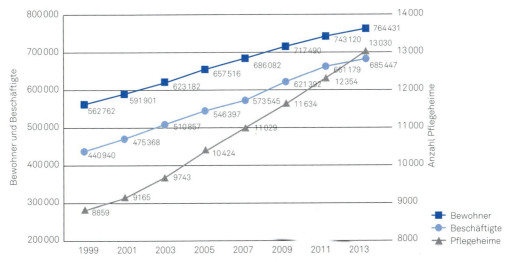

Abbildung 5.3-4: Entwicklung in der stationären Altenhilfe von 1999 bis 2013 – Pflegeheime, Bewohner und Beschäftigte (Quelle: Statistisches Bundesamt, 2015)

5 Strukturen und Funktionen ausgewählter Versorgungssysteme

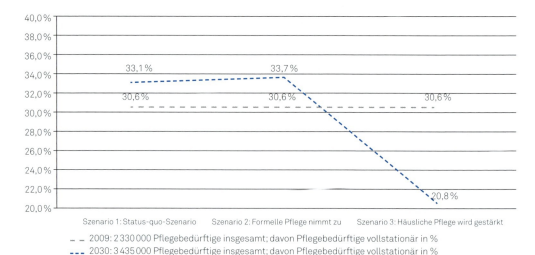

Abbildung 5.3-5: Anteil der Pflegebedürftigen 2009 und 2030 in der Versorgungsart „Vollstationäre Versorgung", unterteilt nach drei Szenarien (Quelle: Bertelsmann Stiftung, 2012b)

2009 konstant bleibt und somit die Anzahl der heute vorhandenen vollstationären Pflegeplatzkapazitäten als ausreichend betrachtet werden kann (Bertelsmann Stiftung, 2012b).

Die zukünftige Situation wird darüber hinaus geprägt sein von einem deutlichen Anstieg des Altenquotienten. Im Jahre 2008 standen 100 erwerbstätigen Personen 34 Menschen im Alter von 65 Jahren und älter gegenüber. Diese als Altenquotient bezeichnete Relation wird abhängig von unterschiedlichen Wanderungssalden auf 63 bzw. 67 im Jahr 2060 anwachsen. Stationäre Pflegeeinrichtungen werden sich in starkem Wettbewerb um Arbeitskräfte behaupten müssen (Statistisches Bundesamt, 2009). Auch wenn die Veränderung der gesellschaftlichen Rahmenbedingungen voraussichtlich dazu führen wird, dass die Versorgung im Alter einen hohen Stellenwert einnehmen wird und somit Berufe, die sich mit der Versorgung und Pflege alter Menschen beschäftigen, ein hohes soziales Ansehen genießen werden, wird die Anzahl der zur Verfügung stehenden Pflegekräfte bei weitem nicht ausreichen. Schon jetzt prognostiziert die Bertelsmann Stiftung, dass im Jahre 2030 annähernd 500 000 Vollzeitkräfte in der Pflege fehlen werden. Diese Prognose verändert sich in Abhängigkeit der dargestellten Szenarien deutlich. So geht die Studie in Szenario 1 von 434 000 und in Szenario 2 von 492 000 fehlenden Vollzeitkräften im ambulanten und stationären Sektor aus, während sich im Szenario 3 die Anzahl der fehlenden Vollzeitkräfte auf 263 000 reduziert (Bertelmann Stiftung, 2012a). Aus diesen prognostizierten Entwicklungen kann man folgende Hypothesen ableiten:

- Dem Wunsch älterer Menschen nach Pflege in der eigenen Häuslichkeit oder im Stadtteil wird durch den weiteren Ausbau ambulanter Angebote und die Etablierung neuer Wohnformen Rechnung getragen. Insgesamt wird diese Entwicklung zu einem moderaten Wachstum der stationären Pflegeeinrichtungen führen.
- Die Pflege- und Betreuungsleistungen in stationären Pflegeeinrichtungen haben sich in der Vergangenheit kontinuierlich verändert – die Verweildauer ist immer kürzer geworden. Die Schwerpunkte der zukünftigen Pflege- und Betreuungsleistungen und somit die Ausrichtung einer stationären Pflegeeinrichtung wird sich auf die Versorgung Schwerstpflegebedürftiger und demenziell erkrankter Bewohner sowie auf die Palliativversorgung und Sterbebegleitung verlagern.

Vor diesem Hintergrund enthalten erfolgreiche Zukunftsstrategien für stationäre Pflegeeinrichtungen Überlegungen für folgende Bereiche:
- Ausbau zum Pflegezentrum im Stadtteil – Entwicklung eines auf die Bedürfnisse der pflegebedürftigen Menschen zugeschnittenen Dienstleistungsportfolios, das ambulante, teilstationäre und vollstationäre Versorgung aus einer Hand bietet
- Ausbau zum Informationszentrum als kompetenter vertrauenswürdiger Berater
- Professionalisierung der Internetpräsenz und Bereitstellung aktueller Informationen rund um das Thema „Alter und Pflege"
- Differenzierung des Dienstleistungsportfolios gegenüber Wettbewerbern
- konsequente Steuerung der Einrichtung mit Kennzahlen zur Sicherstellung eines positiven Betriebsergebnisses (strikte Kosten- und Erlösoptimierung, z. B. durch Entwicklung zusätzlicher abrechenbarer Komfort- und Zusatzleistungen)
- Realisierung hoher Qualitätsstandards zu gleichzeitig attraktiven Preisen
- hohe Einzelzimmerquote
- Angebote von Physio- und Ergotherapie
- nachhaltiger Aufbau ehrenamtlicher Strukturen
- Vernetzung im Quartier, Kontakt zu allen an der Versorgung der Pflegebedürftigen Beteiligten (z. B. Angehörige, Hausärzte, Apotheker)
- Entwicklung einer starken Employer Brand, um fachlich gut qualifiziertes Personal rekrutieren und an die Einrichtung binden zu können
- Fokussierung auf Maßnahmen zur Erhöhung der Mitarbeiterzufriedenheit sowohl als Mitarbeiterbindungsinstrument als auch, um die Kundenzufriedenheit positiv zu beeinflussen (z. B. regelmäßige Informationsveranstaltungen zu Strategie, Qualität und Wirtschaftlichkeit der Einrichtung, kontinuierliche Fort- und Weiterbildungsangebote, Angebote zur Gesundheitsprävention, verlässliche Dienstplangestaltung).

Die Zukunftsperspektive für stationäre Pflegeeinrichtungen ist grundsätzlich positiv und erfordert eine hohe Flexibilität bei der Anpassung an veränderte Umweltbedingungen. Erfolgreich werden die stationären Pflegeeinrichtungen sein, die den Paradigmenwechsel erfolgreich managen und ihr komplettes Dienstleistungsportfolio kontinuierlich auf Anpassungsbedarf überprüfen und notwendige Anpassungen schnell vornehmen. Einrichtungen, die Change-Prozesse als Chance für ihre Weiterentwicklung aufgreifen, werden auch in der Außenwirkung ein Image entwickeln, das ihre Attraktivität als Arbeitgeber und als Dienstleister positiv beeinflusst.

5.3.7
Ausgewählte aktuelle Aspekte zum Pflegestärkungsgesetz II und Ausblick

5.3.7.1
Ausgewählte aktuelle Aspekte zum PSG II

Das Pflegestärkungsgesetz II (Zweites Gesetz zur Stärkung der pflegerischen Versorgung und zur Änderung weiterer Vorschriften (Zweites Pflegestärkungsgesetz – PSG II) vom 21.12.2015, BGBl. I, S. 2424) ist überwiegend zum 01.01.2016 in Kraft getreten, weitere Teile traten zum 01.01.2017 in Kraft. Das PSG II ist eine weitreichende Reform des Pflegeversicherungsgesetzes. Mit Inkrafttreten des PSG II wurde die Einführung des neuen Pflegebedürftigkeitsbegriffs und des neuen Begutachtungsinstruments zur Feststellung der Pflegebedürftigkeit gesetzlich festgeschrieben. Im Folgenden werden ausgewählte aktuelle Aspekte des PSG II vorgestellt.

Pflegebedürftigkeitsbegriff
Der neue Pflegebedürftigkeitsbegriff wird zum 01.01.2017 eingeführt. Gemäß § 14 Abs. 1 SGB XI sind Personen pflegebedürftig, die gesundheitlich bedingte Beeinträchtigungen der Selbstständigkeit oder der Fähigkeiten aufweisen und aus diesem Grund der Hilfe durch andere bedürfen. Es muss sich hierbei um Personen handeln, die körperliche, kognitive oder psychische Beeinträchtigungen oder gesundheitlich bedingte Belastungen oder Anforderungen nicht selbstständig kompensieren oder

bewältigen können. Die Pflegebedürftigkeit muss auf Dauer, voraussichtlich für mindestens 6 Monate, und mit mindestens der gemäß § 15 SGB XI festgelegten Schwere bestehen. Im Mittelpunkt der Begutachtung steht die Ermittlung des Grades der Selbstständigkeit oder der Fähigkeiten. Maßgeblich sind die pflegefachlich begründeten Kriterien der nachfolgenden sechs Bereiche:

1. Mobilität
2. Kognitive und kommunikative Fähigkeiten
3. Verhaltensweisen und psychische Problemlagen
4. Selbstversorgung
5. Bewältigung von und selbstständiger Umgang mit krankheits- oder therapiebedingten Anforderungen und Belastungen
6. Gestaltung des Alltagslebens und sozialer Kontakte (§ 14 Abs. 2 SGB XI).

Beeinträchtigungen der Selbstständigkeit oder der Fähigkeiten, die dazu führen, dass die Haushaltsführung nicht mehr ohne Hilfe bewältigt werden kann, werden bei den Kriterien der oben genannten Bereiche berücksichtigt (§ 14 Abs. 3 SGB XI).

Begutachtungsinstrument
Der Grad der Pflegebedürftigkeit wird mit einem pflegefachlich begründeten Begutachtungsinstrument gemäß § 15 SGB XI ermittelt. Seine Module entsprechen den beschriebenen sechs Bereichen gemäß § 14 Abs. 2 SGB XI. § 15 Abs. 2 und 3 SGB XI beschreibt die konkrete Ermittlung des Grades der Pflegebedürftigkeit. In Anlage 1 zu § 15 SGB XI wird die Einzelpunktvergabe für die Module 1 bis 6 beschrieben. Anlage 2 zu § 15 SGB XI stellt die Bewertungssystematik mit gewichteten Punkten pro Modul dar (Mobilität 10 %, kognitive und kommunikative Fähigkeiten und Verhaltensweisen und psychische Problemlagen 15 %, Selbstversorgung 40 %, Bewältigung von und selbstständiger Umgang mit krankheits- oder therapiebedingten Anforderungen und Belastungen 20 %, Gestaltung des Alltagslebens und sozialer Kontakte 15 %). Insgesamt kann ein maximaler Wert von 100 Punkten erreicht werden. Die Einordnung in einen Pflegegrad (PG) geschieht auf der Basis der erreichten Gesamtpunkte.

- *Pflegegrad 1:* geringe Beeinträchtigung der Selbstständigkeit oder der Fähigkeiten (ab 12,5 bis unter 27 Gesamtpunkte)
- *Pflegegrad 2:* erhebliche Beeinträchtigung der Selbstständigkeit oder der Fähigkeiten (ab 27 bis unter 47,5 Gesamtpunkte)
- *Pflegegrad 3:* schwere Beeinträchtigung der Selbstständigkeit oder der Fähigkeiten (ab 47,5 bis unter 70 Gesamtpunkte)
- *Pflegegrad 4:* schwerste Beeinträchtigung der Selbstständigkeit oder der Fähigkeiten (ab 70 bis unter 90 Gesamtpunkte)
- *Pflegegrad 5:* schwerste Beeinträchtigung der Selbstständigkeit oder der Fähigkeiten mit besonderen Anforderungen an die pflegerische Versorgung (ab 90 bis 100 Gesamtpunkte) (§ 15 Abs. 3 Nr. 1 bis 5 SGB XI).

Die Begutachtungsrichtlinie wird aktualisiert und kommt ab dem 01.01.2017 zum Einsatz.

Inhalt der Leistung
Pflegebedürftige der Pflegegrade 2 bis 5 haben gemäß § 43 SGB XI Anspruch auf Pflege in vollstationären Einrichtungen, sofern weder häusliche noch teilstationäre Pflege möglich ist. Die Pflegekasse übernimmt in vollstationären Einrichtungen die pflegebedingten Aufwendungen einschließlich der Aufwendungen für Betreuung und die Aufwendungen für Leistungen der medizinischen Behandlungspflege. Ab dem 01.01.2017 beträgt der Anspruch für Pflegebedürftige abhängig vom Pflegegrad je Kalendermonat 770 Euro in PG 2, 1262 Euro in PG 3, 1775 Euro in PG 4 und 2005 Euro in PG 5. Pflegebedürftige mit dem Pflegegrad 1, die vollstationäre Pflege wählen, erhalten für die genannten Aufwendungen einen Zuschuss von 125 Euro monatlich.

In Bezug auf die Neuverhandlung der Pflegesätze ist ein wesentlicher Aspekt in der Einführung eines einrichtungseinheitlichen Eigenanteils (EA) zu sehen (§ 92c SGB XI). Der Eigenanteil führt dazu, dass alle Pflegebedürftigen der Pflegegrade 2 bis 5 einen einheitlichen Eigenanteil für die Pflege zu leisten haben, das heißt, Höhergruppierungen in einen anderen

Pflegegrad führen nicht zu einer Erhöhung des Eigenanteils des Versicherten.

Qualitätssicherung
Darüber hinaus wurden die Regelungen zur Qualitätssicherung grundlegend überarbeitet. Die Maßstäbe und Grundsätze zur Sicherung und Weiterentwicklung der Pflegequalität sind gemäß § 113 Abs. 1 SGB XI für die stationäre Pflege bis zum 30.06.2017 zu vereinbaren. Neue Qualitätsdarstellungsvereinbarungen sind für den stationären Bereich bis zum 31.12.2017 zu schließen (§ 115 Abs. 1a SGB XI). Paragraph 115 a SGB XI gibt Auskunft über die Übergangsregelung für Pflegetransparenzvereinbarungen und Qualitätsprüfungsrichtlinien. Neue angepasste Qualitätsprüfungsrichtlinien treten zum 01.01.2017 in Kraft.

Personalausstattung
Mit der Einführung des neuen Pflegebedürftigkeitsbegriffs ist angestrebt, die Personalausstattung in Pflegeeinrichtungen zu verbessern. Hierzu sind die Entwicklung und Erprobung eines Verfahrens zur einheitlichen Bemessung des Personalbedarfs in Pflegeeinrichtungen bis zum 30.06.2020 abzuschließen (§ 113 c Abs. 1 SGB XI).

Pflegebuchführungsverordnung
Die Pflegebuchführungsverordnung wird zum 01.01.2017 aktualisiert und an die neuen Pflegegrade angepasst.

Überleitungs- und Übergangsrecht
Bei der Umstellung des Systems werden Überleitungs- und Besitzstandsschutzregelungen für Versicherte, die am 31.12. 2016 Anspruch auf Leistungen aus der Pflegeversicherung haben, getroffen (§§ 140 ff. SGB XI).

5.3.7.2
Ausblick

Dieser Abschnitt hat zunächst Aussagen zur demografischen Entwicklung auf der Grundlage der Ergebnisse der 12. koordinierten Bevölkerungsvorausberechnung vorangestellt. Darüber hinaus wurden die zur Einordnung der stationären Pflegeeinrichtungen wesentlichen Aussagen der Pflegestatistik 2013 vorgestellt. Im Anschluss daran folgten ein Überblick über gesetzliche Rahmenbedingungen (SGB XI, Heimgesetz, Wohn- und Betreuungsvertragsgesetz) von stationären Pflegeeinrichtungen sowie als Schwerpunkt die Darstellung der Qualitätsanforderungen und Finanzierungsgrundlagen. Das Pflegeversicherungsgesetz hat in seiner jetzigen Form hohe Akzeptanz erreicht. Mit dem Gesetz zur strukturellen Weiterentwicklung der Pflegeversicherung und dem Pflege-Neuausrichtungsgesetz wird die Situation der Pflegebedürftigen und der an der Pflege beteiligten Angehörigen und Institutionen insgesamt verbessert. Insbesondere demenziell erkrankte Pflegebedürftige haben von den Reformen profitiert. Bislang waren, obwohl die Notwendigkeit der Neudefinition des Pflegebedürftigkeitsbegriffs von allen Beteiligten betont wird, die Finanzierung und der Zeitpunkt der Umsetzung noch offen. Durch das Pflegestärkungsgesetz I, das zum 01.01.2015 in Kraft getreten ist, wird sich in stationären Pflegeeinrichtungen die zusätzliche Betreuung und Aktivierung durch die Aufstockung des Betreuungsschlüssels auf 1 : 20 und durch die Ausweitung der Betreuungsangebote auf alle anspruchsberechtigten Personen verbessern. Die Pflegebedürftigen in stationären Pflegeeinrichtungen erhalten ebenfalls erhöhte Leistungsbeträge aus der Pflegeversicherung. Mit dem Pflegestärkungsgesetz II wurden der neue Pflegebedürftigkeitsbegriff und das neue Begutachtungsverfahren gesetzlich festgeschrieben. Ab dem 01.01.2017 werden die bisherigen drei Pflegestufen durch fünf Pflegegrade ersetzt. Pflegebedürftige, die körperliche, kognitive oder psychische Beeinträchtigungen oder gesundheitlich bedingte Belastungen oder Anforderungen nicht selbstständig kompensieren oder bewältigen können, erhalten gleichberechtigt Leistungen aus der Pflegeversicherung. Der Grad der Pflegebedürftigkeit wird mit einem pflegefachlich begründeten Begutachtungsinstrument ermittelt. Für die Zukunft der stationären Pflegeeinrichtungen werden erfolgskritische Faktoren sowohl die Geschwindigkeit der Anpassung an veränderte Rahmenbedingungen als auch Change-Management-Strategien sein. Darüber hinaus müssen Zukunftsstrategien pflegerische Schwerpunktsetzungen, wie zum Beispiel die Versorgung von Schwerstpflegebedürftigen und von Bewohnern mit Demenz, die Palliativversorgung, das Hausgemeinschaftsmodell und Wohngruppenkonzepte, einbeziehen und Antworten auf die Frage der Personalbeschaffung und -bindung finden. Das starke Wachstum der Gruppe der pflegebedürftigen Menschen in den kommenden Jahrzehnten wird zunehmend neue Versorgungsformen benötigen, da ein deutliches Wachstum des stationären Sektors weder politisch gewollt noch finanzierbar sein wird. Auch die Vernetzung zwischen Angehörigenpflege, ambulanter Pflege und stationären Versorgungsformen wird an Bedeutung gewinnen. Vor dem Hintergrund der demografischen Entwicklung und der strukturellen Veränderungen des Pflege- und Gesundheitssektors wird ein wesentlicher Schwerpunkt auch in der Sicherstellung der pflegerischen Ausbildung liegen. Um auch zukünftig den Bedarf an qualifizierten Pflegekräften decken zu können, ist das Verhältnis der Anzahl pflegebedürftiger Menschen, die stationär, ambulant oder durch Angehörige versorgt werden, entscheidend. Grundsätzlich befinden sich stationäre Pflegeeinrichtungen im Spannungsfeld zwischen Qualität und Wirtschaftlichkeit. Es ist ein Trend zu beobachten, dass sich Träger von stationären Pflegeeinrichtungen mit dem Ziel zusammenschließen, Synergieeffekte zu erzielen, das Management weiter zu professionalisieren, Kosten, Erlöse und Prozesse zu optimieren und damit die Zukunftsfähigkeit zu stärken und am Markt wettbewerbsfähig zu sein.

Literatur

Augurzky, B. et al. (2011): Pflegeheim Rating Report 2011. Boom ohne Arbeitskräfte? Executive Summary, Heft 68. http://www.rwi-essen.de/media/content/pages/publikationen/rwi-materialien/M_68_PRR-2011_ExecSum.pdf [Zugriff: 18.07.2011].

Bertelsmann Stiftung (2012a): Pflege 2030: Versorgungslücke in der Pflege sorgt für Handlungsdruck bei den Kommunen. http://www.bertelsmann-stiftung.de/cps/rde/xbcr/SID-4C87EA0D-2C590622/bst/xcms_bst_dms_37284_37285_2.pdf [Zugriff: 04.04.2013].

Bertelsmann Stiftung (2012b): Themenreport „Pflege 2030". http://www.bertelsmann-stiftung.de/cps/rde/xbcr/SID-8255AC1F-61F30904/bst/xcms_bst_dms_36979_2.pdf [Zugriff: 07.04.2013].

Bundesarbeitsgemeinschaft der Freien Wohlfahrtspflege (2012a): BAGFW Grundsatzpapier: Qualitätsmanagement – Politik der Freien Wohlfahrtspflege, 3., überarbeitete Fassung. http://www.bagfw-qualitaet.de/uploads/media/120828_QM-PolitikBAGFW.pdf [Zugriff: 17.12.2012].

Bundesarbeitsgemeinschaft der Freien Wohlfahrtspflege (2012b): BAGFW Qualitätsziele der Wohlfahrtsverbände zur Erreichung ihrer spezifischen Dienstleistungsqualität, 3., überarbeitete Fassung. http://www.bagfw-qualitaet.de/uploads/media/120828_QMZieleBAGFW_02.pdf [Zugriff: 17.12.2012].

Bundesarbeitsgemeinschaft der Freien Wohlfahrtspflege (2013): Übersicht zu den Gesetzgebungsverfahren der Länder zum Heimrecht. http://www.bagfw-qualitaet.de/gesetze/ [Zugriff: 03.03.2014].

Bundesministerium der Justiz/Juris GmbH: Gesetz zur Regelung von Verträgen über Wohnraum mit Pflege- oder Betreuungsleistungen (Wohn- und Betreuungsvertragsgesetz – WBVG) vom 29.07.2009 (BGBl. I: 2319). http://www.gesetze-im-internet.de/bundesrecht/wbvg/gesamt.pdf [Zugriff: 03.03.2014].

Bundesministerium der Justiz/Juris GmbH: Heimgesetz (HeimG) in der Fassung der Bekanntmachung vom 05.11.2001 (BGBl. I: 2970), das zuletzt durch Artikel 3 Satz 2 des Gesetzes vom 29.07.2009 (BGBl. I: 2319) geändert worden ist. http://www.gesetze-im-internet.de/bundesrecht/heimg/gesamt.pdf [Zugriff: 03.03.2014].

Bundesministerium der Justiz/Juris GmbH: Sozialgesetzbuch (SGB) – Elftes Buch (XI) – Soziale Pflegeversicherung (Artikel 1 des Gesetzes vom 26.05.1994, BGBl. I: 1014, 1015), das zuletzt durch Artikel 2a des Gesetzes vom 15.07.2013 (BGBl. I: 2423) geändert worden ist. http://www.gesetze-im-internet.de/bundesrecht/sgb_11/gesamt.pdf [Zugriff: 03.03.2014].

Bundesministerium der Justiz/Juris GmbH: Sozialgesetzbuch (SGB) – Elftes Buch (XI) – Soziale Pflegeversicherung (Artikel 1 des Gesetzes vom 26.05.1994, BGBl. I: 1014, 1015), das zuletzt durch Artikel 8 des Gesetzes vom 23.12.2014 (BGBl. I: 2423) geändert worden ist. http://www.gesetze-im-internet.de/bundesrecht/sgb_11/gesamt.pdf [Zugriff: 08.03.2015].

Bundesministerium der Justiz/Juris GmbH: Sozialgesetzbuch (SGB) – Elftes Buch (XI) – Soziale Pflegeversicherung (Artikel 1 des Gesetzes vom 26.05.1994, BGBl. I: 1014, 1015), das durch Artikel 10 des Gesetzes vom 23.12.2016 (BGBl. I: 3234) geändert worden ist. http://www.gesetze-im-internet.de/bundesrecht/sgb_11/gesamt.pdf [Zugriff: 29.01.2017].

Bundesministerium der Justiz/Juris GmbH: Sozialgesetzbuch (SGB) – Zwölftes Buch (XII) – Sozialhilfe – (Artikel 1 des Gesetzes vom 27.12.2003, BGBl. I: 3022, 3023), das zuletzt durch Artikel 1 des Gesetzes vom 01.10.2013 (BGBl. I: 3733) geändert worden ist. http://www.gesetze-im-internet.de/bundesrecht/sgb_12/gesamt.pdf [Zugriff: 03.03.2014].

Bundesministerium für Gesundheit (2008): Vierter Bericht über die Entwicklung der Pflegeversicherung. Berlin. http://www.bmg.bund.de/fileadmin/dateien/Publikationen/Pflege/Berichte/Vierter_Bericht_ueber_die_Entwicklung_der_Pflegeversicherung.pdf [Zugriff: 02.01.2013].

Bundesministerium für Gesundheit (2009a): Bericht des Beirats zur Überprüfung des Pflegebedürftigkeitsbegriffs. https://www.bundesgesundheitsministerium.de/uploads/publications/Neuer-Pflegebeduertigkeitsbegr.pdf [Zugriff: 06.02.2013].

Bundesministerium für Gesundheit (2009b): Umsetzungsbericht des Beirats zur Überprüfung des Pflegebedürftigkeitsbegriffs. https://www.bundesgesundheitsministerium.de/uploads/publications/Umsetzungsbericht-Pflegebeduerftigkeitsbegriff_200905.pdf [Zugriff: 02.01.2013].

Bundesministerium für Gesundheit (2011): Fünfter Bericht der Bundesregierung über die Entwicklung der Pflegeversicherung und den Stand der pflegerischen Versorgung in der Bundesrepublik Deutschland. http://www.bmg.bund.de/fileadmin/dateien/Downloads/P/Pflegebericht/Fuenfter_Bericht_Entwicklung_der_Pflegeversicherung.pdf, Stand: 07.02.2012].

Bundesministerium für Gesundheit (2013): Bericht des Expertenbeirats zur konkreten Ausgestaltung des neuen Pflegebedürftigkeitsbegriffs. http://www.bmg.bund.de/filedamin/dateien/Publikationen/Pflege/Berichte/Bericht_Pflegebegriff_RZ_Ansicht.pdf [Zugriff: 13.04.2014].

Bundesministerium für Gesundheit (2014a): Referentenentwurf für ein Fünftes Gesetz zur Änderung des Elften Buches Sozialgesetzbuch – Leistungsausweitungen für Pflegebedürftige, Pflegevorsorgefonds (Fünftes SGB XI-Änderungsgesetz – 5. SGB XI-ÄndG), Stand Referentenentwurf: 08.04.2014. http://www.portal-sozialpolitik.de/uploads/sopo/pdf/2014/2014-04-08_5_SGB-XI-AendG_BMG_Referentenentwurf.pdf [Zugriff: 17.04.2014].

Bundesministerium für Gesundheit (2014b): Verbesserungen in der Pflege. http://www.bmg.bund.de/pflege/verbesserungen-in-der-Pflege.html [Zugriff: 13.04.2014].

Bundesministerium für Gesundheit (2014c): „Grünes Licht" für den Start der Erprobungsphase. http://www.bmg.bund.de/pflege//start-erprobungsphase-neuer-pflegebeduerfigkeitsbegriff.html [Zugriff: 13.04.2014].

Bundesministerium für Gesundheit (2014d): Entwurf eines Fünften Gesetzes zur Änderung des Elften Buches Sozialgesetzbuch – Leistungsausweitungen für Pflegebedürftige, Pflegevorsorgefonds (Fünftes SGB XI-Änderungsgesetz – 5. SGB XI-ÄndG, Pflegestärkungsgesetz 1), Stand Kabinettsbeschluss vom 28.05.2014. http://www.bundesgesundheitsministerium.de/fileadmin/dateien/Downloads/P/Pflegestaerkungsgesetze/Entwurf/Pflegestaerkungsgesetz_Stand_Kabinett_28.05.2014.pdf [Zugriff: 01.06.2014].

Bundesministerium für Gesundheit und soziale Sicherung (2004): Dritter Bericht über die Entwicklung der Pflegeversicherung. Berlin. http://www.bmg.bund.de/fileadmin/dateien/Publikationen/Pflege/Berichte/Dritter_Bericht_ueber_die_Entwicklung_der_Pflegeversicherung.pdf [Zugriff: 02.01.2013].

Bundessozialgericht, Terminbericht Nr. 23/13 (zur Terminvorschau Nr. 23/13). http://www.juris.de/jportal/portal/page/homerl.psml?nid=jnachr-JUNA130501548&cmsuri=%2Fjuris%2Fde%2Fnachrichten%2Fzeigenachricht.jsp [Zugriff: 22.05.2013].

Bundessozialgericht, Urteil vom 08.09.2011 (Az.: B 3 P 2/11 R).

Bundessozialgericht, Urteil vom 08.09.2011 (Az.: B 3 P 3/11 R).

Bundessozialgericht, Urteil vom 08.09.2011 (Az.: B 3 P 4/10 R).

Bundessozialgericht, Urteil vom 08.09.2011 (Az.: B 3 P 6/10 R).

Bundessozialgericht, Urteil vom 14.12.2000 (Az.: B 3 P 19/00 R).

Bundessozialgericht, Urteil vom 16.05.2013 (Az.: B 3 P 2/12 R).

Bundessozialgericht, Urteil vom 17.12.2009 (Az.: B 3 P 3/08 R).

Bundessozialgericht, Urteil vom 29.01.2009 (Az.: B 3 P 6/08 R).

Bundessozialgericht, Urteil vom 29.01.2009 (Az.: B 3 P 7/08 R).

Bundessozialgericht, Urteil vom 29.01.2009 (Az.: B 3 P 9/07 R).

Bundessozialgericht, Urteil vom 29.01.2009 (Az.: B 3 P 9/08 R).

Deutscher Bundestag (2014a): Gesetzentwurf der Bundesregierung. Entwurf eines Fünften Gesetzes zur Änderung des Elften Buches Sozialgesetzbuch – Leistungsausweitung für Pflegebedürftige, Pflegevorsorgefonds (Fünftes SGB XI-Änderungsgesetz – 5. SGB XI-ÄndG). Bundestags-Drucksache 18/1798. http://dipbt.bundestag.de/doc/btd/18/017/1801798.pdf [Zugriff: 08.03.2015].

Deutscher Bundestag (2014b): Beschlussempfehlung und Bericht des Ausschusses für Gesundheit (14. Ausschuss). Bundestags-Drucksache 18/2909. http://dip21.bundestag.de/dip21/btd/18/029/1802909.pdf [Zugriff: 08.03.2015].

Deutscher Bundestag (2014c): Gesetzesbeschluss des Deutschen Bundestages. Erstes Gesetz zur Stärkung der pflegerischen Versorgung und zur Änderung weiterer Vorschriften (Erstes Pflegestärkungsgesetz – PSG I). Bundesrats-Drucksache 466/14. http://dipbt.bundestag.de/doc/btd/18/017/1801798.pdf [Zugriff: 08.03.2015].

Deutscher Bundestag: Gesetzentwurf der Bundesregierung. Entwurf eines Dritten Gesetzes zur Änderung des Heimgesetzes. Bundestags-Drucksache 14/5399. http://dip21.bundestag.de/dip21/btd/14/053/1405399.pdf [Zugriff: 06.02.2013].

Deutscher Caritasverband (Hrsg.) (2012): SGB XI Soziale Pflegeversicherung. Freiburg i. Br.: Lambertus.

Deutsches Netzwerk für Qualitätsentwicklung in der Pflege (DNQP). http://www.wiso.hs-osnabrueck.de/dnqp.html [Zugriff: 18.12.2012].

Deutsches Zentrum für Altersfragen (DZA) (2005a): Runder Tisch Pflege – Arbeitsgruppe II – Empfehlungen und Forderungen zur Verbesserung der Qualität in der stationären Betreuung und Pflege. http://www.dza.de/fileadmin/dza/pdf/ergebnisse_runder_tisch_arbeitsgruppe_II.pdf [Zugriff: 17.12.2012].

Deutsches Zentrum für Altersfragen (DZA) (2005b): Runder Tisch Pflege – Arbeitsgruppe III – Entbürokratisierung. http://www.dza.de/fileadmin/dza/pdf/ergebnisse_runder_tisch_arbeitsgruppe_III.pdf [Zugriff: 17.12.2012].

Deutsches Zentrum für Altersfragen (DZA) (2005c): Runder Tisch Pflege – Arbeitsgruppe IV – Charta der Rechte hilfe- und pflegebedürftiger Menschen. http://www.dza.de/fileadmin/dza/pdf/ergebnisse_runder_tisch_arbeitsgruppe_IV.pdf [Zugriff: 17.12.2012].

Deutsches Zentrum für Altersfragen (DZA): Runder Tisch Pflege. http://www.dza.de/politikberatung/abgeschlossene-projekte/runder-tisch-pflege.html [Zugriff: 17.12.2012].

Donabedian, A. (1980): Explorations in quality assessment and monitoring. Volume I. The definition of quality and approaches to its assessment. Ann Arbor, Health Administration Press.

Eisenreich, T. et al. (Hrsg.) (2005): Steuerung sozialer Betriebe und Unternehmen mit Kennzahlen. Baden-Baden, Nomos.

Empfehlungen der Pflegesatzkommission im Land Niedersachsen nach § 86 SGB XI – stationär vom 20.06.2008 – Regelungen zu Vorbereitung, Beginn und Verfahren von Pflegesatzverhandlungen nach dem 8. Kapitel SGB XI sowie das Kalkulationsraster und die Musterpflegesatzvereinbarung. http://www.aok.gesundheitspartner.de/nds/pflege/stationaer/vollstationaer/index.html [Zugriff: 22.02.2013].

Gemeinsame Empfehlung gemäß § 75 Abs. 5 SGB XI zum Inhalt der Rahmenverträge nach § 75 Abs. 1 SGB XI zur vollstationären Pflege vom 25.11.1996. http://www.gkv-spitzenverband.de/pflegeversicherung/richtlinien_vereinbarungen_formulare/richtlinien_vereinbarungen_formulare.jsp [Zugriff: 04.01.2013].

Gerste, B. (2002): Initiativen zur Qualitätsentwicklung: Forderungen, Maßnahmen und Projekte ausgewählter Akteure, in: Igl, G. et al. (Hrsg.), Qualität in der Pflege. Stuttgart, Schattauer, S. 117-128.

GKV-Spitzenverband (2014): Richtlinien des GKV-Spitzenverbandes über die Prüfung der in Pflegeeinrichtungen erbrachten Leistungen und deren Qualität nach § 114 SBG XI (Qualitätsprüfungs-Richtlinien-QPR) vom 17.01.2014. http://www.gkv-spitzenverband.de/media/dokumente/pflegeversicherung/richtlinien_vereinbarungen_formulare/richtlinien_und_grundsaetze_zur_qualitaetssicherung/qpr_richtlinien_2014/2014-01-28_Pflege_QPR-Richtlinien.pdf [Zugriff: 07.03.2014; Anlage 4 zu den Qualitätsprüfungs-Richtlinien vom 17.01.2014: Erhebungsbogen zur Prüfung der Qualität nach den §§ 114 ff. SGB XI in der stationären Pflege. http://www.gkv-spitzenverband.de/media/dokumente/pflegeversicherung/richtlinien_vereinbarungen_formulare/richtlinien_und_grundsaetze_zur_qualitaetssicherung/qpr_richtlinien_2014/2014_01_28_Pflege_QPR_Anlage_4_Erhebungsbogen_stationaer_neu.pdf [Zugriff: 07.03.2014; Anlage 5 zu den Qualitätsprüfungs-Richtlinien vom 17.01.2014: Prüfanleitung zum Erhebungsbogen zur Prüfung der Qualität nach den

§§ 114 ff. SGB XI in der stationären Pflege. http://www.gkv-spitzenverband.de/media/dokumente/pflegeversicherung/richtlinien_vereinbarungen_formulare/richtlinien_und_grundsaetze_zur_qualitaetssicherung/qpr_richtlinien_2014/2014-01-28_Pflege_QPR_Anlage_5_Pruefanleitung_stat.pdf [Zugriff: 07.03.2014; Anlage 6 zu den Qualitätsprüfungs-Richtlinien vom 17.01.2014: Struktur und Inhalte des Prüfberichtes für die stationäre Pflege. http://www.gkv-spitzenverband.de/media/dokumente/pflegeversicherung/richtlinien_vereinbarungen_formulare/richtlinien_und_grundsaetze_zur_qualitaetssicherung/qpr_richtlinien_2014/2014-01-28_Pflege_QPR_Anlage_6_Pruefbericht_stationaer.pdf [Zugriff: 07.03.2014].

Gladen, W. (2003): Kennzahlen und Berichtssysteme. Grundlagen zum Performance Measurement. Wiesbaden, Gabler.

Grabow, J. et al. (2012): Rückkehr zu den Pauschalen. Altenheim, 51 (12): 38–41.

Grabow, J. et al. (2014): Spielt NRW eine Vorreiterrolle? Altenheim, 53 (12): 38–41.

Griep, H. (2001): Pflege nach Marktpreisen. Anmerkungen zum Urteil des BSG vom 14.12.2000 – B 3 P 19/00 R – zur Kalkulation der SGB-XI-Entgelte. Sozialrecht aktuell, 10, 195–202.

Hacke, S. (2010): Gründen, Betreiben, Verändern – Der juristische Leitfaden zu Verträgen und Finanzierung. Hannover, Vincentz Network.

Halfar, B. et al. (2014): Controlling in der Sozialwirtschaft. Baden-Baden: Nomos.

Horváth, P. (2006): Controlling. München, Vahlen.

IGES Institut (2011): Evaluation der Betreuungskräfte-Richtlinie gem. § 87b SGB XI – Evaluation im Auftrag des GKV-Spitzenverbands. Abschlussbericht. http://www.iges.de/leistungen/leistungen_qualitaet/betreuungskraefte/e11411/infoboxContent11414/IGESInstitutEvaluation_der_Betreuungskrfte_nach_87_b_SGB_XI_2011_ger.pdf [Zugriff: 02.01.2013].

Kleinere Schriften des Deutschen Vereins für öffentliche und private Fürsorge: Sozialgesetzbuch Elftes Buch – Soziale Pflegeversicherung – Textausgabe (7. Auflage 2003). Eigenverlag des Deutschen Vereins für öffentliche und private Fürsorge.

Kleinere Schriften des Deutschen Vereins für öffentliche und private Fürsorge: Sozialgesetzbuch Elftes Buch – Soziale Pflegeversicherung – Textausgabe (8. Auflage 2008). Eigenverlag des Deutschen Vereins für öffentliche und private Fürsorge.

Koalitionsvertrag zwischen CDU, CSU und SPD. 18. Legislaturperiode. Deutschlands Zukunft gestalten. http://www.bundesregierung.de/Content/DE/_Anlagen/2013/2013-12-17-koalitionsvertrag.pdf;jsessionid=6B85A0F74941DB5ABDAD6000CFD71A6C.s1t2?_blob=publicationFile&v=2 [Zugriff: 14.04.2014].

Krohwinkel, M. (1993): Der Pflegeprozeß am Beispiel von Apoplexiekranken. Eine Studie zur Erfassung und Entwicklung ganzheitlich-rehabilitierender Prozesspflege. Baden-Baden, Nomos.

Kuratorium Deutsche Altershilfe (KDA): http://www.kda.de bzw. http://www.kda.de/news-detail/items/pm-10-02-2011.html [Zugriff: 02.01.2013].

Maßstäbe und Grundsätze für die Qualität und die Qualitätssicherung sowie für die Entwicklung eines einrichtungsinternen Qualitätsmanagements nach § 113 SGB XI in der vollstationären Pflege vom 27.05.2011 und die Anlage nach Ziffer 5 (ambulant) bzw. 7 (stationär) der Maßstäbe und Grundsätze für die Qualität und die Qualitätssicherung sowie für die Entwicklung eines einrichtungsinternen Qualitätsmanagements nach § 113 SGB XI in der ambulanten und stationären Pflege in Bezug auf die Anforderungen an die Zuverlässigkeit, Unabhängigkeit und Qualifikation von Prüfinstitutionen und unabhängigen Sachverständigen nach § 114 Abs. 4 SGB XI sowie die methodische Verlässlichkeit von Zertifizierungs- und Prüfverfahren. http://www.gkv-spitzenverband.de/media/dokumente/pflegeversicherung/richtlinien_vereinbarungen_formulare/richtlinien_und_grundsaetze_zur_qualitaetssicherung/2011_06_09_MuG_stat_Fassung_nach_Schiedsspruch.pdf [Zugriff: 07.03.2014 und http://www.gkv-spitzenverband.de/media/dokumente/pflegeversicherung/richtlinien_vereinbarungen_formulare/richtlinien_und_grundsaetze_zur_qualitaetssicherung/2011_06_09_Anlage_Zertifizierung_nach_Schiedsspruch.pdf [Zugriff: 07.03.2014].

MDS – Medizinischer Dienst des GKV-Spitzenverbandes (Hrsg.) (2004): Qualität in der ambulanten und stationären Pflege. 1. Bericht des medizinischen Dienstes der Spitzenverbände der Krankenkassen (MDS) nach § 118 Abs. 4 SGB XI. http://www.mds-ev.de/media/pdf/Erster_Bericht-118-XI_QS-Pflege.pdf [Zugriff: 02.01.2013].

MDS – Medizinischer Dienst des GKV-Spitzenverbandes (Hrsg.) (2007): Qualität in der ambulanten und stationären Pflege. 2. Bericht des medizinischen Dienstes der Spitzenverbände der Krankenkassen (MDS) nach § 118 Abs. 4 SGB XI. http://www.mds-ev.de/media/pdf/Zweiter_Bericht_des_MDS.pdf [Zugriff: 02.01.2013].

MDS – Medizinischer Dienst des GKV-Spitzenverbandes (Hrsg.) (2012): 3. Bericht des MDS nach § 114a

Abs. 6 SGB XI Qualität in der ambulanten und stationären Pflege. http://www.mds-ev.de/media/pdf/MDS_Dritter_Pflege_Qualitaetsbericht_Endfassung.pdf [Zugriff: 11.09.2012].

MDS – Medizinischer Dienst des GKV-Spitzenverbandes (2014, Hrsg.): 4. Bericht des MDS nach § 114a Abs. 6 SGB XI Qualität in der ambulanten und stationären Pflege. http://www.mds-ev.de/media/pdf/MDS_Vierter_Pflege_Qualitaetsbericht.pdf [Zugriff: 16.03.2015].

MDS – Medizinischer Dienst des GKV-Spitzenverbandes Bund der Krankenkassen e.V./GKV-Spitzenverband Körperschaft des öffentlichen Rechts (Hrsg.) (2009): Qualitätsprüfungs-Richtlinien – MDK-Anleitung – Transparenzvereinbarung, Grundlagen der MDK-Qualitätsprüfungen in der stationären Pflege. http://www.mds-ev.de/media/pdf/2010-02-16-MDK-Anleitung_stationaer.pdf [Zugriff: 16.09.2012].

Möwisch, A. et al. (2011): Kalkulieren und gestalten – Pflegesatzverhandlungen und Steuerrecht. Hannover, Vincentz Network.

Rasch, E. (2012): Wohn- und Betreuungsvertragsgesetz. Kommentar. Berlin: Eigenverlag des Deutschen Vereins für öffentliche und private Fürsorge e.V.

Richter, R. (2011): Maßstäbe und Grundsätze 2011 – stationär. Hannover, Vincentz Network.

Richtlinie der Spitzenverbände der Pflegekassen über die Abgrenzung der Merkmale der Pflegebedürftigkeit und der Pflegestufen sowie zum Verfahren der Feststellung der Pflegebedürftigkeit (Pflegebedürftigkeits-Richtlinien – PflRi in der Fassung vom 11.05.2006). http://www.gkv-spitzenverband.de/media/dokumente/pflegeversicherung/richtlinien_vereinbarungen_formulare/richtlinien_zur_pflegeberatung_und_pflegebeduerftigkeit/PflRi_110506_Genehmigung.pdf [Zugriff: 03.03.2014].

Richtlinie der Spitzenverbände der Pflegekassen zur Anwendung der Härtefallregelungen (Härtefall-Richtlinien – HRi in der Fassung vom 28.10.2005). http://www.gkv-spitzenverband.de/media/dokumente/pflegeversicherung/richtlinien_vereinbarungen_formulare/richtlinien_zur_pflegeberatung_und_pflegebeduerftigkeit/Pflege_Haertefallrichtlinie_2013_09_20.pdf [Zugriff: 03.03.2014].

Richtlinie des GKV-Spitzenverbandes zur Begutachtung von Pflegebedürftigkeit nach dem XI. Buch des Sozialgesetzbuches (Begutachtungs-Richtlinien vom 08.06.2009 in der Fassung vom 16.04.2013). http://www.gkv-spitzenverband.de/media/dokumente/pflegeversicherung/richtlinien_vereinbarungen_formulare/richtlinien_zur_pflegeberatung_und_pflegebeduerftigkeit/Pflege_Begutachtungsrichtlinie_2013-04-16.pdf [Zugriff: 03.03.2014].

Richtlinie nach § 87b Abs. 3 SGB XI zur Qualifikation und zu den Aufgaben von zusätzlichen Betreuungskräften in stationären Pflegeeinrichtungen (Betreuungskräfte-RI) vom 19.08.2008 in der Fassung vom 06.05.2013. http://www.gkv-spitzenverband.de/media/dokumente/pflegeversicherung/richtlinien_vereinbarungen_formulare/rahmenvertraege_richlinien_und_bundesempfehlungen/Pflege_Richtlinien_87b_SGBXI_Stand06052013.pdf [Zugriff: 03.03.2014].

Richtlinie nach § 87b Abs. 3 SGB XI zur Qualifikation und zu den Aufgaben von zusätzlichen Betreuungskräften in stationären Pflegeeinrichtungen (Betreuungskräfte-RI) vom 19.08.2008 in der Fassung vom 29.12.2014. http://www.gkv-spitzenverband.de/media/dokumente/pflegeversicherung/richtlinien_vereinbarungen_formulare/rahmenvertraege_richlinien_und_bundesempfehlungen/2014_12_29_Angepasste_Richtlinien_87b_SGB_XI_final.pdf [Zugriff: 08.03.2015].

Richtlinie zur Feststellung von Personen mit erheblich eingeschränkter Alltagskompetenz und zur Bewertung des Hilfebedarfs in der Fassung vom 10.06.2008. http://www.gkv-spitzenverband.de/media/dokumente/pflegeversicherung/richtlinien_vereinbarungen_formulare/richtlinien_zur_pflegeberatung_und_pflegebeduerftigkeit/Anpassung_Richtlinie_PEA-Verfahren_2010.pdf [Zugriff: 03.03.2014].

Sachverständigenrat zur Begutachtung der gesamtwirtschaftlichen Entwicklung (2012): Stabile Architektur für Europa – Handlungsbedarf im Inland. Jahresgutachten 2012/13. Siebtes Kapitel: Soziale Sicherung: Weiterhin Reformbedarf trotz guter Finanzlage. http://www.sachverstaendigenrat-wirtschaft.de/jahresgutachten-2012-2013.html [Zugriff: 09.01.2013].

Statistische Ämter der Bundes und der Länder (2011): Bevölkerungs- und Haushaltsentwicklung im Bund und in den Ländern. https://www.destatis.de/DE/Publikationen/Thematisch/Bevoelkerung/VorausberechnungBevoelkerung/BevoelkerungsHaushaltsentwicklung5871101119004.pdf?_blob=publicationFile [Zugriff: 25.09.2012].

Statistische Ämter des Bundes und der Länder (2010): Demografischer Wandel in Deutschland – Heft 2 – Auswirkungen auf Krankenhausbehandlungen und Pflegebedürftige im Bund und in den Ländern. https://www.destatis.de/DE/Publikationen/Thematisch/Bevoelkerung/Vorausberechnung-

Bevoelkerung/KrankenhausbehandlungPflegebedueftige5871102109004.pdf?_publicationFile [Zugriff: 25.09.2012].

Statistisches Bundesamt (2006): Bevölkerung Deutschlands bis 2050, 11. koordinierte Bevölkerungsvorausberechnung. https://www.destatis.de/DE/PresseService/Presse/Pressekonferenzen/2006/Bevoelkerungsentwicklung/bevoelkerungsprojektion2050.pdf?_blob=publicationFile [Zugriff: 19.04.2013].

Statistisches Bundesamt (2009): Bevölkerung Deutschlands bis 2060, 12. koordinierte Bevölkerungsvorausberechnung. https://www.destatis.de/DE/Publikationen/Thematisch/Bevoelkerung/VorausberechnungBevoelkerung/BevoelkerungDeutschland2060Presse5124204099004.pdf?_blob=publicationFile [Zugriff: 25.09.2012].

Statistisches Bundesamt (2013): Pflegestatistik 2011 – Pflege im Rahmen der Pflegeversicherung – Deutschlandergebnisse. https://www.destatis.de/DE/Publikationen/Thematisch/Gesundheit/Pflege/PflegeDeutschlandergebnisse5224001119004.pdf?_blob=publicationFile [Zugriff: 05.02.2013].

Statistisches Bundesamt (2015): Bevölkerung nach Altersgruppen – Deutschland. https://www.destatis.de/DE/ZahlenFakten/GesellschaftStaat/Bevoelkerung/Bevoelkerungsstand/Tabellen_/lrbev01.html;jsessionid=3411641A06B6248351A51F78FD76D7D4.cae4 [Zugriff: 16.03.2015].

Statistisches Bundesamt (2015): Pflegestatistik 2013 – Pflege im Rahmen der Pflegeversicherung – Deutschlandergebnisse. https://www.destatis.de/DE/Publikationen/Thematisch/Gesundheit/Pflege/PflegeDeutschlandergebnisse5224001139004.pdf?_blob=publicationFile [Zugriff: 16.03.2015].

Vereinbarung nach § 115 Abs. 1a Satz 6 SGB XI über die Kriterien der Veröffentlichung sowie die Bewertungssystematik der Qualitätsprüfungen nach § 114 Abs. 1 sowie gleichwertiger Prüfergebnisse in der stationären Pflege – Pflege-Transparenzvereinbarung stationär (PTVS) – vom 17.12.2008 in der Fassung vom 10.06.2013. http://www.gkv-spitzenverband.de/media/dokumente/pflegeversicherung/richtlinien_vereinbarungen_formulare/transparenzvereinbarungen/pvts_neu_ab_2014_01_01stationaer/Pflege_PTVS_2013-06-10.pdf [Zugriff: 07.03.2014] Anlage 1 zur (PTVS) vom 17.12.2008 in der Fassung vom 10.06.2013: Kriterien der Veröffentlichung http://www.gkv-spitzenverband.de/media/dokumente/pflegeversicherung/richtlinien_vereinbarungen_formulare/transparenzvereinbarungen/pvts_neu_ab_2014_01_01stationaer/Plege_PTVS_2013-06-10_Anlage_1.pdf [Zugriff: 07.03.2014]

Anlage 2 zur (PTVS) vom 17.12.2008 in der Fassung vom 10.06.2013: Bewertungssystematik. http://www.gkv-spitzenverband.de/media/dokumente/pflegeversicherung/richtlinien_vereinbarungen_formulare/transparenzvereinbarungen/pvts_neu_ab_2014_01_01stationaer/Pflege_PTVS_2013-06-10_Anlage_2.pdf [Zugriff: 07.03.2014]

Anlage 3 zur (PTVS) vom 17.12.2008 in der Fassung vom 10.06.2013: Ausfüllanleitung für die Prüfer. http://www.gkv-spitzenverband.de/media/dokumente/pflegeversicherung/richtlinien_vereinbarungen_formulare/transparenzvereinbarungen/pvts_neu_ab_2014_01_01stationaer/Pflege_PTVS_2013-06-10_Anlage_3.pdf [Zugriff: 07.03.2014]

Anlage 4 zur (PTVS) vom 17.12.2008 in der Fassung vom 10.06.2013: Darstellung der Prüfergebnisse. http://www.gkv-spitzenverband.de/media/dokumente/pflegeversicherung/richtlinien_vereinbarungen_formulare/transparenzvereinbarungen/pvts_neu_ab_2014_01_01stationaer/Pflege_PTVS_2013-06-10_Anlage_4.pdf [Zugriff: 07.03.2014]

Verordnung über bauliche Mindestanforderungen für Altenheime, Altenwohnheime und Pflegeheime für Volljährige (Heimmindestbauverordnung – HeimMindBauV) in der Fassung der Bekanntmachung vom 03.05.1983 (BGBl. I: 550), geändert durch Artikel 5 der Verordnung vom 25.11.2003 (BGBl. I: 2346). http://www.Gesetze-im-internet.de/bundesrecht/heimmindbauv/gesamt.pdf [Zugriff: 06.03.2014].

Verordnung über die Mitwirkung der Bewohnerinnen und Bewohner in Angelegenheiten des Heimbetriebes (Heimmitwirkungsverordnung – HeimmwV) in der Fassung der Bekanntmachung vom 25.07.2002 (BGBl. I: 2896). http://www.Gesetze-im-internet.de/bundesrecht/heimmitwirkungsv/gesamt.pdf [Zugriff: 06.03.2014].

Verordnung über die personelle Anforderungen für Heime (Heimpersonalverordnung – HeimPersV) vom 19.07.1993 (BGBl. I: 1205), geändert durch Artikel 1 der Verordnung vom 22.06.1998 (BGBl. I: 1506). http://www.Gesetze-im-internet.de/bundesrecht/heimpersv/gesamt.pdf [Zugriff: 06.03.2014].

Verordnung über die Pflichten der Träger von Altenheimen, Altenwohnheimen und Pflegeheimen für Volljährige im Fall der Entgegennahme von Leistungen zum Zweck der Unterbringung eines Bewohners oder Bewerbers (HeimsicherungsV) vom 24.04.1978 (BGBl. I: 553), geändert durch Artikel 18 des Gesetzes vom 27.12.2003 (BGBl. I: 3022). http://www.Gesetze-im-internet.de/bundesrecht/heimsicherungsv/gesamt.pdf [Zugriff: 06.03.2014].

Verordnung über die Rechnungs- und Buchführungspflichten der Pflegeeinrichtungen (Pflege-Buchführungsverordnung – PBV) vom 22.11.1995 (BGBl. I: 1528), zuletzt geändert durch Artikel 7 Abs. 3 des Gesetzes vom 20.12.2012 (BGBl. I: 2751). http://www.Gesetze-im-internet.de/bundesrecht/pbv/gesamt.pdf [Zugriff: 06.03.2014].

Wiese, U.E. (2004): Pflegeversicherung und Pflegepraxis. Auswirkungen rechtlicher Regularien auf die Pflege, Pflegequalität und Qualitätssicherung. Baden-Baden, Nomos.

Wiese, U.E. (2005): Rechtliche Qualitätsvorgaben in der stationären Altenpflege. München. Jena, Urban & Fischer.

Wiese, U.E. (2009): Rechtliche Qualitätsvorgaben in der stationären Altenpflege. München, Urban & Fischer.

Windeler, J. et al. (2008): Maßnahmen zur Schaffung eines neuen Pflegebedürftigkeitsbegriffs und eines neuen bundesweit einheitlichen und reliablen Begutachtungsinstruments zur Feststellung der Pflegebedürftigkeit nach dem SGB XI. Abschlussbericht zur Hauptphase 2. Institut für Public Health und Pflegeforschung an der Universität Bremen (IPP) und Medizinischer Dienst des Spitzenverbandes (MDS). http://www.uni-bielefeld.de/gesundhw/ag6/downloads/Anhang_zum_Pflegebedurftigkeitsbegriff_SGB_Bericht-Hauptphase-2XI.pdf [Zugriff: 06.02.2013].

Wingenfeld, K. et al. (2008): Das neue Begutachtungsinstrument zur Feststellung von Pflegebedürftigkeit. Abschlussbericht zur Hauptphase 1. Institut für Pflegewissenschaft an der Universität Bielefeld (IPW) und Medizinischer Dienst der Krankenversicherung Westfalen-Lippe (MDK WL). http://www.uni-bielefeld.de/gesundhw/ag6/downloads/Abschlussbericht_IPW_MDKWL_25.03.08.pdf [Zugriff: 02.01.2013].

Wingenfeld, K.; Engels, D. (2011): Entwicklung und Erprobung von Instrumenten zur Beurteilung der Ergebnisqualität in der stationären Altenhilfe, Abschlussbericht. http://www.bmg.bund.de/fileadmin/dateien/Download/P/PflegeheimAbschlussbericht_Ergebnisqualitaet_stationaere_Altenhilfe_20110601.pdf [Zugriff: 19.07.2011].

5.4
Ambulante pflegerische Versorgung

Christina Riessland

Der ambulante pflegerische Sektor ist ein hochdynamischer Bereich geworden, der sich seit 15 Jahren stark ausdifferenziert. Noch zu Beginn des Jahrtausends gab es fast ausschließlich Pflegedienste, die nur Grund- und Behandlungspflege übernahmen. Inzwischen haben Ausdifferenzierungen der Versorgungskapazitäten und des Leistungsportfolios stattgefunden. Manche Pflegedienste versorgen mehrere Hundert Patienten täglich, andere weniger als zehn Patienten. Die Leistungsangebote reichen von hochtechnisierter Versorgung komatöser Beatmungspatienten in Einzel- oder Gruppenversorgung (Wohngemeinschaften), Kinderintensivpflege und palliative Kinderintensivpflege, spezialisierter palliativer Versorgung und psychiatrischer Pflege über kultursensible oder auch gleichgeschlechtliche Pflege bis zur Organisation von Heimwerkerdiensten und zur Erbringung des vorpflegerischen Bereichs mit seinen niederschwelligen Betreuungsangeboten. Die Rahmenbedingungen sind ebenso vielseitig, umfangreich und inkohärent wie das Leistungsangebot.

Auch für die zukünftige Ausgestaltung des Sektors ist mit weiteren wesentlichen **Veränderungen zu rechnen**.

5.4.1
Ziel der ambulanten Versorgung

5.4.1.1
Gesundheitspolitische Zielsetzungen

Bereits 2001 wurde vom Bundesministerium für Gesundheit (BMG) die Entwicklung nationaler Gesundheitsziele angegangen und seit 2007 wird im Kooperationsverband „Gesundheitsziele" eine gemeinsam Erklärung zu den Gesundheitszielen abgegeben. Diese können seit 2011 auf der Homepage des BMG abgerufen werden. Auf Bundesebenen können für die ambulante Pflege die in den Gesundheitszielen formulierten, in den Handlungsfeldern II und III genannten Absichten als richtungsweisende Zielvorgaben angesehen werden. Demnach wird unter dem 6. Ziel (S. 61) eine „gute [...] pflegerische Versorgung" anvisiert. Weiterhin soll eine „[...] patientenorientierte und koordinierte Zusammenarbeit unterschiedlicher Gesundheitsberufe [...]" erfolgen. Es wird ausgeführt, dass die Interessen der Angehörigen und informellen Helfer zu berücksichtigen seien. Das Handlungsfeld III widmet sich der besonderen Herausforderung der Versorgung von Demenzerkrankten, wie auf Seite 76 zu lesen ist. Ziel der Gesundheitsversorgung ist es, der Pflegebedürftigkeit vorzubeugen und die Pflegebedürftige gut zu versorgen. (Bundesministerium für Gesundheit, 2012).

Durch welche politischen Interventionen diese Zielsetzungen verfolgt und wie sie umgesetzt werden sollen, ist stets abhängig von der politischen Couleur der Akteure im Aushandlungs- und Gesetzgebungsprozess sowie von den Interessen der Verhandlungspartner. Deutlich wird jedoch, dass die gesundheitspolitischen Zielsetzungen ohne eine ambulante pflegerische Versorgung nicht eingelöst werden können.

5.4.1.2
Ambulant vor stationär

Das Prinzip „Ambulant vor stationär" fasst zusammen, dass vor jeder stationären Unterbringung zu prüfen ist, ob eine ambulante Versorgung möglich ist. Dies gilt sowohl für die Krankenhausversorgung, die Rehabilitationsmaßnahmen als auch die pflegerische Versorgung und findet sich in verschiedenen Sozialgesetzbüchern verankert. In § 9 SGB XI der Sozialen Pflegeversicherung wird die Aufgabe der Förderung der Pflegeeinrichtungen und die Planung einer „leistungsfähigen, zahlenmäßig ausreichenden und wirtschaftlichen pflegerischen Versorgungsstruktur" den Ländern zugeordnet. In § 3 SGB XI betont der Gesetzgeber die Vorrangigkeit der ambulanten pflegerischen vor stationärer und teilstationärer Versorgung. Der Vorbehalt von ambulant vor stationär findet sich nicht nur im SGB XI, sondern auch im SGB V in zahlreichen Gesetzen und Verordnungen zum Leistungsanspruch aus der Krankenversicherung wieder. Kritiker behaupten, das Ziel sei vor allem eine Kostenreduzierung, nicht zuletzt, weil die Angehörigen besser eingebunden werden können.

5.4.1.3
Regelungen für den Betrieb eines ambulanten Pflegedienstes

Die bereits angedeuteten föderalen Strukturen Deutschlands als staatliches Ordnungsprinzip, mit seinen Polen Solidarität und Subsidiarität sowie Vielfalt und Einheit, führen im Bereich der ambulanten pflegerischen Versorgung zu erheblichen Unterschieden bezüglich der Kosten für die Kunden und der Inhalte von Leistungserbringung. Seitens der Leistungserbringer sorgen diese Strukturen weiterhin für hohe Komplexität eines möglichen Leistungsspektrums. Diese föderalen Strukturen betreffen die Ausgestaltung der bundesgesetzlichen Vorschriften auf der Ebene der Länder und Kommunen bzw. der Gebietskörperschaften und somit auch das Vertragswesen zwischen den Anbietern ambulanter Pflege und den Kranken- und Pflegekassen sowie weiteren Kostenträgern (z. B. Kommunen, Unfall- und Rentenversicherungen, Beihilfeträger).

Im SGB XI hat der Gesetzgeber in verschiedenen Normen für den Ausgestaltungsprozess die Regelungsverantwortung auf die Landesebene verlagert. Das heißt, der Bundesgesetzgeber überträgt seine Verantwortung für die Planung und Durchführung der pflegerischen Versorgung auf die Landes- oder Kommunaleben bzw. Gebietskörperschaften. Somit fällt die Ausgestaltung auf Akteure – im föderalen Sinne für die Subsidiarität und Vielfalt – mit regionalem Bezug. In der Praxis bedeutet das: Jedes Bundesland formuliert eigene Gesetze für die Rahmenbedingungen zum Betrieb eines ambulanten Dienstes. Inwieweit dadurch die Abbildung realer, vergleichbarer regionaler und wirtschaftlicher Einflussfaktoren gelingt, muss infrage gestellt werden.

Weiterhin sind die Landespflegegesetze und deren Durchführungsverordnungen insofern für den ambulanten pflegerischen Bereich relevant, als sie zum Beispiel die Investitionskostenförderung regeln. Für die Umsetzung der Investitionskostenförderung sind dann die kommunalen Körperschaften, in deren Gebiet die Einrichtungen liegen, verantwortlich.

5.4.1.4
Normative Rahmenbedingungen der ambulanter Pflege

Vertragswesen
Explizit beziehen sich die für die pflegerische Versorgung relevanten Pflichten und Rechte des ambulanten Pflegedienstes im Wesentlichen auf die Rechtsnormen der Sozialgesetzbücher, insbesondere des SGB V und XI und den dazu ergangenen Urteilen sowie den Landespflegegesetzen. Weiterhin sind die Empfehlungen, Stellungnahmen und Richtlinien des Medizinischen Dienstes der Krankenkassen bzw. des Medizinischen Dienstes des Spitzenverbands der Krankenkassen e.V. sowie des Gemeinsamen Bundesausschusses bedeutsam. Sie beschreiben die Voraussetzungen für die qualitätsgesicherte Leistungserbringung, aber auch für den Leistungsanspruch des Kunden.

SGB V. *Für die Durchführung von behandlungspflegerischen Maßnahmen, auch häusliche Krankenpflege genannt,* schließen die Pflegedienste Rahmenvereinbarungen mit den Krankenkassenverbänden bzw. deren Stellvertretern gemäß § 132a Abs. 2 SGB V ab. Verbindlich für die Leistungserbringung der behandlungspflegerischen Maßnahmen gemäß SGB V sind die auf Bundesebene verabschiedeten Richtlinien der Häuslichen Krankenpflege-Richtlinie (HKP) nach § 92 Abs. 1 Satz 2 Nr. 6 und Abs. 7 SGB V, auf die weiter unten eingegangen wird. Zum 01.01.2014 wurden die HKP-Richtlinie und ihre Anlage durch Ergänzungen aktualisiert und die Bundes-Rahmenempfehlungen zum Vertrag nach § 132a SGB V unter Berücksichtigung der Änderungen durch das Pflege-Neuausrichtungsgesetz (PNG) vom 29.10.2012 traten in Kraft.

SGB XI. Ambulante Pflegedienste unterliegen im Bereich der Pflegeversicherung im Wesentlichen vier Vertragswerken, zunächst dem Versorgungsvertrag nach § 72, der das Regelwerk für die Zulassung von Pflegediensten darstellt. Geregelt werden hier die pflegerische Versorgung, die Mindestanforderungen zur Arbeitsvergütung, die Maßgaben zur Qualität (§ 113 SGB XI) sowie die Verpflichtung zur Umsetzung der Expertenstandards. Das zweite Regelwerk im SGB XI, der § 75, beinhaltet das, was die Landesverbände der Kostenträger mit den Anbietern von Pflegeleistungen in den Rahmenverträgen berücksichtigen müssen, nämlich eine „[...] wirksame und wirtschaftliche pflegerische Versorgung der Versicherten sicherzustellen". Der § 75 regelt im Wesentlichen die Inhalte der Pflegeleistung, Wirtschaftlichkeit und Qualität sowie deren Prüfung und Abrechnungsmodalitäten.

Als letztes Vertragswerk ist noch die Vergütungsvereinbarung nach § 89 SGB XI zu nennen, die das Vertragsverhältnis zwischen Pflegedienst und den Pflegekassen und damit die Vergütungsvereinbarung regelt.

Qualitätssicherung
Pflege-Transparenzvereinbarung ambulant – Einrichtungsprüfung: § 113 SGB XI regelt die Maßstäbe und Grundsätze zur Qualität und Qualitätssicherung sowie deren Entwicklung. Hier forderte der Gesetzgeber in seiner Reform von 2008 die unterschiedlichen Akteure auf, gemeinsam Regelungen zu entwickeln. Es sollten die Grundsätze der Qualität einschließlich des Qualitätsmanagements und deren Sicherung und Weiterentwicklung erarbeitet werden. Explizit wurde in dem Gesetz auch die Prüfung der Pflegequalität festgeschrieben, wie sie derzeit mittels der Pflegetransparenzkriterien (auch „Pflege-TÜV" genannt) praktiziert wird.

Der GKV-Spitzenverband veröffentlichte anschließend die „Maßstäbe und Grundsätze für die Qualität und Qualitätssicherung sowie für die Entwicklung eines einrichtungsinternen Qualitätsmanagements nach § 113 SGB XI in der ambulanten Pflege vom 27. Mai 2011". In diesem Schriftstück wurden die Ziele der ambulanten Pflege und die Qualitätsebenen mit ihren spezifischen Qualitätsanforderungen bestimmt. Die Maßstäbe und Grundsätze (MuG) sind Grundlage der Pflege-Transparenzvereinbarung ambulant nach § 113 SGB XI. Seit 2017 finden sich die Regelungen für die Einrichtungsprüfung in § 14 SGB XI.

Ziel der Prüfungen ist, eine einheitliche Bewertung für ambulante Einrichtungen zu schaffen. Die Pflegenoten sollten den Kunden von Pflege einen leicht verständlichen Vergleich zwischen den unterschiedlichen Anbietern ermöglichen und dienten somit in der gesetzlichen Initiierung dem Verbraucherschutz.

In ihrer Entstehung sind die Transparenzvereinbarungen in wenigen Monaten erarbeitet bzw. zwischen divergierenden Akteuren, den Kostenträgern und den Verbänden der Leistungserbringern, ausgehandelt worden. Eine wissenschaftliche Erarbeitung der Transparenzvereinbarungen hat nicht stattgefunden und hätte sicher deutlich mehr Zeit benötigt. Vergleichbare Qualitätsprüfungen in andern Sektoren des Gesundheitssystems haben bis dato ebenfalls nicht vorgelegen.

Im Jahre 2010 erschienen eine erste wissenschaftliche Beurteilung der Transparenzkriterien (Hasseler/Wolf-Ostermann, 2010) und ein Empfehlungskatalog zur Anpassung der Transparenzkriterien. Im Jahre 2011 (Brühl et al., 2011) wurde die PTV-A einer weiteren Prüfung durch zwei pflegewissenschaftliche Institute im Auftrag des MDK Rheinland Pfalz unterzogen. Die Pflegeforschung bescheinigte den Transparenzkriterien, dass sie Teilaspekte erheben, jedoch nicht die Gesamtqualität abbilden. Es werde der Gesamtkontext zu wenig beleuchtet, die Gewichtung bestimmter Teilaspekte verschleiere pflegerelevante Mängel und der Schwerpunkt auf der Prüfung der Dokumentation lenke von der praktisch erbrachten Pflege ab. Im Bundesdurchschnitt erreichen die ambulanten Einrichtungen eine Note von 1,2.

Im Jahre 2014 wurde die PTV-S für den stationären Bereich in Kompromissen zwischen den Akteuren geändert. Geplant ist eine neue PTVA ab 2018. Es bleibt abzuwarten, ob der Zeitplan eingehalten wird. Der Vorstand des GKV-Spitzenverbandes, Gernot Kiefer, spricht von der Notwendigkeit einer „Gesamtsanierung der Pflegenoten" (www.gkv-spitzenverband.de/presse /pressemitteilungen_und_statements/pressemitteilung_240896.jsp [Zugriff: 17.02.2016]). Thomas Sießegger, ein profilierter Kenner der Materie, formulierte 2013: „Mangelnde Qualität kann es im Sinne der Pflegeversicherung per Definition gar nicht geben" (ebd.: 45). Die Diskussion um den „Pflege-TÜV" und seine Ausgestaltung wird vermutlich noch lange Zeit anhalten.

Dokumentation und Pflegeplanung. Seit vielen Jahren wird um eine aussagekräftige, pflegewissenschaftlich begründbare sowie wirtschaftliche und rechtssichere Pflegedokumentation gerungen. Vielfach wird in einem sechsstufigen Prozess umfassend der Pflegebedarf erhoben, die Maßnahmen werden minutiös geplant, ihre Durchführung umfangreich dokumentiert und bewertet, um anschließend erneut geplant zu werden. Sehr viele pflegefachliche Assessmentverfahren haben Eingang in die Pflegedokumentation erhalten, die aus falsch verstandenem Pflichtgefühl und dem Bedürfnis nach Rechtssicherheit bei allen Kunden angewendet werden. Der Zeitbedarf für die Dokumentation beim Kunden ist nicht nur in der ambulanten Pflege überproportional gestiegen.

Im Jahre 2013 legte die Ombudsfrau Elisabeth Beikirch den Entwurf zu einer „Strukturierten Informationssammlung (SIS)", das sogenannte „Strukturmodell", zur Entbürokratisierung der Pflege vor. Vorausgegangen waren im Auftrag des Bundes die „Entbürokratisierung der Pflegedokumentation im stationären und ambulanten Bereich" mit dem Ziel der Effizienz- und Effektivitätssteigerung der Pflegedokumentation. Der Pflegebevollmächtigte der Bundesregierung, Staatssekretär Karl-Josef Laumann, förderte das Projekt zur Entbürokratisierung. Dieses Projekt wurde vom GKV-Spitzenverband, MDS und vielen MDKen (z. B. Bayern, Berlin-Brandenburg, Nord, Rheinland-Pfalz, Sachsen-Anhalt, Westfalen-Lippe) sowie vom PKV-Prüfdienst unterstützend begleitet. Bis zum Frühjahr 2016 wurde das Ziel, das Strukturmodel in 25 % der zugelassenen

Pflegeeinrichtungen zu implementieren, bereits erreicht, wie Frau Dr. Kimmel vom MDS auf der Fachtagung des BvPP e.V. berichtete. Erste Evaluationen aus den Pilotprojekten sind erfolgversprechend, sodass zu hoffen bleibt, dass der Dokumentationsaufwand in der Pflege reduziert werden kann.

Expertenstandards. Die Expertenstandards in der Pflege werden seit 1999 vom Netzwerk für Qualitätsentwicklung in der Pflege (DNQP), einem pflegewissenschaftlichen Netzwerkverband, entwickelt, in der Praxis implementiert und deren Anwendbarkeit wird wissenschaftlich auf ihre Wirksamkeit hin evaluiert. Anschließend werden sie nach der Konsentierung freigegeben. Die Umsetzung der Expertenstandards wurde in die Prüfrichtlinien für den ambulanten Bereich aufgenommen. Seit der Reform von 2008 – dem Pflege-Weiterentwicklungsgesetz – sind die Expertenstandards Bestandteil des Gesetzes im § 113a SGB XI. Seit 2008 hat sich das Verfahren der Entwicklung dieser Standards geändert, die Bedeutung jedoch nicht. Zurzeit befindet sich der Expertenstandard „Erhalt und Förderung der Mobilität" in der Erprobungszeit. Er wird der erste sein, der nach Konsentierung über den Bundesanzeiger veröffentlicht und damit für alle Einrichtungen, die unter das SGB XI fallen, zur Pflicht wird.

5.4.2
Struktur in der ambulanten Pflege

5.4.2.1
Anbieter ambulanter Versorgung

Im Jahre 2001 waren laut dem dritten Bericht des Bundesministeriums für Gesundheit über die Pflegeversicherung in der Bundesrepublik Deutschland 10 600 ambulante Pflegedienste auf dem Gesundheitsmarkt tätig. Im Jahre 2013 waren laut Statistischem Bundesamt 12 750 ambulante Dienste am Markt. Nicht nur in der Fachpresse wird vom Wachstumsmarkt Pflege gesprochen. Die ambulanten Pflegedienste bieten mit ihren Versorgungsformen für die kommende Generation mehr Autonomie und Selbstbestimmung als in stationären Einrichtungen möglich ist.

Trägerschaft der Pflegedienste
Insgesamt lässt sich beobachten, dass die Anzahl von Pflegediensten in privater Trägerschaft seit Jahrzehnten stetig zunimmt, während sich die kommunalen Träger stark zurückgezogen haben. Auch die Wohlfahrtsverbände bzw. Freigemeinnützige Anbieter verabschieden sich – je nach Region – zunehmend vom Markt, sodass dieser zunehmend und erheblich durch private Anbieter erschlossen wird. Ein starker Konkurrenzkampf unter hohem betriebswirtschaftlichen Druck und marktwirtschaftlicher Orientierung hat zu diesem Trend beigetragen und so die Versorgungsstruktur verändert.

Freigemeinnützige Anbieter. Im Jahre 1999, also 5 Jahre nach Einführung der Pflegeversicherung, waren in Deutschland 5103 Pflegedienste in freigemeinnütziger Trägerschaft am Markt, 2013 waren es noch 4422. Sie erwirtschafteten 2011 einen Umsatz von 18,73 Mio. Euro. Die Wertschöpfung lag bei 15,49 Mio. Euro. Die Häufigkeit von freigemeinnützigen Pflegediensten variiert nach Bundesländern zum Teil erheblich. So finden sich in Hamburg ca. 22 % der Anbieter in freigemeinnütziger Trägerschaft, in Baden-Württemberg hingegen 45,2 %. (Statistisches Bundesamt, 2013)

Freigemeinnützige Träger, auch Träger der freien Wohlfahrtspflege genannt, sind in sechs Spitzenverbänden zusammengeschlossen: Arbeiterwohlfahrt, Deutscher Caritasverband, Deutscher Paritätischer Wohlfahrtsverband, Deutsches Rotes Kreuz, Diakonisches Werk der EKD, Zentralwohlfahrtsstelle der Juden in Deutschland sowie die Religionsgemeinschaften des öffentlichen Rechts.

Private Anbieter. Im Jahre 1999 betrug, laut Angaben des statistischen Bundesamts, die Anzahl der Pflegedienste in privater Trägerschaft 5504, im Jahre 2013 waren es 8140. Sie erwirtschafteten 2011 einen Umsatz von 12,63 Mio. Euro mit einer Wertschöpfung von 10,45 Mio. Euro. Die privaten Anbieter haben sich im Laufe der vergangenen 20 Jahre in verschiedenen Verbänden zusammengeschlossen, um ihre Interessen in den Verhandlungen mit den Vertretern der Kostenträger aus einer stärkeren Position heraus vertreten zu können. Weitere Ziele der Verbandsbildung sind die Einflussnahme auf politische Entscheidungen auf unterschiedlichen Ebenen sowie die Netzwerkbildung. Häufig sind in den Verbänden auch Anbieter von stationären bzw. teilstationäre Einrichtungen der Alten- und Behindertenpflege vertreten.

Kommunale bzw. öffentliche Träger. Im Jahre 1999 betrug die Anzahl der öffentlichen Pflegedienste 213, 2013 waren es noch 183. Die Quote liegt bei ca. 5 % der Einrichtungen. Die Pflegedienste in öffentlicher Trägerschaft erwirtschafteten 2011 einen Umsatz von 1,64 Mio. Euro und erreichten eine Wertschöpfung von 1,36 Mio. Euro, so die Gesundheitsberichterstattung des Bundes. (Statistisches Bundesamt, 2013)

Seit der Öffnung des Wirtschaftsmarkts Pflegedienste sind Bedeutung und Anzahl kommunaler Anbieter deutlich zurückgegangen, was nicht zuletzt auf kommunalpolitische Entscheidungen zurückzuführen ist. Die relativ niedrigen Markteintrittsbarrieren erleichtern gewerblichen Trägern den Marktzugang.

Anzahl der Pflegebedürftigen
Im Jahre 2001 wurden in Deutschland 435 000 Personen durch ambulante Dienste pflegerisch versorgt, 2011 stieg die Anzahl der ambulant versorgten Pflegebedürftigen bereits auf 576 000 (Statistisches Bundesamt, 2013).

Das Statistische Bundesamt berichtete 2008, dass die Zahl der Pflegebedürftigen im Zeitraum von 2005 bis 2020 um mehr als ein Drittel ansteigen werde. Im Zeitraum von 2005 bis 2030 sei von einem Anstieg von 58 % auszugehen. Zeitgleich werde der Anteil der Pflegebedürftigen an der Gesamtbevölkerung zunehmen. Dieser habe 2008 2,6 % betragen und werde bis zum Jahr 2030 auf 4,4 % steigen. (Destatis, https://www.destatis.de/DE/Publikationen/STATmagazin/Soziales/2008_11/2008_11Pflegebeduerftige.html [Zugriff: 06.03.2016])

Laut der Pflegestatistik des Statistischen Bundesamtes 2013 waren zum Jahresende 2013 2,6 Mio. Menschen pflegebedürftig (Statistisches Bundesamt, 2015). Dabei setzt sich der Trend fort, dass Pflegebedürftigkeit weiblich und hochaltrig ist. Jeder zehnte Bundesbürger über 75 Jahre ist pflegebedürftig. Ab einem Alter von 80 Jahren steigt die Pflegequote signifikant an und erreicht bei Frauen über 90 Jahren mit 68 % den höchsten Stand, die Pflegequote bei Männern dieses Jahrgangs liegt bei 52 %. (Statistisches Bundesamt, 2013)

Das statistische Bundesamt weist für 2013 aus, dass ambulante Dienste bei der Versorgung von 616 000 Pflegebedürftigen involviert waren. Die Anzahl an Personen mit Pflegebedarf und Geldleistungsbezug, die also ausschließlich von Angehörigen versorgt werden, betrug im Jahre 2013 immerhin 47 % aller Pflegebedürftigen. (Statistisches Bundesamt, 2013)

Wie in Abbildung 5.4-1 zu erkennen ist, werden ca. 70 % der Pflegebedürftigen zu Hause versorgt.

5.4.2.2
Finanzierung der ambulanten Pflege

Selbst in einem scheinbar gesättigten Markt, wie dem der ambulanten pflegerischen Versorgung sind noch immer Wachstumspotenziale zu generieren. Der Barmer GEK Pflegereport 2014 stellte fest: „… und auch im Pflegebereich scheint sich somit zu zeigen, dass ein Angebot (an ambulanter Pflege) sich auch seine Nachfrage schafft."

Die Finanzierung des ambulanten pflegerischen Bereichs beruht im Wesentlichen auf Leistungen aus den Sozialgesetzbüchern V und XI und den privat finanzierten Leistungen. In geringem Umfang sind für die Finanzierung auch der überörtliche Träger der Sozialhilfe nach dem § SGB XII mit der „Hilfe zur Pflege" sowie weitere Versicherungsträger (z.B. Unfallversicherung) bedeutsam (Abb. 5.4-2).

Leistungen nach SGB V
Die gesetzlichen Regelungen zur häuslichen Krankenpflege (HKP) finden sich in § 92 Abs. 1 Satz 2 Nr. 6 SGB V und Abs. 7 SGB V. Die Richtlinie zur häuslichen Krankenpflege wurde vor ca. 15 Jahren eingeführt und seitdem mehrfach

450 5 Strukturen und Funktionen ausgewählter Versorgungssysteme

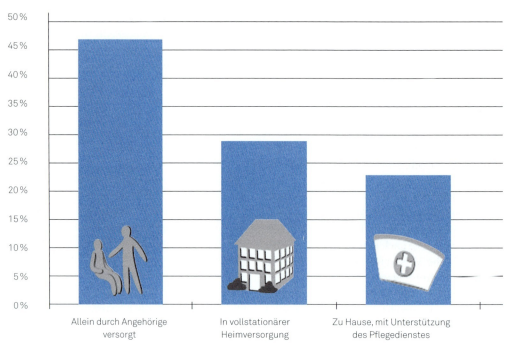

Abbildung 5.4-1: Pflegebedürftige Personen nach Art der Versorgung und Alter, 2013 (Quelle: Eigenerstellung auf Grundlage der Datenbasis des Statistischen Bundesamtes)

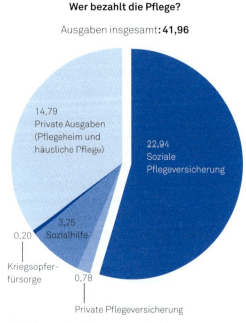

Abbildung 5.4-2: Ausgaben für Pflegebedürftigkeit in Deutschland nach Finanzierungsquellen, 2012, in Mrd. Euro (Quelle: Barmer GEK Pflegereport 2014)

durch den gemeinsamen Bundesausschuss aktualisiert. Die HKP-Richtlinie ist vor allem für die ärztliche Tätigkeit bedeutsam. Sie beschreibt die Leistungen der häuslichen Krankenpflege sowie deren Umfang und Dauer, die durch die Vertragsärzte zu Lasten der Krankenkassen verordnet werden können. Für die Anbieter ambulanter Pflege sind auf Landesebene die Vergütungsverträge bindend.

Als Grundlage für die Finanzierung ambulanter Pflegedienste in der Leistungserbringung zu Lasten der Krankenversicherung ist § 37 SGB V bedeutend.

In § 37 Abs. 1 Satz 1 SGB V formuliert der Gesetzgeber den Leistungsanspruch, wenn Krankenhauspflege geboten, aber nicht ausführbar ist oder durch häusliche Krankenpflege ersetzt werden kann, wie folgt: „Versicherte erhalten in ihrem Haushalt oder ihrer Familie […] als häusliche Krankenpflege Behandlungspflege, wenn sie zur Sicherung des Ziels der ärztlichen Behandlung erforderlich ist." Dabei umfasst die häusliche Krankenpflege „[…] erforderliche

Grund- und Behandlungspflege sowie hauswirtschaftliche Versorgung [...]". Gemeint ist hier, dass die Versorgung nur mit besonderen Mitteln eines Krankenhauses, zum Beispiel eine spezielle apparative Ausgestattung und besonders geschultes Personal, möglich ist. Die Sicherungspflege trifft dann zu, wenn das Ergebnis der ärztlichen Behandlung gesichert werden soll und wird im § 37.2 SGB V geregelt. Die Verordnung von Grundpflege bzw. Hauswirtschaft ist in Zusammenhang mit Behandlungspflege möglich. Die Satzung von Krankenkassen kann bestimmen, dass die Krankenkasse zusätzlich zur Krankenhausvermeidungspflege als häusliche Krankenpflege auch Grundpflege und hauswirtschaftliche Versorgung zu tragen hat. Die Anzahl der verordneten und genehmigten Behandlungspflege ist jedoch, nachdem sie 2010 sprunghaft gestiegen ist, bundesweit rückläufig (Tab. 5.4-1).

Nichtsdestotrotz sind die Behandlungspflegen ein wesentlicher Bestandteil der Finanzierung des ambulanten Pflegedienstes: 97 % der Pflegedienste erbringen diese Leistungen, obgleich sie einen relativ hohen verwaltungstechnischen Aufwand verursachen.

Leistungsansprüche des Kunden aus dem SGB XI
Die Leistungen der Pflegeversicherung sind budgetiert. Voraussetzung aller Leistungsansprüche aus der Pflegeversicherung ist die sogenannte Einstufung (§ 14 SGB XI) in eine der drei Pflegestufen. Regelungen hierzu ergeben sich aus § 18 SGB XI und den Begutachtungsrichtlinien (BRi), die vom Medizinischen Dienst des GKV-Spitzenverbandes (MDS) nach jeder Reform des SGB XI angepasst werden.

Pflegebedürftigkeit gemäß § 14 ff. SGB XI als Voraussetzung für Leistungserbringung. In § 14 SGB XI wird der Begriff „Pflegebedürftigkeit" genauer definiert und die Voraussetzungen der Pflegebedürftigkeit werden erläutert.

Im Jahre 2017 wurde der Begriff der Pflegebedürftigkeit grundlegend geändert. Der ehemals für die Hilfebedarfserhebung zu berücksichtigenden „[...] gewöhnliche und regelmäßig wiederkehrende Verrichtung im Ablauf des tägli-

Tabelle 5.4-1: Anzahl der Leistungen nach § 37 SGB V in der ambulanten pflegerischen Versorgung bei GKV-Versicherten (Quelle: Eigenerstellung)

Abgerufene Leistungen	Jahr
1 573 257	1993
2 162 805	1995
2 174 963	2000
1 914 739	2005
3 174 019	2010
3 052 292	2011
2 884 942	2012
2 442 189	2013

chen Lebens [...]" wurde die Betrachtung der „[...] gesundheitlich bedingten Beeinträchtigung der Selbstständigkeit oder Fähigkeiten [...]" entgegengesetzt. Maßgeblich für den Pflegehilfebedarf sind seitdem die pflegefachlichen Bereiche der Mobilität, kognitive und kommunikative Fähigkeiten, Verhaltensweisen und psychische Problemlagen, Selbstversrogung sowie die Bewältigung von und der selbstständige Umgang mit krankheits- oder therapiebedingten Anforderungen und Belastungen. Die Bereiche „Gestaltung des Alltagslebens" und „Soziale Kontakte" wird bei jedem Antragsteller erhoben, ist jedoch nicht relevant für den Pflegegrad. Ziel der Reform war eine angemessenere Berücksichtigung von Menschen mit kognitiven und psychischen Erkrankungen im Leistungskatalog der Pflegeversicherung

Die finanziellen Mittel, die für die Versorgung in der Häuslichkeit zur Verfügung stehen, leiten sich aus den Pflegegraden 1 bis 5 (§ 15 SGB XI) ab.

Die Pflegeversicherung und ihre Reformen im Kontext der häuslichen Pflege
Im Jahre 1994 wurde nach langjährigen politischen Diskussionen das „Gesetz zur sozialen Absicherung des Risikos der Pflegebedürftigkeit" verabschiedet und zum 01.01.1995 die fünfte Säule der Sozialversicherung, die Soziale Pflegeversicherung, eingeführt. Sie sollte von

Anbeginn das Pflegerisiko – auch im häuslichen Bereich – wenigstens zum Teil absichern und somit die Krankenkassen, die Sozialhilfe und die Bürger entlasten, die bis dato den größten Teil der Kosten der Pflege übernahmen. Die Leistungen der Pflegeversicherung sind budgetiert, die Pflegeversicherung wird auch als Teilkaskoversicherung bezeichnet. Der Versicherte hat im Bereich der ambulanten Pflege oft Zuzahlungen zu leisten.

Seit der Einführung der Pflegeversicherung haben vor allem drei Reformen für die ambulante pflegerische Versorgung von sich reden gemacht:
- das Pflegeleistungs-Ergänzungsgesetz mit Einführung von Leistungen für Menschen mit eingeschränkter Alltagskompetenz (PEA, 45b SGB XI) im Jahre 2003
- das Pflege-Weiterentwicklungsgesetz (PfWG) mit der Erhöhung der PEA-Leistungen und Einführung der Pflegestufe 0, der Berücksichtigung von Pflegewohngemeinschaften und der Dynamisierung der Leistungen im Jahre 2008
- das Pflegeneuausrichtungsgesetz im Jahre 2012. Es brachte die Ausweitung von Wahl- und Gestaltungsmöglichkeiten für Pflegebedürftige durch die Einführung von Betreuungsleistungen und die Möglichkeit der Vereinbarung von Zeitkontingenten.

Die Errichtung von Pflege-Wohngemeinschaften sollte durch Förderung ermöglicht und gefördert werden. Am 01.01.2015 folgte das Pflegestärkungsgesetz I, das für den ambulanten Bereich hauptsächlich Leistungsausweitungen erbrachte.

Bis 2017 wurden die Pflegestärkungsgesetze II und III verabschiedet, was zur Veränderung des Pflegebedürftigkeitsbegriffs führte. Die defizitorientierte Perspektive der Pflegestufen wurde durch die Fähigkeitsbeschreibung ersetzt und die Pflegegrade 1 bis 5 wurden eingeführt.

Zentrale umsatzrelevante Leistungen aus dem SGB XI

An dieser Stelle werden nur die wesentlichen Möglichkeiten des Leistungsbezugs des Pflegebedürftigen in aller Kürze erörtert, um ein Verständnis für die Kostenstruktur und die Personalplanung zu ermöglichen.

§ 36 Sachleistungen. Bei der Antragstellung auf Leistungen der Pflegeversicherung entscheidet sich der Antragsteller für die Art des Leistungsbezugs: Sachleistungen oder Pflegegeld. Entscheidet er sich für Sachleistungen, werden diese durch einen Pflegedienst erbracht. Die Sachleistungen sind in Leistungskomplexen oder auch Module (je nach Bundesland) gegliedert und werden mit Punktwerten hinterlegt. Die Leistungskomplexe sind in jedem Bundesland unterschiedlich. Während beispielsweise der grenznah lebende Pflegebedürftige bei einem in Nordrhein-Westfalen (NRW) ansässigen Pflegedienst zwischen 30 *Leistungskomplexen wählen kann, sind es bei einem Anbieter aus Niedersachsen 19* Leistungskomplexe.

Wählt der Kunde in Niedersachsen die „Kleine Pflege" – Grundpflege mit 220 Punkten, werden in NRW 290 Punkte veranschlagt. Das Besondere ist, dass die LKs jedoch nicht gleiche Leistungen beinhalten. Auch die Punktwerte sind unterschiedlich bepreist. Ein Pflegedienst, der länger am Markt oder in freigemeinnütziger Trägerschaft ist, hat häufig einen höheren Punktwert. Somit sind nicht nur die Preise für den Einkäufer uneinheitlich, sondern auch die Leistungen, was besonders in Verkaufsgesprächen in grenznahen Gebieten zu Herausforderungen führen kann.

§ 37.3 SGB XI. Der Kunde kann bei seiner Pflegekasse bei Antragstellung ausschließlich Geldleistungen beantragen. Der Pflegedienst prüft in diesen Fällen, je nach Pflegestufe des Pflegebedürftigen bis zu viermal im Jahr, die Qualität der Pflege in der Häuslichkeit für maximal 32 Euro pro Einsatz.

§ 36 Sachleistungen und § 38 Kombinationsleistungen. Hierbei entscheidet sich der Kunde dafür, dass der Pflegedienst tätig wird. Sollten die Beträge der Pflegekasse analog der Pflegestufen des Pflegebedürftigen noch nicht ausgeschöpft sein, erhält der Pflegebedürftige ein anteiliges Pflegegeld von seiner Pflegeversicherung.

§ 39 Verhinderungspflege. Pflegebedürftige haben Anspruch auf jährliche Leistungen der Verhinderungspflege in Höhe von 1612 Euro, die stunden-, tage- oder wochenweise in Anspruch genommen werden können, damit die Pflegeperson Entlastung findet bzw. der Pflegebedürftige bei Verhinderung der Pflegeperson in seiner Häuslichkeit versorgt werden kann.

§ 45b Betreuungs- und Ergänzungsleistungen. Die Betreuungsleistungen sind in den vergangenen Jahren erheblich ausgebaut worden. Von vormals 400 Euro/Jahr standen 2015 allen Pflegebedürftigen 104 bzw. 208 Euro zur Verfügung. Ab 2017 sind es 125 Euro, die für die Entlastung der Angehörigen eingesetzt werden sollen.

Umsatzrelevante Leistungen aus dem SGB XII „Hilfe zur Pflege"
Im Gegensatz zur Pflegeversicherung, die als Teilkaskoversicherung angelegt ist, ist die Sozialhilfe eine Vollkaskoversicherung, die von individueller Bedarfsdeckung ausgeht. Der Anspruch auf „Hilfe zur Pflege" besteht entweder, wenn der Pflegebedarf unterhalb der Pflegestufe 1 liegt oder die Leistungen der Pflegeversicherung nicht ausreichen, also Eigenanteile gezahlt werden müssten. Hilfe zur Pflege tritt auch dann subsidiär in die Pflicht, wenn der Bedarf durch die Pflegeversicherung nicht ausreichend gedeckt ist.

Im SGB XII wird der Pflegebedürftigkeitsbegriff weiter gefasst und berücksichtigt auch Hilfebedarfe unter 6 Monaten. Berücksichtigt werden hier auch die nicht täglich wiederkehrenden Hilfebedarfe, wie das Schneiden von Nägeln und Haaren, die Monatshygiene der Frauen, die im SGB XI im Hilfebedarf nicht einfließen.

Die Bedarfsdeckung im SGB XII ist einkommens- und vermögensabhängig. Häufig bestehen bei den Kunden bzw. deren Kindern Sorgen hinsichtlich der Beantragung von Leistungen aus dem SGB XII, da Unklarheiten bezüglich der anrechnungspflichtigen Regelsätze bzw. der Regelbedarfsstufen bestehen. Insgesamt sind jedoch die Erlöse aus dem Bereich des SGB XII für den ambulanten Pflegedienst in der Regel eher marginal.

Investitionskosten
Damit die Pflegeversicherung nicht alle Investitionskosten finanzieren muss, hat der Gesetzgeber die investen Sachkosten und deren Förderung in der Pflegeversicherung besonders geregelt.

Die Investitionskosten der Einrichtungen der Pflege sind von den Ländern bzw. den Kommunen oder auch dem Bund zu tragen und in § 9 SGB XI und § 82 Abs. 2 SGB XI geregelt. Nach bundes- bzw. landesrechtlichen und kommunalen Vorschriften ermittelt sich die Höhe der Investitionskosten, die dem Pflegedienst zur Verfügung stehen. Die Investitionskosten werden tageweise oder nach Punktwerten für die SGB-XI-Leistungen nach Kostenträgern (z.B. Pflegekasse, Selbstzahler bzw. Privatzahler, Sozialhilfeträger) sowie weiteren Leistungsträgern (z.B. Beihilfen, Unfallversicherung) berechnet. Mit den Investitionskosten im Sinne der Pflegeversicherung sollen diese Kosten refinanziert werden.

Zu den investen Sachkosten gehören:
- Fahrzeuge und Abschreibung
- Instandhaltung und Wartung
- Abschreibung auf Sachanlagen
- Mieten bzw. Pacht der Geschäftsräume und andere Mieten.

Sind die investen Kosten durch die Förderung gemäß § 9 SGB XI nicht gedeckt, kann der Pflegedienst diese Kosten dem Kunden weitergeben. Hierzu muss jedoch die Landesbehörde ihre Zustimmung geben. Einrichtungen, die nicht nach Landesrecht gefördert werden, können ihre investen Kosten dem Kunden ohne die Zustimmung der Landesbehörde in Rechnung stellen, allerdings muss diese informiert werden.

In den Vergütungen der Leistungen aus dem SGB-V-Bereich sind die Investitionskosten bereits erhalten (Bundesministerium für Gesundheit, 2015).

5.4.2.3
Betriebswirtschaftliche Aspekte

Gemäß § 71 SGB XI sind ambulante Dienste als „selbstständig wirtschaftende Einrichtungen" zu führen. Im Wesentlichen müssen die Erträge zu den Personal- und den Sachkosten passen, sie sollten diese zumindest langfristig nicht überschreiten. Im Folgenden sollen wesentliche Aspekte der Kosten- und Leistungsrechnung vorgestellt werden, die als Grundlage der betriebswirtschaftlichen Führung von Pflegediensten dienen können.

Es ist ein unterjähriger, möglichst monatlicher Abgleich von Plan- und Istkosten anzustreben, um Budgetsicherheit zu schaffen und bei einer ungünstigen Entwicklung frühzeitig gegensteuern zu können. Ziel der Kostenrechnung ist es, den Betriebskostensatz zu ermitteln. Dieser ist Grundlage zur Berechnung der Gesamtkosten je Arbeitsstunde in der direkten Pflege. Der Betriebskostensatz ergibt sich aus den Sach- und Personalkosten im Verhältnis zu den Erlösen aus der Leistungserbringung.

Ausgangspunkt der Analyse und Planung ist eine sachgerechte und prospektive Ermittlung der Unternehmenskosten.

Die Leistungsrechnung beinhaltet die Planung und Analyse der Umsatzerzielung und erfolgt über die Berechnung der Zeiten für die pflegerischen Verrichtungen unter Berücksichtigung der unterschiedlichen Kostenträger (SGB V, SGB XI) und Leistungserbringer (Pflegefachkraft, Hilfskraft).

Um das Risiko von Fehlergebnissen zu vermeiden, sollten die Planung und Ermittlung des Erlöses ausschließlich die Leistungserbringung berücksichtigen. Die Berücksichtigung von Umsätzen aus anderen Bereichen des Unternehmens führt zu Verzerrungen und gefährdet die Wirtschaftlichkeit des Unternehmens.

Sach- und Verwaltungskosten

Die Sach- und Verwaltungskosten betragen durchschnittlich 20–30 % der anfallenden Kosten im ambulanten pflegerischen Bereich. Zu den Sach- bzw. Verwaltungskosten zählen im Wesentlichen folgende Kosten:

- fremde Dienstleistungen (Rechts- und Steuerberatung, Abrechnungsleistung etc.)
- Verbandsbeiträge
- Unterhalt der Geschäftsräume (Mieten, Pacht, Nebenkosten etc.)
- Bürotechnik (EDV, Handys, Tablets etc.)
- Fuhrpark (Treibstoffkosten, Reparaturen, Wartung)
- Sachmittelverbrauch (Pflege, Verbrauchsmaterialien, Verwaltung)
- Anschaffung von Geräten und Abschreibung
- Versicherungen (Fahrzeuge, Betriebshaftpflicht, Berufsgenossenschaft etc.)
- Verwaltungskraft und Personalverwaltung (variable Kosten der Verwaltung)
- kalkulatorische Kosten (Rückstellungen u. -lagen, kalk. Unternehmerlohn etc.).

Bei der Ermittlung der Kosten und deren Kontierung sollte genau auf die Trennung von Verbrauchskosten und investiven Sachkosten nach § 82 SGB XI geachtet werden, damit diese Kosten steuerwirksam und verursachungsgerecht zugeordnet werden.

Die Sach- und Verwaltungskosten fallen weitgehend unabhängig von der Auftragslage an und können somit als Fixkosten betrachtet werden. Variable Kosten fallen lediglich im Kfz-Bereich (z. B. Kraftstoff, Wartung, Reparatur) und bei Verbrauchsmaterialien im Büro und in der Pflege an.

Personalkosten

Der Löwenanteil von 70–80 % der Kosten im Pflegedienst entsteht durch die Personalkosten. Je nach Leistungsspektrum des Pflegedienstes entstehen die Personalkosten durch das vorzuhaltende Personal. Dazu gehören die Geschäftsleitung, die Pflegedienstleitung und ihre Stellvertretung, Pflegefachkräfte (überwiegend dreijährige Ausbildung) sowie die Verwaltung. Hinzu kommen, je nach Ausgestaltung des Leistungsportfolios, Pflegekräfte mit ein- bis zweijährigen Ausbildungen, Pflegehilfskräfte ohne Ausbildung, Familien-, Dorf- und Heilerziehungspfleger, Hauswirtschaftskräfte, Betreuungskräfte und Alltagsbegleiter, Aushilfen usw. Je nach Qualifikation berechnet sich das Bruttogehalt des Arbeitnehmers. Weiterhin sind Positionen mit Pflegefachkräften zu besetzen und mit angemessenen Zeitfenstern zu versehen, die die Aufgabe des Qualitäts-, Hygiene-, Gerätebeauftragten wahrnehmen, sowie die Teamleitungen.

Bei der Erhebung und Planung der Personalkosten sind neben den Kranken- und Urlaubsausfällen (Bruttoarbeitszeiten) weitere Kostenfaktoren zu berücksichtigen:

- Akquise neuer Mitarbeiter
- Einarbeitung und Anleitung
- Dienst- und Fallbesprechungen
- Pflegevisiten
- Übergabe- und Rüstzeiten
- Aus-, Fort- und Weiterbildungen (in- und externer Anbieter, Praxisanleitungen für Auszubildende etc.)
- Bereitschaftsdienste, Überstunden, Wochenend- und Feiertagszuschläge.

Zusätzlich müssen weitere Kosten der indirekten Personalkosten für die Pflege (hier indirekte Pflegepersonalkosten genannt) erhoben werden, dazu gehören:
- Arbeitskleidung und Ausstattung
- Gesundheitsfürsorge (betriebsärztliche Untersuchen, Impfungen, betriebliche Gesundheitsförderung etc.)
- Zusätzliche Renten-, Pflege- bzw. Unfallversicherungen
- Gratifikationen (Urlaubsgeld, Geschenkgutscheine, Weiterbildung, Nutzung des Firmenwagens etc.)
- Arbeitnehmerbeteiligungen
- Umlagekosten Altenpflegeausbildung
- ggf. Mitarbeitervertretung.

Die Erhebung der vollständigen indirekten Pflegepersonalkosten ist für den Unternehmenserfolg zwingend notwendig. Bei der Kontierung dieser Kosten ist immer die Pflegebuchführungsverordnung bindend. Hingegen hat sich die Zuordnung der indirekten Pflegepersonalkosten zu den Sach-, Verwaltungs- oder Personalkosten den Bedingungen des ambulanten Pflegedienstes und dem Erkenntnisgewinn der Geschäftsführung anzupassen.

Immer sind für eine aussagekräftige Kosten- und Leistungsanalyse die Gesamtkosten des Unternehmens im Verhältnis zu den Einzeleinsätzen oder zu den Stundensätzen zu berücksichtigen. Die Entscheidung für die Berechnung der Kosten von Einzeleinsätzen oder Stundensätzen ist eine unternehmerische Entscheidung.

Jedes Unternehmen muss seine eigene Kalkulation erstellen. Die Rahmenbedingungen und individuellen Gegebenheiten des Unternehmens können sonst kalkulatorisch nicht angemessen berücksichtigt werden.

Ziel muss es sein, die verschiedenen Aufwendungen der Sach-, Verwaltungs- und Personalkosten ursachengerecht und erlösrelevant abzubilden. Die betriebsbedingten Sach- und Verwaltungskosten müssen in die Stundensätze der direkten Pflege einkalkuliert und damit den Personalkosten zugerechnet werden. Nur dann ist es möglich, eine wirklichkeitsgetreue Stundensatzerhebung durchzuführen.

Zur Bedeutung der Pflegedienstleitung. Eine herausragende Rolle kommt der Pflegedienstleitung (PDL) bzw. deren Stellvertretung mit ihrer zentralen Verantwortung für die Qualität der Pflege zu. Ihre Aufgaben und Pflichten ergeben sich aus dem SGB XI, insbesondere dem Versorgungsvertrag nach § 72 SGB XI, der den Pflegedienst verpflichtet, seine Dienstleistungen unter „ständiger Verantwortung einer ausgebildeten Pflegefachkraft" zu erbringen. Weitere Ausführungen zu den Anforderungen an die PDL finden sich im Rahmenvertrag nach § 75 SGB XI, den MuG nach § 113 SGB XI und der Vergütungsvereinbarung nach § 89 SGB XI. Im Bereich des SGB V finden sich alle Anforderungen in einem Vertrag nach § 132a für die häusliche Krankenpflege. Auch hier wird die verantwortliche Pflegefachkraft gefordert. Voraussetzungen sind ein gewisses Maß an praktischer Erfahrung in der Pflege sowie eine Fachweiterbildung mit mindestens 460 Stunden.

Die PDL ist bei Delegationsrecht verantwortlich für die Einsatzplanung, die Personalführung und insbesondere die Überprüfung der Einsatzzeiten und damit auch die Optimierung der Touren. Sie trägt die Verantwortung für das Verordnungsmanagement und die Organisation der Pflege sowie die qualitätsgesicherte pflegefachliche Versorgung der Kunden. Damit ist sie die Leistungsträgerin des Pflegedienstes und trägt ganz wesentlich zu dessen wirtschaftlichem Erfolg bei. Je nach der Größe des Pflegedienstes sind der Pflegedienstleitung Bereichsleitungen zugeordnet.

Herausforderung Personal. Mit dem deutlichen Anstieg der Zahl der Pflegebedürftigen bis

2030 wird sich zugleich der Mangel an Pflegefachkräften und Pflegekräften noch verschärfen. Die derzeitigen Rahmenbedingungen in der Pflege, wie Attraktivität des Berufs, gesellschaftliches Ansehen, finanzielle Entlohnung und Arbeitsbedingungen, Schicht- und Wochenendarbeit sowie Arbeitsbelastung, fördern häufig nicht den Wunsch, den Pflegeberuf zu ergreifen. Hinsichtlich dieses Szenariums erschließt sich auch der ambulante pflegerische Bereich als gesellschaftspolitische und unternehmerische Herausforderung.

Die Pflegedienste waren in der Vergangenheit vor allem ein Wachstumsmotor für Beschäftigung. Im Jahre 2001 boten sie 190 000 Personen eine Beschäftigung, 10 Jahre später bereits 291 000 (Statistisches Bundesamt, 2013). Jedoch steht den Pflegediensten heute und zukünftig nicht genügend Personal zur Verfügung. Laut einer Pressemitteilung des Instituts für Arbeit und Technik (IAT) von 2015 werden „bis 2030 [...] insgesamt in den unterschiedlichen Versorgungssettings mindestens 350 000 Pflegekräfte, davon rund 130 000 Pflegefachkräfte fehlen".

Die ambulante pflegerische Versorgung wird vorrangig von Frauen (88 %) in Teilzeitbeschäftigung (70 %) geleistet. Der Haupteinsatzbereich der Mitarbeiterinnen lag zu zwei Dritteln (70 %) im Bereich der Grundpflege (Bundeszentrale für politische Bildung, 2013). Insgesamt stellt der ambulante pflegerische Bereich besondere Herausforderungen an die Pflege- und Pflegefachkräfte. Bei sich oft ändernden Touren ist ein hohes Maß an Flexibilität erforderlich. Bei der Versorgung in der Häuslichkeit finden sich selten optimale Arbeitsbedingungen: Die Badezimmer sind eng, ein Pflegebett ist nicht vorhanden und ggf. verteidigen Haustiere ihr Revier. Der Kunde verhält sich nicht wie im Krankenhaus in seiner Rolle als Kranker ohne Ansprüche, sondern ist ggf. ein selbstbewusster, selbstständig lebender Gastgeber mit gefülltem Terminkalender. Die Krankheitsbilder im Pflegedienst sind vielschichtig, während die Patienten im Krankenhaus nach ärztlichen Fachgebieten geordnet werden. Die Versorgung ist anspruchsvoll und vielseitig. In Krisensituationen sind die Pflegefachkräfte auf sich selbst gestellt und nicht immer ist zeitnah ein Arzt zu erreichen oder gar vor Ort. Im ambulanten Bereich arbeiten die Pflegekräfte oft viele Stunden mit hoher Verantwortung alleine, wodurch Gesprächs- und Austauschbedarf entsteht.

Demzufolge sind die Pflegefachkräfte im ambulanten Bereich häufig selbstständiges Arbeiten und Organisieren gewohnt und bedürfen einer besonderen Personalführung mit ausreichend Raum zur Reflexion.

Leistungsrechnung und Einsatzzeiten

Der Ermittlung der Kosten für eine Leistungsstunde muss eine Ermittlung der Zeiten pro pflegerische Verrichtung vorausgehen und dem Stundensatz des Personals nach Qualifikation zugeordnet werden. Diese Zeiten für die Erbringung von Leistungen werden immer Durchschnittswerte sein. Nicht jeder Einsatz muss oder kann kostendeckend sein. Zu Beginn einer pflegerischen Versorgung eines Kunden sind die Zeiten oft relativ lang und werden oft mit der Zeit kürzer. Hier ist auch eine personelle Kontinuität der Pflegekraft bei dem Kunden von Vorteil.

Wie zeitliche Vorgaben von der Geschäftsführung den Mitarbeitern vermittelt, kontrolliert und optimiert werden, ist Entscheidung der Geschäftsführung und Teil der Unternehmenskultur. Bestenfalls werden das Controlling, Personalmanagement und die PDL in die Entscheidung eingebunden. Derzeit sind in der Praxis verschiedene Methoden der Zeiterfassung mit eigenen Stärken und Nachteilen üblich: Schätzungen, handschriftliche Aufzeichnungen oder EDV-gestützte Zeiterfassung. Der Trend geht derzeitig zur elektronischen Zeiterfassung.

Es entstehen aber bei jedem Hausbesuch auch Zeiten, die nicht direkt für die pflegerische Versorgung zur Verfügung stehen. Das sind Zeiten für die Begrüßung, das Aus- und Wieder-Anziehen der Jacke und ggf. der Schuhe sowie die Verabschiedung. Bei einer kleinschrittigen Leistungsplanung können für diesen Vorgang, je nach Jahreszeit, 2–4 Minuten berücksichtigt werden (Sießegger, 2009). Je nachdem, ob eine oder zwei Mitarbeiterinnen am Versorgungstag beim Kunden präsent sind, beispielsweise die Fachkraft den Verband wechselt und anschließend die Hilfskraft die Körperpflege durchführt, summieren sich hier im Laufe des Tages die unproduktiven Zeiten. Wie kleinschrittig die Analysen ausfallen sollen, ist wiederum Entscheidung der Geschäftsführung bzw. der Führungskräfte.

In der Leistungsrechnung sollten die verschieden Angebote des Portfolios (z. B. Behandlungspflege, Grundpflege, Hauswirtschaft, Betreuungsleistungen) differenziert erhoben werden. Insbesondere Grund- und Behandlungspflege sind kleinschrittig zu analysieren. Zum einen sind vertragliche Verpflichtungen einzuhalten. Bestimmte Formen der Behandlungspflege können zum Teil nur von Pflegefachkräften abrechnungsrelevant erbracht werden und bei anderen Formen der Behandlungspflege können angelernte Hilfskräfte eingesetzt werden. Zum anderen müssen auf der Grundlage der Leistungsrechnung betriebswirtschaftliche Entscheidungen getroffen werden.

Im weiteren Schritt der Analyse muss entschieden werden, durch welche Mitarbeiter welche Leistungseinheiten grundsätzlich erbracht werden sollen. Sind die Leistungsprodukte mit einem Zeitfenster und ausführenden Kräften mit den für diese Qualifikationsgruppe ermittelten Stundensatz hinterlegt, lässt sich ermitteln, welche Leistungseinheiten wie zu bepreisen sind.

Wann in der Kalkulation die anteiligen Sach- und Verwaltungskosten hinzugezogen werden, ist eine Frage an die Geschäftsführung bzw. des Controllings.

Die so ermittelten Kosten einer Leistungseinheit sind für eine optimale Tourenplanung hilfreich, können jedoch nicht alleine die Gestaltung der Tourenplanung begründen. Welche Kunden durch welche Mitarbeiter wann versorgt werden können, liegt in der Planungshoheit der PDL, ggf. auch der Bereichsleitung.

In einigen Bundesländern erhalten die Pflegedienste neben den pflegerischen Leistungen Hausbesuchspauschalen oder auch Wegegeld. In anderen Bundesländern sind diese Pauschalen in den Vergütungen enthalten. Diese Kosten für den Weg zum Kunden sollten nicht der pflegerischen Leistungserbringung zugeordnet werden. Vielmehr ist es sinnvoll, diese selbst auf ihren Kosten- und Zeitfaktor hin zu analysieren, da die Unterhaltung des Fuhrparks mit hohen Fixkosten einhergeht.

Die Kosten- und Leistungsrechnung bildet immer Teilfunktionen des gesamtbetrieblichen Geschehens ab und ist ein wichtiges Werkzeug der Geschäftsführung zur Analyse der betriebswirtschaftlichen Vorgänge und Ergebnisse.

Es sei nochmals betont, dass sich im ambulanten pflegerischen Bereich nicht jede Leistung sofort rechnen kann und muss, entscheidend ist das Gesamtergebnis. Vielerorts wird die sogenannte Minutenpflege oder auch „Rennschwesterpflege" als Optimierungspotenzial gepflegt. Neben einer notwendigen optimalen zeitorientierten Einsatzplanung kann eine effiziente und effektive, risikoaverse und prozessoptimierte Planung und Steuerung der Unternehmensabläufe unter anderem in der Verwaltung ebenfalls Wirtschaftlichkeitsreserven zutage fördern, die genutzt werden müssen.

Pflegebuchführungsverordnung

Die Pflegedienste unterliegen seit 1994 der zuletzt 2017 geänderten Pflegebuchführungsverordnung (PBV) und haben ihre Bücher nach den Regeln der kaufmännischen doppelten Buchführung zu führen. Sie haben im Jahresabschluss eine Bilanz, eine Gewinn- und Verlustrechnung (GuV) sowie einen Anlagen- und Fördernachweis vorzulegen. In der PBV werden vor allem der Kontorahmen, Jahresabschlüsse und die Abgrenzung der Aufwendungen geregelt. In § 7 PBV wird weiter ausgeführt, dass Kosten- und Leistungsrechnungen zu führen sind, um eine betriebsinterne Steuerung und Wirtschaftlichkeitsanalysen zu ermöglichen und den Anforderungen des § 71 SGB XI gerecht zu werden.

Im Sinne der PBV sind ambulante Einrichtungen immer gemischte Einrichtungen, sofern sie nicht ausschließlich nur Grundpflege anbieten, was in der Praxis selten vorkommt.

5.4.2.4
Ausdifferenzierungen

In dem stabilen Markt der ambulanten Pflege ist seit Jahren eine deutliche Differenzierung der neu entstandenen Pflegedienste zu beobachten.

Dies ergibt sich zum einen aus den Veränderungen im Gesundheitsmarkt, den technischen Fortschritten und den gesetzgeberischen Initiativen, aber auch aus den veränderten Erwartungshaltungen der Bevölkerung gegenüber den Gesundheitsdienstleistern. Im Folgenden werden beispielhaft Rahmenbedingungen ausdifferenzierter, spezialisierter bzw. besonderer Versorgungsformen des ambulanten Sektors erörtert.

24-Stunden-Versorgung – Pendelmigranten

Kosten, die Versorgungssituation in der Häuslichkeit und die Anstrengung der Pflege und Betreuung, insbesondere von an Demenz erkrankten, lassen immer mehr pflegende Angehörige auf eine 24-Stunden-Versorgung zurückgreifen. Transformationsarbeitslosigkeit treibt die Arbeitsmigrantinnen und -migranten aus osteuropäischen Ländern in diese Beschäftigungsverhältnisse. Die Pendelmigranten wirken häufig in undokumentierter Tätigkeit in der Häuslichkeit des zu Pflegenden. In der Regel übernehmen die Arbeitgeber die Kosten für Unterkunft und Verpflegung sowie die Reisekosten. Die Arrangements variieren zwischen Beschäftigungsverhältnissen unter Einhaltung des Entsendegesetzes, beispielsweise durch Agenturen, bis zur Vermittlung ausschließlich über soziale Netzwerke ohne Einhaltung von normativen Regelungen für Arbeitnehmer. Die Preise für diese Pflegekräfte schwanken zwischen 500 und 2000 Euro pro Monat und sind oft abhängig von deren Sprachfähigkeiten und pflegerischen Vorkenntnissen. Im Graubereich liegen auch die Tätigkeiten der Pflegekräfte und reichen von rein hauswirtschaftlichen Versorgungen bis zur umfangreichen Behandlungspflege.

In ihrer Studie haben Isfort und von der Malsburg 2014 festgestellt, dass 93 % der so Versorgten einer Pflegestufe zugeordnet waren. Jede fünfte durch eine 24-Stunden-Kraft versorgte Hilfebedürftige war der Pflegestufe 3 zugeordnet und somit schwerstpflegebedürftig im Sinne der Pflegeversicherung. Ein Drittel der durch ein solches Hilfearrangement Betreuten litt an demenziellen Veränderungen. Es handelt sich also bei diesen Formen der Pflege um pflegefachlich höchst anspruchsvolle Versorgungen mit sehr hohem Risikopotenzial.

Schätzungen gehen von 100 000 bis 300 000 Arrangements aus, bei denen die Pflege- bzw. Hauswirtschaftskräfte oft über Monate in der pflegenden Familie leben (Kniejska, 2015).

Für die ambulanten Pflegedienste stellen diese Pflegearrangements insofern eine Konkurrenz dar, als sie fast immer den grund- und oft auch den behandlungspflegerischen Bedarf, wie zum Beispiel das Medikamentenmanagement und komplexe Wundversorgungen, übernehmen. Aus gesundheitspolitischer und Kostenperspektive stellt sich die Frage nach Schadensbegrenzung bei unzureichender fachpflegerischer Versorgung durch 24-Stunden-Pflegekräfte ohne Qualifikation und daraus resultierenden Pflegefehlern. Aus pflegefachlicher Sicht ist die Qualitätsprüfung nach § 37.3 SGB XI nicht ausreichend gegenfinanziert, um Folgeschäden durch nicht sachgerechte Versorgung zu verhindern.

Wohngemeinschaften

Die Gesetzgebungskompetenz für das Heimgesetz lag bis 2006 beim Bund und wurde im Rahmen der Föderalismusreform in die Gesetzgebungsobhut der Länder verlagert. Die Anpassung der Landespflegegesetze dauerte in den einzelnen Bundesländern unterschiedlich lange. Im Ergebnis schwankt je nach Bundesland die Anzahl ambulant betreuter Wohngruppen, das heißt Pflege-Wohngemeinschaften für Menschen mit zum Beispiel demenziellen Erkrankungen, erheblich. So sind etwa in Niedersachsen kaum Pflege-Wohngemeinschaften entstanden, ganz im Gegensatz zu Nordrhein-Westfahlen, wo das Wohn- und Teilhabegesetz (WTG) bereits 2008 eine weitreichende Öffnung für diese Wohnform ermöglichte. Das Niedersächsische Heimgesetz trat erst im Juli 2011 in Kraft und berücksichtigte nicht im gleichen Umfang die Möglichkeiten zur Gründung von ambulant betreuten Wohngemeinschaften, wie es in anderen Bundesländern inzwischen geschehen ist.

Niederschwellige Angebote

Niederschwellige Angebote, wie sie laut Anforderungen im SGB XI § 45c, Stand 01.01.2015, landesrechtlich gefördert werden, werden zukünftig eine wesentliche Unterstützung bei der Versorgung sein. Im Rahmen der niederschwelligen Angebote werden ehrenamtliche Tätigkeiten von Vereinigungen und freigemeinnützigen Trägern gefördert. Die finanzielle Unterstützung soll vor allem den Aufbau von Hilfenetzen stützen und die Aufwendungen der Ehrenamtlichen refinanzieren. Es sollen Demenzcafes, Treffen von Selbsthilfegruppen, Betreuungsnachmittage, Einzelbetreuungen zu Hause, Pflege- und Alltagsbegleitungen gefördert werden. Was der Gesetzgeber unter Pflege- und Alltagsbegleitungen versteht, bleibt jedoch offen.

Seit 2015 ist es auch gewerblichen Anbietern möglich, haushaltsnahe Dienstleistungen, Alltagsbegleitungen und Hauswirtschaft im Rahmen der Entlastungsleistungen in Höhe von 104 Euro/Monat nach § 45b SGB XI zu erbringen. Auch können nicht ausgeschöpfte ambulante Pflegesachleistungen (maximal 40 % des Sachleistungsbetrags) für anerkannte niederschwellige Betreuungs- und Entlastungsangebote verwendet werden. Hier entsteht ein neuer, auch für Pflegedienste interessanter Markt.

Kommunale Verantwortung

Auf kommunaler Ebene zeigen sich schon heute zum Teil erhebliche, immer auch stark von regionalen Kontexten abhängige Versorgungsprobleme in der ambulanten Versorgung älterer und hilfebedürftiger bzw. behinderter Menschen. Notwendige infrastrukturelle Voraussetzungen, wie zum Beispiel Einkaufsmöglichkeiten, ärztliche und fachärztliche Versorgung, öffentlicher Nahverkehr, behindertengerechtes Umfeld und Anbindung an soziale Aktivitäten für ein gelingendes Altwerden in der Gesellschaft, fehlen häufig.

Nicht nur in ländlichen Strukturen fehlt schon heute eine ausreichende Anzahl Pflegefachkräfte.

Die Stadt Arnsberg im Hochsauerland, die sich als „sorgende Gemeinschaft" versteht, wirbt mit ihrem Angebot für ältere Menschen, besonders jene mit demenzieller Erkrankung: „Demenz hat einen Ort" – die Stadt Arnsberg will Demente im Alltag integrieren. Dafür wurden unterschiedliche Projekte auf den Weg gebracht, um die 73 000 Einwohner zählende Stadt „demenzsicher" zu gestalten. So wurden, wie auf der Homepage (http://www.3sat.de/page/?source=/nano/gesellschaft/176876/index.html) zu lesen ist, bis 2014 Verkäufer, Bäckerei- und Metzgereiangestellte, Taxi- und Busfahrer, Bankangestellte und Rettungskräfte für den Umgang mit Demenzkranken, auch durch Mitarbeiter von Pflegediensten, geschult. Nur wenn es gelänge, die Demenzerkrankten und ihre Familien in ihren gewohnten sozialen Beziehungen zu halten, könnten diese so lange wie möglich zu Hause verbleiben und müssten nicht stationär versorgt werden.

Wie das Beispiel als eines unter vielen zeigt, kann es für eine Kommune sinnvoll und zielführend sein, in Konkurrenz zu anderen Kommunen in die Zuwanderung von gutausgebildeten Personen in eine Umwelt zu investieren, die allen Pflege- und Betreuungsanforderungen gerecht wird. Hierzu gehört neben dem Ausbau von stationären Einrichtungen mit Tages- und Nachtpflege, Kurzzeitpflege und Wohngemeinschaften mit divergierenden Schwerpunkten sowie Betreuungsangeboten auch eine ausreichende Anzahl an Pflegediensten mit unterschiedlichen Angeboten.

Zielführend wäre eine gesamtstrategische Ausrichtung kommunaler Planungen und Interventionen unter Berücksichtigung von zukünftigen Pflege- und Betreuungsanforderungen auch mit Stabsstelle in der Verwaltung, wie in Arnsberg, die finanziell und machtpolitisch ausreichend ausgestattet sein sollte.

5.4.3
Fazit

Betrachtet man die steigende Anzahl von Pflegebedürftigen bis zum Jahr 2030, so ergeben sich für den ambulanten pflegerischen Markt bis dahin deutliche Wachstumschancen. Bei den Pflegegeldempfängern – das waren 2013 immerhin 47 % der Pflegebedürftigen – werden durch den Pflegedienst Beratungsbesuche nach § 37.3 SGB XI durchgeführt. Aus diesen Beratungseinsätzen kann der Pflegedienst Neukunden gewinnen. Derzeitig werden mit der Förderung von niederschwelligen Betreuungsangeboten, der Tagespflege und der Wohngemeinschaften ebenfalls neue Märkte für Pflegedienste zu erschließen sein.

Nicht zu vernachlässigen ist jedoch der Mangel an Fachkräften bzw. Pflegekräften. Unklar bleibt, welchen Nutzen technische Assistenzsysteme in Wohnbereichen bieten, um für die Förderung des selbstständigen Lebens in der eigenen Häuslichkeit bei Pflegebedarf zu ermöglichen. Auch werden sich mit der nächsten Generation von Menschen mit Pflegebedarfen die Ansprüche und Anforderungen deutlich verändern und damit andere Lebensformen in der ambulante Versorgung mitbestimmen.

Literatur

Beikirch, E.; Roes, M.; Bundesministerium für Gesundheit et al. (Hrsg.) (2014): SIS „Praktische Anwendung des Strukturmodells – Effizienzsteigerung der Pflegedokumentation in der ambulanten und stationären Langzeitpflege". Berlin, Witten. http://www.bmg.bund.de/fileadmin/dateien/Downloads/E/Entbuerokratisierung/Abschlussbericht_und_Anlagen_fin20140415_sicher.pdf [Zugriff: 27.02.2016].

Brühl, A.; Laag U.; Weidner, F. (2011): Evaluation der Umsetzung der Pflege-Transparenzvereinbarung ambulant (PTVA) durch den MDK in Rheinland-Pfalz. Köln, Vallendar, Deutsches Institut für angewandte Pflegeforschung e.V. und Philosophisch-Theologische Hochschule Vallendar. www.dip.de/fileadmin/data/pdf/material/110530_dip-MDK-Abschlussbericht.pdf [Zugriff: 27.02.2016].

Bundesministerium für Gesundheit (2004): Dritter Bericht über die Entwicklung der Pflegeversicherung. Berlin. https://www.gkv-spitzenverband.de/presse/pressemitteilungen_und_statements/pressemitteilung_240896.jsp, http://bmg.bund.de/fileadmin/dateien/Publikationen/Pflege/Berichte/Dritter_Bericht_ueber_die_Entwicklung_der_Pflegeversicherung.pdf [Zugriff: 27.02.2016].

Bundesministerium für Gesundheit (2012): Nationales Gesundheitsziel „Gesund älter werden". Kooperationsverbund gesundheitsziele.de. http://www.bmg.bund.de/fileadmin/dateien/Publikationen/Praevention/Broschueren/Broschuere_Nationales_Gesundheitsziel_-_Gesund_aelter_werden.pdf [Zugriff: 06.03.2016].

Bundesministerium für Gesundheit (2015): Einführung des NBAs ab 01.01.2017, so im PSG II (Pflegestärkungsgesetz II), verabschiedet am 13.11.2015. http://www.bmg.bund.de/ministerium/meldungen/2015/psg-ii-bt-verabschiedung.html [Zugriff: 06.03.2016].

de.statista.com/statistik/daten/studie/2729/umfrage/anzahl-der-pflegeheime-und-ambulanten-pflegedienste-seit-1999/ [Zugriff: 27.02.2016].

Demographischer Wandel, Heft 2, Auswirkungen auf Krankenhausbehandlungen und Pflegebedürftige im Bund und in den Ländern, Ausgabe 2008.

Handelsgesetzbuch (HGB), Ausfertigungsdatum: 10.05.1897, Stand: zuletzt geändert durch Art. 2 Abs. 1 G v. 01.04.2015 I 434. https://www.gesetze-im-internet.de/bundesrecht/hgb/gesamt.pdf [Zugriff: 27.02.2016].

Hasseler, M.; Wolf-Ostermann, K. (2010): HAW Hamburg u. ASH Berlin, Wissenschaftliche Evaluation zur Beurteilung der Pflege-Transparenzvereinbarungen für den ambulanten (PTVA) und stationären (PTVS) Bereich. www.pflegenoten.de/media/dokumente/weiterentwicklung/Pflegenoten_Endbericht_Beirat_u_WB_2010_07_21.pdf [Zugriff: 27.02.2016].

Haubrock, M.; Gohlke, S. (2001): Benchmarking in der Pflege. Mit einer Benchmarking-Studie ambulanter Pflegeeinrichtungen unterschiedlicher Trägerschaft sowie Fragenkatalogen und Auswertungsmöglichkeiten für das eigene Unternehmen. Bern, Hans Huber.

Häusliche Pflege, lt. Institut Arbeit und Technik (IAT). http://www.haeusliche-pflege.net/Infopool/Nachrichten/Politik/Mindestens-350-000-Pflegekraefte-fehlen-bis-2030 [Zugriff: 27.02.2016].

Heiber, A.; Nett, G. (2013): Kostenrechnung und Preiskalkulation. Häusliche Pflege, Reihe Management, Band 6. Hannover, Vincentz.

Heiber, A.; Nett, G. (2014): Handbuch ambulanter Einsatzplanung. Häusliche Pflege, Reihe PDL Praxis, Band 1. Vincentz.

http://www.arnsberg.de/projekt-demenz/index.php [Zugriff: 27.02.2016].

http://www.gbe-bund.de/oowa921-install/servlet/oowa/aw92/dboowasys921.xwdevkit/xwd_init?gbe.isgbetol/xs_start_neu/&p_aid=i&p_aid=23060&nummer=571&p_sprache=D&p_indsp=5089&p_aid=8463882 [Zugriff: 27.02.2016].

Isfort, M.; von der Malsburg, A. (2014): Haushaltsnahe Dienstleistungen durch Migrantinnen in Familien mit Pflegebedürftigkeit, 24 Stunden verfügbar – Private Pflege in Deutschland. WISO aktuell, Analysen und Konzepte zur Wirtschafts- und Sozialpolitik. Bonn, Friederich Ebert-Stiftung.

Kimmel, A.; Team PflegeMDS (2016): Das neue Begutachtungsinstrument zur Feststellung der Pflegebedürftigkeit nach dem SGB XI. Vortrag am 26.2.2016 Aachen zur Veranstaltung des BvPP e. V. mit dem Titel: „Strukturmodell und NBA". Präsentation des Vortrags auf der Homepage im Internen Bereich [Zugriff: 06.03.2016].

Kniejska, P. (2015): All-inclusive-Pflege aus Polen in der Schattenzone, Ergebnisse von Interviews mit polnischen Pflegekräften, die in deutschen Privathaushalten beschäftigt sind. WISO direkt, Analysen und Konzepte zur Wirtschafts- und Sozialpolitik. Bonn, Friederich Ebert-Stiftung.

Krahmer, U. (Hrsg.) (2013): Hilfe zur Pflege nach dem SGB XII, Leistungen der Sozialhilfe bei Pflegebedarf, 5., überarbeitete Auflage. Häusliche Pflege, Reihe Recht, Band 3. Hannover, Vincentz.

Müller, H. (2005): Arbeitsorganisation in der Altenpflege. Ein Beitrag zur Qualitätsentwicklung und Qualitätssicherung, 2., aktualisierte und erweiterte Auflage. Hannover, Schlütersche Verlagsgesellschaft.

PTV-A-Veröffentlichung: Vereinbarung nach § 115 Abs. 1a Satz 6 SGB XI über die Kriterien der Veröffentlichung sowie die Bewertungssystematik der Qualitätsprüfungen der Medizinischen Dienste der Krankenversicherung sowie gleichwertiger Prüfergebnisse von ambulanten Pflegediensten – Pflege-Transparenzvereinbarung ambulant (PTV-A) vom 29.01.2009, Anlage 1–3.

Qualitätsprüfungs-Richtlinien, MDK – Anleitung Transparenzvereinbarung, Grundlagen der MDK-Qualitätsprüfungen in der ambulanten Pflege. www.mds-ev.de/fileadmin/dokumente/Publikationen/SPV/PV_Qualitaetspruefung/2014_Pruefgrundlagen_ambulant_Lesezeichen.pdf, Hrsg.: Medizinischer Dienst des Spitzenverbandes Bund der Krankenkassen e.V. (MDS) und GKV-Spitzenverband-Körperschaft des öffentlichen Rechts, 2014 [Zugriff: 27.02.2016].

Rahmenempfehlungen nach § 132a Abs. 1 SGB V zur Versorgung mit Häuslicher Krankenpflege vom 10.12.2013 des GKV-Spitzenverbandes. www.gkv-spitzenverband.de/media/dokumente/krankenversicherung_1/ambulante_leistungen/haeusliche_krankenpflege/Bundesrahmenempfehlungen_nach_132a_Abs_1_SGB_V_Fassung_10122013.pdf [Zugriff: 27.02.2016].

Richter, R. (2014): Behandlungspflege, Kommentar und 50 Praxisfälle zu § 37 SGB V und den Richtlinien zur Verordnung Häuslicher Krankenpflege, 4., überarbeitete Auflage. Häusliche Pflege, Reihe Recht, Band 4. Hannover, Vincentz.

Richtlinie 96/71/EG des Europäischen Parlaments und des Rates vom 16.12.1996 über die Entsendung von Arbeitnehmern im Rahmen der Erbringung von Dienstleistungen, Amtsblatt Nr. L 018 vom 21.01.1997, S. 0001–0006.

Richtlinien über die Verordnung von häuslicher Krankenpflege in der vertragsärztlichen Versorgung nach § 92 Abs. 1 Satz 2 Nr. 6 und Abs. 7 SGB V.

Rothgang, H.; Müller, R.; Mundhenk, R.; Unger, R. (2014): GEK Pflegereport 2014, Schriftenreihe zur Gesundheitsanalyse, Band 29. http://presse.barmer-gek.de/barmer/web/Portale/Presseportal/Subportal/Presseinformationen/Archiv/2014/141125-Pflegereport/PDF-Pflegereport-2014,property=Data.pdf [Zugriff: 27.02.2016].

Sießegger, Th. (2009): Kalkulieren, Organisieren, Steuern. Häusliche Pflege, Reihe PDL Praxis, Band 2. Hannover, Vincentz.

Statistische Ämter des Bundes und der Länder (Hrsg.) (2010): Demographischer Wandel, Heft 2, Auswirkungen auf Krankenhausbehandlungen und Pflegebedürftige im Bund und in den Ländern. Ausgabe 2010.

Statistisches Bundesamt (2013): Datenreport 2013. Ein Sozialbericht für die Bundesrepublik Deutschland, 14. Auflage. Bonn, Bundeszentrale für politische Bildung.

Statistisches Bundesamt (2015): Pflegestatistik 2013, Deutschlandergebnisse. https://www.destatis.de/DE/Publikationen/Thematisch/Gesundheit/Pflege/PflegeDeutschlandergebnisse5224001139004.pdf?__blob=publicationFile [Zugriff: 06.03.2016].

Sturm, R. (2013): Föderalismus in Deutschland. Information zur Politischen Bildung, Heft 318/2013: 4. Bonn, Bundeszentrale für politische Bildung.

Verordnung über die Rechnungs- und Buchführungspflichten der Pflegeeinrichtungen (Pflege-Buchführungsverordnung – PBV), Ausfertigungsdatum: 22.11.1995, Stand: zuletzt geändert durch Art. 7 Abs. 3 G v. 20.12.2012 I 2751. www.gesetze-im-internet.de/bundesrecht/pbv/gesamt.pdf [Zugriff: 27.02.2016].

Wohn- und Teilhabegesetz (WTG), Gesetz- und Verordnungsblatt für das Land Nordrhein-Westfalen, Nr. 43 vom 09.12.2008.

www.3sat.de/page/?source=/nano/gesellschaft/176876/index.html [Zugriff: 27.02.2016].

www.bmg.bund.de/gesundheitssystem/gesundheitsziele.html [Zugriff: 27.02.2016].

www.bpb.de/nachschlagen/datenreport-2013/gesundheit-und-soziale-sicherung/173629/schwerbehinderung-und-pflegebeduerftigkeit [Zugriff: 27.02.2016].

www.gkv-spitzenverband.de/ [27.02.2016].

www.gkv-spitzenverband.de/presse/pressemitteilungen_und_statements/pressemitteilung_240896.jsp [Zugriff: 13.06.2015].

www.mds-ev.de/ [Zugriff: 27.02.2016].

www.ms.niedersachsen.de/themen/soziales/pflegeversicherung/investitionskostenfoerderung_nach_npflegeg/14073.html [Zugriff: 27.02.2016].

www.vdek.com/vertragspartner/Pflegeversicherung/SAPV.html [Zugriff: 27.02.2016].

Zapp, W. (2004): Controlling in der Pflege. Bern, Hans Huber.

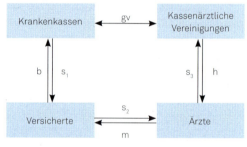

Abbildung 5.5-1: System der ambulanten Versorgung. Die Elemente in diesem System bilden eine in sich geschlossene Kette (b = Beitrag; gv = Gesamtvergütung; h = Honorar; m = medizinische Leistung; s1, s2, s3 = Versichertenkarte) (Quelle: Haubrock/Schär, 2002:38)

5.5
Ambulante ärztliche Versorgung

Manfred Haubrock

Nach dem System der stationären Versorgung wird nun das **System der ambulanten (kassenärztlichen) Versorgung** vorgestellt (Abb. 5.5-1).

Die Elemente Krankenkassen, Versicherte, ärztliche Praxen und Kassenärztliche Vereinigungen bilden ein in sich geschlossenes System. Auch in diesem System bezahlen die Kassenmitglieder zusammen mit ihren Arbeitgebern den relevanten einkommensbezogenen Beitrag (b) an die Krankenversicherung. Die Kassen händigen den Versicherten ihre Versichertenkarten (Berechtigungsnachweis) aus (s_1). Bei einem Arztbesuch legen die Versicherten diese Karte den Praxismitarbeitern vor (s_2). Auf Grund der Garantie, für die Vorlage des Berechtigungsnachweises ein Honorar zu bekommen, führt der Mediziner als Gegenleistung die notwendigen diagnostischen und therapeutischen Tätigkeiten (m) durch. Nach dem Sachleistungsprinzip erfolgt somit auf dem sogenannten Quasimarkt ein Tausch „Kartenvorlage gegen Leistung". Am Quartalsende reicht die Praxis die patientenbezogenen Abrechnungsunterlagen bei ihrer zuständigen Kassenärztlichen Vereinigung (KV) ein (s_3). Nach der Überprüfung der Unterlagen auf Plausibilität werden den Praxen seitens der KV die entsprechenden Geldbeträge überwiesen (h). Hierbei erfolgen die Abrechnungen auf der Basis des jeweils gültigen Einheitlichen Bewertungsmaßstabs (EBM). Die KVen bekommen vorab das Geld von den in ihrem Bundesland zuständigen gesetzlichen Krankenversicherungen in Form der Gesamtvergütung (gv).

Unter **ambulanter Versorgung** wird das medizinische Leistungsgeschehen verstanden, das nicht auf die Einrichtungen eines Krankenhauses angewiesen ist. Unter den vielfältig möglichen ambulanten Versorgungsformen dominiert in Deutschland die Versorgung durch den niedergelassenen Arzt. Darüber hinaus werden auch Krankenhausfachärzte sowie Universitätskliniken über Polikliniken und Krankenhäuser durch Institutionsverträge für ambulante Versorgungsaufgaben herangezogen.

Die ambulante Versorgung durch den niedergelassenen Arzt umfasst Leistungen, die von der Feststellung und Bestätigung der Gesundheit bis hin zur Veranlassung von Hilfeleistungen durch andere Gesundheitsberufe gehen können. Diese Leistungen werden in der Bundesrepublik überwiegend in der kassenärztlichen **Einzelpraxis** erbracht. Hierbei betreibt ein zugelassener Arzt die Praxis. Neben dieser herkömmlichen Einzelpraxis gibt es die folgenden Kooperationsformen, die unter dem Sammelbegriff der **Gruppenpraxis** geführt werden:
- *Praxisgemeinschaft:* Die Gemeinschaft ist dadurch gekennzeichnet, dass die Vertragsärzte die Praxisräume und -einrichtungen

gemeinsam nutzen. Zudem können sie gemeinsame Beschäftigte haben. Jeder Arzt hat jedoch seine eigenen Patienten und rechnet auch getrennt ab.

- *Gemeinschaftspraxis:* Die oben genannten Kriterien hinsichtlich der Räume, der Einrichtung und des Personals gelten auch für eine Gemeinschaftspraxis. Bei dieser Kooperationsform wird die Praxis aber unter einem Namen geführt, die Patienten werden nicht den einzelnen Ärzten zugerechnet, zudem erfolgt die Abrechnung gemeinschaftlich.
- *Praxisklinik:* Hierbei handelt es sich um eine Praxisgemeinschaft oder um eine Gemeinschaftspraxis mit angeschlossenen Belegbetten. Diese Kliniken haben in Zusammenhang mit dem ambulanten Operieren große Bedeutung.
- *Apparategemeinschaft:* Hier steht die gemeinsame Nutzung der medizinischen Geräte im Mittelpunkt.
- *Laborgemeinschaft:* Es handelt sich um eine spezifische Apparategemeinschaft, bei der die beteiligten Vertragsärzte ein Laboratorium (Personal, Geräte und Räume) betreiben. Die Abrechnung gegenüber der Kassenärztlichen Vereinigung erfolgt getrennt, intern werden die Kosten nach einem bestimmten Schüssel umgelegt.

Ab dem 01.01.2004 sind nach § 95 SGB V auch die medizinischen Versorgungszentren zugelassen. **Medizinische Versorgungszentren (MVZ)** nehmen unter anderem an der vertrags- und privatärztlichen Versorgung teil, sind jedoch nicht auf diese Versorgungsvarianten begrenzt. Die weiteren Tätigkeiten des Zentrums können sich zum Beispiel nach einem neu mit den Kassen abzuschließenden Vertrag zur integrierten Versorgung nach dem GKV-Modernisierungsgesetz richten.

Bei den Versorgungszentren handelt es sich um, ärztlich geleitete Einrichtungen, in denen Ärzte, die in das Arztregister eingetragen sind, als Angestellte oder freiberufliche Vertragsärzte tätig sind. Sie entsprechen somit den bereits in § 311 SGB V beschriebenen ehemaligen Gesundheitszentren in den neuen Bundesländern.

Bei den medizinischen Versorgungszentren ist es zudem erlaubt, dass die kaufmännische Leitung zum Beispiel durch einen nichtärztlichen Geschäftsführer übernommen wird.

Die Zentren können sich bestimmter gesetzlich zulässiger Organisationsformen (z. B. Gesellschaft mit beschränkter Haftung, BGB-Gesellschaft) bedienen.

Die Gründung eines Versorgungszentrums ist auf bestimmte natürliche und juristische Personen beschränkt. Neben den Ärzten haben auch Krankenhäuser die Möglichkeit, ein MVZ zu gründen. Dabei können sie unter anderem Versorgungsbereiche (z. B. Röntgen-, der Anästhesie- oder Endoskopiebereich) der Klinik in ein medizinisches Zentrum ausgliedern. Diese Bereiche können dann zur gemeinsamen Nutzung zur Verfügung gestellt werden. Weiterhin ist es möglich, dass angestellte Ärzte im medizinischen Zentrum gleichzeitig Angestellte des Krankenhauses sein können.

Soweit es sich um die vertragsärztliche Versorgung gesetzlich Krankenversicherter handelt, ist mit der Zulassung über den Zulassungsausschuss der Kassenärztlichen Vereinigung die Teilnahme in den Fachgebieten erteilt, für die die im Zentrum tätigen Ärzte die weiterbildungsrechtlichen Befähigungen haben. Vertragsärzte können ihre Kassenzulassungen in die medizinischen Versorgungszentren einbringen. Die Zentren können aber auch frei werdende KV-Sitze aufkaufen. Die im Zentrum als Angestellte tätigen Ärzte sind dabei nicht an die möglicherweise vorher bestehenden Einschränkungen der Ermächtigung oder der Zulassung gebunden.

Die gesetzlichen Vorschriften für die sächlichen und personellen qualitativen Anforderungen nach § 135 SGB V sind mindestens zu erfüllen.

Auf der Grundlage der **Gesamtverträge** über die vertragsärztliche Versorgung (§ 83 SGB V) zwischen einer KV (gilt analog auch für die Kassenzahnärztlichen Vereinigungen) und den zuständigen Krankenkassen entrichten die Krankenkassen eine **Gesamtvergütung** mit befreiender Wirkung für die Kassenmitglieder und die mitversicherten Familienangehörigen an die KV. Jede Krankenkasse übernimmt einen

Anteil an der Gesamtvergütung als Ausgabenobergrenze. Mit der Vergütung werden alle vertragsärztlichen Leistungen und damit verbundenen Kosten in einem Abrechnungszeitraum abgedeckt. Diese beinhaltet auch die Leistungen der Ärzte und der ärztlich geleiteten Einrichtungen, die ermächtigt worden sind, ferner die belegärztlichen Leistungen, den Fremdkassenausgleich und die Versorgungsleistungen im Notfall. Damit werden die durchgeführten Leistungen mit Ausnahme der Selektivvertragsleistungen und der in den ambulanten spezialfachärztlichen Einrichtungen über die per **Kollektivvertrag** festgelegte Gesamtvergütung finanziert. Die Höhe der Vergütung wird im Gesamtvertrag festgelegt.

Mit der Einführung des **GKV-Wettbewerbsstärkungsgesetzes** im Jahre 2007 ist die **morbiditätsbedingte Gesamtvergütung** eingeführt worden. Diese Verfahrensweise sieht nach § 87a SGB V vor, dass auf der Grundlage des **Behandlungsbedarfs** und der **regionalen Punktwerte** die Vergütung ermittelt wird. Der Behandlungsbedarf ist ein Indikator für die Zahl und die Morbiditätsstruktur (Altersstruktur) der Versicherten. Der Bedarf ergibt sich aus dem Volumen des bepunkteten Leistungsvolumens des Vorjahres, dieses Volumen kann angehoben oder gesenkt werden. Die Punktwerte basieren auf dem **Einheitlichen Bewertungsmaßstab (EBM)**, der vom Bewertungsausschuss auf Bundesebene festgelegt wird (§ 87 SGB V). Hierbei dienen die EBM-Punkte als Orientierungsgrößen. Mit der Regionalisierung und der Flexibilisierung der EBM-Punkte sollen die regionalen Besonderheiten berücksichtigt werden. In diesem Zusammenhang geht es im Wesentlichen um die Versorgungsnotwendigkeiten in den ländlichen und strukturschwachen Gebieten. Jeweils zum 31. Oktober eines Jahres sollen die Bedarfe und die Punktwerte angepasst werden. Mit diesem neuen Verfahren wurde die grundlohnsummenorientierte Budgetierung durch die **Anpassung** der **Budgets** an die **Morbiditätsentwicklung** abgelöst. Das Morbiditätsrisiko ist von den Vertragsärzten auf die Krankenkassen übergegangen.

Diese morbiditätsorientierte Gesamtvergütung wurde erstmals im Jahre 2008 vereinbart.

Mit dem am 23.07.2015 in Kraft getretenen **GKV-Versorgungsstärkungsgesetz** ist zusätzlich das vertragsärztliche Vergütungsrecht angepasst worden. In Zusammenhang mit der Gesamtvergütung ist die folgende Maßnahme relevant:

„Zum Abbau von unbegründeten Unterschieden in den Gesamtvergütungen vereinbaren die regionalen Partner der Gesamtvergütungsverträge für das Jahr 2017 eine einmalige basiswirksame Erhöhung des für das Jahr 2016 angepassten Aufsatzwertes, sofern festgestellt wird, dass der Aufsatzwert im Jahre 2014 unbegründet zu niedrig war." (Bundesministerium für Gesundheit, 2015, o. S.)

Sollten zwischen den Partnern auf Landesebene keine Verträge zustande kommen, dann setzt das **Schiedsamt** nach § 89 SGB V innerhalb von drei Monaten den Vertragsinhalt fest.

Grundsätzlich lassen sich nach § 85 SGB V einige **Gesamtvergütungsformen** unterscheiden. So kann zum Beispiel die Gesamtvergütung als Festbetrag oder auf der Grundlage des Bewertungsmaßstabs nach Einzelleistungen, nach Leistungskomplexen, nach einer Kopfpauschale oder einer Fallpauschale erfolgen.

Die Kassenärztlichen Bundesvereinigungen und der Spitzenverband Bund der Krankenkassen bilden die **Bundesauschüsse**. Sie vereinbaren als Bestandteil der Bundesmanteltarifverträge einen **Einheitlichen Bewertungsmaßstab** für die ärztlichen und zahnärztlichen Leistungen. Funktion des EBMs ist es, „den Inhalt der abrechnungsfähigen Leistungen und ihr wertmäßiges, in Punkten ausgedrücktes Verhältnis zueinander" (§ 87 SGB V) zu bestimmen. Im EBM ist jeder Leistung eine Nummer, die sogenannte **Gebührenordnungsposition (GOP)** zugeordnet. Hierbei werden die KV-Leistungen der hausärztlichen und der fachärztlichen Versorgung getrennt ausgewiesen. Im Bereich der **hausärztlichen Versorgung** sind im Regelfall die Leistungen in Form von Versichertenpauschalen abzubilden. In besonderen Fällen können auch Einzelleistungen oder Leistungskomplexe verrechnet werden. Im Sektor der fachärztlichen Versorgung sind arztgruppenspezifisch Grund- und Zusatzpauschalen vorgesehen. Auch hier können in speziellen Fällen Einzelleistungen vergütet werden. Der Bewertungsausschuss muss jährlich bis zum 31. August die **bundeseinheitlichen Punktewerte** als **Orientierungswerte** in Euro festlegen. Hierbei werden die Werte für die Regel-, die Über- und die Unterversorgung unterschiedlich ausgewiesen. Zeitgleich hat der Ausschuss die Indikatoren zur Messung der regionalen Besonderheiten bei der Kosten- und Versorgungsstruktur festzuschreiben. Diese dienen als Basis für die regionalen Punktwertvereinbarungen. Der Ausschuss muss zudem in bestimmten Zeitabständen überprüfen, ob die Leistungsbeschreibungen und ihre Bewertungen den aktuellen medizinischen und technischen Kenntnissen entsprechen. Im Rahmen seiner Tätigkeit wird der Ausschuss von dem **Institut des Bewertungsausschusses (InBAI)** unterstützt.

Der Ausschuss wird dann auf Verlangen von mindestens zwei Mitgliedern um drei unparteiische Mitglieder erweitert, wenn nach Auffassung der Mitglieder des Ausschusses eine Vereinbarung gar nicht oder nur zum Teil zustande kommt. Der **erweiterte Bewertungsausschuss** setzt anschließend mit der Mehrheit der Mitglieder die Vereinbarung fest.

Nach jahrelangen Vorbereitungen ist im Jahre 2005 der **EBM 2000 plus** eingeführt worden. Eine der wichtigsten Änderungen bestand darin, dass die Kalkulation der dargestellten Leistungsbewertungen auf der Basis von Zeitannahmen festgelegt wurde. Hierbei wurde zwischen der Kalkulationszeit und der Prüfzeit (jeweils in Minuten) unterschieden. Die Prüfzeiten dienten der Umsetzung der zeitbezogenen **Plausibilitätsprüfungen** nach § 106a SGB V. Mithilfe dieser Prüfungen sollen die KVen die sachliche und rechnerische Richtigkeit der Abrechnungen feststellen. Ein Vertragsarzt mit einem vollen Versorgungsauftrag wird zum Beispiel dann auffällig, wenn er...

- ... bei den Tageszeitprofilen an mindestens drei Tagen im Quartal mehr als 12 Stunden oder...
- ... im Quartalsprofil mehr als 780 Stunden gearbeitet hat.

Für Gemeinschaftspraxen und bei einer Beschäftigung von angestellten Ärzten ergeben sich andere Zeitvorgaben.

Die **Praxisbudgets** wurden vor 2009 aus zwei Komponenten ermittelt:
Punktmenge × Euro-Wert eines Punkts = Praxisbudget pro Quartal.

Erhöhte sich die Punktmenge durch Ausdehnung der durchgeführten und abgerechneten Leistungen, sank automatisch der Punktwert. Dieses Verfahren des **floatenden Punktwertes**, das in der Ärzteschaft zu Ärger geführt hat, wurde am 01.01.**2009** durch den **Euro-EBM** abgelöst. Der erweiterte Bewertungsausschuss legte den Orientierungswert für die folgenden Jahre wie folgt fest:
- 2009: 3,5001 Cent
- 2010, 2011, 2012: 3,5048 Cent
- 2013: 3,5363 Cent (vgl. Kassenärztliche Vereinigung Berlin, 2015, o.S.).

Der Bewertungsausschuss hat mit Wirkung zum 01.10.**2013** Änderungen des EBM beschlossen. In diesem Zusammenhang wurden der kalkulatorische Punktwert und der Orientierungspunktwert angeglichen und auf **10 Cent** erhöht. Dieser Punktwert ist für alle Kassenarten und alle Fachgruppen bundeseinheitlich. Im Jahre 2014 betrug der Orientierungswert 10,1300 Cent, im Jahre 2015 betrug er 10,2718 Cent. (Vgl. Kassenärztliche Vereinigung, Berlin, 2015, o.S.)

Gleichzeitig hat der Ausschuss festgelegt, dass die Anhebung **ausgabenneutral** umzusetzen ist. Hieraus folgt, dass die Punktzahlen in den Gebührenordnungen entsprechend abgesenkt werden mussten.

Die Bewertungsgrundlage für die Abrechnung der Leistungen sind die unterschiedlichen **Gebührenordnungen** (Abb. 5.5-2).

Die Ordnungen für Kassenpatienten (BMÄ für die Pflichtkassen, EGO für die Ersatzkassen) haben den Einheitlichen Bewertungsmaßstab (EBM) als Grundlage, der auf Grund der gesetzlichen Regelung des SGB V im Bewertungsausschuss zwischen der Kassenärztlichen Bundesvereinigung und dem GKV-Spitzenverband als

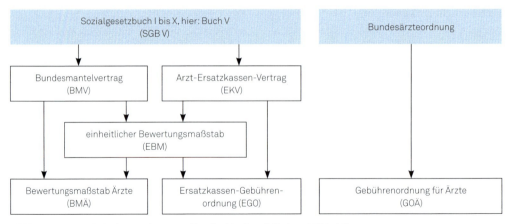

Abbildung 5.5-2: Gebührenordnungen (Quelle: Haubrock/Schär, 2002: 39)

Bestandteil der Bundesverträge vereinbart werden muss. Beide Gebührenordnungen sind in der Nummerierung der Leistungsbezeichnung und der relativen Bewertung identisch. BMÄ und EGO sind **Organtarife**.

Die GOÄ ist eine amtliche Gebührenordnung. Für die Selbstzahler erfolgt die Abrechnung nach der Gebührenordnung der Ärzte.

Zur **Sicherstellung der ärztlichen Versorgung** wirken Ärzte und Krankenkassen zusammen, das heißt, die Sicherstellung wird den Ärzten und Krankenkassen übertragen. Diese Zusammenarbeit entsteht durch den Abschluss von Verträgen zwischen den Kassenärztlichen Vereinigungen und den Krankenkassen auf Landesebene. Zu den Aufgaben der Kassenärztlichen Vereinigung gehört weiterhin die Wahrnehmung der Rechte der Ärzte gegenüber den Kassen. Für die im Rahmen der vertraglichen Verpflichtungen anfallenden ärztlichen Leistungen haben beide für eine angemessene Vergütung zu sorgen.

Die Mitgliedschaft in einer Kassenärztlichen Vereinigung ist für jeden Arzt obligat, der an der kassenärztlichen Versorgung teilnimmt. Es besteht also Pflichtmitgliedschaft (Abb. 5.5-3).
Die Kassenärztlichen (Landes-)Vereinigungen sind Körperschaften des öffentlichen Rechts. Im Rahmen ihrer Selbstverwaltung werden die Organe Vertreterversammlung und Vorstand aus der Mitte der Kassenärzte bzw. aus der Mitte der Vertreterversammlung gewählt. Die Landesvereinigungen sind auf Bundesebene zur Kassenärztlichen Bundesvereinigung zusammengefasst. Ein analoger Aufbau liegt bei den Zahnärzten vor.

Die Kassenärztliche Vereinigung (KV) hat als Körperschaft des öffentlichen Rechts verschiedene hoheitliche Funktionen. Sie hat unter anderem:

- den Sicherstellungsauftrag
- den Gewährleistungsauftrag
- das berufspolitische Mandat
- die Vertragshoheit
- die Finanz- und Beitragshoheit
- die Disziplinarhoheit.

Zudem ist sie die **Interessenvertretung** der Ärzteschaft gegenüber den Krankenkassen und sie hat die **Inkassofunktion** und die **Geldverteilungsfunktion**. Die Vergütung der Ärzte, also die **Honorarverteilung**, erfolgt durch die KV. Sie verteilt die Gesamtvergütung an die Ärzte, die Psychotherapeuten, die medizinischen Versorgungszentren sowie an die ermächtigten Einrichtungen. Hierbei wird zwischen der haus- und der fachärztlichen Versorgung unterschieden. Bei der Verteilung wendet die KV den **Honorarverteilungsmaßstab** an. Er hat im Jahre 2011 den Honorarverteilungsvertrag abgelöst. Dieser Maßstab wird als Satzungsrecht durch die Vertreterversammlungen der KVen im Be-

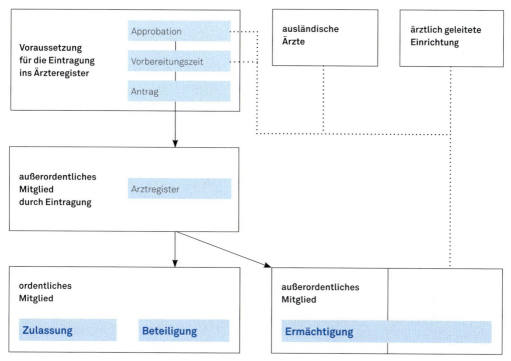

Abbildung 5.5-3: Mitgliedschaft in der Kassenärztlichen Vereinigung und Arztregistereintragung (Quelle: Haubrock/Schär, 2002: 49)

nehmen mit den zuständigen Krankenkassen beschlossen. Im Rahmen der Verteilung müssen die arztgruppenspezifischen **Regelleistungsvolumen (RLV)** der Praxen berücksichtigt werden. Hierbei handelt es sich um Mengenbegrenzungen. Überschreiten die Ärzte ihre durch die RLV vorgegebenen Punktmengen, kann dies mit einer Punktwertabsenkung bestraft werden. Erhöht sich jedoch die Fallzahl, dann hat dies Auswirkungen auf das RLV des folgenden Jahres.

Ein wichtiges Gremium in Bezug auf die KV-Zulassungen ist der **Zulassungsausschuss**. Der zwischen KV und den Kassen auf Landesebene paritätisch zusammengesetzte Ausschuss hat die Funktion, für den KV-Bezirk oder für Teile des Bezirks (Zulassungsbezirk) eine bedarfsgerechte medizinische Versorgung sicherzustellen. Der Ausschuss trifft seine Entscheidungen auf der Basis der **Bedarfsplanungs-Richtlinie** des Gemeinsamen Bundesausschusses.

In dieser Richtlinie, die für alle Krankenkassen und Ärzte verbindlich ist, werden Relationen zwischen der Bevölkerungszahl einer Region und der Zahl der niedergelassenen Ärzte festgeschrieben, bei denen eine bedarfsgerechte Versorgung angenommen wird. Wird dieser Versorgungsgrad um mehr als 10 % überschritten, tritt Überversorgung ein. Die Zulassungsausschüsse der Ärzte und Krankenkassen stellen fest, ob eine Überversorgung vorliegt. Tritt dieser Fall ein, so hat der Ausschuss eine Zulassungsbeschränkung für den Raum anzuordnen, in dem eine Überversorgung festgestellt wurde. **Unterversorgung** wird testiert, wenn in der allgemeinärztlichen Versorgung der Bedarf um 15 % und in der fachärztlichen Versorgung der Bedarf um 50 % unterschritten wird. In diesem Fall müssen seitens des Landesausschusses Anreize geschaffen werden, um die Unterversorgung zu beheben.

Neben der ärztlichen Behandlung im ambulanten Bereich erhalten die Versicherten auf Grund der gesetzlichen Vorschriften des § 37 SGB V **häusliche Krankenpflege** durch examiniertes

Krankenpflegepersonal bzw. durch andere zur Krankenpflege geeignete Personen, wenn Krankenhauspflege zwar angezeigt, aber nicht durchführbar ist bzw. wenn durch die häusliche Pflege ein Krankenhausaufenthalt vermieden oder verkürzt werden kann. Die Krankenkassen haben weiterhin die Pflicht, Leistungen auch dann zu gewähren, wenn diese zur Unterstützung der ärztlichen Behandlung erforderlich sind. Im Oktober 2014 ist die aktuelle Richtlinie des Gemeinsamen Bundesausschusses über die Verordnung „Häuslicher Krankenpflege in der vertragsärztlichen Versorgung" in Kraft getreten.

In dieser **Richtlinie**, die für die betroffenen Gruppen bindenden Charakter hat, werden neben der Zielformulierung und den Angaben über den Verordnungsweg, die Dauer und die Genehmigung einer Verordnung ein **Verzeichnis der verordnungsfähigen Maßnahmen der häuslichen Krankenpflege** festgelegt. In diesem Verzeichnis sind alle Leistungen der Grundpflege und der hauswirtschaftlichen Versorgung sowie der Behandlungspflege aufgeführt.

Das **System der privatärztlichen Versorgung** beinhaltet lediglich drei Elemente, nämlich Ärzte, Versicherte und das Versicherungsunternehmen. Die Beziehungen zwischen Ärzten und Versicherten sowie zwischen diesen und dem Versicherungsunternehmen werden durch individuelle Verträge geregelt. Die Leistung des Arztes muss durch den Versicherten bezahlt werden (Marktbeziehung). Das Versicherungsunternehmen erstattet den vorab vom Versicherten ausgelegten Betrag ganz oder teilweise (Selbstbeteiligung). Dieses Verfahren bezeichnet man als **Kostenerstattungsverfahren** (Kostenerstattungsprinzip) (Abb. 5.5-4).

Durch das GKV-Modernisierungsgesetz können die gesetzlichen Kassen neben ihren Bonusangeboten (z. B. Hausarztmodell, integrierte Versorgung) und Individualtarifen (Selbstbehalte und Beitragsrückzahlungen) in Kooperation mit privaten Krankenversicherungen **Zusatzversicherungspakete** anbieten. Dazu zählen zum Beispiel die folgenden Einzelbausteine:
- Zahnersatz
- Sehhilfen

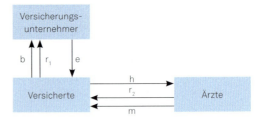

Abbildung 5.5-4: System der ambulanten privaten Gesundheitsversorgung (b = Beitrag; h = Honorar; m = medizinische Leistung; r1, r2 = Rechnung; e = Kostenerstattung) (Quelle: Haubrock/Schär, 2002: 40)

- Zuzahlungen
- Auslandsreiseschutz
- Vorsorge und Impfungen.

Literatur

AOK-Bundesverband (2012): Morbiditätsbedingte Gesamtvergütung. http://www.aok-bv.de [Zugriff: 07.10.2015].

Bundesministerium für Gesundheit (2015): Ambulante ärztliche Vergütung. http://www.bmg-bund.de [Zugriff: 07.10.2015].

Gemeinsamer Bundesausschuss (2014): Richtlinie über die Verordnung von häuslicher Krankenpflege in der vertragsärztlichen Versorgung. http://www.g-ba.de [Zugriff: 08.10.2015].

Gesetz zur Modernisierung der gesetzlichen Krankenversicherung (GKV-Modernisierungsgesetz – GMG). Bundestags-Drucksache 15/1525, Berlin 2003.

GKV-Gesundheitsreformgesetz 2000. DKG-aktuell, Dezember 1999.

GKV-Solidaritätsstärkungsgesetz vom 19.12.1999. BGBl. I, 1998, Nr. 85.

Haubrock, M.; Schär, W. (Hrsg.) (2002): Betriebswirtschaft und Management im Krankenhaus, 3. Auflage. Bern, Hans Huber.

Haubrock, M.; Schär, W. (2007): Betriebswirtschaft und Management im Krankenhaus, 4. Auflage. Bern, Hans Huber.

Haubrock, M.; Schär, W. (2009): Betriebswirtschaft und Management in der Gesundheitswirtschaft, 5. Auflage. Bern, Hans Huber.

Herder-Dorneich, P. (1976): Wachstum und Gleichgewicht im Gesundheitswesen. Wiesbaden, Springer Fachmedizin.

Herder-Dorneich, P. (1980): Gesundheitsökonomie. Stuttgart, Enke.

Kassenärztliche Vereinigung Berlin (2015): Einheitlicher Bewertungsmaßstab EBM. http://www.kv-berlin.de [Zugriff: 07.10.2015].

Kassenärztliche Vereinigung Niedersachsen (1985): Kassenarzt in Niedersachsen. Hannover, Eigendruck.

Sozialgesetzbuch (SGB V) in der Fassung vom 17.07.2003.

von der Schulenburg, J.M. Graf (2012): Die Entwicklung der Gesundheitsökonomie und ihre methodischen Ansätze, in: Schöffski, O.; von der Schulenburg, J.M. Graf: Gesundheitsökonomische Evaluationen. Berlin, Heidelberg, Springer, S. 13–21.

Wirtschaftslexikon.co (2015): Gesamtvergütung. http://www.wirtschaftslexikon.co [Zugriff: 07.10.2015].

5.6 Arzneimittelversorgung

Manfred Haubrock

Auch bei der Arzneimittelversorgung handelt es sich um einen sogenannten Quasimarkt (Abb. 5.6-1).

Im System der Arzneimittelversorgung tauchen die Elemente Apotheken, Ärzte, Krankenkassen, pharmazeutische Industrie und Versicherte auf.

Auch in diesem System bezahlen die Kassenmitglieder zusammen mit ihren Arbeitgebern den relevanten einkommensbezogenen Beitrag (b) an die Krankenversicherung. Die Kassen händigen den Versicherten ihre Versichertenkarten (Berechtigungsnachweis) aus (s_1). Bei einem Arztbesuch legen die Versicherten diese Karte den Praxismitarbeitern vor (s_2). Der Mediziner führt als Gegenleistung die notwendigen diagnostischen und therapeutischen Tätigkeiten (m) durch. Zusätzlich erhält der Versicherte vom Mediziner ein Rezept (r_1). Damit geht das Kassenmitglied zu einer Apotheke und legt es vor (r_2). Die Apotheke händigt der versicherten Person das Medikament aus (x_2). Die Apotheke reicht das Rezept, versehen mit den Apothekerabgabepreisen der Arzneimittel bei einem Apothekenrechenzentrum ein, von dort wird es an die jeweilige Krankenkasse übermittelt (r_3). Von der Krankenversicherung werden die entsprechenden Geldbeträge ausgezahlt (g_1). Die Apotheken kaufen die Medikamente in der Regel über den Großhandel von der Industrie. Der Großhandel beliefert die Apotheken (x_1), im Gegenzug müssen die Apotheken diese Produkte bei den Lieferanten bezahlen (g_2). Bei diesem Kauf spielen Rabatte und Sonderkonditionen eine Rolle. Durch die Gesundheitsreformgesetze der vergangenen Jahre hat der Gesetzgeber in diese Beziehungen kostendämpfend eingegriffen. In diesem Zusammenhang sind unter anderem die folgenden gesetzlichen Regulierungen zu nennen:

- Liste verordnungsfähiger Arzneimittel (1999)
- Festbetragsanpassungsgesetz (2001)
- Arzneimittelbudget-Ablösungsgesetz (2001)
- Arzneimittelausgabenbegrenzungsgesetz (2002)

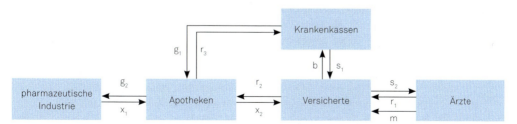

Abbildung 5.6-1: System der Arzneimittelversorgung (b = Beitrag; m = medizinische Leistung; s1, s2 = Versichertenkarte; r1, r2 = Rezept; r3 = Forderung der Apotheken an Krankenkassen [Rezeptabrechnung]; x1, x2 = Medikamente; g1 = Zahlungen der Krankenkasse; g2 = Bezahlung der Medikamente) (Quelle: Haubrock/Schär, 2002: 41)

- Beitragssicherungsgesetz (2002)
- 12. SGB V-Änderungsgesetz (2003)
- Arzneimittelversorgungs-Wirtschaftlichkeitsgesetz (2006)
- 3. Gesetz zur Änderung arzneimittelrechtlicher und anderer Vorschriften (2009)
- GKV-Änderungsgesetz (2010)
- Gesetz zur Neuordnung des Arzneimittelmarktes (2011)
- 13. und 14. SGB V-Änderungsgesetz (2013).

Das **Gesetz über den Verkehr mit Arzneimitteln (Arzneimittelgesetz – AMG)** in seiner Version vom September 2015 definiert **Arzneimittel**:

> „[…] als Stoffe oder Zubereitungen von Stoffen, die dazu bestimmt sind, durch Anwendung am oder im menschlichen oder tierischen Körper 1. Krankheiten, Leiden, Körperschäden oder krankhafte Beschwerden zu heilen, zu lindern, zu verhüten oder zu erkennen, 2. die Beschaffenheit, den Zustand oder die Funktionen des Körpers oder seelische Zustände erkennen zu lassen, vom menschlichen oder tierischen Körper erzeugte Wirkstoffe oder Körperflüssigkeiten zu ersetzen, 4. Krankheitserreger, Parasiten oder körperfremde Stoffe abzuwehren, zu beseitigen oder unschädlich zu machen oder 5. die Beschaffenheit, den Zustand oder die Funktionen des Körpers oder seelische Zustände zu beseitigen." (§ 2 AMG)

Alle Stoffe oder Zubereitungen, die unter diese Definition fallen, unterliegen den Vorschriften des Gesetzes. Das primäre Ziel des AMG ist es, die Arzneimittelsicherheit zu gewährleisten. In § 4 AMG werden die **Fertigarzneimittel** von den anderen Arzneimitteln (z. B. Allergene, Blutzubereitungen, Impfstoffe, Sera) abgegrenzt. Danach sind Fertigarzneimittel Arzneimittel, …

> „[…] die im Voraus hergestellt und in einer zur Abgabe an den Verbraucher bestimmten Packung in den Verkehr gebracht werden oder andere zur Abgabe an Verbraucher bestimmte Arzneimittel, bei deren Zubereitung […] ein industrielles Verfahren zur Anwendung kommt oder die […] gewerblich hergestellt werden." (§ 4 AMG)

Diese Fertigarzneimittel dürfen nur in Verkehr gebracht werden, wenn sie eine deutsche oder europäische **Arzneimittelzulassung** bzw. Registrierung haben.

In Deutschland sind das **Paul-Ehrlich-Institut (PEI)** und das **Bundesinstitut für Arzneimittel und Medizinprodukte (BfArM)** die zuständigen nationalen Behörden für die Erteilung der Zulassungen. Der Schwerpunkt des BfArM liegt bei der Zulassung von Fertigarzneimitteln. Im Zulassungsverfahren werden die Wirksamkeit, die Unbedenklichkeit und die pharmazeutische Qualität geprüft. Das PEI ist zuständig für eine Vielzahl von Arzneimitteln, die sich von den Allergenen bis zu den Zelltherapeutika erstrecken. Auf europäischer Ebene ist die **Europäische Arzneimittelagentur** für die Zulassung zuständig.

Nach § 43 AMG besteht in Deutschland eine grundsätzliche **Apothekenpflicht** für die Arzneimittel. In den §§ 44–46 AMG werden jedoch Ausnahmen von dieser Pflicht geregelt. Die **Verschreibungspflicht** von Arzneimitteln wird in § 49 AMG festgelegt. Danach wird das Bundesministerium für Gesundheit ermächtigt, die verschreibungspflichtigen Produkte (Rx-Präparate) per Verordnung zu bestimmen. Die derzeit gültige **Verordnung über die Verschreibungspflicht von Arzneimitteln** basiert auf der Version 21.12.2005.

Bei den Arzneimitteln wird weiterhin zwischen den Originalpräparaten und den Generika unterschieden.

Bei den **Originalpräparaten** handelt es sich um Arzneimittel, die zum ersten Mal den Einsatz eines bestimmten Arzneistoffs ermöglichen. Die forschende pharmazeutische Industrie hat ein sehr starkes Interesse daran, dass diese Präparate vor Nachahmung geschützt werden, daher melden die Unternehmungen beim zuständigen nationalen Patentamt den **Patentschutz** an. Die Kriterien für eine Patenterteilung sind:

- Das Produkt muss neu sein.
- Es muss gewerblich anwendbar sein.
- Es muss aus einer erfinderischen Tätigkeit hervorgegangen sein.

Nach einer positiven Prüfung der Kriterien erteilt das Amt den Patentschutz. Neben neuen

Wirkstoffen können auch zahlreiche Analogpräparate, die die gleichen oder ähnlichen Wirkungen wie das erste Präparat besitzen („Me-too-Präparate"), patentiert werden.

Hierdurch erhalten die Unternehmen für ihr Produkt – beginnend ab dem Datum der Anmeldung – weltweit einheitlich **20 Jahre** lang die Exklusivität der Nutzungsrechte. Bei den Patenten für die Medikamente lassen sich unter anderem Erzeugnis-, Stoff-, Verfahrens- und Anwendungspatente unterscheiden. Von den 20 Jahren vergehen in der Regel etwa 10 Jahre, um das Produkt marktfähig zu machen. Die Medikamente müssen in mehrjährigen Studien erprobt und in einem langen Zulassungsverfahren genehmigt werden. Daher hat die Industrie Interesse daran, in der zweiten Patentlaufphase die entstandenen Aufwendungen für die Forschungs- und Entwicklungskosten durch hohe Verkaufspreise refinanziert zu bekommen.

Von diesen patentierten Medikamenten sind die **Generika** abzugrenzen. Unter einem Generikum ist ein Nachahmerpräparat zu verstehen. Es ist somit eine wirkstoffgleiche Kopie eines bereits auf dem Markt befindlichen Originalmedikaments. Ist der Patent- und Unterlagenschutz des Originals abgelaufen, kann der Wirkstoff auch von anderen Produzenten angeboten werden. Die Generika sind billiger als das Ursprungsprodukt, da der Hersteller keine Forschungs- und Entwicklungskosten tragen muss. Die Zulassung der Generika läuft nach dem gleichen Verfahren wie bei den Originalpräparaten ab.

Wie in Abbildung 5.6-1 zu erkennen ist, erhält der Versicherte ein Rezept. Das Rezept wird der Apotheke vorgelegt, als Gegenleistung erhält die Person das bzw. die Arzneimittel. Der verordnende Mediziner hat die Möglichkeit, auf dem Rezept ein vorgegebenes Feld anzukreuzen. Mit dem Kreuz im „**Aut-idem-Kästchen**" verpflichtet der Arzt den Apotheker, genau das Präparat oder den Wirkstoff auszuhändigen, das bzw. der auf dem Rezept steht. Verschreibt der Arzt dem Patienten ein Medikament, dessen Preis oberhalb der Festbeträge für Generika liegt, ist er verpflichtet, den Patienten darüber zu informieren, dass er den Differenzbetrag selber übernehmen muss. Ist kein Kreuz vorhanden, gilt die **Aut-idem-Regelung**. Hierdurch hat der Apotheker die Verpflichtung, dem Versicherten eine der drei preisgünstigsten Varianten auszuhändigen, die aber die identische Wirkstoffzusammensetzung haben müssen. Hat die Krankenkasse des Versicherten einen Rabattvertrag mit einem Unternehmen abgeschlossen, dann gelten spezielle gesetzliche Regelungen, auf die im Rahmen der Zuzahlungen noch eingegangen wird. Die Aufhebung des Aut-idem-Verbots durch den Arzt kann ggf. negative finanzielle Auswirkungen für ihn haben. Überzieht der Mediziner durch seine Verordnungen sein Arzneimittelbudget, kann er evtl. in Regress genommen werden. Nach der **Verordnung von Arzneimitteln in der vertragsärztlichen Versorgung (Arzneimittelrichtlinie)** des G-BA sind die Ärzte nämlich gehalten, eine zweckmäßige und wirtschaftliche Verordnungsweise zu praktizieren.

Die in Deutschland zugelassenen Apotheken lassen sich in öffentliche Apotheken und in Krankenhausapotheken einteilen. Die öffentlichen Apotheken wiederum gliedern sich in **Präsenzapotheken** und **Versandapotheken**. Die beiden Varianten unterschieden sich durch den Vertriebsweg. Bei der Präsenzapotheke findet ein persönlicher Kontakt und damit eine direkte Übergabe des Rezepts bzw. des Medikaments statt, bei der Versandapotheke wird für das Rezept und für die Arzneimittel der Versandweg genutzt. Die Versandapotheken sind letztlich auch Präsenzapotheken. Der Versandhandel ist in Deutschland zum 01.01.2004 legalisiert worden. Im März 2008 hat das Bundesverwaltungsgericht in Leipzig entschieden, dass sich auch Drogeriemärkte am Versandhandel mit Medikamenten beteiligen dürfen. Die Drogerien, sogenannte Pick-up-Stellen, übernehmen in einem solchen Fall in Kooperation mit einer Versandhandelsapotheke Bestell- und Serviceleistungen.

Beide Alternativen müssen von einem wissenschaftlich qualifizierten Pharmazeuten geleitet werden. Zudem gilt für alle öffentlichen Apotheken das **Fremd- und Mehrfachbesitzverbot**. Nach dem Fremdbesitzverbot dürfen nur Apotheker eine Apotheke leiten. Nach dem derzeit gültigen Mehrfachbesitzverbot darf ein Apotheker eine Hauptapotheke und drei Filialen besitzen. Diese Regelung soll eine Kettenbildung in Deutschland verhindern. Seit einigen Jahren versucht die EU-Kommission, den Gebietsschutz der Apotheken aufzuheben und den Mehrbesitz zu erlauben.

Im Bereich der gesetzlichen Krankenversicherungen übernehmen grundsätzlich die Krankenkassen die Kosten der per Rezept verordneten Arzneimittel nach dem Sachleistungsprinzip. Im Bereich der privaten Krankenversicherungen, der an dieser Stelle nicht explizit dargestellt wird, erfolgt die Finanzierung über das Kostenerstattungsprinzip. Die GKV-Versicherten müssen aber **Zuzahlungen** leisten. Im Rahmen der Gesundheitsreformen der vergangenen Jahrzehnte sind hinsichtlich der Zuzahlungen gesetzliche Veränderungen vorgenommen worden. So galt zum Beispiel für das Jahr 1993 eine nach Preisklassen gestufte Zuzahlung (3,-/5,-/7,- DM). Im Jahre 1994 trat an die Stelle der Preisklasse die Packungsgröße. Mit dem GKV-Solidaritätsstärkungsgesetz von 1999 war der Preis pro Packung wie folgt festgelegt worden: 8,- DM/kleine Packung, 9,- DM/mittlere Packung und 10,- DM/große Packung. Diese Preise wurden später mehrfach geändert.

Die Zuzahlung für die Patienten beträgt seit Januar 2004 10 % der Kosten des Arzneimittels, jedoch mindestens fünf und maximal zehn Euro, aber nie mehr als das Arzneimittel selber kostet. Für die Medikamente, die weniger als fünf Euro kosten, trägt der Versicherte also in der Regel die Kosten selber.

Von dieser Regel wird aber unter bestimmten Voraussetzungen abgewichen. Dies gilt bei bestimmten Generika oder bei Produkten, für die Rabattverträge abgeschlossen worden sind.

Bei den **Generika**, für die die Festbetragsregelung gilt, und bei denen der Arzneimittelpreis mindestens 30 % unter dem Festbetrag liegt, fallen in der Regel keine Zuzahlungen an. Im Mai 2015 waren über 3700 Arzneimittel von der Zuzahlung befreit. Auf der anderen Seite müssen die Versicherten aber die Mehrkosten zahlen, wenn das Arzneimittel teurer als der Festbetrag ist. Alternativ können die Patienten ein anderes geeignetes Präparat ohne Zuzahlung bekommen. Die Apotheken sind verpflichtet, Generika auszuhändigen, wenn auf dem Rezept nur ein Wirkstoff verschrieben worden ist (Aut-idem-Regelung). **Festbeträge** sind Höchstbeträge für die Erstattung von Arzneimittelpreisen durch die Krankenversicherungen. Es handelt sich hierbei um Preise, die vom GKV-Spitzenverband und nicht vom Staat festgesetzt werden. Die Festbeträge werden für Arzneimittelgruppen festgelegt, die pharmakologisch-therapeutisch vergleichbar sind. Der G-BA bestimmt, für welche Gruppen von Arzneimitteln Festbeträge festgesetzt werden können.

Mit dem GKV-Modernisierungsgesetz und mit dem Arzneimittelmarkt-Neuordnungsgesetz wurden die Festbetragsregelungen in einigen Punkten reformiert. Weiterhin bleiben patentgeschützte Arzneimittel, die erkennbare therapeutische Verbesserungen bewirken, festbetragsfrei. Patentgeschützte Arzneimittel ohne oder mit geringfügigem zusätzlichem Nutzen werden nun jedoch der Festbetragsregelung unterworfen. Hier sind zum Beispiel „Me-too-Präparate" zu nennen, die keine wirkliche Verbesserung der Arzneimitteltherapie erzielen.

Die Erfahrungen mit den Festbeträgen zeigen, dass die Pharmaindustrie die Arzneimittelpreise in den meisten Fällen so abgesenkt hat, dass das jeweilige Arzneimittel nicht über dem Festbetrag lag.

Seit 2007 sind die Apotheken verpflichtet, die patentfreien Arzneimittel, für die zwischen einer Krankenkasse und einem pharmazeutischen Unternehmen ein **Rabattvertrag** abgeschlossen worden ist, bevorzugt auszuhändigen. Die Kassen können die Zuzahlungen für diese Medikamente teilweise oder vollständig erlassen. Dies gilt nicht, wenn ein Aut-idem-Verbot seitens des Arztes festgelegt wurde. Die Voraussetzungen für die vorrangige Abgabe sind dann erfüllt, wenn das Generikum den identischen Wirkstoff, die identische Wirkstärke, das gleiche Anwendungsgebiet, die vergleichbare Darreichungsform und die gleiche Packungsgröße hat. Seit dem 01.01.2011 können die Versicherten frei wählen, ob sie ein rabattiertes oder ein teures Medikament haben wollen. Bei der Entscheidung zugunsten des höherpreisigen Arzneimittels muss der Versicherte das Produkt zunächst selber bezahlen und bekommt anschließend das Geld nach dem

Kostenerstattungsprinzip von seiner Krankenkasse ausgezahlt.

Kinder und **Jugendliche** bis zu 18 Jahren sind von den Zuzahlungen für rezeptpflichtige Arzneimittel befreit. Für Kinder unter 12 Jahren sowie Jugendliche mit Entwicklungsstörungen bis zum vollendeten 18. Lebensjahr gilt außerdem, dass grundsätzlich auch die nicht rezeptpflichtigen Medikamente von den Krankenversicherungen bezahlt werden. Eine weitere Ausnahmeregelung gilt für Patienten, die an einer schwerwiegenden Erkrankung leiden und bei deren Behandlungen nicht verschreibungspflichtige und/oder Naturheilmittel eingesetzt werden. Entsprechen diese Arzneimittel dem Therapiestandard, können die Kassen die Kosten übernehmen.

Durch die sogenannte Überforderungsklausel ist sichergestellt, dass keine versicherte Person finanziell überfordert wird. Die Belastungsgrenze für alle Zuzahlungen, also auch die Eigenanteile für die stationären Behandlungen, für die Heilmittel und die anderen Zuzahlungen, liegt bei 2 % des bereinigten Bruttoeinkommens, für chronisch Kranke liegt die Grenze bei 1 %. Ist die Belastungsgrenze im laufenden Jahr erreicht, entfallen für den Rest des Jahres die Eigenbeteiligungen der Versicherten. Diese Befreiung wird von den Krankenkassen bescheinigt.

Die **apothekenpflichtigen**, aber **nicht verschreibungspflichtigen Arzneimittel** (rezeptfreie Arzneimittel) werden nach § 34 SGB V von der gesetzlichen Krankenkasse seit Beginn des Jahres 2004 nicht mehr erstattet. Die Kosten für diese sogenannte Selbstmedikation muss der Versicherte tragen. Gleichzeitig sind die bisher geltenden einheitlichen Abgabepreise für diese **Over-the-Counter-Produkte (OTC-Produkte)** aufgehoben worden. Hiervon ausgenommen sind Arzneimittel für Kinder bis zum 12. Lebensjahr sowie Jugendliche mit Entwicklungsstörungen. Der G-BA hat in der sogenannten OTC-Ausnahmeliste festgelegt, welche OTC-Arzneimittel bei der Behandlung schwerwiegender Erkrankungen als Therapiestandard gelten und ausnahmsweise verordnet werden können.

Seit Januar 2003 können in Deutschland zwischen den Krankenkassen und den Arzneimittelherstellern **Rabattverträge** abgeschlossen werden. Mit dem **Arzneimittelversorgungs-Wirtschaftlichkeitsgesetz (AVWG)** aus dem Jahre 2006 haben die Kassen außerdem die Möglichkeit erhalten, bei den Arzneimitteln, deren Preise über dem Festbetrag liegen, mit den Herstellern individuelle Rabattverträge zu vereinbaren. Mit Wirkung zum 01.04.2007 sind die Apotheken verpflichtet, ein verordnetes Arzneimittel durch ein wirkstoffgleiches Produkt auszutauschen, für das ein Rabattvertrag abgeschlossen wurde. Wie bereits erwähnt, können die Patienten jedoch seit 2011 ein teureres Alternativprodukt auswählen, der Differenzbetrag muss dann von den Versicherten übernommen werden.

Aus den bisherigen Ausführungen wird deutlich, dass es zwei Arten von Medikamenten gibt: Originalpräparate und Generika. Für die Generika legen die Festbeträge die Höchstbeträge für die Erstattung fest. Die Preisgestaltung der patentgeschützten Originalpräparate obliegt den pharmazeutischen Unternehmen. Für alle **Fertigarzneimittel**, deren Abgabe den Apotheken vorbehalten ist, gilt die **Arzneimittelpreisverordnung (AMPreisV)**. Sie schreibt die Preisbildung für die apothekenpflichtigen Fertigarzneimittel bei der Abgabe über öffentliche Apotheken an den Endverbraucher vor. Zudem legt sie die Preise für die in den Apotheken hergestellten Arzneimittel fest. Von den Regelungen der AMPreisV ist seit 2004 die Preisbildung nicht verschreibungspflichtiger Arzneimittel ausgenommen. In § 1 AMPreisV wird unter anderem festgeschrieben, wie...

- ... die Preisspannen des Großhandels bei der Abgabe bei Wiederverkauf an die Apotheken (**Großhandelsspanne**) und ...
- ... die Preisspannen sowie die Preise für besondere Leistungen der Apotheken bei der Abgabe im Wiederverkauf (**Apothekenzuschlag**) ...

... gestaltet werden dürfen. Damit werden die Margen der Großhändler und der Apotheken durch die Arzneimittelpreisverordnung reguliert. Die Verordnung setzt immer am Abgabepreis der Industrie für die Arzneimittel pro Packung an. Der Hersteller setzt in der Regel

seinen Abgabepreis frei fest. Auf den **Herstellerabgabepreis** kommen bei den Fertigarzneimitteln die **Großhandelszuschläge**, die in § 2 AMPreisV festgeschrieben sind. Die Zuschläge ermitteln sich wie folgt:
- Industrieabgabepreis (ohne MWST) + max. 3,15 % (max. 37,89 Euro) + 0,70 Euro + Mehrwertsteuer (19 %).

Die **Apothekenzuschläge**, die für die Ermittlung des **Apothekenabgabepreises** relevant sind, ergeben sich nach § 3 AMPreisV wie folgt:
- Großhandelspreis + 3 % + 8,35 Euro + 0,16 Euro (Notdienstzulage) – Apothekenabschlag + Mehrwertsteuer (19 %).

Der **Apothekenabschlag**, der in den vergangenen Jahren variierte und immer wieder zu Streitigkeiten geführt hatte, ist nun aufgrund eines gemeinsamen Vorschlags des Deutschen Apothekerverbandes und des Spitzenverbandes der GKV zum 01.01.**2015** durch den Gesetzgeber auf **1,77 Euro** festgesetzt worden. Für den so errechneten Apothekenverkaufspreis muss der Versicherte seine Eigenbeteiligung pro Arzneimittel bezahlen.

Mit dem GKV-Änderungsgesetz wurden die Pharmaunternehmen gezwungen, zum 01.08.2010 einen **Herstellerabschlag** (Zwangsrabatt) für die patentierten, wirkstoffgleichen Arzneimittel in Höhe von 16 % zu gewähren. Berechnungsgrundlage war der Abgabepreis vom 01.08.2009. Gleichzeitig wurde ein **Preismoratorium** durch den Gesetzgeber ausgesprochen. Hierdurch wird gesetzlich festgelegt, dass einseitig vom Hersteller festgelegte Preissteigerungen nicht zu Lasten der Kassen und der Versicherten gehen. Diese Regelung, die in § 130a SGB V festgeschrieben ist, gilt für fast alle in der GKV erstattungsfähigen Arzneimittel. Diese gesetzliche Vorschrift gilt jedoch nicht für die Arzneimittel, für die ein Festbetrag bestimmt worden ist. Dieses erste Preismoratorium endete am 31.12.2013. Mit dem 13. SGB V-Änderungsgesetz ist das Moratorium zunächst bis zum 31.03.2014 verlängert worden. Eine erneute Verlängerung bis zum **31.12.2017** erfolgte durch das 14. SGB V-Änderungsgesetz. Mit diesem Gesetz wurde der Herstellerabschlag für erstattungsfähige Arzneimittel ohne Festbetrag auf 7 %, für die Generika auf 6 % festgesetzt. Dieser Herstellerabschlag wird in Form eines Mengenrabatts umgesetzt. Für die Generika gilt zusätzlich ein Abschlag von 10 % (Generikaabschlag). Alle Generika mit Preisen von mindestens 30 % unter dem jeweiligen Festbetrag sind von dieser Regelung ausgenommen. Mit dem **Gesetz zur Stärkung der Arzneimittelversorgung in der GKV) (GKV-Arzneimittelversorgungsstärkungsgesetz – AMVSG)** vom April 2017 sind u. a. die Fristen noch einmal verlängert worden.

Die Fertigarzneimittel werden von der Industrie an den Großhandel geliefert, der Handel wiederum versorgt die Apotheken mit den Medikamenten. In den vergangenen Jahren haben sich viele Apotheken zu Einkaufsgemeinschaften zusammengeschlossen, um als Großeinkäufer günstige Konditionen zu bekommen. Eine weitere finanziell günstige Variante ist der Bezug von Reimporten. Bei Reimporten handelt es sich um Medikamente, die in Deutschland für einen ausländischen Markt hergestellt worden sind und von dort durch einen **Reimport** wieder auf den deutschen Markt gebracht werden. **Parallelimporte** werden von multinationalen Unternehmungen für Deutschland und andere Länder hergestellt. Werden diese Arzneimittel auch durch sog. Parallelimporte in den Verkehr gebracht, werden sie als Parallelimport-Arzneimittel bezeichnet

Auch nach der GKV-Gesundheitsreform 2000 war weiterhin an einem **Arzneimittelbudget** festgehalten worden. Arzneimittelbudgets sind Obergrenzen für die von den Vertragsärzten einer Kassenärztlichen Vereinigung veranlassten Ausgaben für Arzneimittel. Wurde dieses Budget überschritten, verringerten sich die von den Krankenkassen an die Kassenärztliche Vereinigung zu entrichtenden Gesamtvergütungen um einen Ausgleichsbetrag, der auf 5 % des Gesamtbudgets begrenzt war. Flankierend zur Budgetregelung hatten die Ärzte und die Kassen arztgruppenbezogene Richtgrößen für das Volumen der verordneten Arznei- und Heilmittel zu vereinbaren. Diese Budgetierung wurde Ende 2001 durch das **Arzneimittelbudget-Ablösegesetz** aufgehoben. An ihre Stelle traten sogenannte **Zielvereinbarungen**, die sich auf die Ausgabenvolumina beziehen. Diese Zielvereinbarungen werden durch die Krankenkassen auf Landesebene und die Kassenärztlichen Vereinigungen auf der Basis der Bundesempfehlungen des GKV-Spitzenverbandes und der Kassenärztlichen Bundesvereinigung getroffen. Die Umsetzung erfolgt durch die KVen. Diese ermitteln für die einzelnen Arztpraxen jeweils eine individuelle **Richtgröße** für das Verordnungsvolumen. Hierbei handelt es sich um statistische Durchschnittswerte zur Verordnung von Arzneimitteln pro Behandlungsfall und Quartal.

Die Auswirkungen des **Arzneimittelmarkt-Neuordnungsgesetzes** auf die Zulassung von neu auf den Markt kommenden patentierten Produkten und die Preisgestaltung für den Rest der Patentlaufzeit **(frühe Nutzenbewertung)** sind in Kapitel 3.4 nachzulesen.

Die im Text exemplarisch dargestellten Systeme bilden zusammen mit den anderen Bereichen des Gesundheitswesens ein **System der integrierten Gesundheitsfürsorge und Krankenversorgung**. Durch die §§ 140a ff. SGB V, die seit dem 01.01.2000 greifen, hat die Verzahnung von ambulanter und stationärer Versorgung deutlich an Bedeutung gewonnen. Danach können zum Beispiel Krankenhäuser zusammen mit anderen Anbietern, etwa mit Rehabilitations- und Pflegeeinrichtungen, ein integriertes Versorgungssystem aufbauen.

Literatur

Arzneimittelpreisverordnung (AMPreisV) in der Fassung von 27.03.2014. BGBl. I: 261.

Bundesinstitut für Impfstoffe und biomedizinische Arzneimittel (2015): Zulassung von Humanarzneimitteln., http://www.pei.de [Zugriff: 08.10.2015].

Bundesinstitut für Impfstoffe und biomedizinische Arzneimittel (2015): Verwaltungsrat der Europäischen Arzneimittelagentur EMA nominiert Rasi als Verwaltungsdirektor. http://www.pei.de [Zugriff: 08.10.2015].

Bundesministerium für Gesundheit (2012): Anpassung der Arzneimittelpreisverordnung passiert Bundeskabinett. http://www.bmg-bund.de [Zugriff: 08.10.2015].

Bundesministerium für Gesundheit (2014): Herstellerabschläge für Arzneimittel. Wie Arzneimittelpreise entstehen und wie man sie senken kann. http://www.bmg-bund.de [Zugriff: 08.10.2015].

Bundesministerium für Gesundheit (2015a): Um jeden Preis? Wie Arzneimittelpreise entstehen und wie man sie senken kann. http://www.bmg-bund.de [Zugriff: 08.10.2015].

Bundesministerium für Gesundheit (2015b): Preismoratorium für Arzneimittel. http://www.bmg-bund.de [Zugriff: 08.10.2015].

Bundesministerium für Gesundheit (2015c): Arzneimittel: Die wichtigsten Regelungen für Zuzahlungen und Erstattung im Überblick. http://www.bmg-bund.de [Zugriff: 08.10.2015].

Bundesministerium für Gesundheit (2015d): Arzneimittel. http://www.bmg-bund.de [Zugriff: 08.10.2015].

Bundesministerium für Gesundheit (2015e): Bundesinstitut für Arzneimittel und Medizinprodukte (BfArM). http://www.bmg-bund.de [Zugriff: 08.10.2015].

Gemeinsamer Bundesausschuss (2014): Richtlinie über die Verordnung von häuslicher Krankenpflege in der vertragsärztlichen Versorgung. http://www.g-ba.de [Zugriff: 08.10.2015].

Gemeinsamer Bundesausschuss (2015): OTC-Übersicht der verordnungsfähigen, nicht verschreibungspflichtigen Arzneimittel. https://www.g-ba.de [Zugriff: 08.10.2015].

Gesetz über den Verkehr mit Arzneimitteln (Arzneimittelgesetz – AMG) in der Fassung von 02.09.2015. BGBl. I: 1474.

Gesetz zur Modernisierung der gesetzlichen Krankenversicherung (GKV-Modernisierungsgesetz – GMG). Bundestags-Drucksache 15/1525, Berlin, 2003.

Gesetz zur Stärkung der Arzneimittelversorgung in der GKV (GKV-Arzneimittelversorgungsstärkungsgesetz – AMVSG) vom 09.03.2017. https://www.bundesgesundheitsministerium.de Zugriff: 14.10.2017].

GKV-Gesundheitsreformgesetz 2000. DKG-aktuell, Dezember 1999.

GKV-Solidaritätsstärkungsgesetz vom 19.12.1999. BGBl. 1998, Teil 1, Nr. 85.

Haubrock, M.; Schär, W. (Hrsg.) (2002): Betriebswirtschaft und Management im Krankenhaus, 3. Auflage. Bern, Hans Huber.

Haubrock, M.; Schär, W. (2007): Betriebswirtschaft und Management im Krankenhaus. Bern, Hans Huber.

Haubrock, M.; Schär, W. (2009): Betriebswirtschaft und Management in der Gesundheitswirtschaft. Bern, Hans Huber.

Herder-Dorneich, P. (1976): Wachstum und Gleichgewicht im Gesundheitswesen. Wiesbaden, Springer Fachmedizin.

Herder-Dorneich, P. (1980): Gesundheitsökonomie. Stuttgart, Enke.

Landesapothekenverband Baden-Württemberg (2015): Arzneimittelpreisverordnung, freie Apothekenwahl, Vertragsgestaltung und integrierte Versorgung. http://www.apotheker.de [Zugriff: 08.10.2015].

Pharmazeutische Zeitung online (2014): Apothekenabschlag: Dauerhaft 1,77 Euro. http://www.pharmazeutische-zeitung.de [Zugriff: 08.10.2015].

Schwabe, U.; Paffrath, D. (2003): Arzneimittelreport 2003. Berlin, Heidelberg, Springer.

Schwabe, U.; Paffrath, D. (2012): Arzneimittelreport 2012. Berlin, Heidelberg, Springer.

Schwabe, U.; Paffrath, D. (2013): Arzneimittelreport 2013. Berlin, Heidelberg, Springer.

Schwabe, U.; Paffrath, D. (2014): Arzneimittelreport 2014. Berlin, Heidelberg, Springer.

Sozialgesetzbuch (SGB) in der Fassung vom 17.07.2003.

Verordnung über die Verschreibungspflicht von Arzneimitteln in der Fassung vom 21.12.2005. BGBl I: 3632.

Vfa – Verband forschender Arzneimittelhersteller e.V. (2015a): So entsteht ein neues Medikament. http;//www.vfa.de [Zugriff: 08.10.2015].

Vfa – Verband forschender Arzneimittelhersteller e.V. (2015b): Patente für Arzneimittel. http://ww.vfa.de [Zugriff: 08.10.2015].

Wirtschaftslexikon.co (2015): Arzneimittelbudget-Ablösegesetz. http://www.wirtschaftslexikon.co [Zugriff: 08.10.2015].

6 Vom Gesundheitssystem zur Gesundheitswirtschaft

Manfred Haubrock

6.1 Kondratieff-Zyklen – die theoretische Basis

Der russische Wirtschaftswissenschaftler Nikolai **Kondratieff** (auch: Kontratjew) (1892–1938) veröffentlichte 1926 in der Berliner Zeitschrift „Archiv für Sozialwissenschaft und Sozialpolitik" seinen Aufsatz „Die langen Wellen der Konjunktur". Bei seinen Konjunkturforschungen zwischen 1919 und 1921 fand Kondratieff, der Direktor des Moskauer Instituts für Konjunkturforschung war, heraus, dass es drei Arten von Konjunkturzyklen gibt. Der kurze Zyklus dauert bis zu drei Jahren, der mittlere bis zu 11 Jahren und die lange Konjunkturwelle hat eine Dauer von 40–60 Jahren. Hierbei überlagern die langen Wellen die kurzen. Diese langen Wellen bestehen aus einer länger andauernden Aufstiegsphase und einer etwas kürzeren Abstiegsphase. Der Konjunkturaufschwung hat nach 50 Jahren seinen Höhepunkt erreicht. Die Ursachen der Konjunkturzyklen sah Kondratieff in den Gesetzmäßigkeiten des Kapitalismus.

Zum Zeitpunkt seiner Publikation konnte er zweieinhalb lange Wellen untersuchen und prognostizierte auf Grund seiner Erkenntnisse das Ende der dritten Welle für Ende der 1920er-Jahre. Diese Prognose bestätigte sich durch den Beginn der Weltwirtschaftskrise.

Eine weitere wesentliche Theorieannahme besteht darin, dass wichtige Entdeckungen und Erfindungen in den Abschwungphasen gemacht werden. Diese Innovationen sind wiederum die Grundlage für den Beginn der nächsten langen Konjunkturwelle.

Nach dem Tod von Kondratieff griff Joseph A. Schumpeter die gewonnenen Erkenntnisse auf und entwickelte sie weiter. In seinem Werk über die Konjunkturzyklen prägte er 1939 die Bezeichnung „Kondratieff-Zyklus". Er kam zu dem Ergebnis, dass die Basis für die langen Wellen grundlegende technische Innovationen sind, die zu einer radikalen Veränderung in der Produktion und in der Organisation führen. Schumpeter prägte für diese Innovationen den Begriff „Basisinnovation".

Eine **Basisinnovation** beruht auf folgenden Kriterien:
- *technologische Ebene:* Das Technologienetz der Basisinnovation bestimmt für mehrere Jahrzehnte Tempo und Richtung des Innovationsgeschehens.
- *wirtschaftliche Ebene:* Die Anwendung der Basisinnovation erreicht ein Umsatzvolumen, das in der Lage ist, das Wachstum der Weltwirtschaft über mehrere Jahre zu tragen.
- *gesellschaftliche Ebene:* Die Diffusion der Basisinnovation bewirkt eine weit reichende Umorganisation der Gesellschaft.

In den 1970er- und 1980er-Jahren waren es im Wesentlichen die Arbeiten der Science Policy Research Unit an der Universität Sussex und die Forschungsergebnisse von Cesare Marchetti am Internationalen Institut für Angewandte Systemanalyse in Luxemburg und Österreich (Nefiodow, 1999: 200). In Deutschland ist Leo A. Nefiodow zu nennen, der sich seit Jahren mit den Kondratieff-Zyklen beschäftigt hat. Neofiodow hat grundlegende Werke zum fünften und sechsten Kondratieff-Zyklus publiziert.

Die sechs Kondratieff-Zyklen sind:
1. Kondratieff (1800–1850) – Dampfmaschinenkompetenz
2. Kondratieff (1850–1900) – Stahlkompetenz
3. Kondratieff (1900–1950) – Chemie-/Elektrotechnikkompetenz
4. Kondratieff (1950–1990) – Petrochemiekompetenz
5. Kondratieff (1990–20...) – Informationstechnikkompetenz
6. Kondratieff (20...) – Psychosoziale Kompetenz.

Zurzeit befinden wir uns im fünften Kondratieff-Zyklus. Gegenüber den ersten vier Zyklen sind es nicht mehr die materiellen Innovationen, die die nächste Wachstumsphase eingeleitet haben. Seit 1990 ist es die Informationsgewinnung, die Verarbeitung der Informationen und die Bereitstellung der verarbeiteten Daten. Es handelt sich somit erstmalig um eine immaterielle Innovation. Aus den Industriegesellschaften sind Informationsgesellschaften geworden. Die Informationswirtschaft hat sich durch den Zusammenschluss der Informationstechnik (Hardware) und der Informationsdienstleistung sowie durch die informationstechnischen Anwendungen (Software) ergeben. Für eine Informationsgesellschaft sind folgende Merkmale relevant:
- herausragende Stellung der Informationstechnik
- Investitionen vorrangig in informationstechnische Systeme und Anwendungen
- Abbau von Hierarchien und autoritärem Denken
- intensiver Informationsaustausch auf allen Ebenen
- Gruppenarbeit, Interdisziplinarität
- Fachkenntnisse und soziale Kompetenz
- herausragende Bedeutung der Kreativität, Flexibilität von Gruppen
- Abbau der Distanz, Belohnung durch Beteiligung
- Ausbreitung sozial, ökologisch und human orientierter Unternehmensziele
- lebenslanges Lernen
- sparsamer Energie- und Rohstoffeinsatz
- Qualitätswettbewerb
- Öffnung der Unternehmen durch Sozial- und Ökobilanzierung
- wachsende Sensibilität für Umwelt und Soziales
- wachsender Anteil der privatwirtschaftlich finanzierten Forschung und Entwicklung
- Betonung der Zusammenarbeit zwischen Staat und Privatwirtschaft
- Integration von Technologie-, Umwelt-, Sozial- und Wirtschaftspolitik
- Innovation wird zunehmend als sozialer Prozess verstanden
- Konfliktlösung durch Verhandlung, kooperatives Klima
- zunehmender Kooperationsbedarf
- wachsender Einfluss der Medienkonzerne auf die gesellschaftlichen Werte.

Bei kritischer Würdigung dieser Kriterien fällt auf, dass sich viele Merkmale mit den Merkmalen der Managementmethoden überschneiden, die seit einigen Jahren auch im Gesundheitssektor eingeführt und eingesetzt werden. Weiterhin ist zu erkennen, dass die solidarische Finanzierung von Gesundheitsleistungen durch eine Eigenfinanzierung der Sozialgüter ergänzt wird.

Werden diese Kriterien zugrunde gelegt, um den Wirtschaftsbereich zu benennen, der den sechsten Zyklus bestimmen wird, so kommen nach Auffassung von Neofiodow die folgenden Wirtschaftsbranchen infrage:
- Umwelt
- Biotechnologie
- Solartechnik/optische Geräte
- Gesundheit
- Informationen.

Neofiodow kommt letztlich zu dem Ergebnis, dass sich von diesen Wirtschaftsbereichen der sogenannte Mega-Gesundheitsmarkt als Wachstumsmotor der Zukunft entwickeln wird. Dieser Gesundheitsmarkt ist aber nicht zu vergleichen mit dem derzeitigen Gesundheitssystem, es ist vielmehr die Gesundheitswirtschaft, zu der unter anderem folgende Teilsegmente zu zählen sind:
- Behandlungsleistungen
- Pflegeleistungen
- Medizintechnik

- Pharmaprodukte
- Ernährungsgüter
- Tourismus-/Freizeitgüter
- Umweltschutzmaßnahmen
- biotechnologische Maßnahmen
- psychologische Angebote, psychotherapeutische Leistungen
- Managementberatung
- Aus-, Fort- und Weiterbildungsangebote.

Dieser Megamarkt Gesundheit wird aber nicht nur solidarisch finanziert werden, sondern es wird sich auch ein Selbstzahlermarkt etablieren.

Zusammenfassend lässt sich somit sagen, dass der „neue" Gesundheitsmarkt die Regenerationsplattform der Menschen in der Gesellschaft und damit die Basis für die wirtschaftliche Existenz einer Informationsgesellschaft ist. Dies hat zur Folge, dass der Gesundheitsmarkt somit kein Kostenfaktor, sondern ein Wertschöpfungsfaktor ist. Dieser Markt wird durch folgende Kriterien gekennzeichnet sein:
- Rationalisierung der nichtstrukturierten Arbeitsabläufe
- zentrale Rolle der psychosozialen Kompetenz
- computergestützter Umgang mit ungenauem Wissen
- Optimierung von Informationsflüssen zwischen Menschen
- Organisation der zwischenmenschlichen Beziehungen
- Sowohl-als-auch-Verhalten gewinnt an Bedeutung.

Die „Theorie der langen Wellen" ist natürlich nicht unumstritten. Die Kritiker der Kondratieff-Zyklen sind unter anderem der Meinung, dass der Trend je nach Wahl der Trendkomponente unterschiedlich ausfallen wird. Weiterhin wird vorgebracht, eine ausschließlich historische Betrachtung der Wirtschaftsentwicklung könne nicht zwingend die Annahme eines zukünftigen regelmäßigen Zyklus erklären.

Trotz dieser Kritik wird zurzeit die Konzeption der langen Wellen gesundheitsökonomisch und gesundheitspolitisch als Argumentationsgrundlage genommen. Am Beispiel einiger Aussagen von Ulf Fink in einem Interview mit der Ärztezeitung soll dies belegt werden:

„Vor 10 Jahren stand das Thema Kostendämpfung im Mittelpunkt. Wir haben damals das Thema Gesundheitswirtschaft in die Debatte eingeführt und gesagt: Das Gesundheitswesen ist nicht ein Kostenfaktor, sondern ein Wirtschaftszweig mit großen Wachstums- und Beschäftigungschancen. [...] Immer deutlicher wird doch, dass die Menschen bereit sind, auch außerhalb des Kollektivsystems etwas für ihre Gesundheit zu tun. Der zweite Gesundheitsmarkt wächst und erreicht ein Volumen von über 60 Mrd. Euro." (Fink, 2008)

6.2 Ursachen und Folgen des Paradigmenwechsels

Das **Gesundheitssystem** („health care system") eines Landes umfasst alle Organisationen und Personen, Einrichtungen, Regelungen und Prozesse, deren Aufgabe es ist, die Förderung und Erhaltung der Gesundheit sowie die Vorbeugung und Behandlung von Krankheiten und die Wiedereingliederung in die soziale Teilhabe zu ermöglichen. Somit baut das Gesundheitssystem, das auch als **Gesundheitswesen** bezeichnet wird, auf staatliche und nichtstaatliche Institutionen auf, die für die Gesundheit der Bevölkerung ein Geflecht gesundheitsbezogener Dienstleistungen und Sachgüter bereitstellen und finanzieren.

Im Jahre 2000 legte die Weltgesundheitsorganisation (WHO) Kriterien fest, mit denen die nationalen Gesundheitssysteme verglichen werden können. Zu diesen Merkmalen zählen:
- Gesundheitsniveau der Bevölkerung
- Berücksichtigung der Würde des Menschen, der Selbstbestimmung, des Datenschutzes und der Kundenorientierung
- gerechte Verteilung der finanziellen Lasten (WHO, 2000).

Eine wesentliche Aufgabe des Gesundheitssystems ist die Bereitstellung von Gesundheitsgütern. Zu diesen **Leistungserbringern** zählen ambulante Einrichtungen (z.B. Arztpraxen, Apotheken, Pflegeeinrichtungen, Therapieeinrichtungen, Gesundheitshandwerker). Weiterhin zählen voll- und teilstationäre Einrichtungen (z. B. Krankenhäuser, Vorsorge-/Nachsorgeeinrichtungen) und Rettungsdienste zu den Anbietern von Gesundheitsleistungen.

Neben diesen ambulanten und stationären Versorgungsangeboten wird das öffentliche Gesundheitswesen gelegentlich auch als dritte Säule des Gesundheitswesens bezeichnet.

Der **öffentliche Gesundheitsdienst** der Bundesländer („public health service") ist im Bereich des Gesundheitswesens für die Aufgabenbereiche Gesundheitsschutz, Gesundheitshilfe und unter anderem für die Aufsicht über Berufe und Einrichtungen zuständig. Hierzu können die Länder eigene Gesetze erlassen. Zu den Institutionen des öffentlichen Gesundheitsdienstes werden in der Regel die kommunalen Gesundheitsämter, bestimmte Einrichtungen der Veterinär- und Lebensmittelaufsicht sowie die Gesundheitsbehörden des Bundes, der Länder und Bezirksregierungen und deren nachgeordnete Einrichtungen gezählt. Der öffentliche Gesundheitsdienst hat heute unter anderem folgende Teilaufgaben:

- gesundheitliche Aufklärung, Gesundheitserziehung und -beratung
- Gesundheitshilfe bzw. Gesundheitsfürsorge
- Gesundheitsförderung
- Gesundheitsschutz.

Bei der **Finanzierung** der Gesundheitsgüter lassen sich drei Grundtypen unterscheiden:

- Finanzierung über eine gesetzliche Pflichtversicherung (Sozialversicherungsmodell)
- Finanzierung aus Steuermitteln (staatliches Gesundheitssystem)
- Finanzierung über eine freiwillige Krankenversicherung (marktwirtschaftliches Gesundheitssystem).

Im deutschen Gesundheitssystem dominiert das System der Sozialversicherungen zur Finanzierung von Gesundheitsleistungen. Die Sozialversicherungen (gesetzliche Krankenversicherung, soziale Pflegeversicherung, gesetzliche Rentenversicherung, gesetzliche Unfallversicherung) übernahmen in den vergangenen Jahren ca. 67 % des Betrags. Die privaten Kranken- und Pflegeversicherungen, die öffentlichen Haushalte, die Arbeitgeber und die privaten Haushalte finanzierten die restlichen Ausgaben. Tabelle 6.2-1 zeigt die genaue Verteilung der Ausgaben zwischen den einzelnen Aufgabenträgern.

Wie aus den Zahlen zu erkennen ist, wird dieses System primär nach dem Sozialversicherungsmodell im Sinne des Solidaritäts- bzw. Sozialstaatsprinzips finanziert.

Auf der Grundlage einer repräsentativen Stichprobe der Bürger (Mikrozensus) hatten im System der gesetzlichen Krankenversicherung im Jahre 2003 ca. 88 % der Bevölkerung einen Krankenversicherungsschutz, knapp 10 % waren im Sinne der Erstversicherung Mitglied einer privaten Krankenversicherung und ca. 2 %

Tabelle 6.2-1: Gesundheitsausgaben nach Ausgabenträgern (Quelle: Statistisches Bundesamt, Wiesbaden, 2015)

Gegenstand der Nachweisung	2011 [Mio. €]	2012 [Mio. €]	2013 [Mio. €]
Ausgabenträger insgesamt	295 525	302 812	314 939
• öffentliche Haushalte	13 956	14 353	14 581
• gesetzliche Krankenversicherung	168 483	172 408	181 460
• soziale Pflegeversicherung	21 960	22 985	24 398
• gesetzliche Rentenversicherung	4 122	4 264	4 268
• gesetzliche Unfallversicherung	4 761	4 899	5 005
• private Krankenversicherung[1)]	27 723	27 963	28 898
• Arbeitgeber	12 624	12 825	13 459
• private Haushalte und private Organisationen ohne Erwerbszweck	41 896	43 114	42 870

[1)] einschließlich privater Pflege-Pflichtversicherung

besaßen einen sonstigen Versicherungsschutz (z. B. freie Heilfürsorge). Zum damaligen Zeitpunkt waren ca. 190 000 Personen (0,2 %) nicht krankenversichert (Simon, 2008: 120). Diese prozentuale Verteilung hat sich in den vergangenen Jahren nur unwesentlich verändert.

Dieses gewachsene Versorgungssystem steht vor großen gesundheitspolitischen und gesundheitsökonomischen Herausforderungen, die durch folgende **Veränderungen der Rahmenbedingungen** verursacht worden sind:
- demografischer Wandel und Finanzierungsproblematik
- sozioökonomischer Wandel
- medizinisch-technischer Fortschritt
- rechtliche und gesundheitspolitische Veränderungen.

6.3 Veränderungen der Rahmenbedingungen

6.3.1 Demografischer Wandel und Finanzierungsproblematik

Unter einer **demografischen Entwicklung** sind die Alters- und Bevölkerungsentwicklung, die Bevölkerungszusammensetzung sowie die Art und Weise des Zusammenlebens der Menschen zu verstehen (vgl. Hilbert et al., 2002: 10).

Ein besonderer Fokus liegt auf der Alters- und Bevölkerungsentwicklung, die durch die steigende Lebenserwartung der Menschen einerseits und einen Rückgang der Geburten andererseits gekennzeichnet ist. Hierdurch kommt es zu einer Verschiebung der Altersstruktur. Der demografische Wandel setzte bereits vor etwa 100 Jahren ein. Schon zu dieser Zeit ließ sich ein Geburtenrückgang verzeichnen, der Anteil älterer Menschen hingegen nahm zu. Letzteres ist durch den medizinischen Fortschritt, die besseren hygienischen Bedingungen, aber auch durch eine Veränderung der allgemeinen Lebensverhältnisse vorangetrieben worden (vgl. Preißing, 2010: 4–5). So betrug zum Beispiel die durchschnittliche Lebenserwartung **für einen** im Jahre 1910 geborenen Jungen 47 Jahre, zwischen 2006 und 2008 lag die durchschnittliche Lebenserwartung in Deutschland bereits bei 77,2 Jahren, bis 2060 wird die Lebenserwartung für Männer bis auf 85 Jahre und für Frauen bis auf 89,2 Jahre ansteigen (vgl. Statistisches Bundesamt Deutschland, 2010). Die Geburtenziffer lag in den 1960er-Jahren bei ca. 2,3 Kindern, während die Quote im Jahre 2009, ausgehend von den 15- bis 49-Jährigen, nur noch bei 1,36 Kindern pro Frau lag (vgl. Statistisches Bundesamt Deutschland, 2010). Diese Ziffer spiegelt die bereits seit knapp 40 Jahren andauernde Entwicklung der Geburtenrate in Deutschland wider, die weltweit eine der niedrigsten ist. In diesen vier Jahrzehnten fiel jede Nachfolgegeneration um ein Drittel geringer aus als die vorangegangene Generation.

Im Vergleich zu Deutschland weisen Länder mit einer gleichbleibenden Bevölkerungsgröße und -struktur eine **Geburtenrate** von 2,1 Kindern pro Frau auf (vgl. Rump et al., 2008: 15). Für die niedrige Geburtenrate in Deutschland kann als eine wesentliche Ursache die mangelhafte Vereinbarkeit von Beruf und Familie angesehen werden.

Durch die Zunahme der durchschnittlichen **Lebenserwartung** und die zu geringe Geburtenrate verschiebt sich die Bevölkerungsstruktur beträchtlich. Diese Entwicklung lässt sich mittels der Jugend-, Alten und Gesamtquotienten verdeutlichen.

Die Quotienten setzen die jeweiligen Altersgruppen (Jugend: unter 20-Jährige, Alte: über 64-Jährige, gesamt: unter 20-Jährige und über 64-Jährige) ins Verhältnis zu 100 potenziellen Erwerbstätigen im Alter von 20 bis 64 Jahren. Auf der Grundlage der Daten der 11. Koordinierten Bevölkerungsvorausberechnung des Statistischen Bundesamtes lag im Jahre 2010 der **Jugendquotient** bei 30, der **Altersquotient** bei 34 und der Gesamtquotient bei 64. Für das Jahr 2030 wird prognostiziert, dass jeweils 100 Erwerbstätige, die mit ihren sozialversicherungspflichtigen Bruttolöhnen im Wesentlichen die Finanzierung des Sozialsystems garantieren, 82 nicht erwerbstätige Personen materiell unterstützen müssen. Die Veränderung des Gesamtquotienten im Jahre 2030 gegenüber 2010 wird dadurch verursacht, dass sich der Altenquotient von 34 auf 52 erhöhen wird, während sich der Jugendquotient stabilisiert.

Eine dritte Komponente, die die Bevölkerungsstruktur weiterhin beeinflussen wird, ist die **Migration**. Unter diesem Terminus werden die Binnen- und die Außenwanderungen zusammengefasst. Die Binnenwanderungen kennzeichnen die landesinternen Wanderungsbewegungen, die im Wesentlichen aufgrund arbeitsplatzinduzierter Indikatoren (z. B. Angebot an Arbeits- und Ausbildungsplätzen) ausgelöst werden. Bundesländer bzw. Regionen mit negativen Wanderungssalden müssen sich mit einer schneller zunehmenden Alterung der Bevölkerung und einer sinkenden Zahl der Erwerbstätigen auseinandersetzen. Diese Veränderungen haben Auswirkungen auf die Tragfähigkeit wichtiger Infrastruktureinrichtungen der öffentlichen Daseinsvorsorge, wie zum Beispiel Ausbildung und Gesundheitsversorgung, da diese nicht mehr im bisherigen Umfang angeboten und nachgefragt werden. (Vgl. Beivers, 2010: 1)

Die Außenwanderungen ergeben sich ihrerseits aus der Gegenüberstellung der Abwanderungen und der Zuwanderungen. Bis zum Jahre 2002 konnten die Außenwanderungen den Rückgang von Geburten in Deutschland ausgleichen, da die Zuwanderungen höher waren als die Abwanderungen. Heute jedoch werden die Schrumpfungseffekte, die sich aus den Abwanderungen und der zu geringen Geburtenrate ergeben, nicht mehr durch die Zuwanderungen kompensiert.

Rump, Eilers und Groh (2008) erwarten auf der Grundlage der beschriebenen Veränderungsprozesse, dass bis zum Jahre 2015 die Einwohnerzahl in Deutschland um etwa 1,8 Mio. Menschen schrumpfen wird (ebd.: 15) Mit diesem Schrumpfungsprozess ist auch ein stetiger Rückgang des **Erwerbspersonenpotenzials** verbunden. Zwischen 2007 und 2027 wird sich dieses Potenzial von 39 Mio. auf 32 Mio. Menschen verringern (vgl. Schneider, 2007: 65). Dies bedeutet, dass immer weniger potenzielle Arbeitnehmer dem Arbeitsmarkt zur Verfügung stehen (vgl. Klimpel/Schütte, 2006: 29f.).

Wie bereits angedeutet, wird sich die Relation zwischen den Berufstätigen und den über 64-Jährigen verändern. Während im Jahre 2010 noch drei Erwerbstätige einem Rentner gegenüberstanden, wird für das Jahr 2030 erwartet, dass nur noch 1,3 Erwerbspersonen einen Rentner finanziell unterstützen müssen.

Bei der derzeitig gültigen bruttolohnbezogenen Umlagefinanzierung ist die Wahrscheinlichkeit sehr groß, dass die Berufstätigen einerseits höhere Sozialabgaben und/oder Steuern zahlen müssen, andererseits wird sich der Umfang der solidarisch finanzierten Leistungen reduzieren. Dies impliziert eine erhöhte Selbstbeteiligung an den Ausgaben für die Gesundheits- bzw. Sozialleistungen.

Schon seit einigen Jahrzehnten ist bekannt, dass aufgrund des soziodemografischen Wandels eine Veränderung der **Beitragszahlerstruktur** eintreten wird. Der steigende Anteil der über 64-Jährigen stellt für alle Sozialversicherungen ein Problem dar. Die Sozialversicherungsbeiträge dieser Altersgruppe sind tendenziell nicht kostendeckend, sodass die entstehenden Defizite durch Quersubventionen ausgeglichen werden müssen.

Allein diese Entwicklung führt im Rahmen der einnahmeorientierten Ausgabenpolitik zu einer Erhöhung der Beitragssätze und/oder zu einer Reduzierung des Güterangebots der Sozialkassen.

Die gesetzlichen Rentenversicherungen, das Krankenversicherungs- und das Pflegeversicherungssystem sind neben diesen demografischen Effekten zudem durch die zunehmende Multimorbidität, durch die Zunahme von chronischen Erkrankungen, durch den steigenden Pflegebedarf sowie durch den medizinisch-technischen Fortschritt betroffen.

Am Beispiel des GKV-Systems soll dies verdeutlicht werden.

Im Jahre 2002 betrug der durchschnittliche Beitragssatz alle Krankenkassen 14,3 v. H. Mit diesem Prozentsatz konnten die Gesundheitsausgaben in Höhe von ca. 200 Mrd. Euro gedeckt werden. Im Jahre 2009 betrugen die Ausgaben bereits ca. 280 Mrd. Euro. Zur Finanzierung dieses Betrags war ein für alle Kassen einheitlicher Beitragssatz von 15,5 v. H. erforderlich. Werden zukünftig lediglich die demografischen Ausgabensteigerungseffekte berücksichtigt, kann der Beitragssatz nach Kartte im Jahre 2050 auf 18,9 v. H. ansteigen. Im Rahmen weiterer Hochrechnungen von Kartte, in denen neben den demografischen Effekten, die mit alternativen Ausgabensteigerungen von 0,5–1 v. H. einkalkuliert wurden, auch die Kostensteigerungen des medizinisch-technischen Fortschritts eingerechnet worden sind, werden für das Jahr 2050 Beitragssätze zwischen 23,9 v. H. und 30,1 v. H. ermittelt. (Vgl. Kartte, 2006: 42)

Diese Szenarien verdeutlichen einerseits steigende Einnahmen der Krankenkassen, andererseits wird hierdurch jedoch die Kaufkraft der Bevölkerung verringert. Gleichzeitig erhöht sich, bei Beibehaltung einer paritätischen Finanzierung der Sozialversicherungen, die Lohnnebenkostenbelastung für die Arbeitgeber.

Durch den sozioökonomischen Veränderungsprozess wird sich in Zukunft neben anderen Effekten auch die Anzahl der stationären Aufenthalte durch bestimmte altersspezifische Diagnosestrukturen erhöhen.

Mit dieser Thematik des Fallzahlanstiegs in den Krankenhäusern, ausgelöst durch die Verschiebung der Altersstruktur der Bevölkerung, haben sich bereits Ende der der 1970er-Jahre die Autoren James Fries und Ernest Gruenberg beschäftigt. Sie entwickelten in diesem Zusammenhang drei unterschiedliche Thesen:
- Kompressionsthese (James Fries)
- Expansions- bzw. Medikalisierungsthese (Ernest Gruenberg)
- bimodales Konzept.

Die **Kompressionsthese** geht davon aus, dass sich der gesundheitliche Zustand der Bevölkerung durch einen verbesserten Arbeits- und Gesundheitsschutz, durch den medizinisch-technischen Fortschritt sowie durch die zunehmende Inanspruchnahme präventiver Leistungen verbessern wird. Die gesundheitlichen Probleme treten somit erst in der letzten Lebensphase auf. Nach dieser These wird es zukünftig keine wesentliche Nachfragesteigerungen geben.

Die **Medikalisierungsthese** prognostiziert hingegen eine Ausweitung der Nachfrage. Diese Nachfrageerhöhung wird unter anderem mit der Zunahme von Krankheitsrisiken im Alter begründet.

Das **bimodale Konzept** verbindet beide Theorieaussagen und kommt zu der Annahme, dass das Altern zu einem moderaten Anstieg der Nachfrage speziell nach gerontomedizinischen und pflegerischen Dienstleistungen führen wird.

Zur Beantwortung der Frage, welche potenziellen Auswirkungen die unterschiedlichen Konzepte in der Praxis haben können, werden sogenannte **Szenario-Modelle** eingesetzt. Das Modell der „sinkenden Behandlungsquoten" basiert auf der Kompressionstheorie von Fries. In diesem Modell werden die Erkrankungszeiträume um die prognostizierten Verlängerungen der Lebensdauer zeitlich nach hinten verschoben. Hierbei werden aber nur die altersspezifischen Erkrankungen (ab dem 60. Lebensjahr) berücksichtigt (vgl. Statistische Ämter des Bundes und der Länder, 2010: 15f.). Im Gegensatz hierzu werden nach dem auf der Expansionsthese beruhenden „Status-Quo-Szenario" „[…] konstante alters- und geschlechtsspezifische Diagnosefallquoten – basierend auf den Istwerten der Jahre 2006 bis 2008 – zugrunde gelegt" (Statistische Ämter des Bundes und der Länder, 2010: 11).

Beim Szenario der „sinkenden Behandlungsquote" steigt die Anzahl von Krankenhausfällen zwischen 2008 und 2020 von 17,9 Mio. Fällen auf 18,3 Mio. Einweisungen an. In diesem Modell geht man weiterhin von der Prognose aus, dass sich die Fallzahlen zwischen 2020 und 2030 stabilisieren, also auf dem Niveau von 18,3 Mio. stationär aufgenommen Personen konstant bleiben.

Im „Status-Quo-Szenario" stellt sich hingegen heraus, dass die Krankenhausfälle bis zum Jahre 2030, trotz sinkender Gesamtbevölkerung, ab 2008 um etwa 8 % ansteigen werden. Dies bedeutet eine Zunahme von 1,4 Mio. Einweisungen auf dann 19,3 Mio. Krankenhausfälle (vgl. Statistische Ämter des Bundes und der Länder, 2010: 11).

Unter Berücksichtigung der getroffenen Annahmen ergibt sich im Jahre 2030 zwischen diesen beiden Szenarien eine Differenz von über einer Million Krankenhausfällen.

Unabhängig davon, welche These sich also als richtig herausstellen wird, ist festzuhalten, dass sich das zukünftige Patientenaufkommen erhöhen wird. Hierbei ist weiterhin zu beachten, dass sich die Anzahl der Krankenhausfälle in den einzelnen Bundesländern unterschiedlich entwickeln wird. Die Gründe hierfür liegen zum Beispiel im unterschiedlichen Bevölkerungsaufbau (Verhältnis zwischen jungen zu älteren Menschen) und in den Wanderungsbewegungen (z. B. von Ost- nach Westdeutschland). Im Rahmen der länderspezifischen hoheitlichen Verpflichtung einer bedarfsgerechten Versorgung mit Gesundheitsgütern ist es daher unabdingbar, die absehbaren Veränderungen auf der Nachfrageseite auch hinsichtlich der Auswirkungen auf das vorzuhaltende Pflegepersonal zu berücksichtigen. Mit einem Nachfrageanstieg geht notwendigerweise eine steigende Nachfrage von qualifiziertem Personal einher.

6.3.2
Sozioökonomischer Wandel

Gesundheitsfördernde Aktivitäten bestimmen immer mehr das Freizeitverhalten der deutschen Bevölkerung. Verhaltens- und Verhältnisprävention, Prophylaxe sowie Setting, Wellness und Medical-Wellness sind zu zentralen Termini geworden. Diese Bewusstseinsveränderung der Bevölkerung, die Abkehr von den krankheitsverhindernden Maßnahmen (Pathogenese) zu den gesundheitsstärkenden Aktivitäten (Salutogenese) zeigt sich unter anderem in der zunehmenden Zahl von Sport- und Wellness-Dienstleistungen sowie im Gesundheitstourismus. Mit dem stärkeren Gesundheitsbewusstsein der Bevölkerung entwickelt sich auch die Bereitschaft, für das persönliche Wohl finanziell ggf. privat aufzukommen. Daraus folgt, dass sich die Anbieter von Gesundheitsleistungen einer breit gefächerten Erwartungshaltung und den vielfältigen Bedürfnissen der Nachfrager gegenübersehen.

Am Beispiel des Wellness-Marktes soll diese Tendenz verdeutlicht werden. Der Wellness-Begriff setzt sich zusammen aus den beiden englischen Begriffen „well-being" und „fitness". Wellness wird verstanden als eine als angenehm empfundene Balance zwischen körperlicher, geistiger und seelischer Befindlichkeit und bedeutet somit die Summe aller Entspannungs- und Verwöhntechniken, die den Menschen dazu befähigen, den Lebens- und Berufsalltag zu meistern. Für dieses Gesundheitskonzept, das gesundheitsrelevante Lebens- und Arbeitsbedingungen schaffen will, wird heute ein erweitertes Wellness-Modell zugrunde gelegt. Danach gehören zu den Modellelementen:

- Bewegung
- körperliche Fitness
- ausgewogene Ernährung
- geistige Aktivität
- Körperpflege
- Entspannung
- Stressmanagement
- Meditation
- Lebensqualität und
- Selbstverantwortung.

Der Umsatz für diesen **Wellness-Markt** hat sich in Deutschland von ca. 54 Mrd. Euro (1999) auf ca. 73 Mrd. Euro (2005) entwickelt. Dies entspricht einer durchschnittlichen jährlichen Steigerungsrate von 5 % (Franke, 2006: 11).

Der Wellness-Markt kann wiederum in Teilsegmente zerlegt werden. Ein Segment ist der Gesundheitstourismus, der wiederum in den Kur- und Rehabilitationstourismus und in den Wellness-Tourismus untergliedert wird. Während die erste Tourismusvariante die kranken Menschen mit Funktionsstörungen oder Behinderungen als Zielgruppe hat, hat der Wellness-Tourismus gesunde Menschen im Fokus, die ihre Gesundheit fördern wollen.

Eine Verbindung zwischen Medizin und Wellness stellt Medical Wellness dar:

„Medical Wellness ist das medizinisch-therapeutisch geleitete und wissenschaftlich fundierte Bemühen um ganzheitliches körperliches, geistiges und seelisches Wohlbefinden durch vitalisierende und entspannende Maßnahmen gleichermaßen, das in gesundheitlichen Zentren besonderer Art gefördert wird." (Illing, 2002: 10)

Eine Erweiterung dieses Konzepts ist in den Spas zu sehen. Der Begriff „Spa" setzt sich zusammen aus den drei Worten „*sanus per aquam*" (gesund durch Wasser). Durch die Kombination medizinischer Leistungen und herkömmlicher Wellness-Angebote eröffnen sich für die Kur- und Rehabilitationskliniken sowie für die ambulanten Rehabilitationseinrichtungen neue Märkte für Selbstzahler.

6.3.3
Medizinisch-technischer Fortschritt

Der medizinisch-technische Fortschritt ist ein weiterer ausschlaggebender Faktor für die derzeitigen Veränderungsprozesse. Mithilfe der Medizintechnik verbessern sich die Diagnose- und Therapieverfahren im Bereich der Prävention, der Kuration und der Rehabilitation. Weiterhin lassen sich bei den Arzneimitteln und den Medizinprodukten deutliche Qualitätssteigerungen festmachen, die eine wesentliche Verbesserung der Gesundheitsversorgung zur Folge hatten bzw. haben werden. Als Beispiel sei an dieser Stelle die minimal-invasive Operationstechnik genannt. Die Innovationen im Bereich der Biotechnologie und der Gentechnologie lassen sich als weitere Indikatoren aufführen. Im Mittelpunkt der Bestrebungen, die Leistungserstellung im Gesundheitswesen wirtschaftlicher zu gestalten, stehen zurzeit die neuen Technikeinsätze und die Organisationskonzepte, die primär aus dem angloamerikanischen Wirtschaftsbereich kommen.

Die Kommunikations- und Informationstechnologie (Telematik) im Gesundheitswesen ist notwendig, um in den Gesundheitseinrichtungen die Transparenz zu schaffen, die für eine effiziente und effektive Steuerung der Leistungsprozesse notwendig ist.

Zu den Organisationskonzepten zählen Lean Management sowie Prozess-, Qualitäts- und Risikomanagement. Zudem lässt sich in diesem Zusammenhang das Benchmarking einfügen, das durch einen überbetrieblichen Vergleich die Ermittlung der „best practices" und damit das Lernen von den besten Lösungen ermöglichen soll.

6.3.4
Rechtliche und gesundheitspolitische Veränderungen

Die wesentlichen Veränderungen im Gesundheitssystem wurden in den 1970er-Jahren eingeleitet. Seit dieser Zeit ist der Begriff der **Kostenexplosion** im Gesundheitswesen im Gespräch. Hinter diesem Terminus versteckt sich eine Entwicklung, bei der die sozialversicherungspflichtigen Bruttoentgelte der bei den gesetzlichen Krankenkassen Versicherten (Grundlohnsumme) nicht so schnell gewachsen sind wie die Ausgaben der Krankenversicherungen. Daher mussten die Krankenkassen den zweiten Einnahmefaktor, nämlich den Beitragssatz, anheben. Die Folge waren kontinuierliche Beitragssatzsteigerungen, die zudem zwischen den Regionen (Süd-Nord-Gefälle) und den einzelnen Kassenarten (z. B. Orts- vs. Betriebskrankenkassen) unterschiedlich verliefen.

Anfang der 1970er-Jahre setzten die finanziellen Entlastungsstrategien für das gesetzliche Krankenversicherungssystem ein. Der gesamtwirtschaftliche Auslöser dieser Reformpolitik war die potenzielle Gefährdung der Wettbewerbsfähigkeit der deutschen Unternehmen auf den globalen Märkten. In diesem Kontext gehört auch die Diskussion um die Lohnnebenkosten der Arbeitgeber. Ziel dieser Reformpolitik war und ist es somit, eine Stabilisierung oder gar eine Reduktion der Arbeitgeberanteile unter anderem für die Krankenversicherungen zu erreichen.

Die Einführung des Krankenhausfinanzierungsgesetzes im Jahre 1972 hat zum Beispiel den Wandel von der monistischen Finanzierung zur dualen Finanzierung eingeleitet. Hintergrund waren einerseits die Finanzierungsprobleme der Krankenhäuser in den 1960er-Jahren, die sich unter dem Stichwort „Investitionsstau" zusammenfassen lassen, und andererseits die Annahme, dass die Krankenkassen auf Grund ihrer bruttolohnbezogenen Einnahmenentwicklung die wirtschaftliche Sicherung der Häuser nur bedingt garantieren können. Im Rahmen des dualen Finanzierungssystems sind folglich die Bundesländer und die Krankenkassen zur Finanzierung der Krankenhäuser verpflichtet. Die Krankenkassen finanzieren ihre Ausgaben durch Krankenkassenbeiträge ihrer Mitglieder. Der Staat finanziert die Investitionen durch Steuereinnahmen.

Einige der wichtigen Reformschritte, auf die in diesem Buch an anderer Stelle eingegangen wird, sollen hier nur im Überblick präsentiert werden:
- Gesundheitsreformgesetz 1989 (u.a. Ausweitung der Selbstbeteiligung)
- Gesundheitsstrukturgesetz 1993 (u.a. Einführung der Budgetierung)
- Neuordnungsgesetze 1997 (u.a. Stärkung der Selbstverwaltungsorgane)
- Gesundheitsreform 2000 (u.a. Einführung der Diagnosis Related Groups und der integrierten Versorgung)
- GKV-Modernisierungsgesetz 2004 (u.a. Einführung des medizinischen Versorgungszentrums)
- GKV-Wettbewerbsstärkungsgesetz 2007 (u.a. Einführung des Gesundheitsfonds)
- GKV-Finanzierungsgesetz
- GKV-Änderungsgesetz
- Gesetz zur Neuordnung des Arzneimittelmarktes der GKV
- Patientenrechtegesetz.

Alle Gesetze hatten neben der Steigerung der Effizienz und der Verbesserung der Qualität der Leistungsbereitstellung vornehmlich die Kürzungen der beitragsfinanzierten Leistungen und damit die Erhöhung der Selbstbeteiligung zum Ziel. Die Veränderung des nach dem Solidaritätsprinzip finanzierten Gesundheitssystems in Richtung Gesundheitswirtschaft ist somit sukzessive vollzogen worden. Begriffe, wie zum Beispiel „Deregulierung" bzw. „Liberalisierung" oder „Stärkung des Wettbewerbs im Gesundheitssystem", haben diesen Trend verbal unterstützt.

Die Einführung der **Gesundheitsberichterstattung** des Statistischen Bundesamtes in den 1990er-Jahren war ein weiterer Schritt in Richtung Gesundheitswirtschaft. Seitens des Bundesministeriums für Wirtschaft und Technologie ist das Forschungsprojekt „Erstellung eines Satellitenkontos für die Gesundheitswirtschaft in Deutschland" initiiert worden. Im November 2009 wurde der Abschlussbericht veröffentlicht. Ziel des Projekts war es, die Gesundheitswirtschaft in einem Konto innerhalb der volkswirtschaftlichen Gesamtrechnungen in allen gesundheitsbezogenen Bereichen sichtbar darzustellen. Die regelmäßig veröffentlichte Gesundheitsausgabenrechnung des Statistischen Bundesamtes zeigt die Endnachfrage, erfasst aber zum Beispiel nicht die Vorleistungen und die Exporte. Erstmals wurden somit nicht nur die Leistungen aus dem Kernbereich der Kuration (ambulante und stationäre Behandlung), sondern auch die vor- und nachgelagerten Bereiche (z.B. medizintechnische Industrie, Gesundheitshandwerk, Pflegebereich) dargestellt. Im Vordergrund der Erstellung eines Satellitenkontos für die Gesundheitswirtschaft steht daher das Ziel, die Bedeutung der Gesundheitswirtschaft für die Volkswirtschaft aufzuzeigen. Bereits im Jahre 1998 war der **Basisbericht** veröffentlicht worden. Er war der erste Gesundheitsbericht für Deutschland. Diese Basisberichterstattung bezieht sich auf Themen und Zusammenhänge, die von allgemeinem Interesse sind und zugleich für die Volksgesundheit oder für die Volkswirtschaft so bedeutsam sind, dass regelmäßig über sie informiert werden muss. In den acht Teilen dieses Berichts wird über den gesamten Gesundheitsbereich berichtet. Abbildung 6.3-1 zeigt das „neue" Verständnis von Gesundheit.

Der eigentliche Durchbruch vollzog sich vor ca. 15 Jahren. Im Jahre 2004 wurden seitens der Bundesregierung die **Branchenkonferenzen** eingerichtet, um den neuen Bundesländern die Möglichkeit zu geben, jene Wirtschaftszweige vorzustellen und zu fördern, die für die jeweilige Entwicklung dieser Bundesländer relevant sind.

Vor diesem Hintergrund hat die Landesregierung von Mecklenburg-Vorpommern im Jahre 2004 die Gesundheitswirtschaft zu einem Entwicklungsschwerpunkt des Landes erklärt.

Altes Verständnis	Neues Verständnis
Statt Gesundheitswesen	→ Gesundheitswirtschaft
Statt überwiegend öffentliche Finanzierung	→ neue Finanzierungswege
Statt Inputorientierung	→ Ergebnisorientierung
Statt Kostenfaktor	→ Wachstumsmarkt/neue Berufschancen
Statt Gesundheitskonsum	→ Investitionen in Gesundheit
Kein abgegrenzter Gesundheitsbereich	→ sondern Gesundheit in allen Lebensbereichen

Abbildung 6.3-1: Neues Verständnis von Gesundheit (Quelle: Bundesministerium für Wirtschaft und Technologie, 2009: 9)

Als Resultat dieses Beschlusses hat das Land Mecklenburg-Vorpommern in Kooperation mit dem Bundesministerium für Wirtschaft und Technologie, dem Bundesministerium für Gesundheit und dem Bundesministerium für Verkehr, Bau und Stadtentwicklung im Jahre 2005 die erste **Branchenkonferenz „Gesundheitswirtschaft"** durchgeführt. Im Rahmen dieser Konferenz am 7./8.12.2005 in Rostock-Warnemünde verständigten sich die Teilnehmer zum Abschluss auf folgende einheitliche Definition des Begriffs „Gesundheitswirtschaft":

> „Gesundheitswirtschaft umfasst die Erstellung und Vermarktung von Gütern und Dienstleistungen, die der Bewahrung und Wiederherstellung von Gesundheit dienen." (Kuratorium Gesundheitswirtschaft, 2005: 2)

Die Branchenkonferenz bestätigte ausdrücklich, dass das Themenfeld der Gesundheitswirtschaft eine nationale Herausforderung darstellt, zugleich aber eine Chance für die Zukunft bietet:

> „Im Zuge der sich zuspitzenden Kostensituation im Gesundheitswesen, verbunden mit den schnellen medizinischen Fortschritten, die mit einer deutlich höheren Lebenserwartung für die Bevölkerung einhergehen, wird sich über kurz oder lang ein Paradigmenwechsel in der Finanzierung einstellen. Bisher von der Sozialgemeinschaft getragene Kostenelemente werden zunehmend aus privater Hand übernommen werden müssen, im Sinne eines höheren privaten Engagements für die eigene Gesundheit. Die Teilnehmer waren sich einig, dass sich daraus wirtschaftliche Chancen nicht nur für die beteiligten Akteure, sondern auch für gesamte Regionen ergeben." (Projektbüro Gesundheitswirtschaft, 2005: 6)

Neben der oben genannten Definition der Gesundheitswirtschaft wurden unter anderem folgende **Empfehlungen** ausgesprochen, wie die Branche Gesundheitswirtschaft unterstützt und weiterentwickelt werden sollte:

- Festsetzung des Forschungsschwerpunkts „Gesundheitsprävention"
- Verankerung der Gesundheitsprävention in Gesetzen
- Stärkung der Qualitätssicherung
- Schwerpunktsetzung im Bereich „gesunde Ernährung"
- Aufbau von Marketing-Konzepten zur Vermarktung hochwertiger Ernährungsgüter
- Entwicklung von Premium-/Qualitätsmarken
- Ausbau der Kooperationen zwischen den Bereichen Ernährung, Biotechnologie und Gesundheitstourismus

- Förderung einer qualifizierten Aus- und Weiterbildung im tertiären Bildungsbereich
- Einsatz eines Koordinators für Gesundheitswirtschaft auf nationaler Ebene.

Aus diesen Ausführungen wird bereits deutlich, dass die bislang dominante sozialpolitische Betrachtung des Gesundheitswesens um die wirtschafts- und beschäftigungspolitische Betrachtung ergänzt wird. In der Vergangenheit wurde zwar die Notwendigkeit des Gesundheitswesens anerkannt, die starke finanzielle Belastung der Wirtschaft jedoch beklagt. Auf Grund des Paradigmenwechsels gelten die Ausgaben für die Gesundheitsgüter als Treibstoff für den Innovationsmotor und als Jobmaschine.

Die Gesundheitswirtschaft ist vergleichbar mit einem **Atommodell**, das sich aus mehreren Schalen zusammensetzt:
- *Kernbereich:* ambulante und stationäre Versorgung
- *1. Schale:* Apotheken, Kur- und Badewesen, Selbsthilfe, Verwaltung
- *2. Schale:* Beratung, Biotechnologie, Gesundheitshandwerk, Handel mit Gesundheitsprodukten, Medizin- und Gerontotechnik, pharmazeutische Industrie, Bildung, Forschung und Entwicklung
- *3. Schale:* betreutes Wohnen, gesunde Ernährung, Gesundheitstourismus, Medical Wellness, Serviceleistungen, Sport und Freizeit, Wellness.

Zukünftig wird unter anderem die Gesundheitsbranche, die in der Vergangenheit als öffentliche Infrastrukturverantwortung angesehen worden ist, durch ein Nebeneinander von staatlichem Sicherungs- bzw. Versorgungsauftrag und Marktwettbewerb gesteuert. Dieser Paradigmenwechsel, der durch einen steigenden Bedarf an gesundheitsbezogenen Sachgütern und Dienstleistungen auf der einen Seite und einen finanziellen Engpass der Sozialversicherungen und der öffentlichen Hände auf der anderen Seite ausgelöst wurde, verdeutlicht den Wandel vom Gesundheitswesen zur Gesundheitswirtschaft. Hierbei ergibt sich die steigende Nachfrage zum Beispiel aus dem demografischen Wandel, dem medizinisch-technischen Fortschritt und dem wachsenden Gesundheitsbewusstsein sowie der Stärkung der gesundheitlichen Eigenverantwortung. Die finanziellen Engpässe lassen sich zum Beispiel durch die nur langsam steigenden Einnahmen der gesetzlichen Krankenkassen (Grundlohnsummensteigerungen), der arbeitsmarktfreundlichen Stabilisierung der Beitragssätze und den Rückzug der Bundesländer aus der Investitionsfinanzierung erklären.

Die wachsende Bedeutung der Gesundheitswirtschaft wird auch am Beispiel der Forschungsinitiativen des Bundesministeriums für Bildung und Forschung deutlich. Im Rahmen des Wettbewerbs „**Gesundheitsregionen der Zukunft**" hat die damals zuständige Ministerin Annette Schavan im Rahmen des Hauptstadtkongresses im Juni 2008 in Berlin die 20 Gewinner der ersten Runde vorgestellt. Im Jahre 2009 wurden aus dieser Gruppe bis zu fünf Regionen ausgesucht, die dann vier Jahre durch das Bundesministerium unterstützt wurden. Der Wettbewerb war mit insgesamt 40 Mio. Euro ausgestattet.

Das Ministerium fördert damit eine in anderen Ländern bereits umgesetzte erfolgreiche Entwicklung, dass Innovationen im Gesundheitssystem am besten durch konzentrierte Zusammenarbeit aller regionalen Akteure entlang der kompletten Wertschöpfungskette eingeführt werden können. Ziel ist es, die Verantwortlichen aus Forschung, Entwicklung und Gesundheitsversorgung einer Region in ein Netzwerk zu integrieren:

> „Wenn medizinische Innovationen schneller verbreitet und effizienter eingesetzt werden, verbessert das nicht nur deutlich die Gesundheitsversorgung der Patientinnen und Patienten. Es trägt auch dazu bei, die Kosten im Gesundheitswesen einzudämmen. [...] Wir brauchen zukünftige Versorgungsstrukturen und eine intensivere Verknüpfung von Forschung, Entwicklung und Verwertung innovativen medizinischen Wissens. Diesem Ziel dienen die Gesundheitsregionen." (Schavan, 2008)

6.4 Primärer und sekundärer Gesundheitsmarkt

Die Gesundheitswirtschaft wird in zwei Gesundheitsmärkte mit jeweils unterschiedlichen Akteuren gegliedert.

Der **primäre Gesundheitsmarkt** ist der klassische Gesundheitsversorgungskern, in dem unter anderem Akteure wie die gesetzlichen Krankenversicherungen, die Leistungserbringer und die Gebietskörperschaften agieren. Dieses traditionelle **Gesundheitssystem** umfasst somit alle Organisationen und Personen, Einrichtungen, Regelungen und Prozesse, deren Aufgabe es ist, die Förderung, Erhaltung und Vorbeugung der Gesundheit sowie die Behandlung von Krankheiten und die Wiedereingliederung in die soziale Teilhabe zu ermöglichen. Somit baut dieses Gesundheitssystem, das auch als **Gesundheitswesen** bezeichnet wird, auf die staatlichen und nichtstaatlichen Institutionen sowie auf die relevanten Berufsgruppen auf, die für die Gesundheit der Bevölkerung ein Geflecht von gesundheitsbezogenen Dienstleistungen und Sachgütern bereitstellen und finanzieren. Im deutschen Gesundheitssystem dominiert (noch) das System der Sozialversicherungen zur Finanzierung von Gesundheitsleistungen. Die Sozialversicherungen beruhen auf dem Sozialstaatsprinzip des Grundgesetzes und sind solidarisch organisiert. Im Sinne eines Umlageverfahrens zwischen den Versicherten werden die benötigten Finanzmittel zum größten Teil zur Verfügung gestellt. Seit einigen Jahren kommen die Steuerzuschüsse des Bundes und die Selbstbeteiligungsanteile der Versicherten hinzu.

Der **sekundäre Gesundheitsmarkt** ist privatwirtschaftlich geprägt und beinhaltet die Gesamtheit von privat finanzierten Gesundheitsgütern, wie zum Beispiel freiverkäufliche Arzneimittel und individuelle Gesundheitsleistungen, Schönheitsoperationen, Fitness und Wellness, Gesundheitstourismus sowie die Bereiche Sport, Freizeit, Ernährung und Wohnen. Demnach gewinnt die Gesundheit in allen Lebensbereichen an Bedeutung, sodass sich durch die steigende Nachfrage **neue gesundheitsbezogene Teilmärkte und Geschäftsmodelle** entwickeln. Dies wiederum hat auch Auswirkungen auf die Berufsgruppen in diesem Markt. Dieser zweite Markt ist ein **Wettbewerbsmarkt**, in dem die Steuerung der Gesundheitsversorgung durch den Preiswettbewerb erfolgen wird.

Die Bestandteile des zweiten Gesundheitsmarktes sind in Abbildung 6.4-1 zu sehen.

Beide Märkte sind miteinander verbunden, es bestehen somit Wechselwirkungen. Diese gegenseitigen Verbindungen zeigen sich zum Beispiel in der Existenz von **Gesundheitsregionen**, die durch ihr integratives Prinzip auf Vernetzung und Kooperation abzielen (Hensen, 2011: 35). Dieser zukünftige Megamarkt Gesundheit wird folglich nicht nur solidarisch finanziert werden, es hat sich zusätzlich ein Selbstzahlermarkt etabliert. Abbildung 6.4-2

Abbildung 6.4-1: Der zweite Gesundheitsmarkt (Quelle: Eigenerstellung in Anlehnung an Bundesministerium für Wirtschaft und Technologie, 2009, und Bundesministerium für Wirtschaft und Energie, 2014)

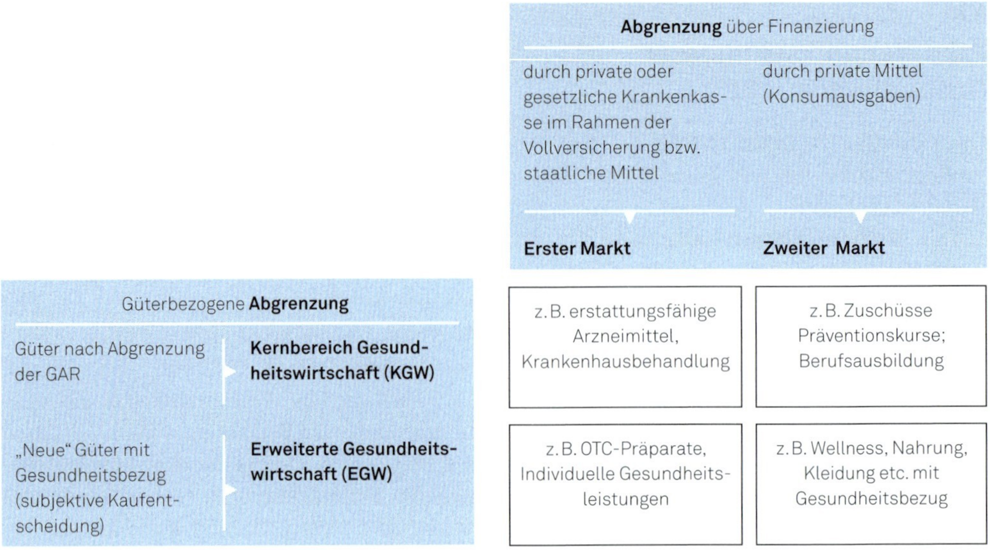

Abgrenzung über Finanzierung

durch private oder gesetzliche Krankenkasse im Rahmen der Vollversicherung bzw. staatliche Mittel	durch private Mittel (Konsumausgaben)
Erster Markt	**Zweiter Markt**

Güterbezogene Abgrenzung

Güter nach Abgrenzung der GAR	**Kernbereich Gesundheitswirtschaft (KGW)**	z. B. erstattungsfähige Arzneimittel, Krankenhausbehandlung	z. B. Zuschüsse Präventionskurse; Berufsausbildung
„Neue" Güter mit Gesundheitsbezug (subjektive Kaufentscheidung)	**Erweiterte Gesundheitswirtschaft (EGW)**	z. B. OTC-Präparate, Individuelle Gesundheitsleistungen	z. B. Wellness, Nahrung, Kleidung etc. mit Gesundheitsbezug

Abbildung 6.4-2: Die vier Konsumbereiche der Gesundheitswirtschaft (Quelle: Bundesministerium für Wirtschaft und Technologie, 2009: 11)

verdeutlicht die vier **Konsumbereiche** der Gesundheitswirtschaft.

Zusammenfassend lässt sich somit sagen, dass der „neue" Gesundheitsmarkt die Regenerationsplattform der Menschen in der Gesellschaft und damit die Basis für die wirtschaftliche Existenz einer Informationsgesellschaft ist. Dies hat zur Folge, dass die Leistungen des Gesundheitsmarktes **Wertschöpfungsfaktoren für das wirtschaftliche Wachstum** geworden sind.

In dem Abschlussbericht des Forschungsprojekts zur Gesundheitswirtschaft wird auch dargestellt, wie sich im Jahre 2005 die Konsumausgaben auf die vier Bereiche verteilt haben (Tab. 6.4-1) und wie sich der Bruttowertschöpfungsanteil der Gesundheitswirtschaft in den kommenden Jahrzehnten verändern wird (Abb. 6.4-3).

Die Theorie der langen Wellen ist natürlich nicht unumstritten. Die Kritiker der Kondratieff-Zyklen sind unter anderem der Meinung, dass aus einer ausschließlich retrospektiven Betrachtung der Wirtschaftsentwicklung nicht zwingend auf die zukünftige Wirtschaftsentwicklung geschlossen werden kann. Trotz dieser Kritik bildet diese Konzeption seit einigen Jahren gesundheitsökonomisch und -politisch die Argumentationsgrundlage. Die Veränderung des nach dem Solidaritätsprinzip finanzierten Gesundheitssystems in Richtung Gesundheitswirtschaft vollzieht sich sukzessiv. Begriffe, wie zum Beispiel Deregulierung bzw. Liberalisierung oder Stärkung des Wettbewerbs im Gesundheitssystem, unterstützen diesen Trend verbal.

Literatur

Beivers, A. (2010): Ländliche Krankenhausversorgung in Deutschland: Eine gesundheitsökonomische Analyse. Frankfurt/M., Peter Lang.

Beivers, A.; Augurzky, B. (2011): Sind ländliche Krankenhäuser noch zu retten? Situationsaufnahme und Blick in die Zukunft. KU Gesundheitsmanagement, 80 (2): 21-24.

Bundesministerium für Wirtschaft und Technologie (2009): Erstellung eines Satellitenkontos für die Gesundheitswirtschaft in Deutschland, Berlin.

Fink, U. (2008): Gesundheit – das ist eine Chance für Wachstum und Beschäftigung. Interview in der Ärztezeitung, 04.06.2008.

Franke, A. (2006): Medical Wellness – ein Wachstumsmarkt der Zukunft? Diplomarbeit, Fakultät Wirtschafts- und Sozialwissenschaften, Fachhochschule Osnabrück, Osnabrück.

Grönemeyer, D.h.W. (2005): Gesundheitswirtschaft. Die Zukunft für Deutschland. Berlin, ABW Wissenschaftsgesellschaft.

6.4 Primärer und sekundärer Gesundheitsmarkt

Tabelle 6.4-1: Aufteilung der Konsumausgaben der Gesundheitswirtschaft 2005 (Mrd. Euro/%) (Quelle: Bundesministerium für Wirtschaft und Technologie, 2009: 28)

	Erster Markt		Zweiter Markt		Gesamt	
	[Mrd. €]	[%]	[Mrd. €]	[%]	[Mrd. €]	[%]
Kernbereich Gesundheitswirtschaft	191,1	68,9	25,2	9,0	217,0	78,0
Erweiterte Gesundheitswirtschaft	31,9	11,5	29,4	10,6	61,3	22,0
Gesamt	absolut	Anteil gesamt	absolut	Anteil gesamt	absolut	Anteil gesamt
	223,8	80,4	54,6	19,6	278,4	100,0

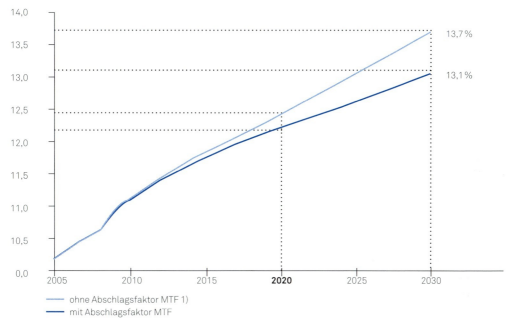

1) Medizinisch-technischer Fortschritt – gemessen in Wachstumsrate oberhalb der BIP-Entwicklung

Abbildung 6.4-3: Der Bruttowertschöpfungsanteil der Gesundheitswirtschaft (Quelle: Bundesministerium für Wirtschaft und Technologie, 2009: 31)

Hensen, P. (2011): Die gesunde Gesellschaft und ihre Ökonomie: Vom Gesundheitswesen zur Gesundheitswirtschaft, in: Hensen, P.; Kölzer, C. (Hrsg.): Die gesunde Gesellschaft: Sozioökonomische Perspektiven und sozialethische Herausforderungen. Wiesbaden, VS Verlag für Sozialwissenschaften, 11–50.

Hilbert, J.; Fretschner, R.; Dülberg, A. (2002): Rahmenbedingungen und Herausforderungen der Gesundheitswirtschaft. Gelsenkirchen, Institut Arbeit und Technik. http://iat-info.iatge.de/aktuell/veroeff/ds/hilbert02b.pdf [Zugriff: 29.03.2011]

Illing, K. (2002): Medical Wellness und Selbstzahler – Zur Erschließung neuer Märkte für Rehabilitations- und Kurkliniken sowie Sanatorien. Berlin, TDC Tourismus Development Healtcare.

Kartte, J. (2006): Vernetztes Gesundheitssystem – eine gesamtökonomische Herausforderungen, in: Eberspäcker, J.; Picot, A.; Braun, G. (Hrsg.): eHealth: Innovations- und Wachstumsmotor für Europa. Potenziale in einem vernetzten Gesundheitsmarkt. Berlin, Springer, S. 39–51.

Klimpel, M.; Schütte, T. (2006): Work-Life-Balance. Eine empirische Erhebung, in: Bröckermann, R.

(Hrsg.): Praxisorientierte Personal- und Organisationsforschung. Band 9. München, Mering, Rainer Hampp.

Kuratorium Gesundheitswirtschaft (2005): Branchenkonferenz 2005 – Ergebnisbericht „Nationale Branchenkonferenz Gesundheitswirtschaft 2005". www.bioconvalley.com [Zugriff: 02.03.2016].

Nefiodow, L.A. (1999): Der sechste Kondratieff. Sankt Augustin, Druckerei Engelhardt.

Nefiodow, L.A.; Nefiodow, S. (2014): Der sechste Kondratieff. Sankt Augustin, Druckerei Engelhardt.

Oberender, P.O.; Hebborn, A.; Zerth, J. (2006): Wachstumsmarkt Gesundheit. Stuttgart, UTB.

Preißing, D. (2010): Erfolgreiches Personalmanagement im demografischen Wandel, 1. Auflage. München, Oldenbourg Wissenschaftsverlag.

Rump, J.; Eilers, S.; Groh, S. (2008): Vereinbarkeit von Beruf und Familie. Modeerscheinung oder ökonomische Notwendigkeit? In: Kremin-Buch, B.; Unger, F.; Walz, H. (Hrsg.): Managementschriften, Sonderband. Sternenfels, Wissenschaft & Praxis.

Schavan, A. (2008): Gesundheitsregionen verbessern die Patientenversorgung und stärken die Wirtschaft, Pressemitteilung 105/2006 vom 04.06.2008. http/www.bmbf.de/pub/gewinner_gesundheitsregionen.pdf [Zugriff: 04.01.2016].

Simon, M. (2008): Das Gesundheitssystem in Deutschland. Bern, Hans Huber.

Statistische Ämter des Bundes und der Länder (2010): Demografischer Wandel in Deutschland. Auswirkungen auf Krankenhausbehandlungen und Pflegebedürftige im Bund und in den Ländern. Heft 2, Ausgabe 2010. http://www.statistik-portal.de/statistik-portal/demografischer_wandel_heft2.pdf [Zugriff: 28.03.2011].

Statistisches Bundesamt Deutschland (2010): Demografischer Wandel: Engpässe beim Pflegepersonal werden zunehmen. Wiesbaden. http://www.destatis.de/jetspeed/portal/cms/Sites/destatis/Internet/DE/Presse/pm/2010/12/PD10_449_23621,templateId=renderPrint.psml [Zugriff: 28.03.2011].

Statistisches Bundesamt (2015): Gesundheitsangaben nach Angabenträgern. Wiesbaden. http://www.destatis.de [Zugriff: 15.07.2015].

Wirtschaftsförderungsgesellschaft Osnabrück Land (2004): Gesundheitswirtschaft im Landkreis Osnabrück. Hannover, Niedersächsisches Institut für Wirtschaftsforschung.

7 Ethik in der Gesundheitswirtschaft

Volker Schulte

7.1
Einleitung

Ein Kapitel über wichtige ethische Aspekte, mit denen eine Pflegefachfrau oder ein Arzt konfrontiert sein kann, muss für die Praxis geschrieben sein. Uns geht es daher weniger um eine Vorlesung zur Einführung in die Ethik, sondern um die Diskussion von ethischen Güterabwägungen, wie sie im täglichen beruflichen Umfeld von Gesundheitsfachleuten vorkommen. Was will die Ethik? Ethik geht davon aus, dass nicht alle Handlungen oder Gedanken gleichwertig sind, sodass wir uns Gedanken machen müssen, was wir für gut oder für falsch halten.

Im Gegensatz zum Tier, das ausschließlich instinkt-gesteuert ist, bleibt es uns Menschen vorbehalten, uns bewusst Gedanken zu machen zu ethischen Fragen. Menschen müssen sich überlegen, ob sie sich einer Sache schuldig machen und schuldig fühlen sollten. Daher ist die Ethik auch eng mit Gewissensfragen verbunden. Wenn wir uns nun fragen, was richtig und was falsch ist, dann müssen wir kulturelle Normen und Maßstäbe haben, nach denen wir uns ausrichten können. Damit befinden wir uns bereits im Diskurs über die Ethik.

7.2
Ethik und Moral

Wir lernen in der Regel bereits im Elternhaus, in der Sozialisation mit Freunden, in der Schule etc., was richtig und was falsch ist. Moralische Urteile beziehen sich auf Handlungserwartungen. Ist das, was ich tue, richtig oder sollte ich mich dafür schämen? Moralvorstellungen sind immer geprägt von der gesellschaftlichen Entwicklung. Vor 50 Jahren war das Konkubinat nicht nur verpönt, sondern sogar verboten. In der Schweiz wurde gar die „wilde Ehe" erst 1996 im letzten Kanton, dem Kanton Wallis aufgehoben (vgl. Head-König, 2007). Die Ethik diskutiert und hinterfragt die Moral und sucht eine Antwort auf die Frage, was moralisch richtig und falsch ist.

Nun sollten wir klären, auf welchen Grundlagen unsere westlich-abendländisch geprägte Ethik aufbaut. Grundlage unseres Handelns ist das Personalitätsprinzip (Rusche, 1999: 47f.). Dieses geht davon aus, dass der Mensch einmalig und individuell geschaffen ist, unabhängig von Rasse, Geschlecht oder sozialer Herkunft. Jeder Mensch hat die gleiche Würde und sollte daher stets mit Respekt behandelt werden. Die Entfaltung der Persönlichkeit steht an oberster Stelle. Alles, was wir tun und erschaffen, jegliche gesellschaftliche Leistung, soll dem Menschen als solchem dienen. Die Gesellschaft ist für den Menschen da, nicht aber – wie im Marxismus – der Mensch für die Gesellschaft. Damit ist indes nicht einem Individualismus das Wort geredet. Niemand darf sich in seiner Individualität so entfalten, dass sie die Selbstentfaltung eines anderen beeinträchtigt. Das Motto muss lauten: Selbstverwirklichung ja, aber nicht auf Kosten von anderen. Das Personalitätsprinzip ist in der katholischen Soziallehre entwickelt worden und heute ein Standard in den bürgerlich-demokratischen Systemen des Westens. Damit einhergehend ist der Begriff „*Gemeinwohl*" zu nennen. Wenn sich alle an das Personalitätsprinzip halten, ist auch die Kooperation aller in der Gesellschaft lebenden Individuen impliziert und bildet damit erst die solidarische Gesellschaft aus.

7.3
Gesundheit und Ethik

Wenden wir uns nun den gesundheitsspezifischen Aspekten der Ethik zu. Grundlegend ist hier das Werk der Autoren Beauchamp und Childress, „Principles of Biomedical Ethics". Die biomedizinische Ethik erörtert sämtliche Fragen von Geburt, Leben und Tod in Bezug auf neue technologische und gesellschaftspolitische Entwicklungen. Die Autoren definieren vier ethisch-moralische Prinzipien, die für die medizinische Ethik und damit für alle Gesundheitsberufe Anwendung finden (vgl. Beauchamp/Childress, 2009).

7.3.1
Autonomieprinzip

Der erste Aspekt ist jener des Respekts vor der Autonomie des Patienten. Das Autonomieprinzip gesteht jeder Person die persönliche Entscheidungsfreiheit zu. Medizinisches und pflegendes Personal ist verpflichtet, einerseits Entscheidungsfähigkeit zu fördern, andererseits die Meinung und den Willen des Patienten zu akzeptieren. Vor einer medizinischen Intervention braucht es das auf der Basis von umfassender Information gefasste Einverständnis des Patienten, den sogenannten „informed consent", um die entsprechende therapeutische Maßnahme in die Wege zu leiten. Die Wünsche, Ziele und Wertvorstellungen des Patienten sind zentral.

7.3.2
Prinzip der Schadensvermeidung

Das Prinzip der Schadensvermeidung („nonmaleficence") baut darauf auf, schädliche Eingriffe zu unterlassen. Es beruht auf dem Eid des Hippokrates (s. Kasten), der noch immer dem Sinn nach zum Wertekanon der Ärzteschaft gehört. Heute existiert eine moderne, zeitgemäße Fassung des Eides des Hippokrates, die vom Weltärztebund verabschiedet wurde und in der deutschen Version auf der Website des Bundesärztekammer zu finden ist.

Das Prinzip der Schadensvermeidung fordert Ärzte und Pflegende auf, Schaden oder Schmerzen zu vermeiden. Bereits hier sind wir mit dem eingangs formulierten Spannungsverhältnis der Güterabwägungen konfrontiert, weil bestimmte Therapien und Interventionen beachtliche Nebenwirkungen haben können.

Eid des Hippokrates

Bei meiner Aufnahme in den ärztlichen Berufsstand gelobe ich feierlich:
  mein Leben in den Dienst der Menschlichkeit zu stellen.
  Ich werde meinen Lehrern die schuldige Achtung und Dankbarkeit erweisen.
  Ich werde meinen Beruf mit Gewissenhaftigkeit und Würde ausüben.
  Die Gesundheit meines Patienten soll oberstes Gebot meines Handelns sein.
  Ich werde alle mir anvertrauten Geheimnisse auch über den Tod des Patienten hinaus wahren.
  Ich werde mit allen meinen Kräften die Ehre und die edle Überlieferung des ärztlichen Berufes aufrechterhalten.
  Meine Kolleginnen und Kollegen sollen meine Schwestern und Brüder sein.
  Ich werde mich in meinen ärztlichen Pflichten meinem Patienten gegenüber nicht beeinflussen lassen durch Alter, Krankheit oder Behinderung, Konfession, ethnische Herkunft, Geschlecht, Staatsangehörigkeit, politische Zugehörigkeit, Rasse, sexuelle Orientierung oder soziale Stellung.
  Ich werde jedem Menschenleben von seinem Beginn an Ehrfurcht entgegenbringen und selbst unter Bedrohung meine ärztliche Kunst nicht in Widerspruch zu den Geboten der Menschlichkeit anwenden.
  Dies alles verspreche ich feierlich und frei auf meine Ehre.

(Quelle: http://www.bundesaerztekammer.de/aerzte/internationales/internationale-zusammenarbeit/weltaerztebund/)

7.3.3
Fürsorgeprinzip

Das Prinzip der Fürsorge („beneficence"), das ursprünglich ein Begriff der Sozialpolitik ist, verpflichtet den Arzt, für das Wohl des Patienten zu sorgen bzw. sich im Rahmen seiner Möglichkeiten für dessen Wohl einzusetzen. Augenscheinlich kann dieses Prinzip mit den beiden letztgenannten Prinzipien in Konflikt stehen. Was geschieht beispielsweise, wenn eine Patientin eine Bluttransfusion aus religiösen Gründen ablehnt oder Angehörige eine Intervention verweigern? Dies sind Fragen, in denen im Einzelfall eine Lösung durch Abwägung der Güter gefunden werden muss.

7.3.4
Gleichheits- und Gerechtigkeitsprinzip

Das Prinzip der Gerechtigkeit („justice") fordert eine faire Verteilung von Gesundheitsleistungen. Damit ist nicht gesagt, dass alle das Gleiche bekommen. Bis jetzt gilt in den europäischen Sozialstaaten die Maxime, dass es keine Zweiklassenmedizin geben darf. Das heißt, es ist eine partielle Unterversorgung von Patienten und Regionen zu vermeiden. Gleiche Fälle sollten gleich behandelt werden. Unterschiede müssen moralisch und rechtlich konkretisiert werden (vgl. Sen, 2004: 21ff.).

7.4
Technologischer Fortschritt und Ethik

Technologischer Fortschritt bedeutet nicht automatisch Verbesserung. Die neuen Technologien in der Medizin haben neue Möglichkeiten der Fortpflanzung und der Lebensplanung eröffnet. Hiermit werden aber auch grundsätzliche Fragen über Tod und Leben und die Zukunft der Gesellschaft neu gestellt. Daher müssen in einem ethischen Diskurs auch Aspekte hinsichtlich des Nutzens der wissenschaftlichen Forschung kritisch hinterfragt werden. Der Slogan des „Anything goes" ist im Rahmen der Biotechnologie gefährlich.

7.4.1
Themenbereich 1 – Enhancement

Unter dem Begriff „Human Enhancement" (Abb. 7.4-1) werden medizinische und biotechnologische Eingriffe in den menschlichen Organismus verstanden, um nicht die Therapie von Krankheiten, sondern die Verschönerung oder Verbesserung nichtpathologischer Merkmale des Körpers oder des Geistes zu erreichen. Wir konzentrieren uns hier auf die auf Aspekte des Neuro-Enhancement. Dieses erlebt zurzeit einen Boom, weil es mit zunehmendem Gebrauch gesellschaftlich enttabuisiert wird und in einem weiteren Schritt in weiten gesellschaftlichen Kreisen akzeptiert wird und damit breiter zur Anwendung kommt. Je mehr Medikamente als Booster für die eigene Leistungsfähigkeit eingenommen werden, desto breiter ist die gesellschaftliche Akzeptanz und desto normaler ist ihre Anwendung.

Die schweizerische Ethikkommission NEK beurteilt diese Entwicklung kritisch. Ein verbreiteter Konsum schaffe nicht nur persönliche Gesundheitsrisiken, sondern verändere auch die sozialen Erwartungen an das zu erbringende Leistungsniveau. Es wird befürchtet, dass durch anwachsende Belastungen am Arbeitsplatz psychische Erkrankungen weiter zunehmen kön-

Human Enhancement künstliche Intervention zur Erweiterung, Intensivierung, Verstärkung oder Verbesserung gesunder körperlicher Zustände			
Genetik Veränderung der Erbsubstanz	Biotechnik Implantate, Chips, Elektroden	Chirurgie Schönheitschirurgie	Pharmakologie Beeinflussung von neuronalen Funktionen mit Medikamenten

Abbildung 7.4-1: Formen des Enhancements (Quelle: Eigenerstellung)

nen. Damit ist auch schnell eine Situation erreicht, wo die Einnahme unter Erwartungsdruck erfolgt. Die NEK betont auch, dass vor allem bei Kindern pharmakologisches Enhancement die Freiheit, die Persönlichkeitsrechte und die Persönlichkeitsentwicklung einschränken kann (vgl. NEK, 2011). Indes werden seit langem legale Neuro-Enhancer tagtäglich konsumiert. Hierzu zählen unter anderem Kaffee, Cola, Nikotin sowie Energy-Drinks.

Amphetamine gibt es seit dem Ende der 1920er-Jahre. Dies sind psychotrope Substanzen wie zum Beispiel Ecstasy. Amphetamine haben eine anregende, aufputschende Wirkung auf das zentrale Nervensystem. Daher sind sie auch ein gängiges Mittel beim Militär zur Verbesserung des Durchhaltewillens in Kampfeinsätzen. Auch Ritalin gilt als amphetaminähnliche Substanz und wurde zunächst gegen Depressionen eingesetzt. Später fand es Verwendung in der Therapie gegen das Aufmerksamkeits-Hyperaktivitätssyndrom ADHS. Mittlerweile wird Ritalin unter anderem im Studentenmilieu sowohl als Wachmacher während intensiver Lernphasen vor Prüfungen als auch als Stimmungsaufheller auf Partys eingenommen. Gemäß der Heilmittelbehörde Swissmedic hat sich der Ritalin-Verbrauch in der Schweiz seit 1996 nahezu verzehnfacht (vgl. Stricker, 2013). Eine kürzlich publizierte Studie hat eine starke Zunahme der Abgabe von Ritalin an Schulkinder im Kanton Zürich ermittelt, wobei Knaben viermal häufiger mit diesem Medikament behandelt werden als Mädchen. Eine Hochrechnung der Krankenkasse Helsana hat ergeben, dass mittlerweile 2% der 7- bis 18-Jährigen im Kanton Zürich Ritalin oder verwandte Produkte schlucken. Bei den Erwachsenen fällt die Zunahme noch deutlicher aus: der Anteil der 19- bis 30-Jährigen hat sich vervierfacht, bei den 31- bis 65-Jährigen verdreifacht. Und auch bei den über 66-Jährigen ist eine steigende Tendenz auszumachen (vgl. Berger, 2011: 8f.).

Bei der Diskussion um das Für und Wider von Neuro-Enhancement kommen wir um eine ethische Debatte nicht herum. Sind Mittel zur Leistungssteigerung oder zur Verminderung von Konzentrationsschwächen legitim oder handelt es sich um ethisch nicht zu tolerierende Eingriffe in das menschliche Gehirn? Falls diese Mittel im Wertekontext der Gesellschaft zunehmende Akzeptanz finden, könnte die Nutzung dieser Medikamente von Arbeitgebern durch kostenlose Abgabe oder Zusatzgratifikationen gefördert werden? Wie wird diese Debatte in Berufszweigen geführt, die hohe Verantwortung tragen (Mediziner, Piloten etc.)? Warum fallen diese Substanzen nicht unter das Dopingverbot? Wie sieht es um die Benachteiligung solcher Schüler oder Arbeitnehmer aus, die sich weigern würden, solche Medikamente einzunehmen? Sollte der eigenverantwortliche Gebrauch von Psychopharmaka in einer liberalen Gesellschaft, in der das Recht auf Autonomie und Selbstbestimmung hohe Güter darstellen, toleriert werden? Wie sähe eine solche Tolerierung aus (vgl. Galert et al., 2009)?

7.4.2
Themenbereich 2 – Organisierte Suizidbeihilfe

Die Schweiz hat im Vergleich zum Ausland eine hohe Suizidrate. Im Jahre 2012 starben in der Schweiz 1037 Personen (752 Männer, 285 Frauen) durch (allein durchgeführten) Suizid. Während die Suizidrate seit den 1980er-Jahren deutlich sank und seit 2003 etwa konstant ist, nahm die Zahl der begleiteten Suizide bei Personen mit Wohnsitz in der Schweiz markant zu: von weniger als 50 im Jahre 1998 auf 508 im Jahre 2012. Suizidbeihilfe ist ein Phänomen, das vor allem die Altersgruppe der 75- bis 85-Jährigen betrifft, wobei Frauen solche Dienste stärker in Anspruch nehmen als Männer. Während ab dem Alter von etwa 50 Jahren die Zahl der allein durchgeführten Suizide abnimmt, steigt diejenige der begleiteten Suizide kontinuierlich an. Bei der Altersgruppe ab 85 Jahre übersteigt die Zahl der begleiteten Suizide diejenige der allein durchgeführten Selbsttötungen (vgl. bfs, 2015b).

Suizidbeihilfe ist in der Schweiz seit 80 Jahren unter gewissen Bedingungen erlaubt. Sind keine eigennützigen Motive vorhanden, ist eine Beihilfe zum Suizid straffrei. Auf dieser rechtlichen Grundlage arbeiten die in der Schweiz tätigen Sterbehilfeorganisationen. Sie stoßen in der Bevölkerung auf zunehmende Akzeptanz. Das Selbstbestimmungsrecht des Individuums steht in der Schweiz an erster Stelle. Und dies beinhaltet als Möglichkeit auch die Option der organisierten Suizidbeihilfe. An deren Beispiel ist das Spannungsverhältnis von Rechtsnormen und ethischem Verständnis durch Unrechtserfahrung besonders groß. Die Schweiz hat in diesem Bereich eine liberale Rechtstradition. In Deutschland hingegen ist der Begriff eng mit dem Euthanasieprogramm der Nationalsozialisten konnotiert, weshalb die organisierte Suizidbeihilfe in Deutschland verboten ist. Der Präsident der Bundesärztekammer, Frank Ulrich Montgomery, hat sich in einem Interview erneut für das Verbot jedweder organisierten Suizidbeihilfe ausgesprochen. Ähnlich wie in der Schweiz gilt die Palliative Care als Alternative zur organisierten Sterbehilfe, jedoch mit einem entscheidenden Unterschied: Während die Palliative Care in der Schweiz als eine mögliche Alternative zur Sterbehilfe gesehen wird, gilt sie in Deutschland als alleiniger Weg, leidenden Menschen am Lebensende zu helfen. „Ob dann überhaupt noch Raum für organisierte Sterbehilfe bleibt, wird sich zeigen." Die organisierte Ärzteschaft in Deutschland ist strikt gegen eine Erlaubnis für Mediziner zur Suizidbeihilfe. „Wer Ärzte an ‚qualitätsgesicherten, klinisch sauberen' Suiziden beteiligen will, verwischt die Grenzen zur Tötung auf Verlangen und zur Euthanasie." Beides ist nach deutschem Recht verboten: „Und das sollte auch so bleiben", so Montgomery. Im Weiteren verurteilt der Präsident der Bundesärztekammer die liberale Schweizer Rechtstradition: „Die Schweiz hat den kapitalen Fehler gemacht, bereits in den 1930er-Jahren die Sterbehilfegesetzgebung zu verankern. Damals kannte aber noch niemand die Palliativmedizin" (KNA, 07.05.2015). In einem früheren Statement führte er zudem an: „Denn, machen wir uns nichts vor, einmal auf die schiefe ethische Ebene gelangt, kann ein vermeintlich individuelles Recht durch gesellschaftlichen Druck zur Pflicht werden" (Deutsches Ärzteblatt, 10.08.2014).

Indes ist die offizielle Meinung der Schweiz, vertreten durch die Landesregierung, auch mit ethisch-moralischen Zweifeln konfrontiert. Sie räumt der Verhinderung von Suiziden weiterhin Priorität ein, zumal sie mit einem Anstieg der Suizidalität infolge der Alterung der Bevölkerung rechnet. Deshalb will sie die Suizidprävention und Palliative Care weiterhin fördern. Im Zentrum steht aber der Primat der Selbstbestimmung am Lebensende.

7.4.3
Themenbereich 3 – Präimplantationsdiagnostik

Die Präimplantationsdiagnostik (PID) ist ein anschauliches Beispiel dafür, wie unter dem Diktat des technologischen Fortschritts ethische Grundsatzentscheide gefällt werden müssen, die bis vor wenigen Jahren noch gar kein Thema waren. Es geht um grundsätzliche ethische Fragen, um technische Möglichkeiten, um Grenzziehungen, dies, um das Selbstbestimmungsrecht von Paaren und den Schutz des Embryos zu gewährleisten, mithin um klassische Güterabwägungen. Dabei läuft die Debatte in Ländern wie Deutschland und der Schweiz relativ parallel. Auch die Argumente sind ähnlich. In unseren Gesellschaften bleibt die PID hart umstritten. In der Schweiz ist sie verboten, soll aber (Stand: Mai 2015) durch Volksabstimmung unter bestimmten Bedingungen legalisiert werden. Bei der PID werden künstlich befruchtete Embryonen vor der Einpflanzung in die Gebärmutter auf Krankheiten untersucht und ggf. vernichtet. Die Diskussion reicht von einem strikten Verbot bis zu einer eingeschränkten Zulassung der Methode. In Deutschland war die Diskussion nach einer Entscheidung des Bundesgerichtshofs in Leipzig in Gang gekommen, wonach die PID nach dem 1991 in Kraft getretenen Embryonenschutzgesetz nicht grundsätzlich untersagt ist. Bei dem Verfahren werden einem im Reagenzglas entstandenen Embryo ein bis zwei Zellen entnommen. Es geht darum, deren Erbgut zu untersuchen. Ziel ist es, unter anderem Krankheiten aufzudecken, die auf zu wenige oder zu viele Chromosomen zurückgehen (z.B. das Down-Syndrom). Möglich sind auch Untersuchungen auf einzelne veränderte Gene, die beispielsweise für Muskelschwund, Lungen- und Stoffwechselkrankheiten oder die Bluterkrankheit verantwortlich sind (vgl. Deutscher Ethikrat, 2013).

In der Schweiz gilt bis heute basierend auf dem jetzt geltenden Fortpflanzungsmedizingesetz die Regel, bei einer künstlichen Befruchtung maximal drei Embryonen pro Zyklus in vitro entwickeln zu dürfen (Dreier-Regel). Mit dieser Regelung haben erblich vorbelastete Paare wesentlich schlechtere Chancen auf einen gesunden Embryo als erblich nicht vorbelastete Paare. Deshalb sollen bei PID-Verfahren nicht nur drei, sondern maximal acht Embryonen in vitro entwickelt werden dürfen (Achter-Regel). Die geltende Regelung birgt einen weiteren bedeutenden Nachteil: Da es verboten ist, Embryonen aufzubewahren, müssen alle lebensfähigen Embryonen – im Maximalfall sind das drei – in die Gebärmutter übertragen werden, so dass es häufig zu Mehrlingsschwangerschaften kommt, die mit Risiken für Mutter und Kinder verbunden sind. Um dieses Risiko zu verringern, sollen Embryonen künftig aufbewahrt und allenfalls später in die Gebärmutter übertragen werden dürfen. Dies gilt für sämtliche In-vitro-Verfahren. Daher soll eine Revision des PID-Anwendungsverfahrens Verbesserungen für solche Paare bringen, die Träger von schweren Erbkrankheiten sind, und für solche, die auf natürlichem Weg keine Kinder bekommen können (vgl. BAG, 2015a).

Paare mit einer genetischen Vorbelastung sollen also auch in der Schweiz künftig die PID in Anspruch nehmen dürfen. Sie dürfen die Embryonen im Rahmen einer künstlichen Befruchtung auf die entsprechende Erbkrankheit hin untersuchen lassen, um anschließend nur jene Embryonen für das Fortpflanzungsverfahren zu verwenden, die nicht von dieser Krankheit betroffen sind. Indes bleiben alle anderen PID-Anwendungsmöglichkeiten verboten. So dürfen unfruchtbare Paare, die erblich nicht vorbelastet sind, von der PID keinen Gebrauch machen. Ebenso bleibt es untersagt, einen Embryo auf spontan auftretende Krankheiten wie Trisomie 21 untersuchen zu lassen oder ein sogenanntes „Retter-Baby" zur Gewebespende für kranke Geschwister auszuwählen.

Bei Paaren, die auf natürlichem Weg keine Kinder bekommen können, können Embryonen ausgewählt werden, die eine gute Entwicklungsfähigkeit erwarten lassen. Damit soll erreicht werden, dass die Schwangerschaft möglichst ohne Komplikationen verläuft.

Diese Gesetzesrevision hat dann konkrete Folgen in der Behandlung von Embryonen. Die enge Begrenzung zu entwickelnder Embryonen wird aufgehoben. Neu ist die Höchstzahl abhängig von den Erfordernissen der künstlichen Befruchtung. Zweitens wird das Gebot, alle transferierbaren Embryonen sofort zu übertragen, aufgehoben. Künftig darf ein einzelner Embryo ausgewählt und übertragen werden. Damit kann das Risiko von Mehrlingsschwangerschaften wesentlich verringert werden. Drittens wird das Aufbewahren von Embryonen zugelassen. Neu wird es erlaubt sein, Embryonen für einen späteren Transfer aufzubewahren.

In solchen ethischen Debatten gehen die befürwortenden und ablehnenden Meinungen quer durch alle Parteien. Die Befürworter eines grundsätzlichen PID-Verbots befürchten einen grundsätzlichen Paradigmenwechsel, weil nun eine Selektionsmethode und eine „Qualitätsüberprüfung menschlichen Lebens" ermöglicht werde. Sie verhindere in jedem Fall das Lebensrecht von gezeugtem menschlichen Leben, so Wolfgang Thierse im Deutschen Bundestag (Bundestag, 2011).

In der Tat muss auch hier eine Güterabwägung stattfinden, weil die Selektion verhindert, dass schadhafte Embryonen vernichtet und damit Menschen mit Behinderungen diskriminiert werden.

Auch liegt der Teufel im Detail. Brauchen wir eine Obergrenze der Anzahl von Embryonen? Aufgrund welcher Erkenntnis wird diese Obergrenze festgesetzt? Soll das Chromosomen-Screening auch für unfruchtbare Paare gelten? Sollte man das Verbot der Präimplantationsdiagnostik nicht grundsätzlich aufheben? Darf man menschliches Leben quasi unter Vorbehalt erzeugen? Gibt es ein Recht auf ein gesundes Kind? Stellt sich die Frage der Lebenswertigkeit bei einem ungeborenen Kind im Mutterleib anders als bei einem Embryo in der Petrischale? Werden mittels eines andauernden Verbots der

PID-Verfahren nicht „Schwangerschaften auf Probe" gefördert? Heute können Abklärungen über Erbkrankheiten erst während der Schwangerschaft im Rahmen pränataler Untersuchungen vorgenommen werden. Oft sehen sich betroffene Paare dadurch vor die schwierige Entscheidung gestellt, ob sie die Schwangerschaft abbrechen sollen oder nicht. Hat der Gesetzgeber das moralische Recht, Mehrlingsschwangerschaften zu reduzieren? Mit der geltenden Regelung müssen alle entwickelten Embryonen in den Mutterleib übertragen werden. Dies sind häufig zwei oder gar drei Embryonen, wodurch sich Mehrlingsschwangerschaften häufen, oder bedeutet dies nicht ein erhebliches Risiko für Mutter und Kinder? Warum darf ein in vitro gezeugter Embryo vor der Übertragung in die Gebärmutter nicht auf schwere Erbkrankheiten getestet werden, indes der viel weiter entwickelte Fötus mittels pränataler Diagnose untersucht und die Schwangerschaft ggf. abgebrochen wird?

7.4.4
Themenbereich 4 – Transplantationsmedizin

Die Transplantationsmedizin macht derzeit große technologische Sprünge. Dadurch werden nicht nur medizinische, sondern auch neue juristische und neue ethische Fragen aufgeworfen, die beantwortet werden müssen. Neu diskutiert werden müssen etwa die Definition des Todes und damit auch sein Zeitpunkt. Ab wann gilt eine Person als tot? Besitzen Tote Rechte und wenn ja welche? Wie können Organe als knappe Ressourcen gerecht verteilt werden (Allokationsfrage) und was heißt in diesem Zusammenhang gerecht? Sollten Organe nur freiwillig entnommen werden oder darf es in Zukunft auch die Möglichkeit geben, Organe von Verstorbenen à priori zu entnehmen?

Organspende bei Postmortalität
Bei der postmortalen Entnahme von Spenderorganen stellt sich aus ethischer Perspektive die Frage, ab wann eine Entnahme ethisch vertretbar bzw. verantwortbar ist. Dies ist in der aktuellen ethischen und medizinischen Diskussion wieder umstritten. Zwar gilt heute in den meisten westlichen Demokratien der irreversible Herz- und Kreislaufstillstand und der vollständige Funktionsausfall des gesamten Gehirns als sicheres Todeskriterium, wobei die Herz- und die Kreislauffunktionen im übrigen Körper durch intensivmedizinische Methoden aufrechterhalten werden können.

Ethisch und philosophisch gesprochen ist mit dem Ausfall der Hirnfunktionen die den Menschen konstituierende körperlich-geistige Einheit für immer zerstört. Wenn der Mensch nicht mehr denken, erkennen, entscheiden, erleben, empfinden und wahrnehmen kann, so die weitläufige Meinung, kann er auch kein Bewusstsein und damit auch kein Selbstbewusstsein mehr haben (vgl. Deutscher Ethikrat, 2015).

Hirntod als Todeskriterium?
Die Frage ist nun, ob der Hirntod tatsächlich ein Todeskriterium für eine Person ist oder der Mensch sich noch im Übergang zum Tod befindet. Das Verständnis, wann ein Mensch tot ist, ist auch von religiösen Einstellungen und Beweggründen abhängig. Wenn wir davon ausgehen, dass der Mensch eine Seele hat, dann glauben wir auch, dass diese eine Zeit braucht, um sich vom Körper zu lösen. Der Mensch ist nicht nur medizinisch, sondern ganzheitlich zu erfassen. Empirische Erfahrungen, dass bei Patienten, welche die diagnostischen Kriterien des Hirntodes erfüllen, nach wie vor physiologische Reaktionen beobachtbar sind, machen die Definition des Todes nicht leichter. So scheint es vorzukommen, dass sogenannte Hirntote noch zu spontanen Umarmungen, zu Erektionen und Samenergüssen oder – bei einer hirntoten Mutter – gar zur zeitweiligen Fortsetzung der Schwangerschaft fähig sind. Ein Bericht des US-amerikanischen President's Council on Bioethics (2008) kommt zu dem Ergebnis, dass eine naturwissenschaftliche Begründung des Hirntodes nicht länger gerechtfertigt sei. Der Organismus als Ganzes mache den lebenden Menschen aus. Dennoch hält der President's Council weiter am Hirntod als Zeitpunkt der Organentnahme fest, weil das Leben einer sol-

chen Person nicht mehr aktiv zum Leben fähig sei und nennt an erster Stelle die selbstständige Atmung. Das Kriterium für Leben ist also neu die bewusste aktive Teilnahme am umgebenden Geschehen. Somit begründen wir den Tod nicht mehr medizinisch, sondern naturphilosophisch und schaffen damit rechtliche Probleme. Die bisherige Konnotation Hirntod = Tod ist deshalb zentral, weil darauf die sogenannte „Dead Donor Rule" aufbaut. Nur einem Toten dürfen Organe entnommen werden. Hebt man diesen Zusammenhang auf, hätte dies weitreichende juristische und ethische Konsequenzen, da die Praxis der Organentnahme dann als eine Form von Tötung angesehen werden müsste. Daher plädieren manche Ärzte dafür, dass man die Tötung des Patienten im irreversiblen Koma als gerechtfertigt, als „justified killing" zulassen sollte. Konsequenterweise müsste dann entweder die unbedingte Gültigkeit des Tötungsverbots oder die Organentnahme aus hirntoten Patienten hinterfragt werden. Der stetige Organmangel hat unterdessen zur Folge, dass der Personenkreis, der für eine Organentnahme infrage kommt, erweitert wird. In der Schweiz wird diskutiert, dass Menschen bereits zu Lebzeiten als Urteilsunfähige, ohne ihren Willen zu kennen, auf der Intensivstation für die Organentnahme vorbereitet werden dürfen. Organe werden in der Schweiz heute schon auch dann entnommen, wenn der „Hirntod" nicht von selbst eingetreten ist, sondern erst als Folge des Entscheides, lebenserhaltende Intensivmaßnahmen abzustellen (vgl. BAG, 2015b).

Organentnahme ohne Zustimmung des Patienten
Darf ein Arzt oder muss er Organe aus einer Leiche entnehmen, wenn der Verstorbene zu Lebzeiten keine Einwilligung gegeben hat oder die Zustimmung von Angehörigen nicht eingeholt werden konnte? Auch hier sind wir wieder mit dem Spannungsverhältnis zwischen den öffentlichen Interessen an der Gewinnung ausreichend vieler Spenderorgane und den Interessen des Verstorbenen bzw. der Angehörigen an der Wahrung der Integrität des Leichnams konfrontiert. Vertreter der sogenannten Widerspruchslösung versuchen in einer Güterabwägung zu einem Kompromiss zu kommen, sie verpflichten zwar nicht zur Organentnahme, bürden dem potenziellen Spender aber die Entscheidungslast auf.

Eine weitere aktuelle Frage ist, ob zur Erhöhung der Organspenden die Menschen vorab ihre Zustimmung geben müssen, zum Beispiel durch Mitführen eines Organspendeausweises. Gemäß heutiger Gesetzgebung in Deutschland oder in der Schweiz ist dies notwendig. Alternativ wird diskutiert, jeden Bürger zu befragen, seine Organe postmortal zu spenden. Auch die oben genannte Widerspruchslösung wurde zur Sprache gebracht. Erhebliche Bedenken gibt es aber nach der Verfassungsmäßigkeit dieser Lösung. Kritiker wenden ein, sie verstoße gegen das Selbstbestimmungsrecht des Einzelnen.

Organallokation und Gerechtigkeit
Sogenannte vermittlungspflichtigen Organe (Herz, Lunge, Leber, Niere, Pankreas und Darm) werden durch die Vermittlungsstelle Eurotransplant gemäß den Richtlinien zur Organvermittlung (siehe Modul Richtlinien der Bundesärztekammer zur Organvermittlung) verteilt. Das Gebot ist, eine gerechte Verteilung zu organisieren. Nach welchem Verfahren soll selektioniert werden? Die Frage stellt sich so lange, wie es weniger Anbieter als Nutzer von Organen gibt. Aus ethischen Gründen lässt sich dies nicht durch das ökonomische Prinzip regeln, indem der Preis Angebot und Nachfrage steuert. Zu klären ist, wie eine gerechte Organallokation vor dem Hintergrund des Mangels an Spendern organisiert werden kann. Wie ist mit Fällen umzugehen, in denen zwei oder mehrere Patienten unter medizinischen Kriterien für ein und dasselbe Spenderorgan infrage kommen? Die Organallokation orientiert sich hauptsächlich an den ethischen Grundprinzipien der Gerechtigkeit und des größtmöglichen (medizinischen) Nutzens. Diese beiden Prinzipien können jedoch miteinander in Konflikt geraten. So wäre der Nutzen einer Transplantation bei einer noch relativ gesunden Person am größten, doch damit würde das Organ jemandem vorenthalten, für den es die vielleicht letzte Chance ist. Die Gewichtung der beiden genannten Prinzipien lässt sich aus ethischer Sicht nicht definitiv festlegen, sondern

muss in einem transparenten gesellschaftlichen Prozess ausgehandelt werden. Eine Möglichkeit, die diskutiert wird, ist das Club-Modell, indem ich selber die Bereitschaft zur Spende bekunde, bevor ich selber in den Genuss einer Spende kommen darf. Allerdings ist diese Ansicht zurzeit im Parlament noch nicht mehrheitsfähig (vgl. SGK-N, 2014).

Dem Transplantationsgesetz (TPG) liegen Kriterien zugrunde, die sowohl für den Zugang zur Warteliste (Notwendigkeit und Erfolgsaussicht) als auch für die Zuteilung von Organen (Dringlichkeit und Erfolgsaussicht) einen Handlungsrahmen bieten. Dem Gesetz liegen also mit dem Erstellen von Kriterien ethische Entscheide zugrunde. Auch hier steckt allerdings wieder der Teufel im Detail. Jeder Begriff muss interpretiert oder definiert werden, damit alle das Gleiche darunter verstehen. Im Transplantationsgesetz ist ferner festgelegt, dass die Dringlichkeit priorisiert wird und die Erfolgsaussicht an zweiter Stelle kommt. Dadurch zwingt das jetzige Allokationssystem schwer kranke Patienten, die mit einer Transplantation gute Überlebenschancen hätten, eine teils zu lange Wartefrist auf, sodass nur noch mit schlechterer Erfolgsaussicht transplantiert werden kann.

Überdies ist in der Medizin der Trend sichtbar, dass auch mit immer höherem Alter operative Interventionen vorgenommen werden, da die Menschen älter werden und eine hohe Lebensqualität auch im Alter gewährleistet werden soll. Damit wird aber auch der Bedarf nach Spenderorganen zunehmen. Die ethische Debatte der Zukunft wird also nicht darum herum kommen, entweder die zur Verfügung stehenden Organe zu rationieren oder über eine andere Spenderpraxis für eine Ausweitung des Spendermarktes zu sorgen, denn es ist nicht davon auszugehen, dass in absehbarer Zeit Organe künstlich hergestellt werden können.

Ethische Fragen bei der Lebendorganspende

Um den Organhandel zu vermeiden, darf eine Transplantation gemäß dem deutschen Transplantationsgesetz nur unter Verwandten ersten und zweiten Grades sowie unter einander „persönlich nahestehenden" Personen durchgeführt werden. Da mit einer Organentnahme bei einer lebenden Person auch immer ein gesundheitliches Risiko verbunden ist, sollen Lebendspenden nur subsidiär zur vorher diskutierten postmortalen Spende eingesetzt werden. Demnach ist eine Lebendspende nur dann zulässig, wenn zum Zeitpunkt der Organentnahme kein geeignetes Organ eines Leichenspenders zur Verfügung steht. Der Arzt darf Organe eines lebenden Spenders nur dann entnehmen, wenn diese Kriterien der Dringlichkeit und Alternativlosigkeit erfüllt sind. Außerdem muss mithilfe physiologischer Untersuchungen sichergestellt werden, dass der Eingriff den potenziellen Spender nicht über das normale Operationsrisiko hinaus gefährdet. Auch wird mittels psychologischer Tests geklärt, ob die Entscheidung des Spenders frei und informiert zustande gekommen ist. Mit Blick auf den Arzt wird in ethischer Perspektive vor allem darüber diskutiert, wie der Eingriff, der dem Patienten selbst nicht nützt, mit dem Prinzip des Nicht-Schadens (lat.: „nihil nocere") als klassischem Prinzip des ärztlichen Ethos in Verbindung gebracht werden kann.

Ausweitung des Spenderkreises

Eine weitere Frage auch im Hinblick auf den Organhandel ist, ob Spendern eine Zahlung geleistet werden soll, wenn sie Organe oder Teile von Organen zu Lebzeiten spenden. Dies wird durchaus auch positiv diskutiert, da der Spender erhebliche Risiken und Nachteile in Kauf nimmt und die nutznießende Person dem Spendermarkt keine Ressourcen entnimmt. Dies könne beim Spender zum Abbau von Schuldgefühlen führen. Kritiker warnen indes vor dem „Verkauf" von Organen, der mit der Menschenwürde nicht vereinbar sei. Befürchtet wird vor allem die Ausbeutung ärmerer Bevölkerungsschichten, da sich diese vermutlich vermehrt dazu bereit erklären würden, Organe zu Lebzeiten zu spenden.

Eingrenzung des Empfängerkreises

Ein anderer Weg, um aus dem Dilemma von knappem Angebot und großer Nachfrage zu kommen, ist die Einschränkung des Empfängerkreises. Diskutiert werden hier Kriterien, die den aktuellen Wertvorstellungen indes zuwiderlaufen. So könnte ein Weg sein, eine Altershöchstgrenze einzuführen. Eine weitere Möglichkeit wäre, nur denen Organe zur Verfügung zu stellen, die sich auch ausdrücklich zu einer Spende bekannt haben (Club-Modell). Schließlich bestünde die Möglichkeit, das Kriterium des Selbstverschuldens einzuführen. So könnte beispielsweise einem starken Raucher die Transplantation einer Lunge untersagt werden. Daher sei auch hier noch einmal betont: ethische Normen sind Früchte einer aktuellen gesellschaftlichen Diskussion. Mit dem Wertewandel ändern sich auch die Einstellungen, was gestern ethisch nicht tragbar war, kann morgen schon zum Normalfall werden, sofern grundlegende Menschenrechte nicht verletzt sind.

7.4.5
Themenbereich 5 – Rationierung

Ökonomie und Medizin

Grundsätzlich stehen uns in der Gesundheitswirtschaft drei Instrumente zur Verfügung, um den steigenden Bedarf an Leistungen zu steuern. Wir können erstens den Weg einer kontinuierlichen Mengenausweitung der Ressourcen einschlagen. Damit ist eine im Vergleich zur allgemeinen Teuerung überproportionale Kostensteigerung im Gesundheitssystem verbunden. Die aktuellen analysierten Daten stammen aus dem Jahre 2012. In diesem Jahr hat die Schweiz 68 Mrd. Franken für das Gesundheitswesen ausgegeben. Die Steigerungsraten pro Jahr liegen bei ca. 5 %, so dass wir spätestens 2016 mit einem Volumen von 80 Mrd. Franken zu rechnen haben (vgl. bfs, 2015a). Das zweite permanent eingesetzte Instrument ist jenes der Rationalisierung und Effizienzsteigerung. Dieses Instrument führt zu Kosteneinsparungen, stößt indes dort an seine Grenzen, wo zusätzliche Rationalisierungsmaßnahmen zu einer Einbuße in der Qualität der Leistungen führen. Das dritte und am stärksten umstrittene Instrument ist jenes der Rationierung. Hier geht es um eine Form der Zuteilung begrenzter Mittel. Rationierung impliziert, dass nicht mehr alle alles bekommen.

Die ärztliche Maxime, alle möglichen therapeutischen Maßnahmen durchzuführen, sofern sie dem Patienten einen wenn auch nur kleinen Nutzen versprechen, sind dem ökonomischen Prinzip fremd. Dieses besagt, dass knappe Mittel nach dem besten Kosten-Nutzen-Verhältnis eingesetzt werden müssen, um ein Maximum an Wirkung zu erzielen. Zwar können wir – wie mit der Einführung von DRGs oder mit technologischen Hilfsmitteln – Rationalisierungen vornehmen, doch werden wir in absehbarer Zeit nicht umhinkommen, uns auf der Basis der nicht in extenso auszuweitenden Versorgungskapazitäten Gedanken über ein gerechtes Verteilprinzip zu machen. Das medizinisch Mögliche und das gesellschaftlich Finanzierbare driftet mit der Alterung der Gesellschaft weiter auseinander. Indes ist hier guter Rat teuer, weil jeder Art von Rationierung Ausgrenzungskriterien zugrunde liegen müssen. Niemand getraut sich, diese Kriterien zu definieren und auch politisch durchzusetzen (vgl. Marckmann, 2010).

Aus ökonomischer Sicht müssen wir sogar auf Leistungen verzichten, wenn mit einem anderweitigen Einsatz der begrenzten Mittel ein höherer Nutzenzuwachs zu erwarten ist. Aus ärztlicher Sicht hingegen ist es aus ethischen Gründen angezeigt, sämtliche Therapiemaßnahmen einzuleiten, die einem Patienten noch einen (theoretischen) Nutzen bringen können. Dieses Nutzen-Individualprinzip steht dem Nutzen-Kollektivprinzip entgegen, demzufolge auch abzuwägen wäre, welche Opfer der Patient der Gemeinschaft der Versicherten aufbürdet. Da es sich um materielle Opfer handelt, werden diese als zweitrangig gegenüber dem Nutzen-Individualprinzip eingestuft.

Ethisches Prinzip der Dringlichkeit der Therapie

Das Prinzip der Dringlichkeit geht davon aus, einer maximalen Zahl von Menschen das Leben zu retten, unabhängig davon, ob die eingelieferte Patientin kurz nach dem Rettungseinsatz stirbt oder nicht. Auch das Beispiel der Organzuweisung bei bevorstehenden Transplantationen zeigt die Grenzen dieses ethischen Prinzips auf. Zwar könnte eine lebensrettende Maßnahme auch bei schwerkranken Patienten mit nur noch kurzen Lebensperspektiven eingeleitet werden, zur gleichen Zeit jedoch stünde das Organ Menschen mit höherer Lebenserwartung nicht mehr zur Verfügung.

Dauer des Nutzens als Entscheidungskriterium

Dieses Kriterium orientiert sich an dem Gewinn zusätzlicher Lebensjahre. Wendet man es an, würden Patienten mit geringeren prognostizierten Lebensjahren ausselektiert. Dies steht im Kontrast zum Prinzip der Dringlichkeit. Wird nun noch das Kriterium der Qualität einbezogen, um die vermutete Anzahl qualitativ lebenswerter Lebensjahre zu ermitteln, wird das ethische Dilemma noch größer. Wer bestimmt diese Qualität, nach welchen Kriterien soll sie festgelegt werden und vor allem, wie sicher sind solche Prognosen?

Kriterium des Alters

Heute wird in der täglichen medizinischen Praxis das Alter eines Patienten als eine Selektionsgrundlage für die Nutzung von knappen Ressourcen häufig angewendet. Doch auch hier findet eine Abwägung von ethisch fragwürdigem lebenswertem Leben nach der Dauer erwarteter lebenswerter Restlebenszeit und dem notwendigen Ressourceneinsatz statt. Zudem ist die medizinische Behandlung lebensbedrohlich erkrankter oder sterbender Menschen grundsätzlich mit hohen Kosten verbunden – unabhängig vom Alter des Patienten.

7.5 Fazit

Wie auch immer wir versuchen, limitierte Ressourcen im Gesundheitssystem gerecht zu verteilen, werden wir stets auch Ungleichheiten generieren. Die Diskussion muss daher unseres Erachtens bereits viel früher auf der politischen Systemebene ansetzen. Die Ungleichheit bzw. ungleiche Behandlung beginnt bei der sozialen Ungleichheit. Armut, mangelnde Bildung und unzureichende Gesundheitskompetenzen sind bereits Determinanten der Rationierung. Diese werden aber gerade nicht im Gesundheitsmarkt generiert, sondern in der gesellschaftlichen Entwicklung (vgl. Marmot, 2005; vgl. WHO, 2010).

Literatur

Akademien der Wissenschaften Schweiz (2012): Medizin für Gesunde? Analysen und Empfehlungen zum Umgang mit Human Enhancement. Akademien der Wissenschaften Schweiz. Bern, Druck und Werbebegleitung Könitz.

Baumann-Hölzle, R. (1997): Ethik und Transplantationsmedizin, in: Bondolfi, A.; Malacrida, R.; Rohner, A. (Hrsg.): Ethik und Transplantationsmedizin. Comano, Edizione Alice, S. 87–95.

Beauchamp, T.L.; Childress, J.F. (2009): Principles of Biomedical Ethics, 6. Auflage. New York, Oxford University Press.

Berger, Chr. (2011): Pharmakologisches Neuroenhancement, Auslegeordung für die Suchtprävention. Zürich, Stadt Zürich.

Bundesärztekammer (2011/2012): Modul Richtlinien der Bundesärztekammer zur Organvermittlung http://www.bundesaerztekammer.de/fileadmin/user_upload/downloads/RiliOrgaLeber20130308.pdf [Zugriff: 29.02.2016].

Bundesamt für Gesundheit (BAG) (2015a): Abstimmungsdossier: Verfassungsartikel über die Fortpflanzungsmedizin und Gentechnologie im Humanbereich (Art. 119 BV). http://www.bag.admin.ch/themen/medizin/03878/15276/index.html?lang=de [Zugriff: 01.06.2015].

Bundesamt für Gesundheit (BAG) (2015b): Transplantationsmedizin. Bern. http://www.bag.admin.ch/transplantation/ [Zugriff: 29.02.2016].

Bundesamt für Statistik (bfs) (2015a): Die Kosten des Gesundheitswesens. Neuchâtel, 2015.

Bundesamt für Statistik (bfs) (2015b): Mortalitätsmonitoring. Neuchâtel, http://www.bfs.admin.ch/bfs/portal/de/index/themen/14/02/04/key/01.html [Zugriff: 29.02.2016].

Deutscher Ethikrat (2013): Die Zukunft der genetischen Diagnostik – von der Forschung in die klinische Anwendung. Berlin, Deutscher Ethikrat.

Deutscher Ethikrat (2015): Hirntod und Entscheidung zur Organspende. Berlin, Deutscher Ethikrat, Pressemitteilung 1/2015.

Eckhard, A.; Bachmann, A.; Marti, M.; Rütsche, B.; Telser, H. (2011): Human Enhancement. Zürich, vdf.

Galert, Th.; Bublitz, C.; Heuser, I.; Merkel, R.; Repantis, D. et al. (2009): Memorandum Neuro-Enhancement. Gehirn&Geist, 11: 1–12.

Head-König, A.-L. (2007): Konkubinat, in: Historisches Lexikon der Schweiz 2007. http://www.hls-dhs-dss.ch/textes/d/D16107.php [Zugriff: 01.06.2015].

Marckmann, G. (2010): Kann Rationierung im Gesundheitswesen ethisch vertretbar sein. GGW – Das Wissenschaftsforum in Gesundheit und Gesellschaft, 10 (1): 8–15.

Marmot, M. (2005): Social determinants of health inequalities. Lancet, 365: 1099–1104.

Montgomery, F.-U. (2014): Tötung auf Verlangen verstößt gegen ärztliche Ethik. Deutsches Ärzteblatt, 10.08.2014. http://www.aerzteblatt.de/nachrichten/59687 [Zugriff 29.02.16].

Montgomery, F.-U. (2015): Organisierte Suizidbeihilfe verbieten. Katholische Nachrichten Agentur, 07.05.2015. http://www.kath.net/news/50465 [Zugriff 29.02.16].

Nationale Ethikkommission (NEK) (2011): Enhancement: Folgen für Gesellschaft und Gesundheit. Bern. http://www.nek-cne.ch/fileadmin/nek-cne-dateien/Medienmitteilungen/de/MM_NEK_Enhancement_d.pdf [Zugriff: 24.05.2015].

Rusche, Th. (1999): Philosophische versus ökonomische Imperative einer Unternehmensethik, 3. Auflage, Band 2. Münster, LIT.

Sekretariat der Kommissionen für soziale Sicherheit und Gesundheit (SGK-N) (2014): Transplantationsgesetz. https://www.parlament.ch/press-releases/Pages/2014/mm-sgk-n-2014-10-17.aspx [Zugriff: 29.02.2016].

Sen, A. (2004): Why Health Equity?, in: Anand, P.S.; Sen, A. (eds.): Public Health, Ethics, and Equity. New York, Oxford University Press, S. 21–33.

Stricker, H.R. (2013): Der Ritalinkonsum steigt weiter an. Schweizerische Ärztezeitung, 94: 15.

Thierse, W. (2011) in: PID in Deutschland künftig eingeschränkt erlaubt. https://www.bundestag.de/dokumente/textarchiv/2011/35036974_kw27_de_pid/205898 [Zugriff: 01.06.2015].

Weltärztebund (1947): Eid des Hippokrates. http://www.bundesaerztekammer.de/aerzte/internationales/internationale-zusammenarbeit/weltaerztebund/ [Zugriff: 01.06.2015].

US-President's Council on Bioethics (2008): Controversies in the Determination of Death: A White Paper by the President's Council on Bioethics. Washington DC.

World Health Organization (2010): A conceptual framework for action on the social determinants of health. Geneva, WHO.

8 Bedeutung des Managements in der Gesundheitswirtschaft

Manfred Haubrock

8.1 Gesundheitsleistungen als Gegenstand des Managements

Gesundheitsleistungen bzw. **Gesundheitsgüter** sind wirtschaftliche Güter, die eingesetzt werden, um den Krankheitszustand eines Menschen möglichst positiv zu beeinflussen. Hierbei ist zu beachten, dass in der Bundesrepublik Deutschland versicherungsrechtlich ausschließlich die begriffliche Krankheitsbestimmung des Bundessozialgerichts vom 16.05.1972 von Bedeutung ist. Danach ist **Krankheit** ein regelwidriger Körper- und/oder Geisteszustand, dessen Eintritt entweder die Notwendigkeit einer Heilbehandlung und/oder Arbeitsunfähigkeit zur Folge hat. In diesem Urteil spielt somit neben dem Behandlungsaspekt auch der arbeitsrechtliche Aspekt eine Rolle.

Die Notwendigkeit einer Heilbehandlung erfordert den Einsatz von materiellen Gütern (Sachgütern) oder immateriellen Gesundheitsgütern (Dienstleistungen) unter Beachtung des Wirtschaftlichkeits- und des Qualitätsgebots.

Diese Güter können im stationären, im teilstationären und im ambulanten Bereich eingesetzt werden. In § 11 SGB V (Leistungsarten) werden die Gesundheitsleistungen aufgeführt, auf die eine versicherte Person bei Eintritt einer Krankheit Anspruch hat. Zu diesen Leistungen gehören unter anderem:
- Leistungen zur Förderung der Gesundheit
- Leistungen zur Verhütung von Krankheiten
- Leistungen zur Behandlung einer Krankheit
- Medizinische und ergänzende Leistungen zur Rehabilitation.

Für den Krankenhausbereich legt das Krankenhausfinanzierungsgesetz (KHG) die Aufgabenstellung einer stationären Einrichtung fest. Laut § 2 KHG sind Krankenhäuser „Einrichtungen, in denen durch ärztliche und pflegerische Hilfeleistungen Krankheiten, Leiden oder Körperschäden festgestellt, geheilt oder gelindert werden sollen oder Geburtshilfe geleistet wird und in denen die zu versorgenden Personen untergebracht und verpflegt werden können." Demnach haben die Krankenhäuser eine klare, gesetzlich festgeschriebene Zielvorgabe. Zur Realisierung dieses Ziels müssen die Häuser die Gesundheitsgüter „ärztliche und pflegerische Leistungen, Unterbringung und Verpflegung" einsetzen. Folglich werden die Gesundheitsgüter auch im KHG in materielle Güter und immaterielle Güter eingeteilt. Diese Leistungen müssen auf der Grundlage des Wirtschaftlichkeitsgebots (§ 12 SGB V) ausreichend, zweckmäßig und wirtschaftlich sein. Zudem dürfen sie das Maß des Notwendigen nicht überschreiten. In § 70 SGB V (Qualität, Humanität und Wirtschaftlichkeit) ist weiterhin festgeschrieben, dass die Krankenkassen und die Leistungserbringer eine bedarfsgerechte und gleichmäßige, dem allgemein anerkannten Stand der medizinischen Erkenntnisse entsprechende Versorgung der Versicherten zu gewährleisten haben.

Im Gesundheitssektor werden überwiegend Gesundheitsgüter in Form von **Dienstleistungen** eingesetzt. Abhängig von der Kombination von Leistungsgebern und Leistungsnehmern (Person oder Objekt) lassen sich mindestens zwei unterschiedliche **Definitionen** von Dienstleistungen unterscheiden:

- Dienstleistungen im engeren Sinne sind der Bedarfsdeckung Dritter dienende geistige und/oder körperliche Tätigkeiten, deren Vollzug und deren Nutzung einen zeitlich und räumlich synchronen Kontakt zwischen Leistungsgeber und Leistungsnehmer erfordern.
- Dienstleistungen im weiteren Sinne sind der Bedarfsdeckung Dritter dienende geistige und/oder körperliche Tätigkeiten, deren Vollzug und Nutzung einen zeitlich und räumlich synchronen Kontakt zwischen Leistungsgeber und Leistungsnehmer bzw. deren Objekte erfordern.

Nach Berekhoven (1986) können die **Dienstleistungsmärkte** unter dem Gesichtspunkt der Kombinationsmöglichkeiten von Leistungsanbietern und -abnehmern in den vier folgenden Ausprägungen auftreten:
- beiderseitig personenbezogener Dienstleistungsmarkt
- nachfrageobjektbezogener Dienstleistungsmarkt
- anbieterobjektbezogener Dienstleistungsmarkt
- beiderseitig objektbezogener Dienstleistungsmarkt (ebd.: 27).

Bei den Dienstleistungen in der Gesundheitswirtschaft handelt es sich im Wesentlichen um **beiderseitig personenbezogene Dienste**. Aus dieser Kennzeichnung ergeben sich für die Dienstleistungen im Gesundheitsbereich grundsätzlich die folgenden **Eigenschaften**:
- Gültigkeit des Uno-actu-Prinzips
- Nichtlagerfähigkeit
- geringe Rationalisierbarkeit
- geringe Kapazitätselastizität
- Existenz von Präferenzen.

Neben den oben skizzierten Merkmalen der Gesundheitsgüter als Dienstleistungen sind folgende Eigenschaften zu beachten:
- Gesundheitsgüter sind Zukunftsgüter.
- Gesundheitsgüter sind Kollektivgüter.

Zukunftsgüter sind Güter, die erst in der Zukunft genutzt werden können, für die jedoch in der Gegenwart ein Aufwand erbracht werden muss. Nach der **Theorie der Mindereinschätzung zukünftiger Güter** ist der wirtschaftlich agierende Mensch nicht freiwillig bereit, diese Aufwendungen zu übernehmen, daher muss er zur Finanzierung dieser Güter gezwungen werden.

Kollektivgüter sind hingegen Güter, von deren Konsum niemand ausgeschlossen werden darf. Nach der **Logik des kollektiven Handelns** hat der einzelne Mensch keinen Grund, für ein Gut, das ihm nicht vorenthalten werden darf, freiwillig zu zahlen. Somit muss er zur Finanzierung von kollektiven Gütern ebenfalls gezwungen werden.

Aus der Kennzeichnung der Gesundheitsgüter als Zukunfts- bzw. als Kollektivgüter erklärt sich unter anderem die Versicherungspflicht der gesetzlichen Krankenversicherungen.

8.2
Dimensionen des Managements

8.2.1
Überblick

Der Begriff des **Managements**, im deutschen Sprachgebrauch auch Führung genannt, wird in der betriebswirtschaftlichen Literatur in vierfacher Bedeutung benutzt. Diese vier **Dimensionen des Managements** sind:
- funktionales Management
- strukturales Management
- personales Management
- instrumentales Management.

Nach dem ersten Bedeutungsinhalt ist Management eine Aufgabe bzw. eine Funktion. Die **Managementfunktion** besteht darin, Ziele zu setzen, zu planen, Entscheidungen zu fällen, ihre Realisierung zu veranlassen sowie die Umsetzung zu kontrollieren. Hierzu müssen zur Bearbeitung jeder Teilfunktion Informationen zur Verfügung gestellt werden.

Die zweite Betrachtungsebene des Managements ist die Aufbauorganisation, die Hierarchie bzw. die **Struktur** eines Unternehmens. Hierbei lassen sich u.a. die beiden kleinsten Organisationseinheiten Instanzen und Ausführungsstellen unterscheiden. **Instanzen** und **Ausführungsstellen** sind institutionelle Organisationseinheiten, in denen Menschen beschäftigt werden. Die Eingliederung einer Instanz und einer Stelle in den Betriebsaufbau, ihr jeweiliger Aufgabenumfang, ihre Kompetenzen, ihre Beziehungen zu anderen Organisationseinheiten usw. werden in einer sogenannten Stellenbeschreibung zusammengefasst. Hierbei sind den **Instanzen** durch die zugewiesenen Kompetenzen und Verantwortlichkeiten Führungsaufgaben zugeordnet, den **Ausführungsstellen** hingegen fallen die Ausführungsaufgaben zu. Somit ist eine Stelle hierarchisch einer Instanz untergeordnet. In der Organisationslehre bilden Instanzen und Stellen eine **Abteilung**.

Nach dem **System der produktiven Faktoren** werden die Elementarfaktoren (stellenrelevant) und die dispositiven (instanzenrelevant) Faktoren unterschieden. Der **dispositive Faktor** umfasst die Führungskräfte und die ihnen zugeordneten Funktionen, die **Elementarfaktoren** setzen sich aus den ausführenden Personen und aus den Betriebsmitteln (z. B. eine Maschine) und den Werkstoffen (z. B. ein Rohstoff) zusammen. Die **Aufgabe des dispositiven Faktors** besteht nun darin, die drei Elementarfaktoren im Rahmen des Wertschöpfungsprozesses so zu verbinden, dass die bereitgestellte Dienstleistung bzw. das erstellte Produkt den Kundenerwartungen entspricht (Abb. 8.2-1).

Die dritte Sichtweise von Management erfasst nunmehr den **Personenkreis**, der die Managementaufgaben mithilfe der Managementtechniken in den Managementstellen wahrnimmt. Es geht folglich um den Träger der Managementfunktionen, um die Managementperson, um den Manager. Das **Personalmanagement** in den Unternehmen umfasst eine große Spannbreite an Funktionen. Diese erstrecken sich von der Anwerbung und Auswahl neuer Mitarbeiter, über die Maßnahmen der Personalbindung und -entwicklung und enden bei der Durchführung von Austrittsprozessen. Weiterhin gehören auch die Etablierung von Anreizsystemen und die Erarbeitung von Führungsgrundsätzen zum Aufgabengebiet des Personalmanagements.

Von den bisher dargestellten Dimensionen des Managements ist eine vierte abzugrenzen. Dieser vierte Aspekt beschreibt, wie und mit welchen **Instrumenten**, Mitteln, Techniken die gestellten Aufgaben realisiert werden können. Hierbei lassen sich wiederum unterscheiden:
- Management-Tools (instrumentale, werkzeugmäßige Hilfsmittel)
- Managementprinzipien (Führungsprinzipien).

Zu den **Management-Tools** gehören Instrumente, wie sie zum Beispiel Operations Research, die Kybernetik oder die Entscheidungstheorie bieten. Die Führungsprinzipien hingegen umfassen die Management-by-Grundsätze („management by delegation", „management by exception", „management by objectives", „management by results").

Die unterschiedlichen Aspekte des Managements lassen wie folgt zusammenfassen. **Management** ist…
- …eine Sammlung spezifischer Aufgaben (Managementfunktionen),
- die von bestimmten Organisationseinheiten (Managementstruktur) wahrgenommen werden,

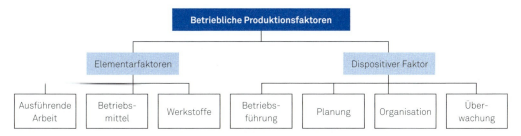

Abbildung 8.2-1: System der produktiven Faktoren (Quelle: Haubrock et al., 1997: 112)

- in denen die hierfür geeigneten Personen (Managementpersonen) tätig sind und
- sich bestimmter Techniken bedienen (Managementtechniken).

Aus den bisherigen Ausführungen lässt sich eine Definition ableiten, in der alle vier Dimensionen des Managements integriert sind.

Unter **Management** ist die Gesamtheit der Institutionen, Prozesse und Instrumente zu verstehen, die im Rahmen der Problemlösung durch eine Personengemeinschaft der Willensbildung (Planung und Entscheidung) und der Willensdurchsetzung (Anordnung und Kontrolle) dient. Tabelle 8.2-1 fasst die wesentlichen Elemente dieser Definition zusammen.

8.2.2
Funktionales Management

8.2.2.1
Prozess der Aufgabenerfüllung

In der betriebswirtschaftlichen Literatur wird die betriebliche Leitungstätigkeit auch als Betriebsführung oder Management bezeichnet. Die Managementfunktionen orientieren sich hierbei am Führungsprozess.

Der **Prozess der Aufgabenerfüllung** als Teil der betrieblichen Leitungstätigkeit beginnt mit der Überlegung, welches Ziel erreicht werden soll (**Zielsetzung**). Es folgt die vorausschauende, gedankliche Ordnung der für die Zielerreichung notwendigen Maßnahmen (**Planung**). Während die Zielsetzung das künftige Verhalten des Unternehmens determiniert, ist es Aufgabe der Planung, die Zielsetzung in strategische und operationale Sollvorgaben zu transformieren. Aus den Planungsvarianten ist die Möglichkeit auszusuchen, die aus der Sicht der Entscheider die beste Zielerreichung garantiert. Nach der **Entscheidung** folgt die aktuelle Gestaltung des betrieblichen Kombinationsprozesses (**Organisation**). Das Ergebnis der Realisation wird durch Vergleich mit der Norm, dem durch die Aufgabenerfüllung zu erreichenden Sollzustand, kontrolliert, um bei Abweichungen durch steuernde Eingriffe in die Realisierung eine möglichst große Annäherung zwischen dem tatsächlich Erreichten und der Zielsetzung gewährleisten zu können (**Kontrolle**).

Auf allen Ebenen dieser Führungstätigkeit ist die Bereitstellung von aufbereiteten Informationen von zentraler Bedeutung (**Kommunikation**).

Diese oben aufgezeigten Managementaufgaben lassen sich im sogenannten Managementkreis festhalten (Abb. 8.2-2).

In diesem Kontext lässt sich Management als Gestaltung und Steuerung von Personen und Sachgütern in den Unternehmungen verstehen (personenbezogene und sachbezogene Dimensionen). Hierbei beziehen sich die Aufgaben des Managements im Rahmen der **personenbezogenen Dimension** zum Beispiel auf die folgenden Bereiche:

- Der Arbeitsplatz des Mitarbeiters ist entsprechend seinen spezifischen Anforderungen und der zu erledigenden Aufgaben zu besetzen. Hierbei sind die Fähigkeiten bzw. das fachliche Wissen der Mitarbeiter zu berücksichtigen.
- Den Mitarbeitern sollte Gelegenheit gegeben werden, ihre Kompetenzen durch interne und externe Fort- und Weiterbildungsmaßnahmen zu erweitern.

Tabelle 8.2-1: Elemente des Managements (Quelle: Eigenerstellung)

Aspekte	Willensbildung		Willensdurchsetzung	
	Planung	Entscheidung	Anordnung	Kontrolle
Institutionen	Planungsinstanzen	Entscheidungsinstanzen	Anordnungsinstanzen	Kontrollinstanzen
Funktionen	Planungsprozesse	Entscheidungsprozesse	Anordnungsprozesse	Kontrollprozesse
Instrumente	Planungsinstrumente	Entscheidungsinstrumente	Anordnungsinstrumente	Kontrollinstrumente

8.2 Dimensionen des Managements

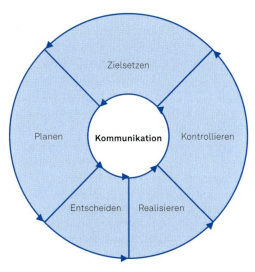

Abbildung 8.2-2: Die Managementkonzeptionen im Managementkreis (Quelle: Eigenerstellung in Anlehnung an Haubrock et al., 1994: Folie 35)

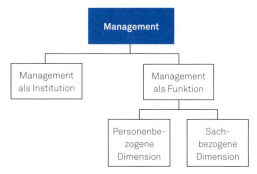

Abbildung 8.2-3: Dimensionen des funktionalen Managements (Quelle: Haubrock et al., 1997: 85)

In Zusammenhang mit der personenbezogenen Dimension des Managements spielen **Führungsstile** eine besondere Rolle.

Neben der personenbezogenen Dimension des Managements gehört der **sachbezogene Aufgabenkomplex** für die Realisierung der Unternehmensziele zu den Managementfunktionen. Grundsätzlich lassen sich beispielhaft die folgenden Sachaufgaben unterscheiden:
- Globale Unternehmensziele müssen formuliert werden.
- Teilpläne sind aus den globalen Unternehmenszielen abzuleiten.
- Die Vielfalt der Teilpläne ist zu koordinieren.
- Strategien und Maßnahmen müssen zur Zielrealisierung festgelegt werden.
- Planvorgaben sind den tatsächlichen erreichten Ergebnissen gegenüberzustellen, Abweichungen zu analysieren und ggf. Gegensteuerungsmaßnahmen zu ergreifen.

Damit stellt die sachbezogene Dimension des Managements in erster Linie auf Zielsetzungs-, Planungs-, Entscheidungs- sowie Kontrolltätigkeiten ab.

Die beiden dargestellten Sichtweisen des funktionalen Managements zeigt Abbildung 8.2-3.

8.2.2.2
Informationsbearbeitung

Die im Managementkreis dargestellten Managementaufgaben müssen wiederum, damit sie umgesetzt werden können, durch ein **Informationssystem** vernetzt werden. Das Informationssystem besteht seinerseits aus den Subsystemen:
- Informationsversorgungssystem
- Informationsverwendungssystem.

Das **Informationsversorgungssystem** stellt die für die Entscheidungsfindung notwendigen Informationen zur Verfügung. Informationen sind hierbei als zweckorientiertes Wissen zu verstehen. Die Zweckorientierung besagt, dass nur das Wissen eingesetzt werden soll, das zur Realisierung des gesetzten Ziels benötigt wird.

Die **Informationen** sind aus dem Unternehmen oder aus der Umwelt der Unternehmung zu beschaffen, aufzubereiten und ggf. zu speichern. Es ist weiterhin dafür Sorge zu tragen, dass die Informationen den Empfängern nicht nur nach qualitativen und quantitativen Aspekten übermittelt, sondern auch am richtigen Ort und zur gewünschten Zeit bereitgestellt werden. Informationen können qualitativen Charakter (z. B. Essenswünsche der Patienten), quantitativen (z. B. Mitarbeiterzahl) oder monetären (z. B. Umsatzhöhe) Charakter haben.

Aufgrund der Phasen der Informationsbearbeitung ergeben sich für das Informationsversorgungssystem die **Teilaufgaben**:
- Informationsbeschaffung
- Informationsaufbereitung

- Informationsspeicherung
- Informationsübermittlung.

Im Rahmen der **Informationsbeschaffung** können die für eine bestimmte Fragestellung benötigten Informationen einerseits betriebsintern, im Krankenhaus zum Beispiel durch Einsichtnahme in das Dokumentationssystem, andererseits extern durch die Lektüre von Fachzeitschriften ermittelt werden. Informationen können nur beschafft werden, wenn entsprechende Informationsquellen bekannt und zugänglich sind.

Die Aufgabe der **Informationsaufbereitung** besteht darin, Regeln und Verfahren für die Verknüpfung von Informationen festzulegen. In diesem Zusammenhang hat die automatisierte Informationsaufbereitung eine zentrale Bedeutung.

Stehen Informationen früher zur Verfügung als sie benötigt werden, ergibt sich die Notwendigkeit der **Informationsspeicherung**. Die Speicherung hat somit die Aufgabe, die Zeitspanne zwischen Datengewinnung und -verwertung zu überbrücken.

Bei der **Informationsübermittlung** werden die Informationen von einem Sender zu einem Empfänger geleitet. Die Notwendigkeit solcher Kommunikationstätigkeiten ergibt sich aus der betrieblichen Arbeitsteilung. Informationsübermittlungsvorgänge sind immer dann erforderlich, wenn ein Aufgabenträger nicht über die Informationen verfügt, die er für die Lösung einer bestimmten Fragestellung benötigt. Die Informationen müssen dann von einer anderen Stelle im Betrieb abgerufen werden.

Der zweite Teil des Informationssystems ist das **Informationsverwendungssystem**. Bei der Verwendung werden die Informationen im Rahmen der Zielsetzungs-, Planungs-, Entscheidungs- und Kontrollprozesse verarbeitet.

Die Informationsversorgung und die Informationsverwendung sind somit zwei voneinander unabhängige Managementbereiche. Während das Informationsversorgungssystem Informationen bereitstellt, werden im Informationsverwendungssystem die Informationen zur Umsetzung der Managementfunktionen eingesetzt.

8.2.2.3
Zielsetzung

Wie bereits erwähnt, entsprechen die Managementfunktionen den Teilbereichen des Managementkreises, des **Regelkreises der dispositiven Tätigkeiten**. Die erste Phase der Managementtätigkeit umfasst die Zielsetzung.

Ziele stellen Aussagen über erwünschte Zustände dar, die als Ergebnis von Verhaltensweisen eintreten sollen. Werden mehrere Ziele verfolgt, die in Beziehung zueinander stehen, spricht man von einem **Zielsystem**.

Ein Beispiel für das Zielsystem einer Gesundheitseinrichtung zeigt Abbildung 8.2-4.

Bei diesem Zielsystem wird zwischen dem **Sachziel**, dem **Kategorial-** und dem **Formalziel** unterschieden. Das Sachziel entspricht der Festlegung der quantitativen Ziele, das Kategorialziel schreibt Qualitätsziele fest, das Formziel definiert dagegen die ökonomischen Ziele.

Eine andere Variante besteht darin, dass das Zielsystem von Unternehmen unter anderem die folgenden Komponenten hat:
- Die **leistungswirtschaftliche Zielkomponente** stellt zum Beispiel auf die Versorgung der Bevölkerung mit bestimmten Gütern ab. Der leistungswirtschaftliche Aspekt steht insbesondere bei öffentlichen Betrieben im Vordergrund. So ist das vorrangige Ziel des Krankenhausbetriebs die Deckung des Bedarfs der Bevölkerung an Leistungen, die zum Beispiel der Erhaltung und Wiederherstellung der Gesundheit dienen.
- Charakteristisch für privatwirtschaftliche Betriebe ist die dominierende Stellung der **finanzwirtschaftlichen Zielkomponente**. Neben dem Gewinn zählen die Rentabilität und die Liquiditätssicherung zu den finanzwirtschaftlichen Zielen.
- Arbeitsplatzerhaltung, Weiterbildung der Mitarbeiter und Betriebssicherheit sind Beispiele für die Ausprägung von **sozialen Zielsetzungen** des Betriebs.

Werden die Ziele des Krankenhauses noch weiter ausgeweitet, kann sich das in Tabelle 8.2.-2 aufgeführte Zielsystem ergeben.

Abbildung 8.2-4: Zielsystem eines Krankenhauses (Quelle: Eigenerstellung in Anlehnung an Haubrock et al., 1994: Folie 36)

Tabelle 8.2-2: Alternatives Zielsystem eines Krankenhauses mit Zwischen- und Unterzielen (Quelle: Eigenerstellung)

Zwischenziele	Unterziele
Leistungserstellungsziel	• Betriebsführungsziel • Leistungsfähigkeit • Kostenwirtschaftlichkeit
Bedarfsdeckungsziel	• Dringlichkeitsgemäße Bedarfskongruenz • Räumliche Bedarfskongruenz • Zeitliche Bedarfskongruenz
Personalwirtschaftsziel	• Sicherung des Personalbestands • Sicherungen der Arbeitszufriedenheit und der Leistungen des Personals • Sicherung der Personaleffizienz
Angebotswirtschaftsziel	• Optimale Preisgestaltung • Externes Kontaktziel • Externes Informationsziel
Finanzwirtschaftsziel	• Liquiditätssicherungsziel • Sicherung der Eigenwirtschaftlichkeit • Sicherung der funktionellen Kapitalerhaltung
Autonomie- und Integrationsziel	• Entscheidungs- und Handlungsautonomie • Kooperation mit anderen Krankenhäusern, Medizinbetrieben und sonstigen Betrieben

Für die zwischen den einzelnen Zielsetzungen auftretenden Relationen sind die drei Beziehungskonstellationen Zielkomplementarität, Zielneutralität und Zielkonkurrenz denkbar:
- **Zielkomplementarität** ist gegeben, wenn sich die Erreichung eines Ziels verbessert (bzw. verschlechtert) und sich gleichzeitig, das heißt mit derselben Aktion, die Erreichung eines anderen Ziels ebenfalls verbessert (bzw. verschlechtert).
- Bei **Zielneutralität** wirken sich Maßnahmen zur Erreichung eines Ziels nicht auf ein zweites Ziel aus.
- **Zielkonkurrenz** liegt vor, wenn sich durch eine Handlungsalternative die Erreichung eines Ziels verbessert, gleichzeitig aber Einbu-

ßen in Bezug auf ein anderes Ziel hingenommen werden müssen.

8.2.2.4
Planung

Die zweite Stufe des Managementprozesses ist die **Planung**. Im Gegensatz zu einer Entscheidungsvorbereitung in Form einer Improvisation, bei der das Entscheidungsverhalten im Wesentlichen auf Erfahrungen oder Emotionen beruht, wird bei der Planung eine sorgfältige Analyse der Entscheidungssituation vorgenommen. Somit ist das systematische Vorgehen bei der Entscheidungsfindung das Wesensmerkmal der Planung.

Die betriebliche Planung beginnt mit dem Erkennen des realen Planungsproblems. Dieses wird vereinfacht in einem Modell abgebildet. Die Vereinfachung besteht darin, dass alle für unwesentlich gehaltenen Bestandteile aus der Betrachtung herausgenommen werden. Aufgrund der Vorgaben liefert die Modellberechnung Lösungen. Die gewonnenen Modelllösungen sind dann die Grundlage für die zu treffende Entscheidung.

Die Planung kann unter Berücksichtigung der **Planungsstufen** unterteilt werden. Bei einer Einteilung nach Planungsstufen unterscheidet man zwischen strategischer, taktischer und operativer Planung:
- In der langfristigen **Strategieplanung** sind Probleme zu lösen, die das Unternehmen als Ganzes betreffen und daher von der obersten Führungsinstanz nicht delegiert werden können.
- Gegenstand der mittelfristigen **taktischen Planung** ist sehr häufig die betriebliche Struktur; ein Teil dieser Entscheidungen liegt im Bereich der Organisation.
- Die kurzfristige **operative Planung** betrifft unmittelbar die im Betrieb ablaufenden Transformationsprozesse. Operative Planungen führen unmittelbar zu Entscheidungen über die Durch- bzw. Ausführung konkreter Aufgabenstellungen.

Eine weitere Differenzierung der Planung kann nach dem **Zeitbezug** erfolgen: Die Einteilung nach dem Zeitbezug der Planung stellt auf den zeitlichen Bezugsrahmen der betrieblichen Planung ab, der als **Planungshorizont** bezeichnet wird. Es wird üblicherweise zwischen langfristiger, mittelfristiger und kurzfristiger Planung unterschieden:
- Die kurzfristige Planung weist einen Planungshorizont von einem Jahr auf.
- Die mittelfristige Pläne beziehen sich auf eine Zeitspanne von einem bis fünf Jahre.
- Bei den langfristigen Plänen liegt der Planungszeitraum über fünf Jahre.

Planung ist immer auf die Zukunft bzw. das zukünftige Handeln gerichtet, daher ist jede Planung durch Unsicherheiten belastet, da die Zukunft für den Menschen niemals vollständig vorhersehbar ist. Demnach muss in der Planung grundsätzlich mit Annahmen über zukünftige Gegebenheiten bzw. zukünftiges Geschehen gearbeitet werden.

8.2.2.5
Entscheidung

Der Anlass für eine **Entscheidung** ist ein Problem, das eine Lösung erfordert. Die Entscheidung besteht in der Festlegung eines Lösungswegs. Die Entscheidung beschreibt einen zukünftigen Zustand.

Es lassen sich die folgenden **Phasen eines Entscheidungsprozesses** unterscheiden:
- Feststellung und genaue Definition des Problems
- Auffindung verschiedener Lösungsmöglichkeiten
- Bewertung und kritischer Vergleich der Lösungsalternativen
- Bestimmung des einzuschlagenden Lösungswegs.

Kennzeichnendes Merkmal der Entscheidung ist die Existenz mehrerer Alternativen zwischen denen eine Wahl getroffen wird.

Der Entscheidungsprozess lässt sich wie in Abbildung 8.2-5 darstellen.

Von diesem zunächst sehr allgemeingültig formulierten Begriff einer Entscheidung ist die

Abbildung 8.2-5: Der Entscheidungsprozess (Quelle: Eigenerstellung)

betriebliche Leitungsentscheidung zu unterscheiden. Letztere zeichnet sich zum einen durch ihre auf das Unternehmen und dessen relevante Umwelt begrenzte Wirkung sowie zum anderen durch die Ausstattung des Entscheidungsträgers mit den Weisungsbefugnissen aus.

Betriebliche Leitungsentscheidungen werden in allen Managementebenen der Unternehmungen getroffen. Die Entscheidungen der unterschiedlichen Leitungsebenen differieren durch die unterschiedliche Reichweite und das unterschiedliche Gewicht ihrer Wirkung.

In Analogie zu den Planungsarten lassen sich auch die Entscheidungen **in strategische, dispositive und operative Entscheidungen** aufteilen.

Ein weiterer Ansatz für die Gliederung der betrieblichen Leistungsentscheidungen besteht in der Fragestellung, aus welchen unterschiedlichen Anlässen Entscheidungen getroffen werden. Die denkbaren Anlässe für die Problemlösungsprozesse lassen sich in situative und konstitutive Anlässe gliedern:

- **Situative Entscheidungen** werden getroffen, um das aktuelle betriebliche Geschehen gestalten zu können. Situative Anlässe zeichnen sich dadurch aus, dass sich plötzlich und unvorhersehbar die Voraussetzungen für eine bereits getroffene Entscheidung teilweise oder vollständig ändern. Die Realisierung des Entscheidungsergebnisses ist teilweise oder vollständig unmöglich, daher wird eine neue Entscheidung erforderlich.
- **Konstitutive Entscheidungen** legen das Unternehmensziel und die grundsätzliche Unternehmensstruktur fest und schaffen die Rahmenbedingungen für nachfolgende Entscheidungen. Sie determinieren das Betriebsgeschehen gewöhnlich für längere Zeit. Bei konstitutiven Entscheidungen spielt weniger der Überraschungseffekt als die vorausschauende Planung der Entscheidungen eine Rolle.

Wie bereits ausgeführt, ist eine Entscheidungssituation dadurch gekennzeichnet, dass sie mehrere (mindestens zwei) Entscheidungsalternativen als Möglichkeiten des Handelns oder des Verhaltens beinhaltet. Derjenige, der die Entscheidung im Sinne einer Auswahl trifft, wird **Entscheidungsträger** genannt. Zu einem bestimmten Zeitpunkt stehen dem Entscheidungsträger also mehrere Entscheidungsalternativen zur Verfügung. Eine **Entscheidungssituation** wird darüber hinaus von Größen bestimmt, die die zu treffende Entscheidung beeinflussen, auf die der Entscheidungsträger selbst aber nicht einwirken kann. Beispiele für solche Entscheidungsparameter sind zum Beispiel die gesetzlichen Rahmenbedingungen oder die politische Entwicklung eines Landes.

Jeder **Entscheidungsprozess** läuft in mehreren aufeinanderfolgenden Stufen ab, die als Anregungsphase, Suchphase und Optimierungsphase bezeichnet werden können:

- In der **Anregungsphase** geht es zunächst darum festzustellen, dass überhaupt ein zu lösendes Entscheidungsproblem vorliegt. Die Bedeutung der Anregungsphase im Entscheidungsprozess ist unterschiedlich und

wächst mit der Bedeutung der Entscheidung.
- In der sich anschließenden **Suchphase** gilt es, die einzelnen Bestandteile der Entscheidungssituation zu bestimmen. Es handelt sich dabei in erster Linie um die genaue Festlegung der Entscheidungsparameter und um die Ermittlung der Entscheidungsalternativen. Der Suchphase kommt im Entscheidungsprozess eine überragende Bedeutung zu, da sich Fehler oder Versäumnisse, die hier begangen werden, später kaum korrigieren lassen.
- Der Entscheidungsprozess findet seinen Abschluss in der **Optimierungsphase**. In ihr geht es darum, die in der Suchphase ermittelten Entscheidungsalternativen unter Berücksichtigung der als relevant erkannten Entscheidungsparameter im Hinblick auf die verfolgte betriebliche Zielsetzung zu bewerten, um dann die Entscheidungsalternative auszuwählen.

8.2.2.6
Realisierung

Der nächste Schritt im Managementkreis entspricht der **Realisierung**, das heißt die Umsetzung der Entscheidung durch die untergeordnete Organisationseinheit. Diese Umsetzungstätigkeiten sind primär Aufgaben des exekutiven Faktors und fallen damit schwerpunktmäßig in den Bereich der Stelleninhaber. Sie sind daher nur bedingt Managementaufgaben.

8.2.2.7
Kontrolle

Managementtätigkeiten umfassen abschließend immer **Kontrollaufgaben**. Kontrolle ist gleichbedeutend mit einem Plan-Ist-Vergleich. Hierbei werden Abweichungsanalysen durchgeführt, um die Ursachen für die Abweichungen zu ermitteln. Damit dient die Kontrolle unter anderem der Beantwortung der folgenden Fragen:

- Ist das Management von richtigen Annahmen ausgegangen?
- Sind im Verlauf der Realisierungsphase unvorhersehbare Ereignisse eingetreten?
- Sind Auswirkungen der Maßnahmen festgehalten worden?
- Ist der Mitteleinsatz wie geplant durchgeführt worden?
- War das Verhalten der Beteiligten plankonform?

Folgende **Kontrollfunktionen** können ausgeübt werden:

- interne und externe Informationsbeschaffung und -aufbereitung sowie deren Koordination
- Schaffung eines managementorientierten Berichtswesens
- Interpretation von Daten für die Planungs- und Erfolgskontrolle
- Analyse der Abweichungen
- Aufzeigen von Ursachen
- Ermittlung von Einflussfaktoren
- Überwachung von Terminen.

Erweitert man diese reine Kontrollfunktion um Leitungs- und Steuerungstätigkeiten, so ergibt sich der Terminus des **Controllings**. Der Begriff stammt aus dem Lateinischen und setzt sich aus den beiden Bestandteilen „contra" und „roto" zusammen. Frei übersetzt ist Controlling die Tätigkeit des „Entgegendrehens".

Grundsätzlich ist festzuhalten, dass der englische Begriff „control" nicht mit dem deutschen Terminus „Kontrolle" übersetzt werden darf. Der Begriff „Controlling", der auf den angloamerikanischen Ausdruck „to control" (= beherrschen, im Griff haben, steuern, lenken) zurückzuführen ist, geht damit weit über den Begriff „Kontrolle" hinaus, da er auch Aspekte der betrieblichen Planung und Ausführung beinhaltet. Controlling umfasst demnach Aufgabenstellungen, die der Steuerung der betrieblichen Prozesse dienen. Es ist damit eine zentrale Managementfunktion. Das Controlling ist folglich die Koordinationsfunktion zwischen dem betrieblichen Planungs- und Kontrollsystem auf der einen Seite und dem betrieblichen Informationsversorgungssystem auf der anderen Seite.

Ein wesentliches Qualitätskriterium des Controllings ist die Zukunftsorientierung. Controlling ist somit kein Selbstzweck, sondern ein zielorientiertes Instrument.

Zusammenfassend kann festgestellt werden, dass das Controlling als Denkhaltung, als Teil eines Führungsverständnisses und damit einer Führungskultur zu verstehen ist. Controlling lenkt als Managementfunktion den Blick auf die zukunftsorientierten Aufgaben.

Managementaufgaben lassen sich hinsichtlich der zeitlichen Reichweite und der Bedeutung für die Zielerreichung unter anderem in eine strategische und operative Ebene unterteilen. Somit wird das Controlling auch nach diesen zwei Dimensionen eingeteilt.

Hierbei hat das **strategische Controlling** die Aufgabe, die langfristige Zielrealisierung des Unternehmens zu unterstützen. Es werden dabei die Planungsinhalte, die Vorgehensweise und die Entscheidungsgrundlagen analysiert und Maßnahmen zur Verbesserung der Planung ergriffen.

Hierbei werden die folgenden **Aufgaben** des strategischen Controllings unterschieden:
- Entwicklung der strategischen Planung
- Umsetzung der strategischen Planung in die operative Planung
- Aufbau und Durchführung der strategischen Kontrolle.

Das **operative Controlling** befasst sich mit der Führungsunterstützung im mittel- und kurzfristigen Bereich. Es setzt sich auf der operativen Ebene insbesondere mit der Budgetierung und dem Budgetvollzug im Rahmen eines Soll-Ist-Vergleichs sowie mit der Auswertung und Interpretation der Kostenrechnung auseinander und unterstützt das Management bei der Umsetzung der Planung, vor allem durch eine Orientierung an den Zielen des Unternehmens. Dabei nimmt die Gestaltung des **Berichtswesens** eine wesentliche Rolle ein. Die Interpretation der Berichte und die daraus resultierenden Vorschläge, welche Maßnahmen seitens des Managements zu ergreifen sind, versetzen das Controlling in die Funktion eines internen Berichterstatters.

Nachfolgend sollen noch einmal die **Aufgaben** des operativen Controllings dargestellt werden:
- Aufbau und Durchführung der erfolgs- und zielbezogenen operativen Planung
- Vorbereitung der Budgetierung
- Aufbau und Durchführung der operativen Kontrolle
- Unterstützung der Unternehmensleitung sowie der Fach-/Bereichsleitungen.

Das **betriebliche Rechnungswesen** ist zentraler Bestandteil des Berichtssystems einer Unternehmung. Hierbei werden die güterwirtschaftlichen Beschaffungs-, Produktions- und Absatzvorgänge identifiziert. Gleichzeitig werden Zahlungsströme aus dem Erwerb oder dem Verkauf von Gütern und Dienstleistungen dokumentiert. Das betriebswirtschaftliche Rechnungswesen ist somit in der Lage, das wirtschaftliche Verhalten einer Unternehmung abzubilden. Je nachdem, wem diese Daten zur Verfügung gestellt werden, wird das Rechnungswesen in ein externes und in ein internes Rechnungswesen unterteilt. Zum **externen Rechnungswesen** zählt die **Finanzbuchhaltung**, auch Geschäftsbuchhaltung genannt. Ihre Aufgabe ist es, die Geschäftsvorfälle nach den Vorschriften des Handels- und Steuerrecht und weiterer Rechtsvorschriften zu erfassen und zu verarbeiten. In der Bilanz und der Gewinn- und Verlustrechnung schlagen sich die Geschäftsvorfälle nieder und zeigen einen Verlust oder einen Gewinn auf. Hier werden vorwiegend die Geschäftsvorfälle der Unternehmung mit der Außenwelt erfasst. In der **Kosten- und Leistungsrechnung**, ein Teil des inneren Rechnungswesens, werden die internen Betriebsabläufe erfasst und abgebildet, die im Kombinationsprozess in der Unternehmung entstehen. Die Hauptaufgabe besteht darin, den bewerteten Verbrauch an Produktionsfaktoren und die Umwandlung der eingesetzten Produktionsfaktoren in die vom Betrieb hergestellten und verkauften Produkte rechnerisch festzuhalten. Weiterhin sind die erstellten Leistungen mengen- und wertmäßig zu erfassen. Zum Internen Rechnungswesen zählt auch die Betriebsstatistik. Wichtige Statistiken sind zum Beispiel die Verkaufsstatistik, die Personalstatistik und die Erfolgsstatistik. Die **betriebliche Planung** stellt die mengen- und wertmäßigen Zahlen in Form von Schätzung und Hochrechnungen dar. Hierbei bedient man sich der Zahlen aus der Finanz- und Betriebsbuchhaltung sowie der Statistik.

8.2.3 Strukturales Management

8.2.3.1 Stellen und Gremien

Das strukturale Management, das auch als Aufbau- oder Strukturorganisation bzw. als Hierarchie gekennzeichnet wird, beschäftigt sich mit der Strukturierung des Systems „Unternehmung". Bei dieser Betrachtung stehen neben den Systembeziehungen die Systemelemente, die Stellen und Gremien, im Mittelpunkt der Betrachtung.

Wie Abbildung 8.2-6 zu entnehmen ist, werden die Stellen in Linien- und in Stabstellen unterschieden. Die **Linienstellen** sind die organisatorischen Einheiten, die mit sogenannten **Vollkompetenzen** ausgestattet sind. Innerhalb der Linienstellen erfolgt die Trennung nach Instanzen und Ausführungsstellen. Unter den Instanzen bzw. den Ausführungsstellen werden somit die kleinsten organisatorischen Einheiten einer Unternehmung mit Vollkompetenzen verstanden, die zur Erfüllung von zweckbezogenen Aufgaben gebildet werden.

Die **Instanzen** wiederum werden auch als dispositive Stellen oder als Managementeinheiten gekennzeichnet. Sie sind mit Entscheidungs-/Leitungskompetenzen ausgestattet. Die Instanzen können wiederum untereinander nach folgenden Merkmalen aufgespalten werden:

- *personaler Umfang:* Hieraus ergeben sich die Singular- und die Pluralinstanzen. Eine Singularinstanz ist eine aus einer Person bestehende Instanz (Direktorialsystem). Bei einer Pluralinstanz besteht die Stelle aus mehreren Personen (Kollegialinstanz).
- *Prozess der Willensbildung:* Bei einem Direktorialsystem hat ein Mitglied der Instanz besondere Rechte, zum Beispiel das Recht auf Alleinentscheidung. Bei dem Kollegialsystem haben alle Mitglieder der Instanz gleiche Rechte. Hieraus ergibt sich, dass es alternative Wege geben muss, die Willensbildung zu realisieren. Zu diesen Möglichkeiten gehören unter anderem die:
  - Primatkollegialität (Primus-inter-pares-Prinzip)
  - Abstimmungskollegialität (Mehrheitsprinzip)
  - Kassationskollegialität (Einstimmigkeitsprinzip).

Abbildung 8.2-6: Elemente der Aufbauorganisation (Quelle: Eigenerstellung in Anlehnung an Steinbuch, 1985: 152)

Auf der **Instanzenebene** lassen sich die oberste, mittlere und untere Ebene unterscheiden. In der Managementsprache werden die Ebenen Top-, Middle- und Lower-Management genannt.

Zu den Linienstellen, die keine Leitungsbefugnisse besitzen, gehören die **Ausführungs-** oder **Leistungsstellen**. Sie werden auch als exekutive Stellen bezeichnet. Ausführungsstellen sind immer den Instanzen untergeordnet. Beide Organisationseinheiten ergeben zusammen eine **Abteilung**.

Die **Bildung** von **Instanzen** bzw. **Stellen** erfolgt mittels der Aufgabenanalyse und der Aufgabensynthese.

Ziel dieser **Aufgabenanalyse** ist es, die Gesamtaufgabe einer Unternehmung in Teilaufgaben zu zerlegen, damit klar wird, welche Aufgaben vorgenommen werden müssen, um die unternehmerischen Zwecksetzungen zu erfüllen. Unter einer **Aufgabe** wird in diesem Zusammenhang eine Verpflichtung zur Vornahme bestimmter Tätigkeiten zur Erreichung der Unternehmensziele verstanden.

Die **Zerlegung** der Gesamtaufgabe in Teilaufgaben kann nach den folgenden Kriterien geschehen:
- nach der Verrichtung (Wie soll die Aufgabe gelöst werden?)
- nach dem Objekt (Woran soll gearbeitet werden?)
- nach dem Rang (Wo in der Hierarchie soll die Aufgabe erledigt werden?)
- nach der Phase (Wann soll die Aufgabe erledigt werden?)
- nach der Zweckbeziehung (Welchen Zweck erfüllt die Aufgabe?).

Die **Aufgabensynthese** fügt die bei der Aufgabenanalyse ermittelten Elementaraufgaben z. B. zu Instanzen bzw. Ausführungsstellen zusammen. Die Organisationseinheiten können durch folgende Charakteristika gekennzeichnet sein:
- Die Aufgaben einer Einheit werden von einem Aufgabenträger erledigt.
- Die Einheiten haben Dauercharakter.
- Die Einheiten müssen gegeneinander abgrenzbar sein.

Die Zusammenfassung bestimmter Aufgaben bei einer Organisationseinheit erfordert somit eine Zentralisation, zum Beispiel hinsichtlich der Verrichtungen und der Objekte.

Zur Aufgabenerledigung braucht der Stellen- bzw. Instanzeninhaber Befugnisse und Verantwortung. Die **Befugnis,** auch **Kompetenz** genannt, wird durch die zugewiesenen Rechte erteilt. Die **Kompetenz** umfasst somit das Recht, handelnd tätig zu werden und die Maßnahmen zu ergreifen, die zur ordnungsgemäßen Aufgabenerfüllung notwendig sind. Die Kompetenzen lassen sich zum Beispiel in die Entscheidungs-, die Anordnungs-, die Vertretungs- und die Richtlinienkompetenz aufteilen. Bei diesen Kompetenzen handelt es sich um die sogenannten einfachen Kompetenzen. Eine übergeordnete Kompetenz ist die sogenannte Kompetenzvergabekompetenz.

Zur Durchsetzung der Kompetenzen benötigt der Stelleninhaber **Sanktionspotenzial**, das heißt, er muss Möglichkeiten besitzen, die notwendigen Entscheidungen auch gegen den Willen der Mitarbeiter durchzusetzen.

Neben der Kompetenz muss der Aufgabenträger auch **Verantwortung** übernehmen. Mit Verantwortung ist die Verpflichtung gemeint, die zugewiesenen Aufgaben und Kompetenzen richtig zu erfüllen. Verantwortung ist somit als das persönliche Einstehen für die eigenen Handlungen und Entscheidungen zu definieren.

Stellen mit **Teilkompetenzen** sind **Stabsstellen**. Hierbei werden **Stäbe** bzw. **Assistenzen** ausgewiesen. Der Stab ist in der Regel mit einem festen Aufgabenspektrum versehen. Er ist gekennzeichnet durch die Zuordnung zu einer bestimmten Instanz. Dagegen ist die Aufgabe einer Assistenz nicht genau fixiert.

Neben den Stellen werden in der Aufbauorganisation **Gremien** unterschieden. Im Rahmen der **Projektgruppen** werden befristete Projekte durch hauptamtliche, vollzeitbeschäftige Mitarbeiter durchgeführt. Das **Kollegium** beschäftigt sich mit befristeten Sonderaufgaben. Die involvierten Personen sind im Nebenamt und in Teilzeit beschäftigt. Der **Ausschuss** übernimmt unbefristete Daueraufgaben, die von nebenamtlich und teilzeitlich beschäftigten Personen erledigt werden.

8.2.3.2
Organisationsformen

Die Aufbauorganisationen der meisten deutschen Unternehmungen folgen den Merkmalen:
- Zentralisation (nach Objekt oder Verrichtung)
- Unterstellung (Einfach- bzw. Mehrfachunterstellung)
- Kompetenz (Voll- bzw. Teilkompetenz).

Aus diesen Organisationsmerkmalen lassen sich 16 mögliche Organisationsformen ableiten. In der Realität werden jedoch in der Regel die in Tabelle 8.2-3 aufgeführten Organisationsformen eingesetzt.

Bei einer Verrichtungszentralisation werden die durchgeführten Verrichtungen (Funktionen, Tätigkeiten) als Gestaltungsgrundlage genommen. Bei einer Objektzentralisation sind es die Objekte (Erzeugnisse), die die Grundlage für eine Strukturierung bilden. Bei einer Einfachunterstellung ist nur eine Person weisungsberechtigt, bei einer Mehrfachunterstellung sind es dagegen mehrere Personen.

Im ersten Gesundheitsmarkt treten überwiegend die folgenden beiden Varianten auf:
- Stablinienorganisation (Abb. 8.2-7)
- Matrixorganisation (Abb. 8.2-8).

Aus den Abbildungen 8.2-7 und 8.2-8 lassen sich die wesentlichen Strukturelemente der drei Varianten erkennen.

Im Krankenhausbereich wurden in der Vergangenheit die Strukturen in der Regel auf der Grundlage der medizinischen, ökonomischen und pflegerischen Tätigkeiten gebildet. Das sogenannte Dreierdirektorium bildete das Topmanagement der Kliniken. Das Direktorium konnte als weisungsberechtigte Linienorganisation den unterstellten Stelleninhabern Vorgaben zur Realisierung der Unternehmensziele geben. Im Rahmen der Linienorganisation lassen sich die Varianten einer Einfach- und einer Mehrfachunterstellung unterscheiden. Bei der Einfachunterstellung ist nur eine Instanz den ausführenden Stellen übergeordnet, bei einer Mehrfachunterstellung können mehrere Instanzeninhaber den Stelleninhabern Anweisungen erteilen. Im Gegensatz zu den organisatorischen Linieneinhei-

Tabelle 8.2-3: Organisationsformen (Quelle: Eigenerstellung)

Unterstellung \ Zentralisation	Verrichtungszentralisation	Objektzentralisation
Einfachunterstellung	Stablinienorganisation	Divisionalorganisation
Mehrfachunterstellung	Produkt-/Projektmanagement	Matrixorganisation

Kennzeichnende Merkmale:
- Verrichtungszentralisation
- Einfachunterstellung
- Voll- und Teilkompetenz

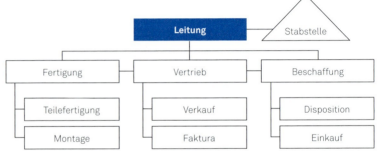

Abbildung 8.2-7: Stablinienorganisation (Dreieck = Stabsstelle; Rechteck = Linienstelle) (Quelle: Eigenerstellung)

Kennzeichnende Merkmale:
- Objektzentralisation
- Mehrfachunterstellung

Abbildung 8.2-8: Matrixorganisation (Quelle: Eigenerstellung)

ten mit Vollkompetenz handelt es sich bei den Stäben/Assistenzstellen um Unternehmenseinheiten, die lediglich mit einer Teilkompetenz (z. B. Beratung) ausgestattet sind.

Wie bereits erwähnt, sind in der Vergangenheit die Gesundheitseinrichtungen in der Regel nach der Verrichtungszentralisation mit Einfach- oder Mehrfachunterstellung aufgebaut worden. Im Krankenhaussektor ist durch die Einführung des DRG-Systems neben der Verrichtungs- eine Objektzentralisation eingeführt worden. In diesem Zusammenhang wird von einer crossfunktionalen Organisation gesprochen. Dies bedeutet, dass neben den traditionellen Verantwortlichkeiten der drei Funktionen Medizin, Pflege und Verwaltung die Prozessverantwortlichkeiten zusätzlich eingeführt worden sind. Die Funktionen dieser Case- oder Prozessmanager besteht darin, den Behandlungsprozess zu optimieren bzw. die Einhaltung der im Vorfeld festgelegten Behandlungspfade zu überwachen und zu steuern. Somit haben sich die Strukturen in den stationären Einrichtungen in Richtung einer Matrixorganisation entwickelt. In einer Matrixorganisation treffen somit zwei Managementaspekte aufeinander. Der eine Aspekt beinhaltet die funktionalen Perspektiven, bei denen primär die Umsetzung der medizinischen, pflegerischen und ökonomischen Ziele im Mittelpunkt stehen, der andere Aspekt zielt auf die Optimierung der berufsgruppenübergreifenden Steuerung der Behandlungsprozesse. Das Matrixmodell erfordert klare Kompetenzabgrenzungen zwischen den funktions- und den prozessorientierten Steuerungseinheiten.

8.2.4 Personales Management

8.2.4.1 Struktur- und Wertewandel als Ausgangslage

Die rasanten Entwicklungen in den Bereichen der Kommunikations- und Informationstechnologien haben dazu geführt, dass sich Deutschland von einer Industrie- in eine Wissens- bzw. Dienstleistungsgesellschaft gewandelt hat. Nach Aussagen der Prognos AG aus dem Jahre 2005 soll sich dieser Strukturwandel bis zum Jahre 2020 vollzogen haben. Kennzeichnend für eine Dienstleistungsgesellschaft ist die Erstellung immaterieller Güter in Kombination mit dem Produktionsfaktor Wissen (vgl. Gabler, 2010: o.S.). Damit ist eine zunehmende Nachfrage nach qualifizierten Beschäftigten zum Beispiel in den Dienstleistungsbereichen Betreuung und Management sowie Forschung und Entwicklung verbunden. Im Gegensatz dazu wird unter anderem der warenproduzierende Sektor eine sinkende Nachfrage nach Arbeitnehmern aufweisen. Diese Verschiebung hat zur Folge, dass sich die Anforderungen an die Kompetenzen der Beschäftigten erhöhen und qualifizierte Kräfte knapper werden. Gerade für Gesundheitseinrichtungen sind qualifizierte Arbeitnehmer die wichtigste Ressource bei der Erstellung ihrer Dienstleistungen, daher sollten Unternehmungen ihre Attraktivität als Arbeitgeber insbesondere dadurch steigern, dass sie Personalmanagementstrategien entwickeln. Dazu gehören unter anderem Personalbindungs- und Personalgewinnungsansätze. Im Gesundheits-/Sozialsektor ist zudem die traditionell vorhandene, aber zukünftig weiter zunehmende **Feminisierung** zu berücksichtigen. Die aufgezeigten sozioökonomischen Veränderungsprozesse, die einen steigenden Bedarf an qualifiziertem Personal im Gesundheitssektor hervorrufen werden, verlangen von einem strategisch ausgerichteten Management der Gesundheitseinrichtungen, die Chancen zu erkennen und wahrzunehmen, die zum Beispiel mit dem vermehrten Einsatz des Produktionsfaktors „Frau" zusammenhängen. Die weibliche Arbeitskraft wird somit zur wertvollen Ressource. Hierbei geht es zum einen darum, die älteren Arbeitnehmerinnen möglichst lange unter anderem durch ein betriebliches Gesundheitsmanagement zu binden, zum anderen aber auch darum, neue Beschäftigte zu gewinnen. Neben einer möglichst langfristigen Bindung von älteren Beschäftigten im Unternehmen spielt die veränderte Rolle der Frau im Berufsleben eine zentrale Rolle. Dieser gesellschaftliche Wertewandel zeigt sich darin, dass sich die Bedürfnisse und die Lebensvorstellungen der Bevölkerung verändert haben. So wurde zum Beispiel aus der Arbeitshaltung „Leben, um zu arbeiten" die Denkweise „Wir arbeiten, um zu leben" (Klimpel/Schütte, 2006: 31). Es besteht der zunehmende Wunsch nach Selbstverwirklichung im Berufs- und Privatleben („work-life-balance"). Dies wird besonders an der steigenden Anzahl berufstätiger Frauen ersichtlich, die sowohl ihren Wunsch nach Kindern als auch nach Karriere umsetzen möchten. Vor diesem Hintergrund ist die steigende Integration von Frauen in den Arbeitsmarkt zu sehen. Hierbei resultiert die zunehmende Anzahl berufstätiger Frauen überwiegend aus der Ausübung von Teilzeittätigkeiten. Ein Grund für die hohe Teilzeittätigkeit von Frauen kann in der Kindererziehung und der damit verbundenen unzureichenden Vereinbarkeit von Beruf und Familie vermutet werden. Eine weitere Ursache für die zunehmende Berufstätigkeit von Frauen liegt in deren steigendem Bildungsniveau. Dies verstärkt ihr Interesse, einen Beruf auszuüben, um die erworbenen Qualifikationen einsetzen und sich ihre Unabhängigkeit bewahren zu können. Auch die Beschäftigungsunsicherheit erfordert eine Berufstätigkeit beider Partner, damit der eine den anderen im Notfall finanziell auffangen kann.

8.2.4.2
Aspekte des Personalmanagements

Begriffliche Abgrenzungen und Aufgaben
Die Aufgaben des Personalmanagements sind wesentlich durch dessen zugrunde gelegtes Begriffsverständnis geprägt. Allerdings findet sich in der Literatur kein einheitliches Begriffsverständnis zum Personalmanagement. Es sind vielmehr Definitionsansätze zum Begriff Personalmanagement, die unterschiedliche Perspektiven aufgreifen. Diese lassen sich in vier Kategorien systematisieren (vgl. Stock-Homburg, 2010: 8).

Die folgenden **Perspektiven** des Personalmanagementbegriffs lassen sich unterscheiden abhängig von:
- dem Zeithorizont (strategische, operative und taktische Perspektive)
- der Zielsetzung (administrative Perspektive, Wertschöpfungsperspektive, Wettbewerbsperspektive)
- dem Inhalt (systembezogene und integrierte Perspektive)
- dem Geltungsbereich (funktionsorientierte und übergreifende Perspektive).

Beim **Personalmanagement nach dem Zeithorizont** gibt der Zeithorizont den Zeitraum für die Planung des Personalmanagements an. In diesem Zusammenhang wird zwischen der strategischen, der operativen und der taktischen Perspektive unterschieden:
- strategisch:
  - Im Mittelpunkt steht die langfristige Sicherung des Unternehmenserfolgs.
  - Die Aktivitäten des Personalmanagements leiten sich indirekt aus der Unternehmensstrategie ab.

- taktisch:
  - Es handelt sich um die vermittelnde Funktion zwischen der strategischen und der operativen Perspektive.
  - Strategische Ziele werden in die operative Ebene des Unternehmens übertragen.
- operativ:
  - Die Ausrichtung ist mittel- oder kurzfristig.
  - Die operative Aktivität des Personalmanagements ist in der Regel in ein übergeordnetes Personalmanagementkonzept eingebettet, Unterstützung der strategischen Ziele.

Beim **Personalmanagement nach der Zielsetzung** stellt sich die Frage, mit welchem Ziel die Aktivitäten durchgeführt werden sollten. Unterschieden wird zwischen folgenden Perspektiven:

- administrative Perspektiven:
  - Der Aufgabenbereich liegt in der Durchführung verwaltender Aufgaben (Personalverwaltung).
- Wertschöpfungsperspektive:
  - Schaffen eines Mehrwerts für das Unternehmen durch die Förderung von Führungskräften bzw. von Mitarbeitern.
  - Das Personalmanagement trägt zur Wertschöpfung des Unternehmens bei.
- Wettbewerbsperspektive:
  - Das Ziel ist es, Wettbewerbsvorteile durch qualifizierte und engagierte Führungskräfte bzw. Mitarbeiter zu erlangen.
  - Es werden neben unternehmensbezogenen Erfordernissen insbesondere die marktbezogenen Aspekte berücksichtigt.

Beim **Personalmanagement nach dem Inhalt** gibt der Inhalt an, wie breit die Aktivitäten des Personalmanagements gefasst sind. Es wird zwischen zwei Perspektiven unterschieden:
- *systembezogene Perspektive:* Im Fokus stehen unternehmensweite Aktivitäten, wie zum Beispiel die Personalbedarfsplanung, die Personalentwicklung oder die Personalvergütung.
- *integrierte Perspektive:* Neben den systemgestalteten Aktivitäten wird auch die Personalführung und damit die individuelle bzw. teambezogene Ebene eingeschlossen.

Das **Personalmanagement nach dem Geltungsbereich** gibt den Verantwortungsumfang für das Personalmanagement im Unternehmen an. Es lassen sich zwei Perspektiven unterscheiden:
- *funktionsorientierte Perspektive:* Die Aufgaben des Personalmanagements liegen primär in der Verantwortung eines zentralen Funktionsbereichs im Unternehmen (Personalabteilung).
- *übergreifende Perspektive:* Das Personalmanagement ist nicht wie bei der funktionsorientierten Perspektive in einem Tätigkeitsbereich angesiedelt, sondern es sind alle Unternehmensbereiche gleichermaßen für das Personalmanagement verantwortlich.

Das setzt voraus, dass für alle Führungskräfte Kenntnisse im Personalmanagement von Bedeutung sind. Ein **integratives Personalmanagement** umfasst somit die in der Unternehmensstrategie verankerten „Aktivitäten zur Gestaltung der Personalmanagement-Systeme und der Führung von Mitarbeitern bzw. Teams, die der langfristigen Sicherung der Wettbewerbsfähigkeit eines Unternehmens dienen. Die Aktivitäten des Personalmanagements liegt in der Verantwortung aller Bereich im Unternehmen" (Stock-Homburg, 2010: 16).

Elemente des Personalmanagements
Das Personalmanagement erstreckt sich auf zwei **Aufgabenbereiche**:
- **Gestaltung der Personalmanagement-Systems** (Makroebene des Personalmanagements)
  - Personalplanung
  - Bindung und Gewinnung
  - Entwicklung
  - Freisetzung
  - Belohnungssystem
- **Führung von Mitarbeitern und Teams** (Mikroebene des Personalmanagements)
  - Führung von Mitarbeitern
  - Führung von Teams.

Die Makro- und die Mikroebene des Personalmanagements ergänzen sich gegenseitig, nehmen jedoch unterschiedliche Aufgaben wahr. Neben den klassischen Aufgaben sind aktuell die Herausforderungen zu berücksichtigen, die sich aus den demografischen Veränderungsprozessen ergeben. Im Fokus stehen die folgenden Themenbereiche:
- Umgang mit älteren Mitarbeitern
- Umgang mit dem weiblichen Personal.

Um diesen neuen Herausforderungen begegnen zu können, sind verschiedene **Aktivitäten des Personalmanagements** sowohl auf der Makro- als auch auf der Mikroebene eines Unternehmens erforderlich. Sie sollten eng aufeinander abgestimmt sein und die strategische Ausrichtung des Unternehmens insgesamt und im Rahmen seiner Personalarbeit berücksichtigen. Im Anschluss werden einige Aktivitäten exemplarisch dargestellt.

Personalplanung. Die Maßnahmen zur Erfüllung der Planungsaufgaben unterliegen zahlreichen unternehmensinternen und -externen Bestimmungsfaktoren. Die Aufgaben der betrieblichen Personalplanung zielen daher unter anderem darauf ab, ...
- ... die Unsicherheiten, die sich aus den internen und externen Einflussfaktoren ergeben, zu mindern.
- ... langfristig einen wirksamen Katalog von Personalmaßnahmen zu entwickeln, damit eine Personalstrategie realisiert werden kann.

Die Personalplanung wiederum setzt sich unter anderem aus folgenden **Teilplanungen** zusammen:
- *Personalbedarfsplanung:* Verfügt ein Unternehmen über Kenntnisse zum Personalbedarf, so kann es Einstellungen, Freistellungen oder Personalentwicklungen gezielt planen. In Bezug auf die Nachwuchssicherung ist eine frühzeitige Planung der Kapazitäten entscheidend und erhöht die Wahrscheinlichkeit, den richtigen Mitarbeiter am richtigen Arbeitsplatz zu haben. In allen Bereichen des Unternehmens wo der Personalbedarf festgestellt wird, muss ein Anforderungsprofil für die Personalbeschaffung definiert werden. Das Anforderungsprofil beschreibt den Anspruch an einen neuen Mitarbeiter bzw. die Eigenschaften oder Kompetenzen die notwendig sind, um einen Mitarbeiter zu entwickeln. Der Personalbedarf sollte in qualitativer und quantitativer Hinsicht ermittelt werden.
- *Personalbeschaffungsplanung:* Hierbei geht es darum, die qualitativen Über- und Unterdeckungen des Personalbestands zu vermeiden und geeignete Maßnahmen zur Deckung des Personalbedarfs durchzuführen. Im Einzelnen können dabei die folgenden Aspekte eine Rolle spielen:
  - Analyse der Beschaffungswege
  - Entscheidung über die Beschaffungswege
  - Beschaffungszeitpunkt
  - Auswahl der Bewerber
  - Kontrolle des Beschaffungserfolgs.
- *Personaleinsatzplanung:* Aufgabe der Einsatzplanung ist es, die vorhandenen Mitarbeiter den vorgegebenen Aufgabenbereichen so zuzuordnen, dass die Aufgaben unter anderem termingerecht durchgeführt werden können und die Qualifikationen der Mitarbeiter den Anforderungen der Stelle entsprechen. Hierbei sollte angestrebt werden, die Wünsche der Mitarbeiter in Einklang mit den Zielsetzungen des Unternehmens zu bringen. Dabei ist zu berücksichtigen, dass differenzierte Erwartungen unterschiedliche Maßnahmen erfordern, um eine Interessengleichheit herzustellen.
- *Personalentwicklungsplanung:* Bei der Entwicklungsplanung geht es um die Ermittlung qualitativer Bedarfsveränderungen und um die Entwicklung geeigneter Konzepte zur systemischen Qualifizierung und Weiterbildung der Mitarbeiter, um diese auf die mittel- und langfristigen Aufgabenveränderungen vorzubereiten. Unter der Personalentwicklung werden alle Maßnahmen verstanden, die der individuellen beruflichen Entwicklung der Mitarbeiter aller Hierarchieebenen dienen. Diese Maßnahmen vermitteln die notwendigen Qualifikationen, die unter Beachtung der Mitarbeiterinteressen zur Wahrnehmung ih-

rer aktuellen und auch zukünftigen Aufgaben notwendig sind. Dabei geht es um:
- zielgerichtete Bildungsarbeit
- zielgerichtetes Lernen zur Bewältigung der Arbeitsaufgaben und zur Entwicklung der Fähigkeiten und Neigungen.

Die Personalentwicklung versucht, die Anlagen und Fähigkeiten der Mitarbeiter mit den Anforderungen des Unternehmens zu verbinden.

Personalbindung. Ziel der Personalbindung bzw. -erhaltung ist es, eine möglichst dauerhafte Bindung der Mitarbeiter an die Unternehmung zu erreichen. Unter Personalbindung werden folglich alle Maßnahmen und Aktivitäten eines Unternehmens verstanden, die darauf abzielen, eine langfristige Beschäftigungsdauer zu erreichen. Grundsätzlich tragen alle Maßnahmen der Personalgewinnung, -betreuung und -förderung zur langfristigen Personalbindung bei. Beispielhaft lassen sich die folgenden Personalbindungsmöglichkeiten nennen:
- Einsatz und Qualifizierung älterer Mitarbeiter
- betriebliche Gesundheitsförderung
- Wiedereingliederungsmanagement
- Work-Life-Balance.

Anhand der Aussage „Wer zufrieden ist, bleibt" ist leicht festzustellen, ob die betriebliche Personalbindungspolitik erfolgreich war oder nicht. Wer unzufrieden ist, geht früher oder später.

Für die Beurteilung der Personalbindung können zum Beispiel Fluktuationsraten, Krankheitsquoten und Zahlen über die Unfallhäufigkeiten herangezogen werden. Bei diesen Kriterien können Zielkennzahlen vorgegeben und kontrolliert werden. Diese Kennzahlen basieren in der Regel auf Erfahrungswerten.

Die zukünftige Wettbewerbsfähigkeit der Gesundheitseinrichtungen definiert sich nicht nur durch die Wirtschaftlichkeit und Qualität der Leistungen, sondern zunehmend auch über die Verfügbarkeit von Personal. Die Personalbindung und -gewinnung ist abhängig von der gelebten Kultur im Unternehmen und dem Umgang mit den Mitarbeitern. Das sind die entscheidenden Faktoren für die Bindungswilligkeit der Mitarbeiter. Personalmanagementmaßnahmen verlieren ihre Nachhaltigkeit, wenn es nicht gelingt, eine glaubwürdige und vertrauensvoll gelebte Unternehmens- und Führungskultur zu praktizieren.

Die **Unternehmenskultur** definiert die Art und Weise, wie Menschen im Unternehmen miteinander umgehen und welche Wertschätzung die Mitarbeiter für ihre Leistung erfahren. Die Kultur eines Unternehmens entwickelt sich aus seinem Inneren heraus und wird nach außen getragen. Somit wird das Erscheinungsbild in der Öffentlichkeit widergespiegelt. Sie ist maßgeblich geprägt durch die definierten und gelebten Werte und erfordert deshalb auch eine **Vorbildfunktion des Managements** (vgl. Flato/Reinbold-Scheible, 2008: 84 f.).

Die Grundsätze, nach denen Unternehmen geführt werden, leiten sich aus den Unternehmenswerten ab. Die **Führungskultur** ist einer der bedeutendsten Einflussfaktoren für das Betriebsklima und die individuelle Arbeitszufriedenheit. Sie bestimmt unter anderem, in welchem Maße die Mitarbeiter in den betrieblichen Entscheidungs- und Gestaltungsprozess eingebunden werden.

Eine bindende Wirkung lösen alle Maßnahmen und Aktivitäten im Unternehmen aus, die die **Arbeitszufriedenheit** der Mitarbeiter erhöhen und Anreize zum Verbleib im Unternehmen schaffen. Die Personalbindung beginnt schon mit dem Eintritt eines Mitarbeiters ins Unternehmen. Der erste Eindruck eines Mitarbeiters hat eine prägende Wirkung auf seinen weiteren Verbleib im Unternehmen. Er identifiziert sich mit dem Arbeitgeber und seiner Arbeitsaufgabe. Je organisierter und professioneller die ersten Tage und Wochen gestaltet werden, umso besser wird sich der Mitarbeiter in der neuen Aufgabe und in seiner sozialen Umgebung zurechtfinden (vgl. Flato/Reinbold-Scheible, 2008: 84 f.).

Die systematische **Mitarbeiterqualifizierung** stellt nicht nur eine Notwendigkeit dar, um den geänderten und sich stets wandelnden betrieblichen Anforderungen gerecht zu werden, sondern wird auch ein wichtiger Aspekt der langfristigen Personalbindung sein, vor allem im Hinblick auf den demografischen Wandel. Eine erfolgreiche Mitarbeiterförderung ist dann nachhaltig, wenn sich das betriebliche Anforderungsprofil mit dem Eignungsprofil der Mitarbeiter deckt.

Erkennt ein Mitarbeiter, dass er systematisch gefördert und entwickelt wird und ihm Entwicklungsperspektiven aufgezeigt werden, dann erhöht sich seine Arbeitszufriedenheit. Diese Art der Förderung sollte alle Ziel-, Funktions- und Altersgruppen einbeziehen und sich nicht allein auf die jüngeren Fach- und Führungskräfte konzentrieren. Eine **potenzialorientierte Förderung** mit dem Ziel, den Mitarbeitereinsatz möglichst nach den individuellen Möglichkeiten zu gestalten, muss auch die Mitarbeiter einbeziehen, deren Interessen bislang nicht ausreichend berücksichtigt worden sind. So löst zum Beispiel ein systematischer Arbeitsplatzwechsel im Rahmen einer individuellen Entwicklungsplanung unter anderem die folgenden Effekte aus. Der Mitarbeiter lernt neue Aufgaben und Tätigkeiten kennen. Zudem wird die innerbetriebliche Zusammenarbeit verbessert, weil sich mehr Verständnis für die Tätigkeit der anderen Mitarbeiter entwickelt.

Weitere Personalbindungsinstrumente, die zugleich auch als Förderinstrumente eingesetzt werden, sind das Job Enrichment und das Job Enlargement. Beim **Job Enrichment** werden die bestehenden Arbeitsinhalte und die Tätigkeiten systematisch mit neuen zusätzlichen Aufgaben angereichert. Dies führt zu einer Höherqualifizierung. Beim **Job Enlargement** werden die bestehenden Aufgaben gezielt durch höherwertige Aufgaben ergänzt bzw. erweitert. Dies geschieht im Rahmen einer systematischen Karriere- oder Laufbahnplanung.

Im Rahmen von **finanziellen Anreizsystemen** kann eine variable Vergütung auf der Grundlage von Leistungsbeurteilungen und Zielvereinbarungen einen motivierenden Charakter haben. Sie schaffen signifikante Anreize zur Leistungssteigerung, zur Erhöhung der Mitarbeiterzufriedenheit und somit zur Bindungsbereitschaft. Diese Effekte können aber nur genutzt werden, wenn die Bewertungskriterien und -maßstäbe für die Leistungsbeurteilung und die Zielvereinbarung den betroffenen Mitarbeitern bekannt und transparent sind. Neben der tariflichen Vereinbarung hat jedes Unternehmen die Möglichkeit, eine Prämie, die einen bestimmten Prozentsatz des Jahresgewinns ausmacht, an seine Mitarbeiter auszuschütten. Die Höhe wird von der Grundvergütung bestimmt. Die Unterstützung der Altersvorsorge durch den Arbeitgeber wird in Zukunft an Bedeutung gewinnen. Die Unternehmen haben hier unter anderem die Möglichkeiten, Rückstellungen in einen betrieblichen Pensionsfonds einzuzahlen oder die Zahlung in eine private Lebensversicherung vorzunehmen. Die Attraktivität des Arbeitgebers kann auch durch die Zahlung von sogenannten Treueprämien erhöht werden. Sie kann fix oder dynamisiert nach der Betriebszugehörigkeit festgelegt werden. Auch können die Gewährung von Arbeitgeberdarlehen, die Gewährung von Zuschüssen in besonderen Lebenslagen oder die Bereitstellung eines Dienstwagens zu einer höheren Attraktivität des Unternehmens für den Arbeitnehmer führen.

Personalentwicklung. „Der Begriff Personalentwicklung beinhaltet die planmäßige Erweiterung der fachlichen, methodischen, sozialen und persönlichen Qualifikation der Mitarbeiter im Hinblick auf Organisations- und Individualziele." (Bühner, 2005: 95)

Eine systematische und planvolle Personalentwicklung verfolgt zwei **Zielrichtungen**:
- Erreichung der Organisationsziele
- Erreichung von Individualzielen der Mitarbeiter.

Die Aufgaben der Personalentwicklung liegen in der Planung und Durchführung zielgerichteter Maßnahmen der Mitarbeiterqualifizierung. Die optimale Reaktion auf die Veränderungen des Umfeldes, in dem Unternehmen agieren, ist im Wesentlichen von den Fähigkeiten der Beschäftigten abhängig. Aufgrund des Mangels an Fach- und Führungskräften und den daraus resultierenden Problemen bei der Personalgewinnung konzentrieren sich immer mehr Unternehmen auf die Personalbindung und die Entwicklung der bereits im Unternehmen tätigen Mitarbeiter. Umso wichtiger ist es, die vorhandenen Mitarbeiterpotenziale zu erkennen, zielgerichtet zu fördern und an das Unternehmen zu binden. Die

Personalentwicklung muss sich auf die Personalerkennung und -förderung ausrichten, darf dabei jedoch die klassischen Aufgaben nicht vergessen. Eine individuelle Betrachtung der Mitarbeiter ist in diesem Zusammenhang hilfreich. Der sogenannte **betriebliche Lebenszyklus** eines Beschäftigten beschreibt seine Entwicklung vom Eintritt bis zum Austritt aus dem Unternehmen. Er ist durch vier Phasen gekennzeichnet. Welche Phasen ein Mitarbeiter erreichen wird bzw. erreicht hat, wird durch die individuellen Merkmale und die Rahmenbedingungen des Unternehmens bestimmt. Stock-Homburg unterscheidet die folgenden **vier Phasen der Personalentwicklung** (vgl. Stock-Homburg, 2010: 208):

1. *Phase der Einführung:* Die Beschäftigten durchlaufen den betrieblichen Sozialisationsprozess. Sie lernen Abläufe und Strukturen kennen, bauen erste Bindungen zu den Kollegen und Vorgesetzten auf und verinnerlichen die Unternehmenskultur.
2. *Phase des Wachstums:* Die Führungskräfte und die Mitarbeiter entwickeln sich beruflich weiter.
3. *Phase der Reife:* Unter Umständen können die Mitarbeiter diese Phase erreichen, das heißt eine Position, die keine Herausforderungen oder Lernchance mehr für sie darstellt. Dann ist es Aufgabe der Personalentwicklung, im Rahmen der Förderung realisierbare Stellenwechsel zu ermöglichen, die zu einer Weiterentwicklung des Beschäftigten verhelfen. Weitere Möglichkeiten sind Instrumente der Arbeitsstrukturierung wie Job Rotation oder Job Enlargement.
4. *Phase der Sättigung:* Wenn Fähigkeiten und die Aufgaben bzw. Position nicht mehr zueinander passen, nimmt die Leistung allmählich ab. Es ist zu klären, warum die geforderten Leistungen nicht mehr erbracht werden können. Eine Maßnahme zur Rückkehr in die Reifephase kann zum Beispiel ein Stellenwechsel sein. Wenn keine geeignete Stelle verfügbar ist, muss auch die Freisetzung in Betracht gezogen werden.

Die Forderung nach lebenslangem Lernen hat noch nicht in allen Unternehmen Einzug gehalten. Die Gestaltung der Weiterbildungsmaßnahmen muss unter anderem altersgerecht sein, damit sie ihre Wirkung zeigen. Kontinuierliches Lernen ist nicht nur in einer formalisierten Weiterbildung notwendig, um den steigenden Qualifikationsanforderungen gerecht zu werden, sondern es ist auch förderlich, um das Lernen nicht zu verlernen. Eine Entwöhnung vom Lernen führt zu einem höheren Aufwand bei der Aneignung neuer Fähigkeiten oder neuen Wissens.

Das **Lernen am Arbeitsplatz** nimmt eine besondere Rolle ein, da hier der Nutzwert am höchsten ist. Das Lernen am Arbeitsplatz lässt sich in zwei Teilbereiche einordnen:
- Qualifizierung während der Bewältigung der alltäglichen Aufgaben am Arbeitsplatz
- Weiterbildung, die zwar örtlich am Arbeitsplatz stattfindet, aber nicht primär anhand der Tätigkeit.

Eine weitere Herausforderung besteht darin, Bedingungen zu schaffen unter denen alle, und zwar unabhängig vom Alter und Geschlecht, ihre Leistungsfähigkeit und -bereitschaft entfalten können. Wissensmanagement bezieht sich weniger auf dem Sachverhalt als vielmehr auf die Vorgehensweise. Wissensweitergabe funktioniert am besten, wenn jeder einen Nutzen davon hat. „Die zunehmende Dynamik in den Unternehmen und die wachsende Komplexität der Aufgaben führen dazu, dass unterschiedliche Organisationsmodelle und Einsatzstrukturen existieren" (Flato/Reinbold-Scheible, 2008: 93). Mitarbeiter halten oft an bestehenden Organisationsmodellen fest und sind nicht bereit, neue Risiken einzugehen, indem sie den Beruf wechseln oder erweiterte Aufgaben übernehmen. Problematisch ist hierbei, dass ihr Wissen nicht mehr für die veränderten Aufgaben reicht, sie geraten so ins Abseits. Daher müssen Mitarbeiter grundsätzlich ihr gesamtes berufliches Leben mit Wechsel und Veränderungen konfrontiert werden. Das Stichwort lautet **Diversity**. Es bedeutet so viel wie Vielfalt oder Verschiedenartigkeit.

Personalpolitische Handlungsfelder

Zur Realisierung der Ziele der Gesundheitseinrichtungen ist es unter anderem notwendig, die bedarfsgerechte quantitative und qualitative Personalbesetzung zu garantieren. Dies ist eine wesentliche Voraussetzung eines Dienstleistungsunternehmens, um dem Versorgungsauftrag nachzukommen bzw. den Versorgungsvertrag zu erfüllen. Damit sind qualifizierte und motivierte Mitarbeiter die entscheidenden Wettbewerbsfaktoren einer Gesundheitseinrichtung.

Handlungsfelder, die durch den demografischen Wandel an Bedeutung gewonnen haben, sind:
- Work-Life-Balance
- altersgerechter Personaleinsatz
- betriebliche Gesundheitsförderung.

Die **Work-Life-Balance** wird für Unternehmen immer wichtiger, weil sie zum einen ein Bindungsinstrument ist und zum anderen dazu dient, die Erwerbsquote erziehender Frauen und Männer zu erhöhen. Dadurch kann ungenutztes Mitarbeiterpotenzial erschlossen werden. Damit die langfristige Leistungsfähigkeit von Mitarbeitern nicht nachlässt, ist es wichtig, das berufliche Engagement und das Privatleben in ein ausgewogenes Verhältnis zu bringen. Immer mehr Unternehmen sehen die Work-Life-Balance ihrer Beschäftigten als ein strategisches Thema an. „Ausgewogenheit zwischen Beruf und Privatleben, welche eine Zufriedenheit mit der eigenen Rollenführung in verschiedenen Lebensbereichen und eine Vermeidung dauerhafter Überlastung ermöglicht" (Stock-Homburg, 2010: 831).

Die drei Facetten der Work-Life-Balance lassen sich wie folgt beschreiben:
- *Work:* berufliches Engagement und die Zufriedenheit mit dem Beruf
- *Life:* Einsatz und Zufriedenheit im persönlichen Bereich
- *Balance:* Ausgewogenheit zwischen den ersten beiden Facetten.

Unternehmen können ihre Mitarbeiter durch ausgleichende Maßnahmen unterstützen, um deren Work-Life-Balance zu verbessern. Diese Maßnahmen schaffen Rahmenbedingungen,...
- ... um die Arbeitszeit in den unterschiedlichen Lebensphasen und -situationen sinnvoll zu verteilen.
- ... damit in bestimmten Lebensphasen Familie und Beruf im Einklang sind.
- ... um eine optimale Leistungserbringung zu ermöglichen, beispielsweise Jahres- und Lebenszeitkonto, Gleitzeitmodelle, die bestimmte Lebensphasen berücksichtigen.
- ... um Mitarbeiterbindungs- und Entwicklungsprogramme erfolgreich und nachhaltig zu etablieren und damit eine starke Mitarbeiterbindung und einen hohen Qualifizierungsgrad zu erreichen (dauerhafte Beschäftigungsfähigkeit).
- ... um zu ermöglichen, dass fachliche und soziale Kompetenzen, die Mitarbeiter im Berufs- und Privat-/Familienleben erworben haben, auch beruflich zum Einsatz kommen.
- ... damit Burn-out und gesundheitliche Risiken durch Überlastung vermieden werden (vgl. Flato/Reinbold-Scheible, 2008: 179 f.).

Alle Aktivitäten zur Work-Life-Balance sind Investitionen, die erst mittel- oder langfristig Erfolg zeigen. Die Bedeutung der Work-Life-Balance wird unter folgenden Aspekten deutlich:
- Knappheitsfaktor des qualifizierten Personals
- sinkende Erwerbsquote, insbesondere bei qualifizierten Fachkräften
- Wandel der Erwartung der Mitarbeiter an ihre beruflichen und persönlichen Perspektiven und Zielvorstellungen.
- Bei immer mehr berufstätigen Frauen im gebärfähigen Alter besteht der Wunsch nach Vereinbarkeit von Familie und Beruf.
- Mit Hinblick auf die verlängerte Lebensarbeitszeit wird es für viele Mitarbeiter wichtig, in bestimmten Lebensphasen oder Lebenssituationen zeitlich oder örtlich flexibel arbeiten zu können (vgl. Flato/Reinbold-Scheible, 2008: 180).

In jüngeren Lebens- und Berufsjahren steht primär ein Gleichgewicht zwischen beruflicher Karriere, jugendnahen Freizeitinteressen, Partnerbeziehungen und Gründung einer Familie im Zentrum. Hier steht eine gute Vereinbarkeit zwischen Beruf und Familie im Vordergrund. Ideal wäre es, wenn der Betrieb aufgrund seiner Größe einen eigenen Service zur Betreuung von Kin-

dern, z. B. in Form von Kindergärten, anbietet. Das Angebot der Öffnungs- und Betreuungszeiten muss sich von den herkömmlichen kommunalen Angeboten unterscheiden, um tatsächlich eine Vereinbarkeit von Familie und Beruf zu ermöglichen. Um den berufstätigen Eltern eine Vollzeittätigkeit zu ermöglichen, ist es auch wichtig, die Betreuung der Kinder unter drei Jahren, genauso auch die Nachmittagsbetreuung der schulpflichtigen Kinder zu gewährleisten. Im Krankenhaus wäre der Bedarf für alleinerziehende Mütter oder Väter auch am Wochenende gegeben. Eine Work-Life-Balance sollte unter anderem die folgenden Aspekte berücksichtigen:
- Planung und Realisierung des Personals im Hinblick auf Arbeitskräfte- und Betreuungsbedarf
- Einrichtung von Personalpools mit flexiblen Arbeitszeiten
- Entwicklung gemeinsamer Weiterbildungsangebote
- Entwicklung flexibler Kinderbetreuungsangebote
- Betreuungsangebote für pflegebedürftige Familienangehörige
- neue Berufsorientierung bzw. Weiterbildung für Frauen nach der Elternzeit
- Familienservice (Unterstützung bei der Suche nach Kinderbetreuung)
- flexible Arbeitszeitmodelle
- Telearbeitsplätze
- befristeter Ausstieg mit Wiedereinstiegsgarantie
- Eltern-Kind-Büro für Betreuungsnotfälle
- familienbewusstes Führungsverhalten als Bestandteil von Zielvereinbarungen
- Sonderurlaub zur Betreuung von Angehörigen oder zur Pflege eines erkrankten Kindes
- Führungspositionen können auch in Teilzeit wahrgenommen werden (vgl. Flato/Reinbold-Scheible, 2008: 184 f.).

Der **Nutzen** zeigt sich wie folgt:
- reduzierter Krankenstand
- schwächere Mitarbeiterfluktuation
- geringerer Einarbeitungsaufwand
- Abbau von Überstunden durch flexible Teilzeitmodelle
- Erhöhung der Mitarbeitermotivation.

Die Dienstleistungsunternehmen können es sich nicht leisten, auf einen großen und wertvollen Teil des Arbeitskräftepotenzials zu verzichten, unabhängig vom demografischen Wandel. Fehlende Familienfreundlichkeit und hier insbesondere familienunfreundliche Arbeitszeiten sowie unzureichende Freistellungsmöglichkeiten führen dazu, dass sich Frauen mit Kindern gegen ein Unternehmen entscheiden. Aspekte der Arbeitsorganisation, wie flexible Arbeitszeiten, tragen ebenfalls zur Mitarbeiterbindung bei. Es existiert eine Vielzahl von Möglichkeiten bei der Arbeitszeitgestaltung. Wichtig ist es, welche eingesetzt und akzeptiert werden, welche durch den Begrenzungsfaktor (z. B. gesetzlich, tariflich) möglich sind und welchen Beitrag sie zur Erreichung der Gestaltungsziele leisten.

Als wichtigstes Instrument bei der Gestaltung von **Arbeitszeitmodellen** gelten die Gestaltungsräume für die individuelle und flexible Zeiteinteilung, je nach Lebensphase und privatem Engagement. **Gleitzeit** ist eine flexible Arbeitszeit innerhalb der täglichen Kernarbeitszeit und stellt einen Beitrag zur flexiblen Arbeitszeitgestaltung dar. Sie ermöglicht beispielsweise den Mitarbeitern, Arztbesuche mit den betrieblichen Anforderungen in Einklang zu bringen. Bei erziehenden Frauen entzerrt sie die ansonsten auftretenden Stresssituationen. Gleitzeit kann so gestaltet werden, dass nicht nur der Arbeitsbeginn und das Arbeitsende flexibel sind, sondern auch die Pausenregelung. Sie kann auch Anwendung bei den Teilzeitkräften finden. Zudem können so auch Überstunden abgebaut werden. Dies macht die Tagesplanung der Mitarbeiter wesentlich leichter. Die **Vertrauensarbeitszeit** z. B. im Bereich der außertariflichen Angestellten und bei leitenden Angestellten kann als ein weiteres Instrument zur Flexibilisierung der Arbeitszeit genutzt werden. Der Vorteil ist hierbei, dass bei einem hohen Arbeitsaufkommen länger gearbeitet wird und in den Zeiten mit niedrigem Arbeitsaufkommen die Angestellten früher gehen. So kann eine faire Balance zwischen Unternehmens- und Mitarbeiterinteresse hergestellt werden. Das ermöglicht auch Frauen mit Kindern, in leitende Funktionen aufzusteigen. Mit dem Angebot von **Teilzeitarbeit und Telearbeitszeit** kann eine weitgehende zeitliche und räumliche Flexibilisierung der Arbeit erreicht werden. Teilzeit- und Telearbeitsplätze kommen den Bedürfnissen vieler Arbeitnehmer entgegen, leisten einen wichtigen Beitrag zur familienfreundlicheren Arbeitsgestaltung und erhöhen insbesondere für Frauen den Anreiz, schneller nach der Elternzeit ins Erwerbsleben zurückzukehren. Die Arbeitszeitflexibilisierung sollte auch die persönlichen **Auszeiten** von den Mitarbeitern ermöglichen. Mit der Auszeit können persönliche Lebenswünsche erfüllt oder eine besondere Lebenssituation besser gemeistert werden. In dieser Zeit wird natürlich kein volles Gehalt gezahlt. Die Möglichkeit, sich eine Auszeit nehmen zu können, führt dazu, dass ein großes Vertrauen und somit eine Bindung zum Unternehmen entsteht. In Anbetracht der längeren Erwerbszeit werden zunehmend **Teilzeitmodelle** benötigt, weil der Anteil der beschäftigten über 50- und 60-Jährigen ansteigt. Für gesundheitlich eingeschränkte Mitarbeiter kann das verstärkte Angebot von Teilzeitbeschäftigung eine alternative zur Frühverrentung sein. Daraus ergibt sich unter anderem der Vorteil, dass das Erfahrungswissen dem Unternehmen länger erhalten bleibt.

Neben der Arbeitszeitgestaltung, ist die **Gestaltung der Ruhepausen** für ältere Mitarbeiter ein wichtiger Aspekt. Ältere benötigen mehr Zeit als jüngere Mitarbeiter, um sich von den Belastungen zu erholen, vor allem bei körperlicher Belastung. Arbeitswissenschaftliche Erkenntnisse bestätigen, dass sich Kurzpausen lohnen und der rechnerische Verlust durch die anschließende Leistungserhöhung wieder ausgeglichen wird. Kurzpausen dienen sowohl der physischen als auch der psychischen Erholung.

Der **altersgerechte Personaleinsatz** ist vor dem Hintergrund zu sehen, dass das Personal in den kommenden Jahren auch in den Gesundheitseinrichtungen altern wird. Für das Personalmanagement im Gesundheitswesen, insbesondere für Personalführung, -entwicklung und -einsatz, bedeutet das, dass nach nachhaltigen Maßnahmen zur Bindung und Förderung von älteren Mitarbeitern gesucht werden muss. Es müssen Konzepte für diese Erwerbsgenerationen entwickelt werden. „Altersgerechtigkeit ist eine Organisations-Strategie, welche die Unterschiede zwischen Mitarbeiterinnen und Mitarbeitern verschiedenen Alters wahrnimmt, die spezifischen Potenziale fördert und die entsprechenden Anforderungen und Bedürfnisse befriedigt" (Naegler, 2011: 292). Es geht also darum, die Unterschiede der Mitarbeiter als Chance wahrzunehmen und eine altersgerechte Arbeitswelt zu gestalten, die für alle die bestmöglichen Entwicklungsbedingungen schafft. Die Mitarbeiter sollen von Beginn an bis zum Ausscheiden aus dem Unternehmen in alle Arbeitsprozesse eingebunden werden. Der Dialog zwischen den Generationen soll gefördert werden (vgl. Naegler, 2011: 292). Der Ansatz der Altersgerechtigkeit zielt darauf ab, spezifische Überlegungen für eine definierte Altersgruppe in die Gestaltung des Arbeitsplatzes und des Arbeitsprozesses einfließen zu lassen. Das sichert den Erhalt und die Förderung von Arbeitsbewältigung im gleichen Maße wie die Förderung von Herausforderungen und Interessen (Arbeitsinteresse) und die soziale Integration älterer Menschen. Für die älteren Mitarbeiter ist eine altersgerechte Personalführung, die die Stärken und Schwächen in den unterschiedlichen Lebensphasen berücksichtigt, von großer Bedeutung. Sie erfahren Wertschätzung und erhalten Perspektiven zur Qualifizierung und Weiterentwicklung. Auch ist die Reduktion der körperlichen Leistungsfähigkeit am Arbeitsplatz und im Arbeitsprozess zu berücksichtigen. Dies sollte mittels qualitativer Arbeitsplätze und nicht durch Versetzung auf „Schonarbeitsplätze" geschehen. Nach Naegler (2011) wird eine altersgerechte Führung durch die folgenden Prinzipien gekennzeichnet:

- kooperative und dialogische Führungsstile
- Beteiligungskompetenz und Selbstständigkeit fördern
- Handlungsspielraum und Verantwortung zulassen
- Mitarbeiter mit neuen Herausforderungen konfrontieren
- Erfahrungen mit dem Betroffenen reflektieren und nutzen
- Bereitschaft zum Lernen fördern (in altersgerechter Didaktik)
- Möglichkeiten der Einschulung auf neue Technologien

- individuelle Arbeitsplanung zur altersgerechten Arbeitsanpassung so weit wie möglich zulassen
- Führen mittels Zielvereinbarungen
- Einbeziehung in das aktuelle Geschehen im Unternehmen und in Veränderungen im eignen Arbeitsbereich (ebd.: 292).

Ein negatives Bild von älteren Mitarbeitern führt dazu, dass nur die jungen Mitarbeiter von der Personalentwicklung profitieren und die Älteren komplett von der Entwicklung ausgeschlossen werden. Dies wiederum führt dazu, dass Detailwissen, Erfahrungen und soziale Kompetenzen verloren gehen. Ältere ziehen sich zurück, weil sie sich nicht gebraucht fühlen.

Eine gute Personalentwicklung kann die Leistungsfähigkeit der älteren Mitarbeiter deutlich verbessern. Die Instrumente der **lebensphasengerechten Personalentwicklung** sind:
- lebensbegleitende Qualifizierung, unter anderem durch altersgerechten Personaleinsatz
- lebensphasengerechte Perspektiven schaffen
- Dialog der Generationen, Weitergabe von Wissen
- lebensphasengerechte Mitarbeitergespräche (vgl. Naegler, 2011: 296f.).

Gesundheitspolitische Fragen sind eng mit der demografischen Entwicklung eines Landes verbunden. Die Gesundheit der Belegschaft ist mehr als nur ein isolierter Einzelfaktor, der sich in Fehlzeitenkennzahlen ausdrückt. Der Vorläufer der **betrieblichen Gesundheitsförderung** ist der Arbeits- und Gesundheitsschutz. Der Fokus liegt hierbei primär auf den arbeitsbedingten physischen Beeinträchtigungen. Die Gesundheitsförderung integriert neben den physischen auch die psychischen Problemfelder. Gerade der älter werdenden Erwerbsgeneration wird zukünftig eine stärkere Bedeutung hinsichtlich des Gesundheitsschutzes, der altersgerechten Arbeitsergonomie und der Arbeitsorganisation beizumessen sein. Deshalb ist auch für Dienstleistungsunternehmen ein Konzept zur Gesundheitsförderung unerlässlich, um die Leistungsfähigkeit der Belegschaft zu erhalten. Es geht somit darum, die Gesundheit der Mitarbeiter zu erhalten und aktiv zu fördern. Der krankheitsbedingte Ausfall von Mitarbeitern führt zu erheblichen Kosten und Problemen im Unternehmen. Neben den Entgeltfortzahlungen fallen eventuell Kosten für Überstunden der anderen Mitarbeiter oder für das Aushilfspersonal an. Des Weiteren fehlen auch die spezifischen Kenntnisse und Fertigkeiten des Mitarbeiters und können somit zu erheblichen Störungen im Betriebsablauf führen. Vor diesem Hintergrund stellt eine betriebliche Gesundheitsförderung eine lohnende Investition dar, da sie die Krankheitstage reduzieren kann. Langfristig hilft sie auch, die Arbeits- und Einsatzfähigkeit der Mitarbeiter zu erhalten. Die Veränderungen in unserer Arbeitswelt, die durch den technischen Fortschritt und durch den zunehmenden nationalen und internationalen Wettbewerb ausgelöst wurden, haben auch zur Veränderung bei der Arbeitsbelastung geführt. Insbesondere haben diese Veränderungen zu mehr Leistungsdruck, zwischenmenschlichen Spannungen, Konflikten und sogar zu Mobbing beigetragen. Die psychische Belastung bei den Mitarbeitern ist in den vergangenen Jahren enorm gestiegen. Die Krankheitsbilder sind dadurch vielschichtiger geworden, weil auch die Ursachen arbeitsbedingter Erkrankungen komplexer werden. Vor allem haben die **psychosomatischen Erkrankungen** in den vergangenen Jahren zugenommen. Es ist auch zu beachten, dass die Arbeitsbelastungen subjektiv unterschiedlich wahrgenommen werden. Der Gesundheitszustand der Mitarbeiter wird neben den Arbeitsbedingungen auch von dem individuellen Lebensstil beeinflusst. Unter einer **Gesundheitsförderung** sind alle Maßnahmen zu verstehen, die der Erhaltung und Förderung der Gesundheit der Mitarbeiter dienen. Dazu zählen alle freiwilligen Maßnahmen, die Unternehmen ihren Mitarbeitern anbieten, ohne dass eine gesetzliche Verpflichtung besteht. Neben diesen freiwilligen Maßnahmen gehören auch alle Maßnahmen des Arbeitsschutzes, zu denen die Arbeitgeber aufgrund zahlreicher Bestimmungen verpflichtet sind, zur Gesundheitsförderung. Beispielhaft zählen die folgenden Maßnahmen zu den normativen Vorgaben:

- Verhütung von Arbeitsunfällen
- Verhinderung von Berufskrankheiten
- Verhinderung und Beseitigung von arbeitsbedingten Gesundheitsgefahren
- Begrenzung der Arbeitszeiten
- Schutz und Fürsorge von besonderen Mitarbeitergruppen.

Im Rahmen der betrieblichen Gesundheitsförderung wird in der Regel zwischen den bedingungs- und den personenbezogenen Maßnahmen unterschieden. Bei den **bedingungsbezogenen Maßnahmen** stehen die Arbeitsbedingungen im Vordergrund (z. B. Umstrukturierung der Arbeitsorganisation, flexible Pausenregelungen). Bei den **verhaltensbezogenen Maßnahmen** stehen die Verhaltensmodifikationen der Personen im Zentrum (z. B. Training, Sportangebot, Anti-Raucher-Kurse).

Seit der Konferenz der Weltgesundheitsorganisation in Ottawa im Jahre 1986, deren Ergebnisse in der **Ottawa-Charta** veröffentlicht worden sind, befasst sich die betriebliche Gesundheitsförderung nicht nur mit Belastungen, sondern auch mit Ressourcen in der Arbeit. Weiterhin werden neben den somatischen auch die psychosozialen Aspekte der Gesundheit beachtet. Die betriebliche Gesundheitsförderung qualifiziert die Mitarbeiter, indem sie ihre Kompetenzen erweitert. Neben den Angeboten, die die Verhältnisse verändern sollen, muss betriebliche Gesundheitsförderung auch verhaltensbezogene Maßnahmen einschließen. Sie betrifft alle Beschäftigten eines Unternehmens und nicht nur spezifische Risikogruppen. Die betriebliche Gesundheitsförderung ist ein langfristig angelegtes Konzept, das alle Akteure, einschließlich der Beschäftigten und der Gesundheitsexperten, berücksichtigt:

> „Die Akteure des betrieblichen Gesundheitsmanagements müssen bei ihren Überlegungen Modelle und Erkenntnis verschiedener Disziplinen einbeziehen. Medizinische, soziologische, psychologische Merkmale einer Gesundheitsdefinition sind dabei für das praktische Handeln ebenso von Bedeutung wie arbeitspsychologische Konzepte gesundheitsförderlicher Arbeitsgestaltung." (Ulrich/Wülser, 2010: 114 f.)

Zur Realisierung einer betrieblichen Gesundheitsförderung (BGF) ist ein umfassendes Konzept erforderlich. Es sollte dazu beitragen, dass Organisations- und Personalentwicklungsmaßnahmen erfolgreich in den betrieblichen Alltag integriert werden können. Bei der Umsetzung ist das Verhalten der Führungskräfte relevant, weil sie den Erfolg durch aktive Unterstützung oder durch Blockade beeinflussen.

Bei der **Gestaltung der Rahmenbedingungen** sind die nachfolgenden Voraussetzungen zu schaffen:

- Für alle Maßnahmen zur BGF muss es klare Verantwortlichkeiten geben, die den Mitarbeitern und Führungskräften zu erläutern sind.
- Die gesundheitsfördernden Aktivitäten sind auf betriebliche Zielgruppen und deren Anforderungen abzustimmen.
- Alle Instrumente zur betrieblichen Gesundheitsförderung müssen mit den übrigen strategischen Handlungsfeldern verzahnt werden.
- Das Konzept muss in das Controlling einbezogen werden.
- Die Angebote haben die speziellen Arbeitszeit- und Schichtmodelle des Unternehmens zu berücksichtigen, denn die Maßnahmen müssen für alle Mitarbeiter zugänglich sein.
- Die Konzeption und Gestaltung von gesundheitsfördernden Aktivitäten sollten auf einer fundierten Datenbasis beruhen. Erforderlich hierfür sind:
  - mitarbeiterbezogene Einzelprofile
  - arbeitsplatzbezogene Belastungsprofile
  - Ergebnisse der Gefährdungsanalysen
  - Analyse der Arbeitsunfälle
  - zielgruppenspezifische Entwicklung der Fehlzeiten
  - Auswertung der Krankenrückkehrgespräche
  - Analyse der Ergebnisse von Arbeitsbegehungen
  - zielgruppenspezifischer Altersaufbau der Belegschaft
  - Prognose der zukünftig zu erwartenden Anforderungen an das Unternehmen und die damit verbundenen Arbeitsanforderungen an die Mitarbeiter

- Planung des zukünftigen Einsatzes leistungsgeminderter Mitarbeiter und des Aspekts der alternden Belegschaften (vgl. Flato/Reinbold-Scheible, 2008: 174 f.).

Die betriebliche Gesundheitsförderung darf sich nicht speziell einer Altersgruppe widmen. Wenn der Schwerpunkt nur auf die jüngere Generation gelegt wird, wird die ältere Mitarbeitergeneration vernachlässigt. Wenn allerdings eine aktive Gesundheitsförderung erst bei der Generation 50plus eingesetzt wird, können Fehlentwicklungen der Vergangenheit nicht mehr vollständig korrigiert werden. Die gesundheitliche Prävention und der Arbeitsschutz sind unter diesem Aspekt für alle Mitarbeitergruppen, unabhängig vom Alter, gleich wichtig. „Ein modernes betriebliches Gesundheitsmanagement muss zum Ziel haben, die Beschäftigten gesünder alt werden zu lassen" (Vetter, 2005: 7). Bei der Gesundheitsförderung geht es folglich darum, Fehlbeanspruchungen, insbesondere durch körperliche Tätigkeiten und gesundheitsbedingte Leistungsveränderung, rechtzeitig zu erkennen und durch geeignete Maßnahmen zu beseitigen bzw. zu reduzieren. Die Gesundheitsförderung schließt alle arbeitsbedingten Maßnahmen mit ein. Ein bewährtes Instrument zur Umsetzung der Gesundheitsförderung ist die Bildung von **Gesundheitszirkeln**. Dieses Instrument bezieht die Mitarbeiter ein. Im Zirkel können sie ihre Arbeitssituation darstellen, die Belastungen und Ressourcen identifizieren und Handlungsempfehlungen entwickeln.

8.2.5
Instrumentales Management

Als letzte Managementdimension sollen die Instrumente, Hilfsmittel und Werkzeuge genannt werden, die den Führungskräften helfen sollen, ihre Aufgaben erfolgreich durchführen zu können. Hierbei werden nur einige exemplarische Hilfsmittel dargestellt. Instrumente, die bei dem Entscheidungsvorgang Hilfe leisten, werden zuerst aufgeführt.

Entscheidungen sind immer auf die Zukunft gerichtet. Zukünftige Entwicklungen sind nicht genau vorhersehbar und immer mit Unsicherheit verbunden. Der Entscheidungsträger muss daher möglichst viele Rahmenbedingungen berücksichtigen. Zur Minimierung des Entscheidungsrisikos werden Entscheidungsmodelle herangezogen. Für **Entscheidungsmodelle** gilt jedoch die Annahme, dass nur mit einem Zustand der Umwelt zu rechnen ist. Geht man weiterhin davon aus, dass Unternehmungen in der Regel mehrere konfliktäre Zielsetzungen verfolgen, bieten sich zur Entscheidungsfindung die Zielgewichtung, das Goal Programming und die Nutzwertanalyse als Entscheidungstechniken an.

Die **Zielgewichtung** ist eine häufig angewendete **Entscheidungstechnik** zur Lösung von Problemen bei Vorliegen von Zielkonflikten (Tab. 8.2-4). Der Entscheidungsträger ordnet den verschiedenen Zielen entsprechend seinen Präferenzen Gewichtungsfaktoren zu. Die Ergebnisse der Handlungsalternativen werden mit diesen Faktoren gewichtet. Die Summe der gewichteten Einzelergebnisse bildet dann den Gesamtnutzwert einer Handlungsmöglichkeit. Die Entscheidung erfolgt zugunsten der Aktion mit dem höchsten Gesamtnutzwert, das heißt, sie fällt zugunsten von Aktion 2 aus, da sie den höchsten Gesamtnutzwert erreicht.

Beim **Goal Programming** werden dem Entscheidungsträger für jedes Ziel numerische Vorgaben gemacht (Tab. 8.2-5). Es wird unterstellt, dass sich der Entscheidungsträger dann für die Aktion entscheiden wird, die den Zielvorgaben am nächsten kommt. Die Ergebniswerte für die Aktion 1 kommen dem Ziel am nächsten.

Gelegentlich werden bei Entscheidungen Parameter zugrunde gelegt, die nur schwer bzw. nicht unmittelbar quantifizierbar sind. Für die Berücksichtigung von qualitativen Kriterien bei der Beurteilung von Handlungsalternativen wurde das Verfahren der Nutzwertanalyse entwickelt. Die **Nutzwertanalyse** bietet demnach die Möglichkeit, verschiedene Aktionsmöglichkeiten bezüglich eines multidimensionalen Zielsystems zu ordnen. Die Ausgangslage für eine Entscheidungssituation (z. B. Kauf eines Neuwagens) wird in Tabelle 8.2-6 dargestellt. Der Entscheidungsträger wird sich für den Kauf des Modells 2 entscheiden.

Tabelle 8.2-4: Entscheidungstechnik der Zielgewichtung (Quelle: Haubrock et al., 1997: 88)

Ziele / Aktionen	Ziel 1 Gewichtung 0,25	Ziel 2 0,25	Ziel 3 0,50	Gesamtnutzwert
Aktion 1	Ergebniswert 24	20	14	18
Aktion 2	Ergebniswert 8	20	26	20

Tabelle 8.2-5: Entscheidungstechnik des Goal Programming (Quelle: Haubrock et al., 1997: 88)

Ziele / Aktionen	Ziel 1 Zielvorgabe 30	Ziel 2 20	Ziel 3 30	Summe der Abweichungen
Aktion 1	Ergebniswert 24	20	14	22
Aktion 2	Ergebniswert 8	20	26	26

Tabelle 8.2-6: Entscheidungstechnik der Nutzwertanalyse (Quelle: Haubrock et al., 1997: 88)

Ziele / Aktionen	Ziel 1 Kaufpreis Gewicht 0,5	Ziel 2 Benzinverbrauch 0,4	Ziel 3 Komfort 0,1	Nutzwert
Kauf Modell 1	1 Nutzeinheit	5	6	3,1
Kauf Modell 2	6 Nutzeinheiten	7	4	6,2

Die Realisation der Entscheidungen ist nicht Aufgabe des Managements. Das Management hat jedoch dafür Sorge zu tragen, dass die getroffenen Entscheidungen von dem sogenannten exekutiven Faktor, das heißt den ausführenden Mitarbeitern, umgesetzt werden.

In Zusammenhang mit dem strukturalen Management werden Organisationsformen zugrunde gelegt. Diese organisatorischen Zusammenhänge lassen sich in verschiedenen Darstellungstechniken dokumentieren. Sie können verbal mittels **Stellenbeschreibungen**, tabellarisch mithilfe einer **Kommunikationsmatrix**, grafisch durch **Organigramme** und **Funktionendiagramme** sowie mathematisch durch **Zuordnungsmodelle (lineare Programmierung)** verdeutlicht werden. Aus den vielfältigen Möglichkeiten werden an dieser Stelle nur einige Beispiele angeführt.

Der **Organisationsplan**, auch Organigramm oder Stellenplan genannt, stellt die Gebildestruktur einer Unternehmung grafisch dar. Festgehalten in dem Organigramm werden die:

- Verteilung der betrieblichen Aufgaben
- horizontale und vertikale Verknüpfung der Stellen
- Struktur der Anordnungs- und Informationswege und die
- Einordnung der Stellen.

Abbildung 8.2-9 zeigt die Alternativen.

Das **Funktionendiagramm**, auch Aufgabenverteilungsplan oder Funktionsmatrix genannt, ist die schaubildliche Darstellung der Zuordnung von Aufgaben und Entscheidungsbefugnissen zu den organisatorischen Einheiten und Stelleninhabern. Dabei zeigt die Funktion den Anteil einer Stelle an der Erfüllung einer Gesamtaufgabe. So werden zum Beispiel die folgenden Teilfunktionen unterschieden:

- Entscheidung (E)
- Planung (P)
- Ausführung (A)
- Kontrolle (K).

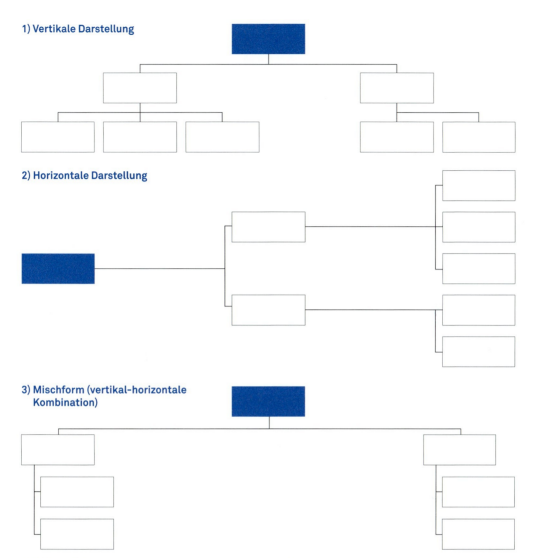

Abbildung 8.2-9: Darstellungsarten eines Organisationsplans (Quelle: Eigenerstellung)

Sie haben einen Anteil an der Gesamtfunktion (X) (Tab. 8.2-7). Eine andere Einteilung der Funktionen bzw. eine tiefere Gliederung der Teilfunktionen ist gängige Praxis.

Bei einer **Stellenbeschreibung** werden alle relevanten Aufgaben, Kompetenzen, Verantwortungen und Anforderungen einer Organisationseinheit sowie deren festgelegte Eingliederung in die Unternehmenshierarchie schriftlich festgehalten.

In den beiden folgenden Tabellen werden die **Ziele** und die **Inhalte** einer Stellenbeschreibung festgehalten.

Tabelle 8.2-7: Funktionendiagramm (A = Ausführung, E = Entscheidung, K = Kontrolle, P = Planung, X = Gesamtfunktion) (Quelle: Eigenerstellung)

Stelle / Aufgabe	1	2	3	4	[...]	n
A		K	E	A		
B			K	X		
C		P		X		
D					X	
[...]						
N						

Tabelle 8.2-8: Ziele einer Stellenbeschreibung (Quelle: Eigenerstellung)

Managementbereich	Zweck
Organisation	• Dokumentation der Aufbauorganisation
Personalbeschaffung	• Erleichterung der Stellenausschreibung • Vorbereitung der Arbeitsvertragsgestaltung • Grundlage für die Einarbeitung
Entgeltgestaltung	• Grundlage für die Bewertung der Stelle • Objektivierung des innerbetrieblichen Lohn- und Gehaltsgefüges
Personalführung	• Grundlage für die Führung über Zielvereinbarungen • Grundlage für Delegation
Personalentwicklung	• Grundlage für die Aufdeckung von „Fähigkeitslücken"
Motivation/Anreizgestaltung	• Basis für die Leistungsbeurteilung

Tabelle 8.2-9: Inhalte einer Stellenbeschreibung (Quelle: Eigenerstellung)

Inhaltsbereich	Anforderungen an die inhaltliche Ausgestaltung
Organisatorische Eingliederung	• Bezeichnung der Stelle • Stellennummer • Vorgesetzte/nachgeordnete Stellen • Vertretungsregelungen
Ziel der Stelle	• Prägnante Formulierung • Operationalität der Zielformulierung • Erreichbarkeit der Ziele
Aufgaben	• Hauptaufgaben herausarbeiten • Mittlerer Detaillierungsgrad
Befugnisse	• Konzentration auf formal verliehene Befugnisse
Anforderungen	• Konzentration auf Mindestanforderungen

Wie eine Stellenbeschreibung aussehen kann, soll anhand von Tabelle 8.2-10 verdeutlicht werden.

Tabelle 8.2-10: Beispiel für eine Stellenbeschreibung (Quelle: Eigenerstellung in Anlehnung an Bundesarbeitsgemeinschaft Leitender Krankenpflegepersonen e.V., 1994: 16–18) *(Fortsetzung n. Seite)*

STELLENBESCHREIBUNG		
Formale Identifikation	Krankenhaus: Name: Personal-Nr.: Stellen Nr. Vorgesetzte Stelle:	ABC N.N. xxxxxxxxxx yyyy zzzz
	Bezeichnung der Stelle	Pflegedirektorin/Pflegedirektor*
Stellenzweck	Funktion der Stelle	*Die Pflegedirektorin/der Pflegedirektor ist verantwortlich für die bereichs- und klinikübergreifende Planung, Steuerung und Kontrolle der pflegerischen Leistungen. Sie/er setzt aktiv die Krankenhausziele in bezug auf die Wirtschaftlichkeit, die Qualität der Behandlung, die Mitarbeiterführung und eine patientenorientierte Organisation um und berücksichtigt in angemessener Weise die Belangen der übrigen beteiligten Berufsgruppen und Leistungsbereiche des Krankenhauses.
Charakterisierende Merkmale	Betriebs-/ Organisationseinheit	*Die Pflegedirektorin/der Pflegedirektor ist der Organisationseinheit Pflegedirektorium zugeordnet und Mitglied der Krankenhausbetriebsleitung. *Sie/er ist Vorgesetzte/r der übrigen Mitglieder des Pflegedirektoriums, der Pflegedienstmitarbeiter auf Abteilungs- und Stationsebene sowie der ihr unterstellten Funktionsbereiche. *Das Verhältnis der Mitglieder in der Krankenhausbetriebsleitung untereinander sowie gegenüber dem Krankenhausträger wird auf der Grundlage der Satzung gesondert geregelt.
	Vertretungsregelung	*Die Pflegedirektorin/der Pflegedirektor wird durch die stellvertretende leitende Krankenpflegekraft vertreten. *Innerhalb der Aufgaben der Krankenhausbetriebsleitung vertritt sie/er und wird ihrer-/seinerseits vertreten durch die übrigen Mitglieder der Krankenhausbetriebsleitung.
	Aufgaben- und Handlungsbereich	*Der Aufgaben- und Handlungsbereich erstreckt sich auf die kooperative Führung des Gesamtkrankenhauses sowie sämtliche mit der Erstellung pflegerischer Leistungen verbundenen Fragestellungen im Stationsbereich und den ihr unterstellten Funktionsbereichen. Dies betrifft insbesondere alle Maßnahmen zur Aufbau- und Ablauforganisation, des Personal- und Sachmitteleinsatzes sowie zu baulichen und sonstigen Investitionsentscheidungen.
	Information/ Kommunikation	*Der Pflegedirektorin/dem Pflegedirektor werden alle, zur sachgerechten Erfüllung ihrer Aufgaben notwendigen Informationen vom Krankenhaus zur Verfügung gestellt. Sie/er wird bei allen das Krankenhaus betreffenden Fragen in angemessener Weise informiert und stellt ihrer-/seinerseits den übrigen Beteiligten die notwendige Information in sachdienlicher Weise zur Verfügung.
	Anforderungen an die/ den Stelleninhaber/in	*Die/der Stelleninhaber/in verfügt über ausreichende fachliche Qualifikationen, die durch entsprechende Berufs- und Leitungserfahrungen nachzuweisen sind. *Diesen gleichgewichtig sind persönliche Qualifikationen, die in einem speziellen Anforderungsprofil detailliert festgelegt werden.

Tabelle 8.2-10: *(Fortsetzung)*

STELLENBESCHREIBUNG		
Beschreibende Kennzahlen	Mengengrößen	*Zugeordnetes Personal im Stationsbereich *Zugeordnetes Personal im Funktionsbereich *Anzahl stationär/vor- und nachstationär versorgte Patienten
	Wertgrößen	*Budget (Euro) für Stationspersonal *Budget (Euro) für Personal in Funktionsbereichen *Budget (Euro) für pflegerisches Verbrauchsmaterial auf Stationen *Budget (Euro) für bauliche Maßnahmen und Investitionsgüterbeschaffung *Budget (Euro) für Fort- und Weiterbildungsmaßnahmen *Budget (Euro) für den Einsatz externer Aushilfen und zur Überstundenabgeltung *Budget (Euro) für externe Beratungsleistungen
	Aufgaben als Mitglied in der Krankenhausbetriebsleitung	*Mitwirkung bei allen das Gesamtkrankenhaus betreffende Entscheidungen unter Berücksichtigung der wirtschaftlichen Möglichkeiten und der medizinisch-pflegerischen Zielsetzung des Krankenhauses. *Vertretung und aktive Umsetzung der Krankenhausentscheidungen nach innen und außen mit dem Ziel einer schnellen und sachgerechten Umsetzung, einer frühzeitigen und offenen Information aller Beteiligten und einer höheren Akzeptanz für Entscheidungen bei allen Betroffenen.
	Aufgaben als Leitung des Krankenpflegedienstes	*Entwicklung und Umsetzung eines Konzepts zur langfristigen Personalgewinnung und Personalweiterentwicklung mit dem Ziel einer langfristigen Sicherstellung eines qualifizierten Mitarbeiterstabes in den pflegerischen Diensten. *Führung und Betreuung der unterstellten Mitarbeiter mit dem Ziel, die Arbeitszufriedenheit und Leistungsbereitschaft aufrechtzuerhalten oder zu verbessern. *Gestaltung der Aufbau- und Ablauforganisation auf Stationen und sonstigen dem Pflegedirektorium zugeordneten Bereiche mit dem Ziel von patientenorientierten und kundenfreundlichen Abläufen. *Planung, Steuerung und Überwachung des Personaleinsatzes mit dem Ziel der Einhaltung der jährlichen Budgetvorgaben. *Planung, Steuerung und Überwachung des Sachmitteleinsatzes auf Stationen, insbesondere des pflegerischen Verbrauchsmaterials, mit dem Ziel der Einhaltung vorgegebener Jahresbudgets. *Sicherstellung der Dokumentation und Leistungserfassung auf Stationen mit dem Ziel, die gesetzlichen und sonstigen extern vorgegebenen Dokumentationspflichten zu erfüllen und verläßliche Informationen zur Abrechnung der Krankenhausleistungen, Kostenkalkulation und sonstigen Zwecken der Krankenhausbetriebssteuerung zu erhalten. *Entwicklung, Umsetzung und Kontrolle von pflegerischen Konzepten unter Berücksichtigung allgemein anerkannter Qualitätskriterien und der medizinisch-pflegerischen Zielsetzung des Krankenhauses.

Literatur

Berekoven, L. (1986): Dienstleistungsmarkt – sachliche Besonderheiten und Befunde, in: Pester, E.: Perspektiven der Dienstleistungswirtschaft. Göttingen, Vandenhoeck & Ruprecht, S. 23–37.

Bühner, R. (2005): Personalmanagement, 3. Auflage. München, Oldenbourg.

Busse, R.; Schreyögg J.; Gericke, Ch. (2006): Management im Gesundheitswesen. Heidelberg, Springer.

Corsten, H.; Reiß, M. (1995): Handbuch Unternehmensführung: Konzepte – Instrumente – Schnittstellen. Wiesbaden, Gabler.

Debatin, J.F.; Ekkernkamp, A.; Schulte, B. (2010): Krankenhausmanagement. Berlin, Medizinisch-Wissenschaftliche Verlagsgesellschaft.

Eichhorn, S. (1975): Krankenhausbetriebslehre, Band I, 3. Auflage. Stuttgart, Köln, Kohlhammer.

Eichhorn, S.; Schmidt-Rettig, B. (1995.): Krankenhausmanagement im Werte- und Strukturwandel: Handlungsempfehlungen für die Praxis. Stuttgart, Berlin, Köln, Kohlhammer.

Flato, E.; Reinbold-Scheible, S. (2008): Zukunftsweisendes Personalmanagement. Herausforderung demografischer Wandel. München, mi-Fachverlag.

Gablers Wirtschaftsklexikon (2010): Dienstleistungsgesellschaft. www.wirtschaftslexikon.gabler.de [Zugriff: 15.07.2015].

Grochla, E. (1982): Grundlagen der organisatorischen Gestaltung, Stuttgart, Gabler.

Haubrock, M.; Kramer, E.; Hellmann, T. (1994): Unterrichtsleitfaden Pflegemanagement. Basel, Eberswalde, Recom.

Haubrock, M.; Peters, Sönke H.F.; Schär, W. (1997): Betriebswirtschaft und Management im Krankenhaus, 2. Auflage. Berlin, Wiesbaden, Ullstein Mosby.

Haubrock, M.; Meiners, N.; Albers, F. (1998): Krankenhausmarketing: Analysen – Methoden – Konzepte. Stuttgart, Berlin, Köln, Kohlhammer.

Haubrock, M.; Schär W. (2009): Betriebswirtschaft und Management in der Gesundheitswirtschaft. 5. Auflage. Bern, Hans Huber.

Kerres, A.; Seeberger, B. (2005): Gesamtlehrbuch Pflegemanagement. Heidelberg, Springer.

Klimpel, M.; Schütte, T. (2006): Work-Life-Balance. Eine empirische Erhebung, in: Bröckermann, R. (Hrsg.): Praxisorientierte Personal- und Organisationsforschung. Band 9. München, Mering, Rainer Hampp.

Leuzinger, A.; Luterbacher, Th. (2000): Mitarbeiterführung im Krankenhaus, 3. Auflage. Bern, Göttingen, Toronto, Seattle, Hans Huber.

Meier, J. (1994): Das moderne Krankenhaus, Neuwied, Kriftel, Berlin, Luchterhand.

Naegler, H. (2011): Personalmanagement im Krankenhaus. Grundlagen und Praxis, 2., erweiterte und aktualisierte Auflage. Berlin, Medizinisch-wissenschaftliche Verlagsgesellschaft.

Olfert, K.; Steinbuch, P. (1990): Personalwirtschaft, 4. Auflage. Ludwigshafen/Rhein, Kiehl Verlag.

Paul, J. (2007): Einführung in die Allgemeine Betriebswirtschaftslehre. Wiesbaden, Gabler.

Poser, M. (2012): Lehrbuch Stationsleitung. Bern, Hans Huber.

Schlüchtermann, J. (2013): Betriebswirtschaft und Management im Krankenhaus. Berlin, Medizinisch-wissenschaftliche Verlagsgesellschaft.

Schmidt-Rettig, B.; Eichhorn, S. (2008): Krankenhausmanagementlehre. Stuttgart, Kohlhammer.

Schreyögg, G. (1996): Organisation: Grundlagen moderner Organisationsgestaltung. Wiesbaden, Gabler.

Steinbuch, P.A. (1985): Organisation, 5. Auflage. Ludwigshafen/Rhein, Kiehl Verlag.

Steinmann, H.; Schreyögg, G. (1993): Management: Grundlagen der Unternehmensführung, 3., überarbeitete und erweiterte Auflage. Wiesbaden, Gabler.

Stock-Homburg, R. (2010): Personalmanagement. Theorien – Konzept – Instrumente, 2. Auflage. Wiesbaden, Gabler.

Thommen, J.P.; Achleitner, A.K. (1998): Allgemeine Betriebswirtschaftslehre, 2. Auflage. Wiesbaden, Gabler.

Trill, R. (1996): Krankenhausmanagement, Neuwied, Kriftel, Berlin, Luchterhand.

Ulrich, E.; Wülser, M. (2010): Gesundheitsmanagement im Unternehmen. Mühlheim/Ruhr, Gabler.

Verband der Krankenhausdirektoren Deutschlands e.V. (1993): Entscheidungsorientiertes Krankenhausmanagement. Mühlheim/Ruhr, Eigenverlag.

Vetter, C. (2005): Wie die Demografie auf Fehlzeiten wirkt. Bonn, AOK-Bundesverband.

Zapp, W. (2014): Krankenhausmanagement. Stuttgart, Kohlhammer.

9 Relevante Managementkonzepte in der Gesundheitswirtschaft

9.1 Kaizen und Lean Management

Manfred Haubrock

Alle Managementmethoden, ob sie nun Lean Management, Business Reengeneering, Prozessmanagement oder Qualitätsmanagement genannt werden, gehen auf die **Kaizen-Konzeption** zurück. Die Kaizen-Philosophie basiert auf der Erkenntnis, dass durch den Wandel vom Verkäufer- zum Käufermarkt neue Ansätze der Qualitätsbemühungen gefunden werden mussten. Das Konzept der produktorientierten Qualitätskontrolle war zu ersetzen durch eine Sichtweise, bei der die Kundenorientierung eine wichtige Rolle spielen sollte.

Der Katalysator für die Umsetzung vieler Qualitätskonzepte sowie deren Weiterentwicklung war Japan. Ab 1945 wurde der Amerikaner Homer Sarasohn seitens der amerikanischen Regierung beauftragt, den Wiederaufbau der zerstörten japanischen Industrie zu leiten. Zu seinem Auftrag gehörte unter anderem die Einführung von Qualitätsstandards für Produkte. Darüber hinaus organisierte er Managementseminare für die Ausbildung japanischer Topmanager. Einer der Kursleiter war W. E. Deming. Er führte die neuen Managementprinzipien seines 14-Punkte-Programms sowie das Prinzip der „ständigen Verbesserung" ein.

Dieser sogenannte **Deming-Zyklus**, auch PDCA-Regelkreis genannt, verläuft wie folgt:
- Planen („*p*lan")
- Ausführen („*d*o")
- Überprüfen („*c*heck")
- Verbessern („*a*ct").

Nach der Vorstellung von Deming (1982) tritt folgende Kettenreaktion ein:
- Qualität verbessern
- Produktivität verbessern
- Kosten senken
- Preise senken
- Marktanteil verbessern
- Im-Geschäft-Bleiben
- Arbeitsplätze sichern
- Return on investment.

Dieses Prinzip bekam in Japan den Namen **Kaizen**. Der Japaner G. Taguchi entwickelte in der Folge industrielle Standards, indem er statistische Methoden zur Verbesserung von Produkten und Prozessen anwandte. Er entwickelte das Konzept der Qualitätsverlustfunktion. Qualitätsverlust zieht einen Imageverlust und einen daraus entstehenden Nachfragerückgang nach sich. Weiterhin sind sowohl Produktreparaturkosten seitens des Unternehmens als auch Folgekosten zu verzeichnen, die das Resultat von Kundenunzufriedenheit sind. K. Ishikawa nahm das Konzept „Total Quality Control", das der Amerikaner A. V. Feigenbaum entwickelt hatte, auf und entwickelte es weiter zu seinem Company-Wide-Quality-Control-Konzept. Im Rahmen seines mitarbeiterorientierten Konzepts für die unternehmensweite Qualitätsarbeit integrierte Ishikawa sein Ursachen-Wirkungs-Diagramm (Fishbone-Diagram). Im Jahre 1966 stellte Y. Akao sein Quality-Function-Deployment-Modell vor (Akao, 1991). Dieses Modell ermöglicht es, auf der Basis von Teamarbeit Kundenbedürfnisse zu identifizieren und in die Planung der Produktentwicklung, der Prozesse und der Herstellung einzubauen.

Diese beispielhaften Entwicklungen haben die Kaizen-Philosophie beeinflusst. Der Kaizen-Gedanke wird im Wesentlichen durch die folgenden Aspekte bestimmt:
- prozessorientiertes Denken
- kundenorientierte Verbesserungsstrategie
- ständige Verbesserung in kleinen Schritten
- Mitarbeiterorientierung
- umfassende Qualitätskontrolle
- Effizienzsteigerung.

Diese Aspekte lassen sich unter dem sogenannten Kaizen-Schirm zusammenfassen (Abb. 9.1-1).

Zur Realisierung dieser Ziele sind nach dem Kaizen-Modell zum Beispiel zu beachten:
- sieben statische Werkzeuge
  - Pareto-Diagramm
  - Ursache-Wirkungs-Diagramm
  - Histogramm
  - Kontrollkarten
  - Streuungsdiagramm
  - Kurven
  - Prüfformulare
- 5-S-Bewegung
  - Ordnung schaffen
  - Gegenstand am richtigen Ort aufbewahren
  - Sauberkeit
  - persönlicher Ordnungssinn
  - Disziplin.

In Abbildung 9.1-2 soll exemplarisch das Pareto-Diagramm vorgestellt werden.

Die in den folgenden Abschnitten exemplarisch dargestellten Managementansätze haben somit die gleichen „wissenschaftlichen Wurzeln".

Lean Management ist ein komplexes System, welches das gesamte Unternehmen umfasst. Es stellt den Menschen in den Mittelpunkt des unternehmerischen Geschehens und arbeitet mit Leitlinien, Strategien, mit neuen Organisationsüberlegungen, naturwissenschaftlichen Methoden sowie mit pragmatischen Werkzeugen für die Mitarbeiter. Der zentrale Leitgedanke lautet: Vermeidung jeder Verschwendung durch konsequente Verringerung nichtwertschöpfender Tätigkeiten. Lean Management organisiert dezentral mit gleichgerichteten Arbeitsprinzipien sowie mit strikter Kunden- und Qualitätsorientierung, Gruppenarbeit und sorgfältiger Planung der Aktivitäten.

Lean Management ist eine Weiterentwicklung der Lean Production. Diese wurde vom Massachusetts Institute of Technology (MIT) im Rahmen einer großen Vergleichsstudie im Bereich der Automobilindustrie entwickelt. Mithilfe dieses Konzepts sollten die Produktionssysteme „schlank und fit" gemacht werden.

Abbildung 9.1-1: Der Kaizen-Schirm (Quelle: Haubrock, 1999: 22)

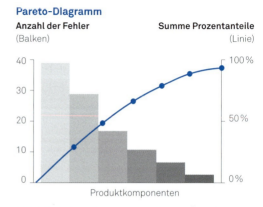

Abbildung 9.1-2: Pareto-Diagramm (Quelle: Haubrock, 1999: 34)

9.1 Kaizen und Lean Management

Die Entstehung des Lean-Management-Konzepts begann etwa 1950 durch den Start des Toyota-Produktionssystems. In den 1960er- und 1970er-Jahren wurden Elemente wie zum Beispiel Just-in-time oder Total Productive Maintenance eingebaut. Anfang der 1990er-Jahre wurde es als Managementsystem anerkannt. Lean Management wird bestimmt durch seine:

- Leitgedanken
- Grundstrategien für die praktische Umsetzung
- Arbeitsprinzipien.

Diese wesentlichen Kennzeichen werden in Tabelle 9.1-1 bis 9.1-3 zusammenfassend dargestellt.

Tabelle 9.1-1: Leitgedanken des Lean Managements (Quelle: Haubrock, 1999, o. S.)

- *Proaktives Denken* – künftige Handlungen vorausschauend initiativ durchdenken und gestalten
- *Sensitives Denken* – mit allen verfügbaren Sensoren die Umwelt erfassen und anpassungsbereit darauf reagieren
- *Ganzheitliches Denken* – die Wirkung auf das Ganze bedenken und Mut zur Komplexität beweisen
- *Potenzialdenken* – alle verfügbaren Ressourcen erschließen und nutzen
- *Ökonomisches Denken* – jede Verschwendung vermeiden und sparsam wirtschaften

Tabelle 9.1-2: Grundstrategien des Lean Managements (Quelle: Haubrock, 1999, o. S.)

- *Kontinuierlicher Materialfluss* – (Just-in-Time, Kanban) – kundenorientierte, schlanke Fertigung
- *Simultaneous Engeneering* – schnelle, sichere Entwicklung und Einführung neuer Produkte
- *Strategischer Kapitaleinsatz* – Wachstums- und Eroberungsfähigkeit
- *Umfassendes Qualitätsmanagement* – Unternehmensqualität in allen Bereichen
- *Proaktives Marketing* – Kunden gewinnen und erhalten
- *Unternehmen als Familie* – Unternehmen harmonisch in die Gesellschaft einbinden

Tabelle 9.1-3: Arbeitsprinzipien des Lean Managements (Quelle: Haubrock, 1999, o. S.)

1. Gruppe, Team – Die Aufgaben werden in der Gruppe oder im Team erledigt. Der Konsensgedanke ist bei der Lösung der Aufgabe dominant, interner Wettbewerb wird vermieden.
2. Eigenverantwortung – Jede Tätigkeit wird in Eigenverantwortung durchgeführt. Den Rahmen dazu bilden die Standards, die für jede Tätigkeit erstellt werden. Kann die geforderte Qualität nicht eingehalten werden, wird der Arbeitsfluss unterbrochen und Hilfe angefordert.
3. Feedback – Alle Aktivitäten, vom Einzelnen bis zum kompletten Funktionsbereich, werden von außergewöhnlich intensivem Feedback begleitet. Die Reaktionen von Außenwelt, System oder Anlagen dienen der Steuerung des eigenen Handelns.
4. Kundenorientierung – Alle Aktivitäten sind streng auf den Kunden orientiert. Die Wünsche des Kunden haben oberste Priorität im Unternehmen.
5. Wertschöpfung – Die wertschöpfenden Tätigkeiten haben oberste Priorität im Unternehmen. Das gilt für alle verfügbaren Ressourcen.
6. Standardisierung – Formalisierung und Standardisierung der Arbeitsgänge durch einfache schriftliche und bildliche Darstellungen.
7. Ständige Verbesserung – Die ständige Verbesserung aller Leistungsprozesse bestimmt das tägliche Denken. Es gibt keine endgültigen Ziele, sondern nur Schritte in die richtige Richtung.
8. Sofortige Fehlerabstellung an der Wurzel – Jeder Fehler wird als Störung des Prozesses angesehen, dem bis auf die eigentliche Ursache nachzugehen ist.
9. Vorausdenken, Vorausplanen – Nicht die erfolgreiche Reaktion, sondern die Vermeidung künftiger Probleme gilt als Ideal. Das Denken erfolgt wie bei einem Schachspieler über mehrere Züge im Voraus.
10. Kleine, beherrschte Schritte – Die Entwicklung erfolgt in kleinen, beherrschten Schritten. Das Feedback auf jeden Schritt steuert den nächsten. Die Geschwindigkeit wird durch die schnelle Folge der Schritte erhöht.

Literatur

Akao, Y. (1991): Policy deployment for successful TQM. Cambridge (MA), Productivity Press.

Bösenberg, D.; Metzen, H. (1995): Lean Management. Landsberg/Lech, Verlag moderne industrie.

Deming, W.E. (1982): Quality, productivity and competitive position. Cambridge (MA), Productivity Press.

Gaitanides, M. u.a. (1994): Prozeßmanagement. München, Wien, Vahlen.

Greulich, A.; Thiele, G.; Thiex-Kreye, M. (1997): Prozeßmanagement im Krankenhaus. Heidelberg, Decker.

Hammer, M.; Champy, J. (1994): Business Reengeneering. Frankfurt/M., New York, Campus.

Haubrock, M. (1999): Lehrmaterialien Krankenhausmanagement. Fachhochschule Osnabrück, Osnabrück.

Haubrock, M.; Schär, W. (2009): Betriebswirtschaft und Management in der Gesundheitswirtschaft, Bern, Hans Huber.

Imai, M. (1994): Kaizen – Der Schlüssel zum Erfolg der Japaner im Wettbewerb. Berlin, Frankfurt/M., Ullstein.

9.2 Prozessmanagement

Manfred Haubrock

Im Folgenden sollen zunächst die wichtigsten Termini, die beim Prozessmanagement von Bedeutung sind, vorgestellt werden.

Prozess. In der Literatur wird der Begriff „Prozess" unterschiedlich definiert. Osterloh beschreibt einen Prozess als einen Ablauf, „[…] das heißt den Fluss und die Transformation von Material, Informationen, Operationen und Entscheidungen" (Osterloh/Frost, 1996: 31). Er betont somit den dynamischen Aspekt des Begriffs. Chrobok (1996) konkretisiert den Begriff:

> „Ein Prozess in einer Organisation ist eine Reihe von aufeinanderfolgenden Handlungen (Verrichtungen), die zu einem definierten Zeitpunkt oder durch ein definiertes Ereignis angeregt wird und zu einem definierten Ende und einem messbaren Ergebnis führt bzw. führen soll." (Ebd.: 190)

Somit lässt sich jeder Prozess in eine Folge von Aktivitäten zerlegen, wobei deren Aneinanderreihung nicht zwingend gradlinig erfolgen muss, sondern Verzweigungen enthalten kann. Corsten betont in seiner Definition, dass ein Prozess eine wiederholbare Folge von Tätigkeiten mit einem messbaren Input und Output sowie einer messbaren Wertschöpfung darstellt (Corsten, 1996: 6). Gekennzeichnet wird ein Prozess folglich durch das systematische Zusammenwirken von Menschen, Maschinen, Material und Methoden entlang der Wertschöpfungskette zur Erzeugung eines Produkts oder Erbringung einer Dienstleistung.

Geschäftsprozess. „Ein Geschäftsprozeß ist ein am Kerngeschäft orientierter Arbeits-, Informations- und Entscheidungsprozeß mit einem für den Unternehmenserfolg relevanten Resultat" (van Eiff, 1994: 365). Er lässt sich charakterisieren als ein System von funktionsübergreifenden Aktivitäten mit definiertem Input und Output und damit verbundenen Kunden-Lieferanten-Beziehungen. Das Ergebnis soll die Bedürfnisse Dritter (z.B. Patienten) erfüllen. Somit verliert ein Prozess seine Existenzberechtigung, sobald die Nachfrage nach den Ergebnissen des Prozesses nachlässt. Jeder Geschäftsprozess setzt sich in der Regel aus mehreren Teilprozessen zusammen. Jeder Subprozess beinhaltet wiederum eine Vielzahl seriell und parallel ablaufender Aktivitäten.

Wertschöpfung. Wertschöpfung bezeichnet einerseits den Prozess der Wertentstehung (dynamischer Wertschöpfungsbegriff), andererseits aber auch das Ergebnis dieses Prozesses (statischer Wertschöpfungsbegriff). Somit lässt sich die Wertschöpfungskette als eine Kette miteinander verbundener Aktivitäten definieren, die zur Herstellung eines Produkts oder einer Dienstleistung durchlaufen werden.

Kernkompetenz. Unter einer Kernkompetenz versteht man die funktionsübergreifende Bündelung des vorhandenen Kern-Know-hows der Mitarbeiter mit dem im Unternehmen vorhandenen Potenzial. Durch die Kombination soll im Unternehmen der Handlungsspielraum geschaffen werden, um eine Leistung zu erzeugen, die für den Kunden einen Zusatznutzen schafft.

In Zusammenhang mit dem Prozessmanagement hat das **Systemdenken** eine wichtige Funktion. Ein **System** „ist eine gegenüber der Umwelt abgegrenzte Gesamtheit von Elementen, die durch Beziehungen miteinander verknüpft sind" (Schulte-Zurhausen, 1995: 28). Durch das Systemdenken erfahren Organisationsprozesse eine Unterstützung. Hierbei werden Probleme klar abgegrenzt und strukturiert. Das Unternehmen wird hierbei als zweckorientiertes, dynamisches und soziotechnisches System gesehen. Seinen Ausgangspunkt hatte das Systemdenken zunächst in den naturwissenschaftlichen Bereichen und wurde dann auch auf die Betriebswirtschaftslehre übertragen. Von den dort entwickelten Modellen werden im Folgenden die Grundsätze des soziotechnischen Ansatzes dargestellt, da dieser die Gedanken der Prozessorientierung widerspiegelt:

- Das Arbeitssystem ist eine funktionierende Einheit mit einer Reihe aufeinander abgestimmter Aktivitäten. Die Grundeinheit ist also das Arbeitssystem und nicht die einzelne Tätigkeit.
- Die Gruppe ist das zentrale Kriterium.
- Die Gruppe kontrolliert sich selber, sie benötigt keine Beaufsichtigung von außen durch Vorgesetzte.
- Vereinbarte Entscheidungsspielräume bilden den Handlungsrahmen für die Mitarbeiter.

Im soziotechnischen Ansatz wird die Unternehmensaufgabe als eine sogenannte Wertschöpfung angesehen. Eine Wertschöpfung erfolgt durch die im Rahmen des Betriebsprozesses ablaufende Umwandlung der eingesetzten Produktionsfaktoren (Mitarbeiter, Anlage- und Verbrauchsgüter) in Sachgüter bzw. in Dienstleistungen. Hierbei kann ein Optimum nur erreicht werden, wenn die technischen und sozialen Subsysteme parallel und integrativ kooperieren.

Das Prinzip der **Funktionsorientierung** umfasst eine weitestgehende Arbeitsteilung und Spezialisierung, welche sich durch die Zerlegung von Aufgaben und Abläufen sowohl in der Ablauforganisation (horizontale Zerlegung) als auch in der Aufbauorganisation (vertikale Zerlegung) wiederfindet. Aufbauorganisatorisch entsteht so eine hierarchische Gliederung des Unternehmens in Organisationseinheiten mit unterschiedlichen Handlungs- und Kompetenzzuweisungen. Bei der ablauforganisatorischen Zerlegung der Gesamtaufgabe werden dem Aufgabenträger sehr kleine Arbeitsinhalte zugeordnet, um Produktivitätsvorteile zu nutzen. Durch die horizontale und vertikale Zerlegung entstehen zahlreiche Schnittstellen, die dadurch gekennzeichnet sind, dass an diesen Stellen häufig ein System-, Arbeits-, Mitarbeiter-, Lieferanten-, Kunden-, Ziel- oder Methodenwechsel erfolgt. Ein erhöhter Koordinationsaufwand ist erforderlich, um den richtigen Ablauf zu gewährleisten oder Fehlentwicklungen bzw. Fehler auszugleichen. Schnittstellenprobleme werden insbesondere durch Informationsverluste, Wartezeiten, Verschwendung, Zusatzaufwand, Übermittlungsfehler oder Lücken im Ablauf deutlich. Aber auch lange Entscheidungswege, erhöhte Durchlauf- und Reaktionszeiten sowie eine hohe Komplexität und fehlende Transparenz der ablaufenden Prozesse sind die Folge.

Ferner kommt hinzu, dass durch die fehlende Eigenverantwortung der Mitarbeiter und durch die Monotonie infolge der arbeitsteiligen Strukturen die Mitarbeitermotivation sinkt. In den 1980er-Jahren wurden neue Ansätze gesucht, um diese Defizite zu beseitigen. Es zeigte sich, dass einige Unternehmen dem neuen Wettbewerbsdruck nicht gewachsen waren. Die zunehmende Globalisierung verlangte flexible Strukturen, die die funktionalen Unternehmensgebilde nicht bieten konnten. Zudem brachten Rationalisierungen nicht den erwünschten Erfolg.

Es erfolgte ein Sichtwechsel in den Unternehmen, bei dem sich der Blick verstärkt auf Unternehmensprozesse richtete. Neue Managementmethoden wurden aufgegriffen, wie zum Beispiel Business Reengeneering, Lean Management und Prozessmanagement, die alle den Übergang von der Funktions- zur **Prozessorientierung** beinhalten.

Prozessmanagement beschreibt ein ganzheitliches Konzept zur Steuerung, Kontrolle und Führung aller Geschäftsprozesse eines Unternehmens. Es umfasst somit planerische, organisatorische und kontrollierende Maßnahmen, um eine zielorientierte Steuerung der Wertschöpfungskette hinsichtlich Qualität, Zeit, Kosten und Kundenzufriedenheit zu ermöglichen. Geprägt wird diese Managementmethode vom Prinzip der Prozess- und Kundenorientierung. Die Implementierung von Maßnahmen des Prozessmanagements soll so den Nachteilen der funktionalen Strukturen entgegenwirken.

Prozesse lassen sich durch viele unterschiedliche Merkmale in diverse **Prozessarten** klassifizieren. Nachfolgend werden einige wichtige Klassifizierungen dargestellt, und zwar nach der:
- Art der Leistung (Dienstleistungs- und Produktionsprozesse)
- Art der Wertschöpfung (wertschöpfende und nichtwertschöpfende Prozesse)
- Bedeutung (Kern- und Unterstützungsprozesse)
- Komplexität (Makro- und Mikroprozesse)
- Art des untersuchten Objekts (materielle und informationelle Prozesse)
- Managementfunktion (Ausführungs- und Entscheidungsprozesse)
- Unmittelbarkeit der Erstellung (Kern- oder Wertschöpfungsprozesse bzw. primäre Prozesse und unterstützende Prozesse oder Supportprozesse bzw. sekundäre Prozesse).

Zu Beginn der 1990er-Jahre wurden prozessorientierte Managementkonzepte entwickelt und veröffentlicht. Nach diesen Konzepten werden die Verbesserungspotenziale in den Strukturen und Prozessen der Unternehmen gesehen, zum Beispiel durch Verflachung der Hierarchien sowie durch Verringerung der Durchlaufzeit und der Kosten bei gleichzeitiger Qualitätsverbesserung, um die gewünschte Kundenzufriedenheit zu erreichen. Das Prozessmanagement soll die Basis für die Umsetzung dieser Ziele schaffen:

„Prozessmanagement umfasst planerische, organisatorische und kontrollierende Maßnahmen zur zielorientierten Steuerung der Wertschöpfungskette eines Unternehmens hinsichtlich Qualität, Zeit, Kosten und Kundenzufriedenheit." (Gaitanides, 1994: 16)

In Abbildung 9.2-1 lassen sich die oben genannten **Leitgedanken** wiederfinden. Wie in der Abbildung zu erkennen ist, besteht zwischen den

Abbildung 9.2-1: Dach und Säulen des Prozessmanagements (Quelle: Eigenerstellung in Anlehnung an Gaitanides et al., 1994: 16)

Prinzipien des Prozessmanagements ein Zusammenhang. Die Ergebnisgröße „Kundenzufriedenheit" bildet das Dach der drei Prozessparameter Qualität, Zeit und Kosten. Nur durch ganzheitliche Steuerung der Unternehmensprozesse werden die wesentlichen Voraussetzungen für die Realisierung der Wertschöpfung bzw. die Erlangung von Wettbewerbsvorteilen durch Kundenzufriedenheit erreicht.

Bei der Kundenzufriedenheit gilt die Kundennähe als wesentliches Merkmal erfolgreicher Unternehmen. Die konsequente Ausrichtung der Prozesse auf die Kundenbedürfnisse ist somit ein zentraler Punkt des Prozessmanagements. Was vom internen und/oder externen Kunden nicht nachgefragt wird, gilt als Verschwendung und muss, ganz im Sinne der Kaizen-Philosophie, vermieden werden.

Das Konzept **Kundenzufriedenheit** lässt sich zerlegen in die beiden Komponenten:
- Identifizierung der Kundenwünsche
- Befriedigung der identifizierten Wünsche.

Die Mitarbeiter als interne Kunden zählen zu den wichtigsten Ressourcen eines Unternehmens. Sie sind für die Notwendigkeit der Reformen zu gewinnen und davon zu überzeugen. Der Erfolg der prozessorientierten Unternehmensgestaltung ist wesentlich an ihre Einstellungen und Verhaltensweisen geknüpft. Erst die Akzeptanz neuer Denkweisen und Verhaltensmuster durch die betroffenen Mitarbeiter ermöglicht die Umsetzung neuer Konzepte. **Mitarbeiterorientierung** äußert sich unter anderem in der Schaffung größtmöglicher Transparenz der Unternehmensziele und Arbeitsprozesse. Dies erfolgt durch aktives Einbinden der Mitarbeiter in die betrieblichen Abläufe. Hierbei muss jedem Mitarbeiter seine individuelle Bedeutung klargemacht werden, inwieweit er zum Nutzen sowohl des internen als auch des externen Kunden beiträgt.

Das Konzept **Qualität** umfasst eine prozessorientierte Qualitätssicherung im gesamten Unternehmen. Dies erfordert die Einrichtung eines Qualitätsmanagementsystems.

Im Vordergrund des Konzepts **Zeitmanagement** steht die Optimierung der *Durchlaufzeit*.

Unter der Durchlaufzeit wird die Zeit verstanden, die „zwischen einem Ereignis, das den Prozess auslöst, bis zur Verfügbarkeit des Produkts bzw. der Dienstleistung für den Kunden" (Gaitanides et al., 1994: 14) liegt. Die Durchlaufzeit ist wichtig, weil hierdurch die Reaktionsfähigkeit des Unternehmens auf Marktereignisse beeinflusst wird.

Das Konzept **Kosten** (Prozesskosten) besteht aus der prozessspezifischen Verrechnung der Vollkosten auf die verursachenden Unternehmensprozesse.

Im **Prozessmanagement** stehen die Prozesse und nicht die Funktionen bzw. Verrichtungen im Mittelpunkt. Von einer Funktions- bzw. Verrichtungsorientierung wird gesprochen, wenn die Verantwortlichkeiten analog zu den unternehmerischen Aufgaben verteilt werden, zum Beispiel Einkauf, Produktion, Verkauf bzw. Pflege, Behandlung oder Verwaltung. Eine Prozess-, Produkt- oder Projektorientierung liegt vor, wenn die Verantwortlichkeiten zum Beispiel für Prozesse determiniert werden. Im Prozessmanagement sollen diese sogenannten crossfunktionalen Prozesse im Unternehmen mit dem Ziel der Aufdeckung von Doppelarbeiten, verlängerten Durchlaufzeiten und nicht abgestimmten Schnittstellen transparent gemacht werden. Damit ist der Abbau von Koordinationsbedarf an den Schnittstellen ein bedeutender Kernpunkt des Prozessmanagements.

Prozessmanagement hat den reibungslosen Ablauf aller Kunden-Lieferanten-Beziehungen zu garantieren. Die internen und externen Lieferanten-Kunden-Beziehungen werden dabei im Rahmen des Prozessmanagements besonders berücksichtigt. Hierdurch will man erreichen, dass nur diejenigen Leistungen erstellt werden, die auch einen kostenübernehmenden Nachfrager haben. Damit wird deutlich, dass Prozessmanagement das Unternehmen als Geflecht von internen und externen Leistungen ansieht. Ein weiterer Grundgedanke des Prozessmanagements ist darin zu sehen, dass es für jeden Prozess auch einen Prozessverantwortlichen geben muss.

Die folgende Zusammenfassung zeigt noch einmal die wichtigsten Funktionen des Prozessmanagements:

- Strukturieren und Optimieren der Prozesse
- Erkennen und Definieren der erforderlichen Schnittstellen
- Steuern von prozessgerechten Abläufen
- Schaffen der Prozessstruktur- und Prozessleistungstransparenz
- Bewerten der Prozesseffizienz
- Anpassen der Organisationsstrukturen an die Prozessorientierung
- Übertragen der Verantwortung an einen Prozessverantwortlichen.

Wie aus Abbildung 9.2-1 weiterhin ersichtlich ist, umfasst das Prozessmanagement die Prozessstrukturtransparenz und die Prozessleistungstransparenz.

Die Prozessstruktur beschreibt die logischen und zeitlichen Abläufe von Prozessen oder Prozesssegmenten. Hierbei ist die Visualisierung von Prozessabläufen das wichtigste Instrument, um **Prozessstrukturtransparenz** zu schaffen.

Die **Prozessleistungstransparenz** versucht die Prozessparameter „Qualität", „Durchlaufzeit" und „Prozesskosten" so zu gestalten, dass die erbrachte Leistung den Kundenanforderungen entspricht. Die Übereinstimmung des Prozessergebnisses mit den Kundenanforderungen zeigt sich in der Kundenzufriedenheit.

Die kleinste Einheit eines Prozesses ist das sogenannte **Prozessmodul** (Abb. 9.2-2), das sich aus folgenden Bestandteilen zusammensetzt:

- *Lieferant:* Ein Lieferant ist derjenige, der seine Dienst- oder Sachleistung als Input zur Verfügung stellt. Hierbei werden zum Beispiel die Menge und die Güte sowie der Zeitpunkt vorab festgelegt.
- *Input/Output:* Innerhalb des Prozesses erfolgt die Transformation von Input in Output. Der Input dient als Auslöser der Prozesse. Dies kann zum Beispiel das Eintreten eines bestimmten Zeitpunkts oder der Eingang einer Vorleistung sein. Der Input besteht aus materiellen oder immateriellen Leistungen, die dann verändert werden. Das Startereignis muss präzise formuliert sein. Das erzeugte Produkt oder die Dienstleistung stellt den Output des Prozesses dar. Das Prozessende muss ebenfalls genau bestimmt sein.
- *Kunde:* Kunde ist derjenige, der Leistungen aus dem Prozess erhält. Der Kunde kann als externer Kunde außerhalb des Unternehmens oder als interner Kunde innerhalb des Unternehmens auftreten. Bei der Gestaltung und/oder Ausgrenzung von Prozessen ist das Vorliegen einer eindeutigen Lieferanten-Kunden-Beziehung wichtig.
- *Wert:* Innerhalb des Prozesses erfolgt ein Wertzuwachs, das heißt, ein Produkt, eine Dienstleistung oder Teile davon schaffen Nutzen für den Kunden. Ein Nutzen liegt dann vor, wenn die Bedürfnisse des Kunden in hinreichendem Maße befriedigt sind.

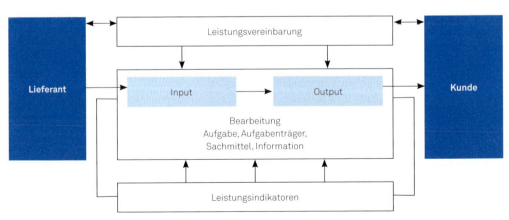

Abbildung 9.2-2: Prozessmodule als Basiskomponenten (Quelle: Eigenerstellung in Anlehnung an Gaitanides et al., 1994: 23)

- *Aufgaben mit logischen Folgebeziehungen:* Die Aufgaben bilden den Kern des Prozesses. Sie werden auch als Aktivitäten im Sinne von Verrichtungen an Objekten bezeichnet. Durch sie geschieht die Veränderung des Inputs in Output. Die logischen Folgebeziehungen legen die sachlich bedingten Reihenfolgen der Aufgaben fest. Werden mehrere Prozesse aus funktionalen Gründen miteinander verbunden, spricht man von Prozessketten. Eine Prozesskette, die zu einem inhaltlich abgeschlossenen Ergebnis führt, wird als Geschäftsprozess bezeichnet.
- *Leistungsvereinbarung:* Hierbei handelt es sich um exakte Input- und Outputabstimmungen, die zwischen dem Lieferanten und dem Kunden erfolgen.
- *Leistungsindikatoren:* Während des Prozessablaufs gibt es immer wieder Vorgaben (Sollgrößen) und Ergebnisse (Istgrößen). Treten zwischen den Vorgaben und den Ergebnissen Differenzen auf, ist es Aufgabe des Prozessmanagements, diese Soll-Ist-Abweichungen zu analysieren und zu beheben. Mithilfe von Kennzahlensystemen können die auftretenden Abweichungen erfasst werden.

Im Zentrum der Betrachtung des Prozessmanagements stehen, wie aufgezeigt, die Prozesse. Die nachfolgend aufgeführten Kriterien dienen der Identifikation der für den Unternehmenserfolg wichtigen Prozesse:
- Erkennen der zentralen Prozesse mit Erstellen eines Prozessdiagramms
- Identifizieren und Zuweisen der Teilprozesse
- Darlegen der Wechselbeziehungen der zentralen Prozesse innerhalb des Unternehmens
- Festlegen der Bedeutung der Prozesse bezüglich der Zufriedenheit externer Kunden
- Ermitteln der Ressourcenintensität (Kapazitäts-, Arbeits-, Zeit- und Kostenintensität)
- Aufzeigen der Bedeutung der Prozesse für die Erlangung eines Wettbewerbsvorteils.

Auf die Identifikation der Prozesse folgt ihre Strukturierung. „Die Prozeßstruktur beinhaltet die hierarchische Darstellung aller in einem Geschäftsprozess enthaltenen Teilprozesse und Aktivitäten sowie ihre Input-Output-Beziehungen" (Schulte-Zurhausen, 1995: 80). Im Rahmen der **Prozessstrukturtransparenz** erfolgt die Darstellung in Form eines Ablaufdiagramms. Es beschreibt die logischen bzw. zeitlichen Sequenzen eines Prozesses oder Teilprozesses.

Durch die Zerlegung von **Geschäftsprozessen** in **Teilprozesse** (auch Sub- oder Unterprozesse genannt) entsteht eine hierarchische Prozessstruktur mit verschiedenen Prozessebenen. In der obersten Ebene finden sich Unternehmensprozesse, im Krankenhaus zum Beispiel Diagnostik und Therapie. Die weitere Aufteilung der Teilprozesse bildet dann die Beschreibung einzelner Arbeitsschritte, sodass auf der untersten Prozessebene die einzelnen Aktivitäten, zum Beispiel Blutentnahme oder Schreiben eines EKGs, stehen. Die Prozessstrukturierung wird nach zweckmäßigen und wirtschaftlichen Kriterien vorgenommen. Ihre Ziele sind die Schaffung von Transparenz und die Modellierbarkeit der Prozesse für eine effiziente Prozesssteuerung.

Das wichtigste Instrument zur Schaffung der Prozessstrukturtransparenz ist die **Visualisierung** der Prozessabläufe. Damit sollen die jeweils relevanten Prozesse in ihrem Ablauf grafisch dargestellt werden. Anhand der visualisierten Abläufe kann auch die Aufbauorganisation bezüglich ihrer Anpassung an das Prozessgeschehen transparent gemacht werden.

Die Darstellung der Prozessstruktur erfolgt also nicht nur zum Zweck der Tätigkeitsbeschreibung, sondern sie schafft die Voraussetzung für eine effektive Prozessarbeit.

Die Darstellung der Prozessabbildung ist vertikal oder horizontal möglich. In der **vertikalen Darstellung** werden alle Prozesse aus funktionaler Sicht den verschiedenen Prozessebenen zugeordnet, es liegt eine verrichtungsorientierte Sichtweise zugrunde. Schnittstellen und Abhängigkeiten zu anderen Bereichen werden damit aber nur ungenügend dargestellt, vor allem, wenn Aufbau- und Prozessorganisation nicht identisch sind. Organisationsoptimierungen reduzieren sich somit auf funktionsspezifische Aspekte. Eine ausschließlich vertikale Darstellung wird somit der Anforderung nach Prozessstrukturtransparenz nicht gerecht.

Die **horizontale Darstellung** enthält in jeder Prozessebene komplette Prozessabläufe. Die Anzahl der daran beteiligten Abteilungen ist nicht relevant. Weiterhin besteht durch den einheitlichen Detaillierungsgrad innerhalb der definierten Prozessebenen die geforderte Prozessstrukturtransparenz. In Abbildung 9.2-3 wird eine Prozessstruktur exemplarisch am Krankenhausprozess dargestellt.

In dem oben aufgezeigten Zusammenhang beziehen sich **Schnittstellen** auf die Interaktionen von Menschen oder organisatorischen Teileinheiten in einem Unternehmen. Sie entstehen „beim Übergang von einem Aufgabenbereich zum anderen infolge von sich ändernden Arbeitsinhalten, Funktionen oder Meßsystemen" (Fischer, 1996: 316). Folglich werden die Berührungspunkte zwischen den verschiedenen Tätigkeits- bzw. Entscheidungsbereichen Schnittstellen genannt.

An Schnittstellen können Engpässe auftreten, die unter anderem zu den nachfolgend aufgeführten Problemen führen können:
- gegenseitige Schuldzuweisungen und Abwehr von Kritik statt gemeinsamer Problemsuche
- einseitige Durchsetzung von Problemlösungen an Stelle gemeinsamer Erarbeitung
- Abstimmungsprobleme durch Zurückhaltung, Verzögerung oder Verfälschung von Informationen
- kurzfristige Ad-hoc-Entscheidungen statt langfristiger, ganzheitlicher Problemlösungen
- hohe Kosten durch vermehrten Anfall von Ausschuss infolge mangelnder Abstimmung bei der Qualitätssicherung
- höhere Kosten durch Verlängerung der Durchlaufzeit auf Grund unnötiger Wartezeiten.

Zur Vermeidung dieser Schnittstellenprobleme werden im Rahmen der Prozessorganisation Schnittstellen reduziert und/oder harmonisiert. Sie werden somit im Sinne des Wortes von der „Schnittstelle" zu einer „Verbindungsstelle".

Generelle Kriterien zur Ermittlung der Prozesseffizienz sind Prozessdurchlaufzeit, Prozessqualität und Prozesskosten. Sie stehen untereinander in Wechselbeziehungen. Eine ganzheitliche Bewertung der Prozessleistung im Rahmen einer **Prozessleistungstranparenz** setzt voraus, dass alle drei Leistungsparameter berücksichtigt werden.

Die **Durchlaufzeit** umschließt die gesamte Zeitspanne vom Prozessbeginn (Eingangsschnittstelle des Prozesses) bis zum Prozessende (Ausgangsschnittstelle des Prozesses). Der Prozess endet dann, wenn das geforderte Prozessergebnis für externe bzw. interne Kunden oder für nachfolgende Prozesse vorliegt. Die Durchlaufzeit hat bei der Prozessleistung maßgebliche Bedeutung. Zum einen führen längere Durchlaufzeiten zu einer geringeren Kundenzufriedenheit, und zum anderen zu erhöhten Kosten. Die Durchlaufzeit ergibt sich aus der Summe von Bearbeitungszeiten, Liegezeiten und Transferzeiten. Mit Bearbeitungszeit ist die Zeitdauer aller Tätigkeiten gemeint, die der Transformation von Prozessinput in Output dienen. In der Liegezeit erfolgt innerhalb des Prozesses keine Bearbeitung an dem jeweiligen Prozessobjekt. Ursachen können zum Beispiel

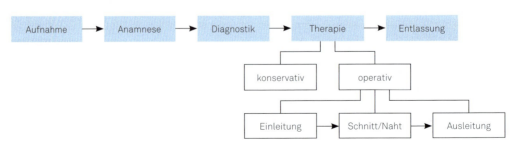

Abbildung 9.2-3: Geschäftsprozesse im Krankenhaus (Quelle: Eigenerstellung in Anlehnung an Greulich et al., 1997: 23)

in einer falschen logischen Reihenfolge der Aufgaben liegen. Die Transferzeit umfasst die Zeit, die für den Transport des Objekts nötig ist.

Die **Qualität** des Prozesses bestimmt entscheidend die Kundenzufriedenheit. Somit ist Qualität kein absolutes, allgemeingültiges Maß, sondern ein Kriterium für den Erfüllungsgrad spezifischer Kundenanforderungen. Gemessen wird sie an der Anzahl von Fehlern und Abweichungen gegenüber der Vorgabe. Die Erhebung der Abweichungen soll sich aber nicht nur auf den Prozessoutput beschränken, sondern auf den gesamten Prozessverlauf beziehen. Durch Qualität als Prozessparameter sollen daher Fehlerkorrekturkosten reduziert, prozessuale Schwachstellen behoben und eine höhere Kundenzufriedenheit erreicht werden. Prozessqualität beeinflusst auch die Prozessdauer, da aus jeder Nachbesserung eine Verlängerung der Prozessdauer resultiert.

Ziel der Prozesskostenrechnung ist die Erzeugung der zur Prozesssteuerung notwendigen Transparenz der Kostenstrukturen durch Ermittlung der **Kosten** von Istprozessen und der Prognostizierung der Kosten von Sollprozessen. Dadurch soll eine verursachungsgerechtere Verteilung der Gemeinkosten auf die Prozesse erfolgen.

Bei der Umsetzung des **Prozessmanagements im Krankenhaus** erfolgen die Planung und Organisation der Aufbau- und Ablauforganisation der Krankenhäuser im Wesentlichen aus einer leistungsbereichs- und leistungsstellenbezogenen Sicht. Die Organisation ist an speziellen Arbeitsabläufen, zum Beispiel Radiologie, Operationen, Speiseversorgung oder Transportdienst, oder an der Auslastung der Geräte einzelner Leistungsstellen, zum Beispiel Strahlendiagnostik bzw. -therapie, Operationsabteilung oder Küche, und nicht auf den patientenbezogenen Versorgungs- und Behandlungsverlauf ausgerichtet. Diese Arbeitsteilung auf Grund der Spezialisierung erschwert die ganzheitliche Patientenversorgung und -behandlung.

Die Verteilung der Prozesse entgegen ihrem logischen Ablauf auf verschiedene Organisationseinheiten und damit auch der Aufgaben auf viele Aufgabenträger führt zu vielen Schnittstellen, die eine Quelle für zahlreiche Planungs- und Steuerungsfehler bilden. Diese Probleme äußern sich zum Beispiel in langen Wartezeiten, Reibungsverlusten durch Konflikte bei der Terminabsprache zwischen den Abteilungen oder durch Verzögerungen in der Datenübermittlung.

Hinzu kommt, dass die Leistungen am Patienten in den Krankenhäusern von mehreren Berufsgruppen mehr oder weniger gleichzeitig erbracht werden. Diese Berufsgruppen sind stark hierarchisch strukturiert und stehen auch zueinander in hierarchischen Verhältnissen, sodass die beteiligten Personen unterschiedliche fachliche und disziplinarische Vorgesetzte haben.

Eine gute Zusammenarbeit zwischen bettenführenden Abteilungen und den Funktionsabteilungen ist vor dem Hintergrund der Leistungsfinanzierung aber von besonderer Bedeutung.

Will man eine zeitgemäße Organisationsstruktur schaffen, um eine einheitliche Aufgabenerfüllung zu erreichen und Reibungsverluste möglichst gering zu halten, ist eine Modifizierung vom Arbeiten in Funktionen zum Denken in Prozessen erforderlich. Die durch Spezialisierung und Hierarchisierung zerlegte Funktionsgliederung des Arbeitsablaufs in den Krankenhäusern muss überwunden und zu einem aus Patientensicht übereinstimmenden Behandlungs- und Versorgungsprozess verändert werden. In Abbildung 9.2-4 wird die prozessorientierte Krankenhausgestaltung grafisch dargestellt.

„Die Wertschöpfungskette des Krankenhauses beginnt beim Patienten („patient value"), beinhaltet den Prozess der medizinischen [und pflegerischen] Versorgung (Diagnose und Therapie), umfasst alle diesen Leistungsproß ergebniswirksam ergänzenden Aufgaben (Hotel- und Serviceleistungen) und schließt auch die vor- und nachgelagerten Wertketten der Einweiser als „Lieferanten" und Nachsorgeeinrichtungen als ‚Abnehmer' ein." (Dullinger, 1996: 30)

Mit diesem Aspekt wird auch die gesetzlich geforderte Verbesserung der Kooperationen zwischen ambulanter und stationärer Behandlung berücksichtigt. Verluste an den Schnittstellen

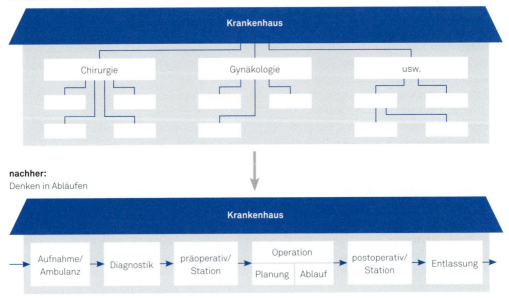

Abbildung 9.2-4: Prozessorientierte Gestaltung der Abläufe im Krankenhaus (Quelle: Eigenerstellung in Anlehnung an Dullinger, 1996: 30)

zwischen den Stufen der Versorgungsketten sollen durch Vernetzung der Anbieter minimiert werden.

Die vielfältigen Prozesse der Krankenhäuser in den Bereichen Diagnostik, Therapie, Pflege und Hotelversorgung müssen jeweils definiert und nach Leitlinien bzw. Standards festgelegt werden. Die Leistungserstellung lässt sich hierbei in mehrere, miteinander verbundene und funktionsübergreifende Arbeitsprozesse gliedern.

Die **Optimierung der einzelnen Prozesse** im Rahmen des Prozessmanagements hat folgende Ziele:
- Kürzung der Verweildauer durch verbesserte Abstimmung einzelner Funktionen und Teilprozesse
- Reduktion von Wartezeiten auf Grund ungenau abgestimmter Termine
- Erreichen einer zeitnahen Befundweitergabe an den entsprechenden Auftraggeber
- Vermeidung von Doppeluntersuchungen
- schnelles Reagieren bei Notfällen
- Automatisieren des Datenaustauschs
- Verringerung der Kommunikations- und Koordinationstätigkeiten zwischen Medizin und Pflege und damit Schaffung von mehr Zeit für die Primäraufgabe Betreuung bzw. Behandlung des Patienten
- Ausbilden einer Grundlage für verursachungsgerechte Prozesskostenrechnung im Krankenhaus.

Die Krankenhausleitungen bestehen derzeit überwiegend aus einem berufsständisch strukturierten Krankenhausdirektorium aus Ärztlichem Direktor, Pflegedirektor und Verwaltungsdirektor, wobei die Leitungsfunktion in der Regel kollegial wahrgenommen wird. Als Folge dieses berufsständisch gegliederten Dreiergremiums der Leitung besteht die Gefahr, dass sich ein stark versäultes Denken der Berufsgruppen in den Krankenhäusern manifestieren kann.

Jeder der drei Bereiche organisiert und optimiert „seine" Abläufe. Das Bereichsdenken der Berufsgruppen im Management, die Durchsetzung von Partialinteressen bestimmter Berufsgruppen und die fortschreitende Funktionsspezialisierung hat zu Arbeitsabläufen und Strukturen geführt, die den geänderten Anforderungen bezüglich Wirtschaftlichkeit und Patientenorientierung auf Dauer nicht gerecht werden.

Das Denken des Managements der Krankenhäuser muss von einem vorausschauenden, eigenverantwortlichen, kosten- und marktorientierten Krankenhausmanagement bestimmt werden, um dem erhöhten wirtschaftlichen Druck standzuhalten. Eine wesentliche Voraussetzung für die Umsetzung des Prozessmanagements ist, dass die Krankenhausträger den Krankenhausleitungen die dafür notwendige organisatorische und wirtschaftliche Autonomie gewähren. Die zentrale Aufgabe des Krankenhausmanagements liegt künftig in der besseren Koordination der Leistungserstellung mit Ausrichtung auf hohe Qualitätsstandards und niedrigen Ressourcenverbrauch. Die konsequente Gestaltung aller betrieblichen Abläufe, ausgerichtet an den Kundenanforderungen, muss im Mittelpunkt des Managements stehen. Neben diesen **Anforderungen an das Krankenhausmanagement** haben im Rahmen des Prozessmanagements der Aufbau eines prozessunterstützenden Informations- und Controllingsystems sowie die Mitarbeiterführung und das Führungsverhalten des Managements eine zentrale Bedeutung. Motivation und Professionalität der Mitarbeiter sind entscheidend für den erfolgreichen Arbeitsablauf in den Krankenhäusern. Das Management muss demnach Sorge dafür tragen, dass die Mitarbeiter die nötigen Fähigkeiten entwickeln, anwenden und dabei ihre Motivation aufrechterhalten können.

Literatur

Chrobok, R. (1996): Zfo – Stichwort: (Geschäfts-)Prozeßorganisation. zfo, 65, 3: 190.

Corsten, H. (1996): Grundlagen und Elemente des Prozeßmanagements. Schriften zum Produktionsmanagement, Nr. 4. Kaiserslautern, Universität Kaiserslautern.

Dullinger, F. (1996): Krankenhaus-Management im Spannungsfeld zwischen Patientenorientierung und Rationalisierung. München, FGM-Verlag.

Fischer, T. M. (1996): Sicherung unternehmerischer Wettbewerbsvorteile durch Prozeß- und Schnittstellen-Management. zfo, 65, 3: 310–316.

Gaitanides, M.; Scholz, R.; Vrohlings, A.; Raster, M. (1994): Prozeßmanagement. Konzepte, Umsetzungen und Erfahrungen des Reengeneering. München, Wien, Hanser.

Greiling, M.; Hofstetter, J. (2002): Patientenbehandlungspfade optimieren – Prozeßmanagement im Krankenhaus. Kulmbach, Verlag Kulmbach

Greulich, A.; Thiele, G.; Thiex-Kreye, M. (1997): Prozeßmanagement im Krankenhaus. Heidelberg, Decker.

Haubrock, M.; Schär, W. (2009): Betriebswirtschaft und Management in der Gesundheitswirtschaft, 5. Auflage. Bern, Hans Huber.

Osterloh, M.; Frost, J. (1996): Prozessmanagement als Kernkompetenz: Wie Sie Business Reengineering strategisch nutzen können, Wiesbaden, Gabler.

Schulte-Zurhausen, M. (1995): Organisation. München, Vahlen.

van Eiff, W. (1994): Geschäftsprozeßmanagement. zfo, 63, 6: 364.

Zapp, W. (2002): Prozessgestaltung im Krankenhaus, Heidelberg, Economica.

9.3 Qualitätsmanagement

Manfred Haubrock

Dreh- und Angelpunkt des Qualitätsmanagements ist der Begriff der **Qualität**. Bei der theoretischen Auseinandersetzung mit der Bedeutung des Begriffs zeigt sich sehr schnell, dass es sich um ein komplexes und nicht eindeutiges Phänomen handelt.

Der Ursprung des Wortes „Qualität" liegt im lateinischen „qualitas", das sich aus „qualis" (wie beschaffen) ableitet und in seiner Übersetzung für Beschaffenheit, Vortrefflichkeit, Verhältnis oder Eigenschaft steht.

In der Vergangenheit hat es viele Versuche gegeben, das Wesen von Qualität festzulegen. Diese alternativen Ansätze drücken sich in den verschiedenen Definitionen von Qualität aus. Die Grundlage des heute gültigen Qualitätsverständnisses findet sich in der weit gefassten Definition der internationalen Normung. Nach der

DIN EN ISO 8402 ist **Qualität** die „Gesamtheit von Merkmalen (und Merkmalswerten) einer Einheit bezüglich ihrer Eignung, festgelegte und vorausgesetzte Erfordernisse zu erfüllen" (Deutsches Institut für Normung, DIN).

Unter dem Terminus „Einheit" kann eine Tätigkeit, ein Produkt, eine Organisation, ein System, eine Person oder irgendeine Kombination der genannten Objekte verstanden werden.

Merkmale sind Eigenschaften von Einheiten, die sowohl qualitativer (z. B. Farbe) als auch quantitativer Art sein können (z. B. Länge). Merkmalswerte beschreiben deren Ausprägungen (z. B. Farbe: rot). Erst hierdurch werden Merkmale überprüfbar. Die Gesamtheit der Merkmale und Merkmalswerte einer Einheit macht die Beschaffenheit aus.

Aus diesem Definitionsansatz lassen sich folgende Erkenntnisse ableiten:
- Qualität ist nichts Absolutes. Qualität bezieht sich immer auf vorab festgesetzte Anforderungen.
- Qualität lässt sich in der Regel nicht durch eine einzige messbare Größe bestimmen. Zur Bestimmung müssen mehrere Eigenschaften herangezogen werden.

Ein pragmatisch ausgerichteter Ansatz zur Operationalisierung von Qualität wurde von dem Amerikaner Garvin vorgestellt. Seiner Ansicht nach sind die folgenden fünf **Sichtweisen von Qualität** zu unterscheiden:
- *transzendente Sichtweise:* Qualität ist etwas Absolutes. Sie kann nicht analysiert werden, sondern wird nur durch individuelle Erfahrung empfunden.
- *produktorientierte Sichtweise:* Qualität ist anhand definierbarer Eigenschaften eines Produkts genau messbar. Qualität ist objektiv zu erfassen.
- *anwenderbezogene Sichtweise:* Qualität wird vom Kunden durch seine Wünsche und Bedürfnisse festgelegt. Sie ist subjektiv; eine allgemeingültige Definition ist daher nicht möglich.
- *prozessbezogene Sichtweise:* Qualität ist das Ergebnis von Arbeitsabläufen, die nach zuvor definierten Regeln und Standards ausgeführt werden.
- *wertorientierte Sichtweise:* Qualität lässt sich durch das Verhältnis von Preis und Nutzen definieren.

Eine Orientierung an nur einer der genannten Sichtweisen führt zu einer eingeschränkten Sichtweise von Qualität. In der Praxis sollte somit versucht werden, alle Aspekte zu berücksichtigen, die bei der Festlegung von Qualitätsforderungen und der Bewertung einer Einheit eine Rolle spielen können.

Die Deutsche Gesellschaft für Qualität e. V. (DGQ) hat das Wesen des Qualitätsbegriffs mit der folgenden Aussage vereinfacht zusammengefasst: Qualität ist die „[...] realisierte Beschaffenheit einer Einheit bezüglich Qualitätsforderung" (Deutsche Gesellschaft für Qualität e. V., 1993: 30).

Auf dem Weg zum **Qualitätsmanagement** wurden viele **Entwicklungsstufen** durchlaufen. Nicht nur Strategien, Methoden und Instrumente unterlagen einem Wandel, sondern auch der Gegenstand der Qualitätsbetrachtung selbst. Vereinfacht lassen sich drei historische **Phasen** beschreiben:
- In der Zeit der Industrialisierung mit ihrer tayloristischen Arbeitsweise war die Qualitätskontrolle im Sinne einer systematischen Endkontrolle der Produkte vorherrschendes Prinzip. Die Qualitätsverantwortung wurde mit der rein technischen Funktion der Qualitätssicherung verknüpft.
- In der Phase der Qualitätssicherung dominierte die Überzeugung, dass Qualität nicht geprüft, sondern nur produziert werden kann. Umfangreiche Programme, die neue Mess- und Regeltechniken sowie statistische Methoden einsetzten, versuchten schon während des Produktionsprozesses Fehler zu vermeiden. In dieser Phase wurden jedoch weiterhin die der Produktion vorgelagerten Bereiche aus der Betrachtung ausgespart.
- Die betriebswirtschaftliche Erkenntnis, dass das Korrigieren von Fehlern viel teurer ist als ihre vorausschauende Verhinderung, führte zu einer Weiterentwicklung des Qualitätswesens. Qualität sollte durch präventive, in die Zukunft gerichtete Methoden, die bereichs-

übergreifend in allen Phasen der Produkterstellung eingesetzt werden, gemessen und gesichert werden. Das Augenmerk richtete sich nunmehr vermehrt auf die umfassende Fehlerverhütung. Gleichzeitig, vor allem in Japan, fand eine stärkere Einbeziehung aller Mitarbeiter in die Qualitätsbemühungen statt, zum Beispiel durch Gruppenarbeit und durch die Bildung von Qualitätszirkeln. Mit der Entwicklung internationaler Normen für Qualitätsmanagementsysteme und ihrer zunehmenden Bedeutung wurde die Qualitätsgestaltung zu einer Aufgabe der Unternehmensführung. Höhepunkt der Entwicklung stellen umfassende, vor allem in Japan und in den USA erarbeitete Qualitätskonzepte, wie zum Beispiel das des Total Quality Managements, dar, die im Wesentlichen durch einige Qualitätsexperten (z. B. Deming, Juran, Feigenbaum, Crosby und Ishikawa) geprägt worden sind.

Nach der Norm DIN EN ISO 8402 versteht man unter **Qualitätsmanagement** „alle Tätigkeiten des Gesamtmanagements, die im Rahmen des Qualitätsmanagementsystems die Qualitätspolitik, die Ziele und Verantwortungen festlegen sowie diese durch Mittel wie Qualitätsplanung, Qualitätslenkung, Qualitätssicherung/Qualitätsmanagement-Darlegung und Qualitätsverbesserung verwirklichen" (Deutsches Institut für Normung, 1995a, o. S.).

Qualitätsmanagement ist also nach heutigem Verständnis eine Führungsaufgabe. Die Unternehmensleitung kann ihre Verantwortung für das Qualitätsmanagement nicht delegieren, sie muss vielmehr aktiv für die unternehmensweite, konsequente Umsetzung auf allen Hierarchieebenen sorgen. Neben den Wünschen und Anforderungen der Kunden sind vielfältige Einflussfaktoren, wie zum Beispiel Effizienz und Effektivität der Leistungserstellung, zu berücksichtigen. Qualitätsmanagement ist eine unternehmensweite Aufgabe von normativer, strategischer und operativer Art.

Die **Qualitätspolitik** ist Bestandteil der Unternehmenspolitik. Es ist Aufgabe der Unternehmensleitung, die allgemeinen Grundsätze und Ziele für die Gestaltung der Qualität zu formulieren. Je einfacher und prägnanter sie beschrieben werden, desto besser werden sie von den Mitarbeitern verstanden und akzeptiert. Damit sich der einzelne Mitarbeiter weitestgehend mit den Qualitätszielen identifizieren kann, sollten bei der Erarbeitung der konkreten Ziele unter anderem die jeweiligen Bedürfnisse der Mitarbeiter berücksichtigt werden. Die Ausgabe von Informationsbroschüren und Handzetteln, Aushänge am „schwarzen Brett" sowie persönliche Gespräche und Informationsveranstaltungen tragen wesentlich dazu bei, die unternehmerische Qualitätspolitik transparent zu machen. Die Umsetzung der Qualitätspolitik erfolgt durch das **operative Qualitätsmanagement**. Es beinhaltet die **Teilaufgaben** Qualitätsplanung, Qualitätslenkung, Qualitätssicherung und Qualitätsverbesserung.

Voraussetzung für Effektivität und Effizienz des Qualitätsmanagements ist die Einbindung aller Managementebenen in eine bestimmte **Qualitätskultur**, die das Qualitätsbewusstsein der Führungskräfte und Mitarbeiter in allen strategischen Fragen und bei den operativen Handlungen bestimmt.

Die Umsetzung der Erwartungen, die Kunden an die Qualität von Produkten stellen, beginnt mit einer umfassenden **Planung**. Die Qualitätsforderungen müssen festgelegt und beschrieben werden. Die Tätigkeiten umfassen das Auswählen, Klassifizieren und Gewichten der Qualitätsmerkmale sowie das schrittweise Konkretisieren aller Einzelforderungen an die Beschaffenheit einer Einheit. Nicht die Qualität selbst, sondern die Anforderungen, die an die Qualität gestellt werden, werden bestimmt.

Das Festlegen der Qualitätsforderungen bezieht sich zunächst auf das Produkt selbst. Daraus leitet sich die Planung qualitätskonformer Realisierungsbedingungen für die relevanten Prozesse und Strukturen ab. Es werden Ablauf- und Zeitpläne erstellt und die eingesetzten personellen und materiellen Ressourcen festgelegt.

Qualitätslenkung umfasst die vorbeugenden, überwachenden und korrigierenden Tätigkeiten bei der Realisierung einer Einheit mit dem Ziel, die in der Qualitätsplanung festgelegten Qualitätsforderungen unter Verwendung von Ergebnissen der Qualitätsprüfungen zu erfüllen. Qualitätsprüfung ist somit ein Instrument der Qualitätslenkung. Durch Einhaltung der Spezifikationen für die Erstellung der Produkte und deren Überwachung sollen die Prozesse beherrscht und Fehler wie Ausschuss, Nacharbeit und Korrekturen vermieden sowie Fehlerursachen beseitigt werden. Maßnahmen der Qualitätslenkung können sich auf die Produkte, auf den Herstellungsprozess und auf die eingesetzten Ressourcen beziehen. Sie müssen in allen Bereichen implementiert sein.

Bis 1994 war in der deutschsprachigen Übersetzung der internationalen Normenreihe DIN EN ISO 9000ff. der Begriff der **Qualitätssicherung** mit der Gesamtheit aller qualitätsbezogenen Tätigkeiten und Zielsetzungen gleichgestellt. Seitdem der Oberbegriff in „Qualitätsmanagement" umbenannt wurde, bezeichnet Qualitätssicherung („quality assurance") die Darlegung aller Maßnahmen, die im Qualitätsmanagement verwirklicht sind. Ziel der Qualitätssicherung ist es, sowohl die Öffentlichkeit als auch die Eigentümer, die Unternehmensführung und die Mitarbeiter davon zu überzeugen, dass eine Einheit die Qualitätsforderungen erfüllen wird.

Die Aufgabe der **Qualitätsverbesserung** ist als eher übergeordneter Bestandteil des Qualitätsmanagements zu betrachten. Sie umfasst sämtliche „innerhalb einer Organisation ergriffenen Maßnahmen zur Erhöhung der Effektivität und Effizienz von Tätigkeiten und Prozessen" (Deutsche Gesellschaft für Qualität e.V., 1993: 47). Das Element der Qualitätsverbesserung fördert die Dynamik im Unternehmen. Alle Mitarbeiter stellen eine bedeutende Quelle für Verbesserungspotenziale dar und sind gleichzeitig diejenigen, welche die Verbesserungen realisieren. Dem einzelnen Mitarbeiter kommt daher eine bedeutende Rolle für das Qualitätsmanagement zu. Als Instrumente zur Umsetzung der Qualitätsverbesserung soll hier zum Beispiel die Einrichtung eines betrieblichen Vorschlagswesens genannt werden.

Mit jeder Verbesserung der Produkte, Prozesse und Potenziale beginnt der Kreislauf der Planung, Lenkung, Sicherung und Verbesserung von neuem. Als grundlegendes Prinzip des Qualitätsmanagements stellt sich somit das Regelkreisprinzip dar. Jede betrachtete Einheit, jede Aktivität und jedes Verfahren kann ständig weiterentwickelt und verbessert werden. Ein derartig erweitertes Verständnis von Qualität wird als das **Prinzip der ständigen Verbesserung** bezeichnet. Es beruht auf der Erkenntnis, dass selbst die Ziele und die daraus abgeleiteten Standards nicht als statische, sondern als dynamische, veränderbare Größen aufzufassen sind. Das Regelkreisprinzip liegt allen modernen Qualitätsmanagementansätzen zugrunde. Sein Urheber ist der Amerikaner Deming, der davon ausging, dass jeder Vorgang als Prozess betrachtet und als solcher schrittweise über die Teilschritte Planen („plan"), Ausführen („do"), Überprüfen („check") und Verbessern („act") qualitativ weiterentwickelt werden kann. Der **PDCA- oder Deming-Zyklus** veranschaulicht diesen Sachverhalt (Abb. 9.3-1).

Zur Umsetzung der komplexen, zunächst abstrakten Aufgaben des Qualitätsmanagements in einem Unternehmen bedarf es der Ordnung von Zuständigkeiten und Abläufen. Dies geschieht im Rahmen des **Qualitätsmanagementsystems (QM-System)**. Unter einem **System** versteht man ganz allgemein eine Menge von Elementen, zwischen denen bestimmte Beziehungen bestehen. Speziell das Qualitätsmanagementsystem ist definiert als „zur Verwirklichung des Qualitätsmanagements erforderliche Organisationsstruktur, Verfahren, Prozesse und Mittel" (Deutsches Institut für Normung, 1995a: 7).

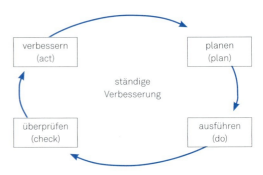

Abbildung 9.3-1: Deming-Zyklus der ständigen Verbesserung (Quelle: Eigenerstellung in Anlehnung an Kaminske/Brauer, 1995: 218)

Das QM-System dient der Strukturierung und der systematischen Umsetzung von Qualitätsaufgaben im Unternehmen durch die Organisation und die Koordination sämtlicher qualitätsbezogener Tätigkeiten. Gestaltung und Umfang des QM-Systems müssen den spezifischen Bedingungen der Unternehmungen gerecht werden, deshalb kann es kein einheitliches, normiertes Qualitätsmanagementsystem geben. Die im Folgenden beschriebene Struktur eines Qualitätsmanagementsystems orientiert sich an den Begriffsbestimmungen der Deutschen Industrienorm bzw. der deutschen Gesellschaft für Qualität.

Als Elemente eines Qualitätsmanagementsystems unterscheidet die Deutsche Gesellschaft für Qualität e. V. (1996):
- Aufbauelemente
- Ablaufelemente und
- Führungselemente (ebd.: o. S.).

In der Aufbauorganisation werden alle Stellen oder Personen zusammengefasst, die mit den Aufgaben des Qualitätsmanagements betraut sind. Für jedes **QM-Aufbauelement** sind Aufgabe, Kompetenz und Verantwortung festzulegen. Neben speziellen Aufbauelementen, wie zum Beispiel der Stelle eines Qualitätsmanagementbeauftragten, gehören alle Stellen oder Personen mit Verantwortung für Qualität zur Aufbauorganisation des Qualitätsmanagementsystems. Mit ihr werden somit vor allem Zuständigkeiten (Verantwortlichkeiten und Befugnisse) geregelt.

Die **Ablaufelemente** legen hingegen die zur Erfüllung der Qualitätsplanung, -lenkung, -sicherung und -verbesserung notwendigen Abläufe fest. Die Ablauforganisation hat zum Ziel, einzelne Tätigkeiten im betrieblichen Ablauf miteinander zu verknüpfen und die Qualitätsmanagementmaßnahmen darin zu integrieren.

Zu den **Führungselementen** schließlich gehören zum Beispiel die Qualitätspolitik und die Schaffung der personellen, organisatorischen und technischen Rahmenbedingungen für das Qualitätsmanagement, ferner die Mitarbeiterzufriedenheit sowie die regelmäßige Bewertung des Qualitätsmanagementsystems.

Die **Dokumentation** des QM-Systems wird als ein Element der Aufbauorganisation betrachtet. Mit der Dokumentation des QM-Systems werden alle qualitätsbezogenen Strukturen und Abläufe zweckmäßig und übersichtlich dargelegt. Sie dient somit der Außendarstellung gegenüber Kunden und anderen Anspruchsgruppen und kann als Basis für die Erteilung eines Zertifikats gelten. Innerhalb des Unternehmens macht sie das QM-System transparent, erleichtert die Einarbeitung neuer Mitarbeiter und stellt ein Kommunikationsmedium zwischen den Mitarbeitern und der Geschäftsleitung dar. Gleichzeitig veranlasst die Erstellung der Dokumentation, die angewendeten Regelungen immer wieder zu reflektieren und Verbesserungspotenziale aufzudecken.

Das zentrale Dokument eines Qualitätsmanagementsystems ist das **Qualitätsmanagement-Handbuch**. Es beinhaltet die Qualitätspolitik und -ziele, die Beschreibung der Aufbau- und Ablauforganisation, die Festlegung von Zuständigkeiten sowie Regelungen zur Dokumentation und Überwachung der Qualitätsmanagementmaßnahmen. Das Handbuch ist ein „lebendes" Dokument und verlangt im Rahmen der laufenden Pflege ein organisatorisch sicheres und leichtes Aktualisieren. Deshalb ist es als Loseblattsammlung aufzubauen. Die strukturelle Gestaltung des Handbuchs unterliegt grundsätzlich keinen Vorgaben, wird sich jedoch aus dem Zweck der Dokumentation ergeben. Auch die Gliederung eines QM-Handbuchs ist grundsätzlich freigestellt. Die einzelnen Kapitel sollten aber für alle beschriebenen Elemente einheitlich aufgebaut und unter anderem den Zweck, den Anwendungsbereich, die Verantwortlichkeit, die Beschreibung der Verfahren, die Hinweise zur Dokumentation sowie die Arbeits- und Prüfanweisungen beinhalten.

Verfahrensanweisungen können als schriftliche Vorgaben eingeordnet werden, die Tätigkeitsarten und -ausführungen beinhalten. Sie müssen festhalten, was und durch wen, wie und zu welchem Zweck getan, welche Materialien benutzt und wie die Tätigkeit gelenkt und aufgezeichnet werden muss. Verfahrensanweisungen dienen vornehmlich der Regelung von Abläufen und Zuständigkeiten an Schnittstellen zwischen verschiedenen Leistungsstellen und Teilprozessen innerhalb des Leistungserstellungsprozesses. Sie sollten übersichtlich gestaltet und den gleichen formalen Aufbau aufweisen, damit die Abläufe und Arbeitsschritte für die zuständigen Mitarbeiter verständlich werden.

Verfahrensanweisungen werden durch Arbeitsanweisungen inhaltlich ergänzt. **Arbeitsanweisungen** beschreiben die einzelnen Arbeits- und Prüfschritte und liefern konkrete Vorgehenshinweise für die konkrete Umsetzung. Ihr Umfang richtet sich nach dem Qualifikationsgrad der Mitarbeiter.

Weitere Dokumentationsunterlagen sind **Qualitätsaufzeichnungen**. Sie enthalten die Ergebnisse von Qualitätsprüfungen und geben Auskunft darüber, inwieweit die Qualitätsanforderung an eine Tätigkeit bzw. an ein Produkt erfüllt ist. Sie legen die Wirksamkeit des Qualitätsmanagementsystems dar und bilden gleichzeitig die Grundlage für Analysen und das Einleiten von Korrektur- bzw. Verbesserungsmaßnahmen, daher müssen sie sorgfältig aufbewahrt und gepflegt werden. Ihre jeweils erforderliche Aufbewahrungsfrist muss festgelegt sein.

Die Überwachung des Qualitätsmanagementsystems und der eingesetzten Verfahren geschieht im Rahmen von **Qualitätsaudits**. Ziel dieser systematischen und unabhängigen Untersuchungen ist es, „festzustellen, ob die qualitätsbezogenen Tätigkeiten und damit zusammenhängenden Ergebnisse den geplanten Anordnungen entsprechen und ob diese Anordnungen tatsächlich verwirklicht und geeignet sind, die Ziele zu erreichen" (Deutsches Institut für Normung, 1995a: 25). Auditergebnisse liefern Hinweise auf Schwachstellen, aus denen dann anschließend Korrektur- und Vorbeugungsmaßnahmen abgeleitet werden können. Sie tragen dazu bei, den Ansatz der ständigen Verbesserung zu realisieren.

Externe Qualitätsaudits werden durch unabhängige Stellen veranlasst und erfolgen zum Beispiel im Rahmen einer Zertifizierung. Interne Audits werden durch Mitarbeiter des eigenen Unternehmens durchgeführt.

Die Basis für ein wirksames QM-System bilden Informationen bzw. ein funktionstüchtiges, effektives Informationssystem. Dieses umfasst die Gesamtheit aller Komponenten und Medien, die im Unternehmen für die Gewinnung, Aufbereitung, Weiterleitung, Bearbeitung und Archivierung von Informationen angewendet werden. Für die Bewältigung der umfangreichen Aufgaben in Zusammenhang mit der Informationsverarbeitung werden zunehmend spezielle EDV-Systeme eingesetzt, die als unternehmensweite Qualitätsinformationssysteme die benötigten Informationen redundanzfrei bereitstellen sollen.

Zur Umsetzung sowie zur methodischen und instrumentellen Unterstützung der einzelnen Aufgaben des Qualitätsmanagements im Rahmen des Qualitätsmanagementsystems wurden verschiedene **Qualitätstechniken** entwickelt. Sie beruhen in der Regel auf mathematisch-statistischen Grundlagen. Neben den traditionellen statistischen Methoden der Problemlösung, wie beispielsweise der Fehlermöglichkeits- und -einflussanalyse (FMEA), der statistischen Versuchsplanung (SVP) und der statistischen Prozessregelung (SPR), werden zurzeit viele neue Methoden aus dem Bereichen der Kreativitäts- und Problemlösetechniken eingesetzt. Zu ihnen gehören beispielsweise die „Sieben elementaren Qualitätswerkzeuge" (Q7) oder die „Sieben Management-Werkzeuge" (M7). Für den Bereich der Dienstleistung wurden spezielle Techniken zur Ermittlung der Erwartungen und zur Messung der Zufriedenheit von Kunden entwickelt („Sieben Qualitätstechniken für den Dienstleistungsbereich", D7).

Aus den bisherigen Ausführungen geht hervor, dass Qualitätsmanagement als Gesamtheit aller qualitätsbezogenen Zielsetzungen und Tätigkeiten zunächst eine Führungsfunktion darstellt, die in ein System gekleidet werden muss, um Gestalt anzunehmen, und schließlich eines Konzepts bedarf, um gelebt zu werden.

Ein Konzept ist das **Total Quality Management (TQM)**. Es gilt als das umfassendste Qualitätskonzept. Der Begriff tauchte in Deutschland erstmals etwa Mitte der 1980er-Jahre in der fachlichen Diskussion auf. Zu dieser Zeit blieben die Erfolge der europäischen Industrie deutlich hinter denen der japanischen und amerikanischen zurück. Ein Umdenken hinsichtlich der eigenen Qualitätspraktiken erschien notwendig, um die verlorenen Marktanteile zurückzugewinnen. In Japan und Amerika waren verschiedene Ansätze entwickelt und umgesetzt worden, in denen die in den vergangen Jahren erfolgte Weiterentwicklung des Verständnisses von Qualität und der ihr beigemessenen Bedeutung zum Ausdruck kommt.

Zur Abgrenzung gegenüber der bestehenden Begrifflichkeit des Qualitätsmanagements wurde der Begriff „TQM" in die internationale Norm DIN ISO 8402 unter der Bezeichnung „Umfassendes Qualitätsmanagement" aufgenommen und folgendermaßen definiert:

> „Auf die Mitwirkung aller ihrer Mitglieder gestützte Managementmethode einer Organisation, die Qualität in den Mittelpunkt stellt und durch Zufriedenstellung der Kunden auf langfristigen Geschäftserfolg sowie auf Nutzen für die Mitglieder der Organisation und für die Gesellschaft zielt." (Deutsches Institut für Normung, 1995a: 18)

Damit wird TQM als ein umfassendes Unternehmensführungskonzept beschrieben, das die Qualität zur zentralen Führungsaufgabe erklärt. Weiterhin beinhaltet dieses Konzept, dass alle Berufsgruppen, alle Hierarchieebenen sowie alle Prozesse eingebunden werden, um die Zufriedenheit bzw. den Nutzenzuwachs der externen und internen Kunden zu realisieren. Durch die ständige Qualitätsverbesserung sind die Unternehmen in der Lage, ihre Kosten zu senken. Eine an den Kunden ausgerichtete Qualitätsverbesserung schafft Kundenzufriedenheit. Die Kundenzufriedenheit wiederum ist die Grundlage für die Wettbewerbsfähigkeit der Unternehmen (Tab. 9.3-1).

In den vergangenen Jahrzehnten haben sich die unterschiedlichen Konzepte eines **Qualitätsmanagements im Dienstleistungsunternehmen Krankenhaus** fest etabliert. Mit der partiellen Einführung von marktwirtschaftlichen Steuerungselementen in das Gesundheitssystem müssen sich Krankenhäuser zunehmend dem Wettbewerb untereinander und gegenüber anderen Gesundheitseinrichtungen stellen. Es hat sich die Erkenntnis durchgesetzt, dass gerade die Qualität ein wichtiger **Wettbewerbsparameter** ist. Das Qualitätsgebot nimmt somit neben dem Gebot einer effizienten Leistungserstellung einen zentralen Stellenwert ein.

Tabelle 9.3-1: Qualitätsmanagement (Quelle: Haubrock, Schär, 2009: 291)

- Qualität ist Unternehmensziel und damit Managementaufgabe
- Qualität ist allumfassend
- Qualitätsverbesserung erfolgt dauerhaft
- Qualitätsverbesserung induziert Kostensenkung
- Qualität schafft Kundenzufriedenheit
- Kundenzufriedenheit führt zu Wettbewerbsvorteilen

Nach dem Wirtschaftlichkeitsgebot des SGB V müssen die Leistungen ausreichend, zweckmäßig und wirtschaftlich sein. Weiterhin dürfen sie das Maß des Notwendigen nicht überschreiten, damit die Versicherten sie in Anspruch nehmen können und die Krankenkassen sie bezahlen müssen. Für den Leistungsanbieter ergibt sich somit die Notwendigkeit, sich mit dem Output (Gesundheitsleistungen) und mit dem Input (Produktionsfaktoren) auseinanderzusetzen. Input- und Output werden ihrerseits durch die Faktoren Quantität, Qualität und Preis bestimmt.

Auf der Outputseite erfolgte bis zum Jahre 2003 die Mengenfestsetzung im stationären Bereich im Rahmen der Pflegesatz-, Budget- bzw. Strukturverhandlungen. Die Preise wurden, ebenfalls im Rahmen dieser Verhandlungen, entweder in Form von Pflegesätzen ermittelt oder auf Landes- oder Bundesebene durch die Selbstverwaltungsorgane für alle Einrichtungen vorgegeben. Lediglich die Komponente Leistungsqualität wurde bislang nur unzureichend fixiert.

Der Gesetzgeber hat erst mit dem Gesundheitsreformgesetz von 1989 und mit dem **Gesundheitsstrukturgesetz** von 1993 die bestehende Lücke geschlossen. In den §§ 135ff. SGB V sind Ausführungen über die Sicherung der Qualität der Leistungserbringung im Gesundheitssektor festgehalten worden. Für den Bereich der zugelassenen Krankenhäuser galten bis zum 31.12.1999 die §§ 137, 137a und 137b SGB V.

In den Regelungen für die Qualitätssicherung verpflichtete der Gesetzgeber zum Beispiel die Krankenhäuser, sich an Maßnahmen zur Sicherung der Struktur-, der Prozess- und der Ergebnisqualität zu beteiligen.

Die **Strukturqualität** wird bestimmt durch die zur Leistungserstellung notwendigen Leistungspotenziale des Krankenhauses mit seinen Mitarbeitern sowie der technischen Einrichtung und Ausstattung, die physischen und organisatorischen Arbeitsbedingungen sowie den Zugang zur Nutzungsmöglichkeit des Leistungsangebots durch die Patienten.

Die **Prozessqualität** bezieht sich auf alle Maßnahmen und Aktivitäten der Leistungserbringung, die im Verlauf der Krankenhausbehandlung in den Bereichen der Diagnostik, Therapie, Pflege und Hotelversorgung unter Verwendung der gegebenen Ressourcen durchgeführt werden. Sie umfasst also die Summe aller Teilprozesse der Leistungserstellung einschließlich der organisatorisch-technischen Abläufe.

Prozessorientierte Qualitätsüberlegungen gehen davon aus, dass die besten Behandlungsergebnisse dann erzielt werden, wenn die Behandlung selbst nach nachvollziehbaren bzw. nachprüfbaren Regeln, die dem Stand des medizinischen und pflegerischen Wissens entsprechen, systematisiert erfolgt. Eine Analyse des Versorgungsprozesses erfasst eine Vielzahl von spezifischen Merkmalen zur Qualität und kann detaillierte Informationen über den erreichten Grad der Produktqualität liefern sowie Verbesserungsmöglichkeiten aufzeigen.

Die **Ergebnisqualität** bezieht sich auf das Erreichen der spezifischen Ziele und die Erfüllung der Erwartungen in Bezug auf die Veränderung des Gesundheitszustands des Patienten und somit auf das Outcome (Primär-Output) der Behandlung. Sie ist der primäre Beurteilungsmaßstab für die Dienstleistung insgesamt, bietet aber auch die größten Schwierigkeiten hinsichtlich ihrer Messung, weil sie nicht mehr nur die Sichtweise professioneller Experten, sondern auch die subjektive Einschätzung von Patienten berücksichtigen muss.

Struktur- und Prozessqualität bilden gemeinsam die notwendigen Voraussetzungen für die Erzielung von Ergebnisqualität.

Diese gesetzlich fixierten Qualitätssicherungsaufgaben der Leistungsanbieter gehören in die Gruppe der externen Qualitätssicherungsmaßnahmen. Bei einer externen Qualitätssicherung werden zum Beispiel die Maßstäbe und die Verfahrenswege durch Einrichtungen entwickelt und vorgegeben, die außerhalb der betroffenen Unternehmen angesiedelt sind. Analog hierzu ist im stationären Bereich die Sicherung der Qualität der Leistungserbringung zur Pflichtaufgabe der Selbstverwaltungspartner auf Landesebene gemacht worden. Danach waren im Rahmen der zweiseitigen Verträge nach § 112 SGB V gemeinsam von den Landeskrankenhausgesellschaften und den Landesverbänden der Kassen Richtlinien zur Qualitätssicherung aufzustellen. Ergänzend zu diesen Landesverträgen gab es auf der Bundesebene Rahmenempfehlungen zum Inhalt der Verträge. Ziel dieser Maßnahmen war es, vergleichende Prüfungen von Anbietern durch eine Prüf- bzw. Zertifizierungsstelle zu ermöglichen. Jede Prüfung setzt grundsätzlich voraus, dass eine Messlatte in Form von Kriterien aufgebaut wird, damit die Prozess-, Struktur- und Ergebnisqualitäten gemessen, verglichen, verändert oder an ein vorab definiertes Qualitätsniveau herangeführt werden können. Die Qualitätskomponenten gehören somit notwendigerweise auch zu den vorab festzulegenden Merkmalen von Gesundheitsgütern.

An dieser Stelle soll kurz ergänzt werden, dass im Rahmen des 2. Neuordnungsgesetzes die Qualitätssicherung ärztlicher Leistungen im Krankenhaus neu geregelt und die Arbeitsgemeinschaft zur Förderung der Qualitätssicherung in der Medizin neu eingerichtet worden sind.

Mit dem **GKV-Reformgesetz 2000** und dem **GKV-Modernisierungsgesetz**, das am 01.01.2004 in Kraft getreten ist, sind die bisherigen Vorschriften zum Teil aufgehoben, zum Teil aber auch wesentlich ergänzt worden.

In der aktuellen Fassung des § 135a SGB V ist für **alle Leistungserbringer** zunächst die Verpflichtung zur **externen Qualitätssicherung** festgeschrieben worden. Danach sind sie zur

Sicherung und Weiterentwicklung der Qualität der von ihnen erbrachten Leistungen verpflichtet. Vertragsärzte, zugelassene Krankenhäuser sowie Erbringer von Vorsorgeleistungen und Rehabilitationsmaßnahmen sind verpflichtet, sich an einrichtungsübergreifenden Maßnahmen der Qualitätssicherung zu beteiligen, die insbesondere das Ziel haben, die Ergebnisqualität zu verbessern. Weiterhin müssen sie einrichtungsintern ein **Qualitätsmanagement** einführen und weiterentwickeln. In diesen Kontext fällt auch die Durchführung eines patientenorientierten Beschwerdemanagements. Im Unterschied zu den früheren Vorgaben wird nunmehr der Ergebnisqualität gegenüber der Struktur- und Prozessqualität eine deutlich höhere Priorität zugestanden. Im Bereich der externen Qualitätssicherung, die für die vertragsärztliche Versorgung und für die zugelassenen Krankenhäusern relevant ist, schreibt § 137 SGB V nunmehr vor, dass der Gemeinsame Bundesausschuss unter Beteiligung des Verbandes der privaten Krankenversicherung, der Bundesärztekammer sowie der Berufsorganisationen der Krankenpflegeberufe verpflichtende Maßnahmen der Qualitätssicherung einheitlich für alle Patienten sowie die grundsätzlichen Anforderungen an ein einrichtungsinternes Qualitätsmanagement durch **Richtlinien** beschließt. Ergänzend verlangt der Gesetzgeber in § 137 SGB V, dass der Ausschuss unter anderem Kriterien für die indikationsbezogene Notwendigkeit und Qualität der durchgeführten diagnostischen und therapeutischen Leistungen festzulegen hat.

Die Zusammensetzung dieses **Gemeinsamen Bundesausschusses (G-BA)** wird in § 91 SGB V geregelt. Danach sind Mitglieder
- die Kassenärztlichen Bundesvereinigungen (Human- und Zahnmedizin)
- die Deutsche Krankenhausgesellschaft
- der Spitzenverband Bund der Krankenkassen.

Das Beschlussgremium des G-BA besteht aus einem unparteiischen Vorsitzenden, zwei weiteren unparteiischen Mitgliedern, drei Vertretern der Kassenärztlichen Bundesvereinigungen, zwei Vertretern der Krankenhausgesellschaft sowie fünf vom Spitzenverband Bund der Krankenkassen benannten Mitgliedern.

Der Gemeinsame Bundesausschuss ist rechtsfähig. Seine in der Regel mit der Mehrheit der Mitglieder gefassten Beschlüsse sind für die Versicherten, die Krankenkassen, die zugelassenen Krankenhäuser und die weiteren Leistungserbringer verbindlich. Dieser Gemeinsame Bundesausschuss übernimmt seit 2004 alle Aufgaben der früheren Ausschüsse (Bundesausschüsse, Ausschuss Krankenhaus und Koordinierungsausschuss) und gibt unter anderem die Anforderungen für die Qualitätssicherung im ambulanten und stationären Bereich vor. In seiner **Richtlinie über Maßnahmen der Qualitätssicherung in Krankenhäusern**, die am 01.01.2015 in Kraft getreten ist, sind alle notwendigen Details festgeschrieben worden.

Der Gemeinsame Bundesausschuss ist Gründer und Träger des fachlich unabhängigen, rechtsfähigen, wissenschaftlichen **Instituts für Qualität und Wirtschaftlichkeit im Gesundheitswesen** nach § 139a SGB V. Das Institut gibt Darstellungen, Bewertungen und Empfehlungen an den Gemeinsamen Bundesausschuss zu Fragen von grundsätzlicher Bedeutung für die Qualität und die Wirtschaftlichkeit der GKV-relevanten Leistungen. Dazu gehören zum Beispiel:
- Darstellung und Bewertung des aktuellen medizinischen Wissensstands zu diagnostischen und therapeutischen Verfahren
- Erstellung von Gutachten zu Fragen der Qualität und Wirtschaftlichkeit
- Bewertungen evidenzbasierter Leitlinien
- Bewertung des Nutzens von Arzneimitteln sowie
- Bereitstellung von Informationen für die Bevölkerung.

Seit dem Jahr 2005 sind die nach § 108 SGB V zugelassenen Krankenhäuser nach § 137 SGB V verpflichtet, jährlich einen **strukturierten Qualitätsbericht** zu veröffentlichen. Das AQUA-Institut hat den Auftrag, regelmäßig alle Qualitätsindikatoren auf ihre Eignung zur Veröffentlichung zu überprüfen. Am 18.06.2015 folgte der G-BA den aktuellen Empfehlungen des Instituts und fasste den Beschluss, dass für das Berichtsjahr 2016 insgesamt 279 Indikatoren auf der Basis des Erfassungsjahres 2014 veröffentlichungspflichtig sind.

Mit dem **Gesetz zur Entwicklung der Finanzstruktur und der Qualität in der gesetzlichen Krankenversicherung (GKV-FQWG)** hat der Gesetzgeber im Juni 2014 durch die Einführung des § 137a SGB V den G-BA beauftragt, ein fachlich unabhängiges, wissenschaftliches **Institut für Qualitätssicherung und Transparenz im Gesundheitswesen (IQTiG)** zu gründen. Im August 2014 ist die Gründung einer Stiftung für Qualitätssicherung und Transparenz im Gesundheitswesen durch den G-BA erfolgt. Die Stiftung des privaten Rechts ist Trägerin des gleichnamigen Instituts. Dessen Aufgabe ist es unter anderem, ...

- ... für die Messung und Darstellung der Versorgungsqualität möglichst sektorenübergreifend risikoadjustierte Indikatoren und Instrumente zur Befragung von Patienten zu entwickeln.
- ... sich an der Durchführung der einrichtungsübergreifenden Qualitätssicherung zu beteiligen.
- ... die Ergebnisse der Qualitätssicherungsmaßnahmen zu veröffentlichen.

Qualitätssicherung kann nur dann flächendeckend eingerichtet und verbessert werden, wenn es eine zentrale Koordinierungsstelle gibt. Aus dieser Erkenntnis heraus hat die Bundesregierung im Jahre 2004 den seit 2000 bestehenden § 137b SGB V verändert, der die Förderung der Qualitätssicherung in der Medizin zum Inhalt hat. Für diese Aufgabe ist nunmehr auch der Gemeinsame Bundesausschuss zuständig. Er löst die Arbeitsgemeinschaft zur Förderung der Qualitätssicherung in der Medizin ab, zu der die Bundesärztekammer, die Kassenärztliche Bundesvereinigung, die Deutsche Krankenhausgesellschaft, die Spitzenverbände der Krankenkassen, der Verband der privaten Krankenversicherung sowie die Berufsorganisationen der Krankenpflegeberufe gehört haben. Zu den Aufgaben des Bundesausschusses gehört es somit auch, ...

„[...] den Stand der Qualitätssicherung im Gesundheitswesen festzustellen, sich daraus ergebenden Weiterentwicklungsbedarf zu benennen, eingeführte Qualitätssicherungsmaßnahmen auf ihre Wirksamkeit hin zu bewerten und Empfehlungen für eine an einheitlichen Grundsätzen ausgerichtete sowie sektoren- und berufsgruppenübergreifende Qualitätssicherung im Gesundheitswesen einschließlich ihrer Umsetzung zu erarbeiten." (GKV-Gesundheitsreform 2000)

Zu den Aufgaben gehört es auch, in regelmäßigen Abständen einen Bericht über den Stand der Qualitätssicherung zu erstellen.

Zusätzlich zu der oben erwähnten Arbeitsgemeinschaft existierte bis zum 31.12.2003 nach § 137c SGB V ein Ausschuss Krankenhaus. Mitglieder dieses Ausschusses waren die Bundesärztekammer, die Bundesverbände der Krankenkassen, die Bundesknappschaft, die Verbände der Ersatzkassen und die Deutsche Krankenhausgesellschaft. Dieses Organ hatte die Aufgabe zu erfüllen, die Untersuchungs- und Behandlungsmethoden, die zu Lasten der gesetzlichen Krankenversicherung im Rahmen einer Krankenhausbehandlung angewandt werden bzw. werden sollen, unter dem Aspekt zu untersuchen, ob sie unter den Gesichtspunkten Effizienz, Effektivität und Qualität erforderlich sind. Ergab die Überprüfung, dass die Methoden die erforderlichen Kriterien nicht erfüllen, durften sie nicht zu Lasten der GKV eingesetzt werden. Seit dem 01.01.2004 ist der § 137c SGB V neu formuliert worden. An die Stelle des Ausschusses Krankenhaus tritt der Gemeinsame Bundesausschuss.

Die externe Qualitätssicherung bei den ambulanten und stationären Vorsorge- oder Rehabilitationseinrichtungen ist in § 137d SGB V geregelt. Vertragspartner im stationären Bereich sind die Spitzenverband Bund der Krankenkassen und die Bundesorganisationen der stationären Vorsorge- oder Rehabilitationseinrichtungen. Im ambulanten Sektor tritt neben dem Spitzenverband der Kassen und den Bundesverbänden der ambulanten Leistungserbringer die Kassenärztliche Bundesvereinigung als Vertragspartner auf. Die Inhalte der Vereinbarungen (ambulanter und stationärer Bereich) müssen sich auch hier an den Vorgaben des § 135a SGB V orientieren und die grundsätzlichen Anforderungen an ein einrichtungsinternes Qualitätsmanagement berücksichtigen.

Der erst im Jahre 2003 eingeführte § 137e SGB V ist mit dem GKV-Modernisierungsgesetz 2004 aufgehoben worden. Diese Spitzenorganisation, die die Bundesausschüsse der Ärzte und Krankenkassen sowie den Ausschuss Krankenhaus umfasste, war der sogenannte **Koordinierungsausschuss**. Zu den Aufgaben dieses Ausschusses gehörte es insbesondere:

> „[...] auf der Grundlage evidenzbasierter Leitlinien die Kriterien für eine im Hinblick auf das diagnostische und therapeutische Ziel ausgerichtete zweckmäßige und wirtschaftliche Leistungserbringung für mindestens zehn Krankheiten pro Jahr [zu] beschließen, bei denen Hinweise auf unzureichende, fehlerhafte oder übermäßige Versorgung bestehen und deren Beseitigung die Morbidität und Mortalität der Bevölkerung nachhaltig beeinflussen kann." (GKV-Gesundheitsreform 2000)

Diesem Gremium fiel somit die Kompetenz zu, bundesweite, bindende Handlungsempfehlungen zur Verbesserung von ausgesuchten Behandlungs- und Pflegeabläufen auf der Grundlage einer **Evidence Based Medicine (EBM)** zu erarbeiten.

Mit der Einführung der **Disease-Management-Programme** sind seit 2001 die §§ 137f bis g SGB V neu entstanden. Der Disease-Management-Ansatz ist Teil des Managed-Care-Konzepts aus den USA. Mit dem **Gesetz zur Reform des Risikostrukturausgleichs** in der gesetzlichen Krankenversicherung vom Dezember 2001 sind die sogenannten **strukturierten Behandlungsprogramme** bei chronischen Krankheiten (§ 137f SGB V) eingeführt worden. Nach den aktuellen Vorgaben des § 137f SGB V legt der Gemeinsame Bundesausschuss in Richtlinien geeignete chronische Krankheiten fest, für die strukturierte Behandlungsprogramme entwickelt werden sollen. Weiterhin erlässt der Ausschuss Richtlinien zu den Anforderungen an die Ausgestaltung von Behandlungsprogrammen. In § 137 g SGB V ist die **Zulassung zu den strukturierten Behandlungsprogrammen** geregelt.

Danach hat das Bundesversicherungsamt auf Antrag einer gesetzlichen Krankenkasse oder eines Verbandes der Krankenkassen die Zulassung eines Disease-Management-Programms dann zu erteilen, wenn die Programme und die notwendigen Verträge die in G-BA-Richtlinien formulierten Anforderungen erfüllen. Zu diesen Anforderungen gehört unter anderem, dass die Behandlungen nach dem aktuellen Stand der medizinischen Wissenschaft unter Berücksichtigung von evidenzbasierten Leitlinien erfolgen. Das Bundesversicherungsamt hat bislang Programme für die folgenden chronischen Krankheiten genehmigt. Diabetes mellitus Typ 1 und 2, chronisch obstruktive Atemwegerkrankungen (COPD und Asthma bronchiale), Brustkrebs und koronare Herzkrankheit.

Bereits im Dezember 2003 ist die **Vereinbarung über Maßnahmen der Qualitätssicherung** zwischen den gesetzlichen und privaten Krankenkassen sowie der Deutschen Krankenhausgesellschaft geschlossen worden. In diesem Vertrag verständigen sich beide Seiten auf die Strukturen und Prozesse, mit denen die rechtlichen Vorschriften umgesetzt werden sollen.

Von der externen Qualitätssicherung muss die **interne Qualitätssicherung** unterschieden werden. Diese internen Regelungen liegen ausschließlich in der Hand der leistungserbringenden Unternehmen. Sie werden seit einigen Jahren mit dem Terminus „Qualitätsmanagement" belegt. Logischerweise muss es eine Interdependenz zwischen den externen und den internen Maßnahmen geben.

Mit dem Reformgesetz vom 01.01.2000 hat die Legislative erstmalig auf der Grundlage des § 135a SGB V zugelassene Krankenhäuser sowie Vorsorge- und Rehabilitationseinrichtungen verpflichtet, einrichtungsintern ein **Qualitätsmanagement** einzuführen und weiterzuentwickeln. Den Leistungserbringern ist damit die Verantwortung für die Qualität ihrer Leistungen übertragen worden. Mit dem GKV-Modernisierungsgesetz ist diese Verpflichtung auch auf die

Vertragsärzte sowie die medizinischen Versorgungszentren ausgedehnt worden.

Das Qualitätsmanagement erstreckt sich selbstverständlich auch auf Dienstleistungen. Von **Dienstleistungen** im ökonomischen Sinne spricht man nur dann, wenn folgende Wesensmerkmale vorliegen:

- *Potenzialorientierung:* Die Potenzialdimension der Dienstleistung verweist auf die Fähigkeit eines Betriebs, jederzeit eine nachgefragte Dienstleistung zu erstellen und die Bereitschaft, dies auch zu tun.
- *Prozessorientierung:* Die Prozessdimension beschreibt die Dienstleistung als Folge von dienstleistenden Aktivitäten, also als einen Prozess, der gekennzeichnet ist durch zeitlich-räumliche Synchronisation von Erbringung und Inanspruchnahme (Uno-actu-Prinzip).
- *Ergebnisorientierung:* Die Ergebnisdimension betrachtet schließlich das tatsächlich produzierte immaterielle Gut im Sinne einer Veränderung am Kunden oder an seinen Verfügungsobjekten.

Meffert und Bruhn (1997) kennzeichnen diese Merkmale wie folgt:

„Erst aus den spezifischen Fähigkeiten und der Bereitschaft des Dienstleistungsanbieters zur Erbringung einer Dienstleistung (Potenzialorientierung) und der Einbringung des externen Faktors durch den Dienstleistungsnachfrager als prozessauslösendes und -begleitendes Element (Prozessorientierung) resultiert ein Dienstleistungsergebnis (Ergebnisorientierung)." (Meffert/Bruhn, 1997: 25)

Die Erscheinungsformen der Dienstleistung sind höchst vielfältig und heterogen. Das Behandlungsgeschehen gestaltet sich also als ein komplexes Zusammenspiel einer Vielzahl von Prozessen, die zu einer Vielzahl von Schnittstellen führen. Hierbei treten die Schnittstellen sowohl zwischen einzelnen Berufsgruppen als auch zwischen den verschiedenen Leistungsbereichen auf. Gelingt es, die komplexen Behandlungsabläufe so zu gestalten, dass sie reibungslos und auf den Heilungsprozess des einzelnen Patienten ausgerichtet sind, so wird hierdurch die Krankenhausqualität positiv beeinflusst. Ein Element der Krankenhausqualität ist die **Dienstleistungsqualität**:

„Dienstleistungsqualität ist die Fähigkeit eines Anbieters, die Beschaffenheit einer primär intangiblen und der Kundenbeteiligung bedürfenden Leistung aufgrund von Kundenerwartungen auf einem bestimmten Anforderungsniveau zu erstellen." (Bruhn, 1997: 27)

Eine umfassende Definition der Dienstleistungsqualität speziell in Einrichtungen des Gesundheitswesens erweist sich als äußerst schwierig. Die Gründe hierfür sind vielfältig und liegen unter anderem in der Komplexität der Dienstleistung, in der Problematik des Kundenbegriffs im Gesundheitswesen und in der Schwierigkeit, den Begriff „Gesundheit" zu determinieren. Um dennoch die Qualität der Dienstleistung erfassen, beurteilen und gestalten zu können, nutzt man eine differenziertere Betrachtungsweise.

Allen Überlegungen zum Qualitätsmanagement im Gesundheitsbereich liegt der Ansatz der Qualitätskategorien nach Donabedian zugrunde, der, wie bereits ausgeführt, die Teilqualitäten der Struktur, des Prozesses und des Ergebnisses unterscheidet.

Nach Eichhorn bleibt der Ansatz nach Donabedian auf die Beschreibung der medizinisch-pflegerischen Sachdimension der Leistungsqualität beschränkt und vernachlässigt die persönliche Interaktion als zentrales konstitutives Merkmal einer Dienstleistung. Nach seinem Modell tritt daher gleichwertig neben die Sachdimension die Interaktionsdimension der Dienstleistungsqualität.

Dabei ist auf der Ebene der **Sachdimension** neben der medizinisch-pflegerischen Produktqualität die Servicequalität zu unterscheiden, die zum Beispiel von der sogenannten Hotelversorgung (räumliche Ausstattung der Krankenzimmer, Medienangebote) und von den zusätzlich angebotenen Diensten (z.B. Informations- und Beratungsdienste, Angebote im Bereich der ambulanten Pflege, kulturelle Veranstaltungen) beeinflusst wird.

Die Bedeutung der Servicequalität hinsichtlich des Qualitätsmanagements liegt darin, dass Patienten diese besser beurteilen können als die medizinisch-pflegerisch definierte Produktqualität. Bedingt durch die Intangibilität der Dienstleistung suchen Patienten nach für sie erkennbaren Aspekten. So ist es ein erwiesenes Phänomen, dass Patienten von ihren Wahrnehmungen im Bereich der Servicequalität ein Urteil über die Qualität der Leistung insgesamt ableiten.

Empirische Untersuchungen zeigen, dass sich die Erwartungen von Kunden an Dienstleistungsorganisationen im Wesentlichen auf folgende Faktoren der Servicequalität richten:
- *Annehmlichkeit des Umfeldes:* Erscheinungsbild des Dienstleistungsortes, Ausstattung der Räume, Erscheinungsbild und Auftreten des Personals
- *Zuverlässigkeit:* Fähigkeit des Dienstleistungsanbieters, die Dienstleistung in der vereinbarten Qualität zu liefern
- *Reaktionsfähigkeit:* generelle Bereitschaft und Schnelligkeit des Dienstleistungsanbieters, auf die spezifischen Anforderungen und Bedürfnisse des Kunden einzugehen und sie zu erfüllen
- *Leistungskompetenz*
- *fachliche und persönliche Kompetenz* des Personals
- *Einfühlungsvermögen:* Bereitschaft und Fähigkeit, auf individuelle Wünsche der Kunden und spezifische Situationen einzugehen.

Die Dienstleistung im Gesundheitswesen wird seitens der Patienten ebenfalls nach diesen Kriterien gemessen. Die Qualität der persönlichen Interaktion zwischen dem Krankenhaus und dem Patienten drückt sich in der emotionalen Zufriedenheit der Patienten und der Mitarbeiter aus. Auch hier gilt, dass ein Patient von einzelnen Erlebnissen, wie zum Beispiel seinem persönlichen Empfang bei der Aufnahme, auf die Gesamtqualität des Krankenhauses schließt. Dabei nimmt er die **Interaktionsqualität** nicht als Einheit, sondern über eine Vielzahl von aufeinanderfolgenden Kontaktpunkten wahr. Bei all diesen handelt es sich um „Augenblicke der Wahrheit", an denen Qualität gemessen wird und sich das Qualitätsmanagement bewähren muss.

Die Möglichkeiten zur direkten Einflussnahme auf die Qualität werden wesentlich von der Ausgestaltung der zwischenmenschlichen Beziehung zwischen dem Patienten und den Leistungserbringern bestimmt. Persönliche Einstellungen, soziale und kommunikative Kompetenzen sind bedeutende Faktoren.

Der Erfolg der Behandlung wird dabei maßgeblich vom Patienten selbst beeinflusst. Als aktives Element kann er durch sein Mitwirken auf der Grundlage seiner Bedürfnisse und Erwartungen, seiner Motivation und seiner „Fähigkeiten" den Leistungserstellungsprozess fördern oder behindern.

Die Qualität des Dienstleistungserstellungsprozesses lässt sich nicht derart steuern, wie es in der industriellen Sachgüterproduktion möglich ist, da weder das Verhalten des einzelnen Dienstleisters noch seine Wirkung auf den Patienten und dessen Reaktion darauf eindeutig vorhersehbar sind. Nach Eichhorn stellen somit der nichtdeterminierte Charakter des Leistungserstellungsprozesses sowie die Subjektivität und Relativität der Dienstleistungsqualität eine Übertragbarkeit der für die Industrie gültigen Konzepte zum Qualitätsmanagement auf den Bereich der persönlich-interaktiven Dienstleistungsbetriebe infrage.

Mittels des Strukturmodells der Krankenhausqualität von Eichhorn (Tab. 9.3-2) soll noch einmal die Komplexität verdeutlicht werden.

Unter der Annahme, dass die Krankenhäuser zunehmend auch Forderungen aus dem gesellschaftlichen Umfeld beachten müssen, hat Eichhorn zusätzlich die „gesellschaftliche Dimension" der Krankenhausqualität in sein Modell eingebaut.

Gestaltung und Verbesserung der Krankenhausdienstleistungsqualität setzen voraus, dass die Qualitätsanforderungen bekannt sind und hinsichtlich ihres Erfüllungsgrades gemessen werden können.

Aus dem Charakter einer Dienstleistung ergeben sich mindestens zwei Möglichkeiten, zu einem Qualitätsurteil zu kommen. Die Qualität kann zum einen aus der Sicht des Patienten, zum anderen aus der Sicht der Gesundheits-

Tabelle 9.3-2: Strukturmodell der Krankenhausqualität (Quelle: Eichhorn, 1997: 27)

Qualitäts-kategorien	Qualitätsdimensionen				
	Sachdimension Produkt-/Servicequalität		**Interaktionsdimension** Interaktionsqualität		**Gesellschaftliche Dimension** Umweltqualität
	Krankenhaus	**Patient**	**Krankenhaus**	**Patient**	
Potenzial-qualität	Persönliche und sachliche Ressourcen	Persönlich-keits- und Krankheits-artenmuster	Räumliche Gestaltung und Atmosphäre	Problemver-ständnis, Erfahrung, soziale Einstellung	Einhaltung gesetzlicher Vorschriften und gesellschaftlicher Rahmenbedingungen
			Persönliche Einstellung des Kontaktperso-nals		
			Image des Krankenhauses		
	Individualisie-rungspotenzial	Integrations-potenzial	Kontakt-potenzial	Interaktions-potenzial	
Prozess-qualität	Versorgungsprozess: Ablauf von Diagnostik, Therapie, Pflege und Hotelversorgung aus technischer und zeitlicher Sicht		Wechselseitige Beachtung von Regeln und Normen im sozialen Umgang von Seiten des Kontakt-personals und der Patienten		Schonung von Ressour-cen, Reduzierung der Umweltbelastung
Ergebnis-qualität	Prozessuales Versorgungsergebnis • bei Entlassung • auf Dauer		Interaktionsergebnis als emotio-nale Zufriedenheit der Patienten und des Kontaktpersonals		Sicherheit von Leben und Gesundheit; Schutz von Umwelt und Eigentum

einrichtung als Dienstleister gemessen werden. Beide Sichtweisen müssen im Rahmen des Qualitätsmanagements berücksichtigt werden.

Zur Ermittlung der Erwartungen der Patienten und zur Messung ihrer Zufriedenheit steht eine Reihe von Messinstrumenten aus dem Dienstleistungsmarketing zur Verfügung, die der Zufriedenheitsforschung entstammen und die Art und Weise der Qualitätswahrnehmung durch den Kunden berücksichtigen. Das zentrale Problem der subjektiven Qualitätsmessung besteht darin, dass bei den verschiedenen Methoden die Sollgröße ungenau ist und jeder Patient individuelle Erwartungen hegt. Der Gestaltung der Erhebungsinstrumente kommt daher entscheidende Bedeutung zu.

Am häufigsten werden schriftliche **Kundenzufriedenheitsbefragungen** eingesetzt. Sie beruhen auf der Vorstellung, dass sich das Qualitätsurteil des Patienten aus der Differenz zwischen seinen Erwartungen und seinen Erfahrungen im Kontakt mit dem Krankenhaus ergibt. Diese Befragungen sind nur eingeschränkt einsetzbar. Ergänzend sollten daher ereignisorientierte Verfahren eingesetzt werden. Bei dieser Methode werden Patienten zum Beispiel mündlich aufgefordert, über positive und negative Erlebnisse zu berichten (Methode kritischer Ereignisse) bzw. den Ablauf der Krankenhausbehandlung noch einmal gedanklich nachzuvollziehen und ihr Erleben an den einzelnen Kontaktpunkten zu schildern (Sequenzielle Ereignismethode). Der Aufwand für diese Erhebungen ist hoch, sie liefern aber konkrete Ansatzpunkte für praktische Verbesserungsmaßnahmen.

Bei der dienstleisterorientierten Qualitätsmessung können subjektive und objektive Verfahren unterschieden werden. Subjektiv ist die

Einschätzung der Qualität durch das Patientenkontaktpersonal nach subjektiven Kriterien, wie sie zum Beispiel im Rahmen der Qualitätszirkelarbeit, des betrieblichen Vorschlagswesens oder im Rahmen von Mitarbeiterbefragungen erfolgt. Objektive Messansätze setzen voraus, dass die eher abstrakten Qualitätsvorstellungen in spezifische Kriterien und Standards bzw. Indikatoren umgesetzt werden. Kriterien sind anerkannte Merkmale oder Eigenschaften der Struktur, des Prozesses und des Ergebnisses einer Krankenhausbehandlung, die entscheidenden Einfluss auf die Beurteilung der Qualität haben. Sie müssen wahrnehmbar, relevant, messbar und quantifizierbar sein. Ein Beispiel für ein Strukturkriterium sind die Anzahl und die Qualifikation des Personals eines bestimmten Leistungsbereichs. Als Prozesskriterien wären die Wartezeit vor Untersuchungen, die Art und die Anzahl von Laboranforderungen, das Führen der Krankengeschichte und der Pflegedokumentation (z. B. hinsichtlich Vollständigkeit und Verfügbarkeit) zu nennen. Zu Ergebniskriterien zählen die Rate der Sekundärheilungen oder der prozentuale Anteil der Patienten mit Dekubitus.

An der Schnittstelle zwischen den Innen- und den Außenaktivitäten der Gesundheitseinrichtungen ist die Ergebnisqualität angesiedelt (Abb. 9.3-2). Hiermit ist der Gesundheitszustand des Patienten am Ende der Behandlungskette gemeint. Eichhorn hat diesen Zustand als Statusveränderung bezeichnet. Eine Statusveränderung ergibt sich aus der Gegenüberstellung des Aufnahme- und des Entlassungszustands.

Beide Qualitätssicherungsmaßnahmen zielen letztlich darauf ab, den Entlassungszustand des Patienten (Kunden) qualitativ zu sichern. Beide Absätze sind patientenorientiert (kundenorientiert). An dieser Stelle muss darauf hingewiesen werden, dass der in diesem Zusammenhang verwendete Kundenbegriff nur einen externen Kunden, nämlich den Patienten, umfasst. Zu den externen Kunden können aber auch die Besucher, die Krankenkassen, die Sozialstationen usw. zählen. Interne Kunden sind zum Beispiel die Mitarbeiter eines Krankenhauses.

Der Gesetzgeber hat durch die Neufassung der Regelungen zur Qualitätssicherung die beiden Größen „Qualität" und „Wirtschaftlichkeit" sinnvoll miteinander verbunden. Qualität und Wirtschaftlichkeit sind kein Widerspruch, sie bilden vielmehr eine sinnvolle Einheit. Somit soll eine effiziente Leistungserstellung, die zudem sektor- und berufsgruppenübergreifend erfolgen kann, die Grundlage für ein fachlich gebotenes sowie wissenschaftlich adäquates qualitatives Behandlungsergebnis sein.

Das Zusammenwirken von Wirtschaftlichkeit und Qualität soll in Abbildung 9.3-3 noch einmal verdeutlicht werden.

Aus der Darstellung wird ersichtlich, dass die kosten- und die qualitätsorientierte Betrachtung des Gesundheitssektors letztlich zu einer ergebnisorientierten Sichtweise führen. In diesem Zusammenhang muss kritisch vermerkt werden, dass in der Vergangenheit nur die für die Bereitstellung bzw. Erstellung von Gesundheitsleistungen erforderlichen Kosten erhoben und be-

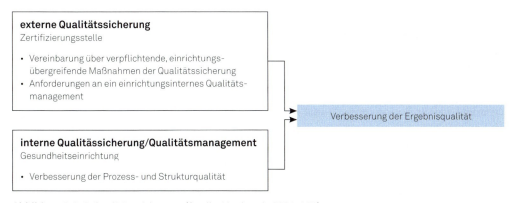

Abbildung 9.3-2: Qualitätssicherung (Quelle: Haubrock, 2004: 112)

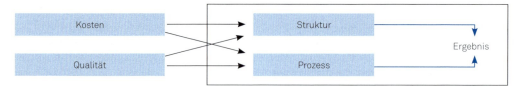

Abbildung 9.3-3: Einflussfaktoren (Quelle: Haubrock, 2004: 113)

wertet wurden, die relevanten qualitativen Ergebnisgrößen konnten aber gar nicht bzw. nur ansatzweise analysiert werden. Somit ist festzuhalten, dass das Aufwand-Nutzen-Verhältnis einer Behandlungsintervention nicht zu ermitteln war. Hieraus ist zu folgern, dass die Berücksichtigung von ergebnisrelevanten Leistungsparametern (Ergebnisqualität) eine zwingende Voraussetzung zur Erfassung und Bewertung von Wirtschaftlichkeit im Gesundheitswesen ist.

Ein auf die spezifischen Gegebenheiten eines Krankenhauses zugeschnittenes **Qualitätsmanagementkonzept** sollte grundsätzlich folgende Aspekte beachten:
- Qualitätsmanagement liegt in der Verantwortung der Leitung.
- Qualität ist gleichzeitig Aufgabe aller Beteiligten. Alle Mitarbeiter müssen einbezogen werden, ständig an der Verbesserung der Leistungsprozesse zu arbeiten.
- Kundenorientierung sollte das Handeln aller bestimmen.
- Alle notwendigen Maßnahmen erfolgen auf der Basis eines einheitlichen, strukturierten Systems.

Normen sind allgemeine Regeln, die der Handlungsorientierung dienen. Normung bezeichnet die einheitliche Festlegung einer als sinnvoll anerkannten Ordnung von materiellen und immateriellen Gegenständen mithilfe von Normen. Sie dient der Sicherheit der Menschen und Sachen und fördert Rationalisierung und Qualitätsverbesserung in allen Lebensbereichen.
Die **Normen DIN EN ISO 9000ff.** zum Qualitätsmanagement wollen eine Handlungsanleitung zur sinnvollen Gestaltung aller notwendigen Maßnahmen zur Förderung der Qualität in einem Unternehmen geben.

Der Name der Normenfamilie DIN EN ISO 9000ff. drückt ihre Gültigkeit auf folgenden Ebenen aus
- national (DIN = Deutsches Institut für Normung)
- supranational (EN = Europäische Norm) und
- international (ISO = International Standard Organisation).

Die Normen zum Qualitätsmanagement stellen eine einheitliche Grundlage dar, auf denen der Anwender mit seinem Wissen und seinen Möglichkeiten aufbauen muss, um ein auf das eigene Unternehmen zugeschnittenes Qualitätsmanagement einzurichten und aufrechtzuerhalten. Im Jahre 2000 sind die Normen überarbeitet worden. Nach der Revision wurden die folgenden vier Kernnormen festgelegt:
- DIN ISO 9000:2000 – Grundlegende Gedanken und Begriffe
- DIN ISO 9001:2000 – Anforderungen an das Qualitätsmanagementsystem
- DIN ISO 9004:2000 – Leitfaden für ein Qualitätsmanagement von Dienstleistern
- DIN ISO 10011:2000 – Leitfaden für das Audit von Qualitätsmanagementsystemen.

Für die Anwendung des Systems im Gesundheitswesen sind die beiden folgenden Normen besonders relevant:
- *DIN ISO 9001: Qualitätsmanagementsysteme.* Das Prozessmodell fordert, dass diejenigen Prozesse gestellt und ausgeführt werden müssen, die notwendig sind, um die Anforderungen des Kunden zu erfüllen. Hierbei werden vier Bereiche unterschieden:
  - Verantwortung der Leitung
  - Management der Mittel/Ressourcenmanagement

- Prozessmanagement/Leistungsrealisierung
- Messung, Analyse und Verbesserung.
- *DIN ISO 9004:2000.* Der Leitfaden dient der Unterstützung bei Entwicklung, Einführung und Anwendung eines Qualitätsmanagementsystems und basiert auf den folgenden acht Grundsätzen:
    - Kundenorientierung
    - Führung
    - Einbeziehung des Menschen
    - prozessorientierter Ansatz
    - systemorientierter Managementansatz
    - ständige Verbesserung
    - sachlicher Ansatz zur Entscheidungsfindung
    - Lieferantenbeziehung zum gegenseitigen Nutzen.

Der Kerngedanke der DIN-ISO-Normen besteht darin, eine Organisation als ein Netzwerk von Prozessen mit einer ziemlich komplexen Struktur zu begreifen. Ein Hauptzweck des Qualitätsmanagements nach den ISO-Normen ist es, die Systeme und Prozesse zu analysieren und derart zu verbessern, dass eine kontinuierliche Qualitätssteigerung erreicht werden kann. Qualitätsmanagement in einer Organisation wird also durch Prozessmanagement gestaltet. Hiermit wird das Prinzip der Prozessorientierung der ISO-9000-Familie deutlich hervorgehoben. Alle Anleitungen und Forderungen konzentrieren sich auf Zufriedenstellung der Kunden. Gleichzeitig sollen die Erwartungen und Erfordernisse der Mitarbeiter, der Unterlieferanten und der Eigentümer berücksichtigt werden. Betont wird die zunehmende Bedeutung gesellschaftlicher Ansprüche auf verantwortungsvolles Handeln eines Unternehmens. Die ständige Verbesserung von Produkten und Prozessen sowie die Schaffung von Vertrauen nach innen gegenüber der Leitung und den Mitarbeitern sowie nach außen gegenüber Kunden sind die qualitätsbezogenen Schlüsselziele der DIN-EN-ISO-Normen.

Seit einigen Jahren hat das Deutsche Institut für Normung eine deutsche Version der **Norm DIN EN 15224** „Dienstleistungen in der Gesundheitsversorgung- Qualitätsmanagementsysteme – Anforderungen nach EN ISO 9001: 2008" aufgelegt. Damit gibt es erstmals einen einheitlichen europäischen und branchenspezifischen Standard für das Gesundheitswesen. DIN EN 15224 ist speziell auf die Bedürfnisse von Dienstleistungsunternehmen der Gesundheitsbranche zugeschnitten. Mit ihrem Schwerpunkt auf den Themenbereichen Risikomanagement und Patientensicherheit nimmt diese erstmalig diese wichtigen Aspekte auf. Die DIN EN 15224 ist fast identisch mit der DIN 9001:2008. Das Kernstück sind die elf festgelegten **Qualitätsmerkmale im Bereich der Gesundheitsversorgung**:

- angemessene und richtige Versorgung
- Verfügbarkeit
- Kontinuität der Versorgung
- Wirksamkeit
- Effizienz
- Gleichheit
- evidenzbasierte/wissensbasierte Versorgung
- auf den Patienten, einschließlich der körperlichen und geistigen Unversehrtheit ausgerichtete Versorgung
- Einbeziehung der Patienten
- Patientensicherheit
- Rechtzeitigkeit und Zugänglichkeit (vgl. TÜV Süd, 2015: 2-3).

Die oben genannten Normen werden regelmäßig aktualisiert, um neuere Entwicklungen zu berücksichtigen.

Im Jahre 1988 gründeten 14 führende europäische Unternehmen die gemeinnützige **European Foundation for Quality Management (EFQM)** mit Sitz in Brüssel. Der deutsche Vertreter dieser Organisation ist die Deutsche Gesellschaft für Qualität e. V. (DGO). Die nationale Sektion hat ihren Sitz in Frankfurt am Main.

Philosophie der EFQM ist es, Interessenvertretung der Unternehmen zu sein, die es sich zur Zielsetzung gemacht haben bzw. machen wollen, durch ein zweckmäßiges Managementsystem eine überragende Vorgehensweise in der Unternehmensführung zu erreichen und herausragende Qualitätsergebnisse zu erzielen. Das Managementsystem bildet hierbei die Struktur der Prozesse und Verfahren, mit denen die Unternehmung sicherstellt, dass sie alle

Aufgaben bewältigt, die zum Erreichen der Qualitätsziele erforderlich sind. Die EFQM hat im Jahre 1999 ein **EFQM-Modell für Excellence** entwickelt, um den Ansatz des Total Quality Managements zu verwirklichen. Hierbei setzt dieses Modell in erster Linie auf die Selbstbewertung, das heißt, es will den Unternehmungen helfen, die eigenen Qualitätslücken zu erkennen, zu verstehen und auf Grund der Schwachstellen Lösungen zu entwickeln. Eine Zertifizierung ist dann angedacht, wenn ein Unternehmen sich um den deutschen bzw. den europäischen Qualitätspreis beworben hat.

Das EFQM-Modell basiert auf den folgenden grundlegenden Konzepten:
- Ergebnisorientierung
- Kundenorientierung
- Führung und Zielkonsequenz
- Management mit Prozessen und Fakten
- Mitarbeiterentwicklung und -beteiligung
- kontinuierliches Lernen, Innovation und Verbesserung
- Aufbau von Partnerschaften
- Verantwortung gegenüber der Öffentlichkeit.

Diese Konzepte können sich verändern, sobald sich „excellente Organisationen" weiterentwickeln und verbessern. Durch die ständige Implementierung des Inputs von bewährten „best practices" wird sichergestellt, dass das Modell einen wirklich dynamischen Charakter bekommt.

Das EFQM-Excellence-Modell hat eine offen gehaltene Grundstruktur. Diese Grundstruktur besteht aus den fünf Befähigerkriterien und vier Ergebniskriterien. Die Befähigerkriterien umfassen die Elemente der Struktur- und Prozessqualität nach Donabedian, die Ergebniskriterien die der Ergebnisqualität. Analog zum Ishikawa-Diagramm lassen sich die Befähiger als Ursache und die Ergebnisse als Wirkung bezeichnen. Damit die Stärken und Schwächen der Ergebniskriterien Veränderungen bei den Befähigern bewirken können, werden die Resultate im Sinne des Regelkreises durch „Innovation und Lernen" an die sie verursachenden Befähigermerkmale gekoppelt.

Im Einzelnen lassen sich die folgenden neun Kriterien unterscheiden:
- Befähigerkriterien:
  - Führung
  - Mitarbeiter
  - Politik und Strategie
  - Partnerschaften und Ressourcen
  - Prozesse.
- Ergebniskriterien:
  - mitarbeiterbezogene Ergebnisse
  - kundenbezogene Ergebnisse
  - gesellschaftsbezogene Ergebnisse
  - wichtige Ergebnisse der Organisation.

Die *Kriterien* ihrerseits werden definiert und in Teilkriterien untergliedert. Die *Teilkriterien* wiederum setzen sich aus *Ansatzpunkten* zusammen. Sie haben die Funktion, die Teilkriterien detailliert darzustellen. Hieraus ergibt sich folgende Hierarchie: Kriterium – Teilkriterien – Ansatzpunkte.

In der nachstehenden Übersicht werden die neun Kriterien mit ihren jeweiligen Teilkriterien dargestellt. Auf eine Aufzeichnung der Ansatzpunkte wird verzichtet.

1) **Befähigerkriterium: Führung**
1. Teilkriterium: Führungskräfte erarbeiten die Mission, die Vision und die Werte und agieren als Vorbilder für eine Kultur der Excellence.
2. Teilkriterium: Führungskräfte bemühen sich um Kunden, Partner und Vertreter der Gesellschaft.
3. Teilkriterium: Führungskräfte stellen durch persönliche Mitwirkung sicher, dass das Managementsystem der Organisation entwickelt, eingeführt und kontinuierlich verbessert wird.
4. Teilkriterium: Führungskräfte motivieren und unterstützen die Mitarbeiter der Organisation und erkennen ihre Leistungen an.

2) **Befähigerkriterium: Politik und Strategie**
1. Teilkriterium: Politik und Strategie beruhen auf den gegenwärtigen und zukünftigen Bedürfnissen und Erwartungen der Interessengruppen.

2. Teilkriterium: Politik und Strategie beruhen auf Information und Leistungsmessungen, Marktforschung sowie den lernorientierten und kreativen Aktivitäten.
3. Teilkriterium: Politik und Strategie werden entwickelt, überprüft und nachgeführt.
4. Teilkriterium: Politik und Strategie werden durch eine Struktur von Schlüsselprozessen umgesetzt.
5. Teilkriterium: Politik und Strategie werden kommuniziert und eingeführt.

3) Befähigerkriterium: Mitarbeiter
1. Teilkriterium: Mitarbeiterressourcen werden geplant, gemanagt und verbessert.
2. Teilkriterium: Wissen und Kompetenzen der Mitarbeiter werden ermittelt, ausgebaut und aufrechterhalten.
3. Teilkriterium: Mitarbeiter sind beteiligt und zu selbstständigem Handeln ermächtigt.
4. Teilkriterium: Mitarbeiter und Organisation führen einen Dialog.
5. Teilkriterium: Mitarbeiter werden belohnt, anerkannt und man kümmert sich um sie.

4) Befähigerkriterium: Partnerschaften und Ressourcen
1. Teilkriterium: Externe Partnerschaften werden gemanagt.
2. Teilkriterium: Finanzen werden gemanagt.
3. Teilkriterium: Gebäude, Einrichtungen und Material werden gemanagt.
4. Teilkriterium: Technologie wird gemanagt.
5. Teilkriterium: Informationen und Wissen werden gemanagt.

5) Befähigerkriterium: Prozesse
1. Teilkriterium: Prozesse werden systematisch gestaltet und gemanagt.
2. Teilkriterium: Prozesse werden bei Bedarf verbessert. Hierbei werden Innovationen eingesetzt, um Kunden voll zufriedenzustellen und ihre Wertschöpfung zu steigern.
3. Teilkriterium: Produkte und Dienstleistungen werden anhand der Bedürfnisse und Erwartungen von Kunden entworfen und entwickelt.
4. Teilkriterium: Produkte und Dienstleistungen werden hergestellt, geliefert und gewartet.

5. Teilkriterium: Kundenbeziehungen werden gemanagt und vertieft.

1) Ergebniskriterium: mitarbeiterbezogene Ergebnisse
1. Teilkriterium: Messergebnisse aus der Sicht der Mitarbeiter
2. Teilkriterium: Leistungsindikatoren.

2) Ergebniskriterium: kundenbezogene Ergebnisse
1. Teilkriterium: Messergebnisse aus Sicht der Kunden
2. Teilkriterium: Leistungsindikatoren.

3) Ergebniskriterium: gesellschaftsbezogene Ergebnisse
1. Teilkriterium: Messergebnisse aus der Sicht der Gesellschaft
2. Teilkriterium: Leistungsindikatoren.

4) Ergebniskriterium: wichtige Ergebnisse der Organisation
1. Teilkriterium: wichtige leistungsbezogene Ergebnisse
2. Teilkriterium: wichtige leistungsbezogene Indikatoren.

Zur Überprüfung der jeweiligen Befähiger- und Ergebnisteilkriterien baut das EFQM-Modell auf eine festgelegte, logische Handlungsabfolge auf. Dieses logische Konzept trägt den Namen RADAR. Dieser Kunstname setzt sich aus den Anfangsbuchstaben der folgenden Prozesskette zusammen:
- R – Results (Ergebnisse)
- A – Approach (Vorgehen)
- D – Deployment (Umsetzung)
- A – Assessment (Bewertung)
- R – Review (Überprüfung).

Zu Beginn der Tätigkeiten steht somit die Bestimmung der gewünschten Ergebnisse, die mit dem Politik- und Strategieprozess seitens der Unternehmung erzielt werden sollen. Zur Realisierung der fixierten Ziele sind konkrete Planungs- und Umsetzungsschritte abzuleiten. In der dritten Stufe sind die geplanten Vorgänge umzusetzen. Letztlich schließen sich

Bewertung und Überprüfung der erzielten Ergebnisse an. Auf der Grundlage dieser letzten Maßnahme lassen sich Verbesserungspotenziale erkennen, die in Zukunft zu berücksichtigen sind.

Zur Beurteilung seiner Befähiger- und Ergebniskriterien werden in dem Excellence-Modell den Kriterien und den Teilkriterien Gewichtungsrelationen bzw. Punkte zugeteilt.

Insgesamt werden 1000 Punkte (= 100 %) verteilt, die sich je zur Hälfte auf die Befähiger- und Ergebnisaspekte verteilen. Die Verteilung der Prozentwerte erfolgt nach folgenden Vorgaben:
- Führung: 10 %, davon 1. bis 4. Teilkriterium je ein Viertel
- Mitarbeiter: 9 %, davon 1. bis 5. Teilkriterium je ein Fünftel
- Politik und Strategie: 8 %, davon 1. bis 4. Teilkriterium je ein Viertel
- Partnerschaften und Ressourcen: 9 %, davon 1. bis 5. Teilkriterium je ein Fünftel
- Prozesse. 14 %, davon 1. bis 5. Teilkriterium je ein Fünftel
- mitarbeiterbezogene Ergebnisse: 9 %, davon 1. Teilkriterium drei Viertel und 2. Teilkriterium ein Viertel
- kundenbezogene Ergebnisse: 20 %, davon 1. Teilkriterium drei Viertel und 2. Teilkriterium ein Viertel
- gesellschaftsbezogene Ergebnisse: 6 %, davon 1. Teilkriterium ein Viertel und 2. Teilkriterium drei Viertel
- wichtige Ergebnisse der Organisation: 15 %, davon 1. und 2. Teilkriterium je die Hälfte.

Mithilfe der RADAR-Bewertungsmatrix, die für Befähiger- und Ergebniskriterien unterschiedlich aufgebaut ist, wird jedes Teilkriterium prozentual bewertet. Anschließend werden alle Teilresultate auf dem Formblatt „Zusammenfassung der Bewertung" zusammengefasst, um letztlich eine Gesamtpunktzahl für alle neun Kriterien zu errechnen, die zwischen 0 und 1000 Punkten liegen kann.

Im Jahre 1996 erstellte der Verband der Angestellten-Krankenkassen/der Arbeiter-Ersatzkassen-Verband e.V. (VdAK/AEV) das „Zertifikat A: Verfahren zur Erstellung von Qualitätssicherungsberichten von Krankenhäusern". Ein Jahr später veröffentlichte die Bundesärztekammer einen Leitfaden zum Qualitätsmanagement im Krankenhaus. Auf der Grundlage dieser Vorarbeiten verständigten sich die Bundesärztekammer und der VdAK/AEV im Juni 1997, in einer gemeinsamen Aktion Möglichkeiten des Qualitätsmanagements in Krankenhäusern sowie ein Zertifizierungsverfahren für stationäre Einrichtungen zu entwickeln und zu evaluieren. Hierbei sollten relevante Erkenntnisse aus dem Demonstrationsverfahren des Bundesministeriums für Gesundheit „Qualitätsmanagement im Krankenhaus", das zeitgleich ablief, berücksichtigt werden. Bewährte internationale Zertifizierungskonzepte, zum Beispiel die Joint Commission on Accreditation of Healthcare Organizations aus den USA oder der Australian Council on Healthcare Standards, galten als Vorbilder.

Als organisatorische Einheit wurde die **Kooperation für Transparenz und Qualität im Krankenhaus (KTQ)** gegründet. Zu den bereits aufgeführten Partnern gehörten ab 2000 die Deutsche Krankenhausgesellschaft sowie zusätzlich der Deutsche Pflegerat und die proCum Cert GmbH als Kooperationspartner. Die Einbindung aller Partner im Gesundheitswesen wird angestrebt, um eine breite Akzeptanz zu erreichen.

Die KTQ hat es sich zum Ziel gesetzt, ein spezifisches Zertifizierungsverfahren für Krankenhäuser zu entwickeln und empirisch zu erproben. Seit September 1998 wurde dieses Projekt durch das Bundesgesundheitsministerium gefördert. Ab Mai 2000 fand eine etwa einjährige Pilotphase statt, in der die entwickelten Kriterien in 25 Krankenhäusern im Echtbetrieb erprobt worden sind. Die für die Überführung in den Routinebetrieb notwendigen Strukturen und Abläufe wurden dann eingehend durch das Institut für Medizinische Informationsverarbeitung (IMI), Tübingen, wissenschaftlich untersucht.

Der Routinebetrieb fand ab Herbst 2001 statt. Zu diesem Zweck musste eine Organisationsstruktur aufgebaut werden, um das Zertifizierungsverfahren abwickeln zu können. In diese Struktur sind die nachstehenden **Institutionen** eingebunden, die jeweils spezifische Aufgaben zu erfüllen haben:

- Lenkungsgremium KTQ
- KTQ-Arbeitsgruppen
- KTQ-Geschäftsstelle/KTQ-Akkreditierungsstelle
- akkreditierte Zertifizierungsstellen
- akkreditierte Visitoren
- Krankenhäuser vor Ort.

Die Funktion des **Lenkungsgremiums** besteht unter anderem darin, die Inhalte des Bewertungskatalogs, die Verfahrensgrundsätze der Zertifizierung sowie die Akkreditierungskriterien für die Stellen und Visitoren festzulegen und zu überwachen.

Die **KTQ-Arbeitsgruppen** sind von Krankenhauspraktikern besetzt, die zum Beispiel aus den folgenden Fachgebieten bzw. Bereichen kommen: Anästhesie und Intensivmedizin, Chirurgie, Gynäkologie, Krankenhausleitung und Pflege. Aufgabe der Arbeitsgruppen ist es, praxisorientierte Kriterien der Prozess-, Struktur- und Ergebnisqualität zu benennen.

Die **KTQ-Geschäfts- bzw. -Akkreditierungsstelle**, die für den Zeitraum der Projektphase beim VdAK/AEV angesiedelt wurde, ist die zentrale Informations-, Kontakt- und Akkreditierungsstelle, unter anderem mit folgenden Aufgaben:
- inhaltliche Weiterentwicklung des Zertifizierungsverfahrens
- Auswahl, Schulung, Akkreditierung und Begleitung von Visitoren
- abschließende Erteilung eines Zertifikats auf Empfehlung der Zertifizierungsstellen.

Die akkreditierten **Zertifizierungsstellen** übernehmen die gesamten organisatorischen Arbeiten der Visitation vor Ort. So übersenden sie Antragsunterlagen an die Krankenhäuser und sichten die eingegangenen Anträge. Weiterhin wählen sie unter anderem die Visitoren aus, unterstützen diese bei der Vorbereitung der Visitation und betreiben die Terminkoordination.

Die **Visitoren** gehen in die Krankenhäuser und führen das Zertifizierungsverfahren durch. Dazu müssen zum Beispiel Gespräche (Auftakt-, Zwischen- und Abschlussgespräche) mit dem betroffenen Krankenhaus geführt sowie Berichte mit einer Abschlussbeurteilung erstellt werden. Zur Umsetzung dieser Tätigkeiten werden bestimmte berufliche Qualifikationen bzw. Qualitätsmanagementkenntnisse vorausgesetzt. Das Berufsprofil sowie die Kenntnisse sind den Tabellen 9.3-3 und 9.3-4 zu entnehmen.

Das Konzept ist im Wesentlichen an internationalen Vorbildern ausgerichtet. Dazu zählen die Joint Commission on Accreditation of Healthcare Organizations, der Canadian Council on Health Services Accreditation und der Australian Council on Healthcare Standards. Das KTQ-Konzept basiert auf drei Säulen:
- Selbstbewertung
- Fremdbewertung
- Zertifikat.

Der Zertifizierung wird eine strukturierte Selbstbewertung des Krankenhauses vorangestellt. In einem ersten Schritt müssen hierbei alle krankenhausrelevanten Daten, Strukturen sowie die Angaben zur personellen und materiellen Ausstattung im Strukturerhebungsbogen erfasst werden. Danach erfolgt die Bearbeitung des KTQ-Kriterienkatalogs, der aus sechs Kategorien mit 21 Subkategorien besteht. Diese Subkategorien untergliedern sich wiederum in 69 Kriterien. Hieraus ergibt sich der hierarchische Aufbau des Katalogs in Kategorien. Jede Kategorie wird in Subkategorien zerlegt. Am Beispiel der Kategorie „Patientenorientierung in der Krankenversorgung" soll dies verdeutlicht werden:
- Kategorien:
  - Patientenorientierung in der Krankenversorgung
  - Sicherstellung der Mitarbeiterorientierung
  - Sicherheit im Krankenhaus
  - Informationswesen
  - Krankenhausführung
  - Qualitätsmanagement.
- Subkategorien:
  - Vorfeld der stationären Versorgung und Aufnahme
  - Ersteinschätzung und Planung der Behandlung
  - Durchführung der Patientenversorgung
  - Übergang des Patienten in andere Versorgungsbereiche.

Tabelle 9.3-3: Qualifikationsanforderungen an potenzielle KTQ-Visitoren (Quelle: Beck/Schoppe, 2000: 22)

	Ärztliche Visitoren	Pflegerische Visitoren	Kaufmännische Visitoren
Grundausbildung	Studium der Humanmedizin	Krankenpflege Kinderkrankenpflege Altenpflege Hebammenwesen und Studium, zum Beispiel: • Pflegemanagement • Krankenhausbetriebswirtschaft	1. Studium, zum Beispiel • Wirtschaftswissenschaften • Rechtswissenschaften • Sozialwissenschaften **oder:** 2. Kaufmännische Berufsausbildung mit Zusatzqualifikation/Weiterbildung, zum Beispiel als • staatlich geprüfter Betriebswirt • Betriebswirt (VWA) • KrankenhausBetriebswirt (VKD)
Weiterbildung	Facharzt	Pflegedienstleitung	
Berufserfahrung	Mindestens 5 Jahre	Mindestens 5 Jahre	Zu 1.: mindestens 3 Jahre Zu 2.: mindestens 5 Jahre
Derzeitige Position	Leitend in der Funktion als • Chefarzt im Krankenhaus • Oberarzt im Krankenhaus • Vergleichbare Position mit Vorgesetztenfunktion in der Krankenhausleitung, zum Beispiel im Vorstand (dies würde ggf. auch Stabsfunktionen in großen Stabsabteilungen einschließen)	Leitend in der Funktion als • Leitung des Pflegedienstes im Krankenhaus • Stv. Leitung des Pflegedienstes im Krankenhaus • Ressortleitung in der Krankenhausleitung mit Verantwortung für den Pflegedienst • Vergleichbare Position mit Vorgesetztenfunkion in der Krankenhausleitung, zum Beispiel im Vorstand (dies würde ggf. auch Stabsfunktionen in großen Stabsabteilungen einschließen)	Leitend in der Funktion als • Geschäftsführer/stellv. Geschäftsführer im Krankenhaus • Verwaltungsleiter/stellv. Verwaltungsleiter im Krankenhaus • Verwaltungsdirektor/stellv. Verwaltungsdirektor im Krankenhaus • Vergleichbare Position mit Vorgesetztenfunkion in der Krankenhausleitung, zum Beispiel im Vorstand (dies würde ggf. auch Stabsfunktionen in großen Stabsabteilungen einschließen)
Qualitätsmanagement-Kenntnisse	Die Schulung der ärztlichen Visitoren soll nach den Kriterien des Curriculums für Ärztliches Qualitätsmanagement (Stufe I bis III), herausgegeben von der Bundesärztekammer, erfolgt sein. Einzelheiten der inhaltlichen Anforderungen ergeben sich aus der Liste der vorausgesetzten Qualitätsmanagement-Kenntnisse.		

Tabelle 9.3-4: Vorausgesetzte Kenntnisse in Qualitätsmanagement (Quelle: Beck/Schoppe, 2000: 24)

Grundlagen Qualitätsmanagement/Qualitätssicherung
• Begriffe und Definitionen • Rechtsvorschriften bezüglich Qualitätssicherung im Krankenhaus • Ansprüche an das Qualitätsmanagement • Qualitätsmanagement als Managementaufgabe • Rahmenbedingungen des Qualitätsmanagements: Leitbilder Dienstleistungsgedanke, Schlüsselprozesse usw.

Qualitätsmanagementmodelle

Evaluation und Zertifizierung
- Begriffe und Definitionen
- Kenntnisse über die bekannten Evaluierungs- und Zertifizierungsansätze
- Kenntnisse über die gängigen Bewertungs- und Zertifizierungssysteme

Qualitäts-/Outcome-Messung
- Ergebnisdimension
- Indikatorenentwicklung
- Messverfahren und -systeme

Qualitätsmanagementinstrumente

Methodik Qualitätsmanagement
- Ablauf von Qualitätsverbesserungs- und Qualitätsplanungsprojekten
- Instrumente des Qualitätsmanagements
- Methoden der internen und externen Qualitätssicherung

Moderation
- Rolle des Moderators
- Instrumente und Techniken
- Präsentationsvorbereitung, -durchführung und -nachbereitung
- Koordination von Veranstaltungen
- Individuelles Feed-back der Teilnehmer (zum Beispiel Video)

Projektmanagement (Change-Management)
- Begriffe, Bedeutung und Zielsetzung
- Projektplanung, -steuerung, -dokumentation und -evaluation

Dokumentation/Datenerhebung/Datenanalyse
- Dokumentationstechniken
- Statistik: deskriptiv, Streuungsmaße (zum Beispiel Varianz), Messgrößen (Indikatoren)
- Epidemiologie
- Testverfahren
- Messen (zum Beispiel ASA)
- Datenanalyse
- Informationssysteme
- Graphische Darstellungsformen

Kommunikationstraining
- Kommunikation als persönliche Qualifikation
- Kommunikation in der eigenen Berufsgruppe und mit anderen Berufsgruppen (Teamfähigkeit)
- Kommunikation innerhalb des Krankenhauses und mit Kunden
- Motivationstechniken

Qualitätskosten

- Begriffe, Definitionen und Grundlagen
- Qualitätskostenarten, Fehlerkosten
- Anwendungsmöglichkeiten

Projektarbeit

- Nachweis der Aufarbeitung der theoretischen Lehrgangsinhalte in Projekten

Beispiele

- Einrichten eines Qualitätszirkels, Reorganisation der Patientenaufnahme, Zusammenarbeit mit einweisenden Ärzten, Entwickeln von Leitlinien, Fehleranalysen usw.
- inkl. anschließender Reflexion der Projektarbeit

Prüfung

Die Subkategorien bestehen wiederum aus Kriterien. Am Beispiel der Subkategorie „Vorfeld der stationären Versorgung und Aufnahme" soll dies verdeutlicht werden:
- Kriterium:
    - Die Vorbereitungen einer stationären Behandlung sind patientenorientiert
    - Orientierung im Krankenhaus
    - Patientenorientierung während der Aufnahme
    - ambulante Patientenversorgung.

Die einzelnen Kriterien werden mittels Fragen erhoben, die den PCDA-Schritten zugeordnet sind. Für jeden PCDA-Schritt werden Punkte vergeben, die zu einer Gesamtpunktzahl pro Kriterium und anschließend zu einer Gesamtpunktzahl über den KTQ-Katalog verdichtet werden.

Die Selbstbewertung liefert dem Krankenhaus einen Überblick über die Stärken und Schwächen. Wenn ein Haus sich entschließt, an einer Zertifizierung teilzunehmen, werden die Ergebnisse der Selbstbewertung an die Zertifizierungsstelle und von dort an die Visitoren weitergeleitet. Diese Daten dienen der Vorbereitung der Begehung im Rahmen der Fremdbewertung. Die im Selbstbewertungsbericht dargestellten Inhalte werden von den Visitoren stichprobenartig hinterfragt. Für die Zertifikatsvergabe hat die KTQ folgende Voraussetzungen festgelegt:
- Erreichen einer Mindestpunktzahl (mindestens 55 % der Gesamtpunktzahl)
- Teilnahme an den externen Qualitätssicherungsverfahren nach SGB V
- Veröffentlichung des KTQ-Qualitätsberichts.

Im Frühjahr 1998 wurde auf Initiative des Katholischen Krankenhausverbandes Deutschlands, des Deutschen Evangelischen Krankenhausverbandes, der Wohlfahrtsverbände Caritas und Diakonie sowie des Versicherungsdienstleisters Ecclesia die **proCum Cert GmbH** gegründet. Seit 2001 ist die Deutsche Gesellschaft zur Zertifizierung von Managementsystemen weiterer Gesellschafter der proCum Cert GmbH. Primäre Zielsetzung dieser ökumenischen Initiative ist die Sicherung und Weiterentwicklung der Qualität in kirchlichen Krankenhäusern und sozialen Einrichtungen. Zur Erfüllung dieser Aufgabe wurden gemeinsam mit der Kooperation für Transparenz und Qualität im Krankenhaus (KTQ) und anderen Organisationen medizinische und pflegerische Qualitätskriterien entwickelt. Auf der Grundlage eines Kooperationsvertrags zwischen der proCum Cert GmbH und der KTQ erfolgt eine gegenseitige Akzeptanz. Hierbei sind im Rahmen der Beurteilung durch die proCum Cert GmbH zusätzliche konfessionelle Qualitätskriterien zu erfüllen.

Die Krankenhäuser vor Ort sollen im Routinebetrieb unter den akkreditierten Zertifizierungsstellen frei wählen können. Auf der Grundlage einer engen Abstimmung zwischen Krankenhaus und Zertifizierungsstelle erfolgt letztlich die Auftragserteilung durch das Krankenhaus.

Mit dem oben dargestellten Verfahren sollen die folgenden Aspekte realisiert werden:
- Motivationsschub für die Krankenhäuser
- Patientenorientierung durch Stärkung der Prozess- und Ergebnisqualität
- Mitarbeiterorientierung durch Förderung der Mitarbeiterzufriedenheit und Evaluation der Leistungsfähigkeit
- Schaffung von Transparenz der Leistungen, der Leistungsfähigkeit und der Qualität.

Literatur

Beck, T.; Schoppe, C. (2000): Krankenhauszertifizierung. das Krankenhaus, 1: 20–25.

Bruhn, M. (1997): Qualitätsmanagement für Dienstleistungen: Grundlagen, Konzepte, Methoden. Berlin, Heidelberg, New York u. a., Springer.

Bundesministerium der Justiz und für Verbraucherschutz (2015): § 91 SGB V. http.//www.gesetze-im-internet.de [Zugriff: 08.09.2015].

Bundesministerium der Justiz und für Verbraucherschutz (2015): § 135a SGB V. http.//www.gesetze-im-internet.de [Zugriff: 08.09.2015].

Bundesministerium der Justiz und für Verbraucherschutz (2015): § 137 SGB V. http.//www.gesetze-im-internet.de [Zugriff: 08.09.2015].

Bundesministerium der Justiz und für Verbraucherschutz (2015): § 137a SGB V. http.//www.gesetze-im-internet.de [Zugriff: 08.09.2015].

Bundesministerium der Justiz und für Verbraucherschutz (2015): § 137b SGB V. http://www.gesetze-im-internet.de [Zugriff: 08.09.2015].

Bundesministerium der Justiz und für Verbraucherschutz (2015): § 137f SGB V. http://www.gesetze-im-internet.de [Zugriff: 08.09.2015].

Bundesministerium der Justiz und für Verbraucherschutz (2015): § 137 g SGB V. http://www.gesetze-im-internet.de [Zugriff: 08.09.2015].

Bundesministerium für Gesundheit (1996): Qualitätsentwicklung in der Pflege, Teil 1: Voraussetzungen und Darstellung der Methode der stationsgebundenen Qualitätssicherung, Teil 2: Einführung der stationsgebundenen Qualitätssicherung im Universitätsklinikum Benjamin Franklin: ein Werkstattbericht. Baden-Baden, Band 79 der Schriftenreihe des BMG.

Bundesministerium für Gesundheit (2014): Deutscher Bundestag beschließt GKV-Finanzstruktur- und Qualitäts-Weiterentwicklungsgesetz. http://www.bmg.bund.de [Zugriff: 08.09.2015].

Deutsche Gesellschaft für Qualität e. V. (1993): Begriffe zum Qualitätsmanagement. DGQ-Schrift Nr. 11-04. Berlin, Wien, Zürich, Eigendruck.

Deutsche Gesellschaft für Qualität e. V. (1996): Qualitätsmanagement bei Dienstleistungen. DGQ-Band 30-01. Berlin, Wien, Zürich, Eigendruck.

Deutsches Institut für Normung (1995a): Qualitätsmanagement und Statistik, Berlin, Wien, Zürich, Eigendruck.

Deutsches Institut für Normung (1995b): DIN EN ISO 8402. Berlin, Wien, Zürich, Eigendruck.

Eichhorn, S. (1997): Integratives Qualitätsmanagement im Krankenhaus: Konzeption und Methoden eines qualitäts- und kostenintegrierten Krankenhausmanagements. Stuttgart, Berlin, Köln, Kohlhammer.

European Foundation for Quality Management (1999): Das EFQM-Modell für Excellence. Brüssel, Eigendruck.

Hallay, H. (1999): Die Ökobilanz – ein betriebliches Informationssystem. Berlin, Institut für Ökologische Wirtschaftsforschung (IÖW).

Haubrock, M. (2004): Vorlesungsunterlagen Krankenhausbetriebswirtschaftsmanagement. Fachhochschule Osnabrück, Osnabrück.

Haubrock, M. (2004): Vorlesungsunterlagen Gesundheitsökonomie. Fachhochschule Osnabrück, Osnabrück.

Haubrock, M.; Schär, W. (2009): Betriebswirtschaft und Management in der Gesundheitswirtschaft, 5. Auflage. Bern, Hans Huber.

Kaltenbach, T. (1993): Qualitätsmanagement im Krankenhaus. Melsungen, Bibliomed.

Kaminske, G. F.; Brauer, J. P. (1995): Qualitätsmanagement von A bis Z. München, Wien, Hanser.

Koch-Suna, B. (2000): Managed Care – Generelle Überlegungen in der USA und in ausgewählten europäischen Ländern. Diplomarbeit, Fachhochschule Osnabrück, Osnabrück.

Meffert, H.; Bruhn, M. (1997): Dienstleistungsmarketing: Grundlagen, Konzepte, Methoden. Wiesbaden, Gabler.

o. V. (2000): GKV-Gesundheitsreform 2000. das Krankenhaus, Redaktionsbeilage 8/2000.

Pinter, E. et al. (1995): DIN ISO 9004, Teil 2 als Leitlinie für ein zeitgemäßes Qualitätsmanagement im Krankenhaus. Krankenhaus Umschau Spezial, 2–3.

Stauss, B. (1994): Qualitätsmanagement und Zertifizierung. Wiesbaden, Gabler.

TÜV Rheinland (2015): Qualitätsmanagement nach DIN EN 15224. http://tuv.com/de [Zugriff: 08.09.2015].

TÜV Süd (2015): DIN EN 15224 – Europäische Norm für QM-System im Gesundheitswesen. http://www.tuev-sued.de [Zugriff: 08.09.2015].

Vereinbarung über Maßnahmen der Qualitätssicherung für nach § 108 SGB V zugelassene Krankenhäuser gemäß § 137 Abs. 1 Satz 3 Nr. 1 SGB V i. V. mit § 136a SGB V (2003). www.dkgev.de [Zugriff: 01.08.2015].

9.4
Risikomanagement

9.4.1
Ökonomisches Risikomanagement

Manfred Haubrock

9.4.1.1
Begriffliche Abgrenzungen

Sprachlich leitet sich der Terminus „**Risiko**" aus dem italienischen „risicare" ab, was das „Wagen" im Sinne eines Abwägens oder einer Wahlentscheidung bedeutet (Martin/Bär, 2002: 70). Unter dem Begriff „Risiko" versteht man die „potentielle negative, unerwünschte und ungeplante Abweichung von Systemzielen bzw. die Summe aller Möglichkeiten, dass sich die Erwartungen eines Systems auf Grund von Störprozessen nicht erfüllen" (Middendorf, 2006a, zit. n. Brühwiler, 2001; Haller, 1986). Die Begriffe „Risiko" und „Chance" ergänzen sich gegenseitig. Mit dem Erkennen eines Risikos ist somit auch die Chance einer Verbesserung und einer Vermeidung des Risikoeintritts verbunden. Folglich treten dort, wo Risiken vorhanden sind, auch Chancen auf. Der Begriff der **Chance** beschreibt die Möglichkeit, zielkonform oder günstiger abzuschneiden als es auf Grund der Planüberlegungen zu erwarten ist (Fiege, 2006: 43f.).

Unter dem Begriff des **Risikomanagements** wird die zielgerichtete Planung, Durchführung und Kontrolle von Maßnahmen verstanden, die dazu führen, dass Risiken beherrschbar bleiben und die Ziele, wie geplant, erreicht werden können. Dabei orientiert sich das Risikomanagement immer an der Unternehmensstrategie und den damit verbundenen Unternehmenszielen (Middendorf, 2006a, zit. n. Brühwiler, 2001: 59). Hierbei verfolgt das Risikomanagement im Wesentlichen die folgenden drei Ziele:
1. Sicherstellung der Unternehmensexistenz
2. Sicherung künftiger Unternehmenserfolge
3. Minimierung der Risikokosten.

Das Deutsche Rechnungslegungs Standards Committee e.V. (DRSC) definiert Risikomanagement folgendermaßen:

> „Risikomanagement ist ein nachvollziehbares, alle Unternehmensaktivitäten umfassendes System, das auf Basis einer definierten Risikostrategie ein systematisches und permanentes Vorgehen mit folgenden Elementen umfasst: Identifikation, Analyse, Bewertung, Steuerung, Dokumentation und Kommunikation von Risiken sowie die Überwachung dieser Aktivitäten." (Martin/Bär, 2002: 86)

Das Risikomanagement ist demnach eine Führungsaufgabe, in der die Risiken einer Organisation identifiziert und bewertet werden. Hierzu sind von den Unternehmen übergeordnete Ziele, Strategien und eine Politik zum Risikomanagement festzulegen. Im Details bedeutet dies die:
- Festlegung der Kriterien, nach denen Risiken eingestuft und bewertet werden
- Bestimmung der Methoden der Risikoermittlung
- Organisation der Verantwortlichkeiten bei den Risikoentscheidungen
- Bereitstellung von Ressourcen zur Risikoabwehr
- Implementierung einer internen und externen Kommunikation (Reporting)
- Qualifizierung der Personals.

Das Risikomanagement ist als ein fortlaufender Prozess zu verstehen, in dem die Planung, die Umsetzung, die Überwachung und die Verbesserung kontinuierlich stattfinden. Das Risikomanagement soll über die gesamte Lebensdauer einer Unternehmung angewendet werden. Hierdurch soll eine **Kultur der Risikolenkung** entstehen.

Das **ökonomische Risikomanagement** befasst sich mit der Aufgabe, bestandsgefährdende Entwicklungen, welche die finanzielle und wirtschaftliche Lage des Krankenhauses betreffen, zu identifizieren und durch geeignete Gegenmaßnahmen aufzuheben. Dabei hat es zum Ziel, systematische Gefährdungen durch ökonomische Fehlsteuerungen zu vermeiden (Gausmann/Petry, 2004: 589). Die Berücksichtigung von Risikoaspekten in den Planungs-, Steuerungs- und Kontrolltätigkeiten der Führungsebenen gilt als zentraler Bestandteil des ökonomischen Risikomanagements. Das Risikopotenzial in allen Führungs- und Durchführungsprozessen aufzuzeigen, führt im Idealfall dazu, eine risikobewusste Unternehmensführung, -philosophie und -kultur herbeizuführen (Führing/Gausmann, 2004: 16).

Auch in den Gesundheitseinrichtungen existiert eine Vielzahl wirtschaftlicher Risiken. Diese treten vorwiegend im administrativen Bereich auf. Auf Grund ihrer Ausstrahlungswirkung können sie aber auch direkt oder indirekt Risiken im klinischen Bereich auslösen.
Zu den ökonomischen Risiken zählen im Wesentlichen:
- unterlassene Investitionen
- Insolvenzrisiken.

Das **klinische Risikomanagement** kann als Präventivsystem verstanden werden. Es soll die

Risiken bei der Versorgung der Patienten im Krankenhaus reduzieren. Als Zielsetzung verfolgt das klinische Risikomanagement neben einer ständigen Verbesserung der Behandlungsqualität und Patientensicherheit auch die Abwehr potenzieller Patientenansprüche, die sich aus fehlerhaftem Verhalten der Mitarbeiter einer Gesundheitseinrichtung ergeben können. Vorrangig orientiert es sich an den Primärleistungen des Krankenhauses, die von den Ärzten, Pflegekräften, Therapeuten etc. erbracht werden. Viele der dort anfallenden Risiken werden beeinflusst durch die Faktoren:
- Medikamentenvergabe
- Mindestfallzahlen
- Betriebsgröße
- Personalausstattung und -qualifikation
- Wundinfektionen
- Sterilgüter
- Nadelstichverletzungen und
- klinische Textilien.

Das System des klinischen Risikomanagements erstreckt sich auf die Bereiche Behandlung, Dokumentation, Patientenaufklärung und klinische Organisation (Gausmann, 2003: 57). An dieser Stelle soll verdeutlicht werden, dass zum Beispiel der organisatorische Ablauf eines Krankenhauses unmittelbar mit den klinischen Risiken verbunden ist. Des Weiteren kann klinisches Risikomanagement als Schnittstellenmanagement verstanden werden, das anhand tatsächlicher Schadensereignisse Strukturen, Prozesse und Ergebnisse beobachtet und daraus Verbesserungspotenzial generiert sowie ggf. Gegenmaßnahmen entwickelt und einleitet. Zusammenfassend lässt sich das Ziel des klinischen Risikomanagements so beschreiben:

> „Dem Patienten sollen fehlerhafte Behandlungen und zum Teil schwere Gesundheitsschäden erspart werden. Ärzteschaft und Pflegedienst sollen in ihrem Ruf nicht geschädigt werden und dem Krankenhaus sollen wirtschaftlich schwierige Situationen erspart werden." (Gausmann/Petry, 2004: 589)

Unter einem **Risikomanagementsystem** versteht man die systematische und kontinuierliche Durchführung eines Risikomanagements. Nach § 91 Abs. 2 des Aktiengesetzes (AktG) wird zum Beispiel von den Unternehmungen verlangt, „geeignete Maßnahmen zu treffen, insbesondere ein Überwachungssystem einzurichten, damit den Fortbestand der Gesellschaft gefährdende Entwicklungen früh erkannt werden" (Beck Gesetzestexte, 2007, AktG, § 91 Abs. 2). Es besteht somit die Verpflichtung, mithilfe eines Risikomanagementsystems ein angemessenes Controlling zu installieren und zu betreiben. Dabei ist ein solches System als integrativer Bestandteil der Unternehmensführung anzusehen.

Die genaue Ausgestaltung eines Risikomanagementsystems gibt der Gesetzgeber nicht vor. Durch die Bestimmung im **Gesetz zur Kontrolle und Transparenz im Unternehmensbereich (KonTraG)** wird lediglich die Einrichtung eines Überwachungssystems zur frühzeitigen Erkennung bestandsgefährdender Risiken vorgegeben und die Vorschriften des **Basler Ausschusses der Bank für Internationalen Zahlungsausgleich** (Basel I–III) enthalten Regeln für den Banksektor (Reichling, 2003: 118).

Ein Risikomanagementsystem kann aus verschiedenen **Elementen** bestehen. Dazu gehören zum Beispiel
- die Früherkennungsindikatoren
- die Bilanzanalyse
- ein Risikoinventar
- die sogenannten weichen Erfolgsfaktoren.

Das gesamte Unternehmen wird mithilfe dieser Elemente in Bezug auf qualitative und quantitative Risikofaktoren analysiert, um einen Überblick über die potenziellen Unternehmensrisiken zu gewinnen:
- Die **Früherkennungsindikatoren** beziehen sich unter anderem auf die Liefer- oder Beschaffungsbeziehungen. Sie ermöglichen eine Positionierung des Unternehmens, ohne sich dabei auf bilanzielle Daten zu stützen.
- Die **Bilanzanalyse** wird im Gegensatz dazu zur Darstellung der Unternehmensbonität genutzt. Mithilfe der vorliegenden Daten werden bestimmte Kennzahlen ermittelt, welche die aktuelle wirtschaftliche Lage be-

schreiben und Rückschlüsse auf die Vermögens-, Bilanz- und Ertragslage ermöglichen.
- Ein **Risikoinventar** bewertet potenzielle Risiken hinsichtlich ihrer Schadenshöhe und ihrer Eintrittswahrscheinlichkeit. Alle möglichen Risiken werden systematisch erfasst und bewertet, um so das Verlustpotenzial, bezogen auf das Eigenkapital, bei Eintritt eines Risikos einschätzen zu können (Reichling, 2003: 120 f.).
- Zu den sogenannten *weichen Erfolgsfaktoren* werden die Größen gezählt, die den wirtschaftlichen Erfolg oder Misserfolg nicht direkt beeinflussen. Dazu gehört zum Beispiel die Regelung der Unternehmensnachfolge.

Um ein Risikomanagementsystem erfolgreich ein- und durchzuführen, muss es bestimmten Anforderungen genügen. Dazu gehört unter anderem die Transparenz des Systems. Die Anwender müssen Ergebnisse verstehen und nachvollziehen können, um die Risikofaktoren eindeutig zu identifizieren und zu steuern. Eine weitere Anforderung ist die Objektivität eines solchen Systems. Es muss ein objektiver Vergleich von Risikofaktoren möglich sein, um ein Rating durchführen zu können. Außerdem muss ein Risikomanagementsystem ganzheitlich angewandt werden, das heißt, alle betrieblichen Funktionsbereiche müssen einbezogen werden.

Das **Gesetz von Heinrich** verdeutlicht den Zusammenhang zwischen vermeintlichen Bagatellunfällen und einer tatsächlich eingetretenen Katastrophe (Abb. 9.4-1).

Bezogen auf das Gesundheitssystem können gemäß Heinrichs Gesetz aus 300 Zwischenfällen – darunter fallen unter anderem Beinahe-Unfälle (z. B. leichte Fehler, kleine Verschwendungen) – statistisch gesehen 29 Zwischenfälle mit leichten Schädigungen der Betroffenen, wie zum Beispiel deutlich kostenwirksame Verschwendungen oder spürbare Fehler, und letztlich ein Fall mit katastrophalen Auswirkungen (Kunstfehlerklage, Liquiditätsengpässe von mehr als 30 %) abgeleitet werden (von Eiff, 2001: 1).

Diese statistische Regelmäßigkeit zeigt auf, wie wichtig bereits die Auswertung von Beinahe-Unfällen als Frühwarnindikatoren ist.

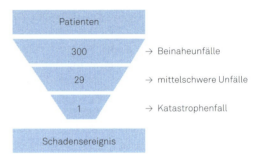

Abbildung 9.4-1: Heinrichs Gesetz (Quelle: Eigenerstellung in Anlehnung an von Eiff, 2001: 1)

9.4.1.2
Rechtliche Rahmenbedingungen

Durch die Verabschiedung des Gesetzes zur Kontrolle und Transparenz im Unternehmensbereich im März 1998, des Bilanzrechtsreformgesetzes, des Haushaltsgrundsätzegesetzes sowie auf Grund der Ausweitung des Corporate Governance und durch die Einführung des zweiten Baseler Akkords (Basel II) im Januar 2007 wurde der Begriff „Risikomanagement" auch durch rechtliche Vorgaben in Deutschland ein wichtiges Thema für Banken und Unternehmen. Diese rechtlichen bzw. normativen Vorgaben wirken sich auch direkt oder indirekt auf die Unternehmen in der Gesundheitswirtschaft aus.

Am 01.05.1998 trat das **Gesetz zur Kontrolle und Transparenz im Unternehmensbereich (KonTraG)** in Kraft. Es ist ein umfangreiches Artikelgesetz, das Änderungen unter anderem des Aktien- und Handelsgesetzes nach sich gezogen hat.

Ein wesentlicher Grund für die Einführung des KonTraG ist in den zahlreichen negativen Unternehmensentwicklungen der jüngeren Vergangenheit (z. B. Schneider, Metallgesellschaft, Balsam oder Sachsenmilch) zu sehen. Eine Mitschuld an diesen Unternehmenskrisen wurde retrospektiv den Banken, Wirtschaftsprüfern und Aufsichtsräten gegeben. Des Weiteren ist dieses Gesetz notwendig, um die verstärkte Finanzierung großer deutscher Unternehmen über die internationalen Kapitalmärkte durch eine Angleichung an internationale Regelungen

abzusichern. Als Ziele des KonTraG werden unter anderem genannt:
- Erhöhung der Transparenz
- Abbau von Stimmrechtsdifferenzierungen
- Stärkung der Kontrolle durch die Hauptversammlung
- Zulassung moderner Finanzierungs- und Vergütungsinstrumente
- Verbesserung der Arbeit des Aufsichtsrats
- Verbesserung der Qualität der Abschlussprüfung und der Zusammenarbeit von Abschlussprüfer und Aufsichtsrat
- kritische Prüfung des Beteiligungsbesitzes von Kreditinstituten.

Zudem sollen Verhaltensfehlsteuerungen und Schwächen im deutschen Unternehmenskontrollsystem und im Mitbestimmungsrecht korrigiert werden und die zunehmende Orientierung deutscher Publikumsgesellschaften an den Informationsbedürfnissen internationaler Investoren soll stärker beachtet werden (Martin/Bär, 2002: 37).

Mit dem Gesetz sind auch Veränderungen bzw. Neuregelungen eingetreten, die mit dem Bereich des Risikomanagements in Verbindung zu bringen sind. Dazu gehören die Verpflichtung zur Einrichtung eines Risikomanagementsystems, die Verpflichtung, zukünftige Risiken im Lagebericht zu erwähnen und die Änderung der Abschlussprüfung. So hat nach § 91 Abs. 2 AktG „[...] der Vorstand geeignete Maßnahmen zu treffen, insbesondere ein Überwachungssystem einzurichten, damit die Entwicklungen, die den Fortbestand der Gesellschaft gefährden, früh erkannt werden." (Beck Gesetzestexte, 2007: AktG).

Damit soll die Verpflichtung des Vorstands, ein angemessenes Risikomanagementsystem und eine angemessene Revision einzuführen, verdeutlicht werden. Dabei handelt es sich um eine gesetzliche Hervorhebung der allgemeinen Leitungsaufgabe bzw. Organisationspflicht des Vorstands, deren Verletzung zu einer Schadensersatzpflicht nach § 93 Abs. 2 AktG führen kann. Zu den in § 91 Abs. 2 AktG angesprochenen Entwicklungen gehören zum Beispiel risikobehaftete Geschäfte, Unrichtigkeiten der Rechnungslegung und Verstöße gegen gesetzliche Vorschriften, die sich wesentlich auf die Vermögens-, Finanz- und Ertragslage der Gesellschaft oder des Konzerns auswirken.

Primär gelten die Vorgaben des § 91 Abs. 2 AktG zunächst nur für Aktiengesellschaften. Es ist jedoch davon auszugehen, dass diese Regelung eine Ausstrahlungswirkung auf den Pflichtenrahmen der Geschäftsführer auch anderer Gesellschaftsformen (z.B. Gesellschaften mit beschränkter Haftung) haben wird. Ein weiteres Merkmal für die Ausstrahlungswirkung ist die Existenz eines gesetzlich vorgeschriebenen Aufsichtsrats, den GmbHs nach § 77 Abs. 1 BetrVG ab einer Mitarbeiterzahl von 500 bilden müssen. Diese Unternehmen fallen sicher in den Geltungsbereich der Ausstrahlungswirkung des § 91 Abs. 2 AktG. In vielen Fällen bleibt die Ausstrahlungswirkung Auslegungssache. Dennoch ist es für ein Unternehmen in der Gesundheitswirtschaft in jedem Fall sinnvoll, ein Risikomanagement einzurichten, da dieses vor allem ein wirksames Instrument zur Erreichung der Unternehmensziele sein kann.

Den Begriff „Risiko" definiert der Gesetzgeber als „Möglichkeit ungünstiger künftiger Entwicklungen [...], die mit einer erheblichen, wenn auch nicht notwendigerweise überwiegenden Wahrscheinlichkeit erwartet werden." (Martin/Bär, 2002: 53).

Folglich sollen nur solche Risiken dargestellt werden, die wesentlich sind. Als wesentlich gelten Risiken, die entweder bestandsgefährdend sind oder einen wesentlichen Einfluss auf die Vermögens-, Finanz- oder Ertragslage der Gesellschaft haben können und bei denen eine gewisse Eintrittswahrscheinlichkeit vermutet werden kann. Dabei sind allgemeine Grundsätze, wie Vollständigkeit, Richtigkeit, Klarheit und Übersichtlichkeit, zu beachten. Die Berichterstattung kann entweder in einem separaten Risikobericht, analog zu dem schon bestehenden Lagebericht, oder als integraler Bestandteil des Wirtschafts- oder Prognoseberichts erfolgen (Martin/Bär, 2002: 53f.).

Die qualitative Verbesserung und Erweiterung der gesetzlichen Jahresabschlussprüfung bildet einen wesentlichen Bestandteil des KonTraG. Danach hat der Prüfer über Art und Umfang sowie über das Ergebnis der Prüfung schriftlich zu berichten. Zudem hat er in einem Eingangsteil zum Prüfungsbericht zur Lage des Unternehmens oder Konzerns, insbesondere zum Fortbestand und zur künftigen Entwicklung Stellung zu nehmen. Weiterhin müssen die Risiken, die den Fortbestand des Unternehmens gefährden, in dem vom Prüfer zu verfassenden Bestätigungsvermerk gesondert aufgeführt sein. Zudem hat der Prüfer darauf zu achten, ob die Risiken der künftigen Entwicklung zutreffend dargestellt sind.

Das **Bilanzrechtsreformgesetz (BilReG)** wurde im Dezember 2004 verabschiedet und damit eine erneute Änderung der §§ 289 und 317 HGB vorgenommen. Es beinhaltet Maßnahmen zur Stärkung des Anlegerschutzes, indem ein Schwerpunkt auf die Abschlussprüfung gelegt wurde (Pampel, 2005: 37).

Die überarbeitete Fassung des Gesetzes enthält jetzt nicht nur die Beurteilung und Erläuterung der Risiken, sondern auch der Chancen für das Unternehmen. Die Risikoberichterstattung wurde somit um eine Chancenberichterstattung ergänzt.

Das **Haushaltsgrundsätzegesetz (HGrG)** schreibt Regeln für die Aufstellung und Ausführung von öffentlichen Haushaltsplänen fest. Dieses Gesetz ist demnach für die deutschen Gesundheitsrichtungen von Bedeutung, die sich in öffentlicher Hand befinden. In Bezug auf das Risikomanagement spielt § 53 HGrG eine wichtige Rolle. Er verpflichtet zum Beispiel die Krankenhäuser in öffentlicher Hand zur Prüfungspflicht. Die Anforderungen an ein solches Risikomanagementsystem ergeben sich aus den berufsständischen Verlautbarungen des Instituts für Wirtschaftsprüfer. Danach ist festzustellen, ob die Geschäftsführung ordnungsgemäß wirtschaftet und ein geeignetes System eingerichtet hat. Zur Beurteilung eines Risikomanagementsystems können folgende Fragen herangezogen werden:

- Hat die Geschäftsführung Maßnahmen ergriffen und nach Art und Umfang Frühwarnsignale definiert, mit deren Hilfe bestandsgefährdende Risiken rechtzeitig erkannt werden können?
- Reichen diese Maßnahmen aus und sind sie geeignet, ihren Zweck zu erfüllen?
- Sind diese Maßnahmen ausreichend dokumentiert?
- Wird deren Beachtung und Durchführung in der Unternehmenspraxis sichergestellt?
- Werden diese Frühwarnsignale und Maßnahmen kontinuierlich und systematisch mit den aktuellen Geschäftsprozessen und Funktionen abgestimmt und angepasst?

(Müller, 2004: 15 f.)

Ausgelöst durch eine Vielzahl von Unternehmenskrisen und -zusammenbrüchen sowohl auf nationaler als auch auf internationaler Ebene wurden Lücken in den bestehenden Unternehmensführungs- und Kontrollsystemen bekannt und damit auch die Diskussion um Corporate Governance aufgeworfen.

Der Begriff der **Corporate Governance** ist in etwa vergleichbar mit einer Unternehmensverfassung. Sie bildet „den rechtlichen und faktischen Ordnungsrahmen für das Zusammenwirken von Leitungsorganen, Überwachungsgremien und Interessengruppen" (Fiege, 2006: 5). Die OECD beschreibt Corporate Governance als die Wechselbeziehungen zwischen allen unmittelbar und mittelbar durch die institutionellen Entscheidungsfindungen beteiligten Akteuren, die durch die institutionellen Rahmenbedingungen sowie durch das Regulierungsumfeld geprägt werden. Ziel des Corporate Governance ist „die Sicherstellung einer verantwortungsbewussten und effizienten Unternehmensführung, gekoppelt mit der Einflussnahme und Kontrolle durch unternehmensexterne Anspruchsgruppen" (Fiege, 2006: 5).

Zwar bezieht sich Corporate Governance, ebenso wie das KonTraG, in erster Linie auf Aktiengesellschaften, allerdings wird von einer Ausstrahlungswirkung auch auf andere Gesellschaftsformen ausgegangen (Wolf/Runzheimer, 2000: 1).

Seit Februar 2002 existiert, entsprechend der Empfehlung der Regierungskommission Corporate Governance, ein deutscher Corporate-Governance-Kodex für die an der Börse notierten Aktiengesellschaften. Zudem hat die

Bundesregierung ihre Maßnahmen aus dem im Februar 2003 vorgestellten 10-Punkte-Programm umgesetzt.

Die Aktualisierung vom 14.06.2007 des deutschen Corporate-Governance-Kodexes beinhaltet im Wesentlichen Vorschriften zur Überwachung und Leitung, die sich auf internationale und nationale Standards guter und verantwortungsvoller Unternehmensführung beziehen. Ein primäres Ziel ist es, das deutsche Corporate-Governance-System transparent und nachvollziehbar zu machen, um dadurch das Vertrauen der internationalen und nationalen Kunden und der Öffentlichkeit in die Leitung und Überwachung deutscher börsennotierter Gesellschaften zu stärken (Deutscher Corporate Governance Kodex, 2007).

Das **Institut der Wirtschaftsprüfer** in Deutschland hat in den vergangenen Jahren zahlreiche **IdW-Prüfungsstandards** entwickelt, deren Einsatz dazu dienen soll, bestandsbedrohende Risiken frühzeitig zu erkennen und nachvollziehbar zu überwachen. Hierbei ist es zielführend, den Gesamtrisikoumfang durch eine Risikoaggregation zu erfassen, damit die Effekte, die speziell durch eine Kombination von mehreren Einzelrisiken entstehen und somit bestandsbedrohend werden können, zu erkennen und zu neutralisieren.

Die **Baseler Eigenkapitalvereinbarungen** werden vom Baseler Ausschuss der Internationalen Zahlungsausgleich (BIZ) festgelegt. Der Ausschuss wurde im Dezember 1974 von Belgien, Deutschland, England, Frankreich, Italien, Japan, Kanada, Luxemburg, den Niederlanden, Schweden, Schweiz und den USA gegründet. Deren Vertreter der Zentralbanken und Bankaufsichtsbehörden tagen seitdem in regelmäßigen Abständen bei der Bank für internationalen Zahlungsausgleich in Basel. Der Ausschuss verfolgt das Ziel, die bankenaufsichtlichen Richtlinien an die Entwicklung der internationalen Finanzmärkte anzupassen (Deutscher Corporate Governance Kodex, 2007). Idealerweise sollen diese Richtlinien dann weltweit in internationale Gesetze übernommen werden.

Die im Jahre 1988 verabschiedeten **Basler Eigenkapitalvereinbarungen (Basel I oder Basler Akkord)** hatten bis Ende 2006 Gültigkeit. Sie setzten einheitliche Richtlinien für Finanzinstitute fest, die hauptsächlich die Bereiche Eigenkapital und Kreditrisiken abzudecken hatten. Kreditinstitute mussten nun Kredite, die an Unternehmen vergeben werden, mit 8 % Eigenkapital unterlegen. Zudem durfte das zu vergebende Kreditvolumen das 12,5fache des regulatorischen Eigenkapitals der Bank nicht überschreiten (Beinert, 2003: 33).

Diese Regelungen wurden in Deutschland in § 10 Kreditwesengesetz in Verbindung mit § 2 Grundsatz I über die Eigenmittel der Institute übernommen. Diese Richtlinien wurden in den neuen **Baseler Eigenkapitalvereinbarungen (Basel II)** überarbeitet, die seit dem 01.01.2007 für alle Banken gelten. Die Pauschalisierung der Eigenkapitalunterlegung von 8 % entspricht nicht dem tatsächlichen wirtschaftlichen Risiko der Darlehensgebung, da der Risikograd und die damit verbundene Ausfallwahrscheinlichkeit bei den einzelnen Unternehmen unterschiedlich hoch ist. Dies ist durch die Einführung risikobezogener Kreditzinsen geändert worden. Die Eigenkapitalanforderungen sollen nun am tatsächlichen Risiko bzw. an betriebswirtschaftlichen Konzepten zur Risikobemessung und zu Kapitalallokationen ausgerichtet werden. Das Prinzip hinter den neuen Eigenkapitalvereinbarungen lässt sich folgendermaßen beschreiben: Je höher das Ausfallrisiko einer Unternehmensfinanzierung ist, desto höher ist auch die notwendige Eigenkapitalunterlegung. Dies wirkt sich dann unmittelbar auf die Kreditkonditionen für die Finanzierung aus.

Die Einführung der notwendigen Maßnahmen zur Ermittlung der Eigenkapitaleinlage nach Basel II ist sowohl für die Banken als auch für die Unternehmen mit Anforderungen verbunden. So ist es für die Banken notwendig, ein internes **Rating-Verfahren** zu entwickeln und einzuführen, um die individuelle Ausfallwahrscheinlichkeit des einzelnen Kreditnehmers bestimmen zu können. Durch die Risikobeurteilung lässt sich die Mindestkapitalunterlegung der Banken, die dann die Kreditkonditionen beeinflusst, beurteilen.

Unter einem Rating sind das Verfahren zur Bewertung der Bonität des Schuldners (Rating-Prozess) sowie das Bewertungsergebnis selbst (Rating-Urteil) zu verstehen. Hierbei ist es für die Banken besonders wichtig zu beurteilen, ob ein Unternehmen seine Verbindlichkeiten vollständig und pünktlich zurückzahlen kann. Die Wahrscheinlichkeit des Ausfalls bestimmt das Verhalten der Bank und ein Kreditinstitut wird nur bis zu einem bestimmten Punkt bereit sein, ein solches Ausfallrisiko zu tragen. Zur Ermittlung dieses Ausfallrisikos verwenden die jeweiligen Banken unterschiedliche Systeme und nutzen unterschiedliche Symbole und Einstufungen für die Darstellung der erstellten Ergebnisse.

In die Bewertung können quantitative („hard facts") und qualitative Unternehmensdaten („soft facts") eingehen. Quantitative Faktoren bewerten die wirtschaftlichen Verhältnisse (Finanzlage, Ertragslage, Bilanzentwicklung) des Unternehmens anhand ausgewählter Bilanzkennziffern. Neben den Ergebnissen der quantitativen Analyse werden zusätzlich qualitative Merkmale, wie Managementqualität, Organisationsstrukturen, Mitarbeiterpotenzial sowie Aufbau des Controllings und des Risikomanagements, berücksichtigt.

Am Ende des Analyseverfahrens wird die entsprechende Ausfallwahrscheinlichkeit für das „geratete" Unternehmen ausgewiesen.

Basel II stellt unter anderem folgende Anforderungen an die Durchführung eines Rating-Verfahrens:
- Die Rating-Systeme werden durch die Bankenaufsicht zertifiziert.
- Jeder Kreditnehmer muss geratet werden.
- Jedes Rating muss mindestens jährlich überprüft werden.
- Die Ausfallwahrscheinlichkeit muss auf der Grundlage bekannter Ausfalldaten ermittelt werden.
- Die Wirksamkeit des Systems ist laufend zu überprüfen und ggf. zu verbessern (Backtesting-Verfahren).

Ab 2013 löst **Basel III** schrittweise die Vorläuferregelungen ab. Der Grund für die Reform waren die erkannten Schwächen im Rahmen der Bankenregulierungen, die in Zusammenhang mit der Finanzkrise ab 2007 offensichtlich wurden. Die Basel-III-Regelungen setzen bei der **Eigenkapitalbasis** und bei den **Liquiditätsvorschriften** an. Hinsichtlich der Kapitalsicherung sind die folgenden Regelungen getroffen worden:
- Erhöhung der Qualität, Konsistenz und Transparenz der Eigenkapitalbasis
- Verbesserung der Risikodeckung
- Einführung einer Verschuldungsgrenze
- Einführung eines neuen Rechnungslegungsstandards
- Einführung eines Kapitalerhaltungspuffers
- Senkung der systemischen Risiken durch Reduzierung der übermäßigen Bankenvernetzungen.

Zur Sicherung der **Liquidität** hat der Ausschuss grundlegende Prinzipien für das Liquiditätsmanagement und dessen Überwachung eingeführt. Zudem wurden zwei neue quantitative Mindeststandards mit unterschiedlichen Risikohorizonten festgeschrieben.

9.4.1.3
Risikomanagementprozess

Die Grundlage eines Risikomanagementsystems bildet der Risikomanagementprozess. Er kann als ein logischer Regelkreis verstanden werden, der in vier Prozessschritte gegliedert wird (Abb. 9.4-2). Dabei ist der Regelkreislauf an den PDCA-Zyklus angelehnt, der aus dem Qualitätsmanagement bekannt ist.

Die **Risikostrategie** legt die Rahmenbedingungen für das Risikomanagementsystem in den Gesundheitseinrichtungen fest. Die Strategie umfasst die risikopolitischen Grundsätze der Unternehmung. Die Geschäftsführung kann hierbei unterschiedliche Ziele festlegen:
- Verminderung der Haftpflichtschäden
- Sicherung der qualitativ hochwertigen Leistungserstellung
- Erhöhung der Wettbewerbsfähigkeit
- bessere Transparenz und Vertrauenswürdigkeit
- sichere und patientenorientierte Leistungserstellung.

Abbildung 9.4-2: Der Risikomanagementprozess (Quelle: Eigenerstellung in Anlehnung an Gausmann, 2005: 307)

Zu den grundlegenden Rahmenbedingungen, die für eine Risikostrategie definiert werden müssen, zählen:
- der Kulturwechsel von der Fehler- zur Sicherheitskultur
- die Festlegung der methodischen Systematik des Risikomanagements
- die Bewertungs- und Messkriterien
- die einzubeziehenden Krankenhausbereiche
- der organisatorische und personelle Bedarf (Graf et al., 2003: 21-23).

Die **Risikoidentifizierung**, auch Risikoerkennung genannt, hat die Aufgabe, möglichst umfassend die tatsächlichen und potenziellen Risiken einer Unternehmung festzustellen. Dabei werden die Risiken mit einem Bedrohungspotenzial für das Unternehmen mithilfe einer „Risikoinventur" definiert. Das Ergebnis ist eine „Bestandsliste", die einen Überblick über die Risikosituation der Unternehmung ermöglicht (Kahla-Witzsch, 2005: 50).

Neben der Analyse der ärztlichen und pflegerischen Tätigkeiten spielt die Betrachtung der Schnittstellen verschiedener Berufsgruppen und Abteilungen bei der Risikoidentifikation eine große Rolle. Zur umfassenden Identifizierung der Risiken ist ein ausreichendes Risikobewusstsein der Mitarbeiter notwendig. Hierbei müssen die Mitarbeiter ihre Tätigkeiten vorbehaltlos und selbstkritisch hinterfragen.

Zur Erkennung der Risiken werden in den Unternehmungen Frühwarnsysteme, Besichtigungs-, Dokumenten- und Organisationsanalysen sowie Ursache-Wirkungs-Diagramme eingesetzt.

Bei der **Risikobewertung** werden die im Identifizierungsprozess aufgedeckten Risiken anhand ihrer Eintrittswahrscheinlichkeit und Intensität der Auswirkung (Schadenshöhe) bewertet. Nach Kahla-Witzsch (2005) lassen sich Risiken zum Beispiel in Großrisiken, mittlere Risiken und Kleinrisiken untergliedern. Großrisiken können auf Grund der Ausmaße nach Schadenseintritt existenzbedrohend für ein Unternehmen wirken. Mittlere Risiken zwingen zur Veränderung der Unternehmensziele, während Kleinrisiken zur Veränderung von Abläufen führen. Die bewerteten Risiken können dann in einem Risikoportfolio dargestellt und so besser verdeutlicht werden. Durch die Verknüpfung der potenziellen Schadenshöhe mit der Eintrittswahrscheinlichkeit kann die potenzielle Schwere der einzelnen Risiken aufgezeigt werden. In diesem Zusammenhang wird zur detaillierten Erfassung und Bewertung des Gesamtrisikos eine **Risikomatrix (Risikoportfolio)** verwendet, indem die ermittelten Risikofaktoren mit den Dimensionen Eintrittswahrscheinlichkeit und Schadensausmaß eingetragen werden.

Im Rahmen der **Risikobewältigung** wird entschieden, welche Konsequenzen aus den vorher identifizierten und bewerteten Risiken gezogen werden sollen. Hier muss folglich vorgeschlagen werden, wie mit den Risiken umzugehen ist. Dabei können ursachenbezogene und wirkungsbezogene Maßnahmen unterschieden werden.

Ursachenbezogenen Maßnahmen zielen darauf ab, Risikoursachen zu erkennen und entsprechende Gegenmaßnahmen einzuleiten. Sie sind auf eine aktive Gestaltung der Ri-

sikostruktur ausgelegt. Zu diesen Strategien zählen:
- *Risikovermeidung:* Durch den Verzicht auf die Leistungen wird ein Schadenseintritt von vornherein verhindert.
- *Risikoverminderung:* Durch personelle oder technische Vorkehrungen wird die Eintrittswahrscheinlichkeit und/oder Schadenshöhe beeinflusst.

Wirkungsbezogene Maßnahmen tragen dazu bei, die Konsequenzen der Risiken zu begrenzen. Die Risikostruktur bleibt bei den wirkungsbezogenen Maßnahmen unverändert, die Eintrittswahrscheinlichkeit und das Schadensausmaß bleiben unbeeinflusst. Zu diesen Strategien zählen:
- *Risikoteilung:* Das Gesamtrisiko wird in Teilrisiken zergliedert, die dann zum Beispiel von verschiedenen Vertragspartnern getragen werden.
- *Risikotransfer, -überwälzung:* Die Risiken werden zum Beispiel durch Abschluss einer Haftpflichtversicherung an die Versicherungsgesellschaft übertragen.
- *Risikoselbsttragung:* Das Unternehmen muss die Risiken selbst tragen.

Den abschließenden Prozess des Risikomanagementkreislaufs stellt die **Risikoüberwachung** dar. Hierunter wird die kontinuierliche Überwachung und Kontrolle der Wirksamkeit durchgeführter Maßnahmen verstanden. Für die Überwachung sind quantitative und qualitative Indikatoren festzulegen. Auf Basis der Daten des Risikocontrollings können Korrekturen bzw. Modifikationen der beschlossenen Maßnahmen vorgenommen werden.

Risikodokumentation und -kommunikation gelten als Hintergrundprozesse eines Risikomanagementprozesses. Die Risikodokumentation befasst sich mit der konsequenten Erfassung der Methoden und Prozesse des Risikomanagements. Zu ihren Hilfsmitteln zählen Risikomanagementhandbücher, Formulare, Checklisten etc. Ein wesentlicher Bestandteil eines erfolgreichen Risikomanagementsystems ist auch die Risikokommunikation. Eine fortlaufende Kommunikation dient dazu, die Mitarbeiter für Risiken zu sensibilisieren und ein Risikobewusstsein zu schaffen.

Literatur

Beck Gesetzestexte (2007): AktG, § 91 Abs. 2.

Beinert, C. (2003): Bestandsaufnahme Risikomanagement, in: Reichling, P. (Hrsg.): Risikomanagement und Rating. Wiesbaden, Gabler Springer, S. 21–42.

Deutscher Corporate Governance Kodex (2007). http://www.publicgovernance.de [Zugriff: 01.10.2007].

Fiege, S. (2006): Risikomanagement- und Überwachungssystem nach KonTraG. Prozess, Instrumente, Träger. Wiesbaden, Springer.

Führing, M.; Gausmann, P. (2004): Klinisches Risikomanagement im DRG-Kontext, Integration von Risikokontrollpunkten in klinische Pfade. Stuttgart, Kohlhammer.

Gausmann, P. (2005): Risikomanagement – Umsetzungskonzepte für die klinische Praxis. Arzt im Krankenhaus, 10: 307–309.

Gausmann, P. (2003): Behandlung ohne Komplikationen – Patienten und Versicherer verlangen Risiko-Management. Krankenhaus Umschau, Sonderheft: Qualität durch Werte, 4: 57–60.

Gausmann, P.; Petry, F.M. (2007): Risikomanagement im Krankenhaus aus Sicht der Versicherer. Zeitschrift für ärztliche Fortbildung und Qualität im Gesundheitswesen. http://www.grb.de [Zugriff: 21.03.2007].

Graf, V. et al. (2003): Risk Management im Krankenhaus, Risiken begrenzen und Kosten steuern. Neuwied, Köln, München, Luchterhand.

Haller, W. (1980): Risk Management – Eckpunkte eines integrierten Konzeptes. Schriften zur Unternehmensführung, Band 33. Wiesbaden, Gabler.

Institut der Wirtschaftsprüfer (2015): Verlautbarungen – IDM Prüfungsstandards. http://www.idw.de [Zugriff: 08.09.2015].

Kahla-Witzsch, H.A. (2005): Praxis des klinischen Risikomanagements. Landsberg/Lech, ecomed.

Martin, A.; Bär, T. (2002): Grundzüge des Risikomanagements nach KonTraG – das Risikomanagementsystem zur Krisenfrüherkennung nach § 91 Abs. 2 AktG. München, Oldenbourg.

Middendorf, C. (2006a): Aufgaben, Inhalte und Ansatzpunkte des Risikomanagementsystems, in: von Eiff, W. (Hrsg.): Risikomanagement. Kosten-/

Nutzen-basierte Entscheidungen im Krankenhaus. Wegscheid, Wikom, S. 58-81.

Middendorf, C. (2006b): Aufgaben, Inhalte und Ansatzpunkte des Risikomanagements, in: von Eiff, W. (Hrsg.): Risikomanagement. Kosten-/Nutzen-basierte Entscheidungen im Krankenhaus. Wegscheid, Wikom, S. 61-64.

Müller, J. (2004): Risk Management – die Sicht von innen, in: Graf, V. et al. (Hrsg.): Risk Management im Krankenhaus. Risiken begrenzen und Kosten steuern. Neuwied, Köln, München, Luchterhand, S. 58-61.

Pampel, K. (2005): Anforderungen an ein betriebswirtschaftliches Risikomanagement unter Berücksichtigung nationaler und internationaler Prüfungsstandards. http//www.wi.hs-wismar.de [Zugriff: 22.11.2007].

Pohl, M. (2015): Basel III. http://www.wirtschaftslexikon.gabler.de [Zugriff: 09.09.2015].

Reichling. P. (2003): Risikomanagement und Rating. Grundlagen, Konzepte, Fallstudie. Wiesbaden, Gabler Springer.

von Eiff, W. (2001): Heinrichs Gesetz, Risk Management und Kaizen. Schicken Sie Ihre Mitarbeiter auf Risiko- und Verschwendungssuche. CKM im Dialog, 1: 1.

Wolf, K.; Runzheimer, B. (2000): Risikomanagement und KonTraG - Konzeption und Implementierung. Wiesbaden, Gabler.

9.4.2
Pflegerisches Risikomanagement

Jürgen Georg

In diesem Kapitel wird Risikomanagement aus pflegerischer Sicht definiert und im Pflegeprozess verortet. Es werden Risikopflegediagnosen, Surveillance-Diagnosen und potenzielle Komplikationen definiert und aufgelistet, Formen und Instrumente des Risikoassessments und ihre Dokumentation beschrieben und die Bedeutung von Risikoassessmentprotokollen erläutert. Exemplarisch werden eine Risikopflegediagnose sowie potenzielle Komplikation dargestellt und der Zusammenhang mit Expertenstandards und interdisziplinären Versorgungspfaden aufgezeigt.

9.4.2.1
Definition, Ziele, Modell

Das pflegerisch-klinische Risikomanagement ist Teil des Pflegeprozesses. Während des Risikomanagementprozesses werden potenzielle Gesundheitsprobleme in einem Risikoassessment eingeschätzt, Risikopflegediagnosen und potenzielle Komplikationen diagnostiziert sowie gezielte präventiv-prophylaktische, überwachende Interventionen und Erste-Hilfe-Maßnahmen (Tappert/Schär, 2006) geplant, ausgeführt und bewertet, um erkennbare Gesundheitsgefahren zu vermeiden oder zu beherrschen (Abb. 9.4-3).

Das „Schweizer-Käse-Modell" für Risiko- und Fehlermanagement

Geeignete Strategien gegen gesundheitliche Risiken und Fehler in der Pflegepraxis lassen sich mit dem „Schweizer-Käse-Modell" von Reason (1990) veranschaulichen und entwickeln. Dieses Modell (Abb. 9.4-4) geht davon aus, dass sich manifeste Gesundheitsprobleme aus latenten Gesundheitsgefahren, -risiken oder Fehlern ergeben und meist multifaktorieller und mehrdimensionaler Natur sind. Das heißt, erst ein ganzes Bündel von Risikofaktoren entwickelt sich allmählich zu einem tatsächlichen Gesundheitsproblem und erst eine Summe (ungebremster) Fehler führt zur Schädigung eines Klienten.

Die auf die Gesundheit des Klienten einwirkenden Faktoren können sowohl eine schützende als auch eine schädigende Funktion haben oder entwickeln. Schützende, protektive Faktoren verhindern, dass sich schädigende pathophysiologische, situative, behandlungs-, personen-, umgebungs- oder entwicklungsbezogene Faktoren gegenseitig verstärken und ungehemmt auf den Klienten einwirken können und sich zu einem schädigenden Ereignis – z. B. in Form eines Sturzes, Dekubitus, Suizids oder einer Infektion oder Vergiftung – entwickeln. Schützende Faktoren haben auch physiologischen, situativen, behandlungs-, personen-, umgebungs- oder entwicklungsbezogen Charakter. Aber sie dienen dem Klienten eher als Ressource und Entwicklungspotenzial oder stärken seine Resilienz und Widerstandskraft (Georg, 2013). Schädigende Faktoren machen

9 Relevante Managementkonzepte in der Gesundheitswirtschaft

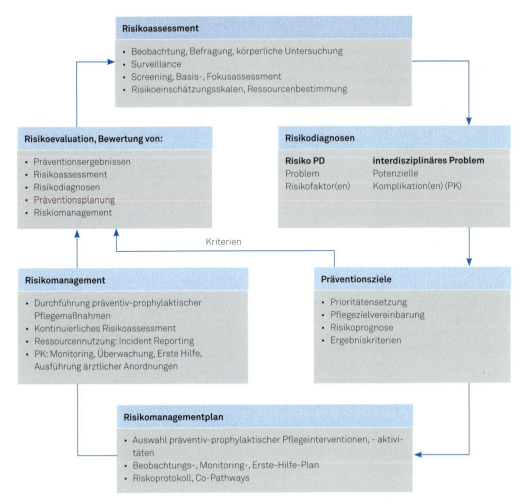

Abbildung 9.4-3: Der Prozess des pflegerischen Risikomanagements (Quelle: Georg, 2009: 516)

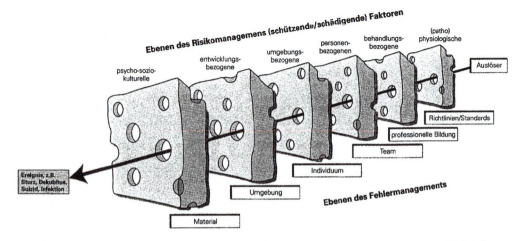

Abbildung 9.4-4: Das „Schweizer-Käse-Modell" (Quelle: Reason, 1990, ergänzt durch Georg, 2008: 24)

die protektiven Barrieren einer Person durchlässig – wie einen Schweizer Emmentaler-Käse – und damit empfänglich oder vulnerabel für schädigende Einflüsse. Pflegerische Prävention muss daher schützende, protektive Faktoren fördern, wiederherstellen oder erhalten, Resilienz fördern und schädigende Faktoren, begrenzen, abschwächen oder ausschalten.

Vor konkreten präventiven Pflegeinterventionen wie Dekubitus-, Sturz-, Suizid-, Vergiftungs- oder Infektionsprävention müssen die ihnen zugrunde liegenden Risiken systemisch betrachtet, multidimensional erfasst und multifaktoriell erklärt werden (Risikoassessment). Auf der Grundlage dieser Risikoeinschätzung können Präventivmaßnahmen auf prozess-, struktur- und ergebnisbezogenen Ebenen erfolgen (www.dnqp.de). Fehler können auf den Ebenen von Richtlinien/Standards, professioneller Ausbildung, Team(organisation), Mitarbeiter(förderung), Umgebungs- und Materialmanagement vermieden werden. Damit werden die „Löcher im Käse" gestopft und die Klientensicherheit erhöht (Georg, 2008a).

9.4.2.2
Risikoassessment

Ein Risikoassessment bezeichnet die systematische, individuelle und systemische Einschätzung potenzieller Gesundheitsgefahren. Während eines systematischen Risikoassessments werden Risikofaktoren beobachtet, erfragt und untersucht, die eine empfängliche, vulnerable Person oder Familie gefährden könnten, ein manifestes Gesundheitsproblem zu entwickeln. Ziel des Risikoassessments ist es, Risikopflegediagnosen, Surveillance-Diagnosen und potenzielle Komplikationen zu erkennen, zu benennen und begründete präventive Interventionen einzuleiten.

Risikoassessmentformen und -instrumente
Risikoassessments erfolgen initial, zu Beginn einer professionellen Pflegebeziehung, fortlaufend während des Risikomanagementprozesses und rückwirkend, um klinische Vorfälle, sogenannte *critical incidents* (z. B. Stürze, Infektionen, Dekubitus), mit einem Critical Incidents Reporting System (CIRS) zu erfassen, zu erklären und zukünftig zu verhindern. Ein Risikoassessment kann übersichtsartiger (Screening-Risikoassessment), umfassender (Basis-Risikoassessment) und/oder spezifischer (Fokus-Risikoassessment) Natur sein.

Bei einem *Screening-Risikoassessment* werden initial mögliche gesundheitliche Gefahren und Risikofaktoren eingeschätzt. Es dient dazu, sich einen ersten Eindruck über mögliche Gesundheitsrisiken zu verschaffen. Gearbeitet wird mit direkten geschlossenen Fragen, Beobachtungskriterien und Tests. Konkret kann ein Klient gefragt werden, ob er in den vergangenen 4 Wochen schon einmal gestürzt ist (Nikolaus/Pientka, 1999) und/oder seinen Urin nicht halten kann, verbunden mit einer ersten Beobachtung des Gangbildes. Mit diesem exemplarischen ersten Risikoassessment lassen sich Risikofaktoren, wie Sturz in der Anamnese, Drangurininkontinenz und Gangstörung, für eine Sturzgefahr eruieren.

Ein *Basis-Risikoassessment* stellt eine umfassende initiale Informationssammlung über die Gefährdung des Gesundheitszustands eines Klienten dar. Es dient dazu, die Gesundheitsgefährdungen eines Klienten umfassend und überblickartig einzuschätzen. Informationen aus einem Risiko-Basisassessment lassen sich mit verschiedenen Pflege- und Assessmentmodellen, wie ABEDLs (Krohwinkel, 2008, 2013) oder funktionellen Gesundheitsverhaltensmustern (Gordon, 2013a, b), strukturieren.

Ein *Fokus-Risikoassessment* ist eine spezifische Form der Informationssammlung. Sie konzentriert sich darauf, weiter gehende Informationen über ein spezifisches potenzielles Problem zu erheben (vgl. Alfaro-LeFevre, 2013). Die Schlüsselfragen im Rahmen eines Risiko-Fokusassessments lauten:
- Was ist der gegenwärtige Status des Problems?
- Liegen Risikofaktoren für ein potenzielles Gesundheitsproblem vor?
- Wie nimmt der Klient diese wahr?

Im Rahmen eines Fokus-Risikoassessments können auch Risikoassessmentinstrumente in

Form von Pflegeskalen genutzt werden. Mit ihnen lassen sich Risikofaktoren quantifizieren und deren Ausprägungsgrad messen. Bekannte Skalen sind z. B. die Norton- oder Braden-Skala zur Einschätzung der Dekubitusgefahr (Schröder/Kottner, 2011) oder die Skalen von Morse (1997), Tideiksaar (2008) oder Tinetti (1990) zur Einschätzung von Sturzgefahren. Bartholomeyczik und Halek (2009), Gupta (2012) sowie Reuschenbach und Mahler (2009) bieten eine gute Übersicht über pflegerische Assessmentinstrumente und ihre Einsatzmöglichkeiten und -grenzen.

Risikoassessmentprotokolle
Mögliche Risikofaktoren oder sich manifestierende potenzielle Gesundheitsprobleme, wie z. B. Stürze, Druckgeschwüre oder Infektionen können in Form von entsprechenden Protokollen erfasst, dokumentiert, statistisch ausgewertet und evaluiert werden. Tabelle 9.4-1 dokumentiert exemplarisch ein Sturzprotokoll des Waid-Spitals in Zürich, das auf Studien von Morse (1997) und Schwendimann (1998, 2000) basiert. Mit Hilfe von Risikoassessmentprotokollen kann ein Ereignis (hier: Sturz) individuell, aber auch bezogen auf eine Station oder einen Fachbereich erfasst werden (*incident reporting*). Das Protokoll dokumentiert, was, wann, wo, wem, wie, mit welchen Folgen und bei welchen bestehenden Risikofaktoren geschah. Es kann individuell eingesetzt werden, um die individuellen gesundheitlichen Risiken einer Person zu reduzieren und systemisch, um Fehler und Risikofaktoren auf verschiedenen Ebenen des Risiko- und Fehlermanagements anzugehen, wie in Abbildung 9.4-4 dargestellt.

9.4.2.3
Risikopflegediagnosen, Surveillance-Diagnosen und potenzielle Komplikationen

„Eine *Risikopflegediagnose* ist ein klinisches Urteil einer Pflegefachperson über die Reaktionen eines Individuums, einer Familie oder einer Gemeinde, die sich zu Problemen eines empfänglichen, vulnerablen Individuums, einer Familie oder einer Gemeinde entwickeln können. Ausgehend von dieser Beurteilung ist die Pflegefachperson dafür verantwortlich, Abweichungen bezüglich erwarteter Reaktionen durch professionelle Wachheit und Aufmerksamkeit zu erkennen, ein fokussierte/s Beobachtung oder Monitoring einzurichten und Interventionen auszuführen, einschließlich notwendiger Überweisungen. Sie wird gestützt durch Risikofaktoren, die zu einer erhöhten Empfänglichkeit/Vulnerabilität beitragen." (Herdman, 2008: 9)

So beschreibt Herdman (2008: 9) in einer erweiterten Definition, was Risikopflegediagnosen sind. – Gründet man deren Definition auf zwei im deutschsprachigen Raum üblichere Modelle, dann lassen sich Risikopflegediagnosen wie folgt definieren: *Risikopflegediagnosen* beschreiben potenzielle Gesundheitsprobleme oder Komplikationen eines Individuums, dessen Unabhängigkeit hinsichtlich der Aktivitäten, Beziehungen und existenziellen Erfahrungen des Lebens (ABEDL) (Krohwinkel, 2013) gefährdet ist oder dessen funktionelle Gesundheitsverhaltensmuster (Gordon, 2013a, b) potenziell gestört sind. Risikodiagnosen liegen im Zuständigkeits- und Verantwortungsbereich von Pflegenden. *Potenzielle Komplikationen* beschreiben nach Carpenito (2014) ein potenzielles Gesundheitsproblem, dessen Schwerpunkt in der pathophysiologischen Reaktion des Körpers auf Verletzungen, Erkrankungen, Untersuchungen und Behandlungsformen liegt. Potenzielle Komplikationen liegen im interdisziplinären Zuständigkeitsbereich von Pflege und Medizin. Risikopflegediagnosen bilden die Grundlage, um präventive Pflegeinterventionen auswählen, planen und durchführen sowie Pflegeziele erreichen und Pflegeergebnisse bewerten zu können.

Potenzielle Komplikationen bilden die Grundlage, um Erste-Hilfe-Maßnahmen einzuleiten und in Kooperation mit der Medizin interdisziplinäre Interventionen auswählen, planen und durchführen zu können, um physische Gesundheitsgefahren frühzeitig zu erkennen und manifesten Gesundheitsproblemen vorzubeugen.

Tabelle 9.4-1: Ein Risikoassessment-Protokoll am Beispiel eines Sturzprotokolls des Waid-Spitals in Zürich (Quelle n. Morse, 1997, u. Schwendimann, 1998, 2000).

Einschätzung des Sturzrisikos (nach Morse)											
	Datum der Einschätzung:										
Sturzanamnese Stürzte der Patient in der letzten Zeit?	☐ Nein ☐ Ja	0 25									
Sekundärdiagnose Liegt mehr als eine medizinische Diagnose vor?	☐ Nein ☐ Ja	0 15									
Hilfsmittel zur Fortbewegung (nur 1 Feld ankreuzen!)											
keine / bettlägerig / mit Begleitung benützt Gehhilfen (Stöcke, Rollator etc.) Stützt sich „überall" ab (Wände, Mobiliar etc.)	☐ ☐ ☐	0 15 30									
Intravenöse Therapie / Venenzugang Hat der Patient einen venösen Zugang?	☐ Nein ☐ Ja	0 20									
Gehfähigkeit (nur 1 Feld ankreuzen!) (bei Patienten im Rollstuhl Gehfähigkeit beim Transfer beurteilen)											
normaler Gang / Bettruhe / Rollstuhl kurze Schritte, gebeugte Haltung, geschwächt unsicherer Gang, Mühe beim Aufstehen Absitzen etc.	☐ ☐ ☐	0 10 20									
Psychischer Zustand (nur 1 Feld ankreuzen!)											
orientiert, adäquate Selbsteinschätzung inadäquate Selbsteinschätzung, desorientiert	☐ ☐	0 15									
*Das Sturzrisiko wird bei jedem Patienten **bei Eintritt**, danach **alle 3 Tage, nach einem Sturz**, sowie **bei Entlassung** eingeschätzt.*	**Punkte total:**										
	Visum:										

Ergänzende Legende zur Risikoskala (Einschätzung der Sturzgefährdung)

Sturzanamnese
Stürzte der Patient in der letzten Zeit?
- Sturz während oder vor dem jetzigen Spitalaufenthalt (in den letzten Wochen/Monaten)

Sekundärdiagnose
Liegt mehr als eine medizinische Diagnose vor?
- Mehr als eine dokumentierte, medizinische Diagnose

Hilfsmittel zur Fortbewegung
keine/bettlägerig/mit Begleitung
- Gehen ohne Hilfsmittel, mit Personenbegleitung, benützt Rollstuhl, verlässt das Bett nicht, benützt Gehhilfen (Stöcke, Rollator etc.)
- benützt Hilfsmittel zum Gehen, gehen mit Hilfsmitteln ohne Personenbegleitung, Stützt sich „überall" ab (Wände, Mobiliar etc.)
- Gehen nur mit abstützen, sich festhalten möglich, braucht Hilfe zum gehen etc.

Intravenöse Therapie/Venenzugang
Hat der Patient einen venösen Zugang?
- inkl. „abgestöpselte" Venenverweilkanäle

Gehfähigkeit
(bei Patienten im Rollstuhl Gehfähigkeit beim Transfer beurteilen)
normaler Gang/Bettruhe/Rollstuhl
- unbehindertes, sicheres Gehen, aufrechte Körperhaltung, Kopf/Blickrichtung geradeaus, Arme schwingen frei
kurze Schritte, gebeugte Haltung, geschwächt
- Gehen mit kurzen Schritten, eher gebeugte Körperhaltung, Kopf/Blickrichtung eher gesenkt, Gleichgewicht ok etc.

Risikopflegediagnosen werden zweiteilig nach dem „PR-Schema" dokumentiert, z. B.:
- **P**: Sturzgefahr, beeinflusst durch (b/d)
- **R**: Stürze in der Vorgeschichte, Dranguininkontinenz und beeinträchtigte Sehfähigkeit.

Potenzielle Komplikationen werden einteilig dokumentiert und mit der Abkürzung „PK" eingeleitet, z. B.:
- **PK**: Hyperglykämie.

Die Liste der Risikopflegediagnosen (NANDA-I, 2016), ergänzt um Pflegediagnosen von Gordon (2013a, 2018), umfasst 81 Risikopflegediagnosen (Tab. 9.4-2).

In Tabelle 9.4-3 werden einige potenzielle Komplikationen bei häufigen medizinischen Diagnosen und Therapien beschrieben. Eine vollständige Liste potenzieller Komplikationen findet sich bei Carpenito (2014).

In Tabelle 9.4-4 werden exemplarisch und stellvertretend für die anderen 81 Risikopflegediagnosen Definitionen und Risikofaktoren der Risikopflegediagnose „Gefahr einer Hautschädigung" dargestellt.

In Tabelle 9.4-5 werden die „Potenzielle Komplikation: Sepsis" definiert und besonders gefährdete Personengruppen benannt. Carpenito (2014) stellt in ihrem umfassenden Lehrbuch ausführlich einzelne präventiv-prophylaktische Interventionen oder Maßnahmen der Ersten Hilfe im Umgang mit Potenziellen Komplikationen und das dem zugrunde liegende „bifokale klinische Praxismodell" dar.

Die ursprünglich als Sonderformen von Risikopflegediagnosen durch Meyer et al. (2007) beschriebenen „Surveillance-Pflegediagnosen" wurden mittlerweile in die offizielle Liste der NANDA-I integriert. Der aus dem Französischen stammende Begriff *„surveillance"* wird mit Beobachtung, Kontrolle oder Überwachung übersetzt; Surveillieren beschreibt überwachende, beaufsichtigende Tätigkeiten. Meyer et al. (2007) betonen, dass Pflegende bei Surveillance-Diagnosen dafür verantwortlich sind, das Problem zu identifizieren und die Reaktionen des Klienten zu beobachten, um ein sich entwickelndes oder im Status veränderndes Problem zu erkennen und entsprechende Interventionen einzuleiten.

Folgende Surveillance-Pflegediagnosen wurden in die Klassifikation 2015–2017 der NANDA-I (2016) integriert:
- Allergischen Reaktion, Gefahr einer
- Blutglukosespiegels, Gefahr eines instabilen
- Blutungsgefahr
- Durchblutungsstörung, Gefahr einer kardialen, renalen, zerebralen
- Frailty-Syndroms im Alter, Gefahr eines
- Kardiovaskulären Funktion, Gefahr einer beeinträchtigen
- Leberfunktionsstörung, Gefahr einer
- Motilität, Gefahr einer dysfunktionalen gastrointestinalen
- Neonatalen Gelbsucht, Gefahr einer
- Schockgefahr
- Verwirrtheit, Gefahr einer akuten.

Surveillance-Diagnosen ähneln sehr dem oben beschriebenen Konzept der „interdisziplinären Probleme" oder „potenziellen Komplikationen" von Carpenito (2014). Während Carpenito diese Probleme jedoch als besondere Gesundheitsprobleme identifiziert und klassifiziert, integrierten Meyers et al. (2007) Surveillance-Diagnosen mittlerweile als Risikopflegediagnosen in die Klassifikation der NANDA-Pflegediagnosen (2016). Leitende Pflegepersonen sind beim pflegerischen Risikomanagement gut beraten, Risikopflegediagnosen und „potenziellen Komplikationen" (Carpenito, 2014) zu berücksichtigen, um für die gesamte Palette möglicher Gesundheitsgefahren für Patienten aufmerksam, bewusst und wach zu sein. Darüber hinaus können Pflegende im interdisziplinären Dialog ihre Indikationen für pflegerisches Risikomanagement mit Risikodiagnosen und potenziellen Komplikationen eindeutig benennen und präventive Interventionen anbieten.

Neun VIP-Patientenrisiken
Neben der hier vorgestellten pflegerischen Sicht und Sortierung von Gesundheitsrisiken für Klienten und Bewohner hat die WHO ein Expertengremium zusammengestellt, das die folgenden neun „very important patient risks" als die wichtigsten Sicherheitsrisiken und Aspekte für die Patienten- und Klientensicherheit in der Gesundheitsversorgung einschätzt (JCI, 2007). Sie

Tabelle 9.4-2: Liste der Risikopflegediagnosen nach NANDA-I (2016), Doenges (2014/2018) und Gordon (2013a, 2018)

- Allergischen Reaktion, Gefahr einer
- Aktivitätenplanung, Gefahr einer unwirksamen
- Aktivitätsintoleranz, Gefahr der
- Aspirationsgefahr
- Augentrockenheit, Gefahr einer
- Beziehung, Gefahr einer beeinträchtigten
- Bindung, Gefahr einer beeinträchtigten
- Blutglukosespiegels, Gefahr eines instabilen
- Blutungsgefahr
- Coping, gefährdendes familiäres
- Dekubitus, Gefahr eines
- Drangharninkontinenz, Gefahr einer
- Durchblutungsstörung, Gefahr einer gastrointestinalen
- Durchblutungsstörung, Gefahr einer kardialen
- Durchblutungsstörung, Gefahr einer peripheren
- Durchblutungsstörung, Gefahr einer renalen
- Durchblutungsstörung, Gefahr einer zerebralen
- Dysreflexie, Gefahr einer autonomen
- Elektrolyungleichgewichts, Gefahr eines
- Elterlichen Fürsorge, Gefahr einer beeinträchtigten
- Entscheidungsfindung, Gefahr einer beeinträchtigten unabhängigen
- Entwicklung, Gefahr einer verzögerten
- Erholung, Gefahr einer verzögerten postoperativen
- Erstickungsgefahr
- Flüssigkeitsdefizits, Gefahr eines
- Flüssigkeitsvolumens, Gefahr eines unausgeglichenen
- Frailty-Syndroms im Alter, Gefahr eines
- Gesundheitsmanagements, Gefahr eines unwirksamen
- Gewalttätigkeit, Gefahr einer fremdgefährdenden
- Gewalttätigkeit, Gefahr einer selbstgefährdenden
- Gewebeschädigung, Gefahr einer
- Gewebeschädigung, Gefahr einer traumatischen
- Harnwegsverletzung, Gefahr einer
- Hautschädigung, Gefahr einer
- Herzleistung, Gefahr einer verminderten
- Hornhautschädigung, Gefahr einer
- Hypothermie, Gefahr einer
- Hypothermie, Gefahr einer perioperativen
- Identität, Gefahr einer gestörten persönlichen
- Immobilitätssyndoms, Gefahr eines
- Infektionsgefahr
- Intertrigogefahr*
- Kardiovaskulären Funktion, Gefahr einer _beeinträchtigen
- Kindstodes, Gefahr eines plötzlichen
- Kontaminationsgefahr
- Kontrakturgefahr*
- Körpertemperatur, Gefahr einer unausgeglichenen
- Lagerungsschadens, Gefahr eines perioperativen
- Latexallergischen Reaktion, Gefahr einer
- Leberfunktionsstörung, Gefahr einer
- Machtlosigkeit, Gefahr einer
- Menschenwürde, Gefahr einer beeinträchtigten
- Motilität, Gefahr einer dysfunktionalen gastrointestinalen
- Mundschleimhaut, Gefahr einer geschädigten
- Mutter-Fötus-Dyade, Gefahr einer gestörten
- Nebenwirkungen von jodhaltigem Kontrastmittel, Gefahr von
- Neurovaskulären Störung, Gefahr einer peripheren
- Neonatalen Gelbsucht, Gefahr einer
- Obstipationsgefahr
- Obstipation, Gefahr einer chronisch funktionellen
- Posttraumatischen Syndroms, Gefahr eines
- Religiosität, Gefahr einer beeinträchtigten
- Relokationsstresssyndroms, Gefahr eines
- Resilienz, Gefahr einer beeinträchtigten
- Rollenüberlastung der pflegenden Bezugsperson, Gefahr einer
- Schockgefahr
- Schwangerschafts-, Geburts- und Wochenbettverlaufs, Gefahr eines unzureichenden
- Selbstverletzungsgefahr
- Selbstwertgefühls, Gefahr eines situationsbedingten geringen
- Sinnkrise, Gefahr einer
- Sturzgefahr
- Suizidgefahr
- Trauerns, Gefahr eines erschwerten
- Übergewichts, Gefahr eines
- Vereinsamungsgefahr
- Vergiftungsgefahr
- Verhaltens, Gefahr eines desorganisierten kindlichen
- Verletzungsgefahr
- Verletzung, Gefahr einer thermischen
- Verletzung, Gefahr einer vaskulären
- Verwirrtheit, Gefahr einer akuten
- Wachstums, unproportionalen, Gefahr eines

Tab. 9.4-3: Potenzielle Komplikationen (PK) bei häufigen medizinischen Diagnosen und Therapien (Quelle: Autor nach Carpenito, 2014: 149 ff.)

Medizinische Diagnose	Entsprechende Pflegediagnose
Angina pectoris/Myokardinfarkt	• PK: Arrhythmie • PK: Herzversagen/Lungenödem • PK: Kardiogener Schock • PK: Reinfarkt • PK: Thrombus-/Emboliebildung • PK: Hypoxämie • PK: Elektrolystörungen • PK: Säure-Basen-Störung • PK: Perikarditis • PK: Herztamponade • PK: Herzstillstand
Asthma/COLE	• PK: Hypoxämie • PK: Säure-Basen-/Elektrolytstörung • PK: Atemversagen • PK: Herzversagen
Diabetes mellitus	• PK: Hyper-/Hypoglykämie • PK: verzögerte Wundheilung • PK: Hypertonie • PK: Retinablutung
Fraktur	• PK: Blutung • PK: Frakturdislokation • PK: Thrombus-/Emboliebildung • PK: behinderte Blutzirkulation • PK: Nervenkompression • PK: Infektion
Schädelhirntrauma (SHT)	• PK: Hirndrucksteigerung • PK: Atemdepression • PK: Schock • PK: Hyper-/Hypotension • PK: Koma
Intravenöse Therapie	• PK: Phlebitis/Thrombophlebitis • PK: Infiltration/Parainfusion • PK: Überwässerung • PK: Infektion/Sepsis • PK: Blutung • PK: Luftembolie • PK: Medikamenteneinnahme • PK: abnorme Reaktionen (Allergische Reaktion, überschießende Reaktion, Nebenwirkungen, Medikamentensynergismus • PK: Überdosierung, Toxizität
Thoraxdrainagen	• PK: Hämo-/Pneumothorax • PK: Blutung • PK: Atelektase • PK: Blockade der Thoraxdrainage • PK: Infektion/Sepsis

Tab. 9.4-4: Risikopflegediagnose „Gefahr einer Hautschädigung" (Quelle: NANDA-I, 2016: 426)

Definition: Risiko einer Veränderung der Epidermis und/oder Dermis, welche die Gesundheit beeinträchtigen könnte.	
Äußere Risikofaktoren	**Innere Risikofaktoren**
• Chemische Verletzungsursache (z.B. Verbrennung, Capsaicin, Senfgas) • Ausscheidungen • Altersextreme • Luftfeuchtigkeit • Hyperthermie • Mechanischer Faktor (z.B. Schwerkräfte, Druck, körperliche Immobilität) • Feuchtigkeit • Strahlentherapie • Sekrete	• Veränderung des Stoffwechsels • veränderte Pigmente • veränderte sensorische Empfindung (als Folge einer Rückenmarksverletzung, Diabetes mellitus) • Veränderung des Hautturgors • hormonelle Veränderungen • Immunschwäche • beeinträchtigte Durchblutung • unangemessene Ernährung • pharmazeutische Wirkstoffe • Druck auf hervorstehende Knochenpartien • psychogene Faktoren

Tab. 9.4-5: Potenzielle Komplikation: Sepsis. (Quelle: Carpenito, 2014: 1543)

Definition: Die „PK: Sepsis" beschreibt eine Person, die eine systemische Reaktion in Kontakt mit Bakterien, Viren, Pilzen oder deren Toxinen erfährt oder gefährdet ist, diese zu erfahren.	
Hochrisikogruppen – Personen mit:	
• Infektionen (Magen-Darm, Harnweg, Gallenwege) • Immunsuppression • invasiven Zugängen (urethral, arteriell, ZVD, tracheal) • AIDS • metastasierendem Tumor • Dekubitus	• ausgedehnten, schlecht heilenden Wunden • chirurgischen Wundinfektionen (gram-) • Diabetes mellitus • Unterernährung • Zustand nach der Geburt • Zirrhose • chronischer Erkrankung

wurden für den gesamten Bereich der Gesundheitsversorgung identifiziert. Hinsichtlich der eingangs dargestellten Risikopflegediagnosen sollten die neun WHO-Sicherheitsrisiken von Pflegenden immer als mögliche Risikofaktoren von Risikopflegediagnosen berücksichtigt werden. Mögliche Beziehungen zu einzelnen Risikopflegediagnosen (PD) werden in der folgenden Aufzählung durch Pfeile (→) und kursive Schrift verdeutlicht; der Asterisk (*) zeigt häufige Gesundheitsrisiken in der Altenpflege. Sie können in der Dokumentation z.B. als Risikopflegediagnose: „Infektionsgefahr, b/d (beeinflusst durch) Katheter- bzw. Sondendiskonnektion" dokumentiert werden:

1. ähnlich aussehende oder ähnlich klingende Medikamentennamen* → *PD: Vergiftungsgefahr*
2. Patienten-/Bewohneridentifikation*
3. Kommunikation an Schnittstellen*
4. Seitenverwechslung (z.B. vor Gliedmaßenamputation) → *PD: Gefahr einer traumatischen Gewebeschädigung*
5. Konzentration von Injektions- und Infusionslösungen → *PD: Vergiftungsgefahr*
6. sichere Folgemedikation bei Patienten-/Bewohnerüberleitung* → *PD: Gefahr eines unwirksamen Gesundheitsmanagements*
7. Katheter- bzw. Sondendiskonnektion (z.B. Trennen des Blasenverweilkatheters vom Urinbeutel)* → *PD: Infektionsgefahr*
8. Mehrfachverwendung von Einmalmaterial* → *PD: Infektionsgefahr, Kontaminationsgefahr*
9. Händehygiene zur Vermeidung nosokomialer Infektion (unter der Behandlung erworbene Infektion, z.B. Harnwegsinfekt nach Le-

gen eines Blasenkatheters)* → *PD: Infektions-, Kontaminationsgefahr* (vgl. Georg, 2008b).

9.4.2.4
Risikomanagement, Pflegeinterventionen, Expertenstandards und Vigilanz

Um zu verhindern, dass sich aus Risikopflegediagnosen und potenziellen Komplikationen aktuelle Pflegediagnosen oder manifeste Gesundheitsprobleme entwickeln, werden präventivprophylaktische Pflegeinterventionen im Rahmen des klinischen Risikomanagements geplant, ausgewählt und angewendet. Die Auswahl kann auf der theoretischen Grundlage des in Abbildung 9.4-5 beschriebenen „Pflegewissens-, Entscheidungs- und Vigilanzmodells" (McCloskey-Dochterman/Bulecheck, 2009/2016; Meyer/Lavin, 2003) erfolgen. Demnach kann nach Identifikation der entsprechenden Risikopflegediagnosen (z.B. Sturzgefahr) aus dem Wissensfundus der Pflegeinterventionsklassifikation (NIC) die geeignete Pflegeintervention (z.B. Sturzprävention) ausgewählt werden, um mit spezifischen Pflegeaktivitäten eine Gesundheitsgefahr abzuwenden. Die Ergebnisse des präventiven Handelns können mithilfe der Ergebniskriterien der Pflegeergebnisklassifikation (NOC) gemessen und evaluiert werden. Voraussetzung für dieses durch Pflegewissen informierte pflegerische Handeln ist „Vigilanz" oder eine professionelle pflegerische Wachheit und Aufmerksamkeit (Meyer/Lavin, 2003).

Die Expertenstandards zur Dekubitus- und Sturzprophylaxe (www.DNQP.de) können herangezogen werden, um Prozess-, Struktur- und Ergebniskriterien für das Risikomanagement dieser Pflegephänomene zu beschreiben. Detaillierte Beschreibungen dieser auf die Risikopflegediagnosen „Dekubitusgefahr" und „Sturzgefahr" ausgerichteten Expertenstandards finden sich in den Veröffentlichungen des Deutschen Netzwerkes für Qualitätsent-

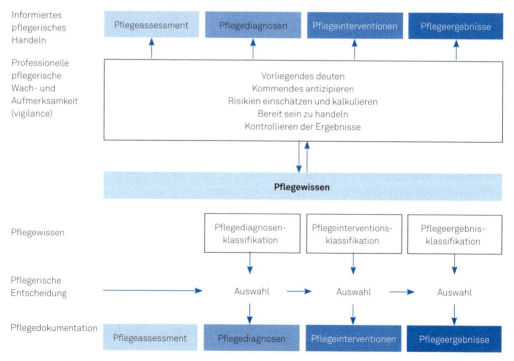

Abbildung 9.4-5: Das Pflegewissens- und -entscheidungsfindungs- und Vigilanzmodell (Quelle: zusammengeführt von Georg, 2008c, nach: McCloskey-Dochterman/Bulecheck, 2015, und Meyer/Lavin, 2003)

wicklung in der Pflege (DNQP) aus dem Jahren 2006 und 2010.

Eine Voraussetzung und pflegerische Fertigkeit, um klinisches Risikomanagement initiieren und steuern zu können, ist, wie oben beschrieben, professionelle Vigilanz. Im allgemeinen Sprachgebrauch beschreibt der vom Lateinischen „vigil" (wach[sam]) stammende Begriff der Vigilanz „Wachsamkeit oder einen Zustand erhöhter Reaktionsbereitschaft und Aufmerksamkeit". Das Verb „vigilieren" wird im Fremdwörterbuch des Duden (2000) mit „wachsam sein, fahnden, aufpassen, auf etwas lauern" übersetzt. Meyer et al. (2007) definieren professionelle Vigilanz als …

> „… einen Zustand geistiger, wissenschafts- und erfahrungsgestützter:
> - Aufmerksamkeit für und Erkennung von klinisch bedeutsamen Beobachtungen, Signalen und Hinweiszeichen
> - Abschätzungen und Berechnungen von Risiken, die Situationen der Pflegepraxis innewohnen
> - Bereitschaft, angemessen und effizient zu reagieren, um Risiken zu minimieren und auf Bedrohungen zu reagieren."

Vigilanz wird nicht als Handlung, sondern als mentaler Prozess beschrieben, der gegenwärtig ist, wenn Pflegende mit Klienten im Rahmen des Risikomanagmementprozesses interagieren. Es ist ein psychisch-kognitiver Prozess, bei dem Pflegende ihre Umgebung wachsam beobachten und mit anhaltender Aufmerksamkeit auf Hinweise und Signale für potenzielle gesundheitliche Risiken absuchen. Professionelle Wachsamkeit und Aufmerksamkeit (engl.: *vigilance*) besteht aus fünf Elementen:
1. Vorliegendes, das da ist, deuten
2. Kommendes, das sein könnte, antizipieren oder geistig vorwegnehmen
3. Risiken einschätzen und kalkulieren
4. bereit sein zu handeln
5. Ergebnisse von Interventionen kontrollieren.

Professionelle Vigilanz ist eine Voraussetzung, um den Wissensbestand der Pflege in prozessorientierte pflegerische (präventive) Handlungen umzusetzen und trägt zu seiner Entwicklung bei. Mit der Fähigkeit, Vorliegendes zu deuten, Kommendes zu antizipieren, Risiken zu kalkulieren, zum Handeln bereit zu sein und Ergebnisse zu überprüfen, ermöglichen Pflegende informiertes pflegerisches Handeln auf den Ebenen des Pflegeassessments, der Pflegediagnosen und der Pflegeinterventionen (s. Abb. 9.4-5). Professionelle Vigilanz hilft, Leben zu retten, …

- … weil sie Pflegende befähigt, Gefahren im Rahmen des Risikomanagements einzuschätzen, zu kalkulieren und vorauszusehen.
- … indem sie Pflegenden hilft, isolierte Punkte miteinander zu verbinden und ein Gesamtbild einer Gefährdungssituation zu zeichnen.
- … indem sie Pflegende in die Lage versetzt, lebensrettend zu handeln.

9.4.2.5
Risikomanagement und interdisziplinäre Versorgungspfade

DRG-Fallgruppen lassen sich interdisziplinär mit Hilfe sogenannter interdisziplinärer Versorgungspfade (engl.: *critical pathways*) managen. Da die DRGs und medizinische Diagnosen laut Fischer (2002) selten den Versorgungsbedarf eines individuellen Klientenfalls homogen beschreiben, kommt es zu Abweichungen (Varianzen) vom Versorgungspfad. Die meisten dieser Varianzen lassen sich mit Hilfe eines Risikoassessments vorhersagen und als Risikopflegediagnosen oder potenzielle Komplikationen beschreiben. Sie lassen sich begleitend zum bestehenden interdisziplinären Versorgungspfad in Form sogenannter Co-Pathways beschreiben und bewältigen (Johnson, 2002).

„Co-Pathways" oder „begleitende Versorgungspfade" …
- … sind strukturiertere Pläne, um erwünschte Ergebnisse beim Klienten zu erzielen, die bei einer bestimmten Begleiterkrankung oder bei einem zusätzlichen Gesundheitsproblem als potenzielle Gesundheitsgefahren auftreten könnten.

- … werden mit dem Ziel konzipiert, Begleiterkrankungen oder Probleme, die zu Abweichungen führen, in einer eindeutigen, knappen und auf den Klienten fokussierten Weise anzugehen.
- … legen Klientenergebnisse fest, die bis zur Entlassung erreicht werden müssen.
- … lassen sich bei Bedarf für jeden Klienten individualisieren.

„Co-Pathways" schreiben – im Gegensatz zu interdisziplinären Versorgungspfaden – nicht einzelne Interventionen für eine bestimmte Verweildauer vor. Die erreichten Ergebnisse werden direkt im Co-Pathway dokumentiert. Nicht erreichte Ergebnisse werden in Entlassungsplanungsbogen dokumentiert. Abweichungen von „Co-Pathways" werden als klientenbedingte, durch Leistungserbringer bedingte oder systembedingte Varianzen differenziert und können im Rahmen des Qualitätsmanagements genutzt werden (Dykes/Wheeler, 2002). Ein Muster eines Co-Pathways für die Risikodiagnose „Suizidgefahr" findet sich in dem Praxishandbuch über „Critical Pathways" oder interdisziplinäre Versorgungspfade von Dykes und Wheeler (2002).

Literatur

Alfaro-LeFevre, R. (2013): Pflegeprozess und kritisches Denken – Praxishandbuch zum kritischen Denken, Lösen von Problemen und Fördern von Entwicklungsmöglichkeiten. Bern, Hans Huber.

Bartholomeyczik, S.; Halek, M. (Hrsg.) (2009): Assessmentinstrumente in der Pflege. Hannover, Schlütersche.

Brobst, R.A. (2007): Der Pflegeprozess in der Praxis. Bern, Hans Huber.

Bulechek, G.M.; Butcher, H.K.; Dochterman, J.M.; Wagner, C.M. (2015): Pflegeinterventionsklassifikation (NIC). Bern, Hogrefe.

Carpenito, L.J. (2014): Das Pflegediagnosen-Lehrbuch. Bern, Hans Huber.

Deutsches Netzwerk für Qualitätsentwicklung in der Pflege (DNQP) (Hrsg.) (2010): Expertenstandard Dekubitusprophylaxe in der Pflege, Entwicklung – Konsentierung – Implementierung. Osnabrück, DNQP.

Deutsches Netzwerk für Qualitätsentwicklung in der Pflege (DNQP) (Hrsg.) (2006): Expertenstandard Sturzprophylaxe in der Pflege, Entwicklung – Konsentierung – Implementierung. Osnabrück, DNQP.

Doenges, M.E.; Moorhouse, M.F.; Geissler-Murr, A.C. (2014): Pflegediagnosen und Pflegemaßnahmen, 5. Auflage. Bern, Hans Huber.

Doenges, M.E.; Moorhouse, M.F.; Geissler-Murr, A.C. (2018): Pflegediagnosen und Pflegemaßnahmen, 6. Auflage. Bern, Hogrefe.

Dykes, P.C.; Wheeler, K. (2002): Critical Pathways – Interdisziplinäre Versorgungsplanung. Bern, Hans Huber.

Firth-Cozens, J.; Sandars, J. (2007): The Nature of Error. In: Sandars, J.; Cook, G. (eds.): ABC of Patient Safety. Oxford, Oxford University Press.

Fischer, W. (2002): Diagnosis Related Groups (DRGs) und Pflege – Grundlagen, Codierungssysteme, Integrationsmöglichkeiten. Bern, Hans Huber.

Georg, J. (2006): Interdisziplinäre Behandlungspfade. NOVA, 37, 1: 24–25.

Georg, J. (2008a): Risikopflegediagnosen und Risikomanagement. NOVA, 39, 1: 22–25.

Georg, J. (2008b): Sicherheit systemisch betrachtet (Interview: Schwendimann). NOVA, 39, 4: 24–26.

Georg, J. (2008c): Stoffwechselbezogene Pflegediagnosen. NOVAcura, 39, 7/8: 32–35.

Georg, J. (2009): Klinisches Risikomanagement, in: Haubrock, M.; Schär, W.: Betriebswirtschaft und Management in der Gesundheitswirtschaft, 5. Auflage. Bern, Hans Huber, S. 516–527.

Georg, J. (2013): Resilienz. Pflegeklassifikationen, Pflegeprozess und Pflegediagnosen. In: McAllister, M. (2013): Resilienz in der Pflege. Bern, Hans Huber, S. 217–265.

Georg, J. (2016): Risikomanagement. NOVAcura, 47, 6: 9–11.

Gordon, M. (2013a): Handbuch Pflegediagnosen, 5. Auflage. Bern, Hans Huber.

Gordon, M. (2013b): Pflegeassessment Notes. Bern, Hans Huber.

Gordon, M. (2018): Handbuch Pflegediagnosen. 6. A., Hogrefe, Bern.

Gupta, A. (2012): Assessmentinstrumente für alte Menschen. Bern, Hans Huber.

Herdman, H. (2008): Is it time for a new definition? IJNTC, 19, 1: 1–13.

JCI – Joint Commission International: WHO Collaborating Centre for Patient Safety Releases – Nine Life-Saving Patient Safety Solutions. JCI, Washington, 2007. In: http://www.jointcommissioninternational.org/24946/ [Zugriff 24.07.2008].

Johnson, S. (Hrsg.) (2002): Interdisziplinäre Versorgungspfade – Pathways of Care. Bern, Hans Huber.

Krohwinkel, M. (2008): Rehabilitierende Prozesspflege am Beispiel von Apoplexiekranken. Fördernde Prozesspflege als System – Entstehung, Entwicklung und Anwendung, 3. Auflage. Bern, Hans Huber.

Krohwinkel, M. (2013): Fördernde Prozesspflege mit integrierten ABEDLs – Forschung, Theorie und Praxis. Bern, Hans Huber.

Meyer, G. A.; Lavin, M. A.; Perry A. G. (2007): Is it time for a new category of nursing diagnosis? IJNTC, 18, 2: 45–50.

Meyer, G.; Lavin, M. A. (2003): Vigilance: The Essence of Nursing. OJIN, 8 (2003), 3/Sept. http://www.nursingworld.org/MainMenuCategories/ANAMarketplace/ANAPeriodicals/OJIN/TableofContents/Volume82003/Num3Sep30_2003/VigilanceTheEssenceofNursing.aspx [Zugriff: 24.07.2008].

Morse, J. (1997): Preventing patient falls. Thousand Oaks, SAGE Publications.

NANDA International (2016): Pflegediagnosen – Klassifikation und Definition 2015–2017. Kassel, Recom.

Nikolaus, T.; Pientka, L. (1999): Funktionelle Diagnostik – Assessment bei älteren Menschen. Wiebelsheim, Quelle & Meyer.

Reason, J. (1990): Human Error. Cambridge, Cambridge University Press.

Reuschenbach, B.; Mahler, C. (Hrsg.) (2011): Handbuch pflegebezogener Assessmentverfahren. Bern, Hans Huber.

Schwendimann, R. (1998): Häufigkeit und Umstände von Sturzereignissen im Akutspital: Eine Pilotstudie. Pflege, 11: 335–341.

Schwendimann, R. (2000): Sturzprävention im Akutspital: Eine Literaturübersicht. Pflege, 13: 169–179.

Tappert, F.; Schär, W. (2006): Erste Hilfe kompakt, 11. Auflage. Bern, Hans Huber.

Tideiksaar, R. (2008): Stürze und Sturzprävention, 2. Auflage. Bern, Hans Huber.

Tinetti, M. E. (1990): A simple procedure for general screening for functional disability in elderly patients. Annuals of Internal Medicine, 12: 699–706.

Zander, K. (2005): Case Management, klinische Pfade und CareMaps. In: Ewers, M.; Schaeffer, D. (2005): Case Management in Theorie und Praxis, 2. Auflage. Bern, Hans Huber.

9.4.3 Patientensicherheit und Risikomanagement

Constantin Rehers

Das deutsche Gesundheitssystem gilt mit seinen Krankenhäusern im internationalen Vergleich angesichts seiner Leistungsfähigkeit und hohen medizinischen Versorgungsqualität vielfach als eines der besten Gesundheitssysteme weltweit. Dennoch kommt es im Behandlungsalltag durch individuelle ärztliche Fehlleistungen und organisatorische Defizite, wie zum Beispiel Hygienemängel, Medikationsfehler oder Patientenverwechslungen zu vermeidbaren Schädigungen von Patienten. Erkenntnisse aus Untersuchungen zur Fehlerentstehung in komplexen Systemen im medizinischen Bereich belegen in diesem Zusammenhang, dass der Erfolg von medizinischen Behandlungen im Krankenhaus nicht ausschließlich von der fachlichen Qualifikation des Personals abhängt (vgl. Pauli, 2013: 25). Vielmehr zeigt sich, dass eine fehlerhafte Organisation interner Strukturen einen immensen Einfluss auf die Leistungsqualität von Krankenhäusern hat. So berufen sich Schadensersatzklagen in Haftpflichtfällen nach individuellen Fehlern des Personals im Rahmen der Behandlung am zweithäufigsten auf Organisationsverschulden. Darüber hinaus steht aber auch das Gebiet der ärztlichen Behandlungsfehler immer häufiger in Zusammenhang mit organisatorischen Mängeln im Krankenhausbetrieb (vgl. Pietrowski et al., 2007: 7 f.). Aus der zunehmenden Komplexität medizinischer Behandlungsprozesse, an denen eine hohe Anzahl unterschiedlicher Professionen und Personen beteiligt ist, resultieren vielfältige Risiken, welche die Sicherheit von Patienten gefährden (vgl. Kahla-Witzsch, 2011: 211). Verschärft wird die Situation durch allgemeine Trends im Gesundheitswesen, wie zum Beispiel den medizinisch-technischen Fortschritt, den demographischen Wandel und eine zunehmende Ökonomisierung und Leistungsverdichtung in der Medizin. Die genannten Trends bewirken ständig neue und anders gelagerte Risiken im Gesundheitssystem. Krankenhäuser stellen unter diesen spezifischen Rahmenbedingungen Hochrisikobereiche dar, da sie über äußerst komplexe Strukturen verfügen und an vielen Stellen fehleranfällig sind. Durch gezielte Maßnahmen zur Verbesserung der Patientensicherheit, wie eine sachgerechte Organisation und adäquate Risikobewältigungsmaßnahmen können krankenhausinduzierte Risiken jedoch als beherrschbar angesehen oder zumindest in ihren negativen Auswirkungen für Patienten vermindert werden (vgl. Pauli, 2013: 49). Dies ist nicht immer erkannt worden. Erst in den vergangenen Jahren wurde damit begonnen, sich intensiver mit Fehlern und vor allem der Fehlerentstehung in der Medizin auseinanderzusetzen. Allein aus ethisch-moralischen Gründen und der ärztlichen Handlungsmaxime „Primum non nocere" („Zuerst einmal nicht schaden") kann es als unabdingbar angesehen werden, Risiken im Behandlungsumfeld zu minimieren. Eine Methode zur Vermeidung bzw. Verminderung von patientengefährdenden Risiken stellt das klinische Risikomanagement (kRM) dar, welches zunehmend in den Fokus der Krankenhäuser gerückt ist. Neben der Optimierung der Patientensicherheit sind als Gründe hierfür unter anderem eine gestiegene Anspruchsmentalität der Patienten, immens steigende Versicherungsprämien der Krankenhaushaftpflicht, hohe Folgekosten für Patientenschädigungen und ein erhöhtes mediales Interesse an Behandlungsfehlern auszumachen. Aufgrund der enormen Relevanz haben sich seit etwa 10 Jahren auch diverse Institutionen dem Thema der Patientensicherheit gewidmet. Im Folgenden wird dieser Begriff thematisiert und die Bewegung sowie wesentliche Initiativen rund um die Patientensicherheit beleuchtet. Der Schwerpunkt dieses Kapitels liegt auf den Anforderungen des Gesetzgebers an die Patientensicherheit im Krankenhaus, die sich aus der aktuellen Qualitätsmanagement-Richtlinie Krankenhäuser (KQM-RL) vom 21.01.2014 ergeben und durch den Gemeinsamen Bundesausschuss konkretisiert wurden.

9.4.3.1
Schlüsselbegriffe im Kontext der Patientensicherheit

Um sich einer Definition des Begriffs „Patientensicherheit" anzunähern, bedarf es vorab des Aufbaus eines systematischen Grundverständnisses zu Schlüsselbegriffen im Kontext von Patientensicherheit und Fehlern in der Medizin, da dieser Themenbereich als relativ junger Wissenschaftsbereich durch zahlreiche heterogene Begriffsdefinitionen gekennzeichnet ist. Weiterhin kommen, bedingt durch Übersetzungen aus dem Englischen in weitere Sprachen, zusätzliche Begriffsungenauigkeiten hinzu (vgl. APS, o. J.). Überdies erfordert auch die Besonderheit der medizinischen Leistungserstellung klare Begriffsabgrenzungen. So können negative Behandlungsergebnisse in der Medizin mit unterschiedlichsten Faktoren zusammenhängen und sind nicht zwingend mit einer Fehlbehandlung verbunden. Ursächlich für ein nicht zufriedenstellendes Behandlungsergebnis können neben rein krankenhausinduzierten Fehlleistungen ebenso krankheitsimmanente, behandlungsimmanente und patientenbezogene Faktoren sein (vgl. Middendorf, 2006: 76 f.). Dies gilt es auch bei Bemühungen zur Verbesserung der Patientensicherheit zu beachten. So kann in deren Rahmen nur auf erstere, die krankenhausinduzierten Fehlleistungen durch das Krankenhaus bzw. seine Mitarbeiter, aktiv Einfluss genommen werden. Zur Berücksichtigung dieses Sachverhalts wird ein negatives Behandlungsergebnis im Bereich der Patientensicherheit und des klinischen Risikomanagements auf ein „unerwünschtes Ereignis" zurückgeführt, das vermeidbar oder unvermeidbar sein kann.

Bei den nachfolgenden Ausführungen wird sich auf die Begriffsbestimmungen des Aktionsbündnisses für Patientensicherheit (APS) und des Ärztlichen Zentrums für Qualität in der Medizin (ÄZQ) bezogen, die diese übereinstimmend veröffentlicht haben und die im deutschen Sprachraum vermehrt Anwendung finden. Beide Institutionen setzen sich vor allem in Deutschland maßgeblich für eine sichere Gesundheitsversorgung ein. In Anlehnung an das Glossar des APS und des ÄZQ finden die im

Folgenden aufgeführten Schlüsselbegriffe Anwendung (vgl. APS, o. J.).

Unerwünschtes Ereignis („adverse event"). Ein unerwünschtes Ereignis (uE) ist ein schädliches Vorkommnis, das eher auf der Behandlung als auf der Erkrankung beruht. Ein unerwünschtes Ereignis kann vermeidbar oder unvermeidbar sein.
Beispiel: Durch die Gabe von Penicillin entwickelt ein Patient eine allergische Reaktion.

Vermeidbares unerwünschtes Ereignis („preventable adverse event"). Bei einem vermeidbaren unerwünschten Ereignis (vuE) handelt es sich um ein unerwünschtes Ereignis, das vermeidbar ist.
Beispiel: Ein Patient bekommt Penicillin verabreicht und entwickelt hierdurch eine allergische Hautreaktion. Die Unverträglichkeit auf Penicillin ist dem Patienten bekannt und wurde auch in der Patientenakte dokumentiert. Durch die fehlende Nachfrage bezüglich etwaiger Unverträglichkeiten und die nicht erfolgte Einsicht in die Patientenakte im Vorfeld der Behandlung kommt es zu einer vermeidbaren Schädigung des Patienten.

Nicht vermeidbares unerwünschtes Ereignis. Beispiel: Ein Patient bekommt Penicillin und es zeigen sich allergische Hautreaktionen, obwohl zuvor niemals eine allergische Reaktion auf Medikamente aufgetreten ist.

Kritisches Ereignis („critical incident"). Ein kritisches Ereignis ist ein Ereignis, das potenziell zu einem unerwünschten Ereignis führen kann bzw. dessen Eintrittswahrscheinlichkeit erheblich erhöht.
Beispiel: Dem Patienten ist eine vorliegende Penicillin-Allergie bekannt. Während des Anamnesegesprächs wird der Patient nicht nach bekannten Allergien gefragt, sodass auch kein Vermerk in die Patientenakte eingetragen wird.

Fehler („error"). Ein Fehler stellt eine Handlung oder ein Unterlassen dar, bei dem eine Abweichung von einem Plan, ein falscher Plan oder kein Plan existiert. Das Auftreten eines Schadens ist für die Definition eines Fehlers unerheblich.
Beispiel: Durch Nichtberücksichtigung von Warnhinweisen in der Patientenakte wird während der Visite Penicillin verordnet.

Beinahe-Schaden („near miss"). Bei einem Beinahe-Schaden wird ein aufgetretener Fehler rechtzeitig identifiziert und berichtigt, ehe ein Schaden eintritt. Nicht selten wird im deutschen Sprachgebrauch für den Begriff „Beinahe-Schaden" irreführenderweise auch der Begriff „Beinahe-Fehler" verwendet. Dies ist auf die wörtliche Übersetzung des englischen Begriffs „near miss" zurückzuführen.
Beispiel: Trotz bekannter und in der Patientenakte dokumentierter Penicillin-Allergie wird dem Patienten während der Visite Penicillin verordnet. Eine aufmerksame Pflegeperson bemerkt den Warnhinweis in der Patientenakte, bevor das Medikament verabreicht wird. Daraufhin erhält der Patient ein anderes Präparat.

9.4.3.2
Patientensicherheit als Qualitätsziel

Im Rahmen einer qualitätsorientierten Gesundheitsversorgung hat die Sicherheit von Patienten einen hohen Stellenwert. Angesichts der zunehmenden Komplexität von Untersuchungs- und Behandlungsabläufen werden zur Gewährleistung der Patientensicherheit hohe Anforderungen an die Mitarbeiter der Gesundheitsversorgung gestellt (vgl. Ärztekammer Berlin, 2008). So verlangt eine berufsgruppen- und fachdisziplinübergreifende Patientenversorgung umfangreiche Planungs-, Koordinations- und Kommunikationsaktivitäten, die notwendig sind, um Schnittstellen im Behandlungsprozess zu überwinden und behandlungsrelevanten Informationsverlust zu vermeiden, der die Sicherheit von Patienten bedrohen kann. Wie eingangs erwähnt, ist Patientensicherheit weitaus mehr als die Qualität der rein medizinischen Leistungen. Stattdessen kann Patientensicherheit vielmehr als eine Funktion „der Qualität von medizinischen Behandlungen und der Qualität ihrer Organisation, der guten Information der Heilberufe und Patienten über die gute Praxis, ihre Diffusion und Implementation" beschrieben werden (Hart, 2007: 383). Darüber hinaus resultiert Patientensicherheit ebenso aus Strategien zur Erkennung, Analyse, Bewertung und Vermeidung von unerwünschten Ereignissen, Fehlern und Beinahe-Schäden sowie dem Lernen aus bereits eingetretenen Vorfällen.

Gefährdet wird die Sicherheit von Patienten durch das Auftreten von „unerwünschten Ereignissen" im Rahmen medizinischer Behandlungs- und Versorgungsprozesse. Der Begriff „Patientensicherheit" wird daher seitens des Aktionsbündnisses für Patientensicherheit (APS) als „Abwesenheit unerwünschter Ereignisse" im Zuge der Behandlung von Patienten definiert (vgl. APS, o.J.). Der Definitionsansatz orientiert sich damit dem Ursprung nach an der Begriffsbestimmung des amerikanischen Institute of Medicine (IOM), das „patient safety" als „freedom of accidental injury" beschreibt (vgl. Gausmann, 2013: 214). Hart (2007) beschreibt Patientensicherheit als ein Fehler- und Risikovermeidungsziel für Institutionen, das auf Risikoprävention und nicht auf Schadensausgleich ausgerichtet ist (ebd.: 383). Legt man diese beiden Verständnisse von Patientensicherheit zugrunde, ist diese als ein Zustand bzw. Qualitätsziel aufzufassen.

Weitere Definitionen stellen bei der Darlegung des Begriffs hingegen eher Handlungen in den Vordergrund, die darauf ausgerichtet sind, Patienten bei der medizinischen Behandlung vor vermeidbaren unerwünschten Ereignissen zu schützen (Gausmann, 2010: 39). So wird vor allem im englischen Sprachraum der Begriff „patient safety" als die Vermeidung, Verhütung und Verbesserung unerwünschter Ereignisse oder Schäden durch Gesundheitsvorsorgemaßnahmen definiert, wobei Ereignisse „Fehler", „Abweichungen" oder „Unfälle" darstellen können (vgl. Pauli, 2013: 36).

Nach dem Glossar des Ärztlichen Zentrums für Qualität in der Medizin (ÄZQ) ist Patientensicherheit „das Produkt aller Maßnahmen in Klinik und Praxis, die darauf ausgerichtet sind, Patienten vor Schäden in Zusammenhang mit der Heilbehandlung zu bewahren" (ÄZQ, 2005: 8). Nahezu identisch beschreiben auch Ennker et al. (2007) den Begriff. Sie definieren Patientensicherheit als „Summe aller Maßnahmen, die darauf gerichtet sind, Patienten vor vermeidbaren Schäden, die in einem Zusammenhang mit der Heilbehandlung stehen, zu bewahren" (ebd.: 182). In der Fachliteratur sind allerdings Autoren zu finden, die diese handlungsbezogene Form der Definition nicht als Patientensicherheit, sondern als klinisches Risikomanagement bezeichnen (vgl. Gausmann, 2010: 39).

Anhand der unterschiedlichen Begriffsauslegungen wird ersichtlich, dass der Begriff „Patientensicherheit" nicht abschließend und einheitlich definiert ist. Aus der Perspektive des klinischen Risikomanagements erscheint es jedoch sinnvoll, Patientensicherheit als einen anzustrebenden Zustand bzw. ein zu erreichendes Ziel zu definieren.

Als internationaler gesundheitspolitischer Ausgangspunkt für das Thema der Patientensicherheit gilt der Ende 1999 durch das amerikanische **Institute of Medicine (IOM)** veröffentlichte Bericht „To Err is Human" (vgl. Hölscher et al., 2014: 7). Nach den Aussagen dieses Berichts starben zum damaligen Zeitpunkt in amerikanischen Krankenhäusern jährlich zwischen 44000 und 98000 Menschen aufgrund vermeidbarer unerwünschter Ereignisse im Kontext medizinischer Behandlungen. Die veröffentlichten Zahlen überstiegen damit sogar die Anzahl der Verkehrstoten und wiesen deutlich darauf hin, dass die Wahrscheinlichkeit und Häufigkeit behandlungsbedingter Schäden in der Medizin unterschätzt worden sind (vgl. von Eiff, 2007: 19; Jonitz/Barth, 2013: 155). Außerdem forderte der Bericht erstmalig die Abkehr von einem monokausalen Fehlerverständnis hin zu einem systemorientierten Ansatz, bei dem nicht das schuldhafte Versagen einzelner Personen, sondern organisatorische Mängel im Vordergrund stehen (vgl. Jonitz/Barth, 2013: 155). Infolgedessen wurden die Gesundheitspolitik und die Öffentlichkeit zunehmend für das Thema der Patientensicherheit sensibilisiert. Auch in Deutschland hat in den vergangenen Jahren die Bedeutung der Sicherheit von Patienten im Rahmen der Gesundheitsversorgung zugenommen und ist damit verstärkt in den Fokus von Gesundheitseinrichtungen gerückt. Als Gründe hierfür sind unter anderem eine gestiegene Anspruchsmentalität der Patienten sowie vermehrte haftungsrechtliche Ansprüche mit Beweiserleichterungen gegen die Leistungserbringerseite zu nennen. Patienten erwarten neben qualitativ hochwertigen medizinischen Leistungen, die sich am aktuellen medizinischen Kenntnisstand orientieren, insbesondere Sicherheit bei der Erbringung der Leistungen (vgl. Gausmann, 2013: 213). Resultierend aus diesem Anspruch sind vermeidbare Schädigungen von Patienten (z. B. durch Behandlungsfehler oder Hygienemängel) immer häufiger Gegenstand einer skandalösen medialen Berichterstattung. Entsprechend den beschriebenen Entwicklungen hat sich (Patienten-)Sicherheit zu einem „Wert an sich" entwickelt. Es zählt daher heute zu den wesentlichen Managementaufgaben von Krankenhäusern und sonstigen Gesundheitseinrichtungen, vermeidbare unerwünschte Ereignisse mit gezielten Maßnahmen zur Gefahrenabwehr und Sicherheitsentwicklung zu reduzieren (ebd.: 213).

Für das deutsche Gesundheitswesen liegen bisher wenig empirisch belegte Daten zur Häufigkeit von Patientenschädigungen infolge von vermeidbaren unerwünschten Ereignissen vor. Als eine weitgehend anerkannte und übertragbare Studie gilt jedoch eine systematische Übersichtsarbeit von internationalen Studien durch das Aktionsbündnis für Patientensicherheit aus dem Jahre 2006, auf dessen Angaben auch der Sachverständigenrat zur Begutachtung der Entwicklung im Gesundheitswesen (SVR) in seinem Gutachten im Jahre 2007 zurückgreift (vgl. SVR Gesundheit, 2007: 65). Laut der Studie des APS ereignen sich bei 5–10 % aller Krankenbehandlungen unerwünschte Ereignisse, bei 2–4 % vermeidbare unerwünschte Ereignisse und bei 1 % Behandlungsfehler (vgl. Schrappe et al., 2007: 7). Die Mortalitätsrate durch vermeidbare unerwünschte Ereignisse schätzte das APS dabei auf 0,1 % aller Krankenhausbehandlungen. Basierend auf den getroffenen Annahmen und 17 Mio. deutschen Krankenhauspatienten jährlich, würde dies für die Zeit vor 2006 17 000 Todesfälle pro Jahr infolge von vermeidbaren unerwünschten Ereignissen bedeuten (ebd.: 15). Zu einer aktuelleren, laut Experteneinschätzungen methodisch fragwürdig erhobenen Zahl kommt der AOK-Krankenhausreport 2014. Anhand einer Hochrechnung der oben angegebenen Prozentwerte auf gestiegene Fallzahlen (aus dem Jahre 2011), wurden jährlich 18 800 vermeidbare Todesfälle in deutschen Krankenhäusern errechnet (vgl. Geraedts, 2014: 3). Seitens der DKG wurde diese geschätzte Zahl heftig kritisiert und bedingt durch Weiterentwicklungen im Bereich der Patientensicherheit als nicht valide und unseriös zurückgewiesen (vgl. Deutsche Krankenhausgesellschaft, 2014: 101).

Anlässlich der Relevanz der Thematik der Patientensicherheit wurden in den vergangenen Jahren sowohl international als auch national diverse Projekte, Institutionen und gesundheitspolitische Initiativen gegründet. Das gemeinsame Ziel der Akteure ist dabei die Erforschung und Implementierung von Maßnahmen zur Fehlerprävention sowie die Verbesserung der Patientensicherheit. Auf internationaler Ebene ist unter anderem das im Jahre 2004 gegründete **Aktionsbündnis „World Alliance for Patient Safety"** der WHO zu nennen, welches sich mit unterschiedlichen Themen der Patientensicherheit, wie zum Beispiel der Reduzierung von behandlungsassoziierten Infektionen, Fehlermeldesystemen und der aktiven Einbeziehung von Patienten befasst (vgl. Jonitz/Barth, 2013: 155). Ein weiteres Beispiel stellen ferner die im Jahre 2009 durch die Europäische Kommission veröffentlichten allgemeinen Empfehlungen zur Patientensicherheit dar, die das Thema in die gesundheitspolitischen Strategien der einzelnen EU-Mitgliedsstaaten einbringen sollen (vgl. Hölscher et al., 2014: 7). Als Handlungsfelder werden hier zum Beispiel die Stärkung von Handlungskompetenzen der Patienten sowie die Etablierung von Fehlermeldesystemen und Schulungen im Bereich der Patientensicherheit genannt. Außerdem werden eine Teilnahme an einem länderübergreifenden Wissensaustausch, der Ausbau der Patientensicherheitsforschung sowie die

Etablierung präventiver Maßnahmen zur Minimierung therapieassoziierter Infektionen empfohlen.

Auf nationaler Ebene ist vor allem das **Aktionsbündnis für Patientensicherheit (APS)** als eine der zentralen Institutionen im Bereich der Patientensicherheit aufzuführen. Beim APS handelt es sich um einen gemeinnützigen Verein, der im Jahre 2005 gegründet wurde, um Methoden zur Patientensicherheit zu entwickeln, zu erforschen und zu verbreiten. Mitglieder sind an einer sicheren Patientenversorgung Interessierte Menschen und Institutionen. Konkret sind dies im Gesundheitswesen tätige Personen, Patienten sowie Institutionen der Gesundheitspolitik, -versorgung, -forschung und -wirtschaft. Als ein unabhängiges Netzwerk zielt es darauf ab, Empfehlungen für praxisrelevante Probleme der Patientensicherheit in seinen Arbeitsgruppen zu entwickeln (vgl. Hoffmann, 2013: 1f.). Die Handlungsempfehlungen erstrecken sich dabei sowohl auf den ambulanten als auch den stationären Bereich der Gesundheitsversorgung. Gegenstand der Empfehlungen sind beispielsweise die Vermeidung unbeabsichtigt belassener Fremdkörper im OP-Gebiet („Jeder Tupfer zählt"), die Vermeidung von Eingriffsverwechslungen in der Chirurgie, die sichere Patientenidentifikation und die Einführung eines Critical-Incident-Reporting-Systems (Berichtssystem für kritische Ereignisse) im Krankenhaus. Als Kooperationspartner begleitet das APS zudem nationale sowie internationale Projekte zur Forschung und Verbesserung der Patientensicherheit. Überdies ist es Ansprechpartner bei der Stellungnahme zu Gesetzesentwürfen. In Zusammenarbeit mit der Universität Bonn wurde im Jahre 2009 mit dem Institut für Patientensicherheit (IfPS) ferner die erste wissenschaftliche Einrichtung im Forschungsfeld der sicheren Gesundheitsversorgung gegründet. Zusätzlich zur Arbeit des APS ist das Thema „Patientensicherheit" auch gesundheitspolitisch hochaktuell. Im Jahr 2013 wurde „Patientensicherheit" daher aufgrund ihrer hohen gesellschafts- und versorgungspolitischen Relevanz vom Kooperationsverbund gesundheitsziele.de als eines der nationalen Gesundheitsziele Deutschlands ausgewählt. Die Plattform gesundheitsziele.de bringt gesundheitspolitisch verantwortliche Akteure, wie Bund, Länder und Kommunen, Selbstverwaltungsorganisationen, Fachverbände, Patienten- und Selbsthilfeorganisationen, und die Wissenschaft zwecks der Erarbeitung von Gesundheitszielen zusammen. Gesundheitsziele stellen Vereinbarungen von im Gesundheitswesen verantwortlichen Akteuren dar, die als übergeordnetes Ziel die Verbesserung der Gesundheit der Bevölkerung fokussieren (vgl. gesundheitsziele.de, 2015). Seit Oktober 2014 werden in einer Arbeitsgruppe unterschiedlichster Akteure konkrete Maßnahmen zur Verbesserung der Sicherheit von Patienten erarbeitet, die im Weiteren als Empfehlung an die Politik und andere Akteure im Gesundheitswesen dienen.

Neben den Bemühungen zur Verbesserung der Patientensicherheit auf der Makroebene durch diverse Institutionen und die Gesundheitspolitik haben in den vergangenen Jahren außerdem auf der Mikroebene zahlreiche Krankenhäuser ein klinisches Risikomanagement (kRM) etabliert. Das klinische Risikomanagement stellt ein wesentliches Instrument zur Verbesserung der Patientensicherheit dar, da es maßgeblich zur Vermeidung von Fehlern und unerwünschten Ereignissen im Behandlungsprozess von Patienten beitragen kann. Es handelt sich um eine Managementmethode, die darauf abzielt, Risiken in Form von unerwünschten Ereignissen und Fehlern im Rahmen der Patientenversorgung zu vermeiden. Es stellt somit eine spezielle Form des Risikomanagements dar, die in Einrichtungen des Gesundheitswesens Anwendung findet (vgl. Gausmann, 2010: 36).

9.4.3.3
Bedeutung des Gemeinsamen Bundesausschusses

Auch der Gesetzgeber hat den Bedarf an Patientensicherheit erkannt und sieht konkreten Regelungsbedarf zur Umsetzung eines klinisches Risikomanagements (kRM) in deutschen Krankenhäusern. Mit dem Patientenrechtegesetz (PatRG) aus dem Jahre 2013, das auf eine Stärkung der Rechte von Patienten und Patientinnen abzielt, hat der Gesetzgeber den Gemeinsamen Bundesausschuss (G-BA) – als oberstes Beschlussgremium der gemeinsamen Selbstverwaltung – erstmalig dazu aufgefordert, **Mindeststandards** für den Aufbau von Risikomanagement- und Fehlermeldesystemen verbindlich festzulegen. Mit Inkrafttreten der überarbeiteten Qualitätsmanagement-Richtlinie Krankenhäuser zum 17.04.2014 ist der G-BA dem Auftrag aus dem Patientenrechtegesetz fristgerecht nachgekommen. Seitdem gelten für den Aufbau von Risikomanagement- und Fehlermeldesystemen im Krankenhaus verbindliche Standards. Eine Nichterfüllung der Richtlinieninhalte bedeutet, gesetzliche Vorgaben nicht zu erfüllen. Konsequenzen können unter Umständen ein fehlender Versicherungsschutz der Krankenhaushaftpflicht, Haftungsrisiken sowie Wettbewerbsnachteile sein. Für Krankenhäuser haben die Themen „klinisches Risikomanagement" und „Patientensicherheit" damit umso mehr an Relevanz gewonnen.

Im Folgenden werden die vom Gemeinsamen Bundesausschuss verbindlich festgelegten Mindeststandards für Risikomanagement- und Fehlermeldesysteme mit ihren einzelnen Inhalten dargelegt. Vorab erfolgt eine kurze Vorstellung der Institution des Gemeinsamen Bundesausschusses.

Die Institution des Gemeinsamen Bundesausschusses

Der Gemeinsame Bundesausschuss (G-BA) mit Sitz in Berlin ist eine juristische Person des öffentlichen Rechts und stellt das höchste Beschlussgremium der gemeinsamen Selbstverwaltung von Ärzten, Zahnärzten, Psychotherapeuten, Krankenhäusern und Krankenkassen im deutschen Gesundheitswesen dar. Er wird nach § 91 Abs. 1 SGB V von den Spitzenorganisationen der Kassenärztlichen Bundesvereinigung sowie der Kassenzahnärztlichen Bundesvereinigung, der Deutschen Krankenhausgesellschaft und dem GKV-Spitzenverband gebildet und wurde auf der Gesetzesgrundlage des im Jahre 2004 verabschiedeten Gesundheitsmodernisierungsgesetzes (GMG) gegründet. Seit diesem Zeitpunkt übernimmt und vereinheitlicht der G-BA das **Aufgabenspektrum** seiner Vorgängerorganisationen, der bis dahin unterschiedlichen Bundesausschüsse der gemeinsamen Selbstverwaltung (vgl. Gemeinsamer Bundesausschuss, 2014d). Die zentrale Aufgabe des G-BA besteht darin, unter Beachtung der vom Gesetzgeber definierten Rahmenbedingungen den Leistungskatalog der gesetzlichen Krankenkassen zu konkretisieren. Vor diesem Hintergrund erlässt der G-BA Richtlinien, die den Charakter untergesetzlicher Normen haben und für alle gesetzlich Krankenversicherten sowie in der GKV zugelassenen Leistungserbringer verbindlich sind. Der G-BA entscheidet somit darüber, welche medizinischen Leistungen für etwa 70 Mio. gesetzlich Versicherte von der GKV finanziert werden (vgl. Gemeinsamer Bundesausschuss, 2013b). Dem G-BA kommt folglich eine verantwortungsvolle Rolle zu. Mit der Erfüllung seines gesetzlichen Auftrags soll er dafür Sorge tragen, dass alle Patienten unter Berücksichtigung des aktuellen medizinischen Fortschritts gut versorgt werden können. Gleichermaßen soll sichergestellt werden, dass die medizinische Versorgung wirtschaftlich erfolgt und auf Seiten der Versichertengemeinschaft keine überflüssigen Kosten entstehen (vgl. Bundesministerium für Gesundheit, 2014). Die **Regelungsinhalte** der Richtlinien des G-BA sind unterschiedlich. Zum einen betreffen sie die Versorgung von Patienten mit Arznei- bzw. Heil- und Hilfsmitteln, zum anderen betreffen sie die Versorgung mit ärztlichen, diagnostischen und therapeutischen Maßnahmen und Methoden. Überdies liegen weitere wichtige Aufgaben im Bereich des Qualitätsmanagements und der Qualitätssicherung in der vertragsärztlichen, vertragszahnärztlichen und stationären medizinischen Versorgung. Im Auftrag des Gesetzgebers konzipiert der G-BA für ausgewählte Leistungsbereiche Vorgaben zu Behandlungsstandards, Strukturen und Abläufen. Zusätzlich bestimmt der G-BA Prüfkriterien und Abläufe für gesetzliche Qualitätssicherungsmaßnahmen und legt die grundsätzlichen Anforderungen an ein einrichtungsinternes Qualitätsmanagement in der vertragsärztlichen bzw. vertragszahnärztlichen Versorgung und zugelassenen Krankenhäusern fest. Rechtsaufsicht über den G-BA hat laut § 91 SGB V Abs. 8 das Bundesministerium für Gesundheit, wobei der G-BA diesem jedoch nicht untergeordnet ist. Vonseiten des Ministeriums findet gemäß den Vorgaben im § 94 SGB V teilweise eine Prüfung der durch den G-BA erarbeiteten Beschlüsse und Richtlinien statt. Einige Beschlüsse – unter anderem im Bereich Qualitätssicherung – bedürfen keiner Prüfung und können direkt vom G-BA in Kraft gesetzt werden. Liegen keine Beanstandungen vor, werden Beschlüsse des G-BA im Bundesanzeiger veröffentlicht und erhalten damit Rechtsgültigkeit (vgl. Gemeinsamer Bundesausschuss, 2013c).

Rechtsgrundlage und Zielsetzung der G-BA-Mindeststandards für Risikomanagement- und Fehlermeldesysteme

Die Rechtsgrundlage zur Festlegung von Mindeststandards für Risikomanagement- und Fehlermeldesysteme durch den G-BA resultiert aus dem am 26.02.2013 in Kraft getretenen Gesetz zur Verbesserung der Rechte von Patientinnen und Patienten (Patientenrechtegesetz). Gemäß § 137 SGB V Abs. 1d Satz 1 wurde dem G-BA die Aufgabe zugeteilt, in seinen Richtlinien zu den grundsätzlichen Anforderungen an ein einrichtungsinternes **Qualitätsmanagement**, erstmalig bis zum 26.02.2014 „wesentliche Maßnahmen zur Verbesserung der Patientensicherheit" zu bestimmen und hierzu „insbesondere Mindeststandards für Risikomanagement- und Fehlermeldesysteme" festzulegen (§ 137 SGB V Abs. 1d Satz 1). Überdies wurde der G-BA dazu aufgefordert, Anforderungen an einrichtungsübergreifende **Fehlermeldesysteme** zu bestimmen, „die in besonderem Maße geeignet erscheinen, Risiken und Fehlerquellen in der stationären Versorgung zu erkennen, auszuwerten und zur Vermeidung unerwünschter Ereignisse beizutragen" (ebd.: Abs. 1d Satz 1). Mit Beschlüssen zur Änderung der Qualitätsmanagement-Richtlinien in der vertragsärztlichen, vertragszahnärztlichen und stationären Versorgung zum 23.01.2014 ist der G-BA den Forderungen aus dem Patientenrechtegesetz fristgerecht nachgekommen. Durch die Veröffentlichung zum 17.04.2014 im Bundesanzeiger ist somit auch die aktualisierte Qualitätsmanagement-Richtlinie Krankenhäuser (KQM-RL) in Kraft getreten, welche die bisherige KQM-RL in der Fassung vom 21.06.2005 ergänzt. Seitdem gelten für Krankenhäuser erstmalig verbindliche **Mindeststandards** zum Aufbau und zur Ausgestaltung eines klinischen Risikomanagements und eines einrichtungsinternen Fehlermeldesystems. Außerdem wird in diesem Zusammenhang die Teilnahme an einrichtungsübergreifenden Fehlermeldesystemen und die Errichtung und Durchführung eines patientenorientierten Beschwerdemanagements gefordert. Die genannten Vorgaben sind in einem neu eingefügten § 5 in der Richtlinie konkretisiert und in sieben Absätze untergliedert.

Anhand der Forderungen aus dem Patientenrechtegesetz und der überarbeiteten Richtlinie wird ersichtlich, dass Gesetzgeber und G-BA prinzipiell davon ausgehen, dass Patientensicherheit mittels der Vermeidung von Risiken und Fehlern in der Patientenversorgung in systematischer Form herstellbar ist. Angesichts der Integration der Mindeststandards in die KQM-RL, die grundsätzliche Anforderungen an ein einrichtungsinternes Qualitätsmanagement für nach § 108 SGB V zugelassene Krankenhäuser definiert, wird außerdem deutlich, dass der Gesetzgeber Risikomanagement- und Fehlermeldesysteme als Bestandteil einer umfassenden Qualitätssteuerung der stationären Versorgung versteht. Patientensicherheit wird also mit bisherigen, in verschiedenen Richtlinien des G-BA konkretisierten Anforderungen an die Qualität und Qualitätssicherung von Krankenhausleistungen verbunden (vgl. Pitschas, 2014: 10).

Mit der Umsetzung der überarbeiteten Richtlinie hat sich der Gesetzgeber entschlossen, den Weg zur Etablierung und Förderung einer „Patientensicherheitskultur" zu beschreiten. Ziel ist es, auf diesem Wege die Patientensicherheit in systematischer Weise zu erhöhen. Als Grundsätze einer Sicherheitskultur benennt der G-BA die Prinzipien des Risikobewusstseins, der Fehlervermeidung und des Lernens aus (Beinahe-) Fehlern. Laut dem ersten Absatz des § 5 des Beschlusses zur KQM-RL haben Krankenhäuser fortan „wesentliche Maßnahmen zur Weiterentwicklung der Patientensicherheit ein- und durchzuführen" (Gemeinsamer Bundesausschuss, 2014d: 1).

Die Intention des Gesetzgebers zum Aufbau einer **Sicherheitskultur** geht unter anderem auch aus einer Pressemitteilung des G-BA hervor, die im Anschluss an den Beschluss zur aktualisierten KQM-RL veröffentlicht wurde. So äußerte sich Frau Dr. Regina Klakow-Frank als unparteiisches Mitglied des G-BA und gleichzeitig Vorsitzende des zuständigen Unterausschusses für Qualitätssicherung wie folgt:

> „Bei medizinischen Behandlungen wird es immer auch unerwünschte Nebenwirkungen und Behandlungsfolgen geben. Die heute beschlossenen Regelungen sollen aber dazu beitragen, vermeidbare Fehler und Komplikationen zu verhindern. [...] Die moderne Medizin wird immer komplexer, die Arbeitsdichte in Kliniken und Praxen immer größer. Vor diesem Hintergrund werden Maßnahmen zur Fehlerprävention immer wichtiger. Im Mittelpunkt steht hierbei nicht die Frage, wer, sondern was ist schuld daran, wenn Fehler passieren. Oft liegt eine Verkettung mehrerer kritischer Faktoren vor. Wenn zum Beispiel eine Spritze verwechselt wird, liegt das in der Regel nicht allein daran, dass die Ampullen ähnlich aussehen, sondern weil unter Umständen zu viel Material auf kleinstem Raum gelagert wird oder die Lieferung der Ampullen aus der Apotheke nicht überprüft wurde oder Checklisten fehlen. Auch die Überlastung des medizinischen Personals, wenn zu viele Patienten gleichzeitig versorgt werden müssen, trägt zur Fehlerentstehung bei. Kritische Zwischenfälle nicht zu verschweigen, sondern im Hinblick auf fehlerbegünstigende Faktoren zu analysieren und Verbesserungsmaßnahmen einzuleiten, ist der Dreh- und Angelpunkt von Fehler- und Risikomanagement." (Klakow-Frank, 2014 zit. n. Gemeinsamer Bundesausschuss, 2014e: 1).

Mindeststandards für klinisches Risikomanagement

Die Mindestanforderungen des G-BA an die Ausgestaltung eines klinischen Risikomanagements werden in den Absätzen 1, 2 und 5 des § 5 der geänderten KQM-RL konkretisiert. Der G-BA definiert Risikomanagement und Patientensicherheit laut den „Tragenden Gründen" zum Beschluss als Leitungsaufgaben, wobei der Risikomanagementprozess ein Führungsprozess ist.

Im Kern fordert der G-BA von den Krankenhäusern die **Umsetzung eines systematischen Risikomanagementprozesses**. Nach den Vorgaben des G-BA sollen Krankenhäuser unter Einbeziehung der Patientenperspektive Risiken identifizieren und analysieren, wobei es Aufgabe der Krankenhausführung ist, eine entsprechende Risikostrategie festzulegen. Identifizierte Risiken sollen außerdem angemessen bewertet und anhand der Ableitung und Umsetzung geeigneter Präventionsmaßnahmen reduziert werden. Von der Führungsebene des Krankenhauses (medizinische, pflegerische und verwaltungstechnische Leitung) wird in diesem Zusammenhang grundsätzlich verlangt, adäquate aufbau- und ablauforganisatorische Rahmenbedingungen als Voraussetzung für ein funktionsfähiges Risikomanagement festzulegen (vgl. Gemeinsamer Bundesausschuss, 2014f: 3).

Im Hinblick auf die Optimierung der Patientensicherheit kommt dabei insbesondere den Mitarbeitenden eine entscheidende Rolle zu. So leistet sowohl eine interprofessionell abgestimmte Kooperation als auch eine Vernetzung aller Akteure des therapeutischen Teams, einen wesentlichen Beitrag zur Entstehung von Patientensicherheit (vgl. Gausmann, 2014). Dies hat auch der G-BA bei seiner Beschlussfassung berücksichtigt. Im zweiten Absatz wird die Krankenhausleitung daher dazu verpflichtet, bei der Umsetzung des Risikomanagements aktiv Unterstützung zu bieten und einen strukturierten Austausch aller Beteiligten zu gewährleisten. Weiterhin formuliert der G-BA hier, dass für die Etablierung, Koordination und Steuerung des klinischen Risikomanagements Verantwortliche zu benennen seien.

Neben eindeutig geregelten Zuständigkeiten sieht der G-BA die **Risikokommunikation** und die Einbeziehung aller Mitarbeiter als weitere wichtige Grundanforderungen an das klinische Risikomanagement an. Er gibt daher vor, dass Mitarbeiter regelmäßig und zeitnah über den

Sachstand des klinischen Risikomanagements zu informieren sind und in sicherheitsrelevante Maßnahmen eingebunden werden müssen. Die Krankenhausleitung hat in diesem Zusammenhang die Mitarbeiter insbesondere durch Schulungen sowie Fallanalysen und -besprechungen zur Durchführung von Risikomanagementtätigkeiten zu befähigen (vgl. Gemeinsamer Bundesausschuss, 2014f: 3 f.).

Bezüglich der **Aufbau- und Ablauforganisation** fordert der G-BA von Krankenhäusern, das Qualitäts- und Risikomanagement integrativ zu etablieren und weiterzuentwickeln, sodass Doppelstrukturen möglichst vermieden werden. Integrativ bedeutet hierbei, dass die Aktivitäten des Qualitäts- und Risikomanagements hinsichtlich des Ziels – der Verbesserung der Patientensicherheit – aufeinander abgestimmt bzw. miteinander vernetzt werden (vgl. Gemeinsamer Bundesausschuss, 2014f: 4; vgl. Cartes/Lützeler, 2014: 720). Die Verzahnung mit dem Qualitätsmanagement soll insbesondere dazu beitragen, die Risikosteuerung in der operativen Umsetzung zu überwachen. Nach den Forderungen des G-BA sollen folglich Synergien zwischen beiden Managementansätzen genutzt werden (ebd.: 720).

Weiterhin ist auch ein kontinuierlicher Verbesserungsprozess – der die wirksame Planung und Umsetzung von Maßnahmen umfasst – aus der Sicht des G-BA ein integraler Bestandteil des Risikomanagements. Entsprechend den Ausführungen in § 5 Abs. 5 sind die im klinischen Risikomanagement implementierten Maßnahmen daher zu evaluieren und bei Bedarf gemäß dem Schema des PDCA-Zyklus anzupassen. Auch das Risikomanagementsystem selbst soll laut G-BA Gegenstand dieses Evaluationsprozesses sein und regelmäßig bezüglich seiner Eignung, Angemessenheit und Wirksamkeit kontrolliert werden.

Zu Darlegungszwecken und zur Nachvollziehbarkeit des klinischen Risikomanagements setzt der G-BA eine entsprechende **Dokumentation** des Systems als Standard voraus. Neben der Durchführung einer hausinternen Dokumentation haben die Krankenhäuser zukünftig auch in den strukturierteren Qualitätsberichten nach § 137 SGB V Abs. 3 Nr. 4 über die Umsetzung von Risikomanagement- und Fehlermeldesystemen zu informieren. Die detaillierten Anforderungen zur Art und zum Umfang der Information sind vom G-BA bisher allerdings nicht benannt worden, sollen aber laut Ankündigung zeitnah bestimmt werden (vgl. Gemeinsamer Bundesausschuss, 2014f: 5). Da die systematische Umsetzung eines (klinischen) Risikomanagements schlussendlich nur mit ausreichenden finanziellen und personellen Ressourcen möglich ist, weist der G-BA die Krankenhäuser in den „Tragenden Gründen" zudem ausdrücklich darauf hin, dass dem Risikomanagement klar definierte und adäquate Ressourcen beizumessen sind (ebd.: 4).

Mindeststandards für einrichtungsinterne Fehlermeldesysteme

Fehlermeldesysteme stellen ein wichtiges Instrument des klinischen Risikomanagements dar und leisten einen wesentlichen Beitrag zur Verbesserung der Patientensicherheit, indem diese elektronischen oder papierbasierten Berichts- und Lernsysteme allen Beteiligten eine anonymisierte Meldung von kritischen Ereignissen und Beinahe-Schäden ermöglichen. Auf der Grundlage erfasster Meldungen werden Fehlerquellen im Umfeld des Behandlungsprozesses erkannt und daraufhin Präventionsmaßnahmen ergriffen. Letztlich trägt ein Fehlermeldesystem somit zum Lernen aus sicherheitsrelevanten Ereignissen und zur Vermeidung von unerwünschten Ereignissen bei. Einrichtungsinterne Fehlermeldesysteme sind dadurch gekennzeichnet, dass sie nur in institutionsinternen Abteilungen oder einer Klinik eingesetzt werden und damit einem eingeschränkten Teilnehmerkreis zur Verfügung stehen (vgl. ÄZQ, 2013b: 5).

Für die Ausgestaltung eines solchen einrichtungsinternen Fehlermeldesystems hat der G-BA mit der aktualisierten KQM-RL ebenfalls klare Vorgaben festgelegt. Konkret finden sich die Mindeststandards des G-BA hierzu in den Absätzen drei, vier und fünf der KQM-RL wieder. Unter dem Begriff „Fehlermeldesystem" versteht der G-BA den „Tragenden Gründen" zufolge ein Berichts- und Lernsystem, das „sich an alle Akteure des Gesundheitswesens richtet und ein gegenseitiges Lernen ermöglicht" (Gemeinsamer Bundesausschuss, 2014f: 4). Als Funktion eines solchen Systems nennt der G-BA die „Erfassung von Beinahe-Fehlern, kritischen Ereignissen und unerwünschten Vorkommnissen in Einrichtungen des Gesundheitswesens" (ebd.: 4). Die Absicht besteht demzufolge darin, Schwachstellen im System (speziell rund um den Behandlungsprozess) aufzudecken und darauf basierend Präventionsmaßnahmen umzusetzen, die zu einer Reduktion von vermeidbaren unerwünschten Ereignissen beitragen (vgl. Cartes/Lützeler, 2014: 721). Ziel ist das Lernen aus gemeldeten kritischen Ereignissen, um deren Wiederholung vorzubeugen. Ein bestimmtes Fehlermeldesystem wird seitens des G-BA nicht vorgeschrieben. Infolgedessen ist bei der Verwendung des Begriffs „Fehlermeldesystem" genaugenommen darauf zu achten, dass dieser nicht synonym mit dem Begriff „CIRS" (Critical Incident Reporting System) verwendet wird. So stellt ein CIRS stellt lediglich eine mögliche, wenn auch im Krankenhausbereich sehr verbreitete Variante eines Fehlermeldesystems dar. Prinzipiell kann ein Fehlermeldesystem allerdings auch anderweitig umgesetzt werden (z. B. mit Fehler-Sammellisten) (ebd.: 721). In der Praxis wird der Begriff „Fehlermeldesystem" aber häufig mit dem des CIRS gleichgesetzt. Implizit deuten die Ausführungen des G-BA in den „Tragenden Gründen" an vielen Stellen darauf hin, dass Krankenhäuser ein CIRS einrichten sollen.

Für die Ausgestaltung eines einrichtungsinternen Fehlermeldesystems gibt der G-BA Krankenhäusern vor, dass dieses „für alle Mitarbeiter abteilungs- und berufsgruppenübergreifend niederschwellig zugänglich und einfach zu bewerkstelligen" sein muss (Gemeinsamer Bundesausschuss, 2014d: 2). Der Fokus liegt somit auf einem einfachen Zugang des gesamten Krankenhauspersonals zum System. Durch die Einbeziehung von Mitarbeitern unterschiedlichster Abteilungen und Berufsgruppen soll eine möglichst umfassende Sichtweise auf sicherheitsrelevante und patientengefährdende Schwachstellen gewonnen werden.

Die **Anonymität der Meldenden und Patienten** ist nach der Auffassung des G-BA eine grundlegende Eigenschaft eines Fehlermeldesystems und wird besonders betont. So erläutert der G-BA in den „Tragenden Gründen", dass in einem solchen System weder personen- noch ortsbezogene Daten gespeichert werden sollen. Meldungen im Rahmen des Fehlermeldesystems müssen laut G-BA für Mitarbeiter grundsätzlich „freiwillig, anonym und sanktionsfrei erfolgen können" (ebd.: 2). Die genannten Vorgaben sollen dazu beitragen; die Meldebereitschaft zu erhöhen. Da Meldungen für Mitarbeiter häufig mit Ängsten vor Konsequenzen einhergehen, können vor allem die **Anonymität und Sanktionsfreiheit** als wichtige Eigenschaften zur Etablierung einer Sicherheitskultur angesehen werden. Der Geltungsbereich der Sanktionsfreiheit bzw. der Schutz der Meldenden wird vom G-BA in § 135a SGB V Abs. 3 gesetzlich geregelt. Demnach dürfen „Meldungen und Daten aus einrichtungsinternen und einrichtungsübergreifenden Risikomanagement- und Fehlermeldesystemen im Rechtsverkehr nicht zum Nachteil des Meldenden verwendet werden" (§ 135a SGB V, Abs. 3). Eingeschränkt ist die Sanktionsfreiheit nach § 135a SGB V nur in Ausnahmefällen. So gilt diese nicht, sofern die Verwendung von Daten zur Verfolgung einer schweren Straftat dient, die mit einem Strafhöchstmaß von über 5 Jahren Freiheitsstrafe belegt ist oder die im Einzelfall besonders schwer wiegt. Voraussetzung hierfür ist allerdings, dass die „Erforschung des Sachverhalts oder die Ermittlung des Aufenthaltsorts des Beschuldigten auf andere Weise aussichtslos oder wesentlich erschwert wäre" (ebd.: Abs. 3).

Unter arbeitsrechtlichen Gesichtspunkten findet Sanktionsfreiheit ihre Grenzen immer dort, wo es um erhebliche Fehler geht, die zur Aufrechterhaltung einer hohen Versorgungsqualität nicht sanktionsfrei bleiben dürfen (vgl. Rhaiem, 2014: 552). Seitens des G-BA ist es für entsprechende Konsequenzen untersagt, Informationen zu verwenden, die aus einem Fehlermeldesystem stammen. Stattdessen dürfen zu diesem Zweck lediglich Informationen aus anderen Quellen genutzt werden (vgl. Gemeinsamer Bundesausschuss, 2014f: 4).

Die **Art der Meldungen** wird vom G-BA ebenfalls näher konkretisiert, indem darauf hingewiesen wird, dass ein Fehlermeldesystem nicht darauf abzielt, Schuld- und Haftungsfragen zu klären und als Berichtssystem für Schäden ungeeignet ist. Außerdem führt der G-BA aus, dass durch die Anonymität der Meldenden ohnehin keine Klärung von Sachverhalten möglich sei. Noch nicht bearbeitete Schäden sollten in einem CIRS nicht freigegeben werden (ebd.: 4).

Die **Einführung und Etablierung** eines Fehlermeldesystems in der Einrichtung hat laut G-BA auf Grundlage einer Zielplanung und eines strukturierten Projektmanagements zu erfolgen. Den Führungskräften aller Hierarchieebenen wird hierbei die Aufgabe zugeteilt, aktiv Unterstützung zu leisten und entsprechende Verantwortlichkeiten festzulegen. Sie müssen somit die Strategie bestimmen, diese kommunizieren und funktionsfähige Rahmenbedingungen für die erfolgreiche Einführung des Fehlermeldesystems schaffen (vgl. Rhaiem, 2014: 553). Ähnlich wie beim klinischen Risikomanagement wird auch zum Fehlermeldesystem eine Schulung der Mitarbeiter verpflichtend vorgeschrieben. Konkret sind die Schulungen nicht nur zur Einführung in den Umgang, sondern bei Bedarf ebenso regelmäßig durchzuführen (vgl. Gemeinsamer Bundesausschuss, 2014d: 2). Durch eine adäquate Schulung des Personals wird gewährleistet, dass Mitarbeiter generell dazu fähig sind, aktiv am Meldeprozess teilzunehmen (ebd.: 2).

Der **Umgang mit Meldungen** aus dem Fehlermeldesystem ist vom G-BA ebenfalls geregelt. Auf der Grundlage eingegangener Meldungen hat eine Analyse der Prozesse zu erfolgen, die nach einer zeitnahen Bearbeitung in eine Ableitung und Umsetzung entsprechender Präventionsmaßnahmen mündet. Über die Ergebnisse, Erkenntnisse und vor allem die konkreten Maßnahmen sollen alle Betroffenen zeitnah unterrichtet werden. Dies ist damit zu begründen, dass es nur mit einer zügigen Bearbeitung der Meldungen sowie einer schnellstmöglichen Information der Mitarbeiter über Gegenmaßnahmen möglich ist, der Wiederholung von kritischen Ereignissen effektiv vorzubeugen. Liegen einrichtungsübergreifend relevante Meldungen vor, können diese gemäß dem G-BA - in bearbeiteter und anonymisierter Form - an einrichtungsübergreifende Fehlermeldesysteme übermittelt werden (ebd.: 2). Die überregionale Veröffentlichung von Fallmeldungen trägt maßgeblich dazu bei, die Wissensbasis für alle zu erweitern und ein häuserübergreifendes Lernen zu ermöglichen. Herauszustellen ist in diesem Zusammenhang, dass eine Fallweiterleitung die Krankenhäuser nicht von der Verantwortung entbindet, den Fall einrichtungsintern zu bearbeiten (vgl. Rhaiem, 2014: 553).

Wie für das Risikomanagementsystem im Allgemeinen fordert der G-BA auch für das Fehlermeldesystem im Besonderen eine entsprechende **Dokumentation und Nachvollziehbarkeit** des Systems sowie dessen **Evaluation**. Als ein wesentlicher Maßstab für die Erfüllung der Anforderungen kann nach dem G-BA der vollständig umgesetzte PDCA-Zyklus dienen, der speziell die Entwicklung von Handlungsstrategien sowie die Überprüfung eingeleiteter Maßnahmen fordert. Für die Evaluation des Fehlermeldesystems benennt der G-BA in seinen „Tragenden Gründen" konkrete Beispiele. So können „die Akzeptanz und die Entwicklung einer Sicherheitskultur zum Beispiel durch Mitarbeiterbefragung zu CIRS eruiert werden" (Gemeinsamer Bundesausschuss, 2014f: 5). Eine weitere Möglichkeit sind laut dem G-BA aber ebenso Ergebnisberichte in Form von Tätigkeitsberichten (Tätigkeitsberichte zur Ein- und Durchführung von CIRS, Tätigkeitsberichte im Rahmen des Jahresberichts der Geschäftsführung) (ebd.: 5).

Abseits der Erfüllung der grundsätzlichen Pflichten zur Einführung und Ausgestaltung eines einrichtungsinternen Fehlermeldesystems belässt der G-BA die Einzelheiten zur Umsetzung und Organisation des Fehlermeldesystems in der Verantwortung der Krankenhäuser. Es wird somit lediglich ein Rahmen für die Umsetzung formuliert, wobei die Details immer an den individuellen Verhältnissen des Krankenhauses ausgerichtet werden sollen (vgl. Gemeinsamer Bundesausschuss, 2014d: 2).

Teilnahme an einrichtungsübergreifenden Fehlermeldesystemen

Über das Lernen aus Erkenntnissen von einrichtungsinternen Fehlermeldesystemen hinaus erwartet der G-BA von Krankenhäusern schließlich auch die Teilnahme an einrichtungsübergreifenden Fehlermeldesystemen. Abzugrenzen sind einrichtungsübergreifende von einrichtungsinternen Fehlermeldesystemen dadurch, dass diese über einen uneingeschränkten oder definierten Nutzerkreis verfügen, der nicht auf ein einzelnes Krankenhaus oder dessen Abteilungen eingegrenzt ist.

Die **Mindeststandards** in Bezug auf einrichtungsübergreifende Fehlermeldesysteme werden in § 5 Abs. 6 der aktualisierten KQM-RL definiert. Vor dem Hintergrund einer verbesserten Erkennung von Risiken und Fehlerquellen in der Versorgung sollen Krankenhäuser laut G-BA an einrichtungsübergreifenden Fehlermeldesystemen teilnehmen (vgl. Gemeinsamer Bundesausschuss, 2014f: 5). Einrichtungsübergreifend sind Fehlermeldesysteme dann, wenn diese dem Zugang nach für andere Leistungserbringer offen, ggf. sogar bundesweit zur Nutzung zur Verfügung stehen (ebd.: 5; Rhaiem, 2014: 554).

Ziel solcher Systeme ist es, durch einen größtmöglichen **Verbreitungsgrad** effektiver zur Vermeidung von unerwünschten Ereignissen beizutragen und einen Prozess des gegenseitigen Lernens zu initiieren. Krankenhäuser sollen durch einen wechselseitigen Erfahrungsaustausch über sicherheitsrelevante Erkenntnisse und Präventionsmaßnahmen voneinander profitieren.

Als einen wesentlichen Vorteil von einrichtungsübergreifenden Fehlermeldesystemen erachtet der G-BA die umfassendere **Datenbasis**, die dazu führen soll, dass systemische Fehler schneller erkannt werden können. Weiterhin sieht er einen Vorteil in der Rückmeldung von externen Personen bzw. Einrichtungen. So bieten viele einrichtungsübergreifende Fehlermeldesysteme die Möglichkeit, öffentliche Expertenmeinungen und Nutzerkommentare zu eingereichten Fällen zu erhalten. Aufgrund unterschiedlicher Perspektiven und Erfahrungshintergründe ist ein umfangreiches Wissen zur gemeinsamen Erarbeitung von Präventionsstrategien vorhanden. Erkenntnisse aus einrichtungsübergreifenden Fehlermeldesystemen können letztlich in Frühwarnsysteme von Krankenhäusern einfließen, wodurch die Sicherheitskultur und die Patientensicherheit gefördert werden (vgl. Gemeinsamer Bundesausschuss, 2014f: 5).

Über konkrete Anforderungen an einrichtungsübergreifende Fehlermeldesysteme, die der G-BA gemäß § 137 Abs. 1d SGB V festzulegen hat, wird der G-BA, entsprechend seiner Ankündigung in den „Tragenden Gründen", zeitnah beraten. Vom Grundsatz her sollen solche Systeme aber „fach- und berufsgruppenübergreifend angelegt sein und sowohl von Krankenhäusern, die bereits ein hausinternes funktionierendes Fehlerberichtssystem betreiben als auch von Qualitätsbeauftragten aus Kliniken ohne eigenes CIRS bzw. von Mitarbeitern aus allen Bereichen des Krankenhauses genutzt werden können" (ebd.: 5).

Hinsichtlich der **Teilnahme von Krankenhäusern** an einrichtungsübergreifenden Fehlermeldesystemen verlangt der G-BA ferner die Erfüllung gewisser Mindestanforderungen. Dies sind unter anderem „die Einhaltung von Anonymität und Sanktionsfreiheit bei der Meldung durch Mitarbeiter, die Freiwilligkeit der Teilnahme, entsprechende Schulungen der Mitarbeiter, die aktive Unterstützung durch Führungskräfte und die Ableitung von Präventionsmaßnahmen" (Gemeinsamer Bundesausschuss, 2014d: 2).

Um die **Teilnahmebereitschaft** der Krankenhäuser an einrichtungsübergreifenden Fehlermeldesystemen zu erhöhen, hat der G-BA die Deutsche Krankenhausgesellschaft und den GKV-Spitzenverband damit beauftragt, für die Beteiligung an einrichtungsübergreifenden Fehlermeldesystemen zukünftig Vergütungszuschläge zu vereinbaren. Die Voraussetzung für den Erhalt ist hierbei die Erfüllung der vom G-BA festgelegten Anforderungen nach § 137 Abs. 1d SGB V (vgl. Gemeinsamer Bundesausschuss, 2014f: 5). Mit den angestrebten Vergütungszuschlägen werden Bemühungen zur Verbesserung der Patientensicherheit den Krankenhäusern in einem gewissen Umfang refinanziert. Interessant wird zu beobachten sein, inwieweit der vom G-BA geschaffene Anreiz tatsächlich eine zusätzliche Motivation zur Beteiligung bietet. Laut Schätzungen wird für die Vergütungszuschläge von Mehraufwendungen in einer Höhe von insgesamt 720 000 € ausgegangen. Bei einer Teilnahme von rund einem Viertel aller Krankenhäuser Deutschlands entspräche dies einem Vergütungszuschlag von 0,20 € pro vollstationärem Fall (vgl. Rhaiem, 2014: 555).

Verpflichtung zur Durchführung eines patientenorientierten Beschwerdemanagements

Im siebten und letzten Absatz des § 5 der überarbeiteten KQM-RL verpflichtet der G-BA Krankenhäuser dazu, ein patientenorientiertes Beschwerdemanagement als festen Bestandteil eines (klinischen) Risikomanagements einzusetzen. Der G-BA verweist in diesem Zusammenhang auf § 135a SGB V Abs. 2 Nr. 2, dem zufolge die Krankenhäuser allgemein zur Durchführung eines patientenorientierten Beschwerdemanagements verpflichtet werden. Patientenorientiert bedeutet aus der Sicht des G-BA, dass Beschwerden einer zügigen und transparenten Bearbeitung unterzogen werden. Weiterhin sollen Patienten frühzeitig über eine Beschwerdemöglichkeit vor Ort informiert sowie zeitnah über Ergebnisse und Konsequenzen von Beschwerden in Kenntnis gesetzt werden. Zur Berücksichtigung der Patientensicht sollen Krankenhäuser nach den Vorgaben des G-BA die Ergebnisse aus dem Beschwerdemanagement auch in die Gestaltung des klinischen Risikomanagements einfließen lassen (vgl. Gemeinsamer Bundesausschuss, 2014f: 6). So können Patientenbeschwerden in bedeutendem Maße dazu beitragen, Organisationsdefizite und Fehlerquellen rund um den Behandlungsprozess aufzudecken, die von Mitarbeitern des Krankenhauses unentdeckt bleiben. Die Einbeziehung der Ergebnisse des Beschwerdemanagements und der damit verbundenen Patientensicht in das klinische Risikomanagement führt somit zu einer Erweiterung des Blickwinkels für Risiken und Fehler. Patienten erhalten mit der Vorgabe des G-BA folglich eine Möglichkeit, aktiv an der Verbesserung der Patientensicherheit mitzuwirken.

Literatur

Aktionsbündnis Patientensicherheit (APS) (o. J.): Glossar. http://www.aps-ev.de/patientensicherheit/glossar [Zugriff: 06.06.2014].

Ärztekammer Berlin (2008): Patientensicherheit und Risikomanagement. http://www.aerztekammer-berlin.de/10arzt/40_Qualitaetssicherung/50_Patientensicherheit/10_Patientensicherheit_Einfuehrung/index.htm [Zugriff: 06.06.2014].

Ärztliches Zentrum für Qualität in der Medizin (ÄZQ) (2005): Glossar Patientensicherheit Definitionen und Begriffsbestimmungen. http://www.arztbibliothek.de/mdb/edocs/pdf/patientensicherheit/glossar-patientensicherheit.pdf [Zugriff: 06.06.2014].

Ärztliches Zentrum für Qualität in der Medizin (ÄZQ) (2013a): Definitionen und Klassifikation zur Patientensicherheit. http://patientensicherheit-online.de/definition-ps [Zugriff: 07.06.2014].

Ärztliches Zentrum für Qualität in der Medizin (ÄZQ) (2013b): CIRS - Gemeinsames Lernen durch Berichts- und Lernsysteme. http://www.aezq.de/mdb/edocs/pdf/schriftenreihe/schriftenreihe42.pdf [Zugriff: 07.06.2014].

Brühwiler, B. (2001): Risikomanagement nach ISO 31000 und ONR 49000: Mit 13 Praxisbeispielen. Wien, Austrian Standard plus GmbH.

Brühwiler, B. (2011): Risikomanagement als Führungsaufgabe: ISO 31000 mit ONR 49000 wirksam umsetzen. Bern, Haupt.

Brühwiler, B.; Romeike, F. (2010): Praxisleitfaden Risikomanagement. Berlin, Erich Schmidt.

Bundesministerium für Gesundheit (2014): Gemeinsamer Bundesausschuss. http://www.bmg.bund.de/themen/gesundheitssystem/selbstverwaltung/gemeinsamer-bundesausschuss.html [Zugriff: 19.09.2014].

Cartes, M. I.; Lützeler, R. (2014): Risikomanagement und Fehlermeldesysteme ganzheitlich gestalten und betreiben! Das Krankenhaus, 106 (8): 718-722.

Deutsche Krankenhausgesellschaft (DKG) (2014): Fragwürdige Zahlen des Krankenhaus-Reports 2014 – Krankenhäuser erwarten Entschuldigung der AOK. Das Krankenhaus, 106 (2): 101-106.

Gausmann, P. (2010): Klinisches Risikomanagement – Konzeptionierung und empirische Evidenz eines computergestützten Beratungsverfahrens für Krankenhäuser. Detmold, Pädagogische Hochschule Weingarten (Diss.).

Gausmann, P. (2013): Sicherheit, in: Goepfert, A.; Conrad, C. B. (Hrsg.): Unternehmen Krankenhaus. Stuttgart, kma Medien in Georg Thieme, S. 213-222.

Gausmann, P. (2014): Patientensicherheit als gesetzlicher Auftrag 2014. Mindeststandard für Risikomanagement. http://www.ecclesia.de/ecclesia-allgemein/aktuelles/veroeffentlichungen/details/article/patientensicherheit-als-gesetzlicher-auftrag-2014/?cHash=41cd4b18b992b48eb4f87edc6fb5a3e7 [Zugriff: 18.07.2014].

Gemeinsamer Bundesausschuss (2013a): Beratungsverfahren. https://www.g-ba.de/institution/aufgabe/arbeitsweise/beratungsantrag/ [Zugriff: 20.08.2014].

Gemeinsamer Bundesausschuss (2013b): Aufgabe. https://www.g-ba.de/institution/aufgabe/aufgabe/ [Zugriff: 20.08.2014].

Gemeinsamer Bundesausschuss (2013c): Rechtsaufsicht. https://www.g-ba.de/institution/aufgabe/arbeitsweise/rechtsaufsicht/ [Zugriff: 20.08.2014].

Gemeinsamer Bundesausschuss (2014d): Beschluss des Gemeinsamen Bundesausschusses über eine Änderung der Vereinbarung des Gemeinsamen Bundesausschusses gemäß § 137 Abs. 1 Satz 3 Nr. 1 SGB V über die grundsätzlichen Anforderungen an ein einrichtungsinternes Qualitätsmanagement für nach § 108 SGB V zugelassene Krankenhäuser: Umsetzung des § 137 Absatz 1d Satz 1 SGB V. https://www.g-ba.de/downloads/39-261-1919/2014-01-23_KQM-RL_137-1d_BAnz.pdf [Zugriff: 20.08.2014].

Gemeinsamer Bundesausschuss (2014e): Pressemitteilung Qualitätssicherung Nr. 02/2014. Risikomanagement- und Fehlermeldesysteme zur Verbesserung der Patientensicherheit in Klinik und Praxis. https://www.g-ba.de/downloads/34-215-516/02-2014-01-23_Risiko-Fehlermanagement.pdf [Zugriff: 20.08.2014].

Gemeinsamer Bundesausschuss (2014f): Tragende Gründe des Gemeinsamen Bundesausschusses gemäß § 137 Abs. 1 Satz 3 Nr. 1 SGB V über die Anforderungen an ein einrichtungsinternes Qualitätsmanagement für nach § 108 SGB V zugelassene Krankenhäuser: Umsetzung des § 137 Absatz 1d Satz 1 SGB V. https://www.g-ba.de/downloads/40-268-2709/2014-01-23_KQM-RL_137-1d_TrG.pdf [Zugriff: 20.08.2014].

Geraedts, M. (2014): Das Krankenhaus als Risikofaktor, in: Klauber, J.; Geraedts, M.; Friedrich, J.; Wasem, J. (Hrsg.): Krankenhausreport 2014: Schwerpunkt: Patientensicherheit. Stuttgart, Schattauer, S. 3–12.

gesundheitsziele.de (2015): Was sind Gesundheitsziele? http://gesundheitsziele.de/cgi-bin/render.cgi?cms_page=was_sind_gz [Zugriff: 30.06.2015].

Haller, M. (1986): Ausblick: Künftige Entwicklung im Risikomanagement. https://www.risiko-dialog.ch [Zugriff: 15.07.2015].

Hart, D. (2007): Patientensicherheit, Risikomanagement, Arzneimittelbehandlung und Arzthaftungsrecht zugleich ein Beitrag zur Krankenhausorganisationshaftung. MedR – Medizinrecht. 25 (7): 383–393.

Hoffmann, B. (2013): Das Aktionsbündnis Patientensicherheit: Erreichtes, aktuelle und zukünftige Herausforderungen. Prävention und Gesundheitsförderung, 1: 3–8.

Hölscher, U., M.; Gausmann, P.; Haindl, H.; Heidecke, C.-D.; Hübner, N.-O.; Lauer, W.; Lauterberg, J.; Skorning, M.; Thürmann, P. A. (2014): Patientensicherheit als nationales Gesundheitsziel: Status und notwendige Handlungsfelder für die Gesundheitsversorgung in Deutschland. Zeitschrift für Evidenz, Fortbildung und Qualität im Gesundheitswesen, 108 (1): 6–14.

Jonitz, G.; Barth, S.: (2013): Etablierung von Patientensicherheit – national und international. Trauma und Berufskrankheit, 15 (3): 154–159.

Kahla-Witzsch, H. A. (2005): Praxis des Klinischen Risikomanagements, in: Hellmann, W. (Hrsg.): Krankenhausmanagement professionell. Landsberg/Lech, ecomed.

Kahla-Witzsch, H. A. (2011): Medizinisches Risikomanagement – Grundlagen zur Planung und Umsetzung, in: Hellmann, W.; Ehrenbaum, K. (Hrsg.): Umfassendes Risikomanagement im Krankenhaus: Risiken beherrschen und Chancen erkennen. Berlin, MWV Medizinisch-wissenschaftliche Verlagsgesellschaft, S. 209–238.

Middendorf, C. (2006): Klinisches Risikomanagement. Implikationen, Methoden und Gestaltungsempfehlungen für das Management klinischer Risiken in Krankenhäusern, 2. Auflage. Münster, LIT.

Pauli, A. (2013): Risikomanagement und CIRS als Gegenstand der Krankenhaushaftung. Baden-Baden, Nomos.

Pietrowski, D.; Ennker, J.; Kleine, P. (2007): Warum Risikomanagement im Krankenhaus? In: Ennker, J.; Pietrowski, D.; Kleine, P. (Hrsg.): Risikomanagement in der operativen Medizin. Darmstadt, Steinkopff, S. 6–9.

Pitschas, R. (2014): Klinisches Risikomanagement- und Fehlersysteme unter der Verantwortung des Gemeinsamen Bundesausschusses (G-BA) – Ein Jahr nach dem neuen Patientenrechtegesetz. Risikomanagement im Krankenhaus, Köln, MCC Seminare, Vortrag (20.05.2014).

Rhaiem, T. (2014): Das Patientenrechtegesetz, der Gemeinsame Bundesausschuss und CIRS. Anästhesiologie und Intensivmedizin, 55: 1–5.

Schrappe, M.; Lessing, C.; Albers, B.; Conen, D.; Gerlach, F.; Grandt, D.; Hart, D.; Jonitz, G.; Lauterberg, J.; Loskill, H.; Rothmund, M. (2007): Agenda Patientensicherheit 2007. http://www.aps-ev.de/fileadmin/fuerRedakteur/PDFs/Agenda_Patientensicherheit/Agenda_2007_mit_Titelblatt.pdf [Zugriff: 15.06.2014].

SVR Gesundheit (2007): Kooperation und Verantwortung. Voraussetzungen einer zielorientierten Gesundheitsversorgung. Gutachten 2007. http://www.svr-gesundheit.de/fileadmin/user_upload/Gutachten/2007/Kurzfassung_2007.pdf [Zugriff: 18.06.2014].

von Eiff, W. (2007): Kein Vorwort des Herausgebers, das Problem spricht für sich: 99 % Sicherheit reichen nicht aus, in: von Eiff, W. (Hrsg.): Schriftenreihe Gesundheitswirtschaft, Band 2: Risikomanagement: Kosten/Nutzen-basierte Entscheidungen im Krankenhaus, 2. Auflage. Wegscheid, Wikom, S. 18–45.

9.5 Versorgungsmanagement

Manfred Haubrock

9.5.1 Managed Care als Basiskonzept

9.5.1.1 Grundlegende Aspekte

Der Begriff „Managed Care" lässt sich nicht durch eine allgemeingültige und umfassende Definition festlegen. Ein Grund ist darin zu sehen, dass Managed Care mit sehr unterschiedlichen Organisations- und Finanzmodellen agiert. Ein zweiter Grund ist darauf zurückzuführen, dass sich Managed Care seit knapp 20 Jahren in einem ständigen Anpassungs- und Perfektionsprozess befindet, in dem sich häufig Komponenten ändern. Im Kern steht dabei die Verbetrieblichung medizinischer Arbeit. Die Hauptmerkmale dieser Verbetrieblichung sind eine zunehmende Standardisierung, höhere Arbeitsteilung, Kontrolle und Steuerung durch ein Management und eine tendenzielle Deprofessionalisierung.

Anhand der folgenden Definitionen soll die Vielfalt von Managed Care verdeutlicht werden:

„Die beiden grundlegenden Funktionsprinzipien von Managed Care sind der Marktmechanismus und die Doppelfunktion einer Organisation als Versicherer und Leistungserbringer. Die Durchsetzung der Instrumente von Managed Care und die Effizienz des ganzen Systems basiert auf dem Zusammenspiel dieser Prinzipien." (Seng, 1997: 289)

„Managed Care bedeutet Gestaltung von Versorgungsabläufen aus der Perspektive des Kostenträgers, das heißt mit dem Interesse, bestehende Wirtschaftlichkeitsreserven in der medizinischen Versorgung zu erschließen." (Stillfried, 1997: 7)

„,Management' meint zunächst nichts anderes als Erkennen, Nutzanwenden und Lenken aller verfügbaren Kräfte und Ressourcen einer Organisation zur Erreichung definierter Ziele. Entsprechend bedeutet ,Managed Care' zum einen die Anwendung von Managementprinzipien auf die medizinische Versorgung, besonders auf die ärztlichen und pflegerischen Tätigkeiten und das Inanspruchnahmeverhalten der Patienten, zum anderen meint es die Integration der Funktionen Versicherung und Versorgung." (Kühn, 1997: 7)

Voraussetzung für ein Managed-Care-System ist ein wettbewerbsorientiertes Gesundheitswesen. Leistungserbringer sollten hinsichtlich Preis und Leistungsangebot miteinander ebenso im Wettbewerb stehen wie die Managed-Care-Organisationen. Eine weitere Voraussetzung ist ein ausreichend großes Netz von Versicherten und Leistungsanbietern (z. B. Ärzte, Krankenhäuser). Nur wenn eine Managed-Care-Organisation über eine starke Wettbewerbsposition verfügt, können weitere Anbieter und Versicherte gewonnen werden, indem Serviceleistungen und Kostenvorteile werbewirksam genutzt werden. Um qualitativ hochwertige und effiziente Ergebnisse zu erzielen, muss eine Managed-Care-Organisation geeignete Leistungserbringer auswählen. Dabei muss sie zum Beispiel überlegen, ob und wie sie Leistungen selektieren oder ob sie ihr Leistungsspektrum erweitern will. Zudem muss ein umfassendes, alle Leistungserbringer einschließendes Informationssystem aufgebaut und genutzt werden, damit dann auch eine optimale Verzahnung der Behandlungsschritte gewährleistet ist.

Das Ziel von Managed Care ist es, die Versorgung durch ein Management der Leistungsinanspruchnahme und der Preise zu kontrollieren. Besonders Art, Niveau, Häufigkeit und Finanzierung der Behandlung sind von Interesse. Zudem besteht bei den Organisationen immer die Zielsetzung, auf dem Markt zu dominieren. So werden mit ausgewählten Leistungserbringern Verträge abgeschlossen, auf deren Leistungserstellung konkret Einfluss genommen wird. Dies ist immer dann sinnvoll, wenn auf dem Gesundheitsmarkt Überkapazitäten bestehen. Netzwerke werden gegründet und integrierte Versorgungssysteme gebildet, um Marktanteile zu sichern.

Managed Care geht von der Annahme aus, dass ein unkoordiniertes System der Einzelleistungsvergütung zu einer ineffizienten und teuren Versorgung führt. Dieser Effekt tritt infolge von unnötigen Leistungen, hohen Preisen und mangelnder Koordination ein. Managed Care setzt auf Innovationsmanagement durch kostensparende Technologien und Leistungskontrolle. Der Schwerpunkt liegt im Leistungsmanagement, nicht im Gesundheitsmanagement.

Ein vergleichbarer Begriff für Managed Care ist in der deutschen Sprache nicht zu finden. Sinngemäß könnte Managed Care mit „geleitete Versorgung" übersetzt werden. Einerseits sollen die Patienten zu ihrem passenden Leistungserbringer geleitet werden, und andererseits sollen Leistungserbringer dahin geführt bzw. motiviert werden, die gewünschte Leistung zu erbringen. Die Inanspruchnahme von Leistungen und die Leistungserbringung werden dabei direkt oder indirekt durch finanzielle Anreize gesteuert. Organisations- und Finanzmodelle von Managed Care versuchen, durch strukturelle Änderungen des Versorgungssystems eine möglichst kostengünstige medizinische Versorgung auf hohem qualitativen Niveau zu realisieren. Die scharfe Trennung zwischen medizinischem Verantwortungsbereich und Finanzierungs- und Verwaltungsaufgaben wird aufgehoben zugunsten einer funktionsübergreifenden Steuerung unter dem Ziel der Kostenreduzierung. Die dirigierende Funktion liegt hierbei in der Regel in den Händen der Kostenträger, die entweder direkt oder vertreten durch den Versicherungsträger die betriebswirtschaftliche Führung übernehmen.

Managed Care steht folglich für die Organisationsformen der Gesundheitsversorgung, in denen i.d.R. die Steuerung vom Kosten- oder Versicherungsträger ausgeht. Damit dominiert nicht mehr der Arzt als Anbieter medizinischer Leistungen, sondern der Kostenträger der Leistung. Ökonomische Erwägungen haben einen großen Einfluss auf die Entscheidungen einer Managed-Care-Organisation (MCO). Dabei wird unter anderem entschieden, ob Versorgungsleistungen selbst erbracht oder andere Dienstleister dafür unter Vertrag genommen werden.

Managed Care kann im Extremfall bewirken, dass der Versicherte das Recht auf freie Arztwahl gegen die Absicherung eines breiteren Leistungsspektrums oder gegen günstigere Tarife abtritt. Die ausgewählten Leistungserbringer ihrerseits sichern jedoch uneingeschränkte Therapiefreiheit zu. Eine Gegenüberstellung von Managed Care und traditionellem System zeigt Tabelle 9.5-1.

9.5.1.2
Historische Entwicklung von Managed Care

Die Anfänge von Managed Care in den USA gehen auf das Jahr 1910 zurück. Damals bot die Western Clinic in Tacoma ihren Angestellten für einen geringen Monatsbeitrag medizinischen Schutz an. Die eigentlichen Wegbereiter für Managed Care waren jedoch Versicherungsmodelle, die ihren Ursprung in den 1930er-Jahren hatten. Besondere Bedeutung in der Entwicklung von Managed Care kommt den **Prepaid Group Practices (PGP)** zu. Dies waren Modelle zur privaten Gesundheitssicherung, bei denen die Mitglieder durch vorherige Bezahlung an den Leistungserbringer einen Anspruch auf medizinische Behandlung erwarben und im Falle einer Erkrankung keine weiteren Eigenleistungen anfielen. Für die Leistungserbringer in diesem System, meistens Gruppen-

Tabelle 9.5-1: Gegenüberstellung von Managed Care und dem traditionellen System (Quelle: Koch-Suna, 2000: 20)

Managed Care	Traditionelles System
Managed-Care-Instrumente	
• Gatekeeping • Utilization Review • Präventionsorientierung • Standardisierung über Guidelines • Integriertes Qualitätsmanagement • Integrierte Behandlungsprozesse durch Case und Disease Management • Outcomes-Orientierung	• Freie Arztwahl • Kontrolle nur bei Verdachtsmomenten • Kurationsorientierung • weit reichende Therapiefreiheit • Qualitätssicherung • Fragmentierte Behandlungsabläufe mit Informationsverlusten an den Schnittstellen • Prozessorientierung
Integration der Leistungsfinanzierung und -erstellung	
• Leistungsersteller und -finanzierer teilen sich die Risikoübernahme • Delegation des finanziellen Risikos auf die unterste Ebene der Leistungserstellung (Primärärzte) • Eigene Ressourcen der Leistungsfinanzierer zur Leistungserstellung • Integrierte Gesundheitsversorgungssysteme • Sachleistungsprinzip	• Risiko liegt ausschließlich beim Leistungsfinanzierer • Keine finanzielle Einbindung der Primärärzte in das Risiko der Leistungserstellung • Strikte Trennung zwischen Leistungserstellung und -finanzierung • Fragmentierte Leistungserstellung mit erheblichen Schnittstellenproblemen • Kostenerstattungsprinzip
Selektives Kontrahieren	
• Gezielte Auswahl der Leistungsanbieter • Differenzierte Systeme zur Auswahl von Leistungsanbietern • Einschränkung der Wahlfreiheit	• Kontrahierungspflicht • Keine Instrumente zur Beurteilung von Leistungsanbietern • Freie Wahl des Leistungsanbieters

praxen, war daher nicht mehr die Erkrankung ihrer Patienten lukrativ, sondern deren Gesundheit. Auf Grund ihrer überschaubaren Größe waren die PGPs in der Lage, sich auf Prävention und ganzheitliche medizinischer Versorgung zu fokussieren. Trotz ihrer Vorteile blieb die Verbreitung dieser Organisationen bis in die 1970er-Jahre gering. In den Jahren 1927 und 1938 wurde versucht, für diese Versicherungsform staatliche Unterstützung zu bekommen. Diese Anträge fanden jedoch im Kongress keine Mehrheit.

Zeitgleich mit den PGPs entstanden auch die Non-Profit-Krankenversicherungen **Blue Cross (BC)** und **Blue Shield (BS)**. Während BC auf eine bestimmte Zielgruppe ausgerichtet war, war dies bei der zehn Jahre später entstandenen BS nicht der Fall. Bei beiden Formen war, wie auch bei den PGPs, ein monatlicher Beitrag zu zahlen. Im Unterschied zu den PGPs behielten BC und BS nicht ihren lokalen Charakter, sondern breiteten sich mit Unterstützung der Ärzteverbände landesweit aus. Ebenfalls zu den Wegbereitern von Managed Care sind die Profit-Krankenversicherungen zu zählen, die schon im ersten Jahrzehnt des 20. Jahrhunderts entstanden. Sie unterschieden sich von den PGPs sowie BC und BS durch die Berechnung ihres Beitrags, der nicht pauschal gezahlt, sondern vom individuellen Gesundheitszustand des Versicherten abhängig gemacht wurde.

Wie bereits erwähnt, fand Managed Care seinen eigentlichen Ursprung in den 1930er-Jahren und hat sich seither permanent weiterentwickelt und verändert. Henry Kaiser war der erste Unternehmer in den USA, der die medizinische Versorgung seiner Mitarbeiter durch Verträge mit Ärzten sicherzustellen versuchte. Die Grundstruktur dieser Versicherungspläne ist bis heute für die Organisationen kennzeichnend.

Der Krankenversicherungsschutz in den USA war (und ist bis heute) fast immer an ein Arbeitsverhältnis geknüpft, wobei der Arbeitgeber den größten Anteil der Versicherungsbeiträge leisten muss. In der Regel erfolgt der Versicherungsschutz in einer betrieblichen Gruppenversicherung. Die Höhe des Arbeitgeberanteils ist nicht durch den Gesetzgeber vorgegeben, wie dies in zahlreichen europäischen Ländern der Fall ist. Diese Anteile werden vielmehr von den Verhandlungspartnern ausgehandelt. Meistens beträgt die Beteiligung der Arbeitgeber an den Krankenversicherungskosten ca. 80%, was ihr Interesse an kostendämpfenden Maßnahmen verständlich macht.

In den 1960er-Jahren wurde ein rasanter Kostenanstieg im Gesundheitssystem verzeichnet, der zu einem starken Wettbewerbsdruck unter den Versicherungen führte. Die Kosten wurden auf die Versicherungsnehmer umgelegt, was zur Folge hatte, dass die Versicherungsprämien anstiegen und u.a. die Arbeitgeber belasteten, sodass sie es sich teilweise nicht mehr leisten konnten, ihren Angestellten Versicherungsschutz zu bieten.

Aus den Erfahrungen mit einem betrieblichen Krankenversicherungsschutz der 1930er-Jahre entwickelte Paul M. Ellwood in den 1970er-Jahren ein Konzept, das er unter dem Namen **Health Maintenance Organization (HMO)** vermarktete. Es entsprach im Wesentlichen der bekannten Form der PGPs. Manager großer Unternehmen begrüßten dieses Konzept, da es ihrer eigenen wirtschaftlich orientierten Denk- und Handlungswelt entsprach.

Die gesetzliche Grundlage für die HMOs wurde 1973 mit dem Health Maintenance Act geschaffen, einem Gesetz für staatlich qualifizierte HMO-Programme. Dieses Gesetz legte den HMOs jedoch Reglementierungen auf, die durch die Gesetzesnovellierungen von 1976 und 1978 teilweise aufgehoben wurden. Obwohl die Gründung von HMOs begünstigt wurde, breiteten sich diese zunächst nur langsam aus. Diese anfängliche Zurückhaltung hatte vielerlei Gründe. Die Ärzte wollten ihre professionelle Autonomie und Versicherte ihre freie Arztwahl nicht aufgeben. Erst in den 80er-Jahren des 20. Jahrhunderts kam der starke Zuwachs der HMOs.

Ursache waren neben der staatlichen Förderung auch die Tatsache, dass die Beiträge in dieser Versicherungsform unter denen der traditionellen **Indemnity Health Insurance** lagen. Diese niedrigen Prämien wurden nicht zuletzt durch ein konsequentes Utilization Review ermöglicht. Zwischen 1988 und 1996 fiel der Marktanteil der traditionellen Versicherungen von über 70% auf unter 30% ab. Mittlerweile sind fast drei Viertel der Arbeitnehmer, die über ihren Arbeitgeber versichert sind, in einer Managed-Care-Organisation. Der wachsende Anteil der HMOs an der medizinischen Versorgung bewirkte, dass die Kapitalanleger ihre abwartende Haltung gegenüber den HMOs abbauten. Diese erhielten günstigere Kreditbedingungen, womit sich die Expansionsmöglichkeiten der HMOs verbesserten.

In den 1980er-Jahren gab es eine breite Bewegung in den USA, die sich gegen eine staatliche Subventionierung sozialer Leistungen, aber für privatwirtschaftliche Mechanismen im Gesundheitswesen aussprach. Analog zu diesen neoliberalen Vorstellungen versuchte die Regierung von Roland Reagan, im sozialen Bereich sowohl den Wettbewerb zu fördern als auch staatliche Sozialausgaben einzusparen. Private Investoren brachten Kapital ein, und HMOs wurden zu erwerbswirtschaftlichen Versicherungsunternehmen, die von immer mehr Versicherten in Anspruch genommen wurden. Arbeitgeber begannen ihren Beschäftigten die Mitgliedschaft in den MCOs nahezulegen, da der Arbeitgeberanteil zur Krankenversicherung immer weiter anstieg. Das US-amerikanische Gesundheitssystem von heute, in dem um Anlagekapital und Absatzmärkte bzw. Kunden konkurriert wird, wird zunehmend von privaten Investitionen, Zusammenschlüssen, Aufkäufen und Kämpfen um Marktanteile bestimmt. Um regionale Märkte unter Kontrolle zu bringen, müssen möglichst viele Stufen der medizinischen Versorgungskette abgedeckt werden. Das hat zur Folge, dass Netzwerke gebildet werden, wobei die großen Zusammenschlüsse ihre Kaufkraft entsprechend einsetzen.

Unter den meisten US-amerikanischen Gesundheitsökonomen herrscht die Ansicht, dass sich die Formen von Managed Care in den kommenden Jahren auch ohne gravierende staatliche Eingriffe weiter ausbreiten werden. Es wird allgemein angenommen, dass sich der Konkurrenzkampf auf dem Gesundheitsmarkt verstärken wird, wobei die Formen von Managed Care weiter verwischen. Immer neue Organisationsformen drängen auf den Markt und lösen alte Formen ab bzw. entstehen neben ihnen. Es darf aber auch nicht verhehlt werden, dass sich in den USA zur gleichen Zeit der Widerstand gegen die MCOs auf Seiten der Leistungsanbieter und der Versicherten verstärkt hat. So wandten sich beispielsweise im Staat Massachusetts bereits Ende 1997 über 2000 Ärzte und Pflegekräfte an die Öffentlichkeit. Ihr Slogan hieß: *„For our patients – not for profits"*. Mit diesem Aufruf wollten sie das Geschäftsgebaren einiger Managed-Care-Organisationen anprangern.

9.5.1.3
Managed-Care-Techniken

Die einzelnen angebotenen Versicherungsformen, auf die später noch näher eingegangen werden soll, lassen sich als Managed-Care-Produkte bezeichnen, die von Kunden gekauft werden können. Innerhalb dieser Produkte werden Managed-Care-Techniken angewandt, deren Kerngedanken im Folgenden dargestellt werden sollen.

Im Zentrum aller Anstrengungen, die medizinische Versorgung nach wirtschaftlichen Kriterien zu steuern, steht die Kontrolle über die Arzt-Patient-Beziehung. Um die primären Ziele von Managed Care – Effizienzerhöhung und Qualitätsverbesserung – zu erreichen, werden unterschiedliche Techniken eingesetzt, die grob in Globalsteuerung und Feinsteuerung unterteilt werden können (Abb. 9.5-1).

Die Instrumente der **Globalsteuerung** versuchen, auf makroökonomischer Ebene regulierend zu wirken. Krankenversicherungsunternehmen analysieren den Markt und die potenzielle Nachfrage von Leistungen. Auf Grund der Analyse kaufen sie gezielt Gesundheitsleistungen ein und steuern durch ihre Einkaufsmacht Kosten und Leistungen. Leistungserbringer werden nur dann an Managed-Care-Organisationen vertraglich gebunden, wenn der Auslastungsgrad als hoch eingestuft wird.

Unter die Globalsteuerung fallen das Network Management und das Produktmanagement, die im Folgenden näher dargestellt werden.

Beim **Network Management** werden, je nachdem, wie eine Managed-Care-Organisation (MCO) strukturiert ist, einzelne Ärzte, Ärztegruppen oder -vereinigungen, Krankenhäuser

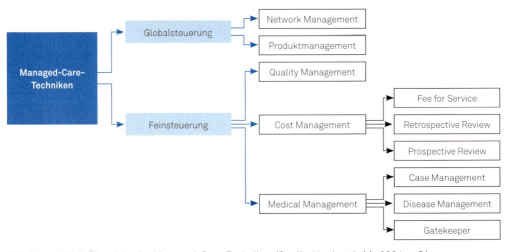

Abbildung 9.5-1: Übersicht der Managed-Care-Techniken (Quelle: Haubrock, M., 2004, o. S.)

und sonstige Leistungserbringer zu einem Versorgungsnetzwerk zusammengeschlossen. Die Auswahl der Leistungserbringer erfolgt nach wirtschaftlichen und qualitativen Gesichtspunkten. Angebote und Strukturen des Netzes werden aufeinander abgestimmt und die Versorgung der Versicherten wird durch ein funktionierendes Informationssystem transparent gemacht. Zur Versorgung innerhalb dieses Netzwerks bedarf es eines gezielten Network Managements. Neben den genannten Aufgaben soll das Network Management bei gleichbleibend hoher qualitativer Versorgung die Ausgaben für Gesundheitsleistungen senken. Insgesamt stellt das Network Management eine organisatorische Verbindung von Leistungsangebot und Finanzierung dar, mit dem Ziel, die Leistungen zu einem möglichst niedrigen Preis zu erbringen.

Das Versicherungsrisiko sinkt mit steigender Anzahl der Versicherten eines Versicherungsunternehmens. Somit sinken auch die Ausgaben pro Mitglied, was wiederum zu einer Verringerung der Versicherungsprämie führt. Niedrige Prämien haben zur Folge, dass die Versicherungsprodukte an Attraktivität gewinnen und neue Mitglieder zur Versichertengemeinschaft hinzukommen. Die Attraktivität von Versicherungsprodukten hängt jedoch nicht allein am Preis, sondern muss auf die Bedürfnisse der Versicherten zugeschnitten sein. Gegenstand des **Produktmanagements** ist es somit, die Herstellung und den Ablauf einzelner Produkte zu koordinieren und weiterzuentwickeln bzw. durch neue Produkte zu ersetzen.

Wie bei der Globalsteuerung sollen auch bei der **Feinsteuerung** die Sicherung von Wirtschaftlichkeit und Qualität für eine zweckmäßige Gesundheitsversorgung im Mittelpunkt des Bemühens stehen. Die Feinsteuerung umfasst individuelle Regelungen, die auf die besonderen Interessen einzelner Beteiligter abgestimmt sind. Ansatzpunkt ist dabei die Beziehung zwischen Managed-Care-Organisation (MCO), dem Versicherten und dem Leistungserbringer, wobei die Instrumente der Feinsteuerung hauptsächlich beim Leistungserbringer ansetzen. Durch Restriktionen und finanzielle Anreize wird versucht, den Versicherten zu ausgewählten Leistungserbringern zu dirigieren. Bei Leistungsinanspruchnahme trägt der Versicherte einen Teil der Leistungskosten selbst in Form einer Eigenbeteiligung, deren Höhe mit der Organisationsform der MCO variiert. Je größer die Wahlfreiheit des Versicherten, desto höher die Eigenbeteiligung bzw. Versicherungsprämie. Die niedrigste Eigenbeteiligung ist immer dann gegeben, wenn der Versicherte standardisierte Leistungen innerhalb des Netzwerks in Anspruch nimmt.

Die Instrumente der Feinsteuerung beim Leistungserbringer sollen im Weiteren genauer dargestellt werden. Dabei ist die Ausgestaltung der Steuerungsinstrumente von der jeweiligen Organisationsform der MCO abhängig.

Versicherte erwarten von MCOs ein umfassendes Leistungsangebot zu möglichst niedrigen Versicherungsprämien bei hohem qualitativen Niveau. Aus dieser Erwartungshaltung heraus bedienen sich MCOs zur Überprüfung ihrer Behandlungsqualität der Instrumente der **Qualitätssicherung**. Qualitativ hochwertige Leistungen sind für den Versicherer nicht nur effizient, sondern auch werbewirksam und werden in die Unternehmensphilosophie einbezogen. Im Sinne einer kontinuierlichen Qualitätsverbesserung wird eine permanente Kontrolle des Versorgungsprozesses mittels Leistungs-, Qualitäts- und Kostenprofilen durchgeführt. Die Langzeitqualität der Versorgung hat hierbei Priorität.

Die Qualitätssicherung wird in interne und externe Maßnahmen unterteilt und orientiert sich an den Prinzipien des Total Quality Managements (TQM).

Innerhalb der **internen Qualitätssicherung** sollen anhand von Schlüsselfaktoren Kundenwünsche evaluiert werden. Diese Bedürfnisse bilden die Ausgangsbasis für qualitative Bemühungen. Hierzu gehören zum Beispiel Daten über Leistungsinhalte, Eigenbeteiligungen, Krankenhausimage, Behandlungsergebnis und Qualität der ärztlichen und pflegerischen Versorgung sowie die Analyse von Patientenbeschwerden. Anhand dieser Daten werden elementare Kundenwünsche und -bedürfnisse ermittelt und Standards definiert, um damit Behandlungsergebnisse zu optimieren. Verschiedene Organisationen haben bereits Qualitätsmindeststandards definiert, die MCOs bei der internen Qualitätssicherung behilflich sein sollen. Diese Standards haben jedoch keinen zwingenden, sondern lediglich einen empfehlenden Charakter. Die Messung von Qualität ist, wie in Kapitel 9.3 bereits verdeutlicht, ein aufwändiges und zugleich problematisches Unterfangen. Sinnvolle Indikatoren zu definieren ist nicht einfach. Allgemeingültige und objektive Indikatoren gibt es nur wenige, wie zum Beispiel die Mortalitätsrate. Jede MCO kann eigene Indikatoren definieren und Qualitätsstandards entwickeln. Dadurch ist es für den Kunden schwierig, einen Qualitätsvergleich zwischen den Anbietern durchzuführen.

Die individuell definierten Qualitätsindikatoren und -standards der einzelnen MCOs machen eine **externe Qualitätssicherung** notwendig. Ein Programm, das als Instrument der externen Qualitätssicherung eingesetzt wird, ist zum Beispiel das *Health Plan Employer Data and Information Set (HEDIS)*. An diesem Programm nehmen über 80 % der MCOs freiwillig teil. Es soll ihre Leistungsfähigkeit vergleichbar machen. Seit der Einführung im Jahre 1995 wurden die Kriterien kontinuierlich überarbeitet und es wurde versucht, der Ergebnisqualität mehr Beachtung zu schenken. Die MCOs übermitteln ihre Behandlungsdaten in eine Datenbank und ermöglichen dadurch einen Vergleich von Tarifen, Leistungsumfang, Zugang zu Leistungen, Kundenzufriedenheit und Qualitätsrichtlinien. Es ist jedoch anzumerken, dass die zurzeit verwendeten Indikatoren fast ausschließlich die Prozessqualität erfassen. Zudem wird seitens der Kritiker dieses Systems angemerkt, dass die Indikatoren zu oberflächlich sind und Kundenbedürfnisse nur unzureichend berücksichtigt werden. Gegenüber Wettbewerbern schafft ein effektives Qualitätsmanagement Vorteile, setzt aber hohe Investitionen voraus, die gegen die Vorteile abzuwägen sind.

Im Rahmen von **Cost Management** geht es um die Frage der Finanzierung von medizinischen Leistungen. Der erste Abrechnungsmodus – **Fee for Service** – entspricht der Einzelleistungsvergütung. Diese Form der Honorierung findet sich häufig bei den Organisationsformen Indemnity (IDY), Point of Service (PSO) und Preferred Provider Organization (PPO), also für Leistungen, die oft außerhalb eines Netzwerks erbracht wurden. Sie birgt ökonomisch wenig Anreiz für eine MCO, da sie nur eine geringe Möglichkeit der Kostensteuerung bietet. Ein Arzt kann mit dieser Vergütungsform sein Einkommen beeinflussen, indem er Leistungen intensiviert und profitable Behandlungen abrechnet, die möglicherweise nicht notwendig gewesen wären. Dies steht dem wirtschaftlichen Gedanken von Managed Care entgegen. Ein wesentliches Merkmal des Cost Managements ist die Übertragung des wirtschaftlichen Risikos auf die Leistungserbringer. Auf Grund der mangelnden Möglichkeit der Kostensteuerung der Einzelleistungsvergütung gingen die MCOs dazu über, Leistungen nicht mehr einzeln ex post zu bezahlen, sondern pauschal zu honorieren. Das **Prospective Payment** ist ein Budget in Form von Kopfpauschalen innerhalb eines festgelegten Zeitraums, das dem Arzt im Voraus zur Verfügung gestellt wird und das er zu verwalten hat. Der Arzt ist bei dieser Form der Vergütung am Versicherungsrisiko beteiligt. Diese meist monatlich gezahlte Kopfpauschale ist auch unter dem Namen **Capitation** bekannt. Ein Arzt hat einen abgegrenzten Patientenstamm und erhält für diesen von der zuständigen MCO vertraglich fixierte Pauschalen, deren Höhe sich nach unterschiedlichen Kriterien, meistens nach Alter, Geschlecht und Risikopotenzial des Versicherten richtet. Je höher das Alter und das Risikopotenzial, desto höher sind die Pauschalen. Weitet ein Arzt seine Leistungen aus, wirkt sich dies nicht auf sein Einkommen aus, wie es bei der Honorierung nach *Fee for Service* der Fall ist. Das Capitation-System soll einen Anreiz geben, bei hoher qualitativer Gesundheitsversorgung niedrige Kosten zu produzieren und vermehrt präventiv tätig zu werden. Je geringer der Behandlungsaufwand gehalten wird, desto höher ist das Einkommen des Arztes. Ein Arzt ist daher bemüht, Arztbesuche durch Aufklärungen und Schulungen zu reduzieren und Behandlungsabläufe zu optimieren. Zur Sicherung der Behandlungsqualität ist eine Überwachung notwendig. Wesentlich bei der Capitation ist, dass die Zahlung unabhängig von der Menge der in Anspruch genommenen Leistungen stets konstant ist.

Im Managed-Care-System gilt generell, dass die Vergütungsform und die Höhe der Vergütung individuell zwischen Leistungserbringer und MCO ausgehandelt werden. Vertraglich vereinbart werden auch **Withholds** und **Capitation Pools**, die dazu dienen, das finanzielle Risiko besser zu verteilen. Dabei wird ein Prozentsatz der monatlichen Kopfpauschale von den MCOs einbehalten, um eventuelle Mehrausgaben zu decken. In der Regel haben die Leistungserbringer mit mehreren MCOs Versorgungsverträge abgeschlossen, die unterschiedliche Vergütungsformen beinhalten. Dies kann zur Folge haben, dass Anreiz- und Steuerungsinstrumente gegenläufig sein können und schwer überschaubar sind.

Einer Feinsteuerung des Verhaltens der Leistungsanbieter durch Vergütungssysteme sind Grenzen gesetzt. Man kann es auf die folgende Aussage verkürzen: Je pauschaler die Vergütung, desto größer der Anreiz, Kosten zu verlagern und Risiken zu selektieren.

Der **Retrospective Review** setzt nach einer Leistungserbringung an und überprüft, ob eine Behandlung erfolgreich und vor allem effizient war. Hierbei steht die Effizienzprüfung im Vordergrund. Überprüft wird, ob die in Rechnung gestellten Leistungen wirklich erbracht wurden und ob die Gebühren in ihrer Höhe angemessen sind. Sollte sich bei dieser rückschauenden Überprüfung zeigen, dass die abgerechnete Behandlung unangemessen war oder die Abrechnung Unregelmäßigkeiten aufweist, können finanzielle Sanktionen erfolgen.

Zum **Medical Management** gehören das Case Management, das Disease Management und der Gatekeeper. Beim Case Management werden systematisch risikoreiche Versicherte erfasst, die einer individuellen kostenintensiven und aufwändigen Gesundheitsversorgung bedürfen. Zielgruppe sind in der Regel Patienten mit medizinisch komplexen Problemen.

Entsprechend den individuellen Gesundheitsbedürfnissen der Patienten wird von einem Case Manager der Versorgungsprozess festgelegt und begleitet. Die Behandlung wird koordiniert, Rehabilitationsmaßnahmen werden eingeleitet und für Kontinuität der Behandlung wird gesorgt. Diese Funktion kann von einem Primärarzt oder direkt von speziell ausgebildetem Personal einer MCO wahrgenommen werden. Ziel des **Case Managements** ist es, Hilfestellung bei der Suche nach der zweckmäßigen und effizienten Versorgung zu geben.

Durch die Auswertung von Patientendaten versuchen die MCOs, Erkenntnisse über die erfolgversprechenden und günstigen Behandlungsmethoden zu gewinnen. Von den Ergebnissen werden standardisierte Behandlungsabläufe abgeleitet, die den behandelnden Ärzten als „Musterlösung" nahegelegt werden. Die genaue Untersuchung und Analyse von Krankheitsverläufen dient jedoch nicht nur der Koordination und Standardisierung des Versorgungsprozesses, sondern auch der Information des Patienten über seine Erkrankung und der Schulung ihrer Handhabung.

Neben dem Case Management ist auch das **Disease Management** eine Methode, um den Versorgungsprozess optimal zu koordinieren. Bevölkerungsgruppen mit erhöhtem Krankheitsrisiko stehen im Mittelpunkt des Disease Managements. Hierzu gehören Patienten mit chronischen Erkrankungen, wie Herz- und Nierenkrankheiten, Stoffwechselkrankheiten (z.B. Diabetes), Atemwegskrankheiten (z.B. Asthma) und andere, die den relativ kleinen Teil der Versicherten ausmachen, auf die ein Großteil der Gesundheitsausgaben entfällt.

Wie aus Abbildung 9.5-2 zu sehen ist, verursachen 5% der Bevölkerung ca. 60% der Gesundheitsausgaben. Daher ist es ökonomisch sinnvoll, zunächst bei dieser Bevölkerungsgruppe Rationalisierungsansätze zu realisieren. Für diese Krankheitsbilder werden standardisierte

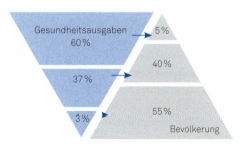

Abbildung 9.5-2: Verwendung der Ressourcen zur Krankenversorgung (Quelle: Koch-Suna, 2000: 33)

Behandlungen konzipiert, bei denen Behandlungsstrategie, Eingriffe, Kontroll- und Messverfahren festgelegt sind. Das Disease Management soll die Gesundheitsversorgung von Patienten im gesamten Verlauf ihrer Erkrankung und deren Behandlung über sektorale Grenzen hinweg koordinieren und begleiten. Im Gegensatz zum Case Management steht im Disease Management nicht der kostenintensive Einzelfall im Vordergrund, sondern die von einer bestimmten Erkrankung betroffenen Patientengruppe. Das Disease Management konzentriert sich auf Prävention, Früherkennungsdiagnostik, Schulung, Therapie, Rehabilitation und Nachsorge spezieller Krankheitsbilder. Eine effiziente Versorgung soll erreicht und unnötige Behandlungsmethoden sollen vermieden werden, um das Kosten-Nutzen-Verhältnis möglichst optimal zu gestalten. Der Erfolg einzelner Leistungen innerhalb des Versorgungsprozesses wird jedoch nicht nur an wirtschaftlichen Gesichtspunkten, sondern zum Beispiel auch an der Patientenzufriedenheit, der Steigerung der Lebensqualität, der Linderung der Krankheitssymptome gemessen. Für eine so umfassende Analyse ist es notwendig, dass genaue Kenntnisse über die Ursache einer Erkrankung, ihren Verlauf und ihre Merkmale und über die mit einer Behandlung verbundenen Kosten vorhanden sind.

Ein gut funktionierendes Informationssystem, das relevante Daten an den Leistungserbringer übermittelt, ist beim Disease Management von großer Wichtigkeit.

Unter das Medical Management fällt auch der sogenannte **Gatekeeper** oder Primärarzt. Über 90 % der HMOs setzen einen Gatekeeper ein, der in der Regel ein Allgemeinarzt ist. Dieses Instrument wurde als Reaktion auf den hohen Anteil praktizierender Spezialisten und die dadurch verursachten hohen Kosten eingeführt. Der Gatekeeper ist vertraglich an eine MCO gebunden und deren Lenkung und Kontrolle ausgesetzt. Die ärztliche Behandlungsfreiheit ist, je nach Vertragsform, durch diese Lenkung mehr oder weniger beeinflusst. Im Idealfall bildet der Gatekeeper die obligatorische erste Anlaufstelle für Patienten und führt eine allgemeinärztliche Diagnose und Behandlung durch. Er sichert die Kontinuität der Behandlung über das gesamte Spektrum der medizinischen Dienstleistungen, von der Prävention bis hin zur Rehabilitation. Der Schwerpunkt sollte in der Prävention liegen und der Gatekeeper berät und erzieht seine Patienten entsprechend. Der Gatekeeper-Funktion liegt die Annahme zugrunde, dass durch ihn ca. 80 % aller erforderlichen medizinischen Dienstleistungen kontrolliert werden können. Hierdurch soll eine „Überbehandlung" vermieden werden.

In den meisten Managed-Care-Organisationen sucht der Versicherte für eine medizinische Behandlung zunächst den Gatekeeper auf, der die Versorgung des Patienten bis zur Grenze seiner fachlichen Kompetenz übernimmt. Dem Versicherten steht eine Liste von Primärärzten zur Verfügung, aus denen er wählen kann. Für eine vorgegebene Zeit ist er an diesen Arzt für die primärärztliche Versorgung gebunden. Mit der Einschränkung der freien Arztwahl ist eine günstige Versicherungsprämie verbunden, die das Gatekeeper-Prinzip für den Versicherten und für seinen Arbeitgeber attraktiv macht. Die Aufgaben des Gatekeepers liegen neben der direkten medizinischen Leistungserbringung auch in der Koordination aller notwendigen Behandlungsschritte, über die er jederzeit informiert ist. Der Behandlungsverlauf liegt somit in einer Hand, ist überschaubar und soll dadurch zu einer effizienten und qualitativ hochwertigen Gesundheitsversorgung führen. Eine Krankenhauseinweisung ist dem Gatekeeper in der Regel verwehrt, sie ist dem weiterbehandelnden Facharzt vorbehalten. Eine Facharztbehandlung kann der Versicherte nur per Überweisung durch den Gatekeeper erhalten.

Gatekeeper werden durch finanzielle Anreize dazu veranlasst, möglichst wenige Überweisungen zu Spezialisten vorzunehmen. Ein Teil ihres Honorars wird einbehalten und zum Jahresende nur dann ausgezahlt, wenn Vorgaben über die Anzahl der Überweisungen nicht überschritten wurden. Die medizinische Versorgung soll also auch nach Kostengesichtspunkten gewährt werden, indem Diagnostik, Spezialbehandlungen und Krankenhausaufenthalte optimiert werden.

9.5.1.4
Organisationsformen der Managed Care

„Unter Managed-Care-Organisationen (MCOs) werden Institutionen verstanden, die ausgewählte Managed-Care-Instrumente einsetzen und zumindest bis zu einem gewissen Grad die Funktionen Versicherung und Leistungserstellung integrieren. Neben diesen MCOs existieren Institutionen, die im Managed-Care-Umfeld agieren. Hierzu gehören insbesondere spezialisierte Unternehmensberatungen, die bei der Entwicklung und Umsetzung der Managed-Care-Instrumente behilflich sind, respektive Beratungsleistungen zum Umgang mit Managed-Care-Instrumenten anbieten." (Amelung/Schumacher, 1999: 13)

Das Grundprinzip von Managed-Care-Organisationen (MCOs) ist die Vereinigung von Versicherung und Leistungserbringung. Die MCOs gewähren ihren Mitgliedern zu einem prospektiv festgelegten Beitrag ein fest definiertes Spektrum an Versorgungsleistungen für einen bestimmten Zeitraum. Die Höhe der pro Kopf einheitlichen Prämie ergibt sich aus der Risikostruktur der Versicherungsgemeinschaft. Bestimmte Personengruppen können von einer Aufnahme in eine MCO ausgeschlossen werden. Hierzu gehören in der Regel Personen, die besonders kostenintensiv zu sein scheinen. Zum Zweck der medizinischen Versorgung gehen MCOs Beziehungen zu ausgewählten Anbietern ein. Diese Versorgungsleistungen werden u.a. von Ärzten erbracht, die bei den MCOs mit festem Gehalt angestellt oder per Versorgungsvertrag an die Organisation gebunden sind. MCOs sind unternehmerisch handelnde Organisationen, die miteinander im Wettbewerb liegen. Soweit ein Leistungserbringer nicht exklusiv für eine MCO arbeitet, kann er Patienten von vielen miteinander konkurrierenden MCOs behandeln. Hierbei unterliegen Behandlung und Abrechnung jeweils eigenen Vertragsrichtlinien.

Das Spektrum organisatorischer Möglichkeiten ist breit und vielfältig, wobei jedoch alle Organisationstypen auch gemeinsame Merkmale haben. Hierzu gehört die schon erwähnte prospektive Finanzierungsform, die das wirtschaftliche Behandlungsrisiko von der Versicherung auf die Leistungserbringer überträgt. Die Versicherten müssen von einem festgelegten Budget umfassend medizinisch versorgt werden, und zwar unabhängig von der Höhe des medizinischen Bedarfs. Hieraus ergibt sich der Gewinn oder Verlust des Leistungserbringers.

Die Leistung von MCOs besteht im Wesentlichen darin, aus der Vielfalt der unterschiedlichen Leistungsanbieter zusammenhängende vertragliche Strukturen aufzubauen, über die ein für den Kostenträger spezifischer Leistungskatalog kostengünstig bereitgestellt werden kann. Dabei stützen sich die MCOs auf zwei Prinzipien: Patientenführung und Leistungskontrolle (siehe nächste Seite).

Mittlerweile haben sich MCOs im Preiswettbewerb gegenüber herkömmlichen Versicherungsanbietern durchgesetzt, sodass Managed-Care-Prinzipien fast flächendeckend Eingang in die Gesundheitsversorgung gefunden haben. In den traditionellen Indemnity-Versicherungen verfügen die Versicherten über unbegrenzte Freiheit bei der Auswahl von Leistungserbringern. Bei den HMOs ist diese Freiheit jedoch massiv eingeschränkt.

Zwischen diesen beiden extremen Ausprägungen positioniert sich die Versicherungsform des Point of Service (POS).

Die Preferred Provider Organization (PPO) verbindet auf der Anbieterseite die Vorteile einer HMO und einer Indemnity (IDY) miteinander. Die selektive Vertragspolitik ist eines der wichtigsten Unterscheidungsmerkmale der MCOs gegenüber den traditionellen Versicherungen. Auf der Anbieterseite erlangen weiterhin Integrated Delivery Systems bzw. Organized Delivery Systems zunehmend an Bedeutung. Eine weitere Form sind die Physician Hospital Organizations (PHOs), Krankenhäuser mit eigener Arbeitsstruktur und fest rekrutierten Ärztegruppen, die zunehmend auf den Markt drängen (Tab. 9.5-2). Die Stärke der Einbindung und die Kontrollintensität der unterschiedlichen MCOs werden in Abbildung 9.5-3 dargestellt.

Alle genannten Versicherungsformen werden im Folgenden kurz skizziert, wobei exemplarisch auf die HMO als ursprünglichste Form detaillierter eingegangen wird.

Tabelle 9.5-2: Typologie von Managed Care Organisationen (Quelle: Koch-Suna, 2000: 38)

Versicherungsorientierte Produkte	Anbieterorientierte Produkte
• Staff-, Group-, IPA- und Network-HMOs	• Preferred Provider Organizations
• Point-of-Service-Produkte	• Provider Networks
	• Integrated Delivery Systems
	• Physician Hospital Organizations

Abbildung 9.5-3: Basisformen von Managed Care (Quelle: Koch-Suna, 2000: 39)

Die **Health Maintenance Organization (HMO)** ist eine typische Form der MCO und in allen Bundesstaaten der USA zu finden. Trotz regionaler Unterschiede weisen die HMOs grundsätzliche Gemeinsamkeiten auf. Sie heben die Trennung zwischen Leistungsfinanzierung und -erbringung partiell auf. Die HMOs bieten ihren Versicherten medizinische Leistungen in Form genau definierter Versicherungspakete von medizinischen Leistungen an. Die Leistungserbringung erfolgt eigenständig durch ein Netz von angestellten Ärzten oder Ärzten mit vertraglicher Vereinbarung, die einen Teil des finanziellen Risikos tragen müssen. Die Art des Vertragsverhältnisses mit den Ärzten unterscheidet die Form einer HMO. Über organisatorische und/oder vertragliche Regelungen ist die Verantwortung für die medizinische Versorgung an das Netz der Leistungserbringer übertragen worden, was einerseits die freie Arztwahl des Versicherten in unterschiedlichem Maße einschränkt, andererseits die Leistungserbringer als Gruppe für die Kosten ihrer Behandlung haften lässt. Das HMO-Konzept bringt insbesondere Finanzierung und medizinische Leistungserbringung unter eine gemeinsame Verantwortlichkeit. Der Versicherer übernimmt nicht nur seine Finanzierungsfunktion, sondern muss die medizinische Leistungen entweder selbst erbringen oder durch Hinzuziehung unter anderem von außenstehenden Ärzten und Krankenhäusern garantieren. HMOs verlangen keine bzw. nur geringe Selbstbeteiligungen. Eine Selbstbeteiligung wird auch immer nur dann erhoben, wenn Leistungen von Leistungsanbietern außerhalb des HMO-Netzwerks in Anspruch genommen werden. Die im Voraus festgelegte Versicherungsprämie ist um ca. 20 % niedriger als bei anderen Versicherungsmodellen.

Die HMOs handeln in der Regel mit dem Arbeitgeber des Versicherten Tarifkonditionen aus. Je nach Berufsrisiko und geographischer Besonderheit des Versorgungsangebots erhebt die HMO unterschiedliche Tarife. Ein HMO-Mitglied kann im klassischen Modell nur Leistungen von einem HMO-Arzt in Anspruch nehmen, sonst verliert es einen Teil seines Versicherungsschutzes oder muss Zuzahlungen leisten. Unter den Vertragsärzten sind Primärärzte bzw. Gatekeeper der erste Anlaufpunkt für die Patienten. Ihnen obliegt die Koordination der Behandlung.

Eine HMO hat eine Versicherungslizenz und kann somit selbstständig auf dem Markt agieren. Welche Organisationsform den Bedürfnissen der Versicherten und den Anbietern von Gesundheitsgütern am besten entspricht, soll auf dem Markt entschieden werden.

Bei den HMOs werden drei Systeme unterschieden: das offene, das geschlossene und das gemischte System. Im geschlossenen System sind das Staff Model und das Group Model dominierend, im offenen System sind die Independent Practice Association (IPA) und das Direct Contract Model und im gemischten System das Network und das Mixed Model vorherrschend.

In einem **geschlossenen System** (Closed Panel) darf ein Leistungserbringer nur Mitglieder der vertraglich festgelegten HMO behandeln. Die Staff-HMO ist die ursprünglichste Form der HMOs. Im **Staff Model** sind die behandelnden Ärzte Angestellte der HMO mit einem festen Gehalt zuzüglich eventueller Bonuszahlungen. Budgetvorgaben sind üblich in diesem Modell. Die Ärzte erhalten pro Versichertem eine bestimmte Summe, die Kopfpauschale bzw. Capitation, von der die Facharztgebühren und die Kosten der Krankenhausbehandlung gezahlt werden müssen. Diese Pauschale ist unabhängig von der Leistungsinanspruchnahme eines Patienten. Da der Arbeitgeber die HMO ist, kann sie ggf. auch die Behandlungsautonomie des Arztes reglementieren. Aus diesem und anderen Gründen ist eine Staff-HMO bei Ärzten äußerst unbeliebt. Auch bei den Versicherten ist dieses Modell nicht sehr populär, da das Vertrauen zu einem angestellten Arzt geringer ist als zu einem frei praktizierenden. Der Anreiz einer Mengenausweitung besteht bei diesem Modell nicht, jedoch der Anreiz der Leistungsvorenthaltung, was einer internen und externen Kontrolle bedarf. Die älteren HMOs waren bzw. sind größtenteils nach diesem Modell konzipiert. Sie beschränken sich auf die klassischen medizinischen Disziplinen und kaufen zusätzliche Leistungen ein.

Beim **Group Model** schließt die HMO Versicherungsverträge mit Arztgruppen verschiedener Fachrichtungen ab, die Angestellte einer Gruppenpraxis sind. Medizinische Einrichtung, Personal und Administration werden von dieser Gruppe gemeinsam genutzt. Die Ärzte bleiben formal selbstständig. Die Arztgruppen verpflichten sich, die Versicherten mit den vertraglich vereinbarten Leistungen zu behandeln. Die Vergütung erfolgt durch eine prospektive Pauschale pro Monat und Patient. Zudem werden Gehälter in Abhängigkeit von den jeweiligen Qualifikationen der Ärzte durch die Gruppenpraxen gezahlt. Bei den Group-HMOs sind überdurchschnittlich viele Medicare-Patienten versichert, was die im Vergleich zu anderen HMO-Formen starke Inanspruchnahme an Gesundheitsleistungen erklärt.

In den **offenen Systemen** („open panel") darf ein Arzt Patienten mit unterschiedlichen Versicherungsverhältnissen behandeln. Dem Versicherten steht in diesen Systemen eine größere Auswahl an Leistungserbringern zur Verfügung als in den geschlossenen Systemen. Die offenen Systeme verzeichnen zurzeit ein starkes Wachstum, da die HMO in diesem System die ärztliche Behandlungsautonomie nur begrenzt einschränkt.

Die **Independent Practice Association (IPA)** ist eine Vereinigung, die sich aus einzelnen, frei praktizierenden Ärzten zusammensetzt. Diese praktizieren in eigenen Räumlichkeiten mit eigenem Personal und eigener Ausstattung. Sie können auch Patienten anderer Versicherungen behandeln, sind also nicht auf HMO-Versicherte beschränkt. Die professionelle Autonomie der Ärzte bleibt weitgehend bestehen. Die HMOs schließen mit dieser Vereinigung Versorgungsverträge ab. Eine Vergütung der Ärzte erfolgt nach dem Capitation-Verfahren, nach Einzelleistungsvergütung oder nach ausgehandelten Gebühren. Üblich ist jedoch ein Pauschalhonorar, das unabhängig von der Leistungsinanspruchnahme der HMO-Versicherten gezahlt wird. Diese Form hat mittlerweile den größten Marktanteil bei den HMOs und nimmt weiterhin stark zu.

Bei einem **Direct Contract Model** schließen die HMOs direkt mit einzelnen, unabhängigen Ärzten Behandlungsverträge ab, die keiner Ärztevereinigung angehören. Die Vergütung der Leistungserbringer erfolgt identisch zur IPA.

Die meisten HMOs sind nicht eindeutig einem der Modelle im Open Panel oder Closed Panel zuzuordnen, sondern bestehen aus einer Kombination von mindestens zwei Vertragsformen, die zu einer gemeinsamen Form zusammengeschmolzen sind. Sie werden daher **Mixed Models** genannt.

Neben dem Wachstum von IPAs kam es vor allem zur Verbreitung von Network-HMOs. Sie stellen eine Erweiterung der Group-HMOs dar. Bei dieser Form wird die medizinische Versorgung mehreren Leistungserbringern übertragen, um einen ausreichenden geographischen Abdeckungsgrad zu erreichen. Die HMOs müssen deren Tätigkeit organisieren, koordinieren und kontrollieren. Ein Network Model kann ein offenes oder ein geschlossenes System sein, je nachdem, wie und mit wem eine HMO Verträge abschließt. Heute bieten die meisten HMOs ihren Versicherten eine Reihe von verschiedenen Arrangements an.

9.5.1.5 Umsetzungsansätze von Managed Care in den USA

Wie im historischen Überblick bereits aufgezeigt, ist das heutige US-amerikanische Gesundheitssystem auf Grund diverser politischer Kontroversen sowie auf Grund eines erheblichen Innovationsdrucks auf die Krankenversicherungen entstanden. Es besteht aus einer Vielzahl von Subsystemen, die einzelne Bevölkerungsgruppen auf unterschiedliche Weise absichern.

Der private Versicherungssektor ist durch kommerzielle Versicherungsgesellschaften, gemeinnützige Versicherungen, wie Blue Cross und Blue Shield, sowie durch HMOs und andere unabhängige Träger gekennzeichnet. Im Mittelpunkt der Leistungserbringung steht die privatärztliche Praxis, die auch die Krankenhausversorgung koordiniert. Die Gewährleistung ambulanter ärztlicher Leistung ist oft mit einer Selbstbeteiligung des Versicherten verbunden und erfolgt nach dem Kostenerstattungsprinzip. Die Vergütung erfolgt mittels Einzelleistungsvergütung oder Pauschalen.

In den USA dominiert das Subsidiaritätsprinzip, das heißt, es ist eine individuelle Angelegenheit, Art und Umfang seiner Krankenversicherung zu bestimmen und für Krankheitsfolgen aufzukommen. Die Folge ist, dass viele Bewohner der USA aus finanziellen Gründen keine bzw. nur eine sehr eingeschränkte medizinische Versorgung haben.

Die Ursachen der Nichtversicherung von Teilen der US-Amerikaner sind vielfältig. Fast 15 % der Bevölkerung sind nicht krankenversichert. Dies betrifft hauptsächlich die unteren sozialen Schichten. Die Mehrzahl gehört den „working poor" an. Es handelt sich hierbei um Personen, die zwar Arbeit haben, deren Einkommen jedoch nur knapp über der Armutsgrenze liegen. Weiterhin fallen die Menschen darunter, die wegen ihres hohen Krankheitsrisikos aus den privaten Versicherungen ausgeschlossen sind, sowie Arbeitnehmer in Kleinbetrieben, die keinen Versicherungsschutz anbieten, und Freiberufler, die die hohen Prämien nicht zahlen können.

Die an einen Arbeitsplatz gebundenen Krankenversicherungen haben einen Anteil von über 80 % am privaten Versicherungsbestand. Die meisten US-Amerikaner und ihre Angehörigen genießen nur im Rahmen eines Beschäftigungsverhältnisses Versicherungsschutz. Der Arbeitgeber zahlt in der Regel den größeren Teil der gesamten Versicherungsprämie für seinen Arbeitnehmer. Die Prämie richtet sich nach Größe und Risikostruktur der Belegschaft. Die Risikostruktur ist abhängig von verschiedenen Faktoren, unter anderem Alter, Geschlecht und Gefahrengrad der Tätigkeit. Der Verlust des Arbeitsplatzes geht mit einem Verlust des Versicherungsschutzes und der Eigenverantwortung für die Absicherung im Krankheitsfall einher.

Motor der Reformen im Gesundheitssystem der USA war der rasante Anstieg der Gesundheitsausgaben. Seit den 1970er-Jahren belief sich der Ausgabenzuwachs jährlich auf 8–10 %. Diese Entwicklung beruht zum einen auf einer höheren Lebenserwartung, zum anderen auf einem gewachsenen Gesundheitsbewusstsein sowie auf den Innovationen im Bereich der Medizintechnik. Hinzu kommen die hohen Arzthonorare und Verwaltungskosten sowie das Überangebot an

Leistungserbringern. Ein weiterer Effekt ist der hohe Spezialisierungsgrad der Ärzte im ambulanten Sektor. Nur jeder sechste niedergelassene Arzt ist Allgemeinmediziner.

Mittlerweile ist der konventionelle Versicherungstyp in reiner Form fast vom Markt verschwunden. Dieser wies die Merkmale der strikten bilateralen Vertragsbeziehungen auf: freie Arztwahl, Einzelleistungsvergütung und Kostenerstattungsprinzip. Der behandelnde Arzt hatte seine professionelle Autonomie, in der jede begründete Leistung als legitim galt und finanziert wurde. Diese Form ist einem **System** gewichen, das durch MCOs geprägt wird.

Im öffentlichen, staatlich geförderten Sektor des Gesundheitswesens gibt es im Wesentlichen zwei Programme: Medicare und Medicaid. Diese Steuerungselemente sind angebotsorientiert. Bis in die 1960er-Jahre war das Ausscheiden aus der Erwerbstätigkeit oft mit dem Verlust der Krankenversicherung verbunden. Mit dem staatlichen **Medicare-Programm** sollte diese Versicherungslücke ausgefüllt werden. Im Jahre 1964 wurde der Medicare Act verabschiedet, der seit dieser Zeit die über 64-Jährigen, Dialysepflichtige und Behinderte krankenversichert. Die Versicherung hat seit 1977 zwei Leistungsbereiche: Teil A deckt die stationäre Grundversorgung, die Krankenhausversorgung, medizinische Haushaltshilfe und Sterbehilfe ab, Teil B ist eine freiwillige Zusatzversicherung zur ambulanten medizinischen Versorgung. Teil A des Medicare-Programms wird aus Mitteln des Bundes und der Bundesstaaten finanziert, Teil B über Beiträge und Steuern.

Das **Medicaid-Programm** entstand 1965 und versorgt die sozialschwachen Bevölkerungsgruppen, die bereits Unterstützungsgelder aus einem bestehenden Fürsorgeprogramm erhalten. Ein Problem besteht darin, dass Medicaid nur einen Teil der Sozialschwachen erfasst. Das Medicaid-Programm zielt darauf ab, auch dieser Bevölkerungsschicht den Zugang zur Gesundheitsversorgung zu ermöglichen. Jedoch wird diese Möglichkeit durch den Widerstand der privat praktizierenden Ärzte und der privaten Krankenhäuser begrenzt, die ungern bereit sind, die niedrigeren Gebühren zu akzeptieren.

Es wird zur Hälfte durch die Länder und zur Hälfte staatlich finanziert.

Während Medicare von der Health Care Financing Administration (HCFA) direkt gesteuert wird, werden bei Medicaid nur die Rahmenbedingungen festgelegt, die erfüllt werden müssen und staatlich bezuschusst werden. Damit sind in den USA nur bestimmte Personengruppen gesetzlich abgesichert. Der größte Teil der Bevölkerung hat keinen gesetzlichen Versicherungsschutz und ist entweder gar nicht oder privat versichert.

Nach Einführung der beiden Programme Medicare und Medicaid kam es zu einem Anstieg der Gesamtkosten im Gesundheitssystem. Zur Reduzierung der gestiegenen Kosten wurde 1983 die diagnosebezogenen Fallpauschalen für den stationären Bereich eingeführt: die **Diagnosis Related Groups (DRGs)**. Diese bilden in der Bundesrepublik durch das GKV-Reformgesetz 2000 die Grundlage für das neue pauschalierte Entgeltsystem. Zusätzlich wurde in den USA die **Ressource Based Relative Value Scale** eingeführt, die als Bewertungsmaßstab ärztlicher Leistungen dient und die Gesamtkosten der ärztlichen Vergütung kontrolliert. Eine kostenbezogene Gebührenordnung für Ärzte wurde entwickelt und ein Budget für die ärztliche Vergütung festgelegt, um teure medizinische Leistungen zu reduzieren und Leistungszunahmen einzuschränken. Der Erfolg dieser staatlichen Maßnahmen war gering, da sich die Gesundheitskosten nur minimal reduzierten.

Entsprechend groß sind auch die Anstrengungen, Managed-Care-Elemente im staatlichen Sektor einzuführen. Etliche Bundesstaaten sind inzwischen dazu übergegangen, Gruppenverträge mit HMOs für Medicare- und Medicaid-Versicherte abzuschließen. Neben dem Staat sind die privaten Arbeitgeber die wichtigsten Leistungsfinanzierer von Gesundheitsleistungen. Entweder übernehmen sie die Versicherungsfunktion für ihre Mitarbeiter selbst, „self insurer", oder sie bieten ihren Mitarbeitern Krankenversicherungen als betriebliche Sozialleistung an. Der private Sektor des Gesundheitswesens ist aus finanzieller Sicht erfolgreicher als der öffentliche Sektor. Wie viel der Leistungserbringer aber letztlich für seine Dienstleistung erhält, hängt von der Höhe der Gebühren und vom Erstattungssystem ab. Der Versicherte selbst tritt nur mittelbar in Erscheinung und hat nur einen sehr geringen Einfluss auf die Gestaltung.

Die hohen Gesundheitsausgaben einerseits und der fehlende Versicherungsschutz für einen beträchtlichen Teil der Bevölkerung andererseits führten ab Mitte der 1990er-Jahre zu einer intensiven Diskussion über eine staatliche Krankenversicherung, die für nahezu alle US-Amerikaner verpflichtend sein sollte. Dieser Plan (Obama Care) fand jedoch im Kongress keine politische Mehrheit.

9.5.1.6 Beispiele umgesetzter Managed-Care-Strukturen

Eine Managed-Care-Organisation (MCO) kann durch selektives Auswählen der Vertragspartner nach ihren Fähigkeiten und ihrer Reputation das Qualitätsniveau der Organisation beeinflussen. In der Regel unterzieht eine MCO ihre Vertragsärzte und solche, die es werden wollen, einem Bewertungsverfahren. Es soll Aufschluss über die Arbeitsqualität eines Vertragspartners bzw. potenziellen Vertragspartners geben. Dabei geht es zunächst darum, die formale Qualifikation des Arztes zu überprüfen. Hierzu zählen zum Beispiel Approbation, Belegarztberechtigung, Eintragung in die National Practitioner Data Base und eine Arzthaftpflichtversicherung. Viele MCOs lassen es dabei bewenden. Einige prüfen darüber hinaus auch weitere Qualifikationskriterien. So werden die Praxisräume sowie deren Ausstattung inspiziert, die Auslastung der Praxis und Wartezeiten der Patienten werden analysiert und Abrechnungsmuster geprüft. Zudem wird Einsicht in die Krankenakten genommen. Die Teilnahme an Fort- und Weiterbildung muss vom Arzt bei der jeweils nach etwa zwei Jahren erneut stattfindenden Prüfung nachgewiesen werden. Neben der routinemäßigen Überprüfung werden Ärzte aufgesucht, bei denen ein überdurchschnittlich hoher Umsatz zu verzeichnen ist oder Patientenbeschwerden vorliegen.

Das Telefon-Triage-System ist ein kostenloser 24-Stunden-Notruf- und Beratungsservice, der Versicherten von einigen MCOs angeboten wird. Speziell geschultes Personal (meist Krankenpflegepersonal) steht dem Versicherten als kompetenter Ansprechpartner zur Verfügung, unterstützt durch ein computergestütztes Informationssystem. Meistens wird dieser Service nicht von den MCOs selbstständig angeboten, vielmehr wird ein Fremdunternehmen beauftragt, im Namen der MCO zu agieren.

Die Ursprünge der Überprüfungen liegen in den Kostendämpfungsgesetzen von Präsident Nixon, die Anfang der 1970er-Jahre verabschiedet worden sind. Er richtete eine Organisation ein, um ärztliche Standards bei der Versorgung von Medicare- und Medicaid-Versicherten zu überprüfen. Diese Idee hat sich zum heutigen **Utilization Review** weiterentwickelt. Da MCOs personenbezogene Dienstleistungsunternehmen sind, muss deren Management im Prinzip darauf angelegt sein, nicht nur die Entscheidungen der Ärzte, sondern auch die der Patienten im Sinne der Unternehmensziele zu steuern. Dies geschieht durch ein entsprechendes Utilization Management bzw. einen Utilization Review. Diese beinhaltet Beobachtungs- und Beeinflussungsinstrumente. Zunächst kontrolliert ein Gatekeeper den Zugang zu allen ambulanten und stationären Leistungen. Kostspielige Maßnahmen benötigen die Genehmigung durch ein Management. Die Arzt-Patient-Beziehung wird somit auch von der Finanzierungsseite her kontrolliert. Dies wird meistens von **Utilization Review Organizations** durchgeführt, die Mitte der 1980er-Jahre entstanden sind. Anhand von Leistungsdaten werden Leistungserbringer verglichen, indem im Sinne eines Benchmarkings Kosten, Inanspruchnahme und Qualität beleuchtet werden.

Die Methode des **Health Risk Appraisal** analysiert die Risikofaktoren einer bestimmten Versichertengruppe hinsichtlich der Ausgabenverteilung. Es soll Aufschluss darüber gewonnen werden, welche Versicherten mit welchen Risikofaktoren welche Gesundheitsleistungen in Anspruch nehmen. So wird eine bestimmte Gruppe von Versicherten (z. B. die Belegschaft eines Arbeitgebers) im Rahmen einer Vorsorgeuntersuchung nach Risikoparametern klassifiziert. Die Analyse der Ausgabenverteilung zeigt, dass in der Regel bei einer geringen Anzahl der Versicherten überproportional hohe Ausgaben anfallen. Die Vorsorgeuntersuchung muss präventiv sein, damit festgelegt werden kann, welcher Versorgungsbedarf in der nächsten Zeit entsteht und welche Ausgaben damit verbunden sein werden. Risikoauffällige Personen sollen gezielt in Präventionsmaßnahmen eingebunden oder einem Fallmanagement zugeführt werden.

Das Case Management soll in der Gesundheitsversorgung zukünftig intensiver genutzt werden. Ziel soll sein, der Unübersichtlichkeit des Behandlungsgeschehens entgegenzuwirken, die durch die Anbietervielfalt und unterschiedliche Vertragsverhältnisse entsteht. Der Behandlungsprozess soll durch eine verbesserte Kommunikation der Beteiligten an Qualität gewinnen, da einzelne Elemente besser aufeinander abgestimmt werden können. Zu diesem Zweck sollen Case Manager vor Ort präsent sein, nicht nur in den Krankenhäusern, sondern auch in den Arztpraxen. Sie sollen Ansprechpartner für Versicherte, die sich in Behandlung begeben, und organisatorische Assistenten für die Ärzte sein.

Dem Case Manager obliegt es, den individuellen Behandlungsprozess eines Patienten vorausschauend zu begleiten, und zwar schon beginnend bei der Konsultation eines niedergelassenen Arztes. Voraussetzungen für dieses früh einsetzende Case Management sind Transparenz der Daten und Kooperationsbereitschaft seitens der behandelnden Ärzte. Idealerweise umfassen die Funktionen eines Case Managers die Betreuung bei der medizinischen Behandlung einschließlich einer psychologischen Betreuung und die Beratung bei finanziellen und berufsbezogenen Problemen, damit der Patient eine effektive medizinische und pflegerische Versorgung erhält.

Im klassischen HMO-Konzept besitzen die Versicherungsträger den Großteil an Einrichtungen, in denen die Gesundheitsleistungen angeboten werden. Die Ärzte, die diese Leistungen erbringen, sind vertraglich an den Versicherungsträger gebunden. Trotz einer Risikoverteilung auf die Leistungserbringer liegt das wirtschaftliche Risiko letztlich bei den MCOs. Natürlich versuchen die Organisationen genau dieses Risiko auf ein Minimum zu reduzieren. Es wird zum einen versucht, Fixkosten abzubauen, und zum anderen, mit dem Einkauf von Leistungen einen möglichst großen Teil des Versicherungsrisikos an die Anbieter dieser Leistungen abzugeben.

Relativ neu auf dem Managed-Care-Markt sind die **Provider Sponsored Organizations**. Hierbei integrieren die Leistungserbringer die Versicherungsfunktion, indem sie direkt Verträge mit Arbeitgebern oder staatlichen Organisationen abschließen. Dies hat für die Ärzte den Vorteil, dass sie die vollen Prämien bekommen, ohne einen Anteil von 15–20 % an die Versicherungsgesellschaft zu verlieren. Sie werden dadurch von Partnern zu Konkurrenten der Versicherungsanbieter.

In dem stark wettbewerbsorientierten Markt der USA kann mit einem weiteren Rückgang der traditionellen Versicherungen gerechnet werden, auch wenn diese immer mehr Managed-Care-Elemente übernehmen. Die Managed-Care-Unternehmen werden hingegen weiter wachsen, wenn auch nicht so stark wie in den vergangenen zehn Jahren.

9.5.1.7
Akzeptanz und Kritik der Managed-Care-Strukturen

Die starke Aufsplitterung und Komplexität des amerikanischen Gesundheitssystems machen eine einheitliche Planung oder Kostenkontrolle unmöglich und führen zu hohen administrativen Kosten. Ein wachsender Teil der Arbeit wird, so die Kritiker, den Verwaltungs-, Kontroll- und Berichtstätigkeiten gewidmet. Ein weiterer Kritikpunkt wird darin gesehen, dass Managed-Care-Versicherer auf Grund ihres schnellen Wachstums ihre Prozesse nicht mehr genügend steuern und kontrollieren konnten, was wiederum Fehler bei der Leistungsabwicklung zur Folge haben kann. Befürworter der Managed-Care-Steuerungsmethoden weisen auf die positive Beziehung zwischen Leistungsbzw. Kostenreduzierung und Qualitätssteigerung hin. Verfechter von Managed Care formulieren diesen Effekt wie folgt:

> „Die wissenschaftliche Literatur zeigt ziemlich eindeutig, dass die Qualität der Versorgung in Managed-Care-Systemen mindestens gleich gut ist wie in traditionellen, nicht ‚gemanagten' Systemen – wenn nicht sogar besser." (Kongstvedt/Yates, 1999: 35)

Hinzu kommt, dass bei den Managed-Care-Organisationen eine veränderte Sichtweise eingetreten ist. So erlauben mittlerweile eine ganze Reihe MCOs ihren Mitgliedern wieder den direkten Zugang zu den Fachärzten, sodass diese erneut verstärkt in Anspruch genommen werden. Gruppenpraxen, die in der Vergangenheit auf Grund des Gatekeeper-Modells ihre Allgemeinmediziner höher bezahlten als ihre Spezialisten, haben begonnen, wieder mehr Geld aus dem Gesamteinnahmetopf an die Fachärzte zu verteilen. Hinter diesem Kurswechsel steht die Erkenntnis, dass die Gruppenpraxen letztlich nicht ohne gute Spezialisten auskommen können.

Ob die Einführung von Managed-Care-Elementen tatsächlich zur Kostendämpfung beitragen konnte, ist angesichts der Tatsache, dass das US-Gesundheitssystem gemessen an seinem Anteil am Bruttoinlandsprodukt immer noch zu den teuersten der Welt gehört, fragwürdig. Jedoch ist dagegenzuhalten, dass MCOs die ihnen zur Verfügung stehenden Maßnahmen und die damit verbundenen Einsparungspotenziale ausgeschöpft haben.

9.5.2
Umsetzungsschritte des Managed-Care-Ansatzes in Deutschland

9.5.2.1
Relevanz des Kassenwettbewerbs

Der Wettbewerb zwischen den Krankenkassen hat seit Inkrafttreten des GKV-Wettbewerbsstärkungsgesetzes im Jahre 2007 zunehmend an Bedeutung gewonnen. Unter Wettbewerb ist grundsätzlich das Streben von mehreren Personen bzw. Gruppen nach einem Ziel zu verstehen, wobei der höhere Zielerreichungsgrad der Person bzw. Gruppe einen in der Regel geringeren Zielerreichungsgrad der anderen bedingt. Im Wirtschaftssektor müssen zudem Märkte mit mindestens zwei Anbietern oder Nachfragern existieren, die sich so verhalten, dass die Erreichung ihrer ökonomischen Ziele zulasten anderer Wirtschaftssubjekte geht. Dieser klassische volkswirtschaftliche Preiswettbewerb unterscheidet sich vom Wettbewerb innerhalb des GKV-Systems. In der klassischen Wettbewerbskonstellation sind die Leistungsnachfrager identisch mit den Kostenträgern. Im Unterschied hierzu sind im GKV-System die Leistungsnachfrager die Versicherten und die Krankenkassen sind die Kostenträger. Auf der Nachfrageseite existieren somit zwei Gruppen, die zudem unterschiedliche Zielsetzungen haben können. Zum anderen erfolgt der GKV-Wettbewerb primär nicht unter Preisgesichtspunkten, vielmehr soll er der Qualitäts- und Servicesteigerung dienen. Im Gesundheitssystem lassen sich die folgenden drei Wettbewerbsfelder unterscheiden:

- Versicherungsmarkt
- Behandlungsmarkt
- Leistungsmarkt.

Im Versicherungsmarkt werben die Krankenkassen um die Gunst der Versicherten, die Wettbewerbselemente des Behandlungsmarktes sind die Beziehungen zwischen den Patienten und den Leistungserbringern und auf dem Leistungsmarkt steht der Wettbewerb um die Leistungsverträge im Mittelpunkt.

Der Wettbewerb unter den gesetzlichen Krankenkassen im **Versicherungsmarkt** basiert auf der Einführung des Kassenwahlrechts. Mit dem Gesundheitsstrukturgesetz 1993 ist diese Wahlfreiheit eingeführt worden. Parallel zum Wahlrecht ist der Kontrahierungszwang auf nahezu alle Krankenkassen ausgeweitet worden. Ausnahmen wurden zum Beispiel im Bereich der Betriebs- und der Innungskrankenkassen zugelassen. Bis zu diesem Zeitpunkt bestand der Aufnahmezwang nur für das AOK-System. Infolge dieser gesetzlichen Regelungen versuchen die Krankenkassen, ein eigenständiges Profil zu entwickeln, um Mitglieder zu binden. Bonussysteme, neue Versorgungsformen und Wahltarife sind zum Beispiel Formen dieser Differenzierung. Durch das GKV-Wettbewerbsstärkungsgesetz hat die Legislative diesen Wettbewerb noch einmal intensiviert. Aus der Sicht des AOK-Bundesverbandes ist der Wettbewerb in der GKV ein bewusst eingeführtes Strukturelement, um die Qualität, Wirtschaftlichkeit und Präferenzorientierung der Gesundheitsversorgung zu verbessern (vgl. AOK-Bundesverband, 2012d: o. S.). Letztlich soll der Wettbewerb den Versicherten zugutekommen. Seit dem Jahre 2015 ist der einkommensabhängige Zusatzbeitrag ein weiterer Wettbewerbsfaktor, der ausschließlich von den Kassenmitgliedern finanziert wird. Bei der Einführung bzw. Erhöhung des Zusatzbeitrags besteht für die Mitglieder ein außerordentliches Kündigungsrecht. Daher ist es die Strategie der Kassen, einen Zusatzbeitrag zu vermeiden bzw. so gering wie möglich zu halten. Ist die Einführung unvermeidbar, dann versuchen die Kassen, sie unter anderem mit der Finanzierung von innovativen Versorgungsformen zu begründen.

Durch Inkrafttreten des GKV-Finanzstruktur- und Qualitäts-Weiterentwicklungsgesetzes (GKV-FQWG) zum 01.01.2015 ist die Form des Zusatzbeitrags verändert worden. An die Stelle des einkommensunabhängigen Beitrags ist der kassenindividuelle, einkommensabhängige Zusatzbeitrag getreten. Die jeweilige Höhe hängt von der wirtschaftlichen Leistung sowie vom Leistungsumfang der Kassen ab. Demnach bietet das Gesetz für die Versicherten weitere Faktoren zur Vergleichbarkeit der Kassen. Durch das mit der Erhebung oder Anhebung der Zusatzbeiträge verbundene Sonderkündigungsrecht sowie durch die Wahlfreiheit sind die Kassen gezwungen, eine hochwertige Versorgung zu einem angemessenen Preis anzubieten.

Bereits vor der Einführung der Kassenwahlfreiheit wurde 1994 der Risikostrukturausgleich (RSA) eingeführt, der die Chancengleichheit zwischen den Krankenkassen stärken sollte. Der RSA wurde bis 2009 durch § 137 ff. SGB V und § 266 ff. SGB V geregelt und sollte den Wettbewerb „solidarverträglich" machen. Der RSA glich sowohl Unterschiede in den Einnahmen der Krankenkassen (Finanzkraftausgleich) als auch Unterschiede in den Gesamtheitsausgaben, die vor allem auf unterschiedliche Versichertenstrukturen beruhten, aus (Beitragsbedarfsausgleich). Beide Ausgleichsbereiche wurden miteinander verknüpft. Die Kassen, bei denen die Finanzkraft höher war als der Beitragsbedarf, zahlten die Transfersumme in den RSA ein, die anderen Krankenkassen bekamen diesen Differenzbetrag ausgezahlt, wenn der Beitragsbedarf die Finanzkraft überstiegen hat. Mit der Einführung des Gesundheitsfonds im Jahre 2009 ist der Finanzkraftausgleich beibehalten worden, das Verfahren zum Beitragsbedarfsausgleich wurde jedoch verändert. Im heutigen RSA wird jeder Versicherte bestimmten Gruppen zugeordnet. Die Zuordnung richtet sich u. a. nach den Kriterien Alter, Geschlecht, Teilnahme an Disease-Management-Programmen und dem Krankengeldbezug. Für diese Versicherten werden aus dem Gesundheitsfonds Geldbeträge an die Krankenkassen gezahlt. Neben den für alle Versicherten einheitlichen Grundpauschalen werden alters-, geschlechts- und risikoadjustierter Zu- und Abschläge zugewiesen. Für den morbiditätsorientierten Risikostrukturausgleich (Morbi-RSA), das Kernstück der Reform, werden die Versicherten nicht in Gruppen eingeteilt. Beim Morbi-RSA werden Zuschläge für Morbiditätsmerkmale gezahlt. Damit werden zusätzlich die zuvor nicht berücksichtigten Krankheitsmerkmale bzw. Morbiditätsunterschiede innerhalb der einzelnen Alters- und Geschlechtsgruppen gemäß § 268 SGB V berücksichtigt. Der Morbi-RSA berücksichtigt somit Krankheiten, deren Verlauf besonders schwerwiegend ist und die hohe Behandlungskosten verursachen. Bei diesen Krankheiten liegen die durchschnittlichen Leistungsausgaben je Versicherten um mindestens 50 % höher als die durchschnittlichen Pro-Kopf-Ausgaben für alle Versicherten. Das Bundesversicherungsamt hat 80 Krankheiten dem morbiditätsorientierten Risikostrukturausgleich zugeordnet, es erfolgt eine jährliche Überprüfung und Auswahl dieser Krankheiten. Die Liste der 80 Krankheiten ist auf dem Portal des Bundesversicherungsamtes zur Einsicht hinterlegt. Die Ablösung des alten Risikostrukturausgleichs durch den aktuellen Risikostrukturausgleich führte zu einer Beseitigung der für die Kassen vorhandenen Anreize zur Risikoselektion.

Zentrale Ziele des Wettbewerbs der gesetzlichen Krankenkassen sind die effiziente und effektive Verwendung der Ressourcen und die stetige Kundengewinnung und -bindung. Neben den ökonomischen Anforderungen, wie zum Beispiel die Sicherstellung positiver Deckungsbeiträge, bedarf es zur Erreichung einer wettbewerbsstarken Position einer versichertenorientierten unternehmerischen Ausrichtung sowie eines umfangreichen und qualitativ hochwertigen Leistungsangebots.

Die Wahlfreiheit bildet das grundlegende Kriterium eines funktionierenden Kassenwettbewerbs. Ohne diese Wahlfreiheit ist ein Wettbewerb überhaupt nicht möglich. Die Intensität des Kassenwettbewerbs hat im deutschen Gesundheitssystem dazu befürt, dass einige Krankenkassen in die Insolvenz gehen mussten. Eine weitere Folge ist die zunehmende Fusionsbereitschaft. So ist die Anzahl der Kassen zwischen Ende 1990 und dem Beginn des Jahres 2017 von 1147 auf 113 Kassen gesunken. Für die nächsten Jahre sind weitere kassenarten- und länderübergreifende Zusammenschlüsse zu erwarten. Dieser Kassenwettbewerb ist durch die Gemeinsamen Wettbewerbsgrundsätze der Aufsichtsbehörden der gesetzlichen Krankenkassen geregelt. In neun Abschnitten werden sämtliche Aspekte des Wettbewerbs zwischen den gesetzlichen Krankenkassen gesetzlich bestimmt. Die Grundsätze besagen unter anderem, dass Vergleiche von Beiträgen oder Leistungen zulässig sind, dabei dürfen aber die Gesetze des unlauteren Wettbewerbs nicht missachtet werden. Zudem sind Werbemaßnahmen mit belästigendem Charakter sowie negative Behauptungen über andere Krankenkassen zu unterlassen. Zudem werden die Ausgaben für allgemeine Werbemaßnahmen durch das Gebot der Wirtschaftlichkeit und Sparsamkeit begrenzt. Demnach dürfen diese jährlichen Ausgaben der einzelnen Krankenkasse 0,15 % der monatlichen Bezugsgröße gemäß § 18 SGB IV nicht übersteigen. Die Verbände der Krankenkassen haben zur Einhaltung der Wettbewerbsgrundsätze eine Schiedsstelle eingerichtet.

9.5.2.2
Kassenwettbewerb durch Versorgungsmanagement

Im Leistungsmarkt schließen die Kassen zur Versorgung ihrer Versicherten mit den Leistungserbringern Verträge ab, und zwar grundsätzlich nach dem Prinzip „Gemeinsam und einheitlich". Dieses Kollektivprinzip steht aber im Widerspruch zu dem vom Gesetzgeber geforderten Wettbewerbsprinzip. Nur durch den Abschluss von Selektivverträgen kann der Wettbewerb zwischen den Krankenkassen und den Leistungserbringern ermöglicht werden. Das Versorgungsmanagement ermöglicht es den Kassen, sich zu differenzieren und ihre Wettbewerbsposition zu stärken.

Das Versorgungsmanagement einer Krankenkasse stellt eine mögliche Lösung für die Schnittstellenproblematik dar. Ein Problem des Gesundheitssystems ist darin zu sehen, dass zahlreiche Kommunikations- und Koordinationsstörungen zwischen den verschiedenen Versorgungsbereichen auftreten. Erhöhte Kosten durch Doppeluntersuchungen, eine ineffiziente Leistungserbringung, ein erhöhter Zeitaufwand und eine zeitliche Verzögerung der Therapien können die Folge sein. Relevante Konzepte aus den angelsächsischen und skandinavischen Gesundheitssystemen wurden auf das deutsche Gesundheitssystem übertragen und angepasst. Die Teilnahme an den alternativen Programmen des Versorgungsmanagements ist für die Patienten bzw. die Versicherten freiwillig und ermöglicht es den Krankenkassen, ihren Versicherten beispielsweise Ermäßigungen bei Zuzahlungen oder unterstützende Beiträge im Rahmen der Prävention und der Vorsorge zu gewähren.

Das Versorgungsmanagement wurde im Jahre 2007 in das SGB V aufgenommen. Demnach legt § 11 Abs. 4 SGB V fest, dass alle Versicherten Anspruch auf ein Versorgungsmanagement insbesondere zur Lösung beim Übergang in die verschiedenen Versorgungsbereiche haben. Der Gesetzgeber hat auf eine Definition des Begriffs verzichtet. Kirch et al. (2012) verstehen unter Versorgungsmanagement die „strukturierte Anleitung und Begleitung des Patienten zur Wahrnehmung von Versorgungsangeboten, welche für den optimalen Umgang mit seiner individuellen gesundheitlichen Situation sinnvoll ist" (ebd.: 527f.). Die Online-Ausgabe des Gabler Versicherungslexikons definiert den Begriff „Versorgungsmanagement" als die „Aktive Gestaltung des Versorgungsprozesses von Patienten bzw. Versicherten vor, parallel zur und nach der Leistungserbringung im Gesundheitswesen" (Wagner, 2011: o. S.). Beim Versorgungsmanagement handelt es sich folglich um einen serviceorientierten Ansatz zur Steuerung der Versorgungsprozesse von Gesundheitsunternehmen. Demnach ist das Versorgungsmanagement als ein Prozess zu sehen und beinhaltet die folgenden Ziele:

- Verbesserung der Struktur und Koordination der Abläufe zwischen den Versorgungsbereichen
- Erhöhung der Transparenz und somit Stärkung der Compliance des Patienten
- Kooperation unterschiedlicher Leistungserbringer
- Beseitigung der Kommunikationsmängel zwischen den verschiedenen Versorgungsbereichen
- Vermeidung von zeitlichen Verzögerungen während des Behandlungsablaufs
- Verbesserung der Versorgungsqualität und -effizienz
- Verkürzung der Krankheitsdauer
- Vermeidung der Über-, Unter- oder Fehlversorgung
- Sicherstellung des (dauerhaften) Behandlungserfolgs
- Differenzierungsmerkmal im Rahmen des Kassenwettbewerbs.

Die Umsetzung dieser Ziele ist jeweils von Kasse zu Kasse unterschiedlich, die eigentliche Intention ist jedoch dieselbe. Im Rahmen des Versorgungsmanagements erfolgt zum einen eine Bündelung von Kernkompetenzen der einzelnen Leistungserbringer und zum anderen entsteht durch die Integration aller Teilprozesse in den Behandlungsverlauf ein durchgängiger Geschäftsprozess, der durch Transparenz und Steuerbarkeit eine verbesserte Gestaltung der Effektivität und Effizienz innerhalb des Behandlungsverlaufs ermöglicht (vgl. Striebel, 20011: 8). Die Behandlung einer Krankheit soll demnach als Prozess verstanden werden.

9.5.2.3
Formen des Versorgungsmanagements

Im 11. Abschnitt des Gesetzes zur Reform der gesetzlichen Krankenversicherung aus dem Jahre 2000 (GKV-Gesundheitsreformgesetz 2000) waren die vernetzten Beziehungen zwischen den Krankenkassen und den Leistungserbringern in den Regelungen zur **integrierten Versorgung** festgeschrieben worden. In den §§ 140a bis h SGB V wurden die Details geregelt. Diese alte gesetzliche Regelung war allerdings aus dem Blickwinkel einiger Leistungserbringer unpraktikabel. So machte zum Beispiel die Verbindung zwischen dem Sicherstellungsauftrag der Kassenärztlichen Vereinigung und der einzelvertraglichen Absprache die Rechtslage und die Abwicklung der Rechtsbeziehungen unübersichtlich und unberechenbar. Sie erwies sich als ein wesentliches Hindernis für den Abschluss von Verträgen zur integrierten Versorgung.

Nach § 140a SGB V in der Fassung des GKV-Modernisierungsgesetzes können die Krankenkassen Verträge über eine verschiedene Leistungssektoren übergreifende Versorgung der Versicherten oder eine interdisziplinär-fachübergreifende Versorgung mit den in § 140b SGB V genannten Vertragspartnern abschließen. Die Verträge regeln das Versorgungsangebot und die Voraussetzungen ihrer Inanspruchnahme. Weiterhin legt der Gesetzgeber fest, dass eine derartige auf einem Vertrag basierende integrierte Versorgung den Sicherstellungsauftrag nach § 75 SGB V (Inhalt und Umfang der Sicherstellung) einschränkt.

Bei einer integrierten Versorgung sind die folgenden drei Vertragskreise zu berücksichtigen:

- Verträge zwischen Krankenkassen und Leistungserbringern
- Verträge zwischen den Leistungserbringern (Binnenverhältnis)
- Verträge zwischen den Leistungserbringern und Dritten (Lieferanten).

Bei dem ersten Vertragskreis schließen die einzelnen Krankenkassen und nicht deren Verbände Verträge mit den Leistungserbringern ab, die nach § 140a SGB V zugelassen sind. Hierbei handelt es sich u. a. um die nachstehend aufgeführten Leistungserbringer:
- einzelne zugelassene Ärzte und Zahnärzte
- einzelne sonstige berechtigte Leistungserbringer (z. B. Psychotherapeuten, ermächtigte Krankenhausärzte, Apotheken, Pflegedienste, Soziotherapeuten, Hebammen)
- Träger von Krankenhäusern, Vorsorge- und Rehabilitationseinrichtungen
- medizinische Versorgungszentren
- Träger von Einrichtungen, die eine Integrationsversorgung durch berechtigte Leistungserbringer anbieten (Managementgesellschaften)
- Gemeinschaften der vorgenannten Leistungserbringer (Leistungserbringergemeinschaften) und deren Gemeinschaften (Gemeinschaften von Leistungserbringergemeinschaften – Dachgemeinschaften).

Als Vertragspartner wurden zunächst die pharmazeutischen Unternehmen, die Medizinprodukteherstellerund die Kassenärztlichen Vereinigungen ausgeschlossen.

Diese Verträge können von den Leistungserbringern gegenüber den Krankenkassen als Einzelne in Form eines mehrseitigen Vertrags oder als einheitliche Vertragspartner in Form eines zweiseitigen Vertrags (Verbundlösung) abgeschlossen werden.

Als Organisationsform stehen grundsätzlich alle allgemein zulässigen Formen zur Verfügung. Somit können zum Beispiel die Gesellschaft bürgerlichen Rechts, der Verein, die Gesellschaft mit beschränkter Haftung, die Stiftung oder die Aktiengesellschaft gewählt werden. Bei der Wahl der relevanten Rechtsform sind unter anderem Aspekte wie die Eigentumsverhältnisse, die Geschäftsführung, die Haftung und das Steuerrecht zu beachten. Sollen Ärzte und Apotheker beteiligt werden, so können nur die berufsrechtlich zulässigen Organisationsformen gewählt werden. Die Wahl der Organisationsform gehört zum zweiten Vertragskreis. Weiterhin sind im Innenverhältnis die Vergütungsverteilung, die Haftung, der Datenschutz, die Schweigepflicht, die Regelung des Eintritts neuer und des Austritts alter Gemeinschaftsmitglieder sowie die gemeinsame Willensbildung zu regeln. Zusätzlich sind die Fragen der sachlichen und personellen Ausstattung regelungsbedürftig.

Der Inhalt der Verträge zwischen den Krankenkassen und den Leistungserbringern zur Integrationsversorgung kann beinhalten:
- eine verschiedene Leistungssektoren übergreifende oder eine interdisziplinär-fachübergreifende Versorgung oder
- eine verschiedene Leistungssektoren übergreifende und eine interdisziplinär-fachübergreifende Versorgung.

Unter dem Ansatz, sektorübergreifend zu arbeiten, ist zu verstehen, dass es eine Kooperation zwischen Prävention, Kuration, Rehabilitation und Pflege bzw. zwischen ambulanten und stationären Einrichtungen geben kann. Hierbei ist es ausreichend, wenn ein Leistungserbringer mehrere Sektoren überschreitet. Dies ist zum Beispiel gegeben, wenn ein Krankenhausträger eine ambulante und eine stationäre Versorgung anbietet.

Von einer interdisziplinären, fachübergreifenden Versorgung wird gesprochen, wenn die Versorgung mindestens zwei medizinische Fachgebiete im Sinne der Weiterbildungsverordnung umfasst.

Für die Versicherten ist die Teilnahme an der integrierten Versorgung freiwillig. Die Versicherten haben somit ein Wahlrecht. Sie können entweder weiterhin die Regelversorgung der Kasse oder einen „Integrationstarif" (Wahltarif) in Anspruch nehmen. Die Versicherten müssen bei der Wahl des Integrationstarifs ihre Einwilligung geben, damit die betreffenden Behandlungsdaten und die Befunde den Leistungserbringern zugängig gemacht werden können.

In den Verträgen müssen sich die Vertragspartner der Kassen verpflichten, eine qualitätsgesicherte, wirksame, ausreichende, zweckmäßige und wirtschaftliche Versorgung der Versicherten zu erreichen. Weiterhin gilt die Gewährübernahme für die Erfüllung der organisatorischen, betriebswirtschaftlichen sowie der medizinischen und medizinisch-technischen Voraussetzungen. Die Voraussetzungen orientieren sich an dem allgemein anerkannten Stand der medizinischen Erkenntnisse und des medizinischen Fortschritts. Weiterhin schließen sie eine an dem Versorgungsbedarf der Versicherten orientierte Zusammenarbeit zwischen allen Beteiligten ein. Analog zu dieser Regelung hat sich die medizinische und pflegerische Versorgung zum Beispiel an internen Leitlinien bzw. an Kriterien der Evidence Based Medicine zu orientieren.

Inhalt der Verträge zur integrierten Versorgung ist weiterhin die Festlegung der **Leistungsvergütung**. Diese Vergütungen sind frei verhandelbar. Folglich sind Varianten von der Einzelpreisvergütung bis zu Komplexpauschalen denkbar. So ist zum Beispiel auch eine Anlehnung an bestehende Vergütungssysteme (EBM, DRG) möglich. Hinsichtlich der Vergütung war für die Jahre 2004 bis 2006 geregelt, dass die Krankenkassen jeweils bis zu 1 % der vertragsärztlichen Gesamtvergütung und der Krankenhausrechnungen für die voll- und teilstationäre Versorgung einbehalten sollen. Diese einbehaltenen Geldbeträge sind ausschließlich zur Finanzierung der Leistungen vorgesehen, die auf der Grundlage der Verträge zur integrierten Versorgung erbracht werden (Anschubfinanzierung). Für die teilnehmenden Krankenhäuser bedeutet diese Regelung, dass die Krankenhausbudgets nicht um die Leistungen bereinigt werden, die ein Krankenhaus in der Integrationsversorgung erbringt. Die darüber hinausgehenden vereinbarten Leistungen werden unmittelbar über die pauschal einbehaltenen Mittel vergütet. So standen zum Beispiel für das Jahr 2004 bis zu 700 Mio. Euro zur Verfügung.

Wurden die von den Krankenkassen einbehaltenen Geldbeträge jedoch nicht innerhalb von 3 Jahren für den vorgesehenen Zweck verwendet, waren die nicht verwendeten Mittel auszuzahlen.

Ein zusätzlicher Anreiz war darin zu sehen, dass für die Integrationsverträge, die bis zum 31.12.2006 geschlossen wurden, der Grundsatz der Beitragssatzstabilität aufgehoben worden ist.

Die in den alten gesetzlichen Vorschriften festgelegten Rahmenvereinbarungen sind ersatzlos gestrichen worden. So mussten nach § 140d SGB V die Spitzenverbände der Krankenkassen mit den Kassenärztlichen Bundesvereinigungen im Rahmen der Sicherstellung der vertragsärztlichen Versorgung Rahmenvereinbarungen über die besondere **Versorgung** nach § 140a SGB V abschließen. Analog zu dieser Vorschrift konnten die Spitzenverbände der Krankenkassen und die Deutsche Krankenhausgesellschaft ebenfalls eine Rahmenvereinbarung über den Inhalt und die Durchführung der integrierten Versorgung abschließen.

Durch diese nunmehr geltenden Regelungen wird sich ein neues Versorgungssystem parallel zum alten entwickeln. Diese experimentelle Versorgungs- und Finanzierungsform innerhalb der GKV hat das Ziel, die sektorielle Versorgung abzulösen. Diese Neuentwicklung bekommt ihre Impulse durch die freiwillig vertraglich zusammengeschlossenen Partner, die die herkömmliche Versorgung und Finanzierung verlassen, um eine aus ihrer Sicht bessere und effizienter abgestimmte Versorgung aufzubauen, bei der unter anderem Haus- und Fachärzte, ärztliche und nichtärztliche Leistungserbringer, ambulanter und stationärer Bereich koordiniert zusammenwirken. Der Gesetzgeber hat als Vertragspartner die zur ambulanten und stationären Versorgung zugelassenen Einrichtungen abschließend festgelegt. Somit können auch Pharmaunternehmungen Partner sein.

Nach den Vorschriften haben die einzelnen Kassen Vertragsfreiheit. Danach ist es den Kassen freigestellt, ob sie einzeln, in Verbandsform oder in anderen Kombinationen Verträge abschließen oder sich aus einem Abschluss ausklinken werden. Durch diese Freiheit wird es zum Wettbewerb zwischen den Kassen kommen. Dieser Schritt in eine marktwirtschaftliche Struktur des Gesundheitssystems wird zu einer Veränderung der Träger- und Versorgungslandschaft sowie der Wahlmöglichkeiten der Versicherten führen. Infolge dieser Regelungen wird letztlich der Druck auf kleine Krankenkassen zunehmen, mit anderen Kassen zu fusionieren, um als Vertragspartner interessant zu bleiben.

Mit der Einführung der besonderen Versorgung durch die vertragliche Bindung z. B. zwischen den ambulanten und stationären Leistungsanbietern sowie den Krankenkassen ist ein weiterer Schritt in Richtung Managed Care in Deutschland vollzogen worden. Mit dem GKV-Wettbewerbsstärkungsgesetz vom 26.03.2007 war die Integration insofern erweitert worden, als die Krankenkassen auch Verträge mit Pflegekassen und zugelassenen Pflegeeinrichtungen auf der Grundlage des § 92b SGB XI abschließen können.

Im deutschen Gesundheitssystem fällt dem Hausarzt bzw. der hausärztlichen Versorgung eine wesentliche Organisations- und Koordinationsfunktion zu. Der Gesetzgeber hat konsequenterweise die **Stärkung der hausärztlichen Versorgung** festgeschrieben. Die Hausärzte sind nach § 73 SGB V Ärzte für Allgemeinmedizin und Ärzte ohne Gebietsbezeichnung sowie Kinderärzte und Internisten ohne Teilgebietsbezeichnung, welche die Teilnahme an der hausärztlichen Versorgung gewählt haben. Sie gelten als kompetente „Lotsen" (Gatekeeper), die den gesamten Behandlungsablauf kennen und unter anderem durch die zeitnahe Übermittlung von Befunden und Berichten an die nachfolgenden Fachärzte und Krankenhäuser Doppeluntersuchungen vermeiden sollen. Zur Orientierung der Versicherten werden die Hautärzte verpflichtet, ihre Teilnahme an der hausärztlichen Versorgung auf dem Praxisschild anzugeben. Alle anderen Ärzte nehmen an der fachärztlichen Versorgung teil. Nach dem § 73b SGB V, der seit Januar 2004 gültig ist, können sich Versicherte gegenüber ihrer Krankenkassen schriftlich verpflichten, eine ambulante fachärztliche Leistung nur auf Überweisung des von ihnen aus dem Kreis der Hausärzte gewählten Hausarztes in Anspruch zu nehmen. An diese **hausarztzentrierte Versorgung** ist der Versicherte mindestens ein Jahr gebunden. Nur in Ausnahmefällen kann der Hausarzt gewechselt werden. Zur Sicherung dieser Versorgung können die Kassen Verträge abschließen mit:

- besonders qualifizierten Hausärzten
- Gemeinschaften dieser Hausärzte
- zugelassenen medizinischen Versorgungszentren.

Ein Anspruch auf Abschluss besteht nicht. Das Nähere über den Inhalt der Verträge sowie über die Vergütung wird in den Gesamtverträgen, die nach § 83 SGB V zwischen den Kassenärztlichen Vereinigungen und den Landesverbänden der Krankenkassen und den Verbänden der Ersatzkassen abgeschlossen werden, geregelt. In diesen Gesamtverträgen muss seit dem 01.01.2004 auch die Förderung der Qualität in der vertragsärztlichen Versorgung nach § 73c SGB V festgehalten werden.

Nach § 65a SGB V (Bonus für gesundheitsbewusstes Verhalten) können die Krankenkassen in ihren Satzungen bestimmen, unter welchen Voraussetzungen ein Versicherter, der regelmäßig Leistungen zur Früherkennung von Krankheiten oder qualitätsgesicherte Leistungen der Krankenkasse zur primären Prävention in Anspruch nimmt, Anspruch auf einen **Bonus** hat. Die Versicherten, die freiwillig an einer hausarztzentrierten Versorgung, an einem strukturierten Behandlungsprogramm bei chronischen Krankheiten (Disease-Management-Programm) oder an einer integrierten Versorgung teilnehmen, können für die Dauer der Teilnahme seitens der Kassen ermäßigte Zuzahlungen zugestanden bekommen. Weiterhin haben die Krankenkassen die Möglichkeit, bei Maßnahmen der betrieblichen Gesundheitsförderung dem Arbeitgeber und dem Versicherten einen Bonus zu gewähren. Diese Bonusregelungen sind jedoch an Einsparungen gekoppelt. Werden keine Einsparungen erzielt, dürfen folglich auch keine Boni gewährt werden.

Ein weiterer Ansatz, der bereits vor der Reform 2004 zum Tragen kam, sind die Erprobungsregelungen nach § 63 SGB V. Hiernach können die Krankenkassen und ihre Verbände seit dem 2. Neuordnungsgesetz von 1997 in Form von **Modellvorhaben** neue Leistungen,

Maßnahmen und Verfahren erproben, um die gesetzliche Krankenversicherung weiterzuentwickeln. Hierbei lassen sich die Strukturmodelle und die Leistungsmodelle unterscheiden. Die Strukturmodelle ermöglichen eine Erhöhung der Wirtschaftlichkeit und der Qualität der Versorgung durch neue Versorgungs-, Organisations-, Finanzierungs- und Vergütungsformen. Die Leistungsmodelle ermöglichen die Neuaufnahme von Leistungen, die bislang noch nicht Bestandteil der Krankenversicherung sind. Diese Erprobungsregelungen sind jedoch zeitlich auf maximal acht Jahre befristet und wissenschaftlich zu begleiten. Ein weiterer Ansatz ist in der Vernetzung der Vertragsärzte zu sehen. Eine derartige Zusammenarbeit von niedergelassenen Ärzten konnte auch bereits vor dem 01.01.2004 durch **Strukturverträge** nach § 73a SGB V vereinbart werden. Hierbei werden die Verträge zwischen der Kassenärztlichen Vereinigung und den Landesverbänden der Krankenkassen in dem Sinne geschlossen, dass ein Arzt oder ein Arztnetz die Verantwortung für die wirtschaftliche und qualitative Erbringung der vertragsärztlichen Leistungen erhält. Dabei können neue Vergütungsmodelle verwendet werden, die sich nicht nach dem EBM richten. Es dürfen jedoch keine neue Leistungen aufgenommen werden, so wie es bei den Modellvorhaben möglich ist. Die Strukturverträge sind zeitlich nicht befristet.

Im Dezember 2001 führte die Kassenärztliche Bundesvereinigung insgesamt 49 Modellvorhaben und 59 Strukturverträge auf. Die sektorale Trennung ist in fast keinem Projekt aufgehoben worden. Als Beispiele sollen das BKK-Netz Berlin, die medizinische Qualitätsgemeinschaft Rendsburg, das medizinische Qualitätsnetz München und das Praxisnetz Kiel genannt werden. Diese Praxisnetze setzten auf die horizontale Kooperation der ambulanten Leistungsanbieter, um eine bessere und effizientere Versorgung in einer Region zu erreichen. Das anfängliche Konzept wurde später durch die Erkenntnis ersetzt, dass die Patientenversorgung nur in Kooperation mit den regionalen Krankenhäusern verbessert werden kann. So haben die Kassenärztliche Vereinigung Hessen und die Hessische Krankenhausgesellschaft Mitte Dezember 1999 in der „Frankfurter Erklärung" ihre Vorstellungen zur besseren Verzahnung der ambulanten und der stationären Krankenhausversorgung festgeschrieben und konkrete Vorhaben definiert. Eine ständige Arbeitsgruppe bekam den Auftrag, die vernetzten Versorgungsformen schrittweise weiterzuentwickeln und kontinuierlich zu verbessern.

Im Jahre 2001 ist das Gesetz zur Reform des Risikostrukturausgleichs verabschiedet worden. Kernstück der zum 01.01.2002 in Kraft getretenen Neuregelungen des Risikostrukturausgleichs waren die Einführung eines besonderen Ausgleichsverfahrens für Versicherte, die in **Disease-Management-Programmen** eingeschrieben sind, sowie die Eröffnung eines mittelfristigen Umbaus des Risikostrukturausgleichs zu einem unmittelbaren „morbiditätsorientierten Ausgleichssystem". Somit wird den gesetzlichen Krankenkassen seit Januar 2002 die Möglichkeit eröffnet, gezielt Disease-Management-Programme zur optimalen Behandlung chronischer Erkrankungen einzurichten. Im Sinne des Risikostrukturausgleichs ergaben sich zwischen den Krankenkassen bis Ende 2008 finanzielle Erstattungen. Mit der Einführung des Gesundheitsfonds im Jahre 2009 werden den Kassen für die in ein Behandlungsprogramm eingeschriebenen Mitglieder nur noch Verwaltungspauschalen ausgezahlt.

Die Details zu den **strukturierten Behandlungsprogrammen** bei chronischen Krankheiten sind in § 137f SGB V geregelt. Bei der Auswahl der vom Gemeinsamen Bundesausschuss zu empfehlenden chronischen Krankheiten sind unter anderem folgende Kriterien zu berücksichtigen:

- Zahl der von der Krankheit betroffenen Versicherten
- Möglichkeiten zur Verbesserung der Versorgungsqualität
- Verfügbarkeit von evidenzbasierten Leitlinien
- sektorübergreifender Behandlungsbedarf
- hoher finanzieller Aufwand der Behandlung.

Die Zulassung der strukturierten Behandlungsprogramme erfolgt nach den Vorgaben des § 137 g SGB V. Danach hat das Bundesversicherungsamt auf Antrag einer Krankenkasse oder eines Verbandes der Krankenkassen die Zulassung von Disease-Management-Programme zu erteilen, wenn die Programme die gesetzlich geregelten Voraussetzungen erfüllen. Die Teilnahme eines Krankenhauses an einem Disease-Management-Programm ist an einen Vertrag gebunden, der zwischen einem zugelassenen Krankenhaus und den Krankenkassen, den Landesverbänden der Krankenkassen oder den Verbänden der Ersatzkassen abgeschlossen wird. Hierbei können neben den stationären Leistungen auch ambulante ärztliche Behandlungen vereinbart werden. Seitens der Krankenhäuser besteht jedoch kein Rechtsanspruch auf Abschluss eines Vertrags. Die gesetzlichen Vorschriften für die sächlichen und personellen qualitativen Anforderungen nach § 135 SGB V sind mindestens zu erfüllen. Die vertraglich erbrachten Leistungen des Krankenhauses werden unmittelbar von der Krankenkasse vergütet.

Wie für viele der aus dem amerikanischen Gesundheitswesen importierten Begriffe fehlt auch für **Disease Management (DM)** eine einheitliche Definition. Von den vielen begrifflichen Festlegungen soll in diesem Zusammenhang die **Definition** von Lauterbach herangezogen werden:

> „DM ist ein systematischer, sektorenübergreifender und populationsbezogener Ansatz zur Förderung einer kontinuierlichen, evidenzbasierten Versorgung von Patienten mit chronischen Erkrankungen über alle Krankheitsstadien und Aspekte der Versorgung hinweg. Der Prozess schließt die kontinuierliche Evaluation medizinischer, ökonomischer und psychosozialer Parameter sowie eine darauf beruhende kontinuierliche Verbesserung des Versorgungsprozesses auf allen Ebenen ein." (Lauterbach/Stock, 2001: 1936)

Im Kern steht das Disease Management also für die indikationsbezogene Optimierung von Versorgungsprozessen unter medizinischen und ökonomischen Gesichtspunkten. Es steuert die Therapie als Ganzes und nicht nur einzelne, ambulante oder stationäre Teilprozesse. Die Umsetzung des Disease Managements erfolgt in Form von Programmen, die eine Zusammenstellung aufeinander abgestimmter Maßnahmen beinhalten. Ein Disease-Management-Programm behandelt alle relevanten Behandlungsaspekte einer bestimmten Krankheit. Hierbei sollen sektorübergreifende Prozesse aufgebaut werden, das heißt, Prozesse der Vorsorge, der Behandlung und der Nachsorge sind logisch und zeitlich zu optimieren. Letztlich ist ein Disease-Management-Programm ein speziell für eine Erkrankung entwickelter Tätigkeitsablauf, an dem sich alle am Versorgungsprozess Beteiligten orientieren sollen. Alle Disease-Management-Programme haben folgende Grundprinzipien gemein:

- „Sie gewährleisten eine sektorenübergreifende medizinische Versorgung.
- Durch Vermeidung von Über-, Unter- und Fehlversorgung erfolgt ein effizienter Umgang mit den zur Verfügung stehenden Ressourcen des Gesundheitssystems.
- Sie orientieren sich an medizinischen Leitlinien und medizinischer Evidenz.
- Sie ermöglichen dem Arzt eine optimale und regelmäßige Versorgung seiner Patienten.
- Die Teilnahme an strukturierten Behandlungsprogrammen ist für die Versicherten freiwillig.
- Sie helfen den Patienten, ihre Erkrankung besser zu verstehen und danach zu handeln." (Broweleit, 2002: 98)

Im Rahmen der Zieldefinition von Disease Management wird ersichtlich, dass grundsätzlich alle Personen, Gruppen und Institutionen, die mit der Behandlung einer chronischen Krankheit zu tun haben, als Zielgruppen infrage kommen könnten. In diesem Zusammenhang sind zum Beispiel Ärzte, Apotheker und Krankenhäuser zu nennen. Primäre Zielgruppe sind jedoch die chronisch kranken Versicherten. Durch ein für das jeweilige Krankheitsbild relevantes Programmangebot können die Krankenkassen den Gesundheitszustand ihrer Mitglieder verbessern oder eine Verschlechterung verhindern. In diesem Zusammenhang spielt die aktive Mitwirkung der Versicherten eine große Rolle. Ein informierter und motivierter Patient trägt zum Programmerfolg bei. Daher können Kassen durch eine patientenzentrierte Informationspolitik die Programmeffektivität erheblich steigern. Die Vorteile der strukturierten Behandlungsprogramme, die sich für einzelne Zielgruppen ergeben, werden in Tabelle 9.5-3 zusammengefasst.

Die Ergebnisse der bundesweit ersten kontrollierten Studie, in der ein Vergleich zwischen Teilnehmern der Disease-Management-Programme und Patienten der Regelversorgung angestellt wurde, belegen die Wirksamkeit der strukturierten Behandlungsprogramme anhand des Diabetes Mellitus Typ 2. Die Studie, die Ende 2005 gestartet ist, wurde von der Abteilung Allgemeinmedizin und Versorgungsforschung am Universitätsklinikum Heidelberg in Kooperation mit dem AOK-Bundesverband durchgeführt und war unter dem Namen „ELSID-Studie" bekannt. Demnach lag die Sterblichkeitsrate bei den Diabetespatienten in der Regelversorgung bei 18,8%, bei den älteren Diabetikern, die an den strukturierten Behandlungsprogrammen teilnahmen, hingegen nur bei 10,9% und somit deutlich niedriger (vgl. AOK-Baden-Württemberg, 2008: o.S.). Nach Meinung der AOK sind die regelmäßigen Untersuchungstermine und die Vereinbarung von Therapiezielen in Kombination mit Schulungen und den gezielten Informationen für die Patienten und die Ärzte die wesentlichen Ursachen für die Erkennung und Vermeidung von gesundheitlichen Komplikationen und Problemen. Mithilfe des Disease Managements werden die Patienten durch strukturierte, evaluierte und zielgruppenspezifische Schulungsprogramme zu mehr Eigenverantwortung beim Umgang mit ihrer Krankheit geführt, daher setzen die Programme trotz freiwilliger Teilnahme eine gewisse Eigeninitiative (z.B. Wahrnehmung regelmäßiger Kontrolltermine, Präventionsmaßnahmen) seitens des Teilnehmers voraus und steigern somit seine Compliance im Sinne einer aktiven Mitarbeit am Therapieerfolg.

Die Ziele der Disease-Management-Programme liegen in der Qualitätsoptimierung und Verbesserung der Behandlungs- und Betreuungsabläufe (vgl. Busse et al., 2013: 47). Zudem können die Lebensqualität des Patienten erhalten oder verbessert und Folgeschäden und Komplikationen vermieden werden, wodurch sich auch die Kosten minimieren lassen. Disease-Management-Programme sollen laut Bun-

Tabelle 9.5-3: Vorteile der Disease-Management-Programme (Quelle: Broweleit, 2002: o.S.)

Vorteile für Patienten	Vorteile für Kostenträger	Vorteile für Ärzte	Vorteile für die Gesellschaft
Optimierte Krankheitswahrnehmung	Versichertenbindung durch Zufriedenheit	der „mündige Patient" wird angestrebt	leistungsfähiges, finanzierbares Gesundheitswesen
Verbesserung der Krankheitssymptomatik	Kompetenzzuwachs als Prozesskoordinator	kompetente Behandlungsunterstützung	Arbeitsplatzentlastung durch geringere Fehlzeiten
Komplikationsvermeidung	effizienter Ressourceneinsatz	Aufwertung des ambulanten Bereiches	Entlastung des sozialen Umfeldes eines Chronikers
Anstieg der Lebensqualität	hochwertige Behandlungsprogramme	sektorenübergreifende Versorgung	
Anstieg der Patientenzufriedenheit	langfristige Kosteneinsparungen	bessere Patienten-Compliance	
eigenständiges Krankheitsmanagement		Kompetenzzuwachs des Arztes	
		rascher Informationszugriff	

desversicherungsamt helfen, eine bedarfsgerechte sowie wirtschaftliche Versorgung sicherzustellen und Versorgungsmängel abzubauen (vgl. Bundesversicherungsamt, 2014a: o. S). Zusätzlich dienen sie der Differenzierung im Wettbewerb unter den Kassen.

Case Management (Fallmanagement) ist ein weiteres Instrument im Rahmen des Managed-Care-Ansatzes im Versorgungsmanagement. Wie am Begriff zu erkennen ist, steht beim **Case Management (CM)** nicht die Abdeckung eines gesamten Krankheitsbildes und der Betreuung einer großen Zielgruppe durch mehrere Betreuer, sondern die Einzelfallbetreuung im Mittelpunkt. Die Behandlung innerhalb des Case Managements ist nicht auf eine bestimmte Zielgruppe ausgerichtet, sondern individuell auf den einzelnen Patienten abgestimmt und wird durch einzelne Betreuer durchgeführt. Case Management ist für die Einzelfälle relevant, bei denen eine häufige Wiederaufnahme in stationäre Behandlung zu verzeichnen ist oder bei denen eine Behandlung mehrfach zu keinem Therapieerfolg geführt hat. Weiterhin ist das Case Management für Patienten mit komplizierten medizinischen Verläufen angebracht, die eine kostenintensivere Betreuung benötigen. Case Management kann demnach bei den Krankenkassen für die Koordination und Planung der Versorgungsprozesse während einer Erkrankung eingesetzt werden, findet aber auch im Krankenhaus zur optimalen Patientenversorgung und in Zusammenhang mit der Patientenentlassung Anwendung.

Disease Management und Case Management haben zum Ziel, eine Qualitätserhöhung der Versorgung, die verbesserte Koordination von Maßnahmen, die Kontinuität der Behandlung, die verbesserte Vernetzung unterschiedlicher Versorgungsbereiche sowie Kosteneinsparungen und den optimalen Ressourceneinsatz sicherzustellen. Typische Erkrankungen, die zur Teilnahme am Case Management führen, sind zum Beispiel AIDS, Schlaganfälle und Transplantationen. Die Patienten benötigen dabei die Unterstützung verschiedener Versorgungsbereiche und Leistungserbringer. Die Koordination der Abläufe wird von den Case Managern durchgeführt. Der Fallmanager plant und koordiniert gemeinsam mit dem Patienten und den unterschiedlichen Einrichtungen den kompletten Ablauf der Versorgung. Hierbei sollte auch das gesamtes Umfeld des Patienten einbezogen werden. Der Case Manager nimmt dabei die Rolle des Coaches ein. Er steht in direktem Kontakt mit dem Patienten, er ist Berater, Koordinator und Zuhörer. Zudem weiß er am besten, welche individuellen Leistungen notwendig sind. Dadurch werden unnötige Behandlungen vermieden, es entstehen keine Zusatzkosten für die Behandlungen, die nicht dem Therapieziel dienen. Wie bei dem Disease-Management-Programm sind auch beim Case Management Eigeninitiative und aktive Mitgestaltung des Patienten gefragt. Es steigert die Compliance des Patienten.

Durch das GKV-Modernisierungsgesetz 2004 haben die Krankenkassen die Möglichkeit, ihren Mitgliedern neben Zusatztarifen und Beitragsrückerstattungen Bonusprogramme anzubieten. Durch deren individuelle Ausgestaltung können sie ihren Mitgliedern gesundheitsbewusstes Verhalten und die Teilnahme an präventiven oder gesundheitsfördernden Maßnahmen attraktiv machen. Zu diesen bonifizierten Aktivitäten zählen zum Beispiel die regelmäßige Teilnahme an Vorsorge- und Früherkennungsuntersuchungen (z. B. Krebsvorsorgeuntersuchungen, Zahnvorsorge, Impfungen, Schwangerschaftsvorsorge) oder eine Mitgliedschaft in einem Fitnessstudio oder Sportverein. Weiterhin kann durch die Teilnahme an einer gesundheitsfördernden Maßnahme das Auftreten von typischen Volkskrankheiten sowie Begleiterkrankungen, hervorgerufen durch eine ungesunde Lebensweise und Fehlverhalten, verhindert werden. Aus dem Blickwinkel der Kassen zielen die bonifizierten Aktivitäten primär auf die Verbesserung des Gesundheits- und Lebenszustands der Versicherten ab, dienen aber auch der Kundenbindung und -gewinnung. Letztlich können langfristig Kosten eingespart werden. Aufgrund der Tatsache, dass Prävention und Gesundheitsförderung aufgrund des demografischen Wandels vermehrt an Bedeutung gewinnen werden, hat die letzte Bundesregierung die Einführung eines **Präventionsgesetzes**, das unter anderem die Krankenkassen unterstützen soll, beschlossen. Der Bundesgesundheitsminister begründete die Einführung des Gesetzes mit der Aussage, präventive Maßnahmen könnten Risiken von Volkskrankheiten wie Diabetes, Herz-Kreislauf-Erkrankungen und Depression reduzieren und es sei gerade bei Kindern und Jugendlichen wichtig, Fehlentwicklungen gegenzusteuern.

Die alternde Bevölkerung in Deutschland stellt eine besondere Herausforderung für das Gesundheitssystem dar. Langfristig gesehen werden aufgrund der veränderten Versichertenpopulation die Ausgaben die Einnahmen der GKV-Kassen übersteigen. Somit sind die gesetzlichen Kassen gezwungen, mit begrenzten finanziellen Mitteln einen erhöhten Versorgungsbedarf zu finanzieren. Gleichzeitig möchten sich aber die Kassen gegenüber der Konkurrenz Wettbewerbsvorteile verschaffen. Das Versorgungsmanagement stellt eine mögliche Handlungsstrategie dar. In einer vom demografischen Wandel geprägten Gesundheitsversorgung geht es nicht um die herkömmliche Versorgung, bei der kranke Menschen in den Gesundheitseinrichtungen behandelt werden. Im Mittelpunkt dieser Versorgungsform stehen die chronisch und multimorbid erkrankten Personen, deren Heilungsprozess in der Regel langwierig und komplex ist. Vielfach erfolgt die Versorgung mittels individuell angepasster Therapieformen, die nicht als Regelleistungen der gesetzlichen Krankenkassen ausgewiesen sind. Die aufgezeigten Disease-Management-Programme, integrierte Versorgung sowie hausarztzentrierte Versorgung erfüllen die Anforderungen einer bedarfsgerechten Behandlung dieser Krankheitsbilder. Sie zielen zudem darauf ab, die hohen Behandlungskosten komplexer Krankheitsbilder zu senken. Nach einer Pressemitteilung der AOK vom August 2014 will der Gemeinsame Bundesausschuss vom IQWiG prüfen lassen, ob die Krankheiten rheumatoide Arthritis, chronische Herzinsuffizienz, Osteoporose und Rückenschmerz in neuen Disease-Management-Programmen Anwendung finden können (vgl. AOK Nordost, 2014: o.S.). Wie bereits erwähnt, beinhalten Disease-Management-Programme strukturierte Betreuungs- und Behandlungsabläufe, die nach den Grundsätzen der evidenzbasierten Medizin erfolgen. Der Patient wird bezüglich seines Krankheitsbildes hinreichend informiert, es wird von ihm aber auch eine aktive Teilnahme eingefordert. Die aufgezeigten Krankheitsbilder treten vorwiegend im hohen Alter auf. Dies Beispiel zeigt eine mögliche Entwicklung, die demografisch bedingten Krankheiten in die Ausgestaltung des Versorgungsmanagements einzubetten. Chronische Erkrankungen, Multimorbidität sowie altersbedingte Krankheiten erfordern die Inanspruchnahme unterschiedlicher Versorgungsbereiche. Disease Management und die integrierte Versorgung stellen dabei die Verzahnung dieser unterschiedlichen Bereiche in den Mittelpunkt. Die demografiespezifischen Anforderungen werden ebenfalls von der hausarztzentrierten Versorgung nach § 73b SGB V aufgegriffen. Aber auch die Programme der Prävention und der Gesundheitsförderung dienen dazu, den Auswirkungen des demografischen Wandels entgegenzuwirken. Sie können zum Beispiel durch die Einbindung der Selbstständigkeitspotenziale der Versicherten das Eintreten der altersbedingten Krankheiten hinauszögern. Verschiedene Bonusprogramme setzen bei den Versicherten Anreize zu einer gesundheitsfördernden Lebensweise sowie zur Teilnahme an Vorsorge- und Früherkennungsuntersuchungen. Alle Maßnahmen sollen dazu dienen, den Mitgliedern einen Zugewinn an Lebensqualität und den Kassen nachhaltig die Finanzierung einer bedarfsgerechten Leistungserbringung zu ermöglichen. Das Versorgungsmanagement stellt in diesem Zusammenhang eine angemessene Handlungsstrategie der gesetzlichen Krankenkassen dar. Die individuellen Programme und Wahltarife der Kassen decken viele Bereiche des veränderten Versorgungsbedarfs ab. Kritisch ist jedoch zu bemerken, dass aufgrund der zurzeit unzureichenden Zuweisungen aus dem Gesundheitsfonds das Versorgungsmanagement für viele Kassen eine finanzielle Belastung darstellt.

Literatur

Amelung, V.; Schuhmacher, H. (1999): Managed Care: Neue Wege im Gesundheitsmanagement. Wiesbaden, Gabler.

Amelung, V.; Schumacher, H. (2004): Managed Care: neue Wege im Gesundheitsmanagement. Wiesbaden. Gabler.

AOK-Baden-Württemberg (2008): ELSID-Studie: Diabetiker im DMP leben länger. http://www.aok-gesundheitspartner.de [Zugriff: 02.10.2014].

AOK-Bundesverband (2012a): Präventionsgesetz. http://www.aok-bv.de [Zugriff: 01.10.2014].

AOK-Bundesverband (2012b): Hausarztzentrierte Versorgung. http://www.aok-bv.de [Zugriff: 02.10.2014].

AOK-Bundesverband (2012c): Managed Care. http://www.aok-bv.de [Zugriff: 01.10.2014].

AOK-Bundesverband (2012d): Wettbewerb in der gesetzlichen Krankenversicherung. http://www.aok-bv.de [Zugriff: 20.09.2014].

AOK-Nordost (2014): GBA nimmt Beratung für neue DMP auf. http://www.aok-gesundheitspartner.de [Zugriff: 10.10.2014].

AOK-Plus (o.J.): Beiträge für Arbeitnehmer/innen. https://www.aokplus-online.de [Zugriff: 20.09.2014].

Batzendörfer, L. (2003): Übertragbarkeit des Managed Care Ansatzes: Disease Management in der Gesetzlichen Unfallversicherung am Beispiel der Berufsdermatosen. Münster. LIT.

Beske, F. (2014): Gesundheitsversorgung von morgen. Stuttgart, Wissenschaftliche Verlagsgesellschaft.

Beske, F.; Brix, F. (2011): Solidarische, transparente und bedarfsgerechte Gesundheitsversorgung im demografischen Wandel durch Priorisierung und Rationierung – Begründung und Vorschläge. Kiel, Schmidt & Klaunig.

Birg, H. (2006): Die ausgefallene Generation. München, C.H. Beck.

Brandenburg, U.; Domschke, J. (2007): Die Zukunft sieht alt aus. Wiesbaden, Gabler.

Broweleit, K. (2003): Disease-Management-Programme im Wettbewerb. Diplomarbeit, Fachhochschule Flensburg, Flensburg.

Bundesinstitut für Bevölkerungsforschung (2014a): Zahlen und Fakten – Sterblichkeit. http://www.bib-demografie.de [Zugriff: 14.09.2014].

Bundesinstitut für Bevölkerungsforschung (2014b): Glossar: Altenquotient. http://www.bib-demografie.de [Zugriff: 16.09.2014].

Bundesministerium des Innern (o.J.): Demografiestrategie der Bundesregierung. http://www.bmi.bund.de [Zugriff: 19.09.2014].

Bundesministerium für Gesundheit (2014): Wettbewerb im Gesundheitswesen. http://www.bmg.bund.de [Zugriff: 20.09.2014].

Bundesversicherungsamt (2014a): Antworten auf häufig gestellte Fragen. http://www.bundesversicherungsamt.de [Zugriff: 20.09.2014].

Bundesversicherungsamt (2014b): Zulassung der Disease Management Programme (DMP) durch das Bundesversicherungsamt (BVA). http://www.bundesversicherungsamt.de [Zugriff: 02.10.2014].

Busse, R. et al. (2013): Management im Gesundheitswesen: Das Lehrbuch für Studium und Praxis. Berlin. Springer.

Busse, R.; Riesberg, A. (2005): Gesundheitssysteme im Wandel: Deutschland, Kopenhagen. Berlin, MWV Medizinisch Wissenschaftliche Verlagsgesellschaft.

Fleßa, S. (2007): Gesundheitsökonomik: Eine Einführung in das wirtschaftliche Denken für Mediziner. Berlin, Springer.

Fleßa, S. (2013): Grundzüge der Krankenhausbetriebslehre Band 1. München, Oldenbourg.

GKV-Spitzenverband (o.J.): Wir über uns. http://www.gkv-spitzenverband.de [Zugriff: 20.09.2014].

Haubrock, M.; Schär, W. (2009): Betriebswirtschaft und Management n der Gesundheitswirtschaft. Bern, Hans Huber.

Hayn, B. (2007): Die Alten bleiben an Bord. Marburg, Tectum.

Hof, B. (2001): Auswirkungen und Konsequenzen der demographischen Entwicklung für die gesetzliche Kranken- und Pflegeversicherung. Köln. Verband der privaten Krankenversicherung e.V.

Kirch, W.; Hoffmann, T.; Pfaff, H.; Hillger, C. (2012): Prävention und Versorgung. Stuttgart, New York, Thieme.

Koch-Suna, B. (2000): Managed Care – Generelle Überlegungen in der USA und in ausgewählten europäischen Ländern. Diplomarbeit, Fachhochschule Osnabrück, Osnabrück.

Kongstvedt, P.; Yates, P. (1999): Steckt Managed Care in den USA in der Sackgasse? Managed Care, 3: 35–39.

Kuhlmann, Jens M. (2004): Vertragliche Regelungen und Strukturen bei der integrierten Versorgung, Reader. Management Center of Competence, Köln, Eigendruck.

Kühn, H.: Managed Care (1997): Medizin zwischen kommerzieller Bürokratie und integrierter Versorgung – Am Beispiel USA. Berlin, Jahrbuch für kritische Medizin 27: 7–52.

Lanz, F. (2014): Kassenwettbewerb muss um Qualität, Service und Preis gehen. http://www.gkv-spitzenverband.de [Zugriff: 25.09.2014].

Lauterbach, K.W.; Stock, St. (2001): Reform des Risikostrukturausgleichs: Disease Management wird aktiviert. Deutsches Ärzteblatt, 98 (30): A1935–A1937.

Lin-Hi, N. u.a. (o.J.): Definition Wettbewerb. http://wirtschaftslexikon.gabler.de [Zugriff: 19.09.2014].

Lüngen, M. et al. (2014): Gesundheitsökonomie, Management und Evidence based medicine: Handbuch für Praxis, Politik und Studium. Stuttgart, Schattauer.

Pieper, C. (2000): Fachärzte in den USA sind begehrt wie nie zuvor. Ärzte-Zeitung 11./12.2.: 10.

Plettner, S. (2010): Vertragswettbewerb in der GKV unter wettbewerbsrechtlichen Gesichtspunkten. Frankfurt/M., Lang.

Preusker, U. (2011): Das deutsche Gesundheitswesen in 100 Stichworten. Heidelberg, Medhochzwei.

Preusker, U. (2013): Lexikon des deutschen Gesundheitssystems. Heidelberg, Medhochzwei.

Roeder, N.; Hensen, P. (2009): Gesundheitsökonomie, Gesundheitssystem und öffentliche Gesundheitspflege. Köln, Deutscher Ärzte-Verlag.

Rupp, K. (2013): Innovative Formen im Versorgungs- und Vertragsmanagement – Erfahrungen aus der Praxis. http://www.tk.de [Zugriff: 24.09.2014].

Schmidt-Rettig, B.; Eichhorn, S. (2008): Krankenhaus-Managementlehre: Theorie und Praxis eines integrierten Konzepts. Stuttgart, Kohlhammer.

Seng, T. (1997): Managed Care – Instrumente und institutionelle Grundlage. Sozialer Fortschritt, 46/12: 289–293.

Statista GmbH (o.J.): Anzahl gesetzlicher Krankenkassen in Deutschland bis 2014. http://de.statista.com [Zugriff: 05.09.2014].

Statista GmbH (o.J.): Statistik Lexikon: Definition Demografie. http://de.statista.com [Zugriff: 12.09.2014].

Statistisches Bundesamt (2009): 12. koordinierte Bevölkerungsvorausberechnung, grafisches Ergebnis. https://www.destatis.de [Zugriff: 01.09.2014].

Statistisches Bundesamt (2009): 12. koordinierte Bevölkerungsvorausberechnung. https://www.destatis.de [Zugriff: 14.09.2014].

Stillfried, D. (1997): Managed Care im Wandel, Beobachtungen aus den USA. Die Ersatzkasse, 3: 41–47.

Wagner, F. (2011): Gabler Versicherungslexikon Online. Definition: Versorgungsmanagement. http://www.versicherungsmagazin.de [Zugriff: 10.09.2015].

9.6
Wissensmanagement

Frank Schäfers

Bis 2020 wird die Anzahl der Beschäftigten in Deutschland um fast 400000 steigen, in den darauf folgenden 5 Jahren aber wieder um 500000 abnehmen. Dem Arbeitsmarkt werden demzufolge bis zum Jahr 2025 netto 100000 Beschäftigte verloren gehen. Zu diesem Ergebnis kommen Fuchs und Zinke unter der Zuhilfenahme des „IAB-INFORGE Modells", einem ökonometrischen Prognose- und Simulationsmodell für Deutschland, das von der Gesellschaft für Wirtschaftliche Strukturforschung entwickelt worden ist. Diese Entwicklung kann auf den demographischen Wandel zurückgeführt werden (Fuchs/Zika, 2012: 15ff.). Studien aus dem Jahre 2009 belegen dies: Der Anteil an unter 20-Jährigen (19%) ist geringer als der Anteil der über 65-Jährigen und Älteren (20%). Bis zum Jahr 2060 wird laut dem Statistischen Bundesamt sogar jeder dritte mindestens 65 Jahre alt sein (vgl. o.A., 2009: 14). Da die Beschäftigten in diesem Alter nicht mehr weit von ihrem Renteneintritt entfernt sind, gehen den Unternehmen nicht nur Arbeitskräfte, sondern auch Wissen verloren, das es zu bewahren gilt.

9.6.1
Grundlegende Aspekte des Wissensmanagements

9.6.1.1
Wissenstreppe als Basismodell

Um sich dem Thema „Wissensmanagement" anzunähern, ist es zunächst notwendig, den Begriff „Wissen" zu erläutern und ein einheitliches Verständnis herzustellen. Wissen setzt sich aus Zeichen, Daten und Informationen zusammen. **Zeichen** symbolisieren die unterste Ebene und stellen somit die Grundlage von Wissen dar. Unter Zeichen werden Buchstaben, Ziffern oder auch Sonderzeichen verstanden (vgl. Schiersmann/Thiel, 2011: 346f.). Werden diese Zeichen nach festgelegten Regeln kombiniert, also in eine gewisse Syntax gestellt (z. B. Buchstaben zu Wörtern), so erhält man **Daten** (vgl. Gust von Loh, 2009: 12). Daten werden immer mit sogenannten Relevanzkriterien versehen, durch die sie bereinigt und nur diejenigen ausgewählt werden, die dem Individuum relevant erscheinen (vgl. Schiersmann/Thiel, 2011: 347). Werden Daten miteinander verbunden und somit mit einer Bedeutung versehen, so entstehen **Informationen**, durch die Handlungen ausgelöst werden. Ein Beispiel hierfür wäre der genaue Preis für ein Notebook im Wert von 799 Euro (vgl. North, 2011: 37).

Das eigentliche **Wissen** entsteht erst durch die Vernetzung von Informationen untereinander und durch ihre Einbettung in individuelle Erfahrungskontexte. Daher kann es als immaterielles Gut angesehen werden und ist immer subjektiv geprägt. Diese subjektive Prägung wiederum führt dazu, dass das Wissen, das vom Sender ausgeht, vom Empfänger auf unterschiedliche Weise interpretiert wird. Es entsteht demnach ein „anderes" Wissen. Diese Problematik der unterschiedlichen Interpretation von Wissen ist beim Wissenstransfer zwischen Individuen zu berücksichtigen, da es zu Transferverlusten kommen kann (vgl. Gust von Loh, 2009: 11, vgl. Schiersmann/Thiel, 2011: 349).

An dieser Stelle sind der eigentliche Wissensbegriff und seine einzelnen Bestandteile inhaltlich beschrieben worden. Jedoch werden in der Literatur in Zusammenhang mit dem Thema „Wissensmanagement" noch weitere Begriffe definiert, die sich mit der Umsetzung von Wissen beschäftigen.

Das **Können** bezieht sich auf die Anwendung von Wissen und äußert sich in Fertigkeiten. Diese Fertigkeiten werden durch Praxiserfahrungen erlernt und gefestigt. Einen weiteren Aspekt stellt das **Handeln** dar, welches ein Wollen bzw. eine Motivation und das eigentliche Können voraussetzt (vgl. Meinsen, 2003: 19). **Kompetenz** wiederum beschreibt die Fähigkeit, eine Situation angemessen beurteilen und die entsprechenden Handlungen vollziehen zu können. Es wird auch als „richtiges Handeln" bezeichnet. (vgl. North, 2011: 38). Letztlich wird in Zusammenhang mit dem Thema „Wissen und Wissensmanagement" die **Wettbewerbsfähigkeit** thematisiert. Sie umfasst sämtliche Kompetenzen, die das Unternehmen als besonders wichtig und einzigartig erachtet (vgl. Meinsen, 2003: 19). Die einzelnen im Vorfeld vorgestellten Begriffe von Zeichen bis Wettbewerbsfähigkeit lassen sich nach North in eine hierarchische Struktur bringen und in Form einer Wissenstreppe darstellen, wie Abbildung 9.6-1 verdeutlicht.

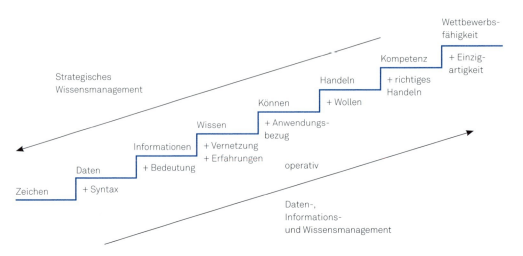

Abbildung 9.6-1: Wissenstreppe (Quelle: in Anlehnung an North, 2011: 36, und Schiersmann/Thiel, 2011: 353)

9.6.1.2
Definitionen von Wissen

Nachdem die einzelnen Bestandteile des Begriffs „Wissen" erläutert worden sind, soll dieser nun näher definiert werden, wobei sich jedoch bisher in der Literatur keine einheitliche Begriffsdefinition herausgebildet hat. Die einzelnen Definitionen sind von der jeweiligen Themenstellung des Autors und seinem Fachgebiet abhängig (vgl. Bäppler, 2008: 11).

In diesem Kontext soll der Definition von Davenport und Prusak gefolgt werden:

> „**Wissen** ist eine fließende Mischung aus strukturierten Erfahrungen, Wertvorstellungen, Kontextinformationen und Fachkenntnissen, die in ihrer Gesamtheit einen Strukturrahmen zur Beurteilung und Eingliederung neuer Erfahrungen und Informationen bietet. Entstehung und Anwendung von Wissen vollziehen sich in den Köpfen der Wissensträger. In Organisationen ist Wissen häufig nicht nur in Dokumenten oder Speichern enthalten, sondern erfährt auch eine allmähliche Einbettung in organisatorische Routinen, Prozesse, Praktiken und Normen." (vgl. Bäppler, 2008: 11; Hervorhebung durch den Autor)

9.6.1.3
Formen des Wissens

In der Literatur gibt es eine Vielzahl unterschiedlicher Formen des Wissens, von denen einige nachfolgend vorgestellt werden. Der Schwerpunkt der Betrachtung liegt dabei auf Formen, die insbesondere für das Wissensmanagement von Bedeutung sind (vgl. Franken/Franken, 2011: 33).

Beschreibendes, prozessuales und wertendes Wissen

Bei der Beschreibung dieser drei Formen des Wissens wird zum einen die individuelle, zum anderen die organisationale Perspektive beleuchtet, obwohl das Wissen aus organisationaler Sicht noch nicht näher erläutert wurde. Die Differenzierung von beschreibendem, prozessualem und wertendem Wissen wurde schon in den 1970er- und 1980er-Jahren in Zusammenhang mit dem Beginn der Erforschung der künstlichen Intelligenz vorgenommen, da diese Wissensformen in der Informatik in ihrer Bedeutung sehr individuell betrachtet werden müssen (vgl. Franken/Franken, 2011: 33).

Das **beschreibende Wissen** verdeutlicht unsere Auffassung von der Welt. Es kann den gegenwärtigen Istzustand oder den möglichen Sollzustand der Welt darstellen und wird beispielsweise auf der Sprach- oder Unternehmensebene sichtbar. Die Spracheebene umfasst Aussagen, Theorien und Bilder, während die Unternehmensebene durch die Daten des Rechnungswesens, Kundeninformationen oder Marktstudien repräsentiert wird (vgl. Franken/Franken, 2011: 33).

Dagegen ermöglicht **prozessuales Wissen**, durch Handlungen Veränderungen vorzunehmen. Dies geschieht mithilfe motorischer Fähigkeiten wie Schreiben, Laufen und Springen, aber auch durch kompliziertere Prozesse wie Motorrad fahren oder Trompete spielen. Dieses Wissen ist dadurch gekennzeichnet, dass es nur begrenzt sprachlich weitergegeben werden kann. Im Unternehmen versteht man hierunter Prozesse, an denen häufig mehrere Personen beteiligt sind, wie zum Beispiel die Reklamation eines Produkts durch den Kunden. Diese reicht von der Reklamation des Kunden über die Stornierung der Rechnung bis hin zur Rücknahme der Ware (vgl. Franken/Franken, 2011: 33).

Beim **wertenden Wissen** wirken Präferenzen, Emotionen und Einstellungen als handlungsleitende Kriterien auf Entscheidungen ein. Wertendes Wissen spiegelt sich auf der Unternehmensebene in Visionen, Strategien und Plänen sowie Bewertungsvorschriften wider (vgl. Franken/Franken, 2011: 33).

Implizites und explizites Wissen

Eine weitere Möglichkeit, das Wissen zu kategorisieren, ist die Einteilung in implizites und explizites Wissen. Sie geht auf Michael Polanyi zurück und wurde später von Nonaka und Takeuchi fortgeführt (vgl. Müller, 2009: 28). Polanyi vertritt die Auffassung, dass das Wissen aus impliziten und expliziten Elementen besteht und wir über mehr Wissen verfügen, als wir zu artikulieren vermögen (vgl. Manger, 2009: 20; vgl. Müller, 2009: 28).

Unter **implizitem Wissen** wird das Wissen einer Person verstanden, das schwer und unvollständig kommunizier- und formulierbar ist (vgl. Werner, 2004: 22). Es manifestiert sich in seinen persönlichen Ansichten und Erfahrungen, seinen Gefühlen und den individuellen Fähigkeiten, Kenntnissen und Kompetenzen (vgl. Schwarz, 2010: 11). Wie aus der vorangegangenen Aufzählung deutlich wird, ist implizites Wissen tief mit dem Individuum verbunden und wirkt sich somit prägend auf die Wahrnehmung seiner Umwelt aus (vgl. Wais, 2006: 16). Darüber hinaus ist dem Individuum häufig nicht bewusst, dass es über ein bestimmtes Wissen verfügt. Es wird in alltäglichen Geschehen gewonnen und beeinflusst sein Verhalten unbewusst (vgl. Werner, 2004: 22). Weiterhin ist implizites Wissen kontextgebunden. Dies führt dazu, dass es nicht substituierbar und schwer imitierbar ist. Durch diese Eigenschaften kann ein Wettbewerbsvorteil generiert werden (vgl. Schwarz, 2010: 11). Um implizites Wissen unabhängig vom Individuum speichern zu können, muss es zunächst in explizites Wissen überführt werden (vgl. Wais, 2006: 17). Eine solche Überführung von implizitem in explizites Wissen wird anhand des SECI-Modells gezeigt (s. Kap. 9.6.2.3).

Beim **expliziten Wissen** handelt es sich um bewusstes Wissen, das artikulierbar ist. Infolgedessen lässt es sich dokumentieren, archivieren und zwischen Individuen austauschen (vgl. Werner, 2004: 22).

9.6.1.4
Wissen aus betriebswirtschaftlicher Sicht

Der Wissensbestand wird laut Kusterer (2008) für Unternehmen in Zukunft immer wichtiger werden, daher sollen im Weiteren wichtige Elemente in Bezug auf Wissen aus betriebswirtschaftlicher Sicht betrachtet werden. In der Betriebswirtschaftslehre wird schon seit längerem diskutiert, ob die gängigen Produktionsfaktoren Boden, Arbeit und Kapital um den Faktor Wissen ergänzt werden sollen, da Wissen benötigt wird, um die bisherigen Produktionsfaktoren zweckmäßig zu kombinieren. Jedoch ist bei dieser Diskussion zu bedenken, dass sich Wissen durch spezifische Besonderheiten von den klassischen Produktionsfaktoren unterscheidet. So kann es an mehreren Orten zeitgleich genutzt werden. Dies führt auch dazu, dass durch die vermehrte Nutzung des Wissens in einem Unternehmen der Wert des Wissens steigt, während bei anderen Gütern der Wert mit zunehmender Nutzung abnimmt (vgl. Kusterer, 2008: 12f.).

Neben den aufgeführten spezifischen Besonderheiten gibt es noch weitere Aspekte, die Wissen als besondere Ressource hervorheben. Der ressourcenbasierte Ansatz geht davon aus, dass der wirtschaftliche Erfolg von Unternehmen von der Qualität ihrer internen Ressourcen abhängt, die sich in die beiden Kategorien tangible und intangible gliedern lassen. **Tangible Ressourcen** bezeichnen materielle Vermögensgegenstände, wie zum Beispiel Grundstücke, Gebäude und Finanzmittel, wohingegen **intangible Ressourcen** immaterielle Vermögensgegenstände bezeichnen, zu denen auch das Wissen gehört. Unternehmen benötigen vor allem diejenigen Ressourcen, die ihnen den Aufbau von Kernkompetenzen ermöglichen und einen langfristigen Wettbewerbsvorteil verschaffen. Diese sind dadurch geprägt, dass sie selten, schwierig oder gar nicht imitierbar und nicht substituierbar sind. Das Wissen als intangible Ressource besitzt eben diese Eigenschaften, die den oben genannten Wettbewerbsvorteil ermöglichen. Aufgrund dessen ist aus dem ressourcenbasierten Ansatz heraus zusätzlich der wissensbasierte Ansatz entstanden, der das Wissen selbst als wichtigste Ressource ansieht. Die Mitarbeiter sind dabei die Träger dieser Ressource, die sie in ein Unternehmen einbringen (vgl. Kusterer, 2008: 13).

9.6.2
Systemisches Wissen

9.6.2.1
Definitionen von Wissensmanagement

In der Literatur gibt es verschiedene Definitionen des Begriffs „Wissensmanagement".

Hier soll der Definition von Pawlowsky (1998) gefolgt werden:

> „Die systematische Identifizierung von Wissensressourcen, deren Austausch und Verknüpfung zur Generierung neuen Wissens, die Veränderung von Handlungsroutinen entsprechend neu gewonnener Einsichten und Erkenntnisse und die Messung und Überwachung solcher Prozesse, all dies sind potenzielle Aufgaben eines Wissensmanagements. Das Ziel eines Wissensmanagements liegt dabei in einer Verbesserung der Lernfähigkeit von Organisationen." (Bäppler, 2008: 42)

9.6.2.2
Unterscheidung: Wissensmanagementsysteme und -modelle

Ein Wissensmanagementsystem wird in der Literatur als Informations- und Kommunikationssystem definiert, das implizites und explizites Wissen innerhalb und außerhalb eines Unternehmens erkennen, speichern und verbreiten soll. Wissensmanagementsysteme können sowohl unternehmensweit als auch lediglich in einzelnen Teilbereichen implementiert werden (vgl. Lewerenz, 2011: 11; vgl. Hutzschenreuter, 2009: 437).

Während die Wissensmanagementsysteme die technische Ausgestaltung des Wissensmanagements zum Gegenstand haben, behandeln die Wissensmanagementmodelle die Abfolge der Durchführung eines Wissensmanagements in einem Unternehmen nach verschiedenen Theoriemodellen. Zu nennen sind beispielsweise die Wissensspirale von Nonaka und Takeuchi oder das Bausteinmodell von Probst, Raub und Romhardt, die in den folgenden Abschnitten näher erläutert werden.

9.6.2.3
Exemplarische Wissensmanagementmodelle

Das SECI-Modell
Das SECI-Modell geht auf die beiden Japaner Nonaka und Takeuchi zurück. Es zeigt, wie die Wissenserzeugung und der Wissenstransfer zwischen Individuen untereinander und zwischen Individuen und der Organisation erfolgen (vgl. Fuchs, 2006: 44f.). Dazu werden zwei Dimensionen betrachtet: die ontologische und die epistemologische Dimension (vgl. Bäppler, 2008: 45).

Die **ontologische Dimension** umfasst die Wissenserzeugung zwischen Individuen, Gruppen und der Organisation sowie zwischen Organisationen (vgl. Bäppler, 2008: 45). Die **epistemologische Dimension** basiert auf der Unterscheidung von implizitem und explizitem Wissen (vgl. Nonaka/Takeuchi, 1997: 72). Da auf diese bereits in Kapitel 9.6.1.3 eingegangen worden ist, wird an dieser Stelle auf eine detaillierte Darstellung verzichtet.

Nonaka und Takeuchi legen nahe, dass Wissen durch den Austausch von impliziten und expliziten Wissensformen entsteht und dass dieses Wissen nur von Individuen in einer sozialen Interaktion erzeugt werden kann. Die Organisation als solche kann die Individuen lediglich unterstützen und einen Rahmen schaffen, der die Wissenserzeugung fördert. Die Wissensschaffung in einer Organisation wird daher als Prozess angesehen, der das von dem Individuum entwickelte Wissen verstärkt und es in die Wissensbasis der Organisation integriert (vgl. Bäppler, 2008: 45; vgl. Nonaka/Takeuchi, 1997: 71).

Des Weiteren gehen sie von der Annahme aus, dass das implizite und das explizite Wissen nicht als voneinander getrennt, sondern als komplementär betrachtet werden müssen. Legt man diese Annahmen zugrunde und kombiniert implizites und explizites Wissen, so ergibt sich eine Matrix mit den vier Feldern: Sozialisation, Externalisierung, Kombination und Internalisierung, welche Nonaka und Takeuchi als Formen der Wissensumwandlung bezeichnen (vgl. Nonaka/Takeuchi, 1997: 73f.).

Sozialisation: von implizit zu implizit. Die Sozialisation bezeichnet einen Prozess, bei dem das implizite Wissen von einer Person zum impliziten Wissen einer anderen Person umgewandelt wird. Dies geschieht zum Beispiel durch Beobachtung, Imitation oder Praxis (vgl. Gust von Loh, 2009: 35). Nach Nonaka und Takeuchi nimmt der gemeinsame Erfahrungshintergrund eine Schlüsselfunktion in der Sozialisation ein, da dieser das Einfühlungsvermögen zwischen einzelnen Personen steigert und den Wissensaustausch erleichtert. Darüber hinaus vollzieht sich dieser Prozess überwiegend ohne Sprache (vgl. Nonaka/Takeuchi, 1997: 75).

Externalisierung: von implizit zu explizit. Die Externalisierung soll implizites Wissen artikulieren und somit explizieren. Das implizite Wissen nimmt in diesem Prozess die Form von Metaphern und Analogien an. Diese sind zwar häufig unzureichend, unlogisch oder unpassend, fördern dadurch jedoch die Reflexion und den Austausch zwischen einzelnen Personen (vgl. Nonaka/Takeuchi, 1997: 77). Die Metapher bezeichnet dabei das Verstehen einer Sache durch die bildhafte Umschreibung mithilfe einer anderen. Dies schafft eine neue Realitätserfahrung und führt so zum Abbau von Bedeutungsdiskrepanzen. Die Analogie hingegen verdeutlicht funktionale und strukturelle Gemeinsamkeiten und Unterschiede zwischen zwei Dingen (vgl. Nonaka/Takeuchi, 1997: 80).

Kombination: von explizit zu explizit. Bei dieser Form wird explizites Wissen von einem Wissensträger auf einen anderen Wissensträger transferiert (vgl. Bäppler, 2008: 47). Eine solche Übertragung kann beispielsweise mündlich, schriftlich oder mithilfe von Informations- und Kommunikationstechnologien erfolgen. Diese ermöglichen, das Wissen zu kombinieren und zu kategorisieren, wodurch neues explizites Wissen entwickelt werden kann (vgl. Nonaka/Takeuchi, 1997: 81).

Internalisierung: von explizit zu implizit. Bei der Internalisierung wird explizites Wissen in implizites Wissen umgewandelt. Es handelt sich um einen Lernprozess, der sich in zwei Schritten vollzieht: im ersten Schritt wird das Wissen von einem Individuum verbreitet und von einem anderen Individuum aufgenommen. Im zweiten Schritt wird das Wissen durch regelmäßige Anwendung gefestigt (vgl. Gust von Loh, 2009: 36). Dieser Prozess kann durch schriftliche Aufzeichnungen oder durch mündliche Erzählungen unterstützt werden (vgl. Nonaka/Takeuchi, 1997: 82f.).

Die unterschiedlichen Formen der Wissensumwandlung agieren in einer Wissensspirale zusammen (Abb. 9.6-2). Nur durch dieses Zusammenspiel entsteht ein Wissenszuwachs (vgl. Nonaka/Takeuchi, 1997: 86).

Der **Spiralprozess** wird im Folgenden durch das Beispiel des Brötchenbackens veranschaulicht: Der Prozess beginnt mit der Sozialisation, indem der Bäckermeister dem Bäckerlehrling zeigt, wie man den Teig für ein Brötchen rührt und knetet. Daraufhin stellt der Bäckerlehrling dem Bäckermeister die Frage, wie er den Teig am besten formen solle, damit seine Brötchen so aussehen wie die des Bäckermeisters. Der Bäckermeister schildert dem Lehrling, er solle zunächst eine Kugel aus dem Teig formen, wie er es in seiner Kindheit mit einem Schneeball getan habe. Dabei handelt es sich um eine Analogie, die den Aspekt der Externalisierung darstellt. Der Bäckerlehrling notiert sich diese und weitere explizite Informationen, die er von dem Bäckermeister erhält. Dies wird als Kombination bezeichnet. Die Informationen, die der Bäckerlehrling erhalten hat, wendet er nun selbstständig praktisch an und beginnt damit, den Prozess des Brötchenbackens im Rahmen der Internalisierung zu verinnerlichen. Der Bäckermeister überprüft dabei in unregelmäßigen Abständen die Arbeit des Lehrlings und gibt ihm verschiedene Hilfestellungen, womit der Prozess wieder bei der Sozialisation ankommt.

Bausteine des Wissensmanagements
Entstehung und struktureller Aufbau. Das Bausteinmodell von Probst, Raub und Romhardt (2012) ist ein Umsetzungskonzept, mit dessen Hilfe die Ressource Wissen in einem Unternehmen analysiert und das Wissensmanagement in seiner Tätigkeit unterstützt wird (ebd.: 27). Die Grundlage für die Entstehung dieses Modells bilden verschiedene praxisorientierte Projekte, die in Zusammenarbeit mit der Geneva Knowledge Group durchgeführt worden sind. Im Rahmen dieser Zusammenarbeit wurden mehrere Fragestellungen im Bereich des Wissensmanagements entwickelt, die mit be-

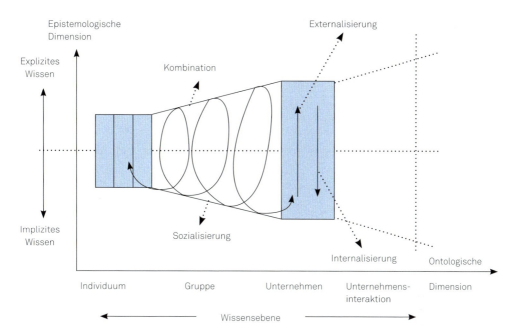

Abbildung 9.6-2: Spirale der Wissensschaffung (Quelle: Nonaka/Takeuchi, 1997: 87)

stimmten Handlungsempfehlungen versehen und zu sogenannten Kernprozessen zusammengefasst wurden (vgl. Bäppler, 2008: 48f.). Kernprozesse können dabei im Allgemeinen als die wesentlichen Geschäftstätigkeiten aufgefasst werden, die die Wettbewerbsfähigkeit eines Unternehmens gewährleisten (vgl. Gaitanides et al., 1994: 6). An dieser Stelle sollen sie allerdings spezifischer als die Kernprozesse des Wissensmanagements bezeichnet werden, die durch die folgenden Bausteine verkörpert werden: Wissensziele, Wissensidentifikation, Wissenserwerb, Wissensentwicklung, Wissens(ver-)teilung, Wissensnutzung, Wissensbewahrung und Wissensbewertung (vgl. Bäppler, 2008: 49).

Die einzelnen Bausteine stehen dabei miteinander in Verbindung, das heißt, Wissensmanagementmaßnahmen, die von einem Baustein ausgelöst werden, haben immer Auswirkungen auf alle anderen Bausteine. Probst, Raub und Romhardt teilen diese in einen inneren und einen äußeren Kreislauf (Abb. 9.6-3). Den äußeren Kreislauf bilden die Bausteine Wissensziele und Wissensbewertung, die strategische Aufgaben des Wissensmanagements aufzeigen. Die übrigen sechs bilden einen inneren Kreislauf und verdeutlichen operative Aufgaben. Grundsätzlich folgt das Bausteinmodell dem bekannten Managementregelkreislauf aus Zielsetzung, Umsetzung und Kontrolle (vgl. Bäppler, 2008: 49).

Wissensziele definieren. Bei der Definition von Wissenszielen stellt sich die Frage, welches Wissen gegenwärtig und zukünftig für den Geschäftserfolg von Bedeutung ist. Um diese Fragen beantworten zu können, müssen eindeutige Wissensziele definiert werden (vgl. Probst et al., 2012: 37ff.). Wissensziele sollen dabei keinesfalls die klassischen Unternehmensziele ersetzen, sondern diese lediglich ergänzen. Sie werden auf der normativen, strategischen und operativen Ebene festgelegt (vgl. Probst et al., 2012: 41ff.).

Die **normativen Wissensziele** bilden die oberste Ebene. Sie sind handlungsleitend für die Wissensmanagementaktivitäten einer Unternehmung und stellen den Ausgangspunkt für die Wissensziele im strategischen und operativen Bereich dar. Sie zeigen, welche Bedeutung

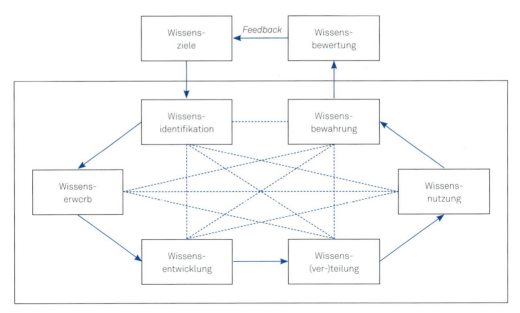

Abbildung 9.6-3: Bausteine des Wissensmanagements (Quelle: Eigenerstellung in Anlehnung an Probst, Raub, Romhardt, 2012: 34)

die Ressource Wissen im Unternehmen hat und nehmen damit Einfluss auf die unternehmenspolitische Vision. Bei der Formulierung von normativen Wissenszielen soll zum einen deutlich werden, dass die Bereitschaft in der Unternehmung zu erkennen ist, sich mit dem Thema „Wissen" auseinanderzusetzen, und zum anderen, dass dies einen Beitrag zum Unternehmenserfolg leistet. Demzufolge ist eines der obersten normativen Wissensziele die Gestaltung einer wissensfreundlichen Unternehmenskultur. Dazu muss das Top-Management den Mitarbeitern die Bedeutung des Wissensmanagements für den Unternehmenserfolg aufzeigen und das organisationale Lernen etablieren. Gelingt dies nicht, so ist der Erfolg auf strategischer und operativer Ebene ungewiss. Die Formulierung der normativen Wissensziele soll eine Kultur des Vertrauens sowie eine Fehlertoleranz schaffen. Dies regt die Kreativität der Mitarbeiter an (vgl. Probst et al., 2012: 42f.). Normative Wissensziele können darüber hinaus in Wissensleitbildern zusammengefasst werden, mit deren Hilfe Rahmenbedingungen für Verhaltensänderungen der Mitarbeiter festgelegt werden. Dabei ist zu beachten, dass die in dem Leitbild formulierten Ziele als Anleitung zur Umsetzung und nicht als bloßes Aushängeschild für Presse und Aktionäre verstanden werden müssen. Zudem bedeutet dies, dass die Wissensziele des Leitbildes auf strategischer und operativer Ebene berücksichtigt werden (vgl. Probst et al., 2012: 45).

Eine weitere Ebene verkörpern die **strategischen Wissensziele**. Sie werden für langfristige Maßnahmen festgelegt, die zur Realisierung der unternehmenspolitischen Vision durchgeführt werden und unter anderem die Kooperation aller Beteiligten und die Schaffung von Kernkompetenzen umfassen. Die strategischen Wissensziele verdeutlichen in diesem Kontext, welches Wissen bewahrt, neu aufgebaut werden muss oder nicht mehr benötigt wird. Sie bilden somit die Grundlage für die Bestimmung eines organisationalen Kernwissens (vgl. Vogt, 2004: 213f.). Aus diesem Kernwissen wiederum kann ein zukünftig benötigtes Fähigkeitenportfolio abgeleitet werden (vgl. Probst et al., 2012: 50).

Die letzte Ebene stellen die **operativen Wissensziele** dar. Sie sollen verhindern, dass Wissensmanagement zwar geplant, aber nicht umgesetzt wird. Dazu werden die normativen und strategischen Wissensziele in operative Teilziele übersetzt. Um eine erfolgreiche Umsetzung zu gewährleisten, müssen operative Wissensziele eindeutig formuliert sein und innerhalb der Organisation nachhaltig verfolgt werden. Weiterhin haben sie die Aufgabe, die Kommunikationswege zu verbessern und damit die Verbreitung des Wissens im Unternehmen zu optimieren (vgl. Probst et al., 2012: 54).

Wissen identifizieren. Die Wissensidentifikation beschäftigt sich mit der Frage, welcher Mitarbeiter welches Wissen besitzt und welche Möglichkeiten bestehen, externes Wissen zu beschaffen (vgl. Probst et al., 2012: 63). Dementsprechend wird zwischen internen und externen Wissensquellen unterschieden (vgl. Gust von Loh, 2009: 39). Da die internen Wissensquellen den größten Anteil an diesem Baustein ausmachen, soll zunächst auf diese eingegangen werden.

Interne Wissensidentifikation beginnt mit der Schaffung einer Wissenstransparenz in einem Unternehmen, also mit der Wahrnehmung vorhandener Fähigkeiten. Dazu gehört die Trennung zwischen der personellen und kollektiven Wissenstransparenz. Die personelle Wissenstransparenz beschäftigt sich dabei mit dem Wissen des Einzelnen, wohingegen die kollektive Wissenstransparenz die Netzwerke und den darin ablaufenden Austausch aufzeigt (vgl. Probst et al., 2012: 66).

Die personelle Wissenstransparenz umfasst Informationen über den beruflichen Werdegang, die sprachlichen Kenntnisse und anderweitige Fähigkeiten eines Mitarbeiters, die dem Unternehmen bekannt sind. Neben der personellen Wissenstransparenz existiert auch eine personelle Wissensintransparenz. Sie bezeichnet Fähigkeiten, die dem Unternehmen aus Datenschutzgründen oder mangelnder Kommunikation bzw. mangelnder Kommunikationsbereitschaft nicht bekannt sind (vgl. Probst et al., 2012: 69).

Um dieses Problem zu lösen, wurde das Instrument der Wissenskarten entwickelt. Sie stellen grafische Verzeichnisse dar, die Auskunft über Wissensträger, Wissensbestände sowie deren Nutzung geben. Durch die visuelle Darstellung erfolgt auch eine Systematisierung (vgl. Sassenberg, 2005: 28). Diese Systematisierung erleichtert das Auffinden von Wissensträgern sowie die Einordnung von neuem Wissen in vorhandenes Wissen. Ebenso verknüpfen sie Aufgaben mit Wissensbeständen bzw. Wissensträgern. Erfolgt die Erstellung der Wissenskarten mithilfe eines EDV-Systems, so besteht die Möglichkeit, die Daten zu kategorisieren und sie je nach Fragestellung zu durchsuchen. Darüber hinaus können mehrere Personen an unterschiedlichen Orten auf diese Wissenskarten zugreifen, wodurch das schnelle Auffinden von benötigtem Wissen erleichtert wird (vgl. Probst et al., 2012: 69f.).

Nachdem nun die personelle Wissenstransparenz beleuchtet wurde, wird im Folgenden auf die kollektive Wissenstransparenz eingegangen.

Das kollektive Wissen eines Unternehmens zeichnet sich nicht nur durch die Summe der Fähigkeiten der einzelnen Mitarbeiter aus, sondern auch durch die Zusammenarbeit mit Kooperationspartnern, das Einhalten von Verhaltensregeln und die umfangreiche Nutzung von Computersystemen. Der Wert des Zusammenwirkens der einzelnen Wissensbestandteile in einem Kollektiv ist der Unternehmung im Detail nicht bewusst und kann somit nicht auf andere Unternehmen übertragen oder an Dritte weitergegeben werden. Demzufolge müssen kollektive Fähigkeiten anders identifiziert werden als personelle Fähigkeiten (vgl. Probst et al., 2012: 74).

Kollektive Fähigkeiten spiegeln sich in Kernprozessen wider. Diese Fähigkeiten gilt es im Bereich der kollektiven Wissensidentifikation herauszufiltern. Konkret bedeutet dies, denjenigen Wissensträger und diejenigen Wissensstrukturen aufzuzeigen, die einen solchen Kernprozess unterstützen. Dies kann mithilfe von Kompetenzkarten bzw. Wissenslandkarten geschehen. Diese bilden den gesamten Kernprozess ab, welcher aus dem Vorgehen, der Methode und der Zuordnung der Verantwortlichkeiten für die einzelnen Arbeitsschritte sowie dem benötigten Wissen besteht (vgl. Probst et al., 2012: 74f.). Die hier angesprochenen Kompetenzkarten, die die Kernprozesse verdeutlichen, bilden jedoch nur einen Teil der organisationalen Wissensbasis ab. Des Weiteren können Erfahrungen aus Projektarbeiten einen Teil der organisationalen Wissensbasis bilden, wenn es gelingt, diese Erfahrungen zu konservieren. Eine Möglichkeit bildet das sogenannte Rapid Response Network, das von McKinsey entwickelt wurde. Hierbei handelt es sich um eine Datenbank, die die Erfahrungsberichte über einzelne Projekte enthält und die Experten auflistet, die daran mitgewirkt haben. Dies bietet einem Unternehmen zwei wesentliche Vorteile: Zum einen speichert die Datenbank Projekterfahrungen in Form von Berichten, indem zum Abschluss eines jeden Projekts sogenannte „lessons learned" erfolgen (vgl. Gehle, 2005: 158). Der Begriff „lessons learned" bezeichnet die Aufzeichnung von Fehlern, die ein Unternehmen in der Vergangenheit gemacht hat und die in Zukunft vermieden werden sollen (vgl. Wais, 2006: 208). Zum anderen bewirkt die Übersicht über gegenwärtige und vergangene Projekte, dass Doppelarbeit verhindert wird und mögliche Kooperationen aufgezeigt werden (vgl. Gehle, 2005: 158).

Nachdem eine breite Palette an Methoden zur Identifikation internen Wissens erläutert wurde, soll im Folgenden auf die Identifikation externer Wissensquellen eingegangen werden. Die externe Wissensidentifikation bezeichnet die Identifikation von Wissen im unternehmerischen Umfeld.

Ein erster Ansatz ist die Beauftragung eines sogenannten **Wissensbrokers**. Dieser selektiert bestimmte Wissensgebiete, die für ein Unternehmen von Bedeutung sein können, und vermittelt Kooperationspartner (vgl. Probst et al., 2012: 82).

Weiterhin bieten sich die Dienste von **Horchposten** an. Hierbei handelt es sich um Wissenschaftler, Journalisten oder Politiker, die aufgrund ihrer Position über ein bestimmtes Wissen verfügen und wichtige Informationen über die neusten Trends liefern (vgl. Probst et al., 2012: 83).

Des Weiteren bieten sich Kontakte zu **Think Tanks**, das heißt zu Hochschulen oder Forschungsinstituten an, die sich auf dem aktuellen Stand der Wissenschaft befinden. Die Kooperation zwischen Unternehmen und Think Tanks kann sich langfristig auf den Unternehmenserfolg und auf die unternehmerischen Strukturen auswirken. Der Kontakt kann dabei sowohl auf informeller Basis als auch durch gemeinsame Projekte gepflegt werden (vgl. Probst et al., 2012: 83).

Wissen erwerben. Nachdem im Vorfeld im Rahmen der Wissensidentifikation der interne Wissensbestand eines Unternehmens analysiert und mit dem externen Unternehmensumfeld verglichen wurde, kann daraus der Wissensbedarf für die Zukunft abgeleitet werden. Es wird also deutlich, über welches Wissen das Unternehmen selbst verfügt und welches Wissen extern beschafft werden muss. Diese Wissensbeschaffung ist Aufgabe des Bausteins Wissenserwerb (vgl. Kusterer, 2008: 35).

Die Rekrutierung von Mitarbeitern stellt einen wichtigen Aspekt im Rahmen des Wissenserwerbs dar. Durch die Auswahl neuer Mitarbeiter, die bestimmte Fähigkeiten besitzen, wird die Basis der zukünftigen unternehmerischen Fähigkeiten geschaffen. Es ist daher essenziell, die strategischen Wissensziele und die Rekrutierung von Personal zusammenhängend zu betrachten. Wird dies nicht getan, so besteht die Gefahr, dass ein Nachschulungsbedarf bei einem ausgewählten Mitarbeiter erforderlich wird, da seine Fähigkeiten nicht den Anforderungen der strategischen Wissensziele entsprechen. Dies kommt häufig dadurch zustande, dass das Anforderungsprofil der Stellenanzeige nicht aus den strategischen Wissenszielen abgeleitet wurde. Ein Unternehmen sollte sich daher bei der Erstellung des Anforderungsprofils genügend Zeit nehmen, um diejenigen Fähigkeiten zu formulieren, mit denen langfristig die Unternehmensziele erreicht werden können (vgl. Probst et al., 2012: 99 f.).

Eine besondere Form der Rekrutierung ist das sogenannte **Diversity Recruiting**. Es beschreibt die bewusste Rekrutierung von Menschen, die verschiedenartige Eigenschaften aufweisen (vgl. Probst et al., 2012: 100). Diese Eigenschaften lassen sich in Primär- und Sekundäreigenschaften unterscheiden. Beispiele für Primäreigenschaften sind Alter, Geschlecht oder ethnische Herkunft, Beispiele für Sekundäreigenschaften sind Arbeitserfahrung oder

Ausbildung. Die Primäreigenschaften eines Mitarbeiters lassen sich nicht verändern, haben aber Einfluss auf dessen Umfeld. Sekundäreigenschaften hingegen können von dem Mitarbeiter teilweise verändert werden (vgl. Aretz/Hansen, 2002: 12).

Wissen entwickeln. Der Baustein Wissensentwicklung dient der Schaffung neuen Wissens und wird als Ergänzung zum Baustein Wissenserwerb angesehen. Er nimmt insbesondere in Bezug auf die Schaffung von Innovationen einen hohen Stellenwert ein. Zur Schaffung neuer Produkte und Dienstleistungen wird immer neues Wissen benötigt (vgl. Gust von Loh, 2009: 39).

Die Entstehung neuen Wissens geschieht häufig eher zufällig und kann nur schwer aktiv beeinflusst werden. Die Erhöhung des Entwicklungsbudgets in einem Unternehmen führt also nicht zwangsweise dazu, dass noch mehr neues Wissen entsteht. Aufgabe eines Wissensmanagementbeauftragten in einem Unternehmen muss es daher sein, eine Umgebung zu schaffen, die die Kreativität der Mitarbeiter fördert, um so neues Wissen zu entwickeln (vgl. Probst et al., 2012: 118).

Die Schaffung von Freiräumen stellt einen ersten Schritt zur Entwicklung eines solchen Umfelds dar. Das Ziel dieser Freiräume lautet, die Kreativität und das daraus entstehende Wissen vor den Einflüssen einer wissensfeindlichen Unternehmenskultur zu schützen. Diese kann sich beispielsweise in negativen Äußerungen über einzelne Ideen zeigen: „Das hat es doch schon mal gegeben." Damit neue Ideen nicht direkt im Keim ersticken, sollte ein Ort geschaffen werden, an dem die kreative Arbeit ungehindert ausgeführt werden kann. Ein Beispiel für einen solchen Ort wäre eine sogenannte Kreativzone, die in der Regel von dem alltäglichen Arbeitsplatz getrennt ist (vgl. Probst et al., 2012: 121).

Aber nicht nur das Schaffen von Freiräumen, sondern auch Handlungsentlastungen können die Kreativität der Mitarbeiter fördern. Handlungsentlastungen dienen dazu, einen Mitarbeiter von seinen alltäglichen Aufgaben freizustellen, damit dieser ungehindert neue Ideen entwickeln kann. Beispiele für solche Entlastungen wären ein Forschungssemester an einer Hochschule oder ein Sabbatjahr in einem Unternehmen (vgl. Probst et al., 2012: 121).

Ein nicht zu unterschätzender Faktor im Rahmen der Wissensentwicklung ist es, den richtigen Mitarbeiter bei dem richtigen Projekt einzusetzen. Ein Mitarbeiter, der sich neben beruflichen Gründen auch aus persönlichen Gründen für das Thema des Projekts interessiert, wird eine höhere Motivation darin einbringen (vgl. Probst et al., 2012: 121).

Da eine brauchbare Idee oft erst über Umwege entsteht und mit Rückschlägen verbunden ist, ist eine Kultur der Fehlertoleranz der Ideenfindung förderlich. In einer solchen Kultur ist das Unternehmen bereit, auch ein unbrauchbares Ergebnis im Wissensentwicklungsprozess hinzunehmen (vgl. Nöllke et al., 2012: 123 f.). Sie muss im Unternehmen gelebt und verbreitet werden (vgl. Probst et al., 2012: 122).

Wissen (ver-)teilen. Im Rahmen der Wissensverteilung beschäftigt sich ein Unternehmen mit der Frage, wie es das Wissen verteilen und den einzelnen Mitarbeitern zur Verfügung stellen kann (vgl. Bäppler, 2008: 51). Zu beachten ist dabei, dass die Wissensverteilung je nach Zusammenhang sowohl im logistischen Sinne als auch im Rahmen menschlicher Interaktion erfolgen kann (vgl. Probst et al., 2012: 146).

Die Wissensverteilung beginnt mit einigen grundsätzlichen Überlegungen, so zum Beispiel über zu verteilendes und nicht zu verteilendes Wissen oder über die Art der Verteilung. Die Unterscheidung zwischen zu verteilendem und nicht zu verteilendem Wissen ist notwendig, damit sensible Informationen nicht an die Öffentlichkeit gelangen. Das zu verteilende Wissen sollte darüber hinaus so gesteuert werden, dass es bei denjenigen Mitarbeitern angelangt, die es für ihren Aufgabenbereich benötigen. Dies bedeutet zugleich, dass nicht jeder alles wissen muss. Die Art der Verteilung hingegen umfasst die Wahl einer Verteilungsstrategie, das heißt ob Wissen zentral oder dezentral verteilt werden soll (vgl. Probst et al., 2012: 152 f.). Bei der zentralen Verteilungsstrategie wird das Wissen von einer Stelle aus, bei der dezentralen

Verteilungsstrategie von mehreren Stellen aus verteilt.

Der Begriff „Wissensmultiplikation" bildet dabei den zentralen Ansatz, wohingegen der dezentrale Ansatz als sogenannte Kontextsteuerung bezeichnet werden kann. Die **Wissensmultiplikation** soll das Wissen im Unternehmen möglichst schnell auf eine bestimmte Anzahl von Mitarbeitern verteilen. Dies wird auch als Push-Prinzip bezeichnet. Das Train-the-trainer-Konzept ist dabei eine Methode, die die Theorie der Wissensmultiplikation praktisch veranschaulicht (vgl. Probst et al., 2012: 54 ff.).

Eine Person, die beispielsweise fundierte Kenntnisse in der Software Microsoft Excel besitzt, erhält von der Unternehmensleitung die Aufgabe, diese an andere Personen weiterzugeben. Sie nimmt dabei die Rolle eines Moderators ein. Die einzelnen Personen werden in Kleingruppen zusammengefasst und von dem Moderator geschult. Da sie nach der Schulung selbst fundierte Kenntnisse in Microsoft Excel besitzen, können sie nun ebenso als Moderator auftreten und eine eigene Kleingruppe in der Software schulen. Wird dieser Vorgang mehrmals wiederholt, so wird das Wissen innerhalb einer kurzen Zeitspanne im Unternehmen verteilt (vgl. Probst et al., 2012: 155 ff.).

Die Wissensmultiplikation umfasst allerdings nicht nur personenbezogene Methoden, sondern auch dokument- oder datenbasierte Instrumente. So werden beispielsweise Handbücher in gedruckter oder digitaler Form zur Einweisung von neuen Mitarbeitern verwendet (vgl. Probst et al., 2012: 156).

Da sich der Wissensverteilungsprozess in einigen Fällen einer zentralen Steuerung widersetzt, muss auch die **Kontextsteuerung** als dezentraler Ansatz berücksichtigt werden. Sie spiegelt sich beispielsweise in dem sogenannten Pull-Prinzip wider. Bei der Kontextsteuerung wird das Wissen zur Holschuld, der Mitarbeiter ist also selbst für die Wissensbeschaffung verantwortlich (vgl. Probst et al., 2012: 157). Sofern ein Mitarbeiter personengebundenes Wissen benötigt, empfiehlt sich der Zugriff auf die bereits erwähnten Wissenskarten. Benötigt er hingegen personenungebundenes Wissen, so bietet sich die Nutzung elektronischer Volltextsuchprogramme oder Suchagenten an (vgl. Bodendorf, 2006: 5). Ein Beispiel für einen solchen Suchagenten ist Google.

Wissen nutzen. In diesem Abschnitt wird eine Methode zur Wissensnutzung vorgestellt. Außerdem werden Infrastrukturmaßnahmen aufgezeigt, die die Wissensnutzung fördern.
Ein Konzept, das den Gedanken der Wissensinfrastruktur fortführt, ist das sogenannte **Space Management**. Hierbei handelt es sich um verschiedene Maßnahmen der räumlichen Gestaltung, die den Austausch zwischen den Mitarbeitern und somit die Förderung des Wissenstransfers zum Ziel haben. Daher bietet es sich an, räumliche Nähe zwischen den Mitarbeitern herzustellen und Sozialflächen zu schaffen, auf denen sie ungehindert miteinander interagieren können (vgl. Wesoly et al., 2009: 707).

Eine weitere Möglichkeit, die Wissensnutzung unter dem Aspekt der Wissensinfrastruktur zu verbessern, stellen die **Infocenter** dar. Sie sollen die Intensität der Kommunikation zwischen den Mitarbeitern steigern. Dazu verfügen sie über Metaplanwände, Videoanlagen und Computer-Terminals, die wichtige Informationen ausgeben, so zum Beispiel über aktuelle Stellenangebote, die wirtschaftliche Situation des Unternehmens oder die neuesten Produktentwicklungen. Darüber hinaus existieren Sitzgelegenheiten für den informellen Austausch, durch den neue Ideen generiert werden können (vgl. Probst et al., 2012: 187).

Wissen bewahren. Der Prozess der Wissensbewahrung vollzieht sich in den Schritten Selektion, Speicherung und Aktualisierung (vgl. Probst et al., 2012: 203).

Sofern ein Mitarbeiter das Unternehmen verlässt, geht unter Umständen Wissen verloren, wenn es nicht hinreichend dokumentiert wurde. Die Dokumentation wird häufig vernachlässigt, da sie mit Aufwand verbunden ist und nicht unmittelbar entlohnt wird. Daher sind **Selektionsregeln** notwendig, die bewahrenswertes und nichtbewahrenswertes Wissen voneinander differenzieren (vgl. Probst et al., 2012: 204). So soll sichergestellt werden, dass bewahrenswertes Wissen dokumentiert wird. Hierbei handelt es sich beispielsweise um Kundendaten oder wichtige Geschäftsprozesse. Die Dokumentation kann dabei in Form der bereits erwähnten Wissenskarten erfolgen. Allerdings ist darauf zu achten, dass das Wissen auf gewisse Kernaspekte reduziert und mit bestimmten Problemstellungen verknüpft wird. Dennoch ist bei der Festlegung der Selektionsregeln zu berücksichtigen, dass der zukünftige Wissensbedarf nicht genau vorhergesehen werden kann. Daher sollten diese nicht zu streng formuliert sein (vgl. Probst et al., 2012: 206f.).

Eine weitere Form der Selektion stellt die Identifikation von Schlüsselmitarbeitern dar, die über ein hohes Maß an Erfahrung verfügen und deren Weggang ein großes Loch in die organisatorische Wissensbasis reißt. Daher ist es essenziell, diese langfristig zu einem Verbleib zu bewegen (vgl. Probst et al., 2012: 207). Maßnahmen, die diesen und weitere Wissensbestände sichern, werden im Folgenden unter dem Aspekt der **Speicherung** vorgestellt.

Diese gliedert sich in die individuelle, kollektive und elektronische Speicherung.

Die **individuelle Speicherung** verfolgt das Ziel, die Mitarbeiter an das Unternehmen zu binden und somit ihr Wissen zu bewahren. In diesem Zusammenhang bietet sich die Schaffung eines Umfeldes an, in dem sich die Mitarbeiter wohlfühlen und Wechselgedanken möglichst ausschließen. Dies kann mithilfe von Austrittsbarrieren geschehen (vgl. Probst et al., 2012: 208). Da jeder Mitarbeiter unterschiedliche Präferenzen hat, sollten diese in Mitarbeitergesprächen eruiert und die Austrittsbarrieren an diese angepasst werden. Beispiele hierfür sind flexible Arbeitszeitmodelle, finanzielle Anreizsysteme oder betriebliche Karriereplanung. Dennoch ist es nicht immer möglich, die Mitarbeiter im Unternehmen zu halten (vgl. Tröjan, 2006: 187).

Nachdem im Vorfeld die individuellen Maßnahmen der Wissensbewahrung beleuchtet wurden, soll nun auf die **kollektiven Maßnahmen** eingegangen werden. Die Autoren Probst, Raub und Romhardt (2012) sind dabei der Auffassung, dass der Mensch als Individuum die Wissensbewahrung weniger effektiv gestaltet als in einem Kollektiv. Sie belegen dies anhand eines Laborversuchs. Bei diesem wurde ein Teil der Probanden einzeln und ein Teil als Kollektiv in der Montage von Transistorradios unterwiesen. Sieben Tage nach der Unterweisung haben sich die Probanden erneut zusammengefunden und wurden gebeten, die einzelnen Arbeitsschritte der Montage auszuführen. Dabei wurden die einzeln unterwiesenen Probanden in Kleingruppen aufgeteilt, während die im Kollektiv geschulten Probanden ihre Erinnerungen gemeinsam nutzen durften. Es zeigte sich, dass sich die im Kollektiv geschulten Probanden detaillierter an den Fertigungsprozess erinnern konnten als die individuell geschulten. Der Austausch zwischen den einzelnen Probanden in einem Kollektiv hat zu sozialen und kognitiven Verflechtungen geführt, die ein kollektives Gedächtnis herausgebildet haben, das dem individuellen Gedächtnis überlegen ist (vgl. Probst et al., 2012: 212).

Da die Kapazitäten elektronischer Speichermedien von Jahr zu Jahr steigen und sich theoretisch alle Wissensbestände digitalisieren lassen, sollte auch die **elektronische Wissensbewahrung** berücksichtigt werden. Sie erleichtert die Bearbeitung bestimmter Wissensinhalte und deren Wiederverwendung. Darüber hinaus ist die Verteilung dieser Wissensinhalte lediglich mit geringfügen Kosten verbunden, da diese über digitale Netzwerke erfolgt. Die Digitalisierung von Wissensbeständen in Form von Bibliotheken, Zeitschriften, Dokumenten sowie Ton- und Filmaufnahmen lässt diese zusammenwachsen und somit zu einer digitalen Datenbank auf Unternehmensebene werden. Trotz der hier genannten Vorteile der Digitalisierung von Wissensbeständen sollte nicht außer Acht gelassen werden, dass verschiedene Gefahren bestehen. So könnten sich beispielsweise Konkurrenzunternehmen Zugang zu der digitalen Datenbank verschaffen und somit an sensible Informationen gelangen. Ebenso besteht die Gefahr, dass einige Wissensdokumente nicht erfolgreich in die Datenbank überführt werden und diese dementsprechend nicht von anderen Mitarbeitern genutzt werden können. Gleiches gilt, wenn die Dokumente nicht ordnungsgemäß codiert oder an einem falschen Ort abgelegt wurden (vgl. Probst et al., 2012: 214f.).

Der Prozess der Wissensbewahrung endet mit der **Aktualisierung**. Sie soll verhindern, dass ein Unternehmen seine Entscheidungen auf der Grundlage von veraltetem Wissen trifft. Schafft es ein Unternehmen nicht, seine Wissensbasis kontinuierlich zu aktualisieren, so schwindet das Vertrauen der Mitarbeiter in diese Wissensbasis. Die Folge ist eine sinkende Nutzungsbereitschaft. Das Wissen sollte daher von jedem Mitarbeiter aktuell gehalten werden (vgl. Probst et al., 2012: 217).

Wissen bewerten. Der Baustein der Wissensbewertung versucht die Frage zu beantworten, inwieweit der Erfolg der Wissensmanagementmaßnahmen gemessen werden kann. Da es sich bei Wissen um eine intangible Ressource handelt und es demzufolge nicht quantifizierbar ist, muss es mit tangiblen Ressourcen in Verbindung gebracht werden (vgl. Probst et al., 2012: 223 ff.).

Die Wissensbewertung umfasst dabei zwei verschiedene Phasen. Die erste Phase beschäftigt sich mit der Identifikation von möglichen Veränderungen der organisatorischen Wissensbasis. In der zweiten Phase erfolgt der Abgleich dieser Veränderungen mit den zuvor definierten Wissenszielen. Das Ziel der Wissensbewertung ist demnach nicht die monetäre Beurteilung von Wissen. Vielmehr geht es darum, ob die Wissensziele erfolgreich umgesetzt wurden oder nicht (vgl. Probst et al., 2012: 225 f.).

Um Wissen bewerten zu können, empfiehlt sich der Einsatz von sogenannten **Wissensindikatoren**.

Ein Indikator wird im Allgemeinen als ein Merkmal bezeichnet, das die Veränderung eines bestimmten Zustands anzeigt (vgl. o. A., 2014b, o. S.). Ein Wissensindikator ist demnach ein Merkmal, das die Veränderung der organisatorischen Wissensbasis verdeutlicht (vgl. Reucher, 2009: 84). Die Wissensindikatoren werden von North, Probst, und Romhardt (1998) in vier Indikatorenklassen eingeteilt. Die erste Indikatorenklasse bildet **die organisatorische Wissensbasis**, bei der sowohl qualitative als auch quantitative Indikatoren abgebildet werden. Ein Beispiel für einen qualitativen Indikator stellt das Fähigkeitenportfolio der Mitarbeiter dar. Beispiele für quantitative Indikatoren hingegen sind die Anzahl der Kompetenzzentren sowie die Anzahl der der Organisation gehörenden Patente. Die **Interventionen**, die zweite Indikatorenklasse, umfassen sämtliche Aktivitäten, die die organisatorische Wissensbasis verändern. Unter diese Kategorie fallen Workshops und Trainingsmaßnahmen sowie neue Mitarbeiter, die neues Wissen in das Unternehmen einbringen. Die Ergebnisse dieser Interventionen werden mit der dritten Indikatorenklasse gemessen, die als **Zwischenerfolge und Übertragungseffekte** bezeichnet wird. So könnten beispielsweise am Ende eines Workshops oder einer Trainingsmaßnahme Tests durchgeführt und quantitativ ausgewertet werden, wohingegen die Auswirkung der Beschäftigung neuer Mitarbeiter mithilfe von qualitativen Mitarbeiterbeurteilungen gemessen werden kann. Die vierte und letzte Indikatorenklasse schließt die **Ergebnisse der Geschäftsfähigkeit** am Ende einer bestimmten Periode ein. Sie ergibt sich aus der Arbeit mit klassischen Finanzkennzahlen, also Cashflow, Marktanteil, Deckungsbeiträge oder Return on Investment (vgl. Probst et al., 2012: 234).

Bei näherer Betrachtung wird deutlich, dass diese Indikatorenklassen einen logischen Prozess bilden: Zu Beginn wird der Bestand der aktuellen organisatorischen Wissensbasis beschrieben, gefolgt von der Festlegung der darin ablaufenden Interventionen und deren direkte Auswirkungen auf die organisatorische Wissensbasis. Diese Auswirkungen werden am Ende der entsprechenden Betrachtungsperiode mithilfe von Finanzkennzahlen in das quantitative Geschäftsergebnis einbezogen (vgl. Probst et al., 2012: 233 f.).

9.6.3
Web-2.0-basierte Tools zur Umsetzung von Wissensmanagement

9.6.3.1
Allgemeine Hinführung

Dieser Abschnitt beginnt mit einer allgemeinen Beschreibung des Webs 2.0 und geht danach über zu der spezifschen Vorstellung von Blogs,

Videocasts, Social Bookmarking und Wikis, wobei die Wikis besonders ausführlich beleuchtet werden sollen.

Das Web 2.0 umfasst sämtliche softwaretechnische Tools, die die Zusammenarbeit zwischen den Mitarbeitern fördern und diesen die Möglichkeit geben, neues Wissen zu generieren. Das bedeutet, dass Wissensinhalte gemeinsam erarbeitet, weiterentwickelt und unter Umständen überarbeitet werden. Daher wird es auch als „Mitmachweb" bezeichnet. Hiermit unterscheidet es sich wesentlich vom Web 1.0, in dem zwar ebenfalls neues Wissen generiert wurde, aber der Aspekt der Zusammenarbeit eine eher untergeordnete Rolle spielte (vgl. Gust von Loh, 2009: 217). Die Tools vereinen mehrere Grundsätze in sich. Dazu zählen eine intuitive Bedienung oder die selbstständige Pflege und Weiterentwicklung des Netzwerks durch die Mitarbeiter. Hierdurch wird das Wissensmanagement in seiner Arbeit unterstützt (vgl. Gust von Loh, 2009: 220). Die Grundlage für die Akzeptanz sowie für die stetige Weiterentwicklung der Web-2.0-Tools ist eine dazu passende Unternehmenskultur, die durch Offenheit, flache Hierarchieebenen sowie durch die Bereitschaft der Mitarbeiter, sich zu beteiligen, gekennzeichnet sein sollte (vgl. Döbler, 2010: 394).

Die Tools ermöglichen den Mitarbeitern, räumliche und unternehmerische Grenzen zu überwinden (vgl. Döbler, 2010: 392). Somit werden die interne und externe Kommunikation intensiviert, wodurch die Wissensteilung forciert wird (vgl. Gust von Loh, 2009: 218). Hierdurch entsteht der positive Nebeneffekt einer erhöhten Transparenz, die gleichzeitig die Entwicklung des Wissensmanagementsystems vorantreibt. Weiterhin können Kunden und Lieferanten leichter in den Entstehungsprozess von Produkten und Dienstleistungen einbezogen werden (vgl. Döbler, 2010: 392f.).

Zudem ist eine große Anzahl von Web-2.0-Tools kostengünstig zu erwerben oder sogar kostenlos, da sie als sogenannte Open Source Software im Internet zur Verfügung steht (vgl. Gust von Loh, 2009: 219).

9.6.3.2
Blog

Der Blog ist das erste Web-2.0-Tool, das an dieser Stelle näher beleuchtet werden soll. Es handelt sich um eine Sammlung von Beiträgen, die im Internet oder Intranet veröffentlicht wird und in umgekehrter chronologischer Reihenfolge angeordnet ist. Das bedeutet, dass sich die aktuellen Beiträge am oberen Ende des Blogs befinden, wogegen die älteren Beiträge weiter unten stehen. Sie spiegeln häufig die persönliche Sichtweise des Autors wider. Blogs können sowohl von Privatpersonen als auch von Unternehmen erstellt und geführt werden (vgl. Gust von Loh, 2009: 224). Beispiele für unternehmerische Blogs sind die CEO Blogs und die Product Blogs. Bei CEO Blogs geben Vorstände oder die Geschäftsführung einen Einblick in das Unternehmen. Product Blogs hingegen beschäftigen sich mit Fragestellungen, die die Produkte eines Unternehmens betreffen(vgl. Gust von Loh, 2009: 226).

Im Allgemeinen kann man festhalten, dass sich der Einsatz von Blogs tendenziell eher in kleineren oder mittelständischen Unternehmen anbietet, da sie sich dort leichter etablieren lassen. Dennoch beweisen Beispiele wie die Daimler AG, dass die Implementierung von Blogs auch in Großunternehmen möglich ist (vgl. Gust von Loh, 2009: 226).

Sobald ein Blog einen gewissen Umfang erreicht hat, empfiehlt sich die Kategorisierung von Beiträgen, um die Übersichtlichkeit zu wahren (vgl. Gust von Loh, 2009: 228). Die sogenannten Tag Clouds erlauben dem Nutzer weiterhin, sich mithilfe von Schlagworten durch den Blog zu navigieren. Daher kann er auch als Wissensdatenbank angesehen werden. Häufig wird in den Beiträgen eine informelle Sprache verwendet, da es als alltägliches Werkzeug zum Wissensaustausch dient (vgl. Gust von Loh, 2009: 226f.).

Mit einem Blog kann sowohl eine interne als auch eine externe Transparenz geschaffen werden, da die darin enthaltenen Informationen Mitarbeitern, Kunden oder anderen Stakeholdern zur Verfügung gestellt werden können. Die Kunden können überdies mittels einer

Kommentarfunktion in Kontakt zu dem Unternehmen treten und so beispielsweise dessen Produkte oder Dienstleistungen bewerten. Gleichermaßen kann das Unternehmen für ebendiese werben und somit neue Kunden gewinnen (vgl. Gust von Loh, 2009: 225 f.).

Allerdings besteht in Zusammenhang mit Blogs die Gefahr, dass sensible Informationen an die Öffentlichkeit gelangen (vgl. Gust von Loh, 2009: 226).

9.6.3.3
Videocast

Videocasts **sind** Kurzfilme, die sich mit einem bestimmten Themengebiet beschäftigen. Sie beleuchten häufig die Produktions- oder Dienstleistungserstellungsprozesse eines Unternehmens. Dabei dienen sie sowohl zur Präsentation gegenüber Stakeholdern als auch zur Schulung von neuen Mitarbeitern und solchen, die abseits der genannten Prozesse arbeiten. So erhalten diese einen detaillierten Einblick in die Abläufe des Betriebs und identifizieren sich unter Umständen stärker mit dem Unternehmen (vgl. Gust von Loh, 2009: 229).

Anzumerken ist, dass Videocasts zwar nicht in vollem Umfang die Eigenschaften eines Web-2.0-Tools erfüllen, in der Literatur jedoch häufig unter diesen genannt werden.

9.6.3.4
Social Bookmarking

Ein weiteres Instrument, das in diesem Abschnitt vorgestellt werden soll, ist das sogenannte Social Bookmarking. Es erlaubt dem Nutzer, Lesezeichen von Internet-Links in einem internen oder externen Portal zu sammeln, zu kategorisieren und mit anderen Nutzern zu teilen. Beispiele für externe Portale sind „Del.icio.us" oder „Connotea" (vgl. Gust von Loh, 2009: 230).

Auf unternehmerischer Ebene bietet es sich an, ein eigenes Social-Bookmarking-Portal zu erstellen, das sich an das Intranet anbindet. Die Lesezeichen werden in Ordnern abgelegt und in eine Struktur eingebettet, die das schnelle Wiederauffinden eben jener Lesezeichen und damit der gewünschten Informationen ermöglicht. Die gewünschte Struktur wird dabei von den Mitarbeitern selbst geschaffen. Jedes Lesezeichen sollte idealerweise mit einem Titel, einer Beschreibung, dem Autor und dem entsprechen Datum gelistet werden. Ebenso sollte das Portal eine Kommentarfunktion beinhalten. Jeder Mitarbeiter verfügt über ein Profil mit seinem Namen, unter dem er seine persönliche Sammlung an Lesezeichen speichern und mit anderen Mitarbeitern teilen kann. Sollte er bestimmte Lesezeichen nicht öffentlich machen wollen, kann er sie in einem geschlossenen Bereich verwalten. Es besteht auch die Möglichkeit, das Portal mithilfe von Schlagwörtern zu durchsuchen. Problematisch wird es dann, wenn die unternehmenseigene Firewall bestimmte Webseiten blockiert und somit das Abspeichern verhindert (vgl. Gust von Loh, 2009: 230 f.).

9.6.3.5
Wiki

Abschließend soll ausführlich auf eines der am stärksten wachsenden Web-2.0-Tools eingegangen werden: das Wiki (vgl. Mayer/Schoeneborn, 2008: 138). Der Begriff „Wiki" stammt aus dem Hawaiianischen und bedeutet „schnell" (vgl. Orth, 2009: 75). Das Wiki-Tool ermöglicht dem Nutzer im Wesentlichen, neue Texte zu erstellen, bereits bestehende aufzurufen sowie diese zu verändern. Dies gilt sowohl für die eigenen als auch für die von anderen Nutzern erstellten Texte (vgl. Mayer/Schoeneborn, 2008: 138). Somit ergeben sich neue Potenziale in Bezug auf den Wissenstransfer und die kollaborative Zusammenarbeit in einem Unternehmen (vgl. Orth, 2009: 75).

Das Wiki wird auf einem Internet- oder Intranet-Server installiert und von den einzelnen Nutzern über einen Webbrowser angesteuert. Die Seiten selbst können dabei über ein Eingabefenster erstellt bzw. verändert werden. Da hierfür lediglich grundlegende Textverarbeitungskenntnisse erforderlich sind, können diese Tätigkeiten auch von unerfahrenen Nutzern ausgeführt werden. Ebenso ist es möglich, den Texten Grafiken und Dokumente beizufügen oder sie mit Links zu versehen, die weiterführende Informationen beinhalten. Die Suchfunktion sowie die Verlinkungen der Seiten untereinander erlauben dem Nutzer, sich durch die Inhalte des Wikis zu navigieren. Darüber hinaus verfügen Wikis über eine Historie, die die Veränderungen von Texten protokolliert, um diese bei Bedarf rückgängig zu machen oder sogar ganze Texte an sich wiederherzustellen. Ein weiteres Element vieler Wikis sind die Diskussionsseiten, auf denen sich die Nutzer über die Inhalte der einzelnen Beiträge austauschen und diese ggf. verändern können (vgl. Orth, 2009: 75 f.).

Diese und weitere Funktionalitäten, wie zum Beispiel die Liste der letzten Änderungen, der Seitenindex oder die Beobachtungslisten sind der Grund dafür, dass Wikis zur Unterstützung von Wissensmanagement herangezogen werden sollten (vgl. Orth, 2009: 76).

Die Wiki-Technologie bietet eine Vielzahl von Einsatzmöglichkeiten. So können beispielsweise Arbeitsanleitungen, Checklisten und Handbücher eingestellt werden. Auch kann sie als eine Art schwarzes Brett dienen, auf dem anstehende Termine und wichtige Informationen zu finden sind. Weiterhin unterstützt die Technologie die Umsetzung von Projekten sowie deren Dokumentation, da sie die Beteiligten miteinander vernetzt und somit den schnellen Informationsaustausch ermöglicht (vgl. Orth, 2009: 76 f.).

Literatur

Bäppler, E. (2008): Nutzung des Wissensmanagements im Strategischen Management. Zur interdisziplinären Verknüpfung durch den Einsatz von IKT, 1. Auflage. Wiesbaden, Gabler Edition Wissenschaftsverlag.

Bodendorf, F. (2006): Daten- und Wissensmanagement, 2. Auflage. Berlin, Springer.

Döbler, T. (2010): Wissensmanagement: Open Access, Social Networks, E-Collaboration, in: Schweiger, W.; Beck, K. (Hrsg.): Handbuch der Online-Kommunikation, 1. Auflage. Wiesbaden, VS Verlag für Sozialwissenschaften, S. 385–408.

Franken, R.; Franken, S. (2011): Integriertes Wissens- und Innovationsmanagement. Mit Fallstudien und Beispielen aus der Unternehmenspraxis, 1. Auflage. Wiesbaden, Gabler.

Fuchs, J.; Zika, G. (2012): Arbeitsmarktbilanz bis 2025 – Demographie gibt die Richtung vor. http://www.charta-der-vielfalt.de/fileadmin/user_upload/beispieldateien/Bilddateien/Publikationen/Demografischer_Wandel/Jung_Alt_Bunt.pdf [Zugriff: 04.06.2014], S. 15–21.

Fuchs, M. (2006): Sozialkapital, Vertrauen und Wissenstransfer in Unternehmen, 1. Auflage. Wiesbaden, GWV Fachverlag.

Gaitanides, M.; Scholz, R.; Vrohlings, A. (1994): Prozeßmanagement – Grundlagen in Zielsetzungen, in: dies.: Prozeßmanagement. Konzepte, Umsetzungen und Erfahrungen des Reengineering, 1. Auflage. München, Carl Hanser, S. 1–19.

Gehle, M. (2005): Internationales Wissensmanagement. Zur Steigerung der Flexibilität und Schlagkraft wissensintensiver Unternehmen, 1. Auflage. Wiesbaden, GWV Fachverlage.

Gust von Loh, S. (2009): Evidenzbasiertes Wissensmanagement, 1. Auflage. Wiesbaden, Gabler Wissenschaftsverlag.

Hutzschenreuter, T. (2009): Allgemeine Betriebswirtschaftslehre. Grundlagen mit zahlreichen Praxisbeispielen, 3. Auflage. Wiesbaden, Gabler.

Kusterer, S. (2008): Qualitätssicherung im Wissensmanagement. Eine Fallstudienanalyse, 1. Auflage. Wiesbaden, Gabler Edition Wissenschaftsverlag.

Lewerenz, E. (2011): Wissensmanagement in der humanitären Logistik, 1. Auflage. Hamburg, Diplomica.

Manger, D. (2009): Innovation und Organisation. Zur Organisierung eines regionalen Netzwerks, 1. Auflage. Bielefeld, Transcript.

Mayer, F.; Schoeneborn, D. (2008): WikiWebs in der Organisationskommunikation, in: Stegbauer, C.; Jäckel, M. (Hrsg.): Social Software. Formen der Kooperation in computerbasierten Netzwerken, 1. Auflage. Wiesbaden, GWV Fachverlage, S. 137–154.

Meinsen, S. (2003): Konstruktivistisches Wissensmanagement. Wie Wissensarbeiter ihre Arbeit organisieren, 1. Auflage. Basel, Beltz.

Müller, B. (2009): Wissen managen in formal organisierten Sozialsystemen. Der Einfluss von Erwartungsstrukturen auf die Wissensretention aus systemtheoretischer Perspektive, 1. Auflage. Wiesbaden, GWV Fachverlage.

Nöllke, M.; Beermann, S.; Schuhbach, M. (2012): Kreativ im Job. Techniken und Spiele, 1. Auflage. Freiburg, Haufe-Lexware.

Nonaka, I.; Takeuchi, H. (1997): Die Organisation des Wissens. Wie japanische Unternehmen eine brachliegende Ressource nutzbar machen, 1. Auflage. Frankfurt/M., Campus.

North, K. (2011): Wissensorientierte Unternehmensführung. Wertschöpfung durch Wissen, 5. Auflage. Wiesbaden, Gabler.

o. A. (2009): Bevölkerung Deutschlands bis 2060. 12. Koordinierte Bevölkerungsvorausberechnung. https://www.destatis.de/DE/Publikationen/Thematisch/Bevoelkerung/VorausberechnungBevoelkerung/BevoelkerungDeutschland2060Presse5124204099004.pdf?_blob=publicationFile [Zugriff: 04.06.2014].

Orth, R. (2009): Wissensmanagement mit Wiki-Systemen, in: Mertins, K.; Seidel, H. (Hrsg.): Wissensmanagement im Mittelstand. Grundlagen – Lösungen – Praxisbeispiele, 1. Auflage. Berlin, Springer, S. 75–82.

Probst, G.; Raub, R.; Romhardt, K. (2012): Wissen managen. Wie Unternehmen ihre wertvollste Ressource optimal nutzen, 7. Auflage. Wiesbaden, Gabler Wissenschaftsverlag.

Sassenberg, T. (2005): Rechtsfragen des Einsatzes von Wissensmanagement in Anwaltskanzleien, 1. Auflage. Berlin, TENEA Ltd.

Schiersmann, C.; Thiel, H.-U. (2011): Organisationsentwicklung. Prinzipien und Strategien von Veränderungsprozessen, 3. Auflage. Wiesbaden, Springer.

Schwarz, F. (2010): Wissensmanagement in internationalen Unternehmen durch Expatriates und Inpatriates, 1. Auflage. Hamburg, Diplomica.

Tröjan, J. (2006): Strategien zur Bewahrung von Wissen. Zur Sicherung nachhaltiger Wettbewerbsvorteile, 1. Auflage. Wiesbaden, GWV Fachverlage.

Vogt, A. (2004): Wissensbasiertes Qualitätsmanagement – Ansatz für ein „Quality Knowledge Management", in: Nohr, H.; Roos. A.W. (Hrsg.): Customer Knowledge Management. Erschließung und Anwendung von Kundenwissen, 1. Auflage. Berlin, Logos, S. 195–298.

Wais, A. (2006): Wissensmanagement zur Unterstützung von Bestellungen im Bauvertragsfragen. Entwicklung eines prozessorientierten Ansatzes auf Basis der Ergebnisse und Schlussfolgerungen einer empirischen Studie bei Großprojekten im Hoch- und Tiefbau, 1. Auflage. Norderstedt, Books on Demand.

Werner, M. (2004): Einflussfaktoren des Wissenstransfers in wissensintensiven Dienstleistungsunternehmen. Eine explorativ-empirische Untersuchung bei Unternehmensberatungen, 1. Auflage. Wiesbaden, GWV Fachverlage.

Wesoly, M.; Ohlhausen, P.; Bucher, M. (2009): Wissensmanagement, in: Bullinger, H.-J. et al. (Hrsg.): Handbuch Unternehmensorganisation. Strategien, Planung, Umsetzung. 3. Auflage. Berlin, Springer, S. 699–821.

9.7
Betriebliches Gesundheitsmanagement

Mavis Plitt

9.7.1
Begriffliche Abgrenzungen

9.7.1.1
Betriebliche Gesundheitspolitik

Für Unternehmen stellen Mitarbeiter die wichtigste Ressource dar. Wenn diese langfristig Leistungen erbringen, werden möglicherweise Wohlbefinden und Gesundheit der Mitarbeiter geschädigt. Nur durch eine gesundheitliche Förderung des Personals können diese Leistungen auch langfristig erbracht werden, dafür wird im Unternehmen eine integrierte Personal- und Gesundheitspolitik benötigt (vgl. Badura et al., 2010: 1). Die betriebliche Gesundheitspolitik ist Teil der Unternehmenspolitik und „definiert Prioritäten zum Schutz und zur Förderung der Gesundheit und Sicherheit der Mitarbeiter" (Badura et al., 2010: 1). Da diese ein Teil der Unternehmenspolitik ist, müssen auf der einen Seite die Unternehmensziele und auf der anderen Seite das Wohlbefinden der Angestellten berücksichtigt werden. Eine betriebliche Gesundheitspolitik hat besonders das Ziel, durch Förderung der Gesundheit der Mitarbeiter das Betriebsergebnis zu verbessern und die Kosten für die soziale Sicherung zu verringern (vgl. Badura et al., 2010: 1).

Nach der Kommission der Bertelsmann Stiftung und der Hans-Böckler-Stiftung, die sich mit einer zeitgemäßen betrieblichen Gesundheitspolitik beschäftigt hat, muss aufgrund der demografischen Entwicklung, in der die Bevölkerung im Durchschnitt immer älter wird, speziell ein „gesundes Älterwerden" als eine zentrale Aufgabe der betrieblichen Gesundheitspolitik verstanden werden (vgl. Bertelsmann Stiftung/Hans-Böckler-Stiftung, 2004: 41). Durch die steigenden chronischen Erkrankungen und den Anstieg der Lebenserwartung sowie die schrittweise Anhebung des Rentenalters wird auch nach Höhne und v. d. Knesebeck (2010) eine betriebliche Gesundheitspolitik immer wichtiger werden, da die Mitarbeiter immer länger erwerbstätig beschäftigt sind (ebd.: 355).

9.7.1.2
Betriebliches Gesundheitsmanagement

Um innerhalb des Unternehmens die Gesundheit und das Wohlbefinden der Mitarbeiter durch Maßnahmen zu erhalten und zu fördern, müssen alle betroffenen betrieblichen Prozesse im Unternehmen zusammengeführt und gesteuert werden. Dies erfolgt im betrieblichen Gesundheitsmanagement (BGM) (vgl. Wilke et al., 2007: 31). Die Steuerung beinhaltet die Verbindung und Abstimmung von einzelnen Maßnahmen aus betrieblicher Gesundheitsförderung und Prävention sowie die Integrierung dieser Maßnahmen in den Arbeits- und Managementprozess des Unternehmens. Damit BGM wirksam umgesetzt werden kann, müssen klare Ziele festgelegt, die soziale Verantwortung wahrgenommen und notwendige Ressourcen für eine Umsetzung bereitgestellt werden (vgl. Eberle, 2006: 327). Des Weiteren ist es erforderlich, dass das Thema „Gesundheit und Wohlbefinden der Beschäftigten" als Führungsaufgabe erkannt und dauerhaft vorangetrieben wird. Nur durch eine glaubhafte und klare Übermittlung seitens der Führungsebene kann ein leistungsfähiges und akzeptiertes BGM langfristig etabliert werden (vgl. Walter, 2010: 148). Mit einem leistungsfähigen und akzeptierten BGM kann die Arbeit angemessen für die Mitarbeiter gestaltet werden und sie zu einem gesundheitsfördernden Verhalten anregen. Hierdurch werden Krankheiten und Gesundheitsrisiken reduziert und Gesundheitspotenziale gestärkt (vgl. Eberle, 2006: 327f.).

Badura definiert das betriebliche Gesundheitsmanagement als „die Entwicklung integrierter betrieblicher Strukturen und Prozesse, die die gesundheitsförderliche Gestaltung von Arbeit, Organisation und dem Verhalten am Arbeitsplatz zum Ziel haben und den Beschäftigten wie dem Unternehmen gleichermaßen zugute [kommt]" (Badura et al., 1999: 17). Zudem ist das BGM als Querschnittsaufgabe zu verstehen, in der die Schnittstellen von Arbeitssicherheit, Arbeitsmedizin, Personalarbeit und Qualitätsmanagement sowie die vorhandenen Prozesse und Strukturen im Unternehmen genutzt werden (vgl. Badura et al., 1999: 17). BGM ist als eine Managementtätigkeit zu verstehen, die eine betriebliche Gesundheitspolitik realisieren soll (vgl. Pfaff, 2001: 32f.).

Ein betriebliches Gesundheitsmanagement (BGM) soll nach Heidenreich nicht nur als eine formale Umsetzung von Standards verstanden werden, sondern als „eine umfassende Aufgabe, die [...] Verhaltensänderungen bei Vorgesetzten und Mitarbeitern voraussetzt" (Heidenreich, 2010: 47). Folglich zeichnet sich BGM durch eine mitarbeiterorientierte Unternehmenskultur aus, die Arbeitsschutz, Arbeitsmedizin, Prävention und betriebliche Gesundheitsförderung (BGF) beinhaltet. Viele Maßnahmen, wie zum Beispiel Ernährungsberatung oder Rückenschulung, werden oft als BGM bezeichnet, sind jedoch ein Instrument der betrieblichen Gesundheitsförderung (vgl. Kern/Vosseler, 2013: 141).

9.7.1.3
Betriebliche Gesundheitsförderung

Ein Arbeitsleben kann auf die Gesundheit eines Menschen einen positiven Einfluss nehmen, wie zum Beispiel durch das Knüpfen von sozialen Kontakten oder eine geregelte Tagesstruktur. Es kann aber auch schädlich wirken. Diese negativen Einflüsse beziehen sich nicht nur auf Faktoren wie Arbeitszeiten und Unfallgefahr, sondern auch auf psychosoziale Belastungen, wie beispielsweise fehlende Anerkennung und schlechtes Betriebsklima (vgl. Faller, 2012: 15f.). In der Ottawa-Charta der Weltgesundheitsorganisation (WHO) wird dazu definiert:

> „Die sich verändernden Lebens-, Arbeits- und Freizeitbedingungen haben entscheidenden Einfluss auf die Gesundheit. Die Art und Weise, wie eine Gesellschaft die Arbeit, die Arbeitsbedingungen und die Freizeit organisiert, sollte eine Quelle der Gesundheit und nicht der Krankheit sein. Gesundheitsförderung schafft sichere, anregende, befriedigende und angenehme Arbeits- und Lebensbedingungen." (WHO, 1986, o. S.)

Das Ziel der betrieblichen Gesundheitsförderung (BGF) besteht darin, diese gesundheitlichen Belastungen der Mitarbeiter am Arbeitsplatz abzubauen und ihren physischen und psychischen Gesundheitszustand zu stärken, wodurch sich ihr Wohlbefinden und Leistungsfähigkeit positiv beeinflussen lassen (vgl. European Network for Workplace Health Promotion [ENWHP], 2007, o. S.). Es soll mit bestimmten, auf die Fähigkeiten der Mitarbeiter sowie die Anforderungen des Arbeitsplatzes abgestimmten Maßnahmen auf die Gesundheit der Mitarbeiter Einfluss genommen werden (vgl. Wilke et al., 2007: 31). Somit ist unter BGF das Handeln im Unternehmen zu verstehen, das zum Beispiel durch Veränderungen in Organisation, Betriebsklima oder Ergonomie die Gesundheit der Beschäftigten fördern und Belastungen abbauen soll (vgl. Rosenbrock, 2003: 22). Die betriebliche Gesundheitsförderung (BGF) hat die Aufgabe, nachhaltig die Ressource Arbeitskraft im Unternehmen zu erhalten und stellt einen Handlungsschwerpunkt im betrieblichen Gesundheitsmanagement dar (vgl. Wilke et al., 2007: 31). Welche Maßnahmen letztlich umgesetzt werden, ist von einigen Faktoren abhängig, wie beispielsweise der Größe und Branche des Unternehmens sowie den bestehenden Organisationsabläufen und der Zielgruppe (vgl. Ducki, 1998: 135). BGF sollte nicht als einmalige Maßnahme umgesetzt, sondern als eine dauerhafte Einrichtung etabliert werden, die in das Unternehmen integriert wird, damit langfristig ein Erfolg erzielt werden kann (vgl. Heidenreich, 2010: 47).

Als treibender Akteur in der Gesundheitsförderung gilt die Weltgesundheitsorganisation, speziell durch die seit 1978 organisierten Konferenzen zur BGF (vgl. Singer, 2010: 26). Gefestigt wurde der Begriff „Gesundheitsförderung" 1986 in der Ottawa Charta, die in der ersten internationalen Konferenz der WHO in Ottawa entstand (vgl. Franzowiak/Sabo, 1998: 26 ff.). Dass die Gesundheitsförderung auch eine Relevanz in der Arbeitswelt hat, wird an einigen Stellen der Ottawa-Charta deutlich (vgl. Singer, 2010: 27) wie zum Beispiel in dem obigen Zitat.

9.7.1.4 Prävention

In der Gesundheitsförderung liegt der Fokus auf der „Unterstützung der Gesundheitsressourcen von Menschen" (Faller, 2012: 22). Im Gegensatz dazu setzt die Prävention ihren Fokus auf das Verhindern von Krankheiten. Aufgabe der Prävention ist es, die krankheitsverursachenden Faktoren zu identifizieren und zu beseitigen oder, falls eine Beseitigung nicht möglich ist, zu minimieren (vgl. Faller, 2012: 22). Beide Formen haben, trotz unterschiedlichem Ansatz, das Ziel einen Gesundheitsgewinn zu erlangen (vgl. Hurrelmann, 2006: 149).

Bei der Unterscheidung zwischen Prävention und Gesundheitsförderung ist die Abgrenzung nach Antonovsky von großer Bedeutung. Hier wird zwischen dem Modell der Pathogenese und der Salutogenese unterschieden. In dem medizinischen bzw. pathogenetischen Modell entstehen Erkrankungen durch Krankheitsrisiken, denen der Körper ausgesetzt ist und die als Ursache der Entstehung identifiziert werden. Die Pathogenese versucht die Ursachen bzw. Risikofaktoren von Erkrankungen zu ermitteln und Möglichkeiten zu finden, wie diese beseitigt werden können. Der Fokus liegt somit auf der „krankmachenden Wirkung" einzelner Faktoren. Es wird in der Pathogenese die Annahme aufgestellt, dass der Mensch durch Umwelteinflüsse krank wird, ohne die er gesund wäre. Daraus entsteht das Ziel, die schädigenden Einflüsse von außen vom Menschen abzuhalten. Dieses Modell befasst sich mit der Frage, was krank macht und ob Krankheit verhindert werden kann (vgl. Jork, 2003: 21).

Der Begriff der **Salutogenese** wurde 1979 von Antonovsky eingeführt und betrachtet, anders als die Pathogenese, die Gesundheitspotenziale. Menschen sind nach diesem Modell einigen Stressoren (Stressfaktoren) ausgesetzt, zu denen ein Spannungszustand entstehen kann. Ob dieser Zustand zu einer Erkrankung führt, keine Auswirkung hat oder sogar gesundheitsförderlich wirkt, ist von der Verarbeitung dieses Spannungszustands abhängig. Für diese Verarbeitung werden Widerstandsressourcen, wie beispielsweise persönliche Kompetenzen, benötigt (vgl. Moaz, 1998: 18), die in dem Modell gestärkt werden sollen. Die Ursache von Gesundheit oder Krankheit wird in der Salutogenese in den Ressourcen gesehen und es wird versucht, diese zu entwickeln und zu stärken (vgl. Boeing/Müller, 2007: 394). Jede Situation, die bei der Arbeit oder in der Freizeit erlebt wird, hat einen Einfluss auf eine Person, der sich in psychischer oder in physischer Form auf diese auswirken kann. Ob die Erfahrung anschließend krankheitsauslösende Folgen hat, hängt davon ab, inwieweit die einzelne Person die Situation zum Beispiel als Bedrohung oder Kränkung erlebt. In dem Modell der Salutogenese kann durch die Stärkung der Ressourcen beeinflusst werden, was für ein Ausmaß eine Situation annimmt (vgl. Badura et al., 2010: 36f.). Folglich betrachtet das salutogenetische Modell die Faktoren, die zu einer Erhaltung der Gesundheit beitragen und beschäftigt sich mit der Frage, was den Menschen trotz verschiedener Belastungen gesund hält (vgl. Uhle/Treier, 2013: 421).

Da die Gesundheitsförderung versucht, die individuellen Ressourcen zu fördern, um zu einem gesunden Zustand beizutragen, stellt die Salutogenese ein Modell der Gesundheitsförderung dar. Im Vergleich dazu beschäftigt sich die Prävention mit dem Zurückdrängen von Krankheitsrisiken und folgt dem Prinzip der Medizin, also der Entstehung von Krankheit. Somit beinhaltet die Prävention das Modell der Pathogenese (vgl. Boeing/Müller, 2007: 394). Siehe dazu auch Abbildung 9.7-1.

Prävention kann außerdem unterschiedlich angesetzt werden. Als Primärprävention, Sekundärprävention oder Tertiärprävention. Die **Primärprävention** umfasst Maßnahmen, die das Entstehen einer Krankheit verhindern sollen. Anders als die Primärprävention setzt eine **Sekundärprävention** an, wenn schon Symptome einer Krankheit aufgetreten sind. Mit einer Sekundärprävention sollen vorwiegend Verschlimmerungen einer Krankheit und einer Chronifizierung entgegengewirkt werden. Nach einer Erkrankung soll die **Tertiärprävention** dem Ausmaß der Erkrankung entgegenwirken und Folgeerkrankungen vorbeugen (vgl. Medizinischer Dienst der Krankenversicherung, o.J., o.S.). Wenn Mitarbeiter gesundheitlich beeinträchtigt sind, kann sich das im betrieblichen Ablauf negativ widerspiegeln. Zu diesen Erkrankungen zählen insbesondere chronische Erkrankungen, wie Diabetes, Herz-Kreislauf-Erkrankungen und Muskel- und Skeletterkrankungen. Damit Unternehmen Arbeitsausfälle und Leistungseinbrüche als mögliche Folge umgehen können, besteht die Möglichkeit, Maßnahmen zur Primärprävention anzubieten, um das Auftreten von Krankheiten zu verhindern. Diese Maßnahmen umfassen zum Beispiel Impfungen, Krebsscreening, Ausdauertraining und Ernährungskurse. Bei Krankheiten, die schon aufgetreten sind, können Maßnahmen zur Sekundärprävention ergriffen werden, um vor al-

Abbildung 9.7-1: Prävention und Gesundheitsförderung (Quelle: Eigenerstellung)

lem Folgeschäden zu minimieren. Das umfasst beispielsweise ein Angebot an Heil- und Hilfsmitteln, die das Unternehmen zur Verfügung stellt, sowie Maßnahmen zur Suchtprävention. Bei einer Erkrankung mit irreversiblen Gesundheitseinschränkungen können innerhalb der Tertiärprävention Maßnahmen zur Rehabilitation und Eingliederung sowie eine Kooperation in Arbeitszeit und Arbeitsgestaltung vom Unternehmen erfolgen (vgl. Kern/Vosseler, 2013: 145).

Damit Gesundheitsrisiken und Belastungen verhindert und die Gesundheit der Mitarbeiter gefördert werden kann, werden verschiedene Strategien und Interventionen eingesetzt. Zwei wesentliche Strategien, um Krankheiten zu vermeiden, sind in der Prävention die Verhaltens- und Verhältnisprävention (vgl. Schauder/Koch, 2006: 32). **Verhaltensprävention** hat das Ziel, die Verhaltensweisen und Einstellungen der Mitarbeiter zu verändern und damit einen Einfluss auf Erkrankungswahrscheinlichkeiten zu nehmen bzw. diese zu senken. Die Annahme ist hier, dass individuelles Verhalten eine Auswirkung auf Krankheitsursachen hat. Mit einer Verhaltensprävention soll ein direkter Einfluss auf das Gesundheitsverhalten genommen und einer Erkrankung vorgebeugt werden (vgl. Rosenbrock/Kümpers, 2009: 385 ff.). Maßnahmen zu einer Verhaltensänderung sind hier zum Beispiel Angebote für gesunde Ernährung und Sportkurse. Arbeitnehmer sollen durch Aufklärung Gesundheitsrisiken erkennen und ihnen entgegenwirken (vgl. Mulzheim, 2010: 19). Denn nach dem Beispiel, „wer nichts über die Folgen falschen Sitzens für seinen Rücken weiß, wird auch nicht einsehen, dass er seine Arbeitsumgebung korrekt einrichten muss" (Just, 2014: 39). Die Hauptaufgaben der Verhaltensänderung liegen somit in der Aufklärung und Motivation der Mitarbeiter, ihr Verhalten gesundheitsorientiert und präventiv zu gestalten. Rosenbrock und Gerlinger (2012) beschreiben, dass es sich jedoch oft als schwierig erweist, Verhaltensweisen, die schon über viele Jahre praktiziert wurden, zu beeinflussen. Vor allem dann, wenn zusätzlich wenige Gestaltungsmöglichkeiten durch eigene materielle und immaterielle Ressourcen vorhanden sind. So wird zum Beispiel eher selten die Risikogruppe durch Verhält-

nisprävention erreicht (vgl. Rosenbrock/Gerlinger, 2012: 1025). Bei der Verhältnisprävention liegt die Ursache von Erkrankungen in der biologischen, sozialen oder technischen Umgebung einer Person (vgl. Hasseler, 2006: 38). **Verhältnisprävention** versucht durch die Veränderung von Umweltbedingungen, das heißt durch Maßnahmen von Arbeits- und Organisationsgestaltung, Gesundheitsgefahren zu verringern und eine gesundheitsfördernde Umgebung zu schaffen (vgl. Braun, 2004: 89). Maßnahmen der Verhältnisprävention zielen folglich darauf ab, Arbeitsbelastungen abzubauen (vgl. Just, 2014: 39) und beschäftigen sich zum Beispiel mit Belüftung, Beleuchtung und Arbeitsschutzstandards.

Für die **Intervention** gibt es in der Prävention sowie in der Gesundheitsförderung verschiedene Ansätze. Es wird in dieser Arbeit auf zwei eingegangen, dem Setting-Ansatz und dem individuellen Ansatz. Der **individuelle Ansatz** richtet sich an eine einzelne Person und ihr Verhalten (vgl. Kern/Vosseler, 2013: 145). Hier sollen individuelle Ressourcen gestärkt und Möglichkeiten zur gesunden Lebensführung aufgezeigt werden, um eine Erkrankung zu verhindern (vgl. Zens et al., 2008: 60). Der Ansatz zielt somit auf individuelle Präventionsangebote (vgl. Rixen, 2005: 570). Demgegenüber richtet sich der **Setting-Ansatz** auf Lebensräume statt auf Individuen. Lebensräume werden als Bereiche gesehen, in denen Menschen viel Zeit verbringen, wie zum Beispiel Schulen oder Unternehmen (vgl. Kern/Vosseler, 2013: 145), das heißt:

> „Ein Setting wird einerseits als ein soziales System verstanden, das eine Vielzahl relevanter Umwelteinflüsse auf eine bestimmte Personengruppe umfasst, und andererseits als ein System, in dem diese Bedingungen von Gesundheit und Krankheit auch gestaltet werden können." (Grossmann/Scala, 1999: 100)

Das Setting fokussiert die Lebensräume von Menschen und die damit verbundenen Rahmenbedingungen, in denen sie leben. Es definiert somit ein soziales System oder einen Ort, an dem Entscheidungen und Maßnahmen für Interventionen gesetzt werden können. Der Setting-Ansatz stellt dabei eine Strategie dar, die

Menschen bei einem gesunden Leben unterstützen soll (vgl. Rosenbrock/Hartung, 2010, o. S.). Die Fokussierung auf soziale Systeme ermöglicht eine genauere Bestimmung von Zielgruppen und Gesundheitspotenzialen. Dadurch lassen sich Zugangswege und Ressourcen klarer definieren und einsetzen (vgl. Team Gesundheit, 2013, o. S.). Ziel ist es, die Gesundheitspotenziale und -risiken eines Lebensbereichs zu ermitteln und daraufhin im Setting einen Prozess an Veränderungen anzuregen, um letztlich gesundheitsgerechtere Verhältnisse zu schaffen. Durch gesundheitsgerechtere Verhältnisse kann die gesundheitliche Situation von Betroffenen verbessert werden (vgl. GKV-Spitzenverband, 2010: 12). Besonders in der Entwicklung der Gesundheitsförderung war der Setting-Ansatz sehr bedeutend. Die WHO hat einige Gesundheitsförderungsprogramme, wie zum Beispiel Gesundheit 21, entwickelt, bei denen der Setting-Ansatz als Strategie genutzt wurde. Durch die Erwähnung des Setting-Ansatzes in den Handlungsleitlinien der Spitzenverbände der Krankenkassen, für die Umsetzung § 20 Abs. 1 und 2 SGB V, zeigte sich die Annahme dieses Ansatzes (vgl. Rosenbrock/Hartung, 2010, o. S.). Was § 20 Abs. 1 und 2 SGB V beinhalten, wird im nächsten Abschnitt aufgezeigt, in dem die Rahmenbedingungen des betrieblichen Gesundheitsmanagements (BGM) erläutert werden.

9.7.2
Rahmenbedingungen

9.7.2.1
Rechtliche Rahmenbedingungen

Arbeitsschutzgesetz

Das Arbeitsschutzgesetz (ArbSchG) ist ein entscheidendes Gesetz zur Durchführung von Maßnahmen des Arbeitsschutzes. Diese Maßnahmen sollen besonders dazu dienen, die Sicherheit und Gesundheit der Mitarbeiter bei der Arbeit zu verbessern. Das Arbeitsschutzgesetz beruht auf den Vorgaben der Europäischen Richtlinie Arbeitsschutz 89/391/EWG und setzt diese seit 1996 in das deutsche Recht um (vgl. Uhle/Treier, 2013: 82). Da die europäischen Richtlinien an die Mitgliedsstaaten gerichtet sind und sonst nicht für die Bürger gelten würden, wurde mit dem Arbeitsschutzgesetz diese Richtlinie in nationales Recht umgesetzt (vgl. Faller/Faber, 2012: 40). Mit der Verabschiedung des Arbeitsschutzgesetzes wurde die bis dahin noch geltende rechtliche Norm des Arbeitsschutzes der Gewerbeordnung abgelöst (vgl. Singer, 2010: 43).

Nach § 2 Abs. 1 ArbSchG beinhalten die Maßnahmen des Arbeitsschutzes die Verhütung von Unfällen bei der Arbeit und die Verhütung von arbeitsbedingten Gesundheitsgefahren sowie eine menschengerechte Gestaltung der Arbeit. Bei der Durchführung der erforderlichen Maßnahmen zum Arbeitsschutz ist der Arbeitgeber in § 3 Abs. 1 ArbSchG verpflichtet, diese auf ihre Wirksamkeit zu prüfen und, falls erforderlich, bei Veränderungen entsprechend anzupassen. Dabei soll der Arbeitgeber stetig eine Verbesserung von Sicherheit und Gesundheitsschutz der Arbeitnehmer anstreben (vgl. Faller/Faber, 2012: 41). Durch diesen Paragraphen wird vom Arbeitgeber verlangt, die Maßnahmen für den Arbeitsschutz nicht nur einmalig zu planen, zu beschließen und umzusetzen, sondern durch regelmäßige Evaluierungen kontinuierlich für eine Optimierung der Arbeitsbedingungen zu sorgen. Der Arbeitgeber hat außerdem für die Planung und Durchführung die erforderlichen Mittel bereitzustellen. Für diese Optimierung stellt nach Faller und Faber (2012) die betriebliche Gesundheitsförderung eine Möglichkeit dar, „diesem Optimierungsgedanken des Arbeitsschutzes Rechnung zu tragen und den betrieblichen Arbeitsschutz von der Unfallprävention zur Entwicklung einer gesunden Organisation hin zu profilieren" (Faller/Faber, 2012: 41f.). Die Kosten der Maßnahmen dürfen laut § 3 Abs. 3 ArbSchG nicht auf die Beschäftigten entfallen.

In § 3 Abs. 2 ArbSchG wird der Arbeitgeber dazu aufgefordert, den Arbeitsschutz in eine geeignete Organisation einzufügen und, falls erforderlich, in die betrieblichen Führungsstrukturen einzubinden. Mit diesem Ansatz spiegelt der Arbeitsschutz das gleiche Ziel der betrieblichen Gesundheitsförderung (BGF) wider: eine Integrierung in die Abläufe des Unternehmens. Hier sollte beachtet werden, dass es wenig sinnvoll ist,

Arbeitsschutz und BGF als voneinander getrennte Themen zu betrachten, sondern beides als ein zu integrierendes Konzept zu vermitteln. Im Arbeitsschutzgesetz werden besonders durch die Grundsätze des Arbeitsschutzes (§ 4 ArbSchG) Ansätze von Präventionsmaßnahmen festgesetzt (vgl. Faller/Faber, 2012: 41f.). Die Arbeit ist nach § 4 Nr. 1 ArbSchG „so zu gestalten, daß eine Gefährdung für das Leben sowie die physische und die psychische Gesundheit möglichst vermieden und die verbleibende Gefährdung möglichst gering gehalten wird" (§ 4 Nr. 1 ArbSchG). Dadurch ergibt sich das gesetzlich verankerte arbeitsschutzrechtliche Ziel, die „Möglichkeit eines Schadenseintritts" und alle gesundheitlichen Belastungen der Mitarbeiter aus ihrer Arbeit zu minimieren (vgl. Faller/Faber, 2012: 41). Weitere Grundsätze, die bei der Gestaltung von Arbeitsschutzmaßnahmen zu berücksichtigen sind, finden sich in Tabelle 9.7-1.

Aus § 5 ArbSchG ergibt sich für Unternehmen die Pflicht, eine Gefährdungsbeurteilung der Arbeitsbedingungen für die Mitarbeiter aufzustellen, um „zu ermitteln, welche Maßnahmen des Arbeitsschutzes erforderlich sind" (§ 5 Abs. 1 ArbSchG). Die Gefährdungsbeurteilung stellt die Voraussetzung dar, ohne die der Arbeitgeber seiner Pflicht, einer Verbesserung der Sicherheit und Gesundheit der Mitarbeiter, nicht nachkommen kann. Eine Gefährdung kann sich aus verschiedenen Faktoren ergeben, die in § 5 Abs. 3 ArbSchG aufgelistet sind. Dazu zählen die Gestaltung und Einrichtung des Arbeitsplatzes, der Arbeitszeit, Belastungen bei der Arbeit sowie mangelnde Qualifikationen und Unterweisungen der Arbeitnehmer. Psychische Belastungen gehören heutzutage auch zu den Gefährdungsfaktoren, die Einfluss auf die Gesundheit nehmen, werden aber nicht explizit im Paragraphen benannt (vgl. Faller/Faber, 2012: 43).

Im Bereich der betrieblichen Gesundheitsförderung (BGF) nimmt § 12 ArbSchG eine wichtige Rolle ein. Nach dieser Vorschrift hat der Arbeitgeber die Beschäftigten ausreichend und angemessen über Sicherheit und Gesundheit bei der Arbeit aufzuklären. Dies beinhaltet Anweisungen und Erläuterungen für den Arbeitsbereich des Beschäftigten. Eine Unterweisung des Arbeitsplatzes muss jeweils bei Einstellung, Aufgabenveränderung, neuen Technologien und in regelmäßigen Abschnitten erfolgen (vgl. § 12 Abs. 1 ArbSchG).

Neben den Pflichten des Arbeitgebers werden im Arbeitsschutzgesetz auch die Rechte und Pflichten der Beschäftigten aufgeführt. Pflichten der Beschäftigten beinhalten, dass diese sich um ihre eigene Sicherheit und Gesundheit am Arbeitsplatz und die der Mitarbeiter kümmern und Werkzeuge, Maschinen, Schutzausrüstung etc. sachgemäß benutzen. Zu den Rechten der Arbeitnehmer zählt die Unterbreitung von Vorschlägen für eine bessere Sicherheit und Ge-

Tabelle 9.7-1: Allgemeine Grundsätze für die Gestaltung von Arbeitsschutzmaßnahmen nach § 4 ArbSchG (Quelle: nach Faller/Faber, 2012: 42)

- Minimierungsgebot (Gefahren müssen möglichst vermieden und verbleibende Gefährdungen möglichst gering gehalten werden.)
- Ursachenbekämpfung (Gefahren sind in ihrer Quelle zu bekämpfen.)
- Aktualisierungspflicht (Der Stand von Technik, Arbeitsmedizin und Hygiene sowie sonstige gesicherte arbeitswissenschaftliche Erkenntnisse müssen berücksichtigt werden.)
- Integration von Maßnahmen (Maßnahmen sind mit dem Ziel zu planen, Technik, Arbeitsorganisation, sonstige Arbeitsbedingungen, soziale Beziehungen und Einfluss der Umwelt auf den Arbeitsplatz sachgerecht zu verknüpfen.)
- Nachrangigkeit individueller gegenüber kollektiven Schutzmaßnahmen
- Berücksichtigung spezifischer Schutzbedürfnisse (Spezielle Gefahren für besonders schutzbedürftige Beschäftigungsgruppen sind zu berücksichtigen.)
- Informationspflicht (Den Beschäftigten sind geeignete Anweisungen zu erteilen.)
- Diskriminierungsverbot (Geschlechtsspezifisch wirkende Regelungen sind nur aus biologisch zwingend gebotenen Gründen erlaubt.)

sundheit am Arbeitsplatz sowie – bei unzulänglichem Gesundheitsschutz und unzugänglicher Sicherheit – die Möglichkeit, sich an die zuständige Behörde zu wenden (vgl. § 15 ArbSchG).

Das Arbeitsschutzgesetz beinhaltet nach Faller und Faber (2012) eine bedeutende Zunahme an Verantwortung für Unternehmen zu Maßnahmen der Sicherheit und Gesundheit der Mitarbeiter. Für Unternehmen bietet es zwar in der Umsetzung breiten Gestaltungsspielraum, andererseits wird eine umfassende Verantwortungsübernahme des Arbeitsschutzes verlangt (ebd.: 42).

Arbeitszeitgesetz
Das Arbeitszeitgesetz (ArbZG) trat 1994 (vgl. Schlick et al., 2010: 716) in Kraft und ergibt sich aus der Europäischen Richtlinie 93/104/EG (vgl. Meyer/Tirpitz, 2008: 8). Zweck dieses Gesetzes ist nach § 1 ArbZG, die Sicherheit und den Gesundheitsschutz der Beschäftigten bei der Arbeitszeitgestaltung sicherzustellen und die Rahmenbedingungen für die flexiblen Arbeitszeiten aufzubessern sowie die Sonntags- und Feiertagsregelung zu schützen. Flexible Arbeitszeit ist eine Form von dynamischen, gleitenden und variablen Arbeitszeiten. Zu den dynamischen Arbeitszeiten zählen zum Beispiel die Teilzeitbeschäftigung und der gleitende Übergang in den Ruhestand. Bei gleitender Arbeitszeit haben Mitarbeiter die Möglichkeit, in einer bestimmten Zeitspanne ihre Arbeitszeit frei zu planen, wodurch eine freiere Gestaltung des Tages und des Wochenendes erfolgen kann. Bei variabler Arbeitszeit besteht eine Flexibilität der Dauer und Länge der Arbeit, das heißt, es wird über einen längeren Zeitraum eine Sollarbeitszeit festgelegt und Beschäftigte können den Einsatz dieser Zeit nach betrieblichen oder persönlichen Erfordernissen frei wählen. Zu dieser Arbeitszeitgestaltung gehören zum Beispiel Jahresarbeitszeitverträge oder Job Sharing (vgl. Huber, 2010: 73). Generell können sich Arbeitszeiten auf Wohlbefinden und Gesundheit der Arbeitnehmer auswirken und bilden deshalb einen Gestaltungsspielraum im betrieblichen Gesundheitsmanagement (BGM), um gesundheitliche Beeinträchtigungen zu vermeiden (vgl. Rudow, 2004: 298 ff.).

Das Arbeitszeitgesetz (ArbZG) gibt zum Schutz der Beschäftigten einige Grundnormen der Arbeitszeit vor. Dazu zählt zum Beispiel, dass werktägliche Arbeitszeiten, das heißt Montag bis einschließlich Samstag (vgl. § 3 Abs. 2 BUrlG), 8 Stunden nicht übersteigen dürfen. Eine Verlängerung auf bis zu 10 Stunden darf nur erfolgen, „wenn innerhalb von 6 Kalendermonaten oder innerhalb von 24 Wochen im Durchschnitt 8 Stunden werktäglich nicht überschritten werden" (§ 3 ArbZG). Im Arbeitszeitgesetz sind außerdem Regelungen zur Nacht- und Schichtarbeit zu finden, wie zum Beispiel die Vorgabe einer Ausgleichsregelung und das Recht der Beschäftigten auf arbeitsmedizinische Untersuchungen (vgl. § 6 ArbZG). Nacht- und Schichtarbeit können zu einer Belastung durch die Verschiebung von Arbeits- und Erholungszeiten führen. Mitarbeiter können hier gesondert an Schlaf- und Appetitstörungen und durch die von der Umwelt abweichenden Arbeitszeiten an sozialen Problemen leiden (vgl. Rudow, 2004: 293 ff.). Für eine betriebliche Gesundheitsförderung (BGF) ist es wichtig, auch auf diese Gruppe einzugehen und Maßnahmen speziell für diese Mitarbeiter anzubieten (vgl. Huber, 2010: 74).

Arbeitssicherheitsgesetz
Eine wichtige Vorschrift für das betriebliche Gesundheitsmanagement ist das Arbeitssicherheitsgesetz (AsiG). Es existiert seit 1973 (vgl. Uhle/Treier, 2013: 82) und verpflichtet den Arbeitgeber gemäß § 1, „Betriebsärzte und Fachkräfte für Arbeitssicherheit zu bestellen […]" (§ 1 ASiG), damit diese „ihn beim Arbeitsschutz und bei der Unfallverhütung unterstützen" (§ 1 ASiG).

Die Aufgaben der Betriebsärzte und Fachkräfte für Arbeitssicherheit und die Anforderungen sind im Arbeitssicherheitsgesetz genau festgelegt. Betriebsärzte und Fachkräfte für Arbeitsschutz haben demnach insbesondere die Aufgabe, den Arbeitgeber in Bezug auf Arbeitsschutz und Unfallverhütung zu beraten und dessen Durchführung zu beobachten. Des Weiteren gehören zu den Aufgaben der Betriebsärzte die Untersuchung und arbeitsmedizinische Beurteilung der Arbeitnehmer. Fachkräfte für Arbeitsschutz müssen zusätzlich überprüfen, ob sich die Arbeitnehmer entsprechend dem Arbeitsschutz und der Unfallverhütung verhalten sowie neue Betriebsanlagen und technische Arbeitsmittel auf ihre Sicherheit prüfen, bevor diese in den Betrieb genommen werden (vgl. §§ 3 u. 4 ASiG). Bei der Erstellung ihrer Aufgaben haben Betriebsärzte und Fachkräfte für Arbeitssicherheit mit dem Betriebsrat zu kooperieren. Ebenso haben sie den Betriebsrat über relevante Belange im Arbeitsschutz und in der Unfallverhütung zu unterrichten und ihn auf Verlagen zu beraten (vgl. § 9 Abs. 1, 2 ASiG). Dem Betriebsrat stehen aus § 9 Abs. 3 ASiG Mitwirkungs- und Mitbestimmungsrecht bei der Verpflichtung und Abberufung dieser Personen zu.

Einen besonders für die betriebliche Gesundheitsförderung interessanten Bereich stellt § 3 Abs. 1 Nr. 3c ASiG dar. Denn hier wird explizit von den Betriebsärzten verlangt, „Ursachen von arbeitsbedingten Erkrankungen zu untersuchen, die Untersuchungsergebnisse zu erfassen und auszuwerten und dem Arbeitgeber Maßnahmen zur Verhütung dieser Erkrankungen vorzuschlagen" (§ 3 Abs. 1 Nr. 3c ASiG). Durch diese Vorschrift des Arbeitssicherheitsgesetzes sollen besonders arbeitsbedingte Erkrankungen vermieden werden (vgl. Senat der Freien und Hansestadt Hamburg, 2002: 10 f.).

Sozialgesetzbuch
SGB V. Das SGB V bildet die Grundlage für die Bestimmungen der gesetzlichen Krankenversicherung (GKV). Diese hat nach § 1 SGB V als Solidargemeinschaft „die Aufgabe, die Gesundheit der Versicherten zu erhalten, wiederherzustellen oder ihren Gesundheitszustand zu bessern" (§ 1 SGB V). Außerdem wird in dem Paragraphen genannt, dass die Versicherten für ihre Gesundheit eine Mitverantwortung tragen. Aufgabe der GKV ist es hier, ihre Versicherten in einer gesunden Lebensweise durch Beratung, Aufklärung und Leistungen zu unterstützen. Zu den Leistungen der Krankenkassen gehören neben der Früherkennung und Behandlung von Krankheiten auch Leistungen für die Verhütung von Krankheiten und gegen deren Verschlimmerung.

Einen wichtigen rechtlichen Rahmen im betrieblichen Gesundheitsmanagement (BGM) bilden die §§ 20 ff. SGB V, welche die zentralen Bestimmungen der Krankenkassen zu Prävention und betrieblicher Gesundheitsförderung (BGF) aufstellen (vgl. Faller/Faber, 2012: 42). Der § 20 SGB V wurde erstmalig mit dem Gesundheitsreformgesetz 1989 verabschiedet. Krankenkassen bekamen mit diesem Paragraphen die Berechtigung bzw. Verpflichtung, Leistungen für die Prävention und Gesundheitsförderung durchzuführen. Gesundheitsförderung und Prävention wurden im SGB V bereits eindeutig voneinander unterschieden (vgl. Arbeitnehmerkammer Bremen, 2003: 7). Im Jahre 1996 führte das Beitragsentlastungsgesetz zu einer neuen Formulierung des § 20 SGB V. Hiermit wurde die Erbringung von Leistungen zur BGF durch die Krankenkassen an die Träger der Unfallversicherung abgeben, was mit dem Ziel der Kostendämpfung sowie fehlenden Qualitätssicherungsmaßnahmen seitens des Gesundheitsministeriums begründet wurde (vgl. Kaba-Schönstein, 2004: 99). Den Krankenkassen wurde unterstellt, dass sie die Gesundheitsförderung als Marketinginstrument benutzten, denn „der neue Wettbewerb der Kassen konnte zu diesem Zeitpunkt noch nicht auf der Ebene des Beitrags- und Leistungsrechtes ausgeführt werden, so dass sich die Abwerbung von Mitgliedern der Kassen über die Gesundheitsförderungsangebote vollzog" (Arbeitnehmerkammer Bremen, 2003: 8). Im Jahre 2000 fand mit dem GKV-Gesundheitsreformgesetz eine Neugestaltung des Paragraphen statt, durch die die GKV wieder zu Leistungen berechtigt war. Die Primärprävention stellte ab diesem Zeitpunkt eine Sollvorschrift dar. Die Krankenkassen sind seit 2000 gemäß § 20 Abs. 1 SGB V dazu verpflichtet, Leistungen zur primären Prävention zu erbringen. In dem Paragraphen werden bestimmte Ziele und Anforderungen zu den Leistungen der Primärprävention benannt, wie etwa, eine Verbesserung des allgemeinen Gesundheitszustands zu erreichen und sozial bedingte Ungleichheit von Gesundheitschancen zu verringern. Des Weiteren werden von den Spitzenverbänden der Krankenkassen prioritäre Handlungsfelder sowie Kriterien für präventive Leistungen gefordert. Besonders soll dabei auf Bedarf, Zielgruppen, Zugangswege, Inhalt und Methodik eingegangen werden (vgl. Faller/Faber, 2012: 48). Im Gegensatz zur Prävention wurde die betriebliche Gesundheitsförderung als eine Kann-Leistung in § 20 Abs. 2 SGB V aufgenommen: „Die Krankenkassen können den Arbeitsschutz ergänzende Maßnahmen der betrieblichen Gesundheitsförderung durchführen [...]" (GKV-Spitzenverband, 2006: 7). Dies änderte sich im Jahre 2007, denn seitdem besteht § 20a SGB V, der durch das Gesetz zur Stärkung des Wettbewerbs in der gesetzlichen Krankenversicherung verabschiedet wurde. In diesem Paragraphen wurde die Kann-Leistung der betrieblichen Gesundheitsförderung (BGF) als eine verpflichtende Leistung der Krankenkassen ergänzt. Krankenkassen sollen nach § 20a Abs. 1 SGB V Leistungen der BGF erbringen. Diese beinhalten, „unter Beteiligung der Versicherten und der Verantwortlichen für den Betrieb die gesundheitliche Situation einschließlich ihrer Risiken und Potenziale zu erheben und Vorschläge zur Verbesserung der gesundheitlichen Situation sowie zur Stärkung der gesundheitlichen Ressourcen und Fähigkeiten zu entwickeln und deren Umsetzung zu unterstützen" (§ 20a Abs. 1 SGB V). Der § 20a SGB V bedeutet für die Krankenkassen, dass diese dazu verpflichtet sind, Betriebe für BGF-Maßnahmen zu motivieren und zu unterstützen und dadurch präventiv auf das versicherte Risiko „Krankheit" Einfluss zu nehmen (vgl. Faller/Faber, 2012: 48). Bei der Umsetzung dieser Aufgaben haben Krankenkassen und Unfallversicherungsträger die Verpflichtung zusammenzuarbeiten und sich zu kümmern (vgl. § 20a Abs. 2 SGB V). Was für Leistungen Krankenkassen an Prävention und BGF nach §§ 20, 20a SGB V erbringen dürfen wird im „Leitfaden Prävention" des GKV-Spitzenverbandes, der in Zusammenarbeit mit den Verbänden der Krankenkassen auf Bundesebene erstellt wird, festgelegt (vgl. GKV-Spitzenverband, 2010: 1) (s.a. Kap. 9.7.2.2, Leitfaden GKV-Spitzenverband).

Leistungen zur Verbesserung des Gesundheitszustands und BGF seitens der Arbeitgeber sind gemäß § 3 Nr. 34 EStG bis zu 500 Euro steuerfrei, wenn sie Maßnahmen des § 20 oder § 20a SGB V entsprechen.

In § 20b SGB V wird gesondert die Prävention arbeitsbedingter Gesundheitsgefahren geregelt. Dies beinhaltet die Aufgabe der gesetzlichen Unfallversicherung in § 14 SGB VII. Die Krankenkassen haben hier ebenfalls die Aufgabe, mit den Unfallversicherungsträgern zusammenzuarbeiten und diese unverzüglich über Erkenntnisse von Zusammenhängen zwischen Erkrankungen und Arbeitsbedingungen sowie über berufsbedingte Gesundheitsgefährdungen oder Berufskrankheiten zu informieren. Zusätzlich besteht in § 20b Abs. 2 SGB V die Pflicht für Krankenkassen und die Träger der Unfallversicherung, bei der Umsetzung der Prävention arbeitsbedingter Gesundheitsgefahren regionale Arbeitsgemeinschaften zu bilden (vgl. Faller/Faber, 2012: 49). Für die Leistungen der Primärprävention und der betrieblichen Gesundheitsförderung (BGF) aus §§ 20, 20a und 20b SGB V haben die Krankenkassen pro Versicherten und pro Jahr ein Ausgabevolumen von 2,74 Euro (vgl. § 20 Abs. 2 SGB V). Allerdings wird im Gesetz nicht geregelt, wie sich die Mittel zwischen den Bereichen aufteilen sollen (vgl. GKV-Spitzenverband, 2008: 7).

SGB VII. Neben der Krankenkasse ist auch die gesetzliche Unfallversicherung (GUV) mit ihren Vorschriften im SGB VII im Bereich der Sicherheit und Gesundheit der Beschäftigten im Betrieb bedeutsam. Das SGB VII trat 1997 in Kraft und ersetzte die Vorschriften des Dritten Buchs der Reichsversicherungsordnung (vgl. Nguyen/Romeike, 2013: 362). Im SGB VII werden Regelungen zur Verhütung, Entschädigung und Rehabilitation der Versicherten sowie der Haftung dargestellt (vgl. Bundesministerium für Arbeit und Soziales o.J., o.S.). Die Träger der GUV haben laut § 1 SGB VII die Aufgabe, Arbeitsunfälle, Berufskrankheiten und arbeitsbedingte Gesundheitsgefahren zu verhindern, wenn diese allerdings trotzdem eintreten, müssen Aufgaben der Widerherstellung erfüllt werden, um die Leistungsfähigkeit des Versicherten aufzubauen. Zusätzlich werden Entschädigungen an den Versicherten oder die Angehörigen gezahlt. Somit umfasst die Aufgabe der GUV die Prävention sowie Rehabilitation und Entschädigung des Versicherten (vgl. Faller/Faber, 2012: 46f.).

Im Rahmen der Prävention wird in § 14 Abs. 1 SGB VII geregelt, dass die Unfallversicherungsträger „mit allen geeigneten Mitteln für die Verhütung von Arbeitsunfällen, Berufskrankheiten und arbeitsbedingten Gesundheitsgefahren und für eine wirksame Erste Hilfe zu sorgen" haben (§ 14 Abs. 1 SGB VII). Außerdem ist in diesem Paragraphen festgelegt, dass seitens der gesetzlichen Unfallversicherung (GUV) den Ursachen der arbeitsbedingten Gesundheits- und Krankheitsgefahren nachgegangen werden muss. Mit dem Auftrag zur Prävention ist in Absatz 2 eine Verpflichtung zur Kooperation mit den Krankenkassen angesetzt, die dem Ansatz der Verpflichtung der Krankenkassen zur Zusammenarbeit aus § 20b Abs. 2 SGB V entspricht. In der Abgrenzung der Bereiche der Verhütung von arbeitsbedingten Gesundheitsgefahren aus SGB VII und der Maßnahmen zur betrieblichen Gesundheitsförderung nach SGB V stellt sich in der Praxis eine Differenzierung oft als schwierig dar. So ist es hier nach Faller und Faber (2012) enorm wichtig, die Koordination und Zusammenarbeit der Parteien zu gestalten. Hierbei bietet § 20b Abs. 2 SGB V mit der Forderung der Bildung regionaler Arbeitsgemeinschaften eine Chance (ebd.: 47). Unfallversicherungsträger können nach § 15 SGB VII Unfallverhütungsvorschriften über Maßnahmen der Prävention erlassen, wie zum Beispiel nach Nr. 5, zur „Sicherstellung einer wirksamen Ersten Hilfe durch den Unternehmer" (§ 15 Nr. 5 SGB VII). Diese Vorschriften sind für die Träger der GUV sowie die Versicherten und Unternehmen Rechtsnormen, die zwingend zu befolgen sind (vgl. Faller/Faber, 2012: 47). In Betrieben, die regelmäßig mehr als 20 Mitarbeiter haben, muss der Unternehmer einen Sicherheitsbeauftragten bestellen, der bei der Durchführung von Maßnahmen zum Arbeitsschutz unterstützt und auf Unfall- und Gesundheitsgefahren der Beschäftigten hinweist (vgl. § 22 SGB VII).

SGB IX. Einen weiteren Schub im betrieblichen Gesundheitsmanagement (BGM) brachte 2004 die Regelung zum betrieblichen Eingliederungsmanagement (BEM). Seitdem sind Arbeitgeber in § 84 Abs. 2 SGB IX dazu verpflichtet, Mitarbeitern, die in einem Jahr länger als 6 Wochen erkrankt sind, BEM anzubieten. In § 84 ist festgelegt, dass „der Arbeitgeber mit der zuständigen Interessenvertretung [...] und Beteiligung der betroffenen Person die Möglichkeiten, wie die Arbeitsunfähigkeit möglichst überwunden werden und mit welchen Leistungen oder Hilfen erneuter Arbeitsunfähigkeit vorgebeugt und der Arbeitsplatz erhalten werden kann" abklärt (§ 84 Abs. 2 SGB VII). Wie so eine Klärung ablaufen soll, wird in dem Paragraphen nicht benannt. Jeder Betrieb soll hier seine eigene individuelle Lösung finden (vgl. Bundesministerium für Arbeit und Soziales, 2013, o.S.). Die zuständige Interessenvertretung der Beschäftigten ergibt sich aus § 93 SGB IX, dazu zählen beispielsweise Betriebs- und Personalrat, die darauf achten sollen, dass der Arbeitgeber seinen Verpflichtungen aus den entsprechenden Paragraphen nachkommt. Zusätzlich zählt auch die Schwerbehindertenvertretung zur Interessenvertretung. Falls notwendig, soll in das BEM der Werks- oder Betriebsarzt einbezogen werden (vgl. § 84 Abs. 2 SGB VII). Wenn im Rahmen des BEM „Leistungen zur Teilhabe oder begleitende Hilfen im Arbeitsleben" (§ 84 Abs. 2 SGB IX) erwogen werden, hat der Arbeitgeber die örtlichen gemeinsamen Servicestellen oder – bei Beschäftigten, die schwerbehindert sind – das Integrationsamt heranzuziehen.

Unternehmen können bei einem integrierten BEM Förderungen durch Prämien oder Boni seitens der Rehabilitationsträger und Integrationsämter erhalten (vgl. § 84 Abs. 3 SGB IX).

Das Ziel des BEM besteht darin, die Beschäftigten im Falle gesundheitlicher Beeinträchtigungen bei der Überwindung der Arbeitsunfähigkeit zu helfen sowie dem Eintreten wiederholter Arbeitsunfähigkeit vorzubeugen und einen Erwerbsausfall zu vermeiden (vgl. brlv, o.J.: 1). Mit einem erfolgreichen BEM werden die Sozialkassen entlastet und der Arbeitgeber kann Personalkosten sparen und krankheitsbedingtes Ausscheiden verhindern. Für den Beschäftigten bietet BEM die Möglichkeit, sich vor Arbeitslosigkeit zu schützen. Allerdings beruht die Teilnahme des Beschäftigten auf freiwilliger Basis (vgl. Bundesministerium für Arbeit und Soziales, 2013, o.S.).

9.7.2.2
Richtlinien und Empfehlungen

Ottawa-Charta

Die Ottawa-Charta entstand 1986 bei der ersten internationalen Konferenz der WHO zum Thema der Gesundheitsförderung. In der Charta wurde erstmalig „die Entwicklung einer gesundheitsfördernden Gesamtpolitik in allen Lebensbereichen der Menschen gefordert" (vgl. Deutsches Netz Gesundheitsfördernder Krankenhäuser und Gesundheitseinrichtungen e. V., o. J., o. S.). Die bis dahin entwickelten Konzepte zur Gesundheitsförderung wurden als Handlungsauftrag zusammengefasst, um das Ziel „Gesundheit für alle bis zum Jahr 2000" zu erreichen. Die Charta entwickelte sich zum Schlüsseldokument und Leitfaden für die weiteren Entwicklungen in der Gesundheitsförderung (vgl. Kaba-Schönstein, 2006: 82f.), vor allem, da sie neben den Krankheitsrisiken (Pathogenese), die meistens im Vordergrund standen, auch die Gesundheitsfaktoren (Salutogenese) betrachtet. Somit wird nicht nur die Frage gestellt, was krank macht, sondern auch, was gesund hält (vgl. Wittig-Goetz, 2008: 2f.) (s. a. Kap. 9.7.1.4). Dieses Konzept der Charta hat sich in den folgenden Jahren durch die anschließenden Konferenzen stetig weiterentwickelt (vgl. Kaba-Schönstein, 2006: 82f.).

In dem Konzept der Ottawa-Charta besteht das Ziel der **Gesundheitsförderung** darin, „allen Menschen ein höheres Maß an Selbstbestimmung über ihre Gesundheit zu ermöglichen und sie damit zur Stärkung ihrer Gesundheit zu befähigen" (WHO, 1986: 1). Damit jeder Mensch die Chance erhält, sein Wohlbefinden zu erhalten, ist es nach der Charta notwendig, dass sich einzelne Personen oder Gruppen ihre Bedürfnisse, Wünsche und Hoffnungen erfüllen und darüber hinaus ihre Umwelt gestalten können. Gesundheit soll als ein zentraler Bestandteil des Lebens und nicht als Lebensziel verstanden werden. Es wird hier den sozialen und individuellen Ressourcen die gleiche Wichtigkeit für die Gesundheit zugetragen, wie den körperlichen Fähigkeiten (vgl. WHO, 1986: 1).

Von der Charta werden dazu drei **Grundprinzipien** beschrieben, die dabei beachtet werden sollen. Die Prinzipien sind, die „Interessen vertreten", „Befähigen und Ermöglichen" sowie „Vermitteln und Vernetzen":

- *Interessen vertreten:* In diesem Bereich gilt für die persönliche Entwicklung und Lebensqualität ein guter Gesundheitszustand als wesentliche Bedingung. Verschiedene Faktoren aus Umwelt, Verhalten, Kultur und Politik tragen zu dem Gesundheitszustand bei. Diese können ihn fördern, aber auch schädigen. Gesundheitsförderung soll darauf abzielen, diese Faktoren so zu beeinflussen, dass sie die Gesundheit unterstützen, statt ihr zu schaden.

- *Befähigen und Ermöglichen:* Es beschreibt, dass gesundheitsförderndes Handeln Chancengleichheit beinhaltet und soziale Unterschiede bezüglich des Gesundheitszustands reduziert. Allen Menschen wird die gleiche Möglichkeit gegeben, ihre Gesundheitspotenziale optimal zu nutzen. Dies beinhaltet Zugang zu Informationen, Entwicklung von Fähigkeiten sowie die Möglichkeit, selbst Entscheidungen über die eigene Gesundheit zu treffen. Besonders wichtig ist, dass Menschen die Gesundheitsfaktoren erkennen, denn nur, wenn auf die Faktoren, die Einfluss auf die Gesundheit haben, auch Einfluss genommen werden kann, können Gesundheitspotenziale entstehen (vgl. WHO, 1986: 2).

- *Vernetzen und Vermitteln:* Dieser Bereich besagt, dass Gesundheitsförderung Menschen aus allen Lebensbereichen einbeziehen soll und verlangt daher ein Zusammenarbeiten der Verantwortlichen. Die Charta sieht die Verantwortlichen in Regierungen, Gesundheits-, Sozial- und Wirtschaftssektoren, Verbänden, Initiativen, lokalen Institutionen, Industrie und Medien (vgl. WHO, 1986: 1).

Den Kern der Charta bilden die **Handlungsstrategien** der gesundheitsfördernden Politik, die sich aus den folgenden Punkten ergeben (vgl. WHO, 1986: 3 ff.):
1. eine gesundheitsfördernde Gesamtpolitik entwickeln
2. gesundheitsförderliche Lebenswelten schaffen

3. gesundheitsbezogene Gemeinschaftsaktionen unterstützen
4. persönliche Kompetenzen entwickeln
5. die Gesundheitsdienste neu orientieren.

In der zweiten Handlungsstrategie zur Schaffung von gesundheitsförderlichen Lebenswelten wird gesondert auf die Gesundheitsförderung in der Arbeitswelt eigegangen, denn nach der Charta haben auch die Arbeitsbedingungen einen enormen Einfluss auf die Gesundheit. In der Charta wird an einigen Stellen zur Gesundheitsförderung der Arbeit und Arbeitsbedingungen aufgefordert (vgl. Singer, 2010: 27):

> „Die Art und Weise, wie eine Gesellschaft die Arbeit, die Arbeitsbedingungen und die Freizeit organisiert, sollte eine Quelle der Gesundheit und nicht der Krankheit sein. Gesundheitsförderung schafft sichere, anregende, befriedigende und angenehme Arbeits- und Lebensbedingungen." (WHO, 1986: 3)

Durch die mehrmals auftretenden Hinweise, dass die Gesundheitsförderung auch in der Arbeitswelt wichtig ist, kann die Ottawa-Charta als eine Quelle der betrieblichen Gesundheitsförderung bezeichnet werden (vgl. Singer, 2010: 27). Zusätzlich hat die Ottawa-Charta die **Bedeutung des Setting-Ansatzes** herausgebildet. In der Ottawa-Charta wird dazu definiert:

> "Health is created and lived by people within the settings of their everyday life; where they learn, work, play and love." (WHO, 1986: 4)

Der Setting-Ansatz legt somit seinen Fokus auf die gesundheitsförderliche Gestaltung von Lebensbereichen (s. a. Kap. 9.7.1.4). Die Grundidee des Konzepts der Ottawa-Charta ist es, die Bevölkerung dahingehend zu befähigen, mit ihrer Gesundheit eigenverantwortlich umzugehen und eine gesundheitsförderliche Gestaltung der Umwelt in Lebens- und Arbeitswelt zu bewirken. Die kurz nach der Charte folgenden Versuche, die Idee der betrieblichen Gesundheitsförderung in Unternehmen umzusetzen, zeigte die große Bedeutung dieses Konzepts. Außerdem wurde dabei die große Heterogenität von Planung und Vorgehensweisen zur Umsetzung sichtbar (vgl. Badura et al., 1999: 15).

Luxemburger Deklaration
Neben der Weltgesundheitsorganisation (WHO) gilt auch die Europäische Union (EU) als wichtiger Akteur im Bereich der Gesundheitsförderung. Die Luxemburger Deklaration wurde 1997 in Luxemburg verabschiedet und im Jahre 2005 aktualisiert. Sie ist eine Erklärung für betriebliche Gesundheitsförderung (BGF) der Mitglieder des **Europäischen Netzwerks für die betriebliche Gesundheitsförderung (ENWHP)**. Im Rahmen eines Gemeinschaftsprogramms der Europäischen Union zur Gesundheitsförderung, -aufklärung und -erziehung entwickelte sich, auf Initiative der Europäischen Kommission, das ENWHP (vgl. BKK Bundesverband, 2003: 2). Anregung für die Aktivitäten des ENWHP waren vorwiegend die Neuorientierung des Arbeitsschutzgesetzes und die wachsende Bedeutung der Gesundheit am Arbeitsplatz (vgl. Singer, 2010: 31). In der Deklaration wird vom ENWHP wiederholt die Wichtigkeit gesunder, qualifizierter und motivierter Mitarbeiter für den Unternehmenserfolg verdeutlicht (vgl. ENWHP, 2007: 2). Die EU unterstützt diese Initiative, da auch sie ein Interesse an gesunden Mitarbeitern in Unternehmen hat. Des Weiteren befindet sich der Ansatz im Einklang mit dem „Aktionsprogramm der Europäischen Gemeinschaft im Bereich der öffentlichen Gesundheit (2003–2008)" und mit Artikel 129 (Art. 152 nach der Umnummerierung) des EG-Vertrags, in dem es heißt:

> „Die Tätigkeit der Gemeinschaft ergänzt die Politik der Mitgliedstaaten und ist auf die Verbesserung der Gesundheit der Bevölkerung, die Verhütung von Humankrankheiten und die Beseitigung von Ursachen für die Gefährdung der menschlichen Gesundheit gerichtet. Sie umfasst die Bekämpfung der weitverbreiteten schweren Krankheiten; dabei werden die Erforschung der Ursachen, der Übertragung und der Verhütung dieser Krankheiten sowie die Gesundheitsinformation und -erziehung gefördert." (EG-Vertrag, Art. 152 Abs. 1)

Die betriebliche Gesundheitsförderung (BGF) wird in der Deklaration als eine gemeinsame Aufgabe von Arbeitnehmern, Beschäftigten und Gesellschaft gesehen, um das Ziel einer Verbesserung der Gesundheit am Arbeitsplatz zu erreichen. Erreicht werden soll dies durch die Kombination von bestimmten Ansätzen. Diese umfassen die „Verbesserung der Arbeitsorganisation und der Arbeitsbedingungen" und die „Förderung einer aktiven Mitarbeiterbeteiligung" sowie die „Stärkung von persönlichen Kompetenzen" (vgl. ENWHP, 2007: 2). Darüber hinaus wurden BGF-Leitlinien herausgegeben. Nach der Deklaration kann der Ansatz „Gesunde Mitarbeiter in gesunden Unternehmen" umgesetzt werden, wenn Unternehmen die Leitlinien beachten. Diese beinhalten (vgl. ENWHP, 2007: 4f.):

1. Einbeziehen der gesamten Belegschaft (Partizipation)
2. Berücksichtigung der BGF bei allen wichtigen Entscheidungen und in allen Bereichen des Unternehmens (Integration)
3. systematische Maßnahmen und Programme (Projektmanagement)
4. Einbeziehung von verhaltens- und verhältnisorientierten Maßnahmen in die BGF (Ganzheitlichkeit)

Es besteht auch das Ziel, auf der Grundlage des Erfahrungs- und Informationsaustauschs innerhalb des Netzwerks vorbildliche Praxisbeispiele der BGF zu erkennen und weiterzuverbreiten. Mitglieder des Netzwerks übernehmen die Ziele der Luxemburger Deklaration als ein Element in ihre Unternehmensleitlinien. Mit dieser Einbindung sollen die Ansätze und Leitlinien der Deklaration fester Bestandteil der Unternehmenskultur werden (vgl. Luxemburger Deklaration, o. J., o. S.).

Leitfaden GKV-Spitzenverband

Für Krankenkassen werden in dem „Leitfaden Prävention" des GKV-Spitzenverbandes, der in Zusammenarbeit mit den Verbänden der Krankenkassen auf Bundesebene erstellt wurde, Handlungsfelder und Kriterien der Leistungen der Primärprävention und der betrieblichen Gesundheitsförderung (BGF) festgelegt, die für die Krankenkassen gelten. Maßnahmen, die nicht in dem Leitfaden abgebildet sind, dürfen von den Krankenkassen im Bereich der §§ 20 u. 20a SGB V weder erbracht noch gefördert werden (vgl. GKV-Spitzenverband, o. J., o. S.).

Von den Krankenkassen wird in § 20 Abs. 1 SGB V verlangt, dass sie ihre Leistungen zur primären Prävention besonders zur Verminderung von sozial bedingten Ungleichheiten der Gesundheitschancen einsetzen. Dadurch müssen allen Versicherten Leistungen zur Primärprävention bereitgestellt werden und es muss speziell eine Verbindung zu sozial benachteiligten Gruppen gefördert werden. Für die Umsetzung von Prävention und Gesundheitsförderung werden in dem Leitfaden zwei Ansätze beschrieben, die speziell Personen mit sozial bedingten ungünstigeren Gesundheitschancen erreichen soll. Dazu zählen der Setting-Ansatz und der individuelle Ansatz (s. a. Kap. 9.7.1.4) (vgl. GKV-Spitzenverband, 2010: 11). Mit dem **Setting-Ansatz**, der durch die WHO hervorgerufen wurde, werden Maßnahmen der Primärprävention sowie der Gesundheitsförderung auf Lebensräume angewandt. Bei der Gesundheitsförderung im Setting besteht das Ziel, „unter aktiver Beteiligung der Betroffenen (Partizipation) die jeweiligen Gesundheitspotenziale und -risiken im Lebensbereich zu ermitteln und einen Prozess geplanter organisatorischer Veränderungen anzuregen und zu unterstützen" (GKV-Spitzenverband, 2010: 12). Anhand der Prozesse soll die jeweilige gesundheitliche Situation der Betroffenen verbessert werden. In dem Leitfaden wird erwähnt, dass für die Integrierung der Gesundheit als Organisationsprinzip in ein Setting alle Akteure und Träger ihre Kompetenzen, finanziellen und personellen Ressourcen dafür bündeln müssen. Zusätzlich sollten auch die persönlichen Handlungsfähigkeiten der Personen gestärkt werden, damit jeder Einzelne zu einem gesundheitsfördernden Verhalten motiviert und befähigt wird. Eine Förderung von Seiten der Krankenkassen kommt nach dem Katalog nur infrage, wenn auch der Träger der Einrichtung (Setting-Träger) einen Anteil an Eigenmitteln in die Maßnahmen einfließen lässt und die Verantwortlichen des Settings an Qualitätssicherungsmaßnahmen teilnehmen (vgl. GKV-Spitzenverband, 2010: 12f.). Die Prävention im **individuellen Ansatz** hat einige Voraussetzungen, die nach dem Katalog gegeben sein müssen. So muss für die individuellen Präventionsmaßnahmen die Wirksamkeit in einer Studie nachgewiesen sein. Des Weiteren ist ein Ziel zu bestimmen, das sich standardisieren und bestimmen lässt. Anhand einer Zielbestimmung können dann Veränderungen gemessen werden und es kann überprüft werden, inwieweit sich eine gesundheitsfördernde Verhaltensweise entwickelt hat (vgl. GKV-Spitzenverband, 2010: 14f.). Präventionsangebote sind danach auszurichten, welche Zielgruppe angesprochen werden soll. Zielgruppen können sich einerseits aus sozialen Indikatoren, wie Einkommen, Bildung und Beruf, oder andererseits aus soziodemografischen Faktoren ergeben, zu denen Alter, Geschlecht und Familienstand zählen. Es wird im Leitfaden hervorgehoben, dass Maßnahmen zur Prävention an Zielgruppen gerichtet werden sollen. Um einige Zielgruppen zu erreichen, ist der Setting-Ansatz dem individuellen Ansatz vorzuziehen. Dies ist beispielsweise bei Kindern und Jugendlichen aus sozial benachteiligten Familien der Fall. Der Setting-Ansatz hat hier den Vorteil, Personen, und besonders sozial benachteiligte, besser erreichen zu können, da der individuelle Ansatz zu dieser Personen nur schwer einen Zugang herstellen kann (vgl. GKV-Spitzenverband, 2010: 11ff.).

Maßnahmen nach § 20 Abs. 1 SGB V, also der Primärprävention, können im Setting-Ansatz finanziell von Krankenkassen oder durch ihre Fachkräfte, wie zum Beispiel durch Beratungen oder Projektmanagement, unterstützt werden. Dies beinhaltet aber nur bestimmte Bereiche, zu denen unter anderem die Bedarfserhebung, Umsetzung von verhaltenspräventiven Maßnahmen, Fortbildung und Qualitätssicherung zählen. Diese Maßnahmen müssen außerdem bestimmte „Förderkriterien" erfüllen, die im Katalog aufgelistet sind. So muss zum Beispiel ein Bedarf für die Aktivitäten sichtbar sein und die Maßnahmen der gesundheitsfördernden Gestaltung müssen sich insbesondere an eine Zielgruppe richten, die eine benachteiligte Gruppe darstellt. Welche Schritte in der Planung und Durchführung von Maßnahmen im Setting-Ansatz erfolgen sollen, wird ebenfalls im Katalog vorgegeben (vgl. GKV-Spitzenverband, 2010: 23f.).

Maßnahmen der betrieblichen Gesundheitsförderung nach § 20a SGB V werden in einem Setting durch den Leitfaden an bestimmte Voraussetzungen geknüpft, die Anforderungen an Anbieter, Krankenkassen und Betriebe stellen. Anbieter von Maßnahmen der betrieblichen Gesundheitsförderung (BGF) müssen eine „angemessene Qualifikation" haben und für ihre Angebote einen Qualifikationsnachweis erbringen, der dem Maßstab des Leitfadens entspricht. Das heißt, es müssen Aussagen zur Indikation, Qualitätssicherung, Wirksamkeit, Dokumentation und Evaluation gemacht werden. Krankenkassen haben die Anforderung, Maßnahmen nur bei tatsächlichem Bedarf des Unternehmens durchzuführen. Der Bedarf wird anhand der Risikofaktoren und Gesundheitspotenziale der Mitarbeiter ermittelt, was durch Instrumente, wie zum Beispiel Gefährdungsbeurteilung, arbeitsmedizinische Untersuchungen oder Befragungen der Beschäftigten, erfolgt. Ist der Bedarf ermittelt, müssen die Krankenkassen mit dem Betrieb und dem zuständigen Unfallversicherungsträger ein Konzept für die Zielgruppe entwickeln. Solch ein Konzept sollte auf eine längere Sicht angelegt werden und Verhaltens- und Verhältnismaßnahmen beinhalten. Damit Erkenntnisse für zukünftige weitere Maßnahmen gewonnen werden können, sollten die Maßnahmen dokumentiert und evaluiert werden (vgl. GKV-Spitzenverband, 2010: 61f.). Auch für die betriebliche Gesundheitsförderung werden Anforderungen an die Betriebe gestellt. Zwar wurden bereits in der Luxemburger Deklaration des European Network for Workplace Health Promotion (ENWHP) Voraussetzungen für diese Anforderungen beschrieben, jedoch erstellte das ENWHP auf dieser Grundlage einen Kriterienkatalog, der die Voraussetzungen der Unternehmen für die betriebliche Gesundheitsförderung (BGF) darstellt. In die Erstellung wurde auch das Modell der European Foundation for Quality Management (EFQM) einbezogen, um Qualitätskriterien einzubeziehen, was zusätzlich „ein umfassendes Bild der Qualität betrieblicher Gesundheitsförderungsmaßnah-

men in den Betrieben ermöglicht" (GKV-Spitzenverband, 2010: 62). Die Anforderungen an Betriebe sind sechs Punkten zugeteilt, in denen die Voraussetzungen erklärt werden. Sie umfassen:
- betriebliche Gesundheitsförderung und Unternehmenspolitik
- Personalwesen und Arbeitsorganisation
- Planung betrieblicher Gesundheitsförderung
- soziale Verantwortung
- Umsetzung betrieblicher Gesundheitsförderung und
- Ergebnisse betrieblicher Gesundheitsförderung (vgl. GKV-Spitzenverband, 2010: 62f.).

9.7.2.3
Zertifizierungen

Social Capital and Occupational Health Standard
Der „Social Capital and Occupational Health Standard" (SCOHS) legt die Mindestanforderungen fest, die ein Unternehmen erfüllen muss, um ein betriebliches Gesundheitsmanagement (BGM) systematisch zu entwickeln, im Unternehmen zu implementieren und kontinuierlichen zu verbessern (vgl. SCOHS, 2010a: 2). Der SCOHS kann von allen Unternehmen angewendet werden. Dies ist unabhängig von der Branche, der Größe, dem Produkt oder der angebotenen Dienstleistung (vgl. SCOHS, 2010a: 8). Es kann eine Zertifizierung des gesamten Unternehmens, einzelner seiner Standorte sowie abgeschlossener Einheiten des Unternehmens erfolgen (vgl. SCOHS, 2010b, o.S.).

Der SCOHS kann an andere Managementsysteme eines Unternehmens angeschlossen werden, da er sich an bekannte Bewertungsverfahren, wie zum Beispiel EFQM und ISO 9001, anlehnt (vgl. SCOHS, 2010a: 9). Das Vorgehen erfolgt von der Analyse über die Audits bis zu der Zertifizierung. Dieser Ablauf entspricht allen Standards zur Optimierung betrieblicher Prozesse (vgl. SCOHS, o.J., o.S.). Es erfolgt zu Beginn eine Bestandsaufnahme über eine Einstiegsanalyse und einen ersten Abgleich mit den SCOHS. Danach wird eine Zieldefinition mit strategischen Grundsatzentscheidungen erstellt. Eine Prioritätensetzung mit der Entwicklung, Durchführung und Evaluation von Projekten sowie die Vorbereitung für SCOHS und interne Audits führen am Ende zu einer Zertifizierung (vgl. SCOHS, o.J., o.S.). Das Augenmerk im Zertifizierungsprozess liegt auf dem Plan-Do-Check-Act-Zyklus. Das wiederholte Durchlaufen dieses Lernzyklus aus Diagnose, Planung, Intervention und Evaluation gewährleistet die Prozessorientierung und die kontinuierliche Verbesserung (vgl. SCOHS, 2010a: 7).

Diese Zertifizierung erfolgt über drei Zertifikatsstufen, die den Einstieg in die Zertifizierung erleichtern sollen.

Die *1. Stufe (Silber)* setzt voraus, dass...
- ... ein betriebliches Gesundheitsmanagement (BGM) besteht.
- ... eine Organisationsdiagnostik erfolgt ist.
- ... ein Controlling entwickelt und ein qualifizierter BGM-Beauftragter benannt wurde.
- ... ein Qualifizierungsplan der Fach- und Führungskräfte vorliegt.
- ... ein regelmäßiges Berichtswesen existiert.

Die *2. Stufe (Gold)* baut auf die Voraussetzungen der 1. Stufe auf:
- Die geplanten BGM-Projekte müssen durchgeführt worden sein und Ergebnisse vorliegen.
- Der Qualifizierungsplan muss umgesetzt sein.
- Das Berichtswesen weiterentwickelt und angepasst worden sein.
- Ein kontinuierlicher Verbesserungsprozess muss dauerhaft implementiert worden sein.

Die Voraussetzungen der *3. Stufe (Platin)* sind erfüllt, wenn weiterhin...
- ... ein Wirksamkeitsnachweis vorliegt.
- ... die Integration von Gesundheit in andere Managementsysteme erfolgt ist.
- ... der KVP des Gesamtsystems nachgewiesen wurde.
- ... ein integriertes Berichtswesen sowie ein Kennzahlensystem vorliegen (vgl. SCOHS, 2010b, o.S.).

DIN SPEC 91020

Die DIN SPEC 91020 „Betriebliches Gesundheitsmanagement" wurde im Juli 2012 von der B·A·D Gesundheitsvorsorge und Sicherheitstechnik GmbH und dem DIN Deutsches Institut für Normung e. V. in Berlin veröffentlicht, um eine Hilfestellung bei dem Aufbau und der Einführung eines BGM-Systems zu geben (vgl. DIN, 2012, o.S.). Prof. Bernd Siegmund, Vorsitzender der Geschäftsführung B·A·D GmbH erläutert dazu: „Der Erfolg bei der Einführung und Umsetzung des BGM kann nur gewährleistet werden, wenn dafür bestimmte Rahmenbedingungen, Strukturen und Prozesse im Unternehmen geschaffen werden. Die neue Spezifikation legt diese Anforderungen an ein BGM-System fest" (DIN, 2012, o.S.).

Die Grundlage für eine Standardisierung des BGM wurde bereits durch den SCOHS gelegt. Die DIN SPEC 91020 ist in Anlehnung an diesen Standard sowie den Kriterienkatalog des TÜV Nord und den Entwurf der Deutschen Gesellschaft zur Zertifizierung von Managementsystemen (DQS) entstanden (vgl. Kaminski, 2013: 36). Die Norm deckt sich mit Sozialgesetzen und anderen Regelwerken. Die Einhaltung der in der Norm aufgeführten Anforderungen ist teilweise verpflichtend und teilweise freiwillig (vgl. Kaminski, 2013: 38). Entsprechend dem SCOHS können auch bei der DIN SPEC 91020 die Anordnungen von allen Unternehmen angewendet werden (vgl. Kaminski, 2013: 57).

In Abbildung 9.7-2 wird der Planungsprozess im betrieblichen Gesundheitsmanagement mit den zugehörigen Verweisen auf die DIN SPEC 91020 dargestellt.

Die folgenden Ausführungen beziehen sich auf die Kapitel der DIN SPEC 91020, wie sie ent-

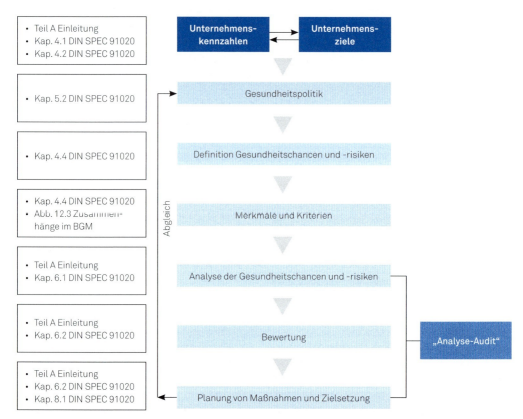

Abbildung 9.7-2: Planungsprozess im betrieblichen Gesundheitsmanagement (Quelle: Kaminski, 2013: 93, with permission of Springer)

sprechend Abbildung 9.7-2 bestimmten Bereichen des Planungsprozesses zugeteilt sind. In Kapitel 4.1 „Umfeld der Organisation verstehen" und Kapitel 4.2 „Erfordernisse und Erwartungen der interessierten Parteien verstehen" fordert die DIN SPEC 91020, dass sich Unternehmen ständig verbessern müssen und für Prozesse und Arbeitsplätze Anforderungsprofile sowie für jeden Mitarbeiter ein Qualifikationsprofil erstellt werden (vgl. Kaminski, 2013: 70f.). Dies sind entsprechend Abbildung 9.7-2 wichtige Angaben für Unternehmenskennzahlen und Unternehmensziele. Die Gesundheitspolitik wird in Kapitel 5.2 „Betriebliche Gesundheitspolitik" der Norm behandelt. Es wird erläutert, dass die oberste Leitung die Verantwortung trägt, dass die betriebliche Gesundheitspolitik ein Bestandteil der Unternehmenspolitik ist (vgl. Kaminski, 2013: 86). Kapitel 4.4 „Betriebliches Gesundheitsmanagementsystem" führt auf, dass das Unternehmen ein betriebliches Gesundheitsmanagementsystem aufbauen, dokumentieren, verwirklichen, aufrechterhalten und dessen Wirksamkeit ständig überprüfen muss. Dies orientiert sich, wie beim SCOHS, am PDCA-Zyklus und wird im Bereich Definition, Gesundheitschancen und -risiken sowie Merkmale und Kriterien angewendet (vgl. Kaminski, 2013: 73). Die Analyse der Gesundheitschancen und -risiken wird in Kapitel 6.1 „Ermittlung und Bewertung von Gesundheitschancen und -risiken" behandelt. Dazu muss ein Verfahren zur Ermittlung und Bewertung vom Unternehmen bestimmt werden, in dem Aspekte wie zum Beispiel Absentismus, Präsentismus und Burnout aufgeführt werden (vgl. Kaminski, 2013: 92). Für eine Bewertung ist Kapitel 6.2 „Betriebliche Gesundheitsziele und Planung der Zielerreichung" von Bedeutung. In der DIN SPEC 91020 ist die Analyse der Gesundheitschancen und -risiken für die Ableitung der Ziele und Maßnahmen für alle Funktionsbereiche, Ebenen und Prozesse maßgebend. Die abgeleiteten Maßnahmen sollen in einem Maßnahmenkatalog gesammelt und verfolgt werden (vgl. Kaminski, 2013: 105). Die Planung von Maßnahmen und Zielsetzung soll entsprechend der Kapitel 6.2 „Betriebliche Gesundheitsziele und Planung der Zielerreichung" und 8.1 „Betriebliche Planung und Prüfung" der Norm durchgeführt werden. Demnach sollen gemäß Kapitel 4.4 „Betriebliches Gesundheitsmanagementsystem" die Maßnahmen und Prozesse entwickelt und dokumentiert werden, die für die Planung und Steuerung der Zielerreichung nach Kapitel 6.2 „Betriebliche Gesundheitsziele und Planung der Zielerreichung" notwendig sind (vgl. Kaminski, 2013: 117). Die Normung wird mit dem Ziel der Standardisierungsarbeit eingesetzt und kann als Basis für eine anerkannte Zertifizierung dienen (vgl. DIN, 2012, o.S.).

9.7.3
Bedeutung des betrieblichen Gesundheitsmanagements

9.7.3.1
Ziele

Neben dem Ziel, eine betriebliche Gesundheitspolitik zu realisieren, wie es in Kapitel 9.7.1.2 beschrieben wird, hat das betriebliche Gesundheitsmanagement (BGM) laut Badura noch vier weitere Ziele:

1. die „Senkung von Fehlzeiten" der Mitarbeiter und demzufolge die Senkung von Kosten
2. die „Motivation und Bindung" der Mitarbeiter, da bei einer Senkung von Fehlzeiten nur die Verfügbarkeit beeinflusst wird, jedoch nicht, wie motiviert und qualifiziert die Arbeit letztlich geleistet wird
3. die „Flexibilität und Kreativität" der Arbeit, das heißt inwieweit das, was getan wird, verbessert werden kann
4. das „Erkennen und Verhindern" von Ursachen, die zu chronischen Erkrankungen führen sowie bei einer Erkrankung die Unterstützung bei der Wiedereingliederung und Rehabilitation (vgl. Badura et al., 1999: 34f.).

Kaminski geht allerdings auf ein oberstes Ziel ein, was von ihm als das Erreichen der „Win-win-Situation" benannt wird. Dazu zählen auf der einen Seite gesunde Mitarbeiter und auf der anderen Seite die Steigerung der Profitabilität des Unternehmens (vgl. Kaminski, 2013: 29).

9.7.3.2
Voraussetzungen

Generell muss sich jedes Unternehmen seine eigenen Rahmenbedingungen für den Aufbau eines betrieblichen Gesundheitsmanagements (BGM) setzen. Einige Voraussetzungen, die für Unternehmen gelten können, wurden bereits in der Luxemburger Deklaration sowie in dem Katalog des GKV-Spitzenverbandes angesprochen. Darüber hinaus lassen sich nach Walter noch zehn Mindeststandards festlegen, die für eine erfolgreiche Umsetzung des BGM erforderlich sind:

1. die „Formulierung einer klaren, inhaltlichen Zielsetzung". BGM benötigt danach eine inhaltlich überprüfbare Zielsetzung, die durch eine Übereinstimmung von Management, Arbeitnehmervertretung, Führungskräften und der beteiligten Experten festgelegt wird. Eine Zielsetzung stellt dabei einen betriebspolitischen Prozess dar. Vor allem unter dem Gesichtspunkt, dass BGM von der Führungsebene überzeugend kommuniziert und ebenso durch das Top-Management unterstützt und vorangetrieben werden muss, ist eine inhaltliche Zielsetzung ein wichtiger Bereich, um die Relevanz des BGM für das Unternehmen darzulegen.
2. der „Abschluss schriftlicher Vereinbarungen" soll dazu dienen, auf der einen Seite BGM verbindlich im Unternehmen festzuhalten und auf der anderen Seite dadurch das Vertrauen der Arbeitnehmer zu erlangen. Dazu zählen schriftliche Vereinbarungen wie Betriebs- oder Dienstvereinbarungen, in denen Grundsätze, Ziele, Zuständigkeiten etc. festgehalten werden.
3. die „Einrichtung eines Lenkungsausschusses". Es wird ein Lenkungsausschuss oder Arbeitskreis gefordert, der für die Einführung und Steuerung des BGM zuständig ist und als treibende Kraft dieses Bereichs angesehen wird. Der Lenkungsausschuss übernimmt Aufgaben, wie das Festlegen von Periodenzielen und die Begleitung von Maßnahmen und Projekten sowie die Bewertung von Strukturen und Ergebnissen im BGM. In diesem Steuerkreis sollten Vertreter der Unternehmensleitung, Betriebs- und Personalrat, Betriebsarzt, Leitung Personalmanagement und bei Bedarf weitere Abteilungen oder externe Experten vertreten sein. Damit diese ihre Arbeit erfolgreich erledigen können, sind Schulungen und Qualifizierungen der Mitglieder eine wichtige Voraussetzung.
4. die „Bereitstellung von Ressourcen" durch das Management. Das umfasst finanzielle sowie zeitliche Ressourcen, die für die Umsetzung von Projekten und Aufgaben des BGM benötigt werden.
5. die „Festlegung personeller Verantwortlichkeiten", in der Verantwortlichkeiten, Kompetenzen und Aufgaben vergeben werden sollen. Für die Ausführung wird hier auch verlangt, dass eine verantwortliche Person eingesetzt wird, die für das Gesundheitsmanagement zuständig ist (vgl. Walter, 2010: 147 ff.) und als „Bindeglied zwischen oberster Führungsebene, Lenkungsausschuss, Projektteams sowie Führungskräften und Mitarbeitern betroffener Unternehmensteile" (Walter, 2010: 152) tätig ist.
6. die „Qualifizierung von Experten und Führungskräften". Um BGM aktiv umzusetzen, müssen die Gesundheitsexperten und Führungskräfte entsprechend qualifiziert werden. Das beinhaltet Bereiche wie Controlling, soziale Kompetenzen, Managementkompetenzen und wissenschaftliche Grundlagen.
7. die „Beteiligung und Befähigung der Beschäftigten". In diesem Punkt sollen die Beschäftigten in die Planung und Umsetzung des BGM integriert und durch Maßnahmen dazu befähigt werden, sich gesundheitsbewusst zu verhalten.
8. die „Betriebliche Gesundheitsberichterstattung", in der Daten und Kennzahlen des BGM dokumentiert und in einem Gesundheitsbericht veröffentlicht werden. Dadurch soll eine Transparenz des Gesamtprozesses geschaffen werden, die als zusätzliche Grundlage für weitere Planungen und Entscheidungen dient.
9. das „Interne Marketing" beschreibt die Notwendigkeit einer internen Kommunikati-

on, zum Beispiel durch Flyer, Betriebszeitschrift oder Gesundheitstage. Mit diesen Maßnahmen sollen die Bekanntheit des BGM erhöht und Mitarbeiter für die Maßnahmen gewonnen werden.

10. die „Durchführung der vier Kernprozesse". Diese vier Kernprozesse setzen sich zusammen aus Diagnose, Planung, Intervention und Evaluation (vgl. Walter, 2010: 152ff.) (Abb. 9.7-3).

In dem ersten Kernprozess, der Diagnose, wird die Gesundheit der Mitarbeiter erfasst. Mit dieser Grundlage können messbare Parameter, wie organisationsbezogene oder personenbezogene Ziele, festgelegt werden. Somit liefert die Diagnose eine Basis, um den Erfolg im Nachhinein zu bewerten. Die Interventionsplanung nutzt die Daten der Diagnose und formuliert die im BGM zu erreichenden Ziele. Des Weiteren plant dieser Bereich, wie die Ziele erreicht werden können. Für die Steuerung und den Ablauf der im vorherigen Bereich geplanten Maßnahmen oder Instrumente ist der Kernprozess „Intervention" zuständig. Um zu überprüfen, ob die gesetzten Ziele erreicht wurden, hat die Evaluation die Aufgabe, die Ergebnisse zu bewerten. Dieser **Zyklus** sollte regelmäßig durchgeführt werden, damit eine stetige Verbesserung des BGM erreicht und der aktuelle Stand überprüft werden kann (vgl. Walter, 2010: 155ff.). Mit der Berücksichtigung der gesamten Punkte soll nach Walter „ein systematisches, ziel- und ergebnisorientiertes Vorgehen im Betrieblichen Gesundheitsmanagement sichergestellt" (Walter, 2010: 147) werden.

9.7.3.3
Instrumente

Für die Einführung und Umsetzung eines betrieblichen Gesundheitsmanagements (BGM) gibt es einige Instrumente, die für eine strukturierte und effiziente Umsetzung genutzt werden können. Dazu gehören die Mitarbeiterbefragung, der Gesundheitszirkel, die Gefährdungsbeurteilung, die Arbeitsplatzbegehung und der Gesundheitsbericht, die nachfolgend kurz erklärt werden.

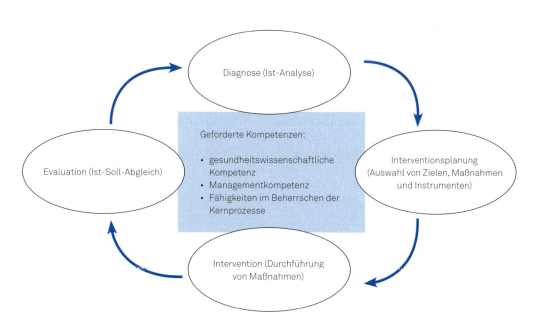

Abbildung 9.7-3: Der Lernzyklus (Quelle: Walter, 2013: 16, mit freundlicher Genehmigung)

Die **Mitarbeiterbefragung** bietet die Möglichkeit einer Bestandsaufnahme des Gesundheitszustands und der Arbeitsbelastungen der Mitarbeiter. Mit der Erfassung können Rückschlüsse auf Arbeitssituationen und Erkrankungen gezogen werden (vgl. Nieder, 2013: 203). Eine Bestandsaufnahme ist besonders am Anfang eines Projekts notwendig, um die bedeutsamen Einflussfaktoren zu erkennen und den Status quo festzuhalten (vgl. Nieder, 2013: 205). Mitarbeiter kennen in der Regel die Gegebenheiten an ihrem Arbeitsplatz besser als externe Berater und können daher oft besser beurteilen, welche Arbeitsprobleme vorhanden sind und wie diese verbessert werden können. Des Weiteren können Mitarbeiterbefragungen dazu dienen, die Mitarbeiter stärker in das BGM einzubeziehen und dadurch eine höhere Akzeptanz des BGM zu erzielen (vgl. Rixgens, 2010: 206). Ein Gesundheitszirkel stellt eine fachlich übergreifende Kleingruppe dar. Dieser Zirkel trifft sich regelmäßig, um gesundheitsschädliche oder -beeinträchtigende Arbeitsbedingungen der Mitarbeiter zu sammeln und Möglichkeiten für eine Beseitigung oder Verringerung zu suchen. Das Ziel ist, eine gesundheitsfördernde Arbeit zu gestalten. Der **Gesundheitszirkel** wird von einem geschulten Moderator geleitet. Es können allerdings verschiedene Gestaltungsalternativen je nach Zielen und Problemlage eines Unternehmens vorkommen (vgl. Schröer/Sochert, 1997: 22 ff.). Die **Gefährdungsbeurteilung**, wie sie in Kapitel 9.7.2.1 beim Arbeitsschutzgesetz beschrieben wird, gilt ebenfalls als ein Instrument des BGM. Mithilfe der Ergebnisse der Gefährdungsbeurteilung lassen sich Maßnahmen des BGM ableiten (vgl. Schleicher, 2010: 213). Bei der **Arbeitsplatzbegehung** werden regelmäßige Rundgänge durchgeführt, bei denen Mängel oder empfohlene Maßnahmen für bestimmte Arbeitsbereiche schriftlich festgehalten werden. Anschließend können weitere Überprüfungen folgen, ob Maßnahmen durchgeführt wurden und sich die Situation verbessert hat (vgl. Brandenburg/Nieder, 2009: 112). Diese Rundgänge erfolgen durch Führungskräfte oder Experten (vgl. Badura et al., 1999: 87). In einem Gesundheitsbericht werden alle Erkenntnisse aus dem BGM jährlich zusammengefasst, um Mitarbeiter und Leitung über dessen Stand zu informieren. Im Bericht werden Maßnahmen hinsichtlich ihrer Wirksamkeit bewertet und die nächsten Schritte und Vorhaben beschrieben (vgl. Spicker/Schopf, 2007: 85).

9.7.3.4
Nutzen

Aus den beschriebenen Zielen wird sichtbar, dass ein betriebliches Gesundheitsmanagement (BGM) nicht nur einen Nutzen für Mitarbeiter hat, sondern auch für die Marke und Wettbewerbsfähigkeit des Unternehmens (vgl. Kaminski, 2013: 29).

Für Unternehmen bedeuten krankheitsbedingte Fehlzeiten auch erhebliche Kosten, da es durch die Fehlzeiten zu Qualitätsverlusten und Produktionsausfällen kommen kann. Außerdem muss der Ausfall des Arbeitnehmers durch andere Mitarbeiter gedeckt werden, was bei diesen zu zusätzlichen Belastungen führt (vgl. Klaffke/Bohlayer, 2014: 138 f.). Das Statistische Bundesamt hat, wie in der Problemstellung aufgegriffen, für das Jahr 2012 die Produktivitätsverluste durch Arbeitsunfähigkeit geschätzt (vgl. BAuA, 2014: 1). Hemp meint im Harvard Business Review:

> "Researchers say that presenteeism – the problem of workers' being on the job but, because of illness or other medical conditions, not fully functioning – can cut individual productivity by one-third or more. In fact, presenteeism appears to be a much costlier problem than its productivity-reducing counterpart, absenteeism." (Hemp, 2004: 49)

Nach dieser Aussage ist nicht nur die krankheitsbedingte Abwesenheit ein Faktor, der beachtet werden muss, sondern auch die Anwesenheit im Job, trotz einer Erkrankung. Bei diesen Erkrankungen handelt es sich vorwiegend um Rückenschmerzen, Allergien, Grippe oder Depressionen. Nach Fissler und Krause (2010) ergibt sich ein Produktivitätsverlust im Präsentismus, der doppelt so hoch geschätzt wird, wie beim Absentismus (ebd.: 411 f.). Dadurch wird deutlich, dass BGM nicht nur das Reduzieren der Fehlzeiten oder des Krankenstands bedeutet, sondern auch eine Investition in Sozial- und Humankapital nach sich zieht. Mit solch einer Investition erhalten Beschäftigte einige Nutzenpotenziale. Diese ergeben sich aus der Minderung von Arbeitsbelastungen, Steigerung des Wohlbefindens und der Arbeitszufriedenheit (vgl. Klaffke/Bohlayer, 2014: 139), Mitgestaltung des Arbeitsplatzes und -ablaufs, Verbesserung des Gesundheitszustands, Nutzung von kostenfreien oder kostengünstigen Gesundheitsmaßnahmen etc. (vgl. Ballach, 2013, o. S.).

Laut Kaminski „liegt der größte Nutzen darin, dass durch die Umsetzung eines Betrieblichen Gesundheitsmanagements mit großer Treffsicherheit eine Steigerung des Wohlbefindens der Mitarbeiter erreicht wird" (Kaminski, 2013: 29). Dadurch engagieren sich die Mitarbeiter während der Arbeit und fühlen sich stärker mit dem Unternehmen verbunden. Mit dieser Motivation können sogenannte Frühindikatoren, wie zum Beispiel Frustration, Demotivation oder Burnout, abgebaut werden. Ein solcher Abbau von gesundheitsbeeinträchtigenden Faktoren führt zu einer Minderung der Fehlzeiten und steigert demzufolge die Produktivität eines Unternehmens. Die Produktivitätssteigerung stellt einen Nutzen des Unternehmens dar. Mit leistungsfähigeren Mitarbeitern kann ein Unternehmen seinen Erfolg steigern (vgl. Kaminski, 2013: 29), wettbewerbsfähig bleiben, sein Image nach außen verbessern, eine stärkere Kundenbindung aufbauen und durch geringere Fehlzeiten Kosten der Lohnfortzahlung und des Ersatzpersonals einsparen (vgl. Badura, o. J., o. S.). Gerade im Hinblick auf die demografische Entwicklung und den Kampf um qualifizierte Fachkräfte kann BGM ein entscheidender Faktor sein, und zwar nicht nur für die Neugewinnung von Fachkräften, sondern auch, um diese länger im Unternehmen zu behalten (vgl. Booz & Company, 2011: 1). Dafür müssen Unternehmen die Beschäftigten beim gesunden Älterwerden unterstützen (vgl. Badura, 2002: 104).

Neben dem Unternehmen und den Mitarbeitern gibt es noch weitere Akteure die aus BGM einen Nutzen ziehen (Abb. 9.7-4).

Die Sozialversicherungsträger können durch betriebliches Gesundheitsmanagement (BGM) ihre Kosten senken. Dies tritt ein, wenn Krankheiten, gesundheitliche Risiken, Unfälle und Frühverrentungen minimiert werden und die Träger dadurch Ausgaben sparen (vgl. Bundesverband Managed Care e. V., 2013: 10). Volks-

Abbildung 9.7-4: Nutznießer eines betrieblichen Gesundheitsmanagements (Quelle: nach Singer/Neumann, 2010: 54)

wirtschaftlich kann BGM zu einer Begrenzung der wachsenden Gesundheitsausgaben beitragen (vgl. Booz & Company, 2011: 15), die im Jahre 2012 bei 300,4 Mrd. Euro lagen (vgl. Statistisches Bundesamt, 2014, o. S.). Des Weiteren kann die Gesundheitspolitik den Setting-Betrieb als übergreifende Präventionsstrategie nutzen (vgl. Bundesverband Managed Care e. V., 2013: 5).

Mit steigender Leistungsfähigkeit kann die Wettbewerbsfähigkeit deutscher Unternehmen gesichert werden. Zusätzlich kann ein BGM die Folgen einer demografischen Entwicklung abfedern (vgl. Bundesverband Managed Care e. V., 2013: 16 f.). Außerdem kann BGM einen Nutzen für die Familie des Beschäftigten stiften, zum Beispiel durch eine bessere Vereinbarung von Familie und Beruf sowie eine Balance von Beruf, Familie und Freizeit. Maßnahmen wären hier zum Beispiel Karriereberatungen oder Lebensarbeitszeitmodelle (vgl. Meierjürgen/Scherrer, 2004: 200 f.). Andere Unternehmen können dadurch profitieren, dass sie erfolgreiche Maßnahmen ebenfalls integrieren und somit das Wissen anderer Unternehmen nutzen (vgl. Bechmann et al., 2011: 19).

Zu beachten ist hier, dass sich der Nutzen oder Erfolg eines BGM nicht sofort einstellen wird (vgl. Kaminski, 2013: 29). Darüber hinaus ist letztlich der Nutzen eines BGM vom Verhalten der Mitarbeiter abhängig. Da Gesundheit nicht nur bei der Arbeit sondern auch im privaten Bereich eine Rolle spielt, müssen die Beschäftigten auch dort Verantwortung für ihre Gesundheit übernehmen (vgl. Klaffke/Bohlayer, 2014: 139). Somit „hat die Übernahme von Verantwortung der Beschäftigten für ihr individuelles Wohlbefinden maßgeblichen Einfluss auf den Erfolg" (Klaffke/Bohlayer, 2014: 139) des BGM.

Literatur

Arbeitnehmerkammer Bremen (2003): Info-Brief Nr. 05. Betriebliche Gesundheitsförderung. http://www.bb-balance.de/Dateien/Arbeitnehmerkammer_HB-BGF.pdf [Zugriff: 12.04.2014].

Arbeitsschutzgesetz (ArbSchG), in der Fassung vom 07.08.1996 (BGBl. I: 1246), das zuletzt durch Artikel 8 des Gesetzes vom 19.10.2013 (BGBl. I: 3836) geändert worden ist.

Arbeitssicherheitsgesetz (ASiG), in der Fassung vom 12.12.1973 (BGBl. I: 1885), das zuletzt durch Artikel 3 Absatz 5 des Gesetzes vom 20.04.2013 (BGBl. I: 868) geändert worden ist.

Arbeitszeitgesetz (ArbZG), in der Fassung vom 06.06.1994 (BGBl. I: 1170, 1171), das zuletzt durch Artikel 3 Absatz 6 des Gesetzes vom 20.04.2013 (BGBl. I: 868) geändert worden ist.

Badura, B. (2002): Betriebliches Gesundheitsmanagement – ein neues Forschungs- und Praxisfeld für Gesundheitswissenschaftler. Zeitschrift für Gesundheitswissenschaften (Journal of Public Health), 10 (2): 100–118.

Badura, B. (2006): Konzeptorientierte Aspekte der Prävention. Strategie- und Konzeptwechsel in der betrieblichen Gesundheitspolitik, in: ders.; Kirch, W. (Hrsg.): Prävention. Ausgewählte Beiträge des Nationalen Präventionskongresses Dresden, 01. und 02.12.2005. Heidelberg, Springer Medizin, S. 23–40.

Badura, B. (o. J.): Das Problem: Verbreitete „Krankheitssymptome" in Unternehmen. http://www.scohs.de/page2.html [Zugriff: 09.05.2014].

Badura, B. et al. (1999): Betriebliches Gesundheitsmanagement. Ein Leitfaden für die Praxis. Berlin, rainer bohn.

Badura, B. et al. (Hrsg.) (2010): Betriebliche Gesundheitspolitik. Der Weg zur gesunden Organisation, 2., vollständig überarbeitete Auflage. Heidelberg, Springer.

Badura, B.; Kirch, W. (Hrsg.) (2006): Prävention. Ausgewählte Beiträge des Nationalen Präventionskongresses Dresden, 01. und 02.12.2005. Heidelberg, Springer Medizin.

Ballach, S. (2013): Vorteile von Betrieblichen Gesundheitsmanagement (BGM) bzw. betrieblicher Gesundheitsförderung (BGF). http://power-gesund.de/vorteile-von-betrieblichen-gesundheitsmanagement-bgm-bzw-betrieblicher-gesundheitsfoerderung-bgf/ [Zugriff: 09.05.2014].

Bamberg, E. et al. (Hrsg.) (1998): Handbuch für betriebliche Gesundheitsförderung. Arbeits- und organisationspsychologische Methoden und Konzepte. Göttingen, Hogrefe.

Bechmann, S. et al. (2011): iga-Report 20. Motive und Hemmnisse für Betriebliches Gesundheitsmanagement (BGM). Umfrage und Empfehlungen, 2., aktualisierte Auflage, April 2011. https://www.aok-bgf.de/fileadmin/bgfonline/downloads/pdf/

Downloads/iga-report_20_02.05.11_WEB.pdf [Zugriff: 07.05.2014].

Bertelsmann Stiftung; Hans-Böckler-Stiftung (2004): Zukunftsfähige betriebliche Gesundheitspolitik. Vorschläge der Expertenkommission, 4. Auflage. Gütersloh, Bertelsmann Stiftung.

BKK Bundesverband (2003): Gesunde Mitarbeiter in gesunden Unternehmen. Erfolgreiche Praxis betrieblicher Gesundheitsförderung in Europa. Fragebogen zur Selbsteinschätzung. http://www.dnbgf.de/fileadmin/texte/Downloads/uploads/dokumente/2007/fragebogen_13_02_03_kopierbar_01.pdf [Zugriff: 07.04.2014].

Boeing, H.; Müller, M.J. (2007): Epidemiologie, Prävention und Gesundheitsförderung, in: Müller, M.J. (Hrsg.): Ernährungsmedizinische Praxis: Methoden – Prävention – Behandlung. Heidelberg, Springer Medizin, S. 369–395.

Booz & Company (2011): Vorteil Vorsorge. Die Rolle der betrieblichen Gesundheitsvorsorge für die Zukunftsfähigkeit des Wirtschaftsstandortes Deutschland. http://www.strategyand.pwc.com/media/file/Strategyand_Studie-Betriebliche-Vorsorge-2011.pdf [Zugriff: 09.05.2014].

Brandenburg, U.; Nieder, P. (2009): Betriebliches Fehlzeiten-Management. Instrumente und Praxisbeispiele für erfolgreiches Anwesenheits- und Vertrauensmanagement. 2., überarbeitete und erweiterte Auflage. Wiesbaden, Gabler.

Braun, M. (2004): Unternehmensstrategie Gesundheit. Konzepte für einen zeitgemäßen Arbeitsschutz. Renningen, Expert Verlag.

brlv (o.J.): Leitfaden Betriebliches Eingliederungsmanagement § 84 Abs. 2 SGB IX S. 1. http://www.brlv.de/fileadmin/HPR/BEM-Leitfaden.pdf [Zugriff: 07.04.2014].

Buchenau, P. (Hrsg.) (2013): Chefsache Gesundheit. Der Führungsratgeber fürs 21. Jahrhundert. Wiesbaden, Springer.

Bundesanstalt für Arbeitsschutz und Arbeitsmedizin (BAuA) (2014): Volkswirtschaftliche Kosten durch Arbeitsunfähigkeit 2012. http://www.baua.de/de/Informationen-fuer-die-Praxis/Statistiken/Arbeitsunfaehigkeit/pdf/Kosten-2012.pdf?_blob=publicationFile&v=2 [Zugriff: 24.04.2014].

Bundesministerium für Arbeit und Soziales (2013): Betriebliches Eingliederungsmanagement. Von der Arbeitsunfähigkeit zur Beschäftigungsfähigkeit. http://www.bmas.de/DE/Themen/Arbeitsschutz/Gesundheit-am-Arbeitsplatz/betriebliches-eingliederungsmanagement.html [Zugriff: 23.04.2014].

Bundesministerium für Arbeit und Soziales (o.J.): Sozialgesetzbuch VII – Gesetzliche Unfallversicherung (SGB VII). http://www.bmas.de/DE/Service/Gesetze/sozialgesetzbuch-7-gesetzliche-unfallversicherung.html [Zugriff: 13.04.2014].

Bundesurlaubsgesetz in der im Bundesgesetzblatt Teil III, Gliederungsnummer 800-4, veröffentlichten bereinigten Fassung, das zuletzt durch Artikel 3 Absatz 3 des Gesetzes vom 20.04.2013 (BGBl. I: 868) geändert worden ist.

Bundesverband Managed Care e.V. (2013): Betriebliches Gesundheitsmanagement. Erfolgsfaktor in einer sich wandelnden Arbeitswelt. http://www.bmcev.de/fileadmin/Daten/Positionspapiere/BMC-AG_BGM_Diskussionsergebnisse.pdf [Zugriff: 07.04.2014].

Bundeszentrale für gesundheitliche Aufklärung (BZgA) (Hrsg.) (2003): Leitbegriffe der Gesundheitsförderung. Glossar zu Konzepten, Strategien und Methoden der Gesundheitsförderung, 4. Auflage. Schwabenheim a.D. Selz, Fachverlag Peter Sabo.

Bundeszentrale für gesundheitliche Aufklärung (Hrsg.) (1999): Leitbegriffe der Gesundheitsförderung. Glossar zu Konzepten, Strategien und Methoden der Gesundheitsförderung, 2. Auflage. Schwabenheim a.D. Selz, Fachverlag Peter Sabo.

Bundeszentrale für gesundheitliche Aufklärung (Hrsg.) (2006): Leitbegriffe der Gesundheitsförderung. Glossar zu Konzepten, Strategien und Methoden in der Gesundheitsförderung, 4., erweiterte und überarbeitete Auflage. Schwabenheim a.D. Selz, Fachverlag Peter Sabo.

Das Fünfte Buch Sozialgesetzbuch (SGB V), in der Fassung vom 10.12.1988 (Art. 1 des Gesetzes vom 20.12.1988, BGBl. I: 2477, 2482), das zuletzt durch Artikel 1 des Gesetzes vom 27.03.2014 (BGBl. I: 261) geändert worden ist.

Das Neunte Buch Sozialgesetzbuch (SGB IX), in der Fassung vom 19.06.2001 (Art. 1 des Gesetzes vom 19.06.2001, BGBl. I: 1046, 1047), das zuletzt durch Artikel 3 des Gesetzes vom 14.12.2012 (BGBl. I: 2598) geändert worden ist.

Das Siebte Buch Sozialgesetzbuch (SGB VII) in der Fassung vom 07.08.1996 (Art. 1 des Gesetzes vom 07.08.1996, BGBl. I: 1254), das zuletzt durch Artikel 6 des Gesetzes vom 19.10.2013 (BGBl. I: 3836) geändert worden ist.

Deimel, H. et al. (Hrsg.) (2007): Neue aktive Wege in Prävention und Rehabilitation. Köln, Deutscher Ärzte Verlag.

Der Vertrag zur Gründung der Europäischen Gemeinschaft (EG-Vertrag), die bis zum 30.11.2009 geltende Fassung. Ist mit Inkrafttreten des Lissabon-Vertrags zum 01.12.2009 in „Vertrag über die

Arbeitsweise der Europäischen Union" umbenannt worden und hat eine neue Artikelabfolge erhalten

Deutsches Netz Gesundheitsfördernder Krankenhäuser und Gesundheitseinrichtungen e. V. (o. J.): Über 10 Jahre Netzwerkarbeit für Krankenhäuser. http://dngfk.de/geschichte [Zugriff: 23.04.2014].

DIN (2012): DIN SPEC 91020 erschienen. http://www.din.de/cmd?level=tpl-artikel&bcrumblevel=1&cmstextid=169307&languageid=de [Zugriff: 28.05.2014].

Domsch, M. E.; Ladwig, D. (Hrsg.) (2013): Handbuch Mitarbeiterbefragung, 3., aktualisierte und überarbeitete Auflage. Heidelberg, Springer.

Ducki, A. (1998): Allgemeine Prozeßmerkmale betrieblicher Gesundheitsförderung. Bamberg, E. et al. (Hrsg.): Handbuch für betriebliche Gesundheitsförderung. Arbeits- und organisationspsychologische Methoden und Konzepte. Göttingen, Hogrefe, S. 135–143.

Eberle, G. (2006): Erfolgsfaktor Betriebliches Gesundheitsmanagement – betriebswirtschaftlicher Nutzen aus Unternehmersicht, in: Badura, B.; Kirch, W. (Hrsg.): Prävention. Ausgewählte Beiträge des Nationalen Präventionskongresses Dresden, 01. und 02.12.2005. Heidelberg, Springer Medizin, S. 325–338.

Esslinger, A. S. et al. (Hrsg.) (2010): Betriebliches Gesundheitsmanagement. Mit gesunden Mitarbeitern zu unternehmerischem Erfolg. Wiesbaden, Gabler.

Europäisches Netzwerk für die betriebliche Gesundheitsförderung (ENWHP) (2007): Die Luxemburger Deklaration zur betrieblichen Gesundheitsförderung in der Europäischen Union, in der Fassung von Januar 2007. http://www.luxemburger-deklaration.de/fileadmin/rs-dokumente/dateien/Lux-Dekl/Luxemburger_Deklaration_09-12.pdf [Zugriff: 08.04.2014].

Faller, G. (2012): Wozu brauchen wir BGF? Verständnis, Argumentation und Entwicklung. Was ist eigentlich BGF?, in: ders. (Hrsg.): Lehrbuch Betriebliche Gesundheitsförderung, 2., vollständig überarbeitete Auflage. Bern, Hans Huber, S. 15–26.

Faller, G. (Hrsg.) (2012): Lehrbuch Betriebliche Gesundheitsförderung, 2., vollständig überarbeitete Auflage. Bern, Hans Huber.

Faller, G.; Faber, U. (2012): Hat BGF eine rechtliche Grundlage? Gesetzliche Anknüpfungspunkte für die Betriebliche Gesundheitsförderung in Deutschland, in: Faller, G. (Hrsg.): Lehrbuch Betriebliche Gesundheitsförderung, 2., vollständig überarbeitete Auflage. Bern, Hans Huber, S. 39–52.

Fissler, E. R.; Krause, R. (2010): Absentismus, Präsentismus und Produktivität, in: Badura, B. et al. (Hrsg.): Betriebliche Gesundheitspolitik. Der Weg zur gesunden Organisation, 2., vollständig überarbeitete Auflage. Heidelberg, Springer, S. 411–425.

Franzowiak, P.; Sabo, P. (1998): Dokumente der Gesundheitsförderung, 2. Auflage. Mainz, Peter Sabo.

GKV-Spitzenverband (2006): Leitfaden Prävention. Gemeinsame und einheitliche Handlungsfelder und Kriterien der Spitzenverbände der Krankenkassen zur Umsetzung von § 20 Abs. 1 und 2 SGB V vom 21.06.2000 in der Fassung vom 10.02.2006. http://www.gesundheit-nds.de/downloads/leitfaden2006mitdeckblatt.pdf [Zugriff: 18.05.2014].

GKV-Spitzenverband (2008): Leitfaden Prävention. Gemeinsame und einheitliche Handlungsfelder und Kriterien der Spitzenverbände der Krankenkassen zur Umsetzung von §§ 20 und 20a SGB V vom 21.06.2000 in der Fassung vom 02.06.2008. http://www.dhs.de/fileadmin/user_upload/pdf/Arbeitsfeld_Prävention/leitfaden_praevention_2008.pdf [Zugriff: 26.05.2014].

GKV-Spitzenverband (2010): Leitfaden Prävention. Handlungsfelder und Kriterien des GKV-Spitzenverbandes zur Umsetzung von §§ 20 und 20a SGB V vom 21.06.2000 in der Fassung vom 27.08.2010. http://www.gkv-spitzenverband.de/media/dokumente/presse/publikationen/GKV_Leitfaden_Praevention_RZ_web4_2011_15702.pdf [Zugriff: 23.04.2014].

GKV-Spitzenverband (o. J.): Leitfaden Prävention. http://www.gkv-spitzenverband.de/krankenversicherung/praevention_selbsthilfe_beratung/praevention_und_betriebliche_gesundheitsfoerderung/leitfaden_praevention/leitfaden_praevention.jsp [Zugriff: 18.05.2014].

Gräser, S. (2000): Die Netzwerkperspektive in der Gesundheitsförderung als Ansatz für professionelles Handeln. Gruppendynamik und Organisationsberatung, 31 (3): 303–320.

Grossmann, R.; Scala, K. (1999): Setting-Ansatz in der Gesundheitsförderung, in: Bundeszentrale für gesundheitliche Aufklärung (Hrsg.): Leitbegriffe der Gesundheitsförderung. Glossar zu Konzepten, Strategien und Methoden der Gesundheitsförderung, 2. Auflage. Schwabenheim a. D. Selz, Fachverlag Peter Sabo, S. 100–101.

Hasseler, M. (2006): Prävention als originäre Aufgabe der Pflege – Kompetenzen, Aufgaben und Zuständigkeiten präventiver Pflegeberufe im internationalen Vergleich, in: ders.; Meyer, M. (Hrsg.): Prävention und Gesundheitsförderung – neue Aufgaben für die Pflege. Grundlagen und Beispiele. Hannover, Schlütersche Verlagsgesellschaft, S. 35–56.

Hasseler, M.; Meyer, M. (Hrsg.) (2006): Prävention und Gesundheitsförderung – neue Aufgaben für die Pflege. Grundlagen und Beispiele. Hannover, Schlütersche Verlagsgesellschaft.

Heidenreich, J. (2010): Ein lohnendes Investment. Personalwirtschaft, Magazin für Human Resources, Heft 12: 46–48.

Hemp, P. (2004): Presenteeism: at Work – but out of it. Harvard Business Review, 82 (10): 49–58, 155.

Höhne, A.; v.d. Knesebeck, O. (2010): Bildung und Gesundheit, in: Badura, B. et al. (Hrsg.): Betriebliche Gesundheitspolitik. Der Weg zur gesunden Organisation, 2., vollständig überarbeitete Auflage. Heidelberg, Springer, S. 351–360.

Huber, S. (2010): Betriebliches Gesundheitsmanagement und Personalmanagement, in: Esslinger, A. S. et al. (Hrsg.): Betriebliches Gesundheitsmanagement. Mit gesunden Mitarbeitern zu unternehmerischem Erfolg. Wiesbaden, Gabler, S. 67–87.

Hurrelmann, K. (2006): Gesundheitssoziologie. Eine Einführung in sozialwissenschaftliche Theorien von Krankheitsprävention und Gesundheitsförderung, 6., völlig überarbeitete Auflage. München, Juventa.

Hurrelmann, K.; Razum, O. (Hrsg.) (2012): Handbuch Gesundheitswissenschaft, 5., vollständig überarbeitete Auflage. Basel, Beltz Juventa.

Jork, K. (2003): Das Modell der Salutogenese von Aaron Antonovsky, in: ders.; Peseschkian, N. (Hrsg.): Salutogenese und positive Psychotherapie: Gesund werden – gesund bleiben. Bern, Hans Huber, S. 17–25.

Jork, K.; Peseschkian, N. (Hrsg.) (2003): Salutogenese und positive Psychotherapie: Gesund werden – gesund bleiben. Bern, Hans Huber.

Just, M. (2014): Arbeiten im Büro. Grundlagen der Ergonomie. Sicherheitsingenieur, 1/2014: 37–42.

Kaba-Schönstein, L. (2006): Gesundheitsförderung III: Internationale Entwicklung, historische und programmatische Zusammenhänge nach Ottawa (1986) bis heute, in: Bundeszentrale für gesundheitliche Aufklärung (Hrsg.): Leitbegriffe der Gesundheitsförderung. Glossar zu Konzepten, Strategien und Methoden in der Gesundheitsförderung, 4., erweiterte und überarbeitete Auflage. Schwabenheim a. D. Selz, Fachverlag Peter Sabo, S. 82–88.

Kaminski, M. (2013): Betriebliches Gesundheitsmanagement für die Praxis. Ein Leitfaden zur systematischen Umsetzung der DIN SPEC 91020. Wiesbaden, Springer.

Kern, A.; Vosseler, B. (2013): Betriebliches Gesundheitsmanagement ist Führungsaufgabe und Erfolgsfaktor, in: Buchenau, P. (Hrsg.): Chefsache Gesundheit. Der Führungsratgeber fürs 21. Jahrhundert. Wiesbaden, Springer, S. 135–154.

Klaes, L. et al. (Hrsg.) (2008): Fit sein macht Schule. Erfolgreiche Bewegungskonzepte für Kinder und Jugendliche. Köln, Deutscher Ärzte-Verlag.

Klaffke, M. (Hrsg.) (2014): Generationen-Management. Konzepte, Instrumente, Good-Practice-Ansätze. Wiesbaden, Springer Gabler.

Klaffke, M.; Bohlayer, C. (2014): Gesundheitsmanagement – Kultur der Gesundheit in Organisationen etablieren, in: Klaffke, M. (Hrsg.): Generationen-Management. Konzepte, Instrumente, Good-Practice-Ansätze. Wiesbaden, Springer Gabler, S. 135–158.

Kuhn, D.; Sommer, D. (Hrsg.) (2004): Betriebliche Gesundheitsförderung. Ausgangspunkte – Widerstände – Wirkungen. Wiesbaden, Gabler.

Luxemburger Deklaration (o. J.): Die Luxemburger Deklaration zur betrieblichen Gesundheitsförderung in der EU. http://www.luxemburger-deklaration.de/startseite.html [Zugriff: 23.04.2014].

Medizinischer Dienst der Krankenversicherung (o. J.): Primärprävention. http://www.mdk.de/885.htm [Zugriff: 08.04.2014].

Meierjürgen, J.; Scherrer, K. (2004): Wettbewerbsfaktor Gesundheit: die großen Unternehmen, in: Kuhn, D.; Sommer, D. (Hrsg.): Betriebliche Gesundheitsförderung. Ausgangspunkte – Widerstände – Wirkungen. Wiesbaden, Gabler, S. 181–206.

Meyer, J. A.; Tirpitz, A. (2008): Betriebliches Gesundheitsmanagement in KMU. Widerstände und deren Überwindung. Köln, Josef Eul.

Moaz, B. (1998): Salutogenese – Geschichte und Wirkung einer Idee, in: Schüffel, W. et al. (Hrsg.): Handbuch der Salutogenese. Konzept und Praxis. Wiesbaden, Ullstein Medical Verlagsgesellschaft, S. 13–22.

Müller, M. J. (Hrsg.) (2007): Ernährungsmedizinische Praxis: Methoden – Prävention – Behandlung. Heidelberg, Springer Medizin.

Mulzheim, M. (2010): Prävention und Gesundheitsförderung, in: Thapa-Görder, N.; Voigt-Radloff, S. (Hrsg.): Prävention und Gesundheitsförderung – Aufgaben der Ergotherapie. Stuttgart, Georg Thieme, S. 17–32.

Nguyen, T.; Romeike, F. (2013): Versicherungswirtschaftslehre. Grundlagen für Studium und Praxis. Wiesbaden, Springer Gabler.

Nieder, P. (2013): Mitarbeiterbefragung und betriebliches Gesundheitsmanagement (BGM), in: Domsch,

M. E.; Ladwig, D. (Hrsg.): Handbuch Mitarbeiterbefragung, 3., aktualisierte und überarbeitete Auflage. Heidelberg, Springer, S. 203–220.

Pfaff, H. (2001): Evaluation und Qualitätssicherung des betrieblichen Gesundheitsmanagements, in: ders.; Slesina, W. (Hrsg.): Effektive betriebliche Gesundheitsförderung. Konzepte und methodische Ansätze zur Evaluation und Qualitätssicherung. Weinheim/München, Juventa, S. 27–49.

Pfaff, H.; Slesina W. (Hrsg.) (2001): Effektive betriebliche Gesundheitsförderung. Konzepte und methodische Ansätze zur Evaluation und Qualitätssicherung. Weinheim/München, Juventa.

Richter, M.; Hurrelmann, K. (Hrsg.) (2009): Gesundheitliche Ungleichheit. Grundlagen, Probleme, Perspektiven, 2. Auflage. Wiesbaden, VS Verlag für Sozialwissenschaften.

Rixen, S. (2005): Sozialrecht als öffentliches Wirtschaftsrecht. Tübingen, Mohr Siebeck.

Rixgens, P. (2010): Mitarbeiterbefragung, in: Badura, B. et al. (Hrsg.): Betriebliche Gesundheitspolitik. Der Weg zur gesunden Organisation, 2., vollständig überarbeitete Auflage. Heidelberg, Springer, S. 205–212.

Rosenbrock, R.; Gerlinger, T. (2012): Gesundheitspolitik, in: Hurrelmann, K.; Razum, O. (Hrsg.): Handbuch Gesundheitswissenschaft, 5., vollständig überarbeitete Auflage. Basel, Belitz Juventa, S. 1009–1052.

Rosenbrock, R.; Hartung, S. (2010): Settingansatz/Lebensweltansatz. http://www.leitbegriffe.bzga.de/?uid=f6c41189e1f656b6e46b6c12f1e2f34c&id=angebote&idx=131 [Zugriff: 23.04.2014].

Rosenbrok, R.; Kümpers, S. (2009): Primärprävention als Beitrag zur Verminderung sozial bedingter Ungleichheit von Gesundheitschancen, in: Richter, M.; Hurrelmann, K. (Hrsg.): Gesundheitliche Ungleichheit. Grundlagen, Probleme, Perspektiven, 2, Auflage. Wiesbaden, VS Verlag für Sozialwissenschaften, S. 385–403.

Rudow, B. (2004): Das gesunde Unternehmen. Gesundheitsmanagement, Arbeitsschutz und Personalpflege in Organisationen. München, Oldenbourg.

Schauder, P. et al. (Hrsg.) (2006): Zukunft sichern: Senkung der Zahl chronisch Kranker. Verwirklichung einer realistischen Utopie. Köln, Deutscher Ärzte-Verlag.

Schauder, P.; Koch, H. (2006): Facetten und Ziele der Prävention, in: Schauder, P. et al. (Hrsg.): Zukunft sichern: Senkung der Zahl chronisch Kranker. Verwirklichung einer realistischen Utopie. Köln, Deutscher Ärzte-Verlag, S. 30–38.

Schleicher, R. (2010): Gefährdungsbeurteilung, in: Badura, B. et al. (Hrsg.): Betriebliche Gesundheitspolitik. Der Weg zur gesunden Organisation, 2., vollständig überarbeitete Auflage. Heidelberg, Springer, S. 213–221.

Schlick, C. et al. (2010): Arbeitswissenschaft, 3., vollständig überarbeitete und erweiterte Auflage. Heidelberg. Springer.

Schröer, A.; Sochert, R. (1997): Gesundheitszirkel im Betrieb. Modell und praktische Durchführung. Wiesbaden, Universum.

Schüffel, W. et al. (Hrsg.) (1998): Handbuch der Salutogenese. Konzept und Praxis. Wiesbaden, Ullstein Medical.

Senat der Freien und Hansestadt Hamburg (2002): Gesundheitsförderung in der hamburgischen Verwaltung. Ein konzeptioneller Ansatz für die Integration der betrieblichen Gesundheitsförderung in das Personalmanagement. http://www.hamburg.de/contentblob/30180/data/betriebliche-gesundheitsfoerderung.pdf [Zugriff: 29.02.2016].

Singer, S. (2010): Entstehung des Betrieblichen Gesundheitsmanagements, in: Esslinger, A.S. et al. (Hrsg.): Betriebliches Gesundheitsmanagement. Mit gesunden Mitarbeitern zu unternehmerischem Erfolg. Wiesbaden, Gabler, S. 25–48.

Singer, S.; Neumann, A. (2010): Beweggründe für ein Betriebliches Gesundheitsmanagement und seine Integration, in: Esslinger, A.S. et al. (Hrsg.): Betriebliches Gesundheitsmanagement. Mit gesunden Mitarbeitern zu unternehmerischem Erfolg. Wiesbaden, Gabler, S. 49–66.

Social Capital and Occupational Health Standard (SCOHS) (2010a): Leitfaden. Fassung: Mai 2010. Der Social Capital and Occupational Health Standard und der Leitfaden sind Eigentümer der SCOHS Sozialkapital Standard UG, Bielefeld.

Social Capital and Occupational Health Standard (SCOHS) (2010b): SCOHS: der neue Standard für zertifizierbares Betriebliches Gesundheitsmanagement. Der Social Capital and Occupational Health Standard und der Leitfaden sind Eigentümer der SCOHS Sozialkapital Standard UG, Bielefeld.

Social Capital and Occupational Health Standard (SCOHS) (o. J.): Betriebliches Gesundheitsmanagement nach SCOHS: die Vorteile nutzen! http://www.scohs.de/page3.html [Zugriff: 27.05.2010].

Spicker, I.; Schopf, A. (2007): Betriebliche Gesundheitsförderung erfolgreich umsetzen. Praxishandbuch für Pflege- und Sozialdienste. Wien, Springer.

Statisches Bundesamt (2014): Gesundheitsausgaben 2012 übersteigen 300 Milliarden Euro. https://www.destatis.de/DE/PresseService/Presse/Pressemitteilungen/2014/04/PD14_126_23611.html [Zugriff: 07.05.2014].

Team Gesundheit (2013): Der Setting-Ansatz – Gesundheitsressourcen „vor Ort" stärken. http://www.teamgesundheit.de/index.php?id=355 [Zugriff: 23.04.2014].

Thapa-Görder, N.; Voigt-Radloff, S. (Hrsg.) (2010): Prävention und Gesundheitsförderung – Aufgaben der Ergotherapie. Stuttgart, Georg Thieme.

Uhle, T.; Treier, M. (2013): Betriebliches Gesundheitsmanagement. Gesundheitsförderung in der Arbeitswelt – Mitarbeiter einbinden, Prozesse gestalten, Erfolge messen, 2., überarbeitete Auflage. Heidelberg, Springer.

Walter, U. (2010): Standards des Betrieblichen Gesundheitsmanagements, in: Badura, B. et al. (Hrsg.): Betriebliche Gesundheitspolitik. Der Weg zur gesunden Organisation, 2., vollständig überarbeitete Auflage. Heidelberg, Springer, S. 147–161.

Walter, U. (2013): Standards und Erfolgsfaktoren im BGM. http://www.amd-westfalen.de/uploads/media/Workshop_3-_Standards_und_Erfolgskriterien_im_BGM_Uta_Walter.pdf [Zugriff: 07.05.2014].

Wilke, C. et al. (2007): Gesundheitsförderung am Arbeitsplatz – Ansätze und Leitlinien. Abgrenzung betriebliches Gesundheitsmanagement und betriebliche Gesundheitsförderung, in: Deimel, H. et al. (Hrsg.): Neue aktive Wege in Prävention und Rehabilitation. Köln, Deutscher Ärzte-Verlag, S. 25–42.

Wittig-Goetz, U. (2008): Gesundheitsförderung und Gesundheitsmanagement im Unternehmen. http://www.boeckler.de/pdf/mbf_as_bfg_2008.pdf [Zugriff: 23.04.2014].

World Health Organization (WHO) (1986): Ottawa-Charta zur Gesundheitsförderung. http://www.euro.who.int/_data/assets/pdf_file/0006/129534/Ottawa_Charter_G.pdf [Zugriff: 23.04.2014].

Zens, Y.C.K. et al. (2008): Das Setting Schule – gute Gründe, dort aktiv zu werden, in: Klaes, L. et al. (Hrsg.): Fit sein macht Schule. Erfolgreiche Bewegungskonzepte für Kinder und Jugendliche. Köln, Deutscher Ärzte-Verlag, S. 57–69.

9.8 Materialmanagement

Manfred Haubrock

9.8.1 Elementare und dispositive Produktionsfaktoren

Das Krankenhaus als Medizinbetrieb erbringt Gesundheitsleistungen in Form vollstationärer, semistationärer, vor- und nachstationärer sowie ambulanter Behandlungen (§ 39 Abs. 1 SGB V). Sie umfassen:
- den ärztlichen Einsatz
- die pflegerische Betreuung
- die Versorgung mit Arznei-, Heil- und Hilfsmitteln
- die soziale Fürsorge
- die seelsorgerische Hilfe sowie
- Unterkunft, Verpflegung (Hotelversorgung).

Hinzutreten können Leistungen in Lehre und Forschung.

Die Produktion von Krankenhausleistungen als Input-Output-Modell lässt sich mittels des zweistufigen Leistungserstellungsprozesses darstellen. Dieser setzt eine Differenzierung der Leistungen in Primär- und Sekundärleistungen voraus. Die eigentliche Primärleistung (Primär-Output) des Krankenhauses besteht in der Veränderung des Gesundheitszustands (Statusveränderung) des Patienten. Als Sekundärleistung (Sekundär-Output = Primär-Input) werden die Einzelleistungen der Diagnostik, Therapie, Pflege und Versorgung bezeichnet.

Diese Einzelleistungen werden durch die Kombination sogenannter Produktionsfaktoren (Sekundär-Input) im betrieblichen Leistungserstellungsprozess des Krankenhauses erstellt (Abb. 9.8-1). Dieser Krankenhausbetriebsprozess ergibt sich somit aus der Kombination von Elementarfaktoren (ausführende menschliche Arbeitsleistungen und Wirtschaftsgüter im Sinne der Abgrenzungsverordnung) durch die dispositiven Faktoren (Leitungsorgane und leitende Tätigkeiten).

Aus Abbildung 9.8-1 lässt sich ableiten, dass in diesem System sieben **Produktionsfaktoren**

Abbildung 9.8-1: System der produktiven Faktoren (Quelle: Haubrock et al., 1997: 112)

eingesetzt werden müssen, um die Dienst- und Sachleistung des Krankenhauses her- bzw. bereitstellen zu können.

Der Bereich der **Elementarfaktoren** gliedert sich in exekutive menschliche Leistung, Betriebsmittel und Werkstoffe auf. Die beiden letztgenannten Elemente werden im Krankenhaus als Anlage-, Gebrauchs- und Verbrauchsgüter bezeichnet. Der Bereich der **dispositiven Faktoren** umfasst Leitungspersonen und leitende menschliche Tätigkeiten. Er gliedert sich in den originären dispositiven Faktor (Betriebsführung/Management als Organisationseinheit des Krankenhauses) und in die derivativen dispositiven Faktoren. Hierunter ist die Managementtätigkeit von Leitungsstellen zu verstehen. Diese Tätigkeit lässt sich in Zielsetzung, Planung, Entscheidung, Organisation und Kontrolle unterteilen.

Die Menge und Güte des Einsatzes der Elementarfaktoren durch die Betriebs- bzw. Geschäftsleitung mittels Managementtätigkeiten bestimmt somit das Ergebnis des Krankenhausbetriebsprozesses in Form der Quantität und Qualität der Sekundär- und Primärleistungen. Das Erreichen der gesetzten Krankenhausziele wird somit durch die Steuerung der betrieblichen Produktionsfaktoren bestimmt.

Die Krankenhausleistungsproduktion ist somit die sich im Krankenhausbetrieb vollziehende, durch den Menschen veranlasste und gelenkte Kombination von Produktionsfaktoren mit dem Ziel der Erbringung ambulanter, teilstationärer und stationärer Gesundheitsleistungen zur unmittelbaren Befriedigung individueller physischer und/oder psychischer Bedürfnisse von Patienten. Sie umfasst aber nicht nur die Erstellung der konkreten Gesundheitsleistungen, sondern auch die Herstellung und Vorhaltung einer nach dem Versorgungsauftrag bzw. dem krankenhausbetrieblichen Leistungsprogramm definierten Leistungsbereitschaft.

Neben der dominanten menschlichen Tätigkeit (Dienstleistung) ist der Einsatz von Sachgütern ein wesentlicher Faktor für die Erstellung der Gesundheitsleistungen im Krankenhaus. Hierbei sind Güter generell als Gegenstände zu bezeichnen, die dazu dienen, die Bedürfnisse des Menschen unmittelbar oder mittelbar zu befriedigen. Sind diese Gegenstände – bezogen auf den jeweiligen Bedarf – knapp, werden sie als wirtschaftliche Güter bezeichnet. Diese Güter unterliegen dann dem wirtschaftenden bzw. wirtschaftlichen Handeln des Menschen.

Man kann davon ausgehen, dass alle eingesetzten **Güter** knappe Güter, also Wirtschaftsgüter, darstellen. Das Krankenhaus muss deshalb wirtschaftend bzw. wirtschaftlich tätig werden.

Wirtschaftsgüter können nach einer Reihe von Merkmalen, wie zum Beispiel Nutzungsdauer, Wert oder Materialität, unterschieden werden. In den relevanten Rechtsgrundlagen für die Krankenhäuser werden die Sachgüter nach ihrer Pflegesatzfähigkeit unterschieden. So werden Anlagegüter in Form von Investitionsgütern, wie zum Beispiel die Errichtung von Krankenhäusern, durch die Länder bezahlt, während die wiederbeschafften Gebrauchs- und die Verbrauchsgüter von den Krankenkassen finanziert werden.

9.8.2 Sachgüter im Sinne der Abgrenzungsverordnung

In der Verordnung über die Abgrenzung der im Pflegesatz nicht zu berücksichtigenden Investitionskosten von den pflegesatzfähigen Kosten der Krankenhäuser vom 12.12.1985 (**Abgrenzungsverordnung – AbgrV**) werden in § 2 die Begriffe gegeneinander abgegrenzt. Danach sind...

- ... Anlagegüter die Wirtschaftsgüter des zum Krankenhaus gehörenden Anlagevermögens.
- ... Gebrauchsgüter die Anlagegüter mit einer durchschnittlichen Nutzungsdauer bis zu drei Jahren.
- ... Verbrauchsgüter die Wirtschaftsgüter, die durch ihre bestimmungsgemäße Verwendung aufgezehrt oder unverwendbar werden oder die ausschließlich von einem Patienten genutzt werden und üblicherweise bei ihm verbleiben (geborene Verbrauchsgüter, ohne Wertgrenze). Als Verbrauchsgüter gelten auch die wiederbeschafften, abnutzbaren beweglichen Anlagegüter, die einer selbstständigen Nutzung fähig sind und deren Anschaffungs- oder Herstellungskosten für das einzelne Anlagegut ohne Umsatzsteuer 150 Euro nicht übersteigen (geborene Verbrauchsgüter).

Eine differenzierte Betrachtung zeigt die einzelnen Bestandteile dieser Güter auf. Zu den **Anlagegütern** eines Krankenhauses gehören nach der Krankenhaus-Buchführungsverordnung (KHBV) vom 24.03.1987 zum Beispiel:

- Grundstücke und grundstücksgleiche Rechte mit Betriebsbauten einschließlich der Betriebsbauten auf fremden Grundstücken
- Grundstücke und grundstücksgleiche Rechte mit Wohnbauten einschließlich der Wohnbauten auf fremden Grundstücken
- Grundstücke und grundstücksgleiche Rechte ohne Bauten
- technische Anlagen und
- Einrichtungen und Ausstattungen.

Anlagegüter sind somit diejenigen Güter bzw. Wirtschaftsgüter, die zum Anlagevermögen des Krankenhauses gehören (§ 2 Nr. 2b KHG und § 2 Nr. 1 AbgrV). Was im Einzelnen zum Anlagevermögen eines Krankenhauses gezählt wird, wird in Anlage 1 zur KHBV, Kontenklasse 0, festgehalten.

Nach dem Merkmal der Verwendbarkeit handelt es sich um Güter, die mehrfach verwendet werden können, im Leistungsprozess des Krankenhauses also mehrfach einsetzbar sind. Diese Anlagegüter werden nun unter dem Aspekt der Förderung in kurz-, mittel- und langfristige Anlagegüter eingeteilt. Hierbei sind...

- ... kurzfristige Anlagegüter die Anlagegüter mit einer durchschnittlichen Nutzungsdauer von mehr als 3–15 Jahren.
- ... mittelfristige Anlagegüter die Anlagegüter mit einer durchschnittlichen Nutzungsdauer von mehr als 15–30 Jahren.
- ... langfristige Anlagegüter die Anlagegüter mit einer durchschnittlichen Nutzungsdauer von mehr als 30 Jahren.

Nach § 9 Abs. 3 KHG ist für wiederbeschaffte kurzfristige Anlagegüter sowie für kleine bauliche Maßnahmen eine **pauschale Förderung** vorgesehen. Hierbei sollen die Pauschalbeträge nicht ausschließlich nach der Zahl der in den Krankenhausplan aufgenommenen Betten bemessen werden. Mit dem **Gesetz zum ordnungspolitischen Rahmen der Krankenhausfinanzierung (Krankenhausfinanzierungsreformgesetz – KHRG)** von **2009** wurde die Pauschalförderungen um eine leistungsorientierte Investitionspauschale ergänzt. Diese Pauschale soll seit dem Jahre 2012 in den Krankenhausgesetzen der Länder umgesetzt werden. Die pauschale Förderung setzt sich somit aus einer Grund- und einer Leistungspauschale zusammen. Die **Grundpauschale** orientiert sich in der Regel an der Zahl der Planbetten und an den teilstationären Plätzen. Weiterhin können die Krankenhäuser einen Zuschlag zur Förderung zur Investitionsförderung von Ausbildungsstätten bekommen. Die **Leistungspauschale** orientiert sich überwiegend an der Zahl und dem Schweregrad der stationär behandelten Patienten. Alle anderen Anlagegüter werden im Rahmen der **Einzelförderung** durch die Länder finanziert. Hierbei gelten jeweils die relevanten Krankenhausfinanzierungsgesetze der Länder.

Hieraus wird deutlich, dass alle Anlagegüter, die länger als drei Jahre genutzt werden können, im Rahmen der dualen Finanzierung durch **Fördermittel der Länder** finanziert werden.

Zur Finanzierung der **Instandhaltungskosten** der Anlagegüter werden seitens der Krankenkassen Pauschalen bezahlt. Die dadurch entstehenden Kosten zählen somit – unabhängig von ihrer Höhe – zu den Betriebskosten. Sie gehen damit in das Krankenhausbudget ein, das von den Krankenkassen zu finanzieren ist. Nach dem Inkrafttreten des GKV-Modernisierungsgesetzes zum 01.01.2004 wird in § 17 Abs. 4b KHG festgehalten, dass die Kosten für die Instandhaltung der Anlagegüter des Krankenhauses pauschal in Höhe von 1,1 % der für die allgemeinen Krankenhausleistungen vereinbarten Vergütung finanziert werden. Die Pflegesatzfähigkeit entfällt für Krankenhäuser in den Ländern, die diese Kosten übernehmen. Eine derartige Regelung greift zum Beispiel in Bayern, wo das Land die Instandhaltungskosten übernimmt.

Im Sinne der Abgrenzungsverordnung (AbgrV) sind Gebrauchsgüter die Anlagegüter mit einer durchschnittlichen Nutzungsdauer bis zu drei Jahren.

Gebrauchsgüter sind also ihrer Art nach Anlagegüter, und zwar solche, die eine kürzere Nutzungsdauer als kurzfristige Anlagegüter haben, also unterhalb der kurzfristigen Anlagegüter liegen. Sie sind deshalb in logischer Fortsetzung der Fristigkeitsterminologie als ultrakurzfristige Anlagegüter zu bezeichnen. Gebrauchsgüter sind nach dem Verzeichnis I der Anlage der Abgrenzungsverordnung in der Fassung vom 21.07.2012 zum Beispiel:
- Dienst- und Schutzkleidung, Wäsche, Textilien
- Glas- und Porzellanartikel
- Geschirr
- sonstige Gebrauchsgüter des medizinischen Bedarfs, wie Atembeutel, Heizdecken und -kissen, Hörkissen und -muscheln, Magenpumpen, Nadelhalter, Narkosemasken, Operationstischauflagen, Polster und Decken, Schienen, Spezialkatheter und Kanülen, Venendruckmesser, Wassermatratzen
- sonstige Gebrauchsgüter des Wirtschafts- und Verwaltungsbedarfs, wie Bild-, Ton- und Datenträger, elektrische Küchenmesser, Dosenöffner, Quirle und Warmhaltekannen.

Hinsichtlich der Finanzierung von Gebrauchsgütern ist zu sagen, dass die Erstbeschaffung dieser Güter durch die Länder erfolgt, die Kosten der Wiederbeschaffung von Gebrauchsgütern anteilig ihrer Abschreibungen sind pflegesatzfähig, das heißt, sie gehen in die Betriebskostenkalkulation ein und werden durch die gesetzlichen Krankenkassen finanziert.

Verbrauchsgüter sind die zum Krankenhaus gehörenden Wirtschaftsgüter, die:
- durch ihre bestimmungsgemäße Nutzung
- aufgezehrt werden (z. B. Arzneimittel, Lebensmittel, Wasch-, Reinigungs- und Desinfektionsmittel, Brennstoffe)
- unverwendbar werden (z. B. Verbandsmaterial, Einwegspritzen, sonstige Einwegartikel) oder
- ausschließlich von einem Patienten genutzt werden und üblicherweise bei ihm verbleiben (z. B. Endoprothesen, Herzschrittmacher).

Zu den Verbrauchsgütern zählen „auch die wiederbeschafften, abnutzbaren beweglichen Anlagegüter, die einer selbstständigen Nutzung fähig sind und deren Anschaffungs- oder Herstellungskosten für das einzelne Anlagegut ohne Umsatzsteuer 150 Euro nicht übersteigen" (§ 2 AbgrV, 2012).

Diese Sach- bzw. Wirtschaftsgüter gehen neben dem Produktionsfaktor „Mitarbeiter" als Input-Faktoren in den Krankenhausbetriebsprozess ein und dienen der Bereitstellung bzw. der Erstellung von Krankenhausleistungen.

Abbildung 9.8-2 verdeutlicht die bisherigen Aussagen hinsichtlich der Einteilung der Sach- bzw. Wirtschaftsgüter im Krankenhaus sowie ihrer Zuordnungen zu den Betriebskosten (pflegesatzfähig, Finanzierung durch die Krankenkassen) bzw. zu den Investitionskosten (Fördermittel, Finanzierung durch die Länder).

Aufgaben- und Arbeitsschwerpunkt der Materialwirtschaft eines Krankenhauses liegt bei den Verbrauchsgütern. Bei der Betrachtung der Wirtschaftsgüter im Krankenhaus muss zum einen die Seite der Versorgung mit diesen Gütern

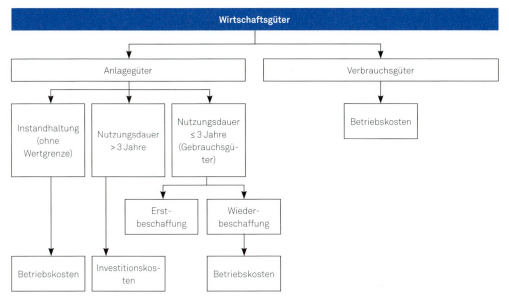

Abbildung 9.8-2: Systematik der Wirtschaftsgüter (Quelle: mod. n. Haubrock et al., 1997: 1997: 467)

und zum anderen die Seite der Entsorgung einiger Güter betrachtet werden. Hierbei wird der Entsorgungsaspekt, der in der Gegenwart bereits eine große Bedeutung für das Krankenhausmanagement hat, in Zukunft unter ökologischen Gesichtspunkten noch wesentlich bedeutsamer werden, daher wird im Folgenden schwerpunktmäßig das Abfallmanagement dargestellt.

9.8.3
Grundsätzliche Überlegungen zur Materialwirtschaft

Die Materialwirtschaft umfasst die systematische Versorgung aller zum Erreichen des Unternehmenszwecks notwendigen Güter vom Lieferanten bis zum Patienten über sämtliche Stufen des Krankenhauses hinweg. Sie steht zwischen den Forderungen nach Sicherheit und Gewährleistung gegenüber Patient und Umwelt auf der einen Seite und der nach Wirtschaftlichkeit auf der anderen Seite.

Die Materialwirtschaft beschäftigt sich mit der Beschaffung, Verteilung und Entsorgung von Wirtschaftsgütern. Diese Elemente bilden ein gemeinsames System, das Materialwirtschaftssystem.

Das Materialwirtschaftssystem ist somit die Gesamtheit aller Tätigkeiten sowie jeglicher Informations-, Kommunikations- und Entscheidungsprozesse, bezogen auf die Ware, von der Ermittlung des Bedarfs über die Bestellung, den Eingang, die Lagerhaltung, den innerbetrieblichen Transport bis zur Bereitstellung und Entsorgung der Ware.

Die betriebliche Materialwirtschaft hat die Aufgabe, die für den Leistungserstellungs- und Leistungsverwertungsprozess benötigten Güter unter Beachtung des Wirtschaftlichkeitsprinzips bereitzustellen und die Entsorgung von Abfällen zu organisieren.

Der Oberbegriff „Materialwirtschaft" wird in den vergangenen Jahren auch in die **Teilbereiche** Materialbeschaffung und Materiallogistik aufgeteilt. Die Distributionslogistik, ein weiteres Teilgebiet der Logistik (Abb. 9.8-3), wird gemeinhin nicht zur Materialwirtschaft gerechnet.

Aufgabe der **Materialbeschaffung** ist es, die quantitative und qualitative Versorgung der Unternehmung Krankenhaus mit Gütern auf wirtschaftliche Weise zu gewährleisten. Die Beschaffung muss die Transaktionsprozesse

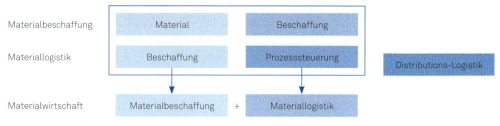

Abbildung 9.8-3: Elemente der Logistik (Quelle: Haubrock, 2004: 98)

zwischen Lieferanten und Krankenhaus managen. Die Beschaffungsentscheidungen stehen hierbei im Spannungsverhältnis von Kostenreduktion, Leistungsverbesserung und Autonomieerhaltung. So kann zum Beispiel die Versorgung durch langfristige Lieferverträge oder Zahlung über dem üblichen Preisniveau liegender Preise sichergestellt werden. Dadurch steigen aber die Kosten stark an. Außerdem stehen langfristige Lieferverträge dem Gesamtunternehmensziel der Autonomieerhaltung im Wege. Ein anderer Weg, die Versorgung sicherzustellen, ist die Beschaffung (Abb. 9.8-4) leicht lieferbarer, aber geringwertiger Güter, was wiederum das Leistungsverbesserungsziel der Unternehmung behindert.

Das zweite Element der Materialwirtschaft ist die **Materiallogistik**. Es ist die Logistik der Bereiche Beschaffung und Betriebsprozess. Die Materiallogistik übernimmt die Aufgaben der Planung, Steuerung und Kontrolle der Raum und Zeit überbrückenden Aktivitäten der Lagerung, des Transports und der Materialhandhabung. Hierbei sind die Kosten für den Materialfluss zu minimieren, um die Kapitalbindungskosten zu senken.

Die **Distributionslogistik**, die nicht mehr der Materialwirtschaft zugeordnet wird, ist die Logistik im Bereich des Absatzes. Die Distributionslogistik hat also dafür zu sorgen, dass die Ergebnisse des Betriebsprozesses beim Kunden auf wirtschaftliche Weise zur Verfügung gestellt werden.

Die Aufgabe der Logistik endet also nicht wie bei der Beschaffung mit der Bereitstellung der Materialien im Unternehmen, sondern umfasst den Sachgüterfluss von der Aufnahme beim Lieferanten bis zur Abgabe an den Kunden.

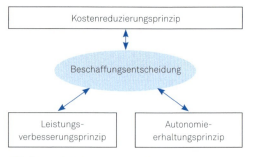

Abbildung 9.8-4: Die Beschaffung im Spannungsfeld (Quelle: Haubrock et al., 1997: 118)

Der Übergang von Beschaffung und Logistik im Rahmen der Materialwirtschaft ist fließend. Beschaffung und Logistik überschneiden sich in Teilbereichen.

Eine logistisch orientierte Materialwirtschaft folgt dem Gedanken der Logistik, durch eine entsprechende Leitung und Organisation das richtige Produkt zur richtigen Zeit in der richtigen Qualität und Menge mit optimalen Kosten an die richtige Stelle zu bringen. Aus dieser Zielsetzung ergeben sich für die Materialwirtschaft folgende Merkmale:
- kurze Reaktions- und Durchlaufzeiten
- hohe Materialbereitstellungssicherheit
- Reduzierung der Bestände und Erhöhung der Geschwindigkeit des Materialkreislaufs
- effektive Auslastung der Kapazitäten.

Folgt man der Darstellung des Materialwirtschaftssystems in Form eines Flussdiagramms, lassen sich unter anderem die in Abbildung 9.8-5 dargestellten Elemente der Materialwirtschaft unterscheiden.

In die **Bedarfsermittlung** gehen Verbrauchsinformationen der Vergangenheit sowie das

9.8 Materialmanagement

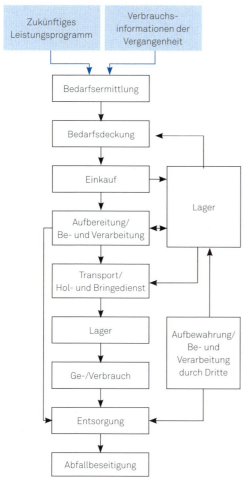

Abbildung 9.8-5: Elemente des Materialwirtschaftssystems (Quelle: Haubrock et al., 1997: 119)

zukünftige Leistungsprogramm des Krankenhauses ein. Angesichts der ausschließlichen Finanzierung der somatischen Krankenhausleistungen durch Pauschalentgelte ist die Bedarfsermittlung von Fallgruppen relevant. Durch Zusammenfassen homogener Leistungsgruppen lassen sich bedarfsrelevante Parameter erstellen. Auslöser eines Beschaffungsvorgangs ist somit nicht mehr die Bedarfsmeldung der verbrauchenden Stelle. Vielmehr muss die Beschaffung aus statistischen Verbrauchsdaten sowie aus einer prospektiven und an der geplanten Leistungserbringung orientierten Bedarfsplanung resultieren.

Diese Bedarfsermittlung ist Auslöser der **Bedarfsdeckung** im Rahmen des Beschaffungsvorgangs. Hierunter kann man alle Tätigkeiten verstehen, die erforderlich sind, um das Krankenhaus auf der Grundlage der Bedarfsermittlung mit den notwendigen Sachgütern nach Art und Menge termingerecht zu versorgen. Hierbei muss bedacht werden, ob die Bedarfsdeckung mit oder ohne Vorratshaltung durchgeführt werden soll.

Ist die Bedarfsdeckung abgeschlossen, müssen die Waren bestellt und beschafft werden. Es ist die Phase des **Wareneinkaufs**. Bei der Bestellung ist zu beachten, dass die Bestellungen so rechtzeitig erfolgen, dass Termin- und Versorgungsschwierigkeiten vermieden werden.

Die Beschaffungsplanung bedarf zwingend der Ergänzung durch die Beschaffungsvollzugsplanung, die folgende Teilpläne umfasst:
- Festlegung der Beschaffungsmengen
- Fixierung der Liefertermine und
- Ermittlung der Einkaufspreise.

Bei der **Bestellung** lassen sich das Bestellpunktverfahren und das Bestellrhythmusverfahren unterscheiden.

Beim **Bestellpunktverfahren** geht man von konstanten Bestellmengen und variablen Bestellterminen aus, das heißt, für den Planungszeitraum werden die Bestellmenge und der Meldebestand festgelegt, während die Bestellintervalle, also die zwischen zwei Bestellungen liegenden Zeitabstände, variabel sind. Als Meldebestand wird der Lagerbestand bezeichnet, bei dessen Erreichen die Bestellung zu erfolgen hat.

Das **Bestellrhythmusverfahren** wird durch die Konstanz der Beschaffungsintervalle gekennzeichnet. Die Anpassung des Bestandes an den Zielbestand (Maximalvorrat, der ausreicht, um den Bedarf zu decken) erfolgt beim Bestellrhythmusverfahren durch Veränderung der Bestellmengen. Diese müssen mindestens dem verzeichneten Lagerabgang entsprechen.

Zur Vermeidung von Störungen im Ablauf des Betriebsprozesses muss ein Reservebestand (eiserner Bestand, Mindestbestand) eingeplant werden. Zu diesem eisernen Bestand kommt weiterhin der Vorrat, der benötigt wird, um den Verbrauch während der Beschaffungszeit zu überbrücken. Zur termingerechten Bestellung wird daher eine Bestandshöhe festgelegt (Melde- oder Bestellbestand), bei deren Erreichen die Lagerverwaltung eine Meldung an den Einkauf geben muss.

In einem zweiten Schritt werden die bestellten Waren eingeliefert. Dieser Vorgang fällt in den Bereich der Warenannahme. Nach der Warenannahme bzw. -kontrolle und der Wareneingangserfassung müssen die Waren gelagert werden, es sei denn, es wird verbrauchssynchron bestellt und geliefert (Just-in-time-Verfahren).

Bei der **Lagerhaltung** sollten unter anderem folgende Punkte berücksichtigt werden:
- Funktion des Lagers (z. B. Ausgleichs- oder Pufferfunktion)
- Organisation des Lagers (zentrales/dezentrales Lager) und
- Ordnung des Lagers (Magazin-/Freiplatzprinzip).

Zur Ermittlung von Lagerbewegungen und sogenannten Ladenhütern bedient man sich der ABC-Analysen und der XYZ-Analysen.

Die **ABC-Analyse** teilt die Waren nach dem Wert und der Menge in drei Gruppen auf, zum Beispiel:
- A-Güter: ca. 80 % Wertanteil, ca. 10 % Mengenanteil
- B-Güter: ca. 15 % Wert- und ca. 30 % Mengenanteil
- C-Güter: ca. 5 % Wertanteil, ca. 60 % Mengenanteil).

Die **XYZ-Analyse** geht hingegen von der Vorhersagegenauigkeit des Verbrauchs über einen längeren Zeitraum aus:
- X-Güter sind die Waren mit konstantem Verbrauch.
- Y-Güter sind die Waren mit trendmäßigen oder saisonalen Schwankungen.
- Z-Güter sind die Güter mit völlig unregelmäßigen Schwankungen.

Die Abbildungen 9.8-6 bis 9.8-8 stellen ein Beispiel für eine ABC-Analyse dar. A-Teile sind die aus der Sicht des Umsatzes, des Gewinns, des Deckungsbeitrags oder der Kosten die wichtigsten Produkte. B-Teile sind die weniger wichtigen Produkte, und C-Teile sind die unwichtigen Produkte mit geringem Umsatzanteil.

	A-Teile	B-Teile	C-Teile
Wertanteil in %	80	15	5
Mengenanteil in %	10	30	60

Abbildung 9.8-6: Beispiel einer ABC-Analyse – Teil 1 (Quelle: Haubrock et al., 1997: 121)

Umsatzverteilung				Rangliste mit Umsatzanteil in Prozenten			
Erzeugnisgruppe	Umsatz in Euro/Jahr	Umsatz/Jahr bezogen auf den Gesamtumsatz in Prozent	Rang	Erzeugnisgruppe	Umsatzanteil in Prozent	aufaddierter Umsatzanteil in Prozent	
A	414 733	31,0	2	B	43,9	43,9	A-Teile
B	587 316	43,9	1	F	31,0	74,9	
C	115 055	8,6	3	C	8,6	83,5	B-Teile
D	82 947	6,2	4	H	6,2	89,7	
E	57 528	4,3	5	E	4,3	94,0	
F	41 473	3,1	6	A	3,1	97,1	C-Teile
G	21 406	1,6	7	G	1,6	98,7	
H	17 392	1,3	8	D	1,3	100,0	
Gesamtumsatz	1 337 850	100,0					

Abbildung 9.8-7: Beispiel einer ABC-Analyse – Teil 2 (Quelle: Haubrock et al., 1997: 121)

9.8 Materialmanagement

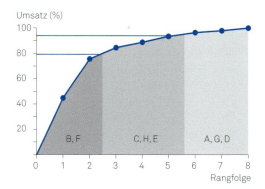

Abbildung 9.8-8: Beispiel einer ABC-Analyse – Teil 3 (Quelle: Haubrock et al., 1997:122)

Während bei der ABC-Analyse die Sachgüter nach dem Kriterium Umsatz bzw. Wert eingeteilt werden, bildet die **XYZ-Analyse** eine Entscheidungshilfe für die Lösung des Sachgüterbereitstellungsproblems. Konkret geht es um die Hilfestellung bei der Beantwortung unter anderem folgender Fragen:
- Vorratshaltung oder Einzelbeschaffung im Bedarfsfall?
- Verbrauchssynchrone Beschaffung oder Vorratshaltung?

Mithilfe der XYZ-Analyse lassen sich auch Entscheidungen über den Sicherheitsbestand, den Höchstbestand usw. treffen.

Sinnvoll ist zudem eine Kombination der Daten, die mittels der ABC-Analyse und der XYZ-Analyse ermittelt werden. Tabelle 9.8-1 zeigt die Verbindung der beiden Methoden.

Durch den **Transport** der Sachgüter, zum Beispiel zwischen dem Lager und der Ge- oder Verbrauchsstelle, werden die zur Produktions- bzw. Versorgungsleistung benötigten Güter in der erforderlichen Menge und Qualität zur richtigen Zeit und am richtigen Ort bereitgestellt.

Die Funktionserfüllung hat zu erfolgen unter Beachtung der Kostenoptimierung mit den beiden Subzielen:
- Minimierung der Beschaffungs- und Lagerhaltungskosten sowie
- Minimierung der Fehlmengenkosten.

Die Realisierung einer bestandsoptimierten Patientenversorgung erfordert in jedem Fall eine bedarfssynchrone Steuerung des gesamten Materialflusses.

Auf der letzten Stufe des Warenwirtschaftssystems steht die **Entsorgung**, das Abfallmanagement.

Zusammenfassend lässt sich sagen, dass die Funktion der Materialwirtschaft zum einen in der Versorgung des Unternehmens mit den für den Leistungserstellungsprozess benötigten Gütern und Dienstleistungen besteht. Hierbei gelten die folgenden Kriterien:
- in der notwendigen Art und Qualität
- in der wirtschaftlichen Menge
- bei den geeigneten Lieferanten
- zum günstigsten Zeitpunkt
- am richtigen Lager- und Einsatzort
- zum günstigsten Preis.

Zum anderen kommt die sachgerechte Entsorgung der Waren durch das Unternehmen bzw. Krankenhaus hinzu.

Vor allem durch die Kostenkomponente sowohl bei der Versorgung als auch bei der Entsor-

Tabelle 9.8-1: Aufbau einer ABC-Analyse und einer XYZ-Analyse (Quelle: Haubrock et al., 1997: 123)

	A	B	C
X	Hoher Verbrauchswert	Mittlerer Verbrauchswert	Niedriger Verbrauchswert
	Regelmäßiger Verbrauch	Regelmäßiger Verbrauch	Regelmäßiger Verbrauch
Y	Hoher Verbrauchswert	Mittlerer Verbrauchswert	Niedriger Verbrauchswert
	Schwankender Verbrauch	Schwankender Verbrauch	Schwankender Verbrauch
Z	Hoher Verbrauchswert	Mittlerer Verbrauchswert	Niedriger Verbrauchswert
	Unregelmäßiger Verbrauch	Unregelmäßiger Verbrauch	Unregelmäßiger Verbrauch

gung kommt die betriebswirtschaftliche Bedeutung des materialwirtschaftlichen Sektors zum Tragen. So beträgt zum Beispiel der Anteil der Materialkosten (je nach Berechnungsumfang) an den Umsatzerlösen in der Industrie 50–70 %. Aus diesen Zahlen wird deutlich, welchen Einfluss Kostenveränderungen in der Materialwirtschaft auf das Unternehmensergebnis ausüben können (Abb. 9.8-9).

Im Krankenhaus hingegen liegen die Kosten der Materialwirtschaft bei ca. 40 % der Gesamtkosten des Unternehmens. Dieser Zahl liegt jedoch eine umfassende Betrachtungsweise der mit der Materialbewirtschaftung zusammenhängenden Kosten zugrunde. Die Entstehung dieses Gesamtkostenanteils wird in Abbildung 9.8-10 veranschaulicht.

Zur Verdeutlichung der Auswirkungen von Einsparungen im materialwirtschaftlichen Sektor auf die Unternehmensrentabilität wird häufig die Kennzahl „Return on Investment" (ROI) herangezogen. Hierunter ist die Gesamtkapitalrentabilität zu verstehen. Diese setzt sich wiederum aus dem Produkt aus Umsatzrendite (Gewinn : Umsatzerlöse) und Kapitalumschlag (Umsatzerlöse : investiertes Kapital) zusammen.

In Dienstleistungsunternehmen, also auch in Krankenhäusern, kommt der Materialwirtschaft allerdings eine relativ geringe Bedeutung zu, da hier im Kern keine Sachgüter produziert werden und somit die hierfür notwendigen Erzeugnisstoffe entfallen. Hier sind die Betriebsstoffe zur Gewährleistung des Dienstleistungsprozesses Gegenstand der Bewirtschaftung.

9.8.4
Abfallmanagement

Am Beispiel des Abfallmanagements im Krankenhaus, das die letzte Stufe im Materialwirtschaftssystem darstellt, soll die immer wichtigere ökologische Betrachtung des Sach-

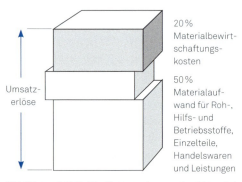

Abbildung 9.8-9: Die Kostenrelevanz der Materialwirtschaft in der Industrie (Quelle: Haubrock et al., 1997: 123)

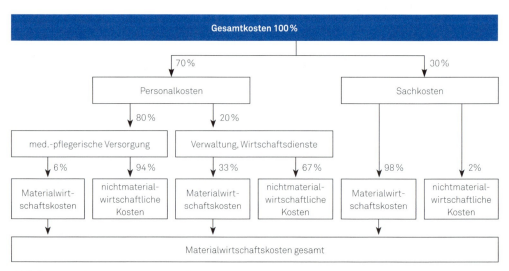

Abbildung 9.8-10: Das Verhältnis der Materialkosten zu den Gesamtkosten im Krankenhaus (Quelle: Haubrock et al., 1997: 125)

gütereinsatzes aufgezeigt werden. Hierbei ist es in einem ersten Schritt wichtig, den gesundheitspolitischen Auftrag des Krankenhauses mit dem Umweltschutzaspekt zu harmonisieren.

Der gesundheitspolitische Auftrag der Krankenhäuser steht im Rahmen der vom Sachverständigenrat zur Begutachtung der Entwicklung im Gesundheitswesen in seinem Sondergutachten 2012 festgelegten **Ziele und Leitbilder der Gesundheitsversorgung**. Nach Auffassung des Rates sind neben dem zentralen Ziel „Verbesserung des Gesundheitszustands der Bevölkerung" und der Realisierung allgemeiner, gesamtwirtschaftlicher Ziele unter anderem die folgenden Leitbilder einer zielorientierten Gesundheitsversorgung wesentlich:

- effektive und qualitativ hochwertige, bedarfsgerechte Versorgung
- effiziente bzw. kostengünstige Leistungserstellung
- Stärkung der Souveränität, Eigenverantwortung und Eigenkompetenz der Versicherten und Patienten
- Wahrung der Autonomie der Patienten
- Erhaltung der Solidarität im Sinne der intra- und intergenerativen Gerechtigkeit
- Sicherung der Finanzierbarkeit einer bedarfsgerechten Versorgung
- Schaffung von Nachhaltigkeit und Stabilität
- Transparenz und Planungssicherheit im Gesundheitssystem. (Vgl. Sachverständigenrat zur Begutachtung der Entwicklung im Gesundheitswesen, 2012: 2)

Die Umweltschädigung in ihrer breiten Vielfalt, zu der auch die Krankenhauswirtschaft als Verbraucher von natürlichen Ressourcen und Produzentin von Abfällen beiträgt, steht teilweise im Widerspruch zu dem oben formulierten gesundheitspolitischen Auftrag. Dieser muss, will er diesen in den vergangenen Jahren immer deutlicheren Widerspruch auflösen, vermehrt den Umweltschutzgedanken einbeziehen.

Der Zielkonflikt zwischen optimierter medizinischer Leistungsfähigkeit, Wirtschaftlichkeit und Umweltschutz ist zum Beispiel dadurch lösbar, dass Umweltschutz und Wirtschaftlichkeit nur da Vorrang haben dürfen, wo kein Therapierisiko für den Patienten besteht.

Aufgrund der fortschreitenden Umweltzerstörung hat die Bedeutung des Umweltschutzes seit Beginn der 1970er-Jahre zugenommen. Heute werden die Folgen der Umweltzerstörung deutlich, die zum Beispiel durch das Auftreten des Treibhauseffekts oder durch die Boden- und Gewässerbelastung eingetreten sind.

Unter dem Gesichtspunkt, dass die Umwelt nur begrenzte Ressourcen zur Verfügung stellt und die natürliche Regenerationsfähigkeit stark gefährdet ist, ist hier die Notwendigkeit einer ressourcenschonenden Inanspruchnahme gegeben. Gerade den Einrichtungen im Gesundheitswesen kommt dabei eine zentrale Bedeutung zu. Diese Vorreiterrolle ergibt sich aus der Aufgabenstellung dieser Unternehmen, nämlich Gesundheit zu fördern, zu erhalten bzw. wiederherzustellen. Vor dem Hintergrund, dass es zwischen dem Gesundheitszustand der Menschen und dem Grad der Umweltbelastung Interdependenzen geben kann, muss es für diese Einrichtung eine wesentliche Aufgabe sein, die Umwelt so gering wie möglich zu belasten.

Ein weiterer Aspekt ist die gesamtökonomische Vorreiterfunktion des Gesundheitssektors. Wendet dieser Wirtschaftszweig bei seiner Leistungserstellung die Prinzipien des Umweltschutzes an, so wird diese Handlungsweise bei anderen Wirtschaftsunternehmen Nachahmungseffekte auslösen.

Die Krankenhäuser haben einen Versorgungsauftrag zu erfüllen. Ein Krankenhaus muss bei der Patientenbehandlung, um die gesetzlich fixierten Versorgungsaufgaben realisieren zu können, neben den Dienstleistungen und den Sachgütern auch die Produktionsfaktoren Wasser und Boden in Anspruch nehmen bzw. verbrauchen.

Gerade das inzwischen auch für Krankenhäuser relevante unternehmerische Effizienzgebot, das traditionell auf dem Konzept der **Durchlaufwirtschaft** basiert, hat in der Vergangenheit zu einer Überbeanspruchung natürlicher Ressourcen geführt. Nach diesem Konzept der Durchlaufwirtschaft wird die Umwelt als Reservoir der natürlichen Bodenschätze (Input) und als Abfallbecken (Output) angesehen. Die sich hieraus ergebenden Schadensbeseitigungen bzw. -minderungen müssen in Form von **sozialen Kosten** getragen und damit von der Allgemeinheit finanziert werden. Die ökologische Schadensbilanz der Bundesrepublik Deutschland zeigt die Auswirkungen dieser Sichtweise. Danach treten durchschnittlich pro Jahr über 60 Mrd. Euro „rechenbare" Schäden durch Luft- und Gewässerverschmutzung sowie durch Bodenbelastung und Lärm ein.

Ein wesentlicher Teil dieser Schäden wird durch Abfälle verursacht. Als Abfälle sollen hierbei zum Beispiel stoffliche Rückstände, feste Abfälle, Reststoffe, Altprodukte und gebrauchte Materialien verstanden werden.

Im Jahre 1971 wurde durch den Deutschen Bundestag ein Umweltprogramm verabschiedet. Mit der einstimmigen Verabschiedung wurde die Notwendigkeit aufgezeigt, den Umweltschutz zu konkretisieren und gleichzeitig die Zielsetzung formuliert, ein neues Rechtsgebiet, das Umweltrecht, zu schaffen. Das **Umweltrecht** mit seinen drei Teilgebieten Umweltverwaltungsrecht, Privatrecht und Strafrecht gilt heute als eigenständiges Rechtsgebiet.

Dem **Umweltverwaltungsrecht** kommt eine besondere Bedeutung zu, da mit dieser Rechtsform überwiegend gesetzliche Normen durchgesetzt werden. Zum Teilgebiet des Umweltverwaltungsrechts gehören unter anderem das Abfallrecht, das Immissionsschutzrecht und das Abwasserrecht.

Das **Umweltprivatrecht** wird als Summe der zivilrechtlichen Regeln zum Schutz der Umwelt definiert. Es gewährt zivilrechtliche Ansprüche auf Unterlassung, Schutzmaßnahmen oder Ausgleich von Beeinträchtigungen. Diese können sich aus dem Deliktrecht oder dem Sachenrecht ergeben.

Im **Umweltstrafrecht** sind seit 1980 die wichtigsten Strafvorschriften zum Schutz der Umwelt unter der Überschrift „Straftaten gegen die Umwelt" zusammengefasst.

Eine Verschärfung der Umwelthaftung erfolgte durch das am 01.01.1991 in Kraft getretene **Umwelthaftungsgesetz**. Dessen Zielsetzung besteht darin, das Eigeninteresse der Unternehmen an der Vermeidung von Umweltschäden zu fördern. Durch größere finanzielle Haftungsrisiken soll gewährleistet werden, dass zu erwartende Umweltschäden in der betrieblichen Kalkulation berücksichtigt werden.

Zu den tragenden Säulen der Umweltgesetzgebung gehört das **Gesetz zur Vermeidung, Verwertung und Beseitigung von Abfällen** vom 27.09.1994. Bei diesem Gesetz handelt es sich um ein Artikelgesetz. So verändern einige Artikel zum Beispiel einige Umweltschutzgesetze, wie etwa das Bundesimmissionsschutzgesetz, das Chemikaliengesetz und das Gesetz über die Umweltverträglichkeitsprüfung. Der Kern des Gesetzes ist jedoch Artikel 1, der das **Gesetz zur Förderung der Kreislaufwirtschaft und Sicherung der umweltverträglichen Beseitigung von Abfällen (Kreislaufwirtschafts- und Abfallgesetz – KrW/AbfG)** beinhaltet. Dieses Gesetz, das von 1996 bis 2012 relevant war, ersetzte das bis dato geltende Gesetz zur Vermeidung und Entsorgung von Abfällen (Abfallgesetz).

Darüber hinaus kommt eine Vielzahl von bundes-, landes- und kommunalrechtlichen Vorschriften für die Vermeidung und Entsorgung von Abfällen aus Einrichtungen des Gesundheitswesens zur Anwendung, auf die später genauer eingegangen wird.

Das Kreislauf- und Abfallgesetz stellte auch die Krankenhäuser vor neue abfallwirtschaftliche Herausforderungen. So ist der Abfallbegriff erweitert worden, wodurch auch die Entsorgungsverantwortlichkeit und die Haftungspflicht der Häuser gestiegen sind. Weiterhin wird den Krankenhäusern als Abfallproduzent die Verantwortung für die ordnungsgemäße Entsorgung übertragen. Die Abfallproduzenten, die pro Jahr mehr als 2000 t überwachungsbedürftige Abfälle oder mehr als 2000 kg besonders überwachungsbedürftige Abfälle erzeugen, sind seit dem 01.04.1998 verpflichtet, eine **Abfallbilanz** und ab dem 31.12.1999 ein **Abfallwirtschaftskonzept** zu erstellen. Nach § 20 KrW/AbfG haben die Unternehmen jeweils für das vorangegangene Jahr eine Bilanz über Art, Menge und Verbleib der verwerteten oder beseitigten besonders überwachungsbedürftigen und überwachungsbedürftigen Abfälle (Abfallbilanz) zu erstellen und auf Verlangen der zuständigen Behörde vorzulegen. Welche Abfälle besonders überwachungsbedürftig bzw. überwachungsbedürftig sind, regelte § 3 bzw. § 41 KrW/AbfG. In dem gesetzlich geforderten **Abfallwirtschaftskonzept** müssen die Krankenhäuser unter anderem die Abfallwirtschaftsziele, die geplanten Entsorgungsaktivitäten, den dafür einkalkulierten finanziellen Mitteleinsatz sowie die technischen Verfahren und Entsorgungswege aufzeigen. Gerade vor dem Hintergrund, dass die Unternehmen den Nachweis der Entsorgungssicherheit für mindestens fünf Jahre garantieren müssen, ist es zwingend erforderlich, die folgenden Aspekte zu berücksichtigen:

- Umweltanalyse
- Unternehmensanalyse
- Stärken-Schwächen-Analyse
- Strategieentwicklung.

Das Kreislaufwirtschafts- und Abfallgesetz und das **Bundesimmissionsschutzgesetz** schreiben für ein abfallproduzierendes Unternehmen weiterhin die Bestellung und die Aufgaben eines Abfallbeauftragten vor.

Das Gesetz zur Verhütung und Bekämpfung übertragbarer Krankheiten beim Menschen (**Bundesseuchengesetz – BSeuchG**) bestimmt, dass notwendige Maßnahmen zur Abwendung von Gefahren zu treffen sind, beispielsweise, wenn Gegenstände mit Erregern meldepflichtiger übertragbarer Krankheiten behaftet sind und eine Verbreitung der Krankheit zu befürchten ist.

Im Kreislaufwirtschafts- und Abfallgesetz von 1996 wurde **Abfall** in § 3 Abs. 1 wie folgt definiert:

„Abfälle im Sinne dieses Gesetzes sind bewegliche Sachen, die unter die in Anhang I aufgeführten Gruppen fallen und deren sich der Besitzer entledigt, entledigen will oder entledigen muss."

Das Kreislaufwirtschafts- und Abfallgesetz (KrW/AbfG), das im Jahre 2012 durch ein neues Kreislaufwirtschaftsgesetz ersetzt wurde, schreibt zum Beispiel bei einem Anfall von mehr als 2000 t überwachungsbedürftigen Abfalls die Erstellung eines Abfallkonzepts vor. Grundlage für dieses Konzept ist die Abfallbilanz des vorangegangenen Jahres.

In Umsetzung der EG-Abfallrahmenrichtlinie hat das KrW/AbfG mit dieser Definition den EG-rechtlichen Abfallbegriff wortgleich übernommen. Diese neue Begrifflichkeit schließt alle Wert- und Reststoffe in das Abfallrecht ein, soweit es sich um bewegliche Sachen handelt und diese in Anhang I des Gesetzes genannt sind. Eine Differenzierung ist nur noch durch die Einteilung in Abfälle zur Verwertung und Abfälle zur Beseitigung gegeben.

In § 4 Abs. 1 KrW/AbfG wurde eine abfallwirtschaftliche Zielhierarchie festgelegt. Abfälle sind danach in erster Linie zu vermeiden, in zweiter Linie stofflich oder energetisch zu verwerten. Sind Abfälle weder zu vermeiden noch zu verwerten, dann müssen sie dauerhaft von der Kreislaufwirtschaft ausgeschlossen werden. Dieser Zusammenhang wird in Abbildung 9.8-11 noch einmal verdeutlicht.

Die in Abbildung 9.8-11 aufgeführten Elemente der Abfallwirtschaft entsprechen der **Vier-V-Philosophie**, die sich an einer ökonomischen und einer ökologischen Effizienz der Abfallwirtschaft orientieren. Diese Betrachtung beinhaltet, dass sowohl die „ökonomischen" Kosten für die Entsorgung der Abfälle als auch die „ökologischen" Kosten berücksichtigt werden.

Die Vier-V-Philosophie umfasst sowohl die Festlegung der Ziele der Abfallwirtschaft als

Abbildung 9.8-11: Elemente der Abfallwirtschaft (Quelle: Haubrock, 2004: 104)

auch die Reihenfolge der Zielrealisierung. Die Ziele und die Entsorgungsstrategien lassen sich wie folgt festschreiben:
- **Vermeiden** vor **Vermindern**
- **Vermindern** vor **Verwerten**
- **Verwerten** vor **Beseitigung**.

Zur **Abfallvermeidung** bieten sich zum Beispiel der Verzicht oder die Beschränkung des Verbrauchs, die ökologische Beschaffung sowie die Verwendung von Mehrweg- statt Einwegartikeln an. Bei der **Verminderung** von Abfällen geht es zum Beispiel um die Gewichts- oder Volumenreduzierung von Stoffen und Verpackungen. Die **Abfallverwertung** beinhaltet die Rückführung und erneute wirtschaftliche Nutzung von Stoffen (Recycling). Grundsätzlich werden drei Arten des Recyclings unterschieden:
- *Wiederverwendung:* Ein Produkt oder Material wird für den gleichen Verwendungszweck wiederholt benutzt (z. B. Pfandflaschen, runderneuerte Reifen).
- *Weiterverwendung:* Abfälle werden nach geeigneter physikalischer, chemischer oder biologischer Vorbehandlung für neue Anwendungsbereiche eingesetzt. Ein Beispiel ist die Granulierung von Altreifen und Kunststoffabfällen, wobei das Granulat als Füllstoff für Baumaterialien verwendet wird.
- *Weiterverwertung:* Chemische Grundstoffe werden aus Abfällen wiedergewonnen und in den Produktionsprozess zurückgeführt, wie zum Beispiel beim Einsatz von Autoschrott in Stahlwerken.

Soweit Abfälle weder zu vermeiden noch zu verwerten sind, müssen sie nach dem Kreislaufwirtschafts- und Abfallgesetz schadlos beseitigt werden. Sämtliche Formen der **Abfallbeseitigung** nehmen immer den letzten Rang ein, denn sogar bei hochwertigen Beseitigungstechnologien kann nie von schadloser, sondern allenfalls von schadstoffarmer Beseitigung gesprochen werden. Ein konsequent umgesetztes abfallwirtschaftliches Konzept muss, bevor weitere Beseitigungskapazitäten geschaffen werden, alle möglichen Vermeidungs- und Verwertungsstrategien ausschöpfen, um so das Abfallaufkommen zu vermindern und eine schadstoffärmere Abfallzusammensetzung zu bewirken.

Das **Gesetz zur Neuordnung des Kreislaufwirtschafts- und Abfallrechts** vom 24.02.**2012** hat einige Veränderungen mit sich gebracht. Aus dem Artikel 1 des Neuordnungsgesetzes, das als Artikelgesetz beschlossen wurde, wird deutlich, dass das Kreislaufwirtschafts- und Abfallgesetz durch das **Gesetz zur Förderung der Kreislaufwirtschaft und Sicherung der umweltverträglichen Bewirtschaftung von Abfällen (Kreislaufwirtschaftsgesetz – KrWG)** ersetzt worden ist. Nach § 1 KrWG ist es **Zweck** des Gesetzes, die Kreislaufwirtschaft zur Schonung der natürlichen Ressourcen zu fördern und den Schutz der Menschen und der Umwelt bei der Erzeugung und Bewirtschaftung von Abfällen sicherzustellen. Der **Geltungsbereich** des Gesetzes umfasst:
- Vermeidung von Abfällen
- Verwertung von Abfällen
- Beseitigung von Abfällen
- sonstige Maßnahmen der Abfallbewirtschaftung.

In § 3 KrWG werden **Abfälle** als „alle Stoffe oder Gegenstände bezeichnet, derer sich ihr Besitzer entledigt, entledigen will oder entledigen muss. Abfälle zur Verwertung sind Abfälle, die verwertet werden; Abfälle, die nicht verwertet werden, sind Abfälle zur Beseitigung". Von einer **Entledigung** kann nach § 3 KrWG dann gesprochen werden, wenn der Besitzer Stoffe oder Gegenstände einer Verwertung oder einer Beseitigung zuführt oder die tatsächliche Sachherrschaft über die Stoffe oder Gegenstände durch Wegfall jeder weiteren Zweckbestimmung aufgibt. Das KrWG gleicht damit den Abfallbegriff an die europäische Abfallrahmenrichtlinie (Richtlinie 20008//EG) an. Neu eingeführt wurde zudem die Abgrenzung zwischen dem Abfall und den Nebenprodukten, die nicht dem Abfallrecht unterliegen. Ein Nebenprodukt ist ein Stoff, der bei der Herstellung eines anderen Produkts anfällt und somit nicht Hauptzweck der Herstellung ist. Zudem wurde das **Ende der Allfalleigenschaft** präzisiert. Hierzu muss ein Stoff die folgenden Kriterien erfüllen:

- Durchlaufen eines Verwertungsverfahrens
- Verwendung für bestimmte Zwecke
- Existenz eines Marktes bzw. einer Nachfrage
- Erfüllung technischer und rechtlicher Anforderungen
- Unschädlichkeit der Verwendung.

In § 6 KrWG ist die **fünfstufige Abfallhierarchie** verankert:
1. Vermeidung
2. Vorbereitung zur Wiederverwendung
3. Recycling
4. sonstige Verwertung, insbesondere energetische Verwertung und Verfüllung
5. Beseitigung.

Ergänzt werden diese Regelungen durch die **Grundpflichten** (§§ 7 u. 9 KrWG) sowie durch die **Getrennthaltungspflichten** für Bio-, Papier-, Metall-, Kunststoff- und Glasabfälle. Diese Pflicht ist am 01.01.2015 in Kraft getreten. In § 14 KrWG sind **Recyclingquoten** festgelegt worden, die spätestens bis zum Jahre 2020 umgesetzt sein müssen. Nicht geändert wurde die Überlassungspflicht der Abfälle aus den privaten Haushalten und für die Abfälle aus anderen Herkunftsbereichen an die öffentlich-rechtlichen Entsorger. Ausnahmen sind jedoch möglich.

Am 12.12.2013 hat der Bund unter der Beteiligung der Länder zum ersten Mal ein **Abfallvermeidungsprogramm** erstellt.

Auch im KrWG sind nach § 21 KrWG **Abfallwirtschaftskonzepte** und **Abfallbilanzen durch die öffentlich-rechtlichen Entsorgungsträger** über die Verwertung, insbesondere die Vorbereitung zur Wiederverwendung und des Recyclings und die Beseitigung der in ihrem Gebiet anfallenden und ihnen überlassenden Abfälle zu erstellen. Die Anforderungen an die Konzepte und Bilanzen richten sich nach dem jeweiligen Landesrecht. Nach § 30 KrWG müssen die Länder **Abfallwirtschaftspläne** erstellen. Zudem muss der Bund nach § 33 KrWG **Abfallvermeidungsprogramme** verabschieden.

Primäres Ziel der Abfallwirtschaft ist es demnach, die Abfallmengen im optimalen Falle zu vermeiden oder, wenn dies nicht möglich ist, wenigstens zu vermindern. Hieraus lässt sich ableiten, dass sich die oben aufgezeigte Sichtweise der Durchlaufwirtschaft in den vergangenen Jahren in Richtung des Konzepts einer Kreislaufwirtschaft verändert hat. Nach § 7 KrWG gehört es zu den **Grundpflichten der Kreislaufwirtschaft**, dass der Erzeuger oder Besitzer von Abfällen verpflichtet ist, Abfälle zu verwerten. Hierbei hat die Verwertung von Abfällen Vorrang vor deren Beseitigung. Dieser Vorrang entfällt, wenn die Beseitigung der Abfälle den Schutz der Menschen und der Umwelt am besten gewährleistet.

Die Umsetzung des Kreislaufwirtschaftskonzepts ist unter anderem darauf zurückzuführen, dass in den vergangenen Jahrzehnten der Umweltschutz innerhalb der Bevölkerung zunehmend Bedeutung gewonnen hat. In diesem Zusammenhang spielen die im Folgenden beschriebenen Begriffe eine zentrale Rolle.

Ökologie ist die von dem deutschen Zoologen Erich Haekel 1866 geprägte Bezeichnung für die aus der Biologie hervorgegangene Wissenschaft, die sich mit den Wechselbeziehungen zwischen den Organismen und der unbelebten Umwelt (abiotische Faktoren wie Klima, Boden) und der belebten Umwelt (biotische Faktoren wie andere Organismen) befasst. Seit ungefähr 20 Jahren wird der Ökologie eine Bedeutung zugeschrieben, die umfassender ist als das, was man unter Ökologie als einem Teilgebiet der Biologie vermutet. Ziel einer ökologisch orientierten Wissenschaft ist danach die Erhaltung und Entfaltung der menschlichen, gesellschaftlichen und natürlichen Teilsysteme der Erde bei sparsamem Umgang mit den vorhandenen Ressourcen. Aus dieser begrifflichen Festlegung geht eine enge Verbindung mit dem Umweltschutz hervor.

Unter **Umweltschutz** versteht man die Gesamtheit aller Maßnahmen und Bestrebungen, die dazu dienen, die natürlichen Lebensgrundlagen von Pflanzen, Tieren und Menschen zu erhalten bzw. ein gestörtes Gleichgewicht wieder auszugleichen. Im engeren Sinne ist darunter der Schutz vor negativen Auswirkungen der ökonomischen Tätigkeit des Menschen, seiner technischen Einrichtungen und sonstiger zivilisatorischer Begebenheiten zu verstehen. Aus dieser Definition lässt sich ableiten, dass die Umwelt die Gesamtheit der Lebensbedingungen, und zwar sowohl die urwüchsige Natur als auch der von Menschen gestaltete Lebensraum, ist.

In der betrieblichen Praxis wird der Umweltschutz immer noch mit der Begründung abgelehnt, dass dadurch finanzielle Mehraufwendungen entstünden. Nach wie vor stehen die ökonomischen Unternehmensziele (z. B. Effizienz, Effektivität, Produktivität und Rentabilität) im Vordergrund betrieblicher Aktivitäten. Aber auch hier zeichnet sich eine veränderte Sichtweise ab. Durch die **Balanced Scorecard** sehen die Unternehmen eine Möglichkeit, in das unternehmerische Zielsystem auch alternative Unternehmensziele aufzunehmen. Somit bietet die Einbindung des Umweltschutzes in das Zielsystem der Unternehmungen Chancen und Anreize, mittel- und langfristig ihre Wettbewerbsfähigkeit zu erhalten bzw. zu verbessern. Aufgrund der besonderen Aufgabenstellung, nämlich die Gesundheit der Bevölkerung zu erhalten und wiederherzustellen, sowie der oben aufgezeigten gesamtwirtschaftlichen Bedeutung müssen gerade die Krankenhäuser als Nachfrager von Gütern dem Beschaffungsmarkt für umweltfreundliche Produkte entscheidende Impulse geben.

Unternehmen benötigen Informationen bezüglich der ökologischen Risiken und Chancen von Produkten und Herstellungsverfahren, daher ist eine systematische Einbeziehung umweltrelevanter Aspekte dringend notwendig. Bislang stellt das traditionelle Rechnungswesen hierfür keinen relevanten Informationsbedarf zur Verfügung. Es ergibt sich demnach die Notwendigkeit der Einrichtung eines betrieblichen Umweltinformationssystems. In dessen Rahmen haben Abfallbilanzen und Ökobilanzen, in denen die Stoff- und Energieströme systematisch erfasst werden, eine große Bedeutung.

Alle dargestellten Aspekte bilden ein **Umweltmanagementsystem (UMS)**. Unter einem UMS ist ein Managementsystem einer Organisation zu verstehen, in dem die Zuständigkeiten, die Verhaltensweisen, die Abläufe und die Vorgaben zur Umsetzung der betrieblichen Umweltpolitik strukturiert festgelegt werden. Somit sollen umweltrelevante Aktivitäten einer Unternehmung oder einer Behörde systematisiert, gesteuert und kontrolliert werden, um die Umwelteinwirkungen dieser Organisationen zu reduzieren. Dies wird in der Regel durch einen Umweltmanagementbeauftragten koordiniert. Ein solches System ist das am 27.04.**2001** von der Europäischen Union verabschiedete **Environmental Management and Audit Scheme (EMAS)**. Die Zielsetzung von EMAS ist eine kontinuierliche Verbesserung der Umweltleistungen der Unternehmen. Diese Verbesserung soll unter anderem über eine regelmäßige Bewertung des Systems sowie durch aktive Einbeziehung und Mitarbeit aller Beschäftigen in einem Unternehmen erreicht werden. Folgende konkrete Maßnahmen sollen umgesetzt werden:

- Entlastung der Umwelt durch Trennung und Verwertung der Abfälle
- Senkung des Verbrauchs von Energie, Rohstoffen und Wasser
- Kostensenkung durch Erkennung von Verbesserungspotenzialen
- Organisationsoptimierung
- Systematisierung der Umweltschutzaktivitäten
- Imagesteigerung
- Steigerung der Motivation der Mitarbeiterschaft.

Das Umweltmanagementsystem EMAS hat die folgenden **Regelkreiselemente**:
- Umweltleitlinie/Umweltprüfung
- Aufbau- und Ablauforganisation
- Umwelterklärung
- Umweltbetriebsprüfung/internes Audit
- Validierung.

Die an EMAS teilnehmenden Organisationen müssen im Rahmen der Auditierung eine Umwelterklärung veröffentlichen, in der die Auswirkungen der Unternehmung auf die Umwelt, die Umweltleistungen und die Umweltziele festzuhalten sind. Die Erklärung wird von einem unabhängigen Umweltgutachter überprüft. Diese Auditierung erfolgt nach ISO-14001-Kriterien. Die aktuelle Zertifizierung erfolgt nach **ISO 14001:2015**.

Mit der Weiterentwicklung dieses sogenannten EU-Öko-Audits in Form des EMAS II und EMAS III sind einige Erweiterungen vorgenommen worden. So müssen nach den EMAS III-Vorschriften, die zum 01.01.2010 in Kraft getreten sind, kleine und mittlere Unternehmungen ihre Umwelterklärungen nur alle zwei Jahre aktualisieren und nur alle vier Jahre durch einen Gutachter überprüfen lassen. In Deutschland sind die wesentlichen Teile der EMAS-Verordnung durch das **Umweltauditgesetz** umgesetzt worden.

Neben den oben angeführten Gesetzen gibt es mit einer großen Zahl weiterer rechtlicher Bestimmungen Berührungspunkte, angefangen beim Atomgesetz bis hin zum Chemikaliengesetz, auf deren Erläuterung hier jedoch verzichtet wird. Exemplarisch soll jedoch die am 12.06.1991 in Kraft getretene und zuletzt 17.07.2014 novellierte **Verpackungsverordnung (VerpackV)** im Überblick dargestellt werden. Diese Verordnung hat zum einen für die abfallwirtschaftlichen Ziele und Strategien eine besondere Bedeutung, da zum ersten Mal durch eine gezielte Verordnung versucht wird, einen wesentlichen Hauptgrund der Abfallberge, nämlich das Verpackungsmaterial, in den Griff zu bekommen. Sie verfolgt das Ziel, Verpackungsabfälle von der öffentlichen Abfallbeseitigung fernzuhalten. Dies soll über die grundsätzliche Rücknahmepflicht von Verpackungen durch den jeweiligen Vertreiber bzw. Hersteller erreicht werden.

Die bereits beschriebene bedrohliche Entwicklung im Bereich der Verpackungsabfälle steht im Widerspruch zu den im Kreislaufwirtschaftsgesetz verankerten Zielen, Abfälle zu vermeiden und zu verwerten. In § 1 der Verpackungsverordnung werden die abfallwirtschaftlichen Ziele festgeschrieben. Demnach sind Verpackungen aus umweltverträglichen und die stoffliche Verwertung nicht belastenden Materialien herzustellen, und Abfälle sind zu vermeiden, indem die Verpackung auf ein notwendiges Maß beschränkt wird und, wo möglich, wiederbefüllbar bzw. stofflich verwertbar sein muss. Zielgruppe der Verordnung ist neben der Verpackungsindustrie primär der Handel. Die folgenden **Verpackungsarten** werden dabei unterschieden:

- *Transportverpackungen:* Sie dienen dazu, Waren auf dem Weg vom Hersteller zum Vertreiber zu transportieren (z. B. Paletten, Kisten und Fässer).
- *Verkaufsverpackungen:* Sie werden vom Verbraucher zum Transport oder bis zum Verbrauch der Ware verwendet (z. B. Becher, Beutel, Blister und Dosen). Hierzu gehören auch Einweggeschirr und -bestecke.
- *Umverpackungen:* Sie sind dazu bestimmt, die Selbstbedienung der Ware zu ermöglichen, den Diebstahl zu erschweren und als Werbefläche zu dienen (z. B. Blister, Folien und Kartonagen).

Hinzu kommen die **Getränkeverpackungen** und die **Mehrwegverpackungen**.

Nach der Verpackungsverordnung sind die nachstehenden **Grundprinzipien** zu beachten:
- Verpackungsabfälle sind in erster Linie zu vermeiden.
- Können Verpackungsabfälle nicht vermieden werden, dann ist der Wiederverwendung und der stofflichen Verwertung Vorrang vor der energetischen Verwertung zu geben.
- Die Beseitigung muss gemeinwohlverträglich erfolgen. (Vgl. Bundesministerium für Umweltschutz, Naturschutz, Bau und Reaktorsicherheit, 2014: 1)

Auf der Grundlage der Verpackungsverordnung wurden in Deutschland die sogenannten **Dualen Systeme** eingerichtet. In diesem Kontext sind zum Beispiel die Verpackungsindustrie und der Handel zur Rücknahme und Verwertung von Transport- und Verkaufsverpackungen verpflichtet. Für Umverpackungen gilt die Rücknahmepflicht für den Vertreiber. Die Rücknahmeverpflichtungen sind an bestimmte Termine gebunden.

Der Anfall krankenhausspezifischer Abfälle sowie Sonderabfälle, die einer Nachweispflicht entsprechend der Abfallnachweisverordnung (AbfNachwV) unterliegen, macht eine Klassifizierung der Krankenhausabfälle notwendig. Diese erfolgt zum einen anhand der Richtlinien der Kommission für Krankenhaushygiene und

Infektionsprävention des Bundesgesundheitsamtes (**BGA-Richtlinien**), in der das Infektionsrisiko entscheidendes Kriterium ist:
- Zur *Gruppe A* gehören danach Abfälle, für die keine besonderen Vorkehrungen zur Infektionsverhütung getroffen werden müssen, also hausmüllähnliche Abfälle.
- Die *Gruppe B* umfasst Abfälle, die innerhalb des Krankenhauses besonderer Maßnahmen zur Infektionsverhütung bedürfen, also insbesondere mit Sekreten oder Blut kontaminierte Abfälle.
- Abfälle der *Gruppe C* bedürfen zusätzlich auch außerhalb des Krankenhauses besonderer Maßnahmen zur Infektionsverhütung, zum Beispiel Abfälle, die mit Erregern meldepflichtiger Krankheiten behaftet sind.

Zum anderen kann die Einteilung auch mithilfe des Merkblatts über die Vermeidung und Entsorgung von Abfällen aus öffentlichen und privaten Einrichtungen des Gesundheitsdienstes erfolgen, das 1992 durch die **Länderarbeitsgemeinschaft Abfall (LAGA)** veröffentlicht wurde. Die Klassifizierung ist der BGA-Richtlinie ähnlich, wobei die Einteilung nach den Entsorgungsanforderungen vorgenommen wird. Im Jahre 2002 sind die verschiedenen Abfallgruppen der LAGA mit den Einteilungen der Verordnung über das Europäische Abfallverzeichnis (**Abfallverzeichnis-Verordnung – AVV**) vom 25.04.2002 harmonisiert worden. Die AVV zählt 839 sechsstellige Abfallschlüssel auf. Diese Schlüssel gelten europaweit und bieten somit die Grundlage für einen EU-einheitlichen Vollzug der Abfallgesetzgebung. Für das Gesundheitswesen ist insbesondere die Abfallgruppe 18 (Abfälle aus der humanmedizinischen oder tierärztlichen Versorgung) relevant. In Tabelle 9.8-2 wird der Abfallschlüssel 180101 exemplarisch dargestellt.

Entsprechend der alten LAGA-Richtlinie werden die Abfälle weiterhin in die folgenden fünf Abfallgruppen eingeteilt:
- *Abfallgruppe A:* Abfälle, an deren Entsorgung aus infektionspräventiver und umwelthygienischer Sicht keine besonderen Anforderungen zu stellen sind (z. B. Hausmüll, Küchen- und Kantinenabfälle). Nach der aktuellen Kennzeichnung der AVV und LAGA handelt es sich hierbei um die Abfallschlüssel AS 1501xx, AS 180104, AS 2001xx.
- *Abfallgruppe B:* Abfälle, an deren Entsorgung aus infektionspräventiver Sicht innerhalb der Einrichtungen des Gesundheitswesens besondere Anforderungen zu stellen sind (z. B. Blut, Einwegwäsche, Gipsverbände). Nach der aktuellen Kennzeichnung der AVV und LAGA handelt es sich hierbei um die Abfallschlüssel AS 180101 und AS 180104.

Tabelle 9.8-2: Abfallschlüssel AS 180101 (Quelle: Richtlinien über die ordnungsgemäße Entsorgung von Abfällen aus Einrichtungen des Gesundheitswesens, www.laga-online.de)

AVV Abfallschlüssel AS 18 01 01	AVV-Bezeichnung: spitze oder scharfe Gegenstände		Abfalleinstufung: überwachungsbedürftig bei Beseitigung
Abfalldefinition: Spitze und scharfe Gegenstände, auch als „sharps" bezeichnet			EAKV 1996: 18 01 01 LAGA Gruppe: B
Anfallstellen	Bestandteile	Sammlung – Lagerung	Entsorgung
Gesamter Bereich der Patientenversorgung	Skalpelle, Kanülen von Spritzen und Infusionssystemen, Gegenstände mit ähnlichem Risiko für Schnitt- und Stichverletzungen	Erfassung am Abfallort in stich- und bruchfesten Einwegbehältnissen, kein Umfüllen, Sortieren oder Vorbehandeln	Keine Sortierung! Ggf. Entsorgung mit Abfällen des AS 18 01 04

Hinweise: Eine sichere Desinfektion der Kanülen-Hohlräume ist schwierig. Analoge Anwendung auch auf AS 18 02 01.

- *Abfallgruppe C:* Abfälle, an deren Entsorgung aus infektionspräventiver Sicht innerhalb und außerhalb der Gesundheitseinrichtungen besondere Anforderungen zu stellen sind (z. B. Abfälle aus Infektionsstationen). Dies ist der Schlüssel AS 180103.
- *Abfallgruppe D:* Abfälle, an deren Entsorgung aus umwelthygienischer Sicht innerhalb und außerhalb des Krankenhauses besondere Anforderungen zu stellen sind (z. B. Desinfektionsmittel, Laborabfälle). Für diese Gruppe sind unter anderem die folgenden Schlüssel wichtig: AS 180106, AS 180107.
- *Abfallgruppe E:* medizinische Abfälle, an deren Entsorgung nur aus ethischer Sicht zusätzliche Anforderungen zu stellen sind (z. B. Körperteile). Es geht bei dieser Gruppe um den Schlüssel 180102.

Am 01.01.2019 wird das **Gesetz über das Inverkehrbringen, die Rücknahme und die hochwertige Verwertung von Verpackungen (Verpackungsgesetz – VerpackG)** die derzeit gültige Verpackungsverordnung ersetzen.

In den vergangenen Jahren sind eine Reihe von Ökobilanzen in Zusammenhang mit Ge- und Verbrauchsgütern erstellt worden. Dabei wurden unter anderem im Krankenhausbereich die Umwelteinwirkungen von OP-Einmalabdecktüchern gegenüber textilen OP-Abdeckmaterialien und von Einmalzellstoffwindeln gegenüber Baumwollwindeln verglichen und bilanziert.

Bisher existiert jedoch noch kein verbindliches und einheitliches Bewertungsverfahren. Dies ist eine Ursache dafür, dass es bei ähnlich gelagerten Untersuchungen gegensätzliche Ergebnisse gegeben hat bzw. geben wird. Daher sind die Ergebnisse dieser Bilanzierungsarten für einzelne Ge- und Verbrauchsgüter kritisch zu beurteilen und verdeutlichen insgesamt die Bewertungsproblematik.

In der Literatur ist der Begriff „Ökobilanz" nicht eindeutig definiert. In dieser Darstellung wird auf die Festlegung des Ökobilanzbegriffs, der im Rahmen eines durch das Institut für ökologische Wirtschaftsforschung (IÖW) in Berlin entwickelten Erfassungs- und Bewertungssystems verwendet worden ist, zurückgegriffen. Danach ist die **Ökobilanz** ein Instrument zur systematischen Erfassung der wirtschaftlichen Aktivitäten unter ökologischen Gesichtspunkten sowie zur Darstellung von Schwachstellen und Lösungsansätzen.

Die Ökobilanzsystematik des IÖW-Instituts bietet aufgrund der vierstufigen Teilbilanzierung sowohl einen Gesamt- als auch einen Einzelüberblick ökologischer Schwachstellen in dem zu betrachtenden Unternehmen. Der Aufbau der Ökobilanz nach der Systematik des Instituts für ökologische Wirtschaftsforschung lässt sich Abbildung 9.8-12 entnehmen.

Die **Betriebsbilanz** erfasst sowohl auf der Input- als auch auf der Output-Seite Stoffe und Energien, die im Unternehmen eingesetzt bzw. hergestellt werden. In der Betriebsbilanz werden jedoch nicht die betriebsinternen Abläufe berücksichtigt. Diese werden in der **Prozessbilanz** dargestellt, gehen aber auch zusätzlich in die Produktbilanz ein. Der Betrieb stellt somit eine Blackbox dar, die im Rahmen der Betriebsbilanz nicht weiter untersucht wird. Durch die Prozessbilanz soll ein ökologischer Einblick in die betrieblichen Abläufe gegeben werden. Hierzu wird der gesamte betriebliche Betriebsprozess in Teilprozesse, in Produktionsschritte,

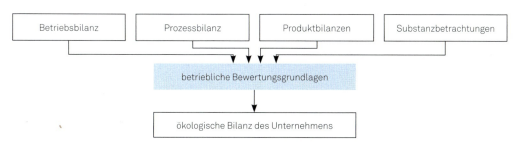

Abbildung 9.8-12: Die Ökobilanzsystematik (Quelle: in Anlehnung an Hallay, 1999: 33)

zerlegt. Für diese Teilprozesse wird mithilfe der beschriebenen Input-Output-Systematik eine Erfassung und Bewertung von Stoff- und Energieströmen für die einzelnen Produktionsverfahren durchgeführt.

Die **Produktbilanz** hat schließlich die Aufgabe, die ökologischen Eigenschaften eines Produkts über den gesamten Produktlebenszyklus zu betrachten. Hierbei werden neben innerbetrieblichen Vorgängen auch vor- und nachgelagerte Phasen betrachtet.

Der ökologische Produktlebenszyklus umfasst fünf Stufen:
1. Stoff- und Energieeinsatz
2. Schadstoffe, Abwasser und feste Abfälle aus Produktionsverfahren
3. ökologische Probleme bei der Produktverwendung
4. ökologische Risiken der Produktentsorgung
5. ökologische Effekte während der Transportphasen.

Die Substanzbetrachtungen (**Standortbilanz**) halten die dauerhaften betrieblichen Umweltnutzungen bzw. Beeinträchtigungen der Umwelt durch den Betrieb (z. B. Flächenversiegelung) fest.

Dieses Erfassungs- und Bewertungssystem ist zwar für Industriebetriebe entwickelt worden, kann aber unter Verwendung der relevanten Begriffe auf das Dienstleistungsunternehmen Krankenhaus übertragen werden.

Obwohl der Begriff „Bilanz" verwendet wird, beinhaltet die Ökobilanzierung keine monetäre Gegenüberstellung von Gesamtvermögen und Gesamtkapital. Die systematische Erfassung und Gegenüberstellung (Bilanzierung von Input und Output) soll daher diejenigen Stoff- und Energieströme aufzeigen, die von der Umwelt aufgenommen und an die Umwelt abgegeben werden.

Zur systematischen Erfassung der Input- und Output-Faktoren ist die Anwendung physikalischer Maßeinheiten wie Stückzahl, Gewicht und Volumen sinnvoll, damit ein quantitativer Überblick gegeben werden kann. Weiterhin geschieht die Erfassung der Input-Output-Daten in mehreren Ebenen, wobei mit jeder Abstufung eine Präzisierung der jeweiligen Daten erfolgt. An die Erfassung soll sich nach Auffassung des IÖW eine Bewertung der Stoff- und Energiefaktoren mittels einer ABC-Analyse in Verbindung mit einer XYZ-Analyse anschließen.

Die Funktion der Ökobilanz liegt folglich darin, auf der Grundlage der Erfassung und Analyse der Stoffe und Energien den Informationsbedarf für verschiedene Gruppen zu decken. Hierbei ist zum einen an den Informationsbedarf der betriebsinternen Personenkreise (z. B. Unternehmensleitung und Mitarbeiter) und zum anderen an den Bedarf von betriebsexternen Gruppen (z. B. Behörden, Lieferanten) zu denken.

Zur Erstellung der Betriebsbilanz eines Krankenhauses sind die Input-Daten in Stoffe und Energien, die Output-Daten in Produkte, stoffliche und energetische Emissionen zu unterteilen. Die anfallenden Emissionen lassen sich in Reststoffe, Abfälle, Abwasser und Abluft aufspalten.

Die Darstellung der Daten erfolgt auf zwei Ebenen:
1. Auf *Ebene 1* handelt es sich zum Beispiel um den Lebensmittelbedarf, den medizinischen Bedarf sowie um Strom und Wasser als Input-Größen, auf der Output-Seite sind unter anderem Reststoffe, Biomüll, Lacke und Abwasser zu finden (Tab. 9.8-3).
2. Die *Ebene 2* ermöglicht eine detaillierte Sicht der relevanten Stoffe sowie der dargestellten Stoff- und Energieströme. Am Beispiel des Küchenbedarfs lässt sich der Abbau der Ebene 2 verdeutlichen. Für ein Krankenhaus können sich für die Getränke- und die Konservenbehältnisse beispielhaft die in Tabelle 9.8-4 dargestellten Werte ergeben.

Die Minimierung der Umweltbelastung sollte als Teil- oder Unterziel in das Zielsystem des Krankenhauses aufgenommen werden, nicht zuletzt in Anbetracht der besonderen Verantwortung der Krankenhausträger als Organe des Gesundheitswesens.

Die Belastung der Umwelt mit Schadstoffen schädigt letztlich auch die menschliche Gesundheit, deren Erhaltung, Verbesserung bzw. Wiederherstellung den eigentlichen Inhalt aller Krankenhausaktivitäten darstellt. Eine derartige Zieldefinition unterstützt zudem die Durch-

Tabelle 9.8-3: Betriebsbilanz – Ebene 1 (Quelle: Haubrock, 2004: 10)

Input			Output	
1	**Stoffe**		1	**Produkte**
1.1	Lebensmittelbedarf		2	**Stoffliche Emissionen**
	Getränkebehältnisse		2.1	Reststoffe
	Konservenbehältnisse			Papier/Kartonagen
	Gebindebehältnisse			Glas
	Glasbehältnisse			Weißblech
1.2	Medizinischer Bedarf			Biomüll
	Infusionsflaschen			Abscheiderinhalte
	Med. Sachbedarf		2.2	Abfälle
1.3	Wirtschaftsbedarf			Hausmüllähnlicher Gewerbeabfall
	Reinigungsmittel			Bauschutt
	Desinfektionsmittel			Holzmaterialien
	Einwegmaterialien		2.3	Sonderabfall
	Kraftstoffe			Lacke und Öle
	Technischer Bedarf			Röntgenfilme
	Sonstiges			Labor- bzw. Röntgenabfälle
1.4	Verwaltungsbedarf			Leuchtstoffröhren
	Büromaterial			Sonstiges
2	**Aufgenommene Energien**		2.4	Abwasser
2.1	Strom			Abluft
2.2	Heizöl			Luft
2.3	Gas			Lösemittel
2.4	Fernwärme		3	**Abgegebene Energien**
2.5	Wasser		3.1	Abwärme
			3.2	Lärm

führung eines aktiven Umweltschutzes im Krankenhausbereich, die auch der Umsetzung umweltentlastender Maßnahmen förderlich sein könnte.

Umweltorientiertes Verhalten muss durch ein entsprechendes Angebot an Umweltschulungen erlernbar gemacht werden. Die Komplexität des Entsorgungsbereichs und die heterogene Zusammensetzung der Abfallfraktionen im Krankenhaus machen zudem eine Aus- und Weiterbildung unerlässlich. Krankenhäuser benötigen neben einem qualifizierten Abfallmanagement zusätzlich Sachverstand an der Basis, das heißt auf den ausführenden Ebenen der Pflege-, Funktions- und Verwaltungsbereiche. Die Schulung der Mitarbeiter mit dem Ziel einer Sensibilisierung für betriebliche und gesellschaftliche Umweltprobleme ist Voraussetzung für den Einstieg in eine umweltfreundlich ausgerichtete Entsorgung im Krankenhaus.

Krankenhäuser benötigen, um ihre Aufgaben im Gesundheitswesen erfüllen zu können,

Tabelle 9.8-4: Betriebsbilanz – Ebene 2 (Quelle: Haubrock, 2004: 10 ff.)

Input	Output

Getränkebehältnisse/Tetraverpackungen
• Fruchtsäfte
  – 0,5 l – 40 092 Stück
  – 1,0 l – 2 928 Stück
• Milch.
  – 0,5 l – 32 850 Stück
  – 1,0 l – 140 000 Stück
	Papier/Kartonagen
	Der Reststoff fällt in sehr unterschiedlichen Qualitäten an. Die Produkte werden zurzeit nur global in der Küche gesammelt

Konservenbehältnisse • 3 l – 10 684 Stück • 5 l – 3 028 Stück • 10 l – 770 Stück	Weißblechmaterialien: Diese Stoffe werden in der Klinik global in einem Presscontainer gesammelt.
u.a.	u.a.

eine Vielzahl von Verbrauchs- und Gebrauchsgütern. Art und Umfang des zu deckenden Güterbedarfs sind durch das Leistungsangebot der Krankenhäuser vorgegeben und können von den Beschaffungsstellen kaum beeinflusst werden. Trotzdem kommt dem Einkauf eine sehr wichtige Rolle zu, wenn es um den Umweltschutz im Krankenhaus geht. Denn für fast jedes Einsatzgebiet, sei es medizinischer Sachbedarf, Bürobedarf oder auch Lebensmittel, werden mehrere Produkte angeboten, die die gestellten Anforderungen erfüllen, sich jedoch im Einkaufspreis und in ihrer ökologischen Verträglichkeit unterscheiden.

Hier besteht sehr großer Handlungsbedarf, um ökologisches Wirtschaften im Krankenhaus überhaupt erst zu ermöglichen. Durch die gezielte Auswahl von Produkten kann Abfallvermeidung praktiziert werden, was auch im Krankenhaus zu einer dringenden Aufgabe geworden ist.

In den vergangenen Jahren wurden in vielen Bereichen der Medizin aus infektionsprophylaktischen Gründen Einmalartikel eingesetzt. Gerade diese aufwändig verpackten Einmalartikel erhöhen die Abfallmengen im Krankenhaus erheblich. Durch den verstärkten Einsatz von Mehrwegartikeln und die Wiederaufbereitung von Einmalartikeln kann die enorme Abfallproduktion der Krankenhäuser reduziert werden.

Neben der Abfallvermeidung kommt der Abfallentsorgung und hier ganz speziell der Abfallverwertung für den Umweltschutz eine entscheidende Bedeutung zu. Nicht nur wachsendes Umweltbewusstsein, sondern auch schwindende Deponieflächen und steigende Entsorgungskosten machen auch im Krankenhaus ein umfassendes Müllkonzept mit den Inhalten Vermeiden – Verwerten – Entsorgen notwendig. Einen wesentlichen Bestandteil bildet dabei das Recycling, das jedoch gerade im Krankenhaus zum Teil noch Probleme bereitet. Schwierigkeiten weist auch die Abfallentsorgung, besonders die Entsorgung krankenhausspezifischer Abfälle auf. Die Forderung nach einem umfassenden Müllkonzept setzt eine genaue Analyse der Abfallmengen und -zusammensetzung voraus, die zeigt, wo vermeidbare Abfälle anfallen, welche Abfälle dem Recycling zugeführt werden und welche Abfälle als Hausmüll entsorgt werden können oder einer besonderen Behandlung bedürfen.

Die Minimierung der Umweltbelastung sollte als Teilziel in das Zielsystem des Krankenhauses aufgenommen werden, nicht zuletzt in Anbetracht der besonderen Verantwortung der Krankenhausträger als Organe des Gesundheitswesens. Die Belastung der Umwelt mit Schadstoffen schädigt letztlich auch die menschliche Gesundheit, deren Erhaltung, Verbesserung bzw. Wiederherstellung den eigentlichen Inhalt aller Krankenhausaktivitäten darstellt. Eine derartige Zieldefinition unterstützt zudem die Durchführung eines aktiven Umweltschutzes im Krankenhausbereich, die auch der Umsetzung umweltentlastender Maßnahmen förderlich sein könnte.

Umweltorientiertes Verhalten muss durch ein entsprechendes Angebot an Umweltschulungen erlernbar gemacht werden. Krankenhäuser benötigen neben einem qualifizierten Abfallmanagement zusätzlich Sachverstand an der Basis, das heißt auf den ausführenden Ebenen der Pflege-, Funktions- und Verwaltungsbereiche. Die Schulung der MitarbeiterInnen mit dem Ziel einer Sensibilisierung für betriebliche und gesellschaftliche Umweltprobleme ist Voraussetzung für den Einstieg in eine umweltfreundlich ausgerichtete Entsorgung im Krankenhaus.

Die Erreichung der angestrebten Ziele im Abfall- und Umweltbereich setzt voraus, dass entsprechende Maßnahmen und Anregungen mit der nötigen Intensität erarbeitet, verfolgt und umgesetzt werden. Ausgangspunkt derartiger Aktivitäten könnten Kommissionen bilden, deren Mitglieder sich aus allen Berufsfeldern des Krankenhauses zusammensetzen. Gerade vor dem Hintergrund, dass in den Krankenhäusern viele unterschiedliche Berufsgruppen vertreten sind, ist eine interdisziplinäre Zusammenarbeit die Voraussetzung für ein aktives Umweltschutzmanagement. Der betriebliche Umweltschutz ist nur wirkungsvoll, wenn die Mitarbeiter in Umweltschutzaktivitäten einbezogen werden und deren Fachwissen genutzt wird. Die Einbeziehung verschiedener Berufsgruppen beinhaltet gleichzeitig die Abdeckung eines breiten Spektrums an Anregungen, Vorschlägen, Problemen usw., was wiederum eine positive Wirkung auf Qualität und Umsetzbarkeit der erarbeiteten Lösungsansätze erwarten lässt. Diesen Kommissionen sollte dabei jedoch lediglich eine beratende Funktion zukommen.

Der Gesetzgeber hat im Kreislaufwirtschaftsgesetz bestimmt, dass für Krankenhäuser ein Betriebsbeauftragter für Abfall zu bestellen ist. Dabei sollte gewährleistet sein, dass die zu bestellende Person über ausreichende Sachkunde und Zuverlässigkeit verfügt. Im Rahmen ihrer Tätigkeit hat sie folgende Funktionen:

- Überwachung der Abfallentsorgung
- Einhaltung geltender Gesetze und Rechtsverordnungen
- Abfallvermeidung und -reduzierung
- Beachtung krankenhausspezifischer Maßnahmen und
- Aufdeckung von Mängeln und Erarbeitung von Lösungsansätzen.

Zur **Zertifizierung einer Ökobilanz** können die folgenden ISO-Normen herangezogen werden:
- DIN EN ISO 14040:2009-11 Umweltmanagement, Ökobilanz, Grundsätze und Rahmenbedingungen
- DIN EN ISO 14044:2006-10/DAM 1:2016 Umweltmanagement, Ökobilanz, Anforderungen und Anleitungen.

Literatur

Abgrenzungsverordnung (1985) – Verordnung über die Abgrenzung der im Pflegesatz nicht zu berücksichtigenden Investitionskosten von den pflegesatzfähigen Kosten der Krankenhäuser vom 12.12.1985.

Arnolds, H. et al. (1978): Materialwirtschaft und Einkauf. Wiesbaden, Springer Gabler.

Hartmann, H. (1993): Materialwirtschaft – Organisation, Planung, Durchführung, 6. Auflage. Gernsbach, Deutscher Betriebswirte Verlag.

Behörde für Umwelt und Gesundheit Hamburg (2002): Prozessorientiertes Umweltmanagement im Krankenhaus. Hamburg.

Bundesgesundheitsamt (1983): Richtlinie der Kommission für Krankenhaushygiene und Infektionsprävention für die Erkennung, Verhütung und Bekämpfung von Krankenhausinfektionen (BGA-Richtlinien). Stuttgart.

Bundesministerium für Umwelt, Naturschutz, Bau und Reaktorsicherheit (2014): Verpackungsverordnung. http://www.bmub.bund.de [Zugriff: 11.09.2015].

Bundesministerium für Umwelt, Naturschutz, Bau und Reaktorsicherheit (2012): Eckpunkte des neuen Kreislaufwirtschaftsgesetzes. http://www.bmub,-bund.de [Zugriff: 11.09.2015].

Bund/Länder-Arbeitsgemeinschaft (2015): Information. http://www.laga.de [Zugriff: 12.09.2015].

Deutsche Krankenhausgesellschaft (DKG) (1993): Umweltschutz im Krankenhaus. Düsseldorf, DKG.

Gesetz zur Förderung der Kreislaufwirtschaft und Sicherung der umweltverträglichen Beseitigung von Abfällen. https://dejure.org [Zugriff: 11.09. 2015].

Gesetz zur Förderung der Kreislaufwirtschaft und Sicherung der umweltverträglichen Beseitigung von Abfällen (Kreislaufwirtschafts- und Abfallgesetz - KrW/AbfG) vom 27.09.1994.

Gesetz zur Modernisierung der gesetzlichen Krankenversicherung (GKV-Modernisierungsgesetz - GMG) vom 14.11.2003. BGBl. I: 2190.

Gesetz zur Neuordnung des Kreislaufwirtschafts- und Abfallrechts vom 24.02.2012. BGBl I: 212.

Gesetz zur Vermeidung, Verwertung und Beseitigung von Abfällen (GVVBAbf) vom 27.09.1994.

Haubrock, M. (2004): Vorlesungsunterlagen Krankenhausbetriebswirtschaftsmanagement. Fachhochschule Osnabrück, Osnabrück.

Haubrock, M.; Peters, Sönke, H. F.; Schär, W. (Hrsg.) (1997): Betriebswirtschaft und Management im Krankenhaus, 2. Auflage. Berlin, Wiesbaden, Ullstein Mosby.

Haubrock, M.; Schär, W. (2009): Betriebswirtschaft und Management in der Gesundheitswirtschaft, 5. Auflage. Bern, Hans Huber.

Hopfenbeck, W. (1991): Umweltorientiertes Management und Marketing. Landsberg/Lech, Verlag moderne industrie.

Krankenhaus-Buchführungsverordnung (KHBV) - Verordnung über die Rechnungs- und Buchführungspflichten von Krankenhäusern in der Fassung vom 24.03.1987.

Krankenhausfinanzierungsgesetz (1999) - Gesetz zur wirtschaftlichen Sicherung der Krankenhäuser und zur Regelung der Krankenhauspflegesätze in der Fassung vom 17.12.1999.

Länderarbeitsgemeinschaft Abfall (1992): Merkblatt über die Vermeidung und die Entsorgung von Abfällen aus öffentlichen und privaten Einrichtungen des Gesundheitsdienstes (LAGA-Merkblatt). Bonn.

Petersssen, H.J.; Philippi, M. (1984): Materialwirtschaft im Krankenhaus. Führen und Wirtschaften, 1: 67-70.

Richtlinien über die ordnungsgemäße Entsorgung von Abfällen aus Einrichtungen des Gesundheitswesens. www.laga-online.de [Zugriff: 11.01.2016].

Umweltbundesamt (2013): Abfallrecht. http://www.umweltbundesamt.de [Zugriff: 11.09.2015].

Verordnung über die Vermeidung von Verpackungsabfällen (Verpackungsverordnung - VerpackV) vom 12.06.1991.

Zwierlein, E. (1997): Klinik-Management. München, Wien, Baltimore, Urban & Schwarzenberg.

9.9 Pflegeprozessmanagement

Jürgen Georg

Der folgende Beitrag beschreibt den Pflegeprozess als zentrales Instrument zur Prozessgestaltung in der Pflege. Er definiert seinen Gegenstand, seine Elemente und Funktionen. Im Einzelnen werden die Elemente des Pflegeprozesses vom Pflegeassessment über Pflegediagnosen, -ziele und -interventionen bis hin zur Pflegeevaluation benannt, definiert und illustriert.

9.9.1 Der Pflegeprozess

Der Pflegeprozess ist ein logischer, klientenzentrierter, zielgerichteter, universell anwendbarer und systematischer Denk- und Handlungsansatz, den Pflegende während ihrer Arbeit nutzen (Wilkinson, 2012). Im Rahmen dieses Prozesses werden aktuelle und potenzielle Gesundheitsprobleme, komplexe Pflegesituationen, Entwicklungspotenziale und Ressourcen eingeschätzt und diagnostiziert sowie gezielte Interventionen geplant, ausgeführt und bewertet, um Ressourcen und Möglichkeiten zur Förderung der Gesundheit zu nutzen, zu entwickeln und aktuelle und potenzielle Gesundheitsprobleme und Krisen zu lösen, zu lindern oder Menschen bei deren Bewältigung zu unterstützen. Eine Pflegediagnose wird nach einem *Pflegeassessment* erstellt. Dabei schätzen Pflegende systematisch Klienten ein, indem sie diese beobachten, befragen und untersuchen. Das Pflegeassessment klärt, ob Bedarf an pflegerischen Interventionen besteht, weil Aktivitäten, Beziehungen und existenzielle Erfahrungen des Lebens nicht mehr unabhängig ausgeführt, gestaltet und bewältigt oder Gesundheitsverhaltensmuster nicht mehr funktionell ausgeführt werden können.

Die *Pflegediagnose* bildet den Ausgangspunkt, um mit Klienten und Angehörigen festzulegen, wie sie prioritär betreut und beraten werden möchten und um gemeinsame *Pflegeziele* und Kriterien für die Bewertung der Ergebnisse und der Pflegeinterventionen zu vereinbaren. Ausgehend von den Einfluss- oder Risikofaktoren der Pflegediagnosen wird ein *Pflegeplan* zur pflegerischen Betreuung entwickelt, der geeignete und effektive *Pflegeinterventionen* auswählt und festlegt, um aktuelle Gesundheitsprobleme zu lösen, zu lindern oder zu bewältigen, um potenziellen Gesundheitsproblemen vorzubeugen und um dem Wunsch nach Gesundheitsförderung nachzukommen. Im Rahmen der *Pflegeinterventionen* werden Ressourcen genutzt, Maßnahmen ausgeführt und der Gesundheitszustand von Klienten und Angehörigen kontinuierlich eingeschätzt. Abschließend wird mittels der *Pflegeevaluation* bewertet, ob die angestrebten Ziele erreicht wurden, das Assessment umfassend, die Diagnosen akkurat und die geplanten Interventionen effektiv waren.

Parallel zum Pflegeprozess läuft ein *Beratungs-* und *Entlassungsprozess*. Während des *Beratungsprozesses* werden die Lernfähigkeit und -motivation eingeschätzt, der Lernbedarf wird benannt, Lernziele werden vereinbart und ein Informations-, Schulungs- und Beratungsplan wird entwickelt, durchgeführt und bewertet. Im Rahmen des *Entlassungsprozesses* wird prognostiziert, ob der Klient oder Angehörige nach der Entlassung noch von einer Pflegeperson betreut oder beraten werden muss. Während des Entlassungsprozesses werden mögliche Entlassungsprobleme erkannt und benannt, Entlassungsziele gemeinsam formuliert, ein Entlassungsplan entwickelt, ausgeführt und bewertet.

9.9.1.1
Pflegeassessment

Das Pflegeassessment ist der erste Schritt des Pflegeprozesses. Mittels eines Pflegeassessments schätzen Pflegende Klienten ein. Der Begriff des Assessments wurde aus dem Englischen (*assessment* = Einschätzung, Beurteilung, Bewertung, Einstufung) übernommen. Bezogen auf die Akut- und Langzeitpflege geht es darum, Klienten und Familien systematisch einzuschätzen. Pflegende tun dies, indem sie Klienten beobachten, befragen und körperlich untersuchen. Als Systematik dienen Strukturierungshilfen für pflegerische Informationen wie ABEDLs (Krohwinkel, 2013), funktionelle Gesundheitsverhaltensmuster (Gordon, 2013) oder die Strukturierte Informationssammlung (SIS) (BMG, 2016). Pflegende schätzen in diesem Sinne systematisch die Ressourcen, gesundheitlichen Entwicklungspotenziale, Risiken und Pflegeprobleme sowie potenziellen Komplikationen ein. Sie erkennen damit aktuelle und potenzielle Gesundheitsprobleme und Entwicklungspotenziale bezüglich der unabhängigen Ausführung von Lebensaktivitäten, der Gestaltung von Beziehungen und Bewältigung existenzieller Erfahrungen des Lebens (ABEDLs), der funktionellen Ausführung gesundheitsbezogener Verhaltensmuster oder andere Themenfelder.

Pflegeassessments erfolgen zeitlich betrachtet *initial*, zu Beginn einer professionellen Pflegebeziehung, *fortlaufend* während des Pflegeprozesses und *rückwirkend*, um Pflegeergebnisse zu bewerten oder zu evaluieren. Ein Pflegeassessment kann übersichtsartig *(Screening-Assessment)*, umfassend *(Basisassessment)* und/oder spezifisch *(Fokusassessment)* sein und umfasst die *Elemente* des Beobachtens, Befragens und Untersuchens. Ziel des Pflegeassessments ist es, einzuschätzen, ob eine Person oder Familie pflegebedürftig ist. Bei dem Pflegebedarf kann es sich um aktuelle und potenzielle Gesundheitsprobleme oder Entwicklungspotenziale handeln, die mit Pflegediagnosen benannt werden. Pflegeassessments lassen sich mit verschiedenen Strukturmodellen strukturieren, wie ABEDL, funktionellen Gesundheitsverhaltensmustern oder SIS (vgl. Georg, 2004 u. 2006a, 2012).

Allegorisch gesprochen geht es bei einem Pflegeassessment darum, sich ein Bild des Patienten, Klienten oder Bewohners zu machen, indem man Stück für Stück einzelne Puzzleteile (Informationen) in einem Rahmen (Pflege[struktur]modell) zu einem Ganzen zusammenfügt (vgl. Georg, 2004). Ein Pflegeassessment stellt, wie eingangs beschrieben, den ersten Schritt im Rahmen des Pflegeprozesses dar. Es bildet die Informationsbasis, aus der sich evtl. Pflegediagnosen, Ressourcen und potenzielle Komplikationen ableiten lassen. Ohne ein systematisches Pflegeassessment ist es nicht möglich, Pflegebedürftigkeit verlässlich festzustellen und mit akkuraten und genauen Pflegediagnosen zu benennen (Lunney, 2007; Wilkinson, 2012). Der Weg vom Pflegeassessment zur Pflegediagnose wird in Form des *diagnostischen Prozesses* beschrieben. Im Rahmen des diagnostischen Prozesses werden, wie in Abbildung 9.9-1 dargestellt, Informationen über den Gesundheitszustand einer Person gesammelt, geprüft, geordnet, Muster erkannt, erste Eindrücke getestet und Informationen berichtet und dokumentiert, um über das Deuten und Erklären der Informationen zu einer Pflegediagnose zu gelangen (Alfaro-LeFevre, 2013: 158).

Pflegeassessment und Pflegeevaluation (frz. évaluer = [ab]schätzen, berechnen) sind einschätzende und bewertende Elemente am Anfang und am Ende des Pflegeprozesses. Beim Pflegeassessment handelt es sich primär um das initiale und fortlaufende Einschätzen der Pflegebedürftigkeit. Bei der Pflegeevaluation wird rückwirkend bewertet, ob Pflegediagnosen akkurat gestellt, Pflegeziele erreicht wurden und Pflegeinterventionen wirksam waren.

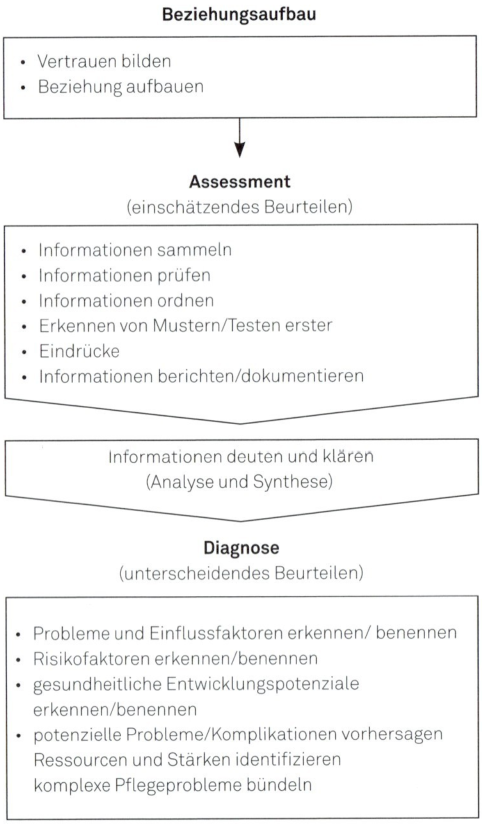

Pflegeassessmentformen. Hinsichtlich der Spezifität der gesammelten Informationen lassen sich drei Formen des Pflegeassessments – Screening-, Basisassessment und Fokusassessment – unterscheiden.

Ein *Screening-Assessment* (engl.: *to screen sb/st* = etwas genauer untersuchen, jemanden einer Auswahlprüfung unterziehen, jemanden auf etwas hin untersuchen, durchsieben) stellt eine initiale Einschätzung des Gesundheitszustands eines Klienten oder Patienten dar, die dazu dient, sich einen ersten Eindruck über möglicherweise vorliegende Gesundheitsprobleme zu verschaffen. Man arbeitet mit einem groben Raster an geschlossenen Fragen, Beobachtungskriterien und Untersuchung und schaut was im „Sieb" hängen bleibt (vgl. Alfaro-LeFevre, 2013; Reuschenbach/Mahler, 2011). Als Muster für ein Screening-Assessment für alte Menschen können das geriatrische Screening in Nikolaus und Pientka (1999) und andere Screenings in Gupta (2012) dienen.

Ein *Basisassessment* stellt eine umfassende initiale Informationssammlung über den Gesundheitszustand eines Klienten mittels Gespräch, Beobachtung und Untersuchung dar. Es dient dazu, den Gesundheitszustand und die Pflegebedürftigkeit des Klienten umfassend einzuschätzen und eine professionelle Pflegebeziehung aufzubauen (vgl. Alfaro-LeFevre, 2013; Wilkinson, 2012). Informationen aus einem Basisassessment lassen sich mit verschiedenen Pflege- und Assessmentmodellen strukturieren, z. B.:

- Aktivitäten des täglichen Lebens (ATL) (Juchli, 1997)
- Aktivitäten, Beziehungen und existenzielle Erfahrungen des Lebens (ABEDL) (Krohwinkel, 2013)
- Funktionelle Gesundheitsverhaltensmuster (FVM) (Gordon, 2013, 2018)
- Funktionelle Selbständigkeitsmessung (FIM) (IVAR, 1999)

Beziehungsaufbau
- Vertrauen bilden
- Beziehung aufbauen

Assessment
(einschätzendes Beurteilen)
- Informationen sammeln
- Informationen prüfen
- Informationen ordnen
- Erkennen von Mustern/Testen erster Eindrücke
- Informationen berichten/dokumentieren

Informationen deuten und klären
(Analyse und Synthese)

Diagnose
(unterscheidendes Beurteilen)
- Probleme und Einflussfaktoren erkennen/benennen
- Risikofaktoren erkennen/benennen
- gesundheitliche Entwicklungspotenziale erkennen/benennen
- potenzielle Probleme/Komplikationen vorhersagen Ressourcen und Stärken identifizieren komplexe Pflegeprobleme bündeln

Abbildung 9.9-1: Vom Assessment zur Diagnose – der diagnostische Prozess (n. Alfaro-LeFevre 2013: 158; Georg, 2007)

- Lebensaktivitäten (LA) (Roper et al., 2016)
- Menschliche Reaktionsmuster (NANDA-I, 2016)
- Pflegeabhängigkeit (PAS) (Dassen et al., 2007; Eichhorn-Kissel et al., 2017)
- RAI-Abklärungshilfen (RAPs/CAPs) (Garms-Homolová/Gilgen, 2000; Garms-Homolová, 2002)
- Selbstpflegeerfordernisse (SPE) (Orem, 1997; Taylor/Renpenning, 2013)
- Strukturmodell und Strukturierte Informationssammlung (SIS) (Patientenbeauftragte, 2017)
- Thematische Gliederung (Doenges et al., 2014, 2018).

Ein *Fokusassessment* stellt eine spezifische Form der Informationssammlung dar. Sie erhebt weitergehende Informationen über ein spezifisches Problem oder einen spezifischen Zustand (vgl. Alfaro-LeFevre, 2013; Wilkinson, 2012; Carpenito, 2014). Schlüsselfragen im Rahmen eines Fokusassessments sind:
- Was ist der gegenwärtige Status des Problems oder Entwicklungspotenzials; liegen Symptome oder Risikofaktoren eines Problems oder Schutzfaktoren eines Entwicklungspotenzials vor?
- Weisen die mit den Ausgangsinformationen verglichenen Daten darauf hin, dass sich das Problem gebessert, verschlechtert hat oder unverändert ist?
- Welche (Risiko-/Schutz-)Faktoren beeinflussen das (mögliche) Problem oder Entwicklungspotenzial; wie wurde bislang mit diesen Faktoren umgegangen?
- Wie sieht der Klient das Problem; wie wurde bislang damit umgegangen?

Beispiele für Fokusassessments finden sich u.a. zu folgenden Themen: Atmung/Atemprobleme (Kraut/Kasper 2000), Comfort (Kolcaba, 2014), Dekubitus/-gefahr (Schröder/Kottner, 2011), Delir (Savaskan, 2017), Hoffnung/Hoffnungslosigkeit (Farran et al., 1998), Inkontinenz (Hayder et al., 2012), Körperbild (Uschok, 2016), Machtlosigkeit (Fitzgerald/Miller, 2003), Mundschleimhautveränderungen (Gottschalck, 2008), Pruritus (Thio, 2013), Rollenüberlastung pflegender Bezugspersonen (Wright/Leahey, 2014), Schlaf/Schlafstörung (Morgan/Closs, 2000), Schmerz (Carr/Mann, 2014), Selbstvernachlässigung (Gogl, 2014), Sturz/Sturzgefährdung (Tideiksaar, 2008), Wahrnehmung (Buchholz/Schürenberg, 2013).

Im Rahmen eines Fokusassessments können auch sogenannte *Pflegeassessmentinstrumente* genutzt werden (Reuschenbach/Mahler 2011), die zur Quantifizierung der Einschätzungsbefunde dienen und es mit Hilfe von Bewertungskriterien und/oder numerischen Einschätzungsskalen erlauben, den Ausprägungsgrad des jeweiligen Kriteriums zu messen. Die bekanntesten Skalen sind u.a. die Norton-Skala zur Einschätzung der Dekubitusgefahr (Schröder/Kottner, 2011) oder der Barthel-Index zur Einschätzung der ADL-Selbstversorgungsfähigkeiten (Mahoney/Barthel, 1965). Weitere pflegerische Einschätzungsinstrumente finden sich in den Büchern über das Assessment älterer Menschen (Nikolaus/Pientka, 1999; Gupta, 2012) und in dem Werk über Assessmentinstrumente in der Pflege von Bartholomeyczik und Halek (2009) sowie von Reuschenbach und Mahler (2011).

Neben diesen Assessmentformen, die es erlauben, unterschiedlich detaillierte und quantifizierte Daten zu sammeln, gibt es noch Assessments für spezifische Settings, wie die psychiatrische Pflege (Sauter et al., 2017) und die Notaufnahme (Mackway-Jones et al., 2018) und Assessments für besondere Gruppen, wie Familien (Wright/Leahey, 2014) und Migranten (Domenig, 2007).

9.9.1.2
Pflegediagnosen und -diagnostik

Pflegediagnosen bilden den zweiten Schritt des Pflegeprozesses. Pflegediagnostisch geht es darum, den Gesundheitszustand eines Klienten unterscheidend zu beurteilen, zu erkennen und zu benennen. Die Liste der diagnostischen Begriffe umfasst zurzeit rund 240 Pflegediagnosen (NANDA-I, 2016; Gordon, 2018).

Definitionen. Was Pflegediagnosen sind, lässt sich auf drei Ebenen definieren:
1. *konzeptionell:* Was versteht man unter Pflege und wie definiert man den Gegenstand von Pflege (→ Pflegeverständnis)?
2. *kontextuell:* In welchen Prozess sind Pflegediagnosen eingebettet, und wie sind sie mit den anderen Elementen des Prozesses verknüpft (→ Pflegeprozess)?
3. *strukturell:* Welche Arten von Pflegediagnosen gibt es, und wie sind sie aufgebaut?

Die bekannteste Definition der NANDA International lautet:

„Eine Pflegediagnose ist eine klinische Beurteilung einer menschlichen Reaktion auf Gesundheitszustände/Lebensprozesse oder einer Vulnerabilität für diese Reaktion eines Individuums, einer Familie, Gruppe oder Gemeinschaft. Eine Pflegediagnose stellt die Grundlage für die Auswahl der Pflegeinterventionen zur Erzielung von Outcomes dar, für die die Pflegefachperson verantwortlich ist." (NANDA-I: 2016: 499)

Diese Definition fußt konzeptionell auf einem Pflegeverständnis des amerikanischen Pflegeverbandes (ANA, 1980). Die ANA versteht Pflege als „Diagnose und Behandlung menschlicher Reaktionsmuster auf aktuelle und potenzielle Gesundheitsprobleme". Nach diesem, für den deutschsprachigen Raum ungewöhnlichen, Verständnis sind auch „Gemeinschaften" Empfänger von Pflege. – Legt man zur Klärung des Pflegeverständnisses konzeptionell die ABEDLs – Aktivitäten, Beziehungen und existenziellen Erfahrungen des Lebens aus dem Modell der „fördernden Prozesspflege" von Monika Krohwinkel (2013) oder die funktionellen Gesundheitsverhaltensmuster von Marjory Gordon (2013, 2018) zu Grunde und definiert man *kontextuell* den Prozess, in den Pflegediagnosen eingebettet sind, als Pflegeprozess, in dem aktuelle und potenzielle Gesundheitsprobleme eingeschätzt (Pflegeassessment), benannt (Pflegediagnose) sowie gezielt (Pflegeziele) und geplant (Pflegeplan) gelöst (Pflegeintervention) und die Pflegeergebnisse bewertet (Pflegeevaluation) werden, dann kann man Pflegediagnosen auch folgendermaßen definieren:

„Eine **Pflegediagnose** ist eine unterscheidende Beurteilung, die von einer Pflegefachperson nach einem Assessment – bestehend aus Beobachtung, Interview, körperlicher Untersuchung und Ressourceneinschätzung – gemacht wird. Diese Beurteilung bezieht sich auf die Art, die möglichen Einflussfaktoren und die Merkmale oder Risikofaktoren für aktuelle oder potenzielle Gesundheitsprobleme oder -syndrome und Entwicklungspotenziale von Individuen und Familien, deren Unabhängigkeit hinsichtlich der *Aktivitäten, Beziehungen und existenziellen Erfahrungen des Lebens (ABEDL)* [oder der *funktionellen Gesundheitsverhaltensmuster* gestört,] beeinträchtigt oder entwicklungsfähig sind. Pflegefachpersonen sind für das Stellen von Pflegediagnosen zuständig und verantwortlich. Pflegediagnosen bilden die Grundlage, um Interventionen auswählen, planen und durchführen zu können, und um gemeinsam vereinbarte Ziele und Ergebnisse erreichen und bewerten zu können." (Georg, 2006b)

Die *konzeptionelle Definition* von Pflegediagnosen wird im oberen Teil der Abbildung 9.9-2 veranschaulicht. Pflegende betreuen, beraten und überwachen insbesondere Individuen und Familien über die gesamte Spanne des Lebenslaufs. Ziel ihrer Arbeit ist, Gesundheit und Wohlergehen von Individuen und Familien zu erhalten und zu fördern. Ein weiteres Ziel ist es, Individuen und Familien dabei zu unterstützen, unabhängig und selbstbestimmt Aktivitäten auszuführen, Beziehungen zu gestalten, existenzielle Erfahrungen des Lebens zu bewältigen und bei vorübergehend beeinträchtigter Unabhängigkeit für Individuen und Familien zu sorgen, sie zu betreuen und zu beraten, bis sie ihre Autonomie wiedererlangen. Dabei greifen Pflegende auf ihr Wissen über (patho-)physiologische, behandlungs-, entwicklungs- und umgebungsbezogene sowie psychosoziale, politisch-ökonomische, kulturelle und spirituelle Einfluss- und Risikofaktoren zurück, die es fördern oder behindern, Aktivitäten, Beziehungen und existenzielle Erfahrungen des Lebens un-

9.9 Pflegeprozessmanagement

Lebensspanne / Lebensprozesse					
Empfängnis	Geburt	Pubertät		Menopause	Tod
Pränatalstadium	Säuglingsalte	Kindheit	Adoleszenz	Erwachsenenalter	Alter
Abhängigkeits-/ Unabhängigkeits- kontinuum	Aktivitäten, Beziehungen und Existenzielle Erfahrungen des Lebens (ABEDL)	Einflussfaktoren, Risikofaktoren		Funktionelle Gesundheits- verhaltensmuster	Funktions-/ Dysfunktionskon- tinuum
	1. Kommunizieren 2. Sich bewegen 3. Vitale Funktionen des Lebens aufrecht erhalten 4. Sich pflegen 5. Essen und trinken 6. Ausscheiden 7. Sich kleiden 8. Ruhen, Entspannen, Schlafen 9. Sich beschäftigen, lernen 10. Sexualität leben Für eine sichere/fördernde 11. Umgebung sorgen Soziale Bereiche des 12. Lebens sichern u. gestalten Mit existenziellen 13. Erfahrungen des Lebens umgehen	• (patho-) physiologische • behandlungsbezogene • entwicklungsbezogene • psycho-soziale • politisch-ökonomische • kulturelle • spirituelle • umgebungsbezogene		1. Wahrnehmung und Umgang mit der eigenen Gesundheit 2. Ernährung und Stoffwechsel 3. Ausscheidung 4. Aktivität und Bewegung 5. Schlaf und Ruhe 6. Kognition und Perzeption 7. Selbstwahrnehmung und Selbstkonzept 8. Rollen und Beziehungen 9. Sexualität und Reproduktion 10. Bewältigungsverhalten und Stresstoleranz 11. Werte und Überzeugungen	

Abbildung 9.9-2: Pflegediagnosen, konzeptionelle, kontextuelle und strukturelle Ebene; Modelle (ABEDL, funktionelle Gesundheitsverhaltensmuster) (Quelle: Georg, 2006a, b)

abhängig auszuführen, zu gestalten und zu bewältigen. Anders betrachtet sorgen Pflegende dafür, dass Individuen und Familien funktionelle Gesundheitsverhaltensmuster ungestört ausleben und entwickeln können, und sie erkennen, benennen und behandeln gestörte gesundheitsbezogene Verhaltensmuster in Form von Pflegediagnosen (Georg, 2006a).

Die *strukturelle Definition* einer Pflegediagnose beschreibt, welche Diagnosentypen es gibt und wie diese aufgebaut sind und dokumentiert werden können. Tabelle 9.9-1 gibt einen Überblick über die fünf verschiedenen Typen von Pflegediagnosen, ihre Definition und Struktur mit exemplarischen Formulierungen und Beispielen einzelner Diagnosen.

Diagnostizieren und Dokumentieren. Wie Pflegende eine Pflegediagnose stellen können, lässt sich in elf Schritten beschreiben, die im Kasten auf Seite 715 dargestellt werden.

Zur Bedeutung von Pflegediagnosen. Was Pflegediagnosen für die Pflegepraxis, -forschung, -lehre und -politik, das Pflegemanagement und die Theorieentwicklung in der Pflege bedeuten, illustriert ein Zitat von Norma Lang und June Clark: „If we cannot name it, we cannot control it, finance it, research it, teach it or put in into public policy" (2003). Frei übersetzt: „Wenn wir den Gegenstand der Pflege, die pflegerischen Probleme, Ziele und Handlungen nicht benennen, dann können wir sie auch nicht kontrollieren, finanzieren, erforschen, lehren und in (berufs)politische Forderungen und Richtlinien umsetzen." Es illustriert ein Problem der heutige Pflege, das immer offener zu Tage tritt: das Problem der *Unsichtbarkeit* pflegerischer Probleme, Handlungen und Handlungsergebnisse. Welchen wesentlichen Beitrag leisten Pflegende zur Gesunderhaltung und Genesung von Klienten in unserem heutigen Gesundheitswesen? Vielfach ist unklar, was

Tabelle 9.9-1: Pflegediagnosen – Typen, Definitionen, Struktur, Dokumentation und Beispiele (Quelle: Georg, 2009: 552)

Typen	Definition	Struktur	Beispiel	PD-Titel (Bsp.)
Aktuelle Pflegediagnosen	Die Beurteilung des Zustands eines Individuums, einer Familie oder sozialen Gemeinschaft, der durch den Nachweis von Symptomen und Kennzeichen belegt werden konnte	dreiteilig (PES): **P**roblemtitel, **E**influssfaktor **S**ymptom und Kennzeichen	**P:** Selbstversorgungsdefizit, beeinflusst durch (b/d) **E:** einschränkte körperliche Mobilität (a/d) **S:** Unfähigkeit, sich selbständig Rücken und Beine zu waschen	Selbstversorgungsdefizit, beeinträchtigte körperliche Mobilität, Inkontinenz, Körperbildstörung, akute Verwirrtheit, chronischer Schmerz, Machtlosigkeit
Risikopflegediagnosen	Die Beurteilung eines Individuums, einer Familie oder sozialen Gemeinschaft als anfälliger für die Entwicklung eines Problems als andere in der gleichen Situation	zweiteilig (PR): **P**roblemtitel, **R**isikofaktor	**P:** Dekubitusgefahr beeinflusst durch (b/d) **R:** lang anhaltende Druckeinwirkung infolge eingeschränkter Bewegung und auftretende Scherkräfte beim Lagern	Dekubitusgefahr, Infektionsgefahr, Verletzungsgefahr, Gefahr einer Rollenüberlastung pflegender Bezugspersonen, Sturzgefahr, Suizidgefahr
Syndrompflegediagnose	Syndrompflegediagnosen sind komplexe Bündelungen (engl.: cluster) einzelner Pflegediagnosen	einteilig; Pflegediagnosentitel gibt Hinweis auf die Ursache und Einflussfaktoren des Problems	Immobilitätssyndrom	Gefahr eines Immobilitätssyndroms Vergewaltigungssyndrom, posttraumatisches Stresssyndrom, Relokationsstresssyndrom
Gesundheitsförderungspflegediagnose	Die Beurteilung eines Individuums oder einer Familie oder sozialen Gemeinschaft, die sich in einem Übergangsstadium zu einem höheren Gesundheitsniveau befinden und das/die eine Bereitschaft zur Gesundheitsförderung signalisiert/en	zweiteilig (GE): meist mit Zusatz „Bereitschaft für ein verbessertes …" **G**esundheitsförderungs-Diagnosentitel **E**influssfaktor	**G:** Bereitschaft für eine verbesserte Ernährung, beeinflusst durch b/d **E:** geäußerten Wunsch, mehr über Nährstoffe und Nahrungsmittelgruppen zur Gesunderhaltung zu erfahren	Bereitschaft für eine verbesserte Ernährung, Hoffnung oder Kommunikation
Verdachts-Pflegediagnosen	Die vorläufige Beurteilung des Zustands eines Individuums, einer Familie oder sozialen Gemeinschaft, die noch durch den Nachweis von Kennzeichen und Symptomen belegt werden muss	zweiteilig (PE): **P**roblemtitel, **E**influssfaktor –„Verdacht auf", Abk.: „V.a. …"	V.a.: Körperbildstörung, beeinflusst durch (b/d) E: veränderte äußere Erscheinung, sekundär beeinflusst durch (s/b/d) Stomaanlage	

Erstellen einer Pflegediagnose

1. Lernen Sie den Klienten und seine Familie/Angehörigen kennen, bauen Sie eine professionelle Beziehung und ein Vertrauensverhältnis zu ihm/ihnen auf.
2. Sammeln Sie *direkte* Informationen vom Klienten, indem Sie ihn befragen, beobachten und untersuchen. Sammeln Sie *indirekt* Informationen von den Angehörigen, anderen Teammitgliedern oder aus den schriftlichen Unterlagen. – Was sind die wichtigsten Anliegen? Hauptsorgen? Pflege-/Hilfsbedürftigkeit? Krisenerfahrungen? Risiken? Ressourcen?
3. Fassen Sie die Informationen zusammen und ordnen Sie diese Ihrer Assessmentstruktur (z.B. ABEDLs, LAs, ATLs, Funktionelle Gesundheitsverhaltensmuster, SIS) zu.
4. Deuten und analysieren Sie die Informationen und identifizieren Sie allgemeine Probleme, Risiken oder Entwicklungspotenziale. Fassen Sie die Informationen nochmals zusammen, sammeln Sie bei Bedarf fehlende, ergänzende, das Bild vervollständigende Daten und formulieren Sie vermutete Diagnosen.
5. Wählen Sie dazu passende Pflegediagnosen aus und überprüfen Sie, ob die Klientendaten mit der Definition und den Merkmalen oder Risikofaktoren der Pflegediagnose übereinstimmen. Schließen Sie unzutreffende Diagnosen aus. Formulieren Sie eine diagnostische Aussage. Ordnen Sie die Diagnosen nach Prioritäten (Lebensgefahr? Behinderung? Schweregrad? Folgen? Patientenprioritäten? Ressourcen?)
6. Im Falle einer aktuellen Pflegediagnose formulieren Sie eine dreiteilige diagnostische Aussage:
   · **P**roblemtitel, beeinflusst durch (b/d)
   · **E**influssfaktoren, angezeigt durch (a/d)
   · **S**ymptome und Kennzeichen.
   Beispiel: *Selbstversorgungsdefizit: Körperpflege*, b/d eingeschränkte Beweglichkeit des rechten Arms, Schmerzen, a/d Unfähigkeit, Rücken und Füße zu waschen.
   → **Was** hat der Patient? → **Warum** tritt das Problem auf? → **Wie** ist es erkennbar?
7. Im Falle einer Risikopflegediagnose formulieren Sie eine zweiteilige diagnostische Aussage:
   Problemtitel, beeinflusst durch (b/d).
   Risikofaktor/en.
   Beispiel: *Sturzgefahr*, b/d erfolgter Sturz vor 7 Tagen, Schwindel, Gangunsicherheit und Drangurininkontinenz.
   → **Welches** Problem könnte der Klient entwickeln? → **Warum** könnte es auftreten?
8. Im Falle einer Gesundheitsförderungs-Diagnose formulieren Sie eine zweiteilige diagnostische Aussage:
   Gesundheitsförderungs-Diagnosentitel (Bereitschaft für ein verbessertes ...) b/d
   Symptome und Kennzeichen.
   Beispiel: *Bereitschaft für einen verbesserten Schlaf*, a/d geäußerten Wunsch, mehr über den Zusammenhang zwischen Schlafqualität und Gewichtskontrolle zu erfahren.
9. Im Falle einer Syndromdiagnose formulieren Sie eine diagnostische Aussage, bei der die Ursache des Syndroms in den Diagnosetitel integriert ist:
   Problemtitel, beeinflusst durch (b/d).
   Listen Sie die Pflegediagnosen einzeln auf, die das Syndrombündel bilden, wenn Sie daraus unterschiedliche Pflegemaßnahmen ableiten.
   Beispiel: *Relokationsstresssyndrom*, b/d Aufnahme ins Pflegeheim vor zwei Tagen.
   Beispiel: *Relokationsstresssyndrom*, b/d Verlegung von sicherer Umgebung der Intensivstation auf Allgemeinstation.

> 10. Erstellen Sie eine Verdachtsdiagnose, falls Sie ein Problem vermuten, Ihnen aber Informationen fehlen, um zu belegen, dass eine Pflegediagnose vorliegt: Verdacht auf (**V.a.**):
> Pflegediagnosentitel, möglicherweise beeinflusst durch (m/b/d).
> Beispiel: V. a. *Schlafstörung*, m/b/d alterungsbedingtes Schlafmuster und ungewohnte Schlafumgebung. Die Verdachtsdiagnose muss in der Folge be- oder widerlegt werden.
>
> 11. Besprechen Sie die Pflegediagnosen mit den Klienten, klären Sie, ob sich ihre professionelle Deutung und Analyse der Situation und des Pflegebedarfs mit der individuellen Sichtweise des Klienten decken, um gemeinsam im weiteren Pflegeprozess Ziele vereinbaren und auf die Zusammenarbeit mit dem Klienten zählen zu können. Überprüfen Sie fortlaufend, ob die Pflegediagnosen noch aktuell sind, und verändern, ergänzen oder streichen Sie diese entsprechend.

Pflegende tun, warum sie es tun und welche Ergebnisse sie damit erzielen. Die eigene Pflegefachsprache weiterzuentwickeln und Pflegediagnosen, -interventionen und -ergebnisse einheitlich zu bezeichnen, bleibt eine essenzielle Aufgabe (Georg, 2006a, b).

Pflegediagnosen tragen wesentlich zur Fachsprachen- und Wissensentwicklung in der Pflege bei. Sie helfen, Pflegewissen über Gesundheitsprobleme und Entwicklungsmöglichkeiten von Klienten, die Pflegende weitgehend eigenständig erkennen, benennen und behandeln können, zu strukturieren und zu klassifizieren. Damit ermöglichen sie nach Carpenito (2014), das pflegerische Wissen über aktuelle und potenzielle Gesundheitsprobleme und Entwicklungspotenziale von Menschen zu erkennen und zu erweitern. Sie fördern und erweitern dadurch den Verantwortungs- und Zuständigkeitsbereich der Pflege und steigern die professionelle Autonomie.

Sich über eine gemeinsame Fachsprache für pflegerische Probleme und Ressourcen zu verständigen, erleichtert es, Informationen über einen Klienten einzuschätzen und menschliche Reaktionen auf aktuelle und potenzielle Gesundheitsprobleme oder Entwicklungspotenziale zu erkennen. Einheitliche Fachbegriffe für Pflegediagnosen ermöglichen es, mit Pflegenden und anderen Berufsgruppen schriftlich und mündlich effizienter zu kommunizieren. Sie bieten eine grundlegende und systematische Terminologie, um pflegerische Probleme elektronisch zu erfassen und in einer elektronischen Klientenakte und Pflegedokumentation zu dokumentieren. Pflegebezogene Datenbanken und Informationssysteme wiederum können in Praxis, Lehre, Management und Forschung genutzt werden. Mit Pflegediagnosen können und konnten nationale Expertenstandards entwickelt werden, die Schwerpunkte und Leitlinien für die Pflegepraxis formulieren.

Pflegediagnosen sind kleinste Bausteine, um Begriffe für Theorien mittlerer Reichweite zu entwickeln (Brandenburg/Dorschner, 2015). Sie können vielfältiger Gegenstand von Pflegeforschung sein, um neue Pflegephänomene zu beschreiben, bestehende Pflegediagnosen zu validieren (Chang, 1999) und die Prävalenz von Pflegeabhängigkeit zu beschreiben (Dassen, 2007). Pflegediagnosen helfen, Pflegecurricula inhaltlich zu strukturieren und auszugestalten (Lunney, 2007). Sie können Instrumente liefern, um die Pflegepraxis zu beschreiben und zu dokumentieren. Sie bieten eine Wissensbasis für klinische Entscheidungen über Pflegeinterventionen und pflegebezogene Ergebnisse. Sie liefern Begriffe und ein Klassifikationssystem, um Pflegeinformationen in Datenverarbeitungssysteme zu integrieren, um bei gesundheitspolitischen Entscheidungen und gesetzgebenden Verfahren berücksichtigt zu werden. Sie ermöglichen es, potenzielle Gesundheitsprobleme für ein klinisches Risikomanagement zu erkennen und zu kontrollieren und erlauben es, Abweichungen von DRG-bezogenen Critical Pathways zu erfassen und mit Co-Pathways zu steuern (Dykes/Wheeler, 2002).

9.9.1.3
Pflegeziele und -ergebnisse

Der dritte Schritt des Pflegeprozesses beinhaltet, ausgehend von den erkannten Pflegediagnosen, anzustrebende *Pflegeziele* und Ergebniskriterien mit dem Klienten und/oder den Angehörigen gemeinsam zu vereinbaren und festzulegen. Prioritäten zu setzen und den Pflegebedarf bis zur Entlassung zu prognostizieren, gehören ebenfalls zu diesem Schritt des Pflegeprozesses (Wilkinson, 2012; Georg, 2005/2011; Fischer, 2002). Pflegeziele und -ergebnisse haben verschiedene Funktionen:

- Sie dienen als Kriterien, um zu bewerten, ob durch pflegerisches Handeln vereinbarte Ziele und Ergebnisse erreicht wurden.
- Sie sind der messbare Teil des Pflegeplans, mit dem Pflegende am Evaluationstag bewerten, ob die vereinbarten Ziele erreicht wurden.
- Sie lenken die Pflegeinterventionen, da Pflegende, die wissen, was sie erreichen möchten, auch genauer wissen, was sie dazu tun müssen.
- Sie motivieren Pflegende, da Dinge, die gemessen werden, auch eher getan werden.

Pflegeziele können zeitlich als Nah- und Fernziele formuliert werden (Heering, 2006), wobei *Fernziele* eher wegweisenden Charakter haben und *Nahziele* klare, realistische und erreichbare Erwartungen an den Klienten beschreiben (Sauter et al., 2018). Pflegeziele liefern die Kriterien, um während der Pflegeevaluation die erreichten Pflegeergebnisse zu bewerten.

Folgende Kriterien können hilfreich sein, um Pflegeziele und -ergebnisse zu formulieren:

- Die Ergebnisse werden aus den Pflegediagnosen abgeleitet.
- Die Ergebnisse werden, falls möglich und angemessen, gemeinsam mit dem Klienten und anderen Mitgliedern des Teams formuliert.
- Die Ergebnisse sind, gemessen an den derzeitigen und zukünftigen Fähigkeiten des Klienten, kulturell angemessen und realistisch (Domenig, 2007).
- Die Ergebnisse sind, gemessen an den für den Klienten verfügbaren Ressourcen, erreichbar.
- Für die Realisierung der Ergebnisse wird ein zeitlicher Rahmen festgelegt.
- Die Ergebnisse helfen, die Pflegekontinuität zu gewährleisten.
- Die Ergebnisse werden als messbare Ziele dokumentiert. (ANA, 1998)

Diese Kriterien lassen sich auch mit der „RUMBA-Regel" zusammenfassen. Nach dem aus dem Englischen stammenden Akronym sollten Pflegeziele…

- … **r**elevant für den Klienten und die erkannten Pflegediagnosen sein, …
- … **g**ut verständlich formuliert sowie …
- … **m**essbar, …
- … **b**eobachtbar und …
- … **a**ngemessen und erreichbar sein (Heering, 2006).

Eine standardisierte Terminologie und eine Klassifikation der pflegerisch beeinflussbaren Pflegeergebnisse bietet die von Moorhead et al. (2013) herausgegebene Pflegeergebnisklassifikation (NOC). Müller Staub et al. (2016) beschreiben sie ausführlich in ihrem Hauptwerk zu Pflegeklassifikationen. Die Pflegeergebnisklassifikation (NOC) kann in elektronischen Pflegedokumentationssystemen genutzt werden. Die Pflegeergebnisklassifikation umfasst 385 Pflegeergebnisse. Jedes pflegerisch beeinflussbare Pflegeergebnis besteht aus einem Titel, einer Definition, Indikatoren/Kriterien und einer Messskala (Georg, 2005). Ein Beispiel für das NOC-Pflegeergebnis „Schlaf" zeigt Tabelle 9.9-2. Moorhead et al. (2013) definieren *Pflegeergebnisse* als „messbare Zustände, Verhaltensweisen oder Wahrnehmungen eines Klienten oder einer Familie, die […] im größeren Umfang beeinflussbar und empfänglich für Pflegeinterventionen sind" (ebd.: 97ff.). Ein *Indikator/Kriterium* ist „eine spezifische Variable, die sich auf ein Klientenergebnis bezieht, welches beeinflussbar durch Pflegeinterventionen ist" (ebd.: 97ff.). Ein Indikator/Kriterium ist ein beobachtbarer Zustand, ein Verhalten, eine geäußerte Wahrnehmung oder eine Bewertung

Tabelle 9.9-2: Pflegeergebnis „Schlaf" aus der Pflegeergebnisklassifikation (NOC) (Quelle: Moorhead et al.: 2013: 556)

Bereich I: Funktionale Gesundheit
Klasse A – Energieerhaltung

Skala (a): Extrem gefährdet bis Nicht gefährdet

Definition: Ausmaß und Muster des Schlafes zur geistigen und physischen Regenerierung

Schlaf		Extrem gefährdet 1	Weitgehend gefährdet 2	Mäßig gefährdet 3	Leicht gefährdet 4	Nicht gefährdet 5
Indikatoren:		1	2	3	4	5
000401	Stunden an Schlaf	1	2	3	4	5
000402	Beobachtete Stunden an Schlaf	1	2	3	4	5
000403	Schlafmuster	1	2	3	4	5
000404	Schlafqualität	1	2	3	4	5
000405	Schlafeffizienz von Schlafzeit und der gesamten Zeit des Versuches, zu schlafen	1	2	3	4	5
000406	Ununterbrochener Schlaf	1	2	3	4	5
000407	Schlafroutine	1	2	3	4	5
000408	Gefühl der Regeneration nach dem Schlaf	1	2	3	4	5
000409	Schläft dem Alter angemessen	1	2	3	4	5
000410	Zu angemessenen Zeiten erweckbar	1	2	3	4	5
000411	EEG IEA*	1	2	3	4	5
000412	EMG IEA	1	2	3	4	5
000413	EOG IEA	1	2	3	4	5
000414	Vitalzeichen IEA	1	2	3	4	5
000415	Andere (Spezifizieren)	1	2	3	4	5

* IEA = in erwartetem Ausmaß

eines Klienten. Eine *Messskala* beschreibt, welcher Indikator wie gemessen und quantifiziert werden soll (Georg, 2005).

9.9.1.4
Pflegeplanung

Der vierte Schritt des Pflegeprozesses umfasst, wirksame Pflegeinterventionen auszuwählen, einzelne Pflegemaßnahmen oder -aktivitäten mit dem Klienten und dem Team festzulegen und zu dokumentieren. Pflegemaßnahmen sollten nach der „6-W-Regel" formulieren, was zu tun ist, wie es durchzuführen ist, wie viel/oft es zu tun ist, womit es zu tun ist und von wem die Pflegemaßnahme ausgeführt werden soll (Heering, 2006). In der Planungsphase entscheiden Pflegende, für welche Probleme ein individuell entwickelter Plan notwendig ist und welche Probleme durch Versorgungspfade, Expertenstandards und standardisierte Maßnahmen abgedeckt sind. Sie wählen entsprechende standardisierte, möglichst evidenzbasierte Interventionen und Pflegepläne aus und passen sie dem konkreten Fall an (Wilkinson, 2012; Behrens/Langer, 2016). Pflegende wählen Pflegeinterventionen so aus, dass diese Einfluss- oder Risikofaktoren die Pflegediagnosen derart beeinflussen, dass aktuelle gesundheitliche Probleme des Klienten gelindert, gebessert oder gelöst werden, potenziellen Problemen vorgebeugt wird und Entwicklungspotenziale entwickelt werden. Für die Auswahl von Pflegeinterventionen können Pflegende auf Pflegeinterventionen der Pflegeinterventionsklassifikation (NIC) von Bulecheck et al. (2015) und die Pflegemaßnahmen des Leistungserfassungssystems in der Pflege (LEP®, 2002) zurückgreifen. Die NIC umfasst 554 Pflegeinterventionen mit ihren Titeln, Definitionen und Pflegeaktivitäten.

9.9.1.5
Pflegeintervention

Zum fünften Schritt des Pflegeprozesses gehört es, Pflegemaßnahmen und -aktivitäten der Pflegeinterventionen durchzuführen, den Klienten kontinuierlich weiter einzuschätzen und seine Ressourcen zu nutzen, um gesundheitliche Probleme des Klienten zu lindern, zu lösen oder zu bessern. Pflegeinterventionen definieren ...

> „... Tätigkeiten, die eine professionelle Pflegeperson, auf der Grundlage einer klinischen Beurteilung und pflegerischen Wissens, ausübt, um die gemeinsamen Ziele des Klienten und der Pflege zu erreichen, um die Unabhängigkeit des Klienten zu erhalten, zu fördern oder zu befähigen und um zum Wiedererlangen von Wohlbefinden und Unabhängigkeit beizutragen. – Im Rahmen von Pflegeinterventionen handeln Pflegende für Klienten, sie führen und leiten diese, sorgen für eine entwicklungsfördernde Umgebung, unterstützen und fördern Klienten, sie beraten und unterrichten Klienten und leiten sie an. Pflegeinterventionen umfassen direkte und indirekte, pflege- und arztinitiierte Tätigkeiten." (vgl. Bulecheck, 2015: 47, 53)

Um pflegerische Interventionen auf größtmögliche Evidenz zu stützen (Behrens/Langer, 2016) kann mittlerweile für einige Pflegephänomene und -interventionen auf die Expertenstandards des Deutschen Netzwerks für Qualität in der Pflege (www.dnqp.de) zurückgegriffen werden.

9.9.1.6
Pflegeevaluation

Im sechsten Schritt des Pflegeprozesses – der Pflegeevaluation – wird bewertet und rückwirkend eingeschätzt, ob Pflegeziele und -ergebnisse erreicht und realisiert wurden und Pflegeinterventionen wirksam, Pflegediagnosen genau und Pflegeassessments umfassend und fokussiert genug waren. Die erneute und rückwirkende pflegerische Situationseinschätzung wird im optimalen Fall kombiniert mit der Selbstbeurteilung des Klienten (Sauter et al., 2011). Ob die Pflegeziele erreicht wurden, kann mit Kriterien und Messskalen von Zielerreichungsskalen, wie z. B. der NOC oder der Goal Attainment Scale (GAS) gemessen und objektiviert werden (Sauter et al., 2011). Um den Pflegeprozess übergeordnet zu beurteilen und zu bewerten, ob Pflegediagnosen, -ziele und -maßnahmen übereinstimmen, können die von Needham entwickelten „Wiler Kriterien zur Beurteilung von Pflegeplänen" (WiKriPP) herangezogen werden (Needham, 2003). Die Wiler Kriterien werden in Tabelle 9.9-3 zusammengefasst dargestellt.

9.9.2
Pflegeprozess und Patientenedukation

Parallel zum Pflegeprozess kann ein Beratungsprozess erfolgen, wenn sich bei der initialen Einschätzung des Lernbedarfs, der Lernmotivation und des Lerntyps ein Beratungsbedarf ergibt (Abb. 9.9-3). Dieser Lernbedarf kann mit Gesundheitsförderungspflegediagnosen oder den Pflegediagnosen „Wissensdefizit" oder „Unwirksames Gesundheitsmanagement" dokumentiert

Tabelle 9.9-3: Wiler Kriterien zur Beurteilung von Pflegeplänen (WiKriPP) (Needham, 2003: 556), leicht modifiziert vom Autor)

Kategorie	Kriterium	Punkte
Pflege-diagnose	• Problembeschreibung (P) ist vorhanden.	1
	• Einflussfaktor (E) ist vorhanden.	1
	• Symptome, Auswirkungen sind vorhanden[1].	1
	• Problembeschreibungen und Einflussfaktoren sind mit „beeinflusst durch" (b/d) verbunden.	1
	• Einflussfaktoren und Symptom sind verbunden mit „angezeigt durch" (a/d).	1
	• Die Problembeschreibung steht vor dem Einflussfaktor.	1
	• Der Entstehungsfaktor (E) steht vor dem Symptom (S).	1
	• In einer diagnostischen Aussage ist nur eine Problembeschreibung vorhanden.	1
	• Die Problembeschreibung ist keine medizinische Diagnose.	1
	• Die Problembeschreibung ist (wo empfohlen) spezifiziert mit Grad und Stufe oder Akutheit.	1
	• Die Pflegediagnose ist nicht moralisch wertend und juristisch unbedenklich formuliert.	1
Ressourcen	• Es gibt mindestens eine Ressource je Pflegediagnose.	1
	• Alle Ressourcen stehen in Verbindung mit einem Element im PES-Format (Problem, Einflussfaktor, Symptom).	1
Pflegeziel	• Alle Ziele stehen in Verbindung zur Problembeschreibung.	1
	• Alle Ziele sind überprüfbar.	1
Pflege-maßnahmen	• Alle Pflegemaßnahmen beziehen sich auf die Pflegediagnose.	1
	• Alle Pflegemaßnahmen beziehen sich auf das Pflegeziel.	1
	• Alle Pflegemaßnahmen sind konkret.	1
	• Alle Pflegemaßnahmen sind pflegerische Angelegenheiten und entsprechen den beruflichen Kompetenzen.	1
	• Mindestens eine Maßnahme ist ein aktiver Beitrag des Patienten[2].	1
Pflege-evaluation	• Im Verlaufsbericht gibt es mindestens einen schriftlichen Eintrag zur Pflegediagnose, die nicht länger als 14 Tage alt ist.	1
	• Im Verlaufsbericht wird die Pflegediagnose explizit benannt.	1

[1] Bei Risikopflegediagnosen gibt es der Regel nach keine Symptome, sondern nur Risikofaktoren (das Symptom tritt erst auf, wenn die potenzielle Gefahr eingetreten und manifest geworden ist). In diesem Fall mit einem Punkt (1) bewerten.

[2] Bei schwer kranken PatientInnen in der Gerontopsychiatrie, die keinen aktiven Beitrag leisten können, mit einem Punkt (1) bewerten.

werden. Ausgehend von diesen Pflegediagnosen können mit dem Klienten Lernziele vereinbart sowie ein Informations-, Schulungs- und Beratungsplan erstellt und Klienten informiert, geschult oder beraten werden (London, 2010; Klug-Redman, 2009), um abschließend die Lernergebnisse zu evaluieren.

Die Patientenedukation ist in Zeiten stetig abnehmender Verweildauer ein entscheidendes Instrument, um Klienten und Angehörige zu befähigen, möglichst selbstständig und eigenverantwortlich mit ihren gesundheitlichen Problemen umzugehen und Drehtüreffekte zu verhindern.

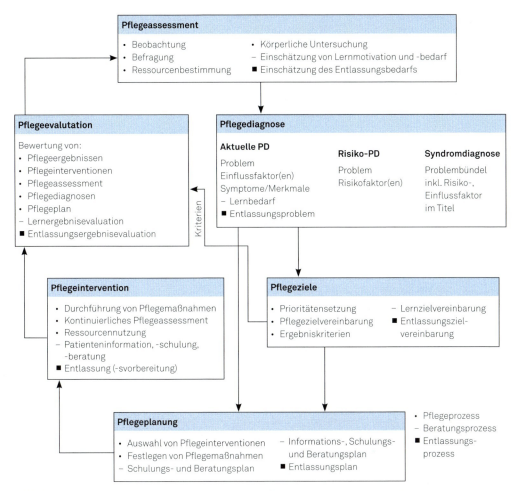

Abbildung 9.9-3: Pflegeprozess (•), Beratungs- (–) und Entlassungsprozess (■) (Quelle: Georg, 2006a: 495)

9.9.3
Pflege-, Entlassungsprozess und Entlassungsmanagement

Der Entlassungsprozess ist Teil des Pflege- und Versorgungsprozesses (s. Abb. 9.9-3). Die Entlassung ist in den Fokus der Pflege und des Pflegemanagements geraten. Im Expertenstandard „Entlassungsmanagement in der Pflege" des DNQP (2009) wird dies wie folgt begründet: „Die Entlassung aus der Klinik birgt das Risiko von Versorgungsbrüchen, die zu unnötiger Belastung von Patienten und ihren Angehörigen sowie zu hohen Folgekosten führen können". Die Entwicklung des Expertenstandards und das Entlassungsmanagement zielen daher darauf ab, dass „jeder Patient mit einem erhöhten Risiko poststationärer Versorgungsprobleme und einem daraus resultierenden weiter andauernden Pflege- und Unterstützungsbedarf […] ein individuelles Entlassungsmanagement zur Sicherung einer kontinuierlichen, bedarfsgerechten Versorgung erhält". Die vom Expertenstandard für das Entlassungsmanagement in der Pflege erarbeiteten Struktur-, Prozess- und Ergebniskriterien fasst Tabelle 9.9-4 zusammen.

Als Bezugsrahmen für eine kontinuierliche Versorgung mit Hilfe des Entlassungsmanagements kann das in Abbildung 9.9-4 dargestellte

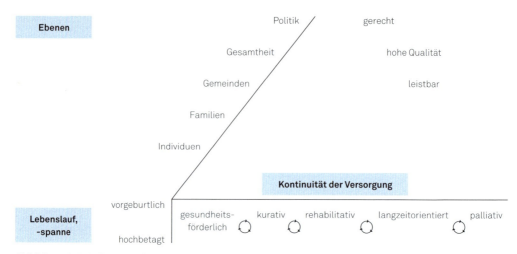

Abbildung 9.9-4: Bezugsrahmen für eine kontinuierliche Versorgung mit Hilfe des Entlassungsmanagements, basierend auf dem WHO-Modell zur Erbringung populationsbezogener Erbringung von Versorgungsleistungen nach Hirschfeld (2005, 2018)

WHO-Modell zur populationsbezogenen Erbringung von Versorgungsleistungen von Miriam Hirschfeld (2005, 2018) dienen. Das darin dargestellte Versorgungskontinuum reicht vom gesundheitsförderlichen über den kurativen zum rehabilitativen, langzeitorientierten und palliativen Versorgungsbereich. Diese Versorgungsschwerpunkte und -übergänge können innerhalb einer Institution, aber auch zwischen Institutionen erfolgen. Die Übergänge im Versorgungskontinuum werden mit Hilfe des Entlassungsprozesses (s. Abb. 9.9-3) organisiert. Misslingende Entlassungsprozesse und Überleitungen führen zu Versorgungsbrüchen. – Die Versorgung erfolgt für Individuen im Lebenslauf, der von der vorgeburtlichen Phase bis hin zum hochbetagten Alter reicht. – Für Familien erfolgt er im Familienprozess mit Hilfe familienzentrierter Pflege, wie sie von Wright und Leahey (2014) beschrieben wird. – Die pflegerische Entlassungsplanung konzentriert sich auf Individuen und Familien oder Angehörige, eine umfassende gesundheitliche Versorgung schließt zusätzlich noch die Ebene von Gemeinden, Gesamtheiten und die Ebene politischer Rahmenbedingungen ein. Ziel der Erbringung von Versorgungsleistungen ist eine gerechte, qualitative hochgestellte und ökonomisch leistbare gesundheitliche Versorgung.

Im Rahmen des Pflegeprozesses sollte schon nach 24–48 h gefragt und prognostiziert werden ob der Pflege- und Versorgungsbedarf des Patienten, nach der Entlassung aus der Abteilung oder Institution sowie der Überleitung von einer Versorgungsstufe zur anderen (z.B. kurativ → rehabilitativ, s. Abb. 9.9-4) weiter bestehen wird. Eventuell fortbestehende Entlassungsprobleme können mit aktuellen oder Risikopflegediagnosen benannt werden. Der Entlassungsprozess umfasst die folgenden sechs Schritte, die in Brobst (2007: 209–234) und Wilkinson (2012) detaillierter beschrieben werden und eingangs in Abbildung 9.9-3 dargestellt wurden:

1. Einschätzen und Prognostizieren des Entlassungsbedarfs
2. Erkennen und Benennen von Entlassungsproblemen/-risiken und Dokumentieren in Form von aktuellen oder Risikopflegediagnosen
3. Abstimmen der Entlassungsziele zwischen Pflegenden, anderen Berufsgruppen, Patienten und Angehörigen
4. Planen und Vorbereiten der Entlassung
5. Ausführen, Koordinieren und Kommunizieren der Entlassung (intern/extern, intra- und interprofessionell)
6. Evaluieren der Entlassungsergebnisse.

Tabelle 9.9-4: Kriterienübersicht des Standards Entlassungsmanagement in der Pflege (Quelle: DNQP, 2009) *(Fortsetzung n. Seite)*

Expertenstandard Entlassungsmanagement in der Pflege (1. Aktualisierung 2009)
Zielsetzung: Jeder Patient mit einem erhöhten Risiko poststationärer Versorgungsprobleme und dem daraus resultierenden weiter andauernden Pflege- und Unterstützungsbedarf erhält ein individuelles Entlassungsmanagement zur Sicherung einer kontinuierlichen bedarfsgerechten Versorgung.

Begründung: „Die Entlassung aus der Klinik birgt das Risiko von Versorgungsbrüchen, die zu unnötiger Belastung von Patienten und ihren Angehörigen sowie zu hohen Folgekosten führen können. Mit einem frühzeitigen und systematischen Assessment sowie Beratungs-, Schulungs- und Koordinationsleistungen und deren abschließender Evaluation trägt die Pflegefachkraft dazu bei, eine bedarfsgerechte poststationäre Versorgung sicherzustellen und den Patienten bei der Bewältigung seiner veränderten Lebenssituation zu unterstützen. (DNQP, 2009)

Struktur	Prozess	Ergebnis
Die Einrichtung **S1a** – verfügt über eine schriftliche Verfahrensregelung für ein multidisziplinäres Entlassungsmanagement. Sie stellt sicher, dass die erforderlichen organisatorischen (z.B. Zeitressourcen, Festlegung der Arbeitsteilung, Schulungsräume), personellen (z.B. Pflegefachkräfte mit hinreichender Qualifikation) und fachlichen Rahmenbedingungen (z.B. Einschätzungskriterien, -instrumente) gewährleistet sind. **Die Pflegefachkraft** **S1b** – beherrscht die Auswahl und Anwendung von Instrumenten zur Einschätzung der Risiken und des erwartbaren Versorgungs- und Unterstützungsbedarfs nach der Entlassung.	**Die Pflegefachkraft** **P1** – führt mit allen Patienten und wenn möglich mit deren Angehörigen innerhalb von 24 Stunden nach der Aufnahme eine erste kriteriengeleitete Einschätzung der erwartbaren poststationären Versorgungsrisiken und des Unterstützungsbedarfs durch. Diese Einschätzung wird bei Veränderung des Krankheits- und Versorgungsverlaufs aktualisiert. • führt bei identifiziertem poststationärem Versorgungsrisiko bzw. Unterstützungsbedarf ein differenziertes Assessment mit dem Patienten und seinen Angehörigen mittels geeigneter Kriterien durch bzw. veranlasst dieses.	**E1** – Eine aktuelle, systematische Einschätzung der erwartbaren poststationären Versorgungsrisiken sowie des Unterstützungs- und Versorgungsbedarfs liegt vor.
S2 – verfügt über Planungs- und Steuerungskompetenz zur Durchführung des Entlassungsmanagements.	**P2** – entwickelt in Abstimmung mit dem Patienten und seinen Angehörigen sowie den beteiligten Berufsgruppen unmittelbar im Anschluss an das differenzierte Assessment eine individuelle Entlassungsplanung.	**E2** – Eine individuelle Entlassungsplanung liegt vor, aus der die Handlungserfordernisse zur Sicherstellung einer bedarfsgerechten poststationären Versorgung hervorgehen.
S3 – verfügt über Kompetenzen, den Patienten und seine Angehörigen sowohl über poststationäre Versorgungsrisiken als auch über erwartbare Versorgungs- und Pflegeerfordernisse zu informieren, zu beraten und entsprechende Schulungen anzubieten bzw. zu veranlassen sowie die Koordination der weiteren daran beteiligten Berufsgruppen vorzunehmen.	**P3** – gewährleistet für den Patienten und seine Angehörigen eine bedarfsgerechte Beratung und Schulung.	**E3** – Dem Patienten und seinen Angehörigen sind bedarfsgerechte Beratung und Schulung angeboten worden, um Versorgungsrisiken erkennen und veränderte Versorgungs- und Pflegeerfordernisse bewältigen zu können.

Tabelle 9.9-4: *(Fortsetzung)*

Struktur	Prozess	Ergebnis
S4 – ist zur Koordination des Entlassungsprozesses befähigt und autorisiert.	P4 – stimmt in Kooperation mit dem Patienten und seinen Angehörigen sowie den intern und extern beteiligten Berufsgruppen und Einrichtungen frühzeitig den voraussichtlichen Entlassungstermin sowie die erforderlichen Maßnahmen ab. • bietet den Mitarbeitern der weiterbetreuenden Einrichtung eine Pflegeübergabe unter Einbeziehung des Patienten und seiner Angehörigen an.	E4 – Mit dem Patienten und seinen Angehörigen sowie den weiterversorgenden Berufsgruppen und Einrichtungen ist der Entlassungstermin abgestimmt sowie der erwartbare Unterstützungs- und Versorgungsbedarf geklärt.
S5 – verfügt über die Fähigkeiten zu beurteilen, ob die Entlassungsplanung dem individuellen Bedarf von Patient und Angehörigen entspricht.	P5 – führt mit dem Patienten und seinen Angehörigen spätestens 24 Stunden *vor* der Entlassung eine abschließende Überprüfung der Entlassungsplanung durch. Bei Bedarf werden Modifikationen eingeleitet.	E5 – Die Entlassung des Patienten ist bedarfsgerecht vorbereitet.
S6 – ist befähigt und autorisiert, eine abschließende Evaluation der Entlassung durchzuführen.	P6 – nimmt innerhalb von 48 Stunden *nach* der Entlassung Kontakt mit dem Patienten und seinen Angehörigen oder der weiterversorgenden Einrichtung auf und vergewissert sich, ob die Entlassungsplanung angemessen war und umgesetzt werden konnte.	E6 – Der Patient und seine Angehörigen haben die geplanten Versorgungsleistungen und eine bedarfsgerechte Unterstützung zur Bewältigung der Entlassungssituation erhalten.

Die für den Entlassungsprozess und das Entlassungsmanagement zentrale Pflegeintervention *„Entlassungs-/Verlegungsplanung"* (engl. „discharge planning") definieren Bulechek et al. (2015) als „Vorbereiten eines Patienten auf einen Wechsel von einer Versorgungsebene zu einer anderen innerhalb oder außerhalb des gegenwärtigen Gesundheitsversorgungseinrichtung" (ebd.: 367). Als einzelne Pflegeaktivitäten der NIC-Pflegeintervention „Entlassungs- und Verlegungsplanung" nennen Bulechek et al. (2015) die folgenden Pflegeaktivitäten:

- Unterstützen des Patienten/seiner Familie/seiner Bezugsperson, sich auf die Entlassung vorzubereiten
- Feststellen, ob der Patient fähig ist, entlassen zu werden
- Zusammenarbeiten mit dem Arzt, dem Patienten/seiner Familie/seiner Bezugsperson und anderen Mitgliedern des Gesundheitsteams beim Planen der Kontinuität der Gesundheitsversorgung
- Koordinieren der Bemühungen verschiedener Dienstleister der Gesundheitsversorgung, um eine rechtzeitige Entlassung sicherzustellen
- Ermitteln, ob der Patient und seine primäre Bezugsperson über die erforderlichen Kenntnisse oder Fähigkeiten verfügen, die nach der Entlassung erforderlich sind

- Ermitteln des Schulungsbedarfs des Patienten in Bezug auf die nach der Entlassung erforderliche Pflege und Versorgung
- Überwachen der Bereitschaft zur Entlassung
- Kommunizieren der Entlassungspläne des Patienten, soweit angemessen
- Dokumentieren der Entlassungspläne in der Patientenakte
- Formulieren eines Plans zur weiteren Versorgung nach der Entlassung
- Unterstützen des Patienten/seiner Familie/ seiner Bezugspersonen beim Planen der unterstützenden Umgebung, die für die Versorgung des Patienten nach dem Krankenhausaufenthalt nötig ist
- Erstellen eines Plans, der die Gesundheitsversorgungsbedürfnisse sowie soziale und finanzielle Bedürfnisse des Patienten berücksichtigt
- Arrangieren einer Evaluation nach der Entlassung, soweit angemessen
- Ermutigen zur Selbstpflege, soweit angemessen
- Arrangieren einer Verlegung oder Entlassung auf die nächste Versorgungsebene
- Erörtern finanzieller Ressourcen, falls nach der Entlassung Absprachen für die Gesundheitspflege getroffen werden müssen
- Koordinieren von Überweisungen, die für die Vernetzung der Gesundheitsdienstleister untereinander relevant sind.

Die skizzierten Elemente, Strukturen, Prozesse und Ergebnisse des Entlassungsprozesses und -managements zeigen, dass der Entlassungsprozess ein zentrales Element des Pflegeprozesses ist, das vorausschauendes Handeln erfordert, um eine kontinuierliche Versorgung ohne Versorgungsbrüche zu vermeiden.

9.9.4
Umsetzung des Pflegeprozesses in die Pflegepraxis

Den Pflegeprozess umzusetzen und anzuwenden bereitet nach wie vor Schwierigkeiten, die im Folgenden in aktualisierter Form dargestellt werden. Am Beispiel der „Pflegediagnosen" wird beschrieben, wie sich diese aus der Praxis heraus in die Praxis umsetzen lassen. Dessen ungeachtet erwarten Klienten gerade wegen der verkürzten Verweildauer, dass Pflegende rasch und systematisch die für ihre pflegerische Versorgung relevanten Probleme und Entwicklungspotenziale erkennen, benennen und behandeln, sie diesbezüglich beraten oder Hinweise geben und Vorkehrungen treffen, wie mit ungelösten Problemen über die Entlassung hinaus umgegangen werden kann.

Umsetzungsprobleme
Die von Reinhardt (2009) beschriebenen Probleme, den Pflegeprozess in der Praxis umzusetzen, bestehen fort:
- Das Pflegeprozessmodell wird in der Praxis nur unzureichend vor dem Hintergrund eines pflegetheoretischen Modells (z. B. Fördernde Prozesspflege [ABEDL], ATL, Funktionelle Gesundheitsverhaltensmuster) reflektiert und angewendet.
- Die entbürokratisierte Pflegedokumentation hat zum einen zur administrativen Verschlankung der Dokumentation geführt, das Strukturmodell birgt jedoch die Gefahr, bei zu enger Fokussierung pflegerelevante Phänomene in Form aktueller und potenzieller Pflegediagnosen aus dem Blick zu verlieren.
- Die Schulung im Hinblick auf den Pflegeprozess ist theoretisch, aber noch nicht nachhaltig praktisch durchgeführt worden.
- Die Pflegeausbildung befähigt vielfach nicht zu einem praxistauglichen Umgang mit dem Pflegeprozess bzw. im Praxiseinsatz fehlen vielfach zeitliche Ressourcen und Rollenmodelle, um für Auszubildende den Umgang mit dem Pflegeprozess zu einem selbstverständlichen Handwerkszeug zu machen.
- Die Kompetenzen der Verschriftlichung und Dokumentation sind in der Berufsgruppe noch nicht ausreichend vorhanden (Mosby, 2005).
- Die Kompetenzen des kognitiv-analytischen oder kritischen Denkens sind in der Berufsgruppe noch nicht ausreichend vorhanden (Lunney, 2007).
- Die Pflegenden lehnen den mit der (handschriftlichen) Dokumentation des Pflege-

prozesses verbundenen administrativen Mehraufwand ab bzw. elektronische Pflegedokumentationssysteme sind noch nicht flächendeckend verbreitet, um die Dokumentation zu erleichtern.
- Der Pflegeprozess trifft in der Praxis vielfach noch auf funktionelle Ablauforganisationen, die dem klienten-, beziehungs- und problemlösungsorientierten Ansatz zuwiderlaufen.
- Die mit der Klassifikation von Pflegediagnosen, -phänomenen, -interventionen und -ergebnissen verbundene Chance, den Pflege*prozess* nun mit Inhalt zu füllen, aus dem sich Pflegende bei ihren täglichen Entscheidungen bedienen können, ist noch nicht ausreichend bekannt und bewusst (Müller Staub et al., 2016).
- Durch weiterhin abnehmende materielle und personelle Ressourcen im Gesundheitswesen bei gleichzeitigem kontinuierlichem Anstieg der Arbeitsbelastung stoßen Konzepte, die nicht unmittelbar entlasten, vermehrt auf Ablehnung.

Einführung und Umsetzung von Pflegediagnosen

Die Einführung von Pflegediagnosen ist dort sinnvoll, wo es *„Probleme mit den Problemen"* gibt. Auf die Frage, ob im täglichen Umgang mit Pflegeproblemen Schwierigkeiten auftauchen, werden häufig Formulierungs-, Kommunikations-, Identifikations-, Rollen- und konzeptionelle Probleme angeführt (Georg, in: Collier et al., 1998: V), kurzum Probleme, die um die Fragen kreisen:
- Was ist (k)ein Pflegeproblem?
- Wie erkenne ich umfassend die Probleme des Klienten?
- Wer hat hier eigentlich ein Problem, die Pflege oder der Klient?
- Ist es eine pflegerische Aufgabe, „Diagnosen" zu benennen?
- Wie formuliere ich das Problem kurz, knapp, prägnant und für die Kollegen verständlich?

Gibt es „Probleme mit den Problemen", dann kann die Frage: „Wie lauten die Pflegeprobleme, die Sie in Ihrer Pflegepraxis erkennen, benennen und behandeln können?" weiterhelfen, um sich mehr Klarheit über die Art, Häufigkeit und Zuordnung sowie das Verständnis von Pflegediagnosen zu verschaffen. Diese Probleme sollten von den Pflegenden direkt und ausführlich gesammelt werden. Die Problemliste gilt es dann auf Formulierungen zu prüfen, die keine Pflegediagnosen darstellen. Die verbleibenden Probleme können dahingehend untersucht werden, welche Problemformulierungen identisch oder zumindest ähnlich sind. Diese Vorgehensweise hilft, bereits vereinheitlichte Begriffe, wie „Dekubitusgefahr", „Schmerz", „Angst", zu erkennen, und verweist auf häufige Probleme.

Ob aktuelle, Risiko-, Syndrom- oder Gesundheitsförderungsdiagnosen vorliegen, kann mit der Frage: „Um welche Arten von Pflegediagnosen handelt es sich bei den vorliegenden Problemen?" geklärt werden. Formulierungen wie „Pat. ist bewegungseingeschränkt, weil …, wegen …, auf Grund …, durch …, infolge …" etc. geben einen Hinweis auf eine PES-Struktur und fortgeschrittene diagnostische Fähigkeiten, weil damit Probleme hinsichtlich ihrer Ursachen analysiert werden. Solcherart vorzugehen und kritisch über Pflegeprobleme nachzudenken, ist wesentlich für kognitiv-analytisches bzw. diagnostisches Denken und kann durch die drei „W's" einer Pflegediagnose gefördert werden:
1. Was ist das Problem?
2. Warum tritt das Problem auf, welche Faktoren beeinflussen seine Entstehung?
3. Wie sieht das Problem aus?

Eine ausreichend große Zahl identifizierter Pflegediagnosen kann gruppiert und zusammengefasst werden, z. B. in „Ausscheidungsprobleme" wie „Inkontinenz", „Harnverhalt", „Obstipation" und „Diarrhö". Derartig gruppierte oder klassifizierte Pflegeprobleme führen induktiv zu einer ordnenden Struktur für Pflegediagnosen. Pflegekonzepte wie LAs, ATLs, ABEDLs, SIS und Funktionelle Gesundheitsverhaltensmuster können auch als Strukturierungshilfe genutzt werden.

Ausgehend von der Liste der ermittelten Pflegediagnosen sollten diese genauer auf ihre bestimmenden Merkmale und beeinflussenden Faktoren untersucht und entsprechend unterschieden werden. Das kann mit Hilfe der Handbücher von Gordon (2013, 2018), Doenges (2014, 2018) und NANDA-I (2016) oder durch die Frage nach den Merkmalen und beeinflussenden Faktoren der vorliegenden Probleme erfolgen. Die Frage, wer Pflegediagnosen erstellen sollte, ist berufspolitisch einfach zu beantworten: Gesundheits- und (Kinder-)KrankenpflegerInnen und AltenpflegerInnen. Die Qualität der Pflegediagnosen hängt jedoch von dem professionellen Wissen, der praktischen Erfahrung und einer gehörigen Portion kognitiv-analytischer Fähigkeiten der einzelnen Pflegeperson ab, die Lunney (2007) als „kritisches Denken" (engl.: *critical thinking*) bezeichnet. Weiter gehende diagnostische Fähigkeiten können theoretisch anhand zunehmend komplexer Fallstudien (Collier, 1998; Lunney, 2007), Concept Mapping (Georg, 2015), Pflegeassessmentübungen und mit problemorientiertem Lernen (Price, 2005) erworben werden. Intensive Schulungen zu einzelnen Pflegediagnosen, Einführungen in Pflegeassessmentelemente, -formen und -fertigkeiten können die bestehenden Kenntnisse und Fähigkeiten vertiefen. Eine praktische Anleitung durch PflegediagnostikexpertInnen, um die Beobachtungsfähigkeit zu verfeinern, das analytische Denken zu schärfen und weitere Assessmentfähigkeiten zu schulen, fördert die praktische Einführung von Pflegediagnosen. Pflegediagnosen in ein Bezugspflegesystem oder ein Primary-Nursing-System einzuführen, wäre ablauforganisatorisch passend und für eine kontinuierliche Pflegebeziehung förderlich. Um häufigen Pflegediagnosen leichter auf die Spur zu kommen, ist es notwendig, ein/e Pflegeassessmentformular/-datei zu entwickeln oder zu verbessern. Die konzeptionelle Arbeit zielt während der Einführung darauf ab, das Pflegeverständnis zu klären, die Rolle der Pflegenden um die des „Diagnostizierenden" zu erweitern und die Pflegediagnosen in die jeweilige Unternehmensphilosophie (Pflegeleitbild) zu integrieren. Ferner sollten Pflegediagnosen als fester Bestandteil und zweiter Schritt des Pflegeprozesses vermittelt werden.

Eine in dieser skizzierten Form durchgeführte Einführung in das Konzept der Pflegediagnosen kann das professionelle Rollenverständnis der Pflegenden erweitern und Pflegeprobleme insgesamt besser benennbar, kontrollierbar, kommunizierbar, finanzierbar, beforschbar, lehrbar und in (berufs)politische Forderungen und Richtlinien umsetzbar machen (Georg, 2006a, b).

9.9.5
Interdisziplinäre Prozessgestaltung und Pflegeprozess

Im Folgenden wird der Zusammenhang zwischen Clinical Pathways und DRGs beschrieben, deren Gegenstand, Hintergründe und Ziele werden erläutert, und es wird gezeigt, wie PflegemanagerInnen Critical Pathways entwickeln können.

Clinical Pathways und DRGs
Im Zeitalter der DRGs kommt es nicht mehr ausschließlich darauf an, wie gut eine Berufsgruppe ihre Arbeitsprozesse gestaltet, sondern wie gut, schnell und leistbar alle an der Klientenversorgung beteiligten Berufsgruppen die gesundheitliche Versorgung koordinieren und dabei kooperieren. Vergleicht man die Prozesse der verschiedenen Gesundheitsberufe (Sauter et al., 2011), so fällt auf, dass alle Berufsgruppen Informationen sammeln, Diagnosen stellen oder Beurteilungen abgeben, Ziele setzen, Maßnahmen oder Interventionen planen und durchführen und abschließend evaluieren. Aus diesem Grund ist es nahe liegend, diese interprofessionellen Behandlungsprozesse zusammenzufassen. Dazu wurden sogenannte „interdisziplinäre Versorgungs- oder Behandlungspfade" (engl.: *clinical pathways*) entwickelt, die im Folgenden definiert und bezüglich ihrer Hintergründe, Ziele, Strukturen, Elemente und Einführung beleuchtet und dargestellt werden (Georg, 2006c).

Definition. Clinical Pathways (CPs) sind interdisziplinäre Behandlungspfade oder -pläne, die bei einer bestimmten Diagnose, Fallgruppe

(DRG) oder Behandlungsform, innerhalb eines definierten Zeitrahmens und ergebnisorientiert, die effektiven und evidenzbasierten Interventionen aller Berufsgruppen festlegen. Ziel ist eine hochwertige, effiziente und berufsgruppenübergreifende Behandlung (Georg, 2006c).

Hintergrund und Ziele. Interdisziplinäre Behandlungspfade werden angesichts eines sich ökonomisierenden Gesundheitswesens eingeführt. Dabei werden Leistungserbringer, wie Pflegende, Ärzte und Therapeuten, immer stärker von Kostenträgern (Kassen) gedrängt, effektiver und effizienter zu arbeiten. Beide Akteure versuchen, insbesondere durch eine verkürzte Verweildauer im Akutbereich, die Verlagerung stationärer Leistungen in den ambulanten Bereich, fallbezogene Leistungsentgelte (DRGs) und ein gezieltes Fallmanagement die Behandlungskosten zu senken (Fischer, 2002; Malk et al., 2006). Interdisziplinäre Behandlungspfade sind dabei Instrumente des Fallmanagements oder, in Form von Co-Pathways, des Risikomanagements. Interdisziplinäre Behandlungspfade werden eingesetzt, ...

- ... um eine interdisziplinäre Zusammenarbeit zu fördern, um durch klarere Zuständigkeiten und Verantwortlichkeiten, Reibungsverluste und Mehrfachuntersuchungen zu verringern.
- ... um durch effektiven und effizienten Einsatz von Ressourcen, optimale Planung von Untersuchungen und Interventionen und stärkere Ergebnisorientierung eine gute Behandlungsqualität zu sichern.
- ... die Kommunikation unter den Leistungserbringern und -erstattern zu verbessern.
- ... interdisziplinäre Behandlungsziele, -wege und -leistungen sichtbar und mittels Benchmarking vergleichbar zu machen.
- ... Leistungen für Klienten transparenter zu machen, um sie besser beraten zu können und stärker an der Behandlung teilhaben zu lassen.
- ... evidenzbasierte Forschungsergebnisse rascher in die Behandlungspraxis zu integrieren.

Entwicklung interdisziplinärer Behandlungspfade. Interdisziplinäre Behandlungspfade benennen die für die interdisziplinäre Versorgung wesentlichen Bereiche, Interventionen und Zeitspannen, um die angestrebten Behandlungsergebnisse zu erreichen. Die Behandlungsbereiche können sich an einem medizinischen, pflegerischen oder therapeutischen Modell orientieren. Wichtig ist, alle Bereiche zu berücksichtigen, die entscheidend zu einem positiven Behandlungsergebnis beitragen. Mögliche und beispielhafte Behandlungsbereiche sind:

- Assessments, Monitoring
- diagnostische Untersuchungen
- Therapien, Behandlungen
- Medikamente
- Ernährung, Diät, Flüssigkeitshaushalt
- Aktivität und Mobilität
- Ausscheidung
- Selbstversorgung (ADL)
- psychosoziale Bedürfnisse (Coping, Selbstkonzept)
- Klientenberatung, -edukation
- Entlassungsmanagement.

Die Behandlungsaktivitäten beschreiben die am besten belegten evidenzbasierten Handlungen der beteiligten Berufsgruppen, die wirkungsvoll sind, um angestrebte Behandlungsergebnisse im vorgegebenen Zeitrahmen zu erledigen. Die Behandlungsergebnisse beschreiben messbare Kriterien, um den Erfolg der Intervention bewerten zu können. Die Zeitleiste beziffert die Zeitspanne, die zur erfolgreichen Behandlung notwendig ist. Sie kann in der Akutversorgung Stunden und Tage und in der Langzeitversorgung Wochen oder Monate umfassen. Die Elemente eines Muster-Behandlungspfades veranschaulicht Tabelle 9.9-5. Weitere Behandlungspfade finden sich in den Büchern von Ewers und Schaeffer (2005), Dykes und Wheeler (2002) sowie Johnson (2002).

Ewers und Schaeffer (2005) formulierten in ihrem Buch zum Thema Fallmanagement vier Fragen, deren Beantwortung hilfreich ist, um einen interdisziplinären Behandlungspfad zu entwickeln:

Tabelle 9.9-5: Elemente eines Muster-Versorgungspfades (Quelle: Georg, 2009: 562)

Behandlungsbereiche	Zeitrahmen		
	1. Tag/Woche	2. Tag/Woche	3. Tag/Woche
Assessments, Monitoring			
Diagnostik			
Therapie, Behandlung			
Medikamente			
Ernährung, Flüssigkeitshaushalt, Diät			
Aktivität und Mobilität			
Ausscheidung			
Selbstversorgung (ADL)			
Psychosoziales Bedürfnisse (Coping, Selbstkonzept)			
Klientenberatung			
Entlassungsplanung			

1. Welche Arbeiten, Aufgaben und Handlungen sind nötig, um Klienten einer bestimmten Fallgruppe dabei zu helfen, erwünschte Behandlungsergebnisse zu erreichen?
2. Welches ist der beste Weg, um diese Arbeiten – einschließlich klinisch-praktischer Entscheidungsprozesse und Strukturen zur Planung, Überwachung, Dokumentation und Evaluation der Versorgung – auszuführen?
3. Wer übernimmt und wer sollte Verantwortung übernehmen, um einzuschätzen, ob die Ergebnisse der Behandlung erreicht wurden?
4. Was sollte umstrukturiert, verändert werden, um Behandlungsprozesse besser unterstützen zu können?

Um einen interdisziplinären Behandlungspfad (engl.: *clinical pathway*, CP) zu entwickeln und einzuführen, ist es laut Walsh (1998) sinnvoll, ...
1. ... eine Klientengruppe mit einem häufigen oder kostenintensiven Gesundheitsproblem zu ermitteln, deren Behandlung vorhersagbar ist und für die Daten und Informationen vorliegen.
2. ... ein multidisziplinäres Team zusammenzustellen, damit alle Berufsgruppen der Entwicklung eines CP zustimmen.
3. ... mit allen Beteiligten interdisziplinär die Literatur und Dokumente zu sichten und zu bewerten, um zusammenzutragen, welche Behandlungen aktuell, evidenzbasiert und notwendig sind, um die anvisierte Klientengruppe effektiv und effizient zu versorgen. Ein CP sollte dabei auf die evidenzbasierten und praxiserprobten Praxisdaten und -richtlinien zurückgreifen und nicht nur die lokale Behandlungspraxis abbilden.
4. ... einen Zeitrahmen abzustimmen und zu füllen, der nötig ist, um die Behandlungsergebnisse zu erreichen.
5. ... die Interventionen und Ergebnisse für jeden Tag oder jede Woche des CP parallel und zeitlich gestaffelt zu notieren, welche die effektivsten Interventionen enthalten, um die aufgestellten Ziele im angestrebten Zeitrahmen zu erreichen.

6. ... Kriterien festzulegen, nach denen Klienten eingeschätzt werden und mit denen entschieden wird, ob ein Klient in den CP aufgenommen wird. Festlegen, wer verantwortlich ist, um über den Beginn und das Ende eines CPs zu entscheiden.
7. ... zu entscheiden, wie Abweichungen von einem CP beobachtet und dokumentiert werden und wer wie und mit welcher Kompetenz darauf reagieren soll. Pflegerisch ist die primäre Pflegende oder Bezugspflegeperson (Primary Nurse) dazu am besten geeignet (Mischo-Kelling et al., 2007).
8. ... einen kurzen, einfachen und verständlichen CP zu entwickeln, um Klienten über ihre Behandlung informieren, auf ihre Entlassung vorzubereiten und zur Zusammenarbeit motivieren zu können.
9. ... den CP nach Konsentierung und Schulen aller Teammitglieder und Entscheider zusammenzufassen und zu kopieren.
10. ... den CP in Form einer Pilotstudie einzuführen, um festzustellen, ob Klienten zufriedengestellt, Verweildauern verkürzt und Kosten kontrolliert werden konnten. Anpassen des CPs falls dies erforderlich ist.
11. ... Abweichungen kontinuierlich mit Varianzanalysen zu untersuchen, Verbesserungsvorschläge aus der Praxis fortlaufend zu sammeln und in Co-Pathways zu berücksichtigen und zu belohnen.
12. ... regelmäßig Fortschritte des Klienten hinsichtlich der geplanten Ergebnisse zu bewerten und zu dokumentieren.
13. ... regelmäßig Abweichungen des Klienten vom Behandlungspfad zu analysieren, dokumentieren, kommunizieren und ggf. zu korrigieren.

Gut entwickelte und evaluierte interdisziplinäre Behandlungspfade werden zukünftig ein wesentliches Instrument sein, um Prozesse in der Pflege und der Gesundheitsversorgung interdisziplinär, koordiniert und kooperativ zu gestalten.

Literatur

Alfaro-LeFevre, R. (2013): Pflegeprozess und kritisches Denken – Praxishandbuch zum kritischen Denken, Lösen von Problemen und Fördern von Entwicklungsmöglichkeiten. Bern, Hans Huber.

American Nurses' Association (ANA) (1980): Nursing: a social policy statement. Kansas City, MO.

American Nurses' Association (ANA) (1998): Standards of Clinical Nursing Practice, 2nd edition. Washington.

Bartholomeyczik, S.; Halek, M. (Hrsg.) (2009): Assessmentinstrumente in der Pflege. Hannover, Schlütersche.

Behrens, J.; Langer, G. (2016): Evidence-based Nursing and Caring, 4. Auflage. Bern, Hogrefe.

BMG – Bundesministerium für Gesundheit (2016): Strukturierte Informationssammlung (SIS) als Element des Strukturmodells. http://www.bundesgesundheitsministerium.de/service/begriffe-von-a-z/s/strukturierte-informationssammlung-sis-als-element-des-strukturmodells.html#c7697 [Zugriff: 23.07.2017].

Brandenburg, H.; Dorscher, S. (Hrsg.) (2015): Pflegewissenschaft 1. Bern, Hans Huber.

Brobst, R.A. (2007): Der Pflegeprozess in der Praxis. Bern, Hans Huber.

Buchholz, T.; Schürenberg, A. (2013): Basale Stimulation in der Pflege alter Menschen, 4. Auflage. Bern, Hans Huber.

Bulechek, G.M.; Butcher, H.K.; Dochterman, J.M.; Wagner, C.M. (2015). Pflegeinterventionsklassifikation (NIC). Bern, Hogrefe.

Carpenito, L.J. (2014): Das Pflegediagnosen-Lehrbuch. Bern, Hans Huber.

Carr, E.C.; Mann, E. (2014): Schmerz und Schmerzmanagement. Bern, Hans Huber.

Chang, R. (1999): Pflegediagnosen und die Konstruktvalidität von Schmerz, Selbstpflegedefizit und eingeschränkter körperlicher Mobilität. Pflege & Gesellschaft, 5: 25–32.

Clark, J. (2003): Naming Nursing. Bern, Hans Huber.

Collier, I.; McCash, K.E.; Bartram, J.M. (1998): Arbeitsbuch Pflegediagnosen. Wiesbaden, Ullstein-Medical (vgr.).

Dassen, T. et al. (2007): Pflegeabhängigkeit, Sturzereignisse, Inkontinenz, Dekubitus. Erhebung 2007. Berlin, Inst. f. Medizin-/Pflegepädagogik u. Pflegewissenschaft.

Deutsches Netzwerk für Qualitätsentwicklung in der Pflege (DNQP) (2009). Expertenstandard Entlassungsmanagement in der Pflege (1. Aktualisierung). Osnabrück, DNQP.

Doenges, M.E.; Moorhouse, M.F.; Geissler-Murr, A.C. (2014): Pflegediagnosen und Pflegemaßnahmen, 5. Auflage Bern, Hans Huber.
Doenges, M.E.; Moorhouse, M.F.; Geissler-Murr, A.C. (2018): Pflegediagnosen und Pflegemaßnahmen, 6. Auflage. Bern, Hogrefe.
Domenig, D. (Hrsg.) (2007): Transkulturelle Kompetenz. Bern, Hans Huber.
Dykes, P.C.; Wheeler, K. (2002): Critical Pathways – Interdisziplinäre Versorgungsplanung. Bern, Hans Huber.
Eichhorn-Kissel J.; Dassen, T.; Lohrmann, C. (2017). Die Pflegeabhängigkeitsskala (PAS). https://pflegewissenschaft.medunigraz.at/en/research/pas/ [Zugriff: 23.07.2017].
Ewers, M.; Schaeffer, D. (2005): Case Management in Theorie und Praxis, 2. Auflage. Bern, Hans Huber.
Farran, C.J.; Herth, K.A.; Popovich, J.M. (1998): Hoffnung und Hoffnungslosigkeit. Wiesbaden, Ullstein-Medical (vgr.).
Fischer, W. (2002): Diagnosis Related Groups (DRGs) und Pflege. Bern, Hans Huber [vgr.]
Fitzgerald-Miller, J. (2003): Coping fördern – Machtlosigkeit überwinden – Hilfen zur Bewältigung chronischen Krankseins. Bern, Hans Huber.
Garms-Homolová, V.; Gilgen, R.; interRAI (Hrsg.) (2000): RAI 2.0 Resident Assessment Instrument – Beurteilung, Dokumentation und Pflegeplanung in der Langzeitpflege und geriatrischen Rehabilitation. Bern, Hans Huber.
Garms-Homolovà, V.; interRAI (Hrsg.) (2002): Assessment für die häusliche Versorgung und Pflege – Resident Assessment Instrument – Home Care RAI HC 2.0. Bern, Hans Huber.
Georg, J. (2004): Pflegeassessment in der Langzeitpflege. NOVA, 35, 10: 15-19.
Georg, J. (2005): Klassifikationssysteme in der Pflege. In: Abt-Zegelin, A.; Schnell, M.W. (Hrsg.): Sprache und Pflege, 2. Auflage. Bern, Hans Huber.
Georg, J. (2006a): Prozessgestaltung in der Pflege. In: Haubrock, M.; Schär, W.: Betriebswirtschaft und Management, 4. Auflage. Bern, Hans Huber, S. 514-530.
Georg, J. (2006b): Pflegediagnosen. Jena, Fachhochschule Jena.
Georg, J. (2006c): Interdisziplinäre Behandlungspfade. NOVA, 37, 1: 24-25.
Georg, J. (2007). Pflegediagnosen im Migrationskontext. In: Domenig, D. (Hrsg.) Transkulturelle Kompetenz. Bern, Hans Huber, S. 287-300.
Georg, J. (2009): Instrumente zur Prozessgestaltung in der Pflege. In: Haubrock, M.; Schär, W.: Betriebswirtschaft und Management in der Gesundheitswirtschaft, 5. Auflage. Bern, Hans Huber, S. 546-564.
Georg, J. (2011): „Ganz gezielt". NOVAcura 42, 6: 14-17.
Georg, J. (2012). Exkurs: Pflegediagnosen. In: Marx, A., Poser, M., Theßeling, A. (2012). Pflegetransparenzkriterien im Griff. Bern, Hans Huber. S. 187-193.
Georg, J. (2013): Pflegekonzepte, Pflegeinterventionen und Innovationen. NOVAcura 44, 10: 6-9.
Georg, J. (2014): Fähigkeitenorientierte Pflege und ein gutes Leben. NOVAcura 45 (2014) 9: 46-49.
Georg, J. (2014): Syndrom-Pflegediagnosen und geriatrische Syndrome. NOVAcura 45 (2014) 10: 6-8.
Georg, J. (2015): Concept Mapping und kritisches Denken. PADUA 10, 5: 311-313.
Georg, J. (2015): Pflegeprozess, Pflegediagnosen und Pflegeinterventionen. NOVAcura 46 (2015) 11: 13.
Georg, J. (2016): Concept Mapping. In: Müller Staub, M. (2016): Pflegeklassifikationen. Bern: Hogrefe.
Georg, J. (2016): Risikomanagement. NOVAcura 47 (2016) 6: 9-11.
Gogl, A. (Hrsg.) (2014). Selbstvernachlässigung bei alten Menschen. Bern, Hans Huber.
Gordon, M. (2013): Pflegeassessment Notes. Bern, Hans Huber.
Gordon, M. (2018): Handbuch Pflegediagnosen, 6. Auflage. Bern, Hans Huber.
Gordon, M.; Bartholomeyczik, S. (2001): Pflegediagnosen. Bern, 2001
Gottschalck, T. (2008): Mundhygiene und spezielle Mundpflege. Bern, Hans Huber.
Gupta, A. (2012): Assessmentinstrumente für alte Menschen. Bern, Hans Huber.
Hayder, D.; Kuno, E.; Müller, M. (2008): Kontinenz – Inkontinenz – Kontinenzförderung. Bern, Hans Huber.
Heering, C. (Hrsg.) (2006): Das Pflegevisiten-Buch, 2. Auflage. Bern, Hans Huber.
IVAR – Internationalen Vereinigung für Assessment in der Rehabilitation (Hrsg.) (1999): Manual FIM – Funktionale Selbständigkeitsmessung (Version 1). O. Ort, IVAR.
Johnson, S. (2002): Interdisziplinäre Versorgungspfade und -planung – Pathways of Care. Bern, Hans Huber.
Juchli, L. (1997): Pflege, 8. Auflage. Stuttgart, Thieme.
Klug-Redman, B. (2008): Selbstmanagement chronisch Kranker. Bern, Hans Huber.
Kolcaba, K. (2014). Pflegekonzept Comfort. Bern, Hans Huber.

Kraut, D.; Kasper, M. (2000): Atmung und Atemtherapie. Bern, Hans Huber.

Krohwinkel, M. (2008): Rehabilitierende Prozesspflege am Beispiel von Apoplexiekranken. Fördernde Prozesspflege als System – Entstehung, Entwicklung und Anwendung, 3. Auflage. Bern, Hans Huber.

Krohwinkel, M. (2013): Fördernde Prozesspflege mit integrierten ABEDLs – Forschung, Theorie und Praxis. Bern, Hans Huber.

LEP (2002): Nursing, Version 2.1. LEP-AG, St. Gallen.

London, F. (2010): Informieren, Schulen, Beraten. Praxishandbuch zur pflegebezogenen Patientenedukation. Bern, Hans Huber.

Lunney, M. (2007): Arbeitsbuch Pflegediagnostik. Bern, Hans Huber.

Mackway-Jones, K.; Marsden, J.; Windle, J. (Hrsg.) (2018): Ersteinschätzung in der Notaufnahme. Bern, Hogrefe.

Mahoney, F.I.; Barthel, D.W. (1965): Functional Evaluation: The Barthel Index. Maryland State Medical Journal, 14: 61-65.

Malk, R.; Kampmann, T.; Indra, P. (Hrsg.) (2006): DRG-Handbuch Schweiz. Bern, Hans Huber.

Mischo-Kelling, M.; Schütz-Pazzini P. (Hrsg.) (2007): Primäre Pflege in Theorie und Praxis. Bern, Hans Huber.

Moorhead, S.; Johnson, M.; Maas, M.; Swanson, M. (2013): Pflegeergebnisklassifikation (NOC). Bern, Hans Huber.

Morgan, K.; Closs, J. (2000): Schlaf, Schlafstörungen, Schlafförderung. Bern, Hans Huber.

MOSBY; Krämer, U.; Schnabel, M. (Hrsg.) (2005): Pflegedokumentation – leicht gemacht, 2. Auflage. Bern, Hans Huber.

Müller Staub, M.; Schalek, K.; König, P. (Hrsg.) (2016). Pflegeklassifikationen. Bern, Hans Huber.

NANDA international (2016): Pflegediagnosen – Definition und Klassifikation 2015-2017. Kassel, Recom.

Needham, I. (2003): Kriterien zur Überprüfung von Pflegeplänen. Krankenpflege/Soins Infirmiers, 96, 6: 28.

Nikolaus, T.; Pientka, L. (1999): Funktionelle Diagnostik – Assessment bei älteren Menschen. Wiebelsheim, Quelle & Meyer.

Orem, D.E. (1997): Strukturkonzepte der Pflegepraxis. Wiesbaden/Berlin, Ullstein Mosby.

Patientenbeauftragte, Beauftragte der Bundesregierung für die Belange der Patientinnen und Patienten und Bevollmächtigte für Pflege (2017). Strukturmodell und Strukturierte Informationssammlung (SIS). https://www.patientenbeauftragter.de/2-uncategorised/32-downloads-zum-neuen-strukturmodell-version-1-0 [Zugriff: 23.07.2017].

Price, B. (2005): Problem- und forschungsorientiertes Lernen. Bern, Hans Huber.

Reinhart, M. (2009): Umsetzung des Pflegeprozesses in der Praxis. In: Haubrock, M.; Schär, W.: Betriebswirtschaft und Management im Gesundheitswesen, 5. Auflage. Bern, Hans Huber, S. 557.

Reuschenbach, B.; Mahler, C. (Hrsg.) (2011): Handbuch pflegebezogener Assessmentverfahren. Bern, Hans Huber.

Roper, N.; Logan, W., Tierney, A. (2016): Das Roper-Logan-Tierney-Modell, 3. Auflage. Bern, Hans Huber.

Sauter, D.; Abderhalden, C.; Needham, I.; Wolff, S. (2011): Lehrbuch psychiatrische Pflege, 3. Auflage. Bern, Hans Huber.

Savaskan, E.; Haasemann, W. (Hrsg.) (2017): Leitlinie Delir. Bern, Hogrefe.

Schröder, G.; Kottner, J. (Hrsg.) (2011). Dekubitus und Dekubitusprophylaxe. Bern, Hans Huber.

Taylor, S.G.; Renpenning, K. (2013). Selbstpflege – Wissenschaft, Pflegetheorie und evidenzbasierte Praxis. Bern, Hans Huber.

Thio, B. et al. (Hrsg.). Praxishandbuch Pruritus. Bern, Hans Huber.

Tideiksaar, R. (2008): Stürze und Sturzprävention, 2. Auflage. Bern, Hans Huber.

Uschok, A. (Hrsg.) (2016): Körperbild und Körperbildstörung. Bern. Hans Huber.

Walsh, M. (1998): Models and Critical Pathways in Clinical Nursing. London, B&T.

Wilkinson, J.M. (2012): Das Pflegeprozess-Lehrbuch. Bern, Hans Huber.

Wright, L.M.; Leahey, M. (2014): Familienorientierte Pflege – Assessment und familienbezogene Interventionen. Bern, Hans Huber.

Zander, K. (2005): Case Management, klinische Pfade und CareMaps. In: Ewers, M.; Schaeffer, D.: Case Management in Theorie und Praxis, 2. Auflage. Bern, Hans Huber.

9.10 Informationsmanagement

Jörg Haßmann

9.10.1 Einleitende Bemerkungen

Der alltägliche Einsatz moderner Informations- und Kommunikationstechnik als Instrument des Informationsmanagements ist auch in Gesundheitseinrichtungen unverzichtbar geworden. Diese benötigen wie Institutionen und Unternehmen in unterschiedlichsten Branchen einschließlich des öffentlichen Dienstes eine zuverlässige und allumfassende Informationsbasis, damit nicht nur gesetzliche Dokumentations- und Berichtspflichten, sondern auch fundiert unternehmerische Entscheidungen getroffen werden können.

Die Bedeutung der Information im unternehmerischen Entscheidungsprozess zeigt sich unter anderem in folgenden Entscheidungssituationen:
- Vermeidung bzw. Minimierung von Fehlentscheidungen durch eine umfassende Informationsversorgung
- Unterstützung im Umgang mit dem raschen technologischen Wandel (immer neue Produkte, immer kürzere Lebenszyklen) sowie hohe Anpassungsfähigkeit an veränderte Rahmenbedingungen
- Informations- und Entscheidungsunterstützung für eine Expansion in neue Märkte mit unterschiedlichen rechtlichen, wirtschaftlichen und sozialen Verhältnissen.

Damit lassen sich die Ziele eines effizienten Informationsmanagements ableiten:
- Alle Entscheidungsträger erhalten zur richtigen Zeit sämtliche relevanten Informationen.
- Die Information erfolgt problembezogen gut aufbereitet, sachlich richtig, inhaltlich vollständig und berücksichtigt neben den bereits bekannten Informationen auch Trends bzw. Prognosen.
- Das Informationssystem verwaltet möglichst wirtschaftlich alle Datenbestände und erstellt fortlaufend betriebliche Kennzahlen, die die Lage bzw. den Erfolg des Unternehmens anzeigen.

Informationen und deren Verarbeitung sind damit ein entscheidender Wettbewerbsfaktor. Sicherlich wird man gerade in Gesundheitseinrichtungen zunächst mehr an den täglichen Routineeinsatz, verbunden mit den entsprechenden Abrechnungs- und Dokumentationspflichten denken, aber dies stellt letztlich nur die „Pflicht" dar, die „Kür" in Form der Bereitstellung umfassender Informationen zur Unterstützung von Entscheidungen wurde in Krankenhausinformationssystemen oder Praxenverwaltungssystemen bislang nur teilweise umgesetzt. Bei einer Ablösung oder Neuanschaffung der Unternehmenssoftware muss dieser Aspekt in den Anforderungskatalog einfließen und ab einer bestimmten Unternehmensgröße könnten sogar weitergehende Ansätze, wie Data-Warehouse-Lösungen, notwendig werden.

Bevor die verschiedenen Facetten des Informationsmanagements in Gesundheitseinrichtungen behandelt werden, soll das Themengebiet mithilfe einer **Definition** näher bestimmt werden.

Die **Gesundheitsinformatik** ist die Disziplin, die Gesundheitswissenschaft, Informatik und Informationswissenschaft zusammenbringt, um Daten und Informationen zu identifizieren, zu sammeln, zu verarbeiten und zu verwalten, um die Patientenversorgung, das Einrichtungsmanagement, die Aus- und Weiterbildung, die Forschung und die Erweiterung jeglichen Wissens zu unterstützen. Die praktische Anwendung von Gesundheitsinformatik umfasst die Entwicklung von Anwendungen, Werkzeugen, Verfahren und Strukturen, die Mitarbeiter unabhängig von der Berufsgruppe in der Patientenversorgung und der Organisation ihrer Arbeit unterstützen.

Unter **Gesundheits- und Pflegeinformatik** wird jener Teil der Betriebs- und Wirtschaftsinformatik verstanden, der sich auf Gesundheits- und Pflegeeinrichtungen bezieht. Die Gesundheitsinformatik beschäftigt sich dabei mit der

Organisation und der Unterstützung der Abläufe im Gesundheits- und Pflegewesen, der Funktionsdefinition und -integration sowie der Gestaltung von IT-Werkzeugen in diesem Bereich. Funktionell besteht die Gesundheits- und Pflegeinformatik aus:
- Management von IT-Tools in Zusammenhang mit Gesundheit, Medizin und Pflege (aber auch der Administrationsbereich innerhalb dieser Einrichtungen)
- Erstellung bzw. Anpassung von Anforderungsprofilen sowie Funktionsbeschreibung, Implementierung und Betrieb solcher Systeme und Werkzeuge sowie deren Evaluierung.

9.10.2
Datenmanagement in Gesundheitseinrichtungen

9.10.2.1
Von Daten über Information zu Wissen

Man spricht zwar von Informationsmanagement und Informationsverarbeitung, wichtige Teilgebiete sind dabei die Entstehung von Daten und die folgende Datenorganisation und -verarbeitung. Dazu bietet es sich an, sich mit den folgenden Fragen zu befassen:
- Was sind Daten? Wo fallen Daten an?
- Wo werden sie erfasst (am Bett, o. a.)?
- Wie werden die Daten erfasst (z. B. Freitext, Bildschirmmaske, Auswahl aus Liste)?
- Wie werden aus Daten Informationen oder Wissen?
- Wie kann ich die gewonnenen Informationen oder Wissen weitergeben?

Dabei gilt ein dreistufiges System:
- **Daten** sind logische Einheiten, die ohne Interpretation objektiv beschreiben.
- **Informationen** sind interpretierende, organisierende oder strukturierte Daten.
- **Wissen** sind synthetisierte Informationen, die miteinander in Beziehung stehen.

Daten, Informationen und Wissen sind somit die Grundelemente der Gesundheitsinformatik (s. Kasten).

> **Beispiel:** Daten, Informationen und Wissen zur Unterstützung einer Entscheidung
>
> Im Informationssystem eines Krankenhauses wird die Dauer der Krankenhausaufenthalte aller Patienten gespeichert. Diese Daten werden zu Informationen, wenn ein Mitarbeiter im Controlling sie bezogen auf einen bestimmten Zeitraum oder Sinnzusammenhang abfragt und zum Beispiel als „gut" oder „schlecht" bewertet. Durch die Interaktion des Krankenhausmanagers mit dieser Information und der Vernetzung mit weiteren Informationen entsteht sein Wissen darüber, welche ökonomische Reaktion notwendig ist, bzw. welche Faktoren diese Information beeinflusst haben, z.B. durch Vergleich von Verweildauern bei bestimmten Behandlungen/Fallpauschalen..

Daten werden im Pflegebereich viele erhoben, auch solche, die mit der eigentlichen Behandlung des Patienten nichts zu tun haben. Die Datenflut hat seit der Einführung von Informations- und Kommunikationstechnik im medizinisch-pflegerischen Bereich massiv zugenommen. Die Leistungsdokumentation erfolgt mittlerweile häufig elektronisch, vielleicht sogar an einem mobilen Endgerät, Labor- und Röntgenuntersuchungen werden innerhalb des KIS angefordert, die Befunde sind auf dem Bildschirm abrufbar. Aber zunächst entstehen „nur" Daten, die dann in eine strukturierte und klassifizierende Form überführt werden müssen und dann noch zu weiteren Aspekten in Beziehung gesetzt werden können (s. Kasten).

> **Beispiel:** Zusammenhang zwischen Daten, Information, Wissen bei Werten aus der Tageskurve eines Patienten
>
> **Daten:** P: 120, RR: 80/60 mmHg
> **Information** (durch Kontextbildung):
> · gesunder Erwachsener nach OP
> · **Wissen:** potenzielle Blutung/Schock
> · 3 Monate altes Neugeborenes
> · **Wissen:** normal
> · junge Frau mit Hypotonie nach Belastung
> · **Wissen:** nicht besorgniserregend.

Von Wissen spricht man erst dann, wenn die Informationen individuell verarbeitet sind und einen mehr oder weniger starken Bezug zur eigenen Erfahrungswelt erhalten haben.

Vom Wissen zu Standards und Leitlinien
Man spricht bei Gesundheitseinrichtungen auch von Expertenorganisationen und damit entsteht die Notwendigkeit einer ganzheitlichen Anlage des Wissensmanagements, bei dem die Mitarbeiter als Träger und Anwender von Wissen im Zentrum stehen und bei dem der Umgang mit der Ressource „Wissen" geplant, geschult und kontrolliert werden sollte. Entscheidend ist letztlich, das vorhandene Wissen so zu verwalten, dass es neben der praktischen Anwendung auch in Standards und Richtlinien (z.B. klinische Behandlungspfade) einfließt bzw. in Wissensdatenbanken abgelegt wird und recherchierbar ist. Dieser Anspruch ist allerdings bislang kaum in IT-Softwareprodukte, wie zum Beispiel Krankenhausinformationssysteme, eingeflossen, da zunächst einmal das operative Tagesgeschäft im Vordergrund steht.

Wie kommt man zu strukturierten und klassifizierten Daten?
Während des Behandlungsablaufs fallen immer wieder Daten an, zum Beispiel durch Beobachtungen, Untersuchungen, Bilddokumente, Laborergebnisse etc. Gerade im Rahmen einer möglichst automatisierten Verarbeitung der Daten durch IT-Systeme ist wichtig, wie die Daten erfasst und dokumentiert werden. Dabei gibt es grundsätzlich die Unterscheidung Freitext und kodierten Daten. Die wesentlichen Merkmale beider Varianten zeigt die Tabelle 9.10-1.

In der Vergangenheit wurde in den herkömmlichen Patientenakten in Papierform und häufig unter Verwendung von Freitext dokumentiert. Natürlich kann auch bei Einsatz einer digitalen Akte mithilfe von Stations-PCs oder mobilen Endgeräten weiterhin in Freitextform dokumentiert werden, jedoch ist die Erfassung durch Tippen zeitaufwändig und die Auswertbarkeit für Statistiken, Berichte etc. sehr eingeschränkt. Von daher bietet es sich an, auf eine Kodierung der Daten zurückzugreifen, sei es über eine Kodierungsliste in Form eines Hauskatalogs oder über ein standardisiertes Klassifikationssystem. Eine Ergänzung mit Freitext muss natürlich möglich sein. Die Umstellung wird zunächst Schulungen erfordern und zu Zeitverlusten bei der Dokumentation führen; mittelfristig stellt eine kodierte Dokumentation über Klassifikationssysteme im Bereich Medizin und Pflege jedoch die effektivere und zukunftssichere Variante dar. Zum Beispiel können bei einer Kodierung der Einträge in einer (Pflege-) Dokumentation folgende Fragen beantwortet werden:

- Bei wie vielen Patienten einer Station (in einem best. Zeitraum) ist ein Dekubitus entstanden?
- Wie häufig hat ein Patient nach einer bestimmten Operation einen Dekubitus?
- Wie viele Patienten mit welchen pflegerischen oder medizinischen Diagnosen liegen auf unseren Stationen?
- Welche pflegerischen oder medizinischen Maßnahmen sind auf einer Station bei Patienten mit Dekubitus geplant oder durchgeführt worden?

Tabelle 9.10-1: Vergleich zwischen Freitext und Kodierung über eine Liste (Quelle: Eigenerstellung)

Freitext	Kodierte Daten (z.B. Liste)
• Beliebig individuell • Erfassung durch Eintippen • Nicht automatisiert zählbar, vergleichbar, verarbeitbar, auswertbar • Dokumentation z.B. als Dekubitus, Druckgeschwür, Deku, …	• Z.B.: Kode A1234, Bezeichnung: Dekubitus • abstrahiert • Erfassung durch Auswahlliste • Automatisch auswertbar, zählbar, vergleichbar, verarbeitbar (z.B.: wie häufig ist der Kode A1234 in einem Zeitraum vorgekommen?) • Ergänzbar durch Freitext

Ein Hauskatalogsystem ist immer eine einrichtungsindividuelle Lösung. Besser im Sinne einer Vergleichbarkeit der Kodierung, zum Beispiel für Benchmarking, ist der Einsatz eines standardisierten medizinischen oder pflegerischen Klassifikationssystems. Gemeinsame Begriffssysteme (Klassifikationen) erlauben den Austausch und die Weiterverarbeitung von Daten bzw. Informationen.

Befragungen von Krankenhäusern in den vergangenen Jahren zeigen einen deutlichen **Trend** in der Abkehr vom Freitext und **in Richtung einer auswertbaren und vergleichbaren Pflegedokumentation**. Dass trotzdem Pflegestandardklassifikationssysteme wie ICNP® oder NANDA noch nicht flächendeckend eingesetzt werden, mag auch daran liegen, dass sie teilweise noch nicht in einer vollständigen offiziellen deutschen Übersetzung vorliegen und/oder nur wenige darauf basierende und angepasste Kataloge (Subsets) existieren. Letztlich hat sich auch noch kein bestimmtes Pflegeklassifikationssystem in Deutschland auf breiter Anwenderbasis durchgesetzt.

9.10.2.2
Klassifikationssysteme

Als **Klassifikation** bezeichnet man einen Vorgang oder eine Methode zur Einteilung von Objekten in Klassen oder Kategorien. Ein **Klassifikationssystem** ordnet Gruppen von Klassen/Kategorien, indem es die Beziehungen der Klassen untereinander und deren Charakteristika berücksichtigt. Eine **Klasse** besteht aus mehreren Einheiten. Die Begriffe „Klassifikation" bzw. „Taxonomie" werden dabei oft synonym gebraucht. Ziel eines Klassifikationssystems ist, durch die verschiedenen Klassen einen gesamten Wertebereich abdecken zu können und die multidisziplinäre und einrichtungsübergreifende Kommunikation zu erleichtern.

Anforderungen an eine Klassifikation
Der Zweck des Klassifikationssystems soll klar sein und eine breite Akzeptanz im Fachgebiet haben (z.B. die ICD-10). Das Entwicklungsprozedere der Klassifikation soll transparent und die Parameter sollen in der Praxis etabliert sein. Klassifikationssysteme erfordern, dass jede Klasse Teil des zentralen, übergeordneten Konzepts ist. Jede Klasse muss mit wenigen Worten genau bezeichnet werden können. Man unterscheidet grundsätzlich ein- oder mehrachsige Systeme. Beispiele für einachsige Systeme sind der Diagnosenkatalog der ICD-10 oder der Maßnahmenkatalog OPS, während die ICNP® zum Beispiel ein mehrachsiges System darstellt. Eine detailliertere Vorstellung einzelner Systeme findet sich weiter unten.

Vor- und Nachteile
von Klassifikationssystemen
Was spricht für bzw. gegen den Einsatz von Klassifikationssystemen, insbesondere im Bereich der Pflege?

Vorteile:
- Sie verbessern die Leistungsdokumentation in der Pflege (z.B. Pflegeplanung/-dokumentation) und damit die Erfüllung rechtlicher Verpflichtungen und können tendenziell auch zu einer Verringerung des Zeitbedarfs bei Übergaben führen.
- Sie fördern die Kontinuität der Pflege (z.B. über das Berichtswesen mit dem Nachweis von Tätigkeiten und deren Häufigkeit).
- Sie erleichtern die Verarbeitung der Pflegedaten per IT-Lösungen (standardisierte und kodifizierte Sprache).
- Sie bieten ein Instrument für die Ausbildung, unterstützen aber auch die Professionalisierung (z.B. durch Dokumentation von planvollem, begründbarem, nachvollziehbarem Handeln).
- Sie können für die Krankenhäuser bei der Planung ihrer Ressourcen von Nutzen sein (z.B. Personalbemessung, Budgetierung und Controlling über die Anwendung eines Systems wie LEP®).
- Sie gestatten einen Vergleich der Pflege zwischen den verschiedenen Krankenhäusern (Benchmarking) und bilden ein Instrument der Qualitätssicherung.

Nachteile:
- Schulungsbedarf

- Lizenzkosten (nicht alle Katalogsystem sind lizenzkostenfrei einsetzbar) und Implementierungskosten in die KIS- oder EPA-Lösung
- nicht an die Bedürfnisse des jeweiligen Hauses angepasst
- Akzeptanzprobleme bei den eigenen Mitarbeitern.

Ausgewählte Klassifikationssysteme
ICD-10
- *Englisch:* International Statistical Classification of Diseases and Related Health Problems
- *Deutsch:* Internationale Statistische Klassifikation der Erkrankungen und verwandter Gesundheitsprobleme
- *Ersteller:* WHO, www.who.int
- *Inhalt:* Diagnosen/Erkrankungen

Die ICD-10 ist ein einachsiges und monohierarchisches Klassifikationssystem (vgl. DIMDI, 2010: 5ff.) und gliedert sich in:
- eine dreistellige allgemeine Systematik (z. B. A95: Gelbfieber)
- eine vierstellige ausführliche Systematik (z. B. A95.0: Buschgelbfieber)
- gelegentlich fünfstellige Verfeinerungen (z. B. M23.31: Sonstige Meniskusschädigungen, vorderes Kreuzband oder Vorderhorn des Innenmeniskus)
- Die Notation ist alphanumerisch. Die erste Stelle ist ein Buchstabe, die Stellen zwei bis fünf enthalten Ziffern, die vierte Stelle ist durch einen Punkt abgetrennt. Die Bereiche U00–U49 bzw. U50–U99 sind für Erweiterungen bzw. Forschungszwecke reserviert.
- Die ICD-10 umfasst aktuell:
- 22 Krankheitskapitel
- ca. 260 Krankheitsgruppen (z. B. Psychische und Verhaltensstörungen F00-F99)
- ca. 2000 dreistellige Krankheitsklassen (Kategorien) (z. B. F60.- Spezifische Persönlichkeitsstörungen)
- ca. 12000 vierstellige Krankheitsklassen (Subkategorien) (z. B. F60.3 Emotional instabile Persönlichkeitsstörung oder, noch differenzierter, F60.31 Borderline-Typ).
- Für den ambulanten Bereich ist weiterhin die Übermittlung zusätzlicher Informationen durch einen angefügten Buchstabencode angedacht, z. B. A = Ausschluss einer solchen Erkrankung; V = Verdacht auf; G = gesicherte Diagnose; Z = symptomloser Endzustand nach Überstehen einer Erkrankung; R = rechts; L = links; B = beidseits.

OPS
- *Deutsch:* Operationen- und Prozedurenschlüssel
- *Ersteller:* DIMDI
- *Inhalt:* medizinische Interventionen/Maßnahmen
- *URL:* www.dimdi.de

Grundlage für die **deutsche Modifikation** der Internationalen Klassifikation der Prozeduren in der Medizin (WHO-Ausgabe: ICPM = International Classification of Procedures in Medicine) ist die niederländische ICPM-DE, woraus die Klassifikation „Operationsschlüssel" nach § 301 SGB V (OPS-301) entstand. Der Katalog OPS wird seit 1994 vom **Deutschen Institut für medizinische Dokumentation und Information (DIMDI)** bereitgestellt (vgl. DIMDI, 2010: 16ff.). Das DIMDI ist Herausgeber der deutschsprachigen Fassungen medizinischer Klassifikationen wie ICD-10, ICF und OPS sowie von weiteren Begriffssystemen, die für den elektronischen Datenaustausch im Gesundheitswesen wichtig sind. Das DIMDI ist eine nachgeordnete Behörde des Bundesministeriums für Gesundheit und wurde 1969 mit Sitz in Köln gegründet.

Der OPS-Katalog bildet die offizielle Prozedurenklassifikation für Leistungsnachweise und -abrechnungen der deutschen Krankenhäuser. Stark an Bedeutung gewonnen hat sie, als sie als einer der Hauptparameter bei der Ermittlung der Fallgruppen bzw. Fallpauschalen nach dem DRG-System bestimmt wurde.

Das OPS-System ist eine monohierarchische Klassifikation mit Bezug zur Physiologie und enthält sechs Prozedurenkapitel, die nicht fortlaufend nummeriert sind (die Kapitel 2, 4 und 7 werden derzeit nicht genutzt). Zurzeit umfasst sie:
- ca. 65 Bereichsüberschriften (z. B. 5-29 bis 5-31: Operationen an Pharynx, Larynx und Trachea)

- ca. 230 Prozedurenklassen in dreistelliger Systematik, 1400 Prozedurenklassen in vierstelliger Systematik, 7800 Prozedurenklassen in der fünfstelligen Systematik und 18700 zusätzliche Prozedurenklassen in der sechsstelligen Systematik (Abb. 9.10-1).

Während der OPS grundsätzlich nur von Ärzten erbrachte medizinische Maßnahmen umfasst, wurde der Katalog in den vergangenen Jahren zumindest in Ansätzen um pflegerische Leistungen ergänzt (u. a. Pflegekomplexmaßnahmen = PKMs). Der **Pflegekomplexmaßnahmen-Score (PKMS)** ist ein vom Deutschen Pflegerat entwickeltes Instrument, um innerhalb einer professionellen Gesundheits- und Krankenpflege „hochaufwändige Pflege" im Krankenhaus zu erfassen und im Rahmen der Vergütung abrechnen zu können. Der PKMS bildet die Basis für eine Kodierung im OPS und damit einer Berücksichtigung im Rahmen der DRG-Kalkulation. Werden die im PKMS erhobenen Aufwandspunkte erreicht, kann zum Beispiel der OPS 9-20 kodiert werden. Durch die Aufnahme des PKMS in den OPS-Katalog ist es seit 2012 möglich, die Kosten für besonders aufwändige Pflege bei Patienten gegenüber den Krankenkassen abzurechnen. Wegen des hohen Dokumentationsaufwandes wird häufig auf die PKMS-Kodierung verzichtet.

Diagnosis Related Groups (DRGs) – Diagnosebezogene Fallgruppen. Diagnosis Related Groups (DRGs, deutsch Diagnosebezogene Fallgruppen) bezeichnen ein ökonomisch-medizinisches Klassifikationssystem, bei dem Patienten anhand ihrer Diagnosen (= ICD-10) und der durchgeführten Behandlungen (= OPS) in Fallgruppen klassifiziert werden, die nach dem für die Behandlung erforderlichen ökonomischen Aufwand unterteilt und bewertet sind. DRG-Systeme werden in verschiedenen Ländern zur Finanzierung von Krankenhausbehandlungen verwendet.

DRGs können als eine Anzahl diagnosebasierter Klassen definiert werden, die sich anhand ihres klinischen Inhalts und des Ressourcenverbrauches unterscheiden. Mithilfe der DRGs lässt sich die Leistung eines Krankenhauses messen. Sie bilden damit eine Basis für die Finanzierung, Budgetierung und Abrechnung. DRGs unterstützen auch die Analyse der klinischen Praxis und das Kodierverhalten sowie Bedarfsanalysen für Medikamente sowie für Heil- und Hilfsmittel (vgl. InEK GmbH – Institut für das Entgeltsystem im Krankenhaus, 2010).

DRGs sind ein Patientenklassifikationssystem, mit dem einzelne stationäre Behandlungsfälle mit bestimmten Kriterien (Diagnosen, Schweregrad, Alter usw.) zu Fallgruppen zusammengefasst werden (Abb. 9.10-2). Die meisten DRG-Systeme haben 500-1000 unterschiedliche Gruppen. Es werden solche Behandlungs-

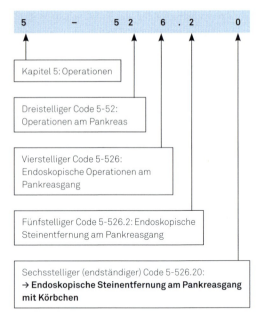

Abbildung 9.10-1: Notation des OPS-Systems (Quelle: Eigenerstellung in Anlehnung an DIMDI, 2010: 18). Ein OPS-Kode hat maximal sechs Stellen. Die erste Stelle bezeichnet die Kapitelnummer, das heißt, sie lautet 1, 3, 5, 6, 8 oder 9. Danach folgt, durch einen Bindestrich getrennt, eine dreistellige Folge aus Ziffern und Buchstaben, die der weiteren Untergliederung dient. Nach der vierten Stelle kann der Kode enden; ist das nicht der Fall, folgen ein Punkt und eine oder zwei weitere alphanumerische Stellen. Die Gliederung ist topographisch (keine Orientierung am Fachgebiet).

fälle zusammengefasst, die medizinisch ähnlich und hinsichtlich der Behandlungskosten möglichst homogen sind. DRGs sind zunächst nur ein Klassifikationssystem für Fälle.

Die **erste Stelle** des DRG-Codes bezeichnet das (Haupt-)Kapitel (sog. Hauptdiagnosegruppe, aus dem engl. **Major Diagnostic Category** [MDC]) nach Organsystem (z. B. MDC 1: Erkrankungen des Nervensystems = „B") bzw. Ursache der Erkrankung (z. B. MDC 21: Verletzungen = „X") unterteilt. Zusätzliche gibt es Sonderfälle (Beatmungsfälle, Transplantationen usw. = „A") sowie sogenannte Fehler-DRGs (falsche Hauptdiagnose, OP passt nicht zur Diagnose usw. = „9"). Die **zweite und dritte Stelle** des DRG-Codes bezeichnet die Art der **Behandlung**. Im australischen DRG-Originalsystem bezeichnet 01 bis 39 eine operative Behandlung, 40 bis 59 bezeichnet eine nichtoperative, jedoch invasive Behandlung wie beispielsweise eine Darmspiegelung und 60 bis 99 bezeichnet eine rein medizinische Behandlung ohne Eingriffe. Die **letzte Stelle** des DRG-Codes bezeichnet den (ökonomischen) **Schweregrad** der Behandlung bzw. ermittelten DRG. Buchstabe „A" kennzeichnet eine aufwändige und damit teure Behandlung; „B" weniger aufwändig usw. Insgesamt sind je nach Basis-DRG verschiedene Differenzierungen, derzeit bis zum Buchstaben „I", möglich. Der Buchstabe „Z" kennzeichnet DRGs, die nicht weiter differenziert sind.

Eine Anpassung der DRG-Klassifikation an die deutsche Versorgungssituation stellt die jährlich aktualisierte G-DRG-Ausgabe dar.

Zur korrekten Kodierung eines Falls und damit zur Ermittlung der Eingabeparameter für einen DRG-Grouper sind folgende Fragestellungen zu betrachten (vgl. DIMDI, 2010: 24f.):
1. Weshalb wurde der Patient/die Patientin aufgenommen und hauptsächlich behandelt (**Hauptdiagnose**)?
2. Welche Behandlung dieser Diagnose wurde durchgeführt und ist diese verschlüsselbar (**Prozedur**)?
3. Hatte der Patient/die Patientin noch weitere Erkrankungen, die während des Aufenthalts einer Behandlung bedurften (**Nebendiagnosen**)?

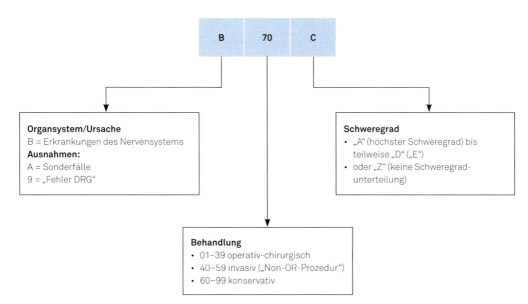

Abbildung 9.10-2: Grundaufbau des DRG-Kodierungssystems (Quelle: Eigenerstellung; Erläuterung im Text)

4. Gab es zusätzliche Faktoren (z. B. Behinderungen, Funktionseinschränkungen etc.), die die Versorgung des Patienten/der Patientin erschwert haben (**Nebendiagnosen**)?
5. Hat der Patient/die Patientin noch andere relevante kodierbare Behandlungen erhalten (**weitere Prozeduren**)?

Notwendiger Bestandteil eines Vergütungssystems nach DRGs sind neben der Klassifikation Abrechnungsregeln und Bewertungsrelationen. Letztere bestimmen die ökonomische Wertigkeit der DRGs untereinander. Die Vergütungshöhe wird durch einen **Basisfallwert** bestimmt.

Zur Einstufung in abzurechnende Fallpauschale und zur Erlösermittlung sind Programme (**DRG-Grouper**) einzusetzen, die vom DRG-Institut der Selbstverwaltungspartner nach § 17b Abs. 2 des Krankenhausfinanzierungsgesetzes **zertifiziert** sind. Die Zuordnung erfolgt automatisch durch einen Gruppierungsalgorithmus anhand der Haupt- und Nebendiagnose(n), Prozeduren und anderer Einflussfaktoren wie Beatmung, Alter, Geschlecht, Geburts-/Aufnahmegewicht, Entlassungsart etc. Die Beatmungszeit beeinflusst den Schweregrad einer Behandlung und deren Kostengewichte.

Grundlage für die Entgeltberechnung ist der (Landes-)Basisfallwert, der je nach DRG-Gruppe mit einem Wichtungsfaktor (Kostengewicht oder Cost Weight) multipliziert wird:

DRG-Erlös = Basisfallwert × Kostengewicht

Das Kostengewicht ist eine Durchschnittsgröße, die darstellen soll, wie hoch der Aufwand der Behandlung ist. Liegen besonders schwere Komplikationen vor und wird dadurch ein bestimmter Schweregrad des Falls erreicht, ist die Einstufung in eine höher bewertete DRG möglich. Auch sind Zuschläge möglich, wenn ein Patient die vorgesehene obere Grenzverweildauer überschreitet – aber auch Abschläge, wenn die Behandlung in einer kürzeren Zeit als mit der unteren Grenzverweildauer vorgesehen durchgeführt wird.

Seit 2010 gilt für alle Krankenhäuser eines Bundeslandes ein einheitlicher Basisfallwert und somit ein einheitlicher Preis für gleiche Leistungen (2015 ca. 3190–3400 Euro).

ICNP®
- *Englisch:* International Classification of Nursing Practice
- *Deutsch:* Internationale Klassifikation der Pflegepraxis
- *Ersteller:* ICN – International Council of Nurses
- *Inhalt:* Phänomene, Interventionen, Resultate
- *Stand:* Version 3.0
- *URL:* www.icn.ch

Die Konzeption der ICNP® sieht folgendermaßen aus:
- Die ICNP® besteht aus einem umfangreichen System von Begriffen, die miteinander in Beziehung stehen.
- Jeder Begriff wird anhand einer Definition näher beschrieben und beinhaltet die Beziehungen und die Abgrenzung zum Nachbarbegriff in der Klassifikation.
- Grundsätzlich steht oben ein sehr allgemein gehaltenes Ausgangsthema, wie zum Beispiel Fokus → Mensch → Individuum, von denen sich alle untergeordneten Begriffe ableiten. Je tiefer es in der Hierarchie hinuntergeht, desto konkreter werden die bezeichneten Themen.
- Im Unterschied zu bisherigen Klassifikationssystemen ist es bei der ICNP® möglich, verschiedene Begriffe zu einer detaillierten Gesamtaussage zu kombinieren (Multi-Achsen-System). So kann zum Beispiel die Aussage zu einer pflegerischen Zustandsbeschreibung aus bis zu acht verschiedenen Einzelkomponenten bestehen, die aus den 7 oder neu 8 Achsen der Pflegephänomene stammen.
- Den Ausgangspunkt einer solchen Beschreibung stellt hierbei immer ein Thema aus der Fokusachse dar.
- Die gewonnenen Zustandsbeschreibungen können dem entsprechen, was als Pflegediagnose bezeichnet wird, sie können aber auch Ausdruck von Ressourcen und Fähigkeiten des Patienten sein oder lediglich einzelne Details erläutern.
- Aus der Sicht des Pflegemanagements soll die ICNP® zur Leistungserfassung und zum Qualitätsmanagement eingesetzt werden.

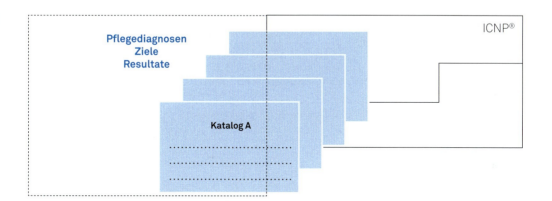

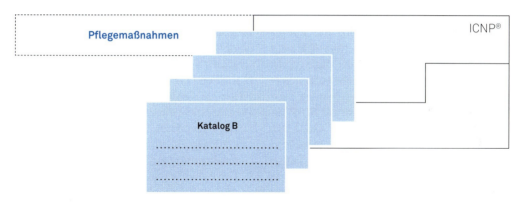

Abbildung 9.10-3: Grundaufbau der ICNP® (Quelle: Eigenerstellung)

Sie ist allerdings zum jetzigen Zeitpunkt teilweise noch nicht so weit ausgereift, dass sie für einen raschen und flächendeckenden Einsatz infrage käme.

Die ICNP® beinhaltet alle Stufen des pflegerischen Behandlungsprozesses, von der Diagnose über die Definition von Zielen und die Maßnahmendokumentation bis hin zur Resultats-/Ergebnisdokumentation. Sie besteht dabei aus zwei Teilkatalogen, einmal für die Diagnosen einschließlich Ziele und Resultate und einmal für Begriffe zur Maßnahmendokumentation.

Das Beispiel in Tabelle 9.10-2 soll zeigen, wie sich eine Pflegediagnose und eine Intervention (Maßnahme) in der ICNP® über die verschiedenen Achsen hinweg bilden lässt:

Praxiserfahrungen zeigen, dass das freie Kombinieren von ICNP®-Begriffen über die verschiedenen Achsen hinweg für die praktische Anwendung zu aufwändig und zu wenig strukturiert ist. Deshalb wird zurzeit versucht, sinn-

Tabelle 9.10-2: Beispiel für Kodierungen nach ICNP® (Quelle: Eigenerstellung)

Beispiel	Achse A	Achse B	Achse C	Achse D	Achse E	Achse F	Achse G	Achse H
Pflege-phänomen	Fokus	Beurteilung	Häufigkeit	Dauer	Topologie	Körperstelle	Wahrscheinlichkeit	Träger
	Schmerz	ja, zu einem hohen Grad	kontinuierlich	akut	rechts	Bein	–	Person

Die ICNP®-Pflegediagnose lautet: Akute, kontinuierliche Schmerzen im rechten Bein, ja, zu einem hohen Grad.
Achse A und B müssen ausgewählt werden, Achse C bis G können hinzugenommen werden; H kann fix definiert sein.

Pflege-intervention	Handlungstyp	Ziel	Mittel	Zeit	Topologie	Ort	Route	Empfänger
	Entlasten	Bein	Kissen	–	rechts	–	–	Person

Die ICNP®-Pflegediagnose lautet: Das rechte Bein mit einem Kissen entlasten.
Achse A muss ausgewählt werden, Achse B bis G können hinzugenommen werden; H kann fix definiert sein.

volle Begriffskombinationen vorzudefinieren und in Form vordefinierter Kataloge für bestimmte Anwendungszwecke zur Verfügung zu stellen (z. B. Standardpflegepläne mit Pflegemaßnahmenbündel). Hierzu hat der ICN eine Richtlinie herausgegeben, bei der diese Merkmalskombinationen in einem mehrstufigen Verfahren entwickelt und in eine handhabbare Form gebracht werden, damit mit der ICNP® in der Praxis leichter kodiert werden kann. Des Weiteren wird der Kontakt zu den Herstellern von IT-gestützten Pflegeplanungs- und Dokumentationssystemen gesucht, damit man für einen Kodierungsansatz wie die ICNP® eine praktikable Benutzerführung findet.

LEP® Nursing 3 – Leistungserfassung in der Pflege. Die Methode „Leistungserfassung in der Pflege" (LEP®) besteht aus standardisierten Erfassungs- und statistischen Auswertungsverfahren für Leistungen der Gesundheits- und Krankenpflege im stationären und ambulanten Bereich. LEP® Nursing 3 ist ein einheitlich definierter, hierarchisch gegliederter Maßnahmenkatalog für die elektronische Dokumentation mit einzelnen Interventionen für die Planung und Dokumentation von pflegerischen Maßnahmen. Diesen Interventionen sind Pflegevariablen zugeordnet und mit Vorgabe-Zeitwerten versehen. Daraus resultieren Leistungszahlen über die Pflege auf Stations- und Patientenebene als Ergebnis der elektronischen Dokumentation. LEP® Nursing 3 bietet eine ausreichende Detaillierung zur Durchführung der Dokumentation (wenn auch nicht annähernd so aufgeschlüsselt wie andere Katalogsysteme, z. B. die ICNP®) und bietet die Möglichkeit, es mit einer Pflege-/Maßnahmenplanung zu verknüpfen. Die Hauptziele dieses Ansatzes sind:

- Der pflegerische Arbeitsaufwand soll durch die Erfassung von Leistungen an Patienten dokumentiert werden.
- Der Zeitaufwand wird berücksichtigt durch Aufwandsstufen (den Variablen zugeordnete Zeitwerte) bzw. Erfassung der tatsächlich verbrauchten Zeit.
- Patientenferne Leistungen werden durch Verrechnung mit der insgesamt verfügbaren Personalzeit abgebildet.
- Die Methode umfasst Kodierregeln und definierte Auswertungen, wird laufend evaluiert und kontinuierlich weiterentwickelt.
- Es sollen entscheidungsgerechte Kennzahlen als Grundlage der Personalbedarfsplanung, Leistungsverrechnung und Kostenträgerrechnung geliefert werden.

LEP-Grundsätze:
- Eine Erfassung pro Handlung, das gilt auch, wenn mehrere Personen beteiligt sind.

- Erfasst wird gemäß dem Inhalt der Handlung.
- Zusammengehörende Handlungen werden als eine Handlung erfasst.
- Aufwändiges wird separat dokumentiert.
- Tätigkeiten (< 2 min) werden nicht erfasst.

Erfasst werden mit der LEP® nur Pflegeleistungen, die direkt einem Patienten zugeordnet werden können. Daraus resultiert der Pflegeaufwand pro Patient. Der Summe des Pflegeaufwands wird der Summe der geleisteten Arbeitszeit (Personalzeit) des Pflege-, Lern- und Hilfspflegepersonals und einer eventuellen Stationssekretärin/-sachbearbeiterin gegenübergestellt. Aktueller Ausbildungsstand, eine Einarbeitungssituation oder andere Sondereinflüsse können eine Korrektur des Basiswertes notwendig machen.

Der Anteil der nicht direkt zuordenbaren Tätigkeiten (z. B. Ausbildungsaufgaben, administrative Tätigkeiten, Dienstplanerstellung, Gerätewartung, Medikamentenbestellung, Berichte) und die Pausen werden als C-Wert bezeichnet (Differenz zwischen Pflegeaufwand und Personalzeit, ausgedrückt als Prozentzahl). Bei einer normal ausgelasteten Station beträgt der C-Wert erfahrungsgemäß (häufig) etwa 25–35 %. Konkret wird das berechnet, indem man die Leistungen über einen oder mehrere Monate aufzeichnet: Wenn die erfassten Leistungen mehr als 60–75 % der Personalzeit ausmachen, dann ist das Personal tendenziell überdurchschnittlich belastet. Es bleibt dann nicht mehr genügend Zeit für die „übrigen Tätigkeiten". Umgekehrt wird auch angenommen, dass ein Team nicht ausgelastet ist, wenn die Pflegezeit weniger als etwa 65–75 % der Personalzeit ausmacht. Die genannten Zahlen sind nur als grobe Anhaltspunkte zu verstehen und letztlich sollten diese Werte wie auch Vorgabewerte für die Maßnahmenbündel in Zusammenarbeit mit den Pflegenden der Einrichtung festgelegt werden. Damit lässt sich die Akzeptanz für ein solches System stark verbessern und krankenhausindividuelle Gegebenheiten werden besser berücksichtigt.

Bezogen auf den Pflegeprozess bildet LEP® Nursing 3 nach wie vor „nur" einen Teil der Maßnahmen ab, macht aber durch die Verbindungsmöglichkeiten zu anderen Systemen (in Form von Verknüpfungen und Mappings, z. B. zu Assessmentinstrumenten, Pflegediagnosen oder ergebnisorientierten Systemen) den Pflegeprozess weitgehend dokumentierbar und auswertbar.

> **Beispiel:** Kodierte Maßnahme nach LEP® Nursing 3
>
> - *Gruppe:* Bewegung
> - *Untergruppe:* Mobilisation
> - *Variable:* Mobilisation, Typ M, Zeitwert: 5 Minuten
> - *Interventionen:*
>   - Am Bettrand mobilisieren
>   - Bewegungsübungen durchführen
>   - Gelenke durchbewegen
>   - Kompressionsstrümpfe anziehen
>   - Kompressionsstrümpfe ausziehen
>   - Kompressionsverband anlegen
>   - Mit Drainage, Infusionssystem, Sonde mobilisieren

9.10.2.3
Organisation des Datenmanagements

Die vorangehenden Abschnitte haben die Notwendigkeit der Erfassung von Daten in einer strukturierten und klassifizierten Form gezeigt. Nun geht es darum, wie derart aufbereitete Daten gespeichert, weiterverarbeitet und analysiert werden können. Dazu werden in erster Linie Anwendungsprogramme (z. B. KIS, Personalabrechnung, Pflegedokumentation) oder Spezialsysteme im Bereich der Leistungserstellung (z. B. bildgebende Systeme, wie Radiologiesysteme, oder Blutuntersuchungsgeräte) eingesetzt, die zur Datenspeicherung der Stamm- und Bewegungsdaten überwiegend (relationale) Datenbanksysteme nutzen. Neben der eher technisch ausgerichteten Datenbankadministration können nahezu alle Berufsgruppen einer Einrichtung als „Experten" dienen, wenn es um Konzeption, Anpassung/Customizing oder Weiterentwicklung von datenbankbasierten Anwendungsprogrammen geht. Derartige Aktivitäten lassen sich unter dem Oberbegriff „Datenmanagement" zusammenfassen.

Unter **Datenmanagement (DM)** versteht man primär den Aufgabenbereich, der sich mit der Planung und Realisierung der Datenbanken im Unternehmen befasst. Daneben wird mit Datenmanagement häufig auch die Organisationseinheit bezeichnet, die für diesen Aufgabenbereich zuständig ist. Die Bedeutung des Datenmanagements ergibt sich aus der zentralen Stellung der Daten innerhalb der betrieblichen Informatik, der Wichtigkeit aktueller und vollständiger Informationen für die Wettbewerbsfähigkeit und den hohen Kosten einer ineffizienten Datenhaltung.

Wichtige Teilgebiete des Datenmanagements sind:
- **Datenmodellierung** einschließlich Datenadministration, unter anderem mit dem Verfassen von Datenkatalogen/-verzeichnissen und der Erstellung von Datenmodellen in der Konzeptionsphase von Datenbankprojekten
- **Auswahl und Betrieb von Datenbanksystemen** und der Datenbanken einschließlich **Datenbankadministration**, die alle Tätigkeiten umfasst, die sich auf die Planung, die Einrichtung und den Betrieb von Datenbanksystemen beziehen
- **Planung und Betrieb eines Data-Warehouse**.

Ein Data-Warehouse (Abb. 9.10-4) ist eine Datenbank, in der Daten aus unterschiedlichen Quellen in einem einheitlichen Format zusammengefasst werden (Informationsintegration). Dadurch verbessern sich die Möglichkeiten und der Komfort beim Zugang zu diesen Daten. Die Daten werden von internen und externen Datenquellen bereitgestellt und im **ETL-Prozess** (*Extraktion* der relevanten Daten aus verschiedenen Quellen, *Transformation* der Daten in das Schema und Format der Zieldatenbank, *Laden* der Daten in die Zieldatenbank) in das Data-Warehouse geladen und dort vor allem für die Datenanalyse und als betriebswirtschaftliche Entscheidungshilfen langfristig gespei-

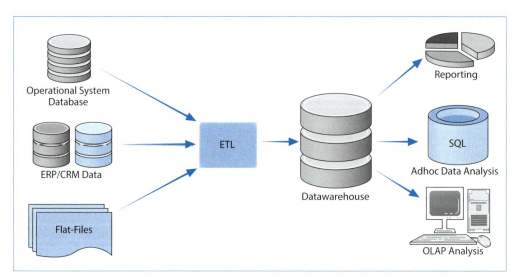

Abbildung 9.10-4: Grundprinzip eines Data-Warehouse (Quelle: Eigenerstellung in Anlehnung an N. N., 2015). CRM = Customer Relationship Management = Kundenbindungsmanagementsoftware; ERP = Enterprise Resource Planning, Unternehmensgeschäftssoftware; ETL = Extract, Transform, Load, Extraktion der relevanten Daten aus verschiedenen Quellen, Transformation der Daten in das Schema und Format der Zieldatenbank, Laden der Daten in die Zieldatenbank; OLAP = Online Analytical Processing, Methode zur Durchführung komplexer Analysevorhaben; SQL = Structured Query Language, Datenbanksprache zur Definition und Bearbeitung von Datenstrukturen in relationalen Datenbanken

chert. Sicherlich wird nicht jede Einrichtung allein den Aufwand für die Implementierung und den Betrieb eines Data-Warehouse treiben, für die Controlling-Abteilungen in Krankenhausträgergesellschaften oder Universitätskliniken werden solche Systeme zukünftig stark an Bedeutung gewinnen. Einzelne Anbieter (z.B. SAP, Oracle oder Microsoft) bieten Data-Warehouse-Lösungen als Ergänzung zu den operativen Administrationssystemen wie Finanzbuchhaltung, Controlling und Personalabrechnung an und reduzieren durch leichte Datenübernahme die Installation der Data-Warehouse-Lösung. Man sollte allerdings nicht den Aufwand für die Einarbeitung in die Analyse- und Berichtstechniken von Data-Warehouse-Systemen unterschätzen. In der Regel wird zwar immer auch eine Excel-Schnittstelle mitgeliefert, bei komplexeren Szenarien muss allerdings auf OLAP- und DataMining-Analysen zurückgegriffen werden.

Daten(bank)-Management in Anwendungssystemen

Bereits in den 1980er-Jahren wurden Datenbanksysteme zur Speicherung von Daten innerhalb von Anwendungsprogrammen genutzt. Der Ansatz basiert auf der Idee, dass nicht jeder Softwarehersteller im Rahmen der Programmierung einer Softwarelösung eine Datenspeicherung der Daten selbst noch einmal neu programmiert, sondern auf fertige und bewährte Lösungen zurückgreift. Geht man noch einen Schritt weiter und denkt an eine flexible und ausbaufähige Lösung, so sollte die darunter liegende Datenbank über einen Standard nutzbar (z.B. über die Datenbankabfragesprache SQL [Structured Query Language]), als Client-Server-Lösung aufgebaut (s. Kap. 0) und auf möglichst vielen Systemplattformen verfügbar sein.

Allerdings gab und gibt es gerade im Krankenhausbereich eine Vielzahl einzelner Anwendungssysteme (vom administrativen Bereich über den medizinisch-pflegerischen Bereich, Laborsysteme bis hin zu bildgebenden Systemen etc.). Jedes System besitzt oder besaß seine eigene Datenhaltung, das heißt je nach Datenvolumen und Komplexität eine dateibasierte Datenspeicherung, eine kleinere eigenprogrammierte Datenhaltung oder die Nutzung eines Standarddatenbanksystems. Man kann sagen, dass die Daten fester Bestandteil einzelner Funktionsmodule waren. Dies führte allerdings auch dazu, dass einzelne Daten in mehreren Systemen redundant (d.h. mehrfach) gespeichert wurden. Patientendaten wurden zum Beispiel in den Funktionsmodulen Patientenmanagement, Stationsverwaltung und in vielen Laborsystem redundant gespeichert. Dies belegt nicht nur unnötig viel Speicherplatz (heute nicht mehr so relevant), vielmehr mussten die einzelnen Datenbestände durch aufwändige Update-Vorgänge miteinander abgestimmt werden. Dazu war/ist zwischen diesen Update-Läufen keine vollständige Datenkonsistenz gewährleistet (s. Kasten).

> **Beispiel**
>
> Ein Patient wurde bereits im Patientenmanagementsystem aufgenommen, das Stationsmanagementsystem und einzelne Labor-/bildgebende Systeme wissen aber noch gar nicht von diesem Patienten und dem dazugehörigen Fall.

Die Abbildung 9.10-5 zeigt eine funktionsbereichsorientierte Datenhaltung.

Nachteile der funktionsorientierten Vorgehensweise bzw. Datenhaltung:
- Wiederholte Speicherung gleicher Daten in unterschiedlichen Anwendungen erzeugt ein hohes Maß an unkontrollierter Redundanz: Welches ist das führende System? Wer kontrolliert, dass in allen Systemen eine Datenan-

Abbildung 9.10-5: Funktionsbereichsorientierte Datenhaltung (Quelle: Eigenerstellung)

passung stattfindet, wenn dies in einem System stattfindet bzw. initiiert wird?
- Die zeitgerechte Änderung (Update) von Daten wird durch Mehrfachkopien behindert: Man braucht Zeit bis die Daten über alle Systeme hinweg synchronisiert sind und teilweise müssen Systeme während des Update-Vorgangs für das laufende Arbeiten mit dem System gesperrt werden.
- Auswertungen, die Daten unterschiedlicher Anwendungen betreffen, sind nur schwer möglich. Hier kommt dann ein Data-Warehouse-System als zusätzlicher Datenspeicher mit Analysemöglichkeiten ins Spiel.

Datenorientierte Vorgehensweise (Abb. 9.10-6)

Im Zuge der Neuentwicklung größerer Anwendungssysteme wurde eine Vielzahl von Funktionsmodulen in ein Gesamtanwendungssystem integriert. Ein klassisches Beispiel in dieser Hinsicht ist das Softwareprodukt SAP R/3 bzw. SAP ERP6, welches den Anspruch hat, als universelles, allumfassendes Softwaresystem alle Funktionsbereiche eines Unternehmens abbilden und sich über eine weitreichende Anpassbarkeit verschiedenen Unternehmensgrößen und Branchen anpassen zu können. Hinzu kommt eine zentrale Datenhaltung in einem Standard-SQL-Datenbanksystem. Die Daten werden damit als ein eigenständiger Bereich angesehen, auf den die einzelnen Funktionen zugreifen. Die gemeinsame Datenbasis wird von einem Datenbankmanagementsystem (DBMS) verwaltet, das unter anderem auch die Autorisationsprüfung und Datensicherung übernehmen und bei sehr großen Installationen mit großem Datenvolumen und vielen Nutzern sogar mit parallel arbeitenden Datenbankservern realisiert werden kann.

Die Daten (Stamm-/Bewegungsdaten) werden dabei in einem zentralen Datenbanksystem, in der Regel nach dem relationalem Prinzip, gespeichert. Ein Datenbanksystem besteht dabei aus einer Datenbank und der Software, die zu ihrer Verwaltung benötigt wird. Insgesamt spricht man von einem (relationalen) Datenbankmanagementsystem (RDBMS). Datenbanksysteme lassen sich über Anwendungsprogramme (z. B. ein KIS), direkt über integrierte Benutzerschnittstellen (SQL-Abfrage) oder grafische Benutzeroberflächen mit Fenster- und Mausunterstützung (z. B. Microsoft Access) bedienen.

Wie man im Rahmen eines konkreten Projekts mit einer definierten Problemstellung von der Analyse bis zur einsatzfähigen Datenbank kommt zeigt Abbildung 9.10-7.

Das oben genannte Entity-Relationship-Modell (ER-Modell = Gegenstands-Beziehungs-Modell, entwickelt von P. Chen, 1976) hat als Ziel die Beschreibung von permanent gespeicherten Objekten/Daten mit ihren Eigenschaften und ihren Beziehungen untereinander. Im Gegensatz zur Modellierung von Abläufen bzw. Prozessen (Prozessmodellierung) oder der Abbildung von Organisationen (Aufbauorganisation) werden ER-Modelle primär für die Beschreibung der Daten in einem Anwendungssystem eingesetzt (datenorientierte Modellierung). ER-Modellierung ist die Standardmethode bei der Entwicklung kaufmännischer Anwendungen, bereitet den relationalen Datenbankentwurf weitgehend vor und unterstützt somit die konzeptionelle sowie die Implementierungsphase.

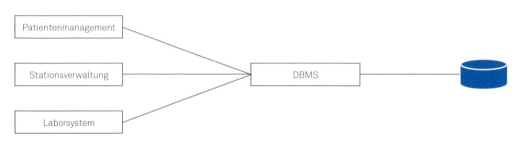

Abbildung 9.10-6: Datenorientierte Datenhaltung (Quelle: Eigenerstellung)

9.10 Informationsmanagement

Mit dem Ziel, alle Sichten auf ein Unternehmen in einem Gesamtsystem zu integrieren, wurde Anfang der 1990er Jahre von August-Wilhelm Scheer das ARIS-Konzept (Architektur integrierter Informationssysteme) entwickelt. Ein Fünf-Sichten-Modell (Organisations-, Daten-, Leistungs-, Funktions- und Steuerungssicht) soll die Komplexität eines Unternehmensmodells auf verschiedene Sichtweisen verteilen und so die Modellierung unter anderem von Prozessen und Daten einfacher gestalten. Für den Bereich der Datenmodellierung wird hierbei auf die bewährte Methodik ERM zurückgegriffen.

9.10.3 Anwendungssysteme im praktischen Einsatz

9.10.3.1 Krankenhausinformationssysteme (KIS)

Ein Krankenhausinformationssystem (KIS) stellt das integrierte Gesamtsystem aller IT- und kommunikationsbezogenen Systeme in einem Krankenhaus dar. Obwohl ein KIS (s. S. 746) ausschließlich in Krankenhauseinrichtungen Anwendung findet, lassen sich viele KIS-Grundprinzipien auf ähnliche Systeme in Arztpraxen, Reha-/Therapieeinrichtungen und andere Gesundheitsunternehmen übertragen. Im Krankenhaus ist üblicherweise die Anzahl an Funktionsbereichen am größten, sodass hier die komplexesten Systeme und die größte Anwendungssystembreite zu finden sind.

Definition „Krankenhausinformationssystem"
Ein KIS kann als krankenhausweites Informationssystem angesehen werden, das allen im Krankenhaus tätigen Professionen die benötigten Informationen bereitstellt.

Aus der Arbeitsplatzperspektive spricht man in diesem Zusammenhang häufig von einem KAS (klinisches Arbeitsplatzsystem). Im Gegensatz zum KIS konzentriert sich ein KAS auf die medizinisch-pflegerischen Funktionsbereiche zur Patientenversorgung. KAS-Systeme fassen die am IT-Arbeitsplatz des einzelnen Mitarbeiters benötigten informationsverarbeitenden Systeme zusammen, wobei dies im Einzelfall auch Verwaltungsvorgänge umfassen kann.

Abbildung 9.10-8 zeigt, dass ein KIS die Integration der Teilsysteme Klinisches Informa-

1. Anforderungs-analyse		(Textuell-grafische) Anwendungsszenarien (z.B. Einkaufsprozesse, Vertrieb, Fertigung, Aufbau einer Literaturverwaltung)
2. Logisches Datenmodell		Grafische Repräsentation der benötigten Informationen, Datenobjekte und deren Beziehungen (z.B. Entity Relationship Model ERM)
3. Logisches Datenbankmodell		Konvertierung des logischen Datenmodells auf eine Datenbanktechnologie (z.B. Tabellen und Relationen)
4. Physikalische Implementierung der Datenbank		Umsetzung des Datenbankmodells in Software und Hardware

Abbildung 9.10-7: Modell des Vorgehens bei der Anwendungssoftwareentwicklung mit Datenbankunterstützung (Quelle: Eigenerstellung)

Abbildung 9.10-8: Hauptkomponenten eines KIS (Quelle: Eigenerstellung in Anlehnung an Johner/Haas, 2009: 214)

tionssystem, Patientendatenmanagement und Krankenhausmanagementsystem darstellt, wobei die elektronische Patientenakte mit den patientenbezogenen Daten ein wichtiges Bindeglied bzw. einen Integrationsbaustein darstellt (z.B. über den ermittelten DRG-Code, der an die Abrechnung und damit an die Finanzbuchhaltung und das Controlling sowie an das §-301-Kommunikationsmodul übergeben wird). Auch spielt das Kommunikationssystem eine wichtige Rolle, welches vereinfacht den Informationsaustausch zwischen den beteiligten Systemen im Krankenhaus sicherstellt sowie zum Datenimport/-export von/zu externen Einrichtungen genutzt werden kann.

Man sollte jedoch nicht einfach die klassische Sichtweise mit einer Trennung zwischen Verwaltungsseite, medizinischem/pflegerischem Bereich und Laborbereichen einnehmen, da eine zukunftssichere Konzeption eines KIS die Prozessorientierung aller Abläufe in einem Krankenhaus aufgreifen muss. Dementsprechend darf man dann nicht mehr nur noch funktionsbereichsbezogen denken, sondern muss prozessbezogen und damit abteilungs- bzw. stationsübergreifend denken (vgl. Trill, 2002: 46ff.). Dies bedeutet für die KIS-Anbieter, dass sie unter anderem die Integration einer Workflow Engine mit Prozessunterstützung für die Steuerung der zeitliche Reihenfolgen und die genaue zeitliche Festlegung von Teilprozessen oder die Unterstützung medizinischer Leitlinien, zum Beispiel auf der Basis der Evidence Based Medicine (EBM), mit einrichtungsspezifischen Anpassungen und Detaillierungen anstreben müssen.

Mit der **Einführung eines Krankenhausinformationssystems** sollen unter anderem folgende Ziele erreicht werden:

- Erhöhung der medizinischen und pflegerischen Qualität und Kostentransparenz durch eine umfassende Dokumentation des Behandlungsverlaufs eines Patienten
- effektives Termin- und Anforderungsmanagement (u.a. Stations-/Auftragskommunikation)
- Erreichung einer möglichst hohen Kosteneffizienz (u.a. bessere Ressourcennutzung, Reduzierung von Betreuungskosten durch Konzentration auf möglichst wenige Systeme)
- zeitnahe Zurverfügungstellung von Informationen zur Steuerung des Krankenhauses für das Krankenhausmanagement
- Steigerung der Attraktivität des Krankenhauses für zuweisende Ärzte, Patienten und Bürger (Stichworte z.B.: Web-Funktionalitäten, Portallösungen, Social-Media-Funktionen, Qualitäts-/Leistungskennzahlen).

Zunächst könnte man davon ausgehen, dass ein Standard-Unternehmensinformationssystem (häufig auch als ERP = Enterprise Resource Planning System oder Unternehmensgeschäftssoftware bezeichnet) die IT-Systemanforderungen im Krankenhaus abdecken könnte. Es lassen sich auch sehr viele Gemeinsamkeiten finden, zum Beispiel im operativen Bereich mit den Funktionsbereichen Beschaffung/Einkauf, Personalmanagement oder bei den Buchhaltungssystemen wie Finanz-/Anlagenbuchhaltung oder bei den Kostenrechnungs-/Controllingsystemen. Die Hauptunterschiede und damit der Grund, aus dem es zwingend weiterer

Funktionsmodule bedarf, sind unter anderem die umfangreichen Dokumentationspflichten bei der Patientenbehandlung, die Übernahme und Integration von Daten von medizinischen Geräten, die Aufbereitung der Daten für Abrechnungszwecke sowie Qualitäts-/Statistikreports sowie das Berichtswesen für andere ambulante und stationäre Einrichtungen, unter anderem mit der Befundschreibung (vgl. Johner/Haas, 2009: 207 ff.).

Basis-Funktionsbereiche eines KIS
Die Basis-Funktionsbereiche eines KIS (ohne Administration-/Verwaltungsbereich) sind:
- *Patientenstammdatenverwaltung:* persönliche Daten, Risikofaktoren, Fallarten, Bewegungsarten, -status, -gründe, Unfallstatus
- *Patientenmanagement:* Verarbeitung der elektronischen Gesundheitskarte (z.B. mit Gültigkeitsprüfung), Komplettaufnahme, Kurz-/Notaufnahme, Übersicht zum Nacherfassungsbedarf, vor- und nachstationäre Aufnahme/Verzahnung mit der Ambulanz, einweisende/r Einrichtung/Arzt, medizinische Einweisungsdaten, Verlegungen, Formulare
- *Abrechnung:* Kommunikation nach § 301/302, Versicherungsverhältnisse/Selbstzahler, Kostenübernahme, Zu- & Anzahlungen, Fakturierung, ambulante Abrechnung, End- und Zwischenabrechnung, Debitorenverwaltung, Infos an Controlling
- *Kataloge:* Diagnosen (ICD-10), Leistungen (OPS 301), Ermittlung der Fallpauschale/DRG-Code durch Einsatz eines integrierten und zertifizierten DRG-Groupers
- *Ressourcenverwaltung:* Leistungserbringer, Mitarbeiter, Geräte
- *Leistungsmanagement* (z.B. Leistungsstammdaten, -profile, -planung, -erfassung, OP-Leistungserfassung, Leistungszuordnung, Leistungsverwaltung, Regelwerke)
- *Ambulanzmanagement* (z.B. Terminplanung, Abrechnung)
- *Stationsmanagement* (z.B. Belegungsübersicht, Zu- und Abgangslisten, Betten- und Zimmerdisposition, Organisationsmitteldruck, Patientenbewegungen, Patienter-minplanung, Materialverwaltung/-bestellung)
- *Behandlungsdokumentation* (z.B. medizinische/pflegerische Dokumentation von Diagnosen, OP-Dokumentation, Pflegedokumentation)
- *Krankenaktenverwaltung* (elektronische Akte oder Papieraktenmanagement, Archivsystem, Dokumentenmanagementsystem)
- *Gesundheitstelematikfunktionen* (Patientenfalldatenimport/-export, Telekonsultation und Telekonferenz, Unterstützung des Telematikinfrastrukturprojekts, optional Unterstützung der eFA)
- *Statistik, Berichtswesen, Reportingsystem, Managementinformationssystem.*

Ein Krankenhausinformationssystem (KIS) kann man sich als ein **integriertes Gesamtsystem** vorstellen, wobei sich Integration nicht nur auf die Ebene der technischen Trägersysteme/Funktionsmodule, sondern vor allem auf die krankenhausbetrieblichen Unternehmensdaten (unternehmensweites Datenmodell), Geschäftsprozesse (Funktionsintegration) und Organisationseinheiten (medizinischer, pflegerischer, administrativer und ver-/entsorgungstechnischer Bereich) bezieht. Unter anderem deshalb ist die Einführung eines KIS kein einfacher Beschaffungsvorgang, sondern es sind parallel sehr viele Vor-, Implementierungs- und Testarbeiten notwendig. Dazu gehört insbesondere die Implementation von Schnittstellen zwischen dem KIS und den angeschlossenen (Sub-)Systemen in der Einrichtung. In einem mittelgroßen Krankenhaus mit SAP R/3 IS-H als KIS mussten zum Beispiel über 140 Schnittstellen eingerichtet werden und vor jedem größeren Update-Vorgang des SAP-R/3-KIS muss vorher mithilfe eines Testsystems geprüft werden, welche Schnittstellen weiterhin funktionieren und welche angepasst werden müssen.

Wichtige Spezialsysteme aus den Leistungsstellen, die über Schnittstellen oder Kommunikationsserver eingebunden werden müssen, sind insbesondere bilderzeugende und -verarbeitende Systeme sowie Laborgerätesysteme, unter anderem zur Blutuntersuchung, aber auch

EKG- oder EEG-Geräte etc. Aufgrund ihrer Bedeutung und der komplexen Technik haben diese Systeme in der Regel eine gerätespezifische Systemsoftware. Zum Beispiel verwaltet ein **Radiologieinformationssystem (RIS)** Daten zu geplanten und durchgeführten radiologischen Untersuchungen, speichert Befundberichte und kommuniziert mit den radiologischen Modalitäten. Ein **Laborinformationssystem (LIS,** synonym: Laborinformationsmanagementsystem [LIMS]) ist ein Spezialsystem für das Labor. Es unterstützt die Erstellung von Laboraufträgen, die Probenidentifikation, die Laborbefunderstellung und -freigabe sowie die Befundübermittlung.

Für den Bereich der Bildspeicherung, -verarbeitung und -kommunikation wird auf PACS-Systeme und DICOM als Kommunikationsstandard gesetzt. Das **Picture Archiving and Communication System (PACS)** dient zur Bildarchivierung und Bildkommunikation (vor allem in Radiologie, Kardiologie, Pathologie) wobei die Herausforderung darin besteht, dass ein stark wachsender Speicherbedarf je Bilddokument besteht. Dies liegt vor allem an der Zunahme der Bildanzahl je Untersuchung und einer aufgrund neuerer Technik bedingten höheren Bildauflösung und Farbtiefe bzw. Graustufenanzahl. In mittelgroßen Krankenhäusern ist zum Beispiel von einem Datenvolumen von etwa 10 Terabyte/Jahr auszugehen (vgl. Johner/Haas, 2009: 236). **Digital Imaging and Communications in Medicine (DICOM)** ist ein internationaler Standard für die Bildkommunikation in der Medizin. Eine DICOM-Datei enthält nach dieser Norm Bilder und Annotationen (z.B. für Patientennummer, Art und Parameter der Aufnahmemodalität).

Eine interessante Randfrage ist übrigens, inwieweit ein KIS (d.h. die Software an sich) als Medizinprodukt nach dem Medizinproduktegesetz einzustufen ist. Grundsätzlich kann Software nach dem Medizinproduktegesetz (MPG) bzw. der Medizinprodukterichtlinie (MDD) ein Medizinprodukt sein, KIS mit überwiegend administrativem Charakter, die weder diagnostische oder therapeutische Maßnahmen durchführen und sie auch nicht eigenständig initiieren, zählen jedoch nicht dazu (vgl. Johner/Haas: 14f.). Als Medizinprodukt ist grundsätzlich die Systemsoftware von Laborgeräten und bildgebenden Systemen, die meist als Embedded Software aufgebaut ist, anzusehen. Dies gilt auch für Monitorsysteme, die Daten aus Überwachungssystemen zusammentragen, der Überwachung dienen oder die Stellung einer Diagnose unterstützen. Bei einer Einstufung als Medizinprodukt kommen auf den jeweiligen Betreiber/Nutzer weitere Dokumentationspflichten zu, wie zum Beispiel Bestandsführung, Instandhaltungsmaßnahmen, sicherheitstechnische Kontrollen (u.a.: Wer darf die Geräte bedienen und die Systeme warten), Systemeinweisungen usw.

Auswahl und Einführung von KIS

Grundlage für die Gestaltung der Informationssysteme, für die Auswahl von Softwareprodukten und für Management und Betrieb von Informationssystemen sollte eine kritische Analyse der Anforderungen mit einer Unterscheidung zwischen essenziellen Funktionen und Spezialanforderungen, also mit einer Priorisierung, sein.

Die vielfältigen und komplexen Anforderungen an ein KIS werden dabei in Anforderungskatalogen bzw. Lasten-/Pflichtenheften zusammengefasst. Die Analyse der Istsituation, insbesondere die ermittelten Unternehmensprozesse, ist Ausgangspunkt für die Erstellung eines Lastenheftes. Zuerst grob, später detaillierter bis hin zu den notwendigen individuellen Anpassungsarbeiten und Ergänzungsfunktionen, zum Beispiel Schnittstellen, fließen in die Anforderungslisten ein (vgl. Trill, 2002: 186 ff.).

Letztlich sollte das Lastenheft (bzw. der Anforderungskatalog) den inhaltlichen Kern eines KIS-Vertragswerks bilden, der in der Regel aus den Komponenten Software-Überlassungsvertrag, Dienstleistungsvertrag und Wartungsvertrag besteht. Erfahrungen aus der Praxis zeigen, dass der Käufer eines KIS gegenüber dem Systemanbieter in die Situation kommen kann, nachzuweisen, dass eine bestimmte Anforderung/Funktionalität in vereinbart wurde, die zu implementierende Software dies allerdings noch nicht hinreichend erfüllt. Wenn die Anforderungen in einem Lastenheft genau spezifiziert sind und dies Vertragsbestandteil wird, besteht für beide Vertragspartner Klarheit, welche Funktionalitäten im Kaufpreis enthalten sind und welche vielleicht später optional (gegen Aufpreis) als Erweiterung hinzukommen.

Muster von Anforderungskatalogen für Krankenhausinformationssysteme, zum Beispiel als Excel-Tabelle, lassen sich im Internet finden, Abbildung 9.10-9 zeigt einen Teil eines solchen Katalogs als Beispiel.

Die Erstellung eines umfangreichen und breit akzeptierten Anforderungskatalogs ist ein längerer Vorgang und sollte im Rahmen des Gesamtprojekts „KIS-Einführung" durch eine umfangreiche Beteiligung von Experten und Expertinnen aus den verschiedenen Bereichen des Krankenhauses erfolgen. Frühzeitige Information und Beteiligung ist ein Schlüssel, um eine möglichst große Akzeptanz für das neue System zu erreichen. Unter den involvierten Experten sollten sich auf jeden Fall auch die zukünftigen Key-User befinden, das heißt die Nutzer, die zunächst in dem neuen Produkt ausführlich geschult werden, bei der Anpassung und Implementierung des neuen Systems mitwirken und dann weitere Nutzer schulen bzw. zumindest Einweisungen geben.

Eine beispielhafte Vorgehensweise bei der Anbieterauswahl im Rahmen der Beschaffung eines ERP-Systems (ERP = Enterprise Resource

Nr.	Art	Aufgabenbezogene Anforderungen	Gewichtung	Mögliche Ausprägungen
1	Aufgabengruppe	Patientenbehandlung		
	Ziel	Unterstützung der Versorgung des Patienten im ambulanten bzw. stationären Bereich von der Aufnahme bis zur Entlassung und ggf. der Weiterleitung an andere Einrichtungen einschließlich von Tätigkeiten wie Dokumentation und Abrechnung.		
1.1	Aufgabe	Patientenaufnahme		
	Ziel	Aufzeichnung und Verfügbarmachung zentraler behandlungs-und verwaltungsrelevanter Daten eines Patienten.		
	Ziel	Eindeutige Identifizierung eines Patienten und Zuordnung einer eindeutigen Patienten- und Fall-Identifikation.		
	zu beachten	Die Patientenaufnahme stößt den Behandlungsprozess an, die Aufnahmedaten müssen daher zeitnah anderen Aufgaben und Aktivitäten zur Verfügung stehen.		
	zu beachten	Der Ablauf einer Aufnahme kann abhängig von dem Vorhandensein einer Zentralaufnahme und deren Arbeitszeiten unterschiedlich sein.		
1.1.1	Teilaufgabe	Vormerkung und Einbestellung von Patienten		
1.1.2	Teilaufgabe	Identifikation und Prüfung auf Wiederkehrer		
1.1.3	Teilaufgabe	Administrative Aufnahme		
1.1.4	Teilaufgabe	Ärztliche Aufnahme		
1.1.5	Teilaufgabe	Pflegerische Aufnahme		
1.1.6	Teilaufgabe	Änderung bereits aufgezeichneter Aufnahmedaten		
1.1.7	Teilaufgabe	Patientenauskunft und Informationsdienste		
1.2	Aufgabe	Entscheidungsfindung, Behandlungsplan und -organisation		
1.3	Aufgabe	Leistungsanforderung mit Probenentnahme		
1.4	Aufgabe	Leistungsanforderung mit Terminvereinbarung		
1.5	Aufgabe	Diagnostische, therapeutische oder pflegerische Maßnahmendurchführung		
1.6	Aufgabe	Leistungsdokumentation		
1.7	Aufgabe	Leistungsabrechnung		
1.8	Aufgabe	Klinische Dokumentation		
1.9	Aufgabe	Entlassung und Weiterleitung an eine andere Einrichtung		
2	Aufgabengruppe	Führen der Krankenakte		

Abbildung 9.10-9: Ausschnitt aus einem KIS-Anforderungskatalog (Quelle: Haux et al., 2001)

Planning Software, Unternehmensgeschäftssoftware) zeigt Abbildung 9.10-10, wobei sich diese Systematik auf den Auswahl- und Beschaffungsprozess für KIS weitgehend übertragen lässt. Gerade im Krankenhaus spielt der Punkt „Referenzkunden" bzw. persönlicher Erfahrungsaustausch mit KIS-Nutzern in anderen Einrichtungen eine wichtige Rolle. Eine weitere wichtige Entscheidungsbasis bilden die Produktpräsentationen vor Ort, die möglichst praxisnahe Fälle umfassen und unter breiter Beteiligung der betroffenen Anwender erfolgen sollten. Den Anwendern, die letztlich mit dem System arbeiten sollen, interessiert dabei häufig mehr das „Look & Feel", also die Bedieneroberfläche, während für die IT-Abteilung der Einrichtung die darunterliegende Technologie und die Anpassbarkeit entscheidungsrelevanter sind.

Ein sorgfältig geplanter Projektablauf und eine rational und systematisch getroffene Auswahlentscheidung schützen nicht vor dem Auftreten von Problemen während der Einführung des neuen Systems. Befragungen zeigen, dass Datenmigration und zu knapp kalkulierte Zeitpläne, verbunden mit zu vielen Anpassungswünschen zu den Hauptproblembereichen gehören.

Ob ein KIS- oder ERP-Einführungs- oder Veränderungsprojekt zu einem Erfolg wird, hängt von verschiedenen Risiken ab. Insbesondere die folgenden drei Aspekte sind entscheidend:

- *Erreichen der inhaltlichen Zielsetzung:* Da viele Funktionsbereiche betroffen sind, reden auch viele Entscheidungsträger mit, damit

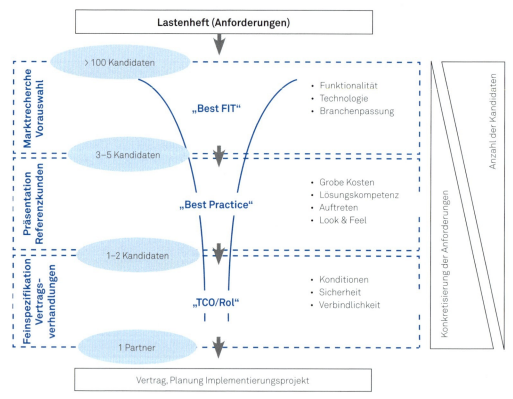

Abbildung 9.10-10: Auswahlprozess für ERP- bzw. KIS-Lösungen (Quelle: Treutlein/Sontow, 2013: 3). FIT = deckt am besten die Anforderungen ab; TCO = Totoal Cost of Ownership = Gesamtbetriebskosten, ein Abrechnungsverfahren, das helfen soll, alle anfallenden Kosten von Investitionsgütern (z. B. Soft- und Hardware in der IT) abzuschätzen – die Berechnung soll nicht nur die Anschaffungskosten beinhalten, sondern alle Aspekte der späteren Nutzung (u. a. Energiekosten, Reparatur und Wartung); ROI = Return on Investment = Rentabilität

entsteht die Gefahr, dass es zu lange dauert, bis die Ziele festgelegt sind bzw. es entstehen zu viele Anpassungswünsche, häufig zudem noch während der Implementierungsphase.
- *Einhalten der Terminplanung und des Kapazitätsbudgets:* Häufig fehlt ein konsequentes Projektmanagement und es gibt nur mangelnde Rahmenvorgaben und Rückendeckung der Unternehmensführung.
- *Einhalten des Investitionsbudgets und des Anforderungsprofils:* Klare und verbindliche Formulierung der Anforderungen an die Software und den Service des Softwareanbieters sowie Lieferumfang, Termine, finanzielle Konditionen etc.

Wenn man mögliche Problembereiche in einem solchen Projekt sehr frühzeitig und umfassend untersuchen will und ggf. Gegenmaßnahmen ergreifen will, kann die in Abbildung 9.10-11 dargestellte Systematik hilfreich sein.

Das oben aufgeführte Vorgehensmodell gibt umfassende Auskunft über mögliche Problembereiche und kann vom Projektteam auch in ein Checkheft umgesetzt werden, an dem sich die Teammitglieder orientieren, wenn der detaillierte Projektplan mit Maßnahmen, Informationsaktivitäten, Veranstaltungen und Schulungen etc. erstellt wird.

Im Zuge des Entscheidungsprozesses für ein neues KIS oder die Ablösung eines Altsystems ist zu entscheiden ob man ein monolithisches oder ein heterogenes Konzept verfolgt, das heißt, ob ein „System aus einer Hand" (monolithisch) oder ein (möglichst weitgehend) integriertes Gesamtsystem aus verschiedenen Systemen und von verschiedenen Herstellern (heterogen) beschafft werden soll. Tabelle 9.10-3 zeigt die Vor- und Nachteile und die Struktur beider Ansätze.

Beim **monolithischen Ansatz** bestehen zudem potenzielle Problembereiche in Form einer schwierigen Entscheidungssituation, da die Entscheidung für *ein* bestimmtes System bzw. *einen* Hersteller weitreichende Folgen hat und zudem mit einem großen Planungs- und Koordinationsaufwand verbunden ist, da ja gleich sehr viele oder sogar alle Funktionsbereiche der Einrichtung betroffen sind. Außerdem ist das Marktangebot sehr limitiert, da es nur wenige Anbieter und Produkte gibt, die annähernd den geforderten Funktionsumfang abdecken.

Bei der Entscheidung für einen **heterogenen Ansatz** kann es unter Umständen zu Problemen kommen, da jeder Bereich seine eigene Lösung schaffen und implementieren will. Hierbei wird häufig bei den Einzellösungen zusätzlich ein hoher Anpassungsaufwand nötig, da die Entscheider viele Änderungswünsche äußern. Insgesamt ist es zwar einfacher, über die Beschaffung von Teillösungen zu entscheiden, allerdings gibt es häufig auch eine mangelhafte Kostentransparenz, da sukzessive beschafft wird und die Gesamtkosten damit erst sehr viel später offensichtlich werden. Außerdem ist der Aufwand für die notwendigen Schnittstellen oder Anpassungen beim Kommunikationsserver nicht immer im Voraus zu bestimmen.

Welche Arbeiten in der Implementierungsphase einer KIS-Einführung nötig sind, hängt vom Umfang der Entwicklungs- und Anpassungstätigkeiten an dem jeweiligen System ab. Diese wiederum werden davon beeinflusst, ob es sich um eine Individualsoftware oder eine Standardsoftware handelt. Tabelle 9.10-4 gibt Einblick in Werkzeuge und Tätigkeiten, die während der Implementierungsphase üblicherweise verwendet werden.

Letztlich zeigen Anwenderbefragungen, dass die Variante „Individuallösung" vielleicht für einzelne Teillösungen bzw. Funktionsbereiche in Betracht kommt, für ein Gesamtsystem kommen mittlerweile nur noch zu integrierende Standardsysteme infrage, da der Zeitaufwand für die Individualentwicklung zu groß ist und es sich ökonomisch nicht lohnt, eine so große Zahl an Entwicklern nur für ein solch komplexes Projekt über eine längeren Zeitraum einzustellen (die zudem idealerweise noch große Fachkenntnis von den Anforderungen und Abläufen im Krankenhaus haben sollten).

Die Einführung eines neuen KIS in einem Krankenhaus erfordert umfangreiche Investitionen und einen mehrmonatigen Einführungszeitraum. Für ein Krankenhaus mit 500–600 Betten fallen Kosten zwischen einer halben und einer Million Euro an und für Einführung und Schulung werden durchschnittlich 6–12 Monate

Projektbezogen

- Unscharfe Projektziele
- Unzureichende Projekt-Infrastrukturen
- Lange Projektzeiten
- Hohe Projektkosten
- Fehlende Zielkontrolle und Ablaufsteuerung

Strategiebezogen

- Fehlende Strategievorgabe und -einbindung
- Fehlende Unternehms-potenzialaktivierung
- Unternehmenszielabgleich
- Stärken-/Schwächen-berücksichtigung
- Fehlende Information u. Kommunikation
- Mangelnde Einführung
- Einbindung der Funktionalitäten

Prozessbezogen

- Fehlende Prozess-beschreibungen
- Unvollständige Schnittstellendefinition
- Produktionsverfahren/Fertigungstypen
- Automatisierungsgrund
- Variantenvielfalt
- Unterbliebene Prozessoptimierung
- Betriebswirtschaftliche Kennzahlen

Mitarbeiterbezogenen

- Widerstände gegen Veränderungen
- Tagesgeschäft überlastet
- Mangelndes Vertrauen
- Zusammenarbeit
- Fehlende Schulung
- Kein Basiswissen
- Hierarchiebarrieren

KIS-/OP-Systemfunktionsmodell

- Finanz- und Rechnungswesen
- Personalwesen
- Workflow
- Officesoftware
- Data Warehouse

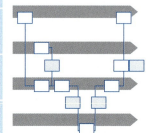

Aufnahme eines Patienten (Beispielprozess)

IT-Informationstechnologiebezogen

- Stand der IT-Technik
- Hardwareabhängigkeit
- Betriebssystemabhängigkeit
- Fremdsystemabhängigkeit
- Spezielle Netzwerkanforderungen
- Ausgewogene Client Serverarchitektur
- Offenheit u. Portabilität
- Moderne Programmierkonzepte

Organisationsbezogen

- Notwendige Strukturanpassungen
- Abteilungs- und Funktionsdenken
- Unklare Verantwortlichkeiten
- Unternehmensausprägungen bzw. Anforderungen
- Stellenbeschreibungen
- Nicht bereinigte bzw. inkonsequente Basisdaten
- Produktionsstellenvernetzung

Methodenbezogen

- Fehlende Kosten-/Nutzenrechnungen
- Schwer beurteilbare
- Fehlendes Vorgehensmodell
- Unzureichende Dokumentation
- GPM-Tooleinsatz

Systembezogen

- Benutzerfreundlichkeit
- Systembewertungsproblematik
- Unzureichende Geschäftsprozessunterstützung
- Mangelnde Flexibilität
- Fehlende Funktionalitäten
- Fehlende Anpassbarkeiten bzw. Aufwand

Abbildung 9.10-11: Typische Problembereiche anlässlich einer KIS-Einführung (Quelle: Binner, 2006: 1, Zusammenfassung eines Vortrags auf der GMDS-Tagung)

9.10 Informationsmanagement

Tabelle 9.10-3: Vergleich zwischen monolithischem und heterogenem Systemansatz (Quelle: Eigenerstellung)

Monolithischer Systemansatz	Heterogener Systemansatz
+ Konzeptionelles Modell, einheitliche Benutzeroberfläche	+ Höhere Anpassbarkeit der Einzelsysteme an Anforderungen des Einsatzbereichs
+ Alles aus einer Hand, zentraler Support, wenig Schnittstellen nötig	+ Keine Abhängigkeit von einem Hersteller, Austausch/Ersatz einzelner Systeme möglich
+ Wenig Betreuungs- und Schulungsaufwand	– Verschiedene konzeptionelle Modelle, höherer Betreuungsaufwand
– Zum Teil fehlende Einzelfunktionalitäten in den Funktionsmodulen, einzelne Funktionsbereiche können nicht einzeln ausgetauscht werden	– Verschiedene Benutzeroberflächen – Notwendigkeit zum Aufbau eines Kommunikationsservers oder Entwicklung von Schnittstellen
– Abhängigkeit von einem Hersteller	– Mehrfachdatenhaltung (Redundanzen)
– Komplex, schwer überschaubar	– Update-Fähigkeit bzw. Fehleranfälligkeit bei Updates einzelner Bereiche, viele Schnittstellen nötig (bzw. zusätzlich Kommunikationsserver erforderlich)

Tabelle 9.10-4: Individualsoftware vs. Standardsoftware (Quelle: Eigenerstellung)

Individuallösung	Standardlösung
• Informations-/Daten-/Prozessmodellierung (Daten, Prozesse, Funktionen, Organisationseinheiten etc.) über Modellierungswerkzeuge • Auswahl und Einrichten des Datenbanksystems • GUI-Builder/-Programmierung (Bildschirmmasken) • Laufzeitumgebung für Anwendung (z. B. JAVA-Applikationsserver konfigurieren) • Export aus Datenmodell in Datenbankschema • Implementierung aller Prozesse und Funktionen • Updates (z. B. aufgrund von Änderungen der rechtlichen Rahmenbedingungen)	• Fertiges Datenmodell incl. Funktionen und Prozesse • Unternehmensberatung beauftragen • Konfiguration des Systems • Customizing: Auswahl und Anpassung der gelieferten branchen- und unternehmensneutralen Funktionen/Prozesse an die Einrichtung • Evtl. unternehmensspezifische Erweiterungen programmieren, testen und integrieren • Übernahme der Altdaten

benötigt (vgl. Mau, 2011: 37). Daneben fallen für die notwendigen Softwarelizenzen einschließlich der Wartung jährliche Kosten von 15–20 % der KIS-Beschaffungskosten an. Die Branchentendenz bei den KIS-Anbietern geht dahin, die Angebotsbreite zu reduzieren und nur noch wenige Produkte anzubieten. Die Absicht, ein vorhandenes Produkt nicht weiter zu pflegen, führt jedoch nicht unbedingt zum Umstieg auf ein Nachfolgeprodukt beim gleichen Anbieter, sondern sehr häufig auch zum Wechsel zu einem Konkurrenzanbieter und seinem Produkt.

Entwicklungstendenzen und Technologien bei KIS

- Integration/Anbindung mobiler Lösungen (z. B. Tablet-PCs, Smartphones)
- Verbesserung der Kommunikationsmöglichkeiten im Bereich integrierte/intersektorale Versorgung
- Spezialfunktionalitäten wie integrierte Arzneimitteltherapie-Sicherheitsfunktion oder bessere User-GUI-Interfaces mit Sprachunterstützung oder bessere Touch-Bedienung auf Tablet-PCs oder Großbildschirmen
- Telemedizin-/Telekonsultation-Funktionen mit Unterstützung von Standard webbasierten Videokonferenzsystemen
- stärkere Prozessorientierung mit Unterstützung von klinischen Behandlungspfaden (Dokumentation und Steuerung), in Einzelfällen auch einrichtungsübergreifend
- Cloud-Lösungen (das heißt, ein KIS oder Teile davon werden bei einem Cloud-Anbieter gebucht)
- im technischen Basisbereich bessere Unterstützung von zukunftssicheren Standardschnittstellen- und Integrationstechnologien wie serviceorientierte Architekturen (WDSL/SOAP). WSDL (Web Services Description Language) ist eine Schnittstellendefinitionssprache auf der Basis von XML (Extensible Markup Language), welche die Funktionalität von Web-Service-Angeboten beschreiben soll. SOAP (Simple Object Access Protocol) ist ein Netzwerkprotokoll, mit dessen Hilfe Daten zwischen Systemen ausgetauscht und Remote Procedure Calls (Fernausführungsfunktionen) durchgeführt werden können.

Ein Patientendatenmanagementsystem (PDMS) als Teilsystem für den Intensivbereich und die Anästhesie

Patientendatenmanagementsysteme (PDMS) sind Informationssysteme in Krankenhäusern mit dem hauptsächlichen Anwendungsbereich der Unterstützung der klinischen Arbeitsplatzsysteme in der Anästhesie (AMS) und der Intensivmedizin (IMS). Sie verfolgen das Ziel, verschiedene Datenquellen (insbesondere Medizingeräte sowie Monitor-/Informationssysteme) zu integrieren und alle Patientendaten auf einer einheitlichen Oberfläche als Intensivakte darzustellen.

Die Hauptanforderung an ein PDMS ist die speziell auf die Intensivmedizin/Intensivpflege oder Anästhesie zugeschnittene papierlose Dokumentation der dort in großer Anzahl anfallenden Patienten- und Gerätedaten. Damit kann grundsätzlich eine vollständige, fehlerfreie und aktuelle Dokumentation erreicht werden, da unter anderem Übertragungsfehler, die innerhalb einer manuellen Dateneingabe auftreten, vermieden werden. Gleichzeitig kann Arbeitszeit gespart werden, da durch die automatisierte Datenübertragung der Arbeitsaufwand sinkt und die Übertragung prinzipiell in Echtzeit erfolgen kann. PDMS-Systeme ermöglichen somit eine lückenlose und exakte Dokumentation aller am Patientenbett erhobenen Messwerte und nehmen zusätzlich Befunde der Labor-, Röntgen-, Funktions- und mikrobiologischen Diagnostik auf (d. h. Vital- und Geräteparameter, soweit diese seriell oder über ein Netzwerk angeschlossen und Treiber für die entsprechenden Geräte verfügbar sind).

Komplexe KIS bieten ebenfalls einen umfangreichen Bereich für die Dokumentation der fallbezogenen Patientendaten einschließlich der Daten aus Leistungsstellenbereichen wie Radiologie etc. Die Abgrenzung zum PDMS findet sich bei der automatisierten Anbindung an Gerätesysteme, wie zum Beispiel Patientenmonitore oder Beatmungssysteme. Hier bieten PDMS-Systeme eine weitaus größere Bandbreite an unterstützten Systemen verschiedenster Hersteller (üblicherweise ist je nach PDMS-Hersteller eine große Zahl an Gerätetreibern verfügbar), sodass alle vorhandenen Systeme der unterschiedlichen Hersteller auf einer Intensivstation angeschlossen und die Daten in das PDMS übernommen werden können. Teilweise können die Geräte selber von einem zentralen Arbeitsplatz über die PDMS-Software ferngesteuert werden (komplette Übernahme der Anzeige- und Bedienerfunktion). Ein weiterer wichtiger Anwendungsbereich ist die detaillierte Unterstützung bei der Medikation (sowohl Planung als auch Istdokumentation), die häufig über die in KIS angebotenen Funktionalitäten hinausgeht.

Natürlich muss ein PDMS in eine bestehende IT-Landschaft mit einem KIS und dem bestehenden Medizingeräteinventar integriert werden. Nur über einen standardkonformen Datenaustausch (i.d.R. HL7 Vers. 2.x) können die Werte und Befunde aus externen Geräten mit den im PDMS erfassten Daten kombiniert angezeigt oder für Berechnungen und Auswertungen/Statistiken verwendet werden. Zusätzlich sollten PDMS-Systeme eine Zusammenfassung von fall-/patientenbezogenen Information (z.B. als Verlegungsbericht) oder eine Einsichtnahme in die Daten (nur lesend) von anderen Nutzern (Nicht-Intensivstation) erlauben.

Daneben muss ein PDMS diejenigen Daten an ein KIS liefern können, die für die Entgeltermittlung notwendig sind. Dies umfasst unter anderem die Beatmungszeit, das Scoring für die Komplexbehandlung Intensivmedizin (Pflegekomplexmaßnahmen – PKMS) und Daten über die Verabreichung von zusatzentgeltrelevanten Arzneimitteln und Blutprodukten. Diesen Daten müssen im Einzelfall übertragen und auf der KIS-Seite korrekt verarbeitet werden können, damit im DRG-Grouper der passende OPS-Code und damit auch das Entgelt ermittelt wird. Diese Schnittstelle wird allerdings eher nicht vollautomatisch funktionieren, da Praxiserfahrungen zeigen, dass Übergabedaten des PDMS häufig nicht widerspruchsfrei in das KIS übernommen werden (z.B. bei der Berechnung der Gesamtbeatmungszeiten); in solchen Fällen muss immer manuell durch das Medizincontrolling oder durch Kodierfachpersonal eingegriffen werden.

Insgesamt kann mit der Einführung eines PDMS mit begleitender Prozessoptimierung eine Verbesserung der Dokumentation der intensivmedizinischen Behandlung, verbunden mit höherer Behandlungsqualität und Patientensicherheit sowie einer schnelleren Bereitstellung abrechnungsrelevanter Daten erreicht werden. Es bleibt abzuwarten, ob die etablierten KIS-Anbieter diesen Bereich den Spezialanbietern überlassen oder die Funktionaltäten in ihrer KIS-Software erweitern.

Medizinisch-pflegerische Dokumentation als Hauptankerpunkt eines KIS

Die Hauptaufgabe eines KIS ist die vergangenheitsbezogene Behandlungsdokumentation. Patientenakten, ob in Papierform oder digital, müssen archiviert werden, da vom Gesetzgeber bzw. vor Gericht eine Nachweispflicht in Bezug auf die medizinisch-pflegerische Behandlung besteht. Außerdem erleichtern vorhandene Dokumente, zum Beispiel mit Informationen zu Vorerkrankungen oder Medikamentenunverträglichkeiten, die Diagnosestellung und die Behandlungsplanung.

Die Dokumentationspflicht leitet sich zunächst ab als Nebenpflicht des Krankenhausbehandlungsvertrags, wobei für Ärzte zusätzlich § 11 Abs. 1 der Berufsordnung der Deutschen Ärzte greift. Der leitende Abteilungs-/Stationsarzt ist verantwortlich für die ärztliche Dokumentation, die leitende Pflegekraft für die pflegerische Dokumentation. Die Dokumentation kann an Dritte delegiert werden, allerdings muss der anordnende Arzt dann die Dokumentation abzeichnen (vgl. Laux, 2009: 694f.). Für die Dokumentation gelten abhängig vom Inhalt bzw. Verwendungszweck verschiedene Aufbewahrungspflichten, die zwischen 10 und 30 Jahren variieren.

Zur ärztlichen Dokumentation gehören unter anderem:

- *das Krankenblatt*, bestehend aus der Anamnese, der körperlichen Erstuntersuchung sowie der Diagnosestellung. Es mündet in einem unterzeichneten Arztbrief.
- *eine chronologisch sortierte Liste von Befunden* aus Befundberichten, Untersuchungsergeb-

nissen, Laborbefunden, Berichten über Röntgen-, EKG-, EEG- und Ultraschalluntersuchungen, Anästhesieprotokoll, OP-Berichten etc.) sowie
- *Verlaufs-/Tageskurven*, mit Körpertemperatur, Pulsfrequenz und Blutdruck.

Weitergehende Behandlungsinformationen, wie Assessments, Scoring-Tabellen oder klinische Behandlungspfade, erhöhen den Dokumentationsaufwand weiter, letztlich muss man sehen, wie man den Zwiespalt zwischen der Notwendigkeit einer vollständigen Dokumentation auf der einen Seite und dem Trend zu einer drastischen Arbeitsverdichtung aufgrund des Drucks auf die Personalkosten im Krankenhaus auf der anderen Seite lösen kann.

IT-gestützte Dokumentationssysteme führen grundsätzlich die medizinische und pflegerische Dokumentation in ein System mit einer Datenbasis zusammen und sollen darüber hinaus übersichtlich und einfach in der Handhabung sein. Hauptbereiche sind jeweils Anamnese, Diagnostik, Maßnahmenplanung, Durchführungs- und Ergebnisdokumentation. Dabei kommen für Medizin und Pflege unterschiedliche Hauskataloge und Klassifikationssysteme zum Einsatz.

Da für die Medizin im Rahmen der DRG-Ermittlung die entsprechende Nutzung der Dokumentation über ICD-10 und OPS vorgeschrieben ist, gibt es für die Pflege zunächst einmal keinen vergleichbaren Zwang, vielmehr sollte ein effektiv unterstützendes Pflegeplanungs- und Dokumentationssystem das Pflegepersonal überzeugen und idealerweise zu besserer Qualität und Zeitersparnis führen. Der Anspruch an ein solches System ist damit offensichtlich, die Umsetzung in eine Softwarelösung ist aber weitaus komplizierter. Hintergrund ist, dass man zunächst davon ausgeht, dass der jeweilige Pflegeprozess und die dazugehörige Dokumentation immer sehr individuell und damit nur in Grenzen standardisierbar bzw. vorherbestimmbar (z. B. über Standardpflegepläne oder Leitlinien) sind. Allerdings lassen sich eine erhebliche Erleichterung und Zeitersparnis in der Dokumentation häufig nur über die Nutzung von in den IT-Systemen hinterlegten Standardpflegeplänen oder Pflegemaßnahmenbündel erreichen.

9.10.3.2
Elektronische Patientenakte (EPA)

Die folgende Definition verwendet zwar den Begriff „Krankenakte", allerdings werden die Bezeichnungen Krankenakte, Patientenakte und zum Teil auch Gesundheitsakte häufig synonym verwandt. Dies kann leicht missverstanden werden, zudem hängt die Einordnung der Begrifflichkeiten auch noch davon ab, ob die Akte patienten- oder arztgeführt konzipiert und ob sie nur einrichtungsintern oder einrichtungsübergreifend angelegt ist. In diesem Kapitel ist grundsätzlich die arztgeführte, einrichtungsinterne (Patienten-)Akte gemeint.

> „Eine elektronische Krankenakte ist die teilweise oder vollständige auf elektronischen (digitalen) Speichermedien und nach definierten Ordnungskriterien abgelegte Sammlung der medizinischen Informationen zu einem Patienten sowie die dazugehörige Interaktions- und Präsentationskomponente zum Navigieren in und Arbeiten mit der Akte." (Haas, 2005: 199)

Wie bei den Krankenhausinformationssystemen beschrieben, kann die EPA als ein wichtiger Bestandteil eines KIS angesehen werden, allerdings den Anwendungsbereich eines KIS hinausgehen, wenn sie einrichtungsübergreifend angelegt ist (z. B. die im Telematikinfrastrukturprojekt vorgesehene lebenslange Patientenakte).

Wichtige Bestandteile solcher Akten sind (beispielhaft):
- Einweisungsschein, externer Arztbrief/Befunde
- (Tages-)Kurve mit Vitalwerten
- Formulare (z. B. Anforderungen, Konsilscheine)
- Laborbefunde (z. B. Blutbild)
- Bilddokumente (z. B. Radiologie, CRT, MRT, Sonografie)
- elektrophysiologische Daten (z. B. EKG, EEG)

- Pflegeberichte/Arztbriefe (z.B. OP-Dokumentation, Entlassungsbriefe).

Daneben besteht bei einer EPA grundsätzlich der Anspruch, dass die Inhalte im jeweils geeigneten Format bzw. Medienformat abgelegt werden können (z.B. Text, Grafik, Bild, Video, Audio).

Bei der Konzeption einer EPA müssen ebenfalls Datenschutzaspekte berücksichtigt werden. Näheres dazu findet sich unter anderem in den bundesländerspezifischen Krankenhausgesetzen (z.B. NKHG).

Abbildung 9.10-12 zeigt drei wichtige Problembereiche, die im Rahmen der Einführungsplanung einer elektronischen Patientenakte zu berücksichtigen sind.

Der erste Bereich links betrachtet den Bereich der Kommunikation, das heißt: Wie kommen die Daten in die Patientenakte, und zwar von und nach extern bzw. innerhalb der Einrichtung? Während der interne Datenaustausch in erster Linie über vorhandene oder programmierte Schnittstellen oder über einen Kommunikationsserver läuft, erfolgt der Datenaustausch gegenüber externen Systemen häufig datei- bzw. dokumentenorientiert über Internetleitungen und -dienste. Der Datenaustausch benötigt grundsätzlich immer standardisierte Protokolle und Formate (wie FTP für Datenübertragung bzw. HL7 oder CDA für den internen Aufbau der Daten) und kann krankenhausintern über Netzwerk (LAN) und ggf. unter Zuhilfenahme der Transformationsfunktionen eines Kommunikationsservers erfolgen. Der zweite Bereich betrifft die Digitalisierung der Daten und dabei insbesondere die vorhandene papierbezogene Dokumentation. Die Praxis zeigt, dass bei einem Umstieg auf eine EPA die alten Bestände häufig durch Einscannen der Dokumente in Eigenleistung oder durch einen Dienstleister komplett digitalisiert werden. Dabei müssen die Dokumente mit Metadaten, wie zum Beispiel Patientennummer, Erzeugungs-/Änderungsdatum, Informationen zum Ersteller etc., versehen werden. Häufig werden die Metadaten mithilfe eines Barcodeaufklebers vorher auf das zu scannende Dokument aufgeklebt. Auf eine weitergehende Umwandlung mithilfe einer nachgelagerten Texterkennung wird fast immer verzichtet, da die Fehlerquote bei der Erkennung zu hoch ist, Dokumente häufig als komplexe Formulare vorliegen und viele handschriftliche Anmerkungen existieren. Der dritte Bereich hat mehr technische Implikationen, und zwar ob die Realisierung der Akte mithilfe von Dokumenten erfolgt, die einzeln als Dateien im Dateisystem verwaltet werden, oder ob

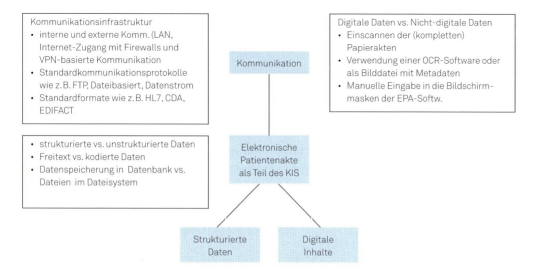

Abbildung 9.10-12: Technische Implikationen der EPA (Quelle: Eigenerstellung)

die Inhalte in strukturierte Form direkt in einer Datenbankstruktur, in einem Dokumentenmanagementsystem (DMS) oder in eine Standard-EPA-Anwendungssoftware übernommen werden können (s. Abb. 9.10-12).

Voraussetzungen für die Einführung einer EPA:
- technische und organisatorische Infrastruktur, um die Datensicherheit und Hochverfügbarkeit zu gewährleisten (z. B. Implementierung **ausfallsicherer** zentraler Systeme einschließlich der dazugehörigen Netzwerkkomponenten)
- ausreichende Anzahl von Arbeitsplatzrechnern (Desktops und mobile Endgeräte einschließlich Notebooks)
- Übernahme von Altdaten (sei es durch Digitalisierung von Papierakten oder durch Übernahme aus älteren Softwaresystemen)
- digitale Signatur, damit EPA und die Dokumentation als Urkunde vor Gericht anerkannt wird (bislang erfolgt dies häufig nur durch Benutzername und Kennwort; eine rechtskonforme Lösung scheint sich in diesem Punkt durch den Einsatz der Telematikinfrastrukturplattform zusammen mit dem Heilberufeausweis zu ergeben)
- ausgebildetes Personal durch Schulung in der neuen Softwarelösung
- Festlegung eindeutiger und leicht zugänglicher Schnittstellen zu angeschlossenen Informationssystemen (RIS, PACS, Laborinformationssysteme etc.) oder Einsatz eines Kommunikationsservers
- bidirektionale Kommunikationsmöglichkeit zwischen behandelnden Ärzten durch Audio-/Videokommunikation im Rahmen der Telekonsultation
- institutionsübergreifendes Konzept, das heißt Einsatz als Kommunikationsplattform für Datenimport/-export mit allen am Behandlungsprozess beteiligten Einrichtungen (vom Hausarzt über die Klinik bis zur Rehabilitationseinrichtung), auch im Rahmen von Portallösungen.

Vorteile/Nutzen einer EPA:
- schneller und gezielter Zugriff auf die Akte und einzelne Informationen in der Akte
- parallel verfügbar an verschiedenen Orten
- Lesbarkeit und Aktualität
- leichtere Archivierung und Vereinfachung der Logistikprozesse und weniger Raumbedarf (es wird weder ein extra Archiv noch eine Archivverwaltung benötigt)
- Redundanz von Daten wird vermieden (mehrfache Speicherung gleicher Daten an verschiedenen Speicherorten)
- beliebige „virtuelle" Sichten/Filter lassen sich definieren (z. B. chronologisch, berufsgruppenorientiert)
- Verbesserung der Behandlungsqualität unter anderem durch Vermeidung oder frühzeitige Entdeckung unerwünschter Ereignisse oder (Neben-)Wirkungen
- höhere Transparenz der medizinischen Dokumentation sowie höhere Qualität der Dokumentation, da Vollständigkeit, Korrektheit und Widerspruchsfreiheit steigen
- detaillierte patientenübergreifende Dokumentation der Behandlungsprozesse und damit Einstieg in ein strukturiertes Erfahrungs- und Wissensmanagement möglich
- Berichts- und Übermittlungspflichten werden optimiert, unter anderem ist ein selektiver Zugriff auf Patientenakten zum Zwecke der Forschung oder zu Behandlungsvergleichen nach bestimmten Kriterien möglich.

Der Nutzen der Einführung einer EPA gegenüber der papierbasierten Form lässt sich nur schwer quantifizieren und monetär bewerten, man kann hilfsweise versuchen, über eine Messung der Zeitersparnis bei einzelnen Vorgängen zu gehen, diese mit Minutensätzen multiplizieren und die ermittelten Werte in einen Vergleich mit den Investitionskosten einfließen lassen. Dazu bietet es sich an, eine Prozessmodellierungssoftware mit Simulationsmöglichkeit (z. B. ARIS oder ADONIS) einzusetzen. Den aktuellen Stand des EPA-Einsatzes in Deutschland zeigt Abbildung 9.10-13.

9.10 Informationsmanagement

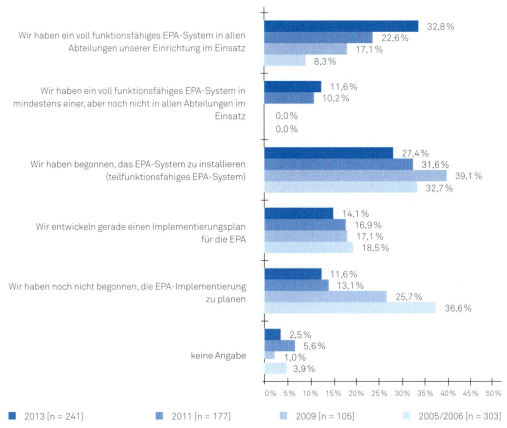

Abbildung 9.10-13: Aktueller Stand des Einsatzes der EPA in Krankenhäusern (Quelle: Hübner et al., 2014: 57)

9.10.4
Kommunikationsaspekte

9.10.4.1
Kommunikationsserver

Wie bereits bei den Krankenhausinformationssystemen angedeutet, trifft man im Krankenhaus auf viele einzelne, optimal auf den jeweiligen Verwendungszweck zugeschnittene Informationssysteme (z. B. Krankenhausadministration, Patientenmanagement, Radiologieinformationssystem, Laborinformationssystem). Ein KIS auf der Basis dieses heterogenen Ansatzes bedarf der Integration der Einzelsysteme. Der traditionelle Weg der Integration basiert auf Schnittstellen, also einer Punkt-zu-Punkt-Verbindung. Dabei ergibt sich jedoch häufig das Problem, dass die Einzelsysteme weiterentwickelt werden und sich demnach Anpassungsbedarf bei den Schnittstellen ergibt, wobei dies nicht nur Kosten verursacht, sondern auch zu einer hohen Abhängigkeit von den Herstellern führt. Und dies ist ja ein immer wiederkehrender Prozess, da man nicht von einer statischen Systemumgebung ausgehen kann. Meistens gibt es eine Wartungsgebühr pro Jahr und Schnittstelle, und bei Wechsel eines der eingesetzten Systeme muss die Schnittstelle neu entwickelt werden.

Ähnlich komplex wird die Situation, wenn man den Datenaustausch zwischen Einrichtungen betrachtet (z. B. zwischen mehreren Arztpraxen oder in einem Krankenhausverbund mit mehreren Einrichtungen, die unterschiedliche Krankenhausinformationssysteme betreiben). Die Vielzahl der eingesetzten Softwaresysteme würde normalerweise zu einer hohen Anzahl benötigter Schnittstellen führen, wenn alle Systeme aller beteiligten Kommunikationspartner Daten direkt untereinander austauschen wollten. Dies ist praktisch kaum umsetzbar und führt zu der Notwendigkeit, einen intelligenten „Vermittler" oder „Universalübersetzer" einzusetzen.

Ein derartiges Zwischensystem wird **Kommunikationsserver** genannt und kontrolliert alle Verbindungen zwischen den Anwendungssystemen im Krankenhaus intern und, wenn gewünscht, auch extern (s. Abb. 9.10-14). Dabei wird jede Verbindung zwischen jedem System und dem Kommunikationsserver überwacht und die auf Nachrichten basierten Daten können übersetzt, gefiltert, archiviert, transformiert und zu ihrem endgültigen Ziel weitergeleitet werden. Eine solche Lösung wird häufig auch als Middleware bezeichnet, das heißt quasi ein Vermittler zwischen den einzelnen voneinander unabhängigen Anwendungssystemen (vgl. Haas, 2006: 137 ff.).

Die Nutzung eines Kommunikationsservers als strategische Lösung zur Integration senkt die Wartungskosten von Schnittstellenverbindungen stark und neue Verbindungen können zu geringeren Kosten im Vergleich zur Schnittstellenimplementierung eingerichtet werden. Demgegenüber stehen die Kosten für den Aufbau des Kommunikationsservers einschließlich Lizenzgebühren und die Schulungskosten für die eigenen Mitarbeiter, denn letztlich sollte jede Einrichtung ihre eigenes Fachpersonal aufbauen, damit keine kostentreibenden Fremdanpassungen des Kommunikationsservers erforderlich sind. Die meisten modernen Kommunikationsserver können über eine grafische Oberfläche konfiguriert und gewartet werden. Anstelle der Programmierung von Schnittstellen können die Kommunikation und der Datenaustausch mithilfe dieses grafischen Werkzeugkastens eingerichtet und die sonst notwendigen Programmierkenntnisse erheblich reduziert werden (Abb. 9.10-15).

Technisch gesehen setzt die erfolgreiche Nutzung eines Kommunikationsservers die Einhaltung von Standards und Normen voraus. Der Nachrichtentransport über eine LAN-Verbindung kann auf einem der vielen implementierten Transportprotokolle des Kommunikationsservers basieren, wie zum Beispiel TCP/IP (der verbreitetste Standard für internetbasierte Datenkommunikation) sowie auf Anwendungsebene mit den Protokollen HTTP oder FTP oder

Abbildung 9.10-14: Kommunikationsserver – Arbeitsschritte bei einer Nachrichtenübertragung (Quelle: Eigenerstellung)

9.10 Informationsmanagement

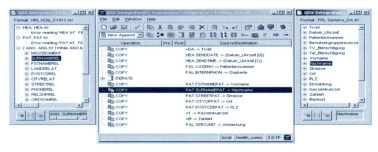

Abbildung 9.10-15: Arbeitsweise eines Kommunikationsservers – Teilschritte Nachrichtentransformation und Regeldefinition (Quelle: Eigenerstellung)

über eine Dateiablage im Netzwerk (für dateiorientierten Datenaustausch). Der Kommunikationsserver überwacht darüber hinaus die Datenformate der verschiedenen Systeme und nimmt ggf. regelgesteuert Anpassungen (Transformationen) vor. Die am weitesten verbreiteten Nachrichten-/Datenformate werden direkt unterstützt (z.B. HL7, EDIFACT, XML, CDA, DICOM, SAP/HCM, CSV).

Die zunehmend komplexer werdende IT-Landschaft im Krankenhaus macht es zusätzlich erforderlich, dass sich die Kommunikationsbeziehungen und Datenaustauschvorgänge „selbst" überwachen. Dazu sind ein differenziertes Monitoring und darauf aufsetzendes konfigurierbares Alarmsystem unverzichtbar. Letztlich muss bei fehlerhaften Kommunikationsvorgängen doch der zuständige ausgebildete Fachexperte für den Kommunikationsserver eingreifen und Übertragungsvorgänge ggf. neu initiieren.

Zusammengefasst muss ein Kommunikationsserver:
- Nachrichten („inbound") eines Subsystems entgegennehmen
- Empfänger der Nachricht ermitteln
- regelgesteuert die Nachricht transformieren
- Übermitteln der Nachricht („outbound") an den/die Empfänger.

9.10.4.2
Kommunikationsstandards

Wie in den vorangegangenen Themengebieten bereits mehrfach betont, setzen die unterschiedlichen internen, aber auch die einrichtungsübergreifenden, Datenaustauschszenarien die Entwicklung und Nutzung von Standards und Richtlinien/Normen voraus. Derartige Festlegungen legen quasi Wortschatz, Satzaufbau und Grammatik einer Kommunikationssprache fest. Wenn sich zwei Kommunikationspartner dieser Sprache (Standard) bedienen, können Informationen interaktiv ausgetauscht werden und bezogen auf Informationssysteme und deren Anwendungssysteme Daten automatisiert übertragen und verarbeitet werden. In diesem Abschnitt werden zwei der wichtigsten Standards exemplarisch herausgegriffen und jeweils Aufbau und Nutzungsspektrum beschrieben. In der Literatur bzw. bei den Normierungsorganisationen finden sich die kompletten Detailinformationen bzw. die Verzeichnisse weiterer wichtiger Standards und Normen, wie zum Beispiel xDT. Die Variante ADT dieser Norm regelt zum Beispiel den Datensatzaufbau und Datenaustausch für die Abrechnung ärztlicher Leistungen nach § 301 SGB V –Kommunikation.

Health Level 7 (HL7)

Health Level 7 (HL7) ist eine **Gruppe internationaler Standards** (u. a. die Versionen 2.x und 3.x) für den Austausch von Daten zwischen Organisationen im Gesundheitswesen und deren Computersystemen. HL7 hat das Ziel, Interoperabilität zwischen verschiedenen Informationssystemen im Gesundheitswesen (z. B. KIS, PVS, RIS) zu ermöglichen.

HL7 wird auch als Bezeichnung für die **Organisation** (http://www.hl7.org) verwendet, die diese Standard-Datenformate für das Gesundheitswesen entwickelt und unterstützt. Dabei gibt es lokale HL7-Organisationen in über 30 Ländern, damit länderspezifische Anforderungen und Entwicklungen schnell und umfassend aufgegriffen werden können und in eine Fortschreibung des Standards einfließen. Damit parallele Doppelentwicklungen vermieden werden, wird eine Zusammenarbeit mit weiteren Normierungsgremien verfolgt. Die HL7-Organisation hat neben den Kommunikationsstandards HL7 Vers 2.x und CDA ein Referenzmodell für eine elektronische Krankenakte und medizinische Informationssysteme geschaffen, das sogenannte Reference Information Model (RIM) (vgl. Haas, 2006: 305ff.).

Die HL7-Kommunikation ist auf Nachrichten orientiert, die durch Ereignisse wie etwa eine Patientenaufnahme veranlasst werden. Eine einzelne HL7-Nachricht besteht aus mehreren Segmenten (Abb. 9.10-16); welche das sind und aus welchen Bestandteilen ein Segment besteht, ist in der HL7-Vers.-2.x-Norm im Detail festgelegt.

HL7-Beispiel für einen Datensatzaufbau

HL7-Nachrichten bestehen aus „Segmenten", die sich in „Felder" aufteilen, die mit bestimmten „Datentypen" gefüllt sind. Das folgende Beispiel (Abb. 9.10-17) einer HL7-Nachricht vom Typ ADT und dem Ereignistyp A01 (Neuaufnahme) besteht aus drei Segmenten: „Message Header" (MSH), „Patient Identification" (PID) und „Patient Visit" (PV1). Die Benennung der Objekte und der genaue Aufbau jedes Segments mit den einzelnen Feldern sind in der jeweiligen HL7-2.x-Ausgabe geregelt.

> **Beispiel**
>
> Durch ein Ereignis („Event") wird der Versand einer Nachricht angestoßen. Ein solches Ereignis wäre zum Beispiel die stationäre Aufnahme eines Patienten. Nachdem die Aufnahme im Patientenmanagementmodul des KIS eingegeben wurde, erzeugt das KIS eine Nachricht vom Typ ADT („Admission, Discharge, Transfer", also „Aufnahme, Entlassung und Verlegung") und dem Ereignistyp A01 = „Stationäre Aufnahme".
>
> Über diese Nachricht wird dies den angeschlossenen klinischen Subsystemen (z. B. einem RIS) mitgeteilt, sodass der Patient mit seinen Stammdaten neu angelegt wurde oder bereits bekannt war.

Der Versionsstand 2.4 von HL7 definiert zum Beispiel über 100 Nachrichtentypen, ca. 150 Segmente und ca. 2000 Attribute, womit sich die Komplexität des HL7-Standards zeigt, und

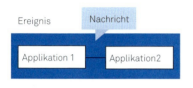

Abbildung 9.10-16: Health Level 7 (HL7) – segmentbasierter Nachrichtenaufbau (Quelle: Eigenerstellung)

9.10 Informationsmanagement

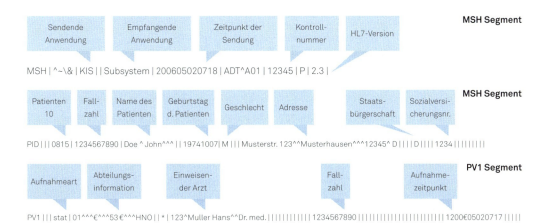

Segment PID: Patient Identification (Patienteninformationen)

Seq	Descripton	German Interpretation	Lenght	Table	r/o/c	Rep#	Item	Data structure	section
1	SET ID - PID	PID-Segmentnummer	4		O		00104	SI	3.4.2.1
2	Patient ID	Patienten-ID	0		B		00105	CX	3.4.2.2
3	Patient Identifier List	Patienten-ID-Liste	250		R	Y	00106	CX	3.4.2.3
4	Alternate Patient ID - PID	Alternative Patienten-ID (z.B. für Notaufnahmen)	0		B	Y	00107	CX	3.4.2.4
5	Patient Name	Patientenaufnahme	250	0200	R	Y	00108	XPN	3.4.2.5
6	Mother's Maiden Name	veraltet; korrespondierendes Namensfeld verwenden	250		O	Y	00109	XPN	3.4.2.6
7	Date/Time of Birth	Geburtszeitpunkt	24		O		00110	DTM	3.4.2.7
8	Administrative Sex	Geschlecht	1	0001	O		00111	IS	3.4.2.8
9	Patient Alias	Aliasname(n) des Patienten	0		B	Y	00112	XPN	3.4.2.9
10	Race	Rasse	705	0005	O	Y	00113	CWE	3.4.2.10
11	Patient Adress	Anschrift des Patienten	250		O	Y	00114	XAD	3.4.2.11
12	County Code	Gemeindekennziffer	0	0289	B		00115	IS	3.4.2.12
13	Phone Number - Home	Telefonnummer des Patienten (privat)	250		O	Y	00116	XTN	3.4.2.13
14	Phone Number - Business	Telefonnummer des Patienten (dienstlich)	250		O	Y	00117	XTN	3.4.2.14
15	Primary Language	Muttersprache	705	0296	O		00118	CWE	3.4.2.15

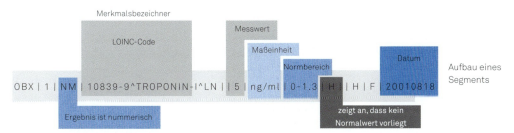

Abbildung 9.10-17: HL7-Nachricht – Beispiel für den Nachrichten-, Segment- und Felderaufbau (Quelle: Eigenerstellung in Anlehnung an HL7 Deutschland, 2015)

da ambulante Einrichtungen nicht über die Breite an Systemen und Anwendungsfällen verfügen, wird deutlich, warum die HL7-Vers.-2.x-Schiene in Deutschland nahezu ausschließlich von krankenhausinternen Systemen genutzt wird. In den Softwarelösungen für Praxen im niedergelassenen Bereich existieren vielmehr hersteller- bzw. produktspezifische Datenaustauschformate auf der Grundlage von xDT und XML, die aus technischer Sicht weitaus weniger aufwändig in der Umsetzung in Softwareprodukte sind als die Einhaltung des kompletten HL7-Vers.x-Standards. XML-basierte Lösungen lassen sich auf der Basis moderner Softwareentwicklungswerkzeuge und Bibliotheken leichter realisieren und der Formataufbau mithilfe von beschreibenden Tags und verschachtelten Strukturen ist flexibler als der starre Aufbau bei den HL7-Segmenten des 2.x-Standards.

Clinical Document Architecture (CDA)
Die Clinical Document Architecture (CDA) ist ein von der HL7-Organisation erarbeiteter, auf XML (Extensible Markup Language) basierender Standard für die Speicherung und den Austausch klinischer Dokumente (vgl. Haas, 2006: 331ff.). CDA ist Teil des HL7-Version-3-Standards. Dabei entspricht ein CDA-Dokument grundsätzlich einem klinischen Dokument (z. B. Arztbrief, Befundbericht), einem Eintrag in einer Akte oder den ermittelten Werten einer Laboruntersuchung. Ein CDA-Dokument ist ein definiertes und komplettes Informationsobjekt, das Texte, Tabellen, Bilder, Klänge und andere multimediale Objekte enthalten kann.

Die CDA ist ein definierter Architekturplan für den strukturellen Aufbau und den Inhalt von medizinischen Dokumenten. Die Festlegungen im Standard beschreiben, wie diese Dokumente in elektronischer Form zu erstellen und zu speichern sind und wie sie für verschiedene Zwecke automatisiert und flexibel wiederverwendet werden zu können. Ziel der CDA ist es, einen international gültigen und im klinischen Alltag umsetzbaren Standard für den strukturellen Aufbau, Inhalt und den elektronischen Austausch von medizinischen bzw. pflegerischen Dokumenten zu schaffen. Sie gilt als der erste offizielle Standard im Gesundheitswesen auf der Basis von XML.

Die Architektur des CDA-Modells basiert auf der Verwendung von Templates (Vorlagen) und unterscheidet drei Stufen (Level), die unterschiedliche Ausbaustufen in Richtung Komplexität des einzelnen Dokuments und Möglichkeiten der automatisierten Weiterverarbeitung definieren. Die verschiedenen Stufen bieten dabei einen Migrationspfad an, beginnend von einer möglichst einfachen Stufe bis hin zur komplexesten Variante, wo zum Beispiel Resultate von Untersuchungen direkt im Zielsystem strukturiert gespeichert und verarbeitet werden. Die Vorlagen/Templates sind abhängig vom jeweiligen Level.

CDA-Level/Stufen. Grad der Strukturierung bzw. Anforderungen an den Dokumentaufbau (Abb. 9.10-18 bis 9.10-20):

- *CDA Level 1:* Repräsentation bestehender klinischer Dokumente in XML, Fokus auf Layout und grundlegende Formatierung von Freitext (Abschnitte, Hervorhebungen, Tabellen). Ermöglicht nur beschränkte Interoperabilität, denn die Inhalte sind nicht maschinenlesbar. Das heißt, Dokumente können zwar von verschiedenen Systemen fehlerfrei angezeigt, aber nicht maschinell weiterverarbeitet werden. Zum Beispiel können die in einem CDA-Level-1-Dokument enthaltenen einzelnen Laborwerte nicht automatisch in eine zentrale Laborwertetabelle eingetragen werden (Inhalte können z. B. auf der Basis von PDF-Dokumenten oder im Klartext übertragen werden).
- *CDA Level 2:* Im Unterschied zu Level 1 wird zunehmend Wert auf Interoperabilität gelegt, wobei die Freitextinhalte des Level 1 erhalten bleiben. Level 2 fügt eine einheitliche strukturierte Beschreibung und Gliederung der Inhalte (Art des Dokuments, Abschnitte, Unterabschnitte [Sections]) hinzu. Dabei werden die einzelnen Bestandteile durch standardisierte Codes und Codesysteme klassifiziert.
- *CDA Level 3:* Hinzugefügt werden maschinenlesbare Angaben und eine Strukturierung auf Entry-/Eintragsebene, sodass zum Bei-

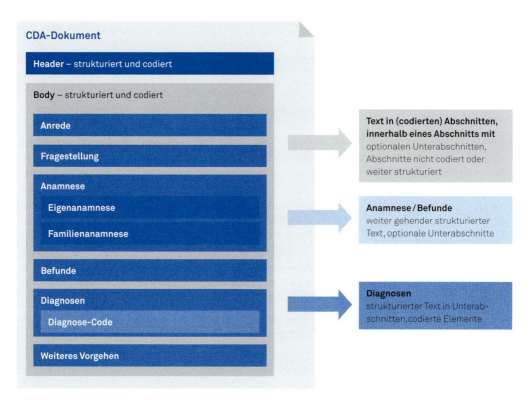

Abbildung 9.10-18: Beispielhafter Aufbau eines CDA-Dokuments (Quelle: HL7 Deutschland, 2014)

spiel übermittelte Laborwerte automatisch in die Laborwertetabelle des Empfängers eingetragen werden können. Die Templates dieser Ebene verfügen über eine sehr detaillierte Beschreibung und Normierung bis hinunter auf einzelne Informationsobjekte mit Objektbeschreibung und zugehörigem Wert.

9.10.5
Gesundheitstelematik

Der Begriff „Gesundheitstelematik" beinhaltet zwei Hauptaspekte, zum einen die Telematik als eine Art „gemeinsame Anwendung von Telekommunikationstechnik und Informationstechnik" (Definition der Europäischen Union, 1994) und zum anderen den Branchenfokus auf den Bereich Gesundheit. Grundsätzlich sollen dabei einrichtungsübergreifende Geschäftsprozesse durch asynchrone und ortsunabhängige Kommunikations- und Informationsanwendungssysteme unterstützt werden (vgl. Haas, 2006: 4ff.). Dabei kann es sowohl um die Datenkommunikation zwischen den IT-Systemen verschiedener beteiligter Einrichtungen gehen, als auch um Nutzungsszenarien mithilfe eines zentralen Anwendungssystems und der dazugehörigen Dienste. Im Zuge der Entwicklung und Verbreitung des Internet haben sich völlig neue informationstechnische Möglichkeiten eröffnet, allerdings rückt die Frage nach Datenschutz und Datensicherheit dabei immer mehr in den Vordergrund. Früher wurde oft der Begriff „Telemedizin" verwendet, der jedoch heute in erster Linie mit dem Fokus auf IT-unterstützte Konsultationsprozesse unter medizinischem Personal benutzt wird.

Dabei soll die Gesundheitstelematik nicht selbst telematische Basistechnologien entwickeln, „sondern auf Basis der vorhandenen Technologien nutzbringende Anwendungen für Patienten, Ärzte, ambulante und stationäre Gesundheitsversorgungseinrichtungen, Pflege-

768 9 Relevante Managementkonzepte in der Gesundheitswirtschaft

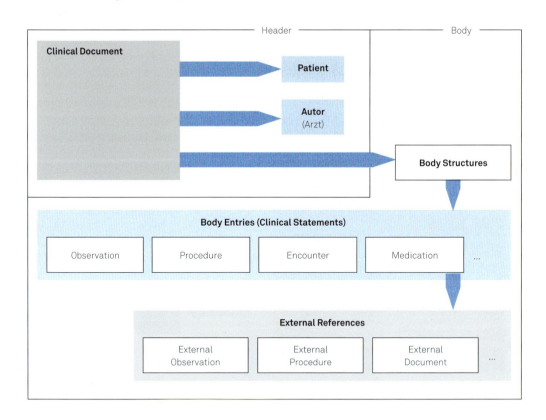

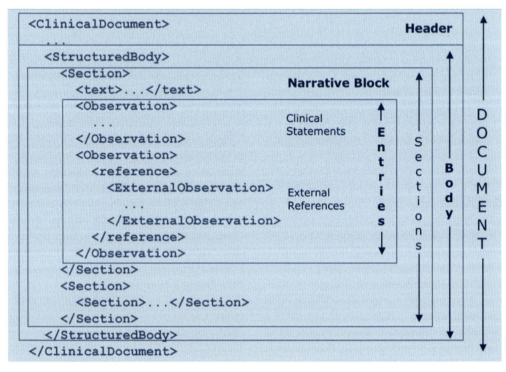

Abbildung 9.10-19: CDA-Dokument und XML-Darstellung (Quelle: HL7 Deutschland, 2015)

9.10 Informationsmanagement

Hauptbereiche eines CDA-Dokuments mit Identifikationsdaten

```xml
<?xml version="1.0"? encoding="UTF-8">
<ClinicalDocument
    xmlns="urn:hl7-org:v3"
    xmlns:voc="urn:hl7-org:v3/voc"
    xmlns:xsi="http://www.w3.org/2001/XMLSchema-instance">
    <typeId root="2.16.840.1.113883.1.3" extension="POCD_HD000040"
    <!-- CDA Header -->
        ... siehe Beschreibung '''CDA R2 Header'''
    <!-- CDA Body -->
    <component>
        <structuredBody>
            ... siehe Beschreibung '''CDA R2 Body'''
        </structuredBody>
    </component>
</ClinicalDocument>
```

Das Beispiel rechts zeigt für den Bereich „HEADER" den Patient Paul Pappel (männlich), geb. 17.12.1955, mit zwei Identifikationsnummern (eine davon eine eGK-Versichertennummer), wohnhaft in der Dorfstraße 54, 51371 Leverkusen und der Telefonnummer 0221/4445678.

```xml
<recordTarget>
    <!--- Patienten-Daten -->
    <patientRole>
        <id extension="6245" root="2.16.840.1.113883.3.933"/>
        <id extension="1543627549" root="1.2.276.0.76.4.1"/>
        <addr>
            <streetName>Dorfstraße</streetName>
            <houseNumber>54</houseNumber>
            <postalCode>51371</postalCode>
            <city>Leverkusen</city>
        </addr>
        <telecom value="tel:0221.444.5678"/>
        <patient>
            <name>
                <given>Paul</given>
                <family>Pappel</family>
            </name>
            <administrativeGenderCode code="M"
                codeSystem="2.16.840.1.113883.5.1"/>
            <birthTime value="19551217"/>
        </patient>
        <providerOrganization>
            <telecom use="WP" value="tel:02412127070"/>
            <telecom use="WP" value="fax:0241212707122"/>
            <addr>
                <streetName>Krankenhausstraße</streetName>
                <houseNumber>12</houseNumber>
                <postalCode>51371</postalCode>
                <city>Leverkusen</city>
            </addr>
        </providerOrganization>
    </patientRole>
</recordTarget>
```

Abbildung 9.10-20: Beispiel für ein CDA-Dokument in der XML-Ansicht (Quelle: HL7 Deutschland, 2014)

dienste und Krankenkassen" realisieren (Haas, 2006: 3).

Im Kontext der Gesundheitstelematik fällt auch immer wieder der Begriff „eHealth", beide Bezeichnungen gelten in der Praxis häufig als weitgehend synonym und werden gleichermaßen benutzt:

> „Der Begriff der elektronischen Gesundheitsdienste („eHealth") bezeichnet den Einsatz der IKT in gesundheitsbezogenen Produkten, Dienstleistungen und Prozessen in Verbindung mit organisatorischen Änderungen in den Gesundheitssystemen und neuen Kompetenzen zur Verbesserung der Gesundheit der Bürger, der Effizienz und Produktivität bei der Erbringung von Gesundheitsfürsorgediensten und des wirtschaftlichen und sozialen Werts der Gesundheit. Er umfasst das Zusammenwirken zwischen Patienten und Gesundheitsdienstleistern, die Datenübertragung zwischen verschiedenen Einrichtungen oder die direkte Kommunikation zwischen Patienten und/oder Angehörigen der Gesundheitsberufe." (EU-Kommission, 2012: 3)

Insbesondere die aktive Teilnahme in sozialen Netzen und damit auch die Frage, welche Rolle man als (potenzieller) Patient in Gesundheitsbelangen übernimmt, werden dabei betont. Im Sinne eines vernetzten und globalen Denkens soll eine partizipative Gesundheitsversorgung entstehen, das heißt, unter Beteiligung des Patienten und anderer Berufsgruppen soll durch schnelle Präsentation und Bewertung von Gesundheitsinformationen die Patienteninformation, -betreuung und -versorgung verbessert werden. Die Entwicklung der eHealth wird damit vorangetrieben von Non-Professionals, namentlich den Patienten (oder analog zum eBusiness im eHealth-Jargon = Konsument), die mit ihren Interessen neue Dienste und Anwendungen im Gesundheitswesen entstehen lassen – verbunden mit dem Ziel, in Gesundheitsfragen selbstbewusster und selbstständiger durch den Zugang zu Informationen und Wissen wahrgenommen zu werden (vgl. Eysenbach, 2001: 1) Umsetzungsbeispiele sind:

- die webbasierte Gesundheitsakte
- Qualitätsbeurteilungen von Einrichtungen und medizinischem Personal im Internet bzw. in Internetforen.

Je nach Themengebiet und Ausbaustufe von eHealth-Anwendungen lassen sich diese in ver-

schiedene **Entwicklungs-/Ausbaustufen von eHealth** einteilen:
- *Information:* das Bereitstellen von Informationen für Patienten, Therapeuten oder Ärzte über Informationsportale
- *Kommunikation:* der Austausch von Informationen zwischen zwei Beteiligten (z. B. Patient – Arzt, Arzt – Arzt) ohne direkte und zeitnahe Reaktion des Kommunikationspartners, also asynchron, zum Beispiel mit einem Online-Diabetestagebuch
- *Interaktion:* der Austausch von Informationen oder Daten zwischen Beteiligten mit unmittelbarer Reaktion des Kommunikationspartners (d. h. synchron, z. B. Home Monitoring mit Blutdruck-/Pulsmessgeräten mit Internetanbindung)
- *Transaktion:* der gezielte Datenaustausch zwischen verschiedenen Partnern, mit dem Ziel, die Erbringung medizinischer Leistungen vollständig elektronisch abbilden und abwickeln zu können (z. B. die elektronische Fallakte)
- *Integration:* die lebenslange Aufzeichnung aller Daten eines Patienten über dessen Gesundheitszustand und Zusammenführung aller relevanten Daten aus Gesundheitseinrichtungen und eventuell der Ergänzung der Informationen durch Angaben und Einträge des Patienten selbst (z. B. webbasierte Gesundheitsakte oder elektronische Patientenakte der Telematikplattform).

Ziele der Gesundheitstelematik (vgl. Haas, 2006: 9-11):
- strategische Ziele:
  - Qualitätssteigerung in der Versorgung
  - Steigerung der Effektivität in der Versorgung
  - Erschließung neuer Märkte und Anwendungsgebiete
  - zeitnahe Steuerungsmöglichkeiten
  - Transparenz des Leistungs- und Behandlungsgeschehens
- operative Ziele:
  - Vereinfachung von Abläufen in Verwaltung und Abrechnung
  - einrichtungsübergreifende Informationstransparenz
- Verbesserung der prospektiven Behandlungsplanung und -koordination
- besserer Zugang und zeitnahe Nutzung aktuellen relevanten Wissens.

Auswahl an Anwendungen/Diensten im Bereich der Gesundheitstelematik:
- Kommunikation
  - eArztbrief
  - eRezept
  - eÜberweisung
- Dokumentation
  - (einrichtungsübergreifende) elektronische Patienten-/Gesundheitsakte
- Kooperation
  - Einweiser-Portale, IT-Case-Management
- Konsultation
  - Zweitmeinung
- Überwachung
  - Sensoren in häuslicher Umgebung (Ambient Assisted Living [AAL, umgebungsunterstütztes Leben oder selbstbestimmtes Leben durch innovative Technik])
- informations- und ausbildungsbezogene Anwendungen
  - Literaturdatenbanken (z. B. Medline)
  - krankheitsartenbezogene Portale einschließlich Fallsammlungen, Diskussionsforum
  - Terminologieinformationsangebote, Wissens-/Datenbasen
  - eLearning-Angebote.

Bei den unterschiedlichen Anwendungen werden unterschiedliche Ebenen der Beteiligung bzw. eine Zielgruppenorientierung erkennbar. Die folgenden drei Ebenen lassen sich identifizieren (vgl. Deloite, 2014: 4 ff.):
- *Konsumentenebene:* Sie steht für alle eHealth-Angebote des sogenannten zweiten Gesundheitsmarktes, beispielsweise webbasierte Gesundheitsportale, Apps, Mess- und Assistenzsysteme wie AAL oder digitale Fitness-Tools.
- *Professional-Ebene:* Sie umfasst eHealth-Gesundheitsdienste, die in der Regel von den traditionellen Akteuren des Gesundheitswesens (z. B. Ärzte, Pflegende, Therapeuten) aufgebaut und betrieben werden. In diese

Kategorie fallen insbesondere die unterschiedlichen telemedizinischen Dienste (z. B. Telekonsultation), Einweiserportale, die elektronische Fallakte (eFA), aber auch einrichtungsinterne Informationssysteme. Im eBusiness-Jargon würde man von B2B-Szenarien sprechen.

- *Makroebene:* Sie soll künftig als übergreifender Rahmen die einzelnen digitalen Gesundheitsangebote vernetzen. Sie stellt Netzinfrastrukturen bereit, gewährleistet Datenschutz und Sicherheit von Patientendaten und bietet einen kontrollierten, sektorübergreifenden Informationsfluss zwischen Patienten, Arzt-/Therapiepraxen, Krankenhäusern, anderen Gesundheitseinrichtungen und Kostenträgern (z. B. Telematikinfrastrukturprojekt).

Während auf der Makro- und der Professional-Ebene versucht wird, im Rahmen von Großprojekten aufwändige Systeme und Strukturen zu etablieren, beruhen die Entwicklung und Nutzung von Angeboten im Konsumentenbereich auf Einzelentscheidungen und der dahinterstehenden Motivation und Einstellung zu neuen, innovativen Anwendungsmöglichkeiten (z. B. Mobilgeräteszenarien). Die stark steigende Bedeutung der Konsumentenebene wird getrieben durch verschiedene Aspekte der eHealth, wie zum Beispiel...

- ... ein steigendes Interesse an Gesundheitsfragen (einschließlich Fitness und Ernährung).
- ... die selbstverständliche Nutzung des Internet und modernen IT-Equipments.
- ... eine ausreichend schnelle Abdeckung Deutschlands mit mobilen und stationären Internet-Anschlüssen
- ... das Aufkommen nutzerfreundlicher Endgeräte (Smartphone, Tablet-PC, Watch) und passender Anwendungen (Apps).

Eine Studie des Branchenverbandes BITKOM geht von den folgenden (möglichen) positiven Effekten durch eine konsequente Umsetzung einer IuK-Vernetzung mit Bezug zum Gesundheitswesen aus (Tab. 9.10-5). Ob diese prognostizierten Entwicklungen und Effekte eintreten, ist jedoch unsicher und ein weiteres Problem ist, dass der Nutzen nicht unbedingt dort eintritt, wo auch die Investitions- bzw. Unterhaltungskosten entstehen bzw. entstanden sind.

Tabelle 9.10-5: Effizienzgewinne und Wachstumsimpulse im Gesundheitsbereich im Überblick (Quelle: BITKOM-Bundesverband Informationswirtschaft, Telekommunikation und neue Medien e.V./Fraunhofer-Institut für System- und Innovationsforschung ISI, 2012: 12)

Effizienzgewinne	Mrd. €	Wachstumsimpulse	Mrd. €
Einspareffekte durch effizientere Abrechnungen, weniger Doppeluntersuchungen und vermiedenen Betrug durch die Gesundheitskarte (incl. elektronischem Rezept)	5,9	Neue Dienste in den Bereichen eHealth (Ferndiagnose, -konsultation, -behandlung, -überwachung) und Ambient Assisted Living (incl. mobile, sensorgestützte Diagnostik)	2,6
Einsparungen durch bessere Kommunikation zwischen Ärzten durch die elektronische Patientenakte	1,5		
Kosteneinsparungen durch Home-Telemonitoring-Systeme (weniger Wiedereinweisungen)	1,1		
Einsparungen von Netzausbaukosten, weil kein konventionelles, sondern ein intelligentes Netz aufgebaut wird	2,2		
Jährliche Einspareffekte gesamt:	**9,6**	**Jährliche Einspareffekte gesamt:**	**2,6**

9.10.5.1
eGK, HBA und das Telematikinfrastrukturprojekt

Der Aufbau einer Telematikinfrastruktur und damit verbundener Anwendungen auf der Basis der elektronischen Gesundheitskarte (eGK) sind wichtige Schritte auf dem Weg, ein modernes, effizientes und zukunftssicheres Gesundheitswesen zu etablieren. Deutschland hat dabei keine Vorreiterfunktion; diesen Plan verfolgen mehrere Industrie- und Schwellenländer bereits seit mehreren Jahren, wobei sich anscheinend diejenigen Länder in der Umsetzung leichter tun, wo Entscheidungsprozesse zentraler und schneller erfolgen.

Ziele
Die Anforderungen an ein modernes Gesundheitswesen steigen. Im Vordergrund stehen dabei Wirtschaftlichkeit, Qualität und Transparenz der Behandlung. Die elektronische Gesundheitskarte, der Heilberufeausweis und die Telematikinfrastruktur sind für alle Nutzergruppen wichtige Instrumente, um diese Ziele zu erreichen, denn sie wurden entwickelt, um...

- ... Verwaltungs-/Abrechnungsabläufe zu vereinfachen.
- ... eine hohe Verfügbarkeit medizinischer Informationen zu ermöglichen.
- ... den Datenschutz und die Datensicherheit im Gesundheitswesen zu verbessern.

Telematikinfrastruktur
Im Mittelpunkt des Projekts steht die Vernetzung verschiedener IT-Systeme und daraus resultierend um die Möglichkeit, Informationen aus unterschiedlichen Quellen miteinander zu verknüpfen. Die Telematikinfrastruktur im Gesundheitswesen verbindet die IT-Systeme aus Arztpraxen, Apotheken, Therapiepraxen, Krankenhäusern, anderen Gesundeinheitseinrichtungen und Krankenkassen miteinander und ermöglicht so einen systemübergreifenden Austausch von Informationen. Allerdings muss immer der Aspekt des Selbstbestimmungsrechts des Patienten mit den Themen „Datenschutz" und „Datensicherheit" beachtet werden, etwa bei der Frage, welche Daten eines Mitglieds die Krankenkasse einsehen darf.

Vor dem Hintergrund der demographischen und finanziellen Herausforderungen, vor denen das deutsche Gesundheitswesen steht, finden sich zahlreiche Beispiele für eine institutions- und sektorübergreifende Kommunikation (d.h. konkrete oder potenzielle Anwendungen/Dienste einer Telematikinfrastruktur), die es ermöglichen, die vorhandenen Ressourcen effizienter einzusetzen und die Behandlungsqualität sicherzustellen bzw. weiter zu verbessern:

- ePflegebericht
- Überleitungsmanagement
- ambulante/häusliche Pflege
- interdisziplinäre Palliativakte
- erweiterte Primärversorgung
- eHeil- und eKostenpläne
- Perinatalversorgung
- eRezept.

Hauptbestandteile des Projekts sind:
- Dienste/Anwendungen (z.B. Versichertendatenmanagement, eRezept, Notfalldaten, Arzneimitteltherapiesicherheit [ATMS])
- Sicherheitsmechanismen
- zentrale Serverstruktur
- Konnektoren
- Kartenlesegeräte
- Karten (eGK, HBA) mit Kartenausgabeinfrastruktur.

Das Telematikinfrastruktursystem ist dabei ein geschlossenes Netzwerk an dem nur als vertrauenswürdig eingestufte („trusted") Teilnehmer (u.a. Ärzte, Zahnärzte, Therapeuten, Krankenhäuser, Apotheken) mithilfe des Heilberufeausweises und der Gesundheitskarte des Versicherten Zutritt bekommen. Dabei muss sichergestellt werden, dass die ärztliche Schweigepflicht und das Recht auf informationelle Selbstbestimmung jederzeit gewahrt bleiben.

Die elektronische Gesundheitskarte (eGK) und die Telematikinfrastruktur eröffnen weitergehende Sicherheitsmöglichkeiten als bei der Nutzung von Übertragungswegen in Papierform (Post, Fax) oder auch per E-Mail möglich waren. Die Gesundheitskarten und Kartenterminals müssen zum Beispiel aufwändige Testverfahren bestehen (Zertifizierung), um eine Zulassung des Bundesamtes für Sicherheit in der Informationstechnik (BSI) zu erhalten.

Alle Datenströme einer Arztpraxis oder eines Krankenhauses werden für die Übertragungswege verschlüsselt (u. a. durch Nutzung virtueller privater Netze [VPN]). Unberechtigte können die verschlüsselten Daten während der Übertragung nicht lesen. Es dürfen nur berechtigte Personen, die dazu im Besitz eines Heilberufe- und Berufsausweises sein müssen, auf die Daten des Versicherten zugreifen. Die Versicherten behalten die Hoheit über ihre Daten und können den Zugriff individuell freigeben (ausgenommen sind die Pflichtanwendungen wie Versichertenidentifikation und Gültigkeitsprüfung). Nur mithilfe der eGK und der Eingabe einer persönlichen PIN oder einer entsprechenden Berechtigung können diese Daten wieder sichtbar gemacht werden. Datenschutzbeauftragte haben in Gutachten dem geplanten Konzept eine hohe Sicherheit und Transparenz bescheinigt.

Telematikinfrastrukturprojekt: ein Mammutprojekt?
Die Hardwareausstattung (z, B. Kartenlesegeräte/Konnektoren) und die Zusammenarbeit mit den neuen Anwendungen müssen sich in die bestehenden Praxis- und Krankenhausinformationssysteme (Primärsysteme) integrieren lassen, damit Ziele wie Kostensenkung und Qualitätssteigerung realisiert werden können. Die Herausforderung bei der Vernetzung aller bestehenden Systeme liegt in der Heterogenität der IT-Landschaft im Gesundheitswesen. Im Jahre 2002 waren allein im ambulanten Sektor über 180 verschiedene Systeme von ca. 150 Anbietern im Einsatz. Einheitliche Kommunikationsschnittstellen existierten genauso wenig wie ein homogener und sektorübergreifender Standard für Aufbau und Beschreibung administrativer und medizinischer Daten (z. B. Rezepte, Überweisungen oder Arztbriefe). Die Etablierung solcher Standards und Schnittstellen stellt die zentrale Herausforderung innerhalb des eGK-Projekts dar. Standards wie zum Beispiel die CDA wurden zwar mittlerweile geschaffen, ihre Entwicklung ist allerdings noch lange nicht abgeschlossen und ob sie die Kommunikationsanforderungen des Telematikinfrastrukturprojekts komplett abdecken, ist noch nicht abzusehen. Letztlich muss in einem weiteren Schritt die Unterstützung der Standards in die konkreten Softwareprodukte implementiert werden. Wie lange das dauert bzw. ob jeder Anbieter dazu in der Lage ist, bleibt abzuwarten.

Für die Gesamtprojektbetreuung mit Koordinierungs- und Steuerungsfunktion gründeten die Spitzenverbände der Leistungserbringer und Kostenträger des deutschen Gesundheitswesens 2005 die gematik (Gesellschaft für Telematikanwendungen der Gesundheitskarte mbH). Zu ihren Aufgabengebieten gehören unter anderem der „Aufbau der Telematikinfrastruktur (TI) zur sicheren, sektorübergreifenden, digitalen Vernetzung des Gesundheitswesens als offene und attraktive Kommunikationsplattform unter Gewährleistung von Interoperabilität und Kompatibilität durch Verwendung bestehender Standards und Normen" sowie die „Sicherstellung eines praktikablen eGK- und TI-Systembetriebs im Rahmen der Gesamtbetriebsverantwortung (u. a. in den Bereichen Zulassung, Zertifizierung, Test und Operations)" (gematik, 2015).

Das Sicherheitskonzept des Telematikinfrastrukturprojekts basiert auf der kombinierten Anwendung der elektronischen Gesundheitskarte (eGK) und des Heilberufeausweises (HBA) sowie der zusätzlichen Eingabe von PIN-Nummern. Dabei wird noch unterschieden zwischen der jeweiligen Anwendung und ob die Daten gelesen oder geschrieben werden sollen.

Die „neue" elektronische Gesundheitskarte (eGK)
Die eGK ist eine Mikroprozessorkarte, auch Smart Card genannt (Abb. 9.10-21). Auf ihrem „Mikrocomputer" mit Prozessor und Speicher können Informationen abgelegt werden, die bei Verlust und dem Versuch des Auslesens nicht ohne weiteres dekodiert werden können. Der Zugriff auf die Daten erfolgt nur dann, wenn der Versicherte seine korrekte sechsstellige PIN an einem Karterminal eingibt und/oder sich ein Arzt oder Apotheker mit seinem Heilberufeausweis gegenüber dem Versicherten identifiziert und autorisiert (je nach Anwendung). Zum Ver-

Microchip mit Verschlüsselungsfunktion

Unterschrift des Versicherten

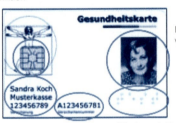

Foto des Versicherten

Name
Vorname
persönliche Kennnummer

Geburtstag
IK-Nummer,
Kürzel der Krankenkasse

Personalisierung mit Name, Krankenkasse, Krankenkassen- und Versichertennummer

Blindenschrift

Kartenkennnummer

Gültigkeitsdatum

Die eGK…
- kann beschrieben und aktualisiert werden (keine reine Speicherkarte).
- besitzt einen Mikrochip (Rechnerfunktion).
- besitzt Schlüsselpaare zum Schutz der personenbezogenen Daten.
- ist der Schlüssel zur Telematikinfrastruktur.
- kann als Zwischenspeicher genutzt werden (zeitlich befristet).
- … ist kein dauerhaftes Speichermedium

Abbildung 9.10-21: Aufbau der neuen elektronischen Gesundheitskarte (Quelle: Eigenerstellung in Anlehnung an gematik, 2012)

gleich ist die alte Krankenversichertenkarte eine reine Speicherkarte, bei der die gespeicherten Informationen über den Magnetstreifen mit einfachen Mitteln ausgelesen werden können, da keine weiteren Schutzmechanismen bestehen.

Bevor die Krankenkassen die Gesundheitskarten ausgeben, werden diese für jeden Versicherten „personalisiert", das heißt, auf dem Smartcard-Chip werden elektronische Zertifikate gespeichert, die jeden Versicherten als eindeutigen Besitzer der Karte identifizieren. Sollte eine Gesundheitskarte entwendet werden oder verloren gehen, kann die Krankenkasse des Versicherten diese Zertifikate über die Telematikinfrastruktur sperren, sodass ein Unberechtigter keine Leistung im Gesundheitswesen unter falscher Identität in Anspruch nehmen kann. Damit ist Missbrauch ausgeschlossen. Dieser einfache Weg der Sperrung einer Karte führt allerdings gegenwärtig dazu, dass bei der Ausgabe der Karten an die Versicherten über den Postversand auf eine hinreichende persönliche Identifizierung (also Identifikations- und Berechtigungsprüfung) verzichtet wird und so die Karte leicht an eine falsche Adresse bzw. einen falschen Empfänger verschickt werden kann. Der Gesetzgeber hat zwar grundsätzlich klare Empfehlungen zur Kartenausgabe herausgegeben, sodass eine missbräuchliche Herausgabe und Nutzung unmöglich sein sollte, die Krankenkassen scheinen jedoch vereinzelt das Problem der Persönlichkeitsprüfung an die Arztpraxen weitergeben zu wollen und verschicken die Karten ohne eine wirksame Identitätsprüfung.

Optional können Krankenkassen auch eine qualifizierte elektronische Signatur auf der Gesundheitskarte installieren, da dies allerdings auch über den neuen Personalausweis möglich ist, bleibt abzuwarten, ob diese Anwendungsmöglichkeit umgesetzt wird.

Anwendungen der eGK
Mit der elektronischen Gesundheitskarte (eGK) werden Versicherten und Leistungserbringern verschiedene Anwendungen bereitgestellt, die gemäß § 291a SGB V in Pflichtanwendungen und freiwillige Anwendungen zu unterscheiden sind (vgl. gematik, 2015).

Die **Pflichtanwendungen** sind für alle Mitglieder der gesetzlichen Krankenkassen verbindlich. Dazu zählen die Übermittlung der Versichertenstammdaten mit der elektronischen Gesundheitskarte, das elektronische Empfangen und Einlösen einer Verordnung (eVerordnung) mit der eGK sowie die Verwendung als Europäische Krankenversicherungskarte (EHIC) mit der

Rückseite der Gesundheitskarte. Zu den Stammdaten gehören die administrativen Daten des Versicherten, die bereits auf der heutigen Krankenversichertenkarte gespeichert sind (wie z. B. Name, Geburtsdatum, Anschrift und Versichertenstatus) sowie ergänzende Informationen, zum Beispiel zum Zuzahlungsstatus. Sie dienen dem Arzt als Nachweis, dass der Patient versichert ist und als Grundlage für die Abrechnung der Leistungen. Die Gesundheitskarte löst damit im ersten Schritt die alte Krankenversichertenkarte ab.

Über die Nutzung der **freiwilligen Anwendungen** entscheidet der Versicherte ganz allein. Nur mit Zustimmung können beispielsweise Notfalldaten auf der Karte hinterlegt oder eine individuelle Arzneimitteldokumentation angelegt werden. Bei der Mehrzahl der Anwendungen werden die Daten nicht auf der Karte, sondern auf der zentralen Serverinfrastruktur gespeichert.

Zu den freiwilligen Anwendungen nach § 291a SGB V gehören:
- Daten für die Notfallversorgung (Notfalldatensatz)
- elektronischer Arztbrief (eArztbrief)
- Daten zur Prüfung der Arzneimitteltherapiesicherheit (AMTS)
- elektronische Patientenakte (ePatientenakte)
- elektronische Patientenquittung.

Auf die Versicherungsdaten hat der/die Versicherte auch ohne einen Heilberufler (bzw. den HBA) Zugriff. Später wird es eventuell möglich sein, dass der Versicherte Zugriffsrechte vergibt und der Arzt damit auch in Abwesenheit des Versicherten auf die Daten zugreifen kann.

Mögliche **zukünftige Anwendungsgebiete** der eGK:
- Organ- und Gewebespendeerklärung
- Kostenträgerdatendienst
- Qualitätsmarker/-sicherung
- Übertragung von Infektionsmeldungen
- elektronisches Rezept
- elektronische Arbeitsunfähigkeitsbescheinigung.

Der Heilberufeausweis (HBA)

Die elektronischen Heilberufe- und Berufsausweise (eHBA/eBA) sind erforderlich für den Zugriff auf Daten und Anwendungen der elektronischen Gesundheitskarte (eGK) und damit auch der künftigen Telematikinfrastruktur (TI) für das Gesundheitswesen (Abb. 9.10-22).

Zunächst hat der HBA die Funktionen eines Sichtausweises zur berufsbezogenen Identifikation, darüber hinaus gewährleistet er die sichere Authentifizierung und Autorisierung von Heilberuflern beim Zugriff auf die Telematikplattform. Damit erhalten die Inhaber des HBA/eBA entsprechende Zugriffsberechtigungen (rollen-/gruppenbasiert) auf Systeme und Daten gemäß ihrer beruflichen Funktion wie Arzt, Apotheker, Pflegekraft etc. Des Weiteren ermöglicht der eHBA/eBA eine qualifizierte Signatur von elektronischen Dokumenten, zum Beispiel für eine rechtssichere elektronische Archivierung der Behandlungsdokumentationen, Verordnungen und anderer Dokumente.

Zusammenfassung der **Funktionen** des HBA:
- personenbezogener Sichtausweis im Scheckkartenformat
- notwendig, um auf Daten der Gesundheitskarte zugreifen zu können
- Authentifizierungsfunktion gegenüber Telematikplattform
- rechtsgültige Signierung elektronischer Dokumente
- Ver- und Entschlüsselung der Datenkommunikation

Abbildung 9.10-22: Aufbau des Heilberufeausweises (Quelle: Eigenerstellung)

- gültiger bundesweiter (Ärzte-)Ausweis
- Kosten der Karte ca. 80–100 Euro/Jahr
- Ausgabe nach persönlicher Antragstellung über die Kammern (Ärzte, Apotheker, Physiotherapeuten), geplante Gültigkeitsdauer: 5 Jahre.
- Für die Pflege und andere im Gesundheitsbereich tätige Berufsgruppen ist ein elektronisches Berufsregister notwendig, das zurzeit aufgebaut wird, aber noch nicht komplett einsatzfähig ist.

Neben dem Heilberufeausweis für Personen des Gesundheitswesens können sich auch Institutionen mithilfe von Smart Cards in der Telematikinfrastruktur authentifizieren. Ein **Institutionsausweis** hat als technische Grundlage die Smartcard Typ B und mit ihr kann – da sie keine Person referenziert – nicht qualifiziert signiert werden. Typ-B-Smart-Cards sind fest im Konnektor installiert und identifizieren die Institution gegenüber der Telematikinfrastruktur (Institutionskarte). In einem Krankenhaus werden aufgrund unterschiedlicher Einrichtungen/Abteilungen mehrere SMC-B notwendig.

Elektronisches Gesundheitsberuferegister (eGBR, http://www.egbr.de)

Das länderübergreifende elektronische Gesundheitsberuferegister (eGBR) soll künftig die Ausgabe von elektronischen Heilberufe- und Berufsausweisen (eHBA/eBA) an die Angehörigen von nichtverkammerten Berufen (z. B. Gesundheitsfachberufe, Gesundheitshandwerker und sonstige Erbringer ärztlich verordneter Leistungen) übernehmen. Zu den verkammerten Berufen, welche die Kartenausgabe eigenständig organisieren, gehören Ärzte, Zahnärzte, Apotheker und Psychotherapeuten. Das eGBR soll am Standort Bochum errichtet werden.

Zu den Kernaufgaben des eGBR werden die sichere Identifizierung der Antragstellenden für einen elektronischen Heilberufe- oder Berufsausweis (eHBA/eBA) und die Überprüfung der Berufserlaubnis/Berufsurkunde in Zusammenarbeit mit den zuständigen Berufsbehörden der Bundesländer gehören. Neben der Ausgabe der eHBA/eBA gehört es zu den Aufgaben des eGBR, bei Änderungen oder Widerrufen der Berufserlaubnis/Berufsurkunde geänderte Ausweise zur Verfügung zu stellen oder ggf. Ausweise zu sperren und einzuziehen.

Es ist vorgesehen, dass das eGBR elektronische Verzeichnisdienste betreibt, die eine Online-Überprüfung der Gültigkeit der Ausweise zum jeweils aktuellen Zeitpunkt ermöglichen. Dadurch kann sichergestellt werden, dass bei Bedarf (z. B. bei Verlust) ein Ausweis kurzfristig elektronisch gesperrt werden kann. Da ein eHBA/eBA den Zugriff auf Daten und Anwendungen der elektronischen Gesundheitskarte (eGK) und zur Benutzung der Telematikinfrastruktur im Gesundheitswesen ermöglicht, ist eine kurzfristige Sperrfunktion unbedingt notwendig.

Eckpunkte des Gesundheitstelematikprojekts im Bereich Sicherheit und Datenschutz

Für den Einsatz der eGK und des HBA kommen nur sicherheitsüberprüfte Komponenten (eGK, HBA, Lesegeräte, Konnektoren) zum Einsatz. Das Bundesamt für Sicherheit in der Informationstechnik (BSI) überprüft die Komponenten hinsichtlich dieser Eigenschaften und erteilt danach ein Testat (Zertifizierung).

Darüber hinaus werden die Daten des Versicherten – je nach Anwendung/Bestimmung – auf voneinander getrennten Servern gespeichert, sodass sie nicht einfach zusammengeführt bzw. durch Manipulation und Eindringen in einen einzelnen Server gelesen oder verändert werden können. Diese Daten sind jedoch immer auch noch in den einrichtungsinternen elektronischen Patientenakten der Arztpraxen oder Kliniken vorhanden.

Kommunikation und zentrale Serverplattform

Hierbei geht es um das Zusammenspiel der eGK, des HBA, des jeweiligen Informationssystems in der Einrichtung, der Konnektoren und Kommunikationsstandards sowie der zentralen Serverplattform.

An betroffenen Arbeitsplätzen im Krankenhaus muss zusätzlich ein Kartenlesegerät installiert werden (sog. eHealth-BCS-Terminal), das sowohl eGK als auch HBA gleichzeitig aufnehmen kann. Es ist ausgestattet mit einem Bedienfeld und über LAN oder USB angeschlossen. Die

Kartenlesegeräte kommunizieren mit mindestens einem Konnektor, dem Bindeglied zwischen Primärsystem (z.B. KIS, Arztpraxeninformationssystem) und Telematikinfrastrukturrechenzentrum. Der Konnektor verwaltet die Kartenterminals und stellt modulare Kartenzugriffsfunktionen bereit (Abb. 9.10-23).

Der Konnektor verbindet Primärsysteme, Kartenleser (für eGK und eHBA), ggf. Institutionsausweise (SMC-B) und Telematikinfrastruktur mit standardisierten, einheitlichen Schnittstellen über vorhandene Netzwerkverbindungen. Diese Konnektorschnittstelle muss auch in die Arztpraxen-/Apothekeninformationssysteme und andere Heilberufesysteme integriert werden. Kostenschätzungen betragen zum Beispiel für zwei Arbeitsplätze in einer Praxis ca. 2100 Euro für die Anschaffung und ca. 400 Euro/Jahr für die laufende Nutzung. Sensible Patientendaten werden bei der Übertragung mit aktueller Sicherheitstechnik verschlüsselt (Kryptographie). Die Entschlüsselung der Daten ist nur mithilfe der eGK des jeweiligen Patienten möglich. Mit dem Aufbau der eGK-Telematikinfrastruktur entsteht ein nach allen Seiten abgesichertes Kommunikationsnetz, das die Daten zusätzlich zur Verschlüsselung nach außen abschirmt. Um an dieses Netz angeschlossen zu werden, muss eine Einrichtung zertifizierte und registrierte Geräte (Konnektoren) einsetzen und darf ausschließlich über verschlüsselte Kanäle (virtuelle private Netzwerke [VPN]) kommunizieren.

Abbildung 9.10-24 zeigt die Kommunikationswege von der Praxis hin zur zentralen Serverplattform. Nach Verlassen des VPN-Tunnels werden die Daten hinsichtlich des zuständigen Dienstes im Anwendungsgateway analysiert und dann an den zuständigen Anwendungsserver, zum Beispiel mit der lebenslangen elektronischen Patientenakte, weitergeleitet. Nach Verarbeitung der Anfrage gehen die Daten den gleichen Weg wieder zurück zum KIS oder PVS etc. und werden anschließend am PC-Arbeitsplatz angezeigt.

Anwendung der eGK, HBA und der Dienste in verschiedenen Krankenhausbereichen

Die Anbindung an die Telematikinfrastruktur unter Einsatz von eGK und HBA hat Auswirkungen in nahezu jeder Gesundheitseinrichtung. Im Krankenhaus sind unter anderem die in Tabelle 9.10-6 genannten Bereiche betroffen.

Ein Problem könnten einige freiwillige Anwendungen werden, da hier einzelne Arbeitsabläufe durch das notwendige Einlesen der

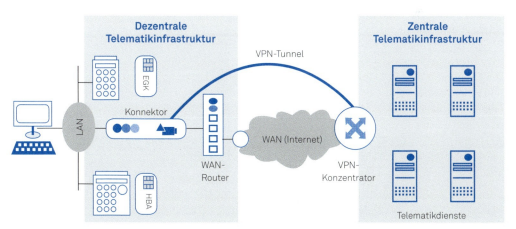

Abbildung 9.10-23: Telematikinfrastrukturprojekt – Anbindung des Konnektors an die zentrale Telematikinfrastruktur (Quelle: gematik, 2008; 32). LAN = Local Area Network, lokales Netzwerk, vernetzte PCs innerhalb eines Gebäudes bzw. Grundstücks; WAN = Wide Area Network, Weitverkehrsnetzwerk, flächendeckendes (weltweites) Großnetz von Rechnersystemen; VPN = Virtual Private Networking, ein Netzwerk aus virtuellen Verbindungen (z.B. Internet), über die nicht öffentliche bzw. firmeninterne Daten sicher übertragen werden können

9 Relevante Managementkonzepte in der Gesundheitswirtschaft

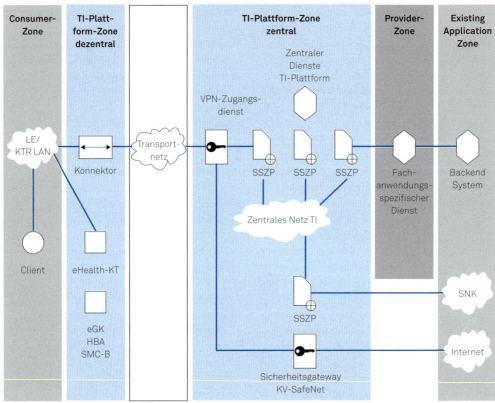

SSZP: Sicherer Zentraler Zugangspunkt   SNK: Sicheres Netz der KVen

Abbildung 9.10-24: Telematikinfrastrukturprojekt – Übersicht Gesamtarchitektur (Quelle: Gematik, 2015: 122). EPA = Elektronische Patientenakte, HBA = Heilberufeausweis, KT = Kartenterminal, KV = Krankenversicherung, LAN = Local Area Network, LE/KTR = Leistungserbringer/Kostenträger, SMC = Smartcard, SZZP = Sicherer Zentraler Zugangspunkt, SNK = Sicheres Netz der KVen, TI = Telematikinfrastruktur, VPN = Virtual Private Network.

Tabelle 9.10-6: Telematikinfrastrukturprojekt – betroffene Bereiche im Krankenhaus (Quelle: Eigenerstellung)

Station, Abteilung, Untersuchungsort	Zugehörige eGK-Anwendung
Stationäre Patientenaufnahme	Stammdatenverwaltung
Ambulante und Notfallaufnahme	Stammdatenverwaltung und Notfalldatensatz
Ambulante Behandlung	Elektronisches Rezept, Notfalldatensatz und Arzneimitteldokumentation, elektronischer Arztbrief, elektronische Patientenakte
Stationäre Behandlung	Arzneimitteldokumentation, elektronischer Arztbrief, elektronische Patientenakte

elektronischen Gesundheitskarte und die PIN-Eingabe des Versicherten verzögert werden; hier müssen zum Teil noch adäquate technisch-organisatorische Lösungen gefunden werden, zum Beispiel, wenn der Versicherte die PIN vergessen hat.

Des Weiteren müssen im Krankenhaus und in Praxiseinrichtungen der hohe Integrationsaufwand und natürlich auch die anfallenden Kosten berücksichtigt werden, unter anderem müssen folgende technische und organisatorische Maßnahmen umgesetzt werden:
- Ausstattung der Ärzte, aber auch anderer im Krankenhaus tätiger Berufsgruppen mit HBA
- Ausstattung der Arbeitsplätze mit Kartenlesegeräten
- Anbindung des KIS/PVS an die Gesundheitstelematikplattform mittels Konnektoren
- Update/Neuerungen von KIS-/PVS-Modulen für freiwillige Anwendungen.

Schätzungen zufolge sind für ein 400-Betten-Krankenhaus Kosten in Höhe von 250 000 Euro für Hardware, Organisationsmittel, Software inklusive Updates, Schnittstellen und (zusätzliches) Personal zu erwarten. Zum einen müssen neue Softwaremodule für das KIS entwickelt und gekauft werden, zum anderen gehen etwa zwei Drittel der Gesamtkosten auf das Konto der freiwilligen Anwendungen. Die Ursache für diesen hohen Anteil liegt darin, dass in allen betroffenen Bereichen eines Krankenhauses mindestens eine freiwillige Anwendung zum Einsatz kommt (z. B. Arzneimitteldokumentation) und damit die technischen Voraussetzungen für die Nutzung des Systems geschaffen werden müssen, unabhängig davon, wie viele Patienten der Nutzung der freiwilligen Anwendungen überhaupt zustimmen.

Einführungsszenarien

Das Telematikinfrastrukturprojekt wird bereits seit 2006/2007 durch ständige Feldversuche in verschiedenen Regionen anlässlich der verschiedenen Ausbaustufen begleitet. Wichtige Erkenntnisse, die während der Versuche gewonnen wurden:
- Eine Arztpraxis oder Therapieeinrichtung war und ist weder ein „Data-Center" noch ein Rechenzentrum; auf den Computern in den Praxen, die künftig teilweise ständig online sind, laufen dann die Programmmodule mit der dazugehörigen Datenkommunikation mit der Telematikinfrastrukturplattform. Offensichtlich braucht man gerade dann adäquate Sicherungs- und Datenschutzvorkehrungen in der Einrichtung selber und damit auch entsprechendes Know-how bei den Mitarbeitern oder es werden, was sehr wahrscheinlich ist, entsprechende Dienstleister beauftragt. Diese Anforderung muss besonders betont werden, da Stichproben zeigen, dass zum Beispiel auf vielen PCs in Praxen noch Windows XP als Basisbetriebssystem installiert, aber nicht mehr mit Sicherheitsupdates versorgt wird. Bislang kam dem Punkt Sicherheit weniger Gewicht zu, weil diese PCs ja nur im einrichtungsinternem Intranet betrieben wurden.
- Die Speicherung von Daten, wie Krankheitsgeschichte oder Medikation, soll eine freiwillige Anwendung sein. Dabei bestimmt der Patient darüber, welche Daten im Gesundheitsnetz zirkulieren. Jeder Arzt wird seine Patienten vermutlich auch weiterhin ausführlich zur Krankheitsgeschichte befragen müssen. Wenn freiwillige Anwendungen kaum genutzt werden, steht der Nutzen der eGK und des gesamten Projekts sehr infrage.
- Hauptproblem des eRezepts sind die unterschiedlichen Kataloge der Arzneimittel in den Softwaresystemen der Ärzte (PVS) und der Apotheken (AVS). Falsche Pharmazentralnummern und Artikel außerhalb des Handels sind häufig anzutreffen und machen die (automatische) Nutzung des eRezepts sehr schwierig. Ebenso sind die Prozessschritte und Arbeitsabläufe schwierig, wenn ein anderes Medikament ausgegeben werden soll als verordnet oder wenn die Verpackungsgrößen abweichen.
- Von Seiten der Ärzte wird die Komfortsignatur mit einmaliger PIN-Eingabe pro Arbeitstag für alle Signaturen als Poollösung, gemanagt vom PVS, gefordert (vgl. Friedrich, 2009: 21f.)
- Der Notfalldatensatz wird von vielen Leistungserbringern, insbesondere den Ärzten,

als sinnvolle Anwendung betrachtet. Die aus Datenschutzgründen vorgesehene PIN-Aktivierung, verbunden mit der schriftlichen Einwilligungserklärung des Versicherten, macht eine einfache Nutzung im Praxisalltag derzeit eher schwierig.
- Bei der Entwicklung der eGK standen insgesamt zunächst eher die technischen Probleme im Vordergrund. Die gematik fühlte sich für die Prozessanalysen auch nicht zuständig. Nachdem das technische Konzept stand, stellte man fest, dass die Prozessabläufe in der Arztpraxis und im Krankenhaus mit den Sicherheitsanforderungen des Projekts nicht immer optimal zusammengebracht werden können. Nun müssen zum Teil schrittweise Lösung gefunden werden, die im Alltagseinsatz praktikabler sind.

Da mittlerweile einige Implementierungsschritte und Feldversuche abgeschlossen werden konnten, stehen nunmehr die folgenden Meilensteine im Vordergrund. Neben der Bereitstellung der Telematikinfrastruktur (TI) und der qualifizierten elektronischen Signatur (QES) wurden von den Spitzenverbänden der Leistungserbringer und Kostenträger zunächst fünf Anwendungsbereiche beschlossen, die sich zurzeit in der Vorbereitungsphase befinden:
- *Online-Rollout (Stufe 1): Versichertenstammdaten online prüfen/aktualisieren:* Mit dieser Anwendung kann eine elektronische Gesundheitskarte im Zusammenspiel mit dem jeweiligen Versichertenstammdatendienst der Krankenkasse des Versicherten automatisch online auf Gültigkeit geprüft, ggf. aktualisiert oder auch gesperrt werden. Ein Austausch der Karte – zum Beispiel bei Adress- oder Statusänderungen – ist dann nicht mehr notwendig.
- *Online-Rollout (Stufe 2): Notfalldatenmanagement (NFDM):* Auf freiwilliger Basis können Versicherte notfallrelevante Informationen speichern lassen – zum Beispiel über Medikationen, Allergien, Arzneimittelunverträglichkeiten, aber auch Informationen zu Schwangerschaft, Implantaten etc. Die Anschrift des behandelnden Arztes kann ebenso gespeichert werden wie die Kontaktdaten der im Notfall zu verständigenden Angehörigen. Im Notfall können diese Informationen von Ärzten bzw. Notfallsanitätern auch ohne Mitwirkung der Patienten gelesen werden. Es ist darüber hinaus vorgesehen – auf Wunsch der Patienten – auch einen Hinweis auf das Vorhandensein einer Patientenverfügung und/oder einer Organspendeerklärung aufzunehmen.
- *sichere Kommunikation zwischen Leistungserbringern (z. B. Ärzte) (KOM-LE):* Einführung einer sicheren Kommunikation zwischen Ärzten. Zurzeit erfolgt dies häufig postalisch und die Dokumente müssen anschließend aufwändig digitalisiert werden, damit sie in der Praxissoftware zur Verfügung stehen. Durch die Einführung der sicheren Kommunikation können Befunde auf elektronischem Wege rechtsverbindlich, sicher und kompatibel zwischen Ärzten verschickt werden.
- *Migration von Gesundheitsdatendiensten in die Telematikinfrastruktur am Beispiel der elektronischen Fallakte (eFA):* Die Öffnung der Telematikinfrastruktur für Gesundheitsdatendienste hat das Ziel, die Qualität der medizinischen Versorgung zu verbessern. Die hierzu als erste Anwendung vorgesehene elektronische Fallakte ermöglicht eine einrichtungsübergreifende Behandlungsdokumentation zu einem Patienten, wenn mehrere Einrichtungen oder Ärztinnen und Ärzte gemeinsam fallbezogen in die Behandlung eines Patienten eingebunden sind. (Vgl. gematik, 2014: 1 ff.)

Datenmanagement zur Arzneimitteltherapiesicherheit (AMTS)
Auf freiwilliger Basis können alle Medikations-, Arzneimittelverordnungs- und Therapievorschlagsdaten für einen Patienten dokumentiert werden. Der behandelnde Arzt bzw. der Apotheker erhalten so einen Überblick über die Arzneimittel, die der Patient einnimmt. Das Risiko, dass Medikamente verschrieben oder verkauft werden, die Wechselwirkungen mit anderen eingenommenen Arzneimitteln haben, wird so verringert.

Festzustellen bleibt, dass die Einführung weitaus länger dauert als geplant (wenn man bedenkt, dass das Projekt schon 2005 begann) und immer wieder Verzögerungen eintraten, die eine Inbetriebnahme nicht nur weiter hinausschoben, sondern sogar das ganze Projekt infrage stellten. Gegenwärtig hat die Bundesregierung das sogenannte eHealth-Gesetz auf den Weg gebracht, mit dem Ziel:

> „Mit dem Gesetz wird mit einem Bündel von Maßnahmen darauf hingewirkt, dass bereits jetzt nutzbare elektronische Kommunikationsverfahren schnell Eingang in die Versorgung finden. Parallel wird der Aufbau der Telematikinfrastruktur gefördert und klargestellt, dass die sichere Telematikinfrastruktur zukünftig die zentrale elektronische Infrastruktur im Gesundheitswesen sein wird. Die Regelungen zielen darauf ab, dass die modernen Informations- und Kommunikationstechnologien schneller ihren Nutzen für die Patienten, Leistungserbringer und Krankenkassen entfalten." (Bundestagsdrucksache 18/5293-Bundesregierung, 2015: 2)

Im Prinzip soll durch befristete finanzielle Anreize bei einzelnen Maßnahmen bzw. durch finanzielle Sanktionen (z.B. bei Nichteinhalten von Terminvorgaben) versucht werden, die bestehenden Implementierungspläne auf dem Weg zu einer komplett einsatzfähigen Telematikinfrastruktur im Gesundheitswesen zu beschleunigen und darüber hinaus auf eine rechtssichere Basis zu stellen.

9.10.5.2
Elektronische Fallakte

Konzept
Die elektronische Fallakte (eFA) ermöglicht einen sicheren, datenschutzkonformen Austausch von medizinischen Daten in Versorgungsnetzen. Die von privaten, öffentlichen und frei-gemeinnützigen Kliniken getragenen Spezifikationen sind frei verfügbar und werden zurzeit in Produkten/Anwendungssystemen (KIS/PVS) vieler Hersteller umgesetzt. Die eFA betrachtet dabei ausschließlich den einzelnen Behandlungsfall und wird nach dessen Beendigung, das heißt nach Entfallen der Zweckbindung, wieder „gelöscht".

Ausgangspunkt des eFA-Konzepts ist, dass der Patient selbst bestimmt, welche Informationen in die Patientenakte aufgenommen werden. Die elektronische Fallakte enthält alle notwendigen Dokumente, die im Rahmen der Behandlung einer bestimmten Erkrankung anfallen. Sie wird bei vorhandener Zustimmung des Patienten von den behandelnden Ärzten geführt, die damit bestimmen, welche Informationen in die Akte aufgenommen werden. Dadurch unterscheidet sich die elektronische Fallakte von der elektronischen Patientenakte im Rahmen der Telematikinfrastrukturprojekts. Diese soll Patienten die Möglichkeit eröffnen, ihre Gesundheitsdaten an einer zentralen, übergreifenden Stelle zu speichern. Die Zielsetzung der lebenslangen Patientenakte ist eher die Unterstützung der Präventivmedizin durch Bereitstellung einer möglichst breiten Datenbasis, während die eFA die aktuelle Behandlung unterstützt.

Der Grundgedanke der elektronischen Fallakte ist der Zugriff aller behandelnden Ärzte auf die aktuellen Diagnosen und Befunde des Patienten zur Unterstützung der laufenden Behandlung. Gerade in Regionen mit kleineren Kliniken und unterschiedlichen Betreibern, die erst gemeinsam das vollständige medizinische Spektrum abbilden, ist die Nutzung einer gemeinsamen eFA sinnvoll, etwa wenn der Patient aufgrund einer Erkrankung von seinem Hausarzt zu verschiedenen Fachärzten überwiesen wird.

Die Inhalte der elektronischen Fallakte setzen sich aus sehr unterschiedlichen Dokumenten zusammen, die korrekt zugeordnet werden müssen. Beispielhaft seien hier Befunde (z.B. Aufnahmeuntersuchung, Laborbefunde), Bilder (Röntgen, MRT, CT), Diagnosen und sonstige Dokumente (z.B. Einweisung, OP-Bericht, Entlassungsbrief) genannt.

Alle diese Dateien entstehen an unterschiedlichen Orten (Hausarzt, Facharzt, Klinik, Spezialklinik) und sollen, wenn sie in die elektronische Fallakte eingegeben werden, vom System in eine Verzeichnisstruktur einsortiert werden, ohne dass das System dazu in die Dokumente „hineinschauen" muss, um eine korrekte Zuordnung vorzunehmen. Dieses Problem kann gelöst werden, indem zu jedem Dokument Zusatzinformationen (sog. Metadaten) gespeichert werden, die dem System die notwendigen Informationen zur korrekten Einordnung des Dokuments geben. Wichtig für den Patienten ist die Sicherheit, dass der Inhalt der Dokumente dabei so lange verborgen bleibt, bis er durch einen berechtigten Benutzer abgerufen wird.

Die Kommunikation mit KIS erfolgt grundsätzlich über HL7-Vers.-2.5-konforme Nachrichten, die zum Beispiel an den in einem Krankenhaus vorhandenen Kommunikationsserver gerichtet sind. Des Weiteren können die KIS- und PVS-Systeme, welche die Spezifikation der eFA erfüllen, mithilfe des Standards HL7 V3 (CDA) kommunizieren. Zusätzlich ist die EFA-Plattform webbasiert. Die Spezifikationen wurden vom Fraunhofer Institut für Software- und Systemtechnik entwickelt. Ab der Version EFA2.0 sind die Spezifikationen zudem IHE-konform, sind offen zugänglich und lizenzfrei nutzbar (IHE = Integrating the Healthcare Enterprise, Initiative von Anwendern und Herstellern mit dem Ziel, den Datenaustausch zwischen IT-Systemen im Gesundheitswesen zu standardisieren und zu harmonisieren).

Funktionsweise im Detail

Die elektronische Fallakte (eFA) ist keine Dokumentensammlung, sondern ein strukturiertes Inhaltsverzeichnis, dass alle zu dem Fall verfügbaren Dokumente auflistet: Das sind beispielsweise Befunde, Röntgenbilder, OP-Berichte, Entlassungsbriefe, Therapiepläne. Nur die vom Patienten autorisierten Ärzte dürfen auf diese Dokumente zugreifen. Die medizinischen Daten bleiben physikalisch dezentral gespeichert, wo sie erstellt oder erhoben wurden. Das EFA-Konzept basiert auf dem Grundsatz der Gleichberechtigung: Alle beteiligten Ärzte haben die gleiche Sicht auf den Fall, können sämtliche aufgelisteten Dokumente einsehen und aus der eFA heraus in ihre eigene Falldokumentation integrieren (Abb. 9.10-25). Weil die elektronische Fallakte ausschließlich für die medizinische Kommunikation bestimmt ist, ermöglicht sie eine hohe fachliche Qualität der Informationen. Sie wird von den Ärzten geführt, die an der Behandlung des Patienten beteiligt sind. Die Zugriffsrechte kann der Patient jederzeit erweitern oder – auch einzeln – widerrufen.

Anlegen/Aktivieren einer eFA

Der Arzt benötigt die schriftliche Zustimmung des Patienten (Abb. 9.10-26). Das setzt eine gründliche Aufklärung über den Sinn und die Funktionsweise dieser Art der ärztlichen Kom-

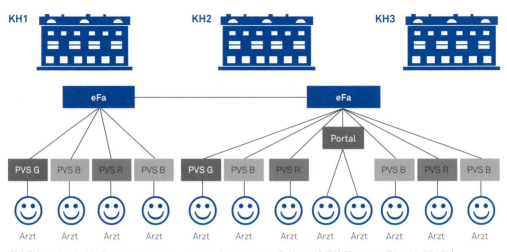

Abbildung 9.10-25: Systemarchitektur der elektronischen Fallakte (eFA) (Quelle: eFA e. V., 2015a)

9.10 Informationsmanagement

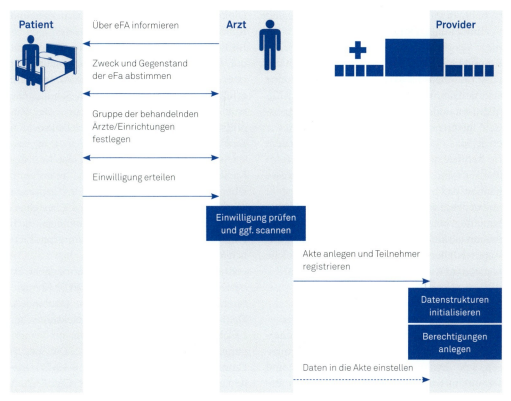

Abbildung 9.10-26: Einwilligung des Patienten bei der Anlage einer elektronischen Fallakte (eFA) (Quelle: eFA e. V., 2015a)

munikation voraus. Bereits bei der Anlage der eFA legt der Patient zudem fest, welche weiteren Ärzte auf die Daten zugreifen dürfen. Auch die Laufzeit der eFA ist von vornherein definiert, abhängig von der Art der Erkrankung.

Arbeitsweise der eFA

Mit der Einweisung/Überweisung zu den mitbehandelnden Ärzten erhält der Patient einen Code, beispielsweise in Form eines Barcodes auf dem Überweisungsschein. Dieser wird bei der Krankenhausaufnahme oder in der Arztpraxis eingelesen; er zeigt das Vorliegen einer eFA an und ermöglicht den berechtigten Ärzten, darauf zuzugreifen. Der behandelnde Arzt kann sich via eFA schnell einen Überblick über die vorangegangene Behandlung und deren Dokumente verschaffen. Dadurch ergeben sich für Ärzte und Patienten deutliche Vorteile:

- Aufwändige Doppeluntersuchungen können entfallen.
- Die Behandlung kann stets zeitnah und stringent fortgeführt werden. Unnötige Wartezeiten, etwa auf Befunde oder den Entlassungsbericht, entfallen, und auch der Patient ist nicht mehr selbst gefordert, seine Befunde von Arzt zu Arzt oder von Einrichtung zu Einrichtung mitzubringen.
- In einem Notfall oder im Urlaub kann die eFA den Ärzten wichtige Informationen zur aktuellen Erkrankung zugänglich machen.
- Die Entlassung nach Hause oder die Verlegung in andere Häuser lassen sich einfacher organisieren, da Informationen zeitnah und vollständig verfügbar sind.
- Neue kooperative Behandlungsprozesse werden ermöglicht, zum Beispiel können Patienten bereits am Aufnahmetag operiert werden, da sämtliche Befunde aus dem ambulanten Bereich bereits vorliegen.
- Der Arzt kann seine Patienten besser beraten, weil er selbst umfassend auch über Maß-

nahmen informiert ist, die andere Ärzte und Einrichtungen veranlasst haben.

Besonders effektiv lässt sich die Arbeit mit der elektronischen Fallakte gestalten, wenn eine standardisierte eFA-Schnittstelle fest in das Klinikinformations- oder Praxisverwaltungssystem integriert ist und wichtige Abläufe, wie etwa das elektronische Freigabeprozedere für Befunde und Arztbriefe, im IT-System automatisiert sind. Durch Optimierung der Prozesse können elektronische Fallakten leicht erstellt und gepflegt werden und stehen den an der Behandlung beteiligten Ärzten anderer Einrichtungen unmittelbar zur Verfügung. Einige Softwarehersteller bieten mittlerweile solche komplett eFA-fähigen Softwarelösungen an.

Datenschutz und Sicherheit

Die Anforderungen an den Schutz der medizinischen Daten (vgl. eFA e.V., 2015b) vor unerlaubtem Zugriff oder gar vor Manipulation müssen sehr hoch gesetzt werden. Daher sind Datenschutz und -sicherheit wesentlicher Bestandteil im eFA-Plattformkonzept. Zentraler Teil der eFA-Spezifikationen ist eine mehrstufige Sicherheitsarchitektur, die zusammen mit Datenschutzexperten der Bundesländer erarbeitet wurde:

- *sicherer Zugang zum eFA-Netzwerk durch Verschlüsselung des Datenverkehrs und Identitätsprüfung:* Bereits vor Anlage einer neuen eFA für einen Patienten gleicht das System die technischen Verbindungsdaten mit den berechtigten Ärzten und Einrichtungen ab und stellt die Übereinstimmung sicher.
- *dezentrale Speicherung:* Die patientenbezogenen Daten bleiben an ihrem ursprünglichen Ort, das heißt in den einrichtungsinternen Patientenakten gespeichert.
- *eingebautes Zugriffslogbuch:* Anhand einer Zugriffsliste kann der Datenschutzverantwortliche überdies jederzeit nachprüfen, wer wann auf die eFA-Daten zugegriffen hat.
- *Einzelfallzugriff:* Auch ein reiner Ad-hoc-Lesezugang – etwa für den Urlaub oder einen Notfall – ist vorgesehen. Dafür erhält der Patient einen Zugangsschlüssel, etwa einen Barcode, den er dem Arzt übergeben kann.

Die technische Anbindung der Arztpraxen und Kliniken ist bereits über die heute verfügbaren Informationssysteme möglich. Der Zugriff auf die elektronische Fallakte kann unmittelbar über das Praxis- oder Klinikinformationssystem erfolgen, sofern es über eine eFA-Schnittstelle bzw. einen eFA-Konnektor verfügt. Der Zugriffsprozess läuft dabei über spezielle Provider. Eine Arztpraxis kann einen eFA-Zugang beispielsweise über das KV-SafeNet, das Netz der Kassenärztlichen Vereinigungen, realisieren. Über eine Peer-to-Peer-Verbindung zwischen verschiedenen Providern werden die bestehenden eFA-Netze bundesweit zusammengeführt; damit sind elektronische Fallakten grundsätzlich überregional nutzbar.

Das Konzept **EFA-in-a-Box** ermöglicht es, bestehende IT-Systeme über spezielle Konnektoren („Stecker") an eFA-Netze anzubinden. Dadurch wird die Einführung elektronischer Fallakten in Kliniken und regionalen Versorgungsnetzen erheblich vereinfacht. Die Spezifikationen für „EFA in a Box" (Abb. 9.10-27) wurden ebenfalls von der Fraunhofer-Gesellschaft entwickelt.

In regionalen eFA-Netzen übernehmen häufig Krankenhäuser die Funktion des Providers; die eFA-Box wird dann in der jeweiligen IT-Abteilung installiert. Die Klinikärzte sind auch dann eFA-Nutzer und – ebenso wie niedergelassene Ärzte der Region – über einen Konnektor an das eFA-Netzwerk angebunden. Dieser Konnektor ist eine vergleichsweise einfache Schnittstelle. Hiermit lassen sich elektronische Fallakten neu anlegen oder vorhandene, für die ein Zugriffsrecht besteht, suchen und aufrufen. Die Ärzte können Dokumente in die eFA ihres Patienten einstellen und daraus abrufen. Im Hintergrund regelt der eFA-Konnektor automatisch die erforderlichen Identitäts- und Berechtigungsnachweise. Solange der eFA-Konnektor nicht direkt in das Arzt-Arbeitsplatz-System integriert ist, kann die Anbindung an die eFA-Box auch über ein Web-Portal erfolgen. Sogenannte Peer-to-Peer-Adapter dienen dazu, verschiedene eFA-Boxen miteinander zu vernetzen: Sie leiten eFA-Anfragen automatisch weiter, sodass die Ärzte auf sämtliche für sie freigegebenen Fallakten in allen verbundenen eFA-Netzen zugreifen können.

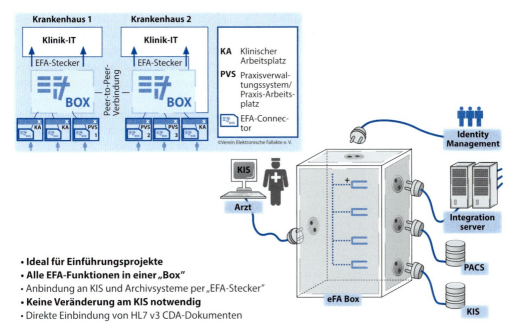

Abbildung 9.10-27: Schnellere Einführung einer elektronischen Fallakte durch den „EFA-in-a-Box-Ansatz" (CDA = Clinical Document Architecture, KA = klinischer Arbeitsplatz, KIS = Krankenhausinformationssystem, PACS = Picture Archiving and Communication System, PVS = Praxisverwaltungssystem (Praxisarbeitsplatz) (Quelle: Eigenerstellung in Anlehnung an Lowitsch, 2014, und eFA e. V., 2015a)

Insgesamt bietet sich die eFA als pragmatischer und vielfältig einsetzbarer Standard für IT-gestützte Kommunikation im Gesundheitswesen an, insbesondere solange die Telematikinfrastruktur noch nicht voll einsatzfähig und auf breiter Basis akzeptiert ist.

9.10.5.3
Mobile Health (mHealth) – Anwendungen mit mobilen Geräten

Als zunehmend wichtiger Teilbereich von eHealth gilt Mobile Health (mHealth, Gesundheitsdienstleistungen mit Unterstützung durch mobile Endgeräte (z. B. Smartphone, Tablet-PC, Patient Monitoring Device). Man kann sogar sagen, dass dieser Bereich gegenwärtig die höchste Innovationsrate und begleitend auch die höchsten Wachstumsraten aufweist.

Die mHealth teilt sich in vier Hauptanwendungsbereiche:

- *Gesundheitsportale:* Diese sind seit Jahren im Internet etabliert (z. B. Informations- und Bewertungsfunktionen, Angebote mit oder ohne Beteiligung von Experten wie Ärzte, Therapeuten etc.), bekommen aber durch die Integration von Social Media zusätzliche Anwendungsmöglichkeiten (z. B. Nutzung von Facebook oder anderen Communities).
- *Apps und mobile Gesundheitsangebote:* Diese profitieren maßgeblich vom allgemeinen Mobility-Trend und von den Möglichkeiten neuer Endgeräte (z. B. Armbänder, Sensoren und Uhren) und Infrastrukturen.
- *Fitness-Tools:* In Verbindung mit Pulsmessgeräten und Fitnessarmbändern bilden sie die Schnittstelle zwischen Freizeit- und Gesundheitsangeboten und kommunizieren häufig mit Smartphones und Tablett-PCs. Im Gegensatz zu den herkömmlichen Messgeräten sind die Smartphone-Apps multifunktional und können verschiedene Werte wie Puls, Blutdruck, Herzfrequenz, zurückgelegte Strecken

etc. kombiniert verarbeiten und den Trainingsfortschritt dokumentieren sowie Vorschläge für weitere Übungen unterbreiten.
- *Vitaldaten-Monitoring* und intelligente Notrufsysteme kombinieren Sensoren und andere Messsysteme mit smarten Endgeräten und geeigneten Softwareangeboten bzw. sind direkt in Netzwerkanwendungen z.B. mit ambulanten Pflegeeinrichtungen o.ä. integriert.

Der Bereich „Apps & mobile Gesundheitsdienste" bildet derzeit das häufigste Einsatzgebiet von mHealth. Technisch ist die Etablierung leistungsfähiger Smartphones und Tablet-PCs auf der Basis leicht bedienbarer Nutzersysteme wie IOS, Android oder WindowsPhone, verbunden mit einer robusten und breit verfügbaren Netzinfrastruktur zu akzeptablen Nutzungsentgelten eine wesentliche Voraussetzung. Innerhalb relativ kurzer Zeit sind über 100 000 unterschiedliche Apps für alle Bereiche von Gesundheit und Fitness entstanden, wobei überwiegend die Konsumenten angesprochen werden. Die Anzahl von Anwendungen und Diensten für Ärzte, Therapeuten und anderes Fachpersonal ist weitaus geringer.

Bei den Consumer-Apps finden sich die folgenden Haupttypen (vgl. Deloite, 2014: 10):

- *Kalender-Apps* für die Erfassung von Gesundheitsdaten und Erinnerungsfunktionen für Medikamente oder Impfungen
- *Community-Apps* für den Zugang zu interaktiven Informations- und Diskussionsforen zu Gesundheitsthemen
- *Diät-/Gewichtsabnahme-Apps* mit Zugang zu Informationsbereichen für Rezepte, Kalorienzufuhr und -verbrauch etc.
- *Bewegungs-Apps* mit dem Ziel, Nutzer mit chronischen Erkrankungen zu unterstützen, zum Beispiel durch Vorschläge von Trainingsprogrammen mit Dokumentationsfunktion etc.
- *Verzeichnis-Apps*, welche die Suche nach dem „richtigen" Gesundheitsdienstleister, Gesundheitsangeboten, Medikamenten u.Ä. unterstützen sollen, dabei werden Bewertungsfunktionen und Standortdienste unterstützt (Tab. 9.10-7).

Wie in anderen Kategorien auch ist nur ein kleiner Teil der Apps wirklich erfolgreich und erreicht signifikante Nutzerzahlen. Es ist absehbar, dass für einen nachhaltigen kommerziellen Erfolg die Partizipation von medizinischen, pflegerischen und therapeutischen Fachkräften angestrebt werden muss (z.B. im Rahmen von Konsultations- und Informationsdiensten).

Tabelle 9.10-7: Kategorisierung von Gesundheits-Apps (Quelle: Scherenberg/Kramer, 2013: 116)

Zielgruppen	(Präventions-)Bereiche	Praxisbeispiele		
Laien/Gesunde	Gesundheitsförderung: Apps zur Stärkung der gesundheitlichen Ressourcen und Schutzfaktoren für Gesundheit	Fit & Relax, Yoga Poses		
Laien/Gesunde	Primärprävention: Apps für Gesunde ohne gesundheitliche Risikofaktoren	Vorsorge-Uhr, Impf-Uhr, Med-Merker, Alcohol Calculator		
Laien/Gesunde	Sekundärprävention: Apps für Gesunde mit gesundheitlichen Risikofaktoren	Raucherstopp, Drinking Time Machine		
Laien/Betroffene	Tertiärprävention: Apps für bereits (chronisch) Erkrankte	OnTrack Diabetes, Diabetes Uhr, Asthmalavista, Rheuma Track		Gesundheits-Apps
Laien/Angehörige	Tertiärprävention: Apps für (pflegende) Angehörige	Tweri: Alzheimer Caregiver, Al-Finder	Medizin-Apps	
Experten	Tertiärprävention: Apps für medizinische und pflegerische Experten	Checkme! Klinikstandards, Leitlinien-App Onkologie		

Vitaldaten-Monitoring und intelligente Notrufsysteme gehen bereits in Richtung der Verbindung mit dem professionellen Sektor. Intelligente Notrufsysteme verfügen über die Ankoppelung von Sturzsensoren eventuell auch über Rauch- oder Gas-Sensoren und bieten eine Anbindung an verschiedene Alarmierungsmöglichkeiten (z. B. über LAN, WLAN, Mobilfunknetze) an ambulante Pflegedienste.

Verbreitet sind bereits jetzt Messinstrumente für Werte wie Blutzucker, Blutdruck und Gewicht mit Kommunikationsmöglichkeiten über Bluetooth, WLAN oder NFC ausgestattet. Auswertung und Archivierung der generierten Daten erfolgen im Gegensatz zu den Fitness-Tools unter medizinischen Gesichtspunkten und unterstützen die Nutzer häufig beim Umgang mit chronischen Erkrankungen, beispielsweise durch das Führen eines digitalen Tagebuchs. Neuere Systeme beinhalten zusätzlich Alarmfunktionen, das heißt, sobald eine Messung außerhalb des vorgegebenen Wertebereichs liegt, wird zum Beispiel ein ambulanter Pflegedienst oder eine Betreuungsperson alarmiert. Auch besteht die Möglichkeit, diesen Alarm und die Messwerte elektronisch dem behandelnden Arzt zu übermitteln. Die steigende Nutzung von tragbaren Vorrichtungen (z. B. Uhren, Brille, Sensorarmbänder, Sensoren in Bekleidung) mit der Hauptfunktion, Vitalwerte zu ermitteln, wird zu weitergehenden Anwendungsmöglichkeiten führen und die Nutzerzahl weiter erhöhen.

Eine große technische Herausforderung besteht in der Integration der ermittelten Daten in die Arztpraxensysteme und die jeweilige Patientenakte oder in die Informationssysteme der ambulanten Pflegedienste. Gleichzeitig muss natürlich eine Bereitschaft von Seiten der Ärzte, des Pflegepersonals und des Patienten bestehen, die Systeme zu nutzen, wobei gerade bei den Ärzten zurzeit nicht abzusehen ist, ob es eine Vergütung dieser Leistungen durch die Krankenkassen geben wird.

Eine interessante Möglichkeit zur Lösung des Problems der Übernahme und Integration der Daten aus mHealth-Systemen stellt die Weiterentwicklung der patientengeführten (webbasierten) Patientenakte dar. Hierbei werden Schnittstellen implementiert, um über Internetverbindungen Daten von Smartphones und Tablet-PCs und den darauf laufenden mHealth-Apps zu übernehmen. Über diesen Weg soll auch ein alternativer Speicherort geschaffen werden, da die Server bei den bisherigen cloud-basierten Ansätzen meist nicht in Deutschland stehen und nicht deutschem Datenschutzrecht unterliegen (iCloud, Google Drive, Google Cloud Services, Microsoft One Drive). Allerdings müssen hierzu die Apps entsprechend angepasst werden und ein Datenexport, zum Beispiel auf der Basis von XML, muss implementiert werden.

Ein Beispielszenario für die Nutzung verschiedener Module von mHealth zeigt Abbildung 9.10-28, in der im Rahmen eines Diabetes Prozesses vereinfacht und gleichzeitig die Datenqualität erhöht werden.

Die Entwicklung des mHealth-Anwendungssektors ist derzeit in erster Linie durch Konsumenten bzw. private Nutzer geprägt, in Teilbereichen engagieren sich aber auch „Professional"-Akteure wie Krankenversicherungen und die Pharmaindustrie (vgl. Scherenberg/Kramer, 2013: 115ff.). Die Krankenkassen haben ein Interesse daran, dass Anwendungen im Bereich der Prävention entwickelt werden, während die Pharmaunternehmen eher gezielt im Anwendungsgebiet ihrer Produkte und damit Patienten nach Eintreten der Krankheit entsprechende Apps und Dienste anbieten. Zum Beispiel subventionieren einige Krankenkassen zurzeit den Kauf einer SmartWatch mit Sensorfunktionen, um ihre Kassenmitglieder zur Nutzung von Fitnessaktivitäten zu motivieren. Sehr kritisch zu sehen ist dabei allerdings die Absicht der Krankenkassen, Daten über den Fitnesszustand der Mitglieder zu bekommen.

Ein weiteres Problem ist die Qualitätssicherung von Apps und Anwendungen: Nur die Systeme mit eindeutig medizinischer Ausrichtung (was nicht immer so leicht festzustellen ist) müssen die Medizingeräteprüfung durchlaufen, alle anderen werden nicht durch eine adäquate Qualitätssicherungsstelle geprüft und freigegeben. Letztlich könnte ein spezielles Gütesiegel helfen, den Konsumenten eine Orientierung zu bieten.

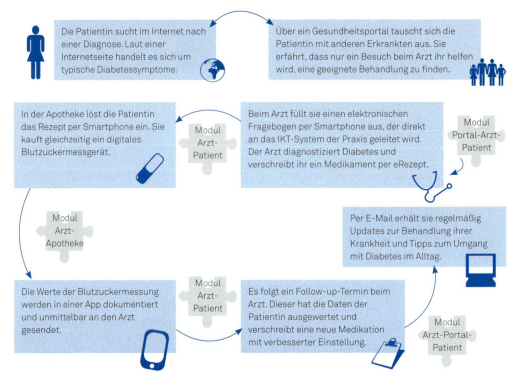

Abbildung 9.10-28: Mobile Health (mHealth) – Beispielhafter Einsatz verschiedener Apps (Quelle: Deloite, 2014: 18)

Die populärsten mHealth-Professionals-Pilotprogramme beinhalten Patientenüberwachung, Therapieeinhaltung, mobile Telemedizin und Patientenakten. Als größte Hindernisse bei der Implementierung von mHealth-Diensten werden die fehlende Unterstützung der Ärzte, Pflegekräfte bzw. Therapeuten in den jeweiligen Gesundheitssystemen sowie Rechtsfragen im Bereich Sicherheit und Datenschutz genannt.

Letztlich herrscht von Seiten der Anbieterindustrie für den Bereich Mobile Health eine Art „Goldgräberstimmung", ob aber der Nutzen für Patienten und Heilberufler wirklich so groß ist, bleibt abzuwarten. Die Vielzahl einzelner Apps führt zu einer hohen Zahl erhobener Daten, aber es fehlt der Zusammenhang mit der Erkrankung, insbesondere bei chronischen Erkrankungen. Eine ständige Konsultation der involvierten Heilberufler wird damit nicht überflüssig und auch die Verantwortung des Patienten beim Management der verschiedenen Apps und deren Daten muss noch einmal betont werden.

9.10.5.4
Patientengeführte webbasierte Gesundheitsakte

Das Internet bildet nicht nur bei Mobile-Health-Lösungen den Kommunikationsweg, sondern auch bei der Nutzung von sogenannten Web-Gesundheitsakten. Web-Gesundheitsakten sind dadurch gekennzeichnet, dass sie vom Konsumenten (Patienten) geführt werden, einrichtungsübergreifend angelegt sind, grundsätzlich lebenslang existieren und über den gesamten Zeitraum Gesundheitsdaten aufnehmen können. Derartige Angebote existieren mittlerweile seit etwa 15 Jahren, wobei allerdings ein durchschlagender Erfolg mit großen Nutzerzahlen ausgeblieben ist bzw. die Teilnehmerzahlen zurzeit sogar eher abnehmen.

Typische Funktionalitäten einer webbasierten patientengeführten Gesundheitsakte sind:
- übersichtliche Ablage und Verwaltung aller medizinischen Informationen
- Gesundheitsdaten liegen zeit- und ortsunabhängig vor
- modernes Ablagesystem (z. B. für Notfalldaten)
- elektronischer Mutterpass für aktive Risikovorsorge und Gesundheitsmanagement für sich und das heranwachsende Kind.
- Verwaltung wichtiger Arzttermine
- fördert die Selbstdokumentation (Arztbriefe, Laborergebnisse, Bilddokumente, selbst ermittelte Vitalwerte wie Blutdruck, Blutzucker etc.) und unterstützt Ärzte bei besonders aufwändigen Therapien, zum Beispiel bei chronisch Kranken und Langzeittherapiebedürftigen.

Der Zugang zur persönlichen Akte ist durch Benutzerkennung und Passwort geschützt und da auf das Https-Protokoll zurückgegriffen wird, ist die Datenübertragung im Rahmen üblicher Standards verschlüsselt. Ausgewählte Ärzte, Therapeuten oder Pflegepersonal können durch ausdrückliche Erklärung des Akteninhabers einen Zugriff (also ebenfalls einen Login-Account) auf die Akte bekommen und können Daten einsehen und einstellen. Die Anbieter solcher Web-Gesundheitsaktendienste sind kommerzielle Anbieter und versichern in den jeweiligen Nutzungsbedingungen ausdrücklich die Einhaltung deutscher Datenschutzrichtlinien und teilweise auch, dass die Anwendung und Datenhaltung auf Servern in deutschen Rechenzentren stattfindet. Das Leistungsangebot bei den Anbietern unterscheidet sich und dementsprechend gibt es auch unterschiedliche Nutzungsentgelte (zwischen 30 und 60 Euro/Jahr, abhängig zum Beispiel davon, ob auch Fitness-Coaching inbegriffen ist). Einige Krankenkassen übernehmen den Jahresbeitrag für die Nutzung eines solchen Angebots, zum einen als Marketingmaßnahme, um Mitglieder zu gewinnen, und zum anderen, um wie bei mHealth die Gesundheitsvorsorge der Mitglieder zu unterstützen.

Auf der Basis der Web-Gesundheitsakte sind weitergehende Nutzungsmöglichkeiten konzipiert worden, wie zum Beispiel die Anbindung an KIS, PVS oder Monitorsysteme über definierte Schnittstellen. Letztlich stand und steht auch hier der Gedanke im Mittelpunkt, die Vernetzung im Gesundheitswesen voranzutreiben.

Einzelne Anbieter haben Nutzerzahlen im Bereich von 50 000–80 000 erreicht, wenn man sich die Nutzerzahlen bei sozialen Netzwerkdiensten anschaut, ist das eine sehr geringe Zahl. Obwohl sich das Angebot an die gesundheits- und fitnessinteressierte Internetgeneration richtet, scheint der (potenzielle) Nutzen nicht groß genug zu sein. Dass es ja auch anders geht, zeigen die Nutzungszahlen bei den Mobile-Apps in Verbindung mit Smartphones und Tablet-PCs.

Problembereiche patientengeführter Web-Akten sind:
- Eingaben in die Akte müssen in erster Linie vom Patienten selber vorgenommen werden. Dies gilt auch für das Hochladen von eingescannten Dokumenten von Haus-/Fachärzten oder Krankenhausaufenthalten. Wer seine Akte mit vielen Informationen füllen will, auf den kommt viel manuelle Arbeit zu.
- Die Inhalte der Akte sollen die Behandlung durch Ärzte unterstützen, zum Beispiel bei der Diagnosestellung, nur: Kann ein Heilberufler darauf vertrauen, dass ein Akteninhaber keine Fehleingaben gemacht hat?
- Mit der Internetnutzung nicht vertraute Patienten werden das Angebot einer Web-Gesundheitsakte nicht nutzen, ebenso wenig diejenigen, die starke Sicherheitsbedenken haben.
- Letztlich stellen diese Angebote mehr eine Übergangslösung dar, sobald die Telematikinfrastruktur vollständig aufgebaut und in Betrieb genommen wurde, werden viele Nutzungsbereiche der Web-Akten überflüssig.

Das die Idee von Web-Gesundheitsakten trotzdem noch nicht vollständig aufgegeben wurde, liegt zum Teil auch an den aktuellen Aktivitäten von Konzernen wie Google und Microsoft (teilweise auch Apple) als (Mit-)Anbieter von Gesundheitsakten. Während Google in Pilotprojekten in den USA auftritt, versucht Microsoft in Zusammenarbeit mit deutschen Unternehmen auf dem deutschen Markt Angebote insbesondere für chronisch Kranke und ambulante Pflegedienste aufzubauen. Das können zum Beispiel Angebote aus dem Bereich Ambient Assisted Living (AAL) sein, wobei Überwachungsdaten von den Geräten vor Ort per Internetverbindung an eine Gesundheitsakte übertragen werden. Die Gesundheitsakte wird in erster Linie von den Mitarbeitern des Pflegedienstes genutzt, zum Beispiel per Web-Interface, womit dann auch ohne spezielle App mit mobilen Endgeräten gearbeitet werden kann. Technisch gesehen würde diese Gesundheitsakte als ASP- oder Cloud-Lösung angeboten werden, zum Beispiel über die Cloud-Rechenzentren von Microsoft. Welchen Umfang das Angebot von Apple umfassen wird, ist noch nicht klar; es scheint aber, dass Apple das Feld nicht einfach Drittanbietern überlassen wird, sondern – vermutlich über die iCloud-Dienste – selber zum globalen Gesundheitsaktenanbieter werden will. Schließlich sucht Apple noch nach der „Schlüsselanwendung" um die eigene digitale Uhr (iWatch) zum Erfolg zu bringen bzw. die Daten aus den Sensoren eines iPhones oder separater Geräte strukturiert speichern zu können und als Basis für weitere Nutzungsmodelle vorzuhalten (s. Kap. 9.10.5.3).

9.10.5.5
Institutionsgeführte Portallösungen

Patientenportale können zum einen von staatlichen Stellen (z. B. Gesundheitsministerien), von Gesundheitsinstitutionen (z. B. Krankenkassen, Krankenhäuser, MVZ) oder von Vereinigungen wie der Bundesärztekammer und von der Pharmaindustrie angeboten werden. Grundsätzlich dienen sie der umfassenden Information über Gesundheitsdienste, teilweise verbunden mit den Möglichkeiten des Web 2.0 (z. B. interaktive Elemente und die Möglichkeiten aktiver Partizipation der Konsumenten/Patienten).

Funktionalitäten von Patientenportallösungen aus Krankenhaus-/Praxensicht:
- *Kommunikation mit dem Patienten:* Nachrichten des Klinikpersonals, wie zum Beispiel neue Fachexpertise durch neue Chef-/Oberärzte, Ankündigung und Infos zu einem Tag der offenen Tür, eine neue Therapieform oder neue Behandlungsschwerpunkte
- *Disease Management:* Auf Wunsch kann sich der Patient durch technische Hilfsmittel bei der Therapie unterstützen lassen. So erhält er nach freiwilliger Anmeldung bei einem SMS-Service automatisch Erinnerungsmeldungen, zum Beispiel an einzunehmende Medikamente oder anstehende Termine. Eine weitere Möglichkeit wäre, komplette Behandlungspläne fallbezogen zu erarbeiten und auch für den Patienten bereitzustellen.
- *Communities:* Passend zu den medizinischen Problemen werden dem Patienten interessante Communities vorgeschlagen. Hier kann er sich auf Wunsch mit Patienten gleicher Interessenslage austauschen; dies können Selbsthilfegruppen sein, aber auch klassische Foren oder Chats.
- *Social Networking:* Patientenportale setzen auf neue Technologien und Trends und erlauben, das Social Web als Kommunikationselement zu verwenden (Twitter, Facebook etc.). Zusätzlich ist das Patientenportal auch über einen mobilen Zugang, zum Beispiel über eine vom Leistungsanbieter angebotene Smartphone-App, erreichbar.

Ein äußerst umfangreiches Portal mit vielen Informationsmöglichkeiten, auch unter Einsatz von Social-Media-Funktionen, bietet die Medizinische Hochschule Hannover mit der „Patienten-Universität" (http://www.patienten-universitaet.de):

> „Die Patientenuniversität will dazu beitragen, dass Menschen in Gesundheit und Krankheit gute Entscheidungen fällen. Dazu gehört, dass Menschen wissen, wie ihr Körper funktioniert, wie Krankheiten entstehen können und wie sie verhindert werden können. Menschen sollten auch ihre Rechte als Versicherte und Patienten kennen und wissen, wer ihnen im Krankheitsfall am besten helfen kann." (N.N., Patientenuniversität an der Med. Hochschule Hannover, 2015).

Einweiserportallösungen haben B2B-Charakter und werden auf „Professional"-Ebene genutzt. Sie sind häufig als Web-Anwendungen aufgebaut, werden von Krankenhäusern angeboten und richten sich an ihre zuweisenden Ärzte (vgl. Haas, 2006: 518 ff.). Typisches Leistungsmerkmal derartiger Portallösungen ist die Bereitstellung von Entlassungsbriefen, OP-Berichten, Laborergebnissen und Bilddokumenten anlässlich der Behandlung eines Patienten. Nach erfolgreicher Autorisierung des Hausarztes können über das Portal die freigegebenen Dokumente über eine HTTPS- oder SFTP-Verbindung heruntergeladen werden. Auch ein Ausbau der Funktionalität in Richtung des Hochladens von Dokumenten von der Arztpraxis in Richtung Krankenhaus ist möglich. Bei beiden Varianten besteht jedoch das Problem, dass die Daten ja nur in Dateiform vorliegen und nicht automatisiert in die angeschlossenen Informationssysteme übernommen werden können. Dies ist quasi die gleiche Situation, als wenn bei einer Kommunikation per E-Mail Dokumente als Anlage an die Mail gehängt werden. Es gibt Überlegungen, als Dateiform CDA-konforme Dokumente oder andere, auf verbreiteten Standards basierende Formate zu erzeugen. Über diesen Weg besteht grundsätzlich die Möglichkeit, die Daten automatisiert in KIS oder PVS-Systeme zu importieren.

Technisch gesehen kann ein Einweiserportal realisiert werden als
- Funktionsmodul des vorhandenen KIS, die Daten werden dann direkt aus dem KIS heraus exportiert
- separate Web-Anwendung, bei der die Dokumente dann über einen Dateibereich mit Lese- und eventuell Schreibzugriff bereitgestellt werden.

Die letztere Lösung wird sehr häufig mithilfe eines Web-Content-Management-Systems (WCMS) umgesetzt, mit dem auch der normale Web-Auftritt des Krankenhauses oder medizinischen Versorgungszentrums realisiert wird. Für die gängigen WCMS-Systeme gibt es sehr häufig vorbereitete Funktionsmodule für einen Dateidownload/-upload mit Authentifizierungsfunktion und Zugriffsprotokoll. Auf jeden Fall muss zusätzlich die KIS-Anbindung implementiert werden, damit die relevanten patienten-/fallbezogenen Daten im gewünschten Dateiformat aus dem KIS exportiert und als Datei zur Verfügung gestellt werden. Die Motivation, Einweiserportale aufzubauen, liegt darin begründet, dass solche Angebote die Attraktivität von Krankenhäusern für einweisende Ärzte und Patienten erhöhen können und Basisfunktionalitäten einer integrierten Versorgung auch ohne institutionelle Netzwerke aufgebaut werden können. Mit der Etablierung der Telematikinfrastruktur oder der elektronischen Fallakten wird die Bedeutung von Einweiserportalen eher zurückgehen, da die Nachteile bei der automatisierten Datenübernahme kaum zu überwinden sind und zudem bei den Krankenhäusern unterschiedliche Systeme im Einsatz sind, was für einweisende Ärzte zusätzlichen Aufwand bedeutet.

9.10.6
Technische Grundlagen für Informations- und Kommunikationssysteme

Der Bereich der technischen Grundlagen soll nur einen kleinen Ausschnitt aktueller Themen rund um den Betrieb von Rechneranlagen, System- und Anwendungssoftware sowie Kommunikation/Netzwerke behandeln.

Unter **Hardware** versteht man alle technischen Geräte einer Rechenanlage, die zur Durchführung von IT-Aufgaben notwendig und sinnvoll sind.

Rechnersysteme weisen verschiedene Größenklassen auf und können nach Einsatzgebieten klassifiziert werden (z. B. Benutzer-Anzahl, Anwendungsart, -umfang, siehe Tab. 9.10-8).

Unter **Software** versteht man alle Programme, die zur Steuerung aller Verarbeitungsprozesse im Computer notwendig sind. Die Software steuert die Hardware über entsprechende Befehle, um die Daten zu verarbeiten:
- Systemsoftware vor allem das Betriebssystem (Bereitstellen grundlegender Dienste für andere Programme)
- Anwendungssoftware (rechnergestützte Lösung fachlicher Aufgaben)
- Entwicklungssoftware (Programme zur Entwicklung neuer Programme).

Tabelle 9.10-8: Größenklassen bei Rechnersystemen (Quelle: Eigenerstellung)

Ausrüstung	Einsatzgebiet	Anzahl Benutzer	Anwendungen
Superrechner/ Number Cruncher	Hochleistungsrechner in wissenschaftlichen Einrichtungen	Mittlere Anzahl von Benutzern	Wenige hochkomplexe wissenschaftliche Aufgabenstellungen
Großrechner (Mainframe)	Zentralrechner in Großunternehmen	Große Anzahl von Benutzern, häufig standortübergreifend	Zentrale Bereitstellung vieler Anwendungen mit großem Datenvolumen, universell verwendbar
Midrange/ Minirechner (MDT)	als Filial- oder Abteilungsrechner in Großunternehmen oder als Zentralrechner in mittelständischen Unternehmen	Mittlere Anzahl von Benutzern an einem Unternehmensstandort bzw. einer Filiale eines mittelständischen Unternehmens	begrenzte Zahl von Anwendungen innerhalb einer Filiale oder Abteilung; in mittelständischen Unternehmen als zentrale Instanz für alle Anwendungen
Arbeitsgruppenserver	Zentralrechner für Kleinunternehmen oder Server für lokale Teams	Wenige Benutzer (z. B. einer Arbeitsgruppe)	Wenige arbeitsgruppenbezogene Anwendungen
PC/Workstation	Als Einzelarbeitsplatzrechner oder leistungsstarker CAD-/CAM-Arbeitsplatz	1 Benutzer	Arbeitsplatzbezogene, rechenintensive Anwendungen

Anwendungssoftware kann wie folgt klassifiziert werden:
- *Individualsoftware:* eigen-/fremdentwickelte Software für konkrete Anwendungen
- *Standardsoftware:*
  - gekaufte/geleaste, fremdentwickelte Software
  - für Gruppen von Anwendern mit ähnlichen Anforderungen
  - individuell anpassbar durch Customizing
- *funktionsspezifische Software:*
  - Textverarbeitung, Tabellenkalkulation, Datenbank, Grafik etc.
  - Finanzbuchhaltung (FiBu), Warenwirtschaftssystem, Lohn-/Gehaltsabrechnung,
- *integrierte Software* (funktions-/branchenspezifisch):
  - abgestimmte Zusammenfassung mehrerer Funktionen
  - Büro: Office-Pakete
  - Betrieb: Finanzbuchhaltung + Einkauf + Vertrieb, oder Enterprise Resource Planning (ERP; Unternehmensgeschäftssoftware), wie zum Beispiel SAP R/3, Oracle/Application, MS Dynamics.

In Zusammenhang mit der Nutzung von Anwendungssystemen in Gesundheitseinrichtungen kommen – teils auch kombiniert – verschiedene Systemkonzepte zum Einsatz.

9.10.6.1
Client-Server-Architektur

Das Client-Server-Modell ist ein allgemeines Konzept für eine verteilte Verarbeitung von Daten. Dabei gibt es sowohl aus Hardware- als auch aus Softwaresicht verschiedene Rollen, einmal als zentraler Dienstleister und einmal als Kunde/Nutzer von Dienstleistungen:
- Server:
  - In einem Rechnernetz fungieren einzelne Rechner als Server:
  - Sie stellen als Lieferant verschiedene Dienstleistungen zur Verfügung (z. B. ein KIS oder eine Finanzbuchhaltung).
  - Ein Server kann Hardware sein (z. B. ein konkreter Rechner) aber auch Software (ein konkretes Programm – dann oft Service genannt, wie z. B. ein Web-Server).

- Clients:
  - Die Dienstleistungen der Server werden von Clients als Kunden abgerufen.
  - Clients können unterschiedlich leistungsfähig sein:
    - Fat Client: vollausgestattete Workstation oder PC oder
    - Thin Client: Gerät mit eingeschränkter Funktionalität, z.B. Terminals mit ausschließlicher Aufbereitung zur Anzeige.

Netzwerkcomputer bzw. Thin Clients sind meistens preisgünstigere Computer mit geringerer Leistungsfähigkeit, die für den (Client-)Einsatz in betrieblichen Rechnernetzen konzipiert wurden. Die Grundidee eines Thin-Client ist, dass Anwendungen auf einem entfernten Server ablaufen. Der Netzwerkcomputer (NC) bzw. Thin Client (TC) sendet Eingabedaten bzw. empfängt Daten über das Rechennetzwerk. Im Idealfall kommt ein NC/TC ohne eigene Festplatte aus, wenn sämtliche Anwendungen und Daten auf den Servern gespeichert werden (Abb. 9.10-29).

Drei-Ebenen-Client-Server-Architektur

Das Funktionsprinzip des klassischen Drei-Ebenen-Client-Server-Konzepts zeigt Abbildung 9.10-30. Diese Architektur kommt gerade im Krankenhaus im Bereich der Verwaltung/Administration und im Bereich Patienten-/Stationsmanagement sowie an den weiteren klinischen Arbeitsplätzen zum Einsatz. Auf einem beliebigen Endgerät (z.B. PC, Notebook, Tablet-PC) läuft das Benutzerinterface der Software, sei es als eigenständige Client-Software (z.B. SAP-GUI-Frontend) oder als Anwendung im Browser. Auf einem oder mehreren zentralen Servern läuft die Anwendung (Applikationsserver). Die dazugehörende Datenspeicherung erfolgt in der Regel über ein relationales Datenbanksystem auf einem oder mehreren Datenbankservern. Die Möglichkeit der Skalierung der Leistungsfähigkeit der Gesamtinstallation über mehrere (parallele) Anwendungsserver bzw. Datenbankserver setzt jedoch voraus, dass die Softwareanwendung dies geeignet unterstützt. Die Vor- und Nachteile typischer Client-Server-Konfigurationen zeigt Abbildung 9.10-31.

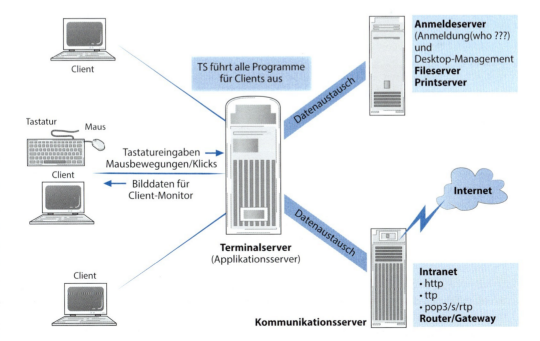

Abbildung 9.10-29: Arbeitsweise von Thin-Clients und Terminalserver (Quelle: Open IT Solutions, 2015)

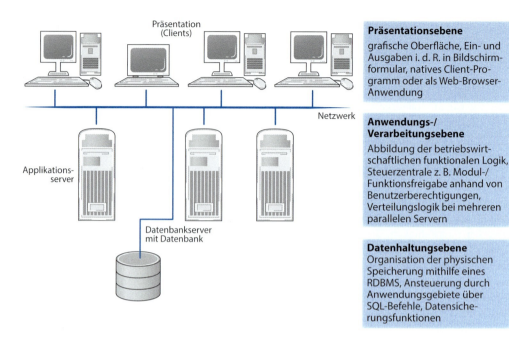

Abbildung 9.10-30: Funktionsprinzip der Client-Server-Architektur (Quelle: Eigenerstellung)

9.10.6.2
Servervirtualisierung

In vielen Unternehmen besteht der Wunsch nach einer besonders effektiven Ressourcennutzung zum Beispiel der Serverhardware. Hier bietet das Konzept der Server- bzw. Desktopvirtualisierung einen guten Ansatz, (vorhandene) Serverhardware möglichst effektiv auszulasten und Kosten zu senken, da nicht mehrere separate physische Server für dedizierte Einsatzzwecke beschafft werden müssen. Da die gängigen Virtualisierungslösungen zusätzlich über eine sehr funktionale Bedieneroberfläche verfügen, kann der Einsatz einer solchen Lösung auch den Administrationsaufwand senken.

Weitere Vorteile:
- Optimierung der Backup- und Restoreprozesse (nur eine Backuplösung für alle virtuellen Maschinen und den darauf laufenden Betriebssystemen notwendig)
- leichtere Wartung und Maintenance der Serverhardware
- leichte Migration auf eine virtuelle Maschine durch Einspielen eines Systembackups einer vorhandenen physikalischen Maschine
- leichte Handhabung und Monitoringlösung durch eine zentrale Administrationsmanagementkonsole.

Potenzielle Nachteile:
- Abhängigkeit von der Funktionsfähigkeit des zentralen Servers bzw. der Notwendigkeit des Aufbaus einer Clusterlösung mit Loadbalancing zur Erhöhung der Ausfallsicherheit
- Virtualisierungslösungen sind eine zusätzliche Softwareschicht, sicherheitstechnisch hochempfindlich und müssen daher besonders gut gewartet und mit (stets aktuellen) Sicherheitsmechanismen ausgestattet sein
- Abhängigkeit vom Hersteller der Virtualisierungslösung, da ein einfacher Umstieg in der Regel nicht möglich ist
- zum Teil hohe Lizenzkosten – je nach Leistungsfähigkeit der Serverhardware, wie Anzahl der CPUs/CPU-Kerne und damit der Anzahl virtueller Server, die sinnvollerweise

9.10 Informationsmanagement

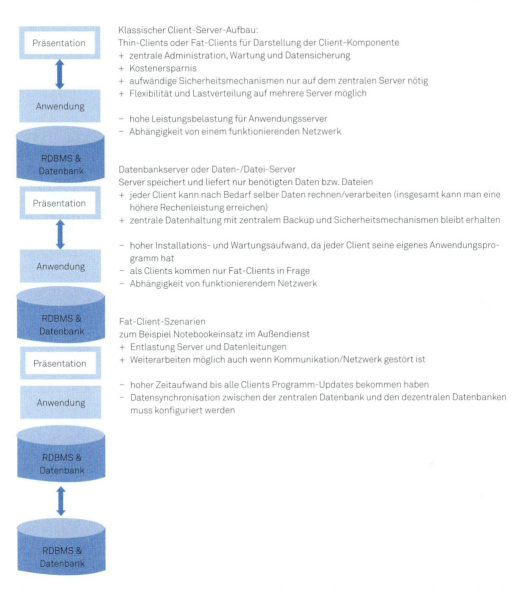

Abbildung 9.10-31: Vor- und Nachteile typischer Client-Server-Konfigurationen (Quelle: Eigenerstellung)

insgesamt gleichzeitig auf der Hardware laufen können.

Das Prinzip der Servervirtualisierung zeigt Abbildung 9.10-32.

Bei der technischen Umsetzung der Rechnervirtualisierung kann man zwei Hauptvarianten unterscheiden: Läuft die Systemlösung für die Verwaltung virtueller Maschinen direkt auf der Hardware (z. B. vnware esx-server) oder als quasi erweitere Systemsoftware auf das Hostbetriebssystem aufgesetzt (z. B. vmware workstation, virtualbox etc.)? Der letztere Ansatz beschränkt jedoch die maximalen Leistungsmöglichkeiten auf die Grenzen des jeweiligen Host-Betriebssystems. Servervirtualisierungskonzepte zeigt Abbildung 9.10-33.

Nicht nur Server lassen sich virtualisieren, sondern auch der „persönliche Arbeitsplatz". Diesen Ansatz nennt man virtuelle Desktops

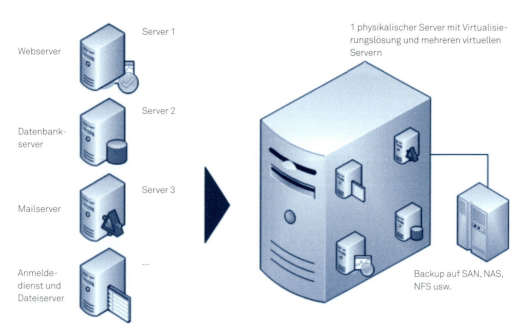

Abbildung 9.10-32: Prinzip der Servervirtualisierung (Quelle: Eigenerstellung). SAN = Storage Area Networks – parallel zum normalen LAN wird ein zweites, nur für Massenspeicher gedachtes Netzwerk installiert, über den dann Server und die separaten Massenspeichersysteme verbunden sind; NFS = Network File System – Datei-Services, wobei Datenträger bzw. Dateibereiche eines anderen Rechners als (scheinbare) Laufwerke/Dateipfade des eigenen PCs erscheinen; NAS = Network Attached Storage – NAS-Geräte dienen als spezialisierte File-Server die über eine Standard-LAN-Verbindung mit den Arbeitsplatzrechner verbunden sind.

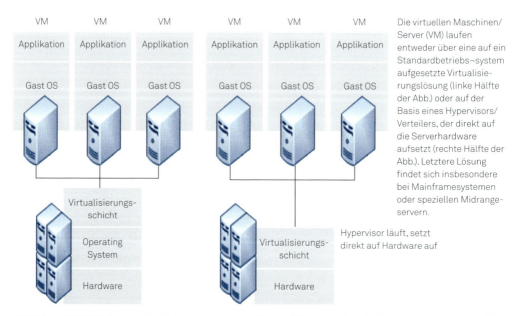

Abbildung 9.10-33: Servervirtualisierungskonzepte (Quelle: Eigenerstellung). OS = Operating System (Betriebssystem), organisiert die Zusammenarbeit der Zentraleinheit (CPU) eines Computers mit den Peripheriegeräten, verwaltet die Dateien und Programme und stellt eine (häufig grafische) Benutzerschnittstelle zur Verfügung (z. B. Windows, Mac OS X)

bzw. Desktop-Virtualisierung und Abbildung 9.10-34 zeigt das Prinzip.

Mittlerweile versuchen traditionelle Anbieter von Servervirtualisierungslösungen ihr Produktportfolio auf diesem Gebiet zu erweitern, in einem zentralen Punkt für Administrationsaufgaben zu verankern und idealerweise Gesamtpakete zu vermarkten. Letztlich lassen sich so Rechnercluster oder hochgerüstete Einzelserver optimal auslasten und warten.

Virtuelle Desktops erlauben die Nutzung nahezu beliebiger Endgeräte, da viele Betriebssysteme mit der notwendigen Client-Software unterstützt werden (u.a. Windows 7/8/10, Windows Mobile/Phone, Mac OS-X, IOS, Android oder Linux). Damit kann man dann auf einem Tablet-PC oder gar einem Smartphone indirekt Windows mit den originären Anwendungsprogrammen nutzen. Häufig setzen KIS-Systeme ein eigenständiges Windows-Client-Programm ein und über die indirekte Nutzung von Windows über eine Virtual-Desktop-Lösung kann der Standard-Windows-Client weiter genutzt werden und es bedarf keiner Neuprogrammierung einer Client-Anwendung für das eigentliche Betriebssystem des mobilen Endgerätes (z.B. Android oder IOS). Gerade ältere und weniger verbreitete Client-Server-Lösungen im Krankenhaus haben nur einen Client und dieser läuft technisch gesehen nur auf der Basis von Windows XP/Vista/7. Ob allerdings eine auf Tastatur- und Mausbedienung ausgelegte Client-Lösung ohne Einschränkungen auf einem Tablet-PC effektiv nutzbar ist, ist eine andere Frage. Ein weiterer Vorteil liegt darin, dass die gewohnte Windows-Netzwerkumgebung mit dem eigenen Benutzerprofil (z.B. Desktop-/Browsereinstellungen) auch auf dem virtuellen Desktop genutzt wird und man so auf jedem Client-System ortsunabhängig immer die gleiche Arbeitsumgebung mit seinen Daten und Programmen antrifft.

9.10.6.3
Cloud-Computing

Ein weiterer Ansatz mit dem Ziel, zentrale IT-Ausgaben zu senken, könnte die Nutzung von Cloud-Angeboten sein. Nach der Definition der European Network and Information Security Agency (ENISA) kann Cloud-Computing wie folgt beschrieben werden:

> „Cloud Computing ist ein Modell, das es erlaubt, bei Bedarf jederzeit und überall bequem über ein Netz auf einen geteilten Pool von konfigurierbaren Rechnerressourcen (z.B. Netze, Server, Speichersysteme, Anwendungen und Dienste) zuzugreifen, die schnell und mit minimalem

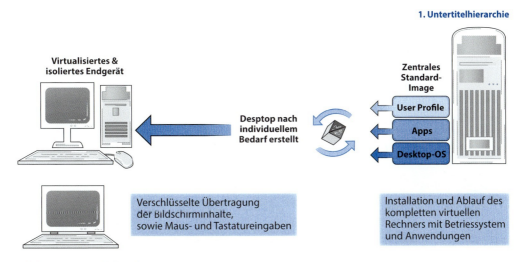

Abbildung 9.10-34: Grundprinzip des virtuellen Desktops (Quelle: Eigenerstellung)

Managementaufwand oder geringer Serviceprovider-Interaktion zur Verfügung gestellt werden können." (Grance et al., 2011: 2, übersetzt vom Autor)

Das Bundesamt für Sicherheit in der Informationstechnik (BSI) verwendet folgende Definition:

„Cloud Computing bezeichnet das dynamisch an den Bedarf angepasste Anbieten, Nutzen und Abrechnen von IT-Dienstleistungen über ein Netz. Angebot und Nutzung dieser Dienstleistungen erfolgen dabei ausschließlich über definierte technische Schnittstellen und Protokolle. Die Spannbreite der im Rahmen von Cloud Computing angebotenen Dienstleistungen umfasst das komplette Spektrum der Informationstechnik und beinhaltet unter anderem Infrastruktur (z. B. Rechenleistung, Speicherplatz), Plattformen und Software." (BSI, 2015)

In einer Cloud-Umgebung teilen sich viele Anwender gemeinsame Ressourcen, die deshalb mandantenfähig sein muss (z. B. Nutzung einer Softwarelösung wie SAP R/3 oder ERP6 für den Krankenhausverwaltungsbereich) (Abb. 9.10-35). Dabei werden nur die Ressourcen bezahlt, die auch tatsächlich in Anspruch genommen wurden (Pay per Use Model), wobei es auch Flatrate-Modelle geben kann (Tab. 9.10-9).

Vor- und Nachteile des Cloud Computing:
+ Skalierbarkeit, Flexibilität
+ breites Angebot an Anwendungen mit Test-/Evaluationsmöglichkeit
+ Kosten
+ aktueller Stand der Softwaresystemtechnik
+ geringerer Administrationsaufwand und weniger Bedarf an Systembetreuungspersonal
− Zuverlässigkeit/Verfügbarkeit der Anbietersysteme?
− (alleinige) Kontrolle über Daten geht verloren
− Datenschutz.

Bei der Anwendung im Gesundheitsbereich hat die Arztpraxis bzw. das Krankenhaus allerdings

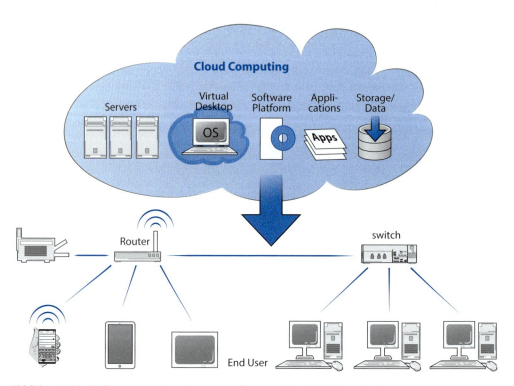

Abbildung 9.10-35: Prinzip des Cloud Computing (Quelle: TECHEAZY.COM, 2015)

Tabelle 9.10-9: Merkmale von Cloud-Computing-Angeboten (Quelle: Eigenerstellung)

Dienstepaket	Leistungen/Services	Beispiele
SaaS (Software as a Service)	Anwendung	ERP-Software, KIS, Customer-Relationship-Management-Software (CRM) u.a.
PaaS (Platform as a Service)	Laufzeitumgebung	JAVA, PHP o.Ä.
	Integrationssystem	SOAP, EJB o.Ä.
	Datenbanken	Datenbanksoftwaresystem (z.B. MS-SQL-Server, Oracle)
IaaS (Infrastructure as a Service)	Server-Software	Betriebssystem
	Virtualisierung	Ggf. Virtualisierung kompletter Systeme
	Server-Hardware	Hardware-Infrastruktur
	Speicher	Speicher-Subsystem/Backup-Lösung
	Netze	Hardware-Infrastruktur

eine besondere Verantwortung für Patientenbehandlungsdaten; die gesetzlichen Regelungen erlauben z. Zt. kaum einen Einsatz cloud-basierter Anwendungssysteme (z.B. in einem KIS).

9.10.6.4
Einsatz von Rechnernetzen

Verbundarten bei Rechnernetzen:
- *Datenverbund:* An verschiedenen Stellen gespeicherte Daten werden allen Benutzern zugänglich gemacht.
- *Betriebsmittelverbund:* Nutzung spezieller Peripheriegeräte, ohne dass diese an jedem Ort physisch verfügbar sein müssen
- *Funktionsverbund:* Aufteilung bestimmter Funktionen, die ein Rechner allein nicht erbringen kann.
- *Lastverbund:* Ausgleich von Kapazitätsbedarfsspitzen
- *Kommunikationsverbund:* An- und Verbindung örtlich getrennter Benutzer zum Zwecke des Nachrichtenaustauschs
- *Leistungsverbund:* parallele Verarbeitung auf mehreren Rechnern möglich
- *Verfügbarkeitsverbund:* Sicherstellung, dass das Gesamtsystem auch bei Ausfall einzelner Komponenten in vollem Funktionsumfang betriebsfähig bleibt.

Klassische Netzwerkbetriebssysteme, Server und deren Dienste...
- ... bieten Dienstleistungen (z.B. Anmeldedienste/Authentifizierung).
- ... bieten Speicherplatz (Daten-/Dateiserver).
- ... verarbeiten Daten (Applikationsserver oder „number cruncher").
- ... bieten Druck- und Fax-Dienste (Druck- und Faxserver).
- ... verbinden Netze (Kommunikationsserver wie Mail und Web).

Wichtige Komponenten eines Netzwerks:
- Hardware
  - Netzwerkanbindung der Rechner (Netzwerkkarte, zentrale Komponenten wie Router, Switch etc.)
  - Übertragungsmedien (z.B. Kabel, WLAN)
- Software
  - Protokolle, Standards, Normen (Kommunikationsstandards, TCP/IP etc.)
  - Betriebs-, Netz- und Anwendungssoftware.

Ein Kommunikationsstandard ist ein Regelwerk, das eine effektive und sichere Kommunikation zwischen verschiedenen Kommunikationspartnern gewährleisten soll, zum Beispiel für Schnittstellen (V. 24, RS232) oder Zugriffsmethoden (CSMA/CD, TokenRing). Ein Standard muss (weltweit) akzeptiert sein und wird von zuständigen Institutionen genormt (DIN, ISO, IEEE) oder es wird aufgrund intensiver Nutzung ein Quasi-Standard (z.B. ODBC) festgelegt. Ein (Kommunikations-)Protokoll umfasst alle Vereinbarungen, Verabredungen und Regeln, die zur Abwicklung der Kommunikation zwischen Partnern zu beachten sind (Abb. 9.10-36).

Die Einteilung von Netzen zeigt Tabelle 9.10-10.

Virtual Private Network (dt. virtuelles privates Netz, VPN):
- Ein VPN dient der Einbindung von Geräten eines benachbarten Netzes in das eigene Netz.
- Ein VPN funktioniert weitgehend unabhängig von der physikalischen Topologie und den verwendeten Netzwerkprotokollen, auch zwischen zwei vollkommen unterschiedlichen Netzwerken.
- Gegenüber anderen Tunnelarten eines TCP/IP-Netzes zeichnet sich der VPN-Tunnel dadurch aus, dass er unabhängig von höheren Protokollen (HTTP, FTP etc.) sämtliche Netzwerkpakete weiterleitet (Abb. 9.10-37). Auf diese Weise ist es möglich, den Datenverkehr zweier Netzkomponenten praktisch uneingeschränkt durch ein anderes Netz zu transportieren, weshalb sogar komplette Netzwerke über VPN miteinander verbunden werden können.

VPN-Anwendungsszenarien (vgl. BSI, 2009:7):
- Client-Server-Lösungen (End-to-End) finden meist Anwendung bei der Nutzung einzelner Programme oder Dienste. Typische Anwendungen sind der Zugriff auf einzelne Datenbanken und auf Terminalserver. Die Verbindung wird stets vom Client initiiert.
- Bekommt der Client Zugriff auf das interne Netz (LAN) der Institution, spricht man von

Protokoll	Port	Beschreibung
HTTP	80	Webseiten
SMTP	25	E-Mail-Versand
POP3	110	E-Mail-Empfang
FTP	20/1	Dateitransfer
IMAP	143	E-Mail-Empfang
IRC	194	Chat
HTTPS	443	Webseiten, verschlüsselt

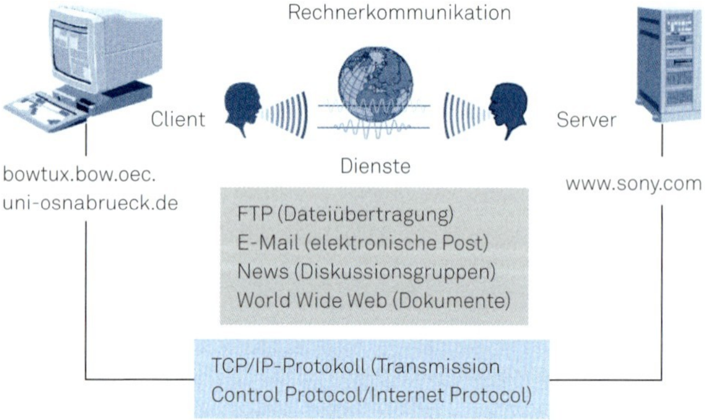

Abbildung 9.10-36: Protokolle und Dienste im Internet (Quelle: Eigenerstellung)

Tabelle 9.10-10: Einteilung von Netzen... (Quelle: Eigenerstellung)

... nach regionaler Ausdehnung	... nach Netzwerktopologie
• Local Area Networks (LAN): auf ein Betriebsgelände/Grundstück beschränkt • Wide Area Networks (WAN): öffentliche Netze, über Festnetze/Funknetze • Metropolitan Area Network: Hochgeschwindigkeitsnetze in Großstädten und Ballungsräumen • Global Area Network über Kontinente, ggf. mit Satelliten	• Grundformen gebräuchlicher Netzwerktopologien: – Ringstruktur – Sternstruktur – Busstruktur – vermaschte Struktur

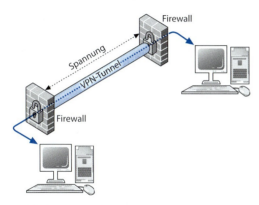

Abbildung 9.10-37: Funktionsweise von VPN-Verbindungen (Quelle: Eigenerstellung)

Client-LAN-Zugriff (Client-to-Site). Der Nutzer verwendet Anwendungen und Daten in der gleichen Weise wie ein Nutzer im internen Netz.
- Ein LAN-LAN-Zugriff (Site-to-Site) bezeichnet die Kopplung zweier Netze. So können beispielsweise Dienste und Anwendungen gemeinsam genutzt oder auch der volle Zugriff auf das andere Netz ermöglicht werden.

Literatur

Bärwolff, H.; Victor, F.; Hüsken, V. (2006): IT-Systeme in der Medizin. Wiesbaden, Friedrich Vieweg & Sohn.

Binner, H. F. (2006): Systematisches Vorgehensmodell zur einfachen und schnellen KIS/OP-Systemeinführung in 3 Phasen. Vortrag auf der 51. Jahrestagung der Deutschen Gesellschaft für Medizinische Informatik, Biometrie und Epidemiologie, 10.–14. 09. 2006 in Leipzig; DOC06gmds005/20060901/. Hannover, CIM house GmbH.

BITKOM- Bundesverband Informationswirtschaft, Telekommunikation und neue Medien e.V./ Fraunhofer-Institut für System- und Innovationsforschung ISI (Hrsg.) (2012): Gesamtwirtschaftliche Potenziale intelligenter Netze in Deutschland. Berlin/Karlsruhe.

Brauer, E. (2010): Haben Kommunikationsserver eine Zukunft? In: Wehrs, H. (Hrsg.): Krankenhaus-IT, Ausgabe 4/2010, Dietzenbach, S. 53–54.

Brauer, E.: Was müssen Kommunikationsserver zukünftig bieten? In Wehrs, H. (Hrsg.): Krankenhaus-IT, Ausgabe 5/2010, Dietzenbach, S. 34

Bundesamt für Sicherheit in der Informationstechnik (BSI) (Hrsg.) (2009): Virtuelles Privates Netz (ISi-VPM), BSI-Leitlinie zur Internet-Sicherheit (ISi-L). Bonn.

Bundesamt für Sicherheit in der Informationstechnik (BSI) (Hrsg.): Cloud Computing Grundlagen. https://www.bsi.bund.de/DE/Themen/CloudComputing/Grundlagen/Grundlagen_node.html [Zugriff: 04.08.2015].

Bundesministerium für Gesundheit (Hrsg.) (2013): Abschlussbericht zur Studie Unterstützung Pflegebedürftiger durch technische Assistenzsysteme. Berlin.

Bundestags-Drucksache 18/5293 (2015) vom 22.06. 2015: Entwurf eines Gesetzes für sichere digitale Kommunikation und Anwendungen im Gesundheitswesen. Berlin.

Caumann, J. (Fraunhofer-Institute für Software und Systems Engineering – ISST und Verein elektronische FallAkte e.V.) (2011): EFA-in-a-Box, Leitfaden für Kliniken. Berlin/Dortmund.

Deloitte und Touche GmbH, Wirtschaftsprüfungsgesellschaft (Hrsg.) (2014): Perspektive E-Health Consumer-Lösungen als Schlüssel zum Erfolg? Düsseldorf, Deloitte und Touche GmbH.

Deutsches Institut für Medizinische Dokumentation und Information – DIMDI (Hrsg.) (2010): Basiswissen Kodieren. Köln.

eFA e.V. (Hrsg.) (2015a): Die Elektronische Fallakte. http://www.fallakte.de/index.php/ueber-efa [Zugriff: 08.08.2015].

eFA e.V. (Hrsg.) (2015b): Die Elektronische Fallakte. http://www.fallakte.de/index.php/startseite/8-efa/14-datenschutz-und-sicherheit [Zugriff: 08.08.2015].

Europäische Kommission (Hrsg.): Aktionsplan für elektronische Gesundheitsdienste 2012–2020 – innovative Gesundheitsfürsorge im 21. Jahrhundert. COM(2012) 736 final, 2012, Brüssel.

Europäische Kommission (Hrsg.) (2014): GRÜNBUCH über Mobile-Health-Dienste („mHealth") (SWD 135 final). Brüssel.

Eysenbach, G. (2001): What is e-health? Journal of Medical Internet Research, 3 (2): e20.

Friedrich, U.-B.; ARGE SaximediCard (Hrsg.) (2009): Abschlussbericht – Release 1. SaxMediCard-Testregion Sachsen. Dresden, AOK Plus.

gematik (Hrsg.) (2008): Konnektorspezifikationen, Version 2.10.0, Berlin, gematik, Gesellschaft für Telematikanwendungen der Gesundheitskarte mbH.

gematik (Hrsg.) (2012): Für ein Gesundheitswesen mit Zukunft. Die elektronische Gesundheitskarte.

Berlin. gematik, Gesellschaft für Telematikanwendungen der Gesundheitskarte mbH.

gematik (Hrsg.) (2014): Aktuelles zum Aufbau der Telematikinfrastruktur. Berlin, gematik, Gesellschaft für Telematikanwendungen der Gesundheitskarte mbH.

gematik (Hrsg.) (2015): Architektur der TI-Plattform, Version 1.5.0, Berlin, gematik, Gesellschaft für Telematikanwendungen der Gesundheitskarte mbH.

Grance, T.; Mell, P. (2011): The NIST Definition of Cloud Computing, NIST Special Publication 800-145. Gaithersburg, National Institute of Standards and Technology, S. 2.

Gulova, V. (2012): Pflegeinformatik: Die Rolle der Informations- und Kommunikationstechnologien in der Gesundheits- und Krankenpflege. Hamburg, Disserta.

Günther, U.; Redmann, J. (2008): Prozessnutzen durch die Einführung einer Elektronischen Patientenakte, in: Wehrs, H. (Hrsg.): Krankenhaus-IT-journal, Ausgabe 4/2008, Dietzenbach, S. 26–28.

Haas, P. (2005): Medizinische Informationssysteme und Elektronische Krankenakten. Berlin, Heidelberg, New York, Springer.

Haas, P. (2006): Gesundheitstelematik. Berlin, Heidelberg, New York, Springer.

Häckl, D. (2010): Neue Technologien im Gesundheitswesen. Wiesbaden, Gabler Springer Fachmedien.

Hannah, K.; Ball, M.; Edwards, M.; Hübner, U. (2002): Pflegeinformatik. Berlin, Springer.

Haubrock, M.; Schär, W. (2009): Betriebswirtschaft und Management in der Gesundheitswirtschaft. Bern, Hans Huber.

Haux, R.; Ammenwerth, E.; Buchauer, A. (Redaktion); Abteilung Medizinische Informatik, Institut für Medizinische Biometrie und Informatik Universität Heidelberg (Hrsg.) (2001): Anforderungskatalog für die Informationsverarbeitung im Krankenhaus, Version 1.0. Gefördert von der Deutschen Forschungsgemeinschaft (DFG), erstellt auf Initiative ihrer Kommission für Rechenanlagen (KfR) Version: Januar 2001 (1.0b). Redaktion: Abteilung Medizinische Informatik, Institut für Medizinische Biometrie und Informatik, Universität Heidelberg.

Haux, R.; Winter, A.; Ammenwerth, E.; Brigl, B. (2004): Strategic Information Management in Hospitals. New York, Springer.

HL7 Deutschland e.V. (Hrsg.) (2015): HL7 Version 2.x. http://hl7.de/themen/hl7-v2x-nachrichten/ [Zugriff: 21.08.2015].

HL7 Deutschland e.V. (Hrsg.): Statisches CDA R2-Modell, http://wiki.hl7.de/index.php/cdapath:Statisches_Modell, 2015 [Zugriff: 28.08.2015].

HL7 Deutschland e.V. (Hrsg.): Aufbau-CDA-Arztbrief, http://wiki.hl7.de/index.php?title=IG:Arztbrief_2014, 2014 [Zugriff: 28.08.2015].

Hübner, U.; Elmhorst, M. (Hrsg.) (2008): eBusiness in Healthcare. London, Springer.

Hübner, U.; Liebe, J.; Straede, M.; Thye, J. (2014): IT-Report Gesundheitswesen – Schwerpunkt IT-Unterstützung klinischer Prozesse. Schriftenreihe des Niedersächsischen Ministeriums für Wirtschaft, Arbeit und Verkehr, Osnabrück, Hannover.

InEK GmbH – Institut für das Entgeltsystem im Krankenhaus (Hrsg.) (2010): G-DRG Version 2010, Definitionshandbuch, Band 1 (DRGs A01A-F98Z). Siegburg, InEK GmbH.

Institut für Demoskopie Allensbach (Hrsg.) (2010): Der Einsatz von Telematik und Telemedizin im Gesundheitswesen, Ergebnisse einer Repräsentativbefragung von niedergelassenen und Krankenhausärzten im April/Mai 2010. Allensbach.

Johner, Chr.; Haas, P. (Hrsg.) (2009): Praxishandbuch IT im Gesundheitswesen. München, Carl Hanser.

Laux, H. (2009): Dokumentations- und Informationsverarbeitung in der Gesundheitswirtschaft, in: Haubrock, M.; Schär, W. (Hrsg.) (2009): Betriebswirtschaft und Management in der Gesundheitswirtschaft, 5. Auflage. Bern, Hans Huber.

Lowitsch, V. (2014): EFA – Die Lösung für intersektorale Kommunikation, Folie 29. Verein Elektronische FallAkte e.V., c/o Universitätsklinikum Aachen, Präsentation 14.01.2014.

Lux, Th.; Raphael, H.: Prozessorientierte Krankenhausinformationssysteme, in: Haas, P.; Meier, A.; Sauerburger, H. (Hrsg.) (2009): HMD – Praxis der Wirtschaftsinformatik, Band 269, 46. Jahrgang, Oktober, S. 70–78.

Mau, J. (2011): Zum Wachstum verdammt, in: Ekkernkamp, A.; Gerster, F.; Nappkma, B. (Hrsg.): kma, März, 16. Jg., S. 36–43.

Medizinische Hochschule Hannover, Abteilung Epidemiologie Sozialmedizin und Gesundheitssystemforschung (2015): Patientenuniversität an der Med. Hochschule Hannover. http://www.patienten-universitaet.de/content/gesundheitsbildung-für-jedermann [Zugriff: 10.08.2015].

N.N. (2011): 81. Konferenz der Datenschutzbeauftragten des Bundes und der Länder am 17.03.2011: Orientierungshilfe – Datenschutzkonforme Gestaltung und Nutzung von Krankenhausinformationssystemen. Bonn, Arbeitskreise Gesundheit und

Soziales sowie Technische und organisatorische Datenschutzfragen der Konferenz der Datenschutzbeauftragten des Bundes und der Länder (Hrsg.).

N. N. (2015): An Introduction to Data Warehousing & Related Topics. http://www.bidwbooks.com/an-intrduction-to-data-warehousing-related-topics/ [Zugriff: 20.08.2015].

N. N. (2015): Patientenuniversität an der Med. Hochschule Hannover. http://www.patienten-universitaet.de/content/gesundheitsbildung-für-jedermann [Zugriff: 10.08.2015].

Open IT Solutions (2015): Server based computing. http://www.openit.at/index.php?idcat=10 [Zugriff: 27.08.2015].

Prokosch, H.-U. (2006): Krankenhausinformationssysteme als Architekturpfeiler des eHealth, in: Haas, P.; Meier, A.; Sauerburger, H. (Hrsg.): HMD – Praxis der Wirtschaftsinformatik, Band 251, 43. Jahrgang, Oktober, S. 42–53.

Scherenberg, V.; Kramer, U. (2013): Schöne neue Welt: Gesünder mit Health-Apps? In: Strahlendorf, P. (Hrsg.): Jahrbuch Healthcare Management 2013. Hamburg, New Business Verlag, S. 115–119.

TECHEAZY.COM (2015): Cloud Computing and Virtualization technology – What's the difference? http://www.techeazy.com/cloud-computing-and-virtualization-technology-whats-the-difference/ [Zugriff: 27.08.2015].

Treutlein, P.; Sontow, K. (2013): ERP-Evaluation – Eine Investitionsentscheidung und wie man sie sicher gestaltet. Aachen Trovarit AG, S. 1–5.

Trill, R. (2002): Informationstechnologie im Krankenhaus. Neuwied, Kriftel, Hermann Luchterhand.

Verband der Hersteller von IT-Lösungen für das Gesundheitswesen – VHITG (Hrsg.) (2007): Addendum zum Arztbrief V1.50 auf Basis der HL7 Clinical Document Architecture Release 2 für das Deutsche Gesundheitswesen, Darstellung Medikation – Implementierungsleitfaden – Version 1.00, Stand: 02.07.2007. http://www.bvitg.de/arztbrief.html?-file=tl_files/public/downloads/publikationen/arztbrief/Leitfaden-VHitG-Arztbrief-v150.pdf [Zugriff: 30.08.2015].

Zentrum für Telematik im Gesundheitswesen GmbH – ZTG (Hrsg.) (2011): Elektronische Akten im Gesundheitswesen, Ergebnisse des bundesweiten Arbeitskreises EPA/EFA. Bochum.

Zwicker, F. (2009): Ubiquitous Computing im Krankenhaus. Wiesbaden, Gabler-GWV Fachverlage.

10 Steuerungsinstrumente zur Realisierung der Unternehmensziele

10.1 Kennzahlensysteme

Manfred Haubrock

10.1.1 Vorbemerkungen

Die Schwächen traditioneller finanzorientierter Steuerungskonzepte, die auf Zahlen aus dem Rechnungswesen basieren, sind seit Jahren bekannt und Gegenstand zunehmender Kritik. So werden zum Beispiel folgende Punkte bemängelt:
- Vernachlässigung nichtmonetärer Größen
- fehlende Anbindung an die Unternehmensstrategie
- zu starke Vergangenheitsorientierung
- Kurzfristigkeit
- nur gering ausgeprägte Kundenorientierung
- falsch gesetzte Anreizpunkte.

Aufbauend auf diesen Defiziten gab es seit Ende der 1980er-Jahre Überlegungen zur Schaffung neuer Konzepte. In diesem Zusammenhang wurde 1992 von Kaplan und Norton das Konzept der Balanced Scorecard entwickelt.

Die Grundidee der Balanced Scorecard ist es, eindeutige Verbindungen zwischen der Vision, den Zielen und Strategien einer Unternehmung und den operativen Handlungen herzustellen. Hierzu werden unter anderem die strategischen finanziellen Perspektiven über Ursache-Wirkungs-Beziehungen mit den für die Kunden jeweils relevanten Leistungsperspektiven, mit den internen Prozessaspekten und mit den Lern- und Entwicklungsperspektiven verknüpft. Die Balanced Scorecard ist somit als ein innovatives Konzept zu verstehen, das die Vision sowie die Ziele und Strategien des Unternehmens für den jeweils betroffenen Mitarbeiter operationalisierbar macht.

10.1.2 Traditionelle Kennzahlen und Kennzahlensysteme

10.1.2.1 Begriffliche Abgrenzungen

Für Kennzahlen gibt es verschiedene Definitionen, die sich im Laufe der Zeit geändert haben. Eine begriffliche Abgrenzung, die die Funktionen von Kennzahlen gut darstellt, lautet wie folgt: „Kennzahlen werden als jene Zahlen betrachtet, die quantitativ erfassbare Sachverhalte in konzentrierter Form erfassen." (Reichmann, 1995: 19).

Hieraus ergeben sich die folgenden wichtigen Eigenschaften einer Kennzahl (Reichmann, 1995):
- *Informationscharakter:* Kennzahlen sollen es ermöglichen, die wichtigen Sachverhalte und Zusammenhänge zu beurteilen.
- *Quantifizierbarkeit:* Durch Kennzahlen sollen die Sachverhalte und Zusammenhänge in einem metrischen Skalensystem gemessen werden, um genaue Rückschlüsse und Entscheidungen zu ermöglichen.
- *spezifische Form der Information:* Kennzahlen sollen einen schnellen und umfassenden Überblick über komplizierte Strukturen und Prozesse schaffen.

Kennzahlen werden folglich als Messgrößen betrachtet, die interne und externe Sachverhalte in verdichteter und quantitativ messbarer Form erfassen und wiedergeben (Horvath, 1998: 547). Mit der Verdichtung von Informationen, die zur Unternehmenssteuerung und -analyse ermittelt werden, wird eine erhöhte Transparenz geschaffen, um komplexe und überbetriebliche Vorgänge schnell und relativ einfach vermitteln zu können. Kennzahlen können sowohl für den innerbetrieblichen als auch für den zwischenbetrieblichen Vergleich herangezogen werden (Aichele, 1997: 73).

Mithilfe von Kennzahlen können unternehmensbezogene Umstände und Abweichungen ständig kontrolliert und ggf. berichtigt werden. Demzufolge übernehmen Kennzahlen nicht nur Informationsaufgaben, sie bilden vielmehr auch die Grundlage für Planungs-, Entscheidungs- und Kontrollaufgaben.

10.1.2.2
Kennzahlenarten

Kennzahlen können sowohl absolute Zahlen als auch Verhältniszahlen (relative Zahlen) sein. Die Verhältniszahlen werden unterteilt in Gliederungs-, Beziehungs- und Indexzahlen. Abbildung 10.1-1 soll die Kennzahlenarten grafisch veranschaulichen.

Absolute Zahlen werden unabhängig von einer anderen Zahlengröße abgebildet. Sie können als Einzelzahl (z.B. Umsatz), als Summe (z.B. Bilanzsumme) oder als Differenz (z.B. Gewinn) dargestellt werden. Eine absolute Zahl hat für sich alleine keine Aussagekraft. Erst wenn diese isolierten Zahlen mit anderen Daten verglichen werden, erhalten sie eine Bedeutung und erfüllen somit die Definition einer Kennzahl. In diesem Zusammenhang sind besonders der Zeitvergleich, der Soll-Ist-Vergleich oder der Betriebsvergleich zu nennen.

Verhältniszahlen sind relative Größen, bei denen Sachverhalte in Beziehung zueinander gesetzt werden. Dies geschieht durch Quotientenbildung. Die Verhältniszahlen werden ihrerseits noch einmal in Gliederungs-, Beziehungs- und Indexzahlen unterteilt.

Gliederungszahlen geben den Anteil einer Teilmenge an einer Gesamtgröße wieder. Sie stellen eine Beziehung zwischen gleichartigen Zahlen derselben Grundgesamtheit her. Die Ergebnisse werden oft in prozentualer Form dargestellt.

Beziehungszahlen setzen gleichwertige, inhaltlich aber nicht gleichartige Zahlen, bei denen eine Ursache-Wirkungs-Beziehung vermutet wird, ins Verhältnis (z.B. Jahresumsatz : durchschnittlich investiertes Kapital). Eine sachliche Verknüpfung muss allerdings vorhanden sein, um eine informative Aussage liefern zu können.

Indexzahlen setzen inhaltlich gleichartige Zahlen, die aber zeitliche Unterschiede aufweisen, zueinander in Beziehung. Sie sind Messzahlen, mit denen man die zeitliche Veränderung von Größen veranschaulichen kann. Als Beispiel kann man den Preisindex oder den Lohnkostenindex aufführen.

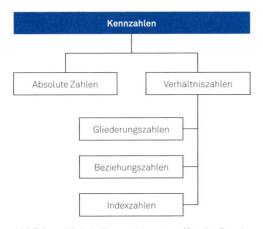

Abbildung 10.1-1: Kennzahlenarten (Quelle: Dreckmann/Piek, 2004: 5)

10.1.2.3
Kennzahlen als Vergleichszahlen

Eine informative Aussage über eine Kennzahl ist erst dann möglich, wenn diese mit anderen

verglichen wird. Hierbei werden die folgenden vier Vergleichsarten unterschieden (Schierenbeck, 1999: 621):
- Betriebsinterne Kennzahlen aus einer vorangegangenen Periode werden als Vergleichszahlen herangezogen (*Zeitvergleich/betriebsintern*).
- Interne Kennzahlenwerte dienen als Vergleich von Soll-Werten, die über- oder unterschritten werden können (*Soll-Ist-Vergleich/betriebsintern*).
- Kennzahlen gleicher Perioden aus Teilbereichen des Unternehmens werden verglichen (*Teilbereichsvergleich/betriebsintern*).
- Kennzahlen einer Periode dienen als Vergleichszahlen mit anderen Unternehmen (*Betriebsvergleich/betriebsextern*).

Im Rahmen des innerbetrieblichen Zeitvergleichs werden gleichartige Kennzahlen aus unterschiedlichen Zeitperioden gegenübergestellt. Das Ergebnis spiegelt beispielsweise die Entwicklung einer Unternehmung im Zeitablauf wider. Der Zeitvergleich kann somit als eine Art Frühwarnsystem angesehen werden, durch das negative Entwicklungen frühzeitig erkannt und ggf. korrigiert werden können.

Der Soll-Ist-Vergleich wird ebenfalls als innerbetriebliche Vergleichsmethode eingesetzt. Den Ist-Werten werden Soll-Werte aus der gleichen Zeitperiode gegenübergestellt. Der Soll-Ist-Vergleich dient einerseits dem Planungszweck und andererseits der Kontrolle der Zielrealisierung. Mittels einer Abweichungsanalyse kann ermittelt werden, ob die unternehmerischen Zielvorgaben einer Periode erfüllt worden sind.

Kennzahlen der gleichen Periode, die aus unterschiedlichen Teilbereichen des Unternehmens stammen, werden zueinander in Beziehung gesetzt. Anhand der Ergebnisse können die Teilbereiche dann durch das Unternehmensmanagement vergleichend beurteilt werden. Für die Bereitstellung aussagekräftiger Informationen ist jedoch eine einheitliche Ermittlung der Kennzahlen notwendig.

Bei einem externen Betriebsvergleich werden die eigenen Kennzahlen mit Kennzahlen fremder Unternehmen verglichen. Der Betriebsvergleich kann zum Beispiel die Entwicklung zum direkten Wettbewerber aufzeigen. Ziel ist es, Schwächen und Stärken des eigenen Unternehmens aufzudecken und Informationen zu erhalten, mit denen die Schwachstellen beseitigt werden können. Auch hier ist es erforderlich, dass die Kennzahlen vergleichbar sind.

10.1.2.4
Grenzen der Anwendung von Kennzahlen

Die Aussagekraft einzelner Kennzahlen ist begrenzt. Eine Kennzahl für sich allein enthält nur eine Information. Erst durch das Zusammenfassen von Kennzahlen zu einem System erhöht sich der Informationsgehalt. Hinzu kommt, dass die Bewertung eines Sachverhalts anhand weniger Kennzahlen zu ungenauen oder mehrdeutigen Ergebnissen führen kann. Für eine sachgerechte und zuverlässige Analyse eines Tatbestands ist es daher notwendig, eine Vielzahl relevanter Kennzahlen heranzuziehen. Die Qualität des Informationsgehalts einer Kennzahl ist wiederum von dem zugrunde liegenden Informationssystem abhängig.

Ein weiterer Nachteil kann darin gesehen werden, dass die Unternehmensleitung Kennzahlen heranzieht, die ihren Zielvorstellungen und Ansichten am besten entgegenkommen. Des Weiteren ist die Akzeptanz von unverbundenen und unüberschaubaren Kennzahlenansammlungen sehr gering.

Aufgrund dieser Einschränkungen gelten geschlossene Systeme, in denen die einzelnen Kennzahlen untereinander kombiniert werden, als ideale „Navigationshilfen".

10.1.3
Traditionelle Kennzahlensysteme

10.1.3.1
Vorbemerkungen

Wie bereits ausgeführt, haben alleinstehende Kennzahlen nur einen begrenzten Aussagewert und können zu Fehleinschätzungen und Fehlentscheidungen führen. Folglich wurden die

Kennzahlensysteme entwickelt, um die Möglichkeiten von Fehlinterpretationen zu verringern und die Zusammenhänge zwischen einzelnen Kennzahlen zu verdeutlichen.

Unter einem **Kennzahlensystem** soll eine Zusammenstellung von Variablen verstanden werden. Hierbei stehen die einzelnen Variablen in einer sinnvollen Beziehung zueinander, sie ergänzen oder erklären sich einander und sind auf ein übergeordnetes Ziel ausgerichtet.

Ein Kennzahlensystem beschreibt folglich die Verknüpfung mehrerer Einzelkennzahlen, die sachlich zusammenhängen, sich gegenseitig ergänzen und auf ein gemeinsames Ziel ausgerichtet sind. Die Navigation durch das Kennzahlensystem erfolgt durch *verdichtete Kennzahlen*. Ein Kennzahlensystem stellt ein Instrument zur koordinierten Informationsaufbereitung dar, mit dem betriebswirtschaftliche Aussagen über ein gesamtes Unternehmen und über Unternehmensteile gemacht werden, die zu Planungs-, Entscheidungs- und Kontrollaufgaben herangezogen werden können.

An der Spitze eines Kennzahlensystems steht in der Regel ein quantifizierbares Oberziel, von dem Subziele für die Entscheidungsträger in den unterschiedlichen Managementebenen abgeleitet werden. Anwendung finden die Systeme bei der Entwicklung und dem Aufbau betriebswirtschaftlicher Modelle, indem die betrieblichen Zusammenhänge eines Unternehmens durch verdichtete Kennzahlen beschreibend dargestellt werden (Reichmann, 2001: 24).

Kennzahlensysteme lassen sich in drei verschiedene **Entwicklungsstufen** unterteilen (Heberer/Imark et al., 2002):
- *klassische Finanzkennzahlensysteme:* Hierunter fallen besonders das von DuPont entwickelte Kennzahlensystem sowie das ZVEI-Kennzahlensystem, welches das eingesetzte Kapital analysiert und zu steuern versucht.
- *Kombination monetärer und nichtmonetärer Kennzahlen:* Es handelt sich hierbei um eine Weiterentwicklung der klassischen Finanzkennzahlensysteme. Neben den klassischen finanziellen Kennzahlen werden nichtmonetäre Indikatoren berücksichtigt. Diese sollen unter anderem Aufschluss über die Teamfähigkeit und Qualifikation der Mitarbeiter, Qualität oder Innovationsfähigkeit geben. Die nichtmonetären Zahlen sollen die zunehmende Bedeutung immaterieller Produktionsfaktoren verdeutlichen.
- *Kennzahlensysteme zur strategischen Unternehmenssteuerung:* Diese Systeme wurden entwickelt, um die Ziele des Unternehmens analog zu den unterschiedlichen Kundengruppen zu definieren und umzusetzen. Bei diesen Kennzahlensystemen wird nicht ausschließlich der finanzwirtschaftliche Bereich analysiert und gesteuert, vielmehr sind Kennzahlen für die Umsetzung der unternehmensindividuellen Strategie festzulegen.

Bis in die jüngere Vergangenheit sind vorwiegend finanzielle Kennzahlensysteme zum Tragen gekommen. Basierend auf diesen Kennzahlen wurden verschiedene Modelle zur Messung unternehmerischen Handelns geschaffen. Diese Kennzahlensysteme sollen sachgerechte Informationen über die betriebliche und wirtschaftliche Lage geben und in knapper und konzentrierter Form finanz- und güterwirtschaftliche Vorgänge abbilden.

10.1.3.2
Aufbau eines Kennzahlensystems

Kennzahlen bilden die Elemente eines Kennzahlensystems, die in einer rechnerischen Beziehung und/oder einer Ordnungsbeziehung zueinander stehen. Man unterscheidet demnach das Rechensystem und das Ordnungssystem.

Grundprinzip des **Rechensystems** ist eine mathematische Zerlegung von Kennzahlen. Die rechnerische Beziehung der Kennzahlen bewirkt, dass sich Veränderungen sowohl auf vor- als auch auf nachgelagerte Kennzahlen auswirken. Somit lassen sich die ursächlichen Zusammenhänge der Kennzahlen innerhalb einer hierarchischen Struktur verdeutlichen. Als Beispiel für ein Rechensystem ist das DuPont-Kennzahlensystem zu nennen.

Das **Ordnungssystem** weist keine mathematische Verknüpfung, sondern einen sachlogischen Zusammenhang auf. Hiermit ist gemeint, dass die Beziehungen der Kennzahlen untereinander hinsichtlich ihrer Art und Wirkungsrichtung bekannt sind. Dieses System ist im Gegensatz zum Rechensystem vor allem für Tatbestände geeignet, die sich in sachlogische Ursache-Wirkungs-Ketten aufspalten lassen.

10.1.3.3
Die Funktion von Kennzahlen und Kennzahlensystemen

Kennzahlen liefern Informationen für betriebliche Planungs-, Entscheidungs- und Kontrollaufgaben. Eine besondere Stellung nehmen dabei Informationen ein, die auf ein Unternehmensziel ausgerichtet sind. Die Zielvorstellungen sind Bestandteile des **Managementsystems** eines Unternehmens. Aus den im Laufe der Planungs- und Entscheidungsphase ermittelten Daten werden Kennzahlen abgeleitet, die als Planwerte vorgegeben werden. Die Planvorgaben müssen unter ständiger Kontrolle stehen, um die Realisation der Zielvorgaben nicht zu gefährden. Zur Kontrolle werden Istkennzahlen erhoben, um durch einen Soll-Ist-Vergleich mögliche Veränderungen frühzeitig zu erkennen. Liegt eine Abweichung der Istwerte von den Sollwerten vor, so müssen entsprechende Anpassungsmaßnahmen getroffen werden.

Ein **Frühwarnsystem** sendet Signale bzw. Informationen aus, durch die Risiken rechtzeitig erkannt werden. Durch die Ermittlung potenzieller Risikofaktoren lassen sich frühzeitig Gegenmaßnahmen ergreifen. Ein wichtiges Element der Früherkennung von Risiken mithilfe von Kennzahlensystemen ist der Zeitvergleich. Durch Hochrechnen der Istwerte auf das Ende der Periode und Vergleichen der Zahlen mit den Sollwerten können schon frühzeitig Informationen über mögliche Risikoentwicklungen aufgezeigt werden (Hahn/Krystek, 2000: 81).

Neben dieser klassischen Aufgabe kann das Frühwarnsystem ergänzt werden und somit weitere Aufgaben übernehmen. Es benutzt in diesem Falle Indikatoren, die zusätzlich Informationen über mögliche Fehlentwicklungen liefern. Diese Indikatoren können wirtschaftliche, technische oder soziale Informationen enthalten. Ein wirtschaftlicher Indikator ist beispielsweise die Kodierqualität im Zuge der DRG-Einführung. Zusammen mit den betriebswirtschaftlichen Kennzahlen liefert der Indikator „Kodierqualität" Informationen über die zukünftigen Entwicklungen der Erlöse eines Krankenhauses. Die Kodierqualität ist somit für die Krankenhäuser ein wichtiger Bestandteil der Erlössituation.

10.1.3.4
DuPont-Kennzahlensystem

Eines der ältesten Kennzahlensysteme ist das DuPont-Kennzahlensystem. Es gilt als der Prototyp für die Bildung weiterer Kennzahlensysteme. Das DuPont-Kennzahlensystem existiert bereits seit 1919 und wurde von dem amerikanischen Chemiekonzern „E.I. DuPont de Nemours and Company" entwickelt.

An der Spitze dieses Systems steht der Erfolg aus investiertem Kapital, der sogenannte **Return on Investment** (ROI; Kapitalrendite). Er repräsentiert das oberste Unternehmensziel. Der Return on Investment gibt an, wie hoch der Eigenkapitalzuwachs durch das eingesetzte Kapital war. Bei der Ermittlung der ROI-Kennzahl werden Ergebnisgrößen auf das eingesetzte Kapital bezogen. Innerhalb des DuPont-Systems bildet der Ertrag aus dem investierten Kapital das oberste Unternehmensziel und steht somit an der Spitze der Kennzahlenpyramide. Auf der zweiten Ebene findet eine Zerlegung des ROI in die Bestandteile Umsatzrentabilität und Kapitalumschlag statt. Die **Umsatzrentabilität** gibt Auskunft darüber, welche Gewinnspanne mit den umgesetzten Produkten erreicht wurde. Löst man die Umsatzrentabilität auf, werden die verschiedenen Kosteneinflussgrößen sichtbar. Durch Aufspaltung des **Kapitalumschlags** erhält man z. B. Informationen über das Anlage- und Umlaufvermögen. Während die ersten beiden Ebenen Verhältniszahlen abbilden, bestehen die folgenden Ebenen aus absoluten Zahlen.

Der Return on Investment stellt somit eine Rentabilitätszahl dar. Die Rentabilitätsanalyse soll einem Unternehmen Aufschluss über den Erfolg geben. Eine Ergebnisgröße, wie zum Beispiel der Gewinn, der als absolute Zahl abgebildet wird, lässt noch keine Aussage über seine Bedeutung zu, da die verursachenden Einflussfaktoren nicht bekannt sind. Rentabilitätskennzahlen setzen daher eine Ergebnisgröße (Gewinn, Jahresabschluss etc.) in Beziehung zu einer Einflussgröße.

Ausgehend von diesem obersten Unternehmensziel wird die Kennzahl des ROI auf nachfolgenden Stufen von anderen Kennzahlen gestützt. Es werden auf den unteren Ebenen weitere Kennzahlen entwickelt, durch deren Beeinflussung und Steuerung das investierte Kapital maximiert werden soll. Abbildung 10.1-2 soll diesen Sachverhalt verdeutlichen.

Das systematische Herunterbrechen des obersten Unternehmensziels auf die einzelnen hierarchischen Ebenen ermöglicht eine Analyse der Einflussfaktoren des Unternehmensergebnisses. Das DuPont-System dient in erster Linie der unternehmensbezogenen Kennzahlenanalyse.

10.1.3.5
ZVEI-Kennzahlensystem

Das ZVEI-Kennzahlensystem stellt eine Weiterentwicklung des DuPont-Systems dar. Es wurde vom Zentralverband der elektrotechnischen In-

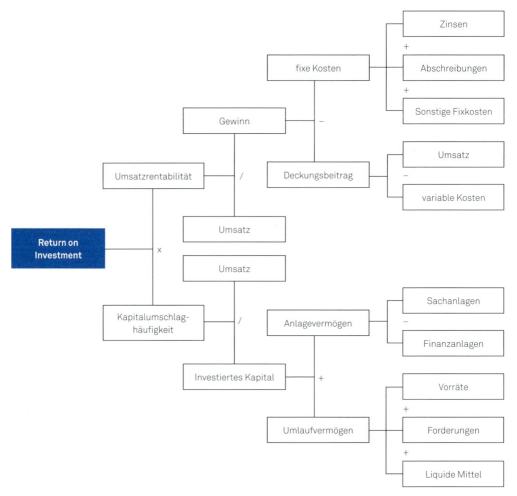

Abbildung 10.1-2: Das Dupont-Kennzahlensystem (Quelle: Eigenerstellung in Anlehnung an Kistner/Steven, 1997: 408)

dustrie (ZVEI) entworfen. Sein oberstes Ziel ist die Ermittlung der Effizienz eines Unternehmens. Die Idee des ZVEI-Kennzahlensystems liegt hierbei darin, zum Beispiel sowohl die Rentabilität und die Liquidität zu steuern als auch die Möglichkeit zur internen und externen Unternehmensanalyse zu schaffen.

Als Instrument für die Unternehmenssteuerung soll es Kennzahlen bereitstellen, anhand derer sich die messbaren Ziele des Unternehmens darstellen lassen und die Zielerreichung über Kennzahlen gesteuert werden kann. Hierzu werden 210 Kennzahlen verwendet, von denen 88 als sogenannte Hauptkennzahlen mit eigener Aussagekraft auftreten. Die restlichen 122 Hilfskennzahlen dienen hauptsächlich zur Verknüpfung der Hauptkennzahlen.

Im Rahmen von Zeit- und Betriebsvergleichen sollen durch die Unternehmensanalysen Rückschlüsse auf die Lage des Unternehmens ermöglicht werden. Bei dem ZVEI-Kennzahlensystem wird zwischen der Wachstums- und der Strukturanalyse unterschieden. Bei der **Wachstumsanalyse** werden aktuelle Werte mit Kennzahlen aus vergangenen Perioden verglichen. Die **Strukturanalyse** stellt den Kern des ZVEI-Kennzahlensystems dar. Die **Eigenkapitalrentabilität** stellt die Spitzenkennzahl dar. Im Rahmen der Strukturanalyse wird daher versucht, Informationen aus dem betrieblichen Rechnungswesen auf verschiedenen Ebenen zu strukturieren und zu verdichten, um hierdurch die Eigenkapitalrentabilität zielorientiert zu beeinflussen. Abbildung 10.1-3 verdeutlicht die Grundzüge des ZVEI-Kennzahlensystems.

10.1.3.6
Grenzen finanzieller Kennzahlensysteme

Die Mehrzahl der bisher entwickelten und in der Praxis eingesetzten Kennzahlensysteme basiert auf den klassischen Finanzkennzahlensystemen. Diese Systeme sind unter anderen Wirtschafts- und Wettbewerbsbedingungen entwickelt worden. Den heutigen Ansprüchen werden sie nicht mehr gerecht. Die Wettbewerbsbedingungen unterscheiden sich grundlegend von denen früherer Zeiten. So führen zum Beispiel die zunehmende Globalisierung, die Marktsegmentierung und die Deregulierungen dazu, dass sich Unternehmen zunehmend damit auseinandersetzen müssen, neue

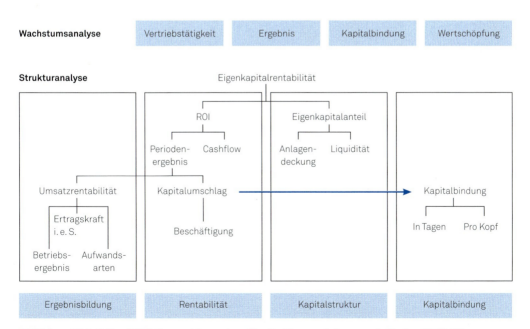

Abbildung 10.1-3: Das ZWEI-Kennzahlensystem (Quelle: Eigenerstellung nach Gladen, 2003: 98)

Ideen und Konzepte zu verwirklichen, um im Wettbewerb bestehen zu können. Daher muss sich ein Unternehmen auch strategisch auf die vielfältigen zukünftigen Herausforderungen einstellen können. Die finanziellen Kennzahlensysteme sind dazu nicht geeignet, da sie überwiegend operativ ausgerichtet und vergangenheitsorientiert sind. Finanzkennzahlen lassen nur in einem geringen Umfang auf zukünftige Entwicklungen schließen und zeigen zudem nur selten die Ursachen für bestimmte Unternehmensentwicklungen auf.

Durch diese Kennzahlensysteme werden falsche Anreizpunkte gesetzt. Der wesentliche Schwachpunkt der traditionellen Systeme ist darin zu sehen, dass die sogenannten „weichen Faktoren", also die nichtfinanziellen Kennzahlen, bei der Steuerung und Entwicklung eines Unternehmens gar nicht oder kaum berücksichtigt werden. Diese „weichen Faktoren" werden aber in der heutigen Zeit für die optimale Steuerung der Unternehmungen immer wichtiger. So werden speziell in Deutschland nichtfinanzielle Kennzahlen in den Unternehmen kaum erfasst (Horvath & Partner, 2000: 3).

10.1.4
Innovative Performance-Measurement-Systeme

Die Schwächen traditioneller finanzorientierter Steuerungskonzepte sind seit Jahren bekannt und Gegenstand zunehmender Kritik (Tab. 10.1-1).

Aus den vorgenannten Gründen ist es notwendig, eine integrierte, ganzheitliche und unternehmensspezifische Gesamtsicht in Form einer ausgewogenen Zusammenstellung von monetären und nichtmonetären Kennzahlen zu entwickeln. Hierdurch wird eine an der Unternehmensstrategie ausgerichtete Steuerung ermöglicht, die die notwendige Verzahnung der strategischen und operativen Ebene gewährleistet.

Tabelle 10.1-1: Vergleich von traditionellen und innovativen Kennzahlensystemen (Quelle: Dreckmann/Piek, 2004: 15)

Traditionelle Kennzahlensysteme	Innovative Kennzahlensysteme
(klassische Finanzkennzahlensysteme, Kombination monetärer und nichtmonetärer Kennzahlen)	(Kennzahlensysteme zur strategischen Unternehmenssteuerung)
Keine Verbindung mit den finanziellen Zielen und der Strategie	Verbindung von Vision und Strategie auf den finanziellen Erfolg
Ausrichtung auf ein Ziel oder auf viele nicht miteinander verbundene Einzelziele (eindimensional)	Querverbindung und Synergieeffekte zwischen den Zielen (multidimensional)
Optimierung von einzelnen Zielen in der Unternehmensführung	Verbindung von finanziellen Zielen als Vision und Umsetzung der Strategie in einem Ursache-Wirkungs-Modell zur strategischen Unternehmensführung
Viele einzelne Kennzahlen und dadurch schlecht überschaubar	Konzentration auf wenige, von einander abhängige Kennzahlen
Einteilung der Kennzahlen: • operativ • Spätindikator • Kosten • ergebnisorientiert • Datenherkunft: hauptsächlich Rechnungswesen	Einteilung der Kennzahlen: • strategisch • Früh- und Spätindikator • monetär, nichtmonetär • finanzielle Ziele und Leistungstreiber • Datenherkunft: aus den Abhängigkeiten des Ursache-Wirkungs-Modells
Einfaches Lernen	Doppeltes Lernen

In den vergangenen Jahren wurden diverse Ansätze und Ideen zum Aufbau und zur Anwendung des sogenannten Performance Measurement entwickelt (Tab. 10.1-2).

Ein innovatives Performance-Measurement-System konzentriert sich auf die Festlegung von Maßgrößen, mit denen die Leistungen eines Unternehmens unter dem Blickwinkel der Effizienz- und Effektivitätssteigerung gesteuert werden können. Diese Maßgrößen sollen einen unmittelbaren Strategiebezug aufweisen und sowohl monetärer als auch nichtmonetärer Natur sein. Als Dimensionen für die nichtmonetären Kennzahlen lassen sich zum Beispiel die Qualität, die Innovationsfähigkeit und die Kundenzufriedenheit anführen.

Zusammenfassend lässt sich festhalten, dass Performance-Measurement-Konzepte sowohl vergangenheits- als auch zukunftsorientierte Steuerungsinformationen für alle Leistungsebenen liefern. Darüber hinaus ermöglichen sie kurz- und langfristige Verbesserungsmöglichkeiten für alle Leistungsebenen. Des Weiteren beinhalten die Konzepte monetäre und nichtmonetäre Kennzahlen. Letztlich beinhalten sie quantitative und qualitative Informationen und neben strategischen auch operative Kennzahlen.

10.1.5
Balanced Scorecard als Performance-Measurement-System

10.1.5.1
Grundlegende Aspekte

Die Balanced Scorecard (BSC) wurde im Rahmen einer Studie zum Thema „Performance Measurement in Unternehmen der Zukunft", die Anfang der 1990er-Jahre durch mehrere amerikanische Unternehmen durchgeführt wurde, entwickelt. Diesem Projekt lag die Annahme zugrunde, dass die bestehenden Kennzahlensysteme der zukünftigen Entwicklung der Wertschöpfung von Unternehmen zunehmend nicht mehr gerecht werden, ja sogar für die Organisation existenzgefährdend sein könnten (Kaplan/Norton, 1997: VII).

Tabelle 10.1-2: Auswahl verschiedener Konzepte des Performance Measurement (Quelle: Dreckmann/Piek, 2004: 16)

- Tableau de Bord (vgl. Lebas, 1994)
- Performance Pyramid (vgl. Lynch/Cross, 1993)
- Balanced Scorecard (vgl. Kaplan/Norton, 1992 und 1997)
- Quantum-Performance-Measurement-Konzept (vgl. Hronec, 1996)
- Performance Measurement in Service Business (vgl. Fitzgerald et al., 1991 und 1996)

Die Studie wurde vom Nolan Norton Institute unter Führung von David Norton begleitet. Die wissenschaftliche Beratung erfolgte durch Robert Kaplan, Professor an der Harvard Business School.

Die BSC wurde anfangs als erweitertes Performance-Measurement-System entwickelt, das neben den bisherigen finanziellen Kennzahlen weitere Leistungskennzahlen, unter anderem zur Messung der Qualität sowie von Prozesszyklen und Produktentwicklungen, erfassen sollte. Im Laufe des Projekts entwickelte sich eine andere Sichtweise, die BSC wurde zu einem Managementsystem fortentwickelt, das die strategische Ausrichtung der gesamten Organisation und deren Mitarbeiter in den Mittelpunkt stellt.

Die Grundidee der Balanced Scorecard liegt darin, dass aus einem bestehenden Zielsystem einer Organisation Strategien abgeleitet werden. Die Ziele und Strategien werden verschiedenen Perspektiven zugeordnet. Norton und Kaplan sprechen von der finanzwirtschaftlichen Perspektive, der Kundenperspektive, der internen Prozessperspektive sowie der Lern- und Entwicklungsperspektive, betonen aber gleichzeitig, dass diese Perspektiven nicht als Korsett zu verstehen sind und Spielraum für individuelle Perspektiven lassen (Kaplan/Norton, 1997: 33).

Bei der Perspektivenwahl stellt die finanzwirtschaftliche Perspektive die Leitperspektive dar, auf die die anderen Perspektiven hinzuwirken haben. Das bedeutet, dass die Ziele, Strategien und Kennzahlen der nachfolgenden Perspektiven ein Glied in einer Kette sein sollen, um letztlich die finanziellen Aspekte zu verbessern. Es entstehen somit Ursache-Wirkungs-Beziehungen, durch die die Kausalität der strategischen Überlegungen widergespiegelt werden soll.

In Abbildung 10.1-4 werden die wesentlichen Schritte im Erstellungsprozess einer Balanced Scorecard zur Verdeutlichung dargestellt.

Mit der Einführung der Balanced Scorecard wird eine Reihe von Zielen verfolgt. So lag ein Kerngedanke ihrer Entwicklung darin, die Finanzlastigkeit bestehender Kennzahlensysteme zu kompensieren. Weiterhin sollen die ausgewählten Kennzahlen zu einer ausgewogenen Kombination zur Darstellung externer und interner Ziele beitragen. Bisherige finanzielle Kennzahlensysteme weisen eine starke Vergangenheitsorientierung auf. Dem soll durch die zusätzliche Erfassung zukunftsorientierter Kennzahlen der Balanced Scorecard entgegengewirkt werden. Durch die Aufnahme dieser Kennzahlen soll die Fokussierung auf die zukünftigen Entwicklungen gewährleistet werden.

Nach Kaplan und Norton ist die Balanced Scorecard aber mehr als ein einfaches neues Kennzahlensystem. Sie sehen in der Balanced Scorecard ein Instrumentarium zum Meistern von kritischen Managementprozessen. Die BSC soll die Vision, die Ziele und die Strategien eines Unternehmens in verständliche und messbare Kennzahlen übersetzen. Diese sollen dann im gesamten Unternehmen so vermittelt werden, dass sich die Aktivitäten der Mitarbeiter an der Realisierung der langfristigen Unternehmensziele orientieren. Die Balanced Scorecard dient danach dem Unternehmen als Kommunikations-, Informations- und Lernsystem.

Nachfolgend werden die wesentlichen Zielsetzungen der Balanced Scorecard stichpunktartig noch einmal dargestellt:
- Implementierung der Unternehmensstrategie in der gesamten Organisation
- strategische Ausrichtung aller Aktionen
- Messbarkeit der Ziele und Strategien
- schnelle Anpassung von Strategien an sich ändernde Umweltbedingungen
- Kompensation der Finanzlastigkeit bestehender Kennzahlensysteme
- Kompensation der Vergangenheitslastigkeit bestehender Kennzahlensysteme

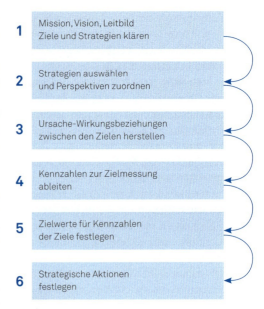

Abbildung 10.1-4: Schritte zur Entwicklung einer Balanced Scorecard (Quelle: Dreckmann/Piek, 2004: 19)

- Schließung der Lücke zwischen strategischer und operativer Planung
- Operationalisierung der Unternehmensstrategie für die Mitarbeiter
- Transparenz der Unternehmensziele, der Strategien und Aktionen
- Aufbau eines Kommunikationsmediums.

10.1.5.2
Begriffliche Abgrenzungen

Die erste Stufe, die zur Entwicklung einer Balanced Scorecard führt, beinhaltet die Bestimmung von Mission, Vision und Leitbild.

Eine **Mission** definiert die Bestimmung der Unternehmung, das heißt, sie nennt den Grund für die Existenz einer Organisation. Die Mission ist quasi das dauerhafte Fundament der Organisation und die Grundvoraussetzung für alle zukünftigen Entscheidungen. Darüber hinaus will die Mission eine Außenwirkung erreichen. Sie drückt aus, wie das Unternehmen von „außen", das heißt von den internen und externen Kunden, gesehen werden soll. Missionen drücken immer etwas Positives aus und sollen auch positiv aufgenommen werden. Daher sollte die Vermittlung der Mission durch einen möglichst eingängig formulierten Slogan erfolgen. Die Mission soll sich einerseits bei den Mitarbeitern motivationsfördernd auswirken, andererseits soll sie die Organisation vorantreiben, Veränderungen und positives Wachstum stimulieren. Sie ist der Leitstern für die Arbeit, der konstant verfolgt, aber nie erreicht wird (Niven, 2003: 110).

Visionen sind die Wunschvorstellungen, die vagen obersten Ziele, die erst im Laufe der Zeit konkrete Formen annehmen. Das Management beschäftigt sich mit der Frage, wo das eigene Unternehmen in fünf bis zehn Jahren stehen will.

Die Visionen sollten sich jedoch nicht vollständig von der Realität lösen, da ihre Umsetzung sonst unmöglich wird. Bei Visionen gilt der Grundsatz:

> Je kürzer eine Vision gefasst ist, desto einprägsamer ist sie und desto leichter lässt sie sich in Ziele und Strategien übertragen.

Eine gemeinsame Vision, die von allen Mitarbeitern einer Unternehmung gelebt wird, ist eine bedeutende Motivationskraft, daher muss jeder an dem Prozess beteiligte Mitarbeiter die Vision begreifen. So muss er zum Beispiel erkennen, welche Ziele und Strategien das Unternehmen in den nächsten Perioden verfolgt, wie diese erreicht werden können und welche Rolle er selbst dabei zu spielen hat.

Das **Leitbild** ist der unternehmerische Ansatz, den Mitarbeitern, Kunden und Lieferanten zu verdeutlichen, wie und in welcher Weise Beziehungen gepflegt werden. Außerdem wird verdeutlicht, welches der eigentliche Auftrag der Organisation ist und woraus er sich ableitet. Das Leitbild sagt demnach etwas darüber aus, wie die Organisation mit den Mitbewerbern, den Kunden und der Umwelt umzugehen gedenkt. Dieses Richtungspapier erinnert immer wieder an die gemeinsamen Ideen und Vorstellungen.

Ziele beschreiben einen erstrebenswerten zukünftigen Zustand. Sie sollen das Handeln aller im Unternehmen Beschäftigten beeinflussen. Durch die Festlegung der Ziele einer Balanced Scorecard kann eine Ausrichtung aller Mitarbeiter am Unternehmenszweck erreicht werden.

Voraussetzung dafür ist aber, dass nur jene Ziele in die Balanced Scorecard Eingang finden, „die für die erfolgreiche Umsetzung der Strategie von besonderer Bedeutung sind, und nicht jene, die das Unternehmen operativ zur Aufrechterhaltung des laufenden Geschäfts benötigt. Die Balanced Scorecard ist ein Strategiemodell, kein Unternehmensmodell!" (Horvath & Partner, 2000: 33). Die Güte der strategischen Ziele entscheidet wesentlich über die Qualität und Brauchbarkeit der Balanced Scorecard.

In der Betriebswirtschaftslehre wird der Begriff der **Strategie** vor allem in Zusammenhang mit der Planung und der Entscheidung verwendet. Die folgende Definition kennzeichnet die Funktion von Strategien:

> „Strategien zu entwickeln bedeutet im betriebswirtschaftlichen Sinn, Grundsatzentscheidungen zu treffen, die sämtliche Unternehmensbereiche tangieren. Durch Strategien werden wesentliche unternehmerische Absichten in die Realität umgesetzt." (Ehrmann, 2002: 25)

Die Strategie der Unternehmensführung zeigt auf, wie ein mittel- oder langfristiges Unternehmensziel erreicht werden soll. Es handelt sich um Verhaltensweisen bzw. Maßnahmen zur Verwirklichung der langfristigen Ziele.

Ein wesentliches Element der Balanced Scorecard ist die Betrachtung der Unternehmensziele aus verschiedenen **Perspektiven**. Die vier Standardperspektiven, wie sie von Kaplan und Norton vorgeschlagen werden, werden hier nur genannt und anschließend näher beschrieben:
- finanzwirtschaftliche Perspektive
- Kundenperspektive
- interne Prozessperspektive
- Lern- und Entwicklungsperspektive.

Durch die jeweilige Betrachtung des Unternehmens aus einer bestimmten Perspektive wird jeweils eine andere Fragestellung in den Vordergrund gerückt.

10.1.5.3
Perspektiven

Wie aus Abbildung 10.1-5 ersichtlich, lässt sich die Zielsetzung der einzelnen Perspektiven mit einer Fragestellung erschließen.

Die Fragen der **finanzwirtschaftlichen Perspektive** können zum Beispiel wie folgt lauten:
- Wie sollen wir gegenüber unseren Teilhabern auftreten, um finanziellen Erfolg zu haben?
- Wie sehen die Eigentümer und Investoren das Unternehmen?

In der finanzwirtschaftlichen Perspektive müssen für das Unternehmen die Ziele, Strategien und Messgrößen bestimmt werden.

Je nach Lebenszyklus kann die Strategie einer Unternehmung unterschiedlich sein. Befindet sich das Unternehmen in der Wachstumsphase („growth"), so könnte das finanzwirtschaftliche Ziel zum Beispiel in der prozentualen Ergebniswachstumsrate aus Einkünften oder in den Umsatzwachstumsraten in den Zielmärkten liegen.

In der Reifephase („sustain") sind die größten Investitionen abgeschlossen. Es wird jetzt nur noch investiert, wenn die Investition eine hohe Kapitalrendite aufweisen kann. Das finanzwirtschaftliche Ziel wird sich in dieser Phase an der Rentabilität ausrichten. Kennzahlen könnten in diesem Fall der Deckungsbeitrag oder das Betriebsergebnis sein.

Befindet sich ein Unternehmen bzw. eine Geschäftseinheit in der Erntephase („harvest"), soll das investierte Kapital der vorherigen Phasen eingebracht werden. Investitionen werden nur noch getätigt, wenn ein schneller finanzieller Vorteil zu erkennen ist. Das finanzwirtschaftliche Gesamtziel in dieser Phase ist zum Beispiel der Operating Cashflow.

Zusammenfassend kann gesagt werden, dass die finanzwirtschaftliche Perspektive bei Kaplan und Norton den Ausgangspunkt einer BSC bildet. Aus ihrer Sicht ist das Ziel jedes Unternehmens, die Erträge aus dem eingesetzten Kapital zu steigern. Alle Strategien, Konzepte und Maßnahmen dienen somit letztlich diesem Ziel. Die Ziele der folgenden Perspektiven haben sich an den Zielen der finanzwirtschaftlichen Perspektive zu orientieren bzw. auf das Erreichen dieser Ziele hinzuwirken.

Die finanzwirtschaftlichen Ziele können nur erreicht werden, wenn beispielsweise der externe Kunde die angebotenen Güter kauft.

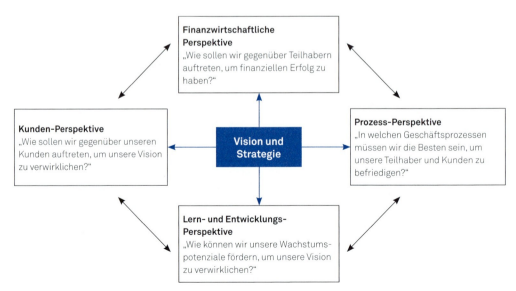

Abbildung 10.1-5: Die Grundfragen der einzeln Perspektiven zur Betrachtung der Unternehmensziele (Quelle: Eigenerstellung in Anlehnung an Kaplan/Norton 1997: 9)

Hierdurch erhält die Kundenperspektive ihre Wichtigkeit. In Zusammenhang mit der Kundenperspektive können die entsprechenden Grundfragen wie folgt lauten:
- Welche Ziele sind unter Berücksichtigung der Struktur und der Anforderungen unserer Kunden festzulegen, um unsere finanziellen Ziele zu erreichen?
- Wie sollen wir gegenüber unseren Kunden auftreten, um unsere Vision zu verwirklichen?

Seit dem Aufkommen der sogenannten Käufermärkte geht es im Wesentlichen um die Identifizierung von Kunden- und Marktsegmenten, in denen das Unternehmen konkurrieren will, das heißt, das Unternehmen muss festlegen, in welchem Bereich die Bedürfnisse der Kunden zu bedienen sind.

Kaplan und Norton unterscheiden innerhalb der **Kundenperspektive** die Kernkennzahlengruppe von den Wertangeboten. Zu der Kernkennzahlengruppe, die den Erfolg dieser Perspektive messen kann, gehören Ergebnismaßgrößen, wie zum Beispiel die Kundenzufriedenheit, die Kundentreue, die Kundenrentabilität und die Kundenakquisition. Die Wertangebote sagen etwas darüber aus, was ein Unternehmen seinen Kunden bieten muss, um gute Ergebnisse zu erzielen. Die Wertangebote lassen sich in die Kategorien Produkt-/Dienstleistungseigenschaften, Kundenbeziehungen sowie Image und Reputation einteilen.

Die Grundfrage der **internen Prozessperspektive** (Abb. 10.1-6) kann wie folgt lauten:
- In welchen Geschäftsprozessen müssen wir die Besten sein, um unsere Kunden zu befriedigen?

Viele Unternehmen beschäftigen sich zwar mit der Verbesserung der vorhandenen Prozesse. Hierbei wird jedoch oft versucht, nur Teilprozesse und nicht den gesamten Geschäftsprozess zu optimieren. Von den Entwicklern der Balanced Scorecard wird daher empfohlen, sich die gesamte Wertschöpfungskette anzuschauen. Nur wer die vollständige Wertschöpfungskette interner Prozesse mit der finanzwirtschaftlichen Perspektive und der Kundenperspektive verknüpft, verschafft sich die Chance, langfristig eindeutige Wettbewerbsvorteile zu sichern (Conrad, 2001: 173).

Wie aus Abbildung 10.1-6 zu erkennen ist, beginnt die Wertschöpfungskette interner Prozesse mit der Identifizierung potenzieller Kundenwünsche, die das Unternehmen im Innovationsprozess erforschen muss. Im Innovationsprozess steht als Erstes die Marktidentifizierung an. Hier soll herausgefunden werden, welche Gebiete noch nicht abgedeckt sind und welche Gewinnmöglichkeiten existieren. Sind die Marktsegmente identifiziert, muss für die Kunden ein entsprechendes Produkt- und Dienstleistungsangebot geschaffen werden.

Das zweite Glied der oben beschriebenen Wertkette umfasst den Betriebsprozess von der Kundenbestellung über die Produktion hin zur Produktlieferung.

Das Ziel dieser Kette ist es, die jeweiligen Kundenbedürfnisse mit den günstigsten Bedingungen (Preis, Lieferzeit, Qualität usw.) zu befriedigen.

Das letzte Glied beschäftigt sich mit der Kundenbetreuung nach der Auslieferung und kann zum Beispiel die Reparatur, den Wartungsservice usw. enthalten.

Abbildung 10.1-6: Die interne Prozessperspektive – das generische Wertkettenmodell (Quelle: Eigenerstellung in Anlehnung an Kaplan/Norton, 1997: 93)

Im Balanced-Scorecard-Ansatz ist es wichtig, nicht nur bestehende Prozesse zu durchleuchten. Vielmehr sollten im Hinblick auf die unternehmerischen Ziele neue Prozesse eingeführt werden.

Die **Lern- und Entwicklungsperspektive** schafft die notwendige Infrastruktur, damit die anderen Perspektiven ihre Aufgaben erfüllen können. Die Grundfrage der vierten und letzten Perspektive lautet:
- Welche Ziele sind hinsichtlich unserer Potenziale zu formulieren, um den aktuellen und zukünftigen Herausforderungen des Wettbewerbs begegnen zu können?

Hierzu müssen zunächst die Ressourcen und Kompetenzen identifiziert werden, die für das Unternehmen ausschlaggebend sind, um langfristig auf dem Markt überleben zu können. Durch eine gute Infrastruktur besteht die Möglichkeit, sich langfristig Wettbewerbsvorteile zu sichern. Dafür bedarf es nach der Identifizierung ggf. einer Verstärkung und Erneuerung der vorhandenen Infrastruktur. Diese Veränderungen können sich auf die folgenden drei Bereiche beziehen:
- Mitarbeiterpotenziale
- Potenziale von Informationssystemen
- Motivation, Empowerment und Zielausrichtung.

Für jeden Bereich müssen einzelne Ziele identifiziert werden. Im Bereich der Mitarbeiterpotenziale hat sich der Kaizen-Ansatz durchgesetzt. Danach werden die Innovationen nicht mehr von der Unternehmensführung festgelegt, die Ideen zur Verbesserung von Prozessen und Leistungen für den Kunden müssen vielmehr von den Mitarbeitern an der Basis kommen. Jede stärkere Einbindung der Mitarbeiter zieht Fort- und Weiterbildungsmaßnahmen nach sich, die von der Unternehmung zur Verfügung gestellt werden müssen.

Neben den Mitarbeiterpotenzialen sind ausgereifte Informationssysteme notwendig, damit der Mitarbeiter jederzeit die notwendigen Informationen zur Verfügung gestellt bekommt. Dies erfordert jedoch erhebliche Investitionen in Hard- und Software sowie in die Weiterbildung der Mitarbeiter.

Der dritte Bereich besteht in der Motivation, dem Empowerment und der Zielausrichtung. Kaplan und Norton halten diesen Bereich für besonders wichtig:

„Selbst hoch qualifizierte und gut informierte Mitarbeiter werden nicht zum Unternehmenserfolg beitragen, wenn sie nicht motiviert sind, den Interessen des Unternehmens zu dienen oder wenn sie nicht die Freiheit haben, eigene Entscheidungen zu treffen und selbstständig zu handeln. Deshalb stellt die dritte Voraussetzung zur Erreichung der Innovationsziele das Unternehmensklima für Mitarbeitermotivation und -initiative in den Vordergrund." (Kaplan/Norton, 1997: 131)

Zusammenfassend kann gesagt werden, dass die Ziele der Lern- und Entwicklungsperspektive die treibenden Faktoren für die Erzielung hervorragender Ergebnisse der drei anderen Balanced-Scorecard-Perspektiven (finanzwirtschaftliche Perspektive, Kundenperspektive und interne Prozessperspektive) sind.

Die vier Perspektiven, die beschrieben wurden, haben sich in der Praxis in vielen Unternehmen als nützlich und stabil erwiesen. Sie werden daher als „die vier Standardperspektiven" bezeichnet.

Jede Organisationseinheit kann eine **Flexibilisierung der Perspektiven** vornehmen. Einen Veränderungsvorschlag machen zum Beispiel Friedag und Schmidt, die auf der Grundlage der in mehreren Unternehmen gemachten Erfahrungen den folgendem Katalog von Perspektiven vorschlagen (Friedag/Schmidt, 1999: 198):
- Lieferantenperspektive
- Kreditgeberperspektive
- öffentliche Perspektive (Bund, Land, Kommune)
- Kommunikationsperspektive
- Einführungsperspektive
- Organisationsperspektive.

Ein anderes Beispiel der Flexibilität ist die Einführung einer Sozialperspektive für ein freigemeinnütziges und öffentliches Krankenhaus. Die Auswahl der Perspektiven für eine Balanced Scorecard sollte sich demnach nach den Kernaufgaben einer Unternehmung richten. Diese Flexibilität in der Perspektivwahl ist eine der wichtigsten Stärken der Balanced Scorecard. Die BSC ist dadurch anpassungsfähig und kann die Besonderheiten von Wirtschaftszweigen und Organisationen berücksichtigen.

10.1.5.4
Verknüpfung von Managementsystemen mit der Balanced Scorecard

Das 1986 von Alfred Rappaport entwickelte Konzept der wertorientierten Unternehmensführung stellt den Eigenkapitalgeber, den Shareholder, in den Mittelpunkt unternehmerischer Handlungen und Ziele. Ziel der Unternehmensführung ist es hierbei, den **Shareholder Value**, also den Wert des Eigenkapitals, zu erhöhen. Der Unternehmenswert ist durch Erhöhung der Eigenkapitalrendite zu maximieren, mit der Folge ständig steigender Börsenkurse, die den Aktionären zugutekommen.

Je nach unternehmensspezifischem Bedarf wird mit unterschiedlichen Shareholder-Value-Steuerungsgrößen gearbeitet, die alle dem übergeordneten Prinzip der Wertorientierung folgen. In diesem Zusammenhang sind zum Beispiel zu nennen:
- Discounted Cashflow (DCF/SHV)
- Cashflow Return on Investment (CFROI)
- Economic Value Added (EVA).

Nach Horvath & Partner werden in der „finanziellen Perspektive der Balanced Scorecard […] die wichtigsten finanziellen Ziele des Unternehmens formuliert. Hier liegt der Ausgangspunkt für die unternehmensweite Ausrichtung am Gedanken des Shareholder Value und dessen unmittelbare Verknüpfung mit der Strategie. Die Anforderungen von Eigentümern, Investoren und Kapitalmärkten finden an dieser Stelle ihren Eingang in die Balanced Scorecard" (Horvath & Partner, 2000: 308). Die Integration von Shareholder Value und Balanced Scorecard zeigt Abbildung 10.1-7.

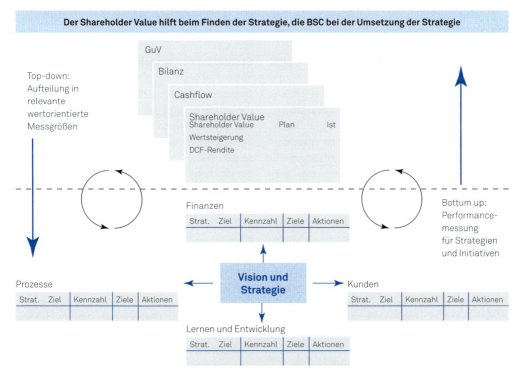

Abbildung 10.1-7: Integration von Shareholder Value und Balanced Score Card (Quelle: Dieckmann/Piek, 2004: 75)

Die Balanced Scorecard ergänzt den Shareholder-Value-Ansatz um die nichtfinanziellen Steuerungsgrößen und erlaubt somit eine zielgerichtete und ausgewogene Unternehmenssteuerung.

Das Handeln in einem Wirtschaftsumfeld birgt immer gewisse Risiken. „Dabei soll unter einem Risiko allgemein eine mögliche positive oder negative Abweichung eines Handlungsergebnisses von einem gesetzten Ziel verstanden werden" (Erdenberg, 2001: 13).

Der Gesetzgeber hat mit dem **Gesetz zur Kontrolle und Transparenz im Unternehmensbereich (KonTraG)** vom 01.05.**1998** einen Rahmen für ein Risikomanagement geschaffen. Im Gesetz fordert der Gesetzgeber von den Unternehmen, die diesen Vorschriften unterliegen, ein Risikofrüherkennungssystem im Rahmen eines umfassenden Risikomanagementsystems. Durch ein Risikomanagementsystem (RMS) sollen nicht sämtliche Risiken vermieden werden, sondern man erkennt die Risiken, versucht sie durch Kennzahlen zu überwachen und rechtzeitig durch geeignete Maßnahmen zu beeinflussen und zu steuern, um die Zielerreichung des Unternehmens zu ermöglichen.

Auch in einer solchen Situation bietet sich eine Kombination des Risikomanagements mit der Balanced Scorecard geradezu an. „Beide identifizieren steuerungsrelevante Kennzahlen, um eine an sich komplexe Situation greifbar zu machen und beschreiben Aktionsprogramme mit dem Ziel der Verbesserung der unternehmerischen Performance." (Broetzmann/Oehler, 2002: 589).

Das Risiko kann somit in die Unternehmensstrategie integriert werden. Die Effektivität der jeweiligen Planungs- und Steuerungsprozesse im Unternehmen kann damit nachhaltig erhöht werden.

Im Rahmen der Total-Quality-Management-Bewegung (TQM) wurde in vielen Unternehmen in den vergangenen Jahren das System der European Foundation for Quality Management (EFQM) eingeführt.

Das EFQM-System eignet sich als Teil des TQM zur umfassenden Bestandsaufnahme des Istzustands eines Unternehmens. Es handelt sich um ein Unternehmensbewertungsmodell (Selbstbewertung) nach einem Kriterienkatalog, mit dem verschiedene für die Qualität relevante Aspekte beurteilt werden können. Durch die Selbstbewertung wird ein Unternehmen in die Lage versetzt, Stärken und Schwächen seiner Organisation aufzudecken und Verbesserungsprogramme anzuregen. Das EFQM-System arbeitet ebenfalls mit Kennzahlen, strategischen Aktionen und Perspektiven. Es wird hauptsächlich im operativen Bereich eingesetzt, ist somit auf Prozesse fokussiert und kann nicht zur Strategieimplementierung benutzt werden. Die Tatsache, dass bei der Balanced Scorecard viele Kennzahlen deckungsgleich mit den Ergebnissen aus dem EFQM-System sind, macht es sinnvoll, das EFQM-System mit der Balanced Scorecard zu verbinden. Abbildung 10.1-8 verdeutlicht das komplexe Netzwerk zwischen BSC und EFQM-System.

10.1.6
Einsatzmöglichkeiten der Balanced Scorecard im Krankenhaus

10.1.6.1
Status quo des strategischen Managements

In einer im Oktober 2002 veröffentlichten Studie wurde herausgestellt, dass im Management von Krankenhäusern immer noch gravierende Mängel bei der strategischen Ausrichtung herrschen. Eine Strategie zur Unternehmensentwicklung, welche die Wettbewerbsumwelt einbezieht, ist so gut wie nicht vorhanden (Böckelmann/Wolf, 2003; Borges/Schmidt, 2003). Die Führungskonzepte in Krankenhäusern orientieren sich mehr an traditionellen Verwaltungsvorstellungen als an zukunftsorientierten Managementansätzen.

Betrachtet man zum Beispiel die bestehenden Controllingsysteme der Krankenhäuser, lassen sich überwiegend operative Verfahren feststellen. Ansätze des strategischen Controllings sind in der Praxis nur selten zu finden. Die im Krankenhaus bereitgestellten Zahlen beziehen sich in der Regel auf die operativen Planungen und Entscheidungen. Im Mittelpunkt

10.1 Kennzahlensysteme

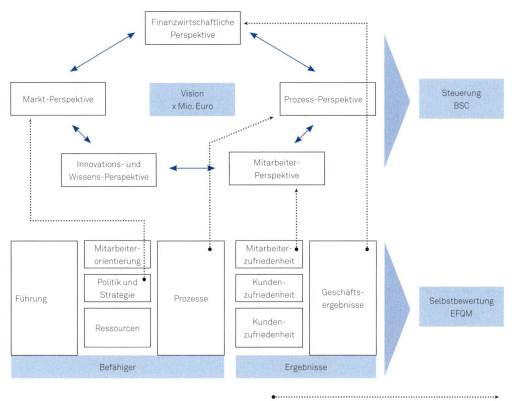

Abbildung 10.1-8: Vernetzung von Balanced Scorecard und EFQM-Perspektiven (Quelle: Horváth & Partner [Hrsg.], 2003: 319)

stehen unter anderem Kosteninformationen und Outputkennzahlen. Strategische, prospektive Zahlen, mit denen sich auf zukünftige Entwicklungen der Organisation und deren Umwelt schließen lässt, um darauf aufbauend zielgerichtete Entscheidungen treffen zu können, kommen hierbei nicht oder kaum zur Geltung.

Daher sind die Kennzahlen, die im Rahmen des operativen Controllings erfasst, aufbereitet und dem Klinikmanagement zur Verfügung gestellt werden, zur Führung von Krankenhäusern nur begrenzt geeignet. Diese Kennzahlen stellen keine Zusammenhänge im Sinne von Ursache-Wirkungs-Beziehungen dar. Zudem haben sie nur einen geringen Bezug zu den Zielen und Strategien eines Krankenhauses.

Die Komplexität des Leistungsgeschehens im Krankenhaus und die zurzeit stattfindenden Umbrüche im deutschen Gesundheitswesen machen ein effizientes und neuartiges Steuerungssystem des Krankenhauses unumgänglich. Hierbei ist eine strategische Auseinandersetzung mit den Herausforderungen des zukünftigen Gesundheitsmarktes notwendig.

Ziel des strategischen Managements muss es sein, sich bewusst und aktiv auf die sich ändernden Bedingungen im Krankenhausumfeld einzustellen und nicht nur eine reaktive Anpassung vorzunehmen. Letztlich es geht um den Erhalt eines Krankenhauses.

Die folgenden Fragen spielen zum Beispiel für die Krankenhäuser im Rahmen ihrer aufzustellenden Strategie eine wichtige Rolle:

- Welche Zielgruppen wollen bzw. müssen wir zukünftig versorgen?
- Welche Leistungsschwerpunkte sind anzubieten?
- Mit welchen Stärken und Ressourcen können Wettbewerbsvorteile aufgebaut werden?

Ferner ist es für das Krankenhaus wichtig, Erkenntnisse darüber zu gewinnen, wie sich Zielgruppen und Bedarfslagen sowie die gesellschaftlichen, politischen und wirtschaftlichen Rahmenbedingungen in Zukunft entwickeln werden (Hensen/Wollert, 2003).

Für eine gesicherte strategische Positionierung des Krankenhauses im Gesundheitssektor ist eine Umfeldanalyse durchzuführen, die dem betreffenden Krankenhaus unter anderem die eigenen Stärken und Schwächen sowie zukünftige Chancen und Risiken zur Generierung von Wettbewerbsvorteilen aufzeigt.

10.1.6.2
Balanced Scorecard für das Krankenhausmanagement

Der Einsatz der Balanced Scorecard im Krankenhausbereich befindet sich größtenteils noch im Anfangsstadium, sodass konkretes Zahlenmaterial über die Erfolge in diesem Sektor relativ gering ist. Dennoch lassen sich der Balanced Scorecard im Krankenhausbereich eine Vielzahl positiver Eigenschaften und mögliche Verbesserungspotenziale als innovatives Steuerungssystem zusprechen, die hier ansatzweise dargestellt werden sollen.

Strategische Planungen und deren Umsetzung weisen im Krankenhausbereich, entsprechend den vorherigen Ausführungen, einen geringen Entwicklungs- und Umsetzungsstand auf. Während des Prozesses der Entwicklung einer Balanced Scorecard muss sich das Krankenhaus aktiv mit der aktuellen Strategie bzw. mit der Findung oder Vervollständigung einer Strategie auseinandersetzen. Mit der Balanced Scorecard steht dem Krankenhaus ein geeignetes Instrument zur Implementierung der Strategie zur Verfügung. Es kann bei diesem Umsetzungsprozess die Vorzüge der Balanced Scorecard nutzen. Die Balanced Scorecard kann der Krankenhausleitung den „Spagat" zwischen strategischer Steuerung und operativer Planung ermöglichen, das heißt, die operative Planung kann auf die strategischen Ziele abgestimmt werden. Durch eine Ursache-Wirkungs-Beziehung wird ersichtlich, ob und wie sich verschiedene Ziele beeinflussen und wie zum Beispiel der einzelne Mitarbeiter zur Umsetzung dieser Ziele beitragen kann.

In Zukunft ist davon auszugehen, dass es in den Krankenhäusern neue Führungsstrukturen geben wird. Ein wichtiger Aspekt liegt hierbei in der Forderung der Steuerung eines Krankenhauses mittels dezentrale Organisationsstrukturen (Schmidt-Rettig, 2003). Diesem Aspekt liegt der Gedanke zugrunde, die Fachabteilungen infolge des stärkeren Wettbewerbs im Krankenhausmarkt als dezentrale Erfolgsbereiche zu führen. Sie erhalten als „Subunternehmer" hohe Teilautonomie und tragen somit unternehmerische Verantwortung für ihr eigenes Handeln. Durch die zugesprochene Teilautonomie werden die Fachabteilungen in die Lage versetzt, sich dem steigenden Wettbewerbsdruck schneller und flexibler zu stellen. Neben monetären Aspekten werden vermehrt auch nichtmonetäre Erfolgsgrößen zur Beurteilung des Gesamterfolgs einer Fachabteilung herangezogen werden müssen. Die Balanced Scorecard kann durch ihre verschiedenen Perspektiven und durch die Messung nichtmonetärer Indikatoren dazu beitragen, dass z. B. die Erreichung ökonomischer Ziele nicht zu Lasten der Qualität geht.

Ein weiterer Vorteil liegt darin, dass die Balanced Scorecard sich mit verschiedenen Managementansätzen verknüpfen lässt. Ein wichtiger Aspekt im Krankenhaus besteht im Risiko- und Qualitätsmanagement. Zahlreiche Krankenhäuser haben mittlerweile die entsprechenden Systeme implementiert. Die Balanced Scorecard eignet sich zur Anbindung an bestehende Programme und schafft es, die scheinbaren Widersprüche zwischen Qualitätsverbesserung und Effizienzsteigerung zu überwinden.

10.1.6.3
Wahl der Perspektiven im Krankenhaus

Die Möglichkeit zur Anpassung der Perspektiven an die individuellen Gegebenheiten der Organisation wurde bereits erwähnt. In der Fachliteratur finden sich unterschiedliche Darstellungen über die Wahl der Perspektiven im Krankenhausbereich. In einigen Fällen wird eine Modifikation der Standardperspektiven vorgeschlagen. Es kann aber auch durchaus sinnvoll sein, die von Norton und Kaplan vorgeschlagenen Perspektiven zu übernehmen. Diese haben sich auch im Krankenhausbereich in den Fällen bewährt, in denen die BSC eingeführt worden ist.

Im Folgenden sollen einige Vorschläge zur Wahl der Perspektiven aus der Praxis heraus betrachtet werden. Es handelt sich hierbei nicht um eine abschließende Betrachtung.

Kontrovers wird im Krankenhausbereich die Stellung der **finanzwirtschaftlichen Perspektive** diskutiert. Einerseits werden finanzielle Ziele nicht als Daseinszweck des Krankenhauses angesehen, da die Erfüllung des Versorgungsauftrags erste Priorität im Krankenhaus hat. Auf der anderen Seite wird aber auch betont, dass aufgrund der veränderten Bedingungen im Gesundheitswesen die ökonomischen Zielsetzungen des Krankenhauses an Bedeutung gewonnen haben. So muss die Erfüllung des Versorgungsauftrags mindestens mit einer Kostendeckung im Rahmen des Wirtschaftlichkeitsgebotes einhergehen. Dabei ist auch eine Priorisierung der ökonomischen Ziele durchaus denkbar (Schmidt-Rettig, 2003: 56).

Durch die unterschiedliche Rangstellung der finanziellen Zielsetzung des Krankenhauses haben sich verschiedene Modelle bezüglich der Positionierung der finanzwirtschaftlichen Perspektive in der Balanced Scorecard entwickelt.

Eine Variante stellt hierbei die Möglichkeit dar, die Finanzperspektive nicht als übergeordnete Perspektive zu wählen. Die finanziellen Ziele dieser Perspektive werden als Voraussetzung zur Erfüllung der Ziele der weiteren Perspektiven verstanden. Die Anordnung der Finanzperspektive erfolgt nicht vertikal, sondern horizontal neben den weiteren Perspektiven. Abbildung 10.1-9 verdeutlicht diese Möglichkeit.

Aus Abbildung 10.1-9 wird deutlich, dass die Kundenperspektive modifiziert worden ist. Neben dem Patienten kommt der Stakeholder als Kunde in Betracht. Dieser Zuordnung liegt die Überzeugung zugrunde, dass eine alleinige Konzentration auf die Patienten, als Kunden im engeren Sinne, nicht mehr ausreicht. So wird zum Beispiel neben der Patientenperspektive die Wahl einer Stakeholder-Perspektive vorgeschlagen, in der die Interessen weiterer Anspruchsgruppen, etwa von niedergelassenen Ärzten, Krankenkassen oder der Öffentlichkeit, festgehalten werden können.

Die interne Prozessperspektive und die Lern- und Entwicklungsperspektive werden inhaltlich kaum verändert. Jedoch werden diese unter Umständen anders benannt, um die jeweiligen individuellen Zielsetzungen der einzelnen Perspektiven stärker hervorzuheben.

Zu diesen traditionellen Perspektiven können weitere Perspektiven kommen. In der Praxis sind unter anderem die beiden im Folgenden beschriebenen zusätzlichen Perspektiven gewählt worden

Öffentliche Aufgabenperspektive

Die öffentliche Aufgabenperspektive soll der Sichtweise gerecht werden, dass Krankenhäuser in der Regel eine öffentliche Aufgabe zu erfüllen haben. Neben der Möglichkeit, diese

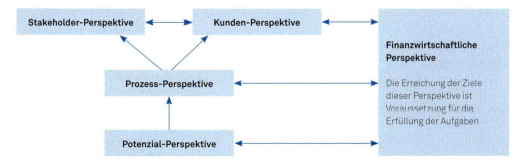

Abbildung 10.1-9: Einbindung der finanzwirtschaftlichen Perspektive (Quelle: Dreckmann/Piek, 2004: 98)

Perspektive zusätzlich mit in die Balanced Scorecard aufzunehmen, ist auch die Substitution der finanziellen Perspektive durch diese Aufgabenperspektive möglich.

Qualitätsperspektive

Aufgrund des hohen Stellenwertes des Qualitätsmanagements und der Qualitätssicherung im Krankenhaus wird die Aufnahme einer zusätzlichen Qualitätsperspektive vorgeschlagen. Bei der Wahl einer solchen Perspektive ist eine gezielte Beeinflussung der Struktur-, Prozess- und Ergebnisqualität unter Wahrung eines Gleichgewichts zu den wirtschaftlichen Zielen möglich.

10.1.6.4
Exemplarische Ziele und Kennzahlen für den Krankenhausbereich

Im Folgenden sollen für ausgewählte Perspektiven beispielhaft Ziele und deren Kennzahlen vorgestellt werden. Es handelt sich hierbei nur um einen generellen Überblick möglicher Ziele aus dem Krankenhausbereich.

Grundsätzlich kann auch im Krankenhaus ein Lebenszyklus einer Fachabteilung bzw. verschiedener Leistungsspektren unterstellt werden. So kann zum Beispiel in dem Trend zu den nicht- oder minimalinvasiven Behandlungsformen ein Wachstumsfeld gesehen werden, in das es zu investieren gilt. Im Folgenden werden jedoch unabhängig von den genannten Lebenszyklen mögliche strategische Ziele und Kennzahlen dargestellt.

Im Rahmen des Ertragswachstums von Krankenhäusern ist die Budgetierung zu nennen. Die fixe Budgetierung ermöglicht es dem Krankenhaus nur unter sehr eingeschränkten Voraussetzungen, die Erlöse des stationären Bereichs zu erhöhen. Mehrerlöse, die im Rahmen der stationären Versorgung erzielt worden sind, müssen zu einem großen Teil an die Krankenkassen zurückerstattet werden. Durch diesen Mechanismus werden bestenfalls die zusätzlich entstandenen variablen Kosten gedeckt. Aus diesem Grund ist eine Ausweitung der stationären Leistungen, die unter die Budgetierung fallen, nicht für Ertragssteigerungen geeignet. Auch im DRG-System wird die Budgetierung bestehen bleiben, sodass im Rahmen eines Minimalprinzips nur versucht werden kann, die durchschnittlichen Leistungen, die mit einer DRG vergütet werden, zu möglichst geringen Kosten zu erbringen.

Unter dem Gesichtspunkt des Ertragswachstums empfiehlt es sich daher für Krankenhäuser, besonders Leistungen außerhalb ihres Kerngeschäfts, der Bereitstellung von allgemeinen Krankenhausleistungen, anzubieten. Diese können außerhalb der bestehenden Budgetierung abgerechnet werden.

Hierbei können zum Beispiel Leistungen gezählt werden, die direkt mit dem Patienten abgerechnet werden können (z. B. Wellnessangebote, Gesundheitsberatungen oder Gesundheitsworkshops). Ein verstärktes Angebot kann zudem im Bereich des ambulanten Operierens angedacht werden. Diesem Bereich kommt zwar im Krankenhausbereich bislang wirtschaftlich nur eine untergeordnete Bedeutung zu. Im Rahmen des GKV-Modernisierungsgesetzes ist der ambulante Bereich der Krankenhäuser jedoch stark ausgebaut worden. Ein Vorteil des ambulanten Operierens liegt z. B. darin, dass diese Leistungen für Privatpatienten außerhalb des vereinbarten Budgets abgerechnet werden und in vollem Umfang den Krankenhäusern verbleiben. Dem Krankenhaus steht es hierbei offen, diese Leistungen selber zu erbringen oder den niedergelassenen Ärzten die Räumlichkeiten, im Sinne einer besseren Ressourcenausnutzung der OP-Kapazitäten, zur Verfügung zu stellen. Ebenso sei an dieser Stelle auf den Ausbau integrierter Versorgungsformen und deren Bedeutung für das Krankenhaus verwiesen. Im Krankenhaus bietet sich zudem an, den Erlösen, die durch die Abrechnung einzelner DRGs erzielt werden, möglichst geringe Kosten zur Leistungserstellung gegenüberzustellen. Neben dem Versuch, die Kosten zur Leistungserstellung zu verringern, können auch Produktivitätssteigerungen durch effizientere Nutzung der Ressourcen strategische Ziele darstellen. Tabelle 10.1-3 gibt eine Übersicht über mögliche Ziele und deren Kennzahlen für die finanzwirtschaftliche Perspektive im Krankenhausbereich.

Tabelle 10.1-3: Ziele und Kennzahlen der finanzwirtschaftlichen Perspektive (Quelle: Dreckmann/Piek, 2004: 104)

Ziele	Kennzahlen
• abrechenbare Leistungen außerhalb des Budgets ausbauen	• Anzahl zusätzlich abrechenbarer Leistungen
• Liquidität sichern	• Forderungsreichweite, Liquiditätskennzahlen • Ø Zeitspanne Entlassung bis Rechnungsstellung
• Ausbau ambulanter Leistungen	• Anzahl ambulanter Fälle Vorjahr/aktuelles Jahr
• Kosten pro Fall senken	• Personalkosten pro Fall, Sachkosten pro Fall • Ø Kosten pro Fallgruppe (G-DRG)
• Reduzierung der Gesamtkosten	• Gesamtkosten laufendes Jahr/ Gesamtkosten Vorjahr
• Erlöse optimieren	• CMI, CC-relevante Nebendiagnosen
• finanzielles Gleichgewicht erhalten	• positiver Deckungsbeitrag pro Fachbereich

Bei der Kundenperspektive ist anzuraten, eine Differenzierung hinsichtlich der verschiedenen Anspruchsgruppen gegenüber dem Krankenhaus vorzunehmen. Ferner ist auf die Besonderheit der jeweiligen Kunden in diesem Bereich hinzuweisen.

Dem Kunden werden in der ökonomischen Betrachtung die folgenden vier Eigenschaften zugeordnet. Der **Kunde** ist demnach:
• Bedürfnisträger
• Kostenträger
• Leistungsempfänger und
• Leistungsveranlasser.

Im Bereich des Gesundheitswesens ist der Patient sowohl Bedürfnisträger als auch Leistungsempfänger. Die Zahlung erfolgt aber, bis auf die gesetzlich festgelegten Selbstbeteiligungen, nicht durch den Patienten, sondern durch dessen Krankenversicherung. Die Kassen sind somit die Kostenträger. Die Leistungsveranlasser im sozialrechtlichen Sinne sind die Mediziner. Trotz dieser Einschränkung setzt sich im Gesundheitssystem die Auffassung durch, dass die Patienten als Kunden anzusehen sind.

Daher kommt dem Aspekt der Kundenzufriedenheit eine wachsende Bedeutung zu. Krankenhäuser sind gefordert, die Bedürfnisse der verschiedenen Anspruchsgruppen zu erschließen und zu beachten, um dauerhaft bestehen zu können (Thill, 1999: V). Hierdurch werden die Kennzahlen, die Rückschlüsse über die Kundenzufriedenheit geben, zunehmend wichtiger.

Zusätzlich zu den Bemühungen um die Steigerung der Patientenzufriedenheit sollten die Bemühungen um die Kunden- bzw. Patientenakquisition begonnen bzw. verstärkt werden. In diesem Kontext sollte zum Beispiel eine Einweiserstatistik erstellt werden, die unter anderem darüber Auskunft gibt, welche niedergelassenen Ärzte des KV-Bereichs häufig in das Krankenhaus einweisen. Bei diesen Ärzten, die in das Krankenhaus einweisen, muss es das Ziel sein, die Einweisungsrate zu halten oder gar zu erhöhen. Analog den gemachten Ausführungen sollten sich die Krankenhäuser aber nicht nur auf niedergelassene Ärzte konzentrieren, sondern versuchen, den Patienten direkt über das Leistungsangebot zu informieren. Hier ergibt sich für das Krankenhaus die Notwendigkeit, Marketingaktivitäten zu starten bzw. zu verstärken. Tabelle 10.1-4 gibt einen Überblick über mögliche Ziele und deren Kennzahlen im Bereich der Kundenperspektive.

In dieser internen Prozessperspektive ist es wichtig, dass die Kernprozesse, die als besonders erfolgskritisch einzustufen sind, von der Geschäftsführung identifiziert werden. Die Kernprozesse werden aus der Strategie direkt abgeleitet und ermöglichen dem Unternehmen, Wettbewerbsvorteile zu erzielen.

Tabelle 10.1-4: Ziele und Kennzahlen der Kundenperspektive (Quelle: Dreckmann/Piek, 2004: 106)

Ziele	Kennzahlen
• hohe Einweisungsrate durch niedergelassene Ärzte	• Anzahl Patienten je überweisenden Arzt
• hohe Zufriedenheit von Patienten	• Zufriedenheitskennzahlen, Beschwerden, Empfehlungen
• Kooperation mit niedergelassenen Ärzten verbessern	• Arztbriefzustellung nach Entlassung
• Aufbau integrativer Versorgungsstrukturen mit niedergelassenen Ärzten	• Anzahl neuer Kooperationsverträge, Projekte mit den niedergelassenen Ärzten
• Ausbau überregionaler Reputation	• Anteil aufgenommener Patienten mit Wohnsitz außerhalb des regionalen Einzugsgebietes
• Marktanteil steigern	• Anzahl abgerechneter spezifischer DRGs im Vergleich zum Vorjahr

Im Krankenhaus besteht die Kernleistung darin, eine Zustandsveränderung beim Patienten herbeizuführen, die zum Beispiel in einer Gesundheitsverbesserung oder durch ein verbessertes Wohlbefinden des Patienten zum Ausdruck kommt.

Analog hierzu sollten sich die primären Zielsetzungen dieser Perspektive am eigentlichen Kernprozess des Krankenhauses orientieren.

Neben diesen Kernprozessen können für ein Krankenhaus aber auch die Supportprozesse von großer Bedeutung sein. Hierunter werden die Prozesse verstanden, die im Hintergrund für die Erbringung der Kernleistung des Krankenhauses benötigt werden. Supportprozesse können als Basisanforderungen gesehen werden, die in die Balanced Scorecard aufgenommen werden sollten. Wie bereits dargestellt wurde, unterscheiden Norton und Kaplan im Rahmen der internen Prozessperspektive zwischen dem Innovations-, dem Betriebs- und dem Kundendienstprozess.

Generell kann diese Unterteilung auch im Krankenhaus herbeigeführt werden. So könnte das Bedürfnis des Patienten nach neuen Behandlungs- und Therapieformen im Rahmen des Innovationsprozesses zufriedengestellt werden. Beim Betriebsprozess geht es darum, die Bedürfnisse des Kunden effizient und effektiv zu befriedigen. Eine optimale, ergebnisorientierte Gestaltung von Prozessen ist zukünftig unabdingbar (Zapp, 2003). Tabelle 10.1-5 gibt eine Übersicht über mögliche Ziele und deren Kennzahlen für die interne Prozessperspektive im Krankenhausbereich.

Bei der Lern- und Entwicklungsperspektive wird zwischen den Mitarbeiterpotenzialen, den Potenzialen von Informationssystemen und der Motivation, Empowerment und Zielausrichtung unterschieden.

Hier soll besonders auf die Rolle der Mitarbeiter im Rahmen dieser Perspektive kurz eingegangen werden, da sie eine wichtige Rolle im Leistungsgeschehen des Krankenhauses haben. Durch die Aufnahme von mitarbeiterrelevanten Zielen in die Balanced Scorecard und deren Verfolgung kann dazu beigetragen werden, dass diesem Erfolgsfaktor die nötige Aufmerksamkeit zukommt. Auf diese Weise werden erst die Voraussetzungen dafür geschaffen, die Ziele der anderen Perspektiven zu erreichen.

Zur Motivation der Mitarbeiter ist es wichtig, organisatorische Rahmenbedingungen zu schaffen, in denen sich die Motivation und die Begeisterung der Mitarbeiter entwickeln und entfalten kann. Dauerhafte Motivation kann nur intrinsisch entstehen. Es ist daher wichtig, dass die Erwartungshaltungen der Belegschaft im Personalmanagement transparent sind.

Weitere strategische Ziele in dieser Perspektive lassen sich zur Aus-, Fort- und Weiterbildung formulieren (Tab. 10.1-6). Es gilt hierbei, ein hohes Qualifikationsniveau zu erreichen und zu halten.

Tabelle 10.1-5: Ziele und Kennzahlen der internen Prozessperspektive (Quelle: Dreckmann/Piek, 2004: 108)

Ziele	Kennzahlen
• Reduzierung der Wartezeiten	• Aufnahmezeit, Entlassungszeit
• Verbesserung der Ergebnisqualität	• Wiederaufnahmerate, Sterblichkeitsrate
• Abstimmung von Prozessen	• OP-Stillstandzeiten, Verlegungsrate
• Verweildauer auf das Notwendige minimieren	prä- und postoperative Verweildauer
• Neuorganisation von Prozessen	• Anzahl Clinical Pathways
• hohe OP-Auslastung	• Schnitt-Naht-Zeit, Wechselzeit
• Reorganisation von Prozessen	• Anzahl Prozessbeschreibungen

Tabelle 10.1-6: Ziele und Kennzahlen der Lern- und Entwicklungsperspektive (Quelle: Dreckmann/Piek, 2004: 110)

Ziele	Kennzahlen
• Mitarbeitermotivation erhöhen	• Krankenstand, Fluktuationsrate
• Servicegedanken fördern	• Anzahl erfolgter Qualitätszirkel
• innovatives Leistungsangebot	• Anzahl Zulassung für neue Therapieformen
• hohe Beteiligung am Vorschlagswesen	• eingegangene Vorschläge, prämierte Vorschläge
• hoher Level bei Fort- und Weiterbildung	• durchschnittliche Ausgaben für Fort- und Weiterbildung pro Vollzeitmitarbeiter Weiterbildungsermächtigung der Ärzte
• attraktive Arbeitsbedingungen	• Personalbestand „Ist" zu „Soll" Übereinstimmung von Eignungs- und Anforderungsprofil
• Implementierung des Qualitätsgedankens	• Selbstevaluation des Qualitätsgedankens

Literatur

Aichele, C. (1997): Kennzahlenbasierte Geschäftsprozessanalyse. Wiesbaden, Springer Gabler.

Böckelmann, M.; Wolf, G. (2003): Praktische Erfahrungen mit der Balanced Scorecard. f&w, 3: 264.

Borges, P.; Schmidt, R. (2003): Strategische Herausforderungen für Krankenhäuser. http://www.gebera.de/download/Strategiestudie2002.pdf [Zugriff: 15.10.2003].

Broetzmann, F.; Oehler, K. (2002): Risk Enhanced Balanced Scorecard – ein Instrument für ein strategisch orientiertes Risikomanagement. Controller Magazin, 6: 589.

Conrad, H.-J. (2001): Das Controlling Konzept der Zukunft. Die BSC als integriertes Führungs- und Steuerungsinstrument. Krankenhaus Umschau, 3: 172–179.

Dieckmann, J.; Piek, Chr. (2004): Entwicklung einer BSC. Unveröffentlichte Diplomarbeit, Osnabrück, Fachhochschule Osnabrück.

Ehrmann, H. (2002): Kompakt-Training Balanced Scorecard. Ludwigshafen, Kiehl Verlag.

Ehrmann, H. (2007): Kompakt-Training Balanced Scorecard. Ludwigshafen, Kiehl Verlag.

Erdenberg, C. (2001): Risikomanagement – Möglichkeiten einer pragmatischen Umsetzung in mittelständischen Unternehmen. Controller Magazin, 1: 13.

Friedag, R.; Schmidt, W. (1999): Balanced Scorecard – Mehr als ein Kennzahlensystem. Freiburg i. Br., Haufe.

Gladen, W. (2003): Kennzahlen und Berichtssysteme – Grundlagen zum Performance Measurement, 2. Auflage. Wiesbaden, Gabler, S. 98.

Hahn, D.; Krystek, U. (2000): Früherkennungssysteme und KontTraG, in: Dörner, D.; Horváth, P. (Hrsg.): Praxis des Risikomanagements. Stuttgart, Schäffer Poeschel, S. 81.

Haubrock, M.; Schär, W. (2009): Betriebswirtschaft und Management in der Gesundheitswirtschaft. Bern, Hans Huber.

Heberer, M.; Imark, P. et al. (2002): Welche Kennzahlen braucht die Spitalführung? Schweizerische Ärztezeitung, 9: 425.

Hensen, P.; Wollert, S. (2003): Handlungsbedarf durch die DRG-Einführung: Vorbereitung auf den Wettbewerb. Das Krankenhaus, 5: 381.

Horváth & Partner (2000): Balanced Scorecard umsetzen. Stuttgart, Schäffer-Poeschel.

Horváth & Partner (2007): Balanced Scorecard umsetzen. Stuttgart, Schäffer-Poeschel.

Horvath, P. (1998): Controlling. München, Vahlen.

Horvath, P. (2001): Controlling. München, Vahlen.

Kaplan, R.; Norton, D. (1997): Balanced Scorecard. Stuttgart, Schäffer-Poeschel.

Kistner, K.-P.; Steven, M. (1997): Betriebswirtschaftslehre im Grundstudium 2 – Buchführung, Kostenrechnung, Bilanzen. Heidelberg, Physika, S. 408.

Niven, P. R. (2003): Balanced Scorecard – Schritt für Schritt. Weinheim, Wiley-VCH.

Rappaport, A. (1998): Shareholder Value: Ein Handbuch für Manager und Investoren, Stuttgart, Schäffer Poeschel.

Reichmann, T. (1995): Controlling mit Kennzahlen und Managementberichten. München, Vahlen.

Reichmann, T. (2011): Controlling mit Kennzahlen und Managementberichten. München, Vahlen.

Reichmann, T. (2001): Controlling und Managementberichte. München, Vahlen.

Schierenbeck, H. (1999): Grundzüge der Betriebswirtschaftslehre. München, Oldenbourg.

Schmidt-Rettig, B. (2003): Womit sollen/wollen Krankenhäuser steuern? Krankenhaus Umschau – Spezial, 21: 3.

Thill, K.-D. (1999): Kundenorientierung und Dienstleistungsmarketing. Stuttgart, Kohlhammer.

Zapp, W. (2003): Im Mittelpunkt die Prozesse. Krankenhaus Umschau – Spezial, 21: 11.

10.2
Controlling

Winfried Zapp

10.2.1
Hinführung

Der Begriff „Controlling" ist vielfältig und differenziert zu verstehen. Seit etwa 1960 lässt sich in deutschen Unternehmungen eine Controllingabteilung oder die Beschäftigung eines Controllers feststellen (vgl. Zapp, 2004). Welche Bedeutung kann man diesem Bereich zumessen? Ist das Aufgabenspektrum überhaupt auf den Gesundheitsbereich übertragbar? Welche Funktionen, Aufgaben und Ziele soll das Controlling erfüllen? Wie sind die Anforderungen an die Mitarbeiter, die im Controlling arbeiten, zu formulieren? Und wie werden Controller in den Krankenhausbetrieb eingebunden? Diese und weitere daraus abgeleitete Fragen und Aufgaben sollen in diesem Abschnitt erörtert werden. Neben der theoretischen Fundierung stehen die Werkzeuge und Instrumente im Vordergrund dieser Ausführungen.

10.2.2
Theoretische Grundlagen

Ausgangspunkt der Überlegungen um das Controlling soll das Leitbild sein, das den Grundgedanken des Controllings formuliert und Anregungen für die Gestaltung und Umsetzung im Gesundheitsbetrieb gibt.

10.2.2.1
Die Ausgangslage: Controllingleitbild

Da das Controlling ein komplexer Begriff ist und je nach Ausgestaltung fast chamäleonartige Formen annehmen kann, ist eine Orientierung für die Unternehmungsführung notwendig.

Das Controlling verändert sich, je nachdem, welche Ausgestaltung es annimmt: Eine Controllingstruktur ist davon abhängig, ob das Controlling das Finanz- und Rechnungswesen umfasst, ob es ebenbürtig und gleichberechtigt neben dem Finanzwesen steht oder ob es ein Teil davon ist und zum Beispiel die Kostenrechnung in das Controlling integriert. Die Persönlichkeit des Controllers ändert sich mit dem Aufgabenspektrum von Fremd- bis Eigenkontrolle. Während bei der Fremdkontrolle Management und Controlling auseinanderfallen, werden bei der Eigenkontrolle Controllinganteile in das Management subsumiert. Darüber hinaus ist wesentlich, ob das Controlling als Stab oder als Linie konzipiert wird.

Von daher ist bei der organisatorischen Gestaltung des Controllings und dessen Einbindung in die Unternehmungen der Gesundheitsbranche eine Orientierung notwendig und unumgänglich. Diese führende Rolle soll in diesem Buch mit dem Leitbild umschrieben werden. Durch solche Kernaussagen und Zielvorstellungen können sowohl eine Philosophie als auch das Grundverständnis von Controlling formuliert werden. Die Funktion eines Leitbildes soll verhindern, dass der Controller bei seiner Aufgabenerledigung nicht in einen Bremsvorgang durch Mitarbeiter oder Strukturen hineinläuft. Damit wird einer Kontrolleurhaltung vorgebeugt. Auch die Controller selbst benötigen ein Leitbild als einheitliches Denkmuster, um die Aufgabenerfüllung und die Sinnhaftigkeit ihres Vorgehens darzustellen und Vertrauen innerhalb der Institution einzuwerben (Zapp et al., 2002: 3).

Die industriellen Unternehmungen sind diesen Weg gegangen und haben Leitbilder konzipiert. Das Leitbild der International Group of Controlling (ICG) (www.controllerakademie.de/cainfo/igcleit.html) und das Leitbild der Controllerakademie (www.controllerakademie.de) beschreiben die controllingspezifischen Aufgaben- und Tätigkeitsbereiche sehr prägnant. Jürgen Weber (2002) hat sein Controllingleitbild mit vier prägnanten Kernsätzen beschrieben:

1. „Wir übernehmen Mitverantwortung dafür, dass die gewollte dezentrale Führung durch eine gemeinsame, miteinander abgestimmte Ausrichtung zu den gewünschten Gewinnen des Unternehmens führt.

2. Wir verstehen uns als Servicefunktion mit aktiven Gestaltungsaufgaben.

3. Wir haben unsere Aufgabe nur dann erfüllt, wenn wir von Führungskräften gebraucht und nicht nur geduldet sind.

4. Vertrauen ist die Basis unseres Geschäfts." (Ebd.: 506)

Der Deutsche Verein für Krankenhaus-Controlling e.V. (DVKC) hat in einer Arbeitsgruppe ein Leitbild für Controller in Unternehmen des Gesundheitswesens erarbeitet (Tab. 10.2-1). Hier wird ein einheitliches Controlling verdeutlicht, das nicht in Bindestrich-Controlling-Felder zerfällt. Trotz des Ringens um eine einheitliche Leitbildfunktion bleiben die Definitionen in der Literatur unterschiedlich.

10.2.2.2
Die Basis: Begriffsbestimmung von Controlling

Spannweite des Begriffs „Controlling"
Beim Controlling handelt es sich um einen schillernden und häufig verwendeten Begriff der neueren Managementliteratur. In Theorie und Praxis liegen aber dennoch keine einheitlichen Definitionen oder Begriffsbestimmungen vor (Ebert, 1996: 16; Schmidt, 1995; Horváth, 2001: 57 ff.).

Für die Wortbedeutung sind die lateinischen Begriffe „contra" und „rotulus" verantwortlich. Im 12. Jahrhundert entwickelte sich im Französischen der Begriff „contre-role" = Gegenrolle und im Englischen „counterroullour" als eine Bezeichnung für einen Berufsstand, der die Gegenrolle bzw. das Gegenregister führt, um die Richtigkeit von Angaben in einem Originalregister zu prüfen.

Aus einer Fehlinterpretation des Wortinhalts der „comptroller" (von frz. „compter" = rechnen, zählen) entstand im 16. Jahrhundert eine Begriffsverschiebung mit der Folge, dass sich bis heute beide Begriffe nebeneinander erhalten haben. In Deutschland wurde im 18. Jahrhundert der Begriff „Kontrolle" (Aufsicht, Überwachung, Prüfung) dem französischen „contre-role" entlehnt; ähnlich wie das Wort Kontrolleur.

Tabelle 10.2-1: Leitbild für Controller in Unternehmendes Gesundheitswesens (Quelle: www.dvkc.de)

- Controlling ist eine originäre Führungsaufgabe zur Sicherung der Unternehmensziele
- Angesichts der steigenden Aufgabenvielfalt arbeitsteiliger Systeme wird zunehmend an institutionell verankerte Controller delegiert
- Controlling begleitet und berät das Management zur zielorientierten Planung und Steuerung, damit die Unternehmensziele gesichert werden
- Controlling bezieht sich auf den gesamten Leistungsprozess und auf alle Managementebenen
- Controlling wird unterstützt durch kooperative Führung

Daraus ergeben sich folgende Gestaltungsfelder für Controller:

- Koordination von Aufgabenträgern zur Erreichung von Unternehmenszielen
- Transparenz (z. B. hinsichtlich Strategien, Personal, Finanzen, Prozessen und Ergebnissen) durch die Gestaltung eines Berichtswesens mit den entscheidungsrelevanten Daten und Informationen
- Einrichtung und Pflege zukunftsorientierter Controllingsysteme
- Moderation der am Controllingprozess Beteiligten und vertrauensvolle Kommunikation berufsgruppen-, hierarchieebenen- und bereichs übergreifend
- Dienstleistungsfunktion in einem System ständigen Lernens

Damit war die ursprüngliche Bedeutung verwischt, sodass nun zwei Entwicklungen nebeneinander bestehen:
1. „to control" als beherrschen, steuern, unter Kontrolle haben, im Griff haben, führen, leiten
2. „to check" als überprüfen, kontrollieren, überwachen, beaufsichtigen.

„Controlling" bedeutet im deutschen Sprachraum die Funktion; der Träger von Controllingaufgaben wird als „Controller" bezeichnet. In seiner ursprünglichen Bedeutung ist Controlling der Managementaufgabe zuzurechnen (Unternehmungslenkung), sodass mit Controlling eigentlich „Controllership" gemeint ist. Dieser Begriff hat sich jedoch nicht durchsetzen können. Controllership ist die im angloamerikanischen Sprachraum verwendete Bezeichnung für die institutionelle Ausprägung, also den organisatorisch abgegrenzten Aufgabenbereich des Controllings, der vom Controller wahrgenommen wird (Weber, 2002: 1 ff.).

Außenwelt- und Innenwelt als Aufgabengebiete des Controllings

In diesem Abschnitt sollen die verschiedenen Ebenen dargestellt werden, mit denen das Controlling beschrieben werden kann. Dabei wird die Betrachtung von außerhalb der Unternehmung nach innerhalb der Unternehmung vorgenommen.

Abstimmung als Ausgangspunkt. Als wesentliche Aufgabe von Unternehmungen der Gesundheitsbranche ist das Agieren in der Umwelt anzusehen. In einer solchen von Dynamik und Komplexität geprägten Umwelt, in der Unternehmungen agieren müssen, ist die Abstimmung zwischen Unternehmung und Umwelt eine wesentliche Aufgabe. Diese Abstimmungen umfassen die Bereiche zwischen Umwelt und Unternehmung (intersystemischer Bereich) und die Abstimmung innerhalb der Unternehmung (intrasystemischer Bereich). Dabei kann eine Komplexitätsreduzierung dadurch erreicht werden, dass die Welt reduziert wird in das für die Unternehmung relevante Umsystem. Für ein Krankenhaus ist die Entwicklung des Preises für den Blauen Saphir in Sri Lanka und dem Weltmarkt nicht unbedingt relevant; die Entwicklung der Strompreise als Auswirkungen auf den Energiehaushalt schon eher.

Das Führungssystem. Der extrasystemische Bereich, der außerhalb der Unternehmung liegt, muss von Seiten der Unternehmung nach innen abgestimmt sein. Je komplexer und dynamischer das relevante Umsystem ist oder wahrgenommen wird, desto ausgeprägter ist das Controllingsystem (Schmidt, 1995: 13). Der intrasystemische Abstimmungsprozess weist wiederum unterschiedliche Parameter und Variablen auf: Je größer die Unternehmung ist, desto höher ist der Abstimmungsprozess (Schmidt, 1995: 13).

Folgende Subsysteme im Führungssystem können unterschieden werden:
- Im Personalführungssystem sind die Führung, das Anreizsystem und die Personalwirtschaft verankert.
- Das Planungs- und Kontrollsystem umfasst Aktivitäten der Planung und Kontrolle. Kontrolle kann ohne Planung nicht durchgeführt werden; deshalb stehen beide Begriffe in einem Abhängigkeitsverhältnis zueinander (Küpper, 2001: 15; Weber, 2002: 223 ff.).
- Das Informationssystem beliefert die verschiedenen Systeme mit Informationen und ist für das Planungs- und Kontrollsystem von wesentlicher Bedeutung.

Das Organisationssystem bildet die Strukturen ab und ist damit in besonderer Weise unter Berücksichtigung von Führungsaspekten mit dem Personalführungssystem verbunden. Aber auch die anderen Systeme benötigen eine formale Struktur für eine Orientierung.

Das Wertesystem beinhaltet Werte, Normen und die Kultur. Das Wertesystem beeinflusst das Führungs-, Ausführungs- und Controllingsystem und wird gleichzeitig von diesen Systemen selber beeinflusst. So wird zum Beispiel eine besonders sozial geprägte Institution sozial engagierte Mitarbeiter auswählen, die wiederum das Innenleben der Unternehmung bestimmen oder beeinflussen. Damit wird das Wertesystem neben die Systeme gestellt.

Das Zielsystem ist hier teilweise abgebildet, es findet sich zum Beispiel im Planungssystem wieder; da eine Planung eine Zielsetzung voraussetzt (Küpper, 2001: 63). Ziele sind aber auch im Wertesystem oder in anderen Subsystemen zu finden.

Das Ausführungssystem stellt das System unterhalb des Führungssystems dar. Hier werden die Leistungen der Unternehmung erstellt (Abb. 10.2-1).

Begriffsdefinition: Abstimmung – Koordination – Harmonisation. Diese unterschiedlichen, komplexen und dynamisch sich entwickelnden Umsysteme und innerbetrieblichen Systembereiche (Abb. 10.2-2) müssen aufeinander abgestimmt werden (intersystemischer Abstimmungsprozess). Das Abstimmungsproblem tritt darüber hinaus deshalb auf, weil die Prozesse intrasystemisch arbeitsteilig vorgenommen werden (Arzt, Pflege, Verwaltung, innerhalb der Pflege kann zwischen Stations- oder Wohnbereichsleitung bis zur Aushilfe unterschieden werden). Diese Segmente erfordern Abstimmungs- und Anpassungsprozesse.

Die grundlegende Arbeit von Alfred Kieser und Herbert Kubicek (Kieser/Kubicek, 1992) unterscheidet den Koordinationsbegriff instrumental in:
a. persönliche und
b. vorwiegend unpersönliche Koordination (Tab. 10.2-2).

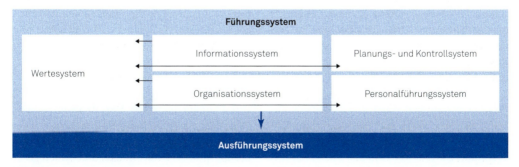

Abbildung 10.2-1: Führungs- und Ausführungssystem (Quelle: Eigenerstellung in Anlehnung an Weber, 2002: 25, und Zapp, 2004)

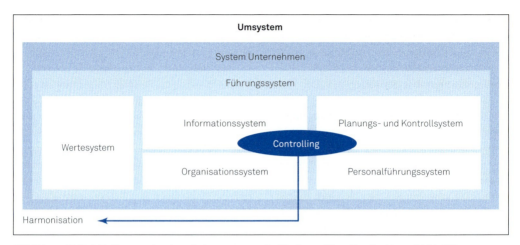

Abbildung 10.2-2: Teilharmonisation als Ausgangspunkt für Controlling (Quelle: Zapp, 2004: 97)

Tabelle 10.2-2: Koordination in instrumenteller Sichtweise (Quelle: Eigenerstellung in Anlehnung an Kieser/Kubicek, 1992: 104 und Zapp/Dorenkamp, 2002: 59)

Koordinations-instrument	Koordination durch direkte persönliche Kommunikation		Koordination durch technokratisch bestimmte Kommunikation	
Vorgehensweise	Direkte persönliche Weisung	Selbstabstimmung	Programme	Pläne
Erläuterung	Kommunikationsrichtung: vertikal	Kommunikationsrichtung: horizontal	Orientierung am Prozess der Aufgabenlösung	Orientierung am Ziel der Aufgabenlösung

Die persönlichen Koordinationsinstrumente teilen sich in die Koordination durch Weisung und in Koordination durch Selbstabstimmung.

Die persönliche Weisung erfolgt durch Vorgesetzte und ist in ein mehr oder weniger ausgeprägtes Hierarchiemodell eingebettet (Kieser/Kubicek, 1992: 85f.; Schulte-Zurhausen, 2002: 210; Zapp/Dorenkamp, 2002: 57).

Die Selbstabstimmung erfolgt zwischen gleichberechtigten Organisationseinheiten auf der Grundlage von Vertrauen, Offenheit und Transparenz (Kieser/Kubicek, 1992: 87; Schulte-Zurhausen, 2002: 211ff.).

Beide Koordinationsinstrumente der persönlichen Variante sind durch ein Feed-back gekennzeichnet, sodass man erst nach dem Eintritt von Ereignissen koordiniert oder sich abstimmt. Darüber hinaus kann auch eine Koordination im Vorhinein als Vorauskoordination erfolgen (Kieser/Kubicek, 1992: 79). Dieses Koordinationsinstrument erfolgt auf persönlicher Ebene und stellt auf Verhaltensbeeinflussung durch persönliche Führung ab, indem im Vorhinein durchgeführte Absprachen und abgestimmte Aktivitäten stattfinden, die je nach konkreter Situation umgesetzt werden.

Die unpersönlichen Koordinationsinstrumente unterteilen sich in Pläne und Programme. Planung wird als die „Vorwegnahme künftiger Ereignisse verstanden" (Hahn, 2001: 45). Bei den Plänen werden deshalb Ziele der Lösung von Aufgaben vorgegeben und als Vorauskoordination strukturiert, sodass sich die Koordination in vorherbestimmten Prozessen und Ereignissen regeln lässt (Kieser/Kubicek 1992: 82f.; Zapp/Dorenkamp, 2002: 59).

Die Programme werden durch Ziele für den Lösungsprozess determiniert. Sie werden geregelt über Lernprozesse bzw. Verfahrensrichtlinien oder Handbücher (Kieser/Kubicek 1992:

90) und führen zu einer „Standardisierung der Aufgabenerfüllung" (Kieser/Kubicek 1992: 92).

Die unpersönlichen oder technischen Koordinationsinstrumente eignen sich als Vorauskoordination in besonderer Weise (Kieser/Kubicek 1992: 91ff.).

Abstimmungen sind zu treffen, und Koordinationsaufgaben sind durchzuführen. Diese Tätigkeiten sollen aber nicht nur durch Improvisation und durch eine fallweise Disposition erledigt werden. Abstimmung und Koordination müssen generell geregelt werden. Die Ausgangsbereiche sind in die Struktur zu integrieren oder in eine neue Struktur zu überführen. Die Regelungen können dabei dauerhaft und generell konzipiert werden (Aufnahme eines angemeldeten und einbestellten Patienten); sie können auch auf spezifische Fälle ausgerichtet sein (Notfälle).

Dieser Aufgabenbereich der Optimierung der Abläufe soll mit dem Begriff „Harmonisation" versehen werden, der die „Abstimmung zielorientierter, arbeitsteiliger Systeme" meint (Bleicher/Meyer, 1976: 48). Die Harmonisation inter- und intrasystemischer Systeme erfolgt durch Koordination, die in eine bestehende Struktur integriert wird oder zu neuen Strukturen führt (Integration). Dabei stehen Koordination als Abstimmung und Integration als Überführung in Struktur nebeneinander.

Das Controlling reserviert in dieser Arbeit einen Harmonisationsbegriff und begrenzt die Harmonisation innerhalb des Führungssystems auf die Harmonisation von Planungs- und Kontrollsystem einerseits und Informationssystem andererseits, um in diesen Systemen intra- und intersystemische Abstimmung sicherzustellen (Horváth, 2001: 150ff. - bezogen auf die Koordination). Die Harmonisation der oben genannten Subsysteme wirkt auf die anderen Subsysteme (Personal-, Organisations- und Wertesystem) ein; diese unterliegen aber nicht dem Aufgabengebiet der Harmonisation im Controlling.

Die Harmonisation des gesamten Führungssystems ist Unternehmungsführung. Diese Gesamtausrichtung ist Führungsaufgabe; sie kann an das Controlling bezogen auf die Harmonisation von Planungs- und Kontrollsystem und Informationssystem teilweise delegiert werden. Wird diese unternehmungsbezogene Harmonisation auf ein System - womöglich das Controlling - delegiert, dann wäre dieses System eine Führungsinstitution, in der sich die Führung wiederfindet. Das Führungssystem würde so zu einem System verschmelzen. Die Autoren, die also die Koordination sämtlicher Teilsysteme verfolgen (Küpper/Weber, 1995), verstehen Controlling als Unternehmungsführung und setzen damit quasi beide einander gleich. Damit wird ein alter Begriff durch einen neuen ersetzt und somit kein Erkenntnisfortschritt erzielt.

Mit der Entwicklung eines Leitbildes oder einer Marketingstrategie sollte nach unserer Auffassung nicht das Controlling beauftragt werden, weil die Harmonisation über die Führungssubsysteme „Information" sowie „Planung" und „Kontrolle" hinausgeht und auch Einfluss auf die Subsysteme „Personal", „Werte" und „Organisation" nimmt. Die Unternehmungsführungsaufgabe wäre hier auf eine Assistenz als Stabsstelle zu delegieren. Würden diese Aufgaben im Controlling gebündelt, würden die Aufgaben ins „Unermessliche" steigen. Das Spezifische des Controllings würde so in der allgemeinen Unternehmungsführung letztlich verkümmern.

Diese Begrenzung auf diesen Harmonisationsansatz für Controlling liegt darin begründet, dass...

- ... Planung und Kontrolle eine zentrale Position im Führungssystem innehaben.
- ... die Informationen eine wesentliche Bedeutung für Entscheidungen haben.
- ... beide Subsysteme miteinander korrespondieren und für die ökonomische Ausrichtung das Ergebnis mitbestimmen. (Horváth, 2001: 112f.)

Perspektiven von Controlling

Controlling kann aus unterschiedlichen Blickrichtungen betrachtet werden und mit unterschiedlichen Schwerpunkten versehen sein.

Zeitebene. Controlling kann sich auf verschiedene Zeitebenen beziehen, die unterschiedliche Methoden und Techniken verlangen. Die Bereitstellung eines wirtschaftlichen Instrumentariums kann nach Hahn (2001: 291ff.) sowohl operativ (bis zu einem Jahr), taktisch (2-5 Jahre) als auch strategisch (ab 3-5 Jahre) angelegt sein. Schirmer (1998: 42) differenziert das operative Controlling für einen Zeitraum von einem bis 3 Jahren und das taktische Controlling für einen Zeitraum von 3–5 Jahren. Das strategische Controlling ist ab einen Zeitraum von 5 Jahren zuständig.

Lenkungsebene. Der Begriff „lenken" wird oft als Synonym für die Begriffe „steuern" und/oder „regeln" verwandt (Kempf/Winkler, 2002: 54ff.). Dennoch soll im Folgenden der Begriff „Lenkung" aus der Betrachtungsweise der Kybernetik definiert werden. Die Begriffe „Steuerung", „Regelung", „Anpassung" und „Lenkung" in Bezug auf Führungsentscheidungen haben in der Kybernetik und Systemtheorie eine zentrale Bedeutung.

„Lenkung beschreibt das harmonische Zusammenspiel von gezielten Lenkungseingriffen von außen (extrinsische Lenkung) und der selbstorganisierenden und selbstregulierenden Kräfte eines Systems (intrinsische Lenkung)" (Bleicher/Meyer, 1976: 61). Der systemischen Betrachtung und somit der Lenkung liegt ein Regelkreis zugrunde, der das Planen, Ausführen und Kontrollieren beinhaltet, um ggf. bei Abweichungen Anpassungen vornehmen zu können. Die Kontrolle ist eine regelmäßige Rückkopplung, die Auskunft über den Grad der Zielerreichung gibt. Durch die Definition der Lenkung wird deutlich, dass sie in der Hierarchie über der Steuerung und Regelung steht und somit den Oberbegriff für beides darstellt (Abb. 10.2-3) (Zapp et al., 2000: 60; Zapp/Dorenkamp, 2002: 87; vgl. hierzu und im Folgenden v.a. Zapp, 2004):

a. *Steuerung:* Eine Steuerung liegt vor, wenn ein Ziel (Sollwert) von außen gesetzt wird und entsprechend die Richtung und Art des Verhaltens und somit der Weg zur Zielerreichung von außen vorgegeben wird (Flechtner, 1966: 44; Bessai, 2000: 143f.).
Eine Störgröße (z.B. Patientenrückgang in der Ambulanz des Chefarztes) erreicht das System, wobei die Steuereinrichtung (Krankenhausleitung, Controller etc.) diese Information (Stellgröße) nicht erhält oder nicht erreicht. Damit besteht keine Möglichkeit, auf die Störgröße einzuwirken. Da Störgrößen nicht bekannt sind, kann keine Reaktion erfolgen. Eine Steuerung kann also nur dann implementiert werden, wenn Störungen nicht auftreten (vgl. hierzu und im Folgenden Zahn/Kapmeier, 2002: 1919ff.).
Soll das System reagieren können, müssen Vorkoppelungen stattfinden. Informationen über Störgrößen müssen der Steuereinrichtung vor Erreichen des Systems zur Verfügung stehen. Als ein betriebswirtschaftliches Instrumentarium kann das Frühwarnsystem (Hahn, 2001; Krystek, 1992) angesehen werden. Bevor die Störung das System erreicht hat, soll schon herausgearbeitet werden, wie auf die Störung zu reagieren ist.

b. *Regelung:* Die Regelung wird von Bleicher (1981: 96) dadurch definiert, dass zwar ein Sollwert von außen vorgegeben wird, innerhalb des Systems allerdings die Freiheit der Auswahl des zur Zielerreichung am besten geeigneten Verhaltens besteht. Hierbei wird zugelassen, dass die Störung die Unternehmung erreicht und erst dann eine Reaktion

Abbildung 10.2-3: Lenkung als Oberbegriff (Quelle: Zapp, 2004: 105)

erfolgt – bei der Steuerung mit Vorkoppelung wird die Störung vor Erreichen der Unternehmung erkannt, sodass eine Reaktion erfolgen kann, bevor die Störung Schaden angerichtet hat. Nachdem die Störgröße das System erreicht hat, wird eine Kurskorrektur durchgeführt: Ist die zeitliche Reaktionszeit zu knapp bemessen, dann wird aus der Steuerung mit Vorkoppelung eine Regelung. Um bei der Regelung reagieren zu können, müssen Sollvorgaben vereinbart werden. Dieser Abweichungswert ist von der lenkenden Instanz festzulegen und beim Regler zu hinterlegen. Durch eine Abweichungsanalyse wird versucht, den Output wieder wie geplant zu stabilisieren. Während des Lenkungsvorgangs sind immer wieder diese Ist-, Plan- und Sollwerte abzugleichen. Planung und Kontrolle, Abweichungsanalysen und Hochrechnungen spielen in dieser Lenkungsart eine bedeutende Rolle.
c. *Anpassung:* Die Berücksichtigung der Umwelt in ihrer komplexen und dynamischen Form soll durch eine Anpassung an die Steuereinrichtung erreicht werden. Das System verfügt über Adaptionsmechanismen, um sich veränderten Inputs bzw. differenzierten Störgrößen anpassen zu können. Selbstregulation und Selbstorganisation sollen gestärkt werden, um die Umwelteinflüsse verarbeiten zu können. Lernprozesse spielen dabei eine wesentliche Rolle, um über Verbesserungslernen eine Anpassung des Systems an Störungen sicherstellen zu können.

Abbildung 10.2-4: Varianten der Ergebnisebene (Quelle: Zapp, 2004: 107)

Ergebnisebene. Gesundheitsunternehmen können in vielerlei Hinsicht gesteuert, geleitet oder gelenkt werden. Die Blickrichtung ist dabei unterschiedlich (Abb. 10.2-4). Während einige Autoren die Ergebnisebene an der Wirtschaftlichkeit messen (Horváth, 2001: 145; in Anlehnung an Dellmann/Pedell, 1994: 2; vgl. auch Zapp/Dorenkamp, 2002: 1-11), versuchen andere Autoren die Einordnung im Sinne eines Ansatzes für Maßnahmen zu strukturieren (Bramsemann, 1993).

Beiden Ansätzen ist gemeinsam, dass sie versuchen, die Hebelwirkung von Controlling herauszubilden unter dem Aspekt dessen, was im Mittelpunkt optimaler wirkungsvoller Aktivitäten stehen muss, die vom Controlling ausgehen:

a. *Wirtschaftlichkeitsbetrachtung:* Die Betrachtung aus der Sicht der Wirtschaftlichkeit setzt an bei der Frage, ob und inwieweit sich eine Tätigkeit am Wirtschaftlichkeitsprinzip orientiert. Dies geschieht unabhängig vom jeweiligen Wirtschaftssystem und kann auch bei unterschiedlichen Zielen der Unternehmungen eingesetzt werden (Profit und Non-Profit-Unternehmungen) (Steinmüller, 1999: 585). Dieses ökonomische Wirtschaftlichkeitsprinzip aus den Wirtschaftswissenschaften ist dort als Minimal- und als Maximalprinzip gegeben:

- Das **Minimalprinzip** verlangt, dass mit geringstmöglichem Einsatz von Produktionsfaktoren (Arbeitsleistungen, Betriebsmittel und Werkstoffe) ein gegebener Güterertrag (betriebliche Leistung) zu erwirtschaften ist.
- Das **Maximalprinzip** fordert, dass der größtmögliche Güterertrag mit einem bestimmten Aufwand an Produktionsfaktoren zu erzielen ist (Wöhe, 2000: 1).

b. *Maßnahmenbetrachtung:* Aus der Sicht der Maßnahmen lassen sich im Controlling die in Tabelle 10.2-3 wiedergegebenen Aspekte voneinander unterscheiden (Bramsemann, 1993: 54; Haiber, 1997). Während die Ergebnisebene in der Variante der Wirtschaftlichkeit insbesondere die ökonomische Ausgestaltung und Analyse in den Vordergrund der Betrachtung rückt, geht die Ergebnisebene in der Variante der Maßnahmen von einer weiten Auffassung der Ergebniserzielung aus. Sicherlich ist der Gewinn in marktwirtschaftlich orientierten Systemen als das

Tabelle 10.2-3: Ansatzpunkte von Controllingmaßnahmen in eindimensionaler Darstellung (Quelle: Eigenerstellung in Anlehnung an Bramsemann, 1993: 54, und Zapp, 2004: 110)

Ergebnisebene – Maßnahme							
Eindimensional							
	Ökonomisch orientierte Ebene			Systemebene			
Unterscheidungskriterium	rentabilitätsorientiert	finanz- und liquiditätsorientiert	phasenorientiert	potenzialorientiert	prozessorientiert		markt- und umfeldorientiert
Ansatzpunkt für Ergebnislenkung	Kosten, Erlöse, Ergebnis, Gewinn, Deckungsbeitrag	Mittelherkunft, Mittelverwendung, Liquidität, Wirtschaftlichkeitsanalysen	Projektlenkung	Personal, Investition, Qualität, Struktur	Prozesse, Schnittstellen, Shareholder, Stakeholder		Output, Outcome

oberste Ziel zu verstehen, was empirische Untersuchungen auch belegen (Horváth, 2001: 147). Bei der Verfolgung dieses Ziels können aber unterschiedliche Maßnahmen in den Vordergrund treten (Kosteneinsparung versus Qualitätsverbesserung mit Preiserhöhung) oder die Verfolgung dieses Ziels kann aus unterschiedlichen Instrumenten abgeleitet werden. Der maßnahmenorientierte Ansatz ist also weiter gewählt und verfolgt dennoch die gleiche Zielrichtung, nämlich ein optimales Ergebnis.

Die Unterscheidungskriterien nach Maßnahmen sind wichtig, um das richtige, das heißt effektive, Instrumentarium in der jeweiligen Situation herauszufinden und einzusetzen (s. Tab. 10.2-3). Die Maßnahmen können einerseits ein- oder mehrdimensional und andererseits nach ökonomischen und systemischen Kriterien unterschieden werden. Aus den jeweiligen Abbildungen lassen sich dann unterschiedliche Instrumente ableiten (z. B. Kostenmanagementstrategien, Qualitätsaspekte, Bewertung des Outcome usw.). Ziel aller Aktivitäten bleibt es, ein positives Ergebnis für die Unternehmung zu erreichen. Kombinationen davon könne zwei- oder mehrdimensional angelegt sein: Als bekanntes Beispiel gilt die Balanced Score Card (BSC).

Darstellung der Perspektiven. Aus den einzelnen Controllingperspektiven können nun die verschiedenen Schwerpunkte und Unterteilungen dargestellt werden. Diese einzelnen Perspektiven und Differenzierungen lassen sich unterschiedlich kombinieren (Abb. 10.2-5). Ein Controllingsystem müsste nun diese aufgezeigten und ausformulierten Perspektiven als Anforderungen enthalten und aufzeigen, wie diese Daten in den Unternehmungsalltag involviert werden. Auf diesen Perspektiven aufbauend, ist es nun auch möglich, eine Controllingdefinition zu formulieren, die auch die Abgrenzung zu anderen Definitionen ermöglicht.

Von Controllingperspektiven zur Controllingdefinition
Aufgrund der dargestellten Ausgangslage und den ausformulierten Perspektiven können wir nun die in Tabelle 10.2-4 wiedergegebene Definition für das Controlling ableiten.

10.2.2.3
Controllingkonzeptionen

Controlling ist noch immer auf der Suche nach einer eigenen Identität. Folglich hat sich in der Controllingforschung eine Vielzahl von Controllingkonzeptionen entwickelt, um den Begriff „Controlling" zu erfassen (vgl. hierzu: Zapp/Oswald, 2009: 77 ff.). Diese können in abstimmungsorientierte (eher) klassische und analyseorientierte (eher neuere) Konzeptionen unterteilt werden (Abb. 10.2-6).

Abbildung 10.2-5: Schwerpunkte und Unterteilungen des Controllings (Quelle: Zapp, 2004: 110)

Tabelle 10.2-4: Definitionen von Controlling (Quelle: Zapp, 2004: 111)

Controlling ist…	die ergebnisorientierte Harmonisation von Informationssowie Planungs- und Kontrollsystem, die funktional im Führungssystem als Unterstützung verankert ist
Ergebnisorientierung	**Dimensionen von Controlling** Dabei spielen numerische Daten eine wesentliche Rolle (Leistungen, Kosten und Erlöse werden die Ergebnisse)
Harmonisation	Abstimmung zielorientierter, arbeitsteiliger sozialer Systeme, unter Beachtung intersystemischer Beziehungen und deren Integration in die Unternehmung
bezogen auf das Informations-, Planungs- und Kontrollsytem	Controlling beschränkt sich auf die Harmonisation wesentlicher Subsysteme des Führungssystems unter dem besonderen Aspekt der Ergebnisorientierung
im Führungssystem…	ist Controlling verankert
funktional	Die Funktionsbetrachtung soll unterschiedliche, austauschbare Strategien herausarbeiten
Unterstützung	Informationenweiterleitung, Beratung, Service, Kreativität und Innovation
verankert	organisatorische Einbindung von Controlling in das Unternehmen

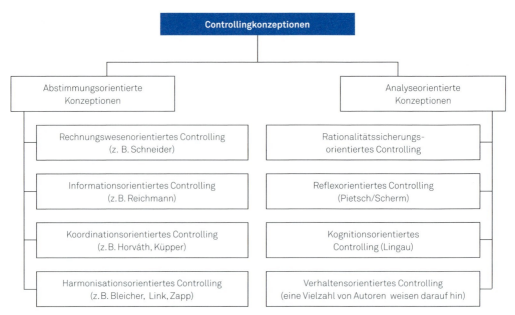

Abbildung 10.2-6: Controllingkonzeptionen (Quelle: Eigenerstellung in Anlehnung an Scherm/Pietsch, 2004: 11, und Zapp/Oswald, 2009: 77)

Abstimmungsorientierte Konzeptionen
Rechnungswesen- und informationsorientierte Ansätze beziehen sich im Wesentlichen auf die zielgerichtete Bereitstellung entscheidungsrelevanter Informationen. Bei den rechnungswesenorientierten Ansätzen wird dem Controlling die Aufgabe der Informationsversorgung mit den Daten des Rechnungswesens zugewiesen. Im Fokus stehen hier insbesondere monetäre Größen und die operative Unternehmensebene (Schreiber, 2010: 29). Primärer Bestandteil aller informationsorientierten Konzeptionen ist die Informationsversorgung, die als älteste Auffassung der Aufgaben des Controllings gilt. Im Mittelpunkt steht die bedarfsgerechte Bereitstellung entscheidungsrelevanter Informationen für die Führungsverantwortlichen (Reichmann, 2004: 85). Zentrale Aufgabe ist die Abstimmung der Informationserzeugung bzw. -bereitstellung mit dem Informationsbedarf. So definiert Thomas Reichmann Controlling als...

> „[...] die zielbezogene Unterstützung von Führungsaufgaben, die der systemgestützten Informationsbeschaffung und Informationsverarbeitung zur Planerstellung, Koordination und Kontrolle dient; es handelt sich um eine rechnungswesen- und vorsystemgestützte Systematik, die auf die Daten des Rechnungswesen und der weiteren betrieblichen Vorsysteme zurückgreift." (Reichmann, 2004: 86).

Neben der Informationsversorgung sind laut Reichmann der Entscheidungsbezug und die Koordination zentrale Merkmale des Controllings.

Bei den **informationsorientierten Konzeptionen** ergibt sich das Problem, dass Informationsversorgung nie einen Selbstzweck verfolgt, sondern immer aus übergeordneten Aufgaben abzuleiten ist. Aufgrund der vielfältigen Informationsbedürfnisse, die in einer Unternehmung existieren, ist eine Verankerung der Controllingfunktion schwierig. Zwar wird der Informationsbeschaffung, -verarbeitung und dem zweckorientierten zur Verfügung-Stellen von Informationen eine hohe Relevanz im Controlling zugesprochen, dies reicht aber für eine Abgrenzung des Controllings nicht aus (Dubielzig, 2009: 76).

Koordinationsorientierte Konzeptionen sind die am weitesten verbreiteten Konzeptionen, die eine hohe Relevanz für die Praxis besitzen. Zentrale Aufgabe des Controllings ist hier die Koordination unterschiedlicher Teilsysteme der Unternehmensführung. Einer der bekanntesten Beiträge stammt von Peter Horváth. Dieser legt einen systemorientierten Ansatz zugrunde und definiert Controlling als…

> „[…] dasjenige Subsystem der Führung, das Planung und Kontrolle sowie Informationsversorgung systembildend und systemkoppelnd ergebniszielorientiert koordiniert und so die Adaption und Koordination des Gesamtsystems unterstützt." (Horváth, 2011: 141)

Controlling stellt zum einen Führungsunterstützung dar, indem es der Führung ermöglicht, das Gesamtsystem ergebniszielorientiert an die Änderungen der Unternehmensumwelt anzupassen; auf der anderen Seite nimmt Controlling Koordinationsaufgaben hinsichtlich des operativen Systems war. Koordination wird hier verstanden als „das Abstimmen einzelner Entscheidungen auf ein gemeinsames Ziel hin" (Horváth, 2011: 144). Die Koordinationsaufgabe umfasst dabei nicht nur die Koordination zwischen den Systemen, sondern auch innerhalb der Führungssysteme. Die Koordinationsfunktion bezieht sich auf das Planungs- und Kontrollsystem auf der einen Seite und ein Informationsversorgungssystem auf der anderen Seite und soll auf das Ergebnisziel der Unternehmung gerichtet sein. Über die Koordination dieser Systeme wirkt das Controlling in alle Führungsteilsysteme hinein. Neben der Koordinationsfunktion spielt die Führungsunterstützung eine wesentliche Rolle. Controller unterstützen das Management bei der Wahrnehmung der Planungs- und Kontrollaufgaben und liefern die dafür benötigten Informationen. Die Informationsversorgung ist der Koordination aber unterstellt. Ziel des Controllings ist die Sicherung und Erhaltung der Koordinations-, Reaktions- und Adaptionsfähigkeit des Managements, damit dieses die Ergebnis- und Sachziele der Unternehmung verwirklichen kann (Horváth, 2011: 142; Zapp et al., 2004: 39).

Die Konzeption von Horváth wurde durch Hans-Ulrich Küpper weiterentwickelt. Dieser unterscheidet als wichtige Teilsysteme der Führung die Organisation, das Planungs-, Kontroll- und Informationssystem sowie das Personalführungssystem. Während Horvath die Koordinationsfunktion auf die Bereiche Planung, Kontrolle und Informationsversorgung beschränkt, zieht Küpper als zwei weitere Teilbereiche die Organisation und Personalführung hinzu und stellt auf die Koordination des Führungsgesamtsystems ab (Zapp et al., 2004: 48; Küpper, 2008: 31). Innerhalb der koordinationsorientierten Konzeptionen besteht somit keinesfalls Einigkeit über den Umfang der Koordination.

Die **harmonisationsorientierte Konzeption** legt die Schwerpunkte einerseits auf die strukturelle Komponente, indem die Prozesse und Vorgehensweisen in die Organisationen integriert werden (systembildend bei Horváth); ist eine Integration nicht möglich, verbleibt die Ad-hoc-Koordination. Als weiterer Schwerpunkt werden die Beziehungen zur Umwelt herausgearbeitet. Einerseits sind diese intersystemisch in der Unternehmung zu berücksichtigen (z. B. in Form der Anpassung), andererseits kann die Unternehmung Einfluss auf die Umwelt nehmen (z. B. durch Lobbyismus). Wenn ein Budget mit den Kassen ausgehandelt werden soll, soll dieses Budget in der Institution nicht nur koordiniert, sondern harmonisiert sein. Die Teilebudgets müssen intra- und intersystemisch passend sein! Intrasystemische Abstimmung bedeutet die Harmonisation von beispielsweise den Klinken (Chefärzten), dem Management (Personalabteilung), der Instandhaltung (Technik) unter anderem. Intersystemische Abstimmung bedeutet, dass die Budgetvereinbarung mit den Sozialleistungsträgern auch intern im Krankenhaus harmonisiert ist.

Analyseorientierte Konzeptionen
Bei der **rationalitätsorientierten Konzeption** nach Jürgen Weber und Utz Schäffer ist es Aufgabe des Controllings, die Rationalität der Führung sicherzustellen. Rationalität wird hier als Zweckrationalität verstanden, „die sich an einer effizienten Mittelverwendung bei gegebenen Zwecken bemisst […] Zweckrationalität zielt auf die Effizienz und Effektivität des Handelns der

Akteure" (Schäffer, 2004: 489). Rationalitätssicherung bezogen auf Führungshandlungen ist dabei definiert als...

> „[...] die Menge aller Handlungen zur Erhöhung der Wahrscheinlichkeit, dass die Realisierung von Führungshandlungen der antizipieren Zweck-Mittel-Beziehung entspricht. Sie lässt sich weiter operationalisieren als Sicherstellung von Effizienz und Effektivität der Führung." (Schäffer/Weber, 2004: 46)

Basis ist hier eine spezifische Führungsperspektive. Führung wird von Akteuren mit individuellen und kontextbezogenen Beschränkungen, das heißt unter Rationalitätsdefiziten vollzogen. Durch Wollens- und Könnensdefizite der Akteure können so Rationalitätsdefizite entstehen. Rationale Führung setzt somit ein ausreichendes Wissen voraus. Controlling soll hier die Führung durch Entlastung, Ergänzung und Hinweisen zu Begrenzungen unterstützen und so deren Aufmerksamkeit auf entscheidungsrelevante Aspekte lenken. Die Entlastungsaufgaben zielen auf eine effiziente Datenversorgung und den effizienten Betrieb von Führungshandlungen; Controller nehmen eine Zulieferfunktion ein. Eine Ergänzungsfunktion liegt vor, wenn Controller die Handlungen der Manager durch ihr spezifisches Fach- und Methodenwissen oder aus einer anderen Perspektive auf Rationalität hin überprüfen. Bei der Begrenzungsfunktion achten Controller darauf, dass Manager innerhalb des ihnen gesteckten Rahmens bleiben und nicht opportunistisch handeln (Küpper, 2008: 19). An der Sicherstellung der Rationalität der Führung arbeiten die Controller allerdings nicht allein, sondern in einem Team zusammen mit den Managern (Schäffer, 2004: 490). Das Augenmerk liegt bei dieser Konzeption somit nicht auf Systemen, sondern in der Interaktion von Menschen (Weber, 1990: 223; Weber/Schäffer, 2000: 191; Zapp et al., 2004: 53).

Kritiker der rationalitätsorientierten Konzeption führen an, Rationalität sei immer ein Kennzeichen einer Unternehmungsführung und damit auch Kennzeichen anderer Funktionen und könne nicht speziell dem Controlling zugesprochen werden (Küpper, 2008: 14). Horváth betont, dass Koordination die zielgerichtete Abstimmung von Entscheidungen bedeutet. So wollen auch die koordinationsorientierten Konzeptionen das zielgerichtete Handeln der Organisation unterstützen und dies bedeutet immer auch die Anwendung des Rationalitätsprinzips (Horváth, 2011: 137).

Die von Gotthard Pietsch und Ewald Scherm entworfene Konzeption des **reflexionsorientierten Controllings** zielt auf die Präzisierung des Controllingbegriffs und damit auf eine engere Eingrenzung der Controllingfunktion (Pietsch/Scherm, 2004: 532). Bei dieser Konzeption wird das Handlungsfeld „Unternehmung" in die drei funktionalen Ebenen Führung, Führungsunterstützung und Ausführung unterteilt. Im Fokus der Führung stehen die Entscheidungen. Um diese Entscheidungen treffen und hinterfragen zu können, benötigt die Führung aufbereitete Informationen. Die Beschaffung und Aufbereitung führungsrelevanter Informationen ist Aufgabe der Führungsunterstützung. Führungsunterstützung hat somit die Informationsbereitstellung im Fokus. Zur Bewältigung der Komplexität und Dynamik einer Unternehmung und seiner Umwelt stehen zwei Verfahren zur Verfügung: Selektion und Reflexion. Die Selektion (Auswahl aus einer Gesamtheit von Möglichkeiten) wird von den Führungsfunktionen Planung, Organisation, Personalführung und Personaleinsatz erbracht und führt zu Entscheidungen. Die Gefahr falscher Selektion soll durch den Gegenpart der Reflexion verringert werden. Die Reflexion der getroffenen Entscheidungen wird von der Führungsfunktion Controlling erbracht (Pietsch/Scherm, 2004: 533). Die Reflexionsaufgabe wird hier als eigenständige Führungsfunktion betrachtet. Neben der Reflexion von Entscheidungen gehört auch die Reflexion der funktionsinternen und funktionsübergreifenden Abstimmung der Entscheidungen zu den Aufgaben des Controllings. Koordination wird hier nur als ein Teil der Reflexionsfunktion gesehen. Reflexion wird unterschieden in eine abweichungsorientierte und eine perspektivenorientierte Reflexion. Bei der perspektivenorientierten Reflexion sollen Entscheidungen auch aus anderen Perspektiven reflektiert werden (Dubielzig, 2009: 83). Die abweichungsorientierte Reflexion beinhaltet die Durchführung von Soll-Ist-Vergleichen und Feststellung von Abweichungen. Sie entspricht der klassischen Kontrollfunktion (Pietsch/ Scherm, 2004: 537).

Pietsch und Scherm greifen bei ihrer Konzeption auf bereits bestehende Ansätze zurück. Zum einen auf die in den informationsorientierten Konzeptionen hervorgehobene Informationsversorgungsfunktion, indem es die für die Entscheidungsreflexion bedeutsamen Informationen liefert. Auch leistet das reflexionsorientierte Controlling einen Beitrag zur Koordination, da es auch die Abstimmung zwischen Entscheidungen reflektieren kann. Die Rationalitätssicherung kann Anhaltspunkte für die Konkretisierung von Entscheidungsmaßstäben liefern (Pietsch/Scherm, 2004: 550).

Laut Küpper besteht die Kernaufgabe des Controllings bei der reflexionsorientierten Konzeption in einer „um die Perspektivensicht erweiterte[n] Kontrollfunktion [...], die um die hierfür erforderliche Informationsbereitstellung ergänzt ist" (Küpper, 2008: 24). Diese Beschränkung des Controllings auf eine Kontrollfunktion widerspricht somit den Bemühungen, dass Controlling mehr als Kontrolle ist (Küpper, 2008: 25). Die Verengung der Konzeption auf diese vereinfachte Kontrollsicht trifft so auf die Reflexion nicht zu: Im Fokus der Reflexion stehen Managemententscheidungen, die zu einer Willenssicherung führen und das Verhalten und Handeln der Akteure hinterfragen sollen. Es geht nicht um Kontrollaktivitäten, um Fehlentscheidungen zu ahnden.

Bei der **kognitionsorientierten Konzeption** von Volker Lingau handelt es sich um den jüngsten Vertreter der neuen Controllingkonzeptionen. Ausgangspunkt dieser Konzeption sind die kognitiven Beschränkungen realer Entscheidungsträger. Um Entscheidungen treffen zu können, benötigen Entscheidungsträger (Manager) problemlösungsrelevantes Wissen (Lingau, 2004: 732). Manager sind Experten mit einer überlegenen Problemlösungsfähigkeit in ihrem Verantwortungsbereich. Für diesen Bereich besitzen Manager bereichsspezifisches Wissen, das auch als primäres Wissen bezeichnet wird.

Außerhalb dieses Bereichs sind sie Nichtexperten, denen es an bereichsfremdem und bereichsübergreifendem Fakten- und Methodenwissen mangelt. Dieses bereichsfremde Wissen wird als sekundäres Wissen bezeichnet. Dem Controlling kommt hier die Aufgabe der Unterstützung begrenzt rationaler Manager zu. Durch die Bereitstellung von sekundärem Wissen durch das Controlling sollen diese befähigt werden, Probleme effektiver zu lösen (Gerling, 2007: 12). Die Bereitstellung dieses sekundären Wissens wird als Aufgabe des Controllings definiert, wodurch eine Abgrenzung zum Management vorgenommen wird (Lingau, 2004: 742).

Die **verhaltensorientierte Konzeption** legt den Schwerpunkt auf das Verhalten und das Handeln. Neben den Entscheidern und Dienstleistern stehen vor allem die Nutzer von Controllingdaten im Mittelpunkt dieser Konzeption. Die Controller müssen dokumentieren und informieren, sodass ein Coaching zur Unterstützung der Manager erreicht wird. Der Controller reift so zum Business-Partner heran und umfasst die wesentlichen Unterstützungsmerkmale für das Management und die ausführenden Einheiten. Das Controlling umfasst damit die grundlegenden Aktivitäten des Monitorings und des Reportings. Darauf aufbauend kann das Controlling die Funktion der Beratung und des Consultings übernehmen und ausfüllen, um dann letztlich dem Manager in einem Coaching-Prozess zu begleiten.

Zusammenfassend kann festgehalten werden, dass in allen Konzeptionen Controlling als Teil des Führungssystems gilt. Horváth führt an, dass die Anwendung des Systemansatzes als Ordnungsrahmen in den meisten Konzeptionen ebenso Anwendung findet wie der Begriff „Koordination". Weiterhin herrscht weitestgehend Einigkeit über die Herstellung eines Bezugs zu den Unternehmenszielen. Hier bestehen allerdings unterschiedliche Auffassungen hinsichtlich des Ausmaßes der Koordinationsfunktion, ob die Abstimmung ausgewählter Führungssysteme (Planungs-, Kontroll- sowie Informationssystem) oder des Führungsgesamtsystems im Vordergrund steht. Ebenso besteht Uneinigkeit über die in der Controllingfunktion einbezogenen Unternehmenszielkategorien, ob das Ergebnis-, Gewinn- oder Gesamtzielsystem der Unternehmung zu koordinieren ist (Horváth, 2011: 136).

10.2.3
Werkzeuge des Controllings

Controlling ist auf verschiedenen hierarchischen Ebenen und in unterschiedlichen Bereichen mit unterschiedlichen Ansprüchen an die Fachlichkeit tätig und setzt zu unterschiedlichen Zeiten Controllingmaßnahmen ein. Kein Wunder, dass sich eine Fülle von Instrumenten und Tools anbietet, um die notwendigen Aufgaben zu erfüllen. Spezifische Controllinginstrumente, in dem Sinn, dass sie nur für Zwecke des Controllings eingesetzt werden, sind unseres Erachtens nicht konzipiert worden. Die Instrumente können in der allgemeinen Betriebswirtschaftslehre entwickelt oder eingesetzt werden; Tools können aus der Planungstheorie entnommen sein oder aus dem Bereich der EDV stammen.

Die Darstellung der Controllinginstrumente erfolgt nach unterschiedlichen Kriterien: So ist nach Straub ein vollständiger Katalog nicht abbildbar (Straub, 1997: 89), Weber (2002: 265 ff.) behandelt die Instrumente in den spezifischen Controllingsystemen, während Küpper (2001: 407 ff.) die Instrumente darüber hinaus im bereichsbezogenen Controlling darstellt (Marketing, Logistik usw.). Horváth (2001: 150 ff.) wiederum behandelt die Controllinginstrumente innerhalb des Planungs- und Kontroll- sowie des Informationssystems. Diese Vorgehensweise soll hier ebenfalls gewählt werden: Die Harmonisation von Planungs-, Kontroll- und Informationssystemen bestimmt die Einteilung.

Dabei kann nur eine Auswahl von Instrumenten ausgewählt und dargestellt werden. Die anwendungsorientierten Instrumente muss dann jede einzelne Unternehmung der Gesundheitsbranche für sich selber zusammenstellen:

> „Dem strategischen Controlling kann es dann obliegen, einen für das spezifische Krankenhaus sinnvollen Werkzeugkasten zusammenzustellen. Ausgehend von einer bestimmten Ausgangssituation gilt es herauszuarbeiten, welche Informationen zur Entscheidungsfindung notwendig sind, und eine Systematik in die Instrumente zu bringen, damit nicht „alles was gut und teuer ist" in Form eines Bauchladens zur Erzeugung ‚unnützer Papierberge' verwendet wird." (Straub, 1997: 89)

10.2.3.1
Planungssystem

Die Planung kann – als gedankliche Vorwegnahme zukünftig erwarteter bzw. angestrebter Handlungen und Ereignisse (Staehle, 1999: 539; Horváth, 2001: 170 ff.; Hahn, 2001: 45 ff.) – in die strategische, taktische und operative Planung unterschieden werden, wobei die langfristigen, unternehmensbezogenen Größen aus der strategischen Planung über die taktische und operative Planung in detailliert beschriebene und umsetzbare Größen übertragen werden (Strehlau-Schwoll, 1995: 22). Die operative Planung wird in Aktionsplanung und Budgetierung unterteilt – entsprechend einer sach- und formalzielorientierten Betrachtung (Mensch, 1993: 819). Abbildung 10.2-7 stellt diese Hierarchie der Planungsschritte dar.

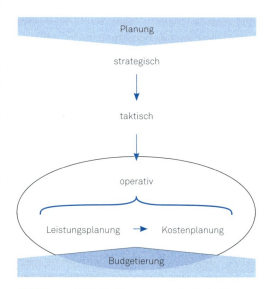

Abbildung 10.2-7: Planung und Budgetierung (Quelle: Eigenerstellung in Anlehnung an Mensch, 1993: 820, und Zapp, 2004)

Für die operative Budgetierung ist die Abbildung des Leistungsgeschehens in der Aktionsplanung (z. B. Pflegeleistung, Diagnostik, medizinische Versorgung sowie Unterkunft und Verpflegung) die Ausgangsbasis. Ziel der Budgetierung ist die Einhaltung der vorgegebenen Leistungs- und Wertdaten – das kann als das Formalziel angesehen werden.

Man muss im Gesundheitsbereich das Budget in seiner Außenwirkung (extrasystemisches Budget) und in seiner Innenwirkung (intrasystemisches Budget) betrachten. Als das Finanzierungssystem mit Abteilungs- und Basispflegesätzen erstellt wurde, wurde ein Budget zwischen den Sozialleistungsträgern verhandelt. Solch eine Vorgehensweise ist in dieser Form in der Industrie nicht denkbar. Neben dem verhandelten Budget ist ein innerbetriebliches Budget notwendig, um die Lenkung im System sicherzustellen (Zapp, 2004; Zapp et al., 2000).

Das Budget als wesentliches Planungsinstrument

Die Ableitung des Planungsgedankens zum Budget bedeutet die Abkehr vom Etatbegriff aus der Kameralistik. Das Budget ist aufzufassen als „die flexibel gestaltete, vorwiegend wertmäßige Darstellung von Plandaten auf der Grundlage der geplanten Leistungen (Aktionsplanung), bezogen und abgestimmt auf organisatorische Verantwortungsbereiche und auf eine Zeitperiode"; damit lassen sich folgende Merkmale herausstellen (Zapp et al., 2000: 29):

- *Flexibilität* meint sowohl eine Anpassung an rechtliche Änderungen und an das jeweils geltende Finanzierungssystem wie auch eine Anpassung aufgrund planerischer und zeitlicher Veränderungen.
- *Leistungsorientierung* meint, dass die Leistungen als Grundlage von Entscheidungen zu sehen sind.
- *Wertorientierung* führt zur Übertragung von Leistungen in (Geld-)Werte.
- *Planorientierung* verlangt eine Benennung von zu erreichenden Größen (Leistungen und Werte).
- *Verantwortungsorientierung* verlangt vor dem Tätigwerden die Übernahme der Verantwortung für das Handeln und das Erreichen des vorgegebenen Ziels unter Beachtung der Flexibilität mit der entsprechenden Zeitorientierung.

Die Vorgehensweise der Budgetierung

In diesem Abschnitt wird ein weit gefasster Budgetierungsbegriff, angelehnt an Horváth (2001: 237), verwandt. Daraus abgeleitet ergibt sich die folgende Definition: Die Budgetierung umfasst die Planung, Realisation und Kontrolle von Vorgaben für konkrete Verantwortungsbereiche (Zapp et al., 2000: 31f.).

Die Planung wiederum umfasst die Budgeterstellung, die Prüfung auf Realisierbarkeit, die Budgetvergabe und -durchsetzung, das heißt Verabschiedung des Plans durch die entsprechenden Gremien.

Die Budgetrealisation ist die Umsetzung des Budgets.

Die Budgetkontrolle findet ihre Ausführung im Berichtswesen.

Der Verbindlichkeitsgrad bezieht sich ggf. nicht nur auf das Budget selber, das im Hinblick auf die Anpassung an äußere Einflüsse als flexibel anzusehen ist, sondern auf die Verantwortlichkeit der jeweiligen Mitarbeiter für die Einhaltung der Budgets.

Leistungsorientierte und kostenorientierte interne Budgetierungsformen. Die interne Budgetierung lässt sich unterscheiden in eine leistungs- und eine kostenorientierte Form der Budgetierung (Ernest & Whinney, 1986: 41; Abb. 10.2-8). Die kostenorientierte Budgetierungsform setzt an bei der kostenarten- oder kostenstellenbezogenen Extrapolation der Kostenarten der zurückliegenden Periode(n). Dabei werden die Leistungen nicht als Verursachung der Kosten berücksichtigt. Damit ist ein wesentlicher Kritikpunkt dieser Budgetierungsform benannt: die Vernachlässigung und die Verknüpfung der Leistungsprozesse.

Eine Aussage über die Wirtschaftlichkeit einer Tätigkeit, einer Kostenstelle oder eines Prozesses kann nur in Zusammenhang mit dem Mitteileinsatz oder dem Output (s. o.) gemacht werden (Küpper, 2001: 170 ff.). Deshalb sind die Kostenstellenkosten und die Bezugsgrößen der

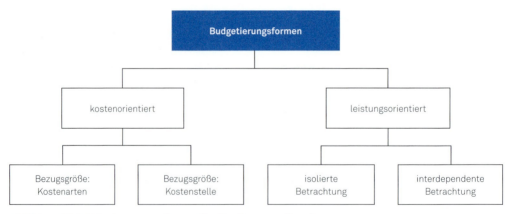

Abbildung 10.2-8: Budgetierungsformen (Quelle: Eigenerstellung)

Kostenverursachung notwendig zur Beurteilung der Wirtschaftlichkeit (Kilger, 2002: 44). Erst dann werden Aussagen hinsichtlich einer Kostensteigerung aufgrund einer Mengenausweitung und einer Kostensteigerung aus anderen Gründen zu differenzieren sein. Eine nur auf Kostenarten bezogene Budgetierung ist nur begrenzt aussagefähig, weil die Verursacher der Kosten oder Leistungen dabei nicht benannt werden. Die Aussage: „Die Kosten sind um 50 000 Euro zu hoch" besagt nicht, wer dafür verantwortlich ist (Pflege, Arzt, Chirurgie, Innere Medizin, Verwaltung, Küche usw.).

Die leistungsorientierte Budgetierung wird unterschieden in eine leistungsbezogene und eine leistungsabhängige Budgetierungsform (Ernest & Whinney, 1986: 125). Die leistungsbezogene Budgetierung errechnet Leistungen der Kostenstellen unabhängig von betrieblichen Leistungsverflechtungen und -abhängigkeiten. Die Bezugsgrößen werden nicht benannt und die Einflussgrößen der Leistungserstellung nicht beachtet. Die Belegungsänderungen werden bei der Budgetierung der Küche nicht berücksichtigt. Damit kommt diese Form der Budgetierung insbesondere dann zum Einsatz, wenn Leistungen auch unabhängig vom Leistungs- oder Belegungsgrad erbracht werden müssen – wie zum Beispiel die Gebäudereinigung.

Die leistungsabhängige Budgetierungsform berücksichtigt demgegenüber die Verflechtung von Mitteleinsatz und Output. Die mengenmäßigen Beziehungen (z. B. zwischen der Auslastung einer stationären Einrichtung und dem hierfür notwendigen Personal- und Sachmittelaufwand) werden berücksichtigt (Ernest & Whinney, 1986: 43). Der Planungsaufwand dieser Form ist aufwändig. Die Analysen bei Abweichungen sind damit aber umso differenzierter möglich, sodass auch Lenkungsaktivitäten daraus abgeleitet werden können.

Als Aufgaben der leistungsabhängigen Budgetierung können benannt werden:
- Ermittlung und Erstellung konkreter Vorgaben für die Kostenstellen (Ziegler, 1997: 43)
- Bestimmung von Budgetverantwortlichen und deren Verpflichtung auf die Einhaltung der Budgets im Sinne eines Management by Objectives
- Schaffung größerer Transparenz in Kosten- und Organisationsaspekten und
- Koordination der einzelnen Leistungsstellen im Hinblick auf das unternehmerische Gesamtziel.

Abweichungen werden durch die laufende Kontrolle und Analyse der Budgeteinhaltung schnell erkannt, damit noch im laufenden Pflegesatzzeitraum Maßnahmen der Lenkung in Gang gesetzt und durchgeführt werden können. Mit einer differenziert durchgeführten Budgetierung, die sich an einer klaren Kostenarten- und aussagefähigen Kostenstellenrechnung orientiert, werden der Unternehmungsleitung und den Budgetverantwortlichen für ihre Entscheidung spezifische und entscheidungsrelevante Informationen zur Verfügung gestellt.

Für die Beurteilung der Wirtschaftlichkeit sind folgende Aufgaben zu erledigen:
- Erstellung von Plandaten und Sollwerten auf der Basis der Leistungs-, Kosten- und Erlösplanung
- Vergleich von Plan-, Soll- und Istwerten in der Budgetkontrolle
- Erhöhung der Kostentransparenz zur Aufdeckung von Wirtschaftlichkeitsreserven.

Vorteile der Budgetierung sind:
- die Quantifizierung von leistungs- und wertorientierten Daten (Ernest & Whinney, 1986: 12; Deutsche Krankenhaus Gesellschaft, 1995: 12)
- der Nachweis wirtschaftlicher Betriebsführung
- die Verstärkung der Transparenz von Leistungen und Kosten
- die entscheidungs- und zielorientierte Ausrichtung der Unternehmung, ihrer Mitarbeiter und Gremien.

Aufbau und Ablauf der internen Budgetierung. An Voraussetzungen ist zunächst zu klären, ob und für welche Bereiche eine wie immer geartete differenzierte Budgetplanung erfolgt (Ernest & Whinney, 1986: 14). Darüber hinaus ist der Aufbau einer entscheidungsorientierten Kostenstellenbudgetierung zu gewährleisten, sodass die Kosten in beeinflussbare und nichtbeeinflussbare Anteile untergliedert werden müssen. Der Kostenstellenleiter kann nur die Kosten verantworten, die von ihm tatsächlich beeinflusst werden können. Schließlich ist der Aspekt der Wirtschaftlichkeit zu beachten; der Aufwand für die Budgeterstellung und -kontrolle darf nicht höher sein als das Einsparvolumen.

An organisatorischen Maßnahmen sind festzulegen:
- *die Budgetorgane:* Das sind Mitarbeiter, die in die Planung und Erstellung der Einzelbudgets einzubeziehen sind: Kostenrechner, Kostenplaner und Controller, die Leitung, die strategische Vorgaben einbringt, und die Kostenstellenverantwortlichen, um die Akzeptanz der internen Budgetierung zu erhalten.
- *die systematische Darstellung der Budgetaktivitäten:* Hier geht es um eine systematische Abstimmung der Teilaktivitäten bei der Budgetierung; insbesondere um den Einsatz eines Planungskalenders (Horváth, 2001: 237, 225).
- *die Einbindung der Budgetierung in die betriebliche Organisation (Integrationsfunktion):* Die Integration der Strukturen in die Budgetierung ist geboten, um sie in die betriebliche Hierarchie einzubinden.

Die Budgeterstellung zeigt Abbildung 10.2-9.
a. *Systematische Kosten- und Leistungsrechnung:* Eine leistungsorientierte interne Budgetierung erfordert als Basis eine gut strukturierte und informative Kosten-, Leistungs- und Erlösrechnung (Zapp, 2000: 5ff.).
b. *Leistungsplanung:* Leistungen gehen den Kosten voraus (Kilger, 2002: 103; Weber, 2002: 175). Die Problematik, dass Kosten auch als Vorleistungs- oder beschäftigungsunabhängige Kosten entstehen, soll hier nicht weiter behandelt werden. Leistungen wiederum sind auf das Sachziel zu beziehen und daraus abzuleiten. Nach Konkretisierung des Sachziels ist im Rahmen der Budgetplanung die Planung von Leistungen nach Art, Menge und Ort der Leistungserbringung durchzuführen. Damit einhergehend müssen die Formalziele beachtet werden.

Der Planungsprozess zur Budgeterstellung kann in folgende Schritte gegliedert werden:
- Planung des Leistungsprogramms einrichtungsbezogen und je Kostenstelle
- Belegungsplanung einrichtungsbezogen und je Kostenstelle
- Leistungsmengenplanung einrichtungsbezogen und je Kostenstelle.

Die Leistungsprogrammplanung bestimmt die zu erbringenden Leistungen – Leistungen aus den direkten und indirekten Pflegeleistungen, den gesondert berechenbaren Zusatzleistungen sowie der Unterkunft und Verpflegung.

Das Leistungsprogramm umfasst die Bestimmung für das Programm der Einrichtung

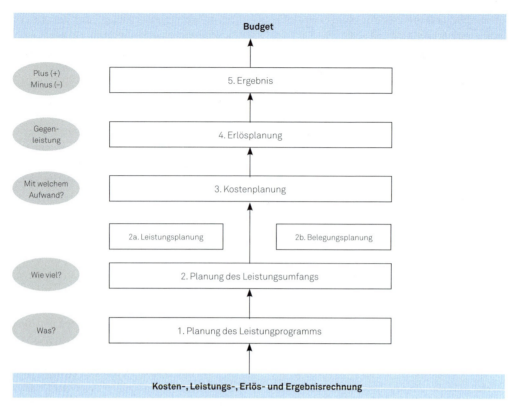

Abbildung 10.2-9: Budgeterstellung (Quelle: Eigenerstellung)

sowie das Programm je Leistungsstelle (Abteilung, Klinik und ähnliche Größen).

Die Belegungsplanung bestimmt auf der Grundlage der vorgenommenen Leistungsprogrammplanung die geplante (oder erwartete) Auslastung der Abteilung (Betten, Bewohner, Plätze). Eine Ausgangsbelegung von 100 % würde bedeuten, dass alle Betten der Einrichtung über den gesamten Planungszeitraum, in der Regel das Kalenderjahr, voll und komplett ausgelastet sind. Eine Auslastung des OP zu 100 % nur für stationäre Fälle könnte schnell zu einer Flaschenhalsproblematik auf der Intensivstation oder der Normalstation führen. Die dem OP nachfolgenden Abteilungen wären möglicherweise überlastet mit schweren Fällen, die dazu führen, dass die Intensivabteilung „überläuft" und die Patienten direkt aus dem OP auf die Station verlegt werden und hier zu Versorgungsengpässen führen können. Neben der Belegungsplanung sind die Einbestellpraxis und die Berücksichtigung von Prozessabläufen zu beachten. Darüber hinaus ist die Besetzung der Stellen zu berücksichtigen, die wiederum von der Ausfallzeit beeinflusst wird.

Die Belegungsplanung ist eingebettet in die operative Leistungsprogrammplanung unter Beachtung der strategischen Programmplanung, die wiederum abhängig ist vom Marktumfeld und von der jeweiligen Marktsituation (Zapp, 2000: 1 ff.).

Die Leistungsmengenplanung gibt die Planung der konkreten Patientenstruktur wieder. Im Bereich der Unterkunft könnten dies Belegungstage und bei der Verpflegung die Beköstigungstage sein. In den Bereichen des Pflegedienstes und des ärztlichen Dienstes gestalten sich die Mengenplanungen schwierig. Die genaue Patientenstruktur nach Krankheitsbildern ist nicht unbedingt vorhersehbar und vom Kostenstellenverantwortlichen zu beeinflussen. Daher ist die Forderung nach einem flexiblen Budget mit Anpassungsmöglichkeiten und Varianten verständlich.

c. *Kostenplanung:* Die Kostenplanung schließt sich der Leistungsplanung an: Sach- und Personalaufwand müssen differenziert nach vorgegebenen Kriterien geplant werden. Es war schon ausgeführt worden, dass die Kosten leistungs- und entscheidungsorientiert den Kostenstellen differenziert nach Kostenarten zugerechnet werden müssen (Zapp, 2000: 5 ff.).

Die zugeordneten Kosten ergeben dann das Budget der Kostenstelle, das über einen bestimmten Zeitraum die über die Kostenstelle verrechneten Kostenarten als Plankosten vorgibt (Kilger, 2002: 235). Der Kostenstellenverantwortliche ist in die Planung einzubeziehen. Die Kostenplanung kann nach unterschiedlichen Verfahren, den statistischen und analytischen Verfahren, erfolgen.

Beim statistischen Verfahren wird versucht, Plankosten aus den Istkosten abgelaufener Perioden mithilfe statistischer Berechnungen zu ermitteln. Da solche Verfahren jedoch immer auf Vergangenheitswerten beruhen, sollten sie nur ergänzend zur analytischen Kostenplanung genutzt werden (Kilger, 2002: 271).

Die analytischen Methoden gehen von einer Prozessanalyse unter kostenwirtschaftlichen Aspekten aus, wobei die Plankosten aus Einzelinformationen gebildet werden (Kilger, 2002: 272). Analytische Methoden sind, wie Abbildung 10.2-10 zeigt, zum Beispiel Schätzungen durch die Kostenplaner, interne oder externe Vergleiche sowie Messungen oder Berechnungen (Hentze/Kehres, 1999: 156).

Messungen und Berechnungen auf der Basis geplanter Leistungen sind als sehr zuverlässige, aber auch aufwändige Verfahren zu verstehen.

Inhaltliches Ergebnis einer leistungsbezogenen Kostenplanung sollte die Antwort auf die vier folgenden Fragen sein (Mensch, 1997: 60):

1. „Was wird verbraucht	– Bei wirtschaftlichem Handeln?
2. Was ist es wert?	– Wie ist es zu bewerten?
3. Wodurch wird a) der Verbrauch b) der Wert beeinflusst?	– Prozessparameter
4. Wo erfolgt der Verbrauch?	– Kostenstelle
5. Wofür erfolgt der Verbrauch?	– Kostenträger"

Die Kostenplanung umfasst Angaben für das Gesamtunternehmen, die einzelnen Kostenstellen und für Kostenstellenbereiche. Auf der Kostenplanung baut die Budgetvergabe und -kontrolle auf. Für die Kostenkontrolle sind weitere Informationen notwendig, wie die Wirkungen der Kosteneinflussgrößen (Zapp, 2000: 4). Schließlich kann die Analyse von Kostenabweichungen nur dann sachgerecht erfolgen, wenn die Basisinformationen der Kostenplanung bekannt sind (Mensch, 1997: 60).

d. *Erlösplanung:* In der Kostenplanung werden die Selbstkosten je Leistungsstelle veranschlagt. Für die Einrichtung bilden sie zu-

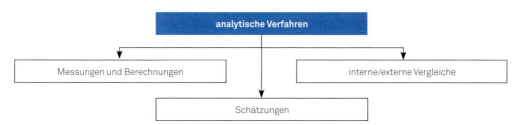

Abbildung 10.2-10: Analytische Kostenplanungsverfahren (Quelle: Eigenerstellung in Anlehnung an Zapp/Bettig, 2004: 293)

sammengefasst die Basis für das Gesamtbudget. Die Erlöse können entsprechend den Leistungs- und Kostenstrukturen den einzelnen Bereichen zugeordnet werden, was im Allgemeinen als Erlösplanung bezeichnet wird. Dabei ist zu beachten, ob eine Vollkosten- oder Teilkostenmethode angewendet wird (s.o.). Der Erlösplanung kommen verschiedene Aufgaben zu:

- Aufteilung der Erlöse auf die Kostenstellen
- Analyse der Realisierbarkeit der vorher geplanten Kosten (Ernest & Whinney, 1986: 18).
- Vorbereitung der Budgetüberwachung.

Die Erlösplanung schafft die optimale Aufteilung des externen Budgets im Innenverhältnis, vervollständigt damit den Informationsgehalt der Budgetierung (Ziegler, 1997: 44) und bildet somit die Grundlage eines Erlöscontrollings. Dieses hat zum Ziel, Abweichungen in der geplanten Erlössituation möglichst frühzeitig aufzuzeigen und mögliche Gegenmaßnahmen zu entwickeln.

e. *Budgetvergabe und Budgetdurchsetzung:* Als Adressatenkreis für die Budgetvergabe kommen die Führungskräfte einer Einrichtung infrage, die nicht nur Entscheidungs- und Führungsverantwortung, sondern auch Finanz- und Budgetverantwortung tragen. Dabei sind nicht nur die pflegerischen Bereiche, sondern auch der Verwaltungs-, Technik- und Versorgungsbereich zu berücksichtigen (Eichhorn, 1995: 338). Damit die interne Budgetierung erfolgreich als Instrument zur zielorientierten Lenkung dieser organisatorischen Teileinheiten (Grimmer, 1980: 73) eingesetzt werden kann, muss zunächst eine Organisationsstruktur vorliegen, die das Festlegen von Ressortverantwortlichen zulässt. Eine Grundlage hierfür kann das Organigramm oder der Kostenstellenplan der Einrichtung bieten. Geht man von einer hierarchisch gestuften Leitungsorganisation aus, wie sie in den meisten Einrichtungen zu finden ist, so ergibt sich für die unterschiedlichen Leitungsebenen eine abgestufte Budgetverantwortung (Eichhorn, 1995: 338). Die Vergabe auf die Stellen oder Budgetbereiche erfolgt je nach Unternehmungsform durch den Vorstand oder das Aufsichtsgremium. Die Budgetierung kann dabei über einen Wirtschafts-, Stellen-, Instandhaltungs- und Finanzplan bestimmt werden.

Den Mitarbeitern, denen Budgetverantwortung übertragen wird, müssen auch die hierfür erforderlichen Kompetenzen eingeräumt werden (Deutsche Krankenhausgesellschaft, 1995: 6). Damit wird die Forderung „Aufgabe, Kompetenz und Verantwortung in eine Hand" berücksichtigt. Nur wenn diese Regelung beachtet wird, können Budgets sinnvoll umgesetzt werden, indem die Budgetverantwortlichen über einen gewissen – flexiblen – Handlungsspielraum verfügen, in dem sie selbstständig Maßnahmen zur Budgeterreichung auswählen und durchführen können (Grimmer, 1980: 14). Damit wird eine begrenzte Delegation von Entscheidungsrechten im Bereich der operativen Planung in Bezug auf Auswahl und Kombination von Handlungsvariablen vorgenommen (Küpper, 2001: 315).

f. Verhaltensbeeinflussende Maßnahmen beim Budget: Um die Realisationschancen für aufgestellte Budgets zu erhöhen, sind verhaltensbezogene Gestaltungsempfehlungen zu berücksichtigen (Horváth, 2001: 248):
Der Verantwortungsbereich muss klar dargestellt sein.
Die Budgetvorgaben sind messbar.
Die Budgetvorgaben müssen realisierbar sein.
Die Budgetverantwortlichen müssen in den Budgetierungsprozess einbezogen werden.

Weiterhin ist die Ausgestaltung eines sinnvollen Anreiz- und Belohnungssystems vorzunehmen. Im Rahmen kooperativer Führungsstile werden vermehrt Verfahren angewandt, die die Kreativität der Führungskräfte und ihrer Mitarbeiter nutzen und ihnen die Möglichkeit bieten, eigene Überlegungen und Handlungsabsichten in den Budgetierungsprozess einzubringen (Küpper, 2001: 340). Motivation ist dabei nur über eine Vielfalt an Anreizen zu erreichen – eine monokausale Denkstruktur hilft da nicht weiter.

(Wottawa/Gluminski, 1995: 194), um die besondere Unternehmungssituation mit ihren Mitarbeitern zu berücksichtigen (Stoll, 1997: 126).

10.2.3.2
Kontrollsystem

Kontrolldefinition
Kontrolle kann im Sprachgebrauch wiedergegeben werden mit der Überprüfung oder Überwachung eines Vorgangs oder einer Tätigkeit durch eine oder mehrere Personen (Lenz, 2002: 975). Aus betriebswirtschaftlicher Sicht definiert Frese (1968: 53) Kontrolle als den „Vergleich zwischen geplanten und realisierten Werten zur Information über das Ergebnis des betriebswirtschaftlichen Handelns". Die Vielschichtigkeit des Kontrollbegriffs mit seinen facettenhaften Differenzierungen kann folgendermaßen differenziert werden: Überwachung wird als Oberbegriff der Kontrolle mit Selbst- und Fremdkontrolle verstanden, während die interne Prüfung als Revision und die externe Prüfung als Wirtschaftsprüfung verstanden wird (Abb. 10.2-11). Nach diesem Modell wird Überwachung als der Oberbegriff konzipiert und verstanden, als Vergleich zwischen einer Ist- und einer Normgröße (vgl. Lenz, 2002: 977; Freiling, 1978: 297; Weber, 2002: 226)

Leffson (1983: 1289) stellt den Sachverhalt etwas anders da, indem er als Obergriff die Revision einführt und darunter die Kontrolle neben die Prüfung stellt. Beide Ansichten stützen sich zu sehr auf eine überwachungsorientierte Definition.

Mit dieser Über- und Unterordnung wird das eigentliche Ansinnen der Kontrolle nicht erreicht. Kontrolle ist aus dem Managementkreislauf (Planen, Entscheiden, Kontrollieren, Ändern) heraus zu verstehen. Prüfung dagegen ist als eine Tätigkeit zur Überprüfung der richtigen Handlung anzusehen, während Überwachung den Schwerpunkt auf die Wachsamkeit legt, mit der Tätigkeiten beobachtet werden. In diesem Abschnitt wird auf einen Oberbegriff verzichtet.

Kontrolle soll in diesem Abschnitt dann vorliegen, wenn Aufgaben, Ereignisse, Vorgänge, Potenziale, Prozesse bzw. Ergebnisse in Form von Istdaten zu Soll- oder Plandaten managementorientiert verglichen werden. Kontrolle als managementorientierter Vergleich umfasst:

- die Differenz von Istdaten zu Soll- oder Plandaten und
- die Analyse der Differenz (Abweichungsanalyse)
- die Ausarbeitung von Korrekturmaßnahmen innerhalb eines vorgegebenen Handlungsrahmens und
- die darüber hinausgehende Konzipierung von Maßnahmen, die auch die Möglichkeit zur Änderung des Handlungsrahmens umfasst (Weber, 2002: 226ff.).

Die handlungs- und rechtsorientierte Prüfung stellt auf die interne Revision oder die externe Wirtschaftsprüfung ab. Die objektorientierte

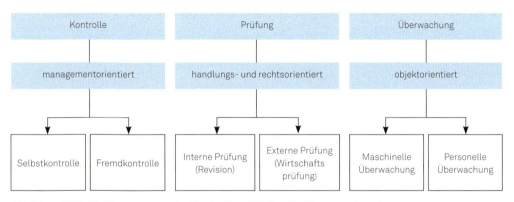

Abbildung 10.2-11: Abgrenzungen des Kontrollbegriffs (Quelle: Eigenerstellung)

Überwachung erfolgt maschinell (z.B. Video) oder personell (Personal).

Kontrollobjekte
Die Kontrollobjekte können nach verschiedenen Kriterien unterschieden werden:
- Die ergebnisorientierten Kontrollen orientieren sich am Output betrieblichen Geschehens und lassen sich wie folgt unterteilen:
  - Die Prämissenkontrollen analysieren die Treffsicherheit und die Qualität der Planung.
  - Die Planfortschrittskontrollen analysieren die Treffsicherheit der zukünftigen Ereignisse auf der Grundlage von Zwischenzielen.
  - Die Ergebniskontrollen im eigentlichen Sinn analysieren die Istergebnisse am Ende des Planungszyklus.
- Die verfahrensorientierten Kontrollen konzentrieren sich auf die angewendeten Verfahren und Methoden, um die Verbesserung der Instrumente zu erreichen.
- Die verhaltensorientierten Kontrollen setzen bei den Aufgabenträgern und den Personen an, die den Prozess begleiten, initiieren und managen, um hier die Verbesserung der Vorgehensweise zu optimieren. Dieser Bereich ist aufgrund der Beteiligung von Personen und der Kontrolle über Vorgehen durch Personen besonders sensibel anzugehen.
- Die inputorientierten Kontrollen analysieren die Einsatzfaktoren in qualitativer und quantitativer Form. Ergebnisorientierte Kontrollen dringen ebenfalls zu diesen Inputfaktoren vor. Sie tun dies aber retrograd, während hier der Input als Kontrollpunkt in den Mittelpunkt gestellt und sowohl bei den beeinflussbaren Faktoren als auch den weniger beeinflussbaren Ressourcen im Blickpunkt behalten wird (Dinkelbach/Rosenberg, 2000: 2–6; Betz, 2002: 988ff.).

Kontrollinstrumente und -verfahren
Eine Fülle von Instrumenten kann genannt und folgendermaßen subsummiert werden:
- kennzahlenorientierte Instrumente
- kostenorientierte Instrumente.

Kennzahlenorientierte Instrumente. Als Instrument für die Darstellung von Vergleichen sind Kennzahlen geeignet.

Neben der Bildung von absoluten Zahlen (z.B. Gewinn oder Bilanzsumme) können auch Verhältniszahlen gebildet werden (Liessmann, 1997: 348f.). In Non-Profit-Organisationen treten vor allem die in Tabelle 10.2-5 wiedergegebenen Arten von Kennzahlen auf (Steinmüller, 2000: 227).

Die Vorgehensweise setzt an bei der Erarbeitung und Festlegung von Vorgabeziffern, die intern entwickelt oder extern aus Branchenanalysen übernommen und auf die Situation des Hauses übertragen werden (vgl. hierzu grundlegend Zapp, 2010). Diese Vorgabeziffern sind differenzierte Plandaten, die an die Entwicklung flexibel angepasst und damit zu Solldaten

Tabelle 10.2-5: Kennzahlenorientierte Vorgehensweise (Quelle: Eigenerstellung nach Steinmüller, 2000: 227)

Kennzahlen	Beispiele
Effizienzkennzahlen	Bettenbelegung
Kostenwirtschaftliche Kennzahlen	Prozesskostensätze
Ergebniskennzahlen	Budget einer Einrichtung
Liquiditätskennzahlen	Liquiditätsgrade
Marktorientierte Kennzahlen	Änderung der Belegung in einer Periode
Leistungswirtschaftliche Kennzahlen	Anzahl der gesund entlassenen Patienten
Personalkennzahlen	Ausfallzeiten

werden. Diese Daten sind für die verschiedenen Ebenen in der Unternehmung der Gesundheitsbranche festgelegt (Kostenstellen, Kostenarten, Bereiche und Ähnliches). Diese Plandaten werden den Istdaten gegenübergestellt. Dabei wird auf die wesentlichen, bedeutenden und kontrollbedürftigen Daten abgestellt.

Als Nachteile von Kennziffern können benannt werden:
- Nur relative Abweichungen werden ausgewiesen.
- Absolute Abweichungen sind nicht bekannt.
- Es besteht kein Bezug zur realen Leistung, weil nur Kennziffern eine Abweichung darstellen.

Kennziffern kommen als Ergänzung in Betracht; im Vordergrund steht die Abweichungsanalyse.

Abweichungsanalyse. Es gibt verschiedene Formen. Die Abweichungsanalyse kann:
- gesamtsystemisch durchgeführt werden.
  - Als umfassende Analyse wird die gesamte Unternehmung analysiert.
  - In der fokussierten Analyse werden ausgewählten Schwerpunkte analysiert.
- kostensystemisch durchgeführt werden.
  - In die geschlossene Analyse werden sämtliche Daten in Form der Kosten, Leistungen, Erlöse und Ergebnisse einbezogen, auch solche, die durch den unmittelbar Verantwortlichen nicht beeinflusst werden können. So bleibt der Gesamtüberblick erhalten.
  - Die partielle Analyse betrachtet für das Responsibility Accounting nur die beeinflussbaren Daten (Personalkosten, Medikamente, Reparatur- und Instandhaltungskosten und Ähnliches). Die anderen – durch den Kostenstellenleiter – nicht beeinflussbaren Kostenarten werden nicht in die Kostenabweichung integriert (kalkulatorische Abschreibungen, kalkulatorische Zinsen, Raum-, Transport- und Leitungskosten werden in der laufenden Analyse nicht berücksichtigt). Der Nachteil ist, dass die Kontrollrechnung dann die Geschlossenheit verliert.

Als **generelle Grundsätze** und **Anforderungen** der Abweichungsanalyse können benannt werden:
- Die Ergebnisse sollen schnell vorliegen: Zum 5. des Folgemonats sollen die Daten vorliegen, weil sonst eine Beeinflussung der laufenden Kosten im nachfolgenden Monat kaum oder nur erschwert möglich ist.
- Die Kontrollperiode ist der Kalendermonat. Damit ist die Periodenabgrenzung vorgegeben. Der Arbeitsaufwand würde erhöht, sollte die Kontrollperiode noch kürzer als einen Monat angesetzt werden. Dabei nimmt die Beeinflussbarkeit nicht unbedingt zu. Eine kürzere Kontrollperiode ist bei Liquiditätsproblemen empfehlenswert.
- Die Kostenkontrolle soll nach Kostenarten und Kostenstelle in den Budgetbereich gegliedert sein.

Ansatzpunkt für die **Durchführung des Vergleichs** ist die flexible Plankostenrechnung (Abb. 10.2-12). Dabei können folgende Abweichungen voneinander unterschieden werden:
a. *Verbrauchsabweichung:* Sie stellt die Differenz von Ist- zu Sollkosten dar. Die Sollkosten geben die Kosten bei Istbeschäftigung wieder und errechnen sich dadurch, dass zu den fixen Kosten die variablen Kosten bei Istbeschäftigung dazugerechnet werden. Die variablen Kosten bei Istbeschäftigung errechnen sich durch Division der variablen Kosten durch die Planbeschäftigung, multipliziert mit der Istbeschäftigung. Diese Verbrauchsabweichungen werden:
  - periodisch, und zwar monatlich und kumuliert, ausgewiesen, um zu zeigen, ob die Kosten ständig über den Sollkosten liegen
  - nach Kostenartengruppen ausgewiesen. Personalkosten, Werkzeugkosten, Materialkosten werden aggregiert.

Die Verbrauchsabweichung stellt die durch die Bereiche beeinflussbaren und zu verantwortenden Kosten und Leistungen dar.
b. *Beschäftigungsabweichung:* Sie stellt die Differenz zwischen Sollkosten und verrechneten Plankosten dar. Die verrechneten Plankosten

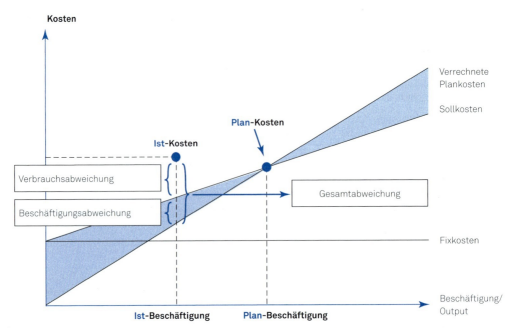

Abbildung 10.2-12: Soll- und Plankostenkurve in einer flexiblen Plankostenrechnung (Quelle: Eigenerstellung)

errechnen sich, indem die gesamten Plankosten durch die Planbeschäftigung dividiert und mit der Istbeschäftigung multipliziert werden.

Die Beschäftigungsabweichung gibt die nichtausgelasteten Kapazitäten an und ist deshalb durch die Unternehmungsleitung zu verantworten.

c. *Preisabweichung:* Die Preisabweichung wird in der Regel durch Planpreise ausgeschaltet, da die Preise oft nicht durch die zuständigen Kostenstellenverantwortlichen zu verantworten sind.

Bei der **Analyse** reicht die rechnerische Ermittlung allein nicht aus, um die Ziele zu erreichen. Neben dem Ausweis der Kostenstellenabweichungen sind Analysen dieser ausgewiesenen Abweichungen durchzuführen und in Kostenberichte zu überführen, um mit den Verantwortlichen Kostendurchsprachen vorzunehmen. Die Kostendurchsprachen umfassen:

- die Darstellung und
- sachliche Erörterung der Abweichungen und
- die vorgesehen Maßnahmen.

Die Kostendurchsprachen sollten monatlich erfolgen. Daran nehmen die betreffenden Bereichs- oder Leistungs- und Kostenstellenleiter teil. Um die Bedeutung dieser Gespräche zu erhöhen, sollte der jeweilige Vorgesetzte daran teilnehmen.

Benchmarking. Benchmarking ist ein kontinuierlicher Prozess, bei dem...

- ...Produkte,
- Dienstleistungen und
- insbesondere Prozesse und Methoden betrieblicher Funktionen über mehrere Unternehmen hinweg verglichen werden. Dabei sollen
- die Unterschiede zu anderen Unternehmen offen gelegt,
- die Ursachen für die Unterschiede und Möglichkeiten zur Verbesserung aufgezeigt
- sowie wettbewerbsorientierte Zielvorgaben ermittelt werden (vgl. hierzu sehr differenziert: Hesse et al., 2013).

Der Vergleich findet dabei mit Unternehmen statt, welche die zu untersuchende Methode oder den Prozess hervorragend beherrschen (Horváth/Herter, 1992). Damit kann das Benchmarking als eine Form des Vergleichs angesehen werden, um die jeweiligen Verbesserungsmöglichkeiten aufzuzeigen. Viele betriebswirtschaftliche Ansätze sind hier in diesem Benchmarkingverfahren subsummiert. So setzt der Vergleich ein Team in der Begleitung des Verfahrens voraus, das aus etwa sechs Teilnehmern bestehen sollte.

Die verschiedenen Formen des Benchmarking werden in Tabelle 10.2-6 zusammengefasst. Folgende Merkmale des Benchmarkings sind zu benennen (Riegler, 2002: 127; Spendolino, 1992; Schäfer/Seibt, 1998: 365 ff.):

- *Vergleich:* Benchmarking setzt auf den Vergleich von Parametern und Ausprägungen (s. Tab. 10.2-6). Über den Vergleich soll die Ausgangssituation beschrieben werden.
- *Strategie:* Die Vergleichsmerkmale stellen ab auf strategische Elemente, die jeweils von besonderer Bedeutung für die Erhaltung des Problemlösungspotenzials der Unternehmung sind.
- *Verbesserung:* Durch den Prozess des Benchmarkings sollen die eigene Potenziale, Prozesse und Ergebnisse verbessert werden.
- *Implementierung:* Die Untersuchung soll in Aktivitäten der Umsetzung überführt werden.
- *Kontinuität:* Der Benchmarkingprozess soll als kontinuierliche Begleitung im Unternehmungsalltag angesiedelt sein, um Verbesserungen zu finden und implementieren zu können und so den Ablauf anzupassen und zu optimieren.

Die Vorgehensweise ergibt sich aus Tabelle 10.2-7. Beim Benchmarkingverfahren ist allerdings zu beachten, dass vor allem die Supportprozesse einem Benchmarking zu unterziehen sind, da sie sich vergleichen lassen. Die Kernprozesse sind meist unternehmungsspezifisch ausgerichtet und deshalb nur begrenzt ver-

Tabelle 10.2-6: Formen des Benchmarkings (Quelle: Eigenerstellung)

	Kriterien	Formen und Inhalte
Parameter	Perspektive	intern (z. B. Abteilung, Station)
		extern (z. B. Deutschland – USA, Krankenhaus Nord – Süd)
	Branche	eigene Branche (z. B. Krankenhaus, Altenheim)
		andere Branche (z. B. Industrie, Dienstleistungsproduktion)
	Vergleichsparameter	ökonomische Vergleiche (z. B. Kosten und Ergebniszahlen)
		prozessorientierte Vergleiche (z. B. Zeit, Qualität, Kundenzufriedenheit)

Tabelle 10.2-7: Vorgehen bei Benchmarkingprojekten (Quelle: Eigenerstellung)

1. Vorbereitung	2. Analyse

1.1 Bestimmung des Benchmarkingparameters
1.2 Festlegung der Leistungsbeurteilungsgrößen
1.3 Bestimmung der Vergleichsunternehmungen oder der internen Abteilungen
1.4 Suche nach Informationsquellen für das Benchmarking
	2.1 Leistungslücke zwischen den beteiligten Unternehmungen und Abteilungen
	2.2 Ursachenanalyse der Leistungslücken
	2.3 Umsetzung
	   2.3.1 Ziele und Strategien festlegen und beachten
	   2.3.2 Aktionspläne erarbeiten
	   2.3.3 Implementierung vornehmen
	   2.3.4 Fortschrittskontrolle durchführen

gleichbar. Darüber hinaus wird ein Krankenhaus, das einen optimalen Pfad gefunden hat, diesen nicht an Mitbewerber und Konkurrenten weiterleiten, sondern daran arbeiten, ihn über einen kontinuierlichen Verbesserungsprozess weiter zu optimieren. Man wird sich daher eher auf Kostenvergleiche oder Kennziffernermittlungen begrenzen, um zu verhindern, dass Vorteile bekannt werden. Ein qualifiziertes Benchmarking wird sich innerhalb von eigenen Stationen, Abteilungen, Bereichen oder innerhalb eines Konzerns oder Verbundes erfolgreich umsetzen lassen und zu konkreten Auswirkungen führen.

Gemeinkostenmanagement. Die Gemeinkostenwertanalyse – auch Overhead-Value-Analysis genannt – stellt ab auf die Gemeinkosten, die in der Unternehmung einen großen Block darstellen und über ihre Höhe eine wirtschaftliche Belastung für die Unternehmung darstellen (Hardt, 1998: 61; Meyer-Piening, 1994: 137; Burger, 1995: 220). „Ziel der GWA (Gemeinkostenwertanalyse) ist die Optimierung indirekter Bereiche in Unternehmen durch die Eliminierung nicht notwendiger Leistungen und die kostengünstige Erstellung erhaltenswerter Leistungen" (Lange, 2002: 618). Insbesondere beim medizinischen Sachbedarf bietet sich diese Vorgehensweise an, um die Kosten zu senken und die nicht notwendigen Leistungen zu identifizieren, zu reduzieren oder zu eliminieren. Der Grundgedanke ist von der Wertanalyse übernommen, die über eine Kosten-Nutzen-Betrachtung nicht wertschöpfende Tätigkeiten herausfinden möchte (Bogaschewsky, 2002: 2112ff.). Das Vorgehen zeigt Tabelle 10.2-8.

Prozesslenkung. Ausgang aller Überlegungen um Prozesse ist deren Gestaltung. Diese Managementfunktion umfasst die Teilbereiche:
- Prozessidentifikation
- Prozessauswahl
- Prozessabgrenzung
- Prozessdarstellung
- Schnittstellenanalyse
- Prozesswürdigung
- Sollkonzeption (Zapp/Dorenkamp, 2002: 68f.; vgl. auch Zapp et al., 2014: 155ff.).

Tabelle 10.2-8: Vorgehensweise der Gemeinkostenwertanalyse (Quelle: Eigenerstellung)

1. Vorbereitung
   1.1. Festlegung des Projektziels
   1.2. Festlegung der Projektorganisation
2. Analyse
   2.1. Analyse der Leistungen und Kosten
   2.2. Entwicklung von Maßnahmen der Reorganisation
   2.3. Beurteilung der Maßnahmenvorschläge
   2.4. Entscheidung über Aktionsprogramme
3. Realisation
   3.1. Durchführung von Personalmaßnahmen
   3.2. Durchführung von Sachmaßnahmen
4. Kontrolle und Beurteilung

Empfehlenswert ist hier ein Prozessteam, das sich aus den verschiedenen Akteuren einzelner Bereiche zusammensetzt und die Prozessverantwortung wahrnimmt. Das Controlling ist hier von untergeordneter Bedeutung.

Darauf aufbauend setzt das Prozessmanagement ein: „Das Prozessmanagement ist ein zielorientiertes Gestalten und Lenken von Prozessen in soziotechnischen Unternehmungen mit personen- und sachbezogener Komponente zur Optimierung der unternehmerischen Wertschöpfungskette" (Zapp/Dorenkamp, 2002: 34; vgl. auch Zapp 2010b). Das Management gestaltet strategisch die Prozesse und lenkt sie operativ. Controlling setzt vor allem in der Prozesslenkung an. Gleichzeitig werden die Prozesse einem kontinuierlichen Verbesserungsprozess unterworfen (Abb. 10.2-13). Als controllingspezifische Instrumente kann hier auf andere, bereits genannte und vorgestellte Instrumente verwiesen werden, wie zum Beispiel Benchmarking, Prozesskostenrechnung oder Balanced Scorecard (Zapp, 2003: 11).

Darüber hinaus kann die Wertschöpfungsanalyse erwähnt werden. Durch eine Prozessanalyse sollen die Aktivitäten in folgende vier Bereiche eingeteilt werden:
- effektive und effiziente Verrichtungen
- Verrichtungen, die zwar wertschöpfend sind, aber auch effizienter ausgeführt werden können

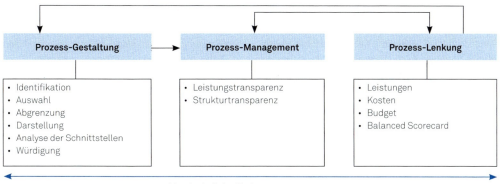

Abbildung 10.2.13: Zusammenspiel von Prozessgestaltung, - management und -lenkung (Quelle: Eigenerstellung in Anlehnung an Zapp/Dorenkamp, 2002: 109)

- Verrichtungen, die nicht wertschöpfend sind und deshalb unterlassen werden müssen
- Verrichtungen, die vom Patienten als nicht wertschöpfend erkannt werden, aber dennoch beibehalten werden müssen; diese Verrichtungen können sein:
  - effektive und gleichzeitig effiziente Verrichtungen; damit sind keine Veränderungen notwendig
  - Verrichtungen, die effizienter ausgeführt werden können.

Die Durchführung dieser Analysen ist Aufgabe des Managements; das Controlling unterstützt diese Bewertung mit dem fachlichen Know-how. Im Vordergrund dieser aufgezeigten Instrumente steht jeweils die Sicherstellung der Ergebnisorientierung nach Kosten, Qualität und Zeit. Die Mitarbeiter müssen sich bewusst sein, durch ihre Verrichtungen zum Gelingen des Gesamtprozesses beizutragen (vgl. hierzu Heier et al., 2015: 140 ff.). Ergebnisverantwortung übernimmt nicht nur die Krankenhausleitung, sondern dies tun auch die am Prozess Beteiligten. Ein Controlling, das bei den Prozessen ansetzt, ist deshalb auf den unmittelbaren, dezentralen Bezug zum entsprechenden Bereich und zum engagierten Mitarbeiter angelegt.

Frühwarnsystem. Im medizinischen Bereich wird von Vorsorgeuntersuchung (Prophylaxe) gesprochen, um Krankheiten rechtzeitig – also vor irreparablen Störungen – zu erkennen oder um frühzeitig – mit genügend Zeit – Gegensteuerungsmaßnahmen einleiten zu können. Im betriebswirtschaftlichen Bereich wird von Frühwarn- oder Früherkennungssystemen gesprochen; damit gemeint sind „spezifische Teilsysteme, Verfahren und Instrumente zum frühzeitigen und präzisen Erkennen künftiger Entwicklungen und zur Bewertung dadurch ausgelöster Risiken und Chancen" (Rehkugler, 2002: 586). Hier sollen vor allem zunächst Krisen, aber auch Chancen erkannt oder durch eine Frühaufklärung identifiziert werden. Neben der kurz- und mittelfristigen Optimierung sind auch langfristige Trends zu berücksichtigen und zu erkennen. Dazu ist es notwendig, unternehmungsrelevante Entwicklungen möglichst frühzeitig zu erkennen und zu beeinflussen. Auch weniger exakte Informationen können in den Entscheidungsprozess einbezogen werden, die erst auf bestimmte zukünftige Ereignisse hindeuten – das sind die sogenannten schwachen Signale („weak signals") (Simon, 1986). Schwache Signale sind relativ unstrukturierte Informationen aus dem Umfeld. Sie sind vage, utopisch, klingen unrealistisch und betreffen schleichende Veränderungen. Sie basieren auf weichem Wissen und intuitiven Urteilen. Sie sind qualitativer Natur, mit relativ großer Streubreite; sind nicht aus Statistiken ersichtlich und lassen anfänglich noch keine deterministischen Aussagen zu. Sie erlauben keine eindeutige Interpretation und implizieren unklare, schlecht strukturierte Probleme.

Ausgangspunkt ist damit die Aussage, dass man für die Zukunft mit Sicherheit sagen kann, dass sie turbulent wird. Die Umwelt wird komplex und dynamisch sein; diese Entwicklungen werden nicht durch objektiv zu bestimmende Extrapolationen zu bestimmen sein. Die Umfeldbedingungen werden unübersichtlich sein, sodass die Unternehmungen nur relativ schwerfällig reagieren können. Um den Zeitraum zwischen eintretendem Umweltereignis und unternehmerischer Reaktion möglichst groß werden zu lassen bzw. den Aktionsradius zu erweitern, setzt die Früherkennung im strategischen Bereich an.

Dabei sind zwei Aspekte zu beachten:
1. Früherkennung heißt rechtzeitige – unbedingt frühzeitige – Diagnose. Es geht nicht um eine generelle Fristigkeit, sondern um eine individuelle Zeitspanne von der Diagnose bis zu Therapie, die sich aus einer individuell eingeschätzten Dringlichkeit ergibt.
2. Früherkennung heißt aber auch die Analyse und Bewertung des Ausmaßes, der Dringlichkeit und der Strukturierung der Situation.

Für die Früherkennung sind Konzeptionen von Kennzahlen oder Indikatoren notwendig, um Gefährdungen und Chancen sichtbar zu machen. Die Indikatoren können aus vier Bereichen hergeleitet werden:
1. *Branchen- und Absatzmarktsituation:* Belegung, Nachfrage
2. *Stärke- und Schwächeprofil der Unternehmung:* gute Lage, kostengünstig, gute Betreuung
3. *Umweltsituation:* Erstellung von Portfolios
4. *unternehmungsinterne Problemsituation:* Darstellung in Form einer Balanced Scorecard.

Die Bündelung dieser Früherkennung kann in Workshops oder in Beiräten angegangen werden.

10.2.3.3
Informationsberichte

Entscheidungsrelevante Informationen sind in einem System zu bündeln und als Informationsmanagement so aufzubereiten und in ein Berichtssystem zu institutionalisieren, dass die Geschäftsführung lenkend in die Leistungsprozesse eingreifen kann und auf Abteilungsebene Handlungsalternativen aufgezeigt werden.

Begriffsbestimmung „Berichtswesen"

Der Begriff „Berichtswesen" ist in der Literatur unterschiedlich weit gefasst worden. Einige Ansätze beschreiben damit das Informationssystem, andere Ansätze fassen den Begriff enger und gliedern das Berichtswesen in das Informationssystem ein (Zapp et al., 2000: 53).

Das Informationssystem ist dabei anzusehen als ein wesentliches Führungsteilsystem, das in das Aufgabengebiet des Controllers fällt (s.o.). Wird die Information als zweckorientiertes Wissen definiert (Wittmann, 1992: 1865ff.), dann hat das Informationssystem die Aufgabe, den weiteren Führungsteilsystemen das für die Erfüllung ihrer Aufgaben notwendige Wissen zweckorientiert aufbereitet am richtigen Ort und zur richtigen Zeit zur Verfügung zu stellen (Horváth, 2001: 349f.).

Das Berichtswesen bildet damit ein „Basissystem für alle anderen Führungsteilsysteme" (Küpper, 2001: 109). Für Küpper umfasst das Berichtswesen „alle Personen, Einrichtungen, Regelungen, Daten und Prozesse […], mit denen Berichte erstellt und weitergegeben werden" (Küpper, 2001: 152). Das Berichtswesen beschränkt sich so auf die Übermittlung von Informationen und ordnet sich als Teilsystem in das Informationssystem ein. Gleichzeitig bildet es aber auch das wesentliche Element für die Verbindung des Informationssystems mit den anderen Führungsteilsystemen, was weiterhin bedeutet, dass das Berichtswesen vorwiegend innerbetrieblich ausgerichtet ist (Horváth, 2001: 605f.).

Die Zusammenfassung der Informationsübermittlungsvorgänge wird auch von Horváth als Berichtswesen bezeichnet (Horváth, 2001: 605ff.).

Damit ist unter dem Berichtswesen ein System der Erstellung und Weiterleitung von Berichten zur Überwindung der Distanz von Informationsentstehung und Informationsverwendung zu verstehen. Die Aufgabenstellung des Budgetberichtswesens liegt in der Erstellung und Abgabe anwendungsbezogener Budgetberichte – im Reporting – mit der Zielsetzung der entscheidungsorientierten Unterstützung des Planungs- und Kontrollsystems. Das bedeutet, hinsichtlich der institutionellen Eingliederung in das Führungssystem einer Unternehmung kann das Berichtswesen im Informationssystem angesiedelt werden, hinsichtlich der Gestaltung des Instruments „Berichtswesens" ist aber im Sinne eines koordinationsorientierten Controllings die Interdependenz mit den anderen Führungsteilsystemen zu beachten (Zapp et al., 2000: 54).

Berichtswesen als Institution
Unter Berichtswesen als Institution werden Einrichtungen, Regelungen, Daten, Prozesse und Personen, die mit der Erstellung und Weitergabe von Berichten in Verbindung stehen, zusammengefasst (Küpper, 2001: 152). Es entsteht eine geordnete Struktur aller Berichte, die dem Informationsbedarf angepasst ist und zugleich unter dem Begriff „Berichtssystem" zusammengefasst wird (Horváth, 2001: 608). Die Mehrzahl der Berichtssysteme wird mithilfe der EDV umgesetzt. Sie berücksichtigen in Anlehnung an die Organisationsebenen das untere, mittlere und obere Management sowie zeitliche Aspekte und die Phasen des Managementprozesses. Unter zeitlichen Aspekten werden die Berichtsperioden verstanden: Erscheinen die Berichte regelmäßig (z. B. täglich, monatlich, jährlich) oder unregelmäßig? Bezüglich der Phasen des Managementprozesses lassen sich Planungs- und Kontrollberichte bzw. operative und strategische Berichte differenzieren (Horváth, 2001: 608f.).

Berichtswesen als Funktion
Unter dem Berichtswesen als Funktion werden allgemeine, systembezogene Aufgaben verstanden. Es geht dabei um die Problematik, Informationen zu sammeln und in geeigneter Form zur richtigen Zeit an den geeigneten Adressaten weiterzuleiten. Berichte stellen keinen Selbstzweck dar, sondern provozieren Aktionen und Reaktionen (Horváth & Partner, 1998: 206). Berichte sollen der Lenkung der Unternehmung dienen. Dieser Zweck wird jedoch nicht durch die reine Dokumentation, die in fast allen hierarchischen Ebenen der Unternehmung zu finden ist, erreicht. Berichte, die zum Beispiel der Analyse von Kosten dienen, haben in der Regel bereichsübergreifende Funktion und somit ein gewisses Maß an Lenkungsrelevanz. Direkte Konsequenzen ziehen Berichte nach sich, die – stark verdichtet – an Verantwortliche im Management übermittelt werden. Hier spricht man von einer Kontrollfunktion der Berichterstattung mit hoher Lenkungsrelevanz (Birk, 1991: 8).

Das Berichtswesen bildet ein geschlossenes System und ermöglicht die Erstellung von wiederkehrenden Berichten, die je nach Empfänger zu Planungs-, Kontroll- und Dispositionszwecken verwendet werden (Eckner, 1960: 14).

Dokumentationsberichte ziehen in der Regel keine Konsequenzen nach sich. Sie bilden häufig ein stark vergangenheitsorientiertes Zahlenwerk, das zur Kenntnis genommen, jedoch nicht als Entscheidungsgrundlage herangezogen wird. Daraus folgt die geringe Steuerungsrelevanz, die dieser Berichtskategorie zugesprochen wird.

Berichte, die der Analyse von Situationen dienen, bewirken auf indirektem Weg Veränderungen. Sie ermöglichen die Darstellung von Abweichungen und Hintergrundinformationen, welche zur Steuerung auf Dispositions- und Planungsebene benötigt werden.

Berichte mit Kontrollfunktion werden an bestimmte Personen oder Gremien gerichtet, die Verantwortung für geplante Ziele übernehmen. In dieser Funktion erreichen Berichte ein hohes Maß an Lenkungsrelevanz mit direkten Konsequenzen in Form von Entscheidungen und eventuell Anweisungen an untergeordnete Ebenen (Birk, 1991: 9).

Anforderungen an ein Berichtswesen
Zum Thema „Berichtswesen" sind zahlreiche Veröffentlichungen erschienen, die jedoch vor allem theoretische Abhandlungen enthalten und insbesondere Einrichtungen des Gesundheitswesens kaum oder nur in Ausschnitten tangieren (Küpper, 2001: 152ff.; Asser, 1971: 653ff.). Der Grund liegt vor allem darin, dass in Einrichtungen des Gesundheitswesens spezifi-

sche Anforderungen an ein Informationssystem gestellt werden müssen, da häufig verschiedene Leistungsbereiche mit unterschiedlichen Finanzierungssystemen unter einer Trägerschaft zusammengefasst sind. Hierbei stellt sich das Problem der ökonomischen Lenkung der einzelnen Einheiten (Zapp et al., 2000: 54f.). Zwar liegen theoretische Konzepte vor, jedoch ist ein komplexes, alle Ansprüche, insbesondere die des Gesundheitswesens, (annähernd) erfüllendes Konzept bislang nicht entwickelt worden. Dies hat sich zum einen durch die Einführung prospektiver Budgets verändert, zum anderen hat ein Trend hin zu Kooperationen, Fusionen und letztlich der Bildung von Holdings eingesetzt. Gerade diese Entwicklung hin zu komplexen Gesundheitseinrichtungen führt zu spezifischen Anforderungen, die an ein Berichtswesen gestellt werden müssen.

So können allgemeingültige Fragestellungen formuliert werden, die für die Ermittlung des Informationsbedarfs entscheidend sind (Hardegen/Marquis, 1998: 18):
- *Feststellung des Informationsbedarfs:* Welche Daten werden benötigt? In welchem zeitlichen Rhythmus werden die Daten benötigt?
- *Definition des Empfängerkreises:* Wer ist für die Lenkung der jeweiligen Größen verantwortlich?
- *Definition der Berichtsinhalte:* In welcher Form sind die Daten für den Empfänger darzustellen und aufzubereiten?

Ein Berichtswesen muss unterschiedlichen Anforderungen genügen. In der Literatur werden zum Beispiel genannt: Empfängerorientierung, Aktualität, Flexibilität, Nachvollziehbarkeit, Sparsamkeit, Häufigkeit und Genauigkeit (vgl. hierzu: Horváth & Partner, 2000: 245f.; Liessmann, 1997: 51f.; Zapp et al., 2000: 55).

Als wichtigste Aspekte werden Aktualität, Häufigkeit und Genauigkeit angeführt. Unter Aktualität in Bezug auf das Berichtswesen wird die Zeitspanne verstanden, die vergeht, bis der Erhebung eines bestimmten Istwertes die dazu gehörige Soll-Ist-Abweichung gegenübergestellt werden kann. Bei der Abstimmung der Anforderungskriterien „Aktualität" und „Häufigkeit" muss beachtet werden, dass der Berichtszeitraum einerseits so lang ist, dass eine ausreichend große statistische Masse für eine Analyse vorhanden ist, und andererseits der Zeitraum nicht so groß wird, dass die Informationen für den Empfänger erheblich an Aussagekraft verlieren und eventuelle Lenkungsmaßnahmen nicht schnell genug eingeleitet werden können (Zapp et al., 2000: 56).

Das Kriterium der Genauigkeit wird nach Posselt (1986) bestimmt durch den Auswertungszweck des Berichts. Eine hohe Genauigkeit wird für unabdingbar gehalten, wenn die Daten primär vergangenheitsorientierten Funktionen, wie der Leistungsbeurteilung, oder als Planungsgrundlage für kommende Perioden dienen. Stellen die Informationen jedoch eine Unterstützung der Lenkung dar, hängt ihr Wert entscheidend von der Schnelligkeit ab, mit der sie bereitgestellt werden können. In diesem Sinne kann jede Genauigkeit, die über die Anforderungen des Auswertungszwecks hinausreicht, als unnötig und unwirtschaftlich angesehen werden (Posselt, 1986: 154).

Welche Prioritäten im Einzelfall bezüglich Schnelligkeit und Genauigkeit gesetzt werden, soll zwischen den Berichtsempfängern und dem Rechnungswesen als Informationsersteller und -versender geklärt und abgesprochen werden. Je nach Funktionsbereich, Hierarchieebene oder Verwendungszweck kann diese Gewichtung uneinheitlich vorgenommen werden (Posselt, 1986: 154).

In vertikaler, hierarchischer oder konfiguraler Hinsicht lassen sich die unterschiedlichen Ebenen des betriebswirtschaftlichen Geschehens benennen: Die Geschäftsführung, die Abteilung und die Station. Die Daten sind nach unterschiedlichen Ebenen zu aggregieren oder differenziert aufzubereiten (Abb. 10.2-14), um je nach Konfigurationsebene entsprechende Entscheidungen vorbereiten und umsetzen zu können (Müller-Bellingroth, 1997: 15).

Diese Ansichten werden auch von Kübler (1994: 92ff.) vertreten, der für die Gestaltung eines Berichtswesens folgende Prinzipien formuliert: „So wenig Zahlen wie möglich. Zahlen nie ohne Grafiken! Informationen sind gestaffelt und tiefgegliedert aufzubereiten!"

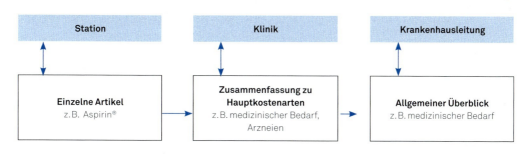

Abbildung 10.2-14: Konfigurale differenzierte Aufbereitung der Daten (Quelle: Eigenerstellung in Anlehnung an Earnest & Whinney, 1986: 107)

Berichtsformen und -inhalte

Als Berichtsformen für die Informationsbereitstellung zur Unterstützung der verschiedenen Führungsteilsysteme sind die Standardberichte, die Abweichungsberichte sowie die Bedarfsberichte von Bedeutung.

Standardberichte stellen die geplante Berichterstellung zu vorher festgelegten Terminen mit definiertem Inhalt in bestimmter Form dar (Beck, 1999: 35). Sie basieren auf einem zuvor definierten Informationsbedarf des Empfängers, der die relevanten Informationen erkennen und auswählen muss (Liessmann, 1997: 50). Der Informationsbedarf wird zweckmäßigerweise als Informationsbedarfsanalyse im Vorfeld der Berichterstellung ermittelt (Küpper, 2001: 152). Der Vorteil von Standardberichten liegt in dem geringen Arbeitsaufwand des einzelnen Berichts, somit sind sie wirtschaftlich zu erstellen, der Nachteil ist darin zu sehen, dass sie nicht flexibel sind und eine Beeinflussung der Erscheinungsweise oder -häufigkeit durch den Berichtsempfänger nicht zulassen. Hierdurch unterbleibt einerseits die Anpassung der Berichte an die sich ständig ändernden Rahmenbedingungen, und andererseits können die Berichte spezifischen, nur fallweise auftretenden Informationsbedarf nicht erfüllen (Zapp et al., 2000: 57).

Abweichungsberichte sind „der formale Ausdruck des Prinzips des Management by Exception" (Horváth, 2001: 607). Sie werden dann erstellt, wenn bestimmte vorgegebene Werte nicht eingehalten oder Toleranzwerte überschritten werden und damit der Ausnahmefall eingetreten ist. Die Leitung oder nächsthöhere Instanz wird so auf Entwicklungen aufmerksam gemacht, die besondere Beachtung verdienen. Grundlage für diese Berichte sind Planvorgaben und die laufende Kontrolle des betroffenen Sachverhalts, sodass bei unzulässigen bzw. unerwünschten Abweichungen ein Bericht erstellt werden kann, der seinerseits wiederum Korrekturmaßnahmen auslöst. Solche Berichte sind zur Auslösung von Anpassungsmaßnahmen geeignet, nicht aber zur Durchführung neuer Planungsprozesse (Küpper, 2001: 154). Weiterhin ist die Gefahr gegeben, dass bei unzureichender Definition der Abweichungen der Ist- von den Planwerten gravierende Fehlentwicklungen unentdeckt bleiben.

Neben der Auswahl der Berichtsform sind weitere inhaltliche, formale, zeitliche und personelle Merkmale von Bedeutung. Die Sicherstellung der Deckung und der bestmöglichen Erfüllung des Informationsbedarfs sowie eine hohe, intensive Nutzung der bereitgestellten Informationen durch den Empfänger ist das Ziel der Gestaltung von Berichten (Küpper, 2008: 199). Zur Systematisierung der Berichtsmerkmale bietet sich das Instrument der „9-W-Fragen" an (Tab. 10.2-9)

Tabelle 10.2-9: W-Fragen-Schema des Berichtswesens (Quelle: Eigenerstellung)

Nummer	W-Frage	Bericht
1	Warum?	Berichtszweck: • Dokumentation • Planung • Kontrolle • Lenkung
2	Wozu?	Berichtsgrund: • instrumentelle Nutzung • konzeptionelle Nutzung • symbolische Nutzung
3	Was?	Inhaltliche Gestaltung: • Informationsgegenstand • Aussagewert • Anzahl der Informationen
4	Wie?	Art der Berichterstellung: • Informationsdistribution • Darstellungsform • Übermittlungsmedium • Übersichtlichkeit
5	Wo?	Ort der Berichterstattung: • Raum • Zugang zu Informationen
6	Wann?	Zeitliche Berichtsmerkmale: • Berichtstermin • Berichtszeitraum • Berichtszyklus • Aktualität
7	Wie oft?	Zeitlicher Takt der Berichterstattung: • Erscheinungsweise
8	Wer?	• Sender
9	Wem?	• Empfänger

Die einzelnen Fragen legen die einzelnen Schwerpunkte des Berichtswesens dar.

Warum? Ausgangspunkt für sämtliche Überlegungen hinsichtlich der Gestaltung von Berichten bildet die Frage nach dem Warum. Für den Berichtsempfänger muss deutlich sein, warum er diese Informationen erhält. Die konkreten Zwecke sind aus dem Informationsbedarf des Empfängers abzuleiten (Horváth, 2009: 540). Grundsätzlich lassen sich vier Berichtszwecke unterscheiden:

- *Dokumentation:* Die Notwendigkeit zur Dokumentation ergibt sich zum einen aus den gesetzlichen Regelungen und Vorschriften in Bezug auf das externe Rechnungswesen. Zum anderen dient die Dokumentation als Grundlage für die Berichte und bildet den Ausgangspunkt für Prognosen (Weber/Schäffer, 2011: 226). Ebenso ist sie relevant für die Funktionen der Planung und Kontrolle (Küpper, 2008: 194).
- *Planung:* Berichte werden eingesetzt sowohl zur Vorbereitung als auch zur Kontrolle von Entscheidungen (Küpper, 2008: 195; Horváth, 2008: 21).
- *Kontrolle:* Berichte dienen zur Kontrolle des Betriebsablaufs (Horváth, 2009: 540) und zur Überprüfung der Budgeteinhaltung.
- *Steuerung:* Die aus der Kontrolltätigkeit gewonnenen Ergebnisse lösen konkrete Handlungen oder Arbeitsvorgänge aus (Horváth, 2009: 540; Küpper, 2011: 194). Manager können auf der Basis der Berichte steuernde Entscheidungen treffen (Horváth, 2011: 21).

Wozu? Eng mit dem Berichtszweck verbunden ist die Frage, wozu der jeweilige Empfänger die Daten nutzt (Weber/Schäffer, 2011: 226). Es muss klar definiert sein, welche Absicht hinter der Informationsweitergabe steht. Pelz (1978) unterscheidet nach Weber und Schäffer (2011: 81) drei unterschiedliche Verwendungsarten:

- *instrumentelle Nutzung:* Informationen werden zur Willensbildung genutzt und lösen Handlungen aus.
- *konzeptionelle Nutzung:* Informationen fördern das allgemeine Verständnis oder das Verständnis für bestimmte bzw. aktuelle Situationen. Entscheidungen selbst werden nicht ausgelöst.
- *symbolische Nutzung:* Informationen werden erst genutzt, wenn die Entscheidung bereits getroffen wurde. Informationen werden zur Beeinflussung anderer Akteure oder zur Durchsetzung eigener Entscheidungen genutzt. (Weber/Schäffer, 2011: 81)

Was? Die Frage nach dem Was betrifft die **inhaltliche Gestaltung** der Berichte, also im Wesentlichen die Auswahl der Informationen. Wichtige Kriterien in Bezug auf inhaltliche Berichtsmerkmale sind Verständlichkeit und Eindeutigkeit der verwendeten Begriffe. Genauigkeit, Anzahl der Daten und Verdichtungsgrad sind weitere wichtige Kriterien. Die Anzahl der Daten beeinflussen den Informationsgehalt. So sollte zugunsten der Verständlichkeit der Komplexitätsgrad nicht zu hoch sein, sondern an den Empfänger sowie dessen Verhaltenseigenschaften und seine Aufnahmekapazität angepasst sein. Die Anzahl der Daten kann jedoch durch Verdichtung reduziert werden. Die Art und der Grad der Verdichtung werden durch das Informationsziel und den Empfänger der Informationen bestimmt (Küpper, 2008: 200f.).

Wie? Neben der inhaltlichen Gestaltung spielt auch die **formale Gestaltung** eine Rolle, also wie die Berichte weitergegeben werden. Die formale Gestaltung bezieht sich auf die Darstellungsform, die Übersichtlichkeit, die Art der Erstellung und die Übermittlung.

Die Darstellungsform kann verbal, tabellarisch und grafisch erfolgen. Die verbale Form ist dabei vor allem geeignet für qualitative Daten und Zusatzinformationen. Die graphische Darstellungsform ist die wohl anschaulichste Darstellungsform und wird deshalb im Allgemeinen als leicht verständlich eingestuft. Sie ist besonders dazu geeignet, zusammenhängende Daten, zum Beispiel Datenreihen, -entwicklungen oder -vergleiche, übersichtlich darzustellen. Die tabellarische Darstellung setzt sich aus einem Zahlen- und einem Textteil zusammen (Küpper, 2008: 201). Hiermit können größere Datenmengen in verschiedener Form aufbereitet und dargestellt werden. Zum besseren Verständnis werden diese Zahlen in die graphische Darstellung übertragen, da so sehr anschaulich und einprägsam präsentiert werden kann. Auch die Form der Darstellung beeinflusst die Akzeptanz und Verständlichkeit der Berichte.

Ein weiterer formaler Aspekt ist die Übersichtlichkeit. Diese betrifft die Anordnung der Daten. Die Übersichtlichkeit kann gesteigert werden durch den einheitlichen Aufbau der Berichte. Für den Berichtsempfänger erhöhen sich Akzeptanz und Verwertbarkeit, wenn gleichartige Daten zu verschiedenen Berichtszeitpunkten gleichartig aufbereitet werden.

Die Art der Erstellung bezieht sich auf die Entstehung der Berichte. Dies geschieht in der Regel computergestützt. Aufgrund der hohen Anzahl von EDV-Instrumenten existieren vielfältige Möglichkeiten der Berichterstellung (Küpper, 2008: 201).

Als Übermittlungsmedium eignen sich sowohl die manuelle Übergabe (Papier, Diskette) oder die maschinelle Übermittlung (LAN, Internet). Letzteres gewinnt aufgrund der gestiegenen technischen Ausstattung eine immer höhere Bedeutung.

Wo? Der Empfänger muss wissen, wo er die Informationen erhalten kann oder über welche Instrumente er sie zur Verfügung gestellt bekommt. Hier ist zu unterscheiden, ob die Berichte in einem persönlichen Gespräch übermittelt werden, in dem Fragen beantwortet werden können, oder ob die Berichte zum Beispiel im Intranet abgerufen werden können, ohne ein persönliches Gespräch. Bei dem persönlichen Gespräch kommen unterschiedliche Orte in Betracht, zum Beispiel ein Besprechungszimmer, das Büro des Senders oder des Empfängers.

Wann? Die Frage nach dem Wann bezieht sich auf die **zeitlichen Berichtsmerkmale**. Sie beantwortet die Frage, zu welchem Zeitpunkt der Berichtsersteller die Berichte erstellen muss und zu welchem Zeitpunkt der Berichtsempfänger die Berichte erhält. Zeitliche Berichtsmerkmale beziehen sich auf die einzelnen Berichte, betreffen zugleich aber auch die Gestaltung des gesamten Berichtswesens. Der Berichtszeitraum gibt an, welcher Periode die Daten zuzuordnen sind, zum Beispiel Woche, Monat, Quartal, Jahr (Küpper, 2008: 201). Der Berichtszeitraum kann also Auskunft über die Aktualität der Daten liefern. Der Berichtszyklus bezeichnet die Frequenz, in welchen zeitlichen Abständen die Berichte erscheinen (Weber/Schäffer, 2011: 237). Der Berichtstermin gibt den Erscheinungstermin an, dieser kann regelmäßig und unregelmäßig sein (Küpper, 2008:201).

Wie oft? Die Frage, wie oft der Bericht erstellt wird, gibt den Takt der Berichterstattung und damit die Erscheinungsweise des Berichts an.

Wer und wem? Im Rahmen der Berichterstellung sind außerdem **personale Merkmale** zu beachten. Für jeden Bericht existieren Sender (z.B. Controlling → Wer?) und Empfänger (z.B. Heimleitung → Wem?). Es muss festgelegt werden, welche Person für die Berichterstellung und -weitergabe zuständig ist und wem berichtet werden soll. Zwischen beiden sollte eine enge Abstimmung hinsichtlich der Inhalte und der Darstellungsform stattfinden, damit die Berichte adressatenspezifisch ausgerichtet sind und somit an Akzeptanz gewinnen.

Dieses W-Fragenschema kann in einer Systematik erfasst werden, um die Abhängigkeiten der einzelnen Fragen darstellen und systematisieren zu können (Abb. 10.2-15).

Beim Aufbau eines Berichtswesens sind wesentliche Punkte zu beachten: Zum einen unterliegt das Gesundheitswesen einer sehr restriktiven, sich stetig wandelnden Gesetzgebung. Dieser Tatsache hat das Berichtswesen Rechnung zu tragen und sich stets den wandelnden Erfordernissen anzupassen. Ein weiterer wesentlicher Punkt ist die Beachtung des Zusammenhangs zwischen Informationsbedarf auf der einen und den Merkmalen von Berichten auf der anderen Seite.

Balanced Scorecard (BSC)

Die Balanced Scorecard ist als Managementsystem zu verstehen, das von den amerikanischen Autoren Robert S. Kaplan und David P. Norton in den 1990er-Jahren entwickelt wurde. Es ist dem Golfspiel entlehnt (Straub, 2004: 226). Das Managementsystem versucht...

> „[...] aus einem Hypothesensystem werttreibender Ursachen-Wirkungszusammenhänge ein Kennzahlensystem zu entwickeln, welches die meist abstrakte Vision und Strategie [...] einer Unternehmung in handfeste Ziele und Messgrößen transformiert und dadurch deren Implementation ins operative Tagesgeschäft unterstützt" (Kunz/Pfeiffer, 2002: 101 f.).

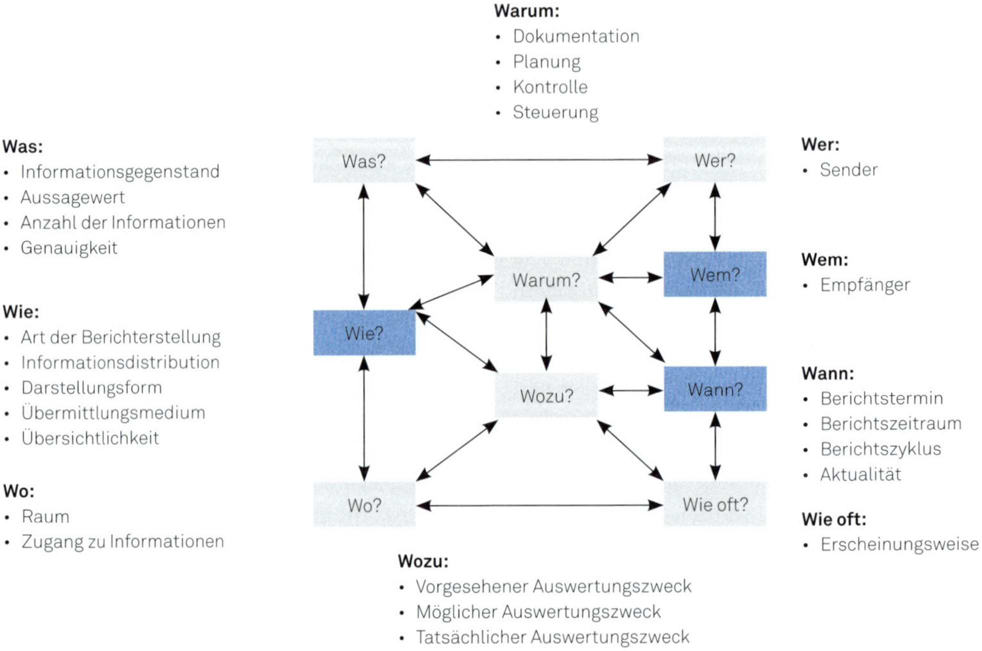

Was:
- Informationsgegenstand
- Aussagewert
- Anzahl der Informationen
- Genauigkeit

Wie:
- Art der Berichterstellung
- Informationsdistribution
- Darstellungsform
- Übermittlungsmedium
- Übersichtlichkeit

Wo:
- Raum
- Zugang zu Informationen

Warum:
- Dokumentation
- Planung
- Kontrolle
- Steuerung

Wozu:
- Vorgesehener Auswertungszweck
- Möglicher Auswertungszweck
- Tatsächlicher Auswertungszweck

Wer:
- Sender

Wem:
- Empfänger

Wann:
- Berichtstermin
- Berichtszeitraum
- Berichtszyklus
- Aktualität

Wie oft:
- Erscheinungsweise

Abbildung 10.2-15: Systematisierung von Berichtsmerkmalen (Quelle: Eigenerstellung in Anlehnung an Blohm, 1974:14)

Die Balanced Scorecard ist zwar sehr stark kennziffernorientiert angelegt, kann aber nicht mehr als reines Kennziffernsystem verstanden werden. Vielmehr orientiert sich dieses Instrument an ausgewogenen Indikatoren, die nicht nur den Finanzbereich in den Vordergrund stellen, sondern auch immaterielle Erfolgspotenziale berücksichtigen. Im Blickpunkt stehen vier Perspektiven (Zapp/Dorenkamp, 2002: 106; Horváth & Partner, 2000: 240) (Tab. 10.2-10), und zwar die:

1. finanzwirtschaftliche Perspektive mit den Kennziffern „Rentabilität", „Wachstum" und „Unternehmungswert" zum Zweck der Verbesserung der Ergebnisse
2. Kundenperspektive mit den Kennziffern „Kundenzufriedenheit", „Marktanteil" und „Service" zum Zweck der Darstellung der Unternehmung aus der Sicht der Kunden
3. interne Perspektive mit den Kennziffern „Fertigungs- und Durchlaufzeit" und „Produktivität" zum Zweck der Information über den Ablauf interner Prozesse
4. Lern- und Entwicklungsperspektive mit den Kennziffern „Mitarbeiterzufriedenheit" und „Umsatzanteile von Neuprodukten" zum Zweck der Beurteilung der Fähigkeiten zur Verbesserung und der Einführung von Innovationen.

Die Vorteile der Balanced Scorecard liegen in folgenden Bereichen:
- Verknüpfung von strategischem und operativem Geschäft
- Verbindung von finanziellen und operativen Daten
- Fokussierung und Begrenzung auf die vier wesentlichen Perspektiven
- Kommunikation der Vision in die Unternehmung hinein
- Hervorhebung der strategischen Ziele.

Als Nachteile sind anzuführen: Die Begrenzung auf vier Variablen als Indikatoren für eine Beurteilung der Unternehmung oder zum Einsatz als Management- oder Controllinginstrument mag einer Komplexitätsreduzierung entsprechen, aber die Wirkungszusammenhänge sind nicht oder nicht hinreichend bekannt (Kaplan, 1998: 92). Empirisch lassen sich kaum Aussagen zur Kausalität zwischen Kundenzufriedenheit und Unternehmungserfolg oder von Produktqualität und Unternehmungserfolg herstellen oder beweisen (Kunz/Pfeiffer, 2002: 107). Die Balanced Scorecard baut auf einem Ursache-Wirkungszusammenhang auf, der im Rahmen der Systemtheorie von Luhmann auf die Funktionalität erweitert wurde. Danach ist es möglich, Ziele auf unterschiedlichem Wege

Tabelle 10.2-10: Dimensionen der Balanced Scorecard (Quelle: Eigenerstellung in Anlehnung an Horváth & Partner, 2000: 240, und Zapp/Dorenkamp, 2002: 106)

Perspektive	Zweck	Kennzahlen
Finanzwirtschaftliche Perspektive	Gibt Hinweis, ob die Strategie eines Unternehmens zur Verbesserung des Ergebnisses führt	Rentabilität, Wachstum, Unternehmenswert
Kundenperspektive	Stellt dar, wie das Unternehmen aus der Kundensicht eingeschätzt wird	Zeit, Qualität, Preis, Service, Produktleistung
Perspektive der internen Prozesse	Informationen über betriebsinterne Prozesse, die wesentlichen Einfluss auf die die Kundenzufriedenheit haben	Zykluszeiten, Qualität, Fertigungszeiten des Personals, Produktivität
Lern- und Entwicklungsperspektive	Informationen über die Fähigkeit des Unternehmens, sich zu verbessern und Innovationen einzuführen	Durchschnittsalter der Produkte, Umsatzanteil der Neuprodukte, Verringerung der Lieferzeiten

zu erreichen, nämlich im Rahmen der funktionalen Eignung. Die funktionale Analyse weist die Zusammenhänge zwischen realen oder erlebten Problemen und denkbaren unsicheren (kontingenten) Lösungen auf. „Die Funktion ist also ein Vergleichsschema für unterschiedliche Problemlösungen, die mit Bezug auf die Funktion als äquivalent gelten. Die Leistung der Analyse besteht darin, funktional äquivalente Lösungen für das betreffende Problem in Betracht zu ziehen" (Baraldi et al., 1999: 61; Luhmann, 1974: 9 ff., 1984: 83 ff., 1990). Die Ursache-Wirkungsbeziehung ist eine Verkürzung dieses Schemas, denn die funktionale Analyse zeigt Verbindungen zwischen unterschiedlichen Ursachen und derselben Wirkung auf oder zwischen unterschiedlichen Wirkungen und derselben Ursache. Diese Sichtweise schafft die Balanced Scorecard nicht.

10.2.4
Organisation des Controllings

Organisation wird hier ergebnisbezogen verstanden als ein „System [...], dessen Elemente durch institutionalisierte generalisierte Beziehungen untereinander verknüpft sind" (Bleicher, 1981: 50). Beziehungen können dann institutionalisiert werden, wenn die Systeme arbeitsteilig und multipersonal angelegt sind. Beziehungen sind dann zu generalisieren, wenn die Tätigkeiten sich wiederholen und in gewisser Weise vorhersehbar sind. Davon zu unterscheiden ist die Disposition, die eine einzelfallspezifische kasuistische Regelung erfordert und die Improvisation, die situativ zu Handlungen führt. Institutionalisierung bedeutet die Strukturierung des Systems und dessen Offenlegung.

Tätigkeitsbezogen wird das Organisieren als „zielorientierte Institutionalisierung von generellen Verhaltenserwartungen" verstanden (Bleicher/Meyer, 1976: 89 f.). Generalisierende Verhaltensweisen umfassen die konkrete Abstimmung des sozialen Verhaltens mehrerer Personen. Das Controlling kann dabei als eigenes System strukturiert werden, dann spricht man von Binnenstrukturierung. Wird das Controlling in die Unternehmung integriert, dann liegt eine Außenstrukturierung vor.

10.2.4.1
Binnenstrukturierung

Oft wird das Controlling in den Unternehmungen der Gesundheitsbranche als Assistenz der Geschäftsführung gesehen. Daneben ist das Finanz- und Rechnungswesen angesiedelt. Mit der Einführung des G-DRG-Systems wurde zusätzlich die Schaffung eines Medizincontrollings geschaffen, das möglicherweise durch ein Pflegecontrolling ergänzt wird.

Es bietet sich an, das Controlling als eigenständige Abteilung zu verstehen, welche die wesentlichen Aufgaben des Controllings erfüllen kann. Dazu ist das Controlling neben das Finanzmanagement zu stellen und die Kostenrechnung in das Controlling zu integrieren. Das Controlling in der Verwaltung, Pflege und Medizin ist in einer Abteilung zu bündeln, um vor allem ein Auseinanderbrechen in eine kaufmännische und eine leistungsorientierte Denkschule zu vermeiden (Abb. 10.2-16).

Das Controlling ist dabei als Stab zu verstehen, sodass die disziplinarische Anordnung nur über den Vorgesetzten erfolgen kann. Im Rahmen seiner Fachaufgabe werden aber den Mitarbeitern im Controlling weit reichende Handlungsmöglichkeiten aufgetan. Ein abgestimmter Budgetplan ist von den Linieninstanzen einzuhalten. Ansonsten muss dem Controlling Entscheidungskompetenz eingeräumt werden.

10.2.4.2
Außenstrukturierung

Das Controlling ist direkt unter der Geschäftsführung anzusiedeln. Es ist von den Aufgaben der Finanzen zu entlasten. Die weitere Außenstrukturierung ist abhängig von der Strukturierung der Krankenhausleitung oder des Geschäftsführerprinzips (vgl. hierzu Eichhorn/Schmidt-Rettig, 2001). Als ein Beispiel kann Abbildung 10.2-17 gelten.

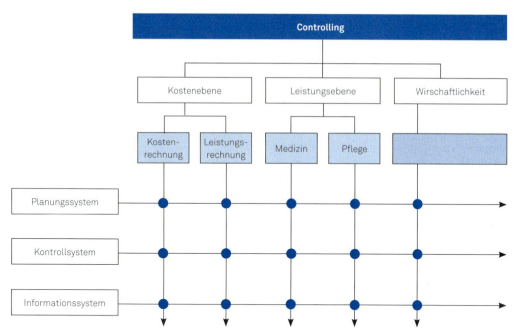

Abbildung 10.2-16: Matrixstruktur des Controllings (Quelle: Eigenerstellung)

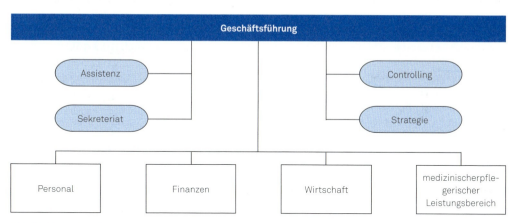

Abbildung 10.2-17: Außenstrukturierung (Quelle: Eigenerstellung)

10.2.5 Ausblick

Die Ausführungen machen deutlich: Wenn der Einfluss von Controllinggedanken in der Unternehmung der Gesundheitsbranche zunimmt, wird dies weit reichende Folgen für die Struktur und die Menschen mit ihren Erkenntnissen und ihren Handlungen haben.

Controlling kann nicht nur durch Anordnung erfüllt und auch nicht durch eine einzelne Person durchgeführt werden. Damit ist eine teamorientierte Vorgehensweise für ein erfolgreiches und ergebnisorientiertes Controllinghandeln in den Unternehmungen der Gesundheitsbranche notwendig. Damit sind auch die Abgrenzung von eigenen Tätigkeiten zu den Tätigkeiten anderer, das Festhalten an der säulenartigen Organisation und das Agieren in Suboptima nicht erfolgversprechend. Die Mitarbeiter müssen sich bewusst sein, das sie durch ihre Verrichtungen zum Gelingen des Gesamtprozesses beitragen. Ergebnisverantwortung übernimmt nicht nur die Krankenhausleitung, auch die am Prozess Beteiligten tun es.

Ein handlungs- und erkenntnisorientiert ausgerichtetes Controlling ist deshalb auf den unmittelbaren, dezentralen Bezug zum entsprechenden Bereich und zum engagierten Mitarbeiter angelegt. Damit sind die Beachtung und die Bedeutung der Patientenorientierung wesentlich; sie muss nicht ständig hervorgehoben werden, als hätte man Angst, sie zu vergessen.

Literatur

Asser, G. (1971): Das Berichtswesen (Analyse – Aufbau – Kontrolle), in: Bobsin, R. (Hrsg.): Handbuch der Kostenrechnung. München, Verlag moderne industrie, S. 653–678.

Baraldi, C.; Corsi, G.; Esposito, E. (1999): GLU Glossar zu Niklas Luhmanns Theorie sozialer Systeme, 3. Auflage. Frankfurt/M., Suhrkamp.

Beck, G. (1999): Controlling, 2., unveränderte Auflage. Augsburg, ZIEL.

Bessai, B. (2000): Organisation, in: Arens-Fischer, W.; Steinkamp, T. (Hrsg.): Betriebswirtschaftslehre. München/Wien, Oldenbourg, S. 143–212.

Betz, St. (2002): Kontrollsystem, in: Küpper, H.-U.; Wagenhofer, A. (Hrsg.): Handwörterbuch Unternehmensrechnung und Controlling, 4., völlig neu gestaltete Auflage. Stuttgart, Schäffer-Poeschel, Sp. 986–995

Birk, S. (1991): Berichtssysteme: Operative Berichterstattung in Konzernen. München, Kirsch.

Bleicher, K. (1981): Organisation: Formen und Modelle, Band 1. Wiesbaden, Gabler.

Bleicher, K. (1991): Organisation: Strategien – Strukturen – Kulturen, 2., vollständig neu bearbeitete und erweiterte Auflage. Wiesbaden, Gabler

Bleicher, K.; Meyer, E. (1976): Führung in der Unternehmung: Formen und Modelle. Reinbek bei Hamburg, Rowohlt.

Blohm, H. (1974): Die Gestaltung des betrieblichen Berichtswesens als Problem der Leitungsorganisation, 2., geänderte Auflage.. Herne, Berlin, Neue Wirtschafts-Briefe.

Bogaschewsky, R. (2002): Wertanalyse, in: Küpper, H.-U.; Wagenhofer, A. (Hrsg.): Handwörterbuch Unternehmensrechnung und Controlling, 4., völlig neu gestaltete Auflage. Stuttgart, Schäffer-Poeschel, Sp. 2111–2120.

Bramsemann, R. (1993): Handbuch Controlling, 3., durchgesehene Auflage. München, Hanser.

Burger, A. (1995): Kostenmanagement. München, Wien, Oldenbourg.

Dellmann, K.; Pedell, B. (Hrsg.) (1994): Controlling von Produktivität und Ergebnis. Stuttgart, Schäffer Poeschel.

Deutsche Krankenhaus Gesellschaft (DKG): Grundsätze und Hinweise der DKG zur Internen Budgetierung. das krankenhaus, 1/1995, Redaktionsbeilage: 5–11.

Dinkelbach, W.; Rosenberg, O. (2000): Erfolgs- und umweltorientierte Produktionstheorie. Berlin u.a., Springer.

Ebert, G. (1996): Controlling, 6., überarbeitete und erweiterte Auflage. Landsberg/Lech, Verlag moderne industrie.

Eckner, K. (1995): Das Berichtswesen industrieller Betriebe. Wiesbaden, Springer.

Eichhorn, S.; Schmidt-Rettig, B. (Hrsg.) (1995): Mitarbeitermotivation im Krankenhaus, 1. Auflage. Gerlingen, Schriftenreihe der Robert Bosch Stiftung.

Eichhorn, S.; Schmitt-Rettig, B. (Hrsg.) (2001): Krankenhausmanagement. Zukünftige Strukturen und Organisation der Krankenhausleitung. Stuttgart, New York, Kohlhammer.

Ernest & Whinney (1986): Leitfaden für DV-gestützte interne Budgetierung im Krankenhaus. Wiesbaden, o. V.

Flechtner, H.-J. (1966): Grundbegriffe der Kybernetik: Eine Einführung. Marburg/Lahn, Wissenschaftliche Buchgesellschaft.

Frese, E. (1998): Kontrolle und Unternehmensführung. Wiesbaden, Gabler.

Gaitanides, M. et al. (Hrsg.) (1994): Prozessmanagement: Konzepte, Umsetzung und Erfahrungen des Reengineering. München, Hanser.

Gaitanides, M.; Scholz, R.; Vrohlings, A. (1994): Grundlagen und Zielsetzungen, in: Gaitanides, M. et al. (Hrsg.): Prozessmanagement: Konzepte, Umsetzungen und Erfahrungen des Reengineering. München, Hanser.

Gerling, P. (2007): Controlling und Kognition. Implikationen begrenzter kognitiver Kapazitäten für das Controlling. Reihe Controlling, Band 6. Lingau, V.; Becker, A. (Hrsg.). Köln, Josef Eul.

Grimmer, H. (1980): Budgets als Führungsinstrument in der Unternehmung. Frankfurt/M., Lang.

Hahn, D. (2001): PuK, Controllingkonzepte: Planung und Kontrolle, Planungs- und Kontrollsysteme, Planungs- und Kontrollrechnung, 6., überarbeitete und erweiterte Auflage. Wiesbaden, Gabler.

Haiber, T. (1997): Controlling für öffentliche Unternehmen: Konzeption und instrumentelle Umsetzung aus der Perspektive des New Public Management. München, Vahlen.

Hardegen, T.; Marquis, R. (1998): Controlling in der Altenhilfe. Deutsches Wohlfahrtswerk e.V. (Hrsg.). Friedenweiler, o.V.

Hardt, R. (1998): Kostenmanagement. Methoden und Instrumente. München, Wien, Oldenbourg.

Heier, K.; Terbeck, J.; Zapp, W. (2015): Prozessorganisation, in: Zapp, W. (Hrsg.): Krankenhausmanagement. Organisatorischer Wandel und Leadership. Stuttgart, Kohlhammer.

Hentze, J.; Kehres, E. (1999): Kosten- und Leistungsrechnung in Krankenhäusern: systematische Einführung, 4., überarbeitete Auflage. Stuttgart, Kohlhammer.

Hesse, S.; Leve, J.; Goerdeler, P.; Zapp, W. (2013): Benchmarking im Krankenhaus. Controlling auf der Basis von InEK-Kostendaten. Wiesbaden, Springer Gabler.

Horváth & Partner (2000): Das Controllingkonzept: Der Weg zu einem wirkungsvollen Controllingsystem, 4., durchgesehene und überarbeitete Auflage. München, Deutscher Taschenbuch Verlag.

Horváth, P. (2004): Zukunftsperspektiven der koordinationsorientierten Controllingkonzeption, in: Scherm, E.; Pietsch, G. (Hrsg.): Controlling. Theorien und Konzeption. München, Vahlen, S. 367–386.

Horváth, P. (2008): Grundlagen des Management Reportings, in: Gleich, R.; Horváth, P.; Michel, U. (Hrsg.): Management Reporting: Grundlagen, Praxis und Perspektiven. München, Haufe, S. 21–44.

Horváth, P. (2011): Controlling, 12., vollständig überarbeitete Auflage. München, Vahlen.

Horváth, P.; Herter, R.N. (1992): Benchmarking – Vergleich mit den Besten der Besten. Controlling, 4, Jahrgang 1992, Heft 1, S. 4–11.

Horváth, P; Meyer, R. (1993): Prozesskostenrechnung – Konzeption und Entwicklung. krp – Kostenrechnungspraxis, Sonderheft 2/1993: 16–20 f.

Joos-Sachse, T. (2002): Controlling, Kostenrechnung und Kostenmanagement. Grundlagen – Instrumente – Neue Ansätze, 2., überarbeitete Auflage. Wiesbaden, Gabler.

Kaplan, R. (1998): Innovation Action Research: Creating New Management Theory and Practice. Journal of Management Accounting Research, 10: 87–118.

Kaplan, R.S.; Norton, D.P. (1998): Balanced Sorecard: Strategien erfolgreich umsetzen. Stuttgart, Schäffer-Poeschel.

Kempf, Th.; Winkler, M. (2002): Lenkung im DRG-System auf Basis eines Benchmark-Projektes (unveröffentlichte Diplomarbeit). Osnabrück, Hochschule

Kieser, A.; Kubicek, H. (1992): Organisation, 3., völlig neu bearbeitete Auflage. Berlin, New York, Schäffer-Poeschel.

Kilger, W. (2002): Flexible Plankostenrechnung, 11., vollständig überarbeitete und erweiterte Auflage. Wiesbaden, Gabler.

Koch, R. et al. (1994): Betriebliches Berichtswesen als Informations- und Steuerungsinstrument. Frankfurt/M., Lang.

Krystek, U. (1992): Beitrag der Kostenrechnung zur Krisen-Früherkennung, in: Männel, W. (Hrsg.): Handbuch Kostenrechnung. Wiesbaden, Gabler, S. 1429–1446.

Kübler, J. Ch. (1994): Soziales Controlling: Bausteine eines modernen Managements. Overath, Medienwerkstatt.

Kunz, A.-H.; Pfeiffer, Th. (2002): Balanced Scorecard, in: Küpper, H.-U.; Wagenhofer, A. (Hrsg.): Handwörterbuch Unternehmensrechnung und Controlling, 4., völlig neu gestaltete Auflage. Stuttgart, Schäffer-Poeschel, Sp. 101–109.

Küpper, H.-U. (2008): Controlling: Konzeption, Aufgaben und Instrumente, 5. Auflage. Stuttgart, Schäffer-Poeschel.

Küpper, H.-U.; Weber, J. (1995): Grundbegriffe des Controlling. Stuttgart, Schäffer-Poeschel.

Lange, C.H. (2002): Gemeinkostenmanagement, in: Küpper, H.-U.; Wagenhofer, A. (Hrsg.): Handwörterbuch Unternehmensrechnung und Controlling, 4., völlig neu gestaltete Auflage. Stuttgart, Schäffer-Poeschel, Sp. 617–625.

Leffson, U. (1983): Revision, begriffliche Abgrenzung, in: Coenenberg, A.G.; von Wysocki, K. (Hrsg.): Handwörterbuch der Revision. Stuttgart, Schäffer-Poeschel, Sp. 1288–1305.

Lenz, H. (2002): Kontrollprozess, in: Küpper, H.-U.; Wagenhofer, A. (Hrsg.): Handwörterbuch Unternehmensrechnung und Controlling, 4., völlig neu gestaltete Auflage. Stuttgart, Schäffer-Poeschel, Sp. 975–985.

Liessmann, K. (Hrsg.) (1997): Gabler Lexikon Controlling und Kostenrechnung. Wiesbaden, Gabler.

Lingau, V. (2004): Kognitionsorientiertes Controlling, in: Scherm, E.; Pietsch, G (Hrsg.): Controlling. Theorien und Konzeption. München, Vahlen, S. 729–749.

Luhmann, N. (1974): Soziologische Aufklärung, Band 1: Aufsätze zur Theorie sozialer Systeme, 4. Auflage. Köln-Oplalden, Westdeutscher Verlag.

Luhmann, N. (1984): Soziale Systeme. Grundriss einer allgemeinen Theorie. Frankfurt/M., Suhrkamp.

Luhmann, N. (1990): Die Wissenschaft der Gesellschaft. Frankfurt/M., Suhrkamp.

Mensch, G. (1993): Budgetierung – Ein Ansatz zur inhaltlichen Abgrenzung. DBW, Die Betriebswirtschaft, 53 (6): 819–827.

Mensch, G. (1993): Budgetierung – Ein Ansatz zur inhaltlichen Abgrenzung. DBW, Die Betriebswirtschaft, 53 (6): 820.

Mensch, G. (1997): Kostenplanung – Ein Modell zur Prinzipdarstellung. krp – Kostenrechnungspraxis, Zeitschrift für Controlling, 41 (1): 60–63.

Meyer-Piening, A. (1994): Zero Base Planning als analytische Personalplanungsmethode im Gemeinkostenbereich. Einsatzbedingungen und Grenzen der Methodenanwendung. Stuttgart, Schäffer-Poeschel.

Müller-Bellingroth, Th. (1997): Krankenhausinternes Controlling und Kostenmanagement. Das Krankenhaus, 1: 13–15.

Osterloh, M.; Frost, J. (1997): Prozessmanagement als Kernkompetenz. Wiesbaden, Gabler.

Osterloh, M.; Hundziker, A.-W. (1998): Strategisches Prozessmanagement in der öffentlichen Verwaltung. zfo, 67 (1): 10–14.

Pelz, D.C. (1978): Some Expanded Perspectives on Use of Social Science in Public Policy, in: Yinger, M.; Cutler, S.J. (eds.): Major Social Issues: A Multidisciplinary View. New York, The Free Press, pp. 346–357.

Pietsch, G.; Scherm, E. (2004): Reflexionsorientiertes Controlling, in: Scherm, E.; Pietsch, G. (Hrsg.): Controlling. Theorien und Konzeption. München, Vahlen, S. 529–554.

Posselt, S.-G. (1986): Budgetkontrolle als Instrument zur Unternehmungssteuerung. Darmstadt, Toeche-Mittler.

Rehkugler, H. (2002): Früherkennungsmodelle, in: Küpper, H.-U.; Wagenhofer, A. (Hrsg.): Handwörterbuch Unternehmensrechnung und Controlling, 4., völlig neu gestaltete Auflage. Stuttgart, Schäffer-Poeschel, Sp. 586–596.

Reichmann, T. (2004): Kennzahlengestützte Controlling-Konzeption, in: Scherm, E.; Pietsch, G. (Hrsg.): Controlling. Theorien und Konzeption. München, Vahlen, S. 83–102.

Riegler, C. (2002): Benchmarking, in: Küpper, H.-U.; Wagenhofer, A. (Hrsg.): Handwörterbuch Unternehmensrechnung und Controlling, 4., völlig neu gestaltete Auflage. Stuttgart, Schäffer-Poeschel, Sp. 126–134.

Schäfer, S.; Seibt, D. (1998): Benchmarking – Eine Methode zur Verbesserung von Unternehmensprozessen. BfuP, 50: 365–380.

Schäffer, U. (2004): Rationalitätssicherung durch Kontrolle, in: Scherm, E.; Pietsch, G. (Hrsg.): Controlling. Theorien und Konzeption. München, Vahlen, S. 487–500.

Schäffer, U.; Weber, J. (2004): Thesen zum Controlling, in: Scherm, E.; Pietsch, G. (Hrsg.): Controlling. Theorien und Konzeption. München, Vahlen, S. 459–466.

Scherm, E.; Pietsch, G. (Hrsg.) (2004): Controlling. Theorien und Konzeption. München, Vahlen.

Schirmer, H. (1998): Krankenhaus-Controlling: Handlungsempfehlungen für Krankenhausmanager und Krankenhauscontroller. Renningen-Malmsheim, Expert Verlag.

Schmidt, R. (1995): Grundfunktionen des Controlling. Eine Analyse der betriebswirtschaftlichen Literatur zum Stand der aufgabenorientierten Controlling-Diskussion. Frankfurt/M., Lang.

Schmidt-Rettig, B.; Böhning, T. (1999): Bedeutung und Konzeption einer Prozesskostenrechnung im Krankenhaus, in: Eichhorn, S.; Schmitt-Rettig, B. (Hrsg.): Profitcenter und Prozessorientierung. Optimierung von Budget, Arbeitsprozesse und Qualität. Stuttgart, Berlin, Köln, Kohlhammer, S. 142.

Schreiber, D. (2010): Management von Controllingwissen. Ein sach- und verhaltensorientierter Ansatz zur Verbesserung der Manager-Controller-Beziehung. Wiesbaden, Gabler.

Schulte-Zurhausen, M. (2002): Organisation, 3., überarbeitete Auflage. München, Vahlen.

Simon, D. (1986): Schwache Signale der Früherkennung von strategischen Diskontinuitäten durch Erfassung von „weak signals". Wien, Schriften des Österreichischen Controller-Instituts.

Spendolino, J. (1992): The Benchmarking Book. New York u.a., American Management Association.

Staehle, W. (1999): Management: Eine verhaltenswissenschaftliche Perspektive, 8., überarbeitete Auflage. München, Vahlen.

Steinmüller, P.H. (Hrsg.) (1999): Die neue Schule des Controllers, Band 2: Kosten- und Leistungsrechnung, ganzheitliches Controlling. Stuttgart, Schäffer-Poeschel.

Steinmüller, P.H. (Hrsg.) (2000): Die neue Schule des Controllers, Band 3: Spezielles Controlling. Stuttgart, Schäffer-Poeschel.

Stoll, S. (1997): Die Kostenrechnung als Instrument der Internen Organisation. Frankfurt/M., Lang.

Straub, S. (1997): Controlling für das wirkungsorientierte Krankenhausmanagement: ein Value-Chain basierter Ansatz. Bayreuth, Verlag PCO.

Straub, S. (2004): Die Bedeutung der Balanced Scorecard für ein Controlling in der Pflege, in: Zapp, W. (Hrsg.): Controlling in der Pflege. Bern, Verlag Hans Huber.

Strehlau-Schwoll, H. (1995): Strategische Planung und BPflV 1995. das Krankenhaus, 1: 22-28.

Weber, J. (1990): Ursprünge, Begriffe und Ausprägungen des Controlling, in: Mayer, E.; Weber, J. (Hrsg.): Handbuch Controlling. Stuttgart, Poeschel.

Weber, J. (2002): Einführung in das Controlling, 9., aktualisierte und erweiterte Auflage. Stuttgart, Schäffer-Poeschel.

Weber, J.; Schäffer U. (2011): Einführung in das Controlling, 13., überarbeitete und aktualisierte Auflage. Stuttgart, Schäffer-Poeschel.

Weber, J.; Schäffer, U. (2000): Balanced Scorecard und Controlling. Implementierung – Nutzen für Manager und Controller – Erfahrungen in deutschen Unternehmen, 3., überarbeitete Auflage. Wiesbaden, Gabler.

Wittmann, W. (1992): Information, in: Frese, E. (Hrsg.): Handwörterbuch der Organisation, 3., neugestaltete Auflage. Stuttgart, Poeschel, Sp. 1865ff.

Wöhe, G. (2000): Einführung in die Allgemeine Betriebswirtschaftslehre, 20., neubearbeitete Auflage. München, Vahlen.

Wottawa, H.; Gluminski, I. (1995): Psychologische Theorien für Unternehmen. Göttingen, Hogrefe.

www.controllerakademie.de

www.controllerakademie.de/cainfo/igcleit.html

www.dvkc.de.

Zahn, O.-K.; Kapmeier, F. (2002): Systemanalyse, in: Küpper, H.-U.; Wagenhofer, A. (Hrsg.): Handwörterbuch Unternehmensrechnung und Controlling, 4., völlig neu gestaltete Auflage. Stuttgart, Schäffer-Poeschel, Sp. 1919-1932

Zapp, W. (1999): Leistungsorientierung in der Ergotherapie. Ergotherapie & Rehabilitation, Heft 4, Juli: 265-268.

Zapp, W. (2000): Aufbau einer Internen Budgetierung auf der Grundlage der Pflegeversicherung. Fachhochschule Osnabrück (Hrsg.): Forschungsbericht 1995-2000. Osnabrück.

Zapp, W. (2003): Im Mittelpunkt die Prozesse. Controlling ku Special: Controlling, Heft 4. 9

Zapp, W. (Hrsg.) (2002): Prozessgestaltung im Krankenhaus. Heidelberg, Economica.

Zapp, W. (Hrsg.) (2004): Controlling in der Pflege. Bern, Hans Huber

Zapp, W. (Hrsg.) (2004): Controlling in der Pflege. Bern, Verlag Hans Huber.

Zapp, W. (Hrsg.) (2010a): Kennzahlen im Krankenhaus. Lohmar, Josef Eul.

Zapp, W. (Hrsg.) (2010b): Prozessgestaltung in Gesundheitseinrichtungen. Von der Analyse zum Controlling. Heidelberg, Economica.

Zapp, W.; Bettig, U. (2002): Die Bedeutung der Prozesskostenrechnung für eine Gestaltung von Prozessen, in: Zapp, W. (Hrsg.): Prozessgestaltung im Krankenhaus. Heidelberg, Economica, S. 274-295.

Zapp, W.; Bettig, U. (2004): Interne Budgetierung als zielorientiertes Lenkungsinstrument im Controlling, in: Zapp, W. (Hrsg.): Controlling in der Pflege. Bern, Verlag Hans Huber.

Zapp, W.; Bettig, U.; Torbecke, O.; Dorenkamp, A. (1997/2003): Prozessgestaltung, in: Fischer et al. (Hrsg.): Management Handbuch Krankenhaus. Loseblattwerk, 52. Ergänzungslieferung, 8/2003. Heidelberg, Economica, S. 1-24.

Zapp, W.; Dorenkamp, A. (2002): Anwendungsorientierte Prozessgestaltung im Krankenhaus, in: Zapp, W. (Hrsg.): Prozessgestaltung im Krankenhaus. Heidelberg, Economica.

Zapp, W.; Dorenkamp, A. (2002): Gestaltung und Lenkung von Prozessen, in: Zapp, W. (Hrsg.): Prozessgestaltung im Krankenhaus. Heidelberg, Economica, S. 63-110.

Zapp, W.; Erlemann, C.; Torbecke, O. (2000): Schnittstellenproblematik – dargestellt am Beispiel der Röntgenabteilung, in: Fischer et al. (Hrsg.): Management Handbuch Krankenhaus, Loseblattwerk, 28. Ergänzungslieferung, 8/2000. Heidelberg, Economica.

Zapp, W.; Funke, M.; Schnieder, S. (2000): Interne Budgetierung auf der Grundlage der Pflegeversicherung. Ergebnisse eines anwendungsorientierten Forschungsprojektes in der stationären Altenhilfe. Wanne-Eickel, Krankenhausdrucke Verlag.

Zapp, W.; Gläser, I. (2000): Prozessanalysen im Verwaltungsbereich, in: Fischer et al. (Hrsg.): Management Handbuch Krankenhaus, Loseblattwerk, 35. Ergänzungslieferung, 7/2001. Heidelberg, Economica.

Zapp, W.; Oswald, J.; Bettig, U.; Fuchs, C. (2014): Betriebswirtschaftliche Grundlagen im Krankenhaus. Stuttgart, Kohlhammer.

Zapp, W.; Oswald, J.; Bettig, U.; Fuchs, C. (2014): Betriebswirtschaftliche Grundlagen im Krankenhaus. Stuttgart, Kohlhammer.

Zapp, W.; Rickel, R. (1997/2000a): Belegungsplanung, in: Bergener, M. et al. (Hrsg.): Management Handbuch Alteneinrichtung, Loseblattwerk, 12.

Ergänzungslieferung, 7/2000. Heidelberg, Economica.

Zapp, W.; Rickel, R. (1997/2000b): Kostenplanung, in: Bergener, M. et al. (Hrsg.): Management Handbuch Alteneinrichtung, Loseblattwerk, 12. Ergänzungslieferung, 7/2000. Heidelberg, Economica.

Zapp, W.; Schmidt-Rettig, B.; Siegel, S. (2002): Orientierungsrahmen für das Controlling. Empfehlungen für ein Controller-Leitbild in der Gesundheitswirtschaft. ku-Special: Controlling, Heft 4: 2–6.

Zapp, W.; Schmidt-Rettig, B.; Siegel, S.; Bettig, U. (2004): Darstellung ausgewählter Controlling-Konzeptionen im Bereich der allgemeinen Betriebswirtschaftslehre, in: Zapp, W. (Hrsg.): Controlling in der Pflege. Bern, Verlag Hans Huber.

Zapp, W; Oswald, J. (2009): Controlling-Instrumente für Krankenhäuser. Stuttgart, Kohlhammer.

Ziegler, H. (1997): Ansätze für operatives Controlling. Zeitschrift für das Altenhilfe-Management, 36 (1): 43–48.

10.3
Informationsmanagement durch internes Rechnungswesen

Winfried Zapp

10.3.1
Hinführung zum Thema – Grundlagen und Ausrichtung

Beginnen wir ganz pragmatisch – mit einer Wetterkarte (Abb. 10.3-1). Bei der ersten Betrachtung fallen uns dazu Fragen ein:
- Was sieht man? Oder: Was ist hier abgebildet?
- Was können wir damit anfangen? Oder: Was sagt mir das Bild?
- Etwas konkreter könnten wir formulieren: Würden wir aufgrund dieser Karte nach München zum Skifahren fahren? Wenn ja, warum? Wenn nein, warum nicht?

Bei genauer Betrachtung können wir sehen, wann und wo die Karte erstellt wurde und welches Gebiet sie umschreibt. Dennoch helfen uns die Fragen nicht unbedingt weiter, und die genaue Betrachtung hat uns keine weiter gehenden Wetterprognosen vermittelt. Um zu hilfreichen Aussagen zu kommen oder die Wetterkarte begreifen und interpretieren zu können, sind weitere Kenntnisse notwendig.

10.3.1.1
Wetterkarten als Ausgangspunkt einer ökonomischen Betrachtung

Wie bei der Betrachtung der Wetterkarte oder ähnlich ergeht es uns, wenn wir eine Bilanz oder eine nach Kostenarten differenzierte Kostenstelle betrachten, um daraus für die jeweilige Unternehmung – Krankenhaus, Altenheim oder soziale Institution – hilfreiche Informationen abzuleiten.

Folgende Voraussetzungen sind bei der Betrachtung einer Wetterkarte, beim Studieren eines Kostenstellenblatts oder bei der Interpretation einer Bilanz zu berücksichtigen (siehe hierzu und im Folgenden Streim, 1988: 2 f.):

1. Darstellung von Inhalten durch Daten, Zahlen und numerische Formen. Zur Kurzkennzeichnung in der Wetterkarte werden Interpretationszeichen verwendet. Eine ausführliche verbale Erläuterung ist oft mit hohem Zeitaufwand verbunden, fordert zu Nachfragen heraus und ist subjektiv gefärbt. Bei numerischen Zeichen werden von vornherein Abkürzungen benutzt, die dem interessierten Leser bekannt sein müssen: Es sind allgemeingültige Absprachen getroffen worden. Die Deutungen der in der Wetterkarte hinterlegten Zeichen, Bilder und Zahlen müssen deshalb bekannt sein, um daraus notwendige Entscheidungen ableiten zu können. Dazu reicht die Legende am Ende der Wetterkarte jedoch meist nicht aus. Es muss also nicht nur bekannt sein, dass der Buchstabe oder das Zeichen „T" ein Tief bedeutet, sondern die Wirkungen eines Tiefs müssen erschlossen sein, sonst helfen die Daten nicht weiter. Ein Problem bleibt dabei grundsätzlich bestehen – Zahlen und Daten können nicht alles abdecken und offenlegen. Obwohl Zahlen oder Daten nur eindimensional ausgerichtet sind, sind sie wichtig, zu-

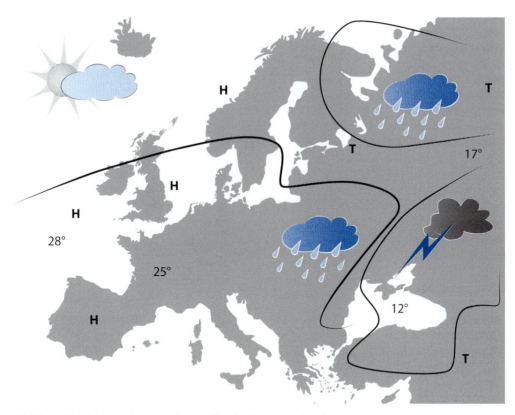

Abbildung 10.3-1: Wetterkarte von Europa (Quelle: Eigenerstellung)

mindest für den, der sie interpretieren kann in dem Sinne, dass die Zahlen Informationen für zu treffende Entscheidungen enthalten.

2. Es sind deshalb die Daten notwendig, denen der Empfänger Informationen entnehmen kann. Daten beschreiben einen Zustand (sie kennzeichnen ein Phänomen). Diese Zustandsbeschreibung muss für den Empfänger eine Bedeutung haben, damit er die Daten liest, beachtet und verwertet, zum Beispiel, um Entscheidungen treffen zu können. Daten sind deshalb zweckorientiert anzulegen: Informationen sind als solche zweckorientierte Nachrichten zu verstehen. Nun sind nicht alle Informationen zu verwenden, die jemanden erreichen oder die abzurufen sind. Warum nicht? Der Grad der Glaubwürdigkeit oder der Verlässlichkeit ist entscheidend dafür, als wie bedeutend die Informationen eingeschätzt und ob sie überhaupt verwendet werden. Der Begriff der Verlässlichkeit ist dabei subjektiv bestimmt.

Es geht also um die Generierung von verlässlichen Informationen. Darüber hinaus sind Nachrichten zielorientiert angelegt.

3. Relevante Wissenslücken sollen geschlossen werden. Daten sind für entscheidungsrelevante Tatbestände wesentlich. Daten sollen dem Empfänger helfen, seine Zwecke und Ziele besser zu erreichen als es ohne die Daten möglich wäre.

Aus diesen drei Anforderungen kann eine erste Definition des betriebswirtschaftlichen Rechnungswesens im Allgemeinen gegeben werden. Betriebswirtschaftliches Rechnungswesen soll...
a. ... verlässliche Informationen
b. in numerischer Form produzieren,
c. von denen man zumindest vermutet, dass sie relevante Wissenslücken schließen können.

Mit dieser weit angelegten Definition werden auch die Defizite im Gesundheitsbereich offen benannt:

- *zu a) ...verlässliche Informationen:* Oft messen die einzelnen Berufsgruppen den Daten anderer Berufsgruppen keine besondere Bedeutung bei. Es wird nur den Daten vertraut, die man selber generiert hat. Dadurch werden Doppelarbeiten durchgeführt, die zu Mehrarbeit und zu Misstrauen führen.
- *zu b) ...in numerischer Form:* Zahlen schrecken viele Mitarbeiter in Gesundheitseinrichtungen ab, also werden verbale Erläuterungen gewünscht, die aber in der Regel zeitaufwändig und subjektiv gefärbt sind.
- *zu c) ...relevante Wissenslücken:* Oft werden zu allen möglichen Belangen Daten gefordert, ohne zu berücksichtigen, ob es sich um relevante Daten handelt. Vor dem Abrufen von Daten muss das Problem benannt sein, um entscheidungsrelevante Daten benennen zu können.

Insoweit kann die Wetterkarte als Orientierungsgröße gelten, die sich mit einem Kostenstellenblatt vergleichen lässt. Über solche Zahlengrößen kann eine Unternehmung der Gesundheitsbranche zielsicher geführt werden, wenn die leitenden Mitarbeiter in der Lage sind, solche „Wetterkarten" zu verstehen und umzusetzen. Weiteren Definitionen des Rechnungswesens:

- Aufgrund eines Erlasses des Reichswirtschaftsministeriums von 1937, der Richtlinien zur Organisation der Buchhaltung enthält, wird dem betrieblichen Rechnungswesen als generelle Aufgabe, die „ziffernmäßige Erfassung der betrieblichen Vorgänge" zugeordnet.
- Erich Schneider verwendet die Bezeichnung „Rechnungswesen" als Oberbegriff für alle Registrierungen und Berechnungen (Kalküle), die in einer Unternehmung mit dem Ziel vorgenommen werden, ein zahlenmäßiges Bild des tatsächlichen Geschehens und eine zahlenmäßige Grundlage für die Disposition für die Leitung zu gewinnen (Schneider, 1969: 2).
- Erich Kosiol definiert das betriebliche Rechnungswesen als ein System von Zahlen, durch das die realen Vorgänge des Wirtschaftsgeschehens abgebildet werden, die sich rechnerisch ausdrücken lassen und geeignet sind, die Wirklichkeit des Unternehmungsprozesses in ihren für den betrachteten Zusammenhang charakteristischen Zügen inhaltsgetreu wiederzugeben (Kosiol, 1979: 18).
- Helmut Kurt Weber schlägt daher die folgende Definition vor: „Betriebswirtschaftliches Rechnungswesen = System zur Ermittlung, Darstellung und Auswertung von Zahlen über die gegenwärtigen und zukünftigen wirtschaftlichen Tatbestände und Vorgänge im Betrieb sowie die gegenwärtigen und zukünftigen wirtschaftlichen Beziehungen des Betriebs zu seiner Umwelt" (Weber, 1993: 2).
- Ein Rechnungswesen soll verlässliche Informationen in numerischer Form produzieren, von denen man zumindest vermutet, dass sie relevante Wissenslücken schließen können (Streim, 1988: 3).

10.3.1.2
Betriebswirtschaftliches Rechnungswesen als Rahmen der Kosten- und Leistungsrechnung

In diesem Abschnitt steht nicht das gesamte Rechnungswesen. sondern das betriebswirtschaftliche oder betriebliche Rechnungswesen im Vordergrund. Im betriebswirtschaftlichen Rechnungswesen werden vorwiegend Zahlen für Personen produziert, die ein ökonomisches Interesse an der Unternehmung haben oder auf die ökonomischen Wirkungen ihrer Entscheidungen abstellen wollen.

Grundlage eines ökonomischen Berichtssystems

Das betriebswirtschaftliche Rechnungswesen ist zentraler Bestandteil eines Informationssystems einer Unternehmung. Das Unternehmungsgeschehen ist in einer arbeitsteiligen Wirtschaft durch einen ständigen interdependenten Umsatzprozess gekennzeichnet: Auf der eine Seite können wir güterwirtschaftliche Beschaffungs-, Produktions- und Absatzvorgänge identifizieren; auf der anderen Seite erkennen wir Zahlungsströme aus dem Erwerb oder dem Verkauf von Gütern oder Dienstleistungen. Diese Abfolge von...

1. ... Zahlungsmittelbeschaffung
2. Zahlungsmittelverwendung
3. Transformationsprozess (Wertschöpfung)
4. Zahlungsmittelfreisetzung
5. Ablösung der finanziellen Verpflichtung (Eisele, 1998: 3–5)...

... lässt sich als Sachverhalt wie folgt abbilden:
- **Unternehmungen:** Die Aufgabe einer Unternehmung besteht in der Produktion und dem Absatz von Wirtschaftsgütern und Dienstleistungen, um eigene oder fremde Bedarfe zu decken. Um diese Aufgaben erfüllen zu können, werden als Elementarfaktoren eingesetzt:
  - Betriebsmittel = Grundstücke, Gebäude, Maschinen, Werkzeuge
  - Arbeitsleistungen = ausführende Arbeit und
  - Werkstoffe = Roh-, Hilfs- und Betriebsstoffe.
  - Der dispositive Faktor stellt ab auf die Betriebsführung und auf den Managementprozess.
  - Die Unternehmung produziert für sich, für andere Unternehmungen, für den Staat, für private Haushalte oder dergleichen. Damit haben wir zwei Häuser quasi fertig gebaut (Abb. 10.3-2).
- **Güter- sowie Dienstleistungs- und Zahlungsströme:** Zwischen diesen Häusern bewegt sich ein Güterstrom. Er beginnt mit der Beschaffung auf der linken Seite der Abbildung 10.3-2 und setzt sich durch die Produktion im Unternehmen fort über den Absatz zu den privaten Haushalten, dem Staat oder einem anderen Abnehmer. Über diesen Güterstrom lässt sich bereits wirtschaftliches Handeln verdeutlichen. Hier können:
  - Rabatte ausgehandelt werden,
  - über große Bestellmengen Preisvorteile erwirtschaftet werden, denen allerdings ggf. Lagerkosten gegenübergestellt werden müssen.
  - Diesem Güterstrom entgegengesetzt fließt und bewegt sich der monetäre Strom als Geld- oder Zahlungsmittelstrom. Die von den Beschaffungsmärkten bezogenen Produktionsfaktoren müssen bezahlt werden. Für die verkauften Produktmengen gehen Zahlungsmittel von den Absatzmärkten ein. Hier liegen in aller Regel die Liefertermine vor den Zahlungsterminen. Man kann aber auch hier schon wirtschaftlich

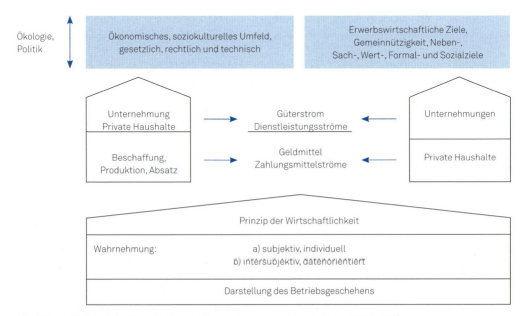

Abbildung 10.3-2: Privathaushalte und Unternehmungen (Quelle: Zapp, 2009: 370)

handeln und Vorauszahlungen verlangen oder ablehnen. Man kann Skonto gewähren oder verfallen lassen. Zahlungsströme können auch von staatlichen Stellen erfolgen (Subventionen) oder zu staatlichen Stellen fließen (Steuern).
- **Wirtschaftlichkeit:** Auf diese Unternehmungen und Ströme wirkt das Prinzip der Wirtschaftlichkeit. Es ist ein systemimmanentes Prinzip und besagt, dass mit einer bestimmten Einsatzmenge eine maximale Ausbringung an Gütern oder eine vorgegebene Gütermenge mit einem minimalen Einsatz von Produktionsfaktoren erreicht werden soll. Das Prinzip kann dargestellt werden:
  - *wertmäßig:* Istkosten/Sollkosten
  - *mengenmäßig:* Ertrag (kg)/Aufwand (h) = technische Produktivität.
- **Ziele:** Ein anderes Gegengewicht stellt die Zieldefinition der Unternehmung dar. Sie kann auf Gewinn als erwerbswirtschaftlichem Ziel oder auf Gemeinnützigkeit angelegt sein. Das Zielsystem integriert auch die:
  - *Sachziele:* Hier werden Art und Umfang der während eines Zeitraums abzusetzenden und/oder herzustellenden Produkte festgelegt.
  - *Wertziele* (Erfolg) als Differenz zwischen Güterentstehung und Güterverbrauch sollen möglichst günstig gestaltet werden. Was günstig ist, bestimmt der Wettbewerb. Wertziele sind monetäre Ziele: Gewinn, Kosten, Erlöse.
  - *Formalziele:* Gestaltung und Festlegung des Erfolgs werden durch das Formalziel umschrieben = Gewinn, Rentabilität, Liquidität.
  - *Sozialziele:* Daneben sind Sozialziele umschrieben, die monetär oder nichtmonetär sein können.
  - Hier lassen sich Zielhierarchien entwickeln und abbilden. Als Ziel wird oft die Bestandsformel erwähnt (Bleicher/Meyer, 1976: 15 ff.): Es geht darum, dass das Unternehmen in seinem Bestand erhalten bleibt. Alle Aktivitäten werden darauf konzentriert, dieses Ziel sicherzustellen. Andererseits soll eine Unternehmung, die unwirtschaftlich arbeitet, vom Markt verschwinden. Das Ziel kann also nicht die Sicherung der Unternehmung als Bestand sein. Im Zentrum der ökonomisch relevanten Aktivitäten steht deshalb die Problemlösungspotenzialformel. Sie besagt, dass die Unternehmung ihr Problemlösungspotenzial am Leben erhält – in welcher Unternehmungsform auch immer.
- Wichtig ist, das die Problemlösung erhalten bleibt: Heilung und Linderung von Krankheiten, der Bau von Autos usw. Die Erhaltung dieser Wertekultur steht im Mittelpunkt. Die Frage der Abhängigkeit ist dann eine Frage der wirtschaftlichen Stärke.
- **Umwelt:** Die Umwelt der Unternehmung kann unterschieden werden in die ökonomische, die soziokulturelle, die technische und die gesetzlich-rechtliche Umwelt, die jeweils in ihren relevanten Bereichen auf die Unternehmung einwirken. Die relevante Umwelt wird so zum Umfeld, das beachtet werden muss (Abb. 10.3-3).

Die Fülle von Informationen, die Berücksichtigung unterschiedlicher Daten und Unwägbarkeiten muss nun ver- und bearbeitet werden. Dazu gibt es folgende Möglichkeiten:
- *Das Betriebsgeschehen wird subjektiv und individuell nachvollzogen.* Ein Dachdecker geht durch seinen Ort (z. B. Osnabrück) und betrachtet die Häuser, die er mit seinen Mitarbeitern eingedeckt hat: 15 Dächer in 4 Jahren – alles gleich große Einfamilienhäuser. Jedes Jahr hat er vier Dächer neu geschaffen, dieses Jahr leider nur drei. Er hat einen Meister entlassen müssen.
- *Das Betriebsgeschehen wird zahlen- und datenmäßig sowie intersubjektiv nachvollzogen.* Ein anderer Handwerksmeister geht durch einen anderen Ort (z. B. München) und betrachtet die Häuser, die er mit seinen Leuten bedacht hat: 115 Dächer; jedes Jahr unterschiedliche Häuser: kleine Häuser, Anbauten. Dieses Jahr sind es nur drei Häuser geworden, zusätzlich viele Hotels.

Der zuletzt genannte Meister weiß nicht, ob er wirtschaftlich gearbeitet hat; die Besichtigun-

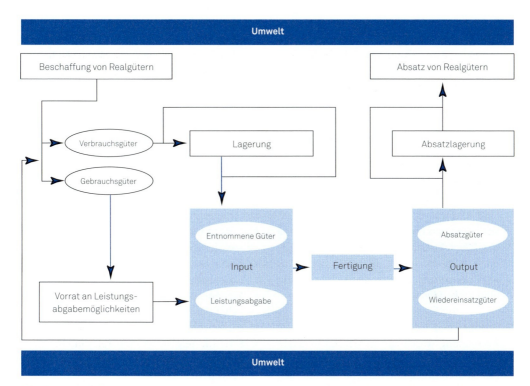

Abbildung 10.3-3: Zusammenhänge im ökonomischen System (Quelle: Eigenerstellung in Anlehnung an Schweitzer, 1998: 17 ff.)

gen sind nicht aussagefähig. Hier benötigt er Zahlen, die ihm offenlegen, dass seine Leute bei der Eindachung eines Hotels vielleicht viel zu langsam gearbeitet haben, weil sie nicht darauf spezialisiert sind. Er hat sich nun für eine zahlenmäßige Darstellung seiner Aktivitäten entschieden. Eine zahlen- oder datenmäßige **Abbildung des Unternehmungsprozesses** kann grundsätzlich wie folgt aussehen:

1. *Bewertung:* Wirtschaftliche Tauschprozesse vollziehen sich zwischen der Unternehmung und den Wirtschaftspartnern auf monetärer Basis. Daraus kann man ableiten, dass sich betriebliche Entscheidungen und ihre ökonomischen Konsequenzen durch monetäre Zahlungsströme abbilden lassen. Geld kann als Vergleichsmaßstab herangezogen werden, hat als Vergleichsmittel aber auch Grenzen.
- Die ökonomischen Konsequenzen lassen sich errechnen! Die Entscheidungskonsequenzen reichen von der Fremd- bis zur Eigenfertigung, von der Herstellung zum Beispiel als Kunststoffschrank oder Holzschrank. Die Konsequenzen in technischer, ökologischer oder sozialer Ausgestaltung sind schwierig in Geldwerte zu fassen, hier ist eine Bewertung nicht ganz so einfach.
- Eine reine Geldrechnung greift generell zu kurz; Mengen- und Zeitrechnungen über wirtschaftliche Sachverhalte ergänzen die Geldrechnungen.
- Der Erfolg einer Periode setzt sich aus Mengen und Wertkomponenten zusammen, zum Beispiel:
  - Chefarzt: 15 min × 30 €/min = 450 €
  - Facharzt: 30 min × 15 €/min = 450 €
  - Assistenzarzt: 45 min × 10 €/min = 450 €.
- Um eine optimale Ausbringungsmenge zu errechnen, spielen Mengen- und Zeitangaben eine Rolle. Auch die Frage der Qualität wurde bisher nicht angesprochen.

- Wir werden uns hier vorwiegend mit quantitativen Daten beschäftigen. Weitere Elemente stehen nicht im Vordergrund, werden aber angesprochen. Einen wesentlichen Beitrag stellt dabei die Leistung dar.
2. *Zeitaspekt:* Der Unternehmungsprozess kann sich auf realisierte oder zukünftige Abläufe beziehen. Sind Unternehmungsprozesse bereits realisiert, spricht man von einer Nachrechnung. Es handelt sich hier um eine Ex-post-Betrachtung: Die Vorgänge sind abgeschlossen und werden nun aufbereitet. Sind Unternehmungsprozesse nicht abgeschlossen, sind sie durch eine Vorrechnung abbildbar. Dabei werden Planungsmodelle entwickelt, in denen die zukünftige Entwicklung hochgerechnet wird. Es entsteht eine Vorkalkulation.

Funktionen und Aufgaben

Das Rechnungswesen richtet sich an folgende Kreise:
- *extern:* potenzielle und aktuelle Banken, Lieferanten, Kunden, Verbände, Gewerkschaften, Wettbewerber etc.
- *intern:* Unternehmungsleitung, Management, Personalrat oder Mitarbeitervertretung etc.

Man könnte behaupten, das betriebswirtschaftliche Rechnungswesen sei in der Lage, das wirtschaftliche Verhalten einer Unternehmung abzubilden. Würde diese Aufgabe aufgrund gesetzlicher Normen durchgeführt, läge ein Selbstzweck vor: Man bilanziert nur, um gesetzliche Auflagen zu erfüllen. Dies ist aber nicht der Grund, aus dem ein Rechnungswesen aufgebaut wird. Abbildung und Darstellung der Zahlenwerte erfolgen, weil man meint, so besser wirtschaften zu können und Prozesse und Handlungen wirtschaftlicher zu steuern. Folgt man dieser Auffassung, dann...
- ... dient das betriebswirtschaftliche Rechnungswesen der Gestaltung des
- Wirtschaftsprozesses.
- ... ist das betriebswirtschaftliche Rechnungswesen Mittel zum Zweck.
- ... hat das betriebswirtschaftliche Rechnungswesen instrumentalen Charakter (Weber, 1993: 14).

Klassifikation und Gliederung

Die Klassifikation kann in zweifacher Hinsicht durchgeführt werden (vgl. hierzu Hummel/Männel, 1986: 3ff.; Eisele, 1998: 7, 8; Schweitzer/Küpper, 1998; Zapp, 2004):
- institutionalisierte Gliederung oder formale Gestaltung
- problemorientierte Gliederung oder inhaltliche Gestaltung.

Institutionalisierte Gliederung oder formale Gestaltung. Man kann die institutionalisierte Unterteilung auch die organisatorische oder die klassische Gliederung nennen. Sie umfasst folgende Elemente:
- Finanzbuchhaltung (der Geschäftsbuchhaltung zugeordnet)
- Kosten- und Leistungsrechnung einschließlich Erlös- und Ergebnisrechnung (der Betriebsbuchhaltung zugeordnet)
- Statistik (eigene Abteilung, der Betriebsbuchhaltung oder der Geschäftsführung zugeordnet)
- Planungsrechnung.

In der Finanzbuchhaltung als externem Element werden die Geschäftsvorfälle nach den Vorschriften des Handels- und Steuerrechts und weiterer Rechtsvorschriften erfasst und verarbeitet. In der Bilanz und in der Gewinn- und Verlustrechnung schlagen sich die Geschäftsvorfälle nieder und zeigen einen Verlust oder einen Gewinn auf. Hier werden vorwiegend die Geschäftsvorfälle der Unternehmung mit der Außenwelt erfasst.

In der Kosten- und Leistungsrechnung werden in der Betriebsbuchhaltung vor allem interne Abläufe erfasst und abgebildet, die im Kombinationsprozess in der Unternehmung entstehen. Die Hauptaufgabe besteht darin, den bewerteten Verbrauch an Produktionsfaktoren und die Umwandlung der eingesetzten Produktionsfaktoren in die vom Betrieb hergestellten und verkauften Produktionsmengen rechnerisch festzuhalten. Aufgrund dieser internen Aufgabe hat sich die Betriebsbuchhaltung als selbstständiger Teilbereich neben der Finanzbuchhaltung etabliert. Die Aufbereitung von Informationen erfolgt vorwiegend in statistisch-tabellarischer Form (Matrix), weil die Informationen damit leichter nachvollziehbar sind. Die Kostenrechnung war zunächst eine reine Kosten(!)-Rechnung, bis man feststellte, dass neben den Kosten die Leistungen zu berücksichtigen sind. Schließlich wurden auch die Erlöse wesentlich, sodass man heute sicherlich von einer Kosten-, Leistungs- und Erlösrechnung sprechen könnte. Als weiterer Bereich etabliert sich zurzeit die Ergebnisrechnung als Differenz von Erlösen und Kosten unter Beachtung von Leistungsverläufen. Dieser Bereich kann weiter untergliedert und differenziert werden und wird in diesem Abschnitt behandelt.

In der Statistik werden Unterlagen ausgewertet, unter anderem die Bilanz und die Kostenrechnung. Im Vordergrund steht damit das Vergleichbarmachen von Zahlen durch Zeitvergleiche, Verfahrensvergleiche zwischenbetriebliche Vergleiche. Wichtige Statistiken sind zum Beispiel die Verkaufsstatistik, die Personalstatistik und die Erfolgsstatistik. Die Betriebsstatistik ist oft kein selbstständiger Bereich, sondern wird in den entsprechenden Abteilungen durchgeführt (im Krankenhaus oft im Controlling oder in der Patientenverwaltung).

Die Planungsrechnung stellt die mengen- und wertmäßigen Zahlen in Form von Schätzung und Hochrechnungen dar. Auch hier bedient man sich der Zahlen aus der Finanz- und Betriebsbuchhaltung sowie der Statistik. Da jedoch die Planung in die Zukunft gerichtet ist, müssen diese Zahlen hinsichtlich der Zukunftserwartung geschätzt und bewertet werden. Auch dieser Planungsbereich wird oft im Krankenhaus nicht durch eine selbstständige Abteilung erledigt, sondern einer bestimmten Abteilung zugeordnet, und zwar der Kostenrechnung, der Leistungsabteilung oder dem Controlling.

Problemorientierte oder inhaltliche Gestaltung. Wesentlich im Rechnungswesen sind die Begriffe „Erfolg" und „Liquidität": Wird ein Überschuss erwirtschaftet, bleibt der Betrieb zahlungsfähig. Diese ökonomischen Zielvorstellungen waren der Ursprung für den Aufbau eines Rechnungswesens und prägen noch heute die Gestaltung des betriebswirtschaftlichen Rechnungswesens.

Es haben sich unterschiedliche Rechnungskonzepte oder -systeme entwickelt, die innerhalb des betriebswirtschaftlichen Rechnungswesens bestimmte Aufgaben übernehmen und damit auf unterschiedliche Weise in den Unternehmungsprozess eingreifen.

Die Unterteilung bzw. Aufgabenteilung ist deshalb wesentlich, weil je nach Zielvorstellung und Aufgabenstellung unterschiedliche Konzepte zum Tragen kommen:
- Besteht Bedarf an Produkt A, so wird es von einem entsprechenden Hersteller bzw. Händler und nicht von einem Hersteller bzw. Händler für Produkt B bezogen.
- Besteht die Frage, ob eine Unternehmung morgen die offenen Rechnungen noch bezahlen kann, wird man nicht den Kostenrechner, sondern den Bilanzbuchhalter bemühen.
- Lautet die Frage, ob eine Fremd- oder Eigenleistung kostengünstiger ist, dann handelt es sich hier um eine Wirtschaftlichkeitsanalyse und nicht nur um ein kostenrechnerisches Problem.

Folgende Systeme lassen sich unterscheiden:
- Die *Bilanzrechnung* enthält die Elemente:
  - Bilanz = Beständerechnung = Bestände an Vermögen und Schulden
  - Gewinn und Verlustrechnung = Bewegungsrechnung = Bewegung an Aufwand und Ertrag.
- Die *Kosten- und Leistungsrechnung* bildet die Bewegungen innerhalb des Unternehmens ab, die für die Leistungserstellung notwendig sind.
- Die *Investitionsrechnung* stellt Wirkungen des Einsatzes finanzieller Mittel auf die Zahlungsströme über mehrere Perioden dar.
- Die *Finanzrechnung* stellt Geldströme dar und überwacht die Ein- und Auszahlungen, um hier eine Zahlungsunfähigkeit zu verhindern. (Schweitzer/Küpper 1998: 10 f.)

Diese verschiedenen Rechnungssysteme der Unternehmungsrechnung sollen Informationen für eine zielorientierte Führung der Unternehmung liefern.

Unterschiedliche Zielvorstellungen erfordern eine problemorientierte Gliederung des betriebswirtschaftlichen Rechnungswesens und unterschiedliche Strategien. Diese wiederum können durch unterschiedliche Systeme der Unternehmungsführung abgebildet werden:
- Finanzrechnung
- Bilanzrechnung
- Kosten-, Leistungs-, Erlös- und Ergebnisrechnung
- Investitionsrechnung (in Anlehnung an Schweitzer/Küpper, 1998: 11).

Im folgenden Abschnitt werden wir uns mit der Kosten- und Leistungsrechnung als dem Instrument für interne Abläufe befassen.

10.3.2
Kosten-, Leistungs-, Erlös- und Ergebnisrechnung

Untersuchungs- und Betrachtungsgegenstand der Kosten-, Leistungs-, Erlös- und Ergebnisrechnung ist der schon erwähnte Unternehmungsprozess mit seinen Teilprozessen und deren einzelnen Komponenten. Im Folgenden wird verkürzt von der Kosten- und Leistungsrechnung gesprochen.

10.3.2.1
Zwecke, Ziele und Funktionen

Der oben bereits zitierte Dachdeckermeister aus Osnabrück kann seinen Betrieb ab einer bestimmten Größe nicht mehr durch Besicht, sondern nur noch durch Bericht führen. Das Informationssystem zur Beurteilung seiner geleisteten Arbeit und zur Vorbereitung weiterer Entscheidungen muss die persönliche Wahrnehmung ersetzen und auf logisch-abstrakte, nachvollziehbare Informationen setzen.

Die Kosten- und Leistungsrechnung, ergänzt um die Erlös- und Ergebnisrechnung, wird somit zu einem Informations- und Lenkungssystem, das insbesondere von der Führungsebene eingesetzt wird, um den Betrieb optimal zu führen. Die Managementfunktion tritt damit ins Zentrum der Kosten- und Leistungsrechnung, die die Aufgabe hat, über den Verzehr von Produktionsfaktoren und die Entstehung von Leistungen zu berichten.

Dieser Berichtscharakter verführt manche zu der Ansicht, die Kosten- und Leistungsrechnung müsse die notwendigen Informationen dokumentieren und mit abrechnungstechnisch-mathematischen Formeln aufwarten. Ziel wäre dann ein gut organisiertes, in sich geschlossenes Zahlenumwälzungswerk, frei nach dem Motto: von der Wiege bis zur Bahre nichts als Formulare. Diese dokumentarische Funktion zeichnet sicherlich eine gute Kosten- und Leistungsrechnung aus. So wichtig die Dokumentation als Grundlage weiterer Analysen aber auch sein mag, ist sie dennoch nicht das wesentliche Kriterium für den Aufbau einer Kosten- und Leistungsrechnung.

Nicht die Ausgangsdaten bestimmen das Vorgehen, sondern die Auswertungsziele bestimmen das Verfahren, das Rechnungssystem, das angewendet wird. Wer setzt die Auswertungsziele fest? Der Gesetzgeber hält sich aus dem internen Rechnungswesen fast vollständig heraus und scheidet als Vorgabensetzer aus. Damit ist die Unternehmungsführung der Akteur, der die Ziele vorgibt. Zwecke werden von außen (Gesetzgeber, Umwelt, Volkswirtschaft) vorgegeben. Ziele gibt sich die Unternehmung selbst; Funktionen leiten sich aus den Zielen ab.

Die Kosten-, Leistungs-, Erlös- und Ergebnisrechnung orientiert sich, gerade weil sie frei von gesetzlichen Vorgaben ist, an dem wesentlichen Informationsbedarf:
- der Führungskräfte und
- der Entscheidungsträger.

Dieser Informationsbedarf ist abhängig:
- von dem System, in welchem sich die Unternehmung befindet, und
- von den Zielvorgaben, die sich die Unternehmungsleitung selbst gegeben hat.

Stehen Formalziele im Vordergrund, ist das Rechnungswesen darauf auszurichten. Stehen Sachziele im Vordergrund, sind sie zu erfüllen.

Vermutlich werden beide Aspekte zu berücksichtigen sein. Dazu sind die Funktionen aus dem Managementprozess herauszubilden, die zu folgenden Managementfunktionen der Kosten- und Erlösrechnung zusammengefasst werden können:
1. Sämtliche Kosten und Erlöse sind zu erfassen (Ermittlungsfunktion).
2. Der tatsächliche Kostenverlauf ist zu dokumentieren und offenzulegen (Dokumentationsfunktion).
3. Zu erwartende Kosten, Leistungen und Erlöse sind zu prognostizieren (Prognosefunktion).
4. Anzustrebende Zielgrößen sind vorzugeben (Vorgabefunktion).
5. Auftretende Abweichungen sind darzustellen und zu analysieren (Kontrollfunktion).
6. Der Leistungserstellungsprozess ist zu begleiten und zu lenken (Lenkungsfunktion: 1. sachrational, bezogen auf Daten und Zahlen; 2. sozioemotional, bezogen auf das Verhalten der Mitarbeiter (in Anlehnung an Zapp, 1999: 265f.).

Die aufgeführten Funktionen werden von anderen Autoren unter anderen Gliederungsaspekten, zum Beispiel unter dem Aspekt der Zielorientierung, betrachtet (vgl. hierzu Schweitzer/Küpper, 1998: 20f.).

10.3.2.2
Anforderungen

Neben Funktionen, Zwecken und Aufgaben werden oft Grundsätze der Kosten- und Leistungsrechnung aufgezählt und benannt. Hinter diesen Grundsätzen verbergen sich Bedingungen oder Anforderungen an eine effiziente Kosten-, Leistungs-, Erlös- und Ergebnisrechnung, die bei der Durchführung und Umsetzung zu beachten sind. Will man diese Anforderungen in eine Ordnung bringen, bietet es sich an, sie auf drei Arten zu unterscheiden (Hummel/Männel, 1980: 25f.; Preißler/Dörrie, 1987: 23; Ebert, 1991: 25; Brink, 1992: 175; Zapp/Torbecke, 2004):
1. querschnittsorientiert
   a) Wirtschaftlichkeit
   b) Anwendungsorientiertheit
      – klar und übersichtlich
      – schnell und einfach
2. rechnungsorientiert
   a) Objektivität
   b) Einheitlichkeit
   c) Flexibilität
3. benutzerorientiert
   a) Relevanz
   b) Adäquanz
   c) Aktualität (in Anlehnung an Zapp, 2004).

Querschnittsorientierte Anforderungen
Die querschnittsorientierten Anforderungen durchziehen die weiteren Anforderungen und stellen die generelle Zielperspektive dar. Sie gliedern sich wiederum in:
- Wirtschaftlichkeit und
- Anwendungsorientiertheit.

Wirtschaftlichkeit. Bei allem, was bisher gesagt wurde, ist dieses Kriterium zu beachten: Die Wirtschaftlichkeit ist Grundlage aller Überlegungen. Was für die Buchhaltung die Gesetzgebung, ist für die Kostenrechnung die Wirtschaftlichkeit.

Kein Unternehmen kann sich ein Rechnungssystem erlauben, das mehr kostet als es an Erkenntnissen bringt. Die Verliebtheit mancher in komplizierte Rechnungssysteme hat da ein Ende, wo dieses Prinzip verletzt wird. Es wird schon da Beachtung finden, wenn die anderen oben genannten Anforderungen verletzt werden, denn sie haben sofort Auswirkungen und berühren die Wirtschaftlichkeit.

Anwendungsorientiertheit. Diese Anforderungen sind aus den oben genannten Kriterien abgeleitet. Hier geht es vor allem um die Darstellung und Präsentation der Daten aus dem Rechnungssystem:
- *klar und übersichtlich:* Die Zahlen sind übersichtlich zu präsentieren, sie sind eindeutig abzubilden, damit die Ableitungen daraus nachvollzogen werden können. Daher wird für die Kostenrechnung oft die tabellarisch-statistische Form und nicht die Kontenform gewählt, wie sie aus der Buchhaltung bekannt ist.

- *schnell und einfach:* Kaufleute eruieren die Zahlen aus der Kostenrechnung; sie können sie verstehen, nicht aber Ärzte oder Laborkräfte. Wenn ihnen die Daten etwas helfen sollen, müssen sie einfach erklärbar sein. Mit einem Blick muss erkennbar sein, was gemeint ist.

Rechnungsorientierte Anforderungen

Rechnungsorientierte Anforderungen beziehen sich auf die Anforderungen der Rechenoperationen und auf die Rechnungskonzepte oder -systeme. Eine Kosten- und Leistungsrechnung hat diese Anforderungen zu beachten, damit sie umgesetzt und effektiv eingesetzt werden kann. Hier lassen sich je nach Autor unterschiedliche Kriterien benennen. Wollte man sie systematisieren, dann lägen drei übergeordnete Kriterien vor:
- Objektivität
- Einheitlichkeit
- Flexibilität.

Objektivität. Das Kriterium „objektiv" kann weiter umschrieben werden mit den Begriffen:
- *„richtig und genau":* Die Kosten und Leistungen müssen, um objektiv zu sein, richtig erfasst und verarbeitet werden; sie müssen genau sein, weil sonst die Zurechnung und die Aussagen nachher nicht mehr stimmig sind und zu falschen Schlüssen führen würden. Die Frage der Genauigkeit wird später immer wieder wichtig sein: Während der Buchhalter centgenau rechnet, wird der Kostenrechner die Zahlen auf 100 oder 1000 Euro aufrunden. Eine Preiskalkulation sollte präzise sein, eine Kostenüberwachung sollte sich von Centbeträgen („Pfennigfuchser") lösen. Die Frage der Genauigkeit ist auch eine Frage der Zeit und damit des Geldes.
- *„realitätsgetreu":* Die Zahlen sind realitätsgetreu wiederzugeben: Holz ist nicht Eisen, Pflegekräfte sind keine Ärzte.
- *„sicher und nachvollziehbar":* Die Zahlen sollen sicher sein. Nur sichere Zahlen verbreiten Vertrauen. Zwar lässt sich ein gewisser Unsicherheitsfaktor gerade bei Planungszahlen nicht vermeiden, aber nur, wenn die Personen, die die Zahlen präsentieren, sich ihrer sicher und davon überzeugt sind, werden andere ihnen diese Zahlen auch abnehmen. Im Krankenhaus gibt es dafür ein beliebtes Beispiel: Die Zahlen um die Vollkräfte aus der Personalabteilung stimmen mit den Daten aus der Pflegedienstleitung nicht überein. Sie können aus einer Vielzahl von Gründen nicht stimmen, weil die Sichtweise eine andere ist, dennoch müssen sich Personal und Pflege auf eine einheitliche Systematisierung einigen. Die Zahlen sollen intersubjektiv nachvollziehbar sein. Mit Zahlen und Gleichungen lassen sich Sachverhalte sehr gut darstellen.

Einheitlichkeit (Stetigkeit, Ordnungsgemäßheit). Die angewandten Systeme und Verfahren sollten einheitlich oder stetig sein. Ein ständiger Wechsel in der Erfassungs- und Darstellungsform würde die Kontrollierbarkeit der Daten mindern oder unmöglich machen. Selbst der Vergleich oder die Analyse wäre so verhindert.

Die Ordnungsgemäßheit sollte gewährt werden, um die Nachvollziehbarkeit zu erhalten, um die Herleitung aus der Buchhaltung sicher geschehen zu lassen: Personalkosten sollten nicht als Sachkosten ausgewiesen werden. Dieser Begriff korrespondiert mit der Richtigkeit und Genauigkeit.

Flexibilität. Ein Kostenrechnungssystem sollte flexibel angelegt sein. Anpassungen lassen sich dennoch nicht vermeiden. Flexibel heißt, dass rechtliche Änderungen relativ leicht hinzugefügt werden können – beim DRG-System eine wesentliche Forderung, um Anpassungen integrieren zu können.

Benutzerorientierte Anforderungen

Benutzerorientierte Anforderungen stellen auf diejenigen Personen ab, welche die Informationen erhalten und umsetzen müssen. Ziel der Rechnungssysteme ist das Ermöglichen von Entscheidungen. Die benutzerorientierten Anforderungen treten oft in den Vordergrund:
- Relevante Informationen teilen genau das mit, was man in einer bestimmten Situation kennen muss, um ein Problem lösen zu können.

- Adäquate Informationen werden von den Informationsempfängern verstanden, um sie verwerten zu können. Zunächst sind die Informationen relevant, dann adäquat.
- Aktuelle Informationen zielen auf den Zeitpunkt ab. Nach der Informationsbereitstellung und einer Analysetätigkeit müssen Handlungsanweisungen zeitgerecht ableitbar sein.

Diese Anforderungen sind nicht isoliert zu betrachten. Sie sind miteinander verbunden und nicht immer alle gleichermaßen zu erfüllen. Zwischen den Anforderungen können Zielkonflikte bestehen: Der Forderung, aktuell zu sein, und der Forderung, genau zu sein, ist nicht immer nachzukommen.

10.3.2.3
Aufgaben

Differenzierte Aufgabenbildung
Zweck der Kosten- und Leistungsrechnung ist die Unterstützung der Geschäftsführung bei der ökonomischen Entscheidungsfindung. Dies muss aber mit weiterem Leben gefüllt werden. Der Zweck ist nicht anwendungsorientiert formuliert. Was daraus folgt, ist durch die einzelnen Aufgaben zu umschreiben und darzulegen (Tab. 10.3-1).

Ablauforientierte Aufgabenbildung
Die oben aufgeführten Aufgaben können auch in zeitlichem Ablauf gesehen werden, dann würde man folgende Aufgaben herausfiltern:
- *Kostenerfassung (= Kostenermittlung, Kostenmessung):* Die Kosten sind zu registrieren, zu erfassen und zu dokumentieren. Man orientiert sich hierbei in der Regel an Kostenarten oder Kostenartengruppierungen.
- *Kostenverteilung:* Hier werden die Kosten nach bestimmten Prinzipien verteilt. Die Bezugsgrößen sind hier Kostenstellen, Prozesse oder Kostenträger.
- *Kostenauswertung:* Nach der Erfassung und Verteilung muss dann die Auswertung erfolgen. Kosten und Erlöse werden entscheidungsorientiert zusammengestellt. Dabei sollen Abweichungen von Vorgaben herausgearbeitet und analysiert werden, um dann steuernd in den Prozess eingreifen zu können.

Bei unseren Betrachtungen steht der Prozess der Kosten- und Erlösrechnung im Vordergrund.

Tabelle 10.3-1: Aufgaben der Kostenrechnung (Quelle: Eigenerstellung in Anlehnung an Hummel/Männel, 1986: 27–40)

1. Preiskalkulation
   1.1 Mitwirkung bei der Festlegung von Verkaufspreisen
   1.2 Errechnung von Preisunter- und Preisobergrenzen für den Absatz bzw. für den Einkauf
   1.3 Festlegung von Verrechnungspreisen

2. Kontrolle der Wirtschaftlichkeit
   2.1 Kontrolle von Kostenarten und Kostenstruktur
   2.2 Kontrolle für Abteilungen und Verantwortungsbereiche

3. Gewinnung von Unterlagen für Entscheidungsrechnungen
   3.1 Kostenvergleichsrechnungen für die Verfahrenswahl sowie die Wahl zwischen Fremd- und Eigenfertigung
   3.2 Kosten-, Leistungs- und Erlösrechnungen zur Planung und Analyse des Produktions- und Absatzprogramms

4. Erfolgsermittlung und Bestandsbewertung
   4.1 Kurzfristige, differenzierende Erfolgsrechnung
   4.2 Bewertung von Beständen (unfertig, fertig) und von selbststellten Anlagen

5. Sonstige Aufgaben
   5.1 Schadensersatzforderungen aus Versicherungsschäden
   5.2 Erstellen von Statistiken

10.3.2.4
Begriffsdefinition

Begrifflich lässt sich die Kosten- und Leistungsrechnung auf drei verschiedene Weisen betrachten:
- In funktionaler Sicht versteht man unter Kosten- und Leistungsrechnung eine Aufgabe, die Informationen über sachzielbezogene, bewertete Güterverbräuche und Güterentstehungen liefert.
- In instrumentaler Sicht versteht man unter Kosten- und Leistungsrechnung einen Informationsgenerator, der gekennzeichnet ist durch einen spezifischen strukturellen Aufbau und nach festgelegten Regeln quantitative, auf bestimmte Entscheidungen und andere Anwendungen bezogene Informationen bereitstellt.
- In institutioneller Sicht kann die Kosten- und Leistungsrechnung entweder als Stelle, Abteilung oder Bereich, als Linie, Stab oder Zentraleinheit geführt werden. (Schweitzer/Küpper, 1998: 13)

Man kann sagen, dass die Frage nach der Preiskalkulation des Produkts Mon Chéri® ein anderes System der Eruierung von Kosten und Erlösen erfordert als die Frage, ob der Hersteller Mon Chéri® als Ganzes, die Kirsche als Einzelstück selber herstellen und alkoholisieren oder diese bereits im alkoholisierten Zustand erwerben soll. Gelingt es, eine Kosten- und Leistungsrechnung so zu strukturieren, dass sie das Generieren von Kosten und Erlösen im Sinne des Entsprechungsprinzips von Entscheidung und Rechnung ermöglicht, dann ist dieses Rechnungssystem als entscheidungsspezifisch zu klassifizieren.

Nach heutigem Erkenntnisstand genügt eine Kosten- und Leistungsrechnung nur dann diesen Anforderungen, wenn das Rechnungskonzept selbst entscheidungsspezifisch ist und die ermittelten Kosten- und Erlösinformationen entscheidungsrelevant sind (Schweitzer/Küpper, 1998: 45).

10.3.3
Aufbau und Konzeption

Kosten werden in Geld ausgedrückt und fallen an für den Verbrauch an Produktionsfaktoren, der durch die Leistungserstellung bedingt ist. Die Produktionsfaktoren umfassen zum Beispiel Sachgüter, Dienstleistungen und die menschliche Arbeitskraft, die für den Prozess der Leistungserstellung eingesetzt werden. Damit wird der Verbrauch beim Produktionsprozess gemessen und bewertet. Demgegenüber stellt die Leistungsrechnung auf die Güterentstehung und auf den Produktionsausschuss ab. Erlöse schließlich fließen der Unternehmung für die Produktion und den Verkauf zu. Zunächst werden Leistung und Erlös synonym verwandt.

10.3.3.1
Kostenrechnung

Einen guten Überblick über die Kostenrechnung verschafft Abbildung 10.3-4. Die Darstellung des realisierten Unternehmungsprozesses bzw. der Leistungsfähigkeit und Beurteilung der Wirtschaftlichkeit verlangt die Ermittlung der tatsächlich entstandenen Kosten (Istkosten). Die Kostenermittlung unterteilt sich dabei in die Kostenerfassung und Kostenverrechnung. Mit der Kostenerfassung ist die Messung der Verbrauchsmengen und Güterpreise gemeint. Die Kostenverteilung bezeichnet die Zuordnung der erfassten Kosten auf Kostenstellen bzw. auf Prozesse und Kostenträger (Schweitzer/Küpper, 1998: 39f.). Die Kostenauswertung dient der Lenkung der Kosten. Die Kostenrechnung selbst wird in drei Teile gegliedert:
1. Kostenartenrechnung
2. Kostenstellenrechnung
3. Kostenträgerrechnung.

Kostenartenrechnung
Sämtliche anfallenden Kosten können nach Kostenarten unterteilt werden. Sie bilden die erste Stufe der Kosten- und Leistungsrechnung. Hier erfolgt die Erfassung und Gruppierung sämtlicher Kostenarten, die in einer Abrech-

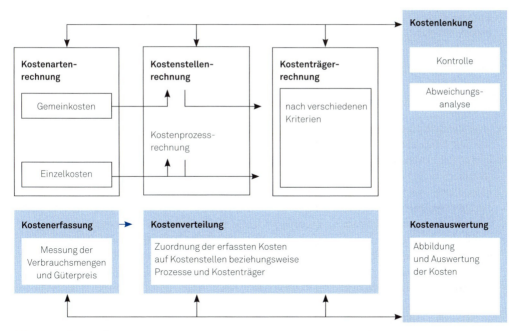

Abbildung 10.3-4: Überblick über die Kostenrechnungsstufen und -phasen (Quelle: Eigenerstellung in Anlehnung an Schweitzer/Küpper, 1998: 39, und Zapp, 2004)

nungsperiode angefallen sind. Wichtigstes Unterscheidungsmerkmal: Sach- und Personalkosten.

Die entscheidende Frage lautet: Welche Kosten fallen an? Die Kostenartenrechnung gibt – gegliedert nach der Art der verzehrten Wirtschaftsgüter und ausgedrückt in Geldgrößen – Auskunft darüber, welche Produktionsfaktoren in der Abrechnungsperiode verbraucht oder in Anspruch genommen wurden.

Aufgabe. Mit der Kostenartenrechnung sollen sämtliche für die Erstellung und Verwertung betrieblicher Leistungen innerhalb einer Periode anfallenden Kosten vollständig, eindeutig und überschneidungsfrei nach einzelnen Kostenarten gegliedert erfasst und ausgewiesen werden (Hummel/Männel, 1986: 128). Dabei wird deutlich, dass die Kostenrechnung unterschiedliche Aufgaben erledigen kann, die sich wiederum in der Ausgestaltung der Kostenartenrechnung niederschlagen. Die Spannweite reicht dabei von der Erfassung aller Kosten bis zur Bereitstellung von Informationen zum Zwecke weiterer Analyse. Die Kostenartenrechnung ist nicht nur Lieferant von Daten für die nachfolgenden Kostenstellen oder Kostenträgerrechnungen. Auch die Kostenartenrechnung kann für Analysen, Untersuchungen und damit für Lenkungszwecke eingesetzt werden, wenn auch nicht so effektiv wie zum Beispiel die Kostenstellenrechnung. Aber auch in der Kostenstellenrechnung wird man wieder auf Kostenarten zurückgreifen müssen, um lenkend in den Leistungserstellungsprozess eingreifen zu können.

Kostenarten sind Kostenelemente des Betriebs. Darunter sind verschiedenartige Stoffe, wie Materialien, Leistungen, Nutzungen usw. zu verstehen, die sich als Kosten im Produkt bzw. in der Betriebsleistung niederschlagen.

Bei der Kostenartenrechnung handelt es sich nicht um ein spezifisches Verfahren oder eine bestimmte Rechenmethode, sondern um eine systematische und geordnete Erfassung.

Definition des Begriffs „Kosten". Kosten lassen sich unterschiedlich definieren:
- „Kosten sind der bewertete Verzehr von Gütern und Dienstleistungen, der zur Erstellung und zum Absatz der betrieblichen Leistun-

gen sowie zur Aufrechterhaltung der Betriebsbereitschaft erforderlich ist." (Haberstock, 1998: 26)
- „Kosten sind bewerteter, durch die Leistungserstellung bedingter Güter- oder Dienstleistungsverzehr." (Hummel/Männel, 1986: 69)
- „Kosten sind durch die Erstellung und Verwertung betrieblicher Leistungen bewirkter, in Geldeinheiten ausgedrückter Verbrauch an Gütern und Dienstleistungen." (Preißler/Dörrie, 1987: 41)
- „Kosten sind allgemein der wertmäßige Verzehr von Produktionsfaktoren zur Leistungserstellung und Leistungsbewertung sowie zur Sicherung der dafür notwendigen betrieblichen Kapazitäten." (Olfert, 1999: 38)
- „Kosten sind der bewertete sachzielbezogene Güterverbrauch einer Abrechnungsperiode." (Schweitzer/Küpper, 1998: 17).

Kennzeichnend für den Kostenbegriff sind drei Merkmale, die erfüllt sein müssen, damit Kosten vorliegen:
1. mengenmäßiger Verbrauch an Güter
2. Sachzielbezogenheit
3. Bewertung des sachzielbezogenen Güterverbrauchs.

Die Kostenartenrechnung ist branchenspezifisch und entscheidungsorientiert anzulegen.
Die Untergliederung der Kostenarten wird bestimmt von...
- ... dem Arbeitsaufwand und damit von der Frage, welcher erkennbare Nutzen von der detaillierten Aufteilung ausgeht.
- ... dem Ziel, eine Gewährleistung der Kostenlenkung sicherstellen zu können. Eine Unterscheidung der Personalkosten nach Dienstarten ist nicht aussagefähig: Zu berücksichtigen sind Bereitschaftsdienst, Überstunden und Ähnliches.
- ... der Schaffung einer Grundlage für eine exakte Weiterverrechnung auf Kostenstellen und Kostenträger.

Darstellung der unterschiedlichen Kostenarten. Die Aufgabe der Kostenartenrechnung besteht darin, die während einer Abrechnungsperiode angefallenen Istkosten belegmäßig und in ausgewiesener Höhe zu erfassen. Auf die verfolgten Rechnungsziele muss eine Klassifikation der Kostenarten vorgenommen werden. Hierzu stehen unterschiedliche Gliederungsmerkmale zur Verfügung.

Eine Kostenart ist dann dadurch gekennzeichnet, dass sämtliche Kosten, die in diese Art fallen, durch ein bestimmtes Merkmal gekennzeichnet sind, das in gleicher Weise ausgeprägt ist.

Durch diese Gliederungsmerkmale lässt sich eine Systematik der Kostenarten entwickeln:
1. **Gliederung nach den Produktionsfaktoren:**
   a) *Sachkosten* (auch Stoff- oder Materialrechnung genannt): Gegenstand der Sachkosten sind die beweglichen, materiellen Güter, die im Vollzug des Unternehmungsprozesses eingesetzt und bearbeitet, verarbeitet oder aufgebraucht werden. Zu ihnen gehören vor allem:
   - Fertigungsstoffe, die als Hauptbestandteile unmittelbar in die Erzeugnisse eingehen; Rohstoffe, Werkstoffe, bezogene Teile, Implantate.
   - Hilfsstoffe, die ebenfalls unmittelbar in das Erzeugnis eingehen; diese Stoffe erfüllen aber quasi nur Hilfsfunktionen; Nägel, Schrauben, Leim, Nahtmaterial.
   - Betriebsstoffe gehen nicht in die Erzeugnisse ein, sondern werden bei der Herstellung mittelbar oder unmittelbar verbraucht (z. B. Poliermittel, Heizung).
   - Büromaterial. Diese Materialien werden benötigt für die Planung und Steuerung des Unternehmungsprozesses (z. B. Papier, Vordrucke, Formulare, Stifte, Farbbänder).
   b) *Personalkosten:* Die Personalkosten stellen oft den größten Block der Kosten dar, spielen also für die Überlebensstrategie der Unternehmung die wichtige Rolle. Ihre exakte Erfassung und Zuordnung in der Kostenartenrechnung ist deshalb sehr wichtig. Personalkosten stellen Kosten

dar, die durch den Verbrauch von Arbeitsleistung entstehen. Sie beinhalten Gehälter und Löhne, gesetzliche und freiwillige Sozialabgaben sowie sonstige Personalnebenkosten (Betriebsarzt). Die Erfassung der Personalkosten erfolgt üblicherweise im Rahmen vorgelagerter Lohn- und Gehaltsabrechnungen.

c) *Dienstleistungskosten:* Diese Kosten entstehen, wenn die Unternehmung von anderen Institutionen Leistungen in Anspruch nimmt. Man könnte diese Kostenart auch als Fremdleistungskosten bezeichnen. Unter diesen Kosten können folgende Arten subsumiert werden:
- Fremdleistungskosten
- Abgaben, obwohl diese eigentlich Betriebsstoffe darstellen, werden hier erfasst.
- Als weiteren Block zählen wir hier auch die öffentlichen Abgaben auf und fassen sie zu den Dienstleistungskosten zusammen (Eisele, 1998: 640f.).

2. **Gliederung nach dem Verhalten bei Beschäftigungsschwankungen:**
   a) Hier können fixe von variablen Kosten unterschieden werden (Abb. 10.3-5).
   b) Die Kostengliederung nach Art ihrer Beschäftigungsabhängigkeit stellt die Beziehungen zwischen den fixen und variablen Kosten dar. Zu den variablen Kosten zählen die Einzelkosten, die verursacht werden, um zum Beispiel eine Einheit zu produzieren. Die fixen Kosten dagegen sind immer Gemeinkosten, da diese für die Betriebsbereitschaft verursacht werden. Im Umkehrschluss können Gemeinkosten sowohl fixe als auch variable Kosten sein (Haberstock, 1998: 58). Die beschäftigungsabhängigen bzw. variablen Kosten verändern sich bei Beschäftigungsschwankungen, während im Allgemeinen die Fixkosten zeitbezogen und bei Veränderung der Beschäftigung konstant bleiben (Haberstock, 1998: 32ff.).

3. **Gliederung nach der Zurechenbarkeit:**
   a) *Einzelkosten* sind Kosten, die dem einzelnen Kostenträger direkt zugerechnet werden können und sollen. Einzelkosten sind genau und problemlos erfassbar. Beispiele sind Löhne und Material, die direkt zugeordnet werden, oder Fremdleistungen durch Rechnungsstellung (Preißler/Dörrie, 1987: 73ff.; Haberstock, 1998: 71).
   b) *Gemeinkosten* sind Kosten, die dem einzelnen Kostenträger nicht unmittelbar, sondern nur indirekt zugeordnet werden können (echte Gemeinkosten). Diese Gemeinkosten fallen also für mehrere Aufträge gemeinsam an; sie sind einer oder mehreren Kostenstellen zuzuordnen oder fallen für den gesamten Betrieb an. Für die Verrechnung sind bestimmte Bezugsgrößen zu errechnen. Beispiele sind Ver-

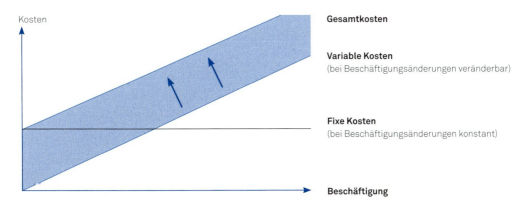

Abbildung 10.3-5: Kostenunterteilung bei Beschäftigungsänderung (Quelle: Eigenerstellung in Anlehnung an Olfert, 1999: 259)

waltung, Ärztlicher Direktor, Gebäude, Versicherungen (siehe hierzu auch Schmolke/Deitermann, 2000: 396 ff.).

c) *Unechte Gemeinkosten* sind Kosten, die den Leistungen zwar direkt zurechenbar sind, also Einzelkosten darstellen, aber aus Gründen der abrechnungstechnischen Vereinfachung wie Gemeinkosten behandelt werden. Beispiele sind Hilfs- und Betriebsstoffe (Nahtmaterial, OP-Abdeckungen im Krankenhaus, Nägel, Lacke, Leim in der Möbelindustrie).

d) *Sondereinzelkosten* sind Kosten, die nicht pro Stück, aber pro Auftrag anfallen. Sie sind auf kundenspezifische Besonderheiten zurückzuführen und spielen im Krankenhaus keine Rolle.

4. **Gliederung nach der Herkunft der Kostengüter und nach der Zurechenbarkeit:**

   a) *Primäre Kosten* werden auch ursprüngliche oder einfache Kosten genannt. Sie entstehen beim Verzehr von Gütern und Leistungen, die von außen über den Markt bezogen werden. Beispiele sind Personal- und Materialkosten, Zinsen, Abschreibungen und Fahrtkosten.

   b) *Sekundäre Kosten* sind das geldmäßige Äquivalent des Verbrauchs an innerbetrieblichen Leistungen. Sie entstehen also erst abrechnungstechnisch in der Kostenstellenrechnung. Sie entstehen beim Verzehr selbsterzeugter Leistungen und werden nicht in der Kostenartenrechnung berücksichtigt. Beispiele sind Raumkosten (Strom, Reparatur in die Kostenstellen), Eigenreparaturkosten und Kekse für den Vorstand.

5. **Gliederung nach dem Zeitbezug:**

   a) *Istkosten* werden erfasst, nachdem der Güterverbrauch abgeschlossen ist. Sie sind die innerhalb einer Periode für ein Kalkulationsobjekt effektiv, tatsächlich angefallenen Kosten.

   b) *Normalkosten* werden aus den Istkosten abgelaufener Perioden abgeleitet und stellen somit Durchschnittskosten dar. Als solche können sie als Vergleichszahlen herangezogen werden. Normalkosten führen zu einer Kostennivellierung, die Zufälligkeiten und Schwankungen aus den abgelaufenen Perioden fernhalten soll. Die Kostenrechnung orientiert sich an Normalverläufen, sodass dieser Betrachtung Beachtung beizumessen ist. Sie ist aber in ein Kostenrechnungssystem einzubeziehen, wobei auch die Schwächen dieser Betrachtung zu beachten sind.

   c) *Plankosten* sind die im Voraus für eine geplante Beschäftigung methodisch ermittelten, bei ordnungsgemäßem Betriebsablauf und unter gegebenen Produktionsverhältnissen als erreichbar betrachteten Kosten, die dadurch Norm- oder Vorgabecharakter erreichen. Aus dieser Kostenaufteilung ergeben sich Kostenrechnungssysteme, die sich an Ist-, Normal- oder Plankosten orientieren.

6. **Gliederung nach relevanten und irrelevanten Kosten:**

   a) *Relevante Kosten* sind entscheidungsabhängige Kosten, also Kosten, die von einer Entscheidung für eine bestimmte Aktion, Maßnahme oder Handlungsmöglichkeit zusätzlich ausgelöst werden und demzufolge auch bei der kostenmäßigen Beurteilung dieser Disposition zu berücksichtigen sind.

   b) *Irrelevante Kosten* sind Werteverzehre, die von der Entscheidung über eine Handlungsalternative unabhängig sind und deshalb in der Entscheidungsrechnung nicht berücksichtigt werden dürfen (vgl. hierzu Hummel/Männel, 1986: 115f.).

7. **Gliederung nach sonstigen Kriterien:**

   a) *nach Kostenbereichen:* Hier stellt sich die Frage, wo die Kosten anfallen. Man unterscheidet dann Beschaffungs-, Fertigungs-, Verwaltungs- und Vertriebskosten.

   b) *nach Kostenträgern:* Hier werden unterschiedliche Produkte mit ihren Kosten aufgelistet.

   c) *nach Kostenstelle:* Hier werden die Kostenarten nach Kostenstellen gegliedert.

   d) *nach Kostenprozess:* Hier werden unterschiedliche Prozesse abgebildet.

Im Krankenhaus wird für die Kostenartenrechnung (DKG, 1992: 152f.) in Anlage 4 der Krankenhaus-Buchführungsverordnung (KHBV) eine Mindestanforderung an den Kontenplan gestellt. Um eine gezielte Kostenanalyse vornehmen zu können, ist für die Betriebslenkung eine differenziertere Betrachtung der einzelnen Kontenklassen notwendig. Dabei ist es empfehlenswert, die Kontenklassen als Kostenarten nach Artikelgruppen weiter aufzugliedern, die entweder durch ihren Wert (ABC-Analyse) oder durch ihre hohe Anzahl einen großen Kostenblock darstellen. Als Beispiel dient Tabelle 10.3-2. Auch Arzneimittel könnten in Arzneimittel allgemein, Infusionen, Zytostatika, Antibiotika, Fibrinolytika und Zytokine untergliedert werden (Verband der Krankenhausdirektoren Deutschlands, 1995: 28f.). Weitere Kostenarten können differenzierter aufgespalten werden.

Diese Differenzierungen müssen auf die Ziele der Kostenlenkung ausgerichtet sein. Die Unterteilungen der Kostenartenrechnung haben Einfluss auf die nachfolgenden Rechnungen, da die Kostenartenrechnung den Charakter des Datenlieferanten hat (Schweitzer/Küpper, 1998: 94). Dabei müssen auch Wirtschaftlichkeitsgesichtspunkte berücksichtigt werden. Jede feinere Unterteilung bedeutet bei der Verbuchung einen höheren Aufwand. Es sollte daher vorweg überlegt werden, was mit der Untergliederung bezweckt werden soll. Im Zuge einer Kostenträgerrechnung unter DRG-Aspekten empfiehlt sich eine detailliertere Kostenartenrechnung, die auch durch das Kalkulationshandbuch zur Kalkulation von Fallkosten eingefordert wird, um in der Kostenträgerrechnung diese Kostenarten als Einzelkosten direkt dem Fall zuordnen zu können (DKG/GKV/PKV, 2002: 32f.). Für die Kostenartenrechnung werden die Aufwendungen der Kontenklassen 6 und 7 des Kontenrahmenplans sowie der Kontenklasse 87 als Abgrenzung des periodenfremden Aufwands verwandt (DKG, 1992: 152f.) (Tab. 10.3-3).

Kostenstellenrechnung

Kosten sind hinsichtlich ihrer Art (Personal- oder Sachkosten) zu unterscheiden, entstehen aber in Kostenstellen: in der Lackiererei (beim Produktionsbetrieb), in der Verwaltung, auf der Station (im Krankenhaus oder Altenheim) usw.

Nachdem feststeht, welche Kosten anfallen, ist zu fragen, wo die Kosten anfallen (Straub, 1997: 265). Jede Kostenstelle kann dann auch nach Kostenarten untergliedert werden. Die Kostenstellenrechnung beantwortet die Frage: Wo sind während der Abrechnungsperiode in

Tabelle 10.3-2: Gliederung der Sachkosten (Quelle: Eigenerstellung in Anlehnung an Dietz/Bofinger, 2015: 55 ff.)

Klassische Gliederung der Sachkosten	
Medizinischer Bereich	**Verwaltungsbereich**
Blut, Blutkonserven und Blutplasma Die Aufwendungen für Blut, Blutbestandteile usw. werden hier zusammengefasst.	6700 Wasser, Energie, Brennstoffe
Detaillierte Gliederung der oben genannten Sachkosten	
66020 Blutkonserven 66021 Albumine 66022 Immunglobuline 66023 Gerinnungsfaktoren 66024 Transportkosten für Blutkonserven	6700 Wasser, Energie, Brennstoffe 67011 Wasser, einschließlich Abwasser 67030 Energie 67032 Strom 67033 Fernwärme 67034 Sonstige Wärme 67050 Brennstoffe 67052 Öl 67053 Gas 67055 Kohle 67056 Sonstige Brennstoffe

Tabelle 10.3-3: Besonderheiten im Musterkontenplan (Quelle: Eigenerstellung in Anlehnung an Zapp, 2004: 87)

Klassische Gliederung der Personalkosten (nach KHBV)	
60	Löhne und Gehälter
61	Gesetzliche Sozialabgaben
62	Aufwendungen für Altersversorgung
63	Aufwendungen für Beihilfe und Unterstützungen

Differenzierte Gliederung der Personalkosten	
60	Personalkosten Ärztlicher Dienst
6001	Grundgehalt
6002	Überstunden
6003	Bereitschaftsdienst
6004	Rufbereitschaft
6005	Sitzwachen
6007	Gesetzliche Sozialabgaben
6008	Aufwendungen für die Altersversorgung
6009	Aufwendungen für Beihilfen und Unterstützungen
6010	Fort- und Weiterbildungskosten
6011	Sonstige Personalaufwendungen

welcher Höhe Kosten angefallen? Man könnte auch fragen: Bei welchen Prozessen sind die Kosten angefallen?

Den Kostenstellen entsprechen die Erlösstellen. Die Erlösstellen können nach verschiedenen Kriterien gebildet werden (Tab. 10.3-4).

Neben diesem angeführten Aspekt lassen sich Kostenstellen auch durch ihre Funktion definieren. Die Kostenstellenrechnung erfüllt neben der Aufgabe der Kontrolle (z.B. Überwachung des Budgets) die Vorbereitung auf die Kostenträgerrechnung. Sie erlaubt somit Aussagen (und Einflussnahme) über Kostenentwicklungen innerhalb einer Periode.

Aufgaben. Die Kostenstellenrechnung hat mehrere Aufgaben zu erfüllen, die man unterschiedlich systematisieren kann. Hier wird folgende Aufteilung vorgenommen:

1. **Verteilung der Kosten auf Kostenträger:**
   a) *Verrechnung von Kostenarten auf Kostenträger:* Die Verteilung der Kosten auf Kostenträger dient dazu, dass nicht nur die Einzelkosten, sondern auch die Gemeinkosten tatsächlich dem Ort oder dem Tätigkeitsbereich zugerechnet werden, dem sie zugehören, damit sie betriebsgerecht in die Kostenträgerrechnung eingehen (Wedell, 2003: 1210f., 1229). Wenn die Kostenträger die einzelnen Betriebsabteilungen unterschiedlich beanspruchen, würde die Verrechnung der Gemeinkosten mit einem einzigen Gesamtzuschlag auf die Einzelkosten alle Kostenträger im gleichen Verhältnis mit Gemeinkosten belasten, obwohl die einzelnen Kostenträger ganz unterschiedliche Kosten verursacht haben können. Die Aufteilung in Kostenstellen bedeutet, dass ein Zuschlag auf Kostenträger nur erfolgt, wenn er die betreffende Kostenstelle auch beansprucht hat.
   b) *innerbetriebliche Leistungsverrechnung:* Mit dem oben genannten Verfahren werden die Kostenarten auf die Kostenstellen weiterverrechnet. Die einzelnen Kostenstellen erfahren so, mit welchen Kosten sie belastet werden.
   c) *Kalkulationsverfahren:* Dies führt dazu, dass die Verteilung zur Genauigkeit der Kalkulation beiträgt. In der Kostenstellenrechnung werden entsprechende Zuschläge errechnet.
   d) *Bestandsbewertung:* Unfertige Erzeugnisse können zum Bilanzstichtag gemäß dem erreichten Produktionsfortschritt bewertet werden. Dies trifft auf die Überlieger im DRG-System zu.

2. **Feststellung der Wirtschaftlichkeit:**
   a) *Verantwortungsbereiche:* Durch die Bildung von Kostenstellen und die Verteilung der Kosten auf diese Stellen werden die Kostenstellen zu Verantwortungsbereichen erhoben (Responsibility Accounting), denen ein Kostenstellenverantwortlicher vorsteht. Somit können Kosten effektiver vor Ort gesteuert werden, statt über Kostenarten, ohne zu wissen, wo sie anfallen. Ein spezifischer Ausdruck der Kosten nach Bereichen lässt Aussagen über die Wirtschaftlichkeit spezifischer und gezielter zu. Über Vorgaben, Entwicklung von Normwerten oder den Vergleich von Istwerten sind eine Kontrolle,

Tabelle 10.3-4: Kosten- und Erlösstellen (Quelle: Eigenerstellung)

Erlösstellen	Kostenstellen im Produktionsbetrieb	Kostenstellen im Dienstleistungsbetrieb (Krankenhaus)
nach Produkten	Nutzfahrzeuge, Personenkraftfahrzeuge	Chirurgie, Innere Medizin, Gynäkologie, einzelne DRG's
nach Regionen	Osnabrück, Niedersachsen, Deutschland, Europa, USA	Nord, Süd
nach Absatzwegen	Direkt, Händler	Stationär – ambulant, niedergelassener Bereich

eine Abweichungsanalyse und eine Steuerung der Kosten möglich (Buggert, 1994: 63).

b) *Kostenbudgets und Kostenplanung:* Durch Kostenstellen sind die Unternehmungen in der Lage, eine Kostenbudgetierung und eine sinnvolle Kostenplanung durchzuführen. Diese Planung korrespondiert wiederum mit der innerbetrieblichen Leistungsverrechnung, weil hier die Leistungsströme aufgezeigt werden.

Definition der Kostenstelle. Mit dem Begriff „Kostenstelle" ist im weitesten Sinn der Ort der Kostenentstehung gemeint (Schweitzer/Küpper, 1998: 127). Andere Definitionen setzen teilweise andere Prioritäten:

- „Die Kostenstelle ist ein betrieblicher Teilbereich, der kostenrechnerisch selbstständig abgerechnet wird." (Haberstock, 1998: 105)
- „Die Kostenstelle ist ein für Zwecke der Kostenrechnung abgegrenzter, überschaubarer, homogener betrieblicher Verantwortungsbereich, für die Kostenbelastungen und -entlastungen individuell und überprüfbar durchgeführt werden." (Preißler/Dörrie, 1987: 119)
- „Kostenstellen sind funktional, organisatorisch, raumorientiert oder nach anderen Kriterien voneinander abgegrenzte Teilbereiche einer Unternehmung, für die die von ihnen jeweils verursachten Kosten erfasst und ausgewiesen, gegebenenfalls auch geplant und kontrolliert werden." (Hummel/Männel, 1986: 190)

Kostenstellen allein in dieser Begriffsbestimmung sagen nicht viel aus, sondern sind vielmehr in Bezug zueinander zu setzen und werden dann in ihrer wirtschaftlichen Zielorientierung greifbar.

Der Kostenrechnung im Krankenhaus liegt der Kostenstellenrahmen der Krankenhaus-Buchführungsverordnung (KHBV), Anlage 5 zugrunde. Da jede Kostenstelle einen selbstständigen Verantwortungsbereich darstellen sollte, um eine eindeutige Beziehung zwischen der Kostenstelle, der erbrachten Leistung und den anfallenden Kosten und somit eine zweifelsfreie und eindeutige Zuordnung der Kosten zu ermöglichen, ist eine weitere Differenzierung des Kostenstellenrahmens vorzunehmen (Tab. 10.3-5). Diese gestattet zum Beispiel eine abteilungsbezogene Lenkung. Dabei sind die Prinzipien der Transparenz und Wirtschaftlichkeit zu beachten (Hentze/Kehres, 1999: 41ff.).

In Zusammenhang mit der Vorbereitung der Kostenträgerrechnung werden Kostenstellen unter verschiedenen Gesichtspunkten gesehen (Tab. 10.3-6). Sie lassen sich einteilen in (Kilger, 1993: 8ff.):

- *produktions- bzw. ablauftechnische Aspekte:* Die Haupt- oder Marktleistung, also die stationäre Behandlung der Patienten (primäre Krankenhausleistung) wird in den Hauptkostenstellen erbracht. Als Hilfskostenstellen werden die Kostenstellen bezeichnet, die ihre Leistungen an andere Kostenstellen abgeben und damit indirekt an der Hauptleistung beteiligt sind (z. B. 922, das Labor, oder 926, die physikalische Therapie). Als Nebenkostenstellen werden die Kostenstellen bezeichnet, die nicht am Hauptleistungserstellungsprozess des Krankenhauses beteiligt sind. Hier werden zum Beispiel die Kosten

Tabelle 10.3-5: Differenzierte Betrachtung der Kostenstelle (Quelle: Eigenerstellung in Anlehnung an Zapp, 2004: 88)

Klassische Gliederung der Kostenstelle	
Labor	**Verwaltung**
922 Laboratorium	901 Leitung und Verwaltung des Krankenhauses
Differenzierte Gliederung	
9220 Chemisches Labor	9010 Krankenhausdirektorium (Verwaltungsdirektor, anteilig Ärztlicher Direktor, Pflegedienstleitung)
9220 Hämatologie	9012 Allgemeine Verwaltung
9223 Serologie	9013 Rechnungswesen
9225 Bakteriologie	9016 Controlling
9226 Zytologie	9017 EDV
9228 Sonstige Laboratorien	9018 Archiv
9229 Blutdepot	

Tabelle 10.3-6: Einteilung der Kostenstellen nach Krankenhausbuchführungsverordnung (KHBV) (Quelle: Eigenerstellung in Anlehnung an Zapp, 2004: 89)

Gliederung		Kategorie nach	
Kostenstellengruppen		**ablauftechnischen Gesichtspunkten**	**abrechnungstechnischen Gesichtspunkten**
Nr.	Inhalt		
90	Gemeinsam genutzte Kostenstellen	Hilfskostenstellen	Vorkostenstellen
91	Versorgungseinrichtungen		
92	Medizinische Institutionen		
93–95	Pflegebereiche Normalbereich	Hauptkostenstellen	Endkostenstellen
96	Pflegefachbereiche abweichende Pflegeintensität		
97	Sonstige Einrichtungen	Nebenkostenstellen	Endkostenstellen
98	Ausgliederungen		

für die Ausbildung oder für Forschung und Lehre erfasst (Hentze/Kehres, 1999: 43ff.).

- *rechnungstechnische Aspekte:* Vorkostenstellen werden auf die Kostenstellen verrechnet, für die sie Leistungen erbracht haben. Die Verbuchung der Vorkosten- auf die Endkostenstellen erfolgt im Krankenhaus über die innerbetriebliche Leistungsverrechnung und die Umlagenverrechnung.

In diesem Zusammenhang kann die Prozesskostenrechnung erwähnt werden, die kostenstellenübergreifend die Kosten- und Leistungsverläufe betrachtet.

Prozesskostenrechnung

Die Prozesskostenrechnung ist als Ergänzung zur traditionellen Kostenrechnung zu verstehen. In den USA wurde in den 1980er-Jahren das Activity-based Costing konzipiert, entwickelt und in den Unternehmungen eingeführt (Schmidt-Rettig/Böhning, 1999: 121). Grund für dieses Vorgehen war der Anstieg der Gemeinkosten und ihre nicht leistungsorientierte Zuordnung zu den Kostenträgern (Zapp/Bettig, 2002: 278). In Deutschland wurde diese Vorgehensweise als Prozesskostenrechnung bezeichnet. Der Schwerpunkt ihres Einsatzes liegt in Deutschland vor allem in den indirekten Bereichen (Verwaltung, Qualität). Durch die flexible Plankostenrechnung (siehe Abweichungsanalyse) sind in Deutschland bereits ein Denkmodell und ein praktikables Vorgehen über eine Verrechnung der Kosten durch eine Leistungsrechnung entstanden. Damit werden die Kosten über eine qualifizierte Leistungsverrechnung auf die Kostenträger weiterverrechnet. Allerdings können auch im Krankenhaus nicht sämtliche Kosten in dieser Form verrechnet werden. So sind Qualitätsleistungen oder Leistungen der Verwaltung durch eine innerbetriebliche Leistungsverrechnung nur schwer auf den Patienten zu verrechnen (Zapp/Gläser, 2001: 2ff.). Hier ist man auf die Prozesskostenrechnung angewiesen, die über die Prozessanalyse die Kosten auf den Kostenträger verrechnet.

Für ein Krankenhaus besteht die Kernleistungsaufgabe aus einer Zustandsveränderung des Patienten, die eine Gesundheitsverbesserung bzw. ein verbessertes Wohlbefinden des Patienten zum Inhalt hat. Hieraus folgt, dass der Kernprozess im Krankenhaus aus den Handlungen von Ärzten, Pflegekräften und anderen beteiligten Berufsgruppen sowie den benötigten Sachmitteln für die Erreichung dieser Zustandsveränderung besteht (Zapp, 2003: 9).

Die Prozesse, die nicht direkt für die Erbringung der Kernleistungsaufgabe des Krankenhauses benötigt werden, also beispielsweise die Zubereitung der Speisen für die Patienten, werden als Supportprozesse bezeichnet. Dies sind Prozesse, welche die Grundlage für die Leistungserbringung einer Unternehmung darstellen (Gaitanides et al., 1994: 210). Sie unterstützen und entlasten die Kernprozesse, es sind beispielsweise Prozesse wie das Betreuen von Personal, das Bereitstellen von Ressourcen, das Sicherstellen der Informationsversorgung usw. (Osterloh/ Frost, 1996: 224). Supportprozesse beinhalten ebenso wie Kernprozesse umfassende Wertschöpfungsketten und können durch Zukauf von außen ausgelagert werden (Outsourcing bzw. Privatisierung) (Osterloh/Hunziker, 1998: 10). Die Abgrenzung von Kern- und Supportprozessen ist nicht ganz einfach. Insbesondere im Gesundheitsbereich ist die Einteilung immer wieder zu hinterfragen, weil die Gesundung des Patienten im Vordergrund steht und der Support

anderweitig erstellt werden kann (Zapp et al., 2003: 1–24). Zum Gelingen tragen vor allem Managementprozesse bei, die die Kern- und Supportprozesse lenken und optimieren.

Ein Hauptprozess ist die Zusammenfassung von verschiedenen Teilprozessen, welche die Erfüllung einer definierten, abgrenzbaren Arbeitsaufgabe zum Ziel haben. Dazu gehört zum Beispiel der Verwaltungsprozess für einen Patienten im Krankenhaus; dieser lässt sich beispielhaft in die Teilprozesse Patientenaufnahme, Patientenbetreuung und Patientenentlassung zerlegen (Zapp, 1999: 265ff.).

Die Prozesskostenrechnung möchte, wie auch andere kostenrechnerische Verfahren, die Gemeinkosten verteilen. Die Verteilung kann erfolgen auf die Kostenstellen als Kostenstellenrechnung, auf die Kostenträger als Kostenträgerrechnung oder aber auf den Prozess. Diese Verrechnung benötigt Vergleichs- oder Bezugsgrößen oder aber Cost Driver, die als Grundlage der Verrechnung ausgewählt werden. Als Auswahlkriterien zur Bestimmung von Verrechnungsgrößen gelten hierbei die Messung des Verbrauchs von Ressourcen (Allokationseffekt), die Erfassung der differenzierten Vielfalt von Produkten (Komplexitätseffekt) und die Senkung der Gemeinkosten bei steigender Ausbringungsmenge bezogen auf das Stück (Degressionseffekt) (Coenenberg, 2012: 174ff.).

Die Vorgehensweise einer Prozesskostenrechnung kann generell folgendermaßen beschrieben werden (vgl. ausführlich Zapp/Bettig, 2002: 281ff.; vgl. auch Horváth/Meyer, 1993: 20f.; Joos-Sachse, 2001: 258f.):

1. **Prozessanalyse zum Aufbau einer Prozesskostenrechnung.** Zunächst sind die betreffenden Prozesse zu benennen. Hier wird empfohlen, entsprechend den ersten fünf Schritten der Vorgehensweise der Prozessgestaltung vorzugehen (vgl. hierzu ausführlich Zapp/Dorenkamp, 2002: 62ff.; Zapp et al., 2000).

Die Basis für eine Prozessgestaltung bildet die Analyse in sich geschlossener Prozesse. Hier bildet die...

- ... **Prozessidentifikation**, das heißt das Erkennen der in einer Institution ablaufenden

Prozesse, den Ausgangspunkt. Ein Krankenhaus besteht aus einer Vielzahl von Prozessen. Um diese als Prozessmodell abbilden zu können, ist es ratsam, sich auf die charakterisierenden Prozesse des Krankenhauses zu konzentrieren (vgl. hierzu Gaitanides et al., 1994).

- Da nur wesentliche Prozesse untersucht werden sollen, erfolgen die **Prozessauswahl** und die **Abgrenzung** zu anderen Prozessen.
- Mit der **Darstellung** der im Krankenhaus vorhandenen Prozesse wird die Voraussetzung für spätere Gestaltungsmaßnahmen geschaffen. Die Darstellung soll eine wertfreie Ordnung jener wichtigen Informationen gewährleisten, aus denen eine klare Prozessbeschreibung und Definition der Schnittstellen hervorgeht. Die wesentliche Aufgabe einer Darstellung der Prozessabläufe ist die Schaffung von Transparenz, um allen Prozessbeteiligten ein einheitliches Verständnis über Inhalte und Ziele der Prozesse zu vermitteln.
- Verbunden mit der Prozessanalyse ist die **Analyse der Schnittstellen**. Die Schnittstellenanalyse dient der Entschlüsselung und Gestaltung komplexer Systemstrukturen. Hier werden die Abfolge und das Ineinandergreifen der einzelnen Teilprozesse des gesamten Prozesses nachvollzogen. Dabei richtet sich die Aufmerksamkeit auf Brüche im zeitlichen Ablauf, auf Mängel der inhaltlichen Abstimmung sowie auf Kommunikationsdefizite zwischen den Teilbereichen.

Nach der Erfassung des Iststands folgt die Prozesswürdigung. Sie bildet die Grundlage für die Lösungsmöglichkeiten, die in den Entwurf einer Sollkonzeption einfließen (Zapp/Dorenkamp, 2002: 68). Diese Vorgehensweise wird in Abbildung 10.3.6 zusammengefasst.

2. Ableitung von Maßgrößen durch eine Tätigkeitsanalyse und Bildung von Teilprozessen. Dieser Schritt soll dazu führen, dass die Teilprozesse in Tätigkeiten abgebildet werden und eine Maßgröße zugeordnet werden kann. Diese Maßgrößen können...

- ... *leistungsmengenneutral* sein. Dann fallen die Kosten unabhängig von der Häufigkeit der Tätigkeiten an. Die Bezeichnung für leistungsmengenneutral ist die Abkürzung „lmn".
- ... *leistungsmengeninduziert* sein. Die anfallenden Kosten hängen von dieser Leistungsmaßgröße ab. Die Bezeichnung für leistungsmengeninduziert ist die Abkürzung „lmi".

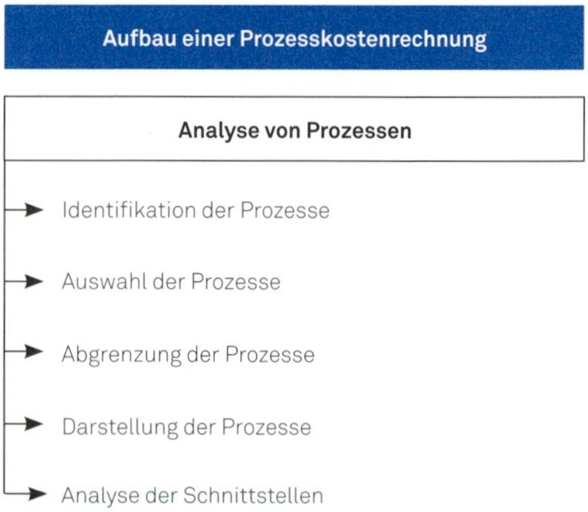

Aufbau einer Prozesskostenrechnung

Analyse von Prozessen
- Identifikation der Prozesse
- Auswahl der Prozesse
- Abgrenzung der Prozesse
- Darstellung der Prozesse
- Analyse der Schnittstellen

Abbildung 10.3-6: Vorgehensweise einer Prozessgestaltung (Quelle: Eigenerstellung in Anlehnung an Zapp/Dorenkamp, 2002: 69)

Die Maßgröße wird als Kostentreiber (Cost Driver) bezeichnet (Horváth/Mayer, 1993: 17; Zapp/Bettig, 2002: 277).

3. Zuordnung der Kosten. Die Kosten müssen den einzelnen Kostenstellen, Tätigkeiten oder Teilprozesse zugeordnet werden (Abb. 10.3-7).

4. Ableitung der Kostensätze. Die Kostensätze ergeben sich, indem die Prozessteilkosten durch die Prozessmenge dividiert werden und daraus der Prozesskostensatz gebildet wird.

Dieses generelle Vorgehen, wie es hier vorgestellt wird, kann aber in der Aufbereitung der Daten und den Rechenschritten voneinander abweichen. Im Krankenhaus kann man folgende Verfahren benennen.

Während Greiling (2008, 2005) sich weitgehend am oben beschriebenen Verfahren von Horváth orientiert, sehen Graumann und Schmidt-Graumann (2011) die Prozesskostenrechnung als eine Ergänzung der Kostenstellenrechnung, wodurch eine höhere Transparenz

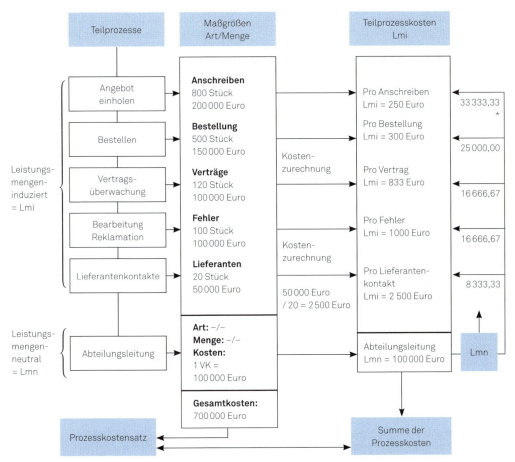

Abbildung 10.3-7: Bildung der Prozesskostensätze durch Zuordnung zu den Teilprozessen. *) Kosten lmn (100 000) : Gesamtkosten lmi (600 000) : Prozesskosten (200 000) = 3,333 (Quelle: Eigenerstellung in Anlehnung an Zapp/Bettig, 2002: 283)

erreicht werden soll (z. B. bezogen auf den Behandlungsfall). Ausgangspunkt sind Tätigkeiten auf Kostenstellenebene, die kostenstellenübergreifend zu Hauptprozessen zusammengefügt werden sollen. Da der Anteil der Personalkosten im Krankenhaus sehr hoch ist, legt er den Schwerpunkt auf die Personalkostenverrechnung. Darüber hinaus wird der Schwerpunkt auf repetitive und kostenintensive Aktivitäten gelegt, sodass damit die Prozesskostenrechnung die etablierte traditionelle Kostenrechnung ergänzt. Mit den kostenstellenübergreifenden Prozessverknüpfungen versucht man Kostentransparenz sowie einen optimierten Planungs- und Kontrollablauf auf der Basis einer verursachungsgerechten Zuordnung der Kosten auf die Behandlungsprozesse zu erreichen.

Die Vorgehensweise von Kothe-Zimmermann (2006) geht davon aus, dass sich ein Prozess aus Tätigkeiten zusammensetzt, die auf ähnlichen Ausgangswerten oder Zielen beruhen. Daher sind Prozesse nicht immer wieder zu generieren, sondern durch einen einheitlichen – standardisierten – Prozess abbildbar. Insoweit kann auch auf Behandlungspfade oder Clinical Pathways zurückgegriffen werden. Die Prozesskostenrechnung beginnt mit der Abbildung des bestehenden Ablaufs um den Patienten herum. Darauf aufbauend wird dieser abgebildete Ablauf einer Bewertung nach Qualität und Wirtschaftlichkeit unterzogen. Danach werden aufgrund der analysierten Schwachstellen die möglichen Alternativen bewertet, um so eine Optimierung des Ablaufs zu erreichen und umzusetzen. Die Besonderheiten dieses Verfahrens liegen in der Teilkostenanalyse begründet.

Kostenträgerrechnung
Bisher stand die Verbrauchsorientierung im Vordergrund. Nun – in der dritten Stufe – werden verwendungsbezogen die Kosten aufgelistet. Für Endprodukte und für Kostenträger, die die Kosten tragen, und für Leistungen lassen sich nun die Kosten ausweisen. Die Kostenträgerrechnung beantwortet die Frage: Wofür oder für welche Produkte oder Leistungen sind die Kosten in welcher Höhe angefallen?

Aufgabe. Die Aufgabe der Kostenträgerrechnung besteht darin, die Erfolgsbestimmung von Kostenträgern durchzuführen. Dies geschieht vorwiegend durch eine Kalkulation. Damit ist auch die Bestimmung von Preisuntergrenzen möglich. Darüber hinaus werden Informationen für kostenträgerbezogene Plan-Ist-Soll-Vergleiche sowie für die Planung und Lenkung des Produktions- und Absatzprogramms bereitgestellt (Hummel/Männel, 1986: 258f.; Olfert, 1999: 186; Eisele, 1998: 699ff.).

Hauptaufgabe ist es, aufzuzeigen, ob einzelne Leistungen profitabel erbracht werden können (Wirtschaftlichkeitskontrolle). Damit wird eine Kostentransparenz geschaffen, die als Grundlage für die Deckungsbeitragsrechnung dient (Straub, 1997: 265f.).

Die Kostenträgerrechnung schließt die Kostenrechnung ab, deshalb soll in Tabelle 10.3-7 ein Vergleich mit der Kostenartenrechnung vorgenommen werden.

Definition der Kostenträger. Kostenträger sind nach Haberstock (1998: 143) die betrieblichen Leistungen, die die verursachten Kosten tragen müssen. Hiernach unterscheidet man Außen- und Innenaufträge. Olfert (1999: 185) definiert Kostenträger als Leistungen der Unternehmung, deren Erstellung Kosten verursacht hat.

Arten von Kostenträgern. Die Definition und die Arten von Kostenträgern hängen eng miteinander zusammen. Kostenträger sind direkt oder indirekt dem Betriebszweck entsprechende Leistung der Unternehmung. Hiernach werden unterschieden:
- *Hauptkostenträger* für Leistungen, deren Erstellung und Vertrieb der eigentliche Gegenstand der Unternehmung ist
- *Nebenkostenträger* für Leistungen, deren Erstellung in einem technischen oder wirtschaftlichen Zusammenhang mit der Erstellung der Hauptkostenträger steht. Sie werden neben den Hauptkostenträgern am Markt angeboten.
- *Hilfskostenträger* für Leistungen, deren Ergebnisse zur Verwendung im eigenen Betrieb bestimmt sind. Sie dienen indirekt der Erstellung der Haupt- und Nebenkostenträger (selbst erstellte Anlagen, eigene Instandhaltung) (Preißler/Dörrie, 1987: 163; Ebert, 1978: 86f.; Schweitzer/Küpper, 1998: 165).

Tabelle 10.3-7: Vergleich der Kostenarten mit der Kostenträgerrechnung (Quelle: Eigenerstellung)

Kostenartenrechnung	Kostenträgerrechnung
Sämtliche innerhalb eines Zeitraums angefallenen Kosten werden erfasst, dokumentiert und analysiert.	dito
Beantwortung der Frage: Welche Güter werden verbraucht werden?	Beantwortung der Frage: Für welche Produktarten sind Kosten entstanden?
Kostenvolumen wird herkunftsbezogen gegliedert.	Kostenvolumen wird hinkunftsbezogen gegliedert.
Einzelkosten der Kostenarten werden in die Kostenträgerrechnung übernommen.	Gemeinkosten werden über die Kostenstellenrechnung in die Kostenträgerrechnung transferiert.

Nach der KHBV ist die Kostenträgerrechnung für das Krankenhaus zurzeit nicht verpflichtend bzw. unterliegt keinen gesetzlichen Vorgaben (Janssen, 1999: 147; vgl. aber Fallpauschalengesetz). Entsprechend wird sie in den meisten Krankenhäusern nicht oder nur mangelhaft durchgeführt, obwohl sie zur Krankenhausführung sinnvoll und zweckmäßig ist. Im Rahmen der DRG-Erstkalkulation erfolgt eine fallbezogene Zuordnung der DRG-relevanten Kosten direkt auf die Kostenträger, daher wird die Kostenträgerrechnung explizit im 6. Kapitel des Handbuchs zur Kalkulation von Fallkosten der Version 4.0 erwähnt (DKG/GKV/PKV, 2016: 105ff.). Die Kostenträgerrechnung wird für das Krankenhaus überlebenswichtig (Bader/Theiss, 2001: 169). Der Begriff „Kostenträger" ist vielseitig (Tab. 10.3-8).

Im Krankenhaus werden unter Kostenträgern aus der Sicht der Kostenrechnung die Leistungsempfänger verstanden, durch die Kosten verursacht werden. Weil die Leistung eines Krankenhauses sich nicht unmittelbar operationalisieren lässt, wird auf eine Hilfsgröße zurückgegriffen. Dies kann zum Beispiel der Behandlungsfall oder die DRG sein (DKG, 1992: 171f.). Eine Nachkalkulation erfolgte bisher aufgrund des hohen personellen Aufwands in den seltensten Fällen (Straub, 1997: 262).

Mit dem Beschluss des Fallpauschalengesetzes vom 01.03.2002 ist eine Kostenträgerrechnung seit 2003/2004 unumgänglich, um Kosteninformationen pro DRG zu bekommen, daher muss die Kostenträgerrechnung mit der Kalkulation der Rohfallkosten stark vorangetrieben werden. Krankenhäuser haben dabei Probleme, da viele Kosten bisher nicht entsprechend patientenbezogen vorliegen (Hentze/Kehres, 1999: 58).

Für die Kalkulation der DRGs ist ein Schema entwickelt worden (DKG/GKV/PKV, 2016: 56). Danach kann die Ableitung der Kosten im Krankenhaus angedacht werden, wie in Abbildung 10.3-8 wiedergegeben. Auch dabei erfolgt die Kostenrechnung nach dem Aufbau von Kostenarten, Kostenstellen und Kostenträgern.

Systematik der Kostenträgerrechnung. Die Kostenträgerrechnung kann bezogen auf die Periode oder bezogen auf das Stück angelegt sein: Die Kostenträgerzeitrechnung ist eine Periodenrechnung. Sie ermittelt die nach Leistungsarten gegliederten, in der Abrechnungsperiode insgesamt angefallenen Kosten. Die Kostenträgerstückrechnung ermittelt die Selbst- oder Herstellkosten der betrieblichen Leistungseinheiten. Sie stellt die Kalkulation dar (Preiß-

Tabelle 10.3-8: Darstellung der Kostenträger (Quelle: Eigenerstellung)

1. BRT	bezogen auf:	
	1.1. Abteilung	Haupt-/Belegabteilung/besondere Einrichtungen
	1.2. Versorgungsart	voll-/teilstationär
	1.3. Basispflegesatz	(auch im G-DRG-System denkbar)
2. Fall		zum Beispiel nach bestimmten DRG's
3. Leistungen	bezogen auf:	
	1.1. Entgelte	G-DRG-Erlöse, ambulante OP, vor- und nachstationär
	1.2. Spezifische Leistungen (CT, Labor)	
4. Patient	Herrn A oder Frau B	
	nach den verschiedenen Ordnungskriterien: Geschlecht, Alter usw.	

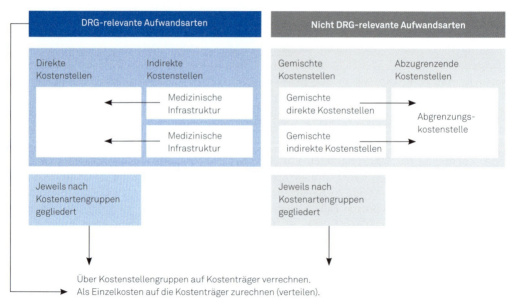

Abbildung 10.3-8: Schema zur DRG-Kalkulation (Quelle: Eigenerstellung in Anlehnung an DKG/GKV/PKV, 2016: 56, und Zapp, 2004: 90)

ler/Dörrie, 1987: 165). Die Kalkulation selbst kann man unterteilen in:
- *Vorkalkulation:* Sie ist eine ex ante vorgenommene Kalkulation, die in der Regel kurzfristig für spezielle Aufträge durchgeführt wird. Mit ihrer Hilfe soll über die Aufnahme oder Ablehnung dieser Aufträge entschieden werden. Sie rechnet mit geplanten Kosten, aber nur auf spezielle Einzelaufgaben bezogen. Die Plankostenrechnung ermittelt Kosten für die Planung mit einem Jahr.
- *Nachkalkulation:* Sie ist eine ex post durchgeführte Kalkulation. Mit ihrer Hilfe sollen die Istkosten der während einer Abrechnungsperiode erstellten und verkauften Leistungseinheiten ermittelt werden.
- *Zwischenkalkulation:* Sie ist eine mitlaufende Kalkulation und wird bei Produktionen mit langer Produktionsdauer angewendet (für Bilanz und Dispositionszwecke), das heißt Nachkalkulation für Halbfabrikate. (Haberstock, 1998: 146; Keun, 1999: 158)

1) Kostenträgerstückrechnung: Hier wird nun am einzelnen Kalkulationsobjekt angesetzt kalkuliert. Diese Kalkulation spielt auch im Krankenhaus eine Rolle bei DRGs (und Fallpauschalen nach altem Recht). Die Kostenträgerstückrechnung dient dabei der Berechnung von Herstellkosten eines Produkts (Coenenberg, 1999: 92f.) bzw. einer Krankenhausleistung, nämlich der Vor- und Nachkalkulation der einzelnen DRGs.

Hier geht es darum, unterschiedliche Verfahren kennenzulernen, ihre Schwächen und Stärken zu sehen und später im Alltag erkennen zu können. Man kann grob drei Verfahren unterscheiden, die in sich wiederum gegliedert sind. Diese Verfahren werden oft speziell für bestimmte Betriebstypen eingesetzt (Abb. 10.3-9) (vgl. hierzu Preißler/Dörrie, 1987: 171; Haberstock, 1998: 186).

Aus dem Krankenhausbereich lassen sich allgemein für die Ermittlung der Kosten eines Kostenträgers Kalkulationsverfahren ableiten. Bei der Berechnung der Leistungen für eine Fallgruppe bzw. -pauschale wird die Verrechnungssatz- bzw. Bezugsgrößenkalkulation angewandt und für die Kalkulation der künstlichen Kostenträger (tagesgleicher Pflegesatz) bietet sich die Divisionskalkulation an (Maltry/Strehlau-Schwoll, 1997: 547ff.). Beispielsweise

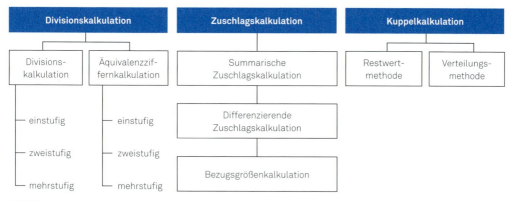

Abbildung 10.3-9: Kalkulationsverfahren (Quelle: Eigenerstellung in Anlehnung an Haberstock, 1998: 147, und Zapp/Torbecke, 2004)

wird der tagesgleiche Pflegesatz durch eine Divisionskalkulation ermittelt, dabei werden die relevanten Gesamtkosten einer Abrechnungsperiode auf die auf einer bestimmten Auslastung basierenden Berechnungstage oder auf die tatsächlichen Berechnungstage bezogen.

a) Divisionskalkulation: Bei der einstufigen Divisionskalkulation dividiert man die Gesamtkosten der Periode durch die in dieser Periode produzierte Leistungsmenge und erhält die Selbstkosten pro Stück. Es besteht bei dieser Vorgehensweise keine Trennung von Einzel- und Gemeinkosten (vgl. hierzu Eisele, 1998: 702f.; Haberstock, 1998: 148; Zimmermann, 1998: 102ff.).

In den Abteilungen der Psychiatrie, in Altenheimen und in Reha- und Fachkliniken erfolgt die Berechnung des tagesgleichen Pflegesatzes nach dem Verfahren der Divisionskalkulation. Aber dabei handelt es sich nicht um eine Kalkulation im eigentlichen Sinne, sondern um einen Abschlag auf eine zeitraumbezogene Leistungsvergütung (Hentze/Kehres, 1999: 101). Daneben kann die Divisionskalkulation zur Ermittlung der Stückkosten je Leistungseinheit eingesetzt werden. Die DRG, das Krankheitsbild oder die Fallpauschale haben Kostenträgercharakter, entsprechend müssen sämtliche durch diese abgegoltenen Kosten erfasst werden (Keun, 1999: 161f.). Die Divisionskalkulation ist auch für die Verrechnungssätze der innerbetrieblichen Leistungsverrechnung anwendbar. Zu nennen wären zum Beispiel die Berechnung der Stückkosten bei der Speisenherstellung und die Kosten einer bestimmten Kostenstelle pro Pflegetag (Keun, 1999: 161f.). Allgemein findet die Divisionskalkulation bei Kostenträgergemeinkosten Anwendung, wenn es sich dabei um Kostenstelleneinzelkosten handelt und in der Kostenstelle nur eine Leistungsart erbracht wird. So sind die Kosten der Pflege, bedingt durch die Schwierigkeit der patientenbezogenen Leistungserfassung und das damit verbundene Problem der direkten Zuordnung zu einem Kostenträger, oft Kostenträgergemeinkosten, die mittels Divisionskalkulation verteilt werden. Dabei kommt oft die im Folgenden beschriebene Äquivalenzziffernrechnung zum Einsatz, um die Kosten den Leistungen vergleichbar zu gestalten.

b) Äquivalenzziffernrechnung: Sie ist eine weitere Art einer Kalkulationsform und kann als spezielle Ausprägung einer Divisionsrechnung bei Mehrproduktfertigung interpretiert werden. Bei dieser Rechnung liegt keine Einproduktunternehmung zugrunde, sondern eine Unternehmung, die mehrere Produkte gleichzeitig herstellt (vgl. hierzu Eisele, 1998: 706f.; Haberstock, 1998: 148ff.; Zimmermann, 1998: 102ff.).

Es handelt sich um artverwandte, also artähnliche Produkte. In diesem Fall spricht man von Sorten. Darunter fallen zum Beispiel Bleche, Ziegel, Bier, Bekleidung und Werkzeuge. Im Krankenhaus kann die Intensivabteilung darunter subsumiert werden, bei der Intensivbehandlung, Intensivpflege und Beatmungsplätze unterschieden werden. Die Sortenfertigung ist dadurch gekennzeichnet, dass die Kosten der verschiedenen Produktarten aufgrund der fertigungstechnischen Ähnlichkeiten in einem bestimmten Verhältnis zueinander stehen. Dieses Verhältnis spiegelt die Kostenverursachung wider. Insoweit können die Leistungen des Labors oder der Radiologie nach GOÄ-Ziffern unterschieden werden.

Die Kostenstruktur der einzelnen Sorten ist damit zwar nicht identisch, aber doch ähnlich. Eine ähnliche Kostenstruktur ist zu vermuten, wenn eine Sortenfertigung vorliegt. Aber wie ließe sich die ähnliche Kostenstruktur auch noch umschreiben? Welche Gegebenheiten müssten vorliegen? Man kann eine ähnliche Kostenstruktur vermuten, wenn...

- ... stets derselbe Rohstoff verwendet wird. Dann wäre nur die zeitliche Inanspruchnahme des Fertigungspersonals und/oder der Maschinen von Sorte zu Sorte verschieden.
- ... verschiedene Rohstoffe weitgehend ähnlichen Produktionsbedingungen (oder Fertigungsprozessen) unterworfen sind.

Wenn solche Voraussetzungen gegeben sind, wenn also die Sortenfertigung vorliegt, dann geht es darum, die unterschiedliche kostenmäßige Belastung der verschiedenen Produktsorten mithilfe einer Methode der Kostenverteilung zu erreichen: Die tatsächlich vorgegebenen unterschiedlichen Kostenstrukturen sind formal in eine gleichmäßige Belastung der zu kalkulierenden Objekte umzuformen. Das kann durch Gewichtungs- oder Umrechnungsfaktoren erreicht werden. Über diese Faktoren ist eine künstliche Homogenisierung heterogener Leistungsarten zu erreichen. Damit schafft man die Voraussetzungen für die Anwendung dieser Art von Divisionskalkulation. Voraussetzungen sind also:
1. Es liegt eine Sortenfertigung vor.
2. Die Kostenstruktur wird künstlich homogenisiert, und diese Homogenisierung wird durch Äquivalenzziffern erreicht.

Äquivalenzziffern sind die Gewichtungs- oder Umrechnungsfaktoren, die zur Angabe von Kostenbelastungsrelationen benötigt werden (Hummel/Männel, 1986: 277). Die Ermittlung dieser Ziffern ist das Kernproblem:
1. **Ausgangsbasen** sind hierbei die...
   - ... Erfahrungen, die man in der Vergangenheit gesammelt hat,
   - produktionstechnische Berechnungen und
   - Plausibilitätsüberlegungen.
2. Folgende **Arten von Kennziffern** können unterschieden werden:
   - *technisch orientierte Maßstäbe:*
     - Merkmale der Produktabmessung (Länge, Breite, Höhe, Fläche, Volumen)
     - Produktgewicht
     - physikalische Werte (Heizwerte, Temperaturen, Energieverbrauch)
   - *Zeitmaßstäbe:*
     - Arbeitszeiten (Konstruktions-, Fertigungszeiten)
     - Maschinenzeiten (Rüstzeiten, Zeiten für Be- und Verarbeitung)
     - Durchlaufzeiten der Produkte (Gesamtdurchlauf, Lagerzeit)
     - *monetäre Größen* (Marktpreise, Beschaffungspreise u. Ä.).
3. **Vorgehensweise:**
   - *Ausgangsbasis:* Eine Bezugssorte muss als Bezugsgröße ausgewählt werden. Diese erhält die Äquivalenzziffer 1,0. Die übrigen Sorten orientieren sich daran und stellen über die Kennziffer die Kostenrelation zu dieser Bezugssorte her.
   - *Herleitung der Bezugssorte:* Die Bezugssorte wird die Produktsorte sein, von der man die größte Menge innerhalb der Abrechnungsperiode beschafft, produziert oder absetzt. Von diesem Vorgehen kann man natürlich auch abweichen, da sowieso nur Relationen abgebildet werden. Die übrigen Produktsorten werden mit dieser Bezugssorte oder Ausgangsgröße durch die Äquivalenzziffern in eine Relation gebracht, die die Kostenrelation ausdrücken soll. Die für richtig erachtete Kostenbelastungsdivergenz des Ausgangsprodukts zu den übrigen Sorten und den Sorten untereinander wird damit zum Ausdruck gebracht.

Die Äquivalenzziffernkalkulation kann dann eingesetzt werden, wenn sich Kostenunterschiede zwischen den Indikationen durch Zeitfaktoren erklären lassen (Keun, 1999: 162). Darüber hinaus ist diese Kalkulationsvariante einsetzbar, wenn Äquivalenzziffern durch Verordnungen, wie zum Beispiel GOÄ-Punkte, vorliegen. So können artverwandte Leistungen der Diagnostik verglichen werden, da sie Kostenverhältnisse zum Ausdruck bringen. Diese können der Realität entsprechen, müssen es aber nicht unbedingt (Hentze/Kehres, 1999: 92f.).

Dies gilt für Reha- und Fachkliniken für den Kurmittelbereich und für den diagnostischen Bereich. Hier müssen die verschiedenen Leistungen durch Zeit- oder Punktwerte gewichtet werden (Maltry/Strehlau-Schwoll, 1997: 547ff.).

c) *Zuschlagskalkulation:* Die Zuschlagskalkulation wird angewandt, wenn die Voraussetzungen für die Divisionskalkulation nicht bestehen, das heißt, ...

- ... wenn Serienfertigung oder Einzelfertigung vorliegen,
- wenn mehrstufige Produktionsabläufe bei heterogener Kostenverursachung durchlaufen werden und
- wenn Veränderung der Halb- und Fertigfabrikate vorkommen können.

Ausgangspunkt der Betrachtung sind jetzt nicht mehr die Gesamtkosten, sondern die Serie, der Auftrag oder das einzelne Stück.

Kennzeichnend für die Zuschlagskalkulation ist die Unterteilung der Gesamtkosten der Unternehmung in Einzel- und Gemeinkosten. Während die als Einzelkosten behandelten Kostenelemente den Kostenträgern direkt zugerechnet werden, lastet man die Gemeinkosten den einzelnen Produkten mithilfe von Zuschlagssätzen an (Hummel/Männel, 1986: 283).

Der Einsatz im Krankenhaus ist als begrenzt anzusehen, auch wenn vielfach versucht wird, die Dienstleistung als Einzelfertigung darzustellen. Die Zuschlagskalkulation, die eine Trennung der Kosten in Kostenträgereinzel- und Kostenträgergemeinkosten voraussetzt, ist durch den hohen Erfassungsaufwand der direkten Kosten nur bedingt einsetzbar (Keun, 1999: 164). So ist keine umfassende Aufteilung der Kosten in Patienteneinzel- und Patientengemeinkosten gegeben, aus der Zuschlagssätze ableitbar wären (Maltry/Strehlau-Schwoll, 1997: 547ff.).

d) *Bezugsgrößenkalkulation:* Die Bezugsgrößen- oder Verrechnungssatzkalkulation besagt, dass die Kosten einzelner Kostenstellen oder -plätze proportional zu deren Leistungsvolumen errechnet werden. Man bezieht die kostenstellenbezogen erfassten Kosten auf die Kostenstellenleistung und ermittelt so leistungsbezogene Verrechnungssätze (Haberstock, 1998: 179f.; Hummel/Männel, 1986: 304).

Zur Ermittlung der Verrechnungssätze bezieht man sich auch auf die Divisionskalkulation: Die kostenstellen- oder kostenplatzbezogen erfassten Kosten werden durch die von diesem Unternehmungsbereich innerhalb einer Periode voraussichtlich erstellten Leistungseinheiten dividiert. Der Unterschied besteht darin, dass diese Verrechnungssatzkalkulation für eine differenzierte Kalkulation komplexer, sich stark voneinander unterscheidender Produktarten eingesetzt wird. Das Rechnungswesen muss bei diesem Verfahren genau dokumentieren, welche Kostenstellenleistungen in die einzelnen Kostenträger eingehen. Diese Kostenstellenleistungen werden zum Zwecke der Produktkalkulation mit den für sie berechneten Verrechnungssätzen bewertet. Die Art der Kostenstellenleistung bestimmt die Dimension, in der gemessen wird. Als Maßgröße kommen in Betracht:

- Mengengrößen (z.B. Stück, Kilogramm, Tonnen)
- Zeitgrößen bei verschiedenartigem Produkt.

In den Unternehmungen der Gesundheitsbranche können die Kosten, die durch DRGs oder Fallpauschalen vergütet werden, anhand geeigneter Bezugsgrößen ermittelt werden. Bezugsgrößen sind hierbei der Personaleinsatz in Minuten in den verschiedenen Kostenstellen oder der mengenmäßige Sachbedarf. Die dazugehörigen Minutensätze resultieren aus den Personalkosten einer Kostenstelle oder aus den Einstandspreisen der Sachkosten. Bei Kostenträgereinzelkosten empfiehlt sich die Erstellung von Stücklisten (Maltry/Strehlau-Schwoll, 1997: 547ff.).

e) *Kuppelproduktion:* Bisher haben wir betrachtet:
- Einproduktunternehmung mit Massenfertigung
- Mehrproduktunternehmung mit Serienfertigung in paralleler oder wechselnder Serie
- Einzelfertigung.

Die Erzeugnisse waren produktionswirtschaftlich nicht eng miteinander verbunden. Nun geht es um Kalkulationsverfahren, in denen die produktionswirtschaftliche Leistungsverbundenheit vorliegt und berücksichtigt wird. Eine solche Produktionsart wird Kuppelproduktion genannt. Kennzeichnend für diese Art von Produktion ist, dass aus demselben Produktionsprozess technisch zwangsläufig mehrere verschiedenartige Erzeugnisse in einem meist starren Mengenverhältnis hervorgehen.

Beispiele hierfür sind im Bereich Kokerei Koks, Gas, Teer und Benzol oder etwa im Bereich Raffinerien Benzine, Öle und Gase. Im Krankenhausbereich gilt die Kuppelproduktion als unwesentlich. Als Beispiel ließe sich eine Operation anführen, die zwei Bereiche abdeckt, wie etwa Appendektomie und Korrektur eines Leistenbruchs.

Ziel der Kuppelkalkulation ist es, die Verteilung der Gesamtkosten der Leistungserstellung auf die einzelnen Kuppelprodukte zu errechnen. Verursachungsgemäß ist eine Verteilung der Kosten nicht möglich, denn es lässt sich nicht sagen, welcher Kostenanteil von welchem Produkt veranlasst wurde. Der Produktionsprozess ist so miteinander verbunden, dass diese Zuteilung so nicht möglich ist. Fixe und variable Kosten eines Kuppelproduktionsprozesses sind echte Kostenträgergemeinkosten. Ohne Willkür ist eine Zurechnung der Kosten auf die verschiedenen Produktionsverfahren nicht möglich (Hummel/Männel, 1986: 306).

Es haben sich zwei Verfahren herausgebildet, die als Kalkulationsform angewendet werden:
- Restwert- oder Subtraktionsmethode
- Verteilungsmethode oder Schlüsselungsverfahren (Haberstock, 1998: 183; Hummel/Männel, 1986: 309ff.; Olfert, 1999: 209ff.).

2) **Kostenträgerzeitrechnung:** Die Ergebnisrechnung der Kostenträgerstückrechnung kann man auch zeitbezogen durchführen. Dann erhält man Aussagen über eine bestimmte Periode. Man nennt diese Vorgehensweise Kostenträgerzeitrechnung oder kurzfristige Betriebsergebnisrechnung. So ergeben die zusammengefassten Ergebnisse der verschiedenen Kostenträger einer Abteilung das Gesamtergebnis der Abteilung (Röhrig/Schnee, 1995: 278ff.).

Die Kostenträgerzeitrechnung stellt nicht auf die Kosten einer produzierten Leistungseinheit, sondern auf die Kosten der Rechnungsperiode ab. Die gesamten Kosten einer Periode werden betrachtet. Durch die Einbeziehung der Erlöse der verschiedenen Kostenträger erfolgt die Erweiterung der Kostenträgerzeitrechnung zur kurzfristigen Erfolgsrechnung (Betriebsergebnisrechnung). Diese stellt den Kosten die Erlöse für eine bestimmte Abrechnungsperiode gegenüber und verknüpft die Kostenrechnung mit der Leistungs- bzw. Erlösrechnung. Neben der Transparenz sollen die Kostenstrukturen ermittelt werden, und in Verbindung mit der kurzfristigen Erfolgsrechnung soll über die Ergebnisdarstellung die Analyse der Erfolgsquellen erfolgen. Hierbei steht die Kontrolle der Wirtschaftlichkeit der gesamten Unternehmung oder einzelner Teilbereiche im Fokus der Betrachtung. Die kurzfristige Erfolgsrechnung dient der laufenden Kontrolle und Lenkung des Unternehmungsprozesses, sie soll auch Informationen für die Planung und Entscheidungsfindung liefern können (Hentze/Kehres, 1999: 138 und Coenenberg, 1997: 102f.) (Abb. 10.3-10). Mittels dieser Gegenüberstellung wird der kurzfristige Betriebserfolg ermittelt, und seine Zusammensetzung, gegliedert nach Produktgruppen, Bereichen, Erfolgsquellen etc., wird offengelegt.

Je nach Aufgabenstellung kann die kurzfristige Erfolgsrechnung unterschiedlich ausgestaltet werden: Im Gesamtkostenverfahren werden, wie im Gesundheitsbereich, die gesamten Kosten einer Periode und die Bestandsveränderung der Zwischen- und Endprodukte berücksichtigt (Eisele, 1998: 805ff.). Im Umsatzkostenverfahren werden nur die Kosten der abgesetzten Produkte verrechnet, sodass der Betriebserfolg auf die Differenz zwischen den Erlösen und den Selbstkosten der in einer Abrechnungsperiode abgesetzten Leistungen be-

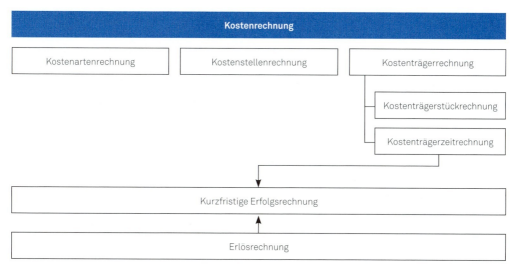

Abbildung 10.3-10: Kurzfristige Erfolgsrechnung als erweiterte Kostenträgerzeitrechnung (Quelle: Eigenerstellung in Anlehnung an Hentze/Kehres, 1999: 138, und Zapp/Torbecke, 2004)

ruht (Schweitzer/Küpper, 1998: 196 f.). So ist das kostenträgerorientierte Umsatzkostenverfahren für die Analyse der Betriebsergebnisse und somit zur Lenkung besser geeignet als das kostenartenorientierte Gesamtkostenverfahren (Hentze/Kehres, 1999: 142 f.).

Die Kostenträgerzeitrechnung, in der die in einer Abrechnungsperiode (z. B. in einem Monat) entstandenen Kosten den zugehörigen Erlösen gegenübergestellt werden, ist als kurzfristige Erfolgsrechnung zu verstehen. Das Betriebsergebnis wird als Differenz zwischen Erlösen und Kosten errechnet (DKG, 1992: 175; zu den Besonderheiten in der stationären Altenhilfe siehe Zapp et al., 2000: 168 ff.).

Innerbetriebliche Kostenverteilung aufgrund der Leistungsverflechtung

Im Unternehmungsprozess wird auch eine Reihe von Gütern produziert, die nicht für den Absatzmarkt bestimmt sind. Es handelt sich um:
- Eigenleistungen, wie die Reparatur durch die eigenen Handwerker, oder
- Innenaufträge, wie das Herstellen des schwarzen Schreibtischs für den Geschäftsführer, die Röntgen-Leistung der Radiologie für die Chirurgie oder Leistungen für ambulante Patienten.

Diese Eigenleistungen können aktivierungspflichtig sein und sind damit in der Bilanz zu verzeichnen. Über den Werteverzehr würde dann der Rückfluss in die Kostenrechnung erfolgen (wobei im Krankenhaus die Besonderheiten der dualen Finanzierung zu berücksichtigen sind). Die Eigenleistungen können aber auch nichtaktivierungspflichtig sein. Im Krankenhaus hat diese Zuteilung auch Auswirkungen auf die Finanzierungsseite und stellt deshalb dort ein besonderes Problem dar.

Kostenstellen können in unterschiedlichem Maße innerbetriebliche Leistungen erstellen und erbringen (Hummel/Männel, 1986: 211):
- Leistungen materieller Art (z. B. Werkzeuge, Anlagen, Brunnen im Garten eines Krankenhauses)
- Leistungen immaterieller Art (z. B. Forschungs- und Entwicklungsarbeiten, Planung)
- Vorhaltung und Verfügbarmachung betrieblicher Potenziale, Überlassen von Räumlichkeiten.

Die Erfassung dieser innerbetrieblichen Leistungsverflechtung ist vor allem aus zwei Gründen wichtig:

1. Ermittlung der Selbstkosten der Kostenträger, um möglichst genaue Aussagen über die Inanspruchnahme von Kostenstellen machen zu können
2. Bereitstellung von Informationen darüber, ob Fremd- oder Eigenbezug wirtschaftlich sinnvoll ist (Olfert, 1999: 172).

Die Leistungsverflechtungen können einfach und komplex sein und deshalb entsprechend einfach oder komplex abgebildet werden. Eine chirurgische Abteilung oder Station (Endkostenstelle) fordert zum Beispiel vom Labor oder von der Radiologie (Vorkostenstelle) Leistungen an. Diese werden als innerbetriebliche Leistungen oder Betriebsleistungen definiert (Hummel/Männel, 1986: 211f.; Zapp/Torbecke, 2004). Die Kostenträgerrechnung erfordert für eine proportionale oder verursachungsgerechte Zuordnung die Verrechnung der Leistungen und Kosten der Vorkostenstellen auf die Endkostenstellen, sodass die primären Kosten der Vorkostenstellen zu Sekundärkosten der Haupt- bzw. Endkostenstellen werden (Hentze/Kehres, 1999: 56ff.).

Die Verrechnung kann einerseits über die innerbetriebliche Leistungsverrechnung oder andererseits ohne Leistungsmessung als pauschale Umlageverrechnung erfolgen. Die Wahl des Verfahrens hängt dabei im Wesentlichen von der Leistungserfassung und -darstellung ab. Diese werden nach Siegfried Hummel und Wolfgang Männel in vier Grundtypen unterschieden und in Abbildung 10.3-11 dargestellt.

Die Differenzierung der Leistungsverrechnung soll unter dem Gebot der Wirtschaftlichkeit erfolgen. Dabei ist zu beachten: Je differenzierter die Verrechnung ist, umso aufwändiger und teurer dürfte sie sein. Mit einer differenzierten Verrechnung ist ein entsprechender Erkenntnisfortschritt einzukaufen und sichtbar zu machen (Tuschen/Quaas, 1998: 53).

Eine (Leistungs-)Verrechnung erfolgt, wenn Leistungen gemessen und die Kosten zugeordnet werden können. Ist das nicht möglich, erfolgt eine Umlagerechnung, die nicht über Leis-

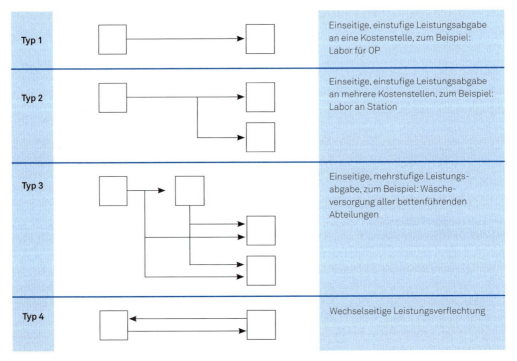

Abbildung 10.3-11: Grundtypen der innerbetrieblichen Leistungsverflechtung (Quelle: Eigenerstellung in Anlehnung an Hummel/Männel, 1986: 212, und Zapp/Torbecke, 2004)

tungen, sondern über andere Größen eine Verrechnung ermöglicht (Umsatz, Vollkraft) (Hummel/Männel, 1986: 215f.).

10.3.3.2
Leistungsrechnung

Das Krankenhaus kann ebenso wie die stationäre Altenhilfe oder Reha- und Fachkliniken als Dienstleistungsunternehmung eingestuft werden (vgl. hierzu Zapp/Dorenkamp, 2002: 18ff.). Im Vordergrund der Leistung stehen hier die Zustandsveränderung, -linderung oder -verbesserung, die Lebensqualität und das Wohlbefinden. Im Bereich der Pflege in der stationären Altenhilfe wurde in einem Projekt „Interne Budgetierung auf der Grundlage der Pflegeversicherung", das von der Arbeitsgruppe „Innovative Projekte" beim Ministerium für Wissenschaft und Kultur des Landes Niedersachsen (AGIP) finanziert und an der Fachhochschule Osnabrück durchgeführt wurde, der Leistungsbegriff anschaulich dargestellt (Abb. 10.3-12). Nach Kosiol (1959: 9) sind „sämtliche Ergebnisse der vielfältigen Tätigkeiten im Betrieb ausnahmslos als Leistungen anzusehen". Dabei kann zwischen dem Mengenbegriff und dem Wertbegriff (Erlös) unterschieden werden (Herder-Dorneich/Wasem, 1986: 104; Schmalenbach, 1963: 12; Zapp/Dorenkamp, 2002: 99).

Nicht alle Leistungen und Verbräuche werden zu Kosten in einem Unternehmen. Nur diejenigen Verbräuche sind als Kosten zu definieren, die zum Zwecke der Erstellung und Verwendung auf das Sachziel der Unternehmung hin (als betriebliche Leistungen) und zur Aufrechterhaltung der Betriebsbereitschaft in Kauf genommen werden. Unter einem Sachziel versteht man das geplante Produktionsprogramm, das heißt die nach Art, Menge und zeitlicher Verteilung von der Unternehmung zu produzierenden Ausbringungsgüter (Schweitzer/Küpper, 1998: 20f.). Diese Beziehung ist zum Beispiel gegeben, wenn ein geplantes Produkt durch den Verkaufspreis oder die pflegerische Leistung durch ein Entgelt gedeckt wird.

Leistungen sind zum Beispiel nicht sachzielbezogen, wenn sie sich außerhalb des Tätigkeitsfeldes des Unternehmens befinden. Keine Leistung für eine Einrichtung der stationären Altenhilfe wäre etwa die gelegentliche Vermietung eines Raums für Vereinszwecke. Solche Erträge dürfen nicht als Leistungen in die Kosten- und Leistungsrechnung eingehen. Die Festlegung der Häufigkeit der Leistungen, zum Beispiel in der Pflege, unter Beachtung des zeitlichen Aufwands und unter Berücksichtigung der Qualität oder eines festgelegten Qualitätsstandards ist für die Ermittlung einer bedarfsadäquaten Leistungsmenge (Zeitaufwand) wesentlich (Neubauer/Schallemeier, 1998: 363ff.).

Leistungen in der Stationären Altenhilfe			
Primärleistungen: Lebensqualität und Wohlbefinden		Sekundärleistungen: Tätigwerden	
Gliederung der Sekundärleistungen (Tätigwerden)			
Pflegeleistung			Nicht Pflegeleistung
direkt • Grundpflege • Behandlungspflege • soziale • Betreuung • Zusatzleistungen	indirekt, bewohnerbezogen • Dokumente • Medikamente vorbereiten • Arzttermine absprechen	indirekt, organisations- und mitarbeiterbezogen • Dienstplan • Dienstübergabe • Fortbildung	• Küche • Reinigung • Verwaltung • Zusatzleistungen

Abbildung 10.3-12: Leistungsprogramm stationärer Altenhilfeeinrichtungen (Quelle: Eigenerstellung in Anlehnung an Zapp et al., 2000: 69, und Eichhorn, 1975: 16)

Als Informationsinstrument der Unternehmensleitung hat die Leistungsrechnung die Aufgabe, die bewerteten Güter und Dienstleistungen, die zur Erreichung des Betriebszwecks erstellt bzw. geplant werden, zu erfassen (Hentze/Kehres, 1999: 2). Dabei kann die betriebliche Leistung als Gegenstück oder Korrelatbegriff zu den Kosten einer Unternehmung gesehen werden (Plinke, 1993: 2654). Die Leistungsrechnung hat als Ergänzung zur Kostenrechnung eine große Bedeutung. Sie gibt Antworten auf die in Tabelle 10.3-9 wiedergegebenen Fragen und erfüllt somit interne und externe Ansprüche.

Durch die Leistungsrechnung wird das Leistungsgeschehen in der stationären Altenhilfe transparent gemacht. Dies ist notwendig, da der Output der Pflegeleistung nicht direkt oder unmittelbar mit Geld bewertet wird. Die monetäre Quantifizierung von Leistungen, die in anderen Wirtschaftsbereichen die Lenkung des Leistungsgeschehens übernimmt, wird in der Pflege nicht auf Einzelleistungen, sondern lediglich auf durchschnittliche bewohnerbezogene Leistungsmengen angewandt, das heißt, es ist erforderlich, im Pflegebereich eine weiterführende Leistungsrechnung aufzubauen, mit der es möglich wird, den Leistungsbereich Pflege sinnvoll zu lenken und zu planen (Weber, 1998: 186ff.).

Die Leistungsbetrachtung muss mit der Kostenperspektive übereinstimmen oder vergleichbar sein, um eindeutige Aussagen durchführen zu können. Sind Leistungen nicht eindeutig einer Kostenstelle oder einem (Teil-)Prozess zurechenbar, werden Aktivitäten der kostenorientierten Manager zu verfehlten Eingriffen führen.

Das Controlling sollte sich als Controlling von Leistungen verstehen. Da die Personen in der Regel näher an die Leistung gebunden sind, werden sie auch eher ein Leistungscontrolling verstehen. Statt darauf hinzuweisen, dass die Personalkosten im Pflegebereich um 50 000 Euro zu hoch ausgefallen sind, wäre es sinnvoller, zu sagen, dass eine Vollkraft mehr eingesetzt wurde, obwohl die Berechnungstage, Fallzahlen usw. zurückgegangen sind. So kann eine qualifizierte Diskussion entstehen, die in diesem Beispiel noch vereinfacht dargestellt wurde. Die Orientierung an Leistungen ist deshalb im Gesundheitsbereich als ein wesentliches Kriterium festzuhalten.

10.3.3.3
Erlös- und Ergebnisrechnung

Die Erlös- und Ergebnisrechnung schließt sich an die Kostenrechnung und die Leistungsrechnung an (siehe hierzu und im Folgenden Zapp/

Tabelle 10.3-9: Ansprüche der Leistungsrechnung (Quelle: Eigenerstellung in Anlehnung an Zapp et al., 2000: 63)

Wer erbringt …	Die Dienstart, die diese Leistung erbringt, z.B. erbringt die Pflege Dienstleistungen → Personalkostenart
… mit welchen Mitteln …	Die Sachmittel, die zur Leistungserstellung benötigt werden. → Sachkostenart
… wo …	Die Leistungsstelle, in der die Leistung erbracht wird, z.B. der Wohnbereich Leistungsstelle → Kostenstelle
… für wen …	Der Leistungsträger, der die Leistung empfängt, z.B. der Bewohner Leistungsempfänger → möglicher Kostenträger
… wann …	Zeitpunkt der Leistungserstellung
… welche Leistung?	Die Art der Leistung, z.B. eine Mahlzeit (Verpflegungsleistung), ein Bad (Pflegeleistung), eine Theaterbegleitung (Zusatzleistung) Leitungsart = Leitungsträger → Kostenträger Ist die Leistungsart eine abzurechnende Leistung, dann stimmen Leistungsart und Leistungsträger überein

Torbecke, 2004). Die auf der Leistungsrechnung aufbauende Erlösrechnung soll die Wertentwicklung abbilden (Weber, 1995: 190). Sie hat die Aufgabe, alle durch die Erstellung und Verwertung von Leistungen zufließenden Werte zu erfassen und zu strukturieren (Liessmann, 1997: 193). Wolfgang Kilger definiert den Erlös als Nettomarktwert der innerhalb einer Periode abgesetzten Wirtschaftsgüter: Dieser Marktwert ergibt sich aus dem Abzug sämtlicher Erlösschmälerungen vom Verkaufspreis. Hinzu kommen noch Erlöse aus neutralen Geschäftsfällen. Dagegen kann der Ertrag als der um die zu Herstellungskosten bewerteten Bestandsveränderungen korrigierte Umsatz bezeichnet werden (Kilger, 1987: 29f.). Schweitzer und Küpper (Schweitzer/Küpper, 1998: 29f.) sehen in dem Begriff „Erlös" die sachzielbezogen bewertete Güterentstehung einer Abrechnungsperiode. Die Erlöse stellen als Entstehungsgröße das Gegenstück zu den Kosten als Verbrauchsgröße dar. Mit Güterentstehung ist in diesem Sinne die Wertschöpfung gemeint. Durch die eingesetzten Güter werden neue werthafte Güter geschaffen. Dabei kann es sich um Absatzgüter oder Wiedereinsatzgüter handeln. Grundsätzlich kann die Güterentstehung als jedes wirtschaftlich verwertbare Ergebnis der eingesetzten Güter bezeichnet werden. So sind bei den Erlösen sämtliche nominalen und realen Wirtschaftsgüter zu berücksichtigen. Nicht jede Güterentstehung wird als erfolgswirksam angesehen, daher ist ein Merkmal notwendig, mit dem die Mengenkomponente festlegbar ist. Durch das Merkmal sollen die Erlöse das Spiegelbild zu den Kosten darstellen. Daher muss das gesuchte Merkmal einen Vergleich der erlöswirksamen Güterentstehung mit dem kostenwirksamen Güterverbrauch gewährleisten. Hier gilt als passendes Merkmal die Sachzielbezogenheit, welche bedeutet, dass die Wertschöpfung dem Unternehmenszweck entspricht (Schweitzer/Küpper, 1998: 31ff.).

Analog zur Kostenrechnung lässt sich auch die Erlösrechnung in Erlösarten-, Erlösstellen- und Erlösträgerrechnung unterteilen.

Bei den Erlösarten werden die spezifischen Unterscheidungsmerkmale betont. Die verschiedenen Erlösarten entstehen gemäß dieser Betrachtungsweise durch die Konkretisierung der Merkmale „Güterentstehung", „Sachzielbezogenheit" und „Bewertung". Daraus lassen sich die Erlöse entsprechend Tabelle 10.3-10 differenzieren.

Erlösarten im Krankenhaus sind die budgetorientierten Erlöse, die zur Deckung der Kosten für die Leistungen der Krankenhausbehandlung entstehen. Hierzu zählen als Entgeltformen die tagesgleichen Pflegesätze, Sonderentgelte und Fallpauschalen sowie DRGs. Auch die Erlöse, die nicht zur Deckung von Kosten für die Leistungen der Krankenhausbehandlung dienen („auszugliedernde Kosten"), sind zu beachten, dazu zählen zum Beispiel die Erlöse für Wahlleistungen (Hentze/Kehres, 1999: 139), Ambulanzen (Kostenstelle 928) oder Mitarbeiteressen (nach KHBV, Anlage 5).

Des Weiteren ist das Merkmal der Zurechenbarkeit mit der Differenzierung zwischen Einzel- und Gemeinerlösen zu erwähnen. Durch die in

Tabelle 10.3-10: Möglichkeiten der Klassifikation von Erlösarten (Quelle: Eigenerstellung in Anlehnung an Schweitzer/Küpper, 1998: 97ff., und Zapp/Torbecke, 2004)

Merkmal	Ausprägung
Art der Ausbringungsgüter	• Produkterlöse • Sachmittel-, Anlageerlöse • Arbeitserlöse • Informationserlöse • Nominalerlöse • Vermietererlöse
Bezugsgröße	• Stückerlöse • Periodenerlöse
Wertansatz	• pagatorische Erlöse • nichtpagatorische Erlöse
Zurechenbarkeit	• Einzelerlöse • Gemeinerlöse
Veränderlichkeit	• variable Erlöse • fixe Erlöse
Erlösbereich, -stelle	• Bereich A, Bereich B
Erlösträger	• Produkt A, Produkt B

der Regel auftretende absatzwirtschaftliche Leistungsverbundenheit entstehen Gemeinerlöse (Schweitzer/Küpper, 1998: 97ff.). Die Leistungsverbundenheit darf nicht wegen einer möglichst vollständigen Verrechnung von Erlösen auf Leistungsbereiche ignoriert werden. Sonst würde die Kosten- und Leistungsrechnung kein Abbild der betrieblichen Leistungserstellung, sondern ein Zerrbild schaffen, durch das Managemententscheidungen erschwert würden.

Im Dienstleistungsbereich – entsprechend im Gesundheitswesen – ist der Grad der Leistungsverbundenheit sehr hoch, wodurch Zuordnungsprobleme auftauchen. Diese beziehen sich auf die Tatsache, dass Erlöse (und Kosten) mehreren Leistungseinheiten gemeinsam zugehören. Da die Erlöse nicht eindeutig zuordenbar sind, können sie als echte Gemeinerlöse bezeichnet werden (Bertsch, 1991: 51f.). Die Gemeinerlöse verhalten sich spiegelbildlich zu den Gemeinkosten. So fallen Erlöse schon weg, wenn eine Teilleistung nicht erbracht wird (Schweitzer/Küpper, 1998: 97ff.).

Die Erlösstellenrechnung lässt sich in außer- und innerbetriebliche Rechnungen unterscheiden. Hierbei dient die Bildung außerbetrieblicher Erlösstellen zum einen der Zurechnung der Erlöse auf die Erlösträger und zum anderen der Erlösplanung und -kontrolle. Dabei sollte die Erlösstelle ein einheitlicher Verantwortungsbereich mit homogenen Absatzbedingungen sein (z.B. Regionen, Kundengruppen) (Weber, 1995: 114).

Bei der innerbetrieblichen Erlösrechnung soll ermittelt werden, in welchem Maße Teilbereiche der Unternehmung zur Erlösentstehung beigetragen haben, es handelt sich also um eine Planungs- und Kontrollrechnung (Weber, 1995: 114).

Die Kostenträgerstückrechnung dient der Ermittlung der Stückerlöse je Produktart. Erlösträger sind Absatzleistungen einer Unternehmung, denen Erlöse direkt zugeordnet werden können (Liessmann, 1997: 194). Wenn die Erlöse den Produkteinheiten direkt zuzurechnen sind, sind die Stückerlöse direkt aus der Erlösartenrechnung ersichtlich. Problematischer ist es, wenn für Produkte Gemeinerlöse anfallen (z.B. bei Mindestabnahmemengen oder Kombinationsgeschäften). Die Gemeinerlöse können in der Regel nicht verursachungsgerecht zugerechnet werden, je nach Rechnungszweck bieten sich die Divisionsrechnung, die Äquivalenzziffernrechnung oder die Zuschlagsrechnung an (Schweitzer/Küpper, 1998: 192).

Stellt man auf Stückbasis die Kosten der Kostenträger deren Erlösen gegenüber, erhält man die Ergebnisse des wirtschaftlichen Handelns. Aufgrund dieser Gegenüberstellung erhält man wichtige Aussagen zur Sortimentspolitik und -analyse, soweit die Bezugsbasen stimmen und Kosten- und Erlösträger übereinstimmen. In der Istkostenrechnung sind die Erlöse der verkauften Produkte bekannt. Sind Gemeinerlöse, also Erlöse, die auf mehrere Produkte zu verteilen sind, angefallen, dann sind diese Gemeinerlöse zu verteilen, was nicht ganz einfach sein dürfte.

Die Formel dürfte dann lauten:
Ergebnis pro Stück = Preis – Stückkosten.

Schwierig wird es erst, wenn Fixkosten anfallen. Diese sind auf lange Sicht angelegt und können in der Regel oft nur von der Unternehmungsleitung beeinflusst werden. Eine Verteilung dieser Fixkosten auf die Stücke ist nicht einfach, da ein Schlüssel fehlt. Diese Problematik weist auf die Teilkostenaspekte hin.

10.3.4
Rechensysteme und Unterscheidungskriterien der Kosten-, Leistungs-, Erlös- und Ergebnisrechnung

10.3.4.1
Unterscheidung nach Umfang: Voll- vs. Teilkostenrechnung

Bei der Unterscheidung nach Umfang werden die Kosten nach dem Umfang der Zurechnung der Kosten zugeteilt. Werden sämtliche Kostenarten, die im Unternehmen anfallen, auf die Kalkulationsobjekte weiterverrechnet, spricht man von einer *Vollkostenrechnung*. Werden nur bestimmte Teile der gesamten Kosten auf die

Kalkulationsobjekte weiterverrechnet, spricht man von einer *Teilkostenrechnung*. In beiden Systemen werden sämtliche Kosten erfasst. Nur die Weiterverrechnung gestaltet sich unterschiedlich.

In Teilkostensystemen werden nur einzelne Teile weiterverrechnet; die restlichen Kosten werden später durch eine andere Systematik weiterverrechnet.

Beispiele

1) Aus dem Produktionsbetrieb: Die Produktion für LKW und PKW findet auf dem gleichen Gelände statt. Die Kosten für die Pforte sind nicht verteilbar, sodass sie nicht auf die einzelnen Objekte verteilt, sondern als Block am Ende bei den Gesamtkosten berücksichtigt werden. Hier liegt eine Teilkostenrechnung vor, weil diese Kosten nicht weiterverrechnet werden können.

2) Aus dem Krankenhaus: Ambulante und stationäre Untersuchungen finden mit dem gleichen Gerät statt. Die Nachtschwester ist für eine Station zuständig, die Pflegedienstleitung für das gesamte Haus.

Es stellt sich die Frage, ob die kurzfristige Erfolgsrechnung als Voll- oder als Teilkostenrechnung durchgeführt werden soll (Eisele, 1998: 805ff.) Für Lenkungsaspekte bietet sich die Teilkostenrechnung an (vgl. hierzu Zapp/Torbecke, 2004). Im Rahmen der kurzfristigen Erfolgsrechnung ist zu beachten, dass die Erfolgsbeiträge, die auf der Vollkostenrechnung basieren, falsche Ergebnisse für die interne Lenkung liefern können. Dies gilt für die Produktionsprogrammplanung oder für die Frage nach Eigen- oder Fremdbezug (Maltry/Strehlau-Schwoll, 1997: 551f.). Zu nennen ist in diesem Zusammenhang die Verrechnung aller Kosten, auch der nicht verursachungsgerecht zurechenbaren Fixkosten, auf die betrieblichen Leistungen und die schmale Bezugsbasis bei großen Gemeinkostenblöcken (Eisele, 1998: 722). Gerade die Leistungserstellung im stationären Bereich ist, bedingt durch die Schwierigkeit der Leistungserfassung (z.B. patientenbezogene Erfassung der Pflegeleistung), durch hohe Kostenträgergemeinkosten gekennzeichnet. Daher ist die Anwendung einer Deckungsbeitragsrechnung sinnvoll, die auf der Trennung von fixen und variablen Kosten bzw. Einzel- und Gemeinkosten beruht (Maltry/Strehlau-Schwoll, 1997: 551f.).

Durch die Deckungsbeitragsrechnung erhält man Kenntnisse über die Beeinflussbarkeit der Kosten und über die Kostenstruktur der Leistungserstellung. Als Deckungsbeitrag wird definiert:

Deckungsbeitrag = Erlös – variable Kosten (gesamter Deckungsbeitrag).

Der Stückdeckungsbeitrag errechnet sich aus dem Preis minus die variablen Stückkosten.

Hierbei ist zu beachten, dass die einfache (einstufige) Deckungsbeitragsrechnung aufgrund des Volumens der fixen Kosten und der Krankenhausstruktur nicht die gewünschten Ergebnisse liefern kann. Der Fixkostenblock wird bei der einstufigen Deckungsbeitragsrechnung nicht näher betrachtet. Hier muss eine differenzierte Form der Deckungsbeitragsrechnung angewandt werden.

Empfehlenswert für die kurzfristige Erfolgsrechnung ist die Bildung von Kostenträgerhierarchien, mit deren Hilfe die Deckungsbeiträge den Fixkosten gemäß der Fixkostenrechnung stufenweise zugeordnet werden können. Für Reha- und Fachkliniken, aufgrund der Art der Leistungserstellung, kommt als Deckungsbeitragsrechnung die stufenweise Fixkostendeckung infrage. Bei einer entsprechenden Gliederung kann der Anteil einer Abteilung sowie einzelner Therapien (bei Fallpauschalen) am ökonomischen Erfolg des Gesamthauses aufgezeigt werden. Die Deckungsbeiträge können nach Fallgruppen und Krankenhausabteilungen hierarchisch gestaffelt werden (Abb. 10.3-13). So kann beispielsweise die Entwicklung der Deckungsbeiträge im Hinblick auf Auslastung, Erlöse und Kosten dargestellt und verglichen werden und somit lassen sich die Stärken und Schwächen einzelner Teilbereiche zeigen (Straub, 1997: 274ff.).

So ergänzen sich die Kalkulation auf Vollkostenbasis und die kurzfristige Erfolgsrechnung

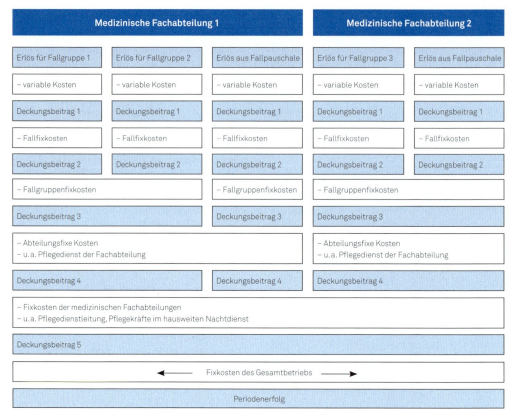

Abbildung 10.3-13: Mehrstufige Deckungsbeitragsrechnung (Quelle: Eigenerstellung in Anlehnung an Preuß, 1996: 193, und Zapp/Torbecke, 2004)

auf Teilkostenbasis und liefern somit die jeweils benötigten Informationen.

10.3.4.2
Unterscheidung nach der Zeit: Ist- vs. Plankostenrechnung

Bei der Unterscheidung nach der Zeit wird eine Verteilung nach dem zeitlichen Bezug der Kosten vorgenommen. Rechnungssysteme können als Ex-post- oder Ex-ante-Rechnung aufgefasst werden.

Werden die Istkosten betrachtet, handelt es sich um eine nachherige Betrachtung, denn Istkosten liegen vor, wenn die Kosten bereits angefallen sind bzw. realisiert wurden. Sind die Kosten noch nicht real angefallen, dann können sie prognostiziert werden. Die Ermittlung realisierter Kosten und Erlöse bezieht sich auf Istgrößen; Planung und Lenkung sind aber auf kommende Perioden angelegt. Daher unterscheidet man die Istkosten- von der Plankostenrechnung.

Die Istkostenrechnung ist ein Rechensystem, das als Nachrechnung durchgeführt wird. Hier werden die Tatbestände des vollzogenen Leistungsprozesses eines abgelaufenen Zeitraums abgebildet.

Die Plankostenrechnung ist ein Rechensystem, das im Vornherein als Planung durchgeführt wird. Hier werden geplante, prognostizierte oder hinreichend vermutete Zustände abgebildet, die sich auf zukünftige wirtschaftliche Gegebenheiten beziehen.

Plankostenrechnungen unterscheiden sich generell aufgrund der Planabsicht in zwei Ausgestaltungsmöglichkeiten (vgl. Schweitzer/Küpper: 244 ff.):

1. Prognosekostenrechnung
2. Standardkostenrechnung.

Werden die erwarteten Kosten und Erlöse abgebildet und errechnet, liegt eine Prognosekostenrechnung vor! Die Prognosekostenrechnung wird in der Regel für die Unternehmungsleitung relevant. Hier geht es darum, ob die Planvorstellungen realisiert werden und ob das prognostizierte Ergebnis erreicht werden kann.

Werden die wirtschaftlichen Kosten abgebildet und errechnet, liegt eine Standardkostenrechnung vor. Sie wird notwendig, um bei einer Abweichungsanalyse Handlungskonzepte einsetzen zu können. Steigen die Kosten bei gleicher Ausgangslage überproportional, dann sind Plan-Ist-Vergleiche durchzuführen. Daraufhin können Abweichungsanalysen mit Handlungskonzeptionen entwickelt werden.

10.3.5
Rechnungszielorientierung – daten- vs. verhaltensorientierte Rechnung

Bisher sind verschiedene Rechnungsziele dargestellt worden:
1. Die Abbildung, Ermittlung und Dokumentation von Kosten, Leistungen, Erlösen und Ergebnissen ist notwendig, um realisierte Kosten und Erlöse zu ermitteln. Realisierte Kosten deuten auf eine Istkostenrechnung hin. Aber auch Plankostenrechnungen verfolgen das Ziel, die Größen abzubilden.
2. Prognose, Vorgabe und Kontrolle sind planungsorientierte Systeme, die sehr datenorientiert sind. Die Konzepte basieren auf der Verteilung der vollen Kosten, die auf die Kostenträger heruntergebrochen werden. Hier spielt die Auflösung in variable und fixe oder in Einzel- und Gemeinkosten eine wesentliche Rolle. Planungsorientierte Systeme stellen aber auch die Teilkostenrechnung in den Vordergrund, um Entscheidungen für die Unternehmungsleitung oder das Management aufzubereiten. Diese informationsorientierte Aufbereitung reicht aber für eine Lenkung allein nicht aus, sowie der sachrationale Aspekt in den Vordergrund gestellt wird.
3. Deshalb ist es Ziel, verhaltenslenkende Systeme zu generieren. Sie sind in der Regel ermittlungsorientiert aufgebaut, um die Eigeninitiative der (leitenden) Mitarbeiter zu erreichen und den Motivationsaspekt hervorzuheben (vgl. Schweitzer, Küpper, 1998: 79). Neben dieser auf die Einzelperson abgestellten Motivation ist auch das Team als Wir-Gefühl bei der Lenkung im Fokus zu behalten und die Kohäsionsfunktion zu beachten (Bleicher/Meyer, 1976: 67ff.).

Hier rücken dann neben den harten, zahlenorientierten Daten weiche Daten in den Blickpunkt. Die Beschreibung weicher Daten leitet sich aus dem Denken um Prozesse (Kosiol, 1979; Gaitanides, 1994), Prozessmanagement (Gaitanides, 1994; Haist/Fromm, 1991; Striening, 1998), Prozessanalyse (Greulich, 1997) und Prozessgestaltung (Zapp, 2002) her. Sie sind in besonderer Weise für ein Controlling zu berücksichtigen und in entsprechend verwertbare Daten zu transferieren, um darauf aufbauend Controllingaktivitäten starten zu können. Diese weichen Daten werden durch Prozesse, Qualität, Zeit und Patientenanforderungen umschrieben (vgl. Zapp/Dorenkamp, 2002).

Literatur

Bader, J.; Theiss, M. (2001): Die Kostenträgerrechnung wird überlebenswichtig. f&w – Führen und Wirtschaften im Krankenhaus, 18 (2): 169.

Bertsch, L.H. (1991): Expertensystemgestützte Dienstleistungskostenrechnung. Stuttgart,

Bleicher, K.; Meyer, E. (1976): Führung in der Unternehmung: Formen und Modelle. Reinbek bei Hamburg, Rowohlt.

Brink, H.-J. (1992): Einflußfaktoren auf die Gestaltung der Kostenrechnungssysteme, in: Männel, W. (Hrsg.): Handbuch Kostenrechnung. Wiesbaden, Gabler, S. 167-181.

Buggert, W. (1994): Kosten- und Leistungsrechnung, 11., uberarbeitete Auflage. Darmstadt, Winklers Verlag.

Coenenberg, A.G. (1997): Kostenrechnung und Kostenanalyse, 3., überarbeitete und erweiterte Auflage. Landsberg/Lech, Verlag moderne industrie.

Coenenberg, A. G. (1999): Kostenrechnung und Kostenanalyse, 4., aktualisierte Auflage. Landsberg/Lech, Verlag moderne industrie.

Coenenberg, A. G. et al. (2012): Kostenrechnung und Kostenanalyse, 8. Auflage. Stuttgart, Schäffer-Poeschel.

Deutsche Krankenhaus Gesellschaft (DKG) (Hrsg.) (1992): Hinweise der DKG zum Rechnungswesen der Krankenhäuser. Düsseldorf, Eigendruck.

Dietz, O.; Bofinger, W. (2000): Krankenhausfinanzierungsgesetz, Bundespflegesatzverordnung und Folgerecht, Kommentare; Loseblatt-Ausgabe. Wiesbaden, Kommunal- und Schulverlag.

DKG, GKV, PKV (Hrsg.) (2016): Kalkulation von Fallkosten: Handbuch zur Anwendung in Krankenhäusern, Version 4.0. Düsseldorf. Deutsche Krankenhaus Verlagsgesellschaft mbH.

Ebert, G. (1978): Kosten- und Leistungsrechnung, 1. Auflage. Wiesbaden, Gabler.

Ebert, G. (1991): Kosten- und Leistungsrechnung, 6., erweiterte Auflage. Wiesbaden, Gabler.

Eichhorn, S. (1975): Krankenhausbetriebslehre – Theorie und Praxis des Krankenhausbetriebes, Band 1, 3. Auflage. Stuttgart, Kohlhammer.

Eisele, W. (1998): Technik des betrieblichen Rechnungswesens: Buchführung und Bilanzierung – Kosten und Leistungsrechnung – Sonderbilanzen, 6., überarbeitete und erweiterte Auflage. München, Vahlen.

Gaitanides, M. et al. (Hrsg.) (1994): Die Synthese von Prozeßmanagement und Kundenmanagement, in: Prozeßmanagement: Konzepte, Umsetzung und Erfahrungen des Reegineering. München, Hanser.

Graumann, M.; Schmidt-Graumann, A. (2011): Rechnungslegung und Finanzierung der Krankenhäuser. Leitfaden für Rechnungslegung, Beratung und Prüfung, 2. Auflage. Herne, NWB Verlag.

Greiling, M. (2005): Prozesskostenrechnung im Krankenhaus – Instrument und praktische Umsetzung zur Steuerung in DRGs, in: Vetter, U. (Hrsg.): Leistungsmanagement im Krankenhaus – G-DRGs. Schritt für Schritt erfolgreich: Planen – Gestalten – Steuern. Heidelberg, Springer, S. 118–129.

Greiling, M. (2008): Prozesscontrolling im Krankenhaus. Steuerung von Abläufen mit Hilfe des Reportings. Kulmbach, Baumann Fachverlage.

Greulich, A. (1997): Prozeßmodellierung als Instrument für organisatorische Verbesserungen, in: Thiele, G. (Hrsg.): Prozeßmanagement im Krankenhaus. Heidelberg, Economica.

Haberstock, L. (1998): Kostenrechnung 1, 10., unveränderte Auflage. Berlin, Erich Schmidt Verlag.

Haist, F.; Fromm, H. (1991): Qualität im Unternehmen: Prinzipien – Methoden – Techniken, 2., durchgesehene Auflage. München, Hanser.

Hentze, J.; Kehres, E. (1999): Kosten- und Leistungsrechnung in Krankenhäusern: systematische Einführung, 4., überarbeitete Auflage. Stuttgart, Kohlhammer.

Herder-Dornreich, P.; Wasem, J. (1986): Krankenhausökonomie zwischen Humanität und Wirtschaftlichkeit. Baden-Baden, Nomos.

Horváth, P.; Meyer, R. (1993): Prozesskostenrechnung – Konzeption und Entwicklung. krp – Kostenrechnungspraxis, Sonderheft 2/1993: 16–20 f.

Hummel, S.; Männel, W. (1980): Kostenrechnung, Teil 1: Grundlagen, Aufbau und Anwendung, 2., erweiterte und verbesserte Auflage. Wiesbaden, Gabler.

Hummel, S.; Männel, W. (1986): Kostenrechnung 1, 4., völlig neu bearbeitete und erweiterte Auflage. Wiesbaden, Gabler.

Janssen, D. (1999): Wirtschaftlichkeitsbewertung von Krankenhäusern: Konzepte und Analysen von Betriebsvergleichen. Stuttgart, Kohlhammer.

Joos-Sachse, T. (2002): Controlling, Kostenrechnung und Kostenmanagement. Grundlagen – Instrumente – Neue Ansätze, 2., überarbeitete Auflage. Wiesbaden, Gabler.

Keun, F. (1999): Einführung in die Krankenhaus-Kostenrechnung, 3., überarbeitete Auflage. Wiesbaden, Gabler.

Kilger, W. (1987): Einführung in die Kostenrechnung, 3., durchgesehene Auflage. Wiesbaden, Gabler.

Kilger, W. (1993): Flexible Plankostenrechnung und Deckungsbeitragsrechnung, 10., vollständig überarbeitete und erweiterte Auflage, bearbeitet durch K. Vikas. Wiesbaden, Gabler.

Kosiol, E. (1959): Verrechnung innerbetrieblicher Leistungen, 2. Auflage. Wiesbaden, Gabler.

Kosiol, E. (1979): Kostenrechnung der Unternehmung, 2., überarbeitete und ergänzte Auflage. Wiesbaden, Gabler.

Kothe-Zimmermann, H. (2006): Prozesskostenrechnung und Prozessoptimierung im Krankenhaus. Eine Praxisanleitung in sieben Schritten. Stuttgart. Kohlhammer.

Liessmann, K. (Hrsg.) (1997): Gabler Lexikon Controlling und Kostenrechnung. Wiesbaden, Gabler, S. 193.

Liessmann, K. (Hrsg.) (1997): Gabler Lexikon Controlling und Kostenrechnung. Wiesbaden, Gabler, S. 193.

Maltry, H.; Strehlau-Schwoll, H. ??. (1997): Kostenrechnung und Kostenmanagement im Krankenhaus, in: Freidank, C.C. et al.: Kostenmanagement. Berlin, Springer Verlag, S. 533–564.

Neubauer, G.; Schallemair, C. (1998): Das Leistungsgeschehen in der stationären Altenhilfe, in: DOK: Politik, Praxis, Recht. AOK-Bundesverband, Heft 11–12: 363–367.

Olfert, K. (1999): Kostenrechnung, 11., durchgesehene Auflage. Ludwigshafen, Kiehl.

Plinke, W. (1993): Leistungs- und Erlösrechnung, in: Wittmann, W. et al.: Handwörterbuch der Betriebswirtschaft, TeilBand 2. I–Q, 5., völlig neu gestaltete Auflage. Stuttgart, B. Metzlersche Verlagsbuchhandlung und Carl Ernst Poeschel Verlag, S. 2654. Poeschel.

Preißler, P.-R.; Doerrie, U. (1987): Grundlagen Kosten- und Leistungsrechnung, 2. Auflage. Landsberg/Lech, Verlag moderne industrie.

Preuß, O.F. (1996): Kosten- und Deckungsbeitragsmanagement im Krankenhaus unter besonderer Berücksichtigung von Fallpauschalen und Sonderentgelten. Frankfurt/M., Lang.

Röhrig, R.; Schnee, St. (1995): Kostenarten, Kostenstellen, Kostenträgerrechnung, in: Eichhorn, S.; Schmidt-Rettig, B.: Krankenhausmanagement im Werte- und Strukturwandel. Stuttgart, Berlin, Köln, Kohlhammer.

Schmalenbach, E. (1963): Kostenrechnung und Preispolitik, 8., erweiterte und verbesserte Auflage. Wiesbaden, Westdeutscher Verlag.

Schmolke, S.; Deitermann, M. (2000): Industrielles Rechnungswesen IKR, 28., überarbeitete Auflage. Darmstadt, Schöningh Winklers.

Schneider, E. (1969): Einführung in die Wirtschaftstheorie. Wirtschaftspläne und wirtschaftliches Gleichgewicht in der Verkehrswirtschaft, 12., durchgesehene und verbesserte Auflage. Tübingen, Mohr.

Schweitzer, M.; Küpper, H.-U. (1998): Systeme der Kosten- und Erlösrechnung, 7., überarbeitete und erweiterte Auflage. München, Vahlen.

Straub, S. (1997): Controlling für das wirkungsorientierte Krankenhausmanagement. Bayreuth, Verlag PCO.

Streim, H. (1988): Grundzüge der handels- und steuerrechtlichen Bilanzierung. Stuttgart, Kohlhammer.

Striening, H.-D. (1998): Prozeß-Management. Frankfurt/M., Verlag moderne industrie.

Tuschen, K.H.; Quaas, M. (1998): Bundespflegesatzverordnung: Kommentar mit einer umfassenden Einführung in das Recht der Krankenhausfinanzierung, 4., überarbeitete und erweiterte Auflage. Stuttgart, Kohlhammer.

Verband der Krankenhausdirektoren Deutschlands e.V. (Hrsg.) (1995): Informationsmanagement im Krankenhaus: Anforderungen an die Kosten- und Leistungsrechnung für die Leistungs- und Kalkulationsaufstellung (LKA) und die innerbetriebliche Steuerung – Grundstufe. Mühlheim/Ruhr, o.V.

Weber, H.K. (1993): Betriebswirtschaftliches Rechnungswesen, Band 1: Bilanz und Erfolgsrechnung, 4., überarbeitete Auflage. München, Vahlen.

Weber, J. (1995): Einführung in das Controlling, 6., durchgesehene und erweiterte Auflage. Stuttgart, Schäffer-Poeschel.

Weber, J. (1998): Einführung in das Controlling, 7., durchgesehene und erweiterte Auflage. Stuttgart, Schäffer-Poeschel.

Wedell, H. (2003): Praxis der Unternehmensführung und -steuerung, Teil A: Die Kosten- und Leistungsrechnung als Controllinginstrument, 7. Kapitel, in: Endriss, H.W. (Hrsg.): Bilanzbuchhalter-Handbuch, 4., wesentlich aktualisierte und erweiterte Auflage. Herne, Berlin, Neue Wirtschafts-Briefe, S. 1210 f., 1229.

Zapp, W. (1999): Leistungsorientierung in der Ergotherapie. Ergotherapie & Rehabilitation, Heft 4, 7/1999: 265–268.

Zapp, W. (1999): Leistungsorientierung in der Ergotherapie. Ergotherapie & Rehabilitation, Heft 4, 7/1999: 265–268.

Zapp, W. (2003): Im Mittelpunkt die Prozesse. Controlling ku-Special: Controlling, Heft 4: 9.

Zapp, W. (Hrsg.) (2002): Prozessgestaltung im Krankenhaus. Heidelberg, Economica.

Zapp, W. (Hrsg.) (2004): Controlling in der Pflege. Bern, Verlag Hans Huber.

Zapp, W.; Bettig, U. (2002): Die Bedeutung der Prozesskostenrechnung für eine Gestaltung von Prozessen, in: Zapp, W. (Hrsg.): Prozessgestaltung im Krankenhaus. Heidelberg, Economica, S. 274–295.

Zapp, W.; Bettig, U.; Torbecke, O.; Dorenkamp, A. (1997/2003): Prozessgestaltung, in: Fischer et al. (Hrsg.): Management Handbuch Krankenhaus, Loseblattwerk, 52. Ergänzungslieferung, 8/2003, S. 1–24. Heidelberg, Economica.

Zapp, W.; Dorenkamp, A. (2002): Anwendungsorientierte Prozessgestaltung im Krankenhaus. Bericht über ein Forschungsprojekt, in: Zapp, W. (Hrsg.): Prozessgestaltung im Krankenhaus. Heidelberg, Economica.

Zapp, W.; Funke, M.; Schnieder, S. (2000): Interne Budgetierung auf der Grundlage der Pflegeversicherung. Ergebnisse eines anwendungsorientierten Forschungsprojektes in der stationären Altenhilfe. Wanne-Eickel, Krankenhausdrucke Verlag.

Zapp, W.; Gläser, I. (2000): Prozessanalysen im Verwaltungsbereich, in: Fischer et al. (Hrsg.): Management Handbuch Krankenhaus, Loseblattwerk, 35. Ergänzungslieferung, 7/2001. Heidelberg, Economica.

Zapp, W.; Torbecke, O. (2004): Konzeption einer Kostenträgerrechnung als Grundlage für ein entscheidungsorientiertes Controlling in der Pflege, in: Zapp, W. (Hrsg.): Controlling in der Pflege. Bern, Verlag Hans Huber.

Zimmermann, G. (1998): Grundzüge der Kostenrechnung, 7., durchgesehene Auflage. München, Oldenbourg.

11.1.3
Etablierung einer Marketingstrategie im Krankenhaussektor

Das Krankenhaus kann sein Marketing nur dann entsprechend den zielgruppenspezifischen Erwartungen realisieren, wenn es die Bedürfnisse der Zielgruppen kennt. Im Rahmen einer Marktsegmentierung müssen zunächst die wichtigen Zielgruppen des Krankenhauses definiert werden, da das Krankenhaus in ein komplexes ökonomisches, politisch-gesetzliches, soziokulturelles, technologisches und ökologisches Umfeld integriert ist. Mit dem Instrumentarium der **Marketingforschung** kann das Krankenhaus dann für die wichtigsten Zielgruppen eine spezifische Marktanalyse durchführen, um einerseits die individuellen Bedürfnisse der Zielgruppen zu ermitteln und andererseits die eigene Position im Wettbewerb mit anderen Krankenhäusern einschätzen zu können.

Informationen stellen die wesentlichen Grundlagen unternehmerischer Entscheidungen dar. In der Regel können tragfähige Entscheidungen nur dann getroffen werden, wenn die relevanten Informationen zur Verfügung stehen. Als Marketinginformationen gelten dabei alle Informationen, die für die Planung der Ziele und Instrumente im Marketing relevant sind. Hierbei handelt es sich im Wesentlichen nicht um unternehmensinterne Daten, sondern vor allem um Daten über das Umweltsystem der Unternehmung.

Für den Vorgang der Informationsgewinnung finden sich in der deutschsprachigen Literatur vor allem die Begriffe „Marktforschung" und „Marketingforschung". **Marktforschung** („market research") ist die zielbewusste Untersuchung eines konkreten Marktes. Sie versucht, Informationen über die Größe, die Struktur usw. von Absatz- und Beschaffungsmärkten einer Organisation zu erhalten. Die Marktforschung umfasst somit die Absatz- und die Beschaffungsmarktforschung. Abbildung 11.1-1 verdeutlicht den Unterschied zwischen Markt- und Marketingforschung.

Die **Marketingforschung** („marketing research") bezieht sich ausschließlich auf die Absatzmärkte und beinhaltet die systematische Gewinnung und Analyse von Informationen, die zur Erkennung und Lösung von Marketingproblemen dienen. Sie liefert die Grundlage für die Erarbeitung, Implementierung und Kontrolle von Marketingkonzeptionen. Die Absatzforschung umschließt dabei die Beschaffung und Auswertung von Informationen sowohl aus internen Quellen (z.B. Rechnungswesen) als auch aus externen Quellen (z.B. amtliche Statistiken) zur Vorbereitung, Durchsetzung und Kontrolle von Marketingentscheidungen mit ein.

Während die Marktforschung die zielbewusste Analyse aller krankenhausrelevanten Beschaffungs- und Absatzmärkte umfasst, ist die Marketingforschung auf die Gewinnung und Analyse jener Kundeninformationen ausgerichtet, die im Rahmen des Krankenhausmarketings von Bedeutung sein können.

Der **Marktforschungsprozess** lässt sich, analog zum Ablauf des allgemeinen Kommunikationsprozesses, idealtypisch in mehrere aufeinander folgende Phasen unterteilen. Es ist jedoch nicht erforderlich, die einzelnen Phasen starr in der angegebenen Reihenfolge zu durchlaufen. Sie stellen vielmehr einen Orientierungsrahmen dar, der in der Praxis unternehmens- oder problembedingt modifiziert werden kann.

Soll ein Forschungsprojekt durchgeführt werden, ist zunächst eine sorgfältige Klärung der Problemlage notwendig. Somit ist es notwendig, in einem ersten Schritt die Aufgabenstellung zu konkretisieren, um aus der Definiti-

Abbildung 11.1-1: Markt- und Marketingforschung (Quelle: Haubrock, M.; Vorlesungsunterlagen Krankenhausbetriebswirtschaftslehre; Fachhochschule Osnabrück, Osnabrück, 1999)

tings ist darin zu sehen, dass die Erstellung von Dienstleistungen einigen Besonderheiten unterliegt. Daher können die in der Konsum- und Investitionsgüterindustrie entwickelten Marketingstrategien nicht ohne weiteres auf den Dienstleistungsbereich übertragen werden.

Die zunehmende Kritik am kommerziell ausgerichteten Marketing, die sich auf Negativwirkungen im Bereich der sozialen und ökologischen Umwelt bezieht, führte in den vergangenen Jahren zu einer Vertiefung bzw. Ausweitung des Marketings auch auf nichtkommerzielle Bereiche, wobei in diesem Zusammenhang unter anderem das Human-Marketing und das Social-Marketing diskutiert werden. Das **Human-Marketing** kann hierbei als eine Vertiefung des kommerziellen Marketings angesehen werden, da es eine stärkere Berücksichtigung sozialer, gesellschaftlicher und ökologischer Probleme und damit eine humanere Leistungsgestaltung in gewinnorientierten Bereichen fordert. Das Human-Marketing stellt somit den Übergang vom kommerziellen zum nichtkommerziellen Marketing dar, weil es von erwerbswirtschaftlichen Unternehmen praktiziert wird, hierbei aber nur indirekt erwerbswirtschaftliche Ziele verfolgt.

Das **Social-Marketing** hingegen gilt als Ausweitung des ursprünglich kommerziell ausgerichteten Marketings, da es sich ausschließlich auf nichtkommerzielle Bereiche bezieht. Hierbei sind zwei Ausprägungsformen von besonderer Bedeutung:
- Social-Marketing ist auf die Lösung sozialer und gesellschaftlicher Probleme ausgerichtet, da es bestimmte gesellschaftspolitische Vorstellungen und Verhaltensweisen zielbezogen beeinflussen und steuern will. Beispielhaft kann die Anti-Raucher-Kampagne im gesundheitspolitischen Bereich genannt werden.
- In einer anderen Definition beinhaltet das Social-Marketing die Planung, Organisation, Durchführung und Kontrolle von Marketingstrategien und -aktivitäten für nichtkommerzielle Organisationen, die direkt oder indirekt auf die Lösung sozialer Aufgaben gerichtet sind.

Das Social-Marketing kann aufgrund dieser engen Definition als Führungskonzeption für soziale Institutionen im nichtkommerziellen Bereich betrachtet werden. Charakteristisch für diese Institutionen ist die Ausrichtung der Betriebstätigkeit auf die Lösung sozialer Aufgaben, wobei nicht das Prinzip der Gewinnmaximierung, sondern Prinzipien der Daseinsvorsorge und der Humanität die obersten Handlungsgrundsätze darstellen.

Abschließend soll das Krankenhausmarketing als moderner Marketingansatz in die traditionellen Forschungsansätze des Marketings integriert werden.

Krankenhäuser werden generell als Einrichtungen definiert, in denen durch ärztliche und pflegerische Leistungen kranke Menschen behandelt werden und in denen die zu versorgenden Patienten untergebracht und verpflegt werden können. Da es sich bei der ärztlichen Behandlung, der pflegerischen und seelsorgerischen Betreuung sowie der Hotelversorgung um immaterielle Leistungen im Sinne der Definition von Dienstleistungen handelt, sind Krankenhäuser nach Art ihrer betrieblichen Leistung eindeutig dem Dienstleistungssektor zuzuordnen, wobei Krankenhäuser innerhalb dieses Sektors den kundenpräsenzbedingten Dienstleistungsbetrieben zuzurechnen sind.

Die Aktivitäten von Krankenhäusern sind aber auch auf die Lösung sozialer Aufgaben ausgerichtet. Das Betriebsgeschehen öffentlicher und freigemeinnütziger Krankenhäuser beabsichtigt, den Bedarf der Bevölkerung an stationärer, teilstationärer und ambulanter Krankenversorgung zu decken, wobei nicht die Gewinnmaximierung, sondern Prinzipien der Daseinsvorsorge und Humanität im Mittelpunkt der betrieblichen Aktivitäten stehen.

Damit sind vor allem öffentliche und freigemeinnützige Krankenhäuser als nichtkommerzielle Dienstleistungsbetriebe auf die Lösung sozialer Aufgaben ausgerichtet. Aus diesem Grunde wird das **Krankenhausmarketing** als moderne Marketingrichtung wesentlich durch das Dienstleistungsmarketing sowie das Social-Marketing determiniert.

In der historisch ursprünglichen Version bezeichnet Marketing die Outputseite einer Unternehmung. Sie entsprach dem deutschen Begriff „Absatzwirtschaft". Später fand eine Ausweitung des Marketings von einer Absatzkonzeption zu einem umfassenden, alle betrieblichen Funktionsbereiche einbeziehenden Führungskonzept statt. Die wohl umfassendste Erweiterung erfuhr der Marketingbegriff durch die Übertragung auf weitere Institutionen in Form des **Generic Concept of Marketing**. Nach diesem Konzept ist Marketing nicht nur als eine Managementfunktion zu verstehen, sondern als eine Aufgabe, die die Austauschbeziehungen zwischen einzelnen Menschen und/ oder Gruppen zu analysieren hat.

Marketing ist im Zuge der Wandlung von den Verkäufer- zu den Käufermärkten nicht mehr nur als eine Aufgabe neben anderen zu betrachten, sondern Marketing ist heute als Teil der Unternehmens- bzw. Führungsphilosophie zu interpretieren. Hierbei richtet Marketing konsequent alle betrieblichen Aktivitäten auf die gegenwärtigen und zukünftigen Erfordernisse der Märkte aus, um die gesetzten Unternehmensziele zu erreichen.

Mit der Wandlung vom marktgerechten Marketing zum Marketing als **marktorientierte Unternehmensführung** vollzog sich eine inhaltliche Begriffsveränderung, die in der Literatur als „Führungskonzept" oder auch als „strategisches Marketing" umschrieben wird. Gleichzeitig hat sich in der Literatur die Auffassung durchgesetzt, die Merkmale des Marketings als Führungskonzeption in die drei folgenden Aufgabenkomplexe zusammenzufassen:
- marktbezogene Aufgaben
- unternehmensbezogene Aufgaben
- gesellschaftsbezogene Aufgaben.

Die durch die Globalisierung der Märkte hervorgerufene Wettbewerbsverschärfung, das hohe Sättigungsniveau auf vielen Märkten und die steigenden Ansprüche seitens der Konsumenten führten schließlich zur Entwicklung spezifischer Marketingstrategien in den Bereichen der Konsum- und Investitionsgüterindustrie.

Ziel des **Konsumgütermarketings** ist die Vermarktung von Verbrauchs- und Gebrauchsgütern. Da Konsumgüter vom Endverbraucher gekauft werden, die Distribution jedoch unter Einschaltung des Handels erfolgt, erfährt das Konsumgütermarketing mit einem auf die Käufer ausgerichteten Marketing (Massenmarketing) und einem auf den Handel spezialisierten Marketing (Handelsmarketing) zwei besondere Ausprägungsformen.

Das **Investitionsgütermarketing** hingegen befasst sich mit der Vermarktung von Wiedereinsatzfaktoren für in der Regel industrielle Abnehmer, wobei das Güterspektrum von Rohstoffen, Energieträgern und einfachen Maschinen bis hin zu komplexen Anlagen reicht.

Da der tertiäre Sektor durch eine Vielzahl heterogener Dienstleistungen charakterisiert ist und Dienstleistungen sowohl als reine Dienstleistungen als auch in Form von produktbegleitenden Dienstleistungen im produzierenden Gewerbe erbracht werden, ist eine eindeutige und vollständige Abgrenzung des Dienstleistungsbegriffs nicht möglich.

Sofern die menschliche Leistung bei der Erstellung einer Dienstleistung überwiegt, spricht man von persönlichen, ansonsten von automatisierten Dienstleistungen. Des Weiteren können sich Dienstleistungen auf die Veränderung eines Objekts oder auf die Veränderung eines Menschen beziehen. Entsprechend kann zwischen folgenden Formen von Dienstleistungen unterschieden werden:
- nachfragerobjektbezogen
- beiderseitig personenbezogen
- beiderseitig objektbezogenen
- anbieterobjektbezogen.

Die medizinische Versorgung und die pflegerische Betreuung, die die Kerndienstleistungen eines Krankenhauses darstellen, können nach der oben aufgeführten Systematisierung als beiderseitig personenbezogene Dienstleistungen charakterisiert werden.

Aufgrund der seit Mitte der 1970er-Jahre zunehmenden Bedeutung des tertiären Sektors in den Industrienationen hat sich neben dem Konsum- und Investitionsgütermarketing das **Dienstleistungsmarketing** etabliert. Die Ursache für die Entstehung eines speziell auf den Dienstleistungssektor ausgerichteten Marke-

11 Marktorientierte Unternehmensführung

11.1 Marketing

Manfred Haubrock

11.1.1 Begriffliche Abgrenzungen

Die Begriffe „Marketing" und „Marketingmanagement" werden in der Literatur keineswegs einheitlich definiert. So bestimmt Meffert Marketing als „die bewusst marktorientierte Führung des gesamten Unternehmens" (Meffert/Bruhn, 1995: 29). Nieschlag et al. (1991) kennzeichnen das Marketing zum einen als Bestandteil einer abnehmerorientierten Unternehmensphilosophie, die besagt, dass alle Aktivitäten des Unternehmens konsequent an den Bedürfnissen der Kunden auszurichten sind. Zum anderen sehen sie das Marketing als einen Katalog von Maßnahmen bzw. Techniken, mit deren Hilfe der Markt gezielt beeinflusst werden soll. Abschließend sehen sie im Marketing eine Methode im Sinne einer Menge von empirischen und analytischen Verfahren zur Planung des Mitteleinsatzes.

Diese Definitionen des Marketings sind für den öffentlichen bzw. gemeinnützigen Sektor nur begrenzt geeignet, da ihnen eine erwerbswirtschaftliche Unternehmensperspektive zugrunde liegt. Ferner wird der Marktbezug zu eng definiert, da für öffentliche Betriebe nicht nur die Konsumentenmärkte, sondern auch die Märkte „Allgemeine Öffentlichkeit, Staat und Politik" von Bedeutung sind. Für die Entwicklung eines Marketingkonzepts öffentlicher Betriebe sind dagegen jene Marketingdefinitionen geeigneter, die den Güteraustausch zum Gegenstand haben. So definieren Kotler und Bliemel Marketing als einen „Prozeß im Wirtschafts- und Sozialgefüge, durch den Einzelpersonen und Gruppen ihre Bedürfnisse und Wünsche befriedigen, indem sie Produkte und andere Dinge von Wert erzeugen, anbieten und miteinander austauschen" (Kotler/Bliemel, 1995: 15). Das Marketingmanagement wird von ihnen als „Planungs- und Durchführungsprozeß der Konzipierung, Preisfindung, Förderung und Verbreitung von Ideen, Waren und Dienstleistungen" interpretiert (Kotler/Bliemel, 1995: 15). Marketing bezieht sich nach dieser Begriffsbestimmung auf die Gestaltung von Austauschbeziehungen. Das Marketingmanagement umfasst die Führungsaktivitäten, die auf die Gestaltung dieser Austauschprozesse abzielen.

Die Vielzahl der unterschiedlichen Definitionen ist unter anderem darauf zurückzuführen, dass die Bedeutung und die Inhalte des Marketingbegriffs von den jeweiligen wissenschaftlichen Vorstellungen geprägt worden ist.

11.1.2 Bedeutungswandel des Marketingbegriffs

Im Folgenden soll versucht werden, einen kurzen Überblick über den Bedeutungswandel des Marketingbegriffs in der historischen Entwicklung zu geben. Dies ist vor dem Hintergrund der Chancen und Probleme zu sehen, die sich aus einer Übertragung des Profitmarketings auf ein Krankenhausmarketing ergeben. Dabei erhebt dieser Überblick keinen Anspruch auf Vollständigkeit oder chronologische Genauigkeit. Es werden hier vielmehr nur die Aspekte aufgegriffen, die einerseits für das Verständnis der Übertragung des Marketingkonzepts auf den Krankenhaussektor sowohl notwendig als auch geeignet erscheinen und andererseits für eine spätere Analyse der möglichen Marketinginstrumente von wesentlicher Bedeutung sind.

obachtung zur Verfügung. Die Befragung ist zweifellos die wichtigste und am häufigsten eingesetzte Erhebungsmethode im Rahmen der Primärforschung.

Im Anschluss an die Erhebung werden die gewonnenen Daten zunächst auf Vollständigkeit und logische Konsistenz überprüft und anschließend im Hinblick auf das Erhebungsziel aufbereitet und ausgewertet. Zur Datenaufbereitung gehören beispielsweise die Aussonderung nicht auswertbarer verwendbarer Fragebögen sowie die Kodierung, die Eingabe und die Überprüfung der Erhebungsdaten.

In der letzten Phase werden die gewonnenen Informationen abschließend in geeigneter Weise den Marketingentscheidungsträgern präsentiert. Dies erfolgt beispielsweise in Form eines Marktforschungsberichts. Hierbei sind Schlussfolgerungen aus dem vorliegenden Datenmaterial zu ziehen und Lösungsansätze für das vorab definierte Marktforschungsproblem zur Diskussion zu stellen.

11.1.4
Marketingziele und Marketingstrategien

Das Hauptziel des Krankenhauses, nämlich die „bedarfsgerechte Versorgung", muss durch Ableitung bereichsbezogener Zwischen- und Unterziele operationalisiert werden, um konkrete Handlungsempfehlungen für alle Managementebenen im Krankenhaus entwickeln zu können. Die Operationalisierung erfolgt durch die Festlegung des Zielinhalts, des Zielausmaßes und des zeitlichen Bezugs der jeweiligen Zwischen- und Unterziele. Auf diese Weise entsteht ein Krankenhauszielsystem.

Dem Zielsystem vorgelagert sind die Krankenhausphilosophie und die Krankenhauskultur.

Die Krankenhausphilosophie beinhaltet die vom Krankenhausträger festgelegten ethischen und moralischen Wertvorstellungen, die als Verhaltensgrundsatz das zielorientierte Handeln der Führungskräfte und Mitarbeiter bestimmen sollen. Die Krankenhausphilosophie stellt somit ein gesamtkrankenhausbezogenes Leitbild dar, aus dem bereichsbezogene Leitbilder und generelle Führungsgrundsätze (Kultur) abzuleiten sind. Die Krankenhauskultur umfasst die von den Mitarbeitern internalisierten Werte- und Normvorstellungen.

Betrachtet man das Marketing als Krankenhausführungskonzept, so ist es als ein wesentliches Element der Krankenhausphilosophie zu interpretieren und wirkt somit als wesentliche Einflussgröße auf die Krankenhauskultur ein.

Das Marketingleitbild umfasst die grundsätzlichen Hauptziele sowie die Tätigkeitsschwerpunkte des Marketings. Die im Rahmen der Marketingforschung durchgeführte Marktanalyse ist die Basis für die Ableitung dieser globalen Marketingziele. Aus diesen Hauptzielen wiederum kann ein Zielsystem aus Zwischen- und Unterzielen abgeleitet werden.

Marketingziele können nach ökonomischen, psychologischen und instrumentellen Merkmalen untergliedert werden. Die ökonomischen Marketingziele sind hierbei auf monetär erfassbare Marktgrößen ausgerichtet, die psychologischen Marketingziele hingegen beziehen sich auf emotionale Faktoren, wie zum Beispiel das Image und die Zufriedenheit. Mithilfe der Instrumentalziele werden die ökonomischen und psychologischen Marketingziele konkretisiert. Instrumentalziele lassen sich in Produkt-, Preis-, Distributions- und Kommunikationsziele untergliedern und geben den Handlungsrahmen für das operative Marketing vor.

Die auf der Grundlage der Marktanalyse ermittelten Marketingziele des Krankenhauses müssen durch langfristig ausgerichtete **Marketingstrategien** realisiert werden. Strategien sind „Vorgaben, Richtlinien oder Leitmaximen, durch welche ein konkreter Aktivitätsrahmen sowie eine bestimmte Stoßrichtung des unternehmerischen Handelns determiniert wird. Auf diese Weise sind sie ein zentrales Bindeglied zwischen den Zielen einerseits und den [...] operativen Maßnahmen [...] andererseits" (Becker, 1993: 115). Die aus den Marketingzielen abgeleiteten und vom strategischen Krankenhausmanagement festgelegten Marketingstrategien geben somit den Handlungsrahmen für den operativen Einsatz der Marketinginstrumente vor. Marketingstrategien bilden das Bindeglied

on des Problems das Untersuchungsziel und den Untersuchungsgegenstand abzuleiten.

Nach der Definition des Marketingproblems erfolgt in einem zweiten Schritt eine Bestimmung der Informationsquellen. Hier stehen dem Unternehmen diverse Wege der Informationsgewinnung zur Verfügung. Ihre Auswahl wird bestimmt vom Umfang der benötigten Daten, von der Verfügbarkeit und Aktualität sowie von der verlangten Zuverlässigkeit und Genauigkeit der Daten. Je nachdem, ob für Zwecke der Marktforschung eigene Untersuchungen durchgeführt werden oder ob Material, das bereits für andere Zwecke erstellt wurde, als Quelle genutzt wird, kann zwischen Primärforschung und Sekundärforschung unterschieden werden. Beide Methoden werden in der Praxis eingesetzt (Abb. 11.1-2).

Jedem Entscheidungsträger steht in der Regel ein gewisses Reservoir an Informationen zur Verfügung. Hierbei handelt es sich zum Beispiel um eigene Kenntnisse und Erfahrungen, Mitteilungen und Berichte, laufende Geschäftsunterlagen aus dem eigenen Haus, allgemeine Statistiken und/oder Daten aus früheren Primärerhebungen. Eine derartige Gewinnung von Information aus bereits vorhandenem Datenmaterial wird als Sekundärerhebung bzw. **Sekundärforschung** („desk research") bezeichnet. Hierbei wird auf Daten zurückgegriffen, die selbst oder von Dritten für ähnliche oder auch ganz andere Zwecke bereits erhoben wurden. Dieses Datenmaterial wird dann unter den speziellen Aspekten der Fragestellung in die Untersuchung einbezogen. Sekundärforschung ist in vielerlei Hinsicht vorteilhaft. So sind Sekundärinformationen in der Regel preiswerter als Primärerhebungen und im Normalfall schneller als diese zu beschaffen. An dieser Stelle wird auch deutlich, welche Bedeutung einem gut ausgebauten internen Berichts- und Informationswesen für das Management zukommt.

Die Informationen, die sich mithilfe der Sekundärforschung gewinnen lassen, haben jedoch in vielen Fällen den Nachteil einer nur geringen Aktualität und Entscheidungsrelevanz. Daher reicht dieser Weg oft nicht aus, um alle notwendigen Informationen zu beschaffen, die zur Lösung eines betrieblichen Entscheidungs-

Abbildung 11.1-2: Zusammenhang im Arbeitsablauf zwischen Sekundär- und Primärforschung (Quelle: Haubrock, M.; Vorlesungsunterlagen Krankenhausbetriebswirtschaftslehre; Fachhochschule Osnabrück, Osnabrück, 1999)

problems erforderlich sind. In diesen Fällen müssen diese Informationen durch eine neue Erhebung originärer Daten, das heißt durch Primärforschung, gewonnen werden.

In der **Primärforschung** („field research") werden nicht die Informationsergebnisse Dritter übernommen, sondern durch eigenes Erfragen oder Beobachten originäre Daten ermittelt. Als Erhebungsverfahren bieten sich dabei grundsätzlich die Beobachtung oder die Befragung an. Oft wird im gleichen Atemzug noch das Experiment erwähnt.

Ist die Entscheidung zu Gunsten einer Primärforschung gefallen, erfolgt in der dritten Phase des Marktforschungsprozesses der Entwurf des **Marktforschungsdesigns**, welches das Auswahlverfahren und das Erhebungsverfahren determiniert.

Als Auswahlverfahren werden die verschiedenen Vorgehensweisen bezeichnet, die zur Festlegung der zu untersuchenden Objekte notwendig sind. So ist bei Primärerhebungen zum Beispiel die Frage zu beantworten, welcher Personenkreis befragt bzw. beobachtet werden soll. Die Entscheidung darüber, ob alle relevanten Untersuchungsobjekte erfasst werden sollen oder ob die Betrachtung einer Teilmenge ausreicht, richtet sich nach den benötigten Informationen.

Als Verfahren der Datenerhebung stehen einerseits die Befragung und andererseits die Be-

zwischen den Marketingzielen und den laufenden Maßnahmen im Bereich des Marketingmix. Aufgrund der Vielzahl möglicher Strategieformen sollen nur zwei für das Krankenhaus bedeutende Marketingstrategiegruppen behandelt werden.

In Hinblick auf die Übertragungsmöglichkeiten auf das Krankenhaus werden zunächst die Strategiealternativen von Becker erläutert. Becker bezeichnet die einzelnen Strategiemöglichkeiten als

- Marktfeldstrategien
- Marktstimulierungsstrategien
- Marktparzellierungsstrategien
- Marktarealstrategien
- konkurrenzgerichtete Strategien (Abb. 11.1-3).

Mit dem Einsatz von **Marktfeldstrategien** soll bestimmt werden, mit welchen Produkten eine Unternehmung auf welchen Märkten tätig sein will. Am deutlichsten sind die verschiedenen Produkt-Markt-Kombinationen anhand eines sogenannten Produkt-Markt-Expansionsrasters darzustellen (Tab. 11.1-1).

Diese Kombinationen stellen den Kern der strategischen Marketing- und Unternehmenspolitik dar.

Die Marktdurchdringungsstrategie hat das Ziel, auf gegenwärtig bestehenden Märkten eigene Produkte bzw. Dienstleistungen zu etablieren, um so vor allem bereits vorhandene Marktpotenziale effektiver ausschöpfen zu können. Mit Unterstützung der Marktentwicklungsstrategie sollen für die gegenwärtigen Produkte neue Märkte erschlossen bzw. entwickelt werden. Die Strategie der Produktentwicklung oder -innovation basiert auf der Überlegung, für bestehende Märkte neue Produkte bzw. Dienstleistungen zu entwickeln. Verschärfte Wettbewerbsbedingungen, stagnierende Märkte oder auch die Sicherung der Liefer- bzw. Absatzbasis sind für ein Unternehmen ausschlaggebende Gründe, um zu diversifizieren. Die Diversifizierungsstrategie kann somit als Ausrichtung des unternehmerischen Handelns auf neue Produkte und neue Märkte verstanden werden.

Marktstimulierungsstrategien bestimmen, in welcher Art und Weise eine Unternehmung ihre Absatzmärkte beeinflussen will. Die Marktstimulierung wird heute durch die Vorherrschaft von Käufermärkten, in denen die Nachfrage kleiner ist als das Angebot, bestimmt. Hierdurch ist ein Zwang zur verstärkt abnehmerorientierten Ausrichtung des Unternehmensprogramms entstanden.

Aufgrund der Merkmale von Käufermärkten müssen die unternehmerischen Entscheidungen darüber getroffen werden, auf welche Art und

Abbildung 11.1-3: Strategieverbindungen (Quelle: Haubrock et al., 1998: 8)

Tabelle 11.1-1: Produkt-Markt-Expansionsraster (Quelle: Haubrock et al., 1998: 8)

	Gegenwärtige Produkte	Neue Produkte
Gegenwärtige Märkte	Marktdurchdringungsstrategie	Produktentwicklungsstrategie
Neue Märkte	Marktentwicklungsstrategie	Diversifikationsstrategie

Weise ein Markt hinsichtlich potenzieller Konsumenten differenziert bzw. abgedeckt werden kann. Mit der Lösung dieser Fragestellung befasst sich die Strategie der **Marktparzellierung**.

Die Bedeutung von **Marktarealstrategien** liegt in der Entscheidung über zu erschließende Märkte. Hierbei werden die nationale und die internationale Strategie unterschieden. Nationale Gebietsstrategien sind durch eine lokale, regionale, überregionale oder nationale Marktschließung gekennzeichnet. Im Rahmen der sogenannten Globalisierung ist es mittlerweile unerlässlich, über die nationalen Grenzen hinaus tätig zu sein.

Mithilfe der **konkurrenzorientierten Marketingstrategien** versuchen die Unternehmungen, sich auf dem Absatzmarkt Wettbewerbsvorteile gegenüber ihren Konkurrenten zu verschaffen und diese möglichst langfristig zu sichern.

Bei der Analyse der Marktsituation ist in der Regel auf den Märkten ein ausgeprägter Wettbewerb um Marktanteile bei den größten Kundensegmenten festzustellen. Daher versuchen kleinere Unternehmen im Rahmen einer Ausweichstrategie gezielt auf die Abnehmergruppen zuzugehen, deren Bedürfnisse von den Konkurrenzprodukten nicht oder noch nicht vollständig befriedigt werden. Eine solche Vorgehensweise wird als Nischenpolitik bezeichnet. Die Ausweichstrategie mündet letztlich in eine Marktsegmentierungsstrategie.

Im Unterschied zu Becker unterscheiden Meffert und Bruhn zwischen

- Marktfeldstrategien
- Marktbearbeitungsstrategien
- Wettbewerbsstrategien und
- Instrumentalstrategien.

Im Rahmen der **Marktfeldstrategien** sind die Marktsegmentierungsstrategien von großer Bedeutung. Mittels der Marktsegmentierung können komplexe Märkte mit heterogenen Nachfrage- bzw. Zielgruppenstrukturen in homogene Teilsegmente strukturiert werden. Für diese Teilsegmente können dann zielgerichtete Marketingstrategien abgeleitet werden.

Von großer Bedeutung im Rahmen der Marktfelddeterminierung sind für die Krankenhäuser auch die angebotsorientierten Diversifikationsstrategien. Hierbei lassen sich drei Diversifikationsformen unterscheiden. Bei der horizontalen Diversifikation kommt es zu einer Ausweitung des bestehenden Leistungsprogramms im Krankenhaus. Im Rahmen der vertikalen Diversifikation wird das Krankenhaus auf vor- bzw. nachgelagerten Märkten tätig. Bei der diagonalen Diversifikation wendet sich das Krankenhaus völlig neuen Märkten zu.

Im Gegensatz zur Diversifikation ist gerade in Ballungsgebieten die Spezialisierungsstrategie von großer Bedeutung. Durch die Konzentration auf Kernbereiche will sich das Krankenhaus in diesem Fall von der Konkurrenz abheben.

Nachdem das Marktfeld, in dem sich das Krankenhaus betätigen will, festgelegt ist, sind im nächsten Schritt die **Marktbearbeitungsstrategien** zu definieren. Bei einer undifferenzierten Marktbearbeitung bietet das Krankenhaus ohne Rücksicht auf die individuellen Bedürfnisse der Kunden standardisierte Krankenhausleistungen an, im Rahmen einer differenzierten Bearbeitung werden jedoch die Besonderheiten unterschiedlicher Kundengruppen berücksichtigt.

Aufgrund der Zunahme des Wettbewerbs im Krankenhauswesen sind auch **Wettbewerbsstrategien** für Krankenhäuser von elementarer Bedeutung. Ein wesentliches Element stellt hierbei eine direkt auf den Patienten ausgerichtete Leistungsorientierung dar. Die Patientenorientierung darf sich jedoch nicht nur auf den medizinisch-pflegerischen Bereich beschränken. Auch durch eine patientenorientierte Ausgestaltung des Serviceprogramms kann sich das Krankenhaus Wettbewerbsvorteile erarbeiten.

Die bisher aufgeführten Globalstrategien erfahren durch die Ableitung von Instrumentalstrategien eine weitere Konkretisierung.

Instrumentalstrategien sind den Globalstrategien nachgeordnet und lassen sich entsprechend den Marketinginstrumenten nach Produkt-, Preis-, Distributions- und Kommunikationsstrategien klassifizieren. Sie orientieren sich an den Vorgaben der Globalstrategien und geben den konkreten Rahmen für die Ausgestaltung der einzelnen Instrumente vor.

11.1.5 Marketinginstrumente

Die Marketinginstrumente bilden das dritte Glied in der Marketingkette. Nachdem die Marketingziele konkretisiert und auf ihnen aufbauend die Marketingstrategien formuliert sind, folgt unter Anwendung der Marketinginstrumente die eigentliche Umsetzung der Ziele und Strategien. Als Marketinginstrumente werden generell diejenigen Handlungsalternativen bezeichnet, mit denen am Markt agiert und auch reagiert werden kann, um die Marketingziele eines Krankenhauses zu erreichen.

Hierbei ist in der Regel ein kombinierter Einsatz aller Marketinginstrumente erforderlich. Dieser Einsatz wird als **Marketingmix** bezeichnet.

In der Literatur gibt es verschiedene Systematisierungsansätze zur Kennzeichnung der Instrumente. Im Folgenden soll die Vierer-Systematik mit den Marktgestaltungsprogrammen dargestellt werden:
- Produktpolitik
- Preispolitik
- Distributionspolitik
- Kommunikationspolitik.

Von zentraler Bedeutung für die Ausgestaltung der Marketingpolitik ist die Frage, welche Produkte bzw. Dienstleistungen die Unternehmung ihren Kunden anbieten will.

Die **Produktpolitik** umfasst folglich alle Aktivitäten, die auf die Gestaltung einzelner Erzeugnisse oder des gesamten Absatzprogramms gerichtet sind.

Zentrale Aufgabenfelder bestehen in der Entwicklung neuer Erzeugnisse (Produktinnovation) sowie in der ständigen Verbesserung bzw. Modifizierung bereits eingeführter Produkte (Produktvariation). Ein weiteres Aufgabenfeld im Rahmen der Produktpolitik ist die Produktelimination, in der zum Beispiel sogenannte „Flops" oder auch das gesamte Angebotsprogramm ausgesondert werden können.

Die Produktpolitik stellt neben der Kommunikationspolitik sicherlich den Kernbereich des Marketings im Krankenhaus dar. Die Produktpolitik wird hierbei auf den Bereich der Sekundärleistungen im Sinne des zweistufigen Leistungsprozesses begrenzt, das heißt, diagnostische, therapeutische und pflegerische Leistungen sowie die sogenannten Hotel- bzw. Serviceleistungen sind Gegenstand der Unternehmenspolitik. Hinzu kommen die Wahlleistungen. Die Qualität und die zielgruppengerechte Realisation der Produktpolitik werden sehr stark von der Qualifikation und Motivation der Mitarbeiter eines Krankenhauses bestimmt, die diese Leistungen erbringen. Eine Möglichkeit, das Leistungsprogramm zu ergänzen bzw. zu verbessern, besteht also in der Intensivierung der Mitarbeiterbetreuung.

Durch den zunehmenden Wettbewerb ist es für die Krankenhäuser wichtig, sich durch optimale Gestaltung der Produktpolitik ein entsprechendes Ansehen in der Öffentlichkeit zu verschaffen. Schwerpunkt der Produktpolitik muss es daher sein, eine hohe Qualität der Dienstleistungen im Bereich der Medizin und Pflege sowie im Wahlleistungs- und Servicebereich zur Befriedigung der Kundenwünsche zu realisieren.

Grundsätzlich ist aber zu bedenken, dass die Produktpolitik eines Krankenhauses in Bezug auf die Festlegung der Art, Breite und Tiefe der Leistungen sehr eingeschränkt ist. Gründe sind unter anderem darin zu sehen, dass aufgrund der engen Restriktionen der Krankenhausplanung äußerst langfristige Produktentscheidungen erforderlich sind. Diese Umstände schränken insbesondere das Angebot von neuen Leistungen erheblich ein.

In der Betriebswirtschaftslehre werden unter dem Begriff der **Kontrahierungspolitik** alle marketingpolitischen Instrumente zusammengefasst, die der Preispolitik, der Rabattpolitik, den Liefer- und Zahlungsbedingungen und der Kreditpolitik zugerechnet werden. Preisentscheidungen sind für die betrieblichen Entscheidungsträger immer mit einem erheblichen Risiko verbunden. Der Preisbildungsprozess sollte daher immer konkurrenz-, nachfrage- und kostenorientiert erfolgen.

Für Krankenhäuser haben die Rabattpolitik, die Liefer- und Zahlungsbedingungen und die Kreditpolitik als Bestandteil der Kontrahierungspolitik so gut wie keine Bedeutung. Auch das Instrument der Preispolitik ist für den Bereich der allgemeinen Krankenhausleistungen durch die gesetzlichen Preisnormierungen ebenfalls von untergeordneter Bedeutung.

Im Wahlleistungsbereich kann die Preisgestaltung jedoch eine wichtige Rolle spielen. Im Krankenhausbereich dürfen diagnostische und therapeutische Leistungen dann als Wahlleistungen gesondert berechnet werden, wenn sie von einem Arzt erbracht werden. Bei der Abrechnung ist die Gebührenordnung für Ärzte anzuwenden. Die Preise für sonstige Wahlleistungen kann das Krankenhaus dagegen frei kalkulieren, solange sie in einem angemessenen Verhältnis zu den Leistungen stehen und mindestens die Selbstkosten decken. Es handelt sich hierbei um die sogenannten Hotel- bzw. Serviceleistungen. Die Preisgestaltung der Wahlleistungen muss von den Krankenhäusern immer unter dem Aspekt der Konkurrenzsituation vorgenommen werden. Dabei ist zu berücksichtigen, welche Leistungen zu welchen Preisen ein Mitbewerber anbietet, denn Selbstzahler haben vor einem Krankenhausaufenthalt immer die Möglichkeit, Wahlleistungsangebote der infrage kommenden Kliniken miteinander zu vergleichen.

Distributionsentscheidungen umfassen alle Entscheidungen und Handlungen eines Herstellers, die mit dem Weg eines Produkts vom Unternehmen bis zum Endverbraucher in Verbindung stehen. Vorrangige Zielsetzung der **Distributionspolitik** ist die Gestaltung der Absatzorgane und -wege, das heißt der sogenannten Distributionskanäle. Als Absatzorgane bezeichnet man alle Personen und/oder Institutionen, die in Zusammenhang mit dem Verteilungsweg eines Produkts Distributionsaufgaben wahrnehmen. Der Absatzweg eines Produkts ergibt sich aus der Gesamtheit aller an der Distributionsaufgabe beteiligten Institutionen bzw. Organe. Grundsätzlich wird zwischen direktem und indirektem Absatzweg unterschieden. Ein direkter Absatz liegt vor, wenn das Unternehmen seine Produkte mithilfe eigener Distributionsorgane an die Endverbraucher verkauft. Sobald die Produkte über Absatzhelfer (z. B. Handelsvertreter und Spediteure) vertrieben werden, spricht man vom indirekten Absatz.

Ausgangspunkt für die Gestaltungsmöglichkeiten der Distributionspolitik des Krankenhausmanagements ist der Standort eines Krankenhauses. Die infrastrukturelle Lage des Krankenhauses entscheidet zum Beispiel über die Anbindung an öffentliche Verkehrsmittel oder über Parkmöglichkeiten. Weiterhin ist durch den Standort die Entfernung zu den Zielgruppen determiniert. Bei den meisten Krankenhäusern muss der Standort als gegeben angesehen werden. Das Instrument der Distributionsgestaltung hat daher für Krankenhäuser eine eher untergeordnete Bedeutung. Durch den Standort ist der Absatzmarkt von Krankenhäusern auf einen bestimmten Radius beschränkt und die Distribution somit an Bevölkerungszahl, Altersstruktur und Einzugsgebiet gebunden. Die überwiegende Standortgebundenheit des Krankenhauses macht es notwendig, nicht die Krankenhausleistung zum Nutzer, sondern umgekehrt den Nutzer zum Ort der Leistungserstellung zu bringen.

Ein wichtiges distributionspolitisches Instrumentarium ist hingegen die multiplikative Funktion interner und externer Distributionsorgane, durch die potenzielle Kunden mit der Leistung des Krankenhauses in Kontakt gebracht werden. Zu den internen Distributionsorganen zählen insbesondere die Mitarbeiter eines Krankenhauses, die mit dem Patienten in Kontakt kommen. Externe Distributionsorgane sind zum Beispiel einweisende Ärzte, ambulante Pflegeeinrichtungen oder Rettungsdienste. Diese Gruppen besitzen eine erhebliche Multiplikatorfunktion, da sie das Image des Krankenhauses nachhaltig prägen.

Die **Kommunikationspolitik** stellt den wichtigsten Bereich im Rahmen des Krankenhausmarketings dar. Die Kommunikation beinhaltet die Übermittlung von Informationen zum Zweck der Steuerung von Meinungen, Einstellungen, Erwartungen und Verhaltensweisen. Im Weiteren sind die Bedürfnisse der Umwelt und deren Veränderungen zu registrieren. In dieser begrifflichen Festlegung wird die Bedeutung der Kommunikationspolitik als Element des Marketingkonzepts sichtbar. Ihre Aufgabe ist somit die positive Darstellung der Unternehmensleistung mit dem Ziel, das Kaufverhalten der relevanten Zielgruppen direkt oder indirekt zu beeinflussen. Eine direkte Einflussnahme erfolgt zum Beispiel dadurch, dass ein Konsument unmittelbar durch den Einsatz sogenannter marktkommunikativer Mittel, zum Beispiel durch Probieraktionen im Handel, zum Kauf bewegt wird. Bei einer indirekten Beeinflussung des Konsumenten wird beispielsweise erreicht, dass dem potenziellen Käufer durch Anzeigenkampagnen Kenntnis über das Produkt verschafft wird. Diese Kenntnis dient als Grundlage für einen eventuellen späteren Kauf.

Zur Realisierung der Kommunikationsziele steht dem Unternehmen eine Vielzahl von Instrumenten zur Verfügung. Die Instrumente der Kommunikationspolitik sind:
- Werbung
- Verkaufsförderung (Sales Promotion)
- Öffentlichkeitsarbeit (Public Relations) unter Einbeziehung einer Corporate Identity
- Sponsoring
- Product Placement.

Die **Werbung** wird häufig auch als das grundlegende Instrument der Kommunikationspolitik verstanden und zielt auf eine gerichtete Verhaltenssteuerung der Abnehmer ab. Die Hauptaufgabe der Werbung besteht darin, für die Produkte und Leistungen des Unternehmens einen möglichst hohen Bekanntheitsgrad sowie ein weitgehend unverwechselbares Image aufzubauen. Zur Realisierung dieses Ziels werden bei der Werbung in erster Linie Anzeigen in Zeitungen und Zeitschriften geschaltet, Rundfunk- und Fernsehspots gesendet oder Plakate und Handzettel eingesetzt.

Die Aufgabe der **Verkaufsförderung** ist insbesondere die Bereitstellung unmittelbarer, das heißt am Verkaufsort wirkender Verkaufshilfen. Dabei handelt es sich in der Regel um Aktionen, die sich vor allem an die eingeschalteten Absatzhelfer richten.

Die Öffentlichkeitsarbeit ist das zentrale Kommunikationsinstrument einer marktorientierten Unternehmensführung. Gegenstand dieser Art von Kommunikation sind allgemeine Nachrichten über die Unternehmung. Öffentlichkeitsarbeit muss verstanden werden als das dauerhafte Bestreben, ein positives Image der Unternehmung aufzubauen. Hierbei kann sich die Öffentlichkeitsarbeit einer Unternehmung sowohl nach innen als auch nach außen richten. Die unternehmensinterne Öffentlichkeitsarbeit zielt unter anderem auf die Zufriedenheit und Arbeitsmotivation der Mitarbeiter ab. Interne Öffentlichkeitsarbeit gewinnt unter dem Aspekt der Kundenorientierung an Bedeutung, da die Betriebe doch mehr und mehr dazu übergehen, auch ihre Mitarbeiter als Kunden zu betrachten und sich vermehrt um deren Zufriedenheit zu bemühen. Mittel und Methoden der externen Öffentlichkeitsarbeit sind zum Beispiel Pressearbeit, persönlicher Dialog und Public-Relations-Veranstaltungen.

Eine Weiterentwicklung des Gedankens, ein positives Image in der Öffentlichkeit zu schaffen, ist die Corporate-Identity-Politik. **Corporate Identity** hat die Aufgabe, die verschiedenen Kommunikationsmöglichkeiten so zu koordinieren und zu integrieren, dass der externen und der internen Öffentlichkeit eine bestimmte unternehmerische Identität vermittelt wird. Ziel ist es, die Eigenarten der Unternehmung darzustellen und den Kunden die Möglichkeit zu verschaffen, sich mit ihnen zu identifizieren. Hierbei hat die Corporate-Identity-Politik folgende **Gestaltungselemente**:
- Corporate Design
- Corporate Behavior
- Corporate Communication.

Corporate Design befasst sich mit der Gestaltung der Identifikationselemente. Dazu gehören zum Beispiel Firmenname, Firmenzeichen, Schrifttypen und Produktdesign. Corporate Behavior hingegen kennzeichnet typische Verhaltensweisen der Mitarbeiter nach innen und außen. Corporate Communications versucht, mithilfe der Kommunikationsinstrumente die Identifikationselemente sichtbar und/oder hörbar zu machen. Dies zeigt sich beispielsweise bei der Verwendung eines entsprechenden Firmenslogans.

Als weitere Instrumente der Kommunikationspolitik haben sich das sogenannte Sponsoring und das Product Placement herausgebildet.

Beim **Sponsoring** handelt es sich um die Unterstützung sozialer, sportlicher oder kultureller

Projekte durch Werbetreibende über Sach- oder Geldleistungen unter Gewährung konkret definierter Gegenleistungen.

Unter **Product Placement** wird die gezielte Platzierung von Markenartikeln bzw. Markendienstleistungen, zum Beispiel in den Ablauf künstlerischer Veranstaltungen, verstanden.

Im Hinblick auf die Fülle der Marketinginstrumente und ihrer Differenzierungsmöglichkeiten wird deutlich, dass es sich um eine sehr komplexe Aufgabe handelt. Auch für Krankenhäuser ist es notwendig, zur Erreichung ihrer Zielvorstellungen gleichzeitig mehrere Marketinginstrumente einzusetzen. Durch deren gebündelten Einsatz kann ein Krankenhaus im Vergleich zu den Konkurrenten seine Wettbewerbsposition dauerhaft verbessern. Insgesamt muss jedoch eine geschlossene Marketingkonzeption, bestehend aus Marketingzielen, Marketingstrategie und Marketingmix, zur langfristigen Zukunftssicherung beitragen.

11.1.6
Rechtliche Rahmenbedingungen für das Krankenhausmarketing

Bei der Ausgestaltung der **Produktpolitik** können die Krankenhäuser nicht autonom entscheiden, welche Dienstleistungen sie anbieten. Die rechtlichen Grundlagen der Angebotssteuerung sind unter anderem das SGB V, das Krankenhausfinanzierungsgesetz sowie die Landeskrankenhausfinanzierungsgesetze. Aus den Landesgesetzen lassen sich die Krankenhauspläne und die Investitionsprogramme ableiten.

Der Versorgungsauftrag eines Krankenhauses, der den Leistungsumfang einer Einrichtung festlegt, ergibt sich bei Plankrankenhäusern aus den Vorgaben des jeweiligen Landeskrankenhausplans, bei Hochschulkliniken aus der Aufnahme der Hochschule in das Hochschulverzeichnis sowie ergänzenden Vereinbarungen. Mit der Erteilung des Versorgungsauftrags wird automatisch ein Versorgungsvertrag abgeschlossen. So gilt bei Hochschulkliniken die Aufnahme der Hochschule in das Hochschulverzeichnis und bei Plankrankenhäusern die Aufnahme des Krankenhauses in den Landeskrankenhausplan als Abschluss des Versorgungsvertrags.

Bei den Vorsorge- und Rehabilitationseinrichtungen muss hingegen ein spezifischer Versorgungsvertrag abgeschlossen werden.

Durch die aufgezeigten Regelungen entstehen hinsichtlich der Produktgestaltung verbindliche Vorgaben. So kann ein Krankenhaus zum Beispiel nicht frei zwischen den alternativen Behandlungsformen (ambulant, teilstationär, vollstationär) wählen, da ein Anspruch des Patienten auf vollstationäre Behandlung nur dann besteht, wenn das Behandlungsziel nicht durch andere Behandlungsformen erreicht werden kann.

Die Krankenhäuser sind bei ihrer **Preisgestaltung** für den Bereich der allgemeinen Krankenhausleistungen durch die Vorschriften der Bundespflegesatzverordnung und des SGB V eingeschränkt.

Im Bereich der Wahlleistungsangebote hingegen bestehen für die Krankenhäuser gewisse Spielräume, in denen sie eine aktive Preispolitik betreiben können.

Für öffentliche, freigemeinnützige und private Krankenhäuser gilt zunächst der Grundsatz, dass Öffentlichkeitsarbeit und Werbung im Rahmen der Kommunikationspolitik rechtlich zulässig sind.

Grenzen bilden das Heilmittelwerbegesetz (HWG), das Gesetz gegen unlauteren Wettbewerb (UWG) und die Musterberufsordnung der deutschen Ärzte (MBO) (Tab. 11.1-2).

Das **Heilmittelwerbegesetz (HWG)** verfolgt unter anderem den Zweck, nichtfachkundige Verbraucher vor einer unsachgemäßen oder nicht zu durchschauenden Beeinflussung zu schützen. Nach den Vorgaben des HWG wird das Krankenhaus zu einer wahren und seriösen Werbung verpflichtet, sodass es alles Nötige unternehmen muss, um irreführende Angaben in seinen Veröffentlichungen über Verfahren oder Behandlungen zu vermeiden. Weiterhin ist eine Werbung mit der bildlichen Darstellung von Personen in ihrer Berufskleidung oder bei der Ausübung ihrer Tätigkeit dann untersagt, wenn es dabei um Angehörige der Heilberufe, des Heilgewerbes oder des Arzneimittelhandels geht. Dadurch soll verhindert werden, dass die bei der Bevölkerung immer noch in hohem An-

Tabelle 11.1-2: Überblick über die Rechtsvorschriften des Wettbewerbs- und Werberechts für Krankenhäuser (Quelle: in Anlehnung an Nolden/Siekkötter, 1997: 51)

HWG	§	UWG	§	MBO	§
Irreführende Werbung	3	Generalklausel	1	Unerlaubte Zuweisungen	31
Publikumswerbung	11	Unlautere geschäftliche Handlungen	3	Unerlaubte Zuwendungen	32
Publikumswerbung bei bestimmten Krankheiten und Leiden	12			Berufliches Werben in der Öffentlichkeit	27

HWG Heilmittelwerbegesetz, UWG Gesetz gegen den unlauteren Wettbewerb, MBO Musterberufsordnung der deutschen Ärzte

sehen stehende Autorität der Heilberufe im Rahmen von Werbemaßnahmen ausgenutzt wird, um damit direkt oder indirekt die Vorstellung einer besonderen Wirksamkeit bestimmter Präparate oder Behandlungen entstehen zu lassen. Des Weiteren darf das Krankenhaus in Veröffentlichungen außerhalb der Fachkreise nicht für Verfahren oder Behandlungen werben, die sich auf die Erkennung, Beseitigung oder Linderung einer der in der Anlage zu § 12 HWG aufgeführten Krankheiten (z. B. bösartige Neubildungen) beziehen.

Der Gesetzgeber beabsichtigt mit dieser Regelung, den Gefahren, die sowohl in Zusammenhang mit Behandlungen durch nichtfachkundiges Personal als auch im Rahmen einer Selbstheilung kranker Personen auftreten können, entgegenzuwirken.

Neben dem HWG gelten für die Öffentlichkeitsarbeit von Krankenhäusern die Wettbewerbsvorschriften des **Gesetzes gegen den unlauteren Wettbewerb (UWG)**. Das UWG ergänzt die Bestimmungen des HWG dahingehend, dass derjenige, der mit sittenwidrigen Handlungen wirbt, auf Unterlassung und Schadensersatz in Anspruch genommen werden kann. Darüber hinaus untersagt das Gesetz jede Werbung, die dazu geeignet ist, die Öffentlichkeit über das Leistungsangebot eines Krankenhauses irrezuführen. Die Weiterverwendung des Namens eines bereits ausgeschiedenen Chefarztes auf Briefbögen und Formularen ist ebenso unzulässig wie die Verwendung einer Zusatzbezeichnung mit regionalem Bezug, durch die der unzutreffende Eindruck erweckt wird, nur dieses Krankenhaus sei kompetent, bestimmte Krankheiten zu behandeln.

Der Öffentlichkeitsarbeit und Werbung für das Krankenhaus werden schließlich auch durch die **Musterberufsordnung (MBO)** der deutschen Ärzte Grenzen gesetzt. Danach ist dem Arzt jegliche Werbung für sich oder andere Ärzte untersagt. Dies gilt also auch für den Arzt im Krankenhaus. Ebenso darf der Arzt Veröffentlichungen mit werbendem Charakter weder veranlassen noch dulden.

Der Krankenhausträger unterliegt nicht dem ärztlichen Berufsrecht. Er wird das Standesrecht aber bei seiner Informationswerbung berücksichtigen, da ihm als Arbeitgeber gegenüber seinen Arbeitnehmern die Fürsorgepflicht als eine Nebenpflicht aus dem Dienstvertrag obliegt. In der Berufsordnung ist die Information unter Ärzten geregelt, die es dem Arzt erlaubt, andere Ärzte über sein Leistungsangebot zu informieren. Voraussetzung ist allerdings, dass die Information räumlich auf ein angemessenes Einzugsgebiet begrenzt ist und dass sie auf die Ankündigung der Leistungsbereitschaft sowie des Leistungsangebots beschränkt ist. Der Arzt im Krankenhaus darf seine niedergelassenen Kollegen demnach über das Leistungsangebot und Teile der Leistungsbereitschaft der Abteilung informieren.

Dem Arzt ist laut MBO die Mitwirkung an Veröffentlichungen medizinischen Inhalts gestattet, wenn sie seine Person nicht werbend herausstellen und seine Mitwirkung auf sachliche Informationen begrenzt ist. Dies gilt auch für öffentliche Vorträge zu medizinischen Themen.

Trotz der genannten Einschränkungen bleibt den Krankenhäusern aber noch genügend Raum für eine sachliche und den Tatsachen entsprechende Information der Öffentlichkeit über das Leistungsspektrum und die Leistungsfähigkeit.

In Tabelle 11.1-3 werden erlaubte und verbotene Handlungen des Krankenhauses im Rahmen der Arztwerbung noch einmal exemplarisch dargestellt.

Literatur

Becker, J. (1993): Marketing-Konzeption, Grundlagen des strategischen Marketing-Managements, 5. Auflage. München, Vahlen.

Becker, J. (2013): Marketing-Konzeption, Grundlagen des strategischen Marketing-Managements, 10. Auflage. München, Vahlen.

Bruhn, M. (1990): Marketing; Grundlagen, Fallstudien, Problemlösungen, 1. Auflage. Wiesbaden, Gabler.

Bruhn, M. (2001): Marketing; Grundlagen, Fallstudien, Problemlösungen, 5. Auflage. Wiesbaden, Gabler.

Haubrock, M.; Schär, W. (2009): Betriebswirtschaft und Management in der Gesundheitswirtschaft. Bern, Hans Huber.

Haubrock, M.; Meiners, N.; Albers, F. (1998): Krankenhaus-Marketing. Stuttgart, Berlin, Köln, Kohlhammer.

Kotler, P.; Bliemel, F. (1995): Marketing-Management, 1. Auflage. Stuttgart, Pearson Studium.

Kotler, P.; Bliemel, F. (2005): Marketing-Management, 12. Auflage. Stuttgart, Pearson Studium.

Meffert, H.; Bruhn, M. (1995): Dienstleistungsmarketing; Grundlagen, Konzepte, Methoden, 1. Auflage. Wiesbaden, Gabler.

Meffert, H.; Bruhn, M. (2007): Dienstleistungsmarketing; Grundlagen, Konzepte, Methoden, 5. Auflage. Wiesbaden, Gabler.

Nieschlag, R.; Dichtl, E.; Hörschgen, H. (1991): Marketing, 16. Auflage. Berlin, Duncker & Humblot.

Nieschlag, R.; Dichtl, E.; Hörschgen, H. (2002): Marketing, 19. Auflage. Berlin, Duncker & Humblot.

Nolden, U.; Siekkötter, K. (1997): Marketing im Krankenhaus, Diplomarbeit. Fachhochschule Osnabrück, Osnabrück.

Tabelle 11.1-3: Arztwerbung durch das Krankenhaus (Quelle: In Anlehnung an Nolden/Siekkötter, 1997: 54)

Maßnahme	erlaubt	verboten
Ausscheiden Chefarzt	Knappe Tatsacheninformation	Werturteile
Einstellung Chefarzt	Knappe Tatsacheninformation	
Arztinterview	Ja, soweit Tatsacheninformation	Erfolgshinweise, Behandlungsmethoden, Apparateausstattung, Selbstdarstellung
Krankenhausinterview	Ja, soweit Tatsacheninformation	wertende Urteile
Großgeräteaufstellung	Hinweis des Krankenhauses	wertender Hinweis des Arztes
Sonstige neue Technologien/Apparate	Hinweis des Krankenhauses	wertender Hinweis des Arztes
(Neue) Behandlungsmethoden	Hinweis des Krankenhauses/Arztes soweit Tatsacheninformation	Erfolgshinweise, Selbstberühmung, Werbung für den Arzt
Vortragsveranstaltung	Krankenhaus/Arzt	Werbung für den Arzt
Seminare	Krankenhaus/Arzt	Werbung für den Arzt

11.2
Fundraising

Elisa Liegmann

Für Krankenhäuser stellt die Suche nach alternativen Finanzierungsquellen ein zunehmend relevantes Thema dar. Die duale Krankenhausfinanzierung befindet sich in der Krise, der Wettbewerbsdruck unter den Krankenhäusern verschärft sich. Den Ländern fehlt es überwiegend an der erforderlichen Finanzkraft, um den Investitionsbedarf der Krankenhäuser zu decken. In Anbetracht des voranschreitenden medizinisch-technischen Fortschritts und einer steigenden Anspruchsinflation der Patienten müssen Krankenhäuser, um ihre Wettbewerbsfähigkeit zu erhalten, Investitionen verstärkt aus Eigenmitteln finanzieren. Vor diesem Hintergrund erlangt auch das Fundraising im Gesundheitswesen, insbesondere im Krankenhauswesen, zunehmende Relevanz. Mittels Fundraising lassen sich im Kontext des Krankenhauses Projekte außerhalb der Regelfinanzierung realisieren, die vor allem von strategischer Bedeutung sind und verhelfen, sich im Wettbewerb der Krankenhäuser abzugrenzen und zu positionieren. Keineswegs hat Fundraising jedoch den Anspruch, Elemente der Krankenhausfinanzierung zu ersetzen oder Defizite infolge betriebswirtschaftlichen Missmanagements auszugleichen. Seit nunmehr einem Jahrzehnt beginnen Krankenhäuser, professionelle Fundraising-Stellen zu errichten und Stiftungen zum Zweck der Spendeneinwerbung zu gründen. Erfahrungen mit dem professionellen, strategisch ausgerichteten Fundraising im Krankenhaus sind insgesamt noch gering, wenngleich bereits zahlreiche deutsche Krankenhäuser eine Spendenkultur pflegen und praktizieren. Der vorliegende Beitrag dient zum Einstieg in das Fundraising und beschäftigt sich mit den wesentlichen Grundlagen zur Thematik.

11.2.1
Begriffsabgrenzungen

11.2.1.1
Spende

Um den Begriff und Gegenstandsbereich des Fundraisings zu konkretisieren, bedarf es eingangs einer Abgrenzung der zentralen Begriffe „Spende" und „Sponsoring".

Eine **Spende** (rechtlich: „Zuwendung") wird gemeinhin definiert als „freiwillige, unentgeltliche Leistung zugunsten eines Dritten" (Buss, 2012: 12). Diese Form der Übertragung von Geld oder geldwerten Vorteilen dient der Förderung zumeist gemeinnütziger, mildtätiger oder kirchlicher Zwecke im Sinne der §§ 52 bis 54 Abgabenordnung (AO). Spendenempfänger sind diesbezüglich steuerbegünstigte, das heißt gemeinnützige, und öffentlich-rechtliche Körperschaften. Ferner dürfen politische Parteien Spenden entgegennehmen. Aus zivilrechtlicher Sicht stellt die Spende eine Schenkung nach § 516 ff. Bürgerliches Gesetzbuch (BGB) dar (vgl. Krüger, 2010: 13 f.).

Maßgeblich für die Klassifizierung einer Leistung als Spende sind gemäß Definition die Freiwilligkeit und Unentgeltlichkeit der Leistung. **Freiwilligkeit** der Leistung bedeutet in diesem Zusammenhang, dass eine Spende aus keiner rechtlichen Verpflichtung hervorgeht (vgl. ebd.: 14). Die Spendenzusage entspricht einem Schenkungsversprechen gemäß § 518 BGB. Das Kriterium der **Unentgeltlichkeit** liegt vor, sofern die Leistung, „ohne *marktadäquate* materielle Gegenleistung" (Urselmann, 2007: 14) des Spendenempfängers erfolgt. Der Spende darf somit keine gleichwertige Gegenleistung gegenüberstehen, die dem Spender einen Vorteil gewährt (vgl. Buss, 2012: 12). Dennoch folgt eine Spende nicht gänzlich dem Prinzip „Leistung ohne Gegenleistung". Vielmehr zeichnet sich eine Spende durch eine immaterielle und eher ideelle Form der Gegenleistung aus, die die erwartete Nutzenstiftung der Leistung in den Mittelpunkt stellt (vgl. Urselmann, 2007: 14 f.).

Verschiedene **Arten der Spende** sind zu unterscheiden. Neben der gängigen Klassifikation in Geld-, Sach- und Zeitspenden ist eine Spende nach Krüger wie folgt zu differenzieren (vgl. Krüger, 2010: 17 ff.):

- *freie Spende:* Zuwendung, die ohne nähere Zweckbestimmung an eine gemeinnützige Organisation geleistet wird. Die Spendenorganisation kann frei über die Verwendung der Spende entscheiden und diese flexibel einsetzen.
- *zweckgebundene Spende:* Zuwendung, die einem konkreten Zweck oder Förderprojekt dient. Die Spendenorganisation verpflichtet sich, die Spende in voller Höhe dem Spenderwillen entsprechend einzusetzen.
- *Spende mit Auflage:* freie Spende, die unter der Voraussetzung der Erfüllung einer oder mehrerer Auflagen seitens der Spendenorganisation steht. Rechtlich handelt es sich um eine Schenkung unter Auflage nach § 525 BGB.

Spenden sind unter den **Voraussetzungen der Gemeinnützigkeit** in begrenzter Höhe steuerlich abzugsfähig. Gemeinnützige Organisationen stellen Förderern zu dem Zweck eine Zuwendungsbescheinigung (veraltet: „Spendenquittung") aus (vgl. Bachert/Schmidt, 2010: 148 f.). Möglichkeiten der Steuerabzugsfähigkeit bestehen nach § 10b Einkommensteuergesetz (EStG), § 9 Abs. 1 Nr. 2 Körperschaftssteuergesetz (KStG) und § 9 Nr. 5 Gewerbesteuergesetz (GewStG).

11.2.1.2
Sponsoring

Neben der Spende stellt das Sponsoring einen zentralen Begriff im Kontext des Fundraisings dar. Das auf dem Prinzip von Leistung und Gegenleistung basierende Sponsoring ist begrifflich und steuerrechtlich eindeutig von der Spende abzugrenzen.

Nach Bruhn (2010) umfasst das **Sponsoring**...

> „[...] die Analyse, Planung, Umsetzung und Kontrolle sämtlicher Aktivitäten, die mit der Bereitstellung von Geld, Sachmitteln, Dienstleistungen oder Know-how durch Unternehmen und Institutionen zur Förderung von Personen und/oder Organisationen in den Bereichen Sport, Kultur, Soziales, Umwelt und/oder den Medien unter vertraglicher Regelung der Leistung des Sponsors und Gegenleistung des Gesponserten verbunden sind, um damit gleichzeitig Ziele der Marketing- und Unternehmenskommunikation zu erreichen." (Ebd.: 6 f.)

Demnach unterliegt Sponsoring einem systematischen Planungs- und Entscheidungsprozess und beruht auf einer Beziehung geschäftlicher, nicht mäzenatischer (altruistischer) Art. In Abgrenzung zur Spende, die ohne marktadäquate materielle Gegenleistung erfolgt, bezeichnet Sponsoring ein **Geschäft auf Gegenseitigkeit**. Sowohl die Leistung als auch Gegenleistung sind Gegenstand des schriftlich fixierten Vertrags (vgl. Urselmann, 2009: 528 f.).

Von einer Sponsorship verspricht sich ein Sponsoring-Geber wirtschaftliche Vorteile zur Sicherung und Erhöhung des unternehmerischen Ansehens. Der Sponsoring-Nehmer erhält Geld oder geldwerte Vorteile für ein konkret definiertes Projekt, während der Sponsor mit seiner Großzügigkeit aktiv wirbt oder im Rahmen der Public Relations des Sponsoring-Nehmers umworben wird. Hierzu werden der Marken- oder Firmenname, das Emblem oder Logo des Sponsors werbewirksam in Kommunikationsmedien, auf Veranstaltungen oder auf der Website des Sponsoring-Nehmers platziert und die Sponsorship in die Öffentlichkeitsarbeit eingebunden. Für einen Sponsoring-Geber stehen somit kommunikative Ziele im Vordergrund des Sponsorings, zum Beispiel Dokumentation gesellschaftlicher Verantwortung, Aufbau und Pflege des Images oder Steigerung des Bekanntheitsgrads (vgl. Haibach, 2012: 69 f.; Steiner/Fischer, 2012: 9 f.).

Nach Bruhn bezeichnet Sponsoring ein Instrument der Kommunikationspolitik innerhalb des Marketing-Mixes. Als Baustein der integrierten Kommunikation ist es im Gesamtkontext der Marketinginstrumente zu betrachten. Von anderen **Formen der Unternehmensförderung** ist Sponsoring nicht immer klar abzugrenzen (vgl. Bruhn, 2010: 7 f.). Angesichts der

Relevanz des Fördergedankens für ein Sponsorship unterscheidet Bruhn folgende Erscheinungsformen (vgl. ebd.: 9):
- *uneigennütziges Sponsoring:* Anlass gebend sind altruistische Motive des Sponsoring-Gebers, die zugleich Bestandteil der Philosophie des Unternehmens darstellen. Im Vordergrund steht das Engagement selbst.
- *förderungsorientiertes Sponsoring:* Der Fördergedanke des Sponsorings überwiegt die angestrebte kommunikative Wirkung. Der Sponsor erwünscht eine namentliche Nennung seines Engagements im Rahmen der PR-Arbeit. Diese erfolgt jedoch zumeist eher unsystematisch und ohne Planung.
- *klassisches Sponsoring:* Im Fokus des Sponsorings steht die kommunikative Wirkung gegenüber der Öffentlichkeit. Es bedarf einer systematischen Planung und strategischen Ausrichtung. Die namentliche Nennung des Sponsors innerhalb der PR-Arbeit ist Bedingung für das Zustandekommen der Sponsorship.

Steuerrechtlich ist das Sponsoring von der Spende eindeutig abzugrenzen. Zu differenzieren ist zwischen der steuerrechtlichen Behandlung des Sponsoring-Gebers und des Sponsoring-Nehmers. Für den Sponsor sind die zur Verfügung gestellten Mittel innerhalb des Sponsorings – im Gegensatz zur Spende – als Betriebsausgaben in unbegrenzter Höhe steuerlich abzusetzen. Voraussetzung ist, dass die Aufwendungen des Sponsors Betriebsausgaben darstellen, das heißt zur Erlangung eines wirtschaftlichen Vorteils führen. Andernfalls werden Zuwendungen des Sponsors steuerrechtlich als Spenden behandelt. Zugleich stellen die finanziellen bzw. geldwerten Mittel für den Sponsoring-Nehmer Betriebseinnahmen des steuerpflichtigen Bereichs oder der Vermögensverwaltung dar (vgl. Haibach, 2012: 69). Eine Gesamtübersicht der Abgrenzungsmerkmale zwischen den Begriffen „Spende" und „Sponsoring" gibt Tabelle 11.2-1.

11.2.1.3
Begriffsklärung und -abgrenzung

Die Herkunft des Begriffs des **Fundraising** ist auf den angloamerikanischen Sprachgebrauch zurückzuführen. Zusammengesetzt aus dem Substantiv „fund" (Kapital, Geld, Mittel) und dem Verb „to raise" (etwas beschaffen, aufbringen) bedeutet Fundraising in der wörtlichen Übersetzung „Kapital-" bzw. „Geldbeschaffung" oder „Finanzmittelakquisition". Die wortgetreue Übersetzung ist zu dem Zweck der Be-

Tabelle 11.2-1: Abgrenzung zwischen Spende und Sponsoring (Quelle: Eigenerstellung in Anlehnung an Haibach, 2012: 70)

Merkmal	Spende	Sponsoring
Förderer sind i.d.R.	Privatpersonen, Unternehmen, Stiftungen	Unternehmen
Motivation	Fördergedanke	Betrieblicher Nutzen
Gegenleistung	Ohne marktadäquate materielle Gegenleistung	(Vertraglich) vereinbarte Gegenleistung
Zusammenarbeit	Meist nicht gegeben	Durchführung einer Sponsorship
Öffentlichkeitswirkung	selten	Erstrebtes Ziel des Sponsors
Vertragliche Auswirkung	Nicht vorhanden	I.d.R. Sponsoring-Vertrag
Steuerliche Grundlage • beim Geber • beim Nehmer	Spendenabzug Ideelle Einnahmen	Betriebsausgabenabzug Betriebseinnahme: steuerpflichtiger Bereich oder Vermögensverwaltung

griffsspezifikation allerdings ungeeignet (vgl. Haibach, 2012: 16; Fabisch, 2013: 8).

Im Deutschen wird Fundraising oftmals als **Spendenmarketing** aufgefasst, in erster Linie betrieben von Nonprofit-Organisationen (NPOs) (vgl. Haibach, 2008: 88). NPOs „[erfüllen] spezifische Zwecke der Bedarfsdeckung, der Interessenvertretung sowie der Leistungserbringung für ihre Mitglieder oder für Dritte […]" (Boeßenecker, 2007: 722) in gesellschaftlichen Bereichen, in denen oftmals keine ausreichende Versorgung gewährleistet ist. Ihre Existenz begründen NPOs über ihre Sachzieldominanz und in der Satzung festgeschriebene gemeinnützige, mildtätige oder kirchliche Zwecke (vgl. Urselmann, 2014: 4f.). Diese gilt es unter anderem über Spendeneinnahmen mittels Fundraising zu verwirklichen.

Der Begriff „Spendenmarketing" erfasst die Bedeutung des Fundraisings jedoch nicht ganzheitlich. Fundraising versteht sich vielmehr als dessen Oberbegriff. Es geht um das Einwerben von Spenden, Stiftungsförderungen, Zustiftungen, Sponsoring-Mittel und anderer Fördermittel. Im Deutschen hat sich infolgedessen der angloamerikanische Begriff durchgesetzt, der seit dem Jahre 2004 im Duden geführt wird (vgl. Haibach, 2008: 89).

Der Ursprung des Fundraisings liegt in den USA. Seit den 1960er-Jahren erfährt Fundraising in den USA als Dienstleistungsbranche ein enormes Wachstum. Es ist in fast allen gesellschaftlichen Bereichen vertreten, sei es in Politik, Kirche, Wirtschaft, Bildung und Kultur oder im Gesundheitswesen. Aufgrund eines vermehrten Rückzugs des Staates aus der Erfüllung sozialer Aufgaben gewinnt das professionelle Fundraising in Deutschland seit Beginn der 1990er-Jahre an Bedeutung. Im Jahre 1993 gründete sich der Bundesverband Sozialmarketing (heute: Deutscher Fundraising Verband e.V.) als Berufsverband der Fundraiser. Seit 1999 gewährleistet die Fundraising-Akademie eine berufsbegleitende Fundraising-Ausbildung. Im Zuge der Professionalisierung hat sich Fundraising zu einem eigenständigen Berufsfeld etabliert (vgl. Haibach, 2010: 141). Zunehmend setzen auch Einrichtungen in staatlicher Trägerschaft, zum Beispiel Hochschulen, Museen und Krankenhäuser, Fundraising professionell um. Denn Fundraising erlangt an der Stelle Bedeutung, an der die staatliche Finanzierung und die Eigenfinanzierung zu kurz greifen (vgl. Haibach, 2012: 16f.). Drei zentrale Forschungsrichtungen haben sich im Fundraising herausgebildet, welche das Spendenverhalten, die Übertragung von Marketinginstrumenten und die Fundraising-Effektivität umfassen (vgl. Thaler, 2012: 24f.).

Eine allgemeingültige Definition und einheitliche Abgrenzung des Fundraising-Begriffs ist der wissenschaftlichen Fachliteratur nicht zu entnehmen (vgl. Gahrmann, 2012: 9). Bestehende **Definitionsansätze** differieren in dem Ausmaß und der Fokussierung einzelner Aspekte des Fundraisings.

Die Uneinigkeiten konkretisieren sich auf drei Ebenen: die zu beschaffenden Mittel, die Beschaffungsquellen und die Transaktionsform. Fundraising-Definitionen unterscheiden sich bezüglich der **zu beschaffenden Mittel** über die Art der gefundraisten Ressourcen, das heißt ob neben Geldleistungen Sach-, Arbeits- und Dienstleistungen treten. Uneinigkeit besteht weiterhin über die **Beschaffungsquellen** im Fundraising. Fraglich ist, ob Fördermittel staatlicher Institutionen neben Privatpersonen, Unternehmen und Stiftungen dem Gegenstandsbereich des Fundraisings zuzurechnen sind. Mit Blick auf die **Transaktionsform** wird diskutiert, ob Fundraising eine marktadäquate materielle Gegenleistung umfassen darf (vgl. ebd.: 12f.). Abhängig von dem zugrunde gelegten Fundraising-Verständnis fokussieren die Definitionen einen eher eng oder weit gefassten Fundraising-Begriff. Einen Überblick über die Verschiedenartigkeit der Fundraising-Definitionen liefert Tabelle 11.2-2.

Der **enge Definitionsansatz** reduziert Fundraising auf die Spendenakquisition, so zum Beispiel die Auffassung von Buss, Helmig/Boenigk und Bruhn. Sponsoring wird nach diesem Begriffsverständnis vom Fundraising abgegrenzt. Ein anderer enger Definitionsansatz beschränkt die Einwerbung der Ressourcen auf Finanzmittel (z.B. Purtschert et al.). Im Gegensatz dazu steht der **weit gefasste Fundraising-Begriff**, zum Beispiel nach Haibach, Fabisch und Ursel-

Tabelle 11.2-2: Übersicht ausgewählter Fundraising-Definitionen (Quelle: Eigenerstellung)

Autor	Definition
Urselmann (2014)	„Fundraising ist die *systematische* Analyse, Planung, Durchführung und Kontrolle sämtlicher Aktivitäten einer *steuerbegünstigten Organisation,* welche darauf abzielen, *alle benötigten Ressourcen* (Geld-, Sach- und Dienstleistungen) durch eine konsequente Ausrichtung an den *Bedürfnissen* der *Ressourcenbereitsteller* (Privatpersonen, Unternehmen, Stiftungen, öffentliche Institutionen) *zu möglichst geringen Kosten* zu beschaffen." (Urselmann, 2014: 1)
Fabisch (2013)	„Fundraising ist die strategisch geplante Beschaffung sowohl von finanziellen Ressourcen als auch von Sachwerten, Zeit (ehrenamtliche Mitarbeit) und Know-how zur Verwirklichung von am Gemeinwohl orientierten Zwecken unter Verwendung von Marketingprinzipien." (Fabisch, 2013: 8)
Bruhn (2012)	„Unter der Bezeichnung Fundraising werden sämtliche Aktivitäten einer Nonprofit-Organisation zur Beschaffung finanzieller Mittel sowie geldwerter Güter und Dienstleistungen – im Sinne von Spenden – verstanden." (Bruhn, 2012: 67)
Buss (2012)	„Fundraising ist die Beschaffung von Spenden." (Buss, 2012: 4)
Haibach (2012)	„Fundraising wird verstanden als die umfassende Mittelbeschaffung einer nicht kommerziellen Organisation. Dies umfasst Finanz- und Sachmittel, Rechte und Informationen, Arbeits- und Dienstleistungen, wobei der Schwerpunkt auf der Einwerbung finanzieller Mittel liegt." (Haibach, 2012: 16)
Helmig/ Boenigk (2012)	„Fundraising ist die systematische Analyse, Planung, Durchführung und Kontrolle sämtlicher Aktivitäten einer Nonprofit-Organisation mit dem Zweck, finanzielle oder sachliche Spenden zu akquirieren, ohne dass dafür eine Gegenleistung erwartet wird." (Helmig/Boenigk, 2012: 170)
Gromberg (2006)	„Unter Fundraising [wird] de[r] Bereich der steuerbefreiten Mittelgewinnung für gemeinnützige Organisationen [verstanden]: die Anfrage von Spenden, Legaten, Zustiftungen und Unterstützung aller Art bis hin zum Volunteering (der Hilfe durch unbezahlte Freiwillige)." (Gromberg, 2006: 25)
Purtschert et al. (2005)	„Eine systematische und professionelle, auf Marketingprinzipien basierende Einwerbung von finanziellen Ressourcen, für die häufig keine marktadäquate Gegenleistung abgegeben wird." (Purtschert et al., 2005: 31)

mann. Fundraising wird diesbezüglich als Management jeglicher Ressourcen und Beschaffungsquellen aufgefasst. Dies umschließt auch das Sponsoring (vgl. Wesselmann/Hohn, 2012: 211).

Ausgehend von den Definitionen sind **zentrale Merkmale des Fundraisings** abzuleiten. Demnach erfordert die Umsetzung von Fundraising die Anwendung von Marketingprinzipien, speziell die Erstellung einer langfristig angelegten Kommunikationsstrategie. Fundraising versteht sich in diesem Sinn nicht bloß als das *Beschaffen* von Mitteln, sondern vielmehr als *Einwerben* jeglicher Mittel, insbesondere finanzieller Art. Dies erfordert einen klaren Strategiebezug und eine systematische Vorgehensweise, die sich zudem explizit an den Bedürfnissen der Ressourcenbereitsteller orientiert. Ziel ist die Verwirklichung spezifischer gesellschaftlich relevanter Zwecke (vgl. Haibach, 2012: 19; Fabisch, 2013: 8). Das Einwerben von Spenden ist dennoch den gemeinnützig anerkannten, das heißt steuerbegünstigten, Organisationen vorbehalten. Abzugrenzen ist Fundraising demnach von eigennützigen Aktivitäten und Aktivitäten der Beteiligungsgesellschaften auf den Finanzmärkten (Private Equity) (vgl. Urselmann, 2014: 4f.).

Das Aufgabenspektrum des Fundraisings reicht von der Identifikation über die Akquise bis hin zur Bindung der Spender sowie Stifter und Sponsoren. In diesem Zusammenhang gilt es „eine möglichst langfristige und vertrauensvolle Beziehung zu attraktiven Spendern aufzubauen und zu intensivieren [...]" (Bruhn, 2012: 67). Die hierzu eingesetzten Fundraising-Methoden werden passgenau auf die Zielgruppe und den Förderbedarf abgestimmt (vgl. Weißschnur, 2013: 51f.).

Im Weiteren zugrunde gelegt wird eine weite Auslegung des Fundraising-Begriffs entsprechend der Definition nach Urselmann (2014). Sponsoring wird in diesem Kontext als Fundraising-Instrument mit Besonderheiten betrachtet, da es in der Praxis gewöhnlich in den Aufgabenbereich eines Fundraisers fällt (vgl. Haibach, 2012: 17). Fundraising wird demnach aufgefasst als...

> „[...] die systematische Analyse, Planung, Durchführung und Kontrolle sämtlicher Aktivitäten einer steuerbegünstigten Organisation, welche darauf abzielen, alle benötigten Ressourcen (Geld-, Sach- und Dienstleistungen) durch eine konsequente Ausrichtung an den Bedürfnissen der Ressourcenbereitsteller (Privatpersonen, Unternehmen, Stiftungen, öffentliche Institutionen) zu möglichst geringen Kosten zu beschaffen." (Urselmann, 2014: 1)

Der Definition entsprechend werden Privatpersonen, Unternehmen, Stiftungen und öffentliche Institutionen als Zielgruppen des Fundraisings betrachtet. Angelehnt an gängige Definitionen des Marketingbegriffs betont die Definition die Vorgehensweise in Form eines Managementprozesses. Zudem wird die Ausrichtung an den Bedürfnissen der Ressourcenbereitsteller – im Sinne einer spenderzentrierten Sichtweise – hervorgehoben.

11.2.2
Fundraising-Management

Der funktionalen Sichtweise entsprechend ist Management allgemeinhin zu definieren als die „zielorientierte Steuerung (einer Organisation) unter effektiver (wirksamer) und effizienter (wirtschaftlicher) Nutzung der vorhandenen Ressourcen [...]" (Urselmann, 2014: 367). Management lässt sich demnach auffassen als Komplex aus Aufgaben und Prozessen. Deren Ziel ist die effektive und effiziente Steuerung der Unternehmensaktivitäten. Management befasst sich in dieser Hinsicht mit der **Lösung von Optimierungsproblemen** (vgl. ebd.: 367).

Im Kontext des Fundraisings besteht das Optimierungsproblem darin, mittels verschiedener Instrumente und Maßnahmen ein Maximum an Spendeneinnahmen zur Verwirklichung von gemeinnützigen Zwecken zu generieren. Es gilt, das in begrenzter Höhe zur Verfügung stehende Fundraising-Budget optimal einzusetzen (vgl. Urselmann, 2010: 17). Zu diesem Zweck findet das ökonomische Prinzip Anwendung auf das Fundraising:

- *Maximalprinzip:* Das Fundraising-Budget soll für die Maßnahmen und Instrumente eingesetzt werden, die einen möglichst hohen Gesamtertrag erzeugen.
- *Minimalprinzip:* Ein konkret festgelegter Förderbedarf (Gesamtertrag) soll mit möglichst geringen Kosten eingeworben werden (vgl. Urselmann, 2014: 367).

Neben einer effizienten Mitteleinwerbung ist eine effektive Mittelverwendung für ein professionell umgesetztes Fundraising unabdingbar. Fundraising bedarf vor diesem Hintergrund einer systematischen Vorgehensweise in Form eines Managementprozesses (vgl. Urselmann, 2014: 367; Haibach, 2012: 75).

Der Begriff des **Fundraising-Managements** bezeichnet in Anlehnung an den funktionalen Managementbegriff gemäß Urselmann „die zielorientierte Steuerung des Fundraisings unter effektiver und effizienter Nutzung der vorhandenen Ressourcen, insbesondere mithilfe der Steuerungsinstrumente Planung, Controlling und Qualitätsmanagement" (Urselmann, 2010: 17). Basierend auf Annahmen des Freiburger Management-Modells für NPOs betont die Definition die Steuerung als zentrale Managementaufgabe (vgl. Urselmann, 2014: 367f.). Inwiefern eine Steuerung des Fundraisings über die Instrumente Planung, Controlling und Qualitätsmanagement möglich ist zeigt Abbildung 11.2-1 im Überblick.

Im Zentrum des Fundraising-Managements steht die **Fundraising-Planung**. Sie untergliedert sich in drei Planungsebenen (normativ,

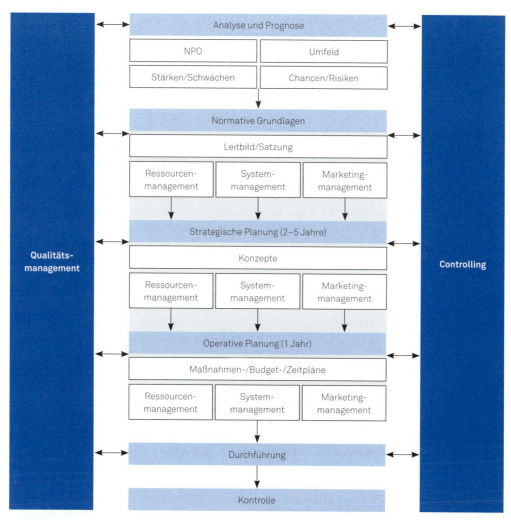

Abbildung 11.2-1: Modell des Fundraising-Managements nach Urselmann (Quelle: Eigenerstellung in Anlehnung an Urselmann, 2014: 369)

strategisch, operativ) und betrifft zukunftsorientierte Entscheidungen über Ziele, Maßnahmen und Mittel des jeweiligen Zeithorizonts. Die Fundraising-Planung gewährleistet, dass die langfristigen, im Leitbild oder in der Satzung verschriftlichen Ziele mithilfe von Konzepten (strategische Planung) in die operative Planung, das heißt in Maßnahmen-, Zeit- und Budgetpläne, überführt werden. Entscheidungen innerhalb der Planung orientieren sich an den Anspruchsgruppen. Im Modell nach Urselmann erfolgt gemäß der Anspruchsgruppen eine Unterteilung in *Systemmanagement* (Fokus: interne Stakeholder), *Ressourcenmanagement* (Fokus: Ressourcenbereitsteller) und *Marketingmanagement* (Fokus: Abnehmer einer Leistung).

Eingebettet ist die Planung in eine systematische Vorgehensweise, einen Prozess bestehend aus den Schritten: Analyse, Planung, Durchführung (Umsetzung) und Kontrolle. Der Prozess dient der fortlaufenden Überprüfung, Anpassung und Auswertung der Fundraising-Planung (vgl. Urselmann, 2014: 368ff.). Neben der Planung fungieren das **Qualitätsmanagement** und **Controlling** als Steuerungsinstrumente.

Sie liegen ebenfalls einem systematischen Prozess zugrunde. Das Controlling liefert Entscheidungsgrundlagen für die Fundraising-Planung. Das Qualitätsmanagement plant und kontrolliert Verbesserungen der Leistungen, Prozesse und Strukturen (vgl. Urselmann, 2014: 394 und 425 f.).

Die Betrachtung des Fundraisings als strategischen Planungsprozess, der in Verbindung mit einem konsequenten Management steht, unterscheidet professionelles („echtes") Fundraising vom gelegentlichen Einwerben von Spenden und vereinzelten Spendenaktionen (vgl. Fabisch, 2013: 49). Dies bedarf einer langfristigen Sichtweise und eines Mindestmaßes an Investitionen.

11.2.3
Erscheinungsform des Marketings

Fundraising stellt eine besondere Erscheinungsform bzw. Art des Marketings dar (vgl. Haibach, 2012: 18; Urselmann, 2014: 8). Einzuordnen ist diese in den übergeordneten Bereich des Nonprofit-Marketings und in den Bereich des eng definierten Sozialmarketings. Fundraising umfasst diesbezüglich den Teilbereich des Nonprofit-Marketings (Sozialmarketings), der die Ausrichtung des Marketings auf die spezifische Anspruchsgruppe der Spender zum Gegenstand hat. Da der Engpassfaktor einer Spendenorganisation zumeist in der Ressourcenbeschaffung liegt, wird Fundraising gemeinhin dem Funktionsbereich der Beschaffung zugeordnet (vgl. Hunziker, 2010: 30). Um die Besonderheiten des Fundraisings als **Erscheinungsform des Marketings** zu erfassen, ist es erforderlich, Fundraising in den allgemeinen Kontext des Marketings sowie konkret in den Bezugsrahmen des Nonprofit-Marketings einzubetten.

Ursprünglich stammt der Marketingbegriff aus dem Konsumgüterbereich und wurde inhaltlich auf die Absatzlehre reduziert (vgl. ebd.: 26). Das heutige erweiterte Marketingverständnis legt sämtliche Austauschprozesse eines Unternehmens zugrunde und findet Ausdruck in der **aktuellen Definition** der American Marketing Association (AMA):

"Marketing is the activity, set of institutions, and processes for creating, communicating, delivering, and exchanging offerings that have value for customers, clients, partners, and society at large." (American Marketing Association, 2013)

Ausgehend von der sogenannten **Broadening-Deepening-Diskussion** erfuhr das ursprünglich auf den Konsumgüterbereich ausgerichtete Marketingverständnis in den frühen 1970er-Jahren eine Ausweitung („broadening") und eine Vertiefung („deepening") (vgl. Bruhn, 2012: 53). Im Sinne eines Deepening wurde das klassische Marketingkonzept weiterentwickelt (z.B. Human Concept of Marketing). Eine Übertragung und Ausweitung des Marketinggedankens erfolgte mit Blick auf spezifische Organisationstypen (z.B. NPO, öffentliche Betriebe) und Marketingobjekte (z.B. Dienstleistungen, soziale Ideen). Im Rahmen des Generic Concept of Marketing wurde der Objektbereich des Marketings durch Kotler und Levy (1969) auf jegliche Formen des Austauschs übertragen, sodass der Gegenstandsbereich des Marketings auf nicht erwerbswirtschaftliche Organisationen ausgeweitet wurde (vgl. Hohn, 2001: 12 f.). Herausgebildet haben sich unter anderem das Nonprofit-Marketing und das Social-Marketing. Nonprofit-Marketing und Social-Marketing weisen zwar zahlreiche Schnittstellenbereiche auf, sind genau genommen jedoch zu differenzieren (vgl. Helmig/Boenigk, 2012: 139).

Sozialmarketing (Social-Marketing) versteht sich gemeinhin als Marketing für soziale Ziele (vgl. Bruhn, 2012: 54). Im weiten Sinn umfasst es neben Marketingaktivitäten von gemeinnützigen Organisationen Aktivitäten von Wirtschaftsunternehmen mit sozialem oder kulturellem Bezug (z.B. Corporate Social Responsibility). Als zentrales Abgrenzungskriterium zum Nonprofit-Marketing wird daher zumeist die jeweilige Ausrichtung des Marketings zugrunde gelegt. Während sich der Fokus des Nonprofit-Marketings auf den Organisationstyp NPO richtet, liegt der Fokus des Sozialmarketings auf dem Marketingobjekt „soziale Ideen" (vgl. Hohn, 2001: 16 ff.). Da Fundraising ausschließlich von steuerbegünstigten bzw.

Non-Profit-Organisationen (NPOs) betrieben wird, soll es jedoch konkret als Teilgebiet des Nonprofit-Marketings (Sozialmarketing im engeren Sinn) betrachtet werden.

Das Marketing für nichtkommerzielle Organisationen, kurz **Nonprofit-Marketing**, weist gegenüber dem kommerziellen Marketing Besonderheiten auf, die in den komplexen Austauschprozessen einer NPO und in der Anspruchsgruppenvielfalt begründet liegen (vgl. Hunziker, 2010: 27). Nonprofit-Marketing beinhaltet nach Bruhn grundsätzlich die…

> „[…] Analyse, Planung, Umsetzung und Kontrolle sämtlicher interner und externer Aktivitäten, die durch eine Ausrichtung am Nutzen und den Erwartungen der Anspruchsgruppen (z.B. Leistungsempfänger, Kostenträger, Mitglieder, Spender, Öffentlichkeit) darauf abzielen, die finanziellen, mitarbeiterbezogenen und insbesondere aufgabenbezogenen Ziele der Nonprofit-Organisation zu erreichen." (Bruhn, 2012: 55)

Ein „Kunde" entsprechend der klassischen Marketingtheorie ist im Kontext einer NPO nicht anzutreffen. Austauschprozesse liegen keinem schlüssigen Geber-Nehmer-Prinzip zugrunde, weshalb die Anwendung des Kundenbegriffs in Bezug auf NPOs durchaus umstritten ist. Bei Drittleistungs-NPOs differieren die Empfänger bzw. Nutznießer einer Leistung von den Leistungszahlern. Mehrstufige Austauschbeziehungen kennzeichnen somit gemeinnützige Organisationen. Nonprofit-Marketing richtet sich an alle intern oder extern bewusst an der Missionserfüllung beteiligten bzw. davon profitierenden Personen und Organisationen (vgl. Helmig/Boenigk, 2012: 136f.; Thaler, 2012: 13f.). Helmig und Boenigk sowie Thaler identifizieren in diesem Zusammenhang **vier Kundengruppen** für den Organisationstyp der Nonprofit-Organisation (vgl. Helmig/Boenigk, 2012: 137f.; Thaler, 2012: 15f.):
- *Direkte Kunden* sind unmittelbare Empfänger bzw. Nutznießer einer Leistung oder eines Produkts einer NPO (z.B. Patienten, Vereinsmitglieder).
- *Indirekte Kunden* schließen sämtliche Personen und Organisationen ein, die in jedweder Form mittelbar an der Leistungserstellung partizipieren oder zur Missionserfüllung der Organisation beitragen (z.B. Angehörige, Öffentlichkeit).
- *Interne Kunden* umfassen alle haupt- und ehrenamtlich Beschäftigten der NPO.
- *Spender* umfassen sämtliche Personen und Organisationen, die einer NPO Finanz- und Sachspenden zur Verfügung stellen (z.B. Stifter, Großspender).

Nonprofit-Marketing dient in diesem Zusammenhang einer optimalen Gestaltung der Beziehungen zu den jeweiligen Kunden- bzw. Anspruchsgruppen. Eine Herausforderung stellen die fließenden Grenzen zwischen den Kundengruppen dar. So kann sich zum Beispiel ein Großspender zu einem internen Kunden entwickeln und umgekehrt (vgl. Helmig/Boenigk, 2012: 138; Thaler, 2012: 16). Aufgrund ihrer Eigenheiten bedarf die NPO-spezifische **Kundengruppe der Spender** eines gesonderten Marketings. Denn im Vergleich zu anderen Kundengruppen einer NPO „[…] [ist] der Charakter der Beziehung zwischen Nonprofit-Organisation und Spendern nicht durch eine Inanspruchnahme oder Partizipation, sondern eher durch Zuwendung geprägt […]" (Thaler, 2012: 15f.).

Für das Marketing einer NPO bedeutet die Vielfalt an Anspruchsgruppen einhergehend mit nichtschlüssigen Austauschprozessen, dass eine unreflektierte Übernahme der Erkenntnisse aus dem kommerziellen Marketing nur begrenzt zielführend ist. Vielmehr bedarf es einer Übertragung der Marketing-Philosophie auf den Nonprofit-Bereich. Adaptionen sind jeweils erforderlich, sofern den Besonderheiten einer NPO Rechnung zu tragen ist. Da NPO-spezifische Austauschbeziehungen oftmals kaum Übertragungsmöglichkeiten aus dem Profit-Bereich bieten (z.B. Freiwilligenmanagement, Fundraising), gilt es diesbezüglich eigene spezifische Marketinginhalte zu generieren (vgl. Hunziker, 2010: 27).

Infolge der bisherigen Erkenntnisse aus dem Nonprofit-Marketing lässt sich **Fundraising** zunächst als die Ausrichtung des Nonprofit-Marketings auf die spezifische Kundengruppe der Spender konkretisieren. Aufgabe des Fundraisings ist es, Austauschbeziehungen zu Spendern zu initiieren und optimal zu gestalten (vgl. Naskrent, 2010: 49). Mittels konsequenter Orientierung am Spender und infolge des Einsatzes von Marketinginstrumenten soll Fundraising den spezifischen Engpass der Ressourcenbeschaffung überwinden, sodass die Spendenorganisation ihre Absatzleistung in Form der Missionserfüllung erbringen kann (vgl. Gahrmann, 2012: 14ff.; Haibach, 2012: 18; Hunziker, 2010: 28). Aufgrund spezifischer Austauschbeziehungen im Fundraising sind Erkenntnisse aus dem Profit-Marketing jedoch nur adaptiert anzuwenden (vgl. Hunziker, 2010: 29f.).

Neben einer **Dualität der Zielgruppen** (Spender, Nutznießer) kennzeichnet sich die Austauschbeziehung einer Spendenorganisation zu ihren Spendern durch ein **nicht äquivalentes Austauschverhältnis** (vgl. Naskrent, 2010: 45). Da die Förderer einer gemeinnützigen Organisation in der Regel nicht den Nutznießern einer gefundraisten Leistung entsprechen, liegt eine spezielle Dreieckskonstellation – bestehend aus Nutznießer, Spender und NPO – vor. Leistungsempfänger bzw. Nutznießer einer NPO sind neben Subjekten (z. B. Menschen, Tiere), Objekte (z. B. Denkmäler) oder die Gesellschaft insgesamt (vgl. Naskrent, 2010: 40).

Fundraising muss demnach die Bedürfnisse unterschiedlicher Zielgruppen berücksichtigen (vgl. Haibach, 2012: 18f.; Naskrent, 2010: 41). Die Austauschbeziehung einer Spendenorganisation zu ihren Spendern divergiert stark von Kundenbeziehungen im kommerziellen Marketing. Charakteristisch für den Austausch im Fundraising ist diesbezüglich, dass einer Spende keine marktadäquate Gegenleistung gegenübersteht. Die Spendenhandlung erfolgt in erster Linie freiwillig, auf der Grundlage persönlicher Überzeugungen, Interessen und Motive, stellt jedoch keine einseitige Leistungsabgabe dar. Vielmehr ist die Gegenleistung im Fundraising von immaterieller bzw. ideeller Art (z. B. Dank, sozialer Status, Wertschätzung). Im Vergleich zu klassischen Kundenbeziehungen zeigt sich weiterhin ein entgegengesetztes Marktmachtverhältnis zwischen Anbietern (Spendern) und Nachfragern (NPOs). Während das Angebot an Spenden begrenzt ist, erscheint die Nachfrage nach Spenden unbegrenzt. Ein Spender trifft nicht nur die Entscheidung ob, sondern auch, in welcher Höhe gespendet wird. Sofern eine getätigte Spende nicht den Erwartungen und Bedürfnissen des Spenders entsprechend eingesetzt wird, kann der Spendende seine ablehnende Haltung durch Einstellung der Spendentätigkeit zum Ausdruck bringen. In der Folge ergibt sich ein komplexes Beziehungsgeflecht zwischen Spendern und einer NPO (vgl. Naskrent, 2010: 43ff.).

Fundraising bezweckt demnach, auf freiwilliger Basis beruhende Austauschprozesse zu initiieren und zu intensivieren, um eine möglichst hohe Unterstützung und Bindung der Spender an die Spendenorganisation zu erreichen. Von zentraler Bedeutung ist in diesem Zusammenhang die Kommunikation der eigenen Wertvorstellungen und Leistungen gegenüber bestehenden Spendern und potenziellen Interessenten (vgl. Fabisch, 2013: 26f.; Haibach, 2012: 18f.). Fundraising umfasst jedoch nicht bloß die Spendenwerbung und somit einen Teilbereich der Kommunikationspolitik. Fundraising ist untrennbar verknüpft mit einer umfassenden **Marketingkonzeption** als Ausgangsbasis für die Einwerbung von Fördermitteln (vgl. Naskrent, 2010: 47). Diese sollte eine langfristig angelegte Kommunikationsstrategie beinhalten und das Konzept der Kundenorientierung auf die Spender anwenden. Motive für und Erwartungen an eine Spende sind zu ermitteln und in der Folge zu befriedigen (vgl. Haibach, 2012: 19). In Anlehnung an die klassischen „4P" des Marketings besteht der **Fundraising-Mix** auf der operativen Ebene aus den Elementen:

- Angebot an den Spender („product")
- die Spende als Preis für das Angebot („price")
- die Kommunikation über das Angebot („promotion")
- die Akquisition der Spende („place") (vgl. Buss, 2012: 138).

Die Mehrheit der eingesetzten Fundraising-Instrumente umfassen Instrumente aus dem Bereich der Kommunikationspolitik, insbesondere des Direktmarketings. Maßnahmen des Direktmarketings kennzeichnen sich aus durch eine direkte und persönliche Ansprache von Kunden – eine

Eigenschaft, die auch Fundraising-Instrumente auszeichnet (vgl. Gahrmann, 2012: 14).

Insgesamt lässt sich Fundraising als Element des Marketings einer spendensammelnden Organisation klassifizieren. Als dieses steht es in Handlungskonkurrenz zu weiteren Einsatzbereichen des Marketings (z. B. Mitgliedermarketing). In der Praxis erfolgt daher oftmals eine Integration des Fundraisings in die Marketingabteilung (vgl. Buss, 2012: 327).

11.2.4
Ansätze

Als spezielle Form des Marketings bedarf Fundraising der Adaption von Ansätzen der Marketingtheorie. Im Folgenden gilt es die zwei gegenwärtig zentralen Ansätze des Fundraisings gegenüberzustellen und punktuell vertiefend zu betrachten.

11.2.4.1
Transaktionsorientiertes Fundraising vs. Relationship Fundraising

Seinen Ursprung findet die Diskussion über den transaktions- und beziehungsorientierten Ansatz im Marketing zu Beginn der 1990er-Jahre. Unter dem Begriff „Relationship Marketing" wird zu dieser Zeit das Konzept der Kundenorientierung verbreitet und der Marketing-Fokus verstärkt von der Kundenakquisition auf die Kundenbindung gerichtet (vgl. Hunziker, 2010: 33ff.; Bruhn, 2013: 11f.). Die Erkenntnis setzt sich durch, dass der Aufbau und Erhalt von langfristigen Kundenbeziehungen in zunehmend gesättigten Märkten mit dynamischem Wettbewerb auf lange Sicht profitabler ist. Es wird von einer Neuorientierung, teilweise sogar von einem Paradigmenwechsel im Marketing gesprochen (vgl. Naskrent, 2010: 62ff.).

Der britische Fundraising-Experte Ken Burnett bildete mit der im Jahre 1992 veröffentlichten Monographie *„Relationship Fundraising – A Donor-based Approach to the Business of Raising Money"* den Ausgangspunkt für eine Entwicklung von einem transaktionsorientierten Ansatz des Fundraisings hin zu einem verstärkt beziehungsorientierten Ansatz (vgl. Scherhag/Boenigk, 2010: 357; Helmig/Boenigk, 2012: 178). Kritisiert wird vor dem Hintergrund einer sinkenden Spenderquote (prozentualer Anteil der spendenden Bevölkerung) der zu enge Fokus des transaktionsorientierten Fundraisings. Das transaktionsorientierte Fundraising zielt auf eine kurzfristige Akquisition möglichst hoher Spenden – zu Lasten einer langfristigen Spenderbeziehung (vgl. Scherhag/Boenigk, 2010: 354f.). Nach dem Transaktionsansatz werden Fundraising-Instrumente hierzu primär auf die Gewinnung von Erstspendern und die Erhöhung der Spendenbereitschaft ausgerichtet. Ökonomischer sei es nach Burnett langfristig, das volle Potenzial einer Spenderbeziehung auszuschöpfen. Hierzu erfordert es, analog zum Konzept der Kundenorientierung, einer Ausrichtung an den Bedürfnissen der Spender (*Spender*orientierung) – nicht einer Ausrichtung an den Spenden (*Spenden*orientierung). Fundraising-Aktivitäten seien infolgedessen auf die einzelnen Phasen einer Spender-NPO-Beziehung differenziert auszurichten und die Beziehungen zu Spendern aktiv zu gestalten, aufzubauen und zu erhalten (vgl. Naskrent, 2010: 72f.; Haibach, 2012: 20f.).

Zu unterscheiden sind die Ansätze des transaktionsorientierten und des beziehungsorientierten Fundraisings anhand von sieben zentralen Abgrenzungsmerkmalen (Tab. 11.2-3).

Der **Ansatz des transaktionsorientierten Fundraising** richtet den Fokus auf die Akquisition einzelner Spenden. Der Spendenzweck zeugt zumeist von einer hohen Dringlichkeit, zum Beispiel im Fall von Notlagen und Katastrophen. Dementsprechend weist der Ansatz einen kurzfristigen Zeithorizont auf. Vorrangig beurteilt wird der Fundraising-Erfolg anhand der Höhe der Spendensumme pro Spender und anhand des Return on Investment (ROI). Die Orientierung an den Interessen der Spender ist ebenso gering ausgeprägt wie deren Integration in die Leistungserstellung. Spender fungieren lediglich als Finanzierungsquelle. Der Schwerpunkt des Fundraisings liegt auf der Akquisition von Geldspenden (vgl. Scherhag/Boenigk, 2010: 356).

Tabelle 11.2-3: Merkmale des transaktionsorientierten und des beziehungsorientierten (Relationship) Fundraisings (Quelle: Eigenerstellung in Anlehnung an Scherhag/Boenigk, 2010: 356)

Merkmal	Transaktionsorientiertes Fundraising	Beziehungsorientiertes Fundraising
Fokus	Einzelne Spende	Spenderbindung
Perspektive	Dringlichkeit des Spendenzwecks	Aufbau einer Spenderbeziehung
Zeithorizont	kurzfristig	langfristig
Kennzahlen	ROI, Spendensumme	Donor Lifetime Value
Spenderorientierung	Geringe Spenderorientierung	Ausgeprägte Spenderorientierung
Integration des Spenders	Spender als Finanzierungsquelle	Integration in die Leistungserstellung
Art der Spende	Fokus liegt primär auf der Geldspende	Fokus liegt auf Geld-, Sach- und Zeitspenden

Demgegenüber steht der **Ansatz des beziehungsorientierten Fundraisings** (Relationship Fundraising), der eine langfristige Bindung der Spender an die Organisation anstrebt. Scherhag und Boenigk (2010) charakterisieren Relationship Fundraising als „strategischen Ansatz [...], bei dem alle Aktivitäten der Organisation auf den Beziehungsaufbau und die Beziehungspflege zu den Spendern gerichtet sind [...]" (ebd.: 354f.). Als Erfolgskennzahl dient der Spenderlebenswert bzw. Donor Lifetime Value (DLV). Der DLV erfasst die kumulierte Spendensumme eines Spenders über den gesamten Spenderlebenszyklus. Eine hohe Ausprägung weist neben der Spenderorientierung die Integration der Spender in die Leistungserstellung auf (vgl. ebd.: 356f.). Burnett verleiht diesen Aspekten innerhalb seiner Definition zum Relationship Fundraising wie folgt Nachdruck: „In relationship fundraising every activity of the organisation is [...] geared towards making donors feel important, valued and considered" (Burnett, 1992, zit. in: Urselmann, 2014: 13f.). Nimmt die Spenderbeziehung einen positiven Verlauf, steigt ebenso die Bereitschaft, zusätzlich, zum Beispiel in Form von Zeitspenden, an der Leistungserstellung zu partizipieren (vgl. Scherhag/Boenigk, 2010: 357).

Zunehmende Relevanz in der Wissenschaft und Praxis spendensammelnder Organisationen erhält der Ansatz des Relationship Fundraising vor dem Hintergrund, dass eine stetige Akquise von Neuspendern keine zukunftssichere Strategie darstellt. Die hohen Kosten der Neuspendergewinnung neutralisieren sich erst bei erzielten Folgespenden (vgl. Naskrent, 2010: 65). Urselmann konstatiert infolge eines zunehmenden Verdrängungswettbewerbs der Spendenorganisationen eine Verzehnfachung der Kosten für die Neuspenderakquise im Zeitraum von 1990 bis 2010. Er schätzt die (Voll-) Kosten auf 100–200 Euro pro Erstspender ein (vgl. Urselmann, 2014: 15). Hinzukommt, dass die Spenderabwanderungsrate nach einer erfolgten Erstspende bei 40–50 % liegt. Vor diesem Hintergrund erscheint es insbesondere für Spendenorganisationen erstrebenswert, langfristige Beziehungen zu Spendern aufzubauen und zu pflegen (vgl. Naskrent, 2010: 66). Langfristige Spenderbeziehungen ermöglichen zudem eine bessere Planbarkeit der zur Verfügung stehenden Mittel. Regelmäßige, prognostizierbare Spendeneinnahmen von dauerhaft gebundenen Spendern gewährleisten eine bessere Finanzplanung insbesondere von mittel- und langfristig angelegten Projekten. Erstrebenswert ist eine bessere Finanzplanung durch kontinuierliche Spendeneinnahmen vor dem Hintergrund des Gebotes der zeitnahen Mittelverwendung, dem steuerbegünstigte Organisationen unterliegen. Gemäß § 55 Abs. 1 Nr. 5 AO dürfen sie nur in einem begrenzten Umfang Rücklagen bilden (vgl. Urselmann, 2014: 14f.).

11.2.4.2
Exkurs: Relationship Fundraising

Der beziehungsorientierte Ansatz des Fundraisings findet insbesondere Ausdruck in den nachfolgend skizzierten Konzepten des Spenderlebenszyklus und der Spenderpyramide. Während der Spenderlebenszyklus analog zum Kundenbeziehungszyklus die einzelnen Phasen einer Spender-NPO-Beziehung beleuchtet, untergliedert die Spenderpyramide verschiedene Segmente als Ausgangspunkt für ein möglichst individuelles Marketing.

Spenderlebenszyklus (Donor Lifetime Cycle)

Die Beziehung eines Spenders zu einer NPO durchläuft verschiedene Phasen im Zeitverlauf. Jene Beziehungsphasen lassen sich idealtypisch anhand eines Spenderlebenszyklus darstellen, der die Intensität der Spender-NPO-Beziehung zur Beziehungsdauer in Bezug setzt (vgl. Helmig/Boenigk, 2012: 186 f.). Ermöglicht wird eine lebensphasenspezifische Gestaltung der Spenderbeziehung. So stellt das **Konzept des Spenderlebenszyklus** den Ausgangspunkt für eine systematische Beziehungsanalyse dar. Weiterhin erlaubt es Rückschlüsse für einen gezielten Einsatz von Marketinginstrumenten in Abhängigkeit von der entsprechenden Beziehungsphase. In Analogie zum Konzept des Kundenbeziehungszyklus des Relationship Marketing lassen sich drei zentrale Kernphasen unterscheiden, die *Spenderakquisition*, die *Spenderbindung* und die *Spenderrückgewinnung*. Die Kernphasen lassen sich wiederum in weitere Phasen untergliedern (vgl. Naskrent, 2010: 73). Einen Überblick über das Konzept des Spenderlebenszyklus und über die einzelnen Phasen einer Spenderbeziehung gibt Abbildung 11.2-2.

In der Phase der **Spenderakquisition** findet die Spender-NPO-Beziehung ihren Ausgangspunkt. Die Phase untergliedert sich in eine Anbahnungs- und eine Sozialisationsphase und umfasst sämtliche Aktivitäten einer NPO zur Initiierung einer Spenderbeziehung (vgl. Hunziker, 2010: 54). Zunächst gilt es die Aufmerksamkeit und das Interesse potenzieller Spender zu wecken, um eine erste Spende zu veranlassen (*Anbahnungsphase*). Entscheidet sich ein Interessent für eine Spendenhandlung, wird er zum Erst- bzw. Neuspender. Der Übergang in die *So-*

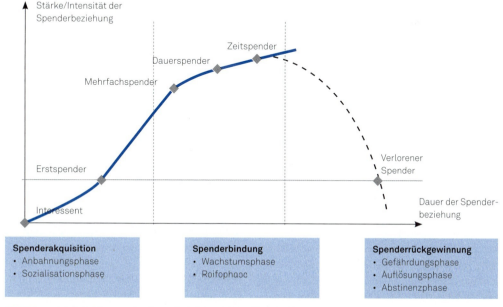

Abbildung 11.2-2: Phasen des Spenderlebenszyklus (Quelle: Eigenerstellung in Anlehnung an Helmig/Boenigk, 2012: 187, und Bruhn, 2013: 66)

zialisationsphase ist geebnet. Die Beziehungsintensität ist zu diesem Zeitpunkt sehr gering und die Gefahr eines Beziehungsabbruchs groß. Aufgrund hoher Kosten der Neuspendergewinnung fällt der Wert eines Spenders noch gering aus. Sofern Erstspender ihre Erwartungen an eine Spende durch die NPO erfüllt sehen und in die Leistungsfähigkeit der NPO vertrauen, sind die Voraussetzungen für eine Intensivierung der Beziehung gegeben (vgl. Naskrent, 2010: 73-75).

Im Anschluss an eine Erstspende setzt die Phase der **Spenderbindung** ein. Die Phase gliedert sich in eine Wachstums- und eine Reifephase und umfasst die Entwicklung der Spenderbeziehung vom Auf- und Ausbau bis hin zur Auflösung der Beziehung (vgl. Hunziker, 2010: 54). Es erfolgt eine Ausweitung der Beziehung mit dem Ziel, eine Zunahme der Spendenfrequenz oder -höhe zu bewirken. Die Wiederholung einer Spende in der *Wachstumsphase* stellt den ersten Schritt in Richtung einer dauerhaften Spenderbeziehung dar. Sie zeugt von einer gesteigerten Loyalität des Spenders zur NPO und geht mit einer höheren Beziehungsintensität und stärkeren Integration des Spenders einher. Der Erstspender wird zu einem Mehrfach- oder gar Dauerspender. Aufgabe der NPO ist es, die Beziehungen zu den Spendern zu pflegen und auszubauen. Der Donor Lifetime Value (DLV) erreicht seinen Höhepunkt in der *Reifephase* (vgl. Naskrent, 2010: 75; Helmig/Boenigk, 2012: 187f.).

Die Phase der **Spenderrückgewinnung** zeichnet sich durch einen Rückgang oder gar Abbruch der Beziehung aus. Sie umfasst die Gefährdungs-, Auflösungs- und Abstinenzphase. Demnach gilt es eine Beendigung der Spenderbeziehung zu verhindern und verlorene Spender zurückzugewinnen. Eine Reduktion der Spendenfrequenz (*Gefährdungsphase*) deutet oftmals bereits auf ein bevorstehendes Beziehungsende (*Auflösungsphase*) hin. Die Gründe hierfür reichen von der Unzufriedenheit über die Mittelverwendung und den Informationsfluss sowie konkurrierende Spendenzwecke bis hin zu Umständen außerhalb des Einflussbereichs einer NPO. Die Gründe für den Beziehungsabbruch (*Abstinenzphase*) sind von der NPO detailliert zu untersuchen, um geeignete Maßnahmen zur Reaktivierung der Spenderbeziehung einleiten zu können. Abzuwägen ist, ob Erträge einer Reaktivierung im Verhältnis zu den Kosten stehen (vgl. Naskrent, 2010: 75f.; Helmig/Boenigk, 2012: 188).

Der Spenderlebenszyklus liefert wichtige Anhaltspunkte zur optimierten Gestaltung einer Spenderbeziehung im Sinne des Relationship Fundraising. Dennoch ist zu beachten, dass es als Theoriemodell die Idealvorstellung eines Beziehungsverlaufs zeigt. So kann die Abfolge und Dauer der Phasen in der Praxis variieren und zu jedem Zeitpunkt ein Beziehungsabbruch erfolgen (vgl. Naskrent, 2010: 76).

Spenderpyramide
Die Kerngedanken des Relationship Fundraising werden ebenfalls in dem weit verbreiteten **Modell der Spenderpyramide** (Abb. 11.2-3) aufgegriffen. Angelehnt an die sogenannte „Loyalitätsleiter" aus dem Kontext des Relationship Marketing zielt die Spenderpyramide auf eine Steigerung der Spenderloyalität und den Aufbau langfristiger Beziehungen. Die einzelnen Stufen der Pyramide symbolisieren die *Intensität des Engagements* eines Spenders und die *Höhe des Involvements*. Je höher ein Spender in das Modell einzuordnen ist, desto stärker sind die Beziehung und Bindung des Spenders zur NPO ausgeprägt. Höhere Stufen gehen zugleich mit höheren durchschnittlichen Spendenerträgen einher (vgl. Hunziker, 2010: 56f.). Nach dem sogenannten **Pareto-Prinzip** verursachen dennoch lediglich 20% der Spender 80% der Spendeneinnahmen, während 80% der Spender 20% der Spendeneinnahmen ausmachen (vgl. Urselmann, 2014: 17).

Wie in Abbildung 11.2-3 zu sehen ist, besteht die Spenderpyramide aus verschiedenen Stufen in Abhängigkeit von der Beziehungsintensität und der Höhe der Spendenerträge. Die Basis der Spenderpyramide bildet die breite **Öffentlichkeit**. Aus dieser gilt es die potenziellen Interessenten der Spendenorganisation zu identifizieren. Hierzu bedarf es einer umfassenden Öffentlichkeitsarbeit zur Erlangung eines entsprechenden Bekanntheitsgrades (vgl. ebd.: 15f.). **Interessenten** stehen bereits mit einer NPO in Verbindung. Sie verfügen über ein in-

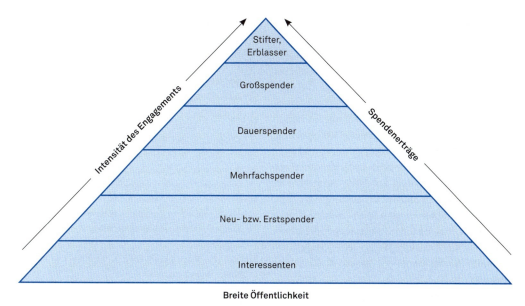

Abbildung 11.2-3: Spenderpyramide (Quelle: Eigenerstellung in Anlehnung an Urselmann, 2014: 16, und Hönig/Schulz, 2008: 286)

haltliches Interesse an der Organisation oder kennzeichnen sich durch eine potenziell hohe Spendenbereitschaft (vgl. Haibach, 2012: 219). Die NPO hat in diesem Zusammenhang das bislang passive Interesse in eine aktive Unterstützung zu überführen. Interessenten sind hierzu konkrete Angebote zu unterbreiten. Sobald ein Interessent eine Spende tätigt, wird er zum **Erstspender**. Es erfolgt eine Heraufstufung (engl.: „upgrading") im Modell der Spenderpyramide (vgl. Urselmann, 2014: 16). Aufgrund der hohen Abwanderungsrate der Erstspender werden diese erst mit der Heraufstufung im Zuge einer Folgespende zu einem „echten" Spender (vgl. Hunziker, 2010: 58). **Mehrfachspender** unterscheiden sich von der nächsthöheren Stufe der Dauerspender durch eher unregelmäßig erfolgende Unterstützungsleistungen. **Dauerspender** kennzeichnen sich wiederum durch ein regelmäßiges Spendenverhalten in Bezug auf die Abstände oder die Höhe ihrer Unterstützungsleistung. Daueraufträge und Lastschriftverfahren erhöhen hierzu die Planbarkeit der Spendenerträge (vgl. Naskrent, 2010: 38). Sofern Dauerspender über entsprechende Mittel verfügen, ist eine Heraufstufung zu einem **Großspender** denkbar. Als Großspender wird ein Spender klassifiziert, sofern dessen Spendenerträge einen jeweils definierten Schwellenwert überschreiten (z. B. Jahresspendensumme, Gesamtwert der bisherigen Spenden). Die Spitze der Spenderpyramide bilden schließlich **Stifter und Erblasser**, die einen Teil ihres Vermögens bis hin zum Vermächtnis einem gemeinnützigen Zweck widmen (vgl. Hunziker, 2010: 58f.).

Für das Fundraising ergibt sich aus der Betrachtung der Spenderpyramide das Erfordernis, Interessenten und Spendern aktiv die Möglichkeit zu bieten, ihr Engagement für die Organisation auf eine nächsthöhere Stufe auszuweiten. Jede Stufe der Spenderpyramide bedarf somit einer spezifischen Kommunikation und im Idealfall eines eigenen, in sich geschlossenen Marketingkonzepts. Da 20 % der Spender aus der Pyramidenspitze 80 % der Spendeneinnahmen generieren, bedürfen diese Personen einer persönlichen Betreuung und besonderen Integration in die Tätigkeit der Organisation. Zu beachten ist jedoch, dass solche langfristig bestehenden Spenderbeziehungen zumeist auf einer soliden Grundlagenarbeit an der Basis der

Spenderpyramide (Interessent bis Dauerspender) beruhen (vgl. Urselmann, 2014: 16 f.).

Alles in allem zeigt das Modell der Spenderpyramide, dass sich die Anzahl der Unterstützer mit Erklimmen der Loyalitätsleiter deutlich reduziert. Der Pflege sowie dem Aufbau und Erhalt von Beziehungen zu Spendern kommt im Fundraising demnach eine bedeutende Rolle zu. Zu beachten ist mit Blick auf die Spenderpyramide, dass diese einen optimalen Beziehungsverlauf einer Spenderbeziehung zur NPO aufzeigt und somit als eine vereinfachte Darstellungsform anzusehen ist. So werden sich Spendende nicht immer der „Loyalitätsleiter" entsprechend verhalten und nicht zwangsläufig jede Stufe der Pyramide durchlaufen (vgl. Naskrent, 2010: 39; Hunziker, 2010: 57 f.).

Literatur

American Marketing Association (AMA) (Hrsg.) (2013): Definition of Marketing. https://www.ama.org/AboutAMA/Pages/Definition-of-Marketing.aspx [Zugriff: 26.06.2014].

Bachert, R.; Schmidt, A. (2010): Finanzierung von Sozialunternehmen. Theorie, Praxis, Anwendung. Freiburg i. Br., Lambertus.

Boeßenecker, K.-H. (2007): Nonprofit-Sektor, in: Maelicke, B. (Hrsg.): Lexikon der Sozialwirtschaft. Baden-Baden, Nomos, S. 722–725.

Bruhn, M. (2010): Sponsoring. Systematische Planung und integrativer Einsatz, 5., vollständig überarbeitete und erweiterte Auflage. Wiesbaden, Gabler.

Bruhn, M. (2012): Marketing für Nonprofit-Organisationen. Grundlagen – Konzepte – Instrumente, 2. aktualisierte und überarbeitete Auflage. Stuttgart, Kohlhammer.

Bruhn, M. (2013): Relationship Marketing. Das Management von Kundenbeziehungen, 3., vollständig überarbeitete Auflage. München, Vahlen.

Buss, P. (2012): Fundraising. Grundlagen, System und strategische Planung. Bern, Haupt.

Fabisch, N. (2013): Fundraising. Spenden, Sponsoring und mehr, 3., vollständig überarbeitete und erweiterte Auflage. München, Deutscher Taschenbuch Verlag.

Gahrmann, C. (2012): Strategisches Fundraising. Wiesbaden, Springer Gabler.

Gromberg, E. (2006): Handbuch Sozial-Marketing. Strategie, Praxis, Trends – durch zielgerichtete Kommunikation zum Erfolg. Berlin. Cornelsen Scriptor.

Haibach, M. (2008): Fundraising – Definitionen, Abgrenzung und Einordnung, in: Fundraising-Akademie (Hrsg.): Fundraising. Handbuch für Grundlagen, Strategien und Methoden, 4. aktualisierte Auflage. Wiesbaden, Gabler, S. 88–93.

Haibach, M. (2010): Fundraising. Spendergewinnung mit System und Planung, in: Adloff, F.; Priller, E.; Strachwitz, R.G. (Hrsg.): Prosoziales Verhalten. Spenden in interdisziplinärer Perspektive. Stuttgart, Lucius & Lucius Verlagsgesellschaft, S. 140–151.

Haibach, M. (2012): Handbuch Fundraising. Spenden, Sponsoring, Stiftungen in der Praxis, 4., aktualisierte und erweiterte Auflage. Frankfurt/M., Campus.

Helmig, B.; Boenigk, S. (2012): Nonprofit Management. München, Vahlen.

Hönig, H.-J.; Schulz, L. (2008): Spenderbetreuung, in: Fundraising-Akademie (Hrsg.): Fundraising. Handbuch für Grundlagen, Strategien und Methoden, 4. aktualisierte Auflage. Wiesbaden, Gabler, S. 285–309.

Hohn, B. (2001): Internet-Marketing und -Fundraising für Nonprofit-Organisationen. Mit einem Geleitwort von Prof. Dr. Uwe Schneidewind. Wiesbaden, Deutscher Universitäts-Verlag.

Hunziker, B. (2010): Abwanderungsverhalten von Spendern. Eine Analyse des Abwanderungsprozesses und der Rückgewinnungsmöglichkeit. Wiesbaden, Springer Gabler.

Krüger, K. (2010): Rechtliche Grundlagen des Fundraising. Praxisleitfaden für Non-Profit-Organisationen. Berlin, Erich Schmidt Verlag.

Meffert, H.; Burmann, Chr.; Kirchgeorg, M. (2012): Marketing. Grundlagen marktorientierter Unternehmensführung. Konzepte – Instrumente – Praxisbeispiele. Wiesbaden, Gabler.

Naskrent, J. (2010): Verhaltenswissenschaftliche Determinanten der Spenderbindung. Eine empirische Untersuchung und Implikationen für das Spenderbindungsmanagement. Frankfurt/M., Peter Lang.

Purtschert, R.; Schwarz, P.; Helmig, B.; Schauer, R.; Haid, A. (2005): Das NPO-Glossar. Bern, Haupt.

Scherhag, C.; Boenigk, S. (2010): Relationship Fundraising: Stand der empirischen Forschung, theoretischer Bezugsrahmen und zukünftige Forschungsfelder. Zeitschrift für öffentliche und gemeinwirtschaftliche Unternehmen, 4: 354–367.

Steiner, O.; Fischer, M. (Hrsg.) (2012): Fundraising im Gesundheitswesen. Leitfaden für die professionelle Mittelbeschaffung. Stuttgart, Schattauer.

Thaler, J. (2012): Verhaltensbeeinflussung durch Sozialmarketing. Eine Analyse der Gestaltungsmöglichkeiten. Wiesbaden, Springer Gabler.

Urselmann, M. (2007): Fundraising. Professionelle Mittelbeschaffung für Nonprofit-Organisationen, 4., vollständig überarbeitete und ergänzte Auflage. Bern, Haupt.

Urselmann, M. (2009): Fundraising, in: Arnold, U.; Maelicke, B. (Hrsg.): Lehrbuch der Sozialwirtschaft, 3. Auflage. Baden-Baden, Nomos, S. 525–549.

Urselmann, M. (2010): Fundraising-Management braucht einheitliche Kennzahlen. FUNDStücke, 3: 17–19.

Urselmann, M. (2014): Fundraising. Professionelle Mittelbeschaffung für steuerbegünstigte Organisationen, 6., überarbeitete und aktualisierte Auflage. Wiesbaden, Springer Gabler.

Weißschnur, S. (2013): Fundraising gegen Hungerkrisen. Aufgaben und Wirksamkeit von Non-Profit-Organisationen. Wiesbaden, Springer VS.

Wesselmann, S.; Hohn, B. (2012): Public Marketing. Marketing-Management für den öffentlichen Sektor, 3., überarbeitete und erweiterte Auflage. Wiesbaden, Springer Gabler.

Herausgeber

Manfred Haubrock, Prof. Dr. rer. pol., nach der Ausbildung zum Industriekaufmann folgten die Studien in den Wissenschaftsgebieten Betriebswirtschaftslehre (Abschluss: Dipl.-Kaufmann) und Sozialwissenschaften (Abschluss: Dipl.-Sozialwirt). Die nachfolgende Promotion (Dr. rer. pol.) befasste sich mit der Funktion der Monopolkommission im Kontext der Konzentrationsentwicklung in Deutschland. Es folgten mehrjährige Tätigkeiten im Bereich der Erwachsenenbildung. Anfang der 1980er-Jahre Übernahm er die Funktion eines Wissenschaftlichen Mitarbeiters/einer Lehrkraft für besondere Aufgaben in Zusammenhang mit der Einrichtung der gesundheitsrelevanten Studiengänge an der Fachhochschule Osnabrück. Übernahme der Professur für Gesundheitsökonomie und Krankenhausbetriebslehre an der Fachhochschule Münster. Ab dem Wintersemester 1997 Rückkehr an die Hochschule Osnabrück und Übernahme der Professur für Allgemeine Betriebswirtschaftslehre, Gesundheits- und Sozialmanagement und Gesundheitsökonomie. Bis zur Emeritierung Ende des Sommersemesters 2011 Beauftragter für zwei berufsbegleitende Studiengänge und Sprecher des Profils Gesundheit. Nach der Emeritierung Übernahme diverser Lehrveranstaltungen und erneute Übernahme der Beauftragung für den Weiterbildungsstudiengang MBA Gesundheitsmanagement. Mitglied in diversen Gremien und Kommissionen sowie Berater von Verbänden des Gesundheitssystems auf Bundesebene. Zahlreiche Publikationen zu gesundheitspolitischen und gesundheitsökonomischen Themen. Betreuung von diversen Forschungsprojekten mit gesundheitsökonomischen Fragestellungen.

E-Mail: Manfred.Haubrock@t-online.de

Autorinnen und Autoren

Wilhelm Brokfeld, Dipl.-Kfm., arbeitete nach der Ausbildung zum Industriekaufmann und nach Abschluss des Studiums zum Diplomkaufmann an der Fachhochschule Osnabrück, Studiengang Betriebswirtschaft in Einrichtungen des Gesundheitswesens, in der Abteilung Organisation und Revision am Studentenwerk in Dortmund. Im Jahre 1987 wechselte er in die Zentrale der damaligen Landesversicherungsanstalt Westfalen, Münster, und wurde nach zweijähriger Tätigkeit in der Salzetalklinik Bad Salzuflen mit der Inbetriebnahme der Klinik Münsterland, Bad Rothenfelde, beauftragt, die er bis heute als Verwaltungsdirektor leitet.

Von 2002 bis 2014 lehrte er an der Hamburger Fern-Hochschule Gesundheitsökonomie im Studiengang Pflegemanagement. In den Jahren 2004 bis 2013 leitete er die Fachgruppe Rehabilitation im Verband der Krankenhausdirektoren Deutschlands (VKD). Ziel seiner Arbeit war es, die Rehabilitation als tragende Säule des deutschen Gesundheitswesens weiter zu festigen. Seit 2013 ist er stellvertretender Vorsitzender dieser Fachgruppe.

Im Jahre 2007 wurde er als erster Vertreter aus dem Bereich der Rehabilitation in den Fachbeirat der Krankenhaus Umschau (KU) berufen.

E-Mail: wilhelm.brokfeld@drv-westfalen.de

Jennifer Decu, MA, hat nach dem Abitur ihren Bachelor in Betriebswirtschaft im Gesundheitswesen und anschließend ihren Master in Management im Gesundheitswesen jeweils an der Hochschule Osnabrück absolviert. Neben einem Auslandssemester an der University of New Orleans (USA) hat sie in verschiedenen Nebentätigkeiten in ambulanten und stationären Einrichtungen der Gesundheitsbranche unterschiedlichste Erfahrungen gesammelt. Nach ihrem Studium war sie als Unternehmensberaterin für Heilberufe bundesweit im Einsatz. Mittlerweile ist Frau Decu als Verwaltungsleiterin einer Privatklinik tätig.

E-Mail: j.decu@web.de

Jürgen Georg, MScN, ist Pflegefachmann, -lehrer und -wissenschaftler. Er arbeitet als Lektor, Programmplaner und Redakteur beim Verlag Hogrefe und ist als Dozent zum Thema „Pflegediagnosen und -diagnostik" tätig.

E-Mail: juergen.georg@hogrefe.ch

Jörg Haßmann, Dipl.-Kaufm., MA, studierte von 1986 bis 1989 Betriebswirtschaftslehre an der Hochschule Osnabrück, Fachbereich Wirtschaft, mit dem Abschluss Dipl.-Kfm. Von 1993 bis 1996 studierte er berufsbegleitend den Masterstudiengang „European Marketing Management" an der Brunel University (London). Seit 1989 arbeitet er an der Hochschule Osnabrück zunächst im Bereich IT-Services und Studiengangsentwicklung (Wirtschaftsinformatik), dann als Wissenschaftlicher Mitarbeiter im Bereich SAP/Krankenhausinformatik/eLearning und seit 2008 als Lehrkraft für besondere Aufgaben im Lehrgebiet „Wirtschaftsinformatik" mit den Schwerpunkten „Wirtschafts- und Gesundheitsinformatik" sowie „Planspiele und Wirtschaftssimulationen". Daneben ist er am Zentrum Multimedia- und IT-Anwendungen (ZeMIT) für die Bereiche „eLearning", „Online-Umfragesysteme", „Web-basierte Videokonferenzsysteme" und „IT-gestützte Anwendungssysteme im Gesundheitswesen" zuständig.

E-Mail: j.hassmann@hs-osnabrueck.de

Elisa Liegmann, MA, absolvierte die Studiengänge Dienstleistungsmanagement (BA) an der Universität Vechta und Management im Gesundheitswesen (MA) an der Hochschule Osnabrück. Sie spezialisierte sich innerhalb ihres Masterstudiums in den Bereichen Controlling und Finanzen für Gesundheitsunternehmen und Change Management. In ihrer Masterthesis setzte sich Frau Liegmann mit den Potenzialen und der Umsetzung eines strategischen Fundraisings im Krankenhauskontext auseinander und führte vor diesem Hintergrund eine wissenschaftliche Untersuchung zum Umsetzungsstand von Fundraising in deutschen Großkrankenhäusern durch.

E-Mail: e.liegmann@gmx.net

Mavis Plitt, BA, studierte von 2011 bis 2014 Betriebswirtschaft im Gesundheitswesen an der Hochschule Osnabrück. Seit 2015 ist sie Sachbearbeiterin in der Honorarabteilung bei der Kassenärztlichen Vereinigung in Hamburg.

E-Mail: m.plitt@gmx.net

Constantin Rehers, MA, absolvierte die Studiengänge Gesundheitswirtschaft (BA) an der Fachhochschule des Mittelstands in Bielefeld und Management im Gesundheitswesen (MA) an der Hochschule Osnabrück. In seinem Masterstudium spezialisierte er sich in den Bereichen Qualitätsmanagement, Change Management und Gesundheitsinformatik. In seiner Masterthesis hat er sich mit den Themen „Patientensicherheit" und „klinisches Risikomanagement" auseinandergesetzt. Vor dem Hintergrund der Vorgaben des Gemeinsamen Bundesausschusses für Risikomanagement und Fehlermeldesysteme im Krankenhaus führte Herr Rehers im Zeitraum 2014/2015 eine wissenschaftliche Untersuchung zum Einführungsstand des klinischen Risikomanagements in deutschen Allgemeinkrankenhäusern durch.

E-Mail: constantin.rehers@gmx.de

Christina Riessland, MBA, Dipl. Sozialwissenschaft, Krankenschwester, Pflegesachverständige. Dipl. Sozialwissenschaft in Hannover, MBA-Healthmanagement in Osnabrück; Dozentin in der Aus-, Fort- und Weiterbildung für unterschiedliche Bildungsträger, Lehrauftrag Hochschule Osnabrück; Fachleitung Pflege in einer Privatklinik; Pflegesachverständigen-Gutachtenerstellung für Sozial- und Zivilgerichte; Inhaberin und Geschäftsführung des Pflegedienstes Wüstenwerk.

E-Mail: c.riessland@wuestenwerk.de

Frank Schäfers, MA, Betriebswirt im Gesundheitswesen, beendete im Juni 2006 eine Ausbildung zum Kaufmann im Gesundheitswesen in der Evangelischen Stiftung in Volmarstein. Im Anschluss besuchte er die Fachoberschule für Wirtschaft und Verwaltung am Werner-Reichard-Berufskolleg in Volmarstein. Danach absolvierte er von September 2007 bis Juni 2011 das Studium der Betriebswirtschaftslehre im Gesundheitswesen an der Hochschule Osnabrück. Zur Vertiefung dieser Kenntnisse studierte er von September 2011 bis Oktober 2014 Management im Gesundheitswesen, ebenfalls an der Hochschule Osnabrück. Heute ist Frank Schäfers als Häuserbetreuer für Rehabilitationseinrichtungen bei der Deutschen Rentenversicherung Westfalen tätig.

E-Mail: frank-fhos@gmx.de

Gabriele Schröder-Siefker, Dr. rer. pol., verfügt als Gesundheits- und Krankenpflegerin, Dipl.-Kffr. (FH) und Dr. rer. pol. über langjährige Erfahrungen in den unterschiedlichen Arbeitsbereichen der Gesundheits- und Sozialwirtschaft. Zunächst war sie am Herzzentrum Nordrhein-Westfalen im OP-Bereich der Klinik für Thorax- und Kardiovaskularchirurgie tätig. Nach Abschluss des Studiums arbeitete sie im

Marienkrankenhaus Papenburg-Aschendorf GmbH im Krankenhauscontrolling. Danach wechselte sie zum Diakonischen Werk der Ev.-Luth. Kirche in Oldenburg e.V., dessen Arbeitsschwerpunkte im Bereich der Altenhilfe, Jugendhilfe, Suchthilfe und Förderung und Therapie liegen. Dort war sie Referentin für Betriebswirtschaft. Seit 2005 leitet sie als Prokuristin den Geschäftsbereich Finanzen und Betriebswirtschaft im Diakonie Service-Zentrum Oldenburg GmbH.

E-Mail: schroeder-siefker@t-online.de

Volker Schulte, Prof. Dr., lebt in Wallbach im Kanton Aargau. Er ist Dozent und selbstständiger Gesundheitsberater, Leiter Gesundheitsmanagement an der Fachhochschule Nordwestschweiz, Operation Manager des WHO-Kollaborationszentrums Gesundheit und Arbeit Windisch und Forschungsprojektleiter Klinische Psychologie an der Zürcher Hochschule für Angewandte Psychologie. Vorher war er Mitglied der Geschäftsleitung Gesundheitsförderung Schweiz und in der Direktion für Gesundheitserziehung der WHO in Genf. Davor war er im Eidgenössischen Departement für Auswärtige Angelegenheiten sowie im Eidgenössischen Departement des Innern für Gesundheitsprogramme tätig. Er ist Autor zahlreicher Fachartikel und mehrerer Bücher.

E-Mail: volker.schulte@fhnw.ch

Winfried Zapp, Prof. Dr. rer. pol., Dipl.-Ökonom, Studium der Wirtschaftswissenschaften, Wissenschaftlicher Mitarbeiter, Promotion zum Dr. rer. pol.; Assistent des Verwaltungsleiters in einem Evangelischen Krankenhaus, gleichzeitig Traineeprogramm für Führungsnachwuchskräfte des Berufsbildungswerks Deutscher Krankenhäuser (BBDK); Krankenhausbetriebsleiter und in Personalunion Finanzleiter in einer Komplexeinrichtung; Ernennung zum Professor an der Hochschule Osnabrück mit dem Lehrgebiet Allgemeine Betriebswirtschaftslehre mit dem Schwerpunkt Rechnungswesen, insbesondere Controlling im Gesundheitswesen.

E-Mail: W.Zapp@hs-osnabrueck.de

Abkürzungsverzeichnis

1. FPÄndG	Erstes Fallpauschalenänderungsgesetz
2. FPÄndG	Zweites Fallpauschalenänderungsgesetz
A	Administrator
AAL	Ambient Assisted Living
AbgrV	Abgrenzungsverordnung
ACCC	Australian Casemix Clinical Committee
AdV	Anwendungen zur Wahrnehmung der Versichertenrechte
AEB	Aufstellung der Entgelte und Budgetermittlung
AEDL	Aktivitäten und existenzielle Erfahrungen des Lebens
AFG	Arbeitsförderungsgesetz
AID	Application Identifier
AktG	Aktiengesetz
AM	Application Management, Anwendungsmanagement
AMA	American Marketing Association
AMG	Arzneimittelgesetz
AMNOG	Arzneimittelneuordnungsgsetz
AM-NutzenV	Arzneimittel-Nutzenbewertungsverordnung
AMPreisV	Arzneimittelpreisverordnung
AMS	Application Management System, Anwendungsmanagementsystem
AMTS	Arzneimitteltherapiesicherheit, Arzneimitteltherapiesicherheitsprüfung
AOK	Allgemeine Ortskrankenkasse
AP-DRGs	All Patient DRGs
APDU	Application Protocol Data Unit
API	Application Programming Interface (allgemeine Bezeichnung einer Programmierschnittstelle von Anwendungen)
APK	Aktion Psychisch Kranke
APS	Aktionsbündnisses für Patientensicherheit
AQUA-Institut	Institut für Angewandte Qualitätsförderung und Forschung im Gesundheitswesen
ArbSchG	Arbeitsschutzgesetz
ArbZG	Arbeitszeitgesetz
AR-DRGs	Australian Refined Diagnosis Related Groups
ARIS	Architektur integrierter Informationssysteme
ASiG	Arbeitssicherheitsgesetz
ATMS	Arzneimitteltherapiesicherheit
AUT	Authentifizierung
AVS	Apothekenverwaltungssystem (Primärsystem der Apotheker)

AVV	Abfallverzeichnis-Verordnung
AVWG	Arzneimittelversorgungs-Wirtschaftlichkeitsgesetz
ÄZQ	Ärztliches Zentrum für Qualität in der Medizin
BAGFW	Bundesarbeitsgemeinschaft der Freien Wohlfahrtspflege
BÄK	Bundesärztekammer
BAR	Bundesarbeitsgemeinschaft für Rehabilitation e. V.
BAT	Bundesangestelltentarif
BBSR	Bundesinstitut für Bau-, Stadt- und Raumforschung
BC	Blue Cross
BCD	Binary Coded Decimal, binär kodierte Dezimalzahl
BDPK	Bundesverband Deutscher Privatkliniken e. V.
BeitrEntlG	Beitragsentlastungsgesetz
BfArM	Bundesinstitut für Arzneimittel und Medizinprodukte
BfArM	Bundesinstitut fürArzneimittel und Medizinprodukte
BGB	Bürgerliches Gesetzbuch
BGF	betriebliche Gesundheitsförderung
BGM	betrieblichen Gesundheitsmanagement
BGSW	Berufsgenossenschaftliche Stationäre Weiterbehandlung
BilReG	Bilanzrechtsreformgesetz
BIP	Bruttoinlandsprodukt
BKK	Betriebskrankenkasse
BKV	Berufskrankheitenverordnung
BLB	Bundesverband der landwirtschaftlichen Berufsgenossenschaften
BMfSFJ	Bundesministerium für Familie, Senioren, Frauen und Jugend
BMG	Bundesministerium für Gesundheit
BMG	Bundesministerium für Gesundheit
BMGS	Bundesministerium für Gesundheit und Soziale Sicherung
BnetzA	Bundesnetzagentur
BPflV '95	Bundespflegesatzverordnung
BpflV	Bundespflegesatzverordnung
BRi	Begutachtungs-Richtlinien
BS	Blue Shield
BS	Broker Service
BSC	Balanced Scorecard
BSeuchG	Bundesseuchengesetz
BSG	Bundessozialgericht
BSHG	Bundessozialhilfegesetz
BSI	Bundesamt für die Sicherheit in der Informationstechnik
BtM	Betäubungsmittel
BUrlG	Bundesurlaubsgesetz
BVA	Bundesversicherungsamt
BVG	Bundesverband Geriatrie e. V.
BWKG	Baden-Württembergische Krankenhausgesellschaft e. V.
C2C	Card to Card
CA	Certification Authority (jetzt TSP genannt)
CADAC	Casemix Applications and Development Advisory Committee
CAM	Card Application Management, Kartenanwendungsmanagement
CAMS	Card Application Management System
CAMS	Card Application Management System, Kartenanwendungsmanagementsystem

CC	„comorbidity and complications"
CC	Cryptographic Checksum, kryptographische Prüfsumme
CCL	Complication and Comorbidity Level
CDA	Clinical Document Architecture
CFROI	Cashflow Return on Investment
CG	Cryptogram, verschlüsselte Daten
CHA	Certificate Holder Authorization, Rechte eines Zertifikatsinhabers
CIA	Cryptographic Information Application, Anwendung mit Informationen zu kryptographischen Diensten
CIO	Cryptographic Information Object, Objekt mit Informationen zu einem kryptographischen Dienst
CIRS	Critical Incident Reporting System
CLM	Card Life Cycle Management, Kartenlebenszyklusmanagement
CLMS	Card Life Cycle Management System, Kartenlebenszyklusmanagementsystem
CM	Kartenmanagement
CMS	Card Management System, Kartenmanagementsystem
CS	Clientsystem
CVC	Card Verifiable Certifcate, kartenverifizierbares Zertifikat
CVC-CA	Card Verification Certificate – Certification Authority
DCF	Discounted Cashflow
DEGEMED	Deutsche Gesellschaft für Medizinische Rehabilitation e.V.
DF	Dedicated File, Ordner
DF.ESIGN	Electronic Signature (Application)
DF.HCA	Health Care Application
DGQ	Deutsche Gesellschaft für Qualität e.V.
DGSP	Deutsche Gesellschaft für Soziale Psychiatrie
DGUV	Deutsche Gesetzliche Unfallversicherung
DHCP	Dynamic Host Configuration Protocol
DICOM	Digital Imaging and Communications in Medicine
DIMDI	Deutsches Institut für Medizinische Dokumentation und Information
DIN	Deutsches Institut für Normung
dip	Deutsches Institut für angewandte Pflegeforschung e.V.
DIR	Directory
DKG	Deutsche Krankenhausgesellschaft
DKG-NT	Deutsche Krankenhausgesellschaft-Normaltarif
DKI	Deutsches Krankenhausinstitut
DLV	Donor Lifetime Value
DM	Deutsche Mark, D-Mark
DM	Disease Management
DMP	Disease Management Program, Disease-Management-Programm
DNQP	Deutsches Netzwerk für Qualitätsentwicklung in der Pflege
DNS	Domain Name Service
DNSSEC	Domain Name System Security Extensions
DO	Datenobjekt, bestehend aus Tag, Länge und Wert
DQE	Diakonisches Institut für Qualitätsentwicklung
DRGs	Diagnosis Related Groups
DSL	Digital Subscriber Line
DVfR	Deutsche Vereinigung für Rehabilitation
DVKC	Deutscher Verein für Krankenhaus-Controlling

DZA	Deutsches Zentrum für Altersfragen	
EAP	erweiterte ambulante Physiotherapie	
EBM	Einheitlicher Bewertungsmaßstab für ärztliche Leistungen	
EBM	Evidence Based Medicine	
EDV	elektronischeDatenverarbeitung	
EF	Elementary File, Datei	
eFA	elektronische Fallakte	
EFQM	European Foundation for Quality Management	
eGBR	elektronisches Gesundheitsberuferegister	
eGK	elektronische Gesundheitskarte	
eHBA/eBA	elektronische Heilberufe- und Berufsausweise	
EHIC	European Health Insurance Card, Europäische Krankenversichertenkarte	
ELC	Elliptic Curve Cryptography, Kryptographie mittels elliptischer Kurven	
EMAS	Environmental Management and Audit Scheme	
EMV	Elektromagnetische Verträglichkeit	
ENISA	European Network and Information Security Agency	
ENV	Verschlüsselung (Encryption)	
ENWHP	European Network for Workplace Health Promotion	
EPA	elektronische Patientenakte	
ERM	Entity-Relationship-Modellierung	
ERP	Enterprise Resource Planning	
ERP	European Recovery Program	
EStG	Einkommenssteuergesetz	
EU	Europäische Union	
EuroQUAN	Europäisches Netzwerk für Qualitätssicherung in der Pflege	
EVA	Economic Value Added	
EVG	Evaluierungsgegenstand	
FAD	fachanwendungsspezifischer Dienst	
FD	Fachdienst	
FID	File Identifier	
FM	Fachmodul	
FMEA	Fehlermöglichkeits- und -einflussanalyse	
FPG	Fallpauschalengesetz	
FPVBE 2004	Fallpauschalenverordnung besondere Einrichtungen 2004	
FQDN	Fully Qualified Domain Name	
FQWG	GKV-Finanzstruktur- und Qualitäts-Weiterentwicklungsgesetz	
GA	Gesamtarchitektur	
G-BA	Gemeinsamer Bundesausschuss	
GBE	Gesundheitsberichterstattung des Bundes	
GDO	General Data Objects	
G-DRGs	German Diagnosis Related Groups	
GewStG	Gewerbesteuergesetz	
GG	Grundgesetz	
GIA	Geriatrische Institutsambulanz	
GKV	Gesetzliche Krankenversicherung	
GKV-FinG	GKV-Finanzierungsgesetz	
GKV-FQWG	Gesetz zur Weiterentwicklung der Finanzstruktur und der Qualität in der Gesetzlichen Krankenversicherung	
GKV-NOG	GKV-Neuordnungsgesetze	

GKV-VSG	GKV-Versorgungsstärkungsgesetz
GKV-VStG	GKV-Versorgungsstrukturgesetz
GKV-WSG	Gesetz zur Stärkung des Wettbewerbs in der gesetzlichen Krankenversicherung
GmbH	Gesellschaft mit beschränkter Haftung
GMG	Gesundheitsmodernisierungsgesetz
GMG	GKV-Modernisierungsgesetz
GOÄ	Gebührenordnung für Ärzte
GOP	Gebührenordnungsposition
GRG	Gesundheitsreformgesetz
GS	geprüfte Sicherheit
GS	Geschäftsstelle
GSG	Gesundheitsstrukturgesetz
gSMC	gerätespezifische Security Module Card (gSMC-K und gSMC-KT)
GUI	Graphical User Interface
GuV	Gewinn- und Verlustrechnung
gv	Gesamtvergütung
GVD	geschützte Versichertendaten
GVG	Gesellschaft für Versicherungswissenschaft und -gestaltung
GWB	Gesetz gegen Wettbewerbsbeschränkungen
HBA	Heilberufeausweis
HBA	Heilberufsausweis (s. a. HPC)
HCA	Health Card Application
HCFA	Health Care Financing Administration
HEDIS	Health Plan Employer Data and Information Set
HeimMindBauV	Heimmindestbauverordnung
HeimmwV	Heimmitwirkungsverordnung
HeimPersV	Heimpersonalverordnung
HeimsicherungsV	Heimsicherungsverordnung
HGB	Handelsgesetzbuch
HGrG	Haushaltsgrundsätzegesetz
HMO	Health Maintenance Organization
HPC	Health Professional Card (s. a. HBA)
HRGs	Healthcare Resource Groups
HRi	Härtefall-Richtlinien
HSM	Hardware Security Module
http	Hypertext Transfer Protocol
HWG	Heilmittelwerbegesetz
IAT	Instituts für Arbeit und Technik
ICCSN	Integrated Circuit Card Serial Number, Seriennummer der Karte
ICF	Internationale Klassifikation der Funktionsfähigkeit, Behinderung und Gesundheit
ICG	International Group of Controlling
ID	Identifier
IDY	Indemnity
IGV	integrierte Versorgung
IIN	Issuer Identifier Number, Kennung des Kartenanbieters
IK	Institutionskennzeichen: Ordnungsbegriff für Teilnehmer am Telematikprozess
IMI	Institut für Medizinische Informationsverarbeitung
InBAI	Institut des Bewertungsausschusses

InEK	Institut für das Entgeltsystem im Krankenhaus	
IOM	Institute of Medicine	
IÖW	Institut für ökologische Wirtschaftsforschung	
IP	Internet Protocol	
IPA	Independent Practice Association	
IPP	Institut für Public Health und Pflegeforschung der Universität Bremen	
IPSec	IP Security	
IPW	Institut für Pflegewissenschaft an der Universität Bielefeld	
IQTiG	Institut für Qualitätssicherung und Transparenz im Gesundheitswesen	
IQWiG	Institut für Qualität und Wirtschaftlichkeit im Gesundheitswesen	
ISDN	Integrated Services Digital Network	
ISO	International Standard Organization	
ISP	Internet Service Provider	
IV	Integrierte Versorgung	
KBV	Kassenärztliche Bundesvereinigung	
KDA	Kuratorium Deutsche Altershilfe	
KFPV 2004	Fallpauschalenverordnung 2004	
KFPV	Verordnung zum Fallpauschalensystem für Krankenhäuser	
KHBV	Krankenhaus-Buchführungsverordnung	
KHEntgG	Krankenhausentgeltgesetz	
KHG	Krankenhausfinanzierungsgesetz	
KHGG NRW	Krankenhausgestaltungsgesetz des Landes Nordrhein-Westfalen	
KHKG	Krankenhaus-Kostendämpfungsgesetz	
KHNG	Krankenhaus-Neuordnungsgesetz	
KHRG	Krankenhausfinanzierungsreformgesetz	
KHSG	Krankenhausstrukturgesetz	
KIS	Krankenhausinformationssystem	
KIS	Krankenhausinformationssystem (Primärsystem der Krankenhäuser)	
KM	Key Management	
KNA	Kosten-Nutzen-Analyse	
KNU	Kosten-Nutzen-Untersuchung	
KOM-LE	Kommunikation zwischen Leistungserbringern	
KomSiT	Komfortsignatur-Token	
KonTraG	Gesetz zur Kontrolle und Transparenz im Unternehmensbereich	
KQM-RL	Qualitätsmanagement-Richtlinie Krankenhäuser	
kRM	klinische Risikomanagement	
KrW/AbfG	Kreislaufwirtschafts- und Abfallgesetz	
KrWG	Kreislaufwirtschaftsgesetz	
KSR	Konfigurations- und Software-Repository	
KStG	Körperschaftssteuergesetz	
KT	Kartenterminal	
KTL	Klassifikation Therapeutischer Leistungen	
KTQ	Kooperation für Transparenz und Qualität im Krankenhaus	
KTR	Kostenträger	
KV	Kassenärztliche Vereinigung	
KV	Krankenversicherung	
KVdR	Krankenversicherung der Rentner	
KVEG	Kostendämpfungs-Ergänzungsgesetz	
KVK	Krankenversichertenkarte	

KVKG	Krankenversicherungskostengesetz
KVNR	Krankenversichertennummer
KWA	Kosten-Wirksamkeits-Analyse
KZBV	Kassenzahnärztliche Bundesvereinigung
LAGA	Länderarbeitsgemeinschaft Abfall
LAN	Local Area Network
LCS	Life Cycle Status
LDAP	Lightweight Directory Access Protocol
LE	Leistungserbringer
LEP®	Leistungserfassung in der Pflege
LH	Lastenheft
LIMS	Laborinformationsmanagementsystem
LIS	Laborinformationssystem
LK	Leistungskomplex
LKA	Leistungs- und Kalkulationsaufstellung
LKK	Landwirtschaftliche Krankenkasse
LTA	Leistungen zur Teilhabe am Arbeitsleben
MBO	Musterberufsordnung der deutschen Ärzte
MCO	Managed-Care-Organisation
MDD	Medizinprodukterichtlinie
MDK WL	Medizinischer Dienst der Krankenversicherung Westfalen-Lippe
MDK	Medizinischen Dienst der Krankenversicherung
MDS	Medizinischer Dienst des GKV-Spitzenverbandes
MF	Master File, Wurzelverzeichnis
MFM	Fachmodul MobKT
MIT	Massachusetts Institute of Technology
Morbi-RSA	morbiditätsorientierter Risikostrukturausgleich
MPG	Medizinproduktegesetz
MTBF	Mean Time Between Failures
MVZ	Medizinisches Versorgungszentrum
NAPT	Network Address Port Translation = Masquerading NAT Network Address Translation
NAT	Network Adress Translation
NBA	Neues Begutachtungsassessment
NC	Netzwerkcomputer
NFDM	Notfalldatenmanagement
NHS	National Health Service,
NICE	National Institute for Health and Clinical Excellence
NKHG	Niedersächsisches Krankenhausgesetz
NPM	Non Public Management
NPO	Nonprofit-Organisation
NRW	Nordrhein-Westfalen
NTP	Network Time Protocol
NWA	Nutzwertanalyse
OCSP	Online Certificate Status Protocol
OID	Object Identifier
OP	Operation
OSI	Open Systems Interconnection
P	Provider Zone

PACS	Picture Archiving and Communication System	
PBV	Pflege-Buchführungsverordnung	
PCCL	Patient Complication and Comorbidity Level	
PD	Personendaten, persönliche Daten	
PDL	Pflegedienstleitung	
PDMS	Patientendatenmanagementsystem	
PEA	Person mit eingeschränkter Alltagskompetenz	
PEI	Paul-Ehrlich-Institut	
PEPP	pauschalierendes Entgeltsystem für Psychiatrie und Psychosomatik	
PflRi	Pflegebedürftigkeits-Richtlinien	
PfWG	Pflege-Weiterentwicklungsgesetz	
PGP	Prepaid Group Practices	
PIA	psychiatrische Institutsambulanz	
PID	Präimplantationsdiagnostik	
PIN	Personal Identification Number, persönliche Identifikationsnummer	
PIP	PostIssuance Personalisation Nachladeprozess	
PKI	Public Key Infrastructure	
PKI	Public Key Infrastructure	
PKM	Pflegekomplexmaßnahme	
PKMS	Pflegekomplexmaßnahmen-Score	
PKS	Patientenklassifikationssystem	
PKV	Private Krankenversicherung	
PMCs	Patient Management Categories	
PNG	Pflege-Neuausrichtungs-Gesetz	
PPO	Preferred Provider Organization	
PPR	Pflegepersonalregelung	
PQsG	Pflege-Qualitätssicherungsgesetz	
PrävG	Präventionsgesetz	
PrK	Private Key, privater Teil eines asymmetrischen Schlüsselpaares	
PSG II	Zweites Pflegestärkungsgesetz	
PSG I	Erstes Pflegestärkungsgesetz	
PSO	Point of Service	
PsychKVVerbG	Gesetz zur Verbesserung der ambulanten und teilstationären Versorgung psychisch Kranker	
Psych-PV	Verordnung über Maßstäbe und Grundsätze für den Personalbedarf in der stationären Psychiatrie	
PTVS	Pflege-Transparenzvereinbarung für die stationäre Pflege	
PUK	Personal Unblocking Key, Pin Unblocking Key	
PuK	PublicKey, öffentlicher Teil eines Schlüsselpaares	
PVS	Praxisverwaltungssystem	
PVS	Praxisverwaltungssystem (Primärsystem des Arztes) PS Primärsystem	
QES	Qualifizierte Elektronische Signatur	
QM	Qualitätsmanagement	
RAM	Random Access Memory	
RBG	Rehabilitationsbehandlungsgruppe	
RCT	Randomized Controlled Trial	
RFID	Radio Frequency Identification	
RIM	Reference Information Model	
RIS	Radiologieinformationssystem	

RKI	Robert Koch-Institut
RLV	Regelleistungsvolumen
RMKs	Rehabilitanden-Management-Kategorien
RND	Random Number, Zufallszahl im Kartenmanagement
ROI	Return on Investment
ROP	Return on Prevention
RSA	Risikostrukturausgleich
RV	Deutsche Rentenversicherung
RVO	Reichsversicherungsordnung
SAK	Signaturanwendungskomponente
SAM	Security Access Module
SC	Secure Consumer Zone
SCOHS	Social Capital and Occupational Health Standard
SE#1	Security Environment Number 1, Sicherheitsumgebung mit der Nummer 1 SFI Short File Identifier
Service ID	Service Identifier
SGB	Sozialgesetzbuch
SICCT	Secure Interoperable Chip Card Terminal
SigG	Signaturgesetz
SigV	Signaturverordnung
SIM	Social Inclusion Monitor Europe
SIS	Secure Internet Service
SIS	Strukturierte Informationssammlung
SK	Secret Key; geheimer, symmetrischer Schlüssel
SLA	Service Level Agreement
SM	Secure Messaging
SM	Sicherheitsmodul
SMC	Smartcard
SMC	Security Module Card (SMC-B)
SMC-K	Security Module Card des Konnektors
SNK	Sicheres Netz der KVen
SNMP	Simple Network Management Protocol
SOAP	Simple Object Access Protocol
SPR	statistischen Prozessregelung
SSEE	sichere Signaturerstellungseinheit
SVP	statistischen Versuchsplanung
SVR	Sachverständigenrat zur Begutachtung der Entwicklung im Gesundheitswesen
SW	Software
TC	Thin Client
TC	Trust Center
TCL	Trusted Component List
TCP	Transmission Control Protocol
TEPP	tagesbezogenes Entgelt für Psychiatrie und Psychosomatik
TI	Telematikinfrastruktur
TI_D	TI-Plattform Zone dezentral
TI_Z	TI-Plattform Zone zentral
TIP	Telematikinfrastruktur-Plattform
TIS	Telematikinfrastruktur
TLS	Transport Layer Security

TLV	Tag Length Value
TQM	Total Quality Management
TSL	Trust-service Status List
TSP	Trusted Service Provider (früher CA genannt)
UC	Use Case (Anwendungsfall)
UDP	User Datagram Protocol
UFS	Update Flag Service
UML	Unified Modeling Language
UMS	Umweltmanagementsystem
UNP	unparteiische Person
Update ID	Update Identifier
URL	Uniform Resource Locator
USB	Universal Serial Bus
UVMG	Unfallversicherungsmodernisierungsgesetz
UWG	Gesetz gegen unlauteren Wettbewerb
VD	Versichertendaten
VdAK/AEV	Verband der Angestellten-Krankenkassen/der Arbeiter-Ersatzkassen-Verband e. V.
VerpackV	Verpackungsverordnung
Vfa	Verband forschender Arzneimittelhersteller
VKD	Verband der Krankenhausdirektoren Deutschlands
VLAN	Virtual Local Area Network
VODD	Verordnungsdatendienst
VODM	Verordnungsdatenmanagement
VPN	Virtual Private Network
VPN	Virtual Private Network
VS	Versichertenstammdatenmanagement
VSD	Versichertenstammdaten
VSDD	Versichertenstammdatendienst
VSDM	Versichertenstammdatenmanagement
vuE	vermeidbares unerwünschtes Ereignis
WAN	Wide Area Network
WBVG	Wohn- und Betreuungsvertragsgesetz
WCMS	Web-Content-Management-System
WHO	Weltgesundheitsorganisation, World Health Organization
WTG	Wohn- und Teilhabegesetz
XML	Extensible Mark up Language
XML	Universelle Datenbeschreibungssprache (Extensible Markup Language)
XSD	Extensible Schema Definition
XSL	Extensible Style Sheet Language
XSLT	XSL Transformation
xTV	Extended Trusted Viewer
ZDA	Zertifizierungsdiensteanbieter
ZDA-NL	ZDANachladen; ein ZDA, der eine QES-Anwendung nutzbar macht
ZDA-VP	ZDA Vorpersonalisierung; ein ZDA, der die eGK mit einer QES-Anwendung ausstattet, die (noch) nicht nutzbar ist.
ZN	zentrales Netz
WSDL	Web Services Description Language
XML	Extensible Markup Language
SOAP	Simple Object Access Protocol

Sachwortverzeichnis

A

ABEDLs 587, 588, 709, 710, 712, 713
Abfallhierarchie, fünfstufige 699
Abfallmanagement 693, 694–707
Abfallnachweisverordnung/AbfNachwV 701
Abfallverzeichnisverordnung/AVV 702
Abfallwirtschaftskonzept 696, 697
Abgrenzungsverordnung/AbgrV 219, 281, 687
Ablaufpolitik 111, 113, 114
Abrechnung, computergestützte 228
Absolutismus 26
Abteilungspflegesätze 240, 241, 295, 324
Adjacent-DRGs 306
AEB 234
AG 136
Agreements 140
Aktionsbündnis Patientensicherheit/APS 598, 602
Alimentation 47
All Patient DRGs 301–303
Allgemeine Gewerbeordnung, preußische 28
Allgemeine Ortskrankenkassen 32, 73, 80
Alliierter Kontrollrat 35
Allokation 145
Altenquotient 397, 434, 481
Alterspyramide 208, 209
Alterssicherung der Landwirte 48
Altersversicherung 349
Altersversorgung, betriebliche 49, 50, 93
Altersvorsorge, private 49, 100
Amphetamine 496
AMS 756
ANA 712
Anästhesien, ambulante 292
Angehörige, pflegende 268
Anlagegüter 281, 282
Anschubfinanzierung 251, 256
Apotheke s. Arzneimittelversorgung
Apotheken-Zwangsrabatt 257, 263
AQUA-Institut 245
Äquivalenzeinkommen 54
Arbeiterbewegung 30
Arbeitgebermarke 217
Arbeitsarmut 53

Arbeitsbedingungen s. Management, personelles
Arbeitsförderung 69
Arbeitsförderungsgesetz/AFG 67
Arbeitslosengeld II 52, 69
Arbeitslosenhilfe 49, 50
Arbeitslosenversicherung 45, 48, 50, 52, 58, 66–70
- Beitragsbemessungsgrenze 58
- Eingliederungschancengesetz 68
- Personenkreis, versicherungspflichtiger/-freier 68
- Reformgesetze 67
Arbeitsschutz 103, 194
Arbeitsschutzgesetz/ArbSchG 663
Arbeitsschutzmaßnahmen 664
Arbeitssicherheitsgesetz/AsiG 665
Arbeitsunfall 104
Arbeitszeiten, flexible 665
Arbeitszeitgesetz/ArbZG 665
Arbeitszumutbarkeit 69
Armenpflegehäuser 25
Arzneimittel, verordnungsfähige 469
Arzneimittelausgaben-Begrenzungsgesetz (2001/2002) 243, 469
Arzneimittelbudget-Ablösegesetz (2001/2002) 243, 469, 474
Arzneimittelgesetz/AMG 470
Arzneimittelneuordnungsgesetz/AMNOG (2011) 252, 263, 475
Arzneimittel-Nutzenbewertungsverordnung/AM-NutzenV 192
Arzneimittelpreisverordnung/AMPreisV 473
Arzneimittelsparpaket 263
Arzneimitteltherapiesicherheit/AMTS 780
Arzneimittelversorgung 469–476
- Apotheke 469
- Apothekenabgabepreise 469, 474
- Apothekenpflicht 470
- Apothekenzuschlag 473, 474
- Arzneimittel, rezeptfreie 473
- Arzneimittelbudget 474
- Arzneimittelrichtlinie G-BA 471
- Aut-idem-Regelung 471
- Fertigarzneimittel 470, 473
- Festbetragsregelung 472

- Fremd- u. Mehrfachbesitzverbot 471
- Generika 471, 472
- Großhandelsspanne 473
- Großhandelszuschläge 474
- Herstellerabgabepreis 474
- Herstellerabschlag 474
- Kinder/Jugendliche 473
- Literatur 475
- Originalpräparate 470
- OTC-Produkte 473
- Patentschutz 470
- Präsenzapotheken 471
- Preismoratorium 474
- Rabattvertrag 472, 473
- Regulierungen, gesetzliche 469, 470
- Reimport 474
- Rezept 469, 472
- Verkehr mit Arzneimitteln/Gesetz 470
- Versandapotheken 471
- Verschreibungspflicht 470
- System 469
- Zuzahlungen 472, 473

Arzneimittelversorgungs-Wirtschaftlichkeitsgesetz/ AVWG (2006) 252, 473
Arzneimittelzulassung 470
Arzneimittelzuzahlung 219
Ärztemangel 214
Arzt-Ersatzkassen-Vertrag/EKV 466
Ärztetourismus 246
Ärztliches Zentrum für Qualität in der Medizin/ÄZQ 598, 600
Arztwerbung 926
ATL 710
Auftragsregierungen (1945) 35
Ausbildung 152, 154
Ausbildungsförderung 49, 52
Ausbildungsvergütung 228, 233, 240
Ausgabenpolitik, einnahmenorientierte 219
Ausgabenpolitik, grundlohnsummenorientierte 120
Ausschuss Krankenhaus 244
Außenhandelsüberschuss 118
Außenministerkonferenz (1947) 36
Außenwanderungen 397, 482
Australian Diagnosis Related Groups/AR-DRG's 227, 302–311
- Algorithmus 307
- Aufbau 309
- CCL 307
- Gesamtschweregrad-Ermittlung 308
- PCCL 307
- Schweregradsystematik 309

Autonomieprinzip 494

B

Baby-Boomer-Jahre 209, 210
Baden-Württembergische Krankenhausgesellschaft e. V./BWKG 375, 389
Bagatell-Medikamenten-Ausschluss 220
Balanced Score Card 805, 813–820, 863–864
- Abgrenzungen, begriffliche
- Aspekte, grundlegende 813
- Entwicklungsschritte 814
- Kennzahlen 824
- Kunden-Perspektive 816
- Leitbild 815
- Lern- u. Entwicklungsperspektive 816, 818, 863
- Mission 814
- Perspektive, finanzwirtschaftliche, 816, 863
- Perspektiven 816, 863
- Perspektivenflexibilisierung 818
- Prozess-Perspektive 816, 817
- Shareholder Value 819
- Strategie 815, 816
- Verknüpfung Managementsystem 819
- Visionen 815, 816
- Wertkettenmodell, generisches 817
- Zielsetzungen 814

Balanced Score Card im Krankenhaus 820–827, 863
- Aufgabenperspektive, öffentliche 823
- EFQM-Vernetzung 821
- Kundenperspektive 826, 863
- Perspektivenwahl 822, 863
- Qualitätsperspektive 824
- Ziele, exemplarische 824
- Ziele, finanzwirtschaftliche 825

Baseler Eigenkapitalvereinbarungen 577, 578, 581
Basis-DRG 306, 307
Basisfallwerte 172, 228, 233, 268, 311
Basisfallwertkorridor 312
Basispflegesätze 240, 241, 295, 324
Basistarif PKV 253
Bauern, unselbstständige 27
Bedarf 129, 222
Bedarfsgerechtigkeit 53
Bedarfsplanung Krankenhaus s. Krankenhausbedarfsplanung
Bedarfsplanung, kassenärztliche 167, 220
Bedarfsplanungssystematik 170
Bedürfnispyramide nach Maslow 178
Bedürfnisse 129, 146, 177, 222
Begutachtungs-Richtlinien/BRi 402
Behandlungseinrichtungen 217
Behandlungshilfe, ärztliche wirtschaftliche 34
Behandlungspfade 309, 728–730
Behindertenhilfe 93
Behinderung 278, 350, 351, 411

Beiträge 57
Beitragsbemessungsgrenze 58, 112
Beitragseinzug 57
Beitragsentlastungsgesetz/BeitrEntlG 224
Beitragsfinanzierung 56
Beitragssatz, einheitlicher 258, 259, 263
Beitragssätze 160, 485
Beitragssatzentwicklung GKV 259
Beitragssatzsenkung (2015) 264
Beitragssatzstabilität 63, 120, 160, 173, 177, 223, 224, 226, 230, 249
Benchmarking 338, 852–854
beneficence 495
Berichtswesen 856–964
Berliner Abkommen (1913) 33
Berufsgenossenschaften, gewerbliche 102
Berufskrankheit 100, 104
Berufskrankheitenverordnung/BKV 100
Besatzungszonen 35
Beschäftigung, geringfügige 59
Beschäftigungsgrad 117
Betriebe 132–145, 154, 529, 658, 659, 669, 670, 805, 870, 913, 927
- Angebot 131, 133
- Aufgreifkriterien 141
- Bestimmungsfaktoren 135
- Führung, marktorientierte 913
- Fundraising 927
- Gesundheit 658
- Gesundheitsförderung 529, 659, 669, 670
- Gesundheitsmanagement 154
- Gewinnorientierung 132, 133
- Kooperation und Konzentration 138, 139, 140, 141, 142
- Kostendeckung 132, 133
- Marketing 913
- Merkmale, systemdifferente 126, 134
- Personen, juristische 136
- Rechtsform und Umwandlung 135
- Rechnungswesen, internes 870
- Tatbestände, systemindifferente 134
- Typen 126
- Steuerungselemente 805
Betriebsärzte 665
Betriebskrankenkassen 32, 71, 73, 80
Betriebswirtschaftslehre 135
Betriebsziele 121
Bettenabbau 287
Beveridge-Modell 33
Bevölkerung nach Altersgruppen 213
Bevölkerungsaufbau 208
Bevölkerungsentwicklung 208, 481
- bis 2013 396

Bevölkerungsgröße 208
Bevölkerungspyramide 208, 209
Bevölkerungsvorausberechnung 396–399
Bewegung, proletarische 31
Bewertungsmaßstab Ärzte/BMÄ 466
Bewertungsrelationen 311, 330
Beziehungskettenkonzept 278
Bilanzrechnung 877
Bilanzrechtsreformgesetz/BilReG 580
Binnenwanderung 29
Bismarck'sche Sozialgesetzgebung 32
BITKOM-Bundesverband 771
Blog 655
Booster-Medikamente 495
Boston Tea Party 28
Braden-Skala 588
Branchenkonferenzen 486
BRD-Strukturprinzipien 39
BRD-Verfassung 38
Bruttoinlandsprodukt/BIP 48, 51, 59, 114
- Entstehungsrechnung 51
-, nominales/reales 51, 115
- Verwendungsrechnung 51
Bruttolohn, beitragspflichtiger 58
Budget, flexibles 235
Budgetierung 242, 842, 842–849
-, flexible 242
Budgetneutralität 228, 310, 327
Bundesagentur für Arbeit 67
Bundesangestelltentarif BAT 223
Bundesanstalt für Arbeitsschutz u. Arbeitsmedizin/ BauA 103
Bundesarbeitsgemeinschaft für Rehabilitation/BAR 372
Bundesärzteordnung 466
Bundesausschüsse 244
Bundesinstitut für Arzneimittel und Medizinprodukte/BfArM 470
Bundesknappschaft 32, 80, 94
Bundesmantelvertrag/BMV 466
Bundespflegesatzverordnung 220, 224, 226, 240, 288, 319, 324
Bundessozialgericht 67, 426
Bundessozialhilfegesetz/BSHG 87
Bundesstaatsprinzip 39, 111
Bundesverband der landwirtschaftlichen Berufsgenossenschaften/BLB 103
Bundesverband Deutscher Privatkliniken e. V./BDPK 374
Bundesversicherungsamt/BVA 77, 82, 231, 258, 260, 561
Bürgerrechte 40
Bürgertum, vorindustrielles 27

C

Capitation 618
Case Management 619, 638
Case-Mix-Index 300
Cash-Flow 141
Cashflow Return on Investment/CFROI 819
Chancengleichheit 53, 54
Chromosomen-Screening 497, 498
Chroniker-Richtlinie 245, 255, 257
Client Server 792
Clinical Document Architecture/CDA 766, 767
Clinical Pathways/CPs 728–730
- Entwicklung 728
- Muster-Versorgungspfad 729
Cloud-Computing 797
Company-Wide-Quality-Control-Konzept 539
Complication and Comorbidity Level/CCL 307
Controllerakademie 829
Controllership 830
Controlling 514, 515, 828–870
- Abstimmung 830
- Abstimmungsprozess, intersystemischer 831
- Anpassung 835
- Aufgabengebiet 830
- Ausblick 865
- Ausführungssystem 831
- Außenstrukturierung 864, 865
- Begriffsbestimmung 829
- Binnenstrukturierung 864
- Definitionen 836, 837
- Ergebnisebene 835
- Führungssystem 830, 831, 855
- Grundlagen, theoretische 828
- Harmonisation 831, 833
- Informationssystem 832, 833, 856
- Kontrolle s. Controlling/Kontrollsystem
- Koordination 831, 832, 841
- Leitbild 828, 830
- Lenkungsebene 834
- Literatur 866
- Maßnahmenbetrachtung 835, 836
- Matrixstruktur 865
- Maximal-/Minimalprinzip 835
- Organisationssystem 832, 864
- Personalführungssystem 831, 832
- Perspektiven 833
- Planungsinstrument s. Controlling/Budgetierung
- Planungssystem 821, 832, 842
- Regelung 834
- Steuerung 834
- Teilharmonisation 832
- Schwerpunkte 837
- Umsystem 831, 832
- Vorauskoordination 832, 833
- Werkzeuge 842
- Wertesystem 831
- Wirtschaftlichkeit 835, 845
- Zeitebene 833
- Zielsystem 831
Controlling/Berichtswesen 856–864
- Abweichungsberichte 859
- als Funktion 857
- als Institution 857
- Anforderungen 857
- Balanced Scorecard 862
- Formen und Inhalte 859
- Merkmalssystematisierung 862
- Standardberichte 859
- W-Fragen 860, 862
Controlling/Budgetierung 821, 832, 842–849
- Ablauf/Aufbau 845
- Budgetdurchsetzung 848
- Budgeterstellung 846
- Budgetmerkmale 843
- Budgetvergabe 848
- Ergebnisrechnung 846
- Erlösrechnung 846
-, Formen, leistungs-/kostenorientierte 843
-, interne 843
- Kostenplanung 847
- Kostenrechnung 846
- Leistungsrechnung 846
- Planungsinstrument, wesentliches 843
- Vorgehensweise 843
Controlling/Kontrollsystem 831, 832, 849–856
- Abweichungsanalyse 851
- Begriffsabgrenzung 849
- Benchmarking 852, 853
- Beschäftigungsabweichung 851
- Definition 849
- Frühwarnsystem 855
- Gemeinkostenmanagement 854
- Instrumente 850
- Kontrollobjekte 850
- Preisabweichung 852
- Prozesslenkung 854
- Verbrauchsabweichung 851
- Verfahren 850
- Vergleich, managementorientierter 849
- Vorgehen, kennzahlenorientiertes 850
Controllingkonzeptionen 836–842
-, abstimmungsorientierte 838
-, analyseorientierte 838, 839
-, harmonisationsorientierte 838, 839
-, informationsorientiertes 838
-, kognitionsorientierte 838, 841

-, koordinationsorientierte 838
-, rationalitätssicherungsorientierte 838, 839
-, rechnungswesenorientierte 838
-, reflexorientierte 838, 840
-, verhaltensorientierte 838, 841
Co-Pathways 595, 716
Corporate Behaviour 923
Corporate Communications 923
Corporate Design 923
Corporate Governance 580
Corporate Identity 217, 923
Corporate Publishing 217
Cost Management 616, 618
CRIS-System 587
critical incidents 587
Critical Pathways 595, 716

D

Data-Warehouse 744
Datenmanagement 734–747
- Daten-Information-Wissen 734
- Datenbank 744
- Datenbank-Management 745
- Datenhaltung, funktionsbereichsorientierte 745
- Datenmodellierung 744
- ER-Modell 746
- ETL-Prozess 744
- Freitext und Kodierung 735
- Informationsintegration 744
- Klassifikationssysteme 736, 737
- Organisation 743
- Standards und Leitlinien 735
- Vorgehensweise, datenorientierte 746
Dauerspender 941
DDR-Verfassung 38
Deckungsbeitragsrechnung 291, 907, 908
Deming-Zyklus 539, 554
Demografie 203, 204, 207, 396, 481
Demokratieprinzip 39, 111
Depression 115
Deregulierung, staatliche 169, 486
Deutsche Gesellschaft für Medizinische Rehabilitation e. V./DEGEMED 373, 379
Deutsche Gesetzliche Unfallversicherung/DGUV 103
Deutsche Krankenhausgesellschaft/DKG 220, 244
Deutsche Rentenversicherung Bund 94
Deutsche Rentenversicherung Knappschaft Bahn-See 94
Deutsche Vereinigung für Rehabilitation e. V./DVfR 371, 391
Deutscher Verein für Krankenhaus-Controlling/DVKC 829

Deutsches Institut für medizinische Dokumentation und Information/DIMDI 737
DGQ 552
Dienstleistungen 156
-, anbieter-objekt-bezogene 156
-, beidseitig-objekt-bezogene 156
-, beidseitig personenbezogene 156
-, nachfrage-objekt-bezogene 156
Dienstleistungskosten 885
Dienstleistungsmarketing 914
Dienstleistungsmarkt 506
Dienstleistungsökonomie 155
Dienstleistungssektor 125, 127, 129
Digital Imaging and Communications in Medicine/DICOM 750
DIN SPEC 91020 674
DIOcert GmbH 380
Discounted Cashflow/DCF/SHV 819
Disease-Management/DM 231, 616, 619
Disease-Management-Programme/DMP 71, 81, 82, 84, 230–233, 246, 279, 561, 636
- Grundprinzipien 232
- Vorteile 233, 637
D-Mark 37
DNQP 407, 448, 595, 721
Donor Lifetime Cycle 939
Donor Lifetime Value/DLV 938
Drei-Sektoren-Model der Volkswirtschaft 125, 128
DRG-System 170, 227, 234, 242, 243, 236, 240, 287, 288, 296, 301–311, 314, 336, 502, 595, 625, 728, 738–740, 895, 896
- Grouper 740
- Grundaufbau 738, 739
- Hauptkategorien 303
- Stammbaum 303
- Struktur 304
Durchlaufwirtschaft 695

E

Economic Value Added/EVA 819
Ecstasy 496
EFA-in-a-Box-Konzept 784, 785
Effektivität 120
Effizienz 120, 124, 130
-, absolute 182, 186
EFQM-Excellence-Modell 567–570
EFQM-Modell 108
e-Health 769, 770
Eigenverantwortung 39, 40
Eigenvorsorge 93
Eingliederungsmanagement, betriebliches/BEM 668

Einheitlicher Bewertungsmaßstab für ärztliche Leistungen/EBM 220, 464, 466
Einheitlicher Bewertungsmaßstab/EBM 2000 plus 465
Einkommensgerechtigkeit 53, 54
Einkommensleistungen 46
Einzelkosten 885
Embryonenschutzgesetz 497
Employer Branding 217
Enhancement 495–496
Entbindungsgeld-Streichung 243
Enterprise Ressource Planning Software/ERP 751, 752
Entgeltfortzahlung 49, 50
Entgeltsystem, pauschalierendes 227, 230, 310
Entgeltsystem, pauschalierendes/Psychiatrie u. Psychosomatik 314, 320
Entlassungsmanagement 255, 264, 287
Entschädigung, soziale 49, 50
Entsorgungswirtschaft 127
Environmental Management and Audit Scheme/EMAS 700
EQ ZERT 379
Erblasser 941
Ergebnisqualität 409, 558
Erlös- und Ergebnisrechnung 876, 877, 881, 877, 878, 904–906
- Funktionen 878
- Rechensysteme 906
- Unterscheidungskriterien 906
- Ziele und Zwecke 878
Erlösartenrechnung 905
Erlösausgleichssätze 243
Erlösstellenrechnung 905
Erlösträgerrechnung 905
Error-DRGs 306
Ersatzkassen-Gebührenordnung/EGO 466
Erwerbspersonenpotenzial, reduziertes 214
Erziehungsgeld 49, 52
Erziehungsrente 96, 97
Ethik und Gesundheitswirtschaft 493–504
- Fazit 503
- Fortschritt, technologischer 495
- Gesundheit 496
- Literatur 503
- Moral 493
Ethik und Rationierung 502–503
- Alter 503
- Ausgrenzungskriterien 502
- Fazit 503
- Leistungsverzicht 502
- Nutzendauer 503
- Nutzenzuwachs 502

- Ökonomie und Medizin 502
- Therapiedringlichkeit 502
EU-Öko-Audits 701
Euro-EBM 257, 465
Europäische Arzneimittelagentur 470
Europäisches Netzwerk für betriebliche Gesundheitsförderung/ENWHP 670
European Foundation for Quality Management/EFQM 567, 672
European Recovery-Program 37
EuroQol 181
EuroQUAN 407
Evaluationen, gesundheitsökonomische 149, 177–196
- Alternativanalyse 185
- Alternativenbeurteilung 186
- Alternativenwerte 186
- Analyseverfahren 182
- Bedürfnisse 177
- Effizienz, absolute/relative 186
- Effizienzermittlung 187
- Empfehlungen 187
- Grundmuster des Ablaufs 183
- Guidelines 178
- Input 181
- Kosten, direkte/indirekte 180
- Kosten-Nutzen-Betrachtungen 179, 180
- Kriterien 178
- Literatur 195
- Messinstrumente 181
- Motivpyramide 178
- Notwendigkeit 177
- Nutzenbewertung Arzneimittel, neue 188
- Objektsysteme 185
- Outcome 181
- Output 181
- Problemdefinition 183
- Qualitätsstandards 178, 179
- Relevanz für das Gesundheitssystem 187
- Systemmodell NPM 181
- Throughput 181
- Wirksamkeitsparameter 180
- Zielkategorien 185
- Zielkriterien/-gewichtungen 184
- Zielwerte 186
- Zusatznutzen 189
Exekutive 40
Existenzbedarf 130
Existenzbedingungen, materielle 112

F

Fachkräftemangel 213
Faktormärkte 136

Fallakte, elektronische/eFA 781–785
- Anlegen/Aktivieren 782
- Arbeitsweise 783
- Datenschutz/Sicherheit 784
- Funktionsweise 782
- Patienteneinwilligung 783
- Systemarchitektur 782

Fallgruppen/DRG 738
Fallklassifikationssystem, amerikanisches 300
Fallpauschalenänderungsgesetz, erstes/1. FPÄndG 232
Fallpauschalenänderungsgesetz/2. FPÄandG 242
Fallpauschalengesetz/FPG 232
Fallpauschalenkatalog 172, 311
Fallpauschalen-System 170, 224, 227, 235, 242
Fallpauschalenvereinbarung für besondere Einrichtungen/FPVBE-2004 239
Fallpauschalenvereinbarung/FPV-2015 239
Fallpauschalenverordnung/KFPV-2002 235
Fallpauschalenverordnung/KFPV-2004 236–239
Familienlastenausgleich 46, 49, 50
Familienversicherung 32
Familienzuschläge 49, 50
Februarrevolution (1848) 30
Fee for Service 616, 618
Fehlbelegungen 228, 232
Fehlbelegungsabzug 225
Feminisierung 216, 520
Fertilität 208
Festbetrags-Anpassungsgesetz (2001/2002) 243
Festbetragsanpassungsgesetz (Arzneimittel) 469
Feuerwehr-Unfallkassen 102
Finanzausgleich der Krankenversicherung für Rentner/KVdR 220
Finanzbuchhaltung 876
Finanzierung, duale 219, 226, 280, 281, 485
Finanzierung, monistische 219, 226, 380
Finanzierung, tätigkeitsorientierte 158
Finanzierungsreformen 218
Finanzressource 145
Fishborne-Diagramm 539
Forschung 152, 154
Fortschritt, technologischer 495
Frage, soziale 42
Frankfurter Parlament/Pauskirche 30
Französische Revolution 28
free-rider 57
Freiburger Schule der Nationalökonomie 36, 111
Freie Wohlfahrtspflege 408
Freiheit, individuelle 39, 114
Freiheitssicherung 40
Freizügigkeitsprinzip 56, 65
Friede, sozialer 114

Führungsaufgaben/-prinzipien s. Management
Führungsschichten, vorindustrielle 26, 27
Fundraising 927–943
- Ansätze 937
- Begriffsabgrenzungen 927
- Begriffserklärung 929
-, beziehungsorientiertes 937, 938, 939
- Definitionsübersicht 931
- Erscheinungsform 934
- Literatur 942
- Management 932
- Management-Modell 933
- Marketingkonzeption 936
- Mix 936
- NBOs 934, 935
- Optimierungsproblem 932
- Planung 933
-, transaktionsorientiertes 937, 938
Fünf-Sektoren-Modell der Volkswirtschaft 127
Fürsorgeprinzip 44, 45, 52, 112, 495
Fürsorge-Schutzmaßnahmen (1881) 31
Fusionen 140, 253

G

Gatekeeper 616, 619, 620, 634
Gatekeeping, hausärztliches 246
Gebrauchsgüter 281, 686, 688
Gebührenordnungen 465, 466
Gebührenordnungsposition/GOP 464
Geburtenrate 396, 481
Geburtenrückgang 208
Geld-/Münzwesen-Vereinheitlichung (1873) 29
Geld-Nutzen 182
Geldwertstabilität 118
Gemeindeunfallversicherungsverbände 102
Gemeinerlöse 906
Gemeinkosten 885, 886
Gemeinsamer Bundesausschuss/G-BA 231, 243, 257, 263, 265, 288, 559, 602
- Institut-Gründungen 245
- Richtlinienkompetenz 245
- Stimmenverhältnis/Träger 244
Gemeinschaftsvorschriften EU 66
Gemeinwohl 493
Generationengerechtigkeit 53, 55
Generationenvertrag 94, 97
Generic Concept of Marketing 914
Generika 471, 472
Gerechtigkeit, produktivistische 53, 54
Gerechtigkeit, soziale 37, 42, 53, 114
Gerechtigkeitsindex 55
-, internationaler 56

Gerechtigkeitsprinzip 495
Geriatrische Institutsambulanz/GIA 391
Gerichtsrecht, vorindustrielles 27
German Refined Diagnosis Groups s. DRG-System
Gesamtversicherungsbeitrag 57
Geschäftsprozesse 542, 548
Gesellenbruderschaften 25, 28
Gesellschaft, solidarische 494
Gesetz des unlauteren Wettbewerbs/UWG 924, 925
Gesetz zur Verbesserung der ambulanten und teilstationären Versorgung psychisch Kranker/PsychKVVerbG 317
Gesetz zur Verbesserung der Hospiz- u. Palliativversorgung/HPG (2015)
Gesundheitsakte, patientengeführte wegbasierte 788-790
Gesundheits-Apps 785, 786, 788
Gesundheitsausgaben 162, 163
- nach Ausgabenträger u. Leistungsart 163
- nach Einrichtungen 162
Gesundheitsausgabenrechnung 52
Gesundheitsberichterstattung 486
Gesundheitsberuferegister, elektronisches/eGBR 776
Gesundheitsdienst, öffentlicher (1934) 34
Gesundheitsfonds 63, 72, 75, 77, 257-262, 280
- Bundeszuschuss 260
- Zahlungsströme 77, 261
Gesundheitsförderung, betriebliche 153, 529-531, 659, 669, 670
Gesundheitsförderungspflegediagnosen 714, 719
Gesundheitsgewinn 661
Gesundheitsgüter 123, 155, 479, 505
Gesundheitsinformatik 734
Gesundheitskarte, elektronische/eGK 772-776
- Aufbau/Anwendung 774
Gesundheitsmanagement, betriebliches 658-685
- Abgrenzungen, begriffliche 658
- Arbeitsplatzbegehung 678
- Bedeutung 675
- Empfehlungen und Richtlinien 669
- Gefährdungsbeurteilung 678
- Instrumente 677
- Lernzyklus 677
- Literatur 680
- Mitarbeiterbefragung 678
- Nutzen/Nutznießer 678, 679
- Planungsprozess 674
- Rahmenbedingungen, gesetzliche 663
- Rahmenbedingungen, rechtliche 663
- Sozialgesetzbücher V, VII, IX 667, 668
- Voraussetzungen 676
- Win-Win-Situation 675
- Zertifizierungen 673
- Ziele 675
Gesundheitsmarkt 146, 479
-, primärer/sekundärer 489, 490
Gesundheitsmarkt/Spezifika 150-175
- Literatur 174
- Sektoren 152
- Steuerungs-Kompetenz-Hierarchie 164
- Steuerungsvarianten 165
Gesundheitsökonomie 277
Gesundheitspolitik 43, 121, 145, 148, 197-275, 485, 658
- Demografie 207
- Demografiestrategie 214
-, betriebliche 658
- Europa 148
-, explizite/implizite 200
- Feminisierung 216
- Finanzmittelerhöhung 203
- Funktionen 197
- Gesundheitsbericht des Bundes 203
- Großbritannien 205
- Herausforderungen 203
- Infrastrukturpolitik 213
- Kooperationsverbund 201
- Kooperationsverbund/Organe u. Aktionszyklus 202
- Leitlinien, kostensensible 206
- Literatur 269
- Mittelknappheit 203, 204
- Organe 198, 199
- Personalmanagement 216
- Personalmarketing 215
- Priorisierungsansätze 204, 205
- Rationalisierung 203
- Rationierungen 204
- Rationierungsvarianten 206
- Reformgesetze 217
- Schweden 204
- Struktur, föderale 197
- Träger 198, 199
- USA/Oregon 204
- Verteilungskriterien 206
- Wandel, demografischer 203, 204, 207
- Wertewandel, gesellschaftlicher 216
- WHO Gesundheitsbegriff 148, 149
- Ziele 197, 200, 201
Gesundheitsreform (1989) 71, 220
Gesundheitsreform (1992) 98
Gesundheitsreform (2000) 72, 226, 229
Gesundheitsreformen 217-275
Gesundheitsstrukturgesetz/GSG (1993) 71, 221, 557
Gesundheitssystem 111-175, 189, 199, 277, 150, 277, 478, 479

- Aspekte, politische s. Gesundheitspolitik
- Spezifika Gesundheitsmarkt 150
- Versorgungsaspekte 111
- Versorgungsstrukturen, ausgewählte 277

Gesundheitstelematik 767–791
- Anwendungsauswahl 770
- eGK 772
- Fallakte, elektronische 781
- Gesundheitsakte, wegbasierte 788
- HBA 772
- Infrastrukturprojekt 772
- mHealth 785
- Portallösungen, institutionsgeführte 790
- Telematikinfrastruktur 772
- Ziele 770

Gesundheitstourismus 484
Gesundheitsverhaltensmuster, funktionelle 587, 709, 712, 713
Gesundheitswesen 479, 489
Gesundheitswirtschaft/Paradigmenwechsel 477–492
- Atommodell-Vergleich 488
- Außenwanderung 482
- Basis, theoretische s. Kondratieff-Zyklen
- Beitragszahlerstruktur 482
- Branchenkonferenz 487, 487
- Definition 487
- Finanzierung 480
- Finanzproblematik 481
- Folgen und Ursachen 479
- Fortschritt, medizinisch-technischer 485
- Gesundheitsausgaben nach Ausgabeträgern 480
- Gesundheitsdienst, öffentlicher 480
- Gesundheitsgüter 479
- Gesundheitsmarkt, primärer/sekundärer 489, 490
- Gesundheitsregionen 488, 489
- Gesundheitstourismus 484
- Gesundheitsverständnis, neues 487
- Megamarkt Gesundheit 478, 479
- Migration 482
- Informationsgesellschaft 478, 479
- Kompressionsthese 483
- Konsumausgaben 491
- Konsumbereiche 490
- Konzept, bimodales 483
- Lebenserwartung, durchschnittliche 481
- Leistungserbringer 479
- Literatur 490
- Marktkriterien 479
- Medikalisierungsthese 483
- Rahmenbedingungen, veränderte 481
- Reformgesetze 486
- Selbstzahlermarkt 479, 485
- Status-Quo-Szenario 483
- Szenario-Modelle 483
- Teilsegmente 478
- Veränderungen, gesundheitspolitische u. rechtliche 485
- Wandel, demografischer 481
- Wandel, sozioökonomischer 484
- Wellness-Markt 484
- Wertschöpfungsfaktor 479, 490
- WHO-Merkmale 479

Gesundheitszustand 147
Getränkeverpackungen 701
Gewaltenteilung 40
Gewerbe, produzierendes 127
Gewinn- u. Verlustrechnung 141, 457
Gewissensfreiheit 40
Gilden 25, 28
Gini-Koeffizient 54
GKV s. Krankenversicherung, gesetzliche
GKV-Finanzierungsgesetz/GKV-FinG (2011) 263, 486
GKV-Finanzstruktur- u. Qualitäts-Weiterentwicklungsgesetz/FQWG (2015) 264, 560
GKV-Gesundheitsreform (2000) 226, 229, 486
GKV-Modernisierungsgesetz 558
GKV-Modernisierungsgesetz/GMG-2004 243, 279
GKV-Neuordnungsgesetze/KGV-NOG (1997) 224, 486
GKV-Organisationsstruktur-Weiterentwicklungsgesetz/GKV-OrgWG (2008) 262
GKV-Reformgesetz (2000) 558
GKV-Solidaritätsstärkungsgesetz (1999) 225
GKV-Versorgungsstärkungsgesetz/GKV-VSG (2015) 247, 265
GKV-Versorgungsstrukturgesetz (GKV-VStG (2012) 247, 263
GKV-Wettbewerbsstärkungsgesetz 464
GKV-Wettbewerbsstärkungsgesetz/GKV-WSG (2007) 244, 252, 257, 464, 486
Glaubensfreiheit 40
Gleichheitsprinzip 495
Globalbudget 226
Globalsteuerung 172
GmbH 136
Goal Attainment Scale/GAS 719
Großgeräte, medizinisch-technische 295
Großgeräteplanung 250
Großspender 941
Grundgesetz/GG 38, 43, 111, 197
Grundherren, adelige 26
Grundlohn 59, 159
Grundlohnsumme 59, 62, 159, 219, 324, 335, 485
Grundlohnsummenentwicklung 160

Grundlohnsummenorientierung 120
Grundlohnsummensteigerung 226
Grundlohnsummenveränderungsrate 63, 64
Güter 130, 685, 686, 688
Güterabwägung, ethische 493
Gütereinteilung 131
Gütermärkte 136
Güterstrom 873

H

Härtefallbefreiung 245
Härtefall-Richtlinien/HRi 401
Hartmannbund 33
Hartz-IV 41, 67
Hausarztmodelle 246, 634
Haushalt 124, 129
Haushalte, private 873
Haushaltsbegleitgesetze (1983) 220
Haushaltsgrundsätzegesetz/HGrG 580
Haushaltsnachfrage 132
Häusliche Krankenpflege-Richtlinie/HKP 446
HCFA-DRGs 301, 302, 303
Health Level 7/HL7 764, 765
Health Maintenance Organization/HMO 615, 622
Health Plan Employer Data and Information Set/HEDIS 618
Health Risk Appraisal 626
Health Utility Index 181
Health, mobile s. mHealth
Healthcare Resource Groups/HRGs 300
Hebammen 264
Hebammenregelung/HebR 224
Heilberufeausweis/HBA 775
Heilmittelwerbegesetz/HWG 924
Heimatgesetz 27
Heimmindestbauverordnung/HeimMindBauV 404
Heimpersonalverordnung/HeimPersV 404, 417
Heimrecht 417, 458
Heimsicherungsverordnung/HeimsicherungsV 404
Heimwirkungsverordnung/HeimmwV 404
Herz-Kreislauf-Stillstand, irreversibler 499
Hill-Burton-Formel 166
Hippokrates-Eid 494
Hirntod 499
Histogramm 540
Homogenität 299
Hospitäler, mittelalterliche 25
Hospizversorgung, ambulante/stationäre 265, 266
Human Enhancement 495–496
Human-Marketing 915
Humanressource 145

I

IAB-INFORGE Modell 641
ICD-10 737
ICD-10-AM 305
ICF-Klassifikation 351, 738
ICNP 736, 740–742
– Grundaufbau 741
– Kodierung 742
Identitätstheorie 39
IMS 756
Inanspruchnahme, angebots-/nachfrageindizierte 156
Independent Practice Association/IPA 623
Individualbedürfnisse 129, 130
Individualziele 121
Industrialisierung 29
Inflation 118
Informationsgesellschaft 478
Informationsmanagement 733–803, 870
– Anwendungssysteme in der Praxis 747
– Client-Server-Konfigurationen 795
– Client-Server-Modell 792
– Clouds 797
– Dateninformatik s. Datenmanagement
– Gesundheitstelematik 767
– Grundlagen, technische 791
– Hardware/Software 791
– KIS 747
– Kommunikationsserver 761
– Kommunikationsstandards 763
– Literatur 801
– Rechnernetze 799
– Rechnersysteme 792
– Rechnungswesen, internes 870
– Servervirtualisierung 794, 796
Informationspolitik, patientenzentrierte 232
Informationssammlung, strukturierte/SIS 447, 711
Informationssektor 127
Inlandsprodukt 115
Innungskrankenkassen 32, 73, 80
Input 150, 181
Insolvenzen 264
Instandhaltungspauschale 225
Institut für das Entgeltsystem im Krankenhaus/InEK 311, 323
Institute of Medicine/IOM 600
Integrationsverträge 251
International All patient DRGs 302
International Group of Controlling/ICG 829
Interventionsbewertungsrelationen-Katalog 229
Invalidenversicherungsgesetz (1899) 350
Invaliditätsversicherung 349
Investitionsfinanzierung 280–283

Investitionsförderung der Länder 269
Investitionsgütermarketing 914
Investitionskosten 453
Investitionsrechnung 877
Investitionsstau 229, 280, 485
In-vitro-Verfahren 497, 498
IPHCC 83, 84, 86
IQTiG 245, 264, 560
IQWIG 190, 205, 245, 288
Istkosten 882, 886
Istkostenrechnung 290, 291, 908

J
Jalta-Konferenz (1945) 35
Job Sharing 665
Jobcenter 68
Judikative 40
Jugendquotient 481
justice 495

K
Kaizen und Lean Management 539–542
- Kaizen-Schirm 540
- Lean Management 540
- Lean Management Arbeitsprinzipien 541
- Lean Management Grundstrategien 541
- Lean Management Leitgedanken 541
- Literatur 542
Kalkulationskrankenhäuser 311
Kapitalgesellschaften 136
Kapitalismus 29
Kartell 140
Kassenärzte 33
Kassenärztliche Bundesvereinigung/KBV 244
Kassenärztliche Vereinigung/KV 34, 462, 466
Kassenwettbewerb 628, 630
Kassenzahnärztliche Bundesvereinigung/KZBV 244
Kaufkraft 129, 146, 222
Kennzahlensysteme 805–828, 850
- Abgrenzungen, begriffliche 805
- Anwendungsgrenzen 807
- Aufbau 808
- Balanced Score Card 813, 820
- Beziehungszahlen 806
- DuPont-Kennzahlensystem 809, 810
- Eigenkapitalrentabilität 811
- Eigenschaften 805
- Entwicklungsstufen 808
- Frühwarnsystem 809
- Funktion 809
- Gliederungszahlen 806
- Grenzen 811
- Indexzahlen 806
- innovative 812
- Kapitalumschlag 809
- Kennzahlen, monetäre/nichtmonetäre 808, 812
- Kennzahlen, traditionelle 805, 807
- Kennzahlen, verdichtete 808
- Kennzahlenarten 806
- Krankenhaus 820
- Literatur 827
- Managementsystem 809
- Ordnungssystem 808
- Performance-Measurement-Systeme 812, 813
- Rechensystem 808
- ROI 809, 810
- Strukturanalyse 811
- -, traditionelle finanzorientierte 807
- -, traditionelle/innovative 812
- Umsatzrentabilität 809
- Vergleichszahlen 806
- Verhältniszahlen 806
- Wachstumsanalyse 811
- Zahlen, absolute 806
- ZVEI-Kennzahlensystem 810
Keynesianismus 118
KG 136
Kinder- u. Jugendhilfe 49, 50, 52
Kinder-/Jugendpsychiatrie 319
Kinderarbeit 30
Kindergeld 49, 50, 52
Kinderhospize 255, 266
Kinderlosigkeit 218, 219
Knappschaft 73
Knie-TEP 251
Kodierung 310
Kollektivbedürfnisse 129, 130
Kollektivgüter 57, 155, 156, 506
Kollektivverträge 164, 1q70, 172, 248, 464
Kommunikationsserver 761–767
Kondratieff-Zyklen 117, 477–479
- Abschwung-/Aufschwungphasen 477
- Basisinnovation 477
- Chemie-/Elektrotechnikkompetenz 478
- Dampfmaschinenkompetenz 478
- Denken und Kreativität 478
- Hardware/Software 478
- Hierarchieabbau 478
- Informationstechnikkompetenz 478
- Informationsgesellschaft/-wirtschaft 478
- Innovation, immaterielle 478
- Kompetenz, psychosoziale 478
- Petrochemiekompetenz 478
- Stahlkompetenz 478

Konglomerate 145
Konjunktur 115
Konjunkturwellen 477
Konjunktur-Wellentheorie 117
Konjunkturzyklus 116
Konkurrenz, vollständige 138
Konkurrenztheorie 39
Konsument 131
Konsumgüter 131
Konsumgütermarketing 914
Kontrahierungszwang 252, 628
Kontrolle 849
Kontrolle und Transparenz im Unternehmensbereich/KonTraG 577, 578
Konvergenzklausel 261
Konzentrationsarten 140
Konzentrierte Aktion im Gesundheitswesen 172, 173, 219
Konzern 140
Kooperation für Transparenz und Qualität im Krankenhaus/KTQ 570
Kooperationen 138, 140
Kooperationsarten 139, 140
Koordinierungsausschuss 244
Korporatismus 118
Kosten- und Erlösrechnung 879, 881
Kosten- und Leistungsrechnung 288, 515–803, 872, 876, 877–912
– Anforderungen, benutzerorientierte 880
– Anforderungen, querschnittsorientierte 879
– Anforderungen, rechnungsorientierte 880
– Anwendungsorientiertheit 879
– Aufbau und Konzeption 882
– Aufgabenbildung, differenzierte 881
– Begriffsdefinition 882
– Deckungsbeitragsrechnung 907
– Einheitlichkeit 880
– Flexibilität 880
– Funktionen 878
– Istkostenrechnung 908
– Literatur 909
– Objektivität 880
– Plankostenrechnung 908
– Rechnungssysteme 906
– Voll- und Teilkostenrechnung 906
– Wirtschaftlichkeit 879, 888
– Ziele und Zwecke 878
Kostenarten 326, 870
Kostenarten/-gliederung 884, 885, 894
Kostenartenrechnung 289, 882, 883–887, 894
Kostenauswertung 881, 883
Kostenbegriff 883
Kostendämpfungs-Ergänzungsgesetz/KVEG 220

Kostendämpfungsgesetze 71
Kostendämpfungspolitik 218, 219, 220
Kostenerfassung 881, 883
Kostenerstattungsprinzip 253
Kostenerstattungstarife 254
Kostenerstattungsverfahren 468
Kostenexplosion 112, 128, 317, 485
Kostengewichte 300, 311, 740
Kosten-Kosten-Analyse 180
Kostenlenkung 883
Kosten-Nutzen-Analyse/KNA 179, 180, 182, 188
– Bewertungsmethoden 181
– Definition eines Wertesystems 184
– Kosten-Nutzenelemente 183
– Matrix 188
– Medikament, neues 188
Kosten-Nutzen-Effekte 145
Kosten-Nutzen-Untersuchungen/KNU 177, 179, 180–187
– Ablauf-Grundmuster 183
Kosten-Nutzen-Vergleiche 149, 177
Kosten-Nutzen-Verhältnis 620
Kosten-Nutzwert-Analyse/NWA 179, 180, 182
Kostenrechnung 326, 882–903
Kostenrechnungssysteme 290, 291
Kostenstellen 289, 326, 870
Kostenstellen nach KHBV 890
Kostenstellenbegriff 889
Kostenstellenrechnung 289, 882, 883, 887–890
Kostenträgerarten 894
Kostenträgerrechnung 290, 882, 883, 888, 894–903
– DRG-Kalkulation 896
– Kalkulationsverfahren 897
– Systematik 895
Kostenträgerstückrechnung 896–900
– Äquivalenzziffernrechnung 897
– Bezugsgrößenkalkulation 899
– Divisionskalkulation 897
– Kuppelproduktion 900
– Zuschlagskalkulation 899
Kostenträgerzeitrechnung 900–903
– Leistungsverflechtung 901
Kostenverteilung 881, 883
Kosten-Wirksamkeits-Analyse/KWA 179, 180, 182
– Bewertungsmethoden 181
– Definition eines Wertesystems 184
– Grundmuster 183
Kötterwesen 26
Krankengeldabsenkung 225
Krankenhausbedarfsplanung 165–167, 220, 282
– Ablauf 165
– Bedarfsprognose, angebotsorientierte 166

Sachwortverzeichnis

- Bedarfsprognose, inanspruchnahmeorientierte 165, 166
- Bedarfsprognose, morbiditätsorientierte 165
- Gutachten 167

Krankenhausbehandlung 221, 246, 247, 248, 249, 257, 278, 291–294
- –, ambulante 246, 247, 248, 249, 257, 279, 291, 292, 294
- Operieren, ambulantes 248, 292, 293, 294
- –, teilstationäre 248, 279, 291, 293, 294
- –, vollstationäre 248, 249, 279, 291, 294
- –, vor-/nachstationäre 248, 249, 279, 291, 292, 294

Krankenhaus-Buchführungsverordnung/KHBV 288, 887

Krankenhausentgeltgesetz/KHEentgG (2002) 233, 235, 287

Krankenhausentgeltkatalog 311

Krankenhäuser 122, 136, 167, 217, 219, 220, 229, 241, 242, 250, 251, 287, 295, 313, 885, 828, 842, 843, 870
- Abrechnung, computergestützte 251, 310
- Abfall s. Abfallmanagement; Materialmanagement
- Betten 229
- BSC s. Balance Scorecard
- Budgetietung 842, 843
- Budgetierung, flexible 220
- DRG-System 170, 171, 287, 288, 301, 303
- Controlling 828
- Führung, marktorientierte s. Marketing
- Investitionsstau 219
- Leistungen, allgemeine 241
- Materialmanagement 685
- Netz 167
- –, psychiatrische und psychosomatische 250, 295, 313
- Rechnungswesen 870
- Rechtsformen, 136
- Wahlleistungen 241, 242, 287
- Zielsystem 122

Krankenhausfinanzierung/Leistungen, psychiatrische u. psychosomatische 313–347
- Abrechnungseinheit 332
- Alternativmodelle 343
- Analyse, kritische 336
- Behandlungsbereiche 319
- Benchmark 338
- Budget 334
- Degression 331, 332, 339
- Diagnosen, häufigste 321
- Dokumentationsaufwand, erhöhter 340
- Entgeltbasis 334
- Entgeltsystem 313
- Entgeltsystem, pauschalierendes 320
- Enthospitalisierung 319, 326
- Erwachsene 319
- Fallzahlsteigerungen 340
- Funktionsweise 332
- Halbierungserlass 316, 318
- Institutsambulanzen 317, 320, 326
- Kalkulationsgrundlage, schlechte 342
- Kinder u. Jugendliche 319
- Kodierrichtlinien 325
- Konvergenzphase 329
- Kostenerfassung/-verrechnung 326
- Kritik 339
- Leistungsverlagerung 339
- Literatur 344
- Minder-/Mehrerlöse 334
- Ökonomisierung 341
- Optionsjahre 327
- PEPP 320
- PEPP-Anforderungen 324
- PEPP-Aufbau 330, 331
- PEPP-DRG-Vergleich 336, 337
- PEPP-Entgeltkatalog 331
- PEPP-Grouping 325, 339
- PEPP-Plus-Modell 343
- Personalbedarf 317
- Personalbemessung, leistungsorientierte 318
- Personalkosten 319
- Personalsicherung, fehlende 340
- Phase, budgetneutrale 327
- Problemstellung 313
- Qualitätssicherung 338
- Rahmenbedingungen, rechtliche 321
- Relativgewicht 325, 30
- Scheitern der Modellvorhaben 342
- Sektorenüberschreitung, fehlende 339
- Steuerung, fehlende 340
- Systematik, kostenorientierte 326
- Systematik, vergütungsrechtliche 323
- System, lernendes 327
- System, lernendes/Grundlagen 338
- Tageskliniken 317
- TEPP-Modell 343
- Vergütung, gerechte 336
- Vergütung, leistungsorientierte 323
- Vergütungssystem, transparentes 336
- Versorgung, psychiatrische im Wandel 314
- Verweildauer 321, 334, 39
- Wettbewerb 338
- Zusatzentgelte 326

Krankenhausfinanzierung/Leistungen, somatische 277–313
- Abgrenzungsverordnung 281
- Abteilungspflegesatz 295
- Anlagegüter 281, 282

Sachwortverzeichnis

- Ausreißer 300
- Basisfallwert 297, 311, 312
- Basispflegesatz 295
- Behandlungsformen 279
- Behandlungsformen-Verzahnung 291
- Betriebskosten 280, 281, 287
- Bettenabbau/-umwandlung 287
- Beziehungsketten 278
- Case-Mix 300
- Deckungsbeitragsrechnung 291
- DRG-System 296, 301, 302, 303, 310
- Einzelförderung 282
- Einzelförderung Niedersachsen 283
- Einzelkosten 289
- Entgeltkatalog 311
- Erkrankungsschweregrad 298
- Fallpauschalenkatalog 311
- Finanzierung, duale 280, 281
- Förderungsvoraussetzungen 282
- Gebrauchsgüter 281
- Gemeinkosten 289
- Gesundheitsökonomie 277
- Grundpauschale 285
- Gruppierungssysteme 297
- Investitionsbewertungsrelationen 283, 284
- Investitionsfinanzierungsreform 283
- Investitionskatalog 283, 284
- Investitionskosten 280
- Investitionsprogramme 282
- Istkostenrechnung 290, 291, 311
- Kalkulationsschema 311
- Klassifikationsdimensionen 298
- Kosten, pflegesatzfähige 288
- Kostenartenrechnung 289
- Kostengewichte 299, 311
- Kosten-Leistungsrechnung 288
- Kostenstellen 289
- Kostenstellenrechnung 289, 290
- Kostenträgerrechnung 290
- Krankenhauspläne 282, 286
- Leistungen 287
- Leistungsentgeltformen 287
- Leistungspauschale 285
- Leistungsvergütung 288
- Leistungsverrechnung, innerbetriebliche 290
- Literatur 312
- Minimaldataset 297
- Musterkostenplan 289
- Normalkostenrechnung 290, 291
- Orientierungswert 311
- Patientengruppen, homogene 299
- Pauschalförderung 281, 282
- Pauschalförderung NRW 285
- Pflegesätze, tagesgleiche 295
- PKS-System 297
- Plankostenrechnung 290
- Planungsverfahren 286
- Regelkreise nach Herder-Dorneich 277, 278
- Relativgewichte 297
- Sonderentgelte 295
- Steuermittel 280, 281
- Teilkostenrechnung 290, 291
- Veränderungsrate 311
- Verbrauchsgüter 281
- Vergütungen, landeseinheitliche 294
- Versorgung, stationäre 278
- Versorgungsauftrag 288
- Vertrag, dreiseitiger 292
- Verweildauer 300, 301
- Vollkostenrechnung 290, 291
- Vorsorgeeinrichtungen 278
- Wahlleistungen 287
- Zahlungsströme 280
- Zuschläge 287, 288

Krankenhausfinanzierungsgesetz/KHG 165, 218, 222, 229, 280, 313, 320, 505
Krankenhausfinanzierungsreformgesetz/KHRG (2009) 262, 283, 313, 320, 687
Krankenhausgestaltung, prozessorientierte 549, 550
Krankenhausgestaltungsgesetz Nordrhein-Westfalen/KHGG NRW 285
Krankenhaushaftpflicht 598
Krankenhausinformationssysteme/KIS 747–761
- AMS 756
- Anforderungskatalog 752
- Auswahl und Einführung 750
- Basis-Funktionsbereiche 749
- Dokumentation, medizinisch.pflegerische 757
- Entwicklungstendenzen 756
- EPA 758
- Gesamtsystem, integriertes 749
- IMS 756
- Individualsoftware/Standardsoftware 755
- Kommunikationsaspekte 761
- PDMS 756
- Problembereich Einführung 754
- Spezialsysteme 749, 750
- Systemansatz, monolithisch/heterogen 755
- Technologien 756

Krankenhaus-Kostendämpfungsgesetz/KHKG 220
Krankenhaus-Neuordnungsgesetz/KHNG 220, 318
Krankenhausqualität 564
Krankenhausstrukturgesetz/KHSG (2016) 268
Krankenhausversorgung 277–348
Krankenkassen, gesetzliche 71–88, 160, 161, 167, 170, 173, 217, 218, 241, 242

- Ausgleichsanspruch/-verpflichtung 81
- Aufsicht Staat/Länder 73
- Bedarfsplanung Kassenärzte 167
- Beitragsbedarf und Finanzkraft 81
- Beitragsentwicklung 76, 160, 161
- Beitragssatz 75, 76, 79, 160
- Beitragsstabilität 160, 173
- DMP-Zulassung 82
- DMP-Programme 81, 82, 84
- DRG-System 172
- Finanzierung 75
- Fusionen 72, 253
- Gesundheitsfonds 72
- Insolvenz 72, 264
- Kontrahierungszwang 72
- Konvergenzklausel 78
- Mitglieder/Versicherte 73
- Modernisierungsgesetz (2004) 72, 217
- MORBI-RSA 79, 83, 84
- MORBI-RSA-Ausgleichsschema 88
- MORBI-RSA-Krankheitsliste 85
- Neuordnungsgesetze (1997) 72
- Prämien 78
- RASV 79
- Reformgesetze (2010) 72
- Regelleistungskatalog 74
- Rehabilitation 218
- Risikopool 81, 83, 84
- Risikoselektion 81
- Risikostrukturausgleich 71, 76
- Risikozuschlag 86
- Rx-Groups-Modell + IPHCC 83, 86
- Satzungsleistungen 75
- Selbstverwaltung 65, 70, 72
- Spitzenverband 73
- Träger 73
- Versicherungspflichtige 74
- Versicherungsrisiko 79, 80
- Wahlfreiheit 71, 80, 222, 241, 242
- Wettbewerb 79, 83
- Wettbewerbsstärkungsgesetz (2007) 72
- Zusatzbeitrag 78, 79, 160

Krankenpflege, häusliche 255
Krankenversicherung, gesetzliche/GKV 32, 45, 48, 50, 52, 58, 62, 63, 70–87, 153, 164, 217, 218, 258, 278, 349, 357, 462, 480, 666
- Beitragsbemessungsgrenze 58
- Finanzierung 258
  Gesetze bis 1945 s. Sicherung, soziale
- Gesundheit in Betrieben 666
- Haushaltsprinzip 62
- Kollektivverträge 164
- Modernisierungsgesetze 63, 70, 71, 217

- Neuordnungsgesetze (1997) 72, 217
- Reformgesetze s. GKV
- Rehabilitation 218, 357
- Risikostrukturausgleich 63
- Sachleistungsprinzip
- Selbstverwaltung 32, 65, 70, 72
- Selektivverträge 164
- Versorgung, ambulante kassenärztliche 462
- Versicherungspflicht 32
- Versicherungspflichtgrenze 58

Krankenversicherung, private/PKV 50, 58, 72, 73, 87, 241, 253, 255, 256, 267, 480
- Altersrückstellungen 256
- Basistarif 256
- Standardtarif, modifizierter 256

Krankenversicherungskarte, europäische/EHIC 774
Krankenversicherungskostengesetz/KVKG 219
Krankheit 505
Krankheitsbestimmung Bundessozialgericht 147
Krankheitsmodell, pathologisches 152
Kreislaufwirtschafts- und Abfallgesetz/KrW/AbfG 696
Kreisphysikusse 34
Kriegs- u. Gewaltopferversorgung 52
Künstlersozialversicherung 94
Kur 356
Kuration 152, 217; 278
Kuratorium Deutsche Altershilfe/KDA 407
Kurleistungskürzungen 220, 225
Kurtourismus 484
Kurzzeitpflege 92, 401, 424

L

Laboratoriumssystem/LIS 750
Lahnstein-Kompromiss 71, 221
Laissez-faire-Liberalismus 36
Länderarbeitsgemeinschaft Abfall/LAGA 702
Länderrat (1945) 35
Landessozialgerichte 67
Landwirtschaftliche Krankenkassen 32, 73, 80
Lastenausgleich 49, 50
Lean Management s. Kaizen und Lean Management
Lebensaktivitäten/LA 711
Lebenserwartung in Deutschland 212
Lebensqualität, gesundheitsbezogene 181
Legislative 40
Lehre 152, 154
Leibeigenschaft 26
Leipziger Verband (1900) 33
Leistungs- u. Kalkulationsaufstellung/LKA 240
Leistungsbegrenzung s. Rationierung
Leistungserstellungsprozess, zweistufiger 158

Leistungsgerechtigkeit 53
Leistungsrechnung 903–904
- Altenhilfeeinrichtungen 903
- Ansprüche 904
Leistungsspektrum, erweitertes (GKV seit 2007) 255
Leistungssteigerungs-Medikamente 495, 496
Leistungsverbesserungsgesetz (1974) 71
Leistungsverflechtungen, innerbetriebliche 902
LEP Nursing 3 742–743
- Grundsätze 742
- Basisfallwert 740
LGA InterCert GmbH 380
Liberalismus 39
Logik des kollektiven Handelns 158, 506
Lohnabzugsverfahren 57
Lohnfortzahlungsgesetz 70
Lohnnebenkosten 63, 119
Luxemburger Deklaration 670

M
Macht, wirtschaftliche 143, 144
Major Diagnostic Categories/MDCs 303, 304, 739
Managed Care 612–641
- Akzeptanz und Kritik 627
- Aspekte, grundlegende 612
- Basisformen 622
- Direct Contract Model 623
- Entwicklung, historische 613
- Feinsteuerung 616, 617
- Gesundheitswesen, wettbewerbsorientiertes 612
- Globalsteuerung 616
- Group-Modell 623
- HMO-Konzepte/Systeme 622
- Kassenwettbewerb 628
- Kassenwettbewerb durch Versorgungsmanagement 630
- Literatur 640
- Mixed Models 624
- Organisationsformen 621
- Qualitätssicherung 617
- Staff-HMO 623
- System, traditionelles 614
- Techniken 616
- Übersicht 616
- Umsetzungsansätze USA 624
- Umsetzungsbeispiele 626
- Umsetzungsschritte in Deutschland 628
- Withholds 619
Management 505–537
- Abteilung 507
- Dienstleistungen 505, 506
- Dimensionen 506
- Elementarfaktoren 507
- Faktor, dispositiver 507
- Faktoren, produktive 507
- Funktionen 506
- Gesundheitsleistungen 505
- Instanzen und Stellen 507
- Instrumente 507
- Literatur 537
- Managementprinzipien 507
- Management-Tools 507
- Personenkreis 507
- Überblick 506
Management, funktionales 506, 508–516
- Aufgaben, sachbezogene 509
- Aufgabenerfüllung 508
- Berichtswesen 515
- Controlling 514
- Dimensionen 509
- Entscheidung 508, 512
- Entscheidungsprozess 513, 514
- Entscheidungssituation 513
- Entscheidungsträger 513
- Führungsstile 509
- Informationsaufbereitung 510
- Informationsbeschaffung 510
- Informationsübermittlung 510
- Informationsversorgungssystem 509
- Informationsverwendungssystem 509, 510
- Kontrollaufgaben/-funktion 514
- Kosten- u. Leistungsrechnung 515
- Leitungsentscheidungen, betriebliche 513
- Managementkries 508, 509
- Organisation 508
- Planung 508, 512
- Planungsstufen 512
- Realisierung 514
- Rechnungswesen, betriebliches 515
- Zielkomplementarität 511
- Zielkomponenten 510
- Zielkonkurrenz 511
- Zielneutralität 511
- Zielsetzung 508
- Zielsystem 510, 511
- Zwischen-u. Unterziele 511
Management, instrumentales 506, 531–537
- Entscheidungsmodelle 531
- Funktionendiagramm 532
- Goal Programming 531
- Nutzwertanalyse 531, 532
- Organisationsplan/Organigramm 532, 533
- Stellenbeschreibung 533, 534, 535, 536
- Zielgewichtung 531, 532

Management, personales 506, 519–531
- Abgrenzung, begriffliche 520
- Arbeitszeitmodelle 527
- Arbeitszufriedenheit 523
- Aufgaben 520
- Auszeiten 528
- Bedarfsplanung 522
- Diversity 525
- Einsatz, altersgerechter 528
- Einsatzplanung 522
- Entwicklungsplanung 521
- Feminisierung 520
- Führungskultur 523
- Gesundheitsförderung, betriebliche 529
- Gesundheitszirkel 531
- Handlungsfelder, personalpolitische 525
- Inhalt 521
-, integratives 521
- Job-Enlargement/Enrichment 524
- Lebenszyklus, betrieblicher 525
- Lernen am Arbeitsplatz 525
- Mitarbeiter-Qualifizierung, systematische 523
- Mitarbeiter-/Teamführung 521
- Personalbindung 521
- Personalentwicklung 524, 525
- Personalentwicklung, lebensphasengerechte 529
- Personalplanung 522
- Ruhepausen 528
- Schonarbeitsplätze 528
- Systemgestaltung 521
- Struktur-u. Wertewandel 519
- Teilzeit 527
- Telearbeitszeit 527
- Unternehmenskultur 523
- Vertrauensarbeitszeit 527
- Vorbildfunktion 523
- Work-Life-Balance 526
- Zeithorizont 520
- Zielsetzung 521
Management, strukturales 506, 516–519
- Aufgabensynthese 517
- Ausführungs-/Leistungsstellen 517
- Ausschuss 517
- Bausteine, aufbauorganisatorische 516
- Befugnis und Kompetenz 517
- Gremien und Stellen 516, 517
- Instanzebene 517
- Instanzen 516
- Instanzenbildung 517
- Kollegialsystem 516
- Kollegium 517
- Linienstellen 516
- Matrixorganisation 518, 519

- Organisationsformen 518
- Projektgruppen 517
- Sanktionspotenzial 517
- Stablinienorganisation 518
- Stabsstellen 517
- Teilkompetenzen 517
- Verantwortung 517
- Vollkompetenzen 516
- Willensbildung 516
Managementkonzepte 539–804
Marketing 913–916
- Abgrenzung, begriffliche 913
- Begriffswandel 913
- Bereiche, nichtkommerzielle 915
- Dienstleistung 914
- Investitionen 914
- Konsumgüter 914
- Krankenhaus s. Krankenhausmarketing
- Literatur 926
-, strategisches 914
- Version, historische 914
Marketing im Krankenhaus 916–926
- Arztwerbung 926
- Diversifikationsstrategien 920
- Fundraising 927
- Instrumente s. Marketinginstrumente
- Literatur 926
- Preisgestaltung 924
- Rahmenbedingungen, rechtliche 924, 925
- Strategieetablierung 916
- Strategien 918
- Strategien, instrumentelle 920
- Strategien, konkurrenzorientierende 920
- Strategien, wettbewerbsbezogene 920
- Strategieverbindungen 919
- Wahlleistungsangebote 924
- Ziele 918
Marketingforschung 916
Marketinginstrumente 921–924, 927
- Corporate Identity 923
- Distributionspolitik 922
- Fundraising 927
- Kommunikationspolitik 922, 924
- Kontrahierungspolitik 921
- Product Placement 924
- Produktpolitik 921, 924
- Sponsoring 923
- Verkaufsförderung 923
- Werbung 923
Marktbearbeitungsstrategien 920
Marktbeherrschung 144
Märkte, vollkommene/unvollkommene 136, 137
Marktfeldstrategien 919, 920

Marktforschung 916–918
- Designs 917
- Prozess 916
- Primär-/Sekundärforschung 917

Marktmodell 33
Marktparzellierung 920
Marktpreisbildung, freie 112
Marktrealentscheidungen 920
Marktrechte 27
Marktregulierung 112
Marktstimulationsstrategien 919
Marktstrategien 143, 144
Marktwirtschaft s. Soziale Marktwirtschaft
Marshall-Plan 37
Materialmanagement 685–708
- ABC-Analyse 692, 693
- Abfall/Entsorgung 693, 694
- Abfallbeseitigung 698
- Abfallgetrennthaltung 699
- Abfallschlüssel AS 702
- Abfallvermeidung/-verwertung 698
- Abfallwirtschaftskonzept 696, 697
- Bedarfsermittlung 690
- Bestellung/-verfahren 691
- Betriebsbilanz 703, 705, 706
- Distributionslogistik 690
- Durchlaufwirtschaft 695
- Grundpauschale 687
- Lagerhaltung 692
- Leistungspauschale 687
- Literatur 707
- Materialbeschaffung 689, 690
- Materialbewirtschaftungskosten 694
- Materiallogistik 689, 690
- Materialwirtschafts-Elemente 691
- Ökobilanzsystem 703
- Produktionsfaktoren, dispositive 685, 686
- Produktionsfaktoren, elementare 685, 686
- Produktbilanz 704
- Prozessbilanz 703
- Sachgüter und AbgrV 686, 687
- Sonderabfälle 701
- Standortbilanz 704
- Überlegungen, grundsätzliche 689
- Umweltschädigung/recht 695, 696, 699, 700, 701
- Verhalten, umweltorientiertes 705
- Vier-V-Philosophie 697
- Wirtschaftsgüter-Systematik 689
- XYZ-Analyse 693

Maximalprinzip, ökonomisches 121, 130
MDCs 306
MDK 412, 418
Medicaid-Programm 625

Medical Management 616, 619
Medical Wellness 484
Medienkonzerne 478
Medikamente, patentgeschützte 470, 471
Medizinische Versorgungszentren/MVZ 247, 248, 463
Medizinproduktegesetz/MPG 750
Medizintechnologie 485, 495
Mehrerlösausgleiche 243
Mehrerlösvorschriften 242
Mehrfachspender 941
Mehrwegverpackungen 701
Meinungsfreiheit 40
Mengensteuerungs-Neuausrichtung 268
Menschenrechte/-würde 40, 350, 351
Merkantilismus 29
Merkmalsträger 142
mHealth 785–788
Migration 211, 482
Mindererlösausgleiche 243
Mindererlösvorschriften 242
Mindestmengenvereinbarung/MMV 250
Minijobs 59
Minimaldataset 297
Minimalprinzip, ökonomisches 120, 130
Mittelalter 25
Modell der RxGroups 83
Modellkommunen 269
Moral 493
Morbiditätszuschläge 258
Morbi-RSA s. Risikostrukturausgleich, morbiditätsorientierter
Morgenthau-Plan 37
Mortalität 211
Mortalitätsrisiko 302
MuG stationär 409–411
Multimorbidität 301, 355
Münzrechte 27
Musterberufsordnung/MBO 925
Mutter-Kind-Kuren 255

N

Nachfrage 129
Nachfrageverhalten 129
Nachkriegsordnung in Europa (1945) 35
Nachsorgeeinrichtungen s. Rehabilitation
Nachtpflege 91, 401
Nachtwächterstaat 43, 111
NANDA 588, 590, 591–593, 711, 712, 736
Nationalsozialismus 34
Nettoeinkommen, bedarfsgewichtetes 54
Netz, soziales 45, 46, 112, 150, 151

Neue Mitte 225
Neuro-Enhancement 495–496
Network Management 616
Nicht-Preis-Rationierung 205
Niedersächsisches Krankenhausgesetz/NKHG 283
nonmaleficence 494
Non-Profit-Krankenversicherungen BC/BS 614
Nonprofit-Marketing 934, 935
Nord-DRGs 305
Normalkosten 290, 291, 886
Norton-Skala 588
Notfallversorgung 268
Notverordnung (1931/32) 34
Nutzenbewertung Arzneimittel, neue 188
Nutzen-Individualitätsprinzip 502
Nutzen-Kollektivprinzip 502

O
OECD 54, 115, 580
OECD 580
OHG 136
Ökobilanz 703
Operationen, ambulante 248, 292, 293
 - Ablauf und Varianten 293
OPS-System 737, 738
Ordnungspolitik 111, 113, 114
Ordnungsziel 114
Ordoliberalismus 36
Organe 45, 112
Organtransplantationen 250
Ortskrankenkassen s. Allgemeine Ortskrankenkasse
Ottawa-Charta 530, 669
Outcome 150, 181
Output 150, 181

P
Palliativversorgung 255, 265
Palliativversorgung, allgemeine ambulante/AAPV 265
Palliativversorgung, spezialisierte ambulante/SAPV 266
Pareto-Diagramm 540
Parlamentarischer Rat (1948) 38
Pathways 309, 595, 716, 728
Patient Complication and Comorbidity Level/PCCL
Patient Identification/PID 764, 765
Patient Management Categories/PMCs 300, 314
Patient Visit/PV1 764
Patient, informierter 494
Patientenakte, elektronische/EPA 758–761
 - Implikationen, technische 759

- Nutzen/Vorteile 761
- Voraussetzungen 760
Patientenberatung 249, 264
Patientendatenmanagementsystem/PDMS 756
Patientenedukation, pflegebezogene 720
Patientenklassifikationssystem/PKS 297, 301–303, 314
Patientenportale, institutionsgeführte 790
Patientenrechtegesetz/PatRG 603
Patientensicherheit 597–612
Paul-Ehrlich-Institut/PEI 470
PDCA-Regelkreis 539
Pensionen 49, 50
PEPP-Entgeltsystem s. Krankenhausfinanzierung/ Leistungen, psychiatrische u. psychosomatische
Personalbemessungssystem 268
Personalitätsprinzip 493
Personalkosten 884, 887, 888
Personalmanagement 519
Personalmangel 214
Personalmarketingstrategien 215
Personalverordnung für psychiatrische Einrichtungen/Psych-PV 220
Personen, juristische 136
Personengesellschaft 136
Pesch, H. 41
Pflege, ambulante 444–462
- Ambulant vor stationär 445
- Anbieter 448
- Angebote, niederschwellige 459
- Arbeitsbedingungen 456
- Aspekte, betriebswirtschaftliche 453
- Ausdifferenzierungen 457
- Behandlungspflege 450, 451, 457
- Betreuungs- u. Ergänzungsleistungen 453
- Dokumentation 447
- Entbürokratisierung 447
- Expertenstandards 448
- Fazit 459
- Finanzierung 449, 450
- Geldleistungen 452
- Gewinn- u. Verlustrechnung 457
- Grundpflege 457
- Hilfe zur Pflege 453
- Investitionskosten 453
- Kosten- u. Leistungsrechnung 454
- Leistungen nach SGB V 449, 452
- Leistungen nach SGB XI 452
- Leistungen nach SGB XII 453
- Leistungsansprüche des Kunden 451
- Leistungsrechnung u. Einsatzzeiten 456
- Literatur 460
- Minutenpflege 457

Sachwortverzeichnis

- Pendelmigranten 458
- Personalkosten 454
- Pflegebedürftigen-Anzahl 449, 450
- Pflegebedürftigkeit 451
- Pflegebuchführungsverordnung 457
- Pflegedienstleitung 455
- Pflegekräftemangel 456
- Pflegeplanung 447
- Pflegeversicherung 451
- Qualitätssicherung 446
- Rahmenbedingungen, normative 446
- Regelungsverantwortung Bund/Länder 445
- Sach- u. Kombinationsleitungen 452
- Sach- u. Verwaltungskosten 454
- Struktur 448
- Stundensatzerhebung 455, 456
- Tätigkeiten, ehrenamtliche 459
- Trägerschaften 448
- Transparenz/-kriterien 446, 447
- Verantwortung, kommunale 459
- Verhinderungspflege 453
- Vertragswesen 446
- 24-Stunden-Versorgung 458
- Wohngemeinschaften 458
- Zeiterfassung, elektronische 456
- Ziele, gesundheitspolitische 444

Pflege, vollstationäre 92, 401
Pflegeabhängigkeit/PAS 711
Pflegeassessment 708–711
- Basisassessment 709, 710
- Fokusassessment 709, 711
- Instrumente 711
- Risiko s. Risikomanagement, pflegerisches
- Screening-Assessment 710

Pflegeausschüsse, regionale 269
Pflege-Bahr 89
Pflegebedürftigkeit 278
Pflegebedürftigkeit 41, 87, 218, 264, 278, 395, 399, 411, 415, 435, 451, 710
- Szenario bis 2050 399
-, neuer 90, 93, 267435

Pflegebedürftigkeitsrichtlinie/PrfRi 402
Pflegebedürftigkeits-Richtlinien/PflRi 402, 412
Pflegeberatung 269
Pflege-Buchführungsverordnung/PBV 402, 429, 437, 455, 457
Pflegediagnosen 588, 590–593, 708, 711–716, 726–728
-, aktuelle 714
- Definitionen 712
- Diagnostizieren/Dokumentieren 713
- Einführung 726
- Erstellen 715

- Dachbegriffe, einheitliche 716
- Risiko-Diagnosen s. Risikomanagement, pflegerisches
- Typen 714
- Umsetzung 726

Pflegedienste, ambulante 87, 448
Pflegedokumentation 447
Pflegedokumentation, auswertbare elektronische 736
Pflegeeinrichtungen, stationäre 87, 395–444
- Abwesenheitszeiträume 423
- Ausblick 437
- Außenwanderung 396
- Bedürftige nach Pflegestufen 400
- Begriffsbestimmungen 401
- Begutachtungsinstrument, neues 436
- Beschäftigungsverhältnisse 400
- Betreuungskräfte-Ri 402, 414
- Betreuungspersonal, zusätzliches 414
- Bevölkerung 396, 398
- Bewertungssystematik 415
- Buchführungsverordnung 429, 437
- Controlling 430
- Demenzkranke 424, 425
- Demografie u. Eckpunkte 396
- EFQM-Modell 408
- Eigenanteil 436
- Entgelt 406, 407
- Ergebnisqualität 409
- Ersatzpflege 424
- Finanzierung 403, 421, 423
- Fort-/Weiterbildung 417
- Geburten 396, 398
- Gegenstand 395
- Grundlagen, vertragliche 421
- Heimrecht 404, 417
- Hilfebedürftigkeit 415
- Insolvenzgefahr 426
- Investitionskosten 428
- KDA-Quartiershäuser 408
- Komfortleistungen, wählbare 416
- Kommunikationsbedarf 413
- Kontenrahmen 430
- Kosten- u. Leistungsrechnung 429
- Lebenserwartung 397
- Lebensführung, selbstbestimmende 413
- Leistungen, regelmäßige 412
- Leistungsausgaben 415
- Leistungserbringer u. Pflegekassen 421
- Leistungspflicht des Unternehmers 405, 406
- Leistungs- u. Qualitätsmerkmale 426
- Literatur 438
- Marktpreis, externer 426
- MuG stationär 410

- Personal nach Tätigkeitsbereich 400
- Personalausstattung, verbesserte 437
- Personalqualifikation 417
- Pflegebedürftigkeitsbegriff, neuer 435
- Pflegegrad 436
- Pflegesätze 423
- Pflegesatzverfahren 425
- Pflegestärkungsgesetz II 435
- Pflegestatistik 399
- Pflegestufen 412, 413, 415
- Pflegeversicherung 401
- Prozessqualität 409
- Qualitätsanforderungen, gesetzliche 407
- Qualitätsdiskussion 407
- Qualitätsentwicklung 409
- Qualitätsmanagement, einrichtungsinternes 409, 410
- Qualitätsnetze 407
- Qualitätsprobleme 419
- Qualitätsprüfungen 418, 419
- Qualitätssicherung 402, 409
- Qualitätssicherungsregeln, neue 437
- Rahmenverträge 422
- SGB XI 402, 409
- SGB XII 406
- Steuerung 421, 429
- Steuerungs- u. Planungsinstrumente 432
- Strukturqualität 409
- Trägerschaft 399
- Transparenzvereinbarung 418
- Unterkunft 416
- Vergütung, leistungsgerechte/BSG-Urteile 426, 427
- Vergütungszuschläge 424, 425
- Verpflegung 416
- Versorgungsvertrag 421
- Zielsetzung 395
- Zukunftsszenarien 433

Pflege-Entlassungsmanagement 721, 722–725
- Kriterienübersicht 723
- Pflegeaktivitäten nach Bulechek 725
- Versorgung, kontinuierliche 722

Pflegeergebnisklassifikation 594
Pflegeergebnisklassifikation/NOC 594, 717, 718
Pflegeergebnisse 717, 718
Pflegeevaluation 710, 719
Pflegegeld 91, 452
Pflegegrade 90, 267, 336
Pflegeheime 265
Pflegeheime 265, 395, 401, 404
- Heimrecht 404
- Versorgung s. Pflegeeinrichtungen, stationäre

Pflegeheim-Eigenanteil 268

Pflegeheimunterbringung 92
Pflegeinformatik 734
Pflegeinterventionen 719
Pflegeinterventionsklassifikation/NIC 594, 719
Pflegekassen 91, 252, 359, 401, 411, 413, 421
Pflegeklassifikationssysteme 736
Pflegeklassifikationssysteme, elektronische 717
Pflegekomplexmaßnahmen-Score/PKMS 738
Pflegekostenversicherung 93
Pflegekräfte 214, 215
- Altersstruktur 215
- Mangel 214

Pflegekurse 92
Pflegeleistung, teilstationäre 92
Pflegeleistungsergänzungsgesetz (2004) 89
Pflegeleistungs-Ergänzungsgesetz/PEA 452
Pflege-Neuausrichtungsgesetz/PNG (2012) 89, 403, 446, 452
Pflegepersonalregelung/PPR (1993) 221, 224
Pflegeplan/-planung 709, 718, 719, 720
Pflegeprozess 708–719
Pflegeprozessmanagement 708–733
- ABEDLs 709
- Assessment 708, 709
- Beratung/Entlassung 709, 713, 719, 720, 721, 722
- Clinical Pathways 728
- Diagnostik/Diagnosen 711, 726
- Dokumentation, entbürokratisierte 726
- DRGs 728
- Ergebnisse 717, 718
- Evaluation 719
- Gestaltung, interdisziplinäre 728
- Interventionen 719
- Literatur 730
- Patientenedukation 719
- Planung 718
- Prozess 708
- Prozessumsetzung in die Praxis 725
- Prozessumsetzungsprobleme 726
- RUMBA-Regel 717
- Übersicht 721
- Versorgungsbrüche 721
- Versorgung, kontinuierliche 722
- Ziele 708, 717

Pflege-Qualitätssicherungsgesetz/PQsG 403
Pflegerentenversicherung 93
Pflegesachleistung 91
Pflegesätze 240, 241, 223, 280, 295, 324, 423
Pflegesatz Rationalisierung 228
Pflegestärkungsgesetz I/PSG I 264, 268, 404, 414
Pflegestärkungsgesetz II/PSG II 90, 267, 435, 452
Pflegestärkungsgesetz III/PSG III 93, 269, 452
Pflegestatistik bis 2013 399

Pflegestellen-Förderprogramm 269
Pflegestufen 412, 415
Pflegetagegeldversicherung 93
Pflege-Transparenzvereinbarung stationär/PTVS 418, 446
Pflegeversicherung 45, 46, 48, 52, 58, 87–93, 154, 224, 265, 267, 268, 401–404, 450, 480
- Bedürftigkeitsrichtlinie 402
- Begutachtungsrichtlinien 402
- Begutachtungsverfahren 90
- Beitragssätze 90, 91, 268, 403
- Beitragsbemessungsgrenze 58
- Betreuungskräfte-Richtlinien 402
- Betreuungsleistungen 89
- Geldleistung 91
- Härtefall-Richtlinien 402
- Kombinationsleistung 92
- Krankenpflege, häusliche 451
- Leistungsgrundsätze 91
- Modellkommunen 93
-, private 267, 401, 403, 450
- Qualitätssicherung 402
- Reformgesetze 89, 90
- Richtlinien 402
- Sachleistung 91
- SGB XI 402
- Träger 91
- Umlageverfahren 89, 93
- Versicherungspflicht 87
- Versicherungspflichtgrenze 58
- Zusatzversicherung, freiwillige 49, 50, 89, 93
Pflegeweiterentwicklungsgesetz (2008) 89
Pflege-Weiterentwicklungsgesetz/PfWG 403, 409, 452
Pflegewissens- u. -entscheidungsfindungs-Modell 594
Pflege-Wohngemeinschaften 458
Pflegeziele 708, 717
Pflegezuschlag 269
Pharmaindustrie s. Arzneimittelversorgung
Picture Archiving and Communication System/PACS 750
PKV s. Krankenversicherung, private 49, 50
Plankosten 886
Plankostenrechnung 290, 908
Pluralismustheorie 39
Portalpraxen 268
Potsdamer Konferenz (1945) 35
Präimplantationsdiagnostik/PID 497–499
Prämienzahlungen 254, 261,
Prävention 152, 217, 278, 660–663, 671–673
Prävention-Leitfaden GKV 671
Präventionsbilanzen 192, 193

Präventionsgesetz/PräG (2015) 266
Präventionskonferenz, nationale 267
Praxis-Gebühr 243
Preiskalkulation 881
Preis-Rationierung 206
Preiswettbewerb 137, 138, 145, 164
Pre-MDCs 306
Prepaid Group Practices/PGP 613
Preußische Landrecht 1794 28
Primärleistung 156
Primärprävention 152, 661
Primärproduktion 125, 127, 128, 129
Privateigentum-Garantie 113
Product Placement 924
Produktionsfaktoren, betriebliche 507, 685, 686
Produktionsgüter 131
Produktionswert 141
Produktmanagement 616, 617
Produzent 130
Prospective Payment 616, 618
Provider Sponsored Organizations 627
Prozesskostenrechnung 890–894
Prozesskostensätze-Bildung 893
Prozessmanagement 542–551
- Dach und Säulen 544
- Durchlaufzeit 548
- Engpassprobleme 548
- Funktionen 546
- Funktionsorientierung 543
- Geschäftsprozess 542
- Geschäftsprozesse im Krankenhaus 548, 549
- Identifikation 547
- Kernkompetenz 542
- Kosten 545
- Kostenstrukturen 549
- Kundenzufriedenheit 545, 549
- Leitgedanken 544
- Literatur 551
- Mitarbeiterorientierung 545
- Prozess 542
- Prozessabbildung, horizontale 548
- Prozessabbildung, vertikale 547
- Prozessarten 544
- Prozesskostenrechnung 549
- Prozessmodule 546
- Prozessoptimierung 550
- Prozessorientierung 544
- Prozessleistungstransparenz 546, 548
- Prozessstrukturtransparenz 546, 547
- Qualität 545, 549
- Schnittstellen 548
- Systemdenken 543
- Teilprozesse 547

- Visualisierung 547
- Wertschöpfung 542
- Zeitmanagement 545
Prozesspolitik 113
Prozessqualität 409, 558
Prüfung 849
PsychEntG 313
Psych-Entgeltgesetz 313
Psychiatrie 314
Psychiatrie-Enquete 315
Psychiatrie-Modellprogramm (1988) 220
Psychiatrie-Personalverordnung/Psych-PV 318
Psychopharmaka 496
Psychosomatik 313–347
Punktwert, floatender 465

Q

QALY's 204
QM-System 554
Quadragesimo anno 34, 40, 41
Qualitätsaudits 556
Qualitätsgebot 123, 131
Qualitätskonzepte 539
Qualitätskultur 553
Qualitätslenkung 553, 554
Qualitätsmanagement 230, 266, 551–575, 616, 617
- Ablaufelement 555
- Arbeitsanweisungen 556
- Aufbauelement 555
- Definitionsansatz 552, 553
- Dienstleistungen 562
- Dienstleistungsqualität 562
- DIN EN ISO-Normfamilie 554, 566, 567
- DMP-Programme 561
- Dokumentation 555
- EBM 561
- EFQM 567
- EFQM-Excellence-Modell 567, 568
-, einrichtungsinternes 230, 266, 559, 561
- Ergebnisqualität 558
- Fehlermöglichkeitsanalyse 556
- Führungselemente 555
- G-BA 559
- Handbuch 555
- Informationssystem 556
- Interaktionsqualität 563
- Kenntisse, vorausgesetzte 572
- Koordinierungsausschuss 561
- Krankenhaus 557, 562, 564
- KTQ 570, 571
- KTQ-Visitoren 571, 572
- Kundenzufriedenheitsbefragung 564

- Literatur 574
- Phasen, historische 552
- Planung 553
- Prinzip der ständigen Verbesserung 554
- Prozessqualität 558
- Qualität 551
- Qualitätsaufzeichnungen 556
- Qualitätsbericht, strukturierter 559
- Qualitätswerkzeuge, elementare 556
- RADAR 569, 570
- Sachdimension 562
- Servicequalität 562
- Sichtweisen 552
- Strukturqualität 558
- System 554
- Teilaufgaben 553
- TQM 556
- Verfahrensanweisungen 555
- Versuchsplanung, statistische 556
- Wettbewerbsparameter 557
- Zertifizierung/-stellen 571
Qualitätsmanagement-Richtlinie Krankenhaus/ KQM-RL 598
Qualitätsprüfungen 553, 5544
Qualitätsrichtlinien Krankenhäuser/KRM 598
Qualitätssicherung 245, 407, 446, 553, 554, 558, 565, 617, 618
-, interne/externe 565, 617, 618
- Pflege, ambulante 446
- Pflege, stationäre 407
-, sektorenübergreifende 245
Qualitätssicherungsverpflichtung 226, 230
Qualitätssicherungszuschläge 288
Qualitätstechniken 556
Qualitätsverbesserung 554
Qualitätsverlust 539
Quartärsektor, wirtschaftlicher 127
Quasimarkt 469
Quintärsektor, wirtschaftlicher 127

R

Radiologieinformationssystem/RIS 750
Rationalisierung 203, 502
Rationalisierungsmaßnahmen, krankenhausinterne/ übergreifende 156, 157
Rationierung 204, 206, 502
- Aspekte, ethische 502
RCT 192
Rechnernetze 800
Rechnungswesen, internes 870–912
- Abbildung eines Unternehmensprozesses 875
- Aufgaben und Funktionen 876

Sachwortverzeichnis

- Ausrichtung und Grundlagen 870
- -, betriebswirtschaftliches 872
- Bilanzrechnung 877
- Ergebnisrechnung 876, 877, 904
- Erlösrechnung 876, 877, 904
- Finanzbuchhaltung 876, 877
- Gliederung 876
- Investitionsrechnung 877
- Klassifikation 876
- Kosten- und Leistungsrechnung 876, 877
- Literatur 909
- Planungsrechnung 876, 877
- Privathaushalte und Unternehmungen 873
- Prozesskostenrechnung 890
- Rechensysteme 906
- Statistik 876, 877
- System, ökonomisches 875
- Umwelt 874, 875
- Unterscheidungskriterien der Rechnungsarten 906
- Wetterkarten-Vergleich 870, 871
- Wirtschaftlichkeit 874
- Zielhierarchien 874

Recht auf Leben 40
Rechtsangleichungsgesetz (1999) 230
Rechtsgleichheit 40
Rechtssicherheit 40
Rechtsstaat, sozialer 42, 111
Rechtsstaatsprinzip 39, 111
Refined-DRG-System 301, 302, 303
Reformgesetze 486
Regelaltersrente 95
Regelgerechtigkeit 53, 55
Regelleistungen 62
Regelleistungsvolumen/RLV 467
Rehabilitation 94, 152, 153, 154, 217, 218, 264, 278, 348–395
- ambulante 264, 359
- Aktivitätsdiagnostik 365
- Angehörigenarbeit 370
- Ansatz, ganzheitlicher 352
- Anschlussheilbehandlung/AHB 359, 361
- Anschlussrehabilitation 359, 361
- Ärzte 364, 366
- Aufgabe Sozialversicherungen 356
- Barrierefreiheit 362
- Behandlungselemente 366
- Behandlungsgruppen, kostenhomogene 385
- Behandlungsgruppen, medizinisch homogene 385
- Behinderung 350, 351
- Beratung, arbeitsbezogene/soziale 369
- -, berufliche 353
- -, berufliche/Ausgrenzung 354
- Bewegungstherapie 366
- BWKG-Empfehlungen/Verbesserungen 389, 390
- Diagnosegruppen 356
- Diagnostik 364
- Diätassistenten 364
- Diätetik 368
- Durchführung 361
- DVfR-Position 391
- Einrichtungen 218
- Einrichtungsgestaltung 362
- Einrichtungswahl, freie 254
- Entlassungsbericht 371
- Ernährungsberatung 368
- Ergotherapeut 364
- Ergotherapie 367
- Faktoren, personenbezogene 352
- Fazit 389
- Finanzierung, monistische 380
- Finanzierungsformen, alternative 384
- Funktionsfähigkeitsbegriff 352
- Geschichte 348
- Gesundheits-/Krankenpfleger 364
- Grunddaten 357
- Grundlagen, rechtliche 350
- Heilverfahren 360
- ICF 351, 352
- ICF-Grenzen und Ziele 352
- Kommunikationsfreiheit 362
- Komplexpauschalen 388
- Konzept, umfassendes 361
- Kosten 380
- Kostenrechnungssystem 380
- Kostenübertragung auf Leistungen 381
- Kostenzuordnung 381
- Krankenversicherung 357
- Leistungsdiagnostik 365
- Leistungsgruppen 353
- Literatur 393
- Masseur, medizinischer 364
- Maßnahmen, arbeitsbezogene 369
- -, medizinische 353, 358
- -, medizinische/Aufgaben u. Ziele 354
- -, medizinische/Kur 356
- Modell, bio-psycho-soziales 352
- Pflege 366
- Physiotherapie/Physikalische Therapie 366; 367
- Programme, indikationsübergreifende 367
- Programme, krankheitsspezifische 368
- Psychologe, klinischer 364
- Psychotherapie 368
- Qualifikation 363
- Qualitätsmanagement 375
- Reha vor Pflege 359
- Rentenversicherung 360, 361, 375

- Servicestellen, einzurichtende 371
- SGB IX 351, 353
- -, soziale 353
- Sporttherapeuten/-lehrer 364
- Sporttherapie 366
- Sprachtherapie 369
- Team, interdisziplinäres 363
- Teilhabe 351
- Therapiekontrolle 370
- Therapiekonzept 361
- Therapieplan 365
- Therapieziele 365
- Training, neurologisches 368
- Umfang 353
- Umweltfaktoren 352
- UN-Behindertenrechtskonvention 350, 392
- Unfallversicherung 356
- Vergütung, tagespauschalierte 387
- Vergütungsmodelle, alternative 387
- Verweildauerverkürzung 387

Rehabilitationsgesetz (1974) 71, 350
Rehabilitationstourismus 484
Rehabilitationsträger 218, 278, 349, 353, 371
- Alterssicherung der Landwirte 353
- Bundesagentur für Arbeit 353
- Jugendhilfe, öffentliche 353
- Krankenversicherung 218, 278, 349, 353
- Kriegsopferfürsorge 353
- Rentenversicherung 218, 278, 349, 353, 360
- Sozialhilfe 353
- Unfallversicherung 218, 278, 349, 353

Reha-Qualitätssicherung, einrichtungsintern 379–380
Reha-Qualitätssicherung/Krankenversicherung 379
Reha-Qualitätssicherung/Rentenversicherung 375–379
- Aktivitäten, weitere 378
- Ergebnisqualität 378
- Leistungen, therapeutische/KTL 377
- Leistungen zur Teilhabe am Arbeitsleben/LTA 379
- Patientenbefragung 376
- Peer-Review-Verfahren/Reha-Prozess 377
- Rehabilitandenstruktur 378
- Strukturqualität 376
- Therapiestandards 378

Reichsärztekammer 35
Reichsärzteverordnung (1935) 34
Reichsgründung (1871) 31
Reichstag 31
Reichsversicherungsordnung/RVO 32, 70, 317
Relationship Fundraising 937–939
Relativgewichte 297, 325
Rente wegen Erwerbsminderung 96

Rente wegen Todes 96
Rentenanpassung, dynamische 97
Rentenversicherung, gesetzliche 45, 48, 50, 52, 58, 93–102, 153, 217, 218, 349, 360, 375, 480
- Altersgrenzen 95, 96
- Ausgaben 102
- Beiträge 94
- Bemessungsgrundlage 94
- Bergleute 96
- Bundeszuschuss 94
- Drei-Säulenkonzept 93
- Durchschnittsentgelt, vorläufiges 58
- Einnahmen 101
- Erwerbsminderung 96
- Finanzierungsgesetz 99
- Geldleistungen 93
- Hinzuverdienstgrenze 96
- Lasten, versicherungsfremde 94
- Leistungsvoraussetzungen 95
- Personenkreis, versicherter 95
- Rehabilitationsleistungen 94, 218, 360
- Rentenberechnung/-formel 99
- Rentenformen 95, 96, 97, 100, 217
- Schwerbehinderte 95
- Sicherungsniveau 100
- Träger 94
- Umlageverfahren 97
- Versicherte, besonders langjährige 95
- Versicherungen auf Landesebene 94
- Versicherungszeit 95
- Zukunftsproblem 98
- Zuschläge 94
- Zusatzversorgungssystem 100

Ressourcenallokation 145, 161
Retrospective Review 616, 619
Return of Prevention 192
Return on Investment/ROI 809, 937
Revierkassen 28
Revolution, agrarische 29
Revolution, industrielle 28
Riesterrente 100, 101
Risikomanagement und Patientensicherheit 597–612
- Ablauf-/Aufbauorganisation Krankenhaus 606
- Anonymität 607
- APS-Handlungsempfehlungen 602
- Art der Meldung 607
- Beinahe-Schaden 599
- Beschwerdemanagement-Verpflichtung 610
- CIRS-System 607
- Dokumentation 608
- Ereignis, kritisches 599
- Ereignis, nicht vermeidbares unerwünschtes 599
- Ereignis, unerwünschtes 599

- Ereignis, vermeidbares unerwünschtes 599
- Fehler 599
- Fehlleistungen 597
- Fehlermeldesysteme 601, 603, 604, 606
- Fehlermeldesysteme, einrichtungsübergreifende 608
- Fehlerprävention 601
- G-BA-Mindeststandards 604, 605
- G-BA-Regelungsinhalte 603
- Gemeinsamer Bundesausschuss 602, 603
- Hochrisikobereich Krankenhaus 598
- Infektionen, therapieassoziierte 602
- Literatur 610
- Nachvollziehbarkeit 608
- Qualitätsmanagement 604
- Qualitätsziel 599
- Risikokommunikation 605
- Sanktionsfreiheit 607
- Schlüsselbegriffe 598
- Sicherheitskultur 605
- Teilnahmebereitschaft Krankenhäuser 609
- Umgang mit Meldungen 608

Risikomanagement, ökonomisches 575–585
- Abgrenzung, begriffliche 575
- Basel I-II 577, 578, 581
- Bereiche 577
- Corporate Governance 580
- Dokumentation 584
- Elemente 577
- Erfolgsfaktoren, weiche 578
- Früherkennungsindikatoren 577
- Führungsaufgabe 575
- Heinrichs Gesetz 578
- IdW-Prüfungsstandards 581
- –, klinisches 576
- Kommunikation 584
- KonTraG 578
- Literatur 584
- Präventionssystem 576
- Rahmenbedingungen, rechtliche 578
- Rating-Verfahren, internes 581
- Risikobewältigung 583
- Risikobewertung 583
- Risikoidentifizierung 583
- Risikoinventar 578
- Risiko-Lenkungskultur 576
- Risikomanagementprozess 582, 583
- Risikomatrix 583
- Risikostrategie 582
- Risikoüberwachung 584

Risikomanagement, pflegerisches 585–597, 714, 720
- ABEDLs 587, 588
- Basis-Risikoassessment 587
- Co-Pathways 595
- Critical Incidents Reporting System 587, 588
- Critical Pathways 595
- Definition 585
- DRGs 595
- Expertenstandards 594
- Fehlermanagement 585
- Fokus-Risikoassessment 587
- Gefahr einer Hautschädigung 593
- Komplikationen, potenzielle 588, 590, 592
- Komplikationen: Sepsis 593
- Liste Risiko-Diagnosen 591
- Literatur 596
- NIC-/NOC-Klassifikation 594
- Pflegeinterventionen 594
- Pflegeskalen 588
- Prozess 586
- Risikoassessment 587
- Risikoassessmentprotokolle 588
- Risikomanagement 594
- Risikopflegediagnosen 588, 590, 591, 714, 720
- Schweizer Käse-Modell 585
- Screening-Risikoassessment 587
- Sturzprotokoll 588, 589
- Surveillance-Diagnosen 588, 590
- Vigilanz 594, 595
- VIP-Patientenrisiken 590, 593, 594
- Ziele 585

Risikopool 230
Risikostrukturausgleich, gesamtdeutscher (Reform 2002) 230
Risikostrukturausgleich, morbiditätsorientierter/ MORBI-SA 63, 79, 83–88, 231, 258, 262
Risikostrukturausgleichsverordnung/RSAV 79
Ritalin 496
RUMBA-Regel 717
RV-Nachhaltigkeitsgesetz (1002) 99
Rx-Groups-Modell 83, 86

S

Sachanlagen 141
Sachgüter 131, 686, 687
Sachkosten 884, 887
Sachleistungen 46, 62
Sachleistungsprinzip (GKV) 253
Salutogenese 660, 661
Salutogenese-Modell 153
Schadenausgleich 63
Schadensvermeidung 494
Schwerpflegebedürftigkeit 413
Sechs-Mächte-Konferenz (1948) 37
Seekasse 32, 73, 80

Sektorenmodell 25
Sekundärprävention 152, 661
Sekundärsektor, wirtschaftlicher 125, 127, 128, 129
Selbstbehalt 254
Selbstbehalttarife 254, 255
Selbstbestimmung 40
Selbstentfaltung 493
Selbsthilfe, genossenschaftliche 28
Selbstkostendeckungsprinzip 222, 223, 280
Selbstpflegeerfordernisse/SPE 711
Selbstständigkeitsmessung, funktionelle 710
Selbstverwaltung 56, 64, 65
Selbstverwaltungsstärkung 169
Selbstverwaltungssubstitut 220
Selbstzahlermarkt 479
Selektivverträge 164, 246
SF-36-Fragebogen 181
Shareholder Value 819
Sicherung, soziale 25
- 109, 70, 104, 111, 114, 150, 151
- Entstehung in der BRD 35, 70
- Entwicklung bis 1945, 25
- Grundprinzipien, drei 44, 45, 52
- Literatur 104
- Merkmale 46
- Versicherungen 46, 52, 66, 70, 87, 93, 100
SINGER-Index 387
Social Capital and Occupational Health Standard/ SCOHS 673
Social Inclusion Monitor Europe/SIM 56
Social-Marketing 915, 934
Solidarität 56, 63
Solidaritätsprinzip 34, 40, 41, 44, 112, 225
- Gestaltungsmerkmale 41
Sondereinzelkosten 886
Sonderentgeltsystem 224, 227
Sozialbudget 46, 48, 59, 60
- Verteilung 48
Soziale Marktwirtschaft 37, 43, 111–124
- Konzept 114
- Marktregulierung 112
- nach Eucken 37
- nach Müller-Armack 37
- Ordnungsprinzip 111
- Preisbildung, freie 112
Sozialfürsorge 52
Sozialgerichtsbarkeit 66, 67
Sozialgesetzbuch I 52
Sozialgesetzbuch II 41, 67, 153
Sozialgesetzbuch III 67
Sozialgesetzbuch IX 153, 351, 353, 358, 375, 668
Sozialgesetzbuch V 70, 82, 147, 153, 197, 217, 220, 236, 257, 277, 358, 446, 666, 924

Sozialgesetzbuch VI 93
Sozialgesetzbuch VII 102, 667
Sozialgesetzbuch XI 41, 87, 267, 282, 358, 399, 401, 409, 445, 446, 449
Sozialgesetzbuch XII 41, 406, 449, 453
Sozialhilfe 41, 49, 50, 52, 87, 401, 453
Sozialhilfeempfänger-Belastungsgrenze 245
Sozialistengesetz (1878) 31
Sozialistische Arbeiterpartei (1875) 30
Soziallehre, katholische 40, 41
Sozialleistungen 46, 47, 50
- Anwachsen, stetiges 50
- Gliederung 47
- nach Institutionen 50
Sozialleistungsquote 51, 60
Sozialpolitik 37, 41, 42, 43
Sozialstaat 42, 43, 44, 111
- Aspekte 43
- Bestandsgarantie 44
- Grundlagen, verfassungsrechtliche 44
- Grundwerte, soziale 44
- Verfassungsinterpretationen 42
Sozialstaatsprinzip 39, 41, 197
Sozialversicherungsrechengrößen 58
Sozialversicherungssystem 25–109
- Aspekte, grundlegende 25
- Finanzierungsprobleme 45
- Grundprinzipien/Gemeinsamkeiten 56
- Literatur 104
- Versicherungen 46, 52, 66, 70, 87, 93, 100
Sozialwahlen 64
Soziotherapie 249
Space Management 652
Spas 484
Spende 927–929
Spendenakquisition 927, 930
Spendenmarketing 930
Spenderbeziehungen 938
Spenderbindung 940
Spendererlebenswert 938
Spenderlebenszyklus 939
Spenderpyramide 940–942
Spenderrückgewinnung 940
Spinnwebeneffekt 136
Spitzenverband Bund der Krankenkassen 256
Sponsoring 923, 928, 929
Staatsinterventionismus 36
Staatsmodell 33
Stabilisierungsgesetz (1996) 224
Stabilitäts- u. Wachstumsgesetz (1967) 114, 115
Staff-Modell 623
Sterbebegleitung 265
Sterbegeld-Streichung 243

Sterbehilfeorganisationen 496
Stifter 941
Stimmungsaufheller 496
Strukturfonds 268
Strukturpolitik 113
Strukturqualität 409, 558
Strukturreformen, wettbewerbsorientierte 218
Studien, gesundheits-ökonomische 177, 178
Sturzprotokoll 588, 589
Subsidiaritätsprinzip 34, 40, 41, 112, 225
– Gestaltungsmerkmale 41
Suizidbeihilfe, organisierte 496–497
Surveillance-Diagnosen 588, 590
Syndrompflegediagnosen 713

T

Tagespflege 91, 401
Taxonomie 736
Teilhabe, soziale 42, 111
Teilhabegerechtigkeit 53, 55
Teilkostenrechnung 290, 291, 906
Teilzeitarbeit 665
Telekommunikationstechnik 767
Telematikinfrastrukturprojekt 772–781
Telemedizin 767
TEPP-Modell 343
Tertiärprävention 152, 661
Tertiärsektor, wirtschaftlicher 125, 128, 129
Theorie der Firma 139
Theorie der Mindereinschätzung zukünftiger Güter 156
Throughput 150, 181
Tod 499
Total Quality Control 539
Total Quality Management 553, 556
Träger 45, 112
Transplantationsgesetz/TPG 501
Transplantationsmedizin 499–502
– Club-Modell 502
– Hirntod 499
– Lebendorganspende 501
– Organallokation u. Gerechtigkeit 500
– Organentnahme, postmortale 499
– Organentnahme ohne Zustimmung 500
– Spenderausweis 500
– Spenderkreis-Ausweitung 501
– Spenderkries-Eingrenzung 501
– Spenderorgane 499

U

Überforderungsklausel 245
Überwachung 849
Umsatz 141
Umweltauditgesetz 701
Umweltprivatrecht 696
Umweltschutz 699
Umweltverwaltungsrecht 696
Unabhängigkeit, rechtliche 40
UN-Behindertenrechtskonvention 350, 392
Unfallkassen der Länder 102
Unfallkassen, gemeinsame Landes- u. Kommunalbereich 102
Unfallverhütungsbericht 100, 103
Unfallversicherung Bund und Bahn 102
Unfallversicherung/UV 45, 48, 52, 100–104, 153, 217, 218, 278, 349, 356, 480, 667
– Arbeitsschutz 103
– Aufgaben 103
– Berufskrankheiten 100
– Dachverbände 103
– Finanzierung 104
– Geldleistungen 104
– Leistungsspektrum 104
– Personengruppen, pflichtversicherte 104
– Rehabilitation 218, 356
– Reformgesetze 102, 217
– Sachleistungen 104
– Selbstverwaltung 103
– Träger 102
– Versicherungsfall 104
Unfallversicherungsmodernisierungsgesetz/UVMG (2008) 102
Uno-actu-Prinzip 155
Unternehmen s. Betriebe
Unterversicherungsschutz-Tarif 254
Unterversorgung, vertragsärztliche 246
Urbanisierung 29
Urproduktion 127
Ursache-Wirkungs-Diagramm 540
Utilization Review 626

V

Vater-Kind-Kuren 255
Verbraucherberatung 249
Verbraucherverhalten 132
Verbrauchsgüter 281, 686, 688
Verdachtspflegediagnosen 714
Verelendung, soziale 30
Verfassungsinterpretationen 42
Verfügungsmacht 143
Verhaltens-/-Verhältnisprävention 153, 662

Verhinderungspflege 92, 424, 453
Verkaufsförderung 923
Verkehrswegeausbau 29
Verpackungsverordnung/VerpackV 701
Versicherung, freiwillige 112
Versicherungsbeitragssätze 59
Versicherungspflicht 32, 56, 74, 87, 104, 112, 158, 224, 256
Versicherungspflichtgrenze 58
Versicherungsprinzip 44, 45, 52, 112
Versorgung, ambulante (kassenärztliche) 462–469
- Apparategemeinschaft 463
- Bedarfsplanungs-Richtlinie 467
- Behandlungsbedarf 464
- Bewertungsausschuss 465
- EBM 464
- EBM 2000 plus 465
- Einzelpraxis 462
- Euro-EBM 465
- Gebührenordnungen 465, 466
- Gebührenordnungsposition 464
- Gemeinschaftspraxis 463
- Gesamtvergütung, morbiditätsorientierte 464
- Gesamtverträge, vertragsärztliche 463
- Gruppenpraxis 462
- Honorarverteilung 466
- Honorarverteilungsmaßstab 466
- KV-Pflichtmitgliedschaft 466, 467
- Laborgemeinschaft 463
- Literatur 468
- MVZ 463
- Plausibilitätsprüfungen 465
- Punktwert, floatender 465
- Punktwerte, regionale 464
- Praxisbudgets 465
- Praxisgemeinschaft 462
- Praxisklinik 463
- Regelleistungsvolumen 467
- System 462
- Über-/Unterversorgung 467
- Versorgung, haus-/fachärztliche 465
- Versorgungssicherstellung 466
- Zulassung 463
- Zulassungsausschuss 467
- Zusatzversicherungspakete 468
Versorgung, ambulante pflegerische s. Pflege, ambulante
Versorgung, bedarfsgerechte 165, 222
Versorgung, bedarfsgerechte hoheitliche 145–150, 161
- Angebot 145
- Auftrag, hoheitlicher 145
- Bedürfnisträger/Kostenträger 146

- Gesundheitsbegriff/-zustand 147, 148
- Input 150, 181
- Krankheitsbestimmung 147
- Leistungsveranlasser 146
- Nachfrage 145
- Outcome 150, 181
- Output 150, 181
- Partialkunden 146
- Priorisierung 149
- Rationalisierung 148
- Ressourcenallokation 145, 161
- Steuerung, bedarfsgerechte 149
- Throughput 150, 181
- Zahlungsumweg 146
Versorgung, fachärztliche 465
Versorgung, hausärztliche 464
Versorgung, hausarztzentrierte 246, 254, 634
Versorgung, indikationsbezogene s. Disease-Management-Programme
Versorgung, integrierte 154, 227, 229, 254, 256, 291, 463, 631
Versorgung, kassenärztliche 167
Versorgung, pflegerische s. Pflegeeinrichtungen, stationäre
Versorgung, privatärztliche 468
Versorgung, psychiatrische 313–347
Versorgung, rehabilitative s. Rehabilitation
Versorgung, soziale 52
Versorgung, stationäre 278
Versorgung, strukturschwache Regionen 263, 265
Versorgung, wirtschaftliche 148
Versorgungsaspekte 111–175
Versorgungsmanagement 612–641
- Basiskonzept s. Managed Care
- Formen 631
- Literatur 640
Versorgungspfade, interdisziplinäre 595
Versorgungsprinzip 44, 45, 52
Versorgungsqualität, variierende 252
Versorgungssicherstellung, ambulante 264
Versorgungssysteme, ausgewählte 277–476
Versorgungswerke 48, 50
Verteilungsgerechtigkeit 53, 54
Verträge, zwei-/dreiseitige 170, 248, 292
Vertragsärzte 462, 463
Vertragsfreiheit 113
Verweildauer 300, 301
Videocast 656
Vigilanz 594, 595
Virtual Private Network/VPN 800
Volksherrschaft s. Demokratieprinzip
Volkswohlstand 114
Vollkostenrechnung 290, 291, 906

Vollversicherungsschutz-Tarif 254
Vorsorgeeinrichtungen 217, 278
Vorsorgeuntersuchungen für Chroniker 255

W
Wahlbedarf 130
Wahlfreiheit s. Krankenkassen, Krankenversicherungen
Wahltarif mit Krankengeldanspruch 254
Wahltarife 253–255
Währungsreform 37
Waisenrente 96
Wandel, demografischer 252, 481
Wandel, sozioökonomischer 484
Wanderungssaldo 397
Web 2.0 655
Wegeunfall 104
Weimarer Republik 33, 111
Wellness 484
Werbung 923
Wertschöpfung 142
Wettbewerb 113, 118, 124–145, 161, 252, 258, 38, 628, 920, 924, 925
– Anreizfunktion 124
– Ansätze, theoretische 125
– Aufsicht, staatliche 161
– Bedarf/Bedürfnisse/Nachfrage 129, 130, 132
– Beschränkung, gesetzliche 144
– Betriebstypen 126
– Ertrag, infantiler 131
–, fairer 113
–, funktionsfähiger 138
– Güter/-einteilung 130, 131
– Konkurrenz 138
– Konsument u. Produzent 130, 131
– Konzentrationen und Kooperationen 138, 139, 140, 141, 142
– Konzepte, politische 138, 139
– Machtausbau/-missbrauch 143
– Machtsteuerung, ökonomische 124
– Markt, vollkommener 138
– Marktabgrenzung 144, 143
– Marktbeherrschung, individuelle/kollektive 144
– Märkte 136
– Marktoptimum, temporäres 137
– Marktstrategien 143
– Ordnungsfaktor 124
– Preiswettbewerb 138
– Prinzip, ökonomisches 130
– Sektoreneinteilung, volkswirtschaftliche 125, 127
–, unlauterer 924, 925
– Unternehmen s. Betriebe
– Unternehmerangebot 131
– Verteilungsfunktion 124
Wettbewerbsbeschränkungen/GWB) 144
Wettbewerbsfreiheit 138
Wettbewerbsmarkt 489
Wettbewerbsordnung 114
Wettbewerbspolitik 138
Wettbewerbstärkungsgesetz 244, 252
Wiedergutmachung 49, 50
Wiki 656
Wiler Kriterien Pflegeplanbeurteilung/WiKriPP 719, 720
Winterkrisen (1946/47) 37
Wirtschaftlichkeit 132, 874, 879, 888
Wirtschaftlichkeitsermittlung 130
Wirtschaftlichkeitsgebot 123, 131, 151, 423, 505, 557
Wirtschaftsgebiet, vereinigtes (1947) 36
Wirtschaftsgüter 123, 689
Wirtschaftsliberalismus 29, 117–119
Wirtschaftspolitik 114
–, angebotsorientierte 119
–, nachfrageorientierte 118, 119
Wirtschaftsprüfung 581, 849
Wirtschaftssektoren 125, 127, 128, 129
Wirtschaftssektoren bis 1945 26–27
– Agrarwirtschaft 26
– Arbeit 26
– Bergbau 28
– Boden 26
– Produktionsfaktoren 26
Wirtschaftswachstum 51, 115, 116, 117
Wirtschaftszweiglehren 135
Wissen 641–644, 649, 734
–, beschreibendes 643
–, explizites 643, 644, 645
–, implizites 643, 644, 645
– Kollektives 649
– Prozessuales 643
– Sicht, betriebswirtschaftliche 644
–, systemisches 644
–, wertendes 643
Wissensbasis, organisatorische 654
Wissensbewahrung 652, 653
Wissensbewertung 654
Wissensbroker 650
Wissensdefinitionen 643
Wissensentwicklung 651
Wissenserwerb 650
Wissensidentifikation 649
Wissensindikatoren 654
Wissenskarten 649
Wissensmanagement 641–658
– Aufbau und Entstehung 646

- Basismodell 641
- Broker 650
- Daten 642
- Definitionen 644
- Dimensionen, epistemologische/ontologische 645
- Diversity Recruiting 650
- Externalisation 646
- Geschäftsfähigkeits-Ergebnisse 654
- Horchposten 650
- Internalisierung 646
- Interventionen 654
- Kompetenz 642
- Können 642
- Kontextsteuerung 652
- lessons learned 650
- Literatur 657
- Maßnahmen, kollektive 653
- Modelle und Systeme 645
- SECI-Modell 645
- Schlüsselmitarbeiter 653
- Selektionsregeln 652
- Social Bookmarking 655
- Sozialisation 645
- Think Tanks 650
- Tools, Web-2.0-basierte 655
- Übertragungseffekte 654
- Umsetzung 655
- Wissen 642
- Ziele definieren 647
- Zwischenerfolge 654

Wissensmultiplikation 652
Wissensnutzung 652
Wissenstransparenz, personelle 649
Wissenstreppe 641
Wissensverteilung 651
Wissensziele, normative/operative 647, 648
Wissensschaffungs-Spirale 647
Witwen-/Witwerrente 96
Wohlstandsziel 114
Wohn- und Betreuungsvertragsgesetz/WBVG 405
Wohnen, betreutes 401
Wohngeld 49, 52
Wohnumfeldverbesserung 92
Working Poor 53
Work-Life-Balance 215, 217, 520, 526
World Alliance for Patient Safety 601

Z

Zahlungsumwege 155, 222, 279
Zahnersatzzuschuss-Kürzung 220, 225
Zeitrenten 96
Ziele, gesamtwirtschaftliche 121
Zielsystem, betriebliches 122
Zukunftsgüter 57, 156
Zulassungsbeschränkung, kassenärztliche 168
Zünfte 25, 28
Zusatzbeiträge 160, 261, 263, 264
Zusatzentgeltkatalog 236
Zuzahlungsregelung, einprozentige 245, 246
Zuzahlungsregelungen 219, 220, 221, 225